中国特色社会主义进入新时代，必须把统一思想、凝聚力量作为宣传思想工作的中心环节。……我们必须把人民对美好生活的向往作为我们的奋斗目标，既解决实际问题又解决思想问题，更好强信心、聚民心、暖人心、筑同心。我们必须既积极主动阐释好中国道路、中国特色，又有效维护我国政治安全和文化安全。我们必须坚持以立为本、立破并举，不断增强社会主义意识形态的凝聚力和引领力。我们必须科学认识网络传播规律，提高用网治网水平，使互联网这个最大变量变成事业发展的最大增量。

——2018 年 8 月 21 日至 22 日，中共中央总书记、国家主席、中央军委主席
习近平在全国宣传思想工作会议上的讲话

资料来源：《习近平：举旗帜聚民心育新人兴文化展形象 更好完成新形势下宣传思想工作使命任务》，中共中央网络安全和信息化委员会办公室，2018 年 8 月 22 日，http://www.cac.gov.cn/2018-08/22/c_1123311137.htm。

主编　侯锷

CHINA GOVERNMENT NEW MEDIA (MICROBLOG)

中国政务新媒体（微博）年鉴·（2009—2018）

第 1 卷

YEARBOOK (2009-2018)

本卷主编　侯锷

社会科学文献出版社
SOCIAL SCIENCES ACADEMIC PRESS (CHINA)

中国政务新媒体（微博）年鉴·（2009—2018）

编　委　会

陈文峰　中国警察网影视中心主任
陈新建　河南省永城市科学技术协会副主席
陈　杨　湖北省黄石市法律援助中心新媒体负责人
陈永博　广东省肇庆市公安局副调研员
池德生　中共山西省委宣传部网络宣传处副处长
崔保国　清华大学教授、清华大学文化创意发展研究院副院长
崔　跃　中共宁夏回族自治区委网信办网络信息管理处处长
戴建华　中国传媒大学经济与管理学院信息管理与决策研究所所长
董全喜　中共安徽省马鞍山市委宣传部“@马鞍山发布”官方微博负责人
冯建平　中央电视台新闻中心制片人
付士山　陕西省新媒体联合会副会长，新浪陕西总经理
耿子威　辽宁省沈阳市环境保护科技情报宣传教育中心主任助理
顾富林　浙江省嘉善县经济和信息化局原党组书记
关　清　中国警察网董事长、总经理
郭　鹏　陕西省电子政务办公室副主任
郭全中　中共中央党校（国家行政学院）文史教研部高级经济师
侯　锷　中国传媒大学媒介与公共事务研究院高级研究员、公共关系与战略传播研究所副所长、政务新媒体实验室主任
侯建民　中国地震台网中心数据服务部副主任
侯文昌　最高人民检察院检察日报社正义网总裁助理、传媒研究院院长
黄楚新　中国社会科学院新媒体研究中心副主任兼秘书长、教授
黄双润　中国社会科学院新闻与传播研究所综合办公室主任兼党办主任、人事处长
黄伟清　中共南京市委网信办互联网宣传信息中心主任
黄子华　中共德州市委宣传部副部长，中共德州市委、市政府原新闻发言人
姜　飞　北京外国语大学教授、博士生导师，国际新闻与传播学院院长
金中一　浙江省海宁市原司法局局长
靖　鸣　南京师范大学教授、博士生导师
凯　雷　香港文汇报北京分社执行总编辑
寇佳婵　中国传媒大学媒介与公共事务研究院秘书长、公共关系与战略传播研究所常务副所长
匡文波　中国人民大学教授、博士生导师，全国新闻自考委员会秘书长
李传江　山东省潍坊市人民政府新闻办公室主任
李德刚　中共北京市大兴区委网信办主任、区委宣传部副部长
李　刚　沈阳城市学院副院长兼新闻与传播学院院长
李　平　河南省郑州市城市管理局党委书记、中共郑州市委原宣传部副部长
李　飒　云南省昆明市互联网新闻中心副主任、昆明市网络文化协会会长
李峥嵘　微博政务运营总经理
廖　霞　中共四川省成都市武侯区委宣传部副调研员、原网信办副主任

刘桂明　中国法学会《民主与法制》周刊总编辑、高级编辑

刘海舒　中共北京市通州区委宣传部网管中心负责人，新闻传播学博士后

刘海中　广东警官学院公共管理系副教授

刘　杰　中国行政管理学会县级行政研究会副会长兼秘书长

刘　力　中共江西省南昌市委宣传部副部长、市政协常委

刘鹏飞　人民在线副总编辑、智库中心主任，人民网舆情数据中心主任分析师

刘松超　广东省深圳市公安局交警支队"@深圳交警"官方微博负责人

刘伟海　广东省肇庆市旅游局新媒体负责人

刘小明　宁夏回族自治区银川市人民政府办公厅网站工程师

刘徐州　中国政法大学光明新闻传播学院副院长、政法宣传与舆情研究中心主任

刘学刚　人民公安报内参室主任

刘志飞　河南省新乡市中级人民法院执行局综合处处长

鲁婧晗　最高人民法院人民法院新闻传媒总社新媒体部编辑

鲁心茵　中国传媒大学媒介与公共事务研究院院长助理、企业传播研究所常务副所长

陆亚明　深圳职业技术学院特聘教授、前深圳之窗网总经理

马　江　宁夏日报报业集团宁夏新闻网副总编辑

马　烨　中央广播电视总台央广中国之声新媒体部主任编辑

孟小红　山东省环境保护宣传教育中心副主任

穆占劳　中共中央党校（国家行政学院）教授、国际战略研究院国际政治研究室副主任

那世钢　浙江省网络界人士联谊会副会长、高级编辑

牛兴全　甘肃省司法厅副厅长

邱永浩　成都青年全媒体中心主任、"@成都共青团"官方微博负责人

单学刚　人民网舆情数据中心副主任

沈国麟　复旦大学新闻学院教授、复旦发展研究院网络理政研究中心副主任

沈伟红　铁道警察学院公安传播与新闻发布研究中心主任，中国人民大学危机管理研究中心研究员

沈　阳　清华大学新闻学院教授、博士生导师

史安斌　教育部青年长江学者特聘教授，清华大学教授、博士生导师，新闻与传播学院副院长，清华－伊斯雷尔·爱泼斯坦对外传播研究中心执行主任

宋丽君　河南省济源市互联网舆情信息中心主任

宋晓阳　中国传媒大学播音主持艺术学院副教授、央视社会与法频道新闻评论员

宋　煜　中国社会科学院社会学研究所科研助理

孙华昌　新疆维吾尔自治区党委政法委宣传教育指导处（网络舆情工作处）副处长

孙祥飞　华东政法大学副教授、新媒体数据研究院院长

孙　逊　天津市公安局交通管理局新媒体工作室负责人

孙忠良　吉首大学马克思主义学院教授
覃辉君　新疆维吾尔自治区人民检察院新媒体负责人
唐晓勇　中国警察网副总编辑
逄　飞　河南省郑州市城市管理局官方微博办公室主任
田　宇　沈阳工业大学新闻传播系主任、副教授
汪宝玉　新浪安徽副总编辑、政府事业部负责人
王　兵　最高人民法院人民法院新闻传媒总社新媒体部副主任、法学博士
王海峰　河南省洛阳市公安局政治部副主任
王　菁　最高人民法院人民法院新闻传媒总社新媒体部编辑
王凯华　中共陕西省委政法委宣传教育处处长
王　琳　海口日报党委副书记、副社长
王刘纪　中共宁夏回族自治区固原市委宣传部副调研员
王　敏　微博国际部副总经理、微博商学院院长
王　铭　中共陕西省委普法办副主任
王秋菊　河北大学新闻传播学院教授、硕士生导师
王　祥　微博党委书记
王新涛　工信部国家工信安全中心计算机世界传媒集团副总裁
王　颖　京东集团副总裁、中国铁路总公司宣传部原副部长
王于京　浙江省公安厅政治部政务新媒体负责人
吴德祖　共青团中央宣传部传播处处长
武润林　中共山西省太原市委宣传部网络处处长
夏　鹏　广东省广州市公安局指挥中心新媒体负责人
徐剑箫　四川省成都市大数据和电子政务管理办公室成都服务运营中心运营总监，“@成都服务”官方微博负责人
徐丽华　微博政务运营总监
杨　刚　检察日报正义网舆情事业部主任
杨乾坤　中国维和警察首席新闻官、发言人
杨新河　新华社高级记者
余秀才　中南财经政法大学新闻与文化传播学院副教授
禹亚钢　湖南省公安厅政治部“@湖南公安”官方微博负责人
袁　明　湖北省人民检察院刑事执行检察处副处长、三级高级检察官
曾润喜　重庆大学舆情信息研究所副所长、新闻学院新媒体与传媒管理教研室主任
詹海宝　西北政法大学社会政策与社会舆情评价协同创新研究中心研究员
张爱凤　广州大学新闻与传播学院教授
张爱军　西北政法大学新闻传播学院教授
张德忠　“@中国反邪教”官方微博负责人
张　戈　广东消防救援总队宣传处专业技术一级指挥员
张　玲　中共北京市委党校（北京行政学院）公共管理教研部教授

张荣刚　中国传媒大学亚洲传媒研究中心特约研究员

张　锐　辽宁省大连市公安局治安管理支队“@大连户口身份证”官方微博负责人

张守增　最高人民法院人民法院新闻传媒总社党委委员、副总编辑

张云生　国家铁路局机关服务中心部门主任

章晓英　北京外国语大学国际新闻与传播学院教授

赵安金　云南省人民检察院原新闻处处长

赵　峰　北京市公安局办公室新闻中心副主任，北京市公安局“@平安北京”官方微博负责人

赵　刚　最高人民法院人民法院新闻传媒总社新媒体部主任

赵　杰　中国浦东干部学院城市治理与危机管理研究中心副主任

郑东鸿　沈阳城市学院绿岛舆情研究所所长

周　鹏　中共宁夏回族自治区银川市委督查室督查问政主管、“@问政银川”官方微博负责人

朱　琳　华东理工大学社会与公共管理学院副教授，上海感知城市数据科学研究院副院长

主　　编　侯　锷

主编助理　蔡幼林（内容）　马　迪（数据）

编纂团队　（按姓氏拼音排序）

陈新建　郭　涛　侯　锷　李向鑫　鲁婧晗　马富凯　王　兵
王　菁　王刘纪　徐剑箫　徐丽华　张　锐　张云生　赵　刚

编辑团队　（按姓氏拼音排序）

程丽霞　单远举　郭锡超　郭　欣　胡安义　贾敬超
李蓉蓉　汪延平　肖世伟　徐　花　徐琳琳　杨鑫磊

·总　序·

一部媒介执政能力建设的资政新鉴

《中国政务新媒体（微博）年鉴·（2009—2018）》（以下简称“微博年鉴”）几尺高的书稿，四大本摆在面前，颇为震撼。

该微博年鉴是由中国传媒大学媒介与公共事务研究院政务新媒体实验室策划，侯锷先生主编的第一部中国新媒体·微博年鉴，也是在中国新闻传播领域，以互联网和新媒体为界别的社会化、政治化传播领域的首部宏大专题巨制，首次较为全面、系统、客观、纪实性记载中国共产党人在全球最大的中文社交媒体平台——微博——不断践行网络群众路线、开展批评与自我批评，全面推进依法治国方略和网络强国战略的大型编年体综合文献，全面记载十年微博如何介入和改变中国人的社会和政治生活的全景纪实，更是新媒体时代执政能力建设的资政新鉴。

这是一部洞察新媒体社会景观风云变迁的万花筒——不仅体现为媒介化社会生存的万花景象，更是通过“微博年鉴”这个视角洞察“筒”内大观。本年鉴的首次出版，即以巨量的信息显示了微博十年对中国社会方方面面所产生的影响。从年鉴四卷本的体系构架来看，社会的实践与学术的研究思维是紧密随行的，洞察事件发展进而解析新媒体传播规律，中国的学者保持了捕捉变化的敏锐，担负起了这场在变化过程中社会的激情实践与理论的理性剖析，知与行、行与思的交叉验证和引领引导时代的重任。在微博诞生不久中国就有较多学者发出要“打通‘两个舆论场’”的建言，有人指出“互联网上鱼龙混杂，但网民对政府的批评声音、对社会的牢骚不满，其中大量的是民众合理的利益诉求，或者说，是在一个健康的市场经济和法治社会环境下，各利益群体正常的利益博弈”①。这就为微博社会化传播所表达衍生的舆情世界给出了“治理”的一般基调，既要“治”，更要“理”顺。而微博所涉及的公众议程是多维多元的，如政党形象与文化政治、民主政治与廉政建设、司法透明与舆论监督等。当社会各阶层的话语权力借由新兴媒介行使其表达权的时候，也正是该时期社会矛盾焦点异彩纷呈的时刻，而同期学者的聚焦探究的议题以及发声的方式，往往又会为社会问题的理解和治理呈现另外一番景象或面貌，或者丰富和再现了焦点，或者探索和呈现了路径。微博年鉴第1卷，为读者呈现了微博十年的时代精粹之声，论著题录更呈现出学术观察视角多元综合研究成果，显现出“在理论上跟上新时代”、潮起潮落、波澜壮阔的景观。

这里有一幅中国新媒体社会治理的“清明上河图”。以事记人、以实揭史，以民言为重，以官言为准，是本年鉴的一大突出特点。“微博年鉴”以微博线上互动、线下中国社会发展的时间轴为主线，以“微博体”的简明短讯和叙述风格，在亿万网民悠悠众口的参与式表达，以及浩瀚的碎片化信息海洋中提取影响中国社会变迁发展进程中的重大事件、关键事件，严谨拼接、还原和透视出中国十年社会成长进步中官民互动的一部中国社会治理与传

① 人民网舆情监测室：《打通两个舆论场——善待网民和网络舆论》，人民网，2011年7月11日。

播的长轴画卷。年鉴为我们呈现了许多缘起于微博公众议程讨论，最终政府接手落实，并全面推进中国司法进步的珍贵史实。甚至于我们现在所享有的一些便利，其政策起源或许已经被我们所健忘，起码是不知其所以然的，都与微博有关。譬如，机动车年检制度的改革，最早经由作家郑渊洁 2013 年 10 月 28 日 9 时 25 分发微博建言呼吁后，被公安部所关注并研究调整，随后才有了我们当下所遵循的私家小轿车新车 6 年之内不必去验车场年检的惠民福利。诸如此类的政民互动所产生的重大政策改革、重大法律出台的案例还有许多。通读年鉴"传播纪实"篇，犹如再次穿越十年中国，从"昆明螺蛳湾事件"政务微博应势登场，到"微博打拐""免费午餐"的民呼官应，从"利比亚撤侨"的国家意志高调呈现，到"上海大火""7 · 23 动车事件"的痛定思痛；从微博草根见证"习总书记深圳行"的新政新风，到"4 · 20 雅安地震"的媒介寻亲；从"薄案庭审直播"的司法自信，到"绿肺通道"的体制后盾；再到"线上战狼""9 · 3 阅兵"的国民俱欢颜等，从微博窗口透视这些国家大事件与社会大变迁，真是无"微"不至！传播即政治，政治即传播，这些闪亮璀璨的珍贵碎片和国民记忆，也注定会镶嵌于中国的政治互动传播史。

这里体现出一种政治传播发展进程的中国"年鉴学派"——政务微博是媒体，但不是普通的媒体，对他的看待，既要研究传播，也要超越传播，是共时性研究，是综合史学。通过碎片化政务参与历史，史诗般地记载了十年间中国政治传播进程的不断精进。英国著名历史学家阿诺德 · 约瑟夫 · 汤因比（Arnold Joseph Toynbee）曾指出，"人们必须把现实分解成无数孤立的片段，才能理解现实。"[①] 年鉴的编纂与这样的逻辑暗合，其本质属于当下史、及时史的史学范畴，不同于我们所看到的已经"盖棺论定"固化了的正史。碎片也因其折射历史而为自己赢得尊敬，大量元素性质的史料信息有机联系有效服务于人们立体理解某一时期社会发展的背景与起源。"微博年鉴"正是以微博社会化传播的独特视角，记载了以公众网民碎片化参与和表达公共事件的来龙去脉，最大限度地还原历史真实，借由触发和呈现出"历史的切片"，书写"正在发生的历史"。法国史学家梯也尔曾提出："写史的可谓理想时刻，也许是历史的参与从当时的活动中脱身出来，并摆脱了曾经激励过他的激情，但对一系列自己曾影响过其进程的事件和时刻记忆犹新"[②]。而这种"理想时刻"与"激情记忆"，也很好地让年鉴叙事有了客观与真实的基因。我们也看得出，在一些社会大事件面前，编者尽可能保持了最大的独立和客观陈述，将多元舆论的金石之声，以中立直接录出，以碎片还原全局并保留其原生态的边幅，这无疑是一种正确的姿态和选择，是与非、功与过，留待后来人去评判，他只能对当下已经或者"刚刚"存在的发生、发展和局面做出负责任的记录。

这里有一条走出新媒体时代社会化治理迷宫的"阿里阿德涅之线"——微博构造了一条新链条，穿越了地域、文化和政治的边界，而"微博年鉴"由此显影了信息社会化传播的迷宫。基于微博"弱关系"（重信息内涵而轻人际关系）、自传播的自媒体属性，随着事件由公众曝光、舆论发轫和网络社会群体基于利益诉求的政治参与，在舆论放大效应中催告并带动了以党政官方的跟进处置和社会关切回应，从而形成了政民互动传播和借助事件传播演绎的发展进程，最终推动国家治理体系现代化和治理能力的不断提升和完善。这样的一种前所未有的政治传播范式，自然会引发社会各行各业的积极参与和思考。于此回顾当代中国

① 〔英〕阿诺德 · 约瑟夫 · 汤因比：《历史研究》，郭小凌、王皖强译，上海人民出版社，2000，第 427 页。

② 〔法〕J. 勒高夫、R. 夏蒂埃：《新史学》，姚蒙译，上海译文出版社，1989。

十年，主要基于新媒体开放传播参与的微博，便有了这一场“围观改变中国”的巨大实践，和基于互联网协商民主政治“共商共建共治共享”的治国理政的辅助思维，以及向全球推广互联网治理中国智慧的乌镇平台等伟大创举。2013 年 8 月 19 日，习近平总书记在全国宣传思想工作会议上强调，“今天，宣传思想工作的社会条件已大不一样了，我们有些做法过去有效，现在未必有效；有些过去不合时宜，现在却势在必行；有些过去不可逾越，现在则需要突破。‘不日新者必日退’，‘明者因时而变，知者随事而制’，做好宣传思想工作，比以往任何时候都更加需要创新。”从这个角度来看，“微博改变中国”是一种现实的存在，而且其影响是深刻且深远的。微博已经改变、正在改变，并将继续改变一个更加美好的中国。“微博年鉴”讲述了这场发现变化、顺应变化、接受变化、研究变化、驾驭变化的历史阶段进程。

这里呈现了实施网络强国战略一片希望的田野。“知屋漏者在宇下，知政失者在草野。”习近平总书记说，“很多网民称自己为‘草根’，那网络就是现在的一个‘草野’”。这是对新时代中国全面推进网络强国战略在传播生态环境方面的一个基准判断和准确阐述。月活用户已达 4.46 亿[①]的中国微博，可谓当今全球网络最大的“草野”社会，在话语权被互联网“技术均权”重新分配之后，许多官方还来不及发现、来不及介入和处置的事件，率先经由微博网友的“吐槽”而曝光于社会，已经成为新媒体环境下的一种传播新常态。但是，在现有的社会舆论秩序中，理顺或判定某一事件的真相本末，往往离不开官方话语体系的“一锤定音”，倘若缺失了这一权威的声音，任何所谓的“故事”均会沦为“传闻”甚至于“流言”，而无从成为一个“事件”条目被载入。难能可贵的是，“微博年鉴”尊重并遵循了客观史学基本原则，从网友发轫到政务微博介入回应到新闻舆论工作的官方通报，形成了一个循环的信息链条。这也正是缘于本年鉴的主编侯锷博士及其编纂团队，十年如一日长期活跃并浸润于微博空间的长久积淀所得。年鉴记载的绝大多数事件都是其亲身经历、亲自参与、亲眼目睹并长期追踪、溯源截屏和实证研究的都市人类学笔记，甚至于某些事件“余温未退”也已经被载入“油墨未干”的这本年鉴，这种学术勤奋和博闻强识，也在相当程度上保证了年鉴收录史料的客观性、及时性、全面性和准确性。他们既是普通网民的“围观者”，又是以独立学者的观察者、研究者和评论者的身份，直接参与并收藏记录下了基于微博社会化传播生态与中国社会治理日臻进步和完善的历史记忆碎片。

我还想用秃笔尝试点亮这本书的一些特点，为读者导读。专注细节、还原路径，以互动优选、以服务主正。这是本年鉴立足于新媒体、遵循新媒体传播规律进行观察思考和主旨编纂脉络的一个显著特点。

这里的数据可信性体现在都提供有据可查的用户个人代码（UID）。微博开启了“人人皆有麦克风”的自传播时代，“每逢大事看微博”，已经成为多元媒介丛林中被公论的某种路径定律。这缘于微博所构建的是一个社会生态体系相对健全和完整的社会镜像空间，存在即传播，只要你“在”，而无关乎你“来”或“不来”微博。这也正是媒介的“后浪推前浪”之后，微博虽然经历过“后起之秀”新锐媒介的冲击，却又能活力焕发、屹立不倒的重要原因。现实世界的公民无处不在地通过微博在表达，他们随时随地在不确定的时空里放

---

① 新浪科技：《微博发布 2018 年第三季度未经审计财报》，https：//tech. sina. com. cn/i/2018 - 11 - 28/doc - ihpevhcm1547605. shtml。

眼看中国、观世界，因而涉及社会民生、政府公共事务、全球重大突发事件的体验观感、所思所愿一经“吐槽”，自然而然就成为“所有人向所有人”传播——以前的五个W已经转换为五个A：anyone，anytime，anywhere，anything，anywhom。既然微博让这一全民见证、发表各自观感和即时参与书写的碎片事件记录，精确度达到了时、分甚至于秒（微博长文章类）的时间单位，那么“为微博年鉴”也同步将其记载卡位到这一具体而微的精准刻度。欣慰的是，这部新媒体年鉴做到了，开了一个好头。甚至于，为了能够方便后来研究者的索引追溯和考证，编者更是锁定了事件当事人微博的“用户代码”（UID），从而让每一位并不虚拟的网络事件当事人进一步有了现实可鉴的数字信息追踪。此项细节信息虽然烦琐甚至于不为多数人所知，却极具现实观摩求证和后续研究治理的价值启示，人们再也不会因为某个微博账号随便更改昵称“换一个马甲”而凭空“蒸发”销声匿迹，其考证逻辑可谓缜密细致。

这里让我们看到了传播构造的社会发展新空间。“微博年鉴”的编撰凸显了推进政府网上履职能力的方向和新空间。在本年鉴中我们不难看到，在一些重大事件面前，政府官方的政务微博在许多事件场景之下出现，表面上看是缘于舆论的“倒逼”机制，实质上这更多是大时代变迁、大事件的客观演进规律使然。无论是网民猎奇搜罗、第一空间“路边社”的即时爆料，或是侠肝义胆的“洛阳铲”行为，官方对社会化传播信息“矿采”所存在的相对延滞或后知后觉的现象属于客观表现，这也体现出在社会转型、新旧媒体融合期的地方政府官员在新闻舆论领域履职能力所存在的“升级空间”。也正是从这个角度，我们看到了年鉴的价值，建设指尖上的网上政府，任何时候都有赖于网络信息化工具和社会化传播来弥补和填充。在互联网新媒体传播环境和生态中，必然会推动政府官方的信息触觉和传感回应的反馈系统必须做到更加的快捷、准确、精细、全面，畅通民意表达渠道，积极回应社会关切，在这里就越显弥足珍贵。政务微博，正是受命于此，着力于改善政治运行的政治传播形态，让政治宣传向政治沟通实现融贯转型的社会化媒介发出历史的回响。

这里饱含着以小示大、以民生为本的家国情怀。政治站位高，这是“微博年鉴”编纂的又一大特点。本年鉴记载的政民微博互动的事件条目，有大事、有小事也有新鲜事。“大”可以大到“微博反腐”之后的政党治理，“小”则可以小到以分钟计的政民微博即时互动应答，“新鲜”可以新鲜到网友因为“买小笼包等待5分钟无人搭理”发起微博投诉，竟也可以在政务微博介入后以训诫企业、处罚服务员而令民欢悦。这种“拾得篮中就是菜，得开怀处且开怀”的编纂胆识和开阔视野，无疑可以洞悉到编者对政务新媒体的一种潜在的引领意图和治理思维——“无互动、不微博”，线下的主政者和线上的政务微博，对于老百姓的民生利益诉求的关切，理应做到“事大事小都当事”，事必躬亲就能赢得民心。而对于某些政务微博花色各异的失范表现，年鉴也毫无保留地将其收录载册，某些事例也确实颇有警示作用，这对于后来的政务新媒体管理者、运营者而言，是极有借鉴意义的。对于涉及一些地方处置舆论事件的案例，年鉴的本意也是提示，在依法治理、依法治网的新时代，有必要回归到法治的框架轨道和民本善政的初心，这是具有积极的治理内涵的，这也让政民互动的微博核心价值和政府媒介执政的可行性、必要性和迫切性更加凸现。这些，无疑都寄托着编者对党政机关利用微博直接沟通社会、服务民生、凝心聚力的一种家国情怀和民生情结。如习总书记所言，“人民对美好生活的向往，就是我们的奋斗目标”。

这里让我们看到了言论法律问题呼唤的法治精神。《元史》中谈军旅部署，有这样的描述：聚如丘山，散如风雨，迅如雷电，捷如鹰鹘（《元史·郝经传》），今天，网络舆情亦如是。人云“微博是江湖”。我本人也曾使用微博，也体验过微博传播的敏捷与锐利、欣喜与无奈，深感微博就是一个大社会，士农工商、三教九流，五行八作、藏龙卧虎，鱼龙混杂、言者无心、听者有意，无奇不有、应有尽有，唯有想不到，没有见不到。因此，在微博投射的这个线上社会生态体系中，有人的地方必有言论，有观点必有竞合冲突。但是在当今世界，没有不负责任的信口开河，更不存在枉顾事实而纵横捭阖、恣意表达的“真空地带”，互联网绝无法外之地和法外之人。民言实可畏，但畏惧的绝不应包含流言蜚语和谣诼中伤！我们需要的是一个能够针砭时弊、畅所欲言的有序舆论环境，但这一切，均有赖于法律的规范和约束。此次“微博年鉴”第四卷，专卷将微博涉诉的司法裁判文书进行了专题性汇编，这是一个创举。它能够让我们看到言论的法律尺度和自由的律令边界。

在微博早期，曾经在微博上有过几次因线上的“掐架”而发展到线下“约架”的事例和案件，它无异于网络街头的市井争斗，对于网络空间的公共秩序和舆论秩序是无益的，这样的“网络围观”也是无益于网络社会的文明和进步的。因此，与其线上污言秽语的彼此伤害，不如用理性去打一场官司来引导全民注目法律，信奉法治精神。微博十年，“两高”不断建立和完善依法对网络社会行为进行规范和调整的司法体系，是中国社会文明进化、司法进步的最直观体现。随着微博涉诉案的频发，中国司法的脚步铿锵有力，与时俱进。2012年12月，最高人民法院应势出台《关于审理侵害信息网络传播权民事纠纷案件适用法律若干问题的规定》，以及适用《刑事诉讼法》的司法解释；2013年9月，《最高人民法院、最高人民检察院关于办理利用信息网络实施诽谤等刑事案件适用法律若干问题的解释》继续规范补位；2014年8月，最高人民法院出台《关于审理利用信息网络侵害人身权益民事纠纷案件适用法律若干问题的规定》；2015年1月，最高人民法院再次公布关于适用《中华人民共和国民事诉讼法》的司法解释；2016年9月，最高人民法院、最高人民检察院、公安部联合印发《关于办理刑事案件收集提取和审查判断电子数据若干问题的规定》；2017年1月，最高人民法院、最高人民检察院又一次联合公布《关于办理组织、利用邪教组织破坏法律实施等刑事案件适用法律若干问题的解释》。这一连串微博的助推司法完善，一如“矛”总在“盾”之前，在微博公共社会空间所衍生的一些新情况、新问题显现后，司法之“盾”及时跟进，就能匡正规范，让互联网再无法外之地，更能很好地体现公平和正义如法治的空气、法律的阳光一样，无处不在。从这一点来看，“两高”司法紧跟微博发展实践，取得了令微博社会和国民社会线上线下均为满意的答卷。“微博年鉴”第四卷首次将微博诞生以来所引发的140余起微博涉诉的典型案例司法裁判文书进行收录汇编，这些内容，不仅仅对于互联网法律研究者大有裨益，对互联网新闻传播的职业化规范大有裨益，即便是对普通的网友读者而言，也极具普及法治教育和宣传引导规范的社会功能。这也是自有网络侵权诉诸公堂以来，全国第一本互联网侵权涉诉的专题性专卷年鉴。

总体而言，《中国政务新媒体（微博）年鉴·（2009—2018）》是一部综合史册性、社会性、文献性、案例性的大型学术工具书，这是一项具有较高政治传播与社会治理价值的学术资治通鉴工程。本部年鉴提供了我们全面了解微博、洞悉政务微博、透析政务新媒体一路走来的“初心”和“来时路”，提供了一段探究中国共产党人在新形势下坚定不移地走网络群众路线的微博十年心路历程。透过年鉴，有助于我们不断审视和理解究竟什么是“新媒体”，什么是能够发挥社会治理功效和惠及社会惠及民生，让老百姓爱憎好恶有别的“政务新媒体”，尔后不断校正政务微博和政务新媒体发展前进的目标和方向，使其成为我们治国理政的好帮手、好工具和好平台。

就在年鉴即将出版的时候，国务院办公厅推出的新政《关于推进政务新媒体健康有序发展的意见》（2018 年 12 月 27 日发布）指出，朝向建设利企便民、亮点纷呈、人民满意的“指尖上的网上政府”，大力推进政府系统政务新媒体健康有序发展，持续提升政府网上履职能力。到 2022 年，形成全国政务新媒体规范发展、创新发展、融合发展新格局。这简直是为这本书的合宜性做了个历史性的背书。也愈发让我们感觉到，我们生活在一个蒸蒸日上的社会，所谓守得云开见月明。

“十年磨一剑，一朝试锋芒”，侯锷实实在在地践行了这句话。“理想现实一线隔，心无旁骛脚踏实”，说的就是侯锷先生。“五帝三皇神圣事，一篇读罢头飞雪”——则是我的读后感想。我想说，他以学者的社会责任感悄悄地干了一件大事。作为第一读者拜读侯锷先生大作，如蛛攀宫墙，恰喜上眉梢，却之不恭下斗胆拙文续貂，为这份珍贵的“与有荣焉”而欢呼雀跃的同时，深信会有更多人和我一样，为这样一部大作的及时问世额手称庆。

在开启新年的神圣时刻，感谢侯锷先生和他的团队倾情巨著，愿更多的人和我一起拜读这部佳作，体味其中的道理，分享这份新年的喜悦，更懂得和珍视编著者的这份情怀。

姜　飞

北京外国语大学教授、博士生导师

国际新闻与传播学院院长

2019 年 1 月 1 日

本卷编纂说明

本卷内容为研究综述。主要通过编者对微博关涉国家治理、政党形象、政治传播、公众参与、司法监督、社会公益以及社会调查七大维度的议程设置，对国内专家学者定向邀约撰稿，或收录以此为研究选题且已公开发表的期刊文章、学术论文等进行汇编而成。同时，本卷对2010年至2018年10月国内研究者、新闻报道、学术会议、高校研究生学位论文中以微博和政务微博为选题的研究成果进行了简明题录整理，尤其对中国与世界经济社会发展数据库（皮书数据库）题录进行了专题性收录。

目　录

·第1卷·

第一篇　研究综述

·第一章　微博与国家治理·

·第二章　微博与政党形象·

·第三章　微博与政治传播·

·第四章　微博与公众参与·

·第五章　微博与司法监督·

·第六章　微博与社会公益·

·第七章　微博与社会调查·

第二篇　论著题录

· 第 2 卷 ·

第三篇 发展报告

·2018 年政务微博发展报告·

·第 3 卷·

第四篇　传播纪实

第五篇　重大活动

·‖2011 年度‖·

·‖2012 年度‖·

· ‖ 2013 年度 ‖ ·

·‖2014 年度‖·

·‖2015 年度‖·

·‖2016 年度‖·

·‖2017 年度‖·

·‖2014 年度‖·

·‖2015 年度‖·

· ‖ 2016 年度 ‖ ·

·‖2017年度‖·

· ‖ 2018 年度 ‖ ·

第二章 微博涉诉司法案例评论（2009—2018）

第七篇　微博涉诉案件审理相关法律及司法解释

第一篇

研究综述

新时代网络强国战略下的中国社会新治理体系（2009—2018）

侯　锷*

摘　要　随着中国依法治网的纵深推进，在网络舆论环境不断净化和清朗的同时，“网民来自老百姓”“民意上了网”① 已成为当前中国不容回避的新国情与最大的互联网政治形势。网络社会与现实社会互相独立又互相影响，构成了一个二者高度结合的社会舆论“共生态”②。线下“治国理政”与线上“网络强国”两大战略的互动实践，让“互联网＋社会治理”成为一个复合型的综合治理体系和新时代必须面对和思考的新命题，也成为新时代国家治理体系和治理能力现代化的关键表现。本报告以政务微博③为主体，对近10年来中国党政机关依托微博开展的“互联网＋社会治理”的发展实践与相关问题，进行了实证研究和探讨。

关键词　政务微博　社会治理　新治理体系　“互联网＋社会治理”　媒介执政

“网民来自老百姓，老百姓上了网”，一语道破了中国在互联网背景下必须正视的一个现实新国情和最大的互联网政治形势。互联网发展到今天，其属性已不再是简单化了的一种传播媒介、传播渠道或平台，更是可以与物质、能量相提并论的“生产要素”，是“重新构造世界的结构性的力量”。④ 同时，话语是一种权力，从全球网络政治参与和新型社会运动的发展实践来看，这种权力的介入使得一些社会运动突破了二维的时空界限，其中参与者的“存在”与“缺席”构成了现实与网络的空间交叉，在表现形式上，渠道从现实转向网络，组织形态从垂直转向扁平，运动诉求从单一转向复合。⑤ 因此，新时代网络强国战略下“互联网＋社会治理”的实践与研究，既是在互联网社会生态系统中的网络舆论治理，也是在现实社会治国理政中借助互联网信息技术手段和应用的媒介执政。互联网治理不能凭借单一路径的宣传手段或权力干预来规范网络舆论秩序，从而完成对现实社会镜像下的网络社会的“整治”；现实社会治理也无法脱离这一并不“虚拟”的“网络社会”，来规避执政风险，进

---

* 侯锷，博士，中国传媒大学媒介与公共事务研究院高级研究员，政务新媒体实验室主任。主要研究方向：政务新媒体、政务舆情回应、互联网与社会治理。

① 习近平：《在网络安全和信息化工作座谈会上的讲话》，2016年4月19日。

② 侯锷：《中国公共关系舆论环境研究报告》，载《中国公共关系发展报告（2016）》，社会科学文献出版社，2016。

③ 本报告所提“微博”，若无标注说明，均特指新浪微博。

④ 喻国明、马慧：《关系赋权：社会资本配置的新范式——网络重构社会连接之下的社会治理逻辑变革》，《编辑之友》2016年第9期。

⑤ 韩娜：《社交媒体对政治传播影响的研究：基于批判的视角》，《新闻记者》2015年第8期。

而取得长治久安。

十八大以来，以习近平同志为核心的党中央高度重视并直接指导了中国网信事业的发展进步。2014 年 2 月 27 日，习近平同志在主持召开的中央网络安全和信息化领导小组第一次会议上，第一次提出“网络强国”概念，指出网络安全和信息化是事关国家安全和国家发展、事关广大人民群众工作生活的重大战略问题，要从国际国内大势出发，总体布局，统筹各方，创新发展，努力把我国建设成为网络强国。同时强调，建设网络强国的战略部署要与“两个一百年”奋斗目标同步推进，向着网络基础设施基本普及、自主创新能力显著增强、信息经济全面发展、网络安全保障有力的目标不断前进。2015 年 10 月，党的十八届五中全会进一步明确提出了“网络强国战略”，“十三五”规划纲要也对实施网络强国战略、“互联网 +”行动计划、大数据战略等做出重要部署，我国由此开启网络强国战略建设的新征程。2016 年 10 月 9 日，习近平同志在主持中共中央政治局就实施网络强国战略进行第三十六次集体学习时再次强调了“六个加快”，其中“第五快”就是加快用网络信息技术推进社会治理，并再次深刻指出，社会治理模式正在从单向管理转向双向互动，从线下转向线上线下融合，从单纯的政府监管向更加注重社会协同治理转变，我们要深刻认识互联网在国家管理和社会治理中的作用。2018 年 4 月 20 日至 21 日，全国网络安全和信息化工作会议全面系统地解读了习近平新时代中国特色社会主义思想关于“网络强国战略”中的“强”的内涵：一方面，“强”是与“弱”对应的从“大”到“强”的网络强国战略目标和路线，更重要的另一方面，“网络强国战略”是以网络促发展，使中国强盛的方法论战略。

一　新治理能力是新时代国家治理体系和治理能力现代化的关键能力

习近平同志在十九大上郑重宣示：“中国特色社会主义进入了新时代，这是我国发展新的历史方位。”从“互联网 + 社会治理”概念组合的研究议程来解构，这里的“新时代”既是中国现实社会“治国理政”的新理念、新思想、新战略进入的“政治新时代”，也是在网络强国战略和依法治网背景下“网络中国”所进入的“媒介执政新时代”。特别是十八大以来，习近平同志就互联网环境下的思想政治工作、互联网安全与信息化和网络强国战略等发表了一系列重要讲话，更折射出中国共产党对互联网空间治理与社会治理的认知理念和战略思想实现了“齐抓共管”“同心圆”的“并轨”治理思维，中央顶层设计与宏观指导思想完成系统阐述。①

互联网新媒体、新技术、新应用的发展，给整个现实社会治理带来了四大方面的深层次变化。

首先，新媒体催生了大众传播方式的革命性变化，将传统媒体长期处于垄断地位的话语权力进行社会化再分配，网民政治参与的知情权、参与权、表达权和监督权得到了前所未有地满足，使现实政治体制的政务公开、新闻发布和舆论引导机制遭遇空前挑战。

其次，话语权力格局调整之后，“去中心化”和“再中心化”的网络议程设置规则，让

① 侯锷：《2016 年中国政务微博矩阵发展报告》，载《中国新媒体发展报告（2017）》，社会科学文献出版社，2017。

以网络社会舆论与民意诉求表达为主导的新型“市场政治体制”在理论上存在并确立。同时，从“需求侧”倒逼政府“供给侧”的全面改革，让“居庙堂之高”不再高，“处江湖之远”不再远，也是对新时代党和政府媒介执政“四个自信”的考量。

再次，“以人民为中心”的社会治理与“以网民为中心”[①]的“互联网+社会治理”是一致的。依法治网和社交媒体的全面“实名制”，加速了网络社会“市民化”的转型。一方面，网络空间不断净化清朗；另一方面，政府面对越来越多客观、具体和真实的民意诉求，必然加快“O2O”（Online To Offline，线上线下）社会治理模式的深层次融合发展。

最后，网络协商民主背景下政府公信力和公众形象的评价方式发生根本性变化——“领导干部好不好不是我们说了算，而是老百姓说了算。金杯银杯不如老百姓的口碑”[②]。这也意味着，平等话语权之下，即便是以党委、政府为主体的政务新媒体，依靠原创发布和自我宣传，并不能直接确立官方话语内容对其执政形象评价的权威地位。公信不公信，评议权在百姓；权威不权威，百姓认同才权威。

据作为全球第一大中文社交媒体和舆论空间的微博官方数据显示，截至2018年9月底，微博的月活跃用户数（MAU）达到4.46亿（见图1），继续保持7000万的同比净增长，日活跃用户数（DAU）增至1.95亿。[③]据不完全统计，2010年至2018年8月底，在国家部委的规范性文件中，明文载入“微博”的达110多份；“微博”被写入34篇最高法、最高检的相关司法解释和“两会”工作报告，被写入超200份全国地市级（含）以上地方政府的规范性文件，被写进30多部地方性条例和法规规章。另据最高人民法院中国裁判文书网数据库检索，在现有已完成录入的司法裁判文书中，写入因“微博”而直接引发或间接介入的各类法律诉讼活动的裁判文书超20000件，且呈现高增长态势（见图2）。随着微博近10年的稳步发展，社会公众通过微博关注、参与时事政治和社会公共事务，日趋普及化、常态化，并涉及政治、经济、文化、宗教、社会、生态、法治等各个领域。同时，截至2018年3月底，在国务院新闻办公室2012年、2013年、2014年和2016年4个年度和版本的相关《人权报告》的中国政府白皮书中，“微博”分别作为国家保障“公民的知情权和表达权”“言论、新闻媒体自由”“公民民主权利”“司法公开”“健全人权司法保障机制、创新司法公开的形式和内容”等维度的权利体现，以累计10个词的频次被明确载入。

互联网革命重新定义了“媒体”，政务微博的社会属性、政治属性也已明显优先于并超越其“媒体”属性和“新媒体”属性。尤其是在移动互联网传播条件下，从微博空间随时随地生产的每一个社会化节点信息来看，事实上微博已经成为民众自主、自发、自愿地参与社会治理的信息“采集器”“发射器”“交换器”。这对于追随老百姓的脚步而出现的“政务微博”而言，微博更是一个功能综合、用户众多、信息海量、诉求多元的“融合信息通道”和社会公共服务应用的“超级政务App”，是治国理政重要的“听诊器”和政民互动最

① 遵循习近平同志2016年4月19日在互联网安全与信息化工作座谈会上关于“网信事业要发展，必须贯彻以人民为中心的发展思想”的重要论述。

② 2015年5月26日，习近平在浙江省舟山市考察时的重要讲话。

③《微博发布2018年第三季度未经审计财报》，新浪科技，2018年11月28日，https：//tech.sina.com.cn/i/2018-11-28/doc-ihmutuec4489108.shtml。

直接的“接诊台”。[1] 而能否既遵循新媒体客观传播规律，又能恰当地将互联网这个“最大变量”转化为“最大正能量”，在新时代“人民日益增长的美好生活需要”的网络化表达面前，来打造多方谋划（共建）、广泛参与（共治）、共同享有（共享）的中国社会新治理体系的新格局，无疑考验着各级党委、政府的政治智慧。而“共建共治共享”也正是习近平新时代中国特色社会主义思想中的国家治理体系和治理能力现代化在创新社会治理方面的核心理念、逻辑遵循和能力要求。

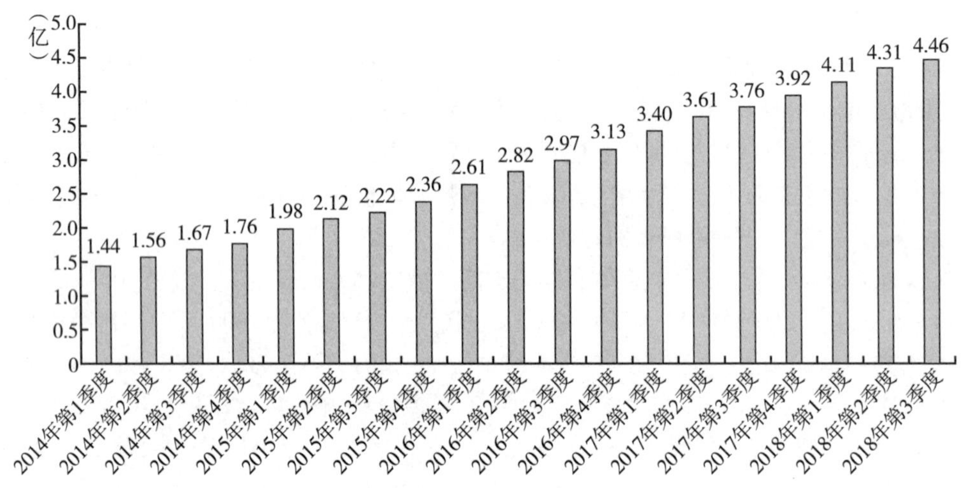

图1　微博月活跃用户

资料来源：微博2018年第三季度财报，2018年11月28日发布。

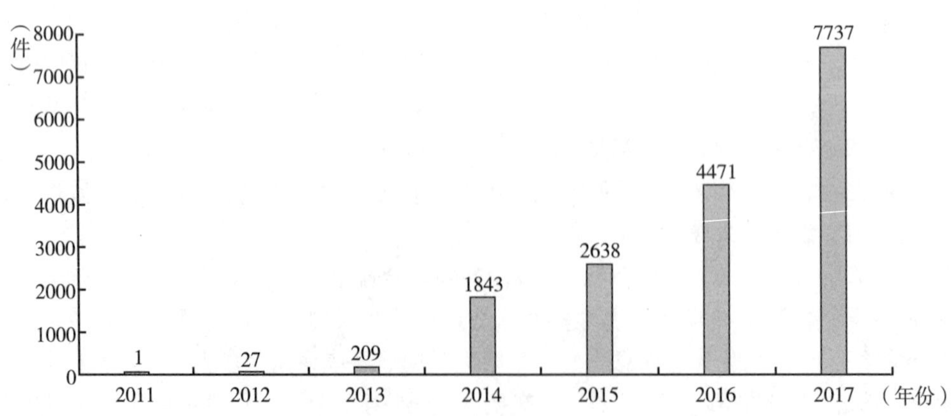

图2　“微博”涉诉被载入中国司法裁判文书的发展趋势

数据来源：中国裁判文书网，http：//wenshu. court. gov. cn。最后检索时间：2018年8月31日。

① 侯锷：《2016年中国政务微博矩阵发展报告》，载《中国新媒体发展报告（2017）》，社会科学文献出版社，2017。

二　微博在新时代网络强国战略下中国社会新治理体系中的实践现状

（一）微博“网络民间力量”直接推动“政府行动”，“共建共治共享”成为微博“互联网＋社会治理”的核心内涵

习近平同志在十九大报告中指出，要“加强社会治理制度建设，完善党委领导、政府负责、社会协同、公众参与、法治保障的社会治理体制，提高社会治理社会化、法治化、智能化、专业化水平。加强预防和化解社会矛盾机制建设，正确处理人民内部矛盾。”近年来，微博在社会化传播、社会化动员、社会化公益和推进社会治理参与方面，已经成为网民重要且首选的舆论平台，以及可信任的公开舆论场，① 同步见证并书写了具有重大社会治理价值和政治影响意义的历史，让社会开始“以一种自救的方式实现自治”，并以此为契机“将人与人的社会关系拉回到正常轨道上来”②。

2011 年，由网民发起、网络社会广泛参与的公民行动——“免费午餐”“微博打拐”等，最终在公安部、教育部和民政部等多部门的积极回应和“接盘”下，得到了长效制度化保障。2011 年 7 月 31 日，“中国红十字会总会捐赠信息发布平台”上线试运行，之后形成体制机制改革方案；8 月 23 日，民政部发布《公益慈善捐助信息披露指引（征求意见稿）》，宣布启动建设“中国公益慈善信息报送平台”；2011 年 10 月 26 日国务院启动实施“农村义务教育学生营养改善计划”，中央每年拨款 160 多亿元，按照每生每天 3 元的标准为试点地区农村义务教育阶段学生提供营养膳食补助，试点范围包括 680 个县（市）约 2600 万在校学生。以微博为代表的新媒体，一定程度上改变了人们交流互动和参与公益的方式，为人们提供了无组织的组织手段，使每个普通人可以不受时空限制了解并随时随地从事公益活动。与此同时，微博也反映了中国存在大量的社会问题，反映了中国有巨大的社会需求亟待满足。③

2012 年，原“微博打拐公益基金”更名为“儿童安全基金”，公安部加快“儿童失踪信息紧急发布平台”的全国联网建设。2012 年底，“甘肃校车事件”引发微博热议，助推国家相关部门完善、出台相关法规。

面对微博舆论空间无序的“网痞”造谣侵权和扰乱社会公共秩序现象，微博涉诉案件日益增多。2012 年 11 月，最高人民法院发布《关于审理侵害信息网络传播权民事纠纷案件适用法律若干问题的规定》，同年 12 月，再次发布《关于适用〈中华人民共和国刑事诉讼法〉的解释》，将微博等形成或者存储在电子介质中的信息，追加并确定为民事案件审判中的证据源之一。2013 年 9 月，“两高”联合发布《关于办理利用信息网络实施诽谤等刑事案件适用法律若干问题的解释》，中国网络法治化进程不断深化。

2014 年 8 月，由瓷娃娃中心在微博发起“助力罕见病，一起‘冻’起来”的“冰桶挑

① 《2015 中国社交应用用户行为研究报告》，中国互联网信息中心，2015。

② 师曾志、王帅帅：《重返个体生命富生态话语的家园——微公益时代的命运共同体及公共自治》，载《中国慈善发展报告（2013）》，社会科学文献出版社，2013。

③ 陆稀云、罗德、冯利：《微公益变革中国》，载《中国第三部门观察报告（2013）》，社会科学文献出版社，2013。

战”活动，两周内募集善款810多万元，全年募集1500万元，创新了“公益众筹”捐赠模式，成为中国公益史上的一个重要节点，宣告公益进入2.0时代。

2015年，“南航急救门”事件后微博拷问急救体系改革，推动我国院前急救制度体系加速健全完善；同年，北京地铁“哺乳门”事件后微博助推全国多个城市建立了专门的地铁母婴哺乳室。

2016年，陈静瑜医生通过微博呼吁“开辟人体捐献器官转运绿色通道”的声音得到国家回应，国家卫生计生委、公安部、交通运输部、中国民用航空局、中国铁路总公司、中国红十字会总会6部门联合印发《关于建立人体捐献器官转运绿色通道的通知》，“中国肺源转运绿色通道”得以建立。

2017年，为依法惩治利用通信信息和互联网络宣扬邪教、破坏法律实施等犯罪活动，“两高”再次联合出台《关于办理组织、利用邪教组织破坏法律实施等刑事案件适用法律若干问题的解释》。

2018年5月，崔永元在微博上陆续曝光娱乐圈签订“阴阳合同”中的涉税问题后，6月，国家税务总局依法查处范冰冰偷逃税问题，并在部署开展对部分高收入影视从业人员依法纳税情况进行评估调查的基础上，进一步强化风险防控分析，加大征管力度，依法查处违法违规行为。[①] 10月，国家税务总局责成江苏省税务局对在范冰冰偷逃税案件中管理不力、负有领导责任的相关单位和人员，依规依纪进行问责。[②] 同时，国家税务总局部署开展规范影视行业税收秩序工作。

——微博汇聚无所不在的公众力量，许多由网络社会发起、社会广泛参与、政府及时介入接管并促成“国家行动”的重大事件所取得的非凡成就，已经成为新时代网络强国战略下中国社会新治理体系的样板。这些基于微博舆论所产生的社会组织动员和大讨论，推动了社会治理“四化”水平的提升。

（二）政务微博听民意、惠民生、解民忧，积极探索并创新实践“互联网+社会治理”新机制

《2017年政务指数·微博影响力报告》显示，截至2017年12月31日，经过新浪平台认证的政务微博达到17.4万个，较2016年底增加0.9万个（见图3）。[③] 政务微博在创新社会治理体系、体现和发扬人民民主、维护社会公平正义、保障人民平等参与、体现民意充分表达方面得到了充分实践，在服务中实施管理，在管理中实现服务，将“以人民为中心”的发展理念落到了实处。

2011年全国公安机关开展网上追逃专项督察“清网行动”。全国公安机关在组织力量追逃的同时，利用政务微博开展网上网下多形式、多渠道立体式规劝网上逃犯投案自首工作，取得了打击效果和社会效应的“双赢”。据不完全统计，“清网行动”中有7名出逃者直接通过微博投案自首，仅四川省贡井警方微博直接受理的就有4名，广东省中山市公安局官

① 《国家税务总局责成江苏等地税务机关调查核实有关影视从业人员“阴阳合同”中的涉税问题》，国家税务总局官方网站，2018年6月3日，http://www.chinatax.gov.cn/n810219/n810724/c3491398/content.html。

② 《国家税务总局江苏省税务局对在范冰冰偷逃税案件中有关责任单位和责任人予以问责》，国家税务总局官方网站，2018年10月8日，http://www.chinatax.gov.cn/n810219/n810724/c3792457/content.html。

③ 《2017年政务指数微博影响力报告》，2018政务V影响力峰会，北京，2018年1月23日。

方微博"@平安中山"直接受理的有2名，广州市公安局官方微博"@广州公安"直接受理的有1名。而鉴于微博的社会化传播所产生的声势浩大的线上线下"攻心战"舆论效应，直接前往公安机关投案者更是非常多。这是一场融合网络社会与现实社会的社会化组织动员。

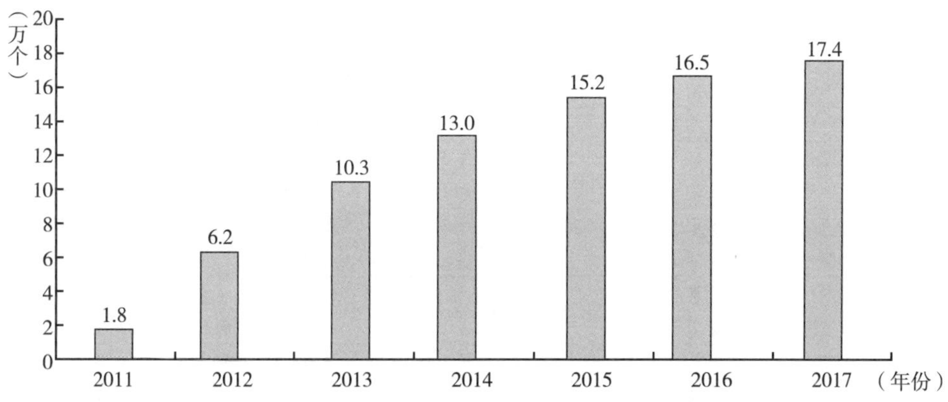

图3　中国政务微博发展数据（2011—2017）

2011年以来，全国公安通过政务微博在线及时响应网友私信、"@"和评论获取身陷传销窝点的求助报警线索，并立即由线上转入线下成功解救的案例高达60多个，累计解救直接受困求助者70多人，遣散"涉传"人员900多人，打击传销团伙100多个（见表1）。

表1　2011—2018年全国公安机关受理解救传销受害人"微博求助"案一览

序次	被困地点	被救助者	救助时间	历时	受理微博
1	广东韶关	湖南邵阳伍某	2011年2月21日	5小时	@平安韶关
2	河南漯河	福建莆田李某	2011年3月30日	1天	@平安中原、@平安漯河
3	山西晋中	湖南李某	2011年8月14日	12小时	@晋中公安
4	甘肃张掖	四川李某	2011年8月21日	4小时	民警个人微博
5	广东韶关	陕西商洛赵某	2011年9月2日	7小时	@平安韶关
6	安徽淮南	浙江徐某	2011年9月14日	4天	@淮南公安在线
7	陕西西安	安徽许某	2011年11月17日	3小时	@西安公安
8	辽宁沈阳	广西李某的朋友	2012年1月29日	5小时	*沈阳网友线下报警
9	安徽阜阳	吉林长春赵某	2012年2月29日	7小时	@阜阳公安在线
10	辽宁鞍山	陕西吴某	2012年3月15日	30小时	@鞍山公安、@鞍山立山公安
11	江西南昌	广东邓某未婚妻	2012年3月30日	1天	*媒体微博线下报警
12	河南洛阳	李某	2012年11月6日	2小时	@平安洛阳
13	广东韶关	四川刘某	2012年11月14日	10小时	*韶关网友线下报警
14	浙江金华	陕西某锋	2012年12月4日	3天	@平安三江
15	河北保定	山东青岛郭某	2012年12月26日	7小时	@徐水公安网络发言人
16	浙江湖州	湖北仙桃张某	2012年12月26日	6小时	*网友线下报警
17	山西忻州	云南晏某	2013年1月10日	5小时	@忻州市公安局
18	山西晋中	河北大学生庞某	2013年2月21日	1小时	@河北公安网络发言人、@山西公安、@晋中公安

续表

序次	被困地点	被救助者	救助时间	历时	受理微博
19	广东韶关	传销唱歌扰民，群众微博举报	2013 年 2 月 23 日	1 小时	@平安韶关
20	安徽阜阳	湖北姚某	2013 年 3 月 4 日	1 天	@阜阳公安在线
21	贵州贵阳	李某	2013 年 3 月 5 日	8 天	@观山湖公安
22	江西抚州	河南新乡张某	2013 年 3 月 25 日	3 天	@抚州治安
23	天津静海	安徽张某	2013 年 4 月 15 日	6 小时	@平安静海
24	安徽合肥	山东某网友女友	2013 年 4 月 25 日	1 天	@合肥警方
25	山西忻州	湖南毛某	2013 年 5 月 2 日	21 小时	*江西网友线下报警
26	贵州贵阳	江苏陈某	2013 年 5 月 13 日	30 分钟	@贵阳公安
27	河北沧州	辽宁沈阳志某	2013 年 5 月 17 日	1 小时	*媒体微博线下报警
28	河北保定	上海任某	2013 年 8 月 8 日	2 小时	@网警老莫
29	江西南昌	广东黄某女友	2013 年 11 月 15 日	30 分钟	*媒体微博线下报警
30	湖南娄底	广东某男子	2014 年 6 月 1 日	8 小时	@长沙铁路公安处
31	福建安溪	福建杨某	2014 年 7 月 8 日	4 小时	@安溪公安
32	河北沧州	陕西陈某	2014 年 9 月 22 日	2 小时	@沧州公安网络发言人
33	辽宁大连	广西覃某	2014 年 9 月 28 日	1 小时	@大连公安
34	福建莆田	湖北某新	2014 年 10 月 15 日	1 小时	@莆田公安
35	河北沧州	陕西陈某	2014 年 10 月 17 日	4 小时	@沧州公安网络发言人
36	福建赣州	贵州田某	2014 年 11 月 11 日	1 小时	@芗城公安分局
37	福建赣州	湖北付某	2015 年 5 月 18 日	1 小时	@芗城公安分局
38	安徽合肥	湖南湘潭吴某	2015 年 3 月 30 日	9 小时	@湘潭公安、@安徽公安在线、@合肥警方
39	江苏宿迁	重庆徐某	2016 年 1 月 4 日	24 小时	@宿迁警方
40	湖南怀化	某男子	2016 年 5 月 26 日	3 小时	@平安鹤城
41	江苏南京	广东吴某	2016 年 10 月 24 日	2 天	@浦口警方
42	江西上饶	湖南衡阳杨某	2017 年 2 月 21 日	7 天	@湖南公安
43	湖南长沙	湖北余某之母	2017 年 2 月 26 日	26 小时	@湖南公安
44	江西九江	江西汪某	2017 年 5 月 9 日	14 小时	@九江特巡警
45	江西抚州	江西朱某	2017 年 5 月 16 日	1.5 天	@抚州治安
46	江西新余	湖南某男子	2017 年 6 月 7 日	2 小时	@湖南公安
47	宁夏银川	倪某某	2017 年 6 月 26 日	3 小时	@平安银川
48	武汉光谷	成都黄某	2017 年 8 月 11 日	1 天	@平安武汉
49	湖南长沙	广西某男子	2017 年 8 月 18 日	2 小时	@湖南公安
50	湖南邵阳	广西李某	2017 年 8 月 31 日	12 小时	@邵阳公安
51	湖南益阳	广东谢某	2017 年 10 月 19 日	3 小时	@湖南公安
52	湖南长沙	甘肃王某	2017 年 12 月 31 日	14 小时	@湖南公安
53	湖北武汉	江西袁某	2018 年 1 月 2 日	6 小时	@平安黄陂
54	湖南长沙	广西梁某	2018 年 2 月 4 日	3 小时	@湖南公安
55	湖北武汉	安徽李某	2018 年 2 月 25 日	2 小时	@平安武汉
56	宁夏银川	四川某女及女儿	2018 年 3 月 26 日	2 小时	@平安银川
57	湖南长沙	安徽蚌埠吴某	2018 年 7 月 12 日	5 小时	@湖南公安、@长沙警事、@望城公安

数据来源：中国传媒大学媒介与公共事务研究院政务新媒体实验室不完全统计，截至 2018 年 8 月底。

2017 年，中国公民出境旅游突破 1.3 亿人次，保持世界第一大出境旅游客源国地位。① 但与此同时，中国公民在境外因保管不慎或其他意外因素而丢失护照无法回国的案件也日益增多。2017 年 1 月至 2018 年 11 月，仅湖南省公安厅通过其官方微博“@湖南公安”在线受理并成功救助境外被困公民案件就高达 30 起，被网民赞誉为“线上战狼”。继湖南“线上战狼”之后，辽宁省沈阳市公安局、北京市公安局、天津市公安局也陆续通过微博在线受理同类求助信息，并成功助力中国公民回国，“狼群现象”及其积极社会效应正在全国范围出现和扩散（见表 2）。“线上战狼”是基于微博的政府公共社交化服务的产物，在被广大网民高度点赞的同时，已被写入了中国公民出境游的“攻略”级必知项目，也成为公安政务微博“互联网 + 社会治理”的典范和民心品牌。

表 2　中国公安微博成功救助境外被困公民案一览（2017 年 1 月至 2018 年 11 月）

序次	救助时间	被救助者	被困国家	救助案因	历时	微博受理账号
1	2017 年 1 月 30 日	湖南衡阳颜某一家三口	越南	遭遇抢劫	3 小时	湖南省公安厅 @湖南公安
2	2017 年 2 月 5 日	湖南长沙杨某	越南	遭遇抢劫	1 小时	
3	2017 年 3 月 23 日	湖南湘西田某	韩国	护照丢失	24 分钟	
4	2017 年 4 月 3 日	湖南株洲殷某	英国	护照丢失	2 小时	
5	2017 年 4 月 12 日	湖南怀化刘某	荷兰	护照丢失	8 小时	
6	2017 年 6 月 9 日	湖南益阳吴某	泰国	护照丢失	1 小时	
7	2017 年 9 月 9 日	湖北孝感柴某	加拿大	行李丢失	18 小时	
8	2017 年 9 月 11 日	湖南常德田某	越南	遭遇抢劫	5 小时	
9	2017 年 9 月 30 日	辽宁丹东葛某	日本	护照丢失	23 小时	辽宁沈阳市公安局 @沈阳铁西公安
10	2017 年 10 月 4 日	湖南常德丁某	西班牙	护照丢失	3 小时	湖南省公安厅 @湖南公安
11	2017 年 10 月 13 日	湖南长沙宋某	加拿大	护照丢失	2 小时	
12	2018 年 1 月 22 日	湖南长沙沈某	马来西亚	护照丢失	4 小时	
13	2018 年 2 月 13 日	湖南长沙胡某	泰国	护照丢失	6 小时	
14	2018 年 2 月 22 日	湖南长沙邹某	柬埔寨	遭遇抢劫	8 小时	
15	2018 年 2 月 27 日	湖南长沙段某一家三口	日本	护照被盗	7 小时	
16	2018 年 2 月 28 日	湖南郴州张某	柬埔寨	遭遇抢劫	14 小时	
17	2018 年 3 月 9 日	湖南长沙吴某、吉林王某夫妇	菲律宾	护照丢失	22 小时	
18	2018 年 3 月 3 日	北京宋某	日本	护照丢失	12 小时	北京市公安局 @平安北京
19	2018 年 3 月 14 日	天津程某	日本	护照丢失	17 分钟	天津市公安局 @平安天津

① 中国旅游研究院、携程旅游集团：《中国游客中国名片，消费升级品质旅游——2017 年中国出境旅游大数据报告》，2018 年 3 月 1 日。

续表

序次	救助时间	被救助者	被困国家	救助案因	历时	微博受理账号
20	2018 年 4 月 10 日	湖南常德郭某	泰国	护照丢失	5 小时	湖南省公安厅 @ 湖南公安
21	2018 年 4 月 26 日	湖南岳阳潘某	菲律宾	护照丢失	4 小时	
22	2018 年 6 月 10 日	湖南衡阳李某	英国	护照丢失	半个月	
23	2018 年 9 月 20 日	湖南长沙黄某	俄罗斯	护照丢失	20 分钟	
24	2018 年 9 月 30 日	湖南长沙网友“@ 佛系少年”	菲律宾	护照丢失	4 天	
25	2018 年 10 月 4 日	湖南株洲陈某	俄罗斯	护照丢失	140 分钟	
26	2018 年 10 月 4 日	网友“@ 丸子妹妹”	美国	护照丢失	1 天	
27	2018 年 10 月 4 日	辽宁鞍山谷某	美国	护照丢失	2 天	
28	2018 年 10 月 5 日	陕西马某	希腊	遭遇抢劫	1 天	
29	2018 年 10 月 9 日	湖南永州杨某	菲律宾	护照丢失	5 小时	
30	2018 年 11 月 5 日	湖南益阳高某	泰国	遭遇抢劫	5 小时	
31	2018 年 11 月 15 日	辽宁葫芦岛李某、马某	泰国	护照丢失	3 天	
32	2018 年 11 月 16 日	湖南长沙章某	澳大利亚	护照丢失	22 小时	

（三）政务微博矩阵“星火燎原”，已成为“互联网 + 社会治理”政府媒介执政的在线行政组织方式

“政务微博”是互联网新媒体领域一个有机的媒介政权组织概念，而不仅仅是一个简单的依据主体区别划分的新媒体业态。线下的党委、政府主导着线上的政务微博运营，而“线上的政务微博表现又反映出现实党委、政府的媒介执政能力和社会治理水平”。① 进一步“以人民为中心”来站位审视，老百姓所理解和认同的“政务微博”恰恰是“微博平台上的政府”，因此对于“政务微博”而言，也就更不应自我设限地定位为“政府（所开设）的新媒体”。

从实践看，社会治理是一项有机的系统性工程，从问题的发现、界定、分析、解决到完善预防机制，每一个环节都离不开党委、政府、社会、公众的整体参与和协同联动，更无法由某一个社会主体独立完成。“老百姓上了网”，对应的合理呼应和行动，只能是党委和政府的党务政务职能全面上网、上微博，实现线上线下融合的党务政务综合职能“联席联网联动”，并基于政务微博矩阵构建新时代网络强国战略下媒介执政的在线行政组织方式（见图4）。

① 侯锷：《2016 年中国政务微博矩阵发展报告》，载《中国新媒体发展报告（2017）》，社会科学文献出版社，2017。

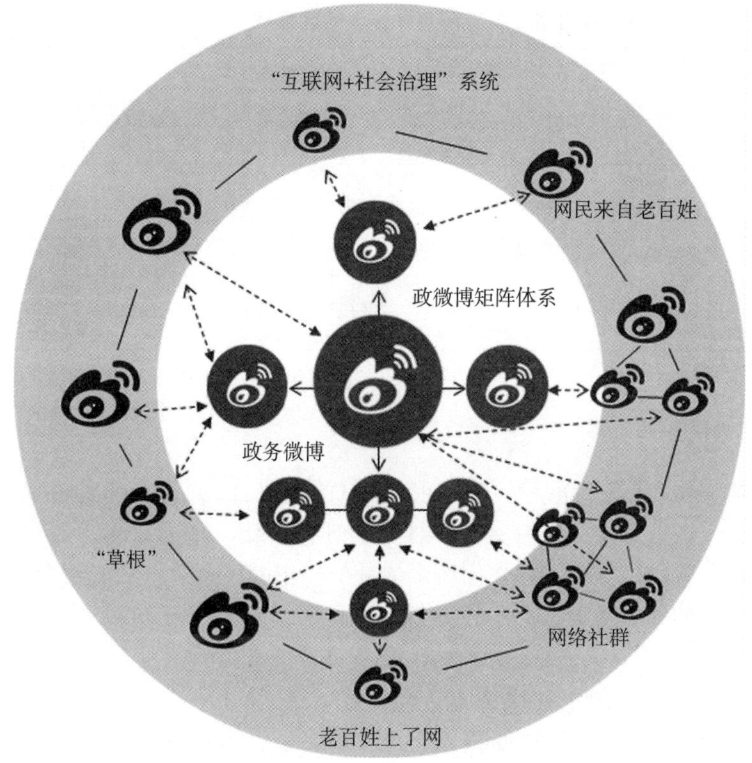

图 4　政务微博矩阵示意

2011 年以来，在全国政务微博的实践中，涌现出以宁夏银川、四川成都、安徽马鞍山等多地党委、政府为代表的“互联网 + 社会治理”的先进典型。习总书记提出的“加快用网络信息技术推进社会治理”，“发挥网络传播互动、体验、分享的优势，听民意、惠民生、解民忧，凝聚社会共识。网上网下要同心聚力、齐抓共管，形成共同防范社会风险、共同构筑同心圆的良好局面”等关于依托互联网辅助治国理政的重要思想论述，也都在政务微博的创新实践中得到了证实。

以宁夏银川政务微博实践为例。2011 年以来，银川市委市政府不断建立健全民意表达机制、回应反馈机制、利益协调机制、社会矛盾化解机制、监督考核机制，创建了以“@ 问政银川”为政务微博矩阵核心，由全市党政多层级多职能 513 个政务微博账号组成的有机“在线政府”，直接面对网民、沟通民意、服务人民、凝聚民心。2012 年，“@ 问政银川”率先在全国公开向网络社会承诺：对网友“@”的问题“工作时间 1 小时内，节假日休息时间 8 小时内，有呼必应!”2017 年，经“@ 问政银川”转办事项总计 19109 件，办结 18566 件，办结率 97. 16%。在 2011 年的基础上，线下的信访总批次下降 18. 9%，总人数下降 39. 8%，再创历史新高。特别值得关注的是，数据显示：从 2015 年开始，网民表达相关利益诉求的微博受理事项连续两年呈现出下降趋势。利用“互联网 +”，银川的社会治理已从生态上显现出根治、良治和善治的趋势(见表 3)。

表3　银川市政务微博矩阵服务绩效数据（2012—2017）

年度	受理事项(件)	办结量(件)	办结率(%)	信访总量下降(较上一年度)
2012	15781	14046	89.01	12%
2013	24769	23324	94.17	14%
2014	21805	20644	94.68	15%
2015	30281	29373	97.00	13%
2016	25196	23936	94.99	15.4%
2017	19109	18566	97.16	总批次下降18.9% 总人数下降39.8%

资料来源：中国传媒大学媒介与公共事务研究院政务新媒体实验室调研，中共宁夏回族自治区银川市委督查室提供，2018年1月。

“银川模式”经历了7年的稳定发展和机制优化后，已被越来越多的城市所借鉴和发展。四川省成都市在银川政务微博实现“社会治理社会化”的基础上，通过网络系统平台打通了基于微博、微信、支付宝等热门新媒体社交应用的民意集聚功能，“一揽子”实现了对社会化民意诉求的集中受理、集中转办督办，目前正在向“互联网+社会治理”的智能化发展。

2015年5月14日，四川省成都市人民政府政务服务中心官方微博“@成都服务”联合成都商报官方微博“@成都商报”、华西都市报官方微博“@华西都市报”、成都全搜索新闻网官方微博“@成都全搜索新闻网”等本地主流媒体，发起“成都市民证明难情况调查”，通过微博、微信渠道收集并解决了超过7000条市民有效诉求。随后“@成都服务”将调查情况和市民反馈写成专题报告呈报市委市政府主要领导。2015年6月，时任四川省委常委、成都市委书记黄新初，成都市委常委、常务副市长朱志宏就“@成都服务”《关于开展“破解证明之难”活动改进政务服务工作有关情况的报告》做出肯定性批示，并要求“在全市范围内开展清理规范民生领域证明材料工作，力求切实解决群众办证难问题，努力将成都打造成群众办事最便捷城市”。截至2017年，成都市村（社区）证明事项清理规范工作，共梳理出313项证明事项，依法取消了298项不合法、不合理以及为规避部门责任而要求群众提供的证明材料。除婚育证明、经济困难证明、亲属证明等15个必要事项外，95%以上事项的证明都被取消。2017年4月，李克强总理专门就此事做出批示：“在砍掉各类不必要的证明、为企业和群众减负方面，各地都要有这样的决心和魄力。”他明确要求有关部门要进一步加强指导，“好的做法可及时推开”。①

从近年在对宁夏回族自治区银川市和固原市、四川省成都市、云南省昆明市、安徽省马鞍山市、河南省商丘市和洛阳市、天津市等8个城市的政务微博主体实践过程中所取得的调研数据来看（见表4），“互联网+社会治理”具有现实可行的稳定性、可靠性、前瞻性和先进性。

① 储思琮：《总理痛斥的这些个“奇葩证明”，这个城市“砍砍砍”》，中国政府网，http://www.gov.cn/xinwen/2017-04/24/content_5188630.htm。

表 4　2017 年部分城市政务微博矩阵服务绩效数据统计

城市	受理民意诉求转办事项(件)	办结事项(件)	办结率(%)	日均办结(件)	备注
四川成都	267903	251653	93.93	689.5	
宁夏银川	19109	18566	97.16	50.9	
云南昆明	14651	9855	67.27	27.0	
河南洛阳	4025	4025	100.00	11.0	数据仅为公安业务及交警业务
天津市	3852	3821	99.20	10.5	
宁夏固原	804	757	94.15	2.1	
河南商丘	785	769	97.96	2.1	
安徽马鞍山	684	653	95.47	1.8	

资料来源：中国传媒大学媒介与公共事务研究院政务新媒体实验室调研统计，数据截至 2017 年 12 月 31 日。

以上政务微博矩阵主体单位，依托强化政府全职能触网下的政务微博在线行政和治理范式，以倾听、互动、沟通和服务代替封闭、灌输、管控和对峙。在引导网民依法有序参与、文明表达和理性建言的同时，拓宽了新时代社会主义民主协商的参与渠道，整合了社会各阶层公众意见并辅助科学决策，实现了社会治理模式的双向互动、线上线下融合和社会协同治理，使网络社会舆论生态和网络政治参与的“大气候”得到了整体性改良。

通过政务微博矩阵的接诉接访，将线上舆论治理同步引导到线下政府行政科层、法治框架和行政流程，在互动与联动中实现政务“五公开”，以“反求诸己”的姿态或服务补偿等策略方式，不断满足新型社会主要矛盾催生的微博表达和现实期待，不但弱化了网民参与表达时的戾气，而且从根本上协调了复杂的政民关系，化解了社会矛盾，进而消弭了潜在的线下非理性行动。这种“以网民为中心”的“互联网＋社会治理”模式，推进了政府决策的科学化、社会治理的精准化、公共服务的高效化，实现了根本治理、系统治理、源头治理和依法治理，有效避免了社会矛盾的激化和基于网络动员形成的现实社会运动的政治隐患。

三　“互联网＋社会治理”的新治理体系在实践中存在的问题分析及策略建议

（一）“互联网＋政务服务”在顶层设计与实践中出现断层和降格

2015—2018 年，“互联网＋”“互联网＋政务服务”已经连续 4 年被写入国务院政府工作报告。我国政府在网络通基础上的数据通、业务通等政务信息系统整合共享体制机制的推进和实现明显加快，从“数据多跑路，群众少跑路”到一些地方政府创新实践“最多只跑一次路”“网上批、快递送、不见面”等，网络信息技术对促进政府政务流程再造、行政成本节约、便捷服务群众等方面的行政效率提升整体效果明显。但是，结合“互联网＋”融合社会治理的进阶发展来看（图 5），满足“需求侧”的供给，并不能单纯地依靠信息技术推进政府内部信息资源整合共享来解决，更无法从根本上弥合互联网民意舆论表达参与和呈现的“社会鸿沟”。简而言之，老百姓上网并不完全是“办证业务”，“互联网＋政务服务”不等于“在线行政业务审批流程”。

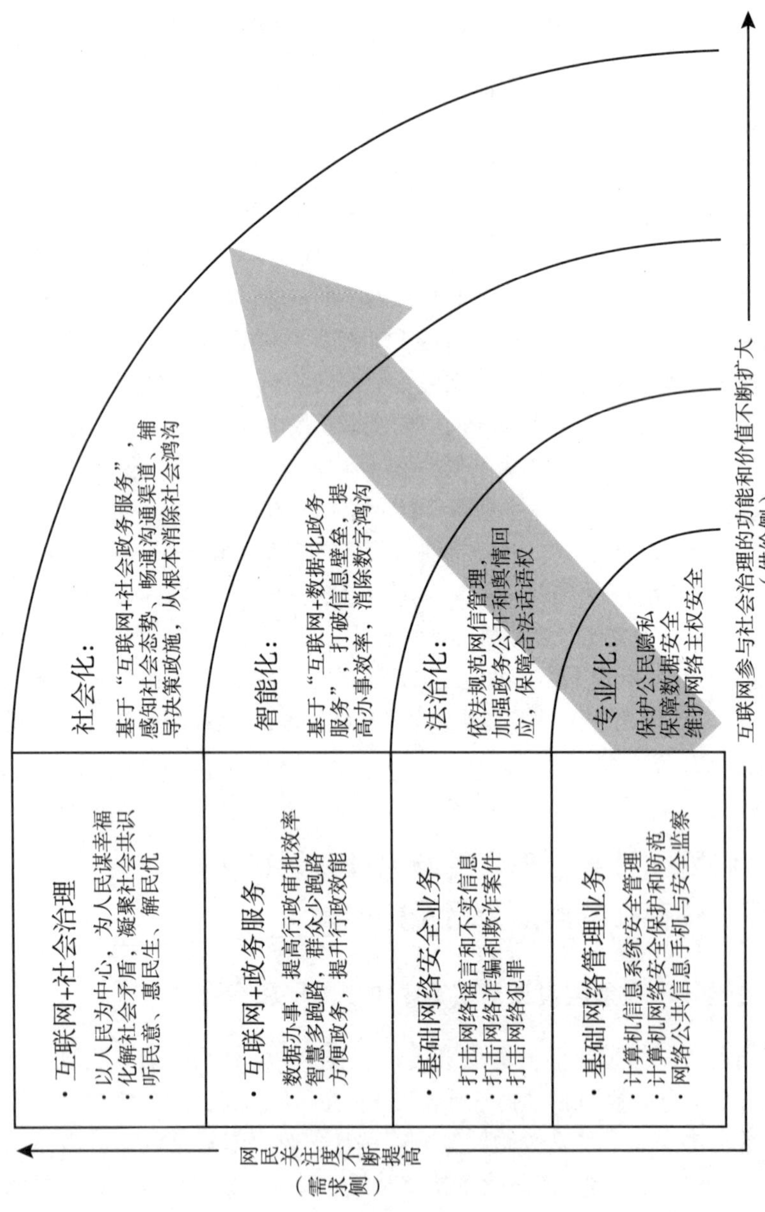

图5 “互联网 +”融合社会治理的进阶发展

结合社会治理“四化”的总要求来解读和归纳，“互联网＋社会治理”是国家治理体系和治理能力现代化的有机组成部分和线上延伸，其能力差异和结果直接影响中国共产党对人民的承诺兑现，对自身历史使命和根本宗旨的担当，以及民心向背的执政根基。因此，“互联网＋政务服务”应当从政治高度和社会长治久安的大局出发，服从并服务于新时代社会治理“四化”体系。具体而言，“互联网＋政务服务”应当以数据化政务服务为基础，提升社会化政务服务的民众满意度，并在整体上服从和服务于“互联网＋社会治理”的政治格局（见图6）。

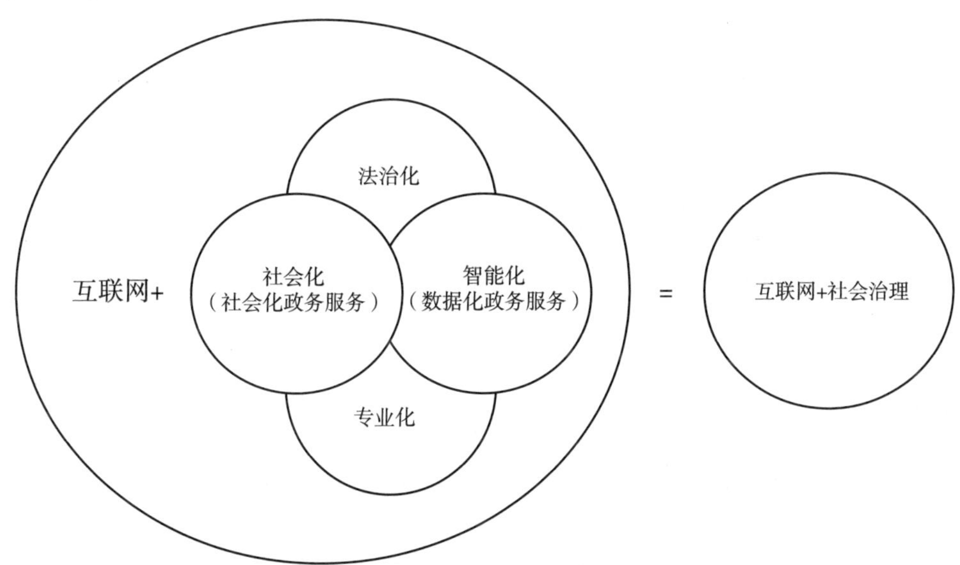

图6　“互联网＋政务服务”在新时代社会治理“四化”中的分解定位

数据化政务服务的主要实现路径是利用网络信息技术对“放管服”下的行政业务审批流程的效率提升和体验优化，同时也是在互联网时代政府改进和完善“智能化政务”的分内责任。要想从根本上解决基于民意的利益诉求表达在网络舆论空间的社会问题、“舆论鸿沟”和“社会鸿沟”，就必须通过互动、沟通和服务来积极回应社会关切，即提供“社会化政务服务”。

社会化政务服务的诉求具有个性化、特殊化、具体化等特征，无法通过软件技术和程式化的数据交互（如调阅、查询、支付、审批）来完成，这恰恰需要政府与公众在线上互动沟通、线下调查核实处置、再回到线上回应公示的社会化政务流程，考验的是政治智慧、沟通艺术、决策水平和服务作风，检验的是党委、政府“为人民谋幸福”的初心，是对“四个自信”的验证。因此，新时代的政务微博等新媒体，就是政府在网民身边的“网店”，网民诉求就是对政府所下的“在线订单”，政务新媒体唯有以互动和沟通来精准高效地“配送”政府线上线下的公共服务产品，民众才能完成对政府公信力的“签收”与“好评”。

当前，全国政务微博已经初步实现了从中央到地方的线上五级政务行政职能构架，但就整体运营格局和水平来看，大多是有账号无组织、有政府无行政、有宣传无服务，民有所呼、政无所应。上下级政务微博的内部垂直体系，以及政务微博与媒体、社会、网民之间，形成了本最不该出现的“信息孤岛”。因此，“互联网＋社会治理”必须加强互联网治理在“供给侧”的改革，首先就是要互动、要回应、要“接单”。

（二）当前政务微博多数只是宣传上网，综合政府职能和治理权未全面上网

我们应当理性审视“老百姓上了网”的深刻含义。老百姓上了网，是结构化的社会力量和能量整体架构于网络布局并得到释放，一些所谓负面的、刺耳的舆情，也是现实社会主要矛盾的释放。然而，现在大多数政务微博只是宣传职能上了微博，或者是仅仅由宣传职能负责微博运营而发挥了宣传的主要功能，并不是“全职能政府”的政务微博。这就必然导致网络强国战略推进的官方断层。

新媒体平台上，如果没有政府全职能的联席上网走“网络群众路线”，网民群众所反映的实际问题就得不到根本解决。这也正如习近平同志所说：“行百里者半九十。中华民族伟大复兴，绝不是轻轻松松、敲锣打鼓就能实现的。全党必须准备付出更为艰巨、更为艰苦的努力。”思想宣传工作固然很重要，但是不解决民众利益诉求的实际问题，思想问题就无法得到根本解决。重宣传而轻服务，或宣传多而服务少，到头来网民不满意了又让宣传和网信职能部门去承担服务职能不到位的舆情压力，这不合理也不公平。这种不健全的网络政权职能布局，是当前政务主体在发挥“互联网 + 社会治理”的综合功能时，在我是谁、在哪儿、面对谁、为了谁等一系列的“原点性”问题上出现的重大角色错位、职能越位和功能缺位。

如广为网民称道的“@ 问政银川”“@ 成都服务”“@ 湖南公安”“@ 马鞍山发布”等政务微博，其并非用宣传赢得了民心，而是以发布为基础、以互动为核心、以服务为根本，时刻与人民群众保持密切联系，自觉接受舆论监督，完善现实社会治理的机制体制建设，真正做到了守土有责、守土负责、守土尽责。在微博这块新媒体版图上不仅守住了还守得好，更守出了新时代网络强国战略下中国共产党和人民政府媒介政权的自信和公信，宣传部门只需要“盘点”和采写这些政民互动中以服务所演绎出的鲜活的好故事，就能制造出更具公信力的好舆论。如此，“巧妇难为无米之炊”的困顿亦迎刃而解。因此，政务微博体现的不仅仅是传播层面的官方话语权，更是网络强国战略下媒介执政的新治理权。

（三）舆论治理出现简单化和极端化，不“理”而“治”

2018 年 2 月 28 日，微博平台发布了《关于向头部用户和会员用户开放评论管理功能的公告》，引发社会广泛质疑和热议。这一举措传递的信息显然不是“疏”而是“堵”，是试图通过人为改造微博的媒介传播机制，来进行舆论自我减压。习近平同志明确指出：“我们党要团结带领人民有效应对重大挑战、抵御重大风险、克服重大阻力、解决重大矛盾，必须进行具有许多新的历史特点的伟大斗争，任何贪图享受、消极懈怠、回避矛盾的思想和行为都是错误的。”因此，人民对美好生活的向往的网络化表达，应当被优先重视，而不应被优先过滤，不可本末倒置。

舆论场是社会公共意见的表达，代表了社会综合多元的态度、情绪和立场观点，它不可能是某一个或某一类人的片面声音；舆论场是开放的社会化参与传播，而不是不为人知的“闭门会”或亲友聊天的“会客厅”；舆论场是由社会不同利益阶层的多元意见立体组成，而不是千篇一律“格式化”了的或赞同或驳斥的标准化声音；舆论场是公共意见可以交互辩论的场域空间，基于网络空间的那种“只能我说而你不能说”，或者你只能说“顺耳的好

听的话”，但不能表达不同观点和立场，或者你可以说，但是不让别人看到你的表达意见（反之亦然），均不是真正的网络舆论场。近年来，有学者提出要重视和保障弱势群体的表达权，他们认为在我国社会转型过程中，“弱势群体的基本权利受到忽视甚至被严重侵害引发了大量的社会矛盾和冲突，这些矛盾和冲突已经成为影响社会稳定的突出问题”。从权利保障角度审视，这些问题持续存在的原因主要在于，“弱势群体及社会整体的权利意识尚有不足，利益表达渠道不畅，维权成本较高等”。① 因此，加强对弱势群体的话语权利保障，全面推进相关制度建设，对于维护社会的长期稳定具有十分重要的现实意义。问需于民、问计于民、问政于民、问效于民，依然在于包容和耐心，让网民能有说话的机会，从而让执政有更多的民意基础。2018 年 8 月 21 日至 22 日，全国宣传思想工作会议在北京召开。习近平同志再次指出：“我们必须把人民对美好生活的向往作为我们的奋斗目标，既解决实际问题，又解决思想问题，更好强信心、聚民心、暖人心、筑同心。”这也进一步说明，不务实解决网络民意表达的“实际问题”，社会舆论中的“思想问题”就很难解决。从当前互联网治理的实践来看，敬畏网络的“舆情意识”在全党和政府体制内得到了前所未有的提高和高度重视，但是“舆情观”也显现出有失偏颇的“极端化”认知，突出表现之一就是将网络民意在合法范围内的合理诉求表达武断地归类为“意识形态”问题。“极端重要的工作”没有围绕并统一于“以人民为中心”“以经济建设为中心”的“党的中心工作”，没有将“党性与人民性的统一”体现在网络治理的良好社会舆论效应上来。由于现实社会中的民生问题不被重视且得不到很好的解决，在网民上网之后也得不到表达，进而叠加衍生互联网社会的新的网络性社会矛盾，导致人民群众和网络社会对党的网信工作发生重大误判。

网络社会舆论治理，重在“理”，以“治”为辅。“理”，即疏通渠道、畅通表达，加强互动与回应，由此消弭偏见与误解，凝聚网络社会认同共识；“治”，即在“理”的过程中由共识建立，进而完善规则并构建新秩序，这也是治理权力运行的真正肇始。然而，当前“互联网 + 社会治理”在网络舆论治理层面，某些地方政府出现了倒置的逻辑。对于舆情回应的策略，要么置之不理，要么滥用权力，不是去解决问题，而是简单粗暴地删帖或直接解决“提出问题的人”，要么通过组织大量“水军”来假扮“草根”，匿名发表对自己有利的偏袒和辩护性意见，回避问题本质和矛盾本质等。这些“战略战术”，是对党和政府公信力的任性“透支”，也是对人民利益的“欠账”和“呆账”，与党的根本宗旨和习近平新时代中国特色社会主义思想不符。社会治理的最高境界是“无为而治”，网络治理亦然。在网络高度融合的今天，剔除网络的社会属性来治理网络，显然脱离了实际。当前某些政府部门之所以将“治”放在“理”前，是因为此前“理”得太少。同时，十九大报告指出：“落实意识形态工作责任制，加强阵地建设和管理，注意区分政治原则问题、思想认识问题、学术观点问题，旗帜鲜明反对和抵制各种错误观点。”② 其中关于“四类问题”的区分，在当前互联网治理中同样未能加以严谨而理性的研判和“对症下药”，往往“按下葫芦浮起瓢”，引发社会新误解、新问题。

“互联网 + 社会治理”是新时代网络强国战略下的一个复合型的新治理体系和新命题，

---

① 张晓玲：《社会稳定与弱势群体权利保障研究》，《政治学研究》2014 年第 5 期。

② 习近平：《决胜全面建成小康社会夺取新时代中国特色社会主义伟大胜利——在中国共产党第十九次全国代表大会上的报告》，2017 年 10 月 18 日。

新治理体系必须坚持以习近平新时代中国特色社会主义思想来指导实践，“以网民为中心”，继续走好网上群众路线，积极回应人民的新期待。习近平同志说“网络是草野，网民是草根”，“共产党就是为人民谋幸福的，人民群众什么方面感觉不幸福、不快乐、不满意，我们就在哪方面下功夫”[①]。当前新治理体系的实践证明，互联网不是法外之地，更不是“政外之地”；政务微博是“政府的微博”，更是“微博上的政府”；政务微博的本质是“互联网+社会治理”，既要全面推进网络空间法治化进程，更要让党政职能全面上网理政、依法行政。只有现实社会治理好了，老百姓的满意度高了，“老百姓上了网”之后的舆论表达才能积极，反之亦然。网络社会是对现实社会人们交互作用的结构、环境和空间的延伸和拓展,[②] 网络舆论是现实社会的镜像和依据，积极的网络社会舆论并不能完全靠宣传功能来营造和引导。只有不忘初心，持续做好线上线下政府职能的融合，全心全意为人民服务，才能从根本上实现网络社会的良治和善治，让互联网更好地造福社会和人民，从而让互联网这个最大变量变成事业发展的最大增量。这是新时代网络强国战略下中国社会新治理体系发展的必由路径。

[本文发表于《新媒体蓝皮书：中国新媒体发展报告（2018）》，
社会科学文献出版社，2018。有修订]

① 习近平：《在参加十三届全国人大一次会议广东代表团审议时的讲话》，2018 年 3 月 7 日。

② 谢志强、黄磊：《协商与对话：网络社会治理的新维度》，载《创新型国家建设报告（2015—2016）》，社会科学文献出版社，2015。

“互联网＋”时代的政法新媒体工作研究（2009—2018）

覃匡龙　侯文昌*

摘　要　自互联网进入中国以来，政法机关始终冲在网络问政的最前沿。利用各种新媒体平台开展信息公开、便民服务、业务受理、民意采集、法治宣传、官民互动等工作，一度成为他们在新时期践行网上群众路线的主要内容。曾几何时，从“文宣麦克风”到“法民连接器”，司法的阳光透过新媒体普照互联网每个角落，法律的信仰经由问政点滴根植网民心间。面对“互联网＋”时代人民群众日益增长的对美好生活的需要，政法机关如何借助微博等新媒体平台，打通公共关系建设的“最后一公里”，彰显新时代的司法文明，值得深入探讨。重新定义政法新媒体，变得日益迫切。

关键词　“互联网＋”时代　政法新媒体　政法微博

一　政法新媒体的职能定位

经过将近九年的探索创新，随着法治中国和网络强国建设的深入推进，从被动开通、主动布局到集群发展，各地政法机关对以微博为代表的新媒体的功能定位日渐清晰，即政法宣传和舆论工作的主阵地、普法和法治教育的新渠道、业务工作服务群众的新窗口、政法事业接受社会监督的新平台、彰显法治文明的新载体。

（一）政法微博的早期尝试

2009 年 9 月 27 日，山东省菏泽市牡丹区人民法院率先开通官方微博“@菏泽牡丹区法院”，成为第一个敢于“吃螃蟹”的政法机关。此后，越来越多的公安部门、检察院、法院、司法行政部门加入微博问政的行列，直至发展成规模庞大的政法新媒体矩阵。在此过程中，政法机关不再是高高在上的国家机器，而是逐渐成为践行司法公开、精准服务群众、征集办案线索、引导社会公众、传递法治信息、助力官民沟通的鲜活存在。

新媒体相较于传统媒体具有传播速度快、覆盖范围广、呈现形式多等传播优势，为政法机关推进司法公开提供了前有未有的机遇。《“平安肇庆”引起了一场中国警务革命》——2010 年 11 月 6 日，《中国日报》美国版的这篇报道让“@平安肇庆”一跃成为全球政务微博的翘楚。“@平安肇庆”的开通，不仅让相关领导确立了第一时间公布案件的意识，让全局上下都有了接受群众监督的自觉行为，也培养了当地群众通过微博了解警方动态的习惯。2011 年，云南省人民检察院开通官方微博，除发布检察宣传的常规内容外，云南省人民检

* 覃匡龙：检察日报社党委委员，正义网总裁兼总编辑；侯文昌：检察日报社正义网总裁助理，传媒研究院院长。

察院还在全国检察系统中首次尝试用“微直播”的方式，对省内重要会议做现场直播。也正是这一年，山东省莱阳市人民法院试水庭审微博直播，广东省深圳市中院法庭庭审过程常态直播。直到2013年，“@济南中院”对薄熙来案的庭审微博直播，使其一时间成为政法微博界的“网红”。针对我国首起微博直播的高官贪腐案，“@济南中院”共发布152条微博，平均一天发布30条，引发国内外舆论轰动。

充分利用新媒体平台的优势，向群众提供更为全面的办事服务，也是政法机关身体力行的内容之一。早在2011年2月，江苏省宜兴市人民检察院开通微博，便本着“网络为民”的理念，以“全警用网”的真诚态度搭建起检民互动的平台，一体化推出网上律师约见、网上申诉受理、网上法律咨询等28项网上办事服务项目，一举冲进首届政法机关微博问政推荐榜。为全方位拓展政务新媒体的服务功能，2014年8月，北京市公安局“平安北京”移动新媒体服务平台正式上线，网友可通过“私信”自助查询北京警方人口、交通、出入境管理等公安业务办事指南和各单位便民服务电话等。平台上线仅5个月，便交出了“解决网友反映的问题和困难1000余个”的优秀成绩单。

由于门槛低、普及率高，微博成为群众向政法机关反映线索、举报反腐的一个重要途径；另一方面，政法机关也通过新媒体这一桥梁，依法、精准、及时、有效地预防和打击各类违法犯罪活动。2010年8月29日，一个网名为“@苏小沫儿”的济南网友在新浪微博对自己的轻生行为进行网络直播。“@平安北京”接到有关“@苏小沫儿”要轻生的信息后，根据网络IP断定其上网地址在济南，便和“@济南公安”取得联动，济南警方确定位置后出动警力搜救，最终阻止了一起轻生事件，赢得国内舆论一片赞誉。深圳市人民检察院通过其官方微博下的一条简短评论，查明了一起司法人员违法办案事件，被当地媒体报道为“微博评论立大功扳倒法院副院长”。江苏省南京市公安局白下分局在其官方微博发布“三国杀”通缉逃犯、安徽省阜阳市公安局“非诚体”通缉令等，在传统办案工作之外，更是引领了一阵阵追逃新风。作为全国首个开通官方微博省级政法委，广东省政法委曾专门发博鼓励广东各级检察院及反贪局、反渎局开通官微，主动从微博中寻找案源，循线依法反贪、反渎。

微博平台短、平、快的特点，可以有效提升舆论引导的效果，所以政法机关也借此来向广大群众通报情况、澄清谣言。2010年11月，江苏省常州市公安局官方微博直播了发生在常州市天宁区朝阳三村一起劫持人质案件的处置情况，该做法得到了时任公安部部长孟建柱的充分肯定。2011年8月，“@济南公安”在“女狱警打人事件”中，从监测预警、询问情况、现场研判、报送审定、直播处置到公布处理决定，9小时内先后发布11条微博，官方信息通过微博到达网民和现场群众，迅速平息舆情。2012年，广州市公安局官方微博首创公安“微指挥”模式，针对因“日本购买钓鱼岛”引发的群众聚集事件，以每隔10分钟发布一次的频率，不间断地发布正面引导网民理性爱国的信息，实时向群众发布现场交通、治安情况，数十次发出路况提醒，及时通报警方依法处理非法煽动者的信息。同年，深圳跑车肇事案曾引发全国媒体和社会公众广泛关注，网上质疑肇事司机存在“顶包”嫌疑的声音不绝于耳，并因此引发了对有关执法机关公信力的质疑，在查明不存在“顶包”现象后，“@深圳市检察院”第一时间通过官方微博发声告知公众，该微博在发出后10小时内即被转发和评论超过1.5万次，有网友评价这一发布“使原本失控的民愤重新回到轨道”。

新媒体相较于传统媒体，其优越的交互性使得官民平等对话网络新模式得以产生和持续，由此开辟了政法机关网络问政的新渠道。2010年8月1日，北京市公安局正式开通官方微博，微博值班民警每日将网民的所有正负面评论整理成微博日志上报给局领导，局领导阅后会选出代表性意见在第二天晨会上告知市局各单位“一把手”，并制作“网民反映问题通报单”向局属各单位派发，包括通报时间、通报单位、答复时限等12项内容，还附有“答复网友内容”，“@平安北京”据此向网友做出答复。广东省中山市人民检察院官方微博积极与网友互动，无论是法律咨询还是生活琐事等问题，微博值班管理员都会认真回复，被媒体称为“最勤奋官微”。处在江苏省公安机关新媒体问政前列的“@江宁公安在线”，以其春风化雨般的“微博提醒”始终保持着警民良性互动。尤其值得肯定的是，部分政法机关领导主动触网，与网友面对面展开零距离交流，显得更有诚意。福建省福州市平潭县人民检察院自2011年起，于每月中旬定期在其官方微博上开展检察长“微访谈”活动，与网友进行微博互动；2012年3月10日，江西省公安厅领导登录江西公安在线交流平台与网友在网上互动交流，通过同步开展的微博“微访谈”，首次实现了与微博网友的交流互动。

每个运营卓越的政法新媒体背后都有一套完备、有力、高效的组织领导机制。在微博问政进入公众视野后，省级政法机关的引领带动作用至关重要。其中，以广东省公安厅、湖北省人民检察院和河南省高级人民法院为代表的政法机关可谓成效显著。广东省公安厅将全省21个地市公安机关的微博联系起来，形成了全国第一个微博群，引领了一场新信息时代的警务革命；河南省高级人民法院开通微博之时，省辖市人民法院微博亦同时开通，随时发布河南全省法院受理的重大案事件；湖北省人民检察院成立了由时任党组副书记、常务副检察长徐汉明担任微博平台负责人的高规格领导小组，并出台了规范的微博管理办法。实践证明，上述地方相关政法部门微博问政的表现都属上乘。值得一提的是，浙江省海宁市司法局官方微博“@海宁司法”首创微博公文，市司法局对微博公文的内容、发布、转发以及保密要求均做出了明确规定，这一旨在有效推动政府部门工作作风和文风改进的举措开全国先河，曾被业内专家称为“2.0时代的电子政务”。

在微博主导的移动互联网时代，政法机关从初步尝试开始，一步一个脚印，扎实推进各项司法工作。回顾过往，数不尽的典型样本犹如点点星光，为政法机关新媒体建设和运营照亮前路。

（二）政法新媒体定位的迷失

当政法新媒体问政进入第七个年头时，互联网技术和网络生态已经发生了重大变化。期盼重大案事件的司法回应、获取便捷的法律服务、举报案件线索、查询企业行贿档案、预约律师、支付交通违章罚款等具体办事需求，逐步超越了浅层次的阅读普法宣传信息，成为广大网民针对政法新媒体的主要期待。然而，在媒体属性不断加强、服务功能日益弱化的情况下，越来越多的政法新媒体一味重视花样宣传、盲目追求数据政绩，“我说你听、不办实事”的风气日渐加重。

在互联网企业的商业运作、网络营销思维的裹挟下，政法新媒体的“媒体属性”和“文宣功能”以其低门槛、低成本的优势，不断得到强化。与此同时，昔日备受推崇的“便民服务功能”的研发和拓展，逐渐出现从萎缩陷入停滞的迹象。运营者面对移动互联技术的“本领恐慌”与日俱增，“重宣传营销、轻便民服务”的倾向日益明显。政法新媒体逐渐走到了一个需要重新定位的十字路口。

主题重复、内容雷同、过度营销、娱乐至死，是政法新媒体“文宣化”带来的主要问题。遇到重大会议、重大案件、重大政策发布，“一个声音喊到底”“一篇通稿打天下”的老问题，在“新媒体”外衣的包装下，大行其道。每逢社会热点、体育赛事、影视娱乐、流行情怀、明星八卦爆出，不管是否与司法工作相关，争相拾人牙慧、拼接附会，在“段子手”的推动下，“友谊的小船翻了又翻”“洪荒之力一用再用”，“官微追得辛苦，网民看得尴尬”。当把新媒体工作局限在文章出新、作品出位之后，大秀颜值、使用“污词”、情绪爆棚、“标题党”、恶意刷粉，逐渐成为“主流”。

“七夕来了，几乎所有官微都在推送《法官的七夕这样过!》《检察官才是最懂浪漫的》等文章。好不容易过完七夕，‘洪荒少女’又横空出世了。法官办案用上了洪荒之力，检察官反腐用上洪荒之力。”知名法官自媒体“桂公梓”在《“云思考”时代，我们最不缺少的就是表态》一文中，针对政法官微的过度营销，提出犀利的批评：“宣传文案也要动动脑子好伐？追热点也要有选择的好伐？我们法律人关注时事，热爱祖国，也生来浪漫，但你们的气质真的和娱乐热点不搭啊！何况别人都各个角度讨论千遍了，你们既说不出新意，也说不出趣味，干嘛还非要勉强自己去凑热闹呢?”

事实上，关于政法新媒体定位偏差的问题，在法律人内部也存在较大争议。2016 年 4 月 30 日，“法律读库”微信公众号发布了检察官“劳月”的《检察官立身之本是什么？新媒体莫娱乐过头》，对某基层检察院做的一期以“青春”为题的新媒体宣传文章进行了点评，一场关于检察新媒体娱乐化“罪与非罪”的争论就此展开。“劳月”认为，有些检察新媒体出了方向性问题，检察官赖以生存的，是法律业务水平，是维护公平正义的能力，而不是颜值。检察自媒体“书女”“菠菜笔记”则认为，检察新媒体的娱乐与宣传职能并不对立，并呼吁对基层检察新媒体多一份包容和关爱。乍看，“劳月”的板子或许拍得有些重，但有关方向性的问题确实值得警醒。

舆论阵地意识和民意引导功能被严重忽视，是部分政法新媒体“文宣化”带来的另一问题。尤其是在“两微一端”大范围覆盖后，“司法阳光”的全覆盖还有很长的一段路要走。

2016 年 5 月，“雷洋案”以近乎疯狂的态势在舆论场蔓延。事发之后，当地检察机关积极介入案件本值得肯定，但相关案件进展仅仅是通过其他媒体被动对外公布，而将自己的官方微博弃之一旁，将舆论引导的主动权、主导权拱手相让，以至于网上发出“为何迟迟不见检方回应”的尖锐质疑。令人欣慰的是，在随后涉案民警被立案侦查的信息通报中，北京市、昌平区两级检察机关都将自己的新媒体作为重要的发布平台，让网民能够看到检察机关的努力和诚意。“有为，才能有位。”在当月正义网发布的“互联网 + 检察”指数排行榜中，北京市人民检察院在总榜中一跃登顶，其微博和微信也分别位列相关榜单的第四位和第二位。以往，业内人士通常用“100 - 1 = 0”来形容文宣与舆情之间的关系。从这起案例来看，做好一次重大事件的舆情应对，可能比平时做 100 件新媒体作品所取得的社会影响力还要大得多，“0 + 1 > 100”也成为可能。

公器私用、个性化痕迹浓重，是部分政法新媒体“文宣化”造成的第三个重要问题。之所以出现部分官方新媒体公信力被“小编”的个人情绪、私人恩怨、随性表达所绑架的问题，往往是因为建设初期部分政法机关过于依赖掌握互联网传播技术、熟稔网络传播技巧、懂得网民表达方式的管理人员，忽视了业务部门的参与，缺乏相应的制度规范和必要的技能培训。

2015年1月，《南方都市报》曝光深圳警界"娃娃鱼饭局"事件后，当地警方一纸"严禁警察以任何形式聚餐"的禁令直接刺激了警察群体。随后，武汉市公安局刑事侦查局警犬大队官微晒出多张警察聚餐照片，并点名南都"欢迎暗访"。与此同时，多地公安机关官微被管理员的个人意志所裹挟，纷纷晒出基层民警聚餐图片，矛头直指南都。对此，新华社刊文告诫警方不要"以晒辛苦制造警媒对立"，《人民日报》评论则认为，政法机关利用微博等新的传播媒介回应舆论质疑、树立机关良好形象依旧任重道远。

由政法新媒体发起的情绪冲突，不只存在于警媒之间。2015年6月25日，陕西省榆林市公安局官方微博在看到网民关于神木县存在警车私用问题的举报后，做出强硬回应："家里人又违法了吧，找公安的茬了！"5天后，该市子洲县公安局交通警察大队官方微博发帖，抨击20世纪50年代我国实行的土地制度改革，内容敏感、语气激烈，迅速引发网友围观，最终官方以"微博管理员责任心不强"将此事画上了句号。2016年3月28日，福建省宁德市霞浦县公安局面对一条已经详细答复过又再次出现的网民诉求，在网上二次回复时表现得非常急躁："请把我局第一次回复内容读三遍，若还不理解，最好屈尊到户籍窗口咨询为宜。"2016年7月13日，甘肃省和政县人民法院官方微博在"周杰伦举行新专辑发布会"话题之下发布了一条令人讶异的博文，称知名艺人周杰伦"唱的歌乱七八糟，像念经"，更是爆粗口称其是"日本人的××"，随即在网上遭到强烈质疑。

在运营政法新媒体的过程中，"公器私用"还有更为"直白"的表现。2016年4月17日，陕西省榆林市子洲县公安局老君殿派出所官方微博发出一条"维权微博"："4月3日，一醉汉夜闯该派出所宿舍遭民警制服，不料醉汉反污民警打人。领导息事宁人的处理方式使得发帖民警要维权。"涉事民警不满派出所处理结果便利用职务之便借官微讨公道，这样的做法既不成熟，又暴露出当地公安机关在官微管理上的不规范。

从某种意义上讲，政法新媒体的"文宣化"在运营初期作为提升自身影响力、吸引流量和粉丝的重要手段，本无可厚非。然而，当经过一段时间的运营，影响力逐渐积累起来后，如果依然不能合理分配新闻宣传与便民服务的资源和精力，而是津津乐道于"妙笔生花"，徘徊于"服务落地"，一旦"只说不做"的氛围形成，那么，即使"排名提升"，也会"民心渐远"。

迷失的时候，不妨暂时放缓脚步，重新审视自身。政法新媒体不是热点复读机，也不是博眼球的网红，更不是用来宣泄个人情绪的"某某酱"。从"文宣麦克风"到"法民连接器"，政法新媒体亟须实现工作定位的深度转变。

（三）重新定义政法新媒体

虽然站在十字路口，但前路依然光明。建设定位清晰、人民满意的政法新媒体，需要勇气，更需要智慧。开展新媒体工作，既要只争朝夕，也要注意循序渐进。

首先需要修正的是新媒体工作的政绩观。客观看待粉丝数、订阅数、点赞数等指标，将精力集中于宣传政法机关职能、提供便民法律服务，将新媒体打造成"民心工程"，而不是"面子工程"，是政法新媒体亟待回归的初心。早在2012年，上海市静安区人民检察院曾主动清理官方微博僵尸粉，与"粉丝崇拜"划清界限。该院专注于规范管理和解决实际问题的做法，值得其他政法机关学习借鉴。

健康政绩观归位后，最重要的就是，充分研究不同新媒体平台的传播特点、用户特征，结合政法机关的业务需要和工作实际，在功能类似的服务商中，有侧重地、选择性地开通、定位。除了单向文宣外，微博的舆论广场特点鲜明，更适合民意征集、线索采集、网评引导等工作；微信公众订阅号潜在活跃用户较多，但需要充分开放表单互动功能后，才能让网民享受到公开便捷地法律服务；今日头条、一点资讯、天天快报等自媒体平台，只具备单一的文宣发布功能，很容易陷入自说自话的窘境，但考虑到其精准推送功能，可以三选其一。政法新媒体管理者还要注意监测相关服务商的运营方向，一旦发生用户流失、安全隐患、战略转移等严重影响自身工作的情况发生，应及时退出相关平台。

没有规矩，不成方圆。为日常的运营管理建立制度支撑，是政法新媒体开通之后的第一要务。除了新媒体管理办法和实施细则，跨部门协调机制、网络发言人制度、网民诉求受理反馈机制、网络舆情反馈机制以及考核奖惩机制，都是政法新媒体制度体系的重要组成部分。长期以来，广东肇庆公安、宁夏回族自治区人民检察院等在微博管理创新方面的表现十分突出，网络问政工作实现了制度、人员、设备到位，新媒体品牌服务也愈加专业、精确、及时，为其他政法新媒体树立了学习的标杆。

徒法不足以自行。规章制度的执行，还得靠人。定期组织专题培训、实战教学、竞赛练兵，锻炼一支忠诚、得力、高效的新媒体管理队伍，成为政法新媒体建设运营的重中之重。以中央政法委的新媒体团队为例，其成员分别来自不同的政法系统。取众人之长，集众人之智，成为其所运营的“长安剑”公众号得以脱颖而出的重要秘诀。目前，在中央政法委的带动下，包括 H5 制作、信息发布、舆论引导等在内的新媒体培训体系正在形成。

当然，要想摆脱政法新媒体“文宣化”的困局，结合自身职能，收集调研用户需求，革新业务流程，加强技术研发，设计应用场景，或基于商业平台，或研发自有平台，实现便民服务技术支撑工作的常态化，已经成为当务之急。在商业平台的政法应用改造方面，广西钦州市公安局基于地理位置定位技术研发的“微信报警服务平台”、广东省广州市公安局全国首创微支付交通违法缴费微信平台、天津红桥区人民检察院设计微网站、辽宁省人民检察院开发微信服务表单应用等，已经做出不少有益的尝试。而在自有平台研发方面，湖北省人民检察院率先尝试，走在了全国政法机关前列。该院自行研发的“湖北检察” App，是集检察新闻、检务公开和检察服务于一身的综合性手机应用程序，集成了网上受理中心、约见检察官等 10 多个服务平台，提供文件、案件查询，律师预约，网上受理等 17 项检察业务查询与办事功能。2016 年 5 月，由山东省青岛市政法委研制的“法治青岛” App 上线。据报道，在该平台上，无论是法院系统的裁判文书公开、执行文书公开、审判流程公开，公安系统的户政管理、交警业务、出入境业务，检察院系统的民刑申诉，还是司法行政系统的法律援助和法律服务，都可以实现。

此外，不管基于何种新媒体平台研发，安全都应成为首要考虑因素。微博平台存在着账号被盗风险，常常被用以传播广告信息等营销行为；具有服务功能的微信平台会涉及用户的个人数据和隐私泄露问题，微信平台的支付功能更是增加了用户的财产安全风险；一些互联网企业开发的 App，同样存在着获取用户权限等有关个人信息安全的风险。针对不同新媒体平台要制定相应的安全策略，并紧跟信息技术发展的步伐，及时检查发现新漏洞并更新安全策略，促进整体安全水平的提升。

为了更好地统筹规划有关功能定位、制度管理、人才建设、技术研发、安全保障等方面的工作，一些政法机关成立了新媒体工作室等专门机构，实现了政法新媒体的集约式管理。比如，山东省人民检察院通过成立新媒体工作室，聚集专业人才，配备先进设施，目前可以实现对省检察院新媒体的运营维护、对全省检察新媒体的规范管理、对全省涉检网络舆情的监测引导、协助相关业务部门开展检务公开和便民服务四大功能，充分展现了山东检察工作新成效和检察队伍新形象。

重新定义政法新媒体，既要回归初心，也要推陈出新。道阻且长，行则将至。我们期待着有一天能够看到这样一种景象：网民通过新媒体平台向政法机关提出诉求，新媒体运营人员接收并移交业务部门办理相关诉求，办理结果经新媒体反馈给网民，在评估办理效果后，将网民反应好的制作成典型案例，通过新媒体平台发布传播，让更多网民感受到政法机关的办事效率和工作诚意，让更多网民乐于参与政法新媒体的建设运营，进而提升政法新媒体的影响力，增强法民互动的活力，让政法新媒体从浮在眼前的文章，变成线下尽职的服务，真正走进网民心里。

二　政法自媒体的公共参与

对于体制内的法律人而言，上网既是个人适应现代信息社会的一种生活方式，也是新媒体时代聆听和回应民意的形势所需。和普通人一样，他们用键盘记录生活点滴，体味人生百态，经营着属于自己的精神栖息地。利用政法系统的自媒体，他们在网上介入公共法治事件，倾心竭力扶危助困，主动传播法律常识，积极批驳谬论谣言，弥合公共舆论场的官民分歧。扬网络正气，做法律表率，聚公道人心，成为体制内外对他们的共同期许。

（一）互联网风口的法律人

在法治化进程不断提速、人民群众维权意识日益提升的现代中国，互联网信息技术的历次迭代变革，都在不断拓展着民间社会的话语空间，解放着底层公众的个性表达，推动着媒体话语权由精英向大众转移，进而为法律自媒体的萌芽、成长、嬗变、壮大提供了不竭的动力。

在论坛繁盛的21世纪初，网上公共议题多属于外交、文化领域，较少涉及法律。与此同时，受传播技术限制，除了个人账号信息和发帖记录外，每位网民没有属于自己的网络主页，只能依附公开的不同板块分散发声，相对缺乏“独立意识”和“领地意识”。尽管也有零星的体制内法律人混迹于天涯、猫扑、凯迪等处，但更多局限于圈内人在法律学术问题上的专业交流，具备公众属性的自媒体尚未成型。因此，从某种意义上讲，论坛时期是法律人“开眼看网络”，学习媒介素养，展示专业水准，结识业界精英，熟悉发帖规律，树立圈内声誉的萌芽期。

“圈地为王、我有我空间”，是2005年腾讯公司正式对外发布其博客产品——QQ空间时所采用的广告语。这一年前后，博客进入全盛时期。让每一位网民在互联网上找到属于自己的家，成为新浪、腾讯、搜狐、网易等门户网站共同的战略方向。从那时起，自媒体进入快速成长期。也是在这一时期，拥有天然的体制内资源优势的正义网、法制网、中国法院网等法制类门户网站开通法律类博客写作社区，为法律人的“自媒体化”提供了专属的言论领地和精神家园。

法律自媒体由是迎来了“法眼观天下”，交流学术研究成果，发表法治时政评论，探讨司法工作实务，引导舆论风向，针砭时弊，积累网上口碑的成长期。其中，尤以正义网法律博客最为活跃。据统计，在2011年，该博客网站的日均原创博文数就达到600篇，日均点击量超过200万次。在这个网站上，黑龙江省大庆市红岗区人民检察院职务犯罪预防科工作人员张建山将媒体公开报道的信息按省分门别类建立了数据库，起名为“贪官档案馆”，引发媒体竞相报道；针对知名的李庄案，正义网发起虚拟审判活动，由法律博客网友组成“山寨法庭”“虚拟陪审团”，在“法官”的主持下通过法律博客的留言板展开了激烈的讨论，点击量超过40000次；在山西省太原市杏花岭区检察官进京抓捕央视女记者事件中，针对网上关于检方此举系打击媒体的非议，时任浙江省人民检察院民事行政检察处副处长曹呈宏在其法律博客上连发两篇评论文章，从专业角度打消外界的疑惑，起到非常好的舆论引导效果。

除了对公共热点事件的关注和解读外，结合政法机关职能，与网民在线互动，主动采集网民举报线索，积极开展释法说理，记录干警个人生活，都是这一时期法律自媒体的重要内容。“留言收悉，已转调查”，这是时任江苏省泰州市公安局副局长纪阿林认为最能感动网友的博客回复。而在他的新浪博客上，还记录着很多反映普通干警打击犯罪、维护治安的基层小事，让更多网民得以了解一线民警的真实生活。有网友在其博客图片中发现了他们研究案件时抽中华烟的问题，他直接跟帖称：“您说得对！我平时不抽烟，但开会和破案时一支接一支。那些派出所所长大多是过去的老同事，平时也没有接触，只有在发生案件时才和他们相遇，所以他们一见我就去买好烟。”这种坦然得到绝大多数网友的理解。

当然，博客时期，法律自媒体的典型案例还有不少。比如，辽宁省鞍山市公安局建立“所队长博客”受理网上报警，征求意见建议，回应政策咨询，发布案情通报；河南省漯河市中院民一庭法官寇文启建立“幸福博客”，提醒人们要珍惜爱情、珍视婚姻；河北省石家庄市法官秦玉强通过博客写信给参加汶川地震救灾的儿子，“家里一切都好……你要记住，在爸爸心里，为国尽忠就是最大的尽孝”，充分表现出一位父亲的博大胸怀和一名法官的爱国热情。不过，整体而言，受门户网站自身影响力所限，法律自媒体的公共参与度整体还处于偏低水平。

“时无英雄，使竖子成名”，时任湖北省恩施州中院办公室主任刘国锋在2011年4月获悉其所经营的基层法院微博入选“全国十大地方政法机关微博问政推荐榜”时，做出了这样的感慨。然而，他没有想到，正是从被誉为“政法微博元年”的2011年起，规模性地入驻微博、抢占新兴舆论阵地成为政法系统新媒体工作的开端。与论坛帖文依附于板块、博客空间附着于门户不同，微博自问世以来，其强大的社交属性和媒体功能就彻底打破了运营商或圈群的门户界限，强化了网民个体的独立发声能力和言论领地意识，改变了传统的信息传播格局，为自媒体的大规模发展扫清了最后一道技术障碍。法律自媒体人终于拿到了自己的“麦克风”，站到了涉法舆论广场的中央，可以不再做单向新闻的接收者，真正成为能够公开传播消息、独立评论是非、设置公共议题、引导舆论风向的自媒体。法律自媒体自此进入“关注就是力量，围观改变中国”的微博时代。

有人的地方，就有江湖。人多的地方，正是江湖深处。在微博这个深不可测的网络江湖中，不同的法律自媒体有着不同的际遇。入驻微博较早的陈里曾经因“微博约请农民工吃饭”引发争议，也曾因在华山游客滞留事件中协调有关部门积极疏散游客，预防事故发生而备受瞩目，如今他已经从陕西省公安厅副厅长升任中央政法委政法综治信息中心主任，从地方的公安“大V”变成了全国政法新媒体的管理者。而公安部打拐办主任陈士渠也因在微博打拐中表现突出，获评2011年度“十大法治人物”，其微博也获评当年的“十大政法官员微博”。还有不少政法微博“大V”成为新闻热点，引起舆论高度关注。比如时任浙江省海宁市司法局局长金中一用微博提醒浙江省环保厅及时处理污染线索，时任广西壮族自治区防城港市人民检察院副检察长何文凯不惧网友质疑用微博“求人肉”，湖南省汉寿县政法委副书记张天成用微博公示自己和家人的财产。也有不少法律自媒体因不同原因而心存彷徨，萌生去意。上海市闵行区司法局干部杨华除致力于法制宣传外，还因敢于在舆论场“亮剑”而遭到攻击，与“@老榕”等网民对簿公堂，甚至连个人生活都受到干扰。江西省九江市公安局纪委副书记段兴焱曾因与同事意见不合，引发“去V”风波，其点评公共事件的方式方法也备受争议。上文中提及的刘国锋也曾因公开言论被过分解读遭到非议而休假。当然，武汉民警张明“@z小明童鞋z”、常州民警“@龙城捕快小汤”等正面的基层典型也层出不穷。其中，后者自制的搞笑防骗视频，在微博上相关阅读量突破1300万，包括“央视新闻”在内的众多“大V”，均表示要携手帮他上春晚。

“微博还未真正成长，就要开始衰老了。”2013年8月，《南风窗》杂志在其封面专题“微博衰变”中如是描述2013年下半年起微博所面临的尴尬境地。商业变现的压力、话语空间的萎缩、传统“大V”的退场、竞争对手的分流，都使这个曾经备受自媒体欢迎的平台出现颓败之象。此后数年间，腾讯微信、今日头条等自媒体内容创作平台异军突起。强劲的用户吸附能力、庞大的用户规模、巨额的商业资金扶持，让法律自媒体迎来了全新的黄金发展期。

（二）民意浪尖的搏击者

弹指间，微博已从“元年”走至“暮年”，微信订阅号、头条号、企鹅号等很快成为法律自媒体的新阵地。“移动互联时代，你们准备好了吗？”2015年初，我们在当年的政法新媒体峰会上对政法新媒体工作者提出这样的疑问，其实也暗含了对法律自媒体发展前景的忧思和期待。

时移世易，网络舆论场的环境今非昔比。前微信时代，大多数法律自媒体还能够坚守法治信仰，保持司法定力，穿梭于官场与民意的重叠地带。如今，全面推进依法治国、深入开展司法体制改革、清理冤假错案等新一届中央领导集体的法治新政，在不断抬高人民群众对法治社会建设的期待值的同时，对法律自媒体人的公共表现提出了更加严格的要求。而借助巨头注资重新发力的新浪微博，在自媒体平台奋力搏杀的互联网企业，也纷纷向法律自媒体抛出了诱人的原创红利。自媒体生产平台在互动功能、发布频次等方面的技术限制，让法律自媒体在微博时代提供实时便民服务的定位快速边缘化，争抢信息红利的媒体冲动日益增强。通过快速编发原创文章聚拢人气，提升阅读量，成为法律自媒体的直接动力源泉。

在微信群、朋友圈日益侵蚀生活的社交焦虑情绪绑架下，法律自媒体想和过去一样，身处民意浪尖而岿然不动，几乎再无可能。当专业、理性、事实与质量，逐步让位于速度、情绪、态度与数字时，民间舆论场也开始发生一系列令人忧虑的变化：法律自媒体与其他群体的公开对抗开始常态化，且有日益激烈的趋势。

首当其冲的，是长期以来在政法领域从事舆论监督的新闻媒体人。2015年6月，央视知名主持人白岩松因为在播报河北肃宁特大枪杀案时，对一名中弹牺牲的警员未用“牺牲”

而用了“死亡”一词，而对于杀死4人、打伤5人的“犯罪嫌疑人”，却用“五十多岁的老汉”来凸显其悲情色彩，遭到警察“大V”猛烈批评。“透过这次许多警察的反弹，或者说对我说话的不满意，我其实首先看到的是，战友牺牲之后，他的这种悲愤的情绪，还有长期以来的委屈、压力和内心的不平。”白岩松事后对此做出这样的回复。无独有偶，2016年4月，哈尔滨电视台女记者在“派出所内采访被打”，引发警界自媒体“抱团”发声。警界自媒体纷纷发文声讨女记者违规采访，并涉嫌强制拍摄警务秘密、不配合警察执法。部分媒体人不甘示弱，公开呼吁保护记者权益，双方展开了一场“警媒论战”。类似事情发生后，数篇由部分警察自媒体编写的题为《基层民警应对记者采访实用手册》《人民警察徒手应对媒体记者采访操作规程》的文章在微信朋友圈流传甚广。

持偏激观点的部分律师、学者和网民，也成为法律自媒体的指责对象。2016年初，当北京基层法官马彩云遇害事件发生后，不少网友非但不予同情反而冷嘲热讽，甚至猜测法官遇害可能是因为枉法裁判、受贿。有个别律师和教授甚至恶语相向，使用“因果报应”这样的偏激言论。面对网民的恶意揣测与“畸形欢呼”，以“CU检说法”“法官那些事儿”“薏米阳光”等法检微信自媒体为代表的司法工作人员集体公开发声，谴责此类冷血嘲讽，呼吁珍视司改浪潮下基层法律人的生命和心血，维护法律人职业尊严。

法律自媒体的转型焦虑与舆论场的偏激情绪开始发生激烈碰撞，让政法舆论生态更加复杂。“警察依法盘查你怎么了？你不出示身份证有理了？口头传唤你去派出所核实你的身份有什么问题？哪条法律规定女人就不能盘查？……”这是在深圳宝安两名女孩因没带身份证被警方盘查事件中，部分警察自媒体发出的言论，引发部分网友对警方“证据面前不认账”的批驳。

当然，在新媒体时代，如何打通官民舆论场之间的隔阂，消除群众对司法机关的不满情绪，引导舆论走上健康理性的道路，都是法律自媒体应当承担的重任。在舆论斗争常态化的今天，“批驳不等于洗地”“论辩勿煽动情绪”的价值导向显得弥足珍贵。在这方面，有些从微博时代延续至今的法律自媒体就做出了表率。“法治权威不容损害，法官权益必须保障，法官人身安全必须保护。”十堰市四名法官被捅伤事件中，陈里的振臂疾呼引发“富平一鸣”“八品法曹”等自媒体响应，将舆论从盲目的仇官情绪拉回到理性轨道上；“河南大学生掏鸟案”中，“劳月”一针见血地指出，“标题党”现象误导公众，严重损害新闻媒体的公信力，必须坚决予以制止，有效化解了围观群众对司法判决的质疑。

尽管已经走得太久太远，但是不能忘记为何出发。法律自媒体的未来发展，同样需要回归为民正途。2010年12月12日，时任公安部打拐办主任陈士渠的实名微博开通。此后一年间，他在微博上接到了2000多条拐卖犯罪线索，平均每天收到100多条私信，超过45万人给他提醒。“虽不会每一条都回复，但我都会关注，对每条拐卖犯罪线索，都要布置核查。”陈士渠由此成为中国知名度最高的警察之一，也几乎成了“打拐”的代言人。

在倾注精力经营公号“以文示人”的同时，能否保持微博时代踏足网络江湖时的“初心”，不做屏幕前的“键盘侠”，而是依法及时回应民生关切，从线上到线下，提高法治信仰，加强底层关怀，用更多的实际行动而非单靠文章来赢得人民的尊重，值得期待。

（三）法治潮头的护旗手

近年来，在党和国家的高度关注下，锻炼一支活跃在法治潮头的自媒体队伍正在逐步被提上政法机关的议事日程。“打造一批有影响的政法微博、微信品牌，进一步增强政法机关的凝聚力、影响力。”中央政法委前书记孟建柱曾经对新时期政法新媒体发展提出这样的要求。2016 年 7 月 20 日，时任最高检检察长的曹建明也在第十四次全国检察工作会议上明确指出要“培育扶植优秀检察自媒体，打造检察新媒体联盟矩阵。”法律自媒体迎来了百花齐放的春天，逐渐发展成促进中国法治建设的重要旗手。

除了政策激励外，各级政法机关主动吸纳法律自媒体人，让其参与重大政治活动，大幅提升了法律自媒体人的荣誉感和责任感，同时也使得他们对这些活动的解读更加准确、专业。常态化的正向制度供给，为法律自媒体的进一步壮大提供了更充足的政治底气。

2016 年 4 月 25 日，“法律读库”作为中央政法委邀请的唯一一个法律类微信公众号参与全国政法队伍建设工作会议。而 5 月 23 日召开的全国政法系统新媒体建设工作座谈会还要求，全国政法系统各新媒体要打造网络精品，整合优质资源，全面推进新媒体矩阵建设，在重大网络宣传和舆情应对工作中实现即时联动、集中发力、整体发声。“传播法律常识，讲好政法故事，弘扬法治精神”是法律自媒体发展的首要之义。随着新一轮司改挺近“深水区”，传统“高压式、灌溉式”的单向宣教普法理念正在向“以人为本、因需普法”的艺术感染、精神浸润、人文渗透转变。普法形式也从原有的传统媒体向新媒体、“互联网 +”过渡。

“我受西城区人民检察院的指派，以国家公诉人身份，出席法庭支持公诉，并依法履行法律监督职能。”这段被誉为“史上最好的检察官招聘广告”出自“法律读库”的原创视频《萌娃对话检察官》。此前，“法律读库”曾凭借《法律自媒体人眼中的 2015 检察关键词》视频短片，获得了 100000 + 的阅读量，开创了法律微信公众号视频产品的先河。发展至今，拥有百万粉丝的“法律读库”也已经成为中国新媒体普法领域的一个标杆。

除了内容和形式创新外，法律自媒体要提高感染力和影响力，必须坚定不移地走网上群众路线。“网民来自老百姓，老百姓上了网，民意也就上了网。”2016 年 4 月 19 日，习近平总书记在网络安全和信息化工作座谈会指出：“群众在哪儿，我们的领导干部就要到哪儿去。各级党政机关和领导干部要学会通过网络走群众路线，经常上网看看，了解群众所思所愿，收集好想法好建议，积极回应网民关切、解疑释惑。”法律自媒体应当坚持以人为本，重视并体现公民的呼声，要尊重并维护公众的知情权和监督权，积极构建公民与政府交流互动的和谐空间和舆论平台，畅通社情民意的反映渠道。正如“全国公安微博第一人”——时任广东肇庆公安局警察公共关系科科长陈永博所说：“通过网络走群众路线，有天然的优势。因为在网上，没有人是高高在上的，官员和民众之间没有距离感。”

“网络问政，织博为民。关注民生，痴心不改。”陈里在微博签名的这段话，值得每位法律自媒体人深思。面临复杂多变的网络舆论形势，自媒体人应当始终以推进法治建设、弘扬法治精神为己任。每当网上云起时，力争将官民互动的议题、方式和方法框定在法治和理性的轨道内。作为舆论场上的法律和理性的表率，法律自媒体人应学会在职务身份、专业知识、个人感情、性情表达之间把握好分寸。面对各种非议和误解，法律自媒体人应当将法治思维和法治方式作为定纷止争的重要手段，不将情绪化的偏激言论带入舆论场。对此，习近平总书记曾专门指出：“对广大网民，要多一些包容和耐心，对建设性意见要及时吸纳，对困难要及时帮助，对不了解情况的要及时宣介，对模糊认识要及时廓清，对怨气怨言要及时化解，对错误看法要及时引导和纠正，让互联网成为了解群众、贴近群众、为群众排忧解难的新途径，成为发扬人民民主、接受人民监督的新渠道。”

扬网络正气，做法律表率，聚公道人心，是体制内外对法律自媒体的共同期许。过去，他们中的大多数都勇敢地屹立在互联网风口，浮沉于民意浪尖，活跃在法治潮头，未曾辜负外界的信任。未来，期待他们在网络江湖上还能创造更多的精彩。

三　政法新媒体的绩效评估

从零星入驻、批量开通、广泛覆盖到日常运营，政法机关的新媒体工作速度飞快、力度空前、样本迭出、典型林立。细究个中缘由，除了思维超前、业务需要、管理科学、领导重视、干警用心之外，通过客观评价与主观论证，设计标准化的指标体系，定期组织排名评选，将成效评估作为修正价值的导向工具、激活效能的动力杠杆、集约统筹的管理手段、业绩展示的窗口平台，也是政法机关得以从网络问政洪流中脱颖而出的重要原因。

（一）政法新媒体评估的价值观

随着阳光司法的深入推进和现代信息技术的快速迭代，政法新媒体建设取得了长足发展，在沟通、便民、施政方面的价值日益显现，不断释放“指尖上的正能量”。然而，实现规模扩张后，管理失序、定位模糊、升级转型等问题开始逐渐成为政法新媒体工作实现突破的掣肘。能否以监测评估运营成效为抓手，激发活力、树立典型、促进竞争、纠偏矫错、明确导向、规范管理，已经成为政法新媒体工作的重中之重。

“问渠哪得清如许，为有源头活水来。”对于广大政法机关而言，在运营发展初期，开展评估工作，可以鼓励探索创新，展示工作成效，避免出现对开通新媒体平台的观望、猜疑，对运营商的平台营销缺乏甄别，对新媒体舆情和安全风险评估不足等问题，进而让网络问政能够顺利开局。2011 年底，新浪微博平台中政法微博账号数量由 2010 年底的 603 个增长到 9514 个。然而，数量激增的背后，政法微博“不知道发什么”“不知道怎么发”“发布与工作无关的内容”，甚至“不发布任何内容”的问题正逐渐凸显。为遏制这种不良势头的发展，激发新媒体工作活力，正义网络传媒研究院在 2012 年发布的《政法类微博影响力报告 3.0 版》中专门统计了“空壳微博”和发布内容与政法职能无关的微博数量，专门指出其所反映出的运营方经验匮乏、运营商“送粉营销”等问题，并推出了一批在规范管理、信息公开、执法办案、舆情应对、官民互动、社会管理等方面表现突出的新媒体样本，供各地参考。报告发布后一年内，各地政法机关通过微博收集网络民意、回应公众诉求、提供便民服务的做法越来越多，“空壳微博”的比例从 14.10% 下降到了 10.27%。评估真正成为推动政法新媒体破冰前行的源头活水。

“以人为镜，可以明得失”，榜样不仅是一面镜子，也是一面旗帜。在开局之后，针对发展目标不明、功能定位模糊等问题，开展评估工作，可以树立先进和模范典型，让“领头羊”“先行者”充分发挥良好的示范、引导和激励作用。2010 年 2 月 25 日，“@平安肇庆”成为全国公安机关第一个被正式认证的官方微博。在被誉为“政务微博元年”的 2011 年，“@平安肇庆”坚持将“有问必答，有答必办，不办必督”作为网络问政的基本理念，组建了由政治处、纪委、指挥中心、刑警、交警、经侦、治安、出入境、法制、公关、消防、边防、森警等业务部门民警组成的63人微博专家团队，为每位民警提供了23万字的“口径库”（公安业务办事指南），采取公关民警固定、业务警种相对固定轮流值班的方式，实时为公众提供服务，为政法委、法院、司法局做出表率，迅速成为带动当地政法新媒体问政工作的龙头。时任广东省委书记的汪洋在当地专题调研时，曾充分肯定肇庆政法部门利用微博开展网络问政的探索，认为“发挥了加强互动、听取民意、化解矛盾、传达信息的积极作用，是新时期改进政法工作的积极探索”。除了当地的用心工作和倾力宣传外，“肇庆经验”能够走出广东，还得益于正义网络传媒研究院在当年年底举办的全国政法类微博评选和经验交流活动——政法微博创新与社会管理峰会。在此次会议上，肇庆市公安局、法院、检察院、司法局在由正义网评出的四个系统的“十佳影响力微博榜单”中均位居前三名。“肇庆模式”由此得以享誉全国，并吸引了上海、北京、香港、澳门等地司法机关前往当地参观考察。

随着“榜样”“模式”的增多和固化，一些政法新媒体可能会出现故步自封、孤芳自赏的现象，将整个工作局限于自身的“经验主义”。开展评估工作，可以突破诸多“样本”的窠臼，促进被评选者之间良性竞争，营造创新进取的氛围。在政法新媒体队伍中，既有起步较早、在某方面成效显著的探路者，又有定位全面、发展迅猛的后起之秀，还有敢于打破常规、推陈出新的新生力量。面对我国法治化进程提速、群众维权意识提升、互联网技术飞速发展的新形势，这些新媒体需要保持危机感，增强竞争意识，汲取众家之长，推动自身工作改革创新，促使网络问政与时俱进。2011年到2015年，正义网络传媒研究院针对检察微博进行了四次系统的评估，推举出各年份的“十佳检察微博”。结果显示，在四次排名中都能进入十佳的微博仅广东省人民检察院一家，三次上榜的也只有湖北省人民检察院、广东省肇庆市人民检察院两家（见表1）。由此可见，政法新媒体之间的竞争非常激烈。2012年，人民网与新浪网联合发布政法微博报告，盘点总结了以检察官个人实名认证微博为主的“北京检察模式”、以省市县三级法院联动为特色的“豫法阳光模式”、以普法宣传教育为主的“浙江普法模式”等为代表的具有不同特点的经验典型。这些评选在不断提醒政法新媒体工作者打破常规、开拓创新，为政法新媒体的横向比较提供学术基础，让学习其他政法机关在利用新媒体进行务实应用、创新发展、服务民生等方面的先进做法成为一种风气。

表1　检察微博十佳排行榜对比

2011年	2012年	2013年	2015年
湖北省院	广东肇庆市院	广东省院	北京市院
广东肇庆市院	陕西西安未央区院	宁夏回族自治区院	山东省院
江苏宜兴市院	上海市院	湖北省院	河南省院
广东省院	广东省院	云南省院	江苏镇江市院
河南南召县院	江苏宜兴市院	广东肇庆市院	湖北省院
深圳南山区院	深圳宝安区院	陕西西安未央区院	广东省院
天津河西区院	广东珠海市院	上海市院	广东广州黄埔区院
湖北咸丰县院	云南曲靖市院	深圳南山区院	青海省院
广东深圳市院	云南文山州院	浙江省院	宁夏回族自治区院
北京海淀区院	江苏南京江宁区院	广东深圳市院	新疆维吾尔自治区院

当学习、竞争蔚然成风后，导向问题就成了决定政法新媒体工作成效的关键。“要把坚持正确导向摆在首位，始终绷紧导向这根弦，讲导向不含糊，抓导向不放松”，“新媒体也要讲导向”，习近平总书记曾在不同场合多次强调新媒体工作的导向意义。开展评估工作，可以纠正工作中的偏差和误区，树立正确的价值导向，引导新媒体工作的发展方向。

针对商业网站评选以数据为唯一统计和排名依据在不同政法系统中造成“强者越强，弱者越弱”的“马太效应”的问题，正义网相关负责人在2012年的政法微博峰会上专门指出，“如果公检法司四个系统中，某家长期处于领先地位，而其他几家不管做法多么优秀，都无法入围，长此以往，将不利于其他政法机关内部优秀经验的总结推广，也给政法微博在突发重大公共事件中的联动应对带来消极影响。”为避免这一情况出现，正义网当年的微博影响力报告以“重做法、轻排名”为主要思路，以改进和推动政法微博的问政实效为研究导向，以2012年以来国内媒体有关政法微博的1950篇报道为研究重点，对近200万字的文本进行了深度挖掘，总结出一批优秀政法微博的典型做法，突出政法机关的联动协调和经验分享，为政法微博公信力的长期维护和提升，提供了操作性更强的意见和建议。为了进一步推动新媒体时代政法机关社会沟通能力建设，促进微博、微信等政法新媒体的健康发展，正义网于2013年联合国内多家法制媒体发布《政法新媒体健康发展共同倡议书》。倡议书提出反对“神秘主义”“形式主义”“媒介审判”“工具依赖”“有害信息”“粉丝崇拜”等错误倾向，倡导政法新媒体应当依法公开信息、宣扬法治思维、明晰职责定位、网聚正向能量、追求有效传播。2017年底，正义网再度发布《新时代政法新媒体繁荣发展共同倡议》，对政法新媒体提出五点倡议：一是坚持正确导向，恪守阵地职责；二是坚守法治思维，捍卫司法权威；三是树立品牌意识，繁荣法治文化；四是科学设置议题，主动引导预期；五是优化矩阵结构，提高便民效能。至今，这些倡议依然是开展政法新媒体评估的主要依据和引领政法新媒体健康发展的重要标杆。

破冰、示范、竞争、导向，共同组成政法新媒体评估工作的正向价值。当然，评估工作只是政法新媒体工作的重要组成部分之一。在正视其正向价值的同时，应注意避免陷入唯数据论、数据造假、过度炒作、抄袭剽窃等认知误区。只有树立正确的评估价值观，才可能让政法新媒体工作在沿着正确方向不断深入推进的同时，在深化信息公开、加强官民互动、回应社会关切等方面保持初心和活力。

（二）政法新媒体排名的方法论

随着评估重要性的日益凸显、新媒体运营商数据的不断开放，越来越多的第三方机构加入制定榜单的行列，成为外界观察政法新媒体建设运营成效的主要窗口。而对于政法机关内部而言，这些第三方榜单往往因为脱离政法工作规律、过度依赖数据统计等，无法更加科学、客观、准确、全面地反映新媒体工作的实际效果。因此，如何在种类繁多的榜单中，取其精华，去其糟粕，制定符合政法工作规律、适应本地新媒体阶段性工作特点的评估方案，显得尤为重要。

各地开展政法新媒体评估工作，一般需要经过明确评估目的、选定评估对象、数据采集、制定评估标准、统计运算、数据矫正、发布评估结果七个环节。

明确评估目的，是评估工作开展的第一步，对整个评估工作有指导作用。直观反映当前工作成效、加强和改进未来工作、推动政法机关公信力逐步提升，分别是新媒体评估工作的短期、中期和长期目标。在此基础上，针对各地新媒体发展的不同特点，因地制宜、因时而异，制定更加具体的评估目的。在工作缺乏活力、发展方向不明的情况下，可通过评估激励创优、鼓励创新，发挥优秀典型引路的积极作用；在建设加速、管理缺位的情况下，可通过评估了解本地新媒体建设存在的问题，为实现科学管理提供参考；在运营经验不足、效果发挥不明显的情况下，可通过评估在辖区内形成积极交流、互相学习的氛围。

选定评估对象，是开展评估工作的基础。要根据评估目的，确定评估对象的级别、媒体形态、评估的侧重点。如果要对地市院、区县院的工作分别进行评估，可将其按级别划分，单独进行排名。如果本地微博、微信已经发展成熟，而客户端建设尚处于起步阶段，用户量少、关注度低，则以评估“双微”为主，暂不将客户端列为考核对象，待客户端建设初见成效后，再根据需求对其进行评估。如果本地信息化程度不高，群众习惯线下办事，对官方新媒体的需求只限于信息获取，那么，评估就可以侧重信息公开力度和水平。如果本地信息化程度较高，群众获取信息的渠道较多，对官方新媒体的信息发布需求略低，更愿意通过新媒体获取更多便捷高效的法律服务，就可以将评估重点放到功能应用上来。如果本地在信息供给、便民服务等方面都已经发展成熟，但法治宣传和舆论引导能力亟待提升，那么就可以将新媒体作品、自媒体作为评估的重点。

数据采集是一切评估、排行工作的前提。新媒体数据采集方式主要包括评估对象报送、评估方自行采集、新媒体运营商提供、榜单制作机构提供等方式（见表2）。由评估对象自行报送数据，需要投入大量的人力物力对报送数据进行整理、核对、甄别，工作量较大，且要建立配套问责机制来防止数据造假，一般适合评估对象较少，所需数据不能或不便通过公开渠道采集到的评估活动。评估方自行采集数据同样面临工作量大、采集难度高的问题，需要较长的采集周期，对评估方在数据挖掘、智能采集、自动分析等方面的专业要求较高。新媒体运营商提供数据，是指由新浪、腾讯、今日头条等运营商直接将后台采集到的数据提供给评估方，以供研究分析。用这种方式采集数据较为便捷，且能够迅速获取全面准确的数据，但平台提供的数据过于多而全，需要评估方根据实际需求做二次加工，进行整理和筛选。榜单制作机构提供数据更为便捷迅速，且能够相对精准的对应用户需求，同时还能直接提供成形的榜单，其问题在于榜单制作过度商业化，对各种评估采用统一的数据指标，缺少对行业的专业性了解和问题导向的针对性，往往不能起到直接的指导作用。

表2　不同数据采集方式比较

采集方式	优点	缺点
评估对象报送	有针对性	工作量大、数据甄别难度大
评估方自行采集	准确、有针对性	工作量大、成本高、周期长
新媒体运营商提供	数据全面、获取便捷	须二次筛选、设定指标体系
榜单制作机构提供	更精准、有成形榜单	过度商业化、针对性较弱

制定评估标准是进行评估的核心环节。指标体系设计工作通常需要明确主观和客观指标构成，合理分配主客观指标之间、不同新媒体平台和指标项之间的权重。比如，在衡量政法新媒体的成效时，为避免出现“以数字论英雄”的问题，往往需要在由阅读数、评论数、点赞数等构成的客观指标体系外，设计一系列主观指标，如新媒体页面设计的美观程度、发

布的内容是否符合政法机关职能定位、群众对服务的满意程度等。主观指标评定，可以邀请在新媒体领域有深厚研究功底和管理经验的官员、专家进行打分和综合评定。在设计权重时，要充分考虑到各指标项所占比重对新媒体工作开展的导向作用。如国内某知名制榜机构将阅读数的权重设计为80%，而点赞数只占20%。这种过于强调阅读数的做法，使开通较早、积累粉丝较多的账号具有明显优势，不利于鼓励粉丝较少的新开通用户，而且点赞数所占比重过小，削弱了读者对内容认可度的要求，不利于鼓励平台发布高质量内容，容易出现“重推广、轻内容”的问题。因此，在制定指标项和权重时，应注意广泛参考各榜单，吸收其中科学合理的指标项“为我所用”。

按照既定指标体系，对采集的数据进行统计运算后，还需经过数据矫正环节。该环节的一个主要任务是在榜单制作初步完成后，对于一些不可量化的因素和问题进行人工筛查。比如，有的在重大事件的舆情引导工作中，失声、妄语、诳语，导致负面舆情扩大；有的在与网民互动的过程中，不注意方式方法，与网民发生冲突，有损司法机关形象。针对这些严重背离政法新媒体发展初衷的问题，都应在矫正环节予以剔除，否则将直接影响榜单的权威性和公信力。2012年2月2日，某机构发布的《2011年中国政务微博客评估报告》就因为将一家转播数万、几乎没有网民互动且没有高质量博文的派出所（江苏省昆山市公安局新镇派出所）排在“公安微博排行”的第四名而备受舆论质疑。

甄别造假数据是数据矫正环节的另一主要任务。随着新媒体评选活动的增多，数据造假问题正变得日益严重。在各类新媒体发展初期，运营商为了扩大影响和提高市场份额，大都会采取“送粉营销”的策略，直接催生了大批量的“僵尸粉”，致使政法新媒体普遍出现“数据泡沫”的问题。在运营过程中，为了提升排名，一些政法新媒体运营者大量转发、发布一些与微博职能无关甚至低俗的内容，来增加阅读数和转发数。“微博为什么会由盛转衰，跟粉丝数、阅读数、转发数这些数据的攀比和造假成风大有关系。僵尸粉横行、假转发横行，使微博魅力大减，而为了获得漂亮数据，也使得三俗内容大量滋生，导致内容的竞争不是比高雅，而是比LOW，劣币驱逐良币，拉低了内容的整体下限。”知名互联网观察者信海光如是说。2014年7月，腾讯宣布对微信公众号的阅读数和点赞数进行公开。不久之后，“微信刷粉”“微信刷赞”“微信刷票”等灰色营销行为开始充斥网络，使数据失真问题更加突出。因此，建立举报问责机制、提升甄别精准度成为这一环节的工作重点。

榜单制定完成后，需要及时发布评估结果。发布工作包括明确发布范围、发布内容、发布周期。其中，发布范围一般包括对外发布、内部通报。前者可以对本地新媒体工作起到较强的宣传和督促作用，后者可以正向激励相对落后的参选个体。从发布内容来看，有的机构选择发布完整的排名结果，如社科院发布的《中国司法透明度指数报告》，囊括了全国所有省份的评估结果，这样可以使被评估者清楚自己的位置，明白差距所在，但是对于排名末尾者难免“伤及颜面”。有的则只发布部分评选结果，如“十佳新媒体”“新媒体100强”，只公布了排名靠前的部分新媒体的得分情况，可以起到表彰和示范作用，但是榜单外的被评估者则无从了解自己所处的位置。还应注意，在发布数字排行榜的同时，要对排行榜的制作目的，各指标项的设定意义做出说明，最好能够对榜单中所反映的问题做出深度解读，避免出现“唯数据论”的负面效应。发布周期一般有年、季、月、周、日五种。各地在开展评估时，应注意榜单周期的合理性。发布周期太长，则不能及时评估政法新媒体的发展情况；发布周期太短，容易增加基层工作压力，而且运营建设新媒体的效果不会立竿见影，需要经过一定的周期才会呈现。

（三）政法新媒体评估的效果转化

对于政法新媒体而言，评估不是特定时期的阶段性工作，而应贯穿整个政法新媒体的建设运营。评估只是起点，其结果应当转化成加强和改进政法新媒体工作的重要动力。

近年来，政法机关大力推进司法公开和信息化建设，违章缴费、法律文书查询、企业行贿档案查询、律师预约、举报投诉等互联网应用遍地开花。这些应用搭乘政法新媒体的快车，将更加权威的信息和更加贴心的服务通过移动终端送达百姓。年度总结式的集中评估，已经不能准确地反映各项新媒体工作在每一个阶段的发展特点。通过实时监测、定期排名、抽查督导等方式实现政法新媒体评估工作的常态化，迫在眉睫。

除了缩短评估周期、统计排名外，应通过研发政法新媒体矩阵管理系统，实现不同政法新媒体协同联动的移动化、智能化和信息化，加强对新媒体运营数据和内容的日常监测，针对统计时段内的“空壳微博”“舆情缺位”等问题提出改进建议，重点发掘和培养一批政法新媒体品牌。当然，还可以借鉴其他机构的抽查方式来评估新媒体工作。2016 年起，国务院办公厅对全国政府网站进行常态化抽查通报，每 3 个月按一定比例随机抽查 1 次，重点检查网站可用性、内容更新、互动回应和服务实用等情况。被查的不确定性和检查内容的重点划分，加强了督导的效力。

“求木之长者，必固其根本；欲流之远者，必浚其源泉。”制度建设是实现评估常态化的根本保障。加强制度建设，首先，要加强领导重视，让领导干部充分认识到评估工作的价值和重要性，重视评估结果对工作的推动作用。其次，在领导重视的基础上，建立一套科学完善的评估方法，并能够根据工作实际，不断改进评估标准，使其能够更加紧密地和中心工作、日常工作相结合。最后，结合评选结果，建立激励机制，让新媒体工作者“劳有所获”，激发他们的内生动力，让创先争优成为其内在追求。

对评选出的先进典型，要跟进推广，全媒体、多平台深入宣传，促使优秀经验在整个政法系统落地生根。2013 年，山东省济南市中级人民法院在微博平台上直播“薄熙来案庭审”，成为当年司法公开及新媒体应用的典型案例，在各项政法新媒体工作报告中被广泛提及。这个基层法院的微博也因此位居各种榜单和评选的前列。这场直播为之后各种形式的庭审直播奠定了基础，引发各地法院争相效仿。

而对于评估中发现的问题，要认真分析原因，厘清责任，落实整改工作。比如，国务院办公厅在其组织的“第二次全国政府网站抽查情况”的通报中，指出基层网站存在未更新、未回应、无访问等问题，详细列出了存在突出问题的政府网站名单，并要求各有关地区和部门要采取有力措施进行整改，并于限定日期前将整改情况书面报送有关部门。这种做法，值得政法机关借鉴。

我们期待，各地政法新媒体能够从树立正确的评估价值观开始，掌握排名的方法论，最终将评估效果转化成网络问政再出发的动力源泉，不断拓宽官方和民间的舆论重叠地带。

2010—2015年中国突发自然灾害事件中的微博舆论传播规律与治理

余秀才　游　盼[*]

摘　要　突发自然灾害事件不仅造成巨大的财产损失和人员伤亡，也会在人们的心理上造成创伤。突发自然灾害事件发生后，在微博上往往会掀起巨大的舆论浪潮，如果舆论传播不当就有可能产生严重的社会影响，甚至引起社会群体事件。因此本文选取21个典型的突发自然灾害事件，对他们所产生的微博舆论在信源、时间和地域上的涨落规律进行系统的分析，并分析其发布主体、发布内容以及灾害谣言等问题。本研究以政府、媒体以及微博用户为主体，以传播学、心理学等相关理论为基础，以期为突发自然灾害事件中微博舆论的治理提出相应的科学建议。

关键词　突发自然灾害事件　微博舆论　新媒体

中国是世界上自然灾害发生频率最高的国家之一。中国国土面积广阔，地理、气候条件复杂，自然灾害种类多且发生频繁，除了火山导致的自然灾害以外，几乎所有类型的自然灾害每年都有发生，对国家经济造成巨大的损失。微博作为Web2.0最典型的代表，不仅仅是一个信息传播与分享的平台，更成为公民行使自身参与权和表达权的重要渠道和网络舆论的集散地，很多重大的公共舆论事件都是从微博这个平台传播开来的，微博舆论热门事件每年都不断地发生也成了常态。也正是由于多样化的传播主体的加入，微博已然成为突发公共事件舆论的风暴眼，也成为杀伤力最强的舆论载体。因此对突发自然灾害事件中微博舆论形成的内在规律的探析和研究是非常重要的，以此为依据提出科学、有效的治理方法，不仅是微博信息传播领域的问题，也是整个社会需要共同探讨的问题。

一　案例的选择及说明

（一）样本选择与来源

本文以《中华人民共和国突发事件应对法》中提出的分类方法为参考依据，将突发自然灾害事件分为水旱灾害、气象灾害、地震灾害、地质灾害、海洋灾害、生物灾害和森林草原火灾七大类。本文选取2010年至2015年五年来我国发生的重大突发自然灾害事件作为分析样本。案例搜集有以下四个来源：一是人民网舆情案例库里的案例；二是国家减灾办每年发布的全国十大自然灾害事件报告；三是中国知网中相关主题论文所涉及的微博舆论案例；四是笔者日常观察所了解的案例。

* 余秀才，传播学博士，中南财经政法大学新闻与文化传播学院副教授，研究方向为网络与新媒体研究；游盼，中南财经政法大学新闻与文化传播学院硕士研究生。

（二）微博传播渠道界定

本文中所有微博数据都出自新浪微博，原因有以下几点。

第一，新浪微博是现阶段国内微博发展的领头羊。2010 年后，新浪微博迅速发展壮大。《2014 年中国新媒体发展报告》显示，截至 2013 年上半年，新浪微博注册人数已经达到了 5. 36 亿，成为全球第二大微博平台。据新浪官方公布数据，新浪微博每天发布数量超过 2500 万条，是目前国内影响力最大的微博运营商。

第二，新浪微博在国内知名度最高。互联网数据中心（DCCI）的调查结果显示，新浪微博在国内微博市场知名度最高，有 59. 79% 的微博使用者听说过新浪微博。并且在微博使用者以及潜在用户首选微博的调查结果中，新浪微博首选率最高，以 69. 7% 的选择率远远高于搜狐、腾讯等主流微博。

第三，新浪微博用户活跃度高。《2014 年新浪微博用户发展报告》显示，到 2014 年 9 月 30 日，新浪微博月活跃用户达到了 1. 67 亿人，且 9 月份每天的活跃用户数量达到了 7660 万人，相比其他微博，新浪微博的用户使用频率更高，用户黏性更强。

第四，新浪微博是网络舆情事件的信源地和发酵池。2014 年，16. 6% 的网络舆情事件是在新浪微博首先爆发的，例如江苏镇江检察官不雅照事件、永州官员踩红地毯植树事件、兰陵县一副校长致初中女生“怀孕”事件等，并且在新浪微博上这些热门网络舆情事件的讨论度非常高。

我国自然灾害发生频繁，种类众多，但由于灾害造成的损失、国家关注度以及媒体关注度不同等因素，许多突发自然灾害事件发生之后并未引发大规模的微博舆论，为此本研究确定了两条筛选标准：一是百度新闻搜索超过 1000 条；二是新浪微博搜索结果超过 10000 条。按照以上两条筛选标准，本研究选取了 21 个突发自然灾害事件，分别是：青海玉树地震、2012 甘肃岷县冰雹山体滑坡泥石流、2010 贵州关岭山体滑坡、甘肃舟曲泥石流、北京“7 · 21”暴雨、台风海葵、云南镇雄县滑坡、四川雅安地震、2013 四川特大暴雨、甘肃定西地震、台风菲特、2013 浙江余姚水灾、上海市“10 · 8”特大暴雨、台风海燕、新疆和田地区地震、台风威马逊、云南鲁甸县 6. 5 级地震、台风海鸥、四川康定地震、超强双台风登陆中国沿海地区、2015 浙江丽水山体滑坡。

本文对筛选出的 21 个突发自然灾害事件微博舆论数据的关键要素（例如爆发时间、信源、地域、类型、主体、产生效果等）一一进行分析，力求全面系统地分析出突发自然灾害事件微博舆论的传播规律，力图为我国对微博舆论的治理提供有力参考依据。

二　突发自然灾害事件微博舆论传播的信源与涨落规律

（一）传播的信源

信源即事件信息的来源、出处。本文通过对百度、谷歌等搜索引擎的搜索，对发表期刊文献的查阅，对论坛、门户网站的追溯，找到了所选取的 21 个突发自然灾害事件的信源，并将其划分为四大类，分别是：传统媒体（电视、报纸、广播等）、网络媒体（论坛、门户网站等）、微博（因为本文探究突发自然灾害事件中的微博舆论，所以把微博单独划分出来）以及其他类型（多种媒体同时发布），结果如图1所示。

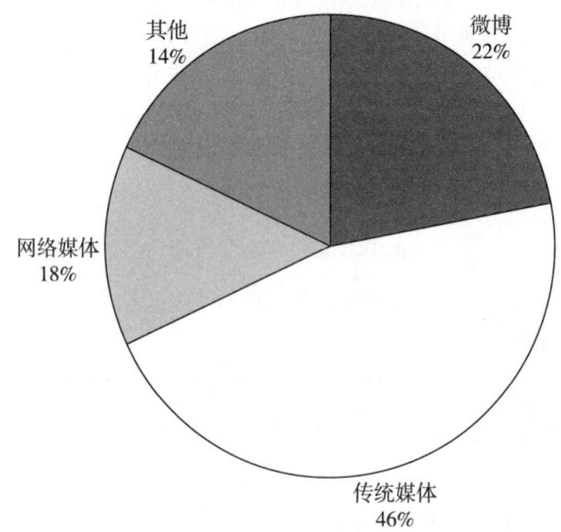

图1　突发自然灾害事件传播的信源

通过对选取的21个突发自然灾害事件的信源进行分析，得出有46%的突发自然灾害事件出自传统媒体，22%的出自微博，18%的出自网络媒体，另有14%的事件信息同时由多种媒体爆出，难以分清先后。

结果显示，将近一半的突发自然灾害事件是由传统媒体首先爆出的，这是由于传统媒体在国家政策上具有得天独厚的优势。传统媒体有着专业的团队和权威的公信力，公信力是公众对新闻传媒信任的体现，是传统媒体在长期的发展中日积月累形成的无形资产，体现出传统媒体在对公众的信息传播上的权威性、信誉度以及影响力。在自然灾害发生时，灾区人民会有意识地向传统媒体如电视台、报社主动提供信息，寻求帮助。而且传统媒体从业者具有专业的新闻知识、丰富的实践经验，能够在获得灾害信息后迅速出发，到灾区去采访，将灾区情况及时报道出来。

在灾害发生地点较为偏远、落后，或者是灾害发生时间为深夜等情形下，由于这些客观条件的限制，传统媒体无法在第一时间进入灾区进行查证与报道。而微博具有的使用便捷性、信息传播即时性等特征，使灾区人民更倾向于利用微博发布灾区信息，向外界传达灾区受灾情况以及求助求援等。再加上如今的微博不仅可以发布文字，还可以发布图片、视频等，让微博使用者能更全面、清晰、客观地了解灾区情况。在浙江丽水滑坡事件中，由于灾害是在晚上十点半左右发生的，再加上发生地点是在丽水市莲都区雅溪镇里东村，地理位置较为偏远，但是在灾害发生几分钟后，就有当地居民在微博上发布了山体滑坡的消息。

（二）突发自然灾害事件微博舆论传播的涨落规律

童兵认为事件发生与新闻面世之间的时间差越短，新闻面世后激起的社会效果越大。①

① 童兵：《理论新闻传播学导论》，中国人民大学出版社，2001，第173页。

为了验证突发自然灾害事件舆论的发布数量规律，本文统计出21个自然灾害事件发生后十天内每天发布的微博总量和微博舆论走势，结果如图2～图5所示。

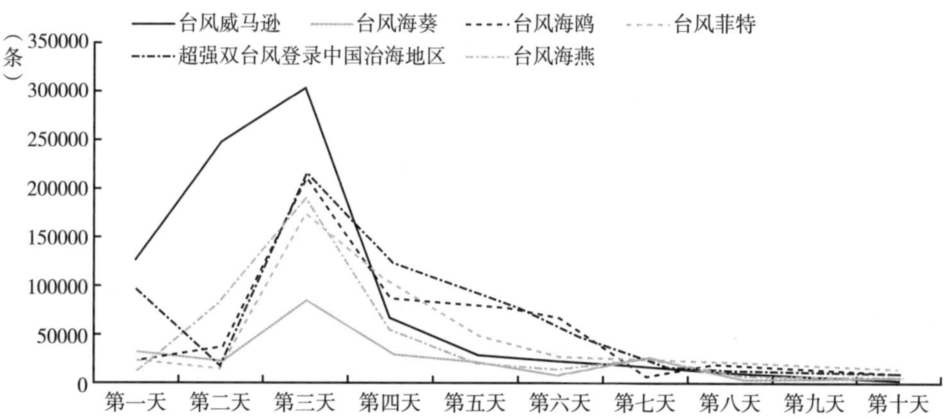

图2　台风灾害微博舆论走势

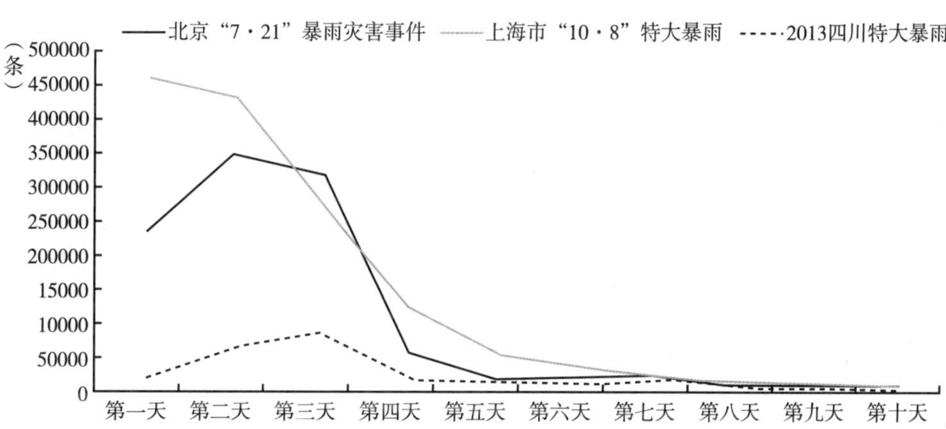

图3　暴雨灾害微博舆论走势

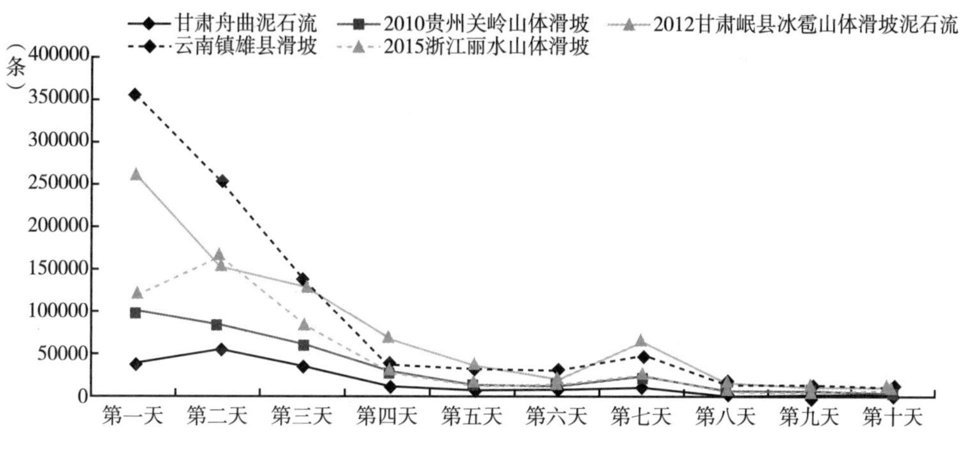

图4　滑坡泥石流灾害微博舆论走势

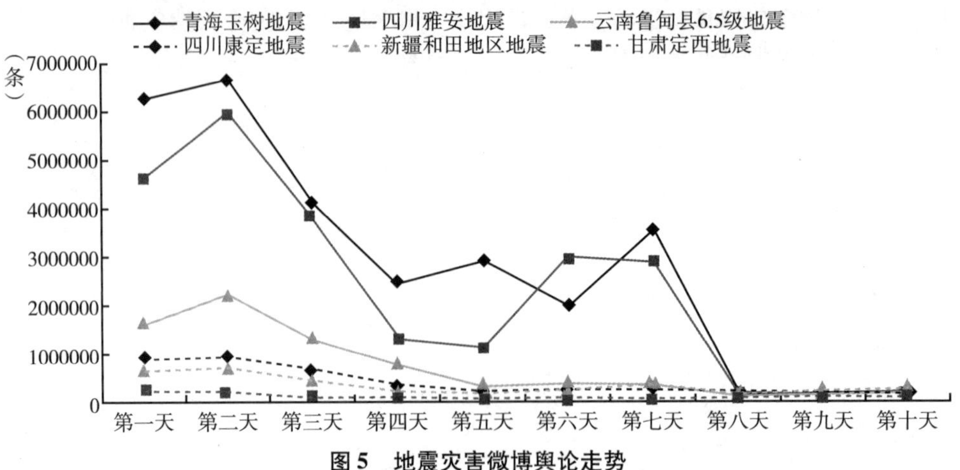

图5　地震灾害微博舆论走势

瞬发性自然灾害微博舆论爆发快，而缓发性自然灾害微博舆论有一个发酵的过程。像地震、滑坡、泥石流这样的瞬发性自然灾害，由于灾害形成时间短，爆发能量大，往往在几秒或者几十秒内完成全部的破坏过程，所以在灾害发生的24小时内微博舆论达到了最高峰，之后就是一个缓慢降低的过程，例如在雅安地震中，地震发生当天的微博舆论达到了约4476000条，占灾害发生十天内微博总量的1/3以上。

而缓发性自然灾害，如台风、暴雨，形成灾害的时间相对较长，需要持续发生一段时间才会造成较大的灾害损失，所以在台风、暴雨类自然灾害微博舆论发布过程中，需要一个上升的过程才达到舆论的最高峰。在台风菲特期间，由于到台风形成第三天即10月5日，风势才达到全国最高预警程度（台风红色预警信号），微博舆论发布量也从5日开始持续攀升，到10月7日达到最高峰值。当天微博发布量约有156000条，约为十天发布量的1/4，之后微博舆论数量逐渐下降。

为了了解不同地域微博用户对突发自然灾害的关注度，本文利用微博中的高级搜索，对全国31个省份（不包括香港、澳门、台湾）的微博发布量进行分析，由于数据量较大，本研究选取了21个案例发生24小时内发布的微博量作为数据分析样本，结果如图6~图9所示。

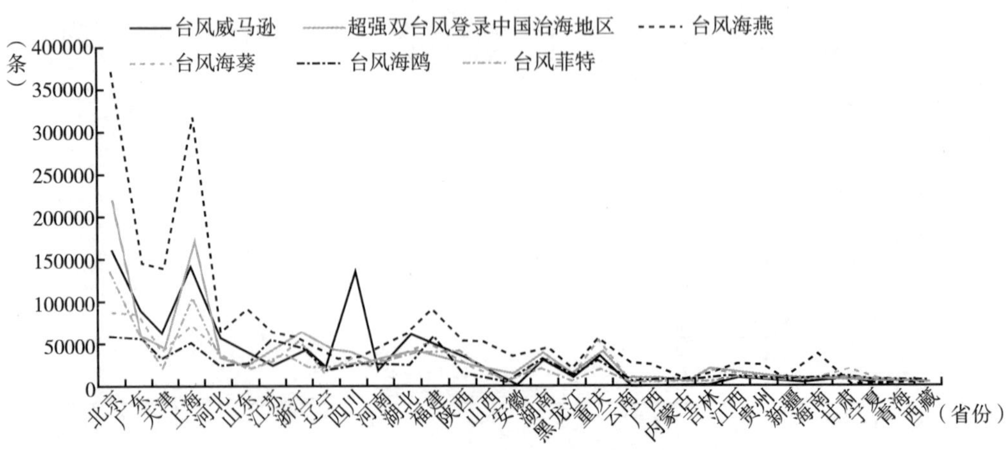

图6　台风灾害微博舆论地域发布数量

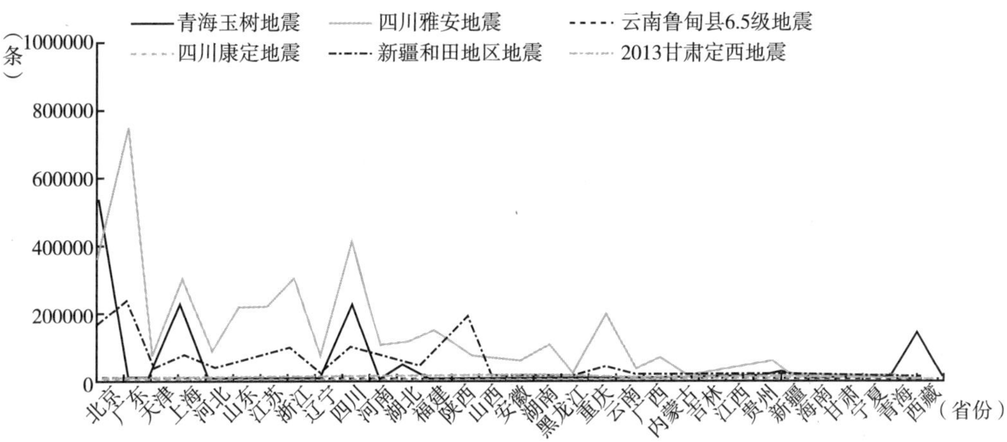

图7　地震灾害微博舆论地域发布数量

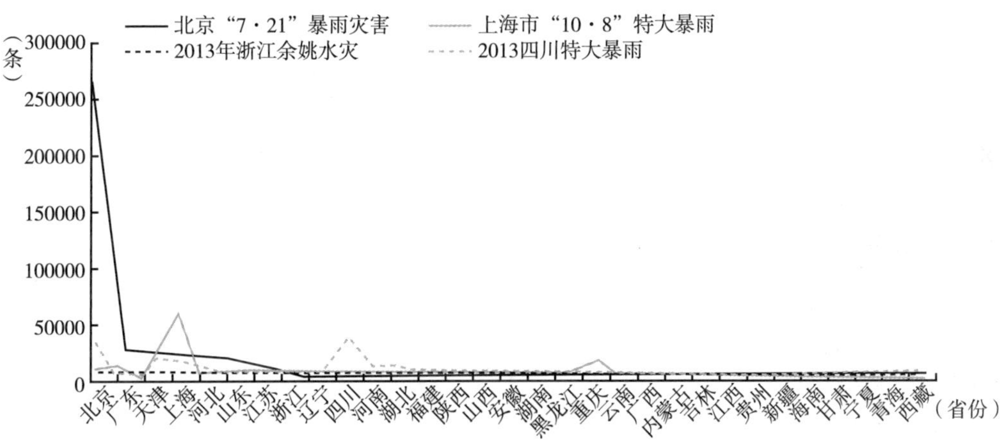

图8　暴雨灾害微博舆论地域发布数量

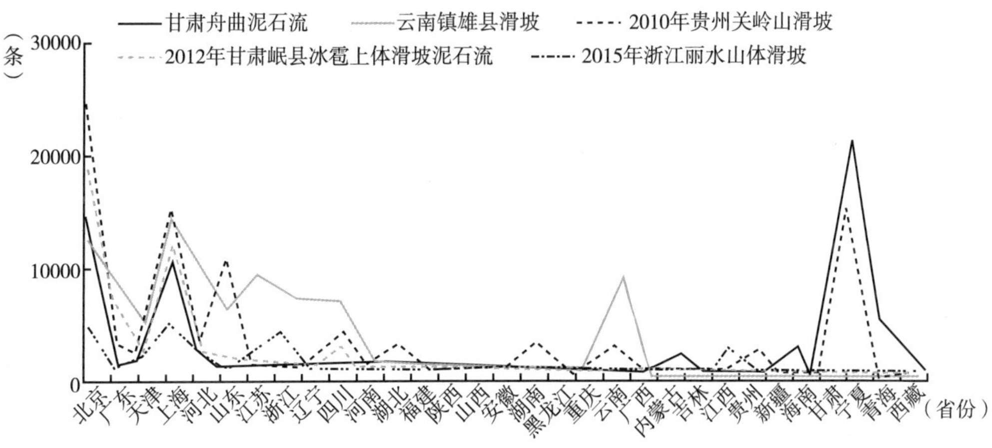

图9　滑坡泥石流灾害微博舆论地域发布数量

从中可以看出，突发自然灾害事件的微博舆论有很强的心理接近性特征。从微博舆论地域分布统计可以发现，灾害事件发生地是微博舆论最为集中的地区，例如“7·21”北京暴雨事件首日，北京地区发布的微博总数为260384条，接近该事件当日全国发布微博总数的1/5。心理接近性属于情感因素，怀有相同的情感是影响人们对事件关注的因素之一。例如在2013甘肃定西地震中，地震多发地区四川的首日微博发布量排到了全国第五。另外，经济、文化发达的地区微博舆论对突发自然灾害事件的关注度比较高，原因主要有两个方面：一方面，这些区域都是大量劳动力输入地区，这些地区汇聚了大量外来人口，其中也包含了来自灾害发生地的人；另一方面，经济、文化发达的地区高学历、高素质的人口比例相对较高，对传播信息的热情比较高，如北京、上海、广东等省市无论是对哪种类型的自然灾害事件微博舆论的关注度都远远高于其他省市。

三　微博舆论传播的文本内容分析

由于每一个突发自然灾害事件产生的微博舆论发布量十分庞大，本文采用等距抽样方式，通过新浪微博高级搜索功能，以突发自然灾害事件发生当天为起点，抽取该灾害事件发生后第一天至第十天每天相关微博信息搜索结果中的首页第一条和最后一条作为分析样本，即每天抽选2条微博信息为研究样本，共抽取420条作为本章文本内容的分析样本。

（一）突发自然灾害事件微博舆论主体分析

微博舆论的主体是指微博信息的发布者，通过对微博样本的分析，可以将突发自然灾害事件微博舆论主体分为政府官方微博、传统媒体官方微博、微博意见领袖、认证微博个人用户以及非认证微博个人用户五类，分析结果如图10所示。

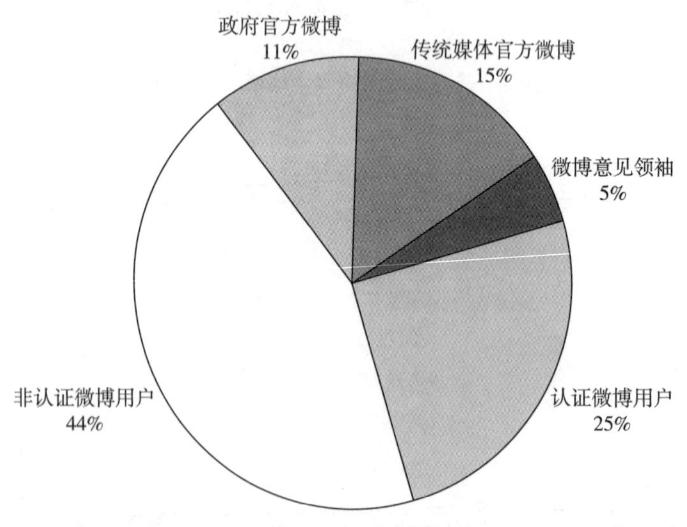

图10　自然灾害事件微博舆论主体

从发布数量上看，非认证微博用户发布的微博信息占比最高，达到44%，接近样本总数的1/2，而认证微博用户的发布数量仅达到25%，说明非认证微博用户有关突发自然灾害事件的微博发布数量大，这与非认证微博用户基数庞大相关。2015 年新浪微博用户注册量突破 5 亿，其中 90% 的都是非认证微博用户，他们构成了突发自然灾害事件微博舆论的主体。

政府官方微博和传统媒体官方微博在数量上分别占 11% 和 15%，政府官微和媒体官微在突发自然灾害事件中发布的微博信息越多，越能引导微博舆论的走向。微博意见领袖包括在社会中有较高影响力和知名度的公众人物，如娱乐圈人士、体育运动员、学者或者具有影响力的专家群体等。虽然微博意见领袖对突发自然灾害事件的微博发布量最低，但是因为其在微博平台上有强大的影响力，在微博舆论形成和传播过程中有很强的号召力和引导力，他们所发表的舆论观点更容易被大众所接受和认可，所以微博意见领袖对突发自然灾害事件舆论的影响力不容小觑。

（二）突发自然灾害事件微博舆论传播内容分析

对微博舆论内容的主题做样本分析，其结果大致分为灾区救援信息、捐赠情况、灾区情况、祈福、寻人、报平安、求救信息、交通堵塞和其他几类。

如图 11 所示，公众舆论中关于灾区救援信息、祈福、捐赠情况、灾区情况及祈福的信息较多，相较于祈福、捐赠情况以及灾区情况而言，网友更加注重通过微博关注灾区的救援信息。值得我们注意的是，利用微博发布求救信息、报平安和寻人也是微博舆论的热点，说明微博对于网友来说已经不仅仅是获取信息的渠道，也是自然灾害事件发生后重要的求救工具。

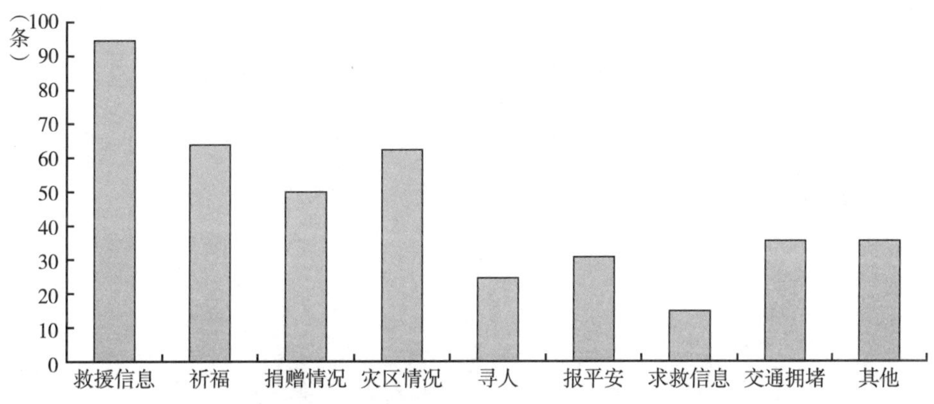

图 11　微博舆论内容分析

（三）内容情感倾向分析

突发自然灾害事件的微博舆论在情感上分为正面型和负面型两种。正面型是指发布的微博内容带有积极乐观的正面情绪，如为灾区人民祈福、为灾区人民捐款捐物等；而负面型的微博内容带有消极、低落甚至是偏激的情绪倾向，例如对政府行为的质疑、对灾害事件的恐慌等。

突发自然灾害事件微博舆论的正面内容分析结果如图 12 所示。通过对突发自然灾害事件的积极正面舆论内容的分析发现，大家对受灾地区的募捐这类信息的关注度所占比例最高，达到了 30%，其次是举办公益活动及为灾区人民祝福，分别占了 20% 和 18%。由此可见，在自然灾害事件的微博舆论中，捐款和公益活动是热门话题。突发自然灾害事件微博舆论的负面内容分析结果如图13所示。

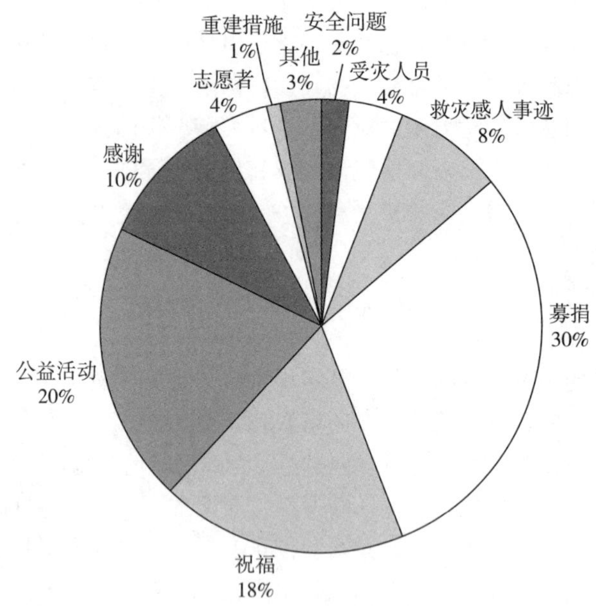

图12　突发自然灾害事件微博舆论的正面内容

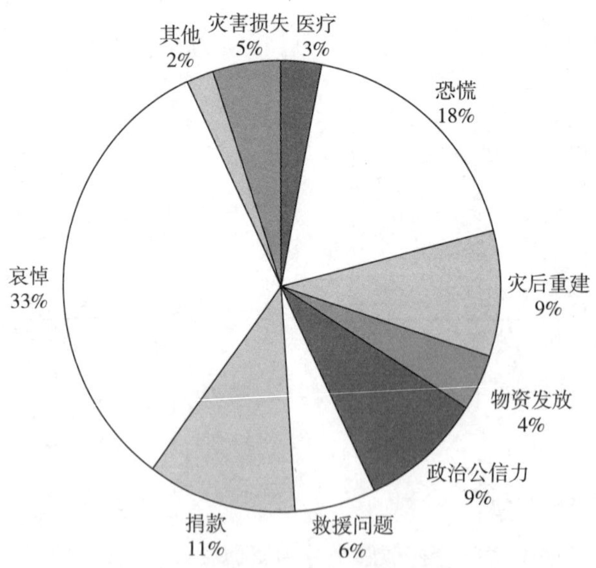

图13　突发自然灾害事件微博舆论的负面内容

首先，在突发自然灾害事件微博舆论的负面内容分析中，对在灾害中牺牲人员的缅怀和哀悼占了全部样本的1/3，达到了33%。这主要是网民通过发布微博的形式表达了自己对自然灾害事件中造成的人员伤亡、财产损失等严重后果的同情，以及对在救灾过程中牺牲人员的缅怀与哀悼。

其次，在有负面倾向的微博舆论中，充斥着恐慌和质疑的情绪。面对突发自然灾害是否会引发更大的衍生灾害和自身安全能否得到保障的不确定性，人们容易产生恐慌、焦虑等负面情绪。

最后，灾区的医疗水平以及救灾物资是否及时发放到位也是公众关心的问题之一。有关灾区医疗水平的微博舆论内容主要包括两方面：一方面是对灾害中受伤的居民和在救灾过程中受伤的士兵能否得到及时的医疗救助的关心，另一方面是对自然灾害后能否做好传染病预防工作的关注。

（三）突发自然灾害事件微博舆论发布类型分析

关于突发自然灾害事件的微博发布，在性质上主要分为两种类型：一种是微博用户自身原创的信息，另一种是微博用户转发其他人所发布的信息。将420条微博样本分为原创微博和非原创微博，结果如图14所示。

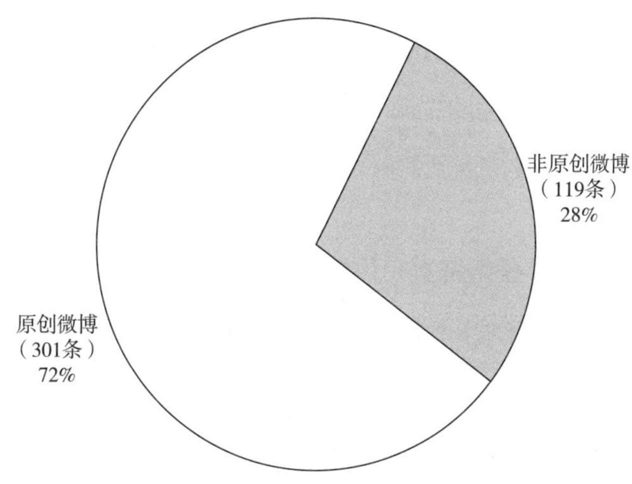

图14　突发自然灾害事件的微博类型

根据微博信息发布类型分析结果，关于突发自然灾害事件的原创微博占比达到了72%，占所有微博发布样本的近3/4。而非原创微博数量远远低于原创微博，在420条微博样本中占28%。结果表明，原创微博数量占主流地位，大多数微博用户对突发自然灾害事件的微博信息传播参与程度较高，也表明了直接互动和深度参与成为突发自然灾害事件微博舆论形成和发酵的原动力。

微博样本发布方式的类型主要可以分为以下几种：纯文字、文字加图片、文字加视频、文字加网页链接、文字加图片加网页链接及文字加视频加网页链接。不同发布方式的传播效果（以转发与评论数为衡量标准）如图15所示。

从发布数量上看，以文字加图片形式的微博数量最多，其次是文字加视频。微博信息发布方式所包含的要素信息量比较而言：文字<图片<视频<链接。视频信息包含声音和影片，而网页链接可以链接到任何一个网址，不限制字数和内容，包含的信息量最大。在传播影响力上，文字加图片加链接的微博发布形式受到的转发和评论最多，其次是文字加图片的形式，而包含视频要素的微博信息影响力不大，这可能是观看视频文件流量消耗较大的原因。

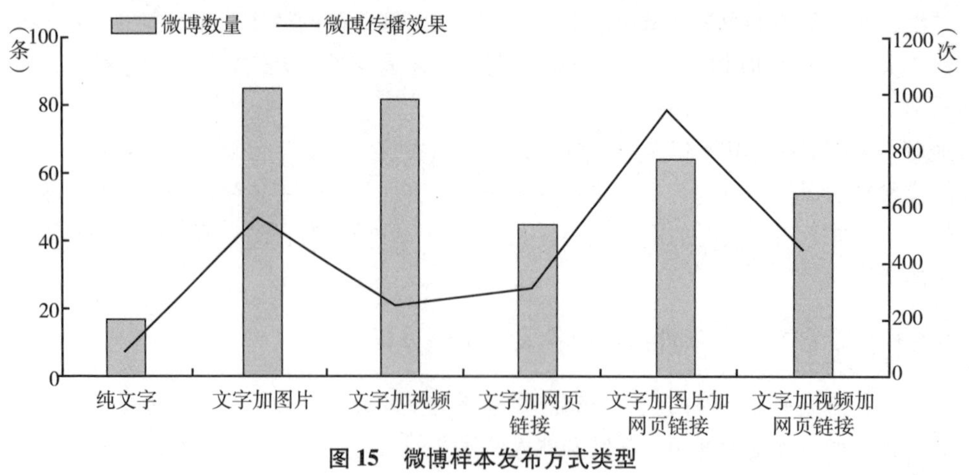

图 15　微博样本发布方式类型

四　突发自然灾害事件微博舆论谣言分析

陈力丹认为："谣言是没有确切来源、有意凭空捏造的在公众中流传的消息，是公众在社会的特殊时期表达自身情绪和意见的偏激方式。"① 突发自然灾害事件的发生让微博成为谣言传播的重灾区。

（一）突发自然灾害事件微博舆论谣言类型分析

通过对抽样选出的微博信息中的谣言进行分析，本文将突发自然灾害事件谣言的类型分为七种：灾害预报型谣言、受灾情况型谣言、灵异型谣言、灾害科普型谣言、诈捐型谣言、问责抹黑型谣言、求救型谣言。各类型数量比例如图 16 所示。

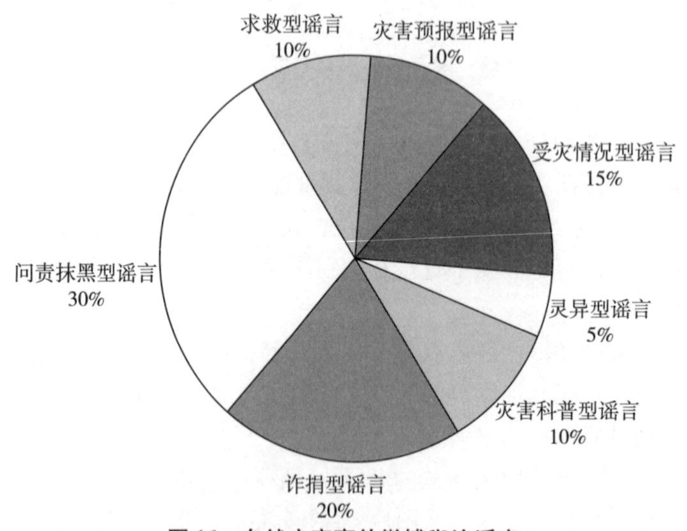

图 16　自然灾害事件微博舆论谣言

① 陈力丹：《舆论学：舆论导向研究》，上海交通大学出版社，2012，第 18 页。

结果显示，突发自然灾害事件微博谣言以问责抹黑型为最多，达到 30%。问责抹黑型谣言主要是针对政府相关部门、官员的不作为、慢作为产生的，此外像地震局、气象局这类对自然灾害事件有预测职能的单位也是网民攻击的对象。其次，诈捐型谣言和受灾情况型谣言分别占 20% 和 15%，排在第二位和第三位。最少的为灵异型谣言，仅占 5%。

（二）突发自然灾害事件微博舆论谣言发布时间分析

突发自然灾害事件微博谣言产生的高峰集中在事件发生后的前三天，谣言类型主要集中在灾害预报型、受灾情况型和求救型三类。突发自然灾害事件发生后第四天到第七天的微博谣言多为诈捐型和灾害科普型，这时期灾害救援行动已经接近尾声，关于灾害造成的伤亡人数、损失情况等相关信息也从官方渠道一一公布，受灾情况型和求救型谣言不攻自破。问责抹黑型谣言主要在突发自然灾害事件发生后第八天到第十天传播，这时期民众逐渐从灾害的伤痛中走出来，把注意力逐渐转移到政府救灾行为、红十字会捐款上。政府救灾过程中的决策以及政府官员在救灾中的行为、态度都是群众制造谣言的重点。

（三）突发自然灾害事件微博谣言发布主体分析

将微博舆论中谣言的发布者分为认证微博用户与非认证微博用户两类，分析结果如图 17 所示。

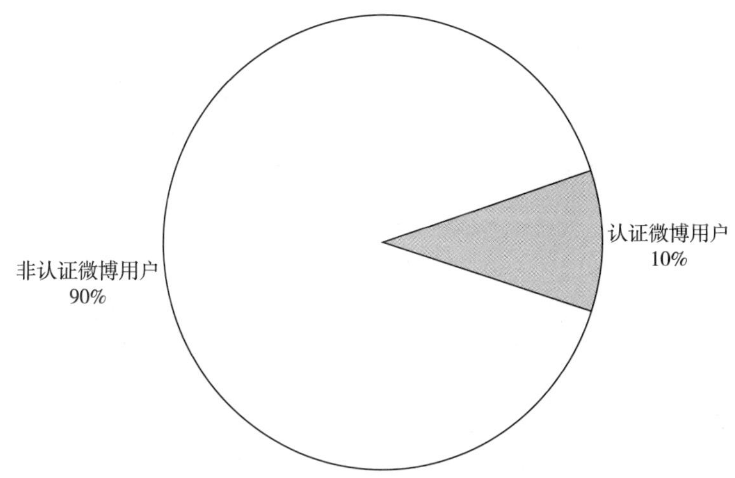

图 17 突发自然灾害事件微博谣言发布主体

结果显示，突发自然灾害事件中的微博谣言有 90% 都是由非认证微博用户发布的，而只有 10% 是由认证用户发布的。由于微博信息传播的匿名性和无门槛性，一些心存不良者和素质低下者认为可以逃脱法律的责罚，利用微博传播一些不实信息，扰乱人心、引起恐慌，甚至利用人们对灾区人民的同情谋取不义之财。虽然国家出台了相应的微博传播管理条例，但每日不断更新、数量庞大的微博信息以及人们被突发自然灾害所引发的负面情绪等多种因素，使得突发自然灾害事件微博谣言很难被有效控制。

五　突发自然灾害事件微博舆论的引导

受突发自然灾害的不可预测性、灾害信息的不对称性、公众对自然灾害相关知识认知的局限性以及受灾群众对灾害的恐惧心理等因素的影响，相关微博舆论具有复杂多变、谣言泛滥、难以控制的特点。微博舆论引导得好，可以为灾后救助和重建工作带来很大的帮助。如果微博舆论引导得不好，不仅会阻碍救灾工作的顺利进行，还会降低公众对政府的信任度，甚至引发社会群体事件，为社会的稳定带来负面影响。因此，对突发自然灾害事件中微博舆论的引导是至关重要的。

（一）政府对微博舆论的引导和控制

我国政务微博发展已经进入了稳定期，截至 2016 年 6 月，在新浪微博上获得认证的政务微博数量已经达到了 145016 个，其中，党政机构官微数量达到了 108115 个。政府是灾后救助工作的决策者，也是灾害信息的权威发布者，所以在突发自然灾害事件微博舆论引导和控制工作中，政府是最重要的主体，有至关重要的地位。

有关学者通过对重大突发事件中产生的相关微博舆论的传播研究，提出了“黄金 4 小时”法则，即如果事件的相关信息能在事发后 4 小时之内进行传播，便能抢得先机，使微博舆论得到最有利、最有效的引导。突发自然灾害事件为四类突发事件之一，其产生的微博舆论的引导也应该遵循“黄金 4 小时”原则。因此，政府微博便可以利用微博平台快速、广泛等传播优势，获取突发自然灾害事件的相关信息，发布相关确切消息，抢得引导微博舆论的先机，从而有效地避免在信息不通畅的情况下产生微博谣言和负面言论。

政府官方微博的传播范围因微博的媒体特点及受众的接触条件等客观因素的限制，很难将重要的灾害信息覆盖到每一位微博用户。所以在突发自然灾害事件中，政府不能把自己的官方微博当作唯一的灾害权威信息传播主体，而是应该积极与传统媒体、微博意见领袖联合起来，借助不同的微博传播渠道，实现自上而下的联动传播。这种联动传播既包括与其他微博的合作，如传统媒体官方微博、意见领袖微博等传播影响力大的微博，也包括与传统媒体（如电视、报纸）和网络媒体的合作。此外，还应该积极培养突发自然灾害专业领域的意见领袖，来扩大突发自然灾害事件相关科学、有效信息的传播范围。

政府公信力指的是在社会公共生活中，政府通过公正、高效、廉洁、民主的方式，对社会差异和利益进行分配与治理，从而获得公众普遍信任的能力。当政府遇到公信力危机时，容易出现“塔西佗陷阱”现象，即无论政府说真话还是假话，做好事还是坏事，都会被民众认为是说假话、做坏事。[①] 而微博信息传播的快速性和微博用户的广泛性等特征无形中放大了这一现象。在突发自然灾害事件中，公众必然会关注政府的一举一动，希望政府尽可能地公开其救灾的信息资源，并且让公众能通过这些信息了解政府及官员的工作态度，对他们的行为做出评判和监督。此外，在没有自然灾害发生的时候，也可以时常在微博上发布一些与突发自然灾害事件相关的救助、科普信息，例如在地震灾害发生时如何保护自己，受伤后如何科学地自救等。还可以利用微博集中回复网友提出的关于突发自然灾害事件的相关问题

---

① 安雨帆：《论我国网络非理性传播的特殊成因》，《湖南传媒职业技术学院学报》2011 年第 11 期。

或意见，加强政府与网友的良性互动，在解决群众问题的同时，也能使双方相互理解，提高政府的公信力。

（二）媒体传播信息的及时公开和情绪疏导

截至2012年底，新浪微博认证的媒体微博总数突破11万，包括17221个媒体官方微博和92945个媒体从业者微博，其中粉丝超过百万的传统媒体官方微博有200多个。在突发自然灾害事件中，传统媒体作为政府的喉舌，不仅要担当向公众传达官方相关信息的使命，更要担负起全面真实地报道灾区情况的使命。

徐占品教授提出，灾害信息的传播要满足受众的知情权，还要兼顾灾害信息传播的全面性，传统媒体的突发自然灾害信息微博传播工作主要应从两个方面入手：一是全面客观地公开灾害相关信息，二是重视信息内容的表现形式。① 从内容来看，突发自然灾害事件信息至少应该包括两个方面：一是突发自然灾害本身的信息，包括突发自然灾害事件发生的时间、范围、程度、起因、严重等级、人员伤亡、财产损失和事态进展等内容；二是突发自然灾害处理和应对过程中的相关信息，如救灾的方案和受灾人员的处置情况等。② 在突发自然灾害信息的微博传播过程中，传统媒体官方微博应该根据灾害的相关情况，在尽可能满足受众知情权的同时，考虑稳定民众情绪和正确引导微博舆论的问题。从形式来说，在发布与自然灾害事件相关的硬性信息的同时，可以补充发布一些呼吁祝福、加油鼓励等积极的信息内容，并且配上相关的图片、视频或者网页链接等信息，让受众能从不同的侧面了解灾区情况。这在提高灾害信息传播效果的同时，也能起到舒缓灾民情绪的作用。

著名的心理学家霍桑提出了“宣泄效应”，认为在组织中领导耐心倾听员工的抱怨与不满，有助于提高工作效率，同理，突发自然灾害事件发生后，让人们的抱怨和不满等负面情绪宣泄出来，更有利于营造一个良好的舆论环境。传统媒体是政府的喉舌，在微博平台上，媒体官微仍然担任此重要角色。全面、真实、客观地报道是新闻的使命，在突发自然灾害事件发生后，媒体官微需要客观准确地报道灾区情况，不能回避人员伤亡、损失情况，要做到真正地关心、关注、关爱灾区民众，及时疏导灾民负面情绪，为微博舆论创造一个良性的互动环境。

突发自然灾害事件发生后，公众的目光往往会被网络上的海量信息所干扰，不能及时有效地分辨出真实有用的信息。通常公众关注的焦点集中在事件的最新进展以及对事件的问责上，而主流媒体如果能针对网民们关注的焦点及时进行议程设置，便能成功吸引公众的关注。应对自然灾害类突发性事件，在微博舆论爆发阶段，主流媒体需要做好信息沟通工作，为政府和公众架起沟通的桥梁，在协助政府及时发布灾情信息的同时，也传播民间救灾的正能量。

（三）微博用户面对微博舆论需要理性与自律

微博舆论传播中的网民主要分为意见领袖和一般用户两个部分。微博意见领袖与一般用

---

① 徐占品、李思怡：《突发自然灾害事件中的微博传播研究——以新浪微博为例》，《新闻爱好者》2013年第11期。

② 杜莹、武文静：《党政机构微博在突发事件中传播效果的影响因素及策略》，《石家庄铁道大学学报》（社会科学版）2014年第3期。

户相比，因其粉丝数量庞大，在微博上发布的信息会得到大量的关注。突发自然灾害事件发生后，意见领袖因自身在微博上的巨大影响力，其言论会引发大量的转发、评论。如果这其中有一些偏激、不实的信息，将对微博舆论的稳定产生巨大的负面影响，因此微博意见领袖需要保持理性的态度，主动担负起应该承担的责任及义务。

一般用户是新浪微博中数量最为庞大的群体，是微博舆论形成和发展的主体。由于微博平台的无门槛性和匿名性，任何人都可以利用微博平台发布信息，有些别有用心者认为可以不负责任地肆意发布有关灾害的不实信息和偏激言论，扰乱人心，破坏社会稳定。因此，在突发自然灾害事件微博舆论的治理过程中，引导一般用户需要从以下两个方面进行。

一是推进微博实名制，尽量阻止虚假身份散发不实信息。俗话说灾难是谣言的温床，在突发自然灾害事件发生后，许多别有用心者基于各种目的，利用微博发布和传播谣言，煽动人心，严重破坏微博舆论风气，而出现这种状况的重要原因之一就是微博平台的匿名性。微博的匿名性特征使得这些别有用心者躲在网络这层屏障之后，减轻现实社会道德规范对自己的约束，导致其在微博平台上的言行比较大胆，肆意发布一些与自然灾害事件相关的不实信息。甚至有微博水军肆意操控突发自然灾害事件微博舆论的走向，而且在查明、打击谣言制造者和舆论监督工作上，微博的匿名性也成了十分强大的阻力。突发自然灾害事件发生之后，微博上每天都会产生海量的信息，这些信息鱼龙混杂、真假难辨，某些虚假信息在渲染社会偏激情绪、扰乱人心的同时，损害了政府公信力，突破了道德和法律的底线，甚至会引发社会群体性事件。而推行微博实名制可以在很大程度上减少微博谣言的产生，所以是十分有必要的。

微博实名制可以加强政府对网站的监管，在某种程度上能有效地抑制突发自然灾害事件发生后微博平台上虚假、偏激信息的传播。并且当这些负面言论在微博上大量传播时，微博监管机构和政府能有效地从微博身份认证的信息中找到这些言论的最初发布者，大大提高微博辟谣的效率。谣言的传播不仅危害和谐健康的微博舆论环境，同时也给突发自然灾害事件的相关救援、处理工作带来负面的影响。所以要加强对微博谣言的管理工作，从信息源头上对谣言进行控制。

微博实名认证可以加强个人用户之间的信任度。微博身份认证系统让用户在微博平台上的形象变得更为清晰可靠，让微博信息的接收者更容易接受和相信其他微博信息的真实性、可靠性。相较于身份不明、信息来源不清、动机不明的微博用户来说，有明确身份认证的微博用户所发布的信息更容易获得公众的信任。

二是微博用户应加强自律意识和理性意识，提高自身道德文化素质。微博时代的到来，加强了公众的参与权，人人都可以参与到公共事务的讨论中。因微博传播的广泛性特征，广大微博用户在微博平台上对突发自然灾害事件的传播与讨论，已经不只关乎个人，同时会对他人的利益、情感，甚至对社会秩序的稳定和微博舆论环境产生影响。净化突发自然灾害事件微博舆论的环境，既需要快速有效的辟谣机制和权威的媒体进行引导，更需要微博个人用户加强自律意识和理性意识。

微博个人用户应该谨慎转发他人的微博信息。在突发自然灾害事件发生后，大量关于灾害的相关信息充斥微博，许多灾害信息都不是从权威、有效的渠道发布出来的，对自己不确定真假的、耸人听闻的灾害信息不要急着转发出去，冷静地思考一下，不要盲目跟风。微博上有关自然灾害的谣言之所以能如此迅速、广泛地传播，一方面是由于微博信息的发布和转发没有严格的审查机制，另一方面是由于大量的微博用户不断地转发，而微博信息的裂变式传播模式使得这些谣言以几倍的速度传播。

六 小结

理性思考，不人云亦云，不添油加醋。对突发自然灾害相关微博信息要理性看待，对信源不明的信息要理性看待，对自己无法判断真假的灾害信息，不要急于下结论，以免自己在无意之中成为微博谣言的助推器。要加强识别自然灾害微博谣言的能力，更重要的是，对模糊不清的微博灾害信息不要急于向他人传播，发现关于突发自然灾害事件的微博谣言要及时向微博信息监管平台举报。

控制情绪，冷静讨论。突发自然灾害事件的发生往往会对人们的心理情绪造成巨大的影响，利用微博平台来表达对灾害事件的同情、哀悼、愤怒和质疑等情绪是能够理解的，但是在批判他人维护社会公正的同时，也应该注意自身的言行是否伤害了无辜的人，是否越过了道德和法律的底线。另外，要努力在群体激愤情绪中保持自身的理性和冷静，在微博上参与突发自然灾害事件讨论时，应客观地表达自己的看法和意见，将微博作为一个自由表达意见的公共平台，而不是宣泄偏激、负面情绪的场所。

理性批判，避免审判。人人都有在微博上讨论社会公共事务与批判社会不公平现象的权利。突发自然灾害事件牵动着每一个人的心，我们可以理性客观地批判、质疑政府和他人不法、不当、不公的行为，但是没有审判他人的权利。微博是一个自由的网络公共舆论平台，每个人在正当行使自己权利的同时，也应该遵守自己的义务，不要越过权限去审判他人。

［本文发表于《新媒体社会责任蓝皮书：中国新媒体社会责任研究报告（2016）》，社会科学文献出版社，2016］

关系赋权：社会资本配置的新范式

——网络重构社会连接之下的社会治理逻辑变革

喻国明　马　慧*

摘　要　互联网发展到今天，已成为与物质、能量比肩并存的信息生成传导与发生作用的新范式，它极大地激活了个体及其嵌入的关系网络，通过"连接"与"聚合"为社会中的每一个人（其中绝大多数是传统意义上的"无权者"）赋权，从而深刻地改变了社会的权力格局，促使我们重新审视社会治理的逻辑。

关键词　互联网　关系赋权　连接共享　社会治理

互联网作用于社会的方式就是连接一切。这种连接一切改变了什么？从根本上说就是对个人的激活——使个人作为社会运作的主体有了一个破天荒的崛起。① 发展到今天，互联网不仅是一种传播媒介、渠道或平台，而且是可以与物质、能量相提并论的生产要素，是重新构造世界的结构性力量。互联网，尤其是移动互联网，极大地激活了个体及其嵌入的关系网络资源，从社会的"底部"改变了赋权模式与权力格局。关系赋权作为一种新的范式迅速崛起，成为比行政赋权、资本赋权更加高效的赋权机制，它作用于社会资源、影响力、价值与机会的流转与分配，为少数群体、边缘群体和能力丧失者（disabled）参与社会公共事务创造了条件。关系赋权通过激发个体价值与关系网络，赋予公众讨论、参与公共事务的机会、权力与能力，社会治理的环境与格局正在经历前所未有的变化。本文试图探讨关系赋权对当前社会治理逻辑的影响，以及在这样的社会生态之下，社会治理的重要参与者——社会中间组织将沿着何种路径演进。

一　生态变迁：互联网语境下的个体激活

互联网正以惊人的速度、深度和广度推动着中国社会深层的结构变迁。过去十年间，移动互联网在中国的快速发展对中国社会产生的影响远远超出经济领域。互联网，尤其是移动互联网，已经打破了原有的社会结构、资本结构、地缘结构与文化结构，颠覆了原有的议事规则、权力格局和话语权分布，成为影响社会治理格局和规则的主导力量。互联网对社会生态的根本性影响主要体现在：

---

* 喻国明，教育部长江学者特聘教授，北京师范大学新闻传播学院执行院长，博士生导师，主要研究方向为传媒经济学、新媒体传播学理论与方法；马慧，中国人民大学新闻学院博士研究生，主要研究方向为传播学、公共关系、新媒体。

① 喻国明：《互联网的价值本质是网络连接之下的关系赋权》，Newmedia 新媒体联盟，2016 年 2 月 17 日，http：//www. jianshu. com/p/0684021d3b5d。

第一，移动互联网技术在中国各个阶层的广泛扩散与应用，使信息拥有者和信息匮乏者之间的“信息鸿沟”逐渐消失。在以往的传播格局中，传播主体是拥有传播权力的机构或新闻媒体，信息只在官方许可的渠道内传播，官方渠道发布什么信息，公众就获知什么信息。由于传者与受者之间的二元对立性和信息不对称性，公众对权威媒体发布的信息无从检验与求证，因此，少有人质疑官方信息的真实性、全面性与客观性。而开放、连接、互动又充满无限潜能的互联网带来了一种新的游戏规则，来自不同地域、阶层、文化结构的个体作为一个个节点在关系网络中交织、融合，在新的架构之下生产、共享信息和意义，这个“活”的网络不仅时刻发生着信息交换，还充满了交谈、协商与合作。传统社会建立在信息资源垄断基础上的社会治理模式发生了从“全景监狱”到“共景监狱”的根本转换，① 信息传播呈现出去中心化、多元化、平权化的格局，“信息鸿沟”逐渐趋于弥合。

第二，传统机构的权力优势与合法性日渐式微，个体的潜能与资源得到前所未有的激发和利用。在工业社会中，信任与正式的社会结构紧密相连。② 组织是人们进行社会行动和交往的载体，相比于个人，正式的组织象征着更加确定的行为预期、经过反复检验的互惠机制和较低的交易风险。长期以来，个人的社会行动主要依附制度化的机构，通过制度、组织赋权获得合法性与正当性。而今天，互联网打破了权力的疆域和组织的神话，激活了个体的潜能，使个人得以在互联互通当中成为社会生活的基本主体和基本单位，蕴含于个人身上的种种价值因子（个人的时间、知识、体验、社会资源及做事能力等）、个人能量和基础性资源纷纷被激活、被发现、被检索、被整合和利用。③ 不仅如此，互联网中还诞生了针对个体间交往的声誉机制，例如，网络商务和互联网公益组织基于“一切人对一切人传播”的假设，通过有效的制度设计实施激励与惩罚，解决了网络社区中的信任问题，大大降低了“陌生人社会”的交易和交往成本，为个体行动提供了更加广阔的空间。

第三，互联网重新塑造了公众的权利意识，他们不甘于做被动的“接受者”“聆听者”，而希望在公共事务中自由表达和参与行动。互联网对于自由、多元的公共空间的构建，为人们重新审视、讨论个体与共同体之间的关系提供了机会，成为个人参与公共议题讨论、表达利益主张的重要渠道。公众的权利意识与互联网发展形成了密切的互动关系，一方面，互联网的自由表达、平等对话、理性批判等精神促进了权利意识的觉醒，有利于市民社会和公民人格的培育，另一方面，互联网赋予公众更多的话语权，在一些维权行动中，网络舆论在推动事件解决和权利落实中显现了巨大的能力，促进了公民权利的实现和现实问题的解决。在这样的氛围下，公众借由互联网参与社会治理的意愿日益强烈，互联网中诞生了大量“微公益”组织和“网络自组织”，新兴的互联网公益组织成为社会中间组织的新形态，它们重新定义了公益圈的游戏规则和行为标准，挑战传统社会组织的地位与权威，近年来一些官办社会组织遭遇的危机，其实是新的公益范式对传统封闭的社会治理模式的猛烈冲击。

第四，在风险社会的语境下，互联网的复杂性使得信任与怀疑、安全与风险的关系愈加紧张，也为社会领域一些复杂问题的解决提供了新思路。全球化和信息技术的高速发展使现

① 喻国明：《媒体变革：从“全景监狱”到“共景监狱”》，《人民论坛》2009 年第 8 期（上），第 21 页。

② 〔美〕克雷默、泰勒：《组织中的信任》，管兵等译，中国城市出版社，2003，第 4 页。

③ 喻国明：《互联网的价值本质是网络连接之下的关系赋权》，Newmedia 新媒体联盟，2016 年 2 月 17 日，http：//www. jianshu. com/p/0684021d3b5d。

代社会进入了一个空前复杂的时代。用“复杂”来形容我们身处的社会，意味着我们将面临更多不确定性和谬论，并且无法从局部推知整体。作为社会“底部”的生产要素，互联网将万事万物卷入其中，但绝非简单的堆叠，而是产生复杂的、交互性的化学变化。复杂性的隐喻无处不在，“大量简单个体如何在缺乏中央控制的情况下自行组织成能够产生模式、处理信息甚至能够进化和学习的整体”,① 正是对宏大社会系统运行机制的譬喻。我们将一些视频或事件在互联网上的高裂度无序传播称为“病毒性传播”，就是将互联网的复杂性比作生物、化学系统的复杂性。社会演进越深入、社会系统越复杂，简单粗暴的社会治理模式越不可能奏效，复杂问题的解决要求我们摆脱还原论和二元结构的限制，以非线性的思维和一种生命整体观重新看待和解决社会领域出现的问题。

二　权力转移：网络连接之下的关系赋权

我们身处的社会是一个多重权力支配下的互动网络。关于社会权力的来源与作用机制，有学者从不同角度进行了论述。托夫勒以人类社会的演进为标尺，认为暴力、财富、知识组成了不同社会权力框架的三角基石。② 暴力是人类历史早期的主导权力，它仅能实施惩罚，是低质权力；随着资本主义和工业文明的兴起，一部分权力由暴力转移到财富，金钱可以同时实施惩罚与激励，比暴力更加灵活，是中质权力；在工业文明没落、新型社会崛起之后，知识成为主导社会变革的力量，它可以用于惩罚、奖励、劝诫甚至转化为工作，弱者和穷人亦可掌握，是最民主的权力之源，运用得当可避免暴力冲突和财富浪费，是高质权力。迈克尔·曼则跳出社会和历史的框架，将权力互动放在一个纵横交错的网络中来考察，建立起一个重叠交叉的社会权力网络模型。他认为，经济、意识形态、政治和军事是任何社会的权力来源，它们超越了时间和空间，共同作用于不同的社会结构。迈克尔·曼同时指出，在不同的社会中，各个权力来源发挥的作用并不均衡，某一个或几个权力来源通常占据主导地位。③

社会资源与合法性，是个体和组织在权力格局中生存与行动的基础。尤其对传统社会中的孤立个体而言，这两个要素的获得必须依赖某种权威力量的赋权。在西方赋权理论中，赋权的对象是那些无权（powerless）的群体，如少数群体、边缘群体和能力丧失者，“无权”是一种主观感受，也是一个相对的概念。赋权作为一个互动的社会过程，是在信息沟通和人际交流中实现的，具有强烈的实践性。④ 如前所述，托夫勒、迈克尔·曼等学者的研究从不同角度揭示了社会权力来源的作用机制，但没有专门论述社会权力对个体的赋能，后者正是本文所关注的核心机制。笔者试图在此基础上梳理社会权力来源对个体的赋权模式，重点关注互联网如何促进了个体赋权模式的变革。

制度赋权或行政赋权是工业文明诞生之前的主导模式。这种模式基于利他主义的假定，以牺牲个体、成就社会利益为前提组成社会，建构起一系列秩序和规则。在这样的逻辑下，

① 〔美〕米歇尔：《复杂》，唐璐译，湖南科学技术出版社，2011，第5页。

② 〔美〕托夫勒：《权力的转移》，吴迎春译，中信出版社，2006，第18页。

③ 〔英〕迈克尔·曼：《社会权力的来源》第一卷，刘北成、李少军译，上海人民出版社，2007，第3页。

④ 丁未：《新媒体赋权：理论建构与个案分析——以中国稀有血型群体网络自组织为例》，《开放时代》2011年第1期，第124～145页。

个体是实现整体利益的手段，整体效能只是个体效能的简单叠加，个体在社会中生存与行动的合法性完全来自权威制度或行政力量的赋权。这样的“个体—共同体”关系是“臣—民”的二元关系，为统治者统合社会、治理国家提供了便利，而个体的主体性与能动性则被剥夺殆尽，不得不依附权威和制度化的社会结构才能生存。

工业资本主义兴起后，资本赋权成为市场经济条件下的主导模式。19世纪中后期，资本主义国家快速发展，经济权力在深度与广度上都加速进行扩张，服务威权统治者的行政赋权逐渐成为资本主义发展的障碍，一种基于“经济人”和“理性选择”假设的新型赋权模式出现了。资本赋权假定个体都是利益最大化的追逐者，并能在经济活动中做出理性选择。它认为，在财富的激励和控制下，个人对经济利益的理性追求可以在相对公平的环境下自然演化出一种秩序，推动社会福利和国民财富的增加。这种赋权模式关注和激发了个体的能动性与经济理性，但依然将个体之间隔绝起来，通过资本以组织为单位实现对个体的控制。互联网的发展使社会对个体的赋权模式发生了范式转变，关系赋权作为一种全新的赋权机制，最大限度地激活了个体及其关系资源网络，从根本上改变了权力格局与游戏规则。试看今日之媒体英雄，往大里说“BAT”企业、往近里说那些崭露头角的微信公众号、往小里说那些大V网红有哪个是靠着行政赋权的方式铸就自身影响力高地的？它们的成长无一例外地建立在互联网的互联互通基础之上，是对无线网络连接下关系资源的有效吸聚、创造性地开发和利用的结果。互联网作为一个新的物种出现只有几十年的时间，但它对无权个体和群体的赋权超越了以往的任何一种模式。关系赋权这一新型的赋权范式使某些在既有的行政赋权体系之外的边缘人、边缘机构成规模地进入社会舞台的中央，成为新时代的引领者。越来越多的机构、组织和个人正是站在了这一新时代的风口上迎风展翅，才成就了他们新的社会赋权下的影响力运作和价值生成。①

关系赋权来自互惠主义的假设，并与复杂性思维紧密相关。它认为，在这个彼此联系越来越紧密的社会系统中，处在利益和价值共同体中的个体一荣俱荣、一损俱损，人们要追求利益最大化，就必须在协同和妥协中共同演进。从这个角度看，互联网带来的不仅是语境的转变，还是一种基础性的赋权范式的转变。在新的范式下，基于互惠互利、互相尊重、互相认可的协作成为价值生产的必要条件，协作与共享生产的价值并非单体价值的简单叠加，而通常是指数倍的惊人增长。比如一些生发于民间的草根基金会，开始都是能量和影响力非常有限的机构，通过腾讯基金会的平台与10亿量级的用户连接，凭借独特的价值生产模式打动人心、撬动资源，迅速成长为募款千万级别的公益组织。通过互联网将人与人的连接激活、放大，这就是关系赋权的力量。

三　逻辑之变：互联网社会的共治与共享

信任，是合作与共享的价值基础，也是我们在纷繁的复杂性和不确定性中坚守的社会信仰。互联网社会的信任机制已经发生了范式转变，相比于传统社会的封闭组织与简单结构，互联网社会开放、交互、复杂的特性使基于特征、制度、过往体验等静态因素的信任机制日

① 喻国明：《互联网的价值本质是网络连接之下的关系赋权》，Newmedia新媒体联盟，2016年2月17日，http：//www. jianshu. com/p/0684021d3b5d。

渐式微，信任不再是主体与客体之间的二元博弈，而是多重主体之间无时无刻不在发生的关系互动，如今，信任构建的核心是连接、整合、发掘、配置、应用关系资源的能力。相对于传统社会组织迟滞低效的信息反馈系统，互联网公益组织迅速构建起简洁高效的信任系统，一个公益项目不仅可以通过社交媒体平台做到实时的捐赠信息反馈，还可实现捐赠人和受益人的直接交流，数字、信息、图像在捐赠者、公益组织、受益者之间自由流转，及时、主动、详尽、人性化的信息反馈使互联网公益收获了更多的信任。如果说以往人们是把中国的社会组织与国外同类型组织做比较，那么现在，传统社会组织和互联网社会组织之间的竞争更加直接和直观，人们在比较和评价中表达自己对不同模式的感受与期待，这对传统的社会组织是前所未有的挑战，尤其是长期依赖制度赋权的官办社会组织，重新思考和定位组织的结构、功能与走向已刻不容缓。

如果说以往的社会像一个金字塔，等级森严、层次分明、个体孤立，那么今天的社会则是一个由边连接在一起的节点组成的集合，节点对应网络中的个体，边则是个体之间的关联。在这个网络中，中心的优势开始减弱，聚拢在传统权威四周的节点呈现离散态势，表现出以自组织为中心、扁平化、流动性的结构特征，而边则超越时空，连接一切。互联网对人类社会的全面渗透与嵌入，是权威丧失和权力下移的根源，它赋予相对无权的个体和群体以社会治理的权力、渠道和能力，催生了大量的形态各异的公益组织和互益组织，一种前所未有的民间力量正以“互联网 + 公益”的形式迅速崛起。互联网不再只是传播信息、利用资源的工具，而是组织血液里的基因，通过激活个体及其社会关联促成交流、分享与协作。以新浪微博“微公益”平台为例，它的真正价值不是体现在筹集了多少善款，完成了多少项目，而是在这个开放、共享、合作的平台上，成千上万的普通人因共识、认同和信任而彼此连接，聚合更多的资源，惠及更多人。

互联网带来社会治理生态的巨大变化，在这个彼此之间连接越来越紧密的世界上，利害法则越来越向着“非零和博弈”倾斜。换言之，世界上任何一个部分都无法被简单地抛弃在利益分配和决策形成的框架之外。在新的社会治理格局下，工业时代的认知惯习和赋权模式已无法撬动蕴含无穷动能的关系网络，“共享”和“共治”是互联网时代“新常态”下必须追求的目标，今天，如何打动人心、聚合人的社会关系、洞悉人心和人的需要，如何更好地把握和利用社会关系资源，是社会治理的核心所在。在多元价值、多元利益、多元诉求交织融合的今天，社会治理的另一个基本法则是包容并蓄、求同存异，将各种族群、各种诉求包容在一个框架内互动，在互动和妥协中找到社会的“最大公约数”。必须认识到，越复杂的社会，越不应以简单粗暴的方式“毕其功于一役”，社会的善治，需要柔性治理、顺势而为的思维，需要“和而不同、各美其美”的哲学，比威权、铁血和资本控制更加精细、人性化的治理框架，以及对互联网逻辑规则真正的“皈依”，唯有如此，才能实现互联网结构下社会成员的支持与协同，实现共生共赢的社会格局。

（本文发表于《编辑之友》2016年第9期，第5~8页）

微博问政背景下政府回应机制的创新路径研究

杨 洁　王 娜*

摘　要　微博问政是互联网时代发展与政治民主化相结合的产物，它给政府回应带来机遇的同时更带来了挑战。政府回应能否适应微博问政背景下公民参政议政的需求，进而提高公民参与政治民主生活的有效性，是研究的关键所在。本文结合微博问政背景下政府回应流程的四个环节和具体实例归纳整理出微博问政中我国政府存在拒绝回应、回应时间滞后、回应主体互相推卸责任等问题，并在分析其成因的基础上提出从意识转变、法制建设、制度构建三个层面来创新微博问政背景下政府回应机制的路径，力求为新形势下我国政府回应机制建设提供有价值的参考。

关键词　政府回应　政府回应机制　微博问政　创新路径

微博作为一种新型传播媒介自2009年由新浪推出以来，迅速受到社会各个阶层和领域的欢迎。经过数年的发展，微博在政府与民众沟通中形成了不同于传统问政的新形式——微博问政。在这种背景下，以微博为代表的新一代网络媒体，得到党和政府的高度重视。2014年国务院在政务公开的相关报表中明确指出："各行政机关要把政府信息主动公开工作作为推进依法行政的重要手段，要制定信息发布、解读和回应方案，加强政府网站、政务微博等信息公开平台建设。"① 2017年国务院常务会议提出要进一步加快推进政务信息系统整合，以高效便捷的政务服务增进群众获得感。

微博问政在拓宽公民参政议政渠道、加快政治民主生活进程的同时，也要求政府回应机制努力做到与其同步适应。然而近年来，在公民通过微博进行参政议政和参与社会治理的过程中，政府回应存在缺位现象，这在很大程度上影响了政府与公众之间的良性互动，阻碍了服务型政府参与式治理模式的建设。因此，本文旨在对近年来微博问政背景下政府回应存在的问题进行分析，以期为政府创新管理提供思路。

一　微博问政背景下的政府回应机制

政府回应这一概念最早是由西方学术界提出的，美国学者斯塔林认为："回应是责任性的一种体现。政府回应意味着政府对公众接纳政策和公众提出诉求要做出及时反应，并采取积极措施来解决问题。"② 而国内学者则普遍认为："政府回应是指政府在公共管理过程中，

---

* 杨洁，女，湖北荆州人，硕士研究生，主要从事公共政策研究；王娜，女，湖南永顺人，硕士研究生，主要从事行政管理理论研究。

① 国务院办公厅：《国务院办公厅印发〈2014年政府信息公开工作要点〉》，《电子政务》2014年第4期，第110页。

② 〔美〕格罗弗·斯塔林：《公共部门管理》（第8版），常建译，中国人民大学出版社，2011，第136~139页。

对公众的社会需求和所提出问题做出积极反应和回复的过程。”① 基于国内外学者关于政府回应的概念界定，我国政府回应的主体是政府及其工作人员；政府回应的对象是社会公众；政府回应的客体是社会公众的诉求和利益；政府回应的形式是政府的具体行政行为或抽象改革措施，主要包括政府的直接答复、问题办理、规章制度等。

基于伊斯顿提出的政治系统论的五大核心要素——系统、环境、输入、输出、反馈，可将微博问政下的政府回应流程分解为四个环节：信息输入、信息处理、信息输出和信息反馈。这四个环节相互联系，动态发展。

信息输入环节——政府对公众诉求信息的充分了解。这一阶段的政府回应体现为政府对以上各类诉求信息的听取、了解，其有效回应机制建设的目标是促进公众充分“表达”，实现有效、全面的信息接收。

信息处理环节——政府对公众诉求信息的及时处理。主要体现为分析公众诉求以确定问题，并采取行动使问题进入行政办理流程。其有效回应机制的建设目标在于使公民参与决策程序，并获得实质性的影响力。

信息输出环节——政府对诉求解决情况的公开、告知与解释。这一阶段的政府回应体现为政府对诉求问题办理情况的公开、告知与解释，其机制建设的目标是有效监督问题能否及时办理，保证政府回应的及时性和有效性，从而提升政府公信力。

信息反馈环节——政府对公众满意度与意见的调查及工作改进。这一阶段的政府回应体现为政府调查公众满意度，接受意见反馈，并进行工作纠偏、总结和改进。其目标是及时进行工作纠偏和改进，防止因反馈阻滞而导致政府回应的单向性和公众参与的被动性。

二　微博问政背景下政府回应问题的主要表现

（一）拒绝回应

政府工作人员通过微博平台接收公众广泛的利益诉求后，在处理信息过程中会有选择地筛选掉给政府形象带来消极影响的观点或事件，以漠视态度拒绝回应，最终造成不良影响。以江西抚州“9·10”宜黄拆迁自焚事件为例，钟如奎一家强烈反对宜黄县政府的强拆行为，一家三口以自焚的方式做出反抗。在事件发生之初，宜黄县委县政府一直保持沉默，拒绝给受害者家属一个交代，这件事情在媒体的广泛报道和自焚后的两场“微博直播”下持续发酵，引起全国人民的关注。最后在舆论的压力下，相关政府工作人员声称“是钟如奎一家对办案人员先动手才会导致悲剧的发生”，对事件并无悔意，最后涉案工作人员被立案调查。

在这一案件中，当地政府漠视网络民情民意，以无所谓的态度不给予任何回复，忽视网民对此次事件的看法，采取消极应对措施，对政府形象和政府权威造成不良影响，值得反思。

---

① 何祖坤：《关注政府回应》，《中国行政管理》2000年第7期，第7~8页。

（二）拖延回应

政府在接收公众诉求和反馈信息之后，拖延回应，多以维稳为借口来拒绝。对公民隐瞒实情的同时在背后商量具体的善后措施，缺乏对公民知情权的尊重。以黑龙江省双鸭山市通勤车上发生的爆炸事件为例，事件发生后的第一时间政府面对质疑遮遮掩掩，就连政府部门内部（当地政府与警方）与当地医院披露的伤亡人数都有出人，涉嫌给伤者“封口费”、给记者“信封”阻止事件的真相暴露，以免给自己造成负面影响。直至事件发生后的第五天，相关政府部门仅仅针对死亡情况做了说明。而关于爆炸原因到底是人为过失还是技术缺陷，并未说明。最终导致媒体和公众对该事件议论纷纷，对政府是否有瞒报行为、煤矿是否存在违规生产等表示质疑。

每当发生责任事故时，政府更多的是采取消极应对、积极隐瞒的方式，先隐瞒使事故的负面影响降到最低，再低调处理。政府部门在责任事故发生后采取回避拖延策略，不管是对政府自身还是对公众来说，都是一个不明智的选择。政府的回避态度只会引发公众更大程度的质疑。总而言之，微博问政所引发的全民关注对政府回应采取的拖延策略虽有震慑但是未能从根本上改变这一现状。

（三）敷衍回应

敷衍回应就是指面对公众的指责和质疑，在短时间内迅速做出简单答复，否定一切不利于政府机关或政府官员的言论，试图以主动姿态蒙混过关。其中最典型的案例是陕西省安监局原局长杨达才，通过不法收入购入十多款奢华名表。面对公众通过微博提出他拥有 5 块名表的质疑，他第一时间在新浪微博访谈中做出回复，声称自己仅有的 5 块手表都是通过合法收入获得。随后名为“@花总丢了金箍棒”的微博用户通过列举一系列图片公布了他有 11 块名表的事实，证实杨达才说谎，引发舆论一片哗然。湖北三峡大学在校大学生实名申请公开其工资，当地政府却回应这项要求不在信息公开范围之内。在激起网上舆论轰动之后，陕西省纪委表示高度重视此事并立即展开相应调查，结果表明杨达才确实存在严重的违纪问题。

在此案中，杨达才作为省部级高官代表，面对公众举报本应避嫌，给公众真实的答复，急切澄清自己反倒显得欲盖弥彰、另有隐情。当地政府面对公众的质疑，敷衍回应，没有充分尊重公众的知情权、参与权、监督权，不按照应有程序查明真相给公众真实答复而是简单敷衍回应了事，这也是目前微博问政中政府回应存在的普遍现象。

（四）回应主体互相推卸责任

面对公众对某一公共事件的关注与质疑，相关政府部门互相推卸责任，在微博平台做出不一致的回复，让公众一头雾水。最为典型的案例当属 2013 年 3 月发生的黄浦江死猪事件。事件发生之后，引发全国持续关注，针对死猪是否感染疫情，上海检疫部门、浙江省相关部门、嘉兴市政府三方通过微博做出回应。上海方认为死猪来源在浙江嘉兴，并带有猪圆环病毒；浙江方则坚持声称死猪多为“冻死”，并没有疫症；嘉兴方则回复死猪耳标虽来自嘉兴，但其后在何处饲养不能确定。三方通过媒体、微博等各种平台做出不同回复，互相推卸责任，让民众一头雾水。此次事件实则是各地政府部门之间行政和管理活动的放大版，各部门在事件发生后互相推卸责任，既不利于民众了解事情的真相，也会让民众对政府的治理能力产生怀疑，严重影响政府形象。

三　微博问政背景下政府回应问题的原因分析

（一）回应意识不足

回应意识不足问题可以从中国政治发展的历史角度和现有政治体制两方面来分析。从中国政治发展的历史轨迹来看，封建社会所形成的中央集权制、臣绝对服从君的伦理纲常、官尊民卑等思想，使得“官本位”思想在现代民主政治社会中仍有残余，部分官员并未真正做到利用手中的职权为人民谋福利，而是无视百姓呼声。从现有的公务员人事制度来看，公务员任免、升迁和考核的权力集中于上级，公民对公务员的评价并未纳入政府绩效考核体系，这就造成政府工作人员在工作中出现“唯上不唯下”的现象，公民诉求未对政府工作人员产生实质性的影响，导致政府工作人员忽视公众诉求的行为时有发生。因此，政府工作人员缺乏回应意识和回应动力可以归结为历史和现实体制两方面的原因。

（二）技术整合经验不足

技术整合经验不足主要针对微博平台上的政务回应管理团队而言，主要体现在管理人员素质有待加强、管理方式有待革新。一方面，由于政府工作人员习惯传统问政方式，不愿意以开放的心态去学习微博的各项功能，导致部分政府机关微博多转交给文职人员或是委托给第三方机构来管理。然而在实际问政过程中，文职人员和第三方机构也有自身利益需求，很难保持中立，很多时候回应的内容不一定充分代表政府机关的想法，这极易造成政府回应的无效性。另一方面，对于政府网站、政务 App、政务微博等非制度化政治参与工具的使用缺乏系统的管理和规范，也没有专业的管理团队，导致回应时间滞后、回应成本增加。

（三）回应制度不健全

基于微博问政下的政府回应流程的信息输入、信息处理、信息输出和信息反馈四个环节的现状来看，回应制度存在以下四个方面的问题。一是信息输入环节对公众诉求的接收缺乏整合。政府整合公民诉求信息的能力存在一定的局限。公众通过微博平台表达的观点和诉求通常很难被政府注意和接收，只有当公众的意见趋同造成一定社会影响时才可能会引起政府注意。二是信息处理环节对诉求问题的解决缺乏效率。面对纷繁复杂的公众诉求信息，政府机关如何从中获取有效信息并迅速确定需要解决的问题显得十分重要。这也是筛选信息、回避信息、拒绝回应现象频繁出现的原因。三是信息输出环节的结果答复形式与政府公关理念滞后。当前我国的政务微博公开多局限于公示层面的处理结果信息发布，缺乏有效的时限限制。四是信息反馈环节的评估与改进方案流于形式。当前，我国多数政府回应机制的建设止步于信息输出环节，忽视了信息公开后进一步接受公众信息反馈的重要性，阻碍了政府与公众之间的完整互动。

四　微博问政背景下政府回应机制的创新路径

（一）提高政府回应意识，打造责任型政府

众所周知，我国传统的“官本位”思想造就了政府工作人员的“权力崇拜”，而忽视对公众和社会的服务[①]。这是政府回应出现问题的思想根源。因此，重塑“公仆”角色和“民本位”政府回应的行政理念是提高政府回应意识的必由之路。“公仆”角色意味着政府的权力来源于人民，政府必须时时刻刻以广大人民的利益为出发点，积极了解公民意愿和诉求，多为百姓办实事。“民本位”的政府回应理念要求政府摒弃“官本位”思想，更多地关注公众利益诉求和对政府工作的反馈，切切实实把公众当成服务对象，让公民在政治民主生活中发挥切实作用。

责任既是一种品质或精神状态，也承载着实质性规则或具体期待。[②] 建设责任型政府不应该仅仅是提出几句口号、下发几个文件，而应更多地让公众看到政府是在明确规范的制度规则之下开展行政和管理工作的。责任型政府要求政府回应社会和民众的基本要求，必须接受来自内外部的监督以保证责任的实现。[③] 一方面，责任型政府强调责任承担是由内到外的主动担责，而不是由外部舆论压力引起的被动式担责。另一方面，责任型政府要求政府工作人员必须树立以人为本的责任价值观，面对公众质疑敢于通过合法程序和手段查明并公布事情真相，突破固有的权力统治惯性，转变政府角色，从被动公开转变为主动接受公众批评和监督。

（二）加强法制建设，完善政府回应机制的法律法规

微博作为新兴的网络问政工具，在互联网快速发展的今天，加强包括微博在内的网络法制建设是自媒体时代政府问政的前提。目前，涉及互联网的相关法律法规尚不健全，立法严重滞后。由于网络平台的“宽准入”特点为公众自由表达言论提供便利的同时也给网络空间管理带来了隐患，网络谣言、网络犯罪等乱象屡禁不止。以微博平台为例，少数反动分子利用微博传播反党反社会主义言论，并故意制造假消息形成微博舆情，导致人心惶惶。微博的隐蔽性特征，使得这些人极易利用监管的漏洞，逃脱法律的制裁。因此，加强微博实名认证机制建设、言论审核机制建设、问责制度建设有利于确保公众参与的合法性、真实性、规范性，使公民参与更加符合法律规范，同时这也是推进依法治网的关键一环。

目前，我国法律法规并没有清晰界定政府在促进公众参与方面具有法定义务，而且关于政府回应机制的方方面面缺乏具体、严格的法律规定。因此，我国首先要做的便是把政府回应所涉及的内容和环节以法规的形式确定下来。[④] 具体而言，应该明确回应主体、回应客体

---

① 于洪生：《现阶段我国“官本位”现象的调查与分析》，《领导科学》2013 年第 5 期，第 11 ~ 15 页。

② 林雪霏：《双重“委托 - 代理”逻辑下基层政府的结构困境与能动性应对——兼论基层政府应然规范的转变》，《马克思主义与现实》2017 年第 2 期，第 192 ~ 198 页。

③ 陈新：《互联网时代政府回应能力建设研究——基于现代国家治理的视角》，《中国行政管理》2015 年第 12 期，第 61 ~ 63 页。

④ 晏晓娟：《政府回应机制的创新：从回应性到回应力》，《重庆社会科学》2015 年第 4 期，第 13 ~ 17 页。

以及两者的权力与义务关系，并以明确的法律法规形式规定回应时间、回应程序、回应方式等相关内容。对网络群体事件和突发公共危机事件等特殊事件的回应，应该有意识地吸取并总结经验，制定出一套规范的预防应急机制，确保回应的前瞻性和科学性。

（三）加强制度建设，构建科学、高效、及时、务实的政府回应机制

构建科学的诉求接收机制。首先，应重视利用互联网这一新传播和沟通渠道的开放性、时效性和低成本特征，以建设创新政府回应的网络平台，或者开发形式多样的政府与公众面对面对话机制，提升公众诉求接收平台对公众诉求信息的整合力。其次，要重视平台间协调机制建设，逐步实行多平台间的协作。最后，为公众诉求接收平台的运行提供相关保障机制，从技术、组织、人员等方面的科学设置上为公众诉求接收提供必要的支持。

构建高效的问题办理机制。一方面，做好有关公众诉求信息的筛选与统计工作。可以设置专职部门并配备专业人员，通过配套培训机制提升专职人员的相关技能；开发专门的软件处理系统，利用互联网的强大数据处理能力，对公众的诉求信息进行分类、统计。另一方面，在政府回应机制的建设中，加强执行机制建设。首先，确保问题办理标准，操作流程规范；其次，明确权责划分体系，应该明确各部门、各级政府之间的权力与责任关系，做到权责对等，减少部门间的推诿现象；再次，建立基于公众诉求回应率的考评和监督机制，对政府部门的积极或消极回应形成有效的奖惩机制。

构建及时的结果答复机制。首先，政府部门工作人员要树立公共服务意识，认识到政府部门的有效公关对提高政府回应质效的重要性和必要性。其次，要提升回应过程中信息公开方式的多样性，一方面要为公众诉求处理结果的公示设定时间限制，另一方面要通过“点到点”告知制度和公众质询机制的建设予以配合与补充。

构建务实的评估反馈机制。这主要是指建设以公众满意度为核心的绩效考评指标体系，并建立相应的奖惩机制。基于以公民满意度为核心的评价指标，将日常考核与年终考核相结合、政府系统内部考核与外部社会舆论监督相结合，对公民参与过程中政府回应各环节的科学性、高效性、现代性和务实性进行客观的考量。

［本文为湖南省长沙市科技计划项目“长沙建设创新型城市的政策支持体系研究”（项目编号：Khl601191）的阶段性成果。发表于《重庆文理学院学报》（社会科学版）2018 年 7 月第 4 期］

新媒体对中国“权势”文化的颠覆与重构

姜飞　黄廓*

摘　要　从理性视角来看，新媒体带来的巨大变革依次表现在三个方面的“权”与“势”的变迁中：第一，新媒体呈现出某种“反作用力”，不断摆脱对传统媒体的依附，有了自己的“地盘”；第二，新媒体带来“权势”文化的结构性变迁；第三，传统政权意义上的“群众”和传统媒体的“受众”发生改变。新媒体带来的中国政治生态的改变，虽然还有待时间的考验，但至少从目前表现出的通过新媒体激发的公民意识的觉醒、政治改革进程的拓展、经济发展领域的新气象、人文素养人文意识的复苏和重构等来看，新媒体都将为中国整体意义上的文化自觉开辟道路，其积极意义是毋庸置疑的。

关键词　新媒体权势　文化话语权　权力转移　国际传播　公民意识

一　引言

中国互联网发展飞速，截至2011年11月底，中国网民数量突破5亿，普及率达到37.7%。以此速度预计，原先设定的在2015年之前普及率达到45%的目标将会提前实现。不仅如此，微博作为一项互联网新应用技术，仅两年多的时间，用户数量便一举突破3亿；手机用户在2011年3月超过9亿，智能手机、平板电脑等移动终端普及迅速，目前移动互联网用户已突破3亿。①

我们看到，基于数字技术的新媒体正在创造一个新时代。它携传统媒体时代的传播效果之积威，不仅实现了传播形式的革命性转型，也促进了文化的“巨变迁”——重新书写基于传统媒体的传播规律和传播理论；以数字化技术为龙头重新整合传媒和文化产业的内部结构乃至改变整体生态；改变一个国家内部的文化生产、传播、消费的流程、结构，以及受众对信息的储备、认知视角、接受方式；改变国内和国际传媒政策以及传媒业的格局；重塑国内和国际传播秩序；改变国际舆论和文化整体生态，甚至使文化发展和变迁的方向改道。

不仅如此，新媒体的巨大影响力，还体现在多个方面。早在1998年5月，联合国新闻委员会年会就将互联网命名为第四媒体。美国人阿尔温·托夫勒在《权力的转移》一书中说：“未来世界政治的魔方将控制在拥有信息强权人的手里。”美国《纽约时报》专栏作家托马斯·弗里德曼在《世界是平的》一书中剖析了十种改变世界平坦化的重要力量，其中

---

* 姜飞，北京外国语大学国际新闻传播学院教授，中国社科院新闻与传播研究所原传播学研究室主任、研究员；黄廓，中国外文局对外传播研究中心副研究员。

① 闵大洪：《年终策划：2011年的中国网络媒体与网络传播》，http://media.people.com.cn/GB/40699/16716399.html。

有近一半来自计算机信息网络。[①]

如何从理论上解释新媒体所带来的文化新变背后的逻辑，从而使我们不仅满足于惊叹新媒体如钱塘江潮般壮观，更能够找到主导这些变化的“阿喀琉斯之踵”，进而能够面对纷繁复杂的新媒体文化，并使我们对于社会文化变迁现实的分析一语中的。无论是加拿大传播学学者马歇尔·麦克卢汉所说的“媒介即讯息”（media is message）——新媒介带来信息的重新界定并且自身蕴含巨大的新影响力，还是作为跨文化传播研究奠基人的美国学者爱德华·T. 霍尔所说的“传播即文化”（communication is culture）的学术概括，都过于理论化和抽象化。针对中国的网络文化现实，需要用中国的文化视角和理论阐释。

我们可以借用唐代诗人杜牧“丸之走盘”的妙喻来分析这一问题。《樊川文集》卷十《注孙子序》载：“丸之走盘，横斜圆直，计于临时，不可尽知，其必可知者，是知丸之不能出于盘也。”所谓传播，乃信息之丸抛入社会之盘游走的过程。以此来考察新媒体的影响，我们看到，新兴技术改变了这个“盘”，那么，信息又该如何游走于新盘呢？笔者认为，从“权势”博弈的视角出发，来分析新媒体给中国社会、政治、文化带来重大变迁的现实，可能是一条帮助我们走出迷宫的“阿里阿德涅彩线”[②]。

二　“权”与“势”含义考析

中国文化围绕“权”有一系列的言语表达，比如“权力—权利”“政权—民权”“男权—女权”“维权—赋权”等。不管上述言语组合各自意义的指向为何，其出发点都是一个“权”。“权”基本上指的就是“力量”（power）或者“力”。“权力”在字面上等同于“权”。说某人有“权”，意思就是他/她在其权力范围内拥有资源以及做资源分配最终决定的资格。在中国历史上，获得实“权”的方式是从皇帝或其官员手中拿到“大印”。这个“大印”是独一无二的，除非原印章被破坏或丢失，“大印”是不能被复制的，否则就是僭越或者篡权，轻则坐牢，重则杀头抄家。使用“权”意味官员通过用“大印”给每封发送出去的文件打上封条以显示权力，而服从“权”便意味着首先要见到印鉴才能将文件传送出去。如今，印章仍然在提名中国政府官员时使用，但是同时也需要个人的签名，这就是“权”。

“权”的实质不在大小，不在高低，在于如何使用及其效果。权的最终使用效果还在于“权”与“势”的结合程度。在中文里“势”总是被用在“权”之后，两个字合起来叫“权势”。“权”比较好理解，那么，到底什么是“势”？“势”在中国传统文化中有一个特定的所指，即“男性生殖器”。世界上的一些古老文明，例如埃及、罗马、希腊和中国的历史上都曾出现过阉割人。[③] 而在中国，割掉男性的生殖器，在文字上统称为“去势”。只有去了“势”的人才可以被送到皇宫伺候皇帝、皇后及其他皇室成员。被阉割过的人会在身

① 〔美〕托马斯·弗里德曼：《世界是平的：21 世纪简史》，何帆、肖莹莹、郝正非译，湖南科技出版社，2006。

② “阿里阿德涅彩线”（A Clue of Ariadne）（希腊神话）：克瑞忒国王米诺斯设著名的迷宫，欲加害于阿提刻王子忒修斯。但米诺斯之女阿里阿德涅公主爱上了忒修斯而给他一团彩线，线的一头拴在迷宫门口，从而引导忒修斯安然走出迷宫。

③ 赵兴元：《历史探秘：中国史上的外籍太监从哪儿来》，《北京科技报》2007 年 7 月 29 日。

体上失去雄性特征，如不再长胡须，而且举手投足还会渐渐地女性化。这些被阉割的人虽然失去了“势”，但他们却由此靠近了“权”。大部分时间他们是皇帝身边的仆人，但正是因为他们有资格接近最有权力的最高统治者和影响全局的信息，甚至有可能在某些特定时刻影响皇帝的决策，所以他们又间接地获得了“权”。这种“权”弥补了他们失去的“势”，使这些被阉割的人所获得的“权”有机会向“势”转化，达到有权有势的状态。

因此，比起孤立的“权”来说，权与势的结合——“权势”使二者合为一体，彼此安生，也才有了更丰富的意义。二者密切相连并在一定条件下相互支持和相互转化。“势”是“权”的力量范围，是由“权”决定的，“势”意味着一个人、机构或行为一旦获得“权”之后所能够得到的待遇以及发挥影响的程度。有权而生势，借势而生权，彼此倚重，配合默契。现实生活中，中国的“权势”文化根深蒂固，表现在社会各个领域和各个层面。比如，一个门卫可以将一个实质有“权”而表面无“势”的将军阻挡在门外——所谓的最小的权力发挥到最大限度；同样，一个随时可以签字罚款、大权在握的交通警察也有可能向一个“套牌”或“冒牌”军车敬礼——看似简单的“牌号”背后的权力“势”不可挡。

三　传统媒体如何介入中国的“权势”文化

由上述对“权势”文化的分析我们可以看到，“势”与“权”其实是密切相连并在一定条件下相互支持和相互转化的。“势”是“权”的力量范围，是由“权”决定的，“势”被用在“权”之后，合成“权势”。“势”总是意味着一个人一旦获得“权”之后所能够得到的待遇，如他/她召集会议的规模和频率，出席某场合时随从人员的规模，出行的交通工具的配置，他/她能过上什么级别的生活（包括家庭生活和外出住宿），能够管多少农田和官员，此外，他/她的权力是只限制在他/她的办公室里，还是在其他的地方也同样具有影响力乃至影响到全国，等等。另外，“势”在某种程度上也可以转化为“权”，如上述提到的太监的例子，此不赘述。

按照这样的逻辑来考察传统传媒体制。传统权势文化中“权”与“势”之间的密切关系与政府和传统媒体的内在逻辑关系暗合：政府有“权”（权柄、力量），而媒体虽然有“第四等级”或“第四权力”之称，却并不是天生就有权——媒体机构并没有位列中国任何行政级别，即使有“处级”记者之说，也只是反映在本单位管理级别水平、经济待遇高低或者调任行政单位级别的衡量上，尤其是在新闻机构去行政化的背景下，这种级别也会渐趋消失。从政治视角来看，媒体的“权”隶属行政当局或者法律的框架，国家“巧妙地利用第四等级的力量来达到某些政治和经济目标”①。

从文化视角来看，虽然媒体没有实质性的“权”——政权意义上的“权柄”，但媒体天然有“势”，并借助信息资源把握的落差“势能”而生“权”。整个新闻机构是一个整体，这个整体将为报道构建一个宏大的架势并对报道目标产生最终影响。虽然记者对一个报道并没有最终的决定权，但通过对第一手信息的搜求，对第一现场真实感的积累，以及对信息传播机制和内容的积累，可以形成一种对新闻记者乃至新闻业的专业化无形资产。久而久之，

① Kuznechevsky, What Power is Necessary to "The Fourth Power," http://www.hotels-in-st-petersburg.info/piternewsi7131.html.

就逐渐形成媒介独特的言语，通过媒介的言语将消息或者事件报道出来，就构成媒介话语的实践，这样的实践进一步成为媒介自身造“势”的体现。

传媒机构累积的“势”，包括报道的选题、时机、影响力和在场，并直接地转化成传媒机构的“权”。媒体虽然很难决定大众“如何思考”，但他们能够通过议程设置，决定大众思考什么以及思考的范围。在法律机制不太健全的阶段，这样的“势”甚至会直接作用于传统意义上的“政权”——官方的司法权，影响司法和审判。

综上，在大多数情况下，政府和传统媒体可谓“权”与“势”的结合。如果一个政治体需要争取百姓的支持，从边缘走向中心，就需借助媒体进行造势生权。如果政府还能获得广大百姓的支持，那么政府将既有“权”（力量）又有“势”（影响）。此时，媒体或者扮演他的宣传机构下的分支，为权造势，或者扮演一个监督者的角色，发现执行“权”的过程中的问题，为权掌势。无论如何，对于大众媒介来说，他们手上没有“权柄”，唯一有的“权”就是发现最新事件并将其传达给大众。但是，他们通过和政权的长期合作而变得有权有势，机构形如衙门（有持枪武警站岗），是理论意义上“第四等级”或“第四权力”的中国现实版，从而打造了有中国特色的传媒领域的“权势”文化。

四　新媒体对权势文化的颠覆与重构

所谓“新媒体”，其实是一个相对概念。20 世纪 20 年代，广播作为有别于报纸的新媒体，带来了媒体格局的巨大变迁；20 世纪 40 年代，电视的出现，再次分割传媒市场，推动了传播形势的变迁；30 多年前的有线电视又从电视领域分化出来，重组市场。由此可见，新媒体是一个动态的定义，虽然对新媒体的定义有很多，综合起来，新媒体的“新”体现在这样几个视角中。第一，相对性视角。相对于报纸，广播是新媒体；相对于广播，电视是新媒体；相对于广播、电视、报纸、杂志等，互联网和手机是新媒体。第二，技术性视角。今天我们所说的新媒体通常是指在计算机信息处理技术基础之上出现的媒体形态，比如虚拟信号电视和高清数字电视的差别，虚拟信号电视是传统媒体，而通过数字技术提供高清信号的电视则可以看作新媒体。第三，革命性视角。相对于传统媒体，今天我们所说的新媒体技术的革命性体现在，彻底改变了信息采集和储存的方式、介质，进而带来人们对信息的消费、储存方式乃至信息使用的方式大规模的革命性变革，甚至在此基础上带来文化变迁速度乃至方向上的变化。

具体而言，如今足够有资格被称为“新媒体”的，必然包括三大元素。第一，基础媒介更新。比如信息高速公路硬件的铺设、高速无线互联网的建设、物联网等。第二，传播终端创新。传播终端既是基础媒介，同时又是连接新媒介、信息传播和消费者的接口，比如手机、互联网、iPad、各种博客的变形（如播客、微博等）、IPTV 等。第三，传播理念维新。突破以往传统媒体时代单向的线性传播，向双向、互动的非线性传播转型。

技术的核心还在于使用技术的人。随着网民数量的不断增加，传统意义上处于“弱势”的中国网民无论是从涉足社会管理的广度还是影响政治和经济发展的深度等层面都呈现“增势”。他们借助技术的便利，从不同的方面“介入”社会。从 2008 年“汶川大地震”、2008 年“北京奥运会”、2012 年中菲黄岩岛对峙等一系列重要的媒介事件中我们看到，网民自发地组织起来深入抗震救灾第一线，在奥运会期间充当志愿者，在一系列的国际性政治事件中通过网络发声。他们也开始逐渐用网络所提供的便利积累势能，影响政治和社会。比如政治层面的“网络问政”，社会层面的“人肉搜索”、微博打拐，学术和经济层面的打假行动，文化层面的“山寨春晚”，都在宣示着一股草根的社会力量借助新兴媒介，比如用带有摄像头的手机拍摄现场，通过手机将发生在身边的事件和自己的评论上传到自己的博客、BBS 论坛、微博上，然后通过微博上的互相关注机制将消息推送到“粉丝”的信息终端进行二次传播，借助网络上的舆论领袖进行强化传播，借助网络的互动功能将事件传播，推动问题讨论，乃至引起传统媒体的关注和报道，进而影响政治和决策，从而实现了从虚拟空间走向现实，从草根走向决策，从无势、弱势走向强势。

网民也开始从地区走向国际。部分国内、地区事件借助 Facebook、YouTube、Twitter 等国外社交网站的病毒式传播，扩大到更广大的世界范围，从而使得原本发生在某个角落的个案事件演变成媒介事件、社会群体事件、政治事件、国际关系事件乃至历史性的文化事件。

不仅如此，传统媒体也在“网民”传播这一汪洋中重新寻找方向。有的干脆放弃传统的传播形式，完全转型进入网络传播，比如 2008 年美国《基督教科学箴言报》率先放弃纸质版。其他更多的还是居安思危，兼具传统媒体和新媒体两种传播方式，重心在不断地向新媒体传播转移。尤其是在诸如手机、平板电脑等新型传播终端出现后，传统媒体面临着一个从传播理念到字形模版的全面转型，谁能抢占最新传播终端，就能吸引未来的读者。

政治层面也因为新媒体的涌现发生诸多转变。2008 年 6 月 20 日胡锦涛到“人民网”和中国网民对话，明确提出“我们要充分认识以互联网为代表的新兴媒体的社会影响力，高度重视互联网的建设、运用、管理”，“必须加强主流媒体建设和新兴媒体建设，形成舆论引导新格局”。从形式上看，这是中国国家最高领导人首次通过网络同中国网民聊天，这短短半个小时的网聊，在实质意义上承认了中国网民的存在并正式认可了其对文化的作用，笔者将其称为中国网民的“成人礼”①。传统政治体制在新媒体新兴传播模式的冲击下开始从基层发生变革，甚至有的领导因为不了解新媒体所带来的这种权势的变迁，抱怨自己由以前的强势群体变成了“弱势群体”②。2011 年 2 月 19 日，省部级主要领导干部社会管理及其创新专题研讨班在北京举行，胡锦涛在讲话中要求：“进一步加强和完善信息网络管理，提高对虚拟社会的管理水平，健全网上舆论引导机制。”5 月 4 日，国家互联网信息办公室正式设立，标志着中国互联网信息服务和管理工作进入了一个新的阶段。③ 2011 年下半年，开始在全国范围内推行“政务微博”，官方机构除了设立政府新闻发言人职位之外，还要开通机构和官员个人微博，直接面对大众进行传播。

从理性视角来看，新媒体带来的巨大变革依次表现在下述三个方面的“权”与“势”变迁中：

第一，新媒体呈现某种“反作用力”，逐渐摆脱对传统媒体的依附，有了自己的“地盘”。以往大众必须依赖传统媒体发声，但是，无论是博客、播客，还是论坛、微博等社交媒体，都为大众提供了一个新的发声渠道和专属平台。同时，互联网、移动互联网等个性化

---

① 姜飞：《善待网络受众的“成人礼”》，《中国青年报》2009 年 1 月 7 日。

② 刘健、林嵬等：《专家称“县官”成网络弱势群体担心被妖魔化》，《半月谈》2011 年第 2 期。

③ 闵大洪：《年终策划：2011 年的中国网络媒体与网络传播》，http：//media. people. com. cn/GB/40699/16716399. html。

媒体的大众传播发挥着从下往上的信息突围功能，新媒体导致信息和服务的不对称形势发生改变，传统媒体对信息的垄断被打破。综观当今的新闻报道，从草根群体发出微博，引发人群关注，到最终触发传统媒体跟进报道的例子屡见不鲜。因此，大众“势能”累积生成的“反作用力”甚至漫过传统媒体“权力”的运作堤坝，“权”与“势”的博弈呈现出一种新态势。

第二，新媒体带来“权势”文化结构性变迁。新媒体通过信息的定制化服务、格式在不同介质之间的无缝衔接、内容在不同媒介之间的自由流动、传播在人与人之间的进行，打通了组织传播和大众传播的天然通道，使得“政权”意义上的“权力”从以往“中心扩散”“上传下达”式的金字塔垂直结构跌落下来——社会政治权力结构外形似乎还是金字塔式的，但传媒信息领域的流动和扩散已经使这样的垂直结构扁平化。这一方面带来政治权力的执行呈自由落体甚至失重状态，另一方面也极大地弱化甚至“取缔”了传统媒体的劝服和教育功能，导致“自由落体”式的政治权力难以在传统媒体基座上实现“软着陆”。强烈的预期效果反差，难免会带来政权文化建设和信息流动的体制性反弹和重新定位、组合，进而带动社会权势文化结构进入深度调整期。

第三，传统政权意义上的“群众”和传统媒体的“受众”发生改变。新媒体冲击传统媒体所创造的信息流动上下游生态，正所谓群众的力量是无穷的，从草根那里观察、记录和拍摄到的信息流早期在传统媒体体外循环，中期会介入传统媒体信息的生产，后期则会在改变传统媒体的信息采集发布流程的同时，动摇传统媒体作为信息提供者的垄断地位和信心。一方面使以往的“大众传播”心理优势遭受挫折，另一方面，新媒体又逐步瓦解了“大众”原来的意义，逐渐被“分众”、“小众”、小群体等取代，使得传统媒体的大众传播意图找不到落脚点，出现无的放矢的危险。而且，个体所表现出来的特定信息采集优势以及新媒体所能提供的大众传播功能的有机结合，又使个体的传播具有大众传播的潜能；而诸多这样的个体的组合直接挑战的是传统媒体所缔造的传媒帝国的政治、经济、文化乃至业界生态。具体到现实中，新媒体带来了受众需求的变迁，反映在中国政治层面，就是政治机制总体运作上的媒介化导向——新闻发言人机制的建设，媒介素养教育的官方推动，以及其他基于现代传播体制的政治思想改革，本身就反映了中国权势文化的全面变迁。

五　新媒体发展展望

更进一步说，新媒体带来的传播“权力转移”和权势变迁也蔓延到国际范围。在国际传播领域，美国等西方发达国家挑战中国等发展中国家的传播生态，完全是上述传统媒体条件下“权力”的运作结构和生态在中国的翻版，所以中国文化走向国际以及中国传媒走向国际理念的提出，也有必要借鉴上述思路。

在传统媒体时代，西方传媒机构借助跨国媒体以及经济优势在国际范围内累积的“势”，包括报道的选题、时机、影响力直接地转化成西方跨国传媒机构的话语“权”，西方传媒在国际传播领域可谓“有权有势”。新媒体条件下，国际传播领域“权”与“势”的博弈呈现新的特点，最典型的代表是网络外交，比如一些驻华使馆开办微博。2010 年 5 月下旬开始，美国驻华大使馆开设微博，其中关于美国社会和历史文化介绍的内容最多，占 36%，而谈及中美关系的则为 7%，平均每天发布 2 条以上信息，目前拥有 6 万多名粉丝。

如法国驻华使馆新闻官李小佛所说："（微博）作为一个在中国广泛传播的通信工具……它的主要优势是无须中介，直达'最终用户'，即中国民众。他们都将通过自己的屏幕接收到我们的信息。"《南方周末》记者采写的报道精确地指出，驻华使馆开微博，是把外交做到了中国人指尖。[①] 美国、德国、法国、英国、俄罗斯等大国将互联网国际传播能力建设上升到国家战略。"当政府试图通过国内的和跨越国界的宣传来影响民众的时候，如何影响国外的政策模式和公共舆论一直是掌权者和谋权者们的当务之急。从2001年的'9·11'事件之后，尤其是现在，冲突、不稳定和意识形态之间的交互作用越来越凸显，各国政府也意识到对外舆论宣传的必要性。"[②] 一个"不约而同"，一个"当务之急"，都极其准确地勾勒出了当前国际传播显在的和潜在的博弈。因此，目前在国际范围"话语权"的争夺中，新媒体带来国际政治"权"与"势"的博弈也在发生结构性变迁。新媒体时代下，中国的网民在成长和壮大，传统传播模式的作用土壤发生变化，中国的网络传播投资也在不断加大，开始逐渐用网络所提供的便利积累"势能"，影响国际政治和社会。

传统意义上受气的中国"受众"，首次在新媒体的协助下颠覆了"权势"的生成机制和平衡状态，体现出摆脱"无权无势"的弱势群体状态的潜质，甚至走向国际，介入了新一轮的、新媒体条件下的、带有中国特色的、国内国际范围内的话语"权"与"势"的博弈。由此带来的中国政治生态的改变，虽然还有待时间的考验，但至少从目前显露出的通过新媒体激发的公民意识的觉醒、政治改革的拓展、经济发展领域的新气象、人文素养人文意识的复苏和重构等来看，新媒体都将为中国整体意义上的文化自觉开辟道路，其积极意义是毋庸置疑的。而在此认识基础上，充分运用新媒体的诸多特点，尽力扭转国际舆论中的"权"与"势"的西强我弱态势，拓展和延伸我们的传播"势能"，强化国际传播效果，我们的"丸"，也要到国际之"盘"走一遭，建构一个新的国际传播新秩序，服务于中国文化走出去战略，实现中国从经济上的强大到文化上的强大，最终导演一出"新媒体成就中国"[③] 的历史大剧也未必不可能，且让我们拭目以待。

［本文为2011年国家社科基金重大课题"中国特色政治传播理论与策略体系研究"（项目编号：11&ZD075）的阶段性成果。发表于《探索与争鸣》2012年第7期］

① 秦轩、郑李等：《驻华使馆开微博：把外交做到中国人指尖》，《南方周末》2011年3月31日。

② 〔美〕门罗·E. 普莱斯：《媒介与主权：全球信息革命及其对国家权力的挑战》，麻争旗等译，中国传媒大学出版社，2008，第4页。

③ 姜飞：《传播与文化》，中国传媒大学出版社，2011，第144～225页。

微博与国家意识的重构

杨雪冬*

一　微博里的公共生活

微博的出现，是网络世界又一个革命性工具，不仅加深了网络世界与现实世界的连接，也为更加多样化的公共空间的形成，更有活力的公共生活的产生提供了有力的支撑。在现实世界中，一个人、一个事件，囿于组织的约束、制度的限制，其影响力很难在短时间内突破组织的边界、行政的界限。但是在网络世界中，组织边界、行政界限不再存在，个人言行、事件影响能够即时快速传播，从而，每个普通的个人都可能成为"意见领袖"，每个细小的事件都可能成为"公共事件"。也正因如此，微博从出现以来，风靡网络世界，从普通人到各类名人，再到不同层级的公共权力机关，都力图通过它来凝聚和扩大自己的"粉丝"队伍，在连绵不绝的信息流中，发出自己的声音，建构自己的信息岛屿。

2010 年以来，在多起公共事件、多场公共讨论中，微博所发挥的传播信息、搭建平台、引导舆论、动员行动的功能充分展现出来，对提高社会治理的透明度、互动性，提高社会治理水平，形成健康多元的公共生活起到了很好的作用。在这些功能中，引导舆论和动员行动最值得重视，尽管这两种功能此前已经在互联网中得到了体现。

在通过微博连接起来的网络空间中，舆论具有设定公共政策议程的作用。微博的使用者通过评论、转发的方式，直接表达对某个事件或议题的态度和立场，丰富了对事件的分析和描述，形成了明确的价值取向，能迅速使某个地方性的、局部的，乃至边缘的问题或话题从信息海洋中凸显出来，成为网络世界的焦点话题，形成舆论导向进而对决策者产生影响，甚至压力，使这些问题或话题直接进入公共政策议程之中，甚至在众多待决策的问题中占据优先的位置。

网络世界中的集体行动具有同步性和匿名性。微博的使用，不仅强化了这些特点，而且发挥了其在动员集体行动中的优势。微博可以随时随地被使用，每个使用者都能成为信息发布中心，这增强了其参与动力，也大大降低了集体行动的组织成本和沟通成本。在微博中互为粉丝，既实现了即时的互动，又增强了相互之间的认同，给匿名的个体赋予了组织化的认同，增强了网络组织的稳定性。

尽管微博缩小了现实世界与网络世界的差距，但是作为一种表达的工具，相对于丰富多彩的现实世界，网络世界依然有很大的局限性。一方面，微博的使用者大部分生活在城市之中，微博的世界可以说是城市的世界，或者说是城市居住者眼里的世界。从这点上说，微博展现给我们的，只是现实世界的某个局部、某个断面，或者某个放大的伤口或问题。专注

---

* 杨雪冬，博士，中央编译局比较政治与经济研究中心研究员、副主任，中国政法大学、西南政法大学客座教授。先后毕业于南开大学、厦门大学、南京大学－约翰斯·霍普金斯大学中美文化研究中心和北京大学。主要研究方向：全球化、中国地方政治、政治学理论。

它，甚至盲信它，很容易忽视整个社会的变化趋势，也容易产生极端的判断。

另一方面，微博世界的运行逻辑具有很强的“马太效应”。不同的微博使用者都在通过提供有特色的信息来吸引粉丝的关注，但是普通人很难获得大量粉丝的追捧。在微博世界中取得影响力通常有两种方式。一种是将现实中的社会影响力延伸到微博世界中。各种各样的名人热衷于“织微博”就说明了这点。名人借助现实中的影响力来吸引粉丝，然后又通过微博来巩固和扩大粉丝。另一种方式则是通过“新奇特”的言论来制造公共话题，在公共事件中突出自己，以吸引和培养粉丝。有意思的是，在微博世界中，言论越与社会主流话语体系不同，越会受到关注，言辞越激烈、越具有挑战性，越能得到喝彩。正是因为这种“马太效应”，微博世界里的信息流动被设定了无形边界，公共讨论具有了排斥性，受追捧的话题可以被精心构建或选择。在这个意义上，微博在固化着既有的社会不平等，同时，又在生产着新形式的社会不平等。

从根本上说，微博世界中的多数问题是对社会现实的反映或放大。因此，建构一个健康的微博世界有赖于现实社会的变革。即便如此，也不能将变革的责任完全推给现实社会，更不能将所有的问题都贴上公共权威失责的标签。否则，微博世界中的公共生活只会沦为“弱势群体竞相比弱”，公共空间则会退化为“泄愤和抱怨的渠道”。所有的使用者和参与者应该摒弃“围观”心态，增强参与意识，放弃对立情绪，增强合作共存理念。

在微博世界中，只有“围观”，没有参与，只能助长政治的娱乐化、公共生活的庸俗化；只有认真地参与，踏实地合作，才能为变革找到切实的出路。

二　微博塑造国家意识

媒体是塑造国家意识的重要力量。以佩里·安德森、安东尼·吉登斯等为代表的许多学者研究发现，印刷技术推动的书籍出版，克服了年代久远、山水相隔造成的信息传播障碍，将广大地区的民众在知识、情感和精神上联系在一起，培养了共同意识，塑造了对国家的认同。正因如此，媒体也是国家力图掌握甚至控制的对象，以更有效地引导公众，融合国家与社会的关系。

媒体的发展与通信技术紧密相关。每一次通信技术的革命，都会给媒体带来一次变革的机会，使之在类型、内容、组织管理、融资方式、对象定位等诸多方面发生重大调整。互联网推动的新媒体的出现就是正在发生的一次变革，微博是其中的重要组成部分。

微博既是一个舆论平台——这和传统媒体的功能相似，又是一个个体、组织自主参与的平台——这是与传统媒体的本质差别。微博上的信息是由个体、组织自主提供的，因此信息不仅海量，而且更新及时，传统媒体依靠有限的空间（版面）、时间（定时）来发布信息，远远无法与之相比。这也是许多传统媒体开始注重从微博上获得信息源头，然后进行深入挖掘，或者延伸报道的主要原因。

正是这种自主参与性、自我生产性，使得某种单一力量不可能控制甚至操纵微博，这正凸显了微博作为舆论平台的公共性，微博正在成为重构国家意识的一种新的力量，为国家与社会之间更为对称的互动提供了平台和渠道。

相对于传统媒体，甚至互联网发展过程中先后出现的论坛、博客等舆论平台，微博有三个突出特点。一是开放性。微博管理不断规范，微博用户也在不断增长。根据新浪、腾讯两大平台的统计，它们的注册用户都超过了5亿，每日的活跃用户数分别达到5000万和1亿。

对于许多中国人来说，微博已经成为日常生活中获取信息、朋友联络的重要工具。二是在场性。由于手机已经成为微博的主要技术支撑，所以微博用户可以随时随地发布信息，除了文字之外，还有图像、定位等内容，提高了信息的准确性和完整性。虽然就事件的现场报道而言，微博还无法代替电视，但是微博的参与性，极大地增加了信息的总量以及分析判断的视角。三是互动性。作为交流的平台，微博上会围绕话题形成讨论，也会因为讨论、转发产生新的话题。尽管微博需要实名注册，但是微博上大部分发言者都戴着面具，发言自由度更大、随意性更强，尽管会产生语言、观点的极端化，但是也有助于更多地参与、更频繁地互动。

微博的这些特点生动说明了这是一个人人都有“麦克风”的时代，获得信息、发布信息的权力和能力，正在从国家层面向社会组织、个人层面转移。在微博这个平台上，数量最多的是个人用户，最为活跃的也是那些加“V”的个人用户。许多新兴的社会组织更是将微博作为其宣传观点、吸引支持者、筹集资金、组织活动的重要平台，因为这个平台不仅不需要费用，而且能够发挥网络的“乘数效应”。在最近的多次重大事件中，一些个人或社会组织获得社会更多的关注和支持，都与他们对微博的娴熟应用有密切关系。他们甚至在这些事件的应对和处理上，占据了网络上的舆论优势，对一些应对不力的地方政府或者部门形成了强大的压力，从而推动了问题的解决。

针对微博带来的社会信息来源的结构性改变，国家也在积极应对和调整，以更好地发挥对信息的整合和解析作用。除了规范相应的管理外，还主动参与，利用机构掌握的更全面、更准确的信息提高公共服务水平，消除虚假信息，鼓励官员个人开微博来加强个人化的沟通，提升公共形象。据统计，2012 年年底，在新浪网、腾讯网、人民网、新华网等四家网站上的各级党政机构的微博数量超过了 17 万个，党政干部的微博有 6 万多个，其中比例最大的是县处级以下干部，占 66%。

在微博上，国家与社会关系的变化说明了国家已经不是通过媒体塑造国家意识的单一力量，多种力量已经参与到当代中国的国家意识塑造过程中。在多种力量互动的过程中，国家意识正在发生微妙但可能重大的改变。这主要体现在三个方面。

一是对国家权力的怀疑意识在增强。怀疑是现代观念的基础性要素，“吾爱吾师，吾更爱真理”，因怀疑才求真，才执着。近代以来，中国人的国家意识随着外部力量的冲击而逐渐萌发形成，将国家独立强大列为社会观念的优先内容。这种价值选择在现实中得到了制度化的体现和加强。在改革开放后，随着社会利益和观念的多元化，及国家与外部世界联系的加强，社会与个人将维护自身利益列为优先选择，国家成为他们眼中的外部力量，不仅希望国家减少干预，而且对国家的各种行为及其作用也会产生质疑。这种怀疑国家的情绪弥漫在微博空间中，并随着一些公共事件的发生而固化为意识和判断，成为人们看待诸多问题的认识前提。怀疑将成为当代中国国家意识重构的重要前提。

二是对国家职能的要求在改变。社会利益的多元必然带来社会要求的多元，而且不同群体之间的要求也会产生矛盾甚至对立。观察微博上关于涉及政府的公共事件的讨论，会发现多种反应，有各种各样的要求，无法用“二分法”加以简单的归纳分类。尽管如此，有些要求是共同的、底线性的，比如，要求国家加强自身权力的约束，要求国家承担其维护公平正义的职能，要求国家更加关注社会弱势群体等。这些要求说明随着社会的现代化，评判国家的标准也在现代化。社会观念的现代化，为当代中国国家意识重构提供了鲜活的内容。

三是对国家前景的讨论正在变得激烈。改革开放以来，中国经历了 30 多年的快速成长，已经成为世界第二大经济体，不仅在国内诸多领域中取得了重大进步，而且在国际上产生了巨大的影响。然而，越是发展，社会公众对国家前景的讨论越是激烈，一方面在于要求和期望的提高，另一方面在于国际参照系比较会反射出自身更多的问题。微博就成为集中表达这些期待和焦虑的重要窗口。由于微博表达的字数限制、参与的广泛性等原因，一些讨论很容易情绪化、极端化、片面化，负面信息占据优势。尽管如此，微博上的讨论折射出整个社会，特别是某些群体对国家未来前景的态度和情绪。它们对整个国家的未来发展而言，既可能是建设性的，也可能是破坏性的。

国家意识的形成和改变是多种因素共同作用的结果，也是一个历史过程。微博代表的新媒体只是其中新出现的因素之一，其对社会反映的程度、产生影响的方式以及效果还需要进行进一步的观察分析。但是，有一点是非常明确的，新媒体的出现正在改变长期形成的国家与社会的不对称关系，给予社会中某些群体影响国家意识更多的渠道，为国家与社会互动提供了更大的平台，也产生了新的挑战，带来了新的问题。随着社会和个人自主性的提高，国家意识必然会发生重大变化。

（本文发表于《制度运行的逻辑》，社会科学文献出版社，2017）

网络舆情与微传播中的“文化政治”

张爱凤*

摘　要　当前，基于“三微一端”等网络社交平台的微传播成为新兴主流传播方式，正在改变中国的传播格局和舆情生态，也催发了文化政治的崛起。文化政治关注的是不同文化身份主体间建构的文化权力关系以及文化冲突。网络舆情中的文化政治具体表现为：微传播凝聚嵌合在人们日常生活中话语实践的力量，形成推动社会变革的新动力；网民借助新媒体平台打破了单一的传播格局，依靠微话语聚合的力量重构了新的文化权力关系；大量在传统媒体时代被压抑、被忽略、被边缘化的话语在微传播中得到了释放并形成话语权力，由此重塑网络舆情生态。文化政治对社会政治的改良和进步具有平衡和牵制的作用，但也存在泛娱乐化、伦理失范等问题，需进一步优化并在推动社会整体性变革进程中获得真正的意义。

关键词　微传播　网络社群　文化政治　文化权力

网络舆情是不同的传播主体在网络空间针对社会现实问题所表达的不同态度、情绪、意见、观点等的总和。2016 年以来，在多起事件中，如“14 岁‘阿玛尼少年’参加深圳政协会议”“顺丰快递小哥因剐蹭轿车被北京的哥掌掴”“大学生魏则西之死”“人大硕士雷洋突发死亡”“北京和颐酒店女子遇袭”“深圳两女孩逛街被警察强制传唤”“甘肃杨改兰案”等，普通公众或当事人用手机拍摄的视频、发布的文字和图片经微博、微信、知乎等网络社交平台快速传播，在短时间内发酵成为网络热点舆情。基于当事人性别、年龄、身份、家庭背景、职业、地域等差异引起的冲突，以及在网络空间引发的关于“社会公平”“行业歧视”“地域歧视”“职业尊严”“贫富分化”“公民维权”等问题的争论，都可以被纳入“文化政治”的范畴予以观察和分析。

一　网络舆情中的两种政治

（一）“政治”内涵的拓展

“政治”一词古已有之，但其内涵和外延随社会发展而发生变化。《尚书》是中国古代最早的政治历史文献汇编，《尚书·毕命》中有“道洽政治，泽润生民”，但此处的“政治”与我们今天所理解的政治不是一个概念。《论语·为政》也有“为政以德，譬如北辰，居其所而众星共之。”在古汉语中，“政”和“治”是分开理解的，“政”就是今天“政治”的意思，而“治”则指统治、治国等治理活动。到了近代，孙中山把“政治”一词作了关联：“政治两字的意思，浅而言之，政就是众人之事，治就是管理，管

* 张爱凤：文学博士，广州大学新闻与传播学院教授。

理众人之事便是政治。”[①] 在我国传统语境中，“政治”的含义是和统治国家、管理社会联系在一起的。

在西方，“政治”（politics）是由古希腊语“polis”（城邦）一词衍化而来。亚里士多德在《政治学》一书中提出了关于国家的基本理论、国家体制划分等一般问题，以及如何建立、管理国家的实际问题。自亚里士多德以后，西方的政治学说一般都是以国家问题为中心的。[②] 近代以来，多数政治学家把“政治”界定为国家的管理活动和管理制度。现当代以来，西方学者着重从权力和利益的角度对“政治”重新定义。马克思主义揭示了政治是阶级间的关系，提出“任何政治斗争都是阶级斗争”[③]。恩格斯在《卡尔·马克思》中说：“在全部纷繁和复杂的政治斗争中，问题的中心始终是社会阶级的社会和政治的统治，即旧的阶级要保持统治，新兴的阶级要争得统治。”[④] 各个时代的政治学都以国家政权为中心，“任何时候，政治的主要的根本问题，都是国家和国家机构问题，也即通常所说的政权问题。”[⑤] 这里的政治主要涉及国家、政权、制度等宏观层面的内容，我们将这类政治称为宏观政治。

在当代，“政治”是个泛化的概念，我国习惯把所有意识形态和上层建筑的问题，包括思想政治教育范围内的事务统称为政治，如政治体制、政治立场、时事政治、思想政治表现、思想政治课等都用到了“政治”这个概念，但内涵各有不同。

2016 年初，深圳 14 岁少年柳某因身穿世界奢侈品牌“阿玛尼”西服列席深圳“两会”，并提出“不要让一张考卷决定未来”的提议。该事件引发网民关于“少年议政程序是否公开透明”“贫富差距影响教育公平”等问题的讨论。在这一网络舆情热点事件中，柳某列席的深圳“两会”便属于宏观政治的范畴。两会制度，是中国特色社会主义民主政治的一种体现。我国宪法明确规定：中华人民共和国的一切权力属于人民；人民行使权力的机关是全国人民代表大会和地方各级人民代表大会。“两会”是代表委员参政议政的重要平台，每年，经过民主选举产生的人大代表和经过民主协商产生的政协委员聚首“两会”，就国计民生问题发表意见，建言献策。在每年的地方和全国“两会”中，一方面，新闻发布会、国家方针政策、政府工作报告、代表委员的提案备受媒体和公众关注，这属于宏观政治的范畴；另一方面，代表委员的文化身份、穿着打扮、言行举止等也会成为焦点，如女性代表、农民工代表、少数民族代表、名人代表、明星委员等，更易受到关注，这就属于文化政治的范畴。

与国家、政权、制度等宏观层面的政治不同，文化政治属于微观政治，存在于日常生活中。从近几年的网络知名反腐事件来看，官员日常生活细节中的问题已成为微博反腐的切入点。网民从媒体报道的政府官员出席活动时的照片、视频中发现他们穿戴的奢侈品牌服饰、名表，使用的高档烟酒、名贵豪车，以及不雅不当的言行举止等，经微博核裂变式传播后在网络引爆舆情，由此让不少腐败官员落马，如周久耕、杨达才、雷政富等。从传统政治学关

---

① 《孙中山选集》，人民出版社，1956，第 661 页。

② 徐大同：《关于政治学研究对象的浅见——政治学研究对象的史的考察》，《天津师范大学学报》（社会科学版）1981 年第 6 期，第 39 ~ 42 页。

③ 《马克思恩格斯选集》第四卷，人民出版社，1995，第 247 页。

④ 《马克思恩格斯选集》第三卷，人民出版社，1995，第 334 页。

⑤ 朱光磊编著《政治学概要》，天津人民出版社，2008，第 6 页。

注阶级、政党、国家等层面的“宏观政治”，到文化研究关注日常生活中的“微观政治”，这是政治内涵的拓展。

（二）“文化政治”的内涵

“文化政治”是西方马克思主义者的主要观点，卢卡奇、葛兰西被认为是西方马克思主义的创始人。西方马克思主义者认为马克思主义关注的主要是宏观的国家、制度、政治、经济等问题，对日常生活、微观社会体系关注不够。索尔·纽曼在《激进政治的未来》一文中说：“马克思主义的问题在于它对政治的根本误解。政治领域不再被认为是由经济所决定，相反，它大体上是一个具有自身偶然性逻辑的自治领域。政治斗争不再被简单地理解为阶级冲突，政治的场域零碎化为种种不同的抗争。”① 当代西方马克思主义批评家伊格尔顿用“政治”一词指向的是“我们组织自己的社会生活的方式，及其所包括的权力”②。他认为当今社会的主要矛盾并不表现为阶级对抗，而是表现为文化挑战，主张以多元文化抗争取代轰轰烈烈的阶级斗争和社会革命，提倡政治的宽容性和中性化。③ 文化研究中的“文化政治”不再将政治的内涵局限于制度、政党、阶级等社会关系，而是将其扩展到日常生活的文化关系中，延伸到性别、年龄、民族、教育、职业、信仰、贫富等方面，与人们的文化身份和群体关系相关，而后者过去往往是不被划归“政治”范畴的。

（三）社会分层与文化政治的关联

“分层”（stratification）原为地质学中的概念，是指地质构造的不同层面。社会学家发现人与人之间、集团与集团之间，也像地质构造那样分成高低有序的若干等级。中国社会科学院社会学研究所成立的“当代中国社会结构变迁研究”课题组提出，应该以职业分类为基础，以组织资源（权力资源）、经济资源和文化技术资源等三种资源的拥有状况或占有量决定各社会群体在阶层结构中的位置以及个人的综合社会经济地位。在该课题组出版的《当代中国社会阶层研究报告》中，当代中国社会被划分为十大阶层：国家与社会管理者阶层、经理人员阶层、私营企业主阶层、专业技术人员阶层、办事人员阶层、个体工商户阶层、商业服务业员工阶层、产业工人阶层、农业劳动者阶层和城乡无业失业半失业者阶层。④ 清华大学社会学教授李强对比全国第五次、第六次人口普查的ISEI社会结构，认为中国社会结构变化的总体特征是：底层群体出现了明显向上流动的趋势，中间层的中下群体有所扩大。但从总的社会结构图形看，整体社会结构还没有发生根本性改观，中产阶层在全社会中仍然比例较小，大体上还是属于底层比较大的类似于一种“倒丁字型（形）社会结构”，或者说是“土字型（形）社会结构”。⑤ 中国高层和底层分化严重，缺乏数量众多、具有一定规模的中产阶层。法国社会学家布尔迪厄认为，社会上有两种财富在循环——经济财富和象征性财富。这两种财富都能被继承和积累，而且两种财富的分配都极度不平衡，每种财富的最大份额都流入了阶层结构顶端的那些人手中。

---

① 周凡主编《后马克思主义》，中央编译出版社，2007，第297页。

② 〔英〕特里·伊格尔顿：《二十世纪西方文学理论》，伍晓明译，陕西师范大学出版社，1986，第244页。

③ 姚文放：《关于文化政治》，《中国中外文艺理论研究》2011年卷，第3~8页。

④ 陆学艺主编《当代中国社会阶层研究报告》，社会科学文献出版社，2002，第9~23页。

⑤ 李强：《我国正在形成“土字型社会结构”》，《北京日报》2015年5月25日。

中国社会各阶层之间的差距在拉大，这不仅体现在财富占有上，还体现在价值观念、人生态度、生活方式、审美趣味上。当下中国社会，职业、身份、财富、地位、趣味等的差异引发了群体分化，如官与民、富人与穷人、城里人与农村人、社会精英与平民草根、主流人群与非主流人群等，这些不同群体之间建构的文化权力关系以及引发的矛盾冲突都属于文化政治的范畴。在网络舆情热点事件中，从早期的“江西宜黄强拆事件”“郭美美炫富事件”“上海法官集体嫖娼事件”，到近年来发生在内地人/香港人、城管/商贩、医生/患者、警察/民众、孔雀女/凤凰男之间的网络舆论冲突都带有明显的文化身份特征，此外，还有因地域歧视、性别歧视、职业矛盾等引发的群体争论，从中都可以看到文化政治的影子。

二　微传播与文化政治的崛起

微传播是以微博、微信、移动客户端等新媒体为媒介的信息传播方式，相对传统大众传播而言，是一种更加精确、个性化的传播形式。[①] 中国社会科学院新闻与传播研究所主编的新媒体蓝皮书《中国新媒体发展报告（2014）》指出，2013 年以来，微传播成为新兴传播方式，正在改变中国的传播格局和舆情生态。微传播重构的文化权力关系以及不同文化身份主体表达的多元话语政治间的博弈，都属于文化政治的范畴。

（一）微传播聚合日常生活实践的力量，推动社会变革

西方传统社会学研究的重心是社会制度和重大社会活动，日常生活一般被认为是琐碎而平庸的，是非本质的内容。但社会学家彼得·伯格（Peter L. Berger）和托马斯·卢克曼（Thomas Luckmann）认为日常生活是重要的社会存在，任何与现实社会秩序有关的研究，都必须到日常生活以及大众共同的日常实践中去探究。法国社会学家米歇尔·德塞图（Michel de Certeau）的日常生活实践理论则鼓励人们利用言谈实践的力量来改变日常生活，这一点和文化政治的旨意有密切的关联。

WIFI、4G 网络的普及、快节奏的工作及生活方式、碎片化的时间、终端汇集于一体的智能手机，使得指尖上的微传播已深度嵌合在人们的日常生活中。据《第 42 次中国互联网络发展状况统计报告》显示，截至 2018 年 6 月，中国网民规模达 8.02 亿，手机网民占比超九成。[②] 移动互联网塑造了全新的社会生活形态，潜移默化地改变着网民的日常生活。只要有时间和网络，人们可以随时随地上网，发微博、刷朋友圈，登录新闻客户端查看新闻，对自己感兴趣的话题点赞、转发或发表评论。这也是德塞图所鼓励的日常生活中的话语实践。

微传播以微博的诞生为起点，“钟如九事件”见证了草根网民利用微博“以小博大”的传播力量。2011 年以来，“微博打拐”“免费午餐”“乡村儿童大病医保”“大爱清尘”等微博公益项目，都通过网络社交平台动员了民间公益力量，并推动了国家宏观政策层面的调整，最终成为国家行动。“免费午餐”在实施半年之后，2011 年 10 月 26 日，国务院常务会

① 唐绪军、黄楚新等：《微传播：正在兴起的主流传播——微传播的现状、特征及意义》，《新闻与写作》2014 年第 9 期，第 5～8 页。

② 第 42 次《中国互联网络发展状况统计报告》，中国互联网络信息中心，2018 年 8 月 20 日。

议决定实施农村义务教育学生营养改善计划。2011 年 6 月 15 日，著名记者王克勤联合中华社会救助基金会共同发起“大爱清尘”专项救治中国 600 万尘肺病农民的公益项目。该项目通过微博、微信进行尘肺病知识的宣传，招募志愿者，募集资金购买吸氧机，发布捐赠信息，通报社会各界救助尘肺病人的情况。“大爱清尘”通过微传播扩大了影响，吸引了不同身份的人参与其中，一些全国人大代表、政协委员、文体明星也通过微传播平台进行呼吁并参与救助尘肺病人的行动。2016 年 1 月，国家卫生计生委、国家发改委等 10 部委联合发布了《关于加强农民工尘肺病防治工作的意见》，明确了用人单位的主体责任。这项通过微传播凝聚日常生活实践的公益行动最终推动了宏观政治层面做出决策。

微博、微信、知乎、果壳等都是基于用户身份的日常传播，人们为自己设定身份、兴趣标签，因共同的爱好、价值观聚合在一起，与自己的关注对象、粉丝之间形成一个个互相勾连的圈子。微传播平台聚合了人们分散在日常生活中的微力量，并通过线上线下的互动，关注公共事件、弱势群体、边缘群体，通过不同方式发声、表达诉求，这对社会变革产生了积极的影响。“这种在日常生活细枝末节上的政治收获是进步的而非激进的，它们拓展了从属者的活动空间，它们在权力关系中实现了转变。”① 文化政治是一种微观政治、日常生活政治，与处于核心地位、全局性的宏观政治相比，显得微小、次要，但其由量变到质变的过程能反过来影响宏观政治的质态。微传播平台的公益项目关注贫弱群体，凝聚分散在日常生活中的民间力量，最终聚合为推动社会变革的新动力。

（二）微传播建构新的文化权力关系

“权力”是政治的核心。影响力、支配力或强制力，是权力的基本特征之一。权力存在于一定的社会关系之中，任何主体能够运用其拥有的资源，对他人施以影响力，此即权力。文化政治的核心是文化权力，实际上是指“社会文化领域无处不在的权力斗争，支配与反支配、霸权与反霸权的斗争”。②

在中国，新闻工作具有很强的政治性和鲜明的意识形态特点。自毛泽东以来的历届党和国家领导人，尽管对新闻、宣传、媒体职能的论述各有侧重，但是最核心的一条是“坚持党性原则”。中国共产党将新闻媒体的性质明确为党、政府和人民三位一体的喉舌，要求媒体自觉与党中央保持高度一致，坚持正确的舆论导向，积极有效引导舆论。2004 年党的十六届四中全会《决定》明确提出了“坚持党管媒体的原则”。在 2013 年 8 月召开的全国宣传思想工作会议上，习近平强调：“坚持党性，核心就是坚持正确政治方向，站稳政治立场，坚定宣传党的理论和路线方针政策，坚定宣传中央重大工作部署，坚定宣传中央关于形势的重大分析判断，坚决同党中央保持高度一致，坚决维护中央权威。所有宣传思想部门和单位，所有宣传思想战线上的党员、干部都要旗帜鲜明坚持党性原则。”③

在我国新闻院校通用的传播学教材中，有这样的表述：“大众传播是指专业化的媒介组织运用先进的传播技术和产业化手段，以社会上一般大众为对象而进行的大规模的信息生产

---

① 张爱凤：《微博空间的文化政治》，《新闻大学》2012 年第 3 期，第 101 ~ 105 页。

② 陶东风：《文学理论的公共性——重建政治批评》，福建教育出版社，2008，第 16 ~ 17 页。

③《习近平：意识形态工作是党的一项极端重要的工作》，新华网，2013 年 8 月 20 日，http://news.xinhuanet.com/politics/2013-08/20/c_117021464_2.htm。

和传播活动。”① 在这样的一种信息单向流动模式中，记者、编辑、精英群体处于信息传播的主导地位，他们拥有信息的生产、传播权，以及对社会问题、新闻事件的话语权，普通公众处于信息传播接受的位置，这是一种以记者、编辑、精英人群为核心的文化权力关系。在前互联网时代，传统媒体因其特性和传播功能主要呈现出较为单一的官方意识形态话语，民间舆论场几乎可以忽略不计。随着都市报的兴起和互联网的发展，民间舆论场开始萌芽。

移动互联网和微传播的发展，推动民间舆论场域从 QQ、聊天室、BBS 和网上论坛等向“三微一端”话语场域转移。在众多突发事件中，如“北京暴雨”“上海踩踏事故”“天津大爆炸事故”“深圳泥石流事故”“河北邢台水灾”中，普通民众将用手机拍摄的现场照片、视频等发布到微博、微信中，这些信息被大量转发。身在事件现场的民众比专业记者优先获得了信息生产和发布的权利，他们生产的信息（文字、图片、视频等）因其独特的新闻价值，被广泛传播甚至被传统媒体采纳，由此，普通民众便在多向互动式的新型传播模式中拥有了话语权和影响力。从文化政治意义上说，从官方舆论场到民间舆论场，不仅是单一传播格局的打破，也是新的文化权力关系的建构，普通民众借助新媒体平台，依靠微话语聚合的力量，成为微传播平台的关键群体，在很多舆情事件中大显身手。如在 2016 年上半年的“快递小哥被打”事件中，网民一边倒地支持“快递小哥维权”。中青在线舆情观察认为“处于剧烈转型时期的中国，对安全感的渴望已经成为每一个中国人焦虑的根源”，该事件的重点已不在于碰车与打人，而是“劳动者在舆论场上的‘尊严革命’”。② 在微传播中，网民的话语通过聚合产生力量，对传统文化权力关系中的强势方形成冲击和挑战。2016 年 10 月，山西长治屯留一中 24 名教师因在教师节前 AA 制聚餐被当地纪委通报批评，该事件在微博、微信引发媒体和网民热议，最终形成舆论倒逼，长治市纪委撤销不当处理决定。

在新媒体时代，网民的声音和诉求通过微传播扩大了影响，并得到政府越来越多的重视。《2015 年度全国政务新媒体报告》称，目前我国政务微博账号近 28 万，政务微信公众号已逾 10 万。③ 2016 年，国务院办公厅发布了《关于在政务公开工作中进一步做好政务舆情回应的通知》，从明确政务舆情回应责任、提升回应实效、建立激励约束机制等方面对政府部门提出要求，要求重视并关注网民诉求，提升网络执政能力，确保群众权益不受侵犯。这也意味着普通公民在新型文化权力关系中的地位在不断上升。

（三）微传播重塑网络舆情生态

微传播突破了传统单向、封闭式的传播格局，解构了单一的由传统体制内媒体垄断的官方、精英舆论场，建构了广泛多层的舆论表达空间，普通大众较之从前获得更多表达的机会。传播主体的多样化、传播手段的丰富化以及传播内容的多元化，使得网民参与的微传播成为一种新的文化实践活动，不同的主体借助这一文化实践活动来发布信息、表达诉求、传播价值观。从传统媒体时代到移动互联网微传播时代，体现了社会场域中文化权力关系和话语格局的变化。大量在传统媒体时代被压抑、被忽略、被边缘化的话语在微传播中得到了释

---

① 郭庆光：《传播学教程》，中国人民大学出版社，1999，第 111 页。

② 《舆情观察：快递小哥被打带来的“尊严革命”》，中青在线，2016 年 4 月 19 日，http://article.cyol.com/news/content/2016-04/19/content_ 12440629.htm。

③ 《全国政务微博账号近 28 万政务微信公号已逾 10 万》，人民网，2016 年 1 月 23 日，http://media.people.com.cn/n1/2016/0123/c40606-28078213.html。

放，由此也在不断重塑网络舆情生态。

网络舆情生态系统是网络环境中围绕某个网络舆情事件，由信息人、信息和信息环境组成的一种信息生态系统。① 在前互联网时代，传统媒体位于信息生态系统的核心位置，并且设置层层把关人对传播的信息进行严格把关和过滤，不符合传播要求的信息便会被清除。但微传播构建的是一个去中心化的信息生态系统，人人都是传播者、接受者，同时也是把关人。因受教育程度、生存状况、媒介素养等差异，网民素质良莠不齐，缺乏有效把关的网络舆论鱼龙混杂，舆情生态变得复杂。2015 年 10 月 16 日，文化部开通官方微博并发布了首条微博，引来大量网友围观留言，获得了 18 万的评论、8 万多的转发量，评论中网民一边倒地批评当下中国的文化生产状况。2016 年春节前，因六小龄童无缘央视春晚，导演吕逸涛的微博收到 200 多万条评论，面对微博上鼎沸的舆论，吕逸涛的个人微博和春晚的官微都不得不暂时关闭评论功能。2016 年 1 月 25 日，南京邮电大学研三学生跳楼事件也在网络中持续发酵，微博中不断有网民爆料跳楼学生导师的种种恶行，如违规占有学生的实习报酬和版面费，用言语长期侮辱学生人格等。新浪微博“@南京邮电大学”于 2016 年 2 月 5 日 19 时 59 分发布微博称学校调查组经过深入调查后，认为网民反映的问题属实，根据规定撤销张代远专业技术职务和教师资格。此微博发出后 12 小时，转发量 4000 多、评论量超过 2600。

在传统的媒介环境中，文化部和公众、中央电视台和观众、大学教授和学生之间建立的是一种以前者为主导的文化权力关系，后者相对弱势，表达权往往受到抑制和忽略。微博、微信、新闻客户端等提供了新型的表达平台和渠道，大大释放了网民的意见表达、诉求呈现活力，使其得以聚合为声势浩大的舆论。网民跨越微传播的低门槛，进入网络舆情生态的核心位置，这是微传播去中心化传播后多元话语政治的呈现。

网络舆情生态系统是一个包含不同种类、不同层次要素的复杂系统，信息主体之间、信息主体和信息环境之间应保持协调与动态平衡。但在目前的很多网络舆情热点事件中，具有不同文化身份的信息主体之间常因信息不对称、意见冲突、媒介素养的差异而使网络舆情生态系统失衡。

三　平衡与优化：微传播中文化政治的意义

（一）学术层面：文化政治开启网络舆情研究的新视角

目前国内学者从多学科聚焦网络舆情研究，研究成果多集中于网络舆情传播、监测、预警的技术研究层面上，如网络舆情演化模型建构、预警指标体系建构等。管理学侧重网络舆情模型建构，社会学关注网络舆情与社会治理，新闻传播学注重网络舆情走势的整体研究和突发公共事件后微博微信的舆情研究。当前网络舆情研究多侧重技术应用及策略层面研究，数据分析、现象描述与经验总结较多，对影响网络舆情生成演变的重要深层因素即转型期社会心态及公众心理的研究还不够。当代中国社会阶层不断分化，不同群体各有诉求，网民心态错综复杂，不同文化身份的主体在微传播中建构起新型的文化权力关系，

① 王建亚、宇文姝丽：《网络舆情生态系统的构成及运行机制研究》，《情报理论与实践》2014 年第 1 期，第 55～58 页。

并在竞争、博弈中重塑网络舆情生态，这是当前研究中值得关注的问题。从社会、文化层面进行阶层分化、公众心态、文化权力关系等方面的分析，结合微传播的特点和规律进行网络舆情生态优化研究，是以文化政治为切入点进行的研究。从理论层面探讨文化政治与网络舆情生态的深度关联，以及对宏观国家政治治理产生的影响，对当前网络舆情研究而言是一个新的视角。

（二）实践层面

1. 微观文化政治对宏观政治的平衡与牵制

文化政治作为一种微观政治，它具体、细小、感性、平常，深深嵌合在人们的日常生活中。2010 年的“宜黄拆迁自焚”事件、2011 年的“郭美美”事件，都是微博空间的文化政治对宏观政治施以影响的典型案例。在这两起事件中，当事人的身份具有很强的文化政治性。前者当事人钟如九的文化身份：农村人，女性，80 后，微博认证身份为“江西抚州宜黄县拆迁事件当事人”，因家庭遭遇强拆、上访遭地方官员堵截而成为现实语境中的“弱势群体”。郭美美：城市人，女性，90 后，微博认证身份为“中国红十字会商业总经理”，因在微博空间多次炫耀别墅、豪车、名包等成为现实语境中的“富人”。最初的信息伴随着当事人的文化身份通过微博发布，引发意见领袖们的关注和评论，经由上亿微博用户的围观，最终形成强大的舆论场。前者导致宜黄县委书记邱建国、县长苏建国被免去职务，后者导致中国红十字会及政府主导的慈善组织遭遇信任危机，社会捐助额急剧下降，但“郭美美”事件以及其引发的争论在另一个层面推动了中国政府对慈善法规政策和公益慈善组织规范管理的重视。从这个意义上说，作为个体文化实践的微博，在亿万微博用户的围观中，在核裂变式的传播中，带上了强烈的政治色彩。微博在微观层面的日常话语实践逐渐显现的重要性引起了政府的重视，众多部门开始将微博作为推进政务公开、沟通民众、转变政府执政理念、提高政府阳光执政能力的窗口。“微博是有突破力的公民媒体，正在全面地启蒙公众，用阳光和曝光的力量来对付邪恶和犯罪，从而推动社会的民主进程。”①

2017 年，在“快递小哥被打”“北京宾利女司机纠集 6 人围殴保安”等舆情热点事件中，网民话题聚焦于“贫富分化、行业差异、职业尊严、社会公平”等问题，而这些问题正是与亿万百姓的生活密切相关的。微传播聚合网民分散的声音，通过转发、评论、点赞等表现出网民内心的欲望、意愿和情感，并形成舆情，这是宏观政治难以细致观察和反映的。

文化政治细致入微，如暗流涌动在社会结构中，社会转型期官与民、富人与穷人、城里人与农村人、精英与草根、内地人与香港人、主流人群与非主流人群等不同文化身份群体之间的矛盾，如果得到重视，加以疏导和排解，不失为社会的减压阀，但如果不对此加以重视和正确的分析引导，个体或群体欲望长期受到抑制而得不到释放，个体或群体诉求被长期忽略而得不到满足，积累到一定程度便会引发爆炸性的后果。近几年的舆情热点事件，如“厦门公交车陈水总纵火案”“北京首都机场冀中星爆炸事件”“黑龙江庆安枪击案”“呼格吉勒图冤案”“甘肃杨改兰案”等引发舆论场深度震荡，舆情既反映出底层弱势人群生存艰难，个体诉求长期得不到政府和社会的关注，由此产生了极端情绪和言行，同时也反映出公

① 《微博围观改变中国》，华夏心理，http：//www. psychcn. com/psylife/201102/1050048923. shtml。

众对政府部门不及时公开信息、应对网络舆情乏力、网络执政能力与人民群众的要求存在差距等问题的批评。

李良荣将网络比作“排气阀”，他认为对于网络舆情，宁要高频度、低烈度的地震，不要低频度、高烈度的地震，“将老百姓的怨气通过网络这个出口排泄出来，社会还能保持平稳。”① 重视网络舆情中的文化政治，根本在于深入把握网络中不同文化身份的群体、个人的心理及由此形成的社会心态，了解不同主体的诉求，这对于加强不同群体间的沟通与互动，有效疏解社会矛盾、缓解社会压力、优化网络空间，具有积极的作用。反之，一味地删帖、封号，堵塞沟通渠道，割裂舆论场，只会让网络舆情生态系统失去平衡，影响宏观政治稳定。

2. 文化政治的优化和治理

当前，“三微一端”、知乎、果壳等网络社群非常活跃。和传统媒体时代相比，公民的话语权得到了极大的释放，话语空间得到拓展。与此同时，泛娱乐化、网络暴力、网络谣言、网络伦理失范等问题也进一步凸显。

在传统媒体时代，信息从生产者流向消费者，生产者决定消费者的价值取向，这决定了知识分子（精英文化）在信息传播中的中心位置，导致知识分子（生产者）的趣味（严肃、深刻、雅致等）决定了内容和接受者的趣味。如20世纪80—90年代播出的电视剧《四世同堂》《红楼梦》等、纪录片《话说长江》《望长城》等、电视栏目《东方时空》《焦点访谈》等在传播中都得到了舆论相对一致的好评，也引领了当时观众的良好风尚。随着市场经济的活跃和新媒体的发展，用户需求日益多元化，收视率、点击率等反映用户需求的指标成为操纵市场运作的“隐形的手”。为了实现利益最大化，生产者不得不迎合消费者的需求生产信息，消费者则根据自己的趣味和需求选择信息。

在当下的网络舆情中，有一个突出的问题值得关注，即私人话语蔓延到公共领域，私人事件通过微传播转变成公共事件。新浪微博推出“上头条”功能，用户可以通过付费的方式让某条微博上头条，而“热门话题”榜也反映了网民的关注点和趣味点。截至2016年10月20日，“王宝强离婚”话题在新浪微博获得117.2亿的阅读量、350.3万的讨论。王宝强本人的一条关于离婚案的置顶微博，点赞量超过161万，评论数超过25万②；而同期关于“神舟十一号飞船”的话题却未能进入话题榜。2017年10月1日娱乐明星鹿晗在新浪微博公布恋情：“大家好，给大家介绍一下，这是我女朋友‘@关晓彤’。”短短一条微博的转发、评论、点赞量超过1000万，并一度导致微博崩溃。鹿晗（4250万）和关晓彤（2183万）的粉丝总量超过了国家级媒体“@人民日报”（5547万）、“@央视新闻”（5213万）的粉丝量。鹿晗随便发一条微博都能获得粉丝们几万甚至几十万的点赞、转发和评论量。而作为主流媒体的“@人民日报”“@央视新闻”平均每条微博的转发、评论量只在千位数左右。微博新生代用户的崛起，使新闻时政类话题的关注度有所下降，娱乐类话题的关注度有所提升，这背后体现出微传播中文化权力关系的变化。

2018年初，演员李小璐“夜宿事件”曝光。“出轨”这一原本应该是家庭私人领域的问题，却因为新媒体平台的传播成为令人瞩目的“公共事件”，连人民日报、共青团中央和新

① 李良荣：《网络舆论使政府官员对公众产生敬畏感》，《南方都市报》2013年8月5日。

② 统计数据截至2016年10月20日上午9时。

华网等国家级微博都出来发表评论以引导舆论。在微博、微信中，不同身份的主体加入这一场家庭隐私、娱乐绯闻的消费狂欢中。李小璐的丈夫贾乃亮在微博上发文，表达了自己家庭生活被众人围观后的不堪，“我被贴上了男人最不愿意的标签，小璐作为孩子的母亲被众人指责，女儿被视为婚姻的牺牲品，家中的老人被流言击垮，全部病倒。”这篇文章在24小时内阅读量超过3200万，转发、评论、点赞量超过550万。在微博评论中，有网民支持、赞美的声音，也有指责、讽刺、羞辱的语言，甚至还有网民因为立场和观点不同而互相对骂。私人事件的公共化与公共空间的私人化，是当前微传播舆情研究中一个值得关注的问题。

2016年兴起的视频直播，泛娱乐化、低俗化、伦理失范的问题更加凸显。网红 papi 酱因在视频直播中大量爆粗口、内容不雅被国家新闻出版广电总局勒令整顿，还有网民在网络视频直播吃饭、睡觉甚至色情等内容以博人眼球。此外，在一些网络舆情热点事件中，网民会对当事人进行人肉搜索，在网络上公开其家庭住址、身份信息、手机号码等，其中不乏有人对其进行人身攻击、言语谩骂，这便演化为网络暴力。从文化政治优化发展的角度看，网民滥用话语权攻击诋毁他人、侵犯隐私的网络暴力需进一步加强治理和规范。

微传播推动了文化政治的崛起，其中进步变革的力量应该受到尊重和保护，而存在的问题，必须得到及时的治理和优化。否则，“文化政治和身份政治就依然限制在社会边缘，并且处在退化到自恋、快乐主义、唯美主义或个人治疗的危险之中。”① 文化政治只有在推动社会整体性变革的进程中才能获得意义。

① 范永康：《超越后现代文化政治——伊格尔顿“政治批评”的后期走向及其启示》，《东方丛刊》2010年第2期，第135～143页。

“微博问政”与执政党群众路线的新发展

孙忠良[*]

摘　要　中国共产党最大的政治优势就是密切联系群众，群众路线是党的生命线和“传家宝”。进入新的历史时期，党的群众路线也在结合新的实践不断丰富和发展。微博的出现，打开了官民沟通的新路径，使得党的群众路线获得了新发展，也面临新问题。执政党如何将群众路线这一“传家宝”运用于虚拟世界，使之适应微博时代，是一个重要的课题。

关键词　微博问政　执政党　群众路线

“互联网作为20世纪最伟大的发明之一，深刻改变着人们的生产生活，有力推动着社会发展，具有高度全球化的特性。”① 互联网是技术进步回馈给人类文明的珍贵礼物。时至今日，互联网已经成为当代中国政治、经济、文化和社会的重要关键词之一。作为一个信息大平台、文化大熔炉，互联网对中国民众的求知途径、思维方式、价值观念产生了重要影响。互联网技术的不断更新，为中国公民权利的实现和公民社会的建设赢得了新的空间，为网络民主的发展提供了巨大的动能，并深刻地改变了中国原有的政治生态。作为互联网发展到一定阶段的产物，微博以其特有的传播属性日渐崛起并广受欢迎，“微博打拐”“微博寻人”“微博公益”“微博营销”“微博维权”“微博通缉”“微博举报”“微博反腐”“微博直播”“微博外交”“微博问政”等的出现，引发了一场自媒体时代的“微”革命。微博的出现，代表了一种新的趋势，并带来了一场新的变革，这个时代甚至被称为“微博时代”。随着“微博时代”的到来，一个更加开放的网络平台不仅加大了中国民众政治参与的力度，也在悄然推进执政党的民主建设和中国社会的进步与变革。2015年12月25日，中共中央总书记习近平视察解放军报社。其间，习近平总书记发布一条微博为全军祝贺新年。作为党和国家的最高领导人，习近平总书记发微博，是对以微博为代表的新媒体的高度认同，是对传统媒体和新兴媒体融合发展的有力支持，更是对理政观念创新发展的公开点赞，充分说明执政党核心群体开始对微博给予了高度的肯定，对广大网民给予了高度的认可，这种肯定和认可是主动式的，中国共产党正以更加博大的胸怀，迎接新时代的挑战。

互联网已经成为推动中国社会进步的巨大力量，截至2016年12月，中国网民规模已达7.31亿，互联网普及率为53.2%，网民数量世界第一。在使用上网设备方面，手机网民规模达6.95亿，较2015年底增加7550万人，网民中使用手机上网人群的占比由2015年的90.1%提升至95.1%。中共中央总书记、中央网络安全和信息化领导小组组长习近平在中央网络安全和信息化领导小组第一次会议上发表讲话时指出：“当今世界，信息技术革命日

---

* 孙忠良，吉首大学马克思主义学院教授。

① 《习近平接受〈华尔街日报〉采访时强调坚持构建中美新型大国关系正确方向促进亚太地区和世界和平稳定发展》，《人民日报》2015年9月23日。

新月异，对国际政治、经济、文化、社会、军事等领域发展产生了深刻影响。信息化和经济全球化相互促进，互联网已经融入社会生活方方面面，深刻改变了人们的生产和生活方式。我国正处在这个大潮之中，受到的影响越来越深。我国互联网和信息化工作取得了显著发展成就，网络走入千家万户，网民数量世界第一，我国已成为网络大国。”①

2009 年 8 月，中国门户网站新浪网推出“新浪微博”内测版，成为门户网站中第一家提供微博服务的网站，微博正式进入中文上网主流人群视野。2010 年被称为“微博元年”，2012 年被称为“政务微博元年”。截至 2013 年 11 月底，全国微博账号总量已突破 13 亿。截至 2014 年 9 月 30 日，微博月活跃用户数已经达到 1.67 亿，微博已成为网上信息传播的主要途径之一。截至 2015 年 9 月，微博月活跃用户数已达到 2.12 亿，日活跃用户数达到 1 亿。截至 2016 年 12 月，微博活跃用户数已经连续 10 个季度保持 30% 以上的增长，微博上已经有 45 个垂直领域月阅读量超过 10 亿，其中 18 个领域更是超过 100 亿。通过用内容吸引和提升用户活跃度，微博已建立起强大的网络平台效应。随着微博用户的不断增加，微博逐渐向大众普及并成为最大的中文社交媒体平台。目前，具有强烈自媒体属性的微博，正在改变着公众的媒体习惯和信息传播的模式，并成为社会化媒体中最具即时性、用户最活跃的信息传播平台。中国互联网络信息中心（CNNIC）发布的《2015 年中国社交应用用户行为研究报告》显示，微博作为兴趣信息的获取、分享平台的地位凸显，在“及时了解新闻热点”“发表对新闻热点事件的评论”“关注感兴趣的内容”“获取或分享生活/工作中有用的知识”等多个需求方面都是用户首选的平台。CNNIC 指出，微博已成为用户生活中一个非常重要的社交媒体，23.4% 的用户每天使用微博的时长在 1 小时以上，日均使用时长在半小时以上的用户占 45.1%。② 在传播速度和传播广度上，微博都比传统的新闻媒体有天然的优势。目前在中国，微博仍然是社会热点持续发酵的主要信息源，以 2016 年上半年舆情事件热度排行为例，微博与新闻网站、微信、客户端、贴吧等其他平台相比较，其“议题设置”和舆论处置能力方面最为突出。微博所蕴含的丰富特性及优势，使得微博的互联网价值仍有较大的提升空间。因此，如何对待微博、如何应用微博，已经对执政党和政府部门的决策、沟通、应对和处置能力提出了新的考验。

法国著名思想家米歇尔·福柯（Michel Foucault）曾说，“话语即权力”。微博的出现对于话语权相对缺失的民众而言无疑提供了一个有效地平台。“微博问政”有助于改变执政党、政府官方和媒体高高在上的形象，可以拓展广大民众政治参与的空间、创新官民沟通的方式、健全社会矛盾释放机制、强化对公权力的监督，对于执政党了解民意、密切联系群众、科学和民主决策具有十分重要的政治意义。党的建设是一个系统的大工程，在网络信息高速发展的今天，党的建设同样也要与时俱进，也要顺应网络化和信息化的潮流，也要加快建设“数字民主”。

中国社会科学院在 2009 年 12 月出版的《社会蓝皮书》中，将微博定义为“杀伤力最强的舆论载体”。2010 年，作为中国互联网的“微博元年”，新浪、腾讯、搜狐、网易等门

---

① 《习近平主持召开中央网络安全和信息化领导小组第一次会议强调总体布局统筹各方创新发展努力把我国建设成为网络强国》，《人民日报》2014 年 2 月 28 日。

② 《CNNIC 报告：微博是用户兴趣信息获取首选平台》，新浪科技，http://tech.sina.com.cn/i/2016-04-08/doc-ifxrcizs7055530.shtml。

户网站巨头先后大张旗鼓地进军微博，国内微博如雨后春笋般迅速崛起，而微博用户数也快速增长。易观智库发布的研究报告显示，2009 年中国的微博注册用户只有 800 万。[①] 而到了 2010 年，中国微博用户超过 1.2 亿。第 28 次《中国互联网络发展状况统计报告》显示，2011 年上半年，我国微博用户数量快速增长到 1.95 亿，半年增幅高达 208.9%，在网民中的使用率从 13.8% 提升到 40.2%。《2012 中国微博蓝皮书》指出：中国的微博用户总量约为 3.27 亿，成为用户增长最快的互联网应用模式，中国已成为微博用户世界第一大国。[②] 第 32 次《中国互联网络发展状况统计报告》调查数据显示，截至 2013 年 6 月底，中国微博用户规模为 3.31 亿。第 35 次《中国互联网络发展状况统计报告》显示，截至 2014 年 12 月，中国微博用户规模为 2.49 亿，与 2013 年相比有所下降，主要归因于社交网络和智能手机信息应用的竞争日趋激烈。虽然微博的活跃度有所降低，但微博在中国社会生活中仍具有举足轻重的影响力。微博仍能继续保持集重要的新闻爆料平台、问政平台、品牌评价平台、网络反腐平台、草根公共传播平台、自媒体平台和微公益平台于一身的地位。2015 年新浪微博数据中心发布的《2015 微博用户发展报告》显示，截至 2015 年 9 月，微博月活跃用户数已达到 2.12 亿，日活跃用户数达到 1 亿。QuestMobile 报告显示，截至 2016 年 9 月，微博月活跃用户数已达到 3.91 亿，在移动互联网应用中位居第四。在活跃用户规模排名前十的应用中，微博的活跃用户数增幅最高，达到了 79%。2016 年 10 月，微博市值首次超过 Twitter，成为全球市值最高的社交媒体。微博已经逐步发展成为当前中国最为重要的社会舆论和信息交换平台之一。美国《纽约时报》评论中国的微博是“一个观察中国正在发生什么的实时检测系统”[③]。

群众路线是实现党的思想路线、政治路线、组织路线的根本的工作路线。“一切为了群众，一切依靠群众，从群众中来，到群众中去，把党的正确主张变为群众的自觉行动。”[④] 作为毛泽东思想活的灵魂，群众路线的形成是历史发展的必然结果，是马克思主义唯物史观、认识论及其科学世界观和方法论相统一的集中体现。毛泽东同志曾说：“群众是真正的英雄”，[⑤] “在我党的一切实际工作中，凡属正确的领导，必须是从群众中来，到群众中去。”[⑥] 邓小平同志指出：“群众是我们力量的源泉，群众路线和群众观点是我们的传家宝。党的组织、党员和党的干部，必须同群众打成一片，绝对不能同群众相对立。如果哪个党组织严重脱离群众而不能坚决改正，那就丧失了力量的源泉，就一定要失败，就会被人民抛弃。”[⑦] 江泽民同志强调：“真正掌握和实践了群众观点、群众路线，也就能真正掌握和实践历史唯物主义和党的实事求是的思想路线，也就从根本上懂得了政治。同群众保持密切联系，真正同群众打成一片，想群众之所想，急群众之所急，就会一身正气，什么歪风邪气也刮不倒。相反，如果脱离了群众，脑子里没有群众观念、群众利益，就会成为歪风邪气的俘

---

① 《微博十字路后围观改变中国?》，《时代周报》2010 年 12 月 20 日。

② 《中国微博总数约为 3.27 亿》，《北京日报》2012 年 9 月 24 日。

③ 张来民：《中国进入微博时代》，《中华读书报》2012 年 3 月 7 日。

④ 《十七大以来重要文献选编》（上），中央文献出版社，2009，第 799 页。

⑤ 《毛泽东选集》第 3 卷，人民出版社，1991，第 790 页。

⑥ 《毛泽东选集》第 3 卷，人民出版社，1991，第 899 页。

⑦ 《邓小平文选》第 2 卷，人民出版社，1994，第 368 页。

虏。”[①] 2011 年 7 月 1 日，胡锦涛同志在庆祝中国共产党成立 90 周年大会上的讲话中指出：“在新的历史条件下提高党的建设科学化水平，必须坚持以人为本、执政为民理念，牢固树立马克思主义群众观点、自觉贯彻党的群众路线，始终保持党同人民群众的血肉联系。”[②] 2013 年 6 月 18 日，习近平同志在党的群众路线教育实践活动工作会议上的讲话中也再次指出：“群众路线是我们党的生命线和根本工作路线。开展党的群众路线教育实践活动，是我们党在新形势下坚持党要管党、从严治党的重大决策，是顺应群众期盼、加强学习型服务型创新型马克思主义执政党建设的重大部署，是推进中国特色社会主义的重大举措，对保持党的先进性和纯洁性、巩固党的执政基础和执政地位，对全面建成小康社会，具有重大而深远的意义。”[③]

中国共产党最大的政治优势就是密切联系群众，群众路线是中国共产党区别于其他政党的一个显著标志，是中国共产党的生命线和“传家宝”。中国共产党的历史就是一部始终不渝坚持群众路线、践行群众路线的历史。群众路线就是支撑中国共产党由小到大、从弱到强的强大精神力量和宝贵财富。进入新的历史时期，党的群众路线也在结合新的实践和经验不断丰富和发展，特别是随着网络的普及和信息技术的演进，公民参政议政的门槛大幅降低，微博的出现，更是打开了官民沟通的新路径，党的群众路线也在微博上以生动的局面呈现出蓬勃的发展态势。根据微博公司发布的报告显示，截至 2016 年第二季度末，微博月活跃用户连续 9 个季度保持 30% 的增长，达到 2.82 亿。截至 2016 年 4 月 15 日，经过新浪平台认证的政务微博达到 156645 个，其中公务人员微博 38216 个。[④] 微博的出现不但为民众表达政治意愿提供了新的载体和途径，而且极大地提升了公民参政议政的热情。可以说，“微博问政”已经渐成常态，微博时代已经悄然来临。“微博问政”联系着两个重要的参与主体，一个是党和政府，一个是人民群众。对于党和政府而言，要更好地倾听民意、体察民情和汇集民智。对于人民群众而言，要更好地问责监督、建言献策和参政议政。2016 年 4 月 19 日，习近平在主持召开网络安全和信息化工作座谈会时强调，对广大网民，要多一些包容和耐心，对建设性意见要及时吸纳，对困难要及时帮助，对不了解情况的要及时宣介，对模糊认识要及时廓清，对怨气怨言要及时化解，对错误看法要及时引导和纠正，让互联网成为了解群众、贴近群众、为群众排忧解难的新途径，成为发扬人民民主、接受人民监督的新渠道。对网上那些出于善意的批评，对互联网监督，不论是对党和政府工作提的还是对领导干部个人提的，不论是和风细雨的还是忠言逆耳的，我们不仅要欢迎，而且要认真研究和吸取。因此，如何将群众路线这一“传家宝”运用于虚拟世界，使之适应微博时代，将是执政党思考的一个重要课题。

一　“微博问政”促进了执政党群众路线的新发展

群众路线是中国共产党对马列主义关于人民群众是历史的创造者原理的创造性运用，是

① 江泽民：《论党的建设》，中央文献出版社，2001，第 194 页。
② 胡锦涛：《在庆祝中国共产党成立 90 周年大会上的讲话》，2011 年 7 月 2 日。
③ 习近平：《在党的群众路线教育实践活动工作会议上的讲话》，2013 年 6 月 18 日。
④ 朱燕、潘宇峰：《政务微博的发展趋势、特点和策略研究》，《电子政务》2016 年第 8 期，第 29 页。

中国共产党的根本工作路线。对于一个长期执政的马克思主义政党而言，始终保持同人民群众的血肉联系，不断赢得人民群众的支持和拥护，永远是最强大的执政能力，而脱离群众则是最大的危险。随着时代的变化，特别是“微博问政”的出现，使得执政党的群众路线获得了新的发展。表面上看，“微博问政”主要表现为少数执政者与多数民众之间利用微博平台进行沟通、协商以及解决各类问题；实质上，“微博问政”表达了执政党要密切联系群众、紧紧依靠群众、一切为了群众这一执政为民理念，它是群众路线在微博时代的新发展。

（一）“微博问政”丰富了群众路线的科学内涵

群众路线的科学含义是，“一切为了群众，一切依靠群众”，“从群众中来，到群众中去”。执政党只有及时研究了解群众工作出现的新特点和新情况，积极探索群众工作的新举措和新方法，才能积极引导和发挥广大人民群众的积极性。随着微博辐射范围和影响力的扩大，微博已经逐渐成为执政党联系群众、了解民意和汇集民智的重要渠道和方式。首先，微博为执政党了解民意提供了一个重要平台，开通微博的根本目的就是要倾听民生、了解民意，真正为人民群众办好事、办实事，以人为本，解决实际问题，真正做到“一切为了群众”，密切关注群众的新变化、新期盼和新需求，密切关注群众对执政党的新期待。其次，超过2亿的微博用户构成了一个庞大的“民意库”，并日益成为社会民意不可或缺的一部分。广大人民群众通过微博参政议政、建言献策，人民群众的主动性和创造力得到了充分体现，执政党要做到“一切依靠群众”，就必须充分发挥人民群众在“微博问政”中的主体作用，有效激发和调动人民群众的创造活力和创造积极性。再次，执政党要想在新形势下更好地做到“从群众中来，到群众中去”，就必须善于利用新兴媒体同人民群众进行交流，善于从群众的创造中汲取营养、经验、智慧和力量，找到解决困难和问题的方法。向人民群众学习，将人民群众在微博中提出的分散的、无系统的意见或建议集中起来，然后制定出符合人民群众利益的具体政策，解决人民群众所关心的实际问题，把党的政策变成群众的行动，更好地把微博作为联系群众、服务群众的重要渠道。目前，越来越多的中共党员开通微博，就是要为群众创造力的迸发创设良好的环境，充分发挥广大人民群众参与改革的积极热情，努力做到以群众呼声为第一信号，以群众利益为第一目标，以群众满意为第一追求。

（二）“微博问政”拓展了群众路线的运作路径

中国共产党的群众路线要求每一个共产党员把人民放在心中最重要的位置，全心全意为人民服务。在新的历史时期，为进一步贯彻落实群众路线，广大党员干部必须坚持问政于民、问需于民、问计于民，必须真诚地倾听广大人民群众的呼声与建议，必须真实地反映广大人民群众的愿望和期待，必须真心地关怀广大人民群众的疾苦与困难。群众路线传统的运作路径，主要表现为深入基层、深入实际，到群众中去，了解民情，排解民忧。但由于传统行政体制存在封闭、不透明等缺陷，使得体制内的信息流动并不十分顺畅，进而导致某些群众无法真实地表达自己的想法，广大党员干部也比较难于获得全面和真实的信息，从而影响群众工作的有效开展。微博的出现极大地创新了群众路线的运作机制，广大人民群众通过微博可以自由地表达真实的意见，对于基层所发生的某些突发事件，也可以通过微博第一时间进行传播。执政党通过微博，不但可以倾听来自不同领域、不同群体比较真实的意见，也可以有效地汲取广大人民群众的智慧和力量，更好地解决各种问题，从而切实地保障广大人民群众的各项权益。新疆维吾尔自治区党委书记张春贤在谈到开设微博时曾说："借此机会给老百姓讲解政策，切实发挥党的优良传统，贴近群众，走到群众身边。把党中央的政策告诉群众，让群众体会到党的关心。"在"互联网+社会治理"的发展趋势下，微博在新媒体发展中的核心地位更加清晰。执政党必须高度重视，充分利用，让微博真正成为习近平总书记所说的"了解群众、贴近群众、为群众排忧解难的新途径"。

（三）"微博问政"强化了群众路线的核心价值

邓小平同志指出："社会主义现代化建设的极其艰巨复杂的任务摆在我们的面前。很多旧问题需要继续解决，新问题更是层出不穷，党只有紧紧的依靠群众，密切的联系群众，随时的听取群众的呼声，了解群众的情绪，代表群众的利益，才能形成强大的力量，顺利的完成自己的各项任务。"① 保持党同人民群众的血肉联系，是群众路线的核心价值，党群关系的好坏与否直接关系到国家能否长治久安。正如毛泽东同志所说："党群关系好比雨水关系，如果党群关系搞不好，社会主义制度就不可能建成；社会主义制度建成了，也不可能巩固。"② 只有密切联系群众，党才能始终保持执政地位。而如果脱离群众，党则可能陷入危险。进入新的历史时期，面对新的执政环境，党群关系也在经历着严峻的考验。虽然党始终坚持全心全意为人民服务的宗旨，为密切党群关系做了大量的工作，但不可否认，在某些层面，党群关系的疏离表现得十分明显，甚至比较紧张。微博作为执政党与民众交流的一种新形式，如果执政党充分利用，将有助于拉近党和群众之间的距离，使执政党能够更多地了解民情，更好地开展群众工作。通过微博，执政党可以平等地与民交流，热情地为民服务，自觉地与民接触，有助于改变某些党员干部"高居庙堂"和"遥不可及"的形象，也有助于培养和树立执政党亲民、为民、爱民的优良作风。执政党通过微博了解社情民意、倾听群众呼声、了解群众愿望、关心群众疾苦，不仅可以更好地为群众服务，而且可以进一步密切党同人民群众的联系，强化群众路线的核心价值。

二　"微博问政"与执政党群众路线的新问题

十月革命胜利之初，列宁就曾指出，对于共产党来说，"最严重最可怕的危险之一，就是脱离群众。"③ 在新民主主义革命时期，毛泽东曾指出："依靠民众则一切困难能够克服，任何强敌能够战胜，离开民众则将一事无成。"④ 改革开放以后，邓小平曾说："如果哪个党组织严重脱离群众而不能坚决改正，那就丧失了力量的源泉，就一定要失败，就会被人民抛弃。"⑤ 世纪之交，江泽民指出："马克思主义执政党的最大危险就是脱离群众。这是极为重要的政治观点，也是极为重要的政治要求。"⑥ 胡锦涛在庆祝中国共产党成立 90 周年的大会上，再次强调："密切联系群众是我们党的最大政治优势，脱离群众是我们党执政后的最大

---

① 《邓小平文选》第 2 卷，人民出版社，1994，第 342 页。

② 《建国以来毛泽东文稿》第 6 册，中央文献出版社，1992，第 547 页。

③ 《列宁选集》第 4 卷，人民出版社，1995，第 626 页。

④ 《毛泽东军事文集》第 2 卷，军事科学出版社、中央文献出版社，1993，第 381 页。

⑤ 《邓小平文选》第 2 卷，人民出版社，1994，第 368 页。

⑥ 江泽民：《论党的建设》，中央文献出版社，2001，第 544 页。

危险。"[①] 进入新时期新阶段，习近平也指出："我们党执政以后，有了更好地为人民服务的条件和密切联系群众的环境，同时由于党的历史方位和社会环境的变化，也增加了脱离群众的危险。这种危险以及其他危险和考验，需要引起高度重视。"[②] 随着网络时代的到来，面对新的执政环境，党的群众路线也面临新的问题。特别是"微博问政"的出现，虽然使党的群众路线获得了新的发展，但与此同时也给党的群众路线提出了更为严峻的考验与挑战。

（一）某些党员干部执政理念和工作方式有所滞后

微博时代的到来，使新媒体素养成为党员干部的"必修课"。为积极贯彻落实习近平总书记"学会通过网络走群众路线"的要求，越来越多的官员开始面向网络倾听民意，通过微博表达声音，利用微博与广大群众积极互动。然而，面对庞杂喧嚣的微博世界，面对纷繁多元的微博舆论，也有一些党政官员没有做好心理准备，出现了"水土不服"和"本领恐慌"的问题，他们对新媒体抱有装聋作哑的"鸵鸟"心态、隔岸观火的"路人"心态和妄自尊大的"家长"心态[③]，或是充当"消防队"，发现对自己不利的信息便想方设法去灭火。这些心态的存在，使某些党员干部对微博这种新型的网络媒体存在抵触和畏惧的心理，折射出某些党员干部的执政理念和工作方式有所滞后，这势必会影响到群众路线网络化的有效贯彻和落实。这表明，一些领导干部还缺乏一种健康、积极的心态去面对网络舆论，还不太习惯在形如"玻璃房"的互联网时代中开展工作，至于与网民开展良性沟通互动，通过网络走好群众路线，更是无主意、没办法。2014 年一份"当下官员最怕什么"的调查显示，"被媒体、网络关注"高居第二位。[④] 广大党员干部能否适应形势和时代的发展、能否学会用网民能够接受的语言和方式进行沟通与互动，决定着执政党的执政基础能否稳固，也决定着新形势下党群、干群关系的密切程度。"微博问政"的出现和盛行，极大地改变了原有的政治生态，党和政府的执政模式、工作方式和工作作风也必将随之发生深刻变化。广大党员干部若是故步自封、因循守旧，势必会与人民群众疏远。某些党员干部对微博等新兴网络媒体充满畏惧，无法正确对待网民的声音，甚至采取围堵的方法，结果错过了解决问题的最佳时机，导致事态进一步恶化。最近一段时期，一系列公共突发事件和群体性事件，之所以通过微博在社会上引起巨大的反响，其深层原因就是某些党员干部不关心、不了解、不重视广大人民群众的利益和诉求，与人民群众感情淡漠，没有把群众作为服务对象，没有真正落实党的群众路线，甚至侵害群众利益，站在了群众的对立面。广大党员干部只有摒弃滞后的理念，与时俱进，通过网络及微博，及时了解网络民意的动向，才能避免党和政府的工作处于被动状态。

（二）情绪化偏激化的话语表达掩盖了事情的真相

人们在网络上可以更容易地表达自己的情感和想法，但是有关表达的底线，却缺乏一定的标准。俄罗斯学者库金和尤舒克在其著作《反对互联网黑色公关》中称，互联网舆论平

---

① 胡锦涛：《在庆祝中国共产党成立 90 周年大会上的讲话》，2011 年 7 月 2 日。

② 习近平：《始终坚持和充分发挥党的独特优势》，《求是》2015 年第 15 期，第 9 页。

③ 杨虹艳、张欣：《官员触网"三种心态"要不得》，《人民日报》2016 年 7 月 14 日。

④ 李斌：《习惯在"玻璃房"中工作》，《人民日报》2016 年 5 月 26 日。

台是一把双刃剑，个人通过网络有了更广阔的信息渠道，但信息也间接绑架了每一个网络个体。[①] 由于微博是自由的表达平台，信息的内容比较简短，所以导致民众的情绪表达更为直接。这种情绪表达常常带有强烈的非理性色彩，特别是有关执政党或公权力的话题，过激的言辞不绝于耳，甚至还会滋生和散布许多的“网络谣言”，这将对党群关系的和谐发展造成严重的负面影响。比如 2011 年一则广东警察打死街头小贩并对其有孕在身的妻子动粗的消息在微博上扩散，结果引发网友“围观”，后来证明不过是谣言。警方让这名据称被打死的小贩在新闻发布会上现身，告诉大家他还活着。再比如 2011 年 4 月，有微博爆出消息称浙江省文化厅为反“三俗”确定 37 首违禁歌曲，包括苏芮的《牵手》、张宇的《大丈夫》、任贤齐的《小雪》、陈升的《北京一夜》等。此消息经微博平台迅速传播，引发网友强烈关注，有不少网友质疑和批评浙江省文化厅，认为“审美观因人而异”“不涉及大是大非”“政府部门本该求同存异、百花齐放”。而事实上浙江省文化厅从未发过这样的有关文件，不得不进行辟谣。在微博的世界里，公民虽然获得话语的自由表达权，但“沉默的大多数”可能导致真实民意被忽略，言辞犀利、偏激的“少数民意”可能被放大，特别是利用微博平台进行商业化、专业化地转发和评论，有可能形成虚假的民意，这些声音无法代表大多数人的意见，致使个人的偏激行为扩散为非理性的社会情绪，进而扭曲事件的真相。

（三）稍有不慎可能进一步加剧党群关系紧张态势

当今的中国，正处于急剧发展的社会转型期，过去一些深层次的老问题和在改革开放过程中出现的一些新问题，积累和叠加在一起，使当前中国社会的矛盾日益凸显并呈激化之势，如贫富分化和官员腐败等问题。不同的利益摩擦和观念碰撞，导致当前的党群关系面临严峻地挑战，从过去隐性的冲突逐渐变成显性的冲突。作为一种以个人为单位的自媒体，微博在中国社会中发挥着越来越大的影响力和冲击力。微博是一面锋利的双刃剑，一方面它扩展了舆论的空间，有效地让公众更加充分地了解诸多事实，并极大地促进了舆论监督的发展。但另一方面，由于微博的门槛很低、身份匿名，微博上诸多信息的真实性常常饱受诟病。真实的声音，通过微博的传播，可以产生极大的影响力，而虚假的谣言，通过微博的助推，也可以产生极大的破坏力。微博由于其短小精悍，往往需要强化论点而缺乏论证，因此情绪化的语言似乎更能打动人，客观理性的意见往往受到忽视或蔑视。微博带有强烈的草根性、平民化色彩，虽然为民意的表达提供了新的手段，但在某些层面也产生了民粹主义的倾向，在微博上攻击执政党和政府似乎成为吸引人气和发泄不满的不二法门。原本就面临挑战的党群关系，由于微博上虚假信息和极端言论的推波助澜，稍有不慎可能会进一步加剧紧张态势。比如，2012 年 7 月 2 日，四川省什邡市发生了群体抗议事件。因担心宏达股份投资 137 亿元的钼铜多金属资源深加工项目会产生污染，市民冲进了什邡市委办公大楼，警方随后使用催泪弹和震爆弹驱散。在强大的舆论压力之下，时任什邡市委书记李成金迅速表态：“在群众不了解、不理解、不支持的情况下，钼铜项目不再建设。”在信息快速传播的微博时代，什邡事件随即引发了高度关注，并给当地政府带来巨大的舆论压力。什邡市宣传部网络新闻科工作人员表示：“‘7·2’事件正在发生时，我们也调动人力去微博上发声，但马上被淹没，相比成千上万网民和大 V，我们力量太小了。”而在钼铜项目重启风声不断时，

① 《网络公关搅乱虚拟世界》，《环球时报》2011 年 1 月 17 日。

外界的批评又集中在什邡市政府的唯 GDP 论。微博“大 V”李承鹏曾发微博，反对什邡的唯 GDP 取向，他称 GDP 不是东西，而是“鸡的屁”。什邡市委一位负责人在李承鹏的微博上留言：“鸡的屁不是东西，但没有鸡的屁，你也不是东西。”这起事件最终使什邡成为微博舆情处理的反面典型，非但没有解决问题，反倒加剧了党群关系的紧张。

三 “微博问政”与贯彻执政党群众路线的新要求

人民群众是推动历史前进、影响和决定历史进程的根本性力量，也是中国共产党的力量源泉。无论过去、现在和将来，密切联系群众都是我们党立于不败之地的最大政治优势。2016 年 4 月，习近平总书记在网络安全和信息化工作座谈会上指出：“网民来自老百姓，老百姓上了网，民意也就上了网。群众在哪儿，我们的领导干部就要到哪儿去。各级党政机关和领导干部要学会通过网络走群众路线，经常上网看看，了解群众所思所愿，收集好想法好建议，积极回应网民关切、解疑释惑。”[①] 这对各级领导干部用好新媒体提出了新要求，指明了新方向。微博的出现，使现实世界与虚拟网络有了更加亲密的接触。广大公民通过“微博问政”，极大地拓展了政治参与的空间。广大党员干部通过“微博问政”，能够更好地贯彻落实群众路线的新要求。但是“微博问政”毕竟还是一个比较新鲜的事物，如何更好地实现“微博问政”，贯彻党的群众路线的新要求，还需要更多的思考。

（一）创新党员干部群众工作的理念方式

2004 年 9 月，中国共产党第十六届中央委员会第四次全体会议做出《中共中央关于加强党的执政能力建设的决定》要求各级党员干部“高度重视互联网等新型传媒对社会舆论的影响，加快建立法律规范、行政监督、行业自律、技术保障相结合的管理体制，加强互联网宣传队伍建设，形成网上正面舆论的强势”。2008 年 6 月，胡锦涛同志在人民网“强国论坛”与网友对话时指出：“通过互联网来了解民情、汇聚民智，也是一个重要的渠道。”2014 年 8 月，中央全面深化改革领导小组第四次会议审议通过了《关于推动传统媒体和新兴媒体融合发展的指导意见》。习近平总书记强调，要着力打造一批形态多样、手段先进、具有竞争力的新型主流媒体，建成几家拥有强大实力和传播力、公信力、影响力的新型媒体集团。微博是党和政府了解舆情的重要途径之一，也成为党政机关了解民情、听取民意、集中民智的新形式。执政党和政府通过微博等现代新媒体手段，可以实现政令通达与民意反馈的良好互动。通过微博这一互动交流网络平台，执政党和政府可以更好地解决民众关心的问题、改变干部的官僚作风，不仅有助于转变传统的工作方式和执政思维，同时也有助于适应新时期群众路线的新发展。

网络因具有互动性和开放性可以充当党或政府与民众交流的补充渠道。作为公众表达意见的一个重要平台，微博有助于疏通草根民众的利益表达通道，化解日益紧张的社会矛盾和党群关系，有助于党和政府倾听民情民意，真正做到科学决策和民主决策。因此，广大党员干部必须积极创新群众工作的理念和方式，树立强烈的群众观。微博实现了领导干部与群众之间零距离的接触。打开电脑或手机，进入微博，群众原汁原味的语言就会呈现在眼前。这

① 《习近平谈治国理政》第二卷，外文出版社，2017，第 336 页。

些来自群众、源于生活的意见能不能及时转化为党和政府的参考和警示，关键在于领导干部是否具备了强烈的群众观念。如果领导干部的群众观念强，就会把微博当作一个密切联系群众的重要平台，把群众视为专家，尊重群众、吸取意见、调整思路、纠正决策，使党和政府做出的决策或工作部署更加体现时代特征、符合群众意愿、满足群众需要。如果领导干部的群众观念弱，就只会把微博当作群众情绪的发泄场，对群众提出的意见不理不问，借口没有时间管理微博，让微博挂在网上成为摆设，尘封了民意。① 面对微博平台上不同的声音，广大党员干部要有包容心与承受力。必须看到，群众意见可能五花八门，网民看法可能各有千秋。有些时候，群众可能有牢骚与怨气，不可能都是和风细雨、和颜悦色。因此，对于微博上出于善意的批评，都应当欢迎并采纳。即使一些意见和批评有偏差，甚至不正确，也要多一些包容，勇于从自身找原因，勇于正视问题和解决问题。毛泽东曾说过："因为我们是为人民服务的，所以，我们如果有缺点，就不怕别人批评指出。不管是什么人，谁向我们指出都行。只要你说得对，我们就改正。你说的办法对人民有好处，我们就照你的办。"② 因此，在信息技术迅猛发展的微博时代，各级领导干部应继承和发扬群众路线的优势，进一步强化群众观念，以十足的"底气"通过微博密切联系群众。为适应新形势的发展，必须加强网络技能的培训，提高网络沟通的能力，并通过微博及时地解答民众的质疑和困惑，准确地收集网络信息和汇总民意。广大党员干部必须对微博有清醒的认识和理性的态度，对民众所反映的各种问题保持高度的关注，对引起舆论抨击和反响的事件和人物认真调查核实。微博的出现，改变了党政干部以往给人的严肃、略显刻板的印象，很多党政干部在微博上开始展现出"自我"和"个性"的一面。比如，河南省三门峡市原市委书记李文慧因工作调动离开三门峡市，为了不打扰干部群众，避免送行麻烦，以微博的形式与干部和群众告别，这种官员告别形式新颖、独特、节约、廉洁又公开，受到网友极大关注和赞许；江苏省委宣传部副部长、文化厅厅长章剑华在其微博上说："我原以为我很'in'，因为我写'围脖'了。但我不知道'给力'是什么意思，心里真有点纠结。'纠结'是什么意思？我也说不太清楚。哎！"短短三句话四个网络热词，无疑拉近了党政干部与群众之间的距离。党和政府不仅可以通过微博听到更加全面、真实的声音，而且可以进一步增强民众的向心力，提升党和政府的公信力。

（二）确保"微博问政"群众路线制度化

习近平总书记指出，在践行党的群众路线时，要"制定新的制度，完善已有的制度，废止不适用的制度"③。相对于理念和思想意识，制度更具有根本性、全局性、稳定性和长期性。因此，利用"微博问政"更好地贯彻落实党的群众路线，将其制度化、常态化和规范化无疑是最好的方式。加强制度化建设，既要制定相应的原则、程序和要求，将"微博问政"纳入正常有序的运转轨道，防止问而不应或有始无终，也要从法治的高度，明确党员干部必须履行的责任和承担的义务。

在"微博问政"中，人民群众与党员干部是最重要的两个主体。其中广大党员干部扮

---

① 周滨：《"微博问政"与舆情应对》，人民出版社，2012，第90~91页。

② 《毛泽东选集》第3卷，人民出版社，1991，第1004页。

③ 《习近平谈治国理政》，外文出版社，2004，第379页。

演着十分重要的角色，因为他们掌握着重要的信息和公权力，如果能有效地利用微博这一工具，无疑将有助于缓解社会矛盾，减轻社会压力，促进党群关系和干群关系的良性发展。比如在2011年，“7·23”温州动车事故发生后，蔡奇（时任中共浙江省委常委、组织部部长）、郑继伟（时任浙江省副省长）等浙江官员，在微博上与网友交流，不断传达浙江当地政府在事故发生后的抢救措施，及时公开了相关信息，有效地平息了很多质疑与争议，澄清了很多不实的谣言。如果党员干部采取轻视和敷衍的态度，“微博问政”产生的效果肯定不如人意，人民群众政治参与的热情也会受到挫伤。比如，2015年10月15日，微博认证为“文化部官方微博”的文化部官微开通。旋即众多网友跟帖留言，在大量的评论中，虽不乏赞赏之声，但终究无法抵挡洪流般的调侃、吐槽，乃至谩骂与攻击。文化部能开通微博与网民沟通互动，并借此平台发布信息，对政府职能部门与公众来说本是一桩好事。不过，当文化部微博管理员看到负面评论暴增时，一味“删帖”的做法也确实操之过急。正如网友“断手JOJO和他的爱车”所言：“你既然让我们评论就多听听广大民众的意见。”既然开通了微博平台，文化部就应当做好倾听各种声音的准备。如果还是保持“高冷”的姿态，也就没有必要在这样一个“草根”平台里发声了。如果只是靠“删”的方式来应对危机，恐怕表面上的“减法”将徒增民意的不满。因此，广大党员干部必须高度重视“微博问政”，真正做到制度化和常态化。一方面，应建立微博的在线交流机制、信息收集机制、信息处理机制和信息反馈机制等，将虚拟与现实以制度化的措施有效衔接，督促相关部门和工作人员解决广大民众通过微博反映的相关问题，真正保障人民的知情权、参与权、表达权和监督权，杜绝“微博问政”形同虚设或有名无实。① 江苏省南京市于2011年出台《关于进一步加强政务微博建设的意见》；2011年，北京市委党校为局处级干部开设微博培训课；浙江省委党校于2011年将“微博与领导工作”列入领导干部脱产学习班的必修课；河南省洛阳市于2013年7月发布了河南省首个政务微博考核办法——《洛阳市政务微博考核评分细则》。2016年8月，安徽省政府发出通知，要求2016年年底前所有市、县政府都要学会“玩”微博。各地各部门要结合工作实际，明确政务微博发布时间，严格发布时限。同时，建立分级分类的政务微博考核评价机制，考核结果纳入年度全省政府网站绩效考核和政务公开工作考评。这些将“微博问政”制度化的尝试，值得肯定和推广。另一方面，人民群众通过“微博问政”扩大政治参与的空间，也必须有制度上的保障，只有通过制度明确公民微博问责的内容、形式和途径，“微博问政”才有可能落到实处。

（三）有机结合现实与虚拟“群众路线”

借助微博这一新的网络媒体技术，党政干部可以有效拓展了解民情民意的途径和渠道，更好地贯彻落实群众路线的新要求。广大民众也可以借助微博自由地表达自己的立场、意见和想法，提高政治参与的热情。但微博毕竟只是一种辅助性的工具，“技术对推进民主的作用是有限的，如何创造一个现实的而非虚拟的民主环境，这是比技术更重要的方面”②。微博只是现实社会的一个缩影，要想解决微博中所提到的各种问题，更多的还需要在现实生活中发力，依靠制度路径推动民主实践，那才是真正的“微博问政”，真正的微博推动政治文

① 邹鲁清：《“网络问政”与党的执政方式创新》，《湖南行政学院学报》2010年第5期，第12~16页。

② 刘福利：《微博问政 会走博息》，《中国青年报》2010年4月9日。

明进程。[①] 在一个政治冷漠或民意表达不畅的社会，无论多么先进的技术，对民主进步而言都是徒劳的。而且由于中国经济社会发展的不平衡性，相当一部分民众对“微博问政”仍然十分陌生。由中国互联网络信息中心发布的第25次《中国互联网络发展状况统计报告》显示，截至2009年12月，我国网民规模达3.84亿，但农村网民只有10681万，仅占整体网民的27.8%。[②] 该报告指出：“部分农村地区网络使用的基础条件还很匮乏，尤其是中西部农村地区，网络使用的意识相对较落后，网络使用的增长条件和空间还很不足。目前农村非网民中，有38.8%的人是由于不懂得电脑/网络而不上网，19.7%的人是由于没有电脑等上网设备，3.5%的人是由于当地没有网络接入条件。由于缺乏相应硬件和知识而不使用网络的相应比例均高于城镇非网民群体。”[③] 由中国互联网络信息中心发布的第37次《中国互联网络发展状况统计报告》显示，截至2015年12月，中国网民中农村网民占比28.4%，规模达1.95亿，较2014年底增加1694万人，增幅为9.5%；城镇网民占比71.6%，规模为4.93亿，较2014年底增加2257万人，增幅为4.8%。[④] 虽然农民网民在整体网民中的占比增加，规模增长速度快于城镇，但是城镇网民数量仍远高于农村网民。由于客观条件的限制，占中国社会相当大比例的民众利用微博参与和了解政治生活的可能性是微乎其微的。所以，必须将“微博问政”与传统手段有机地结合，只有这样才能取得更好的效果。手段和工具即使再先进，也只能作为主体的补充。“微博问政”本来只是一种辅助方式，其最大的意义就是借助网上的舆论压力和舆论能量，去激活和疏通网下的办事渠道和利益调处机制。“微博问政”只能回应部分民众诉求，不可能解决所有的问题。如果过分依赖，无限期待，反倒可能助长某些党政干部的惰性，而不去深入基层，解决群众所关心的各种问题。“线下”要及时解决“线上”问题，切实实现高效为民的理念，这样才能发挥“微博问政”的真正作用。以新浪网十大政府机构微博之一的“@平安北京”（北京市公安局官方微博）为例，自微博开通以来，提出“争做群众网上贴心人”的理念，对于群众的诉求，特别是网民的批评和意见，都给予高度的重视，认真分析、严肃对待，耐心了解群众的诉求。“@平安北京”还积极开展线下的回访工作，由主管领导带队，采取主动上门拜访或者电话联系、交流这些方式和网民进行面对面的沟通，当面倾听群众的意见和建议，做好疏通化解工作，最大限度地争取理解与支持。

（四）避免出现“虚热”和“作秀”倾向

中国人民大学任剑涛教授认为：“政府上网并不是一种政治秀，它是要解决问题的，而且应该是一种成本较低、速度较快、效果较好的解决渠道。只有真正解决实际的问题，才能达到政府上网的目的。”每当召开重要会议的时候，“微博问政”就会被社会各界广泛关注和追捧。但是在会议结束以后，“微博问政”却常常遭遇人走茶凉的窘境。不少地方政府机关和党员干部在热潮熏陶下纷纷开通了微博，但有的党政官方微博却关闭了评论功能，自说

① 高明勇：《微博问政的30堂课》，浙江人民出版社，2012，第61页。

② 陈正良、周蓉：《论公民网络政治参与在民主政治建设中的作用及其完善》，《中州学刊》2011年第1期，第17页。

③ 陈正良、周蓉：《论公民网络政治参与在民主政治建设中的作用及其完善》，《中州学刊》2011年第1期，第18页。

④ 第37次《中国互联网络发展状况统计报告》，中国互联网络信息中心，2016年1月22日。

自话，内容空洞，沦为“哑巴”官微和“休眠”官微，有些党员干部的微博久不更新，一潭死水，消极以对，沦为“空壳”微博和“僵尸”微博。“互动是网络的本质特征”①，微博开通之后，如果既不公开政务信息，也不回复网民意见，缺乏有效互动和反馈，或者直接变成晒成绩和功劳的平台，这样的微博不过是“花架子”而已。如果官员开设微博，说的话都是“千篇一律”，发的言都是“千人一面”，这样的微博也仅仅是一种“作秀”，这样的“微博问政”迟早也会如同一阵风吹过，最后归于平淡。据新浪微博提供的数据，2015 年 9 月至 2017 年年底，约 4. 2 万个官方微博没有更新；部分账号 2015 年全年无更新。不少官员选择注销微博账号或者更改微博认证信息。一些官员坦言，遇到不理性的网友，谈及一些问题自己又无法解决时，常常变成众矢之的。次数多了，时间长了，就自觉或不自觉地淡了、退了。② 微博时代是一个多元化的时代，是一个粉丝时代，当网民开始向微博投射失望的目光，当“微博问政”流于形式和空洞，这对于群众路线的贯彻实施非但不是一种提升，反而是另一种挫伤。

对于“微博问政”热潮，很多人持怀疑态度，总觉得其中充满炒作和谣言，充斥着媒体对新鲜事物的追捧和某些学者的夸夸其谈。所以，如何避免“微博问政”落入“虚热”和“作秀”的俗套，防止群众路线网络化流于形式和表面就显得十分重要。因此，一方面，党员干部要高度重视微博的影响力，时刻关注舆情发展的新走向，充分发挥微博在促进党群关系发展方面的重要作用；另一方面，党员干部也要对“微博问政”的局限性保持清醒认识，建立科学的舆情评判机制，建立与民众沟通的规范机制。正如习近平总书记所说：“崇高信仰始终是我们党的强大精神支柱，人民群众始终是我们党的坚实执政基础。只要我们永不动摇信仰、永不脱离群众，我们就能无往而不胜。”③

美国学者阿尔温·托夫勒（Alvin Toffler）在其著作《创造一个新的文明：第三次浪潮的政治》中预言，在未来的社会里，“谁掌握了信息，控制了网络，谁就将拥有整个世界”。④ 目前全世界总人口超过 70 亿人，其中互联网活跃用户超过 30 亿（占全球互联网用户总量的 45%），近 21 亿人拥有社交媒体账号，接近 17 亿人拥有活跃使用的社交媒体账号。⑤ 从广播、电视、报纸、杂志等传统媒体到互联网新媒体的广泛运用，再到微博的快速崛起，人们掌握了越来越多的话语权，每个人都成为信息的主要来源。我们迎来了一个前所未有的微博时代，我们的生活方式，我们的信息模式，都在悄然改变。新浪董事长兼 CEO、微博董事长曹国伟说：“从 DAU 到 MAU、从信息流到发现流、从短视频到直播、从网红到明星、从收入到利润，微博一次又一次地打破人们最乐观的预期，创造新的纪录。”北京大学张颐武教授说：“微博已经越来越展现出新的活力，各种专业人士都把微博作为自己传播知识，传递各种真实信息，传达正面价值的空间。篇幅短小的微博凸现自己的价值，大家都能从中各取所需，共同受益。”财经专栏作家刘胜军说：“100 年后回顾 21 世纪，微博一定会成为最重要的‘发明’之一。微博不仅是以草根的方式记述历史，更重要的是，微博这一信息传播方式的革命极大促进了公众认知的脚步，而观念的变化正是社会进步的最根本动

① 孟威：《网络互动——意义诠释与规则探讨》，经济管理出版社，2004，第 27 页。

② 杨虹艳、许一凡：《官员上网千万别“端着”》，《人民日报》2016 年 8 月 11 日。

③ 习近平：《全面贯彻落实党的十八大精神要突出抓好六个方面工作》，《求是》2013 年第 1 期，第 7 页。

④ 〔美〕阿尔温·托夫勒：《创造一个新的文明：第三次浪潮的政治》，陈峰译，上海三联书店，1996，第 31 页。

⑤ 数据来源：https：//wearesocial. com。

力。”微博既不是鲜花，也不是荆棘；既不是万能钥匙，也不是洪水猛兽。它只是一个开放的交流工具和社交媒体。作为新媒体领域信息传播的一个网络新星，它既被褒扬，也被贬低；它即被盛赞，也被诟病；它既被肯定，也被质疑；它既被热捧，也被唱衰；它既传递正能量，也传播假消息；它被认为“形式大于内容”，也被认为“围观改变中国”；它被嘲笑为“话痨找到新阵地”，也被感慨为“民意时代真伟大”；它被认为是网民集体讨伐的舆论战场，也被认为是知识分子启蒙的公共课堂；它被认为是草根阶层的全民狂欢，也被认为是名人主导的声音世界；它被比喻为海德公园的“演讲者之角”，也被比喻为发泄私愤的“公共厕所”；它被认为是发展社会主义民主政治的新平台，也被认为是威胁社会秩序和执政安全的“未爆弹”；它在中东、北非的“颜色革命”中被奉为“神器”，它在英国、美国的“社会骚乱”中却被称为“帮凶”。我们可能高估了它，也可能低估了它。如果仅仅把微博当作一种新的信息传播方式，实则过分简化了微博的传播模式，也低估了微博的传播能量；如果把微博当成社会运动和政治改革的组织平台，那也过分夸大了微博发挥的作用，未免太理想化。微博更像是一把“双刃剑”，它既可以成为一种建设性力量，有利于党倾听民声和广纳民意，也可能成为一种破坏性“飓风”，给党和社会带来潜在或现实的风险。或许人们对微博很快就会生厌，因为互联网本来就是一个“喜新厌旧”的世界；或许微博对中国的改变会更猛烈，因为个人的信息自由逐渐打破组织结构的垄断以后，社会组织机构与个人之间的“信息争霸”可能才刚刚开始。我们可以在微博上看到中国社会政治更加开放、更加平等、更加透明，民众的参与度不断提升，但是我们也会感受到，在自由表达的背后，微博蕴藏着放大社会对立，乃至撕裂社会共识的危险。尽管有纷繁复杂的声音，但中国已经进入了一个微博时代。正如《大西洋周刊》资深编辑安德鲁·沙利文（Andrew Sulivan）所说：“无论你怎么看待微博，微博作为一个备受尊敬的新闻媒体，都在冲击和影响着我们这个伟大的时代。”①

“微”不是弱小和卑微。在微博上，弱小的个体被看见，卑微的声音被听见。汇微末而成洪流，聚民意而发洪声。民间草根发现了一个自由表达和宣泄的窗口，社会精英也找到了一个关注国家社会的平台。各方力量，不同群体，或来自官方，或来自民间，或来自国内，或来自国外，他们粉墨登场，在微博舆论场中上演着一出出“凤舞龙飞”“刀光剑影”的精彩戏码。一场由微博举办的“盛宴”，似乎引爆了全民“狂欢”；一场由微博带来的“围观”，似乎引发了激烈的“革命”；一场由微博刮起的“旋风”，似乎显现出巨大的“威”力。风起于青蘋之末，风成于途中之势。是好是坏，关键还在于引导和调控。面对微博，只有顺“势”而为、闻“风”而动，才能御“风”而行、乘“风”破浪。但是，推动执政党民主建设的并不是单一力量，而是合力。从本质上来说，微博只是辅助性的工具而已。虽然“微博问政”可以拉近党群之间的距离，但还是比不上深入基层与民众面对面的接触。虽然“微博问政”可以一定程度上缓解社会上的负面情绪，但要想解决社会存在的固有矛盾仍需全面深化改革。技术的背后，归根结底，还是需要党政官员坚持公开透明、与时俱进，坚持全心全意为人民服务，有效解决广大群众遇到的实际困难和问题。微博是载体而不是主体，是“备选项”而不是“必选项”，微博依然存在自己所不能到达的彼岸，我们绝不能患上

① Lindsay Ems, “Twitter's Place in the Tussle; How Old Power Struggles Play out on a New Stage,” Media Culture & Society, Vol. 36, No. 5, 2014, p731.

“技术依赖症”或“技术崇拜症”。

微博是“数字化生存”的话语场，也是网络政治参与的践行域。这一场域一方面压缩了政治运行的路径，另一方面则点燃了民众政治参与的热情。微博不仅是网民表达自我、分享生活和交流情感与思想的平台，也是网民通过碎片化传播随时随地参与和完成对社会治理、公共事务和公共服务评议的“融合信息通道”。在当代中国，微博更像是一个功能综合、用户众多、信息海量、诉求多元的“超级政务 App”。因此，微博也成为党和政府进一步推进民主政治建设进程的一个有效工具，它不但成为现代化建设的“加速器”、政民沟通的“试验田”和社会矛盾的“缓冲器”，而且成为塑造党的形象的“梳妆台”、带领执政者成功的“新引擎”和体察民情民意的“直通车”。“微博问政”在一定程度上促进了执政党与民间的良性互动，增加了社会治理的透明度，提升了民主进程的维度。“微博问政”已经成为加强和创新党的民主建设，使党永葆生机和活力的重要手段之一。“微博问政”既是机遇，也是挑战。“微博问政”不是终点，而是一个新的起点。“微博问政”还在路上。如何运用“微博问政”创新政治参与和社会管理，加强和改进新时期党的民主建设，成为中国共产党当下和未来需要认真思考的一个既“时髦”又沉重的新课题。

新媒体时代中国共产党执政形象建构的逻辑与路径

吴阳松*

摘　要　在现代政党政治的背景下政党形象问题日益凸显，而新媒体的迅猛发展又极大地体现了政党形象的重要性。新媒体重构的信息传播方式、传播格局和传播关系改变了传统的政治生态环境，使传统的执政形象自上而下、单向度的塑造模式和传播格局被打破，转变传统的建构逻辑、探索新的政党形象塑造和传播模式成为一个必须面对的现实问题。新媒体视阈下党的执政形象建构的逻辑转换务必要摒弃传统的"管控"逻辑，树立"对接"理念，要切实提升党员领导干部的媒介素养和媒介执政力，要处理好政党形象的"做"与"说"的关系，要在应对、处置重大突发性媒介事件的同时积极修复、维护、提升党的执政形象。

关键词　新媒体　政党形象　执政形象　媒介素养　媒介执政力

当今时代巨变的一个显性表现就是以网络信息技术为载体的新媒体的不断涌现和广泛使用。新媒体已经成为现代人的一种生活方式和党执政的一个基本环境，其彰显的社会力量已使政党政治的运行模式发生深刻变化，在此背景下政党形象问题被推到了前台并成为一个突出的现实问题。

一　新媒体时代政党形象问题成为必须面对的现实问题

政党形象是政党建设的一个重要课题，在政党政治背景下政党形象问题显得尤其重要。从学理意义上说，政党形象是公民对政党政纲和政党实践行为的一种整体性评价和相对稳定的感知印象，是政党职能发挥、政治活动绩效和执政运行程序等在民众心理上的映射。在现代政党政治背景下塑造良好的政党形象以取得民众的认可和拥护，从而实现其执政地位的存续和永固，是每一个执政党在治国理政进程中最期望达到的目标。

民主化进程不断加快、民众权利诉求日益高涨、信息日益公开透明是现代民主政治的基本环境，在这一背景驱动下政党政治的运行机制和运行模式正在发生深刻变化，政党形象的显性作用日益凸显并成为政党重要的软实力，成为衡量政党认同的风向标，民众对政党的评价和认知首先来源于政党的外在形象，而政党形象的优劣又直接影响人们对政党的情感和态度，成为"衡量某一政党支持率的长远倾向的标准"①。在现代政党政治背景下政党形象与政党有效执政密切相关。一个形象良好且被广泛认可的执政党，必然具备强大的号召力和凝

---

* 吴阳松，博士，广州大学马克思主义学院副教授。

① 〔英〕戴维·米勒、韦农·波格丹诺：《布莱克维尔政治学百科全书》，邓正来译，中国政法大学出版社，2011。

聚力，必然能够获得民众的情感拥护和治理支持，即使执政党及其政府在公权力运行过程中出现了某些失误甚至错误，民众也会持宽容和谅解的态度从而有效降低执政风险，使政党执政始终保持在一个安全的模式下。

如果说在现代政党政治运行背景下政党形象问题日益凸显，那么新媒体的迅猛发展则极大助推了这一问题，使政党形象问题日益表象化、具体化和现实化。新媒体是一个相对概念，是相对于报纸、广播、电视等传统媒体发展起来的新的媒体形态，主要是指依托现代数字技术、互联网络技术和移动通信技术等新技术向受众提供信息服务的一种传播媒介，但这一个传播媒介较之于以往的传播媒介有本质区别，它“使一切都表象化了”，在新媒体的作用下获取各类信息变得异常迅速和简单并且难以有效监控和完整过滤，其彰显的社会力量已使政党政治的运行环境发生了深刻变化，把政党形象问题推向了政党政治的前台，同时民众也对政党形象有了更多的关注，提出了更高的要求。

习近平在全国宣传思想工作会议上指出，如果党过不了互联网和新兴媒体这一关，可能就过不了长期执政这一关。我们要看到新媒体是一把双刃剑，一方面极大拓展了舆论监督和公民政治参与的途径和形式，另一方面也助长了非理性情绪与网络暴力的蔓延，一个小的政治媒介事件在新媒体的助推下极易产生“积聚效应”和“放大效应”并很容易衍生出难以想象的后果。“良好的政党形象是执政党重要的政治资本之一。维护既有的良好形象并加以完善，是每一个具有形象建设意识的执政党都要努力做好的重要功课。”① 新媒体时代如何来应对、处置网络热点事件以更加有效的引导媒介舆论，从而有效修复、提升党的执政形象，日益成为一个突出的现实问题和执政党必须要做好的重要功课。

二　新媒体时代提升中国共产党执政形象必须要转变建构逻辑

中国共产党在长期的执政进程中特别是改革开放30多年来十分重视执政形象建设，形成了较好的执政形象并建构了一套比较成熟的形象塑造和管理模式，然而随着新媒体时代的来临，传统的执政形象建构模式受到了挑战和强力解构，提升党的执政形象必须要转换建构逻辑，积极探索出一套在新的政治生态环境下政党形象的生成模式和塑造策略。

在以报纸、广播、电视等为主要传播媒介的传统媒体时代，其传播媒介的特点决定了政党和政府既是信息的传播者，又是信息的管理者，“在信息传播过程中，政府扮演着双重角色——既是信息的传播者，也是传播行为的管理者。作为信息的传播者，政府通过特定的信息渠道掌握着所辖区域内权威性的信息源，可以获得有关事件全面、准确的信息发布；作为信息的管理者，政府则通过行政手段对其他传播主体的传播行为进行监督和控制，扮演着‘把关人’的角色。”② 政党和政府通过属地管理、层级管理、分类管理等手段完成对信息的选择、掌控甚至垄断从而有效输出和建构政党形象，在这一媒介管理体制下政党形象的生成和传播是通过一系列的专业化、流程化和客观可操作的过程完成的。政党及政府一方面通过人事安排、媒体登记管理制度等向传统媒介下达宣传重点，传统媒介根据政党要求秉承正面宣传为主，积极完成对传播信息的剪辑和加工；另一方面政党根据媒介审读制度等通过其

① 孙景峰、陈倩琳：《论新加坡人民行动党形象建设面临的挑战》，《社会主义研究》2013年第4期。

② 胡凯：《新媒体环境下政府传播面临的挑战及其应对策略》，《新闻知识》2011年第12期。

"舆论导向功能""把关人功能"等方式完成对信息的筛选，两方面的双向有效对接完成信息输出从而塑造某种特定的政党形象。这一塑造模式可以概括为"政党—民众"单向生成模式，政党形象被自上而下的政党化媒介系统塑造出来，而民众对这一政党形象的任何评价、非议和解构因传统媒体的传播特点而变得十分困难甚至不可能，因而从一定意义上说，政党形象的塑造主体和评价主体在传统媒体平台上合二为一了，形成了"强势建构与弱势解构"并存的传播格局。

传统媒体时代政党形象的"政党—民众"单向建构模式和"强势建构与弱势解构"传播格局存续的关键是依托传统媒体对信息的把控和垄断，而新媒体信息传播模式打破了传统媒体的信息把控和垄断，将一些现实问题比如一些党员干部享乐、贪腐、不作为等各种问题暴露在民众视野中，引发了民众舆论的强烈关注，从而引发对党的传统形象的超强度解构。"新媒体打破了传统媒体单一线性的传播模式，充分借助碎片化、偶发性的非线性排列组织形式，建构起内容信息随机触发式的'网状—链式'传播新系统。"① 新媒体的这种"网状—链式"传播特性把传统的媒介信息传播格局撕碎，从根本上改变了传统媒体时代信息的传播机制、传播方式、传播格局和传播关系。较之于传统媒体"一对多""点对面"单向度自上而下的传播模式，新媒体"交互"传播机制展现的是"人人即媒体、人人即记者"的个人信息时代，对信息的可控性和监管普遍较弱甚至不可能。在传统媒体不可逆的传播方式下，民众拥有的是"看或者不看"的权利，而新媒体环境下民众拥有的更多是"看什么"的选择权利，从而呈现出去中心化的信息环境。传统媒体下传播主体与受众之间是主动与被动的单向关系，而新媒体使传统的传播主体与受众之间的关系发生了彻底变革，政党和政府只有与民众进行平等的协商和对话并力求达成共识，才能获得民众的接受与赞许，才能获得良好的政党形象。新媒体的这种"网状—链式"传播特性不仅从根本上改变了传统媒体创设的传播模式与传播格局，还极大增强了民众的知情权、参与权和监督权，扩大了民众的意见表达渠道，拓展了民众的政治参与空间，使舆论监督更加有效，使执政环境更加民主化，使执政内容更加丰富和具体，这些变迁给中国共产党执政形象的建构提出了更高、更多的要求。如果说传统媒体时代政党形象的生成和传播是"政党—民众"单向建构模式和"强势建构与弱势解构"传播格局，那么在新媒体时代必然要创设"民众—政党"的双向建构模式和"对话与互评"的传播格局。

三 新媒体时代中国共产党执政形象建构的有效路径

新媒体开创了一种全新的政治生态环境，对执政党来说是挑战更是机遇。由于部分民众的不理性与党的媒介执政能力有限，当前背景下新媒体对党的形象塑造常常表现出某种对立，在现实实践中更多的是起破坏党的形象的作用，但是寻求两者之间的一致与平衡是有可能的。

（一）要切实转变观念

新媒体改变了传统媒体时代政党形象的生成和传播机制，从表象上来看这种改变只是一个技术问题，也就是说改变了传统的政党形象生成和传播的技术路线，从本质上说这种改变

① 杨状振：《新媒体传播路径下的人文精神及其核心价值》，《重庆社会科学》2009 年第 2 期。

衍生的是一种思维问题，即政党通过媒介对民众认知的管控变得不可能、不现实，政党通过媒介完成与民众的对接和互动成为必然选择，因而执政党摒弃传统的“管控”思维，树立“对接”理念是新媒体时代政党形象建构的关键。新媒体的快速发展赋予民众参与、监督的有利平台，同时又助推了公民意识的觉醒，“一方面，网络媒介为公民意识的表达提供了最有力的平台，在这个平台上，公民的知情权、参与权、监督权得到了集中表达；另一方面，传统媒介在表达公民意识方面的僵化和滞后又反证了网络媒介的正当性。”[①] 这就使得政党与民众之间必须要借助媒介完成这种对接，在执政党、新媒体与民众之间建立良性的互动关系和舆论新格局。传统媒体时代政党、媒体、民众之间的舆论格局是单向的、不可逆的：政党定位媒体，媒体政党化，通过媒体输出自身意志并传达到民众。在新媒体时代，这一格局已被打破，难以继续运行，需要重新定位政党、媒体和民众三者之间的关系，建构一种良性的互动关系和新的舆论格局，其中首要的问题就是中国共产党必须要切实转变执政理念和执政方式，从根本上转变传统管控思维，通过理论创新、组织创新、制度创新和方式创新完成自我调适，重构一个双向互动的舆论新格局。

（二）要提升党员领导干部的媒介素养和媒介执政力

新媒体时代中国共产党执政形象的一个集中表现就是新媒体聚焦下领导干部的执政形象，但一些领导干部不善于、不适应与媒体打交道甚至敌视新兴媒体，无视网络民众反映的意见和问题，使新媒体在当前主要是充当了解构党的形象的工具，折射出的核心问题是领导干部的媒介素养缺乏、媒介执政能力不足。相关调查显示，领导干部对新媒体的认知和使用的能力亟待提高，“不愿说、不敢说和不会说”是领导干部面对新媒体时的普遍性特点。“面对媒体，官员‘不愿’和‘不会’发言，显然是媒介素养不高的表征。这种现象背后潜藏着官员落后的媒介观念——防范媒体、消极对待媒体，而不是主动面对媒体。”[②]“提高同媒体打交道的能力”是提升领导干部执政能力的重要要求。提升党员领导干部的媒介素养和媒介执政能力是当前提升党的执政形象的重要环节，领导干部要切实学习掌握新媒体运行的方式方法和传播规律，力求在媒介认知、媒介应对、媒介使用等方面大力提升自身的媒介素养，在网络舆情研判、监测和引导，突发事件应对，公共关系管理等方面提升自身的媒介执政能力，同时切实创造制度条件和保障条件把官员的媒介执政能力作为任用和考评的一项重要指标，在提升媒介素养的同时切实提高党员领导干部的媒介执政能力。

（三）要处理好“做”与“说”的关系

党的实际作为和活动绩效投射到民众的心理印象是政党形象形成的基础，但政党形象是客体形象和主体形象的内在统一。在网络信息传输如此发达的当下，好的形象必须要有好的作为，但好的作为并不一定就能够形成好的形象，“有可能政府的行为本身是很好的，却由于种种原因并没有在民众心目中树立良好的形象，经过开放的舆论生成和流通后，政府的美誉度也很低”[③]。“做好”还要“说好”是新媒体时代政党形象建构的一个重要原则，因而

---

① 李冉：《网络媒介时代中国共产党的形象建构》，《政治学研究》2012年第6期。

② 周大勇：《官员的媒介素养与政府形象传播》，《中共中央党校学报》2013年第4期。

③ 谢金林：《网络时代政府形象管理：目标、难题与对策》，《社会科学》2010年第11期。

新媒体环境下提升党的执政形象要正确处理好“做”与“说”的关系，既要注重政党所为能切实提高执政绩效，更要把握新媒体环境下政党形象的生成机制，遵循网络传播规律从而积极引导、有效出击，力求在“做好”与“说好”之间保持合理的动态平衡。要树立自信开放的心态积极与媒体打交道，努力适应新的媒介环境，敢于发声、善于发声、巧于发声，要有所行动、积极作为，主动参与媒介议程设置，主动采集和分析舆论舆情，主动抢占信息时效，多渠道多途径听取民众呼声和评议，从而有效提升党的执政形象。

（四）要有可靠的制度保障和有效的塑造策略

制度带有根本性和全局性，新媒体时代党的执政形象建构需要具体的制度安排、制度推进和制度保障，要建构一套高效、系统的形象提升机制。一是要建构一套政党形象的应急处理与修复机制，提高对网络与信息安全突发性危害事件的防范和应急处理能力，形成科学、有效、快速反应的应急响应机制，最大限度减少网络突发事件对政党形象的影响并积极建构一套修复和提升应对措施；二是要建立健全形象监测与分析机制，建立一支形象采集、研判和分析队伍，形成一套政党形象的监测、分析、预警的制度化安排，切实提升政党形象的自我认知能力和调适能力，对政党形象起到防护和提升作用；三是要建立健全形象塑造与传播机制，新媒体时代政党形象要定位清晰，塑造一个民主、法治、公平、高效、亲民、廉洁、务实和创新的执政形象是时代的必然要求，建构一套有机的形象塑造和传播机制，使党的执政形象能够有序塑造、持续有效传播并取得实效；四是要建立健全形象考评与惩戒机制，要把政党形象纳入绩效考评体系，要合理有效评估主要领导干部的执政形象，把执政形象纳入个人考评体系范围内，对影响政党形象的领导干部要建立惩戒机制。在建构有效的体制机制的同时，还要积极借鉴国外执政党在应对新媒体加强执政形象建设方面的主要做法和有效策略，结合我国政党制度的基本国情，积极探索具体有效的政党形象的操作模式与塑造技巧。

（五）要在应对、处置重大突发性媒介事件的同时积极修复、提升党的执政形象

客观来说，由于各种原因，一些政府官员在处置重大突发性媒介事件中缺乏应有的媒介素养，传统的管控思维仍然存在，处置不及时、不合理、不能有效回应焦点问题，使得“小事变大事”，从而产生“群体极化”现象，引发了严重的后果，破坏了党的执政形象，层出不穷的此类事件经过不断累积使得民众逐渐形成了对党和政府的“塔西佗陷阱”，即当突发性媒介事件还没有得到有效证实或调查还未取得结果时，民众就“先入为主”地相信政府或者官员一定是有错的一方，从而使党和政府的形象产生滑坡效应。在新媒体时代，突发媒介事件的出现是常态化事件，关键是如何应对处置，如何有效恢复党和政府的公信力从而及时有效修复和提升党的执政形象，这是一个迫切的现实问题，需要探索建构一套可行的应对办法。要切实提高各级党政部门领导干部同媒介打交道的能力；要建立一套相对完善的危机应对机制，一旦事件发生才有章可循，不会产生混乱；要树立“第一时间”“第一姿态”“第一处置”“第一发布”的媒介意识，能够“让真理走在谣言的前面”，及时发布相关信息并有效引导；要结合媒介信息传播特点，在应对处置的同时注重修复、提升党的执政形象，提高公共危机事件下的形象管理能力和塑造能力。

（本文发表于《探索》2015 年第 3 期）

媒介执政：中国共产党领导新闻舆论工作规律的深化与发展

杜 刚　徐友龙[*]

提　要　坚持正确的新闻舆论工作方针，积极发挥新闻舆论的力量是中国共产党发展和巩固政权的重要经验和基本规律。新时期提升媒介执政能力，加强和改进党对新闻舆论工作的领导，是中国共产党领导新闻舆论工作规律的深化与发展。尤其是在现代传媒民主环境和开放环境中，发挥大众传媒的作用实现执政党与公众、政府与社会的良性互动，要求党的执政方式及社会治理方式的深刻变革，实现党的执政由传统向现代转型。而驾驭和使用好大众传媒，实现执政党、大众传媒与公众间信息、舆论的良性互动，是一项十分重要的执政能力。转变执政理念，提升党的媒介执政能力，必须高度重视话语的力量。对于党政干部而言，提升媒介素养，即与新媒体打交道的能力，增强引导和管理新媒体舆论的本领，是党和政府转变执政方式与社会治理理念必备的能力与素养。

关键词　媒介执政　执政规律　执政转型　现代传媒

习近平总书记在哲学社会科学工作座谈会讲话中指出，19 世纪后，我们的国家和民族经历了刻骨铭心的惨痛历史，随着列强入侵和国门被打开，我国逐步成为半殖民地半封建国家，西方思想文化和科学知识随之涌入。① 值得注意的是，当时西方思想文化和科学知识能够得以“涌入”，鸦片战争前后西方传教士带来的“近代报刊”是一个重要的载体。

过去的一百余年里，从 1815 年 8 月英国传教士米怜创办并主编面向东南亚华侨地区散发的《察世俗每月统记传》，到清政府逐步有限度地开放“报禁”“言禁”，中国报业先后出现了维新派、资产阶级革命派以及民国时期报刊发展高潮，在袁世凯上台后遭受“癸丑报灾”才由盛转衰。在此基础上，陈独秀于 1915 年创办《青年杂志》发起“新文化运动”。中国共产党成立以后，以马克思主义为指导的各级党的政治机关刊物和其他进步报刊，成为中国革命事业的重要组成部分和革命文化的重要舆论向导。历史和经验充分证明，坚持正确的新闻舆论工作方针，发挥新闻舆论的力量是中国共产党巩固和发展政权的重要经验和基本规律。

更值得关注的是，我们党相当一部分早期领导人都有过创办报刊的经历：1920 年 11 月，在上海创刊的《共产党月刊》是上海发起组创办的机关刊物，李达任主编；1922 年 9 月，在上海创刊的《向导》周报是中共中央第一个政治机关报，蔡和森任第一任主编；

---

* 杜刚，浙江传媒学院马克思主义学院副教授，法学博士；徐友龙，浙江省社会科学院副研究员。

① 习近平：《在哲学社会科学工作座谈会上的讲话》，《人民日报》2016 年 5 月 19 日。

1922 年 8 月，在法国巴黎，由赵世炎、周恩来等发起成立“旅欧中国少年共产党”，创办了《少年》月刊（1924 年 2 月改名为《赤光》），年仅 18 岁的邓小平先是成为“油印博士”，后担任编辑；瞿秋白短暂而辉煌的一生中，更是与创办报刊结下不解之缘。建党初期的这些创办及管理媒介的实践，为我们党积累新闻工作经验、提高新闻舆论工作水平立下丰功伟绩。

新中国成立后，我国的传统报刊以及广播电视事业，在“百花齐放、百家争鸣”方针提出、改革开放时期和互联网时代经历了三次大发展，基本形成了今天的媒介发展和管理格局。尤其是 20 世纪末以来互联网的快速发展，新兴媒体不断涌现，对我们党的新闻舆论工作提出了必须创新理念、内容、体裁、形式、方法、手段、业态、体制、机制，增强针对性和实效性等一系列新挑战和新要求，也对党在现代传媒民主环境和开放环境中，发挥大众传媒的作用，实现执政党与公众、政府与社会间信息舆论的良性互动，推进党的执政方式及社会治理方式的深刻变革提出了重大挑战。媒介执政能力是现代政党一项十分重要的执政能力，进一步提升媒介执政能力，加强和改进党对新闻舆论工作的领导是中国共产党探索执政规律的深化和发展。

一　顺应新媒体时代要求，创新社会治理方式

社会治理是党的执政的重要内容，社会治理创新是转变党的执政方式的具体体现。中国共产党第十七届中央委员会审时度势向全党全国提出“创新社会管理”这一命题，强调要最大限度地激发社会活力，最大限度地增强和谐因素，完善党委领导、政府负责、社会协同、公众参与的社会管理格局，确保社会既充满活力又和谐稳定。① 党的十八大以来，党中央围绕“推进国家治理体系和治理能力现代化”这个改革目标，进一步推进社会治理创新，打造社会治理人人有责、人人尽责的命运共同体，构建全民共建共享的社会治理格局。社会治理创新，需要建立健全执政党与公众、政府与社会常态性沟通与平等对话机制，既贯彻党的主张又通达社情民意，既发挥舆论力量激发社会活力，又有效引导社会舆论，促进政治系统与舆论环境的和谐共生，确保政治系统的安全和社会关系的谐调。在现代社会管理中，网络等新型大众传媒因其具有丰富的信息资源、畅通的沟通渠道、多元化的传播方式、超强的社会渗透性和巨大的社会影响力，从而充当着十分重要的智力资源、凝聚力资源、预警资源和净化社会的资源，发挥着汇集民智民力、净化社会风气、匡正权力失范、凝聚社会力量、健全意识形态等重要的社会调节功能。② 驾驭与使用好大众传媒，对于党和政府创新社会治理、提升公共管理绩效意义重大。

然而，社会治理又是一项十分复杂的系统工程。党和政府对社会多元思想舆论的引领能力、满足对多样化利益诉求的综合能力以及社会管理民主化水平，越发不适应新媒体时代社会的发展需要。在有效驾驭舆论暴力和对抗性情绪宣泄、规范使用社会监督制约力量、匡正权力失范与净化社会等方面，显得魄力不够和能力不足。特别是转型期各种社会矛盾、利益冲突时刻挑战着社会关系的敏感神经，而置身其中的党群、政群关系也难免受

① 参见本书编写组编《怎样加强和创新社会管理》，中共中央党校出版社，2011。

② 刘建明等：《舆论学概论》，中国传媒大学出版社，2009，前言第 1 页。

到影响。此外，随着我们党由封闭型执政向开放型执政转变，党和政府面临的内外挑战也接踵而至，其中包括社会多元文化、西方价值观的冲击，以及各种矛盾风险给党的执政安全和执政形象带来的挑战。一言以蔽之，某些地方党委、政府传统社会管理模式越来越不适应新媒体时代舆论多元化的新要求，难以满足公众日益强烈的民意诉求和政治参与热情对民主管理的新期盼，也难以抵挡当今日益敏感、脆弱和紧张的社会关系对执政安全与执政形象的新挑战。

因此，作为公权力的执掌者，党和政府必须以维护自身生死存亡、社会长治久安的长远眼光，适应新媒体时代社会的发展要求，积极转变执政思维，创新社会治理方式，促进执政党与公众、政府与社会的平等对话交流，以确保社会活力迸发、民主和谐、安定有序。具体而言，就是要由自上而下集权管理转变为政府宏观管理与社会参与相结合的治理模式。在人人都有“麦克风”的新媒体时代，社会话语权呈现扁平化和去中心化的特点。“每一个人都是中心”①，大嘴小嘴皆说话，人人都有思想表达的主体性热情，都有参与民主管理和社会自治的积极性。而以互联网、手机为代表的新媒体的发展更是极大地提升了民众表达立场主张、参与社会治理的能力和条件。社会治理离不开公共政策的制定和公共事务的管理。现代社会，每一个人都可以凭借自身拥有的新媒体发布权，参与公共事务的讨论和公共政策的制定，影响公共政策的走向，从而使公共政策汇集民间智慧、代表广泛共识，增加社会治理的实效性、针对性与认同性。社会治理的重要任务是化解社会矛盾，维护社会公平正义。而民众可以利用现代传媒提供的便捷沟通手段和构建的虚拟网络，及时发布预警信息，开展社会调查与集体救助，并监督权力失范和社会失公，理顺政府与社会的关系，从而消除矛盾隔阂，重建社会信任，以利于社会的和谐稳定。社会治理中民众的思想表达、民主政治参与能够减少党委、政府在公共事务中的主观专断，避免官方舆论一个声音、一种立场的言说，推进公共管理的民主化，也能有效避免政府社会管理中的粗暴执法与强力干预，及时纠正公权的失范和社会的不公平现象，防止官民矛盾激化，维护党的执政安全与执政形象。因此，党委、政府应该履行其宏观管理的职责，反对采用包办一切的思维模式进行控制和管理，而更多地发挥新媒体的社会赋权作用，赋予广大民众在社会自组织、自管理中的角色。而正是新闻媒介，通过执政党与民众、政府与社会的沟通与对话，促进“权力与权利”的互动，在民主对话中形成共识，避免单向管理中的政府失灵或社会失灵以及公共事务中矛盾分歧的扩大化。

二　开展媒介执政，理顺党与新型传媒的关系

维持执政党与民众、政府与社会的良性互动，确保党的执政取向公众认同、执政过程全民参与、执政秩序规范有序、执政绩效群众公认，需要党和政府具备超强的执政能力，而现代传媒时代，媒介执政能力是我们党一项十分重要的执政能力。根据王文馨的观点，媒介执政是党和政府发挥媒介自身特殊属性与功能有效实现其权力，提升执政的能力、形象和绩效，巩固其执政地位的过程与方式。② 陈兵认为，媒介执政最主要的目的在于通过对传媒议

① 〔美〕约翰·奈斯比特：《大趋势》，中国社会科学出版社，1984，第202页。

② 王文馨：《媒介执政：媒介作为当代执政的特殊机构》，《东南传播》2008年第10期。

程的有效设置及对新闻、广告和评论等媒介资源的综合运用，提升党和政府的威信与公信力，利用媒介在民众中的潜在影响塑造党和政府的完美形象。① 笔者以为，媒介执政的目的与功能不仅仅限于提升党和政府的执政形象与执政公信力，还有利于执政党的思想引领与政治沟通，有助于党的执政理念、方式与社会管理方式的转型，促进执政民主化与维护党的执政安全。由此可见，媒介执政能力包括党和政府驾驭与使用大众传媒开展舆论引导的能力、舆论监督的水平、民主决策与民主管理的本领和危机公关能力等。

在信息网络化时代，网络、手机传播给我们党传统的执政理念、执政方式、沟通方式和社会治理方式提出全新挑战。② 网络等大众传媒的使用和驾驭能力，是衡量党的执政能力的重要指标。③ 当前，执政党媒介执政能力提升的关键在于直面网络新媒体环境的新挑战，妥善处理好执政党与网络的关系，提升驾驭与使用大众传媒的本领。一些地方的党委、政府对待网络等新媒体、新应用可谓是“爱之深痛之切”：一方面尽情享受当今信息网络为其执政带来的便捷工作方式；但另一方面，网络等新媒体又被一些领导干部当作麻烦的制造者、问题的揭露者和形象的破坏者，不愿实质性推进网络信息公开和真正深入网络民生，对党务政务微博、党务政务微信等网络新功能的运用也浅尝辄止，或偶尔为之，难以常态化。网络环境对党的执政是一把双刃剑，运用得当，将会游刃有余，使用不好，也会麻烦缠身。在民众表达意见、抒发情感、社会交往的方式日益网络化，网络聚合了各行各业、多种多样的利益诉求的今天，领导干部深入网络舆情就是新时期的深入群众。党委、政府绝不能因为怕惹麻烦、担心“捅娄子、揭盖子”而因噎废食，将党群之间、干群之间交流沟通的新媒体通道关闭，也不能忽视网络等新媒体在民意沟通、思想引导方面的资政育人作用，在调节社会矛盾，化解社会隐患，修正社会肌体和党的肌体“病灶”，维持政治系统与社会系统的动态平衡、健康发展等方面的积极作用。因此，党和政府亟须理顺与网络新媒体的关系，认真对待网络传媒在党的执政中的地位与作用。

新时期，必须处理好执政党与新型传媒的关系，推进党的执政方式转型。

其一，要使网络等新型大众传媒成为党执政的特殊资源。根据丁柏铨的观点，执政资源是执政党所拥有且可以支配的物力、财力、人力、权力等有形资源及其思想理论、威望影响等无形资源，执政资源可以分为物质资源、精神资源及物质—精神资源三种类型。④ 大众传媒既作为传播载体和沟通渠道具有物质形态，便于政治信息的发布和民众意见的传递，又具有强大的精神力量，凝结着人类的精神劳动和执政阶级的思想理论精髓，潜移默化地影响和改变着人们的生存方式和价值观念，塑造着民众的心理和思想，能起到修正、发展和健全社会意识形态的作用。因此，大众传媒是各阶级、政党夺权与执政的重要物质—精神资源，历来深受各阶级、政党的重视。大众传媒对于执政的中国共产党而言，是一种十分重要的政治运行资源、舆论资源、社会管理资源和辅助工具，成为我们党执政的重要物质—精神资源。而网络等新型传媒，其功能与特性不同于传统主流传媒，且作为社会化媒体在一定程度上解构着传统社会的价值理想，冲击着旧的上层建筑和执政秩序。⑤ 对于迅猛发展的网络新媒体

① 邵培仁等：《媒介理论前沿》，浙江大学出版社，2009，第 134、137 页。

② 杜刚：《论党政干部媒介素养对执政的影响》，《中国广播电视学刊》2011 年第 6 期。

③ 童兵：《大众传媒的使用与驾驭：执政能力的重要标示》，《中国人民大学学报》2006 年第 1 期。

④ 丁柏铨：《新闻传媒：特殊的执政资源》，《江海学刊》2007 年第 1 期。

⑤ 程曼丽：《从历史角度看新媒体对传统社会的解构》，《现代传播》2007 年第 6 期。

领域，马克思主义不去占领，西方敌对势力和各种非马克思主义的东西就会甚嚣网上，散播错误思潮，扰乱思想舆论导向；争夺青年群众，削弱党的执政基础；进行妖魔化宣传，抹黑党的执政形象；控制网络信息传播渠道，威胁国家信息安全；等等。因此，网络新媒体领域不但应该成为党和政府的重要工作阵地，也必然成为加强党群沟通、推进执政民主化、与敌对势力相抗衡、维护执政安全的特殊执政资源。

其二，在微观层面，建立彼此根本利益一致基础上的合作关系。在我国，大众传媒是党和政府的喉舌，实际上是我们党执政的特殊资源，网络等新媒体也不例外。但是在具体操作层面，特别是突发事件发生时，党委、政府与网络等新型传媒之间也存在冲突和矛盾的一面。政府对传媒有支持也有管制，而传媒对政府有依附也有制约。在重大突发事件面前，在干群之间关系紧张时，一些地方党委、政府控制传媒的自由信息传播，或迫使传媒丧失在新闻报道中的专业性和批评监督方面的独立性，必将影响到大众传媒的社会公信力，最终损害的是党委、政府的公信力。在现代执政活动中，执政党能否在民众中有效贯彻其立场和主张，制定并推行其公共政策，并获得民众的认同，赢得良好的公信力，主要取决于执政行为的科学性。而网络等大众传媒能够辅佐党委、政府全面快捷地沟通政情民意，抑制权力腐败和政府的自利性，确保决策的科学性、民主性与社会管理的开放性，并且具有从正面宣传塑造执政党的公众形象与强化社会认同的作用。因此，一个政党必然会合理地在大众传媒平台开展执政活动。一方面，要发挥自身在公共政策制定与信息发布中的权威性，对包括网络新媒体在内的各种大众传媒的信息传播活动进行指导与监督，协同大众传媒全面、准确、及时、有效地开展政治信息传播与新闻报道，既避免党委、政府的信息垄断、消息封锁，又防止媒体的片面或歪曲报道，提升党委、政府的公信力与传媒的公信力。另一方面，又要发挥网络等新型传媒的能动性和便捷性，传递社会现实状况，呈现给党委、政府真实的民生现状，充当党委、政府的社会智库与决策参谋，特别是要积极发挥新媒体在社会沟通互动中的独特优势，软化社会矛盾，缓解社会压力，修复社会紧张关系。

三　创新话语方式，提升党的执政话语权

在社会多元话语博弈的时代，转变执政理念，提升党的媒介执政能力，必须高度重视话语的力量。关于话语的内涵，法国思想家米歇尔·福柯（Michel Foucault）曾提出过著名的论断：话语即权力。在福柯看来，话语是指与社会权力关系相互缠绕的具体言语方式，“话语意味着一个社会团体依据某些成规将其意义传播于社会之中，以此确立其社会地位，并为其他团体所认识的过程”①。由此可见，话语权实际上是通过话语的表达，传播主体特定的主张或意图，形成舆论优势，获得公众认同，从而造就某种威望或威信。②

话语的表达需要一定形式的传播载体，媒体话语权是党的执政话语权的重要表现形式。当前，执政党、政府与民众通过大众传媒开展的沟通与对话，大多以官方话语与民间话语、官方舆论与草根舆论的互动来体现。网络新媒体使得公共话语空间与公共舆论空间呈现多

---

① 王志河：《福柯》，湖南教育出版社，1999，第195页。

② 毛跃：《论社会主义核心价值观的国际话语权》，《浙江社会科学》2013年第7期。

元、开放、包容的特点。官方主流话语只有保持在社会多元话语体系中的话语权优势，才能确保党的价值和主张赢得民众的认同，在舆论引导中处于主导地位。在公共决策与公共事务讨论中，党的执政话语权从根本上代表了百姓的话语权。党和政府需要通过网络等大众传媒加强同民众的交流与沟通，使公共决策的话语权向民众倾斜，促进官方话语与网络草根话语、“权力的主张”与“权利的声音”和谐统一。党的执政话语权的强弱，取决于官方话语在多大程度上融合百姓话语，公共政策在多大程度上体现民众话语诉求。而中西方思想文化领域的较量，实质上是一种争夺话语权的博弈，在国际新闻舆论格局中，西方因占据话语权的优势而主导着世界舆论。可见，党的执政话语权的提升，不仅可以获得国内民众更高的价值认同与政策拥护，而且意味着在激烈的国际竞争中拥有强大的文化软实力。在网络环境中，执政党与民众之间的互动常常以网络舆论的活动来体现。在网络公共空间，官方舆论、草根舆论及其他社会舆论相互交织，各方舆论代表着各自不同的利益诉求与价值主张，致使公共舆论环境错综复杂，而国际互联网领域国与国之间、不同文化价值观之间的舆论较量则更加复杂而多变。话语的表达深刻影响着舆论的走向，拥有话语权，意味着可以占据舆论的主动权。在网络传媒时代，谁拥有网络话语权，谁就拥有左右舆论的能力，其价值和主张就会得到广泛的认知、认同与践行。对执政的中国共产党而言，党的执政话语权尤关其舆论工作水平、社会动员能力，也关系到党的执政安危和执政形象，利用网络等传媒工具提升党的执政话语权显得十分必要而紧迫。

在现代传媒语境下提升党的执政话语权，需要创新话语方式，开展有针对性的政治传播。当前，中西方话语权博弈的实质就是国家间文化核心价值观和政治信仰之争，涉及国家核心利益。在中西方话语权的博弈中，西强我弱的现状仍未改变，西方在互联网信息传播中占据话语权的优势，严重影响到中国共产党执政的文化意识形态领域安全。而随着中国的现代性转向，社会信仰呈现个体化和多元化趋势，也在一定程度上导致主流话语在面向国内民众的政治传播中的话语紧张，官方主流话语与民间话语相阻隔、不一致的现象一定程度地存在。作为信仰客体的马克思主义意识形态话语体系在中国民众中的传播面临各种挑战。此外，政府公共政策不能很好地代表百姓的利益诉求，公共决策中百姓的话语权弱化，致使一些地方党委、政府在公共事务决策中的话语权和影响力下降，影响到党的执政公信力和公共政策的执行力。互联网时代的政治传播，要求官方和主流媒体转换话语方式，改变过去那种以口号宣传、道德教化和舆论控制为主，政治性、符号性过强的话语方式、传播模式，坚持宣传性与新闻性、教化力与亲和力相结合，官方话语与草根话语相包容。当前，党和政府要以“中国梦”、社会主义核心价值观、命运共同体主张等为价值内核，构建党的执政话语体系，进一步提升党的执政话语的价值张力和主流话语的感染力，赢得民众对党的执政目标和价值取向的认同。党的执政话语体系归根结底是百姓的话语体系，它凝聚着百姓的话语诉求，因此，党的执政话语要获得社会话语的广泛支持，必须站在民众的立场上，代表民众的利益诉求，弥合官方话语与民间话语的分歧，凝聚官方话语与民间话语共识，以此提升官方话语的话语权、影响力与公信力。面对国际互联网领域西方的话语霸权，党和国家要提升话语传播力与制网权，增强传媒议程设置能力，有效引导国际舆论挑战；要进一步提升中国哲学社会科学话语权，增强中国实践与理论的话语权，转换话语方式，增强主流意识形态的感染力，掌握网上思想文化阵地的领导权、管理权、发布权、引导权，牢牢掌握中西方网上意识形态较量的话语权。

四 增强媒体沟通意识，提升党政干部媒介素养

媒介素养是指社会公众认知媒介、参与媒介、使用媒介的能力和素养。[①] 对于党政干部而言，媒介素养是党和政府转变执政方式与社会治理理念必备的能力、素养。根据骆正林的观点，党政干部媒介素养指的是党政干部应具备的媒介认知能力和运用能力。党政领导干部必须掌握良好的媒介素养，深谙媒体的运作规律，尤其是新媒体传播特性和规律，掌握舆论引导技巧，驾驭和使用大众传媒与民众开展良好的沟通和对话，从而更好地贯彻民主执政的理念，引领执政的舆论导向，提升党的执政形象，确保党的执政安全。[②]

当今，网络等新媒体的兴起及广泛应用掀起了一场信息传播革命。从最初的口口相传到文字传播、印刷传播、电子传播，再到如今的网络信息传播，传播技术的突飞猛进和传播媒介的深刻变革，带来的是传播内容与传播方式的深刻变化，也深刻改变着人们的生存方法、交往方式、思维方式和社会管理方式。传播方式的每一次变革对执政者的素质和能力要求是不一样的。传统媒体时代主政者只需要具备单向的信息宣传与传播能力，而当前数字新媒体时代，信息传播的交互性、开放性、隐匿性、多元化，全面考验着党政干部的政治沟通能力、媒介素养水平和危机公关本领，给信息化条件下党的执政方式提出了严峻挑战。党政干部媒介素养深刻影响执政为民理念的确立，影响政策试探功能的发挥，影响社会预警机制功能的效果，影响执政党对舆论阵地的主导作用，影响党和政府的公众形象。[③] 近年来，一些党政机关与领导干部的媒介形象令民众大跌眼镜。虽然确有部分党政干部、公职人员以权谋私、贪污腐化、独断专行、粗暴执法，但公众舆论之所以对公权形象口诛笔伐，也与一些党政干部媒介沟通意识淡漠、媒介素养贫乏息息相关。一些党政干部在面对传媒和公众舆论时，推诿搪塞、三缄其口、信口开河，这些常见的媒体应对陋习，严重影响到党和政府的公众形象，损害了党和政府的公信力与权威性，并且必将给党的执政带来诸多传播风险。多元舆论的挑战、对抗性情绪的宣泄，抑或是合情合理的民意诉求，均会给新媒体时代党政领导干部和公职人员的沟通协调能力、快速反应能力、舆论引导技巧、危机处理本领提出更高的要求，新媒体环境下党政干部媒介素养的提升刻不容缓。

提升党政干部媒介素养，迫切需要提升与新媒体打交道的能力，增强引导和管理新媒体舆论的本领。新媒介传播环境下舆论工作的宏观管理能力，是党的执政能力的重要构成要件，也是党政干部媒介素养的重要内容。新媒体的广泛应用极大地丰富了大众传播的内涵，拓展了信息的传输渠道，使公众舆论的表达异常活跃，新媒体环境下的意见气候更为敏感，舆论更加复杂和多元。因政府无法控制信息发送端，公共突发事件发生后，民众可以在网络虚拟空间自由表达对该事件的看法和立场，其中不乏消极舆论和负面声音。公众舆论由街谈巷议转为网络传播，通过转帖跟帖、短信群发、微信互动等方式，能迅速产生“蝴蝶效应”，短时间内便能聚集起巨大的舆论能量，在社会上掀起强大的舆论风暴。网络的开放性、信息发布的即时性以及舆论的多元化，使得相关部门对新媒体信息的过滤和新媒体舆论

---

① 袁军：《媒介素养教育论》，中国传媒大学出版社，2010，第38页。

② 骆正林：《党政干部的媒介素养与执政能力建设》，《岭南学刊》2010年第2期。

③ 骆正林：《党政干部的媒介素养与执政能力建设》，《岭南学刊》2010年第2期。

的监控越来越难。

面对日益复杂的新媒体舆论的挑战，党政干部提升媒介素养要从以下几方面着手。首先，要适应新媒体时代的要求，摒弃传统的舆论管制思维，祛除政治神秘性，增强媒体沟通意识和技巧，主动同新媒体打交道，加强与草根舆论的互动。审慎对待公众舆论的诉求和监督，按照准确、及时、透明的原则，积极、主动回应社会舆论，满足民众的知情权、参与权、表达权和监督权，掌握网络舆论监督的主动权。其次，面对正面舆论与负面舆论、网络正能量与网络谣言良莠不分的公共舆论环境，党政干部要增强网络舆情信息的鉴别力和理解力，增强舆论辨识能力和舆情研判能力，特别是在重大问题、敏感问题、热点问题上，要具备政治敏锐性，保持清醒头脑，掌握舆论的生发与演变规律，把握舆论风向标。要熟悉突发事件的新闻处置原则，懂得新闻处置和媒体应对技巧，善用重大事件的新闻发布制度沟通政情民意，疏导民众情绪，营造邪不压正的舆论管理氛围，维护舆论信息安全。再次，通过主流传媒和重点新闻网站加强正面宣传，提升主流舆论的传播力、感染力和影响力，增强舆论引导策略与技巧，在增进舆论认同中抢占舆论制高点，提升官方舆论的引导能力，牢牢掌握引导舆论的主动权。最后，积极探索网络传播规律，善于利用滚动发布、在线访谈、网络评论、即时通信、手机短信等方式开展党的形象传播，熟练运用网言网语及其他媒体语言，增强党执政的亲和力。在传媒聚光灯下，党政干部要有规范和控制自身言行的意识，善于利用新媒体塑造党委、政府的媒介形象。

［本文系国家社会科学基金艺术学重大项目“‘中国梦’影视创作与传播策略研究”（项目编号：15ZD01）的阶段性成果。原文发表于《观察与思考》2017 年第 7 期，本文略有删改］

政务微博中传播权力和传播信用的博弈

姜 飞 侯 锷*

摘 要 随着移动互联网的快速发展与网络信息技术的普及应用，媒介环境在媒介技术的推动下不断变迁，进而在“不可逆”的开放式传播浪潮下，推动着传统政府政务信息公开和新闻发布理念的升级和转型，也使得传统媒体时代以政府为主导的传播信用体系正在遭受前所未有的挑战和考验。在微博发展到一定阶段以后，全面反思政务微博对社会文化的传播价值，尤其是对中国传统政治生态的再造功能，深研其在虚拟空间与认知层面的力量博弈，正当其时。通过长期关注政务微博并深入地方政务微博实践一线进行调研，以个案的方式将学理和思想与对策实现合理对接，可以推动政府层面对政务微博的政治传播深厚价值和意义的重视。

关键词 政务微博 新闻发布 新媒体 政治传播

传播致效的基础是传播信用，就像银行有信用才可以有存贷款一样，政府、媒体有传播信用，受众才会去收听、收看，才可以将信息有效传递。[①] 政治生态打造了传播信用的基础，传播技术和媒介形式构建了传播信用的结构与平台。传统媒体（报刊、广播、电视）构建的旧的传播信用体系正面临新媒体的挑战；当前，基于移动、互联、通信“三位一体”的新媒体、新文化正在重构传播生态。如何充分认识新媒体在传播信用建构中的角色和作用方式，进而充分利用其新的特质，在提升媒体的传播信用指数和国际传播能力、“创造良好的舆论环境”[②] 方面发挥独特作用，是一个兼具理论和实践高度、难度且非常紧迫和前沿的课题。

一 充分认识传播信用生态构成正在发生的巨大变化

1. 新媒体正推动着传播信用构造主体位移，从政府可控的媒体部分转移到普通大众的自媒体

当前，新媒体在中国已全面进入移动化发展阶段，并呈现平台多元化格局，在既有“两微一端”的基础框架下，已逐渐拓展到6大新媒体族类的10多个移动媒介平台。尤其是以移动视频直播和移动网络电台为代表的视听类新媒体，进一步实现了新媒体从“时移”到“位移”的开放式融合，移动化、社交化、视听化等非线性发展趋势明显。如果说微博让网民人人手里都有了“麦克风”，那么时至今日，移动网络电台则让网民

* 姜飞：北京外国语大学国际新闻与传播学院教授、博士生导师；侯锷：中国传媒大学媒介与公共事务研究院高级研究员，政务新媒体实验室主任。

① 姜飞：《更新信息贵金属时代的传播理念》，《中国社会科学报》2015年4月10日。

② 史安斌：《敢为天下先的新媒体尝试》，《新闻知识》2012年第8期。

有了自己的“网络广播”，而移动视频直播应用更让网民人人都有了自己的“电视台”。常态下他们是散落流动于社会中的城市公民，而在紧急状态下，掏出手机，打开社交媒体应用，他们则转变成为移动互联网传播条件下无处不在的移动自媒体和公共传播的“扩音器”。

随着移动互联网的快速发展与网络信息技术的普及应用，媒介环境在媒介技术的推动下不断变迁，进而在“不可逆”的开放式传播浪潮下，推动着传统政府政务信息公开和新闻发布理念的升级和转型，也使得传统媒体时代以政府为主导的传播信用体系遭受前所未有的挑战和考验。

2. 网络媒介新技术正在成为政府传播信用重构和提升的第一空间

截至2017年12月，中国网民规模达7.72亿人，其中手机网民规模达7.53亿人，占网民总量的97.5%。[①] 新浪微博2017年底提供的微博后台数据显示，网民在微博平台所发布的信息92%来自移动客户端，此比例连年保持上升趋势。据不完全关注和统计观察，近年来，突发公共事件面前，首发披露事件的“新闻”信息，90%来自事件现场的目击者、亲历者和围观者，而并非由职业化的新闻单位媒体人撰稿发布。例如：2010年“舟曲‘8·7’特大泥石流灾害”事件中，首发社会新闻是一位90后的大学生利用微博“直播”的；2011年“7·23”甬温线特别重大铁路交通事故，出现在微博上的第一条信息来自事故列车最后一节车厢的乘客；同年“9·27”上海地铁10号线追尾事故的首发新闻来自车厢内的上海市民；2012年12月8日，深圳网民利用微博实时报道了习近平总书记在十八大后考察深圳期间不封路的新风新政，并一举打破草根网民和新闻媒体不得在官方新闻通稿发布前发布国家领导人地方考察的新闻规制；2013年北京天安门“10·28”暴力恐怖袭击事件、2014年“3·1”昆明火车站严重暴力恐怖案件的首条信息均来自现场目击者的手机终端；2015年元旦跨年夜“上海外滩踩踏事故”的首发微博来自现场的市民……

由此可见，新媒体在移动互联网下的即时新闻发布已成为影响社会舆论的第一媒介，新闻发布的移动性、现场性、即时性已成为微博抢占重大社会热点事件和突发公共事件新闻舆论“第一空间”的绝对优势。

3. 政府与民众的信息传播博弈构成当下国家传播信用重构和提升的重大机遇与挑战

政府传播信用是政府的公众形象，是政府传播的无形资产，更是国际传播能力的基础。尤其是在突发公共事件面前，当不少的地方政府官方机构还纠结于说与不说、怎么说、谁来说，甚至于考虑以“冷处理”的拖延策略来应付舆论危机的时候，新媒体社会化传播领域由网民参与的“草根新闻”、不实信息甚至于谣言，却早已铺天盖地抢占了互联网舆论的第一空间、第一时间和事件的第一定性权，从而使政府屡屡遭遇尴尬和被动局面，甚至出现官员“权势”分离，变成有权无势，而网民则通过“造势”以生权的现象。[②] 在舆论关注、社会关切面前，政府（官方）的缺位失语会带来严重负面社会效应，即政府对公共利益的漠视和诚信的缺失，以及在“真相饥渴”的公共舆论面前，公众对政府传播的不信任，并直接造成政府的公信力危机。

政府与民众在媒介技术面前是平等的，尽管微博以其裂变式的快速传播被誉为“秒媒

① 资料来源：CNNIC第41次《中国互联网发展状况统计报告》。

② 姜飞、黄廓：《新媒体对中国“权势”文化的颠覆与重构》，《探索与争鸣》2012年第7期。

体”“快媒体”，但对政府利用微博来以快制快，及时、快速、准确地进行官方权威发布，并不存在排他性的例外“待遇”。譬如，政府具有在第一时间接受群众求助、报警等信息的“公信力优势”，具有在知情后赶赴现场的“第一时间优势”，具有在抵达现场之后即时展开全面调查、讯问、拍照摄像等“第一空间优势”，进而具有掌握第一手信息资料的“准确性优势”，等等。[①] 而网民虽然占据了现场优势在第一空间和第一时间进行了信息披露，但是就其信息的实质而言，仅仅是对现象的只言片语的描述，起因、发展、结果、处置等全面、客观、准确的信息根本无从谈起，真正意义上的新闻舆论空间仍然有待于官方的权威信息去积极作为。然而根本的问题在于“只做不说”“多做少说”是长久以来在传统媒体时代所沿袭下来的惯性，在积极利用新媒体来主动发布、引导舆论的理念、态度和行为技能等层面的媒介策略和媒介素养，政府传播已经严重滞后甚至落伍于信息媒介技术在社会化层面的应有水准。

在微博主导的新媒体传播舆论场下，尽管习近平总书记在系列重要讲话中不断强调重视互联网和新闻舆论工作，中央政府也不断出台政策文件要求政府部门开通微博，及时回应社会关切，但时至今日，依然有大量的地方党政机关并未认真领会和执行，在新媒体的新闻舆论阵地上陷于“失守”状态，没有掌握话语权。甚至于一些党政机关开通了微博，却并未尽责，热点事件面前不见官方权威信息的及时发布来公开透明地引导舆论，却偏执地积极协调相关关系，片面地进行删帖、禁言，对网络信息进行“围追堵截”，结果事与愿违。或者，政府传播在第一时间迟滞发声，第一时间没有权威声音，或者第一时间发布“挤牙膏”、笼统模糊不准确的信息，然后进行第二次、第三次修补，最终造成一次又一次的舆论冲击波，适得其反，在传播信用的构建工作中不断失分。正如学者范以锦所说：“政府开了微博，公民问政多了一种渠道，但开了微博，却不回应、不互动，说明官员的政治意识和媒介素养需要提高。”[②]

二　新媒体对传统的传播信用体系带来哪些挑战？

互联网上没有日出日落，新媒体传播空间更不存在“早安晚安”。微博一经出现，即被誉为“永不谢幕的新闻发布会”[③]，传统媒体和传统政府新闻发言人制度下新闻发布的定时、定点、定版的出版发布和传播弊端，正面临空前的挑战和变革。基于微博所代表的新媒体微传播的特性，与传统新闻发言人制度相比较而言，新媒体政务新闻舆论的工作具有空前的开放性，微博满足了公众对信息公开的要求，能够及时发现舆情并顺应公众知情权力的诉求，在很大程度上弥补了传统政府新闻发言人制度的不足，微博正在催化、助推中国新闻发言人机制进行以下几方面的变革。

1. 滚动式传播、碎片化传播、确认式传播

即从事件发展的阶段性“新闻发布”，到动态“全程性”参与，并要即时对“网传”类的“碎片化”信息进行事实性、客观性的确认，从而成为一种新型的新媒体新闻发布方式。

① 参见侯锷等编著《微政时代：政务微博实务指南》，五洲传播出版社，2012。

② 徐滔：《政务微博风起编织官民互动》，《南方日报》2011 年 4 月 26 日。

③ 徐滔：《政务微博风起编织官民互动》，《南方日报》2011 年 4 月 26 日。

2. 即时新闻发布

即从以往新闻发布的“有准备发言”转变为利用政务微博平台“时刻准备发声”。与传统新闻发言人机制相比，政务微博新闻发言人的信息发布具有较大的机动性和灵活性，从某种意义上讲是与谣言、不实信息在“赛跑”，时刻需要准备澄清谣言、还原真相并对有价值的信息线索进行排查确认，以便积极地公布真相、引导舆情、稳定社会公众情绪，并争取到舆论“第一空间”和“第一时间”，更好地满足和维护社会公众的知情权。

譬如，2010 年广东省肇庆市公安局利用政务微博进行命案现场即时新闻发布的优秀实践案例。2010 年 11 月 6 日凌晨 4 时许，位于肇庆市七星岩景区的端州区岩前村发生一宗爆炸案，一辆小汽车尾部严重受损，一名男子当场身亡。且据肇庆市公安局的重要警务安排，当日上午 8 时半，时任广东省委常委、宣传部部长的林雄将率专家和政协委员等一行到肇庆视察绿道，而肇庆市距离广州市高速行程只需一个多小时。在接报警情后，肇庆市公安局立即出警，主要领导同时赶赴现场组织调查。当 120 急救车到达现场急救时，证实该男子已经死亡。当时在现场，原肇庆市公安局局长郑针和（现已退休）对原警察公共关系科科长陈永博说：“带电脑没？马上开机登录微博，发新闻！此时不用，何时用?”于是，关于此次刑事命案的首发新闻在郑针和口述、陈永博现场操作编辑下，通过笔记本电脑即时发布在了肇庆市公安局的官方微博“@平安肇庆”平台。“@平安肇庆”是自微博出现后，全国公安机关第一家开通上线的政务微博。现场滚动式发布的 3 条微博信息，及时公布了突发事件真相，避免了谣言滋生，并迅速得到网友的大量转发，也成为当天各大新闻媒体报道此案的重要信息来源。肇庆市公安局在命案现场即时发布微博新闻的创新，打破了以往公共事件突发后被媒体追着采访然后首发报道的先例，遇事不捂，主动发布，既避免了被民间误传讹传的舆论风险，更不必再跟着不实信息声明校正或权威辟谣。这种“边干边说”的媒体意识和媒介思维，值得“微政时代”的政务微博思考和借鉴。

3. “原声”发布，“保真”传播

当今，新闻发布从面对传统型的媒体转到面向包括传统媒体在内的网络全生态网民参与群体。传统政府新闻发布主要面向参加新闻发布会的新闻媒体和记者，政务机构与社会公众之间的信息传递是间接的，且时效性弱。而政务微博直接架设了政务机构和社会公众之间即时沟通的桥梁，不仅有利于保证政务信息传播的“原声发布”与舆论反馈的真实度，而且极大地提高了新闻发言人的工作效率。

4. 新闻发布从“效率”转向“效能”

传统政府传播主要基于新闻发言人制度，通过电视、广播和报纸等“程式化”的输出模型一次性完成，衡量一地政务公布做得好与不好的重要考量指标，大多是周期内召开了多少场新闻发布会。在新媒体时代，政府传播的资讯可能需要通过多次互动反馈和确认来完成，并且随时面临舆论的“拷问”，因此政务新媒体平台上的高效传播，明显有利于提高政府传播的工作效率和传播效能。譬如课题组 2016 年在对“银川政务微博模式”的调研中发现，近年来银川市委、市政府线下召开的传统政府新闻发布会场次数据呈明显下降趋势。“尤其是近三年来，连续实现了 11.06% 的负增长。其中，2012 年较 2011 年减少 6.25%，2013 年较 2012 年减少 16.67%，2014 年较 2013 年的减幅更高达 28.00%。”① 银川传统政府

① 资料来源：中共银川市委宣传部。

新闻发布会场次数量减少，并非因为政府与公众沟通不够，而是由于银川市非常注重借力政务微博进行多部门参与、高效率的新闻发布，随时回应社会关切，而且从政府传播的表现来看，社会参与面更广、形式更多样、速率更快捷、舆论效果更好。

三　政府传播信用的媒介策略选择

“不忘初心，继续前进。”政府新闻发布会仅仅是政府传播的一种手段和方式，新闻发布的初衷是不断增进政府与社会民众间的信息互通、理解沟通和情感互信。新媒体时代的政府传播工作，更应该不拘一格来创新开展，这是媒介执政时代党委、政府不断满足公民的知情权、参与权、表达权和监督权，取信于民，建构民主社会的必然要求。因此，政务微博在了解社情民意、与公众直接沟通、建立良好的公共关系、突发事件舆论引导等方面都具有不可替代的作用。与其让网民在不知情的猜忌间质疑我们、疏离我们，与其让媒体在得不到及时、客观、准确的信息的时候四处去捕风捉影“挖”新闻，与其在惶惶然间面对社会、媒体和民众，既无法实现在网络空间管控信息，更无法与无时无刻不散布于社会各个角落的各种“记者”匹敌，莫不如顺势而为，自信坦荡地公开和发布信息，赢得信任，争得主动。[①] 这也就必然要求党委、政府勇于打破沉默螺旋，主动设置议程，加强自我开放，以更好地满足和尊重民意诉求、解决实际问题去引导社会舆论。

银川等地利用政务微博积极有效地开展政府传播、回应社会关切的经验做法值得反思和借鉴。

1. 空间博弈：抢占现场目击和政务微博两个“第一空间”

移动互联网传播中的“移动性”，既可以说是政府传播在严谨性方面的首要的条件限制，也可以说是抢占话语权的首要优势。不能抢占现场的“第一空间”和网络信息流动的“第一空间”，传统理念上的“第一时间”就无从谈起。同时，离开了对党委、政府政务新媒体工作者日常性和前置性的媒介素养培训，同样无法触及行动。近年来，银川等地的党政机关将媒介素养作为政府公务人员的基础业务素质，利用日常的空余时间、会议及专题性学习等机会，进行轮训，以使公务人员了解什么是新闻传播、什么是舆论、什么是新媒体，以及互联网舆论在业务职能间的关联性表现特点，演练公共事件突发时的新媒体新闻发布和舆论对话技巧，以及应急状态下分步骤、有策略的新闻发布技能，确保“有情况”的时候可以随时应对。

2. 时间赛跑：把握四个不同范畴的第一时间

在新媒体传播场景中，“第一时间”应该分解为四个“第一时间”——事发后的第一时间、网民自媒体参与“爆料”前的第一时间、舆论形成前的第一时间、媒体记者采访前的第一时间，核心工作是确保官方掌握的信息及时满足公众的知情供给，以形成权威发布的“信源中心”，牢牢把握事件第一定性权。譬如，2015 年 4 月 15 日 15 时 39 分，内蒙古自治区阿拉善盟阿拉善左旗发生 5. 8 级地震，震中距离银川市区约 145 公里，银川市震感强烈。地震发生后，银川全市政务微博矩阵立体协同响应，线下迅速评估并确认

① 侯锷：《问政银川：“互联网 + 社会治理”方法论》，国家行政学院出版社，2015。

震情对本单位职能内公共服务与民生所造成的破坏程度和影响，线上立即通过政务微博发布新闻，速报结果。同时，全市政务微博、媒体微博积极参与转发传播，及时监测不同于官方发布的信息并进行辟谣，极大地压缩了不实信息传播的概率，有效疏导了社会恐慌情绪。

银川政务微博这种集群参与、积极主动设置议程并提供个性化震情政务信息服务的卓越表现，书写了中国政务微博发展以来以城市政务微博矩阵式协同、联动化进行突发公共事件新闻发布和舆情引导的示范样本。研究和借鉴这种应急式新闻发布的政府传播样本，对于更好地发挥政务微博作为社会化媒体在社会动员方面的功能具有重要的意义。

3. 认知博弈：态度优于信息

话语权决定主导权，时效性决定有效性。政府传播如何“跑赢”不准确的“草根新闻”和网络上道听途说的不实信息甚至谣言，这是一个时代的新命题。既然我们在绝大多数情况下无法在“第一时间”抵达现场的“第一空间”，那么就需要想方设法去抢占另一个“第一空间”，那就是让官方的声音“挤进”事件相关的舆论场“第一空间”。虽然在公共事件突发后政府与网友一样处于不知情的“懵懂”状态，但是关于对事件进行处置的党委、政府的立场、原则、态度等掷地有声的、有担当的信息是可以跨越时空而提前发布介入的。实践证明，政府传播以积极的“表态”来主动设置议程就是在创造新的“新闻中心”，第一时间发出官方声音，迅速将网民凝聚到“政府中心”的做法是行之有效的。

4. 效果博弈：现状优于事实，事实先于原因

“事实”是“事情的真实情况”，是基于客观严谨的认定性表述。当秒速交互的舆论场急切需要事实来满足迷茫不解的“是什么、为什么”的时候，政府传播与舆论引导依然无法快捷地给出前因后果。但是，事件发生后所存在于表象的基本现实状况信息，是可以碎片化地持续发布以飨舆论的。在新媒体舆论事件面前，网友秉承的舆论逻辑是“打破砂锅问到底”，但是新媒体环境下“碎片化”的政府传播恰恰需要谨言慎行，不武断、不轻言，但又必须紧跟舆论关注，持续释放负责任的官方权威准确信息。因此，认定事实应当先于因果分析，这也与政府新闻发言人“速报事实，慎讲原因”的原则是一致的。定义“是什么”是“果”，定性“为什么”是“因”，完整陈述事实的一般逻辑顺序是来龙去脉、“先因后果”，但是在新媒体舆论围观情境下，政府传播的严谨顺序只能是“先果后因”。因为在除却特殊性和意外性因素外，“事实”背后的因果关系涉及事件最终处置的问责程序，必须确保“前果后因”合乎科学和情理，尤其是对事件所关联的多主体之间的问题、成因、矛盾、主次、焦点等信息，解构阐述要经得起科学的鉴定、广大网友的“质疑”“辩论”“推敲”。

四　结语：新媒体释放新空间，创造新文化

新媒体是“秒媒体”“快媒体”，更是即时互动的“活媒体”。“活”的特征体现在新媒体传播的发布者、参与者以及纯粹“观而不语”的“围观者”之间，存在鲜活的互动关系、双向交互的碰撞关系和信息“需求”与“供给”之间的源源不断滚动衍生的互生关系。网

络信息技术建立了政府与民众之间永不停歇的对话机制，不说、不听、不应都可谓政府传播无法弥合的“过错”。中国道路上的政府传播，事关“四个自信”，事关政府在新媒体公共社交空间的“传播自信”，任重而道远。

[本文系教育部人文社科重大攻关项目“‘一带一路’沿线国家新闻传播业历史与现状研究”（项目编号：17JZD042）的阶段性成果。发表于《现代传播》2018 年第 2 期]

政治微博的双重传播特性及其完善策略

秦小琪*

摘　要　政治微博是内容涉及政治以及与公权力相关的微博。政治微博以“微”为特点，既有突破传统政治模式、推动政治良性发展、体现政治平等化的积极传播特性，也有扰乱网络政治空间秩序、降低政治信息传播真实性、打破网络政治平衡的消极传播特性。要通过加快法治建设，加快网络道德建设，正确使用公权力等方法，让政治微博发挥其积极作用，规避其消极作用，推进我国政治民主化进程。

关键词　政治微博　传播特性　法治　道德　公权力

政治微博是内容涉及政治以及与公权力相关的微博。政治微博在传播过程中具有“微”的特性，“以‘微’喻巨，以‘微’带巨，以‘微’促巨，以‘微’改巨。政治小微博影响甚至撬动政治大力士”①。这种“微”特点在传播过程中有利有弊，利弊共存。充分利用政治微博积极传播特性，避免其消极传播特性，让政治微博在健康轨道上运行发展，具有重要理论意义和现实意义。

一　政治微博的积极传播特性

政治微博作为传播政治的新方法、新样式，具有积极传播特性，主要表现在突破传统政治模式、推动政治良性发展和体现政治平等化三个方面。

（一）微博突破传统政治模式

第一，微博开辟政治舆论新场所。舆论场是指“包括若干相互刺激的因素，使许多人形成共同意见的时空环境”②。舆论场主要包括官方舆论场和民间舆论场。官方舆论场产生主流意识形态，民间舆论场多产生非主流意识形态。微博为民众发表意见提供了新平台。微博舆论场充斥着不同的非主流意识形态，这些意识形态互相涤荡和碰撞，使民间舆论场讨论内容丰富化和讨论形态多样化。官方意识到微博舆论场的强大传播作用后，逐渐也把传统官方舆论场转移到微博舆论场上，形成政务微博，开辟官方和民间互动新渠道，为网民与官员提供新的博弈和交流场所。

第二，微博丰富政治语言生态系统。与传统媒介相比，微博政治语言具有直接性、简明性、趣味性等新特点。网民根据具体政治事件，在原语言的基础上改造和创造出新语言，

---

* 秦小琪，女，辽宁师范大学马克思主义学院博士研究生，从事网络政治研究。

① 张爱军、王伟辰：《微博政治文化功能及其构建》，《湘潭大学学报》（哲学社会科学版）2013 年第 5 期，第 87 ~ 91 页。

② 喻国明、刘夏阳：《中国民意研究》，中国人民大学出版社，1993，第 283 页。

"有的采取拼音形式，有的采取英语形式，有的采取谐音形式等来表达政治立场、政治观点、政治态度"①，还有的以史论今，以动画、网络表情包等来表达政治情感和态度。新政治语言的趣味性和可读性给网民留下深刻印象，这不但促进了网民之间的交流与互动，而且活跃了交流的氛围。

第三，微博促使中国政治文化变迁。微博使"交往范围和道德活动的领域超越了物理时空的限制，突破了以往点对点交往的局限性，实现了一对一、一对多、多对多、多对一的多种交往形式"②。这种交往形式提高了网民参与政治的积极性和热情度，培育了网民理性意识和政治心理，规范了网民政治行为。政治微博加速了中国政治民主化进程，对中国政治文化的变迁具有重要作用。

（二）微博推动政治良性发展

第一，微博促使政治回归真相。"微博的发展给传播领域带来了颠覆式变化，开创了一对一双向互动的新时代，使网络组织和发动能力越来越强，网络曝光与监督成为常态。"③受众多、传播快的微博，可以在短时间挖掘出事情真相，还原事情本来面目。"微博民意作为一种力量，可以改变事件的性质、还原事件的真相、回归政治常识。"④ 即使是碎片化的微博，在量的积累之后也可以由点成线，再由线成网。当现象以网状整体性呈现时，真相自然就会浮出水面。

第二，微博促使政治协调功能最大化发挥。政治协调功能旨在保持政治输入和输出的平衡。"政治有输出有输入，良好的政治生态在政治输入和输出中保持着良好的平衡，政治输出通过反馈使政治输入渠道通畅，民意得到良好的表达。"⑤ 政治微博传播突破传统自上而下的传播方式，让输入更加多元和自由。当自上而下与自下而上的输入方式相结合时，之前萎缩性输入状态会逐渐退出历史舞台。微博这种变被动为主动、变一元为多元、变单项为双向的政治传播方式，使传统的政治输入与政治输出失衡逐渐回归平衡。

第三，微博推进民主政治发展。民主政治就是以法律权利确保人民当家作主的地位。习近平总书记指出："发展社会主义民主政治，是推进国家治理体系和治理能力现代化的题中应有之义。"⑥ 微博治理是体现国家治理体系和治理能力现代化的重要方面。政务微博的开通架起了政府与人民之间沟通的桥梁。"网民来自老百姓，老百姓上了网，民意也就上了网。"⑦ 政治微博推动了民主政治进程，拓宽了民主的渠道，确保了人民当家作主的地位。

---

① 张爱军、王伟辰：《微博政治文化功能及其构建》，《湘潭大学学报》（哲学社会科学版）2013 年第 5 期，第 96 页。

② 赵兴宏：《网络伦理学概要》，东北大学出版社，2008，第 133 页。

③ 孙士生：《政府微博：沟通民意创新社会管理的直通车》，《新闻窗》2011 年第 4 期，第 10 ~ 11 页。

④ 张爱军、王伟辰：《微博政治文化功能及其构建》，《湘潭大学学报》（哲学社会科学版）2013 年第 5 期，第 87 ~ 91 页。

⑤ 张爱军、王伟辰：《微博政治文化功能及其构建》，《湘潭大学学报》（哲学社会科学版）2013 年第 5 期，第 87 ~ 91 页。

⑥ 习近平：《法治中国足音铿锵》，《人民日报》2017 年 12 月 25 日。

⑦ 习近平：《在践行新发展理念上先行一步，让互联网更好造福国家和人民》，《人民日报》2016 年 4 月 20 日。

（三）微博体现政治平等化

第一，微博使立体政治转变成平面政治。在微博里，所有人失去了现实中的政治身份和社会地位，成为平等的政治交流的网民。这种平等性突出地表现在网民的政治思想交流上。

第二，微博使网民有平等发声权利。在人人手中都有“麦克风”的自媒体时代，微博为网民提供了发声平台。网络发声有强有弱，网络大V和意见领袖经常占据主导地位，引领舆论潮流。但是随着微博不断平民化、大众化，更多的声音逐渐被听到。草根群众也可以抱团取暖，使得他们的发声愈加得到关注和支持。草根群众的声音在得到网络大V或意见领袖关注后，会使声音更广泛传播，尤其在传统媒体介入后，草根的声音显得更有代表性、宣传力和感染力。

第三，微博使网民政治心理发生变化。在微博上，网民与网民之间的互动和交流使网民的政治心理无意识地发生变化。微博改变了网民以往对政治冷漠的态度，网民开始关心政治，并通过微博平台表达自己对政治问题的意见和喜好。微博提高了网民的政治判断力、政治理解力和政治辨别力。来自不同阶层的网民对社会现实有不同的心理投向，当政治心理表现极强的政治性时，其政治情绪与政治态度就会直接或间接地影响网民的政治行为。网民会主动讲政治，发表评论，充满政治自豪感。政治微博积极传播特性顺应中国民主政治发展潮流和趋势，为网民开辟参政议政新渠道，为中国政治发展注入了新活力和新动力。充分利用政治微博的积极传播特性，将不断推进网络政治发展，营造和谐网络空间环境。

二　政治微博的消极传播特性

政治微博仍旧处于发展阶段，在体现其积极传播特性的同时，也必然有其不足和缺陷，表现出消极传播特性，具体表现在扰乱网络政治空间秩序、降低政治信息传播真实性、打破网络政治平衡三个方面。

（一）扰乱网络政治空间秩序

第一，政治非理性凸显。政治非理性包括从众不表态的非理性和宣泄情感的非理性。从众不表态的非理性主要表现为两个方面：一方面，个人缺少辨别是非的理性思维，对政治微博热点事件只采取围观态度，事不关己心理倾向严重；另一方面，沉默的螺旋效应，即便少数人对微博上发布或转发的事件有异议，但是为了迎合意见领袖，在强大的公众面前仍旧选择沉默。宣泄情感的非理性主要表现在：当微博引发的政治热点事件引起网民愤怒、触动网民利益、挑战网民底线的时候，网民就会用谩骂、讽刺、挖苦的语言发泄自己的情绪。这些网民一旦联合起来，就会形成群体性发泄和谴责事态，引发更大规模的舆论浪潮，污化网络空间环境，破坏网络空间秩序。

第二，微语肥大症。通过微博发送或传播的信息，在跟帖、转发、回复等过程中无限扩大化、夸大化。即便是一件小事、一些只言片语，在跟风者鼓吹起哄下也会无限制地放大。有些人喜欢与他人分享所谓“小道消息”“政治段子”，如此接力下去，编造的谣言就会在层层放大后失去本真状态。正所谓造谣者少，传谣者众。当无中生有、有中扩大的消息以N次方的速度传播和扩展时，就会影响、破坏正常网络空间秩序。

第三，政治微博语言性危机。尼葛洛庞帝曾说过："每一种技术或科学的馈赠都有其黑暗面。"[①] 微博开辟了新的交流互动平台，但是新的微博语言性危机也随之产生。这主要是以"网络夜话""网络黑话""网络密电码"为代表的政治催生的新语言。有一些网民为了吸引大众眼球，寻求转发量，把本来朴实无华的语言变成了具有"暴力性、血腥性、煽动性、极端性的语言"[②]，或者故弄玄虚，以此来博得听众的关注。网络新政治语言由于其非固定性、非严谨性、非严肃性等特点，在传播过程中很容易造成对现实政治的扭曲。

（二）降低政治信息传播真实性

第一，传播内容浅显化和戏谑化。传播内容浅显化主要表现在微博的浅阅读和浅接受两个方面。没有时间判定信息真与假，没有经过思考就转发，信息在经过无数次裂变式的传播后会重构和组合，这些都是造成信息不确定性及虚假性的因素。传播内容戏谑化主要表现在表达方式非正式化。微博发布主要以文本、图片、URL 及连接到其他网站的视频或音频为主，很少有逻辑性强、结构严谨的文章。发布的内容有的甚至为了提高点击率而故意以夸张、戏谑、娱乐的形式呈现出来，这便扭曲了事实本身样态，偏离了事实真相。

第二，传播方式碎片化和无中心化。微博受本身字数的限制，往往以碎片化和无中心化形式呈现出来，缺少逻辑性和理论性，在传播过程中易于造成歧义和误解。碎片化和无中心化还表现在分散性与不聚焦性。首先是博主发送信息的分散性和不聚焦性。发布内容大多不集中于同一话题，多以个人对政治问题的随感随想为主。其次是在评论、转发、回复过程中的分散性。在微博上可以单向关注或者互相关注成为好友，这便造成多种信息传播途径的分散性。最后是范围上的不集中性。微博从其规模范围上说是个大广场，谈论的问题和范围没有固定的界限和限制，表露出松散性的特点。

第三，传播特性后真相化和流言化。后真相化在微博上主要体现为以情感和信念为主的后微博时代传播特性。这些主观因素不但影响网民认识事情真相，而且很难让网民跳出情感和信念的圈子去接受事情真相。当网民都倾向于情感和信念，而忽略挖掘事情真相时，真相就会被掩盖。而且这些含有强烈情感和信念的非真实信息一旦传播，则会带来更大的舆论浪潮，更加阻碍网民探求事情真相。微博流言化具有来源和发布形式多样化、传播群体和受众群体分层化、发布操作简易性等特点。微博流言的发布和传播会让雪球越滚越大而失去信息的内核和本源，从而导致微博上传播的信息具有不确定性。

（三）打破网络政治平衡

第一，非主流意识形态冲击。微博上不同网民群体持有不同价值观，主要有社会主义、民族主义、民粹主义、自由主义、保守主义、社会民主主义等。非主流意识形态有时会占据制高点，甚至有超过主流意识形态之势。非主流意识形态在微博的推动下有迅速增长扩大的趋势。消极的非主流意识形态可能威胁主流意识形态的发展，甚至动摇主流意识形态的地位。

---

① 〔美〕尼葛洛庞帝：《数字化生存》，胡泳、范海燕译，海南出版社，1996，第 26 页。

② 张爱军、王伟辰：《微博政治文化功能及其构建》，《湘潭大学学报》（哲学社会科学版）2013 年第 5 期，第 87 ~ 91 页。

第二，网络政治隐喻的负面功能凸显。微博上表情包、政治图片、精致历史小故事的政治隐喻处理不好会产生负面功能。柏林曾指出："将词语误当作事物、隐喻误作实在的风险，在这个领域甚至比平常设想的还要严重。"① 公共舆论在政治隐喻的负面导向下极其容易失去控制，导致各种极化现象出现。如影响社会主要矛盾转化，造成公权力整合能力下降、合法性资源流失，强化"道德愤怒"和"政治正确"。这些负面功能会形成恶性循环，破坏政治平衡状态。

第三，群体性事件爆发。社会现实群体性事件在社会舆论助推下被搬上微博，成为网络群体性事件，形成一呼百应、线上线下联动事件。网络群体性事件是现实生活中没有得到很好解决或者无人解决时网民选择网上发声的一种方式。如果解决得好，既可以为网民提供发声平台，也可以平息现实生活中的群体性事件。如果解决得不好，就会形成连锁反应，陷入塔西佗陷阱，让网民不再相信政府，通过微博平台让现实事件更加扩大化，一发不可收拾。

微博的消极传播特性加大了国家网络治理难度，破坏网络空间安全。如果不积极采取措施，给予治理，小到影响国家网络空间建设，大到关乎国家安全稳定。积极主动应对政治微博的消极传播特性，让政治微博在正常轨道上运行发展是当务之急。

三　完善政治微博传播策略

政治微博积极传播特性和消极传播特性分别会对公共政治领域产生正面和负面影响。充分利用其积极传播特性，减少其消极传播特性，对规范网络政治有重要作用。加快网络法治建设，加强网络道德建设，加强公权力使用，是完善政治微博传播的主要策略。

（一）加快网络法治建设

第一，以宪法为根本，突出宪法权威。十九大报告指出："加强宪法实施和监督，推进合宪性审查工作，维护宪法权威。"② 微博绝对不是法外之地，网络上的自由也不是无边界的自由。从国家角度来说，要积极跟踪研究网络发展动态，出台相关法律法规，完善网络安全法律体系，积极打击网络犯罪行为。从公共媒体角度来说，传播必须遵守法律，确保信息源正规、信息内容真实、信息量全面，在宪法允许范围内传播，不逾越宪法界限。从网民角度来说，要让法律成为人们内在的信仰，自觉规范自己的行为，在法律允许范围内正当行使自己的权利。

第二，构建法治文化，形成法治思维。要让微博形成一种法治文化，就要让拥有微博的网民接受法治文化的熏陶和提升。在微博上要宣传主流意识形态，弘扬社会主义核心价值观，在微博上传播转发的内容要符合社会主义核心价值观的精神，具有民族精神和时代精神。还要对青年人进行积极正确引导。青年占据微博用户的大多数，因此，在青年中营造法治文化氛围，培育青年的法治思维具有重要意义。要让青年把良法善治理念牢记于心，积极自律，用正确理念指导自己的行动，借助微博传播的力量形成风清气正的局面。

---

① 〔英〕以塞亚·伯林：《自由论》，胡传胜译，译林出版社，2003，第117页。

② 习近平：《决胜全面建成小康社会　夺取新时代中国特色社会主义伟大胜利——在中国共产党第十九次全国代表大会上的报告》，《人民日报》2017年10月28日。

第三，依法治理网络空间，维护公民合法权益。网络空间法治化过程要与人民利益紧密结合，在法律上明确个人的网络权利、责任和义务，在规范个人在网络空间的行为的同时，确保每个公民的合法权益和隐私安全。要制定出台具体的微博管理法律法规，细化传播内容、传播方式、传播主体和传播受众需要遵守的规则。网民要自觉履行义务，在法律边界内活动，不破坏微博空间安全，不污化微博空间环境，不滥用微博空间资源。对于违反法律规定、对网络空间安全造成破坏或威胁的网民要给予警告和处罚。

（二）加强网络道德建设

第一，提升网民社会公德意识。一方面要从根本上唤起主体的自律意识。网络主体的素质“决定着网络违法犯罪和不道德行为的能否发生”①。网民要做到甄别信息真实性，不传播流言，不歪曲、扭曲事实真相，不为不道德信息和行为提供传播渠道。另一方面要加强网络传播理论和规律研究，为网络社会公德规范提供行之有效的解决问题方向。只有用“慎独”的自律，从传播源头、传播过程、传播受众各个方面提高网民公德意识，用网络传播理论指导公民道德的实践，加强宣传教育工作，建立网络社会公民道德机制，才能营造网络公德建设的良好氛围。

第二，强化网民大局意识。网民大局意识，一方面体现在遵循我国主流意识形态，不被消极非主流意识形态误导，在网络群体性事件、大是大非问题面前，以国家宏观发展作为自己行为的中心，不计较个人得失，不因寻求个人利益给国家网络安全带来威胁；另一方面体现在对歪曲事实、不理性、不冷静的微博信息不盲目转发并采取积极制止态度。微博用户既是微博的使用者，也是微博平台服务的享有者，更是保证良好微博环境的重要主体。在使用和利用资源时，要注重提高发表言论的素养，理性传播信息。只有每个网民都做到从大局出发，共同维护微博环境，才能确保网络空间的良性健康发展。

第三，加强意见领袖培养并发挥其引导作用。意见领袖具有引领和掌握微博主流信息，左右社会舆论导向的重要作用。加强意见领袖培养并发挥其引导作用，要做到以下几点。首先，要在舆情源头发现意见领袖，从初期对他们进行实时监控和引导，确保网络事件发展动态的正确性。其次，在传播过程中要加强弘扬社会主义核心价值观的意见领袖培养。在传播事件过程中发现认同主流意识形态价值观的意见领袖，让他们引领社会风尚和道德趋向。最后，要注意发挥草根微博意见领袖的引导作用。他们具有对权威的质疑精神，在突发事件中扮演着重要角色，要积极引导他们的思想与主流意识形态相融合。在微博意见领袖的引导下，传播社会主义核心价值观，提升网络道德建设水平。

（三）加强公权力使用

第一，用政治舆论约束公权力。微博上的政治舆论主要包括公共政治舆论和次生政治舆论。以信念和情感占据主要地位的“后真相”具有“好的主观性”和“坏的主观性”。这两种主观性既产生公共政治舆论，同时也产生次生政治舆论。没有政治舆论，公权力就难以得到有效的制约并在阳光下运行。要充分发挥政治舆论的作用，将“坏的主观性”转化为“好的主观性”，用政治舆论维护、监督和保障公权力。

---

① 赵兴宏：《网络伦理学概要》，东北大学出版社，2008，第120～121页。

第二，用网络技术支撑公权力。互联网时代公权力最大限度地发挥依赖于科技的迅速发展。在处理网络舆情、调查网络真相、处理网络群体性事件时，可以根据不同微博信息传播特点采取适当手段进行处理。利用大数据和 AI 人工智能的新科技手段让事实回归真相，利用数学和计算机理论基础构建政治微博传播模型，利用追踪定位器实现对微博舆论的监测、引导和控制。这样不仅能提高政府办事效率，而且能提高处理问题的准确性。

第三，用服务意识提升公权力。政治微博提升服务意识，主要是指树立以民为本的服务理念，解决政治微博存在的问题，在第一时间向网民公开信息。谣言止于智者，谣言更止于信息公开。在网络时代，公权力应发挥正面积极作用，而不是掩藏甚至销毁证据或者粉碎谣言。只有树立以人为本的服务意识，从人民的立场出发，分析问题和解决问题，才能真正提高公信力，进而提升公权力。

以政治舆论作约束，以新兴技术作支撑，以服务意识作保障，加强公权力的正确使用，是民心所向，也是网络空间良性发展的客观要求。进入新时代，政府权力部门更要在法律允许范围内，阳光透明地使用公权力，不逾越界限，不滥用公权力，自觉接受人民监督，让政治微博在健康轨道上运行。

政治微博的发展促进中国政务公开，为中国政治系统注入了新的活力。应充分利用政治微博的积极传播特性，避免政治微博的消极传播特性，让微博在新时代继续发挥自媒体的监督作用，促使中国网络政治和民主化进程走得更快更远。

［本文系教育部哲学社会科学研究重大委托项目“中国特色协商民主目标体系与发展路径研究”（项目编号：14JZDW003）的阶段性研究成果。原文发表于《渤海大学学报》（哲学社会科学版）2018 年第 4 期，本文略有删改］

非常规突发事件中微博舆论的“蝴蝶效应”

——以“雷政富不雅视频事件”为例

刘胜枝[*]　王　画

摘　要　近几年微博中不断出现的非常规突发事件日益成为人们关注的焦点。这些事件借助微博平台不断扩散和发展，最终会对整个社会造成巨大影响，引发“蝴蝶效应”。本文针对这一现象，以“雷政富不雅视频事件”为例，运用传播学的观点和方法，分析微博舆论中“蝴蝶效应”产生的原因、“蝴蝶效应”所需要的变量以及在微博语境下的表现。

关键词　微博舆论　蝴蝶效应　雷政富不雅视频事件

人类已经进入微博时代，短小精悍的微博不仅改变了受传者的被动地位，而且产生了超乎寻常的巨大舆论威力，使得一些小事件也能形成“蝴蝶效应”，产生对社会有利或不利的巨大影响。“蝴蝶效应”是美国麻省理工学院气象学家洛伦兹教授提出的混沌理论中的一个现象。[①] 他在用计算机模拟长期天气变化时发现，初始条件的极微小差异，均会导致计算结果的很大不同。他比喻说，一只小小的蝴蝶在巴西上空扇动翅膀，可能会引起一个月后的美国得克萨斯州发生一场风暴，“蝴蝶效应”由此得名，主要形容在混沌状态中初始条件微小的变化能够引起整个系统的连锁反应。该理论提出后，“蝴蝶效应”的现象在经济学、社会学等领域也得到验证，如东南亚的金融风暴等。近几年，借助微博平台，许多非常规突发事件如“微博开房门”“抢盐风波”“郭美美事件”“雷政富不雅视频事件”等层出不穷，引发了微博舆论的“蝴蝶效应”现象。那么，微博舆论的“蝴蝶效应”是如何形成的？其中存在哪些变量？有什么样的规律？本文将以“雷政富不雅视频事件”为例对此进行分析。

一　从微博舆论的特点看“蝴蝶效应”产生的原因

1. 微博舆论中掺杂诸多非理性因素滋生了“蝴蝶效应”所需要的“混沌”状态

“蝴蝶效应”是混沌理论中的一个核心概念。所谓混沌理论是系统从有序突然变为无序状态的一种演化理论，是对确定性系统中出现的内在“随机过程”形成的途径、机制的研讨。微博舆论的传播是由有序到无序再到新的有序的循环过程。微博时代，人人皆媒体的特征致使草根性和平民化对传统媒体中的话语垄断权发起挑战。庞杂、无序、冗余的信息传播特征再加上文化程度不同的微博主体导致微博舆论缺乏理性，甚至真假难辨，这样一个繁杂的系统恰好成为“蝴蝶效应”产生所需要的温床。“雷政富不雅视频事件”中，曝光视频中

---

* 刘胜枝（1973—），女，山东德州人，北京邮电大学数字媒体与设计艺术学院副教授，网络系统与网络文化北京市重点实验室（北京邮电大学）中心主任，主要研究方向为网络与新媒体传播、媒介文化。

① 徐泽西：《“蝴蝶效应”和“混沌理论”》，《百科知识》2009 年第 12 期，第 19 页。

的男性到底是否雷政富本人，女子又是何人，网上还传出假的情妇照片，随后曝光博主声明受到威胁，雷政富本人又出面反驳视频是“移花接木”，之后又传出涉案官员人数众多以及背后有犯罪团伙操控等，案情扑朔迷离。正是这种混沌不明的状况引发一次次的舆论热潮，也同时成为人们街谈巷议、茶余饭后的谈资。

2. 微博把关人的缺失和舆论话题的敏感性引发网民的共鸣是“蝴蝶效应”产生的重要条件

自媒体时代是一个“把关人”作用被削弱的时代，尤其是微博舆论的内容呈现“碎片化”特征。140字的碎片化的信息传播契合了社会信息化、时间碎片化的现代社会生活方式，微博的进入门槛低，操作起来更加随心和自由。正是因为普通大众成为新闻发布的个体，加之微博的匿名性、免责性和交互性，把关的难度较传统媒体时代大大增加。微博舆论形成是一个非线性的过程，把关人的缺失使得整个传播系统缺乏控制点，传播呈现去中心化的网状发散的特点。这样每个使用微博的网民都可以成为消息发布的来源，而且发布的信息内容往往也是不可控的，于是一些比较敏感的很难在主流渠道传播的话题，容易在微博这样的自媒体扩散，而敏感的话题也更容易引发网民的关注和共鸣。比如“雷政富不雅视频事件”具有很强的敏感性，涉及官员腐败、性丑闻和黑社会等诸多因素，从而使得该事件一下子成为舆论的热点，成为引发“蝴蝶效应”的震源。

3. 微博意见领袖的存在及其舆论的“裂变式”传播是“蝴蝶效应”产生的推动力量

微博用户数量庞大，截至2013年新浪微博用户已经达到6亿人，庞大的用户、海量的信息构成了微博舆论生成的环境。当话语空间与自主权得到提升，自媒体时代微博用户的身份便穿梭于传者与受者间，抑或是二者同时存在。微博特有的“裂变式”传播模式给予舆情信息聚合与裂变的可能，每位用户的微博都能成为舆情信息的归宿地，又可将信息传递到下一个驿站。在这一过程中意见领袖的存在至关重要，他们决定了信息传播的内容、渠道和速度等。在“雷政富不雅视频事件”中，一开始信息被反腐斗士朱某在反腐网站中发布出来，但是影响并不大；后爆料者把信息发送给微博意见领袖纪某，经由他的微博爆料，这一事件获得更多人的关注。纪某本身就是从事新闻调查的记者，其粉丝数量达到几十万人，而且关注他的多是比较具有社会责任感的主流群体。事件经过这些粉丝们的裂变式转发、评论，其影响迅速扩散；加上不断有新的消息爆出，引发网民们的持续关注和热议，加速了“蝴蝶翅膀”扇动的频率。

二　非常规事件中微博舆论引发“蝴蝶效应”的变量分析

在微博舆论的初始条件缺乏稳定性的条件下，初始舆论极其微小的偏差都有可能引起出乎意料的舆论效果。根据物理学中机械波的相关原理，如果两个波传播方向相同、步调一致，则当两个波相交时振幅会进行叠加；网络舆论中的这些意见派系正如一个个不同的振动波，它们此消彼长，能量（舆论的规模和强度）相互叠加，有时难以控制，便导致“蝴蝶效应”的发生。非常规突发事件中，微博舆论存在许多引发“蝴蝶效应”的变量，归纳后，一般情况下都会具备如下变量，即舆论的震源、舆论的刺激点、舆论的推动力量、舆论的爆发点以及舆论的消解。在这个事件中，由于微博舆论具有“多、杂、散、碎”的特点，引发“蝴蝶效应”的变量较多，这里选取了最为重要的几个变量进行分析。

变量一是雷政富。雷政富是事件当事人，其身份和行为都具有敏感性，从而成为引发微博舆论的震源。在最初的微博曝光中，“正厅级干部”“北碚区委书记”“性贿赂”“与少女淫乱”等关于雷政富的标签足以吸引网民的眼球。随后雷政富本人私下要求检举人纪某在微博上删帖，甚至对第一爆料人进行死亡威胁，在记者采访过程中否认视频真实性等行为更是使得事件变得扑朔迷离、真假难辨。之后其弟弟、情妇参与工程建设等经济问题又被曝光，雷政富的行为从淫乱上升为腐败这一更严重的犯罪问题。很显然，雷政富本人的正厅级政府官员身份和性爱视频、腐败行为等的强烈对比参与到微博舆论的生成中，成为此次舆论的“引爆点”。

变量二是纪某。纪某是曝光事件的主导者，是此次舆论议程设置的重要意见领袖，是舆论形成和发展的刺激点。纪某是独立撰稿人，也是著名的实力派调查记者。纪某在新浪微博已经拥有近48万个粉丝，作为大V微博用户，纪某在微博舆论中无疑发挥了意见领袖的作用。2012年11月，他在实名认证微博中揭发了重庆不雅视频事件，迅速引爆微博舆论，此后他一直关注和推动事件的进展。纪某从11月20日爆料“雷政富不雅视频事件”开始至2013年9月7日，陆续发布了74条相关微博，这74条微博大部分转发量在1000条以上，评论也不低于500条，其中一条宣布雷政富被免职，要求严惩其犯罪的微博获“赞”331个，转发量达到27407条，评论数达到12896条。除在个人微博进行曝光和直播事件进程外，纪某还借用其他媒体的力量对事件进行揭露推动舆论发展。如11月23日前往重庆协助调查时接受了新浪的微访谈；11月27日撰写了《高调反腐：曝光重庆不雅视频事件背后》，全文8600字，多家门户博客头条推出。在审判过程中，纪某也一直高调关注雷政富案件进展并接受媒体访谈。如2013年5月7日纪某做客江苏卫视城市频道《德行天下》；2013年6月20日面对雷政富翻供和赵红霞的秘审，纪某在央视网《记者归来》第94期直面重庆反腐事件。可以说，在整个事件进程中纪某都成为舆论信息的刺激点和引爆点，直接推动了事件的进程。

变量三是视频中的女子赵某。赵某是事件中最神秘和富有传奇色彩的变量，也是网民最关注和争议最多的人物，是推动引发“蝴蝶效应”的重要力量。在最初的曝光事件中雷政富的身份是公众知悉的，而该女子却比较神秘，人们只是把她看作官员包养的情妇。随着事件的进展，赵某从情妇身份转变为一个犯罪团伙的作案工具，除了涉嫌雷政富腐败案之外，还曾与10名政府官员和企业高管（彭志勇、韩树明、范明文、罗登友、罗广、周天云、粟志光、谢华骏、何玉柏、艾东）存在不正当的关系，并且这10名人员均被免去职务。[①] 可以说，赵某这一神秘变量的介入一石激起千层浪，在极短的时间内引爆了舆论的能量。她被网友称为“反腐英雄”“反腐奇女子”，为重庆反腐而献身并提供了最有力的证据。但是，赵某在另外一些网友的眼中却是十恶不赦的拜金女，为了金钱和名利可以出卖灵魂和肉体。还有网友认为，赵某本人也是一名受害者。赵某的“是与非、对与错”是网民们讨论的焦点，可以说赵某是使“雷政富不雅视频事件”持续升温的推动力量。

变量四是对“高官腐败形象”和“企图遮掩丑闻进行私下公关”不满的众多网民。数量众多的网民是舆论形成的基础力量，他们对事件的关注、转发和评论孕育了事件舆论的影响力，推动了事件的议程设置。而且，网民们并不满足于传统媒体的报道和引导，他们不断

---

① 《不雅视频撂倒重庆10高官》，《中国青年报》2013年1月25日，第8版。

在网上揭露内幕，进行“人肉搜索”，成为微博舆论的推动力量，使得整个事件的关注度居高不下，从而快速推动了事件进入司法程序。

变量五是雷政富引发的官员信任危机。民众对政府官员的信任危机是此次微博舆论事件的引爆点，是形成“蝴蝶效应”的根本变量。政府官员作为行政干部，其职责是为人民服务，其形象应该是廉洁奉公、道德高尚的，但是近年来政府官员腐败现象日益严重，成为民众不满的最重要的社会问题。

2009 年人民日报旗下的《人民论坛》杂志发起的“未来 10 年 10 个最严峻挑战”问卷调查显示，第一大挑战即“腐败问题突破民众承受底线”。[①] 近几年，涉及腐败和淫乱问题的官员越来越多，甚至成为较普遍现象。虽然这几年的腐败治理力度在日益加大，一些官员腐败案件得到审判，但是民众对政府官员的信任危机已经比较严重，形成了“过街老鼠人人喊打”的局面。因此说，民众对政府官员的信任危机是引发此次舆论风暴的社会心理基础。

变量六是政府和官方媒体。政府是事件解决的决定力量，官方媒体是官方权威信息的发布者，两者是影响微博舆论的官方力量，案件的迅速立案、公布真相和判决是平息舆论风暴的最终力量。以重庆纪委为代表的政府部门对事件爆料后的处理是事件进展的决定性力量，从事件看重庆纪委反应是非常迅速的。2012 年 11 月 23 日，重庆市委新闻办公室发出公告称当事人被立案调查。此后司法力量介入，2013 年 6 月 28 日进行了一审判决，新华网刊登该重磅消息：涉不雅视频主角之一重庆市正厅级官员雷政富因涉嫌贪污受贿被人民法院宣判有期徒刑 13 年，并没收全部赃款。[②] 9 月 17 日，重庆市高级人民法院二号院对该案件进行二审，法院驳回雷政富上诉，并宣告维持原判。与此同时，肖烨等敲诈勒索团伙中的罪犯也都一一绳之以法。在人民网刊登了《雷政富受贿案二审维持原判》[③] 的消息后，事件很快进入理性的分析阶段，“雷政富不雅视频事件”也渐渐地淡出了网民们的视野，微博的舆论风暴逐渐平息。

三　非常规突发事件中“蝴蝶效应”在微博舆论中的表现

与传统舆情不同，非常规突发事件中的微博舆论的演化过程有其特殊性：第一，非常规突发事件具有罕见性和突发性特征，这些特征使得事件能迅速吸引微博用户眼球，极易形成微博舆论点；第二，由于微博传播机制的特殊性、参与主体的多样性、舆论环境的多变性，微博舆论的生成具有系统性、层次性，可能会经过无数次的循环往复，使舆论最终得以不断强化。“蝴蝶效应”贯穿于整个微博舆论过程中，以时间顺序为主线，以微博舆论的一个周期为对象，我们将微博舆论的形成过程分为四个时期，即形成期、关注期、爆发期和平复期，并探讨“蝴蝶效应”在每个时期的表现。

---

① 《腐败突破民众承受底线成未来十年最大挑战》，腾讯新闻，2009 年 12 月 24 日，https：//news. qq. com/a/20091224/002087. htm。

② 《雷政富一审被判处有期徒刑 13 年剥夺政治权利 3 年并处没收个人财产 30 万》，人民网，2013 年 6 月 28 日，http：//politics. people. com. cn/n/2013/0628/c70731 -22009584. html。

③ 《雷政富受贿案二审维持原判》，人民网，2013 年 9 月 18 日，http：//cpc. people. com. cn/n/2013/0918/c87228 -22956089. html。

1. 微博舆论的形成期—“蝴蝶出现”—舆论点形成

作为社交网络的新型平台，微博的信息来自四面八方，有来自微博用户的原创帖，也有通过其他媒体爆料而发布的。截至2012年12月底，新浪微博注册用户数已超过5亿。2012年年中，新浪微博日均发博量约为1亿条。总的来说，微博舆论具有庞杂、冗余、分散等特点，因此，许多微博发布后“石沉大海”，只有初始条件具备敏感性如房价、高考、炫富、贪污等关系民生的话题，易成为微博舆论点，从而不断地得到关注。由于网络缺乏行之有效的监管措施，微博中存在不少淫秽的文本内容，但是都没有引起强大的社会舆论。有“雷冠希”之称的雷政富作为重庆北碚区委书记，他的身份和职责需要谨遵党的号召和领导，坚决抵制腐败。然而，“高官”“色情”“艳照”等字眼充斥在微博的各个角落，重庆市经过多年以来严厉打击贪污腐败的努力，已经塑造了反贪腐的领军城市的形象，而这样的形象完全被“雷政富不雅视频事件”所颠覆，这些因素促使该议题能够成为微博舆论的关注焦点；纪某的微博爆料作为一只“翩翩起舞的蝴蝶”在微博世界中舞动开来形成“蝴蝶效应”。

2. 微博舆论的关注期—“蝴蝶扇动翅膀”—舆论合力形成

微博用户对刺激性的议题不断加以评论、关注或转发，此时意见领袖现身热点事件中，通过发布微博、评论爆料、转发热帖、加关注和@其他用户等形式，引起更多用户的兴趣。在此过程中，利益相关者、当事人、关注者和旁观者都在参与事件的讨论。关注事件的主体层出不穷，并且进一步扩散到其他传播方式，如BBS、SNS、博客以及一些传统媒体的跟进报道等，这便形成了强大的舆论合力。蝴蝶不停地扇动翅膀，带动周围的气流运转，并且产生连锁反应，这在“雷政富不雅视频事件”中体现得淋漓尽致。据人民网舆情监测室给出的观察结果，从2012年11月21日起，关于厅级干部“雷冠希”的不雅视频在网络上疯传。第二天，新浪微博上一条关于“重庆正厅级干部雷政富因不雅视频被免职”的消息再度使得该议题火速升温，纪某当天发布的一条微博得到27万人次的阅读量和3924条评论，再一次形成舆论热点；央视网、凤凰网、新浪、腾讯、网易等大型门户网站不断转载，开设专题；传统媒体也将其视为头号热点话题，步步追击，推进该事件升温升级。经人民网舆情监测室检测，“雷政富不雅视频事件”从艳照曝光到最终审判历时10个月，其间历经7次转折、8次舆情高峰，雷政富的辩解、私下要挟爆料者、赵红霞真人浮出水面、肖烨犯罪团伙中的案中案等事件频频引发媒体报道热潮。

3. 微博舆论的爆发期—“一场龙卷风”—产生强大的社会影响力

微博舆论的热点议题随着各方民众、媒体的及时关注不断地裂变与聚合，最终引发了微博舆论大爆炸，并且从虚拟的网络世界转移到现实环境中，对现实社会造成了意想不到的巨大影响，这就是微博舆论的爆发期。在“雷政富不雅视频事件”中，雷政富本人遭到了网友的人肉搜索，其所辩解的“淫乱视频是移花接木”之说也频频遭到微博用户的质疑；各种各样的“扒粪”运动铺天盖地，其弟弟和情妇利用其职权牟利的行为也被曝光，与赵某有淫乱行为的高官达到10人之多。政府高官的信誉度、公信力受到了史无前例的打击。自从中共召开十八大以来，党内展开了一场严厉的反腐行动，各级官员落马者不计其数，这些人职位有高有低，所在省份也不尽相同，但是都有一些共同的原因，就是贪财好色。随着这些落马官员的腐败问题曝光，社会民众对我国公职人员的印象大打折扣，其直接影响就是政府的公信力也随之减弱。如前所述，民众对政府官员的信任危机是此次微博舆论风暴的社会心理基础。而此次事件更是严重伤害了政府官员的公信力，带来恶劣的社会影响。

4. 微博舆论的平复期—“蝴蝶效应”消失—还原事情真相，舆论得到平息

短短的63小时就将一个正厅级干部从人民的公仆变为阶下囚，微博“秒杀”式反腐赢得了巨大的胜利。在对雷政富作风问题进行审查的同时，警方进一步掌握了雷政富行贿受贿的犯罪事实，并于2013年9月17日进行了判决。与此同时，赵红霞所参与的肖烨等敲诈勒索团伙作案手段和程序的一切谜团终于被解开，消除了公众的疑虑，这一犯罪团伙牵扯进来的近10余名重庆政府官员和企业高管也得到了相应的法律制裁。至此，网络重大“不雅视频”反腐案件告一段落。随着贪腐案件的宣判，各涉案人员被查处，民众对案件的关注度也逐渐降低，社会主流价值回归到常态，参与事件的各方人员渐渐地将目光转移到新的事件中，到此时为止，这一微博舆论可以算是基本平息。

总的来说，“雷政富不雅视频事件”所产生的“蝴蝶效应”的影响有两方面：一方面是积极的，微博舆论在63小时内就让一个厅级官员落马，其速度之快创下了历史纪录，这无疑确立了微博成为反腐利器的形象，纪委部门在此次事件中的表现也给了人们反腐的信心和希望；但另一方面，雷政富所代表的政府官员形象则在此次事件中受到污损，进一步破坏了政府官员的公信力，让人们看到一个金钱、权力和美色交易的污浊世界。另外值得一提的是，微博舆论的“蝴蝶效应”也往往容易对当事人的隐私和生活形成侵犯，甚至会对司法程序和审判结果形成压力和影响。从上文分析可以看出，被科学家们用来形象地说明混沌理论的“蝴蝶效应”存在于微博舆论中，尤其是非常规突发事件借助于微博特殊的舆论平台的传播而变得错综复杂、变化莫测，最终导致对现实社会产生巨大影响。因此，只有积极利用微博舆论中的“蝴蝶效应”趋利避害，才能够使微博健康运营，及时避免产生更大的负面影响。

［本文发表于《北京邮电大学学报》（社会科学版）2014年第3期］

建构公众参与政务微博意愿的影响因素模型

彭　勃　韩　啸　龚泽鹏*

摘　要　本文先采用扎根理论构建出公众参与政务微博意愿的影响因素理论框架，然后运用问卷调查法对该理论框架进行实证检验，从而构建出公众参与政务微博意愿的影响因素模型。研究发现，影响公众参与政务微博意愿的核心因素有四个，分别为外部环境因素、公众因素、政府因素和媒介因素。外部环境因素和公众因素对公众参与政务微博的意愿具有直接正向作用，但是两者间却呈负向关系，而政府因素和媒介因素通过作用于公众因素间接影响公众参与的意愿。因此，政务微博的运营应该以公众为核心，以内容服务为关键，采用"双向对话"的互动信息模式，选用复合型专业人才进行运营管理，注重多元传播策略的使用并积极加强内容产品的建设。

关键词　混合研究　公众参与　政务微博　意愿　影响因素

一　引言

伴随着互联网技术的发展和手机移动终端的普及，人们获取信息、传递信息的方式已经改变，据此，政府部门日渐趋于使用网络平台来促进政务开展，并希望以此来提升公众参与，以促进社会公平和提高政府执政效率。Saebo，Rose and Flak（2008）将这种通过技术赋权参与公共事务的过程，称为电子参与，并定义为利用信息通信技术参与社会民主和协商的过程。① 近年，国内各党政部门纷纷开始利用社交媒体平台进行政务信息分享，开设了数量巨大的政务微博。政务微博的开通不仅使政务信息得以及时、有效地发布，同时还为民众提供了一条便捷的公众参与路径。不过，政务微博真能很好提升了公众参与的意愿吗？为此，笔者随机选择了三个省级政务微博进行观察后发现，三个省级政务微博账号都拥有百万以上的粉丝数量，但是三个账号的单条微博的粉丝活跃率（被评论数）和参与率却极低（每个粉丝平均评论数）。可见，政府部门对于政务微博的使用，并没有有效地提高公众参与。

因此，对于如何盘活数量众多的粉丝，吸引其参与、形成传播涟漪效应是目前国内政务微博亟待解决的问题。然而，纵观学界对此问题的研究，已有文献虽然对某些问题已经做出了回应，但是大多是从微观的层面，就某个单一视角或某个影响因素来探讨，所采用的变量也多源自商业信息系统，没有考虑到政务微博特有的服务性和非盈利性等特征，致使研究成果显得碎片化，而政府在管理和改善公众参与政务微博时缺乏宏观的理论支撑和明确的发展

* 彭勃，上海交通大学国际与公共事务学院教授、博士生导师、副院长；韩啸，上海交通大学国际与公共事务学院博士研究生；龚泽鹏，四川大学公共管理学院博士研究生。

① Saebe，Rose，J.，&Flak，L. S. The shape of eParticipation：Characterizing an emerging research area. Government Information Quarterly. 25（2008），400－428.

路径模式。基于此，本研究将立足于国内政务微博的实际发展情况，运用混合研究方法，探寻出完整的公众参与政务微博意愿的影响因素，并构建公众参与政务微博意愿的影响因素方程模型，提出具体实施建议，以提升政务微博的公众参与率、互动率。

二　文献梳理

本文以“在线参与意愿”“电子参与意愿”为主题进行国内外文献检索，从已有文献来看，以往学者对于影响公众参与意愿的因素研究，主要是从信息传播技术、公众个体特征、社会制度文化三种取向来进行探讨。

（1）信息传播技术取向，立足于“技术决定论”“刺激—反应”模式，认为公众的参与意愿和参与行为是受到所使用的平台技术特征、所接收到的信息表现特征的影响。陆敬筠等（2010）以技术接受模型为理论基础，结合电子政务公共服务特点，提出电子政务公共服务系统公众参与的概念模型，通过分析发现，感知易用性、感知有用性对公众参与态度有正向作用，而参与态度直接影响公众参与的意愿。[①] Juan - Gabriel Cegarra - Navarro（2014）通过问卷调查了 307 名公众，研究发现改善电子政务使用的易用性和有效性可以促进公众电子参与意愿的提升。[②] 陈岚（2015）针对政务微博发展的特点，结合 TAM 模型、动机理论、信任理论提出地方政务微博公众接受模型，发现感知有用性、感知易用性、感知信任和社会影响均对公众参与政务微博有显著影响，其中感知有用性对公众参与政务微博的影响最大。[③] 此外，Enrique Bonsón 等（2015）随机选择来自 15 个欧盟成员国的 75 个市政府在 Facebook 上开设页面的信息作为研究样本，探究信息主题内容、表征形式对公众参与 Facebook 的影响，结果显示，最吸引公众参与的主题内容集中在文化、体育方面，而非相关性较高的公共事务；链接和图片是最能吸引公众参与的信息表征形式。[④] 总的来说，使用平台的技术特征和信息表现特征对于公众参与意愿存在正向影响，技术的感知有用性、易用性和信任度越高，公众的参与意愿也就越强，而在信息呈现方式上，链接和图片对于公众的吸引力最大。

（2）公众个体特征取向，是建立在心理学和人口统计学的基础上，认为个体在认知、行为上的差异是由于个体具有不同的个体特质，而公众参与意愿会受到个体的人口统计学变量、信任、满意度、人格和心理资本等变量的影响。McCarthy 和 Zald（2002）认为，由于公众参与涉及时间、金钱和精力等因素的投入，因此拥有资源较多的公众，其参与意愿会更强烈，超越了过去所认为的公众参与意愿主要是因为感受到了剥夺和不满。[⑤] 而朱旭峰、黄

---

① 陆敬筠、仲伟俊、朱晓峰：《电子政务服务公众参与模型及实证研究》，《情报科学》2010 年第 8 期，第 1246 页。

② Juan - Gabriel Cegarra - Navarro，Alexeis Garcia - Perez，José Luis Moreno - Cegarra. Technology knowledge and governance：Empowering citizen engagement and participation. Government Information Quarterly. 31（2014），660 - 668.

③ 陈岚：《基于结构方程的政务微博公众参与研究》，《现代情报》2015 年第 3 期，第 37 ~ 42 页。

④ Enrique Bonsón，Sonia Royo，Melinda Ratkai. Citizens' engagement on local governments' facebook sites. An empirical analysis：The impact of diferent media and content types in Western Europe. Government Information Quarterly. 32（2015），52 - 62.

⑤ McCarthy，J.，& Zald，M. The enduring vitality of the resource mobilization theory of social movements. In J. Turner（Ed.），Handbook of sociological theory. New York：Kluwer Academic/Plenum Publishers，2002（pp. 533 - 565）.

珊（2008）对用户的性别、年龄、教育背景、职业等个人特征与公众参与电子政务的相关关系进行了问卷调查，发现除去年龄外，其余变量均呈显著相关。① SoonheeKim，JoohoLee（2012）发现公众参与的满意度会增加其对政府和信息技术的信任，而信任是影响公众参与意愿的重要因子。② 吴思、凌咏红等（2011）进一步把信任分为情感信任和认知信任，发现情感信任与公众信息浏览意愿呈正相关，认知信息与公众信息浏览、信息发布意愿呈正相关。③ 陈丝丝（2014）研究发现人格特质对公共事件微博参与意愿和行为具有显著预测作用。④ 于航（2015）发现人格因素对在线参与有显著影响，高神经质人格表现出跟随倾向，高外向性人格主动参与性最强。高开放性个体的参与行为引导倾向明显，顺同人格对在线参与有反向作用。⑤ 朱正威等（2014）通过实证研究验证了行为态度、主观规范、自我效能感、控制力对公众参与意愿也具有显著影响。其中自我效能感对参与意愿影响最大，情感性态度对行为态度的影响比工具性态度大，指令性规范对主观性规范的影响大于示范性规范，相对于空闲时间和经济能力被调查者最缺少的是公众参与的知识和技能。⑥ 综上可见，公众的个体特征对公众参与意愿的确存在复杂的影响。

（3）社会制度文化取向，是从宏观的社会视角出发，认为人们的行为决策是特定的社会文化环境、制度环境的一种反映，公众参与意愿是受到宏观社会环境的影响和制约的。柳宇燕、刘斌（2012）通过问卷调查，发现公民的“教育水平”“经济条件”和所处环境的“民主氛围”正向影响“认知水平”与“态度”，进而影响参与意愿。⑦ 汤志伟等（2016）通过质性研究发现社会规范、经济环境是影响公众参与意愿的重要因素。⑧ Karen Mossberger，et a1（2013）发现政府在社交媒体上的信息传播和交流互动主要采用单向的“推”策略，因此认为，需要通过改变现有制度，扩大开放度，实现政府与公民间更深入的互动。⑨ 此外，一些学者认为重要的不是技术而是改变参与文化和参与制度。

综上可见，国内外对于影响公众参与意愿的研究文献已经积累了一定数量，并取得了许多重要的研究发现，运用的理论丰富、使用的方法多样，对现实的实践具有较强的指导意义。不过，现有的研究还存在一些不足：一是虽然上述三种研究取向发现了许多影响公众参与意愿的因素，却忽视了对这些变量进行综合讨论，无法知晓它们之间的关系，致使研究成果呈现碎片化趋势，缺乏宏观视角的理论研究和综合的理论贡献；二是该问题研究的理论支撑多来自于跨学科理论，使得研究者容易忽略政府所具有的特性以及政务微博的特点，影响

① 朱旭峰、黄珊：《电子政务、市民特征与用户信息行为》，《公共管理学报》2008 年第 2 期，第 49 ~60 页。

② Soonhee Kim，JoohoLee. E – Participation，Transparency，and Trust in Local Government. Public Administration Review. 2012（12）：830.

③ 吴思、凌咏红、王璐：《虚拟品牌社区中互动、信任和参与意愿之间关系研究》，《情报杂志》2011 年第 10 期，第 100 ~ 106 页。

④ 陈丝丝：《大学生公共事件微博参与及其人格特质的关系研究》，西南大学硕士学位论文，2014。

⑤ 于航：《人格特征对网民集体行动参与行为的影响研究》，哈尔滨工业大学硕士学位论文，2015。

⑥ 朱正威、李文君、赵欣欣：《社会稳定风险评估公众参与意愿影响因素研究》，《西安交通大学学报》（社会科学版）2014 年第 3 期，第 49 ~ 56 页。

⑦ 柳宇燕、刘斌：《公民对政府预算参与意愿的实证研究》，《统计与决策》2012 年第 14 期，第 94 ~ 98 页。

⑧ 汤志伟、龚泽鹏、韩啸：《基于扎根理论的政府网站公众持续使用意愿研究》，《情报杂志》2016 年第 5 期，第 183 页。

⑨ Karen Mossberger，et al. Connecting citizens and local governments? Social media and interaetivity in major U. S. Cities. Government Information Quarterly. 30（2013）351 – 358.

了其针对公众在线参与意愿和行为的解释力度；三是学者偏好用实证研究来证实已有的理论，这样容易陷入理论已限定的视野框架从而阻碍了新的理论因素发现，致使研究结论的解释范围狭窄。据此，为了更加系统地研究公众参与政务微博意愿的影响因素，建构出完整的理论模型，笔者将从宏观视角出发，选用混合研究方法，对公众参与政务微博的影响因素进行探索，以建立本土化的理论模型。

三　研究方法

1. 研究对象

政务微博主要指代表政府机构和官员的、因公共事务而设的微博，可分为党政干部开设的个人政务微博和党政机构开设的组织政务微博两类党政机构。在这两类政务微博中，以组织政务微博的数量和影响力最大，所以本文在研究工作中以组织政务微博作为研究对象。

2. 研究设计

由于沿用已有的理论或模型无法解决现存的问题。因此，在没有现成的变量或概念框架作为研究依据时，就需要研究者运用建构性的思维来发展理论，并通过定量研究完成理论检验。基于此，本研究将包含定性研究与定量研究，且二者相互之间重要性一致、不分主次，共同探寻公众参与政务微博意愿的影响因素，基于此，本文选择混合研究方法中的顺序性探究设计来开展研究工作（见图 1）。

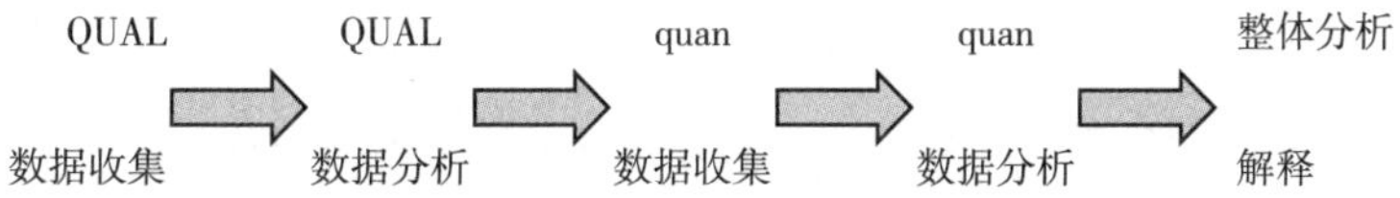

图 1　顺序性探究设计的可视模型

资料来源：阿巴斯·塔沙克里、查尔斯·特德莱：《混合方法论：定性方法和定量方法的结合》，重庆大学出版社，2010 年。注：QUAL 代表定性研究，quan 代表定量研究。

本文将通过定性和定量研究的结合，探索出影响公众参与政务微博的关键要素并阐明主要变量间的关系，再进行验证与优化。通过对比定性研究和定量研究得出的研究结论，实现互证，提升研究结论的可信度，并将研究数据和研究结论进行整合，进一步剖析和解释变量之间的作用机制，增加研究问题的解释度，具体研究思路见图 2。

四　质性研究设计与理论框架构建

1. 扎根理论与访谈

扎根理论的提出旨在为解释与研究相关的某种行为模式而形成新的理论，而不是去验证已存在的理论。因此，本文在质性研究阶段选择扎根理论作为研究方法，研究流程如图 3 所示。

访谈问卷是基于研究的主题，通过咨询负责政务微博运营的政府工作人员、电子政务领域的专家、学者而编制的。采访对象的选取依照两个原则，一是选取的受访对象均是使用过政务微博或参与了政务微博的建设；二是以实现理论饱和为原则，运用理论抽样的方法，按

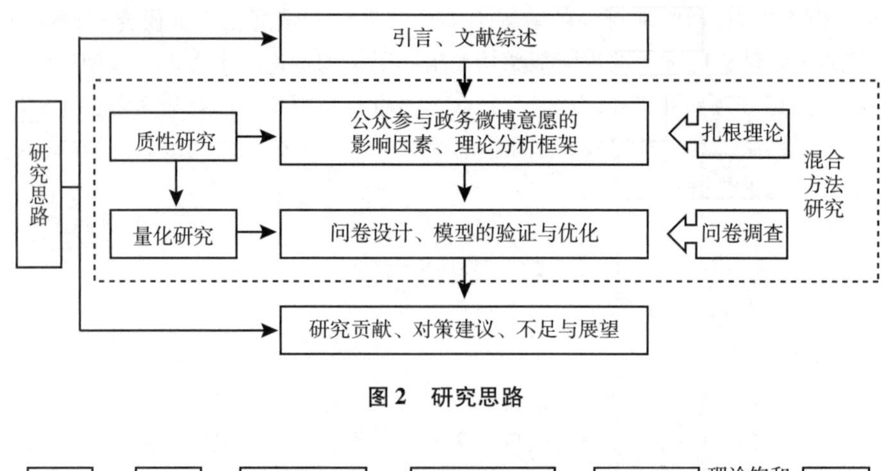

图 2　研究思路

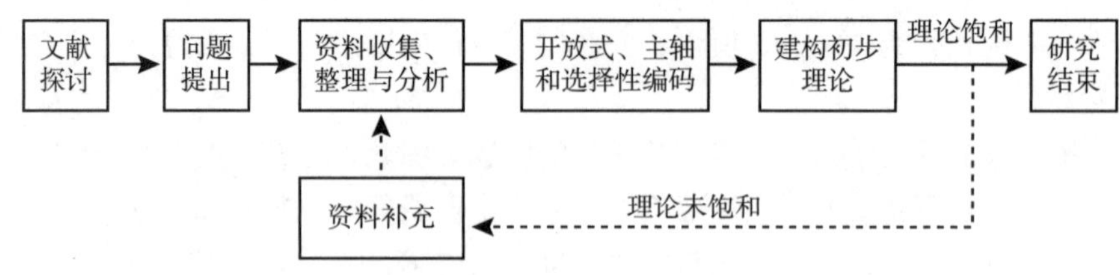

图 3　扎根理论研究流程

照类属生成和理论发展的要求，结合本文的研究问题而进行的。笔者采取与受访者进行一对一深度访谈的方式获取研究数据，每次访谈结束后立即进行编码。通过不断地数据采集、编码分析，直到研究达到理论饱和，数据收集结束。本文共采访了 37 位受访对象。

2. 编码分析

编码分析工作使用软件 Nvivo 8.0 对收集的访谈数据资料进行处理。分析进程依次为开放式编码、主轴编码和选择性编码。第一阶段是开放式编码，是一种以分解、验证、概念化和数据分类的过程①，需要研究者在一致性与发掘新范畴和新属性之间保持平衡。为了保证有理清研究现场发生了什么的回溯能力，笔者在整个编码过程中坚持撰写备忘录，通过回到现场，不断追问，提升将概念进行抽象化的能力，秉持扎根理论“不断比较”的理念，经过数次分析，一些概念和类属就浮现出来了，并进入第二阶段主轴编码。主轴编码是将在开放式编码中形成的众多不同等级、不同类型、深层关系尚不明确的类属，进一步分析比较、关注各类属之间的关联性，从而调整归类，使类属有机地联系起来，形成主类属的过程。②

在完成主轴编码后，就进入了编码分析的最后阶段选择性编码，选择性编码是对主轴编码得出的主类属再次进行系统分析比较和调试，从中得到概括力强、能够统领许多相关类属的核心类属。通过对主轴编码形成的 13 个主类属进行选择性编码，最后得到四个能够统领各个类属的核心类属：外部环境因素、政府因素、公众因素和媒介因素（见图 4）。

① Anselm Strauss. Juliet Corbin. Basics of Qualitative Research：Techniques and Procedures for Developing Grounded Theory. 吴芝仪、廖梅花译，台北：涛石文化事业有限公司，2009 年，第 106 页。

② Kathy Charmaz. Grounded theory：Methodology and theory construction. In N. J. Smelser& P. B. Baltes（Eds.），International encyclopedia of the social and behavioral sciences. 2003：6396 - 6399. Amsterdam：Pergamon.

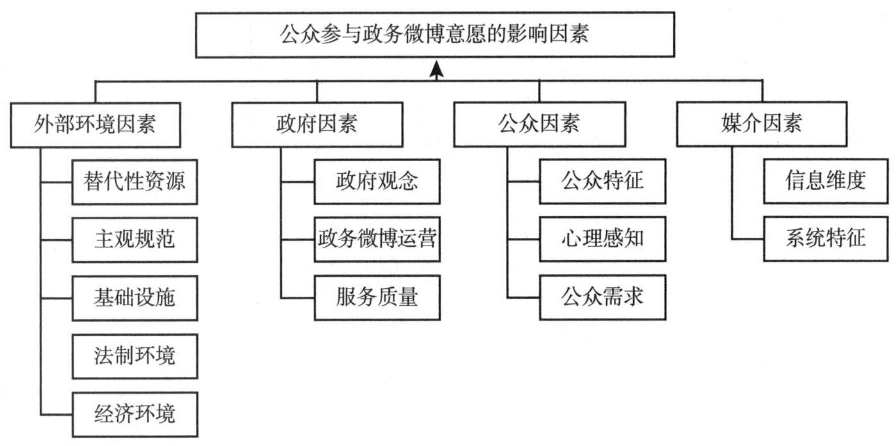

图 4　公众参与政务微博意愿影响因素的选择性编码

3. 信度与效度检验

在质性研究中，可信度是指用完整、一致的方法来产生值得相信的结果。本文参照学者 Miles 和 Hubennan 提出的对定性数据中编码者信度的检验公式来进行信度检验。[①] 通过公式计算得出信度为 93.06%，信度较高。

检验质性研究效度的主要方法有三角检验和成员检查法，本文选用三角检验作为保证本研究效度的科学方法。根据三角检验的基本原则，笔者从多个角度或立场，搜集与研究同一主题相关的资料进行比较，并与来自高校、传媒界和政府的 5 位专家，对分析编码内容进行多角度、全方位审视，来确保本项研究的效度。

4. 理论框架构建和饱和度检验

通过漫长、细致的编码分析，从访谈材料中渐渐浮现出公众参与政务微博意愿的理论框架，根据系统论的要求[②]，公众因素、政府因素、媒介因素和外部环境因素之间复杂的作用机制对公众参与政务微博的意愿产生影响，并以此构建了理论框架（见图 5）。

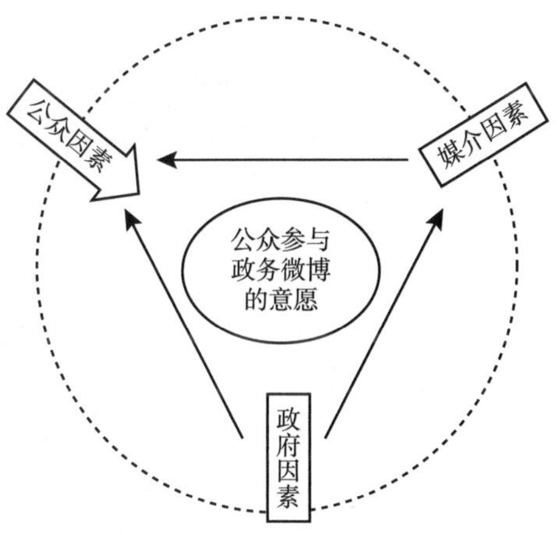

图 5　公众参与政务微博意愿的理论框架

① 休伯曼：《质性资料的分析：方法与实践》，张芬芬译，重庆大学出版社，2008，第 55 ~ 127 页。

② 赵红丹、彭正龙：《基于扎根理论的强制性公民行为影响因素研究》，《管理评论》2012 年第 3 期，第 136 页。

卡麦兹（2009）认为，当搜集新鲜数据不再能产生新的理论见解时，也不再能揭示核心理论类属新的属性时，类属就“饱和”了。① 根据卡麦兹的观点，本文在进行理论饱和度检验时，带着“在数据内部和类属之间进行了怎样的比较”“这些比较是如何解释类属的”“有没有其他的方向，如果有，会产生怎样的新的概念关系”这样三个问题进行检验。最终没有新的概念关系出现，因此本研究通过扎根理论构建的理论框架已达到饱和。

五　定量研究设计与数据分析

前文通过扎根理论构建了公众参与政务微博意愿的理论框架，紧接着将以前文构建的理论框架为基础，提出研究假设，设计问卷，运用问卷调查法收集数据，对理论框架进行量化实证检验，并构建出公众参与意愿的影响因素方程模型。

1. 研究模型与假设

根据前文的质性分析，共得到公众因素、政府因素、媒介因素和外部环境因素四个核心类属。其中，政务微博的外部环境作为公众、政府以及媒介所处的外界客观环境，会对公众因素、政府因素、媒介因素和参与意愿产生显著影响。基于此，提出假设 H1 ~ H4。H1：外部环境因素正向影响公众参与政务微博的意愿；H2：外部环境因素正向影响公众因素；H3：外部环境因素正向影响政府因素；H4：外部环境因素正向影响媒介因素。

根据前文扎根理论方法建构的理论模型显示，政府因素对媒介因素具有直接影响。基于此，本文提出以下假设 H5。H5：政府因素正向影响媒介因素根据前文扎根理论方法建构的理论模型显示，政府因素和媒介因素对公众因素具有直接影响，而公众因素对公众参与意愿具有直接影响。据此，提出假设 H6、H7、H8。H6：政府因素正向影响公众因素；H7：媒介因素正向影响公众因素；H8：公众因素正向影响公众参与意愿。

综上所述，构建出公众参与政务微博意愿的研究假设模型。

2. 定量研究方法与数据收集

本研究的问卷设计分为两个部分：个人基本信息测量和变量测量。笔者首先在前文质性分析的基础上，对上述 5 个变量进行操作化定义，采用李克特五级量表编制相应的测量题项。其中，公众参与政务微博意愿主要参考 HyehyanHong（2013）的研究成果，采用 2 个问项进行测量；其余 4 个变量的测量参考前人研究的问卷设计题项，并根据质性分析加人部分自编题项，总共 85 个问项构成。

采用便利抽样法将修改后的调查问卷通过网络平台发放了 100 份问卷展开预调查，对数据进行信度和效度检验，发现 Cronbach α 系数仅为 0.931，表明问卷的整体具有良好的信度，问卷稳定性较高；KMO 值为 0.920，适合进行进一步分析。删除个别信度较低的题项后形成了本研究的正式调查问卷。根据学者 Gorsuch（1983）对因子分析时样本数量的要求，本研究的问卷调查发放数量应取值在 350 ~ 875 之间。采用便利抽样法和滚雪球抽样法通过线上和线下的方式，共计发放 500 份问卷，经过三个月的数据收集，共回收 494 份问卷，剔除回答不完整和无效的问卷 33 份，最终收到 472 份有效问卷，回收率为 95.5%。在本次调查的 472 个样本中，男性为 240 人，占 50.8%；女性为 232 人，占 49.2%。与 CNNIC 发布

① 凯西·卡麦兹：《建构扎根理论：质性研究实践指南》，边国英译，重庆大学出版社，2009，第 144 页。

的《第37次中国互联网络发展状况统计报告》中的我国2015年网民性别比例（男性网民53.6%，女性网民46.4%）相似，本研究的调查样本情况基本符合现实的情况。

3. 数据分析与结果

（1）信度与效度检验

在进行模型检验之前，需对问卷的信度和效度进行检验。研究采用Cronbach α信度系数法分析问卷信度，Bryman和Cramer（1997）认为，如果内部信度α系数在0.80以上，表示量表有高的信度。[①] 经检测，问卷整体的信度系数值为0.892，表明该问卷具有可靠性。随后进行Bartlett球体检验和KMO样本测度检验调查问卷各问项间的相关性，本研究问卷样本的KMO值为0.876，Bartlett球形检验得到的显著度为0.000，表明拒绝各变量独立的假设，各变量之间具有较好的相关性，所有变量的效度较好。

（2）模型拟合分析

模型的拟合度分析主要是用来评估模型与数据的匹配程度[②]，主要包括的评价指标有：绝对适配度指数、增值适配度指数、简约适配度指数等。借助Amos 21.0软件进行数据分析，得到本研究模型整体的拟合优度如表1所示。据表可知，本模型的各项适配度指数值均达到适配标准，因此，本文的假设模型具有较好的模型拟合度。

表1　研究模型的拟合优度

拟合指数	CMIN/DF	RMR	GFI	AGFI	NFI	RFI	IFI	TLI	CFI	RMSEA
适配标准	<3	<0.05	>0.90	>0.90	>0.90	>0.90	>0.90	>0.90	>0.90	<0.08
本模型值	2.497	0.032	0.965	0.918	0.968	0.934	0.980	0.959	0.980	0.056

（3）假设检验

基于研究假设模型建立的结构方程模型，假设H1、H3、H4、H5、H6、H7、H8均通过显著性检验，假设H2“公众因素受到外部环境因素的正向影响”未得到验证。笔者认为，可能的原因是替代性资源等外部环境因素越丰富，反而削弱公众对政务微博的不可替代性感知，降低公众对政务微博的使用欲望。

通过对人口统计学变量的考察发现，性别、年龄、学历、政治面貌与参与意愿呈显著正相关，职业、收入则没有相关联系。根据此绘制出参与政务微博意愿最为强烈的人群“肖像”：男性，年龄段在18～24岁，具有大学学历，政治面貌为中国共产党党员。

（4）研究结果

本文得出以下研究结果：①除假设H2以外，其余假设均成立。从路径分析结果可以得出，外部环境因素对公众因素呈显著的负向影响。②研究模型的内生变量被解释的程度分别为政府因素（R2 =0.65）、媒介因素（R2 =0.77）、公众因素（R2 =0.88）、公众参与政务微博意愿（R2 =0.73）。需要指出的是，因变量公众参与政务微博意愿的方差变异解释度为0.73，解释度较高，说明应用本模型研究公众对政务微博的参与意愿具有较好的理论价值。③公众因素和

① 严星：《微信用户持续使用意愿影响因素研究》，电子科技大学硕士学位论文，2014。

② Karen Mossberger, et al. Connecting citizens and local governments? Social media and interaetivity in major U. S. Cities. Government Information Quarterly. 30（2013）351 -358.

外部环境因素是政务微博公众参与意愿的直接影响因子，政府因素和媒介因素为间接影响因子。④公众因素的前因包括政府因素、媒介因素和外部环境因素。政府因素是基础，对公众因素的影响系数最大。⑤各变量对公众参与政务微博意愿的影响效果值分别为：公众因素 = 0.63；政府因素 =0.63；媒介因素 =0.24；外部环境 =0.72。由影响效果值的大小可以看出，外部环境因素对公众参与政务微博意愿的影响效果最强，这可能与微博用户间交互性较强的特征有关。并且，外部环境因素、政府因素和公众因素的影响效果值均超过0.60，说明主观因素（公众因素）和客观因素（政府因素与外部环境因素）对公众参与政务微博意愿的影响较大。综上所述，笔者提出修正后的理论模型，其中实线表示正相关，虚线表示负相关（见图6）。

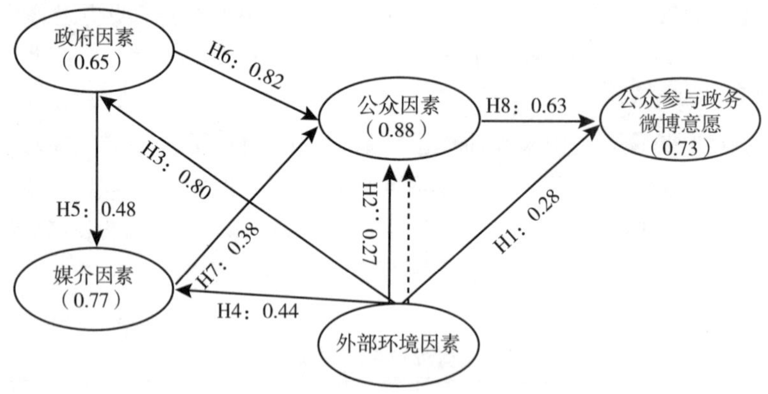

图6　公众参与政务微博意愿的理论模型

六　结语

1. 研究贡献

本文选择公众参与政务微博意愿的影响因素作为研究对象，采用混合方法研究，立足中国本土环境，对研究问题进行定性和定量分析，构建出中国情境下的公众参与政务微博意愿的影响因素理论模型。研究的贡献如下：

（1）提出具有中国本土化的公众参与政务微博意愿的影响因素模型，并对已往的研究发现进行了有效验证。本研究运用扎根理论方法重新构建出一个新的公众参与政务微博意愿的影响因素理论模型，并通过了定量研究的实证验证。笔者发现，理论模型中的媒介因素、公众因素和外部环境因素与前文文献梳理归纳出的公众参与政务微博意愿的三大研究取向（信息传播技术取向、公众个体特征取向、社会制度文化取向）的内涵基本一致。这说明，本研究建构出的新理论模型中的影响因素获得了已有文献的支撑，并对已有理论进行了再佐证。

（2）研究发现，政府因素虽然对公众参与政务微博意愿没有直接的正向影响，但是其在整个理论模型中却有着极为重要的作用，是影响公众参与政务微博意愿的一个重要影响因素。从前文的文献梳理来看，以往研究更多是从媒介技术、公众的个体特征和外部社会环境来探讨公众参与政务微博的意愿，而对于政府因素在其中所起的作用却关注不多。然而，从本研究建构的理论方程模型可见，虽然政府因素对公众参与政务微博意愿没有直接的正向影响，但通过计算发现其间接对公众参与政务微博意愿产生的影响效果值却达到0.63. 而且其对公众因素的直接影响效果值高达 0.82。据此可知，政府因素在公众参与政务微博意愿的理论方程模型中是一个重要的影响因素。这一发现，也为该领域的后续研究提供了一个新的研究路径，学者们可以更多地聚焦政府对政务微博的理解、使用策略和运营管理展开更深入的探索。尤其是政府如何通过政务微博的运营管理来影响公众个体，从而激发公众参与的意愿。

（3）研究发现，公众因素和外部环境因素是公众参与意愿的影响因素中最核心的两个因素。根据本研究建构的理论方程模型发现，政府因素和媒介因素并非直接对公众参与政务微博的意愿产生正向影响，而是通过影响公众因素这个变量间接作用于公众参与的意愿，而公众因素和外部环境因素却直接对公众参与政务微博的意愿有正向影响。这表明，政务微博的用户特征、用户心理需求和外部经济、社会、法制等环境因素对公众参与政务微博的意愿具有直接的正向作用。当用户个体的参与需求越高时，用户的参与意愿也就越强烈；当社会的经济、法制、文化氛围越鼓励公众参与时，公众的参与意愿也就越高。

（4）研究发现，外部环境因素和公众因素之间呈现出负相关关系。根据本研究建构的理论方程模型，公众因素和外部环境因素虽然直接对公众参与政务微博的意愿有正向影响。但是二者之间却是呈现出负相关关系。笔者认为，这有可能是因为，当外部环境中的替代性资源变得丰富时，会削弱公众对政务微博的不可替代性感知，从而降低公众的使用欲望和使用需求。

2. 研究启示

（1）改变现有的运营观念，对政务微博重新进行运营定位

根据前文构建的方程模型来看，政府因素对促使公众个体是否具有参与政务微博的意愿具有非常重要的影响。政府部门对于政务微博的重视度、发展和运营定位以及政务微博的服务质量，会对公众个体对于政务微博的认知和使用需求产生正向作用，从而影响公众个体的参与意愿。而从现阶段政府部门对于政务微博的使用情况来看，政府部门仅仅将开设的微博账号作为公共部门发布信息的一种工具，并没有将政务微博真正当作与公众进行沟通的桥梁。以至于出现了政务微博的粉丝活跃率和参与率都极低，绝大多数民众粉丝最终成为了“僵尸粉”。而公共管理部门想要改变这一现状，首先应改变现有的、不合适的政务微博运营观念，重新对政务微博做一个运营定位。

（2）明确政务微博的服务属性，变“单向推送”信息模式为“双向对话”互动模式

根据前文建构的理论方程模型可见，公众因素是公众参与政务微博意愿的影响因素理论方程模型中非常关键的一个因素，因为营造良好的外部环境、政府部门做出针对性运营以及便利、可信的媒体平台，最终的目的都是为了激发公众的参与意愿。为此，公共管理部门在运营政务微博时，必须以公众为核心，并以此来定位政务微博的职能和运营模式。公共管理部门自身具有服务性和非营利性特征，这便决定了政务微博为公众服务的属性。所以政务微博的运营，目的是为公众提供“服务”，既包括及时、有效的自上而下的信息共享，做到政府信息公开化、透明化，更重要的是还包括主动了解民意、做到下情上达。由此，政务微博还需要改变当下的“单向推送”信息的服务模式为“双向对话”的互动服务模式，做到主动与粉丝进行互动、沟通、对话，激活粉丝的参与意愿。其次，对于主动参与并分享有价值的信息的粉丝，应当给予积极回应和引导，有选择、有意识地将其培养成意见领袖和稳固的信息源。

（3）选用复合型专业运营人才，注重传播策略，加强内容建设

据前文的理论方程模型来看，媒介因素对公众个体具有直接的正向作用。即，政务微博发布信息的时段、内容、语言风格、表征形式、传播策略等选择会对公众个体产生影响，进

而影响到公众的参与意愿。这也表明，政务微博发布的信息和讨论的话题对于公众来说，感知越有用、越有趣和越与自身相关，则越容易激发起公众的参与意愿。基于此，公共管理部门应根据公共管理部门的工作内容和公众的需求，选用既懂公共管理又善于媒体运营的复合型专业人才来管理政务微博，与此同时，注重多元传播策略的使用，并加强内容产品的建设。政务微博的运营看似简单，其实极为复杂，只有选用既懂公共管理又善于媒体运营的复合型专业人才，才能将部门工作的核心和公众的需求结合起来，寻找到内容服务的关键，然后用最适合、最能引起公众兴趣的传播策略与公众进行互动，从而激发公众的参与热情。

综上所述，政务微博的运营应该以公众为核心，以内容服务为关键，采用“双向对话”的互动信息模式，选用复合型专业人才进行运营管理，注重多元传播策略的使用并积极加强内容产品的建设，此外，还应创造良好的经济、社会、法制等外部环境氛围。

（原文发表于《上海行政学院学报》2017年第5期，本文略有修改。）

论微博协商民主的可能性与现实性

张爱军[*]

摘　要　微博协商民主既是可能的，也是现实的。微博协商民主需要网民的自由、平等、民主、理性、道德、多元的底线要求，没有底线要求，协商民主就没有可能性。在目前的情况下，微博协商民主的底线要求成为高线要求和长远目标，决定了协商民主的复杂性和长远性。微博体现的思想多元化和利益多元化，决定了微博协商民主的现实可能性和紧迫性。微博协商民主既是宏大政治的微观化、具体化，也是现实利益和价值观在微博上的必然要求、具体体现和拓展。要积极探索微博协商民主的转化机制，搭建协商民主的新平台，提升协商民主的结构层次，为中国特色的社会主义民主打下更加良好的基础，进而提升政治文明的水平和能力。

关键词　微博　协商民主　社会主义民主

一　微博协商民主的可能性

微博协商民主的可能性是指，微博网络技术和微博内容是否提供了实现协商民主的条件。条件具备，才具有协商民主的可能性。微博网络技术条件是否有利于协商民主，关键在于微博主体是否具备协商民主的资质。只有微博主体比较好地具备了协商民主的资质，协商民主才有可能性。可能性不等于现实性，可能性只是现实性的充分必要条件。

微博协商民主是现实协商民主的一部分，也是网络协商民主的一部分。微博决定了协商民主的特质。微博是自媒体的一种，具有自媒体的所有特质，即互动性、虚拟性、平等性、快捷性、发散性、自由性、流动性和聚散性。如果说微信是会客厅，微博就是广场。微信具有半封闭的特点，微博却是全方位开放的，它向所有人开放，向所有内容开放。如果说博客是滞后性的互动，那么微博就是及时性的互动。微博的即时性和便捷性远远超过了传统媒体。就协商来说，正是因为微博的所有特性都为微博协商民主提供了可能，如互动式协商、虚拟性协商、平等性协商、快捷性协商、发散性协商、自由性协商、流动性协商、聚散性协商，所以，微博既决定了协商的形式，也决定了协商的内容。微博协商民主同现实协商民主相比，既有优点，也有不足。

微博协商民主需要公平正义的调节以避免其陷入误区。罗尔斯认为："正义是社会制度的首要原则，正像真理是思想的首要价值一样。一种理论，无论它多么精致和简洁，只要它不真实，就必须加以拒绝或修正；同样，某些法律和制度，不管它们如何有效率和有条理，只要它们不正义，就必须加以拒绝或废除。每一个人都拥有一种基于正义的不可侵犯性，这种不可侵犯性即使以社会整体利益之名也不能逾越。因此，正义否认了一些人分享更大利益

* 张爱军，辽宁师范大学教授、博士生导师、网络政治研究中心主任。

而剥夺另一些人的自由是正当的，不承认许多人享受的较大利益能绰绰有余地补偿强加于少数人的牺牲。”① 由此可以说，正义也是微博协商民主的首要价值，离开了公平正义，微博协商民主就会成为空洞的形式。在罗尔斯看来，公平正义本就是通过协商选择而来的，微博协商民主也需要选择公平正义进行调节。微博具有自己的结构形式，这个结构形式，既是技术上的，也是制度上的。

微博协商民主具有底线上的要求。要想微博以公平正义的形式进行协商，需要对微博协商民主的主体提出基本的要求。这些基本的要求包括自由、平等、民主、理性、道德、多元。只有具备了这样的基础，协商才具有可能性。对协商主体的要求是底线要求，而不是高线要求。只有底线要求才具有广泛性和普遍性。高线要求的协商会使一些人失去协商的基本能力、资格和条件，甚至会把一些人排除在协商民主之外。协商民主底线的要求，对于微博来说，具有高线的态势。微博具有虚拟性和发散性的特点。微博至少在表面上看来不是实名制，参与的人不知具体是谁，表面上的面对面协商实际上具有部分隐身人协商的特质，隐身人的协商会掺杂非理性的成分来讨论问题。发散性协商也必然是由着兴趣和情感对问题、事件和公共利益进行讨论，理性缺失也就在所难免。微博的底线要求，是协商民主追求的目标。微博是协商民主的重要平台，要充分利用好这一平台，培育网民的协商民主素质和民主能力。

微博协商民主的指向是公共利益。仅为自己利益是自私，自私无法协商。公共利益是合作而得，互惠是协商的动力，也是合作的本质要求。微博协商民主既有效地排除了圣徒式的利他主义，也排除了利己主义。微博协商民主的核心是互利性或互惠性。如果说现实中的协商具有空泛性，微博上的协商则具有具体性。如果说现实中的协商具有排他性，微博上的协商则具有吸纳性。想协商的人，可以随时进来。微博的公共利益具有广泛性，也具有突发性，从而影响了讨论公共利益的深刻性。

微博协商民主要求协商的主体是自由的。自由包括消极自由和积极自由。消极自由是积极自由的前提和基础，只有在保证消极自由的前提下，才能充分行使积极自由。自由是强制的免除，是对法治的界定。互联网是自由的，微博是自由的，决定了协商必须是自由的。只有自由的协商才会取得实质性的结果，才能获得程序和实质性意义。没有自由的协商就是强制协商，强制协商就是说服。微博的自由，不同于现实的自由。微博的自由具有虚拟性特点，或者说是虚拟性的自由。微博的自由，是积极意义上的自由，在法治的范围内自由地言说、自由地讨论问题、自由地发出合理的利益诉求。微博的自由必须与协商结合起来，协商是自由的协商。由于微博的特质，自由的协商可能会无果，网民是在广场自由地聚集，有些协商的声音可能会被淹灭，有些协商的声音可能会被忽略。

微博协商民主要求主体之间是平等的。在微博里，每一个人都是平等的，都具有平等的人格、平等的尊严、平等的利益诉求。每一个人都应该被予以平等的尊重。这种平等是形式上的，而非内容上的。形式上的不平等经常会被内容和实质上的不平等所取代。微博的主体非常复杂，每一个人都处于不同的社会阶层，协商的实质性不平等会充分显现出来。这种不平等表现在每一个人的粉丝数量不平等，那些意见领袖的粉丝数量巨大，话语的声音和力量就会加倍放大。一般用户粉丝数量少，发出的声音和力量自然就小。声音和话语力量的不平

① 〔美〕约翰·罗尔斯：《正义论》，何怀宏等译，中国社会科学出版社，2001，第1页。

等，会导致对话的不平等。再加上网络水军的出现，这种不平等会加大，增加社会的裂痕。要把这种不平等的力量化为平等的力量，使协商在平等的基础上进行，需要网民的共同努力。无论如何，平等的形式是走向平等的第一步。平等的形式就是在法治面前的人人平等，不平等的力量要服从法治平等的形式。

微博协商民主是民主的。微博协商民主的主体人数远远超过古希腊民主，也远远超过现代巨型国家的民主。六亿多的网民，无论如何也难以承载民主的重量。微博协商民主的可能性恰恰又在于它的民主性，如果没有民主性，微博协商民主就失去了现代意义。微博协商民主的民主性，不在于参加人数的多少，而在于事件本身，并不是所有人都对同一事件感兴趣。微博协商民主的民主性在于事件的分立性、多样性、多元性和分化性，也因此可以称为微博民主的多元性协商。微博协商民主的多元性，把网民分为不同的群体，各种群体之间还可以起到互相制约的作用。群体内部可以通过少数服从多数的方式进行表决，体现的是民主性。不同群体之间进行协商，体现的是制约性、协商性和民主性。微博协商的民主性不仅化解了人数的重负，而且还化解了民主的虚拟性，真正丰富了民主的形式。

微博协商民主要求协商的主体是理性的。人是理性的存在物，理性的人必须运用常识性的概念进行基本的判断推理，要求理性推理的结论具有客观性、公共性、公正性。人是非理性的存在物，非理性对理性具有积极的或消极的影响。协商要求的是理性，人的非理性必须受到理性的控制。微博的一个特质，就是隐蔽性，这种隐蔽性使得人的非理性扩张，使人的情感与激情失去理性的控制。在这种情况下，想进行协商是根本不可能的。理性追求的是公共利益，公共利益如果受到非理性的误导，公共协商不但没有结果，还会导致参与主体的互相敌对，甚至反社会化。只有理性的人，具有公共利益的判断与推理，才能与他人协商。

微博协商民主要求主体是道德的。理性的人必须是道德的人，仅有理性而没有道德，理性就失去了根基。人是道德的存在物。在微博里讲的道德，不是假大空的道德，也不是高大上的道德，都具有具体的针对性，是道德抽象原则的具体化、个人化和个性化。道德的人会彼此互相尊重，尊重对方的利益诉求、人格尊严，不污化他人，不矮化他人，不高高在上，更不站在道德的制高点对他人横加指责甚至谩骂。

微博协商民主要求参与的主体是多元的。主体多元意味着利益表达的方式和诉求是多元的。现实的事件传播到微博中，引来围观的主体是多元的，立场是多元的，对同一事件的判断也是多元的。因微博协商民主是指向公共利益的，因此价值与诉求必然追求共识。问题在于，在微博上寻求共识的可能性很低，有人称之为共识断裂。如果共识断裂，那么协商就没有基础。在这种情况下，只能寻求最大公约数，在协商的过程中寻求最大公约数。如何在如此众多的网民中寻求最大公约数，有没有可能在微博协商民主中找到公约数，这是对微博协商民主的重大挑战。寻求最大公约数最有可能是形式上的，即法治与规则上的最大公约数，最不可能的是内容上的。如果微博协商民主在内容上不可能取得最大公约数，微博协商民主的意义就不大。微博协商民主主体的多元性，会导致微博协商民主的多元性，这会使微博协商民主在小范围寻得最大公约数。

协商必须具有合理性。协商的合理性是要承认每一个人的合理利益，规范每一个人追求合理利益的正当性。如果说理性指向公共利益，合理性则指向个人的合理利益。如果在微博协商民主的过程中，只指向公共利益，而忽略或抹杀个人的合理利益，协商就失去了内在动力，使个人合理利益虚无化。

二 微博协商民主的现实性

微博协商民主的现实性是指，一方面，微博技术已经为协商民主提供了技术平台，另一方面，实现协商民主的条件已经有了现实基础和现实保障。如果没有现实基础和现实保障，微博协商民主的可能性就会止步不前。

从政治上来说，协商民主已经具备了历史条件、理论条件、实践条件、制度条件、政策条件。中共中央在《关于加强社会主义协商民主建设的意见》中指出："社会主义协商民主是中国共产党和中国人民的伟大创造，源自中国共产党领导人民进行革命、建设、改革的长期实践。党的十八大和十八届三中全会深刻总结我国社会主义民主政治建设的经验和规律，作出健全社会主义协商民主制度、推进协商民主广泛多层制度化发展的重大战略部署。协商民主在我国具有深厚的文化基础、理论基础、实践基础、制度基础，为发展中国社会主义民主政治丰富了形式，拓展了渠道，增加了内涵。"《意见》还说："坚持广泛参与、多元多层，更好保障人民群众的知情权、参与权、表达权、监督权。坚持求同存异、理性包容，切实提高协商质量和效率。"协商民主要"从实际出发，按照科学合理、规范有序、简便易行、民主集中的要求，制定协商计划、明确协商议题和内容、确定协商人员、开展协商活动、注重协商成果运用反馈，确保协商活动有序务实高效"。①

《意见》强调："继续重点加强政党协商、政府协商、政协协商，积极开展人大协商、人民团体协商、基层协商，逐步探索社会组织协商。"却没有指出利用微博这一平台进行协商，但微博给协商民主提供了重要的平台，各种不同协商都可以利用微博的技术平台进行，并把宏大的政治协商微观化、微博化、实效化、具体化、民意化，进而实现政通人和。有了现实条件，就能保证微博协商民主的现实化。历史决定现实的走向，实践不断提升能力，理论提供方向，制度提供保证，微博就会把协商民主的可能性转化为现实性。微博协商民主的现实性要实现宏大协商微博化，还需要有现实的自我价值和自我利益的驱动。自我价值形成的思想多元化和利益多元化，是微博协商民主转化为现实的内在动力。这是微博协商民主得以进行下去的前提和基础。否则，协商就成了无本之木、无源之水。相同的利益和价值诉求会使人们走到一起。

第一，政治协商民主的微博化。微博政治协商的目的与现实政治协商的目的具有一致性，都是推动政治民主，发展和完善社会主义政治文明。微博政治协商具有与现实政治协商不同的特殊性，即通过微博政治协商把政治理性和政治尊严落到实处，实现每一个政治个体的尊严。通过政党协商的微博化增加政党意识。中国特色的政党体制是中国共产党领导的多党合作制。中国共产党领导的多党合作制度和政治协商制度是我国的基本政治制度。中国共产党是执政党，民主党派是参政党。中国政党合作的方针是"长期共存，互相监督，肝胆相照，荣辱与共"。政党协商要在坚持基本制度的前提下，对政党协商的路径与机制进行政治沟通和交流，发挥网民的聪明才智。通过政治协商的微博化，加强网民的政治意识、政党

① 中共中央印发《关于加强社会主义协商民主建设的意见》，《人民日报》2015年2月10日。

意识、政党监督意识；通过政府协商的微博化强化政府的权责意识和服务意识，增加网民的权利意识和监督意识；通过政协协商的微博化增强政协委员的监督意识和功能意识，使政协的政治花瓶转化成责任意识，自觉接受网民的直接监督；通过人民团体协商的微博化，提升人民团体的政治意识，有效防止人民团体的官僚化和行政化；通过基层协商培养公民的主人翁意识和自治意识；通过社会组织的协商培养公民的结社意识和管理意识。所有这些意识最后都有助于实现和强化社会监督与治理参与的能力。

第二，价值协商民主的微博化。不同的思想观点、不同的价值观念，都在微博找到了短平快的传播与协商平台。微博上的思想价值有中国特色社会主义、社会主义核心价值观、民族主义、民主社会主义、社会民主主义、民粹主义、自由主义、左派的价值观、右派的价值观、传统文化、儒家思想。微博有短微博、长微博、图片微博。短微博传播的价值观具有碎片化的特点，这一点由长微博进行弥补。价值协商困难重重，每一个固守价值观的人都难以说服别人接受自己的价值观，比如左派难以接受甚至拒绝接受右派的价值观，自由主义者难以接受或者拒绝接受民族主义者和民粹主义者的价值观，中国特色社会主义核心价值观在微博里也难以居主导地位。既出现了百花齐放、百家争鸣的局面，也出现了“意识形态极化”现象。如果各种价值观不能理性沟通，不能协商，不能取得共识，不但会出现价值断裂，还会影响甚至破坏社会稳定。

价值的多元化，对人类来说，似乎是一个悲剧，也是人类难以化解的难题。伯林说：“人类的目标是多样的，它们并不都是可以公度的，而且它们互相间往往处于永久的敌对状态。”①

人们既可以在现实中协商民主，也可以在微博上协商民主。不同于罗尔斯理想良序社会的是，中国的协商民主在微博上展开，在微博上捍卫宪法正义和寻求理性共识，是一条切实可行的并具有宪法保证的通道。《中华人民共和国宪法》第35条规定：“中华人民共和国公民有言论、出版、集会、结社、游行、示威的自由。”人们在表达和捍卫自己的思想价值观的同时，必须通过理性交流和沟通，捍卫中国的宪法正义，寻求言论自由的共识。微博各种不同价值观的沟通过程，不应该是对骂和污化的过程，不应该是树立价值敌对的过程，不应该是“非我族类、其心必异”的自我封闭的过程。那种动辄因一言不合便骂对方是脑残、汉奸、带路党、美分党是不理性的。

第三，利益协商民主的微博化。利益协商的微博化，至多是对利益的分解，并不是对利益的浓缩，但微博利益协商民主具有明确的针对性，也具有明确解决问题的紧迫性。微博利益协商大部分是针对具体的并迫切要求解决的现实问题，对于大而无当或者长远利益问题，网民不感兴趣。在微博上发生的大事件只有与个人的体验结合在一起，只有与网民受到的间接伤害联系在一起，只有涉及具体的人权个案、法治个案、维权个案、血拆个案、强征个案才会唤起网民的经验感受，才会让人们有受到间接伤害的感觉，参与到讨论中来，才会在此基础上进行评论，引起协商民主的诉求。群众利益无小事，群众利益既有经济利益，也有政治利益和社会利益。微博协商民主的内容，除了涉及思想价值之外，更多的是小利益的协商。由马克思主义的观点来看，经济基础决定上层建筑，上层建筑是经济基础的反映，思想和价值的诉求也是利益诉求的反映。现实的利益是多元化的，体现在微博上的利益诉求也是

---

① 〔英〕伯林：《自由论》，胡传胜译，译林出版社，2003，第244~245页。

多元化的。多元化的利益在微博上都有确实而又真实的表达。

在现实协商民主还不完备、还缺少基本沟通机制的情况下，在微博上进行民主协商，不但容易造成政治肥大症，而且还让微博协商民主难以负重。尽管如此，微博协商民主应在其可以承受的范围内完成协商民主的任务，承载现实民主协商的部分负担，转移现实政治的压力。这需要微博在自律的同时自治。微博网民及时发现问题，发出解决问题的诉求，相关单位对诉求进行沟通，达到多方满意的结果。

需要指出的是，微博具有碎片化和快餐化的特点，微博无论是政治协商，还是价值协商和利益协商，也都有碎片化的特点，这就决定了微博协商民主的碎片化、快餐化。微博协商民主讨论的内容容易受到舆论热点的影响，协商的内容快速游移，具有游离性。即使已经确立的协商民主内容也缺少应有的稳定性。又因协商民主的内容大都直接涉及自身，协商主体大都是间接利益的受害者而非直接利益的受害者，微博协商民主具有空泛性和宽泛性，使得本来可以通过微博协商解决的问题本身成了问题。因此，避免微博协商民主本身的缺欠，需要切实可行的转化机制。

三　探索微博协商民主的转化机制

有了微博协商民主的技术平台，有了微博协商民主的制度保障，还需要构建微博协商民主的转化机制。这些机制包括群组设置机制、自治机制、议题设置机制、规则设置机制和微博投票机制。

第一，群组设置机制。现在微博已经形成思想群、价值群、意识形态群、利益群。这些群具有固化的趋势。这既有有利的一面，也有不利的一面。有利的一面是各种群的形成与固化有利于缩小参与的规模，防止参与的失序和无效，防止个人参与的无力感和无能感，有利于核心议题的设置并解决核心议题。不利的一面是群与群之间可能会出现鸡犬之声相闻，老死不相往来的局面，甚至会出现敌对和仇恨。微博内部因为设群而行协商民主之实，比不设群而无协商民主更好。同时，协商民主的实践会使网民形成政治宽容的美德。美德一旦形成，网民的理性就会增加，群与群之间的民主协商也会得到发展。

微博群组的形成既有客观必然性也有主观性。微博群组的设置，有利于协商，有利于问题的解决。物以类聚，人以群分。那些有共同价值观和共同利益诉求的人自然会走到一起，形成微博协商民主共同体，原来原子化的个人、群众化的个人、乌合之众中的个人都能从中找到归属感，找到自身存在的价值和意义。在微博共同体中，通过议事、沟通、协商和交流，强化了个人的主体性，增强了主人翁责任感和自豪感，避免了虚空感、孤独感和个人无力感。

第二，自治机制。自治是协商民主的试验田，也是协商民主的培训基地。在中国的现实中，有各种形式的自治组织。诸如基层自治、村民自治、社区自治，这些自治组织都可以借助于微博平台，把自治做实。另外，微博网民也可以实行自治。网络可以实现道德自治、思想自治、利益自治，成为自治的新形式。[①] 微博是网络的一部分，其他网络技术能做到的微博技术同样能做到，既然可以实现网络自治，也就能够实现微博自治。微博自治遇到的难题

① 张爱军、许德胜：《网络治理的三种模式：比较与选择》，《晋阳学刊》2014 年第 6 期。

在于，自治与人口规模和时间成反比，人口规模越大，自治的程度就越小，自治就越具有虚拟性，越容易导致他治。人口规模越小，自治的程度越大。参与的时间越长，参与的热情就越小。上亿的网民同时参与，微博自治严重超载，使网络自治陷入瘫痪状态。因此，寻求微博自治的机制，避免微博自治过载超载，就显得尤为重要和迫切。

根据微博协商民主的不同内容，可以设置不同的自治机制。与微博相比较而言，微信因为五百人的上限，参与微信群的规则明确，甚至有的微信设置了罗伯特规则，微信的自治能力得以提升，这是微信后来居上的重要原因。微信给微博的启示就在于，如何仿照微信的机制构建微博协商民主机制，让微博生成自治的机制。在微博上，人们或者围绕着大V或意见领袖聚集在一起，或者以共同利益或共同价值观聚集在一起，一些网民或者在不同的大V或意见领袖之间游移，或者在不同的价值观和利益群体中游移，使得微博上的自治具有松散性，远不如微信那样集中。微信的机制即使不能照抄照搬，也具有极其重要的参考价值。在微博协商民主过程中，必须进行规模限制和时间限制。参与协商民主的人不能太多，但必须具有代表性。参与协商民主的时间不能太长，但必须具备足够的理性思考时间和交流时间。参与协商民主的网民必须是利益和价值的直接相关者。在协商的整个过程中，非直接利益和价值的相关者可以提出批评建议，使得协商结果具有客观性和公正性。

第三，议题设置机制。设置议题是协商民主的基本条件。没有议题就没有协商民主，没有核心议题的设置，协商民主就会头重脚轻，失去根基，所有的信息都成为协商民主的议题是不可能的，也是不现实的。与其他新媒体和自媒体相比，微博上即时新闻不断、内容更新迅速、信息流动快捷，这既给议题设置提供了有利条件，也为设立核心议题增加了难度。设置议题容易，设置核心议题困难。每一个新闻或事件都可以成为议题。核心议题的设置需要智慧和一定的判断能力，否则就有可能把伪核心议题设置为核心议题。

核心议题是公平正义、环境保护、生命安全、食品安全、私产保障等议题或与其密切相关的议题。核心议题必须是具体的、有针对性的。核心议题若大而无当，就不利于问题的解决。核心议题的设置程序必须是科学的，过程必须是协商民主的，结果必须是客观公正的。

核心议题的设置，往往与网络大V或者意见领袖有直接的关系。或者说，大V或者网络意见领袖在设置核心议题方面起着关键作用。如果一个网民影响力小，粉丝数量少，即使核心议题设置起来，也不会引起人们的关注，还需要求助于相关的权威人士、网络意见领袖。只有引起相关的权威人士和意见领袖的注意，核心议题才能放进核心位置。目前有一种趋势，就是污化网络大V或意见领袖，其目的是缩小网络大V或意见领袖的影响力与议题的调控力和设置力。但是，应该知道，网络大V或意见领袖是在思想市场竞争中产生出来的，而不是人为地制造出来的。减弱他们的影响力，只会使设置议题空心化，使真正的问题边缘化，使需要通过协商民主来解决的问题累积起来，加剧社会的对抗。因此，必须重视网络大V或意见领袖在设置话题上的影响力，发挥他们设置核心议题的作用。

核心议题的设置，政府应该起主导作用。政府的主导作用，不在于思想价值言论，因为在这方面，政府提供保障即可，政府的主导作用主要体现在政策协商上，政策的协商又主要体现在利益协商上。政府的主导作用也必须通过平等来体现，否则就有行政命令之嫌或者就是行政命令。政府的利益协商主要是维护协商民主的规则，提出设置核心议题，但不能以核心议题来命令协商主体，更不能因为设置核心议题而代表协商主体，从而让协商主体缺席。政府在协商的核心议题设置之后，应该充分发扬民主，做到协商结果的科学化与民主化。

第四，规则设置机制。微博协商民主的规则，从宏大的角度来说，就是法治规则。法治规则是网民人人必须遵守的规则。微博法治规则是现实法治规则在微博的应用。如同现实一样，微博讨论与交流也需要罗伯特规则。采用罗伯特议事规则，会增加协商民主的实效性。

有学者把罗伯特规则简化成为极简版 12 条。一是动议中心原则。动议是开会议事的基本单元，必须是具体、明确、可操作的行动建议。先动议后讨论，无动议不讨论。二是主持中立原则。会议“主持人”的基本职责是遵照规则来裁判并执行程序，尽可能不发表自己的意见，也不对别人的发言表示倾向。三是机会均等原则。任何人发言前必须示意主持人，得到其允许后方可发言。先举手者优先，但尚未对当前动议发过言者，优先于已发过言者。同时，主持人应尽量让意见相反的双方轮流得到发言机会，以保持平衡。四是立场明确原则。发言人应首先表明对当前待决动议的立场是赞成还是反对，然后说明理由。五是发言完整原则。不能打断别人的发言。六是面对主持人原则。发言要面对主持人，参会者之间不得直接辩论。七是限时限次原则。每人每次发言的时间有限制，每人对同一动议的发言次数也有限制。八是一时一件原则。发言不得偏离当前待决的问题。只有在一个动议处理完毕后，才能引入或讨论另外一个动议。九是遵守裁判原则。主持人应制止违反议事规则的行为，这类行为者应立即接受主持人的裁判。十是文明表达原则。不得进行人身攻击，不得质疑他人动机、习惯或偏好，辩论应就事论事，以当前待决问题为限。十一是充分辩论原则。表决须在讨论充分展开之后方可进行。十二是多数裁决原则。动议的通过要求“赞成方”的票数严格多于“反对方”的票数。弃权者不计入有效票。议事规则的基本精神却是非常简约清晰的，大致来说有五项：权利公正、充分讨论、一时一件、一事一议、多数裁决。①

第五，微博投票机制。微博的技术平台已经存在，充分运用微博投票技术平台，是对网民的最基本的要求。协商的过程是民主的过程，民主的过程也是协商的过程。离开协商的民主是不理性的民主，离开民主的协商是强制或专制。协商民主的结果，必须是投票的结果。没有投票，协商民主就没有结果，或者结果就失去了基本的民意支撑。人们只要利用好投票的设置，就能很快地进行投票，也会很快地知道结果。在进行投票时，要做到起点公开、过程公开、结果公开。

总之，微博协商民主既是可能的，也是现实的，但需要微博协商民主的转化机制。在转化机制具备的条件下，微博协商民主的应用前景是极为广阔的。

（本文发表于《党政研究》2016 年第 3 期）

① 孙涤：《罗伯特议事规则的 12 条基本原则》，https：//www. jianshu. com/p/a9581906da3c。

微博政治参与的民主作用及其优化路径

赵春丽*

摘　要　微博政治参与是近年来的新现象，在诸多公共事件中显示出极大能量，深刻影响着政治生态和民主建设，成为民众政治参与的重要方式之一。微博政治参与在优化民主生态、丰富民主形式、拓宽民主路径、维护权利和约束权力等方面，具有独特优势，能彰显民主本质，体现民主价值。然而，参与中的权利不平等、制度乏力、理性不足和诚信缺失等问题也十分突出。为此，要注意以法治化手段解决微博政治参与中的问题，加强制度机制建设，培育网络文明，引导民众有序参与。

关键词　微博政治参与　民主形式　民主作用　法治化

政治参与是公民表达诉求、制约政府行为，从而实现公民政治权利的重要手段。微博政治参与是指公众基于一定的兴趣偏好或利益诉求利用微博这一网络媒介进行的以影响政府决策、政府行为或公共政治生活为目的的政治行为。微博参政作为近年来的新事物，在诸多公共事件中显示出极大的能量，是中国政治和公共生活中的重要现象，从现状看，其中还有许多问题值得深入探讨。

一　微博政治参与的民主作用

考察与思考近年来中国民众微博政治参与的诸多案例，可以发现，在当前特殊的国情与社会转型期，微博政治参与具有独特的民主功能和作用。

（一）微博政治参与优化民主生态

民主是一个系统，需要自由、平等、开放的舆论生态环境。微博空间的政治参与优化了政治舆论生态、社会舆论生态，普通民众拥有了更多话语权。从政治舆论生态看，在民众微博参与的“倒逼”之下，各级政府机构、公安机关相继开通政务微博，积极利用微博打造政务公开、信息透明的新平台，回应民众日益活跃的政治参与。以北京市为例，北京市各级政府机构和公共事业单位不仅相继开通了政务微博，而且建立了政务微博群，成立了统一的微博问政平台。除了机构政务微博外，不少官员开辟参政议政的新阵地，在日常政务治理和公共突发事件中担当权威信息源，与民众进行微博沟通和交流，逐渐成为官员意见领袖，在一定程度上优化了官民之间的联系互动。微博空间开始相对自由地讨论被视为敏感的政治事件，这是政治舆论生态的一大进步。公开透明、参与和讨论是民主政治的基本要求，微博作

* 赵春丽（1982—　），女，安徽人，法学博士，北京工商大学马克思主义学院副教授、硕士生导师，主要从事网络政治与民主、思想政治教育研究。

用不可低估。从社会舆论生态看，社会舆论借助微博呈现更加全面、自由的态势，日益成为观点的自由市场；各种社会团体、非营利组织等公益机构，名人、企业家以及部分知识精英和意见领袖充分利用微博开展公益事业，草根公益活动家亦利用微博新平台提升社会公益意识。从公民个体而言，微博产生了大量公民新闻，造就了大量公民记者，普通民众通过微博发布自己得到和掌握的新近发生的特殊的、重要的信息，虽然是非专业新闻报道，但是打破了新闻媒体的垄断，极大解放了民众的言语表达权利，普通民众运用自己的非专业记者角色，争取一定的话语权，也能让自己的权益诉求和声音被倾听。

（二）微博政治参与丰富民主形式

政治参与是民主实现的条件和要求，不同参与形式形成了不同的民主实现形式。当前我国公民政治参与形式主要有选举、信访、城市与农村基层自治中的参与、社团组织参与以及公共决策中的参与，形成了选举、监督、协商、自治等民主实现形式。微博政治参与提供的民主训练新形式丰富了民主形式。

微博政治参与开辟了网络民主的新阵地，开创了微博民主协商形式。微博独特的交往联系、对话、沟通与商谈机制形构了“微”公共话语空间，并以议程设置或舆论压力的形式传导给政治系统，促使公共话语空间与政治系统相互影响，建立沟通和联系，就公共决策商议沟通，达成共识。以微博为渠道的沟通、对话，使各方都能了解彼此立场，照顾彼此的利益与关切，做出符合理性和利益需求的决策与安排。这赋予微博民主协商的可能性，丰富了协商民主的途径和形式。以南京梧桐树事件为例，该事件是微博公共话语和政治系统之间相互影响、协商的典型案例，借助在微博上的公共商谈，南京兴建地铁砍树背后存在的社会深层次问题被揭开，激发了社会的公共危机意识，微博舆论形成，并传导给南京市政府，最终促成各方共同参与，共同商谈与决策，“微博的公共协商消解了社会的不稳定因素，使公共危机化解在萌芽状态……协商政治摆脱了利益政治的常规渠道”①。再以“微博打拐”为例，2011 年初，中国社会科学院农村发展研究所于建嵘教授在微博上发起“随手拍照解救乞讨儿童”在微博上引起广泛关注，知名人士与普通民众迅速加入，在短时间内设置了议题，经过微博传播，影响政治议题，政府机关也参与打拐行动，意见领袖、民众和政治系统互相影响，使微博打拐成为公共参与事件。

微博政治参与是公民参与的扩展和延伸，提供了民主训练的新形式。微博成为个体政治社会化的新传播媒介，是启蒙政治意识、培育政治思想的场所。微博空间里常常聚焦关于时政话题、政治改革、民主自由人权的对话乃至辩论，这种开诚布公的意见交换和观念交锋对于启蒙政治意识、培养自由民主的政治思想具有重要意义。微博政治议题的讨论与交流、微博空间的政治动员与线下活动，对于民众政治表达与沟通能力、政治动员和组织能力的锻炼与培养都具有重要的作用。

（三）微博政治参与拓宽民主路径

民主转型需要多种路径共同作用，这样才可以尽量避免风险。一般而言，民主转型需要自上而下和自下而上两种路径相结合。实现高质量和稳健的民主转型，既需要选举领域的竞

① 魏楠：《微博——政治参与和协商民主的新阵地》，《山东行政学院学报》2011 年第 4 期。

争性权力代理和制约关系，也“可以探索一条在非选举领域从事民主化建设的道路，开放民主化过程的多向度性”①，既需要宏观的顶层制度设计，又需要在底层和微观上充实民主基础，培养民主意识，拓宽自下而上的民主路径，因为民主的实现需要理想激情和理性的制度建构，更需要脚踏实地的民主实践和民主练习。

微博在民主转型上提供了自下而上的路径。例如：以微博参与建立公共决策的“微”机制，以微博沟通搭建微博政务平台，以微博反腐建立权力监督的“微”渠道，以微博力量推动执政思维的新转变，以微博推动法治进步的“微”路径，以微博对话构筑公共“微”话语空间，以微博互动交往强化公民社会资本，以微论坛建构民主协商的新形式。通过这些渐进的“微观”机制的量的积累，有效落实民众表达权、知情权、监督权，使民主实心化，有效运转起来，进而实现更高层次的制度转变，是当下推进民主进程的优良选择。政府和民众对微博的普遍接受为微博拓宽民主路径提供了可能性，并已经成为现实政治实践。

民主政治以双向互动为表征原则，微博极强的互动结构，为执政党和民众、政府与民众、官员与民众、决策与民众建立起良性的政治互动关系提供了可能性，使执政党、政府和民众在互动沟通中达成共识，成为可选路径。从未来看，微博政治参与也符合新技术的民主化应用趋势，是民主转型的重要渠道和形式。

（四）微博政治参与彰显民主本质

民主本质是权力制约和权利维护。保障每个公民依法享有广泛民主权利和自由，实现社会全面进步和人的自由全面发展，是社会主义民主追求的最高境界和最终目标，是社会主义民主政治的根本落脚点，是其本质核心所在。微博参与展现了强大的力量，既能实现社会主义民主形式的创新，又能实现权利的表达与维护，还能推动权力的监督和制约，从而推动实质民主和深度民主。

一方面，微博在公民权利的表达与维护方面的优势彰显。微博使用的低门槛、便利性和即时性，赋言论表达权、话语权于普通公民，无数个体快速聚合在一起，形成一个公共的话语平台，在体制外开辟一条权利诉求表达渠道，并且利用微博作为沟通和组织手段，发起维权行动。微博世界中汹涌的舆情背后，虽然有不少泄愤和起哄之人，但更多的是对民众权利的网络呐喊、“围观”乃至行动，所谓“围观”就是力量。以 2010 年 9 月的“宜黄事件”为例，在这场微博直播的拆迁案中，当事人拆迁过程中权利被损害和遭遇强拆的悲惨情况，引发网民持续和深入关注，并有网民发起现实的支援行动，给公权力部门造成极大压力，促使其自我纠错。该事件再次触犯众怒，推动了国家对拆迁立法和拆迁手段的关注，促成了新拆迁条例加速出台。如果没有微博直播，宜黄强拆事件会以另一种形式展现，微博介入使其不同于其他强拆事件而演变为公共参与事件，成为一种新的维权方式和公众参与路径。在“李盟盟高考被落榜事件”“山西尘肺病小伙获网友微博接力支持”等事件中均能看到微博在权利表达和维护中的积极作用。

另一方面，微博的权力监督作用亦凸显。公众利用微博监督政府和官员，推动行政问责。微博打破传统的树状结构、中心—外围式传播模式，进行网状和蘑菇云式的传播，可控性日益式微，实现腐败案情的迅速曝光和传播。在微博世界中“全民皆记”，可以随时随地

① 景跃进：《关于民主发展的多元维度与民主化序列问题》，《新视野》2011 年第 2 期。

全过程全天候地发起监督，以“蛛丝马迹”让权力运行在阳光之下，“韩峰日记门”“山西毒疫苗致害案件”“江苏常州溧阳卫生局局长微博门事件”等，不时爆发出来的微博“炫富女”背后的特权和腐败问题，是微博监督优势的体现。微博政治参与和社会主义民主价值追求具有契合性，可通过有效的形式实现党的领导、依法治国和人民当家做主三位一体的社会主义民主架构，体现人民当家做主、主权在民的价值追求。然而其巨大的脆弱性和偶然性是需要克服的困难。

二　微博政治参与中的问题分析

政治参与可以促进政治稳定，增进政治系统合法化，也有利于公民政治社会化，但是，在扩大公民政治参与的同时，必须注意克服参与中的问题，否则会引发参与无序和社会动荡。目前，微博政治参与中也面临一些突出问题，影响其民主价值的发挥，导致一些微博政治参与乱象。

（一）微博政治参与中的平等问题

民主以平等为前提，民众应以人人平等原则和平等地位来参与和处理政治生活。微博政治参与中的平等问题，主要分为两个方面：一是微博政治参与先行资源的不平等，二是微博政治参与中主体话语权的严重不平等。微博政治参与先行资源的不平等主要体现为数字鸿沟的存在，即不同地区城乡、不同受教育程度、不同年龄、不同社会群体、不同阶层甚至性别之间的差异造成信息接入和使用的不平等。大量民众无法利用微博等网络工具表达诉求意愿，是游离于网络数字生活的人，是没有话语权的沉默群体，其利益诉求可能得不到表达，也可能“被代表”“被表达”。汹涌的微博民意并不能真实反映相当一部分无信息资源、无能力参与群体的意见。另外，在微博政治参与中，尽管网民主体地位平等，但实际话语权力极为不平等。微博上，各种认证企业家、官员、明星、作家、学者、律师、企业机构凭借本已在现实生活中取得的影响力和门户网站的操控而迅速成为意见领袖，是微博中发言最多、最为积极的活跃分子，具有极强的舆论影响力，而普通民众在时政参与上是沉默的大多数和名人尤其是娱乐明星的跟随者。“在言论生态多元的互联网上，热议时政、具有公共情怀、遇事要争个水落石出的网友并非主流群体，关注个人情绪的表达、将微博视为社交工具的网民始终是微博用户的大多数，娱乐始终是微博用户寻求的重要目的之一。”① 这势必形成名人主导话语权，而草根民众只是沉默的看客与围观者，民众话语影响力不足，这是话语权的极大不平等，而微博问政参与的不公平，很有可能会导致现实资源分配的不公平。

（二）微博政治参与中的理性问题

“民主以理性为前提。如果要成功实现民主，必须发展并使用理性的能力。”② 否则，乌合之众和多数暴政的悲剧可能会一再上演。微博政治参与所形成的强势的舆论导向，在监督

① 《人民网舆情监测室推出十大草根名博和十大草根网事》，人民网，2012－02－27，http：//society. people. com. cn/GB/17227631. html。

② 〔美〕科恩：《论民主》，聂崇信、朱秀贤译，商务印书馆，1988，第59页。

政府和维权方面能量巨大，但参与中的无理性和民粹化现象也日益凸显。只言片语，碎片化表达；转发评论，信手拈来。随时随地的信息分享和传播，极快的信息更新和交流互动，促使微博表达和传播比传统网络更加情绪化和随意化，语言也更加激烈，非理性表达更是常见，盲目围观也更加方便，谣言传播更为迅速，微博“转发和评论只是一种情绪的宣泄，只是在转一种莫名的‘世界感’——这种‘世界感’在‘主流媒体’及其‘宏大叙事’中往往是被压抑、被屏蔽的”①。在意见领袖的指引和群体心理暗示之下，冲动易变、缺乏理性的乌合之众很容易形成。桑斯坦指出，网络上的圈内传播很容易造成网民群体意见的极端化倾向，“在网络和新的传播技术的领域里，志同道合的团体会彼此进行沟通讨论，到最后他们的想法和原先一样，只是形式上变得更极端了”②。其实，微博上动辄数十万人形成的舆论洪流既不一定代表真相，也难以彰显公平与正义。药家鑫案中，公众受谣言误导，借助微博、博客把药家鑫捏造为“官二代”“富二代”，众口谩骂围观，心里充满仇恨而难以理性评析和判断，案件酝酿为官民对立、富人和穷人是对立，舆论越来越极端，即使是专家较为理性的学理分析以及死刑存废问题的讨论，也被简单地认为是替药家鑫辩护、替有权有势者代言，这种话语暴力，加深了社会本来就已存在的裂痕。事实证明，药家鑫的家庭是一个非常普通的家庭，并无特权背景，也非传说中的富户，舆论虽未杀死药家鑫，却给药家鑫的家庭造成无端伤害，也有损司法独立精神。政府执政固然必须要倾听民意，但是必须是理性的民意，政府必须恰当地引导和控制公众舆论导向，而不是被动地为舆论所主导，过多地依赖网络空间的民意测验，其决策可能仅仅依据民众的直观感受，民众往往倾向于考虑自己直接的利益需要，而忽略国家根本性的和长远性的战略决策。

（三）微博政治参与中的制度问题

制度化是保证民主参与健康有序发展的必要条件。社会参与的程度越高，参与的意愿越高，而参与的制度化程度越低，则政治越不稳定：政治参与/政治制度化 = 政治动乱。③ 虚拟空间的微博政治参与亦存在参与意愿高涨和制度化不足的问题，导致无序参与发生。

微博政治参与的议题是全面而广泛的，参与却是分散化的，往往是以舆论倒逼的形式引发相关政府部门关注，进而推进事情的调查与解决，具有极大的偶然性。一方面，政务微博的平台建设无法有效吸纳民众参与。为吸纳和引导民众参与，不少地方党政机关和官员已经开辟政务微博，尤以公安机关、交通部门微博为突出亮点，但是官方微博平台难以充分吸纳分散化的民众参与。官方微博互动性不足、宣传性的官话多，在回应民众诉求中实效不足。由于官方微博的特殊身份，其微博的信息发布往往具有极大的选择性特征，即只发布安全和正面的消息，而屏蔽负面消息，一些维权诉求也难以呈现在官方微博。一些政务微博的设置也往往是应付上级任务，或为“作秀”，维护政府形象。在此种背景下，人们表达利益诉求往往直接发布消息，寻求网民关注，或求助于微博空间的意见领袖和名人，此时，微博空间短时间内形成舆论飓风，对政府及官员形成巨大冲击，引发参与失序。另一方面，政务微博

---

① 张跣：《微博与公共领域》，《文艺研究》2010 年第 12 期。

② 〔美〕凯斯·桑斯坦：《网络共和国——网络社会中的民主问题》，黄维明译，上海人民出版社，1993，第 47 页。

③ 〔美〕塞缪尔·P. 亨廷顿：《变革社会中的政治秩序》，李盛平、杨玉生译，华夏出版社，1988，第 56 页。

一般只提供问政平台，无后续制度支持，且无与现有代议制度及民众体制内参与制度的有效结合形式。对民众在微博中提出的问题、建议与利益诉求进行积极答复只是完成了微博问政的一半功能，而问题的解决及其政策回应是题中应有之义，只有如此才不会让微博问政沦为政府秀。而如何启动行政程序，在现实代议制度基础上，建立起相应的制度机制，是必须要考虑的问题。此外，政务微博未能与现有民众参与形式如基层选举与公共事务的参与和协商、信访、检举进行有效结合，微博空间大量网络群体事件的发生与现有民众参与机制不畅密切相关，而网络空间亦无平台机构吸纳阻塞的社情民意，以新浪、腾讯微博为代表的商业网站微博却承担了汹涌的民意。如何建构制度机制吸纳越来越多的微博参与是当务之急。

（四）微博政治参与中的诚信问题

“民无信不立”，“人而无信，不知其可”，自古以来，诚信就是立国、立政、立业和立身之本，现代民主的有效运行依赖诚实守信的伦理氛围。然而，微博政治参与中诚信不足，影响其民主价值的发挥。

一是微博中政府公信力有待提升。由于政府传统的执政理念和执政做法未能随着信息时代的到来而迅速实现转变，而民众对政府信息公开与透明度的要求日渐高涨，因此，在网络时代，政府公信力遭遇极大挑战已是不争的事实。一方面，政府及其官员的话语体系——所谓官方套话受到网民调侃和质疑，对官方话语的信任度降低。另一方面，在公共突发事件处理时的遮掩和消息发布的滞后乃至话语应对方式都与民众的诉求相距甚远。借助于微博传播形成的网络舆论导向中，往往呈现民众对政府的严重质疑和不信任。在突发事件中，政府机构及其官员在微博中表现的专横、迟钝、应对不力，甚至发布并不真实可靠的微博信息，也进一步造成政府公信力的流失，降低政府权威。在2012年春节“三亚宰客门事件”中，一网友微博爆料朋友吃海鲜被宰，引发众多网友跟帖响应，三亚市政府和相关职能部门虽然在较短时间内做出回应，但在微博上以“今年春节黄金周在食品卫生、诚信经营等方面三亚没有接到一个投诉、举报电话（零投诉）”“无法举证”应对网友批评和质疑，并表现出“对于恶意攻击三亚的人，将依法追究责任”的强硬态度，遭到一致谴责，使政府面临更大的诚信危机。现代民主政治是一种诚信政治，民众将国家权力委托给政治管理者，政治管理者则需要以有效的治理保障民众的各项权益，并保障民众的各项知晓权，这是一种“政治契约”，政府是否兑现契约，就是政治诚信问题，没有政治诚信就无民主政治，所以社会主义民主更加强调政治诚信。

二是公民个体和社会参与组织与机构的诚信需加强。鉴于微博政治参与和微博舆论的效应，各种社会力量和机构，出于各种特定的目的或者利益考量，利用微博大肆炒作，用各种虚构的谣言、故事骗取民众的同情心，试图操纵公众舆论，为自己或特定群体谋利，这是极其需要警惕的。一些企业团体为了特定利益，利用网络水军进行虚假营销和宣传造势，令真相扑朔迷离。再以个体为例，一些网民出于各种目的，在政治参与中，毫无责任心地、随心所欲地发布并不真实的微博消息，如关于政治人事变动、公共危机事件的各种不实猜测和传言，也有一些网民虚构故事，哗众取宠。在虚假信息和谣言泛滥错误引导下的公众讨论，只会加剧本来就容易出现的网络乌合之众乱象，无益于民主训练。

三　微博政治参与的路径优化

充分实现微博政治参与的民主价值，规避微博政治参与的诸多问题，出路在于以法治化手段把微博政治参与纳入制度化轨道，由体制外进入体制内，结合现有人民代表大会的代议制民主，以形式民主推动实质民主。为何提出法治化？其理由在于，民主与法治是健全民主制度的两翼，仅有参与的单兵突进而无法治与制度的跟进，当现有的制度容纳能力和国家能力不能把政治参与的要求和行动纳入制度化轨道时，就容易产生政治冲突，导致政治失序和不稳定。制度支持是微博参与能否长久和持续发展的重要前提，微博政治参与的法治化具有必然性。

首先，从微博政治参与行为的完整过程即政治系统的角度考虑制度建构，此为横向制度建构。政治系统论的核心思想主要是政治输入、政治输出和反馈。[①] 从政治输入来看，公众会以微博形式对政府系统输入要求、意见等各种压力，对此，应为微博政治参与提供制度供给，进行议题与议程设置（如政务微博、微博听证平台等）和常态化的微博参与路径。政治输出表现为政府在吸纳民意基础上的决策和行动，对此，应创设制度，建立科学的舆情评判机制，充分征求、甄别和吸纳微博民意并最终做出决策和行动，政府不仅要在微博回应民众参与，更须转化为实际的政策和执政行为。从反馈系统来看，公众会利用微博对政府决策及其执行效果提出意见、要求并做出评论，对此，应创设反馈的制度平台，借助微博“建设参与回应型政府”[②]，实现微博政务的机制化、常态化。

其次，加强纵向制度建构。第一层次，微博政治参与和完善代议制民主相结合。微博政治参与以参与式民主作为理论支撑，但必须依附于代议制民主。纵向制度建构上，应着重于微博在人民代表大会制度的运用，以微博强化代表与民众的沟通，探索微博在人民代表大会期间的作用。第二层次，政府微博问政的制度化，进行政务微博建设，回应公民微博政治参与，将政府信息公开、公民知情权保障与微博问政紧密结合，并且避免“虚热”的“作秀”行为，针对微博问政的参与、处理情况设计评估考核目标，作为行政考核机制的一部分，将微博上的民意纳入政府绩效考核机制中。第三层次，基层民主和自治协商中微博应用的机制化和常态化。

再次，注重法治化建设。不管是横向和纵向的制度建构，终须以法治化为导向，从立法层面考虑，制定法律应以保障民众网络知情权和参与权为根本原则，明确权利、责任、义务和问责程序。一方面，对公民网络信息权的规范、公民信息贫困的救助义务、微博参与权的司法救济须明确，确保缩小数字鸿沟；对微博虚假信息、谣言和网络水军等也要明确处罚办法。另一方面，明确政府微博政务和信息公开的网络责任、对公民信息权利的保障责任，启动政府网络不作为和非法作为的问责程序。制定政务微博的具有约束力的指导原则与工作条例，制定管理办法，规定党政机关设立机构和专职人员负责管理机构微博，实现公开化、经常化和制度化；规范信息发布管理的规则和流程，严格避免随意发布未经证实与许可的信息；对于官员微博，要大力鼓励，加强培训，依法管

---

① 〔美〕戴维·伊斯顿：《政治生活的系统分析》，王浦劬译，华夏出版社，1999。

② 管人庆：《论网络政治表达的政府回应机制》，《天府新论》2012 年第 1 期。

理，推动官民互动。

最后，积极培育微博政治参与的软环境。制度的有效执行需要文化和精神力量的支持，微博政治参与要走出无序化和诚信困境，需要良好的网络伦理环境和政治文明环境。一方面，大力提倡网络文明，从学校教育开始培养民众网络素养，倡导网民自律和责任意识，在网络实践中践行网络法治精神和政治理性，并进行正确的价值指引。另一方面，在微博政治参与中，政府的包容、开放和民主作风更为重要，是决定微博民主价值发挥实效的关键。微博的民主功能就在于其高度的互动性，而民主的特征之一就是互动，在互动交流中，意见沟通、利益表达与妥协、权力制约得以实现，政府包容、开放则是互动实现的前提。

［本文系国家社会科学基金青年项目（项目编号：12CKSO15）、
教育部人文社会科学基金项目（项目编号：10YJC710081）、
北京市教委面上项目（项目编号：SM201210011006）的阶段性成果。
发表于《理论导刊》2012 年第 12 期］

政务微博中的公众参与：限度与突破

李强彬[*] 陈晓蕾

一 政务微博：公众参与的新途径

按照政治系统论的观点，政治系统通过输入、输出和反馈三个环节与外部环境进行互动并为社会进行权威性的价值分配。其中，需求输入十分关键。当有待输入的需求与政治系统的需求处理能力之间难以平衡时，就会出现输入失败，从而对政治系统造成压力。为此，可供选择的办法之一就是增加需求输入的通道或者提高通道的议题转化能力。在这样的框架下，作为技术革命的产物，政务微博的出现不仅为公民参与政治生活提供了新的通道，而且扩展了政治系统中需求输入的方式。公民借助政务微博这一平台可以更好地行使知情权、参与权、表达权和监督权，参与公共事务管理，维护自身的合法权益。

作为微博在网络公共领域的自然延伸，政务微博是微博的一种特殊形态。因而，它既具有微博的一般特征，如即时性、互动性、平等性、草根性、开放性等，同时也因为其主体和目的的特殊性而具有自身的特性。首先，政务微博管理主体具有官方性。政务微博主要分为两类：一类是党政机构官方微博，一类是党政干部个人微博。其中，党政机构微博是各级党委、人大、政府、政协、纪委、人民法院、人民检察院及其工作部门和机关内设机构，以及其他参照公务员法管理的人民团体和事业单位开通的实名认证微博，党政干部微博则是指在上述党政机构工作的干部开通的实名认证微博。① 可见，党政机构及其工作人员是政务微博特定的使用和维护者，政务微博的管理主体具有明显的官方性。其次，政务微博中官民对话具有直接性。以网络为依托的新媒体，其最为显著的特征就是交互性。政务微博不仅是官方权威信息的发布平台，还提供了公民参政议政的渠道，公民通过政务微博可以与政府进行远距离、跨时空的直接对话、协商和沟通，具有很强的便利性和时效性，促使相关方主动地参与公共事务的决策、执行、反馈和监督过程。最后，政务微博的运用目的具有政治性。政务微博是党和政府针对网络公共领域的挑战而采取的新的信息传播形态，也是一种新的治理工具。相比于一般微博的娱乐性，政务微博更侧重于政府职能的履行，其功能不仅体现在日常的政务信息发布、政民沟通桥梁的搭建，而且着力于增强公众的政治认同、塑造好的政府形象等深层次目标。

政务微博之所以是公众参与的一种新途径，基本的理由是：尽管经济社会的发展和民主制度的建立与完善不断地推动公民参与，但互联网技术促成了政治生活的网络化，使得大规模、直接、低成本的公民参与成为可能。相较于选举、信访、听证等传统的公民参与形式，政务微博在以下几个方面具有突出的优势。

---

* 李强彬：四川大学公共管理学院副教授。

① 《2011 年中国政务微博客评估报告》，国家行政学院电子政务研究中心，2012。

首先，延展公共领域，激发公民参与热情。在哈贝马斯看来，“所谓公共领域，首先是指我们社会生活中的一个领域，在这里某种接近于公众舆论的东西能够得以形成。公共领域向所有公民开放。公共领域的一部分源自形成公共团体的私人聚会的每一次交谈中”①。在互联网这一新兴的公共领域中，互联网信息技术促使人们进入了一个“人人都是自媒体”“人人都有麦克风”的时代，促使传统的公共领域延伸至网络公共领域，公民借助网络可以自由地进行意见表达和观点互动。在这样的背景下，政务微博为公民参与提供了新的空间，草根阶层的话语权在这一空间可以得到更好的保障，使公民参与由“形式”不断地转变为“形势”。

其次，降低输入成本，提高参与时效。虽然我国宪法和法律赋予了公民参与政治生活的诸种权利，但传统的民意吸纳和公民参与制度往往存在议题处理能力不足、途径有限、成本高等问题，致使很多合理的意见、建议和诉求得不到及时有效的反映和处理。由此，当体制内“表达无门”时，民众就会转向非制度性的政治参与方式，如越级上访、“街头政治”和群体性事件等，导致社会不稳定。然而，随着信息技术由单向传播的 Web1.0 时代跨入多向互动的 Web2.0 时代，政务微博成为民意表达的一种新途径，其便捷性意味着只要一个公民具备使用手机或者互联网络的能力，就可以突破时空的限制。加之微博本身的即时传递的特性，只要公民个人的账号关注了相关的微博账号，就可以通过信息推送功能直接“@”相关政务微博，以评论、留言或者直接发私信的方式表达诉求和意见，相关政府部门可以立刻接收信息，通过微博即时做出回应和解答。因此，微博参政的高效性不仅降低了公民咨询问政的输入成本，也提高了政府集约化处理议题的能力。

再次，主动设置议题，推动政策输出。长期以来，我国的政策议程设置模式存在显著的权力精英内输入性，导致政策的形成和输出所体现的主要是政府决策者的偏好，许多公众真正关心的社会议题却被排除在政策议程之外而未能得到及时的处理甚至关注。很明显，这种“内输入”的政策议程设置模式缺乏公民的参与和监督，很容易出现“隐蔽议程”，使政策受到强势利益集团的操控，损害公共政策的公平和正义。但是，大众传媒的转型尤其是互联网的兴起，正在逐步改变政府主导的政策议程模式。作为一种独特的政治传播媒介，政务微博能够拉近政府与民众之间的关系，改变两者间相互沟通的方式，将民众关心的话题置于一个更为直接、开放的平台进行公开的讨论与回应，从而扮演十分重要的主动设置议题的角色。

最后，构筑全程式监督，提升政府回应力。一个运行良好的政治系统应该是持续、可循环的，当“输出”作用于系统成员时，系统成员会对政府的决策和行动做出反馈，进而影响下一轮的输入，从而使得系统与环境处于持续不断的互动之中。就政务微博而言，民众输入的要求和支持，经过权威当局的筛选和转换，线上的议题讨论很可能转变为线下的政策和行动。当政府的输出能够有效回应民众的需求时，民众就会对政策和行动给予肯定性评价。反之，当政府的回应无法满足民众的需求或者直接表现为“无回应”时，反馈就很可能是否定性的。在这一过程中，微博“背对背”的关注机制使得权威当局处于“全程共景”的围观式结构之下，在政策出台、政策执行到政策调整等多个环节，公民都可以

① 转引自熊清光《中国网络公共领域的兴起、特征与前景》，《教学与研究》2011 年第 1 期。

匿名发表见解和评论，大胆地对政务信息的真实性和可靠性进行质疑，监督政策实施的进度和效果。

二　政务微博中公众参与的限度

尽管政务微博的出现及其应用开拓了公民参与的新渠道，并在激发公民参与热情、培育公民政治素养以及提高公民参政质量等方面发挥着积极作用，但是，纵观政务微博在中国的实践，经由政务微博的公民参与在参与程度、参与主体、参与素养以及参与效果等方面还面临诸多“不能承受之重”。

第一，既有制度和法律框架的刚性约束。政务微博作为民意和官意互动的平台，凸显了新媒体的“民众化转向”，但其公民参与功能要真正实现，还有赖于现实的社会制度环境。正如英国学者安德鲁·查德威克所言，互联网具有技术的天生政治性，但是它的政治性是由政治环境所决定的。[①] 较之传统的体制内公民参与方式，政务微博的出现确实提供了一种相对更为直接且成本低廉的参政路径，延展了公民参与政治生活的范围并提高了参政的程度。但是，政务微博仅仅是各级党委、政府和部门实施公共事务治理的一种手段和工具，公民参与能否以及在何种程度上得以实现则最终取决于他们的意志。作为体制内政治参与的一种方式，尽管政务微博的重要性受到了重视，但当前在国家层面还没有出台相关的法律为政务微博的使用和运营提供制度保障，“政府组织倾向以一种提高效率和能力同时维持现状的方式，将信息系统纳入现行的轨道”，但是“绝不触动那些更深层面的结构和程序，比如说权力关系、政治关系和监督程序”。[②] 因而，公民通过政务微博参与政治生活必然会受到当前体制和权力关系的约束，对公共权力的行使自由地进行批判依然是一种“乌托邦”。

第二，数字鸿沟限制了参与的主体。尽管微博的低门槛和草根性可以在社会各阶层的不同利益主体中广泛快速普及，大大扩展参政公民的范围，但网络技术带来的“数字鸿沟”依然将一部分公民“客气地”拒之门外，使得公民参与处于不均衡状态。所谓“数字鸿沟”，主要是指“处于社会经济地位上层的信息技术拥有者与处于社会经济底层的信息技术缺乏者之间的差距”[③]，造成这种差距的原因一是政务微博的物理获取限制了一部分民众参与到微博问政中来，二是技术使用受挫进一步缩小了参政的受众面。微博使用便捷性的前提是民众拥有具备上网功能的移动终端或者互联网络，然而在现实社会中，并不是每个人都能够轻易实现这一物理获取要求。中国互联网络信息中心（CNNIC）发布的第33次《中国互联网络发展状况统计报告》（以下简称《报告》）显示：2013年非网民不使用互联网的原因中，“没有电脑等上网设备”与“当地无法连接互联网”这两项占到了11.8%。[④] 可见，网

① 〔英〕安德鲁·查德威克：《互联网政治学：国家、公民与新传播技术》，任孟山译，华夏出版社，2010，第26页。

② 〔美〕简·芳汀：《构建虚拟政府：信息技术与制度创新》，邵国松译，中国人民大学出版社，2010，第18页。

③ Herbert I. Schiller, *Information Inequality: The Deepening Social Crisis in America*, New York: Routledge, 1996.

④ 第33次《中国互联网络发展状况统计报告》，中国互联网络信息中心，2014。

络设备和网络条件的不完善首先从硬件层面将一部分有参与意愿的民众排斥在外，限制了微博公民参与的主体。《报告》同时指出，2013 年非网民不使用互联网的原因中，“不懂电脑/网络”占到了 58.1%。也就是说，即便拥有上网所必备的硬件设施，难以逾越的“技术排斥”也将超过半数的技术弱势群体划分到“信息穷人”的队伍里，游离在网络政治参与之外。如老一代农民工群体，因年龄太大无法掌握上网技术，更无法论及利用以草根性、平等性为表征的政务微博来反映诉求，维护自身的合法权益。

第三，“碎片化”传播容易出现“群体极化”现象。与博客相比，微博信息发布的长度被限制在 140 个字符以内，信息承载量有限使得微博在内容上呈现“碎片化”的特质。政务微博叙述文本的“碎片化”破坏了传统政务信息的完整性，容易造成文本间隔、差异和矛盾。例如，很多政务信息无法仅以一条微博表达完整意思，即使可以编辑多条微博进行表达，也容易出现首尾歧义、顺序错乱等情况，不利于公民全面深入地认识相关事件和问题。与此同时，政务微博在信息传播方面属于典型的“碎片化”信息流，其“碎片化”传播的特性进一步弱化了网络化时代政府的“把关人”角色。具体而言，Web2.0 时代以多点对多点的“去中心化”信息传播模式解构着传统的“绝对权力中心”，网民既可以依托微博等新媒体平台向外界发布信息，也可以从各种信息源接收碎片信息并重新进行整合和解读。这种信息“碎片化”传播的模式在割裂事件完整度的同时，也暗示着信息传播权极易被滥用，一旦政府机构在欠妥的时机发布信息或者对信息内容把握不当，一些“别有用心”的个人或组织就可能在网络匿名性的掩护下对信息进行恶意加工、扭曲事实，进一步散布谣言和虚假信息，借机攻击诋毁政府。在公民政治素养和真假信息辨识力不足的情形下，很容易在“虚实交织”“雾里看花”中听信网络谣言，影响公众的理性选择及参与作用的正确发挥，甚至有可能出现“群体极化”现象，站在政府的对立面并“群起而攻之”，导致“多数人暴政”。

第四，政府机构微博的整体回应力不够。在格罗弗·斯塔林看来，回应是责任型政府的一种体现，回应意味着政府对公众接纳政策和公众提出诉求要做出及时的反应，并采取积极措施来解决问题。而且，政府必须快速地了解公众的需求，这不仅包括回应公众事前的表达需求，更应该洞悉先机，前瞻性地解决问题。① 在我国，政务微博的发展为政府与民众之间建立了一个新的互动回应机制，经此互动机制，民众与政府之间的沟通更加直接、便利。根据《2013 年中国政务微博客评估报告》的相关数据，我国政府机构微博在数量上约为公职人员微博的 2.4 倍。整体来看，我国政府机构微博的管理机制不断规范化，在政务信息公开、官民互动、为民服务等方面都取得了长足的进步，但政府机构微博的回应力依然不容乐观，被动回应占据主导地位，主动回应十分稀缺。学者郑拓通过案例分析法对来自不同层级、不同地区、不同部门的政府机构微博展开研究，数据显示，政府机构微博发布的信息多是针对自身的政务工作，“互动交流”的信息相对较少，仅占总量的 19.4%。在面对网友的质疑、批评和评论时，政府针对网民或者机构的回应仅占总量的 21.8%，78.2% 的政府机构对民众提出的诉求和意见进行“选择性忽略”，不予回应。② 较之公务人员个人微博，政府机构微博背靠公权力，其回应能力最能从整体上体现政务服务的水平。然而，政府机构微

① 〔美〕格罗弗·斯塔林：《公共部门管理》，陈宪等译，上海译文出版社，2003，第 132 页。

② 郑拓：《中国政府机构微博内容与互动研究》，《图书情报工作》2012 年第 3 期。

博单向式传递信息、沟通交流少的现状表明，其在互动性、回应性和服务性方面所发挥的作用不容乐观，关注群众建议和意见的力度不足、有效回应民众诉求和需要的能力不够，导致其陷入流于形式和“自说自话”的境地。

三　政务微博中公众意见参与限度的突破

作为顺应现代信息技术发展的产物，政务微博的核心不在于“微博”，而在于政务微博所折射出的社会管理方式的创新。作为一种创新的社会管理方式，政务微博在公民参与方面之所以存在诸多问题，主要的原因集中在两方面：一是党政机关和公务人员对政务微博的功能定位模糊，缺乏完善的微博管理规范和联动保障机制，官员和微博管理人员的媒介素养也尚待提升；二是公民自身政治素养和舆情辨别能力不高，容易被动卷入失序的政治参与之中。为推动政务微博与时俱进，尽可能开掘政务微博中公民参与的功能，可以从以下几个方面来着手。

第一，合理定位政务微博功能，避免形式主义。政务微博作为官民沟通的新平台，其核心特征就是即时互动性，通过互动了解民意，切实为民众排忧解难。然而，当前不少党政机构和官员将政务微博当作一种“摆设”，开通政务微博的目的也止步于应付上级检查；一些党政机构在政务微博的内容设置上仅仅是发布政务信息，对网民的留言没有做到及时回复，与以单向式信息发布为主的政府网站无本质差别；一些官员在使用微博的过程中混淆了自身的“个体性”和“代表性”，政务微博内容随意，娱乐性胜过权威性，甚至有官员在微博空间与网民展开骂战。以上种种问题都是党政机关和公务人员对政务微博功能定位模糊的表现，政务微博的角色定位不准，就无法从根本上发挥公民参与的功效。因而，明确政务微博的角色定位对于改善政务微博的运营管理及其潜能的挖掘具有提纲挈领的作用。具体而言，党政机关和公务人员要明确政务微博是政府运用信息化手段来为人民群众提供服务的新方式，其核心是实现更加有效的治理，而有效的治理不能脱离有效的公民参与。党政机构和公务人员要在微博应用的过程中避免“建设热、应用冷”的现象，不能将政务微博变成新的形式主义，应以真诚谦和的态度与民众展开平等交流，积极搜集民情、及时回应民意，设身处地地为老百姓的利益着想，切实为民众提供优质、高效的服务，这是政务微博作为官民互动平台、搭建沟通桥梁的题中应有之义。

第二，完善政务微博管理规范，健全联动保障机制。从现实情况来看，目前我国大部分政务微博从注册认证到信息发布、回应互动以及运营维护等环节都存在诸多问题，缺乏统一的管理规范。在法律规范层面，目前并没有特别明确的法律法规对政务微博如何操作进行指引和规范，《中华人民共和国政府信息公开条例》在涉及新媒体部分只简略提到“政府网站”，并没有针对性地制定面向新媒体的操作条例。① 在日常管理层面，基层政府政务微博管理规范的缺失、缺位尤为严重，规范不足造成了官方微博话语表达风格和内容欠妥、信息更新频率和新鲜度低以及回应性差等问题。为改变当前制约政务微博管理及公民参与效能发挥的被动困境，要在法律层面尽快出台针对新媒体的操作和应用规范，将政务微博的使用和管理纳入法治轨道。同时，通过制度确保政务微博的规范性和权威性，如英国于2009年出台了《政府部门Twitter使用指南》，从人性化、多样化、时效性、发布频率、公信力等多个

① 《中华人民共和国政府信息公开条例》，《人民日报》2007年4月25日，第8版。

方面对政务微博信息发布机制做出了具体规定，具有一定的借鉴意义。① 此外，除了从法律和制度两个方面加强政务微博的规范性以外，从系统内部和外部健全联动保障机制尤为必要。从系统内部来看，不仅要加强机构微博与官员个人政务微博之间的协调与互动，还要推动各级机构政务微博“集群化”发展，使原本孤立的政务微博得以相互配合，共同应对热点舆论，遏制谣言传播，有效引导舆论走向，在重大、突发性事件发生时，统筹安排，互为补充，发挥最大合力。从系统外部来看，加强政务微博与传统媒体、商业微博的互动合作，发挥传统媒体的权威性和商业微博强劲的宣传能力，无疑有利于最大限度地体现联动优势，促进政务微博的长效发展。

第三，提升管理者媒介素养，主动掌握微话语权。对于党政干部而言，“微素养”绝不仅仅是一种所谓挪移到微博平台的伦理素养（只是不散布谣言、不实施语言暴力），它更应该是一种懂得科学处理信息和理性化思维的媒介素养。② 当前，我国政务微博管理者的媒介素养依然不高，在发布政务信息、沟通回应、舆情引导等方面依然存在诸多问题，令人啼笑皆非的“闹剧”屡见不鲜。如2013年10月18日，陕西榆林公安局的官方微博“@榆林公安”发布了一条“尸体说话”的微博：“洛川县一废弃房内发现一无名女尸，陕北口音，自称榆林吴堡人……”③ 从表面上看，这条政务信息只是文法错误，实则反映出微博管理人员素养的欠缺。又如云南省红河哈尼族彝族自治州委宣传部的腾讯官方微博“@微观红河”，因网友举报某官员诱奸女网友，微博管理人员与网友展开骂战，陷入争议之中。此外，2011年5月的“故宫门”事件中，针对网友蔡成平发微博批评道歉信，“故宫官网”在新浪微博上反击，指责前者“马后炮”“想出名”。④ 由于故宫官方在网络舆情应对中回应不当、缺乏应对技巧，致使原本“故宫失窃事件”舆情将要平息之时推涨了故宫负面舆情的走势，使故宫大院蒙羞不已。

针对以上问题，要切实提升政务微博管理人员的媒介素养，树立正确的运营理念，与民众进行良性互动，在突发公共事件中合理引导舆情，主动掌握微话语权。为此，从知识技能素养提升的角度来看，党政干部和微博维护人员要学习和掌握政务微博的使用知识，全面提升新媒体的读写能力，增强政务信息发布、网民互动交流等实际操作能力，尤其注重舆情识别和应对能力的提升。从内在素养提升的角度来看，党政干部和微博维护人员不仅要树立为民服务的理念，在日常的互动中心系百姓，切实为民众的利益考虑，还要拥有一种平和淡定的心态，面对民众的批评、抱怨、质疑甚至挑衅不予计较，从容应对。

第四，整合意见领袖，引导公众有序参与。网络的匿名性和虚拟性激发了网民自由表达诉求的欲望，提高了网民参与热情，但网民社会参与经验和理性思辨能力参差不齐的状况也随之增加了网络公共领域治理的难度。

面对突发性公共危机事件，信息传播权的滥用和微博信息“碎片化”的传播特性使得公民很容易被各种各样的信息干扰，影响其理性地对舆情进行研判。一旦民众被谣言蒙蔽，就可能助长无序的政治参与，对社会稳定造成巨大的隐患。政务微博作为发布权威信息的传

---

① 石婧：《政务微博与政府公共服务转型研究》，《编辑之友》2013年第6期。

② 刘再春、叶永生：《政务微博日常运行存在的问题及对策探析》，《理论导刊》2013年第9期。

③ 《榆林官微让尸体说话》，《华西都市报》2013年11月13日。

④ 庞胡瑞：《失窃门、错字门、会所门、解雇门——应对不当致故宫深陷舆论漩涡》，人民网，http://society.people.com.cn/GB/14680828.html，最后访问日期：2017年5月19日。

播媒介，代表着政府的形象，其本身就是一种“意见领袖”，在还原事情真相、做出合理解释方面应发挥“明星节点”效应。通常，意见领袖在网络舆情生成、发展过程中发挥着启动者、组织者和引导者的作用。[①] 政府加强与意见领袖的合作，就要与意见领袖形成“统一战线”。在处理公共舆论事件时，政府要倾听意见领袖的意见和建议，与意见领袖展开平等对话。意见领袖在微舆论场中理性发声，与政务微博形成合力，能够在很大程度上抵制“网络水军”并打击恶意操控网络舆论的违法犯罪行为，从而实现舆情的有效引导，为民众提供一个纯净、有序的微博参政环境。

四　结语

重视社会民意的参与，是当今世界范围内政党执政与社会治理的必然趋势。政务微博作为我国网民参与政治生活的新途径，其作用和效能有目共睹。当前，我国政府对公民通过政务微博参政议政的重视程度不断提高，学术界也开始对这一主题进行大量的探索性研究。笔者相信，政务微博在推动公民参与的方面仍有很大的空间，网民参与的内容和形式也将更为丰富。需要注意的是，政务微博中网民参与功能的开掘需要与民主制度发展和公共事务管理的科学化、民主化结合起来。一旦脱离有效的制度保障，仅仅通过政务微博平台，公民是难以对立法、决策、监督和管理产生实质性影响的。

［本文系国家社会科学基金青年项目
“群体性事件政策议程学发生机制与治理研究”（项目编号：14CGL038）、
四川省软科学项目“政策议程设定转型中群体性
事件制度化治理的实现”（项目编号：2013ZR0019）、
四川大学青年学术人才项目（项目编号：SKQX201306）的阶段性成果。
发表于《理论探讨》2015 年第 2 期］

① 陈显中：《政务微博引导网络舆情的机制研究》，《宁夏社会科学》2012 年第 5 期。

“微博版权”及加强微博监管评析

——以“微博第一案”为例

朱 巍*

摘 要 随着微博用户数量的增多，每天使用微博记录和发布信息，通过微博来获取信息和了解世界的人越来越多，但鉴于对微博缺少监管，微博中涉及的法律问题也越来越多。本文以被称为“微博第一案”的金山公司诉奇虎360董事长周鸿祎案为例，解读微博中常见的法律问题以及探讨如何加强微博监管。

关键词 微博 版权 法律 监管 实名制

一 “微博版权”该如何认定

中国互联网络信息中心发布的第29次《中国互联网络发展状况调查统计报告》指出，截至2011年12月底，中国网民规模突破5亿。我国微博用户数达到2.5亿，目前有近半数网民在使用，比例达到48.7%。如此多的人每天使用微博记录和发布信息，通过微博来获取信息和了解世界，从这个意义上来说，“微时代”已经到来。在微博勃兴的今天，微博的版权问题成为法律界和大众所关注的重要问题。微博到底有没有版权，微博“转载”和“转引”到底有没有区别，微博版权的所有人到底是谁。

1. 微博到底有没有版权

否认“微博版权”的观点主要源自微博诸多与生俱来的特殊属性。其一，微博篇幅短小，最多不超过140个字，如此短小的东西会有版权吗。其二，微博信息的传播主要是通过博友之间的“金字塔形”放射性转载实现的，既然转载都是随意性的，那么怎么会有版权呢。其三，有的微博记录的仅是“流水账”，或者仅有几个表情，难道这些没有创意的表达也有版权？

根据相关法律规定，版权所保护的作品核心判断标准是其是否具有独创性。只要具有作者的独创性思维表达，而且这种表达是“有形并可复制”的智力成果，那么就应该享有版权。可见，法律并没有对版权保护作品的文字数量做出限制性规定，所以，微博虽小，确有版权。

从另一个角度说，既然法律要求对作品进行版权保护的主要标准在于“独创性”，那么微博中一些仅有单个“感叹词”“表情”或者“流水账”的简单文字表达，从性质上看并不具有独创性意义，从内容上看也不具有任何传播的价值，所以，那些过于简单的文字或符号

---

* 朱巍，法学博士，中国政法大学传播法中心研究员。

不是版权保护的范围。此外，相互转载的特殊形式是微博表达的一种重要方式，不能以转载的默许来判断权利人对版权的放弃。换句话说，允许并参与互相转载微博不仅不是否认微博版权的理由，恰恰相反，这正是权利人行使版权的一种特殊方式。

2. 微博“转载”和“转引”到底有没有区别

转载和转引是微博传播的两种重要形式，但二者在法律性质上却截然不同。从传统意义上说，未经权利人许可的转载是典型的侵犯版权行为。但是为什么在微博中转载却可以不承担责任呢？这是因为，微博传播途径就是博友的互相转载，这是具有微博常识的人都知道的，在一般情况下，互相转载也是每一个微博使用者所期待和支持的行为。从法律角度上讲，《侵权责任法》规定“损害是由受害人故意造成的，行为人不承担责任”。既然转载这种行为是博主所愿意见到的事情，那么即便是有侵权的性质，也是权利人故意或积极追求的行为，因此在法律上并没有可责性。说得俗一点，就是“周瑜打黄盖——一个愿打，一个愿挨”。既然使用微博，那么就要遵守这里面的“游戏规则”。这种互相转载的传播方式从社会学上理解就是“人人为我，我为人人”。资源的分享与共享是微博勃兴的重要原因之一。

转引与转载不同，转引是版权法规定的合理使用的范围。我国《著作权法》明文规定，为介绍评论某一作品或者说明某一问题，在作品中可以适当引用他人已经发表的作品。可见，微博为点评原文而转引的法律性质源自法律的明文授权，而转载则更多的来自博友相互分享的精神。

值得注意的是，转载既然没有法律的明文授权，那么该行为就要承担更多的注意义务。首先，转载必须注明原出处，并不得侵害版权人的其他合法权益，比如不得擅自窜改作者名字，不得擅自变更作品内容等。其次，转载行为须是无偿行为，如果擅自将版权人作品拿来换取其他经济利益，那么这个行为就要受到法律的制裁。比如某些纸媒将微博整理发表的行为，必须得到版权人的授权，而且需要支付相应的报酬，否则就不是善意的转载行为，而是侵害版权的盗窃行为。最后，如果博主在作品中注有“不得转载”的标记，那么其他博友就不得转载，否则版权人有权诉请法律维护自己的合法权益。

3. 微博版权人到底是谁

这个问题较为复杂，我们分为几个层次来看。第一，网络服务提供者、责任者（网站）不是微博版权人。这是因为网站仅提供信息存储空间和上传服务，对作品创造性活动没有实质性作用，因此网站不是版权人。第二，转载者不是微博版权人。微博转载仅是一种传播手段，转载内容没有发生任何改变，因此微博版权仍归原始博主所有。第三，转引人具有部分版权。微博转引的目的在于评论，评论部分是转引人创造性智力成果的体现，因此转引人对自己的评论部分享有版权，对转引原文部分则不享有版权。第四，现实中的人是版权所有人。实践中多存在一种网络虚拟特别现象——一个现实中的人可能拥有多个“马甲”，即网络上的多个身份。这些“马甲”用学术语言来说就是虚拟人格，我国现行法律并不将虚拟人格作为诉讼主体对待，因此虚拟人并不是合法的版权人。所以，那些在网络上以各种虚拟人名义所发的作品，其权利归属仍属于现实中的人所有，在诉讼中也以现实人作为一方的当事人对待。

二　关于“微博第一案”的法律解读

2011 年 3 月 26 日，北京市海淀区人民法院一审判决奇虎 360 董事长周鸿祎利用微博侵害他人名誉权行为构成侵权，应承担包括公开赔礼道歉和赔偿 8 万余元人民币在内的侵权责任。我认为，这个判决在适用和解读法律方面是正确的，法院为此做出的司法评判理由对规范和调整“微时代”网络秩序具有重要意义，其中一些重要法律问题需要继续进行解读和研究。

随着 3G 手机等智能通信工具的普及和微博用户群的爆炸性扩张，我们迎来了“微博时代”，随心、随处发微博已经成为典型的时代特征。“微时代”和以往的网络时代相比具有明显不同的特征：首先，微博与手机绑定后，博主发表博文不受地点和时间限制，可以对所言所感随时发布上传至网络，也可以随时阅读其他网民的评价。其次，微博字数最多限制在 140 个字以内，因此，内容表达大都更直接。再次，“微时代”的到来拉近了上层精英阶层与草根阶层的联系，以往只能通过媒体报道才接触到的各路“名人”，现在只要加入他们庞大的粉丝队伍就可以随时随地关注他们的日常活动，似乎名人就“活”在我们身边。最后，微博影响力呈几何形扩散，在用户不断评论和转帖中，微博信息传递速度基本达到了即时性，尤其是名人大腕们的微博，因博主的巨大粉丝团而使得博文信息传播如同闪电般迅速，但这也产生了“闪电效应”，即一方面巨大的商业利益支撑着部分名人微博的言论，另一方面一旦这些微博内容有侵权性质，那么恶劣影响的扩展也将如“闪电”。

微博的这些特征使得在适用和理解相关法律规定之时，既要遵循法律规定，按照网络侵权的一般性构成要件处理，又要明确微博的特殊性，在审理和判决类似案件时区别于普通网络纠纷。现在笔者就结合发生的这起“名人微博第一案”来说说应如何处理好微博侵权案件。

第一，微博侵权和博客侵权、BBS 侵权一样，都属于网络侵权的一种，适用《侵权责任法》第 36 条关于网络专条的规定。网民因微博侵害他人民事权利的，应该承担相应的民事责任。法律在衡量一个行为是否为侵权行为的时候，最重要的考量标准就是行为人是否具有主观过错，具体到微博侵权来说，就是发博文的人是否尽到了合理的谨慎义务。如果微博发布的信息基本真实，或者不具有恶意，那么就可以推定行为人已经尽到了谨慎义务，不具有过错也就不必承担责任。但如果发布的信息与事实严重不符且不具有善良目的，并在客观上侵害了他人合法权益，那么就需要承担相应的侵权责任。其中法院在侵权构成认定方面，对行为人主观是否具有过错的认定是确定其行为性质的核心要件。

因为微博信息发布的即时性和随意性，博主不可能对发布的信息承担较高等级的谨慎义务，如果网民对发布的任何信息都要反复核查的话，那么微博也就失去存在的意义了。所以，从这个角度上说，法律对微博侵权中发布者谨慎义务的要求较低，一般只有在微博发布者故意侵权的情况下才承担责任，因为过失产生的侵权责任可以予以豁免。从宪法学角度来看，微博作为一种新型的表达形式，是公民言论自由更佳的表达方式，因此，应尽量保护这种新方式而不是去过分约束它。针对本案判决理由而言，有人由此认为微博上的言论自由要比其他媒体大，其实这种认识是错误的。从本质上说，公民在微博上的言论自由程度并不是比其他表达类型更自由，而是法律对其要求承担更小一点的谨慎义务而已。

第二，名人发微博承担的谨慎义务应高于普通人。所谓名人，在法律概念上说就是能引起公众关注的公众人物。在学理上将公众人物大致分为政治性公众人物、娱乐性公众人物和自愿性公众人物等几种类型。公众人物的特点是社会关注度高，他们的言谈举止、行为表达都受到社会大众的注意，在社会知情权的“大权利”面前，作为公众人物的个体“小权利”就要受到限制。一般认为，公众人物的隐私权和名誉权等人格权在受到大众评论关注的时候，当事人无法适用民事法律规范来进行制止，在大多数情形下只能默默忍受。比如，前段时间张朝阳在微博中曝光大 S 婚礼的事件，在法律上，大 S 无法以隐私权受到侵害而向张朝阳主张侵权责任，因为大 S 是公众人物，所以她的隐私权保护程度就要受到一定的限制。公众人物的另外一个特点是社会影响巨大。从微博粉丝数量来看，名人粉丝数量的庞大程度是任何一个普通人都无法企及的，因此，名人的微博影响力要远远高于普通人。正因为如此，法律在规制名人微博的时候必须苛以比普通人更高的谨慎义务。

一般认为，名人微博的侵权构成以过错为核心要件。过错既包括故意，也包括过失。海淀法院对“微博第一案”判决理由也肯定了这一点，“周鸿祎作为公众人物，拥有更多的粉丝、更多的话语权，他将对竞争对手的负面评价公之于众时，更应三思而行，克制而为，对其微博言论自由的限制要高于普通网民”。如果普通人在微博发表像周鸿祎一样的言论，相信法院在审理的时候更加注意考量的是对言论自由的保护。而对于周鸿祎作为名人发表具有明显恶意的微博，法院考量则会更加侧重于对社会的不良影响，因此，法院才判决周鸿祎败诉。

第三，微博侵权中网站应该承担什么样的责任？我们看到，在海淀区人民法院的判决中没有对侵权微博的网站进行责任评判，这并不是说在微博侵权中网站可以置身事外，网站需要承担的侵权责任在法律上也有相关规定。《侵权责任法》第 36 条第 2 款对网站承担责任的情形做出了抽象规定，“网络用户利用网络服务实施侵权行为的，被侵权人有权通知网络服务提供者采取删除、屏蔽、断开链接等必要措施。网络服务提供者接到通知后未及时采取必要措施的，对损害的扩大部分与该网络用户承担连带责任”。这款规定就是“通知删除责任”，主要有以下几层意思：其一，一般情况下，网站没有权利和义务对网民上传的帖子事先审查是否侵权；其二，如果网民发现网络中存在侵权信息，有权通知网站采取及时有效的措施；其三，网站在接到网民通知后，应立即采取措施避免侵权结果扩大；最后，网站在接到通知后，如果怠于采取必要措施，那么就需要承担相应的侵权责任。

针对微博侵权而言，一般情况下，网站事先无法做到对每个微博发布的信息都进行审查，如果网民发现微博内容涉及侵权的话，可以选择通知网站，网站在接到被侵权人通知后就负有采取措施的责任，如果没有及时采取措施，那么就需要承担相应的责任。如果被侵权人事先没有通知网站相关侵权的发生，那么在以后发生法律纠纷时，就无法向网站主张侵权责任。在“微博第一案”中，起诉方没有事先通知网站微博侵权事由，所以该网站不具有侵权法上的可责性，也就不承担责任。

总而言之，“微博第一案”已经尘埃落定，但这绝不会成为“微时代”的最后一案。在“微时代”中我们需要注意，微博并不是法律的无疆地带，它依然受到现实法律的规制。网民如果发现自己被侵权的时候，应该立即联系网站，要求其采取必要措施阻止侵权结果的扩大，而不是去联系对方博主，因为这样做会陷入“口水战”之中很难自拔，更不要在自己的微博上与之对骂，“以暴制暴”是违反法律精神的行为，不仅不能得到法律的认可，而且还会遭到法律的制裁。更大的话语权意味着更多的责任，所以“名人微博”尤其是传统媒体的官方微博要以身作则，不能滥用话语权。

三　微博法律对策

我们庆幸生活在这个时代，赞美网络技术带来的无限快捷与高效；我们庆幸生活在这个自由的时代，微博与手机技术的结合使得我们享受着从未有过的表达自由。2010 年被誉为“微博元年”，技术的发达造就了“现代平民传媒”的建立与辉煌。我们喜爱微博的原因是它不仅给我们带来了前所未有的表达自由，更重要的是，微博之光使得那些社会阴暗面无处藏身。近年来由微博曝光出来的各种“门”，净化了社会，捍卫了社会的民主与自由，使网络真正成为“民意的直通车”，达到了“围观改变中国”的效果。从这个意义上说，微博已不再是单纯的传播技术，而成为民意表达的重要手段。与此同时，政府各部门也纷纷“建博立说”，以微博的形式代替枯燥的文件，“亲民行政”与“亲民表达”成为服务型政府的重要标志。

在我们感慨微博造就的一个个传奇之时，也无法回避其带来的种种弊端，笔者称其为“博殇”：利用微博散布他人隐私，发布虚假信息，扰乱社会秩序，诈骗他人钱财，辱骂他人侵害名誉权，进行犯罪串联，甚至于利用微博组织颠覆国家，等等。事实证明，在数以亿计的微博使用者中，确实存在少数不法分子，他们利用微博的便利和影响力肆意侵害他人权利，扰乱社会正常秩序，蛊惑大众造谣生事。

在早些时候的西亚、北非社会震荡与政治突变中，推特（Twitter）发挥了关键作用。2011 年英国发生的大规模骚乱的组织者也正是通过微博（推特）进行犯罪的。我们在反思这些国家存在的政治经济问题的同时，也应对微博可能产生的巨大社会影响力重新认识：一方面，必须肯定微博为民主社会带来的“阳光效应”；另一方面，必须对利用微博进行非法活动的行为依法规制。这就是说，我们既要全力保障微博的自由，又要依法规制微博的自由。这可能是一对天生的矛盾，至今学术界和实务界仍对此争论不休。

反对对微博加强监管的声音认为，微博仅是一种技术，具有天生的中立性，正如犯罪分子利用电话通信串联进行非法活动不能追究电话局责任一样，微博本身不应该具有可责性。他们还认为，微博自由源于《宪法》赋予的言论自由，这种自由本身具有最高法律属性，任何人和组织都不能进行限制。

支持对微博加强监管的声音认为，微博侵权如同其他侵权形态一样，不存在法律适用的特殊性，正是因为微博传播速度快和没有发布的审核机制，必须对微博进行特殊监管。他们认为，没有界限的自由必然可能侵害到他人的权利，势必会偏离自由本身，对非法者的监管正是维护更多人权利的一种表现形式。

笔者支持后者的观点，原因如下：

1. 法律必须赋予技术以道德性

技术是人类社会经济发展的产物，本质上并不具备道德属性。技术的中立性和两面性可以使之成为造福社会的工具，也可以成为遗祸社会的工具。如同核能既可以被用来制造毁灭人类的武器，也可以用来民用造福人类一样，微博技术既可以便捷我们的生活，也同样可以成为犯罪的工具。

在检讨 2011 年英国发生骚乱的原因时，英国首相卡梅伦强调，“政府正研究今后发生骚乱时是否关闭微博、社交网站或黑莓信使服务，或者阻止骚乱者利用这些社交网络工具进行串联”。这样做的原因是，“信息自由流通可以用来做好事，同样可以用来干坏事”，“如果有人利用社交网络制造暴力，我们需要阻止他们”。卡梅伦的这番表态与针对阿拉伯世界社会动荡时其所宣扬的网络自由的理念完全不同。当时，卡梅伦反对中东国家对网络微博、手机通信进行管制。他声称“我们要保持网络信息的自由流动，不论我们对网络内容的态度是什么”。很多人对卡梅伦前后两次矛盾的表态产生了质疑，到底他是支持对传播手段进行规制监管，还是反对呢？其实，卡梅伦这两番讲话意思很明确，即技术本身与道德无关，当技术符合道德标准（英国利益）时就需要支持，当技术违反道德标准时就需要反对。此类事件还发生在多国“封杀”黑莓手机（Blackberry）事件中。黑莓手机是加拿大 RIM 公司推出的一种无线手持邮件解决终端设备手机，该手机的最大特点是利用本身邮件收发系统支持加密通讯。黑莓手机将信息加密后，只允许接收方使用密钥读取信息，除此以外任何人都无法解密这些信息，政府部门也无法进行监测。正是因为担心该项技术可能被不法分子用作联系手段，对国家和社会安全造成隐患，以印度为代表的十几个国家对其进行了“封杀”。英国首相卡梅伦也表示，骚乱者“利用‘黑莓信使’这种封闭网络组织骚乱。我们需要找到如何抢在他们之前的办法”。“黑莓信使”本来是一项对个人隐私起到很好保护的技术，却可能被用作避免政府监控从事非法勾当的工具，这无疑也证明了技术自身并不具有道德性。

这些事件都表明推特、黑莓信使和社交网站等先进的通信技术都存在被非法使用的隐患，而且这种弊端已经被国内外无数次事件证实。因此，我们必须赋予这些先进的通信工具以道德性，以达到趋利避害、扬长避短之目的。赋予技术道德性的手段就是法律。目前我国针对微博等新型互联网技术应用的法律规制，以及对特殊时期加强技术监管的紧急应对机制亟待建立，法律更新必须跟得上技术变革，法律必须赋予技术以道德。

2. 法律必须对微博自由的界限进行规制

微博成就的平民“自媒体”的根源在我国《宪法》规定的公民享有言论自由之权利，但是公民在行使言论自由权利之时，必须遵守宪法和法律，不得损害国家利益和社会利益，也不得侵害其他公民的合法权利。即便是在联合国制定的《公民权利和政治权利国际公约》中，也将尊重他人的权利或名誉和保障国家安全、公共秩序、公共卫生和道德作为公民行使表达自由的界限。可见，微博中的表达自由应该是有法律约束下的自由。

在“微博侵权第一案”中，海淀区人民法院一审判决奇虎 360 董事长周鸿祎利用微博侵害他人名誉权行为构成侵权，应承担包括公开赔礼道歉和赔偿 8 万余元在内的侵权责任。该案的判决说明微博并不是法律的“无疆地带”，微博不是私密的个人日记，而是公共的信息平台，即便是自身情绪的表达在微博中也要注意不能侵害他人的合法权利。

有人担心如果过分强调法律对微博表达自由的限制，是不是会影响微博对社会阴暗面的曝光作用呢。其实这个担心是没有必要的，这是因为，法律在言论自由领域涉及公共利益事件的曝光，即便是涉及相关人员的隐私、肖像等权利，也会因为其言论与公共利益有关，大都可以豁免侵权责任。

而且从微博长远发展角度来看，在法律规制下的微博将更具有生命力和影响力。微博具有“自媒体”的特点，每个人都有“扮演”信息发布者角色的可能，但是这些微博信息的可信程度，或者说新闻来源的真实性却越来越遭到怀疑。以 2011 年北京因暴雨造成的积水事件为例，几个在微博中广为转发的“积水”新闻图片，事后被证明都是经过 PS 的虚假图片。在图片上弄虚作假我们姑且可以付之一笑，但是如果在微博上发布地震、海啸、爆炸等可能会影响到社会安定的谣言，届时很可能会造成社会群体性恐慌，并引发连锁反应。很多用户仅是为了增加自身微博的“知名度”，不惜编造耸人听闻的虚假消息骗取点击量，2010年“十大假新闻”之一“金庸去世”的消息，最早就是来源于微博。正是因为有大量的虚假新闻充斥着我们的微博，所以越来越多的人已经不再那么信任源自微博的消息，缺乏法律规制的“信口雌黄”使得微博诚信度越来越“伤不起”，如果这样下去，未来的微博很可能会沦为互联网信息的“垃圾堆”，这种结果是我们都不愿意看到的。所以，对微博进行必要的法律规制势在必行，没有法律的自由是畸形的自由，总有一天会伤害到我们自己。

3. 全面实名制是净化和治理微博的“良药”

所谓微博实名制，并不是说非要网民在微博上使用自己的真实姓名，只是要求网民在注册之时使用真实姓名和真实资料，在成功注册结束后，微博还是可以另外起个个性名字的。这种实名制在一些微博平台中还有另外一种叫法——认证用户。这些经过网络服务商认证的微博用户拥有更大的公信力，这是因为实名制将虚拟世界与现实世界联系到了一起，一旦微博出现法律问题，现实世界中具体的法律问责制度将直接适用，而不必担心这个博主是“僵尸”（特指有名无实的虚假博主）。

很多人认为，微博的实名制可能导致博主因担心遭受打击报复而减少对社会不良面的曝光，佐罗摘掉了“面具”，他还敢去行侠仗义吗？其实这种担心是多余的，网络实名制只存在于注册阶段，使用微博时不必使用真实姓名，真实身份资料会由相关部门加密保存，严禁泄露，否则，网络服务商将承担相应的民事责任，甚至刑事责任。而且实名制并没有增加身份泄露的风险，即使没有施行实名制，若想调查网民的真实身份也不困难，只要对 IP 进行分析跟踪就能找到其人。因此，暴露网民真实身份并不是实名制惹的祸。此外，在实名制下的“民意”往往比在虚拟名下的“民意”更为真实，可信度更高，实名制可以大大减少虚假信息数量，从而提高监管部门利用网络来源查办社会不良行为的效率。

（本文发表于《中国广播》2012 年第 4 期）

中国司法公开新媒体应用研究报告（2015）

——从网络及微博庭审视频直播切入

支振锋*

摘　要　相比传统直播方式，网络直播和微博庭审视频直播在一定程度上打破了时间和空间、线上和线下的限制，是更大幅度和更深层次的司法公开，代表了未来司法公开的新趋势，可能实现中国对西方司法公开的弯道超车。但对各级各地法院庭审直播网站及微博庭审视频直播的实证考察发现，庭审视频直播仍然不够规范，也缺乏充分的物质和制度保障。以人民法院信息化建设3.0为契机，今后应从制度建设、物质保障和技术标准三个方面大力推进庭审新媒体视频直播的常态化和规范化。

关键词　庭审视频直播　网络直播　微博直播　司法公开

中共十八届四中全会决定指出，公正是法治的生命线。“没有公开则无所谓正义。”①2014年最高人民法院工作报告提出：“建设科技法庭，推进庭审全程录音录像。”2015年报告进一步提出，加强庭审直播网建设，推进庭审全程录音录像。“司法公开的主体是法院，但公开范围的确定者不是法院，而是人民。”② 在“互联网+”时代，如何更好地运用新媒体推进司法公开，尤其是利用开放的微博平台（相对微信，微博平台更开放，更有利于司法公开的推进）对庭审进行直播，方便人民群众观看、了解和监督庭审，充分保障人民群众和诉讼参与人的知情权、监督权，不仅是新形势下人民法院司法公开的时代主题，也是进一步提升司法透明度，便利人民群众参与、了解、监督司法活动的新途径，并最终有助于提高人民法院的司法公信力和司法权威。因此，庭审公开应在继续推行可视化的网络视频直播的同时，逐渐实现即视性微博新媒体视频直播的普及与常态化。

一　可视正义：庭审网络视频直播

（一）庭审网络视频直播逐渐普及

新工具有赖于新技术的出现和信息基础设施建设的提升。根据2015年最高人民法院工作报告的数据，2014年各级各地法院通过视频直播庭审已达8万次。

2015年7月1—7日、12月1—7日，“中国司法公开新媒体应用研究报告（2015）”课

---

*　支振锋，中国社会科学院法学研究所副研究员，《环球法律评论》杂志副主编。

①〔美〕伯尔曼：《法律与宗教》，梁治平译，生活·读书·新知三联书店，1991，第48页。

②　蒋惠岭：《审判公开原则生命力之复兴》，《人民法院报》2010年1月1日，第5版。

题组通过两周的网络检索，并对部分地方法院的法官以电话访谈进行印证，按照省份、网络庭审直播平台建设（网络建设）、可查询到的最早视频直播日期（日期追溯），以及可查询到的在线视频直播数量（视频存量），对中国法院庭审网络直播情况进行了初步的摸底排查（见表1）。需要说明的是，这里的庭审网络直播不仅包括现场直播，也可能包括录播；日期追溯是通过互联网检索查询到的该法院最早一次视频直播日期，既可能是根据相关新闻报道来确定，也可能是根据其视频直播网站或栏目中庭审视频第一次上线时间来确定；“视频存量”仅指可以在某一法院庭审直播网或直播频道查询到的在线视频数量，并不等同于该法院全部庭审网络直播的数量。

表1　各地人民法院庭审网络直播概况

省份	网络建设	日期追溯	视频存量(个)	备注
北　京	接入,自建2	2009年12月18日	2378+8670	其中北京法院直播网有8670个可查询在线视频,但仅支持IE浏览器
天　津	接入	2011年8月28日	702	
河　北	自建1	2014年4月22日	2636	
山　西	自建3	未查询到	未查询到	庭审直播栏目查不到直播案件
内蒙古		未查询到	未查询到	未查询到
辽　宁	自建3	2009年7月27日	约400	早期有些视频无法打开
吉　林	自建3	2015年1月29日	约44	
黑龙江	自建2	2013年10月14日	884	
上　海	自建3	2008年4月8日	4768	早期有些视频无法打开
江　苏	自建2	高级人民法院自2011年7月1日	1504	存量视频未计入基层法院
浙　江	自建1	不详	约400	庭审直播有两个站点:司法云网站及浙江法治在线上的浙江法院庭审直播网
安　徽	自建3	2012年5月24日	19	除安徽法院网相关栏目外,合肥、安庆、黄山等都有自己的庭审直播网
福　建	自建2	2013年10月10日	1710	提供视频检索
江　西	未查询到	2011年2月25日	未查询到	
山　东	自建2	2014年3月25日	793	山东法院庭审直播网
河　南	接入,自建2	2010年8月18日	1162	以其自行建设的河南法院庭审直播网为准,接入中国法院庭审直播网的只有17个可回顾直播视频
湖　北	自建3	2013年	210	
湖　南	接入	2012年7月7日	221	
广　东	接入,自建2	难以查询	177	存量视频仅计算接入网站;另外,仅广州中院视频直播网就有372个
广　西	自建3	2013年12月6日	61	
海　南	接入,自建3	2012年6月6日	712	包含部分其他内容,并非全部为庭审视频
重　庆	未查询到	未查询到	未查询到	
四　川	自建3	2011年11月21日	11	四川高院官网与四川司法公开网有栏目,但可查询视频都很少
贵　州	未查询到	未查询到	未查询到	数次打开贵州法院网皆显示:您的请求过于频繁,已被网站管理员设置拦截!

续表

省份	网络建设	日期追溯	视频存量(个)	备注
云　南	接入,自建3	2014年7月15日	48	云南高院官网栏目可查48个庭审视频,涉及10个案件
西　藏	未查询到	未查询到	未查询到	
陕　西	接入,自建2	2014年3月19日	2771	陕西法院庭审直播网,有案号、案件案由、开庭时间、地点,可检索查询
甘　肃	自建3	2014年7月3日	6	甘肃法院司法公开网有《互联网直播点播》栏目
青　海	接入,自建3	未查询到	未查询到	
宁　夏	接入	2012年5月24日	68	
新　疆	自建3	未查询到	未查询到	乌鲁木齐中院接入中国法院庭审直播网,可查到2个庭审视频

说明：自建1型指有自己专门的庭审直播网或视频台网，并且可以通过手机扫描观看；

自建2型指有自己专门的庭审直播网或视频台网，但不可以通过手机扫描观看；

自建3型指虽在最高人民法院官方网站上设有视频直播或点播栏目，但没有专门的庭审直播网或视频网。

资料来自课题组对各级各地相关人民法院官方网站及庭审视频直播网、中国庭审视频直播网的整理。

（二）仍需解决的问题

根据摸底调查，可以看到人民法院的庭审互联网直播已经有了长足发展，但也存在一些问题。

第一，从分布上看，全国各地人民法院大多已通过不同方式开展了庭审网络直播工作。在有些地方，如广州中院等，在全国法院范围内率先实现从“天天有直播”“人人有直播”到“件件可直播”。参与庭审网络直播的法院覆盖广州所有基层法院，除了涉及国家秘密、个人隐私等法律另有规定不公开审理的之外，其他案件都实行网上直播。按规定，每个基层法院每个工作日内须至少直播1件案件，且各基层法院的法官原则上每年至少要有1件案件进行庭审网络直播。广西壮族自治区北海市中级人民法院很早就尝试庭审网络或微博直播。江苏、浙江等地法院的网络庭审直播也都有很大进展。但是，仍然有好几个省（区、市）庭审网络直播工作开展比较落后，或者不注重对庭审视频直播的公开，导致难以或无法查询其网络庭审直播情况。

第二，从网络平台建设来看，绝大部分法院都在高级人民法院或中级人民法院层面上建立了自己的网络庭审直播平台，有些地方甚至基层法院走在网络庭审直播的前列。但是，网络平台建设不统一，从全国层面来看情况多样。有些省份有自己专门的庭审直播网或视频台网，并且可以手机扫描观看（自建1型）；有些省份有自己专门的庭审直播网或视频台网，但不可以手机扫描观看（自建2型）；有的在高级人民法院官方网站上设有视频直播或点播栏目，但没有专门的庭审直播网或视频网（自建3型）；有的直接接入中国法院庭审直播网（http：//ts. chinacourt. org）；有的法院既自建有直播网，又接入了中国法院庭审直播网；还有的庭审直播网对浏览器有要求。这种网络直播平台建设的不统一、不一致，不仅会导致重复建设、资源浪费，也不方便公众和当事人使用。

第三，整体上看，各地法院在网络庭审直播平台建设上，仍然存在一些共同的缺陷，使网络直播庭审的公开性打了折扣。比如，网络庭审视频库建设不科学、不完善，与2014年全国网络庭审直播8万起相比，能够在网上查询到的比例极小；而且，网络庭审查询、检索不便，不利于观摩与研究。应该在全国层面出台规定，建设统一的庭审视频存储数据库，统一在线庭审视频的命名、检索关键字段等。

第四，网络直播技术有待提高，有些地方的网络直播画面不够清晰，有的直播只有画面没有声音，有的播放不流畅，都会影响直播效果。有的将庭审视频与其他视频混合在一起，不便检索和查阅。比如，中国法院网上有（截止到2015年12月7日）40042个直播数据，但其中有不少是访谈等非庭审视频，而且该网站仅支持IE浏览器，在该网直播庭审，须按照格式提出申请。

第五，部分中级人民法院和基层法院在网络视频直播上的探索走在前列，但某些省份亟须高级人民法院层面提供支持和保障。中国第一次庭审网络视频直播就是基层法院举办的。2003年5月14日，浙江省丽水市莲都区法院对一起变更抚养关系案件进行了网络直播。但在有些省份，缺乏高级人民法院层面的指导与推动，使得中级人民法院和基层法院的探索不仅十分困难，也因缺乏制度、政策、物质等方面的保障而随时面临夭折危险。

第六，网络视频直播庭审随机性强，仍缺乏明确、清晰的规则，不仅导致庭审直播在有些地方时断时续，比较“任性”，不少法院也不重视对自己庭审视频直播自身相关信息的公开。部分地方的法院在网络庭审直播上“做”的可能要比“说”的好，但能查询到的却不多。

二　即视正义：庭审微博视频直播

中国对司法公开一直持有开放的态度，庭审视频直播更是走在国际前列。

从1998年7月11日最高人民法院和中央电视台合作，首次电视现场直播一起著作权侵权案开始，人民法院司法公开与时俱进，不断探索庭审公开新途径与新工具。庭审网络直播打开了司法公开的一扇大门，2003—2011年9月23日，人民法院共进行网络图文直播4683次①，而仅2014年各级法院通过视频直播庭审已达8万次，虽然相比当年全国各级法院1566.221万案件的受理量比例并不高，但已经是加速度发展。

2013年以来，法院逐步将庭审活动搬上了微博：3月19日，广西北海市人民法院在审理一起故意杀人案时，庭审微博图文直播近5小时，法庭调查、举证质证和法庭辩论等关键诉讼环节均发布了庭审现场图片②；8月，济南市中级人民法院对薄熙来案进行微博图文直播；9月16日，北京法院网官方微博直播“大兴摔童案”；9月18日，南京市中级人民法院微博对“饿死女童案”庭审进行实时播报。2014年1月20日，北海市中级人民法院再次利用微博同步直播了一起减刑假释案件。“即视化”的微博新媒体庭审视频直播已然成为司法公开新的趋势。

（一）制度依据：最高人民法院的推动

根据《刑事诉讼法》及《民事诉讼法》的相关规定，除法律规定的特殊情形外，所有

① 马璨：《民主制度下传播实践的应有之义——论庭审直播在中国的现状与完善》，载蒋惠岭主编《司法公开理论问题》，中国法制出版社，2012，第311页。

② 陈家财、沈晓璐：《北海两院“一把手”出庭主诉微博直播》，《广西法治日报》2013年3月21日，第2版。

案件都应公开审理。

最高人民法院发布了一系列有利于促进庭审视频直播的文件和规定。《最高人民法院关于严格执行公开审判制度的若干规定》（法发〔1999〕3 号）再次强调，除法律明确规定的例外情形，一审案件一律公开审理，并规定，“依法公开审理案件，经人民法院许可，新闻记者可以记录、录音、录像、摄影、转播庭审实况”。《最高人民法院关于加强人民法院审判公开工作的若干意见》（法发〔2007〕20 号）确立了审判公开“依法、及时、全面”三原则，规定“有条件的人民法院对于庭审活动和相关重要审判活动可以录音、录像，建立审判工作的声像档案，当事人可以按规定查阅和复制”。2009 年 12 月 8 日印发的《最高人民法院关于司法公开的六项规定》提出，“通过庭审视频、直播录播等方式满足公众和媒体了解庭审实况的需要”；同日印发的《最高人民法院关于人民法院接受新闻媒体舆论监督的若干规定》规定，“有条件的审判法庭根据需要可以在旁听席中设立媒体席。记者旁听庭审应当遵守法庭纪律，未经批准不得录音、录像和摄影”。《司法公开示范法院标准》[①] 规定：“按照有关规定对庭审活动进行全程同步录音或者录像。审判法庭设立媒体席，并设立同步庭审视频室。每年选择一定数量案件按照有关规定进行庭审直播。”“建立物质保障机制。对立案大厅、法院门户网站、其他信息公开平台、审判法庭安全检查设备、庭审直播设备等方面提供较大的资金、设施、技术等物质保障。”《最高人民法院关于推进司法公开三大平台建设的若干意见》（法发〔2013〕13 号）提出，“人民法院应当积极创新庭审公开的方式，以视频、音频、图文、微博等方式适时公开庭审过程”。

在实践中，各级法院加强科技法庭、数字法庭建设，实行庭审活动全程同步录音录像，并以数据形式集中存储、定期备份、长期保存。江苏法院推行庭审同步录音录像、同步记录、同步显示庭审记录的“三同步”工作，全省 2279 个科技审判法庭全部实现了庭审“三同步”。浙江全省 1783 个审判用法庭全部建成数字法庭，实现“每庭必录”，累计保存录音录像资料达 110 万份。截至 2014 年底，全国法院建成科技法庭 17740 个。2013 年 12 月 11 日，中国法院庭审直播网正式开通，公民可以在线观看庭审直播和录播。

从以查询、复印和纸质载体为主的传统司法公开，到司法公开三大平台建设，尤其是可视化的电视和网络视频直播的兴起与普及，中国司法公开的广度、深度和现代化程度均达到世界领先水平。正是在此基础上，最高人民法院开始重视司法公开对新媒体的利用，要求用好网站、微博、微信、新闻客户端、中国法院手机电视、《法治天下》电视栏目等新媒体平台，建设深化司法公开、展现法官风采、树立司法公信的重要窗口，让人民群众更加了解和理解法院工作，从内心树立起对司法权威的认可和尊重。微博新媒体庭审视频直播公开正是其中最重要的内容。

（二）从图文到视频：微博庭审直播的发展

电视和网络庭审视频直播初步实现了可视正义。2013 年以来，由于实现了更便捷的转发和共享，方便手机随时随地观看和回顾的“即视性正义”——微博庭审视频直播迅速发展开来。

2011 年 3 月 21 日，山东省莱阳市人民法院微博现场直播了一起买卖合同纠纷案件的庭

① 该文件是《最高人民法院印发〈关于确定司法公开示范法院的规定〉的通知》的附件 2。

审过程，首开端绪。2012 年 8 月，广西壮族自治区北海市中级人民法院在广西人民法院率先开通官方微博，2013 年 3 月 19 日，首次通过微博直播一起抢劫案件。2013 年 8 月，济南市中级人民法院通过 150 多条微博、近 16 万字的图文，直播了薄熙来案的审理，数亿人得以“旁听”庭审，是中国司法公开史上的重要一笔。

但早期微博直播庭审主要是图文直播，近两年，随着新浪微博与阿里巴巴云平台相结合推出司法云服务，微博庭审视频直播开始在全国推广开来，并以“即视性”的正义，成为庭审公开最有效、最便利的方式。[①] 新浪微博的庭审视频直播从 2015 年 3 月 26 日正式开始推出，第一家接入法院是安徽省合肥市蜀山区人民法院。到 10 月底，全国共有 319 家法院开通了微博司法公开并进行了视频直播，其中高级人民法院 8 家，中级人民法院 103 家，专门人民法院 5 家，基层人民法院 203 家，主要分布情况为：华北地区中级人民法院 8 家、基层人民法院 15 家，东北地区高级人民法院 1 家、中级人民法院 4 家、基层人民法院 5 家，华东地区高级人民法院 4 家、中级人民法院 49 家、基层人民法院 94 家，华南地区中级人民法院 10 家、基层人民法院 17 家，华中地区高级人民法院 2 家、中级人民法院 20 家、基层人民法院 27 家，西北地区高级人民法院 1 家、中级人民法院 5 家、基层人民法院 23 家，西南地区中级人民法院 7 家、基层人民法院 23 家。

截至 2015 年 10 月底，全国共有 23 个省、直辖市与新浪合作推出微博庭审直播工作，其中参加微博视频直播法院最多的前五名省份为：安徽省（52 家法院）、浙江省（34 家法院）、福建省（30 家法院）、陕西省（29 家法院）、江苏省（25 家法院）。4 个直辖市中，北京有 17 家法院、天津有 1 家法院、上海有 4 家法院、重庆有 9 家法院都已开通微博并进行了微博庭审直播，其中北京已庭审直播 63 场，天津 1 场、上海 5 场、重庆 12 场。可见，在微博庭审视频直播中，中部、东南部地区法院心态较为开放积极，陕西则成为西部地区司法公开的新高地。参加微博视频直播比例最高的前 5 个省份为：北京（74%）、安徽（40%）、浙江（33%）、福建（31%）、陕西（22%）。在高级人民法院中，湖南省和河南省高级人民法院各已经直播 2 场，陕西、安徽、山东、福建四家高级人民法院各直播了 1 场。在中级人民法院中，安徽六安中院已经直播 41 场，北京一中院 18 场，安徽宿州中院 12 场，西安中院 11 场，成都中院 8 场。

虽然仅仅推出半年多时间，新浪司法云服务团队与各级法院联手，已经开展了许多颇具特色和声势的庭审视频联播服务。其中大型活动两项，一是 6 月 26 日国际禁毒日，全国 21 个省 88 家法院携手新浪，开展以“阳光司法联动禁毒”为主题的涉毒案件庭审视频直播公益活动。活动当日就有超过 120 万人次观看各法院直播的审理或宣判过程。在活动中，“2015 国际禁毒日”话题阅读量达 200 万人次。27 万网络用户在了解毒品危害和涉毒罪行之后，点亮新浪特别设计的“禁毒誓言墙”，共同承诺珍爱生命、远离毒品。二是 2015 年 8 月 24 日至 28 日，新浪微博再次携手全国 16 省市 231 家法院开展以“阳光法院宣传周百万网友看庭审”为主题的司法公开大型网络巡展活动。活动期间，共有 240 场案件通过新浪法院频道及法院官方微博公开了庭审全过程，专题点击量达 3558870 次，直播期间视频观看人数

---

① 根据司法云平台网站的介绍，该平台可以提供庭审直播、微博司法公开、案件录像存储、涉诉信访系统四大服务，由南京新视云公司具体运营。参见 http：//www. sifayun. com/index. html，最后访问日期：2015 年 12 月 10 日。

达到180万人次，同时“阳光法院”话题阅读量达到107.7万人次。两次大型司法公开巡礼活动，集中展示了中国司法公开工作的最新成就，在很大程度上提高了司法透明度，提升了司法公信力。到9月，实际有17个省250家法院参与了阳光司法宣传周活动，其效果是传统司法公开模式很难达到的。

七项常规活动也取得了很好的效果，包括南宁“走进法庭——民间借贷法律风险防范宣传周”活动，河南“法制阳光美丽心灵”豫法阳光宣传周活动，郑州“阳光司法宣传周，百万粉丝看庭审”活动，来宾“阳光司法——庭审公开面面观”活动，乐山“阳光司法——乐山法院庭审直播月”活动，“阳光法院石狮周”活动，“陕西院长开庭月”活动。其中，11月由新浪微博与新浪法院频道联手陕西省三级法院共同开展的“陕西院长开庭月”，共有50位院长参与，网络视频直播案件55场，新闻发布会1场，视频浏览量共计近194万人次，微博粉丝增长量达13万，互动转发5993次，评论6403条。创建的微博话题“陕西院长开庭月”阅读量更是高达113.1万人次，受到了不少网友的好评。①

（三）值得称道的地方创新精神

一些地区的中级人民法院和基层人民法院的庭审直播走在该省前列，体现了中国改革开放中弥足珍贵的地方创新精神。尤其在中西部地区，有些中级人民法院和基层人民法院进行司法公开创新更是难得。2013年10月31日，山西省太原市迎泽区人民法院就曾在新浪微博图文直播一起销售假伟哥案件；2015年12月2日，又通过官方微博视频直播一起“信用卡诈骗案”庭审过程。以声音、视频的方式，真实呈现以庭审为中心的审判现场，事实证据调查在法庭、定罪量刑辩论在法庭、裁判结果形成于法庭。法庭内外、线上线下同步直播，打破了时间、空间的限制，公众可以通过微博、微信等网络渠道以看得见的方式“旁听”案件整个审判过程，对人民群众了解司法、参与司法具有重要的示范意义。这是太原市法院系统首次开展庭审视频直播。2013年12月3日，甘肃省平凉市华亭县人民法院公开开庭审理了一起销售伪劣产品案，新浪官方微博@华亭县法院审务微博进行了现场实时播报。据悉，这是甘肃省基层法院首次对庭审案件进行微博直播，标志着该省法院在司法公开上又迈出了一步。

安徽在微博庭审视频直播上呈现中部崛起之势，不仅有全国第一所进行微博视频直播庭审的基层法院，而且接入微博直播系统的法院数量和庭审直播数量都在前列。2015年6月9日合肥市蜀山区人民法院就一起故意伤害案举行微博庭审直播，并在9—13日举行“网络庭审直播周”，5天内进行10次庭审直播。合肥基层法院将全部启动网络庭审直播。陕西法院系统则已经树立起庭审视频直播的“西部高地”，2014年8月以来全省三级法院院长、副院长通过网络视频和网络微博直播庭审5000多次，每天都有网络庭审直播案件，对推进司法公开、满足人民群众司法需求、开展法制宣传起到了积极作用，赢得了社会各界的好评。

（四）微博庭审视频直播成效巨大

微博视频直播庭审给人民群众带来了可视化的正义，得到广泛认可。“凡是微博直播的案子，没有上访，息诉率为100%。法官面对网络直播，会全身心地投入，把案件办好，大

① 贾明会、吴晓获：《“够公开，够公正，赞一个”——陕西法院“院长开庭视频直播月”活动纪实》，《人民法院报》2015年12月6日，第1版。

大提高了办案质量。”①

第一，微博庭审视频直播关注度高，司法公开效果好。短短半年中，北京市海淀区人民法院审理的“全国首例股权众筹第一案”（8 月 20 日）、北京市朝阳区人民法院审理的“两男子大屯飙车涉嫌危险驾驶罪案”（5 月 21 日开审）、北京一中院审理的“方舟子与崔永元名誉权纠纷上诉案”（6 月 25 日宣判）、杭州余杭区人民法院审理的“1040 阳光工程特大传销案”（10 月 23 日开审）等一批广受关注的案件通过微博视频直播庭审，极大地促进了司法公开，提升了司法透明度和公信力。比如，北京朝阳区人民法院审理的大屯路隧道飙车危险驾驶案，在新浪微博和中国法院庭审直播网播出，浏览量超过 300 万次。4 月 15 日，济南市市中区人民法院公开审理“专车第一案”，全程微博图文直播，虽然并非视频直播，仍有 282 万次的网民刷屏“旁听”，监督法官庭审。新浪法院频道在新浪微博上开展的“庭审直播”话题，有 6019. 7 万人次的访问量、27. 9 万人次的讨论量，这在任何其他司法公开平台都是不可想象的。

第二，微博庭审视频直播未引起严重负面舆情，反而有助于维持法庭秩序，促进调解或和解。在访谈中，各级法官整体上对微博视频直播持积极态度，认为微博庭审视频直播能够实现社会公众和诉讼参与人随时随地观看庭审，将真正实现阳光下的司法，从而提升司法透明度，倒逼司法公正。但也有一些法官存有疑虑，担心微博视频直播会导致社会公众片面解读，甚至造成重大负面舆情。但微博图文视频直播近五年来，微博视频直播近一年来，甚至包括庭审网络视频直播在内，全国各级各地法院在互联网上播出的庭审视频已达 10 万场次之多，但从无因网络庭审直播本身而引发严重负面舆情的现象。如前所言，凡是微博直播的案子，没有上访，息诉率为 100% 。相反，因对司法公开不够而产生不同意见的情况倒较常见。

实践中，微博庭审视频直播还有许多其他意想不到的作用。一是大大方便了相关当事人参与诉讼。在一起被告为台湾地区公民的案件中，借助微博视频直播，其在台湾的亲属不用来大陆，就能够直观地看到庭审情况，他们非常感慨大陆司法公开的进步。二是有利于维持庭审秩序，在许多基层法院的案件审理中，当事人“闹庭”是一个棘手的问题，但在引入微博庭审视频直播后，法庭一旦提醒闹庭者庭审正在直播，他们一般马上就会正襟危坐，老老实实参与庭审程序。三是有助于促进当事人调解或和解。在南京某区人民法院受理的某女演员起诉某整形医院形象侵权案中，法院做了很多努力也无法促成双方当事人接受调解或和解，但在开庭前得知有微博视频直播后，双方当事人立即向法庭申请调解。四是由于微博庭审视频直播面向公众且留存有视频信息，也能在一定程度上避免闹访、缠访，保护法官权益。

第三，网络和微博庭审视频直播将司法公开变被动为主动，而且有助于保持直播的科学完整与中立性。不同于西方国家要么限制或禁止新媒体进入法院，要么虽然允许新媒体视频庭审但将其交给媒体界来进行，中国的网络和微博庭审视频直播都是各级各地法院主动进行的。微博庭审视频直播的主体是法院，视频直播的案件对象和范围也由法院选择和决定，这样，主动权在法院手中，在微博庭审视频直播初期，有助于法院权衡得失，选择合法、适当的案件直播，有助于微博直播的有序规范进行，避免了过犹不及，也避免了媒体或当事人直播所具有的倾向性，避免国外曾经出现过的媒体干扰法庭审理秩序的问题。

① 温如军：《法院判决书今起全上网》，《法制晚报》2013 年 11 月 27 日，第 A04 版。

（五）存在的问题

根据“中国司法公开新媒体应用研究报告（2015）”课题组的调研，并在 2015 年 11 月 4—6 日、9—10 日、12 日以及 25 日随机进行的 7 天微博视频直播实测，可以发现微博庭审视频直播发展极为迅速，但也存在一些需要克服的困难和问题。

第一，各级各地法院虽然都开通了官方微博，但认证名称不统一、不一致，有的直接以本法院的正式名称注册，而有的则以简称注册，或以“网名”注册，同样是高级人民法院，有的微博认证名为某某高院，有的认证为特定名称如“豫法阳光”等，不方便公众查询和使用。

第二，不少法院官方微博都没有设置专门的司法公开栏目，或者虽然设置司法公开栏目但无视频直播栏目。只有北京朝阳区人民法院、北京海淀区人民法院、广州和郑州中级人民法院官方微博，不仅能找到视频直播（回顾）栏目，还有简单的分类，虽然还不够健全、完善和便利，但值得称道。陕西、山东、四川等不少地方的法院有时候会将新闻发布会、学术或业务研讨会视频也发布在微博上，应予点赞，只是应做好视频栏目分类，最好不要与庭审视频混在一起。

第三，庭审微博视频直播对庭审提出了更高的要求，不仅法官的业务素质、审理水平、公正程度与程序严谨性受到考验，实际上也对法庭礼仪提出了更高的要求。从直播中可以发现，有些庭审视频中，开关门、拉桌子、扯凳子、小声议论现象未被完全禁止或消除，影响庭审及直播效果；书记员宣读法庭纪律方式及纪律内容不统一，有的法院是视频播放法庭纪律，有的法院则是口头宣读，而且虽然内容并不完全一致；在进入法庭及就座时，大多数审判长与审判员显然未经训练，散漫、不一致，就座时，有的从两个椅子空隙挤进去，有的则拉开椅子进去，比较随意。

第四，虽然发展迅速，方兴未艾，但微博庭审视频直播目前总量还是太少，而且技术标准、音频与视频质量、直播完整性时不能得到保证或统一。不过，可喜的是，访谈中，许多法院都表示庭审微博视频直播是下一步司法公开的一个重点。比如，江苏常熟市连派出法庭都在推行视频直播，有自己的“三同步”系统，海虞人民法庭每年审理七八百件案件，直播约占 1/5，微博视频直播是其下一步重点思考的方面。

第五，有些地方和部门观念过于保守和陈旧。2015 年发生的有些社会关注度极高的案件，如“郭美美案”“成都暴打女司机案”，都是司法公开的极佳素材，但由于有些部门比较保守，虽然都是应依法公开审理的案件，但未能实现微博视频直播，不仅失去了一次很好地展示人民法院司法形象的机会，反而助长了舆论的猜疑。

总体来看，2013 年之后，借助新媒体实施司法“微”公开的理念已经得以推行，至 2014 年 11 月 10 日，全国法院开通官方微博的总数为 3636 个，也即有超过 90% 的法院已经开始使用社交媒体（见《全国法院新浪微博运营报告》）。与之对比，2013 年底开通官方微博的法院总数仅为 1120 个（见《2013 年新浪政务微博报告》），进步不可谓不迅速。但仍有许多司法机关无法有效推进司法“微”公开。原因主要有两方面：其一，司法新媒体运营仍处于起步阶段，缺乏统一的官方指导性规范；其二，新媒体的运营者缺乏专业知识背景，对于新媒体的功能和局限认知不足，对司法新媒体运营中的“可为”和“禁忌”缺乏共识。其结果便是许多司法新媒体虽业已存在，但处于休眠状态，或者定期不痛不痒地发布名人名言，活跃度和传播度十分有限。

三　未来愿景：司法公开的六寸天堂

庭审网络直播，尤其是微博新媒体庭审视频直播为人民群众切实“感受”每一起司法个案提供了最佳途径，应大力推行。

第一，坚持并继续推动微博视频直播更迅速地向纵深发展。相对于传统电视直播、网络直播，微博直播所具有的即时、共享、分散化，能更好地打破线上线下、时间空间限制等特征，最适合庭审视频直播的推广、传播和影响发挥，实现从可视化的正义到即视性的正义。而且，微博庭审视频直播技术在实践中得到了检验，印证了其可靠性。其一，调研发现，当前的微博视频直播通过采集原有科技法院摄像机的视频信号和音频信号，采用新浪提供的编码设备对音视频信号进行编码后发送到互联网，不与法院内网关联，能保障数据安全性。其二，相较于相对封闭、必须关注法院后才能看到直播的微信等其他新媒体工具，微博是一个更加开放的社交网络工具，可以直接观看，同时也支持把直播信号接入法院的微信公众号，实现微博、微信同步直播。其三，只要法院法庭内配备音视频采集设备，能接入2M上行的互联网，就能进行微博视频直播，因此视频直播的音视频信号来源于原有科技法庭的音视频采集设备，属于对原有设备的再次利用。其四，微博视频直播对于证据无特殊画面展示，所以当事人身份证号码、银行账号、证人等隐私性、非口述性信息不会被透露。其五，经过近4年的运用之后，经过实测和实践，已经证明新浪微博等庭审视频直播技术能满足庭审直播业务需求，运行效果稳定，达到了使用预期。

展望未来，微博等新媒体视频直播庭审将成为未来庭审公开的主渠道，小小智能手机或者其他便携式智能设备将带来司法公开最为丰富绚烂的“六寸天堂”，随时随地为我们带来即视性的司法正义。

第二，继续修订和完善网络及微博庭审视频直播相关规定。其一，规范庭审视频直播，规定视频直播的主体只能是法院，视频直播的案件必须是依法应予公开审理的案件；其二，非经事先许可，禁止新闻媒体在法庭录音、录像或直播庭审；其三，非经依法许可，禁止任何诉讼参与人或旁听人员在法庭上进行录音、录像或进行任何直播活动；其四，在加大网络及微博视频直播力度的同时，也必须照顾当前阶段中国司法的现状以及民众的接受程度，应该合法、及时、有序地进行庭审视频直播，而不能不加选择，一哄而上，防止欲速则不达；其五，逐渐要求庭审视频直播的常态化，不能时有时无。还应该修订或完善既有相关规定。比如，《最高人民法院关于加强人民法院审判公开工作的若干意见》（法发〔2007〕20号）规定，“通过电视、互联网等媒体对人民法院公开审理案件进行直播、转播的，由高级人民法院批准后进行”。根据《司法公开示范法院标准》的规定，庭审微博视频直播在考核标准中至多只能占到2分左右，分值明显偏低。因此，在条件成熟时，应该将网络及微博庭审直播的决定权交给相关审理法院，哪怕是基层法院，甚至是主审法官；同时增加网络及微博视频直播在司法公开考核指标中的分值，以此作为指挥棒促进各地法院进一步推进庭审视频直播工作。

第三，加强法院人才队伍建设，构建能适应庭审直播新形势的高素质法官队伍。一是提高法官素质和司法能力。调研中发现，虽然接受视频直播的法官占大多数，但的确有少数法官还不具备庭审视频直播的素质和能力，庭审不够规范，不能严格依照法定程序掌控庭审秩序，有些法院甚至曝出了阴阳判决书的丑闻。二是更加重视法庭礼仪的培训。有些法官庭审水平不够高，法言法语水平不够，有跷二郎腿、抽烟、说脏话等不规范行为，有的仪表、言辞、程序掌控也存在缺陷。三是改变观念，逐步适应庭审视频直播常态化。调研中发现，有时候庭审视频直播给法官很大压力，微博视频直播常态化，将带来相关主审法官的平常心。四是通过网站和自媒体实现司法公开需要具有专门知识的人才来推动。如果下一步要极大扩展司法公开的范围，那么可以预见要投入大量的人力资源，是否在未来规划的时候结合法院人员分类管理，提出扩大法官辅助人员队伍，建立专门的新媒体运营人才库，就成为值得认真思考的问题。

第四，加强司法公开平台的统一和整合，以及技术标准的统一。一是以法院网站为基础，区分法院的政务网和业务网，在业务网上整合包括庭审视频在内的各种司法公开信息，并且形成全国法院系统互联互通、格式统一，最终建成全方位覆盖的庭审视频信息库，并注重检索功能建设。二是充分利用当前互联网的主流形态，在注重门户网的同时重视移动互联网建设，形成“网站 + 微博 + 微信”三位一体的自管网络平台。三是在综合运用触摸屏、网站、微博、QQ 空间、微信平台、手机客户端等载体进行司法公开，形成“一切先进方式皆为我用”“一网打尽司法公开信息”全新格局的同时，也要避免贪多嚼不烂，而是有所侧重，避免过滥，在节约人力和财力资源的同时，也方便公众和当事人获取司法公开信息，免得“乱花渐欲迷人眼”。比如：法院业务网站是综合性的，应整合全部司法公开信息，最为基础的是司法公开平台；微博具有开放性，特别适合庭审视频直播；微信可以作为法院政务网的补充，公开法院政务信息；同时，网站、微博、微信要能够实现一个团队负责，司法公开信息既有分工又有统一，信息公开同步、统一。四是应借鉴中国裁判文书网做法，对网络和微博视频直播进行技术规范，一方面保障视频直播的安全有序与可持续发展，另一方面也统一视频的技术标准与规范，便利接入及互联互通，节约成本。五是应该通过各种形式发布开庭公告，公告中应该告知是否通过网络或微博直播，以及观看网络直播或微博的途径。六是应将法院微博庭审视频直播纳入国家的“互联网 +”发展计划，发展无线宽带业务，降低资费标准，为微博视频直播事业的发展创造更好的网络环境。七是应充分运用政府和市场两个资源，在确保数据安全、保密可靠的前提下，最大化降低成本，提升效率。

总体上说，当前中国的司法公开，无论在深度、广度和现代化程度上，都正在向国际先进标准迈进，而网络或微博庭审视频直播，可能很快会实现对西方发达国家司法公开的“弯道超车”。

[本文发表于《法治蓝皮书：中国法治发展报告 No. 14（2016）》，
社会科学文献出版社，2016]

微博直播庭审对侦查法治化的可能意义

周长军*

摘　要　微博全程直播庭审作为我国刑事司法实践中的新生现象，不仅有助于法院强化司法公开、回应公众关切、提升司法公信，而且有望从根本上扭转我国的侦审关系格局，倒逼①侦查法治化。应当对微博全程直播庭审制度进行科学设计，并合理应对和化解与之相伴而来的挑战。

关键词　微博直播　司法公开　侦查法治化

科技改变生活，科技也会改变诉讼生态。薄熙来案、王书金案、李天一案、大兴摔童案……近期多个刑事大要案的审判持续牵引国人的关注视线。倘若留心不难发现，在这个波澜起伏的审判季中，有一个现象格外引人注目，那就是微博直播庭审。

2013 年 6 月和 7 月，王书金强奸杀人案在河北邯郸市中级人民法院两次开庭审理期间，河北省高级人民法院通过官方微博进行了庭审直播；8 月下旬，薄熙来案在济南开庭审理，济南市中级人民法院通过官方微博对庭审进行了全景式播报，文字、图片、视频、音频批量传递，新华社把庭审内容几乎同时翻译成英文放到网络上②；9 月，北京法院网官方微博“京法网事”对大兴摔童案进行了现场实时播报，南京市中级人民法院官方微博“南京 V 法院”直播了“饿死女童案”的庭审情况。③ 截至 2013 年 9 月，我国有近 20 个省出现微博直播庭审的案例。④

根据《新浪微博用户发展报告》，2013 年上半年，新浪微博注册用户达到 5. 36 亿，2012 年第三季度腾讯微博注册用户达到 5. 07 亿，微博成为中国网民上网的主要活动之一。在微博用户中，80% 的受过高等教育，本科以上占 55. 9%；晚八点至零点是刷微博的高峰；智能手机占到 83%。⑤ 正是因其贴身性、便捷性、互动性特征，微博成为信息化社会中公众获取资讯、关注社会乃至介入政治的重要管道，成为法院强化司法公开、回应公众关切、提升司法公信力的有效方式。

一　微博直播庭审：刑事诉讼领域的革命

作为现代科技应用于诉讼民主化的一种形式，电视直播庭审曾经在法院审判公开方面受

---

* 周长军，男，山东济宁人，法学博士，山东大学法学院教授、博士生导师，主要研究方向：刑事诉讼法学和刑法学。

① “倒逼”是 2013 年度十大流行语，其意是指逆向促使，“由下而上”“由流溯源”“由果问因”等行为都可以称为“倒逼”。参见吴亚顺《专家称“小伙伴”一词不雅》，载《新京报》2013 年 12 月 19 日。

② 何亮亮：《薄熙来不会判死刑可能还会上诉》，凤凰网，2013 年 8 月 28 日。

③ 《法院系统微博直播大案庭审获高层领导支持》，载《京华时报》2013 年 9 月 23 日。

④ 《2013 年第三季度新浪政务微博报告》，http：//vdisk. weibo. com/s/u8V4OeG7tHq5Q。

⑤ 《新浪微博用户发展报告》，http：//vdisk. weibo. com/s/gzJtj，2013 年 5 月 10 日。

到高度推崇。不过，由于电视直播庭审容易诱发控辩双方的表演冲动，造成证人出庭作证的不安全感，侵犯诉讼参与人的肖像权与隐私权，影响法官的独立审判，以及所需仪器设备较大，摄录人员走动、镁光灯闪射等对庭审秩序有很大的干扰，因此，目前除一些电视台与法院合作的法庭纪实类节目外，电视直播庭审活动几乎已经销声匿迹。在此背景下，随着互联网和智能手机技术的发展，作为一种“可控的公开”① 形式，微博直播庭审现象破土而出，有效填补了社会公众在电视直播庭审淡出之后对审判公开的需求。尤其是法院进行的微博实时直播庭审，不仅突破了传统司法公开的物理空间限制，让更多的普通百姓在法庭之外就可以利用电脑、手机等媒介自由地“旁观”庭审现场，迅速了解庭审细节，而且可以图文并茂地公开庭审全部过程中的文字、图像、声音信息，使相关信息动态甚至互动式呈现，鲜活生动②，便于获取，极大地丰富了司法公开的内容和形式，在某种意义上可以说是刑事审判公开形式的一场革命。

毋庸置疑，微博直播庭审有助于人民接近司法，更好地满足社会公众对社会影响大、公众关注度高的案件知情权，挤压了权力寻租的空间，不仅强化了公众对审判活动的监督和对审判过程公正性的感知，提振了司法公信力，而且形象生动地传播了法律知识，普及了法治精神。

在我们这个重视实质正义的国家，微博直播庭审还能有效地回应社会公众对实体公正的需求。从心理学上讲，社会公众对实体公正实现与否的认知，主要是看法院的裁判文书是否确认了公众对案件的“预判”，而公众做出什么样的“预判”，又往往取决于包括自媒体在内的各种媒体在判决前释放出的案件信息，或者说，公众事前了解的案件信息决定了其预判的结论。因此，法院微博直播庭审特别是全程直播庭审可以使社会公众获取全面、准确的案件信息，合理引导其对案件的“预判”，使之与裁判结论相契合，以强化裁判结论的公众认同。

以薄熙来案为例，济南市中级人民法院通过150多条微博、近16万字的图文，将整个庭审活动全面、动态地直播出去，数亿人得以及时地进行“围观”，受到了高度的肯定。《环球时报》的评论就认为，“毋庸讳言，此前国内外舆论场上有种种怀疑和传言，但‘微博直播’的形式把庭审的各种细节直接端到公众的眼前，形成对依法公正审理薄熙来案可信的特殊强制力，这是对公众监督不预留余地的接受。”③ 新浪网的调查显示，8月22日，即薄熙来案庭审直播的首日，“济南中院微博”的日影响力最高，达到1480.01；其次是公布薄熙来案宣判结果的9月22日，日影响力为1364.41，法院“宣读判决要点”的微博成为该案被转发和评论最多的三条微博之一。④ 可见，公众不仅对庭审程序，而且对判决书的内容及其公正性给予了极大关注。不过，在当前我国审判机关普遍“案多人少”的背景下，对于法院进行的耗时、耗力又耗钱的微博直播庭审活动，如果仅停留于上述意义的分析和总结，显然是不够的。或者说，微博直播庭审倘若只具有上述功能，则可能缺乏足够的正当性。

---

① 参见《港媒：公审薄熙来助北京加分学者称微博直播是可控公开》，大公网，2013年8月31日。

② 张立勇：《网络时代背景下的司法公开》，载《人民法院报》2011年9月30日。

③ 《社评：微博直播，带来意外更带来公众信心》，载《环球时报》2013年8月24日。

④ 《2013年第三季度新浪政务微博报告》，http：//vdisk. weibo. com/s/A - q4TgwJVL6M/13849198449 sudaref = WWW. baidu. corn。

笔者认为，法院系统之所以准备在更大范围内推进微博直播庭审①这一在世界范围内也颇具创新性的探索，更深层也是更重要的意义在于可以倒逼侦查活动，促使侦查机关规范侦查行为，践行法律程序，重视人权保障，解开长期以来我国侦审关系扭曲化的症结。也就是说，微博直播庭审不仅仅是审判公开形式的革命，倘若能够制度化地推行下去，还将引发我国刑事诉讼的一场革命，助推侦查法治化。

遗憾的是，学界和媒体目前的讨论仍然停留于微博直播庭审在推进审判公开、提升司法公信力方面的作用之阐释，尚未充分意识到其对我国刑事诉讼变革和侦查法治化的深远意义。鉴此，本文下面将在剖析我国现行侦查中心主义的刑事诉讼格局的基础上，分析并论证微博直播庭审对侦查法治化的倒逼功能以及为充分发挥此功能而应当如何对微博直播庭审制度进行科学的设计。

二　侦查主导审判：传统诉讼实践中的侦审格局

“公安做饭，检察端饭，法院吃饭”是民间对我国“以侦查为中心”的刑事诉讼运作实践的形象描绘。在公检法流水作业的一体化诉讼格局下，侦查成为最关键的诉讼环节，基本上决定了其后的公诉与审判活动的样态，尤其是在大要案的处理中，关于定罪量刑的事实认定和法律适用问题时常在侦查阶段就已定了调，法院很难更改。

研究发现，近些年来，湖北佘祥林案、云南杜培武案、河南赵作海案、浙江张氏叔侄案等几乎所有的冤错案件的形成，都与侦查阶段重视被告人认罪口供的收集，轻视实物证据、科学证据的提取，刑讯逼供，证据采集不规范，遗漏或者遗失重要证据的收集②等侦查顽疾存在紧密的关联性。在这些侦查粗陋、定罪证据链条不完整或不扎实的冤错案件中，对被告人的刑事追诉活动之所以最后又都通过了法院的审查和确认，以致铸成冤错，主要就是因为实践中运行的是侦查主导的流水作业型刑事诉讼模式。在此模式下，公检法机关之间重配合、轻制约，重打击犯罪、轻保障人权，对于前机关开展的诉讼活动、收集的证据和认定的事实，后机关倾向于相信和认同，即便出现认识上的分歧，也往往表现出高度的体谅和包容，采取私下协商或协调的方式加以解决。“破（案）得了，诉得出，判得下”，是此种模式下公安检察机关追求的目标，也是案件处理的常态。

相沿已久，导致侦查活动中心化、庭审活动形式化，法院审判功能虚化，对不规范的侦查和起诉活动构不成有力的制约。实践中，只要检察机关提起公诉，法院即便发现审前程序有瑕疵，或者存在违法取证行为，抑或是案件事实存疑，通常也不愿、不能或者不敢排除非法证据、做出无罪判决，而倾向于在退回补充侦查或者直接进行职权调查的基础上，确认控方的指控主张，高达99.7%以上的定罪率③即其鲜明体现。这种警权独大、公安主导的刑事诉讼运作格局在重庆打黑期间格外凸显。据报道，2011年5月以前的重庆打黑高潮时期，王立军尽管并未在市委政法委担任职务，但仅以公安局局长的身份就能号令数百个专案组，

① 最高人民法院新闻发言人孙军工说，各级人民法院可以根据实际情况积极稳妥地推进包括庭审微博直播在内的司法公开活动。参见徐隽：《最高法：鼓励各级法院创新公开载体》，载《人民日报》2013年9月22日。

② 赵秉志：《冤错案件防范机制的加强》，载《法制日报》2013年7月24日。

③ 陈瑞华：《论量刑建议》，载《政法论坛》2011年第2期。

指挥检法等多家司法系统，在文强、龚刚模、李庄、樊奇杭等要案中，将严重违反程序的王氏打黑刀法强行推进到底，监控窃听等技侦措施大行其道，对犯罪嫌疑人是血雨腥风般的刑讯逼供，铁山坪等成为令人毛骨悚然的办案“基地”。①

面对血淋淋的教训，最高司法机关在深刻反思的基础上逐渐体认到，对于冤错案件的防范来讲，关键在侦查。2010 年，最高人民法院、最高人民检察院、公安部、国家安全部和司法部联合发布了《关于办理刑事案件排除非法证据若干问题的规定》和《关于办理死刑案件审查判断证据若干问题的规定》，旨在强化法院对证据的审查判断以及对非法证据的排除，促使侦查机关规范取证活动，严格按照法定程序和证明标准开展追诉活动，以防范冤错案件的发生。不过，当下法院独立行使审判权的保障不足，以致当“面临一些事实不清、证据不足、存在合理怀疑、内心不确信的案件，特别是对存在非法证据的案件，法院在放与不放、判与不判、轻判与重判的问题上往往面临巨大的压力”②，这其中就包括侦查、控诉机关的强力沟通乃至政法委的权威协调。由于缺乏合适的“抓手”，对于这些有形无形的压力，法院往往很难抗拒，以致“存疑从挂”“存疑从轻”成为此类案件中不得已的折中处理方式。这无疑折射出我国流水作业型刑事诉讼模式下法院在制约侦查与公诉权力、防范冤错案件方面的无力和无奈。

与此同时，面对《刑事诉讼法》的适用实践，一种浓浓的无力感、无奈感也在当下的刑事诉讼法学界蔓延。因为无论是 1996 年《刑事诉讼法》的修正，还是 2012 年《刑事诉讼法》的修正，共同的任务之一就是强化庭审中心主义和对侦查权力的控制，但这些立法修正条款基本上都难逃被规避、被虚置的命运，侦查权独大、庭审走过场的局面一直未得到实质性的改观，以致不少刑事诉讼法学者对《刑事诉讼法》的有效实施已经心灰意冷……

2013 年，浙江张氏叔侄冤案被平反，法院公信力再受重创。痛定思痛，最高人民法院于 12 月又出台了《关于建立健全防范刑事冤假错案工作机制的意见》，要求各级法院坚持依法独立行使审判权原则，不能因为舆论炒作、当事方上访闹访和地方“维稳”等压力，做出违反法律的裁判；切实改变“口供至上”的观念和做法，注重实物证据的审查和运用；以庭审为中心；应当排除采用刑讯逼供或者冻、饿、晒、烤、疲劳审讯等非法方法收集的被告人供述；定罪证据不足的案件，应当坚持疑罪从无原则，依法宣告被告人无罪，不得降格做出“留有余地”的判决，如此等等。但基于前述的分析不难推想，如果不改变当下实践中被颠倒的侦审关系，落实庭审的中心地位，该意见的这些规定依然会落空，法院也依然会失守防范冤错案件的底线。

总而言之，多年来的诉讼实践表明，最高司法机关为防范冤错案件出台的一系列法律性文件之所以得不到有效的实施，法院之所以一直不愿或者不敢在侦查违法或者定罪证据不够充分的案件中公开“叫板”侦查、公诉机关，排除非法证据、判决被告人无罪，主要是因为“往往面临巨大的压力”，尤其是在社会影响大、公众关注度高的案件中。由于这些干预和压力基本上不会被摆到台面上，所以外界很难了解，法院也一直没有找到合理的应对和化解之道。加之，受传统审判公开方式的制约，只有很少的人能得到法庭旁听的机会，裁判文

---

① 石扉客：《王立军是如何炼成的?》，载《南都周刊》2012 年 12 月 13 日。

② 沈德咏：《我们应当如何防范冤假错案》，载《人民法院报》2013 年 5 月 6 日。

书又不上网公布，以致社会公众通常很难知晓庭审中的调查和辩论情况，更不了解案件中涉嫌违法的侦查行为或者案件事实存疑的问题，因而就无法对庭审情况进行有效的监督，也为来自侦查、公诉机关的“协调”以及法院关照侦查、公诉机关的活动留下了空间。由此，最终的博弈结果往往是：法院放弃原则，迁就外来干预和压力，“配合”侦控机关的追诉活动，做出“疑罪从轻”或者“疑罪从挂”的处理。至于被告人是否冤枉、违法侦查行为是否受到应有的程序性制裁，则通常只有被告人一方关注，社会公众因缺乏了解和兴趣而很少置评和监督。

三　微博全程直播庭审：翻转侦审关系的“利器”

综上可见，在传统侦审格局下，法院对非法证据的排除、对存疑案件的无罪判决基本上是镜中月、水中花，冤错案件的防范底线由此一再失守。因此，翻转侦审关系，打破公检法流水作业的一体化诉讼运作模式，让法院找到制裁侦查违法、规约侦查行为的勇气和底气，并解除其后顾之忧，就成为中国刑事诉讼应当解决而一直没有解决好的重中之重的课题。

微博全程直播庭审的出现让我们看到了破解这一难题的可能和希望。通过微博全程直播，把庭审过程中的举证、质证、辩证以及法庭辩论情况都公之于众，让公众了解双方的争议焦点，使得控方证据的合法性、客观性和关联性以及指控主张不仅要经受来自法庭上辩护一方的质疑和挑战，而且要接受法庭外社会公众的监督和评判，由此，对于侦查取证中是否存在违法行为、是否应当排除非法取得的证据以及公诉机关指控被告人犯罪的证据是否已经达到了确实充分的标准，所有关心此案的人无论是否到庭审现场旁听都能全面掌握和做出自己的判断。比如，对于在案证据显示被告人遭受了刑讯逼供、对犯罪嫌疑人的讯问笔录或者对证人、被害人的询问笔录上没有侦查人员的签名或者没有注明制作笔录的时间、询问笔录反映出在同一时间段内同一询问人员询问不同证人等在过去法庭上经常被辩护一方提出质疑的问题，控方如何回答、法庭如何调查和裁决，都通过微博直播出去。如果说在审判公开相对有限的传统诉讼实践中，即便是在侦查粗陋、事实存疑的案件中，检察机关也有机会和能力通过协调取得法院的定罪判决；可是社会公众由于对案件庭审的具体情况缺乏了解而通常不可能有什么批评性的反应，那么，微博全程直播庭审无疑会改变这一局面。由于社会公众已经通过微博直播知道了案件的证据瑕疵与事实疑点，因而法院很难无原则地迁就侦查、公诉机关的追诉行为[①]，否则会引火烧身，招致公众舆论的质疑和抨击，这就为法院改变长期以来不得不为不规范的侦查行为“背书”以致形象日趋下滑的境遇提供了很好的契机和“抓手”。换句话讲，微博全程直播庭审有望从根本上翻转实践中扭曲的侦审关系，强化审判权的独立行使和庭审的中心地位，使得法庭真正敢于和能够制衡侦查行为，进而倒逼侦查

① 美国哈佛大学法学院德肖维茨教授以辛普森一案为例对大众传媒与审判结果的关系之分析可资参考。他说：“我们相信电视摄影机将能清楚地监看检方的各项论控以及法官的裁定。至于对媒体表示意见，我们知道检方跟警方将会持续地漏出消息，所以我们也希望让世界听听、看看我们这一边的论证。”“转播对辛普森确实是有很大的帮助。我相信那些大部分看过审判过程的人，对于检方论控的弱点应该比那些仅从新闻记者的眼睛和语言看本案的人还清楚。”参见张建伟《大众传媒与司法公正：一个文化的视角》，载《人民法院报》2011 年 8 月 5 日。

活动的文明化、法治化。

在微博全程直播庭审的案件中，裁判文书的直播系不可或缺的一环。由于社会公众已经通过庭审微博直播明白了案件事实和法律的争点，因此，法院为维护自身的形象和取得社会、当事人对裁判结论的信服，就必须慎重对待判决书的写作，就辩护一方在法庭审理过程中对指控证据和指控主张提出的质疑、对庭审程序指出的问题以及对定罪量刑问题发表的辩护意见，判决书都要进行充分的回应，并证成判决结论的正当性，而不能再像过去的格式化裁判文书那样对辩护意见不予理会或者一笔带过。相应地，如果庭审中已经查明存在违法的侦查取证行为或者庭审调查难以排除合理怀疑，在社会公众的全面监督之下，法官再想无原则地配合和迁就侦控机关的行为，几乎是不可能的；撕下面子，排除瑕疵证据或者非法证据，贯彻罪疑从无原则，势在必行。薄熙来案就是很好的例证。由于该案的庭审情况通过法院的官方微博全程直播，济南市中级人民法院撰写了长达 5 万字的判决书，具体归纳了辩护方在庭审中提出的 20 个质疑性辩护意见，并一一进行了回应，说明了哪些辩护意见予以采纳、哪些辩护意见予以否定的理由，取得社会公众对判决结论的认同，产生了很好的社会反响。

微博全程直播庭审的倒逼功能在李庄案“第二季”① 中有充分的展现。据媒体报道，在此次审判中，律师陈有西依托“陈有西学术网”和新浪微博，进行动态与总结并行的平行传播。庭审当天，陈有西的电脑上共打开了 5 个窗口：自开庭之时就对李庄案内幕持续进行深度披露的杨海鹏微博、陈有西自己的微博、李庄“漏罪”案涉及的法条、华龙网以及律师斯伟江的辩护词。② 陈有西的微博在全部转发重庆官媒“华龙网”的网络直播之同时，通过其掌握的证据和辩护律师的观点，同步展示了辩方和李庄本人的观点、事实和证据，还转发了大量社会舆论的观点和评价，使得真相越来越清楚，“全国人民都知道警察搞砸了，构陷入罪，不得不撤诉”。③

不仅如此，在微博全程直播庭审的案件中，由于有社会舆论的强力支持，对于法院不讲情面而依法独立做出的裁判，侦查、控诉机关无论如何不满也只能予以接受。长此以往，坚持将微博全程直播庭审制度化地推行下去，能够渐渐消解传统侦审之间过于紧密的联系，形塑庭审中心主义的刑事诉讼模式，进而倒逼侦查活动的法治化和公诉活动的规范化。“凤凰网”对裁判文书公开的如下评论在某种意义上道出了其中的深意：“用公开倒逼整个审判流程，回归纯粹的法律判断，对权力的干预有阻挡，建立制度性的防御，让公开的力量来帮助司法的改革。”④

由此可见，庭审微博全程直播表面上是法院审判公开形式与时俱进的发展，实质上是法院为化解判案的内外压力、翻转传统侦审关系而采取的“置之死地而后生”的举措，其真谛是倒逼侦查行为，助推侦查的法治化。

---

① 因“涉黑老大”龚刚模的举报，其辩护律师李庄因涉嫌伪证罪、妨碍作证罪被批捕，2010 年 2 月，被重庆市第一中级人民法院二审判处有期徒刑一年六个月，这被业界称为李庄案“第一季”。2011 年 4 月，因涉嫌辩护人妨害作证罪，重庆市江北区检察院对李庄又提起公诉，被称为李庄案“第二季”。

② 季天琴：《李庄案后的律师暗战》，载《南都周刊》2011 年 6 月 11 日。

③ 陈有西：《谁的胜利?》，http：//wqcyx. zfwlxt. com/YXMA/20111007/39855. html。

④《裁判文书公开：开启司法改革的大门》，http：//news. ifeng. eom/opinion/speeial/panjuegongkai/2013. 11. 30。

四　微博全程直播庭审的隐忧：在法益侵犯与舆论误导之间

微博直播庭审存在全程直播和部分直播之别。前文的分析表明，只有全程微博直播才可能真正起到倒逼侦查法治化的功能。与此同时，微博全程直播庭审的即时性和紧急性传播特点也决定了直播中可能会出现文字错漏、立场偏颇、侵犯隐私、泄露秘密等风险。此外，由于庭审微博直播活动需要投入一定的成本，因而从成本—收益的角度考量，不可能也无必要对所有的刑事庭审都进行全程微博直播。由此，科学规划微博全程直播庭审的主体和案件范围，合理控制微博全程直播庭审的信息发布，确保微博全程直播庭审的准确、客观和公正，防止造成不当的“舆论审判”或者侵犯隐私、泄露秘密等风险，就成为微博全程直播庭审以倒逼侦查法治化的重要一环。

（一）法院以外的主体能否微博直播庭审?

在我国当下，由法院的中立性、专业性、便利性等所决定，法院对庭审活动进行全程微博直播，有广泛的公众认同基础，而且在制度层面得到了确认。薄熙来案的庭审微博直播广受好评即其证明。

不过，与薄熙来案由法院官方微博直播庭审的情形不同，前述李庄案第二季庭审的直播主体则是多元化的，既有法院指定的网络媒体，也有法庭内外的律师。可见，律师乃至律师以外的诉讼参与人、法庭旁听人员能否对庭审进行微博直播就是一个必须回答的问题。

在这方面，英格兰及威尔士首席大法官伊格尔·贾吉爵士（Igor Judge）于 2011 年 12 月 14 日发布的微博在庭审中使用的正式意见可资参考。该意见是：将旁听庭审的人区分为记者、法律评论员与普通公众，前两者无须获得法庭的许可，就可以直接用微博来传播庭审情况；而普通公众由于欠缺必要的法律训练，需要取得法庭的许可才可以发布微博。[①] 据笔者视野所及，我国还没有普通公众进行庭审微博直播的实践，但律师、记者对刑事庭审进行微博直播的并不鲜见。不过，官方和学界普遍认为，受职业利益驱动，律师对庭审的微博直播容易片面化和情绪化，有误导舆论、扰乱庭审秩序之虞。比如，2012 年贵州黎庆洪涉黑案在贵阳市小河区人民法院审理时，参与辩护的多名律师在法庭上通过微博直播庭审情况，对此，有媒体指出，“律师直播的内容多为质疑法官和公诉人行为的合法性。”[②] 另有学者明确表示，律师“庭审直播行为是典型的利用网络科技人为影响审判的行为，不管是从国内外法律制度上，还是从律师职业道德规范上都是被排斥的行为。”[③] 在此背景下，《最高人民法院关于适用〈中华人民共和国刑事诉讼法〉的解释》第 249 条对包括律师在内的诉讼参与人和旁听人员（新闻记者除外）的微博直播庭审行为做出了禁止性规定，即“法庭审理过程中，诉讼参与人、旁听人员不得对庭审活

① 谢澍：《刑事审判公开的信息化转型——基于实证研究的路径探寻》，载《中国刑事法杂志》2012 年第 12 期。

② 杨昌平：《微博播庭审违法吗?》，《北京晚报》2012 年 1 月 31 日。

③ 戴平华：《微博直播庭审是否合法？经法庭许可后或成公开新途径》，载《新法制报》2012 年 3 月 2 日。

动进行录音、录像、摄影，或者通过发送邮件、博客、微博客等方式传播庭审情况，但经人民法院许可的新闻记者除外”。

笔者认为，最高人民法院的上述“解释”在赋予媒体经法官批准后的微博直播庭审权利方面是值得充分肯定的，但完全禁止律师微博直播庭审的行为则有待商榷。因为尽管律师微博直播庭审确实可能会因与案件的利害关联性而出现选择性直播问题，即多发布或者只发布对被告人有利的事实，或者发布具有主观偏见的评论，但同时要看到，法院或者经法院同意的媒体对庭审进行微博直播也未必一定客观、公正，他们为了引导舆论，同样可能会选择性直播，以致出现直播信息的失衡。[①] 对此，除科学制定微博直播庭审的规范，对法院或者经法院同意的媒体微博直播庭审设定严格的侵权责任追究机制外，由律师或记者同时进行微博直播也是相当有效的平衡和制约措施。如前所述，在李庄案第二季的庭审中，一些律师和记者通过微博直播庭审对官方直播进行纠偏，就取得了较好的效果。

综上分析，无论国外的立法和实践如何，在我国目前的司法环境中，对于律师微博直播庭审的行为不宜一律禁止，而应当将官方与律师的微博直播庭审活动有机结合起来，通过竞争性的制约实现案件信息发布的平衡性和全面性。具体而言，由于我国新闻媒体的独立性不足特别是司法素养未必到位，因此，对于刑事庭审的全程微博直播，近期应当采取以法院直播为主、媒体直播为辅、律师直播为制衡的做法。为防止片面化的直播活动对舆论形成不当影响，当法院或者法院许可的媒体对庭审进行微博（网络）直播时，也应当允许律师进行微博直播；当法院或者媒体未对庭审进行微博（网络）直播时，律师也不得微博直播庭审。至于当事人，则不应赋予其微博直播庭审的权利。这不仅是因为当事人有利益倾向，更重要的是当事人通常不具备专业素养，无法保证庭审微博直播的客观与准确。此外，法庭旁听人员也不能作为庭审微博直播的主体，究其原因，要者有四：一是，不专业；二是，容易移情于庭审一方当事人，较为情绪化；三是，缺乏职业伦理规范的约束；四是，如果众多的旁听人员都通过微博直播庭审，则很难保证正常的法庭秩序。

最后需要说明的是，无论是何种主体进行的微博直播庭审活动，都必须遵循如下规则：不能妨害庭审秩序；拍照和录像时，必须关闭闪光灯和快门的声音；不能侵犯诉讼参与人的隐私权和肖像权；不能泄露庭审中获知的国家秘密或者商业秘密；不能发布具有主观倾向性的评论等。违反上述规则的，法庭应当予以纠正或制止，情节严重的，直播者还应承担赔偿责任或者其他法律责任。

（二）微博全程直播庭审的案件范围

接下来需要讨论的问题：什么样的案件需要或者应当微博全程直播庭审？笔者的看法如下：

首先，微博全程直播庭审应当限制在依法应当公开审判的案件范围内。对于未成年人刑事案件等依法不应当公开审判的案件，不能微博直播其庭审情况。

其次，微博全程直播庭审的范围必须在综合权衡公众知情权的满足、当事人正当程序权利的保护、成本的考量以及倒逼侦查法治化的需要等方面的基础上加以确定。据此，我国当

---

① 在李庄案第二季的庭审中，有律师就认为官方直播存在偏颇，多控方信息、少辩方信息。陈有西：《谁的胜利?》，http：//wqcyx. zfwlxt. com/YXMAZ2011 10o7/39855. html。

前可以重点对以下几类案件的庭审进行微博全程直播：一是，侦查活动可能存在瑕疵或者事实存疑、法律不明的案件，比如“严打”或者“专项犯罪治理行动”中破获的重大但事实认定或者法律适用方面有争议的案件。二是，公众关注度较高、社会影响较大或者较为敏感的案件。从实践中看，越是敏感案件、上升到政治维稳高度的案件，公安检察机关越容易乱来，其庭审活动也越需要通过微博全程直播，以便让侦查、公诉中的“乱来”行为曝光于大众面前，使“潜规则”无所遁形，法院由此能够借助社会舆论的支持，对违法的侦查、公诉行为进行程序性制裁。三是，具有法制宣传教育意义的案件。四是，法院认为微博全程直播庭审有助于倒逼侦查法治化的其他案件。

当然，为实现庭审微博全程直播的效益最大化，在确定微博全程直播庭审的案件范围时，还需注意以下几点：一是，同案犯在逃的案件中，应当禁止庭审微博全程直播，以防止在逃同案犯根据微博直播的庭审信息实施毁灭证据、打击证人等逃避刑事追诉的行为。二是，庭审微博直播不需事先征得当事人的同意，但应充分考虑当事人对微博直播庭审的意愿。一方面，由诉讼的社会性特征所决定，法院对司法公共资源的运用，社会对法院审判工作的知情权和监督权，不应受到当事人意志的影响。[①] 另一方面，除少数案件外，出于“面子”等方面的考虑，当事人通常是不愿意将案件信息公之于众的，因而若将当事人的同意作为微博直播庭审的必要前提，则直播很可能无法进行。当然，微博直播庭审毕竟涉及当事人的利益，因此，如果当事人提出微博直播庭审申请的，法院应予以充分考虑；如果当事人反对微博直播庭审的决定，则可以提出异议，供法院参考。三是，对于下级法院正在审理的案件，上级法院要求微博全程直播庭审的，下级法院应当进行微博全程直播。这主要是考虑到，在一些涉及地方“维稳”的刑事案件中，公安检察机关乃至同级党政机关可能会采取各种方式阻止庭审微博直播，因此，赋予上级法院决定是否微博全程直播庭审的权力可能是抗衡这些外来干扰的有效手段。中共十八届三中全会决定推动法院的省级统管体制改革，为此提供了制度上的正当性。

最后，可以参照2013年11月21日公布的《最高人民法院关于人民法院在互联网公布裁判文书的规定》确定裁判文书微博直播的范围。该《规定》第4条规定：人民法院的生效裁判文书应当在互联网公布，但有下列情形之一的除外：（1）涉及国家秘密、个人隐私的；（2）涉及未成年人违法犯罪的；（3）以调解方式结案的；（4）其他不宜在互联网公布的。可见，刑事裁判文书的上网公布必须遵循国家秘密、个人隐私的保护原则和未成年人权益保护原则。据此，对涉及国家机密、个人隐私或者未成年人犯罪等不公开审理的案件，一律不能通过微博发布其裁判文书[②]；对涉及商业机密等可以不公开审理的案件，如果法院决定不公开审理的，其裁判文书也不能通过微博发布。

（三）微博全程直播庭审中的信息控制

在确定了微博全程直播庭审的案件范围以后，还应当对微博全程直播庭审中的信息控制予以研究和规范，以避免庭审微博直播的随意性，在切实发挥微博全程直播庭审的积极功能

---

① 李娜：《死刑复核案裁判文书要网上公布》，载《法制日报》2013年7月2日。

② 据此分析，在北京李某某（未成年）强奸案审判中，律师辩护词、案件关键证据以及判决书被发布在律师微博中的做法，是极不妥当的。

之同时，抑制其可能引发的负面效应。

如前所述，作为诉讼领域的新生事物，微博直播庭审的相关法律规范匮乏，其实践仍处于相当粗陋乃至有些混乱的状态。这就提出了一些相当紧要的问题：微博全程直播庭审活动应该如何有度、有序地进行，能否对庭审内容进行删减性处理，是否必须直播全部的庭审内容。

在薄熙来案件的庭审中，不少人就猜测济南市中级人民法院的官方微博并未全面直播，认为庭审公开得不够彻底。笔者认为，这种想法尽管可以理解，但其赖以质疑或批评的前提可能是有问题的。因为刑事审判中常常会涉及政治性、隐私性或者国家秘密方面的问题，因而即使是微博全程直播庭审，基于利益衡量原则，也不宜或者不能全面直播。换句话说，微博全程直播庭审不可避免地会涉及公众知情权的满足、倒逼侦查法治化的需要与被告人的正当程序权利、隐私或者秘密的保护、司法资源的节约等法益的碰撞与冲突，其中没有哪一种法益处于绝对至上的位阶，因而刑事庭审的微博直播就一定要有所选择或者编辑，不可能是彻底的全面直播。由此一来，真正值得讨论的问题就不是该不该选择性直播，而是如何进行选择性直播，即根据哪些标准决定直播内容的删减以及删减哪些内容方为合适。

在这方面，不同的文化传统可能会采取不同的处理方式。强调个人隐私保护的国家和地区在微博直播庭审中删减的内容可能会多一些，而偏好资讯自由的国家和地区在微博直播庭审时可能会更为全面些。以微博直播庭审的重要一环——裁判文书的上网公开来看，为兼顾各种互相冲突的利益，我国台湾地区的裁判文书网上查询系统对于上网的裁判文书就采取了如下处理措施：(1)“司法院”所属各机关依规定上传的裁判书，由程式依关键字词（如少年事件、性侵害犯罪）自动判定是否可以公开，不可公开的，仅显示案号，不提供全文。(2) 当事人栏姓名右方的年籍资料全部删除。(3) 身份证号以“z000000000”替换。(4) 地貌及地址以“O”替换至段名，保留县、市及镇。(5) 人名以书记官维护的当事人档案资料（包括辩护人、诉讼代理人、法定代理人、辅佐人、证人、鉴定人等诉讼关系人）为依据，除律师、公司、机关行业编号等不替换外，其余以“甲00…”“A00…”及“a00…”等代号依序替换。(6) 电话及金融账号以“0”替换。(7) 上网公开的裁判书全文，若有不符合上述规则的，提供民众以电话或利用司法信箱等渠道，反映意见，经“司法院”主管厅处核定宜予公开或隐匿的，即予公开或隐匿。①

与台湾地区的做法有所不同，根据2013年《最高人民法院关于人民法院在互联网公布裁判文书的规定》第6条的规定，大陆地区的各级法院在互联网公布裁判文书时，应当保留当事人的姓名或者名称等真实信息，但必须采取符号替代方式对下列当事人及诉讼参与人的姓名进行匿名处理：(1) 婚姻家庭、继承纠纷案件中的当事人及其法定代理人；(2) 刑事案件中被害人及其法定代理人、证人、鉴定人；(3) 被判处三年有期徒刑以下刑罚以及免予刑事处罚，且不属于累犯或者惯犯的被告人。第7条还规定：人民法院在互联网公布裁判文书时，应当删除下列信息：(1) 自然人的家庭住址、通讯方式、身份证号码、银行账号、健康状况等个人信息；(2) 未成年人的相关信息；(3) 法人以及其他组织的银行账号；(4) 商业秘密；(5) 其他不宜公开的内容。此外，根据《最高人

① 沈允晖：《裁判书公开与个人隐私之探讨》，硕士学位论文，台湾东吴大学法律学系，2009，第14页。

民法院关于适用〈中华人民共和国刑事诉讼法〉的解释》第210条的规定，审判危害国家安全犯罪、恐怖活动犯罪、黑社会性质的组织犯罪、毒品犯罪等案件，决定对出庭作证的证人、鉴定人、被害人采取不公开个人信息的保护措施的，审判人员应当在开庭前核实其身份，对证人、鉴定人如实作证的保证书不得公开，在判决书、裁定书等法律文书中可以使用化名等代替其个人信息。可见，我国大陆地区裁判文书的上网公布也遵循了国家机密与个人隐私保护原则。

笔者认为，裁判文书上网公布所遵循的国家机密与个人隐私保护原则也同样适用于刑事庭审的微博全程直播。具体而言，微博全程直播庭审过程中必须对相关信息进行必要的技术处理，如采取符号替代方式对被害人及其法定代理人、证人、鉴定人的姓名以及被判处三年有期徒刑以下刑罚以及免予刑事处罚，且不属于累犯或者惯犯的被告人进行匿名处理，且不能出现能够看清其面孔的照片；删除自然人的家庭住址、通讯方式、身份证号码、银行账号、健康状况等个人信息，未成年人的相关信息，法人以及其他组织的银行账号，商业秘密以及其他不宜公开的信息；在危害国家安全犯罪、恐怖活动犯罪、黑社会性质的组织犯罪、毒品犯罪等案件中，还不得公开证人、鉴定人如实作证的保证书等。对于案件诉讼参与人个人信息的这些细微处理并不会在实质上影响社会公众对控辩双方和法院在证据、事实、法律适用方面的意见的完整把握。

综上可见，理想的微博全程直播庭审应当做到客观、准确和全面，同时又不能危及被告人的正当程序权利、隐私权或者国家秘密等法益的保护。这其实是很难做到的，因为一方面，不做任何删减地直播庭审，过于追求直播内容的全面性，可能会危及被告人的正当程序权利、隐私权或者国家秘密等法益的保护；另一方面，微博直播中随意删减内容或者进行明显带有倾向性的内容删减，则又可能误导舆论，冲击裁判的公正性。对于具有即时性、紧急性特点的微博全程直播庭审活动来讲，这种困境在某种意义上可以说是一种宿命。就此而言，如何在全面性与选择性之间处理好一个“度”的把握问题，成为庭审全程微博直播所面临的艰难考验。

这不仅对微博直播主体的专业素养提出了很高要求，而且决定了庭审全程微博直播与庭审活动的进行不能完全同步，而必须在时间上有所错开，以便对准备直播出去的庭审内容留出一定的校阅和审核时间，防止直播内容出现错误、泄露应当保密的信息或者侵犯诉讼参与人的隐私权、肖像权。此外，对于庭审全程微博直播，还要求赋予诉讼参与人以程序抗议权，并构建完善的侵权赔偿责任追究机制，给合法权利受到侵犯的当事人或其他诉讼参与人提供异议与司法救济的渠道。遗憾的是，包括《最高人民法院关于人民法院在互联网公布裁判文书的规定》在内的所有相关性法律性文件都没有具体规定庭审微博直播不当或者违法的法律后果，因而亟须在调研的基础上予以弥补和规范。

五　通过微博全程直播庭审倒逼侦查法治化：挑战与应对

（一）挑战之一：庭审形式化问题

从理论上分析，微博全程直播庭审在倒逼侦查法治化方面的功能发挥，端赖于一个实质化的庭审之存在。这是因为，在证人普遍不出庭、律师未介入、采取摘录式宣读卷宗做法的书面审理中，控辩双方无法开展有效的质证活动，因而即便微博全程直播，外界也无从了解案件的关键争点，亦无从把握控辩双方的各自主张和理由是否成立，更无法判断是否存在违法侦查行为以及案件是否存在疑点，自然也就失去了评判法院裁判公正与否的基础，审判机关因感受不到公众的强有力监督而难以坚定对违法侦查行为进行程序性制裁、对存疑案件做出无罪判决的决心，自然也就不能倒逼侦查机关改进侦查作风、强化侦查规范、推进侦查法治化。正如有律师对李庄案第二季审判的评论所指出的，“如果没有如此扎实的庭审，草草过场，真相就不可能被这样揭示，公理就无法被伸张。”[①] 相反，只有在关键证人出庭作证和律师出庭辩护的案件中，对庭审过程和裁判文书进行动态化的全程微博直播，才可能实现倒逼侦查法治化的功能。

反观现实，刑事庭审的形式化是一个普遍性的现象。类似薄熙来案件审判中关键证人出庭作证、辩护律师进行高水平的法庭辩护以及判决书的充分说理与微博公开，在当下的司法实践中十分罕见。这无疑就对微博全程直播庭审的未来前景提出了极大的挑战。

为应对这一挑战，以切实发挥庭审微博直播对侦查法治化的倒逼功能，今后对于拟微博全程直播庭审的案件，法庭事先就应做好心理准备，并采取有效的庭前措施，保证关键证人出庭作证，同时为那些没有聘请辩护人的被告人指定律师，贯彻直接言词的审判原则，保证法庭审判的实质化开展。

此外，庭审过程的微博直播必须同时辅之以裁判文书的微博发布，公开法官的心证，让社会公众了解裁判文书的结论以及法官是依据哪些证据和法律做出裁判的，了解法官是如何评价控辩双方的举证、质证和辩证活动的，特别是了解案件侦查工作开展的好坏，以倒逼侦查人员提升执法水平，推进侦查活动法治化。

（二）挑战之二：证人出庭作证的干扰问题

保障证人出庭作证免受不当干扰是准确揭示案件真相、实现司法公正的当然要求，也是通过微博全程直播庭审倒逼侦查法治化的基本前提。

传统上，准备出庭作证的证人只要在作证前不旁听案件的庭审[②]，就可以避免受到庭审中控辩双方出示的各种证据信息的干扰或影响，确保其法庭证言的客观真实性。但在微博全程直播的案件审判中，由于微博直播与庭审活动的开展基本同步，因此准备出庭作证的证人即便不到法庭旁听，也可以很容易地借助电脑或者手机等设备上网，了解控辩双方的举证、质证和辩证情况，进而可能有意或者无意地调整、修正其记忆中的案件情况，影响案件的公正处理，这就对微博全程直播庭审的案件中如何确保证人出庭作证的非干扰化提出了挑战。

为应对这一挑战，笔者认为，在微博全程直播庭审的案件中，应当采取合理措施，切断拟出庭证人与网络之间的联系，避免证人作证的证言受到庭审信息的不当影响。具体说来，

① 陈有西：《谁的胜利?》，http：//wqcyx. zfwlxt. com/YXMA/20111007/39855. html。

② 《最高人民法院关于适用〈中华人民共和国刑事诉讼法〉的解释》第 216 条规定：“向证人、鉴定人、有专门知识的人发问应当分别进行。证人、鉴定人、有专门知识的人经控辩双方发问或者审判人员询问后，审判长应当告知其退庭。证人、鉴定人、有专门知识的人不得旁听对本案的审理。”据此，鉴定人、有专门知识的人也不得旁听对本案的审理，本文此部分关于证人的分析也适用于鉴定人和有专门知识的人。

法院应当设立专门的“证人休息室”①，对于法庭经控辩双方申请通知出庭作证的关键证人，将其传唤到法院后，安置在“证人休息室”内等候出庭作证。其间，法院应当安排专人在场，一是为了确保证人不能通过手机等上网浏览庭审微博直播情况，二是对于有多名证人出庭作证的，防止其在等候期间因交流案情而相互影响。

此外，《最高人民法院关于适用〈中华人民共和国刑事诉讼法〉的解释》第206条规定，证人在庭审期间身患严重疾病或者行动极为不便的、居所远离开庭地点且交通极为不便的、身处国外短期无法回国的或者有其他确实无法出庭的客观原因的，人民法院可以准许其通过视频等方式作证。笔者认为，对于证人通过视频作证的案件庭审，如果进行微博全程直播，则法院应当在该证人作证之前，派工作人员或者委托有关人员对其进行监督，以避免其事前上网了解案件审理情况。

六　结语

加拿大多伦多传播学派先驱伊尼斯说：“一种新媒介的长处，将导致一种新文明的产生。”② 我国有传媒学者则指出：“微博作为互联网Web2.0时代的最新近应用，处于亟待完善的成长期，但其凭借对信息传播模式的变革，必将成为最具影响力的互联网产品。”③

综合前文的分析，笔者认为，在诸如重大、疑难或者敏感的刑事案件中，我国法院应当敢于和善于使用微博这一“最具影响力的互联网”传播手段全程直播庭审，通过公开促进审判活动的专业化，同时发挥审判对侦查的引领作用，倒逼侦查活动的法治化。

微博全程直播庭审开启了一个司法公开化的新时代，希望也能开启一个侦查法治化的新时代！

［本文系作者主持的国家社会科学基金项目《公诉变更的法律规制研究》（项目编号：10BFX045）和山东大学自主创新基金重点项目《侦查不公开原则与新闻报道自由冲突论》的阶段性成果，发表于《法学论坛》2014年第1期（第29卷，总第151期）］

① 蒋玉玲、谢忠文：《浅析出庭证人旁听法庭审判的弊端》，载《人民检察》1998年第2期。

② 〔加〕哈罗德·伊尼斯：《传播的偏向》，何道宽译，中国人民大学出版社，2003，第14页。

③ 喻国明、欧亚、张佰明等：《微博：一种新传播形态的考察——影响力模型和社会性应用》，人民日报出版社，2011，第25页。

微博反腐的法治困境

汪宇婧*

摘　要　微博在出现后的短短几年内便形成了新媒体时代的强大势力，而利用微博反腐也体现出异于传统反腐途径的生命力，成效颇丰。同时这一全新的反腐形式由于法律规制的空白而乱象丛生，需要从现行法律规定和新立法中寻求出路，让微博反腐与传统的制度反腐接轨，在法律框架内规范有序进行。

关键词　微博反腐　网络民意　法治

一　微博反腐基本概念及形成

（一）网络时代的民意诉求

互联网时代的到来伴随的是传统与现代、本土与全球、虚拟与现实的交互和碰撞。网络凭借即时性、广泛性、交互性等传播优势，逐渐取代传统媒体对舆情的表达方式，更为便捷、快速地成为舆论的聚集地和民意诉求平台。新媒体时代到来之前，舆论监督主要表现为媒介监督，因为普通公众发表舆论的主要渠道是大众传媒。我国《宪法》虽然明确规定了公民有言论、出版、集会等表达的权利，但囿于社会和经济等客观现实的影响，民众很少有机会介入公共事务，民意表达的渠道极其有限，话语权只集中在少数大众传媒组织机构手中，能够进入媒介拥有话语权的只是少数精英阶层。

新媒体的发展伴随的是以网络为基础的数字化时代的到来。民意在这个时代里有充分的表达平台。新媒体对普通大众的准入几乎是零门槛的，任何一个电子论坛、社交网络、个人博客、微博都有可能让发布者成为富有影响力的“意见领袖”，这就使得原本集中在传统媒体手中的话语权均分至每个民众手中，使得每个公民都有可能成为新闻发布者、文化传播者、学术评论者和各式发言人，且发言的声音较之印刷媒体和电视广播更迅捷、更本真、更现场、更喧哗也更多元。新时期的媒体对大多数人开放，参与进来的人有多重角色，且匿名性强这一特点使得言论更为自由、自主地参与到公众监督的讨论当中俨然成了势不可当的潮流。

2009 年底微博诞生并以迅疾之速发展，成为信息传播、意见交互、监督曝光的平台。这一平台广泛接纳来自四面八方的声音，改变了传统媒体中被“主流声音”占据的局面，人们不再习惯于单向地接收信息，而是在独立的资讯中逐渐形成见解和正误判断。微博“‘事态还原’和‘时空压缩’两大功能让网络民意的表达更为顺畅”。①

* 汪宇婧，女，华东政法大学法学理论专业 2011 级硕士研究生。

① 杨爱平、陈景云、黄泰文：《微博倒逼制度化反腐的成因及出路》，《廉政文化研究》2013 年第 1 期，第 38 页。

（二）权利缺乏监督和制约是导致腐败的主要原因

腐败的本质是公共权力在行使中偏离既定的目的，不再为公众服务，而用以换取个人目的，是各种社会诱因共同导致的结果。造成腐败的原因是多方面的，其中最为重要的一点，就是权利得不到有效的监督和制约。

“阳光是最好的防腐剂”，如果有一种方式能够最大限度地让公权力在阳光下运行、让公权力以基层老百姓看得见的方式操作，最大限度地防止公权力失控、决策失误、行为失范，最大限度地减少公权力“寻租”的机会，那么从源头上预防和遏制腐败就具有可行性。虽然有纪检监察部门对公权力实施监督，但是舆论媒体具有容量大、更新快、时效强、传播广、关注度高的特点，舆论媒体在深刻影响人们思想和行为模式的同时，也正在冲击和改变着传统的反腐倡廉工作方式和手段。

（三）微博反腐的肇始及兴盛

利用网络实现对公权力的监督日渐呈现出方兴未艾之势，网络反腐应运而生，作为一种新媒介时代的反腐形式出现在公众视野。网络反腐分为官方反腐和民间反腐，官方网络的反腐标志着权威反腐渠道正式把网上举报这一形式纳入在内。“官方反腐”走的是一条沉稳的路子，不张扬。[①] 民间反腐在此前官方的推波助澜之下开始出现并形成更为强大的力量，依靠微博、博客、论坛等载体，不受时间空间限制，将掌握的讯息在较高的自由度下公之于众。尤其微博的产生，让信息的传送和知悉易如反掌，“微博从单纯的社交工具到网络舆论监督利器，已经悄悄完成了一次华丽转身”。[②] 2010 年被视为微博元年，在这一年，微博以其特有的公开性、透明性、广泛传播性将舆论聚集，让民间反腐形成一股力量，在网络中爆发出巨大的生命力。

微博很快成为网络反腐的重要阵地，诸多案件依托微博的传播才有了更为广泛的知悉度并进而引发热议。“虽然微博反腐是源自社会的一种体制外反腐方式，但由于它带有高度戏剧性乃至一定程度的自娱性，这使得执政党和政府压力倍增，愈发意识到与其‘让微博扒光了衣服给人看笑话’，不如自己主动出击，进行廉政的制度化建设。”[③]

微博反腐模式兴盛至今，多起案例进入公众视野。2011 年 4 月一起“自首式”举报事件引起强烈轰动，安徽省亳州市利辛县国土局工作人员周文彬，就自己向单位领导行贿的行为在微博上直播去纪委自首的细节，吸引众多眼球。最终，纪委部门对收礼的官员做出处理。[④] 此后还有荒唐的溧阳卫生局局长谢志强“微博开房”和郭美美“微博炫富”事件；被冠以“表哥”的陕西安监局局长杨达才以及广州番禺“房叔”蔡彬，也因网友微博爆料而被调查双规等。

微博强大的影响力在于具有事态还原功能，网络用户同时作为信息的传播者和接受者，在事态的挖掘和还原中，将来自各个渠道和方向的信息进行整合，事实便一步步浮出水面并

① 官方反腐始于 2003 年最高人民检察院建立网络举报平台，到 2005 年 12 月 28 日，中央纪律检查委员会和监察部第一次公布中央纪委信访室以及监察部举报中心的网址。

② 王世谊：《网络反腐：权力监督的新形式》，《江苏行政学院学报》2012 年第 1 期，第 106 页。

③ 杨爱平、陈景云、黄泰文：《微博倒逼制度化反腐的成因及出路》，《廉政文化研究》2013 年第 1 期，第 38 页。

④ 参见周文彬新浪微博，http：//weibo. com/0/1071154675。

完整进入公共平台为人们所接收。这样的形式也在很大程度上推动了纪检部门的查处力度。以雷政富事件为例，不雅视频于 2012 年 7 月 20 日下午曝光，通过微博迅速发酵。在网友的监督之下，仅过了 63 小时，重庆官方即宣布将雷政富免职，并进行立案调查。

微博反腐在十八大后更加呈现出旺盛的生命力，差不多每天都有大大小小的官员“中枪”，纪检部门介入后多有查实。

二　微博反腐的正面价值

通过微博揭发和整合资料证实腐败现象已然成为一种有系统和一定规律的程式，这一舆论阵地的存在极大激发了民众的反腐热情，手持“正义”令牌的网民积极投身在一场人人都是主角的狂欢盛宴，微博反腐也处在如日中天之时。不可否认对于反腐这一艰巨的社会任务，微博起到了推波助澜的作用。

（一）微博反腐的制度价值

在传统的反腐模式中，公民处在较为被动的局面，较少参与到反腐行动中。多年前国际反贪污组织主席马武索就指出：“没有公民的积极支持和参与，没有一个政府能够单独铲除贪污。”[①] 民众反腐的基础在于公民是腐败中的最大和最直接的受害者。尤其在我们人民代表大会制度之下，“人民的权利是通过国家公权力依法行使实现的。国家公职人员滥用职权就意味着对人民利益的侵犯”。[②] 微博反腐实现了全民反腐，网络的准入零门槛，任何人都可以此为载体参与反腐，这一改传统反腐局面，公民通过一个主动参与反腐的途径来实现对公权力的监督。网络参与无疑是当前老百姓参与政治，行使参与权最便捷、最廉价的一种方式。

（二）微博反腐的法律价值

我国《宪法》第 35 条规定：“中华人民共和国公民拥有言论、出版、集会、结社、游行、示威的自由。”然而网络时代到来之前很少有途径能够对“言论自由”最大限度地顺畅实施提供平台和条件，网络的普及让言论的表达有了较之从前而言更为便捷的途径，进而微博的出现不得不说在信息传播方面有其他渠道难以望其项背的优势。微博的准入门槛较低，发布便利，人人都可以拥有这个极好的发表自己意见和观点的平台。传统媒体受上级宣传部门管制较多，而微博环境尤其宽松（仅就发布这一行为而言，不论及网管删帖，但一经发布便有了传播效力，有一定范围的人群知悉发布内容），人们可以方便地通过微博就社会热点问题甚至敏感事件发表自己的言论，而一些希望扮演“意见领袖”的人士更是将微博作为一个阐述见解、发布论断的极佳工具。在反腐工作中微博发挥出强大的生命力，也极大程度推进了“言论自由”这一宪法权利的实现。

再者，我国《宪法》第 41 条规定：“中华人民共和国公民对于任何国家机关和国家工作人员，有提出批评和建议的权利；对于任何国家机关和国家工作人员的违法失职行为，有

---

① 马武索此发言来自 1999 年国际反贪污大会。转引自蒋德海《伦理文明还是法治文明》，华东师范大学出版社，2001，第 234 页。

② 刘瑜：《民主的细节》，上海三联书店，2009，第 24 页。

向有关国家机关提出申诉、控告或者检举的权利。”传统途径中公民监督权的实施并非易事，原因在于社会关系网错综复杂，官官相护现象严重，申诉、控告、检举的权利很难得到保障，甚至迫于公权力的强势，检举人的生命和安全处于受威胁之中，并可能最终导致公民由于监督权的实施风险大、成本高而放弃这项宪法权利。微博的产生则带来了极大的保障，拓宽了权力监督渠道，高度透明化的网络信息发布容易吸引更多“见证人”和“监督人”，形成强大的民意流，收集多条信息线索并汇总，积极调动监督权的实施。

（三）微博反腐的社会价值

如果网络是一个话语权的集散地，那么微博就是每个人手中的麦克风。微博作为个人信息即时共享平台，以迅疾之势占据了社会生活的一大部分。由精英阶层引导舆论的传统传媒时代已经过去，在微博时代开启之后，因网络平台的技术平等而扩大了其成员的边界，变成了由更大范围的知识群体参与的泛精英人群，这一群体的界定层级要求也越来越低，甚至可以说具有一定理性思考能力，有一定的社会影响力和话语影响力的人都可以通过微博平台成长为社会精英的一分子。通过微博举报和揭发腐败行为，大量不法行为被曝光，甚至细节受到挖掘，也成就了公开化社会的形成。在微博里发表的言论更容易引起关注，对腐败行为的披露能引起滥用社会资源者、贪污腐败者的恐慌，遏制信息不对等时代滋生的肆无忌惮的行为，因此可以说，微博反腐在一定程度帮助公众实现了社会监督的权利。

三　微博反腐的法治挑战

（一）微博信息真假难辨，影响社会秩序

微博带来了信息时代的新鲜元素，但不可否认微博“运动式”反腐还是充满泡沫，真相总是扑朔迷离。要从纷繁复杂的信息之中筛选出符合或接近客观事实的一部分并非易事，微博反腐由于其方式的匿名性、随意性，有时可能会被利用，成为打击报复别人的工具。微博发布自由度高，在信息的源头缺乏必要的把关人，某些人打着正义的幌子散布虚假谣言，而网络的浮夸和纷繁让受众很难甄别真伪。微博传播谣言不需要任何成本，通过不断被网民转发而迅速扩散到全社会，加之明星效应的发酵，从虚拟空间辐射到现实社会，给社会秩序乃至法律秩序都带来了一定的破坏。

（二）微博信息披露过度，损害个人合法权益

微博为言论自由这一宪法权利提供了实现和保障的新平台，但是法律框架内言论自由的边界并不十分明确。微博虽然有利于言论自由的实现，但也成为许多人滥用该宪法权利的工具。过度和失当的言论带来的是对当事人名誉权的侵害，恶意的诋毁和捏造事实造成的是当事人社会评价的降低。

同时，微博的运用为个人隐私带来了巨大的威胁和挑战。为了达到反腐目的，信息披露人往往会倾其全力将大量事实的细节曝光以佐证自己。不可否认，在微博上曝光违法犯罪行为是公民法治意识增强的可靠表现，但稍有不慎便会造成对被曝光者合法隐私权的侵害，更有甚者将当事人亲属的资料一并暴露，则更不利于对公民基本权利的保护。

（三）民意越俎代庖，干扰司法

作为一种便捷的媒介形式，微博容易带来意见领袖带领下的舆论倒戈或是形成对立冲突的舆论阵地，但无论哪一种，找到了群体组织的网民往往将自己置于道德的制高点，在面对群情激奋的腐败现象时采用“无官不贪”的“有罪推定”，将微博变成虚拟空间的审判台，引发一次罗伯斯庇尔式的革命狂欢，民意先于法律进行审判，被告在微博上无“还嘴”之力导致权利救济缺乏，加之上爆料者身份的模糊，使得微博被官场恶斗的双方所利用。

而此时的民意更多情况下缺乏理智和自律，在全民亢奋中，如果新闻媒体没有保持清醒头脑，成为民意的尾巴，对网络爆料不加辨别，在没有独立采访核实的情况下跟随网络民意起哄，那么伤害到的将是社会的信任、司法的独立、法治的稳定。

（四）网络管理法律不健全，对微博疏于监控

我国虽然已经制定了《信息网络传播权保护条例》《互联网信息服务管理办法》《互联网电子生活服务管理规定》《互联网从事登载新闻业务管理暂行规定》等法律法规，但针对微博这一新兴网络形式的规制条例还少之又少，微博的产生带来了一些已有法律法规无法涵盖的新特点，有关网络舆论监督的立法建设步伐远远跟不上互联网的发展速度，致使网络监督不能在法制化轨道上运行，难以发挥其应有的作用。加上对网络做出规制的法律法规效力层级较低，不具有惩罚力度，导致微博反腐中不法行为泛滥，侵权和微博暴力蔓延。

四 微博反腐的法治保障

微博反腐方兴未艾，但也凸显出诸多弊病，依靠微博来揭露腐败行为引起官方的关注和整治，仅仅是这一特定时期的“治标”之法，实则并非长久之计。信息的发展也促成微博日新月异的变化，无从预料微博的发展将让反腐走向何方。只有从制度上规制反腐、从立法上规范网络才是“治本”之策，才能走出微博反腐成效之下的巨大困境。

（一）微博反腐应与制度反腐有效契合

微博反腐只是制度反腐的补充，而不应成为主流反腐途径。“制度就像是钱，如果没有人去‘花’它，那么它就什么都不是，不过是一堆废纸”。[①] 在当代中国的反腐败领域，很多时候我们并不缺制度，缺的是对制度的落实和执行，所以有了微博反腐这一看似合理高效的反腐手段。实则微博反腐的盛行是对制度反腐没有出路的极大讽刺，因为在制度上没有便利的反腐途径和解决方式，才让民众不得不诉诸网络，以求自我庇护和帮助。

网络有偶然性、随意性、不确定性，反腐最终还是要依靠投向理性科学的权力制约和监督制度。但毋庸置疑，微博反腐确实取得了前所未有的成效，因其开放性、自由性、便捷性让腐败信息曝光于公众视野之下，因此只有将微博反腐纳入制度反腐的体制之内，让偶然性成为必然，让自由受到一定约束，才能使网络反腐成为一种规范性和常规性的反腐方式。这

① 刘瑜：《民主的细节》，上海三联书店，2009，第24页。

将是一个长期而艰难的过程，而在制度的规制中，应当注重建立和完善政府信息公开制度、官员财产申报制度，只有这些制度上的保障，才能赋予公民更多的知情权，才能为公民知晓政府并监督政府提供条件，才能使网络反腐机制更加地畅通和持久。

为微博反腐提供制度化的支撑，才能把民间反腐力量更好地纳入整个反腐资源配置的序列之中，让现有制度在微博反腐的资源下更有效地惩处腐败。建立健全网络反腐的上行下达沟通机制，尽快实现网络群体沟通渠道机制的正规化和常态化，这同时需要相关部门在腐败被揭发时有迅速的反应，疏通民意，而非对举报者打击报复，如此才能更有效地惩处腐败，让网络健康有序发展，让腐败无处可藏，让官员不能腐败、不敢腐败。

（二）微博反腐应纳入法律规制范围

微博是新生事物，一些程度较轻的微博反腐问题所滋生的负面影响可以通过技术手段予以解决，另一些问题则必须通过法律手段加以规范。而目前对微博反腐起规范和引导作用的立法建设还处于空白状态。要弥补这个盲区，必须诉诸公法领域的规制，亟须对互联网强有力的管制来保障微博反腐的可行性。

加强对腐败的治理，要重视体制内的监督，更要重视民众的力量。微博传播中网民体现出巨大的能量，同时也面临权利行使超越一定界限或是得不到保障的情形。民众权利的孱弱是对公权力的妥协，带来腐败的滋生，而民众权利的越位是对他人基本权利的侵害，所以需要从法律之中寻求规范和保障，通过现有的法律或是新的立法来让微博反腐更加行之有效。

在行政法部分，法律应当明确国家如何进行互联网管理的问题，界定行政权力针对网络实施的范围、方式、手段，将政府对网络监管的各项权力具体阐述，落实到互联网信息传播方针和推进互联网良性运作的实体法规之中。其次，不可偏废在程序法方面的诉讼保障，当微博反腐过程中民事主体之间存在侵权和纷争时，能够有向法律提出诉求的路径。再次，微博反腐中出现的侮辱诽谤等恶劣行为，达到入刑程度的应当转向刑事法领域寻求保护。

同时，应当尽快明确通过微博等网络方式反腐的合法性，将此作为一种权利保护，通过网络立法来界定和规范网络中的反腐行为，平衡好知情权和隐私权、社会监督与私权侵害的矛盾，在保证言论自由之时严厉杜绝人身攻击、打击报复、虚假传播、恶意诽谤以及没有边界的“人肉搜索”行为。微博反腐是一种民间行为，在宪法规制下，政府应该完成的是限制其在法律法规框架内实施但也要保持一定的独立性与自由性。

五　结语

对反腐的监督与惩治，对群众监督的保障和规制是现代法治的题中之义。微博的产生带来了反腐的高潮，但由于缺乏法律规制而乱象丛生，不可避免地带来法治的困境。法律应在这一新的舆论领域内理清权责关系，保护网络言论自由的同时也要维护公民的合法权益，对于虚构事实、散布谣言、恶意诽谤对社会造成不良影响或者侵犯民众合法权益的行为要进行惩处，使微博反腐走上良性、健康的发展之路。

（本文发表于《北京警察学院学报》2013 年第 6 期）

微博“打拐”：公民行动，官民共治

王 亚　杨 团*

摘　要　由微博发起的“随手拍照解救乞讨儿童”行动，发布了2000多幅各地网友街拍的乞讨儿童照片，在很短时间内吸引了十余万粉丝。网上网下，个人的、小团体的、志愿的非专业行动，与公安部门、各类媒体、人大代表及政协委员等社会力量结合在一起，最终演化为一场政府与民众共同推动的社会行动。

特　征　2011年的微博打拐是由学者发起、以多个意见领袖为中心、网友广泛参与的公民行动。由于网络的参与便捷、传播高效等特性，对于扭转以往在解救乞讨儿童上信息隔绝的困境很有效。更为关键的是民间诉求和政府支持相互契合，共同形成线上线下的良性互动与默契合作，进而起到了凝聚社会信心、社会救济和重塑伦理秩序的作用。

关键词　儿童救助　公民意识　公民行动　社会政策

【背景】

近年，我国拐卖妇女儿童案件逐渐增多，公安部门“打拐”行动不断升温，而拐卖现象也愈演愈烈。

据民政部《“十一五”流浪乞讨未成年人救助保护体系建设规划》中的数据，2007年底，我国有流浪乞讨儿童100万—150万人次，与2002年相比，5年时间增长了近十倍。除一些儿童是被父母带出来乞讨之外，其中被拐卖的儿童也占有相当的比例。

这一社会问题引起了国家的重视。2008年1月，国务院发布的《中国反对拐卖妇女儿童行动计划（2008—2012）》正式实施，这是中国第一份国家级反拐工作指导文件。之后公安部启动了全国打击拐卖儿童妇女犯罪专项行动。

与此相关的另一项政府职能，是打击隐藏于乞讨儿童身后的刑事犯罪。除拐卖儿童外，刑法还明文规定了“强迫乞讨罪”——以暴力、胁迫手段组织残疾人或者不满十四周岁的未成年人乞讨的，即构成犯罪。对公安部门而言，不管有无接到报案，也不管是网上还是网下的信息，只要是本地出现了乞讨儿童，都应进行调查处理。

尽管政府如此大力采取行动，但每年拐卖儿童的情况依旧很严峻。据2007年中国官方数据统计，中国境内每年有1万左右的妇女儿童被拐卖。① 被拐卖的人口中儿童（主要是5岁以下的男孩）约占10%。②

---

* 王亚，恩派《社会创业家》编辑；杨团，女，中国社会科学院社会学研究所研究员、社会政策研究中心顾问，中国社会科学院研究生院教授，硕士生导师。

① 资料来源：联合国儿童基金会中国办事处（2007－01－22）。

② 《儿童保护与社区服务存在的问题》。

这些被拐卖的儿童，其中一部分被人贩子带到街头乞讨，有的甚至被折磨致残以博路人同情。

丢失孩子的家庭承受着常人难以忍受的痛苦，报案，等待，毫无音讯以至踏上了漫长的寻子路。于是，有的家长试图在网络上寻找奇迹，与微博名人建立联系。

【过程】

一　随手拍照解救乞讨儿童

一条看似偶然的微博，却掀起了一场前所未有的集合式风暴。

中国社会科学院于建嵘教授是微博粉丝较多的“意见领袖”。2011 年 1 月 17 日，一名母亲让他帮忙发微博，寻找失踪的孩子杨伟鑫。当时已经拥有 30 万粉丝的于建嵘发了一条微博：

> 真是丧尽天良！这个孩子叫杨伟鑫，今年六岁，福建泉州人，2009 年被人拐骗并搞残成了街头乞丐，2010 年初有网友在厦门街头发现并拍此照，现仍下落不明。收到这封求助信，我愤怒极了。请求各位关注并保护好自己孩子。家人电话 189 × × × × × 815。公安部门也应有所作为。

随后跟着一个链接，上面是杨伟鑫的母亲在福州便民论坛上的帖子。出人意料的是，这条“时效性”并不是很强的微博一经发出，随即被转发 9981 次，评论 2418 条，立刻引起网友关注，并且有网友表示，2010 年初曾在厦门看到一名和杨伟鑫相似的孩子在乞讨，并上传了孩子乞讨时的照片。随后，孩子的家人立刻赶往厦门寻找其下落。

在发出第一条关于杨伟鑫的信息后八个小时，于建嵘发出第二条微博：

> 以后凡是看到伤残儿童（十岁以下者）在街头行乞，我们就打 110，并把 110 出警的情况在这里公布。可否？

已经接近深夜，但是这条微博还是引发了接近 500 条讨论。

1 月 18 日，于建嵘微博倡议：

> 我们选择一天，全国的网友都在这一天去拍摄街头行乞儿童的录像，然后，全国汇总起来，统一编成一纪录片，然后在今年的六月一日在全国各大中城市发放录像带，如何？

1 月 20 日，在转发了一条公安部打拐办主任陈士渠的微博后，于建嵘把自己的号召进一步升级：

> 全国网民都拿出手机、照相机和摄像机，凡是见到街头行乞儿童，就拍下来上网公布。同时，我还希望公安部门加大打拐救助力度；民政部门对那些确有困难的伤残儿童进行救济。

受杨伟鑫母亲通过微博寻人的方法的启发，不少网友都纷纷建议于建嵘帮忙发送寻找孩子的信息。从17日开始，于建嵘的微博陆续收到关于乞讨和被拐儿童的信息，他开始意识到光靠个人力量已经难以对这些信息进行有效处理。

2011年1月25日，于建嵘在新浪和腾讯两大门户网站开设“随手拍照解救乞讨儿童”的专题微博：

希望通过网友的力量，让丢失孩子的母亲在这个微博里看到希望。

于建嵘的想法很快引起网友的反响。“随手拍照解救乞讨儿童”的第一条微博发在1月25日下午7：06，半小时后，第一次转发了网友上传的乞讨儿童的照片，地点是海南三亚，第三条微博则发在当晚9：51，地点是北京地铁。甚至在2月2日春晚刚刚结束后不久，账号还发出了一条微博，是关于长沙解放西路上的一个漂亮小男孩。[①]

官方微博在此期间形成一个5人小团队，管理微博的分别是网友“@色色猴”“@王瑶瑶”和“@80后大男生”。“@朱日坤”提供场地支持、摄影机，负责筹备制作工作。

截至2011年2月8日，专题微博已聚集了8.8万余人，微博转发数目达53万多条；通过网上照片辨认，已发现被拐卖儿童6名，并顺利解救。此外还有1000余张网友拍摄的乞讨儿童照片被发布在微博上。

与此同时，腾讯、新浪、搜狐、网易、猫扑、新华、人民、人人、开心、凤凰、央视、天涯、优酷、百度、51等各大主流网站首页、频道腾出位置，专题推荐报道“随手拍照解救乞讨儿童”行动。

二　媒体与名人参与

不少名人积极加入“打拐”队伍，让微博打拐成为网络热门话题。

2011年2月2日，农历除夕这一天，另外一位微博名人薛蛮子在微博上分六次发表了抢走春晚不少眼球的打拐“檄文”：

我自登博以来每日都见父母亲友为拐卖儿童的求救信……此类令人发指的滔天罪行在我国九百六十万平方公里的土地上每日发生，在十三亿人民的眼皮底下愈演愈烈。实在是我中华民族的奇耻大辱……

2011年2月5日，郑渊洁在新浪微博表示：

中国法律不禁止乞讨，但禁止儿童乞讨。《中华人民共和国刑法》第262条设有“组织残疾人、儿童乞讨罪”，该罪名最高判7年并处罚金。在中国乞讨不犯法，但是组织14岁以下儿童乞讨犯法。见到儿童乞讨，请立即掏出手机拨打110报警。对于刑事犯罪报警，警察必须出警并制止犯罪。如不出警，请投诉警察。

① 《请关注——打拐“微”力量》，来源：《中国新闻周刊》。

2011 年 2 月 6 日，农历大年初四，著名媒体人邓飞在微博上直播了湖北人彭高峰去江苏邳州寻子成功的经过。自 2009 年开始，邓飞抱着试试看的心态在新浪微博上第一次发了彭高峰被拐的儿子彭文乐的照片，之后每次逢年过节都会再发一遍。

8 日 15：35，一条简短的微博被发出："就他。"这两个字，意味着在寻找彭文乐的第 1050 天，奇迹出现了。邓飞漫长的网络直播过程中，"记者打拐联盟" QQ 群中全国各地近 200 名媒体记者欢呼不已，不少同行已跟踪报道多时，更有人情不自禁地感动落泪。一位记者感慨地表示，在他的印象中，几年来寻找这个孩子的照片充斥于互联网各处，QQ 群里都见过多次，现在终于找到了。

而此时，"随手拍照解救乞讨儿童"行动的热潮也正在席卷网络。

一些文艺界人士如姚晨、沈傲君等也纷纷在微博里为"打拐"扩大影响。著名艺术家韩红甚至提出，要以政协委员的身份向全国两会提出相关提案。

三　关键是建立普遍的儿童福利制度

与微博上瞬间爆发出来的铺天盖地的打拐风暴相比，于建嵘及其志愿者承认，尽管各地警方盘查了许多乞儿，也解救出数名儿童，但并不能确定，任何一个被拐孩子都是通过"随手拍照"获得解救的。微博行动并不能从根本上解决未成年人行乞问题。从长远看，要解决问题，必须尽快完善社会救助体系，建立普遍的儿童福利制度。

于建嵘、薛蛮子以及宝贝回家志愿者协会理事长张宝艳、公安部打拐办主任陈士渠等人与壹基金方面曾在宋庄召开一次会议，商讨建立壹基金打拐专项基金。之前的打拐经验证明，打拐与解救乞讨儿童是两回事，他们开始转向儿童保护。

随着微博照片数量不断增长，网民浏览数量的暴增，于建嵘意识到了一个新问题。有人认为，将孩子的照片随便上传网络有可能侵犯孩子隐私权。于建嵘也开始从被拐儿童的安全考虑，他说："要考虑到拐卖儿童的可能是团伙，有人可能将转移被拐儿童。"从尽量避免行动被犯罪分子发现的目的出发，于建嵘提出建立新数据库，做好保密工作。网友可以上传照片，团队实行数据库管理，把家长发的照片进行对接，身份确认后允许他来看，免得打草惊蛇，照片将不再公开。

四　警察开微博

于建嵘首发的随手拍照片行动引起了公安部打拐办主任陈士渠的注意，他对此表示支持，并在微博上表示：

> 反拐工作任务繁重艰巨，需要大家的支持和帮助……欢迎提供拐卖犯罪线索，对每一条线索，公安部打拐办都会部署核查。

2007 年，公安部刑事侦查局筹划组建打击拐卖妇女儿童犯罪办公室，陈士渠被任命为打拐办主任。

拐卖犯罪屡打不绝，究竟原因何在；打拐工作中存在哪些具体困难和问题；如何强力推进打拐工作。面对这些未解的难题，2007 年下半年，公安部在全国范围内启动了“拐卖犯罪形势和打拐工作调研”。陈士渠率先深入拐卖犯罪多发地区，同打拐民警、拐卖受害者家属座谈，剖析案例。

“经过长达半年的调研，我们发现，由于儿女双全的老观念残存等因素，一些地方长期存在拐卖犯罪的买方市场。有利益驱动，人贩子就不惜铤而走险，使拐卖犯罪屡打不绝。”陈士渠说。

同时，由于拐卖犯罪基本都属于团伙作案，犯罪分子流窜性极强。被拐妇女儿童往往在很短时间内就被多次转手倒卖，因而为案件侦破、取证制造了很多障碍。

针对打拐工作中遇到的难题，调研结束后，公安部迅速推出一系列打拐“新政”。打拐办由原来的家属报案，变成主动打击、搜集线索。从 2009 年 4 月开始，公安部部署全国公安机关开展打拐专项行动，对拐卖犯罪全面发起凌厉攻势。2010 年 12 月 12 日，陈士渠的实名微博落户新浪。一年多过去，他发了 1995 条微博，粉丝超过 133 万。“一年下来，我的微博上接到了 2000 多条拐卖犯罪线索。”陈士渠介绍，一年下来有差不多 45 万人“@”了他，一天差不多要接到 100 多条私信。

在多年打拐行动中，打拐办已经形成了一整套公安机关打击拐卖犯罪的责任机制。“例如，儿童失踪快速查找机制，来历不明儿童摸排比对机制，拐卖儿童案件侦办一掌三包责任制。”陈士渠说。2011 年 12 月 4 日，在央视《法治的力量·2011——年度法治人物颁奖盛典》上，陈士渠当选为年度法治人物。

五　政府的理性支持和积极应对

这场微博打拐风暴中，像陈士渠这样政府部门的相关负责人坚决支持打拐的态度使得舆论急剧升温。前半期，微博帖文数量的陡增，并没有带来传统媒体新闻报道量的增加。2 月 8 日公安部表态支持后，舆论关注度才直线上升，媒体报道量大幅增加。此外，多地政府部门积极响应网上号召，开设打拐专用微博，积极配合打拐行动，充分利用舆论时机塑造自身形象，开创了政府网络宣传的新思维。

政府机关的积极应对，也是对网民微博“打拐”行动的最有力支持。从中央政府到地方政府，从中央各部委到人大、政协、公安机关，形成了一个巨大的支持网络，进一步使得这样的网络打拐行动合法化和有效化。

2 月 27 日，国务院总理温家宝和网友交流，表示最近已经责成民政部同公安部等有关部门，要立即采取综合措施，加大对流浪儿童的救助。

3 月 2 日，民政部召集了十几个省市的相关人士座谈，研究和讨论流浪乞讨儿童的现状和救助问题。

2011 年两会期间，人大代表和政协委员有关儿童群体的议案、提案刷新了历史纪录。

【点评】

微博“打拐”见证了信息时代互联网的效用，也见证了中国公民通过信息工具推动公民意识成长的历程。公民可以通过互联网结成“微公益群”，主动自觉地选择公民行动，而互联网让素不相识的公民成为挚友，为了一个共同目标而努力。

微博“打拐”还有一重意义，流浪儿童需要政府救济，而来自民间的自组织可以为其做“有益补充”，民间蕴含着强大的能量。

社会治理不只是政府的事，微博“打拐”是官与民实施社会共治的体现。在微博“打拐”上，公民行动借助政府部门的专业，政府部门借助公民行动的热情，相互借力，从而在解救、保护被拐儿童上形成了良好的社会氛围。

当然，微博“打拐”这样的公民行动还存在一些瑕疵。比如，如此声势浩大的行动会不会打草惊蛇，对于那些真正的乞讨儿童随手拍照会不会侵犯隐私权等。应该说，这些担心和质疑不是没有道理。但这些批评和质疑应该是善意的。毕竟，微博“打拐”是互联网时代中国公民意识成长的突出标志；而且，微博“打拐”的志愿者们也在避免这些问题，比如采取建立专用数据库的形式保护这些信息，避免侵犯隐私权等。

从长远看，要从根本上解决未成年人行乞问题，必须尽快完善社会救助体系，尤其是对农村贫困人口的医疗救助、生活救助等。同时政府还必须加大对义务教育与就业培训的投资。

[本文发表于《慈善蓝皮书：中国慈善发展报告（2012）》，
社会科学文献出版社，2012]

微博在公益事件中传播策略探析

——以“免费午餐”为例

陈锐维[*]

摘　要　“免费午餐”是一项在微博上发起的民间慈善行为，由最初的少数人知晓到无数百姓力量的凝聚再到后来政府的大力响应和支持，可以说微博在传递这一民间大爱的过程中，发挥着举足轻重的作用。随着融媒体的发展，微博地位日趋下降，但是作为仍在为“免费午餐”传递正能量的微博，其地位仍然不容小觑。

关键词　“免费午餐”　融媒体　正能量

一　微博的扩音效应助力“免费午餐”发展

“扩音效应”认为媒体能够使本来不起眼的小事扩大为巨大的杂音，媒体对事件的传递起重要作用，在传递的过程中虽然也会有夸大事实的表现，但在这一传递过程中，人与人交往的“互惠”交换法则也会得到充分体现。“免费午餐”计划是公益性事业，受惠的是普通民众的贫困儿童，通过网络的传递，民众可以了解到更多的有关“免费午餐”的内容从而使自己受益。微博作为一种社交工具，满足了人与人之间的互动和交流，在这种传声筒的作用下，信息得以迅速传递，社会关系得以重组，每个人都可以在微博这个大平台上呐喊发声，为自己赢取利益，特别是受惠于民众自身的事情，他们会更加积极传递自己的声音。为了使“免费午餐”的作用影响变大，网民又会通过微博、微信等社交媒体做力所能及的事情宣传“免费午餐”，促进这一公益行动发展。

在近六年的发展中，“免费午餐”计划取得突破性进展。从 2011 年“免费午餐”在微博上公开募捐开始，到 2017 年 3 月，免费午餐基金共募集善款超过 2.7 亿元，受惠乡村儿童达 19 万，从“3 元微公益”到现在的“4 元微公益”，从 2012 年 12 月中旬“免费午餐”新浪微博粉丝为 6 万多人到如今的 11 万，邓飞的新浪微博粉丝人数从 268 万到现在的 503 万，“免费午餐”微公益发展如火如荼。在这个过程中有政府的努力，发起者的努力，志愿者的努力，当然也离不开民众的力量，民众在宣传这一公益活动中发挥了举足轻重的作用。如今，微博地位虽有下降，但是作为传递“免费午餐”正能量的一种渠道，微博扩音效应量仍在发展，它的粉丝量仍在上升，内容仍在更新，受益人数仍在递增。

在微博中，民众不仅可以实时追踪活动的进展情况，及时了解最新进展，也可以与主办方、参与人员进行沟通和交流发表自己的观点和评论。微博的扩音效应让更多的人了解到这

---

* 陈锐维，女，安徽文达信息工程学院新闻学硕士研究生，主要从事新闻实践与新闻理论研究。

种公益活动并且参与到这个活动中奉献自己的一分力量，通过微博，“免费午餐”微公益得到不断发展。

二　微博的公共领域力量推动“免费午餐”前行

微博作为民众的传声筒，作为可以表达民众心声的社交网络，它给民众提供了一个可以自由交往与沟通的平台，在这一平台上，民众与民众，民众与政府之间都可以进行互动交流。

微博作为一种公共领域形成的公共舆论对政治力量的形成虽然起不到决定性作用，但对政治决策有重要影响。“免费午餐”公益首先是由凤凰周刊记者部主任邓飞组织发布的，当时的影响很小，但是，随着规模的扩大，参与人数的增多及各种媒体合体发声，使得这项公益事业得到越来越多人的认同和支持，随后国务院开始在试点地区农村义务教育阶段学生提供营养膳食补助，在此期间，“免费午餐”在微博上凝聚的强大力量对政府的决策有重要影响。政府的重视使得这一活动在报纸、广播、电视台等传统媒体上进行传播，传统媒体和新媒体融合共同促进了“免费午餐”的发展。

在哈贝马斯看来，公众通过公共空间、理性的交流、讨论，最终就某些问题达成共识，这种共识会对公共决策产生一种压力。媒体的力量促使政府开始重视并实施决策，无疑在这一过程中，微博对民众的引导作用不容小觑。

在“免费午餐”推广过程中，形成了一个线上的公共领域，“免费午餐”的官网，微信公众号，邓飞自己的微博。在线上的公共领域中，民众不仅可以了解到活动的内容、进展、活动参与形式等，而且通过自己的转发进一步对这一活动进行宣传。这种微博的公共领域对“免费午餐”的推行有重要作用，这种对公共决策产生压力的媒体交流方式，深受民众欢迎，让他们有了主人翁意识。通过他们，更多的人认识到微公益的发展，这对民众自身来说无疑是巨大的鼓舞，如此，这种公共领域发生的聚合效应会对以后的公益事业产生良好的导向作用，作为社会的一分子，更能培养民众的主人翁意识，激发他们为社会做贡献的决心和力量。

三　微博“乌合之众”正效应指引“免费午餐”推进

法国著名的社会心理学家勒庞在《乌合之众》中表示，当一群人聚集在一起，他们的思想、行为不再受自我支配，他们不再是原来的自我，他们的语言、行动会受到群体影响。由于集体的力量是无穷的，在媒体中的“乌合之众”无论是从正面效应还是负面效应来讲，都会对正在发生的事情产生重大影响，甚至会导致媒介审判。如前不久的“于欢案”“马里兰大学留学生辱华事件”等，其舆论的发酵，离不开人人都有麦克风的民众。在新媒体时代下，公众的力量不容小觑，他们不再只是简单的信息消费者，社交媒体上的看客，为了刷存在感或者维护自己的利益，他们不断在媒体上发声，他们的行为对其他人乃至政府会产生一定的影响，有时甚至会影响政府的决策，这种影响使他们不得不对自己在网络上的行为负起责任。

新媒体时代下，微博作为一种聚集社会不同方面声音的平台，以开放包容的心态接纳网民，网民利用微博发布信息，传递信息，进行平等的交流和互动，大众的人生百态在这个平台上尽情呈现，“乌合之众”在此聚集发声，这种多元化的声音，使微博变成了执政为民、畅通民意、开阔视野的新平台。在微博上，“乌合之众”发挥了强大的宣传监督舆论效力，无论是发布者、参与者还是讨论者，他们运用不同方式使“免费午餐”的微公益活动办得更好、更强、更有影响力。在“免费午餐”的发展过程中也展现了社会民主的提升，展现了社会变革的力量。

微博上的“乌合之众”来自五湖四海，属于弱连接关系，不同于亲人朋友十分稳定而传播范围有限的强连接关系，微博表现的是一种广泛的社会关系，它的形式较不稳定且肤浅，人与人之间仅仅通过网络进行沟通，不能形成稳定且深入的联系。但是这种弱连接产生的“乌合之众”相对于强连接关系，其力量更为强大。这种弱连接关系随机产生的组合数量庞大，各色人群汇集，他们可以共同为了微公益事业在平台上聚集呐喊，虽然互不相识，但合力朝一个方向发力，为子孙后代更好的发展奉献自己的一分力量。如今，“免费午餐”计划组委会仍会实时更新详尽的财务数据，受捐学校在微博上上传每日的菜单、花销等详细的信息让社会各界监督，如果有疑问可以通过评论、向组织方举报等形式反映，为了使“免费午餐”计划发展越来越好，中国社会福利基金也会通过微博等渠道解答网友的疑问。

四　微博的引导策略促进微公益健康发展

微博对新闻自由以及对公共权力监督有重要作用，但是也成了网络谣言、语言暴力的滋生地。微博的这一特点，使得网络媒体对事件的发展更需要有正确的引导策略。在新的舆论格局中，网络媒体应当在发挥自身优势的前提下，规范网络行为，以包容、理性的态度去解决新形势下微博出现的情况，努力营造理性、有效的传播方式，只有创造优良的舆论传播环境，才能使“免费午餐”微公益走得更快更好更远。

如今，在融媒体影响下，“免费午餐”活动利用微博总体是朝健康的方向发展，线上和线下也能够积极配合共同营造良好环境。为了便于民众追踪，及时了解活动的进展，在发布的内容中，许多学校也会在官微中公布用餐人数及菜品等，如云南马关县都龙镇大寨村中心校，河南省平桥乡区王岗乡条山村小学等，网民可以在微博上看到及时更新的内容，使用费用，公益活动等，这种透明的传播方式吸引了更多的人助力微公益，促进这项公益事业的发展。在“免费午餐”推广过程中，微博结合其他网络媒体促进了“免费午餐”发展，“免费午餐”官微、邓飞的微博及其他热衷于公益的媒体人和明星的微博内容无疑对这项公益事业的发展起到重要作用，与此同时，结合传统媒体和其他网络媒体，公众接收到的信息更加的全面和翔实。

作为新媒体的一员，微博有自己的组织能力，它也有自己的循环更替。由微博发布的新闻和信息传递，其更新是非常快的，无论是在当时引起了多少人关注，制造了多大的舆情，引起政府多么大的关注，但是由于其快捷的信息循环模式，在不断分享、信息求证、点赞、转发、评论等一列的过程结束后，随着时间的推移以及另外一件事情的产生，原本还十分活跃的舆情会逐渐淡出公众的视野，取而代之的是另外一件事情的发酵。正是由于微博的这一特征，我们才要更加关注仍在微博上占据一席之地的“免费午餐”计划，如果说从发展势头上来说，比起 2011 年刚在微博上发布这一计划，如今其影响力、关注度、网民的热衷度都有所下降，再加上其他新兴媒体的兴起，其影响力更不如从前，但是“免费午餐”计划不应该随着微博的这种效应消失而消失，即便现在这一计划已经回归到本位不再像开始一样火爆，但是也应该让人们接力下去。兴起于微博上的“免费午餐”计划应该继续在微博上发扬下去，同样微博也应该探索出更强的引导力，促进微公益健康发展，在中国转型期的今天，在微博这个平台上，能够让更多的人释放善意，让“微力量”更加发扬光大。

（本文发表于《今传媒》2017 年第 10 期）

参考文献

张淑华、徐艳：《微博在突发事件中的“扩音效用”的理论探析》，《媒体时代》2012 年第 9 期。

潘陈青、付晓静：《微博时代的公共新闻实践——从“免费午餐”计划说起》，《新闻世界》2012 年第 8 期。

吴迪：《微博时代的舆情解读——以“郭美美炫富事件”为例》，《新传媒》2011 年第 3 期。

耿薇：《网络群体性事件中的微博作用机制研究》，《社会研究》2012 年第 6 期。

从"冰桶挑战"微博风靡看公益传播新模式

王璐瑶*

摘　要　2014年暑期，一场"ALS冰桶挑战"席卷全球，也给中国的酷夏带来了凉意。"ALS"这种罕见疾病也因这场活动迅速被中国民众所熟知。在UGC时代，"冰桶挑战"有别于传统的公益传播模式，获得了巨大的成功，新浪微博作为主要的传播平台功不可没。

关键词　冰桶挑战　名人效应　社交媒体　病毒式传播

"泼冷水"在汉语里常用于形容遏制他人热情的行为，可2014年暑期的新浪微博却被一桶桶冰水浇得热火朝天。"ALS冰桶挑战"（ALS Ice Bucket Challenge），这场在名人圈里玩开来的慈善游戏"如埃博拉病毒一般从美国硅谷蔓延到了中国互联网"。①

随着社交App的广泛应用，自媒体在潜移默化地改变着人们的生存方式。就连向来低调行善的慈善公益活动，也逐渐通过带有目的的传播手段，通过社交媒体的帮助来扩大声势。这场"冰桶挑战"刮起的全球风暴，正是通过自媒体视频的疯狂传播而引发了一场全民"公益狂欢"。在UGC（User Generated Content，用户产生内容）时代，视频分享是一种主要形式。参与"冰桶挑战"的用户用冰水浇淋身体，将此过程拍摄成视频发布在自己的社交网络之上，再指定好友参与其中。这种近乎游戏的传播方式不但降低了慈善传播的门槛，更迎合了互联网UGC时代的娱乐精神，使其获得了病毒式的推广。

一　"ALS冰桶挑战"的微博病毒式传播

与传统的慈善公益活动传播方式相比，"ALS冰桶挑战"显得极为不同，一登场便气势如虹，吸引了无数人的眼球。这与它所采用的传播方式有直接关系。

1. "ALS冰桶挑战"风靡过程

"ALS"全称"肌萎缩侧索硬化症"，患者在病发过程中会逐渐全身瘫痪而丧失一切运动能力，所以又被形象地称为"渐冻人"。著名物理学家霍金就是ALS患者。冰桶挑战最初只是一项网络公益活动，参与者可以选择一家公益机构向其捐款。其第一次和ALS扯上联系，是源于一名叫克里斯·肯尼迪的高尔夫球手在Facebook上发布的挑战视频。之后，"冰桶挑战"开始在美国名人圈风靡，甚至时任美国总统奥巴马都参与其中。活动规定，被邀请者要么选择在24小时内发布被浇冰水视频并点名3名好友接受挑战，要么就为对抗"ALS"疾病捐出100美元。该活动旨在让更多人了解这种疾病，并达到筹集善款的目的。

---

* 王璐瑶，西南大学新闻传媒学院研究生。

① 《冰桶挑战，从公益盛宴走向媒体狂欢》，http：//news. sina. com. cn/c/zg/jpm/2014-08-20/2005179. html。

这个活动传到中国，同样引发了刘作虎、雷军、李彦宏、章子怡、韩庚等各行业大批人士积极参与，并迅速扩展至媒体（新华社、央视及人民日报等）微博、政府机构微博、传统企业（中粮等）高管微博、草根微博，形成全民爱心接力，越来越多的旁观者变成了参与者。截至 2014 年 8 月 21 日，国内募捐善款累计达到 2284323 元，共计 11709 位爱心人士参与了募捐活动。

2. 以新浪微博为代表的自媒体大力助推

微博作为自媒体的代表，具有互动性强、传播门槛低、传播速度快等特点。2014 年 8 月 17 日下午 5 点 14 分，小米 CEO 雷军在微博预告自己将于 18 日接受冰桶挑战，并附长微博介绍 ALS 疾病，呼吁大家关注这项活动。当晚 19 点 55 分，一加科技创始人刘作虎成为新浪微博进行“冰桶挑战”的国内第一人。他在微博上传了自己被浇冰水的视频，并附带捐款链接，同时点名周鸿祎、罗永浩、刘江峰接受挑战。此后，“冰桶挑战”开始逐渐风靡整个新浪微博，持续几日占据微博热门话题榜首。在新浪微博平台上，整个活动过程都通过用户发布的视频展示出来，不仅能吸引广泛关注，同时能让被点名者处在众目睽睽的压力之下，进而促使更多人积极参与。

3. 裂变式快速传播路径

2004 年，“The Interview Game”在世界范围内逐渐兴起。此游戏规定，由一名社交网站用户向 5 位好友提出一些问题，被点到的好友必须如实回答，同时还须继续指定 5 位其他好友回答问题，如此循环。这种“点名式”的网络传播，可以看作“冰桶挑战”的雏形。

Web2.0 时代之前，信息主要通过“One to N”的模式进行传播，而在 UGC 时代的自媒体平台上，传播模式升级为“One to N to N”，即以一个用户为核心，推动信息传播的分层裂变与扩散。新浪网编辑孟波曾总结过两种裂变式传播路径：一个是粉丝路径，另一个是转发路径，可实现急速传播。[①] 得益于微博上信息传播的瞬时性、广泛性，“冰桶挑战”可以迅速且广泛地传播至微博的每个角落，将单一微博用户的能量聚集起来产生巨大的“马太效应”。同时，吸引传统媒体进行深度跟进报道，使其成为全社会强烈关注的焦点事件，进一步促进该活动的风靡。

二　全民公益狂欢：“ALS 冰桶挑战”微博风靡的原因

1. 风靡基础：巧妙的规则设定

“冰桶挑战”的活动规则是经过精心设计的。它要求被点名者在 24 小时之内做出回应。24 小时其实是一个很恰当的时间界限。首先，这让被点名者有充分的时间进行准备工作；其次，在信息爆炸的时代，网民渴望最新鲜的一手信息，如果规定的响应时间过长，会导致围观网民的注意力转移，降低活动的关注度，进而导致活动的失败。再则，24 小时也意味着每天都会有新的名人接受挑战，也意味着每天会有更多名人被点名，此设定能够确保人们对活动的持续关注。

---

① 刘军艳：《冰桶挑战：成功的病毒式营销》，《佛山日报》2014 年 8 月 21 日。

2. 助推剂：创新的互联网传播理念

在“冰桶挑战”之前，社会上并不乏通过互联网平台进行慈善募捐的案例。然而，大多数活动都没有摆脱传统公益慈善的逻辑桎梏。与之相比，“冰桶挑战”表现出的是传播理念上的一次转变。雷军对“冰桶挑战”的关注，显然反映出他作为移动互联网时代领军人物的敏感。小米公司作为移动互联网时代的后起之秀，其成功的关键之一，就在于运用互联网思维进行资本的运营。小米手机与“冰桶挑战”在运作思路上有惊人的相似之处：注重（用户）体验、注重（用户）参与感以及“O2O”的运作模式。

首先是注重体验。“冰桶挑战”以游戏般的规则进行活动，一改以往公益活动的严肃，将“视频真人秀”引入慈善活动中，从而使得公益活动娱乐化，降低人们的参与门槛。这近乎是一种“用户体验”的变形。

其次是参与感。“冰桶挑战”的参与者在完成挑战后可指定另外 3 人参与活动的点名机制，在普通民众中形成一种“圈内传播”的效应。在促使更多的人参与这项活动，使活动具有了可持续传播性的同时，更给予了参与者极大的自主权。这种参与感，比起单纯地给慈善单位捐款，显然更能够激发群众的热情。

最后，是 O2O 模式由商业领域转向公益慈善领域的运用。O2O 即 Online To Offline，是指将线下的商务机会与互联网结合，让互联网成为线下交易的前台。这本身是一个电子商业领域的新兴概念，但“冰桶挑战”将其完美“复制”到了公益慈善活动中：在互联网线上进行“冰桶挑战”的推广，通过微博、微信等新兴互联网平台传播，在线下完成“冰桶挑战”的游戏活动。这种模式，在当下的互联网环境中，无疑极具感染力。

由此我们不难看出，“冰桶挑战”的成功，绝不仅仅是一场娱乐式的“公益狂欢”，其背后的逻辑。是遵循互联网思维，以“体验”和“参与感”为媒，对公益慈善传播模式进行了一次革新。

3. 核心：微博意见领袖的议程设置与“明星效应”

名人明星的一举一动都能吸引大批人关注。不论是商界大亨、娱乐界大咖还是体育圈牛人，名人的参与都是“冰桶挑战”能被迅速围观的主要因素。微博数据中心的统计表明，截止到 8 月 24 日，“@EXO 黄子韬”“@EXO 鹿晗”“@陈伟霆”三人发布的冰桶挑战微博的被转发数最多，此三人都为娱乐界明星。名人效应在微博上的主要表现除了能够吸引大批粉丝关注之外，还有名人作为意见领袖对相关公共问题的议程设置和影响。名人对某一事件的态度和评价往往可以在短时间内影响事件的舆论走向，达到传统媒体无法比拟的传播效果。

4. 环境：自媒体社交平台上网民的“集体狂欢”

“冰桶挑战”在自媒体平台的风靡不仅是一个集体事件，更掀起了一场公益狂欢。俄罗斯学者巴赫金在他提出的“狂欢理论”中认为，狂欢是一种反抗霸权的力量，是建设一个自由民主的理想世界的文化策略。在互联网全面普及的今天，网络为人们狂欢提供了极佳的平台，现代社会以宣泄和释放为目的的消费文化为其提供了后现代语境，自那时以来，一种企图重新阐释世界、改造世界的网络另类狂欢文化展现在人们面前。[①] 在这次集体狂欢中，引领狂欢的是各行各界的名人大 V，而处于狂欢状态的是广大在微博上围观此活动的网民群

① 刘慧瀛：《网络集体狂欢现象下的网民心理动力》，《新闻爱好者》2011 年第 6 期。

众。人们在集体狂欢下会处于一种精神亢奋又无意识的状态，他们并不十分清楚活动的意义，却深深陷入了“明星泼水”这场狂欢之中。人们在接受公益与娱乐的同时表达着自己的诉求，进一步推动了活动的风靡。

结　语

“ALS冰桶挑战”利用社交媒体平台和明星助阵在世界各地迅速传播，获得了极高的关注，并成为一次极其成功的“病毒式营销”案例。然而，一部分人却对此持消极态度，他们认为这只不过是一些人的作秀、炒作行为，并满足了国人的“看客心理”而已。但笔者认为，爱心公益活动成功与否，并不能仅仅通过捐款数目来衡量，筹集善款也不是“冰桶挑战”活动的唯一目的，其最终目的是让世界大多数人了解ALS这种疾病，并且能有更多的人帮助ALS患者。正如中国公益研究院部主任章高荣接受《第一财经日报》采访时所说，“冰桶挑战”的目的是通过名人“出位”的行为艺术唤起公众对ALS的关注，名人花时间和精力投入此项活动，这比单纯捐款意义更大。① “冰桶挑战”并不是一项普通的公益活动，它既唤醒了人们的公益意识，更重要的是再次证明了UGC时代下社交自媒体在人们生活中的重要地位，它所展现的公益传播新模式对传统公益活动有极高的借鉴和学习价值。

（本文原发表于《新闻世界》2015年第6期）

① 赵陈婷：《冰桶挑战：在慈善与娱乐的十字路口》，《第一财经日报》2014年9月9日。

传媒公共领域下社交媒体传播策略分析

——以公益组织“大爱清尘”为例

宫 博*

摘　要　传媒公共领域是当今我国公民参与公共事务讨论的主要领域，随着以微博为代表的去中心化社交媒体兴起，传媒公共领域逐渐集中至社交媒体平台，且公共议题偏向理性精神指引下的批判性。“尘肺病”作为一个公共话题进入传播视野，舆论空间针对城乡二元对立体系中的产物——农民工权益的关注达到一个波峰，而其中民间公益组织作为社会第三方机构在传媒中的地位不可忽视。对大爱清尘基金会而言，为了实现推动制度改革和改善尘肺病境遇的公益目标，必须有效利用社交媒体这一有效的传播手段，在传媒公共领域建构起自身的话语权，从而设置和讨论公共议题、表达公益诉求、吸引大众关注、获得公众支持、有效联动企业商业资源、在努力取得自身合法化的同时影响政策制度议程，推动组织传播目标的实现。

关键词　公益传播　大爱清尘　传媒公共领域　民间公益组织

一　我国传媒公共领域概况

1. 交往以传媒公共领域为主要阵地

在哈贝马斯对公共领域的定义中，“公共领域”的精髓在于批判性，所谓批判，即公众在理性精神的指引下，基于“公”的目的而进行交往的过程，以此形成对公共事务的一致性意见①，同时这种意见是有别于公共权力机关的声音。公共领域的一个基本前提是，国家与社会的分离，在国家和社会之间，出现一个独立的中介机构，对公共事务进行批评与监督，从而形成公众舆论，以影响国家权力机关的决策。

哈贝马斯认为，在公共领域，公共性意味着使个人或者事物接受公开的批评，政治决策接受公众舆论的监督，并按照公共舆论进行修正。因此我们可以牢牢把握公共领域的三个主要元素：公众、舆论空间、针对公共事务而讨论达成的一致性意见。

窥探传媒公共领域在我国发展的条件，我们会发现哈贝马斯的“公共领域”理论在我国市场经济的条件下也是适用的：公民在公共领域中参与国家事务的讨论，并在这个论坛上批评与监督。但是在我国，市民社会和其他中介发育不完善，决定了传媒公共领域是社会主义市民参与民主生活的主要渠道之一。

当然，在微博公共空间逐渐由私人情感、私人话语占据的过程中，大爱清尘基金会这样的民间公益组织作为具有强烈社会责任感的第三方中介，介入传媒公共领域，并在设置和引

---

* 宫博，吉林大学新闻与传播学院硕士研究生在读，研究方向为新媒体、健康传播。

① 〔德〕哈贝马斯：《公共领域的结构转型》，曹卫东等译，学林出版社，1999。

导“尘肺病”议程的道路上，联系公众形成“维护社会公平正义”为主旨的公众舆论，在监督企业和医疗保障体系运作的同时，用行动影响政府针对农民工群体、边缘弱势职业病患者和相关人群的决策。

2. 公益话题在传媒公共领域有得天独厚的条件

民间组织（非政府组织 Non-Government Organization）作为市民生活和政治经济体系的中介，在传媒公共领域中有效利用大众媒体和社交媒体建构自身的话语权，参与社会民主化进程的同时，对公共领域监督与批评，在公共事务和市民群体中保持频繁和热切的互动，也积极促成其政治诉求的表达和实现，达成政府和社会公众一致的目标：保障社会公平正义，提升广大人民的生活水平。

大爱清尘是以宣传尘肺病为主的民间公益组织，以它为主要研究对象的原因有以下几点。

一是成立时间早，其媒介传播路径与我国互联网媒体发展轨迹大致重叠。

二是大爱清尘以我国社会边缘人群农民工为主要患者的职业病——尘肺病为主要传播内容，议题的敏感性形成了在传媒公共领域独特的话语权。

三是灵活运用社交媒体传播公益诉求，与政府、企业、媒体、公众等主体在传媒公共领域整合互动，实现传播效果的最大化，也能体现出我国传媒公共领域的话语特征、发展趋势和不足。

哈贝马斯认为公共领域中的公共交往是以话语形式进行的，话语不具有统治的功能，但是话语代表一种权力。这里民间公益组织的诉求表达、对实际公共服务的提供，都必须转化成话语的形式，才能够被政府、市场、公众所了解、认同、接受，并与他们进行互动和资源交换。所以，民间组织与周边环境进行资源交换的过程，实质就是向其周围环境讲述的过程，也就是他们通过传播去带动资源交换的过程。[①]

3. 以微博为代表的社交媒体传播特点

基于移动互联网的社交媒体与传统大众媒体相比，具有传播成本低、传播速度快、范围广等特点，而且在即时性很高的“互动——反馈”模式下，社交媒体为在传播媒体中很难取得话语权的民间公益组织提供了信息开放和多元化的资源渠道，如组织内部多级微博账号、微信公众号推送、官网信息公开机制等。不难看出，互联网技术改变了民间组织在传媒公共领域的话语结构，为其提供了丰富多元的话语机会。

与此同时，民间公益组织利用社交媒体为代表的新媒体力量来传播社会公益性倡导性的议题，在公益组织内部跨群传播、公共群众舆论建设中，为塑造成熟的本土传媒公共领域，提供广泛而优质的社会资源。

二 “大爱清尘”社交媒体传播策略分析

和传统报刊、电视、广播这类大众媒体相比，社交媒体为民间公益组织提供了广阔的话语空间，各级微博账号主体、公众号小编、自媒体人、舆论领袖大 V 们可以利用新媒体技

---

① 曹维：《从“公益传播四维框架”到以公益组织为传播主体的公益传播模式》，《上海交通大学学报》（哲学社会科学版）2015 年第 1 期。

术，在一个低话语边界、低传播成本、高传播影响力的互动式、去中心化的传播领域内，设置公共议题、公开讨论公共事务。大爱清尘在媒体传播实践中建构了一套独特的话语结构，他们将诉诸情感的同理心表达和“去激进化”的政治诉求相结合，动员公众并形成舆论传播力，最终为组织传播目标服务。

1. 组织内部传播

以大爱清尘基金会官方网站、微信公众号、大爱清尘官微为话题轴心，以王克勤和大爱清尘地方各级分支志愿者个人微博为线上组织传播环形阵地，大爱清尘基金会建立了一套去中心化的传播体系。当传统媒体对“尘肺病”议题的关注度有限时，社交媒体基因中纵深并存的媒介资源为民间公益组织的话语建构提供了充足的空间和资源，同时组织传播、群体传播、跨群传播等互动方式，有效地提高了组织话语在传媒公共领域的能见度；线上线下救助活动、志愿者和工作人员招募行为、组织信息公开和信息监督环节都遵循了公开透明的运作规则，潜移默化地将民间公益组织的行动力和公信力深入人心。

2. 明星公众人物传播，影响力大，覆盖面广

基于弱关系、娱乐话题广场粉丝经济带动的微博生态，借助明星大量粉丝基础和强大的影响力，使公益项目得以推进、公益观念深入人心。传播学中的二级传播理论提出了“意见领袖”的概念，公共领域中所谓的一致意见，很大程度上是由意见领袖提出和引领的，公众由于思想上的惰性和行为上的盲从性，观念在很大程度上受到意见领袖的影响，他们的观念往往是独立、内省、批判性的代表。在由广场性弱关系和明星公众人物话题讨论为联系纽带的社交媒体——新浪微博中，发动基金会创始人、资深调查记者王克勤意见领袖的核心力量，他强烈的社会责任感和在新闻传播领域多年积攒的媒介资源，能够动员一大批拥有传播技巧和传播资源的媒介从业者同行加入“尘肺病”议题的传播。同时“大爱清尘”联动在公益界与大爱清尘基金会行动目标一致的公众人物袁立等形象正面、影响力大、粉丝基础广并且拥有一定媒介话语权的明星人物，在和他们的互动中扩大传播影响力。

3. 议题设置和报道框架的感染力突出，建构媒介话语

通过分析大爱清尘基金会微博官方账号和微信公众号的文本信息，我们可以发现在原创微博与“微公益”微博公益领域垂直服务账号、“中国公益指数”公益数据服务账号的互动内容中，大爱清尘运用了一种“命运共同体”的共同责任论的叙事框架，把尘肺病患者及其家庭定义为“我们受苦难的兄弟姐妹”，由此把尘肺病议题到的话题道德化为一种对人性基本良知拷问的试金石。

例如，2017 年 10 月 10 日微信公众平台“大爱清尘基金”推送的文章《我屏住呼吸也无法体会你的痛苦》中，“现在你可以试着做一个动作，憋气 20s……感觉怎么样？是不是觉得很费力想大口吸气？这就是那些尘肺病患者分分秒秒都在经历的感受，甚至很多尘肺病人为了减轻痛苦都是跪着呼吸”。作者开篇就以共感置换的方式，让屏幕前健康状况良好的读者在身体互动的体验中，与深受尘肺病困扰的农民工患者感同身受，产生同理心。接着，作者通过大量心理描写来铺陈尘肺病患者的痛苦，“当我第一次看到刘伯的时候，觉得他像是被抽干了身体的水分，瘦得快脱了人形，似乎是一层蜡黄的皮包着筋骨和一些血肉”，结合后面及时跟进的大量黑白采访照片，用尘肺病拖垮整个家庭的苦难来激发人性对苦难的痛心、对生命的敬畏。同时，在每一篇微信推送的结尾，还最大化地普及尘肺病知识，除了提醒公众关注农民工遭受职业病困扰的境遇外，还指出解决问题的根本途径，让违反劳动协议、逃避承担社会责任的企业和公司得到约束和惩罚。

由此我们可以看出传媒公共领域的批判话语特质，即通过人性化的叙事和共同责任话语框架，来表达对尘肺病所表征的劳工权益保护不足的现状的不满。①

4. 多渠道捐款联动

在信息传播速度快、范围广、影响力大的网络虚拟空间，大爱清尘深谙植根于社交媒体中的“互动”基因，建立了多方联动交流的传播体系，调动普通网民、知名网络自媒体、官方媒体新媒体账号的积极性，在和他们持续性的良好互动中，激发参与者的认同感，从社会道义、人性良知、社会监督与批判层面的共识中形成一股舆论合力，将“尘肺病”“农民工权益”“医疗体系整改”等社会公共事务议题纳入国家政治讨论的议程，从而实现自身最终的传播目标——推动国家政策与立法，专项救助中国600万尘肺病农民，预防和最终基本消灭尘肺病。

同时，“大爱清尘”充分利用微博生态闭环，在微博超级话题、微博热点行动、媒体相关话题的策划中互动，用转发和分享的力量增强传播力。在第三方支付平台上与腾讯公益、微博微公益、支付宝爱心捐赠等多渠道设立捐赠入口，以社交关系拉动公益行为泛化，日行一善的观念普及至公民。

三 “大爱清尘”传播效果分析

1. 公益诉求

中国最主要的职业病是尘肺病，而尘肺病的核心是农民工尘肺病，同时，所有职业病中，尘肺病约占90%，在我国尘肺病患者中，农民占90%，总量达600万，是一个非常庞大的群体。②“大爱清尘”从七八年来的长期调查分析中得出这样的认识：尘肺病农民问题是21世纪最严峻的中国问题。作为专门救助尘肺病农民工的民间公益团队，大爱清尘基金会自2011年6月15日成立后，一直将“寻救尘肺病农民兄弟”的公益诉求作为传播目标，从单一网络传播发展到多元化复合型传播机制。互联网公益实践逐渐改变我国网民的公益参与方式，网民习惯通过“轻松筹”等一系列网络众筹，在第三方支付平台——支付宝中“爱心捐赠”中行走捐、月捐、收益捐、基金救助等以互联网思维为核心的渠道实现公益参与，在新浪微博公益垂直领域——微博公益的官方微博“微公益”获取公益资讯、参与线上公益项目互动、实现传媒公共领域慈善议题讨论。

随着移动互联网发展之下传媒公共领域在社交平台的兴起，以“大爱清尘”为代表的民间公益组织也借助社交媒体平台多角度塑造其公益事业，传播尘肺病公益广告、设立专项救助基金帮扶尘肺病农民工，与传统媒体合作合力报道尘肺病议题、组织线上和线下联动的慈善公益募捐活动等。其首要目标都是凭借长期以来建立的公信力和媒介影响力，吸引更多人认识职业病、了解中国农民工尘肺病现状，并参与到救助农民工尘肺病的相关公益活动中来，达到用健康传播的“知信行”模式去救助弱势群体，用公众群体这一广泛的社会资源

---

① 黄典林：《社交媒体与中国草根慈善组织的合法化传播策略——以“大爱清尘”为例》，《国际新闻界》2017年第6期。

② 大爱清尘基金会：《中国尘肺病农民工生存状况调查报告（2016）》，2017。

让传播效果和社会效益最大化。

2. 政治诉求

作为民间非政府公益组织，大爱清尘基金会创始之初就意在我国合法政治边界内，在新媒体技术和传播策略的建构中，尝试温和的政治表达。他们将“救助中国600万尘肺病农民工兄弟”的议程循序渐进被官方大众媒体采纳，进而得到中央和地方各级政府的认同，推动政府在精准扶贫领域放权，使医疗和职业病救助体系得以整改。大爱清尘在20世纪90年代就在民间公益领域活跃，孜孜不倦地针对改革开放后我国城乡二元对立结构中“农民工”这一特殊弱势、边缘性群体的权益而努力着。尽管大爱清尘通过募捐、志愿者征集、职业病健康知识科普与传播、农民工劳动权益教育、家庭助学和创业再就业帮扶一系列活动，持续引发舆论争议并逐渐扩大其行动网络，但治本之策还是需要政府立法作为根本保障、改善饱受职业病群体折磨的人群及家庭的利益。

以微博和微信为主要传播阵地的社交媒体，为民间公益组织提供了更广的空间和更多的资源，并将自身的行动目标纳入政治讨论的议程。同时，我们也无法忽视网络群众舆论压力对公益组织政治诉求的影响，在涉及底层公民合法权益、职业病救助帮扶、农民工子女上学难、黑心企业社会责任感缺失等激起大众同理心、道德感的公众议题上，公众舆论集结而成的舆论压力也可以对公共政策产生影响，进而实现公益组织的合法政治诉求。

我们可以看到大爱清尘基金会在核心目标“推动尘肺病问题制度性解决”的引领下，在2017年底推动兰州市政府印发《兰州市职业病防治“十三五”规划》，确保劳动者依法参加国家强制参加的社会保险覆盖率达80%以上，将职业性尘肺病等职业病病人家庭及时纳入最低生活保障范围。

3. 经济互助

民间公益组织与有公益诉求的企业在“共赢”的基础上整合传播，对于公益组织可以帮助企业提高口碑、提高目标用户转化率。对于参与企业，企业在为公益组织提供物料、资金等支持的过程中，企业一方面可以提高慈善活动参与度、实现社会责任感，并凭借差异化竞争手段改善企业潜在的负面形象、在市场上树立正面且负责任的形象；另一方面，企业在公益项目上的长期投入，可以跟自己的产品和服务更相切合，形成在这一方向的竞争优势①，尤其是将关心和参与相关公益话题的人群直接转化为消费者，实现公益话题和英雄战略的双赢传播效果。

（本文表于《新媒体研究》2018年第12期）

① 曹维：《从“公益传播四维框架”到以公益组织为传播主体的公益传播模式》，《上海交通大学学报》（哲学社会科学版），2015年第1期。

网民医患关注与态度研究：基于中国95城市微博证据

赖凯声　林志伟　杨浩燊　何凌南*

摘　要　医患问题备受政府和社会各界关注，但已有研究大多基于案例和问卷调查等主观经验数据展开，在样本代表性和客观性上存在一定风险。本研究尝试基于2015年中国95个城市网民在微博社交媒体平台的客观行为数据，探索网民对医患议题的关注规律和态度规律。发现，中国一线城市对医患问题关注度最高，并表现出正面情绪低、控制感低等低信任特征。本研究为理解当前中国公众对医患问题的社会心态，提升医患信任水平等具有重要意义。

关键词　医患关注　医患态度　微博　医患信任

一　引言

处于现代化转型期的中国，因社会结构快速变迁面临众多挑战。医患问题便是其中一个备受政府和社会各界广泛关注的重要议题。在医疗资源整体仍然较为稀缺的大背景下，中国的医患关系总体趋于紧张，纠纷数量居高不下。例如，2013年10月25日，温岭市第一人民医院的3名医生在门诊为病人看病时被一名男子捅伤，其中耳鼻咽喉科主任医师王云杰因抢救无效死亡。犯罪嫌疑人连某此前为该院患者，行凶原因则是对此前在该院进行的鼻内镜下鼻腔微创手术结果有异议。诸如此类的医患纠纷并不少见。又如，2016年5月，广州退休医生陈仲伟被一名25年前接治过的病人尾随回家，砍了30多刀，最终因抢救无效离世。在以往的医患纠纷中，公众往往倾向于将愤怒宣泄给整个医生群体，而在此次事件中，人们则跳出了原有的刻板印象，有关“为什么魏则西的死带给全社会震动，而对医生的生死却如此冷漠”的讨论在网络舆论中掀起了一波高潮。这在一定程度上成为医生群体对医患积怨的一次集体反抗。

频发的医患矛盾在给相关人员带来直接的人身安全威胁和经济损失的同时，也在逐渐破坏社会公众与医生之间的信任关系。例如，2016年12月4日，成都医生任某在微博上晒出一件价值1万多元的羽绒服，随即遭到部分网友的非议，“质疑”“反感”“可耻”是该事件在网络讨论中的负面高频词。医生晒万元羽绒服饱受争议，正是医患信任缺失的真实写照。

在目前的医患关系认知中，部分患者已经对医生形成了“收红包、吃回扣、有灰色收

* 赖凯声，中山大学传播与设计学院副研究员；林志伟，中山大学传播与设计学院本科生；杨浩燊，中山大学传播与设计学院硕士研究生；何凌南，中山大学传播与设计学院讲师。

人”的刻板印象。患者不相信医生，而医生则认为自己治病救人得不到患者尊重，反而有可能遭到侵害。医生和患者在情绪和认知上的对立，加剧了医患关系的紧张程度。

特别是在互联网时代，医患纠纷被进一步放大。民众拥有了自己的发声渠道，区域性的医患纠纷经过互联网的舆论发酵，迅速演变成为全国性的争议焦点，医患关系已成为互联网舆论场上一个不可忽视的重要议题。持不同意见的民众借助互联网平台进行讨论、辩驳，充斥在舆论场中的情绪性表达导致医患矛盾进一步激化，沸沸扬扬的网络情绪同样影响着现实中民众对医患关系的认知、判断和行为。例如，陈仲伟医生被砍事件曝光后，迅速引爆了微博、微信等网络平台，多家媒体对此事进行了跟踪报道。在陈仲伟事件发生后的第四天，中国舆情网监测到论坛、微信、微博等媒介上与陈仲伟事件相关的舆情累计达 1946 篇次。根据知微事件博物馆的数据，① 陈仲伟医生被砍一事的影响力指数达到 74，比同年“双十一”全球狂欢夜的影响力指数还要高出 2 个点。成都医生晒万元羽绒服事件并不涉及医患纠纷，却因挑动医患信任间的敏感神经，同样在互联网上引起巨大反响，相关微博话题阅读量达到上千万次，共引发了上万次讨论。

因此，开展公众对医患问题的认知与态度研究，对深入理解转型期中国公众社会心态、化解医患冲突以及优化医患关系具有重要意义。因此，心理学、社会学、传播学等不同学科的学者日益重视医患问题研究，从各自的专业角度出发，尝试深入理解和揭示与公众医患态度相关的社会科学规律。

二　文献综述

（一）医疗现状

中国于 2003 年启动医疗卫生体制改革，目标在于重建医疗卫生制度，强调政府主导性和公益性，并在预防、看病、吃药和报销四方面改革上取得了一系列阶段性成果，但也暴露出“看病难”“看病贵”等问题。王平和刘军将中国当前整体的医疗现状概括为“看病难、看病贵、医患纠纷不断”，并把其原因归结为医疗服务没有完全市场化，医院管理过于行政化，医疗观念忽视其人文关怀功效以及过分强调技术万能。② 他们结合《中国卫生和计划生育统计年鉴（2014）》的数据及相关分析发现，2009—2014 年，政府卫生投入由 17541.92 亿元增加到 31661.5 亿元。然而，看病的个人实际支出没有下降，反而略有上升，即看病贵的原因不只是国家对医疗的投入不足，与没有进行市场化、不尊重市场规律亦有关系。此外，他们还把“看病难”进一步明晰为“好医生难找”和“好医生难等”两方面，并认为医院和医生管理过分行政化、没有明确的市场主体地位是导致“看病难”的重要原因。李玲则认为，公立医院改革后，医药费用的利益链不仅没有被打破，反而在大量医保投入的刺激下茁壮成长，这才是“看病贵”问题的重要原因。③

房莉杰等结合 2014—2015 年的政策进展以及医疗卫生数据认为，尽管从改革目标、改

① 相关内容引自网络，http://ef.zhiweidata.com/wiki.html? id=572fe3a0e4b015bd94a936c9。

② 王平、刘军：《现阶段我国医疗现状和问题刍议》，《中国卫生产业》2015 年第 26 期，第16~18 页。

③ 李玲：《中国新医改现状、问题与地方实践研究》，《中国市场》2014 年第 32 期，第 52~56 页。

革方向以及实现路径上看，医疗改革都值得肯定，但七年后的实践结果并不尽如人意：不仅“十二五”的医改目标没有真正实现，在某些方面甚至还存在倒退的现象。[①] 简而言之，新医改在医疗体制深化改革方面取得初步成果的同时，仍然存在一些制度性和结构性的难题。而正是现存的这些问题或难题，成为引发医患纠纷和冲突的潜在风险点。

（二）医患关系、医患纠纷以及医患信任研究

近十年来，医患纠纷在我国呈不断加剧的态势。根据2015年首届中国医疗法治论坛披露的数据，[②] 2014年全国发生的医患纠纷共有11.5万起，进入诉讼程序的医疗事故赔偿纠纷案件高达19944件，2007—2014年，人民法院受理的医疗事故损害赔偿纠纷案件累计增长了81.3%，年均增长率高达11.6%。日益加剧的医患纠纷，不仅严重影响了医院的正常诊疗秩序，还对医务人员人身安全形成威胁。2015年5月27日，中国医师协会发布了《中国医师执业状况白皮书》，[③] 其中关于医疗暴力的调研结果显示：2014年，曾有59.79%的医务人员受到过语言暴力，13.07%的医务人员受到过身体上的伤害，而仅有27.14%的医务人员未遭遇过暴力事件。另外，有73.33%的医生要求修改《执业医师法》时加强对医师的权益保护。医患纠纷不仅成为医疗卫生行业亟待解决的现实难题，也成为社会各系统需要重视和研究的课题之一。

有关医患纠纷的研究文献数量也呈现不断增加的趋势，并主要围绕医患关系和医患纠纷的现状、医患纠纷发生的原因展开。[④] 在医患关系和医患纠纷现状方面，王志刚和郑大成通过分析某市2010—2013年的384例医患纠纷，发现该市发生的医患纠纷主要集中在三级医院，并主要分布在骨科、普外科等手术科室。[⑤] 李菲等以现场问卷调查的方式对广东省5个地级市19家公立医院的586名医护人员进行调查，结果显示，医护人员中66.2%的人认为当前医患关系不和谐，23.9%的人对改善医患关系信心不足，42.2%的人表示近1年来受到过医患纠纷的困扰，75.7%的人表示为规避医患纠纷而采取某些保护措施，78.2%的人认为医患纠纷使医务人员的合法权益受到威胁。[⑥] 吕兆丰等在北京、广州、武汉等全国10个城市共发放了5100份问卷，从医方、患方、政府和社会四方视角，对医患关系的总体现状进行了调查。[⑦] 调查结果显示，我国的医患关系总体上并不理想，仍有20.6%的人认为医患关系“不好”或“很不好”。北京市信访矛盾分析研究中心基于对北京市医疗矛盾冲突进行的问卷测量，建立了分析北京当前医疗体制的社会矛盾指数。[⑧] 通过六年的数据结果发现，北

① 房莉杰、梁小云、金承刚：《乡村社会转型时期的医患信任——以我国中部地区两村为例》，《社会学研究》2013年第2期，第55～77页。

② 参见 http：//www. jkb. com. cn/news/industryNews/2015/0421/367100. html。

③ 参见 http：//www. cmda. net/xiehuixiangmu/ falvshiwubu/tongzhigonggao/2015－05－28/14587. html。

④ 常健、殷向杰：《近十五年来国内医患纠纷及其化解研究》，《天津师范大学学报》（社会科学版）2014年第2期，第67～71页。

⑤ 王志刚、郑大成：《医疗纠纷现状分析》，《数理医药学杂志》2015年第1期，第57～59页。

⑥ 李菲、陈少贤、彭晓明、陈胜日、吴少林、炳刚：《医患关系的主要困惑与对策思考》，《中国医院管理》2008年第2期，第22～24页。

⑦ 吕兆丰、王晓燕、张建、梁立智、鲁杨、刘学宗、吴利纳：《医患关系现状分析研究》，《中国医院》2008年第12期，第25～31页。

⑧ 北京市信访矛盾分析研究中心：《从“社会矛盾指数”研究看北京市社会矛盾情况及居民行为倾向的特点——以2015年社会矛盾指数研究为例》，《信访与社会矛盾问题研究》2016年第3期，第23～38页。

京居民主观的社会矛盾水平和医疗矛盾水平得分整体上均有所下降，居民的行为选择也趋于平和。

关于医患纠纷产生的原因，冯俊敏等主要采用文献研究的方法，在2003—2012年3642篇有关医患纠纷的研究中筛选出418篇进行深入分析。[①] 结果发现，引起医患纠纷的原因主要涉及患者、医院管理、医务人员以及其他共四方面。其中，在患者方面，患者及其家属对医疗服务的期望值过高而对实际疗效不满意，医疗费用过高导致在经济方面出现负担，以及患者维权意识的增强与医疗特殊性知识的匮乏的不匹配等，都是引发医患纠纷的重要因素。林雪玉和李雯检索国内全文期刊数据库，提取近3年来文献资料齐全的文章中1552个医患纠纷案例进行纠纷原因统计分析，发现在导致医患纠纷的主要原因中，责任性因素占47.10%，技术因素占38.60%。[②] 常健和殷向杰通过梳理近15年来有关医患纠纷的主要观点，认为中国医患纠纷的起因从技术性原因逐渐转移为社会性原因。[③]

作为影响医患关系的关键性因素之一的医患信任成为医患问题研究的重要内容。[④] 在医患信任现状研究方面，汪新建和王丛认为，近年来我国医患信任水平持续下滑，医患信任危机成为我国当前面临的一大社会问题。[⑤] 王帅、张耀光和徐玲在第五次国家卫生服务调查中，通过问卷调查发现城市大医院医务人员与基层医疗卫生机构医务人员相比，不被患者信任的感受更强烈。[⑥] 房莉杰、梁小云和金承刚通过对我国中部地区两个村庄的观察，探讨了乡村社会转型时期的医患信任现状及其建构逻辑。该研究发现，村民在村医和乡镇卫生院医生的信任问题上主要采用的是"人际信任"和"制度信任"两种信任逻辑。[⑦] 有研究还进一步分析了医患信任的影响因素。马志强、孙颖和朱永跃基于信任的整合模型，从医生的正直、善意和能力三个方面出发，结合原因源、稳定性和可控性三个层面，对医患信任缺失的原因进行了归纳分析。[⑧] 汪新建、王丛和吕小康将人际医患信任的影响因素归结为社会背景因素、就医情境因素以及个体特征因素三大类。[⑨] 其中，个体特征因素主要包括患方个体的社会资本、风险感知、情绪等患方个体特征，以及医务工作者的诚实、善意、正直、能力等医方个体特征。

---

① 冯俊敏、李玉明、韩晨光、徐磊、段力萨：《418篇医疗纠纷文献回顾性分析》，《中国医院管理》2013年第9期，第77～79页。

② 林雪玉、李雯：《1552例医疗纠纷调查分析》，《中国医院》2015年第2期，第61～62页。

③ 常健、殷向杰：《近十五年来国内医患纠纷及其化解研究》，《天津师范大学学报》（社会科学版）2014年第2期，第67～71页。

④ 罗碧华、肖水源：《医患相互信任程度的测量》，《中国心理卫生杂志》2014年第8期，第567～571页。

⑤ 汪新建、王丛：《医患信任关系的特征、现状与研究展望》，《南京师大学报》（社会科学版）2016年第2期，第102～109页。

⑥ 王帅、张耀光、徐玲：《第五次国家卫生服务调查结果之三——医务人员执业环境现状》，《中国卫生信息管理杂志》2014年第4期，第321～325页。

⑦ 房莉杰、梁小云、金承刚：《乡村社会转型时期的医患信任——以我国中部地区两村为例》，《社会学研究》2013年第2期，第55～77页。

⑧ 马志强、孙颖、朱永跃：《基于信任修复归因模型的医患信任修复研究》，《医学与哲学》2012年第11A期，第42～47页。

⑨ 汪新建、王丛、吕小康：《人际医患信任的概念内涵、正向演变与影响因素》，《心理科学》2016年第5期，第1093～1097页。

（三）当前研究的不足

总结已有研究不难发现，医患纠纷以及医患信任研究得到了社会学、医学、公共管理、心理学等不同领域研究者的关注，但仍然存在以下不足。

（1）目前研究主要局限于案例分析和问卷调查。其中，案例分析在案例的选择偏差和代表性方面存在风险，而问卷调查则在代表性、研究成本以及测量工具客观性等方面存在风险。尤其是在医患信任研究方面，相当一部分医患信任的测量工具缺乏严格的测量学检验。[①] 当然，也有研究者尝试借助网络数据来研究医患问题。潘嫦宝和花菊香以天涯论坛数据分析了网民的社会心态，但该研究结论基于四起伤医事件的内容分析，在一定程度上仍然存在一定的主观性偏差。[②]

（2）数据的地域来源较为局限，存在代表性风险。现有研究往往基于某一地区或少数几个地区证据的介绍和总结，而缺乏对各地不同情况的比较研究，并且针对不同地区的证据结果冠以不同模式（例如北京模式、上海模式等）的做法是值得商榷的。[③] 数据在地域方面的局限性，既为研究带来了样本代表性方面的风险，也为研究者解释一个模式和另一个模式之间的区别和联系问题提出了巨大挑战。

（3）医患主体较为局限。在医患信任涉及的主体方面，已有的研究大多集中于患者对医生的信任，较少涉及整体概念上的“医方”，即较少同时考虑提供医疗服务的医生、护士、医疗技术人员和医疗机构等多方主体。

（四）本文研究问题：大数据与医患研究

在目前医患关系研究仍然主要局限于案例和问卷调查法的情况下，借助网络数据分析技术和方法成为拓展医患关系研究的重要突破口。首先，微博、微信等社交平台已经成为社会热点事件的舆情聚集地，而医患问题正是互联网舆论场中的一个重要议题。微博等新媒体场域形成的网络舆论场，在医患问题的社会大讨论中具有不容忽视的影响作用。因此，研究网民对医患问题的关注度和态度具有重要意义。其次，网络空间已逐渐成为人们日常生活中不可或缺的一部分。网民在互联网平台上积累的海量数据以及信息科学技术的发展，为通过大数据挖掘大规模网民社会心态提供了可能。最后，随着世界范围内城市化水平的提升，城市已经成为人类生存和发展的重要单位，以城市为单位的社会治理也成为跨越政治学、管理学、经济学、地理学、公共卫生学等众多学科的研究对象。借助大数据的方法优势，运用地理心理学等交叉学科，可探索人类在城市水平方面的心理与行为规律，进而为城市社会治理提供对策和建议。

本研究基于中国95个城市网民的微博社交媒体数据，发挥网络大数据分析的优势，探索与中国城市网民的医患议题相关的心理行为规律，揭示中国城市网民的医患问题关注规律和医患问题态度规律。

---

① 罗碧华、肖水源：《医患相互信任程度的测量》，《中国心理卫生杂志》2014年第8期，第567~571页。

② 潘嫦宝、花菊香：《以伤医事件的网络舆情观社会心态》，《医学与哲学》2016年第4A期，第41~44页。

③ 常健、殷向杰：《近十五年来国内医患纠纷及其化解研究》，《天津师范大学学报》（社会科学版）2014年第2期，第67~71页。

三 数据和方法

（一）数据来源

1. 城市名单

首先，本研究根据《第一财经周刊》的中国城市分级榜单，选取了具有较高代表性的95个中国城市，最终覆盖中国（除香港、澳门、台湾地区）除青海省外的30个省级行政单位，包含除青海省省会西宁以外的30个省会城市，以及深圳、宁波、青岛、厦门、大连5个计划单列市。该95个抽样城市中，一线城市5个，二线城市30个，三线城市25个，四线城市24个，五线城市11个，实现了中国一线、二线城市全覆盖，三线及以上城市部分抽样的目标。然后，通过微博用户的注册地信息确定用户的城市身份，并且按照一线城市平均不低于5000人、二线城市平均不低于2500人，三线及以下城市平均不低于1000人的抽样标准确定用户样本。

2. 微博数据来源

本研究采用网络“爬虫”技术抓取了上述95个城市的新浪微博（http://www.weibo.com）用户在2015年1月1日至12月31日的全部发帖内容。微博用户的城市归属地识别则主要通过用户注册地信息、互动社交网络地域属性等特征实现。最终获得2015年有发帖内容的用户约17.2万人，共获得微博文本内容3667.5万条。

（二）分析指标

本研究关于网民对医患议题的关注度和态度分析均主要借助目前被广泛使用的文本分析软件LIWC（Linguistic Inquiry and Word Count），① 实现对微博文本内容词频的自动化统计分析。医患关注度反映的是网民对医患问题的关注程度。关于该指标的测量，我们首先构建了一个与医患相关的关键词库，包含“医院”“医生”“患者”“医患”等36个关键词。如果微博文本内容中提及医患关键词库中的任意一个词一次，则该医患词频次加1。最终取各医患词频次均值，并除以所有微博词总数，得到医患关注度总得分。

针对关注医患议题的微博内容，进一步采用LIWC软件对其进行医患态度分析，最终进入医患态度分析的微博数量约为19.52万条。其中，关于医患态度指标的测量，采用适于中国网络社会心态和舆情分析的“情绪－态度”模型。② 传统网民心理分析大多仅关注情绪的正向和负向特征，而忽略了对主体行为意向具有重要解释力的其他心理特征。而本模型在传统模型“正－负”情绪维度的基础上，进一步加入包含“高－低”控制感的维度，进而形成了“希望度”“问题解决期待度”“悲观度”“冷漠度”四个指标（见图1）。“希望度”是“正情绪＋高控制感”的集合，代表网民认为事件是积极且充满希望的，其关键词词库

① Tausczik，Y. R. & Pennebaker，J. W.，“The Psychological Meaning of Words：LIWC and Computerized Text Analysis Methods，” *Journal of Language and Social Psychology*，29（1），24－54.

② 何凌南、熊希灵、阿梅：《2014—2015年微博热点事件网民心态分析》，《中国社会心态研究报告（2015）》，社会科学文献出版社，2015，第223～242页。

包含乐观、爱心传递、顶等56个词。“问题解决期待度”是“负情绪+高控制感”的集合，代表网民解决问题的意愿，其关键词词库包含“恨死”“鄙视”“愤怒”等32个词。“悲观度”是“负情绪+低控制感”的集合，代表网民情绪是消极的，并对问题的解决不抱希望，其关键词词库包含“悲痛”“闭嘴”“蜡烛”等35个词。“冷漠度”是“正情绪+低控制感”的集合，代表虽然网民情绪是积极的，但对问题的解决不抱希望，其关键词词库包含“无所谓”“困”“挖鼻屎”等32个词。问题解决期待度虽然是负情绪，但同时拥有高控制感，因而它与希望度反映的均是对网络舆情事件的发生、发展具有积极意义的心态特征；反之，冷漠度与悲观度反映的则均是对网络舆情具有消极意义的心态特征。因此，最终将形成一个由“希望度+问题解决期待度-悲观度-冷漠度”构成的综合态度指数。当网民的希望度和问题解决期待度超过悲观度和冷漠度时，态度指数大于0，反之，态度指数小于0。

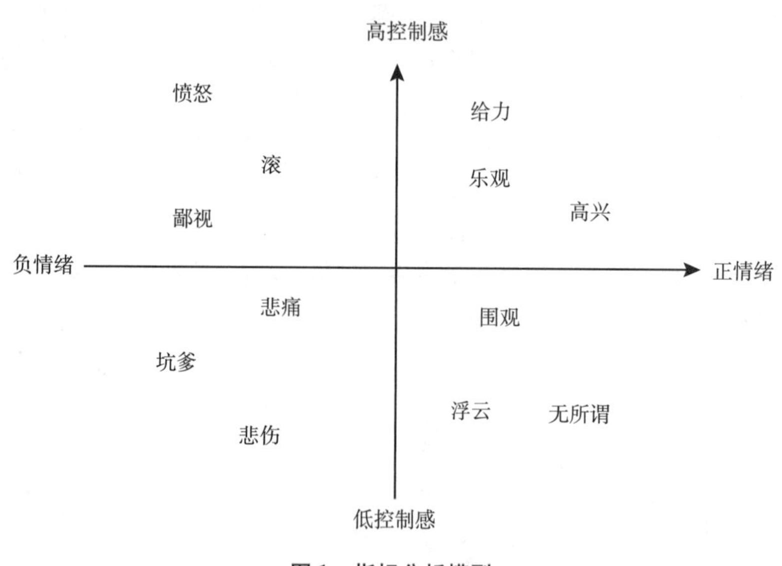

图1　指标分析模型

四　结果

（一）网民医患关注度分析

医患关注度分析结果显示，2015年中国95个城市微博网民对医患议题的平均关注度为1.21e-05（SD=2.63e-06）。其中，北京、巴中和天津这三个城市网民对医患议题的平均关注度排名前三，分别为1.98e-05、1.91e-05以及1.83e-05；而扬州、宁波、哈尔滨这三个城市网民对医患议题的平均关注度排在最后三位，分别为7.80e-06、8.06e-06以及8.18e-06。此外，我们还将中国城市网民对医患议题的关注程度与工作、休闲和家庭三个LIWC经典的话题指标进行了对比。结果发现，中国城市网民对医患议题的关注度要略低于对工作（2.93e-05）、休闲（3.07e-05）和家庭（2.66e-05）的关注度。

从不同的城市类型来看，一线城市的医患关注度均值为1.61e-05（SD=3.17e-06），二线、三线、四线和五线城市的医患关注度均值分别为 1.20e－05（SD＝2.63e－06）、1.15e－05（SD＝2.14e－06）、1.18e－05（SD＝2.13e－06）和 1.27e－05（SD＝3.17e－06）（见图 2）。为了进一步考察不同城市类型在医患关注度上是否存在显著差异，对其进行方差分析检验。结果发现，不同城市类型在医患关注度上存在显著的差异（F＝3.827，p＝0.006＜0.01）。进一步进行多重比较（LSD 检验）发现：一线城市的医患关注度显著高于二线城市（M＝4.08e－06，p＝0.001＜0.01）、三线城市（M＝4.59e－06，p＝0.000＜0.001）、四线城市（M＝4.26e－06，p＝0.001＜0.01）和五线城市（M＝3.36e－06，p＝0.014＜0.05）。而二线、三线、四线以及五线城市网民在医患关注度上的差异则均不显著。

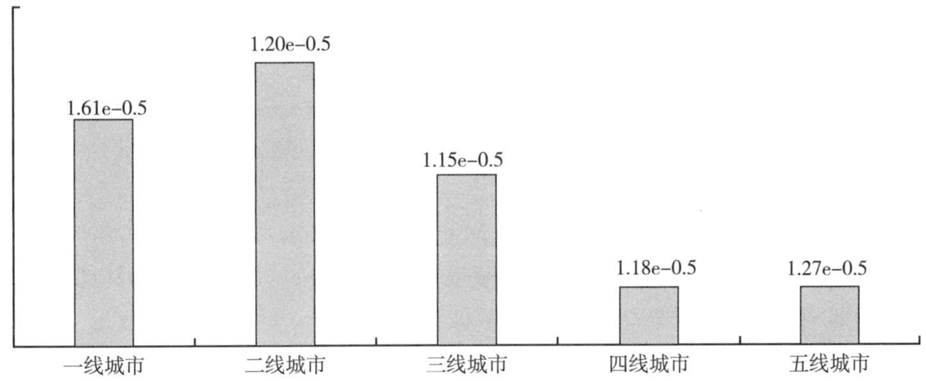

图 2　指标分析模型

（二）网民医患态度分析结果

1. “情绪—态度”模型各指标分析

总体上而言，中国城市网民的医患态度在“情绪—态度”模型各维度上的水平由高到低分别是：希望度的均值为 2.55e－05，冷漠度的均值为 1.61e－05，悲观度的均值为 6.03e－06，问题解决期待度的均值为 4.23e－06。

具体到各城市，在医患议题的希望度方面，福州（4.12e－05）、南昌（3.91e－05）和吉林（3.89e－05）排在前三位，而武威（1.61e－05）、上海（1.25e－05）和合肥（1.21e－05）排在后三位。在医患议题的问题解决期待度方面，天水（2.09e－05）、海口（1.28e－05）和榆林（9.45e－06）排在前三位，而绍兴（9.77e－07）、聊城（8.81e－07）和武威（7.05e－07）排在后三位。在医患议题的悲观度方面，贵阳（1.57e－05）、扬州（1.19e－05）和海口（1.06e－05）排在前三位，而中山(2.48e－06)、巴中（2.05e－06）和晋中（1.80e－06）排在后三位。在医患议题的冷漠度方面，上海（2.18e－04）、呼和浩特（1.84e－04）和宁波（2.61e－05）排在前三位，而大连（4.72e－06）、宿迁（4.29e－06）和石嘴山（3.81e－06）排在后三位。

采用方差分析检验“情绪－态度”模型四个指标在城市类型上的差异，结果显示：只有希望度（F＝3.142，p＝0.018＜0.05）和冷漠度（F＝2.842，p＝0.029＜0.05）两个指标在不同类型的城市之间存在显著性差异，而问题解决期待度（F＝0.301，p＝0.876＞

0.05）和悲观度（F = 1.883，p = 0.120 > 0.05）两个指标在不同类型的城市之间的差异不显著（见图3）。

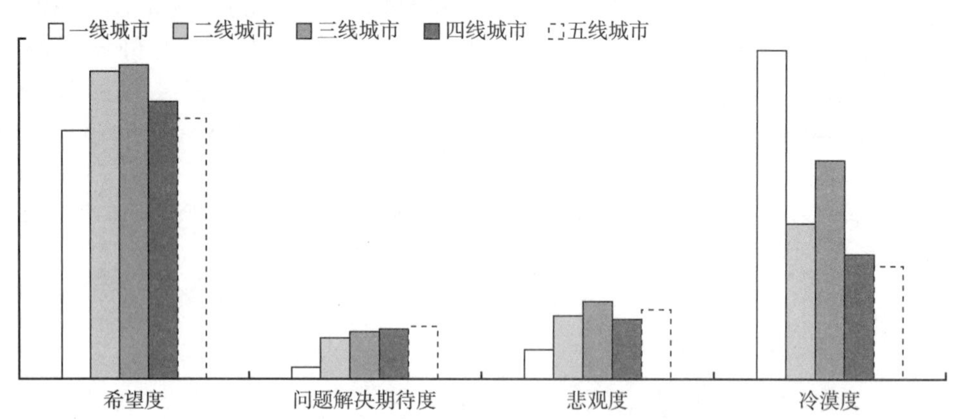

图3　不同类型城市的"情绪—态度"维度差异

对希望度在不同城市类型间差异的多重比较分析结果显示：一线城市医患希望度均值最低（M1 = 1.92e - 05），并且显著低于二线城市（M2 = 2.69e - 05，p = 0.01 < 0.05）、三线城市（M3 = 2.73e - 05，p = 0.007 < 0.01），低于四线城市（M4 = 2.43e - 05，p = 0.091 < 0.1）的差异达到边缘显著，而与五线城市的差异则不显著（M5 = 2.28e - 05，p = 0.274 > 0.05）。其余类型组合间差异均不显著。关于冷漠度在不同城市类型间差异的多重比较分析结果显示：一线城市医患冷漠度均值最高（M1 = 5.27e - 05），并且显著高于二线城市（M2 = 1.36e - 05，p = 0.003 < 0.01）、三线城市（M3 = 1.93e - 05，p = 0.013 < 0.05）、四线城市（M4 = 1.10e - 05，p = 0.002 < 0.01）以及五线城市（M5 = 1.03e - 05，p = 0.004 < 0.01）。其余城市类型间的冷漠度差异均不显著。

2. 网民综合态度指数分析

总体上而言，网民医患态度的综合指数为7.52e - 06，大于0，意味着中国城市网民总体上对医患问题比较积极。具体到各城市，结果显示共有7个城市（分别为武威、宁波、安阳、合肥、贵阳、呼和浩特和上海）的网民态度指数小于0，而其他88个城市的网民态度指数大于0。其中，天水（2.69e - 05）、鞍山（2.50e - 05）和海口（2.35e - 05）网民对医患话题的态度指数排在前三位，贵阳（ - 9.81e - 06）、呼和浩特（ - 1.69e - 04）和上海（ - 2.08e - 04）网民对医患话题的态度指数排在后三位。

按不同的城市类型统计，结果发现，一线城市的综合态度指数均值为 - 3.63e - 05，二线、三线、四线和五线城市分别是1.15e - 05、5.34e - 06、1.24e - 05、1.10e - 05，即仅有一线城市的平均综合态度指数小于0，其他四类城市平均综合态度指数均大于0（见图4）。进一步的方差分析结果表明，不同类型的城市在医患综合态度指数上存在显著的差异（F = 3.37，p = 0.013 < 0.05）。进一步进行多重比较检验发现：一线城市的医患综合态度指数显著低于二线城市（M = 5.0e - 05，p = 0.001 < 0.01）、三线城市（M = 4.0e - 05，p = 0.004 < 0.01）、四线城市（M = 5.0e - 05，p = 0.001 < 0.01）和五线城市（M = 5.0e - 05，p = 0.003 < 0.01）。而二线、三线、四线以及五线城市网民在医患综合态度指数上的差异则不显著。

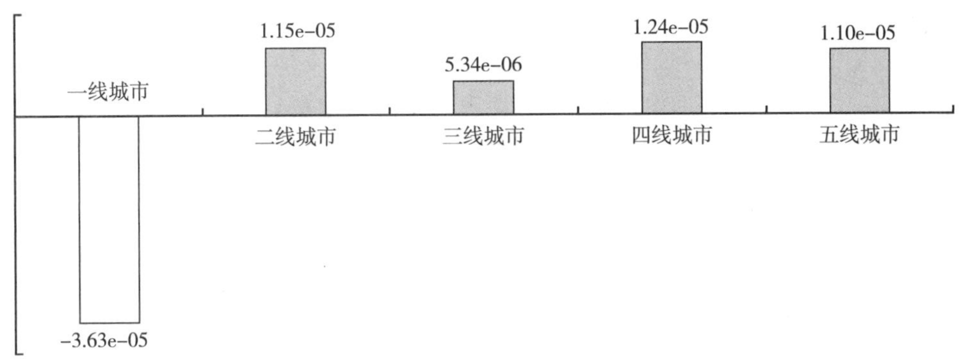

图 4　不同类型城市的网民医患综合态度指数

五　讨论

（一）主要发现

本研究基于中国 95 个城市网民在微博社交媒体平台上的客观行为数据，探索了网民对医患议题的关注规律和医患态度规律。在医患关注规律上，本研究发现，中国城市网民对医患问题的关注度仅略低于工作、休闲和家庭三大主题，其讨论量处于同一数量级。网民在社交媒体平台上针对医患问题的讨论，是未来医患关系研究中不容忽视的内容。此外，本研究还分析了不同城市类型的网民在医患关注度上的差异，结果发现一线城市网民对医患议题的关注度显著高于其他城市。这可能与一线城市经济发达，人们对与医疗健康相关的问题重视程度更高有关。根据 Inglehart 的后现代主义理论，随着经济水平的提高，人们会由强调生存导向的物质主义价值观，转向强调自主和生活质量的后现代主义价值观变迁。[①] 虽然医患问题既有一定程度的生存导向色彩，但人们现在关于医患关系的讨论中包含越来越多与尊重、自主以及生活质量相关的后现代主义色彩。因此，我们认为中国一线城市对医患问题的关注度最高，可能与一线城市网民的后现代主义价值观较强有关。

在分析了中国城市网民医患关注度规律的基础上，我们进一步分析了医患态度特征及其分布规律。总体而言，中国城市网民在反映正情绪和高控制感的希望度方面得分最高，反映正情绪和低控制感的冷漠度其次，反映负情绪和低控制感的悲观度再次，而反映负情绪和高控制感的问题解决期待度相对最低。基于上述四个指标构建的网民医患态度综合指数大于 0，意味着中国城市网民在医患态度上有偏积极的倾向，这对改善中国医患关系紧张程度、缓解医患矛盾复杂的局面具有积极的意义。具体到不同类型城市，本研究发现不同类型的城市在希望度和冷漠度上存在显著差异，在悲观度和问题解决期待度方面则没有显著差异。其中，一线城市的希望度显著低于二线、三线及四线城市，而与此同时一线城市的冷漠度又显著高于其他各类城市。可见，一线城市网民在医患态度方面主要表现为较为突出的低正情绪

① Inglehart, R., *Modernization and Post-modernization: Cultural, Economic, and Political Change in 43 Societies Princeton*, Princeton University Press, 1997.

和低控制感的特征，这在一定程度上反映出一线城市网民的医患信任程度并不乐观。这可能是因为一线城市网民对医患问题的关注度较高，对医患问题更加重视，要求和期待更高。因而当面对现实中的一些长时间未得到解决的医患问题时，一线城市网民在医患态度上更倾向于呈现高冷漠度和低希望度。当然，这也可能与一线城市的社会现代化转型较为深入、医疗矛盾更加突出有关，该解释需要更多深入研究予以支持。

（二）研究意义及不足

本研究借助网络社交媒体数据，较为全面地探索了中国城市网民对医患问题的关注规律和医患态度规律，这对理解中国网民的医患社会心态、医患信任，改善中国医患关系困境具有重要的理论和现实意义。一方面，从研究方法来看，本研究尝试在全国范围内不同类型的城市中搜集微博数据，为传统以案例和问卷调查数据为主的医患关系、医患信任研究提供了更为客观的证据。另一方面，从研究问题的价值而言，本研究结合网络大数据的数据特征和技术优势，通过医患关注度和医患态度来分析网民的医患心理与行为规律，希望为网民的医患信任研究以及医患信任管理实践提供一定的参考。例如，本研究结果显示，中国一线城市网民对医患问题的关注度高，但表现出正面情绪低、控制感低的低信任特征。因此，未来研究可以进一步挖掘一线城市医患态度形成的原因以及作用机制，相关决策和管理部门则应在医患管理实践中重视一线城市的医患矛盾处理和引导工作。

当然，此次研究也存在一些不足。一方面，由于数据获取成本和资源限制，本文的分析建立在中国95个城市网民的微博数据上，在城市数量和样本规模上仍有提升空间。尽管如此，这相对已有基于少数几个城市、地区或样本量更有限的问卷调查而言，仍具有一定优势。相信随着相关技术的发展和数据积累，未来研究可进一步扩大城市数量和样本覆盖规模。另一方面，医患信任在医患关系研究中具有重要的价值，本研究基于现有技术尚无法较好地实现对医患信任进行直接、准确的测量，因此采用挖掘网民的医患态度特征之方法，为其提供间接的研究证据。未来研究可以考虑结合深度自然语言理解、机器学习等更加复杂的大数据分析技术，对医患信任问题开展更为科学、直接的研究。

［本研究得到教育部哲学社会科学研究重大课题攻关项目（项目编号：15JZD030、16JZD006）、广东省哲学社会科学“十三五”规划一般项目（项目编号：GD16CXW01）、中央高校基本科研业务费专项资金（项目编号：17WKPY07）资助，为“广州大数据与公共传播研究”人文社重点研究基地成果之一。发表于《中国社会心理学评论》2017年第13辑，第152～166页］

参考文献

北京市信访矛盾分析研究中心：《从“社会矛盾指数”研究看北京市社会矛盾情况及居民行为倾向的特点——以2015年社会矛盾指数研究为例》，《信访与社会矛盾问题研究》2016年第3期，第23～38页。

常健、殷向杰：《近十五年来国内医患纠纷及其化解研究》，《天津师范大学学报》（社会科学版）2014 年第 2 期，第 67 ~ 71 页。

房莉杰：《理解“新医改”的困境：“十二五”医改回顾》，《国家行政学院学报》2016 年第 2 期，第 77 ~ 81 页。

房莉杰、梁小云、金承刚：《乡村社会转型时期的医患信任——以我国中部地区两村为例》，《社会学研究》2013 年第 2 期，第 55 ~ 77 页。

冯俊敏、李玉明、韩晨光、徐磊、段力萨：《418 篇医疗纠纷文献回顾性分析》，《中国医院管理》2013 年第 9 期，第 77 ~ 79 页。

何凌南、熊希灵、阿梅：《2014—2015 年微博热点事件网民心态分析》，《中国社会心态研究报告（2015）》，社会科学文献出版社，2015，第 223 ~ 242 页。

李菲、陈少贤、彭晓明、陈胜日、吴少林、炳刚：《医患关系的主要困惑与对策思考》，《中国医院管理》2008 年第 2 期，第 22 ~ 24 页。

李玲：《中国新医改现状、问题与地方实践研究》，《中国市场》2014 年第 32 期，第 52 ~ 56 页。

林雪玉、李雯：《1552 例医疗纠纷调查分析》，《中国医院》2015 年第 2 期，第 61 ~ 62 页。

吕兆丰、王晓燕、张建、梁立智、鲁杨、刘学宗、吴利纳：《医患关系现状分析研究》，《中国医院》2008 年第 12 期，第 25 ~ 31 页。

罗碧华、肖水源：《医患相互信任程度的测量》，《中国心理卫生杂志》2014 年第 8 期，第 567 ~ 571 页。

马志强、孙颖、朱永跃：《基于信任修复归因模型的医患信任修复研究》，《医学与哲学》2012 年第 11A 期，第 42 ~ 47 页。

潘嫦宝、花菊香：《以伤医事件的网络舆情观社会心态》，《医学与哲学》2016 年第 4A 期，第 41 ~ 44 页。

汪新建、王丛：《医患信任关系的特征、现状与研究展望》，《南京师大学报》（社会科学版）2016 年第 2 期，第 102 ~ 109 页。

汪新建、王丛、吕小康：《人际医患信任的概念内涵、正向演变与影响因素》，《心理科学》2016 年第 5 期，第 1093 ~ 1097 页。

王平、刘军：《现阶段我国医疗现状和问题刍议》，《中国卫生产业》2015 年第 26 期，第16 ~ 18 页。

王帅、张耀光、徐玲：《第五次国家卫生服务调查结果之三——医务人员执业环境现状》，《中国卫生信息管理杂志》2014 年第 4 期，第 321 ~ 325 页。

王志刚、郑大成：《医疗纠纷现状分析》，《数理医药学杂志》2015 年第 1 期，第 57 ~ 59 页。

Inglehart, R. , *Modernization and Post-modernization: Cultural, Economic, and Political Change in 43 Societies Princeton*, Princeton University Press, 1997.

Tausczik, Y. R. & Pennebaker, J. W. , “The Psychological Meaning of Words: LIWC and Computerized Text Analysis Methods,” *Journal of Language and Social Psychology*, 29 (1), 24 – 54.

农民微博举报的成因、内容、困境与出路

——基于 M 市的调查

刘成晨　刘志鹏*

摘　要　“微博举报”从 2012 年左右开始在网络上开始爆发，其固然可能存在一定的弊端，如“造谣”“诬告”等，但作为一种“弱者的新武器”，却有利于群众维护权益和监督权力。具体来说，其新颖之处在于网络改变了既有的权力结构，呈现偏平化的特征。同时赋权和增权了农民，他们可以通过网络平台实现弱者发声。微博举报也有其自身的困境，如抗争的有效性问题等。为此，要从两个方面着手来加以解决：第一，用法律维护监督者的权益；第二，用党纪法规惩罚违法乱纪的腐败分子，及时回应农民的微博举报。

关键词　农民　微博　举报　反腐　维权

引　言

《弱者的武器》（*Weapons of the Weak*：*Everyday Forms of Peasant Resistance*）是詹姆斯·斯科特（Scott James）的一本经典之作，作者通过对马来西亚的农民反抗的日常形式——偷懒、装糊涂、开小差、假装顺从、偷盗、装傻卖呆、诽镑、纵火、暗中破坏等的探究，揭示农民与榨取他们的劳动、食物、税收、租金和利益者之间的持续不断的斗争的社会学根源。作者认为，农民利用心照不宣的理解和非正式的网络，以低姿态的反抗技术进行自卫性的消耗战，用坚定强韧的努力对抗无法抗拒的不平等，以避免公开反抗的集体风险。①

沿着这一概念对农民抗争进行的研究，比较有代表性的框架或概念有“原始抵抗”② 和“日常反抗”③ 等。在本文看来，无论是“静坐”“磨洋工”“偷懒”，还是基于传统的抗争或日常形式的抵抗，都可以被纳入“旧武器”或斯科特所言的范畴。也就是说，它们属于非互联网时代，基于人的本能或策略而衍生出来的某种抵抗方式。但在互联网时代，这种抗

---

* 刘成晨，桂林理工大学公共管理与传媒学院讲师，澳门大学社会科学学院社会学专业 2014 级博士研究生，主要研究方向为农村社会学、网络政治学；刘志鹏，南京邮电大学现代邮政学院副教授，现代邮政研究院研究员，博士，主要研究方向为社交网络、计算社会学。

① 〔美〕詹姆斯·斯科特：《弱者的武器：农民反抗的日常形式》，郑广怀译，译林出版社，2007，第 22～23 页。

② 李晨璐、赵旭东：《群体性事件中的原始抵抗——以浙东海村环境抗争事件为例》，《社会》2012 年第 32 卷第 5 期，第 179～193 页。

③ 何长清：《斯科特农民日常抗争思想研究》，硕士学位论文，天津大学，2016，第 13 页。

争模式又多了一种——“网络抗争”。[①] 简而言之，就是利用网络工具来进行抗争，比如网络信访、网络发帖等。我们把类似此类网络抗争行为模式称为“弱者的新武器”。同时，我们又将“弱者的武器”结合清华大学社会学系郭于华教授所提出的“中国语境”范式来予以转换，进而提出“弱者的新武器”不仅仅是一种抗争的行为模式，也是一种网络的抗争工具。[②] 也就是说，它同时具备两个属性。

诚然，农民就利用了“弱者的新武器”来进行抗争，具体的表现形式之一就是微博举报。问题是，其定义是什么，类型和形式有哪些？这是需要在论述前弄懂的几个基本问题。

首先，微博举报主要是指用户利用微博在网络上发帖等抗争不公和利益受害。同时，这样的利益诉求可能是生存利益，也可能是尊严利益。其次，微博举报可以分为两类：一是实名举报，二是匿名举报。根据笔者多年研究网络政治的经验和来看，农民“微博举报”的发展逻辑大致上是从“匿名”到“实名”的过程。尤其是在近些年，中纪委等机构支持群众进行实名举报。比如，2014 年“中央国家机关举报网站正式开通，受理针对中央国家机关党组织、党员（不含中管干部）违反党纪问题的检举控告。新华网报道，协同中组部 12380 举报平台与中央纪委监察部 12388 举报平台，一支建立在网络基础上的反腐正规军基本建成”。[③] 再次，微博举报的形式大致上可以分“文字举报”“文字 + 图片举报”“文字 + 视频举报”三种。[④] 原先举报者多半采用文字举报，而现在越来越多的人喜欢“文字 + 视频”举报方式，这样似乎更加能够保证事件的真实性与生动性，更有利于举报的内容在微博中漫延和传播，并瞬间形成巨大的舆论场。

本文所研究的问题，大致上有三个：一是微博举报的成因和内容是什么；二是微博举报的困境在何处；三是微博举报的出路是在哪里。而研究这些问题的意义不仅仅在于如何治理网络，更大的程度上是聚焦于中国的底层社会利益表达方式如何制度化。进一步说，从历史的维度来看，如果建设好这一点，则对中国的稳定和发展有莫大作用。

一 文献回顾

结合本文的研究内容来看，可以从三个方面来进行相关的文献回顾：一是关于“微博赋权”的相关研究；二是关于“微博举报”的相关研究；三是关于“弱者的武器”相关研究。[⑤]

（一）关于微博赋权的研究

与微博赋权相关的研究主要集中在赋权的内容与改变原有的现状上。例如“微博起

① 刘晨：《网络抵抗：村民维权的一种新模式》，http：//www. zgxcfx. com/Article/51845. html。

② 郭于华：《“草泥马”：互联网时代的“弱者的武器”》，http：//www. aisixiang. com/data/25002. html。

③ 椿桦：《网络反腐“正规军”该怎样步入正轨》，《广州日报》2014 年 12 月 12 日，第 2 版。

④ 刘晨：《农民网络视频抗争与基层治理——以河南省 D 村为例》，《农业部管理干部学院学报》2017 年第 1 期，第 77 ~ 83 页。

⑤ 我们之所以选择这三个方面进行回溯，原因在于微博作为一种网络工具，其改变了权力结构，导致其呈现扁平化的特征，从而丰富人们的监督方式。此外，正是因为这种赋权与增权，在利益表达不通畅情况下，网民可以选择微博作为抗争手段，从而在网络社区中进行相关的利益诉求和表达。

到了直播事态发展、与传统媒体互动、利用话题功能进行深入探讨和社会动员等作用，同时在个体、人际和社会参与三个层面都实现了不同程度的赋权”。[①] “通过对微博赋权理论和实践的研究和个案分析，得出微博平等开放、包容、自净能力较强的传播生态环境，不仅能使失能或弱势个体在自我认知与个人价值肯定、人际交往和社会参与等方面获得权能的提升，在弱势群体的议程设置、公民新闻的合理发展、社会互助行动的广泛开展较传统媒体，具有划时代的进步。”[②] “微博赋权向我们展示出新媒体在提升民众主体意识、获取信息、实现舆论监督方面的巨大价值。博友通过情感的宣泄、诉求的表达、经历的阐述，找到了改变弱势话语权的平台；通过参与跟进社会事务，发现了一条实现自己知情权和监督权的途径。”[③] 所以，从这个角度来说，对于弱势者而言微博是一种新型抗争工具，可以通过互联网社会的交互特性从而实现问题与受众的关联性，让问题获得解决的可能。

（二）关于微博举报的研究

微博举报在反腐方面表现卓越。“当前，随着互联网技术的快速更新，论坛、博客、微博客等迅猛发展，我国网络社会状态进一步发展。在此背景下，我国网民利用网络参与政治的热情不断提高，网络正逐步成为我国公众监督政府及公职人员行为的重要手段，成为反腐败的重要载体。”[④] “近年来，微博在中国的网络社会中逐步发展起网络社会正逐渐影响着每一个人的生活，它甚至已经或还将继续改变中国的政治生态。它的基本表现是以微博为监督工具，对基层政府官员进行实名或匿名举报，这也构成了反腐的社会化倾向，即政治生态的社会化。它强调的是政治生态的全民参与性，而微博就是全民参与的一个有力工具。”[⑤]

微博举报已成为政务建设的一种新途径。例如“我国互联网政民沟通已形成网络官媒推动、政府主办、第三方获授权主办三种制度化模式，它们都较早把握了互联网技术改变政治生态这一潮流，以网上公开解决群众问题作为新技术和与既有体制耦合的节点，从投诉举报处理机制拓展到全面互动的网络问政，营造了区域共同体”。[⑥] 而政府对于微博举报的利用，使互联网技术成为一种治理的途径，让其便捷、高效的特性得到发挥，从而实现监督与举报成为可能，从而加强政务建设。

（三）关于“弱者的武器”的研究

“弱者的武器”不仅仅包括“偷懒”“磨洋工”等，还包括一些作为工具的语言或行为。

---

① 陈韵博：《劳工 NGO 的微博赋权分析——以深圳“小小草”遭遇逼迁事件为例》，《国际新闻界》2014 年第 36 卷第 11 期，第 51～64 页。

② 王婧：《微博传播赋权及其影响研究》，硕士学位论文，成都理工大学，2014，第 4 页。

③ 成奇：《微博事件中弱势群体赋权现象研究》，硕士学位论文，内蒙古大学，2013，第 5 页。

④ 杜治洲、任建明：《我国网络反腐特点与趋势的实证研究》，《河南社会科学》2011 年第 19 卷第 2 期，第 47～52 页。

⑤ 刘晨：《政治生态社会化：微博反腐的合法性困境及出路——基于“雷冠希案”等十个案例的实证分析》，《领导科学》2013 年第 6 期，第 4～6 页。

⑥ 褚松燕、崔珣：《三种制度化互联网政民沟通模式分析》，《国家行政学院学报》2012 年第 5 期，第 109～113 页。

例如“网络上的‘恶搞’当然是无奈之举，是情绪的发泄，但它也是‘弱者的武器’，是草根的表达方式。因为他们不是强势者，也不掌握‘公开的文本’，对他们而言，公开的、正当的、自由的表达渠道是封闭的。他们只能使用‘弱者的武器’，创造‘隐藏的文本’”。① 同时，“弱者的武器”还有另外一层含义，即作为弱势一方的反抗工具，这一点斯科特在《弱者的武器》中并未阐明，而是“中国遭遇”与“本土化”后所形成的一种新内涵。② 同时，《“弱者的武器”何以失效》③ 一文里也曾谈到这一点，即农民作为弱者，作为“数字存在”，④ 他们一直是“被索取者”和“被欺负者”，他们的“武器”放在“底层抗争”⑤ 的维度来看不仅仅是偷懒，而是一种“工具性存在”。无疑，2000 年后的“网络社会的崛起”，⑥ 将网络作为一种新的利益诉求渠道，为农民增加了表达的可能性，同时，微博与微信的大范围运用，为农民增加了反抗的工具。故而，微博举报，这种作为网络抗争的新工具，为农民提供了“武器”。

综上，可以发现：一方面，网络赋权增加了农民的利益表达机会；另一方面，微博举报的前提是农民受到了利益伤害，继而采取网络工具——微博来加以反抗，这样的一种工具，就是中国语境下的“弱者的新武器”。

二　研究方法与研究视角

在研究方法上，本文主要采用参与式观察法和结构访谈法。笔者在微博社区中进行一手资料的收集或者和举报者通过微博私信、电话等方式进行联系，以电话访谈、实地调查和邮件访谈的形式获得一手资料。具体来说，我们对 9 位举报人进行了访谈，网络上的这些农民举报者也对设置的 10 个问题进行了回答。

在地点选择上，之所以选择 M 市，有两个原因。一是笔者从 2014 年开始就关注这个地方，并发表了多篇文章来谈论当地的问题。⑦ 同时，与 M 市的“有问题的群众”一直保持联系，建立彼此信任关系，故此可以收集到更加真实、更为丰富的一手资料。二是 M 市比较特殊，位于 H 省和 A 省交界处，人口流动大、人员复杂，地理环境相对封闭，历史上出过不少“英雄人物”，抗争性比较强，刚好切合了本文主题。

在研究的视角上，笔者采取的是“网络政治”的维度。进一步说，网络社区中的权力博弈形成了一种观察微博举报的独特视角，有利于更好地理解和研究“微博举报”。

---

① 郭于华：《“草泥马”：互联网时代的“弱者的武器”》，http：//www. aisixiang. com/data/25002. html。

② 郭于华：《“弱者的武器”及其中国遭遇》，http：//www. aisixiang. com/data/16655. html。

③ 刘晨：《“弱者的武器何以失效”》，http：//www. aisixiang. com/data/54182. html.

④ 董海军：《“作为武器的弱者身份”：农民维权抗争的底层政治》，《社会》2008 年第 28 卷第 4 期，第 34 ~ 58 页。

⑤ 刘怡然：《城中村拆迁中的身体与底层抗争——以北京市城中村 A 为例》，《社会科学战线》2014 年第 5 期第 13 ~ 17 页。

⑥ 〔美〕曼纽尔·卡斯特：《网络社会的崛起》，夏铸九等译，社会科学文献出版社，2000，第 10 ~ 12 页。

⑦ 如《网络政治视野下的抗争转型：基层干部腐败与农民的“以网抗争”——以鄂东 G 村为中心的调查》，载《农业部管理干部学院学报》2016 年第 3 期；《农民上访：利益表达的网络化及其治理——基于网络政治视野下的田野考察和讨论》，载《海南热带海洋学院学报》2016 年第 6 期；《麻城 T 村：农民权益抗争中的困惑》，载《南方都市报》2015 年 1 月 25 日。

三　农民微博举报的成因和内容

（一）举报的原因

农民“微博举报”主要有两个原因：第一，网络提供了利益表达的渠道；第二，线下的利益表达不通畅，甚至是无效。具体来说，首先，网络可以帮助弱者维护权益。事实上，我们在现实社会中看到了一些利用网络诉求利益的成功案例。例如丽江被打的女性在微博上维权，又如“携程亲子园的事件”和“三色事件”等，它们都是因为网络才引起了大量的关注。所以，有了网络这样一个“弱者的新武器”，利益维护的效果可能会好一些。其次，线下的利益表达机制不畅通主要是因为“权力—利益结构之网”，具体而言：“在县乡基层社会，因人际流动和社会分层小于城市社会等方面的原因，权力机器在失去神圣不可冒犯之特征的同时，却日益呈现出以官权力为轴心来编织地方社会的经济、利益与人际互动关系的结构之网的趋势，地方经济活动往往围绕“权力—利益的结构之网”而展开，而具体的社会成员也往往因各自在这一结构之网中的位置而决定其特殊的地位与资源占有和分享能力。在这样的背景下，一般的经济活动是无法不受这一关系之网的影响的，而官民博弈即使出现，也同样无法不受这一结构之网的约束，从而显示出对维权行为的重重阻碍。”① 所以，农民在这样的困局中遇到了网络社会中的微博，继而通过微博来维护权益和网络抗争。②

同时，村民 D 的回应也证明了上述中我们谈到的采用微博举报的原因所在：

> 一是如果仅仅本县城的办事处及村组小范围内，基层官员是官官相护，老百姓根本说不过，讲不通他们，会上是一套，会后是一套，领导前一张脸，百姓前又是一张脸，所以，就尝试从网上公开透明举报；二是这件事情（土地问题——作者注）本来是一直是我父亲在老家上访，然而多年以来没有结果，那些官僚根本没有解决问题的诚意，一直搪塞和推诿。而我一直在广东 S 市务工，也没有办法亲身回麻城处理此事，就选择通过微博举报。

村民 L1③、L2 和 T 的回答是“走投无路的决策”。从这段话可以看出两点：一是不透明的行政处理方式让其不相信，并怀疑官官相护，不能解决问题；二是人在外地，不方便在事情的发生地进行抗议和上访，从而选择微博这种工具进行举报。虽然后者是一种网络提供的便利性，但是归根结底还是因为“走投无路”，利益表达不通畅导致他们进行线上举报。

（二）举报的内容

第一，土地问题和政府违反契约的问题。村民 D 告诉我们：

① 吴毅：《“权力—利益”的结构之网与农民群体性利益的表达困境——对一起石场纠纷案例的分析》，《社会学研究》2007 年第 5 期，第 21～45 页，第 243 页。

② 刘晨：《农民上访：利益表达的网络化及其治理——基于网络政治视野下的田野考察和讨论》，《海南热带海洋学院学报》2016 年第 23 卷第 6 期，第 57～63 页。

③ 我们根据姓氏对他们进行编码，下同。

我父亲一块有合法手续的宅基地，在修 M 市杜鹃大道拆迁过程中，被农村党员校长 TCY 与 LT 村干部 HSJ 及 GL 办事处一些干部半夜抢占。在事件被举报过程中，发现基层的一些腐败分子，互相掩护，甚至村干部开出假证明来欺骗上级，从而来掩饰他们在基层的腐败行为。

此外，L1 谈道：

1993 年 3 月 2 日，经 M 市公证处公正，我与 M 市果园签订的果园承包合同面积 30 亩，承包期 50 年。1995 年果园方不让我知道，将我的承包地卖给了中国 × × 银行（抵押——作者注），M 市用来抵顶欠款。2000 年，我在果园土地上盖了一个保护哨所，这时 × × 银行不准我盖，他们说这地方他们买了。我说："我的合同未到期，我在先，你们在后。"辩了几句他们走了。

从村民 D 和 L1 的表述或回答中我们看到，他们之所以在微博上举报是因为土地问题和违反合约的问题。因为他们的合法利益受到了侵害，所以他们采取了反抗，而不是隐忍。

第二，工作问题和生存问题：

我叫 LXF，今年 76 岁，现在孤单一个人生活。我原来是 M 市纱厂的一名正式职工，纱厂当年一段时间生产陷于低估，我过渡性地安排在乡农场，改革开放以后，纱厂红火了，收回老职工，当时乡政府就伙同人事主管人员，扣留我的恢复工作通知，让其亲属来顶我的工作岗位。我就成了农民，我后来才知道情况，就开始上访之路，由于当时在乡、县、地区、省各级讨不到说法，最终上访到了北京，终于在北京的国家信访局找到了结果（得到了解决——作者注），下拨了 20 万救济钱解决我后段的生活出路（生活开支——作者注），当时 20 万元钱也拨到了 M 市，市委书记签批到乡政府，但是个别官员踢皮球，我只有叫天天不应，叫地地不灵。

并且，农民的这些举报都是实名制，这一点值得我们关注。当被问："你们是采取的实名举报还是匿名举报？为什么？"村民 D 的回答是："我是采取实名举报，因为我的举张的证据全部是合法取得，并且是我们 M 市及 LT 村盖有公章的合法证据。我举报不是无理取闹，有凭有据。"L1 的回答是："实名制，因为真金不怕火炼。"

综上，他们选择"微博举报"这种"弱者的新武器"的原因主要是土地问题、政府不遵守契约、工作问题和生存问题等。当然，还可能有其他原因。同时，又是因为如村民 D 所说的"基层官员官官相护，层层包庇，不透明""推脱问题，不处理问题"，才进行微博举报。加上在异地不方便，所以才选择在异地用网络维权。① 并且，他们提供的资料、调查问卷上都有他们的签字和手印，② 足以说明了这些材料的可信度。

① 值得强调的是，因异地而选择微博举报与维权，在传统的研究中并没有注意到，无论是应星的以"气"抗争，还是于建嵘的"依法抗争"等。然而，网络却因为其特性给农民的微博维权提供了可能性。

② 并且这些材料也被发布在了微博社区中。

总的来说，第一，作为博弈的一方，农民选择微博这种“弱者的新武器”进行抗争和维权是有道理的，尤其是“线下”的利益表达障碍会把他们逼到线上来表达。第二，线上可以直接找到“@人民日报”“@央视新闻”等官方微博账号，似乎起到一种“直达”的效果。（村民L2在表达时也提到了这一点，下文有论述。）第三，微博维权成功案例让他们看到了希望，加以效仿以网络抗争和维权。

四　农民微博举报的困境

（一）微博举报的效果欠佳

微博维权，有其利处也有其自身的弊端。例如，农民发布的帖子被关注的程度不够高就很难解决（除非有“大V”或者媒体跟进，或许有被关注的可能）。因此举报的内容极其容易石沉大海，表达无效和抗争无力。如此，“空喊”就成了农民微博举报的一个特点。

村民Z告诉我们：

> 我担心微博举报无效，因为自从微博举报，我们GL办事处再也没有得过先进荣誉，上过报等，以前经常上H日报，被报道，而我们办事处书记亲口跟我父亲说，我差点把他搞下来了，地级市纪委查了他一星期，没有查到可以定量违规违法行为。所以，这件事这么年以来，在M市委书记视察现场以后，GL办事处的书记仅出面开过一次会，我们GL办事处书记及主任再也不在我这件事上出面，而是把事情推给下级信访综合办、城建、司法等部门。而办事处及市一些无关的干部私下说法是，大家心知肚明宅基地是你的，但都不想提责任。我的心情很矛盾，既担心无效，又相信党中央，反腐不会半途而废，坚持就是胜利。

（二）微博举报容易被删帖

因为举报伤及一些人和地方政府的形象，所以删帖不仅成为一门生意，更成为一些人为了自己的乌纱帽“营造和谐”假象的手段。中央早就明确表明不允许删帖，一再强调要重视网络举报，例如《愿中纪委网站成网络举报首选》就提出：“王岐山指出，建设中央纪委监察部网站，是加强党风廉政建设的重要举措，要重点办好反对‘四风’、惩治和预防腐败等栏目，架起与群众沟通的桥梁，要加强与群众交流互动，了解、收集社情民意，发挥好社会监督作用。”① 但有的干部不愿意“沟通”，不顾百姓利益诉求，视网络监督如仇人，不倾听民意，还花钱找关系删帖。比如一则报道中谈道：“举报官员的帖子是重点删除对象。犯罪嫌疑人李某介绍，‘表哥’杨达才在被查之前，网上涌现大量举报的帖子，不少同行都删过这些网帖。特别是‘十八大’后，出现过一股网络举报高潮，那时我们的生意非常红火，经常忙到凌晨。”②

① 燕子山：《愿中纪委网站成网络举报首选》，《京华时报》2013年9月3日，第C01版。

② 沈道远：《删帖自保的官员缺乏舆情知识》，http：//cq. people. com. cn/n/2015/0521/c365408－24943240. html。

（三）微博举报会被权力报复

村民D告诉我们：

> 目前只收到过口头威胁，以前对GL办事处对我父亲态度恶劣，声音大，有推拉等行为，这几年因为举报，政府部门人员都认识我父亲，知道我父亲身上有录音机，言语有收敛。并且我举报的证据是以文件录音等形式的事实，不是乱编乱造。目前我的举报还没有能力涉及那些腐败人员核心利益，他们钱照赚，工资照拿。我娶了外地老婆，小孩户口挂在外地，工作在外地，这件事落实了，想把户口移了，不打算在M市生活、工作。

通过他们的回应，我们可以发现，这些在网络中举报的农民可谓不达目的不罢休。当然，他们想到了被基层权力报复的问题，想到了如何利用策略去维护自己的利益。他们相信中央对于“苍蝇”的打击决心，他们在期盼。

同时，农民心里更为清楚的是，这样的坚持未必有效果，他们也知道微博维权很难。例如，之前在调查中遇到的一个案例。在安徽，一位村妇把准备铺水泥的小路弄了一道车辙，[①] 结果该村支书要求她赔200元钱，她没给，遭到骚扰。最终的解决办法是，该村妇在县里有个当官的亲戚，将电话打过去告状以后，该亲戚直接找到该村支书才罢休。并且，村妇自始至终都没有报案，最后也没有找村干部赔偿。[②] 试想，如果村妇没有这层亲戚关系，又该怎么办？所以，普通农民的维权，可谓困难重重。

五 农民微博举报的出路

如何突破农民微博举报的困境？学界的研究多半集中在加强法制建设的角度，比如要加强举报人的权利立法保护，尤其是对他们的人身安全和合法利益进行保护，[③] 健全网络反腐立法和舆情监督机制[④]等，但本文认为还可以从以下几个方面来进行补充和修正。

（一）转变干部的工作作风，并加强网络反腐

例如村民Z告诉我们：

> 目前的计划，先用这些证据上访，因为我的证据是合法，而我们GL办事处及LT村只是在口头上狡辩，几年以来，拿不出任何文件及证明他们狡辩的理由是事实，并且他们对举报的信访回复是自相矛盾，同时我手上还有经过司法公正的协议书，GL办事处到现还没的落实，这些也是我向上级举报的重要的证据。在微博上举报还是继续举

① 笔者去亲自查看过，根本不影响修路。

② 刘晨：《社会暴力的起因、类型与再生产逻辑——以“吴妈事件”与麻城T村的调研为基础的讨论》，《山西高等学校社会科学学报》2016年第28卷第9期，第20～25页。

③ 刘静申：《德国农民社会保障制度的启示》，《琼州学院学报》2015年第22卷第3期，第97～101页。

④ 李鑫：《网络实名举报：困境与出路》，《廉政文化研究》2013年第4卷第3期，第44～49页。

报，因为 M 市的基层作风，是完全脱离群众，基层及村干部是官小官气重，价值观扭曲，做事浮夸蛮横，造假及工作很不踏实，一些干部欺软怕硬，群众的举报不断。政府部门之间互相照顾，很多社会矛盾一直存在，因此我认为 M 市一直有热点，也一定还有事会发生。如果事情还不能有进展，也许在下一届 M 市市委记及更换了 GL 办事处书记（后），会尝试一下法律诉讼。

L1 则说："万一无效，我不会放弃，铁心不倒，不到黄河心不死，《杨乃武与小白菜》在封建社会能讨回公道，难道当今反腐全覆盖，是假的吗？只打老虎不打苍蝇，社会无法前进嘛。"他说："微博举报如能直达中央权威机关和英明领导眼中，肯定还是好事，因为网上举报也是权力监督的重要一环。"

某种意义上，通过反腐和转作风等方式，即从基层执政者的角度来思考问题，有利于解决农民的举报困境。要知道，农民微博举报并不是为了举报而举报，而是为了问题，把问题解决了，他们也就不会再举报（一般而言）。要治理的是举报的问题，不是举报这种行为。

（二）加大中央监督力度，不得随意删帖

村民 D 就曾告诉我们："如今一些帮老百姓说话的微博，删的删，封的封，关的关。真是没办法。"所以，他们对微博举报的未来并不看好，因为"不让说"伤害了他们，可他们又是受害者，"无处可诉"。同时，他们更希望他们的问题（民意）能被上级政府看到，被英明的领导重视，希望借助微博举报来监督基层干部的权力，从而把"权力关进笼子里"，杜绝基层社会中伤害农民利益的行为。

（三）夯实"微博举报"的"正规军"地位，通过制度建设来保障农民的"举报有效"

村民 D 告诉我们："对于微博举报，首先只要事实可以运用，在人多地方呐喊总比一个人在墙角呐喊更能增加胆量，也能得到一些合理建议。"村民 L3 说："微博举报确实是一个落实情况的反馈环节，要夯实它的正规军地位。"由此可见，微博在农民严重的价值和意义在何处。村民 D2 认为微博"能反映一些现实社会问题，因为让普通人都有机会，发表自己的言论。"所以，我们是否可以这样认为，解决微博举报的困境，首先是让受害的农民有地方可以"说"，然后再去考虑"说的效果"，继而再想办法解决"说的问题"。我们觉得沿着这个思路来化解微博所存在的困境或许比较有意义。同时，用法律来保驾护航。

综上所述，只有通过转作风，加强反腐，完善监督方式，加强微博举报的地位和通过制度化的措施保证举报的效果，才能从根本上消除对农民利益的伤害。

六　总结与反思

的确，微博赋权给予弱势群体新的抗争手法，或者说，增强了网络工具的抗争力度，让"有苦不能说"变成了"可以说"，并且在某种程度上实现了利益维护的目的。同时，微博举报也意味着一种政治参与，尤其是对政府加强社会治理而言提供了线下的一些真实的情况反馈。这种"弱者的新武器"所面对的问题，不仅需要在法律层面要加强对权力乱作为的

监督，还需要打破“权力—利益结构之网”，让农民能够通过网络这样的一种新工具来反馈事实——越过“中间权力部门”给上层真实的底层社会写照。由此，社会的病情和问题才能得到政策层面的精准治理，也防止了基层干部的腐败。这对十九大报告里所谈到的社会治理创新来说，是一个可以考虑的方向和方法，即利用“互联网+”的方式来精准达到。①

事实上，弱者的新武器也弥补了斯科特的部分研究，在没有互联网的时代，农民依靠的是“磨洋工”“静坐”等原始的基于本能的一种被动型的方法来予以反抗，但是有了互联网以后，农民不会再静观其变，而是选择主动型的权利维护和主张利益。一方面，这种新武器为弱者提供了工具，另外一方面，在这样的社区内弱者也被“传染”了一定的敢于维护权利的意识和文化。如此，善待网络举报，规范举报行为，不仅有利于每一个人的权利维护和对权力监督，而且对于社会的“安全阀门”也提供了一个可能性，否则长期积压而无处可说，就会造成潜在的社会不稳定因素。所以，转变对这些网络工具及其所带来的行为的思维和观念，社会治理就会更加走向“善治”② 和“共治”的境况之中。

［本文为国家邮政局软科学研究项目（项目编号：NYNY214126）的阶段性成果。发表于《海南热带海洋学院学报》2018 年第 4 期］

① 刘晨：《电子出生证亮相，带来的不只是便利》，《新快报》2018 年 6 月 7 日，第 A02 版。

② 俞可平：《治理和善治：一种新的政治分析框架》，《南京社会科学》2001 年第 9 期，第 40 ~ 44 页。

上访人微博舆论动员的方式及效果研究

——以新浪微博“上访人群落”为例

吴镝鸣　刘　宏*

摘　要　本研究聚焦于上访人这一特殊群体是如何借助微博这一公共舆论场来表达利益诉求、进行舆论动员的，分析其微博舆论动员的方式、策略及效果，并提出相关政策建议。研究发现，在上访人进行网络舆论动员过程中，有几个方面值得关注：第一，在上访人微博的“抗议性话语”中，其微博内容较为全面地反映出当前中国社会转型时期的主要社会矛盾；第二，上访人在微博中对其上访原因和诉求的表达呈现碎片化特征；第三，上访人试图通过发布微博信息引发社会关注，其目的在于推动信访议题转变为公众议题，促使问题获得解决，但收效甚微；第四，在上访人的媒介使用中，表现出对法治、社会、政治、反腐败、信访等议题较高的导向需求；第五，悲情和愤怒成为上访人微博进行情感动员的主要方式。

关键词　舆论动员　上访人　新浪微博　信访

信访是一种具有中国特色的制度化政治参与方式。公民法人或其他组织可以采用书面形式或以走访的形式向政府部门反映问题或提出投诉建议。国务院发布的《信访条例》中将采用来信和来访的方式，反映情况，提出建议、意见或者投诉请求的公民、法人或者其他组织，被称为“信访人”。信访是反映社会矛盾的一个重要窗口，通过信访这个窗口，可以发现经济社会运行过程中所潜藏的社会矛盾。

比较来信和走访这两种信访形式，通常认为以走访的方式向政府反映问题的信访行为，其所涉及的社会矛盾冲突更为激烈。据此，本研究将采取走访方式向政府部门反映问题，提出建议或诉求的信访人称为“上访人”。在中国，上访人已成为一个特殊的社会群体。本研究即聚焦于上访人这一特殊群体是如何借助微博这一公共舆论场来表达利益诉求、进行舆论动员，分析其微博舆论动员的方式、策略及效果。

一　网络舆论动员的机制

所谓“网络舆论动员”，指社会公众或组织借助网络社交媒体所展开的舆论动员行动。自 2004 起，博客等网络社交媒介的出现成为中国大陆最热门的互联网现象。2010 年，微博开始崛起，且迅速成为社会公众进行信息获取和意见表达的平台，许多社会热点事件都在微博的公共舆论场中得到广泛传播。网络舆论的动员机制存在以下特点。

第一，论坛、博客、微博、微信等网络社交媒体成为网络舆论动员的重要载体。近年

* 吴镝鸣，北京市信访矛盾分析研究中心研究员；刘宏，中国传媒大学新闻传播学部电视学院教授、博士生导师。

来，在一些突发事件的传播过程中，网络社交媒体发挥了强大的舆论动员功能，它们与主流媒体互动，共同推动了议题的传播。在突发事件的最初传播阶段，网络社交媒体反应迅速，能够快速且实时提供关于事件发生、发展的详细资讯，微博尤其如此。

第二，通过强大的网络舆论影响传统主流媒体的议程设置及议题走向。本研究认为，体现在媒介议程设置过程中的一系列传播策略是进行舆论动员的重要环节。议程设置理论是在1972年由美国传播学者麦库姆斯和肖提出的。麦库姆斯和肖认为，“对于公众议程上的几乎所有的事情，公民接触的只是一种二手现实，这种现实是由记者关于事件与局势的报道建构的”，媒体所具有的“影响各种话题在公众议程上的显要性的能力被称作新闻媒介的议程设置作用”。在传统媒体时代，传统媒体为公众设置议程，“使之成为公众关注、思考甚至采取行动的重点”。议程设置的效果表现为议题的显要性从媒介议程转移到公众议程。互联网兴起之后，博客、微博、BBS论坛等社交媒体也逐渐获得了议程设置的机会，一些议题的显要性开始于网络媒体，然后转移到传统媒体，再由传统媒体转移为公众议程。因此，进入微博等社交媒体的议程并不意味着该议题已成为公共议题。还有一个至关重要的步骤就是引起传统主流媒体的关注。传统主流媒体的介入，能够起到对公共议题进行“定义”的作用。

第三，网络意见领袖在推动议题从网络社交媒体转移到传统主流媒体的过程中充当重要角色。意见领袖，又称舆论领袖，是美国传播学者拉扎斯菲尔德于20世纪40年代在《人民的选择》中提出的一个分析概念。社会精英阶层，如知名学者、知名企业家、媒体记者、影视明星等是网络意见领袖的主要力量。例如，姚晨的新浪微博粉丝数超过1500万人，每天通过微博“@”她或者给她留言、私信的人多达四五千人，大多都是陈述各种冤情，姚晨戏称，她这里成上访办了。

网络社交媒体这种强大的舆论动员功能也引起底层社会抗争者的关注，他们期望利用网络社交媒体来表达利益诉求，获得社会关注，促进个案的解决。这其中也包括上访人这一群体。每一位信访人都迫切希望自己的诉求能够得到关注并获得满意解决。但是如果上访人的诉求没有在体制内的信访议程中获得关注，他们就有可能借助大众传播手段进行舆论动员。许多上访人在新浪微博表达利益诉求，为推动其利益诉求上升为公共议题寻找机会。与通过制度内的信访渠道表达诉求相区别，上访人微博的传播方式属于体制外的抗议活动。上访人的微博表达，亦属于梯利所言的“抗议性谈话”。[①] 这一现象，值得研究者关注。

二　研究设计与研究方法

1. 研究设计

本研究并未以事件作为切入点，而是以微博用户的上访人身份作为切入点，对聚集于微博上的上访人群落的舆论动员及媒介使用情况进行实证分析。

首先，需明确判断微博用户中的上访人身份。许多上访人通过微博进行利益表达时，惯于在微博的昵称或简介中直接使用“上访”二字以表明其上访者身份。因此，可据此来识别微博用户中上访人的身份。当然，并非所有上访人微博用户都会这样做，只是说此类上访人微博用户的身份更易识别。其次，以发帖量的多少、粉丝数及关注度等指标来确定上访人

① Tilly, C., “Contentious Conversation,” *Social Research*, Vol. 65, No. 3, 1988, pp. 491 – 510.

微博中表现相对较为活跃的微博。最后，以上访人的活跃微博作为研究样本，对这些微博的舆论动员的策略及效果进行研究。

2. 研究样本的选择

首先，本研究以2014年2月6日以前的新浪微博数据作为总体样本数据；其次，在新浪微博搜索“找人”功能中以“上访”二字为关键词检索到889个上访人微博用户；最后，逐一检索发帖量超过30帖的微博用户，且剔除原创帖中未涉及上访内容的微博用户，共获得96个表现相对活跃的上访人微博用户。

接下来，对这96个上访人微博用户的相关信息分别进行统计，主要包括对上访人微博用户的性别、身份、关注人数、粉丝数量、发帖量、原创帖数量、上访原因、发帖内容、回帖数、媒介策略进行统计，以此分析考察上访人微博用户如何进行舆论动员并评价其效果。

三　主要发现

1. 上访人微博用户主体构成分析

据统计，在本研究的96个上访人新浪微博分析样本中，女性占40.6%（39个用户），男性占59.4%（57个用户）（见表1）。这说明，男性上访者居多。

表1　上访人员微博用户性别占比

单位：%

性别	百分比
女性	40.60
男性	59.40

在上访人微博用户社会身份的识别方面，在96个分析样中发现其上访者主体社会阶层分别为：农民占32.3%（31个用户）；市民占15.6%（15个用户）；工人占12.5%（12个用户）；复转军人占6.3%（6个用户）；企业主占4.2%（4个用户）；大学生、教师、退休干部分别占3.1%（此三类分别拥有3个用户）；医生和职员各有一个用户，分别占比1%；以及其他17个无法准确识别身份的用户，占总体样本数的17.7%（见图1）。

需要说明的是，在农民这一用户群体中，分别包括22个农民用户（占样本总数的22.9%）和9个失地农民用户（占样本总数的9.4%）；在市民这一群体中，进一步可以区分为城市拆迁户（5个，占样本总数的5.2%）和普通市民（10个，占样本总数的10.4%）；在工人这一群体中，可进一步区分为下岗工人（4个，占总体样本数的4.2%）、农民工（5个，占总体样本数的5.2%）和普通工人（3个，占总体样本数的3.1%）。

由此可见，农民、普通市民和工人这三个底层群体占据了上访人微博用户的近六成。

2. 上访原因分析

在上访事项方面，本研究根据上访人微博的发帖内容对上访人的上访事项进行分类，具体分为劳动争议类、农村土地维权类、城市强制拆迁类、涉法涉诉信访类、复转军人安置类、检举揭发类、城市管理类、医患纠纷类八个类别。详细见表2。

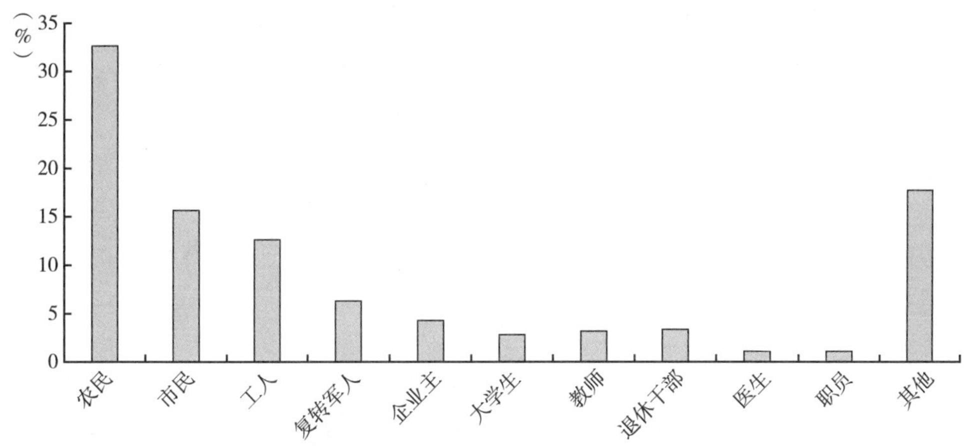

图1　新浪微博上访人用户社会身份构成

表2　上访原因、涉及群体占比及数量

单位：%，个

上访事项	上访原因	涉及群体	百分比	数量
涉法涉诉信访	私营企业缺少公平、安全的竞争环境；经济纠纷或刑事案件引发对司法不公的不满；实名举报贪污行为遭报复；由农民讨薪事件引发涉法涉诉信访；因行政部门乱收费引发涉法涉诉信访；私人所属祖产被作为公有房屋出租引起涉法涉诉信访；司法不公引发涉法涉诉信访；对劳动教养不满引起涉法涉诉信访；土地开发引发刑事案件导致涉法涉诉信访；个人与企业间的民事纠纷引发涉法涉诉信访；家庭暴力引发对司法不公质疑；正常上访被截访；因劳动纠纷引发涉法涉诉信访；对法院判决不满引发涉法涉诉信访。	私营企业主；市民；教师；单亲妈妈；农民；复转军人	24	23
农村土地维权	维护村民利益，进行土地维权；基本农田遭遇强征破坏；水库征地移民提对安置不满；开发商强征土地；农村出嫁女的土地问题；粮田被非法倒卖，农民利益受损；农村个人承包土地使用权受到侵害；拆迁过程中农村宅基地被侵吞，且房屋价格评价不合理；地方政府非法征地；地方政府征地补偿不到位；失地农民要求妥善安置；农村土地被强制征用，农民对征地程序和政策不透明不满	农民（包括村民代表、失地农民、水库征地移民）；出租车司机；复转军人	19.8	19
检举揭发	检举农民基层民主实践中，民选村干部无法正常依法履职；举报盗采国有资源无人管；举报农村集体资产流失；举报农村基层民主选举被干扰；举报个别行政单位贪污行为；举报官商勾结非法捕人；举报私分国有资产行为；举报私有家产被非法侵占；举报政府不依法行政；举报村委会账户不公开透明	民选村干部；农民；机关退休干部；国企退休干部；国企职工	15.6	15
劳动争议	工人下岗失业后与原企业发生劳动纠纷；因单位改革引发工资待遇和养老保险纠纷；国企职工与企业间劳动纠纷；农民工工伤引发劳动争议；农民工讨薪；工伤事故补偿不到位；劳动单位拖欠薪资；国企职工对企业破产安置不满	下岗工人；中小学后勤人员；农民工；工人；教师；医生	13.5	13

续表

上访事项	上访原因	涉及群体	百分比	数量
城市强制拆迁	城市强制拆迁致私人财产受损；开发商强制拆迁致人身伤害；历史建筑遭强拆；地方政府违法强制拆迁；公民私有信宅遭强制拆迁；企业因被征地停产停工却未获相应补偿；动迁款分配引发的官民矛盾；市民对拆迁补偿不满	市民；教师；城镇居民；私营企业主；大学生；（其统一身份为拆迁户）	11.5	11
诉求不详	—	—	5.2	5
城市管理	对新农村建设中存在的环境污染问题不满；对某地车管部门对残障人士车辆强制管理不满；对相关政府部门对居民楼违章建筑行政不作为不满；希望相关部门重视商场等公共场所改建引发的安全隐患	农民工；残疾人；市民	4.2	4
复转军人安置	参战老兵希望活得更体面，希望尽快出台对参战退役老兵重大优扶政策；复转军人对生活现状不甚满意；复转军人对退伍安置不满意	复转军人；复转军官	3.1	3
医疗纠纷	个人与三甲医院间因医疗事故引发的医疗纠纷；个人与私人诊所因诊疗事故引发的医疗纠纷	市民；城镇居民	2.1	2
其他	—	—	1	1

通过分析，我们发现涉法涉诉信访（24%）、农村土地维权（19.8%）、检举揭发（15.6%）、劳动争议（13.5%）和城市强制拆迁（11.5%）是五类当前较为突出的信访矛盾，共占八成以上（见图2）。其中，涉法涉诉信访事件在所有样本中占比最高，约占样本总数的24%。据不完全统计，其中由民商事纠纷引发的涉法涉诉信访是此类信访的主要原因。此类信访事件的上访主体构成也较为多样，既包括工人、农民、普通市民、私营企业主，也包括教师、复转军人和单亲妈妈等特殊群体的人士。这也说明，涉法涉诉信访所包含的社会矛盾的多样性和复杂性。

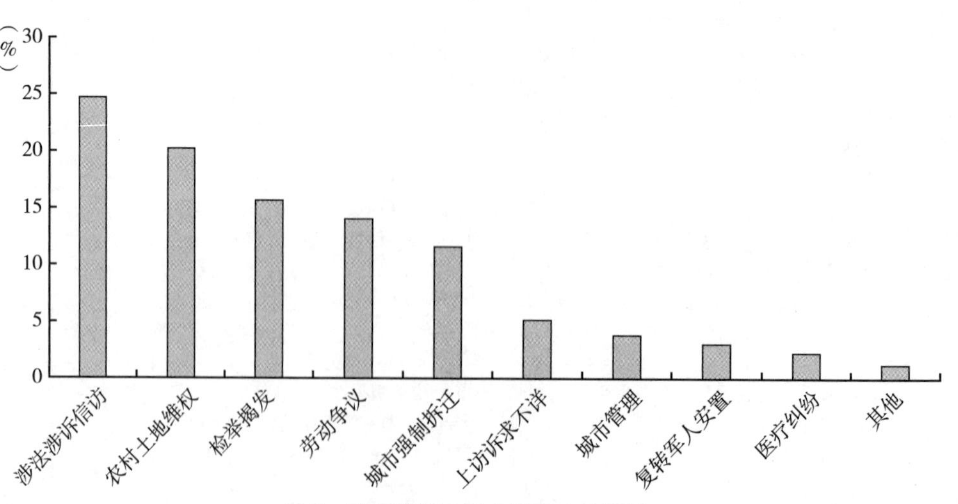

图2　新浪微博上访人用户上访原因

由农村土地维权引发的上访事项位居其次，占比将近两成，为19.8%。其原因主要包括农民或因农田被征收，或因个人承包土地使用权被侵害或农村宅基地被侵吞，为维护自身利益而走上上访之路。其中，失地农民进行土地维权占主要原因。农民，特别是失地农民，是构成此类信访事项的主体。

在96个分析样本中，检举揭发类信访也占有相当的比重，为15.6%，位居第三。分析此类上访行为，一个主要来源是农村基层民主实践中存在的问题，主要包括民选村干部无法正常依法履职；盗采国有资源行为无人监管；农村集体资产流失；农村基层民主选举被干扰；村委会账户缺乏公开透明等。此外，还包括举报个别地方政府不依法行政等问题。与之相对应，此类信访的行为主体主要为民选村干部、农民、国企职工、机关或国企退休干部等。

由劳动争议引发的信访事项居第四位，占比为13.5%。上访原因主要包括下岗工人与原企业发生劳动纠纷；国企职工与原企业间劳动纠纷或对企业破产安置不满；农民工工伤和农民工讨薪引发劳动争议等。劳动争议主要涉及的上访人群体包括下岗工人和农民工。城市强制拆迁也是触发信访矛盾的一个主要受力点，占比11.5%。上访原因主要是由城市拆迁引发的个人利益损失和人身伤害。例如，城市强制拆迁致私人财产受损；开发商强制拆迁致人身伤害；地方政府违法强制拆迁；公民私有住宅或历史建筑遭强制拆迁；企业因被征地停产停工却未获相应补偿；动迁款分配不透明引发的官民矛盾；市民对拆迁补偿条件不满等。

涉及主体呈现多样化，包括教师、城镇居民、私营企业主、大学生等多种群体。但是，在经历强制拆迁后，他们拥有了一个共同的身份，就是被拆迁户。

此外，复转军人安置类、城市管理类、医患纠纷等也是触发信访行为的导火索，但占比均不足一成，可见其矛盾的广泛性较前五种矛盾较小。

3. 上访人微博用户媒介使用情况分析

本研究对96个分析用户样本的新浪微博注册时间进行比对，发现在微博发展元年的2010年注册用户最少，只有7个用户；有28个用户在2011年注册新浪微博；29个用户在2012年注册；有32个用户在2013年注册。这表明，在微博刚刚兴起之时，上访人对这一新兴的社交媒体所给予的关注程度并不高，也并未将微博作为进行社会抗争和舆论动员的主要手段。在随后的三年时间里，上访人利用新浪微博呼吁社会关注的人数明显增多。这说明，上访人对于微博的认识经历了一个逐步发展的过程。

在96个分析用户样本中，8.3%（8个用户）的微博用户在微博账户中公布了手机号码；5.2%（5个用户）的用户公布了QQ账号；21.9%（21个用户）的用户将博客地址链接公布在基本信息中，他们在博客中更为清晰地表达了自己的利益诉求并描述上访经过；6%（6个用户）的用户公布了电子邮箱地址；1%（1个用户）的用户公布了QQ群号。这说明，上访人尝试构建一个由多种社交媒体组成的综合传播体，以期获得更好的舆论动员效果。

4. 扩散度和影响力分析

通常，粉丝数代表微博用户的网络影响力，被转载与评论次数则在某种程度代表其所发信息的扩散度和影响力。在粉丝数方面，96个用户样本中，拥有粉丝数在100人以下的有62个用户，占全部样本的64.6%；拥有粉丝数在100～1000人的有28个用户，占29.2%；拥有粉丝数在1000～10000人的，有6个用户，只占6.3%，占比不足一成。

这说明，绝大多数的上访人用户在微博中只获得了极低的关注度，这显然不利于他们在社交媒体上将信访议程上升为公众议程。与粉丝数形成鲜明对比的是上访人微博用户的关注数。本研究也考察了这96个样本用户关注了谁以及关注的程度。数据表明，关注数为100人以下的微博用户约占25%（24个用户）；关注数为100～1000人的微博用户约占61.5%（59个用户）；关注数为1000人以上的约占13.5%（13个用户）。

也就是说，超过七成的上访人微博对其他微博表现出高度关注。通常，上访人微博用户更倾向于关注经过认证的主流媒体以及律师、名人的微博。

在微博使用中，发帖数量是衡量一个微博用户影响力的重要指标。本研究分析了这96个样本用户的微博发帖情况：微博发帖量在100条以下的约占43.8%（42个用户）；发帖量为100～1000条的样本用户约占40.6%（39个）；发帖量为1000～10000条的样本用户占14.6%（14个）；发帖量为10000以上的约占1%（1个用户）。以上数据表明，绝大多数上访人微博的发帖量并不多。

仅考察样本用户的微博数量还不足以清楚了解上访人样本用户的微博活跃程度。因为，微博数量中既包括原创微博，同时还包括转发微博。活跃性主要还需考察其原创微博数量在全部微博数量中所占比重。因为，上访人通常会在原创帖中表达自己的上访原因和利益诉求，并呼吁社会关注。

本研究选择上访人微博用户的原创微博进行重点考察，检验其被转载和评论的情况。考察这96个样本用户的微博原创情况发现：发表原创帖总数为50个以下的有42人，约占全部样本用户的43.8%；发表原创帖总数为50～100个的有23人，约占全部样本用户的23.9%；发表原创帖总数为100个以上的有31人，占全部样本用户的32.3%。

总体而言，上访人微博用户发帖量少，而且内容原创性并不强，表现并不活跃。

5. 上访人微博用户上访媒介策略分析

为了更为细致地了解上访人在进行舆论动员时采用了哪些具体策略，本研究选择了一个较为典型的上访人微博账户进行案例研究。

“@爱心李××坚持上访走公道”是新浪微博上一个较为典型的上访人微博用户。该用户因为其父与原国有企业之间存在劳动争议无法获得满意结果，从而走上上访之路。该用户不仅拥有新浪微博账户，而且还开设了博客，并创办了四份微刊，其中两份微刊涉及上访和打黑除黑等内容。

该用户共发表微博1004条，其中原创帖数为787条。本研究对其原帖逐一浏览，确定535条原创帖作为有效分析样本（见图3）。

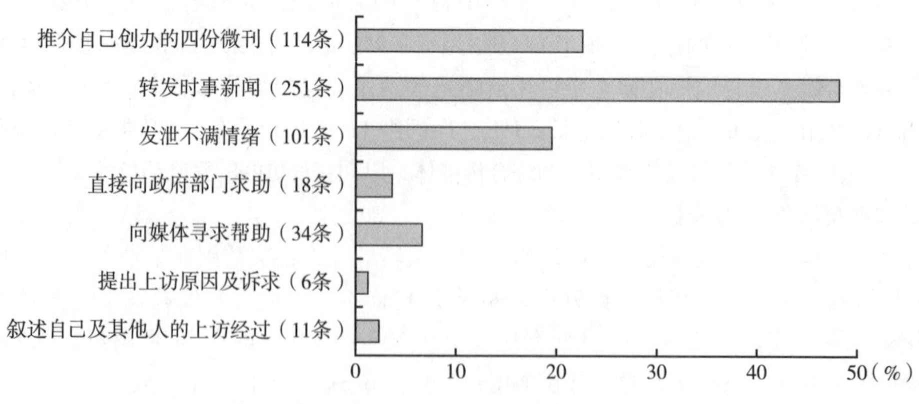

图3 “@爱心李××”微博原创内容分析

通过对“@爱心李××坚持上访走公道”的535条原创微博进行内容分析，发现其中只有11条原创微博是在叙述自己及其他人的上访原因、诉求、经过和遭遇，只占2.1%；有6则原创微博以“上访信”或“控告信”的形式发布，提出上访原因及诉求。原创微博中有34条是该用户向媒体寻求帮助，其中有3条是找记者帮助自己，有21条直接向中央电视台寻求帮助，有4条则是向新浪轻博客寻求帮助，有5条微博分别以“对它说”的形式对“@人民日报”“@人民网”“@网络新闻联播”（即央视网新闻官方微博）求助。在原创微博中，有18条是直接向政府部门求助的。其中有8条向“中央领导”求助；有2条向“最高人民检察院全体领导”求助；有2条向“人大代表们”求助；有2条向“全国人大常委会”求助；有2条向全国政协委员求助；有2条向“国家信访局全体领导”求助。

在其原创微博中，有大量的帖子是用来发泄不满情绪和转发时事新闻的。发泄情绪的帖子共有101条，占原创帖总量的18.9%。其中有78条属于直接发泄不满；有23条是引用古诗词来抒发情感。

原创帖子中有251条是转发时事新闻，占原创帖总量的46.9%。具体而言，这251条帖子中，有72条转发法治新闻、59条转发社会新闻、59条转发与上访有关的新闻、31条帖子转发政治新闻、20条转发财经新闻、9条转发与反腐败相关的新闻、1条转发有关能源政策的新闻。其余帖子主要是推荐其所创办的四份微刊，其中主要推荐的是《专业上访人综合微刊》。

值得关注的是，此用户的原创微博和微刊鲜少有人关注和评论。

四　结论与讨论

在中国社会转型的过程中，上访人群体属于社会弱势群体，有着强烈的利益诉求。综合观之，本文发现，上访人群体所预期的舆论动员路径为：在网络社交媒体上不断集结进行利益表达，试图从虚拟空间发起社会舆论动员，进而发起政策辩论，促进个案圆满解决。但是，上访人试图借助微博进行网络舆论动员的努力没有达到预期的效果。

在上访人进行网络舆论动员过程中，有几个方面值得关注。

第一，在上访人微博的“抗议性话语”中，其微博内容较为全面地反映当前中国社会转型时期的主要社会矛盾。

第二，上访人在微博中对其上访原因和诉求的表达呈现碎片化（Fragmentation）特征。在上访人微博内容中更多的是情绪化的表达，对上访原因及诉求缺少清晰客观的事实陈述，只是在只言片语中提及，且发帖量小，原创微博数量更少。这种现象较为普遍。有些上访人在微博中发布个人博客链接，或将发布链接至其他网络论坛，例如凯迪社区猫眼看人、人民网强国社区法治论坛、猫扑网、西祠胡同、天涯社区等，在这里往往能够看到上访人对其上访原因、诉求、经过进行较为完整的介绍。基本事实信息欠缺的上访诉求不能构成一个新闻事件，在海量的微博信息中显然不能引起微博网友们足够的关注和扩散。因此，上访人发布的微博信息很少会有人来评论和转发，无法获得“微博围观”。事实上，我们自己的微博也遇到过类似的问题，当我们的粉丝数增加的时候，就会有一些上访人通过评论来让我们关注他们的诉求。微博的传播方式本身就是碎片化的，所以，它很容易排斥完整的传播。

第三，上访人试图通过发布微博信息来引发社会关注，其目的在于推动信访议题转变为公众议题，促使问题获得解决，但收效甚微。那么如何使得信访议题获得大众媒体的关注呢？上访人在使用微博时主要做了两方面的努力。一是向大众媒体发出求助信息，例如向人民日报、南方都市报、中国纪检监察报等等多家新闻媒体的官方微博发布求助信息；二是用向微博中的意见领袖，如影视明星、知名学者、商业名人、律师、媒体记者等发布信息的方式。但是，这两方面的努力都收效甚微。其实，上访人所提出的议题，在当前转型期中国的传播领域中并不鲜见。只不过，再次启动类似议题，需要有特殊的或偶发的新闻事件作为引擎。麦库姆斯认为，“突发事件与情况的新闻价值在塑造媒介议程方面的作用远远超过深思熟虑的社会价值”。这也可以被称为公民利益表达的新闻化或者是媒体化，就是把一个司空见惯的事情转变为一个新闻事件，这样更容易引起媒体关注，从而解决问题。

第四，在上访人的媒介使用中，本研究发现上访人表现出对法治、社会、政治、反腐败、信访等议题较高的导向需求。例如在“@爱心李××”的案例分析中，不难发现她对于法治、政治、社会、信访等议题的新闻报道表现出高度关注，并在其微博或微刊中予以转发。其原因就像麦库姆斯所说的，“对于一些个体来说，在某个议题方面的亲身经验不仅不能满足导向需求，而且还会刺激他们使用大众媒介，进一步获得更多信息，验证问题的社会重要性”。还有一种可能，就是上访人希望获得“政治正确”，以有利于上访。

第五，悲情和愤怒成为上访人微博进行情感动员的主要方式。杨国斌认为，上访人利用微博的表达在很大程度上是一种情感传播，带有“悲情的情感动员风格”。但是缺少新闻事件的情感动员在网络舆论中很难获得关注，而且，上访人在微博表达中并没有将情感框架提升到更为理性的对公共政策的讨论上来，难以形成社会共识。

现如今，如何进行有效的互联网治理已成为摆在政府面前的一道难题。政府不能简单地采取“一刀切”的方式阻断网络抗议性话语的传播。“上访人微博群落”的存在应引起相关政府部门的足够重视。在此提几条加强对上访人微博引导和治理的建议。

第一，政府相关部门应对“上访人微博群落”这一现象足够重视。尽管上访人的微博表达呈现碎片化的特征，但是上访人开设微博已渐成规模，且彼此联结，已构成了一个微博上的“信访群落”，现实生活中相似的处境和上访经历使得他们更易形成集体共识。在某一事件的触发下，易形成集体抗争行动。

第二，政府在网络舆论的治理方面，主要是要增强回应性，合理沟通引导，与上访人进行理性的对话协商。面对上访人微博上的抗议性话语，相关政府部门不应采取压制或回避的态度，而应以“谈话者”和“倾听者”的姿态主动与上访人进行沟通和回应。

据不完全统计，目前全国各省市有约107家信访机构在新浪微博开设了实名认证的官方微博。但是，许多信访机构的实名微博所发表的内容与信访无关，多转发一些生活常识、社会新闻等内容，较少获得网友回应与互动。不过，在这些信访机构的官方微博中也不乏成功的范例。其中，“@海南信访群众之家”与“@银川信访督办”等表现得较为突出，粉丝数分别达到13万人和7万人。

第三，情感因素对于社会运动的影响应引起相关政府部门的重视。一方面，要正确看待上访人通过微博的情感宣泄。微博是一个很好地进行情感宣泄的渠道，起到了减压阀的作用。另一方面，政府有关部门需要对这种情感宣泄足够重视，策略性地将上访人的情感宣泄引入理性沟通的渠道。因为，如杨国斌所说，“集体行动中的情感，不是简单的资源或工具，而是斗争的动力”。政府需要重视社会抗争中表现出来的情感逻辑，在与上访人的互动中要强调公平、公义、公正的价值取向，同情弱者，反对腐败，崇尚法治，增强政府与访民在政策过程中的共识，化解上访人的悲情与愤怒情绪。

（本文发表于《现代传播》2016 年第 7 期）

当代青少年的微博世界与公民参与

班建武*

从技术特征来看，数字媒体（Digital Media）最显著的特征为基于 Web2.0 技术①之上的"用户生成内容"（User Generated Content，UGC），以媒体使用者为中心，强调其互动性、参与性。一方面数字媒体使用者不再是被动的信息接收者，而是主动的接收者、传播者，甚至是创作者。另一方面与传统媒体不同的是，数字媒体为使用者提供了表达、交流、讨论甚至参与的平台，增加了使用者之间政治表达和讨论的机会。因此，数字媒体与公民参与之间有密切的关系。

在众多数字媒体中，微博有其独特的功能属性。CNNIC 发布的《2015 年中国社交应用用户行为研究报告》指出，微博作为综合社交应用的典型，是用户获取和分享信息的主要平台，呈现明显的媒体、兴趣社区属性，在"及时了解新闻热点""发表对新闻热点事件的评论""关注感兴趣的内容""获取和分享生活/工作中有用的知识"等方面成为用户首选的平台。② 与此同时，微博也可帮助用户基于共同的兴趣巩固和拓展已有的社交关系，具有弱社交性的一面。虽然相较于 2011 年微博迅猛发展时期呈现明显的下降趋势，但是随着腾讯和网易微博等的相继退出，用户已逐渐向新浪微博迁移和集中，微博已成为新浪微博的代名词。《中国新媒体发展报告（2014）》指出，从整体特征来看，中国微博用户已经与互联网用户极为接近，这说明经过 2010 年之后的发展，微博已经拥有了较为稳固的用户，成为相对成熟的应用平台。③ 此外，刘瑞生、申亚美也指出，作为一种具有较强媒体属性和舆论表达功能，并具有一定商业价值的社交媒体，微博仍属于微传播格局中的常规形态，被称为其中的"熟媒介"。④ 因此，本文主要以微博作为数字媒体的个案，来考察青少年的公民参与状况。

总体而言，本文旨在通过青少年对微博的认知、参与和使用，了解当代青少年在微博中的参与现状。从青少年的视角切入，主要采用半结构访谈法进行数据收集。访谈法不仅有助于收集"可视化"的微博使用及参与现状，更重要的是可收集微博上"不可视的"内容，如"潜水"（Lur-King）现状及其原因、网络审查下被删除及无法发表的内容、自我审查下不发表的内容等。此外，以访谈法调查青少年对微博的认知、评价，从他们的"知""行"是否一致的关系中，更加全面地了解其公民参与现状，尤其是其中的积极"潜水"行为。抽样方面，主要采用目的性抽样和滚雪球抽样相结合的方式，在 2015 年 3 月对 13 位使用微博超过 1 年且仍保持定期使用（U3M11 除外）的青少年进行了访谈。访谈对象基本信息见表 1。

---

* 班建武，教育学博士、心理学博士后，现为北京师范大学教育学部副教授、硕士研究生导师，北京师范大学公民与道德教育研究中心副主任，主要研究方向为德育原理、青少年文化和学校德育诊断。

① Web2.0 指"可读可写网"（Read-Write Web），相对于"阅览网"（Read-Only Web）的 Web1.0 和"可读可写可执行网"（Read-Write-Execute Web）的 Web3.0。

② 《2015 年中国社交应用用户行为研究报告》，中国互联网络信息中心，http：//www.cnnic.cn/hlwfzyj/hlwxzbg/sqbg/201604/P020160722551429454480.pdf。

③ 唐绪军：《中国新媒体发展报告（2014）》，社会科学文献出版社，2014。

④ 刘瑞生、申亚美：《2014 年中国微博发展报告：微传播格局中的熟媒介》，中国社会科学网，http：//www.cssn.cn/xwcbx/xwcbx_xmt/201507/t20150707_2068038.shtml。

表1 访谈对象基本资料

编号	性别	年龄	是否为党员	微博使用时间(年)	微信使用时间(年)
J3F1	女	15	否	3	1
S2F2	女	17	否	4	4
S2F3	女	17	否	4	4
U1F4	女	19	是	4	3
U2F5	女	20	否	3	2
U2F6	女	20	是	1	2
U3M7	男	21	否	4	4
U3M8	男	21	否	4	3
U3M9	男	21	否	3	3
U3M10	男	21	是	3	3
U3M11	男	21	是	4	3
U3M12	男	21	是	3	5
U4M13	男	22	是	5	3

注："编号"中第一个编码表示学生段，J代表初中生、S代表高中生、U代表大学生；第二个编码表示年级，即1年级、2年级、3年级、4年级；第三个编码表示性别，F代表女生，M代表男生；第四个编码表示序号，微博或微信使用时间为约数。

在资料分析方面，由于本文主要围绕数字公民参与的三大价值性内涵，即公共性、权力自主性及参与性进行探讨，因此主要采用类属分析（Category Analysis）的方法对原始数据进行分析（见图1）。"类属分析"主要是指在资料中寻找反复出现的现象以及可以解释这些现象的重要概念。

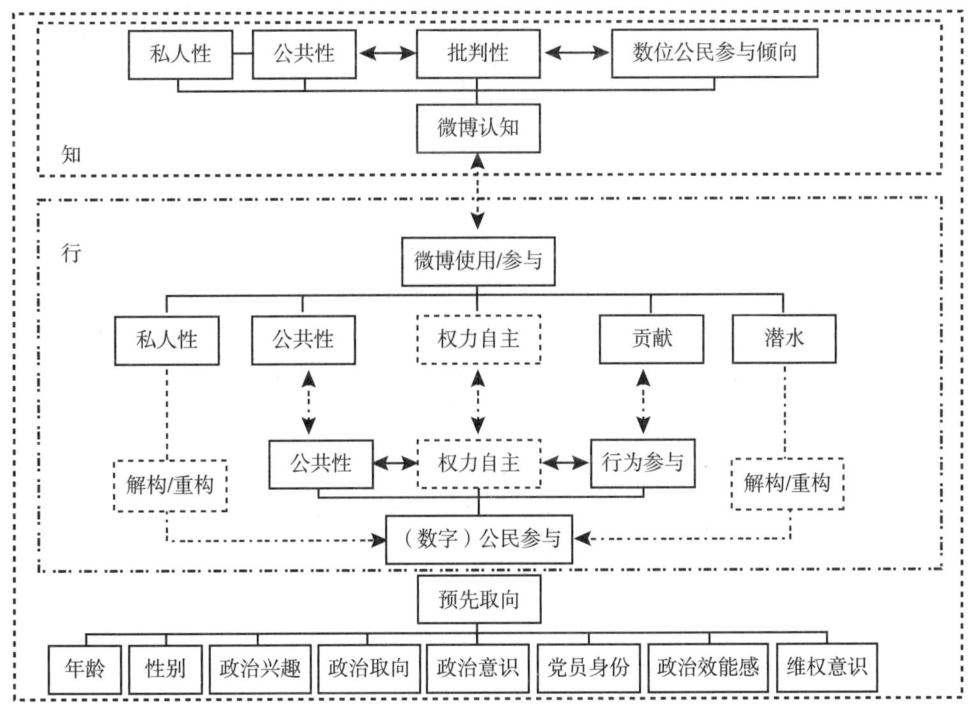

图1 类属分析框架

“在寻找这些概念的过程中，具有相同属性的数据被归入同一类别，并且以一定的概念命名。”① “（数字）公民参与”是本文最上位的核心类属，而“微博认知”“微博使用/参与”也是核心类属，“公共性”“权力自主”“行为参与”是它们的下属类属。在数据分析时，是由本土概念开始，自下而上归纳，直至最上位的核心类属。

一 青少年怎么“看”微博：“公”与“私”之间

此部分主要从“知”的角度考察青少年对微博的认知或评价情况，基于哈贝马斯的公共领域理论，② 具体指从静态的角度考察他们对微博的“私人性”“公共性”“公共权力”的认知，以及“网络参与倾向”。一方面这是基于公共领域理论的“结构概念”，考察微博作为公共领域的可能性；另一方面也是从青少年“知”与“行”是否一致的关系中，更全面地理解他们的公民参与的现状及原因。

（一）对微博“私人性”的认知

哈氏将市场或商业利益、家庭生活以及个人事务等都视为“私”。在此基础上，青少年对微博平台的“私人性”认知具体包括“隐私”“商业化”“娱乐化”“个人意识形态”。

1. 隐私

隐私与“公开”相对。在微博上，隐私又可具体分为“绝对的隐私”和“相对的隐私”，以“微博上分享与否”为划分标准。

“绝对的隐私”是指以自己和他人为界，不会呈现在微博上的内容。一方面，在微博上，青少年有保护自身隐私的意识。微博上呈现的内容不涉及自己的隐私，“太隐私的东西不会把它发出来，发出来的肯定是自己觉得可以让别人回复和评论的”U3M10 说。并且，S2F2 指出，微博的“仅自己可见”功能可向他人隐藏发布的微博内容。另一方面，他们也有保护他人隐私的意识，认为不应在微博上暴露他人隐私。如 S2F3 在被问及在微博上的义务时表示：“义务呢，就是注意自己的言行，也不要说你讨厌这个人，你就在微博上发 TA 家一些隐私啊。”她对“人肉搜索”表示不支持。

“相对的隐私”是指可以在微博选择性地向“陌生人”或“熟人”公开的内容。“陌生人”的相对隐私是指向陌生人隐藏，但向熟人公开微博内容。“怕生”主要是出于个人信息安全保护的考虑。持此类观点的青少年认为微博是一个比较没有隐私的平台，因此他们不愿意在上面呈现跟自己关系比较近的内容及对较具争议性议题的观点，“感觉微博上面太杂了，跟我个人关系比较近的东西我都很少发在上面”，“（争议性议题的观点发布）这个肯定是有啊，但我很少在微博上发嘛，我都发在（微信）朋友圈，就同学之间那种，这种关系看起来比较安全，尽管是反对的话，也不会觉得有什么”U3M10 说。“熟人”的相对隐私则是指微博内容不愿意向“熟人”公开，但会向“陌生人”公开（U3M9、U2F5）。“怕熟”主要是因为熟人对内容发布者潜在的真实影响，而陌生人了解的只是发布者在微博上的虚拟身份，对双方均没有太实质的意义，不会对彼此生活造成太大的影响。例如，U2F5 在使用

① 陈向明：《质的研究方法与社会科学研究》，教育科学出版社，2012，第 290 页。

② 〔德〕哈贝马斯：《公共领域的结构转型》，曹卫东、王晓珏等译，学林出版社，1999。

微博的头两年，没有加过一个现实好友，对她来说，“微博是一个非常隐私的地方，可以随便说真心话什么的”。微博的“分组”或“好友圈”功能可实现相对的隐私。

2. 商业化

受访者对微博背后的商业意识形态有所感知。一方面他们认识到微博始终是以营利为目的的，“因为新浪之前是做新闻的嘛，然后通过微博它们就有了更长久的生财之道”U1F4说。此外，她也指出，微博上的热门话题有时候也是商业操作的结果，而非受到广泛关注的结果，“它（微博）现在好像出了一个叫‘扩展’的功能，如果你想把那个推到热门，可以付钱，它会把你推到前面去，让更多的人看到”。S2F3也意识到微博中的硬广告和软广告日渐增多，如“我觉得明星可能影响力比较大，他（她）发一个，他（她）就可能收到别人的钱，在微博上发一个广告，那可能很多人都会去转这个广告”。

3. 娱乐化

微博的娱乐化倾向明显。青少年意识到明星、八卦、综艺等话题往往能占据微博热门话题榜（U1F4、U2F5和U3M10）。“我觉得我看的最多的头条都是明星的，比如说汪峰抢头条之类的，上得特别多。还有就是一些负面的。基本上就是这些。还有一些就是什么电视剧播了，或者一些热门的词啊、句子啊”，U2F5说。此外，在他们看来，微博也成为明星宣传自己、提升人气的平台。并且，他们对娱乐化对政治兴趣的消解影响也有一定认识。U2F5认为学生较少关注国家大事的原因“可能就是还有别的爱好。比如说，我身边很多人就醉心于看漫画，还有人追欧美的明星，是以一种全方位的手段去追，我觉得挺专业的，在微博上也用了很多”。

4. 个人意识形态

微博的个人意识形态认知主要是指意见领袖或“公知”、“大V”和明星等的微博。有受访者认为，意见领袖或“公知”的发声可能代表了特定阶层或群体的利益，可能也有自身意图或利益的考量（U3M11、U3M12）。

“TA这个群体需要有一个，然后TA自己也有这种需要，然后TA就成了一个公知”U3M11说。此外，U2F5也认知到明星的微博是他们经营自身形象的途径之一，因此她认为“如果是一个特别出名的人物的话，我觉得他们的自由度应该是比较受限制的，因为他们不敢随随便便地像我似的发那种特别激烈的言论，他们肯定会比较中庸的”。

（二）对微博“公共性”的认知

哈贝马斯指出，作为公众可以自由地集合和组合，自由表达和公开他们的意见，公共领域首先得是公开的，“原则上向所有公民开放”,① 公众可以自由地进入。因此，对微博“公共性”的认知主要集中于其“开放性”特征，具体包括“公开性”“平等性”“言论自由”等方面。

1. 公开性

微博的“公开性”与“隐私”相对。对于多数受访者来说，微博相对微信来说，更具公开性。U3M7认为，“它（微信）比较私密一点，相对于微博来说”。微博的公开性一方面体现在其人员构成方面，微博允许单向关注的特性使得其成员更加多样。从微博关注来看，

① 〔德〕哈贝马斯：《公共领域》，汪晖译，《天涯》1997年第3期。

除熟人外，使用者一般还关注明星、“大V”及其他陌生人等；从微博粉丝来看，其选择也会比微信好友更为开放，包括陌生人，“我微博上谁加我我就加了，微信必须得是熟人”，S2F3说。因此，形成了一个熟人与陌生人交织的社交网络。

另一方面体现在微博受众的广泛性。由于微博使用、操作的简易性，门槛低，因此有青少年认为微博上人“杂”，主要体现为素质不一（S2F3、U3M10）。“它（微博）层次还比较低，我感觉上面的人大部分素质也不是特别的高”，U3M10说。微博上公开内容的权限几乎是向所有拥有微博账号的人开放的，对于没有账号的人有部分限制。可见，微博内容的公开性极高。

2. 平等性

哈贝马斯公共领域的“开放性”原则还隐含着参与主体“平等性”的特征，这是“单纯作为人”的平等，根本就不需要考虑社会地位问题。受访者认为在微博上人人是平等的。在微博上，这主要是出于“每个人都可以在微博上平等地发表言论”的考虑（S2F3、U1F4、U2F5、U2F6、U3M9、U3M10、U3M11），这更多的是指机会平等。不同于以往传统媒体对话语权的把控，微博使得普通民众有机会发出自己的声音，“每个人都有说话的力量。而且如果说话的人多了，它就会形成舆论”，U3M9说。但从结果平等的角度——实质影响方面来看，有受访者认为普通人发表的微博可以引发一定的关注（U3M6、U3M7），“经常看到（微博）热门上都是普通人发的，引起了比较多的人的关注”，U3M7说。但多数受访者承认在影响上是存在一定等级差异的，主要体现在普通人与明星、“大V”或热门微博博主等身份的差别上。他们均认为自己发布的微博内容影响范围较为有限，一般仅限于现实交往的圈子，如同学、朋友等，较难形成公共舆论（S2F2、U1F4、U2F5、U2F6、U3M7、U3M9、U3M10）。

3. 自由性

多数受访者均认为微博的自由度较高，主要体现在言论自由上，即在法律规定范围内自由发表言论。“我觉得对于我来说，自由度很高，除了那些反动言论之外，其实那些也不应该发”，U2F5说。受访者所说的言论自由更多的是基于“由着自己意愿行事”意义之上的自由，而非权利意义上的自由。一方面体现为发表内容的多样性，可以在微博上分享时事新闻等信息，发布个人心情、生活动态等，吐槽、宣泄情绪等，“每个人都有权利说出自己内心的想法嘛……我有权利去发泄我自己的心情，这是我的权利”，U2F5说。微博内容的多样性，甚至“乱七八糟”（S2F3、U2F6），也可被视为言论自由的体现，“（微博上言论的自由度）很高，真的有很多人乱七八糟的什么话都说。上次那个××嘛，有很多人说我们学校不好，就特别气愤，但是还有人说‘誓死捍卫他们说话的权利’嘛，所以自由度还是蛮高的”，S2F6说。也正是在此“自由”意义下，U2F5认为名人在微博上的自由度有限，他们无法在微博上表达自己真实的想法。“我感觉，相比之下，那些名人还不如我们更自由……但是如果我要是一个特别出名的人物的话，我觉得自由度应有所限制。”另一方面体现在发表的形式上，可以选择不发表言论，即不发声的自由。“我觉得（潜水者）也没什么，他们可以选择不发声，就是你也不知道他们如果发表一些评论，会说出什么。这是他们的自由”，U3M12说。

同时，有受访者提出自由或权利的限度问题。一是从权利意义上的自由出发，体现在不能侵犯他人的自由或权利。S2F3认为：“我觉得微博你要利用好了，就是声张自己的权利。

那你要利用不好，可能会毁坏别人的权益。有些网友可能会支持你的权益，但别人可能就会遭殃了。”二是在言论自由的基础上，保证言论的真实性。“权利我觉得就是自己发言的那种权利，每个人都有自己的自由。当然我觉得最好还是要说那些比较真实的事情”，S2F2说。三是言论自由应“合礼”地发表言论，U2F6 指出：“只要他不违背公共道德的话，你可以随意发表你的观点，我对此不报以任何观点。”

微博的自由性还体现在其内容的“尺度”上，亦即审查力度，“微博上尺度还是大一点的，各个方面都会比电视上深入一点”，U3M11 说，“网络上边的可能就是自由度更大吧”，U3M12 说。报纸、电视等主流媒体发布的内容需经过“重新转译”（U1F4）或“过滤”（U3M10），亦即受到较强的审查。相对来说，“微博上能看到比较新鲜的或者是原版的”。但 U3M7 和 U3M11 也意识到微博在此意义下的“自由”也是相对的，或受信息发布或转发者们、媒体本身背后的意图或意识形态及公共权力等的影响。

此外，基于“由着自己意愿行事”的自由含义，微博的自由性还体现在使用者可自由选择关注对象。

（三）对微博“公共权力”的认知

哈贝马斯认为，公共领域是“权力免疫的”，可以抵制国家权力的影响，并进一步对其进行监督。因此，对微博“公共权力”的认知主要从“监督平台”和“权力意识形态”方面进行考察。

在应然状态下，受访者认为微博在一定程度上能起到监督的作用。由于微博为使用者平等发声及言论自由提供了可能性，因此他们拥有一定的话语权，能对某些事件进行传播，“它（微博）让每个人曝光一些东西，这点还是比较好的”，S2F3 说。此外，由于微博的强媒体性，可以吸引大量对这些话题共同感兴趣的公众，最终形成公共舆论，促成事件的解决。U3M11 认为：“你要知道正常流程，相关人员可能会跟你‘顾左右而言其他’，跟你打太极拳，得不到及时、有效的反馈，你还可以用现在新媒体的力量，让更多的人了解这个事情，知道这件事情到底是因为什么，所以什么，然后形成一种社会力量，从而迫使责任人员做出反馈。”因此，无论对普通公众还是对政府，甚至是国家，微博都可以起到一个监督的作用，而监督的关键无疑还是在于公众。但在实然状态下，受访者微博内容的实际影响范围有限。

对于微博背后的政治权力意识形态控制，受访者有一定的认知（U1F4、U3M7、U3M8、U3M11）。政治权力主要通过敏感词过滤、删帖等方式进行网络审查。U1F4 曾有过涉及敏感词无法发表微博的经历，而 U3M7 则有转发新闻被删的经历，因此他们意识到“（微博）还是不怎么自由的，其实很多还是会被删的”，“现在越来越严了嘛，网络舆论的监控”。

（四）青少年公民参与倾向

哈贝马斯认为公共领域功能的最终实现需要公众的理性参与，即理性讨论、协商及行动。基于此，对青少年微博参与性认知的考察主要以“公民参与倾向”为标准，具体包括“网络（非）理性参与”认知、“网络政治效能感”和“网络维权效能感”等。

1. 对网络（非）理性讨论的认知主要是指对网络参与方式的“合理”“合礼”的认知

一方面受访者表示在网络上表达或讨论需要合乎理性，即“有理有据”或“讲理”“理智”“有合理的证据”（J2F2、J2F3、U3M11）。“我觉得，目前你只要在国内网站上发布或分享一些自己的看法总会有一些人跳出来和你对着干，而且是那种没有理智的，疯狂的那种，所谓不讲理的那些人是很麻烦的”，U3M11 说。另一方面受访者认为网络参与应该是合乎礼仪的，对网络中“粉丝互黑”（U3M10）、“对骂”（J3F1、U3M8）、“低素质发言”（U2F6、U3M10、U3M11）等均有认知与抵制。

2. 网络政治效能感主要是指对网络影响政治可能性的认知

U3M11 认为：“因为我在现实生活中，我尝试过改变某些人的观念也好，观点也好，试图去说服他们。但我发现这个很难，所以我觉得在网络上就更难了。”这一定程度上是由于其“不喜欢在网络上虚拟的聊天环境里交流”的低网络参与意愿引起的，而低网络政治效能感可能又会反过来加强了他对网络的低参与意愿。

3. 网络维权效能感则是指对网络维权的有效性的认知

多数受访者的网络维权效能感较低（U2F6、U3M8、U3M9、U3M12）。网络维权的有效性、即时性等较差，并且形式多以情感宣泄、吐槽等为主，“可能离真正的维权还是有点远”，U3M12 认为。这可能会进一步影响其网络维权意愿（S2F2、S2F3、U2F5、U2F6、U3M7、U3M8、U3M10）。可以说，对于有维权意识的受访者而言，微博或网络并非他们进行维权的首要选择，更多还是倾向于通过亲友、投诉、举报、法律途径等较为传统的方式进行维权。这一部分可能由于其低网络维权效能，也可能出于网络潜在的广泛影响的考虑，“我觉得有些权利，维权这件事发到网上的话，大家都知道了，影响太广了。感觉网上这种东西你不知道发的是好是坏。万一有很多人在说你怎么办，你的权利不是更受到损害了嘛。我觉得还是用法律的手段去维权吧”，S2F3 说。

可见，微博是一个“公共性”“私人性”“公共权力”交织的媒体平台，并非哈贝马斯意义上的公共领域。此外，从受访者对微博的认知度来看，他们对微博“公”（公共性、公共权力）“私”融合的特性有较为清晰的认知，并且意识到无论是微博等“新”媒体还是传统主流媒体本身等均有其本身的价值观或意识形态，因此会对其所呈现的内容或观点有所“阉割”（U3M7、U3M11），他们有较强的媒体批判意识。虽然仍有部分青少年的媒体批判意识稍显不足，如 S2F3 说，“我觉得电视上新闻基本上是真的，但是微博的话你得自己去辨别”。但整体而言，他们是批判受众。而他们的数字公民参与倾向，就整体而言并不强。

二 青少年怎么“玩”微博：“贡献”（“潜水”）与“公共”（“私人”）之间

此部分主要从“行”的角度考察青少年的微博参与及其使用现状，基于哈贝马斯公共领域的“人本概念”，具体考察他们微博参与行为、使用内容。但同时，行为与内容本身关系密切。

（一）微博参与：“贡献”与“潜水”之间

微博参与主要调查青少年的微博参与行为。基于参与水平的差异，微博参与可大致划分为“贡献”（Contribution）和“潜水”（Lur-King），可与媒体使用中的表达性使用和消费性使用对应。贡献和潜水的区分标准在于微博上的是否“可视”（Visible），或哈贝马斯意义上的“公开性”。

1. 贡献行为

贡献行为与表达性使用类似，是指使用微博表现自我，表达自己的观点、想法和思考等，并将其“可视化”在微博上。具体可包括（账号）关注、点赞、转发、评论或转发评论（互动）、原创等。上述行为的划分标准是媒体参与程度，或使用者对媒体内容生产权力的掌控程度，同时也伴随着行为难易程度的变化。虽然微博参与存在不同水平和层次，但使用者可在各阶层间穿梭，彼此并非互斥的。

（1）（账号）关注。关注在一定程度上体现了使用者在关注对象方面有一定的自主性及个性化，但仍有“被动”选择的可能性。S2F2 表示，“关于新闻，我记得刚开始微博有个‘推送’功能，可能就不经意间就加了，但不是自己主动意愿去加的”。

（2）点赞。微博点赞行为更多的是出于情感认同，维系或加强现实人际关系（J3F1、S2F3、S2F2、U1F4、U2F5、U3M8、U3M9），“我就是觉得这个东西很好玩我就会点赞，或者很熟的那些人”说 S2F3 说。“点赞是一种关注、鼓励和表扬”，U3M8 说。并非出于理性考量，“点赞更多的是情感性的赞同，不见得是因为她说得有道理”U3M9 说。另外，点赞的“便捷性”也是使用者的考量因素之一（S2F2、U2F6）。

（3）转发。转发是以表达自己的看法或兴趣为目的，或以告知其他人为目的，并希望影响其他人（S2F3、U1F4、U2F5、U3M8、U3M12）。“（转发）可能表达一下自己的看法，或者说明我对这些信息是感兴趣的，也希望可能其他人能够看到。转发其实有一种含义，我可能会影响到其他人”，U3M12 说。此外，转发只是为了标记或收藏，“就点一下，也是想分享给朋友看一下”U1F4 说“有的时候看以前自己转发的东西，其实也就相当于收藏”，U3M7 说。

（4）评论或互动。评论或互动行为可更为鲜明地表现行为者的态度或观点。但受访者表示评论或互动行为有限：一是体现在数量上；二是体现在范围上，“评论的话也就是评论好友之间的，像那些热门微博都没有评论”，U3M7 说；三是体现在互动内容上，限于使用者的心情、生活动态等（U1F4、U2M7），“主要都是相互认识的人嘛，都是朋友，大家都相互评论，聊一聊。互动比较多一点的是他们发的原创，就是讲自己境况，遇到什么事情，那一类的事情多一点”，U3M7 说；四是体现在影响上，反馈少，“反正我每次看到那些有争议性的问题的时候，基本上我都会弱弱地在下边说一句，但是好像到目前为止，没有收到过什么反响”，U2F5 说。而在面对不同意见时，多坚持自身原有观点，并未形成讨论（S2F2、S2F3、U2F5），“我肯定也不会去管他们，然后也不会接受他们的观点”，S2F3 说。

（5）原创。原创体现了使用者与媒体互动达到较高程度，说明使用者掌握了较多的媒体内容生产权力。受访者的原创多为生活动态，如个人心情或动态（S2F2、U2F5），好看的照片、班里的趣事（S2F3、U1F4）等。此外，创建微博话题也是原创形式之一，受访者中只有 U1F4 创建过关于周杰伦演唱会的话题。同时，她也原创过有关公共议题的微博，“我有一次（在微博）发了家里一条污染的河流，但没有人看”。

在公共和私人内容上，受访者各自所侧重的贡献行为有所不同。在时事新闻或社会公益等公共话题方面，以转发为主要的贡献行为方式，也有一些评论或转发评论行为。在此意义上，转发或评论在一定程度上也可代表行为者的态度。在私人性内容方面，主要以原创、评论（互动）、点赞等为主。可见，在一定程度上，内容的公共性与行为的互动性呈负相关，即公共性内容的发表是以互动性较低的关注、转发等行为为主，而私人性内容则是以互动性较高的原创行为为主。这在某种程度上说明，虽然微博赋予使用者一定的内容生产权力和话语权，但现阶段公共决策权力和主导话语权仍掌握在传统的决策者及主流媒体手中。在此意义上，可以说并非所有贡献行为都有公民参与潜能。

2. 潜水行为

潜水行为原意是指在网络社区中，只浏览不发帖或少量发帖、少量参与讨论的使用者。而在微博中，以“非可视化”为标准，潜水行为除了浏览行为外，还包括“不活动者”、搜索、收藏等。其中，浏览包括接触（Exposure）和关注（Attention）行为。不活动者是指不再使用微博者，如U3M11在4年前开通了微博，但现在已不使用。可见，潜水行为内部也存在差异。访谈发现，浏览行为是微博参与中最主要的潜水行为。有受访者明确表示对微博的定位是“看”（U3M10），“基本上把它当作一个门户网站一样的，看、浏览而已”，U3M8说，“看一下，自己心里想一下，看一下那些评论就行了”，U3M7说。还有受访者将微博视为搜索引擎（U1F4、U3M12），“因为有些东西在百度上查不到，可以去微博上搜一搜”，U1F4说。对于一些受访者而言（S2F2、S2F3、U1F4、U3M7），微博还可以是一个自我收藏空间，运用微博的“收藏”功能，可以将自己感兴趣的话题收藏起来。但收藏的原因主要是为了方便以后查阅，而非出于保护自我隐私的考量，“需要的时候找着更方便吧，就想着再收藏一下，有标重点的感觉”，S2F2说。

潜水行为研究因过于强调在微博等媒体上的“不可视”，易忽视潜水者频繁上线、浏览的行为。Nonnecke指出，潜水既是一种接近社群的方式，也是一种远距的、非公开的参与方式。[①] 李郁薇一改过去对潜水者的刻板印象，从参与的角度来看潜水者，认为潜水者的持续性关注，可能是一种极富策略性且活跃的参与行为。[②] 此外，媒体参与和公民参与研究均强调可视化行为意义上的参与，因此也较易忽略心理或意图意义上的参与。如U3M7所说的“看一下，自己心里想一下”中“想”的潜在影响及原因。并且，对数字媒体参与的研究较关注线上行为，而容易忽视他们的线下表现及意识。U3M7和U3M11的微博参与可作为分析潜水行为的公民参与潜能。

U3M7现阶段的微博参与行为以浏览为主，对时事政治有自己的思考，不会转发或评论时事政治，他更倾向于线下与朋友讨论，“我们能够了解，有自己的思考。但是有的不该说的，还是不说好一点”，“在现实生活中，和朋友聊天还是可以说的”。这主要是网络审查和其外在政治效能感不足造成的，“因为现在越来越严了，网络舆论的监控，我们自己也想少一点麻烦，很多东西看一下就行了，不必要涉入太多，自己也改变不了什么”，“其他就算真有什么看法会通过跟朋友谈论，因为是谈话嘛，过去也就过去了，不会像微博上发了留下证据”。他在一定程度上认可意见领袖的发言，“其实一个国家还是需要有一些人去发声，去说这些的，但是具体到某一个人来讲的话，这些事情还是不要说出来的比较好，就倾向于这样”。

---

① Nonnecke R. B., *Lurking in Email Based Discussion Lists* (London: London South Bank University, 2000).

② 李郁薇：《网路学习社群中的潜水现象：一种被忽略的充分参与》，台湾中央大学，2005。

U3M11 对新闻感兴趣，常通过新闻客户端、论坛及国内外新闻网站等关注各类新闻，而不选择微博作为新闻来源，主要是因为怀疑微博上个人转发的可信度，“我就是怕了解到一些虚假的，或者某些人因为某种企图或动机转发的一些东西，我看到了，如果很难做出真实评价的话，我们有可能会相信。我宁愿相信那种比较传统或主流的媒体的一些观点。当然了，这肯定也是主流的一种价值观了”。此外，低网络参与意愿及低网络公民参与效能感以及可能存在非理性网络讨论也是他“离开”微博的原因。他不愿意在微博等数字媒体上评论时事，主要是由于其内在政治效能感不足，“首先我觉得我自己的知识是很有限的，我了解得不够多。在了解不够多的情况下，最好不要把自己的观点过早地讲出来，以免可能讲出来之后会发现原来自己讲的是很无知的一种说法，就是先要补充自己。然后，我还是自己那个习惯，我不太喜欢在网上做交流，还是喜欢面对面地聊天”。

此外，U1F4 和 U3M8 表示“粉丝不多”，所以比较少发或评论微博。这在一定程度上可视为影响的权力等级造成的潜水行为。而在维权方面，受访者并未通过微博进行维权。他们有较强的维权意识，当自己权益受损时，会选择维护自己的合法权益，但他们的网络维权效能感较低，多数认为网络并非有效的维权途径，他们更倾向于采用传统的线下维权方式。即使如 U2F5 的网络维权效能感较强，但她自身却不敢去践行此功能，“因为自己比较胆小之类的，我可能不会当时去拍，但如果看到了我一定会……至少我一定会向着正义的一方，我觉得他做得对”。另外，微博社交功能的转移也是受访者微博潜水的重要原因，“微信平时还有聊天的功能，但一般就没有用微博来聊天”，U3M10 说，“微博互动的少了，大家好像也不咋用微博互动了，都到微信朋友圈了吧”，U4M13 说。

可见，潜水行为研究有其复杂性，应适当考虑其线上持续关注的特性、线下参与意识和行为，以及潜水的原因等。此外，潜水行为在一定程度上可被视为青少年主动性的体现——以“潜水”的方式规避微博公共权力，如网络审查、权力等级等的影响，但他们有能力参与政治讨论。

（二）微博使用：“公共”与“私人”之间

微博使用侧重考察青少年的实际使用内容。由于受访者在微博的“权力自主”使用方面，主要采用“潜水”的方式，微博内容则呈现为未发表状态。因此，微博的实际使用内容主要基于内容的“公共性”与“私人性”特征，将微博使用划分为信息性使用、娱乐性使用、社交性使用、身份认同使用。①

1. 信息性使用

信息性使用主要是指新闻等公共信息的寻找、收集、分享。微博至少是受访者的公共信息来源之一，是作为新浪、网易、腾讯等门户网站等新闻客户端的补充来源（U2F6、U3M10、U3M12），甚至有受访者主要通过微博获取公共信息，如将微博定位为“看新闻”（U4M13），或“当作门户网站一样”（U3M8），“重要的事情基本上都能通过微博知道”（U2F5）。在微博上，他们或通过主动关注主流媒体的官方微博，如《人民

① Boulianne S.，“Social Media Use and Participation：A Meta Analysis of Current Research，” Information，Communication & Society 5（2015）：524 – 538；Skoric M. M.，Zhu Q.，Goh D.，et al.，“Social Media and Citizen Engagement：A Metaanalytic Review，” New Media &Society 9（2016）：1817 – 1839.

日报》《南方都市报》；或通过微博热搜话题榜；或通过微博好友之间的转发、分享了解公共信息。

微博信息的一大特色在于其信息多以“接触”（Exposure）方式呈现，使用者具体能接触到什么公共信息，主要取决于其关注的对象，如微博账号、微博热搜或朋友等的推送或分享。“可能这跟关注的微博有关系。关注那些发的比较频繁的，比如《人民日报》，还有一个叫《统计中国》，我基本上可能每次一上去就看到很多消息就只有这两个推送，就这两个发的”，U3M12 说。而 U2F6 表示，“（微博）关注过《人民日报》，但我觉得《人民日报》太烦了，它每天都给你发私信，发的太多就取消了”。可见，面对推送的众多公共信息，微博使用者可能选择忽视，也可能选择进一步关注（Attention），如“可能看到一些比较有用的，或者说这个新闻比较有价值，就想转发一下或者同时也评论一下”，或“比较感兴趣的，有时候也会搜一搜”，U3M12 说。

受访者在微博上较为主动关注的公共信息主要包括时事类新闻类，如“钓鱼岛事件”（U2F5）、“两会”（U3M10）；与专业相关的公共话题，如 U2F5 是一名教育学专业的学生，“我现在关心更多的是和教育方面有关的，比如说前段时间‘高考确定 15 年取消英语’，那个新闻我发了挺多的状态，还截图发”；社会公益类，如“寻人启事”“献血”（S2F3）；及国家领导人的新闻，“习大大之类的那种我还是会关心的”，U2F5 说。

2. 娱乐性使用

娱乐性使用主要是指为娱乐而使用微博。首先，体现在对微博的定位或总体评价上，如“玩”（J3F1）、“娱乐”（U3M9）、“无聊时候的消遣”、“微博上感觉没什么正经事的样子”（U2F6）。其次，体现在关注内容上，明星动态、热门八卦、体育新闻、电影信息、搞笑段子、商品信息、综艺、时尚、星座等娱乐性信息在受访者的关注中占据主要位置（J3F1、S2F2、S2F3、U1F4、U2F5、U2F6、U3M8、U3M10）。同样，在关注对象上，各式明星在受访者的关注中占据主要的位置，U2F5 表示“那个时候开通微博的目的主要是那个时候追偶像胡歌。因为他开的，天天看他的消息”。也有部分受访者关注段子手及学校社团、综艺节目、餐厅等的官方微博。

3. 社交性使用

社交性使用主要是指通过微博与他人开始、维持或加强关系。微博的“强媒体、弱社交”属性，使其社交功能逐渐被微信取代。但同时，微博的“粉丝”和“关注”中有一大部分仍是现实中的亲密朋友圈，如“（微博粉丝）只有同学和老师”（U2F6、U3M8、U3M10）。不同于微信等社交媒体以“人际关系”构筑信息平台，微博是以“信息链条”勾连人际关系。如 U1F4 表示，“（看微博）再就是同学，因为它有个‘好友圈’”。此外，粉丝之间的互动主要以熟人为主（S2F2、U1F4、U2F5、U3M7），“微博粉丝之间都是同学、认识的人才会互动”，U1F4 说。可见，微博仍具有（弱）社交属性，具体通过关注、评论朋友或同学的动态、点赞、互动等维系亲密朋友圈，不同于微信的即时通信。且受访者微博的社交性使用更偏向私人性。

4. 身份认同使用

在微博的身份认同使用方面，意见领袖、“公知”、明星等“精英”的微博使用更倾向于此类，即通过微博创建、维持自我的身份，并获取他人认同或加强地位。U2F5 认为国家大事是“高（端）大（气）上（档次）”的，并在评价喜欢在微博中转发或评论时事政治的同学的行为时，表示“每个人都有各自关注的地方，他使用微博很多情况下可能就是为了转发很多事情，发表自己的见解。但也不排除是为了装，或提高格调之类的”。此外，U3M7 有感于微博上网络审查的压力，因此选择性地呈现微博内容以展示积极的自我，“现在其实人的隐私越来越少了，所以我也不会把自己尽量呈现的都是阳光、积极的一面，就算别人看到也没什么关系”。

在微博使用方面，U2F5 的微博使用及其（微博）公民参与现状有特殊性。U2F5 通过微博获取娱乐和公共信息，并通过微博进行娱乐、社交及表达自我等，其微博使用的最大目的是“为了自己，为了个人主义，个人利己主义”。可见，其微博使用的私人性特征更为突出。但在微博公民参与方面，她会在微博上发表其对教育政策或时事的观点，“比如说前段时间‘高考确定 15 年取消英语’，那个新闻我发了挺多的状态，还截图发，我发表了一篇正正好好在微博限制字数以内的言论，我觉得挺长的。反正高考取消英语那件事我并不是特别赞同”，“除了不发反动言论之外，有些其实也不应该发，因为我本身就是很‘红’的一个人，我排斥那些。比方说钓鱼岛事件的时候，我特别烦那些，其实那时候挺激动的”。并且，她经常和室友在线下讨论甚至争辩“微博头条之类的事情，不管哪方面”。虽然内在政治效能感稍显不足，但认为大学生有其主体性或自主性，“但是就我们能真正做些什么，我觉得还是挺远的，我们现在还是挺无能为力的，毕竟我们能力有限。但是就我们在发表言论方面，我们肯定有自己的立场和主张的”。她的微博公民参与行为可能更多的是受其专业背景和“红”的政治取向的影响，但至少微博的私人性使用并未对其造成负面影响。

整体来说，受访者的微博参与行为和使用内容的“公共性”和“参与性”不足。应注意到，部分青少年的微博“不参与”行为在某种程度上体现了其主动性，与帕金翰对青少年与媒体、政治关系的论断一致，即认为青少年有媒体批判性，政治冷漠是对其政治无权感的合理反应，而非因为无知与不成熟。① 此外，通过对 U3M7、U3M11、U2F5 等非典型个案的介绍，在一定程度上说明了微博参与的“潜水行为”及“私人性”使用也有一定的政治潜能。因此，青少年公民参与概念可能被“私人性”和“潜水行为”所重构。

三　数字公民参与：“积极”与“消极”之间

此部分主要以受访者对微博的认知、参与、使用的现状为基础，探讨其数字公民参与现状及其影响因素。除了考察数字公民参与的“公共性”和“参与性”特征，同时还探讨了“私人性”和“潜水行为”的可能影响。

（一）数字公民参与现状

数字公民参与主要是指在数字媒体上参与公共议题。以公共性和参与性作为维度，可将媒体参与划分为四类：积极贡献行为、积极潜水行为、消极贡献行为和消极潜水行为（见图 2）。这与 Casemajor N.、Couture S.、Delfinet M. 等根据参与意图对网络媒体参与的划分

① Buckingham D., *The Making of Citizens: Young People, News and Politics* (London: New York: Routledge, 2002)；〔英〕大卫·帕金翰：《童年之死：在电子媒体时代成长的儿童》，张建中译，华夏出版社，2005。

（积极参与、消极参与、积极的不参与和消极的不参与）① 既有区别又有联系：以内容的公共性与否作为积极或消极的主要划分标准，并考虑其中的权力维度。

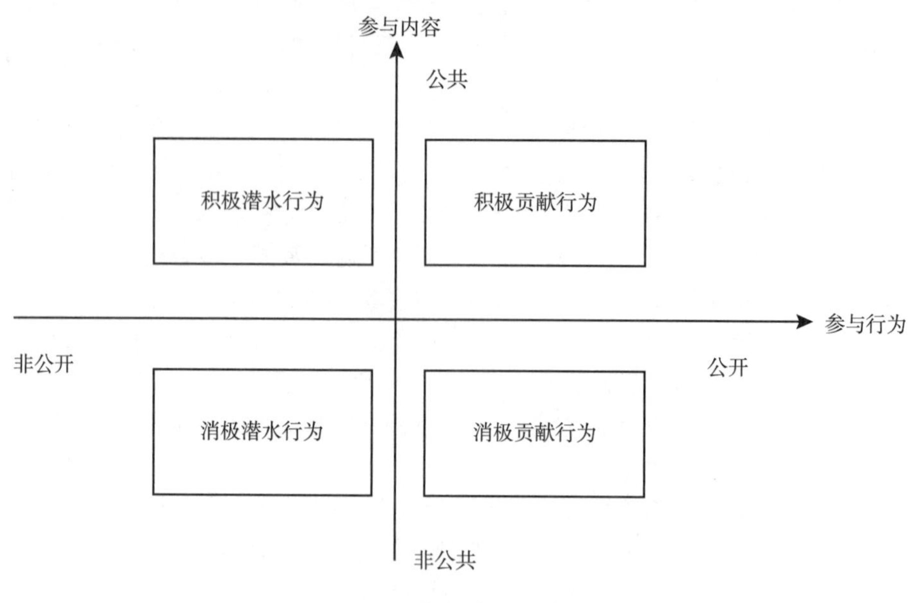

图2　微博参与类型

公共性和参与性结合的数字公民参与，即“积极贡献行为”在受访者中占少数。具体行为集中于时事新闻或社会公益等信息的转发和评论。从中可看出，受访者的权力掌握程度较为有限，无论是内容生产权力还是决策权力。并且，他们的政治参与意图也不强，以“告知”为主。

对公共性内容的参与主要以关注为主，即积极“潜水”行为。从政治意图来看，多数受访者并无进一步参与的意识，“看到了就看一眼，就知道有这个事儿，也没有想到要发”，S2F2 表示。U2F5 表示，她几乎不在微博上转发国家大事等内容，“看看就得了，不用我转，基本上大家都知道了”。可见，转发不必然代表强烈的政治意图，而不转发也不必然代表无政治意图。此外，如以 U3M7 和 U3M11 等为代表的潜水者的潜水行为有一定的政治意涵。虽然他们的潜水行为一部分是由于自身的内、外政治效能感不足引起的，但对于网络审查及网络公民参与效能感的认知甚至抵制也是其选择不参与的原因，但他们保持对公共议题的持续关注，且具备参与的能力。在一定程度上，这可被视为他们主动性的体现。

微博中参与程度最高的为私人性内容，即“消极贡献行为”。受访者的微博娱乐性使用和社交性使用呈现较强的私人性特征，他们在线上讨论或互动的次数和深度均较为有限。U2F5 和 U3M11 指出，娱乐可能会消解数字公民参与。但 U2F5 在微博使用中私人性特征明显，她会在微博上公开评论或转发评论相关公共议题，并且也会在线下与室友讨论各类线上议题。可见，私人性使用并不必然对公民参与产生负面影响。

① Casemajor N., Couture S., Delfin M., et al., “Nonparticipation in Digital Media: Toward a Framework of Mediated Political Action,” Media, Culture & Society 6 (2015): 850-866.

不得不承认，受访者中的确存在一部分政治冷漠者，他们在线上和线下均对政治关注不足，即“消极潜水行为”。主要体现在他们的政治兴趣不足，对政治不关心或没有兴趣，认为政治与自己或现实生活关系不大（U2F6、U3M8、U3M9）。因此，影响他们在微博上的参与表现及使用现状。这在一定程度上也可反证数字媒体使用可能会扩大原有（数字）公民参与的不平等，即微博使用会促进原先有政治兴趣的人的参与，但并不会动员原先没有政治兴趣的人。“所以有影响的话也只是对感兴趣的人，对不关注的人可能也就没有什么影响力”，U4M13 说。

（二）数字公民参与的影响因素

访谈发现，政治兴趣（U3M8、U3M9、U3M13）、党员身份（U2F6、U3M10、U3M12）、政治取向（U2F5）、政治效能感（J3F1、U3M7、U3M11）、政治或公民意识（U3M7、U3M11、U3M12）、维权意识（J3F1、S2F2、U1F4、U2F5、U3M7、U3M8、U3M9、U3M10、U3M12）、年龄（J3F1、S2F2、S2F3、U1F4、U3M7、U3M9、U3M10）、性别（J3F1、U1F4）及网络政治效能感、网络维权效能感等微博认知可能会影响微博参与、使用及其公民参与现状。在应然状态下，政治兴趣、党员身份、政治取向、政治效能感、政治或公民意识及维权意识等均会对微博公共性关注及参与等产生正相关影响。但受访者中，党员身份对微博公共性关注产生了一定影响，但对微博公共性参与并未产生显著影响；在政治效能感方面，受访者的内、外效能感均不高，主要影响了他们的微博公民参与情况；受访者的维权意识较强，但其网络维权行为倾向不高，主要是由于低网络维权效能感；政治或公民意识则对他们的微博公共性关注的影响较为明显。此外，受访者对微博网络审查、权力等级等的认知也影响了他们的数字公民参与现状。在年龄方面，年轻人群体对政治不关注及不参与是“合理的”，“定位群体太年轻，可能得 30 岁以上，我们这代人对政治感兴趣的太少”，U3M9 表示。但这是否受世代（Generation）抑或生命周期（Lifecycle Course）的影响有待进一步研究。在性别方面，男生对公共性议题有较多关注。数字公民参与涉及线上线下、知行等关系，具体作用机制及影响因素的复杂性可见一斑，有待深入研究。

（三）数字公民参与的教育启示

着眼于青少年的数字公民参与旨在通过数字媒体、微博使用及参与等行为促进他们对公民和政治生活的参与潜能，亦即建立（数字）媒体素养（Digital Media Literacy）和公民参与的关系。Mihailidis 和 Thevenin 构建了参与式公民身份的媒体素养框架，具体包括媒体参与能力、协作能力、表达式媒体素养能力及批判性能力，期望以此促进公民和政治参与。[①] 此外，数字媒体素养还可通过提供政治和社会议题信息、多元视角的接触认及为青少年提供发声、分享政治议题有关的信息和动员其他人的方式促进线上公民参与和政治参与，亦可能

① Mihailids P. & Thevenin B.，“Media Literacy as a Core Competency for Engaged Citizenship in Participatory Democracy，” American Behavior Scientist 11（2013）：1611 －1622.

借此促进线下公民参与和政治参与。[①] 这在一定程度上可将数字媒体视作另类公民学习环境。

而在数字媒体环境中，青少年的微博认知、使用及参与等实践主要是他们自身主导的产物，但这并不意味着学校教育已不能发挥作用。如 Buckingham 指出，数字技术的出现并非将学校退至无关或“数字经济”的训练场地，而是有必要在其基础上延伸学校作为公共机构的传统任务。同时，学校在负责教学的同时，也是重要的公共领域，为学生提供社会、智力和文化等方面的经验。[②] Kahne 等人的调查结果显示，数字媒体素养教育与线上政治参与及多元视角的接触呈正向显著相关。他们指出，青少年需要学习如何有效地评判他们在线上学到内容的可信度及如何确认、比较意识形态和政治信息。此外，学校有缩小媒体“参与鸿沟”的潜能，尤其是对处境不利人群。[③] 这主要通过学校中的媒体素养教育路径促进青少年的（线上）公民参与和政治参与。媒介素养教育可被视为政治教育及当今公民身份的关键维度。此外，学校还可通过公民教育促进（数字）媒体素养与公民参与的关系，这主要是将数字媒体视作另类参与途径、空间或学习环境。为因应公民身份范式的变迁，即由责任公民（Dutiful Citizens，DC）向自我实现公民（Selfactualizing Citizens，AC）范式的转换，Bennett 等人认为公民教育也应有所变化以适应年轻公民及社会、政治及传播世界的需要，包括适应学校及线上公民的学习环境。但需要说明的是，线上公民学习是对学校公民教育的补充，而非替代。学校教育可尝试融合青少年的（数字）媒体使用或参与经历，以贴近他们的生活方式进行公民教育。[④] Rheingold 甚至指出，在 21 世纪，参与式媒体教育和公民教育是分不开的。[⑤] 此外，媒体素养也是参与式公民的核心素养，因此被视为新公民教育的核心。

结合本文青少年的微博公民参与现状，可以发现他们对微博的“公”“私”融合特性有较清楚的认知，但在微博使用和参与方面，“公共性”和“参与性”不足。此外，批判性素养本身存在一些问题，如对乐趣、感官享受、非理性方面的强调不足，而这正是多数人的实际媒体经验。同时，青少年的媒体使用及参与并非“教育性”的，多集中于娱乐性内容。因此，学校在借助微博等数字媒体进行教育时，并非首要发展技术能力或推动“自我表

① Kahne J.，Lee N. J.，Feezell J. T.，“Digital Media Literacy Education and Online Civic and Political participation，” International Journal of Communication 6（2012，）：24.

② Buckingham D.，“Do We Really Need Media Education 2.0？Teaching Media in the Age of Participatory Culture，” Drotner K.，Schroder K.（eds.），Digital Content Creation：Perceptions，Practices，and Perspectives（New York：Peter Lang，2010）.

③ Buckingham D.，“Digital Media Literacies：Rethinking Media Education in the Age of the Internet，” Research in Comparative and International Education 1（2007）：43–55.

④ Bennett W. L.，“Changing Citizenship in the Digital Age，” Bennett W. L.（Ed.），Civic Life Online：Learning How Digital Media Can Engage Youth（Cambridge，MA：The MIT Press，2008）：1–24；Bennett W. L.，Wells C.，Rank A.，“Young Citizens and Civic Learning：Two Paradigms of Citizenship in the Digital Age，” Citizenship Studies 2（2009）：105–120.

⑤ Rheingold H.，“Using Participatory Media and Public Voice to Encourage Civic Engagement，” Bennett W. L.（Ed.），Civic Life Online：Learning How Digital Media Can Engage Youth（Cambridge，MA：The MIT Press，2008）：97–118.

达”，而是促进其对媒体运作范式的系统性理解，进而促进青少年更具反思性的使用方式。[①] Rheingold 还指出，参与式教学（Participatory Pedagogies）能被用于激发年轻人在线上平台表达公共声音，并与公民及政治议题建立紧密联系。学校在借助微博等数字媒体进行教育时，可进一步加强对青少年对信息真实性判别及意识形态等的辨别，“合理”且“合礼”表达及讨论、协作能力等的教育及学习，将责任公民和自我实现公民身份范式结合起来。在教学方法方面，也可采用参与式教学法，达到“做中学”。

（本文发表于《媒介时代的学生公民素养及其培育》，
社会科学文献出版社，2018）

① Buckingham D.，“Young People，Politics and News Media：Beyond Political Socialisation，” Oxford Review of Education 25（1999）：171－184.

第二篇

论著题录

中国与世界经济社会发展数据库（皮书数据库）题录

2011年

《新媒体究竟在改变着什么》

作者： 喻国明

摘要： 如果把新媒体的出现仅仅理解为多了一个传播通路或传播平台的话，那我们便极大地低估了这种新的媒体形态之于经济和社会生活改变的影响了。以微博为例，微博的出现不仅仅使人们的信息沟通更加便捷和即时，也不仅仅使人们在向社会“喊话”时有了一个“点对面”传播的“麦克风”。其深层次的意义在于：由于“弱连带关系”所造成的微博传播中过去只有在朋友和亲人之间的传播才拥有的某种信任关系，凭借着微博用户之间重重叠叠的关系嵌套，造成了微博传播所具有的核裂变式的传播效应。这种强大的传播效应是对传统的传播范式的一个重大改写，它从根本上改变了过去凡是大面积的社会传播必须依赖“大媒介”的格局。在微博的世界里，传播者是谁并不重要，重要的是所传播的资讯内容是否具有分享意义和对于社会的价值穿透力。

所属图书：《中国视听新媒体发展报告（2011）》

所属丛书： 视听新媒体蓝皮书

出版社： 社会科学文献出版社

出版时间： 2011 年 3 月

《公安微博的发展与展望》

作者： 张谦

摘要： 本文分析了 2010 年公安微博的开通和运营状况，阐述了微博为公安机关带来的工作成效与社会反响，总结了公安微博的运行模式，并指出存在的问题。最后，本文对公安微博的进一步发展进行展望并提出建议。

所属图书：《中国法治发展报告 No. 9（2011）》

所属丛书： 法治蓝皮书

出版社： 社会科学文献出版社

出版时间： 2011 年 3 月

《微博下的人类灵魂——新媒体公共空间下的对话与沟通》

作者： 师曾志

摘要：2010 年是微博元年，中国社会在很多方面都因为微博的广泛使用而发生变化。本文试图回答：微博的发展变化如何，微博构建了怎样的想象的微共同体，“微民”有着怎样的体验与幻象，“微民”作为游荡者的吟唱有着怎样的意义。描述了微博社会资本建构的公共精神，分析了媒介事件发展过程的变化，探讨了微世界中公共空间与私人空间的消融，提出后慈善公益时代的到来。

所属图书：《中国慈善发展报告（2011）》

所属丛书：慈善蓝皮书

出版社：社会科学文献出版社

出版时间：2011 年 4 月

《2010 年中国微博用户行为研究报告》

作者：肖明超

摘要：中国的互联网用户正在高速增长，互联网正在改变着人们的生活方式，也在颠覆人们的沟通和交流模式。自 2006 年 Twitter 网站的创立，微博客作为一个新的互联网平台得到了迅速的发展。随着新浪微博 2009 年的正式上线和很多网站相继推出微博平台，微博已经成为 2010 年中国社会的一个关键词。具有强烈的自媒体属性的微博，改变了人们的媒体习惯和信息传播的模式，并成为社会化媒体中最为即时性、用户最活跃的信息传播平台。微博吸引了中国主流群体的积极参与，成为中国公众自我宣泄和表达思想与观点的空间，在新媒体运用更加敏捷、广泛的今天，微博不仅给中国公众带来新的话语空间，也在改变着信息、媒体甚至包括政府公共服务信息的传递，如何对待、应用微博以及下一个最新的互联网应用，也对相关部门的决策、沟通、处置能力提出了新的考验。本文通过详细的调研数据，深入分析了中国微博用户的特征、使用行为，并提出了政府及相关部门如何使用微博的建议。

所属图书：《2011 年中国社会心态研究报告》

所属丛书：社会心态蓝皮书

出版社：社会科学文献出版社

出版时间：2011 年 5 月

《基于不同平台的网络意见领袖传播特征初探》

作者：向芬

摘要：本文初步探讨了社区论坛、博客、社交网站、微博和即时通信等不同网络应用平台中的网络意见领袖的特征和形成因素。

所属图书：《中国新媒体发展报告（2011）》

所属丛书：新媒体蓝皮书

出版社：社会科学文献出版社

出版时间：2011 年 7 月

《微博“热”的“冷”解析——2010 年中国微博发展态势、传播功能及社会影响》

作者：王文博、周世禄、刘瑞生

摘要：本文通过分析中国微博的发展态势、传播功能及社会影响，发现2010年很“火”的微博实际上并没有那么“热”。

所属图书：《中国新媒体发展报告（2011）》

所属丛书：新媒体蓝皮书

出版社：社会科学文献出版社

出版时间：2011年7月

《2010中国微博年度报告》

作者：马有明

摘要：2010年被称为中国微博元年，微博渗透到社会生活的方方面面，并对中国社会舆论格局产生了空前巨大的影响。本报告以微博的发展历程与现状、功能与传播特点为切入点，从微博与公民表达、传统媒体、公共舆论、社会动员等多个方面系统地分析了微博的影响力。并且，本报告深入分析了微博与谣言，将微博看作一种新的社会生活方式，以呈现2010年微博在中国发展的全貌。最后，本报告预测微博将在中国获得快速稳定的发展，并逐渐走向成熟。

所属图书：《中国社会舆情与危机管理报告（2011）》

所属丛书：舆情蓝皮书

出版社：社会科学文献出版社

出版时间：2011年7月

《风险沟通中的信息管理与发布研究——以海底捞“勾兑”事件为例》

作者：梁俊民

摘要：信息沟通是风险管理和危机处置的关键步骤，本文以海底捞在“勾兑”危机中的危机管理为例探讨了危机主体在风险沟通中信息管理和发布应当注意的事宜，指出危机主体在危机管理中应当全面利用各种信息进行风险的规避，而危机发展过程中的信息发布则应做到有始有终，并通过具有权威性的沟通主体和有效性的信息发布方式充分降低不利信息的影响。

所属图书：《新媒体与社会（第三辑）》

出版社：社会科学文献出版社

出版时间：2011年11月

2012年

《微博时代的集体行动——解读“随手拍照解救乞讨儿童”行动》

作者：杨培

摘要：2011年春节，一场通过微博发起的“随手拍照解救乞讨儿童”（以下简称“随手拍”）行动如火如荼地进行着。该行动号召全国网友拿起手机、照相机、摄像机，看到乞讨的儿童就拍下来，并公布在网上。由于建嵘开通的“随手拍”微博受到网友、媒体、人大代表、明星、政府等关注，一时间，全民加入街拍行列，短短两周的时间，“随手拍”上关注解救乞讨儿童的话题超过46万条，网友在各地拍摄的乞讨儿童照片超过2500张，粉丝超过9万人。2011年的“两会”期间，人大代表和政协委员关于弱势儿童群体的议案、提案数量也刷新纪录，有关儿童福利的提案至少有19个。国务院总理温家宝发表讲话，指示相关部门做好流浪儿童的救助工作。从民政部、公安部，到地方政府，都给予流浪儿童、拐卖儿童现象高度的关注并实施了积极的解决措施。目前，“随手拍”的粉丝数量已超过21万人，“随手拍”成为微博世界里集体行动的新星。

所属图书：《中国第三部门观察报告（2012）》

出版社：社会科学文献出版社

出版时间：2012年1月

《上海政务微博发展现状与运营策略》

作者：贾佳、瞿旭晟、张志安

摘要：本文以新浪、腾讯、东方网和新民网等实名认证的政务微博为考察对象，通过数据统计、深度访谈，研究上海及全国政务微博的运营现状。研究发现，上海政务微博的主要特点包括参与度较高，“微博问政”意识逐步增强；全国性平台和本地平台平分秋色；公安、司法等部门活跃度高；整体的活跃程度不高，影响力也有待提升；强调服务、注重实用；等等。此外，本文还针对如何发展上海的政务微博提出若干建议。

所属图书：《上海传媒发展报告（2012）》

所属丛书：上海蓝皮书

出版社：社会科学文献出版社

出版时间：2012年1月

《网络舆论与新闻专业主义的实践困境》

作者：白红义

摘要：新闻专业主义作为一种文化正在中国新闻界发生作用，影响越来越多的新闻从业者的观念和行为，进而影响着媒体的新闻表现。然而，就在以新闻客观性为核心的新闻专业主义还没有在中国新闻业扎根时，该主义又碰到了更为巨大的挑战。近年来，在一些重大的公共事件的报道中，通过新兴的互联网技术集聚起来的网络舆论对客观性造成了巨大的负面影响。公众能够更加快捷、直接、深刻地影响记者的新闻生产，汹涌的网络民意干扰了新闻记者们的专业实践，对新闻专业主义提出了新的挑战。

所属图书：《上海传媒发展报告（2012）》

所属丛书：上海蓝皮书

出版社：社会科学文献出版社

出版时间：2012年1月

《2011年中国互联网舆情分析报告》

作者：胡江春、祝华新、单学刚

摘要：2011年，以动车事故为契机，更多社会群体登上网络舆论平台，对政府的公共治理进行审视和监督。“微博打拐”和小学生“免费午餐”在民间和政府的良好配合下推进，展示了依托于互联网的民间“自组织”力量的成长，以及政府的包容。随着微博客的舆论能量爆发，政府在动车事故后对其加强了管理，网络舆论的力度趋于平缓。

所属图书：《2012 年中国社会形势分析与预测》

所属丛书： 社会蓝皮书

出版社： 社会科学文献出版社

出版时间： 2012 年 1 月

《2011 年温州互联网舆情分析报告》

作者： 张红军

摘要： 2011 年温州互联网舆情继续保持了迅猛发展的态势。热点话题不断涌现，网民数量持续增加，公众权利意识进一步提升，市民网络参政热情继续高涨，同时微博等新兴网络平台发展势头强劲，改变了网络论坛一枝独秀的社会舆论格局。政府更加注重对网络信息的呼应，主流媒体的社会舆论“稳定器”的作用在民间借贷危机集中爆发的非常时期愈加凸显。互联网舆情的发展对政府及社会组织如何妥善应对网络舆论提出了更高的要求。

所属图书：《2012 年温州经济社会形势分析与预测》

所属丛书： 温州蓝皮书

出版社： 社会科学文献出版社

出版时间： 2012 年 3 月

《微博时代主流意识形态更须有所作为》

作者： 王文

摘要： 无论是发展中国家，还是发达国家，社会不稳定的背后，都存在一个共同的变量：以社交网站为主要代表的网络新技术，更确切地说就是微博。这些社交网站在国外以推特（twitter）、脸书（facebook）等为主要代表，由于种种原因，这些国外社交网站并没有进入我国，但相应的技术平台在国内分别衍生为微博、人人网等。如果处理不好网络新技术的冲击，任何国家的社会治理都有可能陷入乱局。

所属图书：《世界社会主义跟踪研究报告（2011 ~2012）》

所属丛书： 世界社会主义黄皮书

出版社： 社会科学文献出版社

出版时间： 2012 年 3 月

《2011 年中国微博行业发展概述》

作者： 张伟

摘要： 本文主要介绍了 2011 年中国最为热门的社会化媒体的行业——微博的发展状况。本文针对 2011 年我国微博行业的高速发展，概括出其五大特征：微博促进中国互联网形成新的生态格局、在公共新闻事件中的传播效果显著、加速了中国网络文化的更新换代、大量企业入驻微博使媒体管理成为企业面临的新挑战、各平台纷纷尝试微博的商业化转变。

所属图书：《2012 年：中国传媒产业发展报告》
所属丛书：传媒蓝皮书
出版社：社会科学文献出版社
出版时间：2012 年 4 月

《一条微博掀起的“中非希望工程”舆论风波》

作者：王亚、杨晓禹、杨团

摘要：2011 年 8 月，一个名叫卢星宇的 24 岁女孩，因担任“中非希望工程执行主席，管理 20 亿元项目资金”成为微博热点。当时正值北京多所打工子弟学校面临关停、“郭美美事件”沸沸扬扬之际，网友质疑为何北京打工子弟学校面临关停，而中国青少年发展基金会（以下简称“中国青基会”）却去非洲建学校，而中非希望工程执行主席竟是一个 24 岁的女孩。“卢美美事件”使“中非希望工程”和中国青基会陷入舆论风波。面对公众质疑，中国青基会理性回应，通过及时出面声明、委托第三方机构对项目进行评估及审计等积极对应，基本消除了公众质疑，为“中非希望工程”正了名。

所属图书：《中国慈善发展报告（2012）》
所属丛书：慈善蓝皮书
出版社：社会科学文献出版社
出版时间：2012 年 7 月

《社交网络朝气蓬勃》

作者：田奇峰

摘要：2011 年，我国微博用户数量呈现爆发式增长，社交网站一家独大的局面被彻底改变。社交网站受到微博的冲击，出现了用户流失、用户黏性降低等问题，部分社交网站开始通过开放平台、收购、拓展新模式的方式从服务内容和服务对象上寻求新的突破。微博企业用户数量快速增加，但是其盈利模式依旧比较模糊，营收状况堪忧，探索微博盈利模式成为未来关注的重点。此外，微博媒体属性不断增强，政务微博成为政府部门信息传递的有效途径，而“SoLoMo”成为社交网络流行词，各社交网络企业纷纷试水。

所属图书：《中国软件和信息服务业发展报告（2012）》
所属丛书：软件和信息服务业蓝皮书
出版社：社会科学文献出版社
出版时间：2012 年 5 月

《沟通　开放　融合——移动社交平台发展研究》

作者：刘志毅

摘要：移动社交平台是移动互联网核心领域之一，这个领域集中了目前最热门的核心应用：移动 IM、移动 SNS 及移动微博。同时，移动社交平台体现了目前互联网发展的主旋律——沟通、开放、融合。用户在沟通上的需求催生了可能会颠覆产业链的细分领域——移动 IM 市场；基于真实社交关系的移动社交平台有可能发展为整个移动互联网应用平台的中心；移动微博则聚合了移动互联网和微博的力量，有可能发展为能够融入用户的真实生活圈、进行深度服务的信息平台。

所属图书：《中国移动互联网发展报告（2012）》

所属丛书：移动互联网蓝皮书

出版社：社会科学文献出版社

出版时间：2012 年 5 月

《新媒体品牌报告》

作者：聂庆璞

摘要：2011 年，对新媒体来说，是颇为纠结的一年。网络应用虽然没有重大改变，但我国网络发展的政策发生了重大变化，新媒体的重要性进入了党的全会的决定中。网速虽然没有提高，但针对电信、联通的垄断调查，让网民们看到了希望，并且这个“饼”也已经被电信、联通挂到了我们面前。社交性网站在上半年的时候，想要钱就有人争着给钱，但下半年它们再想要的时候，却发现谁也不给了。微博用起来觉得真爽，但许多人用后，发现自己“爽”得“赤身裸体”。

所属图书：《中国文化品牌发展报告（2012）》

所属丛书：文化品牌蓝皮书

出版社：社会科学文献出版社

出版时间：2012 年 5 月

《微博发展与休闲生活、休闲产业》

作者：金准

摘要：微博已发展成我国居民的主流休闲平台之一，也成为休闲产业的主流信息发布媒介，促进了休闲产业的新一轮升级发展，形成了跨产业的休闲合作圈。与微博一起对休闲生活和休闲产业产生重大影响的媒体和平台，还包括博客、维基、播客、社交网络、内容社区等。未来，社会化媒体还将进一步影响我国休闲生活和休闲产业的深层次结构。

所属图书：《2012 年中国休闲发展报告》

所属丛书：休闲绿皮书

出版社：社会科学文献出版社

出版时间：2012 年 6 月

《上海青年微博使用现状》

作者：共青团上海市委

摘要：作为一种新型网络载体，微博传入我国只是最近几年的事情，但是发展势头十分迅猛。微博因其发布便捷、易读性强、贴近生活，较好地满足了青年求知、求友、求乐、求发展等心理情感需求，因而备受年轻人的青睐。本文在抽样调查的基础上，就上海青年接触、使用微博的情况进行调查分析，并提出要对微博时代的青年文化加以引导，要加强其与主流文化的沟通，为主流文化的创造与转型提供开放的、多样化的可能。

所属图书：《中国未成年人新媒体运用报告（2011—2012）》

所属丛书：青少年蓝皮书

出版社：社会科学文献出版社

出版时间：2012 年 6 月

《微博舆论形成与互动机制的实证研究》

作者：贺涛、赵振宇、李卫东

摘要：本文提出微博舆论形成的过程模型，通过“药家鑫案”事件微博舆论的实证调查分析，探讨了信息碎片、话题、意见领袖及分众粉丝群等因素在微博舆论形成中的作用机制。在此基础上分析微博舆论形成过程中意见领袖之间、意见领袖与普通草根之间，以及普通草根之间的互动机制。

所属图书：《中国新媒体发展报告 No. 3（2012）》

所属丛书：新媒体蓝皮书

出版社：社会科学文献出版社

出版时间：2012 年 7 月

《微博“打拐”：公民行动，官民共治》

作者：王亚、杨团

摘要：由微博发起的“随手拍照解救乞讨儿童”行动，发布了 2000 多幅各地网友街拍的乞讨儿童照片，在很短时间内吸引了十余万粉丝。网上网下，个人的、小团体的、志愿的非专业行动，与公安部门、各类媒体、人大代表及政协委员等社会力量结合在一起，最终演化为一场政府与民众共同推动的社会行动。

所属图书：《中国慈善发展报告（2012）》

所属丛书：慈善蓝皮书

出版社：社会科学文献出版社

出版时间：2012 年 7 月

《微博的发展态势、传播特征及治理策略》

作者：许薇薇、刘瑞生

摘要：近一两年，微博引发了一场传播“革命”。值得关注的是，微博传播所引发的诸多问题使得微博治理日益成为世界性话题。本文立足于国内外比较的视野，梳理微博客发展和探讨微博传播功能，并为我国提出了微博治理的对策建议。

所属图书：《中国新媒体发展报告 No. 3（2012）》

所属丛书：新媒体蓝皮书

出版社：社会科学文献出版社

出版时间：2012 年 7 月

《微博需要什么样的法律制度》

作者：吴峻

摘要：微博以其独特的结构和强大的传播力在相当程度上改变了信息传播和交流的方式，为中国互联网产业及电信业的发展注入了新的动力，同时也给社会带来一些负面影响。

要不要对微博进行监管以及如何监管引发社会热议。本文认为，可以通过调整和完善现有的制度和监管架构对微博进行监管，而没有必要专门针对微博进行管制立法。

所属图书：《中国法治发展报告 No.10（2012）》

所属丛书：法治蓝皮书

出版社：社会科学文献出版社

出版时间：2012 年 7 月

《微博冲击下的中国红十字会直面挑战》

作者：刘平、杨团

摘要：2011 年 6 月 20 日，一条自称是中国红十字会商业总经理的署名微博因其博主炫耀其奢华生活，在网络上引起轩然大波，引发了公众对中国红十字会的普遍质疑。中国红十字会直面挑战，拉开了红十字会系统整体改革的序幕。

所属图书：《中国慈善发展报告（2012）》

所属丛书：慈善蓝皮书

出版社：社会科学文献出版社

出版时间：2012 年 7 月

《微博对个人社会网的影响：基于个案的研究》

作者：韩瑞霞、曹永荣

摘要：微博是一种微型博客形式的积极传播中介。通过发布信息和关注他人信息，人们建立了新的人际传播网络。在格兰诺维特强关系和弱关系的理论分析框架中，在现实中与他人的不同关系距离将会影响个人行动的效率。本文通过四个维度：关系的时间量、情感紧密性、熟悉程度和互惠性分析了微博客们之间的关系。在此基础上提出三大假设：①个人社会网络通过微博将得到极大的扩展；②个人在微博中的强关系连接与他/她在现实中的强关系人群并不完全相同；③微博中的强关系将有利于个人情感需求和信息需求的满足。本文通过对两个“微博客”的个案研究对这三大假设进行了检验，并就微博对个人社会网络的影响作了简短评论。

所属图书：《新媒体与社会（第二辑）》

出版社：社会科学文献出版社

出版时间：2012 年 7 月

《微博在社会道德重建中的作用研究——由“小悦悦事件”引发的思考》

作者：曹永荣、韩瑞霞

摘要：“小悦悦事件”后，社会道德滑坡已经成为官方、媒体和大众的共识。在这种情况下，微博用户、论坛和 QQ 用户率先果断采取行动，以杜绝社会冷漠的蔓延。道德滑坡原因有多个方面，备受诟病的主要有官员腐败、社会转型、媒体误导等。而微博由于其碎片化的信息传播方式，多渠道、多方式的传播渠道和病毒式传播等特点，在克服这些社会弊端中的作用初步凸显。本文探究了如何建立政府机构—微博、微博用户之间和媒体、传统媒体与微博三个层面的渠道互动和监督机制，从而对社会起到“正本清源”的作用，这必将有助于社会道德的重建。

所属图书：《新媒体与社会（第二辑）》

出版社： 社会科学文献出版社

出版时间： 2012 年 7 月

《微博对新闻报道的影响》

作者： 王文博、周世禄

摘要： 微博带来信息传播方式变革的同时，也给新闻媒体带来了冲击。本文从微博和新闻媒体的传播特点出发，借助实际案例分析微博对新闻报道的影响，并从中寻求二者和谐共生、相互促进的途径。

所属图书：《中国新媒体发展报告 No. 3（2012）》

所属丛书： 新媒体蓝皮书

出版社： 社会科学文献出版社

出版时间： 2012 年 7 月

《微博热潮和中国旅游》

作者： 金准

摘要： 微博引发的热潮，正在深刻影响中国旅游。一方面，微博正成为旅游发展全链条普遍参与的互联网平台，从中产生出新的旅游信息制造、传播和互动方式，改变了产业的影响力模式，旅游需求为之一变；另一方面，以微博为代表的社会化媒体，将进一步影响旅游产业生态，进而重塑旅游产业结构。

所属图书：《2012 年中国旅游发展分析与预测》

所属丛书： 旅游绿皮书

出版社： 社会科学文献出版社

出版时间： 2012 年 7 月

《2011 年政务微博发展分析报告（节选）——以腾讯微博为例》

作者： 武汉大学互联网科学研究中心

摘要： 本文基于 2011 年 5 月至 11 月对腾讯微博的数据收集、整理分析和对微博个案的研究分析，描述了政务微博的现状，将其分为公安、交通、旅游、工商税务、医疗业、城管、团委机构七类；提出了内容指标、听众指标、传播互动力指标、时效指标、群体联动指标、行动力指标、管理指标和满意指标共八个政务微博评价指标；并就政务微博出现的问题和对策从理念层面和实务层面展开具体论述。

所属图书：《新媒体与社会（第二辑）》

出版社： 社会科学文献出版社

出版时间： 2012 年 7 月

《2011 年中国社交网络舆情发展态势》

作者： 刘鹏飞

摘要：2011 年，以微博、社交网站、视频分享、移动社交应用和电子商务等为代表的社交网络媒体呈现多元化发展趋势。社交网络展现青年人群中的巨大的互动、分享与动员力量，改变了社会舆论格局。重视和善用社交网络，畅通表达渠道和保护个人公共信息，或成为社交网络舆情引导的有效举措。

所属图书：《中国新媒体发展报告 No. 3（2012）》

所属丛书：新媒体蓝皮书

出版社：社会科学文献出版社

出版时间：2012 年 7 月

《2011 年中国网络舆情指数年度报告》

作者：中国传媒大学网络舆情（口碑）研究所/艾利艾咨询

摘要：本报告基于网络舆情指数体系和 I-Catch 全网动态分析系统，以 IRI 网络舆情 100 典型网站为样本，梳理 2011 年全年网络热点话题，深入研究话题倾向、领域分布等规律，从党政部门回应、网络舆情引爆能力、微博舆情等方面，量化呈现 2011 年网络舆情发展。

所属图书：《中国新媒体发展报告 No. 3（2012）》

所属丛书：新媒体蓝皮书

出版社：社会科学文献出版社

出版时间：2012 年 7 月

《政府网站（含政务微博）形象危机应对研究报告》

作者：中国人民大学危机管理研究中心课题组

摘要：政府网站（含政务微博）形象危机的风险分为 8 大类 18 项。当前政府网站（含政务微博）形象危机形势严峻的省份，2011 年度为重庆等，2012 年 1 月至 4 月为广东等。政府网站（含政务微博）形象危机的应对，关键在妥善处理评委关系的前提下，减少形象落差度（2011 年度为 10. 48%），提高形象解释度（当前为 72. 72%），纠正形象偏差度（当前为 43. 33%），以全面降低政府网站（含政务微博）形象危机的风险度（2011 年度为 27. 03%）。

所属图书：《形象危机应对研究报告（2012）》

所属丛书：形象危机应对蓝皮书

出版社：社会科学文献出版社

出版时间：2012 年 9 月

《微博时代的北京旅游营销研究》

作者：北京旅游学会旅游发展改革研究密云基地

摘要：微博的出现给旅游营销带来了全新的渠道，在微博上传统的“旅游价值链条”被大幅度缩短或替代，旅游产品供给方发出的微博的内容有时是广告，有时是直接引导消费的。广告和信息直接到达消费者手里，是一种无成本的、迅速快捷的营销方式。

所属图书：《北京旅游发展报告（2012）》

所属丛书： 北京旅游绿皮书
出版社： 社会科学文献出版社
出版时间： 2012 年 10 月

《网络媒体在风险沟通中的应用——以新浪微博“微访谈”为例》

作者： 王风皎

摘要： 近年来，随着网络媒体的兴起和网络舆情影响力的扩大，互联网逐步成为民意表达的场所，也成为政府和有关机构进行风险沟通的主要媒介之一。网络媒体在报道舆情事件、进行风险监督等方面发挥了重要作用。“微访谈”作为基于微博而建立的新型访谈形式，以其开放性、透明性、参与性等特征，为普通网友与嘉宾进行直接沟通提供了一个新型平台。本文简要分析新浪微博“微访谈”的发展现状，并以“解读食品安全国家标准”微访谈为例，对访谈嘉宾的回应方式进行分析。本文认为：“微访谈”可以被广泛应用于风险沟通中，成为公众参与风险信息的新渠道、政府促进协商民主的新手段，对实现政府有关部门与公众的沟通和互动具有十分重要的意义。

所属图书：《新媒体与社会（第三辑）》
出版社： 社会科学文献出版社
出版时间： 2012 年 11 月

《大学生认知微博谣言分析及微博纠错机制初探》

作者： 吴越

摘要： 在信息爆炸的现代社会，虚假信息有可能干扰社会的公共生活，掩盖真相成为话语主导。微博作为开放、便捷的新媒体信息平台，为谣言的迅速传播、聚合和裂变带来了可能。同时，在信息流动过程中，微博凭借其“自我纠偏”和“信息校正”能力，逐步发展成为有效的流言控制平台，在传播中扮演净化信息的“清道夫”与“守门员”的重要角色。本文通过问卷调查展示大学生应对微博谣言的现状与态度。同时，以新浪官方“微博辟谣”和 NGO 组织科学松鼠会下设的“谣言粉碎机”微博两个个案来分析他们如何运用有效手段，实现微博在信息传播中的自净化功能，并由此提出进一步完善“微博辟谣”机制的建议。

所属图书：《新媒体与社会（第三辑）》
出版社： 社会科学文献出版社
出版时间： 2012 年 11 月

《微博新闻信息可信度研究——基于内地全日制在校大学生样本的调查数据》

作者： 王谦秋、陈丽娜

摘要： 微博的迅猛发展日益改变着人们接收信息的方式，而这一新的各类信息汇流的平台的可信度却常常受到质疑。本文以内地全日制在校大学生为样本，调查该群体对微博新闻信息的可信度认知，从大学生群体对微博新闻信息可信度认知情况、影响其对微博新闻可信度认知的因素以及其质疑新闻信息可信度的原因三个问题入手，利用配额抽样抽取样本进行问卷调查，研究发现大学生对不同类型和不同来源的微博新闻信息可信度持有明显不同的态度；大学生群体内部的人口学等变量上的区别并没有造成对微博新闻信息可信度认知的显著差异；来源不可靠、缺乏新闻专业精神和缺乏新闻（信息）伦理规范是大学生质疑微博新闻信息可信度的三个主要理由。

所属图书：《新媒体与社会（第三辑）》

出版社：社会科学文献出版社

出版时间：2012 年 11 月

《2012 年互联网舆情分析报告》

作者：刘鹏飞、祝华新、单学刚

摘要：2012 年微博客继续升温，成为网络舆论的发动机。社会转型期各种矛盾在叠加，网民对深化改革表现出热切的期待，有关国家发展和改革取向的意识形态论争重新抬头。环境问题引发的群体性事件增多。民间对钓鱼岛和南海问题态度强硬，但仔细辨析，其背后主要是民生诉求而非单纯的民族诉求。以《人民日报》开设法人微博为标志，微博“国家队”崛起，拓展了官民对话渠道。

所属图书：《2013 年中国社会形势分析与预测》

所属丛书：社会蓝皮书

出版社：社会科学文献出版社

出版时间：2012 年 12 月

2013年

《作为公民媒体的网络：公共性、舆论引导与社会转型》

作者：上海社会科学院新闻研究所（由吴畅畅执笔）

摘要：2011—2012 年，以新媒体为载体或由新媒体引发数次公共事件或公开争论，其中涉及食品卫生安全、环境污染、奥运会、公共卫生设施、社会性别以及民族主义等重要议题。一方面，需要强调网络作为公民媒体的重要性，即对新型虚拟社区构建的意义，另一方面，在社会公共事件爆发以及发展过程中，应当积极跟踪观察舆情，以开放的心态吸收各方网络意见及有益建议，并以全球性的视野理解社会公共事件与新媒体和网络的关系。

所属图书：《上海传媒发展报告（2013）》

所属丛书：上海蓝皮书

出版社：社会科学文献出版社

出版时间：2013 年 1 月

《西安市政务微博建设研究报告》

作者：岳芃

摘要：政务微博在社会管理创新、政府信息公开、新闻舆论引导、倾听民众呼声、树立政府形象、群众政治参与等方面起到了积极的作用。西安市政务微博目前还呈落后状态。西安微博政务不仅要消除与北京、上海、广州、深圳等城市政务微博先行部队之间的数量与质量差距，而且要着眼于政务微博更重要的功能——维护社会安全、促进社会和谐的功能。建立长效西安政务微博舆情监测系统势在必行。

所属图书：《陕西文化发展报告（2013）》

所属丛书： 陕西蓝皮书

出版社： 社会科学文献出版社

出版时间： 2013 年 1 月

《微博传播的多重面向与微博研究的多维视角》

作者： 夏德元

摘要： 微博传播的勃兴，不仅集中体现了人类的传播天性，使人们的表现欲望、娱乐精神、伦理关切、政治情怀和利益诉求得到了空前的释放，从而使普罗大众传播主体的地位得以回归；而且正在从总体上改变着当今社会信息资源的分配格局，对社会政治经济文化生活产生了越来越显著的影响。为了更好地发挥微博传播在和谐社会建设中的积极作用，必须高度重视微博传播的多学科综合研究，使民众传播进入哲学社会科学主流话语体系。2012 年，学界从新闻传播学、社会（心理）学、伦理学、文化学、政治学、经济学等视角对微博传播展开了广泛的研究，产出了数量可观的学术成果，但研究深度略显不够，学科领域仍有待开掘。

所属图书：《上海传媒发展报告（2013）》

出版社： 社会科学文献出版社

出版时间： 2013 年 1 月

《“独立候选人”与当代中国政治发展》

作者： 罗大蒙

摘要： 自 2011 年至 2012 年底的县乡两级人大代表换届选举中，已涌现出了许多“独立候选人”，在网络和现实中都引起了极大反响，其存在的合法性遭到相关部门的质疑。“独立候选人”的出现并非偶然，而是公民权利意识觉醒、维护合法权益需要、推进我国民主政治建设的愿景以及“微博”等网络平台的兴起等因素共同作用的结果。“独立候选人”对我国的政治发展具有极为重要的意义，它不仅培育了公民的民主精神，锻造了公民的民主能力，为我国的民主政治发展提供了不竭动力，还促进了我国人大制度的改革和完善，保证人大民主的实现，进而推动我国政治体制改革进程。同时，“独立候选人”通过人大这一制度平台进行有序政治参与，符合我国“维稳”需求，有利于保持我国政治秩序的长期稳定。

所属图书：《当代中国政治研究报告（第 10 辑）》

出版社： 社会科学文献出版社

出版时间： 2013 年 1 月

《微博之不微之道——微博舆论引导探析》

作者： 雷霞

摘要： 微博已经不可避免地成为影响舆论的重要平台之一，并且越来越受到重视，“微民”的崛起以及微博的聚合效应等特征无一不为舆论引导工作增加新的挑战与难度。但在看到挑战与难度的同时，更要注意到微博平台是一个可利用的高效信息传播与互动平台，因此，更加有效地利用微博平台来进行舆论引导工作，有望达到事半功倍的效果。

所属图书：《上海传媒发展报告（2013）》

出版社：社会科学文献出版社

出版时间：2013 年 1 月

《文化旅游政务微博在地域文化传播中的效用研究》

作者：马晓雪、李艳

摘要：随着微博这一新兴传播方式的出现及其影响力迅速扩大，利用微博这一新平台进行文化资源传播的文化旅游类政务微博也随之出现。这类政务微博与旅游产业的发展、文化资源传播、城市品牌的营销有着密切的关系。因此，关注并对这一传播现象进行研究，具有较强的现实意义。本文采用实证研究的方法，对目前文化旅游政务微博的现状及传播影响力进行梳理和分析。在此基础上，结合受众分析，探讨了文化旅游政务微博的发展策略。

所属图书：《中国文化创新报告（2013）No. 4》

所属丛书：文化创新蓝皮书

出版社：社会科学文献出版社

出版时间：2013 年 2 月

《社区公共微博在处理社区公共事务中的作用探析——以深圳大学禁电动车事件为例》

作者：徐莉、钟静子、石磊、黄康

摘要：社区公共微博就是指微博内容大部分是关注其现实物理世界所在社区或者组织环境，其微博粉丝也大量来自其现实物理世界所在社区或组织的、带有所在社区或者组织名称的微博。本文通过分析“深大禁电动车”事件中深大公共微博的表现和相关的舆论走向，发现社区公共微博是网络社区内的意见领袖，在社区事务中起到了议程设置和集体动员的作用，并且在网络社区中商议社区公共事务，沉默的螺旋作用同样明显。最后，本文建议社区完善沟通机制，设立社区微博发言人制度。

所属图书：《新媒体与社会（第四辑）》

出版社：社会科学文献出版社

出版时间：2013 年 3 月

《“微”观微博场景转换对社会行为的影响研究——基于梅洛维茨媒介情境论的视角》

作者：胡焱

摘要：微博场景是由微博技术和社会行为共同塑造的，而微博场景的前后台转换和信息流动模式息息相关，本文以梅洛维茨的媒介情境论为视角，以参与式观察法为研究方法探究微博中的场景转换对社会行为的影响。通过描述微博场景的特点，阐述微博场景中的人际交互模式，沿两条路线——信息流动模式和场景转换以及场景转换与社会行为转变来分析信息流动模式、场景转换及行为改变的关系。本文指出规避微博场景中的角色冲突和表达限制，研究出适于微博场景的规则是必要的。

所属图书：《新媒体与社会（第四辑）》

出版社：社会科学文献出版社

出版时间：2013 年 3 月

《2003—2012 年我国教育投入舆情分析研究》

作者：李慧敏、尹翠莉、郑广嘉

摘要：20 世纪 90 年代以来中国经济快速发展。与国家整体经济不断攀升的迅猛势头相比，教育投入的增长颇显迟缓。本文通过对媒体在九年间（2003. 7—2012. 7）的相关报道及微博用户（2009. 8—2012. 8）的观点进行数据统计，发现该议题在传播过程中具有以下几个特征：媒体报道具有时间分布上的规律性，主要集中在每年的 3 月、7—9 月、11—12 月；政府和媒体的议程影响公众议程；公众议程更易受到突发事件的影响；官方缺少解读，舆论场集中在公众；媒体的官方微博成为“复读机”，缺乏反馈与双向互动。最后，针对教育投入在传播过程中存在的不足之处，研究小组认为政府要建立完善的政策发布机制，注重公众意见的反馈；媒体要加强对政策的解读，充分发挥舆论监督的作用。

所属图书：《新媒体与社会（第四辑）》

出版社：社会科学文献出版社

出版时间：2013 年 3 月

《选择政治参与方式》

作者：张明澍

摘要：2011 年 4 月 13 日上午，安徽省利辛县土地局工作人员周文彬登上一辆开往亳州市的汽车，他要去亳州市纪委，自首自己曾用烟酒向有关官员行贿，同时举报多名领导受贿。在中国的腐败和反腐败中，这是一个小得不能再小的“案件”，甚至可能连案件都说不上。但它却引来全国各大媒体报道，新华社为此事发了通讯。这件事的“新闻点”在于周文彬采取的自首和举报方式。他于 4 月 10 日在微博上预告三天后要去自首和举报，并且要“直播”自首和举报的过程。4 月 13 日 8 点 58 分，他用手机发出第一条“直播”消息：“我现在在前往自首的车上，车大约还有 10 分钟出发，还有 2 个小时的行程就到目的地亳州。”然后就不断地发出第二条、第三条消息，报告进展以及自己的想法，直至 11 点 11 分发出最后一条：“我已到了亳州，5 分钟到纪委，感谢大家一路陪伴。”成千上万的网友在看这个“直播”，全国各大新闻媒体和网站也在看他的“直播”，并且随后刊登了众多关于周文彬自首和举报的报道，还有大篇幅的专栏……

所属图书：《中国人想要什么样民主》

出版社：社会科学文献出版社

出版时间：2013 年 3 月

《微博时代的善治之道》

作者：谢海光

所属图书：传媒领袖大讲堂（第三辑）

出版社：社会科学文献出版社

出版时间：2013 年 3 月

《微博问政政府治理新模式——银川市政务微博的个案研究》

作者：张橦

摘要：随着微博对中国社会的影响力日益增强，越来越多的地方政府及官员开通微博处理政务。本文以银川市政务微博为研究对象，运用观察分析法、访谈法、内容分析法，探究微博问政的实践效果，并分析其对政府管理和社会发展的意义。在回顾银川市政务微博发展进程的基础上，结合善治理论透明性、责任性、有效性、回应性等要素，分析政务微博在促进政务信息公开、政民互动、民众监督等方面的作用，得出“微博问政”推进城市善治的结论。同时，探讨微博问政政治价值，即政务微博是电子政务平台的拓展延伸，或可倒逼政府及社会改革，在加强社会管理创新、培育公民社会等方面具有积极作用。

所属图书：《新媒体与社会（第四辑）》

出版社：社会科学文献出版社

出版时间：2013 年 3 月

《2012 年中国移动社交发展现状及趋势》

作者：赵仕秋

摘要：2012 年，社交类网站及应用在移动端继续快速发展，以微博、微信为代表的移动社交应用迎来爆发式增长；垂直移动社交开始起步，图片、视频、私密等垂直社交满足了个性化需求，赢得了一批用户，展示出潜力与魅力。良好的用户体验、有效的盈利模式、海量的移动社交数据处理及隐私安全保护，将是未来一段时间移动社交应专注的重点。

所属图书：《中国移动互联网发展报告（2013）》

所属丛书：移动互联网蓝皮书

出版社：社会科学文献出版社

出版时间：2013 年 5 月

《2012 年微博年度报告（节选）》

作者：上海交通大学舆情研究实验室

摘要：2012 年微博发展进入平稳期，继续在中国舆论市场保持巨大影响力。本报告在研究 2012 年微博总体情况基础上，从微博与公共舆论、网络问政、传统媒体、意见领袖、谣言、社会动员与社会生活方式等方面系统地分析了本年度微博的影响力，并预测了 2013 年微博发展趋势。

所属图书：《新媒体与社会（第五辑）》

出版社：社会科学文献出版社

出版时间：2013 年 6 月

《2012 年环境群体性事件的微博传播、社会动员与风险沟通策略》

作者：朱梦甜、郭小平

摘要：2012 年，我国的环境群体性事件仍处于多发期，社交媒体在其中显示出独特的媒介动员和风险沟通功能。首先，本报告在宏观上回顾了什邡事件、启东事件、镇海事件并分析其共同特征；其次，在微观上分析了环境群体性事件中微博动员的主体与客体、载体与方式以及特点等，并提出“邻避冲突”中政府的微博沟通与风险治理策略。

所属图书：《中国新媒体发展报告 No. 4（2013）》

所属丛书：新媒体蓝皮书

出版社：社会科学文献出版社

出版时间：2013 年 6 月

《微博时代的危机新闻发布》

作者：邹建华

摘要：进入微博时代，各类突发事件频发，新闻发布作用日益凸显，成为化“危”为“机”的重要方式。本文通过对大量案例的整理并结合作者多年的从业经验，从新闻发布的时机和新闻发布者的态度进行分析，提出相关思路和策略。本文认为，时机上的争分夺秒，建立健全微博发布平台以及创新多种新闻发布形式有利于危机公关和舆论引导的有效实施。在危机发生后的新闻发布过程中，新闻发言人应该具备坦诚的态度、不说谎、积极承担责任、不违背主流民意等基本素质，同时应彰显人文关怀。

所属图书：《新媒体与社会（第五辑）》

出版社：社会科学文献出版社

出版时间：2013 年 6 月

《中华儿慈会网络质疑风波》

作者：李南霖

摘要：2012 年 12 月 10 日，网络发布一则微博，质疑中华少年儿童慈善救助基金会账目不清，怀疑有“洗钱”行为。自此，该基金会不断遭到网络质疑，卷入前所未有的信任危机，经历了来自社会的巨大压力与拷问，同时也暴露了内部管理的诸多问题，由此引发的社会思考超越了事件本身。

所属图书：《中国慈善发展报告（2013）》

所属丛书：慈善蓝皮书

出版社：社会科学文献出版社

出版时间：2013 年 6 月

《微博意见领袖发展趋势与解析》

作者：向芬

摘要：微博意见领袖中名人微博占据主流，通过名人效应扩展微博用户，已是各大网站微博发展的重要策略；传统媒体越来越多地加入微博阵营中，依靠其自身的权威性和公信力，顺应新媒体发展的潮流，以获取网络话语权；政府微博则体现了城市管理者管理水平的与时俱进、不断完善。

所属图书：《中国新媒体发展报告 No. 4（2013）》

所属丛书：新媒体蓝皮书

出版社：社会科学文献出版社

出版时间：2013 年 6 月

《微博传播的关键节点及其影响因素分析——基于 30 起重大舆情事件微博热帖的实证研究》

作者：荣婷、谢耘耕

摘要：在微博传播中，关键节点决定信息的流量和流向，对舆论的走势有着重要影响。本文以 2011—2012 年热度靠前的 30 起公共事件的 7584 条微博热帖作为研究对象，寻找出 2158 个关键节点及其影响因素，发现微博传播中存在影响力不同的关键节点，被转发评论最多的前九个关键节点微博 ID（占 ID 总数的 0.41%）占据了转发评论总量的 20%；研究发现，关键节点的影响力取决于多种因素，关键节点的类型、对舆情事件的介入速度、所发微博的特征对热帖的转发评论有显著影响，粉丝数量对热帖转发评论量的影响微弱。本文建议高度重视微博传播的关键节点，尤其是处于核心位置的关键节点，通过关键节点引导微博舆论。

所属图书：《中国社会舆情与危机管理报告（2013）》

所属丛书：舆情蓝皮书

出版社：社会科学文献出版社

出版时间：2013 年 8 月

《新媒介赋权视角下表达与行动的力量——以“免费午餐”计划为例》

作者：潘聪平、赵雅婷

摘要：自 2008 年以来，越来越多的公民行动尤其是公益领域的公民行动以新媒介为载体，利用其快速传播、交互、聚合等特点，通过线上和线下互动或利用新媒介直接进入行动阶段而实现。建立于新媒介基础上的微传播和微力量逐渐进入权力视野，在颠覆传统的传播模式的同时，挑战着现实社会的权力结构和权力关系。本文以 2011 年 4 月《凤凰周刊》记者邓飞等媒体人共同发起的“免费午餐”计划为个案，以新媒介环境下个体表达、互动、聚合、行动进而逐渐形成网络社群并对现实产生重要影响的赋权过程为主线，将这一群体的赋权实践置于传播权力的分析框架下，考察以微博为代表的新媒介技术如何赋予个体表达和行动的力量，分析这一个案中技术赋权最终上升到社会赋权的条件和意义以及中国语境下网络自组织的出路。

所属图书：《新媒介赋权：国家与社会的协同演进》

出版社：社会科学文献出版社

出版时间：2013 年 9 月

《中国微博发展态势与热点解析》

作者：刘瑞生

摘要：2012 年以来，中国微博进入稳定发展期。本报告基于中国互联网数据平台的微博数据，全面梳理中国微博的发展状况和微博用户的基本特征，分析微博的传播与社会影响，展望微博发展态势，并提出相关建议。

所属图书：《中国新媒体发展报告 No. 4（2013）》
所属丛书： 新媒体蓝皮书
出版社： 社会科学文献出版社
出版时间： 2013 年 6 月

《2012 年微博舆情发展态势分析报告》

作者： 刘鹏飞、卢永春

摘要： 2012 年，网络舆情继续呈高发趋势，微博也成为主要舆论场。伴随着政务微博的成熟、媒体微博的大规模进驻，微博舆情呈现许多新的亮点。新老媒体融合发展时代，主流媒体实施“全媒体战略”，可以有效避免政府信息在舆论生态场中的信息传播的“不完全性”。大数据时代下，信息资源配置将更加社会化、个性化，对公共信息采集和处理能力形成新的挑战和机遇。

所属图书：《中国新媒体发展报告 No. 4（2013）》
所属丛书： 新媒体蓝皮书
出版社： 社会科学文献出版社
出版时间： 2013 年 6 月

《保卫生命：微博景观下个体生命的幻象体验——以番禺垃圾焚烧厂事件、温州 7·23 动车事件和 PM2.5 事件为例》

作者： 王帅帅

摘要： 改革开放后，国家对个人利益的逐步承认推动了私人领域的发展。但是，经济发展暴露的生产安全和环境问题，让国家和个人的关系越发紧张，并通过一个个社会事件表现出来。以温州 7·23 动车事件、PM2.5 事件和番禺垃圾焚烧厂事件为代表，社会事件在微博上的景观呈现，让个体能够观看、表达与行动，并通过私人体验（从私人情感出发）建构一个景观公共空间，利用公共领域与国家博弈，以保护私人领域。但同时，公共领域有可能被私人领域（从私人利益出发）绑架，在与国家的博弈中，假借公共利益之名，保护此私而危害彼私。互联网让公私关系越来越复杂，简单的公私对立已经无法解释互联网上的公私互相绑架乱象，超越公私对立，重新梳理互联网上的公私关系，是本文的研究重点。

所属图书：《新媒介赋权：国家与社会的协同演进》
出版社： 社会科学文献出版社
出版时间： 2013 年 9 月

《随波逐流：网络谣言的传播机制》

作者： 姜胜洪

摘要： 在新媒介环境下，以群体传播为主要特征的微博、以人际传播为主要特征的即时通信工具发展尤为迅速。这些新媒介技术的发展，使得人们能更加自由地参与社会传播，无论是人际传播还是群体传播，都比以前更方便、更活跃，从而网络信息的真实性无法保证，流言满天、谣言横行，“网络暴力”“水军炒作”层出不穷。由此，传播风险也更为频繁。泛滥的网络谣言，已经成为扰乱社会秩序、导致人们思想观念混乱的危害之一。

所属图书：《网络谣言应对与舆情引导》

出版社：社会科学文献出版社

出版时间：2013 年 9 月

《微博中的疾病预防话语研究——以 H7N9 中的口罩传播为例》

作者：张宏

摘要：微博的迅猛崛起，给疾病预防带来了新的机遇。本文以新浪微博中 590 条同时包含“H7N9”和“口罩”的认证用户原创微博为样本，结合批判性话语分析和传播学知识，以学者张自力的理论为指导，从三个维度分析了我国目前微博中的疾病预防话语现状。环境宽容度方面，目前经济话语占主导，且我国公众的风险意识不高；多元化程度方面，话语生产主体、话语对象和话语内容三方面均较为单一；组织规范程度方面，传播行为和内容均不够规范。

所属图书：《新媒体与社会（第六辑）》

出版社：社会科学文献出版社

出版时间：2013 年 10 月

《媒介偏倚视角下微博对社会的影响》

作者：王润

摘要：本文以媒介偏倚论为研究视角，探讨微博对社会的影响。微博在全球传播的基础上，实现了信息的随时随地传播，具有时间和空间碎片化、流动性、去神圣化等特征，但也带来了阅读的浅层化、微博控、微博流言传播等现象。微博使用者只有合理地运用微博，减少新媒介带来的信息异化，建立起媒介、人与文化三者之间的互动，达到时间和空间调适的平衡，才能使微博更好地为人类和社会服务，充分发挥微博对社会的促进作用。

所属图书：《新媒体与社会（第六辑）》

出版社：社会科学文献出版社

出版时间：2013 年 10 月

《2013 年中国互联网舆情分析报告》

作者：人民网舆情监测室

摘要：网络舆论在 2013 年遭遇拐点，舆论热度大幅下降，“吐槽”社会负面现象的声音明显减少。大 V 们谨慎发声，风光不再。众多网友从微博客的公众意见平台转向更为私人化的微信朋友圈。互联网与体制进入新一轮磨合期，政府一方面向网络不和谐的言论“亮剑”，另一方面也在努力放大互联网的正能量，鼓励发展主流媒体微博和政务微博，把网络反腐与制度反腐对接。

所属图书：《2014 年中国社会形势分析与预测》

所属丛书：社会蓝皮书

出版社：社会科学文献出版社
出版时间：2013 年 12 月

《危机事件中的劝服策略初探——以西瓜膨大剂风波中的微博卖瓜为例》

作者：张宏

摘要：危机事件往往波及涉事主体的正当利益，此时劝服策略的正确使用能有效缓解该现状，并促进相关行业的健康发展。本文以西瓜膨大剂风波中的微博卖瓜现象为研究对象，以卡特赖特的四大劝服原则为指导，结合霍夫兰的劝服理论，对新浪微博相关卖瓜用户进行个案分析和对比分析，试图阐释其所采取的策略，从而对危机事件中的劝服策略进行初步探讨。研究结论认为：危机事件下，弱势群体信源劝服效果强于强势群体；迎合策略要胜过辩解策略；简单清晰的信息更有优势。

所属图书：《新媒体与社会（第七辑）》
所属丛书：国际政治论坛
出版社：社会科学文献出版社
出版时间：2013 年 12 月

2014年

《政务微博作用、问题与改进策略——以杭州市域“官博”为例》

作者：胡洪彬

摘要：政务微博是民众了解政府信息的重要窗口，也是地方政府进行社会管理的重要平台。根据对新浪微博认证的杭州市区县 11 个地方政府官方微博的调查，发现地方政府政务微博得到一定程度的应用和普及，但在发展和运行过程中也存在一些问题。在创新社会管理的进程中，地方政府既要强化对政务微博的信息内容管理，合理分配信息发布时间，加强与网民之间的互动，也要加强政务微博的制度建设，努力培养政务微博的管理团队，通过对政务微博“线上”和“线下”两方面的管理工作，不断提升政务微博的影响力，促进地方政府政务微博的科学化和制度化。

所属图书：《杭州研究 2014 年第 1 期》
出版社：社会科学文献出版社
出版时间：2014 年 3 月

《贵州省 2013 年政务微博发展现状分析》

作者：欧阳红

摘要：本报告对贵州省政务微博发展现状、问题以及在新舆论格局下政务微博在新闻发布、舆论引导和危机公关中的新问题、新挑战进行了深入的研究和探讨，并提出政务微博以社会管理良性互动促进舆论发展，推动政府管理方式改革，更好地建设服务型政府等的对策建议。

所属图书：《贵州社会发展报告（2014）》
所属丛书：贵州蓝皮书

出版社：社会科学文献出版社

出版时间：2014 年 3 月

《2013 年陕西发布政务微博群发展报告》

作者：邓娟

摘要：2012 年 11 月 7 日，“@陕西发布”上线，同时陕西发布政务微博群开通，拉开陕西“微博问政”的新序幕。经过一年多的快速发展，陕西发布政务微博群中各官方微博基本实现常态运行，部分优秀官方微博引领整个微博群不断探索、试错、积累、成长和提高，逐步朝着纵深化发展、多功能设置、全媒体融合等方向前进，以实现政务微博群信息发布、微博问政到网络办公平台的跨越。

所属图书：《陕西文化发展报告（2014）》

所属丛书：陕西蓝皮书

出版社：社会科学文献出版社

出版时间：2014 年 3 月

《博客舆情的运行规律及监测机制》

作者：常松

摘要：博客、微博是网络中重要的舆论阵地。据 CNNIC 发布的《第 32 次中国互联网络发展状况统计报告》显示，截至 2013 年 6 月底，我国博客用户、个人空间及微博用户数量共计达 7.32 亿。互联网的普及与发展，改变了传统媒体的自上而下的单向传播模式，博客、微博等新兴传播载体已经构筑了自下而上的民间舆论场。通过互动传播模式引发的网络舆情在新的舆论格局中发挥着不可替代的作用。引导博客舆论健康发展，营造健康和谐的网络环境是提高政府执政能力的题中应有之义。

所属图书：《博客舆情的分析与研判》

出版社：社会科学文献出版社

出版时间：2014 年 6 月

《我国政务微博研究综述》

作者：高璐、王瑶瑶

摘要：政务微博的出现改变了交流方式，同时也对中国政治产生影响。从 2010 年政务微博元年开始，各类政务微博纷纷建立，中国政务微博进入高速发展期。本文从政务微博与网络舆论、政务微博与形象塑造、突发事件中的政务微博、政务微博的传播特性和传播技巧、政务微博发展的困境和解决对策五个方面展开论述，试图对目前我国政务微博的发展现状进行总结归纳。

所属图书：《新媒体与社会（第八辑）》

出版社：社会科学文献出版社

出版时间：2014 年 7 月

《微博情绪对微博评论转发行为的影响》

作者：上海交通大学舆情研究实验室

摘要：本研究旨在探索微博信息携带的情绪类型及强度对微博评论转发情况的影响。在2013年五大微博平台搜索量排名前300的公共事件中，随机选取了24例公共事件作为研究样本，以新浪微博作为平台进行抽样，共抽取有效微博样本7114条。对所抽取微博的情绪种类、情绪强度、情绪针对主体、博主信息等进行编码，并记录微博的评论数、转发数。研究的主要内容包括各类微博情绪的指向性，微博情绪强度与其他变量间的相关性，微博评论转发数的影响因素。研究发现微博情绪强度对微博评论转发数的影响十分显著。

所属图书：《中国社会舆情与危机管理报告（2014）》

出版社：社会科学文献出版社

出版时间：2014年8月

《珠海微博舆情的传播与管理》

作者：李传忠、赵华安、许育秀

摘要：本部分内容是关于珠海微博舆情的传播与管理。本文首先分析了珠海微博应用的基本特征，然后介绍了珠海微博舆情传播的基本态势，之后又分析了珠海微博舆情的应对。

所属图书：《珠海经济社会发展研究报告（2014）》

出版社：社会科学文献出版社

出版时间：2014年10月

《2013年中国社交媒体舆情发展报告》

作者：刘鹏飞、卢永春、邱若辰

摘要：2013年，我国社交媒体舆情发生重要变化。无线舆论场中微信、微博和新闻客户端三足鼎立之势初步形成。国际国内舆论场共振更加频繁，时政话题更加活跃，需要加快提升国际传播与新媒体传播能力。

所属图书：《中国新媒体发展报告 No. 5（2014）》

所属丛书：新媒体蓝皮书

出版社：社会科学文献出版社

出版时间：2014年6月

《微传播格局中的强媒体——2013年中国微博发展报告》

作者：刘瑞生、王井

摘要：本报告对贵州省政务微博发展现状、问题以及在新舆论格局下政务微博在新闻发布、舆论引导和危机公关中的新问题、新挑战进行了深入的研究和探讨，并提出政务微博以社会管理良性互动促进舆论发展，推动政府管理方式改革，更好地建设服务型政府等对策建议。

所属图书：《中国新媒体发展报告 No. 5（2014）》

所属丛书：新媒体蓝皮书

出版社：社会科学文献出版社

出版时间：2014年6月

《社交媒体与司法传播研究——基于“李天一案”原创微博的实证分析》

作者： 孙祥飞、董军、杨秀

摘要： 以微博和微信为代表的新媒体平台成为当前中国网络用户重要的信息获取和观点分享平台。通过对微博上公开发布的关于特定法制案件的观点进行全方位的分析和研判，有助于我们了解和认识当前中国法治建设的基本生态、问题和对策。本研究以学堂互动数据监测系统为平台，选取了从2013年1月1日至9月29日新浪微博中，与“李天一案”相关的原创微博76万余条，以法治传播为视角进行了全文本的分析。

所属图书：《中国新媒体发展报告 No.5（2014）》

所属丛书： 新媒体蓝皮书

出版社： 社会科学文献出版社

出版时间： 2014年6月

《社交网络对雇佣关系的私隐挑战》

作者： 张善喻

摘要： 在21世纪，通过社交网络（social networking sites）与人沟通已是一个普遍的现象。截至2013年3月，面书（Facebook）每月记录的活跃用户已超过11亿个。同年推特（Twitter）有近3亿个用户、中国内地的人人网每月活跃用户则有5700万个。直到2012年年末，专为在职人士而设的社交网站领客音（Linkedin）多达2亿个用户；而新浪微博的每日活跃用户则有4600万个。这些数字意味着我们与别人的沟通模式已逐渐发生了微妙的变化。也许，我们在社交网络结识的朋友已达数以百计，我们会与素未谋面的陌生人互称为朋友，我们已习惯了分享自己的私隐，甚至把私密的相片张贴在网上的公开园地，却偏又深信并坚持那是我们的私人园地和私人空间。这个新的社会现象为现有的私隐法律保护带来新的挑战。我们不禁要问：在网络世界，公与私的界限还能清楚划分吗？当人们把自己的个人资料和想法张贴到一个“公开的私人”平台上，他们还能享有合理的私隐期望（reasonable expectation of privacy）吗？

所属图书：《个人资料的法律保护》

所属丛书： 澳门研究丛书

出版社： 社会科学文献出版社

出版时间： 2014年7月

《新媒体环境下宗教组织关系管理——以基督教组织新浪微博认证用户为例》

作者： 黄冬

摘要： 本文从公共关系建立与维护的视角探究宗教组织在微博上的表现。本文采用公共关系维护六维度策略为理论框架，对新浪微博认证的29个基督教组织微博及其近一个月内发布的总计2939条微博进行了考察，构建了宗教组织微博关系维护的具体指标。数据分析显示，除个别指标外，总体上，调查样本的关系维护水平和程度较低。此外，本文也对宗教组织关系维护的指标与微博的影响力之间的关系分别进行了探究，结果表明，在一些指标上呈现一定的相关度。

所属图书：《新媒体与社会（第八辑）》
出版社：社会科学文献出版社
出版时间：2014 年 7 月

《论“平安北京”政务微博运作特点及其现存问题》

作者：孔玲慧

摘要：2010 年微博问政以来，新浪政务微博活跃度、传播力、影响力不断高速增长。政务微博的重要价值在于优化微博舆论生态，拓宽官民沟通渠道，为社会活血化瘀。本文对最有影响的政务微博之一“@ 平安北京”采用抽样调查和个案研究法，研究发现“@ 平安北京”很好地依托首都政治中心，发布内容形式丰富的微博，也具有国际服务意识。但仍存在互动不足和影响力稍弱等问题，提出利用微博交互平台，并着力品牌培育等建议。

所属图书：《新媒体与社会（第八辑）》
出版社：社会科学文献出版社
出版时间：2014 年 7 月

《政务微博的政府形象修护策略初探》

作者：吴梦

摘要：中国已进入新媒体时代，政府亦常常选用新媒体平台辅助政府形象修护。但新媒体平台下，政府危机事件频发。本文以“天价海鲜”事件为例，分析政府利用政务微博进行形象修护中存在的问题，另以“沈阳商铺关门”事件为例，探讨政府利用政务微博进行形象修护的改进措施。在分析时，文章主要使用 Benoit 的形象修护理论分析政府政务微博的形象修护策略。本文在对“天价海鲜”事件的分析中发现，政务微博进行政府形象修护时，主要存在三大问题。问题一，危机应对滞后，未建立长效的舆情监测机制；问题二，形象修护策略固化，策略运用未匹配情境；问题三，未能很好地利用微博平台的互动性。针对这三个问题，本研究在“沈阳商铺关门”事件的分析基础上，也提出了四项政务微博在进行政府形象修护时的改进措施。改进一，全媒体平台立体式形象修护；改进二，建立长效舆情监测机制；改进三，根据危机情境进行形象修护；改进四，积极利用政务微博与民众互动。

所属图书：《新媒体与社会（第八辑）》
出版社：社会科学文献出版社
出版时间：2014 年 7 月

《海外政务微博发展情况及运营管理经验》

作者：乔睿

摘要：目前，海外政务微博建设蔚然成风，多国及地区的政府机构或官员都在 Twitter 上开设了微博，帮助政府提高社会服务和管理能力。本文回顾了近年来海外政务微博的发展情况，归纳了政务微博的四大主要职能，即发布信息、交流互动、危机应对和公共外交工具。针对海外政务微博在发展过程中遇到的安全性、权威性和互动性问题，总结了政务微博的运营管理经验，强调因地制宜地建设规范化、个性化、专业化的政务微博体系，加强舆情监控和预警，并积极开展微博外交，塑造国家形象。

所属图书：《新媒体与社会（第八辑）》

出版社： 社会科学文献出版社

出版时间： 2014 年 7 月

《2013 年西安政务微博报告》

作者： 韩隽

摘要： 本报告通过对比 2013 年第二季度与 2012 年西安政务微博同期的基础数据，归纳了西安政务微博在新阶段的发展概况和特征，并对政务微博的发展趋势进行了预测。

所属图书：《公共治理与政治传播　第 1 辑》

出版社： 社会科学文献出版社

出版时间： 2014 年 8 月

《社会资本与草根意见领袖传播策略——对"学习粉丝团"新浪微博的实证研究》

作者： 张智新、李瀛

摘要： 通过对"7·23"甬温特大事故中微博所起作用的分析可以看出，微博在一定程度上动摇了传统媒体的霸权，重构了公共领域，从而强化了人们的参政作用。但与此同时，我们可以看到微博在发挥积极作用的同时也成为谣言传播的平台，对社会的稳定产生了阻碍作用。因此，传统媒体以及政府都应充分认识到微博这一新兴媒介的强大影响力，在不断变化的社会条件下与时俱进——传统媒体应当改进自身，取长补短，实现新老媒介的融合，而政府更是需要制定合理的政策引导微博的良性发展，从而促使社会和谐稳定地发展下去。

所属图书：《公共治理与政治传播　第 1 辑》

出版社： 社会科学文献出版社

出版时间： 2014 年 8 月

《微博与政府危机沟通》

作者： 张冠梓、魏进

摘要： 政府危机沟通是政府危机管理的生命线，随着微博的兴起与发展，微博与政府危机沟通的关系变得密切。微博作为 Web2.0 时代现阶段的集大成者，成为各种公共危机形成和加剧的重要风险因素之一，给政府危机沟通带来了全面而深刻的影响。开展微博与政府危机沟通研究，已成为中国政府创新社会管理面临的重要课题之一。本文概述了微博环境下我国政府危机沟通的现状，重点论述了微博环境下我国政府危机沟通的突出问题及原因，借鉴了国外政府危机沟通的做法与启示，提出了要加强微博环境下中国政府危机沟通的建设及其策略。

所属图书：《智库的再造》

出版社： 社会科学文献出版社

出版时间： 2014 年 9 月

《媒体微博传播社会责任及其评价》

作者： 陈然、芦何秋

摘要： 本研究基于微博大数据的抓取与分析，对媒体微博典型账号的社会责任进行实证评估。研究发现，媒体微博承担社会责任整体水平中等偏下，除较为重视“信息生产”社会责任外，普遍缺乏“传承文化”的责任意识，承担“提供娱乐”社会责任的水平受其内容定位的影响，在“教育大众”媒介功能发挥上呈现较明显的两极分化，多数媒体微博采取自保的安全生产策略，信息生产较少涉及“社会监督”内容。媒介机构在微博平台仍扮演高高在上的传播者角色，微博信息生产的商品化取向与娱乐化逻辑正侵蚀着媒体微博的社会责任意识。

所属图书：《中国新媒体社会责任研究报告（2014）》

所属丛书： 新媒体社会责任蓝皮书

出版社： 社会科学文献出版社

出版时间： 2014 年 10 月

《微博反腐中意见领袖的身份构建与社会责任》

作者： 邓秀军

摘要： 微博反腐是利用微博进行涉腐信息传播的一种舆论监督手段，微博平台所具有的用户自制、关系主导自媒体特性，决定了微博反腐这一信息传播行为由用户而不是由运营商主导。由于微博运营商已经由传统的信息传播者退隐为平台搭建者和服务提供者，微博平台形形色色的用户则化身为信息传播主体。作为微博用户筛选和推举的舆论生成引领者，微博意见领袖在微博反腐舆论生成中居于什么样的地位？又产生了什么样的作用？本文通过对微博反腐舆论生成不同阶段和过程中意见领袖的传播行为的分析，来剖析和揭示意见领袖在微博反腐中的身份建构和社会责任。

所属图书：《中国新媒体社会责任研究报告（2014）》

所属丛书： 新媒体社会责任蓝皮书

出版社： 社会科学文献出版社

出版时间： 2014 年 10 月

《公共事件中微博意见领袖社会责任研究》

作者： 芦何秋、陈然

摘要： 本文通过数据挖掘软件抓取 2013 年 17 件重大微博公共事件相关数据，从中筛选出微博讨论的意见领袖群体，对其群体特征与社会责任现状进行了分析。研究发现，微博意见领袖社会责任的行使主体主要为社会精英群体，社会草根群体逐步被边缘化。微博意见领袖的社会责任总体得分不高，特别是“教育大众”“协调关系”作用没有被有效发挥。提升微博意见领袖社会责任的整体水平，需要意见领袖和政府的共同努力。

所属图书：《中国新媒体社会责任研究报告（2014）》

所属丛书： 新媒体社会责任蓝皮书

出版社： 社会科学文献出版社

出版时间： 2014 年 10 月

《政务微博在突发事件中的信息发布及其影响》

作者： 周莉、李晓、黄娟

摘要： 本文主要采用内容分析法对政务微博在突发事件中的信息发布及其影响进行研究。研究发现，政务微博在突发事件中发布消息以中立态度和原创为主，准确利用有效时间发布关键帖，发布消息的频率与突发事件不同阶段相适应，但也存在不同突发事件发布的消息量严重失衡、粉丝参与度差异明显等问题。本文认为，事发当地的政务微博更应注重发挥主导作用；应提高受众参与度和互动度，发布关键帖引导舆论；要坚持受众本位发布理念，彰显政府责任。

所属图书：《中国新媒体社会责任研究报告（2014）》

所属丛书： 新媒体社会责任蓝皮书

出版社： 社会科学文献出版社

出版时间： 2014 年 10 月

《中国红十字会信誉危机——由郭美美事件说起》

作者： 郗春嫒

摘要： 中国互联网络信息中心（CNNIC）2012 年 1 月 17 日在京发布第 29 次《中国互联网络发展状况统计报告》。该报告显示，截至 2011 年底，中国网民规模达到 5.13 亿，微博快速崛起，有 48.7% 的网民在使用微博。2013 年 7 月 17 日，该中心（CNNIC）发布第 32 次《中国互联网络发展状况统计报告》。该报告显示，截至 2013 年 6 月底，我国网民规模达到 5.91 亿，互联网普及率为 44.1%。自媒体——自我的小媒体（在互联网上，每一个账号，都像一个小小的媒体）发帖子、转微博、评新闻……信息、观点、态度便汇入了互联网的比特之海，在近 6 亿网民、3 亿微博的努力之下，爆发出巨大能量。在进行舆论监督、反映社情民意上，自媒体发挥着重要作用。与此同时，自媒体时代所产生的网络舆情也给我们的社会治理带来了一系列新问题。

所属图书：《公共管理案例十五讲》

出版社： 社会科学文献出版社

出版时间： 2014 年 10 月

《2013 年中国政务微博客评估报告》

作者： 国家行政学院电子政务研究中心课题组

摘要： 微博以其独特的结构和强大的传播力在相当程度上改变了信息传播和交流的方式，为中国互联网产业及电信业的发展注入了新的动力，同时也给社会带来一些负面影响。要不要对微博进行监管以及如何监管引发社会热议。本文认为，可以通过调整和完善现有的制度和监管架构对微博进行监管，而没有必要专门针对微博进行管制立法。

所属图书：《中国电子政务发展报告（2014）》

所属丛书： 电子政务蓝皮书

出版社： 社会科学文献出版社

出版时间： 2014 年 11 月

《“同音共律”新媒体时代电视与微博的融合探究——以央视春晚微博吐槽热潮为例》

作者： 曹莹莹

摘要：Web2.0环境下新媒体技术的革新带动了全球传播形态的改变，新媒体的发展冲击着传统媒体的地位。为了寻求传统媒体的发展，媒介融合成为传播领域研究的焦点。2014年央视春晚与新浪微博的合作为媒介融合的发展提供了范例，电视的内容提供以及微博的高互动性相结合，打造了吐槽春晚的新模式。

在这一融合过程中，双方需吸收各自深层文化的精髓和长处，在两种文化之间做加法而不是做减法。新旧媒体融合如果不注重文化与思想的交融，只能为双方带来教训而不是"双赢"。最为重要的是，在横向联合的媒介场景时代，传媒的影响力是要通过各种手段让其他传媒也能为我所用。

所属图书：《新媒体与社会（第九辑）》

出版社：社会科学文献出版社

出版时间：2014年11月

《杭州市审批服务窗口政务微博的实践》

作者：孙秋

摘要：运用新媒体提升政府的公信力是当前摆在各级政府面前的新课题。本文通过阐述窗口政务微博工作的必要性，分析杭州审批服务窗口政务微博工作的进展与成效、问题及原因，对推进审批服务窗口政务微博走向规范化操作提出了若干可供决策参考的对策建议。

所属图书：《中国电子政务发展报告（2014）》

所属丛书：电子政务蓝皮书

出版社：社会科学文献出版社

出版时间：2014年11月

《环境群体性事件中政府、媒体、民众在微博场域的话语表达——以"余杭中泰垃圾焚烧厂事件"为例》

作者：方爱华、张解放

摘要：在微博时代的环境群体性事件中，微博往往成为不同利益群体之间争夺话语权的场域。本文以"余杭中泰垃圾焚烧厂事件"为例，简略介绍了事件大概发展阶段，分析了政府、媒体、民众在微博场域中的话语表达特点。并提出实现三个舆论场和谐稳定统一策略，保证各个群体的合理利益，积极构建和谐舆论场。

所属图书：《新媒体与社会（第十辑）》

出版社：社会科学文献出版社

出版时间：2014年12月

《自媒体语境下的族群认同——以"陆港"冲突事件为例》

作者：庄睿

摘要：近年来香港民众与内地游客的冲突屡次见诸报端，究其原因，在于"香港人"和"内地人"这两大群体之间存在认同危机。本文从族群认同、集体记忆的相关理论入手，探讨族群的历史记忆与族群认同及变迁的相互关系，寻找香港人群体认同产生的历史缘由，同时分析以微博为代表的自媒体的传播特性对港人认同的影响，以期寻找到自媒体高度发达的今天促进“港人”和“陆人”两个群体互相理解和沟通的方法。

所属图书：《新媒体与社会（第十一辑）》

出版社：社会科学文献出版社

出版时间：2014 年 12 月

《“@南京发布”走群众路线谈“政事”》

作者：中共南京市委宣传部

摘要：2011 年 4 月上线以来，南京市委、市政府新闻发布官方微博“@南京发布”的微发布、微观察、微引导，已经成为南京市委、市政府听取社情民意的重要渠道，成为南京科学发展、创新发展、跨越发展的重要推动力，成为网络舆情观察和引导、维护南京稳定发展的重要保障。它带给我们的启示主要有三点：一是政务微博应有为民服务的清晰定位；二是政务微博要有为民服务的机制保障；三是政务微博要加强队伍建设，提高服务水平。

所属图书：《南京文化发展报告（2014）》

所属丛书：南京蓝皮书

出版社：社会科学文献出版社

出版时间：2014 年 12 月

《美国主流媒体定义“恐怖主义”的双重标准——以华尔街日报中文网微博涉华暴恐报道为例》

作者：孙璐

摘要：本文梳理了国际社会对“恐怖主义”的定义，以华尔街日报中文网微博涉华暴恐报道为文本，通过语义分析指出美国主流媒体在定义“恐怖主义”时存在双重标准。针对美国媒体的报道，中国媒体反击及时、批驳有力，在一定程度上对美国对华政策起到积极影响。但是，国际传播更需关注新媒体平台，中国媒体应做到“及时发声、有力发声、理性发声”，提升软实力。

所属图书：《新媒体与社会（第十一辑）》

出版社：社会科学文献出版社

出版时间：2014 年 12 月

2015年

《“90 后”群体的自我表述与社会认知》

作者：中共南京市委宣传部

摘要：“90 后”是“社交化”的一代，在日常的生活、工作和学习中对以微博、微信为代表的社交媒体有着广泛的依赖。正因为如此，微博成为研究“90 后”群体特征的重要平台。本研究采用新浪微博数据中心和学堂互动数据中心的信息采集系统，在对“90 后”群体相关数据进行采集的基础上，对“90 后”群体的自我表述及各类用户对“90 后”群体的评价进行对比分析，探讨两者存在的共性和差异。

所属图书：《上海传媒发展报告（2015）》
所属丛书：上海蓝皮书
出版社：社会科学文献出版社
出版时间：2015 年 1 月

《湖北人网络形象的文化分析——基于新浪微博的研究》

作者：张宁、柴海燕

摘要：提升湖北人的文明形象是“文明湖北”建设的重要任务。统计分析新浪微博“湖北人性格”的检索结果，可以发现精明强悍但偏于负面的“九头鸟”形象是湖北人的文化标签，与刚烈敢为且偏于正面的湖南人形象形成鲜明对比。“九头鸟”是历史形成的地域偏见和刻板印象，又因近代以来名人效应匮乏、缺少有辐射力的文化象征以及经济不发达等因素而强化。突破“九头鸟”的束缚，需要提炼出融地域特色和时代特点于一体的湖北精神，应突出湖北人聪明、不服输的特点，重视当代湖北籍名人的宣传效应，打造新湖北人形象，提升湖北的软实力。

所属图书：《文化发展论丛·湖北卷（2014）》
出版社：社会科学文献出版社
出版时间：2015 年 3 月

《“明星”官员微博的话语特征与社会功能——基于新浪官员微博的典型案例分析》

作者：李晓方

摘要：本文选择文本分析为基本方法，对入选新浪 2011 年和 2012 年公务人员微博 Top10 中的部分“明星”官员微博内容进行分析。分析发现：“明星”官员微博的定位呈现“信息与服务导向型”、“政务讨论型”以及“综合型”等多种类型。就其话语内容而言，不同官员的微博话语内容类别差异大，呈现多元化的特征；“政事评论”呈现层次性，同时“明星”官员微博间互动较为频繁。以此为基础，对“明星”官员微博的功能及其局限性进行分析。

所属图书：《社会建设研究（第二辑）》
出版社：社会科学文献出版社
出版时间：2015 年 6 月

《基于社会因素视角的微博用户持续使用研究》

作者：徐建

摘要：2013 年以来，中国微博用户数量开始出现增长放缓的现象，用户活跃度也开始停滞甚至出现衰退，这引发了业界对微博用户持续使用问题的广泛关注。本文在动机理论的基础上，将网络外部性、主观规范和形象三个社会因素引入微博用户持续使用问题的研究，并通过基于 PLS 的结构方程模型进行了实证研究，发现：①网络外部性、形象两个社会因素变量对感知趣味性和感知有用性均具有显著的正向影响关系；②感知趣味性和感知有用性对微博用户的持续使用意向均具有显著的正向影响关系，而且感知趣味性的影响作用要大于感知有用性；③网络外部性、形象会以感知趣味性为中介间接影响微博用户对微博平台的持续使用意向，而感知有用性的中介作用不显著。本文对于微博平台运营商巩固和维系用户、增强用户的持续使用具有重要的参考价值。

所属图书：《中国流通理论前沿（7）》

所属丛书：中国经济科学前沿丛书

出版社：社会科学文献出版社

出版时间：2015 年 6 月

《微传播格局中的熟媒介——2014 年中国微博发展报告》

作者：刘瑞生、申亚美

摘要：互联网技术的进步使社会话语权重新分布，微博草根意见领袖的形成是个人信息源、知识水平、个人价值观、社会责任感等多种因素共同作用的结果。大多数网友的利益、价值与诉求需要通过草根意见领袖的影响力实现。微博草根意见领袖通过强化议程设置的权力、凭借粉丝规模优势促进公共问题的解决。本文分析了微博草根意见领袖的特征、在公共舆论事件不同阶段发挥的影响力，探讨了微博草根意见领袖影响力及构成要素间的关系。在微博舆论影响力形成的过程中，粉丝数、转发评论数与微博影响力呈显著性正相关；而微博数和原创率两个指标与微博影响力呈一般性正相关关系。

所属图书：《中国新媒体发展报告 No. 6（2015）》

所属丛书：新媒体蓝皮书

出版社：社会科学文献出版社

出版时间：2015 年 7 月

《2014 年中国政务新媒体发展报告》

作者：侯锷

摘要：2014 年中国政务新媒体全面进入移动化发展，并呈现平台多元化格局。政务新媒体在既有“两微一端”的基础框架下，已逐渐拓展到 6 大新媒体族类的“10 +”个移动媒介平台。尤其是以短视频和网络电台为代表的视听类政务新媒体，以及基于移动搜索应用的以“政务直达号”为代表的政务新媒体进一步实现了从“时移”到“位移”的开放式融合，移动化、社交化、O2O 服务化、视听化等非线性发展趋势明显。同时，伴随移动新媒体高速演变、形态分化和受众注意力动态迁移的大背景，政务新媒体发展的浮躁氛围也日渐显露。

所属图书：《中国新媒体发展报告 No. 6（2015）》

所属丛书：新媒体蓝皮书

出版社：社会科学文献出版社

出版时间：2015 年 7 月

《微博新闻传播研究》

作者：杨艳琪

摘要：微博，即 micro-blogging，是微型博客的简称。用户使用微博，可以实现即时的信息分享和互动，也可以实现信息的传播和获取，但前提是用户每次在微博上发布的消息不能超过 140 字。Twitter 可以说是最早的微博，它诞生于 2006 年。2007 年以来，微博开始在中国发展，并且发展非常迅猛。中国几大新闻门户网站，如新浪、网易和搜狐，以及腾讯，都相继推出了微博平台。近三年来，微博在中国呈现了井喷式的发展，微博用户的数量迅速增长，微博上新闻的传播对于舆论格局的影响也不可低估。

所属图书：《新媒体与新闻传播》

出版社：社会科学文献出版社

出版时间：2015 年 9 月

《政务微博的传播效果与提升策略——以浙江省县（区）政务微博为例》

作者：王井

摘要：基于 2014 年浙江省县（区）新闻办政务微博数据，本文在梳理浙江省县（区）政务微博发展特点的基础上，以量化的方法研究了政务微博的传播效果，并提出了相关建议。

所属图书：《中国新媒体发展报告 No. 6（2015）》

所属丛书：新媒体蓝皮书

出版社：社会科学文献出版社

出版时间：2015 年 7 月

《深圳政务微博发布厅工作案例》

作者：钟海帆

所属图书：《互联网与国家治理现代化》

出版社：社会科学文献出版社

出版时间：2015 年 10 月

《2014 年微博年度报告》

作者：上海交通大学舆情研究实验室

摘要：政务微博对于我国政府社会管理和行政运作具有重要意义，尽管我国政务微博已颇具规模，但与当下网民对各级、各地政府的信息需求相比，仍存在差距。为此对我国政务微博运作提出如下建议：重视政务微博的规范化，提升政务人员的媒介素养；提高政务微博的内容质量；提升政务微博的互动功能；重视政务微博的服务性功能；加强突发公共事件中的信息传播及沟通交流；与微博运营商充分合作，强化认证机制。

所属图书：《新媒体与社会（第十二辑）》

出版社：社会科学文献出版社

出版时间：2015 年 7 月

《2014 年北京“微博”态势报告》

作者：朱廷劭

摘要：态势是行为的动因，它反映了个人的社会存在，同时主导个人的社会行为。当前社会态势的感知手段多通过大范围的问卷测评，能够准确获知被试者的心理要素。但是受时效性、社会赞许性等因素影响，其测评周期长、成本高，无法及时大规模采集。近些年，我国信息科技事业得到了迅猛发展，为社会态势感知研究的发展提供了新的契机，能够很好地弥补传统研究方法的局限，使通过网络数据实现对用户社会态势要素的计算预测成为可能。本报告在新浪“微博”平台，通过大规模获取北京用户社交网络的网上数据，提取了用户网上行为、文本内容等特征。针对北京地区，开展了马航事件、昆明事件和公交地铁调价听证会期间的公众社会态势研究。结果表明，本系统可对事件前后的公众社会态势进行及时感知，为公共政策的制定提供数据支持。

所属图书：《北京社会心态分析报告（2014—2015）》

所属丛书： 北京社会心态蓝皮书

出版社： 社会科学文献出版社

出版时间： 2015 年 8 月

《社会组织如何利用微博进行危机声誉重建——以中国红十字会总会雅安抗震救灾微博应用为例》

作者： 中国传媒大学广告主研究所

摘要： 新媒体环境中社会组织的声誉风险加大，社会组织如何利用微博进行危机声誉重建变得更加重要。本文通过对中国红十字会总会雅安抗震救灾中微博运用的分析，发现其存在反应相对迟缓、内容官方话语特色浓厚，以及对公众质疑和谣言不予理睬等问题。虽然中国红十字会总会已在寻求改变进而重建声誉，但收效不大。本文提出社会组织在借助微博进行声誉重建时的几点策略建议：抢占注意力高地，及时发布真实信息；注意微博语言表达，培养微博话语姿态；借助独立的第三方组织力量，解疑公众最关心的敏感问题。

所属图书：《中国广告主营销传播趋势报告 No. 8》

所属丛书： 广告主蓝皮书

出版社： 社会科学文献出版社

出版时间： 2015 年 10 月

《2014—2015 年中国社交媒体的健康信息传播及其社会责任建构》

作者： 吴世文、徐少申、徐精

摘要： 本文追踪社交媒体如何生产和传播健康信息的问题，以新浪微博平台为例，从信息生产质量的角度探讨社交媒体的健康传播责任。本文采取真实、权威、时效、全面、深度、原创、客观 7 项指标，对新浪微博平台中个人账号和营销账号（各 10 个）在 2014 年原创的 800 条微博进行分析发现，微博健康信息的质量总体不高。微博生产的健康信息时效性普遍较强，真实度和全面性较高，但内容的原创度不高，多数内容被认为没有深度，客观性和权威性较低。比较个人账号和营销账号发现，个人账号在权威性和深度上两极化趋势明显，营销账号比个人账号有更多的伪健康信息。二者在客观性与时效性上水平相当。微博生产的健康信息质量总体不高的现状令人担忧，社交媒体的健康传播责任形势严峻，需从社交媒体用户的健康传播能力建设、强化营销类微博账号规范、提倡健康领域专业人士有效“发声”等途径建构社交媒体的健康传播责任。

所属图书：《中国新媒体社会责任研究报告（2015）》

所属丛书： 新媒体社会责任蓝皮书

出版社：社会科学文献出版社
出版时间：2015 年 11 月

《2014—2015 年中国微博意见领袖群体中媒体从业者社会责任的实证评估》

作者：芦何秋

摘要：本文以 10 个典型意见领袖账号为案例，分析了微博意见领袖群体中媒体从业者社会责任的履行状况。研究发现，整体上意见领袖中媒体从业者社会责任得分处于中等偏上水平。在分项上，媒体从业者普遍重视信息质量，因此信息生产责任的得分较高，文化教育和协调关系责任的得分处于中等偏下水平，社会监督责任的得分较低。责任治理的关键在于加强顶层设计与制度建设，保护媒体从业者权利的同时明确其义务，使其能够在一个法治、健康的传播环境中履行社会责任。

所属图书：《中国新媒体社会责任研究报告（2015）》
所属丛书：新媒体社会责任蓝皮书
出版社：社会科学文献出版社
出版时间：2015 年 11 月

《中国环保动员中微博意见领袖的传播功能与社会责任——基于对 2015 年〈穹顶之下〉首发事件的实证分析》

作者：邓秀军、刘静

摘要：在 2015 年两会召开前一天，一部以柴静作为讲述人的环境保护动员纪录片《穹顶之下》在柴静的新浪微博账号@柴静看见上发布，与之同时，该片在优酷视频和人民网的同步上线为新浪微博提供了链接来源。在之后的几天里，该片引发了微博舆论的狂潮，并渗透到微信等社交媒体平台。整个《穹顶之下》首发中，意见领袖承担了什么样的传播功能？同时又该担当什么样的社会责任？本文从环境保护社会动员的发起者、响应者和行动者三个维度分析微博意见领袖在环保动员中的传播功能和社会责任。

所属图书：《中国新媒体社会责任研究报告（2015）》
所属丛书：新媒体社会责任蓝皮书
出版社：社会科学文献出版社
出版时间：2015 年 11 月

《微博情绪再现与新媒体风险传播的责任——基于崔永元与方舟子微博论战的“微情”分析》

作者：王庆、余红

摘要：新媒体技术对于风险传播是一把双刃剑，网络虽能提供更为及时便捷的风险信息，提高风险社会能见度，有助于多元风险行动者间的协商、对话，从而使风险沟通更加有效。但同时由于缺少与传统媒体在风险场域的竞争，新媒体也可能径自渲染负面情绪，加剧风险的放大。本文以崔永元和方舟子有关转基因风险的微博论战为切入点，考察健康风险在社会化媒体的再现。研究显示，在微博空间转基因健康风险的传播主体十分单一，除普通人之外，政府、专家和传统媒体全部缺位。网民对该议题的评论暴露出强烈的负面情绪，特别是“道德关注”的风险情绪特征。转基因健康议题在社会化媒体上被强大的情绪洪流所覆盖，而情绪又推动了风险放大的涟漪效应。

所属图书：《中国新媒体社会责任研究报告（2015）》

所属丛书：新媒体社会责任蓝皮书

出版社：社会科学文献出版社

出版时间：2015 年 11 月

《政府微博与公共能量场契合析论》

作者：孙卓华

摘要：在后现代社会中，自说自话的传统环式民主已远远不能满足公众直接表达多元化意见的要求。查尔斯·J. 福克斯和休·T. 米勒认为有必要建立一套与传统民主不同的话语体系，使政府和公众在公开、真诚的互动基础上对话，达成能满足不同需要的公共政策。这个话语体系被称为“公共能量场”。在网络时代，政府微博作为一种虚拟的公共能量场，为公众提供了话语平台，所有的公众可以在这里和政府平等对话、互动，实现直接表达意见和参与治理公共事务的理想，使公共政策在这里达成或者被修订。

所属图书：《威海市社会科学优秀成果获奖作品文库（第十七卷）》

出版社：社会科学文献出版社

出版时间：2015 年 12 月

《微博大 V 论战的传播行为及特征研究》

作者：朱燕丹

摘要：本文对微博大 V 论战的概念进行界定，认为其存在公共领域的诉求与自由主义的抗争，是一场再中心化过程中的“祛魅”运动。发生于非显性关注大 V 之间的微博论战存在媒介作用，具有“显舆论”的非理性表达、协商式民主公开论辩的失范、极化状态的网络狂欢等特征。对称性传播对“沉默的螺旋”的消解作用、“精英戾气”与利益买卖的恶性循环和文化消费中的娱乐化倾向助长了名人效应下大 V 的暴力表演。本文认为，公共平台上用户之间的交往应以理性为基础、自律与他律相结合，应将微博大 V 的名人效应和传统媒体权威性进行联合议程设置，恰当引导舆论，消解微博对战所引发的负效应。

所属图书：《新媒体与社会（第十四辑）》

出版社：社会科学文献出版社

出版时间：2015 年 12 月

《微博实名制：“错装在政府身上的手”——兼论基于“成本—收益”分析的网络空间规制理念与管理战略》

作者：顾理平

摘要：2011 年 12 月 16 日，北京市公布并施行了《北京市微博客发展管理若干规定》，规定微博主应当使用真实身份信息注册账号。这实际上是以北京地方政府的普通行政程序通过了一项具有全国规范意义的“法规”。随后，天津、广州、深圳、上海等地实名制的出台将四大门户网站的微博全部囊括其中；2012 年 12 月 28 日，全国人大常委会通过并发布了《关于加强网络信息保护的决定》，该决定第六条明确规定，“网络服务提供者为用户办理网站接入服务，办理固定电话、移动电话等入网手续，或者为用户提供信息发布服务，应当在与用户签订协议或者确认提供服务时，要求用户提供真实身份信息”。至此，网络接入服务 IP 地址实名制成为现实。我国成为目前世界上唯一一个政府强制推行微博实名制的国家。对于微博实名制，赞成者与反对者各执一词。赞成者认为，微博实名制能够有效抑制造谣诽谤、语言暴力、网络欺诈等失范和违法的行为；而反对者认为微博实名制妨碍了公民的表达权、隐私权、政治参与。

所属图书：《新闻传播与法治理性》

所属丛书：舆情与社会治理文丛

出版社：社会科学文献出版社

出版时间：2015 年 12 月

2016年

《新浪微博中官员形象的媒介呈现与社会化传播研究》

作者：朱孟建、裴增雨

摘要：本研究以新浪微博作为社会化媒体的代表，运用“大数据”技术，采集了党的十八大闭幕以来的数据，分析媒介呈现中的官员形象发现：社会公众对“官员”的情绪表达明显呈负面，官员财产和粗暴言行是相关微博获得高转发率的主要诱因，不同机构、不同人群有关“官员”的“发布主题”呈明显差异，“官员”的负面话题集中呈现于“贪腐”。

所属图书：《上海传媒发展报告（2016）》

所属丛书：上海蓝皮书

出版社：社会科学文献出版社

出版时间：2016 年 1 月

《当前中国主要社会矛盾与问题研究——基于新浪微博为代表的社会化媒体研究报告》

作者：孟建、裴增雨、孙祥飞

摘要：本研究以新浪微博作为社会化媒体的代表，运用“大数据”技术，采集了党的十八大闭幕以来的数据，经分析，当前中国社会的主要矛盾存在于食品安全、环境保护、社会公平、反腐倡廉、住房改革等方面。

所属图书：《上海传媒发展报告（2016）》

所属丛书：上海蓝皮书

出版社：社会科学文献出版社

出版时间：2016 年 1 月

《突发公共事件微博谣言的演化机制研究——以“马航 MH370 失联事件”新浪微博谣言为例》

作者： 杨晓红

摘要： 随着“微时代”的到来，微博在给我们生活带来便利的同时，微博的匿名性、开放性、便捷性也让微博成为网络谣言的新阵地。本文以 2014 年 3 月 8 日马航 MH370 失联事件为例，以新浪微博为研究平台，从网络动因和网民动因两个视角出发，分析马航 MH370 失联事件中微博谣言的孕育、扩散、泛化及其消解过程，以总结突发公共事件微博谣言的演化机制。

所属图书：《新媒体与社会（第十五辑）》

出版社： 社会科学文献出版社

出版时间： 2016 年 1 月

《旅游社交消费洞察》

作者： 刘志明

摘要： 微博本身是一个社交平台，也是一个信息传播交流平台。而旅游则是一个社交与信息传播活动，在旅游过程中，会产生大量的传播数据与信息。可以说，微博和旅游二者之间有着天然的联系。首先，通过对用户利用微博查询、检索、讨论和发布旅游信息行为的分析，可以预测其旅游行为的变化趋势。其次，通过用户的旅游攻略分享、特价门票或旅游产品的介绍，产生更多优质内容，并把这些内容保持持续曝光、提高阅读量，刺激出立即的或者潜在的消费欲望。因此，微博旅游社交与旅游消费行为之间有直接和密切的关系。

所属图书：《舆情大数据指数》

所属丛书： 舆情管理系列丛书

出版社： 社会科学文献出版社

出版时间： 2016 年 1 月

《微博传播中的谣言现象研究——以新浪微博“转基因大豆致癌”谣言事件为例》

作者： 张新苗

摘要： 作为当今社会重要的信息传播工具，微博在为人类带来便利的同时，也为谣言的滋生与传播提供了新的温床。谣言借助微博的即时性、开放性、匿名性等特质，聚合并扩散舆论，酝酿巨大的破坏力，严重影响了网络生态环境，给社会带来了不利影响。本文以“转基因大豆致癌”谣言事件为例，从谣言的孕育期、形成期、传播期和消退期分析微博谣言的传播路径，并从事件本身、谣言制造者、微博平台、主流媒体、受众群体和政府等方面分析微博谣言肆虐的原因，最后提出谣言治理的建议。

所属图书：《新媒体与社会（第十五辑）》

出版社： 社会科学文献出版社

出版时间： 2016 年 1 月

《微博旅游社交资产与微博传播力》

作者：刘志明

摘要：微博旅游社交资产，指一个旅游机构或一个区域的旅游机构运用微博开展传播累积的影响力总和。在自媒体时代，各个旅游机构往往拥有一定数量的自媒体账号，整体信息传播能力的评估需求也逐渐凸显。微博旅游社交资产是衡量一个地区微博旅游传播力的核心指标，微博信息质量、传播速度、传播广度都对其旅游社交资产的大小产生直接影响。

所属图书：《舆情大数据指数》

出版社：社会科学文献出版社

出版时间：2016 年 1 月

《微博旅游用户“画像”》

作者：刘志明

摘要：通过数据分析与挖掘发现，微博旅游用户，即对旅游感兴趣，通过微博搜寻、查找、发布旅游信息，或参与各种旅游相关活动的用户占微博用户的四成以上，且比例日益提升。微博旅游用户以高学历、高收入的年轻用户为主，是旅游营销传播的主要对象与潜在客户群。

所属图书：《舆情大数据指数》

所属丛书：舆情管理系列丛书

出版社：社会科学文献出版社

出版时间：2016 年 1 月

《中国司法公开新媒体应用研究报告（2015）——从网络及微博庭审视频直播切入》

作者：支振锋

摘要：庭审进行直播，方便人民群众观看、了解和监督庭审，充分保障人民群众和诉讼参与人的知情权、监督权，不仅是新形势下人民法院司法公开的时代主题，也是进一步提升司法透明度，便利人民群众参与、了解、监督司法活动的新途径，并最终有助于提高人民法院的司法公信力和司法权威。本文首先依次介绍了庭审网络和微博视频直播的发展情况及面临的问题，然后提出新媒体司法公开的愿景，指出在未来，微博等新媒体视频直播庭审将成为庭审公开的主渠道，要坚持并继续推动微博视频直播更迅速地向纵深发展、继续修订和完善网络及微博庭审视频直播相关规定、加强法院人才队伍建设，构建能适应庭审直播新形势的高素质法官队伍、加强司法公开平台的统一和整合、推进中国的司法公开，向国际先进标准迈进。

所属图书：《中国法治发展报告 No. 14（2016）》

所属丛书：法治蓝皮书

出版社：社会科学文献出版社

出版时间：2016 年 3 月

《2015 年中国移动舆论场研究报告》

作者：朱燕、单学刚、卢永春

摘要：中国移动舆论场渐成社会舆论生成、发酵的主要阵地。微博仍具有较大的舆论影响力，微信的舆情传播价值显著增强，新闻客户端渐成新的舆论空间。相较于传统舆论场，“两微一端”传播场域显隐性并存，呈现新的特征。随着媒体融合日渐成熟、依法管网理念继续践行，移动媒体在信息发布、议程设置、舆情聚焦等方面将发挥更有效的作用。

所属图书：《中国移动互联网发展报告（2016）》

所属丛书：移动互联网蓝皮书

出版社：社会科学文献出版社

出版时间：2016 年 6 月

《网络原生数字资源社会价值分析——以新浪微博为例》

作者：李倩

所属图书：《网络原生数字资源社会价值研究》

所属丛书：山西大学经济与管理学院管理学文库

出版社：社会科学文献出版社

出版时间：2016 年 6 月

《2015 中国移动政务新媒体发展年》

作者：刘鹏飞、刘丹丹、周亚琼

摘要：2015 年，各级政府大力推进信息公开，政务微博、微信、政务客户端发展迅猛。政府、公安及司法相关部门与机构、团委成为政务微博“第一梯队”；政务微信创新党员学习方式，汇集国家政策信息，医疗民生领域逐步形成“互联网 + 服务”模式；政务号借力媒体客户端平台驶入“快车道”。与此同时，移动政务也存在发展不平衡、运营机制建设不完善、联动匮乏、服务效率低等问题。

所属图书：《中国移动互联网发展报告（2016）》

所属丛书：移动互联网蓝皮书

出版社：社会科学文献出版社

出版时间：2016 年 6 月

《2015 年基于新媒体平台的中国新闻传播用户行为及发展状况》

作者：殷乐、于晓敏

摘要：2015 年，媒体“两微一端”集中发力进军移动互联网，媒介融合进一步深化。本文集中分析民众基于手机端的新闻接触和使用行为，以及媒体“两微一端”的发展现状、传播特点、当前问题和未来趋势，描绘发生于新媒体平台的新闻传播的变局。

所属图书：《中国移动互联网发展报告（2016）》

所属丛书：移动互联网蓝皮书

出版社： 社会科学文献出版社

出版时间： 2016 年 6 月

《微博转发路径结构及其影响因素分析——以“钓鱼岛事件”为例》

作者： 王秋菊、秦珠芳

摘要： 本文分析“钓鱼岛事件”中大量微博的转播路径，揭示微博转发路径的结构：偶然发生式、偶遇强节点式、蒲公英传播式、双子星呼应式和次强势节点承接分布式。在此基础上探讨了影响微博转发路径结构的因素。

所属图书：《舆论学研究（第一辑）》

出版社： 社会科学文献出版社

出版时间： 2016 年 8 月

《2014 年中国政务微博的政府形象塑造效果研究》

作者： 刘欢、李卫东

摘要： 本文以政务微博中政府形象的塑造为研究范畴，以城市竞争力为研究视角，通过分析政务微博中的政府形象与其所在的城市竞争力之间的关系，来研究政务微博中的政府形象是否能够如实反映其“政府实在”（城市竞争力）。本文研究表明，政务微博的政府形象塑造效果不错，政府借助政务微博较好地呈现了其所主政城市的综合实力和成长竞争能力。但在未来，政府形象传播需科学设定政府门户网站、政务微博、政务微信等平台的定位和功能，避免重复建设，须建立各平台间的互联互通机制，打造政府形象的云传播模式。

所属图书：《中国社会舆情与危机管理报告（2016）》

所属丛书： 舆情蓝皮书

出版社： 社会科学文献出版社

出版时间： 2016 年 9 月

《2012—2015 年中国微博草根意见领袖影响力形成机制分析》

作者： 王秋菊、王文艳

摘要： 互联网技术的进步使社会话语权重新分布，微博草根意见领袖的形成是个人信息源、知识水平、个人价值观、社会责任感等多种因素共同作用的结果。大多数网友的利益、价值与诉求需要通过草根意见领袖的影响力实现。微博草根意见领袖通过强化议程设置的权力、凭借粉丝规模优势促进公共问题的解决。本文分析了微博草根意见领袖的特征、在公共舆论事件不同阶段发挥的影响力，探讨了微博草根意见领袖影响力及构成要素间的关系。在微博舆论影响力形成的过程中，粉丝数、转发评论数与微博影响力呈显著性正相关；而微博数和原创率两个指标与微博影响力呈一般性正相关关系。

所属图书：《中国社会舆情与危机管理报告（2016）》

所属丛书： 舆情蓝皮书

出版社： 社会科学文献出版社

出版时间： 2016 年 9 月

《中国公共关系舆论环境研究报告》

作者：侯锷

摘要：随着互联网新技术、新应用的日渐普及和高速发展，移动互联网重新定义媒体与传播，中国社会舆论环境发生巨大变化。媒体分化、移动化、社交化、视听化的背后，显现出“式强”的新媒体重构社会舆论的媒介力，多元化、民族化格局下的新媒体，已成为社会舆论的新重心和新阵地。面对当前新媒体舆论场的乱象丛生，社会舆论环境的治理应当在依法治网的基础上，继续加强和完善互联网立法，采取协同治理、社会共治和系统治理的综合方略。

所属图书：《中国公共关系发展报告（2016）》

所属丛书：公共关系蓝皮书

出版社：社会科学文献出版社

出版时间：2016 年 11 月

《2011—2015 年中国突发事件涉腐舆情中政务微博的响应机制与社会责任》

作者：邓秀军、杨晓薇

摘要：2015 年 8 月 12 日，天津港发生了损失巨大、伤亡惨重的爆炸事件。事后，爆炸发生原因及事故责任追查成为微博平台的热议话题，相关职能部门的不作为甚至涉及腐败成为网络舆论的焦点。面对社会舆论中的质疑和问责，相关职能部门的政务微博启动舆论响应机制，通过信息发布、情感动员和互动问答等信息沟通方式，回应微博用户的询问、质疑和声讨。突发事件发生时，面对微博平台的涉腐舆情，相关职能部门的政务微博该如何响应呢？在突发事件及涉腐舆论的信息传播中，相关职能部门的政务微博又该承担什么样的社会责任呢？本文从政务微博的发展态势、主体责任、传播内容和传播效果等四个维度对突发事件涉腐舆情中政务微博的响应机制和社会责任进行分析。

所属图书：《中国新媒体社会责任研究报告（2016）》

所属丛书：新媒体社会责任蓝皮书

出版社：社会科学文献出版社

出版时间：2016 年 12 月

《2016 年中国新媒体语境下风险议题的建构与转向——以山东问题疫苗事件为例》

作者：马旭、余红

摘要：2016 年 3 月的“山东问题疫苗事件”爆发后，引起了社会各界的广泛关注。这一方面是因为事件本身与公众生活息息相关且波及范围大，另一方面是因为关于事件的新闻报道及舆论热议在以微信、微博平台为首的社交媒体上不断叠加、反转与演变，刺激着公众神经。问题疫苗带来的健康风险与该事件带来的舆情风险信任危机联动，形成了风险场域的“风暴中心”。本文以新浪微博为主要研究对象，探讨在新媒体语境下，风险议题是如何被建构、被影响，又是如何调整偏向，并在传播中被消解和替换的。

所属图书：《中国新媒体社会责任研究报告（2016）》

所属丛书：新媒体社会责任蓝皮书

出版社：社会科学文献出版社
出版时间：2016 年 12 月

《2016 年中国传统媒体微博信息生产的社会责任及评价》

作者：陈然、刘洋

摘要：本文将传统媒体微博作为研究对象，对 8 家有代表性的报纸的微博的社会责任进行评估，并重点关注“信息生产”维度的责任表现。研究发现，传统媒体微博在“信息生产”维度承担社会责任情况整体较好。“信息质量”七个维度的具体表现从好到差依次为：真实、客观、时效、权威、深度、全面、原创；“流程控制”三个维度的具体表现从好到差依次为：广告控制、侵权控制、信息把关。《人民日报》的微博在积极承担社会责任方面发挥了“排头兵”的引领作用。部分媒体微博在信息生产与传播活动中仍存在价值取向娱乐化、选题内容同质化、责任承担形式化、舆论引导缺失等问题。传统媒体微博应提高从业者的责任意识，加强内容建设，坚持质量为先，通过流程控制确保新闻真实，增强内容的深度性、原创性和引导性。

所属图书：《中国新媒体社会责任研究报告（2016）》
所属丛书：新媒体社会责任蓝皮书
出版社：社会科学文献出版社
出版时间：2016 年 12 月

《2013—2015 年中国微博意见领袖的信息生产与社会责任研究》

作者：芦何秋、吴文越

摘要：本文以 10 个典型意见领袖账号为案例，抽取其中的 1154 条微博作为研究样本，在内容分析的基础上从信息生产角度探讨了意见领袖的社会责任问题。研究发现，意见领袖在微博信息生产中的社会责任状况并不乐观。在信息基本属性方面，微博意见领袖所生产的信息质量不高，本研究所观察到的原创度、深度、时效性、信度、信源五个指标百分比数较低。在文本话语框架方面，微博意见领袖重情感表达而轻理性分析，意见领袖为了达到更佳的舆论影响效果，偏重情绪动员，这对非理性舆情的蔓延起到推波助澜的作用。在协商讨论质量方面，意见领袖对于公共事件、公共问题和公共需求方面的关注度不高，大量的讨论是以意见领袖个人的问题取向为中心，带有比较明显的自上而下的议题设置的倾向，这种情况使得微博的公共协商功能被削弱。

所属图书：《中国新媒体社会责任研究报告（2016）》
所属丛书：新媒体社会责任蓝皮书
出版社：社会科学文献出版社
出版时间：2016 年 12 月

《2010—2015 年中国突发自然灾害事件中的微博舆论传播规律与治理》

作者：余秀才、游盼

摘要：突发自然灾害事件的发生不仅造成巨大的财产损失和人员伤亡，在人们的心理上也会造成创伤。突发自然灾害事件发生后，在微博上往往会掀起巨大的舆论浪潮，如果舆论传播不当就有可能产生严重的社会影响，甚至引起社会群体事件。因此本文选取 21 个典型的自然灾害事件，对 21 件突发自然灾害事件中所产生的微博舆论在信源、时间和地域上的涨落规律进行系统的分析，并分析其发布主体、发布内容以及灾害谣言等问题。本研究以政府、媒体以及微博用户为主体，以传播学、心理学等相关理论为基础，以期为突发自然灾害事件中微博舆论的治理提出相应的科学治理建议。

所属图书：《中国新媒体社会责任研究报告（2016）》

所属丛书：新媒体社会责任蓝皮书

出版社：社会科学文献出版社

出版时间：2016 年 12 月

《北京动画产业的新浪微博及其社会网络研究》

作者：赵继敏

摘要：北京是全国重要的动画产业基地。互联网在动画的宣传、客户的联络、信息的传播等方面发挥着重要的作用。本文基于新浪微博认证用户的数据，通过编制爬虫程序，采集新浪微博找人模块中所有地点为“北京”、昵称为“动画”的认证用户数据，分析了这些微博用户的特征：从微博的粉丝数目来看，影响力最大的机构用户和个人用户分别是哲想动画和皮三动画；从这些微博关注的其他微博用户的地区来看，也即北京动画微博的主要联系方向为广东、上海以及海外，远远超过了地理临近的河北和天津。基于全部 113 个北京动画微博认证用户的相互关注情况，得出了北京动画微博的社会网络及其特征：整体上，北京动画微博用户的联系很松散，微博社会网络的密度仅 0. 0384。其中，关注其他认证用户最多的是哲想动画（点出度为 68），其次是中国独立动画电影论坛、中国电视动画杂志（点出度分别为 26 和 24）；最受其他认证用户关注的微博是皮三动画（点入度为 33），其次是猫粮的动画馆和动画电影导演王云飞（点入度分别为 31 和 30）。

所属图书：《北京文化创意产业发展报告（2016）》

所属丛书：创意城市蓝皮书

出版社：社会科学文献出版社

出版时间：2016 年 12 月

2017年

《2016 年中国微博运营与媒体融合研究》

作者：曾凡斌、李艺

摘要：媒体微博作为媒体融合的重要平台，它突破了以往传统媒体的局限，跟其他平台形成互动，又各有自己的特点。本文通过对前 200 名媒体微博进行分析，探讨在新的媒介环境下，媒体微博对媒体融合带来的影响。

所属图书：《中国媒体融合发展报告（2016）》

所属丛书：媒体融合蓝皮书

出版社：社会科学文献出版社

出版时间：2017 年 1 月

《国际暴恐事件的微博传播特征及其在反恐斗争中的舆论建构作用——以“11·13”巴黎恐怖袭击事件为例》

作者：潘玉

摘要：互联网已经成为中国社会转型时期的重要因素。网络舆论生态与现实社会场域间形成联动，影响公共舆论议程建构与形象塑造。全球反恐战略体系下，我国以微博为代表的社交媒体成为国际反恐战略传播重要的舆论场，在反恐战略的传播过程中设置议程、影响公众民意，并与国家对外宣传相结合，进而树立本国的国际形象，推动反恐政策战略的实施。基于此，本研究以“11.13”巴黎恐怖袭击事件为研究个案，分析暴恐事件的微博传播特征，以及在国际反恐斗争中微博的舆论建构作用。

所属图书：《新媒体与社会（第十七辑）》

出版社：社会科学文献出版社

出版时间：2017 年 3 月

《新型网络爱国舆论事件中网民态度理性分析——以“郭斌事件”的微博数据为例》

作者：戴烽、朱清

摘要：近些年，以“发表爱国言论招致骂声”为特征的新型网络爱国舆论事件频发，对此的普遍解读是网民主体不理性。本文创新性地将舆论的理性特征放入态度研究框架中，以“郭斌事件”为例，从认知理性、评价理性、情绪理性和行为倾向理性四个层面入手，构建一系列可操作的指标分析新型网络爱国舆论事件中网民的理性情况。研究发现：网民态度理性总体呈轻微理性状态，其中，行为倾向理性程度最高，认知理性程度最低；在侧重当事人评价的舆论中，网民态度理性程度最低。建议我们对此类事件中网民的表现要更有信心，媒体对此类事件的报道要更注重全面客观，当事人更要注重网络爱国言论的合理表达。

所属图书：《新媒体与社会（第十七辑）》

出版社：社会科学文献出版社

出版时间：2017 年 3 月

《2016 年中国政务微博矩阵发展报告》

作者：侯锷

摘要：2016 年，随着“网络强国”国家战略的纵深推进，新媒体在推动国家创新和国家治理体系与治理能力现代化中的意义和作用越来越凸显，“治网理政”已经成为“中国道路”“治国理政”在新媒体领域的现实延伸，以习近平为核心的党中央对互联网治理与社会治理的顶层设计和宏观指导思想已完成连贯性和系统性阐述。面对新形势、新要求、新策略，政务微博亟待变革理念，联动协同，激活组织动力，突破当前创新乏力、民意认同度低等瓶颈，积极践行习近平“以人民为中心”的发展思想，以政务微博矩阵管理模式，持续创新“互联网 + 社会治理”的新格局。

所属图书：《中国新媒体发展报告 No. 8（2017）》

所属丛书：新媒体蓝皮书

出版社： 社会科学文献出版社

出版时间： 2017 年 7 月

《中国社交媒体视角下的欧盟：基于中国外交部官方微博的案例分析》

作者： 宋黎磊、卞清

摘要： 为了增进中国民众对欧洲和中欧关系的了解，2012 年 8 月 24 日，中华人民共和国外交部在新浪微博开设了“中欧信使”官方微博账号。本文采用内容分析方法，对该微博的内容进行考察，以便探讨中国官方社交媒体塑造了怎样的欧盟形象。本研究的主要发现是，该微博所塑造的欧洲形象是中立的，也就是说，它没有表达任何反欧情绪。本文作者认为，中国政府机构需要努力促进中国和欧洲之间的对话，促进双方通过社交媒体开展准确和有效的沟通。

所属图书：《中国与欧盟的相互认知》

所属丛书： 国际政治论坛

出版社： 社会科学文献出版社

出版时间： 2017 年 7 月

《微博里的公共生活》

作者： 杨雪冬

摘要： 微博的出现，是网络世界中又一个革命性工具，不仅加深了网络世界与现实世界的连接，也为更为多样化的公共空间的形成、更有活力的公共生活的产生提供了有力的支撑。在现实世界中，一个人、一个事件，囿于组织的约束、制度的限制，其影响力很难在短时间内越出组织的边界、行政的界限。但是在网络世界中，组织边界、行政界限不再存在，个人言行、事件影响能够即时快速传播，从而，每个普通的个人都有可能成为“意见领袖”，每个细小的事件都可能成为“公共事件”。也正因为如此，微博从出现以来，很快风靡网络世界，从普通人到各类名人，再到不同层级的公共权力机关，都力图通过它来凝聚和扩大自己的“粉丝”队伍，在连绵无尽的信息流中，发出自己的声音，建构自己的信息岛屿。自 2010 年以来，在多起公共事件、公共讨论中，微博所发挥的传播信息、搭建平台、建构舆论、动员行动的功能充分展现出来，对于提高社会治理的透明度、互动性，改善社会治理水平，发挥了巨大作用。

所属图书：《制度运行的逻辑》

出版社： 社会科学文献出版社

出版时间： 2017 年 11 月

《2016 年微博二次元研究报告》

作者： 许宁

摘要： 随着二次元文化在国内的迅速发展，微博不仅是越来越多二次元用户的重要聚集场所，也是连接二次元文化与大众文化的重要传播路径与平台。近年来，微博数据中心利用微博数据，分析动漫作品在微博的传播过程和效果，关注行业大 V 的行为动态，了解微博二次元用户的整体情况，以洞察二次元文化与其他行业领域的合作发展，以及与社会文化的融合过程。

所属图书：《中国动画产业发展报告（2017）》
所属丛书： 数字娱乐产业蓝皮书
出版社： 社会科学文献出版社
出版时间： 2017 年 10 月

《中国社会热点事件中微博舆论的传播规律与引导——以“罗一笑事件”为例》

作者： 余秀才、孙春玉

摘要： 本文以 10 个典型意见领袖账号为案例，分析了微博意见领袖群体中媒体从业者社会责任的履行状况。研究发现，整体上意见领袖中媒体从业者社会责任得分处于中等偏上水平。在分项上，媒体从业者普遍重视信息质量，因此信息生产责任的得分较高，文化教育和协调关系责任的得分处于中等偏下水平，社会监督责任的得分较低。责任治理的关键在于加强顶层设计与制度建设，保护媒体从业者权利的同时明确其义务，使其能够在一个法治、健康的传播环境中履行社会责任。

所属图书：《中国网络社会治理研究报告（2017）》
所属丛书： 互联网治理蓝皮书
出版社： 社会科学文献出版社
出版时间： 2017 年 9 月

《地方政务微博的传播效果与优化策略研究：以“中国广州发布”为例》

作者： 张学波

摘要：“@ 中国广州发布”微博账号于 2011 年 12 月 19 日开通，在广州市委、市政府的领导下，由市委宣传部统筹，广州市互联网新闻信息中心负责运营，依托新浪、腾讯等网站，采用微博集群形式上线。在统一的平台上，聚合广州市民生有关部门账号，分批次进行建设，实行团队化运营。

所属图书：《建设国家中心城市的战略构想》
出版社： 社会科学文献出版社
出版时间： 2017 年 10 月

《微博与国家意识的重构》

作者： 杨雪冬

摘要： 媒体是塑造国家意识的重要力量。以佩里·安德森、安东尼·吉登斯等为代表的许多学者研究发现，印刷技术推动的书籍出版，克服了年久失传、山水相隔造成的信息传播障碍，将广大区域的民众在知识、情感和精神上联系在一起，培养了共同意识，塑造了对国家的认同。正因为如此，媒体也是国家力图掌握甚至控制的对象，以更有效地劝导公众，融合国家与社会的关系。媒体的发展与通信技术紧密相关。每一次通信技术的革命，都会给媒体带来一次变革的机会，使之在类型、内容、组织管理、融资方式、对象定位等诸多方面发生重大调整。互联网推动的新媒体的出现就是正在发生的一次变革，微博是其中的重要组成部分。微博既是一个舆论平台——这和传统媒体的功能相似，又是一个个体、组织自主参与的平台——这是与传统媒体的本质差别。微博上的信息是由个体、组织自主提供的，因此信息不仅海量，而且更新及时，优于传统媒体依靠有限的空间（版面）、时间（定时）。

所属图书：《制度运行的逻辑》

出版社：社会科学文献出版社

出版时间：2017 年 11 月

《基于 SNA 的公共突发事件微博舆情网络结构分析——以上海外滩踩踏事件为例》

作者：张力元

摘要：本文采用定性话语分析法和定量社会网络分析法，将新浪微博作为唯一平台，对上海外滩踩踏事件进行社会网络分析，从点度中心性和中间中心性入手，得出官方媒体、政府、名人大 V、公众四种角色在此事中分别发挥着议程设置、辟谣澄清、构建桥梁、声援的作用，四者相互博弈，共同推动微博舆情的发展。

所属图书：《新媒体与社会（第十九辑）》

出版社：社会科学文献出版社

出版时间：2017 年 11 月

《重大突发公共事件微博舆论与新媒介素养》

作者：余秀才

摘要：在重大突发公共事件的微博舆论传播中，政府相关管理部门与媒体行业的管理与引导固然重要，但从长期看，对网民进行积极的媒介素养教育以及在高校中加强新闻评论教学，是微博舆论传播与引导以及网络舆论空间健康发展的根本保障。本文主要介绍了重大突发公共事件微博舆论与新媒介素养，包括：一，新媒介素养教育与发展；二，加强高校新闻评论素养。

所属图书：《重大突发公共事件中的微博舆论传播与引导》

所属丛书：文澜学术文库

出版社：社会科学文献出版社

出版时间：2017 年 11 月

《中国传统媒体微博社会责任及其评价》

作者：陈然、刘洋

摘要：本报告聚焦传统媒体转型过程中的社会责任问题，选取 8 家高影响力的报纸微博作为观测对象，对其社会责任进行实证评估。研究发现，传统媒体微博履行社会责任情况整体较好，四个责任维度的履行情况从好到差依次为：信息生产、协调关系、社会监督、文化教育。《人民日报》微博履行社会责任情况最好。部分传统媒体微博内容同质化现象较为严重，信息内容呈现较明显的“负面议题偏好”和娱乐化取向，传播活动止步于单纯的信息告知，缺乏深入挖掘与观点呈现。作为专业的信息供给机构，传统媒体微博应增强内容独创性，保障信息能见度，注意新闻“度”的把握，优化内容品质，注重信息挖掘与深度解读，提高舆论引导力。

所属图书：《中国新媒体社会责任研究报告（2017）》

所属丛书：新媒体社会责任蓝皮书

出版社：社会科学文献出版社

出版时间：2017 年 11 月

《微博舆论传播中的文化因子与仪式奇观》

作者：余秀才

摘要：本文介绍了微博舆论传播中的文化因子与仪式奇观，主要包括：一，微博舆论传播背后的文化喧嚣；二，微博、公共领域与后现代文化；三，微博舆论与媒介仪式。

所属图书：《重大突发公共事件中的微博舆论传播与引导》

所属丛书：文澜学术文库

出版社：社会科学文献出版社

出版时间：2017 年 11 月

《重大突发公共事件中政府微博舆论管理的角色问题与方法》

作者：余秀才

摘要：微博舆论管理是一项复杂的系统工程，前期有关部门需要对社会重大突发公共事件的微博舆情做细致的监测与评估；在微博舆论爆发阶段，政府相关管理部门乃至媒体部门需要做好舆论监察与应急处理，引导网民在重大突发公共事件中理性参与话语评论以及线上和线下活动。本章内容主要探索在当前重大突发公共事件的微博舆论传播活动中政府的管理角色认知和舆论引导失误问题，以及相关部门在微博舆论引导中的“智猪博弈”与“囚徒困境”问题。本文主要介绍了重大突发公共事件中政府微博舆论管理的角色问题与方法，包括：一，政府网络管理中的角色认知；二，政府相关部门微博舆论管理的问题与表现；三，微博舆论管理中的“智猪博弈”与“囚徒困境”。

所属图书：《重大突发公共事件中的微博舆论传播与引导》

所属丛书：文澜学术文库

出版社：社会科学文献出版社

出版时间：2017 年 11 月

《重大突发公共事件的微博舆情监测与分析》

作者：余秀才

摘要：微博舆论是近年来传播学界与新闻业界关注与研究的热点，随着大数据研究的兴起，微博舆情中的大数据应用更成为舆论研究的前沿阵地。由于大数据运用在国内刚刚兴起，因此对于微博舆情大数据，中国的传播学界虽有学者关注，但将此作为重要研究领域的研究者并不多，甚至有学者质疑中国当下微博舆情中的大数据使用问题，认为目前微博舆情资料搜集经由微博 API（Application Programming Interface，即应用程序编程接口，它是一些预先定义的函数，目的是提供应用程序与开发人员基于某软件或硬件得以访问一组例程的能力，而又无须访问源码，或理解内部工作机制的细节）进行，和传统搜集方法并无两样，并不涉及大数据运用问题。因此，研究微博舆论与大数据舆情监测需要解决以下问题：微博舆情数据是否为大数据，微博舆情研究是否使用大数据，大数据在微博舆情研究中的作用如何，如何理性地评价大数据在微博使用与研究中的作用。

所属图书：《重大突发公共事件中的微博舆论传播与引导》

所属丛书： 文澜学术文库

出版社： 社会科学文献出版社

出版时间： 2017 年 11 月

《微博舆论负效应的传播、治理与方法》

作者： 余秀才

摘要： 微博舆论目前已经成为影响社会的主要舆论。微博舆论的健康传播与发展，不但有助于事件的合理解决，也能促进整个社会的良性发展。而不好的微博舆论，如微博舆论暴力、微博舆论谣言以及其他各种微博舆论侵权行为，不但无助于重大突发公共事件的有效解决，有时还会推波助澜，使事件朝向不利的方向发展，甚至引起社会的紊乱，破坏政府相关部门的公信力和形象，不利于整个社会的进步和发展。本文主要介绍了微博舆论负效应的传播、治理与方法，包括：一，微博舆论负效应传播的主要表现与责任；二，微博舆论负效应传播的治理；三，微博舆论负效应传播的引导与方法。

所属图书：《重大突发公共事件中的微博舆论传播与引导》

所属丛书： 文澜学术文库

出版社： 社会科学文献出版社

出版时间： 2017 年 11 月

《重大突发公共事件与微博的内涵、特征与关系》

作者： 余秀才

摘要： 进入 21 世纪以来，中国改造转型加剧，社会重大突发公共事件频发。2006 年微博在美国诞生后，迅速传入中国。2009 年新浪微博、腾讯微博、搜狐微博、网易微博等纷纷崛起，以个体传播为特征的自媒体时代迅速到来。移动智能终端设备与无线网络快速发展，以微博为主的社交媒介在社会重大突发公共事件中扮演越来越重要的角色，重大突发公共事件中的微博舆论传播与引导，成为广受社会关注的重要课题。

所属图书：《重大突发公共事件中的微博舆论传播与引导》

所属丛书： 文澜学术文库

出版社： 社会科学文献出版社

出版时间： 2017 年 11 月

《中国社会热点事件微博传播中新媒体责任的缺失与完善——以“丽江打人”事件为例》

作者： 徐明华、朱晓豫

摘要： 新媒体日新月异的发展造就了人人都有麦克风的时代。在新媒体的发展过程中，微博因其传播速度快、传播内容碎片化、传播范围广泛而得到了广大网民的关注，并成功推动了多个社会热点事件的解决。新媒体扮演的角色越来越重要，也必然要承担更为重大的责任。本报告以“丽江打人”这一社会热点事件为例，借助新浪微舆情的数据支撑，探究该事件在微博传播的全过程中新媒体所承担的责任。研究发现，依托微博这一传播平台，尽管新媒体已经逐渐开始明确自身的社会责任，并与传统媒体、政府与公民一道推动着社会热点事件良性发展，但也仍存在一定程度上的责任缺失，需要进一步地完善。

所属图书：《中国新媒体社会责任研究报告（2017）》

所属丛书：新媒体社会责任蓝皮书

出版社：社会科学文献出版社

出版时间：2017 年 11 月

《区域性微博意见领袖社会责任的实证研究——以武汉地区为例》

作者：芦何秋、张依

摘要：本报告以 8 个典型的区域性意见领袖作为研究对象，对其发布的 1578 条原创微博信息进行量化统计分析，旨在考察地域性微博意见领袖的社会责任履行情况。研究显示，地域性微博意见领袖的社会责任履行状况还有一定可提升的空间，其社会责任评价得分均值为 2. 37557 分，接近满分的一半。地域性微博意见领袖比较重视“信息生产”的社会责任，但在“文化教育”、“社会监督”和“协调关系”的社会责任履行效能方面还需要做进一步的优化。

所属图书：《中国新媒体社会责任研究报告（2017）》

所属丛书：新媒体社会责任蓝皮书

出版社：社会科学文献出版社

出版时间：2017 年 11 月

《主流媒体微博：如何打通“两个舆论场”》

作者：王君超

摘要：新华社前总编辑南振中认为，在现实生活中实际存在两个“舆论场”：一个是老百姓的“口头舆论场”；一个是新闻媒体着力营造的舆论场（见《中国记者》2013 年第 1 期，第 43 页）。在当前的“新媒体格局”中，微博和主流媒体，分别是这两个舆论场的代表性媒介。两个舆论场一度作为中国社会独立、并行的话语空间，在信息内容、议题设置、话语方式等方面存在较大的异质性。主流媒体微博的勃兴，使“两个舆论场”有了打通的可能性。打通两个舆论场，意味着主流媒体依靠其公信力和权威性，通过微博信息传播发挥舆论影响力，实现政策信息与网络民意的水乳交融。主流媒体的官方微博兼有传统媒体的“主流属性”和微博的“草根属性”，是打通“两个舆论场”的理想媒介。

所属图书：《迁徙与重构》

出版社：社会科学文献出版社

出版时间：2017 年 12 月

《国际冲突引发的网络民族主义多元主体共振——以新浪微博南海仲裁案文本为例》

作者：陈敏、李晓锋、何凌南

摘要：本文使用数据挖掘和话语分析两种研究方法，对新浪微博平台有关 2016 年中菲南海仲裁冲突事件展开分析。与此前研究强调“网络民族主义由网友自下而上建构”的结论不同，本文抓取的数据表明，媒体微博和名人微博共同主导了南海争端的讨论，普通网民附和式参与，呈现民族主义和爱国主义的框架共振；媒体微博内容同质化程度较高，虽是中菲两国间的冲突，但更多将其置于中日、中美、中澳的整体冲突框架下来讨论；名人微博的话语实践则更多体现了消费民族主义和粉丝民族主义特征。将南海仲裁案的微博话语实践置于网络民族主义话语变迁的过程中，可以观察到随着近年中国国力的增强、外交政策的变化、网络公共空间的形成，国际冲突对网民心态的影响已经开始超越单纯的民族主义情绪下的社会动员，变成多元主体间的对话与协商过程。

所属图书：《中国社会心态研究报告（2017）》

所属丛书：社会心态蓝皮书

出版社：社会科学文献出版社

出版时间：2017 年 12 月

《网民医患关注与态度研究：基于中国 95 城市微博证据》

作者：赖凯声、林志伟、杨浩燊、何凌南

摘要：医患问题备受政府和社会各界关注，但已有研究大多基于案例和问卷调查等主观经验数据展开，在样本代表性和客观性上存在一定风险。本研究尝试基于 2015 年中国 95 个城市网民在微博社交媒体平台的客观行为数据，探索网民对医患议题的关注规律和态度规律。结果发现，中国一线城市对医患问题关注度最高，并表现出正面情绪低、控制感低等低信任特征。本研究为理解当前中国公众对医患问题的社会心态、提升医患信任水平等具有重要意义。

所属图书：《中国社会心理学评论（第 13 辑）》

出版社：社会科学文献出版社

出版时间：2017 年 12 月

《旅游行业年度热点解析》

作者：刘志明

摘要：通过对 2015 年的旅游行业热点、乡村游和出境游的数据分析可以看出，微博热议的结果和旅游行业消费数据是基本吻合的。消费数据代表旅游用户真实付诸旅游行为的数据，而微博热议目的地数据包含真实旅游、旅游意向等较为模糊的数据，二者略有区别又相互关联，但微博游热议数据作为旅游行业市场的晴雨表有着重要的意义。

所属图书：《舆情大数据指数》

所属丛书：舆情管理系列丛书

出版社：社会科学文献出版社

出版时间：2017 年 12 月

《@人民日报：对接两个舆论场的有益尝试》

作者：明廷栋、王琪、沈阳

摘要：2012 年 7 月 22 日凌晨 4 时 58 分，暴雨之夜，《人民日报》微博开通，随即刮

起一阵微博小旋风，留下一串令人惊叹的数字：首发微博总覆盖人数约 2683 万，首日微博总转发数 2 万多，总评论数近 5000 条。月余即凭 800 多条微博，吸引粉丝达 75 万，并以每日四位数的速度递增，日均微博总转发数 1 万以上，总评论数 3600 条。至 9 月初，“@人民日报”的粉丝已达 112 万。“@人民日报”在开博时机、博文风格、发布规律以及带来的舆论场影响上都表现得可圈可点，巧妙地实现了官民舆论场的对接，以不至于在新媒体中被边缘化。不管从其成功的起跳还是后来的华丽转身看来，都足以成为其他党报官媒微博的“标杆”。

所属图书：《迁徙与重构》

出版社：社会科学文献出版社

出版时间：2017 年 12 月

《在舆论场的融合中重新发现社会》

作者：曹林

摘要：无法回避的现实是，中国当下有两个舆论场，一个是以传统官方媒体为代表的舆论场，一个是微博所代表的舆论场，两个舆论场显然缺乏交流，在很多时间甚至传播着相反的声音，情绪和气场上也是对立的，官方和民众各站一边。有识人士的判断并非耸人听闻，如果两边继续像今天这样自说自话，缺乏交流，两个舆论场很容易发生“追尾”的危险，在突发事件的雷击之下失去沟通，对话和协商机制失灵，激烈的冲突难以避免。两个舆论场需要融合与打通，而这个打通的过程，实际上就是一个官权被民权驯服的过程。

所属图书：《迁徙与重构》

出版社：社会科学文献出版社

出版时间：2017 年 12 月

《政务微博的绩效及其影响因素——中国地级市的实证研究》

作者：马亮

摘要：不同地区的政务微博在活跃度、参与性和影响力等方面存在很大差异，为什么会如此不同？本文从政务微博的供给与需求两个方面提出了影响政务微博绩效的关键因素，并基于中国地级市的多源数据进行实证分析。结果显示，政务微博的绩效主要受供给侧的因素影响，如政府规模、财政健康状况和城市级别；相对来说，需求侧的变量对政务微博绩效的影响较弱，仅有移动互联网使用率同其存在正相关关系。本文探讨了这些研究发现的理论启示和政策意涵，并讨论了未来的研究方向。

所属图书：《数字治理评论　第 1 辑》

出版社：社会科学文献出版社

出版时间：2017 年 12 月

《人民网评之三：对话“意见领袖”——善待网民和网络舆论》

作者：人民网舆情监测室

摘要：近年来，在“微博打拐”、贫困地区学童“免费午餐”等事件中，一批知名网友起到了重要的动员作用。目前，微博上粉丝过百万的用户超过300名。他们对网民的影响力不可低估。研究表明，美国微博客“推特”上，前几年2万名“精英”用户，比例不到总用户的0.05%，却吸引了几乎50%的注意力。中国的微博也有类似的情形。互联网虽然降低了民众表达的门槛，但少数知名网友的声音，仍然引领着公众的价值评判。在拆迁、上访、事故灾难等突发事件上，知名网友频频发声，对政府造成了舆论压力。早在20世纪40年代，美国传播学者发现，大量的信息经某些活跃分子中转或过滤，形成价值判断，再传递给大众。这些活跃分子就是传播学意义上的“意见领袖”。互联网的出现，极大地拓展了言论空间，从学界、媒体、文艺界和其他专业领域（如金融业、IT业）上网人群中，“意见领袖”批量产生，特别是在微博客上各显其能。

所属图书：《迁徙与重构》

出版社：社会科学文献出版社

出版时间：2017年12月

《从“威权舆论”到“权威舆论”——“微时代”主流舆论的解构与重振》

作者：周廷勇

摘要：以微博为代表的社会媒体时代的到来，给原有的官方主导的威权舆论场带来革命性的颠覆，官方舆论场如何发挥主导作用，不断消弭与市场化的都市媒体舆论场以及微博等民间舆论场的缝隙，不断发挥意见领袖作为第三方力量的舆论对冲作用，不断增加官方舆论场与民间舆论场的最大公约数，努力实现从“威权舆论”到“权威舆论”的转弯，形成健康向上的和谐舆论生态，意义十分重大。

所属图书：《迁徙与重构》

出版社：社会科学文献出版社

出版时间：2017年12月

2018年

《2017年中国互联网舆论分析报告》

作者：祝华新、廖灿亮、潘宇峰

摘要：互联网治理力度持续加大，治理范围从时政类资讯延伸到娱乐八卦类信息，从少数“意见人士”触及广大普通网民。互联网“自媒体”发展面临拐点。目前，中等收入群体已成为网络舆论发声的主力军。极端个案引爆的舆情减少，但公众常借日常生活中的一些小热点，抒发对阶层固化等社会深层问题的“集体焦虑”，引发共鸣。在整治网络乱象和保障网络表达之间找到平衡点，是未来互联网治理需要关注的要点。

所属图书：《2018年中国社会形势分析与预测》

所属丛书：社会蓝皮书

出版社：社会科学文献出版社

出版时间：2018年1月

《社交媒体意见群体的特征、变化和影响力研究》

作者：曹洵、张志安

摘要：本研究聚焦2016年活跃于社交媒体的各种意见群体，运用社会网络分析、比较分析等实证方法，从群体结构、公共参与、互动关系等方面考察各意见群体传播影响力的特征、变化及影响。研究发现，公知型意见领袖、知识型意见领袖及娱乐型网红是当前三大活跃的意见群体。微博舆论场中，原有的公知型意见领袖群落分散，公共讨论弱化；而营销类、娱乐类用户成为微博意见领袖群体的主流。同时，兴起于问答社区的知识型意见领袖在知识传播、舆论引导方面的作用日渐显现。以商业逻辑为内驱力、以娱乐为基调的各类自媒体“网红”快速涌现和更替。意见群体的影响力在变动中重新整合，体现出双重趋势：一方面，微博传统的意见领袖正在向其他媒体分流或转移；另一方面，资本力量通过在不同社交媒体平台的运作，影响意见群体的生成与发展。

所属图书：《互联网与国家治理发展报告（2017）》

所属丛书：互联网与国家治理蓝皮书

出版社：社会科学文献出版社

出版时间：2018年1月

《微博微信在突发事件信息传播中的差异与引导策略》

作者：焦俊波、刘思汝

摘要：随着移动互联网时代的到来，微博微信等新媒体在突发事件信息传播中发挥越来越重要的作用。本文分析了微博微信造就的突发事件信息传播新样态，重点探讨突发事件信息在微博微信两个平台上的传播差异与引导策略，以期更好地推动风险社会中突发事件的应急处置和舆论引导。

所属图书：《杭州学刊》2018年第1期

出版社：社会科学文献出版社

出版时间：2018年2月

《当代青少年的微博世界与公民参与》

作者：班建武

摘要：本文介绍了当代青少年的微博世界与公民参与，主要包括以下几个方面。一，青少年怎么“看”微博：“公”与“私”之间；二，青少年怎么“玩”微博：“贡献”（“潜水”）与“公共”（“私人”）之间；三，数字公民参与：“积极”与“消极”之间。

所属图书：《媒介时代的学生公民素养及其培育》

出版社：社会科学文献出版社

出版时间：2018年4月

《政务微博中的公民参与：限度与突破》

作者：李强彬、陈晓蕾

摘要：从“@桃园网”开通以来，政务微博作为公民参与政治的新途径逐渐兴起，其为公民参与政治生活提供了新的通道，而且扩展了政治系统中要求输入的方式。政务微博在表现出很多优点的同时也存在一些不可忽视的局限性。未来突破政务微博中公民参与限度的局限性需要社会治理模式的创新。

所属图书：《协商民主：理论与经验》

出版社：社会科学文献出版社

出版时间：2018 年 5 月

《2017 年网络强国战略下社会新治理体系研究报告》

作者：侯锷

摘要：随着中国依法治网的纵深推进，网络舆论环境的不断净化和清朗，“网民来自老百姓”“民意上了网”已成为当前中国不容回避的新国情与最大的互联网政治形势。在网络社会与现实社会所构成的社会舆论“共生态”下，线下“治国理政”与线上“网络强国”两大战略的互动实践，产生了一个复合型的新时代网络强国战略下中国社会新治理体系，新治理能力也成为国家治理体系和治理能力现代化的关键能力。本报告以政务微博为视阈，对中国党政机关 8 年来依托微博的“互联网 + 社会治理”的发展实践与相关问题，进行了实证研究和分析。

所属图书：《中国新媒体发展报告（2018）》

所属丛书：新媒体蓝皮书

出版社：社会科学文献出版社

出版时间：2018 年 6 月

《北京市新媒体科普能力研究》

作者：牛桂芹、金兼斌、陈安繁

摘要：本文从引导好、利用好新媒体发展科普事业的角度出发，在梳理国内外相关研究的基础上，对北京市新媒体科普实践现状进行了全面调查和梳理，描绘其全景图，并以北京科普网站、科普微博和科普类微信公众号为重点进行深入研究。借鉴各种新媒体环境下科学传播调查数据指标，结合科学传播学、传播学领域相关理论，构建了科普网站、科普微博、科普类微信公众号传播能力和新媒体矩阵科普能力的指标体系。依托北京清博大数据科技有限公司的舆情平台，综合网络爬虫、“人工清洗”等各类网络数据采集手段进行数据发掘，运用 stata14. 0 统计分析软件进行统计分析和交叉分析，运用定性、定量的方法综合考量和评价北京市新媒体的科普能力现状，分析讨论北京新媒体科普中存在的问题，提出创新发展的对策建议，为新时代提升新媒体科普平台建设和管理工作的实效性提供理论依据，为新媒体环境下科普事业的发展提供引领理念和可行性对策建议，最终为实现全民科学素质的跨越式提升，以及创新型国家和文化强国建设提供有力支撑。

所属图书：《国家科普能力发展报告（2017—2018）》

所属丛书：科普蓝皮书

出版社：社会科学文献出版社

出版时间：2018 年 7 月

《中国司法公开新媒体应用研究报告（2015）》

作者：支振锋

摘要：相比传统直播方式，网络直播和微博庭审视频直播在一定程度上打破了时间和空间、线上和线下的限制，是更大幅度和更深层次的司法公开，代表了未来司法公开的新趋势，可能实现中国对西方司法公开的弯道超车。但对各级各地法院庭审直播网站及微博庭审视频直播的实证考察发现，庭审视频直播仍然不够规范，也缺乏充分的物质和制度保障。以人民法院信息化建设3.0版为契机，今后应从制度建设、物质保障和技术标准三个方面大力推进庭审新媒体视频直播的常态化和规范化。

所属图书：《中国法治国情调研（2006—2016）》

所属丛书：法治国情与法治指数丛书

出版社：社会科学文献出版社

出版时间：2018年7月

《演员孙艺洲吐槽哈尔滨烧秸秆事件的舆情分析》

作者：张文静、张珊

摘要：2017年11月1—3日，演员孙艺洲在新浪微博接连发文关注哈尔滨市空气污染问题，认为秸秆焚烧是加重当地污染的重要原因，引发网民热议。4日，哈尔滨环保局通过官方微博连发三篇回应，当日微博舆情热度出现首个峰值。6日，澎湃新闻网、“@新浪娱乐”等媒体对事件进行汇总性报道，再次推动舆论关注热度上升，事件舆情于7日攀至顶点。舆论强调环境治理中的政府责任，并对秸秆综合利用进行积极建言。8日开始，事件舆情热度开始大幅下降并渐趋平息。

所属图书：《中国“三农”网络舆情报告（2018）》

所属丛书：“三农”舆情蓝皮书

出版社：社会科学文献出版社

出版时间：2018年8月

《甘肃省“三农”舆情分析》

作者：高兴明、鲁明、张百、赵婧

摘要：2017年，甘肃省深入推进农业供给侧结构性改革，农业农村经济发展势头良好。全年“三农”舆情走势起伏明显，上半年波动较大，下半年相对平稳。主流新闻媒体是甘肃省“三农”舆情的主要信息来源，微信、微博等社交媒体平台是主要传播渠道。农业结构调精、调优、调强，一大批特色农业品牌知名度不断提升；创新提出发展戈壁农业，昔日“戈壁滩”变身今日“米粮川”；特色优势产业助力脱贫攻坚，扶贫作风整顿提供坚强保障；多地党政领导干部争当“网红”，积极为本地特色农产品代言等话题受到舆论积极关注。部分地区农村“天价彩礼”现象、景泰县副县长蹭黑豹乐队演唱会推介枸杞等热点事件引发网民热议。

所属图书：《中国“三农”网络舆情报告（2018）》

所属丛书：“三农”舆情蓝皮书

出版社：社会科学文献出版社

出版时间：2018 年 8 月

《上海“三农”舆情分析》

作者：张向飞

摘要：2017 年，上海市“三农”舆情走势整体平稳，微信与微博信息占比超过舆情总量的六成。上海深入推进农业供给侧结构性改革，多举措提升都市现代绿色农业发展水平；推动农产品品牌培育，变革农产品流通模式；试点收入保险，探路金融支农政策新路径；深化农村改革提升农民幸福感；持续推进“五违四必”综合整治等受到舆论持续关注。上海出台“史上最严”食品安全条例、新生代农民工留沪意愿强等成为 2017 年涉农热点话题。

所属图书：《中国“三农”网络舆情报告（2018）》

所属丛书：“三农”舆情蓝皮书

出版社：社会科学文献出版社

出版时间：2018 年 8 月

《新时代山西旅游官方微博营销效果提升策略》

作者：和芸琴

摘要：新时代社会的主要矛盾发生转变，要求产品与服务的升级，以更好地满足人民对美好生活的需要。新时代社交媒体成为沟通交流、获取信息的主要渠道。其中，微博因其媒体属性更强，吸引了众多旅游机构开通官方微博，提供旅游资讯，与粉丝共享并积极互动，从而更好地打造旅游品牌。本报告以山西旅游发展委员会新浪官方微博为重点分析对象，通过对其微博内容与互动情况的研究分析，发现存在的一些问题，如对微博营销的重视程度不够，内容及推送形式比较单调，宣传不够深入，互动较少，沟通不够高效，等等。为此，要转变工业时代的推销观念，用好互联网时代的沟通渠道，从理念定位、内容、形式三方面入手，树立营销意识，搭建权威信息平台，优化设计内容，整合营销形式，充分发挥官方微博的媒体属性与社交属性，提升山西旅游官方微博的营销效果，更好地服务于山西转型综改建设，塑造山西旅游新形象。

所属图书：《山西资源型经济转型发展报告（2018）》

所属丛书：山西蓝皮书

出版社：社会科学文献出版社

出版时间：2018 年 8 月

《2017 年“三农”网络舆情分析及 2018 年展望》

作者：钟永玲、张祚本、李婷婷

摘要：2017 年“三农”网络舆情总量较上年明显增长。乡村振兴战略、农业绿色发展、农村土地制度改革、产业扶贫等话题引发广泛关注。政府部门涉农信息发布和议程设置更加主动，舆情应对和舆论引导更加有效。新闻媒体依然是“三农”新闻舆论的中坚力量，其传播方式更鲜活、语境更亲民。微博涉农话题设置凸显爱农、助农情怀，“短视频 + 直播”发挥良好舆情效应。微信公众号“三农”舆论声势不断壮大，话题制造水平和传播能力不断增强。展望2018年，乡村振兴战略实施中各地的探索、实践及农村土地制度改革、农业高质量发展、农村创业创新、脱贫攻坚总攻战中的产业扶贫、全球化背景下的食品安全等话题将继续成为舆论关注热点。

所属图书：《中国“三农”网络舆情报告（2018）》

所属丛书：“三农”舆情蓝皮书

出版社：社会科学文献出版社

出版时间：2018年8月

《2017年媒体融合传播效果评估报告——以839家媒体为分析样本》

作者：赵曙光

摘要：本报告通过对839家媒体在2017年10月至2018年3月这一时间段内的微博、微信公众号、今日头条号、新闻客户端等渠道发布的新闻内容数据进行跟踪监测，基于对内容生产、传递、接触、认知、满意、参与及二次传播等媒体实现传播的关键环节的思考，构建了媒体融合传播效果评估指标体系，采用熵权法模型计算获得各层级指标权重，对839家媒体进行了分类评估。

所属图书：《中国传媒经济发展报告（2018）》

所属丛书：传媒经济蓝皮书

出版社：社会科学文献出版社

出版时间：2018年9月

《外国驻华政务微博国际传播生态发展报告（2009—2017）》

作者：侯锷

摘要：新媒体引领全球化3.0时代的到来，所有人向所有人的传播释放出巨大的社会力量和创新源泉。在中国积极参与全球治理并带动经济全球化新一轮发展的大背景下，中国搭建起了遍布全球的“朋友圈”和伙伴关系网络，走进世界中心。近年来，世界各国政党、政府和公共服务机构纷纷入驻这一全球最大的中文社交媒体微博，借助微博这一唯一可能并能够直接打通中国社会各阶层关系、聚合不同社会职业群体生态、交互多元公共意见的“网络中国”平台，加强与中国及全球华人的交流对话与合作。驻华政务微博成为洞察中国民情、互动中国民意、问道中国发展的一种更直接、更有效的国际公共关系和社交传播方式以及现实之需。发展7年来，驻华政务微博与中国网民在政治文化中融合，共识与冲突并存，机遇与挑战竞逐。随着中国进入新时代，驻华政务微博迎来新一轮的发展机遇。

所属图书：《全球传播生态发展报告（2018）》

所属丛书：全球传播生态蓝皮书

出版社：社会科学文献出版社

出版时间：2018年10月

图书著作题录

2011年

《粤警微风：广东公安微博实践与思考》

作者：广东公安微博工作团队/编

出版社：南方日报出版社

出版时间：2011 年 5 月

ISBN：9787549102136

内容简介：本书翔实记录了广东省公安机关在深入推进社会管理创新工作中，抢占先机，引领潮流，充分利用网络新媒体——“微博”，积极构建和谐警民关系，提升“平安广东”水平，服务“幸福广东”建设。书中以精心巧妙的架构安排、丰富典型的案例、富有“街坊味”的语言，对广东公安“织围脖”历程进行了全面的回顾总结，并对网络问政和警察公共关系进行了独到的思考。

《微博：一种新传播形态的考察——影响力模型和社会性应用》

作者：喻国明、欧亚、张佰明、王斌/著

出版社：人民日报出版社

出版时间：2011 年 5 月

ISBN：9787511503404

内容简介：中国“媒介军师”喻国明及他的团队用最具影响力的嵌套学说对微博的发展逻辑及价值本质进行了深入探讨，并对新浪微博个人用户及福特、凡客诚品等企业用户深度访谈，提出了一整套关于微博的中国本土化应用的行动路线图式的战略与策略。

《微博：一种新传播形态的考察——影响力模型和社会性应用》是教育部哲学社会科学重大招标课题“新媒体环境下的危机传播及舆论引导”科研项目成果（项目批准号：09JZD0011）之一，它对微博产生以来的历史沿革进行了从理论到实践的详细梳理，考察了微博发展的关键事件，编制了微博发展的大事年表，并使用嵌套性理论对微博的发展逻辑和价值本质进行了深入探讨，该理论也是目前关于微博的学术研究中最具影响力的一种学说。

《政府如何开微博》

作者：窦含章、李未柠/主编

出版社：中共中央党校出版社

出版时间：2011 年 8 月

ISBN：9787503546075

内容简介：《政府如何开微博》内容主要从什么是微博，政府为什么要开微博入手，进一步就政府开通微博的具体步骤和发布信息的方式加以说明，尤其重点介绍了政务微博的功能和政务微博信息发布规则，以及党政干部个人微博的注意事项。

《政府如何开微博》还对当前政务微博的经典案例加以介绍。内容丰富，简明扼要，具有很强的操作性和实用性，是广大干部学习微博、利用微博的教材。

《玻璃房：蔡奇微博》

作者：蔡奇/著

出版社：红旗出版社

出版时间：2011 年 10 月

ISBN：9787505120396

内容简介：浙江省委常委、组织部部长蔡奇在腾讯微博上给自己的标签是“苹果控”“布尔什维克”“老童鞋”，2011 年 8 月，蔡奇微博的听众数量已经突破了 500 万，成为听众数量最高的官员微博。在“微博达人”蔡奇的推动下，浙江成为名副其实的推动电子政务公开的“微博大省”。

作为内地注册个人实名微博最高级别的官员之一，蔡奇自开通微博以来，内容几乎每天更新。据统计，蔡奇日均广播数近 12 条，半年多时间内已发布广播 2500 余条。蔡奇以平和的姿态走进草根中间，主动、耐心、细致地回答博友们的问题，并对组织工作的相关问题答疑解惑，主动吸取博友的意见建议。除了日常的交流，蔡奇还在微博上推出了“周末夜话”等栏目与网民们进行深度沟通。

蔡奇除了以副部级身份与网友平等、亲和、真实交流外，还积极推动各级官员、各部门官方微博的开设，最终形成网上“微博政府”，打造了官方与民众公开、直接、有效实时互动的新平台。

《媒体执政：媒体多样化背景下政府对新闻舆论的引导》

作者：陈兵/著

出版社：中国广播电视出版社

出版时间：2011 年 12 月

ISBN：9787504365859

内容简介：本书是我国第一部系统研究媒体执政理论和实务的专著。我国社会已进入转型升级时期，媒体呈现多样化的变革，自媒体时代已经到来。因此，在媒体环境发生结构性变局的情况下，政府应当运用媒体资源进行执政，对舆论进行科学、有效、恰当的引导，从而提高政府的威望和执政公信力。《媒体执政：媒体多样化背景下政府对新闻舆论的引导》的研究内容主要包括媒体执政理念，媒体执政途径，媒体政策法规，媒体伦理道德，政务信息公开，各类媒体应对策略，网络、微博、突发公共事件等各种情境中的政府应对等。

2012年

《中国博客调查》

作者：于绍宗、于丽娜/著
出版社：中央编译出版社
出版时间：2012 年 2 月
ISBN：978751171152

内容简介：众所周知，互联网改变了人们的生活，以互联网为载体的博客的出现，为人们发布和了解信息开辟了另一资源，也让人们的社会生活更加丰富多彩。《中国博客调查》以纪实文学的笔法，从博客的历史沿革到对中国公众生活的影响，从名人博客到草根博客、从博客女王到博客圈、从木子美到芙蓉姐姐，从开博客到开微博，展示了博客圈众生相。语言诙谐、叙事生动。

《突发事件舆情应对指南》

作者：曾胜泉/主编
出版社：南方日报出版社
出版时间：2012 年 3 月
ISBN：9787549105540

内容简介：本书系统地阐述了政府部门、企事业单位和其他织织机构应对突发事件所需要遵循的基本原则。应对突发事件，如何做到迅速及时、公开透明、规范有序、科学适度？为此，书中详细介绍了舆情收集、舆情研判、舆情报送、信息发布、媒体服务、舆情引导、舆情处置机制等具体操作方法，并提供很多近段社会重大事件作为案例。本书融理论阐释、案例分析、技巧传授于一体，思想性、针对性和实用性兼具，可大大提高相关组织机构对网络、媒体、广电传媒等公众舆情的预警力、判断力和处置力。

《玩转微力量：公务员与政务机关的微博使用维护新探》

作者：段旭、荀德培/主编
出版社：新华出版社
出版时间：2012 年 3 月
ISBN：9787501198979

内容简介：段旭、荀德培的《玩转微力量——公务人员与政务机构的微博使用维护新探》围绕公务人员微博运管的主题，从政府微博、公安微博、卫生微博、文旅微博、交通微博、商税微博、财经微博、民生微博八个方面搜集各类案例、分析各自特点、厘清成败得失、发掘其间规律、总结实用法则，供诸公务人员作政务微博运用管理之参考，我们企盼着官博与官员说百姓话、解百家难、办体民事、树勤政风，推进虚拟社会管理水平的不断提升。一刀划开微博，来个截面显微观察：我们看到了微博问政与官民互动、微博争鸣与百家辩论、微博慈善与大爱汇聚、微博质疑与公权改进……源源不断的微力量，正通过微博这根杠杆，刷新出一个热情与思进的网上中国气派！《玩转微力量——公务人员与政务机构的微博使用维护新探》是全国第一本公务人员与政务机构微博研究专著。

《“微博问政”与舆情应对》

作者：周滨/主编

出版社：人民出版社

出版时间：2012 年 3 月

ISBN：9787010106830

内容简介：微博客作为互联网时代影响日益扩大的新型载体，是汇聚民意、反映民情的重要平台，也是贯彻党的群众路线必须争取的重要阵地。加强和创新对微博客的运用和管理，切实提高研判、引导网络舆情的能力，是新的历史条件下加强党的执政能力、提高社会管理科学化水平的迫切要求，是各级党政机关和工作人员的一门“必修”课。《“微博问政”与舆情应对》为帮助各级党政领导把握网络舆情发展规律、深入了解微博、提升新媒体应对能力和理论知识素养而编写，主要内容包括“自媒体”时代的公共传播、“微博问政”的兴起与发展、政务微博的管理与运营、领导干部的微博应对与素养训练、微博时代的舆情特点和发展规律、微博时代网络舆论的传播、网络舆情监测预警机制的构建、网络突发事件的疏导与处置、微博时代网络舆情的研判与应对、“网络意见领袖”的培养和引导等，对提高各级党政干部利用微博问需于民、问计于民、问政于民的水平，切实提高网络舆情的应对能力带来益处。

《微博问政的 30 堂课》

作者：高明勇/主编

出版社：浙江人民出版社

出版时间：2012 年 4 月

ISBN：9787213048371

内容简介：自媒体时代，如何用好你的“麦克风”？作为新兴传播载体，微博以其即时、互动、应用广泛等特点，逐渐发展成为重要的社会舆论和信息交换平台，其影响力日益凸显。本书通过官员、专家、学者等微博达人对微博的深入解读，以思想、方法、案例化解公共权力部门微博运用之惑，帮助公共权力部门解决微博问政“谁来问”“去问谁”“问什么”“怎么问”的关键问题，以期通过微博互动，形成好的公共生活。

《微博问政：领导干部上微博》

作者：李浩源、刘军汉/主编

出版社：国家行政学院出版社

出版时间：2012 年 6 月

ISBN：9787515002552

内容简介：《微博问政：领导干部上微博》既可以是领导干部运用微博的教材，也可以是关注微博问政的公民的社会读本。

《微薄之力在微博》

作者：杜少中/著
出版社：北京日报出版社
出版时间：2012 年 6 月
ISBN：9787547705155

内容简介：中国公共关系协会政府公共关系委员会和清华大学公共关系与战略传播研究所策划并组织编写了这本官员微博的实务指南，希望能够通过这本书的出版，提升政府官员对新媒体时代官员开设微博、与人民群众平等交流的重视。作者杜少中集自己在新浪开设一年多微博的经验，通过实例向大家讲解如何“织围脖”并正确合理地运用微博，做一个贴近百姓的公务员，内容具有很强的实用性和可读性。

《领导干部开微博：方法技巧与案例启示》

作者：崔艳/编著
出版社：国家行政学院出版社
出版时间：2012 年 7 月
ISBN：9787515003016

内容简介：本书紧扣“网络问政”的时代脉搏，以国内外公众关注度比较高的领导干部的微博为例，言简意赅，全方位阐释领导干部开微博的方法与技巧，详细叙述领导干部微博给谁看、怎么开、怎么写、忌什么；通过对成功微博案例（国内：伍皓、朱永新、陈士渠、蔡奇；国外：奥巴马、克莱尔·麦卡斯基、沙希·塔鲁尔）的多角度解读，深度分析其成功的经验，以及对领导干部开微博的重要借鉴意义，为领导干部开微博，充分发挥微博问政、服务于民的功能提供指引和帮助。

《微政时代：政务微博实务指南》

作者：侯锷、潘建新、寇佳婵/编著
出版社：五洲传播出版社
出版时间：2012 年 8 月
ISBN：9787508522630

内容简介：《微政时代：政务微博实务指南》是迄今为止较为系统介绍政务微博功能、作用及运营管理体系的教材。全书由政务微博的系统构成与组织管理、运营管理（形象管理、内容管理、发布管理）、激励管理、授权管理、协同管理和危机管理等三大部分十一章构建，采用了最新政务微博传播案例，科学阐述并论证了政务微博的集群化、矩阵式管理体系。具有较强的操作性和实用性，既可供新闻发言工作参考，又是可以让政务微博团队随手翻阅的实务手册。

《网络舆论：起因、流变与引导》

作者：余秀才/著
出版社：中国社会科学出版社

出版时间： 2012 年 9 月

ISBN： 9787516115671

内容简介： 本书从 BBS 论坛到社交网站，从博客、播客到微博，网络舆论奇观让中国迅速成为一个正在崛起的“网络社会”。面对复杂的网络舆论现象，本书从场域理论角度出发，在具体分析中国历年来 200 多起重大网络舆论事件的基础上，跨学科综合运用社会学、心理学、政治学等学科理论与方法，探讨网络舆论的总体发展概况与表现、新媒介的时空变形与新媒介场的形成、网络舆论发展的心理图式与社会动因、网络舆论的预警机制与引导技巧。

《微博发展研究报告（2011）》

作者： 佟力强/主编

出版社： 人民出版社

出版时间： 2012 年 9 月

ISBN： 9787010110394

内容简介： 佟力强主编的《微博发展研究报告（2011）》共分三篇，上篇从微博发展现状及趋势、微博社会的运行机制与影响力、微博热点主题、微博平台的公共监督与管理四大层面，对民众、政府、社会组织等多种角色全面解读 2011 年我国微博发展形势；中篇对我国政府机构及政务人员微博运营情况进行了综合评价；下篇从学术的角度进行思考，对微博沟通对公共政策的影响、微博政府传播新闻议程设置的影响、微博改变公众议程交互模式、微博提高党政机构的综合效能以及媒介发展视角下的政府形象塑造等问题，研究如何通过微博这种新兴的社会化媒体提升政府治理能力。

《微博时代的新闻发布和舆论引导》

作者： 邹建华/著

出版社： 中共中央党校出版社

出版时间： 2012 年 9 月

ISBN： 9787503547775

内容简介：《微博时代的新闻发布和舆论引导》观点新颖、案例翔实，对策建议操作性强，是我国在微博时代开展新闻发布、舆论引导和危机公关不可多得的一部参考和指南书。

《微博问政》

作者： 卢金珠/著

出版社： 东方出版社

出版时间： 2012 年 9 月

ISBN： 9787506053013

内容简介： 本书是中国第一部全景透视微博问政的著作。对热点事件中的微博问政、代表性政府官员微博、代表性政府机构微博均进行持续追踪，向读者展现出一幅微博问政全景画面。“微手册”部分涉及政务微博运营管理的方方面面，“微访谈”部分则涵盖了对活跃官员微博、政府微博、专家学者、微博网站高层的深度专访。本书还从实际案例出发，剖析典型官员、政府微博的成长历程，并归纳整理出简明实用的微博使用手册，可以直接作为政务微博运营管理的教程参考。而且，本书语言流畅，叙事简洁，不说教、不枯燥，大量案例的追踪与分析鲜活生动，代入感很强，普通网友也将乐于阅读。

2013年

《政府是平的——微博问政改革了谁》

作者：吴胜武、胡余波、徐静/著

出版社：浙江人民出版社

出版时间：2013 年 3 月

ISBN：9787213053573

内容简介：《政府是平的：微博问政改变了谁》是浙江大学宁波理工学院的课题研究成果，是对宁波市海曙区政务微博平台创新实践的理论思考和经验总结。作者研究认为，通过积极有效运用政务微博这一新平台，可以在众声喧哗、众说纷纭中，让政府的声音更响亮，让政府的信息更可信；在倾听民意、汇聚民智中为广大民众排忧。

《微博舆论影响力研究：基于突发公共事件视域》

作者：周志平/著

出版社：浙江工商大学出版社

出版时间：2013 年 4 月

ISBN：9787811407259

内容简介：本书为 2012 年度杭州市社科规划课题研究成果。本书对微博在舆论表达、舆论引导和舆论监测中的机制、原理进行了深入系统的研究，详细分析了微博舆论的形成特点、生成机制、正负面的舆论影响力以及微博舆论的引导方式与技巧和微博舆论监测的手段与方法。

《微博空间的生产实践：理论建构与实证研究》

作者：夏雨禾/著

出版社：中国社会科学出版社

出版时间：2013 年 4 月

ISBN：9787516125137

内容简介：本书为教育部人文社科研究项目“突发事件中的微博舆论研究”阶段性研究成果。本书借助 20 世纪中晚期以来西方学术界“空间转向”跨学科研究所取得的成果，以“空间”为分析工具，通过“关系”和“实践”两个基本研究视角，对微博技术拓展下的虚拟空间展开全景解读与分析。本书以探求微博现象的发生机制为研究目的。研究分别以“空间”和“实践”为基本立足点，在对空间理论和微博发展现状展开系统梳理和介绍的基础上，通过对新浪微博 44 个样本微博和 12512 个样本消息的调查研究和实证分析，力图全方位展现微博空间生产的概貌和机制特征。

《微博》

作者：梁晓涛、汪文斌/主编
出版社：武汉大学出版社
出版时间：2013 年 4 月
ISBN：9787307106581

内容简介：本书系统介绍了微博的产生和发展，重点介绍了微博的鼻祖——Twitter，中国最大的微博——新浪微博，其他用户较多的微博，如网易微博、腾讯微博、搜狐微博、雅虎 Plurk 以及独立微博，对微博用户的特点和微博营销进行了分析，分析了微博发展过程中面临的挑战及应对挑战的策略，并指出了微博未来的发展趋势。

《微博的碎片化传播——网络传播的蝴蝶效应与路径依赖》

作者：朱海松/著
出版社：广东经济出版社
出版时间：2013 年 5 月
ISBN：9787545422221

内容简介：本书是中国第一部全面揭秘微博传播原理和网络传播机制的理论专著。作为中国第一部利用网络科学的复杂理论和混沌思维、分形视角思想解读以微博为代表的网络传播的开创性著作，《微博的碎片化传播：网络传播的蝴蝶效应与路径依赖》通过分析中国兰州拉面的数学哲学原理，利用兰州拉面隐喻直观的网络传播模型，探讨网络传播的内在规律和传播本质。作者朱海松以开阔的视野、深刻的洞察和敏锐的视角全景式地解读微博的碎片化传播过程及效果，指出未来将只有网络而没有媒介，将是网络定义媒介，而不是媒介定义网络。作者强调，不仅要准确描述网络传播，更在于如何理解网络传播，并指出理解网络传播必须要用新的思维“范式”。理解网络传播的过程是从传统的线性思维“范式”向新的复杂思维“范式”转变的过程，是传播观念的革命。本书通过回顾人类认识网络的三个里程碑，强调真实网络并不是人们想象的那样是随机的、平均的、公正的，而是拥有不同尺度之下、具有幂律分布及“小世界”特征的复杂网络。

《微博的碎片化传播——网络传播的蝴蝶效应与路径依赖》通过网络中最具代表性的微博，全面阐述网络传播的本质规律和基本特点，并试图彻底改变理解网络传播的思考方法，通过考察微博的真实个案，以复杂思想、混沌思维及分形视角来理解新的碎片化网络传播环境。

《网络民意与政府回应问题研究》

作者：朱丽峰/著
出版社：中国社会科学出版社
出版时间：2013 年 5 月
ISBN：7516126489

内容简介：作者朱丽峰在《网络民意与政府回应问题研究》中以公共领域为研究范畴，以网络民意为研究主题，探讨在网络公共领域内社会公众与政府等公权机构的角色定位、功能定位、价值定位、行为选择以及民意与公权力如何实现衔接等，着眼于政府在网络公共领域中的价值选择与行为选择，检讨政府应对网络民意的消极态度和不当作为，致力于构建政府与网民的良性互动机制。

《微校时代》

作者：潘鸿雁/主编
出版社：天津人民出版社
出版时间：2013 年 6 月
ISBN：9787201082639
内容简介：本书是中国第一部全景透视中国高校微博现状及发展的著作。对教育热点事件中的微博论教、代表性高校领导个人微博、代表性高校机构、组织微博均进行持续关注，向读者展现出一幅微博对中国高校教育发展所产生影响的全景画面。

本书涉及高校官方微博运营、管理的方方面面，涵盖了对高校新媒体专家、高校领导、党宣团委负责人、新闻学院院长及高校微博运营人员的的深度专访。本书还从高校微博运营中的实际案例出发，剖析高校官方微博、高校领导微博、高校微博体系、团系统微博体系的成长历程，并归纳整理出简明实用的高校微博运营手册，可以直接作为高校官方微博运营及管理的教程参考。本书语言流畅，叙事简洁，不说教、不枯燥，大量趣味案例的追踪与分析鲜活生动，代入感很强，普通网友也将乐于阅读。

《自媒体时代中国对外传播能力建设》

作者：相德宝/著
出版社：人民日报出版社
出版时间：2013 年 6 月
ISBN：9787511516374
内容简介：本书为相德宝主持的国家社科青年课题（批准号：10CXW013）、上海市浦江人才计划（批准号：10PJC067）最终成果。本书采用内容分析的研究方法，选取博客、掘客、微博、社交网站、视频网站、网络论坛和公民网站、群组网站 8 种自媒体形态 11 种具体自媒体类型对自媒体上的中国国家形象进行了分析。

《中国微博发展报告（2012）》

作者：北京市互联网信息办公室、首都互联网协会/编，佟力强/主编
出版社：人民出版社
出版时间：2013 年 7 月
ISBN：9787010121581
内容简介：《中国微博发展报告（2012）》是第一本全国范围内的专业的微博发展报告。首先从 2012 年中国微博发展的物理环境、平台用户信息、热点话题和微博平台自身的运营与建设方面开题，对 2012 年中国微博发展现状进行了全景扫描；其次从微博对中国社会产生的影响切入，集中探讨了微博与社会、微博与人际交往、微博与经济、微博与传播、微博与文化等的关系；最后则从发展及治理的角度入手，对微博发展中的问题和解决之道展开探

讨，并展望了微博的发展趋势；附录部分收录了2012年中国微博日历、2012年度中国微博发展及管理大事记、2012年度网络舆情态势及规律总结报告等内容。本书中的图表和数据，绝大多数来源于各微博运营平台的第一手资料，具有很强的权威性和资料价值。

《微博文化研究》

作者：张斯琦、张华威/著
出版社：吉林大学出版社
出版时间：2013年8月
ISBN 9787567705708

内容简介：微博本身所具有的微动力，引起了范围极广的微革命现象。而微博的功能也对社会产生了巨大的革命性的影响，而这一切形成了独特的微博文化。本书正是基于此话题而展开的相关研究。本书第一部分首先对微博的概念进行界定，总结出了微博的特点，还对微博进行了分类。第二部分主要探究的是微博的媒介文化构建。本书探析了微博的传播特征与传播效果，还从多角度对微博与传统媒体的关系进行了对比与梳理。第三部分是研究微博的社会交往意义。本书从个人因素和社会因素两个角度出发进行探讨，微博首先将个体的欲望作为突破口，从社会交往角度来看，打破了同心圆的交际方式，改善了中国的强关系局面。第四部分是本书的重点，着重分析研究了微博的社会功能，包括基本功能、核心功能与拓展功能。本书最后是对微博的文化批评。因而我们最后在此部分还论述了微博的文化行动主义的优缺点。

《新媒体社会沟通能力提升》

作者：舒天戈/编著
出版社：红旗出版社
出版时间：2013年9月
ISBN：9787505128170

内容简介：本书以新媒体时代政务工作所面临的新形势与新挑战为研究背景，以提升领导干部新媒体时代的执政能力、积极开拓政务工作的新局面为目的，系统地介绍了政务机关和广大领导干部认识和运用新媒体的理论与方法。全书内容包括“与时俱进，把新媒体作为执政为民的新手段”“直面网络问政，提高执政能力”“办好政务微博，创新社会管理”“应对网络舆情，引导网络声音”四篇。期望该书能为广大领导干部切实提升新媒体时代的执政能力、提高政务工作的成效，提供有实际意义的帮助。使用对象：广大领导干部。

《微博与信息传播》

作者：图书情报工作杂志社/编著
出版社：海洋出版社
出版时间：2013年10月
ISBN：9787502786564

内容简介：本系列丛书聚焦于近几年来图书馆学情报学的热点研究主题，包括知识服务的现在与未来、学科服务进展与创新、微博与信息传播、电子政务研究和电子商务研究与实践进展，从基础理论、技术平台建设、实务和案例等多个角度来组织内容。资料翔实，汇集了多位学科专家的研究成果和智慧；观点新颖而富有见地，反映了众多图书馆学情报学前沿研究的现状和发展趋势，对理论研究和管理实践探索均具有十分重要的参考价值和指导意义，可作为图书馆学、情报学及相关学科的教学参考书以及图书情报领域研究学者和从业人员的专业参考书。

《微言博行：南海政务微博的实践》

作者：郑灿儒/主编
出版社：华中科技大学出版社
出版时间：2013 年 10 月
ISBN：9787560994215
内容简介：南海综合改革系列丛书・社会建设篇：《微言博行・南海政务微博的实践》全面阐述了政务微博在南海产生和应用的根源，阐述了政务微博在党政机关内部管理、创新社会管理、倾听公众呼声与回应公众需求、强化社会监督等方面的具体应用形式，内容涉及政务信息公开、汇聚民智、新闻舆论引导、反映民意、倾听公众呼声、舆情应对、公众政治参与、服务社会、政务微博的应用与管理等方方面面。本书对各级党政领导把握微博建设应用发展规律、深入了解和运用政务微博、提升新媒体应对能力和相关理论知识素养具有重大的启迪帮助作用。

《指尖上的政能量——如何运营政务微博与微信》

作者：人民网舆情监测室/编著
出版社：人民日报出版社
出版时间：2013 年 11 月
ISBN：9787511521880
内容简介：小小微博是如何启动社会舆论“核按钮”，进而影响国家政治议程的？如何才能改善互联网舆论生态，发挥舆论的“政”能量？如何才能通过政务微博打通“两个舆论场”？开设和运营一家政务微博，可能存在哪些风险？成功的政务微博有哪些推广之道？近年不断涌现的知名官员微博赢得了超高的人气，他们都有哪些“诀窍”？特别是在一些突发公共事件中，政务微博到底发挥了哪些积极作用？而在蓬勃发展的自媒体时代，又将如何预测和规划好政务微博与微信的未来……人民网舆情监测室的分析师们以权威的数据、最新的经典案例，抽丝剥茧，深度解答。本书是对政务微博发展的回望与总结，更是政务微博、微信运营的实操手册。

《政务微博的 16 个要诀》

作者：薛国林、王厚启/主编
出版社：暨南大学出版社
出版时间：2013 年 12 月
ISBN：9787566808301
内容简介：本书主要研究了如何运用政务微博来与民众进行交流沟通；在突发和危

机事件面前，如何用好政务微博来消解舆情和引导舆论；政务微博该怎样来应对网络谣言；在日常的运营工作中，政务微博又该如何“说话”以及“有话可说”。该书结合了大量典型案例，使全书更加全面实用，简洁明了，针对性强，旨在为政府机构政务微博管理人员、领导干部以及公务人员利用微博这一新兴的即时传播工具服务于民提供有益的参考和借鉴。

《“微”力量：作为新媒体的微博研究》

作者：张承宇/著

出版社：齐鲁书社

出版时间：2013 年 12 月

ISBN：9787533331054

内容简介：微博，以 140 字为限，通过转发、评论形成一条快速的传播路径，替代过去的论坛、博客，多次成为网络热点事件的重要助推力量，很快由小众的新媒体转变为大众传播的平台，相关讯息在微博上迅速传播，引起广泛关注进而成为舆论焦点，之后再经由大量转发、线上和线下的互动，最终形成网络舆论并在现实中产生大小不一的影响。与论坛、博客不同的是，微博篇幅短小，转发、评论易操作，使用门槛大大降低，使普通网民的表达得到充分释放，尤其是转发功能，不需费心评论就能表明态度。微博上的一系列热点事件，都很好地证明了微博兴起之初“围观改变中国”的提法不是夸大之词。因此，微博不仅是一种新媒体技术，更是商业、政治、社会竞相交互作用的场所，由此产生了新的营销方式、传播方式以及舆情的引导和管理问题。

《中国政务微博路在何方：宿迁政务微博的探索与实践》

作者：郭金/主编

出版社：江苏人民出版社

出版时间：2013 年 12 月

ISBN：9787214113498

内容提要：微博，用 140 字，赢得了 3. 31 亿网民，获得了 56. 0% 的互联网使用率，将娱乐、休闲、社交、营销、政务集于一身，成为受公众追捧的舆论阵地，开启了一个新的时代——微时代。越来越多的人在碎片化的时间里实现弱关系、低强度的网上沟通，越来越多的公众人物通过微博发布或传播信息，越来越多的机构敞开胸怀拥抱微时代。

小微博，大民生。微博短短的 140 字中，有各自生活的小幸福，有切身利益的“急难险”，有不满现实的“灌水”“拍砖”，有给经济社会发展的真知灼见，有对政务活动的及时监督，有真善美、正能量，也有负面消息、对立情绪、质疑声音。微博无时不在、无处不在，反映一切正在发生的事情，重现整个社会的民生生态。

小微博，大作用。微博是继新闻网站、论坛之后，网络舆论生成的又一重要载体。它是机构的服务窗，是政民互动的连心桥，是民生生态的晴雨表，是民声民怨的泄洪闸，是社会发展的助推器。它在信息公开、政民互动交流、社会管理创新、依法治国治政、助推经济发展、维护社会和谐稳定上发挥着越来越重要的作用。

2014年

《风险社会与网络传播：技术·利益·伦理》

作者：张燕/著
出版发行：社会科学文献出版社
出版时间：2014 年 1 月
ISBN：9787509756225

内容简介：本书为教育部人文社会科学研究项目成果；北京市哲学社会科学规划项目成果；国家教育部人文社会科学研究青年项目“风险社会视阈下的网络传播——技术·利益·伦理”和北京市哲学社会科学规划项目“主流媒体的责任伦理对策：化解微博传播风险”的研究成果。

互联网作为新兴传播技术的代表，首先对旧有媒介生态提出了挑战，伴随着传统媒介生产和传播惯例的打破，媒介系统内部的既有利益格局也面临解构和重组。在风险传播和风险沟通的媒介格局中，互联网的加入，必然会带来整个社会的风险应对和风险决策的重要变革。本书的主旨即在传媒引发和解构社会风险的双重框架下，专门探讨互联网作为新的传媒成员，将带来哪些变化。本书还特别关注到，风险解构过程中对技术本身的依赖带来的下一轮风险隐患，对这些由网络传播技术自身带来的风险隐患，将做出方向性的治理思考。

《微博诉求表达与虚拟社会管理》

作者：毕宏音/著
出版社：中国社会科学出版社
出版时间：2014 年 1 月
ISBN：9787516130773

内容简介：本书为天津市哲学社会科学规划项目、天津社会科学院学术著作出版基金 2013 年度资助项目。本书从网络舆情研究视角切入，由哲学意蕴上的表达——管理的应然假设和理想模型说开，通过从主体到客体、从表达到监管的一个个逻辑相扣的中观层面的学理与经验分析，具体案例的微观描述和调查数据的统计分析，对比模型与现实的差异，最终，再回到中观层面，通过策略选择，找到理想与现实的最佳切合点，服务于构建微博诉求表达与虚拟社会管理的良性关系的社会实践。作者紧紧围绕着基于微博诉求表达崛起的虚拟社会管理问题，把握科学、客观、可行的原则，在探究微博主体的社会政治态度（狭义舆情）及其变动规律的基础上，引入以党和政府为主导的，以微博新闻媒体、微博运营商为辅助者，以普通微博用户为补充的“四面一体”的虚拟社会管理模式，通过最终将微博诉求表达纳入舆情（民意）——决策系统，从而保障网络舆情疏导与引导的逐步实现，并最终服务于促进科学发展、和谐发展的中国特色社会主义建设事业。

《转型中的微力量：微博公共事件中的公众参与》

作者：文远竹/著

出版社：世界图书出版公司

出版时间：2014 年 1 月

ISBN：9787510073212

内容简介：本书作者将微博公共事件中的公众参与放在一种历史演进和时代转换的宏大背景下进行开拓性、创新性的研究。在考察微博公共事件的产生背景、发展进程以及传播模式、传播观念的基础上，探讨微博公共事件中的公众参与的类型、特征、组织动员过程、意见领袖与公众参与的关系及心理因素、公私权力的力量博弈、公众参与的政治效能感以及微博公共事件公众参与对中国公共领域建构和转型中国的特殊意义等。

《移动新媒体时代的舆论引导研究》

作者：雷霞/著

出版社：中国广播电视出版社

出版时间：2014 年 1 月

ISBN：9787504369888

内容简介：《移动新媒体时代的舆论引导研究》讲述在新媒体时代，传统媒体的“议程设置功能”也被削弱。长期以来，学界和业界都认为大众传播具有一种为公众设置“议事日程”的功能，传媒的新闻报道和信息传播活动以赋予各种“议题”不同程度的显著性的方式，影响着人们对周围世界的“大事”及其重要性的判断。然而，在新媒体时代，传统媒体的这一功能面临新的挑战。过去，议题基本由大众媒介作为“把关人”筛选、判断之后“呈现”；现在，很多议题由普通大众“围观”“闹大”之后“涌现”。本书共分为七章，主要内容包括：绪论；随时随地分享信息的舆论引导新平台；微博：正在崛起的民间舆论场；灾害事件中的舆论引导——以 5・12 汶川地震为例等。

《微变革・大传播——微博与突发事件》

作者：武汉大学互联网科学研究中心/编著

出版社：电子工业出版社

出版时间：2014 年 1 月

ISBN：9787121221644

内容简介：截至 2013 年 3 月底，新浪微博注册用户数量增长到 5.36 亿。微博普及以后，已经突破传统社交网络的娱乐交友意义，迅速成长为网络舆情爆发的重要源头。本书深度切入微博生态圈，通过对微博在突发事件中的功效、传播特点进行分析，探索新媒体环境下社会大事件的传播特点及应对策略，以便更好地跟上时代的步伐，利用新兴工具服务社会大众。

《互联网上的公众表达》

作者：陈红梅/著

出版社：复旦大学出版社

出版时间：2014 年

ISBN：9787309108774

内容简介：本书的视角在于博客、微博、论坛三大互联网表达形式下的公众表达状况，讨论了流言、集体行动和公民新闻几个课题，并研究了互联网和传统媒体的关系。

《社会化生存》

作者：丁正洪/著
出版社：中信出版社
出版时间：2014 年 1 月
内容简介：本书作者是新浪微博的早期团队成员，参与了微博这个中国的社会化媒体平台的创立，看着微博一步步地发展壮大；在离开新浪微博，投身社会化媒体创业之际，作者将自己对社会化媒体的感悟凝结成了此书。如果说社会化媒体是一大片森林，作者写作本书的目的不是指出如何让某种植物长得更快之类的小问题，而是试图总结整个生态系统的生长特点和繁衍规律。基于在新浪微博内部的前沿运营经验，作者用一个个具体的案例展开，精辟提炼了社会化媒体的运行之道。

《微·博——以雅安地震等为例探析微博在突发事件中的传播作用》

作者：刘彤、于宁/著
出版社：重庆大学出版社
出版时间：2014 年 2 月
ISBN：9787562479383
内容简介：《微·博：以雅安地震等为例探析微博在突发事件中的传播作用》以四川雅安芦山“4·20”地震为源点，追溯历史、查找根源、探寻微博产生重大传播力量的原因，关注个人、关注社会、关注微博所彰显的社会化媒体话语权的表达，试图以此探知重大灾难性事件中微博传播的一般规律。

《融媒体传播》

作者：栾轶玫/著
出版社：中国金融出版社
出版日期：2014 年 3 月
ISBN：9787504972569
内容简介：本书共分为三部分：第一部分为媒介新生态；第二部分为融合传播论；第三部分为融合实践论。通过对当下时兴的自媒体传播三大平台“微博平台”“微信平台”“新闻客户端”进行了全景式的扫描来解读自媒体在当下媒体内容生产、消费及营销上的新变化；同时通过对报刊、广播、电视等传统媒体在面对新媒体时的融媒体转型进行了深入分析，提出融合传播的未来走向。该书对照中国媒体现实，对当下媒体生态的发展变化进行了宏观研究，同时也关注具体的微观媒体案例，通过解剖个案来展示新媒体照进中国传媒的鲜活侧面。

《指尖上的正能量——“郭明义微博”现象解析》

作者：中共辽宁省委宣传部/编

出版社：人民出版社

出版时间：2014 年 3 月

ISBN：9787010131887

内容简介："当代雷锋"郭明义，用最贴近生活的语言，将中华民族的传统美德与现代化的慈善模式结合起来，利用数字化的社交平台，传播正能量，成为拥有 2049 万微博粉丝的红色超级大 V。《指尖上的正能量——"郭明义微博"现象解析》力图通过高度的概括、精确的数据和严谨的分析，重新审视郭明义微博的现实意义，探究郭明义微博的价值内涵，揭示郭明义微博带给我们的思想启发。

中共辽宁省委宣传部编的这本《指尖上的正能量——"郭明义微博"现象解析》是一部全面介绍郭明义微博的图书，约 10 万字，配图 60 张。内容由两部分组成，一部分是编写内容，介绍郭明义微博的诞生、粉丝的累积、产生的社会影响，用数据分析和相关事例说话，侧重理论分析，通过郭明义微博现象，探索新时期典型人物宣传与新媒体的结合，以及产生的社会效应。另一部分是直接摘录，包括有郭明义微博内容、网友回帖、微博图片等。

《中国微博活跃用户研究报告》

作者：林升栋/编著

出版社：厦门大学出版社

出版时间：2014 年 4 月

ISBN：9787561550038

内容简介：本书将微博用户同时当作媒体使用者和产品消费者来进行研究，将个体的微博使用习惯与消费者行为中的 AIO（活动、兴趣和意见关接起来，采用局外观察与微博内容分析解读）方式，对中国微博活跃用户群进行深入研究。《中国微博活跃用户研究报告》通过对新浪微博首页的"大家正在说"栏目进行定时抽样的方式，抽取出 2600 多位微博用户样本。对这批样本通过微博风云及其个人微博主页采集量化信息，包括发布微博的时间分布、粉丝数、关注数、学历情况、地域分布等。接着又从中抽取重量级的微博用户约 250 位，对微博内容进行深入分析与解读。

《新媒体环境下的网络舆情研究与传播》

作者：图书情报工作杂志社/编

出版社：海洋出版社

出版时间：2014 年 4 月

ISBN：9787502788247

内容简介：本书分为基础篇、应用篇和传播篇三部分，收录了《我国网络舆情信息工作现状及对策思考》《新媒体技术发展对网络舆情信息工作影响的研究》《公共危机事件中政务微博的舆情信息工作理念与策略探析——以雅安地震为例》《定量网络舆情危机预警模型构建》《网络舆情信息传播视域中传播效果理论的嬗变与思考》《网络社交现状及对现实人际交往的影响研究》等文章。

《当代中国政治传播研究巡检》

作者：荆学民/主编
出版社：中国社会科学出版社
出版时间：2014 年 5 月
ISBN：9787516140031

内容简介：政治传播研究在中国已经迈入了新的历史阶段。那种仅仅翻译、解析西方政治传播理论，停留于“关门论道”的研究已经无法满足现实政治生活的需要。改革开放以来中国特色社会主义的政治实践已经迫切要求构建具有中国特色和中国气派的政治传播理论。《当代中国政治传播研究巡检》为论文集，收集论文多篇，主题就是论证和阐释中国特色政治传播战略研究的时代背景和现实意义，为之后更为深入的内容研究提供方向和前提。本书分为政治传播基础理论研究、政治传播与媒介研究、政治传播与国家形象塑造、国际政治传播研究和政治传播与微博研究五部分。

《突发公共事件与微博治理研究》

作者：徐正、夏德元/主编
出版社：浙江大学出版社
出版时间：2014 年 6 月
ISBN：9787308129862

内容简介：《突发公共事件与微博治理研究》系宁波市哲学社会科学研究基地项目“突发公共事件与微博治理研究”的主要成果，该课题聚焦突发公共事件和在突发公共事件中发挥显著作用的微博传播，有十分紧迫的现实意义。本书运用风险管理和风险控制的理论，聚焦当下中国社会面临的日益突出的突发公共事件及其微博传播实践，全面吸收已有的研究成果，通过理论思辨和案例剖析，系统研究了困扰各级政府的突发公共事件政务应对，以及传媒应对中遇到的各种错综复杂的问题，并提出了不少行之有效的应对之策。

《政务微博管理与应用》

作者：谭云明/主编
出版社：中共中央党校出版社
出版时间：2014 年 6 月
ISBN：9787503553431

内容简介：谭云明主编的《政务微博管理与应用》除了对政务微博管理和应用的前沿理论进行了认真分析和考察，同时梳理了近年来关于政务微博管理的典型案例，这些案例可以很好地启发我们思考，同时可作为政务微博管理理论的补充，作为实际经验为我们提供借鉴。参与《政务微博管理与应用》撰写的作者中，既有在传媒学界耕耘多年的学者，也有经验丰富的业界精英，但更多的是在学界崭露头角的年轻学子，他们不仅自己开微博，而且一直关注和研究微博，他们阅读了大量的文献资料，写作认真细致，兢兢业业。新媒体发展日新月异、变幻莫测，经典的理论一次次被更新、被颠覆，这更增加了这些年轻的学者们不断跟踪研究日益变化着的传媒业界的兴趣，从中他们自己也一次次获得了研究的别样乐趣。

《政务微博实战宝典》

作者：政务直通车团队/编
出版社：新华出版社
出版时间：2014 年 9 月
ISBN：9787516611883

内容简介："政务直通车"作为中国首个政务微博运营系统，利用大数据运算，已经被上千家中央和地方政府部门使用。在众多部门的使用过程中，作者收集到了很多宝贵的意见和建议并在此基础上不断改进，"政务直通车"得以不断发扬壮大。目前，讲政务微博理论的书不少，但讲政务微博实战的书寥寥无几。随着"政务直通车"成功案例不断增多，作者萌发了一个想法，为什么不能把收集到的用户经验与更多人分享呢？想到就做！于是，就有了《政务微博实战宝典》这本书。衷心希望通过这本书，能够给更多已经开办或准备开办政务微博的政府部门提供一点力所能及的帮助。

《微博中的群众工作》

作者：吴小英/著
出版社：经济科学出版社
出版时间：2014 年 9 月
ISBN：9787514150131

内容简介：群众工作是中国共产党的优良传统和政治优势。毛泽东说："在我党的一切实际工作中，凡属正确的领导，必须是从群众中来，到群众中去。"要保持党的长期执政地位，必须坚持群众工作路线这一法宝。随着数字技术的飞速发展，信息处理与传播方式发生深刻变化，全民微博时代已经到来，传统的群众工作套路被打破，如何实现"从群众中来，到群众中去"成为一个新的重要命题。本课题紧紧抓住网络传播"微时代"的特质，以微博运用为视角，探讨如何多用、善用、巧用微博的思路、手段和方法来开展群众工作，以增强新媒体环境中党开展群众工作的能力。

《面向优化管理的突发事件网络舆情信息流导控研究》

作者：张玉亮/著
出版社：中国社会科学出版社
出版时间：2014 年 10 月
ISBN：9787516149416

内容简介：《面向优化管理的突发事件网络舆情信息流导控研究》是一本研究如何对突发事件网络舆情信息流实施优化管理、科学导控的专著。全书约 20 万字，它系统研究了突发事件网络舆情信息流导控的本质规定、理论基础、国外经验、方法机制等问题。

《公共图书馆微博服务研究》

作者：于青/编著
出版社：东南大学出版社

出版时间：2014 年 10 月
ISBN：9787564153151

内容简介：本书在《微博监测月报》的基础上，对新浪和腾讯微博权威数据进行统计分析，研究我国公共图书馆微博运作中出现的问题，并对我国公共图书馆微博服务提出建议。第一章，结论；第二章，微博的发展；第三章，微博在图书馆的应用；第四章，我国公共图书馆微博现状分析；第五章，公共图书馆微博服务案例；第六章，公共图书馆微博服务成绩、问题与建议。

《微传播时代的中国互联网政治研究》

作者：谢蓓/著
出版社：中国传媒大学出版社
出版时间：2014 年 10 月
ISBN：9787565709500

内容简介：本书立足于时下微博媒体和中国互联网政治的发展现状，搜集最新的数据资料，从传播学、社会学、心理学的多维视角，系统分析了微传播对互联网政治发展产生的现实推动力，将传播学中节点传播模式引入虚拟政治研究，着重分析了微传播催化网络舆论形成的机制与特征，丰富了互联网政治学的研究视角。

《中国微博发展报告（2013—2014）》

作者：北京市互联网信息办公室、首都互联网协会/编
出版社：人民出版社
出版时间：2014 年 11 月
ISBN：9787010140407

内容简介：本书共分为三篇：上篇“全景篇”通过对七家微博机构数据的统计解读，深入剖析 2013 年我国微博平台发展的总体态势，定量分析微博用户结构以及名人微博、政务微博、媒体微博和企业微博等各类型微博在 2013 年的运行概况；中篇“影响篇”从舆论生态、网民个人、社会政治、微观经济、文化公益等方面入手，阐释“微力量”如何成为推动“大社会”变革发展的动力源；下篇“趋势篇”针对微博客发展中存在的如定位模糊、网络谣言以及群体极化负效应等深层次问题，从法制建设、自律机制等角度提出治理对策，同时将眼光投向国外，从 Instagram、snapchat 为代表的国际新型社交平台一窥 2014 年全球社交媒体发展趋势。

《政务微博微信实用手册》

作者：张志安、曹艳辉/主编
出版社：南方日报出版社
出版时间：2014 年 12 月
ISBN：9787549111879

内容简介：本书围绕政务微博微信运营，上篇主要论及政务微博的功能及价值、定位策略、管理运营机制、编写策略、推广策略、互动策略、舆情管理、考核与激励机制；下篇着

重阐述政务微信运营，涵盖了政务微信的现状及特色、功能与价值、运营策略、优秀案例、运营专家访谈；附录中介绍了中外政府的政务微博运营案例。

本书内容全面、操作性强，是一本操作性指南；案例丰富、通俗易懂，书中融入了大量实践案例对理论观点进行阐释或佐证；观点访谈富于启发，许多专家学者为本书提供了不少精辟生动的观点和高瞻远瞩的建议，增加了本书的前沿性和学术性。

《政务微博在创新社会管理中的运用》

作者：张玲/著

出版社：中国社会科学出版社

出版时间：2014 年 12 月

ISBN：9787516152713

内容简介：微博作为新兴的媒体工具，正在我国演变成为民间舆论场，进而改变了我国社会的治理环境。微博新媒体平台不仅为公众带来了政治参与的平台，也为政府的社会管理带来了新的挑战。政务微博作为当前形势下创新社会管理的手段，正在发挥着越来越大的作用。本书以北京市政务微博为主要研究对象，从前台的信息发布以及互动回应数据的采集和定量分析，梳理出当前政务微博运营的现况以及运营过程中存在的问题等。并且通过对政务微博运营管理机构的调研，分析了后台运营的成功经验以及面临的发展瓶颈。在上述研究的基础上，本书提出了政务微博在创新社会管理中发挥作用的运营模式。

《微博舆情：传播·治理·引导》

作者：李明德/著

出版社：中国社会科学出版社

出版时间：2014 年 12 月

ISBN：9787516154250

内容简介：近年来，经济社会快速发展的同时也面临着种种舆情危机，特别是各种社会化媒体技术的出现并广泛应用，社会舆情发生的频次大大增加，舆情解决的难度也日益增大，如何有效地舒缓各种舆情成为社会广泛关注的焦点。微博呈现繁荣景象的同时，谣言与负向信息也悄然增长，直接影响社会安定有序。于是，微博舆情的发展现状、生成机制、传播模式、监测体系和治理体制究竟受什么因素或哪些条件的影响，这些影响因素或条件相互之间又有怎么样的逻辑关系，以及这些因素与条件的作用机制对于微博舆情能否具有普遍的引导意义，目前学界的研究还没能给出一个全面回答。本研究从当前社会环境和微博舆情实际发展现状出发，综合运用传播学、社会学、管理学的实证与批判，定量与定性，宏观与微观相结合的基本研究路径，以马克思主义舆论观、使用与满足、议程设置理论、涵化理论作为贯穿全文的基本理论基础，对社会结构压力、网民心理、媒介环境、触发舆情事件、社会管理等影响要素进行深入分析，借鉴中国古代都江堰水利疏导工程机制，全面揭示微博舆情生成到消弭过程中的各种因素及其内在的演化机理与规律。探究其动态过程中的演变规律、传播模式等内在关系并得出新的结论。

2015年

《微博外交理念及实践策略》

作者：钟新、黄超 等/著
出版社：中国传媒大学出版社
出版时间：2015 年 1 月
ISBN：9787565712029

内容简介：本书通过内容分析、话语分析、语义与关系网络分析等方法，研究了近 21 个国际行为体在中国新浪微博上的信息传播活动。国际行为体在新浪微博中制造热门议题，运用不同的战略传播方式构建微博话语权，达到各自的微博外交目的，在趋于社会化的微博外交中，原本用以实现政府、利益集团重大利益的最有效手段——权力正逐渐去中心化，而组织、个人在社会化外交中行使权利的同时，获取权力的能力及产生的影响日益突出。这勾勒了微博外交在中国的发展与变革。

《微博传播与社会管理》

作者：谢进川/著
出版社：中国传媒大学出版社
出版时间：2015 年 2 月
ISBN：9787565711503

内容简介：本书是综合应用社会学、政治学与传播学相关知识，进行的一次跨学科探索。研究主要集中在五个方面：微博研究的多重视角与方法讨论、微博传播与社会管理的相关基本观念、微博参与社会管理的可行性分析、社会管理诸主体运用微博的现状、微博长效管理的基本思路。

《当代中国网络谣言的社会心理研究》

作者：郭小安/著
出版社：中国社会科学出版社
出版时间：2015 年 3 月
ISBN：9787516157930

内容简介：进入 Web2. 0 时代，网络的内容生产模式发生了革命性变化，通俗地说，就是从专业人员织网变成所有用户参与织网。换言之，随着 BBS、博客、微博、微信等网络技术的应用，用户不仅浏览、消费网络信息，而且分享、生产网络信息。这样一个开放而自由的网络空间，给人们带来了信息社会的种种好处，同时也为谣言的滋生和传播创造了技术条件，以致网络谣言近几年来频频出现，日趋活跃，严重影响了正常的社会秩序，引起社会各界的高度重视，并迅速成为学术研究的一个热点。

《当代新闻逻辑学导论：新媒体时代新闻推理与论证的现代性研究》

作者：胡华涛/著

出版社： 武汉大学出版社
出版时间： 2015 年 5 月
ISBN： 9787307156814

内容简介： 本书出版得到了教育部人文社会科学青年基金研究项目“新媒体时代日常新闻推理与论证模式研究”与广东省高等学校学科与专业建设专项资金项目“微博时代新闻推理与视觉论证的逻辑范式研究”的基金资助。

现代新闻逻辑的使命在于对真实性和客观性做出非情景化、无人身化的理解，即要求新闻传播从业人员超越一切个人局限，以一个完全理智的观察者身份，对新闻信息的“有用性”进行推理或论证分析，给予客观、真实、令人信服的评估与传播。《当代新闻逻辑学导论：新媒体时代新闻推理与论证的现代性研究》阐述了新闻信息的传播者与接受者在思考、写作、阅读的过程中，特别是在使用概念、做出判断陈述、进行推理论证的时候，其思维必须具备确定性、无矛盾性、一贯性和论证性，这是逻辑同一律、矛盾律、排中律和理由充足律在信息传播中最为基本的要求。然而在新媒体时代，无论是文字新闻论证还是视觉论证的形成和理解都急需日常生活中论证建构的分析、解释、评价与批评的非形式逻辑标准、尺度和程序。简单地说，《当代新闻逻辑学导论：新媒体时代新闻推理与论证的现代性研究》在不排斥按照一定的逻辑推理规则生产新闻信息产品的同时，也大力提倡使用我们日常生活中常用的一些非形式化逻辑思维模式生产更多符合大众口味的新闻产品，这大抵就是新闻逻辑现代性的具体内涵。

《Web2. 0 时代网络公共舆论研究》

作者： 王贵斌/著

出版社： 中国传媒大学出版社
出版时间： 2015 年 5 月
ISBN： 9787565711404

内容简介： 本书受到教育部人文社会科学研究“微博集合行为研究：基于传播网络的视角”（项目编号：12YJC860037）项目资助；陕西省社会科学规划课题“Web2. 0 时代的陕西网络舆情监测与引导机制研究”（项目编号：11R045）项目资助。本书采用媒介情境和历史传统作为分析工具，讨论了 Web2. 0 时代的网络公共舆论。网络公共舆论并非草根式的狂欢，相反，它是社会公共舆论的重要组成部分，其表达的真实性、社会性提升了公共舆论的价值，成为考察网络舆情的一个重要方面。

作为社会存在的基础，社会意见的表达推动了公共舆论。随着网络对话的兴起和社会化网络的发展，网络公共舆论有可能摒弃非理性论争的局面，从而反映网络公共舆论的真实状态，使置身于虚拟空间的公民由互动形成的共识性意见获得恰当的表达。在“众声喧哗”中构建理想的网络公共舆论，有两个新趋向是有益的，一个是公共领域，一个是社会资本。

《微博问政》

作者： 刘维忠/著

出版社： 甘肃文化出版社
出版时间： 2015 年 6 月

ISBN：9787549008766

内容简介：该书选录了刘维忠 2011 年至 2013 年的部分微博和转发微博，穿插了甘肃省医疗卫生方面的大事要事，其间不乏作者对甘肃省医疗卫生发展的思考。这其实也是一本扎实的微博工作笔记，它摊开了一个卫生厅厅长的思考、顾虑、压力、修正和坚持。作者希望能与读者共享其间的经验和教训，也共享微博带来的苦乐生活，为从事行政工作的人员搭起更多与民沟通的桥梁，化解更多的社会矛盾。相信对读者会有一定启迪作用。

《当代网络流行文化解析》

作者：陈万怀/著

出版社：中国社会科学出版社

出版时间：2015 年 6 月

ISBN：9787516163542

内容简介：在中国互联网发展的二十年历程中，网络文化从它的萌生、发展和壮大，到网络聊天、网络音乐、网络流行语、网络购物、网络游戏、网络小说等各种网络流行文化的井喷式出现，再到微博、微电影、微信等，时尚的网络思想观念、价值取向、生活方式逐渐成为民众的日常生活常态，因此，本书阐释了当前的网络流行文化以及以青年为主体的网络亚文化，并对它们的产生与发展有一定的认知、理解和反思。

《微博反腐及其规范化研究》

作者：刘超伟/著

出版社：新华出版社

出版时间：2015 年 8 月

ISBN：9787516619452

内容简介：每一个新事物都会被更新的事物所代替，成为历史发展中的一个过程。就像手摇式的纺车已经被现代化的织布机所取代一样，微博反腐也将会是历史长河中一个短暂绽放的花朵。随着时代的发展，有理由相信微博反腐将会被更具有优势的反腐渠道逐渐取代。实际上微博反腐是人们在遭受腐败的侵害时做出的一种反抗举动，是一种维权性质的行为，而维护权益总是不够的，人们还需要扩展自己的权益，因此各种扩大人们权益的微博参政行为便进入了公众的视野。这一发展过程展现了政治前进的趋势。

《微博信息内容质量评价及影响分析》

作者：莫祖英/著

出版社：世界图书出版公司

出版时间：2015 年 9 月

ISBN：9787510072444

内容简介：本书是教育部人文社会科学重点研究基地重大项目“数字信息资源的质量控制与管理研究”（项目编号：12JJD820008）的研究成果之一，主要分析了数字信息资源质量、内容质量评价及其对用户利用的影响。本研究以信息质量和信息评价为理论基础，在分析信息质量内涵的基础上，设置了质量评价指标体系，并采用层次分析法对指标权重进行分配，构建了信息内容质量评价模型。在此基础上，以新浪微博为例，实施质量评价及对比分析，并通过相关性分析深入研究了微博信息质量对用户利用的影响，挖掘出影响微博信息利用的关键质量要素。

《网络民主在中国：互联网政治的表现形式与发展趋势》

作者：孙光宁 等/著
出版社：知识产权出版社
出版时间：2015 年 7 月
ISBN 9787513035941

内容：本书为山东省社会科学规划研究项目“中国特色网络民主的表现形式与发展趋势研究”研究成果。本书的重点是中国特色网络民主的表现形式。从目前网络民主已有的发展阶段来说，具有中国特色的网络民主形式包括微博问政、微博议政、网络水军、网络意见领袖等。这些网络民主的表现形式虽然与西方政治活动中的网络民主有部分相似之处，但是，更多的与中国本土的民主政治发展进程与环境密切相关。网络民主作为民主在信息时代的基本类别，与以往的民主形式既有着千丝万缕的联系，又有着相当不同的特点。

《政务微博运营管理研究》

作者：魏颖/著
出版社：中国发展出版社
出版时间：2017 年 7 月
ISBN：9787517706854

内容提要：随着以传播及时、互动性强为主要特征的微博日益从一个微平台变成了大众传媒平台，公共事件进入微博传播时代，开通政务微博成为政府部门发挥服务民众、亲民沟通、舆论引导、应急救援、宣传推广等作用的总体趋势和必然选择。本书通过对中国政务微博的应用案例和发展对策进行深度研究，分析了微博，尤其是政务微博的生态环境和特点，并对我国政务微博的现状和发展趋势进行了探讨，梳理了微博问政存在的具体问题，并提出了政务微博运营管理的对策、建议和发展方向，希望为中国政务微博的发展理清思路，为我国政府机构和党政干部微博运用水平的提高与创新提供有益参考，使其在未来的舆情阵地上更加灵活运用微博手段，积极应对微博带来的新挑战。

《政务微博：使用与管理》

作者：高宏存/主编
出版社：中国人事出版社
出版时间：2013 年 10 月
ISBN：9787512906020

内容简介：《政务微博：使用与管理》主要从政府为什么要开微博入手，进一步就政府开通微博的具体步骤和发布信息的方式加以说明，尤其重点介绍了政务微博的功能和政务微博信息发布规则，以及党政干部个人微博的注意事项。

《交通舆情及政务微博典型案例分析汇编》

作者：中国交通报社/主编
出版社：人民交通出版社
出版时间：2015 年 6 月
ISBN：9787114124624

内容简介：为客观分析评价交通政务微博运营水平，客观点评交通运输行业职能部门等引导舆情的得与失，中国交通报社与人民网舆情监测室自 2013 年 7 月开始，在《中国交通报》上联合推出《交通政务微博观察》《交通运输舆情热点扫描》栏目。中国交通报社编写的《交通舆情及政务微博典型案例分析汇编》精选了这两个栏目的二十余篇文章，以期给各地交通运输部门提供有益借鉴和参考。

《政务新媒体时代：微博微信实战宝典》

作者：政务直通车团队/编著
出版社：新华出版社
出版时间：2015 年 7 月
ISBN：9787516618226

内容简介：在现今的新媒体时代，信息传播格局、社会舆论生态、公众参与方式都发生了极大的改变。政府在面临空前开放、高度透明的舆论环境时，一定要善于运用和发挥网络平台与新兴传播工具的作用。本书用详细的事例和操作性强的技术指导，为政府机关宣传提供技术助力，帮助政府部门在舆论场中掌握主导权，弘扬主旋律，传递正能量。

《问政银川："互联网＋社会治理"方法论》

作者：侯锷/著
出版社：国家行政学院出版社
出版时间：2015 年 12 月
ISBN：9787515016597

内容提要：本书以新媒体时代银川政务微博运营与管理的组织理念、运行机制与理论模型为分析视角，对银川所创树和建构的党委领导、政府主导、社会协同、公众参与、机制保障的"互联网＋社会治理"方法论（即"银川模式"），进行了分析阐述和系统解构。

作者通过对银川政务微博的长期观察研究和调研分析，梳理了近年来被誉为政务新媒体的"银川模式"的发展演进与理论积淀，指出"银川模式"是一种在高度开放的新媒体传播环境下，发挥党委政府开放式的"非权威领导力"来感召民心、凝聚民心以达到被拥戴、被追随的一种有效路径，一种坦率真诚的尊重民意、顺应民意、调动民意，借力于社会参与的智慧和力量，使之契合于自己的现实执政和公共服务体系的一种精细化的社会治理体系和能力方法论。

《图书馆与微服务》

作者：金红亚/主编
出版社：上海科学技术出版社

出版时间：2015 年 12 月

ISBN：9787547828151

内容简介：本书共分五章，第 1 章主要阐述了图书馆开展微服务的意义以及图书馆如何将参考咨询的功能有效地嫁接到微服务中，开展适合网络时代读者需求的微咨询服务，并全面介绍了上海图书馆微博、微信服务的现状。第 2 章精选了上海图书馆信使在微博、微信服务中的经典咨询案例。第 3 章阐述了图书馆如何利用微博、微信社交网络平台的特点来做好读者活动。第 4 章描述了自媒体时代图书馆可以通过微博的栏目、微信的订阅号宣传推广阅读、馆藏和服务，并介绍了上海图书馆信使在这方面的工作和服务的案例。第 5 章以日记的形式记载了上海图书馆信使在微服务中的喜怒哀乐以及伴随图书馆微服务成长过程中的心路历程。

《微传播时代的媒体生态》

作者：陆高峰/著

出版社：知识产权出版社

出版时间：2015 年 12 月

ISBN：9787513034166

内容简介：本书从“媒体人的红与黑”“新旧媒体冷与热”“受众的脸谱”“权力的傲慢与偏见”“新闻传播学遐思”等角度，对新媒体发展与媒体产业转企改制背景下的新闻人、媒体、受众、媒体与政府关系以及新媒体发展对传播学产生的影响做了多方位的反思，作者利用新闻传播学、社会学、心理学等专业理论对微博、微信、3D 报纸、手机媒体、网络开心族、群现象、非诚勿扰电视节目、媒介仿真、官媒关系、转企改制、网络谣言、新闻发言人素养等诸多读者关注的媒介热点现象进行了较为深入的剖析。

《中国食品安全网络舆情发展报告（2015）》

作者：洪巍、吴林海 等/著

出版社：中国社会科学出版社

出版时间：2015 年 12 月

ISBN：9787516173657

内容简介：本书在 2012 年、2013 年、2014 年研究工作的基础上，继续以“食品安全网络舆情的现实发展状况与特征分析—基于网民视角的食品安全网络舆情实证研究—食品安全网络舆情的演变机理与监管引导机制理论研究”为研究主线，进一步探讨食品安全网络舆情的现实发展状况、演变机理、监管与引导机制等重要问题。与以往研究不同的是，本书考虑了企业在食品安全网络舆情中的作用及传播策略，并引入大数据以及计算机模拟仿真等理论与方法，力求更加全面、科学地探寻食品安全网络舆情的发展规律。

2016年

《中国司法公开新媒体应用研究报告（2015）——从庭审网络与微博视频直播切入》

作者：支振峰/著

出版社：中国社会科学出版社

出版时间：2016 年 3 月

ISBN：9787516177730

内容简介：本书以《中华人民共和国宪法》《中华人民共和国人民法院组织法》以及诉讼法和最高法院相关司法文件为依据，对人民法院近年来的庭审网络及微博视频直播状况进行了初步考察，并与西方发达国家相关司法公开制度和实践进行了比较。结果显示，中国的司法公开已经走在国际前列，以庭审微博新媒体视频直播为代表的司法公开新举措，在某种程度上已经实现了对西方司法公开的弯道超车。其中，最高法院按照中央部署，以满足人民对司法公开的期待为目标，进行了大量重要的改革与推进；许多基层与中级人民法院表现出了可贵的创新精神。但由于制度供给依然不足、经费保障较为有限、技术标准不统一以及部分人士仍然需要继续解放思想等原因，中国在司法公开上仍然有很长的路要走。就此，本书提出了针对性的对策建议。

《社交媒体意见领袖研究：以新浪微博平台为例》

作者：芦何秋/著

出版社：武汉大学出版社

出版时间：2016 年 4 月

ISBN：9787307177383

内容简介：《社交媒体意见领袖研究》一书以新浪微博为研究对象，通过对公共事件中的影响力微博样本的分析，将意见领袖从一般网友中分离出来，并进一步对意见领袖的传播结构、话语框架、社会影响等问题进行了深入探究，在此基础上讨论了微博舆情中意见领袖的作用机制，有助于加深学界和业界对网络舆情规律的认知。

《新媒体传播与舆论引导》

作者：常松、胡靖/主编

出版社：安徽师范大学出版社

出版时间：2016 年 5 月

ISBN：9787567624771

内容简介：本书是国家社科基金项目“微博舆论与公众情绪互动研究”的阶段性成果，也是中共安徽省委宣传部与安徽师范大学共建新闻与传播学院“新媒体传播与舆论引导”学术论坛的汇集成果。书稿共分五个部分：理论透视，案例分析，综合研究，治理方略，调研报告。每个部分又包含若干篇文章。文章通过对新媒体在舆论引导中发挥的独特作用，以及误导产生的原因，进行了深层次的分析，并加强探讨新媒体时代舆论引导的责任建设。

《微博如何改变社会：社交媒体与社会风习研究》

作者：董向慧/著

出版社：江西人民出版社

出版时间：2016 年 5 月

ISBN：9787210084747

内容简介：微博作为一种网络社会媒体，使得社会互动更高效，延伸了人的社会性交往圈。本书以社会风习为切入点，全面剖析了微博对社会关系、政务、维权、慈善、互联网集体记忆等方面的影响，拓展和深化了新媒体研究的领域和深度。本书从微博与社会互动、政务微博、微博维权、微博慈善、微博与集体记忆五个方面，全面深入探讨了微博的功能，从理论高度对大量鲜活案例进行分析，有理有据、有穿透力。

《微博参与社会治理研究》

作者：陈世华/著
出版社：中国社会科学出版社
出版时间：2016 年 6 月
ISBN：9787516190173

内容简介：本书为 2012 年度教育部人文社会科学项目"'公共治理'视域下的微博参与社会治理研究"的成果。本书描述了微博的传播特性和治理理论的发展历程，将微博特性与公共治理理念相结合，建构了政府、公众、民间组织等多元治理主体运用微博参与社会治理的整体模型和具体路径，总结了微博参与社会治理的基本特征，指出了其中存在的问题，最后，提炼了微博参与社会治理的基本原则。

《基于网络热点事件的汉语评价研究》

作者：陈景元/著
出版社：中国社会科学出版社
出版时间：2016 年 7 月
ISBN：9787516185124

内容简介：本书为教育部人文社会科学研究青年基金项目"基于网络热点事件的汉语评价研究"（基金编号：12YJC740005）成果。本书结合网络热点事件，以新媒体时代下的新型语篇样式"微博"为研究对象，以澳大利亚悉尼学派马丁的评价理论为指导框架，深入考察了微博文体中的态度资源与读者建构、介入资源与读者建构、级差资源与读者建构、立场的动态建构、当事人身份范畴建构、语境与文本的细读分析、构式的动态建构、评价的修辞分析、评价功能及其实现等重要议题。本论著语料丰富，内容翔实，描写精细，论证充分，解释合理，在一定程度上丰富和充实了马丁的评价理论，是一本具有汉语特色的互动语言学专著，具有重要的理论价值和应用价值。

《微博教学的构建与实践》

作者：黄光芳、王林发/著
出版社：华中科技大学出版社
出版时间：2016 年 8 月
ISBN：9787568019446

内容简介：本书从微博的微教学、微学习、微社交、微写作等微型活动出发，紧扣"新课改"的精神和理念，详细地论述和反思了微博在教学中的理论构建及应用实践，提出了讲授式微博教学、自主式微博教学、讨论式微博教学、协作式微博教学、探究式微博教学及个别化微博教学等微博教学模式，构思新颖，语言通俗，分析独到，可操作性强，有助于一线教师对微博教学的策略与方法进行全面的了解与实施。

《微博微信政务——中国政务微博与政务微信的应用方法与原则》

作者：朱海松、李晓程/主编
出版社：南方日报出版社
出版时间：2016 年 8 月
ISBN：9787549114191

内容简介：本书着眼于全国微博微信政务的发展，通过对各类权威微博政务报告的解读，着重分析了广东微博微信政务的发展现状，特别是对中国公安第一政务微博和政务微信"平安肇庆"的深度分析，全面展示"双微政务"的日常运作与管理，可以清晰地了解广东微博政务的普及与发展的具体操作方法。同时，通过广东各级政府对"双微政务"的指示和批示，可以详细了解到"双微政务"开展的指导思想和应用原则，这对在全国范围内开展移动互联网时代的网上政务管理有着具体的启示作用。

《解读网络话语走向》

作者：周巍/著
出版社：中国社会科学出版社
出版时间：2016 年 9 月
ISBN：9787516189115

内容简介：数字媒体时代，谁是社会网络中最重要的人？喧闹背后，是谁在推动网络话语走向？在网络的哪些节奏上，汇录了最多信息和关注？本书希望找到这样的"重要节点"。舆论领袖，顾名思义，在信息传播的过程中起着至关重要的作用，是信息的中介、信息的过滤、信息的再生产环节；数字媒体时代舆论领袖的地位和作用发生了显著的变化，其自身就是信息传播交互环节中的重要节点，信息全方位扩散、流通的轴心；数字媒体的舆论领袖具有对话题修正、扩散、延伸，促使话题被认同、被反对，最终形成舆论的功能。数字媒体时代的舆论领袖是谁？他们在哪里？他们是如何影响话题的生成、变化乃至高潮迭起、逐渐消解？这是当今数字媒体环境下信息传播管理的重要议题。信息技术导致媒介变革，促使传播学理论面临信息传播规律的变化而亟待修正，进而为信息的有效传播提供可借鉴的、可测量的思想方法及科学工具。如果说舆论领袖的话语能够影响并左右舆论的走向，那么，如何将信息科学与传播学研究方法相结合来发现特定语境下的舆论领袖，描绘其形态及作用，测评其引领社会舆论的影响力？已成为传播学理论与实践面临的首要问题。

本书共分七章，内容包括绪论、数字媒体时代的舆论领袖形态、微博舆论领袖影响力的传播学解读、微博舆论领袖在舆论管理中的价值、总结与展望等。

《政务微博运行机制》

作者：张玲/著
出版社：中国社会科学出版社
出版时间：2016 年 10 月

ISBN：9787516191866

内容简介：本书作为国家社会科学基金项目“以公众为中心的政务微博运行机制研究”（12BGL124）的成果，通过对当前政务微博前台运营状况的定量分析、对后台管理人员的调研，采集微博平台公众对政务微博的意见和建议，提出以公众为中心的政务微博运营模式。通过新浪微博平台，从 70332 条相关微博中人工筛选的 1708 条公众对政务微博评价有实际价值的微博，分析公众对政务微博的肯定、表扬、批评和建议数据，并结合前台监测以及后台调研资料，整理出政务微博存在的问题以及后台运营面临的困难。根据不同级别和领域选取了国内较有影响力的机构微博，分析 27 家机构的微博发布维度，使用人工手段以及大数据技术等，通过近万条微博数据，分析影响政务微博粉丝数、活跃度的因素。对 39 家机构共采集网民的@ 政务微博信息 3 万多条，从中分析影响政府与网民互动效果的因素。

《虚拟社会网络下集群行为感知与规律研究》

作者：胡昌龙/著
出版社：武汉大学出版社
出版时间：2016 年 11 月
ISBN：9787307187825

内容简介：本书为教育部人文社会科学研究“虚拟社会网络环境下微博的集群行为感知与规律研究”项目成果。本书从集群行为感知、模式和规律挖掘、管理引导机制三个层次的基础行为感知和建模仿真展开，详细介绍了多种移动大数据环境下的数据分析、处理工具在实际中的应用，并将研究过程中的技术分章节描述介绍。

《政务微博危机传播实践与效果——中美比较视角》

作者：谢起慧/著
出版社：合肥工业大学出版社
出版时间：2016 年 12 月
ISBN：9787565032400

内容简介：政务微博是目前各国政府危机传播的重要工具之一，中美作为危机应急管理体系比较完善的国家，两者政务微博危机传播政策、实践和效果的比较研究，对促进我国社交媒体危机传播具有一定的现实意义。

目前，有不少学者和专家对政务微博以及其在危机应对中发挥的作用进行了研究，而《政务微博危机传播实践与效果——中美比较视角》一书，创新之处在于：首先，对中美两国的社交媒体危机应对政策进行了梳理和总结，对应急政策制定有一定参考价值；其次，关于政务微博危机传播的研究，多聚焦其媒体属性发挥的新闻传播功能，但是，政务微博作为社交媒体之一，其社交属性发挥的公众参与功能如何体现，如何和媒体属性一起帮助政府应对危机探讨较少，《政务微博危机传播实践与效果：中美比较视角》对此进行了重点研究；最后，有关传播效果的研究，多单一使用内容分析法或者问卷调查法，为反映政务微博线上公众使用行为和线下公众满意度代表的不同传播效果，本书同时采用内容分析法和问卷调查法，从线上和线下的角度分别分析了中美政务微博在危机传播中的效果。

《网络问政的政府规制研究》

作者：王景玉/著
出版社：中国社会科学出版社
出版时间：2016 年 12 月
ISBN：9787516198025

内容简介：本书系统考察发生在近些年的网络问政事件，循着发现问题、分析原因、探索解决思路的认识路径，探讨网络问政与政府规制之间的内在联系，并尝试性地提出应对之策。网络问政虽然有广大政府人员的积极参与，但是就当前的实际情况看，网络问政的主体是广大网民，而且参与的主要领域包括：事关国计民生的重大问题的政策质询、关于政府作为不力或不作为的事后问责、腐败举报、发泄某种不满情绪和向政府相关部门讨说法等。网络问政发挥了沟通互动平台、提升社会资本、民主监督以及政治社会化的功能。不过网络问政经历从广场民主到国会大厦，从印刷民主到无线民主，从电视民主到市长热线，从网络问政再到微博问政、微信问政的发展历程，更见证了电影电视，电子政务，微博、微信等问政平台，推动了政府工作向规范化迈进，促进了政府信息的透明化运作，促进了虚拟与现实的有效对接。

《政务微博中热点事件信息透明化影响机制》

作者：刘雪艳/著
出版社：科学出版社
出版时间：2016 年 12 月
ISBN：9787030491770

内容提要：《政务微博中热点事件信息透明化影响机制》是国家社科基金项目研究成果，由重庆市教育委员会专项课题“基于 SNA 的重庆市政府微博研究”资助，是依据 5W 理论，可信度理论和 UTAUT 理论，对中国政务微博在热点事件信息透明化过程中的实际应用效果和影响机制进行深入研究的成果。本书采取广泛的社会调查构建出微博网络中热点事件的分类体系，进一步研究了热点事件信息传播的传播主体、传播受众、传播渠道、传播内容、传播效果特征、可信度、透明化影响因素、影响机制等，并对政务微博中热点事件信息透明化的政策进行了探索。

2017年

《与时代共鸣：微博用户深度评论精选（2016）》

作者：@微博时评
出版社：人民日报出版社
出版时间：2017 年 1 月
ISBN：9787511543967

内容简介：回顾 2016 年，发生了太多的微博热议大事：和颐酒店女生遇袭、南海仲裁案、房地产涨跌与调控……这些过往的事件，代表着当下中国与世界变迁的一个个重要节点。然而，在信息过剩的今天，也许很多事件我们已经忘记，但这些事件引发的公共讨论，却在深刻地影响着我们的生活和未来。

微博作为目前国内的公共讨论网络舆论场。在每一次热点事件传播中，不仅有名人、大V的推动，更有广泛的行业人士发声，以专业的视角，对公共事件中的疑点、难点、争议点进行解答和回应，破解网络中的迷雾，形成了客观、理性的微博公共讨论氛围。

为了沉淀这些专业的评论内容，提升专业评论用户的社会影响力。微博时评与人民日报出版社共同策划出版了《与时代共鸣：微博用户深度评论精选.2016》。以传统神圣的形式肯定微博专业评论用户的价值。

本书由微博时评整合9大公众议题，138个全年热议话题，精选144位专业用户的高传播评论内容而成，以飨读者。

《政务微博公众认可度因素分析》

作者：李颖/著

出版社：中国社会科学出版社

出版时间：2017年1月

ISBN：9787516184868

内容提要：《政务微博公众认可度因素分析》第一章通过微博在国内外的发展和应用现状的介绍，分析其对我国社会治理环境的影响以及对社会治理带来的机遇和挑战。第二章介绍了政务微博开设意义及其功能，分析了当前政务微博发展运营特点及状况。第三章通过在新浪微博平台上从70332条相关微博中，人工筛选出1708条公众对政务微博评价中有实际价值的微博内容，分析公众对政务微博的肯定、表扬、批评和建议的数据，并结合前台监测以及后台调研资料，整理出政务微博存在的问题、制约政务微博影响力的因素以及后台运营面临的困难。第四章根据不同级别和领域选取了国内较有影响力的27家机构微博，从微博发布维度对近万条政务微博发布数据，使用人工手段以及大数据技术等，分析影响政务微博粉丝数、活跃度的因素。第五章从政务微博回应维度，对39家机构采集的网民3万多条信息数据，从中分析影响政府与网民互动效果的因素。

《微聊环保：新闻发言人网上网下的故事》

作者：杜少中/著

出版社：中国人民大学出版社

出版时间：2017年1月

ISBN：9787300237039

内容简介：媒体是敌人？是对手？是非敌非友？还是合作伙伴？“从来不接受采访，不和媒体打交道”是一种荣耀吗？敏感问题多，问题是怎么敏感的？少说甚至只做不说？政府还可以只做不说吗？多说人话和少说官话？在环保领域，新闻发言人该如何说？说什么？

听受中国企业关注的十大自媒体人@巴松狼王讲述新闻发言人网上网下的故事，或许你会有更多与媒体打交道的经验与收获。

本书收录了作者近年来关于环保、媒体、为官之道的微博及网络文章。作者的官员、网络大 V 身份，使得他充分意识到，政府官员、工作人员，在面对环保问题时，既要有做好新闻发言人的基础知识，也要有网络新知识、新方法，实现转变。在这本书中，他分“发言人的道”“怎样和媒体炼道”“精于术而明于道”“新媒体是环境科普的好平台”四个部分，讲述了自己作为新闻发言人的网上网下的故事，值得环保人士及新闻发言人学习和借鉴。

《政务微博舆情管理研究》

作者：杜杨沁/著
出版社：上海大学出版社
出版时间：2017 年 4 月
ISBN：9787567127098

内容提要：自 2011 年“中国政务微博元年”起，我国的政务微博逐渐成为政府宣传的前沿阵地，担负着发布官方信息、提升政府管理者执政能力的重要责任。基于政务微博在促进服务型政府职能转变、化解转型期社会矛盾、促进社会和谐发展方面的重要意义，《政务微博舆情管理研究》将政务微博作为研究对象，通过引入经济学委托代理理论和社会学社会网络分析方法对政务微博的舆情管理进行了实证研究，并基于实证研究结果提出针对政务微博舆情管理的系统性的、可操作的对策建议。

《积极网络舆论引导论》

作者：闫欢 等/著
出版社：中国社会科学出版社
出版时间：2017 年 6 月
ISBN：9787520300995

内容简介：我国处于全面步入小康社会的关键阶段，舆沦引导成为社会成功转型的关键环节与保障。我们对负面舆情预警、舆论引导规律已有基本了解，主流媒体舆论场与公民社交媒体舆论场共识度有所提升。但往往将积极网络舆论作为应然的现象与结论，忽略了对其生成机制与积极作用规律的认知与应用。基于马克思的国家与市民社会良性互动理论以及媒介心理学的积极效果研究结论，我们可以建构起积极网络舆论引导理论体系：从个体层面，在媒介化生存中获取幸福；从社会层面，建构并培植积极的网络社会心态；从国家层面，在网络传播路径上实现与公众的良性互动，进而促进国家与社会的积极转型。积极网络舆论引导成为既与个体幸福息息相关，又与社会、国家的良性发展密不可分的媒介实践。本书不仅是从积极网络舆论角度对舆论引导理沦的拓展，也为主流媒体发挥积极舆论引导功能的实践提供了理论依据，更可为公众理解主流媒体舆论引导与其个体媒介化幸福的内在一致性提供新的视角。

《微博空间中大学生自我认同的建构》

作者：杨桃莲/著
出版社：研究出版社
出版时间：2017 年 7 月
ISBN：9787519900489

内容简介：大学生在青春期要解决的核心任务是建立自我认同感，排除自我迷茫，这就需要充分的自我表达、自我反省以及社会交往。本书通过大学生使用微博的现状及原因来分析当代大学生自我的认同：自我的构建以及自我角色的确认，并通过分析得出大学生对自我的认知：大学生在现代化的冲击下并没忘记象征着传统的家乡，仍对家乡有着高度的认同；他们在全球化的冲击下也并没抛弃自己的祖国，对祖国也存在认同。全书也表现出大学生在微博中建构的自我是本我、现实我、理想我兼而有之，是全面、完整、系统的自我。大学生倾向于以兴趣、能力、社会角色期待来定位，以明确自己前进的方向和目标。他们通过所流露出的“情调”及“品位”建构起自己的“小资”阶层认同。

《新媒体环境下的危机传播及舆论引导研究》

作者：喻国明/著

出版社：经济科学出版社

出版时间：2017 年 7 月

ISBN：9787514179736

内容简介：本书为教育部哲学社会科学研究重大课题攻关项目“十三五”国家重点出版物出版规划项目。本书主要研究了新媒体环境下的危机传播及舆论引导问题。第一章是全书的背景，主要分析了当前的社情、民情和媒情，将整个研究置于新媒介技术崛起和中国社会处于深刻转型期这一坐标体系内进行考量；第二章主要研究危机传播的主客体，包括危机传播的信息本身、传统大众媒体、网络意见领袖、网络搬运工和网络水军等，分析这些主客体在危机传播中的作用机制和特征；第三章研究危机传播的媒介形态，分析了即时通信软件、博客、网络社区、搜索引擎和微博等传播媒介在进行危机信息传播中的作用；第四章研究危机传播的传播机制，主要是从时间序列对危机传播的历时性分析；第五章是对危机传播中的特殊形态，主要是对谣言和网络群体性事件的传播过程进行分析；第六章是在以上研究的基础上分析了如何对危机事件进行舆论引导。本书对危机传播进行了细致地分析，主要是放在社交媒体崛起这个大背景下进行分析，在研究的视角、研究范式上都具有创新之处，在对危机进行舆论引导的研究中，提出当前舆论引导在指导思想、制度设计上都有亟待改进之处，对社会实践具有重要的指导价值。

《新中国新闻典型形象的生产与社会价值》

作者：孙发友、陈旭光、王春晓/著

出版社：华中科技大学出版社

出版时间：2017 年 7 月

ISBN：9787568029636

内容简介：本书将楷模形象研究纳入新闻传播学的视野，以《人民日报》、新浪微博等媒介样本为基础，以雷锋、焦裕禄、孔繁森、张海迪、南京路上好八连、王进喜、中国女排、袁隆平、郭明义、信义兄弟为个案，分析了新中国成立以来经典楷模形象的媒介生产、历史变迁与时代价值，并通过调查问卷的方式从传播效果层面窥探了形象建构中的问题，尝试提出了新媒体时代楷模形象建构的建议，为当下媒介环境下楷模形象如何助力于社会主义核心价值观的传播提供参考。

《政务微博运营管理研究》

作者：魏颖/著
出版社：中国发展出版社
出版时间：2017 年 7 月
ISBN：9787517706854

内容简介：随着以传播及时、互动性强为主要特征的微博日益从一个微平台变成了大众传媒平台，公共事件进入微博传播时代，开通政务微博成为政府部门发挥服务民众、亲民沟通、舆论引导、应急救援、宣传推广等作用的总体趋势和必然选择。本书通过对中国政务微博的应用案例和发展对策进行深度研究，分析了微博，尤其是政务微博的生态环境和特点，并对我国政务微博的现状和发展趋势进行了探讨，梳理了微博问政存在的具体问题，并提出了政务微博运营管理的对策、建议和发展方向，希望为中国政务微博的发展理清思路，为我国政府机构和党政干部微博运用水平的提高与创新提供有益参考，使其在未来的舆情阵地上更加灵活地运用微博手段，积极应对微博带来的新挑战。

《中国微博发展报告（2015—2016）》

作者：首都互联网协会/编
出版社：人民出版社
出版时间：2017 年 8 月
ISBN：9787010177793

内容简介：本书共分为三篇：上篇“全景篇”通过对微博机构数据的统计解读，深入剖析 2015—2016 年我国微博平台发展的总体态势，定量分析微博用户结构以及名人微博、政务微博、媒体微博和企业微博等各类型微博在 2015—2016 年的运行概况；中篇“影响篇”从舆论生态、网民个人、社会政治、微观经济、文化公益等方面入手，阐释“微力量”如何成为推动“大社会”变革发展的动力源；下篇“趋势篇”针对微博客发展中存在的如过度娱乐化、信息渠道泛化以及群体极化负效应等深层次问题，从法制建设、自律机制、技术创新等角度提出治理对策，同时将眼光投向物联网、智能设备，探讨技术融合对微博未来发展的影响。

《微博公益传播涵化效果研究》

作者：刘绩宏/著
出版社：中国传媒大学出版社
出版时间：2017 年 8 月
ISBN：9787565717031

内容简介：本书以微博客的公益传播活动为研究对象，精确描述微博客公益传播影响用户公益认知、态度和行为动机的过程机制和关系模式。详细说明微博客公益传播在社会化方面具有的微观和宏观效果，以及这些效果的媒介根源。讨论促进这些效果积极发挥的实际策略与操作方式。

《基于本体建模的微博信息管理机理研究》

作者：崔金栋、孙遥遥、王欣媛/著

出版社：科学出版社
出版时间：2017 年 9 月
ISBN：9787030535221

内容简介：微博凭借实时性和便捷性成为重要的网络应用，其聚集的大量用户和相对自由的言论信息使之成为把握社会脉搏的重要工具。在引入篇，《基于本体建模的微博信息管理机理研究》从分析微博研究的理论价值和现实意义入手，通过分析关于微博信息管理的研究现状，发现微博现有研究的不足和缺陷，即语义性差、难以管控等。随着语义网技术的进步，本体技术的应用逐渐成熟，语义本体的研究和应用被提上日程。在高级篇，《基于本体建模的微博信息管理机理研究》把复杂的本体架构简化后，利用自动构建技术在语义网中予以实现，并在此基础上提出语义网中本体匹配的相关算法和模型，为微博在语义网中的应用埋下技术伏笔。在应用篇，《基于本体建模的微博信息管理机理研究》从微型本体架构入手，提出通过微型本体提升语义性，从而在微博信息组织和传播阶段提升微博信息管理的可控性和有效性。

《政府电子服务能力指数报告（2016）》

作者：胡广伟/主编
出版时间：2017 年 10 月
出版社：中国社会科学出版社
ISBN：9787520312417

内容简介：本书以我国（不含港、澳、台）省、市、部委政务网站、政务微信、政务微博、政务 APP 四个服务渠道为切入点，构建政府电子服务能力测评体系，并通过全样本测评获得分析数据，应用定量和定性分析技术与方法展示我国省、市、部委电子政务服务能力的水平，并总结得到电子政务服务能力建设的最佳实践。

《重大突发公共事件中的微博舆论传播与引导》

作者：于秀才/著
出版社：社会科学文献出版社
出版时间：2017 年 11 月
ISBN：9787520114097

内容简介：网络舆论是当下中国日常生活中的重要内容，当前网络舆论的主要表现形式为微博舆论。在改革与创新加快的风险社会，重大突发公共事件发生后的微博舆论传播不但会对个人造成极大影响，也会对社会的稳定和发展产生作用。本书主要研究重大突发公共事件中的微博舆论传播与引导，具体包括重大突发公共事件与微博舆论传播的关系，重大突发公共事件微博舆论的表现与传播规律，如何利用大数据技术对微博舆情进行监测、分析与评估，微博舆论传播中存在的各种问题以及正确的引导方法与途径等。书中集纳了大量典型的重大突发公共事件微博舆论传播案例，在研究中理论与方法并重，是舆论研究的绝佳读物。

《中文微博文本的大数据挖掘：情感分析视角》

作者：史伟/著

出版社：中国社会科学出版社
出版时间：2017 年 11 月
ISBN：9787516193129

内容简介：本书介绍了随着计算机和网络技术的快速发展，互联网日渐成为各种信息的载体，人们在上面（包括新闻评论、产品评论、情感微博、网络社区等）主动地获取、发布、共享、传播各种观点性信息。这些观点性内容对于电子商务、舆情控制、信息检索等都具有重要的意义和实用价值，对网络文本的观点性内容进行自动情感分析成为 Web 信息处理的一个热点。《中文微博文本的大数据挖掘：情感分析视角》针对中文微博文本，探索从语义和情感本体的角度构建比较完整的情感分析技术，旨在为中文领域的用户、企业、政府等相关方提供更为方便和科学的中文微博文本挖掘工具。

《“微博问政”与执政党的民主建设研究》

作者：孙忠良/著
出版社：中央编译出版社
出版时间：2017 年 12 月
ISBN：9787511734792

内容简介：本书围绕“微博问政”与执政党的民主建设这一主题，主要包括“微博问政”与执政党的意识形态建设、“微博问政”与中国公民的政治参与、“微博问政”与执政党的群众路线、“微博问政”与执政党反腐机制的创新、“微博问政”与政务微博的运营管理、“微博问政”与官方媒体的角色定位、“微博问政”与网络意见领袖的管理和引导、“微博问政”与基层党建工作的创新、“微博问政”与国家舆论安全体系的完善、“微博问政”与高校学生党建工作的传播现状、“微博问政”与民主党派的角色定位、微博舆论场中的民粹主义和网络谣言等负面影响及应对策略等问题进行了探讨。

《政法新媒体运营指南》

作者：覃匡龙/主编
出版社：中国检察出版社
出版时间：2017 年 12 月
ISBN：9787510219825

内容简介：《政法新媒体运营指南》是一册教科书式的读本。全书共分三部分。第一部分为认识篇，分三个章节介绍什么是新媒体，包括新时代媒体发展趋势、新媒体运营思路和政法新媒体的特性。第二部分为实践篇，用四个章节介绍如何玩转政法新媒体，分别从政法新媒体的内容运营、视觉传达设计在政法新媒体中的应用、政法新媒体的互动与推广、政法新媒体运营需注意的问题等方面分享经验。第三部分为借鉴篇，主要介绍优秀政法新媒体经典案例。

《微博情绪表达与舆论治理研究》

作者：焦德武、马玉春、贾雪枫/著
出版社：安徽大学出版社

出版时间：2017 年 12 月

ISBN：9787566415240

内容简介：《微博情绪表达与舆论治理研究》主要研究微博舆论中公众情绪的表达问题，分别从大众传媒时代公众情绪的表达与实践、微博舆论与公众情绪研究的范畴与现状、微博舆论的功能、多维视角下微博舆论的公众情绪表达、微博舆论中公众情绪表达的社会效应、微博舆论形成的双重因素等方面来探讨当前微博舆论中公众情绪表达的成因及影响，探索并提出中国微博舆论的社会治理路径。

2018年

《微博舆情传播中的用户行为研究——发布、转发与评论》

作者：成俊会/著

出版社：经济科学出版社

出版时间：2018 年 1 月

ISBN：9787514190212

内容简介：微博舆情的传播与发展变化主要依赖于微博用户的积极参与来推动，因此开展微博舆情传播中用户行为的特征与规律的研究就显得尤为重要。基于此，本书在分析微博舆情传播构成要素特征的基础上，构建了微博舆情传播过程中用户行为研究的理论框架，按照此框架采用实证与理论相结合的方式分别对微博舆情传播中的用户发布行为、用户转载行为和用户评论行为进行了系统研究。

《公共信任视角下北京政务微博微信传播效果研究》

作者：李艳/著

出版社：首都师范大学出版社

出版时间：2018 年 1 月

ISBN：9787565639449

内容简介：本书以“@平安北京”“@北京发布”等政务微博为典型个案，结合问卷、访谈等调查方法，深入研究当前政务微博、微信传播的效果，发现其对于“公共信任”关系的具体影响，包括影响的方式、程度等。在此基础上，探讨如何更有效地推进政府与公众之间的“公共信任”关系的构建。

《微博话语多维分析：以新浪微博为例》

作者：焦新平/著

出版社：中国言实出版社

出版时间：2018 年 3 月

ISBN：9787517126119

内容简介：《微博话语多维分析：以新浪微博为例》一书把微博语言看成一个有序的异质体，依据社会语言学、系统功能语言学、文化和哲学等有关理论，建立包含信息性、情感性和社会性三维一体的微博话语分析框架，并借助语料库工具，对微博话语进行了全面分析。本书维度较为齐全，对社会语言学的研究具有借鉴价值。

《全球化语境下社会化媒体对国家文化安全的影响》

作者：信莉丽/著

出版社：山东人民出版社

出版时间：2018 年 4 月

ISBN：9787209109406

内容简介：文化是国家发展的基石。社会化媒体为全球各国文化的碰撞与融合构筑了新空间，异质文化的跨国传播更为隐蔽。本书以新浪微博为案例，用文本分析的研究方法，分析全球化时代境外媒体通过社交媒体传播异质文化的方式、特点和策略，从媒体融合的视角提出维护我国网络文化安全的建议。

《"微博问政"与党的建设创新研究》

作者：陈文胜 /著

出版社：中国社会科学出版社

出版时间：2018 年 4 月

ISBN：9787520316750

内容简介：《"微博问政"与党的建设创新研究》不仅有助于深入探讨问政的一般路径、趋势以及对党的建设的影响，推动该方面的理论研究，而且从实践上有助于促进执政党根据形势的发展和执政环境的变化，不断更新执政理念，转变执政观念。学会利用这一传媒技术，有助于把握民意，实现领导，与时俱进地对党的执政方式进行改革和创新，不断提高党的执政能力和执政本领，推进我国各领域的各项工作的顺利进行。

《微博社区成员参与的理论与实证研究》

作者：胡磊 /著

出版社：机械工业出版社

出版时间：2018 年 4 月

ISBN：9787111593072

内容简介：微博已成为新媒体时代重要的信息传播载体、舆论生发空间和常态化社交平台。同时，微博是一种典型的虚拟社区，成员在微博社区中的参与行为对社区的形成、维持和发展具有至关重要的作用。本书以微博社区中成员的参与行为为研究对象，在研究人的行为一般逻辑的基础上，构建微博社区成员参与研究的逻辑及框架；并且，对中国微博社区成员参与行为的总体特征进行系统调查和分析，还对成员参与微博社区的动机、除动机之外的其他心理影响因素、动机和相关心理因素对成员参与行为的影响这些关键问题开展理论和实证研究。随后，通过分析若干典型案例，对微博社区的管理提出一些针对性的对策建议。本书是对微博社区成员参与行为进行系统性研究的学术专著，可供信息管理、公共管理专业的本科生、研究生和教师，微博服务提供商以及政府部门的相关工作人员阅读和参考。

《政务微博中热点事件信息透明化影响机制》

作者：刘雪艳/著
出版社：科学出版社
出版时间：2018 年 5 月
ISBN：9787030491770

内容简介：《政务微博中热点事件信息透明化影响机制》针对中国政务微博逐渐成为政府与公众沟通平台的实际情况，着重研究政务微博实际应用效果的影响机制，探索完善政务微博中热点事件信息透明化的运营政策。本书通过对2010—2012 年微博网络平台上共计 519 个热点事件进行特征分析，构建网络热点事件的分类体系，给出政务微博网络中热点事件信息传播的 5W 分析；将媒体可信度理论扩充到对政务微博中热点事件信息可信度的研究中，建立政务微博中热点事件信息可信度模型；以 UTAUT（技术采纳和利用整合理论）模型为基础，分别从政府公务人员和普通公众两个角度拟合出政务微博中热点事件信息影响机制模型；以腾讯微博平台的重庆市政务微博数据为例，探索政务微博中热点事件信息透明化的路径。最后，本书还探索了政务微博中热点事件信息透明化的政策。

《微博主的社会认同建构》

作者：杨桃莲/著
出版社：上海人民出版社
出版时间：2018 年 6 月
ISBN：9787208151857

内容简介：当前，网络媒体已成为现代人生存方式的重要组成部分，直接导致了人类认同基础的改变，而微博时代的到来则以其技术特性将群体认同的方式和类型大大扩展，微博中无限丰富的信息令微博用户形成类聚，用户总会在某些用户那里找到需要的信息，促成共同话题的形成，进而产生新的交流关系，最终可以依据话题的多样性构建成新的群体认同关系。本书即通过“虚拟”田野观察法、文本分析法、案例研究法、焦点事件法，对新浪微博进行田野考察、系统研究，以揭示微博在重塑人们的思维和观察模式、重塑我们的社会生态方面所展示的巨大力量。

《特大城市突发公共事件微博舆情演化的建模与仿真》

作者：姚翠友、杨艳红、曹海青 /著
出版社：中国社会科学出版社
出版时间：2018 年 6 月
ISBN：9787520317665

内容简介：本书探索了特大城市突发公共事件微博舆情演化过程中，政府、媒体、普通大众在不同演化阶段的行为特征，并根据各类用户的行为特征确定影响舆情演化的因素，建立相应的元胞自动机模型来研究特大城市突发公共事件微博舆情的演化机理，进行计算机仿真。本书在建立元胞自动机模型时，着重考虑到各主体影响力的不同，并将影响力这一因素添加到模型中，给出模型中参数值的确定方法。本书选择了五个有代表性的突发事件，应用所建立的模

型进行了具体分析。最后，提出了有针对性的建议，如提高事件响应速度、及时公开相关信息、增加政务微博发布数量、加大对谣言传播者的惩罚力度等，以便政府机构能够更合理、更有效地应对突发公共事件微博舆情，在对舆情进行积极引导的同时，提高政府的公信力。

《微博对社会稳定的影响及对策研究》

作者：李汝川/著
出版社：中国社会科学出版社
出版时间：2018 年 6 月
ISBN：9787520328173

内容简介：本书基于新媒体时代微傅作为社交网络即时通信工具的特性，从四个维度系统阐述了微溥对社会稳定带来的影响和相应对策。从深入分析微博潜在风险和未来发展等问题入手，揭示了微博在用户结构、舆论时效、传播效应和内容筛选方面影响社会稳定的七个基本规律和宏观治理的管控路径；在论述微傅谣言直接侵害网络空间和现实空间双层社会秩序的基础上，扩展完善了微博谣言罪名和法律责任体系；以法治思维总结微博管理和微博政务经验，提出了一系列微博使用规范和管理制度的治理机制与实施方案；阐释了国家工作人员微能力素质的内涵及其构成，并依据胜任力模型创设出教育培训模式、内容、方法和机制。

本书是国家社会科学基金项目的部分研究成果，适合高等院校和科研院所从事新闻与传播学、法学、社会学、信息情报学和网络安全等学科的教师科研人员和学生以及从事实务的公安司法人员、机关工作人员和信息管理人员阅读，也可作为干部培训的参考用书。

《大数据视阈下微博舆情研判与疏导机制研究》

作者：王秋菊、刘杰等 /著
出版社：人民出版社
出版时间：2018 年 9 月
ISBN：9787010193328

内容简介：本书首先通过对大量微博舆情数据的采集与分析，揭示了微博舆情信息转发特点及影响因素，并在此基础上深入研究了微博舆论场域中微博用户评论特点、微博舆论波的成因及影响因素；其次，基于微博舆情大数据剖析了微博舆论场中互动机制与互动策略、媒体微博舆论影响力建构策略；最后，深入探讨了微博评论对于微博舆论空间的拓展与构建，揭示了微博舆情中的意见领袖的舆论影响力与构成要素，提出了微博舆情研判与疏导的思路、方法与对策，为相关领域的专家、学者、决策者们提供新启示、新方法和新视角，为媒体和政府信息发布机构在处置舆情时提供有益的借鉴和参考。

期刊文章题录

2009年

[1] 李华、赵文伟:《微博客：图书馆的下一个网络新贵工具》,《图书与情报》2009 年第 4 期，第 78 ~ 82 页。
[2] 杨善顺:《微传播时代的来临与传统媒体的利用》，《传媒》2009 年第 8 期，第 69 ~ 70 页。
[3] 陈喆、祝华新:《网络舆论的发展态势和社会影响》，《国际新闻界》2009 年第 10 期，第 17 ~ 21 页。
[4] 刘丽清:《微博虽“微”足值道尔——微博特性之浅析》，《东南传播》2009 年第 11 期，第 153 ~ 154 页。
[5] 王淑华:《“微博客时代”的媒体应对》,《新闻实践》2009 年第 10 期，第 67 ~ 69 页。
[6] 顺风:《“微博客”对互联网的八大影响》，《软件工程师》2009 年第 11 期，第 33 ~ 34 页。
[7] 浩然:《微博客逆势而动》,《新经济导刊》2009 年第 11 期，第 65 ~ 66 页。
[8] 贾云峰:《微博的兴起与科技时代的媒介创新》,《中国传媒科技》2009 年第 12 期，第 16 ~ 17 页。
[9] 清科:《中国微博客破冰：大发展仍任重道远》,《资本市场》2009 年第 12 期，第 94 ~ 96 页。
[10] 韩咏红:《“网前网后”的参政前景》,《南风窗》2009 年第 22 期，第 32 ~ 34 页。
[11] 单学刚:《网络舆情发展的五大特点》,《青年记者》2009 年第 22 期，第 16 ~ 17 页。
[12] 刘少楠、徐超:《微博客“危”中有“机”》,《通信世界》2009 年第 32 期，第 16 页。
[13] 程义峰、谢樱:《全民微博新冲击波》,《瞭望》2009 年第 48 期，第 13 页。

2010年

第 1 期

[1] 崔嗝嗝:《微博客的中国化：可能性与可塑性》,《通讯世界》2010 年第 1 期，第 48 页。
[2] 许卓:《微博客的传播优势及发展前景》,《新闻前哨》2010 年第 1 期，第 37 页。
[3] 常凌翀:《微博开启全民写作时代》,《现代视听》2010 年第 1 期，第 71 ~ 73 页。
[4] 刘兴亮:《简约却不简单的微博》,《通讯世界》2010 年第 1 期，第 50 ~ 51 页。
[5] 许卓:《微博客的传播优势及发展前景探析》,《今传媒》2010 年第 1 期，第 35 ~ 36 页。

[6] 王旭东：《“微博大义”是纸媒的“金手指”》，《新闻世界》2010 年第 S1 期，第 19 ~ 20 页。

[7] 蒋永峰：《微博——碎片化时代的意义表达》，《新闻世界》2010 年第 S1 期，第 142 ~ 143 页。

[8] 聂飞艳：《论 3G 手机媒体的传播策略——以微博为例分析》，《西安文理学院学报》（社会科学版）2010 年第 1 期，第 91 ~ 93 页。

第 2 期

[9] 喻国明：《微博：一种蕴含巨大能量的新型传播形态》，《新闻与写作》2010 年第 2 期，第 59 ~ 61 页。

[10] 韩晓芳：《微博时代传统媒体的生存之道》，《编辑之友》2010 年第 2 期，第 59 ~ 62 页。

[11] 郝胜杰：《思想政治教育如何应对“微博”的挑战》，《扬州大学学报》（高教研究版）2010 年第 2 期，第 48 ~ 52 页。

[12] 杨晓茹：《传播学视域中的微博研究》，《当代传播》2010 年第 2 期，第 73 ~ 74 页。

[13] 孟令俊：《微博与突发事件的传播——以宜黄强拆事件为例》，《华中人文论丛》2010 年第 2 期，第 102 ~ 104 页。

[14] 江昕远：《微博的传播模式对传统传播学理论的冲击》，《华中人文论丛》2010 年第 2 期，第 105 ~ 107 页。

[15] 韦红亮：《微博的传播初探》，《三峡大学学报》（人文社会科学版）2010 年第 S2 期，第 167 ~ 168 页。

[16] 庞志伟：《微博在高校思想政治教育工作中的价值审视》，《华中人文论丛》2010 年第 2 期，第 121 ~ 123 页。

[17] 笑蜀：《微博时代的蝴蝶效应》，《西部大开发》2010 年第 Z2 期，第 33 页。

[18] 王锋：《灾难性事件中的“微”力量——青海玉树地震中微博应用探析》，《新闻世界》2010 年第 S2 期，第 149 ~ 150 页。

[19] 廖福生、江昀：《微博客的信息传播模式及其发展分析》，《宁波广播电视大学学报》2010 年第 2 期，第 4 ~ 6、42 页。

第 3 期

[20] 张月萍：《微博客对网络新闻评论的影响》，《新闻大学》2010 年第 3 期，第 118 ~ 119 页。

[21] 杜惠清：《“全民互动”议两会》，《国际公关》2010 年第 3 期，第 22 ~ 23 页。

[22] 喻国明：《微博价值：核心功能、延伸功能与附加功能》，《新闻与写作》2010 年第 3 期，第 61 ~ 63 页。

[23] 栾轶玫：《微博媒体化与传统媒体发布流程之变》，《视听界》2010 年第 3 期，第 117 页。

[24] 徐勇、白玉：《微博抗灾国家救援队传递力量》，《中国应急救援》2010 年第 3 期，第 27 ~ 29 页。

[25] 刘兴亮：《微博的传播机制及未来发展思考》，《新闻与写作》2010 年第 3 期，第 43 ~ 46 页。
[26] 娄向鹏：《胡主席开微博，我们怎么办？》，《现代营销》（学苑版）2010 年第 3 期，第 50 页。
[27] 何志勇：《微博的传播优势与发展前景》，《河南科技》2010 年第 3 期，第 17 ~ 18 页。
[28] 李萌：《网络问政与参政的新态势》，《互联网天地》2010 年第 3 期，第 56 ~ 57 页。
[29] 张艳琼：《微博在教学中的应用探微——以新浪微博在〈大众传播学〉中的使用为例》，《现代教育技术》2010 年第 3 期，第 49 ~ 51 页。

第 4 期

[30] 陈梁：《微博客与社会信息传播方式的演变》，《中国网络传播研究》2010 年第 4 期，第 269 ~ 278 页。
[31] 姜楠：《微博时代的民主监督：利益博弈与政府回应》，《淮海工学院学报》（自然科学版）2010 年第 4 期，第 75 ~ 78 页。
[32] 韩洋：《“微博问政”成为“两会”舆论新宠》，《辽宁医学院学报》（社会科学版）2010 年第 4 期，第 120 ~ 122 页。
[33] 彭兰：《微博客的信息传播机制分析》，《中国网络传播研究》2010 年第 4 期，第 172 ~ 184 页。
[34] 杨威：《“微时代”中思想政治工作如何突破》，《思想政治工作研究》2010 年第 4 期，第 28 ~ 30 页。
[35] 阚道远：《微博兴起视野下的思想政治工作》，《思想政治工作研究》2010 年第 4 期，第 14 ~ 16 页。
[36] 应吉庆：《微博客：发现新闻与发布新闻的新途径》，《新闻实践》2010 年第 4 期，第 37 ~ 39 页。
[37] 殷俊、孟育耀：《微博的传播特性与发展趋势》，《今传媒》2010 年第 4 期，第 85 ~ 88 页。
[38] 刘国锋：《微博的两会作为及发展前景》，《中国记者》2010 年第 4 期，第 29 ~ 31 页。
[39] 张晋升、黎宇文：《两会报道的微博效应》，《中国记者》2010 年第 4 期，第 32 ~ 33 页。
[40] 黄朔：《微博客多级化传播模式初探》，《青年记者》2010 年第 4 期，第 75 页。
[41] 喻国明：《微博：影响力的产生机制与作用空间》，《中关村》2010 年第 4 期，第 91 页。
[42] 贺方泓、周刚：《微博客核心竞争力浅析》，《东方企业文化》2010 年第 4 期，第 61 页。
[43] 耿伟、张晋：《微博：140 字新闻短语时代到了？》，《新闻传播》2010 年第 4 期，第 11 ~ 12 页。
[44] 陈丽纳：《微博客（Micro-blog）在图书馆中的应用研究》，《四川图书馆学报》2010 年第 4 期，第 32 ~ 36 页。
[45] 蒋东旭、严功军：《微博问政与公共领域建构》，《新闻研究导刊》2010 年第 4 期，第

40～42 页。
［46］刘亮：《初尝微博》，《中国新时代》2010 年第 4 期，第 44 页。
［47］姜珍婷、周凯：《从微博看现代汉语新变化》，《江西科技师范学院学报》2010 年第 4 期，第 54～60 页。
［48］邓赫石、黄洋：《微博流行及其发展趋势解析》，《新闻窗》2010 年第 4 期，第 83～85 页。
［49］赵蒙旸：《“推”出的公民社会——微博在大陆的发展探究》，《东南传播》2010 年第 4 期，第 45～48 页。
［50］夏雨禾：《微博互动的结构与机制——基于对新浪微博的实证研究》，《新闻与传播研究》2010 年第 4 期，第 60～69、110～111 页。
［51］段钢：《微博时代：报纸“变”与“不变”》，《中国记者》2010 年第 4 期，第 11～13 页。

第 5 期

［52］李青：《微博时代传统媒体的进与退》，《新闻天地》（下半月刊）2010 年第 5 期，第 38～39 页。
［53］薛冰华：《微博客传播新闻信息的优势和局限性》，《新闻界》2010 年第 5 期，第 68～69 页。
［54］邹大伟：《公安机关如何放下身段》，《湖北警官学院学报》2010 年第 5 期，第 126 页。
［55］张霁、黄基秉：《试论微博的休闲传播》，《成都大学学报》（社会科学版）2010 年第 5 期，第 37～39 页。
［56］栾轶玫：《微博雨广电云》，《视听界》2010 年第 5 期，第 117 页。
［57］王清颖：《CCTV-5 世界杯报道的微博“玩法”》，《视听界》2010 年第 5 期，第 72～74 页。
［58］汤天甜、张璐璐：《微博话语场中的世界杯传播探析》，《新闻研究导刊》2010 年第 5 期，第 13～15 页。
［59］赵红卫：《论“网络问政”及其良性发展的路径选择》，《法制与社会》2010 年第 5 期，第 161 页。
［60］吴姗：《主流媒体如何利用微博活跃“两会”报道——以新华视点“两会微博”为例》，《今传媒》2010 年第 5 期，第 11～14 页。
［61］唐毅：《微博的传播学观》，《天津市经理学院学报》2010 年第 5 期，第 22～23 页。
［62］喻季欣：《微博对新闻传播的拓展》，《新闻战线》2010 年第 5 期，第 60～61 页。
［63］范文生、李晓萌：《全国“两会”看微博》，《新闻前哨》2010 年第 5 期，第 78～80 页。
［64］吴姗：《“两会”微博开新风——以新华视点“两会微博”为例》，《新闻前哨》2010 年第 5 期，第 80～82 页。
［65］栾文胜：《从微博和世博看“舆论体”》，《成功营销》2010 年第 5 期，第 101 页。
［66］杨欣、张雯：《微博在突发性灾难事件中的传播作用——以“4·14”玉树地震为例》，《传媒》2010 年第 5 期，第 61～63 页。

[67] 陈佳宁：《微博：传统媒体与互联网融合的新载体》，《中国广播》2010 年第 5 期，第 65～67 页。

[68] 王开凡：《领导干部上网也是一种“微服私访”》，《人大建设》2010 年第 5 期，第 44 页。

[69] 吴姗：《浅析主流媒体如何利用微博活跃“两会”报道——以新华视点“两会微博”为例》，《新闻世界》2010 年第 5 期，第 151～152 页。

[70] 张世福：《碎片化倾诉与沟通的新空间》，《网络传播》2010 年第 5 期。

第 6 期

[71] 郭昭如：《微博“网络问政”新路径的热与冷》，《上海信息化》2010 年第 6 期，第 16～18 页。

[72] 王彦红、姚二建：《微博客的“使用与满足”研究》，《现代视听》2010 年第 6 期，第 35～37 页。

[73] 余伟利：《从博客到微博：网络问政两会的媒体应对》，《现代传播》（中国传媒大学学报）2010 年第 6 期，第 143～144 页。

[74] 郑丽霞：《基于微博平台的大学生网络媒介素养教育》，《衡水学院学报》2010 年第 6 期，第 114～116 页。

[75] 王冠男：《微博客的信息流动机制与传播形态》，《机电产品开发与创新》2010 年第 6 期，第 74～76 页。

[76] 袁毅、杨成明：《微博客用户交流的机制、结构及特征研究》，《图书馆论坛》2010 年第 6 期，第 82～86 页。

[77] 吴茂林：《互联网的民主力量》，《IT 经理世界》2010 年第 6 期，第 12 页。

[78] 张琳：《浅析微博的新闻传播效应》，《新闻窗》2010 年第 6 期，第 94～95 页。

[79] 李瑗瑗：《微博舆论的形成机制及特点分析》，《新闻界》2010 年第 6 期，第 51～52 页。

[80] 赵星植：《微博客与公民新闻理念的提升》，《新闻传播》2010 年第 6 期，第 44 页。

[81] 吕航、张婷：《微博传播环境下舆论生成初探》，《新闻传播》2010 年第 6 期，第 148 页。

[82] 刘霄：《微博的传播学特征与经济学思考》，《新闻传播》2010 年第 6 期，第 80 页。

[83] 黄朔：《微博客传播模式的多级化表现》，《民办教育研究》2010 年第 6 期，第 75～79 页。

[84] 胡瑶迪：《微博传播对传统媒体的影响》，《新闻世界》2010 年第 6 期，第 172～173 页。

[85] 潘佳佳、蔡之国：《微博：喧闹的话语狂欢》，《新闻世界》2010 年第 6 期，第 175～177 页。

[86] 马雨桐：《奥巴马的医改选择——从拉斯韦尔模式看微博客传播》，《新闻世界》2010 年第 6 期，第 152～153 页。

[87] 余伟利：《从博客到微博：网络问政“两会”的媒体应对》，《中国广播电视学刊》2010 年第 6 期，第 38～40 页。

[88] 刘洋、肖潇：《微博客时代的网民身份构建》，《东南传播》2010 年第 6 期，第 40 ~ 42 页。

[89] 汤培亮：《浅谈微博的特征》，《新闻世界》2010 年第 6 期，第 167 ~ 168 页。

[90] 张佰明：《嵌套性：网络微博发展的根本逻辑》，《国际新闻界》2010 年第 6 期，第 81 ~ 85 页。

[91] 曾嘉、翟文茜：《浅论微博客引导舆论的重要作用》，《军事记者》2010 年第 6 期，第 54 ~ 55 页。

[92] 袁靖华：《微博的理想与现实——兼论社交媒体建构公共空间的三大困扰因素》，《浙江师范大学学报》（社会科学版）2010 年第 6 期，第 20 ~ 25 页。

[93] 王梦：《微博的传播及监管》，《当代传播》2010 年第 6 期，第 133 ~ 134 页。

[94] 孙宜山：《微博在高校思想政治教育工作中的应用研究》，《山东省青年管理干部学院学报》2010 年第 6 期，第 85 ~ 87 页。

[95] 文建（编译）：《怎样规范使用博客、微博等社会化媒体——路透〈网络报道守则〉主要内容和要求》，《中国记者》2010 年第 6 期，第 94 ~ 96 页。

[96] 平亮、宗利永：《基于社会网络中心性分析的微博信息传播研究——以 Sina 微博为例》，《图书情报知识》2010 年第 6 期，第 92 ~ 97 页。

[97] 王智慧：《从李萌萌事件看微博的舆论监督》，《视听纵横》2010 年第 6 期，第 65 ~ 66 页。

[98] 郝兆杰、孙仲娜：《给大学英语教学围上“围脖”》，《现代教育技术》2010 年第 6 期，第 63 ~ 65 页。

第 7 期

[99] 刘聚荣、胡锦博：《新媒体环境下网络公民新闻的发展——以微博为例》，《新闻世界》2010 年第 7 期，第 210 ~ 211 页。

[100] 闫肖锋：《微博社会学》，《青年记者》2010 年第 7 期，第 77 页。

[101] 刘志明、刘鲁：《面向突发事件的群体情绪监控预警》，《系统工程》2010 年第 7 期，第 66 ~ 73 页。

[102] 何弋：《微博——建构学生技术设计思维方式的有益探索》，《基础教育参考》2010 年第 7 期，第 14 ~ 17 页。

[103] 裴心雅：《微博侵权行为的法律分析》，《行政与法》2010 年第 7 期，第 88 ~ 90 页。

[104] 李颖：《微博不微》，《新闻战线》2010 年第 7 期，第 56 ~ 57 页。

[105] 束海峰、张文阁：《微博价值显现政府合理引导方能快速发展》，《世界电信》2010 年第 7 期，第 15 ~ 18 页。

[106] 蒋永峰、杜兴彦：《从博客到微博客看网络公众意见表达的形态演进》，《新闻世界》2010 年第 7 期，第 217 ~ 218 页。

[107] 陈婧：《微博弱链接的营销威力》，《中国新时代》2010 年第 7 期，第 90 ~ 93 页。

[108] 邹星：《微博时代的公民新闻》，《文学界》（理论版）2010 年第 7 期，第 225 页。

[109] 骆燕玲：《以“人民微博”为例浅析微博传播优势》，《文学界》（理论版）2010 年第 7 期，第 237 页。

第 8 期

[110] 罗瓘：《分享和发现的力量——微博引发的“微革命”》，《新闻世界》2010 年第 8 期，第 258 ~ 259 页。
[111] 周冰花：《微博的传播力释义》，《新闻世界》2010 年第 8 期，第 226 ~ 227 页。
[112] 胡会娜、李杰：《从需求理论看微博对受众需求的满足》，《新闻世界》2010 年第 8 期，第 266 ~ 267 页。
[113] 刘红平、曹君如：《从传播学角度看微博的兴起》，《新闻世界》2010 年第 8 期，第 268 ~ 269 页。
[114] 瞿静：《地震灾难中微博客信息传播的特征分析》，《今传媒》2010 年第 8 期，第 79 ~ 81 页。
[115] 吕辛福：《微博客的新闻传播特征分析——以新浪微博为例》，《今传媒》2010 年第 8 期，第 71 ~ 72 页。
[116] 王倩：《纸媒微博：新传播模式的实践与设想》，《中国记者》2010 年第 8 期，第 46 ~ 47 页。
[117] 何运峰：《用微博掌握学生的思想变化》，《中等职业教育》2010 年第 8 期，第 18 ~ 20 页。
[118] 王威：《微博时代的新挑战》，《新闻爱好者》2010 年第 8 期，第 54 页。
[119] 王时进、段渭军、杨晓明：《微博在教育中的应用探讨与设计》，《现代教育技术》2010 年第 8 期，第 91 ~ 94 页。
[120] 王世群：《“微波炉”加热教育——微博在教育中的应用探析》，《现代教育技术》2010 年第 8 期，第 95 ~ 97 页。
[121] 高佳：《从长尾理论的角度看微博前景》，《东南传播》2010 年第 8 期，第 60 ~ 62 页。
[122] 瞿静：《地震灾难中的微博客：弥漫的独立反思意识》，《东南传播》2010 年第 8 期，第 81 ~ 83 页。
[123] 殷国华：《新浪微博开创体育赛事报道新模式》，《广告人》2010 年第 8 期，第 181 ~ 182 页。
[124] 袁楚：《微博造就传播中心泛在化》，《互联网天地》2010 年第 8 期，第 16 ~ 18 页。
[125] 李多、周蔓仪、杨奕：《网络平台对于政府与网民之间关系建设作用的探索——以伍皓的微博为例》，《新闻知识》2010 年第 8 期，第 49 ~ 51 页。
[126] 陈红玉：《由突发事件看微博的传播机制》，《传媒观察》2010 年第 8 期，第 45 ~ 46 页。
[127] 余娉：《什么是微博》，《党政论坛》2010 年第 8 期，第 43 页。

第 9 期

[128] 王维博、史广林：《“猛人”伍皓：触动官场潜规则》，《政府法制》2010 年第 9 期，第 56 ~ 57 页。
[129] 闵大洪：《微博客的媒体特质与传播能量》，《新闻战线》2010 年第 9 期，第 55 ~ 56 页。

[130] 薛淑峰：《网络传播话语权行使现状分析》，《信息与电脑》（理论版）2010 年第 9 期，第 105、107 页。

[131] 付玉辉：《十二个关键词透视微博客——传播学视野下的微播客现象》，《中国传媒科技》2010 年第 9 期，第 62 ~ 64 页。

[132] 张妍、宋迪：《微博元年：我们在路上》，《中国传媒科技》2010 年第 9 期，第 58 ~ 61 页。

[133] 张兵、张金华：《从微博的特点看危机潜伏期政府如何预警——以富士康跳楼事件为例》，《新闻世界》2010 年第 9 期，第 151 ~ 152 页。

[134] 程刚：《微博：在“乌合”与组织之间》，《东南传播》2010 年第 9 期，第 44 ~ 46 页。

[135] 胡辰、李丹超：《浅谈微博对传统媒体议程设置的影响》，《新闻世界》2010 年第 9 期，第 153 ~ 154 页。

[136] 于淼、高磊：《微博天下：试析网媒与纸媒的新博弈》，《经济视角》（下）2010 年第 9 期，第 51 ~ 53 页。

[137] 田飞、王海龙：《微博的社会文化传统分析》，《今传媒》2010 年第 9 期，第 124 ~ 125 页。

[138] 徐蕉：《传媒走近名人大家的窗口——略论微博的信源利用》，《新闻实践》2010 年第 9 期，第 62 ~ 63 页。

[139] 窦倩：《微博对沟通模式的新拓展》，《文学界》（理论版）2010 年第 9 期，第 264、266 页。

[140] 竹字头：《微博——后博客时代的精简表达》，《西部广播电视》2010 年第 9 期，第 36 ~ 39 页。

[141] 辛亚宁：《说“微博”》，《现代语文：下旬. 语言研究》2010 年第 9 期，第 136 ~ 137 页。

[142] 陈文红：《围观电视——泉州电视台以微博特性创新电视节目》，《当代电视》2010 年第 9 期，第 69 ~ 70 页。

[143] 王谦：《文学与商业能否谋求双赢？——我看图书植入广告 & 微博出书》，《出版广角》2010 年第 9 期，第 43 ~ 45 页。

[144] 李福春：《微博的“蝴蝶效应”》，《西部广播电视》2010 年第 9 期，第 34 ~ 35 页。

第 10 期

[145] 闫肖锋：《微博心理学》，《青年记者》2010 年第 10 期，第 85 页。

[146] 孟波：《微博是如何颠覆传统传播方式的》，《社会观察》2010 年第 10 期，第 55 ~ 57 页。

[147] 李翔：《传统媒体，请警惕微博》，《青年记者》2010 年第 10 期，第 4 页。

[148] 吴杰：《微博：传统媒体的新帮手》，《中国记者》2010 年第 10 期，第 41 ~ 42 页。

[149] 周清树：《到微博上听政府的声音》，《中国记者》2010 年第 10 期，第 43 ~ 44 页。

[150] 刘福利：《白岩松是否上微博的关键在哪?》，《观察与思考》2010 年第 10 期，第 8 页。

[151] 周超：《微博——网络新兴交流平台对政务的影响》，《电子商务》2010 年第 10 期，第 39 ~ 40 页。
[152] 董崇飞：《微博：怎样改变了记者的采写——传统媒体的微博路径》，《中国记者》2010 年第 10 期，第 38 ~ 39 页。
[153] 卢士海：《微博 VS 传统媒体》，《传媒》2010 年第 10 期，第 58 ~ 59 页。
[154] 李存：《微博文学的定义、发展、类型及特征》，《贵州社会科学》2010 年第 10 期，第 65 ~ 72 页。
[155] 唐大麟、邓煜、王文宏：《浅谈当前我国网络文化发展新热点》，《新闻知识》2010 年第 10 期，第 8 ~ 10 页。
[156] 刘影：《从新媒体力量谈全国"两会"报道的创新》，《江苏政协》2010 年第 10 期，第 40 ~ 42 页。
[157] 卢和琰：《微博客在远程教育中的应用探讨》，《电化教育研究》2010 年第 10 期，第 78 ~ 80 页。
[158] 刘飞锋：《微博时代，纸媒如何留住读者》，《中国记者》2010 年第 10 期，第 42 ~ 43 页。

第 11 期

[159] 朱燕：《对微博语境下公共领域建构的思考》，《新闻世界》2010 年第 11 期，第 155 ~ 157 页。
[160] 赵梦溪：《微博的统合与偏向——基于媒介环境学的视角》，《新闻世界》2010 年第 11 期，第 184 ~ 185 页。
[161] 王媛：《微博引发舆论事件的三个要件——以"推普废粤"事件中的微博传播为例》，《新闻与写作》2010 年第 11 期，第 94 ~ 96 页。
[162] 陈建：《社会化媒体舆论表达的民粹主义隐忧——以微博客的舆论表达为例》，《东南传播》2010 年第 11 期，第 39 ~ 41 页。
[163] 蔡晓婷：《突发性事件中的微博客传播》，《新闻爱好者》2010 年第 11 期，第 78 ~ 79 页。
[164] 李丹丹、孔祥刚：《从传播学角度看"公安微博热"的现实意义》，《今传媒》2010 年第 11 期，第 74 ~ 75 页。
[165] 宋好：《微博时代"意见领袖"特点探析》，《今传媒》2010 年第 11 期，第 96 ~ 97 页。
[166] 王清颖、邓昕：《宜黄拆迁引发的微博巨澜》，《决策》2010 年第 11 期，第 70 ~ 72 页。
[167] 叶立新：《微博谜语——双"博"记》，《新经济导刊》2010 年第 11 期，第 26 ~ 30 页。
[168] 王家年：《感悟微博》，《中外企业文化》2010 年第 11 期，第 78 页。
[169] 常昕：《网络口碑传播的新模式——微博口碑传播初探》，《新闻天地》（下半月刊）2010 年第 11 期，第 52 ~ 53 页。
[170] 吴琼：《浅谈微博客价值发掘面临的困境——以"新浪微博"为例》，《新闻世界》

2010 年第 11 期，第 180 ~ 181 页。

[171] 荣婷：《简论微博在突发事件中的传播作用》，《青年作家》（中外文艺版）2010 年第 11 期，第 76 ~ 77 页。

第 12 期

[172] 卿立新：《微博时代网络事件传播规律与处置探讨》，《求索》2010 年第 12 期，第 82 ~ 83、79 页。

[173] 徐神：《探索微博传播视野下的传统广播优化之路》，《声屏世界》2010 年第 12 期，第 59 ~ 61 页。

[174] 仲跻嵩：《从一个人的"通讯社"看"公民记者"》，《传媒观察》2010 年第 12 期，第 55 ~ 56 页。

[175] 李瑾：《官员刮起"微博"风引关注　自愿还是姿态》，《决策探索》（上半月）2010 年第 12 期，第 48 ~ 49 页。

[176] 谢岚：《微博客的分级化传播模式研究》，《新闻传播》2010 年第 12 期，第 101 ~ 102 页。

[177] 鹿山：《廉政微博　微言大义》，《宁波通讯》2010 年第 12 期，第 25 页。

[178] 马利：《微博：组工文化建设的新载体》，《党建研究》2010 年第 12 期，第 29 ~ 30 页。

[179] 张跣：《微博与公共领域》，《文艺研究》2010 年第 12 期，第 95 ~ 103 页。

[180] 张力：《浅析微博的传播形态》，《青年记者》2010 年第 12 期，第 80 ~ 81 页。

[181] 张庆永：《从人民网"微博报两会"看微博传播特点》，《青年记者》2010 年第 12 期，第 81 ~ 82 页。

[182] 郁晓华、祝智庭：《微博的社会网络及其教育应用研究》，《现代教育技术》2010 年第 12 期，第 97 ~ 101 页。

[183] 沈南鹏：《沈南鹏看微博》，《海峡科技与产业》2010 年第 12 期，第 29 ~ 30 页。

[184] 孙永雷、赵迎霞：《微博时代的传媒应对》，《媒体时代》2010 年第 12 期，第 44 ~ 48 页。

[185] 钱珺：《微博环境下的危机传播应对》，《新闻知识》2010 年第 12 期，第 50 ~ 52 页。

[186] 韩志国：《从微博之"火"看媒介融合》，《中国传媒科技》2010 年第 12 期，第 15 页。

[187] 袁楚：《微博将创造信息传播新方式——访中国人民大学新闻学院副院长彭兰教授》，《互联网天地》2010 年第 12 期，第 10 ~ 11 页。

第 13 期

[188] 彭梦婧：《"微博两会"与民主政治》，《新闻爱好者》2010 年第 13 期，第 20 页。

[189] 黎福羽：《"微博问政"的表现及发展》，《资源与人居环境》2010 年第 13 期，第 73 ~ 75 页。

[190] 白晓晴：《微博应用于新闻传播的优势与意义分析》，《现代商贸工业》2010 年第 13 期，第 91 ~ 92 页。

第 14 期

［191］王晓光：《微博客用户行为特征与关系特征实证分析——以“新浪微博”为例》，《图书情报工作》2010 年第 14 期，第 66 ~ 70 页。

第 15 期

［192］任家宣：《从“使用与满足”视角透视“微博热”》，《青年记者》2010 年第 15 期，第 69 ~ 70 页。

［193］王维维：《微博时代的媒介融合》，《青年记者》2010 年第 15 期，第 70 ~ 71 页。

［194］张原：《媒介融合时代报纸新闻资源的重整与重塑》，《青年记者》2010 年第 15 期，第 72 ~ 73 页。

第 16 期

［195］卿立新：《要适应微博时代的网络舆论传播》，《新湘评论》2010 年第 16 期，第 18 页。

［196］孙福万：《短信、即时通讯、微博和碎片时代的学习》，《中国远程教育》2010 年第 16 期，第 62 页。

第 17 期

［197］胡泳：《网络问政》，《商务周刊》2010 年第 17 期，第94 页。

［198］肖潇、刘洋：《微内容对公共领域的重构》，《青年记者》2010 年第 17 期，第 27 ~ 28 页。

［199］桑雯、李洁：《地方网站如何发展微博》，《青年记者》2010 年第 17 期，第 82 页。

［200］孙佳迪：《Wiki——全民传播时代来临》，《科技传播》2010 年第 17 期，第 11 页。

第 18 期

［201］曹元亨：《普陀大队开设“消防微博”宣传渠道》，《中国消防》2010 年第 18 期，第 44 页。

第 19 期

［202］王萍、张伟：《简析微博的社会效应》，《新闻爱好者》2010 年第 19 期，第 52 ~ 53 页。

第 20 期

［203］陈艳霞：《“微博议政”之特性分析——以 2010 年两会微博为例》，《青年记者》2010 年第 20 期，第 98 ~ 99 页。

第 21 期

［204］范芸芸、毕莹：《为大学生思政教育围上一条温暖“围脖”——浅谈微博与大学生思

想政治教育》,《科技资讯》2010 年第 21 期,第 193 ~ 194 页。

[205] 吴迪、何璇:《微博用户的使用与满足诉求》,《青年记者》2010 年第 21 期,第 82 ~ 83 页。

第 22 期

[206] 余波:《微博的情报学意义探讨》,《图书情报工作》2010 年第 22 期,第 57 ~ 60 页。

[207] 韩咏红:《“网前网后”的参政前景》,《南风窗》2009 年第 22 期,第 32 ~ 34 页。

[208] 林小燕:《微博客流行的学理思考》,《新闻爱好者》2010 年第 22 期,第 30 ~ 31 页。

[209] 范玉明:《“微博”传播的社会价值及经济价值》,《新闻爱好者》2010 年第 22 期,第 28 ~ 29 页。

第 23 期

[210] 黎福羽:《“微博问政”的发展对策》,《领导科学》2010 年第 23 期,第 25 ~ 26 页。

[211] 田静:《微博评论集纳的当代价值》,《青年记者》2010 年第 23 期,第 66 ~ 67 页。

第 24 期

[212] 刘媛:《微博怎样才有公信力》,《IT 时代周刊》2010 年第 24 期,第 71 页。

[213] 李林坚:《微博带来谣言时代?》,《青年记者》2010 年第 24 期,第 95 ~ 96 页。

第 28 期

[214] 师静、王秋菊:《微博时代的网络传播——访新浪网执行副总裁、总编辑陈彤》,《青年记者》2010 年第 28 期,第 56 ~ 57 页。

[215] 唐莉莉、杜骏飞:《微博崛起及传统媒体话语权重构》,《青年记者》2010 年第 28 期,第 71 ~ 73 页。

第 30 期

[216] 宋延涛、李大旭:《浅析当前微博传播的特征、弊端及治理》,《科技信息》2010 年第 30 期,第 646 页。

第 32 期

[217] 付兆欣:《微博作为新型交流媒介的意义建构》,《青年记者》2010 年第 32 期,第 60 ~ 61 页。

[218] 蒋熙:《微博传播中的话语权使用界限》,《青年记者》2010 年第 32 期,第 4 页。

[219] 张雯:《浅析微博客在高校思想政治教育中的应用与管理》,《文教资料》2010 年第 32 期,第 97 ~ 99 页。

第 33 期

[220] 侯金亮:《微博传播的“双刃剑效应”》,《青年记者》2010 年第 33 期,第 63 ~

64 页。
［221］成新平：《微博时代："新闻危机"搅动官场生态》，《人民论坛》2010 年第 33 期，第 46 ~ 47 页。

第 34 期

［222］徐瑗：《微博传播影响公共事件走向的机制分析》，《青年记者》2010 年第 34 期，第 60 ~ 61 页。
［223］陈娟：《微博暗战与政治趋向》，《人民论坛》2010 年第 34 期，第 36 ~ 37 页。

第 35 期

［224］高翔：《探析受众微博使用心理》，《青年记者》2010 年第 35 期，第 62 ~ 63 页。

第 36 期

［225］杨维：《微博在网络舆论形成中的作用》，《青年记者》2010 年第 36 期，第 81 ~ 82 页。
［226］胡凯：《微博：快乐表达背后隐藏的危机》，《青年记者》2010 年第 36 期，第 80 ~ 81 页。
［227］刘菁、李兴文：《微博爆点冲击波》，《瞭望》2010 年第 45 期，第 6、8 页。

2011年

第 1 期

［1］吴梦斑、刘莉：《从使用与满足论透视"微博热"》，《新闻世界》2011 年第 1 期，第 76 ~ 77 页。
［2］丁苊、涂浩：《微博感知突发重大新闻事件的研究与分析》，《广西大学学报》（自然科学版）2011 年第 S1 期，第 335 ~ 338 页。
［3］杨文丽：《试析微博对突发性事件报道的作用——以新民微博对上海火灾事件的报道为例》，《新闻世界》2011 年第 1 期，第 78 ~ 79 页。
［4］汤冰：《宜黄强拆背后的民意抗争——对话微博记者邓飞》，《国土资源导刊》2011 年第 Z1 期，第 32 ~ 33 页。
［5］郑晓毅：《依托微博创新高校学生党建工作的探索》，《福建广播电视大学学报》2011 年第 1 期，第 67 ~ 69 页。
［6］吴波：《从"微媒体"到"自媒体"》，《商务周刊》2011 年第 1 期，第 75 ~ 76 页。
［7］罗小红：《论微博客在网络舆论场形成过程中的作用》，《青年作家》（中外文艺版）2011 年第 1 期，第 70 ~ 72 页。
［8］方宏建、杜亮：《以微博为载体开展大学生思想政治教育探析》，《国家教育行政学院学报》2011 年第 1 期，第 52 ~ 55 页。
［9］李林容、黎薇：《微博的文化特性及传播价值》，《当代传播》2011 年第 1 期，第 22 ~

25、34 页。
[10] 百里:《微者，博天下》,《软件工程师》2011 年第 Z1 期，第 34 ~ 35 页。
[11] 吴潇芳:《借力微博，警惕微博》,《视听界》2011 年第 1 期，第 90 页。
[12] 一阳:《微博影响舆论走势》,《军事记者》2011 年第 1 期，第 45 页。
[13] 芥末:《微博时代的生存法则》,《中国传媒科技》2011 年第 1 期，第 20 页。
[14] 何三畏:《微博是公共生活的一道“验证码”》,《南风窗》2011 年第 1 期，第 12 页。
[15] 姜刚、熊润频:《诚意还是做秀　首个官方拆迁“围脖”能否织出干群互信》,《决策探索》(上半月) 2011 年第 1 期，第 22 ~ 23 页。
[16] 唐宏伟:《从上海 11 · 15 火灾报道看媒体如何应对突发事件》,《新闻实践》2011 年第 1 期，第 9 ~ 11 页。
[17] 詹奕嘉、万小广、孔博:《2010“围脖”问政考验政府执政智慧》,《西部广播电视》2011 年第 1 期，第 90 ~ 91 页。
[18] 晓庄:《借微博之势，打造你的领导力》,《中外管理》2011 年第 1 期，第 117 ~ 118 页。
[19] 郝兆杰:《微博在“C 程序设计”教学中的应用研究》,《中国电化教育》2011 年第 1 期，第 101 ~ 105 页。
[20] 孔则吾:《微博浪潮拷问出版专业化命题》,《出版广角》2011 年第 1 期，第 38 ~ 39 页。
[21] 李庆伟:《微博时代的传统媒体应对策略》,《中国地市报人》2011 年第 Z1 期，第 38 ~ 39 页。
[22] 邓君洋、郑敏:《媒体融合时代下微博的传播效果》,《新闻世界》2011 年第 1 期，第 80 ~ 81 页。
[23] 张力、唐虹:《微博信息传播机制及其发展困境》,《新闻世界》2011 年第 1 期，第 68 ~ 70 页。
[24] 王雪、周杰:《微博“把关人”研究》,《新闻世界》2011 年第 1 期，第 89 ~ 90 页。
[25] 乔新生:《微博时代要守住新闻报道的底线》,《青年记者》2011 年第 1 期，第 1 页。
[26] 胡浩:《玩微博的总统们》,《决策》2011 年第 1 期，第 62 ~ 63 页。
[27] 傅海燕:《论微博客的新媒体特征》,《现代农业》2011 年第 1 期，第 111 页。
[28] 齐春霞:《微博推广：免费的午餐》,《经理人》2011 年第 1 期，第 106 ~ 107 页。
[29] 董青:《微博与报纸的互动传播应用》,《新闻窗》2011 年第 1 期，第 74 ~ 75 页。
[30] 郭旭魁:《微博：E 时代的又一盗火者》,《新闻窗》2011 年第 1 期，第 91 ~ 92 页。
[31] 李慧敏:《微博：科技时代的媒介创新》,《粤海风》2011 年第 1 期，第 46 ~ 49 页。
[32] 何菲:《草根微博的灰色产业》,《IT 经理世界》2011 年第 Z1 期，第 54 ~ 56 页。
[33] 甘昕鑫、王卫明:《传媒微博如何走向“专业”》,《中国记者》2011 年第 1 期，第 78 ~ 79 页。
[34] 孙海峰、高奕奕:《对“李刚门”事件新浪微博报道与评论的框架分析》,《南京邮电大学学报》(社会科学版) 2011 年第 1 期，第 20 ~ 26 页。
[35] 张美玲、罗忆:《以微博为代表的自媒体传播特点和优势分析》,《湖北职业技术学院学报》2011 年第 1 期，第 45 ~ 49 页。

[36] 武琳、陈文嘉：《微博客网站的比较及发展策略》，《情报理论与实践》2011 年第 1 期，第 86 ~ 88 页。

[37] 胡靖、田超、黎泽潮：《试论微博在党报营销中的运用》，《东南传播》2011 年第 1 期，第 25 ~ 26 页。

[38] 黄艳：《微博的媒体特征及传统媒体的应对》，《东南传播》2011 年第 1 期，第 84 ~ 86 页。

[39] 高源：《自媒体语境下微博舆论监督的功能及模式研究》，《新闻天地》（下半月刊）2011 年第 1 期，第 102 ~ 103 页。

[40] 郭静虹：《微博视角下的大学生思想政治教育观》，《廊坊师范学院学报》（社会科学版）2011 年第 1 期，第 118 ~ 120 页。

[41] 高远：《自媒体时代传统媒体“织”的困惑与挣扎》，《视听纵横》2011 年第 1 期，第 83 ~ 84 页。

[42] 刘运来：《契合与威胁：网络交往场景的共享对现实社会的影响——以微博直播为例》，《湖南大众传媒职业技术学院学报》2011 年第 1 期，第 46 ~ 47、50 页。

[43] 巨芳芳：《网络舆论的生成机制——以“宜黄强拆”事件为例》，《新闻世界》2011 年第 1 期，第 72 ~ 73 页。

[44] 周元卿：《微博现象的法律透视——以隐私权为视角》，《法学杂志》2011 年第 S1 期，第 199 ~ 203 页。

[45] 关中客：《微博与学习》，《远程教育杂志》2011 年第 1 期，第 112 页。

[46] 王雨连、刘云霞：《微博开启网络时代师生沟通的新平台》，《中国校外教育》2011 年第 S1 期，第 23、18 页。

[47] 占自华：《微博研究评述》，《济南大学学报》（社会科学版）2011 年第 1 期，第 34 ~ 37 页。

第 2 期

[48] 姚建龙：《微博打拐与我国儿童保护机制反思》，《东方法学》2011 年第 2 期，第 102 ~ 106 页。

[49] 尹晓敏：《微博兴起背景下大学生思想政治教育的挑战与应对》，《思想教育研究》2011 年第 2 期，第 49 ~ 52 页。

[50] 李红梅：《网络媒体呼唤诚信与真实》，《新闻论坛》2011 年第 2 期，第 29 ~ 31 页。

[51] 庞乐、赵伯飞：《基于微博客的研究生思想政治教育微型学习应用初探》，《西安电子科技大学学报》（社会科学版）2011 年第 2 期，第 108 ~ 113 页。

[52] 喻洁、张九海：《微博客——思想政治教育博客去仪式化的新契机》，《思想教育研究》2011 年第 2 期，第 53 ~ 56 页。

[53] 周葆华：《作为“动态范式订定事件”的“微博事件”——以 2010 年三大突发公共事件为例》，《当代传播》2011 年第 2 期，第 35 ~ 38 页。

[54] 梁忠军、张建龙：《微博：高校辅导员工作新手段》，《三峡大学学报》（人文社会科学版）2011 年第 S2 期，第 28 ~ 30 页。

[55] 李晶：《微博视角下的新闻自由与言论自由》，《上海商学院学报》2011 年第 2 期，第

34～38 页。
[56] 倪琳：《微博的传播特性及影响力研究》，《上海商学院学报》2011 年第 2 期，第 39～42、53 页。
[57] 张楠楠：《微博时代和谐校园文化建设思考》，《长沙民政职业技术学院学报》2011 年第 2 期，第 56～57 页。
[58] 孙宇心：《微博与民众话语权的回归》，《邯郸职业技术学院学报》2011 年第 2 期，第 35～38、43 页。
[59] 何伟芬、林展新、莫小梅：《气象微博公共气象服务新途径探索》，《气象研究与应用》2011 年第 S2 期，第 140～141 页。
[60] 闵栋：《3G 时代移动微博客业务及其标准化浅析》，《信息通信技术》2011 年第 2 期，第 16～19 页。
[61] 刘征、曹曦晴：《微博时代催生"iradio"的构想与探索》，《中国广播电视学刊》2011 年第 2 期，第 92～93 页。
[62] 张楠楠：《微博时代高校思想政治教育探析》，《铜陵职业技术学院学报》2011 年第 2 期，第 56～57 页。
[63] 李洋：《论微博与高校图书馆个性化服务》，《当代图书馆》2011 年第 2 期，第29～31 页。
[64] 黄美纯、黄益宏、黄俊生：《微博在公共气象服务中的运用》，《气象研究与应用》2011 年第 S2 期，第 143～144 页。
[65] 林若川：《公安微博在网络问政中的舆论缓释作用》，《广东省社会主义学院学报》2011 年第 2 期，第 110～112 页。
[66] 余晓冬：《微博对"公共领域"复兴的解构》，《新闻窗》2011 年第 2 期，第 61～62 页。
[67] 石成钰：《基于社会网络理论的微博学习系统初探》，《河北广播电视大学学报》2011 年第 2 期，第 29～30 页。
[68] 张文阁：《2010 年中国通信产业十大关键词点评文章（十）：微博》，《数据通信》2011 年第 2 期，第 9～10 页。
[69] 张思扬：《微博议政直通两会》，《国际公关》2011 年第 2 期，第 24～25 页。
[70] 杨为民：《微博公关成为必争之地》，《国际公关》2011 年第 2 期，第 11 页。
[71] 罗丽琼、赖荣玉：《从"网络追逃"事件浅析网络"微舆情"》，《新闻论坛》2011 年第 2 期，第 98～99 页。
[72] 李杨：《微博：传统 SNS 的终结者?》，《上海信息化》2011 年第 2 期，第 17～19 页。
[73] 陶虹、陈颖婕：《党报在微博时代的改革与创新》，《传媒观察》2011 年第 2 期，第 12～13 页。
[74] 王晶晶：《"围脖"背后的"围观"——以新浪微博为例》，《新闻天地》（下半月刊）2011 年第 2 期，第 76 页。
[75] 刘卉：《从宜黄拆迁自焚事件看微博传播的特点》，《传媒观察》2011 年第 2 期，第 45～46 页。
[76] 马利：《微博：组工文化建设的新载体》，《行政管理改革》2011 年第 2 期，第 70～

72 页。

[77] 罗婷：《探析微博客在大学英语第二课堂教学中的交互应用》，《湖北广播电视大学学报》2011 年第 2 期，第 118 ~ 119 页。

[78] 樊夏、青木、曹劼：《多国高官陶醉“微博”》，《决策与信息》2011 年第 2 期，第 61 ~ 62 页。

[79] 徐建太、杨欣：《微博在玉树地震报道中的新作为》，《新闻爱好者》2011 年第 2 期，第 62 ~ 63 页。

[80] 王晓光、袁毅、滕思琦：《微博社区交流网络结构的实证分析》，《情报杂志》2011 年第 2 期，第 199 ~ 202、207 页。

[81] 董迎轩：《微博：政府发声新路径》，《新闻战线》2011 年第 2 期，第 68 ~ 69 页。

[82] 蓝若宇：《超越大众传播：刍议新浪微博的传播模式与机制》，《新闻知识》2011 年第 2 期，第 20 ~ 22 页。

[83] 李冰：《高校开始进入微博时代——以河南大学新浪网官方微博为例》，《新闻世界》2011 年第 2 期，第 72 ~ 73 页。

[84] 魏小令：《微博：碎片化时代的高效整合通道》，《市场观察》2011 年第 2 期，第 36 ~ 37 页。

[85] 燕道成：《微博的传播形态与本土化发展》，《中国青年研究》2011 年第 2 期，第 34 ~ 40 页。

[86] 鲁晓薇：《微博时代的信任危机——从微众直播与围观说起》，《今传媒》2011 年第 2 期，第 92 ~ 93 页。

[87] 张羽、侯逸君：《公民新闻传播中的微博假新闻现象探析——以新浪微博金庸“被去世”事件为例》，《今传媒》2011 年第 2 期，第 48 ~ 50 页。

[88] 李红艳：《浅析微博在教育中的应用》，《中国教育信息化》2011 年第 2 期，第 65 ~ 66 页。

[89] 周来光、范夏薇：《微博——传播时代的微革命》，《新闻爱好者》2011 年第 2 期，第 16 ~ 18 页。

[90] 陈海兵：《微博：中国式民主进程的加速器》，《观察与思考》2011 年第 2 期，第 12 ~ 17 页。

[91] 彭兰：《媒体微博传播的策略选择》，《中国记者》2011 年第 2 期，第 82 ~ 84 页。

[92] 谢耘耕：《传统媒体与微博》，《传媒》2011 年第 2 期，第 34 ~ 35 页。

[93] 陈卫星：《微博时代的媒体围观》，《今传媒》2011 年第 2 期，第 20 ~ 21 页。

[94] 程婧、汪小莉：《警方微博：警务工作的新举措》，《广西警官高等专科学校学报》2011 年第 2 期，第 52 ~ 55 页。

[95] 姚建龙：《儿童乞讨法律问题研究——微博打拐与我国儿童保护机制反思》，《东方法学》2011 年第 2 期，第 102 ~ 106 页。

[96] 任燕：《国内微博的资本运作及其功能——基于布迪厄实践理论的社会学分析》，《理论观察》2011 年第 2 期，第 68 ~ 69 页。

[97] 李弋：《微博对传媒生态的改变》，《广州广播电视大学学报》2011 年第 2 期，第 91 ~ 94 页。

［98］张琳：《微博时代的大学生思想政治教育》，《辽宁广播电视大学学报》2011 年第 2 期，第 16 ~ 18 页。

［99］黄艺琴：《浅谈微博在大学生英语课外学习中的应用》，《开封大学学报》2011 年第 2 期，第 72 ~ 73 页。

［100］刘颖：《体育赛事的微博客传播特点探析——以世界杯期间新浪微博为例》，《今传媒》2011 年第 2 期，第 46 ~ 47 页。

［101］林景新、赵玉竹：《LBS 戮战微博：2011 年网络中国的新圈地运动》，《公关世界》2011 年第 2 期，第 10 ~ 13 页。

［102］任晓敏：《当报纸遇到微博》，《传媒》2011 年第 2 期，第 41 ~ 43 页。

［103］王艳、孙琪琦：《探索微博时代的高校思想文化建设创新》，《东南大学学报》（哲学社会科学版）2011 年第 S2 期，第 105 ~ 107 页。

［104］瞿旭晟：《政务微博的管理风险及运营策略》，《新闻大学》2011 年第 2 期，第 151 ~ 155 页。

［105］张文、侯锡彪：《微博时代：公民诚信教育问题及对策》，《湖南人文科技学院学报》2011 年第 2 期，第 107 ~ 109 页。

［106］陈禹安：《新浪微博化转型之于纸媒网站的启示》，《新闻实践》2011 年第 2 期，第 49 ~ 50 页。

［107］葛景栋：《微博——开放与创新的中国故事》，《中国广告》2011 年第 2 期，第 31 ~ 32 页。

［108］晓微：《微博带来话语新空间》，《道路交通管理》2011 年第 2 期，第 39 页。

［109］张毅强：《司法局长的微博》，《信息化建设》2011 年第 2 期，第 46 页。

［110］钱康：《微博时代电视的应对》，《电视研究》2011 年第 2 期，第 53 ~ 54 页。

［111］胡丹：《盘点微博元年里的政府微博》，《公关世界》2011 年第 2 期，第 52 ~ 53 页。

［112］孙优依：《织“围脖”者说》，《观察与思考》2011 年第 2 期，第 22 ~ 23 页。

［113］徐友龙：《微博的公共性》，《观察与思考》2011 年第 2 期，第 2 页。

［114］郭树润：《浅谈微博对公共事务的影响》，《南方论刊》2011 年第 S2 期，第 9 ~ 10 页。

［115］张芳圆：《媒介环境学视野下的微博碎片化现象》，《北京邮电大学学报》（社会科学版）2011 年第 2 期，第 5 ~ 8 页。

第 3 期

［116］孙昊：《微博时代下的应急管理》，《中国应急管理》2011 年第 3 期，第 26 ~ 30 页。

［117］桂万保：《政府机构官方微博的传播特征分析——基于新浪微博的个案调查》，《现代传播》（中国传媒大学学报）2011 年第 3 期，第 159 ~ 160 页。

［118］景秀明、张鸯、唐朱勇：《秒时代的微力量：微博对突发性事件的独特传播——以“4·14 玉树地震”微博报道为例》，《新闻知识》2011 年第 3 期，第 33 ~ 36 页。

［119］曹阳、樊弋滋、彭兰：《网络集群的自组织特征——以“南京梧桐树事件”的微博维权为个案》，《南京邮电大学学报》（社会科学版）2011 年第 3 期，第 1 ~ 10、34 页。

［120］李敞东：《从广州“撑粤”事件看“微博”的传播特点》，《新闻窗》2011 年第 3 期，第 67 页。

[121] 胡丹：《政府微博新闻传播及其对传统媒体的影响——从“最火的政府微博”谈起》，《新闻世界》2011 年第 3 期，第 68 ~ 70 页。
[122] 刘乙坐、黄奇杰：《试论微博盛行可能造成的社会文化危害》，《新闻世界》2011 年第 3 期，第 80 ~ 81 页。
[123] 杨立淮、徐百成：《“微时代”下大学生思想政治教育的应对》，《中国青年研究》2011 年第 3 期，第 103 ~ 106 页。
[124] 曹文龙：《微博假新闻的传播机制与应对策略》，《新闻实践》2011 年第 3 期，第 23 ~ 25 页。
[125] 安畅：《从微博传播模式的特点透析公众话语权的回归》，《商品与质量》2011 年第 S3 期，第 136 页。
[126] 杨芳：《政府微博在实践中的作用与问题思考》，《中共乌鲁木齐市委党校学报》2011 年第 3 期，第 28 ~ 31 页。
[127] 周蜀涓：《创新宣传手段，转变话语方式——从“微博曲靖”直播马龙县灾情说起》，《青年记者》2011 年第 3 期，第 28 ~ 29 页。
[128] 郭文婧：《微博参与公共事务需积极导引》，《资源与人居环境》2011 年第 3 期，第 65 页。
[129] 刘晶、李永先、薛伟莲：《国内外在线社会网络研究综述》，《农业网络信息》2011 年第 3 期，第 66 ~ 68、86 页。
[130] 杨维立：《“人大微博”如何健康、有效运行?》，《上海人大月刊》2011 年第 3 期，第 50 页。
[131] 胡瑛、许玲：《微博危机公关及民粹主义言说——以腾讯 QQ 和奇虎 360 不兼容事件为例》，《新闻前哨》2011 年第 3 期，第 66 ~ 68 页。
[132] 杨宇良：《拿“随手拍”拯救社会》，《互联网天地》2011 年第 3 期，第 76 ~ 77 页。
[133] 严永玮：《地方电视新闻评论节目与微博互动的设想》，《新闻知识》2011 年第 3 期，第 88 ~ 89 页。
[134] 唐葵阳：《微博促新闻写作走入“指尖时代”》，《记者摇篮》2011 年第 3 期，第 34 ~ 35 页。
[135] 唐晶：《微博打拐，“拐”向何方?》，《社会与公益》2011 年第 3 期，第 32 ~ 35 页。
[136] 马芝丹：《在“使用与满足”理论视野下探析微博的消费文化》，《文学界》（理论版）2011 年第 3 期，第 227 ~ 228 页。
[137] 张志安、贾佳：《中国政务微博研究报告》，《当代传播》2011 年第 3 期，第 58 页。
[138] 刘劲青：《公安微博实践现状扫描与反思》，《湖南社会科学》2011 年第 3 期，第 78 ~ 81 页。
[139] 魏敏：《高校场域微博存在的必要性及其发展途径探究》，《广西警官高等专科学校学报》2011 年第 3 期，第 78 ~ 80 页。
[140] 胡晓、余文武：《微博客时代基础网民的心理趋向与策略选择》，《求索》2011 年第 3 期，第 54 ~ 56 页。
[141] 李南：《微博与新闻报道》，《新闻窗》2011 年第 3 期，第 65 ~ 66 页。
[142] 李玲：《微博时代传统媒体的挑战、机遇与对策》，《理论探索》2011 年第 3 期，第

91~93 页。
[143] 郭际生、曾瑜：《“微时代”的电视传播》，《南方电视学刊》2011 年第 3 期，第 31 页。
[144] 郭磊：《“微博”对传统媒体的考量》，《新闻窗》2011 年第 3 期，第 91~92 页。
[145] 韩絮：《自媒体环境下的微博传播模式》，《国际公关》2011 年第 3 期，第 84 页。
[146] 赖晴：《正确引导微博舆论》，《理论探索》2011 年第 3 期，第 118~119 页。
[147] 殷俊、何芳：《微博在我国的传播现状及传播特征分析》，《河南大学学报》（社会科学版）2011 年第 3 期，第 124~129 页。
[148] 孙光宁：《公民参与理论视角下的“微博问政”》，《社会主义研究》2011 年第 3 期，第 39~42 页。
[149] 李影：《广播媒体与网络微博结合运用探析》，《开封教育学院学报》2011 年第 3 期，第 55~56 页。
[150] 吴亭：《论微博兴起对公共政策制定的影响》，《长春市委党校学报》2011 年第 3 期，第 43~46 页。
[151] 张浩：《浅析微博在高校思想政治教育中的应用》，《廊坊师范学院学报》（社会科学版）2011 年第 3 期，第 116~118 页。
[152] 潘宇华：《“微博效应”——传播模式变革刍议》，《南方电视学刊》2011 年第 3 期，第 38~40、53 页。
[153] 缠菁、门薇薇：《微博在高校思想政治教育工作中的应用与管理》，《中国轻工教育》2011 年第 3 期，第 31~33 页。
[154] 廖建春：《公安微博的作用及相关问题研究》，《中国人民公安大学学报》（社会科学版）2011 年第 3 期，第 102~107 页。
[155] 安瑛：《从宣传到传播：微博时代的警民沟通》，《中国人民公安大学学报》（社会科学版）2011 年第 3 期，第 96~101 页。
[156] 金永淼：《“微博”环境下的大学生思想政治教育创新》，《福建商业高等专科学校学报》2011 年第 3 期，第 52~56 页。
[157] 王国亮：《微博在侦查破案中的应用》，《江苏警官学院学报》2011 年第 3 期，第 167~171 页。
[158] 桑亮、许正林：《微博意见领袖的形成机制及其影响》，《当代传播》2011 年第 3 期，第 12~14 页。
[159] 柴玥：《从“随手拍照解救乞讨儿童”看微博传播特性》，《文化学刊》2011 年第 3 期，第 62~65 页。
[160] 宋华：《微博公共领域影响扩大微博问政渐成风潮》，《当代社科视野》2011 年第 3 期，第 51 页。
[161] 徐涛涛、盛礼萍：《微博在家校协同教育中的应用研究》，《信息与电脑》（理论版）2011 年第 3 期，第 187 页。
[162] 张涛甫：《微博时代，专业批评如何作为》，《决策探索》（下半月）2011 年第 3 期，第 68~69 页。
[163] 罗双江：《对突发事件中微博传播效应的思考》，《传媒观察》2011 年第 3 期，第

29～31 页。
[164] 刘彦伯：《浅析微博与公共领域之间的关系——以“微博打拐”为例分析》，《新闻传播》2011 年第 3 期，第 97 页。
[165] 李士奇：《微博使用者应具备的基本素养》，《科教导刊》（上旬刊）2011 年第 3 期，第 253～254 页。
[166] 偌言：《微博：别拿“鸡毛”不当“翎子”》，《创新科技》2011 年第 3 期，第 44～46 页。
[167] 张艺、刘建军：《微博：公安机关推进社会管理创新的新媒介》，《江西警察学院学报》2011 年第 3 期，第 97～100 页。
[168] 黄咏梅：《微博与报纸副刊的有效互动》，《南方文坛》2011 年第 3 期，第 49～51 页。
[169] 丁少芬：《微博在少年儿童图书馆的发展空间》，《图书馆论坛》2011 年第 3 期，第 67～69 页。
[170] 张光斌：《博物馆微博的内容分析及其作用初探——以新浪微博为例》，《上海科技馆》2011 年第 3 期，第 46～53 页。
[171] 季水河、蔡朝辉：《轻逸与期许——微博文学的写作特征探析及发展前景展望》，《湖南社会科学》2011 年第 3 期，第 158～161 页。
[172] 范颖一：《浅析微博在学生思想政治教育工作中的应用——以无锡商业职业技术学院艺术设计学院为例》，《无锡商业职业技术学院学报》2011 年第 3 期，第89～91 页。
[173] 徐长鹏：《“公安微博”之管见》，《安徽警官职业学院学报》2011 年第 3 期，第 55～57 页。
[174] 梁晓妮、雷俊、周亦平：《微博在气象服务中的应用探析》，《浙江气象》2011 年第 3 期，第 37～40 页。
[175] 余欢欢：《微博时代的谣言传播及对策——以日本大地震为例》，《宁波广播电视大学学报》2011 年第 3 期，第 1～3 页。
[176] 刘勇：《基于微博的高校思想政治教育方式创新的思考》，《新疆职业教育研究》2011 年第 3 期，第 83～85 页。
[177] 司姣姣：《微博在图书馆中的应用》，《数字图书馆论坛》2011 年第 3 期，第 39～43 页。
[178] 贾志勇：《是什么扭偏了微博打拐的剑锋》，《观察与思考》2011 年第 3 期，第 7 页。
[179] 曾晓新：《行业媒体的微博生存四法则》，《中国记者》2011 年第 3 期，第 99～100 页。
[180] 刘晶、李永先、薛伟莲：《国内外在线社会网络研究综述》，《农业网络信息》2011 年第 3 期，第 66～68 页。
[181] 雷博涵：《传统媒体应用微博的问题及对策研究——以新浪微博中的纸质媒体微博为例》，《新闻世界》2011 年第 3 期，第 76～77 页。
[182] 于琳：《浅议微博在企业传播中的运用》，《今传媒》2011 年第 3 期，第 108～109 页。
[183] 黄汶：《论微博在图书馆工作中的应用》，《郑州牧业工程高等专科学校学报》2011 年第 4 期，第 78～80 页。
[184] 刘洁：《微博在电视新闻节目中的运用》，《视听界》2011 年第 3 期，第 61～63 页。

[185] 邹德萍:《"微博打拐"全社会给力》,《人权》2011 年第 3 期,第 41 ~45 页。
[186] 寿娜佳:《传统媒体与微博的融合之道》,《视听纵横》2011 年第 3 期,第 70 ~71 页。
[187] 余佐赞:《"围脖"在颠覆阅读习惯》,《编辑学刊》2011 年第 3 期,第 57 ~58 页。
[188] 程艺:《微博时代广播的采编创新》,《视听纵横》2011 年第 3 期,第 72 页。
[189] 王继云、周晓鹏、吴鹏:《人代会开微博,让网友在线"听"会》,《人民之友》2011 年第 3 期,第 33 页。
[190] 郭文婧:《微博参与公共事务需积极导引》,《公关世界》2011 年第 3 期,第 32 页。
[191] 单士兵:《"粉丝时代"对权势生态的影响》,《人民之友》2011 年第 3 期,第 58 页。
[192] 施恋林:《微博"打拐"彰显移动互联网力量》,《中国电信业》2011 年第 3 期,第 51 页。
[193] 崔继振:《微博及其在教育中的应用初探》,《中国教育技术装备》2011 年第 3 期,第 112 ~113 页。
[194] 王杨:《微型博客的发展前景及影响分析》,《今传媒》2011 年第 3 期,第 100 ~101 页。

第 4 期

[195] 张鸿飞:《微博时代政府舆论调控的新思路》,《中共乌鲁木齐市委党校学报》2011 年第 4 期,第 38 ~41 页。
[196] 庞志伟:《微博在高校思想政治教育工作中的应用研究》,《出国与就业》(就业版)2011 年第 4 期,第 112 ~113 页。
[197] 苗凯周:《微博在公共外交中的作用初探——以拜登访华为例》,《河北工程大学学报》(社会科学版)2011 年第 4 期,第 63 ~64、85 页。
[198] 陈国民:《博物馆微博的作用及其维护》,《博物馆研究》2011 年第 4 期,第 16 ~21 页。
[199] 李建文、袁浩:《为"组工干部开微博"叫好》,《民主》2011 年第 4 期,第 56 页。
[200] 杨鹏、史丹梦:《真伪博弈:微博空间的科学传播机制——以"谣言粉碎机"微博为例》,《新闻大学》2011 年第 4 期,第 145 ~150 页。
[201] 徐红昌、张静茹:《微博客作为新型传播媒介的构建意义》,《中国报业》2011 年第 4 期,第 24 ~25 页。
[202] 郭慰寒:《新媒体时代的警察危机公关研究——以公安微博客为例》,《甘肃警察职业学院学报》2011 年第 4 期,第 25 ~29 页。
[203] 杨雪:《微博时代政府如何"给力"》,《公关世界》2011 年第 4 期,第 21 页。
[204] 谢耘耕、徐颖:《新媒体环境下突发公共事件的信源管理研究》,《新闻与传播研究》2011 年第 4 期,第 58 ~67、110 页。
[205] 洪磊:《"微言大事,博论两会"之"两会微博"优势分析——以 2011 年全国两会为例》,《新闻天地》(下半月刊)2011 年第 4 期,第 104 ~105 页。
[206] 吴俊、潘胜:《微博对高校阳光体育运动开展的作用分析》,《内江科技》2011 年第 4 期,第 89 ~90 页。
[207] 于潇:《社交媒体时代报纸的互动传播策略》,《闽江学院学报》2011 年第 4 期,第

94～97页。
［208］杨静：《“微时代”新闻记者的职业准则》，《新闻窗》2011年第4期，第89～90页。
［209］高宏宇：《传统媒体如何应对微博的强势挑战》，《新闻论坛》2011年第4期，第33～34页。
［210］侯小杏、张茂伟：《微博在教学应用中的传播模式研究》，《琼州学院学报》2011年第4期，第83～84、82页。
［211］王强春：《微博乌托邦：草根集体失语成因探析》，《昆明学院学报》2011年第4期，第114～117页。
［212］郑智斌、张安然：《“微新闻”时代传统媒体的问题与应对》，《南昌大学学报》（人文社会科学版）2011年第4期，第110～114页。
［213］孙士生：《政府微博：沟通民意创新社会管理的直通车》，《新闻窗》2011年第4期，第10～11页。
［214］刘劲青：《公安微博问政与社会管理创新》，《湖南警察学院学报》2011年第4期，第9～13页。
［215］刘劲青：《公安微博舆论引导中的议程设置》，《云南警官学院学报》2011年第4期，第113～117页。
［216］孙忠良、衣永红：《“微博问政”与党的民主建设之间的互动》，《南通大学学报》（社会科学版）2011年第4期，第28～31页。
［217］毕兴：《草根微博向传统纸媒发起挑战》，《信息系统工程》2011年第4期，第42～43页。
［218］文诺：《微博力，力不微》，《中国合作经济》2011年第4期，第62～63页。
［219］梁益畅：《微博：让灾难新闻探讨“短兵相接”》，《中国记者》2011年第4期，第52～53页。
［220］李莉：《“微博”以小博大》，《中国对外贸易》2011年第4期，第92～93页。
［221］陈怡：《两会：新媒体报道试验田——两会报道之新媒体关键词点击》，《新闻与写作》2011年第4期，第26～29页。
［222］黄艺、付昊苏：《微博中的公民记者》，《新闻传播》2011年第4期，第58页。
［223］刘毅明、李沁男：《微博平台在高速公路路况信息系统中的应用》，《中国交通信息化》2011年第4期，第122～123页。
［224］曹林：《微博议政，最后不能只剩下热闹》，《协商论坛》2011年第4期，第56页。
［225］张笛：《从相互作用理论看微博的传播特点及其影响》，《企业家天地》（理论版）2011年第4期，第10～11页。
［226］袁卫东：《电视“微博两会”创新三问》，《中国广播电视学刊》2011年第4期，第14～15页。
［227］陈建：《微博“网络淘凶”的法律考量》，《传媒》2011年第4期，第58～60页。
［228］闵栋、刘东明：《移动微博客业务标准化研究》，《电信网技术》2011年第4期，第6～10页。
［229］齐浩：《从金庸“被去世”看微博的自纠与自律》，《传媒》2011年第4期，第56～57页。

[230] 王君超：《微博的“颠覆性创新”》，《传媒》2011 年第 4 期，第 61 ~ 62 页。

[231] 魏凯、张晶：《微博成为互联网应用明星　潜在价值尚需进一步挖掘》，《世界电信》2011 年第 4 期，第 56 ~ 58 页。

[232] 李东：《后微博时代的媒体诉求与话语操作》，《记者摇篮》2011 年第 4 期，第 17 ~ 19 页。

[233] 聂应高：《微博在图书馆应用的理性思考》，《咸宁学院学报》2011 年第 4 期，第 127 ~ 128、132 页。

[234] 韩月：《浅谈微博在新闻传播中的优势》，《新闻传播》2011 年第 4 期，第 93 页。

[235] 荀瑶：《微博的网络意见整合能力分析》，《学术交流》2011 年第 4 期，第 206 ~ 208 页。

[236] 蔡恩泽：《微博来袭》，《新财经》2011 年第 4 期，第 70 ~ 73 页。

[237] 林景新：《失去微博，社会将会怎么样?》，《广告大观》（综合版）2011 年第 4 期，第 107 ~ 108 页。

[238] 张建平：《微博给力舆论新格局——浅议新格局中的新变化、新问题及对策》，《新闻知识》2011 年第 4 期，第 61 ~ 63 页。

[239] 郭洁黎、孟欣：《当微博遇见电视》，《中国广播电视学刊》2011 年第 4 期，第 90 ~ 91 页。

[240] 刘媛媛：《微博语境下的谣言传播规律与应对机制》，《新闻天地》（下半月刊）2011 年第 4 期，第 100 ~ 101 页。

[241] 郭瑞科：《微博教学在高校思想政治课中的运用》，《中共山西省委党校学报》2011 年第 4 期，第 123 ~ 125 页。

[242] 罗露：《微博促成新闻传播新方式——以新浪微博“随手拍解救乞讨儿童”为例》，《今传媒》2011 年第 4 期，第 44 ~ 45 页。

[243] 刘勇：《浅谈微博在教育中的应用》，《中共伊犁州委党校学报》2011 年第 4 期，第 97 ~ 98 页。

[244] 唐雯彬：《“微博记者”的角色分析——以记者闾丘露薇的微博为例》，《今传媒》2011 年第 4 期，第 52 ~ 56 页。

[245] 严茂丰：《浅议微博对公安工作的影响及对策》，《公安学刊》（浙江警察学院学报）2011 年第 4 期，第 60 ~ 63 页。

[246] 孙永祥、刘依：《公安微博的现状分析及管理思考》，《公安学刊》（浙江警察学院学报）2011 年第 4 期，第 63 ~ 65 页。

[247] 黄妍：《浅析新媒体时代微博对企业品牌传播的运用与管理》，《四川省干部函授学院学报》2011 年第 4 期，第 45 ~ 48 页。

[248] 谭雪芳：《两种舆论生成模式的冲突分析》，《宁德师专学报》（哲学社会科学版）2011 年第 4 期，第 5 ~ 9 页。

[249] 高京原：《论微博客高速发展下的舆论引导与应对》，《采写编》2011 年第 4 期，第 53 ~ 54 页。

[250] 尉鹏、宋蓓蓓：《微博对麦氏媒介学说的印证》，《内蒙古农业大学学报》（社会科学版）2011 年第 4 期，第 356 ~ 357、360 页。

[251] 时睿、封化民：《一种基于名词的微博语义计算方法》，《北京电子科技学院学报》2011 年第 4 期，第 16 ~ 22 页。
[252] 刘劲青：《公安微博问政探析》，《北京人民警察学院学报》2011 年第 4 期，第 74 ~ 77 页。
[253] 李少文、秦前红：《论微博问政的规范化》，《河南社会科学》2011 年第 4 期，第 100 ~ 104、218 页。
[254] 曹旻、赵景明：《微博在大学生信息素养教育中的应用初探》，《湖南师范大学教育科学学报》2011 年第 4 期，第 74 ~ 76 页。
[255] 胡媛：《微博客中基于时序的非正式信息流机制研究——以 sina 微博为例》，《图书情报知识》2011 年第 4 期，第 111 ~ 117 页。
[256] 吴学满：《微博对当代大学生价值观的冲击及对策》，《河南师范大学学报》（哲学社会科学版）2011 年第 4 期，第 258 ~ 260 页。
[257] 秦前红、李少文：《微博问政的规范化保护需求——基于社会管理体制创新的视角》，《东方法学》2011 年第 4 期，第 3 ~ 13 页。
[258] 唐婷、李朝阳：《微博传播视域下的社会主义意识形态建设》，《中共杭州市委党校学报》2011 年第 4 期，第 58 ~ 61 页。
[259] 张筱荣：《微博：大学生思想政治教育创新的新手段》，《河北农业大学学报》（农林教育版）2011 年第 4 期，第 422 ~ 426 页。
[260] 陈燕红：《微博兴起视野下的大学生思想政治教育》，《江苏教育学院学报》（社会科学）2011 年第 4 期，第 53 ~ 55 页。
[261] 魏楠：《国内“微博问政”述评》，《天水行政学院学报》2011 年第 4 期，第 86 ~ 88 页。
[262] 魏楠：《微博——政治参与和协商民主的新阵地》，《山东行政学院学报》2011 年第 4 期，第 1 ~ 4 页。
[263] 朱妍：《从微博“打拐”事件初探“微博”现象》，《今传媒》2011 年第 4 期，第 101 ~ 102 页。
[264] 邓孟红：《基于微博的社区教育应用策略探析》，《广西广播电视大学学报》2011 年第 4 期，第 14 ~ 16 页。
[265] 马璟熙：《“微”力“博”发助力公益》，《今传媒》2011 年第 4 期，第 109 ~ 110 页。
[266] 张新慧：《微博时代高校思想政治教育工作浅论》，《高等函授学报》（哲学社会科学版）2011 年第 4 期，第 75 ~ 76 页。
[267] 王晓光、滕思琦：《微博社区中非正式交流的实证研究以“Myspace9911 微博”为例》，《图书情报工作》2011 年第 4 期，第 39 ~ 43 页。
[268] 郑亚琴、郭琪：《微博营销对企业品牌传播的影响》，《吉林工商学院学报》2011 年第 4 期，第 27 ~ 31 页。
[269] 李剑：《微博在高校图书馆信息服务中的应用》，《高校图书馆工作》2011 年第 4 期，第 44 ~ 46 页。
[270] 魏敏：《高校场域微博存在的必要性及途径探究》，《四川职业技术学院学报》2011 年第 4 期，第 120 ~ 122 页。

[271] 贾莉莉：《微博与图书馆品牌形象的建立》，《中国轻工教育》2011 年第 4 期，第 20~22 页。
[272] 王传宗：《微博祛魅》，《中国报道》2011 年第 4 期，第 8 页。
[273] 李子路、黄馨茹：《对微博时代公民新闻传播的思考》，《今传媒》2011 年第 4 期，第 20~21 页。
[274] 马松林：《互联网助力广播新闻提速》，《中国广播》2011 年第 4 期，第 80~81 页。
[275] 姜飞：《从媒体（media）转向媒介（medium）：建构传播研究内生话语系统》，《新闻与传播研究》2011 年第 4 期，第 35~42 页。
[276] 司姣姣：《由一条微博引发的图书馆公关事件——杭州图书馆“微博事件”公关分析》，《图书馆建设》2011 年第 4 期，第 79~81 页。
[277] 谢耘耕、徐颖：《微博的历史、现状与发展趋势》，《现代传播》（中国传媒大学学报）2011 年第 4 期，第 75~80 页。
[278] 张丽明：《微博“打拐”热背后的冷思考——流乞儿童权利保障的制度建构》，《武汉科技大学学报：社会科学版》2011 年第 4 期，第 414~418 页。
[279] 金立达、赵石羊：《当“微博打拐”遭遇尴尬》，《社会与公益》2011 年第 4 期，第 40~41 页。
[280] 宋妍：《媒体与微博“争锋”之策》，《记者摇篮》2011 年第 4 期，第 19~22 页。
[281] 马弋飞：《媒体微博：微力量开启大变局》，《记者摇篮》2011 年第 4 期，第 14~16 页。
[282] 谢婧：《论微博在企业网络公关中的应用》，《新闻世界》2011 年第 4 期，第 79~80 页。
[283] 赵阿颖：《微博的媒介功能及社会效应》，《荆楚理工学院学报》2011 年第 4 期，第 77~80 页。
[284] 李静：《流浪乞讨儿童的媒体形象分析》，《新闻世界》2011 年第 4 期，第 176~177 页。
[285] 周合强：《微博营销现状与发展态势初探》，《新闻世界》2011 年第 4 期，第 100~101 页。
[286] 张晗：《浅析微博时代网络舆论的特点及传播规律——以唐骏学历“造假门”事件为例》，《新闻世界》2011 年第 4 期，第 85~86 页。
[287] 王君超、郑恩：《“微传播”与表达权——试论微博时代的表达自由》，《现代传播》（中国传媒大学学报）2011 年第 4 期，第 80~85 页。
[288] 徐艳：《微博的新闻策略与传播模式研究——基于门户网世界杯报道的内容分析》，《现代传播》（中国传媒大学学报）2011 年第 4 期，第 85~88 页。
[289] 刘华：《灾难性事件中微博传播研究——以舟曲特大山洪泥石流灾害为例》，《现代传播》（中国传媒大学学报）2011 年第 4 期，第 89~92 页。
[290] 王庆：《略论微博问政》，《江西财经大学学报》2011 年第 4 期，第 21~25 页。
[291] 王璐：《社交新媒体微博的传播学分析》，《郑州大学学报》（哲学社会科学版）2011 年第 4 期，第 142~144 页。
[292] 高建华：《微博客时代的社会主义意识形态建设》，《理论与现代化》2011 年第 4 期，

第 14～18 页。
[293] 陈华明、李畅：《微博中的个体认同：静态“内观”与动态分裂》，《四川大学学报》（哲学社会科学版）2011 年第 4 期，第 80～85 页。
[294] 宋芳、朱梁：《微博力量不微薄——浅析政治微博》，《胜利油田党校学报》2011 年第 4 期，第 78～81 页。
[295] 魏景霞：《微博健康发展的治理对策》，《新闻窗》2011 年第 4 期，第 13～14、17 页。
[296] 陈潭、罗晓俊：《中国网络政治研究：进程与争鸣》，《政治学研究》2011 年第 4 期，第 85～100 页。
[297] 王洪运：《浅析微博的特性与功能》，《新闻窗》2011 年第 4 期，第 80 页。
[298] 管倩：《微博让意见领袖的传播效应显著增强》，《新闻窗》2011 年第 4 期，第 8～9 页。
[299] 雷双双、王书会：《微博视阈下地方政府多中心治理模式探析》，《上海青年管理干部学院学报》2011 年第 4 期，第 56～58 页。
[300] 赵辉、祝志敏：《基于微博推送信息的心理健康教育服务研究》，《中国医学教育技术》2011 年第 4 期，第 403～406 页。
[301] 王景楠：《全民记者时代　广播电视媒体应当如何发展》，《新闻采编》2011 年第 4 期，第 28～30 页。
[302] 郭慰寒：《新媒体时代的警察危机公关研究——以公安微博客为例》，《甘肃警察职业学院学报》2011 年第 4 期，第 25～29 页。
[303] 许问：《嘉善：借微博宣传消防》，《中国消防》2011 年第 4 期，第 44 页。
[304] 王迁：《微博：我国网络舆论监督的新发展》，《中共四川省委省级机关党校学报》2011 年第 4 期，第 60～64 页。
[305] 李弋：《微博对传统传媒生态的改变》，《成都大学学报》（社会科学版）2011 年第 4 期，第 77～80 页。

第 5 期

[306] 李静睿：《中国官员的“粉丝时代”》，《公关世界》2011 年第 5 期，第 32～33 页。
[307] 郭星敏：《从诸明星“被新闻”对微博时代新闻失实的再反思》，《商品与质量》2011 年第 S5 期，第 244 页。
[308] 余晖：《“微博公文”微言大义》，《紫光阁》2011 年第 5 期，第 88 页。
[309] 许小美：《浅析我国微博问政的兴起及其理性限度》，《内蒙古农业大学学报》（社会科学版）2011 年第 5 期，第 272～273、293 页。
[310] 张丽君、胡长全：《从 7·23 动车事故中看微博的角色担当》，《视听纵横》2011 年第 5 期，第 30～33 页。
[311] 李艳霞：《浅论微博时代的大学生思想政治教育》，《新乡学院学报》（社会科学版）2011 年第 5 期，第 171～173 页。
[312] 石勇：《“微博打拐”的困境》，《南风窗》2011 年第 5 期，第 64～65 页。
[313] 董立人：《政务微博发展与领导力提升》，《湖北教育》（领导科学论坛）2011 年第 5 期，第 50～52 页。

[314] 朱琳:《社交媒体时代上海市电子政务建设实践研究》,《电子政务》2011年第5期,第12~17页。
[315] 范翠萍:《广播走向何方——微博传播下的传媒思考》,《新闻天地》(下半月刊)2011年第5期,第229页。
[316] 李静、王绮慧:《微博假新闻泛滥的原因及对策——从日本大地震后微博反应说起》,《编辑学刊》2011年第5期,第85~88页。
[317] 程婧:《微博问政:执政能力建设的新课题》,《理论与改革》2011年第5期,第46~49页。
[318] 季海菊:《高校思想政治教育中的微博:封杀抑或牵手?》,《学海》2011年第5期,第196~200页。
[319] 王连荪:《微博热潮背后的哲学沉思》,《北方文学》(下半月)2011年第5期,第192页。
[320] 黎凤婵:《基于微博的艺术类高职教育师生交互平台的构建》,《软件导刊(教育技术)》2011年第5期,第77~78页。
[321] 刘潇:《消费文化中的女性话语权浅析——以女性网络红人的微博为例》,《大舞台》2011年第5期,第261页。
[322] 李林坚:《微博带来谣言时代?》,《媒体时代》2011年第5期,第22~23页。
[323] 杨婷:《"微博+电子商务"的发展模式》,《通讯世界》2011年第5期,第26~27页。
[324] 王春雷:《纸媒是否可以进行"直播"?——对浙中新报"新报8楼"一次微博播报的思考》,《新闻实践》2011年第5期,第65页。
[325] 王琳:《政法机关微博:新鲜之后看成效》,《紫光阁》2011年第5期,第77~78页。
[326] 魏武挥:《微博的基因缺陷》,《科技创业》2011年第5期,第92~93页。
[327] 孟伟:《微小说的传播学分析》,《河南社会科学》2011年第5期,第117~121、219页。
[328] 郑智斌、张安然:《"微新闻"时代传统媒体的问题与对策》,《中国报业》2011年第5期,第42~45页。
[329] 王煜全:《微博里的社会心理学》,《互联网周刊》2011年第5期,第70页。
[330] 方健文:《微博与卫视品牌发展》,《中国广播电视学刊》2011年第5期,第51~52页。
[331] 王昭倩:《青年"微博热"的冷思考》,《北京教育》(德育)2011年第5期,第10~11页。
[332] 崔伟萍:《微博的社会学视角解读》,《黑河学刊》2011年第5期,第140~141页。
[333] 程纪淞:《浅谈微博技术对群体性事件的影响》,《国防》2011年第5期,第59~61页。
[334] 王瑄:《微博时代公民话语权发展的喜与忧》,《商业文化》(上半月)2011年第5期,第382页。
[335] 刘颖录:《浅析新网络时代的微博传播》,《商业文化》(上半月)2011年第5期,第359页。

[336] 黄井洋：《运营商应善用微博　自建微博恐难成功》，《互联网天地》2011 年第 5 期，第 12 ~ 13 页。
[337] 宋雨桃：《微博在电视媒体中的应用——以辽宁广播电视台法制栏目〈正在行动〉为例》，《记者摇篮》2011 年第 5 期，第 67 ~ 68 页。
[338] 杨倩：《微博客的三种价值探析》，《现代视听》2011 年第 5 期，第 47 ~ 49 页。
[339] 付昊苏、黄艺：《新浪微博的现状和未来运营模式探析》，《新闻传播》2011 年第 5 期，第 51 页。
[340] 孙祥飞：《微博舆论生成的路径及规律》，《新闻传播》2011 年第 5 期，第 68 页。
[341] 郭萍：《从“抢盐风波”看微博在舆论监督上的作为》，《新闻传播》2011 年第 5 期，第 86 页。
[342] 李赛男：《微博新媒体助推民主政治进程初探》，《经济视角》（中旬）2011 年第 5 期，第 6 页。
[343] 彭文卓：《浅析 Web2.0 时代的网络环保传播——以新浪微博关于“南京梧桐树”事件的报道为例》，《新闻世界》2011 年第 5 期，第 95 ~ 96 页。
[344] 夏效鸿、金中一：《“微博官员”话微博》，《浙江人大》2011 年第 5 期，第 28 ~ 29 页。
[345] 迟源：《关于“微博问政”背后的思考》，《人大研究》2011 年第 5 期，第 35 ~ 36 页。
[346] 吕玥、米一：《微博：刷新官员问政渠道》，《浙江人大》2011 年第 5 期，第 25 ~ 27 页。
[347] 郭之恩：《“我是微博打拐志愿者”——专访〈凤凰周刊〉记者邓飞》，《新闻与写作》2011 年第 5 期，第 39 ~ 42 页。
[348] 张冬萍：《微小阵地　博大新闻——报纸借微博扩张的链条》，《新闻与写作》2011 年第 5 期，第 47 ~ 49 页。
[349] 杨晓燕：《新媒体介入对传统重大主题报道的影响——2011 年“微观两会”的启示》，《新闻实践》2011 年第 5 期，第 61 ~ 63 页。
[350] 章建森：《海宁首推微博公文》，《决策》2011 年第 5 期，第 46 ~ 48 页。
[351] 芦鑫：《利用微博势所必需》，《对外传播》2011 年第 5 期，第 52 ~ 53 页。
[352] 李刚：《微博精英化的危险》，《人力资源》2011 年第 5 期，第 78 ~ 79 页。
[353] 孙海明：《微博：电视新闻回传的快速通道》，《视听界》2011 年第 5 期，第90 ~ 91 页。
[354] 黄诚胤、丁维：《手机媒体在体育报道中的应用》，《编辑学刊》2011 年第 5 期，第 50 ~ 53 页。
[355] 刘扬：《浅析微博的新闻评论功能——以新浪微博为例》，《青年作家》（中外文艺版）2011 年第 5 期，第 71、74 页。
[356] 邵宇：《电视新闻栏目试水微博的探索与思考》，《视听纵横》2011 年第 5 期，第 34 ~ 35 页。
[357] 史安斌：《“微博议政”与“微博执政”》，《国际公关》2011 年第 5 期，第 42 ~ 43 页。
[358] 侯艳宁：《报纸娱乐新闻不做微博的传声筒》，《采写编》2011 年第 5 期，第 33 ~

34 页。

[359] 周晔：《“微博”的政治功能分析——基于政治参与的视角》，《唯实》2011 年第 5 期，第 47 ~ 50 页。

[360] 唐亮：《政府微博发展的理性思考》，《传媒》2011 年第 5 期，第 55 ~ 57 页。

[361] 曹劲松：《政府机构微博与官民交流创新》，《现代传播》（中国传媒大学学报）2011 年第 5 期，第 59 ~ 63 页。

[362] 余子瑛：《微博的传播特征分析》，《新闻窗》2011 年第 5 期，第 23 ~ 24 页。

[363] 谢耘耕、荣婷：《微博舆论生成演变机制和舆论引导策略》，《现代传播》（中国传媒大学学报）2011 年第 5 期，第 70 ~ 74 页。

[364] 郑娟、祝宁：《基于信息传播模式的微博信息挖掘与应用》，《新闻世界》2011 年第 5 期，第 91 ~ 92 页。

[365] 张文侯、锡彪：《微博时代：社会主义核心价值体系政治传播的有效性研究》，《当代教育论坛》（综合研究）2011 年第 5 期，第 7 ~ 9 页。

[366] 胡佳渝：《从 2011 年“两会”看微博对公民政治参与的影响》，《东南传播》2011 年第 5 期，第 134 ~ 135 页。

[367] 屈涛：《新媒体在公共行政实践中的运用：以公安微博为例》，《东南传播》2011 年第 5 期，第 1 ~ 5 页。

[368] 黄丹琳：《基于微博平台的高校思想政治教育互动模式》，《安庆师范学院学报》（社会科学版）2011 年第 5 期，第 102 ~ 105 页。

[369] 李丹：《公民社会视角下中国微博舆情的发展与走向》，《东南传播》2011 年第 5 期，第 6 ~ 8 页。

[370] 朱海威、范以锦：《浅析微博“自我净化”功能的利用和提升》，《新闻记者》2011 年第 5 期，第 63 ~ 66 页。

[371] 禹卫华：《微博虚假信息传播的新问题与应对——以“微博打拐”事件为例》，《新闻记者》2011 年第 5 期，第 67 ~ 70 页。

[372] 陈虹、朱啸天：《解构公共事件中的微博能量——以“微博打拐”事件为例》，《新闻记者》2011 年第 5 期，第 71 ~ 75 页。

[373] 靖鸣、陈阳洋：《从官员微博直播自首看微博舆论监督形态、特性与监管》，《新闻与写作》2011 年第 5 期，第 31 ~ 34 页。

[374] 关鑫：《浅谈微博在高校图书馆中的应用》，《农业图书情报学刊》2011 年第 5 期，第 113 ~ 115 页。

[375] 刘乙坐：《传播学视角的微博媒介自律机制初探》，《今传媒》2011 年第 5 期，第 49 ~ 50 页。

[376] 余望：《发展与冲突：对“微博盛宴”的传播学思考》，《现代传播》（中国传媒大学学报）2011 年第 5 期，第 142 ~ 143 页。

[377] 冯立：《从超级全景监狱角度看微博时代的到来》，《媒体时代》2011 年第 5 期，第 48 ~ 51 页。

[378] 贺小桐：《微博环境下议程设置理论的新特征及其成因研究》，《新闻传播》2011 年第 5 期，第 64 ~ 65 页。

［379］孟思奇：《浅析微博公民新闻生产的新特征——以“村长钱云会之死”事件为例》，《新闻传播》2011 年第 5 期，第 175 ~ 177 页。
［380］向春香、陶红：《微博的碎片化信息传播对“中心”的消解及其问题探究》，《西南农业大学学报》（社会科学版）2011 年第 5 期，第 80 ~ 83 页。
［381］林军：《对“微”语流言喊停，将假新闻拒之门外》，《中国广播》2011 年第 5 期，第 92 ~ 96 页。
［382］刘娟：《我国门户网站微博传播模式的问题及对策研究》，《今传媒》2011 年第 5 期，第 39 ~ 40 页。
［383］李谋冠：《微博视阈下的高校青年学生思想政治工作研究》，《广西青年干部学院学报》2011 年第 5 期，第 19 ~ 21 页。
［384］夏雨禾：《突发事件中的微博舆论：基于新浪微博的实证研究》，《新闻与传播研究》2011 年第 5 期，第 43 ~ 51、110 ~ 111 页。
［385］张玲：《政府微博应用若干问题的探究》，《北京行政学院学报》2011 年第 5 期，第 38 ~ 42 页。
［386］马方：《“微力量”与传媒生态之变》，《南方电视学刊》2011 年第 5 期，第 81 ~ 83 页。
［387］周雪怡：《两会代表委员微博问政的原因分析及困境应对——以新浪微博为例》，《今传媒》2011 年第 5 期，第 99 ~ 100 页。
［388］程婧：《以“平安北京”微博为例的公安社会管理创新实证研究》，《江西警察学院学报》2011 年第 5 期，第 63 ~ 67 页。
［389］张雪梅：《图书馆微博服务探讨》，《龙岩学院学报》2011 年第 5 期，第 127 ~ 130 页。
［390］陈婷婷：《浅谈微博传媒时代的利与弊》，《理论观察》2011 年第 5 期，第 175 ~ 176 页。
［391］胡小芳：《论微博对高校辅导员工作的拓展作用》，《新余学院学报》2011 年第 5 期，第 120 ~ 122 页。
［392］陈喆、文秀维：《微博面临的三个挑战》，《贵州师范大学学报》（社会科学版）2011 年第 5 期，第 102 ~ 105 页。
［393］黄映玲、汪向征、焦建利、付道明：《学生对微博学习应用态度的调查及思考》，《远程教育杂志》2011 年第 5 期，第 64 ~ 69 页。
［394］刘晓彬：《公安微博发展面临的问题及应对思考》，《江西警察学院学报》2011 年第 5 期，第 68 ~ 70 页。
［395］白淑英、肖本立：《新浪微博中网民的情感动员》，《兰州大学学报》（社会科学版）2011 年第 5 期，第 60 ~ 68 页。
［396］张树萍、王西荣、孙贤斌：《微博营销——数字时代旅游景区（点）营销的新途径》，《皖西学院学报》2011 年第 5 期，第 108 ~ 111 页。
［397］杨谨瑜：《记者微博在新语境下的考察》，《编辑之友》2011 年第 5 期，第 72 ~ 74 页。
［398］赵秉瑜：《微博时代传统媒体如何在威胁中寻找契合——以“7·23 温州动车追尾事故”的报道为例》，《延安大学学报》（社会科学版）2011 年第 5 期，第102 ~ 105 页。
［399］刘学明、刘程程：《微博时代的图书营销》，《出版科学》2011 年第 5 期，第 5 ~ 7 页。
［400］张吉存：《善用微博为报纸增加互动魅力》，《记者摇篮》2011 年第 5 期，第 68 ~

69 页。

[401] 廖建国、李畅：《传统媒体对微博的利用现状考察》，《编辑之友》2011 年第 5 期，第 74 ~ 77 页。

[402] 冉志敏、赵晶：《从日本大地震看微博信息传播作用》，《新闻研究导刊》2011 年第 5 期，第 22 ~ 23 页。

[403] 郭爽：《掐架与围观——以南都报道“微博元年”的两桩文化事件为例》，《新闻研究导刊》2011 年第 5 期，第 35 ~ 37 页。

[404] 于阳：《大学生使用微博原因初探》，《新闻世界》2011 年第 5 期，第 98 ~ 99 页。

[405] 符翩翩：《霸王洗发水的“微博公关”——基于公众流行心理定势的视角》，《新闻世界》2011 年第 5 期，第 89 ~ 90 页。

[406] 唐蓉：《“微博议政”还有多远——以 2011 年“两会”为例》，《新闻研究导刊》2011 年第 5 期，第 48 ~ 49 页。

[407] 林小明：《政府微博的运用关键在于内在驱动性》，《新闻研究导刊》2011 年第 5 期，第 87 ~ 87 页。

[408] 李亚菲：《浅谈微博的碎片化写作》，《新闻世界》2011 年第 5 期，第 93 ~ 94 页。

[409] 佟丽华、张文娟：《微博打拐与未成年人保护：中国未成年人保护面临的挑战及应对建议》，《行政管理改革》2011 年第 5 期，第 48 ~ 51 页。

[410] 沈健：《当铁老大撞上微博》，《国际公关》2011 年第 5 期，第 9 页。

[411] 孙远辉、杜惠清、艾庆梅、刘晓玲、沈健：《微博颠覆传播》，《国际公关》2011 年第 5 期，第 38 ~ 41 页。

[412] 曹劼：《微博在英国很流行》，《国际公关》2011 年第 5 期，第 46 ~ 47 页。

[413] 耕耘：《纸媒应善用微评论》，《城市党报研究》2011 年第 5 期，第 15 ~ 17 页。

[414] 罗朋：《“微”力量下的舆论审判——微博舆论对“药家鑫案”审判影响辨析》，《当代传播》2011 年第 5 期，第 45 ~ 48 页。

[415] 顾杨丽、吴飞：《微博传播力的本质：碎片化即时信息的整合力——以温州“7·23”动车事故为例》，《当代传播》2011 年第 5 期，第 49 ~ 51 页。

[416] 刘新荣：《论微博传播与微博参政》，《当代传播》2011 年第 5 期，第 65 ~ 67 页。

[417] 王金礼、魏文秀：《微博的超议程设置：微博、媒介与公众的议程互动——以“随手拍解救乞讨儿童”事件为例》，《当代传播》2011 年第 5 期，第 68 ~ 70、74 页。

[418] 戴晓晴：《微博环境中高校学生工作探析》，《高校辅导员学刊》2011 年第 5 期，第 47 ~ 49 页。

[419] 王艺：《重大突发公共事件的微博舆情监测与引导初探》，《贵州民族学院学报》（哲学社会科学版）2011 年第 5 期，第 148 ~ 151 页。

[420] 张乘风、潘献照：《谈微博在公安交通管理工作中的应用》，《公安学刊》（浙江警察学院学报）2011 年第 5 期，第 97 ~ 99 页。

[421] 傅雨飞：《政治微博在公民政策参与中的二重性作用分析》，《当代世界与社会主义》2011 年第 5 期，第 142 ~ 146 页。

[422] 刘洋、谭蓓：《基于微博模式的城市品牌营销研究》，《黑龙江对外经贸》2011 年第 5 期，第 105 ~ 106 页。

第6期

［423］孙忠良：《利用微博促进高校思想政治理论课教学实效性的提升》，《河南教育学院学报》（哲学社会科学版）2011年第6期，第118～120页。
［424］戴喆：《高校学生党建工作微博模式的可行性探析》，《湖州师范学院学报》2011年第6期，第132～135页。
［425］吴根平：《微博谣言信息传播规律及其治理对策》，《中共银川市委党校学报》2011年第6期，第78～80页。
［426］王君泽、王雅蕾、禹航、徐晓林、王国华、曾润喜：《微博客意见领袖识别模型研究》，《新闻与传播研究》2011年第6期，第81～88、111页。
［427］时玉柱、毛金文：《对政府微博的思考》，《胜利油田党校学报》2011年第6期，第58～60页。
［428］吴根平：《我国政府微博发展的困境分析及对策思考》，《甘肃社会科学》2011年第6期，第230～233页。
［429］占伟：《微博成为扩大公民有序政治参与的重要途径》，《内蒙古电大学刊》2011年第6期，第28～30页。
［430］高晓斌、翟娟、闫靖靖：《气象微博在陕西公共气象服务中发挥的作用》，《陕西气象》2011年第6期，第40～42页。
［431］王君超：《微博的表达权及“理想传播情景”的构建》，《中国出版》2011年第6期，第10～12页。
［432］密甜甜：《论微博背景下的大学生思想政治教育工作》，《科技信息》2011年第6期，第39～40页。
［433］杨晓峰：《“微博”给大学生思想政治教育工作带来的挑战与机遇》，《华北水利水电学院学报》（社科版）2011年第6期，第144～146页。
［434］张薇、赵康：《微博时代青少年心理教育指向》，《兰州教育学院学报》2011年第6期，第266～268页。
［435］田野、田飞：《微博话语权分配与议程设置的关系》，《新闻爱好者》2011年第6期，第92～93页。
［436］袁立庠：《微博的传播模式与传播效果》，《安徽师范大学学报》（人文社会科学版）2011年第6期，第678～683页。
［437］董金华、毛华栋：《微博及其拟态环境的构建》，《中共杭州市委党校学报》2011年第6期，第61～66页。
［438］李一：《政治参与视野中的微博及其健康发展》，《中共杭州市委党校学报》2011年第6期，第57～60页。
［439］薛可、陈晞、梁海：《微博VS.茶馆：对人际传播的回归与延伸》，《当代传播》2011年第6期，第67～70页。
［440］张瑞静：《在博弈中双赢：微博与传统主流媒体——以“甬温动车追尾”突发事件的信息传播为例》，《济南大学学报》（社会科学版）2011年第6期，第53～56页。
［441］侯丽娟：《微博：高校校园文化建设的新载体》，《文化学刊》2011年第6期，第

16～20 页。

[442] 芦何秋、郭浩、廖俊云、石慧、沈阳：《新浪微博中的意见活跃群体研究——基于 2011 年上半年 27 件重大网络公共事件的数据分析》，《新闻界》2011 年第 6 期，第 153～156 页。

[443] 闫冰：《微博在高校体育教学过程中的交互作用》，《少林与太极》（中州体育）2011 年第 6 期，第 30～32 页。

[444] 陈新伟：《微博传播模式下党组织创新社会管理方式的探析》，《湖南大众传媒职业技术学院学报》2011 年第 6 期，第 88～90 页。

[445] 李林：《见证"微势力"》，《道路交通管理》2011 年第 6 期，第 37 页。

[446] 许梦醒：《北京：公交劳模微博指路》，《当代劳模》2011 年第 6 期，第 54 页。

[447] 孔卫英、粟国康：《高校网络思想政治教育新形式探析》，《吉林工商学院学报》2011 年第 6 期，第 76～78 页。

[448] 付昊苏：《新浪微博的下一步》，《中国传媒科技》2011 年第 6 期，第 20～21 页。

[449] 庄毅佳：《微博：碎片化的时间，聚集度的关注》，《互联网天地》2011 年第 6 期，第 12～13 页。

[450] 张志安、贾佳：《中国政务微博研究报告》，《新闻记者》2011 年第 6 期，第34～39 页。

[451] 王榕：《通过政务微博体现"服务为本"——以上海建设交通行业政务微博为例》，《新闻记者》2011 年第 6 期，第 39～42 页。

[452] 瞿旭晟：《政务微博：打造政民沟通新渠道——"政务微博：机遇与挑战"圆桌论坛综述》，《新闻记者》2011 年第 6 期，第 42～45 页。

[453] 陆高峰：《微博有性别吗——谈新浪与腾讯微博的差异》，《传媒》2011 年第 6 期，第 64 页。

[454] 陈晓蕾、赵颖丽、朱丹：《浅议网络社会警察危机公关——以警务微博为视角》，《吉林公安高等专科学校学报》2011 年第 6 期，第 18～22 页。

[455] 孙建昆：《微博：水能载舟亦能覆舟》，《互联网周刊》2011 年第 6 期，第 34～35 页。

[456] 张志刚：《"微时代"涉路舆情应对初探》，《理论学习与探索》2011 年第 6 期，第 51～52 页。

[457] 张煜：《微博时代传统媒体面临的挑战与机遇》，《视听纵横》2011 年第 6 期，第 57 页。

[458] 马萍、冯雷、谢煊：《提升广播的微动力》，《视听纵横》2011 年第 6 期，第 60～61 页。

[459] 赵彦普：《网络环境下思想政治教育方式探析》，《佳木斯大学社会科学学报》2011 年第 6 期，第 119～120 页。

[460] 许博、王旭：《网络社会警察公共关系危机与消解——以警察 QQ 群和警务博客为例》，《铁道警官高等专科学校学报》2011 年第 6 期，第 73～76 页。

[461] 刘建：《传统报纸媒体在微博平台上的使用及传播影响力分析——以新浪微博为例》，《商业文化》（上半月）2011 年第 6 期，第 343 页。

[462] 解丹梅：《传统媒体的微博之道》，《记者摇篮》2011 年第 6 期，第 89～90 页。

[463] 李帆、刘昕明：《微博与公共领域建构的关系思考》，《新闻传播》2011 年第 6 期，第 182 页。
[464] 刘天思：《传统媒体如何借力微博实现信息共享》，《中国广播》2011 年第 6 期，第 11 ~ 12 页。
[465] 李昱佳、岳魁：《从果壳网的创办浅思微博》，《新闻传播》2011 年第 6 期，第 213 页。
[466] 隋秋月：《浅析微博时代传统媒体的信息突围》，《中国广播》2011 年第 6 期，第 17 ~ 18 页。
[467] 董闯：《微博与传统广播关系初探》，《中国广播》2011 年第 6 期，第 36 ~ 37 页。
[468] 周小婷：《“官微博”很好“玩”吗?》，《社会观察》2011 年第 6 期，第 38 ~ 39 页。
[469] 陈明奇、刘阳、邓勇、陈建功：《微博客带来的机遇和挑战简析》，《中国信息界》2011 年第 6 期，第 19 ~ 20 页。
[470] 张红军、王瑞：《“微博实名制”是阻断不良信息的良方吗?》，《传媒观察》2011 年第 6 期，第 15 ~ 16 页。
[471] 曹国伟：《社交网络与移动终端的结合将成为最重要趋势》，《信息安全与通信保密》2011 年第 6 期，第 17 ~ 18 页。
[472] 梁丽：《微博领导力》，《决策》2011 年第 6 期，第 74 ~ 75 页。
[473] 王瑾：《微博在高校网络文化宣传中作用的 SWOT 分析》，《科教导刊》（上旬刊）2011 年第 6 期，第 211、223 页。
[474] 贾立梁：《“社交媒体”带给广播的新机遇》，《中国广播》2011 年第 6 期，第 107 ~ 109 页。
[475] 吴香、郑好：《由“微博打拐”看经典传播学理论适用性》，《今传媒》2011 年第 6 期，第 101 ~ 102 页。
[476] 蒋蕴：《自律·互律·他律——从契约精神看微博自我净化发展过程与新现象》，《中国记者》2011 年第 6 期，第 76 ~ 77 页。
[477] 陈禹安：《微博真实性管理的“崔克坦法则”》，《中国记者》2011 年第 6 期，第 78 ~ 79 页。
[478] 周昶帆：《微博生死局》，《新经济杂志》2011 年第 6 期，第 64 ~ 67 页。
[479] 李龙：《档案馆微博建设之现状》，《四川档案》2011 年第 6 期，第 34 ~ 35 页。
[480] 郝文江、李思其：《对微博即时通讯系统管理的几点建议——由突尼斯事件引发的思考》，《北京人民警察学院学报》2011 年第 6 期。
[481] 胥柳曼：《“跳槽”还是“坚守”：政务微博阵地的选择》，《新闻窗》2011 年第6 期，第 23 ~ 24 页。
[482] 张治中：《微博时代的草根话语权保障》，《新闻知识》2011 年第 6 期，第 6 ~ 8 页。
[483] 束秀芳、顾睿：《比较视野下的微博与电视联动报道——以 2010 年灾难性事件报道为例》，《中国电视》2011 年第 6 期，第 81 ~ 86 页。
[484] 王杨：《微博中的“舆论场”及其在构建公共领域中的作为》，《东南传播》2011 年第 6 期，第 27 ~ 29 页。
[485] 李异平、赵玲：《论微博公共领域中公共精神的缺失》，《东南传播》2011 年第 6 期，

第 15 ~ 17 页。

[486] 喻发胜、黄海燕：《微博与政府危机公关》，《中国广播电视学刊》2011 年第 6 期，第 53 ~ 54 页。

[487] 刘志明、刘鲁：《微博网络舆情中的意见领袖识别及分析》，《系统工程》2011 年第 6 期，第 8 ~ 16 页。

[488] 文晓欢：《浅析以微博为代表的信息传播碎片化——以“新浪微博”为例》，《北方文学》（下半月）2011 年第 6 期，第 143 ~ 144 页。

[489] 沈晓梅：《微博公共领域中的公众话语空间——以人民网两会微博为例》，《新闻世界》2011 年第 6 期，第 90 ~ 91 页。

[490] 董宝君：《微博时代期刊的生存之道》，《宁夏大学学报》（人文社会科学版）2011 年第 6 期，第 162 ~ 164 页。

[491] 郭雯：《解读微博在谣言传播中的两面性——以新浪微博“碘盐事件”为例》，《新闻世界》2011 年第 6 期，第 94 ~ 95 页。

[492] 齐伟：《微博与华语电影营销的新选择》，《北京电影学院学报》2011 年第 6 期，第 2 ~ 8 页。

[493] 许晓薇：《基于微博营销的旅游景区形象推广分析》，《岳阳职业技术学院学报》2011 年第 6 期，第 99 ~ 101 页。

[494] 孙宏吉、路金辉：《言语交际视野下的“微博”语言》，《山西大同大学学报》（社会科学版）2011 年第 6 期，第 70 ~ 72 页。

[495] 董雪梅、赵珍珍：《网络时代大学生思想道德教育创新之路——微博》，《工会论坛》（山东省工会管理干部学院学报）2011 年第 6 期，第 55 ~ 56 页。

[496] 徐绍文、赵蕴：《微博时代体育赛事的传播特点——以南非世界杯和广州亚运会为例》，《体育成人教育学刊》2011 年第 6 期，第 1 ~ 3 页。

[497] 翟杉：《我国微博政治参与研究》，《湖南社会科学》2011 年第 6 期，第 9 ~ 12 页。

[498] 吴文苑：《微博传播对网络舆论的影响——以“宜黄强拆事件”为例》，《新闻世界》2011 年第 6 期，第 106 ~ 107 页。

[499] 靖鸣、李姗姗：《微博舆论监督路上布满“荆棘”——微博舆论监督存在的问题与思考》，《新闻与写作》2011 年第 6 期，第 35 ~ 37 页。

[500] 柯敏：《浅析党政机构和官员微博的产生、发展与影响》，《今传媒》2011 年第 6 期，第 105 ~ 107 页。

[501] 潘绅姝：《我国政府微博现状分析及建设思考》，《今传媒》2011 年第 6 期，第 110 ~ 111 页。

[502] 夏璐：《中国微博产业发展的动力机制及模型建构》，《中共宁波市委党校学报》2011 年第 6 期，第 74 ~ 78 页。

[503] 金明勇：《用好“微博”做强传统媒体》，《视听纵横》2011 年第 6 期，第 55 ~ 56 页。

[504] 郝轶鸣：《后博客时代的传播媒介——“微博”在电大教学中的应用》，《山西广播电视大学学报》2011 年第 6 期，第 46 ~ 48 页。

[505] 王昕初：《浅析网络微博中的议程设置》，《今传媒》2011 年第 6 期，第 108 ~ 109 页。

[506] 周冲：《广播电台及其从业人员使用微博的法律风险提示及分析》，《中国广播》2011年第6期，第32～34页。
[507] 聂应高：《高校图书馆微博使用状况调查与思考——以新浪微博为例》，《数字图书馆论坛》2011年第6期，第54～58页。
[508] 丁晓星：《善待、善用、善治：微博时代的新闻执政》，《新闻研究导刊》2011年第6期，第10～12页。
[509] 阮藐藐：《微传播语境下议程设置作用机制的转向——以"微博打拐"事件为例》，《新闻研究导刊》2011年第6期，第36～38页。
[510] 韩啸：《微博文学：正在"编织"的当代新文体》，《当代文坛》2011年第6期，第42～44页。
[511] 王小娟：《省级卫视的微博营销》，《视听界》2011年第6期，第58～61页。
[512] 张婷婷：《基于微博的英语教学策略研究——以新浪微博为例》，《现代教育技术》2011年第6期，第96～100页。
[513] 李忠美：《利用微博营销增进客户关系的研究》，《黑龙江对外经贸》2011年第6期，第127～128页。
[514] 魏加隐：《小小微博——搞活家园互动新链接》，《早期教育》（教科研版）2011年第6期，第56～56页。
[515] 王燕星：《手机微博的草根影响力根源探析》，《天水师范学院学报》2011年第6期，第99～101页。
[516] 汪明亮：《微博"随手拍"：公众参与犯罪治理的一种可行性途径》，《山东警察学院学报》2011年第6期，第38～42页。
[517] 付志峰：《谈微博的影响及对策》，《商丘职业技术学院学报》2011年第6期，第66～67页。
[518] 李倩：《关于媒体在突发性事件报道中运用微博的若干思考》，《新乡学院学报》（社会科学版）2011年第6期，第128～130页。
[519] 宋冬冬、林红举、马崇宵：《"微博"路在何方》，《中国科技信息》2011年第6期，第79～80页。
[520] 刘平、董丹萍：《微博："长尾集合器"——以"微博打拐"为例》，《商业文化》（上半月）2011年第6期，第344页。
[521] 车辉：《郭明义的快乐微博生活》，《当代劳模》2011年第6期，第50～51页。
[522] 刘羡：《中国执政者"微"处着手　探索创新社会管理方式》，《法制与经济》（上旬刊）2011年第6期，第9～10页。
[523] 魏薇：《微博祸水》，《经理人》2011年第6期，第99～101、20页。
[524] 王军杰：《微博问政：人大当率先垂范》，《人大建设》2011年第6期，第31页。
[525] 赵红勋：《诊治微博的危机传播》，《今传媒》2011年第6期，第153页。
[526] 闫薇萱：《微博粉丝产业链》，《决策探索》（上半月）2011年第6期，第83页。
[527] 张苑琛：《微博对网络新生代的影响及反思》，《新闻记者》2011年第6期，第52～54页。
[528] 李爽：《从微博中挖掘有用信息》，《网络与信息》2011年第6期，第8页。

[529] 杜晓虹：《微博带我们进入媒体新时代》，《新闻知识》2011 年第 6 期，第 55 ~ 56 页。
[530] 谢磊：《公众报道时代的新闻广播选择》，《中国广播》2011 年第 6 期，第 4 ~ 5 页。
[531] 张墨宁：《解析“两会”代表的微博平台》，《南风窗》2011 年第 6 期，第 28 ~ 30 页。
[532] 戎国强：《“微博护士”得了什么病》，《检察风云》2011 年第 6 期，第 62 ~ 63 页。
[533] 文杰：《“微博问政”成两会新热点》，《先锋队》2011 年第 6 期，第 62 页。
[534] 舒文琼：《语音微博难以续写微博神话》，《通信世界》2011 年第 6 期，第 12 页。
[535] 徐建军、王明东：《微博客：大学生网络思想政治教育的新阵地》，《湖南人文科技学院学报》2011 年第 6 期，第 91 ~ 93 页。
[536] 龙烨、黄东华、郭峰：《“微博”助力消防宣传》，《中国消防》2011 年第 6 期，第 48 ~ 49 页。

第 7 期

[537] 高冬可：《解析传统媒体微博新闻的传播特性》，《周口师范学院学报》2011 年第 6 期，第 148 ~ 150 页。
[538] 罗峰：《“微博打拐”中的公共治理》，《传承》2011 年第 7 期，第 86 ~ 87 页。
[539] 徐维欣：《打拐“人民战争”》，《政府法制》2011 年第 7 期，第 28 ~ 29 页。
[540] 王山山：《微博征意见“通道”虽小反响大》，《纺织服装周刊》2011 年第 7 期，第 10 页。
[541] 韩丹：《论微博新闻报道中存在的问题》，《东南传播》2011 年第 7 期，第 141 ~ 142 页。
[542] 刘洋：《微博讨论话语的民粹化倾向——以新浪微博为例》，《东南传播》2011 年第 7 期，第 48 ~ 49 页。
[543] 赵聪锐：《微博时代大学生思想政治教育探析》，《山西高等学校社会科学学报》2011 年第 7 期，第 83 ~ 85 页。
[544] 谷松：《谈利用“微博”为高校思想政治教育服务》，《科技与企业》2011 年第 7 期，第 143 ~ 144 页。
[545] 李炳义、王仲迅：《基于微博的江苏旅游形象传播》，《江苏商论》2011 年第 7 期，第 113 ~ 115 页。
[546] 沈浩：《微博重塑“社会关系的总和”?》，《传承》2011 年第 7 期，第 71 页。
[547] 殷立新：《微博：随风潜入夜，润物细无声》，《广告人》2011 年第 7 期，第 134 ~ 135 页。
[548]《新媒体环境下危机传播与舆论引导研究》课题组：《抢盐事件中的舆情态势和传播规律研究——基于网络文本的智能化舆情分析技术》，《国际新闻界》2011 年第 7 期，第 28 ~ 39 页。
[549] 聂文：《发现微博更大传播价值》，《广告人》2011 年第 7 期，第 137 页。
[550] 马玲：《微传播时代的来临与传统媒体的利用探析》，《新闻传播》2011 年第 7 期，第 118 ~ 119 页。
[551] 黄培：《微博与电视频道竞争力》，《声屏世界》2011 年第 7 期，第 58 页。

[552] 齐紫剑：《微博真假难辨，监管有难题》，《中国传媒科技》2011 年第 7 期，第 20 页。
[553] 高宪春：《引导“围观”：微博时代党报对舆情事件报道的提升》，《中国记者》2011 年第 7 期，第 57 ~ 58 页。
[554] 何梓：《药家鑫案余波：微博接力引发捐助尴尬》，《新闻天地》（上半月）2011 年第 7 期，第 38 ~ 39 页。
[555] 曲昕：《“微时代”传统纸媒的新闻应对》，《记者摇篮》2011 年第 7 期，第 72 ~ 73 页。
[556] 刘继东：《论〈新闻正前方〉官方微博的拓展和利用》，《记者摇篮》2011 年第 7 期，第 87 ~ 88 页。
[557] 岳魁、李昱佳：《微博公共事务平台上各方关系浅析》，《新闻传播》2011 年第 7 期，第 70 页。
[558] 李刚：《病毒飓风登陆　新浪微博遭灾　病毒围“脖”事件始末》，《中国信息安全》2011 年第 7 期，第 62 ~ 68 页。
[559] 刘海明：《浅析“微博”在航空运输领域的应用》，《空运商务》2011 年第 7 期，第 12 ~ 15 页。
[560] 李骁：《微博发展对报业的影响》，《中国报业》2011 年第 7 期，第 46 ~ 47 页。
[561] 喻国明：《不必过分担心微博口水化》，《新闻前哨》2011 年第 7 期，第 8 页。
[562] 卢俊卿：《微博信息传播的“5W”解读》，《新闻战线》2011 年第 7 期，第 76 ~ 78 页。
[563] 展江：《与传统媒体相比，微博更像人民战争》，《中国传媒科技》2011 年第 7 期，第 29 页。
[564] 白雪：《新媒体研究——谈微博在现代新闻传播中的作用》，《新闻传播》2011 年第 7 期，第 57 页。
[565] 崔英：《浅析传统媒体与微博的融合》，《新闻传播》2011 年第 7 期，第 94 页。
[566] 玉韩：《融合与促进：浅谈“微传播”时代的电视与微博的互动》，《视听》2011 年第 7 期，第 3 ~ 5 页。
[567] 颜格：《从“微博控”到“控微博”》，《上海信息化》2011 年第 7 期，第 80 ~ 81 页。
[568] 杨伟龙、林纪新：《非实名制背景下微博对新闻事实的影响》，《东南传播》2011 年第 7 期，第 143 ~ 144 页。
[569] 缪海君：《由微博“打拐”引发的法理思考》，《法制与经济》（中旬刊）2011 年第 7 期，第 27 ~ 28 页。
[570] 蒋颖：《微博：开创民意表达新途径》，《湘潮》（下半月）2011 年第 7 期，第 79 页。
[571] 李华、秦伟：《基于微博时代的大学生思想政治教育新论》，《品牌》（理论月刊）2011 年第 7 期，第 110 ~ 111 页。
[572] 侯琰霖：《微博分析：外媒业务拓展新方向》，《中国记者》2011 年第 7 期，第 114 ~ 115 页。
[573] 陈树生、唐琴：《对微博假新闻在突发性事件中的思考与突破——从“碘盐防辐射”说起》，《新闻知识》2011 年第 7 期，第 37 ~ 40 页。
[574] 涂诗卉：《浅析微博时代的公益发展契机——以新浪微博公益模式为例》，《新闻世

界》2011 年第 7 期，第 128 ~ 129 页。

［575］吴继飞、邓安平：《基于互联网时代微博营销的 SWOT 分析》，《中国集体经济》2011 年第 7X 期，第 52 ~ 53 页。

［576］李心妍、刘俐俐：《浅析微博中的“微舆情”》，《新闻世界》2011 年第 7 期，第 111 ~ 112 页。

［577］杨俊：《试论微博对公共领域形成和发展的影响》，《新闻世界》2011 年第 7 期，第 115 ~ 116 页。

［578］万笑影：《“微博问政”与传统媒体新闻传播融合的思考》，《新闻与写作》2011 年第 7 期，第 36 ~ 38 页。

［579］梁涛：《从“抢盐危机”看微博与谣言传播》，《今传媒》2011 年第 7 期，第 52 ~ 53 页。

［580］周馨：《微博——实现民众网络话语权的“助推器”》，《新闻世界》2011 年第 7 期，第 127 ~ 128 页。

［581］金秋：《微博辟谣的作用机制初探——以新浪微博为例》，《新闻世界》2011 年第 7 期，第 132 ~ 133 页。

［582］公言霞：《从微博看当代人的精神符码》，《新闻世界》2011 年第 7 期，第 104 ~ 105 页。

［583］陈小雯、邓开发：《手机微博传播伦理失范现象及规避——从手机微博直播“捉奸门”事件说起》，《新闻世界》2011 年第 7 期，第 108 ~ 109 页。

［584］戴嘉宜：《“乐清事件”中的微博互动》，《新闻世界》2011 年第 7 期，第 130 ~ 131 页。

［585］周雪怡：《公民新闻发展的“微”动力——从“随手拍照解救乞讨儿童”说起》，《新闻世界》2011 年第 7 期，第 282 ~ 283 页。

［586］杨茜：《微博：构建公共讨论新平台——以新浪微博中的“救狗事件”为例》，《新闻世界》2011 年第 7 期，第 198 ~ 199 页。

［587］王德辉、魏霞：《浅谈微博传播的社会效应》，《新闻世界》2011 年第 7 期，第 281 页。

［588］顾卓俐：《微博的草根性功能研究——以 2011 年的微博“打拐”为例》，《传媒观察》2011 年第 7 期，第 40 ~ 41 页。

［589］周易：《微博时代公众媒介素养刍议》，《传媒观察》2011 年第 7 期，第 42 ~ 43 页。

［590］张彦：《浅析出版社微博营销的几种模式》，《科技与出版》2011 年第 7 期，第 78 ~ 80 页。

［591］山林：《“微博营销”需要精耕细作》，《金融电子化》2011 年第 7 期，第 58 ~ 59 页。

［592］钟诗行：《电视如何玩转微博》，《市场观察》2011 年第 7 期，第 106 ~ 107 页。

［593］董晶亮：《地方网媒如何实现微博与新闻的互动》，《新闻实践》2011 年第 7 期，第 63 ~ 64 页。

［594］罗昶：《拼图结构、嵌套话语与扩散时间：叙事学视域中的微博传播特征分析》，《现代传播》（中国传媒大学学报）2011 年第 7 期，第 118 ~ 121 页。

［595］王庆：《基于微博特性的情感营销分析》，《现代传播》（中国传媒大学学报）2011 年

第7期，第138～139页。

[596] 张晞：《微博体验：让品牌与消费者共舞》，《销售与市场》（管理版）2011年第7期，第84～85页。

[597] 张敏：《微博优势在日本地震中的显现》，《今传媒》2011年第7期，第104～105页。

[598] 常宇星：《微博新闻价值论略》，《今传媒》2011年第7期，第134页。

[599] 王珍：《掘金微博，腾讯拓展盈利模式》，《中国投资》2011年第7期，第104～106页。

[600] 徐倩：《微博热下的电视新闻传播》，《声屏世界》2011年第7期，第57～58页。

[601] 沈西功：《微博能量的聚拢与激发》，《中国新时代》2011年第7期，第19页。

[602] 周涛、周峰、张玉平：《从手机微博看移动互联网业务的信息流、数据流、承载流》，《电信科学》2011年第7期，第35～39页。

[603] 谢良兵、陈勇、马莉：《政府机构和官员的微博热》，《理论导报》2011年第7期，第4～5页。

[604] 傅洋：《微博：纸媒的朋友还是“狼”》，《传媒》2011年第7期，第64～65页。

[605] 白国宏：《用微博“围攻”你》，《创新科技》2011年第7期，第61页。

[606] 卜莲玉：《浅议网络问政发展趋势》，《经济师》2011年第7期，第53～54页。

[607] 朱金平：《微博时代的典型宣传策略浅探》，《军事记者》2011年第7期，第19～20页。

[608] 贾大雷、张寒冰：《微博与传统媒体：合作无望?》，《新闻传播》2011年第7期，第147页。

[609] 孙鲁梅：《论拇指话语权时代下的民生新闻》，《东南传播》2011年第7期，第157～158页。

[610] 钟柔英、高杨：《论微博平台上政府新闻议程设置》，《新闻界》2011年第7期，第89～91页。

[611] 汤健萍：《当电视遇到微博》，《新闻研究导刊》2011年第7期，第88～90页。

第8期

[612] 杨洁：《从“郭美美事件”看微博传播的议程设置效应》，《市场观察》2011年第8期，第4页。

[613] 张文祥：《微博传播与政府信息公开》，《新闻界》2011年第8期，第81～84、98页。

[614] 潘宇华：《微博“核辐射”下对“网络问政”的思考》，《视听》2011年第8期，第3～4页。

[615] 韩阜业、孟庆轩：《微博系统架构的可信性研究》，《信息网络安全》2011年第8期，第18～21页。

[616] 崔婧、朱蕾：《以微博为载体增强大学生教育力量》，《新西部》（下旬．理论版）2011年第8期，第182～183页。

[617] 崔俊铭：《微博传播的政治因素研究》，《新西部》（下旬．理论版）2011年第8期，第142～143页。

[618] 邓遂：《“微博问政”热潮的冷思考——当前政务微博发展存在的问题及对策分析》，

《对外传播》2011 年第 8 期，第 55 ~ 56、1 页。

[619] 魏楠：《浅析党政机构和官员“微博热”》，《理论导刊》2011 年第 8 期，第 57 ~ 59 页。

[620] 冉令军：《微博信息的虚假化传播及其规避》，《媒体时代》2011 年第 8 期，第 59 ~ 63 页。

[621] 杨勋兵：《微博在高职院校思想政治教育中的应用探讨》，《湖北函授大学学报》2011 年第 8 期，第 52 ~ 53 页。

[622] 张小燕：《“谣盐”的背后：微博力与传统媒体公信力的博弈》，《传媒》2011 年第 8 期，第 51 ~ 52 页。

[623] 林骏：《从微博的崛起看政府网站的建设》，《信息化建设》2011 年第 8 期，第 34 ~ 35 页。

[624] 卢毅刚：《微博的勃兴——公众舆论的动力》，《新闻知识》2011 年第 8 期，第 22 ~ 24 页。

[625] 姜志强：《微博对传统媒体的冲击和应对策略》，《新闻知识》2011 年第 8 期，第 26 ~ 27 页。

[626] 刘荔：《浅论微博热议对公共事件的影响——以“随手拍照解救乞讨儿童”为例》，《新闻世界》2011 年第 8 期，第 120 ~ 121 页。

[627] 马明新：《“微”报道在连续性报道中的运用——以新浪微博为例》，《新闻世界》2011 年第 8 期，第 130 ~ 131 页。

[628] 应向伟：《微博时代新闻传播特征及策略》，《新闻实践》2011 年第 8 期，第 57 ~ 59 页。

[629] 刘进：《廖新波：官员微博要守住本职和本质》，《小康》2011 年第 8 期，第 35 ~ 37 页。

[630] 张梁：《微博改变中国》，《社会与公益》2011 年第 8 期，第 78 ~ 81 页。

[631] 万凡：《官方微博的兴起引发口水之争》，《新闻天地》（上半月）2011 年第 8 期，第 7 ~ 9 页。

[632] 卿颖、滕昶：《官员玩微博，所为何事》，《新闻天地》（上半月）2011 年第 8 期，第 9 ~ 10 页。

[633] 付希金、张浩然、张博、宁梓煜：《微博客在高校图书馆个性化服务中的应用》，《现代情报》2011 年第 8 期，第 84 ~ 87 页。

[634] 王首程：《微博对舆论引导格局的新构建》，《广州大学学报》（社会科学版）2011 年第 8 期，第 37 ~ 40 页。

[635] 韩朝阳：《用户生成的旅游信息特性分析——以新浪微博为例》，《中国集体经济》2011 年第 8X 期，第 154 ~ 155 页。

[636] 解立群、颜清华、陈颖：《从“围观模型”看交流困境——微博社会网络图谱分析》，《中国传媒科技》2011 年第 8 期，第 92 ~ 95 页。

[637] 李畅：《中国微博发展隐忧》，《西南民族大学学报》（人文社会科学版）2011 年第 8 期，第 170 ~ 173 页。

[638] 徐冉：《“碎”眼看“聚”——以微博为例看碎片化背景下的群体重聚》，《新闻世

界》2011 年第 8 期，第 106 ~ 107 页。
[639] 刘明峥：《微博改变传播——浅析微博对大众传播的影响》，《新闻世界》2011 年第 8 期，第 118 ~ 119 页。
[640] 唐嘉仪：《意见领袖对微博公益传播的作用》，《新闻世界》2011 年第 8 期，第 128 ~ 129 页。
[641] 朱峻薇：《从“微博”事件探寻杭州图书馆公共服务之路》，《图书馆建设》2011 年第 8 期，第 56 ~ 59 页。
[642] 哈哈小子：《从 7 · 23 事故看微博时代的危机公关》，《公关世界》2011 年第 8 期，第 12 ~ 13 页。
[643] 蓝欣：《浅谈微博对民航宣传工作的影响》，《民航管理》2011 年第 8 期，第 16 ~ 18 页。
[644] 门红丽：《电子传媒时代文学的碎片化现象解读》，《学术论坛》2011 年第 8 期，第 161 ~ 165 页。
[645] 林娜：《让图书馆走进“微博时代”》，《新世纪图书馆》2011 年第 8 期，第 58 ~ 59 页。
[646] 周丽、刘飞：《从“郭美美事件”看微博时代舆论领导权的转向》，《新闻研究导刊》2011 年第 8 期，第 31 ~ 33 页。
[647] 王萍：《教育微博系统研究》，《电化教育研究》2011 年第 8 期，第 21 ~ 27 页。
[648] 沈颖、朱世培：《浅析网众与网众传播——2010 年网众与网众传播研究综述》，《新闻世界》2011 年第 8 期，第 246 ~ 247 页。
[649] 李雪、曹天府：《互联网时代明星危机传播模式与控制》，《新闻世界》2011 年第 8 期，第 135 ~ 136 页。
[650] 陈显锋：《当报纸“邂逅”微博——浅议微博时代的报纸发展》，《新闻世界》2011 年第 8 期，第 133 ~ 134 页。
[651] 贾爱娟：《我国图情微博发展状况调查研究》，《农业图书情报学刊》2011 年第 8 期，第 133 ~ 136 页。
[652] 聂静：《浅议出版社微博应用》，《编辑之友》2011 年第 8 期，第 79 ~ 81 页。
[653] 喻国明：《嵌套性：一种关于微博价值本质的探讨》（上），《新闻与写作》2011 年第 8 期，第 63 ~ 65 页。
[654] 蔡楚泓：《微博　乌合之众——运用〈乌合之众〉群体心理学解读微博的信息传播》，《今传媒》2011 年第 8 期，第 99 ~ 100 页。
[655] 鄂璠：《微博江湖中的官员脸谱》，《小康》2011 年第 8 期，第 24 ~ 29 页。
[656] 张凡、鄂璠：《蔡奇的微博之道》，《小康》2011 年第 8 期，第 30 ~ 34 页。
[657] 姜胜洪：《我国“微博问政”的发展状况与完善路径》，《中国党政干部论坛》2011 年第 8 期，第 58 ~ 60 页。
[658] 曾睿、万力勇、国桂环：《微博在教育知识管理中的应用模型研究》，《中国远程教育》2011 年第 8 期，第 29 ~ 32 页。
[659] 陈倩敏、刘瑞结：《传统媒体与微博的互动》，《视听》2011 年第 8 期，第 7 ~ 8 页。
[660] 姚坚旭：《微博时代电视民生新闻应如何创新?》，《视听》2011 年第 8 期，第 35 ~ 36 页。

[661] 徐秀兰：《“微”时代：碎片化传播与公民新闻》，《视听》2011年第8期，第37～38页。

[662] 黄培：《微博如何为电视媒体服务》，《当代电视》2011年第8期，第73～74页。

[663] 刘进：《专访廖新波：用好微博，熟悉它、关注它、驾驭它》，《小康》2011年第8期，第38页。

[664] 罗屿：《外国政要如何玩微博》，《小康》2011年第8期，第43～45页。

[665] 陈芳：《准确、速度：怎样平衡微博内容播出的矛与盾——长春报人的经验与启示》，《中国记者》2011年第8期，第57～58页。

[666] 万凡、喻伟铖：《微博：上演生动的直播秀》，《新闻天地》（上半月）2011年第8期，第4页。

[667] 王天铮：《传统媒体的微博报道与融合互动》，《中国记者》2011年第8期，第92～93页。

[668] 翟铮璇：《微博时代，图片业态趋势及纸媒应对策略》，《中国记者》2011年第8期，第119～120页。

[669] 陈凤丽：《微博在word教学中的创新应用》，《吉林广播电视大学学报》2011年第8期，第34页。

[670] 王澜：《微博传播中的话语权滥用现象解析》，《新闻传播》2011年第8期，第85页。

[671] 罗政：《TRS网络舆情和社会媒体挖掘服务平台》，《中国传媒科技》2011年第8期，第54～56页。

[672] 徐涛：《试解新华社“两会微博”的报道特色》，《决策探索》（下半月）2011年第8期，第66～67页。

[673] 刘毅：《办好警务微博开创警察公共关系新局面》，《安全与健康》2011年第8期，第55页。

[674] 李镇贤、林伟英、林逢春：《基于Tag的微博平台在学生党建中的应用初探》，《全国商情》（理论研究）2011年第8期，第82～83页。

[675] 马会东：《微博染“官风”》，《农村工作通讯》2011年第8期，第47、46页。

[676] 苏娟：《垂直微博平台的冲击力》，《IT经理世界》2011年第8期，第26页。

[677] 崔俊铭：《微博的后现代发展研究》，《东南传播》2011年第8期，第93～96页。

[678] 余霞、廖小丽：《试论微博在突发公共事件中的传播功能》，《东南传播》2011年第8期，第61～63页。

[679] 张志冲：《官方微博：政府形象塑造新途径》，《东南传播》2011年第8期，第68～70页。

[680] 牛嘉琦：《浅论微博著作权问题》，《法制与经济》（下旬）2011年第8期，第125～126页。

[681] 唐菡：《微博参与下的议程设置过程》，《宜宾学院学报》2011年第8期，第107～109页。

[682] 雷海平：《微博话语场中的意见领袖》，《现代交际》2011年第8期，第5～7页。

[683] 庞平：《微博客：影响公共安全的新手段》，《网络安全技术与应用》2011年第8期，第36～38、18页。

［684］吴勇：《微博：大学生思想政治教育的新载体》，《广西社会科学》2011 年第 8 期，第 151～153 页。

［685］陈燕慧：《论微博对用户交往行为的影响》，《东南传播》2011 年第 8 期，第 73～75 页。

［686］刘恒新：《“微博自首”报道引发的思考》，《新闻世界》2011 年第 8 期，第 253～254 页。

［687］万凡：《微博，号时代的脉！》，《新闻天地》（上半月）2011 年第 8 期，第 12 页。

［688］谢金林：《网络舆论危机，政府如何走出困境?》，《紫光阁》2011 年第 8 期，第 33～35 页。

［689］管品龙：《微博时代地市晚报的制胜策略》，《中国地市报人》2011 年第 8 期，第 31～32 页。

第 9 期

［690］张红军、王瑞：《微博：“沉默”受众的演讲台——微博带来的受传角色变化及相关问题》，《新闻知识》2011 年第 9 期，第 3～6 页。

［691］马寿帅：《微博语境下突发事件中的谣言传播分析》，《新闻知识》2011 年第 9 期，第 63～65 页。

［692］任琦：《微博在报网互动时代的传播力》，《新闻传播》2011 年第 9 期，第 48～49 页。

［693］牛丽珍：《微博，从世界到中国》，《紫光阁》2011 年第 9 期，第 14～15 页。

［694］林燕：《微时代，执政能力的新考验》，《紫光阁》2011 年第 9 期，第 7～8 页。

［695］柳建龙：《从“微博第一案”看表达自由及其边界》，《紫光阁》2011 年第 9 期，第 16 页。

［696］肖国强：《无“微”不至的微博力量——从温州“7·23”动车事故看微博的传播作用》，《新闻实践》2011 年第 9 期，第 10～11 页。

［697］谭超：《微博谣言分析及新浪辟谣机制》，《新闻实践》2011 年第 9 期，第 62～65 页。

［698］汪平：《微博传播力初探》，《今传媒》2011 年第 9 期，第 98～100 页。

［699］周明：《微博危机传播及控制策略》，《新闻世界》2011 年第 9 期，第 123～124 页。

［700］童珮茹：《微博参与公共事务的特性探析——以“随手拍照解救乞讨儿童”事件为例》，《新闻世界》2011 年第 9 期，第 140～142 页。

［701］金冠军、钱超：《微博之于体育传播的特性分析与角色定位》，《新闻记者》2011 年第 9 期，第 67～71 页。

［702］文远竹：《试析微博中的谣言传播及其控制》，《电视研究》2011 年第 9 期，第 28～30 页。

［703］董海军、曾淑萍：《从博客到微博：过程特征、意义建构与挑战》，《中国青年研究》2011 年第 9 期，第 89～92 页。

［704］靖鸣、王瑞：《微博“意见领袖”在微博舆论监督中的作用与问题》，《新闻与写作》2011 年第 9 期，第 36～38 页。

［705］栾絮洁、王军：《微博围观效应：公共舆论的生成机制分析》，《新闻与写作》2011 年第 9 期，第 33～35 页。

［706］喻国明、张佰明：《嵌套性：一种关于微博价值本质的探讨》（下），《新闻与写作》2011 年第 9 期，第 54 ~ 57 页。

［707］闫培培：《浅析微博的媒体话语权构建方式》，《今传媒》2011 年第 9 期，第 101 ~ 102 页。

［708］常新喜：《用微博抢占第一时间落点》，《青年记者》2011 年第 9 期，第 16 ~ 17 页。

［709］刘红星：《微博表达的快乐与误区》，《青年记者》2011 年第 9 期，第 17 ~ 18 页。

［710］吴潇芳、张丹：《“微时代”的公共事件与主流媒体》，《声屏世界》2011 年第 9 期，第 59 ~ 60 页。

［711］张帅、刘世义：《浅谈利用校园网微博促进高校政治理论课教学》，《世纪桥》2011 年第 9 期，第 122 ~ 123 页。

［712］李欢欢、郝峰：《微博社交与网络教育的整合》，《科技创业月刊》2011 年第 9 期，第 77 ~ 78 页。

［713］叶青：《走进“微博时代”》，《学习月刊》2011 年第 9 期，第 26 页。

［714］李建君、梁达政、高云山、梁国跃：《组织部门“织围脖”给力“阳光组工”——贺州市委组织部开办组工微博》，《当代广西》2011 年第 9 期，第 27 ~ 28 页。

［715］李晶：《微博对高职院图书馆发展的促进作用》，《文教资料》2011 年第 9 期，第 237 ~ 238 页。

［716］张雨：《微博擅长的四种辟谣方式》，《中国记者》2011 年第 9 期，第 90 ~ 91 页。

［717］王腾：《“博”斗 · 合作 · 融合——浅谈微博与传统媒体的关系》，《新闻世界》2011 年第 9 期，第 151 ~ 152 页。

［718］郭欣荣：《对微博的媒介环境学分析》，《新西部》（下旬. 理论版）2011 年第 9 期，第 150、170 页。

［719］陈帆帆：《高校官方微博的内容建设探析》，《新闻世界》2011 年第 9 期，第 200 ~ 202 页。

［720］许韵：《微博新媒体时代的真实性》，《剑南文学》（经典教苑）2011 年第 9 期，第 255 页。

［721］华夏：《从“俯视”到“平视”，我国步入微政府时代》，《新闻知识》2011 年第 9 期，第 11 ~ 13 页。

［722］张豪锋、王晓芳：《微博客在大学英语写作教学中的应用》，《软件导刊》（教育技术）2011 年第 9 期，第 79 ~ 81 页。

［723］胡明辉：《微博——大学生思想政治工作的新载体》，《现代教育科学：高教研究》2011 年第 9 期，第 158 ~ 160 页。

［724］张展：《“7 · 23”动车事故网络舆情分析》，《现代职业安全》2011 年第 9 期，第 26 ~ 28 页。

［725］张立新：《让微博成为创新社会管理的利器》，《领导之友》2011 年第 9 期，第 42 ~ 43 页。

［726］徐俏俏、吴小杏：《微博：“围观效应”下的非典型公民媒体》，《新闻前哨》2011 年第 9 期，第 12 ~ 13 页。

［727］李越：《微博粉丝形成机制探析》，《新闻前哨》2011 年第 9 期，第 16 ~ 19 页。

［728］闵大洪：《媒体微博的传播之道》，《新闻战线》2011年第9期，第1页。
［729］张春玲：《微博环境下纪录片传播方式的新变化》，《中国电视》（纪录）2011年第9期，第12~14页。
［730］李姣、刘泽照：《微博时代政府对网络事件的应急回应》，《新闻知识》2011年第9期，第45~46页。
［731］付玉辉：《社会化媒体：未来的确定性和不确定性》，《互联网天地》2011年第9期，第42~43页。
［732］刘方祺：《微博：军事信息传播的新途径》，《新闻知识》2011年第9期，第96~97、79页。
［733］王丹柠：《由“郭美美事件”看微博舆论监督的特征》，《新闻传播》2011年第9期，第89页。
［734］陈万超：《从微博看网络信息资源共享模式》，《无线互联科技》2011年第9期，第7~8页。
［735］邓瑜、董小宇：《微博：既好玩，又粗糙——颜强访谈录》，《新闻战线》2011年第9期，第51~53页。
［736］李伶俐：《微博热的冷思考——兼论微博碎片化的特征及影响》，《新闻爱好者》2011年第9期，第82~83页。
［737］梁晓莹：《政务微博传播效果与技巧》，《新闻前哨》2011年第9期，第22~24页。
［738］张志安、贾佳：《上海政务微博影响力调查》，《科学发展》2011年第9期，第107~112页。
［739］张浩、尚进：《微博时代的电子政务建设与创新》，《中国信息界》2011年第9期，第35~38页。
［740］张传辉、李志超：《论微博政治参与及其引导》，《思想理论教育》2011年第9期，第80~83页。
［741］蒋洪梅：《微博客的特点及其舆论影响力》，《新闻爱好者》2011年第9期，第85~86页。
［742］安仲森：《微博：大学生思想政治教育的新阵地》，《辽宁行政学院学报》2011年第9期，第92~93页。
［743］孔令凯：《浅议微博在大学生心理健康教育中的应用》，《安徽文学》（下半月）2011年第9期，第203~204页。
［744］朴学东、李雪敏、陈健、张礼、王继伟、康和意、康凯、习艳群：《微博旅游营销模式：北京市东城区旅游局官方微博的案例研究》，《北京第二外国语学院学报》2011年第9期，第1~5页。
［745］于长福：《微博在公共图书馆中的应用》，《图书馆学刊》2011年第9期，第106~108页。
［746］许琛：《论微博时代的公民新闻传播与公民意识培养》，《东南传播》2011年第9期，第77~79页。
［747］刘章蓉：《论微博在大众传播领域的文化学意义》，《东南传播》2011年第9期，第128~130页。

[748] 韩晓琴、林春杰：《微博与高校课堂教学的整合策略研究》，《当代教育理论与实践》2011 年第 9 期，第 64～66 页。
[749] 高承实、荣星、陈越：《微博舆情监测指标体系研究》，《情报杂志》2011 年第 9 期，第 66～70 页。
[750] 张传香：《党报微博的舆论引导作用与发展方向》，《传媒》2011 年第 9 期，第 72～73 页。
[751] 金永淼：《“微博”与大学生思想政治教育创新》，《未来与发展》2011 年第 9 期，第 112～114、96 页。
[752] 宋芳、朱梁：《“政治微博”力量不微薄》，《党政干部论坛》2011 年第 9 期，第 14～16 页。
[753] 谭姝：《微博与传统媒体关系浅探》，《中国广播》2011 年第 9 期，第 80～82 页。
[754] 汪平：《旅游微博营销传播探析》，《新闻世界》2011 年第 9 期，第 167～168 页。
[755] 程力沛：《微博视域下政府如何应对突发事件》，《传媒观察》2011 年第 9 期，第 20～21 页。
[756] 刘景东：《从公共领域建设看微博参政》，《中国信息界》2011 年第 9 期，第 39～40 页。
[757] 余萍：《微博读图：以更直观方式沟通互动》，《传媒观察》2011 年第 9 期，第 32～33 页。
[758] 王晓：《微博影响着官员，官员学会了微博》，《决策探索》（上半月）2011 年第 9 期，第 28～29 页。
[759] 路璐：《微博时代报纸核心竞争力的重构》，《新闻世界》2011 年第 9 期，第 147～148 页。
[760] 鄂璠：《微博达人揭开官员微博幕后故事》，《小康》2011 年第 9 期，第 92～93 页。
[761] 于东东：《有图不一定有真相——由微博图片造假谈起》，《中国记者》2011 年第 9 期，第 118～119 页。
[762] 骆冬松：《手机与互联网合力下的微博》，《今传媒》2011 年第 9 期，第 91～93 页。
[763] 邱家和：《艺术专业媒体：与微博共舞》，《新闻记者》2011 年第 9 期，第 71～73 页。
[764] 王军光、姜凤贤：《微博在大学生就业中的价值研究》，《出国与就业》（就业版）2011 年第 9 期，第 32 页。
[765] 任浩：《微博，一个人的通讯社》，《青年记者》2011 年第 9 期，第 9～10 页。
[766] 万捷：《让报纸“博动”微博——微博在齐鲁晚报报道中的应用》，《青年记者》2011 年第 9 期，第 11～12 页。
[767] 农新瑜、刘晓：《楚天金报官方微博的实践及思考》，《青年记者》2011 年第 9 期，第 13～14 页。
[768] 童希：《微博如何影响传统媒体的新闻生产》，《青年记者》2011 年第 9 期，第 25～26 页。
[769] 汤宗礼：《微博在思想政治课教学中的应用》，《教学与管理》2011 年第 9 期，第 138～139 页。
[770] 孟鑫：《构建微博时代政协履职新“网络”》，《江苏政协》2011 年第 9 期，第 48～

49 页。
[771] 高智慧：《从微博效应解读消防宣传》，《消防技术与产品信息》2011 年第 9 期，第 62 ~ 64 页。
[772] 刘婧雅、高枫：《北京市大学生微博用户忠诚度调查》，《现代营销》（学苑版）2011 年第 9 期，第 182 页。
[773] 喻敏、肖诗荣、许应峰：《微博在两会网络专题中的运用》，《新闻前哨》2011 年第 9 期，第 19 ~ 20 页。
[774] 马慧莲：《微博兴起与纸媒之变》，《新闻前哨》2011 年第 9 期，第 25 页。
[775] 杨继刚：《微博时代：终结装腔作势式的管理》，《企业管理》2011 年第 9 期，第 28 ~ 29 页。
[776] 丁青：《从“7·23”事故看自媒体力量和报纸应对》，《传媒观察》2011 年第 9 期，第 11 ~ 12 页。
[777] 徐瑞哲：《微博虽好也需“打假”》，《理论学习》2011 年第 9 期，第 40 ~ 41 页。
[778] 刘胜军：《微博为什么这样红》，《金融博览》2011 年第 9 期，第 26 页。
[779] 江坪：《微博的话题》，《新闻实践》2011 年第 9 期，第 65 页。
[780] 小明、李佳、郑小平：《武汉：交管疏堵进入微博时代》，《道路交通管理》2011 年第 9 期，第 32 ~ 33 页。
[781] 杨海、蔡惠：《微博中公众议程的形成过程——以“郭美美事件”为例》，《江南论坛》2011 年第 9 期，第 59 页。
[782] 奉媛：《文化研究视野中微博特征多维探讨》，《视听》2011 年第 9 期，第 3 ~ 5 页。
[783] 王丹：《微博带动自媒体兴起后的冷思考》，《视听》2011 年第 9 期，第 6 ~ 7 页。
[784] 贺海峰：《金中一：不打官腔的“微博局长”》，《决策》2011 年第 9 期，第 36 ~ 38 页。
[785] 阿呆：《“红围脖”：开创微博沟通新方式》，《通讯世界》2011 年第 9 期，第 55 页。
[786] 李晓方：《以微博为媒介的官民互动特点分析——以新浪政务微博为例》，《电子政务》2011 年第 9 期，第 62 ~ 68 页。
[787] 西西：《“模范微博”不能随心所欲》，《当代劳模》2011 年第 9 期，第 12 页。
[788] 林坚逢：《微博时代言论自由权利的冲突与协调》，《法制与社会》2011 年第 9 期，第 179 ~ 180 页。
[789] 孙辉筱：《浅析微博对隐私权的侵犯》，《法制与社会》2011 年第 9 期，第 58 ~ 59 页。
[790] 辛文娟、赖涵：《传统媒体和微博议程设置的对比研究——以广东佛山两岁女童小悦悦被撞案为例》，《新闻界》2011 年第 9 期，第 27 ~ 30 页。
[791] 王秋菊、师静：《从“7·23 动车追尾”看微博舆论波的成因》，《新闻界》2011 年第 9 期，第 67 ~ 69 页。
[792] 余欢欢：《从日本大地震看微博时代的谣言传播》，《新闻界》2011 年第 9 期，第 70 ~ 72、93 页。
[793] 蔡军：《微博的传播特性与功能——以“温州 7.23 动车事故”为例》，《新闻界》2011 年第 9 期，第 75 ~ 77 页。
[794] 曹婷、张洁：《大学生微博使用偏好调查报告——以兰州市大学为例》，《今传媒》2011 年第 9 期，第 36 ~ 37 页。

第 10 期

[795] 赵婷婷：《论媒介生态平衡下的微博与传统媒体》，《东南传播》2011 年第 10 期，第 54 ~ 55 页。

[796] 刘社瑞、唐双：《自媒体时代微博舆情演化与应对策略》，《求索》2011 年第 10 期，第 86 ~ 87、171 页。

[797] 石勇：《"微博打拐"的困境》，《政府法制》2011 年第 10 期，第 14 ~ 15 页。

[798] 李静睿：《微博时代官员"网路"：学会在微众时代中做官》，《决策探索》（上半月）2011 年第 10 期，第 50 ~ 52 页。

[799] 李家伟：《"微博打拐"需公安部门强力介入》，《政府法制》2011 年第 10 期，第 15 页。

[800] 陈其生：《理性回归："微博问政"的法意解构——以政法机关开设微博平台为视角》，《江南论坛》2011 年第 10 期，第 24 ~ 26 页。

[801] 张蓉、郑克强：《试论微博在创新社会管理中的作用》，《江西社会科学》2011 年第 10 期，第 17 ~ 21 页。

[802] 李莹：《微博对日本地震相关信息传播的正负效应——以新浪微博为研究对象》，《现代传播》（中国传媒大学学报）2011 年第 10 期，第 163 ~ 164 页。

[803] 田迎娣：《微博传播活动中存在的主要问题及对策研究》，《新闻知识》2011 年第 10 期，第 64 ~ 66 页。

[804] 吴根平：《我国政府微博发展现状及对策》，《信息化建设》2011 年第 10 期，第 23 ~ 27 页。

[805] 高建华：《微博客时代与社会主义意识形态建设》，《理论学习》2011 年第 10 期，第 42 ~ 45 页。

[806] 段颖：《论领导人微博的政治传播意义》，《媒体时代》2011 年第 10 期，第 30 ~ 33 页。

[807] 邹德萍：《微博版权浮出水面》，《上海信息化》2011 年第 10 期，第 14 ~ 17 页。

[808] 吴小坤、李佳运：《微博拓张与社会化媒体的网络结构变革》，《新闻记者》2011 年第 10 期，第 54 ~ 57 页。

[809] 喻国明：《微博影响力发生的技术关键与社会机理》，《新闻与写作》2011 年第 10 期，第 64 ~ 66 页。

[810] 陆高峰：《微博时代的大众传播转向》，《军事记者》2011 年第 10 期，第 49 ~ 50 页。

[811] 许天颖：《从网络微博客看蒸腾模式的舆论生成》，《传媒观察》2011 年第 10 期，第 42 ~ 43 页。

[812] 赖新芳：《微博互动结构中的异议分析》，《中国出版》2011 年第 10 期，第 3 ~ 6 页。

[813] 廖天凡、林苇晴：《以"抢盐潮"为例分析微博在谣言传播中的利弊与发展趋势》，《科技传播》2011 年第 10 期，第 6、18 页。

[814] 张浩、吴志海：《微博对新闻信息传播的影响探析》，《才智》2011 年第 10 期，第 192 页。

[815] 张志安：《中国政务微博调查》，《决策》2011 年第 10 期，第 50 ~ 51 页。

[816] 薛国林：《微博时代：谣言“传染”路线图》，《人民论坛》2011 年第 10 期，第 16 ~ 17 页。
[817] 苏丽辉：《基于“微博”平台下的高校大学生思想政治工作探析》，《出国与就业》（就业版）2011 年第 10 期，第 138 ~ 139 页。
[818] 陆安琪：《自媒体时代的微博之争》，《知识经济》2011 年第 10 期，第 49 页。
[819] 孙彩芹：《社交媒体：掀动“网络革命”》，《世界知识》2011 年第 10 期，第 57 ~ 59 页。
[820] 冯月季：《微博客的崛起对媒介近用权的影响》，《新闻爱好者》2011 年第 10 期，第 6 ~ 7 页。
[821] 邢丹：《微博，官员的“必修课”》，《党的生活》2011 年第 10 期，第 8 ~ 9 页。
[822] 王雪、邢丹：《微博江湖启示录》，《党的生活》2011 年第 10 期，第 5 ~ 6 页。
[823] 王雪：《外国政要如何玩转微博?》，《党的生活》2011 年第 10 期，第 12 页。
[824] 程云杰：《微博对突发事件报道的推动与挑战》，《对外传播》2011 年第 10 期，第 36 ~ 37 页。
[825] 马星：《探析〈欢乐英雄〉在微博中的宣传策略》，《中国广播电视学刊》2011 年第 10 期，第 50 ~ 51 页。
[826] 李欣、詹小路：《自媒体——非制度化的利益表达渠道》，《中国广播电视学刊》2011 年第 10 期，第 52 ~ 53 页。
[827] 欧阳琦：《“微时代”的思考》，《商业文化》（上半月）2011 年第 10 期，第 350 页。
[828] 姜皓天：《微博时代的传播效应》，《新闻传播》2011 年第 10 期，第 109 页。
[829] 杨椧、张玮：《微博在突发事件中的作用分析——以 7 · 23 甬温线特别重大铁路交通事故为例》，《中国传媒科技》2011 年第 10 期，第 62 ~ 64 页。
[830] 陈可惠：《浅析微博客形式之下新闻传播的“双刃剑效应”》，《中国传媒科技》2011 年第 10 期，第 53 ~ 55 页。
[831] 王锦：《微博时代的电视生存》，《中国电视》2011 年第 10 期，第 89 ~ 92 页。
[832] 王令飞：《微生活　微革命》，《上海信息化》2011 年第 10 期，第 80 ~ 82 页。
[833] 公茂虹：《微博：动态与启示》，《思想政治工作研究》2011 年第 10 期，第 62 ~ 63 页。
[834] 栾军：《客服微博：运营商经营用户的入口》，《中国电信业》2011 年第 10 期，第 54 ~ 57 页。
[835] 靖鸣、王瑞：《对微博“乌合表达”的探析》，《新闻与写作》2011 年第 10 期，第 44 ~ 46 页。
[836] 王首程：《微博的舆情发源功能和相关管理》，《新闻战线》2011 年第 10 期，第 52 ~ 54 页。
[837] 丁曦林：《微博江湖，我们怎样应对?》，《新闻记者》2011 年第 10 期，第 58 ~ 60 页。
[838] 林小春：《记者如何用好微博》，《新闻与写作》2011 年第 10 期，第 57 ~ 59 页。
[839] 杨虹磊：《微小说：网络微博时代的新文学模式》，《文学教育》（上）2011 年第 10 期，第 136 ~ 137 页。
[840] 彭国栋、李树蕙：《浅析“全民记者”时代下的微型博客》，《商丘师范学院学报》

2011 年第 10 期，第 122～125 页。

[841] 刘冬：《加入微博群，突破“被关注”——浅议外来工如何适应信息时代步伐》，《新闻世界》2011 年第 10 期，第 129～130 页。

[842] 谭鹤长、覃美青：《微博在医学实践中的应用初探》，《临床医学工程》2011 年第 10 期，第 1631～1632 页。

[843] 张书乐：《微博侵权现状堪忧》，《法人》2011 年第 10 期，第 42～43 页。

[844] 施娜：《浙江政务“微力量”》，《观察与思考》2011 年第 10 期，第 34～35 页。

[845] 姜皓：《从微博发展看校园微博开通的意义与问题》，《学理论》2011 年第 10 期，第 302～303 页。

[846] 王亚新、史春薇、仲崇民、宋锦玉：《在数字化条件下微博对科技期刊的影响》，《编辑之友》2011 年第 10 期，第 71～72 页。

[847] 王爱英：《微博的后现代主义文化特征》，《四川教育学院学报》2011 年第 10 期，第 21～23 页。

[848] 任金波：《微博在高校图书馆信息服务中的应用》，《农业图书情报学刊》2011 年第 10 期，第 215～218 页。

[849] 赵文：《青年使用“微博”的现状及思考》，《当代青年研究》2011 年第 10 期，第 1～6 页。

[850] 赵敏、王素冰：《浅谈微博对大学生的影响》，《黑河教育》2011 年第 10 期，第 58～59 页。

[851] 韩朝阳、张仁军：《面向旅游应用的微博信息信度和效度评价》，《重庆理工大学学报》（社会科学）2011 年第 10 期，第 37～40 页。

[852] 付加利：《“身处”微博时代》，《新闻传播》2011 年第 10 期，第 75 页。

[853] 陈晖：《借力微博突围　实现新闻报道新突破》，《福建理论学习》2011 年第 10 期，第 39～41 页。

[854] 蒋伟：《“微博”在英语教学中的指导尝试》，《科教文汇》（中旬刊）2011 年第 10 期，第 134、145 页。

[855] 邬刚：《微博直播打造党代会宣传“微时代”》，《新闻世界》2011 年第 10 期，第 126～127 页。

[856] 阎思甜、柯冬林、罗伟：《微博传播管理的底线——兼驳“崔克坦法则”》，《新闻前哨》2011 年第 10 期，第 20～22 页。

[857] 陈萌：《“微博问诊”靠谱吗?》，《就业与保障》2011 年第 10 期，第 41 页。

[858] 徐晶：《微博舆论引导应突出“三性”》，《新闻前哨》2011 年第 10 期，第 27 页。

[859] 谭天：《电视的微博镜像》，《媒体时代》2011 年第 10 期，第 18～19 页。

[860] 李舒、季明、黄豁：《“微世界”大文章》，《中国传媒科技》2011 年第 10 期，第 25～26 页。

[861] 石楠：《微博》，《城市规划》2011 年第 10 期，第 1 页。

[862] 胡献忠：《虚拟社会的秩序与管理——从微博谣言说起》，《中国青年研究》2011 年第 10 期，第 25～28、112 页。

[863] 易畅：《微博：提升媒介素养的新机遇》，《传媒》2011 年第 10 期，第 53～55 页。

[864] 刘顺：《博客及微博客在新闻线索中的开发与利用》，《今传媒》2011年第10期，第97～98页。
[865] 吴明华：《微博里的“先锋系”》，《决策》2011年第10期，第56～58页。
[866] 邢丹、李小平、王雪、李明、曹劲松：《微博时代，官员如何应考?》，《党的生活》2011年第10期，第4页。
[867] 李明：《官员微博的三个样本》，《党的生活》2011年第10期，第7页。
[868] 姚晨：《我的微博生活》，《党建》2011年第10期，第54～55页。
[869] 武媚：《“微博控”：新一代媒介依存症》，《今传媒》2011年第10期，第99～101页。
[870] 金敏：《微博时代的网络营销策略》，《现代营销》（学苑版）2011年第10期，第66页。
[871] 黄艳：《浅谈微博与虚拟社会管理创新》，《大舞台》2011年第10期，第124～125页。
[872] 李鹏、张远瑶：《政府微博客信息交互的应用策略》，《信息系统工程》2011年第10期，第142～143页。
[873] 张建平：《国内微博影响力大于社交网站现象分析》，《现代营销》（学苑版）2011年第10期，第196～197页。
[874] 郭文婧：《微博“自首”能否微博回应》，《检察风云》2011年第10期，第38页。
[875] 刘裕国：《微博开启新一轮网上问政》，《政府法制》2011年第10期，第33页。
[876] 龙敏飞：《莫让救人功绩掩盖“微博打拐”弊端》，《政府法制》2011年第10期，第16页。
[877] 易水边：《微博含义及其特点》，《编辑之友》2011年第10期，第72～72页。

第11期

[878] 姚吟月：《论“网络缉凶”的优势与问题》，《法制与社会》2011年第11期，第81～83页。
[879] 刘兰明：《“全民记者时代”报纸的应对策略》，《今传媒》2011年第11期，第47～49页。
[880] 程新友：《微博里的江湖》，《检察风云》2011年第11期，第70～71页。
[881] 冯刚毅：《微博对传统媒体的启示》，《新闻爱好者》2011年第11期，第22页。
[882] 樊兰：《微博不能承受之重》，《IT经理世界》2011年第11期，第34～35、8页。
[883] 朱晓航：《微博冲击下SNS出路何在?》，《中国新通信》2011年第11期，第25～27页。
[884] 曹健敏：《政府微博在政府公共关系建构中制约面思考和对策分析》，《新闻知识》2011年第11期，第43～45页。
[885] 王雪婷：《高校微博与大学生思想政治教育》，《长江大学学报》（社会科学版）2011年第11期，第130～132页。
[886] 周根红：《微博的话语权分配与媒介技术神话》，《现代视听》2011年第11期，第14～17页。

[887] 李华昌、嵇安奕：《从微博平台看高校校园网络舆论环境建设》，《经济与社会发展》2011 年第 11 期，第 173 ~176 页。

[888] 叶伟军：《微博在数学教学的创新运用》，《科学大众》（科学教育）2011 年第 11 期，第 84 页。

[889] 黄卉：《微博问政，晒出政府的“微生活”》，《杭州》（我们）2011 年第 11 期，第 62 ~63 页。

[890] 邱凌：《西方学者眼中的微博》，《中国出版》2011 年第 11 期，第 71 ~73 页。

[891] 张佳菲：《微博在高校校园文化建设中的作用及其实现》，《现代交际》2011 年第 11 期，第 198 ~199 页。

[892] 熊萍：《论危机事件中的“微博效应”及理性应对》，《编辑之友》2011 年第 11 期，第 59 ~60 页。

[893] 林景新：《微博营销：把握住网络营销的尖锋时刻》，《公关世界》2011 年第 11 期，第 38 ~40 页。

[894] 吴胜、苏琴：《微博网站信息分类模式研究》，《知识管理论坛》2011 年第 11 期，第 54 ~57 页。

[895] 周永军、洪梅：《浅谈“微博”对档案信息化工作的影响》，《云南档案》2011 年第 11 期，第 44 ~45 页。

[896] 赵伯艳：《微博在突发事件传播及后续处理中的作用——以“7・23”甬温线铁路交通事故为例》，《电子政务》2011 年第 11 期，第 23 ~30 页。

[897] 杨恒毅：《微博走进公安工作》，《网络安全技术与应用》2011 年第 11 期，第 77 ~79 页。

[898] 蔡钰：《“微博问政”与政府管理创新》，《湖北经济学院学报》（人文社会科学版）2011 年第 11 期，第 78 ~79 页。

[899] 孙海文：《微博谣言，从众流瀑中的虚假信息传播》，《传媒观察》2011 年第 11 期，第 14 ~15 页。

[900] 金鸿浩、毛展、张郑国：《微博的“3、2”传播模式与个案分析——以舟曲泥石流事件中的微博直播为例》，《新闻世界》2011 年第 11 期，第 110 ~111 页。

[901] 魏永征：《对网上言论自由法律边界的有益探索——评“微博第一案”两审判决》，《新闻记者》2011 年第 11 期，第 61 ~64 页。

[902] 曹鹏：《微博：无论如何重视都不过分》，《新闻记者》2011 年第 11 期，第 81 ~83 页。

[903] 李伶俐：《微博在重大突发事件报道中的作用——以“7・23”动车事故为例分析》，《今传媒》2011 年第 11 期，第 97 ~98 页。

[904] 杨立淮、徐百成：《“微博”网络生态下的高校网络思想政治教育》，《中国青年研究》2011 年第 11 期，第 114 ~116 页。

[905] 靖鸣、陈阳洋：《微博舆论监督信息情态研判的基本路径》，《新闻与写作》2011 年第 11 期，第 23 ~26 页。

[906] 邵丽：《微博时代的新闻发言人》，《对外传播》2011 年第 11 期，第 54 ~55 页。

[907] 陆文颖、汪朋：《论微博对大学生人际交往的促进作用》，《今日财富》（金融发展与

监管）2011 年第 11 期，第 248、252 页。
［908］王泱泱：《规范微博报道的三条途径》，《中国记者》2011 年第 11 期，第 115 页。
［909］郭荆：《基于微博的高校多校区校园文化建设》，《长江大学学报》（社会科学版）2011 年第 11 期，第 183 ~ 184 页。
［910］聂敏娟：《“受众中心论”下高校微博传播策略》，《民营科技》2011 年第 11 期，第 123 页。
［911］董正博：《规范微博管理的几点建议》，《新闻世界》2011 年第 11 期，第 92 ~ 94 页。
［912］杨露：《浅谈“微博”时代的言论自由权》，《现代营销》（学苑版）2011 年第 11 期，第 170 页。
［913］李雪莎：《微博对传统媒体的影响》，《新闻前哨》2011 年第 11 期，第 76 ~ 77 页。
［914］孙卫华、王艳玲：《博客、微博发展共性与差异比较》，《中国广播电视学刊》2011 年第 11 期，第 51 ~ 52 页。
［915］闫思齐：《微博在公共事件传播中的优势和局限——以 7·23 动车事故为例》，《传媒》2011 年第 11 期，第 58 ~ 59 页。
［916］芦小可：《新闻迎来微博时代》，《辽宁经济》2011 年第 11 期，第 86 ~ 87 页。
［917］杨露：《浅谈法治维度下的微博文化发展》，《现代物业》（中旬刊）2011 年第 11 期，第 170 ~ 171 页。
［918］范中丽、廖建国：《微博信息防火墙的构建研究》，《新闻知识》2011 年第 11 期，第 63 ~ 65 页。
［919］余勤、颜新文、单正钊：《贪官头上悬了无形的剑——微博，隐蔽的“啄木鸟”》，《法制与经济》（上旬）2011 年第 11 期，第 42 ~ 43 页。
［920］赖黎捷、李明海、李林容：《论微博的三重跨域》，《传媒观察》2011 年第 11 期，第 24 ~ 25 页。
［921］澹台梅英：《“微”观两会，“博”纳众言——简析 2011 年微博“两会”的规模效应》，《新闻世界》2011 年第 11 期，第 98 ~ 99 页。
［922］张坤：《微博的传播特性与发展前景探析》，《新闻世界》2011 年第 11 期，第 89 ~ 90 页。
［923］甘益民、余玥：《试析微博的传播力量和社会影响》，《新闻世界》2011 年第 11 期，第 104 ~ 105 页。
［924］黄心怡：《从以讹传讹造谣到集体智慧辟谣——浅谈基于微博的假新闻传播与识破》，《新闻研究导刊》2011 年第 11 期，第 36 ~ 37 页。
［925］李红艳：《浅论微博相关问题及对策》，《科学中国人》2011 年第 11 期，第 78 ~ 79 页。
［926］张垒：《微博：档案馆服务利用的新平台》，《浙江档案》2011 年第 11 期，第 31 ~ 33 页。
［927］杨帆静：《浅谈微博的发展模式》，《咸宁学院学报》2011 年第 11 期，第 191 ~ 193 页。
［928］万菁、郑智斌：《从姚晨微博看微博兴盛的动力》，《今传媒》2011 年第 11 期，第 86 ~ 88 页。
［929］张骏毅：《微博客——图书馆参考咨询工作的新宠》，《黑龙江科技信息》2011 年第 11 期，第 91 页。
［930］韩志国：《握手微博：传统媒体的新挑战和新机遇》，《中国传媒科技》2011 年第 11 期，第 7 页。

［931］张传香:《党报微博的发展方向》,《新闻世界》2011 年第 11 期,第 1 页。
［932］李睿:《灵活运用微博　做好民生新闻》,《新闻传播》2011 年第 11 期,第 36 页。
［933］王勇:《尝鲜百度微博群发新应用》,《电脑知识与技术》(经验技巧)2011 年第 11 期,第 96 ~ 97 页。
［934］石头:《交警微博,直播的是路况更是责任》,《道路交通管理》2011 年第 11 期,第 51 页。
［935］魏葳:《别让微博成为一只喜鹊》,《信息化建设》2011 年第 11 期,第 22 页。
［936］余乐:《开微博成“面子工程”　武汉几大医院粉丝仅上千》,《法制与经济》(上旬)2011 年第 11 期,第 52 页。
［937］张宝才:《微博失实的危害及其对策》,《新闻传播》2011 年第 11 期,第 82 页。
［938］孟群舒:《微博和垃圾填埋场》,《沪港经济》2011 年第 11 期,第 10 页。
［939］杜诺:《微博在基层信息工作中的应用刍议》,《秘书工作》2011 年第 11 期,第 28 ~ 29 页。
［940］陆文军、俞菀:《应急处置机制需适应“微博时代”》,《人才资源开发》2011 年第 11 期,第 55 页。
［941］赵新:《突发事件需及时舆论引导》,《科学新闻》2011 年第 11 期,第 64 ~ 65 页。
［942］崔学敬:《我国政务微博的现状、问题和对策》,《党政干部学刊》2011 年第 11 期,第 51 ~ 53 页。
［943］董立人:《发挥政务微博在创新社会管理中的作用》,《思想政治工作研究》2011 年第 11 期,第 46 ~ 48 页。
［944］栾奕:《微博:媒介批评的新阵地》,《青年记者》2011 年第 11 期,第 71 页。
［945］王勃:《Web3.0 语境下微博评论传播效果探析》,《东南传播》2011 年第 11 期,第 37 ~ 40 页。
［946］郑甦、王磊:《把握“微”言　善用“V”力——节目主持人“微博话语权”初探》,《东南传播》2011 年第 11 期,第 156 ~ 158 页。
［947］何黎、何跃、霍叶青:《微博用户特征分析和核心用户挖掘》,《情报理论与实践》2011 年第 11 期,第 121 ~ 125 页。

第 12 期

［948］万明山:《微博:创新学校基层党建工作的新载体》,《学校党建与思想教育》2011 年第 12 期,第 22 页。
［949］万晓红、周冲:《微博传播中的伦理失衡现象》,《传媒观察》2011 年第 12 期,第 40 ~ 41 页。
［950］陈至:《微博新闻:网络新闻传播的新形态》,《新闻世界》2011 年第 12 期,第 90 ~ 91 页。
［951］陈彤:《政务微博:推动社会服务创新的网络平台》,《中国党政干部论坛》2011 年第 12 期,第 25 ~ 26 页。
［952］雷步云:《初探微博打拐的局限性及其对策》,《湘潮》(下半月)2011 年第 12 期,第 67 页。

[953] 丛健娇、彭立：《旨在提升大学生信息素养的微博班级的建立与运行》，《软件导刊》（教育技术）2011 年第 12 期，第 35 ~ 37 页。
[954] 尚勤：《新闻讯息在微博社区中的传播分析——以新浪微博为例》，《东南传播》2011 年第 12 期，第 85 ~ 87 页。
[955] 陈芊芊：《微博对重大突发事件报道的影响研究——以“7·23”甬温线特大铁路交通事故报道为例》，《东南传播》2011 年第 12 期，第 92 ~ 93 页。
[956] 余欢欢：《浅谈微博在高校思想政治教育中的运用》，《科教文汇》（下旬刊）2011 年第 12 期，第 14 ~ 15 页。
[957] 王华岗：《好委员未必都得是“微博控”》，《协商论坛》2011 年第 12 期，第 59 页。
[958] 任孟山：《卫生部门应利用好微博》，《中国卫生人才》2011 年第 12 期，第 7 页。
[959] 王军杰：《微博问政：人大当率先垂范》，《吉林人大》2011 年第 12 期，第 48 页。
[960] 刘晓红：《论微博时代的电视传播之道》，《记者摇篮》2011 年第 12 期，第 60 ~ 61 页。
[961] 刘晓悦：《用责任赢得“微博未来”》，《新闻传播》2011 年第 12 期，第 1 页。
[962] 冯宝运：《从保密的视角看微博》，《保密工作》2011 年第 12 期，第 26 页。
[963] 栾轶玫：《媒体从“新”出发——2011 新媒体年度盘点》，《新闻与写作》2011 年第 12 期，第 18 ~ 21 页。
[964] 向晓文：《四川省总工会开“法律援助微博”为职工维权助力》，《工会博览》2011 年第 12 期，第 49 页。
[965] 于淑雯、晓庄：《微博开启管理变革》，《中外管理》2011 年第 12 期，第 126 ~ 127 页。
[966] 张玉胜：《官员“微博叫板”折射维权困境》，《声屏世界》2011 年第 12 期，第 68 ~ 69 页。
[967] 马旗戟：《无厘头地纠结在微博》，《广告大观》（综合版）2011 年第 12 期，第 151 页。
[968] 周瑶、王晶、张涛：《密度矩阵分析法在新浪微博中的应用》，《电信技术》2011 年第 12 期，第 100 ~ 102 页。
[969] 蒋鸣雅：《从“微博打拐”事件看微博的特性》，《新闻传播》2011 年第 12 期，第 47 页。
[970] 王嘉：《微博传播中的话语价值消解因素探析》，《新闻传播》2011 年第 12 期，第 167 页。
[971] 刘艳红、赵志强：《微博情绪型言论调控及引导》，《新闻传播》2011 年第 12 期，第 169 页。
[972] 郑烨：《浅谈微博在高职高等数学教学中的应用》，《新课程研究》（中旬刊）2011 年第 12 期，第 62 ~ 63 页。
[973] 周传虎：《微博时代公民媒介素养刍议》，《中国传媒科技》2011 年第 12 期，第 8 ~ 9 页。
[974] 王国华、张剑、毕帅辉：《突发事件网络舆情演变中意见领袖研究——以药家鑫事件为例》，《情报杂志》2011 年第 12 期，第 1 ~ 5 页。

[975] 程爱军：《“微时代”如何提高领导力》，《领导之友》2011 年第 12 期，第 63 ~ 64 页。
[976] 卫文新：《微博对新闻报道模式的影响》，《新闻前哨》2011 年第 12 期，第 107 页。
[977] 芦鑫：《2011 年新媒体外宣的三个亮点》，《对外传播》2011 年第 12 期，第 9 ~ 10 页。
[978] 张贤林：《征兵微博：引来 3000“国防粉丝”》，《华北民兵》2011 年第 12 期，第 4 页。
[979] 何星烨：《突发公共事件中微博传播与电视报道的互动分析——以“7·23”甬温线铁路事故发生初期的报道为例》，《声屏世界》2011 年第 12 期，第 17 ~ 18 页。
[980] 朔风：《微博问政与公共意识的培育》，《中国党政干部论坛》2011 年第 12 期，第 27 ~ 28 页。
[981] 伍皓：《公务人员如何借“网”问政》，《中国党政干部论坛》2011 年第 12 期，第 29 ~ 31 页。
[982] 薛晓丽：《微博在农业信息服务中的应用探析》，《科技创业月刊》2011 年第 12 期，第 49 ~ 50、69 页。
[983] 王春雷：《从“金华狗肉节”事件看微博传播的正负效应》，《新闻实践》2011 年第 12 期，第 8 ~ 10 页。
[984] 江坪：《微博谣言扰乱社会秩序》，《新闻实践》2011 年第 12 期，第 9 页。
[985] 张建雄：《微博加 V 织起来》，《新闻战线》2011 年第 12 期，第 82 ~ 83 页。
[986] 宗春启：《传统媒体：有必要和“新媒体”划清界限》，《新闻与写作》2011 年第 12 期，第 37 ~ 39 页。
[987] 李勇：《微博发展将“何去何从”》，《中国地市报人》2011 年第 12 期，第 51 ~ 52 页。
[988] 周冲：《广播电视微博管理的基本规则》，《中国广播》2011 年第 12 期，第 60 ~ 62 页。
[989] 张艳红：《微博在广播直播互动中的应用策略》，《中国广播》2011 年第 12 期，第 63 ~ 65 页。
[990] 车玲：《微博时代的大学英语教学》，《黑河学刊》2011 年第 12 期，第 82 ~ 83 页。
[991] 靖鸣、王瑞：《微博已成公众舆论助推器和制造者——由“随手拍照解救乞讨儿童”说起》，《新闻爱好者》2011 年第 12 期，第 10 ~ 11 页。
[992] 郭敦、马国照：《浅析微博在高校开放式教学中的应用》，《科技信息》2011 年第 12 期，第 229 页。
[993] 韦路：《微博报两会，何去何从》，《青年记者》2011 年第 12 期，第 21 ~ 22 页。
[994] 计慧慧：《微博呼吁何以引发现实集体行动——以“微博打拐”事件为例》，《青年记者》2011 年第 12 期，第 33 ~ 34 页。
[995] 李骏：《打造媒体微博的公信力》，《青年记者》2011 年第 12 期，第 80 ~ 81 页。
[996] 关晨：《论微博平台下的英语学习策略》，《科技创新导报》2011 年第 12 期，第 170 页。
[997] 袁毅、杨成明：《微博客用户信息交流过程中形成的不同社会网络及其关系实证研

究》，《图书情报工作》2011 年第 12 期，第 31 ~ 35 页。
[998] 谢霞：《红色微博：开启党建新渠道》，《宁波通讯》2011 年第 12 期，第 18 ~ 19 页。
[999] 梁长荣：《解析微博中的“公民记者”》，《新闻爱好者》2011 年第 12 期，第 50 ~ 51 页。
[1000] 吴璨：《地方都市报的微博化传播形态——以〈扬子晚报〉为例》，《大众文艺》2011 年第 12 期，第 171 ~ 172 页。
[1001] 武怡华：《微评的力量与温度——由“7·23”温州动车事故引发的思考》，《今传媒》2011 年第 12 期，第 91 ~ 92 页。
[1002] 姜胜洪：《正确发挥微博时代“意见领袖”的作用》，《中国党政干部论坛》2011 年第 12 期，第 28 ~ 29 页。
[1003] 陈振、李小艳、蒋志辉：《微博在大学生研究性学习中应用分析》，《湖南科技学院学报》2011 年第 12 期，第 88 ~ 90 页。
[1004] 别倩倩、李二元：《微博在高校辅导员工作中的运用》，《科教文汇》（上旬刊）2011 年第 12 期，第 14、21 页。
[1005] 何新红：《微博对传统媒体舆论监督的影响》，《中国地市报人》2011 年第 12 期，第 81 ~ 82 页。
[1006] 谢佳沥：《微博在应对群体性事件中的作用》，《新闻世界》2011 年第 12 期，第 112 ~ 114 页。
[1007] 张晓妮：《电视媒体如何与微博共舞》，《新闻世界》2011 年第 12 期，第 55 ~ 56 页。
[1008] 孙晓云：《浅析微博作为新闻来源的优劣》，《新闻世界》2011 年第 12 期，第 94 ~ 95 页。
[1009] 叶正和：《微博时代谣言传播的特点与控制——以“抢盐”风波为例》，《新闻世界》2011 年第 12 期，第 98 ~ 99 页。
[1010] 鲁丁晨：《浅析辟谣类微博在解决微博新闻失实中的作用》，《新闻世界》2011 年第 12 期，第 106 ~ 107 页。
[1011] 曲桑吉：《微博给力地方电视新闻栏目》，《新闻世界》2011 年第 12 期，第 107 ~ 108 页。
[1012] 朱继东：《善待善用善管微博的八大策略》，《新闻实践》2011 年第 12 期，第 13 ~ 15 页。
[1013] 何晓闽、王立：《论微博在突发事件传播中的作用》，《新闻世界》2011 年第 12 期，第 114 ~ 115 页。
[1014] 杨刚、闫文平：《是竞争对手亦是发展助力——微博与传统大众传播媒体的关系考察》，《新西部》（理论版）2011 年第 12 期，第 111 ~ 112 页。
[1015] 汤嘉琛：《微博围观改变 2011》，《中国报道》2011 年第 12 期，第 69 ~ 71、68 页。
[1016] 王菲、马磊：《信息多元与舆论一律——试析微博在舆论建构中的错误逻辑》，《东南传播》2011 年第 12 期，第 51 ~ 52 页。
[1017] 梅玲：《微博时代艺术资源数字化现状与展望》，《图书馆学刊》2011 年第 12 期，第 52 ~ 54 页。
[1018] 陆研、毛健骏、屠方楠：《网络信息老化规律研究——新浪新闻与新浪微博实证研

究》,《高等函授学报》(哲学社会科学版)2011 年第 12 期,第 52 ~ 55 页。
[1019] 胡沙沙:《浅析网络信息传播价值——以微博为例》,《现代情报》2011 年第 12 期,第 152 ~ 155 页。
[1020] 张皎:《从两则报道看新时期大众传播媒介的责任》,《赤峰学院学报》(汉文哲学社会科学版)2011 年第 12 期,第 96 ~ 97 页。
[1021] 许鑫、蔚海燕、姚占雷:《并购事件中的网络口碑研究——基于吉利收购沃尔沃的新浪微博实证》,《图书情报工作》2011 年第 12 期,第 36 ~ 40 页。
[1022] 孔淼:《国内图书馆微博服务现状研究——以新浪微博为例》,《农业图书情报学刊》2011 年第 12 期,第 204 ~ 208 页。
[1023] 王莹:《从三种传媒经济理论看微博》,《今传媒》2011 年第 12 期,第 88 ~ 90 页。
[1024] 杨秀峰:《传统纸媒的微博策略和风险防范——以〈佛山日报〉官方微博为例》,《中国地市报人》2011 年第 12 期,第 52 ~ 54 页。
[1025] 姚茜、卜彦芳:《基于影响力研究的微博营销模式探析》,《经济问题探索》2011 年第 12 期,第 117 ~ 121 页。
[1026] 顾晓莉:《网络新闻评论的“微”力量——浅析微博对网络新闻评论的影响》,《今传媒》2011 年第 12 期,第 46 ~ 47 页。
[1027] 阮璞:《纸质媒体的微博传播研究——以〈新周刊〉为例》,《今传媒》2011 年第 12 期,第 93 ~ 94 页。
[1028] 贺利娟:《从“郭美美事件”看新媒体对年轻一代的影响》,《中国青年研究》2011 年第 12 期,第 73 ~ 75 页。
[1029] 王荃:《微博时代思想政治教育工作的挑战与应对》,《中国青年研究》2011 年第 12 期,第 91 ~ 93 页。
[1030] 汤嘉琛:《政策与民生——微博围观改变 2011》,《中国报道》2011 年第 12 期,第 68 ~ 71 页。
[1031] 丁琳:《浅谈微博的泛娱乐化倾向》,《今传媒》2011 年第 11 期,第 89 ~ 90 页。
[1032] 尹良润:《〈新周刊〉的人情味微博品析——兼谈传统媒体如何通过微博创造新价值》,《中国记者》2011 年第 12 期,第 52 ~ 53 页。
[1033] 陈晖:《商业网站微博攻势与地方新闻网站应对策略》,《东南传播》2011 年第 12 期,第 88 ~ 89 页。
[1034] 梁巧华:《试论图书馆的新兴信息宣传工具——微博》,《科技情报开发与经济》2011 年第 20 期,第 88 ~ 90 页。
[1035] 邓小玲、秦自强、柴续续、周永正:《利用微博加强大学生思想政治教育》,《学理论》2011 年第 21 期,第 173 ~ 174 页。
[1036] 丁小燕:《携手微博扬媒介融合之长——以广西新闻网微观“两会一节”为例》,《学理论》2011 年第 36 期,第 78 ~ 80 页。
[1037] 周玥岑:《电视新闻怎样用微博》,《视听界》2011 年第 4 期,第 93 ~ 94 页。
[1038] 陈镔:《网络时代银行微博营销浅析》,《中国城市经济》2011 年第 14 期,第 89 ~ 89 页。
[1039] 吴海园:《微博在舆论中的传播机制与对策措施》,《中国市场》2011 年第 52 期,

第 139 ~ 140 页。

[1040] 高弋坤：《新浪微博用户数再创新高》，《通信世界》2011 年第 46 期，第 11 页。

[1041] 陈红莲：《微博的盈利模式与发展前景探讨——以新浪微博为例》，《新闻窗》2011 年第 6 期，第 108 ~ 109 页。

[1042] 向玲莉、阮志兵：《“微博打拐”引发的对乞讨儿童救助的法律思考》，《中国城市经济》2011 年第 23 期，第 391 ~ 392 页。

[1043] 张向宇：《国内外图书馆微博研究比较分析》，《科技情报开发与经济》2011 年第 27 期，第 1 ~ 3 页。

[1044] 安倩颖：《“微博问政”小议》，《现代商业》2011 年第 36 期，第 176 ~ 177 页。

[1045] 罗子欣：《“议程设置”理论在微博城市形象传播中的呈现与发展》，《中国传媒科技》2011 年第 12 期，第 4 ~ 5 页。

[1046]《中国媒介传播道德评价体系研究》课题组：《从微博“知情”诉求分析“信息公开”权利主体的缺位》，《国际新闻界》2011 年第 12 期，第 85 ~ 89 页。

[1047] 石静：《从“微博热”探寻受众表达权在网络时代勃发的原因》，《编辑之友》2011 年第 12 期，第 85 ~ 87 页。

[1048] 余宁春：《微博传播的新闻性》，《新闻爱好者》2011 年第 22 期，第 78 ~ 79 页。

[1049] 骆月珍、谢国权、钱吴刚、黄艳玲、唐沁：《对气象微博发展的几点思考》，《浙江气象》2011 年第 4 期，第 29 ~ 32 页。

[1050] 罗南：《微博在高校教育中的应用探讨》，《科教导刊》（中旬刊）2011 年第 12 期，第 35、51 页。

[1051] 黄小强：《影视节目的微博营销》，《现代传播》（中国传媒大学学报）2011 年第 12 期，第 143 ~ 144 页。

[1052] 刘丽华：《人格互动与微博传播》，《新闻知识》2011 年第 12 期，第 51 ~ 52、50 页。

[1053] 孟欣：《浅论微博“假新闻”的传播及传统媒体的应对》，《现代物业》（中旬刊）2011 年第 12 期，第 100 ~ 101 页。

[1054] 罗子欣：《城市形象传播中微博信息资源的议程设置》，《资源与人居环境》2011 年第 12 期，第 70 ~ 72 页。

[1055] 梁沙、陈旭：《网络环境下档案信息传播研究——基于档案馆网站、网络社区、博客、微博四种网络传播方式的比较分析》，《档案与建设》2011 年第 12 期，第 8 ~ 10 页。

[1056] 王妍：《传统媒体“试水”微博体验报告》，《记者摇篮》2011 年第 12 期，第 43 ~ 44 页。

[1057] 郭晶：《微博——网络时代舆论的聚集地》，《现代视听》2011 年第 12 期，第 40 ~ 42 页。

[1058] 胥柳曼：《从“微博道歉”看政府传播理念的转变》，《新闻传播》2011 年第 12 期，第 202 ~ 204 页。

[1059] 卫文新：《办好政务微博　构建服务型政府》，《新闻传播》2011 年第 12 期，第 135 ~ 136 页。

[1060] 崔滨：《政务微博如何避免“聋哑症”》，《决策探索》（上半月）2011 年第 12 期，

第 26 ~ 27 页。

[1061] 曹平：《微博客的信息组织建设及对图书馆的启示》，《甘肃科技》2011 年第 12 期，第 89 ~ 91 页。

[1062] 赵文晶、刘军宏：《微博舆论引导策略研究》，《中国出版》2011 年第 12 期，第 12 ~ 15 页。

[1063] 陆高峰：《加强微博舆论研究的现实价值与路径构想》，《中国出版》2011 年第 12 期，第 16 ~ 18 页。

[1064] 卫霞：《浅谈微博在突发事件中的传播作用——以“7·23”甬温线特大铁路交通事故为例》，《山西高等学校社会科学学报》2011 年第 12 期，第 28 ~ 30 页。

[1065] 王兵：《从媒介话语权看微博与传统媒体的关系》，《赤峰学院学报》（科学教育版）2011 年第 12 期，第 56 ~ 58 页。

[1066] 郭雅明、熊磊：《试论微博的著作权保护》，《法制与经济》（下旬）2011 年第 12 期，第 24 ~ 25、27 页。

[1067] 李金宝：《微博侵权在体育新闻侵权中的内容表现及规避》，《体育文化导刊》2011 年第 12 期，第 141 ~ 143 页。

[1068] 蔡荻：《微博空间中的舆论形成及社会影响——以“郭美美事件”为例》，《中国传媒科技》2011 年第 12 期，第 5 ~ 7 页。

[1069] 曹博林：《互联网时代的“非制度化”生存——基于新浪微博的观察》，《电子政务》2011 年第 12 期，第 29 ~ 36 页。

[1070] 赵文晶、刘军宏：《马克思主义新闻观下的微博舆论引导策略研究》，《编辑之友》2011 年第 12 期，第 76 ~ 79 页。

[1071] 李月起：《论微博对社会舆论流变的影响形式与作用机制》，《编辑之友》2011 年第 12 期，第 90 ~ 92 页。

[1072] 赵玥、许亮：《我国“微博问政”的现状、问题及解决策略》，《理论视野》2011 年第 12 期，第 41 ~ 43 页。

[1073] 张璐：《浅论著作权在微博中的保护》，《商业文化》（上半月）2011 年第 12 期，第 30 ~ 31 页。

[1074] 陈永松：《微博时代广播媒体如何提升突发事件的舆论引导力——以“7·23”特别重大铁路交通事故为例》，《中国广播》2011 年第 12 期，第 67 ~ 70 页。

[1075] 陈文胜：《“微博问政”与党的执政方式创新》，《兰州学刊》2011 年第 12 期，第 29 ~ 33 页。

[1076] 常凌翀：《微博议政与“虚拟社会”管理创新》，《重庆社会科学》2011 年第 12 期，第 78 ~ 82 页。

[1077] 钟新、陆佳怡：《公共外交 2.0：美国驻华使馆微博博客研究》，《国际新闻界》2011 年第 12 期，第 47 ~ 54 页。

[1078] 喻国明：《微博是个好东西》，《中国党政干部论坛》2011 年第 12 期，第 19 ~ 21 页。

[1079] 张鸫：《微博问政的力量与风险》，《中国党政干部论坛》2011 年第 12 期，第 21 ~ 25 页。

[1080] 广东省公安厅公共关系处：《探索中的公安微博“广东模式”》，《中国党政干部论

坛》2011 年第 12 期，第 31 ~ 33 页。

[1081] 刘祎、朱颖：《美国对华公共外交策略管窥——以“美国驻华大使馆”微博为例》，《新闻记者》2011 年第 12 期，第 30 ~ 34 页。

[1082] 翟杉：《微博患上“坏消息综合征”》，《新闻实践》2011 年第 12 期，第 4 ~ 7 页。

[1083] 朱微：《微博舆论“意见领袖”作用分析》，《新闻实践》2011 年第 12 期，第 10 ~ 12 页。

[1084] 杨桉、侯琰婕、张玮：《微博在突发事件中的作用分析——以 7 · 23 甬温线特别重大铁路交通事故为例》，《今传媒》2011 年第 12 期，第 37 ~ 38 页。

[1085] 宋晨宇：《微博的传播特征与舆论引导策略》，《今传媒》2011 年第 12 期，第 86 ~ 87 页。

[1086] 赵阳：《我国微博虚假信息产生的原因与有效监管》，《学术交流》2011 年第 12 期，第 218 ~ 220 页。

[1087] 钟新、陆佳怡：《微博外交：与中国公众直接对话和互动——专访美国驻华使馆微博事务官员桂增仪》，《对外传播》2011 年第 12 期，第 52 ~ 53 页。

[1088] 袁毅：《微博客信息传播结构、路径及其影响因素分析》，《图书情报工作》2011 年第 12 期，第 26 ~ 30 页。

第 13 期

[1089] 周琳达、刘嘉俊、朱倩：《微博谣言传播规律初探》，《青年记者》2011 年第 13 期，第 14 ~ 16 页。

[1090] 姜胜洪：《微博传播中值得注意的问题》，《传承》2011 年第 13 期，第 67 ~ 69 页。

[1091] 邢晓飞：《正确应对微博时代》，《今日浙江》2011 年第 13 期，第 59 页。

[1092] 周航、刘广源：《浅谈广西区基层交警大队的网络“微博”如何切实“给力”广大民众》，《传承》2011 年第 13 期，第 86 ~ 87 页。

[1093] 刘旸：《微博等社会化媒体在教学中的应用初探》，《新西部》（下旬 . 理论版）2011 年第 13 期，第 164、163 页。

第 14 期

[1094] 汤啸天：《微博调情露真相　网络反腐看未来》，《检察风云》2011 年第 14 期，第 43 页。

[1095] 宋燕飞、鄂冠男：《论微博的发展》，《现代商贸工业》2011 年第 14 期，第 224 页。

[1096] 李淑娜：《政府应用微博进行信息管理的实力分析》，《中国外资》2011 年第 14 期，第 211 ~ 212 页。

[1097] 李林坚：《微博客在新媒体时代下对网络新闻评论的影响》，《学理论》2011 年第 14 期，第 169 ~ 170 页。

[1098] 张广超：《微博的公安情报意义探析》，《现代商业》2011 年第 14 期，第 211 页。

[1099] 许薇：《微博的信息传播特点与发展前景探析》，《科技信息》2011 年第 14 期，第 164 页。

[1100] 宋发枝：《微博对网络新闻评论的影响》，《青年记者》2011 年第 14 期，第 66 ~

67 页。

［1101］冉志敏：《微博环境下报纸发展的机遇和挑战》，《青年记者》2011 年第 14 期，第 14～15 页。

［1102］王勇：《跨越微博的语言障碍》，《电脑迷》2011 年第 14 期，第 74 页。

［1103］刘琦琳：《寄生微博》，《IT 经理世界》2011 年第 14 期，第 50 页。

［1104］朱丽、曹帝坤：《突发公共事件中微博的影响力分析》，《中国科技信息》2011 年第 14 期，第 150～151 页。

［1105］程毅颖：《“人民警察苍井空”的微博舆论效应》，《中外企业家》2011 年第 14 期，第 216～217 页。

第 15 期

［1106］毕宏音：《“微博”热潮下的网络意见领袖变化趋势》，《新闻爱好者》2011 年第 15 期，第 4～6 页。

［1107］张晞、刘洁：《高校微博教学模式探析》，《现代商贸工业》2011 年第 15 期，第 224～225 页。

［1108］彭耕耘：《纸媒应善用微评论》，《中国报业》2011 年第 15 期，第 67 页。

［1109］徐俏俏、吴小杏：《微博：“围观效应”下的非典型公民媒体》，《青年记者》2011 年第 15 期，第 71～72 页。

［1110］李妮：《政府网络公关的现状与改进刍议》，《传承》2011 年第 15 期，第 82～83 页。

［1111］杨雪冬：《微博世界的“马太效应”》，《人民论坛》2011 年第 15 期，第 8 页。

［1112］石勇：《微博：一种新的“社会权力”在生长》，《南风窗》2011 年第 15 期，第 22～24 页。

［1113］邢星：《微博“病毒式传播”对实现信息真实的作用与反作用——以“微博打拐”事件为例》，《学理论》2011 年第 15 期，第 159～160、189 页。

［1114］陈蜜：《用好微博这个公共话语平台》，《青年记者》2011 年第 15 期，第 74 页。

［1115］赵一鸣：《微博在网络舆论中的传播机制与对策》，《青年记者》2011 年第 15 期，第 72～73 页。

［1116］王梓萌：《微博“还原”黑匣子真相》，《IT 经理世界》2011 年第 15 期，第 26 页。

［1117］万立夫：《防范来自微博的网络攻击》，《电脑迷》2011 年第 15 期，第 76 页。

［1118］陈冬伟、时智峰：《融入微博时代》，《人民检察》2011 年第 16 期，第 72 页。

［1119］柴樱芝：《从网民媒介使用心理看微博发展》，《青年记者》2011 年第 15 期，第 75～76 页。

［1120］王尔：《微博提升公共话语平台的品质》，《红旗文稿》2011 年第 15 期，第 39～39 页。

第 16 期

［1121］杨婷婷：《论微博现象的传播特征》，《科技信息》2011 年第 16 期，第 610 页。

［1122］廖颖：《微博对高校思想政治教育的挑战及其对策》，《学理论》2011 年第 16 期，第 276～278 页。

[1123] 朱春奎：《官方微博：别想忽悠“粉丝”》，《人民论坛》2011 年第 16 期，第 46 ~ 47 页。

[1124] 刘天鸣、冯大鹏：《从“飞越疯人院”事件看微博力》，《群文天地》2011 年第 16 期，第 199 ~ 200 页。

[1125] 李政：《微博营销的现状及发展策略》，《中国经贸导刊》2011 年第 16 期，第 66 ~ 67 页。

[1126] 周红：《基于自身优势的报纸与微博融合模式探讨》，《科技传播》2011 年第 16 期，第 2 ~ 3 页。

第 17 期

[1127] 周世禄、刘瑞生、王文博：《微博“热”的“冷”解析——2010 年中国微博发展态势、传播功能及社会影响》，《中国报业》2011 年第 17 期，第 21 ~ 25 页。

[1128] 唐绪军：《认识微博　善用微博——关于微博的观察与思考》，《中国报业》2011 年第 17 期，第 26 ~ 29 页。

[1129] 廖海敏：《微博问政对党的执政能力的影响与应对机制研究》，《当代经济》2011 年第 17 期，第 4 ~ 5 页。

[1130] 汪利娟、李晓：《微博传播中的舆论引导策略》，《新闻爱好者》2011 年第 17 期，第 12 ~ 13 页。

[1131] 朱松梅、任雁：《微博谣言产生的原因和辟谣机制——以 2011 年日本震后谣言为例》，《青年记者》2011 年第 17 期，第 91 ~ 92 页。

[1132] 李玥：《名人微博里的“真”“善”与“美”》，《价值工程》2011 年第 17 期，第 311 ~ 312 页。

[1133] 张晋鹤：《微博在高职院校信息检索课教学中的运用探讨》，《科技情报开发与经济》2011 年第 17 期，第 93 ~ 95 页。

[1134] 何星烨：《告别节假日期间媒体的失声——论微博时代突发事件报道的变革》，《新闻爱好者》2011 年第 17 期，第 14 ~ 15 页。

[1135] 卢劲杉：《政务微博，您关注了吗》，《检察风云》2011 年第 17 期，第 8 页。

[1136] 卢劲杉：《张学兵的“大微博”方略》，《检察风云》2011 年第 17 期，第 11 ~ 12 页。

[1137] 卢劲杉：《上海政法微博群像》，《检察风云》2011 年第 17 期，第 13 ~ 18 页。

[1138] 张克：《微博是第一次跨越阶层和地域的公共领域——胡泳访谈录》，《检察风云》2011 年第 17 期，第 19 ~ 20 页。

[1139] 白丽媛、朱颖华：《冷眼观微博》，《青年记者》2011 年第 17 期，第 22 ~ 23 页。

[1140] 谢海燕：《“红色微博”——论高校党建工作的新途径、新载体》，《职业》2011 年第 17 期，第 146 页。

[1141] 加一：《微博转发捐款：让慈善晒在阳光下》，《中国减灾》2011 年第 17 期，第 27 页。

[1142] 段璞：《六安金寨开微博助力消防宣传》，《中国消防》2011 年第 17 期，第 44 页。

[1143] 蔡小俊：《“微革命”对传统媒体的启示》，《新闻爱好者》2011 年第 17 期，第 36 ~

37页。

[1144] 李中英：《“微博”考验社会管理》，《浙江经济》2011年第17期，第9页。

[1145] 张克：《微博问政：善用微博成社会管理新趋势》，《检察风云》2011年第17期，第9~10页。

第18期

[1146] 陈永博：《警民微聊趣事》，《人民公安》2011年第18期，第16~17页。

[1147] 胡泳：《从博客、SNS到微博：向过去的回归》，《IT经理世界》2011年第18期，第34页。

[1148] 段兴焱：《观测站、稳压器、连心桥》，《人民公安》2011年第18期，第18~19页。

[1149] 启程：《微博时代的人格分裂》，《检察风云》2011年第18期，第72~73页。

[1150] 陈寅：《从“微博打拐”看我国媒体公共性建构》，《青年记者》2011年第18期，第34~35页。

[1151] 纪雅林、何璐：《政务微博当戒“粉丝崇拜”》，《红旗文稿》2011年第18期，第40页。

[1152] 宋玉茹：《微博时代如何对大学生进行思想政治教育》，《知识经济》2011年第18期，第144页。

[1153] 蒋颖：《微博的力量——新形势下坚持和贯彻党的群众路线新探索》，《改革与开放》2011年第18期，第54页。

[1154] 郭萍：《传播学视野中关于微博发展的几点思考》，《中国报业》2011年第18期，第11~12页。

[1155] 陈红、赵茜萍：《微博时代大学生思想政治教育工作的新契机》，《成功》（教育）2011年第18期，第222~223页。

[1156] 钮鸣鸣：《“微新闻”的负效应》，《新闻爱好者》2011年第18期，第50~51页。

[1157] 姚达：《“微”传播时代的创新营销策略》，《中国出版》2011年第18期，第25~28页。

[1158] 宋晓楠：《新媒体传播范式下微博的话语困境》，《新闻爱好者》2011年第18期，第53~54页。

[1159] 陆高峰：《新浪与腾讯微博的“性别”差异》，《青年记者》2011年第18期，第104页。

[1160] 庄会宁：《@你，@我》，《人民公安》2011年第18期，第12~15页。

[1161] 熊传东：《政务微博当戒“粉丝崇拜”》，《浙江经济》2011年第18期，第4页。

[1162] 张路正：《微博兴起阶段高校思想文化建设探析》，《中国报业》2011年第18期，第13~14页。

[1163] 翟杉：《公共舆论视野下的我国政府微博研究》，《中国报业》2011年第18期，第7~8页。

[1164] 王倩、王健、李晓庆：《微博应用于教育的混合式学习模式探究》，《中国现代教育装备》2011年第18期，第85~87页。

第 19 期

［1165］陈露：《公民社会的缩影——微博社区中的公共领域》，《经济研究导刊》2011 年第 19 期，第 142 ~ 143 页。
［1166］罗玉亮：《政务微博发展助推社会管理创新》，《领导科学》2011 年第 19 期，第 17 页。
［1167］张瑜：《“微博式的捐助”中所隐含的法律问题》，《法制与社会》2011 年第 19 期，第 196 页。
［1168］郑宁、刘文杰：《2010：中国传媒法治的六个关键词——2010 年度中国传媒法治发展报告》，《青年记者》2011 年第 19 期，第 28 ~ 33 页。
［1169］周巧艺：《政府官方微博应当实现“四个转变”》，《新湘评论》2011 年第 19 期，第 22 ~ 23 页。
［1170］苗秋闹：《扩展微博时代党报的舆论张力》，《新闻爱好者》2011 年第 19 期，第 1 页。
［1171］赵柏恋茹：《微博打拐构筑天网》，《人民公安》2011 年第 19 期，第 12 ~ 14 页。
［1172］刘家昆：《微博在诊所式法律教育模式下的应用研究》，《成功》（教育）2011 年第 18 期，第 186 页。
［1173］李强、李菁：《全媒体语境中的“微博”文化生态》，《新闻爱好者》2011 年第 19 期，第 96 ~ 97 页。
［1174］王淑伟、谭园玲：《微博公共事件发生机制分析》，《新闻爱好者》2011 年第 19 期，第 10 ~ 11 页。

第 20 期

［1175］杨琰：《以两会微博为例谈网络公共领域的形成》，《新闻爱好者》2011 年第 20 期，第 88 ~ 89 页。
［1176］文卫华、张杰：《“微博事件”及其传播特征研究》，《新闻爱好者》2011 年第 20 期，第 8 ~ 9 页。
［1177］王同武：《微博反腐中言论自由的规制与保障研究》，《现代商贸工业》2011 年第 20 期，第 55 ~ 56 页。
［1178］唐嘉仪：《政府进行微博公关对政府形象的构建作用探究》，《前沿》2011 年第 20 期，第 22 ~ 24 页。
［1179］张红军、王瑞：《关于微博实名制的思考》，《新闻爱好者》2011 年第 20 期，第 10 ~ 11 页。
［1180］张晨阳：《自媒体时代微博热的喜与忧——基于受众角度的分析》，《中国出版》2011 年第 20 期，第 18 ~ 21 页。
［1181］曾军顺：《微博对大学生的影响及思想政治教育对策》，《学理论》2011 年第 20 期，第 181 ~ 182 页。
［1182］李伊醒、吴越、平乐川、张沭宁、王德勋：《微博对 90 后大学生网络参与的影响及其治理》，《产业与科技论坛》2011 年第 20 期，第 255 ~ 256 页。

［1183］王艳、孙琪琦：《微博热潮下大学生思想文化教育的探索》，《中外企业家》2011 年第 20 期，第 185～186 页。

［1184］关清：《微博时代公民新闻的社会功能分析》，《青年记者》2011 年第 20 期，第 17～18 页。

［1185］严海艳：《微博的消极影响及对策》，《青年记者》2011 年第 20 期，第 75～76 页。

［1186］郭潇雅、杨玉东：《善用微博推动社会管理科学化》，《领导科学》2011 年第 20 期，第 12～13 页。

［1187］郭静：《微博在媒体报道中的作用》，《青年记者》2011 年第 20 期，第 102 页。

［1188］魏浩浩、王勇森：《“短小精悍”的微博时代》，《走向世界》2011 年第 20 期，第 73～75 页。

［1189］张荣欢、游令昆：《微博传播环境中的话语领地分析》，《新闻爱好者》2011 年第 20 期，第 12～13 页。

第 21 期

［1190］王化兵：《出版业劲刮微博风》，《出版参考》2011 年第 21 期，第 1 页。

［1191］马志明：《微博营销：图书行业怎么玩?》，《出版参考》2011 年第 21 期，第 6～7 页。

［1192］徐艳红：《微博公益不能让人“鸭梨山大”——访“随手拍照解救乞讨儿童”活动发起人、中国社科院教授于建嵘》，《人民论坛》2011 年第 21 期，第 59 页。

［1193］李晶晶：《简论微博对新闻传播的影响及作用》，《中国城市经济》2011 年第 21 期，第 273 页。

［1194］苟德培：《纸媒借力微博的“四可为”》，《中国报业》2011 年第 21 期，第 43～44 页。

［1195］王擎、董小倩：《2011 年两会报道观察——从观念到形式的嬗变》，《新闻爱好者》2011 年第 21 期，第 32～33 页。

［1196］曹丽冰：《浅析微博在图书馆读者服务工作中的作用》，《科技资讯》2011 年第 21 期，第 250～250 页。

［1197］张颐武：《让微博和文明一起成长》，《中国政协》2011 年第 21 期，第 38～38 页。

［1198］肖安庆：《微博教研：一个便捷、原创和交互式的教研新平台》，《素质教育大参考》2011 年第 21 期，第 13～14 页。

［1199］邵鸣钢：《微博的即时广泛性传播和传统媒体应对措施》，《科技传播》2011 年第 21 期，第 14、6 页。

［1200］徐艳红：《微博可以更好地改变中国未来——“免费午餐”公益活动发起人邓飞谈微博》，《人民论坛》2011 年第 21 期，第 58～59 页。

［1201］吴明华、陈华栋：《校园微博建设的问题与思考》，《思想理论教育》2011 年第 21 期，第 88～91 页。

［1202］高金国：《微博之力：从围观到挖掘》，《青年记者》2011 年第 21 期，第 109 页。

［1203］严州夫：《微博反腐揭破七扇“门”》，《检察风云》2011 年第 21 期，第 20～23 页。

第22期

[1204] 刘洁伶、吕梦盼：《从“济南公安”看地方政府的微博公关》，《新闻爱好者》2011年第22期，第60~61页。

[1205] 杨涛：《“局长微博门”栽于“扒粪精神”》，《政府法制》2011年第22期，第32页。

[1206] 王文：《微博时代主流意识形态更须有所作为》，《红旗文稿》2011年第22期，第27~29、1页。

[1207] 林志标：《新传媒变革下官员微博探讨》，《中国报业》2011年第22期，第21~22页。

[1208] 王丹、范毅：《浅议微博中体育新闻传播的利与弊》，《中国报业》2011年第22期，第89~90页。

[1209] 严州夫：《“微博反腐”风生水起》，《先锋队》2011年第22期，第52~55页。

[1210] 陈先红：《郭美美事件：微博江湖“真”“假”困局》，《人民论坛》2011年第21期，第60~61页。

[1211] 李媛、思金华、郝彧：《微博在高校图书馆的应用研究》，《科技情报开发与经济》2011年第21期，第35~37页。

[1212] 杨成梅：《对微博著作权侵权问题的几点思考》，《法制与社会》2011年第22期，第255~256页。

[1213] 杨丽、徐小雪、李炯华：《微博与企业危机公关管理研究》，《中国经贸导刊》2011年第22期，第74~75页。

[1214] 罗江：《迎接微博社交教育时代——教育领域的微博社会化探讨》，《中国远程教育》2011年第22期，第84页。

[1215] 廖金宝：《微博辅助思政课教学的实践探究》，《学理论》2011年第22期，第231~232页。

[1216] 刘伟：《关于公安微博发展的几点思考》，《群文天地》2011年第22期，第293~294页。

[1217] 裘治川：《运用微博加强青年职工思想政治工作攻略》，《改革与开放》2011年第22期，第66页。

[1218] 张婧：《中韩微博使用动机差异》，《中国校外教育》2011年第22期，第49、95页。

[1219] 李林：《通过微博新媒介拓展网络思想政治教育新途径》，《出国与就业》（就业版）2011年第22期，第119页。

[1220] 刘默然、朱雯偲、植慧娟、李支：《微博客的影响及其管理体制的构建》，《河南科技》2011年第22期，第12、23页。

[1221] 陈谊军：《让政务微博来得更美一些》，《当代广西》2011年第22期，第5页。

[1222] 刘伟：《关于公安微博发展的几点思考》，《群文天地》2011年第22期，第293~294页。

[1223] 赵志疆：《微博寻找“逼停哥”官民互动的意义》，《当代广西》2011年第22期，第5页。

[1224] 邢全超、袁萌:《从心理分析视角谈微博带来的社会问题》,《中国校外教育》2011年第22期,第50页。

第23期

[1225] 路晓锋:《浅析微博与大学生群体心理的契合》,《世纪桥》2011年第23期,第144~145页。

[1226] 陈友云:《微博:站在法律的断桥上——言论自由与名誉权保护之间》,《现代经济信息》2011年第23期,第397~398页。

[1227] 刘成璐、尹章池:《微博在公共突发事件中的负面影响与对策研究——以"7·23"温州动车追尾事件为例》,《现代商贸工业》2011年第23期,第274~276页。

[1228] 周志平:《微博与突发公共事件的舆论引导》,《新闻爱好者》2011年第23期,第24~25页。

[1229] 李亚凌:《微博和人人网在当代大学生中的使用情况及对比分析》,《企业导报》2011年第23期,第116页。

[1230] 汪铭:《重大突发事件的媒体声音——论"7·23"甬温铁路特大事故舆论引导的作用》,《新闻爱好者》2011年第23期,第4~5页。

[1231] 张蕾:《媒介融合背景下报纸的转型之路》,《新闻爱好者》2011年第23期,第87~88页。

[1232] 刘磊、刘悦、黄士敏:《微博对老年人日常生活的影响》,《中国老年学杂志》2011年第23期,第4741~4743页。

[1233] 王凯:《浅析微博在突破电子政务发展瓶颈中的作用》,《现代经济信息》2011年第23期,第402页。

[1234] 张旻:《微博新词新语探析》,《学理论》2011年第23期,第163~164页。

[1235] 廖林强、童炜娟:《基于微博平台下的大学生思想政治教育工作研究》,《成功》(教育)2011年第23期,第231~232页。

[1236] 王海翔:《微博在电子商务专业中的应用》,《合作经济与科技》2011年第23期,第122~123页。

[1237] 姚银松:《浅议微博应用于班主任工作》,《学周刊》2011年第23期,第17页。

[1238] 董冰:《从微博看网络时代的新闻》,《青年记者》2011年第23期,第67页。

[1239] 范忠烽:《基于微博的高校德育工作创新路径探索》,《传承》2011年第23期,第34~35页。

[1240] 吴冰:《"微博意外"频发警醒官德底线》,《政府法制》2011年第23期,第41页。

[1241] 闫旭、杨晓倩、刘晓慧、孙雪:《网络时代的微博营销战略》,《商业经济》2011年第23期,第76~77页。

第24期

[1242] 朱继东、李晓梅:《实名制规范与微博的健康发展》,《新闻爱好者》2011年第24期,第64~66页。

[1243] 李超:《微博在国内教育中的应用现状与分析》,《中国教育技术装备》2011年第24

期，第 131 ~ 134 页。

［1244］阴秀文、刘兵：《微博就是“有么说么”》，《走向世界》2011 年第 24 期，第 36 ~ 37 页。

［1245］崔佳、陈茂辉：《公安微博的济南样本》，《走向世界》2011 年第 24 期，第 32 ~ 33 页。

［1246］杜枫：《微博天下》，《走向世界》2011 年第 24 期，第 18 ~ 19 页。

［1247］谢风华：《微博作为网络思想政治教育新阵地的价值分析》，《科技创新导报》2011 年第 24 期，第 225 页。

［1248］周雪怡：《公共领域理论的微博应用》，《青年记者》2011 年第 24 期，第 42 ~ 43 页。

［1249］殷铭志：《浅析微博客时代受众的演变》，《科技创新导报》2011 年第 24 期，第 213、215 页。

［1250］陈新凯：《广东省公安微博研究》，《中国城市经济》2011 年第 24 期，第 297 ~ 298 页。

第 25 期

［1251］张博：《从 QQ 到微博：爱心教育的另一种向度》，《教育教学论坛》2011 年第 25 期，第 7 ~ 8 页。

［1252］吕翠莲：《微博控与自恋狂》，《走向世界》2011 年第 25 期，第 95 页。

［1253］曹磊：《微博传播的正向与偏向》，《青年记者》2011 年第 25 期，第 44 ~ 45 页。

［1254］王思：《微博上的新闻语言》，《青年记者》2011 年第 25 期，第 13 ~ 14 页。王彤：《微博舆论的形成及其管理分析》，《学理论》2011 年第 25 期，第 100 ~ 101 页。

［1255］彭光芒：《微博“口水战”中的民意信号》，《人民论坛》2011 年第 25 期，第 54 ~ 55 页。

［1256］胡明辉：《微博兴起视野下的学生思想政治工作》，《中国职业技术教育》2011 年第 25 期，第 80 ~ 82 页。

［1257］杨彩荣：《大学校长开微博不是赶“时髦”》，《教育与职业》2011 年第 25 期，第 84 ~ 85 页。

［1258］洪立辉：《关于高校图书馆利用微博客开展服务的几点思考》，《科技信息》2011 年第 26 期，第 375 页。

第 27 期

［1259］魏攀：《微博客在我国高校图书馆的应用研究》，《科技情报开发与经济》2011 年第 27 期，第 6 ~ 8 页。

［1260］高金国：《那些被微博改变的生活》，《青年记者》2011 年第 27 期，第 117 页。

［1261］朱菁：《微博发展，路在何方》，《青年记者》2011 年第 27 期，第 94 ~ 95 页。

［1262］谢米兰：《公安微博网络追凶亟待规范》，《青年记者》2011 年第 27 期，第 33 ~ 34 页。

［1263］蒋萍：《微博在高校图书馆中的应用探究》，《科技信息》2011 年第 27 期，第 618、600 页。

第 28 期

[1264] 陈力丹:《以自律解决微博传谣问题》,《青年记者》2011 年第 28 期,第 45 ~46 页。

[1265] 吴自力:《一条记者微博笔仗引发的思考》,《青年记者》2011 年第 28 期,第 34 页。

[1266] 高意盈:《政务微博何去何从》,《政府法制》2011 年第 28 期,第 45 ~46 页。

[1267] 董立人:《政务微博发展助推社会管理创新》,《领导科学》2011 年第 28 期,第 20 ~22 页。

[1268] 王冠:《试论微博的发展与规范》,《出版参考》2011 年第 28 期,第 15 ~16 页。

第 29 期

[1269] 詹国枢:《微博来了,政府咋办》,《中国经济周刊》2011 年第 29 期,第 77 页。

[1270] 杨若妍、魏钢:《运用微博媒体开展高校思想政治教育工作》,《教育教学论坛》2011 年第 29 期,第 34 ~35 页。

[1271] 程惠琳:《微博 = “微小”、“博大”》,《青年记者》2011 年第 29 期,第 1 页。

[1272] 刘林山:《报纸微博的媒介价值与运作方式分析》,《学理论》2011 年第 29 期,第 137 ~138 页。

[1273] 康磊:《微博时代如何应对虚假信息》,《青年记者》2011 年第 29 期,第 8 ~9 页。

第 30 期

[1274] 部书锴:《微博热议“走转改”》,《青年记者》2011 年第 30 期,第 26 ~27 页。

[1275] 关思佳:《谈中国互联网的微博时代》,《黑龙江科技信息》2011 年第 30 期,第 108 页。

[1276] 张文祥:《政府信息公开与“微博驱动”》,《青年记者》2011 年第 30 期,第 43 ~45 页。

[1277] 李群:《微博信息的分层及效果分析》,《青年记者》2011 年第 30 期,第 35 ~36 页。

[1278] 刘霖、张中顺:《微博舆论的形成及特点》,《青年记者》2011 年第 30 期,第 64 ~65 页。

第 31 期

[1279] 陈恒明、朱平、陈静、李绚绚:《广东天气微博传输气象信息服务的效益研究》,《安徽农业科学》2011 年第 31 期,第 19478 ~19480、19501 页。

[1280] 龙静云、薛惠:《基于微博的大学生社会主义核心价值体系传播研究》,《学校党建与思想教育》2011 年第 31 期,第 16 ~18、22 页。

[1281] 陈力丹:《微博“圈子文化”解码》,《人民论坛》2011 年第 31 期,第 66 ~67 页。

第 32 期

[1282] 杨晓娜:《微博设置大众议程及对公共领域建构的研究》,《学理论》2011 年第 31 期,第 127 ~130 页。

[1283] 汪莅轩:《多元互动视角下官员微博行为探究》,《领导科学》2011 年第 32 期,第

15～17页。
［1284］王菲菲：《大学生思想政治教育如何正确面对微博》，《经济研究导刊》2011年第32期，第276～278页。李新宇：《校园微博应用探析》，《科技信息》2011年第32期，第292页。
［1285］王超、金敏国、刘华桢：《国外官员的微博制胜法》，《政府法制》2011年第32期，第8～9页。
［1286］廖艳琼：《微博热点事件的舆情引导机制》，《青年记者》2011年第32期，第63～64页。

第33期

［1287］高金国：《微博成了放大镜?》，《青年记者》2011年第33期，第85页。
［1288］沈阳：《微博时代：应机制化处理网络舆情》，《人民论坛》2011年第33期，第23页。
［1289］祝映莲：《微博营销的病毒特征及应用策略分析》，《商业时代》2011年第33期，第38～39页。
［1290］刘梦琦：《微博及其在高校图书馆的应用》，《科技情报开发与经济》2011年第33期，第3～5页。
［1291］黄少鹤：《微博时代，如何做好党报新闻报道》，《青年记者》2011年第33期，第56～57页。
［1292］张博：《试论微博出现后受众角色的转变》，《才智》2011年第33期，第274页。
［1293］张冰、张敏：《微博传播影响力有多大》，《出版参考》2011年第33期，第1页。
［1294］张元：《“围脖”传声：新情境下高校思想政治教育的应对》，《才智》2011年第33期，第211、73页。
［1295］樊兵：《浅议微博在高校图书馆的应用》，《科技情报开发与经济》2011年第33期，第13～15页。
［1296］刘善花：《浅析微博在推进社会公平正义进程中的积极作用》，《法制与社会》2011年第33期，第171～172页。

第34期

［1297］吴帅：《还是别让医生们“被微博”》，《中国社区医师》2011年第34期，第22页。
［1298］杨诗意、徐娟娟、陈薇：《可视性评价微博对大学生的影响研究》，《中国电力教育》2011年第34期，第170、186页。
［1299］喻国明：《微博影响力的形成机制与社会价值》，《人民论坛》2011年第34期，第9～11页。
［1300］陈昌凤、虞鑫：《微博空间的政治议题：呈现与建构——从自荐参选人大代表的新浪微博客说起》，《人民论坛》2011年第34期，第12～14页。
［1301］陈力丹、曹文星：《微博问政的优势及其有效开展的途径》，《人民论坛》2011年第34期，第15～17页。
［1302］陈潭、王烂辉：《微博问政与公众政治》，《人民论坛》2011年第34期，第18～

19 页。

[1303] 魏德鹏：《微博——出版业的又一营销利器》，《才智》2011 年第 34 期，第 216 ~ 217 页。

[1304] 车玥：《浅析微博中谣言传播的心理动因》，《才智》2011 年第 34 期，第 220 页。

[1305] 杜晓佳：《微博侵犯隐私权之法律探析》，《法制与社会》2011 年第 34 期，第 266 页。

[1306] 张海砾：《微博——情报获取新途径探析》，《科技创新导报》2011 年第 34 期，第 225 ~ 226 页。

[1307] 王琳玲、侯育伶：《领导干部微博的角色冲突与定位》，《领导科学》2011 年第 34 期，第 14 ~ 15 页。

[1308] 胡泳：《限娱令、“微博公厕”论与道德恐慌症》，《青年记者》2011 年第 34 期，第 30 ~ 32 页。

[1309] 袁峰：《大力拓展政务微博的民主功能》，《人民论坛》2011 年第 34 期，第 6 ~ 8 页。

[1310] 潘博成、王珊、杨秀玲、邓正恒：《试论微博与传统文化的传播——基于肇庆端砚公益文化团的实证研究》，《中国市场》2011 年第 35 期，第 181 ~ 182 页。

[1311] 吴沙沙：《微博舆论传播特点及其引导》，《青年记者》2011 年第 35 期，第 27 ~ 28 页。

[1312] 汪为：《从“微博打拐”看警务社会化结构的完善和创新》，《法制与社会》2011 年第 36 期，第 190 页。

[1313] 车佳益、万云：《论“微时代”的微博领导力》，《领导科学》2011 年第 36 期，第 11 ~ 13 页。

[1314] 杨守涛：《“微博问政”出实效的理念前提与制度基础》，《领导科学》2011 年第 36 期，第 9 ~ 11 页。

[1315] 周建章：《“微博问政”须提升领导干部“微素质”》，《领导科学》2011 年第 36 期，第 14 ~ 15 页。

[1316] 王文：《传统媒体不应成为“微博控”》，《青年记者》2011 年第 36 期，第 4 页。

2012年

第 1 期

[1] 乔文娟：《浅析微博时代公众话语权的提升》，《新闻世界》2012 年第 1 期，第 84 ~ 85 页。

[2] 邓勇：《政务微博现象之解读及其行政规制初探》，《公法研究》，2012 年第 1 期，第 269 ~ 288 页。

[3] 冯存、袁狄平：《消防政务微博的宣传策略研究》，《武警学院学报》2012 年第 1 期，第 84 ~ 86 页。

[4] 刘亚琦：《微博违法犯罪现象分析与对策初探》，《新疆警官高等专科学校学报》2012 年第 1 期，第 14 ~ 18 页。

[5] 张莉、陈敏：《浅谈无偿献血在微博时代的危机公关策略》，《中国输血杂志》2012 年第 S1 期，第 196 ~ 197 页。
[6] 刘鹤：《刍议微博舆论生态下的涉警舆情》，《吉林公安高等专科学校学报》2012 年第 1 期，第 26 ~ 30 页。
[7] 吴占勇、张卓、王瀚东：《自媒体时代的电视品牌传播——以湖北卫视新浪微博为例》，《媒体时代》2012 年第 Z1 期，第 9 ~ 14、2 页。
[8] 何淮花：《谈体育明星微博与自身公众形象塑造》，《体育研究与教育》2012 年第 S1 期，第 7 ~ 9 页。
[9] 郑展鸿、卢瑞扬：《微博对当代大学生思想政治教育的影响及对策研究》，《云南社会主义学院学报》2012 年第 1 期，第 38 ~ 39 页。
[10] 宋双永、李秋丹、路冬媛：《面向微博客的热点事件情感分析方法》，《计算机科学》2012 年第 S1 期，第 226 ~ 228、260 页。
[11] 谢晓婷、陆军：《沟通与互动——“微环境”下的博物馆文化推广》，《中国博物馆》2012 年第 1 期，第 39 ~ 42 页。
[12] 夏德元：《民众传播的兴起与微博文化的若干思考》，《东吴学术》2012 年第 1 期，第 16 ~ 25 页。
[13] 王晨：《政务微博不要搞形式主义》，《浙江人大》2012 年第 Z1 期，第 76 页。
[14] 许大玮、王纯：《以微博为代表的“草根媒体”兴起，传统媒体如何应对?》，《美与时代》（下）2012 年第 1 期，第 108 ~ 109 页。
[15] 高智慧：《以微博心态解读消防宣传》，《新闻论坛》2012 年第 1 期，第 1 页。
[16] 陈蕊、宋悦：《由“微博之‘危’”引发的思考》，《新闻爱好者》2012 年第 1 期，第 58 ~ 59 页。
[17] 李鹰：《微博开启网络执政的新时代》，《湘潮》（下半月）2012 年第 1 期，第 20 ~ 21 页。
[18] 许天颖：《微博事件：范式修订与后台前台化》，《新闻战线》2012 年第 1 期，第 80 ~ 81 页。
[19] 付玉辉：《从微博实名制看互联网传播治理思维变迁》，《互联网天地》2012 年第 1 期，第 14 ~ 15 页。
[20] 谢天佑：《微博及其传播的主要问题及解决路径》，《无线互联科技》2012 年第 1 期，第 34、69 页。
[21] 孟欣：《浅论“注意力经济”语境下的微博影响力》，《现代物业》（中旬刊）2012 年第 1 期，第 48 ~ 49 页。
[22] 肖光：《浅谈微博在学校教育教学中的作用》，《基础教育研究》2012 年第 1 期，第 30 ~ 31 页。
[23] 喻国明：《善待微博，用好微博》，《人民论坛》2012 年第 1 期，第 26 ~ 27 页。
[24] 颜芳、张崔英：《微博与大学生思想政治教育创新初探》，《山西青年管理干部学院学报》2012 年第 1 期，第 33 ~ 35 页。
[25] 崔婧：《微博的使用与大学生成才教育》，《河南司法警官职业学院学报》2012 年第 1 期，第 106 ~ 109 页。

［26］暴伟晨：《微博时代对领导干部的挑战和素质要求》，《山西财经大学学报》2012 年第 S1 期，第 286 页。
［27］邹娜：《微博对高校思想政治教育的作用研究》，《太原大学教育学院学报》2012 年第 S1 期，第 21 ~ 23 页。
［28］姜岩、毛素琴：《关于网络公共领域中新闻建构者的探讨——以“新浪微博”为例》，《内蒙古民族大学学报》（社会科学版）2012 年第 1 期，第 120 ~ 122 页。
［29］金鑫、谢斌、朱建明：《基于复杂网络分析的微博网络舆情传播》，《吉林大学学报》（工学版）2012 年第 S1 期，第 271 ~ 275 页。
［30］王越琳：《社会管理创新背景下的公安机关网络舆论引导——以“公安微博”为视角》，《四川警察学院学报》2012 年第 1 期，第 67 ~ 71 页。
［31］杜挺：《政务微博助推社会管理创新——以微博上的“浙江军团”现象为例》，《思想政治工作研究》2012 年第 1 期，第 52 ~ 53 页。
［32］于洪、杨显：《微博中节点影响力度量与传播路径模式研究》，《通信学报》2012 年第 S1 期，第 96 ~ 102 页。
［33］徐小勇、鲍洪杰：《解析传统纸媒与微博的融合》，《企业技术开发》2012 年第 Z1 期，第 178 ~ 179 页。
［34］蒋常香、吴喜兰：《利用微博加强高校思政教育工作探析》，《南昌高专学报》2012 年第 1 期，第 77 ~ 78 页。
［35］刘冬：《外来工使用微博状态分析》，《新闻爱好者》2012 年第 1 期，第 62 ~ 63 页。
［36］谢莹晖：《微博的偏向——微博的媒介特征新议》，《北京印刷学院学报》2012 年第 1 期，第 27 ~ 30 页。
［37］童霞、钟国文：《谈谈微博与档案馆的对外宣传》，《四川档案》2012 年第 1 期，第 41 ~ 42 页。
［38］吴英文：《微博客文学发展现状检视》，《黔南民族师范学院学报》2012 年第 1 期，第 44 ~ 47 页。
［39］刘海波：《试论微博在突发事件传播中的应用——以“7・23”温州动车事故为例》，《福建广播电视大学学报》2012 年第 1 期，第 68 ~ 70 页。
［40］郭旭鹏：《大学生“微博维权”的理性思考和对策研究》，《枣庄学院学报》2012 年第 1 期，第 87 ~ 89 页。
［41］石晶、王艳辉：《微博的学习价值及其存在问题的探讨》，《科教文汇》（下旬刊）2012 年第 1 期，第 33 ~ 34 页。
［42］浙江省政研会：《政务微博助推社会管理创新——以微博上的“浙江军团”现象为例》，《思想政治工作研究》2012 年第 1 期，第 52 ~ 53 页。
［43］刘岩：《微博支持下的项目学习策略研究》，《软件导刊》2012 年第 1 期，第 104 ~ 106 页。
［44］高壮伟、李晓凤、李良：《浅谈微博视野下的大学生思想政治教育》，《天水行政学院学报》2012 年第 1 期，第 94 ~ 96 页。
［45］董庸昌：《织条“围脖”温暖学生——微博育人的实践与体会》，《河南商业高等专科学校学报》2012 年第 1 期，第 107 ~ 109 页。

［46］陈欢：《审视微博：一种技术的话语表达》，《新闻爱好者》2012 年第 1 期，第 35 ~ 36 页。

［47］罗昕：《微博自组织机制的形成与管理——以某重大突发事件中的谣言为例》，《聊城大学学报》（社会科学版）2012 年第 1 期，第 92 ~ 95 页。

［48］王淑君：《微博时代高校辅导员工作的思考与创新》，《湖北成人教育学院学报》2012 年第 1 期，第 37 ~ 38 页。

［49］林翎：《微博在突发新闻事件中的优劣及发展规范》，《东南传播》2012 年第 1 期，第 96 ~ 98 页。

［50］陈岳芬、李立：《话语的建构与意义的争夺——宜黄拆迁事件话语分析》，《新闻大学》2012 年第 1 期，第 54 ~ 61 页。

［51］刘鹤：《微博对涉警舆情生成的影响及应对》，《江西警察学院学报》2012 年第 1 期，第 55 ~ 58 页。

［52］吴涛：《微博中话语权马太效应的呈现》，《新闻爱好者》2012 年第 1 期，第 60 ~ 61 页。

［53］庞志伟：《微博在高校思想政治教育中应用价值的探讨》，《辽宁经济管理干部学院》（辽宁经济职业技术学院学报）2012 年第 1 期，第 77 ~ 78 页。

［54］刘伟、赵雪梅：《突发事件的微博传播——以玉树地震和甬温线特大事故为例》，《新闻爱好者》2012 年第 1 期，第 11 ~ 12 页。

［55］陈红梅：《微博实名制：信息时代的焦虑》，《社会观察》2012 年第 1 期，第 42 ~ 43 页。

［56］马成鸣、李彦：《微博的传播效果及其生命力》，《发展》2012 年第 1 期，第 111 ~ 112 页。

［57］宗蕊：《微博时代电视新闻传播的 SWOT 分析》，《新闻世界》2012 年第 1 期，第 94 ~ 95 页。

［58］吴茹双：《微博对公民社会建构的影响探析》，《新闻世界》2012 年第 1 期，第 96 ~ 97 页。

［59］叶婷：《微博：大学生思想政治教育的新视角》，《上海青年管理干部学院学报》2012 年第 1 期，第 12 ~ 13 页。

［60］陈瑞霖：《记者的“微博行为”探究》，《新闻世界》2012 年第 1 期，第 120 ~ 121 页。

［61］尹俊：《利用微博构建和谐干群关系探讨》，《郑州轻工业学院学报》（社会科学版）2012 年第 1 期，第 38 ~ 42 页。

［62］胡瑛：《微博语境下公民参与的三重悖论》，《东南传播》2012 年第 1 期，第 43 ~ 45 页。

［63］李晓霞：《关于警务微博话语权的思考》，《云南警官学院学报》2012 年第 1 期，第 125 ~ 128 页。

［64］李夫生：《作为公共空间的微博及其文学生产》，《创作与评论》2012 年第 1 期，第 91 ~ 94 页。

［65］高壮伟、李晓凤：《微博视野下的大学生思想政治教育》，《胜利油田党校学报》2012 年第 1 期，第 87 ~ 89 页。

[66] 隋红：《简析“微时代”的文化传播特征——从以微博为首的“微媒体”说起》，《大众文艺》2012 年第 1 期，第 180～181 页。
[67] 魏诠、王剑：《微博时代的广播新闻》，《新闻知识》2012 年第 1 期，第 57～58、110 页。
[68] 李顺洁：《移动互联网对新闻传播的价值体现——以〈南方都市报〉入驻新浪微博为例》，《新闻传播》2012 年第 1 期，第 75～76 页。
[69] 毛海燕、王梅：《微博与图书情报服务空间的新拓展》，《高校图书馆工作》2012 年第 1 期，第 85～87 页。
[70] 武浩：《试论民生警务视野下的公安微博运用》，《网络安全技术与应用》2012 年第 1 期，第 68～69 页。
[71] 张国栋：《微博盛行对社会稳定的影响》，《网络安全技术与应用》2012 年第 1 期，第 70～72、61 页。
[72] 蔡赐福：《微博，让思想政治课教学更给力》，《素质教育大参考》2012 年第 1 期，第 27～29 页。
[73] 董立人：《提升政务微博质量　促进社会管理创新》，《中国浦东干部学院学报》2012 年第 1 期，第 127～131 页。
[74] 陈权、张红军：《微博传播中“揭黑”与“辟谣”的博弈——对“郭美美事件”的传播学思考》，《新闻知识》2012 年第 1 期，第 47～48 页。
[75] 刘恒：《公共事件中微博传播的分析》，《新闻传播》2012 年第 1 期，第 37 页。
[76] 王欢、王冰、张静：《社会心理学视阈下的微博文化研究》，《华中师范大学学报》（人文社会科学版）2012 年第 S1 期，第 151～155 页。
[77] 徐丹：《中国微博上的国际面孔》，《决策探索》（上半月）2012 年第 1 期，第 60～61 页。
[78] 邓皓东：《梅德韦杰夫微博博文的批评话语分析》，《南昌教育学院学报》2012 年第 1 期，第 29、31 页。
[79] 向菊梅：《试论秒时代党报媒体的发展瓶颈与对策——以 7·23 甬温线特大动车事故报道为例》，《东南传播》2012 年第 1 期，第 134～136 页。
[80] 栾轶玫：《微博的“后台实名”及“版权保护”》，《视听界》2012 年第 1 期，第 125 页。
[81] 何晓闽、王立：《发挥微博在突发事件传播中的效能》，《军事记者》2012 年第 1 期，第 44～45 页。
[82] 梁丽：《微博领导力》，《人才资源开发》2012 年第 1 期，第 64～65 页。
[83] 吴浩：《医生开微博只能沟通不能开诊》，《中国社区医师》2012 年第 1 期，第 24 页。
[84] 王筱孛：《微博中受众媒介素养的培育》，《今传媒》2012 年第 1 期，第 87～88 页。
[85] 那什：《微博实名制是个好东西》，《中国新通信》2012 年第 1 期，第 45～46 页。
[86] 魏尧：《微博时代的图片报道》，《对外传播》2012 年第 1 期，第 32、57 页。
[87] 蔡斐：《重庆市政务微博研究报告（2011）》，《西南政法大学学报》2012 年第 1 期，第 116～123 页。
[88] 杨梦丹：《微博时代给政府带来的新影响》，《云南社会主义学院学报》2012 年第 1

期，第 20 ~ 21 页。

[89] 李丹：《微博舆情下的议题管理》，《国际公关》2012 年第 1 期，第 85 页。

[90] 刘丹：《军营微博：思想政治工作的新手段》，《西安政治学院学报》2012 年第 1 期，第 40 ~ 41 页。

[91] 杨建宇：《微博的政治效应与政府的冲突治理》，《新闻爱好者》2012 年第 1 期，第 14 ~ 15 页。

[92] 李铁亮：《论“微时代”舆论的畸变形态》，《新闻爱好者》2012 年第 1 期，第 31 ~ 32 页。

[93] 祝华新、单学刚、胡江春：《当前我国网络舆论载体和传播方式的新变化》，《理论导报》2012 年第 1 期，第 4 ~ 5 页。

[94] 刘韡：《浅论微博侵权中的法律适用——以〈侵权责任法〉第 36 条为视角》，《法制与经济》（中旬）2012 年第 1 期，第 61 页。

[95] 陈文胜：《论“微博问政”与党的执政方式创新》，《青海社会科学》2012 年第 1 期，第 15 ~ 19、71 页。

[96] 韩秋明、赵需要：《微博存在的问题及其规制策略研究——基于信息伦理学视角的分析》，《情报资料工作》2012 年第 1 期，第 27 ~ 31 页。

[97] 张楠：《微博在国内图书馆中应用状况调查及相应发展对策》，《情报资料工作》2012 年第 1 期，第 102 ~ 104 页。

[98] 王晓兰：《2011 年中国微博客传播研究综述》，《国际新闻界》2012 年第 1 期，第29 ~ 33 页。

[99] 党雷：《微博环境下公共领域的建构与规范》，《青海社会科学》2012 年第 1 期，第 88 ~ 93 页。

[100] 黄淑敏：《图书馆微博使用特征及发展策略研究》，《大学图书馆学报》2012 年第 1 期，第 78 ~ 83 页。

[101] 蔡金平、马晓琼：《高校思想政治教育微博热的冷思考》，《长春工业大学学报》（社会科学版）2012 年第 1 期，第 124 ~ 126 页。

[102] 缪志波：《浅析微博时代高校网络舆情的监测与引导》，《当代教育论坛》2012 年第 1 期，第 118 ~ 122 页。

[103] 邹欢艳：《微博著作权侵权的认定与立法建议》，《上海政法学院学报》（法治论丛）2012 年第 1 期，第 19 ~ 22 页。

[104] 熊萍：《“微博”伦理失序及其伦理秩序构建》，《伦理学研究》2012 年第 1 期，第 134 ~ 136 页。

[105] 张沭宁：《微博问政的“多中心治理结构”与策略探讨》，《新闻界》2012 年第 1 期，第 17 ~ 20 页。

[106] 石磊、张聪、卫琳：《引入活跃指数的微博用户排名机制》，《小型微型计算机系统》2012 年第 1 期，第 110 ~ 114 页。

[107] 郑斐然、苗夺谦、张志飞、高灿：《一种中文微博新闻话题检测的方法》，《计算机科学》2012 年第 1 期，第 138 ~ 141 页。

[108] 谢丽星、周明、孙茂松：《基于层次结构的多策略中文微博情感分析和特征抽取》，

《中文信息学报》2012 年第 1 期，第 73～83 页。

［109］杨亮、林原、林鸿飞：《基于情感分布的微博热点事件发现》，《中文信息学报》2012 年第 1 期，第 84～90、109 页。

［110］王艺：《对微博舆论场的传播学解构——以“温州动车事故”的微博传播为例》，《新闻界》2012 年第 1 期，第 6～9 页。

［111］刘静：《我国高校图书馆认证用户微博调查分析——以新浪微博为平台》，《图书馆学研究》2012 年第 1 期，第 90～95 页。

［112］张垒：《档案馆微博利用的实证分析》，《档案管理》2012 年第 1 期，第 72～74 页。

［113］刘畅、张志刚：《微博受众使用心理的个案研究》，《文化学刊》2012 年第 1 期，第 58～62 页。

［114］芦何秋、胡晓：《突发事件中传统媒体和新媒体的交互影响——以甬温动车事故为例》，《当代传播》2012 年第 1 期，第 82～84 页。

［115］王正、陈宏斌：《微博传播视角中的网络负面舆情处置研究》，《公安研究》2012 年第 1 期，第 78～82 页。

［116］李海峰：《微博对突发事件的影响作用探究》，《宁波大学学报》（人文科学版）2012 年第 1 期，第 124～127 页。

［117］黄红梅、王雪莲：《微博在手机图书馆中的应用》，《图书馆论坛》2012 年第 1 期，第 72～75、112 页。

［118］周斌、虞谷民、李怡：《微博问政：政社互动的新模式探析》，《西南石油大学学报》（社会科学版）2012 年第 1 期，第 37～40、48、10 页。

［119］黄淑敏：《高校官方微博发展及运营策略研究》，《中国远程教育》2012 年第 1 期，第 38～43 页。

［120］刘瑞生、张宪春：《全球视野下的微博发展及其管理》，《新闻与写作》2012 年第 1 期，第 8～11 页。

［121］李志飞：《微博问政的利弊与对策》，《学术交流》2012 年第 1 期，第 195～197 页。

［122］连志慧、武雪周：《政府转型视角下加强政务微博建设的若干思考》，《中国市场》2012 年第 1 期，第 104～105、114 页。

［123］郑燕：《网民的自由与边界——关于微博公共领域中言论自由的反思》，《社会科学研究》2012 年第 1 期，第 187～191 页。

［124］刘志明、刘鲁：《基于机器学习的中文微博情感分类实证研究》，《计算机工程与应用》2012 年第 1 期，第 1～4 页。

［125］王嘉：《微博传播中的话语权分配》，《郑州航空工业管理学院学报》（社会科学版）2012 年第 1 期，第 72～74 页。

［126］步永忠：《微博“秒时代”做强电视新闻》，《视听界》2012 年第 1 期，第 96～97 页。

［127］郭鑫：《微博——数字时代的营销新平台》，《经济研究导刊》2012 年第 1 期，第 208～209 页。

［128］晓雨：《警方微博也疯狂——盘点 2011 年微博通缉令》，《中国边防警察杂志》2012 年第 1 期，第 92～93 页。

[129] 陈新：《微博论政与政府回应模式变革》，《上海行政学院学报》2012 年第 1 期，第 22 ~ 27 页。

[130] 宋利国、张亚娜：《社会管理创新背景下我国政务微博建设刍议》，《理论导刊》2012 年第 1 期，第 26 ~ 28 页。

[131] 李晖：《三类微博，消解政务微博影响力》，《新闻记者》2012 年第 1 期，第 55 ~ 58 页。

[132] 邹欢艳：《浅析微博著作权侵权的认定与立法建议》，《十堰职业技术学院学报》2012 年第 1 期，第 39 ~ 42 页。

[132] 杜仕菊、曹娜：《论微博时代的公民政治参与》，《上海市社会主义学院学报》2012 年第 1 期，第 56 ~ 60 页。

[134] 周庆山、梁兴堃、曹雨佳：《微博中意见领袖甄别与内容特征的实证研究》，《山东图书馆学刊》2012 年第 1 期，第 22 ~ 27、35 页。

[135] 杨捷：《微博客在农业高职院校图书馆的应用》，《浙江农业学报》2012 年第 1 期，第 169 ~ 173 页。

[136] 彭雪松、黎滢：《试论微博传播中的受众伦理》，《理论导报》2012 年第 1 期，第 49 ~ 50 页。

[137] 杨斌：《关于微博法律问题的思考》，《网络安全技术与应用》2012 年第 1 期，第 66 ~ 67 页。

[138] 时玉柱：《红色微博：大学生思想政治教育的新载体》，《井冈山大学学报》（社会科学版）2012 年第 1 期，第 27 ~ 31 页。

[139] 阮璋琼、尹良润：《党报微博运营现状及发展路径》，《中国报业》2012 年第 1 期，第 58 ~ 60 页。

[140] 梁沙：《论网络环境下档案信息传播的整合——以档案馆网站、网络社区、博客、微博四种网络传播方式为例》，《档案管理》2012 年第 1 期，第 11 ~ 13 页。

[141] 邓炘炘：《“井喷”的冲击——2011 年微博传播及其指向》，《传媒》2012 年第 1 期，第 27 ~ 29 页。

[142] 牟欣：《微博作为一种新的管理模式在教育教学中的实践与探索》，《甘肃科技》2012 年第 1 期，第 101 ~ 104 页。

[143] 靳胜娜：《自媒体时代微博“自由”度的把握》，《新闻传播》2012 年第 1 期，第 84、86 页。

[144] 周珣：《微博客的虚假信息传播现象分析》，《现代传播》（中国传媒大学学报）2012 年第 1 期，第 151 ~ 152 页。

[145] 彭姝、洪育才、王媛：《论微博在网络舆论引导中的作用》，《特区实践与理论》2012 年第 1 期，第 78 ~ 81 页。

[146] 陈昶屹：《微博语境下侵权责任诉讼救济的困境与完善对策》，《法律适用》2012 年第 1 期，第 100 ~ 102 页。

[147] 林大云：《基于 Hadoop 的微博信息挖掘》，《计算机光盘软件与应用》2012 年第 1 期，第 7 ~ 8 页。

[148] 靖鸣、李姗姗：《微博舆论监督中的集群行为及其成因探析——以“药家鑫事件”为

例》，《新闻与写作》2012 年第 1 期，第 33 ~ 35 页。

[149] 王侃：《新媒体、微博与中国工人集体行动》，《中国工人》2012 年第 1 期，第 31 ~ 32 页。

[150] 许兆：《政府微博的定位和传播》，《对外传播》2012 年第 1 期，第 49 ~ 50 页。

[151] 刘键政：《微博：网络时代大学生隐性思想政治教育的重要载体》，《湖北广播电视大学学报》2012 年第 1 期，第 50 ~ 51 页。

[152] 郑广贵：《基于“微博”平台下的高校就业工作探析》，《湖北广播电视大学学报》2012 年第 1 期，第 56 ~ 57 页。

[153] 熊晓艳、王井怀：《论政府微博对公共话语影响的有效性》，《新闻世界》2012 年第 1 期，第 82 ~ 83 页。

[154] 阙哲屹：《微博体育赛事报道的现状与对策分析》，《新闻世界》2012 年第 1 期，第 90 ~ 91 页。

[155] 邓萍：《浅析微博在中学图书馆中的应用》，《贵图学刊》2012 年第 1 期，第 29 ~ 31 页。

[156] 王莎莎：《微博在计算机职业教育中的应用》，《辽宁师专学报》（自然科学版）2012 年第 1 期，第 36 ~ 37、42 页。

[157] 孙忠良：《论微博时代民主党派的角色定位》，《贵州社会主义学院学报》2012 年第 1 期，第 14 ~ 16 页。

[158] 张延坤：《浅析微博舆论的生成演变机制——以“方韩之争”为例》，《山西师大学报》（社会科学版）2012 年第 S1 期，第 65 ~ 66 页。

[159] 牛妍：《微博在高校思想政治理论课教学中的应用研究》，《伊犁师范学院学报》（自然科学版）2012 年第 1 期，第 77 ~ 80 页。

[160] 马飞杰：《微博在公共图书馆中的应用探索》，《图书馆研究与工作》2012 年第 1 期，第 38 ~ 40 页。

[161] 曹东：《封闭式院校学生微博使用的心理需求分析》，《社会心理科学》2012 年第 Z1 期，第 78 ~ 79、106 页。

[162] 年大琦：《易班微博平台下师生互动实践研究》，《湖北第二师范学院学报》2012 年第 S1 期，第 156 ~ 158 页。

[163] 庞磊、李寿山、张慧、周国栋：《基于微博的股票投资者未来情感倾向识别研究》，《计算机科学》2012 年第 S1 期，第 249 ~ 252 页。

[164] 吴炜炜、陶丽娜：《基于孤子方程的微博舆情建模分析》，《湖北第二师范学院学报》2012 年第 S1 期，第 151 ~ 153 页。

[165] 陈一沫：《微博“电子乌托邦”浮云再现——以 2011 年“微博打拐”行动为例》，《今传媒》2012 年第 1 期，第 92 ~ 93 页。

第 2 期

[166] 韩旭初：《浅谈新兴媒介与中国公共领域的关系——以微博为例》，《文学界》（理论版）2012 年第 2 期，第 288 ~ 290 页。

[167] 王璠：《门户网站中体育微博的应用与发展探析》，《新西部》（下旬 . 理论版）2012 年第 Z2 期，第 175 页。

[168] 王江松：《微博与劳工文化的传播》，《中国劳动关系学院学报》2012 年第 2 期，第 68 ~ 73 页。
[169] 何欣峰：《微博时代突发事件升级放大的过程分析》，《华北水利水电学院学报》（社科版）2012 年第 2 期，第 49 ~ 51 页。
[170] 陈昌凤、虞鑫：《微博空间的政治议题》，《今日国土》2012 年第 2 期，第 28 ~ 30 页。
[171] 郑重、陈佩燕：《信息伦理视角下的大学生微博用户使用动机研究》，《图书情报工作》2012 年第 S2 期，第 317 ~ 320 页。
[172] 张豪锋、杨绪辉：《教育微博社群中首帖质量的分析与对策》，《远程教育杂志》2012 年第 2 期，第 98 ~ 103 页。
[173] 胡畔：《皖江示范区政府官方微博建设研究》，《安徽行政学院学报》2012 年第 2 期，第 50 ~ 54 页。
[174] 贺晓亮：《从"南京气象局微博事件"看我国政务微博的发展》，《传媒观察》2012 年第 2 期，第 38 ~ 39 页。
[175] 李蕾：《政务微博：探索"新群众路线"》，《新闻与写作》2012 年第 2 期，第 4 页。
[176] 张亚泽：《政务微博，如何走得更远》，《领导之友》2012 年第 2 期，第 35 ~ 37 页。
[177] 相德宝、吴竞祎：《政务微博的现状与发展对策》，《新闻与写作》2012 年第 2 期，第 12 ~ 15 页。
[178] 姜亦文：《微博给高校思政教育工作者带来的机遇与挑战》，《陕西教育》（高教版）2012 年第 Z2 期，第 128 ~ 129 页。
[179] 李进：《利用微博加强和创新社会消防管理》，《城市与减灾》2012 年第 2 期，第 21 ~ 23 页。
[180] 毕馨爻：《微博传播对构建和谐社会的作用》，《西南民族大学学报》（人文社会科学版）2012 年第 S2 期，第 296 ~ 298 页。
[181] 蒋亚婷、李兵：《微博数据驱动的用户排名方法研究》，《图书情报工作》2012 年第 S2 期，第 310 ~ 313 页。
[182] 杨树林：《网络新媒体之于社会管理——以当前微博的影响为例》，《中共成都市委党校学报》2012 年第 2 期，第 28 ~ 32 页。
[183] 田娜：《公共领域视域中微博的时代价值》，《北京教育》（德育）2012 年第 Z1 期，第 34 ~ 36 页。
[184] 马永保：《微博侵害公众人物名誉权若干问题探讨》，《金陵法律评论》2012 年第 2 期，第 26 ~ 33 页。
[185] 李亮亮、张超：《微博客对企业危机公关的影响探究》，《社科纵横》（新理论版）2012 年第 2 期，第 196 ~ 197 页。
[186] 黄炜：《校园微博体系构建探索》，《浙江纺织服装职业技术学院学报》2012 年第 2 期，第 102 ~ 103、115 页。
[187] 史立丽：《浅议微博时代的网络舆论危机公关》，《山西经济管理干部学院学报》2012 年第 2 期，第 102 ~ 103、108 页。
[188] 杨娜：《浅谈政务微博——社会管理创新的新方式》，《经济视角》（中旬）2012 年第 2 期，第 103 ~ 104、109 页。

[189] 张文波：《突发性事件中微博传播研究》，《山西煤炭管理干部学院学报》2012 年第 2 期，第 76 ~ 78 页。

[190] 李堃：《微博问政的局限及完善路径》，《北京化工大学学报》（社会科学版）2012 年第 2 期，第 11 ~ 13、40 页。

[191] 沈聪：《北京微博发布厅：一条回应社会关切的权威渠道》，《前线》2012 年第 2 期，第 33 ~ 35 页。

[192] 何科、曹银忠：《浅议微博对大学生思想政治教育工作的挑战及其应对策略》，《西南民族大学学报》（人文社会科学版）2012 年第 S2 期，第 109 ~ 112 页。

[193] 屈小燕：《微博：高校思政教育的去仪式化载体》，《西南民族大学学报》（人文社会科学版）2012 年第 S2 期，第 113 ~ 116 页。

[194] 贺迎春：《利用政务微博做好政府网络舆论危机应对》，《商》2012 年第 2 期，第 114 ~ 115 页。

[195] 张恒翀：《浅谈利用微博改善气象影视服务》，《黑龙江气象》2012 年第 2 期，第 42 ~ 44 页。

[196] 孙婷婷：《论微博时代我国体育管理部门对体育突发事件的应对——以黄玉斌微博事件为例》，《体育与科学》2012 年第 2 期，第 37 ~ 39 页。

[197] 杨智勇：《浅谈微时代党的交互性信息工作面临的机遇与挑战》，《理论学习与探索》2012 年第 2 期，第 82 ~ 83 页。

[198] 陈远、袁艳红：《微博信息传播的正负社会效应》，《信息资源管理学报》2012 年第 2 期，第 48 ~ 54 页。

[199] 柳琦、杨莉：《环保微博在鄱阳湖生态保护中的运用》，《江西警察学院学报》2012 年第 2 期，第 79 ~ 81 页。

[200] 张玲玲：《地市台电视新闻借力微博的探索》，《视听界》2012 年第 2 期，第 106 ~ 107 页。

[201] 尚艳超、王恒山、王艳灵：《基于微博上信息传播的超网络模型》，《技术与创新管理》2012 年第 2 期，第 175 ~ 178 页。

[202] 邬芬：《微博在公共突发性事件中的传播作用与困境——以 7 · 23 动车事故为例》，《新闻窗》2012 年第 2 期，第 83 ~ 84 页。

[203] 孙婷婷：《经侦微博的实践与思考》，《吉林公安高等专科学校学报》2012 年第 2 期，第 5 ~ 8 页。

[204] 郭慧：《微博与公共管理部门危机公关》，《太原大学学报》2012 年第 2 期，第 84 ~ 87 页。

[205] 颜冰凤：《微博在思想政治教育领域的“登录”效应——浅析微博的思想政治教育价值》，《阿坝师范高等专科学校学报》2012 年第 2 期，第 111 ~ 113 页。

[206] 陆莹：《微博解放公民话语权》，《河南工业大学学报》（社会科学版）2012 年第 2 期，第 50 ~ 53 页。

[207] 高亚飞：《微博时代的司法公开探析》，《南京工程学院学报》（社会科学版）2012 年第 2 期，第 20 ~ 24 页。

[208] 卫甜甜：《微博传播视阈下的伦理失范与道德重构》，《上海青年管理干部学院学报》

2012 年第 2 期，第 59 ~ 61 页。

［209］郑晓燕：《新话语语境下微博文化的特征与影响》，《上饶师范学院学报》2012 年第 2 期，第 100 ~ 105 页。

［210］曹陇华、戴紫娟、张海纳：《基于微博平台的大学生媒介素养分析》，《科学经济社会》2012 年第 2 期，第 166 ~ 172 页。

［211］李娜、卢伟萍、秦鹏：《微博在公共气象服务中的应用及发展》，《气象研究与应用》2012 年第 2 期，第 107 ~ 109、121 页。

［212］洪琳婷：《公开审判制度与法庭规则的权衡——兼评旁听人“微博”直播庭审信息的合法性》，《宁波广播电视大学学报》2012 年第 2 期，第 46 ~ 48 页。

［213］周阳：《微博公众人物的伦理责任探析》，《云南电大学报》2012 年第 2 期，第 90 ~ 93 页。

［214］牛妍：《微博在高校思想政治理论课教学中的应用研究》，《江汉大学学报》（社会科学版）2012 年第 2 期，第 33 ~ 36 页。

［215］姜红梅：《巧用微博提高高职学生英语语法水平》，《河北联合大学学报》（社会科学版）2012 年第 2 期，第 63 ~ 64、79 页。

［216］马泽波：《微博实名制与构建和谐网络》，《中共云南省委党校学报》2012 年第 2 期，第 149 ~ 151 页。

［217］李海全、杨光宗：《媒介化时代的文学新景观——微博小说的定义、特征、前景》，《三峡大学学报》（人文社会科学版）2012 年第 2 期，第 43 ~ 45 页。

［218］任陈伟、刘岚、陈丽君：《微博对高职生思想政治工作的影响及应用》，《岳阳职业技术学院学报》2012 年第 2 期，第 58 ~ 60 页。

［219］金卉、范晓光：《中产阶层的网络表达：以“微博”为例》，《中共杭州市委党校学报》2012 年第 2 期，第 62 ~ 65 页。

［220］马丽：《微博活力根系给力社会文化建设》，《探求》2012 年第 2 期，第 24 ~ 29 页。

［221］徐明、宋亮、郑爱芳：《微博应用于教育的探讨》，《潍坊教育学院学报》2012 年第 2 期，第 27 ~ 28 页。

［222］黄加运、朱晓兰、黄国武：《试论微博舆论非理性因素》，《湖南大众传媒职业技术学院学报》2012 年第 2 期，第 49 ~ 51 页。

［223］徐健民：《浅议微博时代的云媒体新闻传播》，《中国报业》2012 年第 2 期，第 47 ~ 48 页。

［224］全会、方彦蘅：《微博谣言现象的成因及对策》，《青年记者》2012 年第 2 期，第 58 ~ 59 页。

［225］朱雷、韦元松：《浅谈公安微博的应用对公安公共关系的影响》，《法制与社会》2012 年第 2 期，第 153 ~ 154 页。

［226］林志标：《新传媒变革下官员微博探讨》，《理论参考》2012 年第 2 期，第 4 ~ 5 页。

［227］魏楠：《浅析党政机构和官员“微博热”》，《理论参考》2012 年第 2 期，第 6 ~ 8 页。

［228］何婷婷：《微博对新闻传播的拓展——以 2010 年南非世界杯为例》，《山东省农业管理干部学院学报》2012 年第 2 期，第 52 ~ 53 页。

［229］袁琦：《基于微博的虚拟教学社区构建研究——以导游专业为例》，《山东省农业管理

干部学院学报》2012 年第 2 期，第 178 ~ 179 页。

[230] 崔学敬：《党校系统在微博阵地集体失声的原因和对策》，《中共贵州省委党校学报》2012 年第 2 期，第 103 ~ 105 页。

[231] 黄首华、魏克强：《论公安微博在侦查中的应用——以武汉建设银行爆炸案为例》，《广西警官高等专科学校学报》2012 年第 2 期，第 15 ~ 18 页。

[232] 许玲、赵凌帆、赵琨：《传统媒体运用微博提升传播影响力的思考》，《云南科技管理》2012 年第 2 期，第 63 ~ 66 页。

[233] 石良：《网络微博中公共领域与私人领域的融合》，《沈阳大学学报》（社会科学版）2012 年第 2 期，第 130 ~ 133 页。

[234] 何碧如、何坚茹、叶柏霜：《大学生使用微博状况调查及影响分析》，《理论观察》2012 年第 2 期，第 164 ~ 165 页。

[235] 刘涵：《报刊利用微博内容涉及的版权问题探析》，《中国编辑》2012 年第 2 期，第 52 ~ 56 页。

[236] 柯赟洁、曹晓旭：《微博在高职院校思想政治教育工作中的应用途径探析》，《兰州教育学院学报》2012 年第 2 期，第 87 ~ 88、91 页。

[237] 王佳翔：《论“微博客时代”网民伦理素养建设》，《广州广播电视大学学报》2012 年第 2 期，第 67 ~ 70、110 页。

[238] 李照：《论“微博时代”职业记者面临的挑战及对策》，《甘肃联合大学学报》（社会科学版）2012 年第 2 期，第 105 ~ 108 页。

[239] 景丽：《政府微博与传播语境变迁》，《安庆师范学院学报》（社会科学版）2012 年第 2 期，第 129 ~ 132 页。

[240] 彭兰：《记者微博：专业媒体与社会化媒体的碰撞》，《江淮论坛》2012 年第 2 期，第 154 ~ 158 页。

[241] 尹翠：《微博：公民社会构建的平台——以微博对网络热点事件的影响为例》，《郑州航空工业管理学院学报》（社会科学版）2012 年第 2 期，第 154 ~ 157 页。

[242] 王云海、李峰、李彦：《利用微博开展大学生思想政治教育的方法途径研究》，《国际商务》（对外经济贸易大学学报）2012 年第 2 期，第 113 ~ 120 页。

[243] 梁明辉：《论社区警务微博建设》，《福建警察学院学报》2012 年第 2 期，第 30 ~ 35 页。

[244] 王斌：《从公安微博发展看构建和谐警民关系若干误区和出路》，《福建警察学院学报》2012 年第 2 期，第 19 ~ 24 页。

[245] 阳德青、周鹏、付雁：《浅析微博时代下的社会网络舆情传播》，《高校辅导员》2012 年第 2 期，第 14 ~ 17 页。

[246] 丁懿斐：《网络问政不“浮云”，政务微博很“给力”——松江消防支队大力开展网络政务让网民第一时间了解各种消防信息》，《新安全·东方消防》2012 年第 2 期，第 46 ~ 47 页。

[247] 汤冰：《微时代：政务微博成风》，《国土资源导刊》2012 年第 2 期，第 27 ~ 28 页。

[248] 王舒怀、张意轩：《“微政务”创新社会管理》，《理论参考》2012 年第 2 期，第 10、12 页。

[249] 浅泽:《2012，政务微博拒绝作秀》,《中国人大》2012 年第 2 期，第 6 页。
[250] 马振超:《微博时代维护国家安全与社会稳定面临的新挑战》,《中国人民公安大学学报》（社会科学版）2012 年第 2 期，第 92 ~96 页。
[251] 李芳:《微博视阈下高校思想政治教育路径构建》,《佳木斯大学社会科学学报》2012 年第 2 期，第 53 ~55 页。
[252] 于文莲:《图书馆微博服务研究》,《河南图书馆学刊》2012 年第 2 期，第 98 ~ 100 页。
[253] 吴飞翔:《基于微博的图书馆社会化媒体营销研究》,《江西图书馆学刊》2012 年第 2 期，第 48 ~50 页。
[254] 杨岭:《微博对高校思想政治教育的影响及应对策略》,《纺织教育》2012 年第 2 期，第 105 ~107 页。
[255] 欧阳友权、张婷:《微博客文化批判》,《中南大学学报》（社会科学版）2012 年第 2 期，第 121 ~125 页。
[256] 廖泽俊、柏琳:《基于 TAM 的大学生微博使用影响因素实证研究》,《北京邮电大学学报》（社会科学版）2012 年第 2 期，第 8 ~16 页。
[257] 王浩:《微博名誉侵权中的法律责任》,《重庆广播电视大学学报》2012 年第 2 期，第 44 ~47 页。
[258] 朱薇:《论微博在高校教学中的应用》,《安阳师范学院学报》2012 年第 2 期，第 137 ~139 页。
[259] 郭慰寒:《新媒体时代的警察危机公关研究——以公安微博客为例》,《新疆警官高等专科学校学报》2012 年第 2 期，第 11 ~14 页。
[260] 黄培育:《“泉州公安”微博工作调研报告》,《福建警察学院学报》2012 年第 2 期，第 25 ~29 页。
[261] 黄文森、江宇:《广西大学生微博使用动机、功能应用与满足关系浅探——以广西大学为例》,《文化与传播》2012 年第 2 期，第 24 ~29 页。
[262] 刘丹丹:《从微博问政谈公民政治参与的路径创新》,《郑州航空工业管理学院学报》（社会科学版）2012 年第 2 期，第 150 ~153 页。
[263] 卞昭玲、高丽华:《微博在我国政府信息公开中的应用初探》,《档案学研究》2012 年第 2 期，第 47 ~49 页。
[264] 郭光华:《多媒体时代纸媒与微博互动分析》,《广东外语外贸大学学报》2012 年第 2 期，第 70 ~73、81 页。
[265] 孙力舟:《微博实名制及其推进社会诚信的作用》,《保定学院学报》2012 年第 2 期，第 28 ~32 页。
[266] 于文谦、杨韵:《自媒体环境下的体育微博及其价值》,《体育学刊》2012 年第 2 期，第 25 ~30 页。
[267] 孟莉英:《论高校微博的兴起及其对策选择》,《中国青年政治学院学报》2012 年第 2 期，第 39 ~43 页。
[268] 代玉梅:《微博舆情传播效果的时间维度考察——“螺旋效应”“集聚效应”与“涵化效应”》,《西南大学学报》（社会科学版）2012 年第 2 期，第 94 ~99 页。

[269] 韦茂繁、李胜兰：《微博语言中变异标点符号刍议》，《广西民族大学学报》（哲学社会科学版）2012 年第 2 期，第 166～171 页。
[270] 王静：《运用微博开展大学生思想政治教育研究》，《上海政法学院学报》（法治论丛）2012 年第 2 期，第 127～134 页。
[271] 杜永红：《利用政务微博推动社会管理创新的对策研究》，《宁夏社会科学》2012 年第 2 期，第 30～34 页。
[272] 李梅、孙丽娜：《“微时代”中国大学生群体思想政治教育应对之策》，《河北学刊》2012 年第 2 期，第 236～238 页。
[273] 邓怡、王珍：《微博在解决高校公关危机中的“特质”》，《西安交通大学学报》（社会科学版）2012 年第 2 期，第 91～94 页。
[274] 赵安民、霍瑞：《微博：大学生思想政治教育的新平台》，《东南传播》2012 年第 2 期，第 64～65 页。
[275] 赵红艳：《微博在“两会”中的影响力及社会效应分析》，《中国广播电视学刊》2012 年第 2 期，第 40～42 页。
[276] 车玲、苑馨蕊：《微博在大学英语教学管理中的效用研究》，《长春师范学院学报》2012 年第 2 期，第 167～168 页。
[277] 周烁：《基于大学生网络舆论引导的“思政类微博”建设研究》，《科教文汇》（下旬刊）2012 年第 2 期，第 24～25 页。
[278] 侯锷：《微博危机保卫战》，《商界》（评论）2012 年第 2 期，第 108～111 页。
[279] 王薇、张晓艺：《外交部官方微博的“双重人格”特征——差异场域视域下的分析研究》，《河北师范大学学报》（哲学社会科学版）2012 年第 2 期，第 128～132 页。
[280] 景丽：《政府官方微博的传播效果研究——以北京铁路局微博为例》，《淮阴师范学院学报》（哲学社会科学版）2012 年第 2 期，第 262～265、269 页。
[281] 谢静：《微博中的谣言传播及其规避机制》，《合肥学院学报》（社会科学版）2012 年第 2 期，第 51～54 页。
[282] 邓香莲、於春：《微博时代意见领袖对国民阅读的引导》，《编辑学刊》2012 年第 2 期，第 17～21 页。
[283] 张可欣、张志强：《微博时代〈新周刊〉出版品牌的打造分析》，《编辑学刊》2012 年第 2 期，第 84～87 页。
[284] 李龙：《档案馆微博开通现状的调查与分析》，《兰台世界》2012 年第 2 期，第 5～6 页。
[285] 陈洁琪、方晴：《公共事件的微博传播模式——以“随手拍照解救乞讨儿童”行动为例》，《新闻爱好者》2012 年第 2 期，第 71～72 页。
[286] 李美敏：《从小众欣赏到大众狂欢——解读 Web2.0 时代的微博文化》，《新闻爱好者》2012 年第 2 期，第 27～28 页。
[287] 章小兰：《浅谈微博的特点和影响》，《安徽文学》（下半月）2012 年第 2 期，第 130 页。
[288] 鲁娟：《微博与新闻价值的理性回归——以宜黄自焚事件为例》，《剑南文学》（经典教苑）2012 年第 2 期，第 326～327 页。

[289] 刘义：《微博上的权利诉求及其价值重构》，《浙江社会科学》2012 年第 2 期，第 44 ~ 46、156 页。
[290] 徐诗：《微博在广播新闻传播中的优势》，《记者摇篮》2012 年第 2 期，第 41 ~ 42 页。
[291] 黄慧：《增强高校辅导员博客、微博影响力研究》，《佳木斯教育学院学报》2012 年第 2 期，第 110 页。
[292] 左凡凡、张幸媛、刘艳玲：《微博应作为档案》，《档案与建设》2012 年第 2 期，第 12 ~ 14 页。
[293] 关鑫：《微博在图书馆文献宣传方面的应用设想》，《现代情报》2012 年第 2 期，第 54 ~ 56 页。
[294] 刘迁、谈伟、舒庆子：《政府微博的发展策略及思考》，《商业文化》（上半月）2012 年第 2 期，第 300 ~ 302 页。
[295] 孙婷、张晓艺：《新媒体生态环境的破坏——以对微博的不当转发为例》，《新闻知识》2012 年第 2 期，第 12 ~ 14 页。
[296] 李昂：《微博发展过程中的问题初探与对策》，《新闻知识》2012 年第 2 期，第 64 ~ 66 页。
[297] 钱晓文：《新闻评论“微博化”探析》，《新闻记者》2012 年第 2 期，第 71 ~ 74 页。
[298] 陈雪：《试析新型“微博人际关系”》，《现代视听》2012 年第 2 期，第 55 ~ 58 页。
[299] 陈晶莹：《“80 后”与”微博热”》，《现代物业》（中旬刊）2012 年第 2 期，第 78 ~ 80 页。
[300] 邬刚：《“小微博”打造弘扬主旋律的“大窗口”》，《新闻世界》2012 年第 2 期，第 78 ~ 79、88 页。
[301] 李英楠：《微博信息安全管理的制度分析》，《信息安全与技术》2012 年第 2 期，第 5 ~ 6 页。
[302] 谢昕：《微博实名制　让人欢喜让人忧》，《上海信息化》2012 年第 2 期，第 22 ~ 24 页。
[303] 吴雨蓉：《微博信息传播模式分析》，《渤海大学学报》（哲学社会科学版）2012 年第 2 期，第 140 ~ 143 页。
[304] 尹良润、阮璋琼：《微博谣言与交往理性》，《东南传播》2012 年第 2 期，第 38 ~ 39 页。
[305] 曾春楠、曾庆雪：《探析微博对传统新闻传播模式的影响》，《东南传播》2012 年第 2 期，第 58 ~ 60 页。
[306] 李春伟、张熹：《大学生微博心理及对心理健康教育的启示》，《长春教育学院学报》2012 年第 2 期，第 81 ~ 82 页。
[307] 袁园、孙霄凌、朱庆华：《微博用户关注兴趣的社会网络分析》，《现代图书情报技术》2012 年第 2 期，第 68 ~ 75 页。
[308] 辛文娟、赖涵：《微博、SNS 与大学生虚拟交往需求研究——基于对重庆高校本科生使用新浪微博与人人网的情况调查》，《新闻爱好者》2012 年第 2 期，第 49 ~ 50 页。
[309] 陈丽芳：《论意见领袖在微博传播中的作用》，《中国报业》2012 年第 2 期，第 36 ~ 37 页。

[310] 匡文波、郭育丰：《微博时代下谣言的传播与消解——以“7·23”甬温线高铁事故为例》，《国际新闻界》2012 年第 2 期，第 64～69 页。
[311] 王亚煦、张育广、苏竞马、陈蕾：《大学生使用微博的现状分析及对策研究——基于广州大学城 10 所高校的调查》，《长春师范学院学报》2012 年第 2 期，第 132～135、124 页。
[312] 刘宏毅、刘霏月：《中国微博管控现状及对策分析》，《新闻研究导刊》2012 年第 2 期，第 65～66 页。
[313] 杨洋、李恩科：《微博在图书馆的应用现状分析》，《图书馆建设》2012 年第 2 期，第 86～89 页。
[314] 杨斌：《浅析微博实名制》，《网络安全技术与应用》2012 年第 2 期，第 69～70、66 页。
[315] 李超：《国内图书馆开通微博服务的现状分析》，《图书馆杂志》2012 年第 2 期，第 24～28 页。
[316] 周云：《微博英语班级与课堂教学互动教学模式研究》，《现代教育技术》2012 年第 2 期，第 79～84 页。
[317] 许鑫：《微博时代的公众参与新模式——以郭美美事件为例》，《兰州学刊》2012 年第 2 期，第 66～71 页。
[318] 李刚存：《高校微博的传播与运营浅析》，《新闻知识》2012 年第 2 期，第 67～68 页。
[319] 邓晓旭、孙莹：《从“郭美美事件”看微博的舆论监督力量》，《新闻知识》2012 年第 2 期，第 71～72、75 页。
[320] 李婧迟：《试论微博流行与大学生思想政治教育的创新发展》，《高等农业教育》2012 年第 2 期，第 30～32 页。
[321] 郑蕾、李生红：《基于微博网络的信息传播模型》，《通信技术》2012 年第 2 期，第 39～41 页。
[322] 陈萌：《对我国微博公益平台的思考》，《新闻世界》2012 年第 2 期，第 52～53 页。
[323] 郭颖：《微博传播的影响力及其发展分析》，《湖北社会科学》2012 年第 2 期，第 191～193 页。
[324] 刘笑盈：《政务微博：打通传播微血管的新尝试——谈北京市政府微博发布厅的成功上线》，《新闻与写作》2012 年第 2 期，第 5～8 页。
[325] 匡文波：《微博热的冷思考》，《新闻与写作》2012 年第 2 期，第 28～30 页。
[326] 靖鸣、王瑞：《微博暴力的成因及其应对之策》，《新闻与写作》2012 年第 2 期，第 31～34 页。
[327] 陈虹、梁俊民：《微博传播与微博救助》，《新闻记者》2012 年第 2 期，第 53～58 页。
[328] 许正林、蒋方谦：《当前微博传播认识上的十大误区》，《今传媒》2012 年第 2 期，第 8～12 页。
[329] 叶璐：《微博中的负面情绪传播分析》，《今传媒》2012 年第 2 期，第 54～55 页。
[330] 孟庆吉：《微博著作权及其侵权的认定》，《学术交流》2012 年第 2 期，第 68～71 页。
[331] 管鑫：《让“政务微博”更好地为民服务》，《前线》2012 年第 2 期，第 36 页。
[332] 季节：《从 7·23 动车追尾事故看媒体反应——微博在行动》，《今传媒》2012 年第 2

期，第 94 ~ 95 页。
[333] 吴丹、周定财：《我国政务微博的发展现状与趋势探讨》，《党政干部论坛》2012 年第 2 期，第 18 ~ 20 页。
[334] 葛逊：《政务微博≈鸡肋?》，《互联网天地》2012 年第 2 期，第 30 ~ 31 页。
[335] 方引青：《政务微博，公务员能力的新挑战》，《人才资源开发》2012 年第 2 期，第 12 ~ 13 页。
[336] 兰刚：《略论微博的信源利用和新传播模式的设想》，《今传媒》2012 年第 2 期，第 90 ~ 91 页。
[337] 叶青：《微博与和谐社会构建》，《思想政治工作研究》2012 年第 2 期，第 50 ~ 51 页。
[338] 苑辉：《杂志"微博控"——杂志微博实例研究》，《出版广角》2012 年第 2 期，第 42 ~ 44 页。
[339] 李洋、景佳：《微博和高中生思想政治教育》，《科教导刊》（上旬刊）2012 年第 2 期，第 46 ~ 47 页。
[340] 张宁：《图书馆参考咨询工作应用微博现状研究》，《图书情报工作》2012 年第 S2 期，第 206 ~ 208 页。
[341] 郭雯、陈小康：《微博时代：谣言让舆论难上加难——读〈公众舆论〉有感》，《青年记者》2012 年第 2 期，第 55 ~ 56 页。
[342] 范晓东：《微博：新浪的烫手山芋》，《互联网周刊》2012 年第 2 期，第 42 ~ 43 页。
[343] 王芳：《读"博"时代报纸"浅阅读"策略研究》，《浙江海洋学院学报》（人文科学版）2012 年第 2 期，第 112 ~ 115 页。
[344] 李晓霞：《政务微博信息发布与传统媒体影响力的扩散》，《云南行政学院学报》2012 年第 2 期，第 67 ~ 69 页。
[345] 任姝玮、刘思弘：《浦东政务微博：从个性服务到集群亮相》，《浦东开发》2012 年第 2 期，第 14 ~ 19 页。
[346] 官建文：《积极推进政务微博　打通"两个舆论场"》，《新闻与写作》2012 年第 2 期，第 9 ~ 11 页。
[347] 冯宇红：《微博时代，广播新闻何去何从》，《视听》2012 年第 2 期，第 31 ~ 34 页。
[348] 彭小波：《预研创新开启微博新模式》，《航天工业管理》2012 年第 2 期，第 27 ~ 29 页。
[349] 桂全宝、徐晶：《个人信息如何引发蝴蝶效应——以微博时代"郭美美"事件为例》，《新闻前哨》2012 年第 2 期，第 53 ~ 55 页。
[350] 张曼绨：《"微博"改变舆论格局》，《军事记者》2012 年第 2 期，第 44 ~ 45 页。
[351] 邹德萍：《微盘点　微博发力不"微薄"》，《上海信息化》2012 年第 2 期，第 30 ~ 33 页。
[352] 张磊：《一次@可使弥久变刹那——一个记者眼中的"微博精神"》，《传媒观察》2012 年第 2 期，第 10 ~ 11 页。
[353] 倪琦珺：《微博时代如何提高主流媒体舆论引导能力》，《新闻实践》2012 年第 2 期，第 27 ~ 29 页。
[354] 王聪：《谈微博与官民交流创新　对微博问政热潮的思考》，《企业家天地》2012 年

第 2 期，第 108 ~ 109 页。
[355] 吴众垚、应湾湾、顾奇芬：《微博发展参与社会管理实效性研究——以嘉兴、台州个别街道为例》，《商业文化》（上半月）2012 年第 2 期，第 332 页。
[356] 蒋畋：《微博应是一个私人场所》，《新闻实践》2012 年第 2 期，第 71 页。
[357] 马青青：《浅谈“微现象”理论及其传播学内涵》，《新闻传播》2012 年第 2 期，第 121 页。
[358] 常凌翀：《微博是个人空间还是公共传媒?》，《新闻实践》2012 年第 2 期，第 71 页。
[359] 廖雷：《“微博元年”：中国外交活动传播带来的启示》，《中国记者》2012 年第 2 期，第 71 ~ 72 页。
[360] 李妍：《透视政府官员微博》，《新闻天地》（上半月）2012 年第 2 期，第 37 ~ 39 页。
[361] 李刚：《由“轻”而“重”的微博营销》，《中外管理》2012 年第 2 期，第 82 ~ 83 页。
[362] 王庆美：《浅谈微博在高校网络思想政治教育中的应用》，《群文天地》2012 年第 2 期，第 266 页。
[362] 赵红：《政务微博如何做到“不失位、不错位、不越位”》，《新闻与写作》2012 年第 2 期，第 16 ~ 18 页。
[364] 韩娜：《传播学视角下政务微博的发展路径探析》，《新闻与写作》2012 年第 2 期，第 19 ~ 22 页。
[365] 曹劲松：《政务微博应立足官民对话交流》，《新闻与写作》2012 年第 2 期，第 1 页。
[366] 王梦婕：《政务微博正呈“两极分化”趋势》，《理论参考》2012 年第 2 期，第 11 ~ 12 页。
[367] 姜常涵：《传统媒体与微博在信息传播中的博弈》，《现代视听》2012 年第 2 期，第 75 ~ 78 页。
[368] 张潇、张浩：《微博舆论引导的现状及其策略创新探析》，《电影评介》2012 年第 2 期，第 81 ~ 83 页。
[369] 马自泉：《微博问政：积极构建“民间舆论场”》，《中国传媒科技》2012 年第 2 期，第 71 ~ 72 页。
[370] 朱诗意：《微博走向现实的公共领域——以新浪微博为例》，《中国传媒科技》2012 年第 2 期，第 73 ~ 74 页。
[371] 陈瑞霖：《微博平台上记者的社会角色》，《新闻世界》2012 年第 2 期，第 60 ~ 61 页。
[372] 李独伊：《传统媒体如何面对微博的挑战》，《新闻窗》2012 年第 2 期，第 41 ~ 42 页。
[373] 武小清：《“微时代”高校思想政治教育工作的启示》，《中共银川市委党校学报》2012 年第 2 期，第 16 ~ 19 页。
[374] 王佳翔：《“微博客时代”网民伦理素养提升探析》，《四川行政学院学报》2012 年第 2 期，第 75 ~ 78 页。
[375] 张琼、刘祖云：《微博政治：公共能量场域建构》，《自然辩证法通讯》2012 年第 2 期，第 59 ~ 62、47、126 ~ 127 页。
[376] 雷蕾：《微博时代广播的新思维》，《视听纵横》2012 年第 2 期，第 122 ~ 124 页。
[377] 刘万里：《从新媒介入手探寻辅导员工作——以微博为例》，《思茅师范高等专科学校

学报》2012 年第 2 期，第 129 ~ 130 页。

[378] 李金松：《“微博”“随笔”怡情悦性作用探析》，《文教资料》2012 年第 2 期，第 131 ~ 132 页。

[379] 王秀利、朱建明：《社会舆论方向影响下的微博商业言论传播模型》，《中国管理科学》2012 年第 S2 期，第 691 ~ 695 页。

[380] 阮春生：《“微丽水”大效应——丽水公务微博搭建政府与网民沟通平台》，《今日浙江》2012 年第 2 期，第 48 ~ 49 页。

[381] 郭春阳：《“微革命”风暴下公共危机事件的“微处理”》，《沧州师范学院学报》2012 年第 2 期，第 102 ~ 104 页。

[382] 王迁：《微博在构建服务型政府中的作用及其实现途径》，《江西行政学院学报》2012 年第 2 期，第 15 ~ 17 页。

[383] 王杨、刘明：《网络问政：避免走入形式化误区》，《记者摇篮》2012 年第 2 期，第 71 ~ 72 页。

[384] 刘庆华：《巴赫金狂欢理论视角下的微博现象》，《河北师范大学学报》（哲学社会科学版）2012 年第 2 期，第 133 ~ 135 页。

[385] 施会毅、韦冀宁：《微博在广播节目中的应用及其影响探析》，《东南传播》2012 年第 2 期，第 144 ~ 145 页。

[386] 毛玮婷：《网络贴吧与微博公共话语权的比较研究——以百度贴吧和新浪微博为例》，《湖南广播电视大学学报》2012 年第 2 期，第 77 ~ 80 页。

第 3 期

[387] 瞿转意：《社会语言学视角下的微博语言特征》，《海外英语》2012 年第 3 期，第 263、265 页。

[388] 梁汲媛、邱萍：《微博与大学生思想政治教育研究》，《南昌教育学院学报》2012 年第 3 期，第 10 ~ 11 页。

[389] 颜美群：《“天宫一号”航天事件的微博直播分析》，《新闻知识》2012 年第 3 期，第 45 ~ 46、103 页。

[390] 童卫丰：《“微时代”大学生思想政治教育创新研究》，《浙江师范大学学报》（社会科学版）2012 年第 3 期，第 121 ~ 124 页。

[391] 王苓：《微博时代高校图书馆开展大学生媒介信息素养教育研究》，《情报探索》2012 年第 3 期，第 94 ~ 96 页。

[392] 王佳翔：《“微博客时代”提升网民伦理素养的途径》，《当代社科视野》2012 年第 3 期，第 19 ~ 23 页。

[393] 王军杰：《人大“围脖”：公民议政的“训练场”》，《人民之友》2012 年第 3 期，第 61 页。

[394] 杨旭：《马克思主义新闻自由视野下的微博表达——以“郭美美事件”为例》，《社科纵横》（新理论版）2012 年第 3 期，第 30 ~ 31 页。

[395] 郑拓：《中国政府机构微博内容与互动研究》，《图书情报工作》2012 年第 3 期，第 23 ~ 28 页。

[396] 袁燕:《微博语境下的“钻石模型”与媒体生产流程重构》,《新闻窗》2012 年第 3 期,第 15 ~ 17 页。
[397] 吴刚:《“证正征整”——电视应对微博挑战的“四字诀”》,《视听纵横》2012 年第 3 期,第 69 ~ 70 页。
[398] 高舒、刘萍:《Web2.0 时代博客、轻博与微博的比较研究》,《图书馆学研究》2012 年第 3 期,第 42 ~ 44 页。
[399] 姜琨、张继东、乔静芝:《基于辅导员微博的高校学风引领机制构建》,《教育理论与实践》2012 年第 3 期,第 33 ~ 34 页。
[400] 杨敬忠:《利用微博增强主流媒体影响力的路径与方法》,《中国记者》2012 年第 3 期,第 18 ~ 19 页。
[401] 毛高杰:《政务微博的“热”与“冷”——以人民微博为例》,《采写编》2012 年第 3 期,第 4 ~ 5 页。
[402] 董小菲、王言浩:《纯粹微博传播中的议程设置——以“kindle fire 遭投诉”为例》,《东南传播》2012 年第 3 期,第 73 ~ 74 页。
[403] 张可慕:《“微博之夜”缔造亲民品牌》,《成功营销》2012 年第 3 期,第 28 ~ 29 页。
[404] 高峰:《别小看微博成瘾》,《信息化建设》2012 年第 3 期,第 31 页。
[405] 刘阳:《广场政治的回归——微博的政治功能分析》,《宁夏党校学报》2012 年第 3 期,第 37 ~ 39 页。
[406] 李洁:《浅谈微博之“微言大义”》,《大舞台》2012 年第 3 期,第 239 ~ 240 页。
[407] 赵敏、杜淑霞:《微电台:全媒体时代广播的创新传播》,《中国广播电视学刊》2012 年第 3 期,第 57 ~ 58 页。
[408] 陈英凤:《质疑微博实名制》,《信息化建设》2012 年第 3 期,第 30 页。
[409] 张灯林、李潇帆:《微博新闻文本特征与写作方法探析》,《军事记者》2012 年第 3 期,第 26 页。
[410] 吕慧琴:《微博时代传统媒体的坚守与自律》,《新闻知识》2012 年第 3 期,第 102 ~ 103 页。
[411] 王娜:《微博在新闻传播中的作用》,《新闻前哨》2012 年第 3 期,第 94 页。
[412] 黄剑:《以“微”见大　拓宽电力品牌营销新途径》,《农电管理》2012 年第 3 期,第 32 ~ 34 页。
[413] 陈新宇:《从“香港地铁骂战”看微博舆情表达》,《新闻世界》2012 年第 3 期,第 9 ~ 10 页。
[414] 翟杉:《微博负面信息泛滥的原因与改进》,《新闻世界》2012 年第 3 期,第 1 页。
[415] 杜少中:《织好“围脖”　促进环保》,《思想政治工作研究》2012 年第 3 期,第 47 ~ 48 页。
[416] 陈先:《微博时代专业媒体人的“透析”功能》,《新闻与写作》2012 年第 3 期,第 67 ~ 69 页。
[417] 刘瑞生:《微博传播的中国特色》,《新闻记者》2012 年第 3 期,第 77 页。
[418] 赵品:《微博时代的高校新闻宣传策略》,《河南科技》2012 年第 3 期,第 38 页。
[419] 王侠:《英美三大电视台的微博新政》,《新闻记者》2012 年第 3 期,第 88 页。

[420] 张丽萍：《媒体人微博："前台""后台"的错位》，《新闻记者》2012 年第 3 期，第 93 ~ 94 页。

[421] 张勤：《2012 地方两会报道及传播新亮点》，《中国记者》2012 年第 3 期，第 20 ~ 21 页。

[422] 于留宝、胡长军、苏林晗：《基于 MapReduce 的微博文本采集平台》，《计算机科学》2012 年第 S3 期，第 143 ~ 145 页。

[423] 高昕：《微博影响力的哲学思考》，《山西财经大学学报》2012 年第 S3 期，第 273 ~ 274 页。

[424] 魏婷：《国内植物园微博兴起初探》，《农业科技与信息》（现代园林）2012 年第 3 期，第 35 ~ 38 页。

[425] 王晓民：《微博时代地震相关突发信息传播特点分析及应对措施建议》，《中国应急救援》2012 年第 3 期，第 43 ~ 46 页。

[426] 张珊、于留宝、胡长军：《基于表情图片与情感词的中文微博情感分析》，《计算机科学》2012 年第 S3 期，第 146 ~ 148、176 页。

[427] 王霄霞：《微博在"外周血细胞形态学检查技术"中的应用》，《检验医学教育》2012 年第 3 期，第 10 ~ 11、16 页。

[428] 高一飞、祝继萍：《英国微博庭审直播的兴起》，《新闻与传播研究》2012 年第 3 期，第 74 ~ 79 页。

[429] 韩有业：《论微博自媒体对传统网络拟态环境的解构——以网络中"城管"差异形象为例》，《宁波广播电视大学学报》2012 年第 3 期，第 1 ~ 5、121 页。

[430] 马丽：《微博活力根系推动社会生态文明建设》，《南京林业大学学报》（人文社会科学版）2012 年第 3 期，第 116 ~ 121 页。

[431] 冯支越、钱一彬：《试论微博语境下的高校基层学生工作创新》，《北京教育》（德育）2012 年第 3 期，第 30 ~ 32 页。

[432] 裘正义：《微博时代如何掌握网络话语权》，《党政论坛》2012 年第 3 期，第 29 ~ 30 页。

[433] 罗映梅：《利用微博进行高校网络思想政治教育探究》，《东方企业文化》2012 年第 3 期，第 180 页。

[434] 田海斌：《微博、大学生网络思想政治教育的新载体》，《佳木斯教育学院学报》2012 年第 3 期，第 30、35 页。

[435] 吴耀光：《浅论微博对传统新闻传播方式的影响》，《新闻传播》2012 年第 3 期，第 59 页。

[436] 靖鸣、王容：《微博粉丝的主体特征与生成机制》，《视听》2012 年第 3 期，第 52 ~ 55 页。

[437] 郑磊：《专题：中国政府机构微博现状实证研究》，《图书情报工作》2012 年第 3 期，第 12 页。

[438] 陆高峰：《微博传播的八大特性》，《青年记者》2012 年第 3 期，第 80 页。

[439] 君君：《微博实名了，安全还会远吗?》，《信息安全与通信保密》2012 年第 3 期，第 37 ~ 38 页。

[440] 薛国林：《国外微博管理经验借鉴》，《决策探索》（上半月）2012 年第 3 期，第 71 ~ 72 页。

[441] 马振民：《140 字 Hold 住民心　政务微博迎来大发展》，《上海信息化》2012 年第 3 期，第 40 ~ 42 页。

[442] 杜莹、武文静、王凤飞：《论地方政府官员微博的公信力》，《石家庄铁道大学学报》（社会科学版）2012 年第 3 期，第 86 ~ 90 页。

[443] 陈远、袁艳红：《微博信息传播效果实证研究》，《信息资源管理学报》2012 年第 3 期，第 28 ~ 34 页。

[444] 房洁、李许燕：《微博：政府档案信息资源公开的新平台——基于政务微博的价值分析》，《山西青年管理干部学院学报》2012 年第 3 期，第 68 ~ 70 页。

[445] 朱友红：《微博环境下青年思想政治教育工作的探讨》，《山西师大学报》（社会科学版）2012 年第 S3 期，第 21 ~ 23 页。

[446] 方振宇：《论微博对高校德育的影响及对策》，《杭州电子科技大学学报》（社会科学版）2012 年第 3 期，第 70 ~ 73、66 页。

[447] 王白娟、杜丽萍、丁善雄：《微博在高校学生工作中的应用》，《农业教育研究》2012 年第 3 期，第 40 ~ 42 页。

[448] 张春：《微小说：传播热潮中的文体厘定》，《南京师范大学文学院学报》2012 年第 3 期，第 27 ~ 33 页。

[449] 蔡志奇：《微博时代的大学生思想政治教育》，《成都中医药大学学报》（教育科学版）2012 年第 3 期，第 65 ~ 66 页。

[450] 刘开源、叶旭洋：《微博时代：大学生思想政治教育模式探析》，《九江职业技术学院学报》2012 年第 3 期，第 74 ~ 76 页。

[451] 杨曼、沈平：《抓制度和机制建设　促进微博问政发展》，《中共乌鲁木齐市委党校学报》2012 年第 3 期，第 34 ~ 37 页。

[452] 胡丽君：《微博兴起背景下大学生思想政治教育的探究》，《南京广播电视大学学报》2012 年第 3 期，第 31 ~ 34 页。

[453] 郭峰、李曼曼：《微博在高校职业指导中的应用路径探索》，《连云港师范高等专科学校学报》2012 年第 3 期，第 81 ~ 83 页。

[454] 林志标：《官员微博的社会治理价值分析》，《宁波工程学院学报》2012 年第 3 期，第 25 ~ 28、37 页。

[455] 唐诚：《Redis 数据库在微博系统中的实践》，《厦门城市职业学院学报》2012 年第 3 期，第 55 ~ 59 页。

[456] 赵文金：《微博与图书馆网站互动平台的整合》，《扬州教育学院学报》2012 年第 3 期，第 82 ~ 85 页。

[457] 刘秀伦、郝东超：《基于微博载体的思想政治教育探析》，《教育评论》2012 年第 3 期，第 87 ~ 89 页。

[458] 粟欣泉：《高职学生微博使用情况及其影响的调查与研究——基于不同使用程度的量化分析》，《广东农工商职业技术学院学报》2012 年第 3 期，第 27 ~ 33 页。

[459] 周刚：《微博与高校大学生思想政治教育工作初探》，《常州大学学报》（社会科学

版）2012 年第 3 期，第 89 ~ 92 页。

[460] 李艳芳：《由民众与政府互动看政务微博》，《广州广播电视大学学报》2012 年第 3 期，第 89 ~ 92、111 页。

[461] 陆银辉：《提高政务微博社会关注度的策略探索》，《河南广播电视大学学报》2012 年第 3 期，第 12 ~ 13、16 页。

[462] 刘彬、房建：《政府应对舆情危机的对策研究》，《辽宁公安司法管理干部学院学报》2012 年第 3 期，第 121 ~ 124 页。

[463] 曾梅华：《微博时代共青团工作方式的创新》，《高校辅导员学刊》2012 年第 3 期，第 79 ~ 82 页。

[464] 李林、李建华、杨宝丽、黄玉梅、刘志新：《高校微博舆情的监控与引导——以广东白云学院为例》，《高校辅导员学刊》2012 年第 3 期，第 49 ~ 52 页。

[465] 毕宏音：《从控制到解构：移动互联热潮之反思》，《现代人才》2012 年第 3 期，第 31 ~ 33 页。

[466] 崔凯璇：《由微小说的特质看当代社会文化心态》，《中州大学学报》2012 年第 3 期，第 28 ~ 30 页。

[467] 李大棚：《微博时代我国主流意识形态面临的发展格局、挑战及其对策》，《佳木斯大学社会科学学报》2012 年第 3 期，第 65 ~ 68 页。

[468] 蓝庆专：《利用政府微博引导公众舆论》，《岳阳职业技术学院学报》2012 年第 3 期，第 116 ~ 119 页。

[469] 陈雄、邓志芳：《微博时代私权保护与言论自由之博弈》，《湖南工业大学学报》（社会科学版）2012 年第 3 期，第 34 ~ 38 页。

[470] 杨学成、隋越、岳欣：《机构微博的社会关系网络构建——以腾讯商学院为例》，《北京邮电大学学报》（社会科学版）2012 年第 3 期，第 21 ~ 27 页。

[471] 高鹏怀、林怡婷：《网络环境下的公民参与及其完善对策》，《北京教育学院学报》2012 年第 3 期，第 31 ~ 35 页。

[472] 陈蕊：《微博管理中“崔克坦法则”应用评析》，《河北广播电视大学学报》2012 年第 3 期，第 81 ~ 83 页。

[473] 郝辰宇：《大学生微博使用情况调查——以商丘师范学院为例》，《商丘职业技术学院学报》2012 年第 3 期，第 80 ~ 81 页。

[474] 田恩学：《微博在协作学习中的价值体现》，《黑河学院学报》2012 年第 3 期，第 88 ~ 90 页。

[475] 袁燕、田旻佳：《“去媒体中心化”背景下传统媒体的微博运用策略》，《新闻窗》2012 年第 3 期，第 17 ~ 19 页。

[476] 韩运荣、高顺杰：《微博舆论中的意见领袖素描——一种社会网络分析的视角》，《新闻与传播研究》2012 年第 3 期，第 61 ~ 69、111 ~ 112 页。

[477] 陈平平、张洪来、曾艳：《微博在高校思想政治教育工作中的应用》，《河北联合大学学报》（医学版）2012 年第 3 期，第 451 ~ 452 页。

[478] 李宝珊：《简析微博带来的“使用与满足”》，《内蒙古电大学刊》2012 年第 3 期，第 51 ~ 53 页。

[479] 刘淑强:《基于“微博”平台下90后大学生思想政治工作探析》,《内蒙古电大学刊》2012年第3期,第43~45页。

[480] 贺晓丽:《我国党政机构微博发展的现状、问题与对策》,《中共青岛市委党校页。青岛行政学院学报》2012年第3期,第51~53页。

[481] 汤博为:《微博新媒体时代的公共利益与公民权利——基于宪法学和创新社会管理机制的思考》,《四川理工学院学报》(社会科学版)2012年第3期,第28~32页。

[482] 张爱凤:《微博空间的文化政治》,《新闻大学》2012年第3期,第100~105页。

[483] 路荣、项亮、刘明荣、杨青:《基于隐主题分析和文本聚类的微博客中新闻话题的发现》,《模式识别与人工智能》2012年第3期,第382~387页。

[484] 颜冰凤:《用微博推进学校社会主义核心价值体系大众化》,《中共太原市委党校学报》2012年第3期,第74~75页。

[485] 赵振祥、刘毅:《微博救助行动的舆论动员结构探析》,《重庆工商大学学报》(社会科学版)2012年第3期,第7~12页。

[486] 陈文胜:《论微博问政的规制及导引》,《中国特色社会主义研究》2012年第3期,第87~91页。

[487] 张晓昭:《“微博事件”与记者微博话语克制》,《文化学刊》2012年第3期,第86~88页。

[488] 胡春波:《我国公共图书馆应用微博服务的调查与分析》,《图书与情报》2012年第3期,第96~99页。

[489] 高涵:《微博转发的从众心理研究》,《中州大学学报》2012年第3期,第58~61页。

[490] 相德宝:《政府微博传播的传播特征与策略——基于2011“两会”新浪微博的实证研究》,《同济大学学报》(社会科学版)2012年第3期,第63~67页。

[491] 蔡仲儒:《微博媒体对大学生思想政治教育工作的影响》,《鄂州大学学报》2012年第3期,第30~32页。

[492] 周呈思:《微博时代政经报道的新闻生产拓新》,《当代传播》2012年第3期,第109~110页。

[493] 张瑞贤:《图书馆开展微博服务要素分析》,《大学图书情报学刊》2012年第3期,第50~52页。

[494] 周宇:《论微博在社会主义民主政治建设中的功能》,《辽宁警专学报》2012年第3期,第5~8页。

[495] 王迁:《微博监督的优势与局限探析》,《理论研究》2012年第3期,第41~43页。

[496] 杨佳:《微博与民族文化对外传播——以伍皓微博征歌为例》,《红河学院学报》2012年第3期,第116~118页。

[497] 李冬梅、罗学妹:《借力微博开辟图书馆创新服务》,《山东图书馆学刊》2012年第3期,第52~54、58页。

[498] 安小军:《微博在高校思想政治教育中的作用探析》,《湖南人文科技学院学报》2012年第3期,第42~46页。

[499] 周昌平:《微博——档案馆新型应用模式研究》,《档案》2012年第3期,第38~40页。

［500］陈雅：《企业微博客应用性写作研究》，《中共济南市委党校学报》2012 年第 3 期，第 41 ~ 44 页。
［501］郑楠：《微博在我国政治传播中的意义及其局限性》，《濮阳职业技术学院学报》2012 年第 3 期，第 13 ~ 15 页。
［502］李大棚：《微博时代我国主流意识形态面临的挑战及应对策略》，《石家庄经济学院学报》2012 年第 3 期，第 118 ~ 122 页。
［503］李畅：《微博信息传播的把关对策研究》，《西南科技大学学报》（哲学社会科学版）2012 年第 3 期，第 91 ~ 96 页。
［504］姚静：《创新社会管理视角下政府微博运用：问题与对策》，《内蒙古农业大学学报》（社会科学版）2012 年第 3 期，第 233 ~ 234、253 页。
［505］胡玲娟：《微博环境下高校学生管理工作思考》，《淮北职业技术学院学报》2012 年第 3 期，第 49 ~ 50 页。
［506］曾三侠：《微博环境下的高校共青团工作创新》，《滁州学院学报》2012 年第 3 期，第 19 ~ 20、31 页。
［507］苏剑：《“微时代”下高校研究生基层团建工作的新突破》，《青少年研究》（山东省团校学报）2012 年第 3 期，第 39 ~ 42 页。
［508］刘畅：《微博问政的多元学理视角观照》，《当代传播》2012 年第 3 期，第 15 ~ 20、25 页。
［509］项仲平、唐朱勇：《微博热的冷思考——论实名微博的问题与治理》，《当代传播》2012 年第 3 期，第 87 ~ 88、105 页。
［510］王瑾：《论微博与宪法言论自由》，《实事求是》2012 年第 3 期，第 85 ~ 87 页。
［511］李建伟、董彦君、李天姣：《社会化媒体编辑力初探——以新浪微博为例》，《中国编辑》2012 年第 3 期，第 30 ~ 34 页。
［512］赵黎：《公安微博相关问题初探》，《辽宁警专学报》2012 年第 3 期，第 67 ~ 70 页。
［513］曹世生：《微博书评：正在崛起的书评新秀》，《现代出版》2012 年第 3 期，第 47 ~ 50 页。
［514］高洁：《论微博在企业营销中的应用》，《南宁职业技术学院学报》2012 年第 3 期，第 76 ~ 78 页。
［515］黄首华、魏克强：《论新时代下公安微博在侦查中的应用——从侦破“武汉建行爆炸案”看微博在侦查中的应用》，《公安教育》2012 年第 3 期，第 30 ~ 33 页。
［516］吴桂英、杜友桃：《基于微博客的图书馆信息交流服务模式》，《图书馆学刊》2012 年第 3 期，第 79 ~ 80、139 页。
［517］冯娟：《互联网生态的一场博弈——“微博实名制”与密码危机》，《东南传播》2012 年第 3 期，第 20 ~ 21 页。
［518］张镭：《创新扩散视野下的微博奇观》，《文学界》（理论版）2012 年第 3 期，第 293 ~ 295 页。
［519］黄鸿业：《微传播环境下传统媒体记者的话语表达分析》，《东南传播》2012 年第 3 期，第 25 ~ 27 页。
［520］张曼缔：《多重视角下的微博功能研究》，《传媒》2012 年第 3 期，第 59 ~ 60 页。

[521] 雷鸣、李丽：《从虚拟的交流空间变为真实的交流空间——谈完善微博侵权行为的监管机制》，《出版发行研究》2012 年第 3 期，第 56 ~ 58 页。

[522] 胡释予：《微博话语权与公共领域的重建——以“村长之死”事件为例》，《现代物业》（中旬刊）2012 年第 3 期，第 132 ~ 135 页。

[523] 尹幸颖、张凌霄、马明艳、邱炎、张文灿、陈丹、向长江：《意见领袖对议题转化的影响——以方舟子微博为例的实证分析》，《新闻前哨》2012 年第 3 期，第 9 ~ 13、8 页。

[534] 杨晓宁：《微博影响下的大学生思想政治教育研究》，《安徽科技学院学报》2012 年第 3 期，第 105 ~ 109 页。

[525] 王会、张静茹：《论微博客的深层社会影响及规范对策》，《河北大学学报》（哲学社会科学版）2012 年第 3 期，第 66 ~ 69 页。

[526] 刘依卿：《微博：政府危机公关新手段》，《宁波大学学报》（人文科学版）2012 年第 3 期，第 125 ~ 128 页。

[527] 宋恩梅、左慧慧：《新浪微博中的“权威”与“人气”：以社会网络分析为方法》，《图书情报知识》2012 年第 3 期，第 43 ~ 54 页。

[528] 纪莉、张盼：《论记者在微博上的媒介使用行为及其新闻伦理争议》，《武汉大学学报》（人文科学版）2012 年第 3 期，第 117 ~ 121 页。

[529] 谢沁：《南京市政务微博运营状况研究》，《大众文艺》2012 年第 3 期，第 153 页。

[530] 林俊：《政务微博的媒介特征及功能运用》，《新闻战线》2012 年第 3 期，第 90 ~ 92 页。

[531] 王圣杰、胡芦丹：《司法微博的价值分析与完善》，《上海政法学院学报：法治论丛》2012 年第 3 期，第 53 ~ 59 页。

[532] 沈亚平、董向芸：《微博问政对于政府管理的价值与功能分析》，《南开学报》（哲学社会科学版）2012 年第 3 期，第 134 ~ 140 页。

[533] 张佰明：《微博　构筑个性化拟态环境的自媒体》，《中国工人》2012 年第 3 期，第 4 ~ 6 页。

[534] 张玉洪：《微博的特点、功能和使用方法　呼唤 Web2.0 时代》，《中国工人》2012 年第 3 期，第 7 ~ 10 页。

[535] 王江松：《微博与劳工文化的传播》，《中国工人》2012 年第 3 期，第 11 ~ 16 页。

[536] 杨美琳：《“微作品”的著作权保护》，《上海政法学院学报》（法治论丛）2012 年第 3 期，第 30 ~ 34 页。

[537] 王迁：《微博：公共危机管理的新平台》，《甘肃理论学刊》2012 年第 3 期，第 98 ~ 101 页。

[538] 陈华明、李畅：《个体群组关系的构建：微博中的群体认同研究》，《四川大学学报》（哲学社会科学版）2012 年第 3 期，第 67 ~ 71 页。

[539] 陈金英：《微博、政治及其功能限度》，《新闻与传播研究》2012 年第 3 期，第 70 ~ 73、112 页。

[540] 杨树林：《网络新媒体之于社会管理——以当前微博的影响为例》，《城市管理与科技》2012 年第 3 期，第 60 ~ 63 页。

［541］姜胜洪：《微博时代突发事件网络舆情研究》，《理论与现代化》2012 年第 3 期，第 47 ~ 51 页。
［542］张洪忠、蒋淑君：《微博与传统媒体相对公信力的比较——基于成都报纸读者的调查数据》，《新闻研究导刊》2012 年第 3 期，第 52 ~ 54 页。
［543］李凌飞：《微博：纸媒的另一张脸——半岛晨报官方微博在纸媒传播中的作用》，《记者摇篮》2012 年第 3 期，第 8 ~ 10 页。
［544］陈雪：《微博线上的“微公益”活动的研究》，《东南传播》2012 年第 3 期，第 75 ~ 77 页。
［545］马晓红：《大学生“微博控”现象成因分析》，《新闻界》2012 年第 3 期，第 5 ~ 7 页。
［546］郑磊、任雅丽：《中国政府机构微博现状研究》，《图书情报工作》2012 年第 3 期，第 13 ~ 17 页。
［547］林俊敏：《微博营销在图书出版业中的应用》，《工会论坛》（山东省工会管理干部学院学报）2012 年第 3 期，第 100 ~ 101 页。
［548］肖瑶：《从微博问政探析服务型政府的建设》，《工会论坛》（山东省工会管理干部学院学报）2012 年第 3 期，第 154 ~ 156 页。
［549］安颖超：《微博不微，应声而动——基于上海大学生社交网络调查数据的研究》，《广告大观》（理论版）2012 年第 3 期，第 85 ~ 89 页。
［550］朱玉萍：《高校图书馆微博应用分析与探讨》，《枣庄学院学报》2012 年第 3 期，第 139 ~ 141 页。
［551］董璐：《从全球社会安全视角解析微博国际传播的高度趋同性》，《国际关系学院学报》2012 年第 3 期，第 101 ~ 107 页。
［552］方明豪、李玉媛：《哈贝马斯交往行为理论视阈下的微博舆论的理想言谈情境》，《文化学刊》2012 年第 3 期，第 73 ~ 76 页。
［553］李威：《微博问政发展的现实困境与解决路径》，《中共贵州省委党校学报》2012 年第 3 期，第 42 ~ 44 页。
［554］李威：《微博问政发展的现实困境与解决路径》，《广州广播电视大学学报》2012 年第 3 期，第 93 ~ 96、112 页。
［555］杨树林：《微博对社会管理创新的影响》，《哈尔滨市委党校学报》2012 年第 3 期，第 84 ~ 87 页。
［556］王烨：《企业工会要注重发挥微博的作用》，《工会论坛》（山东省工会管理干部学院学报）2012 年第 3 期，第 40 ~ 41 页。
［557］任雅丽：《中国公安微博现状研究》，《图书情报工作》2012 年第 3 期，第 18 ~ 22 页。
［558］张韦、付亚萍、徐晓林：《微时代下涉法网络舆情研究：个案分析视角》，《情报杂志》2012 年第 3 期，第 10 ~ 14、28 页。
［559］李文浩、姜太军：《借助“微博”的“微薄”之力 做好高校思想政治教育工作》，《当代教育理论与实践》2012 年第 3 期，第 40 ~ 41 页。
［560］庞宇：《微博管理的问题与对策研究》，《行政管理改革》2012 年第 3 期，第 63 ~ 66 页。

[561] 邹举:《微博版权冲突及其治理》,《国际新闻界》2012 年第 3 期,第 6 ~ 11 页。
[562] 郝永华、芦何秋:《网民集体行动的动力机制探析——以“郭美美事件”为研究个案》,《国际新闻界》2012 年第 3 期,第 61 ~ 66 页。
[563] 李亮:《国内图书馆微博建设现状及发展建议》,《新世纪图书馆》2012 年第 3 期,第 53 ~ 55 页。
[564] 李燕萍:《微博比较研究》,《情报杂志》2012 年第 3 期,第 77 ~ 83、69 页。
[565] 凌宇:《微博客的传播特性与广播的未来发展》,《现代视听》2012 年第 3 期,第 39 ~ 42 页。
[566] 郑知、李晓蓉、王姗、段艺群、贺涛、袁墨、博斯坦古丽·多力坤:《意见领袖对事件形成的影响——以新浪微博为例》,《新闻前哨》2012 年第 3 期,第 13 ~ 17 页。
[567] 钟方虎、贺青、于丽、陈炎琰:《微博在医学图书馆中的应用》,《中华医学图书情报杂志》2012 年第 3 期,第 31 ~ 32 页。
[568] 康思嘉:《浅议如何利用微博参与公益事业》,《新闻世界》2012 年第 3 期,第 72 ~ 73 页。
[569] 周琦:《报纸核实微博信源研究——以〈青年报〉为例》,《新闻世界》2012 年第 3 期,第 100 ~ 101 页。
[570] 秦一乔:《自媒体时代的拟态环境——从微博展开的几点思考》,《今传媒》2012 年第 3 期,第 95 ~ 96 页。
[571] 陈永东:《微博凶猛——出版业微博使用现状及互动技巧》,《出版广角》2012 年第 3 期,第 70 ~ 72 页。
[572] 梁坤、郭星华:《微博时代法治的新面相》,《探索与争鸣》2012 年第 3 期,第 34 ~ 38 页。
[573] 刘超:《微博谣言防控措施研究》,《网络安全技术与应用》2012 年第 3 期,第 75 ~ 77 页。
[574] 赵明霞:《大学图书馆微博热冷思考》,《图书馆杂志》2012 年第 3 期,第 55 ~ 57、89 页。
[575] 张豪锋、杨绪辉:《基于微博的移动学习实例研究》,《继续教育研究》2012 年第 3 期,第 75 ~ 77 页。
[576] 李军、陈震、黄霁崴:《微博影响力评价研究》,《信息网络安全》2012 年第 3 期,第 10 ~ 13、27 页。
[577] 黄河、刘琳琳:《试析政府微博的内容主题与发布方式——基于“广东省公安厅”与“平安北京”微博的内容分析》,《现代传播》(中国传媒大学学报)2012 年第 3 期,第 122 ~ 126 页。
[578] 张天颖:《微博在省级公共图书馆中的应用探讨》,《现代情报》2012 年第 3 期,第 156 ~ 158 页。
[579] 王平、谢耘耕:《突发公共事件中微博意见领袖的实证研究——以“温州动车事故”为例》,《现代传播》(中国传媒大学学报)2012 年第 3 期,第 82 ~ 88 页。
[580] 田维钢、付晓光:《大众传播理论在微博环境下的有限性和有效性》,《现代传播》(中国传媒大学学报)2012 年第 3 期,第 141 ~ 142 页。

［581］张爱凤：《微博空间的“意见领袖”与广播媒体的影响力提升》，《中国广播》2012年第3期，第23～26页。
［582］罗佳：《论微博时代的政府公信力建设》，《理论导刊》2012年第3期，第47～51页。
［583］赵高辉、王梅芳：《人际扩散：“织里抗税”事件的微博传播模式分析——基于新浪微博的考察》，《新闻记者》2012年第3期，第56～61页。
［584］高阳：《浅谈当前我国微博发展的法律环境》，《中北大学学报》（社会科学版）2012年第3期，第23～26页。
［585］常洪卫：《政务微博舆论“调节”价值及其规范化研究》，《湖南大众传媒职业技术学院学报》2012年第3期，第35～38页。
［586］陈显中：《政务微博引导网络舆情的机制研究》，《宁夏社会科学》2012年第3期，第9～13页。
［587］窦宝国：《我国政务微博的发展现状、存在问题及对策建议》，《当代社科视野》2012年第3期，第15～18页。
［588］刁姗姗：《突发事件传播中媒体微博的价值与功能》，《东北农业大学学报》（社会科学版）2012年第3期，第87～89页。
［589］赵龙龙、田蕾、王秦俊：《微博的特点及其在文化交流中的作用》，《科技传播》2012年第3期，第5～6页。
［590］陈菁、宋晓波：《关于公安微博发展的思考》，《武汉公安干部学院学报》2012年第3期，第73～76页。
［591］杜世友：《微博环境下青少年网络论坛应用分析》，《北京青年政治学院学报》2012年第3期，第44～48页。
［592］康伟：《基于SNA的突发事件网络舆情关键节点识别——以“7·23动车事故”为例》，《公共管理学报》2012年第3期，第101～111、127～128页。

第4期

［593］商建刚：《间接实名制——微博实名制的解决方案探究》，《法制与经济》（下旬）2012年第4期，第29～30页。
［594］李海哲：《浅析微博在高校共青团工作的作用及建设》，《湘潮》（下半月）2012年第4期，第34、52页。
［595］栾港：《碎片化信息环境下企业微博传播价值分析》，《经济视角》（下）2012年第4期，第41～42、45页。
［596］牛艳艳：《危机事件处理中的政府官方微博》，《中共山西省直机关党校学报》2012年第4期，第54～55页。
［597］陈敏虹：《微博文学对文学创作的影响研究》，《兰州教育学院学报》2012年第4期，第11～12页。
［598］夏静：《工商部门微博问政的现状及建议》，《中国工商管理研究》2012年第4期，第13～15页。
［599］孙爱真、成团英：《微时代大学生思想政治教育的困境与出路》，《保山学院学报》2012年第4期，第16～19页。

［600］张放、尹雯婷：《从独白式微博书写看媒介中介化自我传播》，《当代传播》2012 年第 4 期，第 79 ~ 81 页。
［601］叶钦：《微传播时代高校思想政治教育工作的创新探索》，《江西青年职业学院学报》2012 年第 4 期，第 45 ~ 47 页。
［602］延江波、蹇攀峰：《微博时代下大学生思想政治教育工作存在的问题及对策》，《榆林学院学报》2012 年第 4 期，第 108 ~ 109、112 页。
［603］李新军：《论微博的新媒体特性》，《呼伦贝尔学院学报》2012 年第 4 期，第 45 ~ 47、95 页。
［604］蔡茂州：《刍议微信微博等新媒体及其发展趋势》，《黑龙江生态工程职业学院学报》2012 年第 4 期，第 137 ~ 138 页。
［605］刘桂敏：《微博对我国民众的影响和作用》，《职大学报》2012 年第 4 期，第 95 ~ 97 页。
［606］李东海：《中学生“微博控”现象的调适分析》，《湖北成人教育学院学报》2012 年第 4 期，第 16 ~ 17 页。
［607］王军杰：《人大也应织“围脖”》，《山东人大工作》2012 年第 4 期，第 52 页。
［608］吴畅畅：《传播政治经济学视野下的微博事件——（2011 ~ 2012）工作坊综述》，《当代传播》2012 年第 4 期，第 77 ~ 78、81 页。
［609］王宇清：《微博时代传统媒体的收与放》，《视听界》2012 年第 4 期，第 104 ~ 105 页。
［610］杨盈：《大学生思想政治教育微模式的构建》，《宁波教育学院学报》2012 年第 4 期，第 20 ~ 22 页。
［611］李培铭：《论传统媒体与微博的互融——以广播电视媒体为例》，《商业文化》（下半月）2012 年第 4 期，第 301 页。
［612］李丽娟：《浅析传统媒体的微博之路》，《中国外资》2012 年第 4 期，第 195 ~ 196 页。
［613］吴淑娟：《见“微”知著，“博”采众长——以微博促进中小型高校网络舆情传播》，《中国传媒科技》2012 年第 4 期，第 105 ~ 108 页。
［614］周锋：《微博传播范式分析》，《公安海警学院学报》2012 年第 4 期，第 71 ~ 74 页。
［615］臧璇：《海宁司法局微博公文初探》，《办公室业务》2012 年第 4S 期，第 112 ~ 113 页。
［616］吴雨辉：《微博博文的版权保护问题研究》，《西北工业大学学报》（社会科学版）2012 年第 4 期，第 28 ~ 30、96 页。
［617］刘继波、姜华帅：《浅谈微博对学生干部的影响及对策》，《中外企业家》2012 年第 4 期，第 92 ~ 93 页。
［618］张剑、柴迎红：《微博与高等院校中的人际关系探讨》，《中国报业》2012 年第 4 期，第 187 ~ 188 页。
［619］龙鸿祥、谢元森：《政务微博发展中的问题与对策》，《新闻采编》2012 年第 4 期，第 46 ~ 48 页。
［620］王娟、王钰：《中国政务微博发展初探》，《采写编》2012 年第 4 期，第 9 ~ 11 页。
［621］陈正群：《高校如何应对微博时代的网络舆情》，《盐城工学院学报》（社会科学版）2012 年第 4 期，第 14 ~ 17 页。

[622] 叶佳宁、何霆：《地震信息微博自动发布系统的设计与应用》，《华南地震》2012 年第 4 期，第 82 ~ 87 页。
[623] 俞泽彬：《利用微博推进大学生思想政治教育》，《安徽理工大学学报》（社会科学版）2012 年第 4 期，第 23 ~ 26 页。
[624] 王燕星：《试析微博意见领袖的舆论引导效能》，《西昌学院学报》（社会科学版）2012 年第 4 期，第 59 ~ 62 页。
[625] 周怡：《高校学生使用微博状况及其影响评价分析》，《长沙通信职业技术学院学报》2012 年第 4 期，第 70 ~ 72 页。
[626] 郭笑：《微博效应：新闻记者采访工作的新思路》，《中国传媒科技》2012 年第 4 期，第 114 ~ 115 页。
[627] 刘新传、陈璐：《突发事件中网民心理特征与微博传播效果分析——以上海地铁事故为例》，《广西师范学院学报》（哲学社会科学版）2012 年第 4 期，第 143 ~ 146 页。
[628] 陈振祯、杨亮亮、林树生：《巧用“微”平台，形成大力量——浅谈“微博”热与大学生思想政治教育》，《长沙铁道学院学报》（社会科学版）2012 年第 4 期，第 217 ~ 218 页。
[629] 郑亚绒、王冬慧、敬继红：《论微博在体育公共领域的建构》，《体育科技》2012 年第 4 期，第 160 ~ 161 页。
[630] 罗方：《微博客传播视野下企业团委工作创新》，《长沙铁道学院学报》（社会科学版）2012 年第 4 期，第 39 ~ 40 页。
[631] 胡诗妍：《微博时代的领导决策新思考》，《领导科学》2012 年第 4 期，第 38 ~ 39 页。
[632] 唐婵：《新浪微博盈利模式分析与探索》，《中国商贸》2012 年第 4 期，第 40 ~ 41 页。
[633] 袁浩：《为“僵尸政务微博被问责”叫好》，《农村工作通讯》2012 年第 4 期，第 50 ~ 51 页。
[634] 李莉：《微博与共情——提升思想政治理论课人文关怀及心理疏导功能的新视野》，《闽西职业技术学院学报》2012 年第 4 期，第 72 ~ 76 页。
[635] 戴体娇、王帆：《微博体系下的高校团组织工作方法探讨》，《徐州师范大学学报》（教育科学版）2012 年第 4 期，第 4 ~ 7 页。
[636] 傅桂玉：《浅谈微博客及其在高校图书馆中的应用》，《儿童发展研究》2012 年第 4 期，第 66 ~ 68、6 页。
[637] 王冠宇、刘昕、赵柳扬、吴克：《气象微博在防灾减灾服务中的重要作用》，《黑龙江气象》2012 年第 4 期，第 43、45 页。
[638] 陆春香：《大学生微博使用状况研究——以 E 校商学院新生为例》，《社科纵横》（新理论版）2012 年第 4 期，第 249 ~ 250 页。
[639] 桂全宝、周钢：《政务微博的困境及应对之策》，《新闻前哨》2012 年第 4 期，第 22 ~ 25 页。
[640] 潘大庆：《基于层次聚类的微博敏感话题检测算法研究》，《广西民族大学学报》（自然科学版）2012 年第 4 期，第 56 ~ 59 页。
[641] 燕道成：《微博传播的碎片化——以“占领华尔街”为例》，《中国石油大学胜利学院学报》2012 年第 4 期，第 31 ~ 36 页。

［642］许晓凤：《微博背景下校园网络文化对大学生人格构建的影响》，《铜仁学院学报》2012 年第 4 期，第 108 ~ 111 页。

［643］王怡：《思想政治教育微博应用设计与探讨》，《齐齐哈尔师范高等专科学校学报》2012 年第 4 期，第 5 ~ 7 页。

［644］沈姚、周浩、陈培超、王韶华、殷方兰、陶敏亚、潘璐、龚菊花、金亚清：《利用微博对小学生进行健康教育干预效果评价》，《中国公共卫生管理》2012 年第 4 期，第 497 ~ 498 页。

［645］张蕾华：《关于开设公安微博的思考》，《山西警官高等专科学校学报》2012 年第 4 期，第 46 ~ 49 页。

［646］沈翔翔：《浅析警务微博在公安机关社会管理创新中的应用》，《公安学刊》（浙江警察学院学报）2012 年第 4 期，第 54 ~ 56 页。

［647］罗斌：《关于环保政务微博工作的几点思考》，《世界环境》2012 年第 4 期，第 62 ~ 63 页。

［648］敖丽：《公安微博的实践现状及管理思考》，《沈阳工程学院学报》（社会科学版）2012 年第 4 期，第 481 ~ 483 页。

［649］刘耿、刘寅斌：《“微博像一把‘空椅子’，你不去坐，有人会去坐的”“上海发布”百日：台前幕后》，《决策探索》（上半月）2012 年第 4 期，第 68 ~ 71 页。

［650］周静静：《政府官员“微博问政”——当前社会管理的新思路》，《哈尔滨学院学报》2012 年第 4 期，第 61 ~ 64 页。

［651］罗林虎：《运用“网络问政”助推社会管理创新》，《团结》2012 年第 4 期，第 28 ~ 30 页。

［652］杨树林：《网络新媒体之于社会管理——以当前微博的影响为例》，《理论与当代》2012 年第 4 期，第 25 ~ 28 页。

［653］金宁锐：《当前微博问政的现状及其问题与对策》，《辽宁医学院学报》（社会科学版）2012 年第 4 期，第 137 ~ 1 39 页。

［654］尹建学：《政务微博的文体特征及其写作》，《应用写作》2012 年第 4 期，第 37 ~ 39 页。

［655］马汇莹：《碎片化监督：转机与危机》，《郑州大学学报》（哲学社会科学版）2012 年第 4 期，第 108 ~ 110 页。

［656］庞丽红：《浅议微博为档案宣传服务》，《山东档案》2012 年第 4 期，第 28 ~ 29 页。

［657］赵鹏升、杨国学：《“需求与满足”理论视域中的微博动物保护》，《西南石油大学学报》（社会科学版）2012 年第 4 期，第 70 ~ 73 页。

［658］刘启刚：《公安微博在社会管理创新中的作用与挑战》，《铁道警官高等专科学校学报》2012 年第 4 期，第 99 ~ 101 页。

［659］庞文琪、黄新荣：《我国档案部门微博利用状况及问题研究》，《陕西档案》2012 年第 4 期，第 38 ~ 39 页。

［660］李大棚：《微博时代下的我国主流意识形态建设》，《吉林师范大学学报》（人文社会科学版）2012 年第 4 期，第 44 ~ 47 页。

［661］徐敬宏、蒋秋兰：《党政机构微博在网络舆情引导中的问题与对策》，《当代传播》

2012 年第 4 期，第 82 ~ 84 页。
[662] 李依群、邵杰：《微博在高校学生管理工作中的应用探略》，《苏州科技学院学报》（社会科学版）2012 年第 4 期，第 63 ~ 68 页。
[663] 彭敏、杨效忠：《微博在旅游网络营销和管理的应用初探》，《旅游论坛》2012 年第 4 期，第 86 ~ 90 页。
[664] 陈文胜：《论微博问政的规制及其导引》，《中州学刊》2012 年第 4 期，第 204 ~ 207 页。
[665] 陈华明、李畅：《被深化的后现代文化——微博的文化认同研究》，《四川师范大学学报》（社会科学版）2012 年第 4 期，第 160 ~ 164 页。
[666] 中共上海市委统战部宣传处：《微博影响力与统战引导力——关于利用微博开展统战工作的调研与对策》，《上海市社会主义学院学报》2012 年第 4 期，第 27 ~ 32 页。
[667] 田海斌：《构建微博体系创新高校网络思政工作研究》，《中国冶金教育》2012 年第 4 期，第 71 ~ 73 页。
[668] 徐莹：《微博对当代社会的影响及其引导》，《理论研究》2012 年第 4 期，第 19 ~ 22 页。
[669] 王丽丽：《语录体微博及其修辞特征赏析》，《济宁学院学报》2012 年第 4 期，第 48 ~ 52 页。
[670] 朱阁、陈婷婷、李忱：《微博在高校学生群体中的采用接受度模型对比》，《北京信息科技大学学报》（自然科学版）2012 年第 4 期，第 28 ~ 35 页。
[671] 付桂祯：《微博中网络舆论的生成模式研究》，《广东第二师范学院学报》2012 年第 4 期，第 95 ~ 99 页。
[672] 毛媛丽：《微博问政——“微时代”社会管理创新的新机制》，《绥化学院学报》2012 年第 4 期，第 88 ~ 91 页。
[673] 吴畅畅：《传播政治经济学视野下的微博事件（2011 ~ 2012）工作坊综述》，《新闻大学》2012 年第 4 期，第 133 ~ 138 页。
[674] 余砚：《微时代下思想政治教育工作的适应性发展——论对微博的接纳与吸收》，《高校辅导员》2012 年第 4 期，第 61 ~ 65 页。
[675] 蒋萌：《新媒体时代下微博的公共领域现状初探——以新浪微博为例》，《教育文化论坛》2012 年第 4 期，第 45 ~ 48 页。
[676] 江琴：《多元博弈：微博舆论场中的言论自由与社会效应》，《内蒙古农业大学学报》（社会科学版）2012 年第 4 期，第 270 ~ 271、319 页。
[677] 邓香：《试论媒介融合视域下中国“政员微博”的兴起及其发展模式》，《广州广播电视大学学报》2012 年第 4 期，第 79 ~ 82、111 页。
[678] 甘露：《微博应用在高校图书馆服务工作中的作用》，《成都大学学报》（社会科学版）2012 年第 4 期，第 114 ~ 116 页。
[679] 张继东、姜琨、杨晨：《E 时代基于辅导员微博的大学生价值观教育机制探索》，《中国轻工教育》2012 年第 4 期，第 30 ~ 31、42 页。
[680] 王珊珊：《试议微博的档案价值》，《黑龙江档案》2012 年第 4 期，第 50 页。
[681] 董小菲：《微博性别形象的自我呈现与女性主义的传播》，《东南传播》2012 年第 4

期，第 68 ~ 69 页。

[682] 郑齐心：《推动政务微博建设　促进社会和谐发展》，《长春市委党校学报》2012 年第 4 期，第 33 ~ 36 页。

[683] 魏公铭：《传统媒体利用微博的思考》，《新闻前哨》2012 年第 4 期，第 92 ~ 94 页。

[684] 邵继美：《档案馆微博应用研究》，《中国档案》2012 年第 4 期，第 51 ~ 53 页。

[685] 黄京华、赵晓初、钟活灵：《九零后大学生的网络认知定势对其微博应用的影响》，《现代传播》（中国传媒大学学报）2012 年第 4 期，第 99 ~ 104 页。

[686] 张丽萍：《试论媒体人微博使用中的角色冲突》，《现代传播》（中国传媒大学学报）2012 年第 4 期，第 145 ~ 146 页。

[687] 李希光：《漫谈微博写作》，《新闻传播》2012 年第 4 期，第 7 ~ 9、11 页。

[688] 谢涛丽：《微时代高校学生党建工作研究》，《和田师范专科学校学报》2012 年第 4 期，第 30 ~ 32 页。

[689] 李思雨：《关于利用微博促进高校思想政治教育发展的思考》，《重庆邮电大学学报》（社会科学版）2012 年第 4 期，第 90 ~ 94 页。

[690] 张剑峰、夏云庆、姚建民：《微博文本处理研究综述》，《中文信息学报》2012 年第 4 期，第 21 ~ 27、42 页。

[691] 张旸、路荣、杨青：《微博客中转发行为的预测研究》，《中文信息学报》2012 年第 4 期，第 109 ~ 114、121 页。

[692] 任豪栋：《微博：图书馆发展的机遇与挑战》，《浙江师范大学学报》（社会科学版）2012 年第 4 期，第 116 ~ 120 页。

[693] 陈兴来：《2011 年传播学研究热点——麦克卢汉热与微博热研究综述》，《现代视听》2012 年第 4 期，第 11 ~ 16 页。

[694] 靖鸣、王瑞：《微博舆论监督及其法律边界》，《新闻与写作》2012 年第 4 期，第 36 ~ 38 页。

[695] 杨琳：《微博使用效果鸿沟研究——以新浪微博为例》，《今传媒》2012 年第 4 期，第 39 ~ 42 页。

[696] 王源：《微博环境下学习共同体的构建》，《内蒙古师范大学学报》（教育科学版）2012 年第 4 期，第 82 ~ 84 页。

[697] 黎小红：《微博如何应用于高校学生思想政治教育——以新浪微博为例》，《南方论刊》2012 年第 4 期，第 109 ~ 110 页。

[698] 王佳琦、刘甲学：《图书馆微博服务价值及其策略分析》，《情报探索》2012 年第 4 期，第 122 ~ 124 页。

[699] 韩宁：《微博实名制之合法性探究——以言论自由为视角》，《法学》2012 年第 4 期，第 3 ~ 9 页。

[700] 郑倩倩：《论微博在我国公民社会发展中的作用和影响》，《长江大学学报》（社会科学版）2012 年第 4 期，第 138 ~ 139 页。

[701] 孙连海、窦会娟、李林珂、刘新胜：《微博在医学免疫学网络辅助教学中的几点尝试》，《继续医学教育》2012 年第 4 期，第 27 ~ 28 页。

[702] 张颖：《浅析微博时代传统媒体发展之路》，《新闻传播》2012 年第 4 期，第 144 ~

145 页。
[703] 吕慧琴：《微博时代传统媒体的传播伦理冲突与重构》，《编辑之友》2012 年第 4 期，第 67～68 页。
[704] 郑燕：《民意与公共性——“微博”中的公民话语权及其反思》，《文艺研究》2012 年第 4 期，第 26～34 页。
[705] 曾繁旭、黄广生：《网络意见领袖社区的构成、联动及其政策影响：以微博为例》，《开放时代》2012 年第 4 期，第 115～131 页。
[706] 王麒凯、蔡耀龙：《微博：高校生涯教育和就业指导的新载体》，《中国大学生就业》2012 年第 4 期，第 39～43 页。
[707] 刘钟美、张文彦：《高校图书馆的微博新时代》，《图书馆理论与实践》2012 年第 4 期，第 77～81 页。
[708] 李保秀：《微博社交网络舆情监测指标体系构建》，《科技广场》2012 年第 4 期，第 148～152 页。
[709] 冯支越、钱一彬、吕晓轩：《试论微博语境下的高校基层学生工作创新》，《思想教育研究》2012 年第 4 期，第 100～103 页。
[710] 奂森元：《微博形势下的新人内、人际传播》，《商业文化》（上半月）2012 年第 4 期，第 317～318 页。
[711] 聂洲：《论微博客公共领域的建构》，《湖北经济学院学报》（人文社会科学版）2012 年第 4 期，第 17～19、68 页。
[712] 林彬、刁衍斌：《以微博为平台提升辅导员工作绩效》，《卫生软科学》2012 年第 4 期，第 381～383 页。
[713] 许婧：《从记者使用微博行为谈使用规范》，《东南传播》2012 年第 4 期，第 72～73 页。
[714] 孙丹：《政府微博的特征及其功能分析》，《现代交际》2012 年第 4 期，第 85 页。
[715] 鲁振旺：《微博花儿何时结果?》，《商界》（评论）2012 年第 4 期，第 98～101 页。
[716] 陈茜：《政府微博的利民之处——以“上海发布”为例》，《新闻世界》2012 年第 4 期，第 108～109 页。
[717] 周阳：《微博公众人物的伦理责任探析》，《新闻世界》2012 年第 4 期，第 98～100 页。
[718] 韩峰、高红超：《微博传播与网络公共领域建构——以“随手拍照解救乞讨儿童”为例》，《新闻世界》2012 年第 4 期，第 102～103 页。
[719] 王丹、王佳：《自媒体时代舆论格局的建构——以“郭美美事件”为例》，《新闻世界》2012 年第 4 期，第 110～111 页。
[720] 尹倩：《社交网站与微博的功能比较》，《新闻世界》2012 年第 4 期，第 118～120 页。
[721] 谷岩：《微传播时代的信息整合路径探析》，《情报科学》2012 年第 4 期，第 567～569、573 页。
[722] 高雯倩：《浅谈微博的传播偏向》，《新闻世界》2012 年第 4 期，第 122～123 页。
[723] 原平方、刘笑盈：《微博化情境下政府新闻发布的要素及变化》，《中国记者》2012 年第 4 期，第 66～67 页。

[724] 郑绩：《微博时代的公共领域建构》，《观察与思考》2012 年第 4 期，第 70 ~ 71 页。
[725] 陈天明：《从名人微博频爆粗口现象论其深层社会影响》，《传媒观察》2012 年第 4 期，第 11 ~ 12 页。
[726] 何玉洁：《浅谈微博时代的报纸发展》，《中国地市报人》2012 年第 4 期，第 38 ~ 39 页。
[727] 王娟：《提高官员政务微博媒介素养的策略研究》，《现代传播》（中国传媒大学学报）2012 年第 4 期，第 153 ~ 154 页。
[728] 赵娟：《微博、规制与行政法治》，《南京社会科学》2012 年第 4 期，第 90 ~ 96 页。
[729] 刘畅：《微博问政、治理转型与"零碎社会工程"》，《南京社会科学》2012 年第 4 期，第 110 ~ 116、123 页。
[730] 史丽琴、耿步健：《微博时代政府形象传播的机遇和挑战》，《新闻知识》2012 年第 4 期，第 40 ~ 42 页。
[731] 翟青竹：《手机微博的使用与满足》，《图书情报工作网刊》2012 年第 4 期，第 11 ~ 17 页。
[732] 樊鹏翼、王晖、姜志宏、李沛：《微博网络测量研究》，《计算机研究与发展》2012 年第 4 期，第 691 ~ 699 页。
[733] 刘涛、肖明珊：《"方韩事件"中的外部链接与长微博现象分析》，《现代传播》（中国传媒大学学报）2012 年第 4 期，第 47 ~ 51 页。
[734] 姜胜洪：《当前中国微博监督的特点、问题及对策思考》，《社科纵横》2012 年第 4 期，第 88 ~ 90 页。
[735] 崔洪波：《麦当劳的微博公关战》，《公关世界》2012 年第 4 期，第 50 ~ 52 页。
[736] 黄昕：《地方政务微博：模式、作用与机制的完善》，《新闻研究导刊》2012 年第 4 期，第 15 ~ 18 页。
[737] 陶长春：《政务微博的社会公共管理功能》，《新闻研究导刊》2012 年第 4 期，第 10 ~ 14 页。
[738] 玉华：《微博热给我们带来了什么》，《新闻研究导刊》2012 年第 4 期，第 24 ~ 26 页。
[739] 刘悦如、余育仁：《"同济大学图书馆微博读者调查"问卷分析》，《现代情报》2012 年第 4 期，第 140 ~ 143 页。
[740] 奚霞：《微博问政功能初探》，《新闻世界》2012 年第 4 期，第 112 ~ 114 页。
[741] 林籽舟：《微博的社会参与功能浅析》，《新闻世界》2012 年第 4 期，第 78 ~ 79 页。
[742] 杜海波、刘婷：《微博在教学中的应用初探》，《科教文汇》（上旬刊）2012 年第 4 期，第 62、64 页。
[743] 刘耿、刘寅斌：《"微博像一把'空椅子'，你不去坐，有人会去坐的""上海发布"百日：台前幕后》，《决策探索》（上半月）2012 年第 4 期，第 68 ~ 71 页。
[744] 王佳、王丹：《浅谈"微舆论"的形成与影响》，《新闻世界》2012 年第 4 期，第 86 ~ 87 页。
[745] 陈彬：《微博客的传播特性浅析》，《新闻世界》2012 年第 4 期，第 100 ~ 101 页。
[746] 王彩平：《微博构建的媒介现实》，《行政管理改革》2012 年第 4 期，第 64 ~ 67 页。
[747] 刘春月：《微博实名或存更多商机》，《新产经》2012 年第 4 期，第 69 ~ 70 页。

[748] 沈颖：《基于微博语料库的网络新词语义变异现象研究》，《长春理工大学学报》（社会科学版）2012 年第 4 期，第 75 ~ 77 页。
[749] 吴晓燕：《微时代　如何转“危”为“机”》，《成功营销》2012 年第 4 期，第 28 ~ 31 页。
[750] 宋广宇、王宏斌、闫鹏：《济南：以微博力量促警民和谐》，《道路交通管理》2012 年第 4 期，第 20 ~ 21 页。
[751] 杨树林：《网络新媒体之于社会管理创新——以当前微博的迅猛发展和影响为例》，《理论学习》2012 年第 4 期，第 29 ~ 32 页。
[752] 朱巍：《“微博版权”及加强微博监管评析——以“微博第一案”为例》，《中国广播》2012 年第 4 期，第 7 ~ 12 页。
[753] 郑宁：《传统媒体官方微博需要注意的法律问题》，《中国广播》2012 年第 4 期，第 12 ~ 14 页。
[754] 高音子：《试析微博中传媒侵权及其法律管理》，《新闻世界》2012 年第 4 期，第 179 ~ 180 页。
[755] 王旭：《浙江科协开通全国首家科普微博方阵》，《科协论坛》2012 年第 4 期，第 23 页。
[756] 焦琳：《借助微博平台　凝聚青年力量》，《思想政治工作研究》2012 年第 4 期，第 47 ~ 48 页。
[757] 陈金英：《微博问政，人大何不凑一凑“热闹”》，《人大研究》2012 年第 4 期，第 20 ~ 21 页。
[758] 刘畅：《“两会”内外的微博营销》，《中国质量万里行》2012 年第 4 期，第 71 ~ 73 页。
[759] 杨婷：《央企“围脖”怎么织?》，《国企》2012 年第 4 期，第 38 ~ 41 页。
[760] 夏文花：《石溪乡的“微人代会”》，《浙江人大》2012 年第 4 期，第 80 ~ 81 页。
[761] 郝继涛：《微博，可以改变世界，可以改变管理》，《中国机电工业》2012 年第 4 期，第 84 ~ 87 页。
[762] 段二平：《政务微博，架起两个“舆论场”沟通的桥梁》，《中国地市报人》2012 年第 4 期，第 52 ~ 53 页。
[763] 吴闻莺：《微博议程设置研究的路径分析》，《石家庄经济学院学报》2012 年第 4 期，第 120 ~ 124 页。
[764] 何国平、何瀚玮：《内容—关系的组合界面：微博传播力考察》，《山东社会科学》2012 年第 4 期，第 74 ~ 78 页。
[765] 吴志：《别一味靠微博了解民意》，《中国边防警察杂志》2012 年第 4 期，第 77 ~ 77 页。
[766] 王静：《Web2.0 环境下高校图书馆微博客信息服务推广的风险管理机制研究——以新浪微博被黑事件为视角》，《图书馆》2012 年第 4 期，第 91 ~ 93 页。
[767] 程昆：《科普微博：“微言”如何实现“大义”》，《科普研究》2012 年第 4 期，第 54 ~ 60 页。
[768] 杨勇、陈永梅、易斌、卢佳新、张静蓉：《微博在环境科技传播中的应用研究——以

新浪微博“@环保董良杰”环境科技微博为例》，《科普研究》2012 年第 4 期，第 61～66 页。

[769] 李威：《微博问政发展的现实困境与解决路径》，《决策咨询》2012 年第 4 期，第 80～83 页。

[770] 郑满生：《微博的传播特性及其在图书馆的应用现状研究》，《情报资料工作》2012 年第 4 期，第 98～101 页。

[771] 杨玫：《公共图书馆微博推广实证研究——以杭州图书馆为例》，《情报资料工作》2012 年第 4 期，第 102～105 页。

[772] 熊小兵、周刚、黄永忠、马俊：《新浪微博话题流行度预测技术研究》，《信息工程大学学报》2012 年第 4 期，第 496～502 页。

[773] 宫秀川：《我国“微博问政”的规范化发展》，《中共中央党校学报》2012 年第 4 期，第 67～70 页。

[774] 孙忠良、衣永红：《“微博问政”与执政党群众路线的新发展》，《中共杭州市委党校学报》2012 年第 4 期，第 10～14 页。

[775] 肖芃、蔡骐：《文化与社会视域中的微博传播——兼论微博的内在矛盾》，《湖南社会科学》2012 年第 4 期，第 224～227 页。

[776] 赵付科、李永健：《微博视域下的马克思主义传播探析》，《中国石油大学学报》（社会科学版）2012 年第 4 期，第 74～78 页。

[777] 黄新荣、吴建华：《政务微博档案化保存初探》，《档案与建设》2012 年第 4 期，第 4～6 页。

[778] 钱丰收、程会昌：《政务微博开通与运营调查研究——以安徽政务机构微博在新浪平台运行为例》，《安徽广播电视大学学报》2012 年第 4 期，第 6～9 页。

[779] 聂晶磊、王秋艳：《微博议程设置研究》，《中国出版》2012 年第 4 期，第 50～54 页。

[780] 李兴选、谢鹏：《Web2.0 时代的思想政治教育创新——以微博平台为例》，《西安政治学院学报》2012 年第 4 期，第 43～46 页。

[781] 郑磊：《微博时代高校学工人员的思路创新和角色重构》，《莆田学院学报》2012 年第 4 期，第 88～91 页。

[782] 张晓艳、党涛：《政府运用微博进行公共管理的优势与风险研究》，《中北大学学报》（社会科学版）2012 年第 4 期，第 49～51、57 页。

[783] 丁媛媛：《基于微博传播视角下的大学生思想政治教育研究》，《漯河职业技术学院学报》2012 年第 4 期，第 149～150 页。

[784] 张宁、郑雁询、袁丹：《政务微博与政府的传播管理——以广东省三个政务微博为例》，《上海管理科学》2012 年第 4 期，第 101～105 页。

[785] 高健：《微博对高校学生教育与管理的挑战及应对策略研究》，《东方企业文化》2012 年第 4 期，第 254～255 页。

[786] 杜付贵：《微博与政务信息传播研究》，《河南工业大学学报》（社会科学版）2012 年第 4 期，第 95～98 页。

[787] 吴雨蓉：《简论微博的媒介融合意义》，《新闻爱好者》2012 年第 4 期，第 24～25 页。

[788] 张佳敏、赵明媚：《对网络微博双重效应的哲学分析》，《科技创新与应用》2012 年

第4期，第253页。
[789] 辛燮杨、陈璐、白向阳、崔晓颖：《关于大学生“今天你微博了吗”的研究与思考》，《商业文化》（下半月）2012年第4期，第307页。
[790] 史潇曼：《由“随手拍照解救乞讨儿童”事件讨论公众参与的可能性》，《中国传媒科技》2012年第4期，第116、118页。
[791] 孟娇妍：《高职德育如何直面微博时代》，《邯郸职业技术学院学报》2012年第4期，第68～71页。
[792] 李雅：《从政务微博看政府信息公开的发展》，《电子政务》2012年第4期，第34～40页。

第5期

[793] 尹杏：《论当前政府微博在信息公开中的作用及完善》，《现代商贸工业》2012年第5期，第50页。
[794] 梅泽勇、高舒：《基于微博的网络社群研究》，《图书馆学研究》2012年第5期，第2～4页。
[795] 丁西省：《微博对大学生思想政治教育带来的影响与新途径探析》，《前沿》2012年第5期，第147～148页。
[796] 杨妍：《自媒体时代政府如何应对微博传播中的“塔西佗陷阱”》，《中国行政管理》2012年第5期，第26～29页。
[797] 俞佳璐：《微型博客在食品药品监管工作中的应用初探》，《上海食品药品监管情报研究》2012年第5期，第47～49页。
[798] 蔡紫慧：《新媒体环境下微博公信力的研究》，《现代视听》2012年第5期，第17～19页。
[799] 张鹏飞、张萍、宋娜：《教育微博学习行为研究》，《中国教育信息化》2012年第5期，第69～71页。
[800] 万丽萍：《微博的特性及其舆论监督功能》，《新闻爱好者》2012年第5期，第11～13页。
[801] 邹云翔：《检察机关运用微博参与社会管理的途径》，《人民检察》2012年第5期，第78页。
[802] 何希：《微博与报纸图片传播的比较分析》，《商业文化》（下半月）2012年第5期，第346页。
[803] 尹哲：《浅谈微博给档案部门带来的机遇和挑战》，《北京档案》2012年第5期，第19～21页。
[804] 王飞、贾永江、王燕：《微博时代的危机信息传播及处置机制探索》，《领导科学》2012年第5期，第44～45页。
[805] 杨磊：《“深圳公安”微博成长启示录》，《公关世界》2012年第5期，第40～43页。
[806] 彭晓芸：《让“公共论辩”成为民主训练》，《领导文萃》2012年第5期，第28～31页。
[807] 李翔昌：《云南政务微博探新路》，《青年记者》2012年第5期，第9～10页。

[808] 李晓宁、窦蓓：《微博问政与党的民主建设》，《云南社会主义学院学报》2012 年第 5 期，第 4 ~ 6 页。

[809] 王大勇：《给你的微博加“安全盾”》，《中国新通信》2012 年第 5 期，第 69 ~ 73 页。

[810] 浦颖娟：《新浪认证微博“头条新闻”的叙事策略》，《青年记者》2012 年第 5 期，第 61 ~ 62 页。

[811] 唐爱芳：《微博舆论的自净化力与和谐社会的构建》，《经济研究导刊》2012 年第 5 期，第 264 ~ 265 页。

[812] 涂永珍：《微博反腐：公众的知情权与官员隐私权之博弈》，《领导科学》2012 年第 5 期，第 4 ~ 7 页。

[813] 邹新：《论构建和谐社会视阈下公民的微博政治参与》，《前沿》2012 年第 5 期，第 44 ~ 46 页。

[814] 付宏东：《论微博在形势与政策课程中的有效性运用》，《沈阳农业大学学报》（社会科学版）2012 年第 5 期，第 600 ~ 602 页。

[815] 黄骊：《以微博为载体的高职院校校园文化建设探析》，《湖南大众传媒职业技术学院学报》2012 年第 5 期，第 102 ~ 103、106 页。

[816] 洪银屏：《防震减灾工作的宣传新平台——官方微博》，《城市与减灾》2012 年第 5 期，第 21 ~ 23 页。

[817] 刘金艳：《微博对大学生思想政治教育的影响及对策研究》，《云南社会主义学院学报》2012 年第 5 期，第 68 ~ 69 页。

[818] 孙振虎、杨嘉怡：《“政务微博”的舆论引导策略——官方微博受欢迎的几个因素浅析》，《中国记者》2012 年第 5 期，第 80 ~ 82 页。

[819] 齐冬梅：《政务微博亟需制度规范》，《传承》2012 年第 5 期，第 44 ~ 45 页。

[820] 龚娜：《微博时代廉政文化建设探析》，《云南社会主义学院学报》2012 年第 5 期，第 22 ~ 23 页。

[821] 蒋翼：《微博时代媒体新闻的应对策略分析》，《湖南大众传媒职业技术学院学报》2012 年第 5 期，第 45 ~ 48 页。

[822] 侯逸君、田媛：《微博与公民记者的成长探析》，《大众文艺》2012 年第 5 期，第 172 ~ 173 页。

[823] 曾荣、胡国华：《简析微博在突发事件中的影响》，《大众文艺》2012 年第 5 期，第 179 ~ 180 页。

[824] 石勇：《微博政治：时尚的幻觉》，《南风窗》2012 年第 5 期，第 43 ~ 45 页。

[825] 党琼：《微博时代新公民运动中公民的权利特点》，《新闻爱好者》2012 年第 5 期，第 25 ~ 26 页。

[826] 刁烨芳：《浅析微博在大学英语教学中的应用优势》，《群文天地》2012 年第 5 期，第 188 页。

[827] 马文博：《微博问政分析》，《青年记者》2012 年第 5 期，第 58 ~ 59 页。

[828] 王伟臻、唐琳琳、叶鸿：《微博传播特征及其对大学生的影响研究——以在杭高校的调查为例》，《计算机光盘软件与应用》2012 年第 5 期，第 29、256 页。

[829] 宋滟泓：《净化网络环境新规隐患暗藏　微博实名制令运营商面临大考》，《IT 时代周

刊》2012 年第 5 期，第 36 ~ 37 页。
[830] 耿国阶、张晓杰、孙萍：《政务微博的发展对中国治理转型的影响》，《东北大学学报》（社会科学版）2012 年第 5 期，第 427 ~ 431 页。
[831] 沈浩：《微博：一个真实的社会网络》，《中国数字电视》2012 年第 5 期，第 46 ~ 46 页。
[832] 车玥：《从社会心态角度分析影响电影微博营销的心理因素》，《艺术科技》2012 年第 5 期，第 34 ~ 34 页。
[833] 杜鹃：《微博传播属性以及盈利模式探讨》，《艺术科技》2012 年第 5 期，第 36 ~ 36 页。
[834] 秦颖慧、秦潇：《网络时代民意表达与群众工作研究》，《中共太原市委党校学报》2012 年第 5 期，第 3 ~ 5 页。
[835] 黄超：《高校对"微时代"挑战的应对及微博德育功能的实现途径探讨》，《柳州师专学报》2012 年第 5 期，第 93 ~ 95 页。
[836] 王媛：《微博对新闻传播的拓展——以 2010 年南非世界杯为例》，《青年记者》2012 年第 5 期，第 64 ~ 66 页。
[837] 赵瑜、白罡、王娜：《新形势下利用微博做好大学生思想政治教育工作》，《价值工程》2012 年第 5 期，第 185 ~ 186 页。
[838] 王亮、舒藤、任亦龙：《浅谈微博在和谐警民关系中的作用》，《法制与社会》2012 年第 5 期，第 173 ~ 174 页。
[839] 周根飞：《微博对学生管理工作的挑战以及对策——以广东省高校"树洞微博"为例》，《萍乡高等专科学校学报》2012 年第 5 期，第 90 ~ 93 页。
[840] 施佳：《微博："90 后"大学生的演讲台——网络思想政治教育的定位及相关问题》，《十堰职业技术学院学报》2012 年第 5 期，第 29 ~ 33 页。
[841] 由磊、刘淑梅：《资源整合过程中隐性知识挖掘研究》，《河北广播电视大学学报》2012 年第 5 期，第 100 ~ 101 页。
[842] 姜联众：《微博的负面效应及应对》，《新闻采编》2012 年第 5 期，第 29 ~ 31 页。
[843] 乔顿珠、曹芝蓉、高俊涯：《网络新传媒"微"时代公安院校思想政治教育策略研究》，《上海公安高等专科学校学报》2012 年第 5 期，第 82 ~ 86 页。
[844] 罗艺、吴笛：《从政务微博的视角探析海事系统政务微博的发展》，《中国水运》（下半月）2012 年第 5 期，第 47 ~ 48、127 页。
[845] 付敏：《正确发挥微博的力量》，《新闻窗》2012 年第 5 期，第 88 ~ 89 页。
[846] 郑素洁：《以"戒指换教学楼"为例解析微博影响力》，《辽宁工业大学学报》（社会科学版）2012 年第 5 期，第 64 ~ 66 页。
[847] 王莉芬、黄建美、李忆华：《基于微博时代的大学生思想政治教育途径创新》，《南华大学学报》（社会科学版）2012 年第 5 期，第 100 ~ 103、128 页。
[848] 董震：《官方微博"互动"有道》，《国际公关》2012 年第 5 期，第 26 ~ 27 页。
[849] 彭晓：《基于原型词的重新分析与类推——以"微 X"词族为样本的个案分析》，《成都大学学报》（社会科学版）2012 年第 5 期，第 68 ~ 71 页。
[850] 尹朝存：《北京市司法局政务微博的实践与思考》，《中国司法》2012 年第 5 期，第

104～106 页。

[851] 李祥、熊振钦：《探究以微博为载体的大学生思想政治教育新机制》，《云南社会主义学院学报》2012 年第 5 期，第 50～51 页。

[852] 孟威：《政务微博如何摆脱“菜鸟”状态》，《当代社科视野》2012 年第 5 期，第 52～53 页。

[853] 董立人：《如何让政务微博发挥好舆论引导作用》，《传媒观察》2012 年第 5 期，第 11～12 页。

[854] 张行行：《微博：大学生思想政治教育的新利器》，《南阳理工学院学报》2012 年第 5 期，第 40～42、46 页。

[855] 柳琦：《浅析公安微博语境下公民舆论监督权的实现》，《江西警察学院学报》2012 年第 5 期，第 96～99 页。

[856] 黄两旺：《微博背景下大学生思想政治教育主导性研究》，《天水师范学院学报》2012 年第 5 期，第 137～140 页。

[857] 陈耀、李远煦：《微传播群体性事件中的思想政治教育研究》，《教育评论》2012 年第 5 期，第 78～80 页。

[858] 张志坚：《媒体人微博的性质与功能》，《南华大学学报》（社会科学版）2012 年第 5 期，第 132～135 页。

[859] 雷嫚嫚、戴光全：《从新浪微博看公众对亚运场馆的情感特征》，《体育学刊》2012 年第 5 期，第 59～62 页。

[860] 朱楠：《微博意见领袖的影响力机制及适度性——以李开复发起抵制《非你莫属》事件为例》，《技术与创新管理》2012 年第 5 期，第 606～608 页。

[861] 张碘：《共青团县级委员会官方微博的调查与分析——以内蒙古自治区乌兰察布市各旗县为例》，《内蒙古电大学刊》2012 年第 5 期，第 37～39、42 页。

[862] 张凡、于月洋：《科技期刊借助“微博”履行科普责任》，《辽宁工程技术大学学报》（社会科学版）2012 年第 5 期，第 534～536 页。

[863] 刘晓华：《浅析微博视域下的社会主义意识形态建设》，《哈尔滨职业技术学院学报》2012 年第 5 期，第 54～55 页。

[864] 田丹丹：《基于微博载体的高校思想政治教育研究》，《工会论坛》（山东省工会管理干部学院学报）2012 年第 5 期，第 116～117 页。

[865] 谢耘耕、刘锐、徐颖、王平、万旋傲、王理、荣婷、王蕾、吕晴、宫玉斐、何筱媛、李慧君、董吟雪：《2011 年中国政务微博报告》，《新闻界》2012 年第 5 期，第 47～54 页。

[866] 施小静：《关于推进微博反腐实效的对策探析》，《中共太原市委党校学报》2012 年第 5 期，第 48～50 页。

[867] 李哲：《大学生微博使用情况的调查与思考——以衡水学院为例》，《衡水学院学报》2012 年第 5 期，第 97～98 页。

[868] 曹艳、吴玉贞：《从“成都发布”看地方政府微博的发布策略》，《成都大学学报》（社会科学版）2012 年第 5 期，第 27～30 页。

[869] 秦程节：《“微博”与大学生思想政治教育载体创新》，《广东石油化工学院学报》

2012 年第 5 期，第 5 ~ 7、11 页。
[870] 叶桐：《记者使用微博的专业化述论》，《成都大学学报》（社会科学版）2012 年第 5 期，第 50 ~ 52 页。
[871] 张颖：《在交往和代表的循环中发现民意——微博“围观”引发的思考》，《西北农林科技大学学报》（社会科学版）2012 年第 5 期，第 136 ~ 140 页。
[872] 徐徐：《当代大学生微博政治参与的表征与规范——基于“一条微博解决的堵车事件”的剖析》，《宁夏大学学报》（人文社会科学版）2012 年第 5 期，第 65 ~ 68 页。
[873] 唐艳：《高校利用微博开展大学生思想政治教育的现状与思考——以湖南省为例》，《衡阳师范学院学报》2012 年第 5 期，第 142 ~ 145 页。
[874] 江奇艳：《影响高校官方微博影响力的因素和提升策略》，《牡丹江教育学院学报》2012 年第 5 期，第 75 ~ 76 页。
[875] 张弓、邓林伟：《微博民意表达问题的应对机制探析》，《湖南行政学院学报》2012 年第 5 期，第 19 ~ 23 页。
[876] 倪明：《广播怎样用微博?》，《视听界》2012 年第 5 期，第 101 ~ 102 页。
[877] 陈聪、张大勇、何苾菲：《微博热点话题扩散模式分析》，《当代传播》2012 年第 5 期，第 81 ~ 82 页。
[878] 杨文军：《微，一种文化形式的诞生——网络环境里的“微”分析》，《江苏广播电视大学学报》2012 年第 5 期，第 64 ~ 67 页。
[879] 杨玫：《杭州图书馆微博推广策略研究》，《图书馆论坛》2012 年第 5 期，第 157 ~ 160 页。
[880] 张斯琦、张福贵：《论微博与社会秩序的二重影响》，《甘肃社会科学》2012 年第 5 期，第 73 ~ 76 页。
[881] 陈世华、韩翠丽：《微博政治经济学引论》，《南昌大学学报》（人文社会科学版）2012 年第 5 期，第 40 ~ 45 页。
[882] 刘桂玲：《公安微博客在和谐警民关系构建中的应用研究》，《江西警察学院学报》2012 年第 5 期，第 91 ~ 95 页。
[883] 胡彩虹：《基于微博的公共图书馆信息服务探讨》，《江西图书馆学刊》2012 年第 5 期，第 104 ~ 106 页。
[884] 李凌凌：《微博时代：舆情挑战与政府应对》，《中州学刊》2012 年第 5 期，第 203 ~ 206 页。
[885] 由丹丹、康秀云：《论大学生微博公共参与及引导》，《黑龙江省政法管理干部学院学报》2012 年第 5 期，第 158 ~ 160 页。
[886] 武浩、刘晓军、韩涵：《警务微博在治安管理工作中的应用研究》，《北京人民警察学院学报》2012 年第 5 期，第 23 ~ 28 页。
[887] 游婧：《微信息　巨能量——浅析当代微博与高校思想政治教育联姻的可行性》，《兰州教育学院学报》2012 年第 5 期，第 87 ~ 88、91 页。
[888] 屈小燕：《高校官方微博的软传播策略》，《理论与改革》2012 年第 5 期，第 102 ~ 104 页。
[889] 周青建：《微博在“985 工程”高校图书馆应用的调查与分析》，《图书馆界》2012 年第 5 期，第 44 ~ 49 页。
[890] 蔡宝家、杜娟、李顺友：《微博时代下我国体育赛事营销刍议》，《南京体育学院学

报》（社会科学版）2012 年第 5 期，第 55 ~ 57 页。

[891] 谢英香、冯锐：《网络公共领域中的微博媒介作用研究》，《扬州大学学报》（人文社会科学版）2012 年第 5 期，第 111 ~ 115 页。

[892] 李名亮：《微博空间公共知识分子的话语策略与身份建构》，《湖南师范大学社会科学学报》2012 年第 5 期，第 134 ~ 139 页。

[893] 张志坚：《论政府官员微博的性质与功能》，《温州大学学报》（社会科学版）2012 年第 5 期，第 96 ~ 101 页。

[894] 王昊、杨亮、林鸿飞：《日本地震的微博热点事件分析》，《中文信息学报》2012 年第 5 期，第 7 ~ 13 页。

[895] 张葵阳：《微博传播条件下的拟态环境研究》，《宁波大学学报》（人文科学版）2012 年第 5 期，第 124 ~ 128 页。

[896] 赵文清、侯小可：《基于词共现图的中文微博新闻话题识别》，《智能系统学报》2012 年第 5 期，第 444 ~ 449 页。

[897] 陈立强、罗红辉：《互联网微博的话语机制及传播信用》，《天津师范大学学报》（社会科学版）2012 年第 5 期，第 61 ~ 65 页。

[898] 汪全莉、赵继源：《出版企业的微博营销策略》，《出版科学》2012 年第 5 期，第 71 ~ 75 页。

[899] 王帆、张立荣：《高校官微生存现状与发展策略探析——基于新浪微博平台调查》，《中国电化教育》2012 年第 5 期，第 28 ~ 32 页。

[900] 史存会、林鸿飞：《追踪事件微博报道：一种流的动态话题模型》，《山东大学学报》（理学版）2012 年第 5 期，第 13 ~ 18 页。

[901] 郭浩、陆余良、王宇、张亮：《基于信息传播的微博用户影响力度量》，《山东大学学报》（理学版）2012 年第 5 期，第 78 ~ 83 页。

[902] 李名亮：《现实与隐忧：微博意见领袖的话语权力》，《今传媒》2012 年第 5 期，第 11 ~ 13 页。

[903] 李堃：《微博问政的局限及完善路径》，《工会理论研究》（上海工会管理职业学院学报）2012 年第 5 期，第 34 ~ 36 页。

[904] 何永刚：《微博时代构建地方高校新型反腐倡廉体系的政策取向》，《四川行政学院学报》2012 年第 5 期，第 50 ~ 53 页。

[905] 余晓夏：《浅析微博涉及的著作权问题》，《延边教育学院学报》2012 年第 5 期，第 35 ~ 37 页。

[906] 孙忠良、周国斌：《微博问政在学校民主管理中的消极克服及补偿》，《教育科学》2012 年第 5 期，第 27 ~ 31 页。

[907] 徐翔斌、涂欢、王佳强：《基于复杂网络的社交网站用户评价模型研究》，《华东交通大学学报》2012 年第 5 期，第 38 ~ 43 页。

[908] 马会超、郭学军：《微博与大学生思想政治教育》，《江汉大学学报》（社会科学版）2012 年第 5 期，第 46 ~ 49 页。

[909] 周智勇、陈仕品：《微博虚拟学习社区互动关系的社会网络分析》，《现代远距离教育》2012 年第 5 期，第 73 ~ 79 页。

[910] 彭亮：《浅析微博环境下新疆高校学生教育管理工作的创新和发展》，《昌吉学院学报》2012 年第 5 期，第 67 ~ 70 页。
[911] 陈恒明、高权恩、陈玥熤、黄俊生：《如何做好官方天气微博信息服务》，《广东气象》2012 年第 5 期，第 47 ~ 49、53 页。
[912] 郑霞：《福建省政务微博发展现状及其规范路径初探》，《宿州教育学院学报》2012 年第 5 期，第 10 ~ 13 页。
[913] 石力月：《作为政治的商业主义与政治的消解及重构——议“韩寒事件”的微博论战》，《开放时代》2012 年第 5 期，第 27 ~ 47 页。
[914] 王维佳、杨丽娟：《“吴英案”与微博知识分子的“党性”》，《开放时代》2012 年第 5 期，第 48 ~ 62 页。
[915] 张爱凤：《微博空间的媒体知识分子与社会公益行动动员》，《南京社会科学》2012 年第 5 期，第 112 ~ 119 页。
[916] 帖伟芝：《微博时代大学生思想政治教育工作探析》，《中共郑州市委党校学报》2012 年第 5 期，第 127 ~ 128 页。
[917] 李大棚：《微博时代我国主流意识形态面临的冲击态势及对策》，《沈阳大学学报》（社会科学版）2012 年第 5 期，第 18 ~ 21 页。
[918] 孙岩：《微博平台上的高校思想政治教育》，《运城学院学报》2012 年第 5 期，第 97 ~ 99 页。
[919] 全华、白红义：《微博在电视突发新闻报道中的影响》，《中国记者》2012 年第 5 期，第 105 ~ 106 页。
[920] 马向阳：《微博互动中的关注流、情感流和符号流》，《新闻与写作》2012 年第 5 期，第 41 ~ 43 页。
[921] 周仕洵、李瑶：《从突发事件看微博的社会化媒体性及对传统媒体的挑战》，《中小企业管理与科技》（下旬刊）2012 年第 5 期，第 190 ~ 191 页。
[922] 贾佳：《重温〈讲话〉精神　探析微博为人民服务路径》，《中国广播电视学刊》2012 年第 5 期，第 31 ~ 33 页。
[923] 李勇：《保障网络人权的法制化路径探析——以微博为视角》，《内江师范学院学报》2012 年第 5 期，第 79 ~ 82 页。
[924] 许剑颖：《国内微博研究论文的文献计量分析》，《图书情报工作网刊》2012 年第 5 期，第 35 ~ 43 页。
[925] 吴娟频、李晓：《微博时代大学生网络教育的探索》，《无线互联科技》2012 年第 5 期，第 19 页。
[926] 刘善花：《浅析微博在推进社会公平正义进程中存在的问题》，《法制与经济》（中旬）2012 年第 5 期，第 113 ~ 114 页。
[927] 李进：《利用微博加强和创新社会消防管理》，《安全》2012 年第 5 期，第 4 ~ 6 页。
[928] 许梦醒：《劳模微博，触发“正能量”》，《当代劳模》2012 年第 5 期，第 48 ~ 49 页。
[929] 王晓丹：《浅谈微博与报纸的联系》，《新闻传播》2012 年第 5 期，第 170 页。
[930] 思源：《一位副书记的微博生活》，《河南教育》（中旬）2012 年第 5 期，第 20 ~ 21 页。
[931] 陈沉：《用微博传播理性的声音》，《理论学习》2012 年第 5 期，第 63 ~ 64 页。

[932] 孙辉:《借力微博提升广播影响力》,《记者摇篮》2012 年第 5 期,第 64～65 页。
[933] 陈英凤:《安全是微博实名制的前提》,《信息化建设》2012 年第 5 期,第 34 页。
[934] 魏博:《地方媒体微博之道》,《中国地市报人》2012 年第 5 期,第 44～45 页。
[935] 来聪聪:《关于微博问政推进行政管理改革的探讨》,《科教导刊》(中旬刊) 2012 年第 5 期,第 86～87 页。
[936] 任一奇、王雅蕾、王国华、冯伟:《微博谣言的演化机理研究》,《情报杂志》2012 年第 5 期,第 50～54 页。
[937] 沈振萍、谢阳群:《基于微博客的竞争情报搜集研究:以新浪微博为例》,《情报杂志》2012 年第 5 期,第 29～35 页。
[938] 王忠华、谢园园、李斐:《从社会网络分析看“教育技术”微博圈》,《现代教育技术》2012 年第 5 期,第 83～87 页。
[939] 高一然:《电视媒体官方微博的框架比较分析——以新浪微博影响力榜排名前三的卫视微博为例》,《现代传播》(中国传媒大学学报) 2012 年第 5 期,第 120～123 页。
[940] 张文彦、许智:《国内公共图书馆微博应用的现状与展望》,《情报探索》2012 年第 5 期,第 98～102 页。
[941] 杨琳:《从需求层次理论探析微博流行的原因——以华南师范大学石牌校区为例》,《文教资料》2012 年第 5 期,第 122～123 页。
[942] 张雨:《政务微博的政府形象管理》,《新闻与写作》2012 年第 5 期,第 45～47 页。
[943] 李光:《纸质媒体官方微博的运营之道》,《长江大学学报》(社会科学版) 2012 年第 5 期,第 185～186 页。
[944] 张晔:《基于微博的客户服务策略》,《企业活力》2012 年第 5 期,第 17～20 页。
[945] 陈鼎藩、丁等:《微中见大　博纳众家——论微博的社会价值》,《人力资源管理》2012 年第 5 期,第 191～192 页。
[946] 付晓静、黄越:《微博对体育信息传播的影响——以中国短道队丽江冲突事件为例》,《新闻世界》2012 年第 5 期,第 83～84 页。
[947] 王灿发、骆雅心:《重大突发危机事件微博辟谣并谣言控制机制研究》,《中国记者》2012 年第 5 期,第 31～32 页。
[9748] 唐嘉仪:《微博使用与大学生网络参政关系探究——以广州大学城十所高校为例的实证研究》,《今传媒》2012 年第 5 期,第 38～39 页。
[949] 王薇、刘开源:《微博的传播模式探讨》,《新闻世界》2012 年第 5 期,第 111～112 页。
[950] 张甜甜:《微博对大学生信息获取方式的影响》,《新闻世界》2012 年第 5 期,第 183～184 页。
[951] 高舒、刘萍:《微博在高校图书馆的应用》,《情报探索》2012 年第 5 期,第 106～108 页。
[952] 张玲玲、杨晏州:《微博的媒体影响力分析》,《新闻知识》2012 年第 5 期,第 21～23 页。
[953] 余文:《传统媒体与微博的融合现状与趋势》,《新闻知识》2012 年第 5 期,第 108～109 页。
[954] 姜雪、张召珍:《微博舆论引导与控制的微分博弈模型研究》,《图书情报工作网刊》2012 年第 5 期,第 44～49 页。
[955] 穆金富、杜洋:《如何使党报营销去“边缘化”——以微博在党报营销中的运用为例》,《新闻世界》2012 年第 5 期,第 149～150 页。

［956］史云燕：《微博在英语教学中的应用探析》，《软件》2012 年第 5 期，第 116 ~ 118 页。
［957］续迪：《我国微博网站的发展历程》，《新闻世界》2012 年第 5 期，第 79 ~ 80 页。
［958］孟庆富：《微博的伦理失范与对策》，《新闻世界》2012 年第 5 期，第 101 ~ 102 页。
［959］马明艳、张凌霄：《微博平台新闻伦理的失衡与构建》，《新闻世界》2012 年第 5 期，第 127 ~ 129 页。
［960］何芸：《微博时代公民新闻的舆论引导》，《福建理论学习》2012 年第 5 期，第 19 ~ 22 页。
［961］刘海英：《试论微博客对新闻舆论的影响》，《新闻传播》2012 年第 5 期，第 29、31 页。
［962］孙志伟、郭雅静：《从微博信息传播的潜在风险看用户媒介素养的提高》，《新闻传播》2012 年第 5 期，第 208 ~ 209 页。
［963］吴丽、李景龙：《微博问政与民意表达》，《新闻世界》2012 年第 5 期，第 115 ~ 116 页。
［964］谢晶：《“围”起暖流　“博”出精彩——辅导员博客、微博在大学生思想政治教育中的运用》，《河南教育》（中旬）2012 年第 5 期，第 60 ~ 61 页。
［965］彭孝栋：《电视媒体对微博的整合运用——以〈我有问题问总理〉为例》，《新闻世界》2012 年第 5 期，第 43 ~ 44 页。
［966］赵我寰：《微新闻的采访与写作》，《新闻世界》2012 年第 5 期，第 129 ~ 130 页。
［967］刘意：《微博——领导干部调查研究的新工具》，《中共石家庄市委党校学报》2012 年第 5 期，第 27 ~ 29 页。
［968］邓建国：《管窥外国在华政务微博》，《对外传播》2012 年第 5 期，第 54 ~ 55 页。
［969］原福永、冯静、符茜茜、曹旭峰：《一种降低微博僵尸粉影响的方法》，《现代图书情报技术》2012 年第 5 期，第 70 ~ 75 页。
［970］帕尔哈提·尼加提、黄晓斌：《微博客的竞争性信息构成与质量评价》，《情报理论与实践》2012 年第 5 期，第 10 ~ 14 页。
［971］赵文晶、刘军宏：《全要素/全过程视角下的微博评论创新路径》，《中国软科学》2012 年第 5 期，第 175 ~ 181 页。
［972］朱恒民、李青：《面向话题衍生性的微博网络舆情传播模型研究》，《现代图书情报技术》2012 年第 5 期，第 60 ~ 64 页。
［973］刘晓华、韦福如、段亚娟、周明：《基于语义分析的微博搜索》，《山东大学学报》（理学版）2012 年第 5 期，第 38 ~ 42 页。
［974］陈抒晨：《微博影响力综合定量评估方法研究——以新浪微博为例》，《福建电脑》2012 年第 5 期，第 6 ~ 7、25 页。
［975］韩玺、顾萍、袭继红：《微博推动下政府网络舆情的传播学研究》，《图书馆学刊》2012 年第 5 期，第 3 ~ 6 页。
［976］李楠、张凌霄：《微观两会　博聚民意——从问政主体看 2012 两会微博的应用与影响》，《新闻前哨》2012 年第 5 期，第 14 ~ 16 页。
［977］衣永红、孙忠良：《论大学生“微博论政”背景下的高校形势政策教育》，《宜春学院学报》2012 年第 5 期，第 130 ~ 133 页。
［978］张韦全、陈京民：《基于社会网络挖掘的微博参政群体实证研究》，《计算机与现代化》2012 年第 5 期，第 67 ~ 70 页。

[979] 林国建:《基于微博环境下的公共领域构建》,《社会科学家》2012 年第 5 期,第 35 ~ 37 页。

[980] 王敬红:《微博对高校思想政治教育的挑战与应对》,《现代传播》(中国传媒大学学报)2012 年第 5 期,第 143 ~ 144 页。

[981] 张丽:《广播如何借力微博——北京交通广播的尝试与探索》,《传媒》2012 年第 5 期,第 48 ~ 50 页。

[982] 刘荣国、胡红萍:《基于微博的大学英语第二课堂教学活动管理探微》,《咸宁学院学报》2012 年第 5 期,第 130 ~ 132 页。

[983] 张静:《国内图书馆微博使用现状及启示——以新浪微博为例》,《新世纪图书馆》2012 年第 5 期,第 81 ~ 83、26、2 页。

[984] 杜志银:《微博在医学文献检索课程教学中的应用》,《医学信息学杂志》2012 年第 5 期,第 85 ~ 87 页。

[985] 徐丹:《微博中的公众表达与社会心态的互动分析》,《东南传播》2012 年第 5 期,第 74 ~ 75 页。

[986] 梁芷铭:《政务微博推动政府职能转变》,《新闻窗》2012 年第 5 期,第 32 ~ 33 页。

[987] 张蕊、洪金梅:《政务微博在舆论引导中的作用》,《新闻世界》2012 年第 5 期,第 124 ~ 125 页。

[988] 王利敏、周美娟:《微博:推进社会管理创新的网络平台——以石家庄市公安机关开设微博为例》,《学周刊》(上旬)2012 年第 5 期,第 20 ~ 21 页。

[989] 刘洁:《旅游酒店微博粉丝的需求特征及其应对策略》,《企业活力》2012 年第 5 期,第 21 ~ 24 页。

[990] 刘运来:《微博时代政府在危机公关中公信力建设研究——以三亚“天价海鲜事件”为例》,《今传媒》2012 年第 5 期,第 17 ~ 18 页。

[991] 刘海龙:《从传播学角度看:微博流言的特征》,《新闻与写作》2012 年第 5 期,第 20 ~ 23 页。

[992] 贾笛:《从微博实名制谈微博发展趋势》,《今传媒》2012 年第 5 期,第 88 ~ 89 页。

[993] 陈康、赵唯阳:《论“微新闻”的传播特性及传播控制》,《学术交流》2012 年第 5 期,第 198 ~ 201 页。

[994] 张志安:《记者微博的价值和规范》,《中国记者》2012 年第 5 期,第 95 ~ 96 页。

[995] 方红梅、陈云:《浅议利用“微博”开展高职院校学生管理工作》,《文教资料》2012 年第 5 期,第 129 ~ 130 页。

[996] 邓丽晶:《规范政务微博的几点建议》,《品牌》(下半月)2012 年第 5 期,第 57 页。

[997] 应丽斋:《微博情境下“党报热线”怎样创新突破、提升传播力》,《中国记者》2012 年第 5 期,第 82 ~ 83 页。

[998] 邓飞:《止住谣言　注入理想——微博时代传统媒体如何发挥引导之责》,《中国记者》2012 年第 5 期,第 41 ~ 42 页。

[999] 刘阳:《论社会沟通模式的转型与政务微博的挑战》,《桂海论丛》2012 年第 5 期,第 94 ~ 97 页。

[1000] 李红艳:《对“微博问政”的思考和建议》,《科学中国人》2012 年第 5 期,第 76 ~

77 页。

［1001］于治麟：《微博在图书馆信息服务中的应用分析与思考》，《贵州师范学院学报》2012 年第 5 期，第 79 ~ 81 页。

［1002］岳颀、卫春晖：《浅析微博对大学生思想政治教育的影响》，《高等函授学报》（哲学社会科学版）2012 年第 5 期，第 64 ~ 65 页。

［1003］张建科、罗晓丹：《论微博在高校管理中的作用》，《软件导刊》（教育技术）2012 年第 5 期，第 94 ~ 95 页。

［1004］刘凯：《高校官方微博管理基本原则初探》，《新闻传播》2012 年第 5 期，第 133 页。

［1005］孙明花：《试论微博在国家电台少数民族语言广播中的作用和应用》，《中国广播》2012 年第 5 期，第 35 ~ 38 页。

［1006］詹骞：《公共治理视野下的政务微博——以“平安北京”龙年春节期间的微博为例》，《当代传播》2012 年第 5 期，第 74 ~ 77 页。

第 6 期

［1007］李燕：《电视栏目的微博营销》，《视听界》2012 年第 6 期，第 106 ~ 107 页。

［1008］韩轶、姜洁：《微博式行政问责刍议》，《沈阳干部学刊》2012 年第 6 期，第 41 ~ 42 页。

［1009］刘燕南、于茜：《政治传播学视野下的政务微博传播模式探析——基于“两会”时期热点政务微博的实证研究》，《中国网络传播研究》，2012 年第 6 辑，第 102 ~ 120 页。

［1010］蒋彩云：《纸媒记者微博采访路径初探》，《新疆新闻出版》2012 年第 6 期，第 60 ~ 61 页。

［1011］谢良兵：《“网络书记”张春贤治疆》，《西部大开发》2012 年第 6 期，第 54 ~ 57 页。

［1012］秦玥：《微博舆论引导与大学生理想信念教育》，《浙江万里学院学报》2012 年第 6 期，第 19 ~ 23 页。

［1013］苏伟：《网络环境下公安行政管理创新的一个切入——以“平安微博”为线索的展开》，《四川警察学院学报》2012 年第 6 期，第 66 ~ 69 页。

［1014］熊炎：《〈谣言〉的现实回应及其对策建议——以北京市为例》，《北京人民警察学院学报》2012 年第 6 期，第 32 ~ 37 页。

［1015］朱爱敏：《新浪微博维吾尔社区热点议题的生成与扩散》，《新闻爱好者》2012 年第 6 期，第 65 ~ 66 页。

［1016］金鸿浩、王浩臣、季娜：《微博热的 SWOT 方法探究》，《新闻爱好者》2012 年第 6 期，第 69 ~ 70 页。

［1017］成晓丽：《微时代微传播的特征及影响》，《青年记者》2012 年第 6 期，第 40 ~ 41 页。

［1018］卞清、高波：《从“围观”到“行动”：情感驱策、微博互动与理性复归》，《新闻与传播研究》2012 年第 6 期，第 10 ~ 17、109 页。

［1019］杨宁：《浅谈“微博”环境下的大学生思想政治教育》，《中国报业》2012 年第 6

期，第221～222页。

[1020] 廖宇飞：《试论微博新闻评论》，《新闻爱好者》2012年第6期，第79～80页。

[1021] 李馨：《微博辟谣的形式及困境》，《新闻爱好者》2012年第6期，第81～82页。

[1022] 刘涛、肖明珊：《“方韩事件”中的外部链接与长微博现象分析》，《新闻界》2012年第6期，第46～50页。

[1023] 郝鑫岐、张学娇：《“自媒体”时代的微博公关》，《中国传媒科技》2012年第6期，第23～24页。

[1024] 刘慧、余亚荣：《高校开设微博的机遇与挑战》，《改革与开放》2012年第6期，第167～168页。

[1025] 任龙、郭长顺：《处置群体性事件应关注微博因素》，《中共济南市委党校学报》2012年第6期，第59～62页。

[1026] 李晶：《“微时代”视阈下中原文化传播机制研究》，《内蒙古农业大学学报》（社会科学版）2012年第6期，第199～201页。

[1027] 李亚玲：《符号融合视域下微博的文化认同范式——以伦敦奥运会刘翔摔倒事件为例》，《当代传播》2012年第6期，第26～30页。

[1028] 谭树中：《风起于青蘋之末——微博传者心理分析》，《青年记者》2012年第6期，第39～40页。

[1029] 唐昌秀、邓丽玲、冷伟：《做好气象微博客户服务的初步探讨与实践》，《北京农业》2012年第6期，第237～238页。

[1030] 王鲁铨：《麦克卢汉媒介视角下的微博时代——基于“媒介即信息”理论的思考》，《新闻窗》2012年第6期，第39～40页。

[1031] 褚松燕：《政府因应微博“六字诀”》，《人民论坛》2012年第6期，第33～34页。

[1032] 李家鼎：《微博时代，刚刚开始就要结束？——从微博的现在和未来谈开去》，《青年记者》2012年第6期，第43～44页。

[1033] 耿思嘉：《利用微博促进大学生思想政治教育工作研究》，《安徽工业大学学报》（社会科学版）2012年第6期，第149～151页。

[1034] 曹丹、胡家保：《政务微博群传播态势与内容建设策略探析——基于新浪网“十大新闻办机构微博”的观察》，《佳木斯大学社会科学学报》2012年第6期，第22～25页。

[1035] 刘建：《调查：公众最反感哪种微博乱象》，《人民论坛》2012年第6期，第16～19页。

[1036] 刘晓旋、谭天：《微博场，离农民工权益话语的救赎有多远？——以新浪微博为例》，《广东外语外贸大学学报》2012年第6期，第55～60页。

[1037] 兰朵：《“关注—被关注”模式下微博对“阐释共同体”的构建——以“新浪微博”为例》，《西安文理学院学报》（社会科学版）2012年第6期，第60～63页。

[1038] 薛世忠：《微博对高校思想政治教育的影响及其创新对策》，《莆田学院学报》2012年第6期，第20～23页。

[1039] 陈懿：《探析微博在高职高专艺术类专业英语教学中的应用》，《琼州学院学报》2012年第6期，第106～108页。

[1040] 郑立冬、李钢：《微博时代大学生话语权的实现困境及出路》，《北京邮电大学学报》（社会科学版）2012 年第 6 期，第 1 ~ 6 页。
[1041] 徐可晶：《微博时代的高校校园文化建设思考》，《琼州学院学报》2012 年第 6 期，第 51 ~ 52 页。
[1042] 马丽：《微博的社会力量及文明和谐社会之建设》，《西北大学学报》（哲学社会科学版）2012 年第 6 期，第 166 ~ 168 页。
[1043] 肖枞、吴林柯：《论微博对媒体生态的影响》，《南方电视学刊》2012 年第 6 期，第 86 ~ 88 页。
[1044] 刘海龙：《对微博舆论场的四个误读》，《人民论坛》2012 年第 6 期，第 22 ~ 23 页。
[1045] 刘瑞生：《微博政治热潮的可能风险》，《人民论坛》2012 年第 6 期，第 28 ~ 29 页。
[1046] 吴军群：《微博语言中语码转换现象的顺应性分析》，《皖西学院学报》2012 年第 6 期，第 128 ~ 131 页。
[1047] 孙鹤嘉：《谈微博对大学生思想政治教育工作的影响及对策》，《辽宁师专学报》（社会科学版）2012 年第 6 期，第 39 ~ 40 页。
[1048] 杨峥：《基于微博平台的英语专业学生自主学习能力的培养》，《江苏技术师范学院学报》2012 年第 6 期，第 135 ~ 137 页。
[1049] 周廷勇：《从“威权舆论”到“权威舆论”——“微时代”主流舆论的解构与重振》，《重庆工商大学学报》（社会科学版）2012 年第 6 期，第 113 ~ 119 页。
[1050] 马亮：《公安微博的扩散研究：中国地级市的实证研究》，《甘肃行政学院学报》2012 年第 6 期，第 4 ~ 14、124 页。
[1051] 魏占玲、兰昊、季芳：《私媒体与公教育——浅谈利用微博拓展高校网络思想政治教育工作新领域》，《高校辅导员》2012 年第 6 期，第 8 ~ 10、29 页。
[1052] 刘键政：《大学生思政教育视域下微博互动主体关系》，《北华大学学报》（社会科学版）2012 年第 6 期，第 134 ~ 137 页。
[1053] 王新伟、张育广：《论微时代高校学生党员培养教育的载体创新》，《长春教育学院学报》2012 年第 6 期，第 111 ~ 113 页。
[1054] 田雪娇：《微博是一扇了解民情的门——听“中一在线”谈公务微博》，《杭州》（我们）2012 年第 6 期，第 36 ~ 37 页。
[1055] 董立人：《当情绪舆论遭遇政务微博》，《人民论坛》2012 年第 6 期，第 26 ~ 27 页。
[1056] 王小红：《当前政务微博积极作用、存在问题及对策研究》，《山东行政学院学报》2012 年第 6 期，第 16 ~ 18、33 页。
[1057] 赵俊飞：《公安消防部队政务微博的传播现状研究》，《中国应急救援》2012 年第 6 期，第 26 ~ 28 页。
[1058] 汪向征、曹军、焦建利：《微博学生用户的交互行为与人格特征的关系研究》，《远程教育杂志》2012 年第 6 期，第 39 ~ 44 页。
[1059] 康思本：《广东高职院校图书馆微博服务现状调查与分析》，《江西图书馆学刊》2012 年第 6 期，第 68 ~ 72 页。
[1060] 谭阳：《地震微博的现状分析与思考》，《城市与减灾》2012 年第 6 期，第 4 ~ 7 页。
[1061] 刘晓旋、谭天：《微博场，离农民工权益话语的救赎有多远？——以新浪微博为

例》,《广东外语外贸大学学报》2012 年第 6 期,第 55 ~60 页。

[1062] 刘琳、李英:《高校学生使用微博和社交网站的现状及其对策研究——基于南京理工大学的调查》,《南京理工大学学报》(社会科学版)2012 年第 6 期,第 73 ~77 页。

[1063] 陈先红、陈欧阳:《政府微博中的对话传播研究——以中国 10 个政务机构微博为例》,《武汉理工大学学报》(社会科学版)2012 年第 6 期,第 954 ~958 页。

[1064] 葛穗:《从 SWOT 分析浅谈公共图书馆微博宣传推广策略》,《图书馆界》2012 年第 6 期,第 71 ~74 页。

[1065] 赵春丽、刘彩霞:《微博政治参与的民主作用透视》,《长白学刊》2012 年第 6 期,第 30 ~35 页。

[1066] 廖晓明、奉婷:《我国政务微博参与公共管理的作用机理和条件初探》,《南昌大学学报》(人文社会科学版)2012 年第 6 期,第 114 ~119 页。

[1067] 张明新:《社会关系网络中的信息消费与生产:微博用户行为研究》,《新闻与传播研究》2012 年第 6 期,第 85 ~96、111 ~112 页。

[1068] 陈联俊:《网络社会"微博"舆论场域的生成与引导》,《社会主义研究》2012 年第 6 期,第 62 ~66、132 页。

[1069] 韩亚辉、洪宇箫:《微博"平安武侯"的议程设置再解读》,《新闻大学》2012 年第 6 期,第 120 ~126 页。

[1070] 谢天勇:《微博对突发公共事件舆论引导的演进》,《江淮论坛》2012 年第 6 期,第 185 ~189 页。

[1071] 刘文杰:《微博平台上的著作权》,《法学研究》2012 年第 6 期,第 119 ~130 页。

[1072] 何明:《新媒体时代下微博文学的表现及传播方式探析》,《辽宁师范大学学报》(社会科学版)2012 年第 6 期,第 839 ~842 页。

[1073] 谢丽彬、李民:《地方政府微博发展实证分析——以福建省为例》,《长沙大学学报》2012 年第 6 期,第 56 ~58 页。

[1074] 胡悦、阳莉:《微博手段差异对粉丝偶像选择的影响》,《重庆邮电大学学报》(社会科学版)2012 年第 6 期,第 95 ~99 页。

[1075] 曹莉丽、李建杰:《网络背景下的景区微博营销模式研究——以横店影视城为例》,《经济视角》2012 年第 6 期,第 69 ~71 页。

[1076] 文坤梅、徐帅、李瑞轩、辜希武、李玉华:《微博及中文微博信息处理研究综述》,《中文信息学报》2012 年第 6 期,第 27 ~37 页。

[1077] 陈伟宏:《公民社会视域中微博传播的伦理思考》,《伦理学研究》2012 年第 6 期,第 56 ~59 页。

[1078] 马彬、洪宇、陆剑江、姚建民、朱巧明:《基于线索树双层聚类的微博话题检测》,《中文信息学报》2012 年第 6 期,第 121 ~128 页。

[1079] 黄炎宁:《新媒体知识沟与数字鸿沟的融合》,《当代传播》2012 年第 6 期,第 31 ~35 页。

[1080] 张冠文:《微博话语秩序的建构》,《当代传播》2012 年第 6 期,第 68 ~70 页。

[1081] 刘晓丽:《微博语境下语言传播的特点》,《当代传播》2012 年第 6 期,第 91 ~

93 页。
[1082] 徐学庆：《我国微博问政论略》，《信阳师范学院学报》（哲学社会科学版）2012 年第 6 期，第 25 ~29 页。
[1083] 师田：《微博及微博问政在我国的发展现状考察》，《榆林学院学报》2012 年第 6 期，第 45 ~49 页。
[1084] 金准、李为人：《微博热潮下的中国旅游业——新传播、新需求、新产业》，《中国社会科学院研究生院学报》2012 年第 6 期，第 68 ~71 页。
[1085] 李建伟、郭文嘉：《微博传播功能的负效应及其治理》，《中州学刊》2012 年第 6 期，第 206 ~208 页。
[1086] 周廷勇、李炼：《微时代国家电网品牌建设研究——以重庆市电力公司开通“红岩微博”为例》，《重庆文理学院学报》（社会科学版）2012 年第 6 期，第 91 ~96 页。
[1087] 程婧：《公安微博：公安网上群众工作的新平台》，《辽宁警专学报》2012 年第 6 期，第 40 ~43 页。
[1088] 王运宝：《做有温度的政务微博》，《决策》2012 年第 6 期，第 23 ~25 页。
[1089] 任格：《关于加强工商政务微博建设的几点建议》，《工商行政管理》2012 年第 6 期，第 80 页。
[1090] 孙立群、罗婷：《武汉市档案局政务微博正式上线》，《湖北档案》2012 年第 6 期，第 11 页。
[1091] 葛永：《领导干部的网络问政能力——领导干部学微博》，《电脑知识与技术》2012 年第 6 期，第 1441 ~1443、1464 页。
[1092] 胡昌龙、郭峘、张思源：《微博的传播偏向研究》，《湖北工业大学学报》2012 年第 6 期，第 47 ~49 页。
[1093] 许伟：《基于微博的学科馆员知识管理》，《山西档案》2012 年第 6 期，第 43 ~46 页。
[1094] 王丰昌：《微博视野下大学生思想政治教育对策探讨》，《宜春学院学报》2012 年第 6 期，第 35 ~38 页。
[1095] 薛国林：《国外微博管理经验借鉴》，《人民论坛》2012 年第 6 期，第 36 ~37 页。
[1096] 盛明科、戴娜：《政务微博发展与公共信息资源管理》，《理论探索》2012 年第 6 期，第 108 ~112 页。
[1097] 江涛：《从“微博热”看媒体与社会互动——从央视〈一年又一年〉说起》，《新闻前哨》2012 年第 6 期，第 19 ~21 页。
[1098] 朱晓丹：《“微时代”的媒体变革》，《记者摇篮》2012 年第 6 期，第 43 ~44 页。
[1099] 李峻：《报纸应对微博的三种方式》，《新闻传播》2012 年第 6 期，第 83 页。
[1100] 赵国洪、尹嘉欣：《中国“政府微博”发展状况分析——基于广东省的实证研究》，《电子政务》2012 年第 6 期，第 22 ~28 页。
[1101] 许立新：《领导干部应重视政务微博的作用》，《前沿》2012 年第 6 期，第 7 ~8 页。
[1102] 许立新：《领导干部应重视政务微博的作用》，《学校党建与思想教育》2012 年第 6 期，第 72 ~73 页。
[1103] 涂光晋、陈敏：《突发性事件中的微博舆论场分析——以北京“7·21”暴雨事件为例》，《当代传播》2012 年第 6 期，第 8 ~11 页。

[1104] 吴韵曦：《构建微博问政长效机制的难点和对策》，《唯实》2012 年第 6 期，第 85～88 页。

[1105] 林国红：《政务微博与消防工作》，《新闻前哨》2012 年第 6 期，第 26～27 页。

[1106] 朱志勇：《浅析新浪文化名人微博语言艺术特色》，《新闻传播》2012 年第 6 期，第 99 页。

[1107] 丁冬女、蔡月亮：《微博公共话语建构特征分析》，《新闻传播》2012 年第 6 期，第 221～222 页。

[1108] 李晨宇：《中国铁路官方微博内容特征分析》，《东南传播》2012 年第 6 期，第 11～14 页。

[1109] 丁文：《微博文学——网络微博时代的新文体》，《编辑之友》2012 年第 6 期，第 81～83 页。

[1110] 郑婧伶：《公安微博的功能与角色定位》，《传媒》2012 年第 6 期，第 73～74 页。

[1111] 杜治洲、张阳阳：《微博反腐：模型、现状与对策》，《理论视野》2012 年第 6 期，第 55～58 页。

[1112] 喻国明：《嵌入圈子　功能聚合　跨界整合——“关系革命”背景下传媒发展的关键词》，《新闻与写作》2012 年第 6 期，第 54～57 页。

[1113] 陈璇：《“微博时代”传统媒体的机遇与挑战——从〈衢州晚报〉的几则新闻报道谈起》，《中国地市报人》2012 年第 6 期，第 41～43 页。

[1114] 杨媚：《深究　借力　绕弯——微博时代文艺报道的采访技巧》，《新闻世界》2012 年第 6 期，第 35～36 页。

[1115] 徐浩程：《微领导：四边形的两边之和》，《决策》2012 年第 6 期，第 32～35 页。

[1116] 赵磊：《探究借助微博创新高校学生党建工作》，《大学教育》2012 年第 6 期，第 65 页。

[1117] 盛惠莉：《影响有影响力的人——怎样有效利用官员微博“意见领袖”》，《湖北经济学院学报》（人文社会科学版）2012 年第 6 期，第 94～96 页。

[1118] 兰萍、刘亚民：《山东地区图书馆微博应用情况调查与分析》，《中华医学图书情报杂志》2012 年第 6 期，第 45～48 页。

[1119] 邓庆旭：《大广播微电台——微博时代下广播业务的新机遇》，《中国广播》2012 年第 6 期，第 11～13 页。

[1120] 李冬梅、李岭涛：《电视媒体的微博营销分析》，《当代电视》2012 年第 6 期，第 55～56 页。

[1121] 杨峰：《社会管理创新视野下的政务微博实践探索》，《电子政务》2012 年第 6 期，第 17～21 页。

[1122] 赵国洪、尹嘉欣：《中国“政府微博”发展状况分析——基于广东省的实证研究》，《电子政务》2012 年第 6 期，第 22～28 页。

[1123] 孙晓冬：《微博时代网络问政参与主体分析》，《电子政务》2012 年第 6 期，第 74～78 页。

[1124] 张晞：《基于微博的产品推广模式》，《企业活力》2012 年第 6 期，第 41～46 页。

[1125] 黄岩：《“微博时代”下的体育报道》，《记者摇篮》2012 年第 6 期，第 30～30 页。

［1126］张碧红：《从媒介工具化到媒介社会化——微博的个体表达与社会影响》，《学术研究》2012 年第 6 期，第 49～54 页。
［1127］李名亮：《微博、公共知识分子与话语权力》，《学术界》2012 年第 6 期，第 75～86、274～278 页。
［1128］王浩：《基于微博的旅游品牌推广策略研究》，《长江大学学报》（社会科学版）2012 年第 6 期，第 43～45 页。
［1129］方兴东、张笑容、张静：《中国微博发展与社会对话新机制的形成》，《现代传播》（中国传媒大学学报）2012 年第 6 期，第 95～100 页。
［1130］包雪琳、刘昶：《试论公共外交的针对性和人文指向——以美、英、法驻华使馆的"微博外交"为例》，《现代传播》（中国传媒大学学报）2012 年第 6 期，第 145～146 页。
［1131］孙会、李丽娜：《高频次转发微博的特征及用户转发动机探析——基于新浪微博"当日转发排行榜"的内容分析》，《现代传播》（中国传媒大学学报）2012 年第 6 期，第 137～138 页。
［1132］刘莹：《高校图书馆利用微博拓展读者服务初探》，《图书馆工作与研究》2012 年第 6 期，第 121～124 页。
［1133］吴韵曦：《构建微博问政长效机制的难点和对策》，《唯实》2012 年第 6 期，第 85～88 页。
［1134］卢忠萍、唐国平、邓敏：《微博对大学生思想政治教育的功能探究》，《思想理论教育导刊》2012 年第 6 期，第 95～97 页。
［1135］赵慧臣：《基于微博的中小学生道德教育的模式建构与实践》，《中国电化教育》2012 年第 6 期，第 86～91 页。
［1136］贾焰、刘江宁、周斌：《微博的舆情特点及其谣言治理》，《行政管理改革》2012 年第 6 期，第 37～41 页。
［1137］鲁军：《财经期刊微博传播研究——以〈第一财经周刊〉新浪微博为例》，《湖北社会科学》2012 年第 6 期，第 184～187 页。
［1138］张光斌：《科普期刊的微博内容分析及其应用研究——以新浪微博为例》，《科技与出版》2012 年第 6 期，第 106～109 页。
［1139］蔡淑琴、张静、王旸、马玉涛、林勇：《基于中心化的微博热点发现方法》，《管理学报》2012 年第 6 期，第 874～879 页。
［1140］张文宇：《从网络热点事件看政务微博的舆情功能》，《领导科学论坛》2012 年第 6 期，第 49～50 页。
［1141］周云：《基于微博的大学英语口语教学新模式研究与实践》，《电化教育研究》2012 年第 6 期，第 100～105、116 页。
［1142］鞠宏磊、黄琦翔：《传统媒体在微博平台上的内容传播与品牌塑造——基于凤凰卫视微博内容的统计分析》，《新闻记者》2012 年第 6 期，第 41～45 页。
［1143］靖鸣、王容：《微博"粉丝"现象及其存在问题》，《新闻与写作》2012 年第 6 期，第 25～29 页。
［1144］鲍国富：《基于手机微博的阅读与写作实践》，《文学教育》（下）2012 年第 6 期，

第 87 ~ 89 页。

[1145] 安久江：《微博业务端到端感知提升方案及应用效果》，《电信技术》2012 年第 6 期，第 60 ~ 62 页。

[1146] 李龙：《档案馆微博服务的应用探析》，《云南档案》2012 年第 6 期，第 35 ~ 37 页。

[1147] 刘婷、安艳丽：《微时代中电视媒体的生存之道》，《东南传播》2012 年第 6 期，第 91 ~ 93 页。

[1148] 罗昕、邱妍：《中美报纸微博出版比较分析》，《编辑之友》2012 年第 6 期，第 40 ~ 42 页。

[1149] 何晓红：《关于辅导员微博平台建设的思考——以之江学院为例》，《现代物业》（中旬刊）2012 年第 6 期，第 116 ~ 117 页。

[1150] 高永梅：《微博信息监测应用与算法研究》，《计算机时代》2012 年第 6 期，第 7 ~ 9 页。

[1151] 黎敏华：《浅析实名制微博客之隐私政策》，《网络安全技术与应用》2012 年第 6 期，第 72 ~ 74 页。

[1152] 王权：《"微博热"症候透视与治理分析》，《新闻前哨》2012 年第 6 期，第 11 ~ 13 页。

[1153] 赵鹏升：《微博传播视域中的动物福利保护运动》，《重庆工商大学学报》（社会科学版）2012 年第 6 期，第 120 ~ 124 页。

[1154] 成清：《微博在教育教学中的应用》，《延安大学学报》（社会科学版）2012 年第 6 期，第 126 ~ 128 页。

[1155] 刘可文：《微博客虚假信息的传播特征及治理策略》，《贵州师范大学学报》（社会科学版）2012 年第 6 期，第 88 ~ 92 页。

[1156] 张爱凤：《新媒介与当代中国文化政治的转向——从微博热点事件看"微观政治"的影响》，《浙江传媒学院学报》2012 年第 6 期，第 16 ~ 20 页。

[1157] 王秀红、黄楚：《武汉市公安微博发展现状及发展对策》，《湖北工业大学学报》2012 年第 6 期，第 50 ~ 52 页。

[1158] 刘海兰：《浅谈微博与高校图书馆信息服务》，《潍坊学院学报》2012 年第 6 期，第 114 ~ 116、82 页。

[1159] 徐德军：《国内微博图书馆应用现状研究》，《电子世界》2012 年第 6 期，第 17 ~ 18 页。

[1160] 冯刚：《新媒介环境下电视与微博的互动——以江苏卫视新浪微博为例》，《中国传媒科技》2012 年第 6 期，第 29 ~ 30 页。

[1161] 李康乐：《基于微博环境下的高校思想政治教育工作的新途径》，《计算机光盘软件与应用》2012 年第 6 期，第 81 ~ 82 页。

[1162] 林志清、任杰：《浅析微博在小学信息技术课程中的应用》，《中国教育信息化》2012 年第 6 期，第 41 ~ 43 页。

[1163] 周志凌：《微博围观与事实构建——对微博信息传播真实性的探讨》，《新闻爱好者》2012 年第 6 期，第 29 ~ 30 页。

[1164] 李鹏炜：《市场细分与国内门户微博战略——以新浪、腾讯、搜狐、网易网为例》，

《新闻前哨》2012 年第 6 期，第 14 ~ 16 页。

[1165] 韩有业：《自由表达视域下的微博“实名制”困境及治理措施》，《东南传播》2012 年第 6 期，第 33 ~ 35 页。

[1166] 徐硕：《传播学学者在微博中的知识生产现状分析——基于传播学学者新浪微博内容分析》，《东南传播》2012 年第 6 期，第 69 ~ 71 页。

[1167] 许蕾、尚勤：《从微博实名制看我国网络新闻业的自由与规范》，《东南传播》2012 年第 6 期，第 36 ~ 37 页。

[1168] 张凌霄、马明艳：《微博时代传统媒体的挑战及应对》，《东南传播》2012 年第 6 期，第 97 ~ 98 页。

[1169] 张园：《浅析微博时代的大学生思想政治教育》，《理论导报》2012 年第 6 期，第 48 ~ 49 页。

[1170] 金宁锐：《从微博问政看社会管理中的公众参与问题》，《唯实》2012 年第 6 期，第 82 ~ 84 页。

[1171] 蒲红果：《微博：团结和培养意见领袖》，《新闻战线》2012 年第 6 期，第 80 ~ 82 页。

[1172] 周艳、王忠华、麻小丽：《基于微博的微型学习策略研究》，《软件导刊》（教育技术）2012 年第 6 期，第 93 ~ 95 页。

[1173] 胡行华：《微博时代创新大学生公民意识教育研究》，《未来与发展》2012 年第 6 期，第 89 ~ 91 页。

[1174] 孙丽丽：《微博问政在公民政治参与中的二重作用与推进思路》，《理论学习》2012 年第 6 期，第 36 ~ 39 页。

[1175] 韩晶、乔晓强、万里：《传播生态学视域下的微博健康传播研究》，《新闻知识》2012 年第 6 期，第 60 ~ 61 页。

[1176] 王露：《2011 年微博研究综述》，《新闻世界》2012 年第 6 期，第 181 ~ 182 页。

[1177] 丁滨：《走进“微博”的医学期刊及其编辑》，《科技与出版》2012 年第 6 期，第 90 ~ 92 页。

[1178] 齐宏彪：《公共事件中微博“意见领袖”特点探析》，《今传媒》2012 年第 6 期，第 144 ~ 145 页。

[1179] 马倩颖：《从“罗永浩砸冰箱”事件探析微博时代的意见领袖》，《湖南科技学院学报》2012 年第 6 期，第 172 ~ 174 页。

[1180] 李恺兰：《中国微博研究现状的实证分析》，《传媒观察》2012 年第 6 期，第 32 ~ 33 页。

[1181] 王家莲：《数字阅读视野下高校图书馆微书评应用研究》，《新世纪图书馆》2012 年第 6 期，第 33 ~ 34 页。

[1182] 高原：《浅析微博中“自我议程设置”的特征》，《企业导报》2012 年第 6 期，第 239 ~ 240 页。

[1183] 雷瑛：《气象微博及其在公共服务中的发展建议》，《安徽农学通报》（下半月刊）2012 年第 6 期，第 138 ~ 139 页。

[1184] 吴景娅：《浅谈媒体用微博打造品牌》，《新闻传播》2012 年第 6 期，第 143 ~

144 页。

[1185] 黄海客:《别让微博暴露你的隐私》,《上海信息化》2012 年第 6 期,第 19 ~ 22 页。

[1186] 唐爱芳:《微博问政功能与建设路径探讨》,《理论界》2012 年第 6 期,第 160 ~ 161 页。

[1187] 李园春:《微博时代新闻发言人面临的挑战和应对策略》,《洛阳师范学院学报》2012 年第 6 期,第 41 ~ 43 页。

[1188] 焦红强:《"微时代"对高校思想政治教育工作的启示》,《河南教育》(中旬)2012 年第 6 期,第 23 页。

[1189] 张舵:《浅谈"微时代"下微博著作权问题》,《商品与质量》2012 年第 S6 期,第 112 ~ 113 页。

[1190] 包云峰、程鹏程:《探析长尾理论在微博传播中的应用》,《现代视听》2012 年第 6 期,第 49 ~ 51 页。

[1191] 胡启明、陈张婷:《微博:传播社会主义核心价值体系的新途径》,《新闻世界》2012 年第 6 期,第 124 ~ 125 页。

[1192] 吕律:《浅谈微博舆论监督中的语言问题》,《新闻世界》2012 年第 6 期,第 114 ~ 115 页。

[1193] 丁丽琼:《试论微博实名制实施的正当性》,《新闻世界》2012 年第 6 期,第 116 ~ 117 页。

[1194] 贺一鹏:《微博时代,生产性受众的能动与被动》,《新闻世界》2012 年第 6 期,第 126 ~ 127 页。

[1195] 张萌、余芬芬:《微博时代企业危机公关应对策略——以西门子"冰箱门"事件为例》,《新闻世界》2012 年第 6 期,第 119 ~ 120 页。

[1196] 秦珠芳:《浅谈微博在报媒中的应用——以〈羊城晚报〉为例》,《新闻世界》2012 年第 6 期,第 132 ~ 134 页。

[1197] 兰萍:《微博问政的传播机制初探——对 2012 年"两会"微博问政的思考》,《新闻世界》2012 年第 6 期,第 140 ~ 141 页。

[1198] 陈诺、陈夏蕊:《试论"八毛门"事件中微博与报纸的互动》,《新闻世界》2012 年第 6 期,第 185 ~ 187 页。

[1199] 牛晓卉:《"微"时代的公民社会——"微博"推动公民社会构建的作用》,《人力资源管理》2012 年第 6 期,第 223 ~ 225 页。

[1200] 杨美容:《议微博"热门话题"中的议程设置功能》,《今传媒》2012 年第 6 期,第 100 ~ 101 页。

[1201] 张淑华、徐艳:《微博在突发事件中的"扩音效用"的理论探析》,《今传媒》2012 年第 6 期,第 13 ~ 14 页。

[1202] 周仕洵、李瑶:《论新兴媒体微博的弊端及"自我净化"功能》,《中小企业管理与科技》(上旬刊)2012 年第 6 期,第 269 ~ 270 页。

[1203] 周虎:《从"微博"谈员工关系管理》,《人力资源管理》2012 年第 6 期,第 10 ~ 11 页。

[1204] 谭淑玲:《微博的伦理道德审视——以温州动车追尾事件为例》,《新闻前哨》2012

年第 6 期，第 21 ~ 23 页。

[1205] 鄢然：《传统媒体面对微博时代的应对策略》，《媒体时代》2012 年第 6 期，第 29 ~ 31 页。

[1206] 孔华：《微博冲击下传统媒体的应对策略》，《新闻世界》2012 年第 6 期，第 147 ~ 149 页。

[1207] 洪晓梅：《论在突发事件中对微博舆论的引导》，《吉林省教育学院学报》（上旬）2012 年第 6 期，第 134 ~ 135 页。

[1208] 吴瑶：《微博视角下大学生德育途径探析》，《科教导刊》（上旬刊）2012 年第 6 期，第 35 ~ 36 页。

[1209] 李洁：《电视新闻节目在“微”时代的融合之道》，《科技与出版》2012 年第 6 期，第 65 ~ 67 页。

[1210] 沈伟民、刘威：《借微博社交重返“原生态”》，《经理人》2012 年第 6 期，第 114 ~ 117、22 页。

[1211] 徐浩程：《微时代的“微素养”》，《决策》2012 年第 6 期，第 20 ~ 22 页。

[1212] 赵其波、齐巧玲：《微博高速发展背景下提高辅导员影响力的思考》，《大学教育》2012 年第 6 期，第 75 ~ 76 页。

[1213] 李泰安：《社会管理创新视角下的微博舆情治理》，《中国记者》2012 年第 6 期，第 99 ~ 100 页。

[1214] 刘瑛、薛刚：《关于政务微博应用的探讨与研究》，《中国信息界》2012 年第 6 期，第 18 ~ 20 页。

[1215] 聂芸芸：《政务微博与新型政府公共关系构建》，《新闻前哨》2012 年第 6 期，第 16 ~ 18 页。

[1216] 王翠荣：《实现政务微博中权利与权力对接的路径探讨》，《新闻知识》2012 年第 6 期，第 3 ~ 5 页。

[1217] 李萍：《政务微博引导网络舆论路径选择》，《山东理工大学学报》（社会科学版）2012 年第 6 期，第 14 ~ 16 页。

[1218] 姚东：《政务微博：公共价值与治理对策》，《实事求是》2012 年第 6 期，第 34 ~ 36 页。

[1219] 付海兰：《我国政务微博的发展现状及展望》，《铜仁学院学报》2012 年第 6 期，第 121 ~ 124 页。

[1220] 郑磊、魏颖昊：《政务微博危机管理：作用、挑战与问题》，《电子政务》2012 年第 6 期，第 2 ~ 7 页。

[1221] 吴晓菁、郑磊：《政务微博运营管理现状与对策研究》，《电子政务》2012 年第 6 期，第 8 ~ 16 页。

[1222] 杨峰：《社会管理创新视野下的政务微博实践探索》，《电子政务》2012 年第 6 期，第 17 ~ 21 页。

[1223] 王思雪、郑磊：《政务微博战略定位评估——以“上海发布”为例》，《电子政务》2012 年第 6 期，第 29 ~ 37 页。

[1224] 刘宁雯：《中国政务微博研究文献综述》，《电子政务》2012 年第 6 期，第 38 ~

43 页。

[1225] 毕秋敏、张名章:《政务微博应用的若干问题探析及发展思考》,《今传媒》2012 年第 6 期,第 15 ~16 页。

[1226] 唐柳晴:《微博时代的“电子政府”——政务微博在改变什么》,《今传媒》2012 年第 6 期,第 17 ~22 页。

[1227] 朱敏:《政务微博与政府治理改善》,《行政与法》2012 年第 6 期。

[1228] 张宇怡:《“微”时代的图书营销之道——以读客图书的微博营销为例》,《现代出版》2012 年第 6 期,第 35 ~38 页。

[1229] 杨鹏:《政务微博热潮的冷思考》,《社会观察》2012 年第 6 期,第 30 ~31 页。

[1230] 赵国洪、陈创前:《“微博问政”现象的实证研究——基于新浪微博的分析》,《图书情报工作》2012 年第 6 期,第 51 ~55、116 页。

[1231] 冯大庆:《我国政务微博的问题与管理制度》,《学习月刊》2012 年第 6 期,第 25 ~26 页。

[1232] 颜芳:《“@南京发布”带来的政务微博启示》,《传媒观察》2012 年第 6 期,第 45 ~46 页。

[1233] 邢黎闻:《管微博的微博:政务微博“银川模式”亮点》,《信息化建设》2012 年第 6 期,第 12 ~15 页。

[1234] 李璐:《论微博在突发事件中的社会效应》,《新西部》(理论版)2012 年第 6 期,第 93、91 页。

[1235] 魏亮、周旭、李永珊:《基于微博客环境下的学习模式初探》,《硅谷》2012 年第 6 期,第 175 ~176 页。

[1236] 王文东:《微博背景下的国有企业青年思想政治工作探析》,《东方企业文化》2012 年第 6 期,第 273 ~274 页。

[1237] 葛超:《微博视野下大学生思想政治教育的调查与应对》,《思想教育研究》2012 年第 6 期,第 82 ~84 页。

[1238] 原福永、冯静、符茜茜:《微博用户的影响力指数模型》,《现代图书情报技术》2012 年第 6 期,第 60 ~64 页。

[1239] 代安琼:《对构建高校校园微博运用体系的思考》,《中国高等教育》2012 年第 6 期,第 52 ~53 页。

[1240] 黄晓华:《基于微博的虚拟家庭作业协作平台的构建》,《中国教育信息化》2012 年第 6 期,第 75 ~77 页。

第 7 期

[1241] 邢勇:《微博的自媒体特征及社会责任建构》,《中国出版》2012 年第 7 期,第 30 ~33 页。

[1242] 魏景霞:《微博传播特点的再思考》,《新闻界》2012 年第 7 期,第 53 ~56 页。

[1243] 姜飞、黄廓:《新媒体对中国“权势”文化的颠覆与重构》,《探索与争鸣》2012 年第 7 期,第 60 ~64 页。

[1244] 张沭宁:《政务微博的运行机制与创新策略》,《编辑之友》2012 年第 7 期,第 18 ~

20 页。
[1245] 乔辉:《微博在高校教学工作中的作用》,《软件导刊》(教育技术) 2012 年第 7 期,第 41 ~ 43 页。
[1246] 侯锷:《加强政务微博新闻发言人制度建设》,《奋斗》2012 年第 7 期,第 40 ~ 41 页。
[1247] 刘慧:《微博在高校思想政治教育中的应用问题研究——以学生工作 4S 微博为例》,《学理论》2012 年第 7 期,第 183 ~ 184 页。
[1248] 张小锋:《以微博助推高校新闻宣传工作》,《学校党建与思想教育》2012 年第 7 期,第 68 ~ 69 页。
[1249] 蔡容华:《微博在高校辅导员工作中的应用探析》,《电脑知识与技术》2012 年第 7 期,第 1680 ~ 1681、1687 页。
[1250] 刘江娴、王忠华、卓玲玲、曲佳佳:《基于微博的小组合作学习策略及应用研究》,《软件导刊》2012 年第 7 期,第 170 ~ 172 页。
[1251] 谈伟、刘迁:《"热微博"造福"冷档案"的若干思考》,《浙江档案》2012 年第 7 期,第 13 ~ 15 页。
[1252] 郭丽辉、张文婷:《多维视角下微博的议程设置功能研究》,《科技视界》2012 年第 7 期,第 103 ~ 104 页。
[1253] 杨晓曦、李文华、余春阳、丁畅:《浅议微博对于大学生的消极影响》,《新闻世界》2012 年第 7 期,第 301 ~ 302 页。
[1254] 李博:《微博在当代大学生核心价值观方法探索》,《现代交际》2012 年第 7 期,第 244 页。
[1255] 刘晓华:《"微博体"文学的本体特征探析》,《海南师范大学学报》(社会科学版) 2012 年第 7 期,第 42 ~ 45 页。
[1256] 王烨:《工会工作中发挥微博的作用》,《思想政治工作研究》2012 年第 7 期,第 62 ~ 62 页。
[1257] 甘细梅:《微博时代地方高校的英美文学教学探究》,《韶关学院学报》2012 年第 7 期,第 150 ~ 152 页。
[1258] 孙琦琰:《"微博忙人"现象折射青年社会心态》,《当代青年研究》2012 年第 7 期,第 30 ~ 36 页。
[1259] 艾北芳:《微博传播的正负效应》,《新闻世界》2012 年第 7 期,第 156 ~ 157 页。
[1260] 管登峰:《新旧媒体受众的观念现实差异实证研究——以报纸和微博为例》,《新闻世界》2012 年第 7 期,第 213 ~ 215 页。
[1261] 何芳:《浅析政务微博发展的困境与出路》,《编辑之友》2012 年第 7 期,第 21 ~ 22 页。
[1262] 周正昂、张珞:《报纸微博同题叙事的"辫式"呈现——以《南方都市报》新浪微博"小悦悦事件"报道为个案》,《东南传播》2012 年第 7 期,第 174 ~ 176 页。
[1263] 杨雁:《基于微博平台的图书馆服务新形式探析》,《新世纪图书馆》2012 年第 7 期,第 51 ~ 54 页。
[1264] 韩红星、赵恒煜:《基于裂变式传播的新媒体噪音初探——以微博为例》,《现代传

播》（中国传媒大学学报）2012 年第 7 期，第 105 ~ 109 页。

[1265] 韩运荣、高顺杰：《微博舆论传播模式探究》，《现代传播》（中国传媒大学学报）2012 年第 7 期，第 35 ~ 39 页。

[1266] 郭倩倩、李欣蔚：《微博的流行对信息选择的影响》，《新闻世界》2012 年第 7 期，第 171 ~ 172 页。

[1267] 刘兰、李晓娟：《嵌入用户网络社区的高校图书馆营销与参考咨询服务探索——北京师范大学图书馆新浪微博服务实践》，《图书馆杂志》2012 年第 7 期，第 56 ~ 59 页。

[1268] 张萌、余芬芬：《微博意见领袖对网络舆论的影响》，《新闻世界》2012 年第 7 期，第 139 ~ 140 页。

[1269] 刘景景、申曙：《微博谣言的成因及“自净”机制》，《新闻世界》2012 年第 7 期，第 167 ~ 168 页。

[1270] 张军华：《微博舆论监督的过程特征、利弊分析及其传播对策研究》，《学术论坛》2012 年第 7 期，第 180 ~ 184 页。

[1271] 武丽魁：《微博作为网络媒介批评新阵地的价值与局限性》，《新闻记者》2012 年第 7 期，第 43 ~ 48 页。

[1272] 王晶、朱珂、汪斌强：《基于信息数据分析的微博研究综述》，《计算机应用》2012 年第 7 期，第 2027 ~ 2029、2037 页。

[1273] 胡钦太、程伊黎、胡晓玲：《Web2.0 环境下微博的教育传播效果研究》，《电化教育研究》2012 年第 7 期，第 11 ~ 14、21 页。

[1274] 蒲清平、赵楠、朱丽萍：《青年“微博文化”现象的心理学透视》，《中国青年研究》2012 年第 7 期，第 95 ~ 98 页。

[1275] 徐兰香：《微博用于高校思想政治教育可行性分析——以安徽科技学院为例》，《赤峰学院学报》（汉文哲学社会科学版）2012 年第 7 期，第 254 ~ 257 页。

[1276] 蔡明明、李江：《微博对广州亚运会的影响分析》，《体育文化导刊》2012 年第 7 期，第 78 ~ 80 页。

[1277] 姬申建、路江曼：《“微博档案”研究》，《浙江档案》2012 年第 7 期，第 10 ~ 12 页。

[1278] 黄梦蝶、杨坤：《微博应用于教育的文献综述》，《软件导刊》（教育技术）2012 年第 7 期，第 48 ~ 50 页。

[1279] 熊玥伽：《碎片化时代的微博营销》，《新闻世界》2012 年第 7 期，第 187 ~ 188 页。

[1280] 陈力丹、曹文星：《微博问政发展趋势分析》，《编辑之友》2012 年第 7 期，第 6 ~ 9 页。

[1281] 刘锐、谢耘耕：《中国政务微博运作现状、问题与对策》，《编辑之友》2012 年第 7 期，第 10 ~ 14 页。

[1282] 赵洪建：《微博营销的驱动因素》，《社会科学家》2012 年第 7 期，第 79 ~ 81 页。

[1283] 周戊香、陈艳、彭荣阳：《图书馆微博的应用现状及需注意的问题浅析》，《新世纪图书馆》2012 年第 7 期，第 47 ~ 50 页。

[1284] 刘静：《微博助推图书馆公关形象塑造探析——关于“为农民工网购火车票事件”

的思考》，《图书馆建设》2012 年第 7 期，第 41 ~ 44 页。
[1285] 谭硕：《名人微博的“把关人”角色探讨》，《东南传播》2012 年第 7 期，第 76 ~ 78 页。
[1286] 周敏：《论微博的“双面效应”》，《东南传播》2012 年第 7 期，第 86 ~ 89 页。
[1287] 孙晓莹、李大展、王水：《国内微博研究的发展与机遇》，《情报杂志》2012 年第 7 期，第 25 ~ 33 页。
[1288] 许玉、宗乾进、袁勤俭、朱庆华：《微博负面口碑传播研究》，《情报杂志》2012 年第 7 期，第 6 ~ 10、24 页。
[1289] 刘金荣：《危机沟通视角下微博舆情演变路径研究》，《情报杂志》2012 年第 7 期，第 21 ~ 24 页。
[1290] 刘超、裴永刚：《媒介融合视域中的报刊微博互动》，《出版发行研究》2012 年第 7 期，第 80 ~ 83 页。
[1291] 张宁：《官员个人微博：一种政府公共关系角度的考察——以三个政府官员个人微博为中心》，《现代传播》（中国传媒大学学报）2012 年第 7 期，第 100 ~ 104 页。
[1292] 郭旭：《“微博”在突发事件传播中的利与弊》，《吉林人大》2012 年第 7 期，第 27 页。
[1293] 李磊：《对基层交警大队开通微博的思考》，《道路交通管理》2012 年第 7 期，第 58 页。
[1294] 王育琨：《两条微博透露出的至诚之道》，《化工管理》2012 年第 7 期，第 109 ~ 110 页。
[1295] 陈福生：《微博语境下传统媒体的机遇、风险与应对》，《中国广播电视学刊》2012 年第 7 期，第 65 ~ 67 页。
[1296] 秦筱：《从“五 W”探讨微博生态下网络群体性事件的新形态——兼议微博在公民意识形成中的作用》，《文学界》（理论版）2012 年第 7 期，第 299 ~ 300 页。
[1297] 陆笛：《微访谈：受众话语权力的伪回归——论微博访谈类产品的发展现状及其传播学思考》，《东南传播》2012 年第 7 期，第 68 ~ 70 页。
[1298] 郭浩、陆余良、王宇、杨斌：《多特征微博垃圾互粉检测方法》，《中国科技论文》2012 年第 7 期，第 548 ~ 551 页。
[1299] 谭晖：《微博传播与大学英语写作教学》，《吉林广播电视大学学报》2012 年第 7 期，第 140 ~ 141 页。
[1300] 张弦：《公安微博在打击违法犯罪行动中的应用》，《湖北警官学院学报》2012 年第 7 期，第 166 ~ 167 页。
[1301] 张克永、杨雪、黄海林：《基于移动微博的中美俚语文化交流传播设计》，《现代教育技术》2012 年第 7 期，第 78 ~ 82 页。
[1302] 郝辰宇：《论微博在突发事件中的信息传播——以“7·23”动车事故为例》，《科教导刊》（中旬刊）2012 年第 7 期，第 234 ~ 235 页。
[1303] 曹璐、张彩：《微博与广播重塑——从中国之声新浪微博粉丝数量突破 200 万说起》，《中国广播》2012 年第 7 期，第 11 ~ 13 页。
[1304] 王薇、戴红莲：《微博时代的广播之路——以安徽交通广播为例》，《宿州学院学报》

2012 年第 7 期，第 29 ~ 31 页。

[1305] 何凡、王知非：《政府的宣传实践在城市官方微博中的嬗变——以安徽城市官方微博为例》，《新闻世界》2012 年第 7 期，第 6 ~ 7、137 页。

[1306] 高凡：《论微博环境下网络水军现象》，《媒体时代》2012 年第 7 期，第 20 ~ 22 页。

[1307] 张璇：《微博对大学生思想政治教育的影响及对策》，《科教导刊》（上旬刊）2012 年第 7 期，第 58 ~ 59 页。

[1308] 徐进：《微信开启后微博时代》，《知识经济》（中国直销）2012 年第 7 期，第 78 ~ 79 页。

[1309] 张春玲：《微博环境下电视新闻的跨媒介传播策略》，《新闻知识》2012 年第 7 期，第 57 ~ 58 页。

[1310] 任文勋：《如何运用微博做好电视民生新闻节目》，《传媒》2012 年第 7 期，第 44 ~ 45 页。

[1311] 赵勇群：《小微博推动大民主——青岛市开通人代会官方微博推动民主政治建设》，《山东人大工作》2012 年第 7 期，第 22 ~ 23 页。

[1312] 党保生：《基于微博提升高职院校大学生职业能力的策略研究》，《长春理工大学学报》2012 年第 7 期，第 118 ~ 119 页。

[1313] 蒋湘莉：《广播媒体与微博结合互动》，《新闻传播》2012 年第 7 期，第 35 页。

[1314] 詹国枢：《对中国之声新浪微博的几点建议》，《中国广播》2012 年第 7 期，第 14 ~ 15 页。

[1315] 葛红霞：《微博的爆炸式成长与局限》，《记者摇篮》2012 年第 7 期，第 62 ~ 63 页。

[1316] 刘凡磊：《微博时代背景下传播格局的重新构建》，《军事记者》2012 年第 7 期，第 64 页。

[1317] 王伟：《地市报的微博之道》，《中国地市报人》2012 年第 7 期，第 47 ~ 48 页。

[1318] 许兆：《将政府的声音通过微博传递》，《对外传播》2012 年第 7 期，第 53 ~ 54 页。

[1319] 孔弘、郭婷：《三管齐下应对微博谣言》，《声屏世界》2012 年第 7 期，第 32 页。

[1320] 张建军、黄伟清：《“南京发布”，小微博搭建舆论引导大舞台》，《群众》2012 年第 7 期，第 66 ~ 67 页。

[1321] 谷秋萍、于大川：《微博舆论领袖的变迁》，《声屏世界》2012 年第 7 期，第 64 ~ 65 页。

[1322] 许晟、熊晓艳：《微博时代传统报刊的三大对策》，《新闻世界》2012 年第 7 期，第 162 ~ 163 页。

[1323] 姚超：《从“方韩”大战看记者微博议程与公共议程关系》，《新闻世界》2012 年第 7 期，第 175 ~ 176 页。

[1324] 傅雅妮：《娱乐新闻对微博的利用》，《记者摇篮》2012 年第 7 期，第 66 页。

[1325] 柴芳：《微博时代的高校思想政治教育工作探析》，《佳木斯教育学院学报》2012 年第 7 期，第 51 页。

[1326] 刘薇：《基于系统设计的微博检索系统评价研究——新浪微博搜索与百度搜索之比较》，《图书情报工作网刊》2012 年第 7 期，第 12 ~ 20 页。

[1327] 高杨：《微博话语权下的民生新闻》，《记者摇篮》2012 年第 7 期，第 43 ~ 44 页。

[1328] 张天睿:《试析对微博舆论的引导》,《新闻传播》2012年第7期，第74~75页。
[1329] 刘博:《浅析微博在广播节目中的互动》,《新闻传播》2012年第7期，第85页。
[1330] 侯东合:《为广播插上新的翅膀——对广播业务与微博结合的“微思考”》,《中国广播》2012年第7期，第15~16页。
[1331] 延安:《微博与短信相比的传播优势分析》,《中国广播》2012年第7期，第17~20页。
[1332] 崔菲菲:《微博时代党报的机遇与挑战》,《新闻传播》2012年第7期，第162~163页。
[1333] 贾海利:《写好辅导员微博的十条建议》,《河南教育》（中旬）2012年第7期，第62~63页。
[1334] 郝君:《浅析微博传播的“烟花效应”》,《今传媒》2012年第7期，第93~94页。
[1335] 濮天宇:《海宁：司法微博“集团军”》,《浙江人大》2012年第7期，第32~35页。
[1336] 张卓娜:《微博版权保护探讨》,《中国国情国力》2012年第7期，第51~52页。
[1337] 张志安:《记者微博的价值和规范》,《新闻世界》2012年第7期，第1~1页。
[1338] 章琴:《微博让企业管理更具挑战》,《市场周刊》（理论研究）2012年第7期，第88~89页。
[1339] 廖宇飞:《新媒体下政务微博的现状及发展趋势探究》,《湖北经济学院学报》（人文社会科学版）2012年第7期，第95~96页。
[1340] 张慧:《微博时代：积极探索大学生思想政治教育新途径》,《湖北经济学院学报》（人文社会科学版）2012年第7期，第145~146页。
[1341] 史丽琴、张琴芬:《微博时代政府形象的科学传播研究》,《新闻知识》2012年第7期，第18~20页。
[1342] 袁满:《微博信息传播规律及其利用探讨》,《电子商务》2012年第7期，第61~62页。
[1343] 曹莉莉、王峰:《运用微博加强大学生思想政治教育探析》,《毕节学院学报》2012年第7期，第64~69页。
[1344] 陆小华:《微博的运用与广播竞争力提升——以中国之声新浪微博为例》,《中国广播》2012年第7期，第7~11页。
[1345] 罗宗祥:《基于新浪云的微博传播可视化研究》,《软件》2012年第7期，第117~119、122页。
[1346] 赵予:《公众“微博问政”的特征探析》,《新闻世界》2012年第7期，第173~174页。
[1347] 曹维丽、裴博瑞:《自媒体时代的微博舆论引导》,《新闻世界》2012年第7期，第153~154页。
[1348] 刘莺莺:《新浪微博微话题议程设置内容分析》,《今传媒》2012年第7期，第90~92页。
[1349] 崔惠芳:《广播媒体在“微时代”的困境与突围》,《今传媒》2012年第7期，第48~49页。

[1350] 王瑞：《微博“双刃剑”：隐患及对策》，《新闻与写作》2012年第7期，第34~36页。
[1351] 孟筱萌：《政务微博：政府干预网络舆论的新方法》，《宿州学院学报》2012年第7期，第25~28页。
[1352] 王莉：《冷眼旁观：政务微博进行时》，《商》2012年第7期，第137~138页。
[1353] 吕菲：《论政府利用微博进行舆论引导策略》，《今传媒》2012年第7期，第21~23页。
[1354] 张慧子：《碎片化时代传统媒体议程设置功能的回归》，《新闻爱好者》2012年第7期，第6~7页。
[1355] 孙逸璠：《“微博”的发展与传播格局的重新构建》，《新闻爱好者》2012年第7期，第8~9页。
[1356] 吴自强：《微博中的群体极化现象分析》，《群文天地》2012年第7期，第280、282页。
[1357] 刘志祥：《微博新闻：信息技术革命下的双刃剑》，《新闻爱好者》2012年第7期，第17~19页。
[1358] 鲜青华：《网络交际视野下的微博语言研究》，《新闻爱好者》2012年第7期，第92~93页。
[1359] 田育臣：《微博时代中国新公民运动的发展形态》，《新闻爱好者》2012年第7期，第1~3页。
[1360] 韩红星、赵恒煜：《政务微博影响力的消解——基于传播噪音的研究》，《东南传播》2012年第7期，第29~33页。
[1361] 毛高杰：《政务微博的“娱乐化”及其对策》，《新闻界》2012年第7期，第49~52页。
[1362] 陈章旺、魏诚忠：《微博时代的旅游整合营销传播研究》，《中国集体经济》2012年第7X期，第162~164页。
[1363] 车绮珩：《微博在中职语文教学中的应用初探》，《语文学刊》（高等教育版）2012年第7期，第111~112页。
[1364] 汪青云、郑雄：《“微时代”政务微博问政探析——以2012年全国“两会”为例》，《东南传播》2012年第7期，第34~36页。
[1365] 陈彩霞：《微博在辅导员工作中的价值研究》，《长春教育学院学报》2012年第7期，第125~126页。
[1366] 张丽红：《试析新媒介环境下的网络问政》，《社会工作》2012年第7期，第94~96页。
[1367] 陈思勤：《微博在环保宣教中的优势及其应用》，《环境教育》2012年第7期，第62~64页。
[1368] 戴泳：《试析微博客对高校图书馆服务的提升作用》，《科技风》2012年第7期，第29页。
[1369] 程新友：《网络时代的官员“网路”》，《检察风云》2012年第7期，第61~63页。
[1370] 牛炳文、王春玲：《政务微博热的冷思考》，《编辑之友》2012年第7期，第15~17页。

第 8 期

[1371] 郝鑫岐：《论政府微博的发展走向》，《青年记者》2012 年第 8 期，第 64 ~ 65 页。
[1372] 曾建辉：《微博假新闻的产生与防范》，《新闻爱好者》2012 年第 8 期，第 13 ~ 14 页。
[1373] 庄德林：《浅谈微博对人民警察形象宣传的作用》，《法制与经济》（下旬）2012 年第 8 期，第 134 页。
[1374] 徐小勇、鲍洪杰：《传统纸媒与网络微博的时间位移研究》，《旅游纵览》（下半月）2012 年第 8 期，第 105 ~ 106 页。
[1375] 王立成：《传统媒体如何应用微博实现共赢》，《青年记者》2012 年第 8 期，第 63 页。
[1376] 缪宏兵：《微博思想政治工作存在的问题及解决方法》，《科技视界》2012 年第 8 期，第 96 ~ 97 页。
[1377] 蔡奇轩：《开启高校大学生思想政治教育的“微博”新时代》，《前沿》2012 年第 8 期，第 178 ~ 179 页。
[1378] 汪凯：《微博时代，什么在决定新闻？——微博与新闻生产权力的分散化》，《新闻实践》2012 年第 8 期，第 43 ~ 45 页。
[1379] 谭天：《微直播，还是“伪直播”?》，《中国记者》2012 年第 8 期，第 78 ~ 79 页。
[1380] 苟德培、席秦岭：《传统媒体如何利用微博平台引导网络舆论?》，《新闻与写作》2012 年第 8 期，第 51 ~ 53 页。
[1381] 董青、余晓梅：《官员微博，何以“微中做大”》，《紫光阁》2012 年第 8 期，第 78 ~ 79 页。
[1382] 姚雪乔、安磊：《微博公共领域特征与功能的探讨——以新浪微博“郭美美事件”为例》，《东南传播》2012 年第 8 期，第 83 ~ 85 页。
[1383] 康琼琼：《高校图书馆微博应用调查分析》，《图书馆学刊》2012 年第 8 期，第 126 ~ 128 页。
[1384] 曹繁荣：《社会公众利用微博非理性地自我赋权的治理策略研究》，《中国传媒科技》2012 年第 8 期，第 108 ~ 109 页。
[1385] 陈涛：《“微世界”里的外国使馆与国际组织》，《世界知识》2012 年第 8 期，第 22 ~ 24 页。
[1386] 黄乐佳、黄薇：《浅谈校园微博建设对高职院校思想政治教育工作的影响》，《中外企业家》2012 年第 8 期，第 134 ~ 135 页。
[1387] 詹国枢：《政务微博能火多久》，《中国经济周刊》2012 年第 8 期，第 77 页。
[1388] 吴晨：《微博时代的媒介融合趋势探讨》，《新闻世界》2012 年第 8 期，第 117 ~ 118 页。
[1389] 陈伟宏、马育秀：《突发事件微博舆论传播的特征及道德调控探析》，《求索》2012 年第 8 期，第 216 ~ 217、199 页。
[1390] 严育：《微博和微视频——大学英语学习的新手段》，《太原城市职业技术学院学报》2012 年第 8 期，第 130 ~ 132 页。

[1391] 黄书建:《法院微博的内涵价值与长效发展路径探索》,《宁波经济》(三江论坛)2012 年第 8 期,第 28 ~ 31 页。

[1392] 朴明哲:《微博时代运动员如何树立形象》,《公关世界》2012 年第 8 期,第 22 ~ 22 页。

[1393] 林德韧:《苏伟“微博公关”打赢个人形象保卫战》,《公关世界》2012 年第 8 期,第 28 ~ 29 页。

[1394] 李智:《微博对大学生思想政治教育的影响及对策研究》,《当代教育理论与实践》2012 年第 8 期,第 62 ~ 63 页。

[1395] 罗子欣:《微博传播中的舆论引导路径》,《社会科学家》2012 年第 8 期,第 41 ~ 43 页。

[1396] 林文奇:《探析微博在大学生思想政治教育工作中的应用》,《黑河学刊》2012 年第 8 期,第 104 ~ 105 页。

[1397] 李卉:《基于微博的研究性学习模式构建》,《软件导刊》2012 年第 8 期,第 205 ~ 207 页。

[1398] 赵来娟:《探析微博客与高校图书馆的发展》,《农业网络信息》2012 年第 8 期,第 100 ~ 101、105 页。

[1399] 何真宇:《新闻舆论在微博中的传播》,《文学界》(理论版)2012 年第 8 期,第 376 ~ 377 页。

[1400] 王安应:《政务微博的写作》,《秘书》2012 年第 8 期,第 40 ~ 41 页。

[1401] 王烨:《“草根声音”——微博在社会治理中的作用》,《杭州》(我们)2012 年第 8 期,第 16 ~ 18 页。

[1402] 张立昆、吴佳鑫:《透过微博看政务》,《交通建设与管理》2012 年第 8 期,第 92 ~ 93 页。

[1403] 杜莲莲、费丹丹:《微博在建构新闻事实中的弊端分析》,《新闻知识》2012 年第 8 期,第 51 ~ 52 页。

[1404] 郑珮:《浅析微博的公共性与网络公共领域的建构》,《新闻知识》2012 年第 8 期,第 55 ~ 57 页。

[1405] 尹浩然、马剑、黄珺:《微博舆论引导探究》,《无线互联科技》2012 年第 8 期,第 193 页。

[1406] 屈美茹:《从〈新浪微博社区公约〉看微博的发展》,《新闻世界》2012 年第 8 期,第 121 ~ 122 页。

[1407] 王弘劼:《微博时代传统媒体如何报道公共事件》,《新闻世界》2012 年第 8 期,第 113 ~ 114 页。

[1408] 余春阳、杨晓曦、李文华、丁畅:《试论微博对当代大学生的影响》,《新闻世界》2012 年第 8 期,第 254 ~ 255 页。

[1409] 姜晶晶、王婷、牛元梅:《浅析微博影响力》,《新闻世界》2012 年第 8 期,第 109 ~ 110 页。

[1410] 胡晓、薛岳:《论微博对公共领域建构的影响》,《新闻世界》2012 年第 8 期,第 123 ~ 124 页。

[1411] 陈荣美、黄和节：《自媒体崛起背景下传统新闻生产的转型及行动者策略——基于传统媒体应对微博挑战视角》，《编辑之友》2012 年第 8 期，第 57～59 页。
[1412] 吴丽娜：《微博引发社会热点事件的过程浅析——以“郭美美事件”为例》，《新闻世界》2012 年第 8 期，第 125～126 页。
[1413] 李荣胜：《我国微博问政存在的问题及其对策》，《学习论坛》2012 年第 8 期，第 60～61 页。
[1414] 周静：《现代风险社会视角下的传播研究——从新浪微博、腾讯微博关闭评论说起》，《今传媒》2012 年第 8 期，第 25～26 页。
[1415] 麻文军、浦贵阳：《微博的媒体传播模式及发展趋势》，《信息化建设》2012 年第 8 期，第 58～60 页。
[1416] 王珂：《“微博控”大学生特征心理研究》，《科协论坛》（下半月）2012 年第 8 期，第 85～86 页。
[1417] 李畅：《“微力量”的正向运用——政府形象微博传播对策研究》，《新闻界》2012 年第 8 期，第 47～49、67 页。
[1418] 田占伟、隋玚：《基于复杂网络理论的微博信息传播实证分析》，《图书情报工作》2012 年第 8 期，第 42～46 页。
[1419] 罗素君：《微博舆论的建构与传播——从消费的角度谈起》，《新闻传播》2012 年第 8 期，第 56 页。
[1420] 杨静、罗促建：《基于社会交换视阈的微博传播分析》，《学术交流》2012 年第 8 期，第 222～224 页。
[1421] 高冉：《微博营销的合理性与应用现状分析》，《今传媒》2012 年第 8 期，第 67～68 页。
[1422] 季节：《从新浪微博域名更改看传媒营销》，《新闻世界》2012 年第 8 期，第 169～170 页。
[1423] 陈雪娇：《APP 公益“微博”风波“伤不起”的公益心》，《社会与公益》2012 年第 8 期，第 58～60 页。
[1424] 包云峰、蔡之国：《长尾理论下微博营销的策略研究》，《今传媒》2012 年第 8 期，第 69～70 页。
[1425] 王彤：《微博在新媒体传播平台中的作用》，《新闻传播》2012 年第 8 期，第 164 页。
[1426] 韩潮光：《微直播：地方新闻网站的新机遇?》，《中国记者》2012 年第 8 期，第 75～76 页。
[1427] 郭栋：《新新媒介的问责困境与反思——以 2010～2012 年的相关报道为分析视角》，《新闻实践》2012 年第 8 期，第 49～51 页。
[1428] 余冰珺：《反思“公民记者”》，《传媒观察》2012 年第 8 期，第 8～10 页。
[1429] 张晓帆：《发挥微博作用　为传统媒体添羽加翼》，《中国地市报人》2012 年第 8 期，第 56～57 页。
[1430] 潘陈青、付晓静：《微博时代的公共新闻实践——从“免费午餐”计划说起》，《新闻世界》2012 年第 8 期，第 115～116 页。
[1431] 李枫：《微博信息自由的边界》，《法人》2012 年第 8 期，第 85 页。

[1432] 李峻:《报纸与微博融合的“三用”》,《新闻传播》2012 年第 8 期，第 171 页。
[1433] 柯杨:《都市报官方微博的比较研究与分析》,《传媒》2012 年第 8 期，第 53 ~ 55 页。
[1434] 畅榕、李小恬、陈伟伟:《对期刊微博运营现状的实证分析》,《传媒》2012 年第 8 期，第 56 ~ 58 页。
[1435] 王龙帝:《微博的舆论监督作用——以丹东广播电视台〈政风行风热线〉为例》,《记者摇篮》2012 年第 8 期，第 50 ~ 50 页。
[1436] 孙光宁:《网络水军的反民主危害及其规制》,《理论视野》2012 年第 8 期，第 48 ~ 51 页。
[1437] 王世卿:《公安微博与人性化执法、服务研究》,《公安教育》2012 年第 8 期，第 24 ~ 28 页。
[1438] 李盛楠:《突发公共事件中微博的传播作用——以“深圳 5・26 交通肇事案”为例》,《新闻世界》2012 年第 8 期，第 194 ~ 196 页。
[1439] 李玉成:《论微博时代的记者责任》,《传媒》2012 年第 8 期，第 70 ~ 71 页。
[1440] 张科:《微博在高校毕业生就业工作中的应用初探》,《佳木斯教育学院学报》2012 年第 8 期，第 175、181 页。
[1441] 宋莉:《浅析微博公信力的现状与发展》,《商品与质量》2012 年第 S8 期，第 186 ~ 187 页。
[1442] 王兴华:《在乡镇图书馆的初步推广微博服务的若干思考》,《农业图书情报学刊》2012 年第 8 期，第 189 ~ 192 页。
[1443] 杨少同:《从传播模式看我国政务微博的特征与发展》,《群文天地》2012 年第 8 期，第 189、200 页。
[1444] 毛高杰:《政务微博的“热”与“冷”——以人民微博为例》,《新闻爱好者》2012 年第 8 期，第 33 ~ 34 页。
[1445] 袁燕:《传统媒体的微博机遇》,《新闻与写作》2012 年第 8 期，第 54 ~ 56 页。
[1446] 秦洪涛:《利用微博平台推进高校学生管理工作》,《湖南科技学院学报》2012 年第 8 期，第 137 ~ 138 页。
[1447] 程士安:《“微博领袖”影响力研究——以传统媒体官网微博为例》,《广告大观》(综合版) 2012 年第 8 期，第 35 ~ 36 页。
[1448] 杨溢熙:《微博语境下受众的自我议程设置》,《今传媒》2012 年第 8 期，第 23 ~ 24 页。
[1449] 梁刚:《论微博在高校日常思想政治教育中的应用》,《中国报业》2012 年第 8 期，第 246 ~ 247 页。
[1450] 尹建学:《微博语境下的言语表达》,《新闻爱好者》2012 年第 8 期，第 65 ~ 66 页。
[1451] 施欢欢:《“上海发布”: 政务微博的新途径》,《中国外资》2012 年第 8 期，第 19 ~ 21 页。
[1452] 王丰昌:《微博: 大学生思想政治教育的新载体》,《湖北广播电视大学学报》2012 年第 8 期，第 54 ~ 55 页。
[1453] 张鲁民、贾焰、周斌:《基于情感计算的微博突发事件检测方法研究》,《信息网络

安全》2012 年第 8 期，第 143 ~ 145 页。

[1454] 时国华、周斌、韩毅：《一种微博事件源头发现的方法》，《信息网络安全》2012 年第 8 期，第 146 ~ 149 页。

[1455] 贾宁：《微博，狂欢背后的躁动——对微博传播问题的探讨》，《新闻世界》2012 年第 8 期，第 107 ~ 109 页。

[1456] 柯敏：《浅析微博把关人的特点》，《新闻世界》2012 年第 8 期，第 137 ~ 138 页。

[1457] 范璐璐：《传播学视角下的微博传播模式和社会功能》，《新闻世界》2012 年第 8 期，第 262 ~ 263 页。

[1458] 甘丽华：《传统媒体如何以“微博力”提升影响力》，《中国记者》2012 年第 8 期，第 96 ~ 97 页。

[1459] 杨心宁：《微博在公共图书馆服务中的应用及其价值探讨》，《农业图书情报学刊》2012 年第 8 期，第 182 ~ 185 页。

[1460] 章浩：《大众接力传播的形成及其影响——解读微博带来的传播变革》，《新闻与写作》2012 年第 8 期，第 36 ~ 39 页。

[1461] 彭艳红：《微博时代高校思想政治教育创新》，《赤峰学院学报》（汉文哲学社会科学版）2012 年第 8 期，第 213 ~ 215 页。

[1462] 王婷婷：《大众传播视阙下微博文化社会影响力分析》，《北方文学》（下半月）2012 年第 8 期，第 144 页。

[1463] 杨坤、黄梦蝶：《利用微博提升研究性学习中学习动机的策略探究》，《软件导刊》（教育技术）2012 年第 8 期，第 28 ~ 30 页。

[1464] 颜研生：《论微博在法律文书课外辅导教学中的应用》，《高教论坛》2012 年第 8 期，第 69 ~ 71 页。

[1465] 郭艳民：《自媒体时代的微博新闻摄影》，《中国广播电视学刊》2012 年第 8 期，第 60 ~ 61 页。

[1466] 李南：《报纸微博：融合应对挑战》，《传媒》2012 年第 8 期，第 51 ~ 53 页。

[1467] 房新宁：《浅谈我国微博建设与发展的对策》，《新闻知识》2012 年第 8 期，第 47 ~ 48、35 页。

[1468] 杜萍萍、王梁：《试论微博时代的国际突发事件报道》，《现代视听》2012 年第 8 期，第 11 ~ 14 页。

[1469] 王毅栋：《微博时代的电视媒体应对》，《编辑之友》2012 年第 8 期，第 74 ~ 75、83 页。

[1470] 赵明霞：《大学图书馆微博与隐私权及知识产权保护》，《新世纪图书馆》2012 年第 8 期，第 32 ~ 33、31 页。

[1471] 崔登赢：《微博的知识增值功能解释》，《新世纪图书馆》2012 年第 8 期，第 34 ~ 35、91 页。

[1472] 戴娟：《图书馆官方微博微矩阵规划研究》，《新世纪图书馆》2012 年第 8 期，第 36 ~ 38 页。

[1473] 王珺：《从微博上的“中法文化之春”看公共外交的新媒体应用》，《中国传媒科技》2012 年第 8 期，第 122 ~ 123 页。

[1474] 于秀静：《微博在大学生知识管理中的应用研究》，《农业图书情报学刊》2012 年第 8 期，第 49 ~ 53 页。

[1475] 王安应：《政务微博的写作》，《秘书》2012 年第 8 期，第 40 ~ 41 页。

[1476] 胡河宁、卢颖：《政务微博形象构建初探》，《今传媒》2012 年第 8 期，第 21 ~ 23 页。

[1477] 张春贵：《“微时代”，当注重打造“微博领导力”》，《理论视野》2012 年第 8 期，第 71 ~ 73 页。

[1478] 许丹：《微博阵地建设与马克思主义大众化》，《重庆科技学院学报》（社会科学版）2012 年第 8 期，第 12 ~ 14 页。

[1479] 王道勋：《浅议微博的现在与未来》，《中国报业》2012 年第 8 期，第 188 ~ 189 页。

[1480] 薛瑞汉：《微博信息传播面临的新问题及路径选择》，《河南社会科学》2012 年第 8 期，第 88 ~ 90 页。

[1481] 冯伟、王国华、王雅蕾、邓海峰：《官员微博传播与评论者行为：一个实证研究》，《情报杂志》2012 年第 8 期，第 5 ~ 11 页。

[1482] 盛宇：《基于微博的学科热点发现、追踪与分析——以数据挖掘领域为例》，《图书情报工作》2012 年第 8 期，第 32 ~ 37 页。

[1483] 胡隆基、密启慧、许晶：《基于多智能体模型的微博舆论形成研究》，《情报杂志》2012 年第 8 期，第 21 ~ 26 页。

[1484] 甄峰、王波、陈映雪：《基于网络社会空间的中国城市网络特征——以新浪微博为例》，《地理学报》2012 年第 8 期，第 1031 ~ 1043 页。

[1485] 王琳、冯时、徐伟丽、杨卓、王大玲、张一飞：《一种面向微博客文本流的噪音判别与内容相似性双重检测的过滤方法》，《计算机应用与软件》2012 年第 8 期，第 25 ~ 29、94 页。

[1486] 蒲水涵：《用好微博这扇窗》，《中国政协》2012 年第 8 期，第 42 ~ 43 页。

[1487] 肖珺、庞航宇：《微博自净功能与辟谣模式选择研究》，《现代传播》（中国传媒大学学报）2012 年第 8 期，第 138 ~ 139 页。

[1488] 张迎辉：《微博的虚拟社会动员与传统社会动员的区别——以新浪微博“随手拍照解救乞讨儿童”为例》，《现代视听》2012 年第 8 期，第 73 ~ 77 页。

[1489] 卢家银：《社交媒体与青少年的政治社会化：以微博自荐参选事件为例》，《中国青年研究》2012 年第 8 期，第 35 ~ 41 页。

[1490] 赵黎：《“公安微博热”下的冷思考——当前公安微博存在的问题及对策》，《湖北警官学院学报》2012 年第 8 期，第 27 ~ 29 页。

[1491] 吴闻莺：《微博议程设置研究的路径分析》，《西南民族大学学报》（人文社会科学版）2012 年第 8 期，第 159 ~ 163 页。

[1492] 许晔：《微博——正在改变世界的创新应用》，《中国科技论坛》2012 年第 8 期，第 23 ~ 27 页。

[1493] 姜鑫、田志伟：《微博社区内信息传播的“小世界”现象及实证研究——以腾讯微博为例》，《情报科学》2012 年第 8 期，第 1139 ~ 1142 页。

[1494] 蒲红果：《借助微博提高舆论引导的传播力和有效性——以北京“7·21”特大自然

灾害舆论引导为例》，《新闻与写作》2012 年第 8 期，第 5 ~ 8 页。
［1495］李劲、张华、吴浩雄、向军：《基于特定领域的中文微博热点话题挖掘系统 BTopicMiner》，《计算机应用》2012 年第 8 期，第 2346 ~ 2349 页。
［1496］张琪：《大学生微博交往动机与行为特点研究》，《电化教育研究》2012 年第 8 期，第 54 ~ 58 页。
［1497］蔡鹏举：《场域视角下政务微博实践的策略选择》，《新闻世界》2012 年第 8 期，第 135 ~ 136 页。
［1498］邢华平：《论微博对处理高校学生突发事件的影响》，《科技信息》2012 年第 8 期，第 262 ~ 263 页。
［1499］闫欢、王确：《基于三种理论路径看微博客与社会的关系》，《中国电化教育》2012 年第 8 期，第 12 ~ 15、21 页。

第 9 期

［1500］韦妙：《微博在移动学习中的应用探究》，《中国教育技术装备》2012 年第 9 期，第 124 ~ 125 页。
［1501］刘佳、陈华明：《“微成都”城市微博创新模式探析》，《新闻界》2012 年第 9 期，第 30 ~ 32 页。
［1502］邵祺翔：《充分发挥政务微博在突发事件信息发布中的作用——以“上海发布”及上海政务微博群为例》，《中国应急管理》2012 年第 9 期，第 32 ~ 35 页。
［1503］姚宝权：《突发自然灾害政务微博发布的实证研究——以北京 7·21 暴雨为例》，《怀化学院学报》2012 年第 9 期，第 48 ~ 51 页。
［1504］宋环英、牛红卫、丁珂：《办好中原红盾政务微博　打造为民服务新平台》，《中国工商管理研究》2012 年第 9 期，第 70 ~ 72 页。
［1505］孟玫：《试论微博客与高校图书馆的新发展》，《福建电脑》2012 年第 9 期，第 55 ~ 56 页。
［1506］白杨林：《“不打官腔”才是好微博》，《今日海南》2012 年第 9 期，第 21 页。
［1507］邹昕瑶：《SNS、微博背景下高校党组织文化彰显》，《电子世界》2012 年第 9 期，第 128 ~ 131 页。
［1508］王有江：《浅议政务微博》，《现代经济信息》2012 年第 9 期，第 18 页。
［1509］刘华柱、任志民、余涛：《利用“微博”功能　开展税收宣传》，《中国税务》2012 年第 9 期，第 61 ~ 62 页。
［1510］石贤义：《构建党政微博平台　畅通社情民意渠道——开辟城区群众工作新领域》，《宁波通讯》2012 年第 9 期，第 55 ~ 56 页。
［1511］时智峰：《检察机关应积极融入微博时代》，《中国检察官》2012 年第 9 期，第 8 ~ 9 页。
［1512］翟晓舟、李小娟：《论检察体系下微博诉求表达机制的规范化——以完善参与社会管理创新的手段为视角》，《中国检察官》2012 年第 9 期，第 10 ~ 11 页。
［1513］李婷婷：《微博的公众话语权建构》，《新闻爱好者》2012 年第 9 期，第 23 ~ 24 页。
［1514］王烨：《浅谈微博对著作权的侵犯及相关立法建议》，《法制与社会》2012 年第 9

期，第 240 ~ 241 页。

[1515] 周红丰：《微博对电视娱乐新闻生产的影响》，《新闻爱好者》2012 年第 9 期，第 35 ~ 36 页。

[1516] 曹露元：《基于微博的聋哑教学》，《中国教育技术装备》2012 年第 9 期，第 120 ~ 121 页。

[1517] 苏婧：《解读“精神交往”视域下政务微博发展》，《科技传播》2012 年第 9 期，第 1 ~ 2 页。

[1518] 黄林昊：《我国政务微博应用解析》，《信息化建设》2012 年第 9 期，第 16 ~ 19 页。

[1519] 程思遥：《从“泄密门”事件看微博实名制的未来》，《新闻传播》2012 年第 9 期，第 105 ~ 106 页。

[1520] 魏晨：《突发事件下的微博谣言分析》，《法制博览》（中旬刊）2012 年第 9 期，第 264 ~ 265 页。

[1521] 叶红、宋倩倩：《微博：影响舆论的新力量》，《青年记者》2012 年第 9 期，第 71 ~ 72 页。

[1522] 张利冰、谢东明、李丹、申子辰：《运用微博媒体开展高校思想政治教育工作》，《中国校外教育》2012 年第 9 期，第 8 页。

[1523] 赵敏、赵重阳：《创新媒体微博的编辑思维》，《新闻前哨》2012 年第 9 期，第 94 ~ 96 页。

[1524] 麻小丽、王忠华、周艳：《基于微博的网络学习共同体模型构建研究》，《软件导刊》2012 年第 9 期，第 194 ~ 196 页。

[1525] 周梅、邓瑾：《基于新浪微博开放平台的 iPhone 地图应用与开发》，《电脑开发与应用》2012 年第 9 期，第 83 ~ 86 页。

[1526] 麦买提·乌斯曼：《自生自发秩序与刑事规制——微博话语权滥用规制为视角》，《求索》2012 年第 9 期，第 90 ~ 92 页。

[1527] 李大棚：《微博时代我国主流意识形态建设面临的问题及研究对策》，《长春大学学报》2012 年第 9 期，第 1115 ~ 1117、1124 页。

[1528] 杜成煜：《微博兴起背景下的大学生思想政治教育工作探析》，《南昌教育学院学报》2012 年第 9 期，第 25 ~ 26 页。

[1529] 靖鸣、庄霞霞：《青年使用微博的心理与行为特点》，《新闻前哨》2012 年第 9 期，第 91 ~ 93 页。

[1530] 孙娟娟：《新媒体时代下大学生微博使用状况的调查及思考——基于高校辅导员视角》，《湖北函授大学学报》2012 年第 9 期，第 47 ~ 48 页。

[1531] 徐曼：《微博时代的大学生思想政治教育》，《法制博览》（中旬刊）2012 年第 9 期，第 286 页。

[1532] 黄飞、吴明丽：《微博在舆论监督中的潜在风险及其应对》，《党政干部论坛》2012 年第 9 期，第 34 ~ 35 页。

[1533] 杨帅：《高校图书馆微博应用研究》，《广东技术师范学院学报》2012 年第 9 期，第 29 ~ 31 页。

[1534] 张超：《微博传播与企业微博营销——传播学现代应用》，《海峡科技与产业》2012

年第9期，第63~67页。

[1535] 徐宁：《微博客与传统媒体的融合新闻报道研究》，《传媒观察》2012年第9期，第11~13页。

[1536] 高晶怡：《网络公益与传统公益的区别及发展趋向》，《新闻世界》2012年第9期，第120~121页。

[1537] 王欢、吴海生：《微博中的著作权失范问题探究》，《新闻研究导刊》2012年第9期，第91~94页。

[1538] 何露东杰：《“微博问政”的叙事学研究——以北京市公安局官方微博为例》，《东南传播》2012年第9期，第44~47页。

[1539] 刘燕锦：《社交网站和微博的信息传播比较——以社会网络分析结果为依据》，《东南传播》2012年第9期，第65~68页。

[1540] 刘根勤：《浅谈传统媒体对微博的运用——以〈新周刊〉新浪微博为例》，《今传媒》2012年第9期，第147~149页。

[1541] 廖浚超、李洛：《论微博时代传统戏曲的有效传播——以纪录片〈江汉声〉为例》，《新闻世界》2012年第9期，第175~176页。

[1542] 夏春木、马宪鸿、黄加卒：《遏制微博谣言现象的对策研究》，《科技创业月刊》2012年第9期，第87~88页。

[1543] 张力丹：《名人如何应对“微博暴力”——从舒淇删微博事件说起》，《新闻世界》2012年第9期，第126~127页。

[1544] 刘根勤：《浅谈微博在广播节目中的应用》，《今传媒》2012年第9期，第153~155页。

[1545] 刘朋君：《微博兴起下的公民网络政治参与研究》，《河南科技学院学报》2012年第9期，第41~43页。

[1546] 唐彬文：《浅论微博的基本功能及传播特点》，《无线互联科技》2012年第9期，第240页。

[1547] 张怡、张洪红：《从微博评论看网民对乳饮品牌负面信息的态度》，《市场周刊》（理论研究）2012年第9期，第80~81、63页。

[1548] 叶阳：《基于微博网络在高校学生使用中的作用及规范对策研究》，《咸宁学院学报》2012年第9期，第174~175页。

[1549] 阚文文：《微博在组织传播中的运用策略、原则与方法》，《现代传播》（中国传媒大学学报）2012年第9期，第153~154页。

[1550] 付彦林、汪莉、尹树华、张伟：《“红色微博”在大学生党建工作中的应用探索》，《湖北经济学院学报》（人文社会科学版）2012年第9期，第140~141页。

[1551] 方列：《微博给突发新闻报道带来的挑战与机遇》，《新闻实践》2012年第9期，第67~68页。

[1552] 何露东杰：《浅析“微博问政”带来的影响》，《今传媒》2012年第9期，第55~56页。

[1553] 蒋卓然、高启然：《浅谈微博在大学形象建构与传播中的作用》，《吉林省教育学院学报》（上旬）2012年第9期，第51~52页。

[1554] 杨婧:《微博兴起对高校德育的影响》,《科教导刊》(上旬刊)2012 年第 9 期,第 20 ~ 22 页。

[1555] 于爱平:《电视主持人使用微博的影响与要求》,《当代电视》2012 年第 9 期,第 42 ~ 43 页。

[1556] 杨丽娜:《独特的吸引——美国驻港总领事馆微博评析》,《对外传播》2012 年第 9 期,第 52 ~ 53 页。

[1557] 蒋卓然、刘坚:《浅论"微博时代"的高校形象建构》,《吉林省教育学院学报》(中旬)2012 年第 9 期,第 24 ~ 25 页。

[1558] 周志聪:《浅析新浪微博首页的议程设置》,《新闻世界》2012 年第 9 期,第 177 ~ 179 页。

[1559] 黄骏:《传统纸质媒体的微博应用——以〈楚天都市报〉新浪微博为个案》,《新闻世界》2012 年第 9 期,第 122 ~ 123 页。

[1560] 李大棚:《微博时代舆论引导面临的挑战与对策研究》,《思想政治工作研究》2012 年第 9 期,第 41 ~ 42 页。

[1561] 钱曼莉、狄成杰:《基于微博平台的大学生公民道德建设创新机制研究》,《宿州学院学报》2012 年第 9 期,第 99 ~ 102 页。

[1562] 何苗:《媒介生态学视野下的微博自净化研究》,《今传媒》2012 年第 9 期,第 52 ~ 54 页。

[1563] 余越、李名亮:《微博空间公共知识分子的身份建构》,《今传媒》2012 年第 9 期,第 20 ~ 22 页。

[1564] 周杰:《原创、热点、评论——伦敦奥运会微博报道的启示》,《新闻与写作》2012 年第 9 期,第 24 ~ 25 页。

[1565] 黄海怡:《3G 时代高校微博就业现状分析及对策建议》,《理论界》2012 年第 9 期,第 185 ~ 186 页。

[1566] 李苑静、李琳:《微博:传统思想政治教育模式转变的新契机》,《黑龙江高教研究》2012 年第 9 期,第 127 ~ 129 页。

[1567] 张娇娇:《微博的传播效果研究及应对策略》,《今传媒》2012 年第 9 期,第 101 ~ 103 页。

[1568] 刘根勤:《从新浪微博热门转发看微博的价值要素》,《今传媒》2012 年第 9 期,第 150 ~ 152 页。

[1569] 张涛甫、项一嵚:《中国微博意见领袖的行动特征——基于对其行动空间多重不确定性的分析》,《新闻记者》2012 年第 9 期,第 14 ~ 18 页。

[1570] 李彪:《微博意见领袖群体"肖像素描"——以 40 个微博事件中的意见领袖为例》,《新闻记者》2012 年第 9 期,第 19 ~ 25 页。

[1571] 施宇翔、姚高峰:《浙江"微博侵权第一案"开庭　杭州名企状告一网友》,《法制与经济》(上旬)2012 年第 9 期,第 17 页。

[1572] 常洪卫、蒋海升:《突发事件中公安微博的舆情引导》,《重庆社会科学》2012 年第 9 期,第 64 ~ 67 页。

[1573] 肖宇、许炜、商召玺:《微博用户区域影响力识别算法及分析》,《计算机科学》

2012 年第 9 期，第 38 ~ 42 页。

[1574] 袁红、赵磊：《微博社区信息交流网络结构与交流模式研究》，《现代情报》2012 年第 9 期，第 48 ~ 52、56 页。

[1575] 娄婷婷：《微博公益的传播特点及 SWOT 分析》，《新闻知识》2012 年第 9 期，第 29 ~ 30、17 页。

[1576] 林江豪、阳爱民、周咏梅、陈锦、蔡泽键：《一种基于朴素贝叶斯的微博情感分类》，《计算机工程与科学》2012 年第 9 期，第 160 ~ 165 页。

[1577] 欧高炎、陈薇、王腾蛟、雷凯、杨冬青：《面向微博的情感影响最大化模型》，《计算机科学与探索》2012 年第 9 期，第 769 ~ 778 页。

[1578] 张铤：《微博视阈下的高校思想政治教育工作创新研究》，《现代教育科学》2012 年第 9 期，第 33 ~ 36 页。

[1579] 张洋、何楚杰、段俊文、杨春程：《微博舆情热点分析系统设计研究》，《信息网络安全》2012 年第 9 期，第 60 ~ 64 页。

[1580] 汪向征、葛彦强：《传播学视域下教育技术微群用户信息行为分析》，《中国电化教育》2012 年第 9 期，第 27 ~ 31 页。

[1581] 马永春：《论微博的弊端及规制——实名制下微博使用的积极意义》，《西南民族大学学报》（人文社会科学版）2012 年第 9 期，第 167 ~ 170 页。

[1582] 平萍：《〈人民日报〉官方微博受追捧引发的思考——兼论传统媒体如何夺回话语权》，《中国记者》2012 年第 9 期，第 82 ~ 83 页。

[1583] 李桂华、张云飞、刘铁：《品牌危机情境下微博网络口碑的探索性研究——归因、情境、策略与口碑的“树根模型”》，《经济与管理研究》2012 年第 9 期，第 89 ~ 99 页。

[1584] 苏星鸿、刘基：《微博时代的高校马克思主义大众化传播策略》，《电化教育研究》2012 年第 9 期，第 27 ~ 30 页。

[1585] 谢进川：《关于微博政治传播的几个问题分析》，《中国青年研究》2012 年第 9 期，第 36 ~ 38、112 页。

[1586] 杨玉华、姜卫玲：《名人微博发展的隐忧及应对机制——以新浪名人微博为例》，《新闻世界》2012 年第 9 期，第 140 ~ 141 页。

[1587] 闫欢：《基于社会认知论的微博主道德判断研究》，《情报科学》2012 年第 9 期，第 1321 ~ 1324 页。

[1588] 张特：《名人微博中的话语权滥用——浅析名人微博骂战现象》，《今传媒》2012 年第 9 期，第 59 ~ 60 页。

[1589] 范雨霏、马书平：《从最近实例看微博谣言传播的原因及应对》，《中国记者》2012 年第 9 期，第 117 ~ 118 页。

[1590] 赵予：《浅析微博的“名人效应”——以新浪微博为例》，《新闻世界》2012 年第 9 期，第 149 ~ 151 页。

[1591] 艾丹、李琼：《微博问政的有效利用》，《新闻前哨》2012 年第 9 期，第 96 ~ 97 页。

[1592] 金菁：《微博场域中公共事件的产生与特征》，《新闻知识》2012 年第 9 期，第 35 ~ 36 页。

[1593] 代平：《微博传播功能的负效应及治理策略》，《新闻传播》2012 年第 9 期，第 86 页。
[1594] 郭晓航：《微博评报：新闻业务学习的网络新课堂》，《新闻传播》2012 年第 9 期，第 119～120 页。
[1595] 黄敬茹：《浅析微博的舆论监督作用》，《无线互联科技》2012 年第 9 期，第 241～242 页。
[1596] 周涛、陶佳：《试论“微时代”高校思想政治教育者价值领导力》，《宿州学院学报》2012 年第 9 期，第 95～98 页。
[1597] 柯爱玲：《弱势媒体　监督不弱——谈广播电台如何更好开展舆论监督》，《视听》2012 年第 9 期，第 25～27 页。
[1598] 唐卫岗：《浅析微博时代公民新闻的传播》，《视听》2012 年第 9 期，第 44～45 页。
[1599] 杜海霞：《官员“织围脖”利弊谈》，《前进》2012 年第 9 期，第 36～37 页。
[1600] 郭清君：《“微博问政”促进社会管理创新》，《政策》2012 年第 9 期，第 78～79 页。
[1601] 蔡静：《当广播牵手微博》，《声屏世界》2012 年第 9 期，第 61～62 页。
[1602] 戴丽娜：《微博舆论领袖的识别方法与管理策略研究》，《新闻记者》2012 年第 9 期，第 26～29 页。
[1603] 刘海龙：《新闻工作者微博应用的困境及其根源》，《新闻记者》2012 年第 9 期，第 30～37 页。
[1604] 李琳：《微博空间中职业媒体人公共性言论的边界——关于赵普、杨锐两起微博事件的若干思考》，《新闻记者》2012 年第 9 期，第 37～40 页。
[1605] 林伟豪、廖宇、翁晓玲：《政务微博的政府品牌形象塑造策略——以“@上海发布”新浪政务微博为例》，《东南传播》2012 年第 9 期，第 41～43 页。
[1606] 周培源、姜洁冰：《政务微博的传播效果研究——以新浪微博为例》，《新闻世界》2012 年第 9 期，第 132～133 页。
[1607] 王梦：《微博客新闻的价值分析》，《计算机与网络》2012 年第 9 期，第 59～62 页。
[1608] 李春雷、钟珊珊：《微博语言暴力风险规避路径研究——以“小悦悦事件”为例》，《新闻知识》2012 年第 10 期，第 15～17 页。
[1609] 焦璇：《微博对公民社会道德擢升的意义——以“小悦悦事件”引起的热议为例》，《新闻爱好者》2012 年第 9 期，第 17～18 页。
[1610] 苏丽娟：《浅议微博客在高校图书馆中的应用》，《科技情报开发与经济》2012 年第 9 期，第 21～22 页。
[1611] 魏景霞：《微博环境下的公民参与困境与对策》，《新闻爱好者》2012 年第 9 期，第 11～12 页。
[1612] 梁启经：《微博背景下高校思想政治教育主导性探析》，《群文天地》2012 年第 9 期，第 168～169 页。
[1613] 段一男：《微博的传受互动心理》，《科技传播》2012 年第 9 期，第 15、12 页。
[1614] 焦红强：《从媒介控制看微博实名制的实施策略》，《新闻爱好者》2012 年第 9 期，第 5～6 页。

[1615] 曹艳：《政务微博日常信息内容发布策略研究》，《今传媒》2012 年第 9 期，第 17 ~ 19 页。
[1616] 孙亮：《微博时代大学生思想政治教育工作新探索》，《文教资料》2012 年第 9 期，第 157 ~ 159 页。
[1617] 贺心颖、邓思同：《微博对首都大学生政治参与的影响》，《新闻界》2012 年第 9 期，第 42 ~ 46 页。
[1618] 栾嵘、翟所迪：《微博在医疗卫生服务中的应用》，《中国药房》2012 年第 9 期，第 862 ~ 864 页。
[1619] 蓝巧燕：《微博在民族院校思想政治教育工作中的应用研究》，《文教资料》2012 年第 9 期，第 160 ~ 161 页。

第 10 期

[1620] 边蓉：《浅析微博著作权》，《法制与社会》2012 年第 10 期，第 25 ~ 26 页。
[1621] 孙嘉卿：《微博谣言特征及辟谣策略研究——基于新浪微博的质性研究》，《中国出版》2012 年第 10 期，第 19 ~ 22 页。
[1622] 周莉娜：《微博时代下的政府作为》，《行政事业资产与财务》2012 年第 10 期，第 227 ~ 228 页。
[1623] 王峻、曹岩：《嫁接微博优势，拓展奥运报道新空间》，《新闻前哨》2012 年第 10 期，第 44 ~ 45 页。
[1624] 袁婧、高欢：《信息化背景下利用微博平台探索高校团组织建设新模式》，《科教文汇》（下旬刊）2012 年第 10 期，第 187 ~ 188 页。
[1625] 夏晶、陈松峰、张海宁：《浅谈政务微博在我省水利系统宣传工作中的应用》，《江苏水利》2012 年第 10 期，第 45 ~ 47 页。
[1626] 王首程：《警惕政务微博“痴呆症”》，《人民论坛》2012 年第 10 期，第 50 ~ 51 页。
[1627] 金玲娟、刘泉凤、张义军：《高校图书馆微博服务实证探讨》，《内蒙古科技与经济》2012 年第 10 期，第 130 ~ 131、134 页。
[1628] 夏晶、陈松峰、张海宁：《浅谈政务微博在我省水利系统宣传工作中的应用》，《江苏水利》2012 年第 10 期，第 45 ~ 47 页。
[1629] 孟威：《政务微博如何摆脱“菜鸟”状态》，《人民论坛》2012 年第 10 期，第52 页。
[1630] 陈世华、韩翠丽：《微博参与社会治理的方方面面》，《中国出版》2012 年第 10 期，第 16 ~ 18 页。
[1631] 宋真珍、智璇：《政府利用微博化解公共危机的对策思考》，《行政事业资产与财务》2012 年第 10 期，第 148 页。
[1632] 詹思婧：《微型博客与传播学》，《中国传媒科技》2012 年第 10 期，第 207 ~ 208 页。
[1633] 安向前：《网络微信息传播的新闻效应》，《新闻爱好者》2012 年第 10 期，第 87 ~ 88 页。
[1634] 贾静：《微博时代大学生思想政治教育工作的创新》，《产业与科技论坛》2012 年第 10 期，第 192 ~ 193 页。
[1635] 冯荣荣、杨燕：《政务微博：政府管理的机遇与挑战》，《法制与社会》2012 年第 10

期，第 195 ~ 196 页。

[1636] 李阎：《“微博”与思想政治教育》，《改革与开放》2012 年第 10 期，第 82、84 页。

[1637] 高菲：《从微博的两面性看大众传播效果理论》，《中国传媒科技》2012 年第 10 期，第 116 ~ 119 页。

[1638] 滕琦、丁奕方：《构建微博服务平台　创新供电服务方式》，《大众用电》2012 年第 10 期，第 14 ~ 15 页。

[1639] 于小薇、郝鑫岐：《我国媒介融合的发展现状及走向分析——以新浪微博为例》，《中国传媒科技》2012 年第 10 期，第 24 ~ 25 页。

[1640] 展莲蓉：《微博的舆论构建与社会责任意识解析》，《中国传媒科技》2012 年第 10 期，第 121 ~ 122 页。

[1641] 潘涛：《优秀政务微博运作模式特征》，《人民论坛》2012 年第 10 期，第 53 页。

[1642] 郑烨：《政务微博中的信息交流与信息公开——信任的中介作用》，《情报杂志》2012 年第 10 期，第 156 ~ 164 页。

[1643] 吴锋、翟劼：《微博伦理初探》，《长春理工大学学报》（社会科学版）2012 年第 10 期，第 52 ~ 54 页。

[1644] 苏湲昊、张昆：《微博的“中国力量”》，《现代传播》（中国传媒大学学报）2012 年第 10 期，第 167 ~ 168 页。

[1645] 任雅仙：《当代佛教微博传播模式的特点及其效果初探——以学诚法师微博内容分析为例》，《宜春学院学报》2012 年第 10 期，第 51 ~ 55 页。

[1646] 韩冬野、肖琳琅：《网络群体性事件中微博的传播特征与引导》，《现代视听》2012 年第 10 期，第 78 ~ 80 页。

[1647] 王熙：《微博传播对我国意识形态安全的影响》，《新闻爱好者》2012 年第 20 期，第 9 ~ 10 页。

[1648] 李彪、郑满宁：《微博时代网络水军在网络舆情传播中的影响效力研究——以近年来 26 个网络水军参与的网络事件为例》，《国际新闻界》2012 年第 10 期，第 30 ~ 36 页。

[1649] 张明灿：《三门峡：旅游微博营销促发展》，《公关世界》2012 年第 12 期，第 68 ~ 69 页。

[1650] 蔡志奇、黄晓珩：《善用微博开展大学生思想政治教育》，《南方论刊》2012 年第 10 期，第 68 ~ 69 页。

[1651] 陈晓阳、秦鹏鹏：《高校出版社微博应用分析》，《科技与出版》2012 年第 10 期，第 119 ~ 121 页。

[1652] 魏巧俐：《基于中少总社低幼中心微博矩阵的传播策略分析》，《科技与出版》2012 年第 10 期，第 83 ~ 86 页。

[1653] 金敏：《大学生微博使用行为与其人文特征的关系分析》，《沿海企业与科技》2012 年第 10 期，第 114 ~ 117 页。

[1654] 肖遥：《突发事件引发的微博舆情演化与政府引导——以“日本游客丢失自行车”事件为例》，《新闻研究导刊》2012 年第 10 期，第 24 ~ 26 页。

[1655] 蒋萌、王芳镜：《我国高职院校微博利用分析》，《东南传播》2012 年第 10 期，第

85 ~87 页。
[1656] 钟新、陆佳怡、彭大伟：《微博外交视野下的大使形象自我建构与他者建构——以美国驻华大使骆家辉为例》，《国际新闻界》2012 年第 10 期，第 37 ~43 页。
[1657] 张佳菲：《依托微博创新高校反腐倡廉建设的研究》，《剑南文学》（经典教苑）2012 年第 10 期，第 383 ~384 页。
[1658] 王凯：《微博时代新闻记者的角色定位》，《军事记者》2012 年第 10 期，第 25 ~26 页。
[1659] 程渊：《南阳医专校园微博系统模块设计》，《数字技术与应用》2012 年第 10 期，第 153 页。
[1660] 韩雅男：《二级传播与沉默的螺旋理论在微博使用中的解析》，《新闻传播》2012 年第 10 期，第 22 ~23 页。
[1661] 王霞：《“微博”与大学英语教学》，《吉林省教育学院学报》（下旬）2012 年第 10 期，第 33 ~34 页。
[1662] 汪晓畅：《微博热和文化恶搞》，《新闻研究导刊》2012 年第 10 期，第 56 ~58 页。
[1663] 黎国平：《微博时代传统媒体的应对策略》，《文学界》（理论版）2012 年第 10 期，第 369 页。
[1664] 沈捷：《论政务机构微博的舆论引导——以江苏政务机构微博为例》，《求索》2012 年第 10 期，第 234 ~236 页。
[1665] 刘昊：《微博对网络社会中人际关系的重构》，《新闻战线》2012 年第 10 期，第 88 ~90 页。
[1666] 商思琪：《论微博对大学生的影响及对策》，《新闻传播》2012 年第 10 期，第 171、174 页。
[1667] 毕勤、梁晨：《关于高校微博传播与运营的研究》，《新闻传播》2012 年第 10 期，第 95、97 页。
[1668] 常楷：《从“广场”到“微博”——新媒体时代的公共关怀》，《理论界》2012 年第 10 期，第 157 ~159 页。
[1669] 谷悦：《记者与网民微博互动的消极影响及对策》，《新闻世界》2012 年第 10 期，第 93 ~94 页。
[1670] 谭天、李兴丽、赵静雯：《电视新闻栏目官方微博的实证研究》，《现代传播》（中国传媒大学学报）2012 年第 10 期，第 108 ~113 页。
[1671] 郑娟、熊才平、曹树青：《不同网络信息资源动态发展利用比较研究——以微博、论坛、网络百科为例》，《现代教育技术》2012 年第 10 期，第 85 ~89 页。
[1672] 颜海亮：《微博中的情报学原理初探》，《情报探索》2012 年第 10 期，第 32 ~35 页。
[1673] 李彤：《微博外交：Web 2. 0 时代的公共外交》，《新西部》（理论版）2012 年第 10 期，第 110、113 页。
[1674] 陈俊：《试论微博时代主流媒体的作为》，《中国广播》2012 年第 10 期，第 76 ~77 页。
[1675] 沈野萤：《基于微博模式的广告品牌营销探讨》，《新闻世界》2012 年第 10 期，第 103 ~104 页。

[1676] 胡小浪：《浅析微博的利弊与前景》，《中国报业》2012 年第 10 期，第 177 ~ 178 页。

[1677] 朱晓雨、赵婷婷：《微博兴起对高校思想政治教育发展利弊分析》，《文学教育》（中）2012 年第 10 期，第 122 页。

[1678] 张洪斌、赵学刚：《对检察微博定位与发展的几点思考》，《法制博览》（中旬刊）2012 年第 10 期，第 144、143 页。

[1679] 苏湲昊、舒天翼：《浅析微博在军事新闻传播中的作用》，《军事记者》2012 年第 10 期，第 32 ~ 33 页。

[1680] 赵彤：《微博舆论的传播效应及引导策略研究》，《记者摇篮》2012 年第 10 期，第 30 ~ 31 页。

[1681] 张冠楠：《微博直播下的司法生态》，《传媒观察》2012 年第 10 期，第 25 ~ 26 页。

[1682] 黄鸿业：《微传播环境下传统媒体的话语尺度》，《传媒观察》2012 年第 10 期，第 22 ~ 24 页。

[1683] 谢丽彬、李民：《政府微博应用探析》，《长江大学学报》（社会科学版）2012 年第 10 期，第 110 ~ 111 页。

[1684] 蔡鹏举、李国英：《后现代视野中微博文化现象的解析》，《新闻传播》2012 年第 10 期，第 17 ~ 18 页。

[1685] 翟春红、王刚、聂江城：《微博应用于学科馆员工作的实践与思考》，《图书馆工作与研究》2012 年第 10 期，第 123 ~ 125 页。

[1686] 吕梅：《微博对高校思想政治教育的影响及对策》，《新闻世界》2012 年第 10 期，第 190 ~ 191 页。

[1687] 贾奋勇：《传统媒体接轨微传播要诀——浅论传统媒体的微博表达》，《中国记者》2012 年第 10 期，第 37 ~ 38 页。

[1688] 谭元斌、董小红：《微博事件的负面性与舆论效应的相关性探析》，《东南传播》2012 年第 10 期，第 10 ~ 15 页。

[1689] 王燕星：《试析微博传播对人际关系建构的影响》，《赤峰学院学报》（汉文哲学社会科学版）2012 年第 10 期，第 97 ~ 99 页。

[1690] 车佳益、赵泽洪：《政务微博中的政府形象塑造》，《理论导刊》2012 年第 10 期，第 8 ~ 11 页。

[1691] 宣云凤、林慧：《微博对我国主流意识形态建设的影响及对策》，《马克思主义研究》2012 年第 10 期，第 96 ~ 101 页。

[1692] 黄红霞、章成志：《中文微博用户标签的调查分析——以新浪微博为例》，《现代图书情报技术》2012 年第 10 期，第 49 ~ 54 页。

[1693] 申玲玲：《失衡与流动：微博构建的话语空间研究——基于对新浪微博的实证研究》，《国际新闻界》2012 年第 10 期，第 15 ~ 22 页。

[1694] 王树芳：《我国图书馆微博研究综述》，《湖北第二师范学院学报》2012 年第 10 期，第 129 ~ 132 页。

[1695] 李蕾、强月新：《中国微博意见领袖研究综述》，《东南传播》2012 年第 10 期，第 16 ~ 18 页。

[1696] 刘林沙、陈默：《突发事件中的微博意见领袖与舆情演变》，《电子政务》2012 年第

10 期，第 50 ~ 55 页。
[1697] 韦路、陆丹初：《京广沪报纸微博融合报道比较研究》，《新闻实践》2012 年第 10 期，第 17 ~ 21 页。
[1698] 王晟、王子琪、张铭：《个性化微博推荐算法》，《计算机科学与探索》2012 年第 10 期，第 895 ~ 902 页。
[1699] 蒋卓然、刘坚：《微博传播与大学形象建构及传播关系研究》，《情报科学》2012 年第 10 期，第 1538 ~ 1541 页。
[1700] 王燕星：《关于政务微博的内容呈现与发布形式的探讨——基于山东省旅游局官方微博的内容分析》，《长春理工大学学报》（社会科学版）2012 年第 10 期，第 55 ~ 58 页。
[1701] 窦菲涛：《微博原创文字作品的著作权问题》，《青年记者》2012 年第 10 期，第 82 页。
[1702] 季丹：《微博营销的价值、内涵和启示》，《传媒》2012 年第 10 期，第 51 ~ 53 页。
[1703] 孙云晓：《用好微博的最大秘诀就是对网友“用心”》，《思想政治工作研究》2012 年第 10 期，第 50 ~ 51 页。
[1704] 顾力：《试论期刊与微博的融合之道》，《传媒》2012 年第 10 期，第 54 ~ 55 页。
[1705] 李南：《论郭明义微博的叙事风格》，《新闻世界》2012 年第 10 期，第 85 ~ 86 页。
[1706] 李鹏飞：《浅谈微博对社会管理机制的影响》，《今传媒》2012 年第 10 期，第 20 ~ 21 页。
[1707] 万国迎、王振华、邹美英：《探讨微博教学对公共英语教学的促进》，《英语广场》（学术研究）2012 年第 10 期，第 64 ~ 66 页。
[1708] 徐冰：《如何把握微时代广播的六大机遇》，《中国记者》2012 年第 10 期，第 39 ~ 40 页。
[1709] 贺大为：《媒体微博操作中常碰到的法律问题及其防范》，《中国记者》2012 年第 10 期，第 41 ~ 42 页。
[1710] 吴秋霖：《微博背景下高校共青团舆情引导研究》，《河南科技》2012 年第 10 期，第 11 ~ 12 页。
[1711] 朱松林：《电视媒体借力微博的取向探析》，《今传媒》2012 年第 10 期，第 58 ~ 59 页。
[1712] 王春枝：《传统主流媒体做大微博的关键及反思》，《中国记者》2012 年第 10 期，第 43 ~ 44 页。
[1713] 郑亚琴、郭琪：《基于微博的关系行为对企业品牌价值影响研究述评》，《重庆科技学院学报》（社会科学版）2012 年第 10 期，第 93 ~ 96 页。
[1714] 左蓓蓓、郑智斌：《政务微博的传播之道——以“上海发布”为例》，《东南传播》2012 年第 10 期，第 26 ~ 28 页。
[1715] 王益民、丁艺、胡红梅：《我国政务微博发展现状与对策》，《行政管理改革》2012 年第 10 期，第 71 ~ 75 页。

第 11 期

[1716] 罗潇潇、何跃、熊涛：《突发公共事件中权威信息对微博内容的影响研究——以柳

州镉污染事件为例》,《图书情报工作》2012 年第 11 期,第 123 ~ 127 页。

[1717] 吴占勇:《卫视微博:自媒体时代电视品牌传播的创新平台》,《新闻爱好者》2012 年第 11 期,第 9 ~ 10 页。

[1718] 薛凤云:《公民微博问政两会》,《青年记者》2012 年第 11 期,第 66 ~ 67 页。

[1719] 李妍、苏琳:《两会微博秀》,《中国经济周刊》2012 年第 11 期,第 54 页。

[1720] 霍圣录、陈莉莉:《当代大学生微博虚拟环境中的自我形象构建》,《思想理论教育》2012 年第 11 期,第 77 ~ 81 页。

[1721] 马玉琴:《实现廊坊市政府微博客价值的对策》,《产业与科技论坛》2012 年第 11 期,第 58 ~ 59 页。

[1722] 刘海贵、郭栋:《微博专题:从自说自话到合力发声——以 2012 年两会报道的微博表达为例》,《中国报业》2012 年第 11 期,第 40 ~ 43 页。

[1723] 龚婷:《网络时代背景下高校共青团微博建设探析》,《才智》2012 年第 11 期,第 296 ~ 297 页。

[1724] 关欣、张钟文、张楠、孟庆国:《政府公职人员微博接受意愿的影响因素研究》,《图书情报工作》2012 年第 11 期,第 115 ~ 122 页。

[1725] 莫同、褚伟杰、李伟平、吴中海:《采用超图的微博群落感知方法》,《西安交通大学学报》2012 年第 11 期,第 120 ~ 126 页。

[1726] 龚雪竹:《从微博的发展谈高校图书馆服务新模式》,《图书馆工作与研究》2012 年第 11 期,第 125 ~ 128 页。

[1727] 杨隽莹:《临高法院:试水庭审"微直播"》,《海南人大》2012 年第 11 期,第 45 ~ 46 页。

[1728] 冯雪梅:《良好的舆论生态离不开官民有效互动》,《四川党的建设》(城市版)2012 年第 11 期,第 10 页。

[1729] 王祝华:《"微庭审"为何受到此等礼遇?》,《海南人大》2012 年第 11 期,第46 页。

[1730] 黎沃源、胡昆:《微博版权问题初探》,《学理论》2012 年第 11 期,第 117 ~ 119 页。

[1731] 沈巧玲:《微博在高校图书馆读者服务中的应用》,《广东科技》2012 年第 11 期,第 53 ~ 54 页。

[1732] 陈安迪:《报纸采用突发新闻事件微博照片情况分析——以"9·27"上海地铁追尾事故报道为例》,《青年记者》2012 年第 11 期,第 6 ~ 7 页。

[1733] 黄丽萍:《微博时代为政者如何剑走"网路"》,《领导科学》2012 年第 11 期,第 42 ~ 45 页。

[1734] 张晓静:《微博:媒介公共领域构建的新维度》,《青年记者》2012 年第 11 期,第 65 ~ 66 页。

[1735] 缪红燕、吴祥辉:《微博时代教师形象的解构与重构》,《韶关学院学报》2012 年第 11 期,第 162 ~ 165 页。

[1736] 殷俊、李菁:《浅谈微博的层级化》,《新闻研究导刊》2012 年第 11 期,第 43 ~ 45 页。

[1737] 黄琴:《微博在高职院校大学生思想政治教育中的作用》,《文史博览》(理论)2012 年第 11 期,第 72 ~ 74 页。

[1738] 田方琳、兰楠楠、于爱鑫：《2011 年网民微博使用情况分析》，《农业网络信息》2012 年第 11 期，第 80 ~ 82 页。

[1739] 赵岩露、王晶、沈奇威：《基于特征分析的微博用户兴趣发现算法》，《电信工程技术与标准化》2012 年第 11 期，第 79 ~ 83 页。

[1740] 张春果、杨剑锋：《刘翔退赛微博的“热”与“冷”——以钻石联赛伦敦站为例》，《东南传播》2012 年第 11 期，第 100 ~ 101 页。

[1741] 李明顺：《大学生思想政治教育工作的微博载体分析》，《中国电化教育》2012 年第 11 期，第 126 ~ 129 页。

[1742] 韩梦霖：《试析近年来微博公共舆论场内出现的新特征》，《新闻传播》2012 年第 11 期，第 31 ~ 32 页。

[1743] 周廷勇：《从“威权舆论”到“权威舆论”——“微时代”主流舆论的解构与重振》，《新闻研究导刊》2012 年第 11 期，第 6 ~ 11 页。

[1744] 卿怡：《浅析微博传播中的“塔西佗陷阱”》，《新闻传播》2012 年第 11 期，第 42 页。

[1745] 王艳玲、孙卫华：《微博的公共表达与文化意义》，《中国广播电视学刊》2012 年第 11 期，第 62 ~ 63 页。

[1746] 张宇：《论微博对传统新闻媒体的存在价值》，《北方文学》（下旬）2012 年第 11 期，第 119 页。

[1747] 付玉辉：《文学、微博与现实：互联网时代中国影像的三个侧面》，《互联网天地》2012 年第 11 期，第 15 ~ 17 页。

[1748] 刘凡磊：《微博客与传统媒体融合的新闻报道研究》，《军事记者》2012 年第 11 期，第 62 页。

[1749] 黄晓丽：《论微博的狂欢景观》，《东南传播》2012 年第 11 期，第 96 ~ 97 页。

[1750] 文宣亮：《微博：“全民皆兵”的新媒体力量》，《记者摇篮》2012 年第 11 期，第 24 ~ 25 页。

[1751] 傅国涌：《改写历史的不是微博，而是微博背后的人》，《金融博览》2012 年第 11 期，第 25 页。

[1752] 陈波：《村官微博卖瓜，打造畅销品牌》，《中国农民合作社》2012 年第 11 期，第 37 ~ 38 页。

[1753] 陈晔、谢波、邢岩、石丹丹：《人文精神主题微博对医药类高校文化育人工作的功能探讨》，《现代医院》2012 年第 11 期，第 109 ~ 110 页。

[1754] 卫毅：《微博传播中的网民媒介素养分析》，《科教导刊》（中旬刊）2012 年第 11 期，第 221、227 页。

[1755] 李英莉：《140 个字的舆论阵脚——公共事件中微博传播的心理机制》，《新闻传播》2012 年第 11 期，第 218 页。

[1756] 张学海：《小微博大作用——略谈如何利用微博助推善治》，《新闻传播》2012 年第 11 期，第 220 页。

[1757] 李岩：《传统媒体的微博营销》，《记者摇篮》2012 年第 11 期，第 28 ~ 29 页。

[1758] 胡珊、杨锐晶：《浅谈微博的能动作用》，《新闻世界》2012 年第 11 期，第 68 ~

69 页。

[1759] 庄庆鸿、苏希杰:《政府微博背后的“80 后”“90 后”》,《决策探索》(上半月)2012 年第 11 期,第 64 ~ 66 页。

[1760] 包书琴:《从微博粉丝态度看中国电视娱乐节目》,《今传媒》2012 年第 11 期,第 106 ~ 107 页。

[1761] 汪洋:《微博时代,公交企业莫“OUT”》,《人民公交》2012 年第 11 期,第 44 ~ 46 页。

[1762] 王炼:《微博时代信息失真的思考》,《新闻传播》2012 年第 11 期,第 44 页。

[1763] 孙世杰、濮建忠:《基于 LDA 模型的 Twitter 中文微博热点主题词组发现》,《洛阳师范学院学报》2012 年第 11 期,第 60 ~ 64、81 页。

[1764] 陈锋锐、马翠轩:《大学校,微管理——从河南大学官方微博谈高校微博宣传管理工作》,《河南教育》(中旬)2012 年第 11 期,第 36 ~ 37 页。

[1765] 杨梅:《自媒体时代微博客的亲民性诉求》,《今传媒》2012 年第 11 期,第 100 ~ 101 页。

[1766] 刘兰明:《微博时代报纸副刊的转型路径浅探》,《今传媒》2012 年第 11 期,第 104 ~ 105 页。

[1767] 蒋露:《“微新闻”初探——以新浪微博为例》,《新闻世界》2012 年第 11 期,第 70 ~ 72 页。

[1768] 梁秋实、吴一雷、封磊:《基于 MapReduce 的微博用户搜索排名算法》,《计算机应用》2012 年第 11 期,第 2989 ~ 2993 页。

[1769] 朱梁文轩:《微博:军事新闻传播的新亮点》,《新闻世界》2012 年第 11 期,第 66 ~ 68 页。

[1770] 潘蕃:《微博时代“媒介审判”的产生与规避》,《新闻世界》2012 年第 11 期,第 140 ~ 141 页。

[1771] 靖鸣、祁丽婷:《微博侵权现象的特征及其成因》,《新闻与写作》2012 年第 11 期,第 39 ~ 42 页。

[1772] 阮滢:《借微博“传播力”重塑传统媒体“影响力”》,《新闻世界》2012 年第 11 期,第 78 ~ 79 页。

[1773] 陈娓、付小园:《微博文化中大学生思想政治教育工作的创新》,《教育学术月刊》2012 年第 11 期,第 40 ~ 42 页。

[1774] 谢新洲、安静:《微博舆论面临的问题及对策分析》,《新闻与写作》2012 年第 11 期,第 35 ~ 38 页。

[1775] 陈昌凤:《业务拓展与舆论主导:对中国传统主流媒体微博的分析》,《新闻与写作》2012 年第 11 期,第 59 ~ 62 页。

[1776] 张文彦、于洁:《公共图书馆的微博新时代》,《情报科学》2012 年第 11 期,第 1632 ~ 1637 页。

[1777] 杨骏:《“微警务”长效建设探究》,《公安研究》2012 年第 11 期,第 19 ~ 23 页。

[1778] 马勇、张伟伟、赵文义、孙守增:《学术期刊微博化研究》,《科技与出版》2012 年第 11 期,第 104 ~ 107 页。

[1779] 赵颖星：《我国图书馆微博研究综述》，《图书馆学刊》2012 年第 11 期，第 136 ~ 140 页。

[1780] 赵晨、张璟：《基于旅游营销的政府微博研究》，《特区经济》2012 年第 11 期，第 122 ~ 124 页。

[1781] 牟艳娟、林晋：《“微时代”大学生思想政治教育的创新》，《社会科学家》2012 年第 11 期，第 114 ~ 117 页。

[1782] 王文远、王大玲、冯时、李任斐、王琳：《一种面向情感分析的微博表情情感词典构建及应用》，《计算机与数字工程》2012 年第 11 期，第 6 ~ 9 页。

[1783] 谢耘耕、徐颖、刘锐、万旋傲、荣婷、王平、王理：《我国政务微博的现状问题与相关建议》，《科学发展》2012 年第 11 期，第 46 ~ 50 页。

[1784] 武澎、王恒山、刘奇、石恒：《微博中突发事件信息发布者被“加关注”的阈值模型研究》，《情报杂志》2012 年第 11 期，第 11 ~ 13、34 页。

[1785] 钱颖、汪守金、金晓玲、钟永光、李巧凤：《基于用户年龄的微博信息分享行为研究》，《情报杂志》2012 年第 11 期，第 14 ~ 18 页。

[1786] 彭希羡、冯祝斌、孙霄凌、朱庆华：《微博用户持续使用意向的理论模型及实证研究》，《现代图书情报技术》2012 年第 11 期，第 78 ~ 85 页。

[1787] 吴杰：《“走转改”中微传播的正能量》，《东南传播》2012 年第 11 期，第 93 ~ 95 页。

[1788] 杨雪莲：《微博中的“公共领域”——对隐秘传播的误解》，《东南传播》2012 年第 11 期，第 98 ~ 99 页。

[1789] 张海燕、袁芬、王焕景：《从微博应用调查看大学生媒体素养》，《东南传播》2012 年第 11 期，第 124 ~ 126 页。

[1790] 卫金桂、王绍兰：《微博对中国官员队伍的影响》，《新闻前哨》2012 年第 11 期，第 86 ~ 88 页。

[1791] 李琦、梁晓莹：《伦敦奥运体育明星的微博效应——从射击选手喻丹假微博事件说起》，《新闻前哨》2012 年第 11 期，第 67 ~ 69 页。

[1792] 周婉、陈伟：《微博语篇语码转换的顺应性分析》，《新闻前哨》2012 年第 11 期，第 64 ~ 66、69 页。

[1793] 颜林翩、曲明鑫：《我国微博文学的把关和管理》，《湖北经济学院学报》（人文社会科学版）2012 年第 11 期，第 100 ~ 101 页。

[1794] 夏阳：《浅谈微博时代保险文化的传播》，《上海保险》2012 年第 11 期，第 53 ~ 55 页。

[1795] 刘亚倩：《政务微博的影响力研究——以“南京发布”为例》，《新闻世界》2012 年第 11 期，第 124 ~ 126 页。

[1796] 廖建国、李晓蔚：《从角色理论看记者微博的身份定位》，《编辑之友》2012 年第 11 期，第 57 ~ 59 页。

[1797] 刘红斌：《微博对高校思想政治教育工作的影响探析》，《教育探索》2012 年第 11 期，第 130 ~ 131 页。

[1798] 陈黎：《微博问政视野下公民政治参与权的发展与挑战》，《赤峰学院学报》（汉文

哲学社会科学版）2012 年第 11 期，第 53 ~ 55 页。

［1799］杨煜：《微博问政兴起背景下构建政民微博对话机制初探》，《经济与社会发展》2012 年第 11 期，第 48 ~ 52 页。

［1800］苏永华：《微博对大学生思想政治教育的影响及其对策》，《现代交际》2012 年第 11 期，第 148 ~ 150 页。

［1801］李博翔：《微博与大学生思想政治教育研究综述》，《黑河学刊》2012 年第 11 期，第 141 ~ 142 页。

［1802］冯宇乐：《易读性测量在微博新闻报道中的运用——以新浪微博“头条新闻”的“毒胶囊”报道为例》，《东南传播》2012 年第 11 期，第 89 ~ 92 页。

［1803］方胜：《传统媒体与微博关系研究综述》，《新闻前哨》2012 年第 11 期，第 23 ~ 25 页。

［1804］周晓虹：《官员微博的民间效应》，《新闻知识》2012 年第 11 期，第 52 ~ 53、35 页。

［1805］陈琰：《记者微博在微博谣言传播中的作用建构分析》，《新闻传播》2012 年第 11 期，第 193 ~ 194 页。

［1806］曹燕宁：《微博与高校思想政治教育新路径》，《常熟理工学院学报》2012 年第 11 期，第 48 ~ 51 页。

［1807］汪洋、帅建梅、陈志刚：《基于海量信息过滤的微博热词抽取方法》，《计算机系统应用》2012 年第 11 期，第 131 ~ 136 页。

［1808］李卓：《微博：喧哗的失语者——微博文化生态批评》，《传媒观察》2012 年第 11 期，第 14 ~ 16 页。

［1809］吴小坤、李佳运：《国外机构和组织借助新浪微博对华传播的样态探析》，《对外传播》2012 年第 11 期，第 47 ~ 49 页。

［1810］牛雪：《微博的功能浅析》，《新闻世界》2012 年第 11 期，第 72 ~ 73 页。

［1811］姜巍：《微博时代政府舆论管理创新研究》，《今传媒》2012 年第 11 期，第 19 ~ 20 页。

［1812］荆丽娜：《新闻类周刊微博应用探析——以〈新周刊〉〈三联生活周刊〉等为例》，《新闻世界》2012 年第 11 期，第 126 ~ 128 页。

［1813］汤嘉琛：《政务微博的“新群众路线”》，《中国报道》2012 年第 11 期，第 42 ~ 43 页。

［1814］魏俞满：《浅析政治微博对民主政治发展的影响》，《长春理工大学学报》（社会科学版）2012 年第 11 期，第 15 ~ 16、32 页。

［1815］侯磊：《对〈人民日报〉官方微博的观察与分析》，《军事记者》2012 年第 11 期，第 54 ~ 55 页。

［1816］陈新宇：《微博语言暴力的类型及其影响》，《新闻世界》2012 年第 11 期，第 85 ~ 86 页。

［1817］聂松竹：《微博在高校思想政治教育工作中的应用研究》，《边疆经济与文化》2012 年第 11 期，第 94 ~ 95 页。

［1818］贾亚君：《基于 SWOT 的微博时代大学生理想信念教育策略探讨》，《继续教育研究》2012 年第 11 期，第 121 ~ 123 页。

[1819] 周杨、张会平：《基于群体分类的微博用户公共情绪偏好实证研究》，《情报探索》2012 年第 11 期，第 4 ~ 6 页。

[1820] 金烨琛：《微博在高校图书馆信息服务中的应用——以常熟理工学院为例》，《常熟理工学院学报》2012 年第 11 期，第 110 ~ 112 页。

[1821] 蔡德聪、刘素华：《“网络实名制”与网络不良信息治理》，《中国行政管理》2012 年第 11 期，第 68 ~ 71 页。

[1822] 李南：《直播真情实感　释放网络正能量——郭明义微博透析》，《中国记者》2012 年第 11 期，第 25 ~ 27 页。

[1823] 胡瑞：《微博客在图书馆中的应用探讨》，《科技情报开发与经济》2012 年第 11 期，第 31 ~ 33 页。

[1824] 张真弼：《微博议政趋利避害重在引导管理》，《中外企业家》2012 年第 11 期，第 160 ~ 162 页。

[1825] 黄庆丰：《微博公文对传统文书学的挑战》，《新闻爱好者》2012 年第 11 期，第 45 ~ 46 页。

[1826] 王筱李：《微博问政视野下网民政治效能感的培养》，《新闻爱好者》2012 年第 11 期，第 11 ~ 12 页。

[1827] 司维：《略论微博对舆论生态的重塑功能》，《新闻爱好者》2012 年第 11 期，第 3 ~ 4 页。

[1828] 马自泉：《微博舆论与社会公共管理研究》，《现代商贸工业》2012 年第 11 期，第 154 ~ 155 页。

[1829] 张傅茵：《国内外图书馆微博应用状况及其启示》，《中国科技信息》2012 年第 11 期，第 203 ~ 204 页。

[1830] 王林枫：《政务微博发布的新闻消息的语篇特点研究》，《赤峰学院学报》（汉文哲学社会科学版）2012 年第 11 期，第 150 ~ 153 页。

[1831] 朱琳：《上海政务微博“@上海发布”的发展研究》，《电子政务》2012 年第 11 期，第 13 ~ 22 页。

[1832] 张谦：《浅谈“政务微博”》，《新闻传播》2012 年第 11 期，第 56 页。

[1833] 车宁、李玉生：《商业银行微博营销运行评价和策略探索》，《农村金融研究》2012 年第 11 期，第 34 ~ 37 页。

[1834] 周映萍、刘俊：《微博对大学生党团先进性教育工作的挑战与对策》，《重庆科技学院学报》（社会科学版）2012 年第 11 期，第 154 ~ 156 页。

[1835] 陈潭：《网络时代的微博问政》，《南京社会科学》2012 年第 11 期，第 91 ~ 96 页。

[1836] 章莉波：《推进政务微博发展的建议对策》，《中国科技信息》2012 年第 11 期，第 205 页。

[1837] 谢耘耕、徐颖、刘锐、万旋傲、荣婷、王平、王理：《我国政务微博的现状问题与相关建议》，《科学发展》2012 年第 11 期，第 46 ~ 50 页。

第 12 期

[1838] 刘太如、朱林辉：《借助开源微博搭建区域“智慧传递”平台》，《中国教育信息

化》2012 年第 12 期，第 71 ~ 75 页。

[1839] 孙朝、万远英：《关于微博在构建和谐社会中的思考》，《中国报业》2012 年第 12 期，第 186 ~ 187 页。

[1840] 刺啸媛：《“微博问政”背后的伦理阐释》，《传承》2012 年第 12 期，第 94 ~ 95 页。

[1841] 孙媛、李玉迪：《新浪体育微博客现状研究与分析》，《现代营销》（学苑版）2012 年第 12 期，第 235 页。

[1842] 杨清波、黄英霏：《微传播时代的网络信息窄化解析》，《新闻研究导刊》2012 年第 12 期，第 38 ~ 42 页。

[1843] 孙乃利、王玉龙、沈奇威：《微博客意见领袖识别的研究》，《电信技术》2012 年第 12 期，第 78 ~ 80 页。

[1844] 郑志娴：《微博个性化内容推荐算法研究》，《电脑开发与应用》2012 年第 12 期，第 23 ~ 25 页。

[1845] 廖云茜：《微博在高校突发事件中信息传播的作用与管理》，《赤峰学院学报》（自然科学版）2012 年第 12 期，第 38 ~ 40 页。

[1846] 许庆平：《论微博在社会生活中的利与弊》，《中国传媒科技》2012 年第 12 期，第 142 ~ 143 页。

[1847] 蹇莉：《传统主流媒体引导微博舆论的策略初探》，《新闻研究导刊》2012 年第 12 期，第 43 ~ 45 页。

[1848] 滕善洋：《微博：新时期创新党委信息工作的理想选择》，《办公室业务》2012 年第 12 期，第 46 ~ 47 页。

[1849] 卢永春：《微平台——网络反腐利刃》，《新闻战线》2012 年第 12 期，第 76 页。

[1850] 常阵卿：《微博操控现象论析——以新浪微博为例》，《东南传播》2012 年第 12 期，第 110 ~ 111 页。

[1851] 方若霖：《微博视角下表达自由与名誉权之间的冲突》，《中国报业》2012 年第 12 期，第 165 ~ 167 页。

[1852] 张航：《大学生高频率转发微博的行为分析与思考》，《经济研究导刊》2012 年第 12 期，第 286 ~ 287 页。

[1853] 傅文仁、颜陈、盛小航：《官员微博：从“裸靶”到“火把”》，《新闻前哨》2012 年第 12 期，第 90 ~ 92 页。

[1854] 潘多拉：《医院官方微博的“三要三不要”》，《中国卫生人才》2012 年第 12 期，第 17 页。

[1855] 施萍萍：《浅谈微博对“90 后”大学生的促进作用》，《成功》（教育）2012 年第 12 期，第 42 页。

[1856] 唐逸如：《微博时代的非典型拆迁——常州钱家塘 13 号拆迁事件调查》，《社会观察》2012 年第 12 期，第 42 ~ 45 页。

[1857] 熊兴保：《微博：已经改变生活，正在改变世界》，《中国记者》2012 年第 12 期，第 39 ~ 40 页。

[1858] 玄玉：《大学生微博道德失范现象之我见》，《今传媒》2012 年第 12 期，第 56 ~ 57 页。

[1859] 钱增：《报纸网站与微博热点新闻比较》，《新闻实践》2012 年第 12 期，第 32 ~ 34 页。
[1860] 王莹莉、张敏：《国内微博研究现状综述》，《图书馆学研究》2012 年第 12 期，第 2 ~ 8、15 页。
[1861] 王勃然、赵雯：《活动理论视角下微博用于大学英语写作的效应分析》，《教育学术月刊》2012 年第 12 期，第 93 ~ 95 页。
[1862] 许建萍：《微时代高校思想政治教育创新探索——以福建师范大学“五微五阵地”微博体系建设为例》，《湖北科技学院学报》2012 年第 12 期，第 223 ~ 224 页。
[1863] 向翠林、周萍、刘青：《微博环境下的高校网络舆论引导困境及策略》，《职业时空》2012 年第 12 期，第 58 ~ 59、62 页。
[1864] 胡泳：《中国式微博的创新》，《IT 经理世界》2012 年第 12 期，第 26 页。
[1865] 青玮：《人大微博该干点啥》，《上海人大月刊》2012 年第 12 期，第 48 页。
[1866] 倪洋军：《“大事微直播”让政务直通网民》，《中国监察》2012 年第 12 期，第 38 页。
[1867] 童薇、陈威、孟小峰：《EDM：高效的微博事件检测算法》，《计算机科学与探索》2012 年第 12 期，第 1076 ~ 1086 页。
[1868] 陈晓雪：《政务微博：执政为民的新路径》，《党政干部论坛》2012 年第 12 期，第 33 ~ 34 页。
[1869] 李建军：《当前政务微博的发展现状及对策》，《东南传播》2012 年第 12 期，第 52 ~ 53 页。
[1870] 向建、吴江：《服务型政府构建路径之探——来自重庆政务微博的例证》，《领导科学》2012 年第 12 期，第 4 ~ 6 页。
[1871] 谈伟：《政务微博提高社会关注度的方法与技巧》，《领导科学》2012 年第 12 期，第 11 ~ 12 页。
[1872] 吴雯：《地方政府形象“微”传播的困惑及思考——以浙江金华市政务微博为例》，《东南传播》2012 年第 12 期，第 54 ~ 56 页。
[1873] 毕秋敏、曾志勇：《优秀政务微博应用特征研究》，《商业经济》2012 年第 12 期，第 54 ~ 55、58 页。
[1874] 杜秀宗：《微博背景下的高校多校区校园文化建设浅析》，《湖北科技学院学报》2012 年第 12 期，第 243 ~ 244 页。
[1875] 刘雪飞：《微博同广电节目结合发展的未来研究》，《现代交际》（学术版）2012 年第 12 期，第 132 ~ 132 页。
[1876] 王延隆、蒋楠：《新媒体时代浙江青年价值观问题探讨——以微博为例》，《观察与思考》2012 年第 12 期，第 47 ~ 51 页。
[1877] 丁可：《“微博”之力不微薄——微博时代，大学生思想政治教育工作的新契机》，《今日中国论坛》2012 年第 12 期，第 22、24 页。
[1878] 黄莉：《关于增强高校辅导员博客、微博影响力的理性思考》，《剑南文学》（经典教苑）2012 年第 12 期，第 362 页。
[1879] 曾艳：《微博问政的规范化初探》，《湘潮》（下半月）2012 年第 12 期，第 51 页。

［1880］王璐：《微博谣言中“塔西佗陷阱”的“公众总不信”表现及应对——由“总参一姐”微博走红说起》，《东南传播》2012 年第 12 期，第 81～82 页。

［1881］汤兆武：《自媒体环境下领导干部媒介素养的局限、原因与对策》，《中国广播电视学刊》2012 年第 12 期，第 62～64 页。

［1882］熊磊：《微博传播的影响力及其发展解析》，《文学界》（理论版）2012 年第 12 期，第 371～372 页。

［1883］张岑岑：《微言大义抑或话语狂欢——从微博现象看参与式文化对社会的影响》，《青年记者》2012 年第 12 期，第 82～83 页。

［1884］罗楠：《微博实名制之思》，《学理论》2012 年第 12 期，第 117～119 页。

［1885］胡小妮、宋艳、杨永生、蒲利荣：《气象信息传播的新平台——微博初探》，《北京农业》2012 年第 12 期，第 220～221 页。

［1886］肖文峰：《基于微博的企业客户互动系统的设计》，《中国管理信息化》2012 年第 24 期，第 44～46 页。

［1887］马少华：《对一场关于微博说理功能的论争的分析》，《国际新闻界》2012 年第 12 期，第 25～31 页。

［1888］张征、张玉荣：《透视藏族青年汉语微博热》，《国际新闻界》2012 年第 12 期，第 92～100 页。

［1889］李勇、程前：《微博语境下我国公民社会构建的现实困境》，《东南传播》2012 年第 12 期，第 48～51 页。

［1890］卢鑫：《微博时代我国公民记者的发展》，《东南传播》2012 年第 12 期，第 112～114 页。

［1891］李伟娜：《群体心理与新浪微博的品牌传播》，《东南传播》2012 年第 12 期，第 133～134 页。

［1892］李辉：《微博在图书馆读者服务工作中的应用》，《计算机时代》2012 年第 12 期，第 19～20 页。

［1893］王树峰、宋雪：《微博媒介议程设置研究的新思路——以新浪微博为例》，《记者摇篮》2012 年第 12 期，第 46～47 页。

［1894］陈峻俊、邹慧霞：《新媒体视野下新闻写作微博教学初探》，《新闻知识》2012 年第 12 期，第 74～75 页。

［1895］吴一鸣、谢菁、马虹哲：《基于 Android 的电力微博舆情监控系统设计与实现》，《电力信息化》2012 年第 12 期，第 40～43 页。

［1896］师岚：《微博舆论的传播特点与引导》，《新闻传播》2012 年第 12 期，第 183～184、186 页。

［1897］白雨竹：《美国驻华大使馆官方微博对国家形象传播的启示》，《新闻传播》2012 年第 12 期，第 226～227 页。

［1898］徐晶：《微博文化背景下思想政治工作面临的新挑战》，《吉林工程技术师范学院学报》2012 年第 12 期，第 27～28 页。

［1899］周伟琪：《浅析微博与电台的融合》，《中国广播》2012 年第 12 期，第 49～51 页。

［1900］李丹：《浅析微博问政在党的执政能力建设中的二重性作用》，《山西高等学校社会

科学学报》2012 年第 12 期，第 20～23 页。
[1901] 柳忠实：《微博时代的纸媒应对》，《记者摇篮》2012 年第 12 期，第 43～44 页。
[1902] 赵婷婷：《微博舆论与国家认同的建构——以“中菲黄岩岛之争”微博舆论为研究视角》，《东南传播》2012 年第 12 期，第 45～47 页。
[1903] 张薇薇：《“微博暴力”中的伦理道德审视——以“微博抗癌女孩鲁若晴事件”为例》，《东南传播》2012 年第 12 期，第 86～87 页。
[1904] 谭雪芳：《传播学视阈下微博文学研究》，《福建论坛》（人文社会科学版）2012 年第 12 期，第 112～116 页。
[1905] 赵鸿燕、徐扬：《西方政治微博传播研究述评》，《现代传播》（中国传媒大学学报）2012 年第 12 期，第 149～150 页。
[1906] 胡沈明、赵振宇：《微博表达：意见与关系的重构》，《国际新闻界》2012 年第 12 期，第 19～24 页。
[1907] 钟之静：《微博环境下的高校宣传工作创新策略》，《新闻世界》2012 年第 12 期，第 89～90 页。
[1908] 胡冬华：《微博如何传播正能量》，《新闻世界》2012 年第 12 期，第 101～102 页。
[1909] 费蓉：《“微时代”的“微侵权”探析》，《今传媒》2012 年第 12 期，第 24～27 页。
[1910] 齐璐璐、李锋、刘嫣：《试论微博客时代医方话语权的回归》，《中国医院管理》2012 年第 12 期，第 48～50 页。
[1911] 黄慧：《微博时代城市治理中的公民参与研究——基于利益相关者视角》，《今日中国论坛》2012 年第 12 期，第 8～9 页。
[1912] 朱豆豆：《浅谈企业的微博营销》，《新闻世界》2012 年第 12 期，第 129～130 页。
[1913] 张妮：《微博客就在我们身边——对微博的传播学思考》，《剑南文学》（经典教苑）2012 年第 12 期，第 274～275 页。
[1914] 黄祥军：《传统媒体的微博之路——以天津电视台都市频道新闻节目为例》，《当代电视》2012 年第 12 期，第 80～81 页。
[1915] 朱勇国、张楠：《用微博塑造雇主品牌》，《中国劳动》2012 年第 12 期，第 43～44 页。
[1916] 张春果、杨剑锋：《微博新闻社会救助功能探析》，《现代交际》2012 年第 12 期，第 133～134 页。
[1917] 赵艳梅、夏彩云：《企业微博营销的 SWOT 分析及策略研究》，《企业活力》2012 年第 12 期，第 42～46 页。
[1918] 汪吉庶：《微博反腐，“人民”再现》，《新产经》2012 年第 12 期，第 16～17 页。
[1919] 杜雪娇：《微博对高校思想政治教育工作的挑战及相应对策》，《吉林广播电视大学学报》2012 年第 12 期，第 106、111 页。
[1920] 聂松竹：《“微博时代”高校思想政治教育工作的挑战与对策》，《湖北经济学院学报》（人文社会科学版）2012 年第 12 期，第 168～169 页。
[1921] 张淑华、徐艳：《微博在突发事件中的“扩音效用”的理论探析》，《媒体时代》2012 年第 12 期，第 32～34 页。
[1922] 崔凤玲：《面对“微语言”我们该有的态度》，《新闻传播》2012 年第 12 期，第

187～189页。

[1923] 何方：《发掘旅游微博的“微力”》，《企业改革与管理》2012年第12期，第74～75页。

[1924] 周嵛、陈芸：《网络媒体对传统媒体的冲击——以微博为例》，《新闻前哨》2012年第12期，第94～95页。

[1925] 崔博：《以微博助力报纸创新发展》，《记者摇篮》2012年第12期，第42～43页。

[1926] 曾秋霞、任俊伟：《微博在大学英语分级教学中的应用》，《英语广场》（学术研究）2012年第12期，第59～60页。

[1927] 陈赞琴：《浅论微博在突发事件中的作用》，《新闻世界》2012年第12期，第113～114页。

[1928] 郑来：《公共空间下的微博言语探究》，《新闻知识》2012年第12期，第62～63、84页。

[1929] 赵淼、孙亚靖：《公共事件传播中的微博参与情况探析——基于新浪财经“315微博投诉”案例的量化研究》，《东南传播》2012年第12期，第33～36页。

[1930] 王连喜、蒋盛益、庞观松、吴美玲：《微博用户关系挖掘研究综述》，《情报杂志》2012年第12期，第91～97、57页。

[1931] 张自立、姜明辉：《社会媒体用户对谣言关注度的实证研究》，《情报杂志》2012年第12期，第81～85页。

[1932] 马文娟：《教育技术学视野下微博的职业教育应用探析》，《成人教育》2012年第12期，第81～82页。

[1933] 盛宇：《微博特定领域用户外在特征研究——以新浪微博学术类用户为例》，《情报杂志》2012年第12期，第98～103页。

[1934] 李梓镒、肖建春：《从“百姓”到“公民”——浅谈网络时代大众话语地位的转变》，《新闻世界》2012年第12期，第91～92页。

[1935] 汪青云、刘玥琪：《突发事件环境下政务微博的政府形象修复策略探究》，《新闻知识》2012年第12期，第12～14页。

[1936] 王德仁：《官方微博，你的温度和态度决定运营　写在钱江晚报官微跨越200万之际》，《新闻实践》2012年第12期，第25～29页。

[1937] 杨玮：《浅议微博环境下的议程设置》，《今传媒》2012年第12期，第116～117页。

[1938] 李晓军：《浅谈微博的传播力和影响力》，《新闻世界》2012年第12期，第111～112页。

[1939] 李国敏：《政务微博步入集群化、创新化、多元化》，《新闻世界》2012年第12期，第1页。

[1940] 阮滢：《传统媒体微博的管理风险及运营策略》，《今传媒》2012年第12期，第67～68页。

[1941] 王娟娟：《微博言论的自由与规制》，《法学杂志》2012年第12期，第73～77页。

[1942] 李卫中：《从语言信息传播效果的角度看政务微博》，《社科纵横》2012年第12期，第123～125页。

[1943] 张爱军、张广鑫：《微博政治功能初探》，《自然辩证法研究》2012年第12期，第

55～61页。
［1944］卞清：《从“职业新闻人”到“在线行动者”：记者微博的中国场景》，《现代传播》（中国传媒大学学报）2012年第12期，第61～64页。
［1945］容春琳：《简述微博在公共图书馆中的社会效用——从“杭州图书馆微博事件”说开去》，《图书馆工作与研究》2012年第12期，第4～7页。
［1946］刘琨瑛：《微博时代体育明星网络危机公关策略探析——以“我女儿是彭帅”事件为例》，《暨南学报》（哲学社会科学版）2012年第12期，第148～157页。
［1947］赵春丽：《微博政治参与的民主作用及其优化路径》，《理论导刊》2012年第12期，第22～25页。
［1948］范久红：《体育微博在体育赛事传播中的特点》，《今传媒》2012年第12期，第104～105页。
［1949］陈映雪、甄峰、王波、邹伟：《基于微博平台的中国城市网络信息不对称关系研究》，《地球科学进展》2012年第12期，第1353～1362页。
［1950］郭明：《微博网络营销对国际贸易的影响及对策》，《对外经贸》2012年第12期，第32～34页。
［1951］赵鸿燕、李金慧：《西方政务微博的应用现状与管理对策》，《中国记者》2012年第12期，第114～115页。
［1952］魏加晓：《基于微博平台的公益传播研究》，《东南传播》2012年第12期，第57～59页。
［1953］方胜、赵璐：《传统媒体与微博关系研究综述》，《东南传播》2012年第12期，第96～98页。
［1954］侯云龙：《互联网“微”时代乱象待整治》，《中国广播》2012年第12期，第89～90页。
［1955］王丽娜：《微博对大学生思想行为的影响调查及对策分析》，《新闻传播》2012年第12期，第181～182页。
［1956］杨杰、詹雯：《微博时代广播的自我救赎》，《中国广播》2012年第12期，第59～61页。
［1957］王莉：《微博新媒体平台上的高校思想政治教育探析》，《科教导刊》（上旬刊）2012年第12期，第10～11页。
［1958］石大东：《在路上时，我在微博上》，《中国记者》2012年第12期，第42～43页。
［1959］齐冬梅：《论政务微博的效用发挥与风险控制》，《领导科学》2012年第12期，第9～10页。
［1960］苏江丽：《构建我国微博问政长效机制的难点和对策》，《湖北广播电视大学学报》2012年第12期，第66～67页。
［1961］黄波：《构建电子警务工作模式　打造服务型公安机关》，《电子政务》2012年第12期，第47～53页。
［1962］马秀清：《微博传播力对当代社会的作用探讨》，《中国传媒科技》2012年第12期，第143～144页。
［1963］康菊霜：《娱乐化背景下微博的舆论监督功能》，《青年记者》2012年第12期，第

86～87页。

[1964] 陈珍：《微博传播对交流方式与行动方式的影响》，《电子制作》2012年第12期，第136页。

第13期

[1965] 丁陈锋：《新闻人须提防“微博暴力”》，《青年记者》2012年第13期，第52～53页。

[1966] 石桂珍、王英哲、张景生：《高校图书馆微博现状调查分析及应用探讨》，《电子世界》2012年第13期，第116～117页。

[1967] 郭倩：《新媒体环境下微博与报纸的互动——以〈成都商报〉为例》，《群文天地》2012年第13期，第124、126页。

[1968] 邓敏：《微博在大学生思想政治教育中的应用研究》，《学理论》2012年第13期，第275～276页。

[1969] 申克：《政务微博走近公路》，《中国公路》2012年第13期，第30～32页。

[1970] 邬骏跃：《微博时代　学会设置议程——由政务微博感网络政务》，《宁波通讯》2012年第13期，第50～52页。

[1971] 李新伟、朱玉飞、王春玲：《高校应对微博公共事件舆情的策略研究》，《思想理论教育》2012年第13期，第73～77页。

[1972] 屈涛：《微博与大学生思想政治教育理念和方法的创新》，《思想理论教育》2012年第13期，第78～82页。

[1973] 王璐：《微博时代下政府辟谣之道——基于对2011年微博谣言的调查分析》，《新闻界》2012年第13期，第46～51页。

[1974] 庞磊、李寿山、周国栋：《基于情绪知识的中文微博情感分类方法》，《计算机工程》2012年第13期，第156～158、162页。

[1975] 杨琳、龚惠玲、陈朝晖、李武、田蕊：《图书馆科学文化微博传播模式研究——中国科学院国家科学图书馆的探索和思考》，《图书情报工作》2012年第13期，第74～78页。

[1976] 王娟、王钰：《中国政务微博发展初探》，《新闻爱好者》2012年第13期，第10～12页。

[1977] 雷建树：《微媒体时代科技媒体应对科学谣言的策略》，《新闻爱好者》2012年第13期，第23～24页。

[1978] 谢丁：《细致入“微”方能“博”得人心》，《中国公路》2012年第13期，第28～29页。

[1979] 昊添：《方兴未艾的“微博问政”》，《走向世界》2012年第13期，第96～99页。

[1980] 杨鹤：《微博开创媒体“微”时代》，《科技风》2012年第13期，第229页。

[1981] 陆银辉、鲁建军：《微承诺：自媒体时代基层党组织和党员创先争优的新路径》，《宁波通讯》2012年第13期，第60～61页。

[1982] 乔丽萍：《3G时代微博平台在高校就业指导工作中的应用探索》，《商》2012年第13期，第243页。

[1983] 殷俊、何芳：《略论微博对我国社会舆论生态的塑造》，《新闻爱好者》2012 年第 13 期，第 6～8 页。
[1984] 范劼：《微博在广播新闻节目中的应用》，《新闻爱好者》2012 年第 13 期，第 52～53 页。
[1985] 庞航宇：《实名制：应对不负责任的微博舆论场》，《科技传播》2012 年第 13 期，第 18～19 页。
[1986] 昊锦：《小微博，大力量》，《走向世界》2012 年第 13 期，第 92～95 页。
[1987] 沧海、桂荣：《微博改变了我们》，《电脑爱好者》2012 年第 13 期，第 13～16 页。
[1988] 韩红星、廖宇：《出版微博营销策略浅析》，《中国出版》2012 年第 13 期，第 40～44 页。

第 14 期

[1989] 徐丽红：《微博在高校思想政治教育中的应用》，《安徽农学通报》（下半月刊）2012 年第 14 期，第 192～193 页。
[1990] 董俊良：《微博假新闻规避策略探讨》，《中国报业》2012 年第 14 期，第 170～171 页。
[1991] 喻国明：《微博影响力的形成机制与社会价值》，《新湘评论》2012 年第 14 期，第 11～12 页。
[1992] 周乾宪：《突发公共事件网络舆情的生成机制——以“武汉水污染事件”为例》，《新闻爱好者》2012 年第 14 期，第 17～18 页。
[1993] 党琳琳：《微博环境下的高校和谐校园文化建设》，《知识经济》2012 年第 14 期，第 171～172 页。
[1994] 张悦：《关于辅导员微博在高校思想政治教育工作中的应用》，《中国报业》2012 年第 14 期，第 247～248 页。
[1995] 闫艳：《突出微博价值　加强环保宣传》，《中国传媒科技》2012 年第 14 期，第 140～141 页。
[1996] 周阳：《微博公众人物的伦理责任探析》，《领导科学》2012 年第 14 期，第 8～10 页。
[1997] 武雪周：《探析微博在高校辅导员工作中的作用》，《中国市场》2012 年第 14 期，第 120～121 页。
[1998] 孟颖：《略论微博在突发事件中的应用》，《中国市场》2012 年第 14 期，第 122～123 页。
[1999] 徐丹：《中国微博上的国际面孔》，《新湘评论》2012 年第 14 期，第 19～20 页。
[2000] 马秀清：《出版机构微博宣传表现形式分析——以广西师大理想国新浪微博为例》，《中国传媒科技》2012 年第 14 期，第 145～146 页。
[2001] 张琛：《全民微博时代的博物馆微博营销》，《中国经贸》2012 年第 14 期，第 73～73 页。
[2002] 曾琦：《基于微博的图书馆资源推荐系统设计》，《图书馆学研究》2012 年第 14 期，

第 25 ~ 28 页。

[2003] 盛宇:《基于微博的学术信息交流机制研究——以新浪微博为例》,《图书情报工作》2012 年第 14 期, 第 62 ~ 66 页。

[2004] 费丹丹、肖宁:《微博话语主体心理版图考察》,《青年记者》2012 年第 14 期, 第 74 ~ 75 页。

[2005] 郭益盈、吴维库:《微博危机管理中的领导力》,《领导科学》2012 年第 14 期, 第 32 ~ 34 页。

[2006] 杨毅、李家鼎:《微博: 繁荣背后危机重重》,《青年记者》2012 年第 14 期, 第 77 ~ 78 页。

[2007] 松姗:《综合档案馆政务微博现状分析与建议》,《兰台世界》2012 年第 14 期, 第 21 ~ 22 页。

[2008] 顾丰、张积勇、刘越:《微博对大学生思想政治教育的影响分析》,《学校党建与思想教育》2012 年第 14 期, 第 93 ~ 94 页。

[2009] 晁姝蝶:《名人微博影响力探析——以姚晨微博为例》,《青年记者》2012 年第 14 期, 第 72 ~ 73 页。

[2010] 李恺兰:《中国微博研究现状的实证研究》,《青年记者》2012 年第 14 期, 第 75 ~ 76 页。

[2011] 张荣光:《微博问政的 SWOT 分析及应对策略》,《法制与社会》2012 年第 14 期, 第 182 ~ 183 页。

[2012] 肖娟:《我国微博发展现状分析及管理》,《电子世界》2012 年第 14 期, 第 128 ~ 129 页。

[2013] 王静:《浅议我国微博的现状及未来发展趋势》,《全国商情》(理论研究) 2012 年第 14 期, 第 93 ~ 94 页。

[2014] 韩春秒、李丽英:《困扰地市报微博发展的基本问题及策略探讨》,《中国报业》2012 年第 14 期, 第 43 ~ 44 页。

[2015] 杨会:《微博小说及其出版前景》,《中国出版》2012 年第 14 期, 第 53 ~ 55 页。

[2016] 杨锐、夏红:《微博时代背景下的高校校园文化建设》,《中国传媒科技》2012 年第 14 期, 第 139 ~ 140 页。

[2017] 朱海波:《微博对大学生社会舆情的影响力研究》,《赤峰学院学报》(自然科学版) 2012 年第 14 期, 第 251 ~ 252 页。

[2018] 元溪:《微博实名制革命》,《现代商业》2012 年第 14 期, 第 10 ~ 12 页。

[2019] 嵇棂:《浅析微博在大学教育中的应用》,《科技资讯》2012 年第 14 期, 第 206 页。

[2020] 党文民:《"微时代" 传统媒体的变革与坚守》,《新闻爱好者》2012 年第 14 期, 第 85 ~ 86 页。

[2021] 赵洪芳、李滨春:《浅析微博营销现状及发展对策》,《时代经贸》2012 年第 14 期, 第 151 ~ 152 页。

第 15 期

[2022] 李晓媚:《微博时代传统媒体如何表达》,《科技传播》2012 年第 15 期, 第 12 ~

13 页。
[2023] 张诗悦：《微博的特性及其舆论监督功能分析》，《群文天地》2012 年第 15 期，第 282 页。
[2024] 杨春霞、胡丹婷、胡森：《微博病毒传播模型研究》，《计算机工程》2012 年第 15 期，第 100 ~ 103 页。
[2025] 李华：《微博问政的可行性研究——探索打造交流互动型政府新方式》，《学理论》2012 年第 15 期，第 77 ~ 78 页。
[2026] 范贞洪、毛伟军：《善用微博扩大纸媒影响力——兼谈媒体从业者如何织“围脖”》，《青年记者》2012 年第 15 期，第 41 ~ 42 页。
[2027] 欧阳龙辉、黄德藩、骆汉彬、陈琳、董予婧：《基于互联网的政治沟通机制的创新研究——以“官员微博”为个案》，《学理论》2012 年第 15 期，第 30 ~ 32 页。
[2028] 张军芳、张晨阳：《微博环境下的媒介素养教育：现实关怀与理论观照》，《中国成人教育》2012 年第 15 期，第 5 ~ 7 页。
[2029] 朱荣静：《论组织微博宣传策略》，《企业科技与发展》2012 年第 15 期，第 171 ~ 173 页。
[2030] 文艳：《“微博问政”现状分析及对策研究》，《中国电力教育》2012 年第 15 期，第 97 ~ 98、116 页。
[2031] 叶萍：《“微博时代”传统媒体提升影响力探析》，《青年记者》2012 年第 15 期，第 43 ~ 44 页。
[2032] 刘洪、赵步阳：《微时代背景下大学语文教材建设的思考》，《淮海工学院学报》（人文社会科学版）2012 年第 15 期，第 69 ~ 71 页。
[2033] 于瑞华：《基于 WEB2.0 的电影营销策略研究》，《电影文学》2012 年第 15 期，第 18 ~ 19 页。
[2034] 康秀云：《大学生公民参与的微博路径及教育引导》，《思想理论教育》2012 年第 15 期，第 68 ~ 71 页。
[2035] 陈少波：《当谣言邂逅微博、是自净还是泛滥——自媒体环境下微博谣言的传播学分析及辟谣方略》，《新闻界》2012 年第 15 期，第 50 ~ 53 页。
[2036] 徐炜炜：《政治微博对大学生政治社会化的双重效应及策略研究》，《思想理论教育》2012 年第 15 期，第 72 ~ 75 页。
[2037] 朱俊卿、张宗华：《微博服务在高校图书馆的实践与探索》，《中国现代教育装备》2012 年第 15 期，第 72 ~ 75 页。
[2038] 桂昱：《微博名誉侵权问题研究》，《知识经济》2012 年第 15 期，第 41 ~ 42 页。
[2039] 郭晓云：《基于 Python 和 Selenium 的新浪微博数据访问》，《电脑编程技巧与维护》2012 年第 15 期，第 21 ~ 23 页。
[2040] 蔡屏：《论高校图书馆微博定位及功能》，《图书情报工作》2012 年第 15 期，第 61 ~ 64、71 页。
[2041] 何芳：《试论政务微博对政府形象的提升》，《新闻爱好者》2012 年第 15 期，第 19 ~ 20 页。
[2042] 付立波：《微博问政与创新社会管理》，《现代经济信息》2012 年第 15 期，第

219 页。

［2043］刘晓艳：《灾情报道中网络微博传播对传统纸媒的影响——以 7 月 22 日至 7 月 29 日《城市快报》报道为例》，《科技风》2012 年第 15 期，第 208 页。

［2044］潘丽娜：《微博的隐性思想政治教育功能分析》，《河南科技》2012 年第 15 期，第 37～38 页。

［2045］刘志强：《微博侵权亟待法律制度监管》，《中国政协》2012 年第 15 期，第 31～31 页。

第 16 期

［2046］林沛、张成文、张会凌：《后博客时代微博异构在高校在线答疑教学平台中的应用》，《甘肃科技》2012 年第 16 期，第 17～18、27 页。

［2047］张咪咪：《"微时代"下高校思想政治教育的现状与不足》，《成功》（教育）2012 年第 16 期，第 244、288 页。

［2048］叶楠：《创新社会管理——"微博问政"探析》，《传承》2012 年第 16 期，第 80～81 页。

［2049］林叶：《试论微博时代大学生创业的信息指导和获取》，《中国报业》2012 年第 16 期，第 139～140 页。

［2050］刘文迪：《论微博的分享精神》，《中国传媒科技》2012 年第 16 期，第 101～102 页。

［2051］李聪颖、赵敏：《民生新闻用微博要有度》，《中国传媒科技》2012 年第 16 期，第 123～124 页。

［2052］陈红岩、樊鹏：《微博营销对消费者购买决策的影响研究》，《重庆科技学院学报》（社会科学版）2012 年第 16 期，第 73～76 页。

［2053］熊伟焱：《电子政务微博的正面影响及误区分析》，《科技传播》2012 年第 16 期，第 196、193 页。

［2054］田宇：《论微博媒介生态环境》，《新闻爱好者》2012 年第 16 期，第 7～8 页。

［2055］陈涵：《"符码博弈"：微博时代政府危机传播的新困境》，《新闻爱好者》2012 年第 16 期，第 21～22 页。

［2056］刘宏毅、何芳：《微博舆论传播特征及面临的困境》，《新闻爱好者》2012 年第 16 期，第 25～26 页。

［2057］何炬：《试论微博在大学英语教学中运用的可行性》，《海外英语》2012 年第 16 期，第 15～16 页。

［2058］骆鸿儒：《新媒体：推进马克思主义大众化的新手段——以微博为例》，《改革与开放》2012 年第 16 期，第 111～112 页。

［2059］兰小棵：《微博时代，该怎样应对虚假新闻——以四起虚假新闻事件为例》，《青年记者》2012 年第 16 期，第 40～41 页。

［2060］戴剑平：《微博视域下公共领域的建构瓶颈分析》，《新闻界》2012 年第 16 期，第 38～42 页。

［2061］杨玫：《沪杭图书馆微博推广比较研究》，《图书馆学研究》2012 年第 16 期，第

29～33 页。

[2062] 靖鸣：《微博表达自由：言论、出版和新闻自由边界的消解与融合》，《新闻爱好者》2012 年第 16 期，第 1～3 页。

[2063]《重庆科协：科技馆微博：抢占科普宣传高地》，《科技传播》2012 年第 16 期，第 27 页。

[2064] 丁彩瑶：《微博在高校思想政治教育工作中的运用》，《中国报业》2012 年第 16 期，第 143～144 页。

[2065] 冷东红、刘晶：《基于微博的虚拟人际传播机制研究》，《中国传媒科技》2012 年第 16 期，第 92～93 页。

[2066] 庞旭：《微博名人对公共事件的表达与哈贝马斯公共领域的构建——以新浪微博加 V 名人对“方韩之争”的探讨为例》，《中国传媒科技》2012 年第 16 期，第 199～201 页。

[2067] 韩军艳：《科技期刊如何利用微博助力自身发展》，《中国传媒科技》2012 年第 16 期，第 118～119 页。

[2068] 汤丽娟、章成志：《基于微博挖掘技术的企业产品信息监测研究》，《图书情报工作》2012 年第 16 期，第 37～41 页。

[2069] 方浩长、吴家栋：《浅析微博服务协议中的知识产权条款——以新浪微博为例》，《知识经济》2012 年第 16 期，第 38～39 页。

[2070] 王劲松：《微博与网络文化场域中的青年话语权》，《黑龙江史志》2012 年第 16 期，第 54～55 页。

第 17 期

[2071] 胡阳、刘延军、柴亚刚：《城市微博与无线政务平台建设思考》，《中国传媒科技》2012 年第 17 期，第 55～58 页。

[2072] 谭程欢：《多媒体采编微博发稿平台》，《中国传媒科技》2012 年第 17 期，第 61～63 页。

[2073] 周乾宪：《公益组织对社群媒体的利用及传播策略——基于对 13 家全国公益基金会新浪微博主页的内容分析》，《新闻爱好者》2012 年第 17 期，第 85～87 页。

[2074] 蒋盛益、麦智凯、庞观松、吴美玲、王连喜：《微博信息挖掘技术研究综述》，《图书情报工作》2012 年第 17 期，第 136～142 页。

[2075] 聂东雪：《微博视阈下的大学生思想政治教育探微》，《学理论》2012 年第 17 期，第 277～278 页。

[2076] 齐娜、宋立荣：《医疗健康领域微博信息传播中的信息质量问题》，《科技导报》2012 年第 17 期，第 60～65 页。

[2077] 张斯龙：《微博客：学术期刊网络传播的新路径》，《中国出版》2012 年第 17 期，第 47～50 页。

[2078] 赵阿妮：《浅析微博客的信息共享模式在大学生思想政治教育工作中的应用》，《才智》2012 年第 17 期，第 276 页。

[2079] 熊宇：《政务微博运行机制初探》，《领导科学》2012 年第 17 期，第 31～32 页。

[2080] 周烁:《微博对大学生理想信念的影响与对策》,《文教资料》2012 年第 17 期, 第 123 ~125 页。
[2081] 李旦、谢广岭:《“全景监狱”视域下的微博实名制》,《青年记者》2012 年第 17 期, 第 62 ~63 页。
[2082] 李晶鑫:《运用微博完善社会转型期地方社会治理机制的研究》,《商》2012 年第 17 期, 第 155 ~156 页。
[2083] 刘业林:《工会组织微博运用情况　现状　问题　对策》,《工会信息》2012 年第 17 期, 第 14 ~15 页。
[2084] 林牧、顾萱:《微博舆论场中的民粹主义与精英主义》,《青年记者》2012 年第 17 期, 第 65 ~66 页。
[2085] 张熠理:《浅析微博技术在电子政务“政府 - 公民”平台中的应用》,《时代金融》2012 年第 17 期, 第 172 ~175 页。
[2086] 李媛媛:《微博已成为电视新闻的补充》,《新闻爱好者》2012 年第 17 期, 第 78 ~79 页。
[2087] 郭峥、张明西:《舆论领袖微博“论战”的对称性传播》,《青年记者》2012 年第 17 期, 第 63 ~64 页。
[2088] 汤博为:《行政法视野下政务微博的发展问题研究——基于电子政务发展适应新媒体时代的思考》,《重庆科技学院学报》(社会科学版) 2012 年第 17 期, 第 34 ~36 页。

第 18 期

[2089] 黄李明:《微博实名制后的自我表露意愿研究——基于使用者特性及感知风险视角》,《现代商业》2012 年第 18 期, 第 279 ~280 页。
[2090] 曾臻:《试析微博群体的“另类”心理特点》,《中国报业》2012 年第 18 期, 第 93 ~94 页。
[2091] 丁方强:《微博时代下图书馆信息服务的发展方向》,《中国科技信息》2012 年第 18 期, 第 111 页。
[2092] 鲍雪飞:《微博时代传统媒体的创新与发展》,《中国传媒科技》2012 年第 18 期, 第 104 ~105 页。
[2093] 杨立淮、徐百成:《微时代高校辅导员开展大学生思想政治教育方法新探》,《学校党建与思想教育》2012 年第 18 期, 第 79 ~80 页。
[2094] 苏倩倩:《微博广告受众心理特点分析》,《北方经济》2012 年第 18 期, 第 25 ~26 页。
[2095] 孙荣欣:《政务微博如何成为沟通政府与群众的桥梁》,《中国报业》2012 年第 18 期, 第 84 ~86 页。
[2096] 关文刚:《浅谈如何办好政务微博》,《中国职工教育》2012 年第 18 期, 第 86 页。
[2097] 鲁丁晨:《政务微博发展现状及困境应对》,《青年记者》2012 年第 18 期, 第 83 ~84 页。
[2098] 邹艳菁:《基于语料库的中文微博话语特征研究初探》,《中国报业》2012 年第 18

期，第 101 ~ 103 页。
［2099］蒋玉娟、夏建文：《微博问党：新媒体背景下高校学生党建工作的新载体》，《改革与开放》2012 年第 18 期，第 33 ~ 34 页。
［2100］佘世红：《微博语境下的消费主义文化》，《中国出版》2012 年第 18 期，第 43 ~ 45 页。
［2101］孙涛：《微博在新闻传播格局中的影响和问题》，《中国传媒科技》2012 年第 18 期，第 121 ~ 122 页。
［2102］靖鸣、李姗姗：《微博舆论监督表达方式与手段的多样化呈现》，《新闻爱好者》2012 年第 18 期，第 11 ~ 13 页。
［2103］马捷、孙梦瑶、尹爽、韩朝：《微博信息生态链构成要素与形成机理》，《图书情报工作》2012 年第 18 期，第 73 ~ 77、81 页。
［2104］罗颖瑶、邬锦雯：《新浪微博与腾讯微博的竞争态势比较分析》，《图书情报工作》2012 年第 18 期，第 82 ~ 86 页。
［2105］易难于：《是“聚众狂欢”还是精英“咀华”？——论微博对于阅读和写作的影响》，《群文天地》2012 年第 18 期，第 116、118 页。
［2106］刘星：《微博侵权在中国的法律适用》，《中国报业》2012 年第 18 期，第 140 ~ 141 页。
［2107］陈臻、龚洁宁：《新媒体对高校共青团工作的影响与对策》，《中国传媒科技》2012 年第 18 期，第 23 ~ 24 页。
［2108］周凯：《论提高危机事件中政府的应对力——比较“9·27”地铁事故与“7·23”动车追尾事故》，《新闻爱好者》2012 年第 18 期，第 7 ~ 8 页。
［2109］郭伟：《构建和谐社会视阈下地方政府微博定位探析》，《淮海工学院学报》（人文社会科学版）2012 年第 18 期，第 103 ~ 105 页。
［2110］杨琪：《浅谈微博发展对传统出版活动的影响》，《中国出版》2012 年第 18 期，第 40 ~ 42 页。
［2111］刘建峰、刘晨光：《浅析微博在图书馆中的应用》，《合作经济与科技》2012 年第 18 期，第 86 ~ 87 页。
［2112］杨嘉嵋：《试论微博时代的网络诽谤》，《新闻爱好者》2012 年第 18 期，第 51 ~ 52 页。
［2113］杨玮：《研究生接触微博现状调查》，《学理论》2012 年第 18 期，第 197 ~ 198 页。
［2114］时运斌：《微博问政开启问政于民新时代》，《青年记者》2012 年第 18 期，第 82 ~ 83 页。
［2115］高坤：《官方微博在社会管理中的应用与思考》，《青年记者》2012 年第 18 期，第 85 ~ 86 页。
［2116］朱晓云：《学术期刊微博营销问题及对策研究》，《中国出版》2012 年第 18 期，第 11 ~ 14 页。

第 19 期

［2117］唐爱琳：《微博发展的动力机制和信任关系分析》，《学理论》2012 年第 19 期，第

191～192 页。

[2118] 郑显玲、左园：《微博在图书馆参考咨询服务中的应用》，《科技信息》2012 年第 19 期，第 245 页。

[2119] 张茜茜：《从传播学角度浅析微博语言的局限性》，《科技传播》2012 年第 19 期，第 3、8 页。

[2120] 王树芳：《浅论图书馆微博的类型功能及其应用》，《中国科技信息》2012 年第 19 期，第 112 页。

[2121] 崔艳：《美国总统奥巴马微博的内容评鉴》，《领导科学》2012 年第 19 期，第 51～52 页。

[2122] 王羽、周永振：《借助微博平台拓展赤峰旅游营销范围》，《赤峰学院学报》（自然科学版）2012 年第 19 期，第 95～96 页。

[2123] 孙远：《对基层工商政务微博运行管理的思考》，《工商行政管理》2012 年第 19 期，第 67～69 页。

[2124] 贾金玺：《纸媒微博再认识："短板"与核心价值》，《中国报业》2012 年第 19 期，第 44～46 页。

[2125] 苏智：《媒介的超议程设置：微博、传统媒介以及公众的互动——以"黄金大米"事件为例》，《群文天地》2012 年第 19 期，第 261～263 页。

[2126] 靖鸣、王瑞：《微博"粉丝"：虚拟公共领域的舆论新军》，《新闻爱好者》2012 年第 19 期，第 24～26 页。

[2127] 徐慧、焦以璇：《微博时代报纸对微博的运用》，《新闻爱好者》2012 年第 19 期，第 51～52 页。

[2128] 林秀梅、杨学琴：《电视新闻融合微博传播问题的策略探析》，《新闻爱好者》2012 年第 19 期，第 57～58 页。

[2129] 刘国慧：《试论"微"语言环境下的网络暴力——以"舒淇事件"为例》，《新闻爱好者》2012 年第 19 期，第 89～90 页。

[2130] 杨丽、施慧琳、李炯华：《博客与微博盈利模式的对比分析》，《科技管理研究》2012 年第 19 期，第 235～238 页。

[2131] 曾枫：《公民新闻在微博传播中的问题及对策探究》，《重庆科技学院学报》（社会科学版）2012 年第 19 期，第 166～167、180 页。

[2132] 常宇峰：《媒体官微构建探究》，《中国传媒科技》2012 年第 19 期，第 51～55、2 页。

[2133] 徐敏：《"北京药事"政务微博成效对比研究》，《首都医药》2012 年第 19 期，第 56～57 页。

[2134] 周晓华：《浅析微博在我国高校教学中的应用前景》，《文教资料》2012 年第 19 期，第 183～186 页。

[2135] 刘晓彤、秦欢、左涵伊、隋蒙蒙：《浅析微博对当代大学生价值观的影响》，《大众文艺》2012 年第 19 期，第 174 页。

[2136] 张沙琦：《微博作品的著作权法律保护探析》，《企业导报》2012 年第 19 期，第 146～147 页。

［2137］岳建国：《微博评论异军突起的原因和思考》，《新闻爱好者》2012 年第 19 期，第 93 页。

［2138］白茂志、贾蓓蓓：《运用法制化路径服务微博发展的思考》，《中外企业家》2012 年第 19 期，第 112 ~ 113、154 页。

［2139］王文会、陈显中：《政务微博促进电子政务建设研究》，《产业与科技论坛》2012 年第 19 期，第 18 ~ 20 页。

［2140］贡雯韵、惠朝阳：《微博在图书馆宣传中作用的 SWOT 分析》，《内蒙古科技与经济》2012 年第 19 期，第 85 ~ 86 页。

［2141］雷娇：《公安微博对警民关系影响研究》，《企业导报》2012 年第 19 期，第 249 页。

［2142］熊信之、林臻：《新浪微博积分等级体系的激励作用》，《新闻爱好者》2012 年第 19 期，第 91 ~ 92 页。

［2143］刘朝霞：《微博舆论监督的个性探微和策略研究》，《中国出版》2012 年第 19 期，第 40 ~ 42 页。

［2144］张晓敏：《微博时代高校思想政治教育工作面对的挑战及其对策》，《淮海工学院学报》（人文社会科学版）2012 年第 19 期，第 13 ~ 15 页。

［2145］李青：《微博环境下知识沟的扩散变化研究》，《群文天地》2012 年第 19 期，第 272 页。

第 20 期

［2146］李倩雯：《微博时代新闻评论平民化特点探析》，《中国传媒科技》2012 年第 20 期，第 99 ~ 100 页。

［2147］乔月：《针对微博中谣言传播机制的对策》，《中国传媒科技》2012 年第 20 期，第 106 ~ 107 页。

［2148］庄莉红：《高校“内源性”危机与微博传播》，《中国管理信息化》2012 年第 20 期，第 81 ~ 83 页。

［2149］查伟诚：《Web2.0 时代政务微博：从“政能量”到“正能量”——以“南京发布”为例》，《中国传媒科技》2012 年第 20 期，第 102 ~ 105 页。

［2150］雷强、褚松燕：《互联网时代的领导力和公民参与研究》，《领导科学》2012 年第 20 期，第 6 ~ 9 页。

［2151］杨自强：《基于 SWOT 分析的微博营销策略探究》，《商业经济》2012 年第 20 期，第 86 ~ 88 页。

［2152］赵金英：《微博网络侵权的法律利益权衡研究》，《前沿》2012 年第 20 期，第 56 ~ 57 页。

［2153］廖宇飞：《微博新闻评论的特点及其写作要求》，《青年记者》2012 年第 20 期，第 85 ~ 86 页。

［2154］赵瑀：《微博与传统媒体的互动》，《中国传媒科技》2012 年第 20 期，第 88 ~ 89 页。

［2155］梅春艳：《微博实名制之于公共领域建构的利弊分析》，《中国传媒科技》2012 年第 20 期，第 101 ~ 102 页。

［2156］唐一智：《论微博时代的佛教传播特征及趋势》，《中国传媒科技》2012 年第 20 期，

第 253 ~ 254 页。

[2157] 王茜：《新浪微博中意见领袖的特点及其引导方式》，《中国传媒科技》2012 年第 20 期，第 107 ~ 108 页。

[2158] 汝艳红：《微博信息传播的特点及发展趋势》，《青年记者》2012 年第 20 期，第 82 ~ 83 页。

[2159] 徐弋加、周雅、杨守伟、彭斯璐、祝腾辉：《微博问政若干问题的研究综述》，《教育教学论坛》2012 年第 20 期，第 1 ~ 3 页。

[2160] 龙政：《“微博客”平台下的高校图书馆服务》，《内蒙古科技与经济》2012 年第 20 期，第 153 页。

[2161] 李苑静：《高校微博的发展现状及对策研究》，《人民论坛》2012 年第 20 期，第 134 ~ 135 页。

[2162] 卞玲霞：《正确运用微博，改善党群关系》，《东方企业文化》2012 年第 20 期，第 127 ~ 128 页。

[2163] 李京：《微博：为传统媒体插上“助力棒”》，《中国传媒科技》2012 年第 20 期，第 94 ~ 95 页。

[2164] 宋瑾：《论图书的微博发行——以“中国图书网”为例》，《青年记者》2012 年第 20 期，第 105 ~ 106 页。

[2165] 孟庆莉：《微博——实施思想政治教育新途径》，《基础教育参考》2012 年第 20 期，第 80 ~ 80 页。

[2166] 何碧如、何坚茹、叶柏霜、俞林伟：《微时代高校网络思想政治教育的探索与思考》，《中国成人教育》2012 年第 20 期，第 85 ~ 87 页。

[2167] 樊瑞科、李彩华：《微博时代中国社会主义意识形态建设论析》，《中国出版》2012 年第 20 期，第 8 ~ 12 页。

[2168] 赵林潇：《微博浪潮下的高校新闻传播策略》，《中国传媒科技》2012 年第 20 期，第 97 ~ 99 页。

[2169] 尤龙、洪禺：《微博谣言的生成机制及传播效果分析》，《新闻爱好者》2012 年第 20 期，第 11 ~ 12 页。

[2170] 曹丹：《政务微博群内容特色与编辑创新策略探析——基于新浪网“十大新闻办机构微博”的观察》，《中国报业》2012 年第 20 期，第 21 ~ 23 页。

[2171] 蒋琳：《由政务微博看新媒体环境下“议程设置”的新特性》，《中国传媒科技》2012 年第 20 期，第 113 ~ 114 页。

[2172] 陶鹏：《网络文化背景下的政务微博发展策略》，《人民论坛》2012 年第 20 期，第 26 ~ 27 页。

[2173] 谢刘波：《我国政务微博存在的问题及对策》，《商场现代化》2012 年第 20 期，第 366 ~ 367 页。

[2174] 何如佳：《非营利组织的微博自媒体营销分析——以世界自然基金会和绿色和平新浪官方微博为例》，《中国报业》2012 年第 20 期，第 41 ~ 44 页。

[2175] 马思捷、宋健：《微博“围”了一个网——新型“微博人际关系”分析》，《青年记者》2012 年第 20 期，第 86 ~ 87 页。

[2176] 李小立、洪培芸：《论如何利用微博提高司法公信力——以福建省法院系统新浪微博实效分析为例》，《商场现代化》2012 年第 20 期，第 208 ~ 209 页。
[2177] 王瀚、冯瑾、雷靖：《浅析碎片化趋势下以微博为代表的信息传播特征》，《才智》2012 年第 20 期，第 160 ~ 161 页。
[2178] 何国强、宋亚文：《微博传播视野下大学生思想政治工作的思考》，《学理论》2012 年第 20 期，第 268 ~ 269 页。
[2179] 吴玥：《意见领袖在微博群体性事件中的角色分析——以“童话大王”郑渊洁微博为例》，《青年记者》2012 年第 20 期，第 83 ~ 84 页。
[2180] 项甜美：《基于微博新传媒的高职生就业观教育》，《职教论坛》2012 年第 20 期，第 79 ~ 80 页。
[2181] 傅小娟：《高科技时代的微博——新明星形象分析》，《科技创新与应用》2012 年第 20 期，第 330 ~ 331 页。

第 21 期

[2182] 张玉洁：《微博传播环境下网络舆论的特点》，《新闻爱好者》2012 年第 21 期，第 74 ~ 75 页。
[2183] 赵笛、李蕾：《传统媒体对微博平台的利用——以青岛本地传统媒体为例》，《青年记者》2012 年第 21 期，第 50 ~ 51 页。
[2184] 邓共军：《对建立微博执行制度的思考》，《法制与社会》2012 年第 21 期，第 41 ~ 42 页。
[2185] 艾冬梅：《微博客与高校网络舆情联动研究》，《学理论》2012 年第 21 期，第 147 ~ 148 页。
[2186] 赵文金：《试论微博在高校图书馆读者服务中的应用》，《科技情报开发与经济》2012 年第 21 期，第 60 ~ 62 页。
[2187] 赵方：《微博用户采纳实证研究》，《才智》2012 年第 21 期，第 45 ~ 47 页。
[2188] 李智：《论微博时代的企业文化建设》，《商场现代化》2012 年第 21 期，第 175 ~ 176 页。
[2189] 金晓春、金永成：《微博与旅游营销策略》，《新闻界》2012 年第 21 期，第 59 ~ 62 页。
[2190] 胡榕、王延隆：《微博时代青年大学生价值观问题探讨》，《学校党建与思想教育》2012 年第 21 期，第 66 ~ 68 页。
[2191] 黄亚利：《以微博为载体加强高校思想政治教育》，《东方企业文化》2012 年第 21 期，第 117 页。
[2192] 段淳林、林伟豪：《论出版社官方微博平台品牌化策略》，《中国出版》2012 年第 21 期，第 45 ~ 47 页。
[2193] 王恺、欣明：《微博问政下报纸转型策略》，《中国报业》2012 年第 21 期，第 36 ~ 38 页。
[2194] 林英、陈祖芬：《政务微博提升公信力的对策研究》，《电子世界》2012 年第 21 期，

第25~27页。

[2195] 王河、戚忠娇：《浅析我国政务微博建设问题》，《东方企业文化》2012年第21期，第99页。

[2196] 盛夏：《微博“蝴蝶效应”的勃发与流变——以“免费午餐”公益慈善项目为例》，《青年记者》2012年第21期，第80~81页。

[2197] 闫雯、李云飞、国万忠：《微博对高校推进马克思主义大众化影响的初探》，《才智》2012年第21期，第128页。

[2198] 周宇、姚元晶、王益民：《微博对公安现役部队的影响及对策研究》，《学理论》2012年第21期，第145~146页。

[2199] 徐兵、李安英：《微博环境下高校危机管理与舆论引导》，《思想理论教育》2012年第21期，第80~83页。

[2200] 王立清、祝腾辉：《试论政府信息服务新模式：微博发布——基于“北京发布”和“上海发布”的网络调研》，《图书馆学研究》2012年第21期，第80~84页。

[2201] 王秋兰：《将微博应用于高校共青团工作的途径略探》，《学校党建与思想教育》2012年第21期，第64~65页。

[2202] 白皓：《断网删帖不可取，微博管理靠法律》，《领导科学》2012年第21期，第20~21页。

第22期

[2203] 陈兰：《微博对公民意识形成的影响探析》，《学理论》2012年第22期，第134~135页。

[2204] 靖鸣、李姗姗：《微博开展舆论监督的权利与义务》，《青年记者》2012年第22期，第34~38页。

[2205] 陈杨：《机构政务微博在法律援助中的规范运营》，《学习月刊》2012年第22期，第67~68页。

[2206] 孙鹤、陈健：《“科技北京”官方微博的传播能力现状分析及对策建议》，《中国成人教育》2012年第22期，第126~128页。

[2207] 丁利、况贵燕：《政府官员微博问责的对策研究》，《中国报业》2012年第22期，第34~35页。

[2208] 姜嵘：《传统媒体与微博的互动探析——以电影〈搜索〉为例》，《中国传媒科技》2012年第22期，第132~133页。

[2209] 黄清源：《微博控制的维系与消解——传播政治经济学视野中的微博研究》，《前沿》2012年第22期，第34~35页。

[2210] 马静、梁忠军：《高校辅导员利用微博开展工作可行性分析》，《学理论》2012年第22期，第192~193页。

[2211] 石岩：《记者微博：个人与媒体的碰撞》，《青年记者》2012年第22期，第64~65页。

[2212] 王勇、李洁：《奥运微博信息传播的实证研究》，《中国报业》2012年第22期，第30~31页。

[2213] 赵作为：《浅析微博实名制的影响》，《中国报业》2012年第22期，第32~33页。

[2214] 李伟娜：《四大门户网站微博差异化比较研究》，《中国报业》2012 年第 22 期，第 14～16 页。

[2215] 叶婷：《积极探索基于微博的大学生思想政治教育新途径》，《赤峰学院学报》（自然科学版）2012 年第 22 期，第 136～137 页。

[2216] 周莉、周逸青：《食品安全事件中微博舆论的竞争性特征分析——关于“工业明胶”事件的实证研究》，《前沿》2012 年第 22 期，第 112～114 页。

[2217] 吴凯：《自媒体时代下微博的传播特性及效果》，《科技传播》2012 年第 22 期，第 27～28 页。

[2218] 高春玲：《中美图书馆微博和 SNS 社交网站应用情况调查与思考》，《图书馆学研究》2012 年第 22 期，第 33～37 页。

[2219] 刘洪华：《论微博上不法言论行为的规制》，《中国出版》2012 年第 22 期，第 28～32 页。

[2220] 张子森：《微博的力量不微薄》，《青年记者》2012 年第 22 期，第 45～46 页。

[2221] 黄炜：《录取通知书“植入”官微　微博答疑“纺服总动员”》，《教育与职业》2012 年第 22 期，第 120 页。

[2222] 苏江丽：《政务微博：推动网络时代的社会管理创新》，《传承》2012 年第 22 期，第 82～83、85 页。

[2223] 雷花妮：《探析政务微博在社会管理创新中的作用》，《科技视界》2012 年第 22 期，第 127～128 页。

[2224] 罗佳妮：《我国微博问政的发展现状及对策建议》，《中国传媒科技》2012 年第 22 期，第 4～5 页。

[2225] 陈池、王长海：《微博问政，学习型政党建设的路径研究》，《改革与开放》2012 年第 22 期，第 27～28 页。

[2226] 王超：《浅析临泉开通政务微博的必要性》，《内蒙古科技与经济》2012 年第 22 期，第 76～77 页。

[2227] 杨彩利：《微博热对〈马克思主义基本原理概论〉教学的启示》，《经济研究导刊》2012 年第 22 期，第 241～243 页。

[2228] 马小龙、杜艳红：《微时代下新解“沉默的螺旋”——以选秀节目〈中国好声音〉为例》，《中国报业》2012 年第 22 期，第 96～97 页。

[2229] 卫金桂、王绍兰：《微博时代中国互联网新态势初探》，《赤峰学院学报》（自然科学版）2012 年第 22 期，第 21～22 页。

[2230] 黄斌：《利用微博打响民生牌》，《中国传媒科技》2012 年第 22 期，第 124～125 页。

[2231] 王君：《看“微博时代”新媒体和传统媒体的融合发展研究》，《中国传媒科技》2012 年第 22 期，第 129～130 页。

[2232] 肖艳燕：《网络媒体时代下的企业微博营销策略研究》，《科技传播》2012 年第 22 期，第 215～216 页。

[2233] 刘玮瑶：《微博时代的图书馆服务》，《价值工程》2012 年第 22 期，第 190～191 页。

[2234] 周雁：《微博支持下的中学化学教学模式研究》，《中国教育技术装备》2012 年第 22 期，第 40～42 页。

[2235] 赵智涛：《浅析招生宣传工作中微博的应用》，《科技创新导报》2012 年第 22 期，

第 248、250 页。

[2236] 耿薇:《网络群体性事件中的微博作用机制研究》,《学理论》2012 年第 22 期,第 83~85 页。

[2237] 祝洁:《剖析微博中舆论扩散及其引导机制》,《文学教育》2012 年第 22 期,第 66~67 页。

第 23 期

[2238] 张晓萍:《浅论微博时代的大学生思想政治教育工作》,《群文天地》2012 年第 23 期,第 213 页。

[2239] 黄如光、黄娜:《电视栏目的微博营销之道》,《群文天地》2012 年第 23 期,第 237~238 页。

[2240] 许立新:《党政干部如何写好微博》,《领导科学》2012 年第 23 期,第 38~39 页。

[2241] 唐琪:《传播学视野下的名人微博探究》,《群文天地》2012 年第 23 期,第 256 页。

[2242] 王婧、耿雪:《微博的新媒体特征》,《青年记者》2012 年第 23 期,第 88 页。

[2243] 黄伟:《微博新闻传播的特点分析》,《青年记者》2012 年第 23 期,第 55~56 页。

[2244] 张馨:《微博谣言传播的社会心理分析》,《青年记者》2012 年第 23 期,第 57~58 页。

[2245] 钱静峰:《微博时代辅导员博客建设探析》,《思想理论教育》2012 年第 23 期,第 84~86 页。

[2246] 董杨华:《微博对于体育新闻传播的影响》,《青年记者》2012 年第 23 期,第 60~61 页。

[2247] 李远、张绍群、周勇、刘北忠:《微博平台上医学生的医德教育探讨》,《中国医药导报》2012 年第 23 期,第 153~154 页。

[2248] 张根水、徐建军、朱培芳:《浅析微博在高校档案工作中的应用》,《兰台世界》2012 年第 23 期,第 7~8 页。

[2249] 许丽丽:《借助“微博”促进英语教学》,《文理导航》2012 年第 23 期,第 73~73 页。

[2250] 范超然、黄曙光、李永成:《微博社交网络社区发现方法研究》,《微型机与应用》2012 年第 23 期,第 67~70 页。

[2251] 马晓虹:《自媒体时代微博舆论场的建构与舆论自净》,《中国出版》2012 年第 23 期,第 45~48 页。

[2252] 黄爱晶:《集中资源　主打品牌——浅析药监政务微博的发展思路》,《首都医药》2012 年第 23 期,第 12 页。

[2253] 孟洁、张傲:《政府问政:“私器”?社会信息“公器”?——对政务微博功能的思考》,《青年记者》2012 年第 23 期,第 58~59 页。

[2254] 包剑武:《传统媒体如何应用好微博传播》,《青年记者》2012 年第 23 期,第 61~62 页。

[2255] 姜胜洪:《当前网络舆情的主流态势及应对思路》,《前沿》2012 年第 23 期,第 28~31 页。

[2256] 曾毅:《从传播学角度谈微博的传播》,《新闻爱好者》2012 年第 23 期,第 26~28 页。

[2257] 王曼、张秋:《国内外图书馆微博研究综述》,《图书情报工作》2012 年第 23 期,第 135~140、96 页。

[2258] 朱慧芳、李新萍、刘艳亭、黄慧汇、韩小茜：《医院管理应用微博新媒体的实践与体会》，《临床和实验医学杂志》2012 年第 23 期，第 1917 ~ 1919 页。

[2259] 尹洁、杨安翔：《浅析微博写作中的变异修辞现象》，《写作》2012 年第 23 期，第 11 ~ 14 页。

[2260] 傅嘉仕：《“微博问政”的特点与风险分析》，《全国商情》（理论研究）2012 年第 23 期，第 88 ~ 89 页。

[2261] 沈舆：《“微博时代”与网络舆情管理》，《学习月刊》2012 年第 23 期，第 28 ~ 29 页。

第 24 期

[2262] 陈东、杨芳：《“微博热”下对提高主流媒体舆论引导力的冷思考》，《中国传媒科技》2012 年第 24 期，第 99 ~ 100 页。

[2263] 赵鹏：《基于微博的大学生思想引领及舆情引导方式探究》，《教育与职业》2012 年第 24 期，第 67 ~ 69 页。

[2264] 张迪：《微博在学生思政教育中的影响与对策》，《中国报业》2012 年第 24 期，第 180 ~ 181 页。

[2265] 邵翔：《论微博在和谐社会建设中的积极作用》，《中国报业》2012 年第 24 期，第 99 ~ 100 页。

[2266] 张晶：《微博舆论监督的内在机制考察》，《老区建设》2012 年第 24 期，第 42 ~ 44 页。

[2267] 唐晓波、王洪艳：《基于潜在语义分析的微博主题挖掘模型研究》，《图书情报工作》2012 年第 24 期，第 114 ~ 119 页。

[2268] 张婵：《微博与“乌合之众”——运用勒庞“乌合之众”群体心理学分析微博平台上的信息传播》，《学理论》2012 年第 24 期，第 54 ~ 55 页。

[2269] 袁丽：《基于互动教学理论范式的微博辅助教学实施探究——以传媒类课程在新浪微博上的教学实践为例》，《价值工程》2012 年第 24 期，第 248 ~ 250 页。

[2270] 李卓澄：《探析大众传播视阈下微博文化社会影响力》，《中国传媒科技》2012 年第 24 期，第 103 ~ 104 页。

[2271] 王玉萍：《微博沟通：大学生思想政治教育的有效方式》，《党史文苑》2012 年第 24 期，第 63 ~ 64 页。

[2272] 朱春阳、黄筱：《新媒体环境下我国传媒发展若干核心问题的思考》，《新闻界》2012 年第 24 期，第 3 ~ 7 页。

[2273] 张培晶、宋蕾：《基于 LDA 的微博文本主题建模方法研究述评》，《图书情报工作》2012 年第 24 期，第 120 ~ 126 页。

[2274] 梁芷铭：《政务微博传播机制初探》，《新闻爱好者》2012 年第 24 期，第 35 ~ 36 页。

[2275] 陈栋栋：《政务微博：社会管理创新的新推手》，《中国传媒科技》2012 年第 24 期，第 109 ~ 110 页。

[2276] 刘铮：《微博运用在高校就业服务体系的作用》，《电子世界》2012 年第 24 期，第 195 ~ 196 页。

[2277] 董晓飞：《浅谈微博在大学生思想政治教育中的重要价值》，《传承》2012 年第 24

期，第42~43页。

[2278] 石勇：《微博政治：时尚的幻觉》，《领导文萃》2012年第24期，第25~26页。

[2279] 朱艳：《微博时代航空公司公关传播现状分析——以中国东方航空公司新浪微博应用实践为例》，《空运商务》2012年第24期，第9~14页。

[2280] 方杲、刘力贺：《论哲学生活方式对微博信息传播的启示》，《图书馆学研究》2012年第24期，第83~86页。

[2281] 丁彩瑶：《试论微博在高校党建工作中的运用》，《中国报业》2012年第24期，第151~152页。

[2282] 陆宝基：《微博的传播力量及特性分析》，《科技创新与应用》2012年第24期，第40页。

[2283] 曹林：《运用微博不是官员的技能而是民主素养》，《领导科学》2012年第24期，第21页。

[2284] 黄超：《论微博问政的现状和问题——以浙江省政府为例》，《现代商业》2012年第24期，第171~172页。

[2285] 雷丽萍：《刍议如何优化政务微博的应用》，《电脑知识与技术》2012年第24期，第5926~5927页。

第25期

[2286] 肖海、蒋昂首：《论微博域名保护》，《中国经贸导刊》2012年第25期，第69~72页。

[2287] 王桂红：《我国门户网站微博在大型体育赛事中的传播特征分析——2011年深圳世界大学生运动会为例》，《科技信息》2012年第25期，第157~158页。

[2288] 赖婵丹：《大学生使用微博有助于拓宽其视野——关于大学生对微博看法的调研报告》，《经济研究导刊》2012年第25期，第305~306页。

[2289] 孙淑文、张艳丽：《高校生涯辅导微博的现状研究及对策》，《科技视界》2012年第25期，第73~75页。

[2290] 闫月英：《人民日报微博的传播策略》，《青年记者》2012年第25期，第51~52页。

[2291] 沈革武、阎高程：《校园微博建设及其文化育人功能探析》，《学校党建与思想教育》2012年第25期，第65~67页。

[2292] 杨长春、俞克非、叶施仁、严水歌、丁虹、杨晶：《一种新的中文微博社区博主影响力的评估方法》，《计算机工程与应用》2012年第25期，第229~233、248页。

[2293] 周敏：《引导　应急　善后——当前我国微博管理应有的三重策略》，《青年记者》2012年第25期，第61~62页。

[2294] 史晓芳：《农资微博何时真正“火”》，《农药市场信息》2012年第25期，第17页。

[2295] 郭小华、谢华：《政务微博的发展及成因探析》，《企业技术开发》2012年第25期，第91~93页。

第26期

[2296] 尹瑛、殷娟娟：《社会冲突性事件中微博的传播特征——以“宜黄强拆事件”的微

博传播为例》，《青年记者》2012 年第 26 期，第 9 ~ 10 页。

［2297］罗杰：《旅游酒店微博粉丝需求特征调查报告》，《企业技术开发》2012 年第 26 期，第 34 ~ 35 页。

［2298］刘治军：《学校宣传思想工作中的微博舆论引导》，《学校党建与思想教育》2012 年第 26 期，第 18 ~ 20 页。

［2399］张佳丽：《论“微博时代”司法公信力的提升》，《法制与社会》2012 年第 26 期，第 257 ~ 258 页。

［2300］王亮：《热门事件微博的修辞传播特征——以新浪微博甘肃校车事件为例》，《青年记者》2012 年第 26 期，第 11 ~ 13 页。

［2301］马阔翔、张永昌：《谈检察机关如何应用微博参与社会管理创新》，《法制与社会》2012 年第 26 期，第 201 ~ 202 页。

［2302］梅洪：《浅议政务微博信息管理建设》，《兰台世界》2012 年第 26 期，第 21 ~ 22 页。

第 27 期

［2303］贺锋：《微博背景下的青年大学生思想政治教育方法探析》，《教育教学论坛》2012 年第 27 期，第 253 ~ 254 页。

［2304］张国安、钟绍辉：《基于微博用户评论和用户转发的数据挖掘》，《电脑知识与技术》2012 年第 27 期，第 6455 ~ 6456 页。

［2305］廖宇飞：《微博“植入”高校校报的创新发展》，《青年记者》2012 年第 27 期，第 76 ~ 77 页。

［2306］王英英：《公共知识分子微博使用状况研究》，《青年记者》2012 年第 27 期，第 33 ~ 34 页。

［2307］杨莹：《〈舌尖上的中国〉微博走红动因》，《青年记者》2012 年第 27 期，第 74 ~ 75 页。

［2308］周捷：《微博时代如何解读大众传播的宏观社会效果》，《中国科技投资》2012 年第 27 期，第 125 ~ 126 页。

第 28 期

［2309］靖鸣、祁丽婷：《微博名誉侵权现象及其应对之策》，《青年记者》2012 年第 28 期，第 49 ~ 51 页。

［2310］何碧如、何坚茹、叶柏霜：《基于微博的高校党建育人新途径研究》，《学理论》2012 年第 28 期，第 128 ~ 129 页。

［2311］孙马莉：《基于微博的信息处理系统设计》，《电脑知识与技术》2012 年第 28 期，第 6714 ~ 6715 页。

［2312］李晓东、李洁、常金梁：《网络互动参与模式对于高校学生活动的影响探析——以浙江师范大学为例》，《商场现代化》2012 年第 28 期，第 237 页。

［2313］李金玉：《“微”慑四方　“博”兴社会——浅谈微博在创新社会管理中的作用》，《学理论》2012 年第 28 期，第 86 ~ 87 页。

［2314］高国伟、阎高程：《“微”传播语境下大学生媒介素养教育的思考》，《学校党建与思想教育》2012 年第 28 期，第 79 ~ 81 页。

第29期

[2315] 郭峰：《微博在高校图书馆中的应用与启示》，《科技信息》2012年第29期，第267、347页。

[2316] 许翠花：《微博给档案馆带来的新变化》，《兰台世界》2012年第29期，第18～19页。

[2317] 刘林沙、陈默：《微博意见领袖在突发事件舆情传播中的作用——以甘肃校车事件为例》，《青年记者》2012年第29期，第66～67页。

[2318] 高静宁：《微博对纸媒新闻生产的影响——以《东莞时报》为例》，《青年记者》2012年第29期，第78～79页。

[2319] 魏绍蓉：《基于微博的交互式学习的创新方法研究》，《价值工程》2012年第29期，第187～188页。

[2320] 李茜：《微时代背景下高校校园文化建设工作研究》，《价值工程》2012年第29期，第268～269页。

[2321] 黄莉：《微博在高校管理中的影响力及意义》，《人民论坛》2012年第29期，第158～159页。

第30期

[2322] 吴楠：《从思想市场理论看微博言论管制的必要性》，《经济研究导刊》2012年第30期，第247～248页。

[2323] 吴瑶、韦妙：《公共性突发事件中微博的议程设置功能》，《青年记者》2012年第30期，第76～77页。

[2324] 范以锦：《"官博"为何冰火两重天》，《人民论坛》2012年第30期，第36～37页。

[2325] 单学刚：《"官博"是如何深入人心的——人民日报"官博"成功要素解读》，《人民论坛》2012年第30期，第39页。

[2326] 庄伟：《"五个优化"做好个人微博》，《青年记者》2012年第30期，第80～81页。

[2327] 张晓侠：《办好"官博"不仅是一门技术 剔除"架子"才能拯救"官博"》，《人民论坛》2012年第30期，第38页。

[2328] 徐桂兰：《微博在教学中的应用思考》，《中国教育技术装备》2012年第30期，第23～25页。

[2329] 汪洁、张旭泉：《新华社〈中国网事〉微博的启示》，《青年记者》2012年第30期，第31～32页。

[2330] 郑天：《微博暴力对构建公共舆论场的消解》，《青年记者》2012年第30期，第77～78页。

[2331] 贾亚君：《依托思政课"微博课堂"助推大学生理想信念教育刍议》，《经济研究导刊》2012年第30期，第263～264页。

第31期

[2332] 路遥、于志杰、郁燕霞：《浅论微博在大学生思想政治教育中的运用》，《学理论》

2012 年第 31 期，第 269～270 页。

[2333] 张标：《关于高职师生微博使用状况的调查报告——以健雄职业技术学院为例》，《中国校外教育》2012 年第 31 期，第 127、35 页。

[2334] 吴宗仁：《微博辅助高中英语教学模式探究》，《教学与管理》2012 年第 31 期，第 58～59 页。

[2335] 付晗：《浅谈微博在高校网络思想政治教育中的应用》，《教育教学论坛》2012 年第 31 期，第 77～78 页。

[2336] 唐燕：《微博时代“90 后”大学生思想政治教育工作的研究》，《教育教学论坛》2012 年第 31 期，第 132～133 页。

[2337] 纪栋尚、刘倩、李家波、王纪德：《浅析微博的发展对高职学生的影响及教育对策》，《科技视界》2012 年第 31 期，第 122～123 页。

[2338] 刘桂清、李君钰：《高校官方微博影响下的校园文化建设思考》，《科技资讯》2012 年第 31 期，第 252～253 页。

[2339] 黄国栋：《关于大学辅导员使用微博、QQ 等工具对学生进行教育管理的探讨》，《科技视界》2012 年第 31 期，第 74 页。

[2340] 高国伟、张光华：《“微”传播语境下大学生马克思主义信仰教育探究》，《学校党建与思想教育》2012 年第 31 期，第 69～71 页。

[2341] 王永强、张宝娣：《微博在高校网络思想政治教育中的应用》，《文教资料》2012 年第 31 期，第 166～167 页。

第 32 期

[2342] 张蓓：《微博与大学生的思想政治教育》，《科技信息》2012 年第 32 期，第 118 页。

[2343] 张信和：《微博广告的互动优势及实现路径》，《商业时代》2012 年第 32 期，第 30～31 页。

[2344] 陈敏：《政治传播视角下的两会微博传播》，《青年记者》2012 年第 32 期，第 14～15 页。

[2345] 许业东、陈驰：《自媒体的权利与义务探究——基于对个人微博的调查和研究》，《法制与社会》2012 年第 32 期，第 198～199、201 页。

[2346] 金自康、张守涛、杨丰政：《简析微博在气象服务中的应用》，《价值工程》2012 年第 32 期，第 215～217 页。

[2347] 金玲娟：《基于 CNKI 的我国微博研究论文的计量与评价分析》，《科技信息》2012 年第 32 期，第 449～450 页。

[2348] 饶宇、王婷丽、鲍幸、饶先发：《浅析心理学视域下微博对大学生的积极影响》，《学理论》2012 年第 32 期，第 73～74 页。

第 33 期

[2349] 吴琪：《微博管理——法律规范或道德约束》，《职业》2012 年第 33 期，第 70～71 页。

[2350] 祝洪涛、侯玉玲：《高校团组织微博语言使用技巧探析》，《学理论》2012 年第 33

期，第 193 ~ 195 页。

[2351] 曾章伟：《官微、微博暴力与微博删帖的法律监管》，《法制与社会》2012 年第 33 期，第 190 ~ 191 页。

[2352] 白伟伟：《巧用微博　变革教学——信息化教学新途径》，《中国教育技术装备》2012 年第 33 期，第 62 ~ 64 页。

[2353] 唐玉婷：《微博的兴起给思想政治教育带来的机遇和挑战》，《学理论》2012 年第 33 期，第 283 ~ 284 页。

[2354] 徐明星、李建东：《论微博在高校信访工作中的运用》，《法制与社会》2012 年第 33 期，第 162 ~ 163 页。

[2355] 曾章伟：《官微、微博暴力与微博删帖的法律监管》，《法制与社会》2012 年第 33 期，第 190 ~ 191 页。

[2356] 秦秋翠：《电视主播使用微博的伦理考察》，《青年记者》2012 年第 33 期，第 23 ~ 24 页。

[2357] 邓长菊、李津、马小会：《气象微博发展的问题分析及对策思考》，《安徽农业科学》2012 年第 33 期，第 16292 ~ 16294、16327 页。

第 34 期

[2358] 王森萍：《微博问政促社会管理创新》，《科技信息》2012 年第 34 期，第 545 页。

[2359] 周志懿：《微博狂欢及其规制》，《青年记者》2012 年第 34 期，第 73 ~ 75 页。

[2360] 钱珺：《高校辅导员微博的影响力提升对策研究——以新浪微博为例》，《学理论》2012 年第 34 期，第 267 ~ 269 页。

[2361] 刘敏：《基于 ASP 的微博网站设计与实现》，《电脑知识与技术》2012 年第 34 期，第 8132 ~ 8136 页。

[2362] 孟文光：《体育门户网站中的微博应用特征及发展策略研究》，《当代体育科技》2012 年第 34 期，第 110 ~ 112 页。

[2363] 朱婧：《浅析微博著作权法律保护》，《法制与社会》2012 年第 34 期，第 22 ~ 23 页。

[2364] 徐徐：《新生代大学生“微博参政”的现状及影响因素探析——以浙江省高校为例》，《中国职业技术教育》2012 年第 34 期，第 73 ~ 76、94 页。

第 35 期

[2365] 叶昊：《高职院校图书馆微博发展现状与应用前瞻》，《职教通讯》2012 年第 35 期，第 47 ~ 49 页。

[2366] 刘天明、纪维谦：《新媒体与报纸体育议程设置的对比研究——以新浪微博和都市报体育版为例》，《青年记者》2012 年第 35 期，第 11 ~ 12 页。

[2367] 王燕：《微博在突发事件传播中的作用》，《青年记者》2012 年第 35 期，第 73 ~ 74 页。

[2368] 胡蕾、王兴华：《从媒介技术看微博的兴起》，《青年记者》2012 年第 35 期，第 75 ~ 76 页。

[2369] 刘福利、王中伟：《新疆南疆地区官方微博的问题及出路——以“喀什发布”为例》，《青年记者》2012 年第 35 期，第 91 ~ 92 页。

[2370] 张建峰、武宝贵：《微博的内容生产机制和扩散机制》，《青年记者》2012年第35期，第68～69页。

[2371] 杨蕾：《国内档案馆微博应用现状研究》，《兰台世界》2012年第35期，第28～29页。

[2372] 顾鸿敏：《让我们的教育“潮”起来——巧用微博提升教育教学效率》，《中国教育技术装备》2012年第35期，第60～61页。

第36期

[2373] 李阳、郭红庆：《微博：公共领域建构的新平台》，《青年记者》2012年第36期，第83～84页。

[2374] 路遥：《利用微博开展大学生思想政治教育的对策——以南京工业大学为例》，《学校党建与思想教育》2012年第36期，第51～52页。

[2375] 马海波：《微博反腐与公民监督权的实施》，《学理论》2012年第36期，第5～6页。

[2376] 许霄闯：《传统经济的微博应用——基于传统经济微博的实证分析》，《时代金融》2012年第36期，第201页。

[2377] 刘世勇、罗美淑：《基于微博信息数据分析研究综述》，《中国校外教育》2012年第36期，第168页。

[2378] 姜羡萍、余聪：《微博运用于大学生思想政治教育的优势与途径》，《学校党建与思想教育》2012年第36期，第53～54页。

[2379] 施技文：《基于微博平台的大学生舆情引导策略探析》，《教育与职业》2012年第36期，第76～77页。

[2380] 张威、徐明：《微博评论对消费者购买行为的影响研究》，《中国市场》2012年第40期，第7～9页。

[2381] 侯建军：《基于微博的传播模式探析》，《教育教学论坛》2012年第40期，第156～158页。

[2382] 詹国枢：《“人民日报微博”为何能一枝独秀》，《中国经济周刊》2012年第43期，第77页。

[2383] 李妍：《微博反腐：理性回归与顶层设计》，《中国经济周刊》2012年第48期，第23～31、22页。

2013年

第1期

[1] 朱春风：《〈南方周末〉〈扬子晚报〉的官方微博比较研究》，《文化与传播》2013年第1期，第46～49页。

[2] 和莹：《微博问政：政治传播新模式探析》，《传媒国际评论》2013年第1期，第168～174页。

[3] 陶文静：《信息型关系对政务微博政治信任的培育——以葛剑雄微博为借鉴》，《中国媒

体发展研究报告》，2013 年，第 329 ~ 334 页。

[4] 张韦、曾润喜：《政务微博网络舆情传播规律研究：基于重庆政务微博的实证》，《电子政务》2013 年第 1 期，第 34 ~ 40 页。

[5] 王鹏：《在微博平台上记者的言论边界》，《科技传播》2013 年第 1 期，第 12 页。

[6] 贺华：《微博时代下政府公信力研究》，《西北工业大学学报》（社会科学版）2013 年第 1 期，第 5 ~ 9 页。

[7] 吴韵曦：《领导干部运用微博问政的制约因素及对策》，《中共云南省委党校学报》2013 年第 1 期，第 165 ~ 167 页。

[8] 冯荣刚、熊小刚：《新媒体语境下政府部门公共服务模式的挑战与创新——以政务微博为例》，《江西农业大学学报》（社会科学版）2013 年第 1 期，第 127 ~ 131 页。

[9] 李彪：《不同社会化媒体圈群结构特征研究——以新浪姚晨微博、草根微博和人人网为例》，《新闻与传播研究》2013 年第 1 期，第 82 ~ 93 页。

[10] 陈雪丽、沈智扬：《微博时代的“把关人”角色探析》，《宁波广播电视大学学报》2013 年第 1 期，第 1 ~ 3 页。

[11] 鲁峥：《微博时代法治面临新问题的探究》，《吕梁教育学院学报》2013 年第 1 期，第 53 ~ 56 页。

[12] 于晶、付雪松：《政务微博的功能定位与传播策略研究——以“上海发布”为例》，《图书情报工作》2013 年第 S1 期，第 251 ~ 255、247 页。

[13] 于月、马强：《社交媒介中边疆少数族群的表达与沟通——以新浪微博中的蒙古族特征群体为例》，《新闻论坛》2013 年第 1 期，第 22 ~ 25 页。

[14] 马静、徐晓林：《政务微博问责泛在化研究》，《电子政务》2013 年第 1 期，第 22 ~ 26 页。

[15] 侯玉岭：《高度重视　充分发挥药监政务微博作用　北京市药品监督管理局集中培训网络信息员》，《首都医药》2013 年第 1 期，第 19 页。

[16] 杨斌：《关于湖南省公安微博发展的思考》，《湖南警察学院学报》2013 年第 1 期，第 34 ~ 39 页。

[17] 熊先承、蒋常香：《基于微博时代下 90 后大学生党员教育新渠道》，《江西青年职业学院学报》2013 年第 1 期，第 22 ~ 24 页。

[18] 刑立双：《政府机关对微博舆情的管理》，《军事记者》2013 年第 1 期，第 55 页。

[19] 许页抒、黄杰：《微博在政府危机公关中的运用》，《现代营销》（学苑版）2013 年第 1 期，第 148 ~ 149 页。

[20] 虞晓：《提升铁路官方微博影响力的思考》，《理论学习与探索》2013 年第 1 期，第 31 ~ 32 页。

[21] 曹妍：《微博：政治参与新路径》，《社科纵横》（新理论版）2013 年第 1 期，第 157 ~ 158 页。

[22] 邹海英：《微博在高校思想政治理论课应用中的局限及对策》，《绵阳师范学院学报》2013 年第 1 期，第 146 ~ 149 页。

[23] 郭红明、王永灿：《微博对高校思想政治教育的挑战及应对策略》，《江苏科技大学学报》（社会科学版）2013 年第 1 期，第 100 ~ 103 页。

[24] 张劲楠：《论微博与大学生信仰教育》，《广西师范大学学报》（哲学社会科学版）2013 年第 1 期，第 154 ~ 159 页。

[25] 张磊：《微博问政视角下司法公信力的实现路径》，《北京化工大学学报》（社会科学版）2013 年第 1 期，第 11 ~ 15 页。

[26] 翟年祥、翟琴琴：《论微时代对领导者能力素质的新挑战》，《安徽行政学院学报》2013 年第 1 期，第 36 ~ 40 页。

[27] 马武玲：《微博问政对地方官员执政能力的影响及应对》，《湖北警官学院学报》2013 年第 3 期，第 23 ~ 24 页。

[28] 田忠钰、李严：《微博在推动社会进步中的正能量作用微博在推动社会进步中的正能量作用》，《中共贵州省委党校学报》2013 年第 1 期，第 101 ~ 103 页。

[29] 司海杰：《碎片传播理论下的政务微博发展策略》，《情报探索》2013 年第 1 期，第 54 ~ 56 页。

[30] 杨斌：《以微博创新高职院校图书馆服务育人模式探讨》，《科技资讯》2013 年第 1 期，第 255 ~ 256 页。

[31] 饶晗：《微博：高校思想工作的一把利器》，《重庆高教研究》2013 年第 1 期，第 99 ~ 103 页。

[32] 赵聪：《微博语言特点说略》，《广东技术师范学院学报》2013 年第 1 期，第 61 ~ 64 页。

[33] 李剑桥：《浅析我国报纸记者微博的使用现状》，《今传媒》2013 年第 1 期，第 98 ~ 100 页。

[34] 鲁霞：《微博在大学英语读写课程教学中的运用》，《武汉工程职业技术学院学报》2013 年第 1 期，第 83 ~ 85 页。

[35] 钟伟军：《公共舆论危机中的地方政府微博回应与网络沟通——基于深圳“5. 26 飙车事件”的个案分析》，《公共管理学报》2013 年第 1 期，第 31 ~ 42 页。12 页。

[36] 杨爱平、陈景云、黄泰文：《微博倒逼制度化反腐的成因及出路》，《廉政文化研究》2013 年第 1 期，第 37 ~ 43 页。

[37] 郭伟：《浅析传统媒体与微博议程设置互动关系》，《今传媒》2013 年第 1 期，第 20 ~ 21 页。

[38] 李军刚、孔垂海：《论运用微博加强青年思想政治教育》，《思想政治教育研究》2013 年第 1 期，第 85 ~ 88 页。

[39] 韩效敬：《微博问政的热与“冷”及未来发展道路》，《晋中学院学报》2013 年第 1 期，第 11 ~ 15 页。

[40] 谢静敏：《出版社微博营销策略研究》，《山东理工大学学报》（社会科学版）2013 年第 1 期，第 77 ~ 81 页。

[41] 王淼、刘友华：《微博客的情报特征及其获取方法》，《现代情报》2013 年第 1 期，第 158 ~ 161 页。

[42] 李爱君：《微博及其英译研究》，《河南广播电视大学学报》2013 年第 1 期，第 32 ~ 33 页。

[43] 杨化：《“微时代”与大学生思想政治教育创新》，《重庆第二师范学院学报》2013 年

第 1 期，第 118 ~ 122 页。
[44] 高常、胡忠青：《基于微博的武当山旅游宣传促销策略》，《十堰职业技术学院学报》2013 年第 1 期，第 60 ~ 63 页。
[45] 焦德武、常松：《微博舆情：生产、研判与处置研究》，《安徽师范大学学报》（人文社会科学版）2013 年第 1 期，第 65 ~ 71 页。
[46] 王晓兰：《2012 年我国微博研究综述》，《国际新闻界》2013 年第 1 期，第 36 ~ 42 页。
[47] 蔡旭：《政务微博在创新社会管理中的应用》，《广东省社会主义学院学报》2013 年第 1 期，第 73 ~ 77 页。
[48] 吕梦盼、李华君：《涉外政府机构政务微博的新媒体传播方式与策略》，《电子政务》2013 年第 1 期，第 27 ~ 33 页。
[49] 宋文磊、张卫、王前：《微博舆论文化中的伦理问题研究》，《文化学刊》2013 年第 1 期，第 84 ~ 89 页。
[50] 罗晶：《传播学视域下的微博营销》，《湖南工业大学学报》（社会科学版）2013 年第 1 期，第 119 ~ 123 页。
[51] 张劲楠、李军松：《“微博”与大学生信仰教育的人文关怀路径》，《广西民族大学学报》（哲学社会科学版）2013 年第 1 期，第 185 ~ 188 页。
[52] 张薇：《记者在微博上的言论边界——以“明胶事件”为例》，《新闻世界》2013 年第 1 期，第 75 ~ 76 页。
[53] 黄宝玖、黄晓红：《微博政治参与问题的思考》，《三明学院学报》2013 年第 1 期，第 65 ~ 68 页。
[54] 李志翔：《政务微博运营管理现状与对策》，《新闻世界》2013 年第 1 期，第 73 ~ 75 页。
[55] 颜海、傅玉婷：《政务微博营销策略刍议》，《办公室业务》2013 年第 1 期，第 111 ~ 113 页。
[56] 刘静、钟永秀：《大学生微博使用的调查与思考》，《高校辅导员学刊》2013 年第 1 期，第 80 ~ 83 页。
[57] 张羽、侯逸君：《微博中农民话语权缺失现象分析——以关中农村地区微博新闻使用情况调查为例》，《西北大学学报》（哲学社会科学版）2013 年第 1 期，第 147 ~ 151 页。
[58] 吴闻莺：《微博网舆论聚合效应研究——微博围观、微博极化与微博动员》，《大连理工大学学报》（社会科学版）2013 年第 1 期，第 133 ~ 136 页。
[59] 郑声文、邓薇、杨静、陈为旭：《微博与大学生社会主义核心价值体系教育》，《成都中医药大学学报》（教育科学版）2013 年第 1 期，第 93 ~ 95 页。
[60] 邹驯智、臧海群：《微博空间中“公众阅听人”的重构》，《甘肃社会科学》2013 年第 1 期，第 199 ~ 202 页。
[61] 刘宝华、邱建国：《高校网络青年自组织科学管理探索——以微博协会为例》，《山西高等学校社会科学学报》2013 年第 1 期，第 96 ~ 97 页。
[62] 穆唯：《微博舆论对社会重大突发事件的影响》，《新闻世界》2013 年第 1 期，第 59 ~ 60 页。

[63] 王洁雯：《微博时代的传播模型建构——以新浪微博为例》，《新闻世界》2013 年第 1 期，第 63 ~ 65 页。
[64] 孔灵：《浅议微博评论的狂欢化倾向》，《新闻世界》2013 年第 1 期，第 67 ~ 68 页。
[65] 罗有晗：《工会与微博》，《中国工人》2013 年第 1 期，第 50 ~ 55 页。
[66] 杨靖云：《微博在突发事件中的应用初探》，《太原城市职业技术学院学报》2013 年第 1 期，第 80 ~ 82 页。
[67] 吴茹双：《微博在企业品牌传播中的营销价值》，《新闻世界》2013 年第 1 期，第 84 ~ 85 页。
[68] 胡婷婷、秦琼：《企业微博消费特征浅析》，《新闻世界》2013 年第 1 期，第 97 ~ 99 页。
[69] 顾思宇：《微博广告的传播策略分析》，《新闻世界》2013 年第 1 期，第 79 ~ 80 页。
[70] 徐世甫：《城市突发事件舆论微博引导的理性思考》，《上海城市管理》2013 年第 1 期，第 48 ~ 52 页。
[71] 袁娴：《亲民式平台：广州政府机构微博发展现状的实证研究》，《四川行政学院学报》2013 年第 1 期，第 50 ~ 55 页。
[72] 曹钟雄：《微博给城市治理带来的机遇与挑战》，《开放导报》2013 年第 1 期，第 76 ~ 79 页。
[73] 赵克：《微博时代新闻采编人员的主体意识》，《中国地市报人》2013 年第 1 期，第 106 ~ 107 页。
[74] 于洋：《微博中群体的构建：系统功能语言学新视角》，《东岳论丛》2013 年第 1 期，第 187 ~ 190 页。
[75] 刘瑞生、许薇薇、刘春阳：《全球微博发展态势及治理策略》，《中国党政干部论坛》2013 年第 1 期，第 86 ~ 88 页。
[76] 王辰瑶：《日常语境下的记者微博研究》，《现代传播》（中国传媒大学学报）2013 年第 1 期，第 45 ~ 50 页。
[77] 王兆辉、王祝康：《图书馆实名认证微博的话语责任探析》，《图书馆建设》2013 年第 1 期，第 81 ~ 84 页。
[78] 彭晓东、吕俊杰、杨新涯、魏群义：《基于自建和商业平台的高校图书馆微博比较研究》，《大学图书馆学报》2013 年第 1 期，第 59 ~ 62 页。
[79] 韩恬恬：《微博在教育领域的应用》，《教育评论》2013 年第 1 期，第 30 ~ 32 页。
[80] 闫科学：《基于 SWOT 的微博及其教育应用分析》，《电化教育研究》2013 年第 1 期，第 77 ~ 80 页。
[81] 田田：《微时代马克思主义大众化传播策略研究》，《理论观察》2013 年第 1 期，第 10 ~ 11 页。
[82] 王东庆：《公安微博问政存在的问题及其对策》，《辽宁警专学报》2013 年第 1 期，第 91 ~ 95 页。
[83] 袁文英、韩洪宇：《从“7·23”甬温线动车事故看政府如何应对网络舆情》，《湖南行政学院学报》2013 年第 1 期，第 20 ~ 23 页。
[84] 黄楚新、张佳鑫：《浅谈微博在共青团工作中的作用》，《中国青年政治学院学报》

2013 年第 1 期，第 13 ~ 17 页。

[85] 聂艳霞、张春青：《发挥微博的舆论引导功能　促进高职院校文化建设》，《学术界》2013 年第 S1 期，第 322 ~ 324 页。

[86] 李林洪：《多元文化背景下加强大学生使用微博行为管理和引导的探讨》，《理论观察》2013 年第 1 期，第 119 ~ 120 页。

[87] 于志强：《论微博的著作权保护》，《贵州社会科学》2013 年第 1 期，第 155 ~ 157 页。

[88] 帅志强：《政务微博参与社会管理的功能体现及运行机制》，《东南传播》2013 年第 1 期，第 100 ~ 102 页。

[89] 邱源子：《政务微博给网络舆论带来的影响》，《新闻爱好者》2013 年第 1 期，第 44 ~ 45 页。

[90] 屈涛：《政务微博发展的深层困境及若干思考》，《云南行政学院学报》2013 年第 1 期，第 75 ~ 79 页。

[91] 徐刘杰、熊才平、郭伟：《网络资源动态发展利用的社会网络分析——以新浪微博“教育技术”群为例》，《远程教育杂志》2013 年第 1 期，第 38 ~ 44 页。

[92] 梁芷铭：《话语释放与权力聚合——当代中国政务微博话语权研究的本体和价值维度》，《湖北社会科学》2013 年第 1 期，第 24 ~ 26 页。

[93] 潘俊宇：《微博时代高校德育工作探析》，《湖南农业大学学报》（社会科学版）2013 年第 S1 期，第 80 ~ 82 页。

[94] 刘维佳：《微博在热点事件中的作用——以河南兰考火灾为例》，《三峡大学学报》（人文社会科学版）2013 年第 S1 期，第 17 ~ 18 页。

[95] 杨智慧：《浅论意见领袖在微博广告传播中的作用》，《三峡大学学报》（人文社会科学版）2013 年第 S1 期，第 109 ~ 110 页。

[96] 周岚峰：《微博在大学生思想政治教育中的应用探究》，《白城师范学院学报》2013 年第 1 期，第 86 ~ 89 页。

[97] 赵敏：《微博时代的微公益理念社会化现状分析》，《重庆邮电大学学报》（社会科学版）2013 年第 1 期，第 118 ~ 123 页。

[98] 颜林翩、曲明鑫：《从“把关人理论”浅议我国的微博文学》，《琼州学院学报》2013 年第 1 期，第 90 ~ 91 页。

[99] 程征：《媒体微博制胜攻略——五家媒体微博的运营样本研究》，《中国记者》2013 年第 1 期，第 106 ~ 107 页。

[100] 赵春丽、刘彩霞：《微博政治参与的民主作用透视》，《廉政文化研究》2013 年第 1 期，第 92 ~ 92 页。

[101] 张豪锋、杨绪辉：《微群网络学习共同体的实践探索》，《现代远程教育研究》2013 年第 1 期，第 95 ~ 100 页。

[102] 王薇、张晓艺：《“外交小灵通”：新媒体环境下我国的公共外交与政府形象》，《国际展望》2013 年第 1 期，第 24 ~ 38、148 页。

[103] 丁西省：《从心理学角度看微博对大学生思想政治教育的影响》，《行政科学论坛》2013 年第 1 期页。

[104] 刘宗义：《2012 年我国微博发展综述》，《重庆社会科学》2013 年第 1 期，第 43 ~ 48 页。

[105] 刘洁伶：《从网络新闻评议会和新浪经验谈微博自律》，《中国记者》2013 年第 1 期，第 108 ~ 109 页。
[106] 张学新：《用公评审稿促进中国科技期刊的快速发展》，《心理发展与教育》2013 年第 1 期，第 109 ~ 111 页。
[107] 张慧：《微博表达自由及其法律规制》，《榆林学院学报》2013 年第 1 期，第 81 ~ 84 页。
[108] 周水：《电视新闻评论的微博化》，《视听界》2013 年第 1 期，第 94 ~ 95 页。
[109] 王伟、常征：《微博营销在电视民生新闻中的应用》，《视听界》2013 年第 1 期，第 106 ~ 108 页。
[110] 蒋萌：《“微博反腐”需要边界和对位》，《新闻研究导刊》2013 年第 1 期，第 90 ~ 90 页。
[111] 周岚峰：《微博在高校思想政治工作中的应用研究》，《内江师范学院学报》2013 年第 1 期，第 121 ~ 123 页。
[112] 陈义红：《“微博”在大学生思想政治教育中的运用》，《柳州职业技术学院学报》2013 年第 1 期，第 34 ~ 37 页。
[113] 徐兰、刘凤波、卢洪雨：《高校微博思想政治教育的现状分析与对策研究》，《广西教育学院学报》2013 年第 1 期，第 130 ~ 133 页。
[114] 余茉莉：《微博时代马克思主义经典理论在青年群体中传播的障碍与对策——基于传播受众的实证研究》，《周口师范学院学报》2013 年第 1 期，第 38 ~ 41 页。
[115] 吴国良：《博物馆、纪念馆微博作用分析及其运营初探——以铁人王进喜纪念馆官方微博为例》，《大庆社会科学》2013 年第 1 期，第 41 ~ 44 页。
[116] 郑洁、付有、马传谊：《微博对大学生影响的调查》，《淮阴师范学院学报》（哲学社会科学版）2013 年第 1 期，第 133 ~ 138 页。
[117] 陈如练、高超、黄森：《浅谈微博营销新模式——多渠道沟通媒介》，《现代交际》（学术版）2013 年第 1 期，第 146 ~ 147 页。
[118] 黄慧娟：《微博为高校学生管理工作带来的新契机》，《云南社会主义学院学报》2013 年第 1 期 J0156 ~ J0157 页。
[119] 何向红：《网络时代的微博客研究》，《焦作大学学报》2013 年第 1 期，第 131 ~ 132 页。
[120] 赵其波、齐巧玲、张丽红、王靖鑫：《大学生思想政治工作新方法、新途径研究——以高校微博的使用状况与分析为例》，《湖南社会科学》2013 年第 1 期，第 327 ~ 329 页。
[121] 何树全：《微博与辅导员工作与实效提升研究》，《湖南社会科学》2013 年第 1 期，第 101 ~ 103 页。
[122] 于双、王力尘：《微博平台下大学生思想政治教育机制初探》，《辽宁工业大学学报》（社会科学版）2013 年第 1 期，第 79 ~ 82 页。
[123] 毕潜：《如何用微博做图书营销》，《现代出版》2013 年第 1 期，第 57 ~ 58 页。
[124] 马烨：《政务管理的微博新时代》，《知识经济》2013 年第 1 期，第 49、51 页。
[125] 聂静：《大学出版社的微博营销探析》，《现代出版》2013 年第 1 期，第 40 ~ 43 页。

第 2 期

[126] 赵英熙、杜斌：《新媒体时代环保传播的变迁及发展趋势》，《中国人口·资源与环境》2013 年第 S2 期，第 119 ~ 121。[127] 孟川瑾：《“四问”政务微博》，《信息化建设》2013 年第 2 期，第 39 页。

[128] 党建宁：《新媒体时代公共危机中政府形象塑造的新模式》，《新西部》（理论版）2013 年第 Z2 期，第 100 ~ 101 页。

[129] 叶元俭：《微博问政视野下协商民主的挑战与发展研究》，《福建省社会主义学院学报》2013 年第 2 期，第 38 ~ 41 页。

[130] 吴明、李慧斌、赵美夫：《政务微博促进社会管理创新研究》，《统计与管理》2013 年第 2 期，第 71 ~ 72 页。

[131] 马自泉：《微博舆论视阈下的政府社会管理创新》，《湖北师范学院学报》（哲学社会科学版）2013 年第 2 期，第 61 ~ 64 页。

[132] 李佳：《浅析微博反腐》，《宁波广播电视大学学报》2013 年第 2 期，第 6 ~ 8 页。

[133] 刘亚琦：《从微博看公众的法制需求》，《北京政法职业学院学报》2013 年第 2 期，第 37 ~ 40 页。

[134] 霍琰：《在公共事件中新媒体“微博”的传播态势分析》，《吉首大学学报》（社会科学版）2013 年第 S2 期，第 99 ~ 100 页。

[135] 许珍、梁芷铭、徐福林：《政务微博的思想政治教育功能探析——政务微博话语权研究系列之一》，《传播与版权》2013 年第 2 期，第 86 ~ 87 页。

[136] 刘倩倩：《微博视阈下医学生社会主义核心价值观教育探析》，《福建医科大学学报》（社会科学版）2013 年第 2 期，第 13 ~ 17 页。

[137] 莫祖英、马费成、罗毅：《微博信息质量评价模型构建研究》，《信息资源管理学报》2013 年第 2 期，第 12 ~ 18 页。

[138] 曹陇华、张梦寒、张敬：《风险社会下的组织与媒介关系——以风险应对组织和微博为例》，《科学．经济．社会》2013 年第 2 期，第 138 ~ 141 页。

[139] 邹新：《大学生微博政治参与中的失范与矫正》，《温州职业技术学院学报》2013 年第 2 期，第 79 ~ 82 页。

[140] 李文慧、刘师伟：《微博在新疆高校大学生就业工作中的价值探寻》，《新疆职业教育研究》2013 年第 2 期，第 63 ~ 66 页。

[141] 林竹静、寇桂琳：《检察微博与虚拟社会管理创新》，《山西省政法管理干部学院学报》2013 年第 2 期，第 50 ~ 52 页。

[142] 张新建、梁红秋：《充分发挥政务微博在社会管理中的作用》，《前进论坛》2013 年第 2 期，第 37 页。

[143] 和曼：《政务微博存在的问题及应对策略——以新浪微博“政府外宣”板块为例》，《青年记者》2013 年第 2 期，第 63 ~ 64 页。

[144] 葛傲天：《微博对网络民主的实现问题研究》，《中共济南市委党校学报》2013 年第 2 期，第 99 ~ 102 页。

[145] 骆海明：《微博问政对我国政策制定的影响》，《邢台职业技术学院学报》2013 年第 2

期，第 69 ~ 72 页。

[146] 董强柱：《微博中的意见领袖和新闻伦理》，《长安大学学报》（社会科学版）2013 年第 2 期，第 118 ~ 121 页。

[147] 刘波：《公安机关如何有效利用微博宣传和树立形象》，《辽宁公安司法管理干部学院学报》2013 年第 2 期，第 80 ~ 81 页。

[148] 刘伟：《论微博对大学生思想政治工作的影响》，《云南社会主义学院学报》2013 年第 2 期，第 338 ~ 338 页。

[149] 庄黎、康娟：《虚拟公共空间的信息界面架构用户体验研究——以新浪微博产品为例》，《湖北美术学院学报》2013 年第 2 期，第 127 ~ 130 页。

[150] 曾娇：《自媒体时代基于自发社会秩序建构下的微博反腐》，《中共乐山市委党校学报》2013 年第 2 期，第 96 ~ 99 页。

[151] 杨相平、周胤呈：《微博传播模式下的危机公关》，《办公室业务》2013 年第 2S 期，第 159 ~ 161 页。

[152] 成吉：《基于微博的大学生思想政治教育形式探究》，《湖州师范学院学报》2013 年第 2 期，第 115 ~ 117 页。

[153] 杜俊：《微博在开放大学信息化建设中的可行性分析》，《南京广播电视大学学报》2013 年第 2 期，第 79 ~ 82 页。

[154] 杜莹、杜娜梅、尹雪璐：《地方政府官员微博在化解社会矛盾中的作用及实现》，《河北经贸大学学报》（综合版）2013 年第 2 期，第 15 ~ 19 页。

[155] 洪欣：《基于院系微博的高校学生工作创新研究》，《河北大学成人教育学院学报》2013 年第 2 期，第 122 ~ 125 页。

[156] 王春琳：《对微博使用中侵权问题的思考》，《江苏警官学院学报》2013 年第 2 期，第 68 ~ 70 页。

[157] 宋蓓蓓、尉鹏：《冲破传统藩篱的微博写作》，《中共济南市委党校学报》2013 年第 2 期，第 90 ~ 92 页。

[158] 杨军、张侃：《“广东陆丰乌坎事件”网络舆情演化研究》，《电子科技大学学报》（社会科学版）2013 年第 2 期，第 81 ~ 87 页。

[159] 李钢、罗程浩：《微博语境下公共领域的重构》，《北京邮电大学学报》（社会科学版）2013 年第 2 期，第 1 ~ 5 页。

[160] 侯敏、滕永林、李雪燕、陈毓麒、郑双美、侯明午、周红照：《话题型微博语言特点及其情感分析策略研究》，《语言文字应用》2013 年第 2 期，第 135 ~ 143 页。

[161] 孙冠、李永忠：《由政务微博谈电子政务建设与第三方服务》，《辽宁行政学院学报》2013 年第 2 期，第 40 ~ 43 页。

[162] 黄元骋：《我国体育微博把关现状及对策研究》，《哈尔滨体育学院学报》2013 年第 2 期，第 37 ~ 39 页。

[163] 李艳英、刘超：《青岛大学生微博使用情况调查与分析——以使用新浪微博为例》，《济宁学院学报》2013 年第 2 期，第 22 ~ 27 页。

[164] 陈雪丽：《纯粹微博平台上的议程设置特点研究——以“切糕事件”传播为例》，《集美大学学报》（哲学社会科学版）2013 年第 2 期，第 109 ~ 113 页。

[165] 王晃：《基于博弈论的微博监管问题分析与建议》，《北京邮电大学学报》（社会科学版）2013 年第 2 期，第 31 ~ 38 页。

[166] 曹福勇：《广东高校图书馆微博服务研究》，《广东青年职业学院学报》2013 年第 2 期，第 34 ~ 38 页。

[167] 刘雪艳、闫强：《政府微博中的热点事件信息可信度研究》，《北京邮电大学学报》（社会科学版）2013 年第 2 期，第 6 ~ 12 页。

[168] 缪来顺、沈珠楹：《“微博课堂”在中青年干部培训中的实践与探讨》，《中共贵州省委党校学报》2013 年第 2 期，第 83 ~ 85 页。

[169] 丁益、周萍：《“微博”在网络社会管理中的现状与对策》，《厦门城市职业学院学报》2013 年第 2 期，第 52 ~ 56 页。

[170] 赵雪、史成然：《浅析微博文本的符号学特征——以电子商务类企业微博为例》，《内蒙古师范大学学报》（哲学社会科学版）2013 年第 2 期，第 95 ~ 98 页。

[171] 王骊华、张宏、朱丽荣：《“微时代”背景下气象信息的传递》，《陕西气象》2013 年第 2 期，第 42 ~ 44 页。

[172] 陈晓：《政治语言的审美价值探讨》，《人民论坛》2013 年第 2 期，第 206 ~ 207 页。

[173] 冯雪：《“微时代”下的档案信息资源传播》，《兰台世界》2013 年第 2 期，第 86 ~ 87 页。

[174] 刘卉：《五省藏区政务微博运用现状及发展策略研究》，《民族学刊》2013 年第 2 期，第 53 ~ 58、114 ~ 115 页。

[175] 王延隆：《名微博舆情调查及其对青年的影响》，《当代青年研究》2013 年第 2 期，第 5 ~ 11 页。

[176] 刘鸫根：《高校官方微博传播与运营策略研究》，《前沿》2013 年第 2 期，第 21 ~ 22 页。

[177] 冯海芬：《“微博问政”在公共政策制定中的参与研究》，《中共云南省委党校学报》2013 年第 2 期，第 155 ~ 157 页。

[178] 吴俣丹：《我国政务微博的实施效益分析及对策研究》，《中山大学研究生学刊》（社会科学版）2013 年第 2 期，第 126 ~ 139 页。

[179] 李婷婷：《增强政务微博议题、议程设置能力的思考》，《新闻知识》2013 年第 2 期，第 66、85 页。

[180] 张东虎：《微博在高校网络思想政治教育工作应用的 SWOT 分析》，《阴山学刊》（社会科学版）2013 年第 2 期，第 108 ~ 111 页。

[181] 徐汇区总工会课题组、袁建村：《关于政务微博在扩大工会工作影响力方面的作用初探》，《工会理论研究》（上海工会管理职业学院学报）2013 年第 2 期，第 31 ~ 33 页。

[182] 吴果中、胡琴：《微博语境下新闻报道路径选择和模式建构——以调查性报道为例》，《湖南师范大学社会科学学报》2013 年第 2 期，第 141 ~ 144 页。

[183] 张薇：《微博——新时期社会主义核心价值体系传播的新平台》，《宁夏大学学报》（人文社会科学版）2013 年第 2 期，第 174 ~ 177 页。

[184] 王一夫、李颖：《人的异化的现时代缩影——以微博为例》，《理论界》2013 年第 2

期，第 180 ~ 182 页。

[185] 白杨：《网络流言对政治传播的影响及其应对策略》，《哈尔滨工业大学学报》（社会科学版）2013 年第 2 期，第 40 ~ 42 页。

[186] 阚宁辉：《善用新媒体，开拓公共文化服务的新空间》，《中国编辑》2013 年第 2 期，第 66 ~ 67、71 页。

[187] 弓海军、张磊：《需求视域下“90 后”大学生“微博文化”现象研究》，《攀枝花学院学报》（综合版）2013 年第 2 期，第 73 ~ 75 页。

[188] 陈松：《采纳微博信息源应注意的问题》，《记者摇篮》2013 年第 2 期，第 40 ~ 41 页。

[189] 郑洁、马传谊：《微博对当代大学生的影响及其引导》，《青年探索》2013 年第 2 期，第 45 ~ 49 页。

[190] 张鑫：《“微”时代公共政策之“巨”变化——论微博对当前中国公共政策的影响》，《山东行政学院学报》2013 年第 2 期，第 21 ~ 24 页。

[191] 柳海滨：《关于我国公民微博参政“热”的“冷”思考》，《吉林师范大学学报》（人文社会科学版）2013 年第 2 期，第 73 ~ 75 页。

[192] 张瑛：《网络环境下的高职院校社会主义核心价值体系建设》，《高等函授学报》（哲学社会科学版）2013 年第 2 期，第 88 ~ 89 页。

[193] 谢人强：《企业微博营销分析与策略研究》，《红河学院学报》2013 年第 2 期，第 64 ~ 66 页。

[194] 白贵、王秋菊：《微博意见领袖影响力与其构成要素间的关系》，《河北学刊》2013 年第 2 期，第 171 ~ 174 页。

[195] 郭静：《大学生使用微博的心理动因》，《衡水学院学报》2013 年第 2 期，第 99 ~ 101 页。

[196] 聂静虹、褚金勇：《博而微则变微而博则通——微博的信息传播特点探析》，《西南民族大学学报》（人文社会科学版）2013 年第 2 期，第 170 ~ 173 页。

[197] 阮直：《微博是社会监督睁大的眼睛》，《学习月刊》2013 年第 2 期，第 1 ~ 1 页。

[198] 唐燕、王卫明：《人“表哥”事件看微博反腐的价值与条件》，《老区建设》2013 年第 2 期，第 36 ~ 38 页。

[199] 向达、施佳：《关于微博问题的立法控制》，《湖北警官学院学报》2013 年第 2 期，第 60 ~ 62 页。

[200] 刘正妙：《国内“微博问政”研究述评》，《湖湘论坛》2013 年第 2 期，第 80 ~ 84 页。

[201] 李瑞军、卢宁、王永坤：《微博对大学生思想政治教育的影响及对策研究》，《长春师范大学学报》（人文社会科学版）2013 年第 2 期，第 88 ~ 89 页。

[202] 林亚芬：《社会管理创新下的微博问政》，《重庆邮电大学学报》（社会科学版）2013 年第 2 期，第 99 ~ 103 页。

[203] 龙斌：《基于微博的高校图书馆与用户互动研究》，《图书馆研究》2013 年第 2 期，第 88 ~ 90 页。

[204] 林亚芬：《微博问政中的公民参与路径研究》，《常州大学学报》（社会科学版）2013 年第 2 期，第 24 ~ 27 页。

[205] 赵明霞：《大学图书馆微博管理问题及对策研究》，《图书馆研究》2013 年第 2 期，第 44 ~ 47 页。

[206] 郭忠华：《新时期网络环境下的统一战线建设与民主发展——以微博为中心的论述》，《中共四川省委省级机关党校学报》2013 年第 2 期，第 19 ~ 24 页。

[207] 靖鸣、祁丽婷：《我国微博侵权现象、特性及其对策》，《现代传播》（中国传媒大学学报）2013 年第 2 期，第 120 ~ 123 页。

[208] 孔繁超：《基于新浪微博的图书馆学人意见领袖调查与分析》，《大学图书馆学报》2013 年第 2 期，第 55 ~ 59 页。

[209] 李林洪：《试析微博在高校大学生校园生活中的角色和地位及其对德育工作的影响》，《理论观察》2013 年第 2 期，第 115 ~ 116 页。

[210] 宋涛：《高校校园文化的微博营销》，《新闻世界》2013 年第 2 期，第 141 ~ 142 页。

[211] 孙春霞、陈默：《私力救济在微博时代的价值重建》，《理论与改革》2013 年第 2 期，第 159 ~ 161 页。

[212] 孙亚茹、郑武端：《论如何提高全民媒介素养》，《齐齐哈尔大学学报》（哲学社会科学版）2013 年第 2 期，第 155 ~ 157 页。

[213] 彭涛：《社交媒体的形成与公民新闻的传播》，《四川师范大学学报》（社会科学版）2013 年第 2 期，第 156 ~ 162 页。

[214] 隋岩、曹飞：《从混沌理论认识互联网群体传播特性》，《学术界》2013 年第 2 期，第 86 ~ 94 页。13 页。

[215] 朱天、姚婷：《微博时代电视娱乐节目传播特征探析——以〈中国好声音〉的传播实践为例》，《西南民族大学学报》（人文社会科学版）2013 年第 2 期，第 166 ~ 169 页。

[216] 彭桐、朱庆华、王雪芬：《微博用户共享行为影响因素研究》，《图书情报知识》2013 年第 2 期，第 81 ~ 87 页。

[217] 姜璐：《浅析微博对网络公共领域的影响》，《新闻世界》2013 年第 2 期，第 61 ~ 62 页。

[218] 张仕琦：《“微博两会”及其效果提升》，《新闻世界》2013 年第 2 期，第 65 ~ 66 页。

[219] 陈建华、孙健、路宝君：《微博角色管理与城市电视台品牌战略》，《现代传播》（中国传媒大学学报）2013 年第 2 期，第 159 ~ 160 页。

[220] 张合营：《妥善应对微博时代意识形态领域的挑战》，《中州学刊》2013 年第 2 期，第 173 ~ 176 页。

[221] 李妍：《浅谈高校共青团微博体系建设》，《理论界》2013 年第 2 期，第 202 ~ 203 页。

[222] 管志利：《微博沟通：党政机构推进社会管理创新的新途径》，《辽宁行政学院学报》2013 年第 2 期，第 12 ~ 14 页。

[223] 孙志伟：《微博传播现状及未来发展趋势》，《齐齐哈尔大学学报》（哲学社会科学版）2013 年第 2 期，第 134 ~ 136 页。

[224] 董小菲、王言浩：《新路径：女校大学生对微博的使用与满足研究》，《今传媒》2013 年第 2 期，第 45 ~ 46 页。

[225] 冯晓青、王瑞：《微博作品转发中的著作权问题研究——以“默示授权”与“合理使

用”为视角》，《新闻与传播研究》2013年第2期，第44～54页。
［226］许筠芸、陆贤彬：《移动社会化媒体技术接受与匹配影响因素研究——以移动微博客户端发布行为为例》，《经济与管理》2013年第2期，第84～88页。
［227］庞道锋：《“I传播”生态下报纸的生存选择——以微博为对标，基于用户体验与新闻经验的综合考量》，《山东社会科学》2013年第2期，第90～100页。
［228］陈敏：《微博问政的特点、效应、问题及策略研究》，《理论界》2013年第2期，第39～41页。
［229］靖鸣、臧诚：《微博对把关人理论的解构及其对大众传播的影响》，《新闻与传播研究》2013年第2期，第55～69页。15页。
［230］张宇光：《微博在参考咨询服务中的应用研究》，《图书馆论坛》2013年第2期，第164～166页。
［231］罗文伯：《社会网络视角下的微博研究》，《今传媒》2013年第2期，第108～109页。
［232］卢玲：《出版企业官方微博营销策略研究》，《今传媒》2013年第2期，第68～70页。
［233］金潞、王芬：《基于CC协议的微博著作权问题解决之道》，《新世纪图书馆》2013年第2期，第80～83页。
［234］张静：《图书馆微博服务体系建设初探》，《图书馆论坛》2013年第2期，第156～159页。
［235］廖璠、刘国敏：《微博长期保存的可行性研究——基于德尔菲法的调查报告》，《图书馆论坛》2013年第2期，第45～49页。
［236］周庆山、俞治朕：《我国大学生微博选择的影响因素实证分析》，《数字图书馆论坛》2013年第2期，第39～52页。14页。
［237］荆丽娜：《地方报纸微博应用探析——以〈绥化晚报〉为例》，《绥化学院学报》2013年第2期，第28～31页。
［238］陈欣：《从微博评论活动看信息的集群与分裂效应》，《新闻研究导刊》2013年第2期，第39～41页。
［239］上海城乡建设和交通工作党委：《政务微博：行业思想政治工作新载体》，《思想政治工作研究》2013年第2期，第33～34页。
［240］李喻：《政务微博生命力在于做了什么》，《中国老区建设》2013年第2期，第17页。
［241］蒋颖：《澳洲政客使用中国新浪微博的分析》，《今传媒》2013年第2期，第12～15页。
［242］王天宜：《电子政务发展中的微博功能研究》，《当代经济》2013年第2期，第26～27页。
［243］林亚芬：《微博问政参与社会管理创新研究》，《福建农林大学学报》（哲学社会科学版）2013年第2期，第64～67页。
［244］王永华、周月莲、田洁：《天津地区图书馆微博现状调查分析》，《图书馆工作与研究》2013年第2期，第108～109页。
［245］刘馨：《构建公民社会中微博的角色定位》，《赤峰学院学报》（汉文哲学社会科学版）2013年第2期，第201～202页。
［246］陈奋红：《微博时代的电子政务发展困境与路径探析》，《学理论》2013年第2期，

第 14 ~ 15 页。
[247] 汤玲：《网络论争中的青年社会情绪及价值取向解读——以“上海地铁二运事件”为例》，《当代青年研究》2013 年第 2 期，第 12 ~ 17 页。
[248] 闫晓创：《档案行政部门微博发展状况分析——以新浪微博为例》，《档案管理》2013 年第 2 期，第 66 ~ 67 页。
[249] 杨宇：《微博：大学生思想政治教育载体新拓展》，《宿州教育学院学报》2013 年第 2 期，第 14 ~ 15 页。
[250] 彭晶、史学田：《新媒体在团青融合中的功能和作用研究——以高校微博为例》，《山东青年政治学院学报》2013 年第 2 期，第 38 ~ 41 页。
[251] 陈文胜：《微博问政视域下的党内民主建设》，《理论导刊》2013 年第 2 期，第 46 ~ 49 页。
[252] 王婧：《探析微博对大学生思想政治教育的反馈》，《学理论》2013 年第 2 期，第 267 ~ 269 页。
[253] 黄文：《微博非语言传播及其对传统媒体的影响》，《新闻世界》2013 年第 2 期，第 48 ~ 49 页。
[254] 温旭：《以微博文化构建高校网络思想政治教育新模式》，《山东青年政治学院学报》2013 年第 2 期，第 77 ~ 80 页。
[255] 陈晓靖、刘建国：《浅谈高校微博隐性课堂》，《现代交际》（学术版）2013 年第 2 期，第 201 ~ 202 页。
[256] 丁波：《试论微博的社会公益行为及微博的监督作用》，《现代交际》（学术版）2013 年第 2 期，第 103 ~ 103 页。
[257] 冯维胜、倪刚：《上海市公共体育服务呼叫中心的建设》，《体育科研》2013 年第 2 期，第 58 ~ 61 页。
[258] 李鹏、西宝：《微博政务：政府微博客的信息公开服务》，《情报理论与实践》2013 年第 2 期，第 44 ~ 47 页。
[259] 郑婧伶、徐炳全：《浅议政务微博对舆论场的引导》，《传媒》2013 年第 2 期，第 74 ~ 75 页。
[260] 姜胜洪：《运用政务微博加强网络舆情危机应对》，《未来与发展》2013 年第 2 期，第 17 ~ 20、12 页。
[261] 李爱君：《微博的特点及其潮词英译解析》，《重庆社会科学》2013 年第 2 期，第 61 ~ 65 页。
[262] 高菲、帅全锋：《政务微博辟谣策略探析——以 2012 年突发公共事件为例》，《新闻知识》2013 年第 2 期，第 59 ~ 61 页。
[263] 倪春纳：《政府微博的现状、困境与反思》，《电子政务》2013 年第 2 期，第 49 ~ 55 页。
[264] 康瑞珍、闫桂云：《公安微博传播效果分析》，《新闻世界》2013 年第 2 期，第 57 ~ 58 页。
[265] 刘宏盈、唐羽佳：《旅游产品微博营销策略研究》，《商业研究》2013 年第 2 期，第 212 ~ 216 页。

[266] 璩静：《微博对公共舆情的影响及应对策略》，《传媒》2013 年第 2 期，第 58 ~ 59 页。

[267] 曾晖：《纪委“官微”，小题怎样大作?》，《廉政瞭望》2013 年第 2 期，第 34 ~ 35 页。

[268] 陈文胜：《微博问政在服务型政党建设中的作用及其发挥》，《理论探索》2013 年第 2 期，第 31 ~ 33 页。

[269] 王清颖、张垒：《北京微博发布厅：“合唱”出政务微博的舆论最强音》，《中国记者》2013 年第 2 期，第 14 ~ 16 页。

[270] 张梓轩、徐谭：《主流媒体微博十八大报道新观察》，《中国记者》2013 年第 2 期，第 79 ~ 80 页。

[271] 陈凌云：《微博对广播滚动新闻的影响》，《视听界》2013 年第 2 期，第 114 ~ 115 页。

[272] 蔡永海、陈哲：《微博式交往对大学生思想政治教育功能的强化》，《河北师范大学学报》（哲学社会科学版）2013 年第 2 期，第 150 ~ 153 页。

[273] 刘朋：《微博问政研究述评》，《华南理工大学学报》（社会科学版）2013 年第 2 期，第 14 ~ 18 页。

[274] 翁李焱、黄二宁：《试论大学官方微博的运营策略》，《福州大学学报》（哲学社会科学版）2013 年第 2 期，第 95 ~ 98 页。

[275] 黄梅林：《图书馆微博的功能优势与角色定位》，《图书馆界》2013 年第 2 期，第 4 ~ 7 页。

[276] 宋川：《微博的快速性与中国电子政务的应变反应能力》，《广播电视大学学报》（哲学社会科学版）2013 年第 2 期，第 90 ~ 93 页。

[277] 刘建芹：《群体性事件网络舆情对公共管理的影响及应对》，《小说评论》2013 年第 S2 期，第 297 ~ 299 页。

[278] 张雁：《连接主义视角下微博在大学英语研究性学习中的应用》，《宁波工程学院学报》2013 年第 2 期，第 92 ~ 96 页。

第 3 期

[279] 吴隆文：《浅析微博时代的政府公信力》，《山西师大学报》（社会科学版）2013 年第 S3 期，第 4 ~ 7 页。

[280] 张鹏翼：《社会融入还是排斥？当微博遇到“新生代”农民工》，《中国图书馆学报》2013 年第 3 期，第 70 ~ 71 页。

[281] 徐帅：《微博时代下大学生媒介素养》，《科技传播》2013 年第 3 期，第 10 ~ 10 页。

[282] 程广鑫、贺菲：《论微博问政对公共政策制定的影响》，《内蒙古财经大学学报》2013 年第 3 期，第 143 ~ 147 页。

[283] 金晓玲：《微博客用户实时信息分享行为影响因素研究》，《现代管理》2013 年第 3 期，第 165 ~ 170 页。

[284] 陈鹏、隋晋光：《基于个体属性的微博用户特征行为统计分析》，《知识管理论坛》2013 年第 3 期，第 16 ~ 21 页。

[285] 陈海楠：《创新社会管理视角下微博治理问题与对策》，《苏州教育学院学报》2013 年第 3 期，第 67 ~ 68 页。

[286] 刘文斌：《关于微博“逆袭”现象的分析》，《荆楚学术》2017 年第 7 期，第 3 页。
[287] 唐晓波、王洪艳：《基于潜在狄利克雷分配模型的微博主题演化分析》，《情报学报》2013 年第 3 期，第 281 ~ 287 页。
[288] 汤红娜、申彩虹、杨敏：《社会管理创新视野下的政务微博实践探索》，《现代经济信息》2013 年第 3 期，第 255 页。
[289] 刘志明、刘鲁、苗蕊：《突发事件新闻报道与微博信息的爆发性模式比较》，《情报学报》2013 年第 3 期，第 288 ~ 298 页。
[290] 郭丹：《微博版权的比较研究》，《山西省政法管理干部学院学报》2013 年第 3 期，第 112 ~ 114 页。
[291] 梁铁楹：《微博舆论场中的高校意见领袖》，《太原城市职业技术学院学报》2013 年第 3 期，第 1 ~ 2 页。
[292] 孟晓辉：《政务微博：搭建政务公开新平台》，《开封大学学报》2013 年第 3 期，第 47 ~ 49 页。
[293] 黄文森：《对微博时代网络集群行为的实证研究——以“南京梧桐树”事件为例》，《文化与传播》2013 年第 3 期，第 19 ~ 24 页。
[294] 张骜远：《网络微博视阈下政府形象重塑的路径选择》，《成都行政学院学报》2013 年第 3 期，第 19 ~ 21 页。
[295] 邹祥勇：《新媒体环境下高校官方微博发展策略初探》，《宁波广播电视大学学报》2013 年第 3 期，第 4 ~ 6 页。
[296] 周宁、俞亮：《浅谈公安微博建设》，《公安研究》2013 年第 3 期，第 71 ~ 74 页。
[297] 黄辉：《校园公益微博在社区传播中的运用》，《长沙民政职业技术学院学报》2013 年第 3 期，第 109 ~ 110 页。
[298] 姚其煌：《微博视阈下高校学生党建工作载体创新的思考》，《福建医科大学学报》（社会科学版）2013 年第 3 期，第 5 ~ 8 页。
[299] 夏雷、许宝丰：《微博对高校思想政治教育的影响与对策研究》，《电大理工》2013 年第 3 期，第 67 ~ 68 页。
[300] 王荣：《微博教学在民法学课程中的应用》，《电大理工》2013 年第 3 期，第 44 ~ 46 页。
[301] 郑寿：《微博在高校大学生网络舆情管理中的思考》，《福建医科大学学报》（社会科学版）2013 年第 3 期，第 9 ~ 13 页。
[302] 王晓芸：《基于内容分析的政务微博传播效果研究——以“@ 陕西发布”为例》，《陕西行政学院学报》2013 年第 3 期，第 43 ~ 46 页。
[303] 刘亚军、程婧：《公安微博在网上群众工作中的作用》，《江苏警官学院学报》2013 年第 3 期，第 77 ~ 80 页。
[304] 王柏斌、田剑：《信息内容对微博营销效果影响的实证研究》，《江苏科技大学学报》（社会科学版）2013 年第 3 期，第 95 ~ 99 页。
[305] 黎藜、包德敏：《体育俱乐部官方微博营销方式及对策研究》，《哈尔滨体育学院学报》2013 年第 3 期，第 9 ~ 12 页。
[306] 陆诤岚、范昕俏、贝宇倩：《旅游企业微博营销现状分析》，《旅游研究》2013 年第 3

期，第 52 ~ 58 页。

［307］李佳：《微博公益问题研究》，《宁波广播电视大学学报》2013 年第 3 期，第 1 ~ 3 页。

［308］王焕成、王金凤：《博客与微博视野下高职人才培养目标及路径探究》，《滁州职业技术学院学报》2013 年第 3 期，第 17 ~ 20 页。

［309］郑永森：《运用网络平台创新大学生思想政治教育工作研究》，《无锡职业技术学院学报》2013 年第 3 期，第 94 ~ 96 页。

［310］彭继玉：《图书馆利用微博平台进行服务研究》，《辽宁科技学院学报》2013 年第 3 期，第 99 ~ 101 页。

［311］姜亮：《微博环境下大学生文化自觉初探》，《山西青年管理干部学院学报》2013 年第 3 期，第 23 ~ 25 页。

［312］闵晓冬：《微博在高校图书馆个性化服务中的应用探析》，《包头职业技术学院学报》2013 年第 3 期，第 93 ~ 94 页。

［313］车文玉、刘培刚：《微博营销在旅游目的地的应用探析》，《皖西学院学报》2013 年第 3 期，第 83 ~ 85 页。

［314］蒋露茜：《高校辅导员微博的建构策略研究》，《思想政治教育研究》2013 年第 3 期，第 92 ~ 94 页。

［315］龚琰：《微博新闻场的特质——由布尔迪厄引发的思考》，《戏剧之家》（上半月）2013 年第 3 期，第 122 ~ 122 页。

［316］张晓郁：《我国出版社微博营销初探》，《中州大学学报》2013 年第 3 期，第 62 ~ 64 页。

［317］李雅筝、郭璐、周荣庭：《微博媒体对现实社会网络构建的影响分析》，《今传媒》2013 年第 3 期，第 17 ~ 19 页。

［318］鲁烨、殷玲玲：《微博时代大学生思想政治教育研究述评》，《煤炭高等教育》2013 年第 3 期，第 59 ~ 62 页。

［319］庄婷婷、王平、程齐凯：《一种时间情境依赖的微博话题抽取方法》，《信息资源管理学报》2013 年第 3 期，第 40 ~ 46 页。

［320］郭思缘：《浅谈新媒体形式——微博在文化传播发展中的影响和作用》，《戏剧之家》2013 年第 3 期，第 129 ~ 129 页。

［321］盛明科、杨玉兰：《微博时代公共舆论暴力的产生及其治理机制研究》，《吉首大学学报》（社会科学版）2013 年第 3 期，第 73 ~ 78 页。

［322］吴玉如：《地震部门微博客应用探讨》，《灾害学》2013 年第 3 期，第 185 ~ 190 页。

［323］周世林、关桂峰：《政务微博：舆论引导轻骑兵如何造就?》，《中国记者》2013 年第 3 期，第 80 ~ 81 页。

［324］王苏醒：《公安微博传播内容刍议》，《中国人民公安大学学报》（社会科学版）2013 年第 3 期，第 89 ~ 98 页。

［325］陈安、汪云、迟菲：《网络社交平台匿名机制失效分析——以微博实名制为例》，《科技促进发展》2013 年第 3 期，第 111 ~ 120 页。

［326］刘君：《“微时代”大学生思想政治教育工作浅议》，《高等建筑教育》2013 年第 3 期，第 155 ~ 157 页。

[327] 詹林、李金璘：《微博在公安院校教学中的应用研究》，《安徽警官职业学院学报》2013 年第 3 期，第 89 ~ 93 页。

[328] 张炜：《大学生微博问政的问题、原因及建议》，《广东青年职业学院学报》2013 年第 3 期，第 77 ~ 77 页。

[329] 牛梦笛：《政务微博：从发布平台到办公平台》，《中国广播》2013 年第 3 期，第 79 页。

[330] 肖榕：《论微博时代下的纸媒体育新闻传播策略》，《体育科学研究》2013 年第 3 期，第 11 ~ 14 页。

[331] 陈星宇、秦桂芬、岳献荣：《微博时代高校思想政治教育面临的机遇与挑战》，《云南农业大学学报》（社会科学版）2013 年第 3 期，第 57 ~ 60 页。

[332] 邓秀军、刘静：《社会计算视野下"甬温动车追尾事故"的微博舆论生成模式研究》，《浙江传媒学院学报》2013 年第 3 期，第 14 ~ 20 页。

[333] 董敬畏：《作为一种公共领域表现形式的微博——特征、影响及其困境》，《中共杭州市委党校学报》2013 年第 3 期，第 55 ~ 60 页。

[334] 罗双发、张晓岚：《大学生参与微博教学的意愿调查》，《中国农业教育》2013 年第 3 期，第 61 ~ 65 页。

[335] 王萌萌：《高校微博在校园文化建设中的作用》，《山东商业职业技术学院学报》2013 年第 3 期，第 94 ~ 96 页。

[336] 胡昌龙、郭暅：《基于本体与 Web 挖掘的微博信任危机预防模型》，《湖北工业大学学报》2013 年第 3 期，第 14 ~ 17 页。

[337] 卢荣荣：《论微博问政对我国政策制定的影响》，《湖南工业职业技术学院学报》2013 年第 3 期，第 35 ~ 37 页。

[338] 柴玥、张璐、王姝、冷泉：《大连报纸微博现状研究》，《文化学刊》2013 年第 3 期，第 150 ~ 155 页。

[339] 董誉、黄成忠、金更欢：《微时代基层学习型党组织学习载体创新探索》，《探求》2013 年第 3 期，第 117 ~ 120 页。

[340] 石裕东、邢起龙：《微文化内涵初探》，《湖北工业大学学报》2013 年第 3 期，第 77 ~ 79 页。

[341] 陈星：《微博时代大学生心理健康教育》，《沧桑》2013 年第 3 期，第 125 ~ 128 页。

[342] 寇佳婵：《政务微博的舆论管理》，《对外传播》2013 年第 3 期，第 43 ~ 45 页。

[343] 王新才、何钟涵：《政务微博在政府信息公开中的应用现状及策略》，《湖北档案》2013 年第 3 期，第 15 ~ 18 页。

[344] 过君琰：《微博在大学英语写作教学中的应用研究》，《湖南工业职业技术学院学报》2013 年第 3 期，第 91 ~ 92 页。

[345] 杨爱平、陈景云、黄泰文：《微博倒逼制度化反腐的成因与出路》，《南华大学学报》（社会科学版）2013 年第 3 期，第 20 ~ 20 页。

[346] 郑洁、付有：《微博对大学生影响的调查与研究》，《重庆邮电大学学报》（社会科学版）2013 年第 3 期，第 62 ~ 67 页。

[347] 蒋德凤：《广西高校图书馆微博服务调查与探析——基于广西大学学生微博使用问卷

调查》，《图书馆界》2013 年第 3 期，第 68 ~ 71 页。

［348］李安英、徐兵、侯宗胜：《微博环境下的高校舆论风险管理》，《高校辅导员》2013 年第 3 期，第 17 ~ 21 页。

［349］魏杨玲：《试论微博在体育公共领域的建构》，《四川体育科学》2013 年第 3 期，第 26 ~ 27 页。

［350］邢致远、茅艳：《关注就是力量　围观改变生活——新媒体时代的博物馆官方微博发展道路探索》，《文物世界》2013 年第 3 期，第 74 ~ 77 页。

［351］朱晋源、陈琦：《高尔夫运动微博传播的可行性分析——以新浪微博为例》，《广州体育学院学报》2013 年第 3 期，第 31 ~ 34 页。

［352］张薇：《微博在高校图书馆流通工作中的应用研究》，《中国轻工教育》2013 年第 3 期，第 61 ~ 62 页。

［353］施芸卿：《表达空间的争夺：新媒体时代技术与社会的互构——以 7·23 动车事故相关微博分析为例》，《青年研究》2013 年第 3 期，第 61 ~ 74 页。

［354］杨琼、潘晓璇：《高校师生微博使用现状分析及互动策略——以肇庆学院师生为调查对象》，《肇庆学院学报》2013 年第 3 期，第 76 ~ 78 页。

［355］胡明辉、蒋红艳：《微博兴起视野下的大学生网络舆论引导工作》，《湖南社会科学》2013 年第 3 期，第 260 ~ 263 页。

［356］董玉芝：《公共关系视域下增强政务微博传播效应的思考》，《编辑学刊》2013 年第 3 期，第 97 ~ 101 页。

［357］焦德武：《微博舆论中的情绪及其影响》，《江淮论坛》2013 年第 3 期，第 129 ~ 132 页。

［358］刘付春：《微博政治语境下政府管理角色的重塑》，《岭南学刊》2013 年第 3 期，第 41 ~ 45 页。

［359］许珍、梁芷铭：《微博问政本体论——政务微博话语权研究系列之二》，《传播与版权》2013 年第 3 期，第 73 ~ 74 页。

［360］郑婕、吴坤：《作为舆论反作用力的放大器——微博的角色分析》，《西南石油大学学报》（社会科学版）2013 年第 3 期，第 93 ~ 98 页。

［361］许正林、李名亮：《微博“交往理性”的现实性质疑》，《西南交通大学学报》（社会科学版）2013 年第 3 期，第 36 ~ 44 页。

［362］龙心：《我国省级公共图书馆微博服务调查研究》，《图书馆研究》2013 年第 3 期，第 92 ~ 95 页。

［363］张文菁：《政务微博、草根微博与传统媒体新闻传播融合研究——基于宁波的实践》，《宁波大学学报》（人文科学版）2013 年第 3 期，第 120 ~ 124 页。

［364］何旭、陶建兵：《微博在密切党群关系中的作用及实现方法》，《胜利油田党校学报》2013 年第 3 期，第 32 ~ 35 页。

［365］王静：《微博时代图书馆微博应用探究》，《淮海工学院学报》（人文社会科学版）2013 年第 3 期，第 134 ~ 137 页。

［366］贺晓丽：《论政务微博的目标定位与实施策略》，《中共青岛市委党校青岛行政学院学报》2013 年第 3 期，第 59 ~ 62 页。

[367] 田仕兵：《微博问政的制度化策略研究》，《领导科学论坛》2013 年第 3 期，第 18 ~ 20 页。
[368] 陈新：《自媒体时代的公众史学》，《天津社会科学》2013 年第 3 期，第 137 ~ 141 页。
[369] 李靓：《基于蜻蜓效应的时尚期刊微博营销》，《出版科学》2013 年第 3 期，第 77 ~ 79 页。
[370] 李春霞：《微博盛行背景下的高校校园文化建设》，《长沙大学学报》2013 年第 3 期，第 134 ~ 136 页。
[371] 游曼：《简析利用微博平台传播非物质文化遗产的可行性》，《重庆第二师范学院学报》2013 年第 3 期，第 149 ~ 150 页。
[372] 唐琼、袁嫒、刘钊：《我国高校图书馆微博服务现状调查研究——以新浪认证用户为例》，《大学图书馆学报》2013 年第 3 期，第 97 ~ 103 页。
[373] 李明珠：《微博时代的大学生思想政治教育研究》，《齐齐哈尔大学学报》（哲学社会科学版）2013 年第 3 期，第 144 ~ 146 页。
[374] 李桦：《新形势下如何应用微博进行大学生思想道德教育》，《湖北函授大学学报》2013 年第 3 期，第 56 ~ 57 页。
[375] 闫瑛：《中小型公共图书馆微博应用的探索与实践——以辽宁省朝阳市图书馆新浪微博为例》，《河南图书馆学刊》2013 年第 3 期，第 23 ~ 25 页。
[376] 王黎：《有限效果论对政府利用微博进行网上舆论引导的启示》，《辽宁行政学院学报》2013 年第 3 期，第 41 ~ 42、45 页。
[377] 陈星星：《高校图书馆微博的建设及服务空间拓展》，《河南图书馆学刊》2013 年第 3 期，第 36 ~ 37 页。
[378] 原丁：《新媒体时代政府回应公共参与的路径选择》，《阅江学刊》2013 年第 3 期，第 96 ~ 100 页。
[379] 常启云：《网络群体性事件中我国政务微博的话语建构——基于“@深圳交警”的批评性话语分析》，《湖南大众传媒职业技术学院学报》2013 年第 3 期，第 56 ~ 59、112 页。
[380] 宗静：《Web2.0 媒体对图书出版营销的价值分析——以人人网和微博为例》，《山东理工大学学报》（社会科学版）2013 年第 3 期，第 87 ~ 90 页。
[381] 马继媛、马斯阳：《加强政务微博建设的若干思考》，《宁夏党校学报》2013 年第 3 期，第 94 ~ 96 页。
[382] 何陈男：《自媒体语境下公安微博构建及应用发展》，《上海公安高等专科学校学报》2013 年第 3 期，第 46 ~ 50 页。
[383] 王薇、张晓艺：《微博视域中我国政府部委的议题设置、传播特色与媒介形象——对外交部官方微博“外交小灵通”的内容分析》，《探索》2013 年第 3 期，第 111 ~ 116 页。
[384] 康鸿、王俊拴：《论微博问政对公共治理功能的改善》，《社会科学辑刊》2013 年第 3 期，第 68 ~ 70 页。
[385] 梁芷铭：《官员微博“热”的“冷”思考》，《电子政务》2013 年第 3 期，第 91 ~ 97 页。

［386］郑敏、许向东：《政务微博提升“微能力”的策略》，《新闻爱好者》2013 年第 3 期，第 21 ~ 22 页。

［387］王婷：《微博在思想政治工作中的探索与研究》，《党史博采》（理论版）2013 年第 3 期，第 52 ~ 52 页。

［388］杜杨沁、霍有光、锁志海：《基于复杂网络模块化的微博社会网络结构分析——以“上海发布”政务微博为例》，《图书情报知识》2013 年第 3 期，第 81 ~ 89、121 页。

［389］史丽莉、谢梅：《中国地方政务微博信息传播的效果研究》，《电子政务》2013 年第 3 期，第 27 ~ 38 页。

［390］陶鹏：《政务微博与服务型政府的构建》，《社科纵横》2013 年第 3 期，第 84 ~ 87 页。

［391］张夏青：《微博——高校思想政治教育新契机》，《湖北经济学院学报》（人文社会科学版）2013 年第 3 期，第 139 ~ 141 页。

［392］毕晟：《政务微博可信度研究综述》，《新闻记者》2013 年第 3 期，第 76 ~ 79 页。

［393］杜金泽、李楠：《微博的议程设置功能探究——新媒体的大众传播功能和效果研究》，《记者摇篮》2013 年第 3 期，第 50 ~ 50 页。

［394］高焕清、汪超、于亚婕：《街头官僚问责：逻辑意蕴、即时监督与新媒体工具选择》，《湖北社会科学》2013 年第 3 期，第 24 ~ 27 页。

［395］刘桂玲：《公安微博客对现代警务机制创新的影响研究》，《政法学刊》2013 年第 3 期，第 19 ~ 24 页。

［396］丁晨明、吴跃先：《政府官方微博在突发事件中如何引导网络舆论》，《新闻知识》2013 年第 3 期，第 19 ~ 20 页。

［397］罗昕：《重大突发事件的微博传播影响力评估指标体系建构初探》，《新闻与传播研究》2013 年第 3 期，第 76 ~ 82 页。

［398］丰素娟：《卫生监督微博的实践与思考》，《中国卫生监督杂志》2013 年第 3 期，第 262 ~ 264 页。

［399］熊炎：《谣言的现实回应及其对策建议——以北京市为例》，《天津行政学院学报》2013 年第 3 期，第 55 ~ 60 页。

［400］周世禄、王文博：《西门子冰箱门事件的微博内容框架分析——微博对新闻报道影响初探》，《新闻与传播研究》2013 年第 3 期，第 83 ~ 95 页。

［401］王灿发、李婷婷：《群体性事件中微博舆论领袖意见的形成、扩散模式及引导策略探讨——以 2012 年“宁波 PX 事件”为例》，《现代传播》（中国传媒大学学报）2013 年第 3 期，第 148 ~ 149 页。

［402］孟子艳、李鑫：《自媒体时代对反不正当竞争法的挑战及其应对——以商业诋毁为例》，《现代经济探讨》2013 年第 3 期，第 69 ~ 73 页。

［403］陈云国：《基于微博创新社会消防安全管理的思考》，《武警学院学报》2013 年第 3 期，第 78 ~ 80 页。

［404］傅雪蓓：《微博问政：自媒体时代我国民主政治改革的新动力》，《现代传播》（中国传媒大学学报）2013 年第 3 期，第 58 ~ 62 页。

［405］谢耘耕、荣婷：《微博传播的关键节点及其影响因素分析——基于 30 起重大舆情事件微博热帖的实证研究》，《新闻与传播研究》2013 年第 3 期，第 5 ~ 15 页。

[406] 杜志红、侯悦:《微博外交:美国驻华使馆微博使用情况研究》,《现代传播》(中国传媒大学学报)2013 年第 3 期,第 150 ~151 页。
[407] 江嘉倩:《微博问政:从下层走向上层》,《今传媒》2013 年第 3 期,第 22 ~23 页。
[408] 黄宏、郑国健:《试析微博的媒介属性和传播特征》,《中国广播》2013 年第 3 期,第 44 ~47 页。
[409] 刘海波:《微博时代青年员工思想政治工作面临的挑战及对策》,《人力资源管理》2013 年第 3 期,第 168 ~169 页。
[410] 曹钦:《探析微博新闻中叙述视角的特征及创新——以新浪微博为例》,《今传媒》2013 年第 3 期,第 41 ~42 页。
[411] 罗俊丽:《微博时代政府传播面临的三大挑战》,《中国党政干部论坛》2013 年第 3 期,第 75 ~76 页。
[412] 雒有谋:《2012 微博反腐——舆论监督的春天?》,《编辑之友》2013 年第 3 期,第 55 ~57 页。
[413] 熊江、刘爱:《政务微博研究综述》,《知识经济》2013 年第 3 期,第 73 页。
[414] 龙鸿祥、谢元森:《政务微博发展中的问题与对策》,《青年记者》2013 年第 3 期,第 23 ~24 页。
[415] 徐满成、徐琳:《基层共青团微博应用调查与思考——以云南省县级团委新浪微博应用情况为例》,《中国青年研究》2013 年第 3 期,第 37 ~42 页。
[416] 吴朝红:《国内图书馆微博应用现状调查与发展对策研究》,《图书馆工作与研究》2013 年第 3 期,第 44 ~47 页。
[417] 杨帅:《论微博与图书馆危机管理》,《农业图书情报学刊》2013 年第 3 期,第 94 ~96 页。
[418] 王华、邹世享:《新媒体视角下的教育创新——微博在高校思想政治教育中的应用研究》,《中国高校科技》2013 年第 3 期,第 51 ~53 页。
[419] 李忆华、黄建美、黄秋生:《微博与高校“形势与政策”教育》,《内蒙古师范大学学报》(教育科学版)2013 年第 3 期,第 82 ~84 页。
[420] 程丹:《微博中草根群体话语权的缺失》,《编辑之友》2013 年第 3 期,第 64 ~65 页。
[421] 刘鑫:《微博辟谣模式的独特优势与发展分析》,《今传媒》2013 年第 3 期,第 53 ~54 页。
[422] 计维斌、谢珍君:《微博互动对网络购买态度的影响研究》,《甘肃社会科学》2013 年第 3 期。
[423] 周凯:《微博反腐已进入“剥洋葱”式深度挖掘时代》,《领导科学》2013 年第 3 期,第 21 ~21 页。
[424] 孙光宁:《从微博问政到微博议政:网络民主的扩展与延伸》,《中州学刊》2013 年第 3 期,第 23 ~26 页。
[425] 周世林、关桂峰:《政务微博:舆论引导轻骑兵如何造就?》,《中国记者》2013 年第 3 期,第 80 ~81 页。
[426] 杨辉:《基于 PRAC 原则的微博营销策略研究》,《今传媒》2013 年第 3 期,第 62 ~63 页。

[427] 涂光晋、陈敏：《媒体微博的内容特色与生产机制研究——以三家报纸的官方微博为例》，《现代传播》（中国传媒大学学报）2013 年第 3 期，第 35 ~ 40 页。
[428] 赖丽玮：《图书馆微博推广的内容分析与评价——以新浪微博为例》，《科技情报开发与经济》2013 年第 3 期，第 93 ~ 96 页。
[429] 钟伟君：《浅谈微博怎样介入供电企业经营管理》，《科技创新与应用》2013 年第 3 期，第 61 ~ 62 页。
[430] 章文：《微博加速了纸媒的消亡》，《传媒》2013 年第 3 期，第 30 ~ 31 页。
[431] 冯海芳、王东强、田书芹：《微博时代中小企业社会化招聘流程优化设计——基于生态加环原理的分析》，《中国人力资源开发》2013 年第 3 期，第 33 ~ 36 页。
[432] 刘畅：《浅析微博反腐信息的传播特点及影响》，《新闻世界》2013 年第 3 期，第 61 ~ 62 页。
[433] 倪昌立、何奉华：《微博视角下的文化偶像研究》，《新闻世界》2013 年第 3 期，第 63 ~ 64 页。
[434] 康迪：《微博时代公民新闻与专业新闻的关系》，《新闻世界》2013 年第 3 期，第 65 ~ 66 页。
[435] 陈琳、袁庆宏、朱伟民：《企业社会化招聘现状与建议——以一项微博与社交网站招聘调查为例》，《中国人力资源开发》2013 年第 3 期，第 23 ~ 27 页。
[436] 钱大同：《微博体育报道的特色和不足——以澳网期间“新浪网球 V”微博为例》，《新闻世界》2013 年第 3 期，第 76 ~ 77 页。
[437] 唐诗卉、史梦诗：《论微博在电视新闻报道中的作用》，《新闻世界》2013 年第 3 期，第 85 ~ 86 页。
[438] 杨丽琼：《基于注意力经济的微博营销》，《新闻世界》2013 年第 3 期，第 107 ~ 108 页。
[439] 刘云霄：《微博自净功能的局限性及影响因素——以新浪微博为例》，《新闻世界》2013 年第 3 期，第 93 ~ 94 页。
[440] 宋蓓蓓、尉鹏：《微博写作的文学属性研究》，《中共济南市委党校学报》2013 年第 3 期，第 80 ~ 82 页。
[441] 何国利：《从新近微博热点说改文风》，《新闻研究导刊》2013 年第 3 期，第 24 ~ 26 页。
[442] 王蔚蔚：《新疆少数民族大学生微博使用与认知的调查分析》，《新疆社会科学》2013 年第 3 期，第 139 ~ 143 页。
[443] 付筱雪：《微博—高校网络思想政治教育创新的新载体》，《沈阳工程学院学报》（社会科学版）2013 年第 3 期，第 430 ~ 432 页。
[444] 吕辛福：《微博在构建和谐社会中的作用分析》，《青岛科技大学学报》（社会科学版）2013 年第 3 期，第 29 ~ 31 页。
[445] 刘银华、魏文斌：《微博在高校学生管理中的应用探析》，《云南社会主义学院学报》2013 年第 3 期，第 269 ~ 270 页。
[446] 王玥、霍智勇：《微博在个人知识管理中的应用策略——基于关联主义理论视角》，《南京邮电大学学报》（社会科学版）2013 年第 3 期，第 40 ~ 44 页。
[447] 谢晨：《大学生微博热的心理分析》，《浙江青年专修学院学报》2013 年第 3 期，第

41～43页。

[448] 宋丽华：《基于媒体工具的高校图书馆联盟合作机制研究——以微博为核心》，《现代情报》2013年第3期，第135～138页。

第4期

[449] 孟捷、段弘：《〈看见〉如何被读者看见——谈图书的微博营销策略》，《出版广角》2013年第4期，第18～21页。

[450] 赵玲、张静：《基于羊群效应的微博用户从众行为分析》，《大连理工大学学报》（社会科学版）2013年第4期，第92～97。

[451] 丁艺、王益民、刘素宏：《政务微博应用与政府形象塑造》，《云南社会科学》2013年第4期，第19～23页。

[452] 王旋、高媛：《“微博问政”在我国公共政策制定中的路径探析》，《辽宁行政学院学报》2013年第4期，第23～24页。

[453] 谢琳：《谈新媒体混沌下图像话语权的博弈与迁徙》，《汕头大学学报》（人文社会科学版）2013年第4期，第84～88页。

[454] 马光荣：《网络民意吸纳机制研究》，《安徽行政学院学报》2013年第4期，第105～109页。

[455] 叶钰捷：《浅析微博在中学语文教学中的作用》，《语文知识》2013年第4期，第86～87页。

[456] 关山：《公安微博的法律性质及功能定位》，《山西省政法管理干部学院学报》2013年第4期，第25～27页。

[457] 樊泽民：《微博：大学生思想政治教育发展的新环境》，《华南理工大学学报》（社会科学版）2013年第4期，第126～129页。

[458] 刘金红：《中国微博产业发展前景探析——基于SCP范式的拓展分析》，《中共杭州市委党校学报》2013年第4期，第24～30页。

[459] 林细俤：《微博对思想政治教育工作的影响及对策研究》，《湖南师范大学社会科学学报》2013年第4期，第236～237页。

[460] 邓秀华：《论信息化背景下高职院校学生思想政治教育的与时俱进究》《湖南师范大学社会科学学报》2013年第4期，第330～331页。

[461] 李冬梅：《伦理学视域下高校官方微博的功能定位分析》，《阅江学刊》2013年第4期，第85～89页。

[462] 路遥：《就业微博在大学生就业中的作用及途径浅析》，《江苏教育学院学报》（社会科学版）2013年第4期，第66～69页。

[463] 罗薇娜、冉博：《依托微博创新大学生党建工作平台》，《东华大学学报》（社会科学版）2013年第4期，第229～233页。

[464] 姜红、司文：《酒店管理集团微博外部运营管理研究——基于企业微博信息的统计分析》，《旅游科学》2013年第4期，第89～95页。

[465] 陈婕：《微时代高校思政工作新思路》，《太原城市职业技术学院学报》2013年第4期，第78～79页。

[466] 郭红明：《微博与思想政治教育生活化转向的理论契合及其价值探寻》，《北京邮电大学学报》（社会科学版）2013 年第 4 期，第 1 ~ 5 页。
[467] 张磊：《论微博幽默语言的创新性》，《许昌学院学报》2013 年第 4 期，第 60 ~ 63 页。
[468] 周俊、袁莹、刘珺：《充分发挥微博在高校思想政治教育工作中的积极作用》，《九江职业技术学院学报》2013 年第 4 期，第 56 ~ 57 页。
[469] 岳颀：《依托“微媒介”开展高校学生党建工作的思考》，《贵阳市委党校学报》2013 年第 4 期，第 8 ~ 10 页。
[470] 洪志明：《试析微博意见领袖对网络舆论的影响》，《艺术科技》2013 年第 4 期，第 47 ~ 47 页。
[471] 黄怡：《浅谈湖南卫视及其旗下节目的微博影响力》，《艺术科技》2013 年第 4 期，第 48 ~ 49 页。
[472] 陈晓益：《微博中的人际传播分析》，《艺术科技》2013 年第 4 期，第 43 ~ 43 页。
[473] 焦峪平：《基于意识形态理论下“体育明星事件”微博的传播效应分析——以“李娜事件”为例》，《沈阳体育学院学报》2013 年第 4 期，第 26 ~ 29 页。
[474] 黄倩、苏傲、任逸杰：《微博营销形式探究——以代表性行业为例》，《艺术科技》2013 年第 4 期，第 1 ~ 8 页。
[475] 刘一鸣、罗学英：《Web2.0 时代的“微革命”——微博传播模式调查研究》，《广东广播电视大学学报》2013 年第 4 期，第 68 ~ 73 页。
[476] 黄春丽、张文超、张浩男：《微博时代大学生思想政治教育工作的新途径》，《思想政治教育研究》2013 年第 4 期，第 116 ~ 118 页。
[477] 张亮：《档案局开通政务微博现状及问题探讨》，《山西档案》2013 年第 4 期，第 41 ~ 43 页。
[478] 张羽、程蒋卉：《微博环境下“90 后”大学生思想政治教育工作探析》，《扬州大学学报》（高教研究版）2013 年第 4 期，第 32 ~ 35 页。
[479] 吴隆文：《微博时代公民意识的培育与提升》，《湖南人文科技学院学报》2013 年第 4 期，第 20 ~ 25 页。
[480] 张诗蒂、金雪：《微传播能量探析——以微博平台为例》，《西南政法大学学报》2013 年第 4 期，第 117 ~ 123 页。
[481] 林亚芬：《微博舆情下政府危机公关的困境与对策》，《中北大学学报》（社会科学版）2013 年第 4 期，第 11 ~ 14 页。
[482] 袁磊、张哲：《我国微博教育应用研究现状与发展趋势》，《现代远程教育研究》2013 年第 4 期，第 48 ~ 53 页。
[483] 祝阳、王欢：《微博的政治影响力研究》，《重庆邮电大学学报》（社会科学版）2013 年第 4 期，第 84 ~ 88 页。
[484] 杨军：《微博时代精英在政策议程设置中的作用研究》，《信阳师范学院学报》（哲学社会科学版）2013 年第 4 期，第 33 ~ 37 页。
[485] 施爱东：《谣言的逆袭：周总理“鲍鱼外交”谣言史》，《民族艺术》2013 年第 4 期，第 57 ~ 67 页。
[486] 高媛、王旋、贺菲：《探析“微博问政”对公共政策制定的影响》，《天水行政学院

学报》(哲学社会科学版) 2013 年第 4 期，第 28 ~ 30 页。
[487] 杨新莹、李军松：《大学生微博使用及对高校思想政治教育的影响》，《中国轻工教育》2013 年第 4 期，第 48 ~ 51 页。
[488] 王永杰：《论微博直播庭审的利弊权衡》，《南都学坛》(南阳师范学院人文社会科学学报) 2013 年第 4 期，第 71 ~ 74 页。
[489] 钟静、张立梅：《微博的语境特征分析》，《河北大学学报》(哲学社会科学版) 2013 年第 4 期，第 141 ~ 146 页。
[490] 黄楚新、王诗雨：《社会化媒体环境下党报与微博的互动——基于〈人民日报〉新浪微博的观察》，《中国青年政治学院学报》2013 年第 4 期，第 114 ~ 118 页。
[491] 卫金桂、王绍兰：《中国官员微博特点及管理研究》，《甘肃社会科学》2013 年第 4 期，第 45 ~ 49 页。
[492] 吴小金：《关于微博反腐的思考》，《工会论坛》(山东省工会管理干部学院学报) 2013 年第 4 期，第 111 ~ 112 页。
[493] 唐仲芝：《微博在公共图书馆中的应用探讨——以浙江省公共图书馆为例》，《图书馆研究》2013 年第 4 期，第 85 ~ 88 页。
[494] 韩瑜：《微博围观对大学生思想政治教育的挑战及应对策略》，《江西教育学院学报》2013 年第 4 期，第 77 ~ 79 页。
[495] 池锐宏：《百所国家示范高职院校辅导员微博服务调查与分析》，《宁波职业技术学院学报》2013 年第 4 期，第 15 ~ 18 页。
[496] 生奇志、高森宇：《中国微博意见领袖：特征、类型与发展趋势》，《东北大学学报》(社会科学版) 2013 年第 4 期，第 381 ~ 385 页。
[497] 詹雪瑜：《档案微博话新风》，《四川档案》2013 年第 4 期，第 29 ~ 30 页。
[498] 吴慧珺：《社会转型期政务微博的发展困境与出路》，《新闻世界》2013 年第 4 期，第 155 ~ 156 页。
[499] 易良慧、郭遂红：《微博辅助大学英语教学调查研究与应用思考》，《重庆第二师范学院学报》2013 年第 4 期，第 148 ~ 152 页。
[500] 刘正妙：《国内"微博问政"研究述评》，《湖南工业大学学报》(社会科学版) 2013 年第 4 期，第 92 ~ 96 页。
[501] 滕飞：《微博时代新闻传达的"微"力量》，《齐齐哈尔大学学报》(哲学社会科学版) 2013 年第 4 期，第 66 ~ 66 页。
[502] 马永保：《微博侵害公众人物名誉权若干问题探讨》，《重庆邮电大学学报》(社会科学版) 2013 年第 4 期，第 33 ~ 40 页。
[503] 卓莉：《自媒体时代下微博反腐的机制研究》，《理论与改革》2013 年第 4 期，第 55 ~ 57 页。
[504] 俞扬：《"微时代"下基层党建工作创新刍议》，《浙江师范大学学报》(社会科学版) 2013 年第 4 期，第 116 ~ 120 页。
[505] 苏畅：《对微博受众地位变化及影响的传播学思考》，《理论与改革》2013 年第 4 期，第 150 ~ 152 页。
[506] 杨雨婷：《论微博对大学生思想政治教育工作的影响及其对策》，《阜阳师范学院学

报》（社会科学版）2013 年第 4 期，第 114 ~ 117 页。
[507] 杨喆、冯强：《微博研究回顾：主题、理论与方法——对 6 份 CSSCI 新闻传播类期刊相关文献的定量分析（2010 ~ 2012）》，《广东社会科学》2013 年第 4 期，第 210 ~ 216 页。
[508] 薛蕴：《微博——图书馆新的服务发展趋势》，《辽宁工业大学学报》（社会科学版）2013 年第 4 期，第 78 ~ 79 页。
[509] 琚砚函：《浅析奥巴马的政务微博营销——以波士顿爆炸案为例》，《文化与传播》2013 年第 4 期，第 28 ~ 31 页。
[510] 施佳：《微博实名制合法性探究——兼论网络信息保护相关问题》，《红河学院学报》2013 年第 4 期，第 43 ~ 46 页。
[511] 毕宏音：《影响微博信息传播的网民心理因素分析》，《天津大学学报》（社会科学版）2013 年第 4 期，第 311 ~ 314 页。
[512] 刘瑶：《微博对大学生思想政治教育的影响及对策》，《云南社会主义学院学报》2013 年第 4 期，第 68 ~ 69 页。
[513] 刘汝建：《大学图书馆微博个案研究与启示——以清华大学图书馆微博为例》，《高校图书馆工作》2013 年第 4 期，第 24 ~ 26 页。
[514] 李永彩：《微博：社会主义核心价值体系建设的有效载体》，《湖北行政学院学报》2013 年第 4 期，第 39 ~ 42 页。
[515] 覃梦河、晋佑顺、邱远棋：《基于内容分析的微博用户关系推荐机制研究》，《图书馆论坛》2013 年第 4 期，第 104 ~ 108 页。
[516] 林静：《当代大学生“微博求职”现状及对策分析》，《长沙大学学报》2013 年第 4 期，第 140 ~ 142 页。
[517] 范哲、周计刚：《高校微博信息发布研究》，《现代情报》2013 年第 4 期，第 90 ~ 95 页。
[518] 罗博：《图书馆知识服务中的微博应用模式探究》，《高校图书馆工作》2013 年第 4 期，第 19 ~ 23 页。
[519] 陈思宇：《基于微博的高校新闻工作创新》，《湖北师范学院学报》（哲学社会科学版）2013 年第 4 期，第 99 ~ 101 页。
[520] 张飞：《政务微博迎来政民沟通新“春天”》，《信息化建设》2013 年第 4 期，第 45 页。
[521] 上海市徐汇区总工会课题组、袁建村：《政务微博在扩大工会工作影响力方面的作用初探》，《工会信息》2013 年第 4 期，第 4 ~ 7 页。
[522] 刘瑞生：《聚焦中国政务微博》，《秘书工作》2013 年第 4 期，第 50 ~ 52 页。
[523] 杜森森、陈治溢：《网络参与下政策议程设立之思考——基于微博的视角》，《福建行政学院学报》2013 年第 4 期，第 37 ~ 41、59 页。
[524] 王璐：《合法性与合理性：关于微博谣言法律规制问题的实证研究》，《河北法学》2013 年第 4 期，第 120 ~ 127 页。
[525] 成晓叶：《论微博与政府管理创新》，《决策咨询》2013 年第 4 期，第 74 ~ 78 页。
[526] 孙严：《最美“陈欧体”：九江交警为自己代言》，《道路交通管理》2013 年第 4 期，

第 31 页。

[527] 赵琦：《法院微博影响力实证检验：一个传播学的分析框架》，《求索》2013 年第 4 期，第 197 ~ 199 页。

[528] 樊文涛：《微博在突发事件中的影响模式研究综述》，《新闻世界》2013 年第 4 期，第 197 ~ 198 页。

[529] 郑一卉：《政务微博存在的若干问题及对策》，《新闻世界》2013 年第 4 期，第 123 ~ 124 页。

[530] 刘桂玲：《管理创新视阈下公安政务微博运行的规范化探析——以河南省公安政务微博运行现状为例》，《山东警察学院学报》2013 年第 4 期，第 149 ~ 152 页。

[531] 陈艳：《政务微博：政府管理创新的重要体现》，《安徽工业大学学报》（社会科学版）2013 年第 4 期，第 43 ~ 45 页。

[532] 毛翔：《从社会语言学角度看微博中的语码转换》，《湖北科技学院学报》2013 年第 4 期，第 97 ~ 98 页。

[533] 潘莲娣、张艳辉：《高职院校学生微博政治参与现状调查报告——以肇庆工商学院为例》，《新余学院学报》2013 年第 4 期，第 137 ~ 139 页。

[534] 刘小梅：《集群化背景下提升湖北政务微博影响力的路径探究》，《中国传媒科技》2013 年第 4 期，第 131 ~ 132 页。

[535] 李京：《政务微博与网络舆论调控研究》，《河北经贸大学学报》（综合版）2013 年第 4 期，第 19 ~ 22 页。

[536] 董春雨：《微博“群呼现象”及形成路径》，《新闻世界》2013 年第 4 期，第 161 ~ 162 页。

[537] 刘学峰：《政务微博在网络问政背景下的话语权分析》，《新闻研究导刊》2013 年第 4 期，第 13 ~ 14 页。

[538] 左宁：《交通广播听众参与方式之比较》，《中国广播》2013 年第 4 期，第 81 ~ 83 页。

[539] 谭真谛：《“日常生活审美化”背景下的微博文学热透视》，《当代文坛》2013 年第 4 期，第 77 ~ 80 页。

[540] 于松明、于骁：《政务微博发展状况浅析：优点、不足及对策——以南京政务微博为例》，《南京晓庄学院学报》2013 年第 4 期，第 83 ~ 88 页。

[541] 张伦雯：《〈人民日报〉官方微博的实践及其价值分析》，《新闻世界》2013 年第 4 期，第 23 ~ 25 页。

[542] 乔靖文：《微博给大学生思想政治教育带来的挑战与应对策略》，《河南社会科学》2013 年第 4 期，第 100 ~ 102 页。

[543] 王晓宇：《微博对议程设置理论的影响》，《新闻世界》2013 年第 4 期，第 121 ~ 122 页。

[544] 庄瑜虹：《网络社交媒体如何推动社会问题的解决——以“微博打拐”事件为例》，《新闻世界》2013 年第 4 期，第 119 ~ 120 页。

[545] 杨金秀：《电视新闻栏目如何借力微博》，《新闻世界》2013 年第 4 期，第 58 ~ 59 页。

[546] 王红瑞：《基于社会网络分析法的微博空间意见领袖识别模型》，《新闻世界》2013 年第 4 期，第 219 ~ 221 页。

［547］秦喜武：《政务微博运营策略研究——基于新浪微博“上海发布”的运营分析》，《成都行政学院学报》2013 年第 4 期，第 74 ~ 77 页。

［548］高国伟、张光华：《微博环境下高校思想政治理论课教师媒介素养教育的探析》，《理论月刊》2013 年第 4 期，第 157 ~ 159 页。

［549］舒翠萍：《微博对小学作文的影响》，《教育科研论坛》2013 年第 4 期，第 93 ~ 94 页。

［550］崔文佳：《微博之于公众舆论的价值刍议》，《新闻世界》2013 年第 4 期，第 245 ~ 246 页。

［551］孙芙佳：《从“新华社中国网事”谈微博新闻的叙事结构》，《中国地市报人》2013 年第 4 期，第 61 ~ 63 页。

［552］袁真富、胡琛罡：《微博作品传播的侵权风险及其解决途径》，《电子知识产权》2013 年第 4 期，第 62 ~ 67 页。

［553］姜赢、万里鹏、张婧、葛思坤：《微博环境下高校网络舆情的监测与引导研究——以政治敏感信息的监测与引导为例》，《现代教育技术》2013 年第 4 期，第 92 ~ 96 页。

［554］林玮鹏：《政务微博制度化管理探究》，《经济与社会发展》2013 年第 4 期，第 72 ~ 76 页。

［555］李艳平、郭继华：《微博在突发性灾害事件中的传播价值分析》，《湖北社会科学》2013 年第 4 期，第 196 ~ 198 页。

［556］罗俊丽：《着力提升政务微博的舆论引导力》，《理论探索》2013 年第 4 期，第 75 ~ 77 页。

［557］周燕、应贤军、蒋敏：《基于移动图书馆微博的应用研究》，《图书馆工作与研究》2013 年第 4 期，第 41 ~ 44 页。

［558］章成志、何陆琳、丁培红：《不同领域的用户标签主题表达能力差异研究——以中文微博为例》，《情报理论与实践》2013 年第 4 期，第 68 ~ 71 页。

［559］康思本：《“211”高校图书馆新浪认证微博服务的调查分析》，《图书馆工作与研究》2013 年第 4 期，第 62 ~ 65 页。

［560］张玲：《政务微博的发展瓶颈及其突破——以北京市政务微博为例》，《北京行政学院学报》2013 年第 4 期，第 75 ~ 78 页。

［561］李建伟、焦娇：《我国政务微博现状及发展研究——以河南政务微博为例》，《中州学刊》2013 年第 4 期，第 172 ~ 175 页。

［562］张宁：《微传播，微关系：对广东省三个政务微博的考察》，《现代传播》（中国传媒大学学报）2013 年第 4 期，第 111 ~ 115 页。

［563］徐媛媛：《新疆高校少数民族汉语教学的微群应用》，《新疆师范大学学报》（哲学社会科学版）2013 年第 4 期，第 107 ~ 113 页。

［564］陆川：《旅游政务微博特征分析与运营效果评估——以我国省市级新浪旅游官方微博为例》，《旅游研究》2013 年第 4 期，第 84 ~ 92 页。

［565］王喆：《传统报刊微博网络影响力形成机制》，《中国出版》2013 年第 4 期，第 48 ~ 50 页。

［566］杨泽：《发展政务微博　助力社会管理创新》，《改革与开放》2013 年第 4 期，第 49 页。

[567] 张慧卿:《浅析微博筑起的传播新模式》,《当代电视》2013 年第 4 期,第 85 ~ 86 页。
[568] 兰俊峰、王德义:《政务微博新闻资源的挖掘和利用》,《记者摇篮》2013 年第 4 期,第 41 ~ 42 页。
[569] 刘晨:《政治生态社会化:微博反腐的合法性困境及出路——基于"雷冠希案"等十个案例的实证分析》,《领导科学》2013 年第 4 期,第 4 ~ 6 页。
[570] 杨文博、谢小茂:《微博,高校思想政治教育的有力载体》,《沈阳建筑大学学报》(社会科学版)2013 年第 4 期。
[571] 李炜娜:《自媒体时代信息传播的新秩序——以微博传播模式为例》,《今传媒》2013 年第 4 期,第 29 ~ 30 页。
[572] 曹继东:《我国政府利用微博引导突发事件网络舆论的初探》,《新闻与传播研究》2013 年第 4 期,第 112 ~ 117、128 页。
[573] 石晓峰:《传统电视媒体:与微博共舞》,《记者摇篮》2013 年第 4 期,第 42 ~ 43 页。
[574] 曹继东:《利用微博正确引导突发事件网络舆论的思考》,《行政管理改革》2013 年第 4 期,第 21 ~ 26 页。
[575] 谢丰、彭勇、陈思聪、李剑:《微博安全问题战略对策研究》,《信息网络安全》2013 年第 4 期,第 87 ~ 90 页。
[576] 马武玲、王莹:《对"政务微博"的理性思考》,《新闻知识》2013 年第 4 期,第 3 ~ 5 页。
[577] 李丹、戴海波、杨惠:《论政务微博对城市形象的构建》,《新闻知识》2013 年第 4 期,第 43 ~ 44 页。
[578] 邱源子:《政务微博存在的问题及发展路径》,《传媒观察》2013 年第 4 期,第 20 ~ 21 页。
[579] 陈扬、房雅倩:《从@问政银川看我国政务微博的发展》,《新闻世界》2013 年第 4 期,第 127 ~ 129 页。
[580] 吴会:《微博对高校思想政治教育的挑战及对策研究》,《黑龙江教育学院学报》2013 年第 4 期,第 107 ~ 108 页。
[581] 常静:《浅谈政务微博》,《南方论刊》2013 年第 4 期,第 69 ~ 71 页。
[582] 栗延斌:《微博的后现代主义文化特征》,《戏剧之家》2013 年第 4 期,第 67 ~ 67 页。
[583] 刘歆:《浅析微博对公民社会构建的影响》,《新闻世界》2013 年第 4 期,第 153 ~ 154 页。
[584] 赵伟:《悲喜交集的微博舆论场——一种建构的视角》,《新闻世界》2013 年第 4 期,第 143 ~ 144 页。
[585] 李琼一:《今天,你"微播"了吗?——浅谈语音微博的可行性》,《新闻世界》2013 年第 4 期,第 135 ~ 136 页。
[586] 厉国刚:《微博时代生活新闻化现象解析》,《新闻世界》2013 年第 4 期,第 141 ~ 142 页。
[587] 樊立慧:《论媒体官方微博的个性营销》,《新闻世界》2013 年第 4 期,第 131 ~ 132 页。
[588] 井忠勇:《微博舆论形成演变机制研究》,《今传媒》2013 年第 4 期,第 31 ~ 33 页。
[589] 魏武挥:《微博反腐的天然不足》,《中国党政干部论坛》2013 年第 4 期,第 85 ~

85 页。
[590] 王萌：《微博传播的特征和对传统媒介传播的启示》，《今传媒》2013 年第 4 期，第 106 ~ 107 页。
[591] 冯艳：《理解微博：论媒体的延伸》，《今传媒》2013 年第 4 期，第 100 ~ 101 页。
[592] 周君男：《自媒体冲击下的传统纸质媒体生存与应对发展》，《今传媒》2013 年第 4 期，第 76 ~ 77 页。
[593] 华进：《媒介融合时代记者个人微博叙事的伦理困境》，《编辑之友》2013 年第 4 期，第 45 ~ 47 页。
[594] 金屏：《谣言传播与微博辟谣》，《编辑之友》2013 年第 4 期，第 41 ~ 44 页。
[595] 刘波：《公共突发性事件中微博舆论场域的生成与引导——从北京“7·21”特大自然灾害到钓鱼岛事件》，《中国党政干部论坛》2013 年第 4 期，第 76 ~ 80 页。
[596] 苏坦、赵艳萍、鞠烨、郑超：《杭州市民微博使用现状及趋势分析》，《中国经贸》2013 年第 4 期，第 92 ~ 93 页。
[597] 冯世朋、王媛媛：《基于微博应用的个人知识管理研究——以新浪微博为例》，《科技情报开发与经济》2013 年第 4 期，第 154 ~ 157 页。
[598] 宋辰婷：《微博——公共领域建构的新契机》，《华中师范大学学报》（人文社会科学版）2013 年第 S4 期，第 86 ~ 89 页。
[599] 戴体娇、王帆：《微博环境下虚拟学习社区研究》，《成人教育》2013 年第 4 期，第 15 ~ 19 页。
[600] 张泉泉：《纸媒微博编辑的挑战与应对》，《编辑之友》2013 年第 4 期，第 78 ~ 80 页。
[601] 陈红梅：《从切糕事件看政务微博的使用误区与危机应对》，《中南大学学报》（社会科学版）2013 年第 4 期，第 201 ~ 204 页。
[602] 董宏伟、吴炫桢、黄俊晓、杨泽柳：《卫生监督政务微博的应用现状与前景研究》，《中国卫生监督杂志》2013 年第 4 期，第 359 ~ 363 页。
[603] 李大棚、蔡静：《微博时代的高校校园文化建设研究》，《福建省社会主义学院学报》2013 年第 4 期，第 100 ~ 103 页。
[604] 廖义军、陈刘阳晖：《试析大学生使用微博的目的、动机及心态》，《湘南学院学报》2013 年第 4 期，第 96 ~ 101 页。
[605] 官盱玲：《微博视阈下网络民主的探讨》，《江西行政学院学报》2013 年第 4 期，第 34 ~ 37 页。
[606] 王从清：《大学生戒“微博瘾”需家校联手》，《教育与职业》2013 年第 4 期，第 85 ~ 86 页。

第 5 期

[607] 陈亮、胡维建：《微博时代背景下加强大学生理想信念教育的思考》，《晋城职业技术学院学报》2013 年第 5 期，第 16 ~ 20 页。
[608] 魏京华：《微博的信源可信度与危机公关——以“麦当劳危机公关”为例》，《新闻世界》2013 年第 5 期，第 143 ~ 144 页。
[609] 王苏醒：《公众参与视域下的警民互动研究——以公安微博为例》，《北京人民警察学

院学报》2013 年第 5 期，第 61 ~ 67 页。

[610] 张若娴、钟丹莹：《试论微访谈的发展模式——以“人民微访谈”为例》，《延安大学学报》（社会科学版）2013 年第 5 期，第 109 ~ 113 页。

[611] 陈晓玉：《公共知识分子的微博意见领袖特征和作用》，《新闻世界》2013 年第 5 期，第 145 ~ 146 页。

[612] 赵红培、兰月新：《基于 SWOT 分析的政府应对微博谣言策略》，《四川警察学院学报》2013 年第 5 期，第 60 ~ 65 页。

[613] 赵春丽：《当前微博政治参与特点与发展趋势研究》，《社会主义研究》2013 年第 5 期，第 83 ~ 88 页。

[614] 周强：《高校微博思想政治教育的优化策略》，《福州大学学报》（哲学社会科学版）2013 年第 5 期，第 110 ~ 112 页。

[615] 高亚丽：《“蝴蝶效应”在公共危机管理教学中的应用——基于“微博”的视角》，《太原城市职业技术学院学报》2013 年第 5 期，第 146 ~ 148 页。

[616] 王宁、胡小阳、杨学成：《微博用户关注和转发企业官方微博行为的心理研究》，《北京邮电大学学报》（社会科学版）2013 年第 5 期，第 17 ~ 21 页。

[617] 彭姝：《微博问政的多重维度与发展现状》，《特区实践与理论》2013 年第 5 期，第 93 ~ 96 页。

[618] 黄云、王冠栋：《微博时代高校思想政治教育工作的改革方向》，《中州大学学报》2013 年第 5 期，第 109 ~ 111 页。

[619] 郭荣梅：《基于微博的高职校园文化品牌培育》，《职教论坛》2013 年第 5 期，第 10 ~ 12 页。

[620] 刘海燕：《基于“5w”模式析中医药文化教育与微博传播的契合性》，《云南社会主义学院学报》2013 年第 5 期，第 331 ~ 331 页。

[621] 方颖艳、樊葵：《传播学视野中的微博文学》，《浙江传媒学院学报》2013 年第 5 期，第 29 ~ 34 页。

[622] 赵冬晶、骆正林：《自媒体时代我国政府如何应对“塔西佗陷阱”》，《阅江学刊》2013 年第 5 期，第 113 ~ 119 页。

[623] 耿云霄：《传媒多样化背景下建设高校官方微博的研究》，《清远职业技术学院学报》2013 年第 5 期，第 49 ~ 52 页。

[624] 邱小玲：《网络监督下反腐“双轨”运行的新态势》，《中共天津市委党校学报》2013 年第 5 期，第 61 ~ 65 页。

[625] 温晓薇：《企业微博应用及其影响力机制研究》，《中共杭州市委党校学报》2013 年第 5 期，第 62 ~ 68 页。

[626] 石钟旭、曾劲：《微博兴起背景下对高校思想政治教育工作的新思考》，《江西青年职业学院学报》2013 年第 5 期，第 66 ~ 68 页。

[627] 郭庆：《青少年微博运用情况的调查分析——以宜春市青少年调查数据为例》，《江西青年职业学院学报》2013 年第 5 期，第 49 ~ 54 页。

[628] 林小溪：《由“药家鑫案”引发的关于“媒介审判”的思考》，《泰山学院学报》2013 年第 5 期，第 122 ~ 129 页。

[629] 陶鹏：《网络社群意见表达失范现象的探析与应对——基于微博特定语境的思考》，《北华大学学报》（社会科学版）2013 年第 5 期，第 105～108 页。
[630] 王晓姝、张慧瑾：《教育生态学视角下英美文学课微博式教辅初探》，《沈阳大学学报》（社会科学版）2013 年第 5 期，第 690～693 页。
[631] 蔡旭：《福建省政务微博使用情况调查》，《厦门特区党校学报》2013 年第 5 期，第 52～56 页。
[632] 刘艳子：《电视媒体微博品牌推广效果的影响因素》，《视听界》2013 年第 5 期，第 33～36 页。
[633] 陆士桢、温骅晨：《青年网络政治参与：青年网络政治参与中正向偶像传播参与研究——基于对新浪网中关于雷锋精神微博的分析》，《青年探索》2013 年第 5 期，第 5～11 页。
[634] 成倍、张东岳：《微博与城市电视台发展的媒介融合》，《湘潭大学学报》（哲学社会科学版）2013 年第 5 期，第 97～100 页。
[635] 刘中望、张梦霞：《微博议程设置路径与用户认知模式的实证研究——基于新浪“热门微博”榜、新闻中心新闻榜的比较》，《湘潭大学学报》（哲学社会科学版）2013 年第 5 期，第 92～96 页。
[636] 张爱军、王伟辰：《微博政治文化功能及其构建》，《湘潭大学学报》（哲学社会科学版）2013 年第 5 期，第 87～91 页。
[637] 松姗：《综合档案馆政务微博运营现状研究》，《北京档案》2013 年第 5 期，第 22～23 页。
[638] 崔丽：《微博在公共图书馆应用探析》，《河北科技图苑》2013 年第 5 期，第 43～45 页。
[639] 王志国：《高职院校图书馆微博营销策略分析》，《河北科技图苑》2013 年第 5 期，第 46～48 页。
[640] 赵春丽、邱钰雯：《论微博政治参与中意见领袖的作为》，《中共天津市委党校学报》2013 年第 5 期，第 54～60 页。
[641] 沈秀琼：《微博环境下图书馆危机信息传播及应对策略探析》，《国家图书馆学刊》2013 年第 5 期，第 63～67 页。
[642] 宋芳、朱梁：《“微政务”创新社会管理》，《胜利油田党校学报》2013 年第 5 期，第 69～70 页。
[643] 张鸷远、于禄娟：《网络微博视域下政府形象的重塑》，《哈尔滨市委党校学报》2013 年第 5 期，第 8～11 页。
[644] 芦何秋、杨泽亚：《公共事件中微博意见领袖的话语策略与文本框架——基于新浪微博的实证研究》，《湖北大学学报》（哲学社会科学版）2013 年第 5 期，第 142～147 页。
[645] 刘静：《图书馆官方微博阅读推广方式探究——“莫言作品微信息传播”带来的启示和思考》，《图书馆论坛》2013 年第 5 期，第 23～27 页。
[646] 宋芳、朱梁：《“微政务”创新社会管理》，《胜利油田党校学报》2013 年第 5 期，第 69～70 页。

[647] 陈莹、张飞飞：《微博时代高校品牌传播的策略分析》，《北华大学学报》（社会科学版）2013 年第 5 期，第 153 ~ 155 页。

[648] 李彪：《微博中热点话题的内容特质及传播机制研究——基于新浪微博 6025 条高转发微博的数据挖掘分析》，《中国人民大学学报》2013 年第 5 期，第 10 ~ 17 页。

[649] 汝绪华：《微博意见领袖场域下突发公共事件治理的政府失灵研究》，《河南大学学报》（社会科学版）2013 年第 5 期，第 92 ~ 98 页。

[650] 牛琳琳：《高校图书馆微博信息服务拓展研究——以浙江省高校图书馆新浪微博为例》，《图书馆论坛》2013 年第 5 期，第 104 ~ 108 页。

[651] 郑星怡：《自媒体时代是否弱化了"沉默的螺旋"理论》，《艺术科技》2013 年第 5 期，第 50 ~ 50 页。

[652] 姚飞、窦天芳、武丽娜、王媛：《基于社会网络理念打造泛在图书馆服务——以清华大学图书馆为例》，《大学图书馆学报》2013 年第 5 期，第 68 ~ 75 页。

[653] 史玉琴：《从海宁司法局微博体系看基层政务微博建设》，《中共郑州市委党校学报》2013 年第 5 期，第 55 ~ 58 页。

[654] 张爱军：《政治文明视域下的微博功能研究》，《晋阳学刊》2013 年第 5 期，第 44 ~ 48 页。

[655] 胡洪彬：《中国高校微博的发展现状与完善策略——基于 18 所"985"高校微博案例的调查分析》，《重庆邮电大学学报》（社会科学版）2013 年第 5 期，第 74 ~ 79 页。

[656] 杨锐玲：《社会化媒体时代的政务公开——政务微博运营策略探讨》，《曲靖师范学院学报》2013 年第 5 期，第 76 ~ 79 页。

[657] 杨航、金超：《我国政务微博参与司法权监督的作用机理和条件初探》，《经济导刊》2013 年第 5 期，第 92 ~ 94 页。

[658] 郭伟：《抚顺市政务微博应用情况的调查与思考》，《辽宁行政学院学报》2013 年第 5 期，第 10 ~ 11 页。

[659] 张宁：《对政务微博公共关系功能的考察与分析——以"广州公安"为例》，《新闻记者》2013 年第 5 期，第 76 ~ 80 页。

[660] 余锐：《论政务微博的特点及传播技巧》，《编辑学刊》2013 年第 5 期，第 101 ~ 104 页。

[661] 张春梅：《从推特（Twitter）发展看微博时代的信息传播》，《中国广播》2013 年第 5 期，第 76 ~ 78 页。

[662] 王艺、杨雅芸：《论重大突发事件中政务微博的舆情应对机制》，《贵州民族大学学报》（哲学社会科学版）2013 年第 5 期，第 120 ~ 123 页。

[663] 王文会、陈显中：《关于提升政务微博效用的思考》，《河北学刊》2013 年第 5 期，第 185 ~ 187 页。

[664] 邓鹏：《微博时代，央企如何做好品牌建设》，《现代国企研究》2013 年第 5 期，第 52 ~ 55 页。

[665] 张靖：《论微博传播中的"蝴蝶效应"》，《语文学刊》（高等教育版）2013 年第 5 期，第 28 ~ 29 页。

[666] 朱梦琪：《政务微博：新闻发言人制度在微博平台上的新拓展》，《媒体时代》2013

年第 5 期，第 27 ~ 30 页。

[667] 张劲、王小鲲：《共青团微博运用特征浅析——从“王郁松现象”说起》，《中国青年研究》2013 年第 5 期，第 36 ~ 38 页。

[668] 刘晓岚、陈晓一：《突发事件中政府部门如何引导网络舆论》，《青年记者》2013 年第 5 期，第 17 ~ 18 页。

[669] 薛雯乔：《微博辟谣的发展和治理模式——以新浪微博辟谣为例》，《今传媒》2013 年第 5 期，第 61 ~ 62 页。

[670] 陈显中、王文会：《政务微博如何促进社会管理创新》，《青年记者》2013 年第 5 期，第 67 ~ 68 页。

[671] 尹琪：《让微博成为企业的代言人》，《中外企业文化》2013 年第 5 期，第 68 ~ 71 页。

[672] 吴宏亮、张雷：《微博条件下党的公信力建设刍议》，《学习论坛》2013 年第 5 期，第 25 ~ 26 页。

[673] 黄建美、王莉芬、李忆华：《基于微博的大学生思想政治教育创新》，《教育与教学研究》2013 年第 5 期，第 61 ~ 63 页。

[674] 杨蒙：《论微博舆论的消极影响及其治理》，《西部广播电视》2013 年第 5 期，第 17 ~ 18 页。

[675] 李昕：《官员微博满足民众功能期待的困境及其超越》，《福州党校学报》2013 年第 5 期，第 36 ~ 39 页。

[676] 鞠鹏程：《小荷才露尖尖角——写在四川档案微博开通两个月之际》，《四川档案》2013 年第 5 期，第 39 页。

[677] 孙忠良：《略论后危机时代中国的政治管理模式》，《河北青年管理干部学院学报》2013 年第 5 期，第 26 ~ 29 页。

[678] 何帆：《两类政务微博的传播动机》，《新闻传播》2013 年第 5 期，第 108 ~ 109 页。

[679] 吴云、胡广伟：《政务社交媒体研究进展》，《电子政务》2013 年第 5 期，第 42 ~ 50 页。

[680] 柳滨：《网络反腐须制度规范》，《协商论坛》2013 年第 5 期，第 38 ~ 41 页。

[681] 冯志波：《公务员微博建设研究》，《安阳工学院学报》2013 年第 5 期，第 35 ~ 37、55 页。

[682] 姜巍：《地方政府机构微博使用情况研究——以大连市政府机构微博为例》，《今传媒》2013 年第 5 期，第 33 ~ 35 页。

[683] 谢孟倩：《后“微博元年”的新闻业务——对新型网络社区建设的运用和思考》，《池州学院学报》2013 年第 5 期，第 118 ~ 123 页。

[684] 王霞、牛海鹏：《企业微博营销中品牌曝光度对网络口碑的影响研究》，《管理评论》2013 年第 5 期，第 116 ~ 122 页。

[685] 周云：《视频微博在大学英语口语课外训练中的应用研究》，《现代教育技术》2013 年第 5 期，第 68 ~ 72 页。

[686] 叶丹：《律师微博直播庭审的正当性——以“黎庆洪”案为例》，《宜春学院学报》2013 年第 5 期，第 33 ~ 35 页。

[687] 张丽芬：《微博：高校大学生心理健康教育的新载体》，《黑龙江教育学院学报》2013

年第5期，第99～101页。

[688] 刘学峰、张恒：《全国“两会”报道中的微博热》，《新闻研究导刊》2013年第5期，第44～47页。

[689] 陈冬玲：《行业高职图书馆微博在读者服务中的角色分析》，《河南图书馆学刊》2013年第5期，第123～124页。

[690] 张倩：《微时代传统媒体的微博矩阵》，《新闻世界》2013年第5期，第157～158页。

[691] 潘婉青：《“微博时代”下广播的发展前景》，《记者摇篮》2013年第5期，第51～51页。

[692] 任雪萍：《试谈微博环境下平面媒体新闻采写的几点思考》，《新闻研究导刊》2013年第5期，第68～69页。

[693] 胡开远、王少剑：《在线内容早期传播的影响因素研究——以微博为例》，《经济与管理》2013年第5期，第85～89页。

[694] 曾彩茹：《微博对创新高校学生党建模式之路径分析》，《云南行政学院学报》2013年第5期，第56～57页。

[695] 江涛：《基于微博社区的图书馆知识协同服务模式研究》，《图书馆工作与研究》2013年第5期，第66～70页。

[696] 孙志伟、郑琨：《“美丽中国”的城市文化“微传播”策略》，《今传媒》2013年第5期，第63～64页。

[697] 张媛：《微博舆论的基本特征及问题对策》，《新闻世界》2013年第5期，第171～172页。

[698] 蔡宝刚：《迈向权利反腐：认真对待微博反腐的法理言说》，《法学》2013年第5期，第3～12页。

[699] 刘冠楠、陈超飞：《从现象学角度探析“微博假新闻”现象》，《新闻世界》2013年第5期，第175～176页。

[700] 欧阳莹莹、刘利芳：《名人型微博意见领袖的话语使用分析——以新浪微博为例》，《今传媒》2013年第5期，第101～102页。

[701] 黎娜：《政府有效参与微博微公益活动过程研究》，《经济与社会发展》2013年第5期，第60～63页。

[702] 刘冰一：《出版社图书营销如何借力微博——以人民文学出版社为例》，《今传媒》2013年第5期，第69～70页。

[703] 李立周：《微博问政中政府角色缺位及重建》，《天水行政学院学报》2013年第5期，第62～65页。

[704] 曹妍：《政治参与新窗口——微博》，《长春理工大学学报》（社会科学版）2013年第5期，第26～27页。

[705] 窦小忱：《互联网背景下的政府信息公开模式》，《商丘师范学院学报》2013年第5期，第139～140页。

[706] 李伶俐：《“微博问政”助推政府网络执政力提升》，《今传媒》2013年第5期，第21～22页。

[707] 刘亚军：《微博在大学生思想政治教育应用中存在问题及对策》，《理论界》2013年

第5期，第211～212页。

［708］杨玫：《谈微博时代公共图书馆的营销推广》，《图书馆工作与研究》2013年第5期，第111～113页。

［709］王梦、刘斌：《微博文学："自媒体"时代的大众狂欢》，《贵州社会科学》2013年第5期，第68～71页。

［710］缪蓉、范璐君：《微博的学习特征研究——基于认知的视角》，《中国电化教育》2013年第5期，第8～14页。

［711］李沛儒：《微博的社会传播效果分析》，《今传媒》2013年第5期，第19～20页。

［712］赵文丹：《传统报业的华丽转身：中国报业微博研究报告》，《编辑之友》2013年第5期，第55～58页。

［713］祝士伟：《微博乌托邦——打造一个出色的品牌微博》，《艺术与设计》2013年第5期，第108～111页。

［714］孙帅、周毅：《政务微博对突发事件的响应研究——以"7·21"北京特大暴雨灾害事件中的"北京发布"响应表现为个案》，《电子政务》2013年第5期，第30～40页。

［715］杜杨沁、霍有光、锁志海：《政务微博微观社会网络结构实证分析——基于结构洞理论视角》，《情报杂志》2013年第5期，第25～31页。

［716］张玲：《基层政务微博运营模式初探——以北京市甘家口街道办事处为例》，《新视野》2013年第5期，第91～94页。

［717］高娟：《微博论政与政务微博——与时俱进的政府回应性问题研究》，《湖北大学学报》（哲学社会科学版）2013年第5期，第137～141页。

［718］陶嘉琦：《"微博问政"问题研究现状述评》，《文学教育》2013年第5期，第146～150页。

［719］闫晓彤、崔贝迪：《从5W模式看政务微博的现状、问题及对策》，《新闻世界》2013年第5期，第149～150页。

［720］汪青云、艾鑫：《突发事件中政务微博的语言运用与社会关系重构——以"9·18"保钓游行事件为例》，《新闻世界》2013年第5期，第249～252页。

［721］李行：《"博"教学系统在高校中的应用研究》，《大学教育》2013年第5期，第28～29页。

［722］廖慧平、曹天元：《管窥微时代传统报纸发展之路——以《信息时报》与微博的融合为例》，《中国出版》2013年第5期，第37～40页。

［723］赵华安：《微博舆情地方化的应对与管理》，《经济研究导刊》2013年第5期，第147～149页。

［724］贾程秀男、倪铁滨：《龙江微政务助力服务型政府建设》，《奋斗》2013年第5期，第31～36页。

［725］张红艳：《微博：图书馆与读者的互动之桥》，《大学图书情报学刊》2013年第3期，第82～84页。

［726］王一夫、杨皓：《论微博中社会主体异化》，《经济研究导刊》2013年第5期，第180～182页。

［727］解丽、刘鹏：《微博在高职院校辅导员思想政治教育中的应用》，《文教资料》2013

年第 5 期，第 145 ~ 146 页。

［728］徐栩：《浅谈微博的媒介特性与舆情应对》，《新闻世界》2013 年第 5 期，第 177 ~ 178 页。

［729］何秋红、徐传达：《微博热：繁荣背后的隐忧》，《传媒》2013 年第 5 期，第 49 ~ 51 页。

［730］马妍妍：《社交媒体的“准社会互动”研究——以新浪微博为例》，《新闻世界》2013 年第 5 期，第 185 ~ 187 页。

［731］林睿鋆：《微博用户名的自我呈现》，《新闻世界》2013 年第 5 期，第 232 ~ 233 页。

［732］李东、高雪新：《浅谈微博的监督功能及影响因素》，《新闻世界》2013 年第 5 期，第 181 ~ 182 页。

［733］梁小丽：《媒介批评的“微”力量——试论微博对媒介批评的影响》，《新闻世界》2013 年第 5 期，第 183 ~ 184 页。

［734］马凯：《传统媒体微博时政报道的优势与不足——以“人民日报”和“央视新闻”微博“两会”报道为例》，《新闻世界》2013 年第 5 期，第 240 ~ 242 页。

［735］刘卫兵：《关于微博的范式思考》，《人力资源管理》2013 年第 5 期，第 30 ~ 30 页。

［736］张峰、郭小民：《从社会管理创新的视角看公安微博的发展与完善》，《北京人民警察学院学报》2013 年第 5 期，第 73 ~ 77 页。

［737］张洋、张津华、谢齐：《基于信号分析方法的微博信息分析系统设计与实现》，《情报理论与实践》2013 年第 5 期，第 104 ~ 110 页。

［738］周巧林：《微博在高校思想政治教育中的创新应用研究》，《忻州师范学院学报》2013 年第 5 期，第 101 ~ 103 页。

［739］刘月文：《大学图书馆微博建设及其启示》，《漯河职业技术学院学报》2013 年第 5 期，第 60 ~ 61 页。

［740］杨孝荣：《巧用博客，扬起少先队工作的风帆》，《教育观察》2013 年第 5 期，第 3 ~ 5 页。

［741］王燕芳、徐侨妹、张昕之：《“90 后”大学生“微博热”背后的心理需求探析》，《高校辅导员学刊》2013 年第 5 期，第 84 ~ 87 页。

［742］孙忠良、卜胜春：《议微博时代执政党的意识形态建设》，《甘肃理论学刊》2013 年第 5 期，第 31 ~ 33 页。

［743］廖秋子：《微博在大学生思想政治教育中的作用分析》，《高校辅导员学刊》2013 年第 5 期，第 51 ~ 54 页。

［744］王志辉：《高职院校图书馆微博运用分析及推广探索——以无锡科技职业学院为例》，《无锡职业技术学院学报》2013 年第 5 期，第 82 ~ 85 页。

［745］何丽、王丹丹：《国书馆微博与图书馆网页比较研究——以新浪微博为例》，《图书馆研究》2013 年第 5 期，第 24 ~ 26 页。

［746］周国栋：《运用微博加强和改进新疆高校共青团工作的研究》，《和田师范专科学校学报》（汉文综合版）2013 年第 5 期，第 22 ~ 24 页。

［747］王珊：《“围”出温情，“博“出精彩——提升高校辅导员微博影响力的对策》，《高校辅导员》2013 年第 5 期，第 57 ~ 59 页。

[748] 李宝芳：《公益创投与微博公益：慈善模式创新研究》，《社会工作》2013 年第 5 期，第 60 ~65 页。

[749] 徐天敏：《论微博在企业形象塑造中的应用》，《东北农业大学学报》（社会科学版）2013 年第 5 期，第 97 ~100 页。

[750] 何进日、白云旭、吕丹、金城：《基于多层次模糊综合方法的社交媒体营销价值评估研究——以人人网和新浪微博为例》，《湖南商学院学报》2013 年第 5 期，第 40 ~45 页。

第 6 期

[751] 杨迎春、谢石生：《官方微博：高校宣传工作的新载体》，《安徽工业大学学报》（社会科学版）2013 年第 6 期，第 138 ~140 页。

[752] 涂莎：《从微博反腐看我国的宪政改革》，《学习月刊》2013 年第 6 期，第 13 ~14 页。

[753] 王景玉：《网络问政的政治效能感浅析——以微博问政为例》，《国家行政学院学报》2013 年第 6 期，第 34 ~38 页。

[754] 刘海贵、郭栋：《利益定向、资本转化与符号合法化建构——微博使用失范行为探析》，《兰州大学学报》（社会科学版）2013 年第 6 期，第 1 ~5 页。

[755] 赵治国：《重大舆情如何用信息公开缓释压力——以济南中院首次微博直播薄熙来案为例》，《中共济南市委党校学报》2013 年第 6 期，第 81 ~83 页。

[756] 马凯华：《微博反腐的成因、困境与完善建议》，《平顶山学院学报》2013 年第 6 期，第 27 ~30 页。

[757] 陈培浩：《政务微博给力须做好七道思考题》，《领导科学》2013 年第 6 期，第 7 ~8 页。

[758] 罗铁家：《中小博物馆需重视微博宣传之分析》，《科技传播》2013 年第 6 期，第 26 ~27 页。

[759] 袁艳、鲁先锋：《基于 SWOT 模型的政府微博与公共政策发展策略分析》，《领导科学》2013 年第 6Z 期，第 26 ~27 页。

[760] 沈红、谢红彬：《微博营销浪潮中的省级旅游局官方微博营销现状》，《旅游论坛》2013 年第 6 期，第 95 ~102 页。

[761] 陈钢：《大数据时代的微博营销评价体系探析》，《重庆电子工程职业学院学报》2013 年第 6 期，第 32 ~34 页。

[762] 廖金宝：《微时代高校辅导员工作的创新与实践》，《太原城市职业技术学院学报》2013 年第 6 期，第 102 ~103 页。

[763] 毛玲：《高校思想政治理论课“微博课堂”教学的实践与思考》，《长沙大学学报》2013 年第 6 期，第 127 ~129 页。

[764] 车培荣、王蜀霖：《重大事件下微博用户行为统计分析及建模》，《北京邮电大学学报》（社会科学版）2013 年第 6 期，第 8 ~16 页。

[765] 段婉立、王力尘：《互联网舆情引导策略研究》，《辽宁工业大学学报》（社会科学版）2013 年第 6 期，第 67 ~69 页。

[766] 何旭：《论微博在党群关系建设中的重要作用》，《中共太原市委党校学报》2013 年

第6期，第72～76页。

[767] 杜莹、李金慧：《官员微博的传播过程解析及策略》，《河北大学学报》（哲学社会科学版）2013年第6期，第144～146页。

[768] 郭红明、王永灿：《基于微博的高校思想政治教育互动模式》，《高校教育管理》2013年第6期，第106～110页。

[769] 李桓促：《开展“良性微博反腐”尚需完善监督机制》，《南华大学学报》（社会科学版）2013年第6期，第69～73页。

[770] 张志华：《论公安微博拟制的艺术》，《湖南警察学院学报》2013年第6期，第49～56页。

[771] 刘建国：《微博在高中作文教学中的运用》，《华夏教师》2013年第6期，第86～87页。

[772] 王苏醒：《浅析公安微博问政的制度逻辑及路径选择》，《江西警察学院学报》2013年第6期，第63～68页。

[773] 乌云高娃：《报纸如何应对微博的挑战?》，《新闻论坛》2013年第6期，第80～81页。

[774] 刘京京、于元元、邱岚、王一涛：《营养信息传播者在新浪微博上的影响力及关系网络实证研究》，《知识管理论坛》2013年第6期，第7～14页。

[775] 何茂昌：《“网络大V”与大学生社会主义核心价值观教育》，《牡丹江师范学院学报》（哲学社会科学版）2013年第6期，第138～140页。

[776] 靳秀霞、郭晓丽：《学术期刊微博病毒营销策略探析——以5T模型为基石》，《山东理工大学学报》（社会科学版）2013年第6期，第81～84页。

[777] 王秀红、王良：《公益机构微博社会网络中心性分析》，《湖北工业大学学报》2013年第6期，第14～16页。

[778] 徐冠中、范颖一：《微博在高校大学生思想政治教育中的应用研究》，《工会论坛》（山东省工会管理干部学院学报）2013年第6期，第103～105页。

[779] 亓娇：《微博热的哲学解读》，《山西师大学报》（社会科学版）2013年第6期，第65～68页。

[780] 张宏宇：《体育“微”现象的后现代哲学阐释——兼论“微体育”内涵的构建》，《南京体育学院学报》（社会科学版）2013年第6期，第52～55页。

[781] 高雅兰、刘启刚：《公安微博在公安工作中的应用价值及路径研究》，《辽宁警专学报》2013年第6期，第80～83页。

[782] 孙溢：《媒体微博的传播特色探析》，《唐山师范学院学报》2013年第6期，第31～32页。

[783] 张小春、刘晓嵌、伍春辉：《论“微博问政”给高校思想政治教育带来的挑战与建议》，《云南社会主义学院学报》2013年第6期，第48～49页。

[784] 刘果、王铁军：《论微博的评论功能及价值拓展》，《湖南大学学报》（社会科学版）2013年第6期，第158～160页。

[785] 王琳、韦春艳：《提升微博反腐有效性的制约因素及其应对》，《湖南社会科学》2013年第6期，第285～288页。

[786] 曲明鑫：《微博文学发展初论》，《琼州学院学报》2013 年第 6 期，第 81 ~ 85 页。

[787] 牟岩、王南冰：《方言微博语言文化浅析》，《北华大学学报：社会科学版》2013 年第 6 期，第 23 ~ 26 页。

[788] 钱铮、李蔚：《高校基层共青团微博建设与应用》，《中国冶金教育》2013 年第 6 期，第 76 ~ 78 页。

[789] 刘丽敏：《微博在大学英语教学中的功能与优势》，《常州大学学报》（社会科学版）2013 年第 6 期，第 98 ~ 100 页。

[790] 卢娟：《微博的媒介功能及微博用户的行为挖掘——基于微博对网络舆论的影响研究》，《陇东学院学报》2013 年第 6 期，第 20 ~ 23 页。

[791] 解希红：《公安微博在犯罪防控中的应用研究》，《山东警察学院学报》2013 年第 6 期，第 101 ~ 105 页。

[792] 房小琪：《自媒体时代下服务型司法的反思》，《贵州警官职业学院学报》2013 年第 6 期，第 93 ~ 99 页。

[793] 鲁远、徐杰、董利华、廖丽琴：《新媒体时代政府信息公开的探讨》，《中共南昌市委党校学报》2013 年第 6 期，第 48 ~ 50 页。

[794] 郝敬习、高国华：《微博在高校思想政治教育中的创新应用研究》，《杭州师范大学学报》（社会科学版）2013 年第 6 期，第 120 ~ 125 页。

[795] 刘利芳、欧阳莹莹：《关系强度对政务微博扩散过程的影响研究——以新浪“成都发布”政务微博为例》，《中国报业》2013 年第 6 期，第 18 ~ 19 页。

[796] 杨锐玲：《政务微博传播现状与策略研究——基于云南省的实证分析》，《新闻知识》2013 年第 6 期，第 9 ~ 11 页。

[797] 曹丽华、任彩霞：《政府微博公信力缺失现状及其对策》，《周口师范学院学报》2013 年第 6 期，第 152 ~ 156 页。

[798] 王子蕲：《基于微博平台的大学生价值观培育问题研究》，《佳木斯大学社会科学学报》2013 年第 6 期，第 74 ~ 76 页。

[799] 陈岳芬：《微博用户对灾难信息的解码方式探微——以“7·21 北京暴雨”为例》，《暨南学报》（哲学社会科学版）2013 年第 6 期，第 150 ~ 155 页。

[800] 孙卓华：《政府微博与公共能量场契合析论》，《山东社会科学》2013 年第 6 期，第 154 ~ 157 页。

[801] 张宁宁：《复杂传播环境下微博新闻“把关人”异化研究》，《临沂大学学报》2013 年第 6 期，第 45 ~ 48 页。

[802] 符保龙：《基于 MQPSO—LSSVM 的微博热点话题预测》，《柳州师专学报》2013 年第 6 期，第 117 ~ 120 页。

[803] 郭丽娜：《少年儿童图书馆微博服务调查分析与思考——以新浪微博为例》，《图书馆研究》2013 年第 6 期，第 102 ~ 104 页。

[804] 栗蕊蕊：《道德阳光照进微世界——基于微博的道德话语生成及道德教育方式构建》，《山西高等学校社会科学学报》2013 年第 6 期，第 72 ~ 76 页。

[805] 姜颖、穆颖：《涉微博著作权问题研究》，《知识产权》2013 年第 6 期，第 28 ~ 36 页。

[806] 周敏：《微博写作与展示的价值特性》，《山西师大学报》（社会科学版）2013 年第 6

期，第 73 ~ 75 页。

[807] 张国茹、卜忠政：《加强大学生微博思想政治教育的路径探析》，《淮北职业技术学院学报》2013 年第 6 期，第 27 ~ 28 页。

[808] 刘芹、阎杰、敖平富：《重庆环保政务微博在全媒体时代传播正能量》，《世界环境》2013 年第 6 期，第 48 ~ 49 页。

[809] 龙太江、周光俊：《网络政治社团兴起对中国政治发展的影响及对策——以新浪微博微群为例》，《湖南师范大学社会科学学报》2013 年第 6 期，第 30 ~ 37 页。

[810] 江涛：《基于微博的图书馆虚拟咨询团队知识协同服务模式研究》，《高校图书馆工作》2013 年第 6 期，第 83 ~ 85 页。

[811] 戴宇辰：《论微博与民主的狂欢》，《学理论》2013 年第 6 期，第 58 ~ 60 页。

[812] 李萍：《微博著作权的界定与权利归属》，《湖北经济学院学报》（人文社会科学版）2013 年第 6 期，第 75 ~ 76 页。

[813] 宋榕榕：《微评论——新闻评论“微博化”的利与弊》，《西部广播电视》2013 年第 6X 期，第 14 ~ 15 页。

[814] 车玥：《灾难事件后微博的社会动员功能研究——以雅安芦山重大地震灾害为例》，《西部广播电视》2013 年第 6X 期，第 24 ~ 24 页。

[815] 周建明：《微博背景下城市党报评论的运作》，《新闻研究导刊》2013 年第 6 期，第 19 ~ 21 页。

[816] 刘瑛：《政务微博中的档案界定》，《办公室业务》2013 年第 6 期，第 46 页。

[817] 王绍龙、徐新民：《政务微博的管理特点与善治之道》，《新闻爱好者》2013 年第 6 期，第 71 ~ 73 页。

[818] 冀芳：《突发事件中政务微博的传播策略》，《新闻知识》2013 年第 6 期，第 47 ~ 48、86 页。

[819] 郭金铭：《浅谈 3G 直播和微博在电视报道中的应用——以“4．20”雅安地震采访报道为例》，《新闻研究导刊》2013 年第 6 期，第 87 ~ 88 页。

[820] 茆琛、陈婷婷：《“微时代”时政新闻报道的传播特性探析》，《重庆科技学院学报》（社会科学版）2013 年第 6 期，第 150 ~ 152 页。

[821] 郭建民、冀天：《微博时代：我国网络政治参与的整合机制探析》，《山西师大学报》（社会科学版）2013 年第 6 期，第 69 ~ 72 页。

[822] 叶匡政：《微博的谣言与谶语》，《公关世界》2013 年第 6 期，第 56 ~ 57 页。

[823] 靳明、靳涛、赵昶：《从黄金大米事件剖析指桑骂槐式的公众情绪——基于新浪微博的内容分析》，《浙江社会科学》2013 年第 6 期，第 91 ~ 98。

[824] 王亚强、张雅丽：《微博行政伦理研究何以可能：进路与方法》，《甘肃理论学刊》2013 年第 6 期，第 89 ~ 93 页。

[825] 祝洁：《政务微博的发展现状及其存在的问题》，《文学教育（下）》2013 年第 6 期，第 134 ~ 135 页。

[826] 邓蓉敏：《真人图书馆微博服务：平台优势与创新路径》，《图书馆建设》2013 年第 6 期，第 45 ~ 48 页。

[827] 刘开琼：《基于微博的图书馆服务研究》，《图书馆学刊》2013 年第 6 期，第 75 ~

77 页。

[828] 闵晓冬：《微博在图书馆中的应用分析》，《现代交际》（学术版）2013 年第 6 期，第 134 ~ 134 页。

[829] 王情香：《四川旅游业微博营销探究》，《四川文理学院学报》2013 年第 6 期，第 152 ~ 154 页。

[830] 王一婷：《微博舆情中主持人信息素养能力的缺失及对策研究》，《现代传播》（中国传媒大学学报）2013 年第 6 期，第 135 ~ 137 页。

[831] 司达：《C. W 传播模式：自媒体时代电视新闻的一种二次传播规律——以央视〈真相调查〉节目的微博传播为例》，《现代传播》（中国传媒大学学报）2013 年第 6 期，第 161 ~ 162 页。

[832] 汪青云、柯筱清：《浅析突发事件中基层政务微博的角色定位》，《新闻知识》2013 年第 6 期，第 35 ~ 37 页。

[833] 蒋德凤：《基于读者需求的高校图书馆微博信息互动策略》，《图书馆学刊》2013 年第 6 期，第 67 ~ 70 页。

[834] 冯宜：《微博在教育知识管理中的应用研究》，《现代教育技术》2013 年第 6 期，第 88 ~ 92 页。

[835] 陈俊：《官方微博，主流媒体转型全媒体的急先锋》，《中国广播》2013 年第 6 期，第 20 ~ 22 页。

[836] 刘稚、白玉洁、王剑琴：《三“明确”一“全面”规范政务微博管理》，《信息化建设》2013 年第 6 期，第 22 ~ 24 页。

[837] 陈力丹、陈慧茹：《新媒体环境下广播的发展——微博多级传播路径下传统广播的新突破——以徽电台为 1 列》，《中国广播》2013 年第 6 期，第 4 ~ 8 页。

[838] 王毓琦：《从“政能量”到“正能量”——基于新浪微博“平安北京”的个案分析》，《新闻世界》2013 年第 6 期，第 255 ~ 257 页。

[839] 磊康：《“社会保障宣传月”活动全面展开　“吉林人社政务微博”正式开通》，《劳动保障世界》2013 年第 6 期，第 10 ~ 12 页。

[840] 雷佩莹：《基于网络的微博舆情传播方式及引导机制研究》，《电子测试》2013 年第 6 期，第 155 ~ 156 页。

[841] 阳丰：《当代广告传播中的“微”能量》，《艺术科技》2013 年第 6 期，第 70 页。

[842] 任晖：《微博受众的“使用与满足”诉求探析》，《新闻世界》2013 年第 6 期，第 311 ~ 312 页。

[843] 金萍、徐问宇：《微博对高水平大学生运动员的影响分析》，《成都体育学院学报》2013 年第 6 期，第 58 ~ 60 页。

[844] 廖倩仪：《新媒介环境下的群体性事件研究——以新浪微博的钓鱼岛群体泄愤事件为例》，《新闻世界》2013 年第 6 期，第 166 ~ 168 页。

[845] 魏东：《电视媒体该如何利用和管理好官方微博》，《记者摇篮》2013 年第 6 期，第 39 ~ 39 页。

[846] 李翔宇：《微博在高校思政教育中的应用探究》，《长江大学学报》（社会科学版）2013 年第 6 期，第 127 ~ 128 页。

[847] 张琰:《微博营销在我国商业银行中的运用研究》,《长江大学学报》(社会科学版)2013 年第 6 期,第 66 ~ 67 页。

[848] 邓晔:《地方新闻网站的微博之路》,《传媒》2013 年第 6 期,第 54 ~ 56 页。

[849] 武雪周:《运用“微博”开展思想政治教育的思考》,《思想政治工作研究》2013 年第 6 期,第 38 ~ 39 页。

[850] 戴体娇、王帆:《基于微博的非正式和面向过程学习的应用研究》,《成人教育》2013 年第 6 期,第 22 ~ 24 页。

[851] 刘莉、陆巍:《微博时代,报纸副刊的再定位》,《中国地市报人》2013 年第 6 期,第 71 ~ 72 页。

[852] 周泰冰:《公共图书馆官方微博现状及发展研究》,《新世纪图书馆》2013 年第 6 期,第 56 ~ 58 页。

[853] 陈超飞、刘冠楠:《微博语言暴力现象成因及规避机制》,《新闻世界》2013 年第 6 期,第 172 ~ 173 页。

[854] 颜晓萌:《政务微博传播效果微探——以中国广州发布和上海发布为例》,《新闻世界》2013 年第 6 期,第 176 ~ 178 页。

[855] 李艳:《新闻专业主义视野下的名人微博》,《赤峰学院学报》(汉文哲学社会科学版)2013 年第 6 期,第 190 ~ 192 页。

[856] 隋岩、曹飞:《互联网群体传播中的信息选择与倾向》,《编辑之友》2013 年第 6 期,第 62 ~ 66 页。

[857] 何奉华:《微博新闻传播的“罗生门”现象浅析——以“袁厉害事件”为例》,《新闻世界》2013 年第 6 期,第 178 ~ 179 页。

[858] 陶燕、谢文娟:《微博语境下的电视综艺节目口碑营销策略研究——以浙江卫视节目〈中国好声音〉为例》,《当代电视》2013 年第 6 期,第 75 ~ 77 页。

[859] 徐婷婷:《微博在大学生自主教育中的实践研究》,《前沿》2013 年第 6 期,第 198 ~ 200 页。

[860] 王维佳、杨丽娟:《被代表的民意——从“吴英案”看微博的舆论一致》,《中国党政干部论坛》2013 年第 6 期,第 74 ~ 76 页。

[861] 刘艳凤、杜婷:《关于高校大学生微博价值观念倾向的实证研究——以湖南科技大学为例》,《当代教育理论与实践》2013 年第 6 期,第 47 ~ 50 页。

[862] 江福燕:《企业微博营销效果影响因素的实证分析——基于新浪微博 30 家企业面板数据》,《时代经贸》2013 年第 6 期,第 73 ~ 74 页。

[863] 王秀红、李悦:《政务微博对政府形象影响探析》,《湖北第二师范学院学报》2013 年第 6 期,第 126 ~ 128 页。

[864] 李曦:《基于 h 指数的高校图书馆微博研究》,《图书馆论坛》2013 年第 6 期,第90 ~ 94 页。

[865] 林露萍:《从注意力经济看微博流行体的传播》,《新闻世界》2013 年第 6 期,第 200 ~ 201 页。

[866] 杨涵雯:《媒体类型与转发量对微博新闻可信度的影响——关于微博新闻可信度的控制实验研究》,《新闻世界》2013 年第 6 期,第 241 ~ 243 页。

[867] 韩超：《媒介技术控制视域下对微博的反思》，《新闻世界》2013 年第 6 期，第 202 ~ 203 页。
[868] 王亚强、张雅丽：《基于政务微博的行政伦理研究》，《昆明理工大学学报》（社会科学版）2013 年第 6 期，第 21 ~ 26 页。
[869] 王益民、丁艺、朱锐勋：《政务微博：开辟电子政务新生态》，《云南行政学院学报》2013 年第 6 期，第 78 ~ 81 页。
[870] 蔡旭：《政务微博应对突发公共事件的三个关键——以厦门 BRT 公交车爆炸案为例》，《甘肃理论学刊》2013 年第 6 期，第 94 ~ 97 页。
[871] 贺冰心：《浅析微博的伦理规制》，《学理论》2013 年第 6 期，第 39 ~ 41 页。
[872] 石婧：《政务微博与政府公共服务转型研究》，《编辑之友》2013 年第 6 期，第 74 ~ 78 页。
[873] 颜晓萌：《政务微博传播效果微探——以“@ 中国广州发布”和“@ 上海发布”为例》，《新闻世界》2013 年第 6 期，第 176 ~ 178 页。
[874] 许凡：《政务微博对政府形象的塑造》，《新闻世界》2013 年第 6 期，第 180 ~ 181 页。
[875] 江冰：《试论青少年微博阅读的现状与影响》，《编辑之友》2013 年第 6 期，第 91 ~ 93 页。
[876] 吉宁：《新媒体环境下的议程设置问题研究》，《今传媒》2013 年第 6 期，第 21 ~ 22 页。
[877] 胡建华：《政务微博：公共危机管理的新平台》，《江西理工大学学报》2013 年第 6 期，第 10 ~ 13 页。
[878] 李盛楠：《地方党报微博的内容分析及其发展策略——以〈河南日报〉与〈广州日报〉为例》，《今传媒》2013 年第 6 期，第 36 ~ 37 页。
[879] 松姗：《综合档案馆政务微博现状研究》，《档案学研究》2013 年第 6 期，第 34 ~ 38 页。
[880] 郑安振、李辉：《论高校保卫微博的作用与管理》，《经济研究导刊》2013 年第 6 期，第 319 ~ 321 页。
[881] 王雷：《改变的不仅是工作更是理念——一位微博内容运营总监转型的深度思考》，《中国记者》2013 年第 6 期，第 42 ~ 44 页。
[882] 薛强、陈李君：《从雷政富案看中国民间舆论监督网站的发展》，《今传媒》2013 年第 6 期，第 48 ~ 49 页。
[883] 田田：《微时代政务微博的特征及问题研究》，《学理论》2013 年第 6 期，第 7 ~ 8 页。
[884] 李金慧、杜莹：《西方微博管理的法律与道德约束》，《中国记者》2013 年第 6 期，第 126 ~ 127 页。
[885] 汪宇婧：《微博反腐的法治困境》，《北京人民警察学院学报》2013 年第 6 期，第 28 ~ 32 页。
[886] 翟佳雨：《微博参政及其前景探析》，《长春教育学院学报》2013 年第 6 期，第 9 ~ 10 页。
[887] 肖升、何珍珍、李勇帆：《微群及其在微学习中的应用》，《电化教育研究》2013 年第 6 期，第 28 ~ 33 页。

[888] 雷雅敏：《微博时代公安院校应对媒体和舆论引导策略研究》，《广西警官高等专科学校学报》2013 年第 6 期，第 78 ~ 81 页。

[889] 王小平：《健康类电视节目与微博的融合之道》，《新闻世界》2013 年第 6 期，第 66 ~ 68 页。

[890] 马秀芬：《办好官方微博提升报纸影响力》，《新闻世界》2013 年第 6 期，第 132 ~ 133 页。

[891] 魏艺：《突发事件中政务微博对网络舆情的应对研究》，《开封教育学院学报》2013 年第 6 期，第 291 ~ 292 页。

[892] 孙莹玉：《政务微博的管理风险及运营策略》，《哈尔滨师范大学社会科学学报》2013 年第 6 期，第 84 ~ 86 页。

[893] 黎铭：《媒体官微的灾难报道分析——以“人民日报”和“四川日报”的微博为例》，《新闻世界》2013 年第 6 期，第 140 ~ 141 页。

[894] 屈慧君：《微博广告互动营销之发展路径探索——以新浪微博为例》，《郑州大学学报》（哲学社会科学版）2013 年第 6 期，第 176 ~ 180 页。

[895] 戴德宝、刘蕾：《基于 AMOS 技术的“微博群”非正式学习模式研究》，《开放教育研究》2013 年第 6 期，第 108 ~ 116 页。

[896] 栾相科：《微博谣言传播中的受众心理与防治对策》，《新闻世界》2013 年第 6 期，第 154 ~ 155 页。

[897] 王辛培：《微博在图书馆数字化阅读中的量化分析》，《四川图书馆学报》2013 年第 6 期，第 43 ~ 46 页。

[898] 马腾、邓建伟：《微博在体育新闻传播中的特征研究》，《山东体育科技》2013 年第 6 期，第 36 ~ 40 页。

[899] 周小舟、安博：《食品安全谣言群体性侵权之民事救济研究——以微博谣言为例》，《安徽警官职业学院学报》2013 年第 6 期，第 49 ~ 53 页。

[900] 胡足凤：《“微博”视野下的高校思想政治教育探析》，《山西大同大学学报》（社会科学版）2013 年第 6 期，第 86 ~ 88 页。

第 7 期

[901] 李彪、郑满宁：《从话语平权到话语再集权：社会热点事件的微博传播机制研究》，《国际新闻界》2013 年第 7 期，第 6 ~ 15 页。

[902] 徐冰：《中国政务微博的发展趋势》，《当代贵州》2013 年第 7 期，第 22 ~ 23 页。

[903] 王琳媛：《新媒体发展与政治舆论环境治理——以微博的政治影响为例》，《毛泽东邓小平理论研究》2013 年第 7 期，第 44 ~ 49 页。

[904] 王有江：《政务微博信息发布规则》，《才智》2013 年第 7 期，第 223 页。

[905] 周晓东：《微博在大学生中的使用情况及调查分析——以常州工程职业技术学院为例》，《湖北函授大学学报》2013 年第 7 期。

[906] 武泽新：《微博“即逝意见领袖”探析》，《新闻世界》2013 年第 7 期，第 194 ~ 195 页。

[907] 王菲菲：《我国政务微博发展的困境解析》，《行政与法》2013 年第 7 期，第 11 ~ 14 页。

[908] 赵洁：《微博在医院档案管理中的应用初探》，《办公室业务》2013 年第 7S 期，第 246 ~ 247 页。
[909] 马凯：《浅析传统媒体微博在灾难报道中的角色——以〈人民日报〉微博雅安地震报道为例》，《新闻世界》2013 年第 7 期，第 200 ~ 202 页。
[910] 吴闻莺：《事件重要性、信息不确定性和辟谣机制——谣言诱发的微博围观与治理策略分析》，《社会科学家》2013 年第 7 期，第 42 ~ 45 页。
[911] 于芳、刘师伟：《新疆大学生公民参与的微博路径与引导》，《湖北函授大学学报》2013 年第 7 期，第 36 ~ 37 页。
[912] 王莹：《试论政务微博对政府形象塑造的提升》，《赤峰学院学报》（汉文哲学社会科学版）2013 年第 7 期，第 116 ~ 118 页。
[913] 王欢、祝阳：《“微博时代”反腐败类谣言的治理策略研究》，《现代情报》2013 年第 7 期，第 7 ~ 11 页。
[914] 谷月娟、朱晓玲：《高校思想政治教育微博式传播路径研究》，《黑龙江高教研究》2013 年第 7 期，第 15 ~ 17 页。
[915] 曾建国、陶立坚：《微博时代公民政治参与研究》，《学术界》2013 年第 7 期，第 156 ~ 163 页。
[916] 黄晓琴：《浅析微博在民办高校思想政治教育中的应用》，《太原城市职业技术学院学报》2013 年第 7 期，第 133 ~ 134 页。
[917] 邓涛：《微博反腐的正能量与副作用》，《科学发展》2013 年第 7 期，第 102 ~ 106 页。
[918] 童清艳、凌洁：《新闻在微博中的再传机制研究——以电视新闻节目〈东方直播室〉在新浪微博中的传播为例》，《新闻与传播研究》2013 年第 7 期，第 46 ~ 65 页。
[919] 邱新有、陈旻：《政府、传统媒体、微博信息博弈的纳什均衡——以温州动车事故为例》，《新闻与传播研究》2013 年第 7 期，第 34 ~ 45 页。
[920] 洪美云：《政务微博的舆论引导机制》，《新闻前哨》2013 年第 7 期，第 101 ~ 102 页。
[921] 何菲：《微信的归微信，微博的归微博》，《中国数字电视》2013 年第 7 期，第 47 ~ 49 页。
[922] 刘乐格：《山东省旅游局官方微博研究》，《新闻世界》2013 年第 7 期，第 243 ~ 245 页。
[923] 王煜琦：《政务微博的宏观影响及其对策》，《今传媒》2013 年第 7 期，第 20 ~ 22 页。
[924] 靳凯、任庆军：《从“泼面姐”事件谈媒介素养的重要性》，《新闻世界》2013 年第 7 期，第 334 ~ 335 页。
[925] 李义菲：《微博意见领袖对网络舆论的影响》，《新闻世界》2013 年第 7 期，第 192 ~ 193 页。
[926] 陈俊蓉：《从微博热点事件看政务微博的舆情应对》，《新闻世界》2013 年第 7 期，第 178 ~ 179 页。
[927] 刘建昌：《意见领袖在微博中的角色分析》，《新闻世界》2013 年第 7 期，第 184 ~ 185 页。
[928] 王寒：《微博时代我国舆论监督的新发展——从一名记者为家乡的呐喊谈起》，《新闻世界》2013 年第 7 期，第 182 ~ 183 页。

[929] 赵慧杰:《微电台——大广播微时代的发展》,《西部广播电视》2013 年第 7X 期,第 7 页。
[930] 陈华明、王康力:《微博事件传播的媒介生态学解读》,《西南民族大学学报》(人文社会科学版)2013 年第 7 期,第 168 ~ 171 页。
[931] 李志军、王文君:《出版企业微博价值评估指标体系研究》,《编辑之友》2013 年第 7 期,第 15 ~ 20 页。
[932] 孔晓梦:《论微博暴力的成因——以“丁锦昊到此一游”事件为例》,《新闻世界》2013 年第 7 期,第 148 ~ 149 页。
[933] 叶文丹:《微博:舆论监督回应的工具》,《新闻世界》2013 年第 7 期,第 144 ~ 146 页。
[934] 裴扬:《微博谣言产生原因及应对机制》,《新闻世界》2013 年第 7 期,第 156 ~ 157 页。
[935] 姚屏、李玉忠、王晓军:《微博教学特征及教学模式研究》,《广东技术师范学院学报》2013 年第 7 期,第 81 ~ 85 页。
[936] 邹一沛、熊程:《公共领域视域下的微博》,《新闻世界》2013 年第 7 期,第 154 ~ 156 页。
[937] 刘勇:《“微时代”大学生思想引领的调查与思考》,《黑河学刊》2013 年第 7 期,第 103 ~ 104 页。
[938] 任福兵:《微时代中国文化传承问题及微博之价值》,《求实》2013 年第 7 期,第 70 ~ 74 页。
[939] 彭云杰:《微博语境下诽谤罪之思考——以个人用户的“发布”“转发”为切入点》,《湖北警官学院学报》2013 年第 7 期,第 59 ~ 63 页。
[940] 孙忠良、卢翠花:《微博文化对高校思想政治教育管理的影响及对策》,《现代教育管理》2013 年第 7 期,第 98 ~ 101 页。
[941] 周志强:《微博,怎样思想?》,《中国图书评论》2013 年第 7 期。
[942] 张晓嵘:《传统媒体在微博时代的社会责任》,《新闻世界》2013 年第 7 期,第 127 ~ 128 页。
[943] 张君昌:《即时通讯在应急救灾中的表现及其传播学思考》,《中国广播》2013 年第 7 期,第 77 ~ 81 页。
[944] 马迎春、冉斯帅:《微博传播的伦理问题透视》,《新闻世界》2013 年第 7 期,第 140 ~ 141 页。
[945] 杜志新:《微博——高校图书馆信息服务营销新模式》,《农业图书情报学刊》2013 年第 7 期,第 169 ~ 172 页。
[946] 丁明秀:《微博视域下学校思想政治教育面对的挑战与机遇》,《教学与管理》(理论版)2013 年第 7 期,第 44 ~ 46 页。
[947] 黄缅:《微博新闻多模态话语的符际关系及意义建构》,《西南民族大学学报》(人文社会科学版)2013 年第 7 期,第 172 ~ 175 页。
[948] 徐春华:《课程微博知识分享的效用研究》,《现代教育技术》2013 年第 7 期,第 85 ~ 89 页。

[949] 何房子：《微博时代：都市报的分化与融合》，《新闻研究导刊》2013 年第 7 期，第 3 ~ 13 页。
[950] 董德福、杜年涛：《官员微博：微博政治的发展方向》，《边疆经济与文化》2013 年第 7 期，第 36 ~ 38 页。
[951] 周硕、杨红炳：《论微博在当代大学生思想政治教育中的作用》，《边疆经济与文化》2013 年第 7 期，第 64 ~ 65 页。
[952] 李娜：《微博与英语教学》，《边疆经济与文化》2013 年第 7 期，第 112 ~ 114 页。
[953] 王岑：《微博的文明传播与有效监督研究——基于福建省微博舆论监督的调查》，《中共福建省委党校学报》2013 年第 7 期，第 103 ~ 111 页。
[954] 陈江柳：《微博问政：基于电子政务的微博应用探析》，《新闻世界》2013 年第 7 期，第 158 ~ 160 页。
[955] 王健：《论微博对高校共青团思想引领的影响》，《湖北经济学院学报》（人文社会科学版）2013 年第 7 期，第 159 ~ 160 页。
[956] 侯宝柱、韩琳、贺灵敏、王树明：《信息构建理论视野的政府微博“去内孤岛化”评价》，《情报杂志》2013 年第 7 期，第 88 ~ 92 页。
[957] 徐超超：《从社会学视角看新浪微博的社交功能》，《新闻世界》2013 年第 7 期，第 160 ~ 161 页。
[958] 杨凤娟：《浅析微博背景下的舆论监督报道》，《今传媒》2013 年第 7 期，第 29 ~ 30 页。
[959] 王辛培：《利用微博推广图书馆文化品牌》，《河南图书馆学刊》2013 年第 7 期，第 103 ~ 104 页。
[960] 陈新宇：《微博语言暴力的成因》，《新闻世界》2013 年第 7 期，第 172 ~ 173 页。
[961] 刘嘉雯、王欣然：《群体性事件中的微博传播机制》，《今传媒》2013 年第 7 期，第 31 ~ 32 页。
[962] 陈长青：《上海闵行区尝试用“微博”宣传档案文化》，《兰台世界》2013 年第 7 期，第 46 页。
[963] 岳振：《政务微博架起民意桥梁》，《当代贵州》2013 年第 7 期，第 16 ~ 17 页。
[964] 岳振：《以开放包容的态度对待民意——副省长陈鸣明谈政务微博》，《当代贵州》2013 年第 7 期，第 18 ~ 19 页。
[965] 于萍：《新媒体时代的社会管理新途径》，《新闻传播》2013 年第 7 期，第 276 ~ 277 页。
[966] 程细雨：《微博时代公共领域的建构》，《新闻世界》2013 年第 7 期，第 176 ~ 177 页。
[967] 尤蕾：《陈里：副厅长的政务微博经》，《小康》2013 年第 7 期，第 32 ~ 35 页。
[968] 陈江柳：《基于电子政务的微博应用现状与策略探析》，《东南传播》2013 年第 7 期，第 84 ~ 85 页。
[969] 崔新军：《“微”服务在北京》，《中国公路》2013 年第 7 期，第 94 ~ 95 页。
[970] 洪美云：《新媒体时代微博的舆论监督特点及发展策略研究》，《新闻传播》2013 年第 7 期，第 295 ~ 296 页。
[971] 喻丹：《微博善政》，《当代贵州》2013 年第 7 期，第 15 页。

[972] 王亚楠:《微博的信息组织和获取方式在企业信息化营销中的应用——以新浪微博为例》,《科技情报开发与经济》2013 年第 7 期,第 122 ~ 124 页。

[973] 赵吉庆、孙志强:《"微博"时代思想政治教育与名人效应》,《文教资料》2013 年第 7 期,第 104 ~ 105 页。

[974] 李泰安:《新闻媒体微博治理对策研究》,《中国出版》2013 年第 7 期,第 46 ~ 49 页。

[975] 林婷婷:《从政务微博的框架效果差异反向探索受众的框架偏好——对"平安武侯"在内的 4 个政务微博样本的对比研究》,《东南传播》2013 年第 7 期,第 106 ~ 108 页。

[976] 熊于宁:《企业微博营销的消费者兴趣导向模型研究》,《商业时代》2013 年第 7 期,第 36 ~ 37 页。

[977] 李鑫:《利用微博实施"痕迹回望教育"》,《素质教育大参考》2013 年第 7 期,第 16 ~ 17 页。

[978] 吴燕:《微博入课堂,写作有春天》,《上海教育科研》2013 年第 7 期,第 86 ~ 87 页。

[979] 任蔷、丁振国:《实名 SNS 社交网络与微博的特征分析——以人人网与新浪微博为例》,《现代情报》2013 年第 7 期,第 94 ~ 98 页。

[980] 毛润政:《图书微博营销的效果提升》,《出版广角》2013 年第 7 期,第 40 ~ 42 页。

[981] 曾超文:《从微博名看当代大学生的心理诉求》,《大学教育》2013 年第 7 期,第 78 ~ 79 页。

[982] 张伟、张德胜:《体育赛事微博运营的现状、问题与对策》,《武汉体育学院学报》2013 年第 7 期,第 54 ~ 57 页。

[983] 王艳红:《微博实名制刍议》,《西部广播电视》2013 年第 7 期,第 56 ~ 57 页。

[984] 张蕊:《媒介融合背景下的微传播》,《西部广播电视》2013 年第 7 期,第 13 ~ 13 页。

[985] 任玉杰:《广播新闻节目的创新策略》,《新闻世界》2013 年第 7 期,第 85 ~ 86 页。

第 8 期

[986] 杜杏华:《微博——网络招聘的新利器》,《办公室业务》2013 年第 8 期,第 44 ~ 45 页。

[987] 马倩:《当反腐邂逅微博:关于微博反腐的有关思考》,《世纪桥》2013 年第 8 期,第 47 ~ 48 页。

[988] 王益民、丁艺:《中国政务微博的发展特点与趋势》,《电子政务》2013 年第 8 期,第 52 ~ 55 页。

[989] 裴蕾:《图书馆利用微博开展人性化服务的探讨》,《办公室业务》2013 年第 8S 期,第 121 ~ 121 页。

[990] 辛恩波:《浅窥德国驻华大使馆的"微"外交》,《艺术科技》2013 年第 8 期,第 334 ~ 334 页。

[991] 拾克方、曹德林:《论微博问政存在的问题及其解决途径》,《大连干部学刊》2013 年第 8 期,第 46 ~ 49 页。

[992] 金佳、张蕊:《微博与突发事件的传播——以微话题"复旦投毒案"为例》,《新闻世界》2013 年第 8 期,第 144 ~ 145 页。

[993] 张亚明、唐朝生、李伟钢:《微博机制和转发预测研究》,《情报学报》2013 年第 8

期，第 868～876 页。
[994] 初令伟：《微博公益传播价值特点初探》，《长春师范大学学报》2013 年第 8 期，第 198～200 页。
[995] 郑杨：《媒体人作为微博意见领袖应注意的问题——以“老酸奶明胶门”事件为例》，《新闻世界》2013 年第 8 期，第 168～169 页。
[996] 厉国刚：《网络发言人在微博辟谣中的角色定位与制度构建》，《新闻世界》2013 年第 8 期，第 170～171 页。
[997] 胡洁、冯维：《微博在大学生思政教育中的创新探索》，《太原城市职业技术学院学报》2013 年第 8 期，第 106～108 页。
[998] 陈伯礼、杨道现：《行政法学视角下中国政务微博的规范化管理》，《电子政务》2013 年第 8 期，第 56～62 页。
[999] 吴清海：《浅探记者使用微博的策略》，《现代交际》（学术版）2013 年第 8 期，第 79～80 页。
[1000] 吴天翮：《微博时代公共关系的变化》，《新闻世界》2013 年第 8 期，第 176～177 页。
[1001] 郑慧：《论自媒体时代记者微博的社会责任意识》，《新闻世界》2013 年第 8 期，第 178～180 页。
[1002] 曹旸：《浅议大学生微博参政现象及引导》，《新闻世界》2013 年第 8 期，第 182～183 页。
[1003] 柳帆：《新媒体与官民互动探析——以新浪微博为例》，《新闻世界》2013 年第 8 期，第 114～115 页。
[1004] 马芳：《纸媒如何牵手微博——以广东部分媒体新浪微博为例》，《新闻世界》2013 年第 8 期，第 174～176 页。
[1005] 朱梦婷：《浅析微博冲击下地方社区网站的发展策略——以“姑苏网”为例》，《新闻世界》2013 年第 8 期，第 116～117 页。
[1006] 周淑云：《政府信息服务新举措——政务微博》，《电子政务》2013 年第 8 期，第 73～77 页。
[1007] 王超：《“微博”在高职思想政治教育中的应用研究》，《黑龙江教育学院学报》2013 年第 8 期，第 118～119 页。
[1008] 黄伟：《微博传播及其调控的几点思考》，《编辑之友》2013 年第 8 期，第 75～76 页。
[1009] 夏文津、焦中明：《微博在新闻传播中的弊端及改进》，《编辑之友》2013 年第 8 期，第73～74 页。
[1010] 樊琪：《微博慈善传播——慈善事业新动力》，《民族论坛》2013 年第 8 期，第 105～107 页。
[1011] 卓兴良：《高校红色微博运行现状调查及机制初探》，《长江大学学报》（社会科学版）2013 年第 8 期，第 125～126 页。
[1012] 杜高明：《微博传播的心理效应》，《编辑之友》2013 年第 8 期，第 71～72 页。
[1013] 陈靓、汪青云：《突发事件下的政务微博角色探析》，《东南传播》2013 年第 8 期，第 83～85 页。
[1014] 吴闻莺李累：《谣言引发微博围观的影响因素——基于 3 个案例的比较研究》，《西南民族大学学报》（人文社会科学版）2013 年第 8 期，第 157～161 页。

[1015] 席淑丽：《“微时代”环境下微博语言的语用研究》，《山西高等学校社会科学学报》2013 年第 8 期，第 55 ~ 58 页。

[1016] 陈镜如：《地方政务微博的突围之路》，《西部广播电视》2013 年第 8 期，第 57、59 页。

[1017] 沈浩、黄晓兰：《大数据助力社会科学研究：挑战与创新》，《现代传播》（中国传媒大学学报）2013 年第 8 期，第 13 ~ 18 页。

[1018] 侯汝秋、陈鹤阳：《政府机构官方微博的内容特征分析——基于新浪网政府微博 Top10 的实证研究》，《图书馆工作与研究》2013 年第 8 期，第 82 ~ 84 页。

[1019] 陈冬玲：《基于新浪微博的国家示范高职图书馆微博服务调查与分析》，《机械职业教育》2013 年第 8 期，第 20 ~ 22 页。

[1020] 孙振虎、张驰：《风险社会语境下政务微博的政府形象塑造——以“7·21 北京大雨事件”中“@平安北京”微博传播为例》，《现代传播》（中国传媒大学学报）2013 年第 8 期，第 51 ~ 54 页。

[1021] 宋会平、杨天瑜：《对微博舆论影响与监管问题的思考》，《今传媒》2013 年第 8 期，第99 ~ 100 页。

[1022] 许燕红：《新闻当事人的“微博化”考验公共理性》，《艺术与设计》2013 年第 8 期，第170 ~ 171 页。

[1023] 邢若南、袁玖根：《微博与深度报道的相互融合探微》，《传媒》2013 年第 8 期，第 49 ~ 50 页。

[1024] 胡艳芝：《基于微博的大学生思想政治教育模式研究》，《辽宁行政学院学报》2013 年第 8 期，第 89 ~ 90 页。

[1025] 王学飞：《公民参与视角下微博反腐问题研究》，《时代经贸》2013 年第 8 期，第 191 ~ 192 页。

[1026] 戴伟：《基于微博传播机制的网络危机应对》，《社科纵横》2013 年第 8 期，第 53 ~ 55 页。

[1027] 林泽斐：《基于微博开放平台的图书馆社会网络服务整合模式》，《数字图书馆论坛》2013 年第 8 期，第 67 ~ 71 页。

[1028] 曹璐、刘峰：《试论微博时代的金融行业声誉风险防控》，《今传媒》2013 年第 8 期，第 101 ~ 103 页。

[1029] 吴燕：《大时代写“微作文”——中职微博作文教学的尝试与感悟》，《语文学刊》（高等教育版）2013 年第 8 期，第 152 ~ 153 页。

[1030] 黄楚新、邱智丽：《社会化媒体环境下广播与微博的互动》，《现代传播》（中国传媒大学学报）2013 年第 8 期，第 127 ~ 131 页。

[1031] 冯姣：《禁止庭审微博直播与审判公开关系之探析》，《法治研究》2013 年第 8 期，第125 ~ 131 页。

[1032] 魏景霞：《论微博编辑艺术》，《当代电视》2013 年第 8 期，第 46 ~ 48 页。

[1033] 赵振花：《微博中灾难谣言的传播与对策》，《传媒》2013 年第 8 期，第 76 ~ 78 页。

[1034] 师晓鹃：《从热线电话不热到微博崛起》，《中国记者》2013 年第 8 期，第 61 ~ 611 页。

[1035] 郭钦、丁寅:《纸媒 VS 微博：武汉暴雨“新闻战”反思》,《中国记者》2013 年第 8 期，第 84 ~ 85 页。
[1036] 张海馨、周远帆:《改进河北广电新闻节目提高舆论引导能力》,《今传媒》2013 年第 8 期，第 127 ~ 128 页。
[1037] 马奇峰、冯岩:《微博时代下的企业文化建设探索》,《交通企业管理》2013 年第 8 期，第 26 ~ 27 页。
[1038] 褚建勋、陆阳丽:《微博的科学传播机制和策略分析》,《今传媒》2013 年第 8 期，第 13 ~ 14 页。
[1039] 王连洋、乔杨:《加强学生网络微博建设新途径》,《边疆经济与文化》2013 年第 8 期，第 168 ~ 169 页。
[1040] 赵志刚:《微博在手机图书馆中的应用策略研究》,《情报理论与实践》2013 年第 8 期，第 72 ~ 76 页。
[1041] 顾利刚:《当好微博把关人》,《前线》2013 年第 8 期，第 83 ~ 83 页。
[1042] 董婧:《新浪网两会报道中的新变化与不足》,《长春教育学院学报》2013 年第 8 期，第 52 ~ 53。
[1043] 许莉、许伟:《人接地气　文有才气——评中国新闻奖广播消息一等奖作品〈公安微博危机公关十小时〉》,《中国记者》2013 年第 8 期，第 80 ~ 81 页。
[1044] 陈沁、刘莉琳:《武汉政务微博发展现状及提升》,《学习月刊》2013 年第 8 期，第 93 页。
[1045] 王彩焕:《行政单位微媒体宣传管理探究》,《今传媒》2013 年第 8 期，第 23 ~ 24 页。
[1046] 陈舜华、王晓彤、郝志峰、蔡瑞初、肖晓军、卢宇:《基于微博 API 的分布式抓取技术》,《电信科学》2013 年第 8 期，第 146 ~ 150 页。
[1047] 李若萌:《传播学视角下微博符号性的三维分析》,《今传媒》2013 年第 8 期，第 20 ~ 22 页。
[1048] 杜燕文、彭畅:《发挥“微力量”　传播真善美——试析节目主持人使用微博存在的问题及对策》,《今传媒》2013 年第 8 期，第 57 ~ 58 页。
[1049] 唐晓波、房小可:《基于文本聚类与 LDA 相融合的微博主题检索模型研究》,《情报理论与实践》2013 年第 8 期，第 85 ~ 90 页。
[1050] 刘轩:《全媒体背景下微博与传统媒介的关系》,《新闻世界》2013 年第 8 期，第 257 ~ 258 页。
[1051] 关文刚:《莫让政务微博变成“空架子”》,《中国职工教育》2013 年第 8 期，第60 页。
[1052] 王朝阳:《浅析梁启超的舆论思想在微博中的应用》,《新闻世界》2013 年第 8 期，第8338 ~ 339 页。
[1053] 王京生:《政务微博：贯彻群众路线的新途径》,《党建》2013 年第 8 期，第 46 ~ 48 页。
[1054] 束建华、赵亚南:《微博舆情对大学生价值观的影响研究》,《长春教育学院学报》2013 年第 8 期，第 77 ~ 78 页。
[1055] 曾刚:《浅谈微博对高校思想政治教育的挑战及对策》,《时代经贸》2013 年第 8 期，第 149 ~ 149 页。
[1056] 高菲:《政务微博辟谣的负效应及规避策略》,《青年记者》2013 年第 8 期，第 10 ~

11 页。

[1057] 王有江:《政务微博的功能》,《才智》2013 年第 8 期,第 196 页。

[1058] 元芳芳:《探析党报对微博的应用现状及发展路径》,《长春教育学院学报》2013 年第8 期。

[1059] 陈立松:《微博问政引领中国政坛新气象》,《信息化建设》2013 年第 8 期,第 22 ~ 24 页。

[1060] 马安安:《高高在上的政务微博不如不办》,《公民导刊》2013 年第 8 期,第 54 页。

[1061] 李毅华:《官员转变是公众"微监督"的胜利》,《学理论》2013 年第 8 期,第 9 ~ 10 页。

[1062] 杜杨沁、锁志海:《政务微博监管模式的选择——基于委托代理模型》,《电子政务》2013 年第 8 期,第 63 ~ 72 页。

[1063] 冀芳:《多重话语博弈下政务微博的传播策略》,《新闻知识》2013 年第 8 期,第 31 ~ 33 页。

[1064] 朱宇:《高校思想政治理论教学的正负效应探析——以微博为视角》,《当代教育理论与实践》2013 年第 8 期,第 110 ~ 112 页。

[1065] 邓秋萍:《微博语境下大学生的思想政治教育》,《绍兴文理学院学报》2013 年第 8 期,第 117 ~ 120 页。

[1066] 张邦辉、李舒:《政务微博的发展困境与对策——以新浪政务微博为例》,《重庆与世界》(学术版) 2013 年第 8 期,第 7 ~ 10 页。

[1067] 吴兴标、杨一明:《政务微博规范化管理探讨》,《企业科技与发展》2013 年第 8 期,第 104 ~ 106 页。

[1068] 李南:《试论微博在高校学生党支部建设中的作用》,《文教资料》2013 年第 8 期,第153 ~ 154 页。

[1069] 张超:《政务微博传播效果分析——以"北京发布"为例》,《新闻世界》2013 年第 8 期,第 238 ~ 239 页。

[1070] 艾梦璇:《新媒体时代微博粉丝行为研究》,《新闻世界》2013 年第 8 期,第 255 ~ 256 页。

[1071] 李媛:《隐私权分离主义与网络隐私权的困境》,《全国商情》2013 年第 8 期,第 93 ~ 94 页。

[1072] 贾亦璞:《微博环境下的高校思想政治工作遇到的挑战与对策》,《文教资料》2013 年第 8 期,第 144 ~ 146 页。

[1073] 赵志勇:《微博等公共领域的言说方式值得探究》,《红旗文稿》2013 年第 8 期,第 14 页。

[1074] 田盼、何跃:《基于 SOM-GMDH 的微博热点话题变化趋势研究》,《软科学》2013 年第 8 期,第 75 ~ 79 页。

[1075] 赵鸿燕、何苗:《外国驻华使馆"微博外交"及其启示》,《现代国际关系》2013 年第 8 期,第 50 ~ 55 页。

[1076] 李嘉欢、弭璐:《浅析微博的负面影响及对策》,《新闻世界》2013 年第 8 期,第 120 ~ 121 页。

[1077] 邓何苗、闫晓彤:《试论微博对公民参与公共决策的意义》,《新闻世界》2013 年第

8 期，第 186～187 页。
[1078] 陶龙琦、裴扬：《新媒体时代的电视品牌传播——以湖南卫视新浪微博为例》，《新闻世界》2013 年第 8 期，第 184～185 页。
[1079] 张蕊、金佳：《新媒介生态下媒体官方微博的传播策略——以人民日报新浪微博为例》，《新闻世界》2013 年第 8 期，第 128～130 页。
[1080] 白建勇：《我国社会化招聘问题研究》，《教师教育学报》2013 年第 8 期。
[1081] 何方晴：《微博让报网互动更活跃》，《新闻世界》2013 年第 8 期，第 124～125 页。

第 9 期

[1082] 张梓轩、雷建军：《在召唤大众中传递主流媒体正能量——论微博版〈人民日报〉语言传播方式的转变》，《中国出版》2013 年第 9 期，第 34～36 页。
[1083] 顾理平、徐尚青：《微博实名制：“错装在政府身上的手”——兼论基于“成本－收益”分析的网络空间规制理念与管理战略》，《新闻与传播研究》2013 年第 9 期，第 65～81 页。
[1084] 鞠松烨：《微博时代的媒介生态现状与前景》，《西部广播电视》2013 年第 9 期，第 5～6 页。
[1085] 王盼盼：《公共秩序与公民个性体验下的微博参政研究》，《电子政务》2013 年第 9 期，第 35～41 页。
[1086] 王国华、王丽丽、王雅蕾：《基于新浪平台的微博辟谣主体与方式研究》，《电子政务》2013 年第 9 期，第 2～8 页。
[1087] 张伟舒、吕云翔：《微博情感倾向算法的改进与实现》，《知识管理论坛》2013 年第 9 期，第 21～27 页。
[1088] 王华俊、季君丽：《新形势下反腐倡廉建设的载体创新——微博反腐的可行性探索》，《求知》2013 年第 9 期，第 18～21 页。
[1089] 陈雪嵘：《太仓市政务微博发展的成效与思考》，《江南论坛》2013 年第 9 期，第 39～40 页。
[1090] 王晓辉：《微博在大学英语写作教学中的应用和研究》，《现代交际》（学术版）2013 年第 9 期，第 234～234 页。
[1091] 张震宇：《刍议通过微博提升大学生的媒介素质》，《太原城市职业技术学院学报》2013 年第 9 期，第 118～119 页。
[1092] 邸敬存、樊东宁、郑艳玲、康秀平：《微博传播中权力关系与信息无明确指向性探究》，《西部广播电视》2013 年第 9X 期，第 7～8 页。
[1093] 于晓娟：《媒体人微博素养刍议——由“微博事件 1/3 有谣言”为例》，《西部广播电视》2013 年第 9X 期，第 69～69 页。
[1094] 陈艳红、宗乾进、袁勤俭：《国外微博研究热点、趋势及研究方法：基于信息计量学的视角》，《国际新闻界》2013 年第 9 期，第 28～40 页。
[1095] 张明、田小平、黄冬雪：《大学生微博使用现状的调查及对策研究——以陕西八所高校为例》，《教育学术月刊》2013 年第 9 期。
[1096] 郝敏：《陕西消防微博首登“陕西党政机构微博影响力 20 强排行榜”》，《安防科

技》2013 年第 9 期，第 5 页。

［1097］韩旭、刘坚：《大微博的网络媒介批评机制及其构建》，《求索》2013 年第 9 期，第 251 ~ 253 页。

［1098］辜晓进、洪芳芳、张可：《纸媒与微博的互动逻辑：基于“捣鸟窝”新闻的分析》，《国际新闻界》2013 年第 9 期，第 71 ~ 80 页。

［1099］王华：《微博时代大学生记者社团创新管理路径探析》，《黑河学刊》2013 年第 9 期，第 12 ~ 13 页。

［1100］董天策、梁辰曦、夏侯命波：《试论〈人民日报〉官方微博新闻评论的话语方式》，《国际新闻界》2013 年第 9 期，第 81 ~ 91 页。

［1101］李军刚、于海涛、孔垂海：《论运用微博课堂开展新生代农民工教育培训》，《经济师》2013 年第 9 期，第 83 ~ 83 页。

［1102］赵玲、张静：《微博用户的从众行为特性与影响研究》，《中国电化教育》2013 年第 9 期，第 60 ~ 64 页。

［1103］杨晓贤、吕斌：《基于 Web2.0 的微博用户偏好分析方法在竞争情报分析中的应用研究》，《情报理论与实践》2013 年第 9 期，第 63 ~ 66 页。

［1104］张宝：《新兴社交媒体的探究与对比——以腾讯微信和新浪微博为例》，《艺术科技》2013 年第 9 期，第 84 ~ 84 页。

［1105］张爱军：《微博政治伦理的瓶颈及其疏导——基于罗尔斯的视角》，《探索与争鸣》2013 年第 9 期，第 62 ~ 68 页。

［1106］刘瑞生：《微博意见领袖之影响与对策》，《中国党政干部论坛》2013 年第 9 期，第 69 ~ 72 页。

［1107］杨松菊：《微博对高校思想政治理论课教学的挑战》，《当代教育理论与实践》2013 年第 9 期，第 28 ~ 31 页。

［1108］陈静、胡京武：《微博中摄影作品的版权保护》，《传媒》2013 年第 9 期，第 75 ~ 77 页。

［1109］汪永涛：《团干部微博影响力分析》，《中国青年研究》2013 年第 9 期，第 48 ~ 53 页。

［1110］施晓岚：《政务微博信息设计的逻辑考察》，《东南传播》2013 年第 9 期，第 95 ~ 97 页。

［1111］刘佩瑶：《略论“微博问政”学术研究的新视角》，《赤峰学院学报》（汉文哲学社会科学版）2013 年第 9 期，第 129 ~ 131 页。

［1112］丁钊、廖天翊：《交通广播与微博的融合——以新浪微博影响力榜排名前三的交通广播微博为例》，《现代传播》（中国传媒大学学报）2013 年第 9 期，第 116 ~ 119 页。

［1113］齐蒙：《旅游局官方微博分析——以新浪十大旅游局官方微博为例》，《新闻世界》2013 年第 9 期，第 234 ~ 236 页。

［1114］王晶：《微博问政：公民意识的觉醒与反思》，《理论月刊》2013 年第 9 期，第 92 ~ 96 页。

［1115］展江、雷丽莉：《司法信息公开的新途径——“李庄案第二季”微博传播初探》，《中国广播》2013 年第 9 期，第 29 ~ 33 页。

[1116] 李运仓、张建学：《微博在高校大学生思想政治教育中的应用研究》，《党史博采》（理论版）2013 年第 9 期，第 55 ~ 56 页。
[1117] 赵玉青、乔贵春：《基于微博的非正式学习研究》，《南阳师范学院学报》2013 年第 9 期，第 60 ~ 63 页。
[1118] 陈福生：《如何做好微博的管理与推广——从中央电台音乐之声的微博运营谈起》，《中国广播》2013 年第 9 期，第 42 ~ 44 页。
[1119] 黄亚明：《如何掌控微时代的媒体话语权——《安阳日报》微博新闻应用的实践与体会》，《新闻世界》2013 年第 9 期，第 6 ~ 7 页。
[1120] 郑杰：《微博在传统媒体发展中的助推作用》，《中国地市报人》2013 年第 9 期，第 30 ~ 31 页。
[1121] 陆荣春：《论微博时代纸媒传播的变革策略》，《中国地市报人》2013 年第 9 期，第 33 ~ 35 页。
[1122] 于静、李君轶：《微博营销信息的时空扩散模式研究——以曲江文旅为例》，《经济地理》2013 年第 9 期，第 6 ~ 12 页。
[1123] 张明言：《框架视野下镌主流媒体官方微博研究——以〈人民日报〉官方微博为例》，《今传媒》2013 年第 9 期，第 91 ~ 93 页。
[1124] 刘继东：《简析微博对大众娱乐行为的影响》，《当代电视》2013 年第 9 期，第 78 ~ 79 页。
[1125] 张晔：《微博舆情的传播特征》，《新闻世界》2013 年第 9 期，第 128 ~ 129 页。
[1126] 赵玲、张静：《基于复杂网络的微博用户行为特性分析》，《现代情报》2013 年第 9 期，第 35 ~ 43 页。
[1127] 邓蓉敬：《基于微博平台的图书馆深层次服务创新》，《图书馆学刊》2013 年第 9 期，第 57 ~ 60 页。
[1128] 罗铮、毛杰、代玉芬：《谈谈当代图书馆人的形象塑造》，《新世纪图书馆》2013 年第 9 期，第 72 ~ 73 页。
[1129] 苏岩：《论微博对负面新闻信息传播的加速作用——以西安“9·15 事件”为例》，《今传媒》2013 年第 9 期，第 57 ~ 60 页。
[1130] 张雪梅：《新媒体背景下微博在图书馆信息服务中的应用》，《图书馆学刊》2013 年第 9 期，第 60 ~ 62 页。
[1131] 刘慧：《微博时代高校大信访工作格局的实践探索——以南京大学为例》，《教育学术月刊》2013 年第 9 期，第 70 ~ 72 页。
[1132] 倪莉、丁力：《我国企业微博营销现状分析及策略》，《企业经济》2013 年第 9 期，第 93 ~ 96 页。
[1133] 吴小君、龚捷：《我国政务微博的信息发布方式、特点和策略分析——以“@平安南粤”为例》，《情报理论与实践》2013 年第 9 期，第 88 ~ 90 页。
[1134] 汪青云、金懿：《多重议程设置互动下政务微博舆论引导的困境与出路》，《新闻知识》2013 年第 9 期，第 14 ~ 16 页。
[1135] 刘涛：《微博在高校班主任工作中的应用探析》，《新闻世界》2013 年第 9 期，第 314 ~ 315 页。

[1136] 朱雪：《微博在应对自然灾害事件中的作用》，《新闻世界》2013 年第 9 期，第 132 ~ 133 页。

[1137] 赵冬晶：《限制性的自我和社会化的表演——解读新浪名人微博的印象管理》，《新闻世界》2013 年第 9 期，第 136 ~ 137 页。

[1138] 杜正华、胡晓：《微博构建公共领域困境探析》，《新闻世界》2013 年第 9 期，第 138 ~ 139 页。

[1139] 唐妍洁：《从传播学角度简析“80 后微博控”现象》，《新闻世界》2013 年第 9 期，第148 ~ 149 页。

[1140] 刘晓星：《纸媒微博的生存之路》，《新闻世界》2013 年第 9 期，第 158 ~ 160 页。

[1141] 王菊松：《微博对佛教文化传播的影响》，《新闻世界》2013 年第 9 期，第 146 ~ 147 页。

[1142] 徐威：《政务微博在危机传播中的沟通作用——以“@上海发布”播发防控禽流感信息为例》，《新闻记者》2013 年第 9 期，第 86 ~ 90 页。

[1143] 王法硕：《中国政务微博研究综述》，《电子政务》2013 年第 9 期，第 27 ~ 34 页。

[1144] 杨娟娟、杨兰蓉、曾润喜、张韦：《公共安全事件中政务微博网络舆情传播规律研究——基于“上海发布”的实证》，《情报杂志》2013 年第9 期，第 11 ~ 15、28 页。

[1145] 于燕萍：《我国政务微博的发展现状及前瞻》，《劳动保障世界》（理论版）2013 年第 9 期，第 103 ~ 104 页。

[1146] 顾佳滨：《微博互动式教学在高职思想政治理论课中的运用》，《职业教育研究》2013 年第 9 期，第 170 ~ 171 页。

[1147] 王志明、张标、周懋怡：《谈辅导员微博在思想政治教育工作中的理智运用》，《职业教育研究》2013 年第 9 期，第 145 ~ 146 页。

[1148] 彭艳华：《突发事件中民众对政务微博的心理诉求及引导措施》，《学理论》2013 年第 9 期，第 19 ~ 21、55 页。

[1149] 王绍龙、徐新民：《基于实证的少数民族地区政务微博研究报告——以内蒙古自治区政务微博为样本》，《前沿》2013 年第 9 期，第 101 ~ 106 页。

[1150] 松姗：《综合档案馆政务微博现存问题及成因》，《中国档案》2013 年第 9 期，第 58 ~ 59 页。

[1151] 王京生：《政务微博是贯彻群众路线的新创举》，《法制与经济》（上旬刊）2013 年第 9 期，第 20 页。

[1152] 吴玉林：《政务微博不仅仅是天气预报》，《浦东开发》2013 年第 9 期，第 63 页。

[1153] 邵晓：《政务微博缘何成“摆设”》，《决策》2013 年第 9 期，第 73 ~ 75 页。

[1154] 王菲菲：《政务微博：塑造政府形象的新窗口》，《新长征》2013 年第 9 期，第 50 ~ 51 页。

[1155] 王菲菲：《微博应用于图书馆服务研究》，《科技情报开发与经济》2013 年第 9 期，第64 ~ 65 页。

[1156] 施佳：《微博反腐“热”的“冷”思考》，《宜宾学院学报》2013 年第 9 期，第25 ~ 28 页。

[1157] 宋国强：《浅析突发公共卫生事件的新闻发布策略》，《新闻世界》2013 年第 9 期，

第 277 ~ 278 页。

[1158] 吕志娟、贺翔：《校园微博：大学生思想教育管理的新平台》，《文教资料》2013 年第 9 期，第 150 ~ 151 页。

[1159] 刘再春、叶永生：《政务微博日常运行存在的问题及对策探析》，《理论导刊》2013 年第 9 期，第 18 ~ 21 页。

第 10 期

[1160] 赵玉萍：《刍议微博政治参与》，《今日中国论坛》2013 年第 10 期，第 15 ~ 16 页。

[1161] 韩洋：《浅述微博在社会治理中的作用》，《改革与开放》2013 年第 10 期，第 92 页。

[1162] 徐文策、干逸恬：《从"7·23"温州动车事件到"7·21"北京暴雨事件——析政务微博的悄然嬗变》，《新闻传播》2013 年第 10 期，第 21 ~ 22 页。

[1163] 殷大为、翟玉红：《政务微博：网络时代群众路线新的实现形式》，《新长征》2013 年第 10 期，第 31 页。

[1164] 董磊：《系统论视域下微博谣言的源起和对策研究》，《新闻世界》2013 年第 10 期，第 227 ~ 229 页。

[1165] 吴伟、黎全、张婷：《微博盛行给军校学员管理带来的挑战和对策》，《高等教育研究学报》2013 年第 B10 期，第 33 ~ 34 页。

[1166] 李莲：《微博应用于英语专业独立语法课的优势和可行性》，《湖北科技学院学报》2013 年第 10 期，第 124 ~ 125 页。

[1167] 赵福杰：《"微博问政"与检察公共关系建设》，《环渤海经济瞭望》2013 年第 10 期，第71 ~ 71 页。

[1168] 黄伟华：《微博在对台广播中的应用》，《西部广播电视》2013 年第 10 期，第 96 ~ 97 页。

[1169] 刘艺：《微博——舆论监督新的突围》，《科技传播》2013 年第 10 期，第 13 页。

[1170] 黄琳茜：《微博作为求职新平台对大学生求职作用——以新浪微博为案例》，《科技传播》2013 年第 10 期，第 14 ~ 15 页。

[1171] 罗坤瑾：《微博公共事件与社会情绪共振研究文献综述》，《学术论坛》2013 年第 10 期，第 80 ~ 85 页。

[1172] 雷雅敏：《微博时代公安院校应对媒体和舆论引导策略研究》，《公安教育》2013 年第 10 期，第 62 ~ 66 页。

[1173] 王飞、张明：《公安"微博问政"的失范现象与规范路径研究》，《党政干部论坛》2013 年第 10 期，第 19 ~ 22 页。

[1174] 赵巍：《语域理论视角下的中国政务微博研究》，《吉林省教育学院学报》（上旬）2013 年第 10 期，第 98 ~ 100 页。

[1175] 潘旭峰：《资源动员理论视角下的微博反腐发生机制研究》，《党政干部论坛》2013 年第 10 期，第 23 ~ 26 页。

[1176] 谢进川：《微博发展的政治逻辑分析》，《中国青年研究》2013 年第 10 期，第 25 ~ 28 页。

[1177] 张佳琴：《高校图书馆微博应用及未来发展路径探索》，《河南图书馆学刊》2013 年

第 10 期，第 49 ~ 50 页。

[1178] 王静、周华、周红、王慧、张欣、徐福叶、韩海英：《新媒体环境下高校图书馆移动信息服务微营销研究》，《图书馆建设》2013 年第 10 期，第 45 ~ 49 页。

[1179] 谢新洲、安静：《当前政务微博的发展研究》，《新闻与写作》2013 年第 10 期，第 35 ~ 38 页。

[1180] 刘星星：《高校图书馆基于微博的信息服务研究》，《图书馆学刊》2013 年第 10 期，第79 ~ 81 页。

[1181] 李赤：《浅谈我国微博的发展》，《黑河学刊》2013 年第 10 期，第 42 ~ 42 页。

[1182] 曹媛媛：《微博时代，主流媒体提高舆论引导能力的对策》，《中国地市报人》2013 年第 10 期，第 16 ~ 18 页。

[1183] 廖秋子：《微博在大学生思想政治教育工作中的作用初探》，《福建论坛》（人文社会科学版）2013 年第 10 期，第 182 ~ 184 页。

[1184] 曾淑花：《经营好地方党报的微博版》，《中国地市报人》2013 年第 10 期，第 106 ~ 107 页。

[1185] 朱波：《当代舆论引导“反微博”的必要性及其方式探索》，《中国地市报人》2013 年第 10 期，第 128 ~ 129 页。

[1186] 王春宇：《自媒体时代更需打造微博公信力》，《中国地市报人》2013 年第 10 期，第112 ~ 113 页。

[1187] 姬浩、吕美：《传统媒体微博存在的问题及应对策略》，《编辑之友》2013 年第 10 期，第 71 ~ 73 页。

[1188] 张诗蒂、韩拥兵：《微博社区良性发展路径探析》，《编辑之友》2013 年第 10 期，第 78 ~ 82 页。

[1189] 于显洋、蔡斯敏：《社会化媒体时代社区共同体的重塑——商务楼宇青年联动机制研究》，《中国青年研究》2013 年第 10 期，第 39 ~ 45 页。

[1190] 王君超：《主流媒体微博：如何打通“两个舆论场”?》，《中国记者》2013 年第 10 期，第7 页。

[1191] 刘西平、郭文：《纸媒微博的价值与定位——基于新浪平台 30 家报纸微博的实证分析》，《中国记者》2013 年第 10 期，第 104 ~ 105 页。

[1192] 张蕾：《微博时代博客如何转型》，《中国记者》2013 年第 10 期，第 106 ~ 107 页。

[1193] 董轩志：《基于微博社会的网络谣言传播结构的分析研究》，《今传媒》2013 年第 10 期，第 22 ~ 24 页。

[1194] 吴玥：《论新媒体环境下如何把握舆论引导主动权——以河南日报官方微博为例》，《今传媒》2013 年第 10 期，第 34 ~ 35 页。

[1195] 戴伟：《微博环境下的公共危机应对策略研究》，《科技资讯》2013 年第 10 期，第 241 ~ 241 页。

[1196] 倪玮：《公共外交中的名人效应与围观模型——“billgates”微博研究》，《今传媒》2013 年第 10 期，第 48 ~ 50 页。

[1197] 李艳梅、熊伶俐：《省级卫视微博营销的 4I 策略》，《今传媒》2013 年第 10 期，第 66 ~ 67 页。

［1198］郭峰、刘彩生：《论高校微博舆情传播路径及引导控制》，《教师教育学报》2013年第10期。
［1199］吴媚：《报纸官方微博框架比较分析——以人民日报和南方都市报微博为例》，《今传媒》2013年第10期，第45～47页。
［1200］管红、李文文：《基于社会化媒体的公共图书馆服务研究》，《现代情报》2013年第10期，第159～161页。
［1201］朱昱遇：《我国政务微博的运作现状、问题与对策》，《新闻世界》2013年第10期，第229～230页。
［1202］黄原原：《政务微博运营风险与安全对策研究》，《情报探索》2013年第10期，第35～38页。
［1203］魏兴云：《让政务微博动起来》，《中国工运》2013年第10期，第55～56页。
［1204］柳瑶、郎宇洁、李凌：《微博用户生成内容的动机研究》，《图书情报工作》2013年第10期，第51～57页。
［1205］莫安梅、刘健、杨胜斌：《自媒体时代与地方政府危机管理》，《电子测试》2013年第10期，第175～176页。
［1206］苏茜茜：《微博和微信的优劣比较——以拍客举报地铁乞讨者为个案》，《新闻世界》2013年第10期，第231～232页。
［1207］凌彬：《微博时代的亚文化传播》，《新闻世界》2013年第10期，第239～240页。
［1208］贺晓娇：《以微博为代表的自媒体的正负效应》，《新闻世界》2013年第10期，第235～236页。
［1209］赵萍萍：《论微博舆论对我国行政权力的监督》，《理论观察》2013年第10期，第26～27页。
［1210］朱智徐：《微博对媒介公共空间的建构与消解》，《新闻世界》2013年第10期，第244～245页。
［1211］颜明婷、马孝奇、赵繁星：《论新形势下我国的微博反腐建设——从言论自由的角度出发》，《湖北警官学院学报》2013年第10期，第34～36页。
［1212］周虹余：《腾讯与新浪：微信与微博价值之争》，《新闻世界》2013年第10期，第240～241页。
［1213］杜昱佳：《传统媒体进驻微博的利与弊》，《新闻世界》2013年第10期，第246～247页。
［1214］雷霞：《微博舆论引导与危机防范研究》，《现代传播》（中国传媒大学学报）2013年第10期，第127～130页。
［1215］高兰英：《微博营销，传播是命门》，《新闻世界》2013年第10期，第268～269页。
［1216］魏曦英：《善用微博提升舆论引导力》，《传媒》2013年第10期，第75～77页。
［1217］马贵芳、桑晓鹏：《从政府微博开通看大学生参与微博问政探究》，《法制与经济》（上旬）2013年第10期，第85～86页。
［1218］辛文娟、彭李余：《社交网络环境下大学生隐私保护现状及对策研究——基于对重庆市六所高校的问卷调查》，《中国出版》2013年第10期，第61～64页。
［1219］朱延安、虞英、杨蓉、董念、刘朝光：《关于大学生使用微博的调查研究——以南

昌航空大学为例》，《时代经贸》2013 年第 10 期，第 157 ~ 157 页。

[1220] 陈丝丝、范曦：《微博环境下的社会动员与集体行动研究——以“杨达才事件”为例》，《教师教育学报》2013 年第 10 期。

[1221] 屈艳玲、王沙：《微博在学生非正式学习中的应用研究》，《教学与管理》（理论版）2013 年第 10 期，第 129 ~ 131 页。

[1222] 戴艺璇：《微博：创新高校学生党建工作的新载体》，《长江大学学报》（社会科学版）2013 年第 10 期，第 132 ~ 133 页。

[1223] 高尚、林升栋、翁路易、梁玉麒、宋玉蓉、赵成栋：《基于身份识别对中国微博活跃用户的分群研究》，《现代传播》（中国传媒大学学报）2013 年第 10 期，第 116 ~ 121 页。

[1224] 王首程：《情绪记忆与娱乐本性对微博表达的影响——一项关于微博评论的个案分析》，《广州大学学报》（社会科学版）2013 年第 10 期，第 32 ~ 36 页。

[1225] 王珩：《微博反腐是一把“双刃剑”》，《理论界》2013 年第 10 期，第 22 ~ 24 页。

第 11 期

[1226] 王雅、李芳林：《我国政务微博发展现状的调查分析》，《科教文汇》（上旬刊）2013 年第 11 期，第 198 ~ 199 页。

[1227] 韩晓宁、吴梦娜：《微博使用对网络政治参与的影响研究：基于心理和工具性视角》，《国际新闻界》2013 年第 11 期，第 88 ~ 102 页。

[1228] 张勇：《微博兴起背景下的高校学生工作思考》，《长春师范大学学报》（人文社会科学版）2013 年第 11 期，第 102 ~ 103 页。

[1229] 曾贞：《从微博反腐现象论反腐必须依靠人民群众的参与》，《南阳师范学院学报》2013 年第 11 期，第 6 ~ 8 页。

[1230] 郑玉洁、曾银、陈浩：《网络时代依靠群众原则在侦查中的实现》，《湖北警官学院学报》2013 年第 11 期，第 10 ~ 13 页。

[1231] 孟建、孙祥飞：《“中国梦”的话语阐释与民间想象——基于新浪微博 16 万余条原创博文的数据分析》，《新闻与传播研究》2013 年第 11 期，第 27 ~ 43 页。

[1232] 孙庚：《微时代下政务微博的发展现状及问题分析》，《吉林省教育学院学报》（上旬）2013 年第 11 期，第 135 ~ 136 页。

[1233] 厉国刚：《微博与高校品牌形象建设》，《新闻世界》2013 年第 11 期，第 94 ~ 95 页。

[1234] 卿志军、魏浩：《危机事件中微博舆论的新特征及引导策略——以海南“三亚游客袭警”事件为例》，《海南师范大学学报》（社会科学版）2013 年第 11 期，第 115 ~ 119 页。

[1235] 孙忠良：《论政务微博的语言艺术》，《电子政务》2013 年第 11 期，第 36 ~ 40 页。

[1236] 王飞、王宝明、庞宇：《政务微博应对虚拟社会危机事件的策略探讨》，《新闻界》2013 年第 11 期，第 43 ~ 47 页。

[1237] 陈娴、任振宇：《微博对社会青年发展的影响及对策思考》，《艺术科技》2013 年第 11 期，第 84 ~ 84 页。

[1238] 李妍：《自媒体时代微博受众的心理分析》，《新闻世界》2013 年第 11 期，第 102 ~

103 页。
[1239] 邹理：《微博传播机制的社会网络分析》，《求索》2013 年第 11 期，第 241 ~ 243 页。
[1240] 吴喜双：《微博问政与领导干部信息素养的提升》，《辽宁行政学院学报》2013 年第 11 期，第 19 ~ 21 页。
[1241] 汪杰：《提升微博关注度的推送方式探讨》，《新闻世界》2013 年第 11 期，第 112 ~ 113 页。
[1242] 李梦青：《浅析想象互动和微博互动的关联》，《新闻世界》2013 年第 11 期，第 116 ~ 118 页。
[1243] 李墨躜：《小微博　大世界——新兴媒介微博的管理》，《西部广播电视》2013 年第 11 期，第 17 ~ 18 页。
[1244] 郑玲微：《微博问政　持续性是关键——访浙江网络名人欧阳后增》，《信息化建设》2013 年第 11 期，第 19 ~ 20 页。
[1245] 杨莉萍、王亚军：《微博——高校图书馆信息在线咨询服务的新平台》，《河南图书馆学刊》2013 年第 11 期，第 7 ~ 9 页。
[1246] 单晓彤、李思维：《突发事件中社会化媒体的副作用》，《新闻世界》2013 年第 11 期，第 118 ~ 119 页。
[1247] 李春雷、刘又嘉、杨莹：《突发群体性事件中微博主体媒介素养研究——基于“乌坎事件”事发地的实证调研》，《新闻与传播研究》2013 年第 11 期，第 44 ~ 55 页。
[1248] 董昕：《后现代语境下微博文化的生态价值反思》，《理论导刊》2013 年第 11 期，第 52 ~ 56 页。
[1249] 刘倩：《微博时代高校思想政治教育探析》，《湖北科技学院学报》2013 年第 11 期，第 107 ~ 108 页。
[1250] 于冬梅、王玉伟：《基于微博平台的大学生媒介素养探析——以绥化学院为例》，《新闻世界》2013 年第 11 期，第 158 ~ 160 页。
[1251] 邓革浩：《图书微博营销的瓶颈和对策》，《出版广角》2013 年第 11 期，第 74 ~ 75 页。
[1252] 王荟博、戴志敏：《微博广告信息与价值维度对顾客购买意愿的影响》，《企业经济》2013 年第 11 期，第 94 ~ 97 页。
[1253] 王晶：《微博视域下网络公共领域的话语困境及原因透视》，《理论导刊》2013 年第 11 期，第 21 ~ 24 页。
[1254] 谭超：《浅议微博自我净化作用的局限性》，《现代传播》（中国传媒大学学报）2013 年第 11 期，第 147 ~ 148 页。
[1255] 靳明、靳涛：《从黄金大米事件进展透析公众的态度与认知变化——基于新浪微博的内容分析》，《商业经济与管理》2013 年第 11 期，第 89 ~ 96 页。
[1256] 李卫东、贺涛：《微博舆论传播的复杂网络拓扑结构模型及其演化机制》，《新闻与传播研究》2013 年第 11 期，第 90 ~ 105 页。
[1257] 雷宏振、贾悦婷：《IT 微博社会网络结构特征分析》，《技术经济》2013 年第 11 期，第 9 ~ 13 页。
[1258] 周国清、曹世生：《微博出版营销论》，《现代传播》（中国传媒大学学报）2013 年

第 11 期，第 100 ~ 103 页。

［1259］范敬群、贾鹤鹏、张峰、彭光芒：《争议科学话题在社交媒体的传播形态研究——以“黄金大米事件”的新浪微博为例》，《新闻与传播研究》2013 年第 11 期，第 106 ~ 116 页。

［1260］姜鑫：《我国“微博”研究主题的共词可视化分析》，《现代情报》2013 年第 11 期，第108 ~ 113 页。

［1261］陈岚：《社会管理创新视角下地方政务微博发展状况及建议——基于南通市的实证分析》，《电子政务》2013 年第 11 期，第 41 ~ 46 页。

［1262］姚志骅：《政务微博——“上海发布”的特色及发展建议》，《新闻传播》2013 年第 11 期，第 305 ~ 306 页。

［1263］王翔：《以微博为载体的高校思想政治教育探析》，《鸡西大学学报》（综合版）2013 年第 11 期，第 34 ~ 36 页。

［1264］魏刚：《微博传播模式的问题以及对策研究》，《今传媒》2013 年第 11 期，第 23 ~ 24 页。

［1265］毕研韬、殷娟娟：《“草根微博”的特性与利弊分析》，《传媒》2013 年第 11 期，第 64 ~ 65 页。

［1266］余飞、陈敏生、沈迎春、陈蓓、沈晓思、俞海燕、张琛、郑陆林、冯运：《上海市三甲医院官方微博的现状研究》，《中国医院管理》2013 年第 11 期，第 60 ~ 62 页。

［1267］陈文胜：《论微政时代党的意识形态建设》，《求实》2013 年第 11 期，第 18 ~ 21 页。

［1268］丛志勤：《微博的形成机制和特点》，《当代电视》2013 年第 11 期，第 42 ~ 42 页。

［1269］西宝、杨威、李鹏：《政务微博客的效能提升路径及发展建议》，《情报杂志》2013 年第 11 期，第 169 ~ 174、195 页。

［1270］武慧媛：《政务微博如何打造健康传播主阵地——以首都健康微博平台为例》，《中国记者》2013 年第 11 期，第 95 ~ 96 页。

［1271］王朝晖、周霞：《旅游企业微博营销效应分析》，《商业研究》2013 年第 11 期，第 69 ~ 73 页。

［1272］易风华：《信息不对称条件下微博营销策略问题分析》，《湖北经济学院学报》（人文社会科学版）2013 年第 11 期，第 82 ~ 84 页。

［1273］李茜、杨青：《当代大学生微博特征及对名人微博趋同程度的研究》，《前沿》2013 年第 11 期，第 109 ~ 112 页。

［1274］王延隆、蒋楠：《热门微博的舆情调查、影响分析及其管理对策——基于青年受众的视角》，《中国青年研究》2013 年第 11 期，第 50 ~ 55 页。

［1275］董彤彤：《微博空间里的非理性表达分析——以什邡事件为例》，《今传媒》2013 年第 11 期，第 61 ~ 63 页。

［1276］张晓茜：《新媒体下的政府网络问政——对政务微博的思考》，《学理论》2013 年第 11 期，第 22 ~ 23 页。

［1277］周泰冰、常飞：《公共图书馆官方微博的发展研究》，《科技情报开发与经济》2013 年第 11 期，第 62 ~ 64 页。

［1278］刘永红：《试论档案馆微博之应用》，《黑龙江史志》2013 年第 11 期，第 189 ~

190 页。
[1279] 莫凤群：《政务微博在突发事件中的传播角色》，《青年记者》2013 年第 11 期，第 72～73 页。
[1280] 罗澔：《“心情微博”知兵心》，《中国边防警察杂志》2013 年第 11 期，第 39～39 页。
[1281] 王建、彭雪华：《略论微博时代大学生的思想政治工作——南通地区大学生微博使用状况调查报告》，《淮海工学院学报》（人文社会科学版）2013 年第 11 期，第 28～31 页。
[1282] 刘媛媛：《微博环境下高职学生思想政治工作的创新研究》，《职教论坛》2013 年第 11 期，第 50～52 页。
[1283] 李海洋、张国浩：《微博在大学生中流行原因探析》，《黑河学刊》2013 年第 11 期，第151～152 页。
[1284] 孙瑛：《大学生思想政治教育微博新阵地建设》，《黑河学刊》2013 年第 11 期，第 141～142 页。
[1285] 王德平：《“成都人社政务微博发布厅”正式上线》，《四川劳动保障》2013 年第 11 期，第 36 页。
[1286] 赵国洪、杨情、许志新：《移动互联网下政府网站微博化的可行性分析》，《电子政务》2013 年第 11 期，第 56～62 页。
[1287] 符德显、昌蕾：《微博意见领袖的广告应用价值研究》，《商业经济》2013 年第 11 期，第 66～68 页。
[1288] 席磊：《微博时代媒介素养培育机制探析》，《戏剧之家》2013 年第 11 期，第 187～187 页。
[1289] 王连喜：《微博短文本预处理及学习研究综述》，《图书情报工作》2013 年第 11 期，第 125～131 页。
[1290] 陈永进、陈秋月、李思：《浅析微博舆情下政府公信力的缺失与重塑》，《学理论》2013 年第 11 期，第 20～21 页。
[1291] 评论员：《网络问政“问”出干群关系新局面》，《信息化建设》2013 年第 11 期，第 1 页。
[1292] 胡鸿影：《基于微博模式的城市品牌营销》，《学术交流》2013 年第 11 期，第 222～225 页。
[1293] 张莹：《开启网络问政的“双微时代”》，《民营科技》2013 年第 11 期，第 278 页。
[1294] 易宗平、吴孝俊、黄颖：《上“微博”、“微信”，海南临高法院与网民双向互动——网络法庭晒出“阳光审判”》，《海南人大》2013 年第 11 期，第 42 页。
[1295] 刘永平：《微时代的微博》，《学习月刊》2013 年第 11 期，第 10～11 页。
[1296] 李树宏：《“加沙微博战”及启示》，《领导科学》2013 年第 11 期，第 45～46 页。
[1297] 程迪：《微博时代高校思想政治教育工作的问题与对策》，《教育与职业》2013 年第 11 期，第 48～49 页。
[1298] 廖宇飞：《微博影响高校舆论导向研究》，《赤峰学院学报》（汉文哲学社会科学版）2013 年第 11 期，第 132～133 页。

[1299] 孙丽娅:《探寻报纸媒体微博的成功之路——以〈人民日报〉微博为例》,《赤峰学院学报》(汉文哲学社会科学版)2013 年第 11 期,第 134 ~136 页。

[1300] 于丽娟:《微博书评引领高校图书馆的信息服务模式探析》,《农业图书情报学刊》2013 年第 11 期,第 194 ~197 页。

[1301] 孙德超、孔翔玉:《微博反腐中侵权风险的成因及化解》,《福建论坛》(人文社会科学版)2013 年第 11 期,第 176 ~179 页。

[1302] 吴才唤:《社会网络分析在虚拟社会管理中的应用——以"微博"议事为例》,《图书馆理论与实践》2013 年第 11 期,第 45 ~49 页。

[1303] 陈恩琳:《微博与高职院校图书馆信息服务》,《河南图书馆学刊》2013 年第 11 期,第10 ~11 页。

[1304] 覃发卫:《党政机关及干部要规范运用微博》,《办公室业务》2013 年第 11 期,第 45 ~45 页。

[1305] 黄文英:《浅议加强微博在高校学生管理中的应用》,《现代交际》(学术版)2013 年第 11 期,第 174 ~174 页。

[1306] 蔡苗苗:《90 后大学生基于微博新媒体下的政治参与现象探析》,《黑龙江教育学院学报》2013 年第 11 期,第 1 ~4 页。

[1307] 吴童:《刍议高校特色官方微博体系的构建》,《湖北函授大学学报》2013 年第 11 期,第 30 ~31 页。

第 12 期

[1308] 杨世国、程全兵:《政务微博探索网络时代"新群众路线"》,《思想政治工作研究》2013 年第 12 期,第 44 ~45 页。

[1309] 李一龙:《政务微博问题和对策研究》,《长春教育学院学报》2013 年第 12 期,第 61 ~62 页。

[1310] 陈伟华:《新时代传播工具的社会本质研究——以微博为研究对象》,《科技传播》2013 年第 12 期,第 26 ~27 页。

[1311] 郭巍:《微博式互动在大学生思想政治教育中的作用探讨》,《山西农业大学学报》(社会科学版)2013 年第 12 期,第 1284 ~1286 页。

[1312] 王琰:《传媒微博的舆论引导方式探讨》,《新闻世界》2013 年第 12 期,第 86 ~87 页。

[1313] 王甬平、孙祥飞:《从新闻传播的有效性看新媒体发展优势——基于浙江省台风"菲特"期间新浪微博的数据分析》,《中国广播》2013 年第 12 期,第 41 ~44 页。

[1314] 胡洪彬:《社会管理创新背景下地方政府官方微博的现状与改进策略研究——以浙江省、市、县(区)三级 18 个"官博"为例》,《电子政务》2013 年第 12 期,第 54 ~63 页。

[1315] 俞红蕾:《政务微博的文体特征及写作探略》,《秘书之友》2013 年第 12 期,第 4 ~6 页。

[1316] 陈蕊、宋悦:《新媒体时代期刊数字化建设创新——"一刊、一网、一微博"》,《编辑之友》2013 年第 12 期,第 33 ~35 页。

[1317] 李悦：《微博实名制对用户活跃度的影响——以新浪微博为例》，《科技传播》2013年第12期，第22~23页。

[1318] 郭栋：《运动式治理、权力内卷化与弥散性惩罚——当前微博规制检视》，《国际新闻界》2013年第12期，第123~131页。

[1319] 张征、何苗：《微博新闻对社会问题的追溯现象研究——以新浪微博学生中毒事件报道为例》，《国际新闻界》2013年第12期，第70~84页。

[1320] 郭青燕：《微博中的新语言现象探讨》，《新闻世界》2013年第12期，第84~85页。

[1321] 尹召凯、谢鼎新：《微博狂欢下的“娱乐至死”——对微博泛娱乐化的思考》，《新闻世界》2013年第12期，第104~105页。

[1322] 张韬：《报纸微博的媒介价值与运营方式》，《西部广播电视》2013年第12期，第74~74页。

[1323] 李华玉：《媒体官微强传播效果影响因素——以〈人民日报〉官方微博为例》，《西部广播电视》2013年第12期，第30~33页。

[1324] 冯佩：《微博舆论影响分析》，《当代电视》2013年第12期，第47~48页。

[1325] 鲍富元：《旅游政务部门微博营销应用研究》，《怀化学院学报》2013年第12期，第72~73页。

[1326] 朱康生：《城市广播新闻节目发展路径浅探——以成都人民广播电台新闻频率为例》，《新闻世界》2013年第12期，第42~43页。

[1327] 石璐璐：《浅谈微博在图书馆推广全民阅读活动中的应用》，《农业图书情报学刊》2013年第12期，第116~119页。

[1328] 曾文雯、易晓娥：《高校图书馆微博调查与分析》，《图书馆学刊》2013年第12期，第114~116页。

[1329] 林平：《试论高校图书馆利用微博拓展读者服务领域》，《农业图书情报学刊》2013年第12期，第170~174页。

[1330] 李彩晶：《关于微博谣言泛滥的伦理分析及对策》，《黑河学刊》2013年第12期，第32~33页。

[1331] 曹英：《微博体育赛事报道的“非常道”》，《黑龙江教育学院学报》2013年第12期，第189~190页。

[1332] 张晓辉：《对促进政府微博良性发展的思考》，《赤峰学院学报》（汉文哲学社会科学版）2013年第12期，第67~68页。

[1333] 刘东建、马寅桂：《政治修辞与微博政治文化传播力的提升》，《现代传播》（中国传媒大学学报）2013年第12期，第138~139页。

[1334] 程昆：《政务微博价值分析及质量提升研究——以社会管理创新为视域》，《理论界》2013年第12期，第169~171页。

[1335] 路紫、张秋娈、邢晨宇、樊华、邓丽丽：《基于图论的SNS社区中人际节点空间关系的中心性研究——以新浪微博为例》，《经济地理》2013年第12期，第77~83页。

[1336] 付马：《浅析政务微博与政府形象建设》，《鸡西大学学报》2013年第12期，第38~40页。

[1337] 邓秀军、刘静：《主体关系视域下微博反腐舆论生成中的用户行为模式研究——基

于对新浪微博“表哥”事件的社会计算分析》,《新闻与传播研究》2013 年第 12 期,第 82 ~ 94 页。

[1338] 董敬畏:《微博场域及其影响——国家与社会视野中的微博传播》,《理论界》2013 年第 12 期,第 191 ~ 194 页。

[1339] 黄露:《基于微博平台的公益传播研究》,《广西社会科学》2013 年第 12 期,第 158 ~ 161 页。

[1340] 李绪先:《把政务微博作为网上舆论工作的主抓手——“@新余发布”成为政府与群众沟通桥梁的启示》,《理论导报》2013 年第 12 期,第 8 页。

[1341] 刘杨:《论突发公共事件的微博舆论引导策略》,《学术交流》2013 年第 12 期,第 221 ~ 224 页。

[1342] 高海建:《陕西高校微博现状与对策研究》,《今传媒》2013 年第 12 期,第 148 ~ 149 页。

[1343] 袁野:《政务微博在网络行政中的异军突起》,《辽宁行政学院学报》2013 年第 12 期,第 14 ~ 15 页。

[1344] 张颖:《政务微博:行走在权力场和网络场》,《新闻传播》2013 年第 12 期,第 189 页。

[1345] 丁冬女、蔡月亮:《社会传播学视角下微博情绪化传播探讨》,《今传媒》2013 年第 12 期,第 16 ~ 18 页。

[1346] 栗延斌:《浅析微博文化的兴起及其特点》,《鸡西大学学报》(综合版)2013 年第 12 期,第 154 ~ 156 页。

[1347] 肖飞生:《微博支持下的中职语文教学》,《职业教育研究》2013 年第 12 期,第 170 ~ 172 页。

[1348] 魏鹏:《政府微博发展现状与问题解析》,《电子商务》2013 年第 12 期,第 31 ~ 32 页。

[1349] 万小广:《微博时代,新闻如何更专业?——关于重塑新闻专业性的思考》,《中国记者》2013 年第 12 期,第 26 ~ 28 页。

[1350] 赵振祥、王洁:《微博与微信:基于媒介融合的比较研究》,《编辑之友》2013 年第 12 期,第 50 ~ 52 页。

[1351] 朱养芬:《写好 140 字里的政务民生》,《信息化建设》2013 年第 12 期,第 30 ~ 32 页。

[1352] 汪润时:《试论虚假网络信源对传统媒体新闻生产的影响——以微博中的虚假新闻源为例》,《淮海工学院学报》(人文社会科学版)2013 年第 12 期,第 94 ~ 96 页。

[1353] 刘晓娟、王昊贤、肖雪、董鑫鑫:《基于微博特征的政务微博影响因素研究》,《情报杂志》2013 年第 12 期,第 35 ~ 41 页。

[1354] 周敏:《政务微博对政府信任影响的实证研究——以湖北省政务微博为例》,《传媒》2013 年第 12 期,第 72 ~ 74 页。

[1355] 赵泽洪、车佳益:《我国政务微博的发展悖论及其破解——基于哈贝马斯的公共领域理论》,《求实》2013 年第 12 期,第 82 ~ 85 页。

[1356] 杨頔、阮李全:《政务微博、公众参与及其法治路径》,《重庆社会科学》2013 年第 12 期,第 23 ~ 27 页。

[1357] 田路路:《浅析政务微博“@上海发布”的现状及发展》,《新闻世界》2013 年第 12

期，第 88 ~ 90 页。
[1358] 张文宇：《政务微博发展研究综述》，《领导科学论坛》（理论）2013 年第 12 期，第 17 ~ 18 页。
[1359] 程昆：《政务微博价值分析及质量提升研究——以社会管理创新为视域》，《理论界》2013 年第 12 期，第 169 ~ 171 页。
[1360] 欧阳文芳：《“微”时代大学生心理健康教育的创新》，《学周刊》（上旬）2013 年第 12 期，第 26 ~ 27 页。
[1361] 赵亿：《互动·对话·争论——微博关系传播偏向的探析》，《湖北社会科学》2013 年第 12 期，第 210 ~ 213 页。
[1362] 朱磊：《微博舆论场下大学生爱国主义教育的挑战及应对》，《湖北社会科学》2013 年第 12 期，第 207 ~ 209 页。
[1363] 何绚：《微博平台下高校辅导员工作方式的转变》，《学周刊》（上旬）2013 年第 12 期，第 188 ~ 188 页。
[1364] 唐伟优：《“微博课堂”在大学生理想信念教育中的应用探析》，《文教资料》2013 年第 12 期，第 150 ~ 151 页。
[1365] 付宏、田丽：《基于微博传播的舆情演进案例研究》，《图书情报工作》2013 年第 15 期，第 34 ~ 38 页。
[1366] 邹晓卓、刘启定、肖志芳、周姝怡、邹亚：《微博在大学生思想政治教育中的应用研究》，《大学教育》2013 年第 12 期，第 128 ~ 130 页。
[1367] 杨冗晟：《媒体微博：报网互动路径的现实选择》，《青年记者》2013 年第 12 期，第 15 ~ 16 页。
[1368] 李艳平：《突发灾害事件的微博互动传播研究——以 2012 年北京“7·21”暴雨灾害事件为例》，《青年记者》2013 年第 12 期，第 84 ~ 85 页。
[1369] 刘世文：《论微博传播及其有效调控》，《宿州学院学报》2013 年第 12 期，第 45 ~ 47 页。
[1370] 蒋盛益、陈东沂、庞观松、吴美玲、王连喜：《微博信息可信度分析研究综述》，《图书情报工作》2013 年第 12 期，第 136 ~ 142 页。

第 13 期

[1371] 陈海超、杨彩霞、梁斌：《微博的社会网络结构研究》，《中国教育信息化》2013 年第 13 期，第 32 ~ 34 页。
[1372] 李先兆：《利用微博进行信息技术课堂教学的优势分析》，《文理导航》2013 年第 13 期，第 29 ~ 29 页。
[1373] 吴闻莺、李累：《谣言诱发的微博围观与治理》，《党政论坛》2013 年第 13 期，第 33 ~ 35 页。
[1374] 王敏、丁社教：《微博时代理想公共领域构建的现实思考》，《学理论》2013 年第 13 期，第 59 ~ 60 页。
[1375] 陈自立、冯西淳：《微博政务的发展、困境以及应对建议——从遏制腐败的角度分析》，《才智》2013 年第 13 期，第 163 ~ 164 页。

[1376] 刘晓奇：《微博对政府信息化工作的几点浅谈》，《科技创新导报》2013 年第 13 期，第 256 页。

[1377] 严茜：《微博时代的网络舆论引导对策研究》，《学理论》2013 年第 13 期，第 159 ~ 161 页。

[1378] 李孝节：《浅析“微时代”下高校思想政治教育面临的机遇与挑战》，《学理论》2013 年第 13 期，第 188 ~ 189 页。

[1379] 张学福：《少儿图书馆的微博服务探讨》，《黑龙江史志》2013 年第 13 期，第 183 ~ 184 页。

[1380] 赵海红：《论高校图书情报服务的完善》，《科技情报开发与经济》2013 年第 13 期，第 125 ~ 127 页。

[1381] 王颖、杜骁：《微博走进电视的民俗变化》，《黑龙江史志》2013 年第 13 期，第 318 ~ 318 页。

[1382] 谢晖晖：《从微博兴起看新媒介视域下思政教育的功能导向》，《长春教育学院学报》2013 年第 13 期，第 54 ~ 55 页。

[1383] 竹学雪、赵呈领、宋晔：《从虚拟学习社区互动到微博支持的学习互动研究》，《中国远程教育》2013 年第 13 期，第 43 ~ 47 页。

第 14 期

[1384] 刘毅：《自媒体时代下微博的双面效应传播》，《出版广角》2013 年第 14 期，第 80 ~ 81 页。

[1385] 孙琳：《浅论微博建设与高校图书馆的发展》，《科技情报开发与经济》2013 年第 14 期，第 3 ~ 5 页。

[1386] 范明姬：《政务微博在网络舆论场构建中的功能》，《青年记者》2013 年第 14 期，第 23 ~ 24 页。

[1387] 廖仕祺：《对广州公安微博群发展的冷思考》，《青年记者》2013 年第 14 期，第 73 ~ 74 页。

[1388] 褚松燕：《微博时代政府公信力的症结》，《领导科学》2013 年第 14 期，第 20 ~ 20 页。

[1389] 吕瑞芬：《微博的语言特点》，《长春教育学院学报》2013 年第 14 期。

[1390] 温韬：《试论微博时代的情调营销》，《商业时代》2013 年第 14 期，第 32 ~ 34 页。

[1391] 郝春琦：《从孔子“微博”透视社会主义和谐社会的思想渊源》，《经济研究导刊》2013 年第 14 期，第 24 ~ 25 页。

[1392] 李海洋、张国浩：《高校共青团微博工作创新与大学生心理资本培育》，《前沿》2013 年第 14 期，第 186 ~ 187 页。

[1393] 袁卓：《微博时代的思想政治教育 SWOT 分析及对策研究》，《学理论》2013 年第 14 期，第 355 ~ 356 页。

[1394] 汪淳、赵珂：《浅析微博时代我国主流意识形态传播的话语转换》，《淮海工学院学报》（人文社会科学版）2013 年第 14 期，第 8 ~ 10 页。

第 15 期

[1395] 张国成：《微博舆论的特点与演变机制》，《商》2013 年第 15 期，第 265 页。

[1396] 李祥、王智：《政府面对微博舆论的挑战及对策研究》，《商业经济》2013 年第 15

期，第 18 ~ 19 页。

[1397] 肖凝希、郝春波：《微博对人的信息传播行为的影响》，《科技传播》2013 年第 15 期，第 18 ~ 19 页。

第 16 期

[1398] 王磊：《新媒体在公共气象服务领域中的应用——以微博、微信为例》，《西部广播电视》2013 年第 16 期，第 41 ~ 41 页。

[1399] 顾艳梅：《论利用微博消减高职学生对思想政治教育的逆反心理》，《长春教育学院学报》2013 年第 16 期，第 127 ~ 128 页。

[1400] 车佳桓：《媒介生态视角下微博广告及问题思考》，《中国出版》2013 年第 16 期，第 60 ~ 63 页。

[1401] 刘晓玥：《政治传播视野下政务微博研究——性质、功能和影响》，《甘肃科技》2013 年第 16 期，第 72 ~ 74、107 页。

[1402] 李临彧：《高校政务微博的 SWOT 分析与发展策略》，《老区建设》2013 年第 16 期，第50 ~ 53 页。

[1403] 陈佳希：《微博传播环境下网络舆论对新闻事件的影响》，《科技传播》2013 年第 16 期，第 30 ~ 31 页。

[1404] 董俊良：《浅析微博传播在新闻传播产品中的经济影响》，《中国报业》2013 年第 16 期，第 92 ~ 93 页。

[1405] 杜巍巍：《微博创新在公共图书馆服务中的研究》，《学理论》2013 年第 16 期，第 182 ~ 183 页。

[1406] 唐晓虎：《正确看待微博对当代大学生的影响》，《教育观察》2013 年第 16 期，第 31 ~ 32 页。

[1407] 徐彦秋：《微博文化的冲击与高校思想政治教育的对策》，《前沿》2013 年第 16 期，第 193 ~ 194 页。

第 17 期

[1408] 石莎：《微博对高校思想政治教育的影响分析与对策研究》，《长春教育学院学报》2013 年第 17 期，第 20 ~ 21 页。

[1409] 卢永春：《架起“互通”之桥　探索网络问政新路》，《中国公路》2013 年第 17 期，第 22 页。

[1410] 马子博：《政务微博应对网络舆情危机失灵的原因及改进策略分析》，《中国出版》2013 年第 17 期，第 31 ~ 35 页。

[1411] 付晓燕、刘烨：《微博新闻的“新浪模式”与“腾讯模式”对比研究》，《中国出版》2013 年第 17 期，第 54 ~ 57 页。

[1412] 严卫：《政务微博，创新党建工作的新载体》，《黑龙江史志》2013 年第 17 期，第 255 页。

[1413] 李沅倚：《微博问政中“官博”的“为官之道”——政务微博在政治传播中的角色分析》，《领导科学》2013 年第 17 期，第 37 ~ 39 页。

[1414] 李旋：《微博时代的云媒体新闻传播》，《科技传播》2013 年第 17 期，第 19 ~ 20 页。

[1415] 吴旭:《基于微博、微信互动平台的辅导员工作实践探究》,《学理论》2013 年第 17 期, 第 339 ~340 页。

[1416] 孔德轩、吾买尔艾力 · 艾买提卡力:《系统论视域下的微博科学传播》,《科技传播》2013 年第 17 期, 第 21 ~22 页。

第 18 期

[1417] 张小琏、刘思林:《微博时代背景下的高校学生党建工作》,《大学教育》2013 年第 18 期, 第 128 ~129 页。

[1418] 罗爱武:《提高政务微博在公共政策制定中的实效性》,《学理论》2013 年第 28 期, 第64 ~65、93 页。

[1419] 胡爱琴:《〈微博视角下的高校德育探析〉文献综述》,《学理论》2013 年第 18 期, 第262 ~263 页。

[1420] 齐秀珍:《微博在意识形态传播中的角色探析——以新浪微博为例》,《经济研究导刊》2013 年第 18 期, 第 238 ~239 页。

[1421] 梁芷铭、许珍:《地方政府官方微博舆论影响力研究: 以腾讯“微成都”为例——政务微博话语权研究系列之三》,《中国报业》2013 年第 18 期, 第 28 ~29 页。

[1422] 李健:《政务微博在突发事件中的传播效果及发展对策》,《中国传媒科技》2013 年第 18 期, 第 140 ~141 页。

[1423] 鲁静、李芹:《政务微博的内容主题与发布方式——基于“上海发布”与“成都发布”微博的内容分析》,《西部广播电视》2013 年第 18 期, 第 19 ~21 页。

[1424] 于燕萍:《政务微博的规范化建设研究》,《商》2013 年第 18 期, 第 306 页。

[1425] 杨淑君:《浅析微博时代的突发事件报道》,《中国经贸》2013 年第 18 期, 第 26 ~27 页。

[1426] 齐强:《微博客对网络新闻传播格局与模式的影响》,《科技传播》2013 年第 18 期, 第24 ~25 页。

[1427] 冯和平、王鹤洁:《微博中信息传播的监管与控制策略》,《科技传播》2013 年第 18 期, 第 26 ~26 页。

[1428] 胡旭晟:《促进微博健康持续发展》,《中国政协》2013 年第 18 期, 第 22 ~22 页。

[1429] 聂晶磊:《论微博信息传播模式》,《中国出版》2013 年第 18 期, 第 36 ~40 页。

第 19 期

[1430] 李振忠:《政务微博应多谈“政事”》,《今日浙江》2013 年第 19 期, 第 7 页。

[1431] 刘家昌:《浅谈我国微博问政的发展》,《商》2013 年第 19 期, 第 115、129 页。

[1432] 李昳婕、陈天文、周利恒:《上海政务微博“上海发布”的发展探究》,《电子测试》2013 年第 19 期, 第 127 ~130 页。

[1433] 王雯萱:《传统报纸和其在微博传播的不同——以经济观察报为例》,《科技传播》2013 年第 19 期, 第 1 ~2 页。

[1434] 刘冰洋:《我国政务微博现状、问题及相关建议》,《价值工程》2013 年第 19 期, 第 153 ~154 页。

[1435] 展江:《微博谣言止于法治和信息公开》,《领导科学》2013 年第 19 期, 第20 ~20 页。

第20期

［1436］党超亿：《媒介进化论语境下的新媒体艺术性探讨》，《西部广播电视》2013年第20期，第13～14页。
［1437］侯惠珠：《电视媒体在微博中自我营销的发展》，《西部广播电视》2013年第20期，第18～19页。
［1438］胡珺：《网络环境下公民新闻的发展——以微博为例》，《西部广播电视》2013年第20期，第56～57页。
［1439］吴颖群：《浅谈微博对会计类学生思想政治教育的应用》，《科技资讯》2013年第20期，第228～229页。
［1440］秦静：《2012年微博维权发展状况与问题简述》，《长春教育学院学报》2013年第20期，第50～51页。
［1441］周洁：《浅议名人微博的公共责任》，《科技资讯》2013年第20期，第240～240页。
［1442］聂俊龙：《微博视野下高职学生教育信息传播有效性探索》，《职教论坛》2013年第20期，第81～83页。
［1443］闫晓彤：《“织博为民”面临的困境与发展对策——论政务微博的现状与发展》，《青年记者》2013年第20期，第5～6页。
［1444］郭跃：《“微博时代”信息传播碎片化的特征分析》，《科技传播》2013年第20期，第18～19页。
［1445］钟海：《基于雅安地震震情表现的微博传播功能研究》，《科技传播》2013年第20期，第8～9页。
［1446］丁利：《我国政务微博存在问题及对策研究》，《中国报业》2013年第20期，第99～100页。
［1447］张九海：《“大V”“大谣”和网络大治——关于网络谣言的深度思考》，《前沿》2013年第20期，第7～8页。
［1448］张刚：《政务微博与政府公关策略——以“平安北京”微博为例》，《青年记者》2013年第20期，第66～67页。
［1449］张文宇：《改进政务微博的对策》，《学习月刊》2013年第20期，第10～11页。

第21期

［1450］祝华新：《在整治中构建网络舆论新格局》，《中国报业》2013年第21期，第31～33页。
［1451］柴红：《政务微博参与网络议程设置机制研究》，《新西部》（理论版）2013年第21期，第116、98页。
［1452］李京杰：《生态学视角下的教育微博可持续发展研究》，《大学教育》2013年第21期，第20～21页。
［1453］陈宁：《政务微博将迎来新一轮快速发展》，《中国报业》2013年第21期，第58页。
［1454］关大伟、佟粒玮：《当前政务微博存在的问题及今后发展的几点建议》，《今日中国论坛》2013年第21期，第374页。
［1455］骆秧秧：《“@古城钟楼”微博走红的传播学分析》，《淮海工学院学报》（人文社会

科学版）2013 年第 21 期，第 110 ~ 113 页。

[1456] 孟书强：《政务微博的信息发布与危机应对——政务微博对北京 7·21 暴雨的舆情处置分析》，《青年记者》2013 年第 21 期，第 83 ~ 84 页。

[1457] 籍程：《政务微博与政府的传播管理初探》，《现代经济信息》2013 年第 21 期，第 111 ~ 112 页。

第 22 期

[1458] 宋洁：《微博时代高校青年教师形象的解构与重构》，《文教资料》2013 年第 22 期，第78 ~ 79 页。

[1459] 刘厚、陈邹阳：《加快政务微博建设　推动政民良性互动　江苏南京、宿迁等地政务微博建设先进经验的启示》，《新湘评论》2013 年第 22 期，第 10 ~ 11 页。

[1460] 陶睿：《论社会公共事件中微博意见领袖的舆论引导》，《淮海工学院学报》（人文社会科学版）2013 年第 22 期，第 36 ~ 39 页。

[1461] 胡永爱：《从雅安地震看微博“自净”能力的提高——以新浪微博为例》，《科技传播》2013 年第 22 期，第 4 ~ 5 页。

[1462] 魏志伟：《微博时代媒体转变》，《科技传播》2013 年第 22 期，第 44 ~ 45 页。

[1463] 贾雯霞：《略论城市微博的地域空间建构与本土文化重塑——以福州城市微博为切入点进行研究》，《淮海工学院学报》（人文社会科学版）2013 年第 22 期，第 33 ~ 35 页。

[1464] 吕素娟：《浅议微博在期刊管理和服务工作中的应用——以湖南涉外经济学院图书馆期刊部为例》，《科技情报开发与经济》2013 年第 22 期，第 59 ~ 61 页。

[1465] 石卉：《国内公共图书馆微博现状研究——以新浪微博为例》，《科技情报开发与经济》2013 年第 22 期，第 16 ~ 19 页。

第 23 期

[1466] 李祥：《新时期政务微博问政对策研究》，《商业经济》2013 年第 23 期，第 16 ~ 17、23 页。

[1467] 涂存超、刘知远、孙茂松：《社会媒体用户标签的分析与推荐》，《图书情报工作》2013 年第 23 期，第 24 ~ 30 页。

[1468] 杨小菊、武龙龙：《政府微博与网络流言的关系和政府微博对网络流言的作用》，《科技情报开发与经济》2013 年第 23 期，第 103 ~ 106 页。

[1469] 李沛沛：《微博在高校辅导员工作中的应用研究》，《大学教育》2013 年第 23 期，第141 ~ 142 页。

[1470] 杨凤娇、王剑：《突发事件中政务微博传播功效的实证研究——以“北京发布”在 7·21 暴雨中的应对为例》，《青年记者》2013 年第 23 期，第 17 ~ 18 页。

[1471] 贺刚、吕学强、李卓、徐丽萍：《微博谣言识别研究》，《图书情报工作》2013 年第 23 期，第 114 ~ 120 页。

[1472] 严励、关文慧：《微博“圈子”划分与作用空间》，《中国出版》2013 年第 23 期，第 51 ~ 54 页。

[1473] 吴刚：《利用缓存及队列技术实现微博类网站的开发与研究》，《科技资讯》2013 年第 23 期，第 9 页。

［1474］朱详明：《公安微博长效管理机制亟待建立》，《人民公安》2013 年第 23 期，第 34 页。

第 24 期

［1475］于健、宇文鸿儒、王晨兴：《政务微博：履职好帮手》，《工商行政管理》2013 年第 24 期，第 72 页。

［1476］肖飞生：《微博在中职语文作文教学中的应用探索》，《职教通讯》2013 年第 24 期，第41 ~ 44 页。

［1477］卢秀峰：《微博对高校辅导员工作的影响及应对策略》，《前沿》2013 年第 24 期，第179 ~ 181 页。

［1478］沈凤仙、刘粉香、杨丽萍：《微博在程序设计教学中的运用》，《计算机教育》2013 年第 24 期，第 84 ~ 88 页。

［1479］马润芳：《浅析微博中危机公关的新特性》，《科技资讯》2013 年第 24 期，第 249 ~ 249 页。

［1480］卞莉莉：《以微博为载体的高职校园文化建设路径探析》，《文教资料》2013 年第 24 期，第 54 ~ 55 页。

第 25 期

［1481］鄢冉、魏鑫：《公安微博的发展现状及管理对策浅探》，《学理论》2013 年第 25 期，第 157 ~ 159 页。

［1482］曹琪：《微博视阈下高校大学生思想政治教育研究》，《文教资料》2013 年第 25 期，第 139 ~ 140 页。

［1483］劳家仁：《以微博为载体开展大学生思想政治教育研究》，《文教资料》2013 年第 25 期，第 141 ~ 142 页。

［1484］张建华、韦琨：《工学结合模式下高校辅导员微博党建工作平台的长效机制研究》，《文教资料》2013 年第 25 期，第 145 ~ 146 页。

第 26 期

［1485］王璐：《微博在大学英语写作教学中的应用初探》，《文教资料》2013 年第 26 期，第178 ~ 179 页。

［1486］孔晓娟、林文珊：《国内政务微博特征研究综述》，《才智》2013 年第 26 期，第 177 页。

第 27 期

［1487］孙彦、刘小玮：《浅谈微博对大学生心理健康的影响及对策》，《学理论》2013 年第 27 期，第 382 ~ 384 页。

［1488］于燕萍：《政务微博发展的现状及规范化建设初探》，《才智》2013 年第 27 期，第 304 页。

第 28 期

［1489］向中华、李勇、傅嘉仕：《“微博问政”的治理结构与应对策略研究——基于重庆市

渝中区的调研》，《全国商情》2013 年第 28 期，第 93 ~ 95 页。

[1490] 蹇攀峰、延江波：《微博环境下高校网络舆情监控及引导探究》，《经济研究导刊》2013 年第 28 期，第 239 ~ 240 页。

[1491] 夏宇鹏、金鸣娟：《微博传播与当代中国马克思主义大众化》，《学理论》2013 年第 28 期，第 38 ~ 41 页。

[1492] 杨晓娜：《论微博问政对公共政策制定的影响》，《学理论》2013 年第 28 期，第 66 ~ 67 页。

第 29 期

[1493] 徐建丽、朱登胜：《微博在高职院校思想政治教育工作中的地位及其应用》，《职教通讯》2013 年第 29 期，第 66 ~ 69 页。

[1494] 陈春芳、桑晓鹏：《大学生微博使用视角下的名誉权问题研究》，《中国市场》2013 年第 29 期，第 190 ~ 191 页。

第 30 期

[1495] 章嘉奕：《微博的奥运报道策划研究——以 2012 年伦敦奥运会腾讯微博报道为例》，《当代体育科技》2013 年第 30 期，第 125 ~ 126 页。

[1496] 吴谢玲：《微博文化及其对高校思政教育工作的影响研究》，《教育与职业》2013 年第 30 期，第 56 ~ 57 页。

[1497] 郑丽丝：《微博时代政府公信力的挑战与机遇》，《法制与社会》2013 年第 30 期，第175 ~ 176 页。

第 31 期

[1498] 肖晋：《政法机关应对网络谣言的三大问题及反思》，《领导科学》2013 年第 30 期，第 4 ~ 5 页。

[1499] 陈君：《微博对大学生的影响与对策研究》，《学理论》2013 年第 30 期，第 111 ~ 112 页。

[1500] 万晖：《微博时代高职院校学生党员思政教育面临的挑战与对策》，《职教论坛》2013 年第 31 期，第 82 ~ 84 页。

[1501] 董晓波：《自媒体时代的报纸记者素质》，《科技资讯》2013 年第 31 期，第 230 ~ 230 页。

第 32 期

[1502] 贾梦：《论微博对大学生思想政治教育工作带来的影响——以新浪微博为例》，《学理论》2013 年第 32 期，第 393 ~ 394 页。

[1503] 赵倩：《微博等社会化网络服务对“90 后”大学生的影响》，《学理论》2013 年第 35 期，第 382 ~ 383 页。

[1504] 韩彦坤：《辅导员深度辅导的一维扩散模型研究——基于微博新媒介视角》，《学理论》2013 年第 32 期，第 366 ~ 368 页。

第 33 期

［1505］陈晓：《政务微博创新扩散：过程与意义》，《人民论坛》2013 年第 33 期，第 43 ~ 45 页。

［1506］王鲁美：《提升公共政府机构政务微博影响力策略研究——以青岛市人民政府政务微博“青岛发布”为例》，《人民论坛》2013 年第 33 期，第 64 ~ 65 页。

［1507］刘佩瑶、黄继飞：《“微博问政”研究综述》，《学理论》2013 年第 33 期，第 3 ~ 4 页。

［1508］叶永青：《浅谈微博在以人为本的企业文化建设中的作用》，《学理论》2013 年第 33 期，第 206 ~ 207 页。

［1509］张坤：《微博在大学生思想政治工作中的创新应用》，《学理论》2013 年第 33 期，第367 ~ 368 页。

第 34 期

［1510］施技文：《微博环境下的高职院校网络思政教育》，《中国职业技术教育》2013 年第 34 期，第 102 ~ 105 页。

［1511］胡素芳：《国内微博应用于英语教学的研究综述》，《科技资讯》2013 年第 34 期，第203 ~ 204 页。

［1512］姚顺玉、李晓芳：《由薄熙来案庭审直播引发的网络带给司法工作积极作用的思考》，《经济研究导刊》2013 年第 34 期，第 297 ~ 298 页。

第 35 期

［1513］张欣：《微博在公共政策中的作用分析》，《青年记者》2013 年第 35 期，第 74 ~ 75 页。

第 36 期

［1514］张翔云：《新时代　新形象　新平台——浅析政务微博产生的“正能量”》，《教育教学论坛》2013 年第 36 期，第 3 ~ 5 页。

［1515］傅昕月、金晶、张华：《微博环境中徐州市“非遗”文化的推广研究》，《文教资料》2013 年第 36 期，第 60 ~ 62 页。

［1516］戴文浪、刘月秀：《高校辅导员工作模式的创新——基于微博运用视角》，《文教资料》2013 年第 36 期，第 135 ~ 137 页。

［1517］江小敏：《微博视角下大学生思想政治教育工作初探》，《学理论》2013 年第 36 期，第 371 ~ 372 页。

第 42 期

［1518］本刊首席时政观察员：《政务微博转型，北京有了硬指标》，《领导决策信息》2013 年第 42 期，第 8 ~ 9 页。

2014年

第1期

[1] 庄黎：《虚拟公共空间的用户量与用户存在感研究——以新浪微博、腾讯微信等网络社交平台为例》，《湖北美术学院学报》2014 年第 1 期，第 89 ~92 页。

[2] 朱江南、吴军辉、陈宁：《中国政府宣传机构微博的发展研究："@上海发布" vs "@天津发布"》，《复旦公共行政评论》2014 年第 1 期，第 164 ~190 页。

[3] 陈堂发、戚轩瑜：《论江苏政务微博舆论引导策略优化》，《传媒与教育》2014 年第 1 期，第 6 ~12 页。

[4] 吴隆文：《浅析微博时代的舆情与治理》，《辽宁医学院学报》（社会科学版）2014 年第 1 期，第 133 ~135 页。

[5] 曾涵：《微博与政府行为模式的转变》，《佛山科学技术学院学报》（社会科学版）2014 年第 1 期，第 17 ~26 页。

[6] 姚平：《基于内容分析的微博议程设置研究》，《科技传播》2014 年第 1 期，第 15 页。

[7] 吴凯：《草根微博的信息传播力初探——以"学习粉丝团"为例》，《科技传播》2014 年第 1 期，第 3 页。

[8] 丁晟春、孟美任、李霄：《面向中文微博的观点句识别研究》，《情报学报》2014 年第 2 期，第 175 ~182 页。

[9] 黄朗：《新媒体环境下创新群众工作模式的路径选择》，《重庆工商大学学报》（社会科学版）2014 年第 1 期，第 153 ~156 页。

[10] 于婕：《危机事件的"微"传播》，《戏剧之家》2014 年第 1 期，第 154 页。

[11] 张小静：《微博的思想政治教育功能探析》，《重庆电子工程职业学院学报》2014 年第 1 期，第 87 ~90 页。

[12] 黄远：《微时代大学生参与社会管理路径解析》，《沈阳工程学院学报》（社会科学版）2014 年第 1 期，第 45 ~47 页。

[13] 李开灿：《政务微传播与政府形象构建》，《西部广播电视》2014 年第 1 期，第 7 ~8、12 页。

[14] 周叶露：《微博在高校思想政治理论课教学中的应用初探》，《内蒙古师范大学学报》（教育科学版）2014 年第 1 期，第 108 ~110 页。

[15] 齐峰：《微博讨薪：现实反思与制度构建》，《中国劳动关系学院学报》2014 年第 1 期，第 26 ~30 页。

[16] 雷雅敏：《微博时代公安院校应对媒体和舆论引导策略》，《四川警察学院学报》2014 年第 1 期，第 14 ~20 页。

[17] 王禹：《微博对"90 后"大学生思想政治教育的影响及教育途径》，《山西青年职业学院学报》2014 年第 1 期，第 24 ~25 页。

[18] 胡雨濛：《新媒体语境下的政府发声：政府热门微博研究》，《宁波广播电视大学学报》2014 年第 1 期，第 1 ~4 页。

[19] 陆仙、汪菲：《微博作品侵权构成要件分析——以侵权主体为切入点》，《昆明学院学报》2014 年第 1 期，第 69 ~ 73 页。

[20] 李永洪、敖莹霖：《论大学生微博政治参与对高校维稳工作的影响及其应对》，《西华师范大学学报》（哲学社会科学版）2014 年第 1 期，第 97 ~ 101 页。

[21] 卢晓静：《微博话语隐涵意义解读》，《绵阳师范学院学报》2014 年第 1 期，第 108 ~ 112 页。

[22] 邓婕、江宇：《广西大学生对个体工商户微博营销的接触和使用情况调查——以广西大学为例》，《文化与传播》2014 年第 1 期，第 82 ~ 85 页。

[23] 王荣：《开放大学法律专业教学模式探析》，《电大理工》2014 年第 1 期，第 57 ~ 58 页。

[24] 马莉：《论微博与言论出版自由》，《哈尔滨师范大学社会科学学报》2014 年第 1 期，第 175 ~ 177 页。

[25] 王义玮、龚少英、李佳蔚、柴晓运：《微博环境下的师生互动与日语课程学习》，《教师教育论坛》2014 年第 1 期，第 83 ~ 89 页。

[26] 屈慧媛：《关于微博时代下加强铁路企业宣传的思考》，《前沿》2014 年第 1 期，第 46 ~ 47 页。

[27] 杨军：《政府公信力提升视角下微博问政对策探究》，《广西社会主义学院学报》2014 年第 1 期，第 84 ~ 88 页。

[28] 林漫森、农道锋：《新媒体环境下微博在高职学生党建中的作用探究》，《广西教育学院学报》2014 年第 1 期，第 112 ~ 114 页。

[29] 蒋立立：《微博问政对受众的影响分析——以新浪微博为例》，《大学教育》2014 年第 1 期，第 50 ~ 51 页。

[30] 樊锁海、林妍：《关注微博网络，团结“意见领袖”》，《广东省社会主义学院学报》2014 年第 1 期，第 82 ~ 85 页。

[31] 白磊、陈莎莎：《旅游机构微博营销过程中的粉丝研究——以三亚为例》，《太原大学学报》2014 年第 1 期，第 114 ~ 118 页。

[32] 刘静：《政府网络舆论引导面临的挑战及应对策略》，《陕西行政学院学报》2014 年第 1 期，第 26 ~ 28 页。

[33] 王双红：《微博语言的互文性特征探析》，《皖西学院学报》2014 年第 1 期，第 71 ~ 74 页。

[34] 徐雅斌、李卓、吕非非、武装：《基于频繁词集聚类的微博新话题快速发现》，《系统工程理论与实践》2014 年第 S1 期，第 276 ~ 282 页。

[35] 刘阳：《高校官方微博应用研究——以江苏地区为例》，《乌鲁木齐职业大学学报》2014 年第 1 期，第 84 ~ 88 页。

[36] 王晶：《浅析微博在高校图书馆服务中的应用》，《河北科技图苑》2014 年第 1 期，第 64 ~ 65 页。

[37] 王庭君：《既要速度　更要深度——浅析官方微博“泰州发布”舆论引导力的构建》，《中国地市报人》2014 年第 1 期，第 48 ~ 49 页。

[38] 吴玫、彭宗祥：《微博对大学生思想政治教育的影响及对策分析》，《上海理工大学学

报》（社会科学版）2014 年第 1 期，第 96～99 页。
[39] 付玉辉：《2013 年中国新媒体传播研究综述》，《国际新闻界》2014 年第 1 期，第 33～44 页。
[40] 王海燕：《微博应用于高校图书馆的理论研究与实践现状分析》，《长春金融高等专科学校学报》2014 年第 1 期，第 93～96 页。
[41] 武韬：《“微博时代”大学生思想政治教育工作的应对》，《内蒙古师范大学学报》（哲学社会科学版）2014 年第 1 期，第 37～39 页。
[42] 曹静、江鸿波、郑晶晶、孙晨乐：《高校辅导员微博使用状况实证调查——以上海市高校辅导员为例》，《高校辅导员学刊》2014 年第 1 期，第 80～83 页。
[43] 张誉：《微博环境下高校大学生管理工作的思考》，《曲靖师范学院学报》2014 年第 1 期，第 8～11 页。
[44] 耿银平：《让微博发挥现代化的管理和服务效应》，《声屏世界》2014 年第 1 期，第 72 页。
[45] 林琛：《微博个体信息传播影响力评价指标分析》，《图书情报工作》2014 年第 1 期，第 40～43 页。
[46] 郑惜莲：《浅议中学图书馆微博服务平台的建设与应用探索》，《河南图书馆学刊》2014 年第 1 期，第 119～121 页。
[47] 史敦梅、秦宗财：《“热”微博的“冷”思考——微博信息传播中存在的主要问题及对策研究》，《唐山师范学院学报》2014 年第 1 期，第 74～76 页。
[48] 刘晓娟、王昊贤、张爱芸：《微博信息生命周期研究》，《图书情报工作》2014 年第 1 期，第 72～78 页。
[49] 谢爱莲：《高职思政课“微博课堂”网络教学平台建设的目标原则》，《宿州教育学院学报》2014 年第 1 期，第 149～150 页。
[50] 吴隆文：《多元视角下的“微博舆情”探究》，《重庆科技学院学报》（社会科学版）2014 年第 1 期，第 17～20 页。
[51] 陈七三、彭建军、蒋湘莲：《简论微博时代高校网络舆情应急机制建设》，《南华大学学报》（社会科学版）2014 年第 1 期，第 73～75 页。
[52] 唐晓波、房小可：《一种面向微博的查询扩展方法》，《图书情报工作》2014 年第 1 期，第 130～135 页。
[53] 徐世甫：《微博和易班对高校突发事件的舆论引导研究》，《南华大学学报》（社会科学版）2014 年第 1 期，第 73～75 页。
[54] 马英、郝书翠：《微博对大学生的影响研究综述》，《唐山师范学院学报》2014 年第 1 期，第 149～152 页。
[55] 梁芷铭：《论公共领域视角下网络新闻发言人制度——政务微博话语权研究系列之七》，《南华大学学报》（社会科学版）2014 年第 1 期，第 31～36 页。
[56] 袁莉：《倾听呼声，用“新”和“心”做好政务微博》，《新闻窗》2014 年第 1 期，第 83～84 页。
[57] 赵辰玮：《当前大学生微博使用状况调查与对策》，《保定学院学报》2014 年第 1 期，第 117～121 页。

[58] 邵晓：《安徽政务微博调查》，《决策》2014 年第 Z1 期，第 59 ~ 61 页。
[59] 周长军：《微博直播庭审对侦查法治化的可能意义》，《法学论坛》2014 年第 1 期，第 90 ~ 99 页。
[60] 张玉臂：《新媒体时代的视觉语言建构方式及影响——以“表哥”事件为例》，《新闻世界》2014 年第 1 期，第 64 ~ 66 页。
[61] 王舵、高原、刘旭：《党政干部微博管理课程的教学实践探索》，《教学研究》2014 年第 1 期，第 82 ~ 84 页。
[62] 陈翊、肖鸿：《WEB3.0 时代下的品牌传播模式研究》，《三明学院学报》2014 年第 1 期，第 72 ~ 75 页。
[63] 姚宝权：《图书微博营销的 SWOT 分析及应对策略》，《重庆工商大学学报》（社会科学版）2014 年第 1 期，第 85 ~ 91 页。
[64] 梁芷铭：《高校官方微博的概念、基本属性及其功能定位》，《成都大学学报》（社会科学版）2014 年第 1 期，第 10 ~ 14 页。
[65] 许伊雯：《反腐事件的微博舆论传播特征分析——以“表哥”事件为例》，《新闻世界》2014 年第 1 期，第 71 ~ 73 页。
[66] 肖飞：《军队救灾微博的发展路径探析》，《军事记者》2014 年第 1 期，第 48 ~ 49 页。
[67] 孟玫：《基于微博的高校图书馆服务体系建设初探》，《高校图书馆工作》2014 年第 1 期，第 51 ~ 53 页。
[68] 李骞：《应对网络围观图书馆微博社会责任的探析》，《内蒙古科技与经济》2014 年第 1 期，第 77 ~ 79、90 页。
[69] 张扬：《微博视阈下反腐倡廉工作创新管窥》，《长治学院学报》2014 年第 1 期，第 12 ~ 14 页。
[70] 李良渠：《网络民主与人民民主关系探究》，《人民之声》2014 年第 1 期，第 43 ~ 45 页。
[71] 李科：《高手论剑》，《人民公安》2014 年第 1 期，第 25 ~ 29 页。
[72] 王芳、王晴：《微博舆情的演化机理、价值特征与治理机制》，《情报杂志》2014 年第 1 期，第 120 ~ 123、134 页。
[73] 宋芳、朱梁：《微博反腐正负能量分析》，《合肥学院学报》（社会科学版）2014 年第 1 期，第 102 ~ 106 页。
[74] 张华泽：《浅谈如何提升微博公信力》，《新闻世界》2014 年第 1 期，第 86 ~ 87 页。
[75] 梁芷铭：《信息化发展与政府行为改革——政务微博话语权研究系列之四》，《传播与版权》2014 年第 1 期，第 90 ~ 91 页。
[76] 高艳红：《浅谈政务微博在突发事件中的作用》，《新闻传播》2014 年第 1 期，第 192 页。
[77] 刘细良、黄胜波：《微博反腐：双刃剑效应与路径选择》，《湖南大学学报》（社会科学版）2014 年第 1 期，第 138 ~ 142 页。
[78] 谢元森：《公共能量场中政务微博的话语外化》，《浙江传媒学院学报》2014 年第 1 期，第 22 ~ 25 页。
[79] 陈星宇：《浅谈政务微博的“粉丝”营销和影响力的提升》，《对外传播》2014 年第 1

期，第 50 ~ 51 页。

[80] 倪丹、郭旭、蔡学健、韩浩：《构建顾客满意理念的政务微博评估指标体系》，《安徽冶金科技职业学院学报》2014 年第 1 期，第 77 ~ 80 页。

[81] 本刊编辑：《政务微博超 10 万　政法账号占 1/4》，《计算机与网络》2014 年第 1 期，第 4 页。

[82] 王然：《政务微博在实现“中国梦”中的角色扮演》，《新闻世界》2014 年第 1 期，第 11 ~ 12 页。

[83] 卢永春：《公路政务微博新征程》，《中国公路》2014 年第 1 期，第 22 ~ 23 页。

[84] 张济环：《“指尖上”的政务新格局——成都人社着力打造联系服务群众新媒体集群》，《四川劳动保障》2014 年第 1 期，第 26 ~ 27 页。

[85] 曹妍：《微博问政：社会管理的新路径》，《学术论坛》2014 年第 1 期，第 116 ~ 119 页。

[86] 张陟遥：《微博时代下高校主体间性思想政治教育路径探析》，《江苏高教》2014 年第 1 期，第 141 ~ 142 页。

[87] 张辉：《“微时代”网络传播理论在高校思想政治教育中的运用》，《榆林学院学报》2014 年第 1 期，第 88 ~ 91 页。

[88] 刘国敏：《图书馆微博社区的用户参与行为研究》，《图书馆论坛》2014 年第 1 期，第 57 ~ 61 页。

[89] 桑本谦：《草率的言论和粗暴的批评：从“7・16 微博事件”看法学研究的教条化》，《法学评论》2014 年第 1 期，第 55 ~ 65 页。

[90] 徐人凤、李粤平、聂哲、温晓军、肖正兴：《微博网络互感知研究综述》，《深圳职业技术学院学报》2014 年第 1 期，第 32 ~ 36 页。

[91] 陈刚、邱慧：《浅析热门图片微博的特点及社会作用——以新浪微博为例》，《今传媒》2014 年第 1 期，第 8 ~ 10 页。

[92] 冷婷、符建湘、刘星：《公共事件中微博转发的受众心理探析——以“7・17”湖南临武瓜农死亡事件为例》，《今传媒》2014 年第 1 期，第 56 ~ 57 页。

[93] 敖丽：《关于加强大连政务微博建设的对策思考》，《辽宁公安司法管理干部学院学报》2014 年第 1 期，第 88 ~ 90 页。

[94] 李晓静、丁树亭：《新浪图书馆微博用户特征研究》，《图书馆论坛》2014 年第 1 期，第 62 ~ 66 页。

[95] 周洋：《热点事件微博舆论生成的四种模式及引导》，《中国记者》2014 年第 1 期，第 68 ~ 69 页。

[96] 程沛：《2012 年微博发展研究综述》，《今传媒》2014 年第 1 期，第 22 ~ 23 页。

[97] 姜薇：《新媒体时代下微博在高校思想政治教育中的应用》，《学周刊》（上旬）2014 年第 1 期，第 13 ~ 13 页。

[98] 曹建：《政务微博规范化运行的策略》，《品牌》（下半月）2014 年第 Z1 期，第 22 页。

[99] 李越、李淑华：《政务微博发展若干问题的思考》，《天水行政学院学报》2014 年第 1 期，第 65 ~ 67 页。

[100] 黄晓圆、陈月凤、王宝君、梁芷铭：《政务微博在创新社会管理中的作用研究——政

务微博话语权研究系列之六》，《长春理工大学学报》（社会科学版）2014 年第 1 期，第 18～19、22 页。
[101] 杨洁琼：《风险社会语境中政务微博发展路径选择》，《新闻世界》2014 年第 1 期，第 7～8 页。
[102] 宋芳、朱梁：《政务微博与社会管理创新研究——以安徽省为例》，《黄冈师范学院学报》2014 年第 1 期，第 22～25 页。
[103] 林静、权玺、杜小娟：《我国东西部地区政务微博传播内容与特征分析》，《青海师范大学学报》（哲学社会科学版）2014 年第 1 期，第 157～161 页。
[104] 郭学文：《新闻执政愿景下政务微博的功能与使用路径分析》，《新闻世界》2014 年第 1 期，第 5～7 页。
[105] 陈永力：《微博在大学生教育管理工作中的功能探析——以深圳职业技术学院运用微博开展学生教育管理工作为例》，《思想政治教育研究》2014 年第 1 期，第 119～121 页。
[106] 黄文森、江宇：《大学生微博使用行为、动机与孤独感关系》，《今传媒》2014 年第 1 期，第 33～35 页。
[107] 袁素文：《浅谈政务微博的品牌塑造及推广》，《新闻世界》2014 年第 1 期，第 9～10 页。
[108] 王伟军、刘行军：《微博信息传播影响因素的探索性分析》，《理论月刊》2014 年第 1 期，第 148～153 页。
[109] 朱晓峰、陈楚楚、尹婵娟：《基于微博舆情监测的 K-Means 算法改进研究》，《情报理论与实践》2014 年第 1 期，第 136～140 页。
[110] 龚奕洁、谭伟桐、方勤毅：《微博的营销特征与发展桎梏》，《今传媒》2014 年第 1 期，第 72～74 页。
[111] 李越：《关于政务微博发展的思考》，《江西行政学院学报》2014 年第 1 期，第 13～15 页。
[112] 李莎：《浅议微博时代我国电视真人秀节目的新发展》，《今传媒》2014 年第 1 期，第 94～95 页。
[113] 蔡旭：《政务微博在社会管理中的应用分析》，《集美大学学报》（哲学社会科学版）2014 年第 1 期，第 127～131 页。
[114] 郭遂红、易良慧：《微博辅助大学英语教学与动态兼容师生关系》，《集美大学学报》（教育科学版）2014 年第 1 期，第 6～10 页。
[115] 陆宇峰：《网络公共领域的法律舆论：意义与限度——以“微博上的小河案”为例》，《社会科学研究》2014 年第 1 期，第 1～9 页。
[116] 秦凯风：《电影微博营销中“弱联系”的强影响》，《今传媒》2014 年第 1 期，第 75～76 页。
[117] 戴亦欣、羊光波：《政务微博技术与公共服务特性的匹配研究——以广东省政法微博为例》，《电子政务》2014 年第 1 期，第 54～65 页。
[118] 孙厚权、王冬冬、张俊丽：《政务微博的意见领袖分析》，《情报杂志》2014 年第 1 期，第 124～127、166 页。

[119] 姜秀敏、陈华燕：《我国政务微博的实践模式及发展路径》，《东北大学学报》（社会科学版）2014 年第 1 期，第 64 ~ 69 页。
[120] 王飞：《从浅阅读到瞥阅读——新媒体语境下阅读方式嬗变及解读》，《编辑之友》2014 年第 1 期，第 32 ~ 34 页。
[121] 李虎成：《政务微博与社会管理创新探析》，《山东工商学院学报》2014 年第 1 期，第 120 ~ 124 页。
[122] 丁杨：《新媒体时代政府创新社会沟通：政务微博何以有为》，《重庆工商大学学报》（社会科学版）2014 年第 1 期，第 97 ~ 100 页。
[123] 肖飞：《公共危机事件中政务微博的舆情信息工作理念与策略探析——以雅安地震为例》，《图书情报工作》2014 年第 1 期，第 44 ~ 47、71 页。
[124] 胡菡菡：《新闻媒体与微博协商的框架建构——以温州动车事故的微博协商为例》，《中国地质大学学报》（社会科学版）2014 年第 1 期，第 92 ~ 99 页。
[125] 李彦冰：《论政务微博的政治性》，《青海社会科学》2014 年第 1 期，第 20 ~ 23 页。
[126] 杨帆：《微博新词新语构成方式浅析》，《语文学刊》（高等教育版）2014 年第 1 期，第 26 ~ 27 页。
[127] 张蕾：《大学图书馆微博粉丝需求与行为的个案研究》，《大学图书情报学刊》2014 年第 1 期，第 69 ~ 74 页。
[128] 郎非、李雪：《微博环境下英语学习者的社会临场感研究》，《现代远距离教育》2014 年第 1 期，第 63 ~ 67 页。
[129] 展素贤、周洋洋：《名人微博中语码转换的顺应性研究》，《延安大学学报》（社会科学版）2014 年第 1 期，第 113 ~ 117 页。
[130] 谢进川：《微博事件中政治承诺的有效性分析》，《现代传播》（中国传媒大学学报）2014 年第 1 期，第 123 ~ 126 页。
[131] 王晓玲：《微博写作特征浅谈》，《学语文》2014 年第 1 期，第 55 ~ 56 页。
[132] 张燕、王丽婷：《权威、建构、平衡——论传统媒体如何应对微博传播风险》，《现代传播》（中国传媒大学学报）2014 年第 1 期，第 155 ~ 156 页。
[133] 喻国明：《微博有效传播的三个关键词》，《新闻世界》2014 年第 1 期，第 1 页。
[134] 何旭、韦健玲：《微博环境下和谐党群关系的构建》，《牡丹江师范学院学报》（哲学社会科学版）2014 年第 1 期，第 1 ~ 3 页。
[135] 刘学义：《微博戏仿的狂欢话语分析》，《大连理工大学学报》（社会科学版）2014 年第 1 期，第 132 ~ 136 页。
[136]《海宁市基于政务微博的司法创新》，《当代社科视野》2014 年第 1 期，第 12 ~ 14 页。
[137] 何一鸣：《政务微博，还需长效机制》，《四川党的建设》（城市版）2014 年第 1 期，第 14 页。
[138] 闫坤：《政务微博在传媒政治时代的作用》，《石家庄经济学院学报》2014 年第 1 期，第 75 ~ 79 页。
[139] 郑志强、吴思鸿：《微博营销在大学生就业招聘中的应用研究》，《新余学院学报》2014 年第 1 期，第 133 ~ 134 页。
[140] 苏畅：《我国微博虚假广告的危害性传播及其对策》，《武汉理工大学学报》（社会科

学版）2014 年第 1 期，第 32 ~ 36 页。

[141] 郑满宁：《微博时代的群体动员机制及管理对策》，《重庆大学学报》（社会科学版）2014 年第 1 期，第 152 ~ 156 页。

[142] 董海颖：《微博时代下的大学生亚文化与媒介素养教育》，《宿州教育学院学报》2014 年第 1 期，第 65 ~ 67 页。

[143] 许红霞、赵宏斌：《新媒体条件下非公有制企业党建工作的创新》，《滁州学院学报》2014 年第 1 期，第 48 ~ 50 页。

[144] 贺晓娇：《浅析微博民生新闻失实产生的主要原因》，《湖北函授大学学报》2014 年第 1 期，第 82 ~ 82 页。

[145] 孙亚梅：《试论微博时代下大学生理想信念教育的必要性及其对策》，《菏泽学院学报》2014 年第 1 期，第 117 ~ 120 页。

[146] 黄晓晓、李晓静、严瑾：《高校官方微博传播与运营情况调研》，《克拉玛依学刊》2014 年第 1 期，第 14 ~ 17 页。

[147] 孙梅霞：《微博时代大学生思想政治教育之对策》，《许昌学院学报》2014 年第 1 期，第 148 ~ 150 页。

[148] 卢娟：《“公共领域”中的微博用户分析——基于微博范式下的网络舆论监督与引导》，《山东理工大学学报》（社会科学版）2014 年第 1 期，第 94 ~ 98 页。

[149] 王冠华、张福珍：《大学生孤独感与微博使用的关系研究》，《社科纵横》2014 年第 1 期，第 170 ~ 172 页。

[150] 乐华斌：《微博用于大学生思想政治教育的路径探析——基于“用户粘性”视角》，《高校辅导员》2014 年第 1 期，第 34 ~ 37 页。

[151] 唐伟：《微博中的著作权侵权行为认定》，《广西政法管理干部学院学报》2014 年第 1 期，第 111 ~ 115 页。

[152] 李长月：《社会化媒体与政府形象塑造》，《长江大学学报》（社会科学版）2014 年第 1 期，第 122 ~ 123 页。

[153] 李亚：《微博：大学生思想政治教育的新平台》，《云南社会主义学院学报》2014 年第 1 期，第 128 页。

[154] 额尔敦巴根：《微博时代的正能量与社会主义核心价值体系》，《云南社会主义学院学报》2014 年第 1 期，第 454 ~ 455 页。

[155] 张楠：《新媒体对传统媒体的影响——以微博传播为例》，《西部广播电视》2014 年第 1 期，第 11 ~ 12 页。

[156] 雷建、葛辉：《浅析基层电大移动学习的技术选择》，《新疆广播电视大学学报》2014 年第 1 期，第 54 ~ 56 页。

[157] 张瑛：《话题型微博中第三人称代词消解》，《海南广播电视大学学报》2014 年第 1 期，第 29 ~ 32 页。

[158] 夏蕾、钱晋：《微博在高职院校共青团工作中的应用——以南通纺织职业技术学院为例》，《南通纺织职业技术学院学报》2014 年第 1 期，第 102 ~ 104 页。

[159] 谢爱莲：《高校思想政治课“微博课堂”网络教学平台建设的思考》，《南京航空航天大学学报》（社会科学版）2014 年第 1 期，第 97 ~ 100 页。

[160] 高兵、董素芹：《“云”环境下的图书馆“微”服务研究》，《图书与情报》2014 年第 1 期，第 128 ~ 130 页。

[161] 李颖：《微博在高校图书馆阅读推广中的应用研究》，《山东工会论坛》2014 年第 1 期，第 178 ~ 180 页。

[162] 邵育红、周利平：《要发挥微博在高校图书馆中的重要作用》，《山东工会论坛》2014 年第 1 期，第 181 ~ 182 页。

[163] 陈媛：《企业微博营销在国内的局限性及可行策略研究》，《重庆电子工程职业学院学报》2014 年第 1 期，第 22 ~ 25 页。

[164] 杨辉军：《博客辅助顶岗实习管理系统的设计与应用》，《北华大学学报》（社会科学版）2014 年第 1 期，第 150 ~ 153 页。

[165] 张静、赵玲：《微博用户信息行为的基本特性研究》，《北京航空航天大学学报》（社会科学版）2014 年第 1 期，第 76 ~ 82 页。

[166] 孙凤蕾：《微时代的公安文化传播探析》，《山东警察学院学报》2014 年第 1 期，第 155 ~ 159 页。

第 2 期

[167] 吴云、胡广伟：《政务社交媒体的公众接受模型研究》，《情报杂志》2014 年第 2 期，第 177 ~ 182 页。

[168] 刁生富、黄智贤：《论微博的社会问题与社会控制》，《佛山科学技术学院学报》（社会科学版）2014 年第 2 期，第 7 ~ 13 页。

[169] 陈贵梧：《地方政府创新过程中正式与非正式政治耦合研究——以公安微博为例》，《公共管理学报》2014 年第 2 期，第 60 ~ 69 页。

[170] 马跃：《浅谈微博在图书馆的应用》，《办公室业务》2014 年第 2S 期，第128 页。

[171] 焦新平、李经伟、饶岚：《微博话语的多维实证研究》，《武陵学刊》2014 年第 2 期，第 118 ~ 122 页。

[172] 李婉婷：《政务微博的功能发挥及趋势探析》，《领导科学》2014 年第 2 期，第 56 ~ 57 页。

[173] 辛秀琴：《广东省立中山图书馆微博内容和团队建设实践略探》，《图书情报工作》2014 年第 S2 期，第 112 ~ 113 页。

[174] 景浩、王丙辰：《浅析微博传播对热点事件的影响》，《山西师大学报》（社会科学版）2014 年第 S2 期，第 12 ~ 13 页。

[175] 胡永爱：《微博“自净”能力提升途径分析》，《科技传播》2014 年第 2 期，第 188 ~ 189 页。

[176] 潘煜：《基于用户需求探索气象微博的最佳运营方式》，《科技传播》2014 年第 2 期，第 164 ~ 166 页。

[177] 赵鸿燕、汪锴：《外交官微博的传播表征及效果分析》，《公共外交季刊》2014 年第 2 期，第 82 ~ 88 页。

[178] 韩彦坤：《微博现象：用 140 个字引导学生》，《科学中国人》2014 年第 2X 期，第 65 ~ 65 页。

[179] 张莉：《微博在高职学生思想政治教育中的应用》，《太原城市职业技术学院学报》2014 年第 2 期，第 66～67 页。

[180] 宋淼：《微博舆情对我国社会稳定的影响》，《北京警察学院学报》2014 年第 2 期，第 39～42 页。

[181] 曹海琴、贺金瑞：《论自媒体的伦理边界及其保障机制建构——以微博中的网络谣言为例》，《北京联合大学学报》（人文社会科学版）2014 年第 2 期，第 119～124 页。

[182] 韦路、胡雨濛：《中国微博空间的议题呈现：新浪热门微博实证研究》，《浙江大学学报》（人文社会科学版）2014 年第 2 期，第 41～52 页。

[183] 陈明亮、邱婷婷、谢莹：《微博主影响力评价指标体系的科学构建》，《浙江大学学报》（人文社会科学版）2014 年第 2 期，第 53～63 页。

[184] 王玉珠：《微时代大学生的信息接受偏向及思想引导策略》，《高等财经教育研究》2014 年第 2 期，第 75～78 页。

[185] 隆颖：《传播学视阈下的微博广告研究》，《宁德师范学院学报》（哲学社会科学版）2014 年第 2 期，第 59～63 页。

[186] 郭广智：《试述民族地区网络新闻工作的重要性——以现代科技新闻媒体“微博”应用为列》，《青藏高原论坛》（社会科学版）2014 年第 2 期，第 66～69 页。

[187] 秦伟：《基于用户兴趣的微博推荐系统研究》，《山西煤炭管理干部学院学报》2014 年第 2 期，第 159～160 页。

[188] 张雯静：《网络新媒体对大学生思想教育影响的分析及对策研究》，《南京广播电视大学学报》2014 年第 2 期，第 83～85 页。

[189] 邹建军、吴敏敏：《高校图书馆微博信息服务实践与思考》，《河北科技图苑》2014 年第 2 期，第 58～60 页。

[190] 王燕红：《微博对大学生思想政治教育的负面影响及控制》，《集美大学学报》（教育科学版）2014 年第 2 期，第 92～95 页。

[191] 胡雨濛：《大学生与父母微博认知采纳的创新扩散研究：亲子网络的视角》，《浙江传媒学院学报》2014 年第 2 期，第 36～43 页。

[192] 程宏、武青：《网络微博时代高等学校辅导员影响力提升探析》，《沈阳农业大学学报》（社会科学版）2014 年第 2 期，第 182～185 页。

[193] 杨娜：《网络自媒体缔造公共领域面临的挑战及对策—基于对新浪微博的内容分析》，《浙江传媒学院学报》2014 年第 2 期，第 129～132 页。

[194] 周洁：《大学生微博使用现状及教育对策》，《淮海工学院学报》（人文社会科学版）2014 年第 2 期，第 135～137 页。

[195] 李雯雯：《从虚拟到现实：从微博看现行制度环境与我国公民社会的互动》，《黄冈师范学院学报》2014 年第 2 期，第 14～17 页。

[196] 林静：《微博对当代大学生公民参与的二重效应及对策分析》，《黄冈师范学院学报》2014 年第 2 期，第 18～21 页。

[197] 向骏、向福明：《提升微博在社会管理中的正能量》，《决策咨询》2014 年第 2 期，第 74～77 页。

[198] 赵丽英：《关于减少基层派出所 110 群众投诉对策的思考》，《北京警察学院学报》

2014 年第 2 期，第 69 ~ 72 页。

[199] 姜秀敏：《网络舆情监测与引导专题研究——政务微博的功能定位与发展研究》，《河南社会科学》2014 年第 2 期，第 1 ~ 5 页。

[200] 詹作琼：《建构主义框架下微博平台英语报刊阅读自主能力培养》，《河北民族师范学院学报》2014 年第 2 期，第 102 ~ 104 页。

[201] 黄建榕、杜迪：《微博对高校维稳工作的影响及对策研究》，《华南理工大学学报》（社会科学版）2014 年第 2 期，第 97 ~ 100 页。

[202] 张鹏飞、孙小平：《江苏高校微博应用研究》，《南通纺织职业技术学院学报》2014 年第 2 期，第 84 ~ 87 页。

[203] 郑寿：《大学生微博舆情引导中的议程设置探析》，《闽南师范大学学报》（哲学社会科学版）2014 年第 2 期，第 152 ~ 156 页。

[204] 孙忠良：《微博舆论场中民粹主义的负面影响及对策》，《天津行政学院学报》2014 年第 2 期，第 3 ~ 8 页。

[205] 卢秀峰：《微博对高校辅导员工作的影响及对策研究——基于广东地区部分高校的实践》，《广西教育学院学报》2014 年第 2 期，第 81 ~ 87 页。

[206] 曹家强：《微博运用于高职院校图书馆的效用》，《河北民族师范学院学报》2014 年第 2 期，第 125 ~ 126 页。

[207] 刘俊鹏、李萌：《微博视角下大学生思想政治教育工作研究》，《湖北函授大学学报》2014 年第 2 期，第 26 ~ 27 页。

[208] 张健、祁伟骞：《莫让环保政务微博机械化运作》，《世界环境》2014 年第 2 期，第 83 页。

[209] 王攸然：《微博语言的符号学观察》，《长江大学学报》（社会科学版）2014 年第 2 期，第 94 ~ 95 页。

[210] 何旭：《微博反腐的功能及建设路径探讨》，《陇东学院学报》2014 年第 2 期，第 83 ~ 85 页。

[211] 张标：《微博新媒体视阈下高校主流意识形态教育问题与策略》，《沙洲职业工学院学报》2014 年第 2 期，第 58 ~ 60 页。

[212] 董斌彬：《旅游法实施背景下网友对“导游员”工作的感知——基于新浪微博文本分析》，《湖南工程学院学报》（社会科学版）2014 年第 2 期，第 6 ~ 13 页。

[213] 苏舒：《浅论微博对高职院校学生管理的影响及对策》，《镇江高专学报》2014 年第 2 期，第 93 ~ 95 页。

[214] 王海霞、陈楚鸿：《基于蝴蝶效应的微博营销价值研究》，《湖南工程学院学报》（社会科学版）2014 年第 2 期，第 14 ~ 17 页。

[215] 高建华：《基于微博平台的思想政治理论课教学模式研究——以毛泽东思想和中国特色社会主义理论体系概论课程为例》，《现代教育科学：高教研究》2014 年第 2 期，第 64 ~ 67 页。

[216] 李清、张家平：《自媒体时代微博对大学生的影响及应对策略》，《新余学院学报》2014 年第 2 期，第 123 ~ 125 页。

[217] 王路坦：《微博对我国公民信仰影响状况探析》，《广西社会主义学院学报》2014 年

第 2 期，第 82 ~ 86 页。

[218] 冯佳妮：《微博谣言的传播与媒体的角色担当》，《现代交际》（学术版）2014 年第 2 期，第 128 ~ 129 页。

[219] 苏素：《公共知识分子在争议性公共议题中的作用与局限——以“浙江温岭虐童事件”的微博表达为例》，《西南交通大学学报》（社会科学版）2014 年第 2 期，第 35 ~ 42 页。

[220] 何旭：《论新时期领导干部的“微商力”》，《中共云南省委党校学报》2014 年第 2 期，第 86 ~ 88 页。

[221] 王辉、张建欣：《新媒体时代中国梦在大学生群体中的传播路径探析》，《四川理工学院学报》（社会科学版）2014 年第 2 期，第 100 ~ 105 页。

[222] 汪俐君：《浅析微博评论的“热”与“冷”》，《湖北科技学院学报》2014 年第 2 期，第 67 ~ 68 页。

[223] 昊喜涛：《微博对高校辅导员工作的影响及对策研究》，《湖北科技学院学报》2014 年第 2 期，第 25 ~ 27 页。

[224] 郑寿：《“双微时代”创新高校思想政治教育刍议》，《集美大学学报》（哲学社会科学版）2014 年第 2 期，第 132 ~ 136 页。

[225] 王倩：《浅析新浪微博中“微话题”的议程设置效应》，《艺术科技》2014 年第 2 期，第 115 ~ 115 页。

[226] 王晓芸：《略论我国微博政治参与》，《西安文理学院学报》（社会科学版）2014 年第 2 期，第 70 ~ 73 页。

[227] 李争：《微博及社交网络在科技传播中的应用——以媒介融合背景下果壳网的分众传播为例》，《科技传播》2014 年第 2 期，第 190 ~ 192 页。

[228] 罗桂湘：《微博在科技传播中的应用个案分析》，《科技传播》2014 年第 2 期，第 263 ~ 265 页。

[229] 宋欢、杨美霞：《应用微博传播城市旅游形象的若干思考》，《旅游论坛》2014 年第 2 期，第 82 ~ 86 页。

[230] 杜娟、蔡宝家、李顺友：《体育微博营销刍议》，《山东体育科技》2014 年第 2 期，第 39 ~ 42 页。

[231] 陈妮娜：《微博与大学生政治参与》，《文教资料》2014 年第 2 期，第 131 ~ 134 页。

[232] 李艳霞、常开霞：《微博圈在大学校园建设中的作用》，《沧桑》2014 年第 2 期，第 133 ~ 134 页。

[233] 陈强、陈冰淳：《微博内容信任问题的实证分析》，《现代传播》（中国传媒大学学报）2014 年第 2 期，第 124 ~ 129 页。

[234] 黄星：《微博用语的解读》，《海南大学学报：人文社会科学版》2014 年第 2 期，第 127 ~ 130 页。

[235] 霍林生、李宏男：《新媒体视野下建筑结构抗震微博教学实践》，《高等建筑教育》2014 年第 2 期，第 126 ~ 128 页。

[236] 韩伟：《微博问政：挑战、应对与局限》，《云南行政学院学报》2014 年第 2 期，第 127 ~ 129 页。

[237] 尹连根:《微博空间与参与性受众——基于对深圳“5·26”飙车案网民评论的框架分析》,《上海交通大学学报》(哲学社会科学版) 2014 年第 2 期,第 76 ~ 85 页。

[238] 梁芷铭:《政务微博对政府行为改革的积极影响及其完善策略》,《新闻传播》2014 年第 2 期,第 21 ~ 22 页。

[239] 吕娟、黄少臣:《微博与高职学生思想政治教育——以长江工程职业技术学院为例》,《长江工程职业技术学院学报》2014 年第 2 期,第 42 ~ 44 页。

[240] 禹夏、曹洵:《湖南主流报纸官方微博融合报道现状探析》,《中国出版》2014 年第 2 期,第 46 ~ 50 页。

[241] 刘新磊:《新媒体语境下的公安微博舆情引导》,《辽宁警专学报》2014 年第 2 期,第 44 ~ 46 页。

[242] 王海燕、沈阳:《媒体微博编辑策略与运营技巧探析——以央媒 10 大新浪微博为例》,《出版科学》2014 年第 2 期,第 31 ~ 34 页。

[243] 史梁、汤书昆、赵丽:《微博公共能量场的构建探析》,《江淮论坛》2014 年第 2 期,第 139 ~ 142 页。

[244] 高纯娟:《建构主义学习理论视角下微博英语教学新模式》,《大学英语教学与研究》2014 年第 2 期,第 82 ~ 84 页。

[245] 刘澜:《辽宁地区图书馆微博现状调查分析——以新浪微博用户为例》,《图书馆学刊》2014 年第 2 期,第 42 ~ 44 页。

[246] 詹洁、易红:《公共图书馆微博可持续发展策略思考——基于重庆图书馆微博运营现状的分析》,《新世纪图书馆》2014 年第 2 期,第 35 ~ 38 页。

[247] 刘岩:《河南地区图书馆微博应用情况调查与分析》,《图书馆学刊》2014 年第 2 期,第 51 ~ 53 页。

[248] 尹雪聪:《高校图书馆微博应用调查与思考》,《四川图书馆学报》2014 年第 2 期,第 72 ~ 75 页。

[249] 董清平:《微博对大学生人际交往的利弊影响及应对策略》,《绥化学院学报》2014 年第 2 期,第 19 ~ 22 页。

[250] 钱琦、尚志强:《微博对体育赛事传播影响的研究》,《浙江体育科学》2014 年第 2 期,第 33 ~ 35 页。

[251] 涂姮娥:《@虎门服装获评广东最具影响力政府微博》,《纺织服装周刊》2014 年第 2 期,第 70 ~ 71 页。

[252] 禹辉映:《微博时代政务公开的变革及功能探析》,《东南传播》2014 年第 2 期,第 107 ~ 108 页。

[253] 马林:《微博中错译现象研究》,《黑龙江教育学院学报》2014 年第 2 期,第 155 ~ 157 页。

[254] 吴宇芬:《信息时代下的高职院校图书馆微博应用》,《河南图书馆学刊》2014 年第 2 期,第 129 ~ 130 页。

[255] 郑保章、赵毅:《“王林事件”披露过程中微博作用分析》,《西部学刊》2014 年第 2 期,第 31 ~ 34 页。

[256] 武金菊、杜黎:《企业微博质量对用户行为意向的影响机理研究》,《现代情报》2014

年第 2 期，第 129 ~ 135 页。

[257] 严琳琳、施慕竹、陈静、黄阿诗：《微博对大学生学习、生活和就业的影响分析》，《对外经贸》2014 年第 2 期，第 158 ~ 160 页。

[258] 宋昌进：《壮大主流舆论　服务百姓民生——以安徽政务微博为例》，《新闻世界》2014 年第 2 期，第 128 ~ 129 页。

[259] 姜秀敏：《政务微博的功能定位与发展研究》，《河南社会科学》2014 年第 2 期，第 1 ~ 5 页。

[260] 林佳、康琪：《校园新媒体使用现状及发展趋势的研究》，《时代经贸》2014 年第 2 期，第 232 ~ 233 页。

[261] 周武：《微博在高校图书馆中的应用》，《河南图书馆学刊》2014 年第 2 期，第 127 ~ 128 页。

[262] 孙荣欣、武文静、宋悦：《突发事件中政务微博的信息传播特点及模式——以雅安地震为例》，《河北经贸大学学报》（综合版）2014 年第 2 期，第 13 ~ 18 页。

[263] 杨苏琳：《基于“微时代”对政务微博的问题、对策思考》，《法制与社会》2014 年第 2 期，第 148 ~ 150 页。

[264] 单文盛、胡旋：《传播游戏理论视域下的我国微博营销特性研究》，《湖南师范大学社会科学学报》2014 年第 2 期，第 155 ~ 160 页。

[265] 马新平：《微博时代大学生思想政治教育模式的转变》，《当代职业教育》2014 年第 2 期，第 102 ~ 104 页。

[266] 耿延庭：《微博普通用户主动公开隐私现象分析——以新浪微博为例》，《新闻世界》2014 年第 2 期，第 163 ~ 164 页。

[267] 孙瑜琳：《微博公益活动的动力机制研究》，《今传媒》2014 年第 2 期，第 103 ~ 104 页。

[268] 周文泓：《试论政务微博信息的档案化——基于 InterPARES 的电子档案要素分析模板》，《档案学通讯》2014 年第 2 期，第 71 ~ 75 页。

[269] 刘果：《微博意见领袖的角色分析与引导策略》，《武汉大学学报》（人文科学版）2014 年第 2 期，第 115 ~ 118 页。

[270] 毕凌燕、王腾宇、左文明：《基于概率模型的微博热点主题识别实证研究》，《情报理论与实践》2014 年第 2 期，第 112 ~ 116 页。

[271] 杜莹、武文静：《党政机构微博在突发事件中传播效果的影响因素及策略》，《石家庄铁道大学学报》（社会科学版）2014 年第 2 期，第 79 ~ 83、95 页。

[272] 朱燕：《高校官方微博突发事件的舆情传播规律》，《浙江工商职业技术学院学报》2014 年第 2 期，第 55 ~ 58 页。

[273] 柯淋丹：《浅谈微博与政府危机公关》，《品牌》（下半月）2014 年第 Z2 期，第 14 ~ 15 页。

[274] 刘少华、戴瑜宏：《政府话语权：流失、分散与重构——基于微博的考察》，《湖南科技大学学报》（社会科学版）2014 年第 2 期，第 37 ~ 41 页。

[275] 韩万渠：《电子政务视野下我国网络问政研究进展及趋势分析》，《行政科学论坛》2014 年第 2 期，第 40 ~ 44 页。

[276] 陈立松：《移动政务成为政府信息公开新渠道》，《信息化建设》2014 年第 2 期，第 27 ~ 28 页。

[277] 王明珠、程道品、段文军：《旅游政务机构微博营销研究——以广西旅游局为例》，《中南林业科技大学学报》（社会科学版）2014 年第 2 期，第 4 ~ 7、14 页。

[278] 蔡红：《档案微博传播效果分析与研究》，《档案与建设》2014 年第 2 期，第 33 ~ 35 页。

[279] 靖鸣、马丹晨：《论微博大 V 如何传播正能量》，《新闻爱好者》2014 年第 2 期，第 12 ~ 14 页。

[280] 丁艺、王益民：《我国政务微博在网络舆论导向中的问题与对策》，《行政管理改革》2014 年第 2 期，第 40 ~ 44 页。

[281] 刘毅、李鹏：《社会风险治理中的政务微博回应性及发展策略》，《学术论坛》2014 年第 2 期，第 106 ~ 108 页。

[282] 于松明：《政务微博发展状况浅析——以南京政务微博为例》，《江苏师范大学学报》（哲学社会科学版）2014 年第 2 期，第 154 ~ 159 页。

[283] 施亮、鲁耀斌：《微博用户行为意向及平台的调节作用研究》，《管理学报》2014 年第 2 期，第 278 ~ 282 页。

[284] 张潇祎、申利净：《微博公益传播存在的问题及发展策略》，《新闻世界》2014 年第 2 期，第 126 ~ 128 页。

[285] 张颖：《浅析微博的特性及传播价值》，《新闻世界》2014 年第 2 期，第 108 ~ 109 页。

[286] 刘思航：《论微博语言的特征及其影响》，《新闻世界》2014 年第 2 期，第 100 ~ 101 页。

[287] 戴慧祺：《传受心理视角下微博有效传播策略》，《新闻世界》2014 年第 2 期，第 110 ~ 111 页。

[288] 刘日华：《浅谈实行微博实名制的必要性》，《新闻世界》2014 年第 2 期，第 120 ~ 121 页。

[289] 宋昌进：《壮大主流舆论　服务百姓民生——以安徽政务微博为例》，《新闻世界》2014 年第 2 期，第 128 ~ 129 页。

[290] 张艳伟、王文宏：《新浪微博中公益传播主体的特征研究——以国际公益组织绿色和平为例》，《新闻世界》2014 年第 2 期，第 150 ~ 152 页。

[291] 陈瑶：《微博新闻评论对突发事件处置的影响——以厦门 BRT 爆炸案为例》，《新闻世界》2014 年第 2 期，第 116 ~ 118 页。

[292] 杨思文：《以“江宁公安在线”为例谈政务微博的风格打造》，《新闻知识》2014 年第 2 期，第 42 ~ 44 页。

[293] 朱思颖：《公共突发事件的政务微博应对研究——以地震灾害中的政务微博应对为例》，《辽宁广播电视大学学报》2014 年第 2 期，第 88 ~ 90 页。

[294] 陈艳红、陈靖：《政务微博在应急信息管理中的应用研究综述》，《成都理工大学学报》（社会科学版）2014 年第 2 期，第 11 ~ 15 页。

[295] 梁俊山、王静：《政务微博视角下的社会治理创新方式探究》，《厦门理工学院学报》2014 年第 2 期，第 98 ~ 102 页。

[296] 庞旭：《报纸官方微博发展研究》，《新闻世界》2014 年第 2 期，第 152 ~ 154 页。
[297] 翁钢民、孙亚坤：《旅游微博：互联网背景下旅游信息传播新模式》，《企业经济》2014 年第 2 期，第 111 ~ 114 页。
[298] 陈宏泉、徐曼：《微时代下高校思想政治教育的挑战与对策》，《辽宁行政学院学报》2014 年第 2 期，第 92 ~ 93 页。
[299] 云熙文：《央视索福瑞与新浪微博打造微博收视指数》，《中国广播》2014 年第 2 期，第 96 页。
[300] 杨莉萍：《微博交流在高校图书馆信息咨询服务中的新应用》，《图书馆工作与研究》2014 年第 2 期，第 35 ~ 37 页。
[301] 郑晶晶：《微博评论对传统媒体的启发》，《新闻世界》2014 年第 2 期，第 54 页。
[302] 尹连根：《框架之争：作为公共领域的微博空间——以深圳 5．26 飙车案为例》，《武汉大学学报》（人文科学版）2014 年第 2 期，第 119 ~ 125 页。
[303] 陈大莲：《高校读者微博荐购图书的应用探析》，《图书馆工作与研究》2014 年第 2 期，第 58 ~ 61 页。
[304] 胡嵩：《地方电视民生新闻对微博的利用》，《记者摇篮》2014 年第 2 期，第 38 ~ 39 页。
[305] 张巍江、竺李：《网络传播对中国新闻业的冲击和影响》，《普洱学院学报》2014 年第 2 期，第 77 ~ 81 页。
[306] 陈彦兵：《微博“随手拍”道德伦理失范及对策》，《经济与社会发展》2014 年第 2 期，第 67 ~ 70 页。
[307] 王彩：《基于新浪微博的公共图书馆发展研究》，《兰州大学学报》（社会科学版）2014 年第 2 期，第 167 ~ 171 页。
[308] 杨向荣：《论微博的图文景观及其内在张力》，《江苏社会科学》2014 年第 2 期。
[309] 廖廷华、何冰：《防城港市政务微博建设与管理探析》，《经济与社会发展》2014 年第 2 期，第 51 ~ 54 页。
[310] 熊昌茂：《微时代视域下高校辅导员微博探析》，《湖南工业职业技术学院学报》2014 年第 2 期，第 117 ~ 119 页。
[311] 温展杰、张蒙：《以内容分析法评析广州发布系列的影响力》，《天津市经理学院学报》2014 年第 2 期，第 12 ~ 13 页。
[312] 王建：《从微博的发展看舆论引导》，《新闻世界》2014 年第 2 期，第 50 ~ 51 页。
[313] 谢群慧：《@ 浦东发布：构建政务管理新体系》，《浦东开发》2014 年第 2 期，第 15 ~ 17 页。
[314] 陈学伟、郑迎：《论党务微博的科学应用》，《党史文苑》2014 年第 2 期，第 53 ~ 55 页。
[315] 陈玲霞：《档案政务微博应用情况调查分析》，《档案管理》2014 年第 2 期，第 62 ~ 63 页。
[316] 郭学文：《省域政务微博的传播现状与公务人员媒介素养考察——基于新浪微博“上海发布”“、陕西发布”的分析》，《东南传播》2014 年第 2 期，第 105 ~ 106 页。
[317] 张婧：《政务微博的公共关系塑造与舆论引导——以三个旅游部门的微博为例》，《青

年记者》2014 年第 2 期，第 15 ~ 16 页。

[318] 徐圆圆、程春慧、臧敏：《网络社区广告现象研究——以新浪微博为例》，《赤峰学院学报》（汉文哲学社会科学版）2014 年第 2 期，第 128 ~ 130 页。

[319] 苏晖阳、袁雯：《新媒体视域的共青团微博品牌建设》，《中国青年政治学院学报》2014 年第 2 期，第 27 ~ 30 页。

[320] 王斌、郑雅楠：《青少年微博的使用与自我展现》，《中国青年政治学院学报》2014 年第 2 期，第 127 ~ 132 页。

[321] 王伶俐、闫强：《企业微博与其营销效果的关系研究》，《北京邮电大学学报》（社会科学版）2014 年第 2 期，第 6 ~ 12 页。

[322] 郭子初：《金融走进“微生活”——邮储银行率先推出微博银行和易信银行》，《中国金融家》2014 年第 2 期，第 109 ~ 109 页。

[323] 王小宁：《微博在大学生心理健康教育中的实施价值分析》，《社科纵横》2014 年第 2 期，第 165 ~ 167 页。

[324] 施爱东：《末日谣言的蝴蝶效应及其传播动力》，《民族艺术》2014 年第 2 期，第 45 ~ 58 页。

[325] 罗丹妮、罗丽：《微博中的自我呈现——读戈夫曼〈日常生活中的自我呈现〉》，《黑河学刊》2014 年第 2 期，第 56 ~ 58 页。

[326] 张瑛、梁琳琳、侯敏、滕永林：《话题型微博中的人称代词特征及消解策略》，《海南大学学报》（人文社会科学版）2014 年第 2 期，第 119 ~ 126 页。

[327] 廖建国范中丽：《微博给予自我的意义：内、外两个世界更加澄明》，《成都大学学报》（社会科学版）2014 年第 2 期，第 1 ~ 6 页。

[328] 肖雪、严伟涛：《微博中的公共图书馆公众形象研究》，《国家图书馆学刊》2014 年第 2 期，第 10 ~ 18 页。

[329] 姜宝山、李雷雷：《微博营销对企业品牌影响的实证研究》，《辽宁工程技术大学学报》（社会科学版）2014 年第 2 期，第 153 ~ 158 页。

[330] 王绍源：《论 OA 背景下微博对于科学传播方式的超越》，《吉林工商学院学报》2014 年第 2 期，第 84 ~ 87 页。

[331] 梁芷铭、徐福林、周玫、许珍：《高校官方微博面临的诸多问题及其对策》，《成都大学学报》（社会科学版）2014 年第 2 期，第 7 ~ 10 页。

[332] 刘利亚：《利用微博优化成人高等院校图书馆的服务功能》，《北京教育学院学报》（社会科学版）2014 年第 2 期，第 46 ~ 48 页。

[333] 曹瑞娟、漆佳慧：《论微小说在微博时代风行的原因及发展前景》，《殷都学刊》2014 年第 2 期，第 87 ~ 93 页。

[334] 彭国樑、刘德强：《微博时代下大学生思想政治教育新途径》，《上海理工大学学报》（社会科学版）2014 年第 2 期，第 197 ~ 200 页。

[335] 袁璟瑾、周静：《基于微博平台的高职辅导员思想政治教育模式探析》，《南通航运职业技术学院学报》2014 年第 2 期，第 116 ~ 118 页。

[336] 吴强、詹伊梨：《“微博”与高校基层党建工作》，《云南社会主义学院学报》2014 年第 2 期，第 92 ~ 93 页。

［337］刘毅：《农产品的微博营销探析》，《云南社会主义学院学报》2014 年第 2 期，第 339 ~ 341 页。

［338］陈文波：《微博谣言的传播与应对——以马航客机失联事件为例》，《文化与传播》2014 年第 2 期，第 94 ~ 97 页。

［339］姜晖：《微博在高职院校思想政治教育的应用研究》，《云南社会主义学院学报》2014 年第 2 期，第 155 ~ 156 页。

［340］杨营杰：《社交类应用对于手机舆论场形成的影响分析》，《云南社会主义学院学报》2014 年第 2 期，第 409 页。

第 3 期

［341］张黎天、孙冉：《微博问政背景的政民互信关系》，《重庆社会科学》2014 年第 3 期，第 21 ~ 26 页。

［342］周翔、刘欣、程晓璇：《微博用户公共事件参与的因素探索——基于政治效能感与社会资本的分析》，《江淮论坛》2014 年第 3 期，第 136 ~ 143 页。

［343］齐建民：《微博生态下的高校思想政治教育工作前进方向探析》，《安阳师范学院学报》2014 年第 3 期，第 151 ~ 153 页。

［344］李丹：《推动我国政务微博良性发展提高“微时代”社会管理水平》，《武汉科技大学学报》（社会科学版）2014 年第 3 期，第 309 ~ 313 页。

［345］蒋建华、卜东东、彭晓英、姚晓琳：《基于微博平台的大学生网络思想政治教育探索——以成都中医药大学学生微博使用现状为例》，《成都中医药大学学报》（教育科学版）2014 年第 3 期，第 51 ~ 53 页。

［346］熊世羽：《微博世界中的转基因食品安全——基于社会网络分析的调查》，《社会科学前沿》2014 年第 3 期，第 17 ~ 23 页。

［347］徐国庆：《公安边防警务微博的实践与探索》，《公安海警学院学报》2014 年第 3 期，第 63 ~ 65 页。

［348］周培源：《从新浪微博看美国对华公共外交》，《公共外交季刊》2014 年第 3 期，第 90 ~ 96 页。

［349］张宇怡、周澍民：《微博舆论场网络编辑发掘新闻源策略》，《中国出版》2014 年第 3 期，第 51 ~ 54 页。

［350］王路坦：《论微博对我国公民信仰状况的影响》，《四川行政学院学报》2014 年第 3 期，第 92 ~ 94 页。

［351］马英、郝淑密：《微博时代文化话语权旁落问题探究《山西煤炭管理干部学院学报》2014 年第 3 期，第 205 ~ 207 页。

［352］郑昭彦：《旅游类报纸媒体微博的融合现状与发展——基于媒体“大 V”发展经验的启示》，《中南林业科技大学学报》（社会科学版）2014 年第 3 期，第 22 ~ 25 页。

［353］贾雯霞：《自媒体的“旅行叙事”与城市的形象营销——基于对新浪微博“带着微博去旅行”活动的研究》，《唐山师范学院学报》2014 年第 3 期，第 22 ~ 24 页。

［354］杨菁、杨梦婷、申小蓉：《突发事件后微博舆情结构及应急反应特征研究——以雅安地震为例》，《理论与改革》2014 年第 3 期，第 114 ~ 118 页。

[355] 徐琦:《微博时代的政府治理模式转型分析》,《中共南京市委党校学报》2014 年第 3 期,第 56 ~ 60 页。

[356] 许元振:《妈祖文化在新媒体传播中的媒介化趋势分析——以妈祖微博为例》,《莆田学院学报》2014 年第 3 期,第 13 ~ 17 页。

[357] 刘胜枝、王画:《非常规突发事件中微博舆论的“蝴蝶效应”——以“雷政富不雅视频事件”为例》,《北京邮电大学学报》(社会科学版)2014 年第 3 期,第 34 ~ 38 页。

[358] 邹玉兰:《微博在大学生自主教育中的实践研究》,《船舶职业教育》2014 年第 3 期,第 64 ~ 67 页。

[359] 盛洁、程媛媛:《浅析微博在高校思想政治教育中的运用——以镇江高等专科学校为例》,《镇江高专学报》2014 年第 3 期,第 56 ~ 58 页。

[360] 陈艳、秦鹏、麦冬宁:《基于影响力分析的高校校友会微博管理探究》,《华南理工大学学报》(社会科学版)2014 年第 3 期,第 115 ~ 119 页。

[361] 刘丹、殷亚文、宋明:《基于 SIR 模型的微博信息扩散规律仿真分析》,《北京邮电大学学报》(社会科学版)2014 年第 3 期,第 28 ~ 33 页。

[362] 杨学成、兰冰:《转发动机视角下的微博沟通策略研究》,《北京邮电大学学报》(社会科学版)2014 年第 3 期,第 13 ~ 21 页。

[363] 张宇、吕龙、赵萍:《四川省高校图书馆微博使用现状的调查和分析——基于新浪微博认证用户调查》,《四川图书馆学报》2014 年第 3 期,第 55 ~ 59 页。

[364] 禹建强、李艳芳:《对微博信息流中意见领袖的实证分析:以“厦门 BRT 公交爆炸案”为个案》,《国际新闻界》2014 年第 3 期,第 23 ~ 36 页。

[365] 万娟娟:《我国司法微博发展简论——以法院微博为考察对象》,《广西政法管理干部学院学报》2014 年第 3 期,第 74 ~ 78 页。

[366] 黄道坤、谷正杰、张瑞:《高校辅导员微博影响力提升对策研究与实践》,《延边党校学报》2014 年第 3 期,第 114 ~ 116 页。

[367] 胡凌艳:《“微博问政”研究综述》,《北华大学学报》(社会科学版)2014 年第 3 期,第 88 ~ 92 页。

[368] 程葳、易红梅、王强、刘承水:《社区微博互动水平的影响因素研究——以北京市为例》,《北京城市学院学报》2014 年第 3 期,第 35 ~ 39 页。

[369] 彭惠军、黄翅勤、李施珺、胡最:《微博语境下非物质文化遗产原生旅游形象研究——以湖南江永女书文化为例》,《衡阳师范学院学报》2014 年第 3 期,第 98 ~ 102 页。

[370] 金慧:《基于社会媒体的群体知识建构方式的研究——以班级微群为例》,《现代远距离教育》2014 年第 3 期,第 26 ~ 30 页。

[371] 顾宁:《中日微博小说比较分析》,《日本研究》2014 年第 3 期,第 89 ~ 96 页。

[372] 陈景元、刘银姣:《微博文本中“曼德拉逝世”相关话题的互文性解读》,《吉首大学学报》(社会科学版)2014 年第 3 期,第 123 ~ 128 页。

[373] 刘志明、游艳玲:《非营利组织微博采纳行为分析——基于中国基金会的实证分析》,《广东行政学院学报》2014 年第 3 期,第 21 ~ 25 页。

[374] 屈慧君:《新媒体视阈下高校网络宣传教育工作的提升》,《河南警察学院学报》2014年第3期，第125~128页。
[375] 郭珂琼:《论新兴权利与新兴媒介——微博的自由表达机制与舆论引导的制度构建》,《东南学术》2014年第3期，第38~44页。
[376] 田智辉、周晓宇、翟明浩:《建立对话机制的可能性——社会化媒体在中国》,《现代传播》（中国传媒大学学报）2014年第3期，第125~129页。
[377] 周敏:《中国微博政治的潜在风险及政府应对》,《湖北社会科学》2014年第3期，第34~38页。
[378] 童永芳:《微博文化建设调查与对策》,《当代教育理论与实践》2014年第3期，第92~94页。
[379] 张国茹、卜忠政:《微博语境下大学生思想政治教育的SWOT分析》,《淮北职业技术学院学报》2014年第3期，第20~21页。
[380] 徐百成:《论微博对大学生思政教育的影响和形塑——基于思政教育路径优化的视角》,《淮阴师范学院学报》（哲学社会科学版）2014年第3期，第389~391页。
[381] 胡卫萍:《微博著作权法律保护相关问题探讨》,《成都理工大学学报》（社会科学版）2014年第3期，第20~26页。
[382] 李润阳:《微博法制新闻报道的特色与缺陷——以“法制日报V”微博为例》,《新闻世界》2014年第3期，第106~108页。
[383] 李展:《政务微博的管理和使用》,《秘书》2014年第3期，第6~7页。
[384] 冀芳:《多角度视域下孔子的语言观——兼论政务微博如何言说》,《现代语文》（学术综合版）2014年第3期，第144~146页。
[385] 吴霁:《微博新闻传播的现状与未来之路》,《新闻世界》2014年第3期，第112~113页。
[386] 王磊、刘志伟、赵培新:《高职院校学生微博使用现状和发展前景研究——以常州高职教育园区为例》,《宿州教育学院学报》2014年第3期，第97~99页。
[387] 郝永华、芦何秋:《风险事件的框架竞争与意义建构——基于“毒胶囊事件”新浪微博数据的研究》,《新闻与传播研究》2014年第3期，第20~33页。
[388] 郭敏:《浅谈微博微世界的利与弊》,《现代交际》（学术版）2014年第3期，第93~93页。
[389] 李春艳:《微博让〈即时资讯〉更有速度、力度和温度》,《视听界》2014年第3期，第82~83页。
[390] 赖金茂、董业凤:《微博环境下高校思想政治教育工作实效性研究》,《新余学院学报》2014年第3期，第116~118页。
[391] 卜繁燕:《“微博”写作应用于“大学语文”课程改革的探索》,《柳州职业技术学院学报》2014年第3期，第111~114页。
[392] 焦德武:《微博舆论中公众情绪的形成与表达》,《西南民族大学学报》（人文社会科学版）2014年第3期，第161~165页。
[393] 沈燕萍:《微博在新闻传播中的运用》,《视听界》2014年第3期，第85~87页。
[394] 汪自力:《传统媒体的坚守与融合》,《视听界》2014年第3期，第74~77页。

[395] 陈艳莉、蔡小筱：《网络社区信息组织研究——以“新浪微博”为例》，《乐山师范学院学报》2014 年第 3 期，第 136 ~ 140 页。

[396] 史啸：《由“韩方之争”看微博平台上的群体冲突》，《新闻世界》2014 年第 3 期，第 118 ~ 119 页。

[397] 田丹丹、周宁：《国内“微公益”的特点与发展制约因素》，《新闻世界》2014 年第 3 期，第 120 ~ 121 页。

[398] 冯悦：《浅谈微博与高校图书馆组织文化的构建》，《科技情报开发与经济》2014 年第 3 期，第 45 ~ 47 页。

[399] 刘丹丹、宋培义：《后现代主义视角下微博娱乐化的媒介批评》，《北方论丛》2014 年第 3 期，第 49 ~ 52 页。

[400] 王军、万银：《微博视角下的大学生思想政治教育研究》，《三峡大学学报》（人文社会科学版）2014 年第 3 期，第 101 ~ 104 页。

[401] 韩凯阳：《从转发 500 次微博谣言定性诽谤罪看微博舆论监督的走向》，《湖北函授大学学报》2014 年第 3 期，第 67 ~ 68 页。

[402] 张锦华：《微博营销平台构建探析》，《出版科学》2014 年第 3 期，第 78 ~ 80 页。

[403] 黄荣贵、桂勇、孙小逸：《微博空间组织间网络结构及其形成机制以环保 NGO 为例》，《社会》2014 年第 3 期，第 37 ~ 60 页。

[404] 余婧：《基于微博平台的大学生自我表露研究》，《新闻世界》2014 年第 3 期，第 161 ~ 163 页。

[405] 戴燕：《社会网视域下微博传播的特点、动因及现状》，《学术界》2014 年第 3 期，第 91 ~ 100 页。

[406] 曾建国、陶立坚：《微博新媒介优化政治生态的意义》，《学术界》2014 年第 3 期，第 83 ~ 90 页。

[407] 吴宣：《微博在公共危机事件中的影响及应对策略》，《江西青年职业学院学报》2014 年第 3 期，第 74 ~ 76 页。

[408] 侯汝秋、王雨卉：《微博的信息组织方式探析》，《新世纪图书馆》2014 年第 3 期，第 52 ~ 56 页。

[409] 贾艺丹：《新媒介融合背景下微博与微信的对比分析》，《西部广播电视》2014 年第 3 期，第 26 ~ 27 页。

[410] 王雷：《微博文件的特点及其对管理的影响》，《办公室业务》2014 年第 3 期，第 41 ~ 41 页。

[411] 刘玮：《浅析微博对大学生思想政治教育的挑战与作用》，《山西高等学校社会科学学报》2014 年第 3 期，第 88 ~ 90 页。

[412] 涂志芳：《国内图书馆微博研究文献的计量学分析》，《科技情报开发与经济》2014 年第 3 期，第 129 ~ 132 页。

[413] 闵庆飞、张克亮：《手机微博技术 - 任务匹配的影响因素及其对用户采纳行为的影响——基于可用性视角的实证研究》，《技术经济》2014 年第 3 期，第 48 ~ 53 页。

[414] 陈景云：《微博反腐的风险与规制》，《理论导刊》2014 年第 3 期，第 20 ~ 23 页。

[415] 马尊重、谢辉：《基于微信、微博等微媒体的医疗服务模式发展刍议》，《中国卫生事

业管理》2014 年第 3 期，第 238 ~ 239 页。
[416] 龚振林：《网络“微博”在英语教学中的应用》，《辽宁教育行政学院学报》2014 年第 3 期，第 78 ~ 80 页。
[417] 任睿智：《旅游微博营销研究综述》，《商业经济》2014 年第 3 期，第 64 ~ 66 页。
[418] 涂姮娥：《@ 虎门服装跻身全国政务微博百强》，《纺织服装周刊》2014 年第 3 期，第 65 页。
[419] 吴雨蓉：《微博互动纪录片〈对照记·犹在镜中〉的时空美学》，《当代电视》2014 年第 3 期，第 102 ~ 103 页。
[420] 高雅佳、苏敏：《我国省（市）级公共图书馆网络宣传推广工具利用现状调查》，《图书馆工作与研究》2014 年第 3 期，第 40 ~ 42 页。
[421] 吴宝昌、曾萍丽：《从新型政民互动技术看广州政府机构微博发展》，《五邑大学学报》（社会科学版）2014 年第 3 期，第 76 ~ 80、95 页。
[422] 刘琴、苏翠珊：《珠三角地区地方政府政务微博的发展研究》，《新闻知识》2014 年第 3 期，第 54 ~ 56 页。
[423] 李新锐、崔莎：《微博社会资本的影响因素》，《技术经济》2014 年第 3 期，第 40 ~ 47 页。
[424] 沈媛媛、杜伟泉：《风险社会视野下的政务微博作用机制探析》，《淮阴师范学院学报》（哲学社会科学版）2014 年第 3 期，第 317 ~ 319、336 页。
[425] 庹继光：《建设都市报子微博平台形成新媒体合力》，《中国记者》2014 年第 3 期，第 110 ~ 111 页。
[426] 毛太田、陈银平：《政务微博的舆论引导机制构建研究》，《电子政务》2014 年第 3 期，第 62 ~ 66 页。
[427] 黄晓婷：《公共领域视角下微博围观现象反思》，《今传媒》2014 年第 3 期，第 81 ~ 82 页。
[428] 陈怡洁：《浅析微博社会效应利弊分析和解决思路》，《今传媒》2014 年第 3 期，第 47 ~ 48 页。
[429] 张雪雯：《从“炫富大赛”看“微话题”的戏仿与解构》，《今传媒》2014 年第 3 期，第 92 ~ 92 页。
[430] 李冠辰：《我国“微政务”管理问题研究——以政务微博、政务微信为例》，《太原理工大学学报》（社会科学版）2014 年第 3 期，第 36 ~ 40 页。
[431] 刘西平、覃丹丹、于奇：《地方政务微博发展对策实证研究——以江西政务微博行为偏好分析为例》，《电子政务》2014 年第 3 期，第 49 ~ 61 页。
[432] 李贞芳、江丛珍：《政府—公众关系感知、对政府的态度对政务微博行为意向的影响》，《广告大观》（理论版）2014 年第 3 期，第 28 ~ 32 页。
[433] 解悦：《官微评论：主流媒体的舆论“微”引导》，《视听界》2014 年第 3 期，第 84 ~ 85 页。
[434] 彭姝：《微博问政与虚拟社会管理的链接路径分析》，《特区实践与理论》2014 年第 3 期，第 81 ~ 84 页。
[435] 李明德、张宏邦、蒙胜军：《政务微博的现实困境与发展对策——基于陕西省三市八

区（县）的受众调查分析》，《西安交通大学学报》（社会科学版）2014 年第 3 期，第 104 ~ 110 页。

[436] 杨燕、陈思蓉：《政务微博：突发事件下的机遇与挑战》，《改革与开放》2014 年第 3 期，第 55 ~ 57 页。

[437] 陈艳：《政务微博与中国政府治理的改进》，《经济研究导刊》2014 年第 3 期，第 182 ~ 185 页。

[438] 李丹：《推动我国政务微博良性发展　提高“微时代”社会管理水平》，《武汉科技大学学报》（社会科学版）2014 年第 3 期，第 309 ~ 313 页。

[439] 赵阿敏、曹桂全：《政务微博影响力评价与比较实证研究——基于因子分析和聚类分析》，《情报杂志》2014 年第 3 期，第 107 ~ 112 页。

[440] 东晓、刘兴鹏：《政务微博与政府形象塑造》，《重庆社会科学》2014 年第 3 期，第 87 ~ 92 页。

[441] 刘潇、孟盈：《社会管理视角下政务微博的发展研究》，《江汉大学学报》（社会科学版）2014 年第 3 期，第 120 ~ 122、128 页。

[442] 刘建中：《用移动互联网思维构筑亲民服务新平台——关于客服微博文化的探索与实践》，《江苏通信》2014 年第 3 期，第 29 ~ 30 页。

[443] 朱丽：《新舆论格局下的政府信息管理——以“北京微博发布厅”为例》，《新闻与写作》2014 年第 3 期，第 88 ~ 90 页。

[444] 高宏存：《政务微博：“微力量”考验政府执行力》，《人民公仆》2014 年第 3 期，第 34 ~ 37 页。

[445] 翟秀芳、张慧师、胡洋：《“首都食药”的优势与不足　北京市食药监管局政务微博运行情况分析》，《首都医药》2014 年第 3 期，第 19 页。

[446] 陈翔：《我国政务微博发展问题研究》，《法制与经济》（上旬）2014 年第 3 期，第 77 ~ 78 页。

[447] 李萍：《论网络时代群众工作的变革与创新》，《山东理工大学学报》（社会科学版）2014 年第 3 期，第 16 ~ 19 页。

[448] 赵倩：《不同媒介时期政府形象塑造研究综述》，《传播与版权》2014 年第 3 期，第 142 ~ 143 页。

[449] 张永军、陈里：《微博问政》，《西部大开发》2014 年第 3 期，第 113 ~ 121 页。

[450] 夏雨禾：《2010 年以来的突发事件微博舆论及其变化趋势——基于新浪微博的实证研究》，《新闻与传播研究》2014 年第 3 期，第 52 ~ 67 页。

[451] 杨嘉婕：《微内容效应：“毛笔通知书”的传播分析》，《今传媒》2014 年第 3 期，第 37 ~ 38 页。

[452] 赵莹、马雪：《微博时代：大 V 的舆论影响》，《记者摇篮》2014 年第 3 期，第 58 ~ 59 页。

[453] 林升梁、张晓晨：《个人微博粉丝数影响因素的实证研究》，《新闻与传播研究》2014 年第 3 期，第 68 ~ 78 页。

[454] 何旭：《微博密切党群关系的积极运用及发挥对策》，《理论观察》2014 年第 3 期，第 27 ~ 29 页。

[455] 赵蓉英、曾宪琴：《微博信息传播的影响因素研究分析》，《情报理论与实践》2014年第3期，第58～63页。

[456] 蒋冠、冯湘君、于丽红：《不同动机情境下微博信息可信性评价——基于实验数据的研究》，《情报理论与实践》2014年第3期，第106～110页。

[457] 孙桂杰：《微博公益的传播机制探析》，《传媒》2014年第3期，第55～57页。

[458] 李延渊：《微博在广播直播中的应用》，《记者摇篮》2014年第3期，第57～57页。

[459] 丁汉青：《制约微博空间中公开言论协商性的因素——对2013年“北京出租车调价”个案的描述性分析》，《国际新闻界》2014年第3期，第6～22页。

[460] 王银、吴新玲：《中文微博情感分析方法研究》，《广东技术师范学院学报》2014年第3期，第63～68页。

[461] 迟金宝：《框架理论视野下的实名微传播畸变》，《新闻世界》2014年第3期，第104～105页。

[462] 许苗苗：《微博中的身体》，《中国图书评论》2014年第3期，第12～19页。

[463] 梁刚：《微博与消费主义》，《中国图书评论》2014年第3期，第6～11页。

[464] 曹帅、兰月新、苏国强、吴翠芳：《基于移动平均法的微博舆情预测模型研究》，《湖北警官学院学报》2014年第3期，第40～42页。

[465] 何旭：《微时代下党群关系面临的机遇、挑战及路径》，《理论界》2014年第3期，第22～25页。

[466] 黄红梅：《微博的民意表达与监管研究》，《辽宁行政学院学报》2014年第3期，第39～40页。

[467] 卢晓静：《微博的会话结构和话轮转换研究》，《闽江学院学报》2014年第3期，第95～101页。

[468] 张淼：《我国图书馆微博的社会网络分析》，《信息资源管理学报》2014年第3期，第80～87页。

[469] 魏华龙、邵亚茹、姜棚飞、王瑜亮：《公安微博中民意收集的内在逻辑与功能分析》，《安徽警官职业学院学报》2014年第3期，第74～78页。

[470] 黄屹：《微博对大学生思想政治教育工作的影响及创新策略》，《河北民族师范学院学报》2014年第3期，第96～97页。

[471] 邹艾玲：《“后微博时代”电视新闻发展思路探析》，《浙江传媒学院学报》2014年第3期，第78～81页。

[472] 张然：《音乐的微博传播特征与实践》，《音乐传播》2014年第3期，第94～102页。

第4期

[473] 高萍、周亚波：《政务微博在公共突发事件中的应用研究》，《经济与管理战略研究》2014年第4期，第123～131页。

[474] 王志永、周真珍：《关系革命背景下微博的社交功能研究》，《衡阳师范学院学报》2014年第4期，第119～122页。

[475] 宋黎磊、卞清：《新媒体时代公共外交的特征与实践——基于外交部欧洲司官方微博的案例分析》，《欧洲研究》2014年第4期，第112～129页。

[476] 林苇、王占洲:《从“朱令事件”看涉警微博舆情应对》,《广西警官高等专科学校学报》2014 年第 4 期,第 27 ~ 30 页。

[477] 罗宜虹、周文平、孙玉红:《微博意见领袖在信息传播中的社会责任——以新浪微博为例》,《河北经贸大学学报》(综合版)2014 年第 4 期,第 5 ~ 9 页。

[478] 方宇:《博客、微博客的发展及与受众互动关系探析》,《山西农业大学学报》(社会科学版)2014 年第 4 期,第 424 ~ 428 页。

[479] 杨文:《微博环境下的言论自由权》,《天津中德职业技术学院学报》2014 年第 4 期,第 85 ~ 87 页。

[480] 焦义培、冯杰:《微博对当代大学生社会主义核心价值观教育的影响研究》,《云南社会主义学院学报》2014 年第 4 期,第 190 ~ 191 页。

[481] 刘倩、陈元欣:《自媒体时代我国大型体育场馆运营的微博营销》,《体育科研》2014 年第 4 期,第 42 ~ 45 页。

[482] 钱明芳:《微博时代如何提高主流媒体的舆论引导力》,《云南社会主义学院学报》2014 年第 4 期,第 382 ~ 383 页。

[483] 桑瑛:《假微博新闻成因及其对策分析》,《吕梁教育学院学报》2014 年第 4 期,第 48 ~ 50 页。

[484] 王飞:《保定市档案局政务微博上线》,《档案天地》2014 年第 4 期,第 4 页。

[485] 陈晨、范晓明:《试论新媒体时代微博的风险及其应对》,《北京警察学院学报》2014 年第 4 期,第 76 ~ 80 页。

[486] 刘丹琚、杨娜、李煜、吴虹:《高校官方微博博文的评价策略——以 2014 年排名前十的高校官方微博为例》,《吕梁教育学院学报》2014 年第 4 期,第 45 ~ 47 页。

[487] 黄荣贵、桂勇:《自媒体时代的数字不平等:非政府组织微博影响力是怎么形成的?》,《公共行政评论》2014 年第 4 期,第 133 ~ 152 页。

[488] 秦超:《论警务微博对警察形象的维护》,《云南开放大学学报》2014 年第 4 期,第 49 ~ 52 页。

[489] 李晓、黄娟、文俊人、余少佳:《传统媒体在微博中舆论引导力研究——基于新浪微博的实证研究》,《中共成都市委党校学报》2014 年第 4 期,第 61 ~ 65 页。

[490] 李萌竹:《公民个人微博是监督官员的有效武器》,《上海政法学院学报》(法治论丛)2014 年第 4 期,第 144 页。

[491] 郭旨龙:《微博犯罪与刑法应对》,《北京警察学院学报》2014 年第 4 期,第 81 ~ 86 页。

[492] 钟苏婉:《微博在信息技术教学中的应用》,《大连教育学院学报》2014 年第 4 期,第 32 ~ 33 页。

[493] 胡凌艳:《以微博推进学习创建活动的探讨》,《黎明职业大学学报》2014 年第 4 期,第 50 ~ 54 页。

[494] 逯通、肖文:《依托移动通信平台提升高校档案服务力——以微博、微信公众平台为例》,《山西档案》2014 年第 4 期,第 45 ~ 47 页。

[495] 王东:《论微博直播庭审对司法公信力的多维构建》,《中共太原市委党校学报》2014 年第 4 期,第 57 ~ 60 页。

[496] 王东：《论微博直播庭审对司法公信力的多维构建》，《成都行政学院学报》2014 年第 4 期，第 36 ~ 39 页。

[497] 刘杨、张爱军：《微博谣言及其治理》，《渤海大学学报》（哲学社会科学版）2014 年第 4 期，第 45 ~ 50 页。

[498] 卢娟：《微博传播对网络舆论生态的影响与塑造》，《陇东学院学报》2014 年第 4 期，第 83 ~ 85 页。

[499] 罗涛涛：《微博问政的优势、困境及发展路径研究》，《天津商务职业学院学报》2014 年第 4 期，第 85 ~ 88 页。

[500] 陈良飞：《从央媒的战略转型决心看办好政务微博的必要性》，《决策》2014 年第 4 期，第 8 页。

[501] 吴昌稳：《100 家国家一级博物馆新浪官方微博运营状况评估与分析》，《文物世界》2014 年第 4 期，第 69 ~ 71 页。

[502] 李敏、李寒菲：《高校图书馆与公共图书馆微博应用比较分析》，《图书馆界》2014 年第 4 期，第 65 ~ 68 页。

[503] 周艳艳：《微博写作的问题及对策》，《河南教育学院学报》（哲学社会科学版）2014 年第 4 期，第 116 ~ 118 页。

[504] 黄德民：《高校官方微博发展思路分析》，《龙岩学院学报》2014 年第 4 期，第 120 ~ 124 页。

[505] 韩彤：《体育期刊微博的应用现状和分析——以新浪和腾讯为例》，《山东体育学院学报》2014 年第 4 期，第 44 ~ 47 页。

[506] 王寰、张祖忻：《“微博点名”促进在线学习交互研究》，《现代远程教育研究》2014 年第 4 期，第 104 ~ 112 页。

[507] 王鸿飞：《基于微博调查的中学图书馆微博服务策略探讨》，《图书馆界》2014 年第 4 期，第 29 ~ 32 页。

[508] 洪岩：《谈官方微博在大学生德育教育中的作用》，《辽宁师专学报》（社会科学版）2014 年第 4 期，第 91 ~ 92 页。

[509] 林蕾、叶飞霞：《论微博思想政治教育的价值》，《福建农林大学学报》（哲学社会科学版）2014 年第 4 期，第 94 ~ 97 页。

[510] 庄严、洪燕森：《让科技传递正能量：“微平台”的大作用——福建泉州边检站依托警务微博打造高效边检服务平台纪实》，《中国边防警察杂志》2014 年第 4 期，第 30 ~ 31 页。

[511] 丁际超、张杰：《“微”力无穷——福建福州琅岐边防派出所警务微博建设记事》，《中国边防警察杂志》2014 年第 4 期，第 32 ~ 33 页。

[512] 杨家勤：《微博舆论导向的话语策略研究》，《江淮论坛》2014 年第 4 期，第 141 ~ 144 页。

[513] 王诗根：《发挥微博新媒体优势　做好高校宣传思想工作——以滁州学院为例》，《滁州学院学报》2014 年第 4 期，第 109 ~ 111 页。

[514] 马景雯、章婷婷：《微时代背景下微电影的多元化价值体现》，《郑州航空工业管理学院学报》（社会科学版）2014 年第 4 期，第 177 ~ 179 页。

[515] 杨学成、兰冰：《基于内容分析的品牌微博沟通研究》，《经济与管理研究》2014 年第 4 期，第 119 ~ 128 页。

[516] 孙奔、李至敏、王金水：《基于非直接利益冲突关系的微博政治参与研究》，《哈尔滨工业大学学报》（社会科学版）2014 年第 4 期，第 42 ~ 47 页。

[517] 刘玲：《微博传播中伦理失范问题的对策研究》，《齐齐哈尔大学学报》（哲学社会科学版）2014 年第 4 期，第 150 ~ 152 页。

[518] 毛宇锋：《微博背景下应对社会突发事件的路径选择》，《山西师大学报》（社会科学版）2014 年第 4 期，第 28 ~ 31 页。

[519] 付晓静、潘陈青：《公共服务视角下微博平台体育公益研究》，《体育成人教育学刊》2014 年第 4 期，第 25 ~ 28 页。

[520] 张敬亭、张洁：《微博与大学生思想政治教育初探》，《当代教育理论与实践》2014 年第 4 期，第 119 ~ 121 页。

[521] 张宁义：《微博里的爱心寻亲》，《中国边防警察杂志》2014 年第 4 期，第 39 ~ 39 页。

[522] 韩璐：《大学生微博使用现状及影响研究——以周口师范学院为例》，《周口师范学院学报》2014 年第 4 期，第 153 ~ 156 页。

[523] 郭倩：《第一夫人米歇尔对华微博外交的角色与作为》，《内蒙古财经大学学报》2014 年第 4 期，第 76 ~ 80 页。

[524] 夏文津：《微博的文化传播特征探究》，《传媒》2014 年第 4 期，第 47 ~ 48 页。

[525] 高迎新、史天宇：《气象微博在公共气象服务中的作用》，《学会》2014 年第 4 期，第 62 ~ 64 页。

[526] 韦路、赵璐：《社交媒体时代的知识生产沟——微博使用、知识生产和公共参与》，《兰州大学学报》（社会科学版）2014 年第 4 期，第 45 ~ 53 页。

[527] 马捷、魏傲希、靖继鹏：《微博信息生态系统公共事件驱动模式研究》，《图书情报知识》2014 年第 4 期，第 106 ~ 115 页。

[528] 刘静、钟永秀、祝婧媛、谢斌剑：《利用微博增强大学生思想政治教育实效性的思考》，《煤炭高等教育》2014 年第 4 期，第 63 ~ 67 页。

[529] 屈慧君：《微博语境下广告内涵的改变》，《郑州大学学报》（哲学社会科学版）2014 年第 4 期，第 177 ~ 180 页。

[530] 郭文嘉：《微博反腐功能的负效应及其治理》，《南都学坛》（南阳师范学院人文社会科学学报）2014 年第 4 期，第 84 ~ 88 页。

[531] 戎寒、李春山：《SWOT 模型视域下“微时代”高校思想政治教育工作探析》，《煤炭高等教育》2014 年第 4 期，第 59 ~ 62 页。

[532] 司占军、肖桐：《基于 Web2.0 技术开发校园微博的实证研究》，《中国轻工教育》2014 年第 4 期，第 58 ~ 60 页。

[533] 胡雨渼：《公共议题微博的“分散”与“短暂”：集中度与持续性的实证研究》，《西南大学学报》（社会科学版）2014 年第 4 期，第 142 ~ 152 页。

[534] 李春娟、高京：《微博对大学生思想和行为影响的调查研究》，《合肥学院学报》（社会科学版）2014 年第 4 期，第 118 ~ 122 页。

[535] 肖升、李勇帆、何炎祥：《社会学视域下微博与微群学习功能的对比研究》，《现代教

育技术》2014 年第 4 期，第 74 ~ 81 页。

[536] 姜晖：《以微博为载体开展高职院校思想政治教育研究》，《黑龙江教育学院学报》2014 年第 4 期，第 113 ~ 114 页。

[537] 汪泽洪：《微博：博动了青少年的心?》，《黑龙江教育学院学报》2014 年第 4 期，第 115 ~ 116 页。

[538] 廖颂宏：《刍议微博在思想政治工作中的应用途径》，《党史博采》（理论版）2014 年第 4 期，第 43 页。

[539] 张莹：《故友新知：图书馆微博营销中的双向优势与策略分析》，《理论界》2014 年第 4 期，第 194 ~ 197 页。

[540] 邓秀军、刘静：《生产性受众主导下的微博反腐：路径、模式与互动关系》，《现代传播》（中国传媒大学学报）2014 年第 4 期，第 127 ~ 131 页。

[541] 王帅、抗雷、乔波、陈明艳：《当代大学生网络交流方式及特点研究》，《现代交际》（学术版）2014 年第 4 期，第 213 ~ 214 页。

[542] 董玉芝：《自媒体时代微博意见领袖的舆论效应及其引导》，《中州学刊》2014 年第 4 期，第 173 ~ 176 页。

[543] 朱秀芬、杨松：《微博应用于高校思想政治理论课教学的 SWOT 分析》，《黑龙江高教研究》2014 年第 4 期，第 153 ~ 155 页。

[544] 徐丽琼：《图书馆信息服务中应用微博的新方向》，《图书馆学刊》2014 年第 4 期，第 69 ~ 71 页。

[545] 朱朝辉：《图书馆微博应用模式研究》，《图书馆学刊》2014 年第 4 期，第 72 ~ 73 页。

[546] 陈飞霞：《图书馆微博应用现状对比研究》，《图书馆学刊》2014 年第 4 期，第 138 ~ 142 页。

[547] 凌小萍、周艺：《微博对高校思想政治理论课教学的挑战与应对》，《黑龙江高教研究》2014 年第 4 期，第 140 ~ 143 页。

[548] 侯永斌：《电视媒体如何与微博“共舞”》，《西部广播电视》2014 年第 4 期，第 25 页。

[549] 贺凌海：《微博时代的社会治理创新》，《党政干部论坛》2014 年第 4 期，第 23 ~ 25 页。

[550] 马莉婷：《移动互联网用户对社交网络服务平台的偏好分类模型研究》，《福建论坛》（人文社会科学版）2014 年第 4 期，第 193 ~ 197 页。

[551] 哈胜男：《论微博时代青少年社会主义核心价值观培育》，《学术交流》2014 年第 4 期，第 216 ~ 219 页。

[552] 熊锡征：《简论微博对高职思想政治教育产生的影响、问题及对策》，《湖北函授大学学报》2014 年第 4 期，第 16 ~ 18 页。

[553] 李冰：《创新与融合：微博视域下的大学生思想政治教育》，《天津职业院校联合学报》2014 年第 4 期，第 104 ~ 106 页。

[554] 康磊、陈婷：《探析数据可视化技术在微博应用中的特征》，《艺术科技》2014 年第 4 期，第 102 ~ 103 页。

[555] 陈锋：《基于微博平台的作文教学评价优势与应用》，《福建基础教育研究》2014 年第 4 期，第 77 ~ 80 页。
[556] 锅艳玲、曹健慧、杜士欣：《微博在档案公关中的应用探析》，《浙江档案》2014 年第 4 期，第 58 ~ 59 页。
[557] 章忠平：《省级公共图书馆新浪微博书目推荐服务调查分析》，《图书馆论坛》2014 年第 4 期，第 92 ~ 96 页。
[558] 李梦、郭洁琼：《浅议“微博问政”对公共政策制定的影响》，《学理论》2014 年第 4 期，第 60 ~ 61 页。
[559] 李翔：《微博的新闻渗透力》，《记者摇篮》2014 年第 4 期，第 5 ~ 6 页。
[560] 倪丹、郭旭、蔡学健、韩浩：《基于顾客满意理念的政务微博评估指标体系构建》，《全国商情》（理论研究）2014 年第 4 期，第 37 ~ 40 页。
[561] 陈瑾、李金慧：《地方政府机构微博如何更好理政——以新浪网“河北微博发布厅”为例》，《新闻知识》2014 年第 4 期，第 55 ~ 56、44 页。
[562] 王微微：《“微时代”出版微博营销的战略选择》，《出版广角》2014 年第 4 期，第 50 ~ 51 页。
[563] 胡选振：《高校图书馆微博精细化服务研究》，《图书馆工作与研究》2014 年第 4 期，第 36 ~ 38 页。
[564] 谢婉若、邹姝玉：《2010 ~ 2013 年社交媒体研究热点解析》，《新闻知识》2014 年第 4 期，第 3 ~ 5 页。
[565] 胡秋雯、王贞子：《“微”时代的困惑与恐惧》，《今传媒》2014 年第 4 期，第 111 ~ 113 页。
[566] 吴笛、朱天博：《把群众工作做到网上——北京市东城区运用微博、微信等开展群众工作举措》，《党建》2014 年第 4 期，第 48 页。
[567] 傅莹：《政务微博研究》，《新闻传播》2014 年第 4 期，第 77 页。
[568] 陈奕玮、唐礼勇、胡艳超：《传播学视角下政务微博发展初探——以邯郸市为例》，《现代交际》2014 年第 4 期，第 94 页。
[569] 廖磊：《黄金周微博办报走出报网融合新模式——〈重庆商报〉的实践与思考》，《中国记者》2014 年第 4 期，第 110 ~ 111 页。
[570] 贺晓丽：《英国〈政府部门 twitter 使用指南〉对我国的启示》，《中共青岛市委党校青岛行政学院学报》2014 年第 4 期，第 73 ~ 75 页。
[571] 李佩菊、司马双龙：《政治学视角下构建政务微博回应机制的探讨——基于常州政务微博的个案分析》，《常州大学学报》（社会科学版）2014 年第 4 期，第 32 ~ 36 页。
[572] 常承阳、杨芳：《基于微博的技校英语写作教学研究》，《电化教育研究》2014 年第 4 期，第 104 ~ 106 页。
[573] 保惠：《从银川市政务微博看西部民族地区微博问政的打造》，《新闻论坛》2014 年第 4 期，第 29 ~ 33 页。
[574] 付业勤、纪小美、郑向敏、雷春、郑文标：《旅游危机事件网络舆情的演化机理研究》，《江西科技师范大学学报》2014 年第 4 期，第 80 ~ 87 页。
[575] 冯宏良：《舆论场变迁中的舆论引导问题探论》，《理论导刊》2014 年第 4 期，第

20～23页。
[576] 马国春：《警务微博的功能演进与发展战略》，《北京警察学院学报》2014年第4期，第72～75页。
[577] 王娟、齐亚宁：《西安政务微博发展现状与对策研究——以“西安发布”为例》，《传播与版权》2014年第4期，第88～89页。
[578] 高涵：《政务微博在突发公共事件中的舆论引导》，《新闻传播》2014年第4期，第249页。
[579] 李彩霞、郭佳：《山西省政务微博发展现状及其规范化路径初探》，《科技创新与生产力》2014年第4期，第8～13页。
[580] 刘彤：《浅谈政务微博》，《吉林省经济管理干部学院学报》2014年第4期，第17～19页。
[581] 陈正辉：《微时代的教育创新初探》，《江苏高教》2014年第4期，第95～96页。
[582] 王熙：《基于社会管理创新的行业政务微博发展现状及建议——以测绘地理信息部门为例》，《北京邮电大学学报》（社会科学版）2014年第4期，第1～6页。
[583] 王娟、闫月英、罗丽霞：《融合、互动：政务微博发展的新趋势——基于“曲江新区”“西安浐灞生态区”微博的内容分析》，《新闻知识》2014年第4期，第27～28、71页。
[584] 白雷：《中国政务微博的问题及运行机制构建——以武汉市为例》，《岳阳职业技术学院学报》2014年第4期，第107～111页。
[585] 张瑛：《政务微博新闻语体计量分析》，《沈阳大学学报》（社会科学版）2014年第4期，第538～541页。
[586] 侯晓艳：《微博问政的优势、问题及应对建议》，《晋中学院学报》2014年第4期，第15～16、81页。
[587] 档案利用开发处：《打造档案利用服务升级版》，《山东档案》2014年第4期，第1页。
[588] 张海荣、徐昀、桂书立：《微博环境下司法公信力的重构——以新浪微博为例》，《陕西学前师范学院学报》2014年第4期，第116～119页。
[589] 鞠鹏程：《“@四川档案”上线一周年》，《四川档案》2014年第4期，第15页。
[590] 冀芳：《新媒体时代政务微博促进民族文化产业构建的策略研究》，《西南民族大学学报》（人文社会科学版）2014年第4期，第41～45页。
[591] 汪宜丹：《政务微博与城市形象的塑造》，《新闻与写作》2014年第4期，第88～90页。
[592] 剧晓红、李晶、谢阳群：《政务微博的信息质量问题研究》，《信息资源管理学报》2014年第4期，第4～9页。
[593] 朱耀华：《政务微博：增进政民沟通、提升政府治理能力新平台》，《中央社会主义学院学报》2014年第4期，第99～102页。
[594] 萧鸣政、郭晟豪：《国家治理现代化建设中网络民意与政务微博的作用》，《行政论坛》2014年第4期，第5～10页。
[595] 李晓娜、陈文权：《我国政务微博发展现状及理论研究综述》，《云南行政学院学报》

2014 年第 4 期，第 89 ~ 93 页。

[596] 董志远：《“美丽天津”的环保洗礼——〈天津市环境教育条例〉实施一周年回顾》，《环境教育》2014 年第 4 期，第 42 ~ 43 页。

[597] 张文明：《如何做好突发事件的舆情应对——以北京消防官方微博为例谈政务微博》，《中国传媒科技》2014 年第 4 期，第 146 页。

[598] 王勃然、赵雯：《基于微博平台的大学英语写作合理性研究》，《大学英语教学与研究》2014 年第 4 期，第 66 ~ 70 页。

[599] 梁丽：《后微博时代的舆论引导力》，《决策》2014 年第 4 期，第 83 ~ 85 页。

[600] 林婕：《媒体实验室之全媒体问政——自媒体时代的网络问政平台建设实践》，《传媒评论》2014 年第 4 期，第 74 ~ 77 页。

[601] 王玉：《高校图书馆微博互动研究》，《科技情报开发与经济》2014 年第 4 期，第 44 ~ 46 页。

[602] 高明：《2009 ~ 2012 年图书馆微博研究论文计量分析》，《晋图学刊》2014 年第 4 期，第 62 ~ 69 页。

[603] 张金婷：《微博时代大学生思想政治教育方法研究》，《延边党校学报》2014 年第 4 期，第 115 ~ 117 页。

[604] 陈英程、李喜镟：《微博作为一种跨国公共领域——以新浪微博为例》，《编辑之友》2014 年第 4 期，第 64 ~ 66 页。

[605] 李明：《微博粉丝的形成、特点及其传播意义》，《编辑之友》2014 年第 4 期，第 70 ~ 72 页。

[606] 段艳林：《浅析微博与 90 后大学生政治素养的关联性》，《黑河学刊》2014 年第 4 期，第 69 ~ 70 页。

[607] 张颖、高海平：《微博反腐中公民言论自由权行使的规制与保障》，《黑河学刊》2014 年第 4 期，第 48 ~ 49 页。

[608] 臧敏、徐圆圆、程春慧：《社交媒体对网络新闻传播的影响分析——以微博为例》，《赤峰学院学报》（汉文哲学社会科学版）2014 年第 4 期，第 121 ~ 122 页。

[609] 罗曼、张春泉：《微博在舆论监督方面的局限性》，《编辑之友》2014 年第 4 期，第 67 ~ 69 页。

[610] 朱忠梅：《微博优化写作环境的相关研究》，《赤峰学院学报》（汉文哲学社会科学版）2014 年第 4 期，第 272 ~ 273 页。

[611] 陈安梅、耿绍宝、赵青云：《微博名人效应研究》，《赤峰学院学报》（汉文哲学社会科学版）2014 年第 4 期，第 115 ~ 116 页。

[612] 张芹：《浅析微博给新闻采写带来的变化及启示》，《新闻世界》2014 年第 4 期，第 26 ~ 27 页。

[613] 陈丽珠：《浅析微博新闻评论的速度与深度》，《新闻世界》2014 年第 4 期，第 111 ~ 112 页。

[614] 张纬宇：《试论微博舆情的传播特点和引导策略》，《新闻世界》2014 年第 4 期，第 113 ~ 114 页。

[615] 安娜：《“微博时代”公民新闻的问题与对策探究》，《新闻世界》2014 年第 4 期，第

117～118页。

[616] 孟晓辉：《探析“微博反腐”现象中网民参与的心理因素》，《新闻世界》2014年第4期，第121～123页。

[617] 韩玄：《浅析微博在公共事件中的传播作用》，《新闻世界》2014年第4期，第133～134页。

[618] 张漫忆：《浅谈微博中的草根文化传播》，《新闻世界》2014年第4期，第149～150页。

[619] 李亚菲：《社会化媒体与传统媒体的冲突与融合——以新浪微博为例》，《新闻世界》2014年第4期，第151～152页。

[620] 卢美宇：《新媒体时代议程设置功能的新变化——由微博热门话题引发的思考》，《新闻世界》2014年第4期，第290～291页。

[621] 李颖：《高校图书馆微博的管理体制研究》，《河北科技图苑》2014年第4期，第45～47页。

[622] 唐智：《基于青少年身心健康的微博治理》，《齐齐哈尔师范高等专科学校学报》2014年第4期，第23～24页。

[623] 段琼花、陈斌：《师范类高校官方微博的使用与发展研究》，《现代教育论丛》2014年第4期，第80～87页。

[624] 翁穗平：《微博引入高校青年教师思想政治教育途径浅谈》，《福州大学学报》（哲学社会科学版）2014年第4期，第109～112页。

[625] 刘存忠：《微博客对中华武术文化传播的影响及策略分析》，《沈阳体育学院学报》2014年第4期，第141～144页。

[626] 田春艳、赵乐天：《微博时代大学生思想政治教育创新》，《大连大学学报》2014年第4期，第133～135页。

[627] 郑利珍、余云宇：《微博时代校园广播在高校德育中的功能发挥》，《宁夏师范学院学报》2014年第4期，第104～106页。

[628] 柏珂、王虹：《高校微博思政与传统思政模式的互补性研究》，《河北农业大学学报》（农林教育版）2014年第4期，第22～26页。

[629] 李超：《数字化时代科技期刊如何利用微博与微信进行出版》，《鞍山师范学院学报》2014年第4期，第107～110页。

[630] 陈雨、陶娜：《基于微博信息传播内在风险谈大学生媒介素养的欠缺与提升》，《山东广播电视大学学报》2014年第4期，第51～54页。

[631] 葛米娜、卢静怡、林帆：《图书馆微博用户参与对新服务开发绩效的影响研究：知识获取视角》，《图书与情报》2014年第4期，第73～79页。

[632] 张筱荣：《高校辅导员微博应用能力培养研究》，《辽宁医学院学报》（社会科学版）2014年第4期，第76～78页。

[633] 陈晶：《基于大学生社会主义核心价值观培育的高校官方微博运行效用研究——以江苏省高校新浪官方微博为例》，《河南工业大学学报》（社会科学版）2014年第4期，第124～126页。

[634] 曹艳红：《企业官方微博管理策略探析》，《宁波广播电视大学学报》2014年第4期，

第 1 ~5 页。

[635] 周智伟:《合理利用微博、微信，创新高校就业指导信息沟通模式》,《太原城市职业技术学院学报》2014 年第 4 期，第 11 ~12 页。

[636] 王昱力:《微博新闻评论探析》,《新闻世界》2014 年第 4 期，第 145 ~146 页。

第 5 期

[637] 李云洁、张新阳:《从政务微博互动看网络时代传媒特征的转变》,《电视研究》2014 年第 5 期，第 72 ~73 页。

[638] 陈烁:《压缩与叠加：微博传播对青少年的负面影响研究》,《山东青年政治学院学报》2014 年第 5 期，第 42 ~45 页。

[639] 郭剑飞:《以微博为载体的网络动员规律探析——以“云南青年五四奖章”微博评选为例》,《云南大学学报》（社会科学版）2014 年第 5 期，第 106 ~110 页。

[640] 叶青:《政在节财　政在得民　政在去私》,《党政研究》2014 年第 5 期，第 108 ~111 页。

[641] 魏少华:《社交媒体与政务传播开放体系的构建》,《郑州大学学报》（哲学社会科学版）2014 年第 5 期，第 172 ~176 页。

[642] 王晓芳:《微时代背景下图书馆服务创新策略》,《图书馆学刊》2014 年第 5 期，第 79 ~81 页。

[643] 于沛:《高校图书馆微博微信运营策略比较研究——以清华大学图书馆为例》,《知识管理论坛》2014 年第 5 期，第 13 ~21 页。

[644] 谢昀、李娜:《警察自媒体建设与管理若干问题研究》,《山东警察学院学报》2014 年第 5 期，第 142 ~147 页。

[645] 李英:《基于微博的竞争情报研究》,《江苏第二师范学院学报》2014 年第 5 期，第 7 ~9 页。

[646] 周融:《新媒体时代的言论自由与法律规范——以新浪微博为例》,《中南林业科技大学学报》（社会科学版）2014 年第 5 期，第 106 ~109 页。

[647] 李惊雷:《论微博的话语风格及其传播效果》,《郑州轻工业学院学报》（社会科学版）2014 年第 5 期，第 80 ~84 页。

[648] 吴伟楠:《利用微博发布气象信息的应用与优势探讨》,《科技传播》2014 年第 5 期，第 20 页。

[649] 张雅寒:《网络时代的图书营销策略研究——以微博和当当网为例》,《文化与传播》2014 年第 5 期，第 72 ~75 页。

[650] 何桥:《微博庭审直播的祛魅——兼论司法公开与公开司法之辨识》,《黄冈师范学院学报》2014 年第 5 期，第 24 ~27 页。

[651] 张华金、刘河元:《微博正能量对大学生思想政治教育有效应用模式探究》,《邢台职业技术学院学报》2014 年第 5 期，第 47 ~49 页。

[652] 吴艳霞:《基于微博的高校图书馆与用户互动探析》,《哈尔滨职业技术学院学报》2014 年第 5 期，第 120 ~121 页。

[653] 胡雨濛:《公共议题微博的分布与变化研究：“众声喧哗”与“喜新厌旧”》,《湖南

师范大学社会科学学报》2014 年第 5 期，第 148 ~ 153 页。

[654] 周青、韩文琛、汪杰峰：《大学生微博舆情管理方法管见》，《高教发展与评估》2014 年第 5 期，第 73 ~ 79 页。

[655] 王鸿飞：《中学生读者利用微博的行为调查及启示——以新浪微博为例》，《晋图学刊》2014 年第 5 期，第 70 ~ 74 页。

[656] 何子琳、陈曼仪、齐佳音：《产品设计角度的微博评论有用性分析》，《北京邮电大学学报》（社会科学版）2014 年第 5 期，第 1 ~ 8 页。

[657] 王春明：《浅析微博对新闻信息源的冲击及对策——以“郭美美事件”为例》，《遵义师范学院学报》2014 年第 5 期，第 63 ~ 68 页。

[658] 成都市锦江区人民法院课题组：《基层法院官方微博的构建与发展——以 J 区法院官微运行为样本分析》，《四川行政学院学报》2014 年第 5 期，第 52 ~ 56 页。

[659] 陈奕、凌梦丹：《微博“碎片化阅读”的传播麻醉功能解读》，《编辑之友》2014 年第 5 期，第 19 ~ 21 页。

[660] 聂蕾：《微博传播中个体道德判断研究——基于社会直觉论视角》，《华南理工大学学报》（社会科学版）2014 年第 5 期，第 61 ~ 66 页。

[661] 罗勇：《政务微博在创新社会治理实践中的作用》，《重庆第二师范学院学报》2014 年第 5 期，第 24 ~ 26 页。

[662] 林功成、杨波：《党报和都市报的官方微博差异：以马航事件为例》，《浙江传媒学院学报》2014 年第 5 期，第 50 ~ 56 页。

[663] 石璐鸣：《北京市高校图书馆微博应用现状调查分析——以新浪微博为平台》，《河北科技图苑》2014 年第 5 期，第 53 ~ 56 页。

[664] 付禄：《上海地区公共图书馆微博应用情况调查分析》，《河北科技图苑》2014 年第 5 期，第 57 ~ 60 页。

[665] 焦义培：《微博对大学生思想政治教育的影响及创新途径》，《中共云南省委党校学报》2014 年第 5 期，第 36 ~ 38 页。

[666] 董清平、董正平：《微博对大学生思想政治教育的影响》，《白城师范学院学报》2014 年第 5 期，第 46 ~ 49 页。

[667] 焦德武：《微博舆论中公众情绪形成与传播框架分析——以“临武瓜农之死”为例》，《江淮论坛》2014 年第 5 期，第 25 ~ 31 页。

[668] 肖锋：《微博草根意见领袖的形成研究》，《赣南师范学院学报》2014 年第 5 期，第 85 ~ 88 页。

[669] 李晓、黄娟、俊人、余少佳：《传统媒体在微博中舆论引导力的研究——基于新浪微博的实证研究》，《赣南师范学院学报》2014 年第 5 期，第 77 ~ 81 页。

[670] 于远亮：《论网络“微”时代背景下信访涉稳人员管理——由“6·7”厦门公交纵火案引发的思考》，《广西警官高等专科学校学报》2014 年第 5 期，第 6 ~ 10 页。

[671] 冯琳：《规范和审慎：法院微博账号运营需坚持的原则——以“庭审微博直播”为切入点》，《安阳工学院学报》2014 年第 5 期，第 20 ~ 23 页。

[672] 刘垠杉、肖浩：《公安微博对构建和谐警民关系的影响及对策》，《广西警官高等专科学校学报》2014 年第 5 期，第 11 ~ 14 页。

[673] 魏淼：《大学生微博的能量分析与导向探究》，《红河学院学报》2014 年第 5 期，第 114 ~ 116 页。

[674] 肖亮亮：《基于微博平台的高校思想政治教育互动模式》，《山东工商学院学报》2014 年第 5 期，第 120 ~ 123 页。

[675] 王春生、莫岚晰、吴宇驹：《基于心理与行为视角高校微博交流与宣传模式的构建》，《荆楚学刊》2014 年第 5 期，第 92 ~ 96 页。

[676] 胡洪彬：《学术期刊微博应用现状分析和完善路径——以 12 个学术期刊官方认证微博为例》，《重庆工商大学学报》（社会科学版）2014 年第 5 期，第 121 ~ 126 页。

[677] 李天语：《建构青少年的绿色微博》，《学海》2014 年第 5 期，第 63 ~ 67 页。

[678] 梁芷铭、周玫、宁朝波：《基于情感本体的网络舆情观点挖掘模型构建——政务微博话语权研究系列之十一》，《情报杂志》2014 年第 5 期，第 143 ~ 147 页。

[679] 丁正洪、岳才勇：《“微”言大义　“博”精彩——政务微博运营要点》，《中国公路》2014 年第 5 期，第 51 ~ 53 页。

[680] 陈家喜：《微博能够塑造政治信任吗？——基于肇庆市政法微博群的案例解构》，《湖南社会科学》2014 年第 5 期，第 32 ~ 36 页。

[681] 庞红卫：《微博对舆论传播的影响和挑战》，《中州大学学报》2014 年第 5 期，第 75 ~ 77 页。

[682] 傅红：《高校图书馆话语权提升路径分析——以清华大学图书馆微博为例》，《大学图书情报学刊》2014 年第 5 期，第 14 ~ 18 页。

[683] 董清平：《运用微博传播学术期刊信息的优势探析》，《广西师范学院学报》（哲学社会科学版）2014 年第 5 期，第 131 ~ 134 页。

[684] 葛涛、杨琳：《浅析微博在高校共青团工作中的功能与作用》，《常州大学学报》（社会科学版）2014 年第 5 期，第 97 ~ 99 页。

[685] 沈燕萍：《浅谈微博传播与新闻互动》，《新闻世界》2014 年第 5 期，第 100 ~ 101 页。

[686] 刘迁：《微博用于档案馆自我宣传的思考》，《档案与建设》2014 年第 5 期，第 19 ~ 23 页。

[687] 何树全：《辅导员运用微博增强工作内涵和提升实效探究》，《漯河职业技术学院学报》2014 年第 5 期，第 66 ~ 68 页。

[688] 梁凤鸣、曲飞帆、李凌凌：《大数据背景下新浪微博的媒介营销困局及几点建议》，《出版科学》2014 年第 5 期，第 75 ~ 77 页。

[689] 刘汝建：《“211 工程”高校图书馆应用微博的调查与研究》，《高校图书馆工作》2014 年第 5 期，第 39 ~ 43 页。

[690] 张茂玻：《新媒体推动高校思想政治教育创新策略研究》，《四川旅游学院学报》2014 年第 5 期，第 84 ~ 86 页。

[691] 弓海军、齐宪涛、刘世丰：《自媒体环境下高校立体化就业指导平台建设》，《煤炭高等教育》2014 年第 5 期，第 102 ~ 105 页。

[692] 王金水、李至敏：《微博政治参与的独特功能和话语空间》，《中共中央党校学报》2014 年第 5 期，第 59 ~ 63 页。

[693] 曹妍：《微博问政对我国公民政治参与的影响及对策分析》，《辽宁行政学院学报》

2014 年第 5 期，第 75 ~ 77 页。
[694] 吴俊仪：《媒介融合环境下微博对新闻传播的影响》，《新闻世界》2014 年第 5 期，第 118 ~ 119 页。
[695] 卢晓静：《微时代的微博话语隐涵意义研究》，《重庆三峡学院学报》2014 年第 5 期，第 120 ~ 123 页。
[696] 张芳：《电视民生新闻怎样利用微博》，《记者摇篮》2014 年第 5 期，第 57 ~ 58 页。
[697] 张晶、陈丽：《新社交媒体对大学生校园生活的影响——以新浪微博和腾讯微信为例》，《沈阳大学学报》（社会科学版）2014 年第 5 期，第 665 ~ 668 页。
[698] 王春燕：《狂欢、对抗、解构——对“微博炫富大赛”现象的分析》，《新闻研究导刊》2014 年第 5 期，第 72 ~ 73 页。
[699] 冯梅、高媛：《发挥“微博”在高校青年志愿者活动中的引导作用》，《金融理论与教学》2014 年第 5 期，第 114 ~ 116 页。
[700] 吕晓阳、顾翠芬、张冬梅：《以网络问政和政务微博作为重要平台推进网络内容建设》，《广东行政学院学报》2014 年第 5 期，第 31 ~ 33 页。
[701] 侯宜辰、孔垂海：《论运用微博课堂开展新生代农民工教育培训的可行性和基本思路》，《经济师》2014 年第 5 期，第 220 ~ 221 页。
[702] 葛贞：《个人化：体现在微博中身份的分离》，《今传媒》2014 年第 5 期，第 111 ~ 112 页。
[703] 薛世妹：《微博在高校后勤管理与服务中的价值探析》，《新闻研究导刊》2014 年第 5 期，第 79 页。
[704] 朱文博：《网络时代知识沟变化情况探析》，《今传媒》2014 年第 5 期，第 113 ~ 115 页。
[705] 王颖、刘叶芳：《高校突发事件微博舆论引导策略》，《黑龙江高教研究》2014 年第 5 期，第 55 ~ 57 页。
[706] 臧敏、徐圆圆：《自媒体时代下大学生的网络媒介素养分析——以微博为例》，《湖北科技学院学报》2014 年第 5 期，第 166 ~ 167 页。
[707] 周美蓉：《云南都市报报网融合发展状况探析》，《新闻世界》2014 年第 5 期，第 136 ~ 137 页。
[708] 吕露、张露：《〈人民日报〉微博盛誉背后的思考》，《今传媒》2014 年第 5 期，第 65 ~ 66 页。
[709] 张佰明：《人的整体性延伸的传播形态——节点传播》，《现代传播》（中国传媒大学学报）2014 年第 5 期，第 22 ~ 26 页。
[710] 刘书芳：《热门微博的传播学解读》，《今传媒》2014 年第 5 期，第 109 ~ 110 页。
[711] 丁莉：《微博新闻场的象征暴力解读》，《今传媒》2014 年第 5 期，第 33 ~ 34 页。
[712] 田克湟：《微博语境下辅导员工作的审视与创新》，《河南科技学院学报》（社会科学版）2014 年第 5 期，第 83 ~ 85 页。
[713] 周敏：《微博信用规则在名誉权案件审理中的可参考性》，《新闻世界》2014 年第 5 期，第 255 ~ 256 页。
[714] 黄璀：《浅析微博传播中的信息失真现象》，《今传媒》2014 年第 5 期，第 62 ~ 64 页。
[715] 杜方云：《从〈来自星星的你〉看微博意见领袖营销》，《新闻世界》2014 年第 5 期，

第 156 ~ 158 页。
[716] 刘显鹏:《微博的证据属性及其收集程序探析》,《学习与实践》2014 年第 5 期,第 92 ~ 98 页。
[717] 刘凌旗:《道德权利与行为主体:法律权利视角下的微博实名》,《前沿》2014 年第 5 期,第 89 ~ 92 页。
[718] 何丽、陈华奇、王丹丹:《高校图书馆微博发展现状调查分析》,《农业图书情报学刊》2014 年第 5 期,第 94 ~ 96 页。
[719] 赵春丽、贺玉珍:《北京市网络政治传播的挑战与思考》,《电子政务》2014 年第 5 期,第 43 ~ 51 页。
[720] 刘飞:《微博在图书馆文化建设中的作用与问题初探》,《科技情报开发与经济》2014 年第 5 期,第 51 ~ 53 页。
[721] 肖亮、周海峰、高岩松:《体育微博社区关系网络研究初探》,《当代体育科技》2014 年第 5 期,第 108 ~ 109 页。
[722] 叶剑波:《群众工作视野下公安微博问政的定位及实现》,《湖南警察学院学报》2014 年第 5 期,第 124 ~ 128 页。
[723] 唐晓波、向坤:《基于 LDA 模型和微博热度的热点挖掘》,《图书情报工作》2014 年第 5 期,第 58 ~ 63 页。
[724] 王一岚:《新媒体语境下网络舆论发展 20 年》,《中州学刊》2014 年第 5 期,第173 ~ 175 页。
[725] 娄旭明:《补齐短板　扩充资源　拉近距离——〈汴梁晚报〉法人微博的运营体会》,《中国记者》2014 年第 5 期,第 84 ~ 85 页。
[726] 王健:《微评论,如何以小搏大?》,《中国记者》2014 年第 5 期,第 110 ~ 111 页。
[727] 李相阳:《微博时代大学生隐性思想政治教育的功能解析》,《经济研究导刊》2014 年第 5 期,第 158 ~ 159 页。
[728] 张萌:《我国官员微博之言论比较研究》,《新乡学院学报》2014 年第 5 期,第 9 ~ 11 页。
[729] 李峰:《突发事件中公安微博的舆情应对策略》,《新闻世界》2014 年第 5 期,第 130 ~ 132 页。
[730] 高诗朦:《微博上的官员》,《领导文萃》2014 年第 5 期,第 66 ~ 69 页。
[731] 孙文剑、路红芳:《博说北京——北京市交通委官方微博@ 交通北京　上线两周年》,《中国公路》2014 年第 5 期,第 54 ~ 55 页。
[732] 韩为政:《浅析政务微博中的市民形象传播——以"郑州发布"和"平安郑州"为例》,《新闻知识》2014 年第 5 期,第 61 ~ 63 页。
[733] 胡锦:《政务微博对政府形象构建和传播的作用》,《淮海工学院学报》(人文社会科学版)2014 年第 5 期,第 81 ~ 83 页。
[734] 罗新宇:《风险社会下政务微博做好突发事件舆论引导的策略》,《南都学坛》2014 年第 5 期,第 98 ~ 99 页。
[735] 何迎朝、陈红花:《微博使用动机与行为特征研究综述》,《商业时代》2014 年第 5 期,第 68 ~ 70 页。

[736] 马燕：《微传播环境下大学生媒介素养的培养》，《今传媒》2014 年第 5 期，第 151 ~ 152 页。
[737] 丁艺、王益民、余坦：《2013 年中国政务微博评估报告：发展特点与建议》，《电子政务》2014 年第 5 期，第 2 ~ 8 页。
[738] 罗勇：《政务微博在创新社会治理实践中的作用》，《重庆第二师范学院学报》2014 年第 5 期，第 24 ~ 26、38 页。
[739] 高磊：《政务微博的制度性建设探究》，《淮北师范大学学报》（哲学社会科学版）2014 年第 5 期，第 94 ~ 97 页。
[740] 王兆丰：《新媒体时代基于政务微博新平台建设服务型政府浅议》，《国土资源信息化》2014 年第 5 期，第 40 ~ 44、48 页。
[741] 梁芷铭：《政务微博的受众关注度及其优化策略研究——以广东省为例》，《广东行政学院学报》2014 年第 5 期，第 24 ~ 30、33 页。
[742] 徐元善、李倩倩：《论政务微博"痴呆症"的成因与消除对策》，《江苏行政学院学报》2014 年第 5 期，第 109 ~ 114 页。
[743] 姜巍：《地方政务微博网络舆论引导力研究》，《编辑学刊》2014 年第 5 期，第 98 ~ 100 页。
[744] 梁丽：《政务微博助力推进政府信息深入公开探析》，情报资料工作》2014 年第 5 期，第 69 ~ 73 页。
[745] 郗艺鹏：《政务微博在危急事件中的公共关系建设——以一个政务微博为中心考察》，《新闻研究导刊》2014 年第 5 期，第 74 ~ 75 页。
[746] 朱圣兰、张春园、姚琦、鲍超超：《试论政务微博对地方政府形象的提升作用》，《新闻研究导刊》2014 年第 5 期，第 18 ~ 19 页。
[747] 潘珊英：《微博练句，解决写话难问题》，《小学教学参考》（语文版）2014 年第 4 期，第 85 ~ 86 页。
[748] 张博：《政务微博的网络谣言防治作用探究》，《传播与版权》2014 年第 5 期，第 155 ~ 156 页。
[749] 支旭召：《不可忽视的"微"力量——浅析微博之于电视新闻媒体的价值》，《新闻研究导刊》2014 年第 5 期，第 89 页。
[750] 刘静姿、李暾：《基于微博的大学生思政教育路径探析》，《长春教育学院学报》2014 年第 5 期。
[751] 张华：《"微时代"政务微博提升影响力的有益探索——以微博〈叶子飘落的轨迹〉为例》，《昌吉学院学报》2014 年第 5 期，第 25 ~ 28 页。
[752] 董立仁：《以高水平政务微博微信　助推国家治理体系与治理能力现代化》，《决策探索》（下半月）2014 年第 5 期，第 27 ~ 28 页。
[753] 国家安全监管总局发布：《国家安全监管总局政务微博微信发布运行管理办法》》，《中国安全生产科学技术》2014 年第 5 期，第 116 页。
[754] 梁芷铭：《政务微博：历史唯物主义精神交往观的当代解读——政务微博话语权研究》，《新闻窗》2014 年第 5 期，第 85 ~ 86 页。
[755] 张楠：《论我国警务微博的内容形态与传播效果》，《新闻传播》2014 年第 5 期，第

99 页。

[756] 张艺冰:《冷眼看微博问政》,《新闻传播》2014 年第 5 期,第 171 ~172 页。

[757] 王一歌、方璐、匡谨、陈思菁:《民众需求视角下的地方政府微博研究》,《科技创业月刊》2014 年第 5 期,第 51 ~53 页。

[758] 叩颖:《秘苑摘萃》,《秘书之友》2014 年第 5 期,第 47 ~48 页。

[759] 何旭、陈三林:《微博密切传统党群关系存在问题及解决路径》,《黑龙江史志》2014 年第 5 期。

[760] 苏彦秀:《微博客在武术文化传播过程中的可行性分析》,《当代体育科技》2014 年第 5 期,第 113 ~114 页。

[761] 徐瑾:《高职共青团微博建设探析》,《无锡职业技术学院学报》2014 年第 5 期,第 75 ~77 页。

[762] 陈套、尤超良:《公共能量场视阈下微博问政路径分析》,《安徽行政学院学报》2014 年第 5 期,第 21 ~24 页。

[763] 陈桂香:《基于 AISAS 模型视角下的出版企业微博营销》,《湖南师范大学社会科学学报》2014 年第 5 期,第 154 ~160 页。

[764] 赵萱瑞:《微博舆论的现象分析》,《新闻论坛》2014 年第 5 期,第 58 ~59 页。

[765] 张玲鹿、张丽萍:《媒介融合背景下内蒙古都市类报纸的微博运营策略——以〈北方新报〉的微博发展为例》,《新闻论坛》2014 年第 5 期,第 13 ~15 页。

[766] 张源洁:《微传媒时代的音乐广播主持与运营策略》,《新闻论坛》2014 年第 5 期,第 19 ~20 页。

[767] 陈翊、肖鸿:《Web3.0 时代的微博营销传播效果》,《三明学院学报》2014 年第 5 期,第 95 ~100 页。

[768] 路琴:《论微博著作权的保护》,《湖南工业大学学报》(社会科学版)2014 年第 5 期,第 96 ~99 页。

第 6 期

[769] 黄露:《微博问政与践行党的群众路线》,《新闻与写作》2014 年第 6 期,第 86 ~89 页。

[770] 夏德元、张燕:《突发公共事件中的微博传播问题》,《杭州师范大学学报》(社会科学版)2014 年第 6 期,第 109 ~117 页。

[771] 葛怀东:《我国统战部门在新浪网开设微博的研究》,《中共南京市委党校学报》2014 年第 6 期,第 59 ~62 页。

[772] 王飞:《群众工作视角下依托公安微博重塑和谐警民关系研究》,《北京警察学院学报》2014 年第 6 期,第 79 ~83 页。

[773] 毛防华:《政府微博与政府回应研究:问题与对策》,《企业家天地》(下半月刊)2014 年第 6 期,第 84 ~85 页。

[774] 邹朝斌:《微博传播现象及其问题初探》,《戏剧之家》2014 年第 6 期,第 345 页。

[775] 郭雪萍、冯超:《微博载体思想政治教育面临的机遇、挑战及现实方法》,《内蒙古师范大学学报》(教育科学版)2014 年第 6 期,第 94 ~96 页。

[776] 陈小燕、陈小平、李晖：《实事求是："微博问政"的现实诉求——实事求是与微博问政的内在关系研究》，《中南林业科技大学学报》（社会科学版）2014 年第 6 期，第 74 ~ 76 页。

[777] 崔蓬克：《论网络媒体对于修辞权威和权力关系的影响——以博客和微博为例》，《阜阳师范学院学报》（社会科学版）2014 年第 6 期，第 5 ~ 8 页。

[778] 辛文娟：《微博中群体极化呈现方式及动力机制探析——基于"武大赏樱门票涨价"事件》，《中国出版》2014 年第 6 期，第 44 ~ 48 页。

[779] 钱中天、张亮：《政府微博信息发布策略研究》，《江苏警官学院学报》2014 年第 6 期，第 109 ~ 115 页。

[780] 张磊：《微博对政府管理的影响及应对策略》，《延边党校学报》2014 年第 6 期，第 58 ~ 60 页。

[781] 李露：《简析政务机构微博的定位》，《今传媒》2014 年第 6 期，第 28 ~ 29 页。

[782] 本刊编辑：《马航事件初期的政务微博表现》，《计算机与网络》2014 年第 6 期，第 8 页。

[783] 张雁影：《"微内容"环境下谣言生成的社会原因及其治理》，《陕西学前师范学院学报》2014 年第 6 期，第 29 ~ 32 页。

[784] 权丽桃：《我国公共图书馆微博服务调查与分析》，《河北科技图苑》2014 年第 6 期，第 61 ~ 63 页。

[785] 张爱凤：《网络视频新闻微博传播中的文化政治》，《浙江传媒学院学报》2014 年第 6 期，第 24 ~ 30 页。

[786] 陈蕊：《企业危机事件中的微博效应及应对策略》，《宿州教育学院学报》2014 年第 6 期，第 6 ~ 7 页。

[787] 胡洪彬：《高职院校利用微博推进社会主义核心价值观教育模式创新研究——基于对 14 个浙江省高职院校微博的调查分析》，《南昌师范学院学报》2014 年第 6 期，第 88 ~ 93 页。

[788] 陈夏：《高校党建工作中的"二微"运用刍议》，《南京财经大学学报》2014 年第 6 期，第 90 ~ 92 页。

[789] 高昕：《论微博对主体语言交往的影响》，《南昌师范学院学报》2014 年第 6 期，第 176 ~ 179 页。

[790] 张笑怡：《浅议辅导员微博写作五要素》，《宿州教育学院学报》2014 年第 6 期，第 244 ~ 245 页。

[791] 张昭：《微博与图书馆危机管理的若干思考》，《河北科技图苑》2014 年第 6 期，第 74 ~ 76 页。

[792] 石瑞：《旅游城市微博营销》，《运城学院学报》2014 年第 6 期，第 65 ~ 67 页。

[793] 徐强、王玉娥：《微博环境下高校网络突发事件舆论引导现状与对策》，《重庆邮电大学学报》（社会科学版）2014 年第 6 期，第 105 ~ 109 页。

[794] 张晓卫、孙钰根：《面向健康教育的政务微博工作实践与应用策略》，《健康教育与健康促进》2014 年第 6 期，第 486 ~ 487 页。

[795] 马特、董大海：《微博平台企业与领袖用户的动态关系研究》，《管理现代化》2014

年第 6 期，第 49 ~ 51 页。

[796] 李炳义：《新媒体在旅游目的地营销中的应用研究——以微博为例》，《开发研究》2014 年第 6 期，第 124 ~ 127 页。

[797] 彭莹辉、刘立成、叶梦姝、辛源：《气象信息传播参与社会管理的路径分析》，《阅江学刊》2014 年第 6 期，第 28 ~ 33 页。

[798] 蔡斯敏：《微博语境下的中国网络公共领域探析》，《天津行政学院学报》2014 年第 6 期，第 92 ~ 97 页。

[799] 邹昀瑾：《政府微博传播特征与策略研究——以"北京发布"微博 2014 北京市两会报道为例》，《中国报业》2014 年第 6 期，第 17 ~ 19 页。

[800] 赖彦西：《微博时代犯罪情报的获取》，《湖北警官学院学报》2014 年第 6 期，第 14 ~ 16 页。

[801] 龚雪竹：《公共图书馆和高校图书馆微博的比较分析》，《大学图书馆学报》2014 年第 6 期，第 78 ~ 82 页。

[802] 谢明香：《微博时代女性公民形象构建》，《当代文坛》2014 年第 6 期，第 135 ~ 138 页。

[803] 高恩泽：《中国国家图书馆微博服务现状及发展建议》，《图书馆界》2014 年第 6 期，第 25 ~ 28 页。

[804] 锅艳玲、曹健慧、杜士欣：《微博在档案公关中的应用初探》，《档案与建设》2014 年第 6 期，第 14 ~ 17 页。

[805] 王莉芬、李忆华、付孝泉：《微博时代网络意见领袖对大学生的影响及引导策略》，《理论界》2014 年第 6 期，第 186 ~ 188 页。

[806] 卢晓静：《网络语境中微博体的话语隐涵意义》，《山西农业大学学报》（社会科学版）2014 年第 6 期，第 615 ~ 619 页。

[807] 郑杨、谭玲：《个性化好友推荐系统在社交网站上的应用研究》，《今传媒》2014 年第 6 期，第 117 ~ 119 页。

[808] 郑深：《基于微博的移动学习策略研究》，《湖北科技学院学报》2014 年第 6 期，第 94 ~ 95 页。

[809] 罗贤甲：《微博对大学生社会交往影响的实证研究》，《青年探索》2014 年第 6 期，第 68 ~ 72 页。

[810] 潘煜、李林、万岩：《UGC 的表现形式对网络营销效果的影响研究——以微博为例》，《上海管理科学》2014 年第 6 期，第 45 ~ 48 页。

[811] 石雅菲：《论新媒体时代谣言的传播特征和控制策略——以微博传谣为例》，《新闻世界》2014 年第 6 期，第 106 ~ 107 页。

[812] 李臻：《公共图书馆微博宣传推广策略研究》，《河南图书馆学刊》2014 年第 6 期，第 24 ~ 25 页。

[813] 何梅、沈晓晓：《微语境下传统电视新闻的融合与传播》，《新闻世界》2014 年第 6 期，第 174 ~ 176 页。

[814] 廖雨思：《微博时代公共知识分子网络话语力量的式微》，《新闻世界》2014 年第 6 期，第 176 ~ 177 页。

[815] 江南、杨伟：《网络谣言治理初探》，《新闻世界》2014 年第 6 期，第 178 ~ 179 页。
[816] 聂畅：《批评的重构——论微博对媒介批评的影响》，《新闻世界》2014 年第 6 期，第 108 ~ 109 页。
[817] 李霞：《探索利用微博优势进行强深度报道的有效方式》，《今传媒》2014 年第 6 期，第 120 ~ 121 页。
[818] 周怡、王颖怡：《新媒体时代微公益传播的问题与对策》，《新闻世界》2014 年第 6 期，第 114 ~ 115 页。
[819] 赵联飞：《网络对青年大学生的政治态度影响：以微博为例——基于全国 12 所高校调查数据的实证分析》，《社会科学战线》2014 年第 6 期，第 140 ~ 147 页。
[820] 康芹：《从微博特性和发展现状看图书馆微博发展战略》，《科技情报开发与经济》2014 年第 6 期，第 72 ~ 74 页。
[821] 刘佳：《新媒体时代政务微博对舆情管理的作用》，《传媒评论》2014 年第 6 期，第 55 ~ 57 页。
[822] 陈建红、周慧春：《基于微博的图书馆营销“微力”》，《农业图书情报学刊》2014 年第 6 期，第 74 ~ 76 页。
[823] 卢亚楠：《微博：大学生思想政治教育的新载体》，《天津中德职业技术学院学报》2014 年第 6 期，第 81 ~ 83 页。
[824] 陈健儿：《政府官方微博的公共关系研究》，《新闻研究导刊》2014 年第 6 期，第 177 页。
[825] 张妮：《台网联动　前景光明——以电视台与新浪微博联动为例》，《新闻研究导刊》2014 年第 6 期，第 227 页。
[826] 李向帅：《微博舆境下主流话语的困境与出路》，《新东方》2014 年第 6 期，第 54 ~ 57 页。
[827] 李振营：《从众声喧哗到话语权失衡试论微博公共话语空间的嬗变》，《新闻研究导刊》2014 年第 6 期，第 201 页。
[828] 江建华：《微博图片时代下新闻摄影的挑战和机遇探析》，《新闻研究导刊》2014 年第 6 期，第 193 页。
[829] 方毅华、赵斌艺：《人民日报微博马航失联报道研究》，《现代传播》（中国传媒大学学报）2014 年第 6 期，第 20 ~ 23 页。
[830] 黄梅林：《微时代的图书馆信息服务》，《新世纪图书馆》2014 年第 6 期，第 40 ~ 43 页。
[831] 李红兵：《广播新闻传播中微博微信的优势和应用探析》，《新闻研究导刊》2014 年第 6 期，第 47 ~ 48 页。
[832] 田香宁、吴琼：《微博意见领袖在“东莞事件”中的网络舆论引导作用》，《新闻世界》2014 年第 6 期，第 182 ~ 183 页。
[833] 颜宏：《主流媒体官方微博需慎言——以中国青年网“嫦娥登月”微博事件为例》，《新闻研究导刊》2014 年第 6 期，第 73 页。
[834] 毛霞：《“90 后”大学生微博使用的影响因素》，《当代青年研究》2014 年第 6 期，第 53 ~ 57 页。

[835] 徐媛:《冷眼观微博——简述微博可能带来的负面效应》,《新闻研究导刊》2014 年第 6 期,第 84 ~ 85 页。

[836] 庹继光、李缨:《律师的媒体运用边界及规制探析》,《中国广播》2014 年第 6 期,第 45 ~ 48 页。

[837] 吴胜武:《网络问政不能用上网代替上门》,《当代贵州》2014 年第 6 期,第 39 页。

[838] 梁斌、李世平:《基于微博的微课程设计与开发》,《现代教育技术》2014 年第 6 期,第 27 ~ 31 页。

[839] 郭燕、王启浩、王志兵:《微博传播环境下高校校园网络舆论环境建设研究》,《学理论》2014 年第 6 期,第 247 ~ 248 页。

[840] 马锦雄:《论微博时代成人教育的发展趋势》,《学理论》2014 年第 6 期,第 179 ~ 180 页。

[841] 杨佳:《新浪"媒体及政务机构"微博的发展特征》,《新闻传播》2014 年第 6 期,第 280 ~ 281 页。

[842] 王金清、卡米拉·艾合买提、马桂花:《关于微博与大学生思想政治教育的文献综述》,《和田师范专科学校学报》(汉文综合版)2014 年第 6 期,第 5 ~ 11 页。

[843] 刘超、郑建程:《论微博信息的长期保存价值》,《图书馆论坛》2014 年第 6 期,第 101 ~ 105 页。

[844] 孟令杰:《职教实践课堂微博辅助教学模式探析》,《职教通讯》2014 年第 6 期,第 55 ~ 58 页。

[845] 张文龙、陈力峰:《微博提升舆论引导力探析——以楚天金报官方微博为例》,《今传媒》2014 年第 6 期,第 30 ~ 31 页。

[846] 刘宝臣:《西藏电子政务发展与政府职能转变——从网络问政说起》,《西藏发展论坛》2014 年第 6 期,第 62 ~ 66 页。

[847] 张辉:《浅议现阶段审计微博运营问题及改进措施》,《现代审计与经济》2014 年第 6 期,第 41 ~ 42 页。

[848] 徐世甫:《微时代下城市网络的舆情危机及治理对策》,《上海城市管理》2014 年第 6 期,第 31 ~ 36 页。

[849] 李富有、张颖:《高校辅导员运用微博开展思想政治教育工作探析》,《文教资料》2014 年第 6 期,第 98 ~ 99 页。

[850] 张靖、任福兵、周显伟:《公共危机中微博主体功能及互动系统研究》,《中共乐山市委党校学报》2014 年第 6 期,第 81 ~ 85 页。

[851] 高玉辉、杨琳煜:《北京:"双微"连民众》,《道路交通管理》2014 年第 6 期,第 34 ~ 35 页。

[852] 段泽宁、尹中英:《政务微博在助推民主社会发展进程中的问题及策略分析》,《新闻传播》2014 年第 6 期,第 78 ~ 79 页。

[853] 梁芷铭:《政务微博话语权:意义、特征及其生成机制》,《电子政务》2014 年第 6 期,第 56 ~ 61 页。

[854] 崔蓬克:《政务微博研究的"言语角色"视角——"直接听话者"假设和由"说话

者”到“听话者”的角色再定位》，《电子政务》2014 年第 6 期，第 62 ~ 69 页。
[855] 陈静、袁勤俭：《国内外政务微博研究述评》，《情报科学》2014 年第 6 期，第 156 ~ 161 页。
[856] 汤景泰、张艳丽：《政务微博的品牌塑造》，《新闻与写作》2014 年第 6 期，第 37 ~ 39 页。
[857] 陶勇、王益民：《政务微博评估指标体系与测评方法》，《统计与决策》2014 年第 6 期，第 24 ~ 27 页。
[858] 胡蕊：《“M 一代”青少年微博使用与人际交往》，《农业网络信息》2014 年第 6 期，第 99 ~ 103 页。
[859] 赵颖萍：《浅议政务微博对政府形象的塑造和传播》，《沈阳干部学刊》2014 年第 6 期，第 47 ~ 48 页。
[860] 吴玉兰、肖青：《财经媒体官方微博传播影响力研究——以“@财新网”为例》，《现代传播》（中国传媒大学学报）2014 年第 6 期，第 53 ~ 57 页。
[861] 王昉荔：《政务微博与政务微信应用比较及发展策略》，《福建农林大学学报》（哲学社会科学版）2014 年第 6 期，第 49 ~ 54 页。
[862] 杭孝平、李彦冰：《政务微博的内容特征与发布标准——以“@北京发布”的微博内容为个案》，《当代传播》2014 年第 6 期，第 73 ~ 75 页。
[863] 张飚、汪青云：《突发事件中政务微博的信息传播》，《新闻传播》2014 年第 6 期，第 198 ~ 199、201 页。
[864] 刘雨花：《政务微博：媒介融合环境下助力政府形象塑造》，《新闻世界》2014 年第 6 期，第 126 ~ 127 页。
[865] 柯筱清、汪青云：《突发事件中政务微博运营组织结构的优化分析》，《新闻世界》2014 年第 6 期，第 142 ~ 144 页。
[866] 孟川瑾、曾艳清：《面向政府公共服务的政务微博应用研究》，《重庆工商大学学报》（社会科学版）2014 年第 6 期，第 106 ~ 111 页。
[867] 魏武挥：《媒体们的微博》，《传媒》2014 年第 6 期，第 1 页。
[868] 唐尧峥：《企业微博营销策略和发展趋势研究》，《湖北函授大学学报》2014 年第 6 期，第 77 ~ 78 页。
[869] 邹昀瑾、俞欣辰：《媒体微博在重大突发事件中的舆论引导——以“3.01 昆明事件”中“@央视新闻”的传播为例》，《新闻世界》2014 年第 6 期，第 128 ~ 130 页。
[870] 王丹阳：《图书的微博营销方式与策略》，《传媒》2014 年第 6 期，第 54 ~ 55 页。
[871] 翁方珠：《论微时代的公民新闻》，《新闻世界》2014 年第 6 期，第 132 ~ 133 页。
[872] 李斌：《微博对高校网络舆论引导探析》，《传媒》2014 年第 6 期，第 56 ~ 57 页。
[873] 张为各、张平：《媒体微博意见领袖在舆论引导中的作用》，《新闻世界》2014 年第 6 期，第 172 ~ 173 页。
[874] 孙晓星、吴雪沫：《社交媒体对新闻传播的影响》，《新闻世界》2014 年第 6 期，第 152 ~ 153 页。
[875] 席悦：《从公共领域看微博的舆论问题》，《新闻世界》2014 年第 6 期，第 136 ~ 137 页。

[876] 李亚杰：《新媒体环境下时尚杂志的微博营销》，《新闻世界》2014 年第 6 期，第 207～209 页。

[877] 王秀红、王良：《政务微博间的内部关注网络研究》，《湖北工业大学学报》2014 年第 6 期，第 13～16 页。

[878] 毕潇楠、赵倩玉：《试论融媒体时代城管形象的提升策略》，《新闻世界》2014 年第 6 期，第 295～296 页。

[879] 黄永勤、黄丽萍、王兰成：《档案学人微博的调研与分析》，《档案学通讯》2014 年第 6 期，第 31～35 页。

[880] 张子晗：《〈南方周末〉与〈人民日报〉记者微博议题选择研究》，《新闻世界》2014 年第 6 期，第 237～238 页。

[881] 白淑英、牛鸽军：《微博社区中的网络结构与权力分配》，《湖南师范大学社会科学学报》2014 年第 6 期，第 13～21 页。

[882] 刘金玲：《论微博对大学生行为文化建设的影响》，《唐山师范学院学报》2014 年第 6 期，第 149～150 页。

[883] 王月：《文化精品的轻博客传播现状及对策》，《出版科学》2014 年第 6 期，第 67～69 页。

[884] 吴宇、徐智：《“微博时代”下大学生思想政治教育多维互动模式构建研究》，《思想政治教育研究》2014 年第 6 期，第 121～123 页。

[885] 王玉娥、徐强：《腾讯微博——高校网络思想政治教育的新载体》，《重庆第二师范学院学报》2014 年第 6 期，第 122～124 页。

第 7 期

[886] 刘长国、谭丽琼：《微博文化与高校德育教育的冲突与融合》，《黑龙江高教研究》2014 年第 7 期，第 73～75 页。

[887] 廖海敏：《论构建微博问政应对机制　提升党的执政能力》，《传承》2014 年第 7 期，第 82～83 页。

[888] 刘刚：《论微博在大学生服务管理中的作用》，《求知导刊》2014 年第 7 期，第 81～82 页。

[889] 罗静伟、鄢美华：《关于利用微博促进高校思想政治教育发展的思考》，《科学中国人》2014 年第 7X 期，第 123 页。

[890] 叶建强、张丹丹：《浅谈科普场馆如何利用“微平台”推广科普工作——以东莞市科技技术博物馆为例》，《科学中国人》2014 年第 7X 期，第 179 页。

[891] 陈莲：《微博时代下小学德育新思路》，《求知导刊》2014 年第 7 期，第 137 页。

[892] 孙国钰：《新媒体环境下微博谣言传播分析》，《艺术科技》2014 年第 7 期，第 60～61 页。

[893] 张国圣、陈凯姿：《重庆城市形象“微”营销》，《公关世界》2014 年第 7 期，第 36～37 页。

[894] 方秋玲：《新媒介环境下群氓能指的狂欢——以微博中网络流行语“元芳，你怎么看”为例》，《戏剧之家》2014 年第 7 期，第 342 页。

［895］朱敏:《借力共赢——政务微博访谈给传统媒体带来的启示》,《新闻世界》2014 年第 7 期，第 201 ~202 页。
［896］张媛:《如何建设图书馆微博服务体系》,《办公室业务》2014 年第 7S 期，第 219 页。
［897］黄荣贵、桂勇：《非政府组织的微博影响力及其影响因素——以环保非政府组织为例》,《学习与探索》2014 年第 7 期，第 38 ~44 页。
［898］魏文圣:《微博视角下的言论自由及其法律规制》,《赤峰学院学报》（汉文哲学社会科学版）2014 年第 7 期，第 52 ~54 页。
［899］赵丽娜、王聃:《探讨群众路线实践新渠道——以政务微博为例》,《河北企业》2014 年第 7 期，第 80 页。
［900］刘露:《新媒体视阈下议程设置理论的重构和消弭》,《今传媒》2014 年第 7 期，第 18 ~20 页。
［901］杜贵荣：《论微博社区对新闻讯息传播的影响》,《新闻研究导刊》2014 年第 7 期，第 40 页。
［902］霍凤、姜玲：《从马航事件看微博与微信谣言传播及阻断机制异同》,《新闻世界》2014 年第 7 期，第 134 ~135 页。
［903］王倩:《自媒体时代高校校园媒体发展策略》,《新闻研究导刊》2014 年第 7 期，第 190 页。
［904］熊敏、张慧媛:《突发事件在微博传播中的碎片化特征分析——以“长沙落井女孩”事件为例》,《新闻研究导刊》2014 年第 7 期，第 140 ~141 页。
［905］程昆:《基于微博特质的社会管理创新探析》,《商丘师范学院学报》2014 年第 7 期，第 125 ~127 页。
［906］唐琴:《〈人民日报〉新浪微博内容运营特征研究——以 2013、2014 两会首日报道为例》,《理论观察》2014 年第 7 期，第 113 ~114 页。
［907］孙铭、韩慧语、蔡晶晶、王锐、谭奕忆:《微博问政对政府决策的影响分析》,《理论观察》2014 年第 7 期，第 44 ~47 页。
［908］侯碧超、徐宁波:《涉嫌微博著作权侵权行为研究》,《赤峰学院学报》（汉文哲学社会科学版）2014 年第 7 期，第 55 ~56 页。
［909］汪丹:《社会安全阀理论下的微博功能探析》,《赤峰学院学报》（汉文哲学社会科学版）2014 年第 7 期，第 107 ~108 页。
［910］赵曙光:《社交媒体的使用效果：社会资本的视角》,《国际新闻界》2014 年第 7 期，第 146 ~159 页。
［911］韩海琼:《官员微博研究》,《学理论》2014 年第 7 期，第 60 ~61 页。
［912］王彩平:《政务微博　搭建政府信息公开的有效渠道》,《人民公仆》2014 年第 7 期，第 54 ~57 页。
［913］苏锐:《浅谈新媒体环境下的新闻伦理建设》,《新闻世界》2014 年第 7 期，第 162 ~163 页。
［914］郭璐:《浅析微博对媒介仪式的影响》,《新闻世界》2014 年第 7 期，第 168 ~169 页。
［915］赵倩雯：《从雾霾事件分析微博在社会舆论中的博弈》,《今传媒》2014 年第 7 期，第 57 ~59 页。

[916] 李润阳：《微博平台著作权保护的方式与不足》，《新闻世界》2014 年第 7 期，第 304 ~ 305 页。
[917] 刘伟：《浅谈网络舆论环境现状及治理》，《新闻世界》2014 年第 7 期，第 185 ~ 186 页。
[918] 杨欣怡、李晓芳：《建立连接——社会化媒体发展的动力》，《新闻世界》2014 年第 7 期，第 177 ~ 178 页。
[919] 石艳霞、崔珍：《微博网络中社会型危机信息共享模式探讨》，《现代情报》2014 年第 7 期，第 60 ~ 64 页。
[920] 何丽、陈雪峰、王丹丹：《图书馆微博信息传播效果优化研究》，《现代情报》2014 年第 7 期，第 146 ~ 150 页。
[921] 朱敏：《借力共赢——政务微博访谈给传统媒体带来的启示》，《新闻世界》2014 年第 7 期，第 201 ~ 202 页。
[922] 折江虹：《从微博与微信的异同看社交微媒体走向》，《新闻世界》2014 年第 7 期，第 193 ~ 194 页。
[923] 颜胤丰：《基于微博平台的高校思想政治理论课教学创新研究》，《当代教育理论与实践》2014 年第 7 期，第 111 ~ 113 页。
[924] 徐姗：《从媒介情境看微博与微信的影响》，《新闻世界》2014 年第 7 期，第 207 ~ 208 页。
[925] 李晓芳、封采：《微博和微信平台的营销差异和运用》，《新闻世界》2014 年第 7 期，第 233 ~ 234 页。
[926] 许文谦：《对微博问政下新闻生产的思考》，《新闻世界》2014 年第 7 期，第 209 ~ 211 页。
[927] 董小染：《微博时代我国公民新闻的实践和发展》，《西部广播电视》2014 年第 7 期，第 1 页。
[928] 孔玲慧：《农村义务教育学生营养餐问题舆情分析及对策研究》，《新闻世界》2014 年第 7 期，第 269 ~ 271 页。
[929] 赵红、王璨、胡锋、王淼：《基于多层结构的微博影响力决定因素研究》，《管理学报》2014 年第 7 期，第 1062 ~ 1068 页。
[930] 葛玲琳：《安徽省政务微博在政府公关中的运用策略研究》，《湖北函授大学学报》2014 年第 7 期，第 58 ~ 59 页。
[931] 林丹薇：《基于微博的思想政治教育新模式研究》，《教育评论》2014 年第 7 期，第 96 ~ 98 页。
[932] 侯欣：《"微博问政"的优势与局限》，《西部广播电视》2014 年第 7 期，第 2 页。
[933] 潘芳、钱春辉、仲伟俊：《基于新浪微博的政务服务研究》，《情报杂志》2014 年第 7 期，第 183 ~ 187、170 页。
[934] 李峥嵘：《微博发展趋势下的观察与思考》，《中国信息安全》2014 年第 7 期，第 79 ~ 80 页。
[935] 胡理丽：《传播学视角下政务微信与政务微博的差异》，《西部广播电视》2014 年第 7 期，第 3 页。
[936] 张自立、孙佰清、张紫琼：《网络普及率和网民增长率对微博用户谣言关注度的影响

机制研究》,《统计与决策》2014 年第 7 期，第 91 ~93 页。
[937] 范文旭、冯忠杰:《突发事件中政务微博的应对策略》,《新闻世界》2014 年第 7 期，第 191 ~192 页。
[938] 程小波、王前进、陈超:《初探“政务微博”在海事中的应用》,《中国水运》（下半月）2014 年第 7 期，第 74 ~75 页。
[939] 石卉:《中国图书馆微博论文文献计量学研究》,《农业图书情报学刊》2014 年第 7 期，第 49 ~53 页。
[940] 张竣淞、刘冬梅:《借助新媒体平台开展信息服务——以华北科技学院图书馆为例》,《华北科技学院学报》2014 年第 7 期，第 120 ~124 页。
[941] 孟宏宇、徐新民:《政务微博是否会取代新闻发布会?》,《新闻爱好者》2014 年第 7 期，第 34 ~37 页。
[942] 黄伟、何莉:《论微博视野下的高校辅导员工作》,《长春教育学院学报》2014 年第 7 期。
[943] 许玲:《传统媒体官方微博发展思路探析》,《记者摇篮》2014 年第 7 期，第 49 ~50 页。
[944] 吴丙新:《正义直观、政治话语与法学修辞——以“7·16 微博事件”为例》,《山东社会科学》2014 年第 7 期，第 33 ~36 页。
[945] 叶恒、莫莉:《名人微博中隐性植入广告研究》,《商业研究》2014 年第 7 期，第 156 ~159 页。
[946] 康亚飞:《电影的微博营销方式对传播效果的影响研究》,《今传媒》2014 年第 7 期，第 77 ~79 页。
[947] 潘玮丽、王任达:《微博环境下的大学生社会道德建设》,《学术探索》2014 年第 7 期，第 78 ~81 页。
[948] 张玲玲:《我国明星运动员微博影响力分析》,《成都体育学院学报》2014 年第 7 期，第 45 ~48 页。

第 8 期

[949] 刘锐、刘怡:《影响政府网络发布平台使用及其评价的主要因素探究——基于全国 36 个城市的电话调查分析》,《新闻与传播研究》2014 年第 8 期，第 15 ~29、126 页。
[950] 孙忠良:《议微博时代官方媒体的角色定位》,《电子政务》2014 年第 8 期，第 88 ~92 页。
[951] 耿元骊:《微博上的历史学者与公共历史传播：内容、路径和效果》,《学术研究》2014 年第 8 期，第 102 ~108 页。
[952] 许晓东、周宇:《微博首发的传播效应和媒体效应》,《学术探索》2014 年第 8 期，第 64 ~67 页。
[953] 金静、赵学清:《由微博看自媒体的信息传播与管理》,《社科纵横》2014 年第 8 期，第 55 ~57 页。
[954] 刘江:《微博对民族地区大学生思想政治教育的机遇与挑战》,《教育界：综合教育研究》（上）2014 年第 8 期，第 31 ~33 页。

[955] 雷航、黄玉婷：《浅析微博世界的视觉伦理》，《今传媒》2014 年第 8 期，第 31 ~ 32 页。
[956] 马丽娜：《新媒体时代记者如何利用好微博》，《科技传播》2014 年第 8 期，第 13 页。
[957] 肖玮颉、王雨馨：《微博亚文化环境对用户传播信息的影响——基于社会认同理论的角度》，《今传媒》2014 年第 8 期，第 20 ~ 21 页。
[958] 张国芬：《基于旅游与微博联姻视角下的旅游景区营销策略研究》，《价格月刊》2014 年第 8 期，第 65 ~ 67 页。
[959] 罗昶、丁文慧、赵威：《事实框架与情感话语：〈环球时报〉社评和胡锡进微博的新闻框架与话语分析》，《国际新闻界》2014 年第 8 期，第 38 ~ 55 页。
[960] 倪丹：《政务微博的意义研究》，《决策与信息》2014 年第 8 期，第 40 页。
[961] 何洁：《政府微博内容发布比较研究——以“上海发布”等四个城市政府微博为例》，《中国报业》2014 年第 8 期，第 33 ~ 35 页。
[962] 吕颜睿：《民众、政府和网络传媒博弈视角下的政务微博发展》，《学习月刊》2014 年第 8 期，第 12 ~ 13 页。
[963] 文炯：《图书馆服务质量评价中微博数据的应用研究》，《新世纪图书馆》2014 年第 8 期，第 20 ~ 23 页。
[964] 徐传达：《新闻专业主义在自媒体中的现状与未来——以新浪微博为例》，《今传媒》2014 年第 8 期，第 48 ~ 49 页。
[965] 王方园：《图书馆微博平台的服务策略》，《图书馆学刊》2014 年第 8 期，第 106 ~ 108 页。
[966] 吕洁、原永涛：《浅析舆论领袖在微博公益中的影响力》，《新闻世界》2014 年第 8 期，第 100 ~ 102 页。
[967] 翁娇端：《高校图书馆员微博品牌建设浅议》，《河南图书馆学刊》2014 年第 8 期，第 64 ~ 66 页。
[968] 丁莉：《论微博意见领袖的华而不实》，《今传媒》2014 年第 8 期，第 73 ~ 74 页。
[969] 范丽媛、毛玫菁：《河南日报官方微博的传播策略》，《新闻世界》2014 年第 8 期，第 122 ~ 123 页。
[970] 王斯慧：《报纸微博的信息传播策略——以〈扬子晚报〉新浪官方微博为例》，《新闻世界》2014 年第 8 期，第 128 ~ 130 页。
[971] 何梅：《浅析微博对传统媒体的影响》，《新闻世界》2014 年第 8 期，第 146 ~ 147 页。
[972] 冯忠杰、范文旭：《传统媒体官方微博新闻评论探究》，《新闻世界》2014 年第 8 期，第 173 ~ 174 页。
[973] 胡静、黄传武：《突发事件中新浪微博的舆论场分析——以马航失联事件为例》，《新闻世界》2014 年第 8 期，第 152 ~ 154 页。
[974] 王文艳、刘珍、王秋菊：《微博舆情风险识别与防范措施——以“3 · 1 昆明暴恐事件”为例》，《新闻世界》2014 年第 8 期，第 179 ~ 180 页。
[975] 王凯文：《从优势富集效应看新浪微博的发展》，《新闻世界》2014 年第 8 期，第 183 ~ 184 页。
[976] 王蓉、宁函夏：《报网互动视野下的“微博选头条”》，《新闻世界》2014 年第 8 期，

第 190 ~ 191 页。
[977] 张梅、袁蕾：《微博在舆论监督方面的优势与不足——以“表哥”事件为例》，《新闻世界》2014 年第 8 期，第 150 ~ 151 页。
[978] 完颜文豪：《用微博、微信推动报纸评论的发展——以新京报评论官方微博、微信为例》，《新闻世界》2014 年第 8 期，第 114 ~ 116 页。
[979] 简小军：《浅析微博的舆论功能及其发展》，《新闻世界》2014 年第 8 期。
[980] 刘锐、刘怡：《影响政府网络发布平台使用及其评价的主要因素探究——基于全国 36 个城市的电话调查分析》，《新闻与传播研究》2014 年第 8 期，第 15 ~ 29 页。
[981] 陈月华、赵谓媛：《微博塑造与传播个人媒介形象探析》，《现代传播》（中国传媒大学学报）2014 年第 8 期，第 21 ~ 25 页。
[982] 张秀丽：《政务微博平台与政府危机事件公关——以“平安北京”为例》，《传媒》2014 年第 8 期，第 55 ~ 57 页。
[983] 李瑞、王命洪：《主流媒体官方微博对“马航事件”的报道剖析》，《新闻研究导刊》2014 年第 8 期，第 40 ~ 42 页。
[984] 孙学涛：《对纸媒官方微博话语方式的思考》，《中国地市报人》2014 年第 8 期，第 67 ~ 68 页。
[985] 龙姣、杨娟：《充分挖掘和发挥微博的宣传功能》，《中国地市报人》2014 年第 8 期，第 66 页。
[986] 胡建华：《公共领域视角下政务微博探究》，《学术论坛》2014 年第 8 期，第 31 ~ 35 页。
[987] 郎平：《意见领袖转型后的应用——微博意见领袖》，《新闻研究导刊》2014 年第 8 期，第 62 页。
[988] 胡熳华、王翀、韩显男：《利用新媒体数据资源进行科普舆情的探索》，《中国科技论坛》2014 年第 8 期，第 132 ~ 137 页。
[989] 胡键、张迪、杨续：《党报法人微博在主流舆论格局中的角色与作用——以@人民日报、@南方日报、@佛山日报　为例》，《中国记者》2014 年第 8 期，第 115 ~ 116 页。
[990] 刘琅琅、邬焜：《微博时代 Web2.0 的传播特点与反思》，《社会科学家》2014 年第 8 期，第 46 ~ 50 页。
[991] 许倪倪：《微博时代对大学生个人思想的影响及应对措施》，《湖北经济学院学报》（人文社会科学版）2014 年第 8 期，第 166 ~ 167 页。
[992] 陈惠娟、韩笑、蒋珂娇、武文颖：《微博舆情的问题与对策》，《西部广播电视》2014 年第 8 期，第 4 页。
[993] 赵玲、张静：《微博用户使用动机影响因素与结构的实证研究》，《管理学报》2014 年第 8 期，第 1239 ~ 1245 页。
[994] 曾程：《突发事件报道中的微博力量》，《西部广播电视》2014 年第 8 期，第 26 页。
[995] 董清平、董正平：《微博在大学生自主学习中的应用研究》，《鸡西大学学报》（综合版）2014 年第 8 期，第 1 ~ 3 页。
[996] 龙志鹤：《政务微博——政府与群众的沟通平台》，《秘书》2014 年第 8 期，第 3 ~

5 页。

[997] 王珩：《微博信息传播的公共风险管控研究》，《传媒》2014 年第 8 期，第 76 ~ 77 页。

[998] 刘冰洋：《政务微博与政府形象塑造》，《理论与当代》2014 年第 8 期，第 19 ~ 20 页。

[999] 王亚鹏、毛潞、杨珊、马涛：《天津城市网络文化软实力的构建与传播》，《新闻世界》2014 年第 8 期，第 364 ~ 367 页。

[1000] 王淼、李杰：《浅谈微博意见领袖的社会责任》，《新闻世界》2014 年第 8 期，第 411 ~ 412 页。

[1001] 廖爱华、师蔚、文永蓬、潘雯婷：《“微时代”大学生思想政治教育的探讨与创新》，《大学教育》2014 年第 8 期，第 136 ~ 137 页。

[1002] 杜永红：《政务微博档案化管理策略研究》，《兰台世界》2014 年第 8 期，第 37 ~ 38 页。

[1003] 贾春晓：《从“秦火火事件”看微博谣言传播》，《长春教育学院学报》2014 年第 8 期。

[1004] 唐黛：《探析微博的信息传播特点及对新闻传播的影响》，《长春教育学院学报》2014 年第 8 期。

[1005] 张丽华：《公共领域视角下微博舆论监督的本位回归》，《长春教育学院学报》2014 年第 8 期。

[1006] 梁芷铭：《政务微博在舆论生态环境中的经济学分析——政务微博话语权研究系列之十》，《生态经济》2014 年第 8 期，第 145 ~ 147 页。

[1007] 张敬：《我国政务微博平台建设的现状与思考》，《新闻研究导刊》2014 年第 8 期，第 45 ~ 46 页。

[1008] 京新：《“北京微博发布厅”——传播正能量的窗口》，《党建》2014 年第 8 期，第 48 页。

[1009] 窦中富：《政府微博的角色定位》，《新闻传播》2014 年第 8 期，第 130 页。

[1010] 邓伟忠：《湖南：小微博服务大民生》，《道路交通管理》2014 年第 8 期，第 38 ~ 39 页。

[1011] 贾辉：《老少热议〈彩色梦〉》，《环境教育》2014 年第 8 期，第 76 ~ 77 页。

[1012] 孟川瑾、曾艳清：《面向政府公共服务的政务微博框架研究》，《行政与法》2014 年第 8 期，第 17 ~ 21 页。

[1013] 张志安、吴涛：《政务微博与社会治理》，《新闻与写作》2014 年第 8 期，第 62 ~ 65 页。

[1014] 程秀峰、李重阳、陈莉玥：《基于关联规则的高校图书馆微博关注趋势分析》，《图书情报工作》2014 年第 8 期，第 73 ~ 78 页。

[1015] 何意：《从政务微博探析皖江城市带服务型政府建设》，《淮海工学院学报》（人文社会科学版）2014 年第 8 期，第 101 ~ 103 页。

[1016] 黄润榕：《微时代下学校德育的新载体》，《长春教育学院学报》2014 年第 8 期。

[1017] 刘静：《高校图书馆微博和微信公众平台信息推送研究》，《河南图书馆学刊》2014 年第 8 期，第 61 ~ 63 页。

[1018] 苗坤：《微博视阈下的交互式英语教学模式研究》，《湖北科技学院学报》2014 年第 8 期，第 127 ~ 128 页。

[1019] 薛艺：《利用新媒体搭建思政教育新平台——如何利用微信、微博等开展大学生的思想政治教育工作》，《现代交际》（学术版）2014 年第 8 期，第 187 ~ 187 页。

第 9 期

[1020] 曹璐：《自媒介时代如何靠近真相——以芦山地震网络谣言为例》，《传播与版权》2014 年第 9 期，第 149 ~ 150 页。

[1021] 毛良斌：《基于微博的准社会交往：理论基础及研究模型》，《暨南学报》（哲学社会科学版）2014 年第 9 期，第 146 ~ 152 页。

[1022] 齐亚宁：《论微博在新闻教学实践中的应用》，《新闻研究导刊》2014 年第 9 期，第 149 ~ 150 页。

[1023] 传馨：《当代组织传播问题研究》，《今传媒》2014 年第 9 期，第 15 页。

[1024] 吴婧：《微媒体时代的政务公开》，《现代商业》2014 年第 9 期，第 78 页。

[1025] 刘铭、佟晖：《探究社区警务微博信息传播的时间规律——为政务微博建设管理提供重要参考》，《信息安全与通信保密》2014 年第 9 期，第 58 ~ 59 页。

[1026] 王怀春、唐红：《解析“切糕事件”在微博平台中形成的网络狂欢》，《海南师范大学学报》（社会科学版）2014 年第 9 期，第 112 ~ 115 页。

[1027] 张冉：《微博时代图书营销的新思路》，《科技传播》2014 年第 9 期，第 33 页。

[1028] 黄杰：《微博在新闻传播中的结构性作用研究》，《新闻研究导刊》2014 年第 9 期，第 52 页。

[1029] 韩岩：《〈人民日报〉微博环境话语研究——以 2013 年 12 月关于雾霾的微博文本为例》，《新闻研究导刊》2014 年第 9 期，第 78 页。

[1030] 张紫：《重庆微发布，指尖上的政务，口袋里的服务》，《计算机与网络》2014 年第 24 期，第 9 页。

[1031] 梁刚：《公共理性视角下“微博约架”的反思与治理》，《编辑之友》2014 年第 9 期，第 60 ~ 62 页。

[1032] 王博、梁媛、李生：《论微博社区社会多主体治理平台之构建》，《学术交流》2014 年第 9 期，第 187 ~ 191 页。

[1033] 董玉芝：《治理微博谣言群体极化的路径》，《中国广播》2014 年第 9 期，第 102 页。

[1034] 董玉芝：《一把双刃剑：微博对公民新闻发展的双重效应》，《编辑之友》2014 年第 9 期，第 83 ~ 85 页。

[1035] 蔡晓燕：《微博舆论场中企业家意见领袖的影响》，《湖北函授大学学报》2014 年第 9 期，第 89 ~ 90 页。

[1036] 陈海：《微博写作的审美研究》，《绥化学院学报》2014 年第 9 期，第 134 ~ 137 页。

[1037] 贝宇倩、陆诤岚：《旅游景区微博营销现状及效益分析——以浙江省 5A 级景区为例》，《北京第二外国语学院学报》2014 年第 9 期，第 54 ~ 61 页。

[1038] 黄璜：《微博对高职学生思想教育影响分析》，《当代职业教育》2014 年第 9 期，第 104 ~ 106 页。

[1039] 廖宇飞：《探析微博传播方式的发展困境》，《湖北经济学院学报》（人文社会科学版）2014 年第 9 期，第 14 ~ 15 页。

［1040］代天喜：《论微博与高校学生党员教育》，《湖北经济学院学报》（人文社会科学版）2014 年第 9 期，第 137 ~ 138 页。

［1041］黄膺旭、曾润喜：《官员政务微博传播效果影响因素研究——基于意见领袖的个案分析》，《情报杂志》2014 年第 9 期，第 135 ~ 140 页。

［1042］谢蓓、赵前卫：《政务微博信息发布及回应机制建设》，《青年记者》2014 年第 9 期，第 71 ~ 72 页。

［1043］侯锷：《移动微传播：路径与应用策略》，《新闻与写作》2014 年 9 期，第 9 ~ 11 页。

［1044］赵艳艳：《论我国微博的现状及特点》，《赤峰学院学报》（汉文哲学社会科学版）2014 年第 9 期，第 141 ~ 143 页。

［1045］张斌：《“兰州发布”在突发事件中的舆情应对透析——以兰州市“4・10 自来水苯含量超标”事件为例》，《今传媒》2014 年第 9 期，第 24 ~ 25 页。

［1046］杨光：《不看数字看实效　新浪政务微博榜单“变脸”》，《计算机与网络》2014 年第 9 期，第 6 页。

［1047］朱芳：《党报微博新闻评论的话语体系选择——以@安徽日报“Hi，你早”栏目为例》，《新闻世界》2014 年第 9 期，第 30 ~ 32 页。

［1048］张紫：《南京政务微博苦恼少互动　三成多转发评论低于 10 次》，《计算机与网络》2014 年第 9 期，第 7 页。

［1049］柳莺：《从微博“大 V”的倾向化表达看网络舆论的引导策略》，《新闻世界》2014 年第 9 期，第 99 ~ 100 页。

［1050］农文玉、韦浏：《解析微博新闻传播的真实性问题及对策》，《新闻世界》2014 年第 9 期，第 101 ~ 102 页。

［1051］田娇、郭依蕊：《微博客科技传播的路径分析——以科学松鼠会微博为例》，《新闻世界》2014 年第 9 期，第 113 ~ 114 页。

［1052］陈平、陈惠兰：《微博在图书馆的应用现状及其碎片化传播特性研究——以江浙沪地区本科院校图书馆为例》，《图书馆工作与研究》2014 年第 9 期，第 37 ~ 40 页。

［1053］金莹、李阳：《报纸官方微博存在的问题及改进方法——以〈华商晨报〉为例》，《传媒》2014 年第 9 期，第 33 ~ 35 页。

［1054］孟玫：《基于新浪微博的高校图书馆服务体系建设》，《中国教育信息化：高教职教》2014 年第 9 期，第 77 ~ 79 页。

［1055］周颖：《如何运用政务微博塑造城市形象》，《新闻世界》2014 年第 9 期，第 125 ~ 126 页。

［1056］张帆：《报纸品牌的微博营销问题解析》，《新闻世界》2014 年第 9 期，第 159 ~ 160 页。

［1057］李诗乐：《微博使用动机与品牌学习动机、行为的相关性研究》，《新闻世界》2014 年第 9 期，第 190 ~ 192 页。

［1058］邓炘炘、郝丽婷、艾涓：《微博新闻标题的特点与使用分析》，《今传媒》2014 年第 9 期，第 4 ~ 7 页。

［1059］陈鹤、韩金成：《城市自来水污染事件微博舆情应对研究——基于兰州政务微博、市民微博的实证分析》，《情报杂志》2014 年第 9 期，第 111 ~ 116 页。

［1060］阿丽艳·艾尼瓦：《政务微博制度化管理的路径思考》，《互联网天地》2014 年第 9 期，第 14～15 页。

［1061］方瑞玲：《浅谈微博在创新高职院校大学生思想道德建设中的应用》，《学周刊：上旬》2014 年第 9 期，第 15～15 页。

［1062］杨桂丽、陈镭、张晓红、胡琳：《微博在疾病预防控制工作中的运用探讨》，《中国健康教育》2014 年第 9 期，第 856～857 页。

［1063］谢宁波：《新媒体时代：政府应如何为公众提供服务》，《浙江林业》2014 年第 9 期，第 30～31 页。

［1064］唐晓波、祝黎、谢力：《基于主题的微博二级好友推荐模型研究》，《图书情报工作》2014 年第 9 期，第 105～113 页。

［1065］邱源子：《突发事件中政务微博的传播特征——以“6·7 厦门公交爆炸案”为例》，《新闻与写作》2014 年第 9 期，第 97～99 页。

［1066］尹章池、廖玉洁：《强化理论视角下政务微博的应用与管理》，《传播与版权》2014 年第 9 期，第 91～93 页。

［1067］薛静：《政务微博运营存在的问题与对策探讨》，《赤子（上中旬）》2014 年第 9 期，第 23～24 页。

［1068］林玲：《浅议微博意见领袖及其社会责任意识》，《今传媒》2014 年第 9 期，第 32～33 页。

［1069］刘铭嘉、陈茜、黄庭瑞、翟家琛、荣沛洋、杨柳：《社交媒体对大学生就业的影响与分析——以微博、微信为例》，《西部广播电视》2014 年第 9 期，第 54 页。

［1070］姜巍、传馨：《政务微博对地方政府形象的塑造与策略研究》，《今传媒》2014 年第 9 期，第 15～17 页。

［1071］韩颖：《我国微博广告目前存在的问题及对策》，《北方经贸》2014 年第 9 期，第 44～45 页。

［1072］黄扬略、张婷：《党报微博被关注程度影响因素最优尺度回归分析——以三家党报的新浪法人微博为例》，《湖北社会科学》2014 年第 9 期。

［1073］梁芷铭：《交往理论视域下的政务微博话语传播研究》，《西部广播电视》2014 年第 9 期，第 17～18 页。

［1074］蔡宗杰：《高校微博伦理失范的原因及对策探析》，《长春教育学院学报》2014 年第 9 期。

［1075］朱雪清：《图书馆微博的营销功能、驱动因素和体系建构研究》，《图书馆学刊》2014 年第 9 期，第 103～106 页。

［1076］黄婉霞、黄元全：《“微时代”下大学生网络舆情引导与思想政治理论课质量提升》，《乐山师范学院学报》2014 年第 9 期，第 112～115 页。

［1077］郑伟：《微博场域下大学生社会主义核心价值观教育困境与应对》，《通化师范学院学报》2014 年第 9 期，第 115～118 页。

［1078］张毅飞：《网络经济时代下企业微博营销策略分析》，《中国市场》2014 年第 9 期，第 97～98 页。

［1079］黄静、朱丽娅、周南：《企业家微博信息对其形象评价的影响机制研究》，《管理世

界》2014 年第 9 期，第 107 ~ 119 页。

[1080] 刘建军：《基于微博的高职课程理论教学“探究 - 合作”教学模式构建》，《高教论坛》2014 年第 9 期，第 69 ~ 71 页。

第 10 期

[1081] 张楠：《“网络反腐”事件中微博舆论场分析——以重庆官员不雅视频为例》，《戏剧之家》2014 年第 10 期，第 328 ~ 329 页。

[1082] 刘亚娟：《微博对青少年教育的影响及对策探讨》，《长春师范大学学报》2014 年第 10 期，第 145 ~ 146 页。

[1083] 庞颖：《突发事件现场救援的微直播》，《新闻前哨》2014 年第 10 期，第 62 页。

[1084] 韦泉芳：《政务微博平台完善与网络舆情引导》，《东方企业文化》2014 年第 10 期，第 188 页。

[1085] 刘颖：《微博传播中的女性形象研究——以新浪微博为例》，《学理论》2014 年第 10 期，第 110 ~ 111 页。

[1086] 田巍巍：《微博在高校思想政治教育工作中的应用价值》，《科学中国人》2014 年第 10 期，第 166 ~ 167 页。

[1087] 江世明：《解析微博在新闻传播中的弊端与改进》，《戏剧之家》2014 年第 10 期，第331 ~ 331 页。

[1088] 林玉佳、封海粟：《照片式新闻在微博平台中的发展》，《科技传播》2014 年第 10 期，第 41 ~ 42 页。

[1089] 雒彬：《微博反腐与社会稳定关系初探》，《理论观察》2014 年第 10 期，第 36 ~ 37 页。

[1090] 陈然、谢薇：《突发事件中政务微博舆情应对的问题及对策》，《今传媒》2014 年第 10 期，第 16 ~ 17 页。

[1091] 李畅：《文化认同视域下地方政府形象微博传播研究》，《西南民族大学学报：人文社会科学版》2014 年第 10 期，第 181 ~ 184 页。

[1092] 贺雅文：《从“猪肉钩虫”事件看微博谣言的传播及应对策略》，《新闻世界》2014 年第 10 期，第 123 ~ 124 页。

[1093] 邱源子：《微博视域下政府形象的构建——以“沈阳发布”为例》，《新闻与写作》2014 年第 10 期，第 102 ~ 104 页。

[1094] 王东：《论微博直播庭审对司法公信力的多维建构》，《理论界》2014 年第 10 期，第 88 ~ 91 页。

[1095] 李依柔：《微博文化资讯传播的社会功能分析》，《当代教育理论与实践》2014 年第 10 期，第 155 ~ 157 页。

[1096] 许益锋、胡炎艳：《微博对司法独立的影响》，《经营与管理》2014 年第 10 期，第 26 ~ 28 页。

[1097] 周怡：《意见领袖在微博公益传播中的作用探索》，《今传媒》2014 年第 10 期，第 14 ~ 15 页。

[1098] 王屹婷、王淑媛、王小妹、王海伦：《微博营销与校园文化活动推广的结合》，《求

知导刊》2014 年第 10 期，第 150 ~ 150 页。
[1099] 马庆贺：《微博与微信经营模式的 SWOT 对比分析》，《新闻世界》2014 年第 10 期，第 140 ~ 141 页。
[1100] 首洁：《网络微时代对体育营销手段的影响》，《体育科技文献通报》2014 年第 10 期，第 115 ~ 116 页。
[1101] 段媛媛、徐世甫：《论微博场域中政府舆论引导的主体客体化》，《南京社会科学》2014 年第 10 期，第 112 ~ 118 页。
[1102] 张宇：《都市报使用微博的现状及问题研究——〈新安晚报〉新浪微博的实证分析》，《新闻世界》2014 年第 10 期，第 148 ~ 150 页。
[1103] 刘铮：《微博公众议程对媒体议程的影响》，《学术交流》2014 年第 10 期，第 174 ~ 179 页。
[1104] 唐晓波、李佩珊：《基于概念格的微博检索结果二次组织的模型构建》，《情报理论与实践》2014 年第 10 期，第 115 ~ 120 页。
[1105] 万慧兰：《政务微博对服务型政府的构建作用》，《戏剧之家》2014 年第 10 期，第 350、352 页。
[1106] 徐艳丽、彭程飞：《基于微博的大学英语教师知识管理的应用模式》，《边疆经济与文化》2014 年第 10 期，第 135 ~ 138 页。
[1107] 张银锋、侯佳伟：《中国微公益发展现状及其趋势分析》，《中国青年研究》2014 年第 10 期，第 41 ~ 47 页。
[1108] 林建兰：《论人际关系向度在互联网中的可能性表现——微博与微信的比较研究》，《今传媒》2014 年第 10 期，第 20 ~ 21 页。
[1109] 杨懿泓：《政务微博内容管理研究》，《西部广播电视》2014 年第 10 期，第 46 ~ 47 页。
[1110] 林蕾、叶飞霞：《高校微博思想政治教育体系构建探索》，《重庆科技学院学报：社会科学版》2014 年第 10 期，第 147 ~ 150 页。
[1111] 羊悦：《基于微博等信息平台下创新创业型高校思想政治教育的发展》，《太原城市职业技术学院学报》2014 年第 10 期，第 68 ~ 69 页。
[1112] 刘舰：《微博场域城市“网络形象”建构路径探析》，《今传媒》2014 年第 10 期，第 114 ~ 115 页。
[1113] 张彦：《政务微博发展现状研究》，《现代交际》2014 年第 10 期，第 79 ~ 80 页。
[1114] 姜胜洪、陈永春：《运用政务微博引导网络舆情热点事件方式研究》，《社科纵横》2014 年第 10 期，第 117 ~ 121 页。
[1115] 于瑞华：《创领微博时代下的高校教育新模式——以新浪微博在“摄影技术”中的应用为例》，《电化教育研究》2014 年第 10 期，第 93 ~ 96 页。
[1116] 刘静：《关于提高政务微博传播效果的思考》，《辽宁行政学院学报》2014 年第 10 期，第 24 ~ 25、28 页。
[1117] 李天慧：《STS 视域下科普微博发展的困境解析》，《社科纵横》2014 年第 10 期，第 129 ~ 133 页。
[1118] 霍忠义：《微博文学文体论》，《中州学刊》2014 年第 10 期，第 153 ~ 156 页。

[1119] 张明新、张凌、陈先红：《Web2.0 环境下政府机构的对话沟通与社会资本——基于对公安微博的实证考察》，《现代传播：中国传媒大学学报》2014 年第 10 期，第 55 ~ 60 页。

[1120] 陈杨：《微博在新闻传播中的应用及影响》，《西部广播电视》2014 年第 10 期，第 23 ~ 23 页。

[1121] 赵青：《微博时代报网互动的组织与呈现》，《西部广播电视》2014 年第 10 期，第 4 ~ 5 页。

[1122] 罗斌：《试论公安微博发展的得与失》，《新闻知识》2014 年第 10 期，第 66 ~ 68 页。

[1123] 江玉岚、章晓：《双微时代背景下大学生人际关系的构建研究》，《湖北科技学院学报》2014 年第 10 期，第 184 ~ 185 页。

[1124] 胡磊、王琼、范焜：《大学生微博社区参与动机实证研究》，《电化教育研究》2014 年第 10 期，第 60 ~ 65 页。

[1125] 胡一樱：《浙江地区公共图书馆应用微博实证研究——以新浪微博为例》，《绍兴文理学院学报》2014 年第 10 期，第 97 ~ 100 页。

[1126] 刘婷婷、李长仪：《基于微博的管理信息系统"云课堂"教学模式探究》，《大学教育》2014 年第 10 期，第 60 ~ 61 页。

[1127] 曹艳：《刍议微博在高校思想政治教育工作中的应用》，《科技资讯》2014 年第 10 期，第 242 ~ 242 页。

[1128] 周雁凌、季英德、王学鹏：《以微博、微信为载体，倾听民意化解矛盾　自媒体的山东模式》，《环境经济》2014 年第 10 期，第 15 页。

[1129] 廖慧平、代丽娟：《微时代体育政务信息传播策略探析》，《传媒观察》2014 年第 10 期，第 35 ~ 37 页。

[1130] 闫继勇、李继亮：《运用新媒体打造公共关系新平台的菏泽样本》，《中国审判》2014 年第 10 期，第 66 ~ 69、5 页。

[1131] 王璨：《黑龙江地方政务微博实证研究》，《品牌（下半月）》2014 年第 10 期，第 42 ~ 43 页。

[1132] 段胜军：《微博时代高校辅导员思政教育工作探究》，《学习月刊》2014 年第 10 期，第76 ~ 77 页。

[1133] 孟德玉：《网络环境下图书馆学科馆员服务机制创新策略》，《图书馆理论与实践》2014 年第 10 期，第 24 ~ 26 页。

[1134] 李烁明：《微博事件中的二元舆论场互动分析——以"刘铁男事件"为例》，《长春教育学院学报》2014 年第 10 期。

[1135] 周虎：《微信、微博也能作为证据?》，《人力资源管理》2014 年第 10 期，第 10 ~ 11 页。

第 11 期

[1136] 陈永博、陈海玲、李萍、梁小静：《肇庆公安网上便民服务创新的经验、成效与挑战》，《电子政务》2014 年第 11 期，第 31 ~ 36 页。

[1137] 王冠宇：《突发事件中微博的正能量传播机制探析》，《思想理论教育》2014 年第 11

期，第 87 ~ 91 页。
[1138] 胡素青：《“海事声音”唱响自媒体平台》，《珠江水运》2014 年第 11 期，第 13 ~ 15 页。
[1139] 孟艳：《微博环境中高校思想政治教育的途径研究》，《长江大学学报》（社会科学版）2014 年第 11 期，第 128 ~ 131 页。
[1140] 孙婕：《微博在博物馆教育中的应用初探》，《艺术科技》2014 年第 11 期，第 73 页。
[1141] 陈韵博：《劳工 NGO 的微博赋权分析：以深圳“小小草”遭遇逼迁事件为例》，《国际新闻界》2014 年第 11 期，第 51 ~ 64 页。
[1142] 姚天香：《微博还是“微搏”——新媒体时代侵权问题探讨》，《学理论》2014 年第 11 期，第 99 ~ 100 页。
[1143] 陈宪友、王莹：《论网络微博对教学环境的优化作用》，《学理论》2014 年第 11 期，第170 ~ 171 页。
[1144] 李鑫：《微博对大学生思想政治教育工作的启示——以心理选择过程为视角》，《学理论》2014 年第 11 期，第 291 ~ 292 页。
[1145] 秦鑫华：《微博的游戏精神与传播导向》，《西部广播电视》2014 年第 11 期，第 5 ~ 7 页。
[1146] 何晓荣：《微博上的著作权及合理使用》，《湖北函授大学学报》2014 年第 11 期，第 74 ~ 75 页。
[1147] 税建洪：《试论微博在“阳光政府”建设中的运用》，《成都师范学院学报》2014 年第 11 期，第 102 ~ 105 页。
[1148] 吴福利：《微博时代如何辩之有理》，《公关世界》2014 年第 11 期，第 74 ~ 75 页。
[1149] 高薇：《研究网络微博在高校学生思想教育工作中的作用》，《学周刊：上旬》2014 年第 11 期，第 13 ~ 14 页。
[1150] 王军辉、洪娜、王海英：《基于新媒体的政府 Web 信息构建策略研究》，《医学信息学杂志》2014 年第 11 期，第 44 ~ 48 页。
[1151] 肖灿：《“微时代”政府网络公关规范发展路径探讨——以政务微博为例》，《青年记者》2014 年第 11 期，第 18 ~ 19 页。
[1152] 胡月馨：《娱乐事件微博文本的互文性消费——以“周一见”事件为例》，《新闻世界》2014 年第 11 期，第 62 ~ 63 页。
[1153] 肖丹丹：《浅谈报纸对微博的利用——以〈楚天都市报〉为例》，《新闻世界》2014 年第 11 期，第 11 ~ 12 页。
[1154] 李杰琼：《媒体微博报道业务性失实的成因与纠正》，《中国记者》2014 年第 11 期，第 113 ~ 114 页。
[1155] 蒙晓、覃彩霞：《反腐新战场：“微博反腐”优势及局限性》，《新闻世界》2014 年第 11 期，第 72 ~ 74 页。
[1156] 李佳宝：《微语境下主流媒体新闻评论的舆论引导——以人民日报微博的“人民微评”为例》，《新闻世界》2014 年第 11 期，第 64 ~ 65 页。
[1157] 赵秋锦、王帆：《教学应用型微博社群中的学习参与实证分析——以新浪“新媒体

研究”课程微群为例》，《电化教育研究》2014 年第 11 期，第 37 ~ 45 页。

[1158] 张冬梅、吕晓阳、顾翠芬：《发挥政务微博在舆情引导中的主体地位与作用》，《教育教学论坛》2014 年第 11 期，第 140 ~ 141 页。

[1159] 程爽：《微博不实信息传播的成因与对策》，《新闻世界》2014 年第 11 期，第 78 ~ 79 页。

[1160] 陆荣春：《盐城晚报：微博直播“大熊猫来访”的实践与启示》，《中国记者》2014 年第 11 期，第 120 ~ 121 页。

[1161] 周洁：《企业社会化媒体营销的策略分析》，《新闻世界》2014 年第 11 期，第 92 ~ 93 页。

[1162] 徐蕾：《博客与微博在英语教学中的应用》，《黑龙江教育学院学报》2014 年第 11 期，第 161 ~ 162 页。

[1163] 蔡婷：《基于模糊多属性评价法的县域政府微博影响力评价研究》，《科技情报开发与经济》2014 年第 11 期，第 125 ~ 127 页。

[1164] 李朝晖：《政务微博不能当“花瓶”》，《党政论坛》2014 年第 11 期，第 64 页。

[1165] 秦俊肖：《微博时代石油企业思想政治工作的实践与探索》，《化工管理》2014 年第 11 期，第 43 页。

[1166] 赵燕君、郭丽娟：《基层领导干部如何用好微博》，《领导科学论坛》2014 年第 11 期，第 23 ~ 25 页。

[1167] 王舒瑶、薛可：《从第三人效果看新媒体受众伦理——以新浪微博末日谣言为例》，《新闻世界》2014 年第 11 期，第 135 ~ 136 页。

[1168] 余飞、沈迎春、王辰昊、赵晶、范理宏：《我国公立医院官方微博地域差异比较研究》，《中国医院管理》2014 年第 11 期，第 50 ~ 52 页。

[1169] 张轶楠、李思维：《基于动机心理的青年群体微博使用现状》，《西部广播电视》2014 年第 11 期，第 22 ~ 23 页。

[1170] 周云：《视频微博对提高大学生英语口语能力及元认知水平的研究》，《现代教育技术》2014 年第 11 期，第 53 ~ 60 页。

[1171] 潘霁、刘晖：《公共空间还是减压阀？“北大雕像戴口罩”微博讨论中的归因、冲突与情感表达》，《国际新闻界》2014 年第 11 期，第 19 ~ 33 页。

[1172] 阳娟兰：《浅论公共图书馆如何利用微博微信做好服务推广工作》，《科技情报开发与经济》2014 年第 11 期，第 100 ~ 102 页。

[1173] 郑磊、吕文增：《移动互联与微应用时代的公共服务与政府治理——“移动服务微治理”研讨会综述》，《电子政务》2014 年第 11 期，第 2 ~ 5 页。

[1174] 郑昌兴：《基于互联网视域对军队政治工作的几点思考》，《计算机时代》2014 年第 11 期，第 32 ~ 34 页。

[1175] 李勇、田晶晶：《自媒体时代政府面临的公信力危机与对策研究》，《电子政务》2014 年第 11 期，第 38 ~ 46 页。

[1176] 倪丹：《基于层次分析法的政务微博评估指标体系研究》，《现代商业》2014 年第 11 期，第 74 ~ 76 页。

[1177] 蔡海棠：《微博平台上的高校思想政治教育互动模式的构建》，《文教资料》2014 年

第11期，第89～91页。
[1178] 梁芷铭:《政府官方微博危机传播及其话语建构研究：以新浪微博“北京发布”为中心》,《新闻界》2014年第11期，第45～53页。
[1179] 梁芷铭:《政务微博群的网络结构对传播效果的影响研究——政务微博话语权研究系列之十二》,《情报杂志》2014年第11期，第40～45页。
[1180] 姜巍:《地方突发事件中的网络舆论传播及政务微博的作用》,《传播与版权》2014年第11期，第140～142页。
[1181] 蔡月亮：《政务微博与网络舆情的情感互动研究》，《传媒观察》2014年第11期，第22～23页。
[1182] 李岚:《政务微博的有效传播——以河南十大政务微博为例》,《新闻爱好者》2014年第11期，第71～74页。
[1183] 余素琳：《浅谈广播运用微信与微博的方法——以广东电台部分节目制作为例》，《中国广播》2014年第11期，第69～71页。
[1184] 董洪福:《班级微博为班级管理装上GPS导航系统》,《求知导刊》2014年第11期，第151页。
[1185] 林茂申：《微信公众平台的传播机制及治理探究——基于微信与微博的比较分析》，《贵州师范学院学报》2014年第11期，第50～54页。
[1186] 王勋荣:《微营销背景下高职院校图书馆微博服务模式研究》,《河南图书馆学刊》2014年第11期，第32～34页。
[1187] 李瑶:《河南省政务微博的实证分析》,《新闻知识》2014年第11期，第63～65页。
[1188] 薛健平、余伟萍、牛永革:《企业特征对官方微博的影响研究》,《软科学》2014年第11期，第20～24页。
[1189] 陈志丹：《大学生微博自主教育机制的构建》，《教育评论》2014年第11期，第69～71页。
[1190] 马彦:《大数据环境下微博舆情热点话题挖掘方法研究》,《现代情报》2014年第11期，第29～33页。
[1191] 郑杨、谭玲:《新媒体时代食品安全事件的媒体呈现现状——以“老酸奶明胶门”事件为例》,《乐山师范学院学报》2014年第11期，第65～69页。
[1192] 何竞平:《政务微博的政府公关传播策略——以新浪微博平台“微博云南”和“上海发布”为例》,《今传媒》2014年第11期，第40～42页。
[1193] 赵亚利:《论我国公开审判之微博直播方式》，《长春教育学院学报》2014年第11期。
[1194] 丁绪武、吴忠、夏志杰：《社会媒体中情绪因素对用户转发行为影响的实证研究——以新浪微博为例》,《现代情报》2014年第11期，第147～155页。
[1195] 黄璜:《微博在高职教育教学中的互动探究》，《长春教育学院学报》2014年第11期。
[1196] 刘西平、郭文:《报纸微博在数字报业产业链中定位的实证研究——基于新浪平台30家报纸微博的抽样分析》,《编辑之友》2014年第11期，第58～62页。
[1197] 朱云翊、卫欣:《大V平台的商业化模式探究与治理——以新浪微博为例》,《今传

媒》2014 年第 11 期，第 69 ~ 70 页。

[1198] 李杰：《热点事件中媒体微博的评论话语特征及影响》，《今传媒》2014 年第 11 期，第 127 ~ 128 页。

[1199] 刘志坚、张辉：《微营销内涵、特征及发展——以微博、微信为例》，《对外经贸》2014 年第 11 期，第 118 ~ 120 页。

[1200] 李星婷、崔志东：《浅析微时代之微博的传播特征及影响——以新浪微博为例子》，《新闻研究导刊》2014 年第 11 期，第 20 ~ 22 页。

第 12 期

[1201] 李鼎香、阮瑶：《微博视阈下的高校思想政治教育》，《长春教育学院学报》2014 年第 12 期。

[1202] 朱祖熠：《微博用户公民参与的发展与延伸》，《今传媒》2014 年第 12 期，第 118 ~ 119 页。

[1203] 南冰：《浅论微博舆论的监督功能》，《新闻世界》2014 年第 12 期，第 76 ~ 77 页。

[1204] 刘玉菡、王鹏：《健康养生类信息传播过程中的语义障碍研究——以新浪微博为例》，《科技传播》2014 年第 12 期，第 17 页。

[1205] 王少峰：《论微博的民主监督作用》，《新闻世界》2014 年第 12 期，第 77 ~ 78 页。

[1206] 杨牛牛、潘强：《浅析微博谣言传播中的“沉默的螺旋”现象》，《新闻世界》2014 年第 12 期，第 81 ~ 82 页。

[1207] 刘爱琴、尚珊、史海嫣：《基于微博的虚拟咨询模式构建》，《图书馆理论与实践》2014 年第 12 期，第 102 ~ 106 页。

[1208] 朱琳、汪蕾、陈长、张建林：《网络信息传播的从众行为研究——以微博为例》，《现代情报》2014 年第 12 期，第 17 ~ 22 页。

[1209] 谭若冰：《论微博上的娱乐明星能否成为“意见领袖”》，《新闻世界》2014 年第 12 期，第 198 ~ 199 页。

[1210] 刘丹：《高校官方微博博文的评价策略——以陕西六所高校官方微博为例》，《湖北函授大学学报》2014 年第 12 期，第 15 ~ 16 页。

[1211] 张思亮：《微博微信在高校思想政治工作中的应用》，《办公室业务》2014 年第 12 期，第 48 ~ 48 页。

[1212] 王渝：《对规范我国微博反腐现象的法律思考》，《鸡西大学学报：综合版》2014 年第 12 期，第 132 ~ 135 页。

[1213] 阎立峰、徐欢：《〈人民日报〉微博新闻的叙事主体姿态分析》，《现代传播》（中国传媒大学学报）2014 年第 12 期，第 24 ~ 29 页。

[1214] 秦泽宇：《大数据时代的社会化媒介营销》，《新闻世界》2014 年第 12 期，第 100 ~ 101 页。

[1215] 于斌斌：《WiFi 环境下高校移动式学习应用策略研究》，《太原城市职业技术学院学报》2014 年第 12 期，第 179 ~ 180 页。

[1216] 侯远：《社交媒体助力公益营销——以新浪微博“冰桶挑战”为例》，《新闻世界》2014 年第 12 期，第 122 ~ 124 页。

[1217] 刘芳汝：《析微博热点话题的语言歧视现象》，《语文学刊：高等教育版》2014 年第 12 期，第 38 ~ 39 页。

[1218] 张筱荣、胡苗苗：《微博对高校思想政治理论课教育教学的影响及其对策》，《鸡西大学学报：综合版》2014 年第 12 期，第 6 ~ 9 页。

[1219] 温优华：《新制度经济学视角下学术期刊的微博经营与管理策略研究》，《出版广角》2014 年第 12 期，第 66 ~ 68 页。

[1220] 胡海侠：《微时代农副产品网络营销优化策略探析》，《农业经济》2014 年第 12 期，第 141 ~ 142 页。

[1221] 刘妍、田蕊：《微博语言分析及传播效果研究》，《现代语文：下旬语言研究》2014 年第 12 期，第 99 ~ 101 页。

[1222] 赵前卫：《微信和微博中谣言传播比较》，《今传媒》2014 年第 12 期，第 16 ~ 17 页。

[1223] 徐文佳：《政府微博传播影响力研究》，《今传媒》2014 年第 12 期，第 18 ~ 19 页。

[1224] 汪雅倩：《从媒介隐喻窥探微博娱乐化对公众话语的暗示》，《今传媒》2014 年第 12 期，第 62 ~ 63 页。

[1225] 孔华：《微博对高校思想政治教育的影响及对策研究》，《理论观察》2014 年第 12 期，第 150 ~ 152 页。

[1226] 刘薇：《移动互联网时代下的出版营销策略探究》，《出版广角》2014 年第 12 期，第 82 ~ 83 页。

[1227] 吴冰草、李原昭、赵丽娜、张新平：《政务微博在科技宣传中的运用研究——以省科技厅“创新浙江”微博为例》，《今日科技》2014 年第 12 期，第 50 ~ 51 页。

[1228] 马缘园：《浅析差异化定位下的双微电子政务未来发展》，《新闻研究导刊》2014 年第 12 期，第 51 ~ 53 页。

[1229] 马缘园：《传媒类高校官方微博平台开设初探》，《今传媒》2014 年第 12 期，第 116 ~ 117 页。

[1230] 何雯雯：《拓展网络问政新渠道　着力提升行政效能》，《改革与开放》2014 年第 12 期，第 19 ~ 20 页。

[1231] 陈静文、傅洁茹：《论环保政务微博在环境传播中的有效运用》，《中国广播电视学刊》2014 年第 12 期，第 60 ~ 63 页。

[1232] 雍黎：《浅谈报纸官方微博内容的同质化及应对方法》，《新闻研究导刊》2014 年第 12 期，第 91 ~ 93 页。

[1233] 李晓龙、徐鲲：《信息不对称视角下的政务微博管理策略研究》，《电子政务》2014 年第 12 期，第 28 ~ 36 页。

[1234] 葛玮华：《高校官方微博发展的困惑与突围策略》，《传媒》2014 年第 12 期，第 51 ~ 52 页。

[1235] 金璐：《微博时代下的信息传播》，《西部广播电视》2014 年第 12 期，第 17 ~ 18 页。

[1236] 李瑞苓、杨强莞：《广播利用微博营销的途径》，《西部广播电视》2014 年第 12 期，第41 ~ 42 页。

[1237] 梁丽：《政务微博引导网络舆论的策略研究——以新浪微博为例》，《电子政务》2014 年第 12 期，第 21 ~ 27 页。

[1238] 李建伟、杨阳：《河南省 2013 年政务微博发展现状及问题研究——以新浪微博为例》，《新闻爱好者》2014 年第 12 期，第 33 ~ 38 页。

[1239] 丁慧民：《微博、微信对大学生思想成长影响的研究——基于安徽省 3 所 211 高校的调研》，《国家教育行政学院学报》2014 年第 12 期，第 79 ~ 83 页。

[1240] 赵颖：《政府政务微博与公共危机管理》，《行政与法》2014 年第 12 期，第 17 ~ 20 页。

[1241] 詹骞：《政务微博意见领袖的社会网络分析——以北京地区政务微博为例》，《现代传播》（中国传媒大学学报）2014 年第 12 期，第 117 ~ 122 页。

[1242] 戴苗、刘邦凡：《政务微博对提升政府公信力影响的研究》，《电子商务》2014 年第 12 期，第 40 ~ 41 页。

[1243] 徐炎：《我国政务微博的治理路径探析——银川市政务微博发展的启示》，《中国管理信息化》2014 年第 12 期，第 87 ~ 88 页。

[1244] 李明帅、管桦：《基于内容分类的政务微博关注度分析——以四川省政府政务微博为例》，《情报探索》2014 年第 12 期，第 12 ~ 15 页。

[1245] 丁利：《政务微博网络舆情传播规律与问责指向研究——基于兖州公安微博的实证》，《现代情报》2014 年第 12 期，第 50 ~ 54 页。

[1246] 秦昊、蔡皓：《微博热潮下体育品牌新媒体营销的策略和研究》，《当代体育科技》2014 年第 12 期，第 104 ~ 106 页。

[1247] 杨菁：《政务微博与传统媒体微博在灾难传播中的框架表达比较研究——基于雅安地震后政务微博和传统媒体微博 1230 条微博文本的分析》，《西南民族大学学报》（人文社会科学版）2014 年第 12 期，第 169 ~ 172 页。

[1248] 张志安、曹艳辉：《政务微博和政务微信：传承与协同》，《新闻与写作》2014 年第 12 期，第 57 ~ 60 页。

[1249] 吴菲、王建芬：《大学生使用微博现状及建议浅析》，《科技资讯》2014 年第 12 期，第 233 ~ 235 页。

[1250] 张越：《指尖上的微政务》，《中国信息化》2014 年第 12 期，第 18 ~ 19 页。

[1251] 周学武、曹泉源：《江苏无锡新区突发事件“四点联动”信息互通机制的实践探索》，《中国应急管理》2014 年第 12 期，第 54 ~ 55 页。

第 13 期

[1252] 周迎：《微时代的受众研究》，《科技传播》2014 年第 13 期，第 25 ~ 26 页。

[1253] 朱杉、郝思嘉、蔡鹏飞、孔冬：《微博对社会正负能量传播的影响调查与启示》，《经济研究导刊》2014 年第 13 期，第 211 ~ 211 页。

[1254] 李鹏飞：《从广告传播看网络时代的狂欢——以微博和微信为例》，《新闻研究导刊》2014 年第 13 期，第 146 页。

[1255] 王兴龙：《微力量与高校思想政治教育工作研究——以“微博”为例》，《学理论》2014 年第 13 期，第 195 ~ 196 页。

[1256] 栾天飞、魏宝涛：《从传播学视野看薄熙来案庭审直播》，《新闻传播》2014 年第 13 期，第 89 页。

[1257] 赵红：《报纸与新媒体融合的三个维度——微博作品〈鸡蛋换学费〉首获河南新闻奖的启示》，《传媒》2014 年第 13 期，第 32 ~ 34 页。

[1258] 沈艳冰：《微博及其在图书室中的应用》，《黑龙江史志》2014 年第 13 期。

[1259] 金灿：《浅析微博的现状以及面临的问题》，《戏剧之家》2014 年第 13 期，第 245 页。

[1260] 姜华帅：《微博视阈下大学生思想政治教育路径构建研究》，《大学教育》2014 年第 13 期，第 101 ~ 102 页。

[1261] 胡芸芸：《微博暴力的原因及治理对策》，《西部广播电视》2014 年第 13 期，第 32 ~ 33 页。

[1262] 李莉：《“微博审判”原因探析及对策思考》，《西部广播电视》2014 年第 13 期，第 43 页。

[1263] 蔡浩明：《论合理使用制度在微博著作权侵权案件中的适用》，《中国出版》2014 年第 13 期，第 28 ~ 31 页。

[1264] 赵丹云、陈琬力、杨周宇、孔冬：《微博在社会正负能量传播中存在的问题及对策》，《经济研究导刊》2014 年第 13 期，第 186 页。

[1265] 廖成林、刘芳宇：《企业微博顾客感知价值及行为意愿关系研究》，《商业时代》2014 年第 13 期，第 59 ~ 60 页。

[1266] 陈君：《基于微博新媒体视角的高职院校思政教育研究》，《中国市场》2014 年第 13 期，第 97 ~ 98 页。

[1267] 郝蒙：《媒介环境学视野下社会化媒体使用者主动性的丧失——以新浪微博为例》，《长春教育学院学报》2014 年第 13 期，第 22 ~ 23 页。

[1268] 邱玲：《国内图书馆微博特点初探》，《科技情报开发与经济》2014 年第 13 期，第 146 ~ 148 页。

[1269] 相天春：《微博在广播新闻传播中的运用》，《西部广播电视》2014 年第 13 期，第 27 页。

[1270] 窦小忱：《政务微博的功能与社会价值分析》，《传媒》2014 年第 13 期，第 54 ~ 56 页。

[1271] 安伟、陈楠：《基于传染病模型的微博营销策略分析》，《中国经贸》2014 年第 13 期，第 135 页。

[1272] 申玲玲、张慧：《关于基层政务微博运营的几个关键问题》，《传媒》2014 年第 13 期，第 51 ~ 53 页。

[1273] 张涛：《浅谈社会化网络网络营销策略》，《中国经贸》2014 年第 13 期，第136 ~ 136 页。

[1274] 杨斌：《传统艺术的微博传播策略研究——以新浪国画微博为例》，《传媒》2014 年第 13 期，第 72 ~ 75 页。

第 14 期

[1275] 仇婷：《官方微博在政府环保部门的运营管理》，《科技传播》2014 年第 14 期，第 215 ~ 216 页。

[1276] 王甬平、孙祥飞：《主流新闻机构的微传播——以〈新华网〉〈环球时报〉〈人民日报〉等媒体微博运营实践为例》，《传媒》2014 年第 14 期，第 51 ~ 52 页。

[1277] 潘梅：《政务微博搭建“庙堂”与“江湖”间桥梁》，《计算机与网络》2014 年第 14 期，第 4 页。

[1278] 左富兴、孟凡骞：《微博等网络平台在学生党建工作中的应用探讨》，《学理论》2014 年第 14 期，第 142 ~ 144 页。

[1279] 孟庆楠、于潞野：《微博视角下高校辅导员工作新路径》，《学理论》2014 年第 14 期，第 266 ~ 267 页。

[1280] 郭菲菲、王春雷、陈达光：《高校微博建设的作用及改善分析》，《新闻研究导刊》2014 年第 14 期，第 77 页。

[1281] 张倩楠、周子悦：《试论微博传播中的议程设置——以“丁锦昊到此一游”事件为例》，《新闻研究导刊》2014 年第 14 期，第 76 页。

[1282] 陆涵之：《政务微博发展及运营方式探究——以“南京发布”为例》，《西部广播电视》2014 年第 14 期，第 65 ~ 67 页。

[1283] 辛骁：《微博传播及其对传统媒体发展的影响》，《新闻研究导刊》2014 年第 14 期，第72 ~ 73 页。

[1284] 陈静：《广播新闻传播中微博微信的应用》，《新闻研究导刊》2014 年第 14 期，第 59 ~ 60 页。

[1285] 郭倩旎：《图书微博营销的 SWOT 分析及应对策略》，《新闻研究导刊》2014 年第 14 期，第 151 ~ 152 页。

[1286] 惠延琴：《媒介融合背景之下微博对新闻传播带来的影响》，《新闻研究导刊》2014 年第 14 期，第 45 ~ 46 页。

[1287] 孙蓓蕾：《手机微博谣言管理策略》，《决策与信息》2014 年第 14 期，第 43 页。

[1288] 崔伟：《发挥政务微博在信息资源传播中的作用》，《兰台世界》2014 年第 14 期，第 37 ~ 38 页。

[1289] 丁冬女：《微博使用中的身份建构》，《西部广播电视》2014 年第 14 期，第 22 页。

[1290] 董朝：《媒介现实的混合建构：新闻和微博框架比较》，《中国出版》2014 年第 14 期，第3 ~ 6 页。

第 15 期

[1291] 蒲婕：《微博意见领袖的危机公关效用研究》，《科技传播》2014 年第 15 期，第 38 ~ 39 页。

[1292] 欧阳菲：《出版社如何借力微博营销?》，《出版广角》2014 年第 15 期，第 52 ~ 54 页。

[1293] 严晋：《突发事件中的微博传播与舆论引导》，《新闻研究导刊》2014 年第 15 期，第 24 页。

[1294] 陈雪奇、郝爽：《航天工程科普微博的话语传播特色分析——以“嫦娥三号”探月工程的微博为例》，《新闻研究导刊》2014 年第 15 期，第 45 ~ 46 页。

[1295] 王佳敏：《用户活跃度下降后的微博何去何从——以新浪微博为例》，《新闻研究导刊》2014 年第 15 期，第 54 页。

[1296] 谢良威：《完善政务微博的运行机制研究》，《东方企业文化》2014 年第 15 期，第 193 ~ 194 页。

[1297] 曹凯：《2014 年上半年新浪政务微博报告发布》，《计算机与网络》2014 年第 15 期，第6 ~ 7 页。

[1298] 吴亚明：《民生新闻栏目官方微博的发展历程和传播应用》，《新闻研究导刊》2014 年第 15 期，第 25 页。

[1299] 赵欣茹、王枫朝：《电视节目官方微博的运营策略分析——以央视官微“央视新闻”为例》，《新闻研究导刊》2014 年第 15 期，第 40 ~ 42 页。

[1300] 钱俊：《盘活“休眠资产” 助企融资破百亿》，《工商行政管理》2014 年第 15 期，第 63 页。

[1301] 张海涛、宋拓、张连峰、许孝君：《基于信息内容与信息属性的微博热点信息生态化的实现研究》，《图书情报工作》2014 年第 15 期，第 123 ~ 127 页。

[1302] 张立永：《领导干部微博的使用与电子政务的公开》，《科技传播》2014 年第 15 期，第 225 ~ 226 页。

第 16 期

[1303] 苏慧、刘佳、任蓓：《浅析官员微博与网民的互动特点——基于“王郁松”腾讯微博内容的统计分析》，《新闻传播》2014 年第 16 期，第 47 页。

[1304] 程辰：《政治沟通视域下中美微博外交对比研究》，《赤子（上中旬）》2014 年第 16 期，第 23 ~ 24 页。

[1305] 丁利：《政务微博绩效评估：体系构建和制度安排》，《中国报业》2014 年第 16 期，第21 ~ 22 页。

[1306] 申屠文强、刘自恒、高技：《微博媒介接触对大学生价值观构建的影响探析》，《新闻研究导刊》2014 年第 16 期，第 12 页。

[1307] 闭藏君：《你怎么看待微博和微信》，《素质教育大参考》2014 年第 16 期，第 42 页。

[1308] 马驰原：《出版社微博图书营销现状和思路》，《中国出版》2014 年第 16 期，第 43 ~ 46 页。

[1309] 隋云平：《浅谈微博在图书营销中的应用》，《戏剧之家》2014 年第 16 期，第 287 页。

[1310] 容军凤、贾建瑞、陈红莹：《基于微博的高校图书馆信息服务改进与创新——以四川大学图书馆为例》，《科技情报开发与经济》2014 年第 16 期，第 3 ~ 6 页。

[1311] 李艳琦：《探析微博著作权的保护》，《长春教育学院学报》2014 年第 16 期，第 27 页。

[1312] 丛珩：《华语电影微博的优缺点及其运营现状分析》，《科技传播》2014 年第 16 期，第23 ~ 24 页。

[1313] 杨萍：《如何利用微博传播正能量》，《传媒》2014 年第 16 期，第 53 ~ 54 页。

[1314] 贾雯：《政务微博发展现状及策略分析》，《管理观察》2014 年第 16 期，第 15 ~ 16

页。

[1315] 沈巧琼:《高职院校图书馆基于微博的阅读推广研究——以广东外语艺术职业学院为例》,《文教资料》2014 年第 16 期,第 84 ~85 页。

[1316] 陆丹、于海旭:《政务微博在政府危机公关中效用分析——以珠海市“禁摩”话题为案例的调查》,《中国报业》2014 年第 16 期,第 17 ~18 页。

[1317] 张紫:《成都政务微博 14 小时拆除“盲道跨栏”》,《计算机与网络》2014 年第 16 期,第 7 页。

[1318] 吴冲冲:《基于集成学习的中文微博情感分类方法》,《科技传播》2014 年第 16 期,第 235 ~236 页。

[1319] 白杨、林兴发:《基于内容分析法的国内微博现状与发展研究》,《学理论》2014 年第 16 期,第 125 ~126 页。

[1320] 蔡善文:《评价理论视域下微博体的态度特征探究》,《长春教育学院学报》2014 年第 16 期,第 28 ~30 页。

[1321] 陈慧娜、彭霞:《“微时代”下的童书微博营销》,《出版广角》2014 年第 16 期,第 40 ~41 页。

[1322] 樊秋萍:《微传播时代科技期刊的发展研究》,《出版广角》2014 年第 16 期,第 80 ~81 页。

[1323] 杨柳、刘云峰:《全媒体时代视阈下的微媒体使用者分析——以新浪微博为例》,《西部广播电视》2014 年第 16 期,第 10 ~11 页。

[1324] 黄冬:《微博体语境下“中国梦”的语义网分析》,《西部广播电视》2014 年第 16 期,第15 ~16 页。

第 17 期

[1325] 杨宁岗:《领导干部在政务微博中的角色认知》,《商业文化》2014 年第 17 期,第 227 ~228 页。

[1326] 严真:《微博平台科学传播之不足与建议》,《新闻研究导刊》2014 年第 17 期,第 24 ~25 页。

[1327] 葛晓娇、冯晟:《论微博时代的高职院校新闻宣传工作》,《新闻研究导刊》2014 年第 17 期,第 47 页。

[1328] 刘姿均:《框架整合理论视阈下的政务微博运营策略》,《新闻传播》2014 年第 17 期,第 57 ~58 页。

[1329] 张紫:《推动政务微博摆脱“滞胀”》,《计算机与网络》2014 年第 17 期,第 5 页。

[1330] 崔金栋、张维聪:《吉林省政务微博的发展现状及问题分析》,《产业与科技论坛》2014 年第 17 期,第 102 ~103 页。

[1331] 黄昊:《基于新兴自媒体的青年自助游可行性研究——以微博为例》,《中国经贸》2014 年第 17 期,第 63 ~64 页。

[1332] 杨佳佳、吕春梅:《浅析大众传播下的媒介素养》,《新闻研究导刊》2014 年第 17 期,第 49 页。

[1333] 张紫:《北京微博发布厅 传播正能量的窗口》,《计算机与网络》2014 年第 17 期,

第7页。
[1334] 贾延玲：《微博微信与广播节目发展探微》，《西部广播电视》2014年第17期，第23~24页。
[1335] 张桑：《社交媒体管理中的制播分离——以新浪微博为例》，《新闻传播》2014年第17期，第34~36页。

第18期

[1336] 卢颖：《科普传播中月球车玉兔微博的"微探索"》，《科技传播》2014年第18期，第26~27页。
[1337] 蒋晓宇：《从微博的用户流失看网络社交媒体的用户策略》，《传媒》2014年第18期。
[1338] 唐�：《新媒体时代意见领袖在微博营销中的影响——以"快乐大本营"为例》，《西部广播电视》2014年第18期，第21~22页。
[1339] 王晓宁、王润华：《微博助力城市形象的传播——以"春城"昆明为例》，《决策与信息》2014年第18期，第114~116页。
[1340] 孙宏媛：《政务微博与社会管理的互动关系》，《西部广播电视》2014年第18期，第41页。
[1341] 腾伟：《新浪微博的体育新闻传播研究》，《西部广播电视》2014年第18期，第32页。
[1342] 程莎莎：《试论微博在新建本科高校教学管理中的效用》，《学理论》2014年第18期，第161~162页。
[1343] 陈若薇：《线上社会网络关系属性及其作用探究——基于强弱连接的实证分析》，《中国市场》2014年第18期，第89~92页。
[1344] 申帅芝：《自媒体平台旅游目的地传播形象研究——以桂林为例》，《新闻研究导刊》2014年第18期，第16~17页。
[1345] 孔晓博：《试分析公共关系视野下政务微博的发展策略》，《决策与信息》2014年第18期，第49页。
[1346] 马轶婷：《"微时代"的网络问政——政务微博与政务微信》，《科技情报开发与经济》2014年第18期，第105~106页。
[1347] 李莹：《浅析微博对网络舆论模式的影响》，《新闻研究导刊》2014年第18期，第61~62页。
[1348] 陈尤欣、侯薇：《浅析传统媒体在"微博时代"的发展转型》，《新闻研究导刊》2014年第18期，第112页。
[1349] 曹凯：《城市微博：如何营造政府与群众和谐的沟通环境》，《计算机与网络》2014年第18期，第6~7页。

第19期

[1350] 史亚娟：《@交通北京：传递交通服务"政"能量》，《运输经理世界》2014年第19期，第16~21页。

[1351] 楼天宇：《政务微博的兴起、意义与建设》，《人民论坛》2014 年第 19 期，第 146 ~ 148 页。

[1352] 欧阳红：《政务微博与社会管理良性互动策略研究——以贵州省为例》，《人民论坛》2014 年第 19 期，第 238 ~ 240 页。

[1353] 张超：《微博语境下的大学生公民意识培养》，《西部广播电视》2014 年第 19 期，第 55 ~ 56 页。

[1354] 费霏、杨华：《浅析微文化语境下的碎片化传播价值——以“微博”为例》，《西部广播电视》2014 年第 19 期，第 49 ~ 50 页。

[1355] 辛骁：《微博及其对电视媒体大型活动策划的影响》，《西部广播电视》2014 年第 19 期，第 28 ~ 29 页。

[1356] 汤天甜、张露瑶：《社会视阈下政府信息公开对微博舆论的消解与强化——基于“招远事件”的实证研究》，《中国出版》2014 年第 19 期，第 41 ~ 45 页。

[1357] 信莉丽、庄严：《美联社微博新闻本土化研究》，《出版广角》2014 年第 19 期，第 90 ~ 93 页。

[1358] 雷虹艳：《以微博为载体开展大学生网络思想政治教育探析》，《学理论》2014 年第 19 期，第 193 ~ 194 页。

[1359] 徐晓璇：《基于微博数据的实证研究综述》，《全国商情》2014 年第 19 期，第 28 ~ 29 页。

第 20 期

[1360] 郭佳：《微博在我国学校教育应用的研究现状刍议》，《学理论》2014 年第 20 期，第188 ~ 191 页。

[1361] 刘怡然：《以微博为例浅析社会化媒体在旅游信息服务中的角色研究》，《中国市场》2014 年第 20 期，第 150 ~ 151 页。

[1362] 何梦婷：《新媒体时代下“微博围观”的力量——以“冰桶挑战”为例》，《科技传播》2014 年第 20 期，第 134 ~ 137 页。

[1363] 施伟萍：《微博：高职语文施教的新平台》，《职教通讯》2014 年第 20 期，第 41 ~ 43 页。

[1364] 张橦、周向敏：《善用新媒体提升青少年科学素养——探究科学微博对青少年科学态度养成的影响》，《科技传播》2014 年第 20 期，第 138 ~ 142 页。

[1365] 郭辰、吕洪兵：《社会媒介中心节点扩散结构及其影响力研究》，《商业时代》2014 年第 20 期，第 45 ~ 47 页。

[1366] 孙耀佳：《思想政治工作要重视对微博的研究》，《经济研究导刊》2014 年第 20 期，第 252 ~ 254 页。

[1367] 白莹、张翼：《以高水平林业政务微博微信助推林业治理现代化》，《产业与科技论坛》2014 年第 20 期，第 217 ~ 218 页。

[1368] 龙斌、李晖、陈小燕：《政务微博是坚持群众路线的创新载体》，《党史文苑》2014 年第 20 期，第 40 ~ 42 页。

[1369] 彭云岚：《政务微博与政府形象的构建探讨》，《科技展望》2014 年第 20 期，第 257

页。
[1370] 张紫：《晋宁事件政务微博如何发声》，《计算机与网络》2014 年第 20 期，第 7 页。

第 21 期

[1371] 杨光：《四川达州部分政务微博成“僵尸”晒靓照广告》，《计算机与网络》2014 年第 21 期，第 8 页。
[1372] 彭新春：《微博视域下思想政治教育的路径研究》，《决策与信息》2014 年第 21 期，第52 ~ 53 页。
[1373] 张紫：《安徽公安微博协助警方抓获三名杀人逃犯》，《计算机与网络》2014 年第 21 期，第 7 页。
[1374] 栾盛磊：《政务新媒体应用热的冷思考》，《青年记者》2014 年第 21 期，第 30 ~ 31 页。
[1375] 马珊、董杰：《微博对大学生思想政治教育的影响研究》，《前沿》2014 年第 21 期，第170 ~ 171 页。
[1376] 王利红：《微传播时代传统媒体如何报道新闻？——以体育新闻报道为例》，《出版广角》2014 年第 21 期，第 106 ~ 108 页。
[1377] 莫湘文：《浅析微博中的品牌账号》，《中国市场》2014 年第 21 期，第 105 ~ 106 页。
[1378] 金东涛：《新浪体育微博报道的改进策略》，《传媒》2014 年第 21 期，第 52 ~ 53 页。
[1379] 胡秋英：《微博营销战中的传播技巧探究》，《西部广播电视》2014 年第 21 期，第 18 ~ 19 页。
[1380] 蒋悦：《当 70 后“吆喝”遇到 90 后移动互联网——基于位置的图书馆推广方式变革》，《黑龙江史志》2014 年第 21 期。
[1381] 肖军：《论电视节目主持人应如何塑造微博形象》，《西部广播电视》2014 年第 21 期，第 122 页。
[1382] 高正：《微博中的新闻传播研究》，《西部广播电视》2014 年第 21 期，第 56 页。

第 22 期

[1383] 鲁贵洋：《探析微博在网络问政中的应用》，《学理论》2014 年第 22 期，第 64 ~ 65 页。
[1384] 曾缇：《论地方党报微博语言风格》，《中国出版》2014 年第 22 期，第 45 ~ 48 页。
[1385] 李思逸：《我国灾难报道中的语义障碍分析——以新浪微博用户“央视新闻”对“松原地震”的报道为例》，《科技传播》2014 年第 22 期，第 38 ~ 39 页。
[1386] 肖雪、严伟涛：《图书馆微博互动策略对品牌关系的影响研究》，《图书情报工作》2014 年第 22 期，第 78 ~ 83 页。
[1387] 何继修：《微博平台下的英语写作 WRITE 教学模式》，《文学教育》2014 年第 22 期，第 104 页。

[1388] 杜安:《英语微新闻文本功能要素解析——以 CCTV-NEWS 新浪微博为例》,《传媒》2014 年第 22 期, 第 73 ~74 页。

[1389] 张怡晟:《从政务微博开通的角度谈其使用的利弊与发展建议》,《科技传播》2014 年第 22 期, 第 186 ~187 页。

[1390] 叶性炜、林健:《福建省政务微博发展状况探析——基于对福州市公安局微博的分析》,《科技传播》2014 年第 22 期, 第 183 ~184 页。

[1391] 佘敏:《传播学视野下高校党务微博建设现状与对策》,《西部广播电视》2014 年第 22 期, 第 59 页。

[1392] 刘双、任国瑞:《国内外政治微博研究综述》,《科技传播》2014 年第 22 期, 第 116 页。

[1393] 李琳琳:《报纸微博对报纸新闻生产机制及竞争力的影响分析》,《科技传播》2014 年第 22 期, 第 110 ~111 页。

[1394] 刘畅:《微博评论中舆论领袖信息传播探究》,《西部广播电视》2014 年第 23 期, 第 46 页。

第 23 期

[1395] 刘彤:《信息时代政务微博的重要性》,《科技传播》2014 年第 23 期, 第 214 ~215 页。

[1396] 何旭:《论新时期领导干部的微能量》,《前沿》2014 年第 23 期, 第 45 ~48 页。

[1397] 吴锦辉:《高校图书馆微博营销模式构建与实践探索——以闽南师范大学图书馆为例》,《图书情报工作》2014 年第 23 期, 第 110 ~116 页。

[1398] 李艳艳:《维护微博意识形态安全必须纠正的几种倾向》,《红旗文稿》2014 年第 23 期, 第 8 ~10 页。

[1399] 石闻悦、周颖:《高校微博意见领袖研究》,《科技传播》2014 年第 23 期, 第 57 ~59 页。

[1400] 吴楠:《高校图书馆微博应用与共享研究》,《黑龙江史志》2014 年第 23 期, 第 258 ~259 页。

[1401] 王辰:《基于主客体认知差异的高校微博思想政治教育研究》,《教育与职业》2014 年第 23 期, 第 64 ~65 页。

[1402] 于晓明:《我国体育赛事微博营销的 SWOT 分析及策略研究》,《当代体育科技》2014 年第 23 期, 第 194 ~195 页。

[1403] 徐娜、刘海峰:《微博的隐性思想政治教育功能》,《教育与职业》2014 年第 23 期, 第62 ~63 页。

[1404] 张明言、董媛媛:《〈人民日报〉微博的媒体框架研究》,《传媒》2014 年第 23 期, 第 74 ~76 页。

[1405] 许佳钰:《高校图书馆微博服务模式研究》,《长春教育学院学报》2014 年第 23 期, 第 124 ~125 页。

[1406] 马燕:《大学生微博虚拟社交的传播效果分析——基于“准社会交往”理论视角》,《传媒》2014 年第 23 期, 第 77 ~78 页。

第24期

［1407］白龙君：《微博在高校思政教育中的应用价值》，《长春教育学院学报》2014年第24期，第93页。

［1408］张玮：《微博在新闻传播中的运用》，《科技传播》2014年第24期，第13~14页。

［1409］付沛沛：《突发事件中政务微博的传播与策略——以“11·22”四川康定地震事件中“四川发布”为例》，《科技传播》2014年第24期，第6、8页。

［1410］姜薇：《高粱熟来红满天——电视剧〈红高粱〉营销模式探究》，《西部广播电视》2014年第24期，第91~92页。

［1411］高佳阳：《网络时代背景下的微博传播及微型学习》，《西部广播电视》2014年第24期，第31~32页。

［1412］杨光：《“中国温州”改版上线　政民互动有渠道》，《计算机与网络》2014年第24期，第8页。

［1413］赵丹：《自媒体的特点及前景——基于公共账号研究》，《科技传播》2014年第24期，第163~165页。

［1414］薛双芬：《论微时代微博问政遭遇的困境及对策》，《现代经济信息》2014年第24期，第99~100页。

［1415］田启燕：《基于层次分析法的西安市网络舆论引导路径探究》，《电子测试》2014年第24期，第161~162、160页。

［1416］许锋：《新媒体环境下如何构建新型党群关系》，《青年记者》2014年第24期，第40~41页。

［1417］朱德泉：《莫被大V迷了眼》，《青年记者》2014年第24期，第128页。

［1418］胡芳：《微博传播与大学生形象建构关系研究》，《西部广播电视》2014年第24期，第41页。

［1419］崔赟、张泽根：《微博的身份管理与媒介角色研究——以新浪体育微博为例》，《当代体育科技》2014年第24期，第177~178页。

［1420］吕欣：《微博将死　微信永生？——从微博衰落中窥探微信朋友圈的生态隐忧》，《传媒》2014年第24期，第28~29页。

［1421］胡夕婵：《浅析公民利用微博参与公共政策过程》，《商》2014年第24期，第180页。

［1422］杨从印：《微博时代大学生政治认同培育优化研究》，《传媒》2014年第24期，第79~80页。

［1423］李祥：《微博舆情分析平台的框架与支撑技术研究》，《科技传播》2014年第24期，第125~126页。

第25期

［1424］王惠明：《典型官员微博使用情况及其话语风格分析》，《学理论》2014年第25期，第166~167页。

［1425］徐荣荣：《微博时代的公共危机治理：争议与反思》，《商》2014年第25期，第87、

165～166 页。

[1426] 潘友星：《我国政府信息公开中的问题与对策探究》，《商》2014 年第 25 期，第 41 页。

[1427] 乐凌燕：《浅析微博在奥运会中的应用——以伦敦奥运会为例》，《当代体育科技》2014 年第 25 期，第 185～186 页。

[1428] 李宝华：《我国政务微博中的问题及改进建议》，《管理观察》2014 年第 26 期，第 46～47、49 页。

[1429] 姚剑婷：《新媒体在高校安全管理领域的应用现状分析与展望》，《教育观察》2014 年第 28 期，第 17～20 页。

[1430] 蔡薇：《社会化媒体语境下企业微营销策略思考》，《商业时代》2014 年第 28 期，第 61～62 页。

[1431] 廖旺：《基于微博平台的高校思想政治教育互动模式》，《文理导航》2014 年第 28 期，第 90 页。

[1432] 程子彪、蒲小梅：《移动互联网时代政务微博的应用现状及对策研究》，《经济研究导刊》2014 年第 29 期，第 267～269 页。

[1433] 刘梅：《微博与政治沟通分析——以政务微博为例》，《才智》2014 年第 32 期，第 266～267 页。

[1434] 严建骏：《微博在高校德育工作中的作用探析》，《教育与职业》2014 年第 30 期，第 66～67 页。

[1435] 程子彪、蒲小梅：《4G 移动互联网时代四川省政务工作创新研究》，《管理观察》2014 年第 31 期，第 48～50 页。

[1436] 许瑛瑛：《基于微博的初中英语阅读教学之新探》，《文理导航》2014 年第 31 期，第 33～34 页。

[1437] 李祥：《群体性突发事件微博舆情演化分析》，《科技资讯》2014 年第 34 期，第 244 页。

[1438] 彭菲、李梅、芦倩倩：《微博文化对大学生思想政治教育影响的实证分析与对策研究》，《经济研究导刊》2014 年第 34 期，第 198～199 页。

[1439] 姜燕：《微博时代高职院校媒介素养教育探讨》，《教育与职业》2014 年第 35 期，第175～176 页。

[1440] 蒋丽娜、单晓红：《新媒体营销效果的度量方法实证研究》，《商业时代》2014 年第 35 期，第 59～61 页。

[1441] 张羽程：《自媒体视阈下高职生微博责任意识构建探讨》，《职业技术教育》2014 年第 35 期，第 83～85 页。

[1442] 丁玲：《大学生群体使用微博现状的调查与思考——以景德镇陶瓷学院为例》，《学理论》2014 年第 36 期，第 285～286 页。

[1443] 杨秋凤：《微博在高校思想政治教育中的影响和应对策略探讨》，《教育与职业》2014 年第 36 期，第 48～49 页。

[1444] 唐书怡：《高校校园网微博发展综述》，《全国商情》2014 年第 43 期，第 63～64 页。

2015年

第1期

[1] 肖珺、谢灵子：《政务微博的话语策略与危机处置——以深圳“滑坡事件”为例》，《中国媒体发展研究报告》2015 年第 1 期，第 225 ~ 241、382 页。

[2] 赵杨、王林、时勘：《微博网民情绪敏感度、行为意向与执行意向的关系》，《心理与行为研究》2015 年第 1 期，第 99 ~ 105 页。

[3] 朱春阳：《政府新媒体传播：如何跨越数字鸿沟》，《华中传播研究》2015 年第 1 期，第 1 ~ 16 页。

[4] 李长月：《微博谣言的扩散路径与消解策略》，《传媒》2015 年第 1 期，第 51 ~ 52 页。

[5] 初鹏：《“微平台”对信息传播方式和信息接收习惯带来的深刻影响》，《科技传播》2015 年第 1 期，第 149 ~ 150 页。

[6] 韩伟：《警惕“微博司法”负效应》，《人民法治》2015 年第 1 期，第 84 ~ 85 页。

[7] 杨光：《让新媒体打通网络问政“最后一公里”》，《计算机与网络》2015 年第 1 期，第 9 页。

[8] 李辉、晏齐宏、付宏、杜智涛：《创新扩散视角下科学删勺微博传播机理研究——以雅安地震期间@ 中国地震台网速报为例》，《情报工程》2015 年第 1 期，第 68 ~ 73 页。

[9] 林晓、王建浩、顾坚、王一晖：《微博视域下大学生思想政治教育的挑战及对策研究》，《攀枝花学院学报》2015 年第 1 期，第 112 ~ 113 页。

[10]《2014 中国智慧城市惠民发展评价理论模型》，《中国信息界》2015 年第 1 期，第 64 页。

[11] 伍静：《微博在图书出版营销中的运用研究》，《出版广角》2015 年第 1 期，第 142 ~ 143 页。

[12] 陈建红：《基于微博平台的图书馆营销价值与策略》，《公共图书馆》2015 年第 1 期，第46 ~ 49 页。

[13] 冯向春：《广东省地方政府政民互动平台建设与服务研究》，《大学图书情报学刊》2015 年第 1 期，第 65 ~ 70 页。

[14] 李普娟：《浅析网络传播中网民越轨行为产生的原因——以十九岁少年微博直播自杀为例》，《新闻研究导刊》2015 年第 1 期，第 1 页。

[15] 陈朋亲：《我国政务微博发展的现状、问题及其对策探析》，《普洱学院学报》2015 年第 1 期，第 21 ~ 23 页。

[16] 张书卿、周文、欧阳纯萍、饶婕、刘志明、阳小华：《基于主体句和句法依赖的微博情感倾向性分析》，《南华大学学报》（自然科学版）2015 年第 1 期，第 109 ~ 114 页。

[17] 孙骞：《微博在大学英语阅读教学中的应用》，《大学英语》（学术版）2015 年第 1 期，第46 ~ 49 页。

[18] 赵光昱：《以微博为载体开展大学生思想政治教育探析》，《渤海大学学报》（哲学社会科学版）2015 年第 1 期，第 146 ~ 147 页。

[19] 刘璐：《自媒体时代的自律与他律——以微博为例》，《新闻研究导刊》2015 年第 1 期，第 63 页。

[20] 冯宁宁、杭婧婧、崔丽娟：《微博时代：参与集体行动对群体情绪和行动意愿的影响》，《心理研究》2015 年第 1 期，第 65 ~ 70 页。

[21] 黄海燕：《国内纸质媒体官方微博的研究现状评价及展望》，《宜春学院学报》2015 年第 1 期，第 7 ~ 10 页。

[22] 相德宝：《国际自媒体涉华舆论传者特征及影响力研究——以 Twitter 为例》，《新闻与传播研究》2015 年第 1 期，第 58 ~ 69、127 页。

[23] 赵亚男、王秋月：《北京故宫博物院网络营销策略分析》，《中国市场》2015 年第 1 期，第8 ~ 11 页。

[24] 魏朝举：《微信息时代构建立体育人模式的探索与实践——以河南工业大学为例》，《河北经贸大学学报》（综合版）2015 年第 1 期，第 115 ~ 118 页。

[25] 阳众：《论政务微博的政治传播价值实现》，《新闻世界》2015 年第 1 期，第 61 ~ 62 页。

[26] 王宇、童兵：《微传播：当代媒体的新集群——2014 年微传播发展扫描》，《新闻爱好者》2015 年第 1 期，第 9 ~ 14 页。

[27] 媛：《微博应用于高校思想政治教育的策略研究》，《无线互联科技》2015 年第 1 期，第275 ~ 276 页。

[28] 史东娟、柯伟：《微博在兵团党校图书馆发展中的应用》，《边疆经济与文化》2015 年第 1 期，第 141 ~ 142 页。

[29] 陈海楠：《政务微博对社会治理的作用研究》，《学理论》2015 年第 1 期，第 55 ~ 57 页。

[30] 沈黎：《浅论广播节目互动方式的创新——以安徽综合广播“金色田园”为例》，《新闻世界》2015 年第 1 期，第 40 ~ 41 页。

[31] 曾勇、席炜炜：《微博移动学习在远程学习中的应用研究》，《江苏开放大学学报》2015 年第 1 期，第 25 ~ 31 页。

[32] 董叶：《“微时代”下体育赛事的传播特点》，《体育科学研究》2015 年第 1 期，第 25 ~ 28 页。

[33] 金冰洁、刘再春：《论微博在公共危机教育中的作用》，《城市与减灾》2015 年第 1 期，第38 ~ 41 页。

[34] 杨一飞、汪贻洋：《利用微博开展大学生思想政治教育研究——基于〈2013 年中国大学生“微博”发展报告〉的研究》，《山西高等学校社会科学学报》2015 年第 1 期，第 90 ~ 92 页。

[35] 钱毓芳、黄晓琴、李茂：《新浪微博中的“中国梦”话语分析及启示》，《对外传播》2015 年第 1 期，第 59 ~ 61 页。

[36] 刘河元：《微博对高校隐性思政教育的作用》，《新闻战线》2015 年第 1 期，第 160 ~ 161 页。

[37] 章超、陈昌凤：《西部都市报微博的传播角色转变——以新浪微博“壮族三月三放假消息”传播为例》，《新闻战线》2015 年第 1 期，第 112 ~ 113 页。

[38] 王潘沁:《论微博在政府公共管理中的传播作用》,《传播与版权》2015 年第 1 期，第 100 ~102 页。
[39] 刘业政、杜亚楠、姜元春、杜非:《基于热度曲线分类建模的微博热门话题预测》,《模式识别与人工智能》2015 年第 1 期，第 27 ~34 页。
[40] 马仁义:《媒体微博新闻文体特征分析——以“@人民日报”和“@财经网”为例》,《新闻世界》2015 年第 1 期，第 65 ~66 页。
[41] 孙洪:《试论“新意见阶层”与网络“意见领袖”——以新浪微博为例》,《新闻世界》2015 年第 1 期，第 74 ~75 页。
[42] 吴彤:《浅析微博对新闻传播的影响》,《新闻世界》2015 年第 1 期，第 78 ~79 页。
[43] 邓曦:《新浪微博粉丝行为的初步研究》,《新闻世界》2015 年第 1 期，第 108 ~110 页。
[44] 谢进川:《政府微博的长效管理分析》,《新闻界》2015 年第 1 期，第 53 ~57 页。
[45] 闫志强:《微博问政中的“把关”问题研究》,《新闻界》2015 年第 1 期，第 58 ~63 页。
[46] 刘行军、王小泳:《微博客信息传播的理论基础及发展趋势》,《中小企业管理与科技（上旬刊）》2015 年第 1 期，第 132 ~134 页。
[47] 郭栋:《建构法律习性：新媒介的自治想象——以微博社区管理中心为研究对象》,《编辑之友》2015 年第 1 期，第 79 ~83 页。
[48] 王亚静:《图文时代微博著作权浅谈》,《法制博览》2015 年第 1 期，第 24 ~25、23 页。
[49] 李燕:《新媒体时代利用微博开展思想政治教育工作的思考》,《科教导刊（上旬刊）》2015 年第 1 期，第 86 ~87 页。
[50] 张东伟:《基于微博的大学生思想政治教育新途径》,《渤海大学学报》（哲学社会科学版）2015 年第 1 期，第 148 ~149 页。
[51] 谢卉:《高校微博教育平台应用现状调查》,《教育与职业》2015 年第 1 期，第 81 ~84 页。
[52] 王婉:《微博冰桶挑战：虚拟社区公益活动的发起与公民参与》,《东南传播》2015 年第 1 期，第 59 ~63 页。
[53] 何孟杰、郑育琛:《大学生微博中的后现代价值观趋向》,《当代青年研究》2015 年第 1 期，第 79 ~83 页。
[54] 唐波、陈光、王星雅、王非、陈小慧:《微博新词发现及情感倾向判断分析》,《山东大学学报》（理学版）2015 年第 1 期，第 20 ~25 页。
[55] 于军、王秀峰:《新媒体与纸媒在融合中发展——鞍山日报社的全媒体探索之路》,《记者摇篮》2015 年第 1 期，第 3 ~6 页。
[56] 陈幼红:《企业实施微博营销面临的困境与对策研究》,《改革与战略》2015 年第 1 期，第 80 ~82 页。
[57] 肖俊:《司法公开视域下法院微博规范路径研究——以重庆市法院系统微博实证》,《黑龙江省政法管理干部学院学报》2015 年第 1 期，第 130 ~133 页。
[58] 祁予平:《浅析微博在企业品牌营销中的应用》,《经济研究导刊》2015 年第 1 期，第

74～75 页。
[59] 梁丽芝、吕芳菲：《政务微博塑造政府形象：影响、困境及应对策略》，《行政与法》2015 年第 1 期，第 1～4 页。
[60] 刘丁蓉：《政府危机公关视角下的政务微博运营优化》，《电子政务》2015 年第 1 期，第34～42 页。
[61] 柳思思：《政务微博推广机制研究——以“北京微博发布厅”的推广为例》，《电子政务》2015 年第 1 期，第 43～51 页。
[62] 李云新、张海舒：《基于微博特征的政务微博运行效果研究——以“@上海发布”为例》，《电子政务》2015 年第 1 期，第 52～59 页。
[63] 陈文权：《政务微博的崛起对提升地方政府治理能力的影响与对策探讨》，《云南行政学院学报》2015 年第 1 期，第 80～86 页。
[64] 赵金楼、成俊会：《基于 SNA 的突发事件微博舆情传播网络结构分析——以“4·20 四川雅安地震”为例》，《管理评论》2015 年第 1 期，第 148～157 页。
[65] 廖卫民：《跨时期网络舆论铺垫效果的构念启动与使用——基于人民日报“城管”议题微博的统计分析与时序考察》，《浙江传媒学院学报》2015 年第 1 期，第 2～11、139 页。
[66] 徐琳：《以微博为平台和载体的公民政治参与》，《甘肃社会科学》2015 年第 1 期，第 191～194 页。
[67] 张艳斌：《微博问政与践行党的网上群众路线的新思考》，《郑州大学学报》（哲学社会科学版）2015 年第 1 期，第 49～53 页。
[68] 姬建新：《捕鱼算法优化核极限学习机的微博热点话题预测》，《激光杂志》2015 年第 1 期，第 128～131 页。
[69] 李斯、唐琼：《我国高校图书馆微博形象研究——以微博风云榜高校图书馆为例》，《大学图书馆学报》2015 年第 1 期，第 66～73 页。
[70] 王少剑、汪玥琦：《社会化媒体内容分享意愿的影响因素研究——以微博用户转发行为为例》，《西安电子科技大学学报》（社会科学版）2015 年第 1 期，第 19～26 页。
[71] 石伟杰、徐雅斌：《微博用户兴趣发现研究》，《现代图书情报技术》2015 年第 1 期，第 52～58 页。
[72] 刘滨、张静远、刘强、赵静阳、李寒、徐巍巍：《微博分析研究综述》，《河北科技大学学报》2015 年第 1 期，第 100～110 页。
[73] 周静：《浅谈微博在高校思想政治教育工作的应用》，《求知导刊》2015 年第 1 期，第 9 页。
[74] 赵洁、马铮、周晓峰、金培权：《基于突发词项频域分析的微博突发事件检测》，《情报理论与实践》2015 年第 1 期，第 124～129 页。
[75] 徐雅斌、刘超、武装：《基于用户兴趣和推荐信任域的微博推荐》，《电信科学》2015 年第 1 期，第 13～20 页。
[76] 靖鸣、肖婷婷：《关于突发事件中微博“大 V”传播行为的思考——以“3·1”云南昆明火车站暴力恐怖案件为例》，《新闻爱好者》2015 年第 1 期，第 42～47 页。
[77] 汤志伟、韩啸：《基于信息计量分析的国内外微博研究现状、热点及趋势》，《电子政

务》2015 年第 1 期，第 97 ~ 104 页。

[78] 关爽英、张松：《微博在高中生物学教学中的应用研究》，《生物学通报》2015 年第 1 期，第 37 ~ 39 页。

[79] 郭瑾：《90 后大学生的社交媒体使用与公共参与——一项基于全国 12 所高校大学生调查数据的定量研究》，《黑龙江社会科学》2015 年第 1 期，第 120 ~ 128 页。

[80] 乔雪竹、李欢欢、张小锋：《新媒体时代高校官方微博研究》，《北京航空航天大学学报》（社会科学版）2015 年第 1 期，第 112 ~ 115 页。

[81] 刘鲁川、孙凯：《社会化媒体用户的情感体验与满意度关系——以微博为例》，《中国图书馆学报》2015 年第 1 期，第 76 ~ 91 页。

[82] 李明兰：《高校图书馆微博阅读推广探索——以山西大学商务学院为例》，《河南图书馆学刊》2015 年第 1 期，第 71 ~ 72、86 页。

[83] 连朝曦、陈凤娟：《图书馆微博与微信的信息服务融合研究》，《情报探索》2015 年第 1 期，第 79 ~ 81 页。

[84] 靳媛、许夜、王昭、高博、王福东：《微博关注对大学生价值观的影响》，《中国健康心理学杂志》2015 年第 1 期，第 100 ~ 102 页。

[85] 尹连根、杨秋月、张进：《微博作为消息源——传统媒体在新闻报道中使用新媒体资源的策略与规律探析》，《新闻大学》2015 年第 1 期，第 35 ~ 42 页。

[86] 李波：《网络舆情中微博意见领袖的培养和引导》，《新闻大学》2015 年第 1 期，第 145 ~ 149 页。

[87] 雷辉、聂珊珊、黄小宝、马伟：《基于社会网络分析的网络传播主体行为特征研究》，《情报杂志》2015 年第 1 期，第 161 ~ 168 页。

[88] 许彩明、于晓明：《我国大型体育赛事微博营销公众参与意愿影响因素的研究》，《体育与科学》2015 年第 1 期，第 59 ~ 65 页。

[89] 陈羽中、方明月、郭文忠：《面向微博热点话题发现的多标签传播聚类方法研究》，《模式识别与人工智能》2015 年第 1 期，第 1 ~ 10 页。

[90] 吴斌、李冠辰、刘宇、张雷、王柏：《基于微博重复发送的垃圾用户甄别》，《数据采集与处理》2015 年第 1 期，第 117 ~ 125 页。

[91] 唐浩浩、王波、周杰、陈东、刘绍毓：《基于词亲和度的微博词语语义倾向识别算法》，《数据采集与处理》2015 年第 1 期，第 137 ~ 147 页。

[92] 熊慧、廖晴：《记者微博自我表露的性别差异与关系建立广度的相关性研究》，《现代传播：中国传媒大学学报》2015 年第 1 期，第 131 ~ 134 页。

[93] 薛可、张漪：《微博口碑传播对综艺节目收视意愿的影响》，《当代传播》2015 年第 1 期，第 73 ~ 76 页。

[94] 杜亚军、吴越：《微博知识图谱构建方法研究》，《西华大学学报》（自然科学版）2015 年第 1 期，第 27 ~ 35、89 页。

[95] 许凡、施国良：《新型微博分析工具的综合比较与评价》，《图书馆论坛》2015 年第 1 期，第 87 ~ 92 页。

[96] 赵杨、宋倩、高婷：《高校图书馆微博信息传播影响因素研究——基于新浪微博平台》，《图书馆论坛》2015 年第 1 期，第 93 ~ 99 页。

[97] 赵占波、邬国锐、刘锋:《中国社交网络商业模式发展及影响因素分析》,《商业研究》2015 年第 1 期,第 33 ~ 40 页。
[98] 王桂梅:《图书馆微博和微信比较研究》,《科技情报开发与经济》2015 年第 1 期,第 99 ~ 101 页。
[99] 李凌云、敖吉、乔治、李剑:《基于微博的安全事件实时监测框架研究》,《信息网络安全》2015 年第 1 期,第 16 ~ 23 页。
[100] 姜景、李丁、刘怡君:《基于竞争模型的微博谣言信息与辟谣信息传播机理研究》,《数学的实践与认识》2015 年第 1 期,第 182 ~ 191 页。
[101] 唐佳、李君轶:《基于多分 Logistic 回归的旅游局官博转发影响因素研究》,《旅游学刊》2015 年第 1 期,第 32 ~ 41 页。
[102] 李彦冰:《论政务微博的政治社会化功能》,《今传媒》2015 年第 1 期,第 22 ~ 24 页。
[103] 张星、魏淑芬、王莉、夏火松:《危机事件中的微博意见领袖影响因素实证研究》,《情报学报》2015 年第 1 期,第 66 ~ 75 页。
[104] 刘泱育:《评论缺位:政务微博的问题及对策》,《中国记者》2015 年第 1 期,第 83 ~ 84 页。
[105] 王冰清:《旅游产品的微博营销策略分析》,《旅游纵览(下半月)》2015 年第 1 期,第 65 页。
[106] 陆建兰、李宪伦:《网络话语影响下的大学生心理健康教育课新模式探研》,《学校党建与思想教育》2015 年第 1 期,第 69 ~ 71 页。
[107] 崔欣怡:《从加“V”看 twitter 与微博的自媒体定位与权威重塑》,《科技传播》2015 年第 1 期,第 131、151 页。
[108] 李娟:《微博引发的媒体变革及其社会影响》,《传媒》2015 年第 1 期,第 49 ~ 50 页。
[109] 谢梦洁、赵青青、李晶:《基于大学生接受视角的高校微博传播研究》,《今传媒》2015 年第 1 期,第 47 ~ 48 页。
[110] 牛月:《微博与传统新闻专业内涵的嬗变、坚守与融合》,《声屏世界》2015 年第 1 期,第 64 ~ 67 页。
[111] 陈昌凤:《如何报道与传播“自杀”事件——“直播自杀”的传播伦理问题》,《新闻与写作》2015 年第 1 期,第 52 ~ 54 页。
[112] 武洪云、宋力:《TPRank 用户影响力评价算法的应用》,《无线电工程》2015 年第 1 期,第 13 ~ 15、57 页。
[113] 张青:《浅析微博的传播特征》,《广州广播电视大学学报》2015 年第 1 期,第 79 ~ 84、111 页。
[114] 李辉、晏齐宏、付宏、杜智涛:《创新扩散视角下科学知识的微博传播机理研究——以雅安地震期间@中国地震台网速报为例》,《情报工程》2015 年第 1 期,第 68 ~ 73 页。
[115] 林森、孙进:《官方微博运行问题及对策研究》,《辽宁经济管理干部学院・辽宁经济职业技术学院学报》2015 年第 1 期,第 20 ~ 22、89 页。
[116] 亚森・伊斯马伊力、吐尔根・依布拉音、卡哈尔江・阿比的热西提:《基于用户关系的维吾尔文微博数据获取方法的研究》,《新疆大学学报》(自然科学版)2015 年第 1

期，第74～79页。

[117] 马克：《犯罪防控中的微警务工作研究》，《淮北职业技术学院学报》2015年第1期，第125～126、144页。

[118] 姚宝权：《从“生活世界”到“公共领域”——微博信息传播的政治哲学转向》，《重庆工商大学学报》（社会科学版）2015年第1期，第79～83页。

[119] 许娟、瞿曦：《微博谣言对人们决策与判断的影响及法律应对》，《湖北民族学院学报》（哲学社会科学版）2015年第1期，第152～155页。

[120] 孙忠良、刘瑞祥：《完善和创新微博反腐体制机制》，《攀登》2015年第1期，第39～44页。

[121] 彭希羡、朱庆华、刘璇：《微博客用户特征分析及分类研究——以“新浪微博”为例》，《情报科学》2015年第1期，第69～75页。

[122] 金春平：《自媒体时代微博新闻编辑模式分析——基于新闻生产市场学视角》，《编辑之友》2015年第1期，第64～67页。

[123] 王斌、董芃飞：《用户、服务与关系的聚合机制——新浪微博运营模式分析》，《编辑之友》2015年第1期，第84～89页。

[124] 杨天青、姜立新、席楠：《地震速报灾情信息过滤与推漫方法研究——以芦山7.0级地震为例》，《自然灾害学报》2015年第1期，第96～103页。

[125] 柴艳红：《从秦火火案探析微博谣言的传播过程及治理》，《采写编》2015年第1期，第57～58页。

[126] 王桂梅：《图书馆微博和微信比较研究》，《科技情报开发与经济》2015年第1期，第99～101页。

[127] 王莎、张树伟：《对秦皇岛气象微博调研引发的思考》，《吉林广播电视大学学报》2015年第1期，第23～24、61页。

[128] 季箫、杨溢、李维娜、翁瑜阳：《政府与公民良性互动新模式的探索》，《河北省社会主义学院学报》2015年第1期，第93～96页。

[129] 李倩倩、黄远、姜景、沈乾：《中国网络社会治理的舆论指数》，《中国科学院院刊》2015年第1期，第90～96页。

[130] 李兆华：《河南政府旅游微博运营效果定量评价研究》，《河南机电高等专科学校学报》2015年第1期，第45～48页。

[131] 曹颖：《自媒体背景下公民新闻对“议程设置功能”理论的重构——以微博公民新闻为例》，《现代视听》2015年第1期，第32～34页。

[132] 陈兰荣：《试论微博自媒体时代的高校学生思想政治工作》，《新课程研究（中旬刊）》2015年第1期，第94～95页。

[133] 毕秋敏、李明、曾志勇：《一种主动学习和协同训练相结合的半监督微博情感分类方法》，《现代图书情报技术》2015年第1期，第38～44页。

[134] 王磊、白力民：《党报微博建设如何驱动自身改革——人民日报微博成功运营的启示》，《新闻世界》2015年第1期，第5～6页。

[135] 刘露：《两类微博事件的舆论生成模式对比探究》，《新闻世界》2015年第1期，第69～70页。

[136] 袁燕飞、冼晓露、张小莎:《麦克卢汉媒介视角下的“冷微博”》,《新闻世界》2015年第1期,第176~177页。
[137] 吴双:《浅谈微博传播公益——从电影“亲爱的”谈起》,《新闻传播》2015年第1期,第23、25页。
[138] 吴晓凤、黄凯、郑金聪、陈家慧、陈俣:《微时代高校思想交流互动平台创新探索——以福建师范大学“五微五阵地”为例》,《继续教育》2015年第1期,第38~39页。
[139] 王丽:《新媒介背景下中国大陆女性话语权的境况研析》,《科学咨询(科技·管理)》2015年第1期,第17~18页。
[140] 付靖芸:《从“@军报记者”看微博军事新闻的写作特色》,《应用写作》2015年第1期,第28~31页。
[141] 孙净洁:《浅析微博自媒体的净化》,《内蒙古宣传思想文化工作》2015年第1期,第44~45页。
[142] 朱爱民:《“微”时代的基层群众工作创新机制探索》,《新西部》(理论版)2015年第1期,第7~8页。
[143] 赵艳艳:《浅谈微博的正影响》,《赤峰学院学报》(汉文哲学社会科学版)2015年第1期,第131~133页。
[144] 谢坤、陈申鹏:《从“深圳天气”微博和微信维护谈新媒体的气象服务》,《广东气象》2015年第1期,第59~61页。
[145] 张晓霞、王名扬、贾冲冲、董煦:《基于突发词H指数的微博突发事件检测算法研究》,《情报杂志》2015年第2期,第37~41页。
[146] 吴玲玲:《高校微博开展思想政治教育工作的现状与策略——以浙江省12所高校官方微博为例》,《重庆交通大学学报》(社会科学版)2015年第1期,第115~118页。
[147] 邱雪玫、李葆嘉:《“微”词族的形成轨迹及语义演变》,《语言文字应用》2015年第1期,第37~45页。
[148] 王苏醒:《微博环境下和谐警民关系评价指标体系构建及实施》,《北京警察学院学报》2015年第1期,第65~71页。
[149] 田刚:《信息时代社交网络服务商法律责任体系的反思与重构——以微博平台谣言的预防和制裁为视角》,《北京警察学院学报》2015年第1期,第12~18页。
[150] 叶盛世:《微博意见领袖对网络空间舆论的影响研究——以雅安地震事件为例》,《安阳师范学院学报》2015年第1期,第145~149页。
[151] 于毛毛:《对微博新闻“好莱坞”化的反思》,《新闻世界》2015年第1期,第149~150页。
[152] 童清艳、茅中元:《社会化媒体之涟漪效应研究——基于2013年〈中国好声音〉的微博口碑数据分析》,《新闻与传播研究》2015年第1期,第38~57页。
[153] 赵春丽、郭虹:《微博消费主义倾向下的政治参与》,《学术交流》2015年第1期,第84~89页。
[154] 赵萱瑞:《微博客中的内蒙古形象解读——以新浪微博为例》,《新闻论坛》2015年

第 1 期，第 72 ~ 75 页。

[155] 曹慧璇、孙宏吉：《浅析微博意见领袖的激辩与社会责任》，《吕梁学院学报》2015 年第 1 期，第 48 ~ 50 页。

[156] 闫方：《让高校官方微博用数据“说话”——论数据可视化在高校官微发展中的作用》，《梧州学院学报》2015 年第 1 期，第 99 ~ 102、107 页。

[157] 杨凯、张宁、苏树清：《个人微博用户网络的节点中心性研究》，《上海理工大学学报》2015 年第 1 期，第 43 ~ 48 页。

[158] 李宗辉：《论微博的版权问题》，《电子知识产权》2015 年第 1 期，第 85 ~ 90 页。

[159] 滕建勇、严运楼：《大学生微博使用状况网络跟踪调查研究——以上海市高校为例》，《高校辅导员学刊》2015 年第 1 期，第 22 ~ 27 页。

[160] 张筱荣、王兆良：《微博视阈下大学生思想和行为状况分析——以安徽省普通高校为例》，《高校辅导员学刊》2015 年第 1 期，第 85 ~ 90 页。

[161] 李科举、刘玲：《高校辅导员微博育人功能研究》，《九江职业技术学院学报》2015 年第 1 期，第 62 ~ 64 页。

[162] 杨玲：《微博在外语教学中的应用》，《云南开放大学学报》2015 年第 1 期，第 51 ~ 54 页。

[163] 孙秀丽、郑亦麒：《大学生微博创业的困境及转变》，《创新与创业教育》2015 年第 1 期，第 35 ~ 38 页。

[164] 赵家烨：《电视综艺节目微博互动传播研究——以“一年级”为例》，《新媒体研究》2015 年第 1 期，第 22 ~ 23 页。

[165] 刘云洪：《图书馆微博服务》，《科技文献信息管理》2015 年第 1 期，第 20 ~ 23 页。

[166] 刘云洪、郑宏、王哲、冯锐：《图书馆微博服务》，《辽宁科技学院学报》2015 年第 1 期，第 93 ~ 95 页。

[167] 张兵：《关于边检微博舆情应对的思考》，《中国公共安全》（学术版）2015 年第 1 期，第96 ~ 97 页。

[168] 孟祥玉、郑新奇：《北京地区居民时空行为的大数据分析》，《测绘学报》2015 年第 1 期，第 1 ~ 5 页。

[169] 武上力、张艳如、王云鹤：《移动社交时代下自媒体之比较研究——以微信、微博与 QQ 空间为例》，《新媒体研究》2015 年第 1 期，第 27 ~ 28、14 页。

[170] 郑洁：《公安微博新文体的语篇构式语法研究》，《北京邮电大学学报》（社会科学版）2015 年第 1 期，第 25 ~ 30 页。

[171] 董清平、董正平：《微博对大学生学习的利弊及应对策略》，《西华师范大学学报》（自然科学版）2015 年第 1 期，第 102 ~ 106 页。

[172] 陈岚：《江苏省地方政府微博政民互动实证研究》，《江苏工程职业技术学院学报》2015 年第 1 期，第 57 ~ 62 页。

[173] 王恒静、曹存根、高尚：《基于词类和搭配的微博舆情文本聚类方法研究》，《南京师大学报》（自然科学版）2015 年第 1 期，第 57 ~ 65 页。

[174] 黄国凡、龚晓婷、毕媛媛、张妮妮：《高校图书馆暑期微博运营的实践与启示——以厦门大学图书馆为例》，《上海高校图书情报工作研究》2015 年第 1 期，第 44 ~47 页。

[175] 李倩：《党报法人微博发展方向探略——以〈南方日报〉微博为例》，《新闻论坛》2015 年第 1 期，第 66 ~ 67 页。

[176] 李玉洋：《信息碎片化时代媒体官方微博的传播策略》，《新闻世界》2015 年第 1 期，第86 ~ 87 页。

[177]《新华网发布〈2014 年全国政务新媒体发展研究报告〉》，《电子政务》2015 年第 1 期，第 59 页。

[178] 季箫、杨溢、李维娜、翁瑜阳：《政府与公民良性互动新模式的探索》，《河北省社会主义学院学报》2015 年第 1 期，第 93 ~ 96 页。

[179] 张伯旭：《大数据发展的核心问题及建议》，《国家治理》2015 年第 1 期，第 59 页。

[180] 卢永春：《2014 年度公路机构微博、微信盘点　微博、微信这一年》，《中国公路》2015 年第 1 期，第 20 ~ 21 页。

[181] 曹凯：《2015 年政务微博发展展望》，《计算机与网络》2015 年第 1 期，第 10 ~ 12 页。

[182] 郭慧：《基于推动思想政治工作的政务微博应用研究》，《企业改革与管理》2015 年第 1 期，第 51 ~ 52 页。

[183] 李展：《政务微博管理需加强》，《秘书之友》2015 年第 1 期，第 17 ~ 18 页。

[184] 赵华、纪晓文、曾庆田、郝春燕：《基于话题相关空间的微博用户兴趣识别及可视化方法》，《计算机科学》2015 年第 1 期，第 500 ~ 502、509 页。

[185] 杨学成、兰冰、孙飞：《品牌微博如何吸引粉丝互动——基于 CMC 理论的实证研究》，《管理评论》2015 年第 1 期，第 158 ~ 168 页。

[186] 王攸然：《微博语言特点初步分析》，《河南广播电视大学学报》2015 年第 1 期，第 70 ~ 72 页。

第 2 期

[187] 李瑞环：《新媒体视阈下"两微"对政府形象的构建研究——基于传播学视角下"平安北京"官方微博和微信的对比分析》，《传媒与教育》2015 年第 2 期，第 96 ~ 100 页。

[188] 肖健、侯建民：《地震速报微博发布系统的研发》，《中国地震》2015 年第 2 期，第 456 ~ 460 页。

[189] 朱建德：《城市形象片如何对地域元素进行有效传播——以〈寻梦 · 绍兴〉为例》，《视听纵横》2015 年第 2 期，第 112 ~ 113 页。

[190] 杨一飞：《高校应对网络舆情的理论研究与对策——微博热门话题的应对模式探究及启示》，《南昌师范学院学报》2015 年第 2 期，第 53 ~ 56 页。

[191] 梁春阳：《我国各地区官方微博综合绩效的指数法测评——兼析少数民族地区官方微博综合绩效现状》，《中共杭州市委党校学报》2015 年第 2 期，第 39 ~ 49 页。

[192] 周建华：《南京图书馆微博现况研究与思考》，《艺术百家》2015 年第 2 期，第248 ~ 253 页。

[193] 王一涵：《"微言大义"——浅论网络语体中的微博新语汇》，《东方艺术》2015 年第 2 期，第 62 ~ 63 页。

[194] 陈亚伟：《当前国产电影微博营销研究的文献综述》，《戏剧之家》2015 年第 2 期，第 75 ~ 77 页。

[195] 张圣声、阳爱民、周咏梅、杨佳能：《微博产品评论的情感倾向性分析方法》，《山西大学学报》（自然科学版）2015 年第 2 期，第 215 ~ 222 页。

[196] 葛涛、夏志杰、薛传业：《微博意见领袖的特征对网络舆情传播的影响》，《上海工程技术大学学报》2015 年第 2 期，第 169 ~ 174 页。

[197] 段淼然、陈刚、于靖、张笑：《基于新浪微博的省域出游驱动力空间分布特征》，《地域研究与开发》2015 年第 2 期，第 96 ~ 102 页。

[198] 张高平：《出版社走出微博营销困境的路径探究》，《科技传播》2015 年第 2 期，第 96 ~ 97 页。

[199] 皮方强：《微信、微博时代加强大学生思想政治教育的前瞻性研究》，《湖北科技学院学报》2015 年第 2 期，第 152 ~ 154 页。

[200] 薛云霞、李寿山、阮进：《微博中个人与非个人用户分类方法研究》，《山西大学学报》（自然科学版）2015 年第 2 期，第 192 ~ 198 页。

[201] 李桂成、王斌、李茹、王智强、程耀东：《基于三元词组模式的微博情感分类方法》，《山西大学学报》（自然科学版）2015 年第 2 期，第 282 ~ 288 页。

[202] 江冰雪：《“微时代”高校辅导员的“网络意见领袖”塑造路径》，《河南理工大学学报》（社会科学版）2015 年第 2 期，第 248 ~ 253 页。

[203] 李文英、游涛、周小梅、董柯：《长尾理论对高校学报传播的启示》，《武汉工程职业技术学院学报》2015 年第 2 期，第 76 ~ 79 页。

[204] 张伟锋、陈耀：《新媒体影响大学生政治参与的实证研究——以微博为例》，《浙江工业大学学报》（社会科学版）2015 年第 2 期，第 213 ~ 218 页。

[205] 张书卿、周文、欧阳纯萍、饶婕、刘志明、阳小华：《微博文本和传统文本体裁特征对比》，《南华大学学报》（自然科学版）2015 年第 2 期，第 87 ~ 90、96 页。

[206] 郑智斌、赵静静：《微博反腐中的公民网络素养——以“杨达才事件”为例》，《传媒》2015 年第 2 期，第 50 ~ 52 页。

[207] 刘伟：《高校学生组织官方微博运营中的困难及对策——以山东大学 Z 组织为例》，《廊坊师范学院学报》（社会科学版）2015 年第 2 期，第 119 ~ 122 页。

[208] 汪敏：《关于微博在公共图书馆讲坛服务中的宣传推广探索——以湖北省图书馆“长江讲坛”为例》，《图书情报论坛》2015 年第 2 期，第 45 ~ 49 页。

[209] 张兵：《自媒体时代司法公开的解困与型变——以微博直播庭审为切入点》，《北京政法职业学院学报》2015 年第 2 期，第 31 ~ 38 页。

[210] 徐昀、张海荣：《微博话语权争论的误区与超越——以国家和社会为视角》，《燕山大学学报》（哲学社会科学版）2015 年第 2 期，第 65 ~ 71 页。

[211] 苏丽丽：《图书馆微服务浅析——以上海理工大学图书馆微博微信服务为例》，《上海高校图书情报工作研究》2015 年第 2 期，第 18 ~ 20 页。

[212] 黄炜、田犇：《微博行为与大学生学习生活关联研究》，《浙江纺织服装职业技术学院学报》2015 年第 2 期，第 73 ~ 78 页。

[213] 卢尚月：《微文化背景下大学生核心价值观培育探究》，《四川理工学院学报》（社会

科学版）2015 年第 2 期，第 88 ~ 98 页。
[214] 贾程秀男、房灵海：《发挥“微政务”优势　创新新媒体时代群众工作方法》，《理论观察》2015 年第 2 期，第 107 ~ 108 页。
[215] 田园：《新闻媒体与微博协商的框架建构分析》，《新媒体研究》2015 年第 2 期，第 29 ~ 30 页。
[216] 林晓、王建浩、顾坚：《运用微博媒体推进高职院校思想政治教育工作》，《南昌教育学院学报》2015 年第 2 期，第 80 ~ 81 页。
[217] 邱益敏：《微博视阈下的大学生思想政治教育》，《郑州航空工业管理学院学报》（社会科学版）2015 年第 2 期，第 206 ~ 208 页。
[218] 刘文宇、范珂艳：《微博语篇中的态度特征研究——基于话题“哈尔滨浓雾”的评论》，《大连理工大学学报》（社会科学版）2015 年第 2 期，第 132 ~ 136 页。
[219] 何世明：《“红色博客”高校思政教育的创新与启示》，《现代交际》（学术版）2015 年第 2 期，第 137 ~ 137 页。
[220] 曹轶：《新媒体环境下高校思想政治教育的创新与思考》，《延安职业技术学院学报》2015 年第 2 期，第 42 ~ 43 页。
[221] 高屾、邹之坤：《微博与大学生思想政治教育》，《辽宁经济管理干部学院页·辽宁经济职业技术学院学报》2015 年第 2 期，第 78 ~ 80 页。
[222] 罗光晔：《微博环境下大学生社会主义核心价值观教育浅析》，《遵义师范学院学报》2015 年第 2 期，第 133 ~ 135 页。
[223] 任韧：《网络反腐成长历程及发展新路径探析》，《江西警察学院学报》2015 年第 2 期，第 94 ~ 100 页。
[224] 阙红艳：《微博在高职隐性思想政治教育中的功能与路径》，《宁波职业技术学院学报》2015 年第 2 期，第 30 ~ 34 页。
[225] 张海霞：《微博：中国协商民主发展的加速器》，《陕西社会主义学院学报》2015 年第 2 期，第 51 ~ 54 页。
[226] 李楠：《微时代政府传播的传播学思考》，《巢湖学院学报》2015 年第 2 期，第 77 ~ 80 页。
[227] 吴庆梅：《全媒体时代新疆政务微博的发展现状及建议》，《石河子科技》2015 年第 2 期，第 18 ~ 20 页。
[228] 张波：《互联网思维下政府微博的创新之道——“上海发布”的踩踏事件报道分析》，《重庆行政（公共论坛）》2015 年第 2 期，第 10 ~ 11 页。
[229] 邱源子：《政务微博：危机应对的有效平台——以“广东发布”对超强台风“威马逊”的舆情处置为例》，《新闻知识》2015 年第 2 期，第 59 ~ 60 页。
[230] 蔡斌：《对政务微博热的思考》，《内蒙古统计》2015 年第 2 期，第 39 ~ 41 页。
[231] 施瑞婷：《国家综合档案馆“官微”传播行为分析——基于新浪微博和微信平台的实证研究》，《档案学研究》2015 年第 2 期，第 80 ~ 88 页。
[232] 吴群芳、刘志林：《微博反腐背景下的政府回应能力建设——以“刘铁男事件”为样本的分析》，《湖北行政学院学报》2015 年第 2 期，第 55 ~ 59 页。
[233] 陈昭华、余俊渠：《基于思想政治教育视阈下的大学生微博（微信）传谣原因及应对

机制——以佛山科学技术学院为例》，《延边党校学报》2015 年第 2 期，第 121 ~ 123 页。

[234] 贺周阳：《论微时代背景下行政权力监督》，《大庆社会科学》2015 年第 2 期，第 64 ~ 68 页。

[235] 范蕊：《微博时代：90 后大学生的政治意识现状及对策研究》，《南昌师范学院学报》2015 年第 2 期，第 57 ~ 59 页。

[236] 李智锋：《微博对大学生思想政治教育的影响与对策分析》，《广东石油化工学院学报》2015 年第 2 期，第 67 ~ 69、86 页。

[237] 杨翠芳：《微博的产生、运用与人的解放》，《湖北成人教育学院学报》2015 年第 2 期，第 67 ~ 71 页。

[238] 刘铁英、张小莉：《微博属性相似度测量实证研究》，《管理现代化》2015 年第 2 期，第96 ~ 98 页。

[239] 纪思涵、钱森华：《浅谈微博在大学生思想政治教育中运用》，《湘潮（下半月）》2015 年第 2 期，第 45、62 页。

[240] 任靖福：《基于微博的教学实践与研究》，《佳木斯职业学院学报》2015 年第 2 期，第177 ~ 178 页。

[241] 王亿本：《新浪健康微博的文本分析》，《广西师范学院学报》（哲学社会科学版）2015 年第 2 期，第 123 ~ 126 页。

[242] 何睿：《微博语境下大数据“技术神话”的建构与批判》，《当代传播》2015 年第 2 期，第69 ~ 71 页。

[243] 赵小明、张群、岳昆：《基于静电场理论和 PageRank 算法的微博用户相关性分析》，《云南大学学报》（自然科学版）2015 年第 2 期，第 207 ~ 214 页。

[244] 虎业勤、孙宁：《浅析高校微博对高校网络舆情的影响及引导路径》，《郑州轻工业学院学报》（社会科学版）2015 年第 2 期，第 31 ~ 34 页。

[245] 王博、方冠豪、邵力、张玉旺：《低活跃度背景下的微博社区信息传播模型研究》，《哈尔滨商业大学学报》（自然科学版）2015 年第 2 期，第 215 ~ 222 页。

[246] 刘文宇、范珂艳：《微博语篇中的态度特征研究——基于话题“哈尔滨浓雾”的评论》，《大连理工大学学报》（社会科学版）2015 年第 2 期，第 132 ~ 136 页。

[247] 陈燕红：《“微时代”大学生媒介素养现状及教育对策——以福建部分高校为例》，《青少年学刊》2015 年第 2 期，第 52 ~ 56 页。

[248] 张钰莎、蒋盛益：《微博公共事件演化分析研究综述》，《广东工业大学学报》2015 年第 2 期，第 58 ~ 63 页。

[249] 何江、李大为：《报纸官方微博使用现状研究——以沈阳四家报纸官方微博为例》，《当代传播》2015 年第 2 期，第 72 ~ 73 页。

[250] 杨曦、刘艳华：《改进的 SIR 模型在微博信息传播中的应用》，《科技广场》2015 年第 2 期，第 12 ~ 16 页。

[251] 易可佳：《网络在声乐教学中的作用——以“国际声乐”的微博为例》，《戏剧之家》2015 年第 2 期，第 87 页。

[252] 范哲、杨晓新、王周秀：《高校学生社交媒体平台交互学习动机研究——以微博平台

开展应用型课程学习为例》，《情报资料工作》2015 年第 2 期，第 101 ~ 105 页。

［253］王伟、檀杏、雷雳：《青少年微博用户的网络社会支持与生命意义感：动机的中介作用》，《心理研究》2015 年第 2 期，第 69 ~ 76 页。

［254］张春蕾：《地方媒体微博在突发事件中的报道表现及报道策略分析——以 2014 年云南媒体微博“10·7 云南景谷 6.6 级地震”报道为例》，《新媒体研究》2015 年第 2 期，第39 ~ 40、42 页。

［255］郭凤林、邵梓捷、严洁：《网络舆情事件中的意见领袖网络结构及其政治参与意涵》，《东北大学学报》（社会科学版）2015 年第 2 期，第 169 ~ 174 页。

［256］张颖：《新媒体时代的工会思想传播力研究——基于对“工会微博”受关注度的考察》，《中国劳动关系学院学报》2015 年第 2 期，第 33 ~ 38 页。

［257］黄艳：《微博背景下的高校思想政治教育探究》，《攀登》2015 年第 2 期，第 117 ~ 121 页。

［258］徐雅斌、石伟杰：《微博用户推荐模型的研究》，《电子科技大学学报》2015 年第 2 期，第 254 ~ 259 页。

［259］陆静、余小清、万旺根：《微博网络消息传播的 ISSR 模型》，《应用科学学报》2015 年第 2 期，第 194 ~ 202 页。

［260］罗大蒙、邓雪红：《微博问政：类型、局限及其改善路径探析》，《攀登》2015 年第 2 期，第 80 ~ 85 页。

［261］梁春阳：《我国各地区官方微博综合绩效的指数法测评——兼析少数民族地区官方微博综合绩效现状》，《中共杭州市委党校学报》2015 年第 2 期，第 39 ~ 49 页。

［262］戴军、张锋美：《微博在实训课程中的应用研究》，《实验技术与管理》2015 年第 2 期，第 201 ~ 203 页。

［263］余佳、汪祖柱、徐妍卉：《微博反腐的网络舆情信息传播特征研究——以韩树明事件为例》，《大学图书情报学刊》2015 年第 2 期，第 12 ~ 16 页。

［264］卫冰洁、王斌、张帅、李鹏：《微博检索的研究进展》，《中文信息学报》2015 年第 2 期，第 10 ~ 23 页。

［265］张恒才、陆锋、仇培元：《基于 D-S 证据理论的微博客蕴含交通信息提取方法》，《中文信息学报》2015 年第 2 期，第 170 ~ 178 页。

［266］杨秀：《案件传播中的律师微博研究》，《重庆大学学报》（社会科学版）2015 年第 2 期，第 141 ~ 147 页。

［267］刘萍萍、吕彬：《微博时代高校网络舆情的特征和管理策略研究》，《大学图书情报学刊》2015 年第 2 期，第 8 ~ 11 页。

［268］胡珑瑛、董靖巍：《微博用户转发动机实证分析》，《中国软科学》2015 年第 2 期，第 175 ~ 182 页。

［269］陈龙：《利用微博创新高校思想政治教育工作方式研究》，《教育探索》2015 年第 2 期，第 106 ~ 108 页。

［270］周宁：《微博应用于高校共青团工作的几点思考》，《统计与管理》2015 年第 2 期，第 87 ~ 88 页。

［271］矫大海：《关于微博反腐的思考——基于行政伦理的分析视角》，《牡丹江大学学报》

2015 年第 2 期，第 117 ~ 120 页。
[272] 郑继海：《微博视域下高校党建工作创新的策略探析》，《清远职业技术学院学报》2015 年第 2 期，第 108 ~ 111 页。
[273] 申玲玲：《出版社微博营销中的信息选择与关系维护》，《当代传播》2015 年第 2 期，第 106 ~ 107 页。
[274] 吕龙延：《政府微博与政府形象构建研究》，《漯河职业技术学院学报》2015 年第 2 期，第 95 ~ 97 页。
[275] 赵龙、王杏初：《基于微博的大学生职业指导研究》，《安徽工业大学学报》（社会科学版）2015 年第 2 期，第 114 ~ 116 页。
[276] 赵燕：《媒介融合时代微博新闻传播现象探析》，《新闻世界》2015 年第 2 期，第 89 ~ 90 页。
[277] 肖凤荣：《微博图片对公众人物监督的得与失》，《今传媒》2015 年第 2 期，第 57 ~ 59 页。
[278] 徐蓓：《微博时代下的大学生教育新管理》，《统计与管理》2015 年第 2 期，第 78 ~ 79 页。
[279] 郑桂玲、吉克：《高校微博社群问题研究》，《电子商务》2015 年第 2 期，第 95 ~ 96 页。
[280] 王洪博：《论新时期公安微博和谐警民关系的构建策略》，《佳木斯职业学院学报》2015 年第 2 期，第 301 ~ 302 页。
[281] 邱源子：《微博问政：构建长效机制是关键》，《视听》2015 年第 2 期，第 112 ~ 113 页。
[282] 丁倩：《从注意力经济解读微博营销》，《今传媒》2015 年第 2 期，第 77 ~ 79 页。
[283] 田密：《微时代下的图书营销》，《新闻世界》2015 年第 2 期，第 120 ~ 122 页。
[284] 杨婧、陆奕焕：《微时代条件下的高校校园文化建设新思路》，《黑龙江教育学院学报》2015 年第 2 期，第 8 ~ 10 页。
[285] 刘蕊、郭晓慧：《论党报官方微博语言风格——以〈人民日报〉新浪微博为例》，《新闻知识》2015 年第 2 期，第 105 ~ 106 页。
[286] 管晴雪：《新浪微博对创业个体的价值与前景》，《新闻世界》2015 年第 2 期，第 171 ~ 172 页。
[287] 杨曙：《微博生态下的阅读新特征与图书馆的合理引导》，《新世纪图书馆》2015 年第 2 期，第 24 ~ 27 页。
[288] 陈华栋：《“后微博”时代高校网络舆论特征及建设路径》，《思想理论教育》2015 年第 2 期，第 79 ~ 82 页。
[289] 贾程秀男、房灵海：《发挥“微政务”优势　创新新媒体时代群众工作方法》，《理论观察》2015 年第 2 期，第 107 ~ 108 页。
[290] 张岩峰、陈长松、杨涛、左俐俐、丁飞：《微博用户的个性分类分析》，《计算机工程与科学》2015 年第 2 期，第 402 ~ 409 页。
[291] 张文华、邢长远：《生态视角下微博营销策略分析》，《商业经济》2015 年第 2 期，第 93 ~ 94 页。

[292] 苑卫国、刘云：《微博用户特征量增长规律研究》，《计算机研究与发展》2015 年第 2 期，第 522 ~ 532 页。

[293] 周皓、刘钢：《微博用户忠诚度的影响机制分析》，《现代情报》2015 年第 2 期，第 154 ~ 158、177 页。

[294] 张亚莉、鲁梦华、徐祎飞：《基于文本分析的微博博文影响力实证研究》，《现代情报》2015 年第 2 期，第 23 ~ 27、40 页。

[295] 余秀才、朱梦琪：《微博、公共领域与后现代文化》，《现代传播》（中国传媒大学学报）2015 年第 2 期，第 135 ~ 138 页。

[296] 郭文玲：《基于微博平台的图书馆阅读推广比较研究》，《图书馆工作与研究》2015 年第 2 期，第 85 ~ 90 页。

[297] 夏明名：《微博与微信：突发事件传播中特点之比较》，《现代视听》2015 年第 2 期，第55 ~ 57 页。

[298] 唐晓波、房小可：《基于隐含狄利克雷分配的微博推荐模型研究》，《情报科学》2015 年第 2 期，第 3 ~ 8 页。

[299] 刘晓燕、郑维雄：《企业社会化媒体营销传播的效果分析——以微博扩散网络为例》，《新闻与传播研究》2015 年第 2 期，第 89 ~ 102 页。

[300] 许伟：《基于社会网络的学科服务微博圈研究》，《情报科学》2015 年第 2 期，第 59 ~ 62 页。

[301] 申国伟、杨武、王巍、于淼：《面向大规模微博消息流的突发话题检测》，《计算机研究与发展》2015 年第 2 期，第 512 ~ 521 页。

[302] 刘东辉：《吉林省公安微博建设相关问题研究》，《新闻研究导刊》2015 年第 2 期，第131 ~ 132 页。

[303] 陈敏玮、杨陶玉、冯巧婕：《省级党报法人微博如何脱颖而出》，《传媒评论》2015 年第 2 期，第 93 ~ 96 页。

[304] 任毓萍：《谈纸上微博对习作的促进作用》，《小学教学参考》（语文版）2015 年第 2 期，第 83 ~ 84 页。

[305] 胡瑞晨：《〈人民日报〉微博的新闻传播策略案例研究》，《新闻研究导刊》2015 年第 2 期，第 126 页。

[306] 冯琳琳、卫帮超：《浅析微博对新闻传播的影响》，《中国报业》2015 年第 2 期，第 25 ~ 26 页。

[307] 秦凯风：《论微博对群体极化现象的影响分析》，《中国报业》2015 年第 2 期，第 29 ~ 30 页。

[308] 丁智擘、孟祥斌：《微博的传播机制及其影响力探究》，《科技传播》2015 年第 2 期，第137 ~ 138 页。

[309] 吴云枭、朱丹萍、张宇：《基于理论的微博实名制推行受阻因素分析》，《当代经济》2015 年第 2 期，第 56 ~ 57 页。

[310] 郭媛媛：《网络传播视角下微博的可持续发展》，《新闻战线》2015 年第 2 期，第 165 ~ 166 页。

[311] 何旭、徐周良：《论新时期领导干部的微能力》，《胜利油田党校学报》2015 年第 1

期，第 83 ~ 86 页。
［312］郝香、司稳玲：《媒体监督司法的新路径：微博直播庭审》，《青年记者》2015 年第 2 期，第 57 ~ 58 页。
［313］李晓荷：《纸媒微博的应用——以“@ 人民日报”和“@ 新周刊”为例》，《青年记者》2015 年第 2 期，第 54 ~ 55 页。
［314］张晶：《加多宝与王老吉之争中加多宝的危机公关分析——基于加多宝新浪微博的内容分析》，《现代商业》2015 年第 2 期，第 126 ~ 127 页。
［315］韩冠宙：《微博平台的影响力综述》，《现代计算机》（专业版）2015 年第 2 期，第 42 ~ 44 页。
［316］王振宇、郑钦：《网络时代下思想政治教育如何应对“微博”的挑战》，《科技创新导报》2015 年第 2 期，第 168 ~ 169 页。
［317］姚静：《我国高校图书馆的微博发展状况和读者服务创新》，《科技情报开发与经济》2015 年第 2 期，第 59 ~ 61 页。
［318］孙伟峰：《法院微博：司法效用与规范路径》，《河北法学》2015 年第 2 期，第 175 ~ 183 页。
［319］刘勘、袁蕴英、刘萍：《基于随机森林分类的微博机器用户识别研究》，《北京大学学报》（自然科学版）2015 年第 2 期，第 289 ~ 300 页。
［320］祁明、张传文、李宏达：《微博问政：政府转型的实现条件与路径选择》，《科技管理研究》2015 年第 2 期，第 186 ~ 190 页。
［321］钱铮、钱雪菲：《“微时代”下校园意见领袖在大学生思想政治教育工作中的应用》，《职教通讯》2015 年第 2 期，第 78 ~ 80 页。
［322］陈雪嵘：《政务微博矩阵助掌舆论主动权》，《群众》2015 年第 2 期，第 37 ~ 38 页。
［323］王秀芬：《高职院校图书馆微博服务研究——以新浪微博平台为例》，《图书馆研究》2015 年第 2 期，第 91 ~ 96 页。
［324］吴亚欣、薛竹茗：《新媒体时代微博舆论监督特点及发展策略》，《人民论坛》2015 年第 2 期，第 166 ~ 168 页。
［325］王军洋、李爽：《功能与限界：作为一种网络政治媒介的政务微博》，《福建行政学院学报》2015 年第 2 期，第 19 ~ 25 页。
［326］郝艳龙：《微博在体育赛事传播中的运用》，《新闻战线》2015 年第 2 期，第 62 ~ 63 页。
［327］李晓龙：《群众路线视域下的政务微博管理创新》，《中共南昌市委党校学报》2015 年第 2 期，第 50 ~ 53 页。
［328］吴庆梅：《全媒体时代新疆政务微博的发展现状及建议》，《石河子科技》2015 年第 2 期，第 18 ~ 20 页。
［329］赵喜儒：《政务微博与政务公开方式的创新》，《内蒙古师范大学学报》（哲学社会科学版）2015 年第 2 期，第 16 ~ 19 页。
［330］梁芷铭、李功平、程族桁：《在严肃性与亲和性之间寻觅最佳平衡点——从政府角度谈政务微博话语权的灵魂》，《党政研究》2015 年第 2 期，第 103 ~ 108 页。
［331］何阳：《新媒体时代下政务微博的利与弊》，《党史博采（理论）》2015 年第 2 期，第

32～33 页。
[332] 段雨欣、唐莲：《政务微博视角下的政府形象建构》，《新闻知识》2015 年第 2 期，第 95～96 页。
[333] 杜向菊：《政务微博在政府形象传播中存在的问题及对策》，《视听》2015 年第 2 期，第 114～115 页。
[334] 蒋云云：《自媒体时代下手机微博存在的问题及应对策略》，《新闻传播》2015 年第 2 期，第 52～53 页。
[335] 林秋鸯：《微博名誉侵权之归责原则研究》，《企业导报》2015 年第 2 期，第 151、148 页。
[336] 王涛、周斌、曲铭、王忠振：《基于用户行为和影响覆盖的微博价值评价模型》，《计算机技术与发展》2015 年第 2 期，第 21～24、46 页。
[337] 胡倩文：《微博协作学习在高职计算机应用基础中的应用》，《价值工程》2015 年第 2 期，第 268～269 页。
[338] 陈凌玲：《探析微博在思想政治工作中的应用》，《中国报业》2015 年第 2 期，第 23～24 页。
[339] 苏光：《探析广播与微博互动机制构建与发展》，《中国报业》2015 年第 2 期，第 19～20 页。
[340] 江玲、温小花、赖柳清：《英语第二课堂微博应用设计的调查研究》，《英语广场（学术研究）》2015 年第 2 期，第 112～113 页。
[341] 查赛：《浅论信息时代下数字插画艺术的网络传播——以新浪微博为例》，《大众文艺》2015 年第 2 期，第 115～116 页。
[342] 贺晓丽：《政务微博在突发事件应对中的作用研究》，《中共青岛市委党校页·青岛行政学院学报》2015 年第 2 期，第 57～60 页。
[343] 刘桂玲：《公安政务微博集群化研究——以新浪政务微博集群为例》，《中国人民公安大学学报》（社会科学版）2015 年第 2 期，第 135～142 页。
[344] 郭凤丽：《微博在高校思想政治教育中的应用》，《教育与职业》2015 年第 2 期，第 66～67 页。
[345] 贾杏：《自媒体环境下媒介对大学生就业的影响研究》，《继续教育研究》2015 年第 2 期，第 73～75 页。
[346] 郭世东：《政务微博的现状分析与前景展望》，《新媒体研究》2015 年第 2 期，第 15～16 页。
[347] 张敏、吴郁松、霍朝光：《我国电子政务的研究热点与研究趋势分析》，《情报杂志》2015 年第 2 期，第 137～141 页。
[348] 张子晗：《主流媒体官方微博的应急反应特征研究——以兰州局部自来水苯超标事件为例》，《东南传播》2015 年第 2 期，第 124～126 页。
[349] 辛文娟、赖涵：《群体极化视域下网络舆情的演化机制研究——以微博网民讨论“浙江温岭杀医案”为例》，《情报杂志》2015 年第 2 期，第 47～52 页。
[350] 马素姣：《浅析微博独创性的认定》，《长江大学学报》（社会科学版）2015 年第 2 期，第45～49 页。

[351] 丁迈、罗佳：《心理应激影响下突发性公共危机事件的公众舆论流变——以“昆明暴恐”事件为例》，《现代传播：中国传媒大学学报》2015 年第 2 期，第 50 ~ 53 页。
[352] 高辉辉、张彦忠：《微博舆情环境下高校辅导员工作的 SWOT 分析》，《社科纵横》2015 年第 2 期，第 172 ~ 175 页。
[353] 王英、吴淑娟、芦姗、邱小花、吕荣侠、蒋玲：《高校官方微博行为特征案例对比分析——以新浪微博为研究平台》，《情报探索》2015 年第 2 期，第 68 ~ 71 页。
[354] 孙毅：《微博反腐的困境及制度化构建》，《南方论刊》2015 年第 2 期，第 62 ~ 64 页。
[355] 雷宏振、贾悦婷：《基于复杂网络的在线社交网络特征与传播动力学分析》，《统计与决策》2015 年第 2 期，第 114 ~ 117 页。
[356] 邱源子：《微博问政：开启政民互动的新时代》，《今传媒》2015 年第 2 期，第 13 ~ 15 页。
[357] 朱湘、贾焰、聂原平、曲铭：《基于微博的事件传播分析》，《计算机研究与发展》2015 年第 2 期，第 437 ~ 444 页。
[358] 高晓晗：《公安微博在警察形象提升中的作用研究——以 2014 年南京青奥会为例》，《法制与社会》2015 年第 2 期，第 266 ~ 267 页。
[359] 王小雨：《浅谈涉微博著作权侵权之转发行为》，《法制博览》2015 年第 2 期，第 272 ~ 273 页。
[360] 顾瑜婷、王飞：《高校官方微博建设现状与发展策略研究》，《学校党建与思想教育》2015 年第 2 期，第 55 ~ 56、92 页。
[361] 龙婷：《论高校思政教育微博媒介融合机制的构建》，《新闻战线》2015 年第 2 期，第139 ~ 140 页。
[362] 许天：《微博意见领袖的影响及应对》，《青年记者》2015 年第 2 期，第 56 ~ 57 页。
[363] 芦诗雨：《基于微博的大学英语写作同伴互评功效研究》，《绥化学院学报》2015 年第 2 期，第 130 ~ 132 页。
[364] 冯露、封葑：《基于导入流量测度微博传播贡献的实证研究——以各省旅游官方微博为例》，《辽宁大学学报》（哲学社会科学版）2015 年第 2 期，第 122 ~ 126 页。
[365] 李强彬、陈晓蕾：《政务微博中的公民参与：限度与突破》，《理论探讨》2015 年第 2 期，第 158 ~ 162 页。
[366] 周莉、李晓、黄娟：《政务微博在突发事件中的信息发布及其影响》，《新闻大学》2015 年第 2 期，第 144 ~ 152 页。
[367] 王秉：《论政务微博视野下的地方法治文化建设》，《电子政务》2015 年第 2 期，第 64 ~ 71 页。
[368] 黄建宁、刘西平：《政务微博评估模型及实证研究》，《数学的实践与认识》2015 年第 2 期，第 19 ~ 25 页。
[369] 王静、赵建梅：《语域理论视角下的新疆政务微博》，《新疆大学学报》（哲学·人文社会科学版）2015 年第 2 期，第 134 ~ 139 页。
[370] 姜胜洪：《论利用政务微博推进基层政府公共决策协商民主》，《理论与现代化》2015 年第 2 期，第 59 ~ 63 页。

[371] 肖璐、陈果:《企业竞争情报中微博分析技术研究:基于需求驱动视角》,《情报理论与实践》2015 年第 2 期,第 116 ~ 120 页。

[372] 李娇、金一波、陶灵芝:《“微时代”网络行为对个体心理发展的影响》,《人类工效学》2015 年第 2 期,第 68 ~ 71 页。

[373] 赵利利:《基于内容分析的微博新闻叙事研究——以人民微博关于 APEC 会议的新闻发布为例》,《新闻窗》2015 年第 2 期,第 24 ~ 25 页。

[374] 郭文军:《微博的特性及对电视新闻传播的影响》,《胜利油田党校学报》2015 年第 2 期,第 122 ~ 123 页。

[375] 刘钰潭、张昊、何炆峰、杨磊:《“微博”对大学生价值追求影响的探究——以中国矿业大学、江苏师范大学、徐州工程学院为例》,《辽宁工业大学学报》(社会科学版)2015 年第 2 期,第 96 ~ 98、103 页。

[376] 杜建华:《“微”时代:表现、特征及传统媒体的着力点——以纸媒体为例》,《新闻大学》2015 年第 2 期,第 60 ~ 67 页。

[377] 朱德米、虞铭明:《社会心理、演化博弈与城市环境群体性事件——以昆明 PX 事件为例》,《同济大学学报》(社会科学版)2015 年第 2 期,第 57 ~ 64 页。

[378] 郭倩:《重大突发事件中微博舆论场的形成机制——以“马航 MH370 客机失联”为例》,《中北大学学报》(社会科学版)2015 年第 2 期,第 36 ~ 39 页。

[379] 吴恺、王莹:《基于提及关系的微博用户知识发现初探》,《图书与情报》2015 年第 2 期,第 123 ~ 127 页。

[380] 郭明飞、杨磊:《微空间的国家意识形态安全风险及其防范体系构建》,《湖北行政学院学报》2015 年第 2 期,第 28 ~ 33 页。

[381] 王九硕、高凯、赵捷、高国江:《基于微博文本的个性化兴趣关注点及情绪变迁趋势研究》,《河北科技大学学报》2015 年第 2 期,第 188 ~ 194 页。

[382] 施瑞婷:《国家综合档案馆“官微”传播行为分析——基于新浪微博和微信平台的实证研究》,《档案学研究》2015 年第 2 期,第 80 ~ 88 页。

[383] 马特、董大海:《微博平台企业监管的动态关系研究》,《科技与管理》2015 年第 2 期,第 32 ~ 37 页。

[384] 蔡培潇:《微博时代的公民新闻》,《运城学院学报》2015 年第 2 期,第 19 ~ 21 页。

[385] 张敏、吴郁松、霍朝光:《我国电子政务的研究热点与研究趋势分析》,《情报杂志》2015 年第 2 期,第 137 ~ 141 页。

[386] 邱源子:《微博问政:构建长效机制是关键》,《视听》2015 年第 2 期,第 112 ~ 113 页。

[387] 吴肖:《公共服务视阈下的政务微博运营路径研究》,《桂林航天工业学院学报》2015 年第 2 期,第 175 ~ 181 页。

[388] 王惊雷:《微博在旅游营销中的应用研究——以山东省旅游局官方微博为例》,《东南大学学报》(哲学社会科学版)2015 年第 2 期,第 55 ~ 57 页。

[389] 李子玲:《微博信息传播模式分析》,《视听》2015 年第 2 期,第 115 ~ 117 页。

[390] 张峰蔚:《微博时代大学生网络政治参与研究》,《长春教育学院学报》2015 年第 2 期,第 39 ~ 41 页。

第3期

［391］卢宝周、王家明、张涛：《社会化政务及其影响的社会表征研究——以政务微博为例》，《南大商学评论》2015 年第 3 期，第 142 ~ 163 页。

［392］张钟文、张楠、孟庆国：《面向网络问政的政府社交媒体运作机制创新研究——以政务微博为例》，《公共管理评论》2015 年第 3 期，第 41 ~ 57 页。

［393］刘艳：《构建“双微”合璧的微政务格局——以“@广州公安”为例》，《中国法治文化》2015 年第 3 期，第 47 ~ 50 页。

［394］王海燕：《微博健康信息的传播效果分析》，《全球传媒学刊》2015 年第 3 期，第 107 ~ 126 页。

［395］秦胜君：《基于稀疏自动编码器的微博情感分类应用研究》，《广西科技大学学报》2015 年第 3 期，第 36 ~ 40 页。

［396］路月玲：《微政时代的政务微博管理》，《广州社会主义学院学报》2015 年第 3 期，第 64 ~ 68 页。

［397］裴晓玉：《“微时代”的政府管理创新研究》，《河南司法警官职业学院学报》2015 年第 3 期，第 115 ~ 118 页。

［398］丁智擘、孟祥斌：《微博舆情背景下政府危机公关的现状及应对措施》，《新闻研究导刊》2015 年第 3 期，第 12 页。

［399］杨馥泽：《基于元胞自动机的政务微博中危机信息扩散模型研究》，《商》2015 年第 3 期，第 185 ~ 186 页。

［400］栗英桥：《微博的“微”与“博”——兼论对自媒体的规制》，《科技传播》2015 年第 3 期，第 137 ~ 138 页。

［401］汤晖：《浅谈反腐败新形式：网络反腐、对传统模式下制度反腐中监督机制的影响与启示——以时下最流行的微博反腐为例》，《法制博览》2015 年第 3 期，第 73 ~ 74 页。

［402］于双双：《基于媒介融合下微博对新闻传播的影响探析》，《科技传播》2015 年第 3 期，第 155 ~ 156 页。

［403］马光：《自媒体冲击下传统期刊的发展对策研究》，《科技传播》2015 年第 3 期，第 218 ~ 219 页。

［404］徐煜：《组织能力与社会化媒体使用：一项针对中国高校微博的经验研究》，《全球传媒学刊》2015 年第 3 期，第 92 ~ 106 页。

［405］李明：《微博在大学生心理健康教育中的价值及应用对策》，《赤峰学院学报》（自然科学版）2015 年第 3 期，第 126 ~ 127 页。

［406］努尔阿丽耶·伊马木：《少数民族微博用户对少数民族舆论影响力的作用》，《新闻研究导刊》2015 年第 3 期，第 115 ~ 116 页。

［407］徐子河：《电视媒体与社交媒体互动研究分析——以微博为例》，《科技传播》2015 年第 3 期，第 154、170 页。

［408］郑世堃：《浅析微博在大学生互动交流过程中的应用》，《价值工程》2015 年第 3 期，第 255 ~ 256 页。

[409] 徐春红:《关于如何提升微博路况信息发布质量的几点思考》,《科技传播》2015 年第 3 期,第 147 ~150 页。

[410] 韩春燕、刘玉娇、琚生根、李若晨、苏翀:《中文微博命名体识别》,《四川大学学报》(自然科学版) 2015 年第 3 期,第 511 ~516 页。

[411] 沙勇忠、阎劲松、王峥嵘:《雅安地震后红十字会的公众信任研究——基于微博数据的网民情感分析》,《公共管理学报》2015 年第 3 期,第 93 ~104、158 ~159 页。

[412] 李丽坤、苏献启:《微博时代视域下地方政府应对网络舆情危机研究》,《邢台学院学报》2015 年第 3 期,第 48 ~50 页。

[413] 刘悦如、张宗斌、余育仁:《上海高校图书馆微博转发网络分析》,《上海高校图书情报工作研究》2015 年第 3 期,第 46 ~49 页。

[414] 张晓红:《微博运行中出现的问题及相关治理建议》,《辽宁科技学院学报》2015 年第 3 期,第 45 ~46、55 页。

[415] 徐帆:《微博时代的高校思想政治工作新探索》,《浙江工商职业技术学院学报》2015 年第 3 期,第 45 ~47 页。

[416] 华绿绿、黄廷磊、刘久云、夏威:《一种适用于微博主题提取的 SMLDA 模型》,《桂林电子科技大学学报》2015 年第 3 期,第 241 ~244 页。

[417] 史东娟、柯伟:《以微博为媒介促进屯垦资料中心科学发展》,《兵团党校学报》2015 年第 3 期,第 79 ~81 页。

[418] 黄艳:《微博:思想政治教育新载体》,《西安文理学院学报》(社会科学版) 2015 年第 3 期,第 93 ~97 页。

[419] 李寿国:《微博"大 V"对高校学生思想政治教育工作的影响》,《西安建筑科技大学学报》(社会科学版) 2015 年第 3 期,第 9 ~13 页。

[420] 蒋丽华、蒋南飞:《侦查法治思维培养问题初探——以公安院校侦查学专业本科学生为侧重》,《山东警察学院学报》2015 年第 3 期,第 86 ~90 页。

[421] 缪俊芳:《词性对新闻以及微博网络话题检测的影响研究》,《新媒体研究》2015 年第 3 期,第 14 ~15 页。

[422] 刘艳婧、史红岩:《2014 年中国社会化媒体研究热点综述》,《新闻论坛》2015 年第 3 期,第 71 ~76 页。

[423] 方建移、孙欣:《人民日报微博暴恐事件言论的框架分析——基于对 3·1 和5·22 暴恐事件的个案研究》,《浙江传媒学院学报》2015 年第 3 期,第 21 ~32、148 页。

[424] 汤书昆、谢起慧:《我国主流大报科技伦理报道的多平台议题呈现——以传统纸媒和官方微博为例》,《科普研究》2015 年第 3 期,第 29 ~39 页。

[425] 高辛凡:《高校学报即时通信平台现状的述评与建议》,《浙江传媒学院学报》2015 年第 3 期,第 141 ~144 页。

[426] 付玉辉:《论移动互联网微传播的双重召唤结构和偏向叠加效应》,《浙江传媒学院学报》2015 年第 3 期,第 8 ~11、147 页。

[427] 王新亚:《政务新媒体:要人性,别"任性"》,《决策探索(上半月)》2015 年第 3 期,第 11 页。

[428] 张德宜:《"微时代"辅导员思政教育工作的挑战及应对策略》,《宝鸡文理学院学

报》（社会科学版）2015 年第 3 期，第 107 ~ 111 页。

［429］田瑞云：《浅析微博在高校图书馆服务工作中的应用》，《吉林省经济管理干部学院学报》2015 年第 3 期，第 128 ~ 130 页。

［430］毛丹：《我国微博舆论监督的性质、问题与应对策略》，《重庆行政（公共论坛）》2015 年第 3 期，第 50 ~ 52 页。

［431］王绍龙、徐新民：《政务新媒体如何谋定而后动》，《传媒》2015 年第 3 期，第 57 ~ 59 页。

［432］蔡端午：《新媒体在农业科普期刊中的应用分析》，《黄冈师范学院学报》2015 年第 3 期，第 25 ~ 27 页。

［433］蔡珮珺：《微博对大学生思想政治教育的影响及对策》，《郑州航空工业管理学院学报》（社会科学版）2015 年第 3 期，第 200 ~ 202 页。

［434］李兆华：《新媒体时代河南政府旅游微博营销创新研究》，《河南机电高等专科学校学报》2015 年第 3 期，第 34 ~ 37 页。

［435］李永：《理性选择制度主义视域下微博反腐模式分析》，《当代传播》2015 年第 3 期，第 102 ~ 103 页。

［436］张晶、刘帅：《微博视阈下高校党校思想政治教育互动新模式探究》，《中共乐山市委党校学报》2015 年第 3 期，第 111 ~ 112 页。

［437］查先进、张晋朝、严亚兰：《微博环境下用户学术信息搜寻行为影响因素研究——信息质量和信源可信度双路径视角》，《中国图书馆学报》2015 年第 3 期，第 71 ~ 86 页。

［438］汤晖：《浅谈反腐败新形式：网络反腐，对传统模式下制度反腐中监督机制的影响与启示——以时下最流行的微博反腐为例》，《法制博览》2015 年第 3 期，第 73 ~ 74 页。

［439］张建光、尚进：《移动政务服务平台的发展趋势特点及策略研究》，《中国信息界》2015 年第 3 期，第 64 ~ 68 页。

［440］刘迎：《“微时代”背景下大学生思想政治教育的“微思考”——以高校官方微信、微博等网络平台为例》，《华北水利水电大学学报》（社会科学版）2015 年第 3 期，第 48 ~ 50 页。

［441］吕本富、万红杰、刘超群、刘颖：《微博情感能影响旅游客流量？——基于新浪微博和园博会的实证研究》，《管理现代化》2015 年第 3 期，第 93 ~ 95 页。

［442］黄颖：《“风险的社会放大”框架下的微博研究——基于对“陈永洲事件”的分析》，《新闻世界》2015 年第 3 期，第 96 ~ 98 页。

［443］周欢：《高职院校思想政治教育创新研究——以“微博”载体为例》，《宿州教育学院学报》2015 年第 3 期，第 89 ~ 90 页。

［444］高哲、罗挺豪、赵玟言、杜健平、唐建鹏、陈荣钦：《基于微博内容的用户兴趣爱好分类模型》，《台州学院学报》2015 年第 3 期，第 18 ~ 21 页。

［445］袁晓浩、谭顺霞、常进：《大学生对突发公共事件微博网络舆情的认知》，《高校辅导员学刊》2015 年第 3 期，第 46 ~ 49 页。

［446］杨丽、吉小叶：《旅游目的地官方微博营销浅析——以省级旅游局官方微博为例》，

《吉林工商学院学报》2015 年第 3 期，第 51 ~ 53、115 页。
[447] 吴小兰、章成志：《基于 DTM-LPA 的突发事件话题演化方法研究——以 H7N9 微博为例》，《图书与情报》2015 年第 3 期，第 9 ~ 16 页。
[448] 郑曼：《浅析微博对思想政治教育工作的影响》，《学理论》2015 年第 3 期，第 253 ~ 254 页。
[449] 褚建勋、肖毅、黄柯、申帆、杨正、张建亚：《水污染公共环境事件中的微博科普传播现状及特征探究》，《科普研究》2015 年第 3 期，第 9 ~ 18 页。
[450] 方爱华、张解放：《环境群体性事件中政府、媒体、民众在微博场域的话语表达——以“余杭中泰垃圾焚烧事件”为例》，《科普研究》2015 年第 3 期，第 19 ~ 28 页。
[451] 吕本富、万红杰、刘超群、刘颖：《微博情感能影响旅游客流量？——基于新浪微博和园博会的实证研究》，《管理现代化》2015 年第 3 期，第 93 ~ 95 页。
[452] 徐雄飞、徐凡、王明文、左家莉、罗文兵：《中文微博句子倾向性分类中特征抽取研究》，《江西师范大学学报》（自然科学版）2015 年第 3 期，第 290 ~ 296 页。
[453] 唐平秋、卢尚月：《用微博文化加强社会道德建设对策探究》，《宁夏社会科学》2015 年第 3 期，第 163 ~ 168 页。
[454] 刘晶、王峰、胡亚慧、李石君：《基于微博行为数据的不活跃用户探测》，《电子科技大学学报》2015 年第 3 期，第 410 ~ 414、444 页。
[455] 郑雯、黄荣贵：《微博异质性空间与公共事件传播中的“在线社群”——基于新浪微博用户群体的潜类分析（LCA）》，《新闻大学》2015 年第 3 期，第 101 ~ 109 页。
[456] 尹良润、徐速：《微博科技谣言传播影响因素的实证分析——兼论微博谣言传播公式》，《当代传播》2015 年第 3 期，第 82 ~ 84 页。
[457] 桂斌、杨小平、朱建林、张中夏、肖文韬：《基于意群划分的中文微博情感倾向分析研究》，《中文信息学报》2015 年第 3 期，第 100 ~ 105 页。
[458] 卫冰洁、史亮、王斌：《一种融合聚类和时间信息的微博排序新方法》，《中文信息学报》2015 年第 3 期，第 177 ~ 183、189 页。
[459] 何家弘、王燃：《法院庭审直播的实证研究》，《法律科学（西北政法大学学报）》2015 年第 3 期，第 53 ~ 63 页。
[460] 章昉、颜华驹、刘明君、赵中英：《基于词项关联的短文本分类研究》，《集成技术》2015 年第 3 期，第 69 ~ 78 页。
[461] 刘海燕、吕金娥：《用 AIDMA 法则规范中医药文化微博传播》，《现代中医药》2015 年第 3 期，第 67 ~ 68 页。
[462] 冉明仙、孙亚琴：《公务员微博影响力提升路径探讨——基于新浪公务员微博与民间意见领袖微博异同比较》，《新闻爱好者》2015 年第 3 期，第 69 ~ 72 页。
[463] 倪凰：《微博在高校闲暇教育工作中的应用研究》，《电子商务》2015 年第 3 期，第 91 ~ 92 页。
[464] 徐建民、武晓波、吴树芳、粟武林：《基于 WB-MMSB 模型的微博网络社区发现》，《计算机科学》2015 年第 3 期，第 65 ~ 70 页。
[465] 张宁、饶婕、张书卿、陈虹、罗杨：《新浪微博转发数的幂律分布现象》，《计算机时代》2015 年第 3 期，第 33 ~ 35 页。

[466] 陈鹏、叶宏玉、梁凯、卢怡、江敏：《移动阅读环境下学术期刊的发展启示》，《中国科技期刊研究》2015 年第 3 期，第 300 ~ 304 页。
[467] 王振宇：《试析微博传播中的言语特征》，《现代传播（中国传媒大学学报）》2015 年第 3 期，第 154 ~ 155 页。
[468] 杨俊：《新浪微博特色功能在高校大学生教育与管理工作中的应用》，《文教资料》2015 年第 3 期，第 64 ~ 65 页。
[469] 金霞：《自媒体时代大学生微信微博使用情况调查》，《新闻知识》2015 年第 3 期，第 74 ~ 75 页。
[470] 李淑芳：《基于政治广告视角的政务微博传播研究》，《广东外语外贸大学学报》2015 年第 3 期，第 95 ~ 98、112 页。
[471] 冯帆：《政务微博的传播效果分析——以新浪微博“天津发布”为例》，《东南传播》2015 年第 3 期，第 93 ~ 96 页。
[472] 陈岚：《基于结构方程的政务微博公众参与研究》，《现代情报》2015 年第 3 期，第 37 ~ 41 页。
[473] 王欢：《昆明市政务微博的发展现状与思考》，《新闻研究导刊》2015 年第 3 期，第 98 ~ 99、120、131 页。
[474] 刘朝霞：《论运用微博在高校大学生中加强“中国梦”宣传教育的对策》，《市场论坛》2015 年第 3 期，第 83 ~ 84 页。
[475] 奚浩瀚、刘云、熊菲：《微博噪声过滤和话题检测》，《铁路计算机应用》2015 年第 3 期，第 19 ~ 21、32 页。
[476] 屈慧君：《新媒体环境下高校官方微博发展策略初探》，《太原城市职业技术学院学报》2015 年第 3 期，第 74 ~ 75 页。
[477] 李旺龙、李川：《基于用户质量的关注关系预测》，《现代计算机》（专业版）2015 年第 3 期，第 3 ~ 5、17 页。
[478] 刘东辉：《微媒体时代公安微博的使用现状研究》，《科技资讯》2015 年第 3 期，第 241 ~ 242 页。
[479] 张晓华、侯芊、王卉、蒋燕、苏潇歌、王东皓、崔颖：《人感染 H7N9 禽流感政府防控措施微博民意调查》，《中国公共卫生》2015 年第 3 期，第 296 ~ 298 页。
[480] 沈乾、黄远、马宁、刘怡君：《复杂网络演化中的“熵减点”研究：以微博传播网络的演化为例》，《数学的实践与认识》2015 年第 3 期，第 282 ~ 290 页。
[481] 刘家宝：《“微时代”语境下高校辅导员传播力的构建》，《新闻战线》2015 年第 3 期，第 161 ~ 162 页。
[482] 邸灿：《构建“微生活”式大学生网络思想政治教育模式》，《学理论》2015 年第 3 期，第 251 ~ 252 页。
[483] 范明姬：《微博空间气候传播的媒介话语框架分析》，《青年记者》2015 年第 3 期，第 47 ~ 49 页。
[484] 陈阳：《高校辅导员微博使用中非权力影响力的发挥》，《山西高等学校社会科学学报》2015 年第 3 期，第 82 ~ 84 页。
[485] 张力：《大学生微博促进高校管理创新研究》，《黑龙江教育学院学报》2015 年第 3

期，第 7 ~ 8 页。

［486］张雪：《浅议“手术室自拍”事件的微博舆论传播》，《视听》2015 年第 3 期，第 168 ~ 170 页。

［487］赵利利：《空间压缩与叙事限制：论微博新闻的叙事特征》，《视听》2015 年第 3 期，第 1 ~ 2 页。

［488］陈蓓：《浅析微博中的公民新闻》，《传播与版权》2015 年第 3 期，第 107 ~ 108、130 页。

［489］钟秋媛：《突发事件的地方政府微博回应与沟通——以山东招远“5·28”故意杀人案为例》，《传播与版权》2015 年第 3 期，第 173 ~ 174 页。

［490］孙贵东：《充分发挥环保微博以小博大的作用》，《中国环境监察》2015 年第 3 期，第 46 ~ 47 页。

［491］何凤辉：《大学出版社官方微博的品牌营销策略》，《传播与版权》2015 年第 3 期，第124 ~ 125 页。

［492］白文杰：《浅析自媒体时代微博反腐的得与失》，《今传媒》2015 年第 3 期，第 40 ~ 42 页。

［493］李法宝、莫欢丹：《试论微博新闻的共时性叙事》，《写作（上旬刊）》2015 年第 3 期，第36 ~ 40 页。

［494］江涛：《面向移动终端的图书馆微博个性化知识推送服务模式》，《图书馆学刊》2015 年第 3 期，第 53 ~ 55、59 页。

［495］刘锐：《强国家弱社会背景下的新浪微博实名制研究》，《国际新闻界》2015 年第 3 期，第 38 ~ 51 页。

［496］迟强、朱炜静：《我国博物馆官方微博运营的统计与分析》，《东南传播》2015 年第 3 期，第 57 ~ 60 页。

［497］杨志开：《中国水污染背景下的微博环保传播研究》，《情报杂志》2015 年第 3 期，第144 ~ 149 页。

［498］徐建民、粟武林、吴树芳、武晓波：《基于逻辑回归的微博用户可信度建模》，《计算机工程与设计》2015 年第 3 期，第 772 ~ 777 页。

［499］陈燕红：《“微”时代大学生党员理想信念教育创新性研究》，《内江师范学院学报》2015 年第 3 期，第 100 ~ 103 页。

［500］岳谱：《微博新闻对新闻理论的挑战探析》，《视听》2015 年第 3 期，第 127 ~ 128 页。

［501］余金虎：《军报法人微博标题制作样式》，《军事记者》2015 年第 3 期，第 23 ~ 24 页。

［502］周磊：《浅析都市类报纸的官方微博发展现状》，《中国地市报人》2015 年第 3 期，第 79 ~ 80 页。

［503］吴福仲：《新浪微博在网络恶搞中的作用分析——以“妈妈再打我一次”为例》，《新媒体研究》2015 年第 3 期，第 71 ~ 72 页。

［504］郭继东：《微博时代电视新闻节目面临的挑战及对策》，《视听》2015 年第 3 期，第 135 ~ 136 页。

［505］郝容：《微博营销对会展品牌建设的影响分析》，《北方经贸》2015 年第 3 期，第 32 ~ 33 页。

[506] 曾一果：《新观众的诞生——试析媒介融合环境下观剧模式的变化》，《中国电视》2015 年第 3 期，第 66 ~ 70 页。
[507] 王贵亮：《微博等新媒体中的伦理与规范初探》，《中国广播电视学刊》2015 年第 3 期，第 73 ~ 76 页。
[508] 史江蓉：《基于营销视角的图书馆微博评价指标探讨》，《图书馆研究》2015 年第 3 期，第 46 ~ 50 页。
[509] 夏威：《新媒体融合发展要警惕“微信、微博依赖风险”》，《当代电视》2015 年第 3 期，第8 ~ 9 页。
[510] 余来辉、李敏：《旅游景区品牌微博内容分析及其发展策略——以“@ 凤凰古城微博”为例》，《湖南科技学院学报》2015 年第 3 期，第 172 ~ 175 页。
[511] 任昌辉、郑智斌：《微博舆论场交锋：博弈与交融》，《出版广角》2015 年第 3 期，第 92 ~ 95 页。
[512] 隋文婷：《从“昆明暴恐事件”看主流媒体微博传播中的编码与解码》，《新闻世界》2015 年第 3 期，第 42 ~ 44 页。
[513] 杨梅：《高校思想政治教育中微博应用的问题及对策》，《科教文汇（上旬刊）》2015 年第 3 期，第 7 ~ 8 页。
[514] 李伟娜：《微博传播中女性话语权的缺失》，《新闻世界》2015 年第 3 期，第 51 ~ 52 页。
[515] 杨翠芳：《微博与人的行为方式变化》，《湖北第二师范学院学报》2015 年第 3 期，第 57 ~ 60 页。
[516] 岳娟：《政务微博传播城市形象的优势及策略分析》，《新闻知识》2015 年第 3 期，第 60 ~ 62 页。
[517] 杨辉、尚智丛：《微博科学传播机制的社会网络分析——以转基因食品议题为例》，《科学学研究》2015 年第 3 期，第 337 ~ 346 页。
[518] 张昊、刘功申、苏波：《一种微博用户影响力的计算方法》，《计算机应用与软件》2015 年第 3 期，第 41 ~ 44 页。
[519] 董雨辰、刘琰、罗军勇、张进：《基于支持向量机的炒作微博识别方法》，《计算机工程》2015 年第 3 期，第 7 ~ 14 页。
[520] 邵玉河、董振平：《图书馆微博的社会网络分析》，《图书馆工作与研究》2015 年第 3 期，第 28 ~ 32 页。
[521] 黄馨竹：《高校图书馆微传播应用比较探究——以“985 工程”大学为例》，《图书馆工作与研究》2015 年第 3 期，第 109 ~ 112 页。
[522] 贾红雨、赵雪燕、邱晨子：《基于复杂网络的微博网络舆情图谱分析方法研究》，《现代情报》2015 年第 3 期，第 64 ~ 67、81 页。
[523] 陈卓群、王平：《面向中文微博摘录式摘要方法研究》，《情报科学》2015 年第 3 期，第130 ~ 134 页。
[524] 李巧群：《准社会互动视角下微博意见领袖与粉丝关系研究》，《图书馆学研究》2015 年第 3 期，第 43 ~ 50、55 页。
[525] 何津晶：《微博中的电视媒体运营分析》，《求知导刊》2015 年第3 期，第65 ~ 65 页。

[526] 管理、郝碧波、程绮瑾、叶兆辉、朱廷劭：《不同自杀可能性微博用户行为和语言特征差异解释性研究》，《中国公共卫生》2015 年第 3 期，第 349 ~ 352 页。

[527] 常敬：《人民日报微博暴恐事件报道特征研究》，《新闻研究导刊》2015 年第 3 期，第 95 ~ 97 页。

[528] 刘超、郑建程：《长期保存视角下的中文微博信息采集关键问题探讨》，《图书情报工作》2015 年第 3 期，第 134 ~ 139 页。

[529] 王战平、柳瑶、陈铭、周迁：《社会化网络环境下营销效果测评——以微博为例》，《情报科学》2015 年第 3 期，第 118 ~ 122、156 页。

[530] 许世腾、杨健、徐晓雯：《微博问政场域下政府管理危机及应对》，《山东社会科学》2015 年第 3 期，第 137、142 页。

[531] 万旋傲、谢耘耕：《网络社群对新闻媒体的议程设置力研究——基于 2010 ~ 2013 年 1232 起重大公共事件的实证分析》，《新闻记者》2015 年第 3 期，第 67 ~ 71 页。

[532] 陈骁、黄曙光、秦李：《基于微博转发的社交网络模型》，《计算机应用》2015 年第 3 期，第 638 ~ 642 页。

[533] 张志花、夏志杰、葛涛、薛传业：《基于唤醒机制的微博谣言传播模型》，《现代情报》2015 年第 3 期，第 28 ~ 33 页。

[534] 肖潇：《论微博在高校学生管理与教育中的作用——以重庆三峡学院为例》，《新闻研究导刊》2015 年第 3 期，第 107 ~ 108 页。

[535] 蒋立宏：《高校官方微博的传播与影响力研究——基于广西普通本科高校官方微博平台的分析》，《新闻研究导刊》2015 年第 3 期，第 9 ~ 11 页。

[536] 易倩如：《新浪微博中信息把关存在的问题》，《新闻研究导刊》2015 年第 3 期，第 109 ~ 110 页。

[537] 郑涛、王路路、杨冰、姬东鸿：《基于 PBTM 的海量微博主题发现》，《计算机应用研究》2015 年第 3 期，第 768 ~ 770、785 页。

[538] 陈颖：《认同差异下微博与微信的传播机理比较》，《新闻界》2015 年第 3 期，第 54 ~ 57 页。

[539] 刘东阳：《论微博在企业营销传播中的运用》，《新闻研究导刊》2015 年第 3 期，第 113 ~ 114 页。

[540] 王绍龙、徐新民：《政务新媒体如何谋定而后动》，《传媒》2015 年第 3 期，第 57 ~ 59 页。

[541] 谢天、邱林、卢嘉辉、杨杉杉：《微博词语预测个体主观幸福感的实证研究》，《黑龙江社会科学》2015 年第 3 期，第 98 ~ 104 页。

[542] 邵晓舟：《“微创作”的文体批评——以新浪微博为例》，《当代文坛》2015 年第 3 期，第 159 ~ 163 页。

[543] 杨俊宇：《公安微博转型发展的对策思考》，《净月学刊》2015 年第 3 期，第 37 ~ 40 页。

[544] 曹健敏：《网络新闻专题报道中的微博价值发现——基于网络新闻编辑的视角》，《编辑学刊》2015 年第 3 期，第 79 ~ 82 页。

[545] 肖亮亮：《自媒体时代高校宣传思想文化工作创新研究》，《漯河职业技术学院学报》

2015 年第 3 期，第 123 ~ 125 页。

[546] 成全、赵代博、张惠滨、刘碧强：《微博传播规律视野下的反腐倡廉策略探析》，《西南石油大学学报》（社会科学版）2015 年第 3 期，第 52 ~ 57 页。

[547] 梁芷铭、周玫、程族桁、徐福林：《微博人际互动关系研究》，《中华文化论坛》2015 年第 3 期，第 164 ~ 169 页。

[548] 陈宏飞、李君轶、秦超、刘广、孙九林：《基于微博的西安市居民夜间活动时空分布研究》，《人文地理》2015 年第 3 期，第 57 ~ 63 页。

[549] 宋恩梅、朱梦娴：《社会化媒体信息分布规律研究：以电影评论为例》，《信息资源管理学报》2015 年第 3 期，第 25 ~ 36 页。

[550] 梁晓燕、王少强：《积极心理学视角下大学生"微博控"心理需求的研究》，《教育研究与实验》2015 年第 3 期，第 87 ~ 90 页。

[551] 邵健、章成志：《文本表示方法对微博 Hashtag 推荐影响研究——以 Twitter 上 H7N9 微博为例》，《图书与情报》2015 年第 3 期，第 17 ~ 25 页。

[552] 谭平、马莎、李立冬：《移动环境下图书馆微博个性化知识推送模式探究》，《河北科技图苑》2015 年第 3 期，第 30 ~ 33 页。

[553] 谭思妮、陈平华：《蛛网态微博关系网中有影响力用户的识别研究》，《广东工业大学学报》2015 年第 3 期，第 61 ~ 66 页。

[554] 周冠方：《基于微博的云教育探析》，《郧阳师范高等专科学校学报》2015 年第 3 期，第 102 ~ 105 页。

[555] 朱兰双、喻震：《由自媒体时代的"微关系"引发的几点思考》，《现代出版》2015 年第 3 期，第 44 ~ 47 页。

[556] 王聪：《微博文学浅析》，《新媒体研究》2015 年第 3 期，第 18 ~ 19 页。

[557] 严梦、卫李静、陈蔓、曹昭君：《移动互联网时代下的科技期刊发展》，《黄冈师范学院学报》2015 年第 3 期，第 70 ~ 71 页。

[558] 覃俊、李欢、周磊：《基于流行度制衡的微博用户相似度计算方法》，《中南民族大学学报》（自然科学版）2015 年第 3 期，第 88 ~ 94 页。

[559] 李红梅、王恬恬、刘宁、魏艳旭：《地震系统微博宣传方式创新实践探讨》，《山西地震》2015 年第 3 期，第 28 ~ 30、45 页。

[560] 高永兵、熊振华：《基于 LDA 的专业个人微博事件提取》，《内蒙古科技大学学报》2015 年第 3 期，第 257 ~ 261 页。

[561] 陈宏伟：《基于微博的高职院校网络舆情引导策略初探》，《武汉交通职业学院学报》2015 年第 3 期，第 50 ~ 53 页。

[562] 付倩：《微博在高职院校学生工作中的作用》，《四川省干部函授学院学报》2015 年第 3 期，第 61 ~ 65 页。

[563] 崔蓬克、胡范铸：《言语行为视角下的政府微博语言研究》，《语言文字应用》2015 年第 3 期，第 141 页。

[564] 秦士莲：《论企业微博营销特点及其价值》，《连云港职业技术学院学报》2015 年第 3 期，第 90 ~ 92 页。

[565] 卢国俭、李人宇、马继军：《现代信息技术在高职"物理化学"课程教学中的应

用——以 Flash、微博为例》,《连云港师范高等专科学校学报》2015 年第 3 期，第 66 ~ 69 页。

[566] 李键:《浅谈传统媒体借力微博、微信》,《西部广播电视》2015 年第 3 期，第 33 ~ 34 页。

第 4 期

[567] 唐斌:《微博“大 V 问政”典型传播模式分析——基于 30 个微博问政议题的实证研究》,《甘肃行政学院学报》2015 年第 4 期，第 34 ~ 41、126 ~ 127 页。

[568] 陈世华:《微博权利与责任新论》,《江西广播电视大学学报》2015 年第 4 期，第 36 ~ 39 页。

[569] 鲁燃、李情情、王智昊、朱振方:《融合人工蜂群的微博话题推荐算法》,《山西大学学报》(自然科学版) 2015 年第 4 期，第 601 ~ 607 页。

[570] 刘培玉、侯秀艳、朱振方、李宪毅:《基于主观强度 Bootstrapping 优化的微博观点句识别》,《山西大学学报》(自然科学版) 2015 年第 4 期，第 608 ~ 614 页。

[571] 纪研:《“微时代”大学生思想政治教育工作探讨》,《吉林农业科技学院学报》2015 年第 4 期，第 64 ~ 66 页。

[572] 刘丽:《社会治理视阈下环保舆情传播特征与危机应对——基于“巢湖水污染”事件的个案研究》,《甘肃广播电视大学学报》2015 年第 4 期，第 64 ~ 68 页。

[573] 李惠:《“互联网 +”下的旅游官方微博管理及营销策略——以河南省郑汴洛三市为例》,《开封大学学报》2015 年第 4 期，第 15 ~ 19 页。

[574] 王鹏:《微博用户对剩男剩女的社会态度研究——基于微博文本情感倾向分析》,《社会科学前沿》2015 年第 4 期，第 98 ~ 106 页。

[575] 凤仙:《拟社会互动与科学传播—以新浪微博“@ 月球车玉兔”为例》,《新闻传播科学》2015 年第 3 期，第 30 ~ 38 页。

[576] 李亮:《改进的微博传播模型的影响因素分析》,《建模与仿真》2015 年第 4 期，第 1 ~ 7 页。

[577] 胡流冰川:《危机沟通策略中的政府“微道歉”探讨》,《中共贵州省委党校学报》2015 年第 4 期，第 101 ~ 104 页。

[578] 陈文清、刘喆、谢国鹤、饶金旺:《“微时代”之税务工作“微”应用》,《中国税务》2015 年第 4 期，第 39 ~ 40 页。

[579] 陶燕、陈步伟:《运用微博开展妇幼保健宣传服务的实践与思考》,《南京医科大学学报》(社会科学版) 2015 年第 4 期，第 317 ~ 319 页。

[580] 徐岩、骆睿、马琳慧、周旋:《善用微博开展研究生思想政治教育》,《实验科学与技术》2015 年第 4 期，第 47 ~ 49 页。

[581] 侯学标:《微博时代大学生话语权状况及对策》,《高校辅导员学刊》2015 年第 4 期，第82 ~ 84 页。

[582] 张文静:《高校思想政治理论课微博课堂的影响力研究》,《南通职业大学学报》2015 年第 4 期，第 65 ~ 67 页。

[583] 袁洋:《司法公开情景下的微博直播庭审》,《郑州航空工业管理学院学报》(社会科

学版）2015 年第 4 期，第 128 ~131 页。
［584］游海疆：《公众“微参与”与城市应急管理的耦合与提升——以厦门 5·16 特大暴雨为例》，《北京工业大学学报》（社会科学版）2015 年第 4 期，第 38 ~45 页。
［585］施爱东：《谣言生产和传播的职业化倾向》，《民族艺术》2015 年第 4 期，第 111 ~117、123 页。
［586］刘潇、王力超：《微博对高校思想政治教育的影响及创新应用》，《大庆社会科学》2015 年第 4 期，第 148 ~150 页。
［587］雷娟：《微博信息交流平台在英语专业听力教学中的实践与创新》，《当代教育实践与教学研究》2015 年第 4 期，第 172 ~174 页。
［588］穆瑶、胡达古拉：《内蒙古〈北方新报〉官方微博的传播效果分析》，《新闻论坛》2015 年第 4 期，第 79 ~81 页。
［589］薛张伟、兰瑶：《微时代视域下政府形象塑造探析》，《安徽行政学院学报》2015 年第 4 期，第 35 ~38 页。
［590］陈燕红：《“微”时代大学生社会主义核心价值观内化机制探析》，《泉州师范学院学报》2015 年第 4 期，第 73 ~77、94 页。
［591］陈玎：《微时代语境下大学生思想政治教育对策机制研究》，《攀枝花学院学报》2015 年第 4 期，第 95 ~98 页。
［592］卓敏、吴建平：《当代青年雾霾情感的可视化分析——以微博用户为例》，《青年研究》2015 年第 4 期，第 47 ~56、95 页。
［593］史红岩、张丽萍：《〈北方新报〉全媒体传播策略分析——以“4·15”地震新闻报道为例》，《新闻论坛》2015 年第 4 期，第 75 ~78 页。
［594］马自泉：《微博时代地方政府舆论管理策略探究——以“莺歌海事件”为例》，《湖北师范学院学报》（哲学社会科学版）2015 年第 4 期，第 22 ~25 页。
［595］董作求：《景宁台“四个新区”微博（微信）比赛综述》，《视听纵横》2015 年第 4 期，第125 ~126 页。
［596］顾青：《互联网时代与前互联网时代政治信息传播方式的演变——以政务微博和新闻发言人制度的对比为例》，《传媒观察》2015 年第 4 期，第 34 ~35 页。
［597］张朋、谢天勇：《大学生的自媒体“使用与满足”——基于安徽淮南某高校“大学生微博使用情况调查”的实证分析》，《淮北师范大学学报》（哲学社会科学版）2015 年第 4 期，第 119 ~124 页。
［598］严贝妮、石凌：《基于社会管理创新的微博舆情治理模式研究》，《贵阳市委党校学报》2015 年第 4 期，第 28 ~32 页。
［599］张然：《新媒体与高校青年教师思想政治教育工作》，《思想政治教育研究》2015 年第 4 期，第 94 ~96 页。
［600］戴艳清、高芹：《互动与重构：社会化媒体在档案部门互动中的应用——基于我国档案部门微博互动的调查》，《档案学研究》2015 年第 4 期，第 101 ~104 页。
［601］陈娟、侯筱蓉、黄成：《自媒体医患关系舆情传播有关分析》，《中国卫生信息管理杂志》2015 年第 4 期，第 385 ~390 页。
［602］张仰森、蒋玉茹、陈若愚、彭敢文：《微博用户关系网络中意见领袖的分析与挖掘》，

《北京信息科技大学学报》（自然科学版）2015 年第 4 期，第 7 ~ 14 页。

[603] 黄杰：《互联网使用、抗争表演与消费者维权行动的新图景——基于“斗牛行动”的个案分析》，《公共行政评论》2015 年第 4 期，第 98 ~ 133、185 页。

[604] 张文英、熊中文：《微博直播庭审的困境检视与制度构建——基于协调司法公开与司法权威之间冲突的视角》，《成都理工大学学报》（社会科学版）2015 年第 4 期，第 11 ~ 16 页。

[605] 李新祥、林吉：《论微博段子手的失范及对策》，《浙江传媒学院学报》2015 年第 4 期，第 60 ~ 64 页。

[606] 王菁、卓伟、姚媛：《大学生的微博政治参与行为现状实证研究》，《青年研究》2015 年第 4 期，第 38 ~ 46、95 页。

[607] 李大棚：《高校校园文化建设微博平台利用的实证分析与对策》，《重庆邮电大学学报》（社会科学版）2015 年第 4 期，第 75 ~ 80 页。

[608] 李莉、胡玉洲、林群霞：《大学图书馆微博关系网络研究》，《高校图书馆工作》2015 年第 4 期，第 12 ~ 18 页。

[609] 吕兴洋、郭璇、刘祥艳：《旅游官方微博短期营销活动绩效影响因素研究》，《旅游论坛》2015 年第 4 期，第 79 ~ 84 页。

[610] 于鹏、张宏梅、黄薇薇：《韩国旅游形象研究：基于韩国旅游发展局新浪微博的内容分析》，《安徽师范大学学报》（自然科学版）2015 年第 4 期，第 377 ~ 383 页。

[611] 张鹏飞：《基于文献计量的我国图书馆微博应用研究与启示》，《图书情报研究》2015 年第 4 期，第 66 ~ 69 页。

[612] 李惠：《“互联网 +”下的旅游官方微博管理及营销策略——以河南省郑汴洛三市为例》，《开封大学学报》2015 年第 4 期，第 15 ~ 19 页。

[613] 许振波、王瑛：《微博“悖象”：成因、危害及其对策》，《河北经贸大学学报》（综合版）2015 年第 4 期，第 8 ~ 10 页。

[614] 张文博：《如何利用微博文化提高大学生思政教育管理》，《辽宁高职学报》2015 年第 4 期，第 103 ~ 105 页。

[615] 庞海杰、刘春强：《语义环境下的多维度微博舆情信息关联检测方法》，《山东科技大学学报》（自然科学版）2015 年第 4 期，第 62 ~ 66 页。

[616] 付海辰、朱燕：《语言学视角下河北官方微博特点及其应用策略研究》，《唐山师范学院学报》2015 年第 4 期，第 56 ~ 59 页。

[617] 徐礼堂：《论新生代大学生微博公共参与及教育引导》，《阜阳师范学院学报》（社会科学版）2015 年第 4 期，第 96 ~ 99 页。

[618] 刘冬梅：《微博时代政府应对网络舆情技巧研究》，《编辑学刊》2015 年第 4 期，第 94 ~ 97 页。

[619] 高凯、李思雨、阮冬茹、刘邵博、周二亮、乔世权：《基于微博的情感倾向性分析方法研究》，《中文信息学报》2015 年第 4 期，第 40 ~ 49 页。

[620] 王杨：《微博社会动员的传播与演化路径分析》，《编辑学刊》2015 年第 4 期，第 106 ~ 109 页。

[621] 刘宇轩、纪新青：《高校学生管理工作中微博的影响及应用探究》，《山东青年政治学

院学报》2015 年第 4 期，第 98 ~ 101 页。

［622］王书鑫、卫冰洁、鲁骁、王斌：《面向微博搜索的时间敏感的排序学习方法》，《中文信息学报》2015 年第 4 期，第 175 ~ 182 页。

［623］王真真、杨艳：《微博在互联网应用的老化规律研究》，《河北科技图苑》2015 年第 4 期，第 64 ~ 67 页。

［624］张子昂、黄震方、靳诚、关健、曹芳东：《基于微博签到数据的景区旅游活动时空行为特征研究——以南京钟山风景名胜区为例》，《地理与地理信息科学》2015 年第 4 期，第121 ~ 126 页。

［625］张陈娴、韦翠、张学泰：《“@清远天气”微博的现状分析及对策》，《广东气象》2015 年第 4 期，第 69 ~ 72 页。

［626］王啸：《微博与大众媒体媒介间议程设置效果的交互性——以 2012 香港特区特首选举为焦点事件》，《重庆工商大学学报》（社会科学版）2015 年第 4 期，第 105 ~ 116 页。

［627］王磊：《互联网场域下社交网络社区规则研究——以微博社区委员会为例》，《科技与法律》2015 年第 4 期，第 732 ~ 756 页。

［628］孙忠良：《运用微博创新武陵山区基层党建工作的新思考》，《湖南省社会主义学院学报》2015 年第 4 期，第 87 ~ 90 页。

［629］唐浩浩、王波、席耀一、周杰、唐永旺：《基于 HDP 的无监督微博情感倾向性分析》，《信息工程大学学报》2015 年第 4 期，第 463 ~ 469 页。

［630］武晓霞：《构建民办高校学生党建微博平台的思考》，《浙江树人大学学报》（人文社会科学版）2015 年第 4 期，第 95 ~ 98 页。

［631］林福春：《微博对高职院校思想政治教育的影响及对策》，《肇庆学院学报》2015 年第 4 期，第 63 ~ 66 页。

［632］李荣华、易鹏：《辅导员博客、微博与马克思主义网络化传播的关系》，《高校辅导员》2015 年第 4 期，第 25 ~ 28 页。

［633］张涛、张仰森、刘清松：《基于层次分析的微博用户信息可信度模型》，《北京信息科技大学学报》（自然科学版）2015 年第 4 期，第 61 ~ 65 页。

［634］何华征：《论数据化民主进程中的电子政务与微博问政》，《海南师范大学学报》（社会科学版）2015 年第 4 期，第 113 ~ 117 页。

［635］赵海青：《复杂网络舆情传播分析》，《青海师范大学学报》（自然科学版）2015 年第 4 期，第 29 ~ 37 页。

［636］柳旭东：《报纸官微与纸媒及读者参与互动研究》，《新闻大学》2015 年第 4 期，第 94 ~ 99、125 页。

［637］郝志峰、杜慎芝、蔡瑞初、温雯：《基于全局变量 CRFs 模型的微博情感对象识别方法》，《中文信息学报》2015 年第 4 期，第 50 ~ 58、66 页。

［638］张志琳、宗成庆：《基于多样化特征的中文微博情感分类方法研究》，《中文信息学报》2015 年第 4 期，第 134 ~ 143 页。

［639］王博、李生：《低活跃度背景下微博信息有效传播的路径》，《哈尔滨工业大学学报》（社会科学版）2015 年第 4 期，第 69 ~ 74 页。

[640] 张绍武、尹杰、林鸿飞、魏现辉：《基于用户分析的微博用户影响力度量模型》，《中文信息学报》2015 年第 4 期，第 59 ~ 66 页。

[641] 田晓蕾：《建构大学英语教学微博平台的调查研究》，《外语教学》2015 年第 4 期，第 69 ~ 72 页。

[642] 吴涛、张志安：《调查记者的微博使用及其职业影响研究》，《中国地质大学学报》（社会科学版）2015 年第 4 期，第 109 ~ 117、139 页。

[643] 刁山崃：《基于微博营销的城市旅游形象传播》，《淮海工学院学报》（人文社会科学版）2015 年第 4 期，第 91 ~ 93 页。

[644] 李洪利、王箭：《基于用户关联的热点话题检测方法》，《计算机与现代化》2015 年第 4 期，第 20 ~ 25、30 页。

[645] 耿品：《高校官方微博思想政治教育功能问题研究——基于在榕高校官方微博的现状调查与对策分析》，《福建教育学院学报》2015 年第 4 期，第 5 ~ 8、46 页。

[646] 周磊、覃俊、刘晶：《基于微博交互信息的社交网络推荐算法》，《软件导刊》2015 年第 4 期，第 63 ~ 66 页。

[647] 王文晨：《借助政务微博对政府危机公关路径的探索》，《襄阳职业技术学院学报》2015 年第 4 期，第 38 ~ 40 页。

[648] 刘颖、王欢：《政务微博的社会网络结构及其影响力分析》，《北方民族大学学报》（哲学社会科学版）2015 年第 4 期，第 99 ~ 101 页。

[649] 刘泱育、杨港：《论政务微博与风险社会官民协商空间的建构》，《南京晓庄学院学报》2015 年第 4 期，第 92 ~ 95、124 页。

[650] 杨鹏、杨懿、吴彩霞、马斯丽：《基于微博平台的大学生心理危机识别及干预研究》，《科教文汇（下旬刊）》2015 年第 4 期，第 141 ~ 142 页。

[651] 姚淅、李德芝：《微博时代大学生思想政治教育工作的创新》，《科教文汇（下旬刊）》2015 年第 4 期，第 8 ~ 9、42 页。

[652] 张龄予、侯彦杰：《以微博为载体，培育大学生社会主义核心价值观》，《赤峰学院学报（汉文哲学社会科学版）》2015 年第 4 期，第 230 ~ 231 页。

[653] 沈阳、夏日：《基于 SOM 神经网络的旅游突发事件网络舆情的传播态势》，《宜春学院学报》2015 年第 4 期，第 92 ~ 95 页。

[654] 何期、王勇凯：《微博平台下高校学习型党组织建设》，《党政干部学刊》2015 年第 4 期，第 47 ~ 50 页。

[655] 高会鹏：《一条微博的价值——由〈商丘日报〉帮农民卖南瓜看新媒体融合》，《中国地市报人》2015 年第 4 期，第 43 ~ 44 页。

[656] 许可：《政务新媒体的信息发布特色——以“外交小灵通”为例》，《新闻前哨》2015 年第 4 期，第 82 ~ 85 页。

[657] 王春莉、刘唐：《微博平台下的网络语言语式研究》，《语文学刊：高等教育版》2015 年第 4 期，第 38 ~ 39 页。

[658] 吴斌、孙悟群：《片儿警微博“处警”记天津市首个开博客的片儿警》，《环渤海经济瞭望》2015 年第 4 期，第 81 页。

[659] 张龄予、侯彦杰：《以微博为载体，培育大学生社会主义核心价值观》，《赤峰学院学

报》（汉文哲学社会科学版）2015 年第 4 期，第 230 ~ 231 页。

［660］邹颖洁：《浅析行政管理新常态中的政务微博发展》，《理论观察》2015 年第 4 期，第 60 ~ 61 页。

［661］王珊：《微博新闻的伦理失衡问题与解决办法》，《新闻前哨》2015 年第 4 期，第 79 ~ 81 页。

［662］王燕：《浅析微博反腐及其影响》，《新闻世界》2015 年第 4 期，第 227 ~ 228 页。

［663］杜冰清、杨亚会：《华东地区 5A 级景区微博运营效果评价》，《旅游纵览（下半月）》2015 年第 4 期，第 128、158 页。

［664］张立杰、徐琳宏：《移动互联时代社交媒体在教育教学中的应用》，《软件导刊》2015 年第 4 期，第 158 ~ 160 页。

［665］李轶：《微博对高校思想政治教育的冲击与对策研究》，《牡丹江教育学院学报》2015 年第 4 期，第 39、64 页。

［666］楼旭东、曲晓超：《微博谣言传播模式及治理研究》，《新闻世界》2015 年第 4 期，第 107 ~ 108 页。

［667］赵翊羽：《媒体转载微博、论坛内容侵犯名誉权的若干问题》，《新闻世界》2015 年第 4 期，第 181 ~ 182 页。

［668］李晓静：《大数据时代公共图书馆信息服务的社交网络模式研究——以省级公共图书馆为例》，《情报探索》2015 年第 4 期，第 19 ~ 22 页。

［669］宋璐：《微博视域下大学生思想特点和心理状态分析——基于内容分析法》，《科教文汇（上旬刊）》2015 年第 4 期，第 12 ~ 13 页。

［670］刘高颖：《微博与微信谣言传播机制与效果比较》，《齐齐哈尔大学学报》（哲学社会科学版）2015 年第 4 期，第 134 ~ 135 页。

［671］张庆庆、刘西林：《基于机器学习的中文微博情感分类研究》，《未来与发展》2015 年第 4 期，第 59 ~ 63 页。

［672］程倩倩、王路路、郑涛、姬东鸿：《基于多特征分类的微博好友推荐》，《计算机工程》2015 年第 4 期，第 65 ~ 69、80 页。

［673］陈翔、夏训明、颜志森：《学术期刊官方微博的内容定位与管理原则》，《韶关学院学报》2015 年第 4 期，第 65 ~ 69 页。

［674］莫诗清、孙同陈、毛平：《几种微博数据抓取方法比较研究》，《数字技术与应用》2015 年第 4 期，第 53 ~ 54 页。

［675］黄挺、姬东鸿：《基于图模型和多分类器的微博情感倾向性分析》，《计算机工程》2015 年第 4 期，第 171 ~ 175 页。

［676］孙江华、张殊：《基于主成分分析和聚类分析的传统报纸微博影响力研究》，《现代传播》（中国传媒大学学报）2015 年第 4 期，第 141 ~ 143 页。

［677］姜笑君、刘钰潭、刘媛：《“微政务”发展现状分析——以辽宁政务微博、政务微信为例》，《辽宁工业大学学报》（社会科学版）2015 年第 4 期，第 7 ~ 11 页。

［678］陈文权、李晓娜：《政务微博对中国政府管理的影响及对策探讨》，《电子政务》2015 年第 4 期，第 38 ~ 47 页。

［679］杨博鉴：《微博引导的“自媒体”时代》，《西部广播电视》2015 年第 4 期，第 66

页。

[680] 赖莉莎:《电视新闻节目在“微”时代的融合之道》,《西部广播电视》2015 年第 4 期,第 55 页。

[681] 姜景、李丁、刘怡君:《基于微博舆论生态的突发事件管理策略研究》,《管理评论》2015 年第 4 期,第 48 ~56 页。

[682] 叶先乔:《基于 AISAS 模型的图书馆微博营销策略》,《图书馆学刊》2015 年第 4 期,第22 ~24、46 页。

[683] 陈羽峰:《关于微博传播与公共领域建构的几点思考》,《今传媒》2015 年第 4 期,第170 ~171 页。

[684] 周全、汤书昆:《社会化媒体信息源感知可信度及其影响因素研究——一项基于微博用户方便样本调查的实证分析》,《新闻与传播研究》2015 年第 4 期,第 18 ~35、126 页。

[685] 赵丹丹:《政务微博管理创新及发展研究——以新疆昌吉市为例》,《新疆教育学院学报》2015 年第 4 期,第 97 ~100 页。

[686] 李彦博:《政务微博在统战工作中的应用及其发展方向》,《天津市社会主义学院学报》2015 年第 4 期,第 13 ~15 页。

[687] 方宇通:《基于因子分析法的政务微博影响力评价研究——来自宁波的经验数据》,《宁波广播电视大学学报》2015 年第 4 期,第 11 ~15 页。

[688] 何炎祥、刘健博、刘楠、彭敏、陈强、何静:《基于改进人口模型的微博话题趋势预测》,《通信学报》2015 年第 4 期,第 5 ~12 页。

[689] 孙飞显、程世辉、倪天林、靳晓婷:《基于新浪微博的负面网络舆情监测研究——针对政府的负面网络舆情研究系列之一》,《情报杂志》2015 年第 4 期,第 81 ~84、115 页。

[690] 金玲娟、朱松挺:《基于用户参与的图书馆微博社区构建策略研究》,《新世纪图书馆》2015 年第 4 期,第 61 ~64 页。

[691] 陈先红、张凌:《草根组织的虚拟动员结构:“中国艾滋病病毒携带者联盟”新浪微博个案研究》,《国际新闻界》2015 年第 4 期,第 142 ~156 页。

[692] 钱颖、倪君彧、范明林:《基于微博的突发事件针对性信息分享行为分析》,《现代情报》2015 年第 4 期,第 8 ~11、16 页。

[693] 兰娟丽、雷宏振、章俊:《基于小世界网络的微博负面信息传播模型构建与案例分析》,《现代情报》2015 年第 4 期,第 22 ~25 页。

[694] 许剑颖:《基于社会网络分析的出版社微博互链网络研究》,《现代情报》2015 年第 4 期,第 81 ~87 页。

[695] 韩冰、白福春:《微博、微信在图书馆移动信息服务中的比较与整合研究》,《现代情报》2015 年第 4 期,第 108 ~111、123 页。

[696] 李敬、印鉴、刘少鹏、潘雅丽:《基于话题标签的微博主题挖掘》,《计算机工程》2015 年第 4 期,第 30 ~35 页。

[697] 顾益军、刘小明:《融合多种情感资源的微博情感分类研究》,《计算机科学》2015 年第 4 期,第 209 ~212、239 页。

[698] 王连喜、李霞：《国内微博研究热点分析及主题挖掘——以计算机和图书情报学科为研究对象》，《情报杂志》2015 年第 4 期，第 127 ~ 132 页。
[699] 刘琳、杨薇、王明贤：《大学生微博阅读现状分析与网络个性化阅读思考》，《科技展望》2015 年第 4 期，第 223、225 页。
[700] 毛赟美：《提升高校官方微博思想政治教育效能的思考》，《管理观察》2015 年第 4 期，第 153 ~ 154 页。
[701] 秦琛琛：《公安微博建设现状研究》，《湖北警官学院学报》2015 年第 4 期，第 16 ~ 18 页。
[702] 王西涛、邵娟、杜彩云：《旅游目的地微博营销研究》，《重庆科技学院学报》（社会科学版）2015 年第 4 期，第 38 ~ 42 页。
[703] 曹文译：《档案学视角下微博资源长期保存探究》，《档案与建设》2015 年第 4 期，第 20 ~ 23 页。
[704] 吴宁：《社交电视：电视媒体与社交媒体的融合之路——以电视与微博的互动为例》，《中国电视》2015 年第 4 期，第 109 ~ 112 页。
[705] 赵杨、时勘、王林：《基于扎根理论的微博集群行为类型研究》，《情报科学》2015 年第 4 期，第 29 ~ 34 页。
[706] 赵龙文、陈明艳、公荣涛、姚海波：《基于微博意见领袖参与行为的热点话题检测研究》，《情报科学》2015 年第 4 期，第 87 ~ 92 页。
[707] 李婷婷、姬东鸿：《基于 SVM 和 CRF 多特征组合的微博情感分析》，《计算机应用研究》2015 年第 4 期，第 978 ~ 981 页。
[708] 张进、刘琰、罗军勇、董雨辰：《基于特征分析的微博炒作账户识别方法》，《计算机工程》2015 年第 4 期，第 48 ~ 54、59 页。
[709] 俞忻峰：《社交网络挖掘方案研究》，《现代电子技术》2015 年第 4 期，第 25 ~ 29、34 页。
[710] 于文杰：《全媒体时代纸媒如何借力微博微信》，《记者摇篮》2015 年第 4 期，第 40 ~ 41 页。
[711] 袁文丽、赵春光：《基于社交媒体用户迁移的微博价值分析》，《编辑之友》2015 年第 4 期，第 49 ~ 53 页。
[712] 冀俊忠、贝飞、吴晨生、柴鹰、宋辰：《词性对新闻和微博网络话题检测的影响》，《北京工业大学学报》2015 年第 4 期，第 526 ~ 533 页。
[713] 贾冲冲、王名扬、车鑫：《基于 HRank 的微博用户影响力评价》，《计算机应用》2015 年第 4 期，第 1017 ~ 1020 页。
[714] 崔金栋、于圆美、王新媛、孙遥遥：《信息管理技术视角下微博研究综述与趋势分析》，《图书馆论坛》2015 年第 4 期，第 92 ~ 99 页。
[715] 杨晨程：《“微”时代大学生心理健康教育途径》，《商》2015 年第 4 期，第 185 页。
[716] 薛皓轩：《人民日报新媒体传播策略与启示》，《西部广播电视》2015 年第 4 期，第 15 页。
[717] 王国华、魏程瑞、杨腾飞、钟声扬、王戈：《突发事件中政务微博的网络舆论危机应对研究——以上海踩踏事件中的@上海发布为例》，《情报杂志》2015 年第 4 期，第

53、65 ~ 70 页。

［718］周燕琳、廖俊玉：《大数据背景下基于微博平台对东盟信息传播效果的探索——以东盟信息传播的五个官方微博平台为对象的实证分析》，《新闻研究导刊》2015 年第 4 期，第 19 ~ 20 页。

［719］王超群：《从新闻反转剧看媒体官方微博报道的失范与规范》，《绵阳师范学院学报》2015 年第 4 期，第 136 ~ 139、155 页。

［720］安娜：《浅析微博中的谣言传播与控制策略》，《传播与版权》2015 年第 4 期，第 101 ~ 102 页。

［721］景悦诚、黄征：《基于语言特征的舆情事件抽取》，《信息安全与通信保密》2015 年第 4 期，第 96 ~ 100 页。

［722］闫茹：《微公关——危机公关的新途径》，《新闻世界》2015 年第 4 期，第 75 ~ 76 页。

［723］徐芳：《热门微博环境下成人自主学习英语的路径探索》，《继续教育》2015 年第 4 期，第 38 ~ 40 页。

［724］班凯：《微博对高等院校思想政治教育的影响》，《科教导刊（上旬刊）》2015 年第 4 期，第 72 ~ 73 页。

［725］张塞、姜文博：《新媒体环境下新闻报道方式的创新——以新浪微博为例》，《新闻世界》2015 年第 4 期，第 77 ~ 78 页。

［726］袁维维：《微博对大学生思想的影响及其对策研究》，《河南教育》（高教版）2015 年第 4 期，第 33 ~ 34 页。

［727］唐佳儒：《浅谈微博监督与政府监督的互动》，《内蒙古科技与经济》2015 年第 4 期，第62 ~ 63 页。

［728］黄歆雯：《微博反腐及其规范化研究》，《法制博览》2015 年第 4 期，第 147 ~ 148 页。

［729］郭建峰、张路路：《我国不同地区省级公共图书馆微博应用比较研究》，《内蒙古科技与经济》2015 年第 4 期，第 107 ~ 110 页。

［730］张怡歌：《微博庭审直播的规范化建构——以司法公开为核心》，《改革与开放》2015 年第 4 期，第 53、55 页。

［731］李忠伟：《微博传播视野下的大学生思想政治教育探赜》，《湖北函授大学学报》2015 年第 4 期，第 49 ~ 50 页。

［732］徐鲁鹭：《对于检察机关微博利用现状的思考》，《科技传播》2015 年第 4 期，第 113、116页。

［733］苏畅：《“微时代”下的高校思想政治教育工作研究》，《新闻战线》2015 年第 4 期，第189 ~ 190 页。

［734］高群：《微博传播方法在现阶段水利宣传工作中的应用探析》，《科技传播》2015 年第 4 期，第 112 ~ 113 页。

［735］刘敏：《微博在信访工作中的实践》，《现代国企研究》2015 年第 4 期，第 254 ~ 256 页。

［736］林晓佳：《基于 SSH 框架的微博营销管理平台设计研究》，《赤峰学院学报》（自然科学版）2015 年第 4 期，第 12 ~ 13 页。

［737］蒋立宏：《高校微博影响力研究——基于广西高校官方微博平台的分析》，《新闻研究

导刊》2015 年第 4 期，第 17 ~ 18、20、39 页。
[738] 唐飞龙、叶施仁、肖春：《基于用户质量的微博社区博主影响力排序算法》，《计算机工程与应用》2015 年第 4 期，第 128 ~ 132、174 页。
[739] 曾莹莹：《传统媒体如何借力微信微博》，《新闻研究导刊》2015 年第 4 期，第 34、92 页。
[740] 郭剑岚、陈俞强：《微博在高职计算机专业课教学中的应用研究以〈网页设计与制作〉课程为例》，《成都航空职业技术学院学报》2015 年第 4 期，第 31 ~ 33 页。
[741] 唐善林：《“微时代”审美及其文化反思》，《中国文学批评》2015 年第 4 期，第 92 ~ 100、128 页。
[742] 刘妍、汪莉莉：《微博在贵州省高校图书馆的应用与分析》，《贵图学苑》2015 年第 4 期，第 40 ~ 42 页。
[743] 王小娟、宋梅、郭世泽、杨子龙：《基于有向渗流理论的关联微博转发网络信息传播研究》，《物理学报》2015 年第 4 期，第 186 ~ 193 页。
[744] 林秀冬：《微博、微信基础上的高校思政教育创新》，《新闻战线》2015 年第 4 期，第 183 ~ 184 页。
[745] 王群光、赵威：《自媒体时代微博对政策议程的重构》，《中外企业家》2015 年第 4 期，第 221 ~ 224 页。
[746] 董舟颖：《微博在高校隐性思想政治教育中的应用探究》，《亚太教育》2015 年第 4 期，第 168 ~ 169 页。
[747] 杜唯：《微博对社会事件舆论的影响及作用》，《新闻研究导刊》2015 年第 4 期，第 31 ~ 31 页。
[748] 陈彦霖：《涉微博的著作权侵权现象初探》，《知识经济》2015 年第 4 期，第 49 ~ 50 页。
[749] 杜海棠：《微博庭审直播是新媒体时代推进司法公开的重要举措》，《改革与开放》2015 年第 4 期，第 48 ~ 49 页。
[750] 刘卫秋子：《论如何利用微博做好科普宣传》，《科技情报开发与经济》2015 年第 4 期，第 147 ~ 149 页。
[751] 王茜：《议程设置理论在社交媒体时代的发展和创新》，《中国报业》2015 年第 4 期，第75 ~ 76 页。
[752] 甘玲婧：《微博的传播模式与传播效果探析》，《西部广播电视》2015 年第 4 期，第 32 ~ 33 页。
[753] 李进生：《微博对大学生体育价值观塑造与培养的影响机制研究》，《新闻战线》2015 年第 4 期，第 137 ~ 138 页。
[754] 史慧玉：《微博对新闻的影响及媒体应对研究》，《科技传播》2015 年第 4 期，第 108、110 页。
[755] 崔贵文：《编辑记者应如何正确看待和利用微博》，《科技传播》2015 年第 4 期，第 111、115 页。
[756] 王静、孙国华：《政务微博传播困境探微》，《编辑之友》2015 年第 4 期，第 61 ~ 64 页。
[757] 于晶：《政务微博的互动性边界及操作策略研究——以@上海发布为例》，《编辑之

友》2015 年第 4 期，第 65 ~ 70 页。

[758] 史海军：《刍议政府如何应对网络谣言——以“秦火火”事件为例》，《新闻传播》2015 年第 4 期，第 42 页。

[759] 赵启帆：《新浪微博热门话题的符号学分析——以微博打拐事件为例》，《新闻世界》2015 年第 4 期，第 205 ~ 206 页。

[760] 孙健：《我国政务微博及其发展路向》，《甘肃社会科学》2015 年第 4 期，第 235 ~ 238 页。

[761] 宋紫桦：《新媒体环境下的微博营销》，《新闻世界》2015 年第 4 期，第 144 ~ 145 页。

[762] 刘冬梅：《微博时代政府应对网络舆情技巧研究》，《编辑学刊》2015 年第 4 期，第 94 ~ 97 页。

[763] 张陈娴、韦翠、张学泰：《“@ 清远天气”微博的现状分析及对策》，《广东气象》2015 年第 4 期，第 69 ~ 72 页。

[764] 商宪丽：《微博营销信息传播的社会网络中心性分析》，《商业研究》2015 年第 4 期，第 121 ~ 127 页。

[765] 刘立忠、蒋超：《微博在高校大学生思想政治教育中的应用调查分析》，《辽宁医学院学报》（社会科学版）2015 年第 4 期，第 101 ~ 103 页。

[766] 陈飞、郑晓洁：《微时代加强高校共青团组织微博建设的路径选择——以福建师范大学福清分校为例》，《内蒙古农业大学学报》（社会科学版）2015 年第 4 期，第 84 ~ 87 页。

[767] 程广东、秦一方：《基于新浪微博 API 的话题分析系统》，《山东交通学院学报》2015 年第 4 期，第 78 ~ 86 页。

[768] 袁闽燕：《微博转发行为类型界定及其著作权法律性质》，《厦门广播电视大学学报》2015 年第 4 期，第 20 ~ 24 页。

[769] 王宁、于伟静、单晓红：《品牌微博情绪的分类研究》，《北京邮电大学学报》（社会科学版）2015 年第 4 期，第 50 ~ 55 页。

[770] 欧瑜枫：《社交网络对当代大学生行为的影响研究》，《桂林师范高等专科学校学报》2015 年第 4 期，第 110 ~ 113 页。

第 5 期

[771] 孙博、陈通：《微博用户之间信任形成的因素研究》，《河北工业科技》2015 年第 5 期，第 384 ~ 389 页。

[772] 宋辰皓：《移动互联网环境下的电子政务应用模式》，《信息与电脑》（理论版）2015 年第 5 期，第 71 ~ 72、74 页。

[773] 侯筱蓉、李延昊：《基于用户情感体验的自媒体信息传播效果评价》，《情报理论与实践》2015 年第 5 期，第 90 ~ 93、50 页。

[774] 胡秀丽：《基于 VSM 和 LDA 模型相结合的微博话题漂移检测》，《兰州理工大学学报》2015 年第 5 期，第 104 ~ 109 页。

[775] 陈晞、王振源：《微博中品牌危机信息的活跃周期及影响因素》，《当代传播》2015 年第 5 期，第 83 ~ 86 页。

[776] 徐薇薇：《新媒体在旅游目的地营销中的应用研究》，《中国经贸导刊》2015 年第 5 期，第 42 ~ 43 页。
[777] 陈强：《微博与大学生思想政治教育间的化学反应体系》，《齐齐哈尔师范高等专科学校学报》2015 年第 5 期，第 1 ~ 2 页。
[778] 李国海、彭诗程：《论对个人微博广告的法律规制》，《湖南工业大学学报》（社会科学版）2015 年第 5 期，第 49 ~ 54 页。
[779] 杨子：《微博时代的新媒体事件》，《新闻论坛》2015 年第 5 期，第 58 ~ 60 页。
[780] 荣毅虹：《参与式预算中政务网站和政务微博的应用》，《电子政务》2015 年第 5 期，第74 ~ 83 页。
[781] 李朋宾、张彦：《"清风南阳"政务微博运行状况研究》，《采写编》2015 年第 5 期，第 63 ~ 64 页。
[782] 谢丽娜、周庆山：《公众通过社交媒体获取政府信息影响因素的实证研究——以新浪微博为例》，《图书与情报》2015 年第 5 期，第 109 ~ 116 页。
[783] 徐嘉：《吉林省政务微博创新发展研究》，《改革与开放》2015 年第 5 期，第 30 ~ 31 页。
[784] 孙丽娜、张晶：《新时期京津冀微博社区建设研究》，《廊坊师范学院学报》（社会科学版）2015 年第 5 期，第 107 ~ 109 页。
[785] 刘碧强、王丹炜、鲍轶凡、吴伟鹏、杨婧、林仁镇、王彦：《基于微博平台的大学生廉洁教育调查研究》，《中国轻工教育》2015 年第 5 期，第 36 ~ 40 页。
[786] 徐敬海、褚俊秀、聂高众、安基文：《基于位置微博的地震灾情提取》，《自然灾害学报》2015 年第 5 期，第 12 ~ 18 页。
[787] 端文慧、赵媛：《我国公共图书馆微博信息服务现状及影响因素调查与分析——以省级公共图书馆为例》，《四川图书馆学报》2015 年第 5 期，第 56 ~ 62 页。
[788] 韦妮妮、刘秀玲：《智慧旅游背景下旅游微博对旅游产品宣传影响研究——以福建省旅游局官方微博为例》，《梧州学院学报》2015 年第 5 期，第 30 ~ 36 页。
[789] 吴联仁、李瑾颉、闫强：《基于时间异质性的微博信息传播模型》，《电子科技大学学报》2015 年第 5 期，第 657 ~ 662 页。
[790] 袁靖华、郝文琦：《基于数据挖掘分析的电视节目社交融合传播研究——以〈奔跑吧兄弟〉为案例》，《浙江传媒学院学报》2015 年第 5 期，第 13 ~ 21、62 页。
[791] 吴少华、马晓娟、胡勇：《基于改进 PageRank 算法的微博用户影响力评估》，《四川大学学报》（自然科学版）2015 年第 5 期，第 1040 ~ 1044 页。
[792] 胡春梅、何华敏、谭静、邓晓燕、张文英：《微博：当代大学生使用现状及对生活满意度、负性情绪影响的实证研究——以重庆大学生为例》，《重庆高教研究》2015 年第 5 期，第87 ~ 93、99 页。
[793] 窦苡：《公共档案馆微博服务状况调查研究》，《档案管理》2015 年第 5 期，第 60 ~ 61 页。
[794] 王庆、余红：《泛娱乐化与自媒体雾霾环境风险传播》，《当代传播》2015 年第 5 期，第21 ~ 23 页。
[795] 曹红玲：《图书馆微博信息生态链结构模型构建研究》，《山西档案》2015 年第 5 期，

第59～61页。

[796] 张冬冬：《角色与表达：记者微博使用中的冲突研究》，《阴山学刊》（社会科学版）2015年第5期，第56～61页。

[797] 董颖红、陈浩、赖凯声、乐国安：《微博客基本社会情绪的测量及效度检验》，《心理科学》2015年第5期，第1141～1146页。

[798] 吴闻莺、蔡尚伟：《中国微博规制模式演变、效果及创新机制研究》，《中共天津市委党校学报》2015年第5期，第81～89页。

[799] 孟鑫：《浅议大学出版社"两微一端"建设》，《编辑学刊》2015年第5期，第88～90页。

[800] 杨伯溆：《媒介融合与国家介入的意义——以新媒介平台新浪微博为例》，《当代传播》2015年第5期，第54～58、73页。

[801] 桂勇、李秀玫、郑雯、黄荣贵：《网络极端情绪人群的类型及其政治与社会意涵基于中国网络社会心态调查数据（2014）的实证研究》，《社会》2015年第5期，第78～100页。

[802] 高辉辉：《辅导员微博建设的路径依赖与突破》，《职大学报》2015年第5期，第95～97页。

[803] 徐枫：《人大"专题询问"的地方实践——以浙江温岭市为例》，《湖北省社会主义学院学报》2015年第5期，第58～62页。

[804] 周飞、沙振权：《企业家微博信息质量对粉丝品牌态度的影响机理研究》，《北京工商大学学报》（社会科学版）2015年第5期，第108～115页。

[805] 陈楚洁、袁梦倩：《社交媒体，职业"他者"与"记者"的文化权威之争——以纪许光微博反腐引发的争议为例》，《新闻大学》2015年第5期，第139～148页。

[806] 杜锐、朱艳辉、田海龙、刘璟、马进：《基于平滑SO-PMI算法的微博情感词典构建方法研究》，《湖南工业大学学报》2015年第5期，第77～81页。

[807] 张瑜、李兵、刘晨玥：《面向主题的微博热门话题舆情监测研究——以"北京单双号限行常态化"舆情分析为例》，《中文信息学报》2015年第5期，第143～151、159页。

[808] 崔娜：《微博对高校学生工作的影响及应用》，《天津中德职业技术学院学报》《天津中德职业技术学院学报》2015年第5期，第98～100页。

[809] 余秀才：《微博舆情研究中的大数据风险与挑战》，《华中科技大学学报》（社会科学版）2015年第5期，第80～84、96页。

[810] 隆茜：《微博互动与读者信息素养能力的主动培育》，《大学图书情报学刊》2015年第5期，第30～33、52页。

[811] 刘建华：《边疆多民族地区网络政治传播的失序与治理》，《吉首大学学报》（社会科学版）2015年第5期，第102～107页。

[812] 柳佳路：《解析应对危机的反应策略——以马云对捐款事件的微博长文回应为例》，《新闻世界》2015年第5期，第256～257页。

[813] 刘星星、王慧：《网络环境下基于反馈机理的高校图书馆采访业务优化研究》，《大学图书情报学刊》2015年第5期，第57～60页。

[814] 张雪威：《倍道兼进　档案利用服务正当时——记北京市东城区档案局（馆）利用服务工作》，《北京档案》2015 年第 5 期，第 6 ~ 9 页。
[815] 吴菲：《微博对高校安全稳定工作的影响及对策研究》，《科技传播》2015 年第 5 期，第 122 ~ 125 页。
[816] 张旭霞、李慧媛：《网络舆情视域下政府公信力的重塑与提升》，《甘肃行政学院学报》2015 年第 5 期，第 19 ~ 28 页。
[817] 李庆瑞：《以微博为载体的高校隐性思想政治教育初探》，《广东石油化工学院学报》2015 年第 5 期，第 65 ~ 67、80 页。
[818] 赵昱、王勇泽：《短视频的传播现状分析》，《数字传媒研究》2015 年第 5 期，第 54 ~ 58 页。
[819] 李洁：《网络网民评论对新闻严肃性的消解——以新浪微博为例》，《今传媒》2015 年第 5 期，第 48 ~ 49 页。
[820] 郭宇强、王珊：《我国省级总工会微博的应用现状分析》，《工会理论研究（上海工会管理职业学院学报）》2015 年第 5 期，第 4 ~ 9 页。
[821] 陈红燕、马勇、魏雅雯：《新媒体时代学术期刊数字化发展路径研究》，《长安大学学报》（社会科学版）2015 年第 4 期，第 64 ~ 68 页。
[822] 戴先任：《普查政府网站的目的》，《党政论坛》2015 年第 5 期，第 64 页。
[823] 赵俊、霍良安：《两个舆论场中的网络群体性事件交互演化模型》，《软科学》2015 年第 5 期，第 135 ~ 139 页。
[824] 梁芷铭、徐福林、曾栋梁：《微博反腐的法制化路径新探》，《新闻界》2015 年第 5 期，第49 ~ 56 页。
[825] 陈晞、王振源：《微博中的品牌危机信息转发意愿研究》，《国际新闻界》2015 年第 5 期，第 125 ~ 137 页。
[826] 蔡淑琴、袁乾、周鹏、梁烽：《基于信息传播理论的微博协同过滤推荐模型》，《系统工程理论与实践》2015 年第 5 期，第 1267 ~ 1275 页。
[827] 张珏曼、王轶、王晓迪：《对比最受欢迎的健康类用户：基于推特和新浪微博的内容分析》，《国际新闻界》2015 年第 5 期，第 156 ~ 172 页。
[828] 周霞娟、汪飞、金玲、陈为、王章野：《用户驱动的微博可视化搜索》，《中国图象图形学报》2015 年第 5 期，第 715 ~ 723 页。
[829] 王和勇、洪明：《特征融合在微博数据挖掘中的应用研究》，《现代情报》2015 年第 5 期，第 68 ~ 72、77 页。
[830] 戴瑞凯、王春贺：《新社会阶层微博舆论影响力分析及引导方法研究》，《西部广播电视》2015 年第 5 期，第 27 页。
[831] 吴城希：《网络时代下政府危机公关刍议——由“微博问政”引发的思考》，《经营与管理》2015 年第 5 期，第 143 ~ 144 页。
[832] 邱馨：《班杜拉的交互决定论与微博的“暴力流感”》，《新闻界》2015 年第 10 期，第 30 ~ 36 页。
[833] 戴瑞凯：《新社会阶层微博群体特征及表达特色研究》，《新闻研究导刊》2015 年第 5 期，第 114 ~ 140 页。

[834] 兰月新、董希琳、苏国强、瞿志凯：《大数据背景下微博舆情信息交互模型研究》，《现代图书情报技术》2015 年第 5 期，第 24～33 页。

[835] 吴妮、赵捧未、秦春秀：《基于语义分析和相似强度的微博热点发现方法》，《现代图书情报技术》2015 年第 5 期，第 57～64 页。

[836] 陈健光：《利用新媒体提高广播节目知名度——以中央人民广播电台《韵味岭南》节目为例》，《中国广播》2015 年第 5 期，第 84～86 页。

[837] 吉顺权、李卓卓：《基于信息生命周期的微博舆情规律分析——以食品安全事件为例》，《电子政务》2015 年第 5 期，第 58～65 页。

[838] 何欣洁、刘偿愿：《浅析警察网络形象塑造存在的主要问题及改善对策——以公安微博为例》，《东南传播》2015 年第 5 期，第 73～77 页。

[839] 张宇、王建成：《突发事件中政府信息发布机制存在的问题及对策研究——基于 2015 年"上海外滩踩踏事件"的案例研究》，《情报杂志》2015 年第 5 期，第 111～117、65 页。

[840] 吕道宁：《媒体转型的一次创新——谈〈三峡日报〉微博评报带给纸媒的启示》，《中国地市报人》2015 年第 5 期，第 70～71 页。

[841] 黄炜、刘坤、杨青：《面向复合维信息特征的微博舆情事件感知方法》，《情报杂志》2015 年第 5 期，第 146～153 页。

[842] 杨福强、王洪国、董树霞、丁艳辉、尹传城：《基于微博扩展的用户兴趣主题挖掘算法》，《计算机工程与设计》2015 年第 5 期，第 1214～1218 页。

[843] 陶永才、王晓慧、石磊、卫琳、曹仰杰：《基于用户粉丝聚类现象的微博僵尸用户检测》，《小型微型计算机系统》2015 年第 5 期，第 1007～1011 页。

[844] 雷宏振、章俊、兰娟丽、袁丹：《基于谣言传播模型的"微博社区"负面信息扩散效应及案例研究》，《现代情报》2015 年第 5 期，第 30～34 页。

[845] 马慧芳、贾美惠子、袁媛、张志昌：《融合词项关联关系的半监督微博聚类算法》，《计算机工程》2015 年第 5 期，第 202～206、212 页。

[846] 卢伟胜、郭躬德：《基于特定话题的微博意见领袖在线检测方法》，《计算机应用与软件》2015 年第 5 期，第 70～74、96 页。

[847] 刘金龙、吴斌、陈震、沈崇玮：《基于领域划分的微博用户影响力分析》，《计算机科学》2015 年第 5 期，第 42～46、66 页。

[848] 戎蕊、兰月新、张鹏、夏一雪：《政务微媒体在网络反腐中的应用研究》，《现代情报》2015 年第 5 期，第 9～13 页。

[849] 李慧：《微博在高校图书馆的应用及其效果评价研究》，《情报探索》2015 年第 5 期，第 119～123 页。

[850] 柴玥、金保德、杨中楷：《〈中国国家地理〉新浪微博传播效应分析》，《中国科技期刊研究》2015 年第 5 期，第 493～498 页。

[851] 彭泽环、孙乐、韩先培、陈波：《社区热点微博推荐研究》，《计算机研究与发展》2015 年第 5 期，第 1014～1021 页。

[852] 贺敏、杜攀、张瑾、刘悦、程学旗：《基于动量模型的微博突发话题检测方法》，《计算机研究与发展》2015 年第 5 期，第 1022～1028 页。

[853] 赵雯:《基于互联网思维的高校图书馆微营销研究——以微博和微信的应用为例》,《河南图书馆学刊》2015 年第 5 期，第 60～61 页。
[854] 段鹏:《我国国有企业新媒体平台建设现状与对策研究——基于某大型国有企业青年员工群体的实证研究》,《现代传播（中国传媒大学学报）》2015 年第 5 期，第 131～135 页。
[855] 刘媛媛、张伟:《体育微博传播的问题与对策》,《传媒观察》2015 年第 5 期，第 28～30 页。
[856] 陈远、丛振江:《利用 h 指数评测微博影响力——以新浪校园微博为例》,《情报科学》2015 年第 5 期，第 85～90 页。
[857] 邱源子:《微博问政与构建和谐辽宁传播研究》,《视听》2015 年第 5 期，第 133～135 页。
[858] 彭丹妮:《基于内容分析法的国内微博营销研究现状分析》,《时代金融》2015 年第 5 期，第 315～317 页。
[859] 聂艾歆:《网络时代背景下微博对新闻传播的影响分析》,《新闻研究导刊》2015 年第 5 期，第 130、147 页。
[860] 王沛:《基于微博的大型体育赛事报道》,《采写编》2015 年第 5 期，第 81～82 页。
[861] 雷德胜、王建华:《“微时代”大学生思想教育工作初探》,《郧阳师范高等专科学校学报》2015 年第 5 期，第 80～82 页。
[862] 徐嘉:《网络问政时代吉林省政务微博探析》,《吉林工程技术师范学院学报》2015 年第 5 期，第 21～22 页。
[863] 陈桂龙:《中国政务微博客进入平稳增长期》,《中国建设信息》2015 年第 5 期，第 10～11 页。
[864] 张宇、王建成:《突发事件中政府信息发布机制存在的问题及对策研究——基于 2015 年“上海外滩踩踏事件”的案例研究》,《情报杂志》2015 年第 5 期，第 111～117、65 页。
[865] 沈大勤:《微博在高校图书馆参考咨询服务中的应用》,《中国科技信息》2015 年第 5 期，第 90～91 页。
[866] 毕崇武:《基于文本分析的微博用户性格获取模型》,《科技创业月刊》2015 年第 5 期，第 61～62 页。
[867] 张玮、谢朝群:《网络语境下不礼貌语用与身份建构分析——以微博研究为例》,《当代外语研究》2015 年第 5 期，第 23～28、34、76 页。
[868] 郭海玉:《我国地方高校教育微博应用研究》,《南阳师范学院学报》2015 年第 5 期，第58～60 页。
[869] 王淑华:《都市报新媒体网络角色定位策略研究——以〈钱江晚报〉新浪官方微博为例》,《今传媒》2015 年第 5 期，第 10～12 页。
[870] 王淑华:《都市报新媒体网络角色定位策略——以〈钱江晚报〉新浪官方微博为例》,《现代视听》2015 年第 5 期，第 68～71 页。
[871] 张显翠、吕梅:《突发事件与微博联姻后的全新叙事视角》,《写作（上旬刊）》2015 年第 5 期，第 31～34 页。

［872］吴小兰、章成志：《结合用户关系网和标签共现网的微博用户标签推荐研究》，《情报学报》2015 年第 5 期，第 459～465 页。

［873］张茂玻：《浅析微博公共关系对高校官方微博的借鉴意义》，《学校党建与思想教育》2015 年第 5 期，第 74～75 页。

［874］刘晓洁：《班级微博平台推动培育和践行社会主义核心价值观的实践与思考》，《佳木斯职业学院学报》2015 年第 5 期，第 111～112 页。

［875］李益峰：《拥抱新媒体　提升传播力——县级电视台借力新媒体融合发展路径探究》，《东南传播》2015 年第 5 期，第 112～113 页。

［876］杨国琴、王丽萍：《社会安全事件下热门微博转发用户的特征分析》，《经营与管理》2015 年第 5 期，第 139～142 页。

［877］许小青：《“互联网＋”开启征兵宣传新形式——以微博互动平台为例》，《国防》2015 年第 5 期，第 50～52 页。

［878］傅康、姜振兵、万里生：《高职院校电子专业学生应用微博学习的调查与分析》，《技术与市场》2015 年第 5 期，第 351 页。

［879］史叶婷：《浅议微博在高校思想政治理论课教学中的应用》，《现代交际》2015 年第 5 期，第 147～148 页。

［880］任锦鸾、李涛、李波：《基于大数据的电视综艺节目精准营销》，《现代传播》（中国传媒大学学报）2015 年第 5 期，第 95～98 页。

［881］梁韬、朱艳辉：《基于 LDA 的微博热点话题发现研究》，《信息通信》2015 年第 5 期，第 32 页。

［882］程果：《社会化媒体传播路径探析——以“杀马特参军变型男”风靡社会化媒体为例》，《传播与版权》2015 年第 5 期，第 77～78 页。

［883］李唐娜：《人民日报微博评论的平民话语建构——以“微议录”栏目为例》，《新闻世界》2015 年第 5 期，第 192～193 页。

［884］伍琼中：《微博文化与高校思想政治教育的冲突与融合》，《吉林省教育学院学报（中旬）》2015 年第 5 期，第 38～39 页。

［885］肖振涛：《浅析微博与警察公共关系》，《法制与社会》2015 年第 5 期，第 142～143 页。

［886］蔡晓星、娄明阳、崔志锋、石莹：《新媒体手段在高校学生管理中的应用及存在问题探析》，《新闻研究导刊》2015 年第 5 期，第 10～11 页。

［887］安阳阳：《刍议微博媒介接触对大学生价值观构建的影响》，《新闻研究导刊》2015 年第 5 期，第 29、94 页。

［888］张晓：《传统媒体官方微博运营的误区与规避》，《新闻研究导刊》2015 年第 5 期，第 72～73 页。

［889］凌苗：《网络时代微博、微信在新闻传播中的运用》，《西部广播电视》2015 年第 5 期，第 76 页。

［890］任昌辉：《微博舆论场博弈失控的成因探析》，《新闻研究导刊》2015 年第 5 期，第 133～134 页。

［891］刘爽：《微博对青少年影响的对策研究》，《法制与社会》2015 年第 5 期，第 180～

181 页。
[892] 何东超、李宗宇：《公安微博背景下的大学生网络参与行为实证研究》，《新闻研究导刊》2015 年第 5 期，第 2 ~4、11 页。
[893] 诸琦睿：《微博传播与公民意识的培养——以广东茂名 PX 事件为例》，《新闻研究导刊》2015 年第 5 期，第 28 ~29 页。
[894] 颜菲：《地方新闻网站微博的结构设计、问题与对策——以重庆华龙网微博为例》，《传媒》2015 年第 5 期，第 44 ~46 页。
[895] 王玮：《微时代的高校档案馆服务新思考——谈微博在高校档案馆工作中的应用》，《黑龙江史志》2015 年第 5 期，第 139 ~140 页。
[896] 訾小南：《刍议新媒体时代下微信与微博的功能分化》，《戏剧之家》2015 年第 5 期，第 233、242 页。
[897] 徐绮、水汶、张书红、于志锋：《媒体融合技术对科技期刊发展的促进作用探讨》，《科技传播》2015 年第 5 期，第 108 ~129 页。
[898] 韩文静：《反腐新形势下的微博研究》，《新闻传播》2015 年第 5 期，第 6 ~7 页。
[899] 常永杰、陈亮、张颖：《基于新媒体技术的电力微博微信服务平台设计分析》，《河北电力技术》2015 年第 5 期，第 50 ~53 页。
[900] 王夕予：《中国社会化媒体的政治化迷思——以新浪微博热门话题为例》，《宜宾学院学报》2015 年第 5 期，第 78 ~83 页。
[901] 陈飞：《浅析微博与政府危机公关》，《公关世界》2015 年第 5 期，第 62 ~63 页。
[902] 杨翠芳：《微博粉丝群体与社会公共领域建设》，《湖北经济学院学报》（人文社会科学版）2015 年第 5 期，第 17 ~18 页。
[903] 周高琴、谭科宏：《高校微博信息传播机制的特征研究》，《新闻知识》2015 年第 5 期，第 49 ~51 页。
[904] 杨长春、余艺、叶施仁、王巍巍：《一种新的微博热点话题传播关键博主发现》，《计算机仿真》2015 年第 5 期，第 318 ~322 页。
[905] 于洪涛、崔瑞飞、黄瑞阳：《链接相似性的微博重叠社区发现算法》，《小型微型计算机系统》2015 年第 5 期，第 928 ~933 页。
[906] 曾卫：《网络论坛与微博的舆论传播差异研究》，《中国广播》2015 年第 5 期，第 46 ~49 页。
[907] 赵环环：《医学伦理视野下医生的社交媒体行为研究》，《新闻世界》2015 年第 5 期，第 179 ~181 页。
[908] 程蕾、赵艳艳：《人·圈子·社会：自媒体语境下的人际传播——基于对微博、微信使用情况的考察》，《新闻世界》2015 年第 5 期，第 138 ~139 页。
[909] 史浩然：《微博意见领袖的社会影响力探析——以新浪微博为例》，《视听》2015 年第 5 期，第 136 ~137 页。
[910] 杨家勤：《突发事件微博话语权威建构路径探讨》，《新闻记者》2015 年第 5 期，第 88 ~92 页。
[911] 赵亮、孙政：《微博语境下的高职学生管理工作策略》，《武汉船舶职业技术学院学报》2015 年第 5 期，第 66 ~68 页。

[912] 刘行军、李刚：《内容建设促进微博信息传播的策略》，《价值工程》2015 年第 5 期，第291 ~292 页。

[913] 晁代丽：《刍议锤子手机的社会化媒体营销》，《现代商业》2015 年第 5 期，第 44 ~45 页。

[914] 杜杨沁：《政务微博整体网络实证分析——基于经纪人视角》，《电子政务》2015 年第 5 期，第 41 ~49 页。

[915] 吴肖：《我国政府政务微博治理机制研究》，《洛阳理工学院学报》（社会科学版）2015 年第 5 期，第 52 ~58 页。

[916] 李萍：《政府新媒体传播研究——基于山东省政务微博、微信的实证考察》，《山东理工大学学报》（社会科学版）2015 年第 5 期，第 69 ~72 页。

[917] 汪兴和：《政务微博在我国政府形象建构中的困境与对策》，《哈尔滨师范大学社会科学学报》2015 年第 5 期，第 157 ~159 页。

[918] 沈晓晓：《新媒体中的腐女亚文化及其商业收编——以"春晚 CP"为例》，《新闻世界》2015 年第 5 期，第 240 ~241 页。

[919] 贾朋俭：《微博舆情对高校思政工作的影响分析》，《北京教育》（高教版）2015 年第 5 期，第 59 ~61 页。

[920] 刘灵、杨懿、苏东静、马斯丽：《基于微博平台的高校心理危机干预工作的思考》，《理论观察》2015 年第 5 期，第 140 ~141 页。

[921] 王世泓、刘宝芹：《一种消除情绪孤立点的中文微博情绪分析》，《计算机与数字工程》2015 年第 5 期，第 857 ~860、910 页。

[922] 张士毅：《新媒体在突发公共事件传播中的独特功用》，《新闻世界》2015 年第 5 期，第 121 ~122 页。

[923] 李俊丽：《基于 Linux 的 python 多线程爬虫程序设计》，《计算机与数字工程》2015 年第 5 期，第 861 ~863、876 页。

[924] 杨雪：《高校思政教育中微博的应用价值分析》，《世纪桥》2015 年第 5 期，第 69 ~70 页。

[925] 张莉、李卫平：《适应性阈值优化的微博消息索引模式》，《计算机工程与设计》2015 年第 5 期，第 1362 ~1367 页。

[926] 邱源子：《微博问政与构建和谐辽宁传播研究》，《视听》2015 年第 5 期，第 133 ~135 页。

[927] 邱源子：《微博问政的规制及引导路径》，《新闻世界》2015 年第 5 期，第 103 ~105 页。

[928] 张霁：《即时通讯网络时代的人文教育创新模式——以微博、微信平台为例》，《中国高校科技》2015 年第 5 期，第 76 ~77 页。

[929] 熊建军：《自由辩论、现实镜像与传播伦理——微博杂谈》，《社会科学论坛》2015 年第 5 期，第 145 ~150 页。

[930] 宋健：《媒体微博的伦理失范及反思》，《新闻世界》2015 年第 5 期，第 113 ~114 页。

[931] 邹洪霜：《"微博直播自杀"带给我们的思考》，《新闻世界》2015 年第 5 期，第 136 ~137 页。

［932］芦何秋、周易：《论公共事件中微博意见领袖的社会影响》，《今传媒》2015 年第 5 期，第 16 ~ 18 页。
［933］戎晓溪：《微博转发行为的合法基础探析》，《今传媒》2015 年第 5 期，第 34 ~ 35 页。
［934］闫旭：《新浪微博与微信朋友圈的信息传播差异研究》，《新闻世界》2015 年第 5 期，第 202 ~ 203 页。
［935］许正林、祝璇璇：《双微时代的“民意”误区与社会理性建构》，《今传媒》2015 年第 5 期，第 4 ~ 7 页。
［936］蒋艳霞：《试论微博在图书馆中的应用》，《黑龙江史志》2015 年第 5 期，第 273 页。
［937］许小青：《“互联网 +”开启征兵宣传新形式——以微博互动平台为例》，《国防》2015 年第 5 期，第 50 ~ 52 页。
［938］张红雷、祁卉璇：《大学生思想政治教育工作中微博的应用探究》，《科技风》2015 年第 5 期，第 255 页。
［939］张志安、曹艳辉：《政务微博微信：互动机制与深化路径》，《传媒》2015 年第 5 期，第 29 ~ 31 页。
［940］彭清：《微博广告语篇的互文性分析》，《哈尔滨学院学报》2015 年第 5 期，第 112 ~ 115 页。
［941］施爱东：《周期性谣言的类别与特征》，《民族艺术》2015 年第 5 期，第 105 ~ 111、168 页。
［942］陈刚、林琛、席耀一、李弼程：《基于社团信息传播能力分析的微博舆情热点监测》，《信息工程大学学报》2015 年第 5 期，第 596 ~ 601 页。
［943］王翠萍：《基于社交媒体的学术信息交流研究综述》，《晋图学刊》2015 年第 5 期，第 1 ~ 4、9 页。
［944］张艳丽、任郑杰、王铮：《公共事件中微博、微信传播研究》，《河南财政税务高等专科学校学报》2015 年第 5 期，第 25 ~ 27 页。
［945］桂勇、李秀玫、郑雯、黄荣贵：《网络极端情绪人群的类型及其政治与社会意涵　基于中国网络社会心态调查数据（2014）的实证研究》，《社会》2015 年第 5 期，第 78 ~ 100 页。
［946］钟晓兵、王博：《非热门微博谣言的传播特征与控制措施研究》，《理论探讨》2015 年第 5 期，第 35 ~ 38 页。
［947］杨学成、肖彦、陈飞：《微博沟通对消费者外显和内隐品牌态度的影响》，《学海》2015 年第 5 期，第 136 ~ 142 页。
［948］李小蓉：《议程设置在微博健康传播中的运用——以风行新浪微博的“冰桶挑战赛”为例》，《黑龙江生态工程职业学院学报》2015 年第 5 期，第 147 ~ 149 页。
［949］杨宁：《融媒体时代微博、微信对广播媒体的影响》，《天中学刊》2015 年第 5 期，第 33 ~ 35 页。
［950］蒋立宏、周燕琳：《高校官方微博的传播力与影响力——基于 8 所高校所开设官方微博的实证分析》，《新闻战线》2015 年第 5 期，第 81 ~ 82 页。
［951］逯萍：《微博问政与社会治理创新》，《改革与开放》2015 年第 5 期，第 10 ~ 11 页。
［952］王金水、谭家乐：《网络信息技术发展与意识形态安全》，《当代世界与社会主义》

2015 年第 5 期，第 61 ~67 页。

[953] 张创军：《甘肃省部分本科院校移动图书馆发展调查研究——兼论西北民族大学移动图书馆建设情况》，《农业图书情报学刊》2015 年第 5 期，第 81 ~84 页。

第 6 期

[954] 韩广俊：《西部地区政务微博现状研究——以西宁市为例》，《法制博览》2015 年第 6 期，第 70 ~71 页。

[955] 高壮伟、杨宁坤：《以微博为载体推进“中国梦”融入大学生思想政治教育》，《宝鸡文理学院学报》（社会科学版）2015 年第 6 期，第 171 ~173 页。

[956] 江巍、王先军、吴小勇、陈灯红：《微博在混凝土结构课程教学中的应用探讨》，《高等建筑教育》2015 年第 6 期，第 170 ~173 页。

[957] 李应杰：《微博对新闻传播的影响探析》，《新闻研究导刊》2015 年第 6 期，第 221 ~221 页。

[958] 吴伊萍：《基于多特征融合的微博倾向性分析》，《泉州师范学院学报》2015 年第 6 期，第 69 ~74 页。

[959] 刘海兰：《“985 工程”高校图书馆微博应用问题研究》，《潍坊学院学报》2015 年第 6 期，第 107 ~108、120 页。

[960] 邹淼淼：《以微博谣言传播为例浅析社交媒体的媒介素养》，《科技传播》2015 年第 6 期，第 47 ~48 页。

[961] 吴红杏：《浅议新型媒体在社会主义核心价值观教育中的作用》，《吉林省经济管理干部学院学报》2015 年第 6 期，第 149 ~150 页。

[962] 曾凡斌、玉凤：《两微一端下我国传统广播的现状与发展》，《视听界（广播电视技术）》2015 年第 6 期，第 4 ~9 页。

[963] 张明旺：《公安院校微博舆情引导对策探索》，《四川警察学院学报》2015 年第 6 期，第44 ~48 页。

[964] 王世泓、牛耘：《基于情绪强度的中文微博情绪分析》，《计算机技术与发展》2015 年第 6 期，第 137 ~140 页。

[965] 秦雨、余正涛、王炎冰、石林宾、潘华山：《基于特征映射的微博用户标签兴趣聚类方法》，《数据采集与处理》2015 年第 6 期，第 1246 ~1252 页。

[966] 解凡：《微言大义：“微博现象”的社会学分析》，《辽宁农业职业技术学院学报》2015 年第 6 期，第 53 ~55 页。

[967] 郭明飞、胡玲玲：《国外微博空间意识形态管理经验及其启示》，《淮阴师范学院学报》（哲学社会科学版）2015 年第 6 期，第 804 ~811 页。

[968] 郑志雯：《基于微博的大学生社会主义核心价值体系教育的研究》，《漯河职业技术学院学报》2015 年第 6 期，第 150 ~153 页。

[969] 陈宏飞、张心萍、赵艳慧、刘广、孙九林：《基于微博的西安市交通拥堵状况时空分布研究》，《陕西师范大学学报》（自然科学版）2015 年第 6 期，第 83 ~88 页。

[970] 刘兰兰、张雯：《自媒体时代下大学生英语自主学习体系的可行性研究》，《安徽警官职业学院学报》2015 年第 6 期，第 103 ~106 页。

［971］王恩贤、陶宏才：《基于 PSO-SVM 算法的炒作微博识别研究》，《成都信息工程学院学报》2015 年第 6 期，第 529 ~ 535 页。
［972］麻婷婷：《浅谈利用微博微信提高高校图书馆服务水平》，《新西部》（理论版）2015 年第 6 期，第 72、78 页。
［973］郑智斌、任昌辉：《微博反腐的传播效应及其正面引导》，《廉政文化研究》2015 年第 6 期，第 92 页。
［974］袁梦：《微博反腐的法理思考》，《法制博览》2015 年第 6 期，第 178 ~ 179 页。
［975］周丽丽、董铮：《基于互联网 + 的广播电视智能导播系统的研究》，《视听界（广播电视技术）》2015 年第 6 期，第 45 ~ 49 页。
［976］陈曼仪、苏宇、谢菲：《基于微博平台的在线评论有用性研究——产品设计角度》，《信息通信技术》2015 年第 6 期，第 73 ~ 79 页。
［977］裴超、肖诗斌、江敏：《基于用户行为的微博转发兴趣分类研究》，《北京信息科技大学学报》（自然科学版）2015 年第 6 期，第 73 ~ 76 页。
［978］叶盛世：《“两个舆论场”视阈下微博的舆论引导机制探究——以宜黄拆迁事件为例》，《安阳师范学院学报》2015 年第 6 期，第 143 ~ 147 页。
［979］齐冬梅、李晓：《基于新浪微博内容的精准广告投放》，《湖北工程学院学报》2015 年第 6 期，第 66 ~ 70 页。
［980］内莱·内塞特、王永磊：《微博与中国共产党国家治理策略的调整》，《国外社会科学》2015 年第 6 期，第 83 ~ 89 页。
［981］陈文胜：《国外政党微博问政的实践及启示》，《国外社会科学》2015 年第 6 期，第 74 ~ 82 页。
［983］张若琪、章琦：《新媒体对工会工作的影响及其合理应用》，《中国劳动关系学院学报》2015 年第 6 期，第 54 ~ 57 页。
［984］李艳、白杰：《新生代女性农民工与微博传播——以四个不同定位的微博为例》，《扬州大学学报》（人文社会科学版）2015 年第 6 期，第 69 ~ 77 页。
［985］冯波、刘亮：《微博中的社会心态与社会治理》，《中共杭州市委党校学报》2015 年第 6 期，第 75 ~ 79 页。
［986］叶蔚云：《政府公共关系视野下的政府公众微博》，《探求》2015 年第 6 期，第 79 ~ 83、111 页。
［987］陈小红：《自媒体时代大学生微博使用“微心理”的量表编制——自我表露、自我塑造及自我欣赏》，《福建师大福清分校学报》2015 年第 6 期，第 78 ~ 89 页。
［988］徐骏：《法官微博的行为逻辑、现实境遇与生存空间》，《上海政法学院学报（法治论丛）》2015 年第 6 期，第 16 ~ 25 页。
［989］朱瑞娟：《创新与扩散：中国记者的微博采纳实证研究》，《当代传播》2015 年第 6 期，第 37 ~ 39 页。
［990］陈红梅：《名记者微博的形象呈现及传播特性》，《当代传播》2015 年第 6 期，第 40 ~ 42 页。
［991］陈江、刘玮、巢文涵、王丽宏：《融合热点话题的微博转发预测研究》，《中文信息学报》2015 年第 6 期，第 150 ~ 158 页。

[992] 刘龙飞、杨亮、张绍武、林鸿飞：《基于卷积神经网络的微博情感倾向性分析》，《中文信息学报》2015 年第 6 期，第 159 ~ 165 页。

[993] 蒋盛益、黄卫坚、蔡茂丽、王连喜：《面向微博的社会情绪词典构建及情绪分析方法研究》，《中文信息学报》2015 年第 6 期，第 166 ~ 171、202 页。

[994] 孙晓冬、张语涵：《Web2.0 时代价值共识困境的社会学分析》，《北京理工大学学报》（社会科学版）2015 年第 6 期，第 154 ~ 160 页。

[995] 包鹏程、何梦婷：《三重视域下的媒体审判研究——以“X 二代”涉案的微博传播为例》，《安徽大学学报》（哲学社会科学版）2015 年第 6 期，第 147 ~ 156 页。

[996] 张凡：《微博微信平台在大学生价值观培育中的应用探究》，《湖北科技学院学报》2015 年第 6 期，第 31 ~ 33 页。

[997] 陈玲玲：《微博问政的政治价值探析》，《吉林广播电视大学学报》2015 年第 6 期，第108 ~ 109 页。

[998] 王春艳：《基于微博新传媒的大学生就业观教育》，《新媒体研究》2015 年第 6 期，第 30 ~ 31 页。

[999] 崔珍：《论网络舆论“自我修正”的可能性及实现——关于“手术室拍照事件”的思考》，《新闻世界》2015 年第 6 期，第 291 ~ 292 页。

[1000] 赵成：《微博环境中网络群体性事件的特征及应对策略》，《湖北警官学院学报》2015 年第 6 期，第 45 ~ 48 页。

[1001] 陈壮忠、林丽珠：《应用微博、博客等网络平台进行中医肿瘤学临床教学的可行性试验及评价报告》，《光明中医》2015 年第 6 期，第 1359 ~ 1360 页。

[1002] 郑清、邓长辉、庞建宝、包琳、罗俊：《农业气象服务系统中微博授权发布的开发与实现》，《农业与技术》2015 年第 6 期，第 206 ~ 207 页。

[1003] 刘平：《班级建设的新思路——班级微博》，《科教文汇（下旬刊）》2015 年第 6 期，第134 ~ 135 页。

[1004] 尹丽英：《用户生成内容动因分析及激励设计——以新浪微博为例》，《数字图书馆论坛》2015 年第 6 期，第 38 ~ 44 页。

[1005] 黄玉玲：《网络新技术运用于高校学生思政教育工作探究》，《湖北科技学院学报》2015 年第 6 期，第 108 ~ 110 页。

[1006] 王海芳、任毅、刘东红、许维仁、王景峰：《新形势下医院宣传拓展策略的思考》，《现代医院》2015 年第 6 期，第 116 ~ 119 页。

[1007] 任亚若：《微博对高校思想政治教育的影响探微》，《吉林省教育学院学报（下旬）》2015 年第 6 期，第 22 ~ 23 页。

[1008] 郑智华：《多元文化域下微博在高校思政教育的应用初探》，《现代交际》（学术版）2015 年第 6 期，第 151 页。

[1009] 陈潇：《媒体微博的女大学生失联报道分析》，《新闻世界》2015 年第 6 期，第 223 ~ 225 页。

[1010] 李徐阳：《浅析微博舆论暴力——以西安“手术室自拍”事件为例》，《新闻世界》2015 年第 6 期，第 111 ~ 112 页。

[1011] 徐海霞、王和馨：《微博平台下谣言传播原理及治理》，《新闻世界》2015 年第 6

期，第150～151页。

［1012］肖坤、吕燕茹：《省级党报微博报道的传播导向及互动效果——以〈甘肃日报〉微博2015年两会报道为例》，《新闻世界》2015年第6期，第141～142页。

［1013］罗燕波：《网络舆论的解构倾向分析——基于东莞扫黄的微博舆论分析》，《东南传播》2015年第6期，第86～88页。

［1014］王璐瑶：《从“冰桶挑战”微博风靡看公益传播新模式》，《新闻世界》2015年第6期，第123～124页。

［1015］张莉雪：《“微环境”下纸质媒体的转型与创新》，《新闻世界》2015年第6期，第16～17页。

［1016］董正平、董清平：《微博对大学生日常行为的影响》，《鸡西大学学报》2015年第6期，第11～13页。

［1017］王翔、牛鸿英：《微博平台下的文化身份认同——以央视〈天下足球〉栏目官方微博为例》，《新闻知识》2015年第6期，第58～60页。

［1018］褚红艳：《微博空间传播仪式观的构建》，《传播与版权》2015年第6期，第81～83页。

［1019］郑梦醒：《高校运用微博、微信开展思想政治教育的可行性与必然性》，《河南教育》（高教版）2015年第6期，第33～34页。

［1020］白红义：《新闻范式的危机与调适——基于纪许光微博反腐事件的讨论》，《现代传播》（中国传媒大学学报）2015年第6期，第39～45、55页。

［1021］李东霞、戴瑞凯、王峥：《全媒体时代政务微博的发展策略——以华东政务微博为例》，《青年记者》2015年第6期，第65～66页。

［1022］吴马、冯巨涛：《新浪微博对体育新闻传播的相关问题探讨》，《新闻战线》2015年第6期，第137～138页。

［1023］胡新海：《一种决策树算法对微博垃圾评论的检测》，《内江师范学院学报》2015年第6期，第24～27页。

［1024］程晏萍：《湖北省高校图书馆微博现状调查》，《情报探索》2015年第6期，第97～100页。

［1025］黄春芳：《公共图书馆增设微服务的目标与效能浅谈——以闵行区图书馆为例》，《河南图书馆学刊》2015年第6期，第20～22页。

［1026］李冰洁：《自媒体作为新闻传播媒介与传统新闻媒体的共生关系》，《理论月刊》2015年第6期，第68～71页。

［1027］沈芸：《微学术信息的采集、传播与服务模式研究》，《图书馆工作与研究》2015年第6期，第102～107页。

［1028］吕玥：《突发性公共事件中的谣言在社交网络环境下的传播——以微信和微博为例》，《新闻世界》2015年第6期，第265～267页。

［1029］陈丹月、罗彬：《自媒体视域下微博与受众情绪共振》，《新闻世界》2015年第6期，第109～110页。

［1030］张明、杨瑾：《如何发挥大V在微博谣言防控中的作用》，《新闻与写作》2015年第6期，第101～103页。

[1031] 廖卫民、杨临佳、马剑萍、靳玥：《传播赋权：动物保护组织的媒介动员及其修辞策略》，《浙江理工大学学报》2015 年第 6 期，第 200 ~ 206 页。

[1032] 姚伟、马慧芳、孙曰昕、张志昌：《基于词项关联关系与归一化割加权的微博用户兴趣模型》，《计算机应用研究》2015 年第 6 期，第 1630 ~ 1633 页。

[1033] 欧阳照、王英翠：《社交网络中“点赞”现象探微》，《今传媒》2015 年第 6 期，第 11 ~ 13 页。

[1034] 程爱侠、李全星：《微博语言中标点符号的使用分析——以新浪热门微博为例》，《皖西学院学报》2015 年第 6 期，第 88 ~ 92 页。

[1035] 彭浩、周杰、周豪、赵丹丹：《微博网络中基于主题发现的舆情分析》，《电讯技术》2015 年第 6 期，第 611 ~ 617 页。

[1036] 郝晓玲、茅嘉惠、于秀艳：《微博热词抽取及话题发现研究》，《情报杂志》2015 年第 6 期，第 109 ~ 113、157 页。

[1037] 陈燕红：《微博在高校就业工作中的应用初探》，《未来与发展》2015 年第 6 期，第 81 ~ 83 页。

[1038] 何雅洁：《关于微博虚假广告的法律研究及对策》，《市场周刊（理论研究）》2015 年第 6 期，第 91 ~ 92、117 页。

[1039] 卫兰兰：《公安微博研究综述》，《湖北警官学院学报》2015 年第 6 期，第 20 ~ 23 页。

[1040] 李莉：《微博群网络结构研究——以高校图书馆为例》，《现代情报》2015 年第 6 期，第 29 ~ 33 页。

[1041] 王晨旭、管晓宏、秦涛、周亚东：《微博消息传播中意见领袖影响力建模研究》，《软件学报》2015 年第 6 期，第 1473 ~ 1485 页。

[1042] 王晰巍、张文晓、郭宇：《微博信息生态链的形成机理及仿真研究——以新浪微博低碳技术话题为例》，《情报理论与实践》2015 年第 6 期，第 23 ~ 28 页。

[1043] 张俊豪、顾益军、张士豪：《基于 PageRank 和用户行为的微博用户影响力评估》，《信息网络安全》2015 年第 6 期，第 73 ~ 78 页。

[1044] 胡兵、邓极：《微博对电视剧收视率的影响研究》，《今传媒》2015 年第 6 期，第 32 ~ 34 页。

[1045] 宋坤、束漫：《从图书馆意识和权利角度解读“上海图书馆微博事件”》，《图书馆建设》2015 年第 6 期，第 12 ~ 15 页。

[1046] 张大勇、李超、郭光：《微博用户线下行为动机与线上使用行为的相关性研究》，《现代情报》2015 年第 6 期，第 9 ~ 12、19 页。

[1047] 马献峰、杨邵青：《电子政务的利器——政务微博》，《才智》2015 年第 6 期，第 269 ~ 270 页。

[1048] 陈岚：《基于公众视角的地方政府微博信息服务质量评价及差距分析》，《现代情报》2015 年第 6 期，第 3 ~ 8 页。

[1049] 叶哲媛、谢朝群：《微博话语身份分析体系探究》，《厦门理工学院学报》2015 年第 6 期，第 105 ~ 110 页。

[1050] 李晓龙：《做亮做活“微”元素　巧搭“互联网 +”快车——以鸡西市微政务平台

为例》，《奋斗》2015 年第 6 期，第 42 ~ 43 页。

[1051] 莫祖英：《微博信息研究热点分析》，《图书馆学研究》2015 年第 6 期，第 2 ~ 8 页。

[1052] 姜珊珊：《微博名人造谣的道德失范现象分析——以“秦火火”造谣事件为例》，《西部广播电视》2015 年第 6 期，第 52 页。

[1053] 胡冰倩：《微博的公安情报价值研究》，《科技创业月刊》2015 年第 6 期，第 15 ~ 19、29页。

[1054] 李海生：《一种热点话题算法在微博舆情系统中的应用》，《现代电子技术》2015 年第 6 期，第 44 ~ 46、50 页。

[1055] 李勇、田晶晶：《基于 UTAUT 模型的政务微博接受度影响因素研究》，《电子政务》2015 年第 6 期，第 39 ~ 48 页。

[1056] 张明海、张友奇：《政务微博传播中主导价值观与主流价值观的融合与互动》，《湖南社会科学》2015 年第 6 期，第 48 ~ 51 页。

[1057] 刘大均、胡静、程绍文、陈君子、张琪：《中国旅游微博空间分布格局及影响因素——以新浪旅游微博为例》，《地理科学》2015 年第 6 期，第 717 ~ 724 页。

[1058] 程飞、姬东鸿：《基于重叠社团发现的微博话题检测方法》，《计算机工程与应用》2015 年第 6 期，第 93 ~ 98 页。

[1059] 吴剑兰：《基于 Python 的新浪微博爬虫研究》，《无线互联科技》2015 年第 6 期，第 93 ~ 94 页。

[1060] 李晶晶：《“马三三酸奶”微博广告“议程设置”效果分析》，《西部广播电视》2015 年第 6 期，第 54 页。

[1061] 王朝晖：《养生类电视节目新媒体延伸传播现象研究》，《西部广播电视》2015 年第 6 期，第 96 ~ 97 页。

[1062] 赵玉青：《报纸与微博融合的问题与对策》，《传媒》2015 年第 6 期，第 66 ~ 67 页。

[1063] 蔡晓星、娄明阳、崔志锋、石莹：《浅谈微博对大学生思想政治教育的影响》，《新西部》（理论版）2015 年第 6 期，第 109 ~ 110 页。

[1064] 王雪蓉：《公共领域的大众娱乐狂欢——韩寒微博神回复探析》，《新闻研究导刊》2015 年第 6 期，第 147 页。

[1065] 舒霞燕：《微博时代生活新闻化与风险传播》，《新闻研究导刊》2015 年第 6 期，第 195 ~ 196 页。

[1066] 盖明媚：《图书馆读者服务的新思路——以微博、博客为例》，《新闻战线》2015 年第 6 期，第 169 ~ 170 页。

[1067] 徐春龙：《自媒体领域司法公开的冷思考——基于微博领域司法公开现状的实证分析》，《法制与社会》2015 年第 6 期，第 120 ~ 121 页。

[1068] 张晓静：《对微博新闻评论的研究》，《新闻传播》2015 年第 6 期，第 4、7 页。

[1069] 惠子：《媒介融合背景下微博对新闻传播的影响》，《科技传播》2015 年第 6 期，第 129 ~ 130 页。

[1070] 张石羽：《微博对新闻的影响及媒体应对分析》，《科技传播》2015 年第 6 期，第 115、141 页。

[1071] 韩秋慧：《“自媒体”时代挑战个人传播局限性的微博新闻市场化运作模式初探》，

《新闻研究导刊》2015 年第 6 期，第 152 页。

[1072] 孙泉、赵蕾：《以微博为载体的英语教育实践研究》，《新闻战线》2015 年第 6 期，第163～164 页。

[1073] 吴雅雯：《微博粉丝自营账号现象浅析》，《新闻研究导刊》2015 年第 6 期，第202 页。

[1074] 王瑛：《运用微博构建大学思政教育新平台》，《新闻战线》2015 年第 6 期，第 18～19 页。

[1075] 华磊：《微博在高校思政教育中的创新应用》，《新闻战线》2015 年第 6 期，第 159～160 页。

[1076] 黄磊、李寿山、王晶晶：《基于认证用户信息的微博用户类型识别方法》，《计算机科学与探索》2015 年第 6 期，第 719～725 页。

[1077] 茅晓风、张剑平：《“微”时代，医院“微”宣传平台运用的实践与思考》，《江苏中医药》2015 年第 6 期，第 68～71 页。

[1078] 张清、孙丹丹、兰太玲：《谈中学地理教学中微博的“妙”用》，《吉林省教育学院学报（上旬）》2015 年第 6 期，第 67～68 页。

[1079] 张颖、高海平：《微博反腐中公民的权利规制与保障》，《学理论》2015 年第 6 期，第 5～6 页。

[1080] 王焕：《国外政务社交媒体文件归档研究》，《档案学研究》2015 年第 6 期，第 99～105 页。

[1081] 亓祥晨、彭万秋：《突发事件中基层政务微博的传播特点及角色定位研究》，《怀化学院学报》2015 年第 6 期，第 46～49 页。

[1082] 陈威、李晓菜、王洁婷：《微博虚假新闻的原因及治理——基于网络自媒体传播的研究》，《新媒体研究》2015 年第 6 期，第 1～3 页。

[1083] 杨惠林、赵琴粉：《微博谣言的传播机制及治理研究》，《编辑学刊》2015 年第 6 期，第 113～117 页。

[1084] 欧科良：《网络舆情新常态下的公安机关新媒体建设》，《山东警察学院学报》2015 年第 6 期，第 147～151 页。

[1084] 武建国、颜璐：《微博语篇中的互文性——基于〈人民日报〉新浪微博的研究》，《外语教学》2015 年第 6 期，第 1～4、43 页。

[1086] 黄书亭：《气象微博的发布与管理》，《湖南行政学院学报》2015 年第 6 期，第 66～72 页。

[1087] 王慧、常松：《政务微博与政府形象建构》，《江淮论坛》2015 年第 6 期，第 170～173 页。

第 7 期

[1088] 钟远薪：《“211”高校图书馆微博影响力研究》，《数字图书馆论坛》2015 年第 7 期，第49～53 页。

[1089] 张晓满：《浅析政务微博对突发事件的影响》，《新闻研究导刊》2015 年第 7 期，第 192 页。

[1090] 邱源子：《两会微博专题的传播效应分析——以2015年两会微博传播为例》，《新闻研究导刊》2015年第7期，第8页。
[1091] 石裕东、王霞：《高校微文化现状的调查与分析》，《特区经济》2015年第7期，第150~152页。
[1092] 杨海波、代安琼、罗纲：《构建医学院校学生基层党组织微博群的可行性研究》，《重庆与世界》（学术版）2015年第7期，第111~113页。
[1093] 陈怡帆、魏书华：《以微博为平台对团支部建设的策略研究》，《教育观察（上半月）》2015年第7期，第8~9页。
[1094] 韦静：《微博背景下高校思想政治教育工作探究》，《传承》2015年第7期，第72~73页。
[1095] 李祥：《利用政务微博引导舆论的路径选择》，《科学中国人》2015年第5期，第129页。
[1096] 杨光：《"互联网+政务"在微博同步上线》，《计算机与网络》2015年第7期，第6页。
[1097] 沈蓉：《浅论传播媒介在政府舆论宣传中的运用》，《新闻研究导刊》2015年第7期，第17~162、211页。
[1098] 刘志刚：《哈贝马斯交往理论视阈下政务微博话语权的建构》，《河南科技学院学报》2015年第7期，第28~31页。
[1099] 陈朋亲：《政务微博视域下的协商民主发展》，《理论观察》2015年第7期，第43~45页。
[1100] 文凤：《网络造句的流变规律——新浪微博网络造句（2010~2014）内容分析》，《新闻研究导刊》2015年第7期，第155页。
[1101] 蔡思琴：《浅谈微博营销中的互动环节——以广西师大出版社理想国新浪微博为例》，《新闻研究导刊》2015年第7期，第128~200页。
[1102] 刘鹏飞：《央媒和政务微博发倡议："为救护车让道"》，《中国公路》2015年第7期，第20~21页。
[1103] 王丽娜、钱增：《少数民族地区政务微博的发展特点及问题研究——基于大理的实证分析》，《中国记者》2015年第7期，第107~109页。
[1104] 许晨媛：《传统媒体及其官方微博的新闻价值取向比较——以〈人民日报〉和"@人民日报"的"两会"报道为例》，《新闻世界》2015年第7期，第116~117页。
[1105] 戎红艳、王海燕、徐建东：《基于微博虚拟社群的大学生非正式学习互动特征分析》，《中国教育信息化》2015年第7期，第27~32页。
[1106] 王新猛：《基于马尔可夫链的政府负面网络舆情热度趋势分析——以新浪微博为例》，《情报杂志》2015年第7期，第161~164页。
[1107] 郭艳华：《微博在旅游网络营销和管理的应用初探》，《旅游纵览（下半月）》2015年第7期，第28~29页。
[1108] 刘丽娜：《浅析政务微博信息发布与传统媒体影响力的扩散》，《电子制作》2015年第7期，第98页。
[1109] 曹逸凡、倪安婷、黄燕萍：《媒介对转基因食品安全的风险传播——基于国内外主

流报纸及新浪微博的内容分析》，《今传媒》2015 年第 7 期，第 49 ~ 51 页。

[1110] 尚起媛：《高校思政微博建设中面临的挑战及对策研究》，《湖北经济学院学报》（人文社会科学版）2015 年第 7 期，第 160 ~ 162 页。

[1111] 曹云忠、邵培基、李良强：《微博网络中用户关注行为预测》，《系统工程》2015 年第 7 期，第 146 ~ 152 页。

[1112] 龚文彬、陈坤：《微博中的污名化现象探析——以“中国大妈”为例》，《文史博览》（理论版）2015 年第 7 期，第 66 ~ 69 页。

[1113] 杨光：《政务微博也玩 O2O　湘皖警方联动 12 小时破案》，《计算机与网络》2015 年第 7 期，第 6 页。

[1114] 周高琴：《高校官方微博的发展现状及改进对策研究——基于 15 家人气高校官方微博的调查分析》，《嘉应学院学报》2015 年第 7 期，第 85 ~ 89 页。

[1115] 梁亚伟：《基于表情词典的中文微博情感分析模型研究》，《现代计算机》（专业版）2015 年第 21 期，第 7 ~ 10、33 页。

[1116] 郝丽梅：《图书馆“微”服务研究》，《农业图书情报学刊》2015 年第 7 期，第 156 ~ 158 页。

[1117] 李凌达：《新媒介平台与乡村媒介化演进——以农民利用微博售卖农产品现象为例》，《新闻爱好者》2015 年第 7 期，第 42 ~ 45 页。

[1118] 苗雅静、董金权：《微博时代高校辅导员工作面临的挑战与对策——基于安徽省 6 所高校的调查分析》，《重庆科技学院学报》（社会科学版）2015 年第 7 期，第 103 ~ 106 页。

[1119] 刘少鹏、印鉴、欧阳佳、黄云、杨晓颖：《基于 MB-HDP 模型的微博主题挖掘》，《计算机学报》2015 年第 7 期，第 1408 ~ 1419 页。

[1120] 王晓光、袁毅：《微博营销效果的影响因素研究——以媒体微博为例》，《现代情报》2015 年第 7 期，第 57 ~ 61 页。

[1121] 邢千里、刘列、刘奕群、张敏、马少平：《微博中用户标签的研究》，《软件学报》2015 年第 7 期，第 1626 ~ 1637 页。

[1122] 张银芝、白君礼：《新媒体在高校图书馆宣传工作中的应用研究——以微博微信为例》，《新闻知识》2015 年第 7 期，第 100 ~ 101、96 页。

[1123] 彭敏、高斌龙、黄济民、刘纪平：《基于高质量信息提取的微博自动摘要》，《计算机工程》2015 年第 7 期，第 36 ~ 42 页。

[1124] 曾剑秋、张冉：《电信运营商官方微博影响力评价研究——基于 30 个电信运营商官方微博影响力的实证研究》，《现代情报》2015 年第 7 期，第 62 ~ 67 页。

[1125] 张佳明、王波、唐浩浩、李天彩：《基于 Biterm 主题模型的无监督微博情感倾向性分析》，《计算机工程》2015 年第 7 期，第 219 ~ 223、229 页。

[1126] 韩玫、何跃：《基于 DEA 的企业微博活动营销效果评估——以 S 企业官方微博为例》，《管理评论》2015 年第 7 期，第 137 ~ 145 页。

[1127] 翟晓芳、刘全明、程耀东、胡庆宝、李海波：《基于转发层次分析的新浪微博热度预测研究》，《计算机工程》2015 年第 7 期，第 31 ~ 35 页。

[1128] 王国华、魏程瑞、钟声扬、王雅蕾、王戈：《微博意见领袖的网络媒介权力之量化

解读及特征研究——基于社会网络分析的视角》，《情报杂志》2015 年第 7 期，第 117 ~ 124、70 页。

[1129] 张志花、夏志杰、薛传业：《微博谣言自净化机制模拟仿真》，《情报杂志》2015 年第 7 期，第 125 ~ 129 页。

[1130] 朱国伟、佘双好：《网络意识形态舆情：一项多案例研究》，《思想理论教育》2015 年第 7 期，第 61 ~ 67 页。

[1131] 靳晓恩：《“全媒体”时代图书馆微服务模式创新研究》，《重庆科技学院学报》（社会科学版）2015 年第 7 期，第 90 ~ 92 页。

[1132] 张红炎：《微博：小学德育的一个崭新平台》，《教育实践与研究》（A）2015 年第 7 期，第 16 ~ 17 页。

[1133] 陈天赐、陈小英：《从第十六届亚洲杯报道看体育赛事官方微博建设》，《传播与版权》2015 年第 7 期，第 125 ~ 126 页。

[1134] 张莹：《我国图书馆微博服务发展研究》，《河南图书馆学刊》2015 年第 7 期，第 97 ~ 98 页。

[1135] 王亮：《议程设置视域下名人微博图书营销个案解读》，《新闻世界》2015 年第 7 期，第 101 ~ 102 页。

[1136] 张谦：《微博时代高校德育工作面临的挑战、机遇及其对策》，《南方论刊》2015 年第 7 期，第 68 ~ 69 页。

[1137] 崔雯雯：《对新媒体环境下粉丝文化的冷思考——以“小时代”微博论战为例》，《新闻世界》2015 年第 7 期，第 146 ~ 147 页。

[1138] 汪雅晴：《从微博文化看中国当代的反智主义思潮》，《新闻世界》2015 年第 7 期，第232 ~ 233 页。

[1139] 高永兵、聂知秘、周环宇、钟振华：《基于 JS 综合相似度的个人微博时序事件归类研究》，《计算机应用与软件》2015 年第 7 期，第 56 ~ 59、181 页。

[1140] 蒋婉婷、孙蕾、钱江：《基于 Hadoop 的朴素贝叶斯算法在中文微博情感分类中的研究与应用》，《计算机应用与软件》2015 年第 7 期，第 60 ~ 62、142 页。

[1141] 张士豪、顾益军、张俊豪：《基于用户聚类的热门微博分类研究》，《信息网络安全》2015 年第 7 期，第 84 ~ 89 页。

[1142] 赵煜、邵必林、边根庆、宋丹：《面向不平衡微博数据集的转发行为预测方法》，《计算机应用》2015 年第 7 期，第 1959 ~ 1964 页。

[1143] 乔同舟：《事实、话语与冲突性事件的网络能见度——对系列“城管冲突”事件微博讨论的分析》，《新闻记者》2015 年第 7 期，第 85 ~ 92 页。

[1144] 张书菖、陈伟达：《青年群体微博使用意向实证研究》，《情报科学》2015 年第 7 期，第87 ~ 91、118 页。

[1145] 范家琛：《新媒体时代微博对突发事件的报道研究——以“12·31 上海外滩踩踏事故”为例》，《东南传播》2015 年第 7 期，第 97 ~ 99 页。

[1146] 莫莉：《新媒体语境下涉台信息的建构与传播研究——以“反服贸”的微博报道为例》，《东南传播》2015 年第 7 期，第 24 ~ 27 页。

[1147] 常益敏：《解析微博谣言的传播机制及预防的途径》，《东南传播》2015 年第 7 期，

第 113～116 页。

[1148] 周敏：《突发事件中媒体微博报道策略分析——以媒体微博“上海外滩踩踏事件”报道为例》，《东南传播》2015 年第 7 期，第 137～139 页。

[1149] 王林、赵杨、时勘、张跃先：《实验式内容分析法在微博集群行为舆情传播中的应用》，《情报科学》2015 年第 7 期，第 132～137、161 页。

[1150] 耿丽雪、贾中海：《“微时代”大学生思想政治教育的新途径》，《黑龙江高教研究》2015 年第 7 期，第 102～104 页。

[1151] 陈卓：《人民日报微博关于 2013 年雾霾报道的传播效果分析》，《新闻研究导刊》2015 年第 7 期，第 161～162 页。

[1152] 王秋旭：《信息茧房效应下微博群体极化现象分析》，《新闻研究导刊》2015 年第 7 期，第 177～178 页。

[1153] 尤陈一鑫：《新闻微博时代的发展探索——以日本大地震时的新浪微博为例》，《西部广播电视》2015 年第 7 期，第 64 页。

[1154] 邓喆、兰楠、谢满祥：《基于 Hadoop 平台的类 Twitter 微博系统的开发与实现》，《福建电脑》2015 年第 7 期，第 1～3 页。

[1155] 姜景、刘怡君：《基于信息生态学的微博舆论生态系统构建与机理研究》，《情报学报》2015 年第 7 期，第 675～682 页。

[1156] 周蕾：《浅谈社交软件对大学英语教学的影响》，《新课程研究（中旬刊）》2015 年第 7 期，第 63～64 页。

[1157] 王璐瑶：《传播游戏理论视阈下的微博世界杯传播策略分析》，《传播与版权》2015 年第 7 期，第 92～93 页。

[1158] 沈明达：《开拓“微时代”党建政工新局面》，《企业文明》2015 年第 7 期，第 32～35 页。

[1159] 周雪峰、徐恪、张蓝珊、张赛：《社交网络的传播测量与时间序列聚类分析》，《小型微型计算机系统》2015 年第 7 期，第 1545～1552 页。

[1160] 潘佳佳：《博物馆官方微博建设初探——以安徽博物院为例》，《信息通信》2015 年第 7 期，第 256～257 页。

[1161] 廖洁：《微博、微信朋友圈谣言的成因与对策研究》，《西部广播电视》2015 年第 7 期，第 25 页。

[1162] 陈璐：《“微”时代危机公关中的政府角色转变及策略》，《新闻与写作》2015 年第 7 期，第 90～92 页。

[1163] 王璐：《信息化背景下微博在图书馆中的应用》，《科教导刊（上旬刊）》2015 年第 7 期，第 179～180 页。

[1164] 韦琳可：《试论政务“双微”的现状与发展》，《新闻世界》2015 年第 7 期，第 118～119 页。

[1165] 赵杨、王林、彭丽清：《基于因子分析法的微博营销策略有效性评价指标体系研究》，《当代经济管理》2015 年第 7 期，第 26～30 页。

[1166] 杨琪：《传统媒体法人微博对其品牌的再建构——以〈人民日报〉微博为例》，《新闻世界》2015 年第 7 期，第 97～98 页。

[1167] 林水灿：《福建省高校图书馆微博应用调查研究——基于新浪微博的分析》，《赤峰学院学报》（自然科学版）2015 年第 7 期，第 185～188 页。

[1168] 李昊：《通过微博维权预防群体性事件之研究》，《法制与社会》2015 年第 7 期，第 173～174 页。

[1169] 徐爽、陈治澎：《论名人微博广告的法律规制》，《法制与经济》2015 年第 7 期，第 134～136 页。

[1170] 李京丽：《公益微博的社会动员机制研究》，《新闻界》2015 年第 7 期，第 45～49、72 页。

[1171] 高玮立、朱福喜、刘克刚、翁世进：《基于微博交互关系算法的敏感舆情研究》，《计算机应用研究》2015 年第 7 期，第 1979～1981 页。

[1172] 王永贵、张旭、任俊阳、刘宪国：《结合微博关注特性的 UF_ AT 模型用户兴趣挖掘研究》，《计算机应用研究》2015 年第 7 期，第 1982～1985 页。

[1173] 梁宏、许南山、卢罡：《新浪微博用户及其微博特征分析》，《计算机工程与应用》2015 年第 7 期，第 141～148 页。

[1174] 王晰巍、邢云菲、赵丹、李嘉兴：《基于社会网络分析的移动环境下网络舆情信息传播研究——以新浪微博“雾霾”话题为例》，《图书情报工作》2015 年第 7 期，第 14～22 页。

[1175] 房董祥、仝洁洁：《旅游行政部门微博营销研究——以江西旅游局为例》，《商》2015 年第 7 期，第 112、100 页。

[1176] 孟庆新：《微博兴起背景下大学生思想政治教育的挑战与应对》，《科技创新导报》2015 年第 7 期，第 153～154 页。

[1177] 陈伟祥：《微博对大学生思想行为的影响和对策》，《新西部》（理论版）2015 年第 7 期，第 134～135 页。

[1178] 丁舟洋：《新型财经日报运用微博的传播力分析——以〈每日经济新闻〉为例》，《新闻研究导刊》2015 年第 7 期，第 191 页。

[1179] 袁合静、刘京晶、孟佳林：《微博负面舆论对政府公信力的影响及其应对》，《新闻战线》2015 年第 7 期，第 144～145 页。

[1180] 陈然、王井：《政务微博沟通力评估指标体系建构初探》，《电子政务》2015 年第 7 期，第 78～82 页。

[1181] 王正攀、陈文权、徐信贵：《政务微博的公共治理调查及提升方向——基于重庆市 233 个样本数据的分析》，《情报杂志》2015 年第 7 期，第 135～140 页。

[1182] 张春韵：《我国高校官方微博发展策略研究——以四川师范大学新浪官方微博为例》，《传播与版权》2015 年第 7 期，第 86～88 页。

[1183] 裴常山：《传播学视角下的高校官方微博建设探析》，《武夷学院学报》2015 年第 7 期，第 65～68 页。

[1184] 陈羽中、方明月、郭文忠、郭昆：《基于小波变换与差分自回归移动平均模型的微博话题热度预测》，《模式识别与人工智能》2015 年第 7 期，第 586～594 页。

[1185] 范文旭：《当代佛教文化的微博传播初探——以延参法师微博为例》，《新闻世界》2015 年第 7 期，第 267～268 页。

［1186］朱令：《浅析微博平台的著作权保护——以“微博社区公约”为视角》，《今传媒》2015 年第 7 期，第 29 ~ 31 页。

［1187］叶施仁、严水歌、杨长春：《基于 VSM 和 LSA 的微博搜索排序方法研究》，《情报科学》2015 年第 7 期，第 98 ~ 101、112 页。

［1188］郑丹：《浅谈微博文化的冲击与高校思想政治教育的对策》，《湖北科技学院学报》2015 年第 7 期，第 103 ~ 105 页。

［1189］范智军：《自媒体平台旅游目的地形象传播研究》，《新闻战线》2015 年第 7 期，第 186 ~ 187 页。

［1190］谭月涵、李家坤：《大学生使用微信微博的利弊分析——以长江工程职业技术学院为例》，《企业导报》2015 年第 7 期，第 183 ~ 184 页。

［1191］田浩：《档案信息资源的自媒体传播》，《科技传播》2015 年第 7 期，第 95 ~ 103 页。

［1192］王烨：《微博与微信营销传播模式的差异比较分析》，《科技传播》2015 年第 7 期，第104 ~ 105 页。

［1193］张明明、任怡霖：《网页版微博的模块色彩研究》，《科技创新与应用》2015 年第 7 期，第 51 页。

第 8 期

［1194］朱紫缘：《微博时代的舆论监督和网络暴力》，《新媒体研究》2015 年第 8 期，第 15 ~ 17、50 页。

［1195］陈雪：《在微博平台下浅谈大学生思政工作》，《武夷学院学报》2015 年第 8 期，第 78 ~ 81 页。

［1196］陈思妤：《微博话题的病毒式传播模式及特性研究——以“冰桶挑战”为例》，《科技传播》2015 年第 8 期，第 98 ~ 99 页。

［1197］张洪铭：《微博在图书馆中的应用与服务研究》，《内蒙古科技与经济》2015 年第 8 期，第 72 ~ 73、75 页。

［1198］范晓明：《政务微博社会舆论引导力研究》，《青年记者》2015 年第 8 期，第 12 ~ 13 页。

［1199］李国祥、东鸟：《2015 年 7 月网络舆情热点分析》，《中国党政干部论坛》2015 年第 8 期，第 110 ~ 112 页。

［1200］袁程远：《微博传谣行为法律制裁尺度思考》，《人民论坛》2015 年第 8 期，第 136 ~ 138 页。

［1201］李玺：《〈人民日报〉微博报道重大自然灾害的特点——以雅安地震和鲁甸地震为例的统计分析》，《东南传播》2015 年第 8 期，第 98 ~ 100 页。

［1202］金晓玲、金可儿、汤振亚、周中允：《微博用户在突发事件中转发行为研究：基于信息源的视角》，《情报学报》2015 年第 8 期，第 809 ~ 818 页。

［1203］还玉婷：《“微时代”下政府公信力问题研究》，《传承》2015 年第 8 期，第 86 ~ 87 页。

［1204］赵燕君、董亚娟、宋筱景、郭丽娟：《微博时代的网络舆论引导》，《新丝路》2015 年第 8 期，第 49 ~ 50 页。

[1205] 郑伟倩：《微博时代下大学生就业指导工作的探索》，《山东农业工程学院学报》2015 年第 8 期，第 111 ~ 112 页。

[1206] 印敏惠：《微博运用于思想政治理论课教学的几点思考》，《学理论》2015 年第 8 期，第 157 ~ 158 页。

[1207] 张家骁：《微博在高校教育管理中的应用探究》，《管理观察》2015 年第 8 期，第 87 ~ 88 页。

[1208] 张志坚、王兰芬：《基于新浪微博开展党建思政教育的实效性研究——以浙江省高校为例》，《太原城市职业技术学院学报》2015 年第 8 期，第 47 ~ 48 页。

[1209] 沈怡然、吴玉玲：《微博构建公共领域的困境分析及原因探究》，《今传媒》2015 年第 8 期，第 18 ~ 19 页。

[1210] 刘东亮、黄颖、毛海宇、郭昆：《基于社交网络的信息传播机制研究》，《情报科学》2015 年第 8 期，第 30 ~ 34 页。

[1211] 葛星：《“自说自话”的城市官微——基于四城市官微内容分析的“城市官微可沟通性”报告》，《新闻与传播研究》2015 年第 8 期，第 29 ~ 40、126 ~ 127 页。

[1212] 徐辉、林芳：《基于 Oauth2. 0 的微博信息采集系统的设计》，《福建电脑》2015 年第 8 期，第 21 ~ 22 页。

[1213] 姜妍、张菊兰：《微博对新疆大学生公民意识的影响》，《新闻世界》2015 年第 8 期，第 164 ~ 165 页。

[1214] 杜辉、袁百成：《基于移动学习的高校图书馆学科服务创新》，《图书馆学刊》2015 年第 8 期，第 93 ~ 95 页。

[1215] 赵雅孟：《探究微博自媒体对公共事件的表达》，《新闻世界》2015 年第 8 期，第 218 ~ 219 页。

[1216] 吴华：《微博微信在广电新闻节目中的应用》，《新闻世界》2015 年第 8 期，第 14 ~ 15 页。

[1217] 陈靓：《突发事件中政务微博信息互动机制探析》，《新闻世界》2015 年第 8 期，第 136 ~ 137 页。

[1218] 陶娜：《浅析微博给纸媒带来的冲击与机遇》，《新闻世界》2015 年第 8 期，第 22 ~ 23 页。

[1219] 宁博、白涛、张明学：《微博涉军舆情的现实问题与对策》，《黑河学刊》2015 年第 8 期，第 141 ~ 142 页。

[1220] 李婷婷：《浅谈身体消费中的新禁欲主义—以跑步指南的微博为例》，《新闻世界》2015 年第 8 期，第 307 ~ 308 页。

[1221] 张庆贺：《浅析微博的自净能力——以新浪微博为例》，《新闻世界》2015 年第 8 期，第146 ~ 147 页。

[1222] 刘发升、刘艳军、葛海明：《基于 JSCNM 算法的微博网络社区发现研究》，《互联网天地》2015 年第 8 期，第 33 ~ 41 页。

[1223] 莫晓艳：《微博与传统媒体的比较分析和融合研究》，《视听》2015 年第 8 期，第 135 ~ 137 页。

[1224] 聂娟、罗环宇、彭湃然、郭晏汝、樊琴、漆波、胡言会：《医院官方微博宣传现状

调查——以四川省二甲以上医院为例》，《生物技术世界》2015 年第 8 期，第 236 ~ 237 页。

[1225] 段雅楠：《关注消防　平安你我——记“中国消防”微博开通两周年粉丝体验活动》，《现代职业安全》2015 年第 8 期，第 44 ~ 45 页。

[1226] 刘叶芳：《微博舆论场中的网络水军治理问题探索》，《东南传播》2015 年第 8 期，第86 ~ 87 页。

[1227] 刘英钦、张悦：《自媒体时代的中国式微博揭黑》，《绥化学院学报》2015 年第 8 期，第 101 ~ 102 页。

[1228] 吴肖：《乡镇政府对政务微博的治理机制研究》，《现代营销（下旬刊）》2015 年第8 期，第 33 ~ 34 页。

[1229] 燕道成、赵洁：《网络“热门话题”的形威加制与议程设置功能以新浪微博为例》，《今传媒》2015 年第 8 期，第 7 ~ 9 页。

[1230] 刘兰兰：《地方政府政务“双微”发展的困境及对策》，《今传媒》2015 年第 8 期，第 40 ~ 42 页。

[1231] 陈慧芝：《应用微博开展班级管理的途径与策略》，《科教导刊（中旬刊）》2015 年第 8 期，第 176 ~ 177 页。

[1232] 何勇强：《微媒体时代公安微博的使用现状思考》，《信息化建设》2015 年第 8 期，第 319 页。

[1233] 阮啸：《依法看待微博　尽心服务群众——对公安微博 18 条所涉公证内容的简单释明》，《中国公证》2015 年第 8 期，第 63 ~ 65 页。

[1234] 张永幸：《〈湛江日报〉：微博版稿件来源何处寻》，《中国记者》2015 年第 8 期，第 104 ~ 106 页。

[1235] 樊磊、马力海：《“微传播”领域的版权乱象及对策研究》，《中国记者》2015 年第8 期，第 94 ~ 96 页。

[1236] 王国华、闵晨、钟声扬、陈强、王君泽：《微博的政治性使用对政治态度影响的实证研究——以武汉地区大学生为例》，《情报杂志》2015 年第 8 期，第 104 ~ 109 页。

[1237] 陈福集、王澍贤：《基于演化博弈理论的微博监管策略研究》，《情报杂志》2015 年第 8 期，第 110 ~ 114、47 页。

[1238] 王润：《城市反噪声网络舆情与公民赋权——以 H 市快速路建设新浪微博舆情为例》，《情报杂志》2015 年第 8 期，第 132 ~ 136、42 页。

[1239] 常文英、刘冰：《基于可信度分析的微博用户个人信息泄露实证研究——以新浪微博为例》，《情报杂志》2015 年第 8 期，第 169 ~ 176 页。

[1240] 谷文林、任敏：《大数据时代乡村旅游数据挖掘与分析》，《江西农业学报》2015 年第 8 期，第 143 ~ 146、150 页。

[1241] 郭炉：《省级党报微博：传播困境与应对策略——基于 20155 上半年 13. 6 万条微博的分析》，《中国记者》2015 年第 8 期，第 86 ~ 88 页。

[1242] 蒋建国：《网络社交媒体的角色展演、交往报酬与社会规范》，《南京社会科学》2015 年第 8 期，第 113 ~ 120 页。

[1243] 沈鲁、崔健东：《自媒体时代高校网络舆情分析——基于互联网思维下微博和微信

意见领袖的建构》，《新闻知识》2015 年第 8 期，第 94 ~ 95、15 页。
[1244] 丛颖、刘其成、张伟：《一种基于 Apriori 的微博推荐并行算法》，《计算机应用与软件》2015 年第 8 期，第 229 ~ 233 页。
[1245] 朱晓光、聂培尧、林培光：《基于监督学习的微博情感分类方法》，《计算机应用与软件》2015 年第 8 期，第 238 ~ 242 页。
[1246] 于美娜、钟新：《微博意见领袖的舆论影响力现状及原因分析——以新浪微博环境传播为例》，《现代传播（中国传媒大学学报）》2015 年第 8 期，第 132 ~ 136 页。
[1247] 赖胜强：《影响用户微博信息转发的因素研究》，《图书馆工作与研究》2015 年第 8 期，第 31 ~ 37 页。
[1248] 花奇芹：《论微博与 90 后大学生的政治参与》，《高等农业教育》2015 年第 8 期，第 62 ~ 65 页。
[1249] 吴思：《微博和微信的信息组织方式比较研究》，《情报探索》2015 年第 8 期，第 127 ~ 130 页。
[1250] 黄华：《微博与青少年德育：困境与出路——基于叙事理论的探究》，《教育科学研究》2015 年第 8 期，第 65 ~ 69 页。
[1251] 张敏、尹帅君、霍朝光、刘玉佩：《数据包络分析视角下高校图书馆微博运营效率研究》，《图书馆论坛》2015 年第 8 期，第 126 ~ 131 页。
[1252] 张静、赵玲：《微博用户行为研究述评》，《情报科学》2015 年第 8 期，第 147 ~ 151 页。
[1253] 燕道成、赵洁：《网络“热门话题”的形成机制与议程设置功能——以新浪微博为例》，《今传媒》2015 年第 8 期，第 7 ~ 9 页。
[1254] 武楠：《社交媒体环境下健康传播发展机遇与挑战——以微博为代表展开讨论》，《今传媒》2015 年第 8 期，第 13 ~ 15 页。
[1255] 黄艳：《微博在大学生思想政治教育工作中的载体作用探究》，《行政与法》2015 年第 8 期，第 66 ~ 71 页。
[1256] 韩雪莹、王媛：《一线城市微博用户网络交往与使用行为研究——以北京市商业娱乐中心为例》，《东南传播》2015 年第 8 期，第 69 ~ 72 页。
[1257] 雷甜：《新媒体时代的“微博反腐”》，《东南传播》2015 年第 8 期，第 88 ~ 90 页。
[1258] 赵建敏、张晓珊：《浅谈微博在高校网络思想政治教育中的应用》，《科技资讯》2015 年第 8 期，第 231 ~ 231 页。
[1259] 张玥、孙锐：《利用微博开展大学生思想政治教育》，《继续教育研究》2015 年第 8 期，第 102 ~ 103 页。
[1260] 余勇、郭躬德：《基于 RBLDA 模型和交互关系的微博标签推荐算法》，《计算机系统应用》2015 年第 8 期，第 141 ~ 148 页。
[1261] 张敏：《“使用与满足”理论与当今微博热现象探究》，《东南传播》2015 年第 8 期，第96 ~ 97 页。
[1262] 黄亮：《微博在高校教育教学中的实践应用》，《出版广角》2015 年第 8 期，第 100 ~ 101 页。
[1263] 孙飞显、程世辉、靳晓婷、倪天林：《政府负面网络舆情热度定量评价方法——以

新浪微博为例》，《情报杂志》2015 年第 8 期，第 137 ~ 141 页。

[1264] 王蓁：《浅析“微”时代新闻评论发展的新问题》，《东南传播》2015 年第 8 期，第 166 ~ 168 页。

[1265] 鹿瑛：《东方之星翻船事件微博报道框架分析——以新华网、头条新闻新浪官方微博为例》，《今传媒》2015 年第 8 期，第 36 ~ 37 页。

[1266] 丁琼、范明献：《灾难传播中的媒体人微博的信源结构分析——以鲁甸地震相关新浪微博为例》，《湖南科技学院学报》2015 年第 8 期，第 158 ~ 163 页。

[1267] 唐辉军、宋扬、熊松泉：《高校学生微博使用行为大数据分析和管理研究》，《科教文汇（上旬刊）》2015 年第 8 期，第 122 ~ 123 页。

[1268] 张庆贺：《浅析微博的自净能力——以新浪微博为例》，《新闻世界》2015 年第 8 期，第 146 ~ 147 页。

[1269] 王雄：《恩施旅游品牌的微博传播》，《新闻世界》2015 年第 8 期，第 227 ~ 229 页。

[1270] 郭炉：《省级党报微博：传播困境与应对策略——基于 2015 上半年 13.6 万条微博的分析》，《中国记者》2015 年第 8 期，第 86 ~ 88 页。

[1271] 石磊：《基于新媒体指数的河南省政务微博传播特性研究》，《新闻研究导刊》2015 年第 8 期，第 20 ~ 21 页。

[1272] 于艺飞、沙贵君：《沿海地区公安政务微博影响力的实证研究》，《科技视界》2015 年第 8 期，第 112 ~ 114 页。

[1273] 谢起慧、汤书昆、褚建勋：《美国政务微博危机传播的影响因素研究——以纽约市应对飓风桑迪为例》，《中国广播》2015 年第 8 期，第 89 ~ 93 页。

[1274] 徐惟尧：《全媒体环境下网络图片传播伦理探析——以微博为例》，《新闻研究导刊》2015 年第 8 期，第 213 ~ 213 页。

[1275] 陈然、谢薇：《突发事件中政务微博舆情应对的问题及对策》，《今传媒》2015 年第 23 卷第 8 期，第 154 ~ 155 页。

[1276] 汤志伟、易可、韩啸、张会平：《医疗卫生政务微博服务内容优化研究——基于中国 21 个省会城市的数据》，《情报杂志》2015 年第 8 期，第 199 ~ 203、189 页。

[1277] 唐梦斐、王建成：《突发事件中政务微博辟谣效果研究——基于“上海外滩踩踏事件”的案例分析》，《情报杂志》2015 年第 8 期，第 98 ~ 103、36 页。

[1278] 刘青青：《图片和小视频成为新浪热门微博重要元素的原因分析》，《科技传播》2015 年第 8 期，第 109、106 页。

[1279] 郭靖花、李军：《微博时代的媒介传播与微学习》，《新闻战线》2015 年第 8 期，第 135 ~ 136 页。

[1280] 尹妍：《浅析微博时代我国公民新闻的发展状况》，《新闻研究导刊》2015 年第 8 期，第 231 ~ 232 页。

[1281] 颜小燕：《公共文化视角下图书馆微博的使用策略》，《新闻战线》2015 年第 8 期，第16 ~ 17 页。

[1282] 陆靖桥、傅秀芬、蒙在桥：《微博网络中影响力传播节点的识别》，《计算机应用研究》2015 年第 8 期，第 2305 ~ 2308 页。

[1283] 陈世华：《微博参与社会治理：理论依据和实践路径》，《中国出版》2015 年第 8

期，第45～48页。

［1284］赵利利：《试论微博新闻的“有机运动”与新闻共同体的建构》，《新闻研究导刊》2015年第8期，第243页。

［1285］王志涛、於志文、郭斌、路新江：《基于词典和规则集的中文微博情感分析》，《计算机工程与应用》2015年第8期，第218～225页。

［1286］黄富琨、陈华芳：《高校图书馆嵌入式协同服务平台的构建》，《图书馆学研究》2015年第8期，第57～61页。

［1287］丁学君：《基于SCIR的微博舆情话题传播模型研究》，《计算机工程与应用》2015年第8期，第20～26、78页。

［1288］金婷：《浅析政务新媒体的发展现状、存在问题及对策建议》，《电子政务》2015年第8期，第21～27页。

［1289］常武显、李惠男：《“微”风拂面暖人心——从江苏政务“微”表达感知亲民之风》，《思想政治工作研究》2015年第8期，第23～27页。

［1290］冀录、陆鑫、宋岱岳：《基于微博对高校辅导员工作的影响及应对措施的研究》，《法制与经济》2015年第8期，第133～134页。

［1291］陈森、张一婷、李甲森、武翘楚、欧阳汉强、郜凯华、刘莹娟、常春、史宇晖：《预防H7N9禽流感相关微博的传播者及传播内容研究》，《中国健康教育》2015年第8期，第735～737、746页。

［1292］李红梅、刘宁、魏艳旭、王恬恬：《地震系统微博现状调查及发展策略研究》，《国际地震动态》2015年第8期，第15～20页。

［1293］金婷：《浅析政务新媒体的发展现状、存在问题及对策建议》，《电子政务》2015年第8期，第21～27页。

［1294］陈朋亲：《“互联网＋高校官方微博”与大学生思想政治教育》，《开封教育学院学报》2015年第8期，第172～174页。

［1395］解芳君：《基于微博环境下厦门民办高校校园文化建设研究》，《太原城市职业技术学院学报》2015年第8期，第170～171页。

［1296］许凡、施国良：《基于文本挖掘的企业微博评论关注点研究》，《图书馆理论与实践》2015年第8期，第45～48页。

［1297］吴江：《新媒体环境下传统电视媒体的微博营销策略分析》，《新媒体研究》2015年第8期，第33～34页。

［1298］卢燕妮：《浅谈微博在强化社会档案意识中的应用》，《兰台世界》2015年第8期，第20～21页。

［1299］吴姝丽：《新媒体时代下社交平台对广播传媒的影响》，《西部广播电视》2015年第8期，第16页。

第9期

［1300］李红梅、刘宁、魏艳旭、王恬恬：《地震系统微博宣传现状调查及发展策略研究》，《国际地震动态》2015年第9期，第206页。

［1301］程晓涛、刘彩霞、刘树新：《基于关系图特征的微博水军发现方法》，《自动化学报》

2015 年第 9 期，第 1533 ~ 1541 页。

[1302] 陈川：《微博网络中影响力传播节点的识别》，《新媒体研究》2015 年第 9 期，第 1 ~ 2 页。

[1303] 范逸婕：《官方政务微博危机话语分析研究——以山东招远案为例》，《今传媒》2015 年第 9 期，第 45 ~ 46 页。

[1304] 顾健：《微博新闻的语类结构潜势研究》，《新闻世界》2015 年第 9 期，第 153 ~ 154 页。

[1305] 刘娇：《社交媒体对大众审丑行为的促进——以新浪微博为例》，《新闻世界》2015 年第 9 期，第 203 ~ 204 页。

[1306] 郑飞莉：《新媒体语境下的微博舆论监督》，《今传媒》2015 年第 9 期，第 18 ~ 19 页。

[1307] 李文竹：《修辞语境下的新闻出版政策网络传播模式与效果研究——以“全民阅读”政策的微博传播为例》，《新闻世界》2015 年第 9 期，第 173 ~ 175 页。

[1308] 贾建新：《微时代背景下社会组织宣传路径探析》，《今传媒》2015 年第 9 期，第 20 ~ 21 页。

[1309] 郭倩：《互动仪式链理论视角下的微博话题互动研究——以“少放鞭炮事件”为例》，《新闻知识》2015 年第 9 期，第 38 ~ 40 页。

[1310] 常广炎、杨彬：《谈“微时代”的电子政务》，《信息化建设》2015 年第 9 期，第 89 ~ 90 页。

[1311] 王杨：《微博动员：特性、偏差与治道》，《传播与版权》2015 年第 9 期，第 167 ~ 169 页。

[1312] 贺殷媛：《浅谈高校的微博平台建设》，《世纪桥》2015 年第 9 期，第 83 ~ 84 页。

[1313] 庞苏苏：《传统媒体微博应用存在的问题及策略探究》，《视听》2015 年第 9 期，第 119 ~ 120 页。

[1314] 韦航、王永恒：《基于主题的中文微博情感分析》，《计算机工程》2015 年第 9 期，第238 ~ 244 页。

[1315] 吕春妍：《新闻媒体评论微博特征及其产生必然性探析》，《现代视听》2015 年第 9 期，第 36 ~ 38 页。

[1316] 赵金楼、成俊会、刘家国：《兴趣、习惯、交互三重驱动的微博用户动力学模型》，《哈尔滨工程大学学报》2015 年第 9 期，第 1292 ~ 1296 页。

[1317] 王立人、余正涛、王炎冰、高盛祥、李贤慧：《基于有指导 LDA 用户兴趣模型的微博主题挖掘》，《山东大学学报》（理学版）2015 年第 9 期，第 36 ~ 41 页。

[1318] 王亚奇：《基于 BA 模型的微博谣言传播机理研究》，《电子技术应用》2015 年第 9 期，第 106 ~ 109 页。

[1319] 杨松梅、钟庆伦：《微博中话语标记语“你懂的”的语用分析》，《长春师范大学学报》2015 年第 9 期，第 94 ~ 96 页。

[1320] 马赛：《微博时代高校思政课教学的若干思考》，《洛阳师范学院学报》2015 年第 9 期，第 132 ~ 135 页。

[1321] 李佳鑫、肖蓉、吴雷：《微博/微信网络社交行为量表编制及其在大学生中应用的信

效度分析》，《中国学校卫生》2015 年第 9 期，第 1338 ~ 1341 页。

[1322] 刘丛、谢耘耕、万旋傲：《微博情绪与微博传播力的关系研究——基于 24 起公共事件相关微博的实证分析》，《新闻与传播研究》2015 年第 9 期，第 92 ~ 106、128 页。

[1323] 陈然：《“双微联动”模式下政务新媒体公众采纳的实证研究》，《电子政务》2015 年第 9 期，第 46 ~ 51 页。

[1324] 邓碧琳：《社会化媒体语境下中国电信微博微信传播研究》，《今传媒》2015 年第 9 期，第 22 ~ 23 页。

[1325] 高辉辉、张彦忠、李春红：《微博舆情环境下高校辅导员工作策略探究》，《高教论坛》2015 年第 9 期，第 100 ~ 104 页。

[1326] 王祝康：《4C 营销理论在图书馆微博服务中的运用——以重庆图书馆为例》，《图书馆理论与实践》2015 年第 9 期，第 83 ~ 86 页。

[1327] 王国华、闵晨、钟声扬、王雅蕾、王戈：《议程设置理论视域下热点事件网民舆论“反转”现象研究——基于“成都女司机变道遭殴打”事件的内容分析》，《情报杂志》2015 年第 9 期，第 111 ~ 117 页。

[1328] 李志清：《基于 LDA 主题特征的微博转发预测》，《情报杂志》2015 年第 9 期，第 158 ~ 162 页。

[1329] 王东：《微博直播庭审法治教育：内涵、价值及实现路径》，《未来与发展》2015 年第 9 期，第 75 ~ 80、85 页。

[1330] 黄贤英、陈红阳、刘英涛、熊李媛：《一种新的微博短文本特征词选择算法》，《计算机工程与科学》2015 年第 9 期，第 1761 ~ 1767 页。

[1331] 王玉琢、汪祖柱、王金树：《社会媒体时代的政民互动现状分析》，《现代情报》2015 年第 9 期，第 39 ~ 43 页。

[1332] 田占伟、王亮、刘臣：《基于复杂网络的微博信息传播机理分析与模型构建》，《情报科学》2015 年第 9 期，第 15 ~ 21 页。

[1333] 雷兵、刘维：《基于微博关注推荐服务的用户兴趣模型研究》，《情报科学》2015 年第 9 期，第 126 ~ 130、156 页。

[1334] 黄光芳、程志、张子石：《泛在学习环境下自主式微博教学情境的设计探究》，《电化教育研究》2015 年第 9 期，第 70 ~ 76 页。

[1335] 唐晓波、肖璐：《基于依存句法分析的微博主题挖掘模型研究》，《情报科学》2015 年第 9 期，第 61 ~ 65 页。

[1336] 徐增阳、崔学昭：《微博维权的作用机制：基于公共能量场视角的案例分析》，《西南民族大学学报》（人文社会科学版）2015 年第 9 期，第 163 ~ 167 页。

[1337] 李晓航：《微博在公共政策制定中参与的作用研究》，《佳木斯职业学院学报》2015 年第 9 期，第 455 页。

[1338] 常广炎、杨彬：《谈“微时代”的电子政务》，《信息化建设》2015 年第 9 期，第 89 ~ 90 页。

[1339] 马磊：《机会、选择与目标——社会网的形成机制及其对新媒体研究的启示》，《社会科学》2015 年第 9 期，第 184 ~ 191 页。

[1340] 王慧超：《从新闻法规看微博时代假新闻的涌现》，《新闻研究导刊》2015 年第 9

期，第 211 ~212 页。

[1341] 薛云丹：《有效促进新媒体和传统媒体的新闻共振——以微博和电视报道为例》，《西部广播电视》2015 年第 9 期，第 2 页。

[1342] 程启厚、张静：《科技期刊对微媒体的应用与启示——以四大国际权威医学期刊为例》，《科技与出版》2015 年第 9 期，第 91 ~95 页。

[1343] 马涛：《十八大之后微博反腐的特点和实效》，《今传媒》2015 年第 9 期，第 24 ~26 页。

[1344] 王艺雯：《公共安全突发事件的微博传播——以上海外滩踩踏事件为例》，《新闻世界》2015 年第 9 期，第 105 ~106 页。

[1345] 贾圆：《浅析“东方之星”沉船事件中微博媒体的专业性表现——基于“@人民日报”和“@头条新闻”的内容分析》，《新闻世界》2015 年第 9 期，第 162 ~164 页。

[1346] 陈世华：《自由而负责、一个理想的微博世界》，《传媒观察》2015 年第 9 期，第 41 ~43 页。

[1347] 邢文婷、周方元：《浅析微博、微信对高校思想政治教育的影响》，《发展》2015 年第 9 期，第 86 ~88 页。

[1348] 宋会平：《网络舆情应对中的微博自净功能初探——以湘潭产妇手术台死亡事件微博舆情为例》，《今传媒》2015 年第 9 期，第 43 ~44 页。

[1349] 路长胜：《基于微博的大学生核心价值观教育》，《新闻战线》2015 年第 9 期，第 109 ~110 页。

[1350] 肖玉霞：《微博围观与大学生社会责任感的养成》，《新闻战线》2015 年第 9 期，第 213 ~214 页。

[1351] 马慧芳、姚伟、贾美惠子、崔彤：《融合用户兴趣模型与会话抽取的微博推荐方法》，《计算机应用研究》2015 年第 9 期，第 2724 ~2728 页。

[1352] 宋萨楠、王鏖：《政府旅游官方微博在城市形象宣传及提升中的策略》，《中国市场》2015 年第 9 期，第 153 ~154 页。

[1353] 王桐：《新浪微博中消费者行为及市场细分的研究分析》，《西部广播电视》2015 年第 9 期，第 28 页。

[1354] 任敏、谷文林、华雪东：《基于新浪微博的公交系统数据采集及分析》，《现代电子技术》2015 年第 9 期，第 159 ~162 页。

[1355] 毕强、赵夷平、贯君：《基于社会网络分析视角的微博学术信息交流实证分析》，《图书馆学研究》2015 年第 9 期，第 26 ~34、45 页。

[1356] 曹春萍、崔海船：《基于 LSA 和结构特性的微博话题检测》，《计算机应用研究》2015 年第 9 期，第 2720 ~2723 页。

[1357] 李林容：《微博与微信的比较分析》，《中国出版》2015 年第 9 期，第 53 ~56 页。

[1358] 陈向阳、陈丽萍、姜振国：《基于 API 接口的腾讯微博数据挖掘》，《现代计算机》（专业版）2015 年第 9 期，第 47 ~50 页。

[1359] 吴岘辉、张晖、赵旭剑、李波、杨春明：《基于用户行为网络的微博意见领袖挖掘算法》，《计算机应用研究》2015 年第 9 期，第 2678 ~2683 页。

[1360] 李敏：《如何将微博应用于高校教育的管理中》，《新闻战线》2015 年第 9 期，第 197 ~ 198 页。
[1361] 陈云子：《基于微博平台的高职院校学生党建网络文化建设探究》，《领导科学论坛》2015 年第 9 期，第 28 ~ 29 页。
[1362] 熊灵：《移动互联网时代社会化媒体的弱关系社交研究》，《新闻世界》2015 年第 9 期，第 217 ~ 218 页。
[1363] 冀亮亮：《“微时代”如何做好大学生思想政治教育工作》，《新闻世界》2015 年第 9 期，第 228 ~ 229 页。
[1364] 郑晓燕：《基于新浪微博探索高校学生管理新模式》，《新闻战线》2015 年第 9 期，第215 ~ 216 页。
[1365] 潘超、王菁菁：《一种基于语言模型的微博检索技术》，《电子设计工程》2015 年第 9 期，第 12 ~ 13、17 页。
[1366] 杜杨沁：《政务微博整体网络的关系解剖》，《现代情报》2015 年第 9 期，第 49 ~ 55 页。
[1367] 廖娟美、张彦、孙晓芳：《政务微博传播效果分析——以新浪微博“南阳交警”为例》，《新闻世界》2015 年第 9 期，第 176 ~ 178 页。
[1368] 侯迎忠、杨雪莹、柯言：《政务微博在大学生群体中的传播策略研究——以广州、佛山政务微博为例》，《今传媒》2015 年第 9 期，第 8 ~ 9 页。
[1369] 包明林、刘蓉、邹凯、周军：《政务微博服务质量评价指标体系研究》，《现代情报》2015 年第 9 期，第 93 ~ 97、110 页。
[1370] 张静：《问政主体角度下微博治理策略研究》，《吉林广播电视大学学报》2015 年第 9 期，第 126 ~ 127 页。
[1371] 杨平：《微博式交往对于提升大学生思想政治教育功能的研究》，《佳木斯职业学院学报》2015 年第 9 期，第 166 ~ 167 页。
[1372] 刘艳：《党报与其官方微博传播策略比较研究——以〈人民日报〉和“@人民日报”马航失联事件报道为例》，《传播与版权》2015 年第 9 期，第 101 ~ 103 页。
[1373] 仲兆满、李存华、胡云：《基于迭代策略的微博事件查询扩展方法》，《情报学报》2015 年第 9 期，第 978 ~ 990 页。
[1374] 邵丘、杨鹤标：《基于 Hadoop 云平台的中文微博情感分类研究》，《信息技术》2015 年第 9 期，第 215 ~ 218 页。
[1375] 朱元君：《微博编辑的能力建构与创新策略——以“@央视新闻”为例》，《青年记者》2015 年第 9 期，第 54 ~ 55 页。
[1376] 沈佳鹏：《微博庭审直播的利弊分析》，《法制博览》2015 年第 9 期，第 267 页。
[1377] 陈然：《“双微联动”模式下政务新媒体公众采纳的实证研究》，《电子政务》2015 年第 9 期，第 46 ~ 51 页。
[1378] 李晓军：《政务微博的存在价值与意义分析》，《新闻知识》2015 年第 9 期，第 78、106页。
[1379] 王文静：《“玩转”政务微博从容应对微博舆情》，《佳木斯职业学院学报》2015 年第 9 期，第 445 ~ 447 页。

[1380] 谭娟晖：《微博在大学生心理健康教育中的应用》，《教书育人（高教论坛）》2015年第9期，第42～44页。

[1381] 董明牛：《微博对大学生心理能量的正向功能及引导探究》，《湖北经济学院学报》（人文社会科学版）2015年第9期，第137～138页。

[1382] 孟艳：《微博语境中大学生社会主义核心价值观教育模式研究》，《淮海工学院学报》（人文社会科学版）2015年第9期，第118～121页。

[1383] 李舒：《微博问政：公共政策制定的新形式》，《大众科技》2015年第9期，第191～193页。

[1384] 谢娜：《90后大学生“宅文化”下学生工作的新维度》，《湖北经济学院学报》（人文社会科学版）2015年第9期，第141～142页。

[1385] 杨静、董圆、张健沛：《一种基于话题影响力的微博话题溯源方法》，《小型微型计算机系统》2015年第9期，第1939～1942页。

[1386] 曾莉：《体育专业人士微博的传播功能探析》，《新闻爱好者》2015年第9期，第57～59页。

[1387] 李岩、江素珍：《若为自由故：新媒体时代关于新闻自由的话语表征与叙事建构》，《国际新闻界》2015年第9期，第36～51页。

[1388] 刘继、李磊：《微博交叠主题下用户网络影响力分析》，《情报杂志》2015年第9期，第134～138页。

[1389] 陈庆文、刘曦：《新技术之下电视媒介发展形式的浅探——电视媒介春节期间与微信、微博的互动》，《新闻研究导刊》2015年第9期，第243页。

[1390] 王静：《基于微博用户关系演化网络的谣言免疫机制研究》，《电子技术应用》2015年第9期，第114～117页。

[1391] 马慧：《网络协作教学法研究综述》，《教育与职业》2015年第9期，第105～107页。

[1392] 范逸婕：《官方政务微博危机话语分析研究——以山东招远案为例》，《今传媒》2015年第9期，第45～46页。

[1393] 叶佳：《基于因子分析的政务微博绩效评价模型研究》，《商》2015年第9期，第214～215页。

[1394] 杨港、刘泱育：《“昨日如何重现”：纪念抗战胜利的报道类型及其启示——以省会城市的政务微博为例》，《声屏世界》2015年第9期，第10～12页。

[1395] 王正森：《浅析影视剧官方微博对收视率的影响——以〈武媚娘传奇〉为例》，《新闻研究导刊》2015年第9期，第27、153页。

[1396] 焦坤：《微博新闻标题的语言特点》，《新闻研究导刊》2015年第9期，第210页。

[1397] 余志为：《论新媒介时代的“媒介控制”》，《编辑之友》2015年第9期，第52～55页。

第10期

[1398] 白杨林：《不失“官样”的官微》，《党政论坛》2015年第10期，第64页。

[1399] 王群光、魏惺：《自媒体问责及其扭曲现象研究》，《经济研究导刊》2015年第10

期，第295～297页。

[1400] 朱妍：《公益类微博传播策略探析——以“冰桶挑战”事件为例》，《新西部》（理论版）2015年第10期，第107、117页。

[1401] 房芳：《新闻发布政务微博影响力研究——以“徐州发布”为例》，《南方论刊》2015年第10期，第13～15、12页。

[1402] 赵杰：《中医药院校图书馆中的微博应用》，《中医药导报》2015年第10期，第108～109页。

[1403] 王臻：《微博用户信息接受的影响因素研究》，《情报探索》2015年第10期，第129～131、135页。

[1404] 孙安然：《微博应用于新闻传播的优势与意义分析》，《新闻研究导刊》2015年第10期，第109～110页。

[1405] 刘丹、叶子青、周舒、唐瑶、粟妮、张璐妮：《信息爬取工具MetaSeeker的介绍及其在微博中的应用》，《计算机与网络》2015年第10期，第72～73页。

[1406] 彭国良：《微博应用于国际市场营销的优势与对策》，《中国市场》2015年第10期，第76～77页。

[1407] 高婷婷、何菲：《微博侵权的责任主体分析》，《法制与社会》2015年第10期，第61～62页。

[1408] 李昊楠：《微博时代的媒体舆论互动：从暴力到自我修正——以“丁锦昊到此一游”为例》，《科技传播》2015年第10期，第116～117页。

[1409] 周海澜：《自媒体环境下体育微博的潜在影响分析》，《新闻战线》2015年第10期，第131～132页。

[1410] 席晓华：《公共关系视角下政务微博的发展》，《公关世界》2015年第10期，第47～48页。

[1411] 李金阳：《微博互动对关系质量和受众行为意愿的影响研究》，《图书馆学研究》2015年第10期，第26～33页。

[1412] 闫光辉、刘晓飞、王梦阳：《基于链接的微博用户可信度研究》，《计算机应用研究》2015年第10期，第2910～2913、2917页。

[1413] 杨柳、叶继元：《战略性新兴产业微博信息服务现状调查与分析——以太阳能产业为例》，《图书馆学研究》2015年第10期，第48～55页。

[1414] 杨惠、戴海波：《论“微时代”政务微博对媒介化抗争的舆论引导》，《新闻知识》2015年第10期，第19～21页。

[1415] 何跃、宋灵犀、齐丽云：《负面事件中的品牌网络口碑溢出效应研究——以“圆通夺命快递”事件为例》，《现代图书情报技术》2015年第10期，第58～64页。

[1416] 赵文晶、申利净：《社交媒体用户迁移背景下微博、微信的态度传播生态研究》，《中国软科学》2015年第10期，第60～69页。

[1417] 高杰、杨剑：《安徽省“微政务”发展策略研究》，《成都师范学院学报》2015年第10期，第102～106页。

[1418] 王甬平、孙祥飞：《主流新闻机构的网络全媒体化传播力研究——新华网、新华视点、人民日报等媒体微博运营分析》，《声屏世界》2015年第10期，第62～64页。

[1419] 何宗宜、苗静、彭将、胡雪芸：《结合微博数据挖掘的时空特征分析》，《测绘通报》2015 年第 10 期，第 60～64 页。

[1420] 毕铭灿：《网络书店图书微博经营与管理的品牌化——以亚马逊图书音像新浪官方微博为例》，《新闻世界》2015 年第 10 期，第 109～110 页。

[1421] 黄远、沈乾、刘怡君：《微博舆论场：突发事件舆情演化分析的新视角》，《系统工程理论与实践》2015 年第 10 期，第 2564～2572 页。

[1422] 李彤、宋之杰：《基于模型集成的突发事件舆情分析与趋势预测研究》，《系统工程理论与实践》2015 年第 10 期，第 2582～2587 页。

[1423] 于晶、刘臣：《微博用户的信息发布行为模式实证研究》，《现代情报》2015 年第 10 期，第 49～54 页。

[1424] 程艳丽、王亿思、丁斌、院玲玲：《旅游微博营销必要性的研究——基于微博特点、优势和用户需求的角度》，《旅游纵览（下半月）》2015 年第 10 期，第 35～37、39 页。

[1425] 钟明翔、唐晋韬、谢松县、王挺：《一种基于动态网页解析的微博数据抓取方法》，《舰船电子工程》2015 年第 10 期，第 95～99 页。

[1426] 翁士洪、顾佩丽：《公共突发事件中微博谣言的机制与治理——以 H7N9 事件为例》，《电子政务》2015 年第 10 期，第 10～18 页。

[1427] 高江：《新媒体时代公民新闻探析》，《新闻研究导刊》2015 年第 10 期，第 120 页。

[1428] 王飞、丁国军：《高校学生社团微博管理中的问题与对策》，《新媒体研究》2015 年第 10 期，第 40～41 页。

[1429] 罗佳：《微博时代公民新闻存在的问题探析》，《新闻研究导刊》2015 年第 10 期，第252 页。

[1430] 徐雯：《从微博的碎片化阅读解读传播的麻醉功能》，《现代视听》2015 年第 10 期，第25～27 页。

[1431] 林思娟、林柏钢、许为、杨旸：《一种基于词语能量值变化的微博热点话题发现方法研究》，《信息网络安全》2015 年第 10 期，第 46～52 页。

[1432] 李彦冰：《论政务微博的政治社会化功能》，《今传媒》2015 年第 10 期，第 151～153 页。

[1433] 张亮、任立肖：《基于多种群 Lotka-Volterra 的微博舆论竞争传播分析》，《情报杂志》2015 年第 10 期，第 112～116 页。

[1434] 金晓玲、金可儿、汤振亚：《微博转发行为实证研究综述》，《情报杂志》2015 年第 10 期，第 117～122 页。

[1435] 盛宇：《微博舆情跨域周期波动实证研究》，《情报杂志》2015 年第 10 期，第 123～128 页。

[1436] 兰雪、曹锦丹、杨程远：《基于新浪微博健康信息用户的社会网络分析》，《中华医学图书情报杂志》2015 年第 10 期，第 54～59 页。

[1437] 史绍亮、文益民、缪裕青：《中文微博情感分类的简单多标签排序算法》，《计算机应用》2015 年第 10 期，第 2721～2726 页。

[1438] 郭文玲：《高校图书馆阅读推广“微话题”设置研究》，《图书馆工作与研究》2015

年第 10 期，第 96 ~ 100 页。

[1439] 李超雄、黄发良、温肖谦、李璇、元昌安：《基于动态主题情感混合模型的微博主题情感演化分析方法》，《计算机应用》2015 年第 10 期，第 2905 ~ 2910 页。

[1440] 刘磊、许志刚、蔡海博、王石：《基于转发评论的微博语义扩充和分类方法》，《北京工业大学学报》2015 年第 10 期，第 1528 ~ 1536 页。

[1441] 崔金栋、孙遥遥、王欣、于圆美、王新媛：《基于 Folksonmy 和本体融合的微博信息推荐方法研究》，《情报科学》2015 年第 10 期，第 27 ~ 31 页。

[1442] 吴联仁、易兰丽、闫强：《危机事件下在线群体用户行为统计特征分析》，《情报科学》2015 年第 10 期，第 57 ~ 60 页。

[1443] 王金水：《微博微信社会参与和维稳长效机制建构》，《中国行政管理》2015 年第 10 期，第 156 ~ 157 页。

[1444] 冷爽：《微博平台国际新闻编译的现状分析——以“微天下”、“参考消息”、“中新网国际”的官微为例》，《东南传播》2015 年第 10 期，第 4 ~ 8 页。

[1445] 吴晓璇：《报纸媒体官方微博图片使用现状及问题分析——以〈南方都市报〉为例》，《东南传播》2015 年第 10 期，第 106 ~ 108 页。

[1446] 李立煊、杨腾飞：《基于新浪微博的政府负面网络舆情态势分析》，《情报杂志》2015 年第 10 期，第 97 ~ 100 页。

[1447] 陈素清、王顺利：《高校教育微博应用探讨与系统设计》，《计算机时代》2015 年第 10 期，第 30 ~ 32、35 页。

[1448] 黄庆宇、卢珞先：《基于数据世系的微博信息管理与检索算法研究》，《计算机科学》2015 年第 10 期，第 198 ~ 201 页。

[1449] 王臻：《微博用户信息接受的影响因素研究》，《情报探索》2015 年第 10 期，第 129 ~ 131、135 页。

[1450] 郭晓丽、王凯：《微博作为互动营销传播媒体的优劣势分析》，《视听》2015 年第 10 期，第 140 ~ 141 页。

[1451] 金霞：《微博在心理健康教育中的应用》，《内蒙古师范大学学报》（教育科学版）2015 年第 10 期，第 111 ~ 112 页。

[1452] 谭成兵：《论微博舆情治理的困境》，《新闻知识》2015 年第 10 期，第 13 ~ 15 页。

[1453] 王亮、张允、艾美华：《新疆本土媒体微博对“丝绸之路经济带”的报道分析》，《新闻知识》2015 年第 10 期，第 29 ~ 32 页。

[1454] 唐浩浩、席耀一、周杰、郭志刚、陈刚：《基于维基知识的微博事件追踪方法》，《计算机应用与软件》2015 年第 10 期，第 21 ~ 25、112 页。

[1455] 刘洋：《从微博看社交网络技术与文化多元化发展的关系》，《西部广播电视》2015 年第 10 期，第 17 页。

[1456] 黄昭华：《新媒体时代都市报微博的信息呈现与优化路径——基于“京华时报”“新闻晨报”“南方都市报”的微博分析》，《新闻研究导刊》2015 年第 10 期，第 218 ~ 219 页。

[1457] 沈萍：《微博对高校思想政治教育的影响及其应对》，《学校党建与思想教育》2015 年第 10 期，第 61 ~ 62 页。

[1458] 李红亚:《“微”时代大学生心理健康教育的途径探索》,《新闻战线》2015 年第 10 期, 第 147 ~ 148 页。

[1459] 宗利永、许玉婷:《基于扎根理论的〈舌尖上的中国 2〉受众微博话题偏好研究》,《现代视听》2015 年第 10 期, 第 28 ~ 31 页。

[1460] 汪梦:《微博环境中的个人数据保护初探》,《今传媒》2015 年第 10 期, 第 24 ~ 26 页。

[1461] 张春艳:《新媒体对新疆政治文化的影响力探究——以〈新疆日报〉官方微博为例》,《新闻世界》2015 年第 10 期, 第 88 ~ 90 页。

[1462] 张燕、梅飞:《大学生微博舆情生成机制与科学引导策略探析——以“浙传速冻”为例》,《法制与社会》2015 年第 10 期, 第 181 ~ 182 页。

[1463] 白传栋:《微博舆情监测指标体系研究及原型系统应用》,《科技创新与应用》2015 年第 10 期, 第 3 ~ 4 页。

[1464] 孙檬:《党报官方微博的框架比较分析——以〈人民日报〉和〈光明日报〉的官方微博为例》,《戏剧之家》2015 年第 10 期, 第 292 页。

[1465] 吴闻莺、蔡尚伟:《微博意见领袖舆论引导力的影响因素解析》,《东南传播》2015 年第 10 期, 第 73 ~ 74 页。

[1466] 刘璐:《从微博新闻看传统广播新闻的变革》,《内蒙古宣传思想文化工作》2015 年第 10 期, 第 34 ~ 36 页。

[1467] 沈海燕:《试论以微博为载体开展大学生思想政治教育》,《大学教育》2015 年第 10 期, 第 74 ~ 75 页。

[1468] 王丹:《论微博在媒介融合环境下对新闻传播的影响》,《新闻传播》2015 年第 10 期, 第 104、106 页。

[1469] 姚晖:《内容分析法在微博研究中的应用——以 2011 ~ 2014 年 SSCI 收录的相关论文为例》,《科技传播》2015 年第 10 期, 第 115、122 页。

[1470] 徐懿:《微博背景下侵权行为探讨——针对发布长微博汇编他人评论行为》,《法制博览》2015 年第 10 期, 第 219 ~ 220 页。

[1471] 付博、刘挺:《基于跨社交媒体检索的微博消费对象识别》,《计算机科学与探索》2015 年第 10 期, 第 1247 ~ 1255 页。

[1472] 霍凤宁、禹婷婷、孙宝文:《网络群体极化的判定、测量与干预策略研究》,《电子政务》2015 年第 10 期, 第 19 ~ 26 页。

[1473] 肖楠:《图书馆阅读推广中的微博应用及发展策略》,《黑河学刊》2015 年第 10 期, 第 124 ~ 125 页。

[1474] 张彬:《微型博客在高等教育中的研究现状》,《当代教育理论与实践》2015 年第 10 期, 第 128 ~ 130 页。

[1475] 黄欢:《微博在高校教育管理中的应用研究》,《牡丹江教育学院学报》2015 年第 10 期, 第 60、82 页。

[1476] 沈文秀:《微博提升高校思想政治教育有效性研究》,《吉林省教育学院学报(中旬)》2015 年第 10 期, 第 110 ~ 111 页。

[1477] 王志龙、自国天然:《加强媒体微博涉军信息传播的引导——以国防部例行记者会

相关微博为例》，《军事记者》2015 年第 10 期，第 33 ~ 34 页。
[1478] 黄姗姗：《“手术室自拍事件”传播中的媒介素养问题》，《新闻世界》2015 年第 10 期，第 172 ~ 173 页。
[1479] 韦辉：《浅析摄影作品的微博转载问题》，《今传媒》2015 年第 10 期，第 30 ~ 31 页。
[1480] 汪京生：《微博在高校思想政治教育工作中的应用——以滁州学院为例》，《科技资讯》2015 年第 10 期，第 200 ~ 201 页。

第 11 期

[1481] 谢小红：《微博语境下的大学生网络媒介素养教育研究——以福建高校为例》，《东南传播》2015 年第 11 期，第 93 ~ 96 页。
[1482] 田雪榕：《微博营销中的“草船借箭”——浅析自媒体平台的“借势公关”》，《科技传播》2015 年第 11 期，第 52 ~ 53 页。
[1483] 刘伊倩：《PX 项目的科技传播困境》，《科技传播》2015 年第 11 期，第 26 ~ 27 页。
[1484] 袁晓凤：《大学生的微媒介使用情况研究——基于重庆市 900 名大学生的调查》，《东南传播》2015 年第 11 期，第 97 ~ 99 页。
[1485] 刘锦：《微时代的体育营销手段分析》，《出版广角》2015 年第 11 期，第 90 ~ 91 页。
[1486] 郑智斌、任昌辉：《微博反腐的传播效应及其正面引导》，《出版广角》2015 年第 11 期，第 95 ~ 97 页。
[1487] 曹健敏：《政务微博在政府公共关系建构中的作用》，《新闻战线》2015 年第 11 期，第 103 ~ 105 页。
[1488] 刘焕成、王冰、王倬：《基于政务微博的信息公开能力测度研究》，《兰台世界》2015 年第 11 期，第 106 ~ 107 页。
[1489] 陈静、温珮滢：《微博微信中的版权保护问题探讨》，《科技传播》2015 年第 11 期，第128 ~ 129 页。
[1490] 刘昕怡：《浅析网络环境中的媒介娱乐化现象》，《新闻世界》2015 年第 11 期，第 153 ~ 154 页。
[1491] 郭晓航：《平民话语和委婉表情——抗战胜利 70 周年阅兵热门微博的修辞学分析》，《新闻世界》2015 年第 11 期，第 137 ~ 138 页。
[1492] 董丽荣：《自媒体视角下的大学生社交模式研究——以微博为例》，《东南传播》2015 年第 11 期，第 100 ~ 101 页。
[1493] 王雪雪：《微博在高校档案馆发展中的应用分析》，《兰台世界》2015 年第 11 期，第 21 ~ 22 页。
[1494] 伊士国、尚海龙：《论微博问政的法律规制》，《新闻爱好者》2015 年第 11 期，第 53 ~ 55 页。
[1495] 张光闪：《论微博在高校思想政治教育中的作用》，《世纪桥》2015 年第 11 期，第 41 ~ 43 页。
[1496] 杨永超：《微博背景下的旅游目的地整合营销策略探究》，《市场研究》2015 年第 11 期，第 14 ~ 17 页。
[1497] 黄贤英、陈红阳、刘英涛：《短文本相似度研究及其在微博话题检测中的应用》，

《计算机工程与设计》2015 年第 11 期，第 3128 ~ 3133 页。

[1498] 张腊梅、黄威靖、陈薇、王腾蛟、雷凯：《EMTM：微博中与主题相关的专家挖掘方法》，《计算机研究与发展》2015 年第 11 期，第 2517 ~ 2526 页。

[1499] 刘金宝、盛达魁、张铭：《微博自媒体账号识别研究》，《计算机研究与发展》2015 年第 11 期，第 2527 ~ 2534 页。

[1500] 钱涛、姬东鸿、戴文华：《基于迁移的微博分词和文本规范化联合模型》，《华南理工大学学报》（自然科学版）2015 年第 11 期，第 47 ~ 53 页。

[1501] 周沧琦、赵千川、卢文博：《基于兴趣变化的微博用户转发行为建模》，《清华大学学报》（自然科学版）2015 年第 11 期，第 1163 ~ 1170 页。

[1502] 张鹤：《浅析微博广告的社会影响力》，《商丘师范学院学报》2015 年第 11 期，第 135 ~ 137 页。

[1503] 冯利光、刘其成：《基于 FCM 并行算法的微博热点发现》，《计算机应用与软件》2015 年第 11 期，第 232 ~ 237 页。

[1504] 孟凡生：《微博文学文本与文学的新变》，《文艺评论》2015 年第 11 期，第 9 ~ 13 页。

[1505] 胡军、王甄：《微博：特质性信息披露与股价同步性》，《金融研究》2015 年第 11 期，第 190 ~ 206 页。

[1506] 周云倩、胡丽娟：《微博舆论场愤怒情绪的传播与疏导——以“福喜事件”为例》，《江西社会科学》2015 年第 11 期，第 247 ~ 251 页。

[1507] 陈佳彬、王新阳、彭煊、马双杰：《基于用户数据分析的微博营销效果评估体系优化》，《电子商务》2015 年第 11 期，第 39 ~ 40 页。

[1508] 尹熙成、朱恒民、马静、魏静：《微博舆情话题传播的耦合网络模型——分析话题衍生性特征与用户阅读心理》，《情报理论与实践》2015 年第 11 期，第 82 ~ 86 页。

[1509] 王非：《基于微博的情感新词发现研究》，《软件》2015 年第 11 期，第 6 ~ 8 页。

[1510] 魏颖：《传统媒体微传播的运营策略》，《新闻与写作》2015 年第 11 期，第 107 ~ 109 页。

[1511] 韩昭玮：《人民日报子媒体的突发事件传播策略研究——以“东方之星”沉船事件为例》，《今传媒》2015 年第 11 期，第 40 ~ 43 页。

[1512] 王梦媛、张君浩：《新媒体环境下内蒙古形象的传播效果研究——以〈内蒙古日报〉新浪微博为例》，《前沿》2015 年第 11 期，第 131 ~ 134 页。

[1513] 刘宝芹、牛耘：《多层次中文微博情绪分析》，《计算机技术与发展》2015 年第 11 期，第 23 ~ 26 页。

[1514] 伍万坤、吴清烈、顾锦江：《基于 EM-LDA 综合模型的电商微博热点话题发现》，《现代图书情报技术》2015 年第 11 期，第 33 ~ 40 页。

[1515] 叶川、马静：《多媒体微博评论信息的主题发现算法研究》，《现代图书情报技术》2015 年第 11 期，第 51 ~ 59 页。

[1516] 陈丹：《微博新媒体在传统学术期刊中的运用》，《湖北文理学院学报》2015 年第 11 期，第 85 ~ 88 页。

[1517] 席运江、吴柯、廖晓：《改进 PageRank 算法对微博用户交互行为的影响》，《计算机

仿真》2015 年第 11 期，第 437 ~ 440 页。

[1518] 陈雪萍、朱金玉：《突发事件的媒体微博新闻专业性研究——以“@人民日报”微博为例》，《新闻爱好者》2015 年第 11 期，第 45 ~ 49 页。

[1519] 王国华、陈静、钟声扬：《微博热门话题及其线下行为转化研究》，《电子政务》2015 年第 11 期，第 59 ~ 71 页。

[1520] 肖倩、韩婷：《出版社社交媒体应用现状与建议——以国家一级出版社为例》，《科技与出版》2015 年第 11 期，第 132 ~ 136 页。

[1521] 肖璐、唐晓波：《基于句子成分的微博热点主题挖掘模型研究》，《情报科学》2015 年第 11 期，第 44 ~ 47、56 页。

[1522] 贾红雨、郝建维、邱晨子：《基于 SNA 的微博社区信息传播能力分析与评估》，《情报科学》2015 年第 11 期，第 135 ~ 139 页。

[1523] 王慧超：《突发公共事件中的微博谣言成因研究——以天津港 8·12 爆炸事件为例》，《今传媒》2015 年第 11 期，第 50 ~ 52 页。

[1524] 黄四林：《以微博为媒介的高职英语写作师生合作式学习研究》，《兰州教育学院学报》2015 年第 11 期，第 123 ~ 124、126 页。

[1525] 黄婷：《基于微博的智能数字图书馆个性化推荐》，《数字图书馆论坛》2015 年第 11 期，第 56 ~ 63 页。

[1526] 金莹：《新媒体时代期刊微博与微信传播的比较分析》，《长春师范大学学报》2015 年第 11 期，第 196 ~ 197 页。

[1527] 安鑫：《浅谈对“90 后”大学生使用微博的文化安全意识的思考——以石河子大学为例》，《吉林广播电视大学学报》2015 年第 11 期，第 87 ~ 88 页。

[1528] 王华：《“把关人”：孔子、卢因与微博》，《新闻知识》2015 年第 11 期，第 105 ~ 106 页。

[1529] 党同桐、徐振国：《数字化转型过程中传统媒体官方微博存在的问题及对策研究》，《视听》2015 年第 11 期，第 6 ~ 7 页。

[1530] 俞丰穗：《传播学视角下的政府体育微博研究》，《今传媒》2015 年第 11 期，第 23 ~ 24 页。

[1531] 姜丽：《自媒体在图书馆服务中的应用：基于博客、微博和微信的文献计量分析》，《农业图书情报学刊》2015 年第 11 期，第 81 ~ 85 页。

[1532] 董茜：《微博语境下医疗纠纷事件的信息传播机制——以“湖南产妇死亡事件”为例》，《视听》2015 年第 11 期，第 155 ~ 156 页。

[1533] 潘斌：《传统媒体官方微博运营策略研究》，《视听》2015 年第 11 期，第 163 ~ 164 页。

[1534] 李子坤：《微博用户向微信迁移的影响因素研究》，《市场周刊（理论研究）》2015 年第 11 期，第 108 ~ 109 页。

[1535] 陈宏伟：《基于微博的高职院校大学生网络舆情预警系统的设想》，《物流工程与管理》2015 年第 11 期，第 323 ~ 324 页。

[1536] 道玉明、耿晨星、王倬：《河南省地级市政务微博应用现状调查研究》，《创新科技》2015 年第 11 期，第 64 ~ 66 页。

[1537] 施国良、杜璐锋:《问答媒体在微博平台的知识分享——对“知道日报”和“知乎日报”的比较研究》,《图书馆学研究》2015 年第 11 期,第 34 ~ 39 页。

[1538] 程官慧:《微博对新闻的冲击及媒体的对策探讨》,《新闻研究导刊》2015 年第 11 期,第 246 页。

[1539] 张雨婷、严炜炜:《微博在我国高校图书馆交互服务中的应用研究》,《图书馆学研究》2015 年第 11 期,第 40 ~ 45 页。

[1540] 李畅:《微博的文化分析:“惯习”和“场域”的视角》,《新闻界》2015 年第 11 期,第 54 ~ 58 页。

[1541] 陈艳红、姬荣荣:《中国政务微博的发展现状及对策研究——基于对新浪省级政府微博的网络调查》,《电子政务》2015 年第 11 期,第 72 ~ 77 页。

[1542] 周芹、陈丽珠、颜宏:《政府机构官方微博在典型案例舆情发展中的作用研究——基于 2013 年十大典型案例的大数据实证分析》,《新闻研究导刊》2015 年第 11 期,第 69 ~ 70 页。

[1543] 林丽:《微文化视野下的高校多校区思想政治教育》,《绍兴文理学院学报》2015 年第 11 期,第 104 ~ 108 页。

[1544] 王玉珠:《舆情事件中微博、微信的议题共生与变化——以“东莞扫黄”事件为例》,《新闻界》2015 年第 11 期,第 59 ~ 63、67 页。

[1545] 曹梦媛:《微博新闻报道的写作及特点——以人民日报微博中的新闻报道为例》,《新闻研究导刊》2015 年第 11 期,第 152 ~ 153 页。

[1546] 梁芷铭、徐福林:《官员微博:网络时代的“新群众路线”》,《传媒》2015 年第 11 期,第54 ~ 55 页。

[1547] 历建都:《论新媒体环境下铁路新闻宣传的开展》,《决策与信息》2015 年第 11 期,第 57 页。

[1548] 张臻:《微博对传统新闻传播模式的影响探究》,《山东工业技术》2015 年第 11 期,第 272 页。

[1549] 曾玲、齐孝声、徐川平:《综合性医学期刊品牌建设与编辑能力建设探讨》,《新闻研究导刊》2015 年第 11 期,第 169 ~ 211 页。

[1550] 丁宁:《基于 5R 理论的图书馆微博推广策略研究》,《科技情报开发与经济》2015 年第 11 期,第 48 ~ 49 页。

[1551] 蔡信海:《浅析就业微博在高校就业工作中的应用——以广工自动化 10 级就业微博为例》,《高教学刊》2015 年第 11 期,第 6 ~ 7 页。

[1552] 王绪绪、高欢欢、李婧:《微博言论自由与公共秩序的关系初探》,《新闻传播》2015 年第 11 期,第 12、14 页。

[1553] 曹荣芳:《微博在新闻传播中的影响和附带问题》,《科技传播》2015 年第 11 期,第 123 ~ 124 页。

[1554] 刘志红、钟孟倩:《新媒体环境下电影营销的传播学探析——以电影〈后会无期〉的微博营销为例》,《西部广播电视》2015 年第 11 期,第 24 ~ 25 页。

[1555] 曹金燕、曹克亮:《新媒体即时通讯工具比较研究——以微博、微信为例》,《求知导刊》2015 年第 11 期,第 31 ~ 32 页。

[1556] 俞玮琦：《基于微博平台的高校档案文化传播工作》，《办公室业务》2015 年第 11 期，第 74～75 页。
[1557] 张艳婷：《新媒介生态下主流媒体官方微博的话语分析——以 2015 年两会期间人民日报微博分析为例》，《西部广播电视》2015 年第 11 期，第 13、17 页。
[1558] 刘颖慧：《政务微博的写作技巧及注意事项》，《应用写作》2015 年第 11 期，第 20～22 页。
[1559] 孙晓燕、王芳、李兆静：《政务微博对公众感知政府形象影响的实证研究》，《情报杂志》2015 年第 11 期，第 131～134 页。
[1560] 王璐：《浅析自媒体时代的公众言论自由》，《中外企业家》2015 年第 11 期，第 210～211 页。
[1561] 邱佳凝：《网络社交平台中公民名誉侵权之问题研究——以实名制微博和匿名制"秘密 APP"为例》，《法制与社会》2015 年第 11 期，第 56～58 页。
[1562] 刘伊倩：《PX 项目的科技传播困境》，《科技传播》2015 年第 11 期，第 26～27 页。
[1563] 刘影：《微博与微信——自媒体时代的"微革命"》，《西部广播电视》2015 年第 11 期，第 28～29 页。
[1564] 张学伟、杨懿、康毅然、苏东静：《微博之于当代大学生思想政治教育工作》，《求知导刊》2015 年第 11 期，第 6～7 页。
[1565] 庞克：《微博的舆论监督作用探讨》，《科技传播》2015 年第 11 期，第 121～122 页。
[1566] 尹小奇：《对微博舆论的正确引导探析》，《科技传播》2015 年第 11 期，第 141、149 页。
[1567] 何艳：《微博中的品牌代言传播拓展》，《青年记者》2015 年第 11 期，第 77～78 页。
[1568] 唐晓波、梁梦婕：《融合结构与内容特征的微博沉默用户兴趣模型构建研究》，《情报学报》2015 年第 11 期，第 1214～1224 页。
[1569] 姜云辉：《文化语言学视角下的微博流行语研究》，《时代文学（下半月）》2015 年第 11 期，第 12～13 页。
[1570] 莫凡：《基于微博平台的企业品牌传播与建构分析》，《商业研究》2015 年第 11 期，第 163～166 页。
[1571] 赖文斌：《网络"微环境"下青少年开放式英语教学社区的构建》，《教育评论》2015 年第 11 期，第 145～148 页。
[1572] 李晓霞：《基于微博与微信传播模式的差异分析》，《新媒体研究》2015 年第 11 期，第7～8 页。
[1573] 海艳、刘淑梅：《"拟态环境的环境化"视阈下大学生微博使用存在的问题及对策探析》，《时代文学（下半月）》2015 年第 11 期，第 190～191 页。
[1574] 郑舒翔：《论微博反腐过程中公民理性精神的培育》，《吉林工程技术师范学院学报》2015 年第 11 期，第 28～31 页。
[1575] 尚焱、樊欣唯、于洪：《考虑用户和传播属性的节点影响力评估算法》，《计算机工程与科学》2015 年第 11 期，第 2105～2111 页。
[1576] 李志超：《微博载体思想政治教育的作用与方法》，《学理论》2015 年第 11 期，第 245～247 页。

[1577] 崔金栋、孙遥遥、于圆美:《基于社会网络实证分析的政务微博发展策略研究——以吉林省为例》,《情报杂志》2015 年第 11 期,第 123 ~ 130、156 页。

第 12 期

[1578] 马征、郭泽德:《工人报刊微博应用现状的实证分析》,《青年记者》2015 年第 12 期,第 64 ~ 65 页。

[1579] 杨宁、黄飞虎、文奕、陈云伟:《基于微博用户行为的观点传播模型》,《现代图书情报技术》2015 年第 12 期,第 34 ~ 41 页。

[1580] 孙立远、周亚东、管晓宏:《利用信息传播特性的中文网络新词发现方法》,《西安交通大学学报》2015 年第 12 期,第 59 ~ 64 页。

[1581] 梁昌明、李冬强:《基于新浪热门平台的微博热度评价指标体系实证研究》,《情报学报》2015 年第 12 期,第 1278 ~ 1283 页。

[1582] 杨学智:《新媒体环境下大学生思想政治教育工作的微博载体探讨》,《决策与信息》2015 年第 12 期,第 61 页。

[1583] 董玉芝:《自媒体视域下微博用户媒介素养分层提升的途径》,《传媒》2015 年第 12 期,第 75 ~ 76 页。

[1584] 罗双玲、夏昊翔、王延章:《微博社会网络及传播研究评述》,《情报学报》2015 年第 12 期,第 1304 ~ 1313 页。

[1585] 吴蓓:《从微信微博对比探析社交媒体传播方式》,《中国报业》2015 年第 12 期,第 22 ~ 23 页。

[1586] 杜源恺、沙士博:《"3L" 理论下高校团属微博建设浅析》,《新闻传播》2015 年第 12 期,第 10 ~ 11 页。

[1587] 胡叶子、李瑞萍:《旅游类企业和机构微博营销策略研究——以新加坡旅游局官方微博为例》,《新闻传播》2015 年第 12 期,第 46 ~ 47 页。

[1588] 胡佳佳:《从微博媒体看 "把关人" 理论》,《新闻传播》2015 年第 12 期,第 48 页。

[1589] 王晓黎:《微博舆情与高校思政工作的应对》,《新闻战线》2015 年第 12 期,第 133 ~ 134 页。

[1590] 鄢玉荣:《微博在天文科普中的应用研究——以新浪微博 "@ NASA 中文" 为例》,《科学中国人》2015 年第 12 期,第 121 ~ 122 页。

[1591] 胡思雨、樊传果:《论政务 "双微" 在电子公共服务建设中的协同应用》,《电子政务》2015 年第 12 期,第 19 ~ 25 页。

[1592] 孙忠良:《微博时代网络意见领袖的管理和引导》,《电子政务》2015 年第 12 期,第 26 ~ 31 页。

[1593] 梅术文:《从消费性使用视角看 "微博转发" 中的著作权限制》,《法学》2015 年第 12 期,第 115 ~ 125 页。

[1594] 应红丽、李雨桐:《运用微信微博提升图书馆服务模式研究——以宁波市公共图书馆为例》,《宁波经济(三江论坛)》2015 年第 12 期,第 39 ~ 43 页。

[1595] 刘知远、张乐、涂存超、孙茂松:《中文社交媒体谣言统计语义分析》,《中国科学:

信息科学》2015 年第 12 期，第 1536 ~ 1546 页。

[1596] 李斌阳、韩旭、彭宝霖、李菁、王腾蛟、黄锦辉：《基于情感时间序列的微博热点主题检测》，《中国科学：信息科学》2015 年第 12 期，第 1547 ~ 1557 页。

[1597] 邓晓芳：《巧借新媒体打通服务群众“最后一米”——以河南省沁阳市基层宣传为例浅析政务新媒体建设》，《科技传播》2015 年第 12 期，第 89 ~ 90 页。

[1598] 胡婷婷：《应对突发暴力型群体性事件的政务微博话语批评分析——以杭州余杭中泰垃圾焚烧厂事件为例》，《语文学刊》（高等教育版）2015 年第 12 期，第 90 ~ 91 页。

[1599] 谭沁：《“微时代”的中国传统节日文化传播》，《今传媒》2015 年第 12 期，第 157 ~ 159 页。

[1600] 何璐：《微博写作教学研究》，《亚太教育》2015 年第 12 期，第 268 ~ 269 页。

[1601] 贾建瑞、李洁：《高校图书馆 SNS 信息服务模式的选取分析》，《成都师范学院学报》2015 年第 12 期，第 120 ~ 124 页。

[1602] 彭敏、张泰玮、黄佳佳、朱佳晖、黄济民：《基于回归模型与谱聚类的微博突发话题检测方法》，《计算机工程》2015 年第 12 期，第 176 ~ 181 页。

[1603] 刘娟：《新媒体对于我国当下生活的影响分析——以微博和微信为例》，《新闻知识》2015 年第 12 期，第 49 ~ 51 页。

[1604] 邓钊、贾修一、陈家骏：《面向微博的中文反语识别研究》，《计算机工程与科学》2015 年第 12 期，第 2312 ~ 2317 页。

[1605] 许科：《微博体验调查对微博营销的启示》，《传播与版权》2015 年第 12 期，第 66 ~ 70、77 页。

[1606] 闫旭凤：《论微博对网络舆论的负面影响及对策》，《今传媒》2015 年第 12 期，第 58 ~ 59 页。

[1607] 魏秋江、袁昌兵、宋丹：《微博时代高校思想政治教育方式述评》，《唯实（现代管理）》2015 年第 12 期，第 27 ~ 29 页。

[1608] 许振哲、杨凯莉：《档案微博为何作用“微薄”——关于档案微博现状的几点思考》，《档案时空》2015 年第 12 期，第 14 ~ 16、22 页。

[1609] 白建磊、张梦霞：《企业微博矩阵虚拟化运营机制研究——内容呈现、粉丝服务和关系营销》，《财经问题研究》2015 年第 12 期，第 75 ~ 81 页。

[1610] 李可安：《新媒体传播方式下的粉丝文化——以新浪微博和百度贴吧为例》，《科技传播》2015 年第 12 期，第 92 ~ 93 页。

[1611] 王春盛、焦晓洁、沈阳：《百花齐放　方兴未艾——2015 年传统媒体“两微一端”的梳理和分析》，《新闻与写作》2015 年第 12 期，第 9 ~ 14 页。

[1612] 段送爽：《新媒体广告中少数民族文化的植入与传播——以新浪微博为例》，《中国记者》2015 年第 12 期，第 50 ~ 51 页。

[1613] 吴桂云：《主要社交网络平台之间的异同及发展方向》，《科技传播》2015 年第 12 期，第 102 ~ 103 页。

[1614] 麻敏：《从微博的传播机制看传播仪式观的网络化》，《传播与版权》2015 年第 12 期，第 104 ~ 105 页。

[1615] 徐春霞：《微博语境下重大突发事件负面影响刍议》，《传播与版权》2015 年第 12 期，第 167～168 页。

[1616] 唐昌维：《思想政治教育如何应对“微博”的挑战》，《当代教育实践与教学研究》2015 年第 12 期，第 69 页。

[1617] 卫超：《大学生思想政治教育新途径研究》，《当代教育实践与教学研究》2015 年第 12 期，第 50 页。

[1618] 叶战备、刘延强：《移动互联时代民间舆论场的隐匿转向及政府应对》，《学习论坛》2015 年第 12 期，第 43～47 页。

[1619] 刘佳依：《天津爆炸事故的网络传播状况及其对网络环境新闻报道的启示》，《传播与版权》2015 年第 12 期，第 169～170 页。

[1620] 徐迪兰、汪锦秀、方颖：《微博助力做强县市媒体服务品牌》，《中国地市报人》2015 年第 12 期，第 14～15 页。

[1621] 张昕霞：《“@昆明供电”拓宽服务新渠道》，《云南电业》2015 年第 12 期，第 28～29 页。

[1622] 刘锦萍：《公共事件中微博的能量聚变与传播趋势》，《传媒评论》2015 年第 12 期，第85～86 页。

[1623] 宋之杰、王建、石蕊：《基于无标度网络的突发事件微博谣言传播研究》，《情报杂志》2015 年第 12 期，第 111～115 页。

[1624] 杜萍：《图书馆微博对话沟通行为分析》，《情报杂志》2015 年第 12 期，第 128～132 页。

[1625] 邓青、马晔风、刘艺、张辉：《基于 BP 神经网络的微博转发量的预测》，《清华大学学报》（自然科学版）2015 年第 12 期，第 1342～1347 页。

[1626] 王薇：《公安微博管理模式研究》，《新闻前哨》2015 年第 12 期，第 28～31 页。

[1627] 陈诚、卢嘉华：《政府微博影响力研究——以福州市为例》，《长江大学学报》（社会科学版）2015 年第 12 期，第 42～46 页。

[1628] 余勇、郭躬德：《基于矩阵分解模型的微博好友推荐算法》，《计算机系统应用》2015 年第 12 期，第 133～141 页。

[1629] 苏小英、孟环建：《基于神经网络的微博情感分析》，《计算机技术与发展》2015 年第 12 期，第 161～164、168 页。

[1630] 刘亚尚、陈波、朱汉、于泠：《微博僵尸粉演化特征实证研究》，《情报探索》2015 年第 12 期，第 1～9 页。

[1631] 姜晨曦：《高校图书馆微平台服务现状与运营策略研究》，《现代情报》2015 年第 12 期，第 148～151 页。

[1632] 魏德志、陈福集、郑小雪：《微博虚假信息传播模型的仿真研究》，《计算机仿真》2015 年第 12 期，第 158～163 页。

[1633] 朱江、王柏、吴斌、李小明：《一种微博用户情感影响者发现模型》，《电子学报》2015 年第 12 期，第 2497～2504 页。

[1634] 王肃会：《粉丝经济时代的微博营销——以电影的微博营销为例》，《科技经济市场》2015 年第 12 期，第 82～83 页。

［1635］王锋、卜晓明、王峥：《媒体融合背景下高校官方微博运营路径探析》，《北京教育》（高等教育版）2015 年第 12 期，第 29～31 页。
［1636］王若宾、杜春涛、张白波：《基于移动社交网络的 O2O 教学模式研究》，《中国电化教育》2015 年第 12 期，第 113～119 页。
［1637］刘洪涛、陈慧、方辰、许可、王卓：《微博意见领袖对微博信息传播的影响研究》，《情报科学》2015 年第 12 期，第 51～55 页。
［1638］何玉梅、齐佳音、刘慧丽：《基于微博的个体持续度舆论动力学研究》，《情报科学》2015 年第 12 期，第 121～128 页。
［1639］张娓娓、陈绥阳、郭军：《西安地区大学生微博使用情况与影响效应分析》，《中国青年研究》2015 年第 12 期，第 82～88 页。
［1640］靖鸣、单学刚、朱燕丹、潘宇峰：《微博“大 V”舆情新态势与治理策略》，《新闻与写作》2015 年第 12 期，第 33～36 页。
［1641］党颖：《微博侵权行为的责任归属与法律监管》，《中国出版》2015 年第 12 期，第 38～41 页。
［1642］贾佳、潘莹：《科技媒体微博传播策略探析——以果壳网为例》，《电影评介》2015 年第 12 期，第 91～94 页。
［1643］刘青青：《新浪微博公共舆论的局限性》，《西部广播电视》2015 年第 12 期，第 32～32 页。
［1644］史建梅：《利用微博开展高校思想政治教育的思考》，《文教资料》2015 年第 12 期，第 132～133 页。
［1645］肖江、丁星、何荣杰：《基于领域情感词典的中文微博情感分析》，《电子设计工程》2015 年第 12 期，第 18～21 页。
［1646］胡思雨、樊传果：《论政务“双微”在电子公共服务建设中的协同应用》，《电子政务》2015 年第 12 期，第 19～25 页。
［1647］杨寒：《我国微博公益的发展现状分析》，《新闻研究导刊》2015 年第 12 期，第344 页。
［1648］舒晶晶：《广播节目中三农话题微博互动效果初探——以中国乡村之声官方微博为例》，《新闻研究导刊》2015 年第 12 期，第 62～63 页。
［1649］蒋玉娟：《政务微博问政与地方政府的社会管理探讨》，《高教论坛》2015 年第 12 期，第 124～126 页。
［1650］马桂山：《“织”政为民　微博不“微”——山东海事打造服务型政务微博》，《中国海事》2015 年第 12 期，第 66～67 页。
［1651］王超凡、黄瑾、王天梅：《新浪微博话题群体极化的影响因素研究》，《电子政务》2015 年第 12 期，第 10～18 页。
［1652］韩传强：《手机微博在高校教学中的应用研究——以新浪手机微博在思政课教学中的应用为例》，《鸡西大学学报》2015 年第 12 期，第 1～3 页。
［1653］夏贵真、王凯、胡胜均：《微博及微信营销的模式及商业价值对比研究》，《品牌（下半月）》2015 年第 12 期，第 52、55 页。
［1654］张丽萍、葛福鸿：《对基于微博的中小学教师学习共同体的调查研究》，《教学与管

理》2015 年第 12 期，第 24 ~ 27 页。

［1655］李君、田亚宁：《“交警蜀黍”该说什么?》，《道路交通管理》2015 年第 12 期，第 28 ~ 29 页。

［1656］许振哲、杨凯莉：《档案微博为何作用“微薄”——关于档案微博现状的几点思考》，《档案时空》2015 年第 12 期，第 14 ~ 16、22 页。

［1657］王薇：《公安微博管理模式研究》，《新闻前哨》2015 年第 12 期，第 28 ~ 31 页。

［1658］王丽：《浅析新媒介背景下中国大陆女性主义研究》，《戏剧之家》2015 年第 12 期，第 249 ~ 251 页。

［1659］孙骞、赵玲：《探析微博在大学英语语言习得中的运用》，《海外英语》2015 年第 12 期，第 33 ~ 34 页。

［1660］陈立勇：《“微时代”下的微博传播与微型学习》，《新闻战线》2015 年第 12 期，第 145 ~ 146 页。

［1661］宋生艳：《图书馆微媒体服务现状及发展对策研究》，《图书情报工作》2015 年第 12 期，第 65 ~ 70 页。

［1662］朱超：《网络环境下微博、微信在学生思政工作中发挥的作用》，《赤子（上中旬）》2015 年第 12 期，第 40 页。

［1663］唐君：《微博文化对高校思想政治教育管理的影响思考》，《企业导报》2015 年第 12 期，第 159 ~ 160 页。

［1664］王志龙、自国天然：《媒体微博涉军议题呈现特征及对策——以 2014 年国防部例行记者会为例》，《青年记者》2015 年第 12 期，第 29 页。

［1665］冯帆：《从“上海发布”的成功看政务微博的发展现状及趋势》，《东南传播》2015 年第 12 期，第 97 ~ 100 页。

［1666］许译尹、王凤栖：《从微博到微信的高校突发事件传播——以“暨阳学院学生失踪”事件为例》，《新闻世界》2015 年第 12 期，第 47 ~ 48 页。

［1667］徐贝勒：《浅析政府官方微博现状》，《传播与版权》2015 年第 12 期，第 97 ~ 99 页。

［1668］孙本：《微博环境中群体传播的理论阐释》，《传播与版权》2015 年第 12 期，第 3 ~ 4 页。

［1669］王国华、董理、陈怡、钟声杨、闵晨：《中国东中西部典型城市公安政务微博运营状况比较研究》，《情报杂志》2015 年第 12 期，第 106 ~ 110、185 页。

［1670］谢昕潭、任颖莹、黄洁茹：《传播学视域下政务微博公共对话机制建设研究——以徐州地区为例》，《视听》2015 年第 12 期，第 150 ~ 151 页。

［1671］杨峰、史琦、姚乐野：《基于用户主体认知的政府社交媒体信息质量评价——政务微博的考察》，《情报杂志》2015 年第 12 期，第 181 ~ 185 页。

［1672］张琪敏：《论政务微博公众满意度研究的意义——基于 ACSI 研究模型》，《新西部》（理论版）2015 年第 12 期，第 69、76 页。

［1673］林文彬：《政务 APP 热的冷思考》，《决策》2015 年第 12 期，第 34 ~ 35 页。

［1674］刘义昆、王江涛：《微博庭审直播主体辨析与内容规制》，《中国出版》2015 年第 12 期，第 33 ~ 37 页。

［1675］林萌、罗森林、贾丛飞、韩磊、原玉娇、潘丽敏：《融合句义结构模型的微博话题

摘要算法》，《浙江大学学报》（工学版）2015 年第 12 期，第 2316 ~ 2325 页。
[1676] 于岩、陈鸿昶、于洪涛：《基于 RBF 神经网络的微博用户兴趣预测模型》，《计算机应用研究》2015 年第 12 期，第 3555 ~ 3559 页。
[1677] 刘菲、高冠东、王子贤：《微博舆论场中网民行为引导研究》，《电脑知识与技术》2015 年第 12 期，第 34 ~ 36 页。
[1678] 吴文静：《浅谈微博、微信网络环境下的高校思想政治教育》，《才智》2015 年第 12 期，第 89 页。

第 13 期

[1679] 刘洋：《微博的语言暴力问题》，《新媒体研究》2015 年第 13 期，第 5 ~ 6 页。
[1680] 王永贵、张旭、刘宪国：《基于 AT 模型的微博用户兴趣挖掘研究》，《计算机工程与应用》2015 年第 13 期，第 126 ~ 130、144 页。
[1681] 肖永春：《陕西省政务微博发展现状及其应对策略分析》，《新闻研究导刊》2015 年第 13 期，第 290、293 页。
[1682] 燕甜甜：《微博、微信等新媒体在大学生英语学习中的应用》，《湖北函授大学学报》2015 年第 13 期，第 169 ~ 170 页。
[1683] 尹婷婷：《以微博探索大学生思想政治教育新途径的研究》，《求知导刊》2015 年第 13 期，第 11 ~ 12 页。
[1684] 杨倩：《新媒体变迁与微博问政的兴衰》，《商》2015 年第 26 期，第 197、201 页。
[1685] 李言菁：《微博对大学生的负面影响及其控制策略——以合肥师范学院部分在校大学生的问卷调查为据》，《传媒》2015 年第 13 期，第 73 ~ 74 页。
[1686] 范丽：《论微博时代的危机公关》，《传媒》2015 年第 13 期，第 71 ~ 72 页。
[1687] 陈娟：《基于微博平台的思想政治教育管理初探》，《亚太教育》2015 年第 13 期，第160 ~ 161 页。
[1688] 陈朋亲：《“互联网 +”背景下政务微博领导干部素养的提升》，《文教资料》2015 年第 13 期，第 80 ~ 81 页。
[1689] 唐思卓：《基于手机媒体背景下对黑龙江省档案馆的探究》，《黑龙江史志》2015 年第 13 期，第 322 页。
[1690] 张力元：《微博传播视域下的伦理失范与对策研究》，《新闻研究导刊》2015 年第 13 期，第 271 页。
[1691] 魏文欢：《浅析微博对报刊评论的影响》，《新闻研究导刊》2015 年第 13 期，第291、316 页。
[1692] 王澜：《微博对新闻的影响及媒体应对策略分析》，《新闻研究导刊》2015 年第 13 期，第 146 页。
[1693] 刘瑞华：《人民日报微博追踪分析》，《新闻研究导刊》2015 年第 13 期，第267页。
[1694] 王珍珍：《浅析微书评发展的特征及问题》，《新闻研究导刊》2015 年第 13 期，第 197 页。
[1695] 胡雅婷：《政府治理的新工具：政务微博》，《科技创业月刊》2015 年第 13 期，第 94 ~ 95 页。

[1696] 王小倩、郭奕磊：《如何评价以微博为载体的公民新闻》，《新闻研究导刊》2015年第13期，第243页。

[1697] 石依诺：《微博公益网络生态浅析》，《科技传播》2015年第13期，第78~79页。

第14期

[1698] 李思滨：《微博语言暴力现象的成因及治理策略》，《新闻战线》2015年第14期，第88~89页。

[1699] 杨晓娜：《高校图书馆微博应用研究综述》，《科技情报开发与经济》2015年第14期，第155~157、160页。

[1700] 伍晓丽：《大数据背景下微博信息档案化保存的必要性研究》，《兰台世界》2015年第14期，第120~121页。

[1701] 杨梦丹：《论微博对传统新闻传播模式的影响》，《新闻研究导刊》2015年第14期，第241~242页。

[1702] 曹健敏：《双微融合与政府公共信息服务能力的提升》，《人民论坛》2015年第14期，第60~62页。

[1703] 马子闻、韩松：《社会网络中的分层通讯机制——兼论谣言的终结与实名制的必要性》，《人民论坛》2015年第14期，第154~156页。

[1704] 张娜：《浅析信息化背景下高职院校学生的思想政治教育》，《求知导刊》2015年第14期，第13页。

[1705] 汪兴和：《政务微博在我国城市形象构建与传播中的作用刍议——基于“@南京发布”的实证研究》，《新媒体研究》2015年第14期，第35~38页。

[1706] 吴云枭、朱丹萍、乔贺倩：《微博实名制推行受阻因素分析》，《当代经济》2015年第14期，第88~89页。

[1707] 刘艳梅：《图书馆的微博发展状况和读者服务创新》，《科技情报开发与经济》2015年第14期，第89~91页。

[1708] 温亮明：《政府微博信息传播研究》，《科技情报开发与经济》2015年第14期，第96~98页。

[1709] 冉然：《关于自媒体时代公民媒介素养研究——以微博为例》，《新闻研究导刊》2015年第14期，第94~96页。

[1710] 王迪、赵鸿宇：《微博传播中存在的问题及应对策略》，《新闻研究导刊》2015年第14期，第265~266页。

[1711] 薛阳阳：《近五年国内高校微博研究的回顾与前瞻（2010~2014）》，《新闻研究导刊》2015年第14期，第294~295页。

[1712] 刘官青：《微博影响下的网络行为——以“微博公益”为例》，《新闻研究导刊》2015年第14期，第318~319页。

[1713] 刘勇、石婷：《新网络环境下微博控制的维系与消解》，《新闻研究导刊》2015年第14期，第234~235页。

[1714] 张砚青：《微博的传播特质分析》，《新闻传播》2015年第14期，第25、27页。

[1715] 杨静、李志国：《从“庭审直播”的微博呈现谈司法公开》，《新闻战线》2015年第

14 期，第 64 ~ 65 页。

[1716] 吕继欧：《高职学生微博责任意识构建》，《新闻战线》2015 年第 14 期，第 135 ~ 136 页。

[1717] 高琛：《刍议微博对大学生正确价值观构建的影响及对策》，《老区建设》2015 年第 14 期，第 54 ~ 55 页。

[1718] 王瞿建：《微博时代网络舆情特点及对大众的引导》，《中国报业》2015 年第 14 期，第52 ~ 53 页。

[1719] 梁芷铭、黄坤相、周玫：《政务微博与网络舆情刍议》，《传媒》2015 年第 14 期，第 70 ~ 72 页。

[1720] 刘海兰：《“985 工程”高校图书馆微博应用问题研究》，《才智》2015 年第 14 期，第 212 页。

[1721] 杨春红：《微博微信对传统媒体内容使用的影响分析》，《新闻传播》2015 年第 14 期，第 36 ~ 37 页。

[1722] 魏玉麟：《微博时代传统媒体传播模式所受冲击力及走向》，《科技传播》2015 年第 14 期，第 162 ~ 163 页。

[1723] 刘晓东：《微博环境中关于赛事传播的内容分析》，《新闻战线》2015 年第 14 期，第139 ~ 140 页。

[1724] 易杰：《微博营销号炒作的传播学分析——以“邓超出轨”事件为例》，《新闻研究导刊》2015 年第 14 期，第 220 页。

[1725] 孟健：《高校档案馆微博应用现状分析及发展策略》，《兰台世界》2015 年第 14 期，第23 ~ 24 页。

[1726] 徐蓉、徐惠平：《公共图书馆阅读推广中的“微博”策略》，《兰台世界》2015 年第 14 期，第 152 ~ 153 页。

[1727] 柏堂琪、李宜蓁：《浅谈镇坪广电节目走进“两微”时代》，《西部广播电视》2015 年第 14 期，第 205 ~ 206 页。

[1728] 魏静：《微博微信与纸质版面同步报道的互补——以重庆晨报〈解放军医疗队赴非抗埃〉〈2015 全球跨年直播〉新闻报道为例》，《新闻研究导刊》2015 年第 14 期，第 159 页。

第 15 期

[1729] 张卓滢：《信息与情感在社会化媒体上的纵向及横向传播——基于微博和微信的社会化媒体现状及问题研究》，《新媒体研究》2015 年第 15 期，第 10 ~ 11 页。

[1730] 张遇：《以“微”及广，以“博”及专——〈国际博物馆〉杂志微博运营小析》，《出版参考》2015 年第 15 期，第 30 ~ 32 页。

[1731] 张艳辉、刘培玉：《基于互信息的微博新词发现算法》，《科技视界》2015 年第 15 期，第 137、145 页。

[1732] 周燕琳、蒋立宏：《新媒体语境下广西主流媒体对东盟信息传播的生态研究——基于广西日报新浪微博官方平台的分析》，《出版广角》2015 年第 15 期，第 50 ~ 51 页。

[1733] 李贝雷、庄培明、卓绍云:《以微博为载体开拓高校团学工作新阵地》,《经济研究导刊》2015 年第 15 期,第 199 ~200 页。

[1734] 朱茜:《从两会微博提案看微博政务的发展》,《改革与开放》2015 年第 15 期,第 11 ~13 页。

[1735] 李建波:《政务微信凝聚我国主流价值观的路径与对策初探》,《新闻研究导刊》2015 年第 15 期,第 14 ~15、19 页。

[1736] 徐锋:《评论的碎片化趋向与宏大叙事本能的博弈及互补》,《传媒》2015 年第 15 期,第 65 ~67 页。

[1737] 魏景霞:《政务微博参与的意义、局限及对策》,《新媒体研究》2015 年第 15 期,第 28 ~30 页。

[1738] 魏景霞:《政务微博在建设清明政治中的意义》,《新媒体研究》2015 年第 15 期,第 50 ~52 页。

[1739] 计冬梅、张艳龙:《微博负效应的媒体应对策略》,《新闻战线》2015 年第 15 期,第 104 ~106 页。

[1740] 罗佳:《浅析网络时代微博舆论监督的模式及对传统媒体的冲击》,《新闻研究导刊》2015 年第 15 期,第 265 页。

[1741] 马天作:《区域移动互联网平台与微博微信技术融合》,《信息与电脑》(理论版)2015 年第 15 期,第 52 ~53 页。

[1742] 谭臻:《刍议微博对于新闻传播的影响》,《新闻研究导刊》2015 年第 15 期,第289 页。

[1743] 王彦:《社交媒体危机传播的话语分析模式——以 APEC 蓝的微博热议为例》,《中国出版》2015 年第 15 期,第 74 ~77 页。

[1744] 戴世富、韩晓丹:《社交化背景下口碑营销在出版社品牌形象塑造中的应用》,《中国出版》2015 年第 15 期,第 57 ~60 页。

[1745] 刘华欣:《微博对社会热点话题的新闻呈现方式及效应》,《传媒》2015 年第 15 期,第78 ~79 页。

[1746] 孙鉴文:《政务微博:从宣传到沟通还有多远——分众传播视角下的政务微博沟通》,《新闻研究导刊》2015 年第 15 期,第 237 ~238、255 页。

[1747] 梁芷铭、莫秋树、徐福林:《话语释放:政务微博本体论初探》,《新闻界》2015 年第 15 期,第 56 ~59、66 页。

[1748] 裴强、吴芸:《微博对高校网络思想政治教育的影响及其对策》,《办公室业务》2015 年第 15 期,第 12 页。

[1749] 李春桂:《大学生微博恳谈——新形势下关工委工作创新研究》,《决策与信息》2015 年第 15 期,第 33 页。

[1750] 何平:《记者在微博上的媒介使用行为及其新闻伦理争议》,《西部广播电视》2015 年第 15 期,第 13 页。

[1751] 杨罡:《综艺类电视节目微博互动广告效果》,《西部广播电视》2015 年第 15 期,第 17 页。

[1752] 刘光民、曹学军、马京元:《电视媒体与微博融合传播初探》,《新闻研究导刊》

2015 年第 15 期，第 106 页。

[1753] 王艳玲、王一博：《基于微博平台的平度征地事件及舆情分析》，《出版广角》2015 年第 15 期，第 72～74 页。

[1754] 王晓莹：《基于新浪微博的航空公司社交媒体营销现状研究——以国内四大航空公司为例》，《决策与信息》2015 年第 15 期，第 10～11 页。

[1755] 曲璐璐：《辽宁政务微博规范化发展面临的问题与对策研究》，《财经界》（学术版）2015 年第 15 期，第 3 页。

[1756] 伏琰：《图书馆微博影响力评价指标体系研究——以“985 工程”大学为例》，《图书馆学研究》2015 年第 15 期，第 24～33 页。

[1757] 朱茜：《从两会微博提案看微博政务的发展》，《改革与开放》2015 年第 15 期，第 11～13 页。

[1758] 曹荣：《从“霍尔的编码与解码”看东方之星沉船事件在主流媒体下的表现》，《新闻研究导刊》2015 年第 15 期，第 109～110、121 页。

[1759] 李霁阳、王晓彤：《中美传统媒体和新媒体对阿里巴巴上市报道的比较研究——以〈中国日报〉和〈纽约时报〉，微博和推特为例》，《新闻研究导刊》2015 年第 15 期，第 169～170、174、176 页。

[1760] 李波：《微博应用于新闻传播的优势与意义分析》，《新闻研究导刊》2015 年第 15 期，第 232、250 页。

[1761] 于澍：《微博微信在电视新闻传播中的运用探究》，《新闻研究导刊》2015 年第 15 期，第 294～295 页。

[1762] 王迪：《从“伟大的安妮”看故事营销在微博营销中的运用与效果》，《新闻研究导刊》2015 年第 15 期，第 185 页。

[1763] 杨春红：《微信微博等新媒体及其发展分析》，《新闻传播》2015 年第 15 期，第 39、41 页。

[1764] 周渡：《浅谈微博与微信在博物馆宣传中的应用》，《时代金融》2015 年第 15 期，第 241、245 页。

[1765] 王晟：《微博时代网络营销策略探究》，《时代金融》2015 年第 15 期，第 10 页。

第 16 期

[1766] 张孝军、李莉：《“微博”环境下的大学生思想政治教育创新研究》，《西部素质教育》2015 年第 16 期，第 41 页。

[1767] 周海霞、熊江、钟静：《从微博看我国大学生的思政教育》，《新闻战线》2015 年第 16 期，第 123～124 页。

[1768] 王云博：《体育赛事微博的直播模式研究》，《新闻战线》2015 年第 16 期，第 89～90 页。

[1769] 刘凯：《新浪微博体育赛事传播研究》，《新闻战线》2015 年第 16 期，第 143～144 页。

[1770] 刘昕：《微博传播的社会学研究》，《新闻战线》2015 年第 16 期，第 131～132 页。

[1771] 汪万福：《基于新浪微博的社会公益传播策略研究》，《新闻战线》2015 年第 16 期，

第 139 ~ 140 页。

[1772] 孔月红:《浅谈微博对高校学生思政教育工作的影响》,《知识经济》2015 年第 16 期,第 167 页。

[1773] 李施蓉、汤亚旎:《新媒体环境下微博对大学生社交的影响》,《新媒体研究》2015 年第 16 期,第 24 ~25、81 页。

[1774] 邢文明、徐建锋:《"985"高校图书馆新浪认证微博服务现状调研与分析》,《图书馆学研究》2015 年第 16 期,第 32 ~36、42 页。

[1775] 周高琴:《微博公共空间中大学生网络舆论生成模式研究》,《新闻界》2015 年第 16 期,第 53 ~58 页。

[1776] 魏超、陈璐颖:《微博与微信的著作权问题思考》,《中国出版》2015 年第 16 期,第 70 ~74 页。

[1777] 余秀才、赵天浩:《微博舆论传播违法问题及治理》,《中国出版》2015 年第 16 期,第61 ~65 页。

[1778] 徐长安:《内蒙古政府微博问题与对策研究》,《中国市场》2015 年第 16 期,第 85 ~87 页。

[1779] 雷强:《领导干部用好微博的"三定"艺术》,《领导科学论坛》2015 年第 16 期,第 18 ~20 页。

[1780] 马立军、罗维:《微博事件中的意见领袖微探》,《新闻传播》2015 年第 16 期,第 21、23 页。

[1781] 方硕、房建恩:《浅谈微博作品著作权的国内法律保护》,《法制与社会》2015 年第 16 期,第 246 ~247 页。

[1782] 苏鹏冲、邢佳帅、楼叶:《网络舆情管控之微博、微信力量研究》,《现代计算机》(专业版)2015 年第 16 期,第 28 ~31 页。

[1783] 韩谊君:《自媒体时代下微博的病毒式传播分析——以"优衣库事件"为案例》,《新闻研究导刊》2015 年第 16 期,第 287 ~288 页。

[1784] 房雪、边微:《新媒体时代下的微博广告探析》,《学理论》2015 年第 16 期,第 110 ~111 页。

[1785] 高立彬:《陕西政务微博发展现状及应对策略——以"@陕西发布"为例》,《中国报业》2015 年第 16 期,第 24 ~25 页。

[1786] 王瞿建、李藤:《新媒体时代机关报与政务微博信息同质化研究》,《戏剧之家》2015 年第 16 期,第 213 页。

[1787] 王婷:《微博中的谣言传播及其治理》,《科技传播》2015 年第 16 期,第 93 ~94 页。

[1788] 石依诺:《微博公益的发展对策》,《西部广播电视》2015 年第 16 期,第 38 ~38 页。

[1789] 刘敏慧:《论大学生使用微博的原因》,西部广播电视》2015 年第 16 期,第 91 页。

[1790] 唐彤东:《新闻工作者微博应用的困境及其根源》,《新闻研究导刊》2015 年第 16 期,第 294、296 页。

[1791] 陈月、李静静:《论微博在宣传思想工作中的价值》,《科技创业月刊》2015 年第 16 期,第 98 ~99 页。

[1792] 高立彬:《陕西政务微博发展现状及应对策略——以"@陕西发布"为例》,《中国

报业》2015 年第 16 期，第 24 ~ 25 页。
[1793] 谭丽琼：《碎片化时代大学生思想政治教育的挑战与机遇》，《求知导刊》2015 年第 16 期，第 20 ~ 21 页。
[1794] 张铃鹿：《〈北方新报〉的微博运营现状及发展思路》，《传媒》2015 年第 16 期，第 56 ~ 58 页。
[1795] 刘冬梅：《高校辅导员微博舆论引导力提升策略研究》，《科技传播》2015 年第 16 期，第 91 ~ 92 页。
[1796] 王国营：《传播学视域下体育微博及其价值》，《新闻战线》2015 年第 16 期，第 35 ~ 36 页。
[1797] 陈丽明：《新媒体时代的电影营销路径——以〈人在囧途之泰囧〉为例》，《新媒体研究》2015 年第 16 期，第 38 ~ 40 页。
[1798] 黄海蓉：《高校思想政治教育工作运用微博新媒体策略》，《中国成人教育》2015 年第 16 期，第 90 ~ 91 页。
[1799] 郭笑、李德华：《国内图书馆微博研究综述》，《科技情报开发与经济》2015 年第 16 期，第 152 ~ 155、160 页。
[1800] 罗斯瀚：《浅谈例行军事新闻发布的微博民意效果》，《西部广播电视》2015 年第 16 期，第 72 页。

第 17 期

[1801] 李国佳：《高校微博平台的网络舆情引导研究》，《高教学刊》2015 年第 17 期，第 29 ~ 30、32 页。
[1802] 胡颖娟：《网络著作权侵权中知识共享协议的适用性探究——以 2015 年微博图片侵权为例》，《新闻研究导刊》2015 年第 17 期，第 213 ~ 215 页。
[1803] 孔蓓：《我国高校图书馆微博运营状况调研分析》，《科技情报开发与经济》2015 年第 17 期，第 39 ~ 41、46 页。
[1804] 俞扬：《微博视域下党的执政能力建设的现实考量及路径选择》，《渭南师范学院学报》2015 年第 17 期，第 32 ~ 37 页。
[1805] 丁学君：《微博舆情话题传播行为预测研究》，《中国管理信息化》2015 年第 17 期，第 190 ~ 192 页。
[1806] 张栩：《涉军网络舆论在微博、微信的传播机制与法律规制》，《新闻研究导刊》2015 年第 17 期，第 25 页。
[1807] 祝洁：《省级综合性档案馆政务微博现状研究》，《兰台世界》2015 年第 17 期，第 114 ~ 115 页。
[1808] 朱文俊、张宁、聂雨薇：《基于图论的微博信息传播对微博影响力的研究》，《现代商业》2015 年第 17 期，第 267 ~ 269 页。
[1809] 王慧慧：《网络环境下微博、微信在学生思政工作中发挥的作用》，《才智》2015 年第 17 期，第 235 ~ 236 页。
[1810] 张泽：《微博的广告传播模式分析》，《新媒体研究》2015 年第 17 期，第 31 ~ 32 页。
[1811] 赵振营：《图书馆微博信息生态链机制构成与改善措施分析研究》，《兰台世界》

2015 年第 17 期，第 79～80 页。

[1812] 梁奕霖：《高校图书馆基于微博、网站进行阅读推广的调查分析——以广东省民办高校图书馆为例》，《内蒙古科技与经济》2015 年第 17 期，第 129～130、132 页。

[1813] 闫阿雯：《探讨新闻传播运用微博的意义及优势》，《新闻研究导刊》2015 年第 17 期，第 256、259 页。

[1814] 宋思斯、王文鉴：《基于平台特征的微博营销对策》，《合作经济与科技》2015 年第 17 期，第 64～65 页。

[1815] 邢瑞晓：《微博在高校思想政治教育工作中的应用探讨》，《领导科学论坛》2015 年第 17 期，第 63～64 页。

[1816] 姜燕：《广播新闻传播如何在媒介融合背景创新性发展》，《新闻研究导刊》2015 年第 17 期，第 292～293 页。

[1817] 刘付诗晨：《微公益项目在新浪微博传播的效果评估——以免费午餐为例》，《新闻研究导刊》2015 年第 17 期，第 226～227 页。

[1818] 郭世俊：《微博时代的冷思考》，《新闻研究导刊》2015 年第 17 期，第 255～259 页。

[1819] 牛彦欢：《试论政务微博的政治意义》，《企业导报》2015 年第 17 期，第 63～65 页。

[1820] 石磊、雒成：《突发事件的报微互动——以人民日报“东方之星”翻沉事件报道为例》，《新闻界》2015 年第 17 期，第 39～43 页。

[1821] 王娜、梁艳平：《微博刷屏与其对用户获取信息效果影响的调查研究》，《图书馆学研究》2015 年第 17 期，第 85～94 页。

[1822] 李辉：《基于 SWOT 分析法视角下的警务微博运维战略研究》，《科技与企业》2015 年第 17 期，第 162 页。

[1823] 张敏、吴郁松、霍朝光：《我国省级政务微博运营绩效测评与改进路径选择》，《图书馆学研究》2015 年第 17 期，第 22～28 页。

第 18 期

[1824] 邓佳煜：《突发性公共危机在微博平台上的传播——以昆明火车站暴力恐怖事件为例》，《新媒体研究》2015 年第 18 期，第 1～2、10 页。

[1825] 卜东东：《基于微博平台的大学生网络思想政治教育研究》，《学理论》2015 年第 18 期，第 257～258 页。

[1826] 魏秋江、袁昌兵、宋丹：《微博时代高校心理健康教育述评》，《中国培训》2015 年第 18 期，第 60 页。

[1827] 梁亚伟：《基于情感词典的中文微博情感分析模型研究》，《现代计算机》（专业版）2015 年第 18 期，第 11～15 页。

[1828] 刘妍：《政务微博在电子政务建设中的作用研究》，《电子测试》2015 年第 18 期，第136～137 页。

[1829] 张明杰：《基于网络爬虫技术的舆情数据采集系统设计与实现》，《现代计算机》（专业版）2015 年第 18 期，第 72～75 页。

[1830] 贺学栋、曾庆喜、雷明：《纸媒如何借力微博微信寻找生存之道》，《新闻研究导刊》2015 年第 18 期，第 182 页。

［1831］杨光：《政务微博在大学生中的传播策略研究》，《计算机与网络》2015 年第 18 期，第6 ~ 7 页。
［1832］王婷婷：《探析微博应用于新闻传播的优势与意义》，《戏剧之家》2015 年第 18 期，第 220 页。
［1833］李鹏、张军：《新浪微博话题时变传播机制研究》，《图书馆学研究》2015 年第 18 期，第 19 ~ 26、62 页。
［1834］张倩：《网络时代政务公开模式的变革——以政务微博的兴起为视角》，《法制博览》2015 年第 18 期，第 160 页。
［1835］陈朋亲：《微博问政视域下的政务微博发展》，《湖北函授大学学报》2015 年第 18 期，第 62 ~ 64 页。
［1836］张野：《微博对传统新闻传播模式的影响分析》，《西部广播电视》2015 年第 18 期，第 87 页。
［1837］陈芝海、向宁：《高校微博客公共话语平台的构建与校园文化建设》，《改革与开放》2015 年第 18 期，第 113、115 页。
［1838］曹明勋：《微博新闻叙事研究》，《新闻研究导刊》2015 年第 18 期，第 161 ~ 162 页。
［1839］陈佩馥：《刍议微博在高校教育管理中的应用》，《新闻传播》2015 年第 18 期，第 42 ~ 43 页。
［1840］孔艳君、李克雷：《浅析微博对体育赛事报道的作用》，《新闻战线》2015 年第 18 期，第 139 ~ 140 页。
［1841］叶春林：《基于自媒体的青少年核心价值观教育——以微博为例》，《新闻战线》2015 年第 18 期，第 129 ~ 130 页。
［1842］雷文君：《微博作为移动网络公共领域的研究》，《新闻研究导刊》2015 年第 18 期，第 228 页。
［1843］石依诺：《微博公益活动中各群体传播作用》，《新闻传播》2015 年第 18 期，第 41、43 页。
［1844］杨娜、谢明雄、娄坤：《利用高校新闻网与官方微博特点创新宣传工作》，《长春教育学院学报》2015 年第 18 期，第 130 ~ 131 页。
［1845］赵捷、谭国强：《基于新浪微博的数据挖掘及可视化研究》，《电子技术与软件工程》2015 年第 18 期，第 181 ~ 182 页。
［1846］陈前、郭嘉琳：《高校学生组织微博存在的问题及对策研究——以肇庆学院学生会微博为例》，《湖北函授大学学报》2015 年第 18 期，第 14 ~ 17 页。
［1847］苏婷婷：《微博名誉侵权法律问题分析》，《法制博览》2015 年第 18 期，第 65 ~ 66 页。
［1848］左方圆：《微博公众账号对舆论的引导性研究》，《现代商贸工业》2015 年第 18 期，第64 ~ 65 页。

第 19 期

［1849］郭炉、任宇岩：《党报最火微博的若干特征——省级党报 2015 年首季转评赞前 200

条微博分析》，《青年记者》2015 年第 19 期，第 52 ~ 53 页。

[1850] 李国章、田立、鲍金勇：《研究生使用微博的行为特点及对策研究——基于华南农业大学研究生微博使用情况调查》，《中国成人教育》2015 年第 19 期，第 121 ~ 123 页。

[1851] 邱蒙雯、姜育恒：《微博用户的社会网络分析——以新浪微博中国国家图书馆官方微博为例》，《科技情报开发与经济》2015 年第 19 期，第 137 ~ 139、152 页。

[1852] 陈思婕：《对比分析微博与微信传播机制特征及传播技巧——以〈人民日报〉政务类信息为例》，《新闻传播》2015 年第 19 期，第 75 ~ 76 页。

[1853] 马宏炜、陆蓓、谌志群、黄孝喜、王荣波：《微博语言的复杂网络特征研究》，《计算机工程与应用》2015 年第 19 期，第 119 ~ 124、193 页。

[1854] 郭海娜：《微博新媒体在大学生管理中的运用》，《赤峰学院学报》（自然科学版）2015 年第 19 期，第 256 ~ 257 页。

[1855] 田龙过、郝祥祥：《广播式的社交网络平台：微博——浅谈新媒体环境下的表达权》，《新闻研究导刊》2015 年第 19 期，第 179 页。

[1856] 王亚奇：《一种微博谣言传播网络模型》，《信息与电脑》（理论版）2015 年第 19 期，第79 ~ 80 页。

[1857] 黎培：《地区特色农产品微博营销策略分析——以湖北鄂西南地区为例》，《现代经济信息》2015 年第 19 期，第 440 ~ 441 页。

[1858] 姚成坤：《论微博对新闻评论的影响及媒体应对研究》，《西部广播电视》2015 年第 19 期，第 78 页。

[1859] 郭力根、张雪、敖卫兵：《让“政能量”激发正能量——“新余发布”探索指尖上的智慧民生》，《新闻战线》2015 年第 19 期，第 89 ~ 91 页。

[1860] 郁玲：《微博在图书馆服务中的应用》，《办公室业务》2015 年第 19 期，第 84 ~ 85 页。

[1861] 林晓晖：《论微博在县市台突发事件报道中的应用与思考》，《西部广播电视》2015 年第 19 期，第 172 ~ 173、179 页。

[1862] 赵开敏：《微博网络营销对国际贸易发展的影响分析》，《通讯世界》2015 年第 19 期，第 236 ~ 237 页。

[1863] 缪莹：《微博在高校发展中的作用——以宁德师范学院为例》，《赤峰学院学报》（自然科学版）2015 年第 19 期，第 57 ~ 59 页。

[1864] 滕叶：《新浪微博热门话题的议程设置研究》，《新闻研究导刊》2015 年第 19 期，第 173、182 页。

[1865] 曲军：《微博时代大学生思想政治教育面临的挑战及应对策略》，《新闻传播》2015 年第 19 期，第 69、71 页。

[1866] 苟蕊婷：《体育新闻传播中微博具备的特征探析》，《当代体育科技》2015 年第 19 期，第 179 ~ 180 页。

[1867] 鲍金勇：《高校辅导员微博影响力提升策略研究》，《高教学刊》2015 年第 19 期，第 36 ~ 38 页。

[1868] 高哲：《基于地方性政务微博经营现状与对策研究——以河南周口市为例》，《新闻

研究导刊》2015 年第 19 期，第 194 页。
[1869] 蒋逸颖、周淑云：《高校图书馆微博与微信服务比较研究——以“211 工程”高校为例》，《图书馆学研究》2015 年第 19 期，第 64 ~ 73 页。
[1870] 杨艳妮、明均仁：《高校图书馆微服务建设现状与优化》，《图书馆学研究》2015 年第 19 期，第 8 ~ 14、30 页。
[1871] 孟轶、王翟建：《社交网络中动漫传播模式解读——以新浪微博为例》，《新闻传播》2015 年第 19 期，第 106 ~ 107 页。

第 20 期

[1872] 金瑾：《浅议微博著作权保护》，《法制博览》2015 年第 20 期，第 145 ~ 146 页。
[1873] 汪程程、单俊豪、崔珠珠、郭海玲：《网络新媒体在科学普及中的发展现状研究》，《中国教育技术装备》2015 年第 20 期，第 10 ~ 13 页。
[1874] 张靖、周贤：《如何构建思想政治教育的微博平台》，《新闻战线》2015 年第 20 期，第137 ~ 138 页。
[1875] 张立：《新媒体时代微博舆论引导的优势与路径》，《新闻战线》2015 年第 20 期，第139 ~ 140 页。
[1876] 刘哲：《浅论“微时代”下的新闻标题制作》，《新闻研究导刊》2015 年第 20 期，第 185 页。
[1877] 张丽珍：《“公民新闻”到底是不是新闻》，《新闻研究导刊》2015 年第 20 期，第 225 ~ 226 页。
[1878] 陆超：《探讨微博在新闻传播中的优势及意义》，《新媒体研究》2015 年第 20 期，第 4 ~ 5 页。
[1879] 陈天赐：《大型赛事官方微博营销方式及对策研究》，《新媒体研究》2015 年第 20 期，第 31 ~ 33 页。
[1880] 张丹丹、杨思洛、邢文明：《省级公共图书馆微博和微信服务研究》，《图书馆学研究》2015 年第 20 期，第 57 ~ 63 页。
[1881] 邹理：《微博热点事件舆情因子探析》，《中国出版》2015 年第 20 期，第 52 ~ 55 页。
[1882] 周玫、梁芷铭：《微博话语权平衡策略研究》，《传媒》2015 年第 20 期，第 75 ~ 77 页。
[1883] 霍莉娜：《从微博视角看现代汉语新变化》，《西部广播电视》2015 年第 20 期，第 21 ~ 22 页。
[1884] 王丽娜、刘天麟：《云南政务微博发展阶段及模式综述》，《青年记者》2015 年第 20 期，第 9 ~ 10 页。
[1884] 王亚辉：《当前政务微博、微信存在问题分析及创新发展对策》，《管理观察》2015 年第 20 期，第 52 ~ 53 页。
[1886] 吴珊：《音乐广播官方微博营销的优化策略——以河北音乐广播官方微博为例》，《传媒》2015 年第 20 期，第 51 ~ 52 页。
[1887] 田崇峰：《互联网 + 时代基于微博平台的微学习研究》，《电脑编程技巧与维护》2015 年第 20 期，第 69 ~ 70 页。

［1888］郭文玲：《高校图书馆阅读推广专题微博之建设——以“@大学生阅读分享平台”为例》，《图书情报工作》2015年第20期，第23～28、33页。

［1889］蒋侃、唐竹发：《微博情境下网络舆情关键节点识别及扩散模式分析》，《图书情报工作》2015年第20期，第105～111页。

［1890］孟轶：《微博空间粉丝文化研究——以微博“象王惨死”的粉丝评论为例》，《中国报业》2015年第20期，第48～49页。

［1891］孟瑶：《利用微博文化提高大学生思政教育管理水平》，《现代商贸工业》2015年第20期，第161页。

［1892］郑腾：《微博在高校思想政治教育中的应用分析》，《赤子》（上中旬）2015年第20期，第65页。

［1893］曹丽君：《微博对公民新闻发展的影响》，《科技传播》2015年第20期，第129～130页。

［1894］陶玉伟：《探析我国政务微博参与公共管理的作用机理和策略》，《赤子》（上中旬）2015年第20期，第256～257页。

［1895］张笑：《用微博开展任务驱动式教学的意义及方法》，《青年记者》2015年第20期，第85～86页。

［1896］幸星：《微博微信联动，扩大银行市场影响力》，《现代经济信息》2015年第20期，第311、313页。

第21期

［1897］谢勇、高峰、张瑛：《从吉林气象官方微博看新媒体气象服务的发展》，《农业与技术》2015年第21期，第129～131页。

［1898］杨坤：《“微博”在交通管理工作中的作用》，《管理观察》2015年第21期，第58～59页。

［1899］余丽红：《浅议微博在高校思想政治教育中的应用问题研究》，《亚太教育》2015年第21期，第203、199页。

［1900］章惠、程杰铭：《网络时代的自媒体产业发展》，《改革与开放》2015年第21期，第19～22页。

［1901］唐爱芳：《微博问政长效机制建设初探》，《科技传播》2015年第21期，第151～152页。

［1902］韦绍芬：《微博平台在公共图书馆创新服务中的应用》，《科技与创新》2015年第21期，第43～44页。

［1903］赵芳芳、孙艳：《浅谈新媒体在高校学生辅导员工作中的应用——以微博为例》，《中国校外教育》2015年第21期，第108～109、163页。

［1904］吴晓阳：《微博短文本检索关键技术》，《中国科技信息》2015年第21期，第79～80、47页。

［1905］尤洪林：《体育微博在体育赛事传播中的应用》，《新闻研究导刊》2015年第21期，第185页。

［1906］顾佳琴：《浅谈以微博为载体的高校思想政治教育途径》，《文学教育》2015年第21

期，第 150 ~ 151 页。

[1907] 任昕：《新媒体时代现代公共关系的应对策略》，《中国市场》2015 年第 21 期，第 142 ~ 145 页。

[1908] 吕燕：《当作家遇上了"微时代"——由莫言的博客及微博说开去》，《学理论》2015 年第 21 期，第 78 ~ 80 页。

[1909] 张姣姣、郑凡、卢勃如、周学材：《以微博为基础加强大学生思想政治教育的思考》，《产业与科技论坛》2015 年第 21 期，第 205 ~ 206 页。

[1910] 杨雅茹：《浅析 CBA 官方微博现状与改进方式》，《新闻研究导刊》2015 年第 21 期，第 206 页。

[1911] 王翔、牛鸿英：《互联网平台下的另类狂欢——以中央电视台〈天下足球〉栏目官方微博为例》，《传媒》2015 年第 21 期，第 49 ~ 50 页。

[1912]《突发公共事件舆情应对与效果评估信息平台建设研究》课题组、沈浩、谈和、孙云柯：《互联网时代的舆论"风口浪尖"——突发公共事件跨媒体多终端传播研究》，《人民论坛·学术前沿》2015 年第 21 期，第 66 ~ 79 页。

[1913] 温洮：《利用微博作为宣传工具的传播效果分析——以电视台为例》，《新闻传播》2015 年第 21 期，第 32、34 页。

[1914] 于朝晖：《微博客传播视野下的公民新闻研究》，《科技传播》2015 年第 21 期，第 153、143 页。

[1915] 林超：《微博时代大学生基层党组织建设刍议》，《学校党建与思想教育》2015 年第 21 期，第 34 ~ 36 页。

[1916] 雷丹：《微博文章版权保护问题探析》，《新西部》（理论版）2015 年第 21 期，第 111、114 页。

[1917] 苗丰：《突发公共事件中微博谣言的传播成因浅析及反思——以"8·12"瑞海公司危险品仓库特别重大火灾爆炸事故为例》，《新闻传播》2015 年第 21 期，第 15 ~ 17 页。

[1918] 刘丹丹、邱恒清、赵应丁：《基于 SVM 的中文微博情感识别与分类研究》，《中国新通信》2015 年第 21 期，第 48 ~ 51 页。

[1919] 朱冠华：《微博客对新闻传播的影响之我见》，《中国商论》2015 年第 21 期，第 126 ~ 128 页。

[1920] 侯威、云薇：《探析微博对传统媒体新闻报道的影响》，《西部广播电视》2015 年第 21 期，第 36 页。

第 22 期

[1921] 徐开宇：《社会学视角下微博对大学生学业的促进作用初探》，《学理论》2015 年第 22 期，第 125 ~ 127 页。

[1922] 李翠兰：《论我国体育微博的发展对策与趋势》，《新闻战线》2015 年第 22 期，第 29 ~ 30 页。

[1923] 李雨秋：《微博意见领袖的影响力评价探究》，《新闻研究导刊》2015 年第 22 期，第 198、242、203 页。

［1924］徐力、焦微玲：《基于社会化媒体的微博营销风险研究》，《改革与开放》2015 年第 22 期，第 22～24 页。

［1925］蔡金钗：《网络时代背景下微博在高校党建工作中的作用》，《求知导刊》2015 年第 22 期，第 13～14 页。

［1926］孙杰、邵力：《学术出版领域微博应用现状研究》，《中国出版》2015 年第 22 期，第 34～36 页。

［1927］管淼、杨新华、王永山：《论微博对大学生思政教育的创新》，《新闻战线》2015 年第 22 期，第 129～130 页。

［1928］余秀才：《融媒体语境下新闻传播教育中的微博使用与方法》，《中国出版》2015 年第 22 期，第 13～16 页。

［1929］王静：《新媒介视域下微博对思想政治教学的功能导向研究》，《中国教育技术装备》2015 年第 22 期，第 54～55 页。

［1930］张珍：《论法律实施的微博监督》，《知识经济》2015 年第 22 期，第 21～22 页。

［1931］史新权：《高校微博在主体间性德育模式中作用的探究》，《知识经济》2015 年第 22 期，第 123～124 页。

［1932］任璐蝶：《图书的微博营销策略研究》，《新闻研究导刊》2015 年第 22 期，第 178～179 页。

［1933］唐怡：《浅谈言论自由下的微博谣言以及微博实名制》，《新闻研究导刊》2015 年第 22 期，第 186 页。

［1934］独凯悦：《试论电影官方微博的宣传策略》，《商》2015 年第 22 期，第 201～202 页。

［1935］殷黎、彭金璋：《高校图书馆微博服务探析》，《内蒙古科技与经济》2015 年第 22 期，第 148～149 页。

［1936］黄鹏：《公共突发事件中微博应用》，《办公室业务》2015 年第 22 期，第 64、6 页。

［1937］王雨星：《网络微博对高职思政教育工作的影响之处》，《科技资讯》2015 年第 22 期，第 192、194 页。

［1938］姚远耀、肖燕：《高职院校微博舆情引导策略探讨》，《教育教学论坛》2015 年第 22 期，第 215～216 页。

［1939］高可欣：《微博语境下的草根新闻传播现状分析》，《西部广播电视》2015 年第 22 期，第 20～20 页。

第 23 期

［1940］肖华：《微博视角下的大学英语阅读课程教学模式的创新策略探索》，《海外英语》2015 年第 23 期，第 24～25、31 页。

［1941］杨春柏：《自媒体时代大学生“微博求职”策略探析》，《现代商业》2015 年第 23 期，第 266～268 页。

［1942］许卫红：《高校二级单位官方微博的运营研究——以郑州铁路职业技术学院旅游商贸系为例》，《科技视界》2015 年第 23 期，第 27、38 页。

［1943］徐世甫：《群体性事件微博舆论引导方法论》，《人民论坛》2015 年第 23 期，第 35～37 页。

［1944］聂娟、樊琴、郭晏汝、罗环宇、彭湃然、胡言会：《四川省二甲以上医院官方微博的宣传管理的调查分析》，《中外企业家》2015 年第 23 期，第 227、231 页。

［1945］高娜、赵路明：《微博在高校教育管理中的创新应用探索》，《亚太教育》2015 年第 23 期，第 292 页。

［1946］肖燕、姚远耀：《浅析高校微博舆情演化规律及特点》，《高教学刊》2015 年第 23 期，第 34 ~35 页。

［1947］李红岩：《微博时代背景下旅游目的地整合营销策略探讨》，《商业经济研究》2015 年第 23 期，第 123 ~125 页。

［1948］王贤云：《微博客在图书馆读者服务工作的体现》，《产业与科技论坛》2015 年第 23 期，第 244、246 页。

［1949］李婷：《纸媒携手官微谋发展——以广州日报与@广州日报为例》，《新闻研究导刊》2015 年第 23 期，第 105 ~106 页。

［1950］任彩：《热点事件的微博舆论传播研究——以文章“周一见”事件为例》，《戏剧之家》2015 年第 23 期，第 227 页。

［1951］王东宁：《谈微博对大学生思想政治教育的影响》，《中国市场》2015 年第 23 期，第275 ~276 页。

［1952］吕行佳：《喜忧参半的“阅后即焚”——以支付宝和微博为例》，《新闻研究导刊》2015 年第 23 期，第 133 页。

［1953］章惠：《高校学生新媒体技术使用状况的调查研究——以微博微信为例》，《改革与开放》2015 年第 23 期，第 90 ~92、101 页。

［1954］张丽、单昱：《浅析基于微博的信息传播模式——以“冰桶挑战”为例》，《新闻传播》2015 年第 23 期，第 28 ~30 页。

［1955］罗静、谢仁生：《谈微博在高校思想政治教育活动中的应用》，《中国市场》2015 年第 23 期，第 221 ~222 页。

第 24 期

［1956］徐贝勒：《浅析微博传播对人际关系的消极影响》，《新闻研究导刊》2015 年第 24 期，第 64 页。

［1957］唐国平：《微博在大学生思想政治教育中的运用》，《教育教学论坛》2015 年第 24 期，第 31 ~32 页。

［1958］张鹏威、刘红丽、汪林威、张澄东：《用户特征对微博信息传播影响的实证研究》，《现代计算机》（专业版）2015 年第 24 期，第 33 ~38、69 页。

［1959］潘思彤：《浅论图书馆的微博创新型服务》，《内蒙古科技与经济》2015 年第 24 期，第67 ~68 页。

［1960］陆丽娟：《自媒体视域下美术微博及其当代价值》，《青年记者》2015 年第 24 期，第 66 ~67 页。

［1961］张靖：《论微博时代民办高校的新闻宣传工作》，《企业导报》2015 年第 24 期，第 105、147 页。

［1962］韦伟：《大数据背景下的微博在高校管理中的作用》，《高教学刊》2015 年第 24 期，

第 147 ~ 148 页。

[1963] 万霁萱:《去个体化的“看客们”在微博中的生根结果》,《新闻研究导刊》2015 年第 24 期,第 44 ~ 45 页。

[1964] 王昊睿:《微博话语权及其影响分析》,《新闻战线》2015 年第 24 期,第 159 ~ 160 页。

[1965] 毕秋敏、倪明明、曾志勇:《微博用户影响力模型研究》,《中国商论》2015 年第 24 期,第 158 ~ 162 页。

[1966] 刘小凡:《微博在 90 后大学生爱国主义教育中的应用研究》,《中国成人教育》2015 年第 24 期,第 76 ~ 77 页。

[1967] 邓菊云:《浅析微信微博在高校思想政治理论课教学中的应用》,《老区建设》2015 年第 24 期,第 51 ~ 52 页。

[1968] 唐爱芳:《试探公共领域视角下的微博问政探析》,《山东工业技术》2015 年第 24 期,第 280 ~ 281 页。

[1969] 左效春:《浅谈微博在高校图书馆服务中的应用与改进》,《内蒙古科技与经济》2015 年第 24 期,第 65 ~ 66、68 页。

[1970] 王婷婷:《微博时代的网络社会管理研究》,《中国管理信息化》2015 年第 24 期,第 217 页。

[1971] 张西陆:《政务微博的功能定位与传播技巧——以@中国广州发布为例》,《新闻研究导刊》2015 年第 24 期,第 136 页。

[1972] 刘欢:《政务微博——政府危机公关的新平台》,《企业改革与管理》2015 年第 24 期,第 193 页。

[1973] 戴先任:《政府 APP 别成权力任性的玩具》,《青年记者》2015 年第 25 期,第62 页。

[1974] 董明牛:《大学生使用微博的心理功能与实现策略浅析》,《才智》2015 年第 25 期,第 221 页。

[1975] 周杰:《浅议政务微博开设的意义与作用》,《新闻传播》2015 年第 24 期,第 19 ~ 20 页。

第 26 期

[1976] 李宁、贾冰磊:《微博对大学生思想政治教育的影响及策略分析》,《法制博览》2015 年第 26 期,第 292、252 页。

[1977] 杨扬、王鸯雨:《一种基于用户影响力的社交网络传播代价模型设计》,《现代计算机》(专业版)2015 年第 26 期,第 43 ~ 45、51 页。

[1978] 张叶红:《公共文化视阈下图书馆微博平台建设分析》,《兰台世界》2015 年第 26 期,第 153 ~ 155 页。

[1979] 焦红强:《政务新媒体如何提升服务能力》,《青年记者》2015 年第 26 期,第 73 ~ 74 页。

[1980] 杨美丽:《微博时代意识形态安全“云层”构建》,《人民论坛》2015 年第 26 期,第 169 ~ 171 页。

[1981] 何平:《西藏旅游政务微博发展现状探析》,《青年记者》2015 年第 26 期,第 74 ~

75 页。

［1982］刁歆：《图书馆微博信息生态链的形成机理及优化策略探析》，《兰台世界》2015 年第 26 期，第 134～135 页。

［1983］杨倩：《新媒体变迁与微博问政的兴衰》，《商》2015 年第 26 期，第 201、197 页。

第 27 期

［1984］杨华：《浅论微博与高校硕士研究生招生个性化宣传》，《科技展望》2015 年第 27 期，第 281 页。

［1985］姚鑫：《微博对当代大学生社会主义核心价值观影响的探究》，《才智》2015 年第 27 期，第 126～127 页。

［1986］任怡康：《“双微”政务差异化背景下的国家治理现代化》，《决策与信息》2015 年第 27 期，第 20～21 页。

［1987］李静薇：《试分析以微博为载体的大学生思想政治教育》，《亚太教育》2015 年第 27 期，第 225 页。

［1988］孟书玉：《政务微博发展中存在的问题与对策研究——以赤峰市政务微博为例》，《管理观察》2015 年第 27 期，第 77～78、81 页。

第 28 期

［1989］曹明勋：《微博新闻中的舆论传播与引导》，《商》2015 年第 28 期，第 223、218 页。

［1990］石蕊：《刍议新时期微博在高校思想政治教育工作中的应用》，《亚太教育》2015 年第 28 期，第 67 页。

［1991］田晓丽、潘霞：《微博时代提高大学生网络媒介素养必要性浅析》，《文教资料》2015 年第 28 期，第 150～151 页。

第 29 期

［1992］于清：《微博兴起视野下江宁区农业局的思想政治工作建设研究》，《才智》2015 年第 29 期，第 337～338 页。

［1993］姜殿荣、冯晓玲、刘锋：《“@柳州气象”官方微博维护探讨》，《黑龙江科技信息》2015 年第 29 期，第 180～181 页。

［1994］毕秋敏、李世辉、曾志勇：《基于改进 PageRank 算法的微博影响力模型研究》，《价值工程》2015 年第 29 期，第 79～83 页。

［1995］岳琳、徐华亭：《微博新闻的写作特征及技巧》，《青年记者》2015 年第 29 期，第 56～57 页。

［1996］王东升：《基于 PageRank 改进算法的微博影响力排名》，《现代计算机》（专业版）2015 年第 29 期，第 27～29、35 页。

第 30～51 期

［1997］王燕君、綦林：《微博文化对大学生影响及思想政治教育对策探析》，《教育教学论坛》2015 年第 30 期，第 259～260 页。

[1998] 张璇、胡玲玲：《微博时代的大学生思想政治教育——心理学视域的探析》，《才智》2015 年第 30 期，第 52 ~ 53 页。
[1999] 程佳琳：《微博促进高校校园文化建设研究》，《教育教学论坛》2015 年第 31 期，第 10 ~ 11 页。
[2000] 刘雪娜：《广播与微博的融合——成都交通广播 FM91．4 的尝试与探索》，《商》2015 年第 31 期，第 238 ~ 239 页。
[2001] 吴粹中：《中国微博营销模式探析——以新浪微博为例》，《全国商情》2015 年第 31 期，第 27 ~ 28 页。
[2002] 徐福林、梁芷铭、周玫：《高校利用官方微博开展思想政治教育的功能、价值与策略》，《教育与职业》2015 年第 31 期，第 62 ~ 64 页。
[2003] 张明旺：《基于微博的网络舆情监测与引导机制探索》，《电脑知识与技术》2015 年第 31 期，第 32 ~ 34 页。
[2004] 赵晶京：《微博在高校学生党建中的重要作用及前景探究》，《学理论》2015 年第 31 期，第 169 ~ 170 页。
[2005] 范铮：《“微时代”背景下政务微博档案资源的开发与利用》，《兰台世界》2015 年第 32 期，第 27 ~ 29 页。
[2006] 来亚娜：《微博传播中法人名誉侵权的认定》，《法制与社会》2015 年第 32 期，第 76 ~ 77 页。
[2007] 刘竞希：《自媒体时代的博物馆微博运用分析——以重庆中国三峡博物馆微博为例》，《黑龙江科技信息》2015 年第 32 期，第 211 ~ 213 页。
[2008] 马燕：《图书馆微博信息生态链结构模型构建研究》，《兰台世界》2015 年第 32 期，第 23 ~ 25 页。
[2009] 周雷、张辉：《移动互联时代政务传播面临的挑战与策略——以中纪委移动客户端为例》，《青年记者》2015 年第 32 期，第 76 ~ 77 页。
[2010] 龚升平：《微博在新闻评论教学中的应用》，《青年记者》2015 年第 33 期，第 100 ~ 101 页。
[2011] 刘娜：《微博辅助下的高职公共英语教学研究》，《决策与信息》2015 年第 33 期，第 76 页。
[2012] 余璐：《微博伦理失范研究综述》，《才智》2015 年第 33 期，第 290 页。
[2013] 张欢、任盼红：《我国体育微博的竞争格局分析》，《当代体育科技》2015 年第 33 期，第 161、163 页。
[2014] 张文博：《浅析微博在高校学生管理中的作用》，《中国市场》2015 年第 33 期，第 101 ~ 102 页。
[2015] 黄和节：《政府应对网络舆情不确定性的理论阐释——基于卢曼三维度理论视角》，《法制与社会》2015 年第 34 期，第 141 ~ 142 页。
[2016] 柳光露、王忠伟、郝宇飞：《智慧旅游公共服务体系建设中微博营销的现状及对策》，《科技创新与应用》2015 年第 34 期，第 276 页。
[2017] 马骁跃：《基于微博平台下的正能量传播与当代大学生思想政治教育》，《法制与社会》2015 年第 34 期，第 223 ~ 224 页。

[2018] 曲君卓：《思想政治教育视域下高校“微平台”建设研究》，《才智》2015 年第 34 期，第 292 ~293 页。
[2019] 张笑：《当代中国政务微媒体存在的问题及应对策略》，《学理论》2015 年第 34 期，第 54 ~55 页。
[2020] 蒋旭：《微博在高校思想政治教育工作中的应用》，《亚太教育》2015 年第 35 期，第 47、46 页。
[2021] 罗炜：《微博文字作品的著作权保护研究》，《法制博览》2015 年第 35 期，第 19 ~21 页。
[2022] 孙亚琼：《我国 2011—2014 年档案微博研究综述》，《兰台世界》2015 年第 35 期，第 182 ~183 页。
[2023] 罗珍：《网络隐私权侵权问题研究——以医生自拍事件为例》，《法制博览》2015 年第 36 期，第 262 页。
[2024] 王晶：《统计政务微博发展探究》，《决策与信息》2015 年第 36 期，第 147 页。
[2025] 赵玲瑜：《移动互联网时代政务 O2O 传播体系建构》，《青年记者》2015 年第 36 期，第 79 ~80 页。
[2026] 柯纯、陈健：《浅析新媒体在高校学生管理与党建工作中的应用创新》，《教育教学论坛》2015 年第 38 期，第 10 ~11 页。
[2027] 李璇：《政务微博在应对网络舆论危机中存在的问题与对策研究——以山西省政务微博为例》，《商》2015 年第 40 期，第 218 页。
[2028] 沈文秀、薛峰：《微博对思想政治影响的探微》，《商》2015 年第 40 期，第 208、128 页。
[2029] 高楠：《发达国家及国内其他地区政府微博问政的经验借鉴》，《商》2015 年第 41 期，第 82 页。
[2030] 刘浏：《现代媒体语境下中小成本电影的微博营销》，《中国市场》2015 年第 44 期，第 33、37 页。
[2031] 张星强：《税务系统政务微博微信平台建设研究——以广西地税系统为例》，《经济研究参考》2015 年第 47 期，第 59 ~61 页。
[2032] 张月：《我国政务微博发展的现状，问题及对策》，《商》2015 年第 51 期，第 80 页。
[2033] 黎堃宇、张柏葳：《我国政务微博绩效评价指标体系构建总结研究》，《商》2015 年第 51 期，第 34 ~35 页。

2016年

第 1 期

[1] 刘英捷、王芹：《档案政务新媒体应用研究——以江苏省为例》，《档案学研究》2016 年第 1 期，第 86 ~90 页。
[2] 侯琳：《政务微博与公共议程关系探究》，《广西社会主义学院学报》2016 年第 1 期，第 99 ~103 页。
[3] 徐诗梦、叶群英、蒋梦琳、鲍海君：《互联网缓解征地冲突的“安全阀”功能——邳州

市冲突案例的分析》,《上海国土资源》2016 年第 1 期，第 44～48、89 页。

[4] 丁晟春、龚思兰、李红梅:《基于突发主题词和凝聚式层次聚类的微博突发事件检测研究》,《现代图书情报技术》2016 年第 1 期，第 12～20 页。

[5] 聂勇:《关于微时代政务微博正能量传播问题的思考》,《阴山学刊》2016 年第 1 期，第102～105 页。

[6] 张予涵、杨文军:《全媒体视阈下图书馆创新服务模式研究——以新疆医科大学图书馆为例》,《图书情报工作》2016 年第 1 期，第 84～86 页。

[7] 储鑫、张琰:《“红色微博”在高校党建应用中的问题和对策》,《领导科学论坛》2016 年第 1 期，第 30～33 页。

[8] 刘翠娟、刘箴、柴艳杰、方昊、刘良平:《基于微博文本数据分析的社会群体情感可视计算方法研究》,《北京大学学报》(自然科学版) 2016 年第 1 期，第 178～186 页。

[9] 乐国安、赖凯声:《基于网络大数据的社会心理学研究进展》,《苏州大学学报》(教育科学版) 2016 年第 1 期，第 1～11 页。

[10] 肖珺、王婉:《跨文化虚拟学习团队：新疆新闻传播学专业少数民族学生参与情况与学习效果研究》,《全球传媒学刊》2016 年第 1 期，第 123～140 页。

[11] 孟子煜、薛杨、柳成荫、张梦莹:《西安市政务微博的使用与舆论引导研究》,《东南传播》2016 年第 1 期，第 87～90 页。

[12] 胡衬春:《南通市地方政务微博的现状、问题与对策》,《南通职业大学学报》2016 年第 1 期，第 28～31 页。

[13] 郭熠程:《基于公共突发事件的政务微博前端控制探微——以上海外滩 2015 跨年踩踏事件为例》,《办公室业务》2016 年第 1 期，第 32 页。

[14] 韩雪:《公民参与视角下的政务微博互动现状及改善对策研究》,《采写编》2016 年第 1 期，第 18～19 页。

[15] 刘禄峰:《微博平台在高校图书馆信息推广中的问题与对策》,《图书馆学刊》2016 年第 1 期，第 37～40 页。

[16] 刘爽:《安徽借力互联网 +　优化政务服务　简政放权落地》,《计算机与网络》2016 年第 1 期，第 9 页。

[17] 李寻珣、金镇、段惠元:《政务微博对政府竞争力的影响分析》,《现代商业》2016 年第 1 期，第 57～58 页。

[18] 刘焕成、周瑞杰:《突发事件的政务微博信息引导策略》,《郑州航空工业管理学院学报》2016 年第 1 期，第 107～112 页。

[19] 张士豪、顾益军、张俊豪:《微博自动分类系统设计》,《信息网络安全》2016 年第 1 期，第 81～87 页。

[20] 刘增光:《政务微博使用动机对持续使用意愿的影响研究》,《武汉理工大学学报》(信息与管理工程版) 2016 年第 1 期，第 566～569 页。

[21] 杨玉强、腾香:《国外经验对辽宁省政务微博发展的启示》,《黑龙江生态工程职业学院学报》2016 年第 1 期，第 41～43 页。

[22] 曾卓:《现阶段公安微博运营面临的问题及对策研究》,《黑龙江省政法管理干部学院学报》2016 年第 1 期，第 131～133 页。

[23] 梁冬梅：《微博对网络舆情的影响分析》，《传播与版权》2016 年第 1 期，第 67 ~68、72 页。

[24] 雷洋：《国内外政务微博研究综述及启示》，《桂海论丛》2016 年第 1 期，第 56 ~ 61 页。

[25] 陈利燕：《试论官方微博在高职院校图书馆的应用》，《广东轻工职业技术学院学报》2016 年第 1 期，第 72 ~76 页。

[26] 邹凯、包明林：《政务微博服务公众满意度指数模型及实证研究》，《湘潭大学学报》（哲学社会科学版）2016 年第 1 期，第 75 ~79、121 页。

[27] 马宏波：《媒介融合背景下的传统媒体转向》，《新闻论坛》2016 年第 1 期，第 123 ~ 125 页。

[28] 张妍：《基于受众感知与期望的政务微博影响力评价研究》，《吉林省经济管理干部学院学报》2016 年第 1 期，第 163 ~164 页。

[29] 梁洁：《地方政务微博发展困境与对策研究——以新浪广西政务微博为例》，《传播与版权》2016 年第 1 期，第 73 ~75、78 页。

[30] 李伟超、毕丽萍、姚茹、贾艺玮：《政务微博对政府形象的影响探析》，《江苏科技信息》2016 年第 1 期，第 19 ~21 页。

[31] 刘焕成、周瑞杰：《突发事件的政务微博信息引导策略》，《郑州航空工业管理学院学报》2016 年第 1 期，第 107 ~112 页。

[32] 陈淼、方莉君：《以纳税人差异化纳税信息需求为导向构建新媒体纳税信息服务平台——以微信、微博提供纳税信息服务为例》，《经济与管理》2016 年第 1 期，第29 ~ 35 页。

[33] 姚远航：《微信和微博著作权侵权问题研究》，《黄冈职业技术学院学报》2016 年第 1 期，第 79 ~82 页。

[34] 王丽娜、马得勇：《新媒体时代媒体的可信度分析——以中国网民为对象的实证研究》，《武汉大学学报》（人文科学版）2016 年第 1 期，第 88 ~99 页。

[35] 翁士洪、张云：《公共议程设置中微博舆情互动的社会网络分析》，《武汉大学学报》（人文科学版）2016 年第 1 期，第 109 ~118 页。

[36] 程秀峰、陈莉玥、许弘翔：《高校图书馆微博知识推荐区域比较及可视化研究》，《情报科学》2016 年第 1 期，第 135 ~140 页。

[37] 刘志明：《非营利组织对话沟通水平评价及其对捐赠收入的影响——基于微博环境下中国基金会的实证分析》，《福建农林大学学报》（哲学社会科学版）2016 年第 1 期，第 83 ~88 页。

[38] 曹文琴、黄玉军、涂国平：《微博话题传播的时间网络影响力模型研究》，《图书情报工作》2016 年第 1 期，第 91 ~97 页。

[39] 夏雨禾：《风险视角中的突发事件微博舆论及其治理》，《新闻大学》2016 年第 1 期，第105 ~111、151 页。

[40] 孙国梓、仇呈燕、李华康：《基于线性加权的微博影响力量化模型》，《四川大学学报》（工程科学版）2016 年第 1 期，第 78 ~84 页。

[41] 张敏、霍朝光、吴郁松：《基于 SE-DEA 的高校官方微博运营绩效评估与分析》，《信

息资源管理学报》2016 年第 1 期，第 44 ~51 页。

[42] 任重：《从“微博”视角分析公共关系与危机处理教学中“蝴蝶效应”的应用》，《现代交际》（学术版）2016 年第 1 期，第 226 ~227 页。

[43] 熊雅川：《微博时代舆论暴力的形成过程和应对策略——以手术室自拍事件为例》，《湖北成人教育学院学报》2016 年第 1 期，第 71 ~75 页。

[44] 马丹琳、程秀峰：《高校图书馆微博知识推荐影响力研究》，《数字图书馆论坛》2016 年第 1 期，第 28 ~33 页。

[45] 杨丽：《微博在高校图书馆中的应用探索》，《中国医学教育技术》2016 年第 1 期，第 83 ~86 页。

[46] 向卓元、陈宇玲：《微博谣言传播模型与影响力评估研究》，《科研管理》2016 年第 1 期，第 39 ~47 页。

[47] 于洋：《微博话语中的中国梦：系统功能语言学视角》，《天津外国语大学学报》2016 年第 1 期，第 40 ~44、81 页。

[48] 杨庆国、陈敬良、甘露：《社会危机事件网络微博集群行为意向研究》，《公共管理学报》2016 年第 1 期，第 65 ~80、155 ~156 页。

[49] 张爱军、王喜春：《微博“意识形态极化”现象研究——基于勒庞视角的知识社会学探析》，《自然辩证法研究》2016 年第 1 期，第 71 ~76 页。

[50] 赵英、范娇颖：《大学生持续使用社交媒体的影响因素对比研究——以微信、微博和人人网为例》，《情报杂志》2016 年第 1 期，第 188 ~195 页。

[51] 王澍贤、陈福集：《意见领袖参与下微博舆情演化的三方博弈分析》，《图书馆学研究》2016 年第 1 期，第 19 ~25 页。

[52] 姚广宜、张新阳：《微博直播庭审中的利益冲突与调整》，《当代传播》2016 年第 1 期，第56 ~58 页。

[53] 段大高、王长生、韩忠明、李斌：《基于微博评论的虚假消息检测模型》，《计算机仿真》2016 年第 1 期，第 386 ~390、412 页。

[54] 彭敏、傅慧、黄济民、黄佳佳、刘纪平：《基于核主成分分析与小波变换的高质量微博提取》，《计算机工程》2016 年第 1 期，第 180 ~186 页。

[55] 陈宁、杨春：《记者在社会化媒体中的新闻专业主义角色——以记者微博的新闻生产为例》，《现代传播》（中国传媒大学学报）2016 年第 1 期，第 133 ~138 页。

[56] 陈可嘉、罗晓莉：《基于迂回二次聚类的微博用户细分研究》，《福州大学学报》（哲学社会科学版）2016 年第 1 期，第 42 ~48 页。

[57] 吴青林、周天宏：《基于话题聚类及情感强度的中文微博舆情分析》，《情报理论与实践》2016 年第 1 期，第 109 ~112 页。

[58] 刘兵：《微博在高校体育教学中的应用》，《郑州轻工业学院学报》（社会科学版）2016 年第 1 期，第 160 ~164 页。

[59] 张辉、刘成：《基于社交网络媒体的矛盾情绪表达分析》，《网络空间安全》2016 年第 1 期，第 6 ~13、19 页。

[60] 李晋、杨子龙：《微博转发网络中的节点特征和传播模型》，《电信科学》2016 年第 1 期，第 40 ~45 页。

第2期

［61］周敏：《政务微博营销策略探析》，《华中传播研究》2016年第2期，第39～46页。

［62］林红静、黄梦醒：《基于微博信息的关键词库爬虫策略》，《海南大学学报》（自然科学版）2016年第2期，第112～120页。

［63］谢蓓：《论网络社会管理中的技术近用——从地方政府网络社会协同管理的创新经验谈起》，《中国新闻传播研究》2016年第2期，第82～92页。

［64］梁刚、王盼盼：《移动社交媒体传播风险管理研究》，《北京邮电大学学报》（社会科学版）2016年第2期，第1～6页。

［65］梁芷铭、张茜、徐福林：《微博反腐的局限及其消解》，《领导科学》2016年第2Z期，第62～64页。

［66］李勇军、尹超、于会、刘尊：《基于最大熵模型的微博传播网络中的链路预测》，《物理学报》2016年第2期，第35～45页。

［67］李景玉、张仰森、蒋玉茹：《基于多特征融合的中文微博评价对象抽取方法》，《计算机应用研究》2016年第2期，第378～383页。

［68］毛峰：《新媒体时代旅游网络舆情传播与管理》，《吉林工商学院学报》2016年第2期，第37～39页。

［69］魏茂莉、赵立静：《政务微博的表象化倾向及矫正》，《黑龙江生态工程职业学院学报》2016年第2期，第44～45页。

［70］詹骞：《乡村治理视野下的乡镇政务微博研究——以甘肃陇南成县12镇5乡政务微博为例》，《当代传播》2016年第2期，第90～93页。

［71］石磊：《地方政务微博服务公众满意的影响因素分析》，《中小企业管理与科技》（中旬刊）2016年第2期，第144页。

［72］胡衬春：《“主体间性”理论视野下的地方政务微博传播》，《牡丹江大学学报》2016年第2期，第6～8、12页。

［73］王远、汪丹丹：《政务微博在突发地震事件应对中的作用》，《城市与减灾》2016年第2期，第42～43页。

［74］杨飞、江南、李响、张晶、戴兵：《基于多策略的微博位置数据获取方法研究》，《测绘科学技术学报》2016年第2期，第201～207页。

［75］安菲：《互联网时代下我国网络廉政反腐的反思》，《江西广播电视大学学报》2016年第2期，第49～53页。

［76］解军、邢进生：《基于KNN算法的新浪微博用户行为分析及预测》，《山西师范大学学报》（自然科学版）2016年第2期，第38～45页。

［77］刘玉娇、琚生根、李若晨、金玉：《基于深度学习的中文微博命名实体识别》，《四川大学学报》（工程科学版）2016年第2期，第142～146页。

［78］李建华、曾志伟：《作为暴力的微博：内生逻辑、运行过程与伦理规制》，《伦理学研究》2016年第2期，第117～122页。

［79］张爱科、丁枝秀：《微媒体视阈下的高校真人图书馆微服务研究》，《大学图书情报学

刊》2016 年第 2 期，第 80 ~ 85 页。
[80] 史丽琴、耿步健：《微博反腐的现状及对策研究》，《晋阳学刊》2016 年第 2 期，第 114 ~ 119 页。
[81] 张良：《自媒体时代舆论传播的特征与引导策略》，《新媒体研究》2016 年第 2 期，第 13 ~ 14 页。
[82] 王亿思、程艳丽、丁斌、院玲玲：《旅游政务机构微博营销研究——以南京市旅游委微博为例》，《江苏商论》2016 年第 2 期，第 29 ~ 33、38 页。
[83] 武志勇、赵蓓红：《二十年来的中国互联网新闻政策变迁》，《现代传播》（中国传媒大学学报）2016 年第 2 期，第 134 ~ 139 页。
[84] 姜笑君：《“微政务”时代政府形象传播的要素与策略》，《传媒》2016 年第 2 期，第 67 ~ 70 页。
[85] 石婧、周蓉、李婷：《政务服务“双微联动”模式研究——基于上海市政务微博与政务微信的文本分析》，《电子政务》2016 年第 2 期，第 50 ~ 59 页。
[86] 马静：《对话理论视角下政务微博的可沟通性研究——以“@ 西安发布”为例》，《东南传播》2016 年第 2 期，第 93 ~ 95 页。
[87] 刘晓波：《西部中小城市如何借力政务微博提升城市形象——以陕西省榆林市为例》，《新闻知识》2016 年第 2 期，第 17 ~ 18、77 页。
[88] 江燕青、许鑫：《半衰期视角的微博信息老化研究——以高校官方微博为例》，《图书情报知识》2016 年第 2 期，第 92 ~ 100 页。
[89] 麦丞程、陈波、周嘉坤：《微博信息传播可视化分析工具研究》，《网络新媒体技术》2016 年第 2 期，第 8 ~ 18 页。
[90] 王祎珺、张晖、李波、杨春明、赵旭剑：《一种基于话题演化的意见领袖发现方法》，《山东大学学报》（工学版）2016 年第 2 期，第 35 ~ 42 页。
[91] 刘志明：《微博环境下公共图书馆与高校图书馆对话沟通水平评价及比较研究》，《图书馆理论与实践》2016 年第 2 期，第 54 ~ 58 页。
[92] 李志宏、庄云蓓：《基于 PageRank 算法的双维度微博用户影响力实时度量模型》，《系统工程》2016 年第 2 期，第 128 ~ 137 页。
[93] 李进华、安仲杰：《基于地理坐标的微博事件检测与分析》，《现代图书情报技术》2016 年第 2 期，第 90 ~ 101 页。
[94] 杨洸：《社会化媒体舆论的极化和共识——以“广州区伯嫖娼”之新浪微博数据为例》，《新闻与传播研究》2016 年第 2 期，第 66 ~ 79、127 页。
[95] 邢文明、汤正午：《高校图书馆微博用户行为规律实证研究》，《数字图书馆论坛》2016 年第 2 期，第 56 ~ 62 页。
[96] 王喆：《社会政治议题网络讨论之认知失调与选择性修正》，《国际新闻界》2016 年第 2 期，第 57 ~ 72 页。
[97] 王亿思、程艳丽、丁斌、院玲玲：《旅游政务机构微博营销研究——以南京市旅游委微博为例》，《江苏商论》2016 年第 2 期，第 29 ~ 33、38 页。
[98] 汪雅倩：《微博娱乐化倾向的话语分析——以历年微博年度热词为例》，《东南传播》2016 年第 2 期，第 44 ~ 46 页。

[99] 夏玉凡：《微博环境下我国主流意识形态话语权的建设——基于对葛兰西文化霸权理论的借鉴》，《哈尔滨学院学报》2016 年第 2 期，第 116 ~ 119 页。
[100] 徐伟、赵斌、吉根林：《基于转发关系的微博话题演化算法》，《计算机科学》2016 年第 2 期，第 78 ~ 82、100 页。
[101] 郑诚、沈磊、代宁：《基于类序列规则的中文微博情感分类》，《计算机工程》2016 年第 2 期，第 184 ~ 189、194 页。
[102] 叶成绪、杨萍、刘少鹏：《基于主题词的微博热点话题发现》，《计算机应用与软件》2016 年第 2 期，第 46 ~ 50 页。
[103] 李洋、陈毅恒、刘挺：《微博信息传播预测研究综述》，《软件学报》2016 年第 2 期，第247 ~ 263 页。
[104] 霍忠义：《微博小说的定义、发展及审美特征》，《中州学刊》2016 年第 2 期，第 160 ~ 164 页。
[105] 陈国兰：《基于情感词典与语义规则的微博情感分析》，《情报探索》2016 年第 2 期，第1 ~ 6 页。
[106] 李运华、汪祖柱、叶燕霞、张星星：《基于热点事件的微博用户行为聚类实证分析》，《情报探索》2016 年第 2 期，第 75 ~ 79、83 页。
[107] 杨宇婷、王名扬、田宪允、李鹏宇：《基于文档分布式表达的新浪微博情感分类研究》，《情报杂志》2016 年第 2 期，第 151 ~ 156 页。
[108] 王国华、范千、王雅蕾、钟声扬：《突发事件微博舆论中的网民素养提升研究——以“东方之星”客轮倾覆事件为例》，《情报杂志》2016 年第 2 期，第 116 ~ 121 页。
[109] 曾志伟、李建华：《“微博政治”：脆弱性及其引导》，《学术界》2016 年第 2 期，第 90 ~ 98 页。
[110] 束珏、成卫青、邓聪：《基于话题标签和转发关系的微博聚类和主题词提取》，《计算机应用》2016 年第 2 期，第 460 ~ 464 页。
[111] 刁海伦、王树义、王楠：《基于多主体的微博网络虚假信息的集中甄别方法研究》，《情报科学》2016 年第 2 期，第 37 ~ 44 页。
[112] 韩伟、兰文巧：《青年微博语境中的政党认同——基于对“侯聚森—侧卫 36”微博评论的 NV ivo10 质性分析》，《中国青年研究》2016 年第 2 期，第 78 ~ 83、77 页。
[113] 彭文梅：《中国省级公共图书馆微博应用特征及发展对策》，《农业图书情报学刊》2016 年第 2 期，第 111 ~ 116 页。
[114] 叶菁菁、李琳、钟珞：《基于标签的微博关键词抽取排序方法》，《计算机应用》2016 年第 2 期，第 563 ~ 567、585 页。
[115] 邓喆、孟庆国：《自媒体的议程设置：公共政策形成的新路径》，《公共管理学报》2016 年第 2 期，第 14 ~ 22、153 页。
[116] 谷楠：《未成年人微信、微博运用状况》，《北京青年研究》2016 年第 2 期，第 29 ~ 36 页。
[117] 宁园：《论微博转发行为受著作权法保护的依据——兼论合理使用制度的完善》，《湖北警官学院学报》2016 年第 2 期，第 112 ~ 115 页。
[118] 梁瑞仪：《基于微博的大学生非正式学习研究》，《教学研究》2016 年第 2 期，第

15～19、34页。

[119] 阿幸、肖嬰殿、马娇、马骁、杨洋：《基于实践经验的微博健康信息传播研究》，《中国健康教育》2016年第2期，第141～143页。

[120] 史丽琴、耿步健：《微博反腐的现状及对策研究》，《晋阳学刊》2016年第2期，第114～119页。

[121] 徐建民、李腾飞、吴树芳：《一种基于用户交互行为的微博社区发现方法》，《河北大学学报》（自然科学版）2016年第2期，第189～196页。

[122] 刘浩、赵永杰：《城市品牌网络传播路径研究》，《宁波工程学院学报》2016年第2期，第66～71页。

[123] 汪静莹、朱廷劭、郝碧波、刘天俐：《微博用户生活满意度微博语言及行为特征分析》，《中国公共卫生》2016年第2期，第225～229页。

[124] 松姗：《综合档案馆政务微博运营风险及防范研究》，《北京档案》2016年第2期，第25～26页。

[125] 韩彦昭、乔亚男、范亚平、李孟超、万迪昉：《基于条件随机场模型和文本纠错的微博新词词性识别研究》，《南京大学学报》（自然科学）2016年第2期，第353～360页。

第3期

[126] 綦鹏、王超：《我国政务微博发展现状及有效运作策略的探讨》，《山东农业工程学院学报》2016年第3期，第101～104页。

[127] 张子华：《微博的传播机制及影响力分析——以新浪微博为例》，《科技传播》2016年第3期，第48～49页。

[128] 廖海涵、靳嘉林、王曰芬：《网络舆情事件中微博用户行为特征和关系分析——以新浪微博“雾霾调查：穹顶之下”为例》，《情报资料工作》2016年第3期，第12～18页。

[129] 静永超：《网络行为的文化逻辑——以大学生微博“秀恩爱”行为为例》，《青年学报》2016年第3期，第57～63页。

[130] 钱大海：《微博在医专院校大学生思想政治教育中的应用研究》，《科学中国人》2016年第3Z期，第308页。

[131] 唐佳、李君轶：《基于微博大数据的西安国内游客日内时间分布模式研究》，《人文地理》2016年第3期，第151～160页。

[132] 王曰芬、杭伟梁、丁洁：《微博舆情社会网络关键节点识别与应用研究》，《情报资料工作》2016年第3期，第6～11页。

[133] 丁晟春、王颖、李霄：《基于SVM的中文微博情绪分析研究》，《情报资料工作》2016年第3期，第28～33页。

[134] 赵华、章成志：《中英文突发事件话题演化对比研究——以H7N9微博为例》，《情报资料工作》2016年第3期，第19～27页。

[135] 上官诗媛、王甲成：《高校政务微博运作机制现状研究——以河北某高校共青团新浪微博为例》，《石家庄铁道大学学报》（社会科学版）2016年第3期，第93～97页。

[136] 袁斌、江涛、于洪志：《基于语义空间的藏文微博情感分析方法》，《计算机应用研究》2016 年第 3 期，第 682 ~ 685 页。

[137] 王艳东、李昊、王腾、朱建奇：《基于社交媒体的突发事件应急信息挖掘与分析》，《武汉大学学报》（信息科学版）2016 年第 3 期，第 290 ~ 297 页。

[138] 邱继远、岳振军、荣传振、苏丰龙：《三种排序算法的比较及其在微博排序中的应用》，《军事通信技术》2016 年第 3 期，第 81 ~ 85 页。

[139] 罗翔宇、彭晨：《微博：武陵地区电视媒体融合传播的路径分析——以恩施电视台官方微博为例》，《湖北民族学院学报》（哲学社会科学版）2016 年第 3 期，第 140 ~ 144 页。

[140] 李雪：《从惯习——场域理论看微博中的网民互动》，《科技传播》2016 年第 3 期，第 56 ~ 58 页。

[141] 黄璐、吴娜、游志麒、刘光大、周宗奎：《情绪体验与社交网站使用行为的关系：基于新浪微博的研究》，《中国临床心理学杂志》2016 年第 3 期，第 409 ~ 412、394 页。

[142] 任美懿：《微博时代大学生的网络政治参与》，《中国冶金教育》2016 年第 3 期，第 35 ~ 38 页。

[143] 杨晶：《高校官方微博应对突发公共事件的问题及策略》，《重庆交通大学学报》（社会科学版）2016 年第 3 期，第 113 ~ 117、133 页。

[144] 叶兴艺、张宸瑜：《微博反腐的底层规制与顶层设计》，《北京电子科技学院学报》2016 年第 3 期，第 41 ~ 48 页。

[145] 王征、王林森、赵磊：《基于信息密度的微博突发话题检测模型研究》，《情报理论与实践》2016 年第 3 期，第 125 ~ 129 页。

[146] 孟祥云、兰月新、王俊迪、吴翠芳、张鹏：《基于 SWOT 分析的公安微博运营效果提升策略》，《中国公共安全》（学术版）2016 年第 3 期，第 101 ~ 106 页。

[147] 裴超、肖诗斌、江敏：《基于改进的 LDA 主题模型的微博用户聚类研究》，《情报理论与实践》2016 年第 3 期，第 135 ~ 139 页。

[148] 朱芳菲：《政务 APP 在互联网政务中的技术路径与发展建议——基于“两微一端”的比较分析》，《安徽行政学院学报》2016 年第 3 期，第 47 ~ 51 页。

[149] 刘烨、周南：《新媒体视域下政务微博微信在马克思主义大众化传播实践中的成效与经验》，《宿州教育学院学报》2016 年第 3 期，第 18 ~ 19、42 页。

[150] 姜笑君、刘钰潭：《地方政府“微政务”平台运营的问题与对策》，《新闻研究导刊》2016 年第 3 期，第 1 ~ 2 页。

[151] 杨莹、刘伟章、梁洁珍：《信息生态视角下中国电子政务与社会化媒体的整合研究》，《电子政务》2016 年第 3 期，第 98 ~ 108 页。

[152] 张婉琪：《微平台下政务人员的媒介素养研究——基于“四川公安”和“平安北京”的分析》，《新闻研究导刊》2016 年第 3 期，第 42 ~ 43 页。

[153] 张婉琪：《微平台下政务人员的媒介素养研究——基于“四川公安”和“平安北京”的分析》，《新闻论坛》2016 年第 3 期，第 66 ~ 69 页。

[154] 徐翔：《中国媒体“社交化”传播效果与影响因素实证分析——基于三十家媒体的微博样本挖掘》，《哈尔滨工业大学学报》（社会科学版）2016 年第 3 期，第 63 ~

70 页。
[155] 伊士国：《论“微博问政”的法治化》，《中国社会科学院研究生院学报》2016 年第 3 期，第 88 ~ 92 页。
[156] 唐江：《微博新闻传播的优势与不足》，《编辑学刊》2016 年第 3 期，第 103 ~ 106 页。
[157] 孙宇科：《微博传播影响公共事件发展趋势机制分析》，《编辑学刊》2016 年第 3 期，第 107 ~ 111 页。
[158] 张爱军：《论微博协商民主的可能性与现实性》，《党政研究》2016 年第 3 期，第 34 ~ 41 页。
[159] 商宪丽、王学东：《微博话题识别中基于动态共词网络的文本特征提取方法》，《图书情报知识》2016 年第 3 期，第 80 ~ 88 页。
[160] 邵培仁、王昀：《社会抗争在互联网情境中的联结性动力——以人民网、南方网、新浪微博三类网站为案例》，《河南大学学报》（社会科学版）2016 年第 3 期，第 120 ~ 129 页。
[161] 卢杨、李华康、孙国梓：《一种基于 P2P 技术的分布式微博爬虫系统》，《江苏大学学报》（自然科学版）2016 年第 3 期，第 296 ~ 301 页。
[162] 张勋宗：《微博与其他媒介对突发公共事件舆论引导之比较分析》，《新闻界》2016 年第 3 期，第 47 ~ 52 页。
[163] 刘志雄、贾彩燕：《面向用户兴趣与社区关系的微博话题检测方法》，《智能系统学报》2016 年第 3 期，第 294 ~ 300 页。
[164] 贺敏、徐杰、杜攀、程学旗、王丽宏：《基于时间序列分析的微博突发话题检测方法》，《通信学报》2016 年第 3 期，第 48 ~ 54 页。
[165] 朱玲、薛春香、章成志、傅柱：《微博用户标签与博文内容相关度研究》，《现代图书情报技术》2016 年第 3 期，第 18 ~ 24 页。
[166] 张磊、马静、李丹丹、沈洋：《语义社会网络的超网络模型构建及关键节点自动化识别方法研究》，《现代图书情报技术》2016 年第 3 期，第 8 ~ 17 页。
[167] 徐巍、陈冬华：《自媒体披露的信息作用——来自新浪微博的实证证据》，《金融研究》2016 年第 3 期，第 157 ~ 173 页。
[168] 胡远珍、徐皞亮：《湖北省政务微博与政府深化信息公开》，《湖北社会科学》2016 年第 3 期，第 57 ~ 66 页。
[169] 梁丽芝、巩利：《政务微博传播：功能、限制因素及其效果提升》，《云梦学刊》2016 年第 3 期，第 95 ~ 99 页。
[170] 贺纪乐：《政务微博现状及未来发展路径探析》，《西部学刊》（新闻与传播）2016 年第 3 期，第 33 ~ 35 页。
[171] 岳珍：《地方政务微博发展困境及其突破——以淮北市为例》，《陕西学前师范学院学报》2016 年第 3 期，第 16 ~ 19 页。
[172] 邹阳笛：《浅析政务微博对政府形象塑造的影响》，《西部学刊》（新闻与传播）2016 年第 3 期，第 35 ~ 37 页。
[173] 杨莹、刘伟章、梁洁珍：《信息生态视角下中国电子政务与社会化媒体的整合研究》，《电子政务》2016 年第 3 期，第 98 ~ 108 页。

[174] 张志刚、陈艺、赵凯：《人民日报微博舆论引导方式及效果研究——以“东方之星”客轮长江倾覆事件为例》，《东南传播》2016年第3期，第72~74页。

[175] 叶勇豪、许燕、朱一杰、梁炯潜、兰天、于淼：《网民对“人祸”事件的道德情绪特点——基于微博大数据研究》，《心理学报》2016年第3期，第290~304页。

[176] 赵红霞、程敏：《“留守儿童”微博圈的实证研究——基于社会网络分析视角》，《上海教育科研》2016年第3期，第18~21页。

[177] 柯赟：《新浪微博信息传播的影响因素分析与效果预测》，《现代情报》2016年第3期，第22~26页。

[178] 马慧芳、吉余岗、李晓红、周汝南：《基于离散粒子群优化的微博热点话题发现算法》，《计算机工程》2016年第3期，第208~213页。

[179] 刘宝芹、牛耘、张景：《基于统计数据的微博表情符分析及其在情绪分析中的应用》，《计算机工程与科学》2016年第3期，第577~584页。

[180] 孙赫、李淑琴、吕学强、刘克会：《微博城市投诉文本中的地理位置实体识别》，《山东大学学报》（理学版）2016年第3期，第77~85页。

[181] 权丽桃：《我国公共图书馆微博粉丝数影响因素分析》，《情报探索》2016年第3期，第73~75、81页。

[182] 许玉镇、袁克：《论公民微博政治参与及其法律规制》，《学习与探索》2016年第3期，第48~53页。

[183] 刘行军、甘春梅、王伟军：《基于U&G理论的微博信息传播影响因素实证分析》，《情报科学》2016年第3期，第139~144页。

[184] 翟羽佳：《特定事件微博子话题特征提取研究》，《情报科学》2016年第3期，第145~150、172页。

[185] 钟杰、王海舟、王文贤：《基于话题的微博信息传播拓扑结构研究》，《信息网络安全》2016年第3期，第64~70页。

[186] 孙莉、张振、李继云、王梅：《基于微博文本和元数据的话题检测》，《计算机应用与软件》2016年第3期，第67~70、86页。

[187] 张菊兰：《新疆少数民族大学生微博互动的影响因素研究》，《新闻世界》2016年第3期，第34~36页。

[188] 钱立磊：《新闻规律和互联网思维在媒体微博中的实践——以@安庆天天直播为例》，《新闻世界》2016年第3期，第37~40页。

[189] 胡满棋：《微博在突发事件中的传播特征》，《新闻世界》2016年第3期，第61~63页。

第4期

[190] 曾凡斌、李艺：《从前30名媒体微博看媒介融合发展之路》，《文化与传播》2016年第4期，第46~52页。

[191] 程晗嫣：《刍议我国政务微博舆情应对的问题与对策》，《中共济南市委党校学报》2016年第4期，第25~28页。

[192] 汪青云、李慧芳：《突发事件中政务微博互动系统构建研究》，《新闻世界》2016年

第 4 期，第 58 ~ 61 页。

[193] 李洁：《政务微博回应机制的缺失与完善》，《党政干部论坛》2016 年第 4 期，第 18 ~ 21 页。

[194] 莫姣：《政务微博档案化管理策略研究》，《黑龙江科技信息》2016 年第 4 期，第 172 页。

[195] 谢柏林、蒋盛益、周咏梅、谢逸、李霞：《基于把关人行为的微博虚假信息及早检测方法》，《计算机学报》2016 年第 4 期，第 730 ~ 744 页。

[196] 王丽超：《微博意见领袖的话语实践研究》，《新闻论坛》2016 年第 4 期，第 49 ~ 51 页。

[197] 仲兆满、胡云、李存华、刘宗田：《微博中特定用户的相似用户发现方法》，《计算机学报》2016 年第 4 期，第 765 ~ 779 页。

[198] 刘培玉、侯秀艳、朱振方、刘芳、蔡肖红：《基于热度联合排序的微博热点话题发现》，《计算机科学与探索》2016 年第 4 期，第 573 ~ 581 页。

[199] 唐兴、权义宁、宋建锋、邓凯、朱海、苗启广：《微博个性化转发行为预测新算法》，《西安电子科技大学学报》2016 年第 4 期，第 51 ~ 56、62 页。

[200] 成秋英：《海南省政务微博发展的困境与出路》，《新东方》2016 年第 4 期，第 48 ~ 52 页。

[201] 刘艺文：《微博对股市多空双方报道的平衡性分析》，《新闻论坛》2016 年第 4 期，第108 ~ 110 页。

[202] 吴克昌、王珂：《治理视角下公民参与微博问政的发展路径研究——基于广州市天河区的实证调研》，《华南理工大学学报》（社会科学版）2016 年第 4 期，第 51 ~ 57 页。

[203] 陈文胜：《社交媒体的政治性应用——国外相关研究述评》，《新闻记者》2016 年第 4 期，第 86 ~ 92 页。

[204] 程楠：《三大妙招让普法进入“微时代”——四川省成都市温江区创新载体构建互联网 + 普法新模式》，《人民调解》2016 年第 4 期，第 40 ~ 41 页。

[205] 郭俊辉、李长安、陆聂海：《网络舆情危机中补救性微博回应对于品牌态度改善的影响》，《浙江学刊》2016 年第 4 期，第 210 ~ 216 页。

[206] 李芳：《微博大型体育赛事的传播路径研究》，《当代传播》2016 年第 4 期，第 95 ~ 97 页。

[207] 汪海娟、苏立宁：《政府 2.0 背景下基层微政务发展研究》，《安徽行政学院学报》2016 年第 4 期，第 74 ~ 78 页。

[208] 刘桂玲：《“互联网 +”视域下的公安政务双微研究》，《山东警察学院学报》2016 年第 4 期，第 154 ~ 160 页。

[209] 姜笑君、孙守安：《建构和完善地方政府“微政务平台”的几点思考》，《辽宁工业大学学报》（社会科学版）2016 年第 4 期，第 5 ~ 7 页。

[210] 吴克昌、王珂：《治理视角下公民参与微博问政的发展路径研究——基于广州市天河区的实证调研》，《华南理工大学学报》（社会科学版）2016 年第 4 期，第 51 ~ 57 页。

[211] 李礼：《微博意见领袖的形成与科学引导研究》，《青海师范大学学报》（哲学社会科

学版）2016 年第 4 期，第 40 ~ 44 页。
[212] 林功成、李莹、陈锦芸：《大学生的社交焦虑、自我表露与网上互动——对微博社交行为的路径分析》，《青年研究》2016 年第 4 期，第 29 ~ 37、95 页。
[213] 丁晟春、吴婧婵媛、李霄：《基于 CRFs 和领域本体的中文微博评价对象抽取研究》，《中文信息学报》2016 年第 4 期，第 159 ~ 166 页。
[214] 陈铁明、缪茹一、王小号：《融合显性和隐性特征的中文微博情感分析》，《中文信息学报》2016 年第 4 期，第 184 ~ 192 页。
[215] 刘德喜、聂建云、张晶、刘晓华、万常选、廖国琼：《中文微博情感词提取：N-Gram 为特征的分类方法》，《中文信息学报》2016 年第 4 期，第 193 ~ 205、212 页。
[216] 张思豆、李君轶：《基于微博大数据的游客情感与空气质量关系研究——以西安市为例》，《陕西师范大学学报》（自然科学版）2016 年第 4 期，第 102 ~ 107 页。
[217] 姚广宜：《对网络微博庭审直播现状的实证分析》，《中国政法大学学报》2016 年第 4 期，第 134 ~ 147、160 页。
[218] 王天铮：《我国法院微博运营实力评估指标体系研究》，《中国政法大学学报》2016 年第 4 期，第 148 ~ 158、160 页。
[219] 姜云峰：《报纸微博中的副文本分析》，《湖北广播电视大学学报》2016 年第 4 期，第 52 ~ 55 页。
[220] 孙飞显：《针对政府的微博网络舆情传播规律与对策研究——以新浪微博为例》，《中州大学学报》2016 年第 4 期，第 70 ~ 74 页。
[221] 秦俊丽：《基于官方微博的旅游目的地营销模式探讨》，《山西大同大学学报》（社会科学版）2016 年第 4 期，第 100 ~ 103 页。
[222] 宗一君、郭晶：《高校图书馆微服务模式初探——基于典型案例的观测研究》，《图书与情报》2016 年第 4 期，第 60 ~ 65 页。
[223] 姜笑君、孙守安：《建构和完善地方政府“微政务平台”的几点思考》，《辽宁工业大学学报》（社会科学版）2016 年第 4 期，第 5 ~ 7 页。
[224] 赵天奇、姚海鹏、方超、张俊东、张培颖：《语义规则与表情加权融合的微博情感分析方法》，《重庆邮电大学学报》（自然科学版）2016 年第 4 期，第 503 ~ 510 页。
[225] 张玲、徐雅斌：《一种基于逻辑回归的微博内容隐私检测方法》，《北京信息科技大学学报》（自然科学版）2016 年第 4 期，第 22 ~ 26 页。
[226] 吴瑛、宋韵雅、刘勇：《社会化媒体的“中国式反腐”——对落马官员案微博讨论的社会网络分析》，《新闻大学》2016 年第 4 期，第 104 ~ 113、128、153 页。
[227] 仇学明、肖基毅、陈磊：《基于用户特征的微博转发预测研究》，《南华大学学报》（自然科学版）2016 年第 4 期，第 100 ~ 105 页。
[228] 邵力：《微博网络聚集过程的社会表征释义》，《南京邮电大学学报》（社会科学版）2016 年第 4 期，第 21 ~ 27、36 页。
[229] 戴丹、胡杨、刘骊、冯旭鹏、刘利军、黄青松：《基于层叠条件随机场的微博热点话题跟踪》，《计算机应用与软件》2016 年第 4 期，第 56 ~ 59、102 页。
[230] 李蕾：《公共突发事件中政务微博的网络舆情引导机制》，《天水行政学院学报》2016 年第 4 期，第 79 ~ 82 页。

［231］李俊丽：《思政教师微博在大学生思想政治教育中的应用分析》，《理论观察》2016年第4期，第161～162页。

［232］张学霞、鲍海波：《政务微博功能属性研究与应用分析——以“@问政银川”为例》，《北方民族大学学报》（哲学社会科学版）2016年第4期，第111～114页。

［233］李勇、龚小芳、惠鸿曜、田晶晶：《政务微博条件下的政民交互度评价指标体系构建》，《重庆大学学报》（社会科学版）2016年第4期，第172～179页。

［234］杨玉强、腾香：《政务微博传播特点与发展模式研究》，《软件导刊》2016年第15卷第4期，第134～135页。

［235］孟川瑾、卢靖：《基于新公共服务的政务微博运行机制——“@问政银川”案例研究》，《电子政务》2016年第4期，第45～53页。

［236］杜伟泉：《政务微博与政民互动研究》，《井冈山大学学报》（社会科学版）2016年第4期，第91～95页。

［237］刘焕成、王冰：《高校图书馆微博影响力测评研究》，《河南图书馆学刊》2016年第4期，第68～71页。

［238］廉同辉、余菜花、袁勤俭：《基于内容分析法的旅游微博主题研究——以国家旅游局新浪微博为例》，《现代情报》2016年第4期，第85～89页。

［239］余秀才：《突发事件中微博舆论的传播特征与问题——以成都男司机暴打女司机事件为例》，《现代传播》（中国传媒大学学报）2016年第4期，第134～141页。

［240］康亚杰、彭光芒：《转基因话题微博谣言传播的“回声室效应”》，《新闻世界》2016年第4期，第48～53页。

［241］周红福、贾璐、张婷婷、李剑：《微博舆情分析中信息转发路径提取方法研究》，《信息网络安全》2016年第4期，第61～68页。

［242］刘宏宇、蒋欣逸、魏祯：《论微博现实困境的形成机制及解决途径——基于腾讯微博案例调查研究》，《国际新闻界》2016年第4期，第157～176页。

［243］王李冬、吕明琪：《融合语义和时间因子的微博检索》，《情报杂志》2016年第4期，第190～194页。

［244］陶贤都、陈曼琼：《科学争议与网民的认知变化——基于腾讯微博“崔方之争”的内容分析》，《科学学研究》2016年第4期，第496～502页。

［245］乔亚奴：《大学生微博阅读和微信阅读比较研究》，《绵阳师范学院学报》2016年第4期，第131～137页。

［246］谭晋秀、何跃：《基于k-means文本聚类的新浪微博个性化博文推荐研究》，《情报科学》2016年第4期，第74～79页。

［247］何建民、李雪：《面向微博舆情演化分析的隐马尔科夫模型研究》，《情报科学》2016年第4期，第7～12页。

［248］王睿、张恩普、李婷：《基于微博的突发事件网络舆情对策研究》，《情报科学》2016年第4期，第94～98页。

［249］朱娜娜、景东、薛涵：《基于深度神经网络的微博图书名识别研究》，《图书情报工作》2016年第4期，第102～106、141页。

［250］侯秀艳、刘培玉、王智昊、朱振方：《基于核心用户对发现的微博好友推荐算法》，

《济南大学学报》（自然科学版）2016 年第 4 期，第 256 ~ 262 页。

[251] 刁舜：《微博著作权的法律保护问题研究》，《山西省政法管理干部学院学报》2016 年第 4 期，第 43 ~ 46 页。

[252] 黄雪亮、周大鸣：《大社区、小世界：关系型虚拟社区的兴起——以新浪微博社区为例》，《青海民族研究》2016 年第 4 期，第 57 ~ 61 页。

[253] 李峻汝：《微博语境下高校基层学生工作创新探究》，《高校辅导员》2016 年第 4 期，第56 ~ 59 页。

[254] 郭旨龙：《“双层社会”背景下的“场域”变迁与刑法应对》，《中国人民公安大学学报》（社会科学版）2016 年第 4 期，第 38 ~ 45 页。

[255] 李曙光：《广东地区图书馆开设微博服务的现状与对策》，《图书馆研究》2016 年第 4 期，第 77 ~ 81 页。

[256] 周惠来、周军杰、马嘉雯：《微博内容类型对品牌关系质量的影响》，《管理学刊》2016 年第 4 期，第 23 ~ 30 页。

[257] 余厚强、Bradley M. Hemminger、肖婷婷、邱均平：《新浪微博替代计量指标特征分析》，《中国图书馆学报》2016 年第 4 期，第 20 ~ 36 页。

[258] 姚会：《基于灰色预测模型的旅游供给侧分析——以旅游攻略在新浪微博中的微指数为例》，《旅游论坛》2016 年第 4 期，第 79 ~ 83 页。

[259] 刘桂玲：《“互联网 +”视域下的公安政务双微研究》，《山东警察学院学报》2016 年第 4 期，第 154 ~ 160 页。

[260] 卢兴：《体育热点事件微传播特质研究——基于微博传播关键节点的实证分析》，《上海体育学院学报》2016 年第 4 期，第 37 ~ 41 页。

[261] 顾华宁、杨鑫：《高校官方微博在校园文化建设中的应用——以成都理工大学官方微博为例》，《中国地质教育》2016 年第 4 期，第 11 ~ 14 页。

第 5 期

[262] 刘姿均：《政务微博在互联网公共事件中的传播策略》，《新媒体研究》2016 年第 5 期，第 14 ~ 15 页。

[263] 尹连根、黄敏：《政府官方微博：形似公共领域和次私密领域的集合体》，《国际新闻界》2016 年第 5 期，第 31 ~ 51 页。

[264] 陈朋亲、杨天保：《中国政务微博发展对策研究——基于 2014 年的数据分析》，《重庆理工大学学报》（社会科学）2016 年第 5 期，第 116 ~ 122 页。

[265] 陈婷、胡改丽、陈福集：《政务微博知识推送的知识网络演化研究——基于知识协同视角》，《情报科学》2016 年第 5 期，第 23 ~ 28 页。

[266] 黄娟：《政务微博中城市形象的表征与建构——以南京城市政务微博为例》，《合肥师范学院学报》2016 年第 5 期，第 86 ~ 89 页。

[267] 孟卧杰、唐鸣：《我国公民微博政治参与的效度提升问题研究》，《理论导刊》2016 年第 5 期，第 4 ~ 9 页。

[268] 杨惠、戴海波：《论“微时代”政务微博对地方政府公信力的建构策略——以淮安市为例》，《淮阴师范学院学报》（哲学社会科学版）2016 年第 5 期，第 677 ~

681 页。

[269] 孙莉艳、袁勤俭：《旅游景点微博负面口碑传播研究》，《旅游论坛》2016 年第 5 期，第78 ~ 85 页。

[270] 董敬畏：《网络社区的性质、议题分类及其影响——以微博与微信为例》，《广西社会科学》2016 年第 5 期，第 142 ~ 145 页。

[271] 杨爱东、刘东苏：《基于 Hadoop 的微博舆情监控系统模型研究》，《现代图书情报技术》2016 年第 5 期，第 56 ~ 63 页。

[272] 李海燕、董颖、宋妮：《图书馆微博阅读推广实践探索——以大连外国语大学图书馆为例》，《图书馆学刊》2016 年第 5 期，第 127 ~ 128 页。

[273] 郭彦伟、艾美华：《新疆政务微博的传播效果分析——以对“丝绸之路经济带”的报道为例》，《吉林广播电视大学学报》2016 年第 5 期，第 21 ~ 22、27 页。

[274] 邵克、上官春晓：《微博问政视域下城市治理转型研究》，《贵州省党校学报》2016 年第 5 期，第 85 ~ 91 页。

[275] 李梦姣：《微博在大学生思想政治教育中的应用——基于社会互动理论的视角》，《商洛学院学报》2016 年第 5 期，第 64 ~ 67 页。

[276] 孙天华：《主体论视野下微博与大学生思想政治教育创新》，《佳木斯大学社会科学学报》2016 年第 5 期，第 83 ~ 86 页。

[277] 徐琳、郭昌宁：《大学生新浪微博自我表露行为及影响因素研究》，《杭州电子科技大学学报》（社会科学版）2016 年第 5 期，第 39 ~ 43 页。

[278] 张璇、刘媛媛、任占兵：《我国马拉松赛事的微博传播研究——以广州马拉松和厦门马拉松微博传播为例》，《体育成人教育学刊》2016 年第 5 期，第 32 ~ 35 页。

[279] 刘明珠、杨建林：《微博搜索、网页搜索对用户信息需求满足能力的对比分析——以新浪微博搜索、百度搜索为例》，《图书与情报》2016 年第 5 期，第 126 ~ 136 页。

[280] 吴树芳、徐建民：《基于 HITS 算法的微博用户可信度评估》，《山东大学学报》（工学版）2016 年第 5 期，第 7 ~ 12 页。

[281] 刘宇、回胜男、王梦蒙：《先赋与自致：图书馆大 V 是如何炼成的——基于新浪微博的实证研究》，《图书与情报》2016 年第 5 期，第 137 ~ 144 页。

[282] 邱鸿峰：《激发应对效能与自我效能：公众适应气候变化的风险传播治理》，《国际新闻界》2016 年第 5 期，第 88 ~ 103 页。

[283] 尹连根、黄敏：《政府官方微博：形似公共领域和次私密领域的集合体》，《国际新闻界》2016 年第 5 期，第 31 ~ 51 页。

[284] 郭淼、焦垣生：《网络舆情传播与演变背景下的微博信息转发预测分析》，《情报杂志》2016 年第 5 期，第 46 ~ 51、37 页。

[285] 姜景、沈乾、马宁、刘怡君：《基于网络舆论生态的微博舆论生态位研究》，《情报杂志》2016 年第 5 期，第 52 ~ 57、172 页。

[286] 李情情、鲁燃、朱振方、刘颖莹：《基于特定用户角色的热度计算方法及应用》，《计算机工程与设计》2016 年第 5 期，第 1201 ~ 1207 页。

[287] 黄艳：《微博兴起背景下大学生思想政治教育的挑战与应对》，《内蒙古师范大学学报》（教育科学版）2016 年第 5 期，第 73 ~ 77 页。

[288] 徐春：《高校图书馆利用新媒体进行创新服务分析》，《中华医学图书情报杂志》2016年第5期，第35~38、57页。
[289] 李华、朱荔：《基于影响力的微博新兴热点事件检测》，《计算机应用与软件》2016年第5期，第98~101、165页。
[290] 游新年、刘群：《基于传染病模型的微博信息传播预测研究》，《计算机应用与软件》2016年第5期，第53~56页。
[291] 潘骏、沈惠璋、陈忠：《社会群体事件的微博传播和复合生长曲线研究》，《情报杂志》2016年第5期，第72~78、125页。
[292] 靖鸣、王勇兵：《新浪大V传播行为的变化与思考——以突发公共事件为例》，《现代传播》（中国传媒大学学报）2016年第5期，第69~75页。
[293] 陈杰、刘学军、李斌：《一种基于用户长短期兴趣的微博推荐方法》，《小型微型计算机系统》2016年第5期，第952~956页。
[294] 孙茂华、胡磊、季岩砚：《微博社区成员参与的心理影响因素实证分析》，《现代情报》2016年第5期，第82~87页。
[295] 李亚星、王兆凯、冯旭鹏、刘利军、黄青松：《基于实时词共现网络的微博话题发现》，《计算机应用》2016年第5期，第1302~1306页。
[296] 洪巍、史敏、洪小娟、浦徐进：《食品安全网络舆情中网民微博转发行为影响因素研究——以上海福喜事件为例》，《中国人口·资源与环境》2016年第5期，第167~176页。
[297] 张静：《微博阅读推广服务碎片化特征及其学科化聚合研究》，《图书馆工作与研究》2016年第5期，第59~62页。
[298] 陈婷、胡改丽、陈福集：《政务微博知识推送的知识网络演化研究——基于知识协同视角》，《情报科学》2016年第5期，第23~28页。
[299] 田向国、肖林鹏、刘铁英、张小莉：《新浪微博信息传播路径阻碍因素分析及传播效果预测》，《情报科学》2016年第5期，第91~94页。
[300] 温亮明、余波：《基于微博的竞争情报搜集实证研究》，《情报科学》2016年第5期，第95~99页。
[301] 刘德喜：《情感词扩展对微博情感分类性能影响的实验分析》，《小型微型计算机系统》2016年第5期，第957~965页。
[302] 李开拓、吕超男：《手机微博语言语用特征综论》，《北华大学学报》（社会科学版）2016年第5期，第25~32页。
[303] 王宇波、谭昭：《微博意见领袖话语传播特征的组间差异研究——基于词汇计量和活跃度的分析》，《武汉理工大学学报》（社会科学版）2016年第5期，第797~803页。
[304] 姚仰生：《从载体到理念：中国工会新媒体应用的实践及发展趋势》，《中国劳动关系学院学报》2016年第5期，第26~33页。
[305] 谢一奇：《我国政府应对网络新媒体意见领袖的方式变革及评析》，《当代青年研究》2016年第5期，第27~32页。
[306] 安璐、杜廷尧、余传明、周利琴、李纲：《突发公共卫生事件的微博主题演化模式和

时序趋势——以 Twitter 和 Weibo 的埃博拉微博为例》，《情报资料工作》2016 年第 5 期，第 44～52 页。

[307] 苏云、张庆来：《公共事件中的双微信息传播失真及防范对策》，《甘肃社会科学》2016 年第 5 期，第 250～255 页。

[308] 叶战备、张玉龙：《公民参与涉政网络事件方式及其生成机理——基于微博个案的透视》，《淮阴师范学院学报》（哲学社会科学版）2016 年第 5 期，第 664～672、700 页。

[309] 王丽丽、顾广欣：《大学出版社微博传播分析及发展策略》，《出版科学》2016 年第 5 期，第 87～90 页。

[310] 姜景、张立超、刘怡君：《基于系统动力学的突发公共事件微博舆论场实证研究》，《系统管理学报》2016 年第 5 期，第 868～873 页。

[311] 杨桃莲：《微博主国家认同的自觉建构——以新浪"中国梦"微博文本为考察对象》，《当代传播》2016 年第 5 期，第 110～112 页。

[312] 何全旭：《微博平台建设对于大学生心理危机的识别及其干预研究》，《长春理工大学学报》（社会科学版）2016 年第 5 期，第 150～153 页。

[313] 涂凌波：《草根、公知与网红：中国网络意见领袖二十年变迁阐释》，《当代传播》2016 年第 5 期，第 84～88 页。

[314] 陈功、陈慧敏：《微博舆论绑架现象分析及其规避路径》，《当代传播》2016 年第 5 期，第 89～91、98 页。

[315] 姚子瑜、屠守中、黄民烈、朱小燕：《一种半监督的中文垃圾微博过滤方法》，《中文信息学报》2016 年第 5 期，第 176～186 页。

[316] 王怡、梁循、周小平：《基于统计的新浪微博动态传播规律研究》，《中文信息学报》2016 年第 5 期，第 36～46 页。

[317] 耿佳：《微博、微信在档案馆信息服务中的比较与整合研究——以省级档案馆为例》，《档案管理》2016 年第 5 期，第 45～47 页。

[318] 吴闻莺、蔡尚伟：《我国微博舆论风险社会因素、作用范围及化解机制》，《兰州文理学院学报》（社会科学版）2016 年第 5 期，第 105～110 页。

[319] 汪波、何继禄：《北京融媒体的信息资本与影响力评估——市属媒体微博的社会网络分析》，《新视野》2016 年第 5 期，第 66～72 页。

[320] 胡磊、孙茂华：《微博社区成员参与的心理机制：实证研究与管理启示》，《北京大学学报》（自然科学版）2016 年第 5 期，第 793～802 页。

[321] 姜小东：《政府微博舆论引导机制研究》，《无锡职业技术学院学报》2016 年第 5 期，第81～83 页。

[322] 汪振军、韩旭：《网络公共领域的道德绑架与交往理性——以范玮琪阅兵晒娃事件为例》，《郑州大学学报》（哲学社会科学版）2016 年第 5 期，第 149～153、160 页。

第 6 期

[323] 黄璜：《微政务：一种嵌入式的治理初探》，《行政论坛》2016 年第 6 期，第 42～46 页。

[324] 熊龙、鲍中义：《试论微博在大学生社会责任意识培养过程中的作用及路径优化策略》，《佳木斯大学社会科学学报》2016 年第 6 期，第 84 ~ 87 页。
[325] 田晓蕾：《基于微博平台的大学英语教学创新研究》，《教育理论与实践》2016 年第 6 期，第 54 ~ 56 页。
[326] 朱皓：《微博对传统新闻模式的影响探究》，《新媒体研究》2016 年第 6 期，第 16 页。
[327] 张力丹：《社交媒体时代的跨文化传播研究——以新浪微博“橘子哥”事件为例》，《艺术科技》2016 年第 6 期，第 107 ~ 108 页。
[328] 萧子扬、叶锦涛：《从微博印象看女大学生网络形象的建构、解构和重构》，《江西青年职业学院学报》2016 年第 6 期，第 48 ~ 51 页。
[329] 李修元：《碎片化语境中微博文学的意义建构》，《新余学院学报》2016 年第 6 期，第 65 ~ 68 页。
[330] 范珊珊、周德仓：《2015 年西藏微博社会热点舆情文本探析——以“林芝桃花节”“4·25 尼泊尔地震”为例》，《新闻论坛》2016 年第 6 期，第 60 ~ 63 页。
[331] 吴闻莺、蔡尚伟：《微博作为公共参与平台的适宜性、局限性及参与模式研究》，《成都行政学院学报》2016 年第 6 期，第 58 ~ 61 页。
[332] 邵力、乔墩：《网络热点事件微博评论中的情感冲突分析》，《兰州大学学报》（社会科学版）2016 年第 6 期，第 62 ~ 68 页。
[333] 朱波、施青蓝：《论微博谣言传播中公众理性的成长》，《和田师范专科学校学报》（汉文综合版）2016 年第 6 期，第 14 ~ 17 页。
[334] 吴伊萍、杨传秀：《话题型微博评价对象抽取特征分析》，《泉州师范学院学报》2016 年第 6 期，第 55 ~ 60 页。
[335] 孟健、刘阳：《基于 DEA 方法的省级公共图书馆微博运营效率研究》，《图书馆学研究》2016 年第 6 期，第 51 ~ 57 页。
[336] 程德年：《旅游政务微博内容质量对旅游者目的地行为意图的影响——以苏州市旅游政务微博为例》，《福建农林大学学报》（哲学社会科学版）2016 年第 6 期，第 92 ~ 97 页。
[337] 杨永惠：《基于微博环境的平面媒体新闻采写的若干思考》，《新媒体研究》2016 年第 6 期，第 139 页。
[338] 果湉：《北京高校大学生新浪微博使用行为研究》，《新媒体研究》2016 年第 6 期，第 26 ~ 29 页。
[339] 阮建玲、吴诗珊、陈晨、曾艺兰：《政务微博的规范化运行探讨》，《时代农机》2016 年第 6 期，第 81 ~ 82 页。
[340] 姜伟：《媒体微博新闻的话语转型与政府形象传播研究》，《中州大学学报》2016 年第 6 期，第 65 ~ 68 页。
[341] 张冠男：《新媒体与成人社会性别意识教育——以〈反家庭暴力法〉微博宣传的视角》，《西北成人教育学院学报》2016 年第 6 期，第 9 ~ 13 页。
[342] 刘红兵、李文坤、张仰森：《基于 LDA 模型和多层聚类的微博话题检测》，《计算机技术与发展》2016 年第 6 期，第 25 ~ 30、36 页。
[343] 冯冲、石戈、郭宇航、龚静、黄河燕：《基于词向量语义分类的微博实体链接方法》，

《自动化学报》2016 年第 6 期，第 915 ~ 922 页。
[344] 汪友海：《微博直播庭审的困境与规制》，《辽宁师范大学学报》（社会科学版）2016 年第 6 期，第 24 ~ 30 页。
[345] 冯帆：《政府主导下的政务微博发展现状——以新浪微博“上海发布”为例》，《青年记者》2016 年第 6 期，第 81 ~ 82 页。
[346]《山东司法行政系统初步建成　政务新媒体联合“矩阵群”》，《计算机与网络》2016 年第 6 期，第 5 页。
[347] 袁清卿：《地区官方微博对本地社会管理的影响初探——以宁波地区官方微博为例》，《新闻研究导刊》2016 年第 6 期，第 2 ~ 3 页。
[348] 颜瑜：《政务微博为信息公开助力》，《办公室业务》2016 年第 6 期，第 92 页。
[349] 崔斌：《微博传播话语权的伦理审视》，《求索》2016 年第 6 期，第 37 ~ 41 页。
[350] 张磊、吾守尔·斯拉木、买买提依明·哈斯木、于清：《大数据下微博推荐算法》，《激光杂志》2016 年第 6 期，第 1 ~ 6 页。
[351] 彭晶晶、王旭：《媒体微博在转基因食品报道中的舆论导向研究》，《甘肃广播电视大学学报》2016 年第 6 期，第 70 ~ 74 页。
[352] 郜书锴、苏柳：《微博舆论场：现状分析与公共治理》，《浙江传媒学院学报》2016 年第 6 期，第 30 ~ 41、156 页。
[353] 王姝琼、周毓颖：《青少年微博使用与其人格特点的关系》，《青少年学刊》2016 年第 6 期，第 19 ~ 24、55 页。
[354] 兰天、郭躬德：《基于词共现关系和粗糙集的微博话题检测方法》，《计算机系统应用》2016 年第 6 期，第 17 ~ 24 页。
[355] 谭天、姚瑶：《网络公共领域中的框架博弈——以“3·15”晚会的微博舆论为例》，《东南传播》2016 年第 6 期，第 61 ~ 64 页。
[356] 庄雯莎：《争议性公共事件的微博舆论呈现——以“上海女孩逃离江西”事件为例》，《东南传播》2016 年第 6 期，第 65 ~ 67 页。
[357] 廉同辉、陶磊、余菜花、袁勤俭：《旅游微博研究述评》，《电子政务》2016 年第 6 期，第 105 ~ 115 页。
[358] 李冲：《论大学生政治信仰教育中的微博运用》，《前沿》2016 年第 6 期，第 77 ~ 80 页。
[359] 王国华、吴丹、王戈、闵晨、魏程瑞：《框架理论视域下的虚假新闻传播研究——基于“上海女孩逃离江西农村”事件的内容分析》，《情报杂志》2016 年第 6 期，第 56 ~ 64 页。
[360] 严贝妮、王运：《中外高校图书馆微博研究进展：服务、功能、应用视角的解构》，《图书馆》2016 年第 6 期，第 97 ~ 102 页。
[361] 汤胤、徐永欢、张萱：《基于社会认知理论的社交媒体用户转发行为研究》，《图书馆工作与研究》2016 年第 6 期，第 68 ~ 76 页。
[362] 黎藜、王琛：《新媒介视野下的体育文化传播建构》，《新闻知识》2016 年第 6 期，第 16 ~ 19、23 页。
[363] 高永兵、钟振华、王宇、马占飞：《基于混合方法的中文微博自动摘要技术研究》，

《计算机工程与科学》2016 年第 6 期，第 1257 ~ 1261 页。
[364] 王崇：《微博信息表达传播特征及其社会作用》，《学术交流》2016 年第 6 期，第 197 ~ 200 页。
[365] 段送爽：《“故宫淘宝”：新媒体时代文化产品传播策略探析》，《中国记者》2016 年第 6 期，第 79 ~ 80 页。
[366] 陈谣：《重庆主流媒体微博微信“两会”报道分析》，《西部广播电视》2016 年第 6 期，第 22 页。
[367] 何跃、邓姝颖、马玉凤、雷挺：《突发事件中微博用户社群舆情传播特征研究》，《情报科学》2016 年第 6 期，第 14 ~ 18 页。
[368] 李俊婷：《探析微博在传媒公共性实践中的不足》，《西部广播电视》2016 年第 6 期，第 14 页。
[369] 刘秀莲、于克强：《微博在机械原理课程中的应用探索》，《人力资源管理》2016 年第 6 期，第 164 ~ 165 页。
[370] 杨长春、王天允、叶施仁：《微博意见领袖舆情危机管理能力评判体系研究——基于危机生命周期视角》，《情报科学》2016 年第 6 期，第 19 ~ 25 页。
[371] 覃楚涵：《社交媒体与新闻网站对突发性事件的信息传播比较——以微博、人民网对“天津滨海爆炸”事故的报道为例》，《新闻研究导刊》2016 年第 6 期，第 59 ~ 60 页。
[372] 王思齐、李兴亮：《政务微博如何获赞有“技”可循——从文化部开微博被喷说起》，《新闻研究导刊》2016 年第 6 期，第 4 ~ 5、48 页。
[373] 汪静莹、甘硕秋、赵楠、刘天俐、朱廷劭：《基于微博用户的情绪变化分析》，《中国科学院大学学报》2016 年第 6 期，第 815 ~ 824 页。
[374] 陆亦心：《微信微博自媒体工具对军队思想工作教育的作用》，《新闻研究导刊》2016 年第 6 期，第 307 页。
[375] 俸裕程：《藏传佛教在新媒体平台上的发展动态——以新浪微博为例》，《新丝路》2016 年第 6 期，第 113 ~ 114 页。
[376] 邵铄岚：《政务微博舆情引导能力思考》，《内江师范学院学报》2016 年第 31 卷第 6 期，第 125 ~ 128 页。
[377] 杜伟泉、侯聪逸：《政务微博存在的问题及优化路径浅析》，《东南传播》2016 年第 6 期，第 79 ~ 81 页。
[378] 秦建伟：《微博网络谣言认知调查及对策研究——以青海民族大学为例》，《湖北函授大学学报》2016 年第 6 期，第 86 ~ 87 页。
[379] 杨蕾：《对作为一种非实体性组织的纪检监察政务微博的功能考察——基于省、市（县、区）的 12 个微博样本》，《电子政务》2016 年第 6 期，第 58 ~ 71 页。
[380] 徐福林、梁芷铭、周玫：《精神交往：当代中国政务微博的核心诉求——政务微博话语权研究系列之九》，《视听》2016 年第 6 期，第 122 ~ 124 页。
[381] 刘敏、王莉：《社交网络中微博用户行为的分析与预测》，《太原理工大学学报》2016 年第 6 期，第 786 ~ 792 页。
[382] 张耀坤、邢文涛：《基于微博内容分析的高校图书馆网络形象研究——以厦门大学图

书馆新浪微博为例》，《图书馆研究》2016 年第 6 期，第 1 ~ 7 页。

[383] 何明、廖卫民：《城市幸福感与媒介微传播：基于微博样本对“幸福大连”的实证研究》，《江西师范大学学报》（哲学社会科学版）2016 年第 6 期，第 131 ~ 138 页。

[384] 丁晓蔚、夏雨禾、高淑萍：《突发事件中的微博舆论动员及对策研究——基于大数据分析的实证研究》，《中国地质大学学报》（社会科学版）2016 年第 6 期，第 114 ~ 126 页。

[385] 林新明、张云飞：《群体性事件中微博的特征分析与管控对策——以云南晋宁群体性事件为例》，《贵州警官职业学院学报》2016 年第 6 期，第 111 ~ 118 页。

[386] 毕琳：《高校官方微博运营与维护实证研究——以北京 4 所高校官方微博为例》，《中国青年社会科学》2016 年第 6 期，第 77 ~ 82 页。

[387] 赵越、胡静、杨丽婷、贾垚焱、于洁：《新浪武汉旅游微博信息流与游客流关系研究》，《旅游研究》2016 年第 6 期，第 31 ~ 37 页。

[388] 廉同辉、陶磊、余菜花、袁勤俭：《旅游微博研究述评》，《电子政务》2016 年第 6 期，第105 ~ 115 页。

[389] 钟新、黄超：《微博外交的研究进路与评估框架》，《武汉理工大学学报》（社会科学版）2016 年第 6 期，第 1060 ~ 1067 页。

[390] 汪婷：《微博传播伦理失范问题初探》，《蚌埠学院学报》2016 年第 6 期，第172 ~ 175 页。

[391] 崔莉萍、周改丽：《我国主流媒体媒介品牌传播策略研究——以人民日报官方微博为例》，《品牌研究》2016 年第 6 期，第 79 ~ 88 页。

[392] 梁芷铭、周玫：《精神交往：马克思恩格斯传播观初探——政务微博话语权研究系列之五》，《视听》2016 年第 6 期，第 131 ~ 132 页。

[393] 杨美丽：《微博文化的挑战与高校思想政治教育对策研究》，《理论观察》2016 年第 6 期，第 154 ~ 155 页。

[394] 潘龙飞、周程：《基于新媒体的大型科普活动效果评估——以 2015 年全国科普日为例》，《科普研究》2016 年第 6 期，第 48 ~ 56、101 ~ 102 页。

[395] 谢玉亮、杨玉青：《微文化环境下高校培育和践行社会主义核心价值观的实现路径》，《创新》2016 年第 6 期，第 107 ~ 112 页。

[396] 封红旗、雷晨阳、杨长春、袁敏：《基于复杂网络结构的政务微博影响力研究》，《常州大学学报》（社会科学版）2016 年第 6 期，第 37 ~ 42 页。

[397] 肖芃、高森宇：《电视真人秀节目社交媒体使用的传播策略——基于〈我是歌手〉官方微博的实证研究》，《湖南社会科学》2016 年第 6 期，第 173 ~ 177 页。

[398] 杨俊波、水淼、王春：《政务微博的语言特征研究》，《宿州学院学报》2016 年第 6 期，第40 ~ 43、62 页。

[399] 李宁：《微博、微信作为公共领域的理论与现实困境》，《视听界》2016 年第 6 期，第 60 ~ 62 页。

[400] 苗坤：《微博在大学英语第二课堂教学中的应用途径探析》，《辽宁科技学院学报》2016 年第 6 期，第 56 ~ 58 页。

第 7 期

[401] 陈然：《政务微博公众采纳的阻碍因素及对策探析》，《电子政务》2016 年第 7 期，

第 50 ~ 56 页。
[402] 理明:《档案微博路在何方——以浙江档案微博为例分析》,《浙江档案》2016 年第 7 期，第 24 ~ 29 页。
[403] 李淮:《我国政务微博之法律规制研究》,《宜宾学院学报》2016 年第 7 期，第 75 ~ 80 页。
[404] 刁继娟:《大学生社会主义核心价值观培育微博载体建设探析》,《商业经济》2016 年第 7 期，第 66 ~ 67 页。
[405] 王国华、方宏、钟声扬、王戈、杨腾飞:《突发事件应对中政务微博圈群的构成与联动研究——以深圳山体滑坡事件为例》,《情报杂志》2016 年第 7 期，第 95 ~ 100、12 页。
[406] 邓乐园:《探析二八定律在 SNS 社交网站中的适用边界——以知乎和新浪微博为例》,《新闻研究导刊》2016 年第 7 期，第 298 ~ 299 页。
[407] 黄元杰:《新媒体背景下基层政务微博话语体系的建立》,《新媒体研究》2016 年第 7 期，第 30、32 页。
[408] 张六月:《微博的城市传播研究：一个文本挖掘的路径》,《新闻研究导刊》2016 年第 7 期，第 294 页。
[409] 刘博文、姜云峰:《报纸微博的关系传播探析——以〈人民日报〉新浪微博为例》,《新闻世界》2016 年第 7 期，第 45 ~ 47 页。
[410] 文国琴、王珍燕:《微博语境中青年思想政治教育的话语变革研究》,《太原城市职业技术学院学报》2016 年第 7 期，第 58 ~ 59 页。
[411] 于基伯、戎辉、刘传哲:《微博教育接受意愿研究：理论模型与实证检验》,《内蒙古师范大学学报》（教育科学版）2016 年第 7 期，第 5 ~ 8 页。
[412] 杨光辉:《2011 至 2015 突发事件中的政务微博研究综述》,《今传媒》2016 年第 7 期，第 50 ~ 51 页。
[413] 吴晓芳:《政务微博参与公共管理分析以及条件思考》,《现代营销》（下旬刊）2016 年第 7 期，第 216 ~ 217 页。
[414] 李鹏、于岩、李英乐、李星、何赞园:《基于权重微博链的改进 LDA 微博主题模型》,《计算机应用研究》2016 年第 7 期，第 2018 ~ 2021 页。
[415] 代瑞琦:《政务微博公众使用行为影响因素研究》,《商》2016 年第 7 期，第 83 页。
[416] 朱恒民、胡炜、马静、魏静:《社区结构对微博舆论话题传播的影响研究》,《系统仿真学报》2016 年第 7 期，第 1506 ~ 1513、1527 页。
[417] 郭羽:《受众的性格特征对其微博使用与社会资本的调节效应研究》,《国际新闻界》2016 年第 7 期，第 163 ~ 176 页。
[418] 许曼文:《微博在高职思政教育中的创新应用》,《文理导航》2016 年第 7X 期，第 23 页。
[419] 饶浩、陈海媚:《主成分分析与 BP 神经网络在微博舆情预判中的应用》,《现代情报》2016 年第 7 期，第 58 ~ 62 页。
[420] 黄楚新、张安:《“双微联动”：建构党政与民众对话新渠道》,《新闻记者》2016 年第 7 期，第 52 ~ 59 页。

[421] 王雅洁：《从用户体验角度探索垂直社交网络的传播机制——以微博、微信为例》，《美术大观》2016 年第 7 期，第 161 ~ 161 页。
[422] 琚春华、鲍福光、戴俊彦：《一种融入公众情感投入分析的微博话题发现与细分方法》，《电信科学》2016 年第 7 期，第 97 ~ 105 页。
[423] 朱宪莹、刘箴、金炜、刘婷婷、刘翠娟、柴艳杰：《基于特征融合的层次结构微博情感分类》，《电信科学》2016 年第 7 期，第 106 ~ 114 页。
[424] 隋昌鹏：《网络情境下群体性事件的阻断机制研究——以微博舆情管理为例》，《内蒙古师范大学学报》（教育科学版）2016 年第 7 期，第 51 ~ 54 页。
[425] 殷猛、李琪：《微博话题用户参与动机与态度研究》，《情报杂志》2016 年第 7 期，第 101 ~ 106 页。
[426] 吴镝鸣、刘宏：《上访人微博舆论动员的方式及效果研究——以新浪微博“上访人群落”为例》，《现代传播》（中国传媒大学学报）2016 年第 7 期，第 130 ~ 135 页。
[427] 刘全超、黄河燕、冯冲：《面向中文微博的评价对象与评价词语联合抽取》，《电子学报》2016 年第 7 期，第 1662 ~ 1670 页。
[428] 苏德矿、应文隆：《微博在大学数学课内外互动中的作用》，《中国大学教学》2016 年第 7 期，第 63 ~ 65 页。
[429] 高永兵、陈超、熊振华、王宇、马占飞：《基于个人微博特征的事件提取研究》，《计算机应用与软件》2016 年第 7 期，第 47 ~ 51 页。
[430] 何跃、张月：《新浪微博不同类别话题的用户特征研究》，《情报杂志》2016 年第 7 期，第 107 ~ 110、36 页。
[431] 仇培元、陆锋、张恒才、余丽：《蕴含地理事件微博客消息的自动识别方法》，《地球信息科学学报》2016 年第 7 期，第 886 ~ 893 页。
[432] 任芳、陈琳、杨承睿：《陕西气象微博舆情自动分析系统的研究及应用》，《农业网络信息》2016 年第 7 期，第 65 ~ 70 页。
[433] 徐旭光：《自媒体时代网络治理的困境与出路》，《电子政务》2016 年第 7 期，第 27 ~ 33 页。
[434] 沈卓之、刘强、唐文革、张红、丁贤彬：《以微博和微信为载体开展疾控思政教育的 SWOT 分析及对策》，《中国农村卫生事业管理》2016 年第 7 期，第 902 ~ 904 页。
[435] 王芳：《论当前政务微博存在的问题》，《决策探索》（下半月）2016 年第 7 期，第 65 页。
[436] 林向义、李秀成、罗洪云：《社交媒体中信息可靠性测评研究——以微博为例》，《现代情报》2016 年第 7 期，第 24 ~ 29 页。
[437] 李翔：《虚拟品牌社区视角下上海书展品牌现状与对策——基于“书香上海”新浪微博的实证研究》，《今传媒》2016 年第 7 期，第 64 ~ 67 页。
[438] 黄楚新、张安：《“双微联动”：建构党政与民众对话新渠道》，《新闻记者》2016 年第 7 期，第 52 ~ 59 页。
[439] 陆东辉：《吉林省政务微博、微信、微视开展情况的调查》，《白城师范学院学报》2016 年第 7 期，第 93 ~ 96 页。
[440] 韩宇：《突发事件中政务微博对网络舆情的引导功能》，《科技传播》2016 年第 7 期，第74 ~ 75 页。

[441] 宋文慧：《微博“吐槽”现象的文化解读》，《理论导刊》2016 年第 7 期，第 40 ~ 42 页。
[442] 罗书俊、刘旻慧：《社交媒体的公益传播研究——以微博为例》，《今传媒》2016 年第 7 期，第 47 ~ 49 页。
[443] 臧岚：《试析微博语境下“一对多”式话轮特点及成因》，《鸡西大学学报：综合版》2016 年第 7 期，第 136 ~ 139 页。
[444] 李靠队、宿永铮、吕白、刘志梧、陈卫军、梁炜、张海斌、魏名雅、朱乃平：《大学“微博课堂”的思考及启示》，《高教学刊》2016 年第 7 期，第 13 ~ 14 页。
[445] 李萌萌：《浅析网民对新闻评论的选题偏好——以“@新浪评论”为例》，《西部广播电视》2016 年第 7 期，第 12 页。
[446] 赵华、章成志：《利用作者主题模型进行图书馆 UGC 的主题发现与演化研究》，《图书馆论坛》2016 年第 7 期，第 34 ~ 45 页。
[447] 陈茜：《公共图书馆微服务方式比较研究》，《图书馆学刊》2016 年第 7 期，第 127 ~ 131 页。
[448] 宋佳佳：《微博平台建设对高校网络舆情引导的意义》，《理论观察》2016 年第 7 期，第 163 ~ 164 页。
[449] 林聪、张金冉、钱力：《自媒体平台在高校招生宣传中的应用》，《高教论坛》2016 年第 7 期，第 124 ~ 126 页。
[450] 曹婧：《微博意见领袖营销——以〈了不起的挑战〉为例》，《科技传播》2016 年第 7 期，第 62 页。

第 8 期

[451] 李新星、明均仁、段欣余、谢守美：《基于新浪微博平台的北京市高校图书馆移动服务研究》，《图书馆学研究》2016 年第 8 期，第 83 ~ 88 页。
[452] 李嘉悦：《政务微博对构建透明政府作用探析》，《现代营销》（下旬刊）2016 年第 8 期，第 162 页。
[453] 侯俊丽、杨巧：《微博传播、公众参与和电子政务——以 7·23 温州动车事故为例》，《市场周刊》（理论研究）2016 年第 8 期，第 121 ~ 123 页。
[454] 任景华：《突发事件中微博信息的传播及其思考——基于“福建漳州 PX 项目爆炸事件”的实证分析》，《社会科学家》2016 年第 8 期，第 53 ~ 55 页。
[455] 冉明仙、蒲鑫：《政务微博问政沟通障碍及超越》，《新闻传播》2016 年第 8 期，第 28 ~ 30 页。
[456] 王芮：《互联网时代政务微博如何提升服务能力——以深圳市政务微博建设为例》，《商》2016 年第 8 期，第 67 ~ 68 页。
[457] 刘利军、蔡宝沾：《微博舆论监督引导问题探析》，《新媒体研究》2016 年第 8 期，第 5 页。
[458] 吴炜炜、孟翠翠：《网络舆情中的怪波现象与数学建模》，《黑河学院学报》2016 年第 8 期，第 213 ~ 214 页。
[459] 刘澜、尹博、周小萍：《基于微博平台的图书馆阅读推广研究——以辽宁大学图书馆微博平台为例》，《图书馆学刊》2016 年第 8 期，第 1 ~ 3、11 页。

[460] 刘春福:《高校官方微博思想政治教育功能阐释与策略分析》,《教育评论》2016 年第 8 期,第 83 ~ 85 页。

[461] 刘洋:《微博:构筑媒体反腐新力量》,《新媒体研究》2016 年第 8 期,第 57 ~ 58 页。

[462] 靳婧:《记者的微博行为探讨》,《新媒体研究》2016 年第 8 期,第 55 ~ 56 页。

[463] 魏永红:《微博在高中美术教学中的应用探微》,《教育界》(综合教育研究)2016 年第 8 期,第 174 页。

[464] 洪小娟、姜楠、洪巍、黄卫东:《媒体信息传播网络研究——以食品安全微博舆情为例》,《管理评论》2016 年第 8 期,第 115 ~ 124 页。

[465] 罗见闻、刘昱洲:《高校微博的传播与运营研究——以湘南学院校园微博为例》,《新媒体研究》2016 年第 8 期,第 69 ~ 70 页。

[466] 王波、甄峰:《网络社区交流中距离的作用——以新浪微博为例》,《地理科学进展》2016 年第 8 期,第 983 ~ 989 页。

[467] 张宇翔、孙菀、杨家海、周达磊、孟祥飞、肖春景:《新浪微博反垃圾中特征选择的重要性分析》,《通信学报》2016 年第 8 期,第 24 ~ 33 页。

[468] 张贤坤、荚佳、宋琛、高新雅:《微博社会网络用户节点重要性排序》,《计算机工程与设计》2016 年第 8 期,第 2050 ~ 2056 页。

[469] 卓敏、吴建平:《当代青年雾霾段子语义网络分析与情感可视化研究——基于微博、微信用户》,《中国青年研究》2016 年第 8 期,第 10 ~ 19 页。

[470] 李勇、张克亮:《面向 LDA 和 VSM 模型的微博热点话题发现研究》,《自动化技术与应用》2016 年第 8 期,第 52 ~ 57 页。

[471] 兰天、郭躬德:《基于词共现和情感元素的突发话题检测算法》,《计算机系统应用》2016 年第 8 期,第 101 ~ 108 页。

[472] 王振飞、刘凯莉、郑志蕴、李钝:《基于逻辑回归模型的微博转发预测》,《小型微型计算机系统》2016 年第 8 期,第 1651 ~ 1655 页。

[473] 杨敏、庞璐:《景区危机信息微博扩散的关键节点分析以 2012 年国庆华山事件为例》,《资源开发与市场》2016 年第 8 期,第 1005 ~ 1009 页。

[474] 陈静、刘琰、王煦中:《基于概率生成模型的微博话题传播群体划分方法》,《计算机科学》2016 年第 8 期,第 223 ~ 228、239 页。

[475] 潘树银、高建瓴:《基于数据挖掘的弱关系社交网络及弱关系强化的研究》,《计算机科学》2016 年第 8 期,第 229 ~ 232、261 页。

[476] 张明:《电视综艺节目与微博融合传播分析》,《现代传播》(中国传媒大学学报)2016 年第 8 期,第 159 ~ 160 页。

[477] 丘瑜:《基于社交媒体的高校图书馆信息服务比较研究》,《图书馆工作与研究》2016 年第 8 期,第 48 ~ 55 页。

[478] 张静、赵玲:《基于解释结构模型的微博用户群体行为影响因素分析》,《情报科学》2016 年第 8 期,第 29 ~ 35 页。

[479] 张琳、谢忠红:《基于聚类的微博用户类型与影响力研究》,《情报科学》2016 年第 8 期,第 57 ~ 61 页。

[480] 王晓光、袁毅:《微博用户影响力构成因素分析——以媒体微博为例》,《情报科学》

2016 年第 8 期，第 78 ~ 82 页。

[481] 张鹏威、刘红丽、俞丽娟、崔书航：《微博信息传播中的用户影响力研究综述》，《情报科学》2016 年第 8 期，第 160 ~ 164 页。

[482] 刘坤锋、陈雨：《社会化媒体环境下国内信息行为研究进展与评价》，《图书馆》2016 年第 8 期，第 58 ~ 62、111 页。

[483] 鲍中义、熊龙：《微博对大学生思想政治教育的影响及对策研究——基于问卷调查的分析》，《教育观察》（上半月）2016 年第 8 期，第 22 ~ 24、44 页。

[484] 高明霞、陈福荣：《基于信息融合的中文微博可信度评估方法》，《计算机应用》2016 年第 8 期，第 2071 ~ 2075、2081 页。

[485] 杨婷：《微博在高校思想政治教育工作中的应用研究》，《决策与信息》2016 年第 8 期，第 97 页。

[486] 吴毓颖：《从传播学视角解构微博舆论场——以和颐酒店事件为例》，《新闻研究导刊》2016 年第 8 期，第 90 页。

[487] 沈益顺：《浅析涉军微博舆论的管控》，《新闻研究导刊》2016 年第 8 期，第 116 页。

[488] 朱燕、潘宇峰：《政务微博的发展趋势、特点和策略研究》，《电子政务》2016 年第 8 期，第 24 ~ 33 页。

[489] 荣毅虹、刘乐、徐尔玉：《面向“互联网 +”的政务微博变革策略——基于北上广深政府官微的效用评估》，《电子政务》2016 年第 8 期，第 53 ~ 63 页。

[490] 周宵：《我国政务微博发展现状分析——以北上广地区政务微博为例》，《视听》2016 年第 8 期，第 108 ~ 109 页。

[491] 邹颖：《县级政务微博及其伦理内涵》，《商》2016 年第 8 期，第 75 页。

[492] 陈雄、杜义华、郭小龙：《政务网站新媒体发布集成环境建设探讨》，《计算机系统应用》2016 年第 8 期，第 86 ~ 90 页。

[493] 黄秋婷、王叶乔：《中医在微博上的传播状况分析》，《新闻研究导刊》2016 年第 8 期，第 331 ~ 333 页。

[494] 袁程远、温志强：《微博谣言的呈现模式及形成原因》，《传媒》2016 年第 8 期，第 89 ~ 91 页。

[495] 陈启强：《基于情绪知识的微博网络营销策略分析》，《商业经济研究》2016 年第 8 期，第 67 ~ 68 页。

[496] 孙晓波：《“官微掐架”风波背后政府如何发声》，《决策》2016 年第 8 期，第 74 ~ 75 页。

[497] 黄可盛、董杜斌、丁婷婷：《青年群体对微博谣言的认知和行为状况调查》，《新丝路》2016 年第 8 期，第 151 页。

[498] 张喜德：《把握“五个新”取得新经验》，《思想政治工作研究》2016 年第 8 期，第 54 ~ 55 页。

[499] 杨安娜：《〈新京报〉的微博运营现状及传播策略分析》，《新闻研究导刊》2016 年第 8 期，第 342 页。

[500] 白雨婕：《浅析网络舆论娱乐化现象——以微博“热门话题榜”为例》，《新闻研究导刊》2016 年第 8 期，第 346 ~ 347 页。

[501] 杨帆:《中国海洋文化对内传播的微博传播策略建议》,《新闻研究导刊》2016 年第 8 期,第 343 页。

[502] 杨妩媚:《浅析明星微博对网络舆论的影响》,《新闻研究导刊》2016 年第 8 期,第 341 页。

[503] 刘雅琛:《探究政府对微博舆论的引导——以“12·1”关山爆炸案为例分析》,《新闻研究导刊》2016 年第 8 期,第 335 ~336 页。

[504] 赵志真、方明豪:《基于社会网络分析的微博病毒式传播研究》,《新闻研究导刊》2016 年第 8 期,第 349 ~350 页。

[505] 史江蓉:《自媒体时代公共图书馆微服务体系的构建》,《图书馆论坛》2016 年第 8 期,第 133 ~136 页。

[506] 李明、王高飞:《基于微博平台的企业网络口碑危机预警研究》,《北方经贸》2016 年第 8 期,第 42 ~43 页。

[507] 彭赓、熊烨明:《基于演化博弈的企业应对微博负面舆情策略研究》,《软科学》2016 年第 8 期,第 101 ~106 页。

[508] 姜雨佳:《社交媒体平台医患关系报道特点研究》,《今传媒》2016 年第 8 期,第 35 ~38 页。

[509] 许楷:《微信微博与公共事件报道关系研究概观》,《今传媒》2016 年第 8 期,第 65 ~66 页。

[510] 闻道:《外国政要上微博》,《党政论坛》2016 年第 8 期,第 50 ~51 页。

第 9 期

[511] 喻国明、马慧:《关系赋权:社会资本配置的新范式——网络重构社会连接之下的社会治理逻辑变革》,《编辑之友》2016 年第 9 期,第 5 ~8 页。

[512] 邓晓旭、马静:《“微政务”网络舆论引导的价值及存在问题》,《新闻知识》2016 年第 9 期,第 47 ~49 页。

[513] 程婧:《当前公安微博的发展模式与特征描摹》,《科教导刊》(下旬)2016 年第 9 期,第 155 ~158 页。

[514] 张仕儒、张业、曹璠、杨万慧、王晓颖、邓啸林:《“三微一端”在公共史学传播中的应用研究》,《科技传播》2016 年第 9 期,第 58 ~61 页。

[515] 李扬、潘泉、杨涛:《基于短文本情感分析的敏感信息识别》,《西安交通大学学报》2016 年第 9 期,第 80 ~84 页。

[516] 王蔓玲:《微博传播中的受众自我议程研究》,《新闻研究导刊》2016 年第 9 期,第 300 ~301 页。

[517] 袁媛:《微博自媒体虚假新闻现状分析》,《新闻研究导刊》2016 年第 9 期,第 306 ~307 页。

[518] 李佳佳:《微信、微博等新媒体及其发展趋势分析》,《新闻研究导刊》2016 年第 9 期,第 313 页。

[519] 徐悠扬:《新媒体环境下引发病毒式传播因素探析——以微博微信“主要看气质”刷屏为例》,《新闻研究导刊》2016 年第 9 期,第 110 页。

[520] 曹洵、张志安：《基于媒介权力结构的微博意见领袖影响力研究》，《新闻界》2016年第9期，第43～49页。

[521] 祝琳：《政务微博视角下的地方政府治理方式现代化》，《创新科技》2016年第9期，第64～67页。

[522] 郝文冬：《“微博”传播如何在消防宣传工作中发挥出重要作用》，《新闻研究导刊》2016年第9期，第114页。

[523] 刘芹芹：《自媒体时代自我表达的把握境况——基于近年来微博热点事件的探讨》，《新闻研究导刊》2016年第9期，第115～116页。

[524] 时宜：《微媒体环境下网络意识形态传播机制分析》，《新媒体研究》2016年第9期，第18～19页。

[525] 周晟羽：《微博新闻的娱乐化现象探析》，《新媒体研究》2016年第9期，第25～26页。

[526] 郝建丽：《微博背景下大学生思想政治教育的挑战及其对策》，《党史博采》（理论版）2016年第9期，第66～67页。

[527] 赵悦：《基于社交网络的非正式学习的个人知识管理研究——以“微博”为例》，《农业图书情报学刊》2016年第9期，第202～205页。

[528] 王素改：《微博中的新词新语研究》，《鸡西大学学报》（综合版）2016年第9期，第150～153页。

[529] 朱莹燕、郭凯琦：《基于韦斯特利－麦克莱恩模式的高校官方微博运营探究》，《新媒体研究》2016年第9期，第65～66页。

[530] 高敏：《新媒体语境下“中国梦”的媒介呈现与民间阐释——基于〈你好，明天〉的语义网分析》，《新媒体研究》2016年第9期，第36～37页。

[531] 赵功报：《新闻传播中微博的应用优势和意义分析》，《人力资源管理》2016年第9期，第23～24页。

[532] 宋希香：《新媒体时代高校图书馆微服务应用研究》，《农业网络信息》2016年第9期，第98～101页。

[533] 刘翠莲、申灿：《突发公共事件中政务微博的信息互动分析——以新浪微博平台为数据依托》，《新闻与写作》2016年第9期，第107～108页。

[534] 池雪花、张颖怡、高星、卢超、章成志：《不同学科领域的用户标签标注行为差异研究——以新浪微博用户的标签为例》，《图书馆论坛》2016年第9期，第112～120页。

[535] 梁俊丽、谭一笑、潘嘉盛、冼咏琪：《医院官方微博在医院形象宣传工作中的应用》，《医学与社会》2016年第9期，第44～46、53页。

[536] 宋华明：《基于微博热点分析的改进聚类算法》，《湖北科技学院学报》2016年第9期，第1～3页。

[537] 何炎祥、刘健博、孙松涛：《基于神经网络的微博舆情预测方法》，《华南理工大学学报》（自然科学版）2016年第9期，第47～52页。

[538] 程婧：《当前公安微博的发展模式与特征描摹》，《科教导刊》（下旬）2016年第9期，第155～158页。

[539] 陈勇、穆昊杰:《微博的品牌危机传播策略探析——以和颐酒店事件为例》,《东南传播》2016 年第 9 期, 第 115 ~ 117 页。

[540] 李凯晴:《微博在突发公共卫生事件中的舆论引导作用——以“魏则西”事件为例》,《视听》2016 年第 9 期, 第 123 ~ 124 页。

[541] 石磊、陶永才、李俊艳、卫琳:《个性化微博实时推荐模型研究》,《小型微型计算机系统》2016 年第 9 期, 第 1910 ~ 1914 页。

[542] 顾小青:《副省级城市公共图书馆微博与微信服务比较研究》,《图书情报导刊》2016 年第 9 期, 第 142 ~ 144 页。

[543] 代幸梅、张志强:《传统出版社社会化媒体应用情况探析——以网站论坛、豆瓣、微博和微信为例》,《出版发行研究》2016 年第 9 期, 第 39 ~ 43 页。

[544] 徐文涛、刘锋、朱二周:《基于 MapReduce 的新型微博用户影响力排名算法研究》,《计算机科学》2016 年第 9 期, 第 66 ~ 70、86 页。

[545] 韦庆杰、李京腾、汪雨:《基于用户紧密度的微博网络社区发现算法》,《计算机应用与软件》2016 年第 9 期, 第 254 ~ 258 页。

[546] 黄晓春:《广东省高校图书馆微博服务现状及影响因素研究》,《图书馆理论与实践》2016 年第 9 期, 第 101 ~ 104 页。

[547] 张辉、刘成:《基于微博的在校大学生用户行为分析》,《信息安全与通信保密》2016 年第 9 期, 第 90 ~ 96、101 页。

[548] 刘延宣:《微博热搜中网民的价值观缺失及应对策略》,《边疆经济与文化》2016 年第 9 期, 第 96 ~ 97 页。

[549] 鲍中义:《微博传播系统结构要素解析》,《现代情报》2016 年第 9 期, 第 34 ~ 38 页。

[550] 季百乐:《微博营销应用研究综述》,《经营与管理》2016 年第 9 期, 第 134 ~ 137 页。

[551] 刘健、孙小明:《新浪微博信息传播效果评价及实证研究——基于 DEA 方法的分析》,《现代情报》2016 年第 9 期, 第 88 ~ 94 页。

[552] 刘奇飞:《基于兴趣的微博用户关系分析原型系统研究》,《信息网络安全》2016 年第 9 期, 第 240 ~ 245 页。

[553] 钱丹丹:《微博信息生态系统构建机理》,《情报科学》2016 年第 9 期, 第 45 ~ 48 页。

[554] 王李冬、张慧熙:《基于 HowNet 的微博文本语义检索研究》,《情报科学》2016 年第 9 期, 第 134 ~ 137 页。

[555] 刘元:《成都开放形象的微博互动传播——浅析“成都发布”》,《戏剧之家》2016 年第 9 期, 第 290 页。

[556] 米鹤、李保平:《广州市政府官方微博的公信力探析》,《科技风》2016 年第 9 期, 第 106 ~ 107 页。

[557] 顾雯丽、吴明华:《从传播学角度分析网络谣言——以 QQ、微博等网络社交平台为例》,《西部广播电视》2016 年第 9 期, 第 49 页。

[558] 张翠玲:《虚拟品牌社区中的信息传播策略与消费者参与研究——以新浪企业官方微博为例》,《传媒》2016 年第 9 期, 第 81 ~ 83 页。

[559] 杨思文、尹廷伊:《专家型中 V 如何打造影响力》,《青年记者》2016 年第 9 期, 第 90 ~ 91 页。

[560] 袁浩：《政府“玩两微”，要“玩”出质量来》，《紫光阁》2016 年第 9 期，第 96 页。
[561] 万石：《政府“两微”管用才有生命力》，《四川党的建设》（城市版）2016 年第 9 期，第 11 页。
[562] 陈华：《浅析网络舆情中政务微博的应对原则、策略和机制》，《新闻研究导刊》2016 年第 9 期，第 333 ~ 334 页。
[563] 左文明、黄秋萍、陈华琼、莫小华：《基于社会网络的企业微博营销影响力模型》，《管理评论》2016 年第 9 期，第 163 ~ 171 页。
[564] 陈俊卿：《江西省委常委、宣传部部长陈俊卿——创新平台产品　推动深度融合》，《南方企业家》2016 年第 9 期，第 21 页。

第 10 期

[565] 习兴美：《政务微博在社会管理创新中的功能》，《中外企业家》2016 年第 10 期，第 181 ~ 182、236 页。
[566] 孙登辉、唐榕骏、眭文娟、杨光：《政务微博在危难事件中情绪导向的作用机理》，《东南传播》2016 年第 10 期，第 92 ~ 95 页。
[567] 李易晴：《政务 APP 的使用情况与满意度现状调查——以“掌上南昌”为例》，《时代经贸》2016 年第 10 期，第 65 ~ 66 页。
[568] 张俊峰、赵涛：《基于社会网络分析的企业微博信息传播特征研究》，《鸡西大学学报》（综合版）2016 年第 10 期，第 152 ~ 156 页。
[569] 郭蕊：《基于科学技术哲学视角的微博舆论引导》，《科学中国人》2016 年第 10Z 期，第 174 页。
[570] 张振铭：《微博舆情对高校思想政治教育工作的影响》，《黑河教育》2016 年第 10 期，第 73 ~ 74 页。
[571] 徐世甫：《论微博舆论引导场域中公众的客体主体化》，《南京社会科学》2016 年第 10 期，第 71 ~ 76 页。
[572] 邓卓文、李伊、徐天晟：《微媒体应用发展现状分析》，《新媒体研究》2016 年第 10 期，第 42 ~ 43 页。
[573] 王强：《基于决策树的社交网络用户分类研究》，《福建教育学院学报》2016 年第 10 期，第 126 ~ 127 页。
[574] 孟岚：《官方微博舆论引导方式探究——以“@ 共青团中央”为例》，《今传媒》2016 年第 10 期，第 46 ~ 47 页。
[575] 付晓静、张德胜：《身份认同的转变：基于媒体人微博公益实践的分析》，《现代传播》（中国传媒大学学报）2016 年第 10 期，第 48 ~ 52 页。
[576] 马力、刘笑、宫玉龙：《基于语义的微博短文本倾向性分析研究》，《计算机应用研究》2016 年第 10 期，第 2914 ~ 2918 页。
[577] 董萍：《如何理性对待微时代的新闻评论》，《记者摇篮》2016 年第 10 期，第 36 ~ 37 页。
[578] 程玲：《新媒体时代博物馆官方微博如何走出困境》，《文物鉴定与鉴赏》2016 年第 10 期，第 108 ~ 109 页。

[579] 师亚凯、马慧芳、张迪、鲁小勇：《融合用户行为和内容的微博用户影响力方法》，《计算机应用研究》2016 年第 10 期，第 2906 ~ 2909 页。

[580] 李美璇、刘时雨、许静：《基于社交媒体的科学传播：新浪微博“转基因”热词传播模式研究》，《中国健康教育》2016 年第 10 期，第 957 ~ 959 页。

[581] 曹宇、王名扬、贺惠新：《情感词典扩充的微博文本多元情感分类研究》，《情报杂志》2016 年第 10 期，第 185 ~ 189 页。

[582] 农郁：《微博公共事件背后的情绪潜流》，《中国图书评论》2016 年第 10 期，第 30 ~ 41 页。

[583] 吴闻莺、蔡尚伟：《微博作为公共参与平台的适宜性、局限性及参与模式研究》，《山西高等学校社会科学学报》2016 年第 10 期，第 32 ~ 35 页。

[584] 江镕、黄志强：《“乐居南头”：微时代下的政务治理》，《环境》2016 年第 10 期，第 49 ~ 50 页。

[585] 交宣：《交警执法直播进行时》，《道路交通管理》2016 年第 10 期，第 1 页。

[586] 路月玲：《新媒体环境下城市网络形象建构探析》，《新闻前哨》2016 年第 10 期，第 40 ~ 41 页。

[587] 申琦：《在线消息源使用中的“把关人”角色研究——以上海新闻从业者使用微博作为消息源现象为研究对象》，《新闻与传播研究》2016 年第 10 期，第 25 ~ 39、126 页。

[588] 张晓勇、周清清、章成志：《面向在线社交网络用户生成内容的饮食话题发现研究》，《现代图书情报技术》2016 年第 10 期，第 70 ~ 80 页。

[589] 高楠楠：《社交媒体女性意识传播现状——以新浪微博为例》，《西部广播电视》2016 年第 10 期，第 23 ~ 23 页。

[590] 朱燕丹、靖鸣：《微博“大 V”影响力研究及其思考》，《青年记者》2016 年第 10 期，第 57 ~ 62 页。

[591] 张若云、徐海霞：《探析突发事件中网络舆论生成与发展的社会动因——以“女子酒店遇袭”为例》，《西部广播电视》2016 年第 10 期，第 66 页。

[592] 张鹏威、刘红丽、张澄东、崔书航、俞丽娟：《基于内容主体和涉及领域的微博文本特征对信息传播效果的差异分析》，《情报探索》2016 年第 10 期，第 5 ~ 11 页。

[593] 王云凤：《福州地区大学城高校图书馆新媒体服务调查》，《情报探索》2016 年第 10 期，第 86 ~ 91、96 页。

[594] 陈文胜：《微博反腐的双刃剑效应及改进路径》，《理论导刊》2016 年第 10 期，第 25 ~ 28、56 页。

[595] 崔金栋、于园美、王新媛：《信息哲学视角下微博信息系统运行机理研究》，《情报科学》2016 年第 10 期，第 34 ~ 37 页。

[596] 翟凯：《微博实名制与公民监督权之间的龃龉及完善》，《编辑之友》2016 年第 10 期，第 44 ~ 49 页。

[597] 黄婷婷、宋琴琴：《微博视域下的粉丝文化传播》，《编辑之友》2016 年第 10 期，第 50 ~ 52、58 页。

[598] 谢蕾、高雨霏、董娴雅：《旅游目的地微博口碑传播策略研究——以“乐游上海”官

方微博为例》，《新闻研究导刊》2016 年第 10 期，第 22 ~ 23 页。
[599] 霍玉璨：《我国政务微博的发展模式与传播效果研究》，《改革与开放》2016 年第 10 期，第 72 ~ 73 页。
[600] 姜晓峰：《政务微博在政府公共关系中的作用》，《新媒体研究》2016 年第 10 期，第 47 ~ 48 页。
[601] 李立：《信息时代背景下微博营销的模式与价值分析》，《商业经济研究》2016 年第 10 期，第 49 ~ 51 页。
[602] 孙玉：《微博时代报纸新闻评论的形态及功能探究》，《新闻研究导刊》2016 年第 10 期，第 56 ~ 57 页。
[603] 李倩：《“巴黎恐怖袭击事件”的网络言论倾向性分析》，《新闻研究导刊》2016 年第 10 期，第 81 页。
[604] 章书勤：《浅论微博言论自由》，《新闻研究导刊》2016 年第 10 期，第 311 ~ 312 页。
[605] 孟子煜：《从大数据视角下看微博在网剧传播中的作用》，《新闻研究导刊》2016 年第 10 期，第 338 页。
[606] 赵丹、王晰巍、相甍甍、杨梦晴：《新媒体环境下的微博舆情传播态势模型构建研究——基于信息生态视角》，《情报杂志》2016 年第 10 期，第 173 ~ 180 页。
[607] 张旭霞、孙傲：《地方政务微博的现实困境与解决对策——基于“使用与满足理论”的分析》，《学习论坛》2016 年第 10 期，第 42 ~ 47 页。
[608] 王江山：《“沉默的螺旋”视角下的少年微博直播自杀事件》，《新闻研究导刊》2016 年第 10 期，第 97 页。
[609] 朱宇玲：《从博客到微信　论信息“细菌式”传播》，《新闻研究导刊》2016 年第 10 期，第 207 页。
[610] 阴琰：《微博时代高校主体间性思想政治教育研究》，《中国市场》2016 年第 10 期，第 175 页。
[611] 符珞珈：《微博雾霾图片报道分析》，《西部学刊》2016 年第 10 期，第 53 ~ 55 页。
[612] 王秋森、俞浩亮、徐浩诚、冯旭鹏、刘利军、黄青松：《基于 LDA 的微博用户粉丝亲密度评价模型》，《计算机应用与软件》2016 年第 10 期，第 67 ~ 71 页。
[613] 叶尔兰·何扎提、李鹏：《结合微博网络特征和用户信用的微博情感分析》，《计算机应用与软件》2016 年第 10 期，第 98 ~ 102 页。
[614] 郑喆君、金蓓弘、崔艳玲：《基于微博的时空事件识别研究》，《计算机科学》2016 年第 10 期，第 214 ~ 219 页。
[615] 杨学成、肖彦、王林旭：《微博负面口碑对消费者内隐品牌态度的影响》，《经济管理》2016 年第 10 期，第 114 ~ 124 页。
[616] 陈文胜：《论微博传播与中国梦的构建》，《新闻知识》2016 年第 10 期，第 18 ~ 22、40 页。
[617] 刘莉平、刘梦、李绍鹏：《基于情感分析的新浪微博争议度分析》，《计算机工程与科学》2016 年第 10 期，第 2158 ~ 2164 页。
[618] 刘玮、贺敏、王丽宏、刘悦、沈华伟、程学旗：《基于用户行为特征的微博转发预测研究》，《计算机学报》2016 年第 10 期，第 1992 ~ 2006 页。

[619] 唐榕骏、赖昕、杨光、眭文娟：《官方叙述性辟谣帖在灾害事件中的抗谣言机理》，《现代视听》2016 年第 10 期，第 44 ~ 48 页。

[620] 谢甜、段玉洁、董梁、曹宇、钮文异、王燕玲、史宇晖、吴涛、何平平、赵艾、孙昕霙：《健康类微博在大学生中的传播效果研究》，《中国健康教育》2016 年第 10 期，第 900 ~ 903 页。

第 11 期

[621] 田萃、韩传峰：《政府与公众的网络互动行为特征分析与策略建议——以微博破案为例》，《中国软科学》2016 年第 11 期，第 63 ~ 73 页。

[622] 刘海粟：《微博草根领袖的人际传播及其营销传播模式分析》，《新媒体研究》2016 年第 11 期，第 53 ~ 54 页。

[623] 张雯、李浩：《主流媒体微博对健康谣言的辟谣方式研究——对“@人民日报”2015 年健康谣言辟谣微博的内容分析》，《新闻研究导刊》2016 年第 11 期，第 315 ~ 316 页。

[624] 徐礼堂：《透视与思考：95 后大学生微博公共参与——基于调查数据的实证分析》，《哈尔滨学院学报》2016 年第 11 期，第 39 ~ 42 页。

[625] 王亚民、胡悦：《基于 BTM 的微博舆情热点发现》，《情报杂志》2016 年第 11 期，第 119 ~ 124、140 页。

[626] 杨悦：《论微博新闻报道中存在的问题》，《科技传播》2016 年第 11 期，第 14 ~ 15 页。

[627] 程婧：《自媒体时代的公安微博和公安微信发展研究》，《学理论》2016 年第 11 期，第114 ~ 116 页。

[628] 马佳军：《从网络时代的受众阅读习惯谈“报纸消亡论”——以新闻在新浪微博上呈现的方式为例》，《新闻研究导刊》2016 年第 11 期，第 328 页。

[629] 代智林：《比例原则视野下的微博实名制——以〈互联网用户账号名称管理规定〉为例》，《新闻研究导刊》2016 年第 11 期，第 344 页。

[630] 田龙过、杜娟：《新媒体时代突发事件中的微博公信力研究——以“山东非法疫苗事件”为例》，《新闻研究导刊》2016 年第 11 期，第 28 ~ 29 页。

[631] 马晓峰、王磊、陈观淡：《基于混合特征学习的微博转发预测方法》，《计算机应用与软件》2016 年第 11 期，第 249 ~ 252、257 页。

[632] 袁志红、潘志奇：《对微博粉丝关注“大 V”现象的研究》，《新闻与写作》2016 年第 11 期，第 100 ~ 102 页。

[633] 朱晓峰、王子豪、张琳、赵柳榕：《信息学视角下的微博意见领袖行为规范研究》，《情报科学》2016 年第 11 期，第 26 ~ 31 页。

[634] 彭雪：《新媒体时代科普类微博的传播路径探析——以“博物杂志”微博为例》，《新闻世界》2016 年第 11 期，第 39 ~ 42 页。

[635] 万年顺：《新媒体背景下信息流速对把关人形态的影响——以微博为研究对象》，《新闻研究导刊》2016 年第 11 期，第 308 ~ 309 页。

[636] 宗乾进、谌莹、杨淑芳、沈洪洲：《突发灾难中受灾地社交媒体用户位置标注行为差

异研究——以“3·12 运城地震”事件为例》，《情报杂志》2016 年第 11 期，第 189～194、188 页。

[637] 汤志伟、李洁、韩啸、邹叶荟：《基于生态位理论的中国电子政务发展研究》，《现代情报》2016 年第 11 期，第 76～81 页。

[638] 杨艳妮、明均仁：《高校图书馆移动微服务建设调查分析》，《图书馆工作与研究》2016 年第 11 期，第 57～61 页。

[639] 张丽：《基于内容分析的 5A 级旅游景区微博营销探究》，《湖北文理学院学报》2016 年第 11 期，第 49～53、66 页。

[640] 刘明远：《政务微博四大传播策略——以“@中国广州发布”为例》，《传媒》2016 年第 11 期，第 64～65 页。

[641] 梁革：《新媒体冲击下地市级广播电视媒体的发展策略》，《韶关学院学报》2016 年第 11 期，第 51～54 页。

[642] 毛二松、陈刚、刘欣、王波：《基于深层特征和集成分类器的微博谣言检测研究》，《计算机应用研究》2016 年第 11 期，第 3369～3373 页。

[643] 韩啸、汤志伟、谭婧、涂文琴：《信任与认同：政务微博中的类社会互动研究》，《情报杂志》2016 年第 11 期，第 106～112 页。

[644] 郭高晶：《时空视角下省级政府政务微博运营效率评价》，《现代情报》2016 年第 11 期，第 94～98、131 页。

[645] 陈贝：《浅析微博时代网络政治参与的利弊与规范途径》，《现代交际》（学术版）2016 年第 11 期，第 62～63 页。

[646] 汪青云、胡沈明：《突发事件中政务微博信息发布理论框架建构》，《现代传播》（中国传媒大学学报）2016 年第 11 期，第 71～75 页。

[647] 周文泓、李新功、加小双：《政务微博归档保存与开发利用现状及展望》，《档案与建设》2016 年第 11 期，第 4～7、29 页。

[648] 松姗：《综合档案馆政务微博与政务微信比较分析及应用建议》，《北京档案》2016 年第 11 期，第 29～30 页。

[649] 李琳：《政务微博对突发性事件的舆情应对》，《新闻世界》2016 年第 11 期，第 50～53 页。

[650] 董利红：《基于委托代理理论的微博营销问题博弈分析》，《湖北经济学院学报》（人文社会科学版）2016 年第 11 期，第 65～67 页。

[651] 任姝玮、刘思弘：《“塘桥热线”：如何来“管家”》，《浦东开发》2016 年第 11 期，第 15～17 页。

[652] 朱琳：《提升政务微博的服务能力——以河南省政务微博为例》，《青年记者》2016 年第 11 期，第 82～83 页。

[653] 武怡华：《融媒体背景下出版类期刊“两微一端”》，《出版广角》2016 年第 11 期，第 75～77 页。

[654] 李国祥、东鸟：《2016 年 10 月网络舆情热点分析》，《中国党政干部论坛》2016 年第 11 期，第 110～112 页。

[655] 杨梦怡：《后现代主义视角下微博娱乐化现象的解析》，《西部广播电视》2016 年第

11 期，第 1 页。

［656］李娜：《产品性与媒介性之争——微博发展的“阿喀琉斯之踵”》，《今传媒》2016 年第 11 期，第 43 ~ 45 页。

［657］邢金平：《热点新闻事件中微博的舆论场分析——以“真假王娜娜”为例》，《新闻研究导刊》2016 年第 11 期，第 349 页。

［658］焦书娟：《探析电视媒体与微博融合传播》，《西部广播电视》2016 年第 11 期，第 2 页。

［659］李超凡：《略论微博营销对消费者品牌忠诚的影响》，《经济师》2016 年第 11 期，第 23 ~ 25 页。

［660］杨超：《论微博在突发事件的传播与舆论引导》，《西部广播电视》2016 年第 11 期，第 3 页。

［661］谭登：《辟谣赛跑一小时》，《新闻战线》2016 年第 11 期，第 69 ~ 70 页。

［662］葛玮华：《基于 AISAS 模型的省级卫视微博传播效果分析》，《传媒》2016 年第 11 期，第 89 ~ 91 页。

［663］唐英、刘永佳：《互动与互补：《新周刊》微博传播策略浅析》，《新闻界》2016 年第 11 期，第 54 ~ 58 页。

［664］吴春岩：《微博思想政治教育双重影响分析》，《湖北函授大学学报》2016 年第 11 期，第 51 ~ 52 页。

［665］韩剑尘、王琦：《微博的社会功能及其规范化建设刍议》，《渭南师范学院学报》（综合版）2016 年第 11 期，第 44 ~ 48 页。

［666］谢国庆：《新媒体视阈下青少年信息传递行为研究——以微博为例》，《戏剧之家》2016 年第 11 期，第 248 ~ 249 页。

［667］尹美群、张继东、刘帆：《社会化网络媒体关注与审计费用——基于微博媒体数据的分析》，《科学决策》2016 年第 11 期，第 18 ~ 38 页。

第 12 期

［668］翟雨：《关于微博兴起大众传播微型化倾向的探讨》，《新闻传播》2016 年第 12 期，第 20、22 页。

［669］胡衬春：《突发事件背景下地方政务微博对公众政治信任的影响》，《新闻传播》2016 年第 12 期，第 5 ~ 6、8 页。

［670］刘晓波：《西部中小城市如何借力政务微博提升城市形象——以陕西省榆林市为例》，《科技传播》2016 年第 12 期，第 148 ~ 149、177 页。

［671］熊小刚、卢佳佳：《地方人民政府官方微博的聚类分析与评估——以江西省设区市为例》，《现代情报》2016 年第 12 期，第 50 ~ 56 页。

［672］陈世英、黄宸、陈强、杨兰蓉、徐晓林：《突发事件中地方政务微博群信息发布策略研究——以“8・12”天津港特大火灾爆炸事故为例》，《情报杂志》2016 年第 12 期，第 28 ~ 33 页。

［673］宗晨亮：《新兴媒体时代的地方身份认同——以新浪微博、微信中的上海人身份认同为例》，《新媒体研究》2016 年第 12 期，第 40 ~ 41 页。

［674］伏琰：《高校图书馆微博热点话题与传播分析》，《河南图书馆学刊》2016 年第 12

期，第 51 ~ 53 页。
[675] 康露：《新闻工作者微博应用的困境及其根源分析》，《新媒体研究》2016 年第 12 期，第 49 ~ 50 页。
[676] 崔金栋、孙遥遥、郑鹊、杜文强、王欣：《我国政务微博社会网络特征对比分析实证研究》，《情报科学》2016 年第 12 期，第 120 ~ 126、132 页。
[677] 沈慧萍：《“一带一路”报道的新媒体传播研究——以〈人民日报〉〈新疆日报〉〈福建日报〉2015 年度官方微博为例》，《新闻知识》2016 年第 12 期，第 13 ~ 16 页。
[678] 郑志蕴、郭芳、王振飞、李钝：《基于行为分析的微博传播模型研究》，《计算机科学》2016 年第 12 期，第 41 ~ 45、70 页。
[679] 包双成：《微博、微信对大学生社会主义核心价值观教育的影响及对策》，《内蒙古师范大学学报》（教育科学版）2016 年第 12 期，第 65 ~ 66 页。
[680] 周春丽：《新媒体语言文字使用中的规范问题——以微博语言为例》，《洛阳师范学院学报》2016 年第 12 期，第 89 ~ 93 页。
[681] 熊龙、鲍中义：《微博在促进大学生心理健康教育中的有效路径选择》，《鸡西大学学报》（综合版）2016 年第 12 期，第 8 ~ 10 页。
[682] 杨柳：《新媒体背景下电视真人秀节目的微博营销——以〈极限挑战〉为例》，《今传媒》2016 年第 12 期，第 71 ~ 72 页。
[683] 黄浩波、周兵：《大数据时代图书馆的微服务体系构建研究》，《图书情报导刊》2016 年第 12 期，第 40 ~ 44 页。
[684] 吴春岩：《基于微博应用的大学生思想政治教育问题对策分析》，《湖北函授大学学报》2016 年第 12 期，第 41 ~ 42 页。
[685] 傅康：《职业院校电子专业“微博平台 + 翻转课堂”教学实践研究——以 Protel 课程为例》，《太原城市职业技术学院学报》2016 年第 12 期，第 102 ~ 103 页。
[686] 焦书娟：《社会热点事件中传统媒体与微博的互动性研究》，《新闻研究导刊》2016 年第 12 期，第 358 页。
[687] 孙文娟：《基于微博的大学英语写作教学新模式研究与实践》，《新丝路》2016 年第 12 期，第 95 页。
[688] 张荣恺、么明珠：《新媒体公众平台的传播机制与受众使用偏好比较——以微博与微信为例》，《西部广播电视》2016 年第 12 期，第 25 ~ 26 页。
[689] 陈芳、刘芳、于海东：《地方高校图书馆微博服务调查——以新浪认证微博为例》，《情报探索》2016 年第 12 期，第 73 ~ 76、81 页。
[690] 贺纪乐：《着力增强微博涉军舆论引导的针对性》，《西部学刊》2016 年第 12 期，第 46 ~ 47 页。
[691] 赵惠东、刘刚、石川、吴斌：《基于转发传播过程的微博转发量预测》，《电子学报》2016 年第 12 期，第 2989 ~ 2996 页。
[692] 廖祥文、张丽瑶、宋志刚、程学旗、陈国龙：《基于卷积神经网络的中文微博观点分类》，《模式识别与人工智能》2016 年第 12 期，第 1075 ~ 1082 页。
[693] 廖海涵、王曰芬：《社交媒体舆情信息传播效果影响因素研究——以新浪微博“8·12 天津爆炸”事件为例》，《现代图书情报技术》2016 年第 12 期，第 85 ~

93 页。

[694] 邹学强、包秀国、黄晓军、马宏远、袁庆升:《基于层次分析的微博短文本特征计算方法》,《通信学报》2016 年第 12 期,第 50 ~ 55 页。

[695] 张敏、夏宇、刘晓彤:《重大医疗伤害事件网络舆情能量传播过程分析——以“魏则西事件”为例》,《情报杂志》2016 年第 12 期,第 58 ~ 62、74 页。

[696] 冯梅、吴细刚、周礼:《微博平台在仓储配送实务课程中订单处理作业模块的教学应用》,《学周刊》(上旬) 2016 年第 12 期,第 67 ~ 68 页。

[697] 宋之杰、石蕊、王建:《权威信息发布对突发事件微博谣言传播的影响研究》,《情报杂志》2016 年第 12 期,第 41 ~ 46、57 页。

[698] 成慧、纪文静:《江苏旅游官方微博营销对策研究——以新浪微博为例》,《中国商论》2016 年第 35 期,第 21 ~ 23 页。

[699] 刘思、朱福喜、阳小兰、刘世超:《基于分类关联规则的微博情绪分析》,《计算机工程与设计》2016 年第 12 期,第 3361 ~ 3365、3393 页。

[700] 潘章帅:《试论微博时代的普法宣传——基于议程设置的视角》,《新闻世界》2016 年第 12 期,第 28 ~ 31 页。

[701] 黄柏淅、朱小栋:《移动社交类 APP 用户持续使用意愿的影响因素研究》,《现代情报》2016 年第 12 期,第 57 ~ 64 页。

[702] 刘健、毕强、李瑞:《微博舆情信息传播效果评价指标体系构建研究——基于模糊数据包络分析法》,《情报理论与实践》2016 年第 12 期,第 31 ~ 38 页。

[703] 饶浩、林育曼、陈海媚:《基于粒子群算法的微博热点话题发现分析》,《情报科学》2016 年第 12 期,第 51 ~ 54 页。

[704] 韩林洁、王海燕、徐建东:《社会化媒体中用户信息交流对信息窄化的影响——以新浪微博为例》,《情报科学》2016 年第 12 期,第 97 ~ 101 页。

[705] 陈芳、刘芳:《地方高校图书馆社交媒体互动效果分析——以新浪认证微博为例》,《情报科学》2016 年第 12 期,第 115 ~ 119、167 页。

[706] 杨静、周雪妍、林泽鸿、张健沛、印桂生:《基于溯源的虚假信息传播控制方法》,《哈尔滨工程大学学报》2016 年第 12 期,第 1691 ~ 1697 页。

[707] 许超众:《都市报的微博运营探析——以〈新安晚报〉官方微博为个案》,《新闻世界》2016 年第 12 期,第 38 ~ 41 页。

[708] 王志国:《网络舆情监控过程中微博文本分类处理的实现方法》,《图书情报导刊》2016 年第 12 期,第 129 ~ 133 页。

[709] 杨光辉:《突发事件中政务微博场域构建初探——以“雅安地震”中的“四川发布”为例》,《今传媒》2016 年第 12 期,第 31 ~ 32 页。

[710] 方冰、缪文渊:《基于网络拓扑结构视角的社交媒体用户转发预测算法》,《计算机应用研究》2016 年第 12 期,第 3705 ~ 3708 页。

第 13 期

[711] 李林:《政务微博平台“@苏州发布”的影响力提升路径》,《传媒》2016 年第 13 期,第49 ~ 51 页。

［712］姜岚：《探索“互联网、政务”服务新模式》，《黑龙江科技信息》2016 年第 13 期，第 183 页。
［713］孙志鹏：《微博场域中三个舆论场的协商与对抗——基于政府、媒体、意见领袖微博在天津滨海爆炸案中的分析》，《新闻研究导刊》2016 年第 13 期，第 6 页。
［714］刘铭秋：《电视节目的微博营销分析——以〈中国好声音〉为例》，《传媒》2016 年第 13 期，第 64 ~66 页。
［715］刘珊珊：《微博视角下的自媒体传播特点及优势》，《新闻研究导刊》2016 年第 13 期，第 328 页。
［716］林芷羽：《微博传播的弱关系性质分析》，《戏剧之家》2016 年第 13 期，第 263 页。
［717］张怡千：《浅析微博新闻的传播特点及影响》，《新闻研究导刊》2016 年第 13 期，第 335 页。
［718］豆媛：《微博视域下的网络话语权表达现状与反思》，《新闻研究导刊》2016 年第 13 期，第 329 页。
［719］陈音弦：《简论微博公益传播中舆论领袖的特征》，《新闻研究导刊》2016 年第 13 期，第 322 页。
［720］卢斌：《从微博公信力缺失看自媒体公信力塑造与提升》，《科技传播》2016 年第 13 期，第 70 页。
［721］罗佳慧：《从传播学视角分析微博暴力》，《科技传播》2016 年第 13 期，第 136 页。
［722］赵笠鑫：《微博舆论监督中的谣言传播及措施》，《新媒体研究》2016 年第 13 期，第 24 ~25 页。
［723］牛任重：《新媒体时代议程设置的强化与消解——以新浪微博为例》，《科技传播》2016 年第 13 期，第 141 页。
［724］杨红彬：《广播新闻与微博互动的得与失》，《新媒体研究》2016 年第 13 期，第 98 ~99 页。
［725］张雅倩：《微博与微信传播的营销价值研究》，《新媒体研究》2016 年第 13 期，第 73 ~74 页。
［726］于洋：《突发事件中政务微博网络舆情导控策略探究——以天津港“8·12”特大火灾爆炸事故为例》，《新闻研究导刊》2016 年第 13 期，第 7、3、14 页。
［727］占昭昭：《微博微信谣言的运行特点、危害及其治理对策研究》，《新闻研究导刊》2016 年第 13 期，第 208 页。
［728］李丽：《自媒体时代下微博的病毒式营销传播》，《新闻研究导刊》2016 年第 13 期，第 336 页。
［729］王秀红：《武汉市政务微博发展现状、不足及建议》，《改革与开放》2016 年第 13 期，第37 ~38、36 页。
［730］牟武军、孙祥悦、扈永鑫：《新闻传播中微博的运用优势和意义研读》，《新闻研究导刊》2016 年第 13 期，第 337 页。
［731］舒仁：《突发事件报道中微博与报纸的互动分析》，《新闻研究导刊》2016 年第 13 期，第 340 页。
［732］毛张涵：《微博传播真实性研究》，《西部广播电视》2016 年第 13 期，第 24 ~25 页。

第14期

［733］时立：《我国政务微博未来发展路径探究》，《中国管理信息化》2016年第14期，第135～136页。

［734］刘慧卿：《网络舆论场中的官方话语表达研究》，《新闻研究导刊》2016年第14期，第21、25页。

［735］叶应珩：《微博：学生习作新宠儿》，《语文知识》2016年第14期，第90～92页。

［736］黄鸿业：《政府危机公关中的民间抗争性话语传播机制——对“百色助学网性侵”和“马山骗领扶贫款”事件微博话语的考察》，《新闻界》2016年第14期，第47～53页。

［737］于子晴：《“第三人效果”理论的传播认知探析——以“马航事件”的微博报道为例》，《科技传播》2016年第14期，第8～9页。

［738］战涛、赵嘉琦：《突发新闻事件中微博的舆情引导功能研究——以天津塘沽爆炸事件为例》，《科技传播》2016年第14期，第40～41页。

［739］武琪琦：《结果式的体育新闻报道对体育赛事的影响——以新浪微博为例》，《西部学刊》2016年第14期，第50～52页。

［740］何逸涵、邓若蕾：《自媒体环境下微博与微信的联动式传播效应及应用》，《新媒体研究》2016年第14期，第10～11页。

［741］张婷：《微博意见领袖的舆论影响机制探析》，《西部广播电视》2016年第14期，第30页。

［742］王笛：《突发事件中微博拟态环境的构建》，《西部广播电视》2016年第14期，第24页。

［743］江澜：《探讨微博意见领袖的互动行为——基于拟剧理论的分析》，《新闻研究导刊》2016年第14期，第31页。

［744］王琨：《探析自媒体时代微博公共性建构》，《新闻研究导刊》2016年第14期，第325～326页。

［745］李珂：《媒体微博对突发性灾难事件的应对——以人民日报对“天津港8.12爆炸事故”的报道为例》，《新闻研究导刊》2016年第14期，第347页。

［746］尹鸿鹍、陈承斐、杨向东：《刍议媒介融合下微博对新闻传播的影响》，《新闻研究导刊》2016年第14期，第345页。

［747］宋欣、徐桂华、王晓立：《探究微博在气象服务中的作用》，《科技传播》2016年第14期，第115～116页。

第15期

［748］高强：《关于移动电子政务模式的探讨》，《中国市场》2016年第15期，第116～117页。

［749］李风娇：《微博时代思想政治教育工作的挑战及应对措施分析》，《高教学刊》2016年第15期，第243～244页。

［750］任莉：《多重议程设置影响下的政务微博舆论引导》，《戏剧之家》2016年第15期，第223页。

［751］张卓、马骎：《信息化条件下地方政务微博与民互动的策略研究——以“平安南阳”

和“平安洛阳”为例》，《中国管理信息化》2016 年第 15 期，第 125 ~ 126 页。
［752］魏景霞：《新媒体语境下的微博舆论引导》，《西部广播电视》2016 年第 15 期，第 36 ~ 37 页。
［753］付晓敬：《微博新闻传播的特征、局限和优势探析》，《新媒体研究》2016 年第 15 期，第 7 ~ 8 页。
［754］陈玉泽、彭新宇：《突发公共事件中的微博意见领袖研究——以哈尔滨“天价鱼”事件为例》，《科技传播》2016 年第 15 期，第 118 ~ 119 页。
［755］刘红丽、黄雅丽、罗春海、胡海波：《基于用户行为的微博网络信息扩散模型》，《物理学报》2016 年第 15 期，第 283 ~ 294 页。
［756］赵德银、柴寿升：《旅游类微博信息特性探析——基于内容分析法的质性研究》，《传媒》2016 年第 15 期，第 79 ~ 80 页。
［757］刘维伊：《新媒体赋权在微博应用中的局限与前景——以尼泊尔震后撤侨事件为例》，《新媒体研究》2016 年第 15 期，第 23 ~ 24 页。
［758］马庆：《微博环境下高校思想政治理论课教学方法创新研究》，《科技资讯》2016 年第 15 期，第 113 ~ 114 页。
［759］宋杰青：《浅谈微博等社交现象中折射出的荒诞性审美》，《戏剧之家》2016 年第 15 期，第 262 页。
［760］刘洋：《“词媒体”在舆论监督中的作用》，《新媒体研究》2016 年第 15 期，第 25 ~ 27 页。
［761］刘聪、张志武：《新闻工作者微博应用的困境及其根源探究》，《新媒体研究》2016 年第 15 期，第 58 ~ 59 页。
［762］蒋文君：《从网红广告的视角看微博互动广告》，《新闻研究导刊》2016 年第 15 期，第 299 页。
［763］陈丹：《新媒体环境下明星微博对娱乐新闻的影响》，《新闻研究导刊》2016 年第 15 期，第 322 页。
［764］钟婧圆：《突发事件的微博传播研究——以“马航失联事件”为例》，《新闻研究导刊》2016 年第 15 期，第 338 页。
［765］夏静：《从云南师范大学官方微博看公关传媒的话语建构》，《新闻研究导刊》2016 年第 15 期，第 315 ~ 316 页。
［766］李睿、李鹏飞、赵天晨：《试分析微博兴起对我国新闻报道的影响》，《新闻研究导刊》2016 年第 15 期，第 352 页。
［767］李爽：《大学生微博用户信息获取行为研究——以重庆某高校学院微博为例》，《新媒体研究》2016 年第 15 期，第 52 ~ 54 页。

第 16 期

［768］曾鸿、吴苏倪：《基于微博的大数据用户画像与精准营销》，《现代经济信息》2016 年第 16 期，第 306 ~ 308 页。
［769］黄宇：《突发公共卫生事件中微博、微信的议题呈现异同——以 2016 年山东“疫苗事件”为例》，《科技传播》2016 年第 16 期，第 99 ~ 100 页。

[770] 唐晓波、兰玉婷：《基于特征本体的微博产品评论情感分析》，《图书情报工作》2016年第16期，第121～127、136页。

[771] 曹斯文、庞曼盈：《从"和颐酒店"事件看普通人如何引爆媒体舆论场》，《新媒体研究》2016年第16期，第3～4、22页。

[772] 陈绮涵：《浅析微博公文的发展现状》，《办公室业务》2016年第16期，第6～7页。

[773] 卢雨文：《突发公共事件中的微博传播过程分析——以山东"问题疫苗"事件为例简》，《科技传播》2016年第16期，第101页。

[774] 严硕：《微博对公众政治参与的正影响——以雾霾议题为例》，《新闻研究导刊》2016年第16期，第36页。

[775] 何志颖、冯媛、朱兴飞：《新媒体环境下的新闻微博发展现状及趋势分析》，《西部广播电视》2016年第16期，第1页。

[776] 贺义荣：《全媒时代微博发展动向及营销策略研究》，《西部广播电视》2016年第16期，第2页。

[777] 李悦：《国内灾难性事件的外媒报道简析——以上海外滩踩踏事故为例》，《新闻研究导刊》2016年第16期，第71页。

[778] 温奕海：《浅析微博在传统广播互动中的运用——以汕头电台为例》，《新闻研究导刊》2016年第16期，第122～123页。

[779] 张晴：《自媒体语境下网络群体性事件的舆论形态解读——以"女实习生网曝遭记者性侵"微博传播为例》，《新闻研究导刊》2016年第16期，第318～319页。

[780] 王晓园：《中美传统媒体微博娱乐化的比较研究——以〈人民日报〉与〈纽约时报〉官方微博为例》，《新闻研究导刊》2016年第16期，第48～49页。

[781] 冯菲：《微博网络红人的崛起》，《新闻研究导刊》2016年第16期，第335～336页。

[782] 尹钰傑：《媒体官方微博对负面涉警事件的报道框架研究——以〈人民日报〉和〈南方都市报〉新浪官方微博为例》，《新闻研究导刊》2016年第16期，第344～344页。

[783] 裴希婷：《微博对传统新闻传播模式的影响》，《西部广播电视》2016年第16期，第3页。

[784] 李宛嵘：《浅析网络意见领袖的影响机制——以微博平台为例》，《西部学刊》2016年第16期，第27～28页。

[785] 窦毓磊：《Twitter VS 新浪微博：媒体价值传播比较研究》，《新媒体研究》2016年第16期，第1～2页。

[786] 刘元：《新媒体环境下的高校网络舆情研究——以微博为例进行研究》，《新媒体研究》2016年第16期，第16～17页。

[787] 石坤：《农民工媒介形象的批判性话语分析——从〈人民日报〉微博谈起》，《西部学刊》2016年第16期，第49～50页。

[788] 张勇：《新浪微博公益传播的类型与特色》，《传媒》2016年第16期，第58～60页。

[789] 史科蕾：《仪式观视野下文化微博的传播技巧浅析》，《出版广角》2016年第16期，第83～85页。

[790] 王海迪：《新媒体时代微博公益传播认同塑造的机制研究》，《西部学刊》2016年第16期，第58～61页。

第17期

[791] 陈孟彤、薛可：《微博公益传播：媒体近用与议题建构——以“免费午餐”为观察个案》，《新媒体研究》2016年第17期，第3～4页。

[792] 莫雨田：《“两微”环境下的虚假新闻略谈》，《新媒体研究》2016年第17期，第21～22页。

[793] 张丽芳、王秋菊：《以微博为载体开展大学生思想政治教育》，《教育与职业》2016年第17期，第46～48页。

[794] 张佳明、席耀一、王波、唐浩浩、李天彩：《基于词向量的微博事件追踪方法》，《计算机工程与应用》2016年第17期，第73～78、117页。

[795] 卜心怡、陈美灵：《社交网络中的链路预测研究》，《图书馆学研究》2016年第17期，第17～21、39页。

[796] 王飞贺：《从“毒跑道”事件谈微博传播伦理失范与应对》，《传媒》2016年第17期，第52～53页。

[797] 董凡超：《微博“意见领袖”特征研究》，《科技传播》2016年第17期，第114页。

[798] 刘祎妮：《新媒体在社会动员中的运用状况研究——以“微博救助”为例》，《西部广播电视》2016年第17期，第28～29页。

[799] 李璐：《微博时代的新闻失实》，《新闻研究导刊》2016年第17期，第321～322页。

[800] 李欣妍、李欣、张一澜：《以〈爸爸去哪儿〉为例研究真人秀微博传播》，《新闻研究导刊》2016年第17期，第108～109页。

[801] 刘璐迪：《微博对传统新闻传播模式的影响研究》，《西部广播电视》2016年第17期，第24页。

[802] 鄢睿：《政务微博面临的挑战与应对》，《青年记者》2016年第17期，第79～80页。

[803] 卢琦、张莹莹：《“微时代”下网络问政探析》，《农村经济与科技》2016年第17期，第246～248页。

[804] 冯新颖：《微博网络较大度值用户特征分析》，《科技传播》2016年第17期，第76～77页。

第18期

[805] 熊炼、王勇、康乐：《如何提高云南省政务微博“@微博云南”的影响力》，《中国报业》2016年第18期，第26～27页。

[806] 冉明仙、王枫：《政务微博问政沟通“触点管理”的三大关键》，《青年记者》2016年第18期，第74～75页。

[807] 何跃、蔡博驰：《基于因子分析法的微博热度评价模型》，《统计与决策》2016年第18期，第52～54页。

[808] 汪渤：《探究微博时代传统媒体传播模式所受冲击及其走向》，《新闻研究导刊》2016年第18期，第227～228、243页。

[809] 熊龙、鲍中义：《高校校园微博的隐性思想政治教育功能探析》，《湖北函授大学学报》2016 年第 18 期，第 42～43 页。

[810] 李心懿：《移动互联网时代下社交媒体的广告发展研究——以微信、微博为例》，《新闻研究导刊》2016 年第 18 期，第 318 页。

[811] 李笑园、颜亚雯：《网络传播时代，〈人民日报〉微博成功在何处?》，《新闻研究导刊》2016 年第 18 期，第 355 页。

[812] 孙昱苗：《新闻宣传中微博微信的应用》，《决策与信息》2016 年第 18 期，第 113 页。

[813] 周阿萌：《电视新闻栏目与微博融合问题探究》，《新闻研究导刊》2016 年第 18 期，第 165 页。

[814] 任思洁：《微博时代下大学生媒介素养的不足》，《西部广播电视》2016 年第 18 期，第16～17 页。

[815] 付然锋：《微博传播新闻热点的舆论效应研究》，《西部广播电视》2016 年第 18 期，第 29 页。

[816] 马伟：《新媒体时代下微博营销为图书宣传添光彩》，《新媒体研究》2016 年第 18 期，第 70～71 页。

[817] 赵雪玮：《微信与微博平台谣言差异分析》，《新媒体研究》2016 年第 18 期，第 42～44 页。

[818] 叶亚杰：《对微博版权客体的认定与思考》，《出版广角》2016 年第 18 期，第 74～76 页。

第 19 期

[819] 朱燕：《政务微博发展策略研究——以唐山为例》，《科技展望》2016 年第 19 期，第 264～265 页。

[820] 郭小敏：《负面信息在微博传播中的特点及影响研究》，《西部广播电视》2016 年第 19 期，第 38 页。

[821] 王斐：《基于知识共享协议的微博授权模式解读》，《出版广角》2016 年第 19 期，第 66～68 页。

[822] 张坤：《河南省政务微博受众影响力评估研究》，《经济研究导刊》2016 年第 19 期，第152～153 页。

[823] 丁雅洁：《微博时代新闻记者面临的挑战与发展策略》，《西部广播电视》2016 年第 19 期，第 141 页。

[824] 梁宇驰、罗璇：《直播平台在社交媒体的新发展——以微博“一直播”为例》，《新闻研究导刊》2016 年第 19 期，第 7 页。

[825] 于点：《分析微博语境下谣言的流传与政府部门的应对策略》，《新闻研究导刊》2016 年第 19 期，第 121 页。

[826] 黄丹：《新媒体融合时代微博微信对广播节目传播的改变》，《新闻研究导刊》2016 年第 19 期，第 219 页。

[827] 戴佩岑、姚瑶：《恩施旅游品牌的微博传播对策研究》，《新闻研究导刊》2016 年第 19 期，第 320 页。

[828] 石竹林:《自媒体时代微博新闻编辑模式分析——基于新闻生产市场学视角》,《西部广播电视》2016 年第 19 期，第 162 ~ 163 页。
[829] 马章喆:《新浪微博的“语—图”互文分析——以人民日报微博为例》,《新媒体研究》2016 年第 19 期，第 54 ~ 55 页。
[830] 徐旭伟:《不只是社交，不止于社交——以微博微信为例浅析网络时代社交媒体的几大功能》,《新闻研究导刊》2016 年第 19 期，第 309 ~ 310 页。

第 20 期

[831] 肖捷飞:《微博传播与利用的创作共用模式研究》,《出版广角》2016 年第 20 期，第 41 ~ 43 页。
[832] 王爱玲、丛雅清:《转化性重构：微博平台“媒介事件”的话语结构转变——以新浪微博“9·3 大阅兵”的信息传播为例》,《新闻界》2016 年第 20 期，第49 ~ 56 页。
[833] 赵晓航:《基于情感分析与主题分析的“后微博”时代突发事件政府信息公开研究——以新浪微博“天津爆炸”话题为例》,《图书情报工作》2016 年第 20 期，第 104 ~ 111 页。
[834] 肖诗荣:《县级政务微博发展特点及对策建议——以浙江省县区政务微博为例》,《新闻研究导刊》2016 年第 20 期，第 252 页。
[835] 黄志辉:《行政监督新途径：微博问政的优势、问题及对策》,《决策与信息》2016 年第 20 期，第 146 ~ 147 页。
[836] 胡爽:《新媒体时代手机社交客户端同质化分析——以 QQ、微信、微博为例》,《戏剧之家》2016 年第 20 期，第 257 页。
[837] 朱媛媛:《微博事件营销引发的公共危机——以“六小龄童春晚节目被毙”事件为分析对象》,《新闻研究导刊》2016 年第 20 期，第 53 页。
[838] 刘媛媛、张璇:《新媒介时代微博意见领袖研究》,《新闻界》2016 年第 20 期，第 63 ~ 68 页。
[839] 陈洁、吴胜林:《转发微博的法律性质及其行为规制》,《出版广角》2016 年第 20 期，第59 ~ 61 页。
[840] 步长磊:《微博信息传播存在的主要问题和对策研究》,《新媒体研究》2016 年第 20 期，第 1 ~ 2 页。
[841] 张明员:《“微时代”时政新闻报道的传播特性分析》,《西部广播电视》2016 年第 20 期，第 85 ~ 86 页。
[842] 张馨正、巩梦鑫:《明星微博在社会公益活动中的传播功能与效果研究》,《新媒体研究》2016 年第 20 期，第 49 ~ 50 页。
[843] 康乐、王勇、熊炼:《政务微博应对网络谣言研究》,《中国报业》2016 年第 20 期，第 25 ~ 26 页。
[844] 于晓娟:《河南省政务微博发展研究——以“@ 精彩河南”“@ 豫法阳光”等政务微博为例》,《新闻战线》2016 年第 20 期，第 110 ~ 111 页。
[845] 韩长江:《“微时代”下的微博传播与微型学习研究》,《新闻研究导刊》2016 年第 20

期，第281页。

[846] 陈伟：《“微”思想政治教育：路径依赖与机制创新——微博视野下大学生思想政治教育研究》，《湖北函授大学学报》2016年第20期，第37～39页。

[847] 张千：《体育记者使用自媒体在体育赛事传播报道方面的优势——以体育记者对新浪微博的使用为例》，《新闻研究导刊》2016年第20期，第286页。

第21期

[848] 李玉美：《基于重庆微发布的政务微博受众影响研究》，《新闻传播》2016年第21期，第94、96页。

[849] 陈芳：《试论微博版权司法保护的创新问题》，《出版广角》2016年第21期，第58～60页。

[850] 钱炳汉：《我国微博政务发展中存在的问题及对策》，《商》2016年第21期，第98页。

[851] 肖妮：《教育部直属高校微信、微博等新媒体建设与大学排名研究》，《中国教育信息化》2016年第21期，第1～5页。

[852] 张菁雅：《浅析文创产品的新媒体营销模式——以故宫淘宝为例》，《新闻研究导刊》2016年第21期，第66～67页。

[853] 范新爱：《政务微博与政府形象的塑造》，《青年记者》2016年第21期，第77～78页。

[854] 苏霖：《浅析信息碎片化背景下“微文学”的发展》，《新闻研究导刊》2016年第21期，第71页。

[855] 王丹：《浅谈新浪微博的体育新闻传播研究》，《新闻研究导刊》2016年第21期，第276页。

[856] 殷珂：《从研究热点上分析我国图书馆社交媒体的研究近况——以微博和微信为例》，《决策与信息》2016年第21期，第136页。

[857] 王晓芸：《微博平台践行群众路线应走规范化发展之路》，《新闻研究导刊》2016年第21期，第35～36页。

第22期

[858] 文明月：《微博在高中语文写作中的运用研究》，《中学教学参考》2016年第22期，第10～11页。

[859] 刘磊：《微博版权危机与版权责任分配探析》，《出版广角》2016年第22期，第41～43页。

[860] 王亚强、张雅丽：《论“互联网+政务”条件下“双微”发言人责任伦理问题的形成》，《新闻传播》2016年第22期，第26～27页。

[861] 王倩：《微博境遇下大学生思想政治教育工作探析》，《现代交际》（学术版）2016年第22期，第160～161页。

[862] 白海燕：《高校图书馆微博阅读推广策略研究》，《新丝路》2016年第22期，第208页。

[863] 苏燕:《自媒体时代明星微博的广告发展——以新浪微博为例》,《出版广角》2016年第22期，第69~71页。

[864] 刘子健:《谈微博语言的语法特性与传播特性》,《西部广播电视》2016年第22期，第7~7页。

[865] 孟艳:《微博对高校社会主义核心价值观教育的影响分析》,《人才资源开发》2016年第22期，第27~29页。

[866] 丁晓蔚、高淑萍:《大数据与重大公共危机事件舆情研判——基于对天津港爆炸事件相关舆情信息的分析》,《中国出版》2016年第22期，第26~30页。

[867] 丁俊:《网络流行语影响下的语用化口头禅研究——基于微博语料库》,《语文学刊》2016年第22期，第49~51页。

[868] 张悦、苗鹏琳:《传统媒体和新媒体的融合发展初探》,《西部广播电视》2016年第22期，第76页。

[869] 闫彦:《网络环境下“沉默的螺旋”现象研究——以微信、微博为例》,《新闻研究导刊》2016年第22期，第49~50页。

[870] 梁田:《自媒体背景下体育微博的生成方式及其价值》,《传媒》2016年第22期，第75~76页。

[871] 李永飞:《简析微博兴起对我国新闻报道的影响》,《新闻研究导刊》2016年第22期，第207页。

[872] 孙行:《大学生群体在微信和微博上自我呈现的差异研究》,《新闻研究导刊》2016年第22期，第84页。

[873] 李艳平、王灿发、周鼎:《微博舆论场域的较量——兼谈微博意见领袖的社会影响力》,《传媒》2016年第22期，第86~88页。

第23期

[874] 李正良、王君予:《职业体育组织如何提升社交媒体受众互动——基于NBA和CBA官方微博的内容分析》,《新闻界》2016年第23期，第48~55页。

[875] 孙琪:《微博舆论传播特点探析——以“王宝强离婚事件”为例》,《新闻研究导刊》2016年第23期，第279~280页。

[876] 许瑛瑛:《初中学生基于微博的英语阅读学习的可行性调查报告》,《英语教师》2016年第23期，第49~53页。

[877] 董丹丹:《新媒体时代微博传播中舆论生成与引导策略研究》,《新媒体研究》2016年第23期，第6页。

[878] 许琪:《传统杂志社交账号“自媒体化”思考》,《科技传播》2016年第23期，第102页。

[879] 牛艳艳:《利用政务微博引导突发事件网络舆论的策略体系》,《新媒体研究》2016年第23期，第42~44页。

[880] 何国胜:《记者在社交媒体中的职业角色分析——以记者褚朝新的微博为例》,《新媒体研究》2016年第23期，第131~133页。

[881] 范琦:《浅论微博中的电影宣传策略》,《新闻研究导刊》2016年第23期，第

142 ~ 143 页。

[882] 任晓宇:《微博兴起对我国新闻报道的影响分析》,《决策与信息》2016 年第 23 期,第 135 页。

[883] 师萌:《微博公益传播的显性功能和隐性功能》,《决策与信息》2016 年第 23 期,第 145 页。

[884] 郑瑞平:《微博的版权和版权保护刍议》,《出版广角》2016 年第 23 期,第 35 ~ 37 页。

第 24 期

[885] 华奕曦:《新兴网络媒介,构建多维互动模式——微博对高校思想政治教育的挑战及应对策略》,《高教学刊》2016 年第 24 期,第 198 ~ 199 页。

[886] 孙虹:《交通运输政府微信微博运维管理机制探索》,《科技展望》2016 年第 24 期,第 195、197 页。

[887] 董少伟:《"互联网 +"时代河南政务微博发展路径探析》,《新媒体研究》2016 年第 24 期,第 34 ~ 35 页。

[888] 王连民、孙思浓、陈岱琪:《新媒体视阈下黑龙江省政务微博微信建设问题研究》,《黑龙江科技信息》2016 年第 24 期,第 171 页。

[889] 曾明星宇:《〈博物〉杂志的微博营销策略研究》,《新闻研究导刊》2016 年第 24 期,第93 ~ 93 页。

[890] 董少伟:《"互联网 +"时代河南政务微博发展路径探析》,《新媒体研究》2016 年第 24 期,第 34 ~ 35 页。

[891] 何嘉琪:《以微博为例浅析网络暴力现状及规范化道路》,《新媒体研究》2016 年第 24 期,第 5 ~ 6 页。

[892] 孟庆岩:《哈贝马斯交往行为理论视域下的微博交往行为合理化研究》,《黑龙江科学》2016 年第 24 期,第 146 ~ 147 页。

[893] 张新颖:《基于新媒体人际传播"失控"效果的分析——以"和颐酒店女生遇袭事件"为例》,《新闻研究导刊》2016 年第 24 期,第 97 页。

[894] 李宜璟:《微博对新闻传播的影响与传统媒体的应对策略》,《新媒体研究》2016 年第 24 期,第 86 ~ 87 页。

[895] 章俊杰:《新媒体与传统媒体的互通与融合》,《新闻研究导刊》2016 年第 24 期,第 209 页。

[896] 李晓瑜:《合理使用制度的重构与微博版权问题——基于一起微博典型版权纠纷案件的思考》,《出版广角》2016 年第 24 期,第 35 ~ 37 页。

[897] 毛晓飞:《政务微博对社会主流价值观的传播引导作用研究》,《新闻研究导刊》2016 年第 24 期,第 286 页。

[898] 张祎:《公益微博在政治社会化过程中的功能研究——以新浪微博"大爱清尘"为例》,《西部广播电视》2016 年第 24 期,第 21 页。

第 27 期

[899] 王婧:《基于内容分析的北京市政务微博传播效果影响因素研究》,《科技视界》2016

年第 27 期，第 460 ~ 461、387 页。
[900] 李力韵：《浅谈公安微博存在的问题及对策》，《法制与社会》2016 年第 27 期，第 205 ~ 206 页。
[901] 田冰：《巧用政务微博，回应民众关切》，《人民论坛》2016 年第 27 期，第 58 ~ 59 页。
[902] 乔淑晨：《实施大型主题策划活动的探索与创新——以“徐州文化世纪传承工程”为例》，《青年记者》2016 年第 27 期，第 50 ~ 51 页。
[903] 刘昕：《浅谈微博、微信网络环境下高校思想政治教育》，《求知导刊》2016 年第 27 期，第 11 页。

第 28 期

[904] 吴振华：《重大突发事件中政务微博的响应表现——以“@滨海发布”为例》，《商》2016 年第 28 期，第 230 ~ 231 页。
[905] 曹睿仪：《浅析开通政务微博对社会公共管理职能的提升作用》，《管理观察》2016 年第 29 期，第 81 ~ 82 页。

第 29 期

[906] 封红旗、雷晨阳：《从“南京发布”的运营看政务微博的发展》，《青年记者》2016 年第 29 期，第 14 ~ 15 页。

第 30 ~ 36 期

[907] 焦佩：《微博文化与当前高校思想政治教育的碰撞与融合》，《求知导刊》2016 年第 30 期，第 13 页。
[908] 杨晓：《浅谈最具活力的政务信息传播新平台的现状》，《商》2016 年第 30 期，第 222 页。
[909] 刘欢、林行、杨凡、杨蕾、刘金玲：《“互联网 +”背景下青岛气象服务新探与发展》，《科技资讯》2016 年第 30 期，第 17 ~ 18 页。
[910] 付云腾：《微博政务中“塔西佗陷阱”现象及其应对策略》，《经济研究导刊》2016 年第 31 期，第 133 ~ 134 页。
[911] 张静：《微博文化冲击下的高校思想政治教育实效性研究》，《中国市场》2016 年第 32 期，第 221 ~ 222 页。
[912] 王云秀：《基于微博平台的高职英语 O2O 教学模式研究》，《文教资料》2016 年第 32 期，第 187 ~ 188 页。
[913] 王杰：《情报学核心期刊中社会化媒体相关研究的定量分析》，《决策与信息》2016 年第 33 期，第 101 ~ 102 页。
[914] 杭宇：《旅游微博营销策略分析——以浙江省旅游局官方微博为例》，《中国商论》2016 年第 33 期，第 11 ~ 12 页。
[915] 邬江、李春梅：《微博舆论场主流话语存在的问题及原因分析》，《中国市场》2016 年第 34 期，第 90 ~ 91 页。
[916] 李莉：《浅谈微博在高校网络思想政治教育中的应用》，《求知导刊》2016 年第 36

期，第 17 页。

[917] 季英伟：《我国政府微博网络舆论监督管理问题及对策——以“公共领域”为视角》，《中国市场》2016 年第 37 期，第 188 ~ 190 页。

2017年

第 1 期

[1] 任昌辉、郑智斌：《微博舆论场的构成及其博弈探析》，《宁夏社会科学》2017 年第 1 期，第 57 ~ 61 页。

[2] 卞晓茜、彭浩楠：《微博对新闻媒体的影响及媒体应对措施研究》，《西部广播电视》2017 年第 1 期，第 27 页。

[3] 付鹏、林政、袁凤程、林海伦、王伟平、孟丹：《基于卷积神经网络和用户信息的微博话题追踪模型》，《模式识别与人工智能》2017 年第 1 期，第 73 ~ 80 页。

[4] 刘昱彤、李振坤：《公安微博在公安工作中的应用及对策分析》，《新疆警察学院学报》2017 年第 1 期，第 31 ~ 35 页。

[5] 陈国媛、米小林：《基层政府打造互联网 + 服务新常态的思考》，《管理观察》2017 年第 1 期，第 88 ~ 90 页。

[6] 肖雨然：《论新媒体时代健康传播的路径和说服效果——以人民日报微博为研究对象》，《北京印刷学院学报》2017 年第 1 期，第 27 ~ 31 页。

[7] 黎日明：《绿色发展理念下“绿色微博”的建设研究》，《广西科技师范学院学报》2017 年第 1 期，第 89 ~ 92 页。

[8] 姜馨：《基于〈人民日报〉“微博”探讨新媒体发展过程中的利与弊》，《新媒体研究》2017 年第 1 期，第 5 ~ 6 页。

[9] 刘雪梅：《2009 ~ 2014：关于微博研究的计量及内容分析》，《河北师范大学学报》（哲学社会科学版）2017 年第 1 期，第 122 ~ 128 页。

[10] 张龙：《社会化媒体环境下青少年风险意识的培育》，《当代青年研究》2017 年第 1 期，第 89 ~ 95 页。

[11] 贾超然：《社会化媒体语境下网络直播平台的传播特征及发展趋势探析》，《新媒体研究》2017 年第 1 期，第 3 ~ 4 页。

[12] 叶穗冰：《微博话语：霸权与平权》，《攀登》（哲学社会科学版）2017 年第 1 期，第 48 ~ 53 页。

[13] 王志文、陈珂、陈晓升、郑远飞、陈坚旋：《基于 MVC 设计模式的微博数据采集框架》，《广东石油化工学院学报》2017 年第 1 期，第 31 ~ 36 页。

[14] 李春霞：《论高校辅导员微博影响力的提升》，《河北工程大学学报》（社会科学版）2017 年第 1 期，第 69 ~ 71 页。

[15] 冷涛：《技术赋权与政策学习网络的转变：以微博热议 PM2.5 事件为例》，《电子政务》2017 年第 1 期，第 87 ~ 94 页。

[16] 宋之杰、刘绍山、石蕊、王娜、陈海强：《基于眼动追踪技术的突发事件微博信息可

信度影响因素研究》，《情报杂志》2017 年第 1 期，第 101 ~ 107 页。
[17] 姜赢、何国东、郭雨宸、朱玲萱：《高校区域大学生微博身份的精确识别方法》，《计算机系统应用》2017 年第 1 期，第 206 ~ 211 页。
[18] 杨敏、李馨怡：《基于微博数据分析的西安旅游形象感知研究》，《曲阜师范大学学报》（自然科学版）2017 年第 1 期，第 81 ~ 88 页。
[19] 唐魁玉、张旭：《国外 Twitter 相关研究进展及其对我国微博研究的启示——兼论未来微博媒介社会学研究的几点设想》，《中共杭州市委党校学报》2017 年第 1 期，第82 ~ 88 页。
[20] 刘梦晓、袁勤俭：《旅游目的地微博形象及其提升策略研究视角》，《现代情报》2017 年第 1 期，第 131 ~ 136 页。
[21] 佟玉：《浅析融合场域视角下微博热门话题的结构特点》，《新闻研究导刊》2017 年第 1 期，第 287 页。
[22] 邓力凡、谭少华：《基于微博签到行为的城市感知研究——以深港地区为例》，《建筑与文化》2017 年第 1 期，第 204 ~ 206 页。
[23] 李辉、李星甫：《群众感知视角下警务微博品牌价值对警察网络形象的影响分析——兼论警民关系的作用机制》，《净月学刊》2017 年第 1 期，第 120 ~ 128 页。
[24] 高艳艳、李梅、许阳、高月：《群体性突发事件舆情在微博中的传播研究》，《未来与发展》2017 年第 1 期，第 40 ~ 44、35 页。
[25] 张旭：《基于话题集合的中文微博对比话题摘要生成》，《计算机应用与软件》2017 年第 1 期，第 62 ~ 67 页。
[26] 田霏霏、沈记全：《基于用户影响力的微博数据提取算法》，《计算机应用与软件》2017 年第 1 期，第 55 ~ 61 页。
[27] 张博、李竹君：《微博信息传播效果研究综述》，《现代情报》2017 年第 1 期，第 165 ~ 171 页。
[28] 刘梦晓、袁勤俭：《旅游目的地微博形象及其提升策略研究》，《现代情报》2017 年第 1 期，第 131 ~ 136 页。
[29] 张钰莎：《微博热点事件发现与研究》，《信息通信》2017 年第 1 期，第 175 ~ 177 页。
[30] 李依霖、朱嘉奇、吴云坤、王宏安：《一种微博热点事件子话题的可视分析方法》，《中国科学技术大学学报》2017 年第 1 期，第 48 ~ 56 页。
[31] 周蔷：《微博的话语权分配研究——以新浪微博风云人物榜为个案》，《资源信息与工程》2017 年第 1 期，第 204 ~ 206 页。
[32] 刘泱育：《我国地方政务微博"上情下达"传播效能研究——基于 31 个省会城市政务微博传播中央政府工作报告的实证分析》，《新闻大学》2017 年第 1 期，第 78 ~ 84、109、149 页。
[33] 彭亮：《政务微博参与公共管理的路径研究》，《中共桂林市委党校学报》2017 年第 1 期，第 61 ~ 64 页。
[34] 李向帅：《转型背景下的中小政务官微运维分析》，《中国共青团》2017 年第 1 期，第 6 ~ 8 页。
[35] 宋香蕾：《政务微博档案化模式研究》，《档案学研究》2017 年第 1 期，第 51 ~ 56 页。

[36] 陈璟浩:《突发事件中的政务微博网络舆论引导能力研究——以 2016 武汉暴雨为例》,《情报探索》2017 年第 1 期,第 44 ~ 49 页。

[37] 侯心波:《突发事件中政务微博公众使用意愿实证研究》,《图书情报工作》2017 年第 1 期,第 152 ~ 158 页。

[38] 蔡雨坤:《浅谈政务微博信息传播的触点与发展方向》,《新闻世界》2017 年第 1 期,第42 ~ 44 页。

[39] 丁明、王兴永:《政府治理创新视角下政务微博发展探析》,《机构与行政》2017 年第 1 期,第 49 ~ 52 页。

[40] 鲍中义、熊龙:《微博思想政治教育功能在高校的实现现状及对策研究——基于 22 例受访者的访问调查》,《山东农业工程学院学报》2017 年第 1 期,第 109 ~ 113 页。

[41] 周文泓、李思艺、范冠艳:《问题与对策:基于线上公众参与的数字文件管理研究》,《档案学研究》2017 年第 1 期,第 67 ~ 75 页。

[42] 邢振江、乔玉强:《微博时代政府管理问题探究》,《宁夏大学学报》(人文社会科学版)2017 年第 1 期,第 135 ~ 140 页。

[43] 王茂涛:《我国政务微博影响力问题与对策》,《安徽广播电视大学学报》2017 年第 1 期,第 5 ~ 8 页。

[44] 赵翠阳:《“杭州发布”微博的话题考量》,《当代修辞学》2017 年第 1 期,第 74 ~ 85 页。

[45] 潇潇:《微时代的“主题报道”浅析——以“@人民日报”会议报道为例》,《新闻研究导刊》2017 年第 1 期,第 280 ~ 280 页。

[46] 仇婷婷:《安徽天柱山官方新浪微博营销内容分析》,《绿色科技》2017 年第 1 期,第 168 ~ 169、172 页。

[47] 林阳:《浅论“旧媒介”新闻报道在新媒体时代存在的必要性》,《新闻研究导刊》2017 年第 1 期,第 99 ~ 99 页。

[48] 王琴:《政务微博正能量传播的作用、问题与对策》,《传媒》2017 年第 1 期,第 43 ~ 45 页。

[49] 于欣彤:《微博的评论转发功能对群体极化现象的影响分析——以王宝强离婚事件为例》,《新闻研究导刊》2017 年第 1 期,第 71 ~ 71 页。

[50] 王军:《互动仪式链视角下政务直播中的互动思考——以潍坊交警直播执法为例》,《今传媒》2017 年第 1 期,第 30 ~ 32 页。

[51] 李广欣:《出版社微博运营致效机制探论——基于新浪微博的考察与思考》,《出版科学》2017 年第 1 期,第 93 ~ 99 页。

[52] 高慧君、李君轶:《基于微博大数据的游客情感与气候舒适度关系研究——以西安市国内游客为例》,《陕西师范大学学报》(自然科学版)2017 年第 1 期,第 110 ~ 117 页。

[53] 刘心怡:《新媒体环境下法国对华微博外交分析》,《南方论刊》2017 年第 1 期,第 22 ~ 23 页。

[54] 陈倩:《危机语境下微博网评中情感取向的语用研究——以“天津港爆炸事故”为例》,《浙江外国语学院学报》2017 年第 1 期,第 27 ~ 32、39 页。

［55］王战、樊露：《旅游区品牌虚拟社区的经营策略——以故宫微博为例》，《新闻传播》2017 年第 1 期，第 8 ~ 11 页。
［56］王艳东、荆彤、姜伟、王腾、付小康：《利用社交媒体数据模拟城市空气质量趋势面》，《武汉大学学报》（信息科学版）2017 年第 1 期，第 14 ~ 20 页。
［57］韦炜：《公安微博加强涉警网络舆情应对与引导的策略》，《法制与社会》2017 年第 1 期，第 187、202 页。
［58］刘清林：《微博与大学生思想政治教育》，《新闻与写作》2017 年第 1 期，第 106 ~ 108 页。
［59］刘虹：《基于关注视角的高校微博信息交流实证分析》，《情报科学》2017 年第 1 期，第148 ~ 152 页。
［60］李志杰：《微博在图书馆推广服务中的应用研究》，《办公室业务》2017 年第 1 期，第 178 页。
［61］鲁艳霞、吴迪、黄川林：《大数据环境下面向突发公共事件的微博用户情绪分析》，《软件工程》2017 年第 1 期，第 45 ~ 48 页。
［62］孟君：《微博名誉侵权问题研究》，《中外企业家》2017 年第 1 期，第 144 ~ 145 页。
［63］黄秋彤、刘丹凌：《互联网时代大众政治的兴起——基于我国微博问政的分析》，《今传媒》2017 年第 1 期，第 50 ~ 51 页。
［64］赵一、何克清、李昭、黄贻望：《微博演化网络的负信息分类方法》，《计算机科学与探索》2017 年第 1 期，第 91 ~ 98 页。
［65］王宁宁、鲁燃、王智昊、刘承运：《基于用户标签的微博推荐算法》，《计算机应用研究》2017 年第 1 期，第 58 ~ 61 页。
［66］雷欢：《图书馆网络影响力研究：以自媒体微博微信为视角》，《图书馆论坛》2017 年第 1 期，第 109 ~ 114 页。
［67］何柳：《刍议微博时代的企业品牌营销策略》，《中国市场》2017 年第 1 期，第 171 ~ 172 页。
［68］康国卿：《工具、渠道、吸收：报纸新闻运用微博的形式》，《今传媒》2017 年第 1 期，第 78 ~ 79 页。
［69］张爱军、刘姝红：《构建生态文明与制度文明的双赢机制——基于微博的视角》，《晋阳学刊》2017 年第 1 期，第 81 ~ 86 页。
［70］张挺、武超：《自媒体视域下的语言舆情：形成、传播与引导》，《语言文字应用》2017 年第 1 期，第 51 ~ 60 页。
［71］徐晶：《“三步检测法”探讨微博转载的合理使用》，《中国卫生法制》2017 年第 1 期，第33 ~ 37 页。
［72］单汨源、李洁、刘小红：《社交网络环境下消费者意见领袖对消费者态度的影响研究》，《消费经济》2017 年第 1 期，第 56 ~ 62 页。
［73］何超男、方鸿志：《微时代环境下大学生思想政治教育创新研究》，《湖北成人教育学院学报》2017 年第 1 期，第 1 ~ 3、24 页。
［74］宗乾进、杨淑芳、谌莹、沈洪洲：《突发性灾难中受灾地区社交媒体用户行为研究——基于对“天津 8 · 12 爆炸”相关微博日志的内容分析和纵向分析》，《信息资源

管理学报》2017 年第 1 期，第 13 ~ 19、105 页。

[75] 张艳梅、黄莹莹、甘世杰、丁熠、马志龙：《基于贝叶斯模型的微博网络水军识别算法研究》，《通信学报》2017 年第 1 期，第 44 ~ 53 页。

[76] 段婷婷：《微博语境下中国公民新闻发展问题研究》，《湖北科技学院学报》2017 年第 1 期，第 91 ~ 94 页。

[77] 刘淑华、潘丽婷、魏以宁：《地方政府危机治理政策传播与信息交互行为研究——基于大数据分析的视角》，《公共行政评论》2017 年第 1 期，第 4 ~ 28、205 页。

[78] 张梅：《滞留的集体主义：微博场域经济议题的社会共识现状与表达》，《新闻大学》2017 年第 1 期，第 32 ~ 40、101、146 页。

[79] 孟天广、郑思尧：《信息、传播与影响：网络治理中的政府新媒体——结合大数据与小数据分析的探索》，《公共行政评论》2017 年第 1 期，第 29 ~ 52、205 ~ 206 页。

[80] 李汝川、田刚：《信息时代警务微博发展困境及解决路径》，《北京警察学院学报》2017 年第 1 期，第 66 ~ 70 页。

[81] 李鹏：《略论微博公众考古教育——以考古文博单位新浪官微为考察对象》，《文物春秋》2017 年第 1 期，第 41 ~ 43、79 页。

[82] 安璐、陈思菁：《基于 H 指数的校园微博影响力评价研究》，《信息资源管理学报》2017 年第 1 期，第 79 ~ 88 页。

[83] 曾志伟、胡美华：《论微博传播中的道德冷漠及其解决路径》，《江淮论坛》2017 年第 1 期，第 151 ~ 155 页。

[84] 张晓曼、佟秋华：《论微博如何辅助英语写作教学》，《理论观察》2017 年第 1 期，第 155 ~ 157 页。

[85] 杨惠然、郭志菊：《内蒙古卫视〈马兰花开〉微博营销对策》，《新闻论坛》2017 年第 1 期，第 119 ~ 121 页。

[86] 郑智斌、张媛：《微博"多边舆论场"博弈研究》，《海南大学学报》（人文社会科学版）2017 年第 1 期，第 46 ~ 49 页。

[87] 徐红云：《微博、微信在图书馆参考咨询服务中的应用》，《教育界》（综合教育研究）2017 年第 1 期，第 157 ~ 158 页。

第 2 期

[88] 职珂珂、陆铭：《我国高校图书馆微博个性化展示实证研究》，《图书馆理论与实践》2017 年第 2 期，第 97 ~ 101 页。

[89] 谢洁：《从图文直播到视频直播：微博的现象级转变》，《新闻研究导刊》2017 年第 2 期，第 277 页。

[90] 呼琦：《社交平台上的著作权保护——以微博为例》，《三峡大学学报》（人文社会科学版）2017 年第 2 期，第 104 ~ 106 页。

[91] 任婷婷：《微博对当代大学生思想政治教育的影响及对策分析》，《求知导刊》2017 年第 2 期，第 13 ~ 14 页。

[92] 吴晓雪：《网络自媒体时代信息自由化的伦理问题——以微博、微信为例》，《黑河学刊》2017 年第 2 期，第 139 ~ 141 页。

[93] 孟玫：《信息时代基于微博的高校图书馆信息服务分析》，《科学中国人》2017 年第 2X 期，第 181 页。
[94] 萧子扬：《女大学生“微博印象”的互联网人类学解析》，《青少年研究与实践》2017 年第 2 期，第 83 ~ 90 页。
[95] 孟玫：《我国高校图书馆微博服务现状调查研究——以新浪认证用户为例》，《科学中国人》2017 年第 2Z 期，第 175 页。
[96] 何宇航、孙阁、张天舒：《网络意见人士行为特征研究》，《山东省社会主义学院学报》2017 年第 2 期，第 72 ~ 79 页。
[97] 朱俊卿：《基于微博的大学生信息素养教育调查与思考》，《图书情报研究》2017 年第 2 期，第 51 ~ 56、77 页。
[98] 高恒：《微博在高校思想政治教育中的应用》，《安庆师范大学学报》（社会科学版）2017 年第 2 期，第 121 ~ 123 页。
[99] 曹婷、张洁、艾涓：《大学生微博使用偏好调查报告——以兰州市大学为例》，《今传媒》2017 年第 2 期，第 166 ~ 167 页。
[100] 杜运年：《从博客到微信：网络社交的窄化》，《新媒体研究》2017 年第 2 期，第 19 ~ 20 页。
[101] 黄莉、丁于思、曹青：《微博对大学生旅游消费决策的影响研究》，《吉首大学学报》（社会科学版）2017 年第 2 期，第 20 ~ 24 页。
[102] 王玮、魏文君：《“微时代”对大学生社会主义核心价值观教育的影响及对策研究——微博对大学生认知和价值观的影响》，《吉首大学学报》（社会科学版）2017 年第 2 期，第 172 ~ 174 页。
[103] 楚卉佳：《微博在辅导员思想政治教育中的应用探析》，《烟台职业学院学报》2017 年第 2 期，第 65 ~ 67 页。
[104] 那朝英：《新媒体时代我国的公共外交和国家形象建构——基于新浪微博“外交小灵通”的案例分析》，《公共外交季刊》2017 年第 2 期，第 139 ~ 145、182 页。
[105] 秦莉：《加强高校辅导员微博在思想政治教育工作中作用的对策》，《北京邮电大学学报》（社会科学版）2017 年第 2 期，第 111 ~ 116 页。
[106] 张慧峰：《城市公共交通微博运营现状调查研究——以武汉市为例》，《荆楚学刊》2017 年第 2 期，第 68 ~ 74 页。
[107] 惠震：《基于翻转课堂理念的微博社群教学实证研究》，《陕西广播电视大学学报》2017 年第 2 期，第 31 ~ 34 页。
[108] 肖锋、华丽娟：《微博意见领袖的成长过程及启示——基于名人和草根意见领袖的比较》，《赣南师范大学学报》2017 年第 2 期，第 85 ~ 88 页。
[109] 刘荣叁、张宇、王星：《面向新浪微博的信息溯源技术研究》，《智能计算机与应用》2017 年第 2 期，第 94 ~ 98 页。
[110] 张爱军、刘姝红：《微博舆论引导机制研究》，《党政研究》2017 年第 2 期，第 70 ~ 79 页。
[111] 曹彦波、吴艳梅、许瑞杰、张方浩：《基于微博舆情数据的震后有感范围提取研究》，《地震研究》2017 年第 2 期，第 303 ~ 310 页。

[112] 马英:《论高校官方微博对大学生思想政治教育的作用》,《采写编》2017 年第 2 期,第 143 ~145 页。

[113] 卢嘉、刘新传、李伯亮:《社交媒体公共讨论中理智与情感的传播机制——基于新浪微博的实证研究》,《现代传播》(中国传媒大学学报)2017 年第 2 期,第 73 ~79 页。

[114] 仝召娟、梁婕、许鑫:《我国非遗保护政府机构官微利用现状及优化策略》,《图书情报工作》2017 年第 2 期,第 16 ~22 页。

[115] 陈雅赛:《突发事件中的网络舆论形成与政府应对》,《上海师范大学学报》(哲学社会科学版)2017 年第 2 期,第 70 ~78 页。

[116] 戴烽、朱清:《对网络爱国舆论事件中网民理性的分析——以"郭斌事件"的微博数据为例》,《新闻界》2017 年第 2 期,第 79 ~83 页。

[117] 王志瑞、焦若薇:《新浪微博热门话题成因及作用分析》,《新闻世界》2017 年第 2 期,第 16 ~19 页。

[118] 顾颖琦:《微博表达自由之内涵及法律保障》,《开封教育学院学报》2017 年第 2 期,第 256 ~257 页。

[119] 杜洪涛、滕琳、赵志云:《突发性传染病舆情中的公共管理沟通效果研究——以中东呼吸综合征疫情微博社区舆情为例》,《情报杂志》2017 年第 2 期,第 108 ~114 页。

[120] 马海群、闫芳:《基于 SNA 的大学图书馆微博运行状况探析》,《数字图书馆论坛》2017 年第 2 期,第 2 ~6 页。

[121] 陈明:《微博对新闻传播格局的影响及改进措施》,《西部广播电视》2017 年第 2 期,第28 ~29 页。

[122] 尹素伟:《浅析微博在反腐工作中的作用和意义》,《新闻传播》2017 年第 2 期,第 117、119 页。

[123] 王文建、王苏婉:《微博舆论的正确引导策略》,《新闻战线》2017 年第 2 期,第 134 ~135 页。

[124] 丁光锋:《问题与规制:微博问政规范化发展的新思考》,《产业与科技论坛》2017 年第 2 期,第 206 ~207 页。

[125] 赵雅馨、杨志萍、陆颖:《基于替代计量学的微博用户科学关注特点研究》,《情报理论与实践》2017 年第 2 期,第 117 ~121 页。

[126] 谭永根:《浅谈微博时代政府网络舆论管理》,《中国管理信息化》2017 年第 2 期,第 202 页。

[127] 惠啸:《微博在高校思想政治教育工作中的应用分析》,《中国培训》2017 年第 2 期,第 218 页。

[128] 唐晓彬、周志敏、董莉:《大数据背景下网络突发事件动态监测研究》,《统计研究》2017 年第 2 期,第 44 ~54 页。

[129] 马宪鸿、吴新文:《浅析微博时代下谣言的形成和传播》,《新闻前哨》2017 年第 2 期,第 19 ~22 页。

[130] 聂文汇、曾承、贾大文:《基于热度矩阵的微博热点话题发现》,《计算机工程》2017 年第 2 期,第 57 ~62 页。

［131］黄磊、李寿山、周国栋：《基于句法信息的微博情绪识别方法研究》，《计算机科学》2017 年第 2 期，第 244 ~ 249 页。
［132］王振飞、张利莹、张行进、李伦：《面向时间感知的微博传播模型研究》，《计算机科学》2017 年第 2 期，第 275 ~ 278、289 页。
［133］仲兆满、管燕、胡云、李存华：《基于背景和内容的微博用户兴趣挖掘》，《软件学报》2017 年第 2 期，第 278 ~ 291 页。
［134］张新猛、路美秀、黄红桃：《基于链路预测的微博用户关系预测》，《情报探索》2017 年第 2 期，第 6 ~ 11 页。
［135］王玉娇、王斌：《微博与微信内容编辑比较研究——以“人民日报”为例》，《新闻知识》2017 年第 2 期，第 79 ~ 81 页。
［136］杨荣、黄河：《微博问政：坚持群众路线的新路径》，《科教导刊》（中旬刊）2017 年第 2 期，第 155 ~ 156 页。
［137］胥雨晨：《浅析北京市政府网络新闻发言人微博运营》，《视听》2017 年第 2 期，第 109 ~ 110 页。
［138］孙江华、颜诗烬：《社交网络特征对微博营销效果的影响——基于电影官方微博面板数据实证研究》，《商业研究》2017 年第 2 期，第 12 ~ 18 页。
［139］汪庆：《“跟帖式”微博评论狂欢化现象分析和反思》，《新闻世界》2017 年第 2 期，第 57 ~ 60 页。
［140］赵彦昌、张乐乐：《综合档案馆档案微博的功能》，《档案天地》2017 年第 2 期，第 45 ~ 48 页。
［141］石洋：《以微博为例谈新媒体在高校学生管理中的应用》，《陕西教育》（高教）2017 年第 2 期，第 53 ~ 54 页。
［142］吕淑娟：《微博“粉丝”的倾听行为研究——以作家张小娴的新浪微博为例》，《新闻研究导刊》2017 年第 2 期，第 257 ~ 259 页。
［143］白军彭：《微博文化对高校思想政治教育管理的影响及对策研究》，《农村经济与科技》2017 年第 2 期，第 299 ~ 300 页。
［144］徐旖旎：《基于微博的媒体奇观网络舆情热度趋势分析》，《情报科学》2017 年第 2 期，第 92 ~ 97、125 页。
［145］苏美妮、蒋丽雪：《电视剧官方微博营销的主要策略及创新研究》，《湖南大学学报》（社会科学版）2017 年第 2 期，第 142 ~ 148 页。
［146］唐晓波、王中勤、钟林霞：《基于维基语义扩展的微博话题追踪模型研究》，《情报科学》2017 年第 2 期，第 80 ~ 85 页。
［147］罗茜、沈阳、王可欣：《大学出版社的微博使用与社会资本：基于社会网络分析的视角》，《编辑之友》2017 年第 2 期，第 15 ~ 20 页。
［148］蔡楚泓、东方绪：《微博乌合之众——运用〈乌合之众〉群体心理学解读微博的信息传播》，《今传媒》2017 年第 2 期，第 160 ~ 161 页。
［149］汪平：《微博传播力初探》，《今传媒》2017 年第 2 期，第 168 ~ 170 页。
［150］郭维怡：《突发性事件中微博舆论场与传统媒体编辑框架的互动机制研究——以“北京和颐酒店女子遇袭事件”为例》，《视听》2017 年第 2 期，第 143 ~ 144 页。

[151] 周文琦：《新媒体时代的微博与公民新闻实践》，《传播与版权》2017 年第 2 期，第 123 ~ 125、128 页。

[152] 游敏惠、唐妮霞：《大学生微博政治参与的特点与对策研究》，《重庆科技学院学报》（社会科学版）2017 年第 2 期，第 8 ~ 11 页。

[153] 邹羽翰：《体育泛娱乐时代的体育明星微博网络传播分析——以傅园慧微博为例》，《新闻研究导刊》2017 年第 2 期，第 260 ~ 262 页。

[154] 刘笑琳：《新媒体环境下的舆论审判现象研究》，《新闻研究导刊》2017 年第 2 期，第 52 页。

[155] 高帅：《泛娱乐化背景下的信息选择研究——以微博为例》，《新闻研究导刊》2017 年第 2 期，第 272 页。

[156] 杨凤娇、陈曦、锁菁：《微博视域下女性在社会公共话题中的话语表达——基于新浪微博对“全面二孩”的讨论》，《现代传播》（中国传媒大学学报）2017 年第 2 期，第 139 ~ 143 页。

[157] 崔凯：《传播学场域中微博反腐的道义解读与舆论运行机制优化》，《前沿》2017 年第 2 期，第 8 ~ 11 页。

[158] 付宏：《中国公民微博政治参与现状及有序化策略研究》，《北京航空航天大学学报》（社会科学版）2017 年第 2 期，第 10 ~ 15 页。

[159] 贾哲敏、李文静：《政务新媒体的公众使用及对政府满意度的影响》，《北京航空航天大学学报》（社会科学版）2017 年第 2 期，第 1 ~ 9 页。

[160] 刘程、沙瀛、姜波、郭莉：《新浪微博隐式组织发现》，《中文信息学报》2017 年第 2 期，第 139 ~ 145、219 页。

[161] 任巨伟、杨亮、吴晓芳、林原、林鸿飞：《基于情感常识的微博事件公众情感趋势预测》，《中文信息学报》2017 年第 2 期，第 169 ~ 178 页。

[162] 李慧、马小平、施珺、仲兆满、蔡虹：《结合信任度与社会网络关系分析的微博推荐方法研究》，《中文信息学报》2017 年第 2 期，第 146 ~ 153 页。

[163] 王薇：《政务传播中“双微联动”的传播价值与实现路径——基于“平安北京”微博、微信公众号的文本分析》，《山西大学学报》（哲学社会科学版）2017 年第 2 期，第 78 ~ 84 页。

[164] 雷天骄、李姗姗、王鲁燕：《微博平台下公共图书馆与综合档案馆信息服务对比研究》，《档案管理》2017 年第 2 期，第 40 ~ 42 页。

[165] 司润霞：《“微博”对大学生思想政治教育的影响》，《佳木斯职业学院学报》2017 年第 2 期，第 174 页。

[166] 陈莉、李林：《基于新浪微博的省级旅游官方微博影响力实证研究》，《技术与创新管理》2017 年第 2 期，第 207 ~ 211 页。

[167] 黄青松、戴丹、冯旭鹏、付晓东、刘骊、刘利军：《面向微博可信度评估的辩论图模型》，《电子科技大学学报》2017 年第 2 期，第 392 ~ 398 页。

[168] 罗春海、刘红丽、胡海波：《微博网络中用户主题兴趣相关性及主题信息扩散研究》，《电子科技大学学报》2017 年第 2 期，第 458 ~ 468 页。

[169] 黄荣贵：《网络场域、文化认同与劳工关注社群　基于话题模型与社群侦测的大数据

分析》，《社会》2017 年第 2 期，第 26 ~ 50 页。

[170] 刘晓娟：《网络公共事件中政务微博舆情应对策略》，《淮海工学院学报》（人文社会科学版）2017 年第 2 期，第 112 ~ 114 页。

[171] 蔡永凤、董少林：《安徽政务微博对引导网络舆情的作用研究》，《安徽工业大学学报》（社会科学版）2017 年第 2 期，第 101 ~ 102 页。

[172] 侯磊：《基于新媒体的英语写作微博教学》，《黑河学院学报》2017 年第 2 期，第 152 ~ 153 页。

[173] 刘奎汝：《“微政务”：提升农村基层治理能力的新途径》，《长春市委党校学报》2017 年第 2 期，第 21 ~ 24 页。

[174] 贾哲敏、李文静：《政务新媒体的公众使用及对政府满意度的影响》，《北京航空航天大学学报》（社会科学版）2017 年第 2 期，第 1 ~ 9 页。

[175] 陈云松、严飞：《网络舆情是否影响股市行情？基于新浪微博大数据的 ARDL 模型边限分析》，《社会》2017 年第 2 期，第 51 ~ 73 页。

第 3 期

[176] 贾金利：《“政务新媒体 +”全功能应用拓展路径探析》，《新闻爱好者》2017 年第 3 期，第 76 ~ 79 页。

[177] 陈佳玲：《政务微传播研究的发展传播学指向》，《湖南大众传媒职业技术学院学报》2017 年第 3 期，第 25 ~ 27、44 页。

[178] 周佳泉：《政务新媒体的“个性”与采编能力建设》，《中国记者》2017 年第 3 期，第 97 ~ 98 页。

[179] 张海：《监狱官方微博的发展现状与改进对策——基于 10 所监狱官方微博的调查分析》，《贵阳市委党校学报》2017 年第 3 期，第 49 ~ 53 页。

[180] 李染梦：《从微博微信到知乎 B 站——后“两微时代”共青团新媒体思想引领工作的实践与发展》，《广东青年职业学院学报》2017 年第 3 期，第 23 ~ 27 页。

[181] 赵琳琳：《微博在大学生思想政治教育中的作用研究》，《大庆社会科学》2017 年第 3 期，第 55 ~ 57 页。

[182] 陈铁良：《如何利用微博文化提高大学生思政教育管理》，《科学中国人》2017 年第 3X 期，第 82 页。

[183] 刘家懋：《当代互联网“微博”中的音乐传播现象观察》，《音乐传播》2017 年第 3 期，第 104 ~ 111 页。

[184] 李沧海、许益贴、罗春海、胡海波：《微博信息扩散的空间分析》，《复杂系统与复杂性科学》2017 年第 3 期，第 75 ~ 84 页。

[185] 刘雪琪、廖秉宜：《我国大陆地区新浪微博用户信息过载感知程度影响因素的实证研究》，《信息资源管理学报》2017 年第 3 期，第 66 ~ 72 页。

[186] 涂曼姝、张艳、颜永红：《基于 CNN-SVM 和转发树的微博事件情感分析》，《情报工程》2017 年第 3 期，第 77 ~ 85 页。

[187] 李红霞、陈均明、尼珍：《微博与微信的用户行为影响因素比较》，《重庆工商大学学报》（社会科学版）2017 年第 3 期，第 77 ~ 89 页。

[188] 黄林昊、郭昆：《基于并行决策树的微博互动数预测》，《福建工程学院学报》2017年第3期，第294~300页。

[189] 刘勘、田宁梦、王宏宇、林荣蓉、王德民：《中文微博的立场判别研究》，《知识管理论坛》2017年第3期，第175~185页。

[190] 王艳玲、左人吉：《官方微博对突发性事件的新闻发布——以〈人民日报〉微博为例》，《北方传媒研究》2017年第3期，第17~23页。

[191] 张辰、邓浩然、陈娜：《新媒体时代下官方政务微博危机事件话语分析——以哈尔滨"天价鱼"事件为例》，《新媒体研究》2017年第3期，第28~29页。

[192] 侯锷：《政务新媒体在舆论治理中的新思维》，《新闻与写作》2017年3期，第13~16页。

[193] 宗乾进、黄子风、李乐、沈洪洲：《实名认证能遏制社交媒体谣言么？——来自新浪微博的证据》，《情报资料工作》2017年第3期，第5~10页。

[194] 秦锋、王恒、郑啸、王修君：《基于上下文语境的微博情感分析》，《计算机工程》2017年第3期，第241~246、252页。

[195] 秦春阳：《高校图书馆部门微博应用现状调查及问题研究》，《河南图书馆学刊》2017年第3期，第55~57页。

[196] 王华、崔思滢：《新浪微博平台下网络意见共同体的生成及规制——以"全面二胎"政策为例》，《徐州工程学院学报》（社会科学版）2017年第3期，第86~90页。

[197] 李永：《正面心理学视域下微博反腐舆论场形成机制探析》，《郑州大学学报》（哲学社会科学版）2017年第3期，第132~136、160页。

[198] 刘文宇、李珂：《"青岛大虾事件"微博语篇的批评性话语分析》，《辽宁师范大学学报》（社会科学版）2017年第3期，第98~104页。

[199] 何国平：《海外资讯博主的跨国社交网络传播探析——以新浪微博"英国那些事儿"为例》，《暨南学报》（哲学社会科学版）2017年第3期，第112~122页。

[200] 金兼斌、徐雅兰：《科学家网络公共参与行为模式及其公共协商程度》，《中国地质大学学报》（社会科学版）2017年第3期，第97~108页。

[201] 屈慧君：《认知需求与微博虚拟品牌社区消费者满意度的关系——一个有调节的中介效应模型》，《郑州大学学报》（哲学社会科学版）2017年第3期，第137~142页。

[202] 祖坤琳、赵铭伟、郭凯、林鸿飞：《新浪微博谣言检测研究》，《中文信息学报》2017年第3期，第198~204页。

[203] 李琳：《旅游微博+互联网背景下乡村旅游信息传播新模式》，《农业经济》2017年第3期，第139~140页。

[204] 王珊：《融媒体时代〈颍州晚报〉的转型探索》，《新闻世界》2017年第3期，第30~32页。

[205] 张鹏、王晓芸：《西安市发展政务微博对策初探》，《新西部》（理论版）2017年第3期，第22~23页。

[206] 王学军、王子琦：《政民互动、公共价值与政府绩效改进——基于北上广政务微博的实证分析》，《公共管理学报》2017年第3期，第31~43、155页。

[207] 王立生、颜碧莹：《谈公共政策中的政务微博》，《辽宁师专学报》（社会科学版）

2017 年第 3 期，第 3 ~ 4、68 页。

[208] 鄢睿：《“互联网 +”视域下山西政务微博的优化》，《中国广播电视学刊》2017 年第 3 期，第 119 ~ 121 页。

[209] 白建磊、张梦霞：《国内外政务微博研究的回顾与展望》，《图书情报知识》2017 年第 3 期，第 95 ~ 107 页。

[210] 常松、王慧：《政务微博的公共领域建构》，《新闻战线》2017 年第 3 期，第 113 ~ 115 页。

[211] 李雪红、郭晖、闫泓涛：《基于改进依存句法的微博情感分析研究》，《计算机与数字工程》2017 年第 3 期，第 506 ~ 511 页。

[212] 张雄宝、陆向艳、练凯迪、刘峻、刘正平：《基于突发词地域分析的微博突发事件检测方法》，《情报杂志》2017 年第 3 期，第 98 ~ 103、97 页。

[213] 唐斌：《高校教职工微博使用的现状调查及其职业应用分析——以华南农业大学为例》，《山西高等学校社会科学学报》2017 年第 3 期，第 67 ~ 74 页。

[214] 何跃、肖敏、张月：《结合话题相关性的热点话题情感倾向研究》，《数据分析与知识发现》2017 年第 3 期，第 46 ~ 53 页。

[215] 李健：《基于用户分析的国家图书馆微博服务研究》，《情报探索》2017 年第 3 期，第 90 ~ 94 页。

[216] 侯成、杨瑞风、唐勇、李晓强、胡蕊：《四川省旅游局官方微博营销影响力评价》，《技术与市场》2017 年第 3 期，第 138 ~ 142 页。

[217] 李琳：《旅游微博 + 互联网背景下乡村旅游信息传播新模式》，《农业经济》2017 年第 3 期，第 139 ~ 140 页。

[218] 张祎：《微博无法有效阻止“沉默的螺旋”的形成》，《新闻研究导刊》2017 年第 3 期，第 95 页。

[219] 郭明环、饶俊丽：《近 5 年我国图书馆双微营销研究分析》，《内蒙古科技与经济》2017 年第 3 期，第 97 ~ 100 页。

[220] 何明洋：《微博碎片化阅读对大众的麻醉作用》，《新闻研究导刊》2017 年第 3 期，第 278 页。

[221] 夏迪鑫：《以“@人民日报”与“@头条新闻”为例对比媒体微博疫苗风险信息呈现》，《新闻传播》2017 年第 3 期，第 30 ~ 31、33 页。

[222] 周德珍：《试论气象服务中微博的运用策略》，《农技服务》2017 年第 3 期，第 85 页。

[223] 刘朋涛：《自媒体时代新浪微博慈善公益传播思考》，《合作经济与科技》2017 年第 3 期，第 178 ~ 179 页。

[224] 郑蕾：《微博舆论对公共突发事件的利与弊》，《西部广播电视》2017 年第 3 期，第 4、9 页。

[225] 郜利娟：《论微博的传播力》，《西部广播电视》2017 年第 3 期，第 19 ~ 20 页。

[226] 鲁艳霞、吴迪、高爽：《大数据环境下面向事故灾难类的突发事件舆情引导事例分析》，《价值工程》2017 年第 3 期，第 1 ~ 3 页。

[227] 吕久琴、周红、范镜澄：《微博的信息传递与价值相关性》，《财会月刊》2017 年第 3 期，第 20 ~ 26 页。

[228] 胡拥军、王刚：《公共气象服务中微博的运用分析》，《科技经济导刊》2017 年第 3 期，第 17 ~ 18 页。

[229] 吴若英、岳泉、袁勤俭：《国内旅游局微博应用现状研究》，《现代情报》2017 年第 3 期，第 141 ~ 147 页。

[230] 成全、周兰芳：《我国微博信息聚合研究现状及路径探析——基于 CiteSpace 的可视化视角》，《现代情报》2017 年第 3 期，第 153 ~ 160 页。

[231] 马云飞：《从“魏则西事件”探析微博舆论场中网民参与行为》，《新闻知识》2017 年第 3 期，第 78 ~ 81 页。

[232] 张爱军、刘姝红：《微博政治舆情治理利弊分析》，《学术界》2017 年第 3 期，第 104 ~ 113、325 页。

[233] 熊梦媛：《新媒体时代微博传播中“沉默的螺旋”分析》，《新媒体研究》2017 年第 3 期，第 21 ~ 22 页。

[234] 饶浩、文海宁、林育曼、陈晓锋：《改进的支持向量机在微博热点话题预测中的应用》，《现代情报》2017 年第 3 期，第 46 ~ 51 页。

[235] 莫湘文：《微博、微信在高校新闻宣传中的应用研究》，《今传媒》2017 年第 3 期，第 16 ~ 18 页。

[236] 李付民、佟玲玲、杜翠兰、李扬曦、张仰森：《基于关联关系的微博用户可信度分析方法》，《计算机应用》2017 年第 3 期，第 654 ~ 659 页。

[237] 加旖旋：《海外网微博内容研究》，《新闻研究导刊》2017 年第 3 期，第 81 页。

[238] 陈羚：《微博、脉脉所引发的大数据时代的信息保护》，《今日科技》2017 年第 3 期，第44 ~ 45 页。

[239] 高永兵、杨贵朋、张娣：《官方微博关键词提取与摘要技术研究》，《内蒙古科技大学学报》2017 年第 3 期，第 273 ~ 279 页。

[240] 章宏、胡颢琛：《艺术电影新媒体营销中的情感动员效果研究——基于艺术电影〈百鸟朝凤〉的个案分析》，《西南民族大学学报》（人文社会科学版）2017 年第 3 期，第 180 ~ 184 页。

[241] 陈建华：《政务新媒体融合发展瓶颈与对策》，《安徽行政学院学报》2017 年第 3 期，第 109 ~ 112 页。

[242] 雷杰：《媒体“微博”在突发事件中的舆情引导分析》，《新闻窗》2017 年第 3 期，第 61 页。

第 4 期

[243] 郭俊辉：《政务新媒体的受众认同感影响因素研究——基于“浙江发布”微博与微信的对比分析》，《浙江学刊》2017 年第 4 期，第 126 ~ 134 页。

[244] 李刚存：《媒介行动与乡村可能——微博实验的再思考》，《红河学院学报》2017 年第 4 期，第 75 ~ 77 页。

[245] 张晶晶：《浅论微博作品的著作权及其保护》，《河南教育学院学报》（哲学社会科学版）2017 年第 4 期，第 91 ~ 94 页。

[246] 王慧：《微博舆论的传播特征及社会影响》，《合肥学院学报》（综合版）2017 年第 4

期，第 65 ~ 68 页。
[247] 陈岚：《双微联动视角下南通市微政务运营现状研究》，《江苏工程职业技术学院学报》2017 年第 4 期，第 52 ~ 57 页。
[248] 潘智琦、靖鸣：《微博“大 V”话语权边界及其有效行使》，《新闻爱好者》2017 年第 4 期，第 7 ~ 10 页。
[249] 郝平、杨恬：《微信和微博的对比分析》，《西部广播电视》2017 年第 4 期，第 4 页。
[250] 何鸿婷：《浅析自媒体传播存在的问题及发展建议——以微博为例》，《数字传媒研究》2017 年第 4 期，第 19 ~ 21 页。
[251] 齐阳：《中美社交新媒体的对比研究——以新浪微博和 Twitter 为例》，《新闻研究导刊》2017 年第 4 期，第 65、72 页。
[252] 钱瑞林：《浅析微博对北京体育大学学生体育参与行为的影响》，《当代体育科技》2017 年第 4 期，第 118 页。
[253] 刘超伟：《政务微博在政务公开中的优势和着力点分析》，《辽宁省社会主义学院学报》2017 年第 4 期，第 113 ~ 117 页。
[254] 王凤勃：《论微博意见领袖的道德责任——以宁波动物园老虎咬人事件为例》，《安徽行政学院学报》2017 年第 4 期，第 13 ~ 16 页。
[255] 贾晓强：《政府治理对新媒体的路径依赖研究——以政务微博为例》，《南京邮电大学学报》（社会科学版）2017 年第 4 期，第 51 ~ 57 页。
[256] 刘成晨：《“官微”的现状与行为审定》，《石家庄铁道大学学报》（社会科学版）2017 年第 4 期，第 41 ~ 45 页。
[257] 王振红：《探讨微博对大学生教育管理的作用》，《齐齐哈尔师范高等专科学校学报》2017 年第 4 期，第 89 ~ 90 页。
[258] 吴春颖：《浅析企业微博在 CI（企业形象）传播中的作用》，《辽宁广播电视大学学报》2017 年第 4 期，第 84 ~ 85 页。
[259] 孙地祥、辛蓝霄：《意见领袖对受众的情绪影响研究——以“教师聚餐被通报”事件为例》，《新闻论坛》2017 年第 4 期，第 88 ~ 90 页。
[260] 霍然、吴翠丽：《微博话题事件的情感演化机制分析——基于互动仪式理论的视域》，《天府新论》2017 年第 4 期，第 128 ~ 135 页。
[261] 刘和平、谢开贤：《微博微信应用于高校思想政治理论课教学应注意的几个问题》，《萍乡学院学报》2017 年第 4 期，第 105 ~ 108 页。
[262] 吴琼、梁广霞：《高校微博舆论引导策略》，《高校辅导员》2017 年第 4 期，第 47 ~ 51 页。
[263] 王鹏：《微时代语言的后现代风格——以微博语言碎片化现象为例》，《皖西学院学报》2017 年第 4 期，第 111 ~ 115 页。
[264] 秦琦琅：《突发性公众事件中微博谣言的传播特点和生成动因——以“芦山地震”微博谣言为例》，《深圳职业技术学院学报》2017 年第 4 期，第 52 ~ 55 页。
[265] 茹梦然：《微博平台的原创著作权保护困境解析》，《河南科技大学学报》（社会科学版）2017 年第 4 期，第 109 ~ 112 页。
[266] 张爱军、张翠萍：《论微博意识形态的分化与角力》，《新视野》2017 年第 4 期，第

66～71 页。
[267] 晋孟雨、刘建国：《北京市旅游委官方微博影响力研究》，《旅游论坛》2017 年第 4 期，第 54～64 页。
[268] 张晓宇：《新浪微博穆斯林博主的类型与社会价值》，《中国穆斯林》2017 年第 4 期，第36～38 页。
[269] 段媛媛：《建构交往理性：城市公共安全事件的微博舆论引导方法》，《上海城市管理》2017 年第 4 期，第 46～50 页。
[270] 张春艳：《云南民族地区在校大学生微博辅助英语学习情况调查》，《长春大学学报》2017 年第 4 期，第 86～91 页。
[271] 费世枝：《微博在维持性血液透析患者健康教育中的应用初探》，《鄂州大学学报》2017 年第 4 期，第 110～112 页。
[272] 郑舒翔：《新媒体视域下微博对大学生价值观培育的路径探析》，《教育评论》2017 年第 4 期，第 102～105 页。
[273] 刘梦玲：《网络交际中不礼貌话语的结束方式探究——以新浪微博为例》，《现代语文》（语言研究）2017 年第 4 期，第 128～133 页。
[274] 史平松：《行业政务微博的运营探究——以安徽消防政务微博为例》，《新闻世界》2017 年第 4 期，第 46～49 页。
[275] 梁崇：《基于微博载体的大学生社会主义核心价值体系教育》，《黑河学院学报》2017 年第 4 期，第 151～152 页。
[276] 刘冰、孙荟萃：《政务微博的认知与使用》，《青年记者》2017 年第 4 期，第 26～27 页。
[277] 马静：《以热门事件分析如何引导微博舆论场》，《新媒体研究》2017 年第 4 期，第 11～13 页。
[278] 周建新、肖玉琴：《“微传播”中的客家文化呈现：基于微博的样本》，《现代传播》（中国传媒大学学报）2017 年第 4 期，第 159～160 页。
[279] 姚亚男、郭国庆、连漪、李青：《自媒体环境下顾客创造及其体验价值——基于微博用户访谈的内容分析》，《管理评论》2017 年第 4 期，第 98～107 页。
[280] 王玮、温世阳：《情感分析在社会化媒体效果研究中的应用——基于分类序列规则的微博文本情绪分析》，《国际新闻界》2017 年第 4 期，第 63～75 页。
[281] 严威、黄京华、张瑾：《微博研究回顾：信息、服务和网络》，《科研管理》2017 年第 4 期，第 123～131 页。
[282] 关妮：《我国体育明星微博使用情况及特点——以新浪微博为例》，《新闻世界》2017 年第 4 期，第 60～64 页。
[283] 张静雯：《浅析官方辟谣微博的传播力》，《东南传播》2017 年第 4 期，第 76～79 页。
[284] 张艳南：《微博中话语标记语“简直了”探析》，《文教资料》2017 年第 4 期，第 38～40 页。
[285] 潘佳佳、冯慧：《博物馆微博新闻叙事刍论》，《东南传播》2017 年第 4 期，第 96～98 页。
[286] 伊士国、李杰：《论我国“微博问政”的制度化》，《新闻爱好者》2017 年第 4 期，

第 42 ~ 45 页。

[287] 陈强、曾润喜：《政府视角与公众视角：中国政务新媒体研究的议题与路向》，《情报杂志》2017 年第 4 期，第 141 ~ 145 页。

[288] 彭小兵、邹晓韵：《邻避效应向环境群体性事件演化的网络舆情传播机制——基于宁波镇海反 PX 事件的研究》，《情报杂志》2017 年第 4 期，第 150 ~ 155 页。

[289] 庞璐、杨敏、李君轶：《景区危机信息微博扩散的空间特征研究——以 2012 年国庆华山事件为例》，《干旱区资源与环境》2017 年第 4 期，第 183 ~ 188 页。

[290] 王振飞、刘凯莉、郑志蕴、宋玉：《面向微博话题的增强型舆情分析方法》，《小型微型计算机系统》2017 年第 4 期，第 678 ~ 682 页。

[291] 薛彤：《基于多主体仿真的微博舆情动态演化模型研究》，《信息通信》2017 年第 4 期，第 1 ~ 3 页。

[292] 冯多、林政、付鹏、王伟平：《基于卷积神经网络的中文微博情感分类》，《计算机应用与软件》2017 年第 4 期，第 157 ~ 164、177 页。

[293] 陈杰、刘学军、李斌、章玮：《一种基于用户动态兴趣和社交网络的微博推荐方法》，《电子学报》2017 年第 4 期，第 898 ~ 905 页。

[294] 邢莹：《浅析微博在重大突发事件中的“双面效应”》，《传播与版权》2017 年第 4 期，第 182 ~ 183 页。

[295] 李胜兰：《微博如何应对网络舆情——基于 20 起网络舆情事件典型案例分析》，《新闻前哨》2017 年第 4 期，第 17 ~ 20 页。

[296] 赵静：《巧用微博文化提高高职学生思政教育管理的实效性》，《佳木斯职业学院学报》2017 年第 4 期，第 144 页。

[297] 孙宏吉、路金辉：《将微博引入大学课程教学的调查与思考——以山西大同大学为例》，《视听》2017 年第 4 期，第 229 ~ 231 页。

[298] 苏瑶：《食品安全议题的微博谣言传播机制调查研究》，《视听》2017 年第 4 期，第 104 ~ 105 页。

[299] 谷蓓蓓、王新：《面向事件的微博信息源认可度评价指标体系研究》，《情报理论与实践》2017 年第 4 期，第 117 ~ 122、127 页。

[300] 任新宇：《社交网络环境下原创微博作品著作权保护研究》，《法制与经济》2017 年第 4 期，第 25 ~ 26 页。

[301] 杨新涯、罗丽、谷诗卉、许天才：《图书馆在社会化媒体中的影响力研究——以知名的新浪公众媒体微博为视角》，《图书馆建设》2017 年第 4 期，第 90 ~ 94、101 页。

[302] 王岩：《从南京政务微博的开通看我国政务微博的发展情况》，《办公室业务》2017 年第 4 期，第 161 页。

[303] 贾哲敏、赵吉昌：《北京市政务微博群集的现状与发展：议题图景与服务转型》，《电子政务》2017 年第 4 期，第 38 ~ 48 页。

[304] 聂丹、周丽：《新媒体对新疆文化影响力探讨——以新疆政务微博“新疆发布”为例》，《视听》2017 年第 4 期，第 143 ~ 144 页。

[305] 安璐、周思瑶、余传明、李纲：《突发传染病微博影响力的预测研究》，《情报科学》2017 年第 4 期，第 27 ~ 31 页。

[306] 何音、夏志杰、翟玥、罗梦莹：《突发事件情境下影响媒体官方微博传播的因素研究——基于多分 logistic 回归》，《情报科学》2017 年第 4 期，第 43 ~ 47 页。

[307] 陈显龙、李姝娟：《基于情感扩散和社交关系的微博情感传播特性和能量传递特征分析》，《情报科学》2017 年第 4 期，第 32 ~ 36 页。

[308] 王英、龚花萍：《基于情感维度的大数据网络舆情情感倾向性分析研究——以“南昌大学自主保洁”微博舆情事件为例》，《情报科学》2017 年第 4 期，第 37 ~ 42 页。

[309] 邓如涛：《高职辅导员依托微博平台开展大学生思想政治教育工作的思考》，《湖南科技学院学报》2017 年第 4 期，第 88 ~ 90 页。

[310] 熊建英：《基于可信反馈的微博用户情绪异常预警模型研究》，《情报科学》2017 年第 4 期，第 48 ~ 53 页。

[311] 殷猛、李琪：《基于羊群效应和动机理论的微博话题参与意愿研究》，《情报科学》2017 年第 4 期，第 150 ~ 155 页。

[312] 刘留：《微博文化对高校思想政治教育工作的影响与对策研究》，《中国市场》2017 年第 4 期，第 213 ~ 214 页。

[313] 庞兴宇：《网络舆情中微博意见领袖的作用及其引导》，《现代国企研究》2017 年第 4 期，第 198 ~ 199 页。

[314] 杨阳：《微博中舆情管控问题——基于“意见领袖”理论的思考》，《戏剧之家》2017 年第 4 期，第 254 ~ 255 页。

[315] 刘琰、张进、陈静、尹美娟、张伟丽：《基于最大频繁项集挖掘的微博炒作群体发现方法》，《计算机工程与应用》2017 年第 4 期，第 90 ~ 97 页。

[316] 张云茜：《论微博客在图书情报机构中应用》，《才智》2017 年第 4 期，第 251 页。

[317] 李士金：《中国大陆新浪微博用户分布特征初探》，《中国市场》2017 年第 4 期，第 142 ~ 146 页。

[318] 万方、赵国钦：《社交网络中政府部门间关系及其行动逻辑——基于广州政务微博的研究》，《华东经济管理》2017 年第 4 期，第 161 ~ 166 页。

[319] 夏燕：《网络社区自治规则探究——以“新浪微博”规则考察为基础》，《重庆邮电大学学报》（社会科学版）2017 年第 4 期，第 51 ~ 57 页。

[320] 段庆伟、铁木巴干：《基于 Hadoop 云计算平台的新浪微博数据聚类分析算法研究》，《辽宁科技学院学报》2017 年第 4 期，第 17 ~ 19 页。

第 5 期

[321] 赵丽维：《政务“两微一端”用户使用的关键影响因素》，《西安邮电大学学报》2017 年第 5 期，第 114 ~ 120 页。

[322] 黎文松：《知识付费下知识传播的隐患与突破——以微博问答为例》，《新闻论坛》2017 年第 5 期，第 60 ~ 62 页。

[323] 曾伟、陈栋：《微博平台在大学电子制作课程中的应用》，《广西职业技术学院学报》2017 年第 5 期，第 34 ~ 35 页。

[324] 周定平、佘国黔：《“双微”警务平台信息规范化建设探讨》，《山东警察学院学报》2017 年第 5 期，第 139 ~ 144 页。

[325] 应振杰：《企业微博营销SWOT分析——以博物杂志为例》，《对外经贸》2017年第5期，第112～114页。

[326] 邢佳璐：《当前公安微博发展的现状、问题和对策》，《新媒体研究》2017年第5期，第48～50页。

[327] 何欣欣、王翔：《浅谈新媒体环境下的网络新闻直播——以央视新闻微博直播为例》，《今传媒》2017年第5期，第18～20页。

[328] 郭曾真：《现语境下公安微博的话语权探析》，《四川警察学院学报》2017年第5期，第130～134页。

[329] 石金奇：《社交网络中政府形象传播状况研究——以“8·12天津滨海新区爆炸事故”为例》，《今传媒》2017年第5期，第76～77页。

[330] 李立辉：《试论微时代高校辅导员工作方法的创新》，《广西青年干部学院学报》2017年第5期，第45～48页。

[331] 王冠岚、刘璐：《新媒体在霾公众气象服务中的作用》，《内蒙古气象》2017年第5期，第41～45页。

[332] 蒋孝明：《微博、微信中马克思主义意识形态话语权的构建》，《佳木斯大学社会科学学报》2017年第5期，第41～44页。

[333] 王小宁、王明：《基于SNA的农产品滞销信息微博传播研究——以“西安临潼芹菜滞销”为例》，《西安石油大学学报》（社会科学版）2017年第5期，第7～14页。

[334] 李月琴：《微博意见领袖在思想政治教育中的应用探析》，《武汉职业技术学院学报》2017年第5期，第40～43页。

[335] 钟伟军：《新媒介意识、制度规范与危机中的地方政府微博表现——基于2016年各地水灾的实证分析》，《江苏行政学院学报》2017年第5期，第116～122页。

[336] 姜利标：《现实事件、网络话语和双重表达——以庆安事件微博传播为个案》，《青年研究》2017年第5期，第59～70、96页。

[337] 刘娟、王寅：《从美国驻华大使馆微博运营看其对华公共外交》，《国际传播》2017年第5期，第86～96页。

[338] 金跃强、张莹、钱皓琛：《微博评论幂律特性实证研究》，《无锡职业技术学院学报》2017年第5期，第49～52页。

[339] 谢起慧、彭宗超：《基于TAM的政务微博与政务微信危机沟通机制比较研究》，《情报杂志》2017年第5期，第106～112、100页。

[340] 邓胜利、邱健行：《社交网络平台的图片发布行为研究——以第三届世界互联网大会微博图片为例》，《图书情报知识》2017年第5期，第67～76页。

[341] 李红梅：《浅谈微博对传统媒体的影响》，《中国地市报人》2017年第5期，第26～28页。

[342] 翟晨肖：《浅析新浪微博的“再发展”策略》，《西部广播电视》2017年第5期，第19页。

[343] 杨军：《微博在政府危机公关中的运用》，《行政科学论坛》2017年第5期，第29页。

[344] 樊博、杨文婷、孙轩：《雾霾影响下的公众情绪与风险感知研究——以天津市微博用

户为分析样本》，《东北大学学报》（社会科学版）2017 年第 5 期，第 489 ~ 496 页。

[345] 李红艳、李硕：《社会化媒体中的“代表”实践——基于新浪微博“急救门”事件的分析》，《现代传播》（中国传媒大学学报）2017 年第 5 期，第 47 ~ 51 页。

[346] 刘强：《微博信息传播中的个人信息保护》，《图书情报导刊》2017 年第 5 期，第 62 ~ 65 页。

[347] 王鸽子、苏静：《政务微博如何规避“塔西佗陷阱”》，《攀登》2017 年第 5 期，第 73 ~ 77 页。

[348] 范燕子、李南：《浅议记者微博的现状与问题》，《新闻世界》2017 年第 5 期，第 58 ~ 60 页。

[349] 彭勃、韩啸、龚泽鹏：《建构公众参与政务微博意愿的影响因素模型》，《上海行政学院学报》2017 年第 5 期，第 28 ~ 37 页。

[350] 任聪喆：《网络问政发展现状研究——以政务微博为例》，《传播力研究》2017 年第 5 期，第 186 ~ 187 页。

[351] 李默：《从传播学角度解析微博的信息传播模式》，《新闻研究导刊》2017 年第 5 期，第 179 ~ 179 页。

[352] 胡婧、叶建木：《基于微博信息的股票交易预测研究》，《财政监督》2017 年第 5 期，第108 ~ 111 页。

[353] 陈涵宇：《新媒体反腐的发展与反思》，《新闻研究导刊》2017 年第 5 期，第 74 ~ 75 页。

[354] 夏厦：《论社交媒体的空间可见性生产——以微博为例》，《东南传播》2017 年第 5 期，第 98 ~ 101 页。

[355] 高萍、汪瀚媛：《政务微博在政府公关中的运用研究——以“@上海发布”为例》，《阴山学刊》2017 年第 5 期，第 5 ~ 9 页。

[356] 黄彩丽：《论网络信息时代的公安舆论导向——以“@平安北京”公安政务微博为例》，《采写编》2017 年第 5 期，第 170 ~ 171 页。

[357] 蔡艳华、朱爱敏：《新疆政务微博舆论引导研究——以“@新疆发布”和“@哈密发布”为例》，《视听》2017 年第 5 期，第 246 ~ 247 页。

[358] 金红希：《运用微博加强高校大学生思想政治教育实践的探析》，《新闻研究导刊》2017 年第 5 期，第 291 ~ 292 页。

[359] 叶骏强：《探究眼球经济的代表——微博营销》，《新闻研究导刊》2017 年第 5 期，第 84 页。

[360] 田源：《微博客的新闻应用研究简史》，《新闻研究导刊》2017 年第 5 期，第 71 ~ 72 页。

[361] 赵继娣、单琦：《突发危机事件下多元参与主体的微博议程设置研究——以“东方之星”沉船事故为例》，《电子政务》2017 年第 5 期，第 38 ~ 51 页。

[362] 王田：《从群体特征看网络群体极化的形成与消解——以新浪微博“东莞挺住”事件为例》，《电子政务》2017 年第 5 期，第 61 ~ 74 页。

[363] 陈雪刚：《基于大数据技术的微博舆情快速自聚类方法研究》，《情报杂志》2017 年第 5 期，第 113 ~ 117 页。

[364] 易善君、李君轶、李秀琴、刘芳菲：《基于微博大数据的空气质量与居民情感相关性对比研究——以西安市和上海市为例》，《干旱区资源与环境》2017 年第 5 期，第 39 ~ 44 页。
[365] 朱颢东、丁温雪、杨立志、冯嘉美：《微博环境下基于用户行为与主题相似度的改进 PageRank 算法》，《计算机工程》2017 年第 5 期，第 179 ~ 184 页。
[366] 段旭磊、张仰森、孙祎卓：《微博文本的句向量表示及相似度计算方法研究》，《计算机工程》2017 年第 5 期，第 143 ~ 148 页。
[367] 刁劼庭、傅秀芬：《微博谣言免疫策略的研究》，《计算机工程》2017 年第 5 期，第 294 ~ 298 页。
[368] 蔡洪民、王庆香、郭伟匡：《基于机器学习的校园微博舆情监控系统的研究》，《网络安全技术与应用》2017 年第 5 期，第 106 ~ 108 页。
[369] 张荣、王晓飞：《高校思想政治教育中“双微”的影响研究与实践》，《吉林广播电视大学学报》2017 年第 5 期，第 24 ~ 25 页。
[370] 黄珊：《利用微博加强高校思政教育工作探析》，《教育现代化》2017 年第 5 期，第 192 ~ 193、203 页。
[371] 李文杰：《微博传播中把关人的内涵变化》，《视听》2017 年第 5 期，第 239 ~ 240 页。
[372] 吴小兰、章成志：《基于突发事件特征网络的用户社区发现与社区主题演化研究——以新浪微博 H7N9 事件为例》，《情报理论与实践》2017 年第 5 期，第 94 ~ 98、60 页。
[373] 王录仓、严翠霞、李巍：《基于新浪微博大数据的旅游流时空特征研究——以兰州市为例》，《旅游学刊》2017 年第 5 期，第 94 ~ 105 页。
[374] 胡晓泓：《基于“使用与满足”理论的微博直播研究》，《传播与版权》2017 年第 5 期，第 106 ~ 108 页。
[375] 邢莹：《浅析微博在重大突发事件中的舆情引导及应对机制》，《传播与版权》2017 年第 5 期，第 166 ~ 168 页。
[376] 马旭：《“微传播”场域中的信息碎片化与误读——基于“罗尔事件”中一个细节的网络民族志考察》，《西南民族大学学报》（人文社科版）2017 年第 5 期，第 166 ~ 169 页。
[377] 张静、王欢：《基于元胞自动机的微博用户群体行为形成互动的演化模型研究》，《情报科学》2017 年第 5 期，第 137 ~ 144 页。
[378] 周兆娟、李晓辉：《微博对高校思政教育的影响及对策研究》，《当代教育实践与教学研究》2017 年第 5 期，第 212、119 页。
[379] 丁伟杰、孔霆：《基于关键词信息的微博用户行为度量分析研究》，《科技通报》2017 年第 5 期，第 124 ~ 128、133 页。
[380] 张志安、李春凤：《社交媒体新闻发布的类型、功效与策略》，《新闻与写作》2017 年第 5 期，第 57 ~ 60 页。
[381] 施玉锦、王薇、王倩颖、赵倩、黄爽、舒华：《新媒体对新言语社区的建构与影响——以微信微博为例》，《文教资料》2017 年第 5 期，第 17 ~ 23 页。
[382] 刘雪峰：《从微博公信力缺失看自媒体公信力塑造与提升》，《传播与版权》2017 年

第 5 期，第 100 ~ 102 页。

[383] 魏建宇：《认同的幻觉与隐匿的压抑：“偶像物恋”背后的资本逻辑 以演员王凯的微博粉丝为中心》，《北京电影学院学报》2017 年第 5 期，第 15 ~ 22 页。

[384] 超钊、刘淑妮：《高校档案馆微服务比较研究——基于新浪微博和腾讯微信平台》，《宝鸡文理学院学报》（社会科学版）2017 年第 5 期，第 121 ~ 126 页。

第 6 期

[385] 曹姝婧、尚珊珊：《不同类别重大事故舆情传播及舆情演化特点分析——以上海外滩踩踏事故、马航失踪事故、昆明暴恐案为例》，《上海管理科学》2017 年第 6 期，第 102 ~ 110 页。

[386] 王晰巍、张柳、李师萌、王楠阿雪：《新媒体环境下社会公益网络舆情传播研究——以新浪微博“画出生命线”话题为例》，《数据分析与知识发现》2017 年第 6 期，第 93 ~ 101 页。

[387] 林小闻：《传播行动者的成长：从认同到主体建构》，《艺术科技》2017 年第 6 期，第 427 页。

[388] 马莹、马彪：《多模态政务微博语篇的意义建构》，《外语学刊》2017 年第 6 期，第 19 ~ 23 页。

[389] 宋凯、周倜：《社交媒体中跨文化传播的他者想象——以特朗普当选及其言论在微博中的传播为例》，《教育传媒研究》2017 年第 6 期，第 89 ~ 91 页。

[390] 蔡永凤、董少林：《安徽政务微博引导网络舆情的积极影响与消极表现》，《延边党校学报》2017 年第 6 期，第 59 ~ 62 页。

[391] 翟晨肖：《从信息消费角度看社交媒体传播——以微博为例》，《西部广播电视》2017 年第 6 期，第 17 页。

[392] 任孝鹏、向媛媛、周阳、朱廷劭：《基于微博大数据的中国人个体主义/集体主义的心理地图》，《内蒙古师范大学学报》（哲学社会科学版）2017 年第 6 期，第 59 ~ 64 页。

[393] 邵静雅：《新闻评论“微博化”探析》，《传播力研究》2017 年第 6 期，第242 页。

[394] 宋硕、雷景生：《面向电力领域的微博评论情感分析》，《上海电力学院学报》2017 年第 6 期，第 601 ~ 606、612 页。

[395] 任铄炜、张志华：《自媒体语境下警察话语技巧研究——以警务微博平台为例》，《湖南警察学院学报》2017 年第 6 期，第 96 ~ 107 页。

[396] 陈坚旋、陈振斌、谢博、梨树俊、邓文天、陈珂：《基于谣言传播网络模型的重要角色发现研究》，《广东石油化工学院学报》2017 年第 6 期，第 45 ~ 50 页。

[397] 黄微、王洁晶、赵江元：《微博舆情信息老化测度研究》，《情报资料工作》2017 年第 6 期，第 6 ~ 11 页。

[398] 花蕊、刘晓雯、张玉超：《基于微博平台的健身指导类社交媒体互动传播研究》，《南京体育学院学报》（社会科学版）2017 年第 6 期，第 110 ~ 114 页。

[399] 梁楚烟：《从戈夫曼“戏剧理论”探析微博语境下的新闻失实现象》，《新闻论坛》2017 年第 6 期，第 108 ~ 110 页。

［400］赵芸、姚鲲鹏：《微时代视域下广西政府微博影响力现状及对策研究》，《辽宁省交通高等专科学校学报》2017 年第 6 期，第 22 ~25 页。
［401］孙辉：《微博对大学生思想政治教育的影响及对策探讨》，《柳州职业技术学院学报》2017 年第 6 期，第 51 ~54 页。
［402］刘文宇、李珂：《报刊和微博中老年人身份建构差异研究》，《外语与外语教学》2017 年第 6 期，第 71 ~80 页。
［403］李坚、肖基毅、欧阳纯萍、阳小华、翟云：《基于 RAE + Dropout 相结合的微博情感分析》，《情报工程》2017 年第 6 期，第 44 ~53 页。
［404］何旭：《“微时代”下党群关系面临的机遇与挑战》，《武汉理工大学学报》（社会科学版）2017 年第 6 期，第 29 ~34 页。
［405］巩皓、杜军平、赖金财、梁美玉、王巍、罗盎：《基于本体和局部查询反馈的微博查询扩展算法》，《南京大学学报》（自然科学）2017 年第 6 期，第 1004 ~1011 页。
［406］高世奇：《互联网微时代高职院校思想政治教育路径探析》，《船舶职业教育》2017 年第 6 期，第 58 ~61 页。
［407］陈晓丽：《微博文化下高校学生思政教育管理探析》，《淮南职业技术学院学报》2017 年第 6 期，第 17 ~18 页。
［408］苏光鸿：《新媒体时代背景下高校官方微博价值引领功能及其实现路径》，《周口师范学院学报》2017 年第 6 期，第 83 ~86 页。
［409］张翼、李竹萱：《交际主体建构中的概念整合：以“月球车玉兔”微博为例》，《浙江外国语学院学报》2017 年第 6 期，第 12 ~18 页。
［410］李新焕、赵应丁：《社交网络中用户行为分析研究》，《计算机时代》2017 年第 6 期，第29 ~31、35 页。
［411］许可：《数据保护的三重进路——评新浪微博诉脉脉不正当竞争案》，《上海大学学报》（社会科学版）2017 年第 6 期，第 15 ~27 页。
［412］王晓慧、宋书楠、常艺珂：《大连景区微博的发展现状与对策研究——与厦门景区微博的对比分析》，《电子商务》2017 年第 6 期，第 7 ~8 页。
［413］刘清杰：《基于网络的档案新媒体研究文献关键词词频分析》，《开封教育学院学报》2017 年第 6 期，第 221 ~223 页。
［414］高妞：《政务新媒体如何打造“安全门”》，《新闻前哨》2017 年第 6 期，第 16 ~18 页。
［415］林艳瑜、朱淑琴：《微博平台下构建大学思政新教育》，《佳木斯职业学院学报》2017 年第 6 期，第 125、127 页。
［416］汪传雷、张岩、万一荻、叶凤云：《基于 SMISC 的微博和微信应急信息的关键词拓扑网络比较——以“8·12 天津港特重大安全爆炸事故”为例》，《电子政务》2017 年第 6 期，第 88 ~97 页。
［417］魏清露：《论品牌微博的互动传播——基于前文本角度的分析》，《西部学刊》2017 年第 6 期，第 73 ~77 页。
［418］郑亚琴、甘燕燕：《农产品微博营销的传播模式及效果分析》，《重庆科技学院学报》（社会科学版）2017 年第 6 期，第 32 ~35、38 页。

[419] 吴滔、刘天旭：《自媒体时代微博在大学生思想政治教育中的应用探究》，《教育教学论坛》2017 年第 6 期，第 34 ~ 35 页。

[420] 张爱军：《微博视域下的青少年政治语言暴力研究》，《中国青年研究》2017 年第 6 期，第 88 ~ 94 页。

[421] 李超逸、张仰森、佟玲玲：《一种基于社区发现的微博个性化推荐算法》，《微电子学与计算机》2017 年第 6 期，第 40 ~ 44 页。

[422] 袁政：《微博客中公共事件现实的社会建构》，《今传媒》2017 年第 6 期，第 24 ~ 26 页。

[423] 程姣：《论微博作品著作权保护》，《宿州学院学报》2017 年第 6 期，第 41 ~ 44 页。

[424] 胡媛、韦肖莹、王灿：《微博信息质量评价指标体系构建研究》，《情报科学》2017 年第 6 期，第 44 ~ 50 页。

[425] 韩璐：《农业政务微博的传播与发展》，《青年记者》2017 年第 6 期，第 44 ~ 45 页。

[426] 谢起慧、卢嘉：《基于 SNA 的北京政务微博信息共享分析》，《青年记者》2017 年第 6 期，第 77 ~ 78 页。

[427] 薛礼峰：《微博在高职院校辅导员思想政治教育中的应用》，《才智》2017 年第 6 期，第 183 页。

[428] 刘鑫：《媒介生态学视野下的微博“去中心化”研究》，《新闻研究导刊》2017 年第 6 期，第 56 页。

[429] 郭欣：《浅谈微博在档案信息服务中的应用》，《办公室业务》2017 年第 6 期，第 179 ~ 180 页。

[430] 柳炳祥、耿健、黄远明：《论微博意见领袖在网络舆情引导中传播正能量》，《中国管理信息化》2017 年第 6 期，第 182 ~ 183 页。

[431] 封文凯：《网络舆论暴力现象浅析——以微博王宝强事件为例》，《新闻研究导刊》2017 年第 6 期，第 269 ~ 270 页。

[432] 韩志勇：《广西旅游发展委员会微博转发影响因素分析》，《农村经济与科技》2017 年第 6 期，第 66 ~ 67 页。

[433] 李华强、韩译萱、范春梅：《雾霾危机情境下应该如何应对？——基于高阶与低阶应对行为分类的视角》，《中国行政管理》2017 年第 6 期，第 121 ~ 126 页。

[434] 邱纹、于欧洋：《媒介融合背景下微博对传统报道方式的挑战》，《新闻研究导刊》2017 年第 6 期，第 276 页。

[435] 孙艺嘉：《浅析网络媒体的议程设置功能——以微博为例》，《新闻研究导刊》2017 年第 6 期，第 58 页。

[436] 李海芹、周寅：《中国公益机构官方微博运营管理的实证分析》，《商业经济研究》2017 年第 6 期，第 129 ~ 132 页。

[437] 叶施仁、叶仁明、朱明峰：《基于网络关系的微博水军集团发现方法》，《计算机工程与应用》2017 年第 6 期，第 96 ~ 100 页。

[438] 刘虹、孟凡赛、孙建军：《基于 DEA 方法的政务微博信息交流效率研究》，《情报科

学》2017 年第 6 期，第 9 ~ 13 页。

[439] 陈丽娜、赵桂英：《政务微博不能沦为“摆设”》，《人民论坛》2017 年第 6 期，第 52 ~ 53 页。

[440] 赵芸、姚鲲鹏：《微时代视域下广西政府微博影响力现状及对策研究》，《辽宁省交通高等专科学校学报》2017 年第 6 期，第 22 ~ 25 页。

[441] 王乾、张媛：《青少年社会主义核心价值观培育微博载体建设》，《黑河学院学报》2017 年第 6 期，第 46 ~ 47 页。

[442] 王金丽：《基于微博内容分析的大学生思想动态预测研究》，《铜仁学院学报》2017 年第 6 期，第 62 ~ 66 页。

[443] 刘辉、王惊雷：《旅游业中的“微博营销”研究——以山东省旅游局官方微博为例》，《旅游纵览》（下半月）2017 年第 6 期，第 193 ~ 194 页。

[444] 娄慧：《公共危机治理中政府微博预警研究》，《开封教育学院学报》2017 年第 6 期，第 274 ~ 275 页。

[445] 邱一格：《微博与公共领域的建构》，《文化创新比较研究》2017 年第 6 期，第 121 ~ 125 页。

第 7 期

[446] 王高飞：《构建微博体系、创新高校网络思政工作》，《赤峰学院学报》（汉文哲学社会科学版）2017 年第 7 期，第 145 ~ 147 页。

[447] 王泽芝：《群体性冲突事件微博舆论引导范式的新思考》，《黑河学院学报》2017 年第 7 期，第 76 ~ 77 页。

[448] 戴天翔、岑鑫、柳珺文、王帅、欧阳帆：《基于文本挖掘的微博文本情绪分析技术研究》，《科技资讯》2017 年第 7 期，第 209 ~ 212 页。

[449] 贾学颖：《新媒体（微信、微博）在博物馆公共文化传播中的应用》，《文物鉴定与鉴赏》2017 年第 7 期，第 90 ~ 91 页。

[450] 严贝妮、解贺嘉：《我国省级公共图书馆微博与微信服务现况调查与分析》，《新世纪图书馆》2017 年第 7 期，第 25 ~ 30、34 页。

[451] 王佳玫：《试析微博“圈子文化”及其形成机理》，《今传媒》2017 年第 7 期，第 56 ~ 57 页。

[452] 王延滨：《社会化媒体环境下报纸与微博的互动传播》，《新媒体研究》2017 年第 7 期，第 24 ~ 25 页。

[453] 王杨、石翠：《基于舆情扩散路径分析的微舆情治理研究》，《新媒体研究》2017 年第 7 期，第 26 ~ 27、39 页。

[454] 柏璐：《基于微博的大学生思想政治教育对策分析》，《科教导刊》（下旬）2017 年第 7 期，第 60 ~ 61 页。

[455] 陈莉、李林：《微博营销对电影票房影响的实证研究》，《科技和产业》2017 年第 7 期，第 50 ~ 54 页。

[456] 钱莎莎：《明星微博对突发事件的传播影响力分析——以“4·25”尼泊尔大地震为例》，《淮海工学院学报》（人文社会科学版）2017 年第 7 期，第 76 ~ 81 页。

［457］吴佳楠、宋永琴：《自媒体时代的网络视频新闻传播与公共事务参与》，《西部广播电视》2017 年第 7 期，第 12 页。

［458］赵梅、祝娜、姚颐、王芳：《新媒体对审计师意见决策影响研究——以新浪微博为例》，《系统工程理论与实践》2017 年第 7 期，第 1805 ~ 1819 页。

［459］王高飞：《构建微博体系，创新高校网络思政工作》，《赤峰学院学报》（汉文哲学社会科学版）2017 年第 7 期，第 145 ~ 147 页。

［460］王菁：《媒介使用如何影响我国大学生微博政治参与——一个以政治心理为中介变量的实证测度》，《新闻与传播研究》2017 年第 7 期，第 50 ~ 74、127 ~ 128 页。

［461］万慕晨：《基于微博平台的高校图书馆阅读推广效果实证研究》，《情报探索》2017 年第 7 期，第 92 ~ 98 页。

［462］张洋、徐佳莹：《随波逐流还是特立独行——特殊情境影响下微博观点表达的心理机制》，《情报杂志》2017 年第 7 期，第 89 ~ 95 页。

［463］时聪、唐九阳、胡艳丽：《融合用户行为与博文内容的微博用户影响力预测》，《小型微型计算机系统》2017 年第 7 期，第 1495 ~ 1500 页。

［464］刘晓思：《微博言论自由及其法律规制》，《湖北经济学院学报》（人文社会科学版）2017 年第 7 期，第 70 ~ 72 页。

［465］荣荣、舒仁：《天津“8・12”爆炸事故中的微博意见领袖及其舆论表达——以新浪微博为研究样本》，《新闻知识》2017 年第 7 期，第 7 ~ 10 页。

［466］叶盛世、张文杰：《“拟态环境”视阈下微博评论对社会舆论的影响研究——以女子酒店遇袭事件为例》，《新闻知识》2017 年第 7 期，第 53 ~ 56 页。

［467］李瑾颉、吴联仁、齐佳音、孙启明：《微博话题流行度统计分析及其影响因素研究》，《情报科学》2017 年第 7 期，第 138 ~ 141、148 页。

［468］郝静、李迎迎、张彦、敬燕燕、韩凤超、任旭锴、信振江、肖敏：《北京市丰台区 2014 年健康教育相关知识微博发布情况统计分析》，《中国预防医学杂志》2017 年第 7 期，第 545 ~ 547 页。

［469］项惠惠、朱恒民、侯萍：《基于历史转发记录的微博用户转发行为预测研究》，《经营与管理》2017 年第 7 期，第 146 ~ 149 页。

［470］朱虹娟：《论新形势下的政务微博运营》，《中国地市报人》2017 年第 7 期，第 73 ~ 75 页。

［471］陈然、刘洋：《基于转发行为的政务微博信息传播模式研究》，《电子政务》2017 年第 7 期，第 108 ~ 117 页。

［472］蹇洁、张英培、刘雪艳、叶芯彤：《政务微博网络结构特征研究——以重庆市为例》，《现代情报》2017 年第 7 期，第 55 ~ 59 页。

［473］李慧璇：《基于新浪微博平台的网络谣言防治研究》，《新闻传播》2017 年第 7 期，第 79、81 页。

［474］刘征：《警务微博在治安管理工作中的应用分析》，《法制博览》2017 年第 7 期，第 261 页。

［475］王永贵、张丰田、刘雨诗、肖成龙：《微博中结合转发特性的用户兴趣话题挖掘方法》，《计算机应用研究》2017 年第 7 期，第 2068 ~ 2071 页。

[476] 朱晓培:《微博为何能二次崛起?》,《商业文化》2017 年第 7 期，第 13 ~21 页。

[477] 郑永谋、黎智:《微博对高校思想政治教育管理的影响分析》,《才智》2017 年第 7 期，第 84 ~85 页。

[478] 洪潆:《微博作为大学生思想素质教育载体的分析》,《教育现代化》2017 年第 7 期，第 190 ~192 页。

[479] 李峥嵘:《政务微博在打造宜居城市中的作用》,《宜居中国发展指数报告（2017 ~2018)》，中国社会科学出版社，2017 年 7 月。

[480] 王绪波、张乾清:《政务新媒体传播泛娱乐化倾向及应对策略分析》,《新媒体研究》2017 年第 7 期，第 22 ~23 页。

[481] 段弘:《政务新媒体公关事故：怼网民还是怼自己——以“辱母杀人案”中的政务微博运营为例》,《公关世界》2017 年第 7 期，第 18 ~21 页。

[482] 李立煊:《基于聚类定量分析的微博舆情监测与预警》,《传媒》2017 年第 7 期，第 92 ~95 页。

第 8 期

[483] 王宇龙:《思想政治教育工作中微博及微信的运用研究》,《科教导刊》（下旬）2017 年第 8 期，第 81 ~82 页。

[484] 陈立强:《首发微博的灾难叙事及其话语模式》,《中国广播电视学刊》2017 年第 8 期，第 32 ~35 页。

[485] 何跃、张月、肖敏、朱虹明:《微博社区内不同情绪的传染关系研究——以亚航失联事件为例》,《统计与信息论坛》2017 年第 8 期，第 110 ~116 页。

[486] 王一多、赵鹏:《对外传播中的叙事和传播策略——以美国驻华使馆微博为例》,《对外传播》2017 年第 8 期，第 53 ~55 页。

[487] 高淑清、王萌:《微博客在高校思想政治教育中的创新应用》,《开封教育学院学报》2017 年第 8 期，第 187 ~188 页。

[488] 陈旭:《基于媒介融合环境下微博对新闻传播的影响探析》,《科学中国人》2017 年第 8Z 期，第 209 ~210 页。

[489] 徐子凡:《表情包在媒体微博发布中的传播效果研究》,《新媒体研究》2017 年第 8 期，第 53 ~54 页。

[490] 闫闪闪、梁留科、索志辉、方明:《基于大数据的洛阳市旅游流时空分布特征》,《经济地理》2017 年第 8 期，第 216 ~224 页。

[491] 叶穗冰:《微博大 V 话语霸权研究》,《广州大学学报》（社会科学版）2017 年第 8 期，第 72 ~77 页。

[492] 董圆圆:《公安微博舆论引导现状、存在问题及对策探析》,《科教文汇》（中旬刊）2017 年第 8 期，第 154 ~155、188 页。

[493] 晏敬东、杨彩霞、张炜南:《基于生命周期理论的微博舆情引控研究》,《情报杂志》2017 年第 8 期，第 88 ~93、75 页。

[494] 朱玲:《“微时代”传统财经期刊的“微传播”探析》,《今传媒》2017 年第 8 期，第 18 ~20 页。

[495] 吴彼得:《浅析微博评论的种类》,《记者摇篮》2017 年第 8 期,第 45～46 页。

[496] 李喜霞:《当代传播网络与微博集合行为》,《社科纵横》2017 年第 8 期,第 127～131 页。

[497] 辜晓进、徐蔓、张鑫瑶:《作为报业转型突破口的社交媒体战略——基于国内 104 家代表性报纸“两微”的表现》,《新闻与传播研究》2017 年第 8 期,第 70～88 页。

[498] 连新元:《“微时代”与广播新闻报道方式的重新定义》,《中国记者》2017 年第 8 期,第 57～59 页。

[499] 王筱蕾:《陕西省“211”高校移动图书馆终端的对比研究》,《农业图书情报学刊》2017 年第 8 期,第 105～108 页。

[500] 鲁冠:《辅导员微博对大学生的影响力和竞争力调查分析》,《求知导刊》2017 年第 8 期,第 30～31 页。

[501] 史伟、张蓓玲:《基于 5T 理论的微博深度营销研究——以网红经济为例》,《湖州师范学院学报》2017 年第 8 期,第 66～72 页。

[502] 刘芳:《微博视角下大学生思想政治教育的挑战和应对》,《读与写》(教育教学刊) 2017 年第 8 期,第 37、4 页。

[503] 曾赛章:《青少年社会主义核心价值观培育的微博载体建设》,《黑龙江教育学院学报》2017 年第 8 期,第 85～87 页。

[504] 刘丽群、刘文杰、董文丽:《地震事件中微博舆情的议题演变》,《江西社会科学》2017 年第 8 期,第 236～242 页。

[505] 安璐、易兴悦、余传明、李纲:《突发公共卫生事件微博影响力的预测研究》,《情报理论与实践》2017 年第 8 期,第 76～81、42 页。

[506] 王彦慈:《基于云计算的微博舆情流式快速自聚类方法研究》,《情报科学》2017 年第 8 期,第 23～27 页。

[507] 刘子溪、朱鹏:《基于详尽可能性模型的微博话题可信度影响因素研究》,《情报科学》2017 年第 8 期,第 94～100 页。

[508] 魏丽琴:《政务微博和微信传播策略的对比分析——以“上海发布”为例》,《新闻传播》2017 年第 8 期,第 23～24 页。

[509] 赵睿:《政务微博的网络舆情危机应对——以新浪微博为例》,《才智》2017 年第 8 期,第 237 页。

[510] 汪祖柱、阮振秋:《基于关联规则的政务微博公众评论观点挖掘》,《情报科学》2017 年第 8 期,第 19～22 页。

[511] 李晓勤:《微博媒介素养与大学生政治社会化》,《办公室业务》2017 年第 8 期,第 170～171 页。

[512] 贾志华:《论微博在突发事件中的舆论传播》,《戏剧之家》2017 年第 8 期,第 269 页。

[513] 李蕾、郭娟、谢怡湘:《微博新型职业对大学生择业观影响的研究》,《新闻传播》2017 年第 8 期,第 43、45 页。

[514] 冯旭鹏、马震、谢波、刘利军、黄青松:《基于聚类集成的微博话题发现方法》,《计算机工程与应用》2017 年第 8 期,第 81～86 页。

[515] 王翔、陈芝娜：《浅析我国大学生微博政治参与的问题及其对策》，《法制与社会》2017 年第 8 期，第 245、258 页。
[516] 汪侠静：《微博泛娱乐化倾向的影响及对策》，《今传媒》2017 年第 8 期，第 44 ~ 45 页。
[517] 杨秀：《网络服务商个人信息保护制度的缺陷及其完善——以新浪微博诉脉脉案为例》，《国际新闻界》2017 年第 8 期，第 140 ~ 155 页。
[518] 蔡丰喆：《“生活政治”视域下的微博舆论场研究——基于 2016 年美国大选热门微博的内容分析》，《今传媒》2017 年第 8 期，第 84 ~ 86 页。
[519] 姚慧：《微博中碎片化与拼图化的传播话语特征分析——以朴宝剑广告涉嫌辱华事件为例》，《新闻研究导刊》2017 年第 8 期，第 80 ~ 81 页。
[520] 周丽娟、胡雯雯、张烨：《微博热门评论传播机制的分析与研究》，《新闻研究导刊》2017 年第 8 期，第 89 ~ 90 页。
[521] 李颖、方兴：《微博个性化推荐技术综述》，《全国流通经济》2017 年第 8 期，第 18 ~ 19 页。

第 9 期

[522] 吴雯雯、程鑫、王远、汪丹丹、汪海涛：《基于层次分析法的地震政务微博影响力评估系统研究》，《国际地震动态》2017 年第 9 期，第 32 ~ 36 页。
[523] 黄敏：《政治的再媒介化：政务微博的跨媒体传播初探》，《电子政务》2017 年第 9 期，第 49 ~ 62 页。
[524] 王秋菊、刘杰：《微博评论的本体、主体及传播方式特点分析》，《编辑之友》2017 年第 9 期，第 59 ~ 62 页。
[525] 东野寒冰：《试论网络大 V 的崛起与微博宣传》，《传播力研究》2017 年第 9 期，第 154 页。
[526] 闫凤：《浅析“@人民网”新浪微博的传播策略》，《西部广播电视》2017 年第 9 期，第 36 页。
[527] 张帅、李晶、王文韬：《分享经济背景下用户参与意愿影响因素研究——以微博问答为例》，《图书馆论坛》2017 年第 9 期，第 91 ~ 98 页。
[528] 何跃、朱灿：《基于微博的意见领袖网情感特征分析——以“非法疫苗”事件为例》，《数据分析与知识发现》2017 年第 9 期，第 65 ~ 73 页。
[529] 刘文宇、毛伟伟：《“教授”集体身份在报纸媒体与微博中的话语建构差异》，《现代教育管理》2017 年第 9 期，第 70 ~ 74 页。
[530] 董伊娜：《微博平台支持下混合教学对大学生英语写作水平的影响》，《教育界》（综合教育研究）2017 年第 9 期，第 157 ~ 158 页。
[531] 李军红：《微博炒作账户统计特征与识别模型初探》，《调研世界》2017 年第 9 期，第 47 ~ 53 页。
[532] 周健：《微博城市文化传播优化策略——以苏州城市微博为例》，《中国广播电视学刊》2017 年第 9 期，第 118 ~ 120 页。
[533] 唐晓波、罗颖利：《融入情感差异和用户兴趣的微博转发预测》，《图书情报工作》

2017 年第 9 期，第 102 ~ 110 页。
[534] 邓耀辉：《微博、微信在广播节目中的作用管窥》，《西部广播电视》2017 年第 9 期，第 60 页。
[535] 赖胜强：《电子商务背景下微博用户信息共享行为研究》，《重庆理工大学学报》（社会科学版）2017 年第 9 期，第 71 ~ 77 页。
[536] 和晋、张甜：《高校官方微博思想政治教育实效性研究——以四川省 5 所高校官方微博为例》，《重庆科技学院学报》（社会科学版）2017 年第 9 期，第 108 ~ 111 页。
[537] 唐文彰、王玲、王蓓：《打造自媒体时代涉军微博微信意见领袖的思考》，《传播与版权》2017 年第 9 期，第 115 ~ 117 页。
[538] 杨凯：《微博在高校思想政治教育中的创新应用研究》，《吉林广播电视大学学报》2017 年第 9 期，第 104 ~ 105 页。
[539] 邵丽君：《微博文化冲击下的高校思想政治教育工作研究》，《当代教育实践与教学研究》2017 年第 9 期，第 245 页。
[540] 刘烜贞、陈静：《基于新浪微博的学术论文社会影响分析》，《农业图书情报学刊》2017 年第 9 期，第 63 ~ 69 页。
[541] 王晰巍、邢云菲、王楠阿雪、李师萌：《新媒体环境下突发事件网络舆情信息传播及实证研究——以新浪微博“南海仲裁案”话题为例》，《情报理论与实践》2017 年第 9 期，第 1 ~ 7 页。
[542] 张歆：《“意见领袖”在舆情发展中的作用——以“辱母案”微博数据为例》，《新闻前哨》2017 年第 9 期，第 50 ~ 54 页。
[543] 彭丽徽、李贺、张艳丰：《基于灰色关联分析的网络舆情意见领袖识别及影响力排序研究——以新浪微博“8・12 滨海爆炸事件”为例》，《情报理论与实践》2017 年第 9 期，第 90 ~ 94 页。
[544] 崔蕴芳、杜博伟：《多元、冲突与公共性：医患关系的微博呈现研究》，《现代传播》（中国传媒大学学报）2017 年第 9 期，第 140 ~ 144 页。
[545] 叶梅：《国内政务微博的发展及研究概览——以官微“@ 平安北京”为例》，《东南传播》2017 年第 9 期，第 88 ~ 90 页。
[546] 王乐、孙佳奇：《微博营销中的客户关系管理研究》，《湖北函授大学学报》2017 年第 9 期，第 90 ~ 91 页。
[547] 张鑫森、易玉：《浅析微博的著作权保护》，《现代交际》（学术版）2017 年第 9 期，第 64 ~ 64 页。
[548] 蒋立宏：《广西日报微博关于东博会信息传播生态研究》，《新闻研究导刊》2017 年第 9 期，第 14 ~ 15 页。
[549] 沈月娥、于婧：《微博在品牌形象传播中的运用》，《新闻研究导刊》2017 年第 9 期，第 92 页。
[550] 常宇：《用传播学理论分析新媒体环境下的信息传播》，《新闻研究导刊》2017 年第 9 期，第 94 页。
[551] 张凯：《微博传播模式现状及娱乐化倾向分析》，《新闻研究导刊》2017 年第 9 期，第 266 页。

[552] 牛爱菊、贾新露、刘兰：《基于文献计量的国内图书馆微博微信研究综述》，《新世纪图书馆》2017 年第 9 期，第 91 ~ 97 页。
[553] 陈希：《议题建构下政务微博的品牌策略分析——以“@ 太原消防”为例》，《传媒》2017 年第 9 期，第 82 ~ 84 页。
[554] 方颐刚：《从微博到知乎——从公共领域视角看网络公共空间的讨论理性》，《新闻研究导刊》2017 年第 9 期，第 261 ~ 262 页。
[555] 王璐瑶：《微博著作权侵权的认定及责任承担——由浙江首例微博著作权侵权案引发的思考》，《法制博览》2017 年第 9 期，第 84 ~ 85、83 页。
[556] 赵晶：《浅析公安微博作用与影响——以江宁公安在线为例》，《纳税》2017 年第 9 期，第 132 ~ 133 页。
[557] 马光焱、孔凯：《政府微博对突发事件的回应研究——以“8 · 20”山东烟台龙口公交车纵火案为例》，《戏剧之家》2017 年第 9 期，第 292 页。
[558] 殷敬淇、赵星云：《政务新媒体引导网络舆论的问题与对策》，《视听》2017 年第 9 期，第 108 ~ 109 页。
[559] 冯媛：《浅析马克思主义新闻观视域下的微博新闻报道框架建构——以“八达岭老虎伤人”事件为例》，《新闻研究导刊》2017 年第 9 期，第 111 页。

第 10 期

[560] 田力达：《浅析微博在广播中的应用》，《西部广播电视》2017 年第 10 期，第 32 页。
[561] 张辰熙：《从微博发展到著作权保护——论微博著作权保护》，《法制博览》2017 年第 10 期，第 229、228 页。
[562] 苏玉微、王根发：《Web2.0 环境下高校档案馆新媒体应用研究——以新浪微博为例》，《兰台世界》2017 年第 10 期，第 49 ~ 51 页。
[563] 纪成、宋佳佳：《浅析微博与人文精神发展》，《科技资讯》2017 年第 10 期，第 234 ~ 235 页。
[564] 袁丽媛：《主流媒体对“三农”新闻舆论的引导路径探析——以〈农民日报〉“两微一端”为例》，《新闻爱好者》2017 年第 10 期，第 29 ~ 31 页。
[565] 柴裕如：《探析微博时代的传播与发展》，《传播力研究》2017 年第 10 期，第 108 页。
[566] 贾海涛：《微博微信在广播新闻传播中的优势和应用探析》，《中国广播》2017 年第 10 期，第 67 ~ 70 页。
[567] 张心雅：《论政务微博的法治化建设》，《牡丹江大学学报》2017 年第 10 期，第 38 ~ 40 页。
[568] 郭高晶：《基于 DEA 方法的省级政府政务微博运营绩效评价》，《现代情报》2017 年第 10 期，第 66 ~ 71、92 页。
[569] 刘伟鑫：《用“多元精英”视角看微博话语权变迁》，《新闻研究导刊》2017 年第 10 期，第 177 页。
[570] 何柳：《沉默的螺旋机制在社交媒体中的演进——基于新浪微博的考察》，《传播力研究》2017 年第 10 期，第 32、33 页。
[571] 刘海粟：《社交媒体在校园暴力网络化群体事件中的功能性研究——以新浪微博为

例》，《传播力研究》2017 年第 10 期，第 161 页。
[572] 陈锐维：《微博在公益事件中传播策略探析——以“免费午餐”为例》，《今传媒》2017 年第 10 期，第 22～23 页。
[573] 张漫锐、刘文波：《政务微博传播效果影响因素研究——以“江宁公安在线”为例》，《今传媒》2017 年第 10 期，第 72～73 页。
[574] 于晴：《高校图书馆微博服务模式探究》，《黑河学院学报》2017 年第 10 期，第 198～199 页。
[575] 陈红阳、汪林林、陈滢生、鲁江坤、左雪：《特征词选择与相似度融合的微博话题发现方法》，《电信科学》2017 年第 10 期，第 134～140 页。
[576] 陈晓华：《省级公共图书馆微博信息服务效果及影响因素实证研究》，《河南图书馆学刊》2017 年第 10 期，第 9～11 页。
[577] 张凯：《论微博侵犯公众人物名誉权案件的适用规则》，《宿州学院学报》2017 年第 10 期，第 42～45 页。
[578] 贾陈瑾：《浅析微博时代的网络影评人》，《戏剧之家》2017 年第 10 期，第 127 页。
[579] 李梦珠：《微博空间粉丝文化研究——以微博“象王惨死”的粉丝评论为例》，《新闻研究导刊》2017 年第 10 期，第 291 页。
[580] 李雪松：《基于微博粉丝特性提升高校图书馆移动服务》，《农业图书情报学刊》2017 年第 10 期，第 184～188 页。
[581] 刁雅静、何有世、盛永祥：《社交网络情景下新产品扩散的两阶段模型——微信与微博的对比研究》，《软科学》2017 年第 10 期，第 115～119 页。
[582] 许海龙：《安徽政务新媒体建设发展路径研究——以安徽发布、安徽省人民政府发布为例》，《新闻世界》2017 年第 10 期，第 39～41 页。
[583] 张硕、杨一平、武装：《基于多学习因子粒子群算法的微博用户影响力分析》，《软科学》2017 年第 10 期，第 140～144 页。
[584] 陈威、邵璐：《微博和微信对个体形象塑造的异同》，《西部广播电视》2017 年第 10 期，第 36～37 页。
[585] 王渭川：《我国政务微博发展中的问题及对策》，《新媒体研究》2017 年第 10 期，第 92～93 页。
[586] 朱夏芸、吴颖睿：《大学生微博使用现状及其影响》，《合作经济与科技》2017 年第 10 期，第 112～113 页。
[587] 齐宿娟：《公安行业新媒体功能与应用——以成都市公安局微博微信为例》，《新媒体研究》2017 年第 10 期，第 53～54 页。
[588] 战涛、王洁：《基于大学生对新浪微博热搜关注的调查与分析》，《新媒体研究》2017 年第 10 期，第 62～63 页。
[589] 张发勤：《微博在高校辅导员思想政治教育中的作用》，《文学教育》2017 年第 10 期，第 142～143 页。
[590] 俞婕：《论微博在高师隐性音乐教育中的应用——以〈基础钢琴〉课程为例》，《北方音乐》2017 年第 10 期，第 225 页。
[591] 梁晓贺、田儒雅、吴蕾、张学福：《基于超网络的微博舆情主题挖掘方法》，《情报理

论与实践》2017 年第 10 期，第 100～105 页。

[592] 张立美：《微博剥夺用户许可权是“耍流氓”》，《人民法治》2017 年第 10 期，第 69 页。

第 11 期

[593] 沈丹丹：《微博舆论与社会公共管理关系研究——评〈政务微博管理与应用〉》，《新闻爱好者》2017 年第 11 期，第 110 页。

[594] 蒋立宏：《省级党报官方微博在网络舆论场中的作用探析——以广西日报新浪官方微博为例》，《新闻知识》2017 年第 11 期，第 9～12 页。

[595] 余宏婧：《浅谈微博作品著作权的法律保护》，《法制博览》2017 年第 11 期，第 279 页。

[596] 许梦勉、赵振明：《新媒体环境下网络爱国事件中的舆论表达和议题特点——以微博“杨舒平事件”为例》，《新媒体研究》2017 年第 11 期，第 33～34 页。

[597] 马志斌：《基于内容层面探究高校图书馆微博传播影响因素》，《科技传播》2017 年第 11 期，第 84～85 页。

[598] 赵畅：《微博对新闻评论的影响研究》，《西部广播电视》2017 年第 11 期，第 24 页。

[599] 程宵、王董：《“@人民日报”2016 年与 2017 年两会报道的对比分析》，《新媒体研究》2017 年第 11 期，第 3～5 页。

[600] 姜伟伟、顾程：《基于社会评级的微博动态影响力指数构建》，《新媒体研究》2017 年第 11 期，第 45～46 页。

[601] 杨学成、肖彦：《品牌中心和非品牌中心企业生成内容对品牌态度的影响——基于新浪微博的实证研究》，《中国经贸导刊》2017 年第 11 期，第 43～45 页。

[602] 陈曦、张群：《微博“现象级”话题资质与舆论引导研究——基于 SPSS Python 科学计算与开发平台》，《求知导刊》2017 年第 11 期，第 33～36 页。

[603] 李先知：《结构二重性：微博空间中行为与结构的互构机制研究》，《现代传播》（中国传媒大学学报）2017 年第 11 期，第 162～163 页。

[604] 王倩、于风：《奥尔波特和波斯特曼谣言传播公式的改进及其验证：基于东北虎致游客伤亡事件的新浪微博谣言分析》，《国际新闻界》2017 年第 11 期，第 47～67 页。

[605] 李赫、商鹏飞：《对微博舆论监督的思考》，《新闻研究导刊》2017 年第 11 期，第 68 页。

[606] 沈敏、余茂敏：《自媒体时代提升高校官方微博影响力的路径研究》，《人力资源管理》2017 年第 11 期，第 33～34 页。

[607] 陈爱武：《精耕内容　加快融合——谈安徽省直主要媒体官方微博的突围之路》，《新闻世界》2017 年第 11 期，第 6～9 页。

[608] 阎微：《微博对思想政治教育的挑战与机遇》，《西部素质教育》2017 年第 11 期，第 173、175 页。

[609] 张宇帆、曾晓江：《新媒体环境下高校网络思政管理平台的构建——以浙江树人大学“树人江”微博为例》，《现代交际》（学术版）2017 年第 11 期，第 21～22 页。

[610] 郝涛：《“一带一路”中社交媒体传播策略研究——以人民日报微博为例》，《新闻研

究导刊》2017 年第 11 期，第 155 页。

[611] 白晨：《农民对国家政策的信息偏好与媒体的互联网传播策略——以中国乡村之声微博的“双创”报道为例》，《中国广播》2017 年第 11 期，第 72 ~75 页。

[612] 张梅：《微博场域中公共议题事实判断的三种层次——以宁波动物园老虎咬人事件为例》，《现代传播》（中国传媒大学学报）2017 年第 11 期，第 42 ~47 页。

[613] 方雅青、杨丽静：《网络后台实名制下微博谣言传播实证分析及模式构建研究》，《传播与版权》2017 年第 11 期，第 164 ~166、178 页。

[614] 吴丹丹、邵慧娟：《大学生新媒介素养调查报告——以扬州地区高校为研究对象》，《新闻研究导刊》2017 年第 11 期，第 29 ~30 页。

[615] 周彩霞：《如何利用微博做好高校思想政治教育工作实践思考》，《传播力研究》2017 年第 11 期，第 149 页。

[616] 王静、段惠民：《网络传播环境的绿色化——“微博实名制”策略分析》，《传播力研究》2017 年第 11 期，第 239 页。

[617] 郭自萍：《基于微博的片段式大学英语学习资源研究》，《文教资料》2017 年第 11 期，第 221 ~222 页。

[618] 张晓楠：《浅谈网络直播在“央视新闻”微博中的应用》，《今传媒》2017 年第 11 期，第 21 ~23 页。

[619] 任重：《探讨微博微信在广播新闻传播中的优势及应用》，《新闻研究导刊》2017 年第 11 期，第 280 页。

[620] 夏一雪、徐晖、刘皓、赵玉敏：《面向突发事件的政务微博传播影响力评价与实证研究》，《武警学院学报》2017 年第 11 期，第 74 ~80 页。

[621] 温展杰、邓祥明：《政务微博研究评述》，《江苏商论》2017 年第 11 期，第 41 ~45 页。

[622] 杨惠、戴海波：《论地方政务微博在政府公信力建构中存在的问题及对策》，《新闻知识》2017 年第 11 期，第 5 ~8 页。

[623] 唐丹、乐圣、李川：《媒介生态视域下微博意见领袖的身份重构》，《新闻前哨》2017 年第 11 期，第 34 ~36 页。

[624] 连花：《大学生创业“三微联运”营销模式创新的研究》，《太原城市职业技术学院学报》2017 年第 11 期，第 32 ~33 页。

[625] 谷玉莹、刘大勇：《微博对高校意识形态教育的影响》，《绥化学院学报》2017 年第 11 期，第 114 ~116 页。

[626] 陈楠：《自媒体在里约奥运会中的传播新貌与中国国家形象建构——以新浪微博和 Facebook 为例》，《新媒体研究》2017 年第 11 期，第 41 ~42 页。

第 12 期

[627] 陈娟、刘燕平、邓胜利：《政府辟谣信息的用户评论及其情感倾向的影响因素研究》，《情报科学》2017 年第 12 期，第 61 ~65、72 页。

[628] 陈敏：《微博应用于新闻传播的优势和意义分析》，《新闻研究导刊》2017 年第 12 期，第 104 页。

[629] 曹冬雪：《吉林省政务微博语言策略研究》，《现代语文》（语言研究）2017 年第 12 期，第 102 ~ 103 页。

[630] 陈容辉：《基于微博新载体的大学生心理素质能力提升探析》，《人才资源开发》2017 年第 12 期，第 183 ~ 184 页。

[631] 戴必兵、刘惠军：《成人微博使用偏好问卷的编制及信效度检验》，《心理技术与应用》，2017 年第 12 期，第 746 ~ 755 页。

[632] 彭洪霞：《“@ 央广军事”微博的探索与创新》，《中国广播》2017 年第 12 期，第 78 ~ 81 页。

[633] 徐建忠、朱俊、赵瑞、张亮、何亮、李娇娇：《基于 SVM 算法的航天微博情感分析》，《信息安全研究》2017 年第 12 期，第 1129 ~ 1133 页。

[634] 孙乐然：《浅谈微博传播环境下网络舆论对新闻事件的影响》，《科技传播》2017 年第 12 期，第 60 ~ 61 页。

[635] 沈世强：《微博传播的道德失范与应对措施——以“毒跑道”事件为例》，《新闻战线》2017 年第 12 期，第 142 ~ 143 页。

[636] 梁媛：《新闻评论微博化分析与研究》，《新媒体研究》2017 年第 12 期，第 16 ~ 17 页。

[637] 范松：《公众人物微博道歉言语行为的话语模式探讨》，《黑龙江教育学院学报》2017 年第 12 期。

[638] 墨建华：《云南省政务微博的危机处理研究——以“云南旅游发布厅”官微为例》，《新闻研究导刊》2017 年第 12 期，第 274 页。

[639] 肖小月：《微博语言偏离刍议》，《成都师范学院学报》2017 年第 12 期，第 99 ~ 103 页。

[640] 杨丽、沈嘉达、黄琪：《论政务微博的议题建构特征与话语表达方式——以〈人民日报〉新浪微博“你好，明天”栏目（2012 ~ 2016）为例》，《今传媒》2017 年第 12 期，第 10 ~ 12 页。

[641] 秦冠男：《互联网微博营销语言的语用学研究探索》，《理论观察》2017 年第 12 期，第 206 ~ 208 页。

[642] 何晶、胥晓冬、王治国：《新医改政策的新媒体传播研究——基于甘肃省的个案分析》，《现代传播》（中国传媒大学学报）2017 年第 12 期，第 30 ~ 36 页。

[643] 高睿鹏：《微时代高校图书馆开展“微”服务的研究》，《农业图书情报学刊》2017 年第 12 期，第 208 ~ 211 页。

[644] 墨建华：《云南省政务微博的危机处理研究——以“云南旅游发布厅”官微为例》，《新闻研究导刊》2017 年第 12 期，第 274 页。

[645] 孟宇光：《浅议微博自媒体中普通公众在信息发布上的媒介素养》，《新闻研究导刊》2017 年第 12 期，第 155 页。

[646] 胡衬春：《地方政府网站、政务微信、政务微博的使用与公众政府信任的关系研究》，《电子政务》2017 年第 12 期，第 90 ~ 101 页。

[647] 罗雨宁、胡广伟、卢明欣：《政务微博影响力与粉丝特征关系研究》，《电子政务》2017 年第 12 期，第 82 ~ 89 页。

[648] 牛路：《新媒体时代微博的舆论生成与舆论引导策略》，《新媒体研究》2017 年第 12 期，第 22～23 页。

[649] 王佳昕：《微博与微信广告接受意愿影响因素对比研究》，《今传媒》2017 年第 12 期，第 76～79 页。

[650] 师晓宁：《传统媒体在微博时代的生存与发展》，《新媒体研究》2017 年第 12 期，第 100～101 页。

[651] 蔡鑫、娄京生：《基于 LSTM 深度学习模型的中国电信官方微博用户情绪分析》，《电信科学》2017 年第 12 期，第 136～141 页。

[652] 李一锦、王玉珏、周静怡：《扬州城市形象微博传播的问题及改进策略》，《科教文汇》（下旬刊）2017 年第 12 期，第 188～190 页。

[653] 张丽宏、张俊莉、曹运华、齐金玲：《大学生人格特质与参与微博公共事件的相关研究》，《中国学校卫生》2017 年第 12 期，第 1900～1902 页。

[654] 闵秋莎、吴广慧、刘能：《微博平台科学传播应用研究》，《软件导刊》（教育技术）2017 年第 12 期，第 21～23 页。

[655] 方雅青、郭永松、吴海华、胡德华：《网络后台实名制下微博谣言传播模式及控制对策研究》，《情报探索》2017 年第 12 期，第 37～45 页。

[656] 张俊、刘凌霜、刘家楠：《面向北京地区高校图书馆的微博服务调查与分析》，《电子商务》2017 年第 12 期，第 95～96 页。

[657] 李紫薇、邢云菲：《新媒体环境下突发事件网络舆情话题演进规律研究——以新浪微博“九寨沟地震”话题为例》，《情报科学》2017 年第 12 期，第 39～44、167 页。

[658] 王菁、刘佳、李雪：《我国大学生媒介素养与微博政治参与的调查研究》，《黑龙江高教研究》2017 年第 12 期，第 134～138 页。

[659] 崔磊：《网络公益事件的微博传播现象分析》，《视听》2017 年第 12 期，第 130～131 页。

[660] 王红：《湖北省高校图书馆新浪微博服务现状的调查与分析》，《情报探索》2017 年第 12 期，第 74～79 页。

[661] 肖春丽：《微博的准社会交往探析——以娱乐明星“人设崩塌”为例》，《今传媒》2017 年第 12 期，第 25～26 页。

第 13 期

[662] 史丽媛：《新疆高校维吾尔族大学生微博使用状况》，《新闻研究导刊》2017 年第 13 期，第 280 页。

[663] 王舒：《微博中女司机刻板印象研究——以微博话题“女司机”为例》，《新闻研究导刊》2017 年第 13 期，第 284 页。

[664] 熊婉均：《微博背景下大学生政治信仰教育的挑战及对策》，《现代交际》（学术版）2017 年第 13 期，第 121～122 页。

[665] 邢大海：《微博时代背景下开展高校思想政治教育工作的思考》，《求知导刊》2017 年第 13 期，第 23 页。

[666] 柳炳祥、耿健、黄远明：《基于微博意见领袖分析的网络舆情监测研究》，《法制博

览》2017 年第 13 期，第 62、35 页。

[667] 孙玲姿：《网络新闻评论的特征研究——基于人民日报微博“你好明天”微评栏目的考察》，《新媒体研究》2017 年第 13 期，第 21 ~ 22 页。

[668] 胡旭、刘晓莉：《微博庭审直播、司法不再“神秘化”》，《人民论坛》2017 年第 13 期，第 158 ~ 159 页。

[669] 钱铮、羊悦：《“微文化”对高职院校校园文化建设的影响及其对策》，《职教通讯》2017 年第 13 期，第 64 ~ 66 页。

[670] 张庚蓉：《浅析新媒体下故宫博物院官方微博对传统文化的传播》，《新闻研究导刊》2017 年第 13 期，第 281 页。

第 14 期

[671] 文怡：《从围观到遗忘：微博场域中公共事件的舆论呈现》，《中国报业》2017 年第 14 期，第 14 ~ 15 页。

[672] 赵畅：《微博舆论场的研究综述》，《新闻研究导刊》2017 年第 14 期，第 79 页。

[673] 卞雪双：《网络时代微博舆论传播及引导研究》，《新闻传播》2017 年第 14 期，第 98 页。

[674] 徐楠、谢贵萍：《我国“微政务”的发展现状与对策——以微博、微信为例》，《新闻传播》2017 年第 14 期，第 10 ~ 11 页。

[675] 蔡德发、刘佳奇：《黑龙江省推进“互联网 + 政务公开”问题探讨》，《经济研究导刊》2017 年第 14 期，第 187 ~ 188 页。

[676] 闫玉荣：《网民社交媒体使用与自我形象管理关系研究》，《新媒体研究》2017 年第 14 期，第 29 ~ 31 页。

[677] 谢晨、李梦菲：《体育明星微博的再发展研究——以傅园慧微博为例》，《西部广播电视》2017 年第 14 期，第 70 ~ 71 页。

[678] 赖昕：《基于用户视角的社交媒体价值分析——以微博为例》，《新媒体研究》2017 年第 14 期，第 16 ~ 17 页。

[679] 周云倩、常嘉轩：《“互联网 +”时代党报官微的提升研究》，《中国市场》2017 年第 14 期，第 288 ~ 289 页。

[680] 戴佩岑：《微博信息传播对景区媒介空间社会化生产的影响——以恩施大峡谷官方微博为例》，《新媒体研究》2017 年第 14 期，第 43 ~ 44 页。

[681] 邬昊洋、李艳萍、邹文娜：《微博公益传播对公民意识培养的推动作用》，《新闻战线》2017 年第 14 期，第 117 ~ 118 页。

[682] 许利娟：《对微博参与法制新闻报道的思考——以“法制日报 V”微博为例》，《新闻战线》2017 年第 14 期，第 145 ~ 146 页。

[683] 刘安祺：《主流媒体提升舆论引导能力的策略——以人民日报微博与微信公众号为例》，《新闻战线》2017 年第 14 期，第 24 ~ 25 页。

[684] 王安银：《政务微博舆论引导的障碍与优化路径》，《新闻战线》2017 年第 14 期，第 51 ~ 52 页。

[685] 汪早花：《基于微博的高中生物实验教学创新研究——以“制作真核细胞三维结构模

型”为例》，《中学教学参考》2017 年第 14 期，第 95 页。

[686] 郑欣欣：《评价理论视角下微博舆论事件评论的态度意义研究——以“谌龙没礼貌”事件为例》，《新闻研究导刊》2017 年第 14 期，第 58 页。

[687] 陆小凡：《微博和微信信息流广告的比较研究》，《新闻研究导刊》2017 年第 14 期，第 273 页。

[688] 李思琪：《“微”狂欢——浅析微博上明星负面事件的“围观”热》，《新闻研究导刊》2017 年第 14 期，第 103 页。

[689] 邱凌慧：《论微博传播伦理失范之表现、成因及对策》，《智库时代》2017 年第 14 期，第 63 ~ 65 页。

[690] 姜玉洁：《纸媒记者微博采访路径初探》，《新闻传播》2017 年第 14 期，第 94 页。

[691] 梁晓贺、田儒雅、吴蕾、张学福：《微博主题发现研究方法述评》，《图书情报工作》2017 年第 14 期，第 141 ~ 148 页。

第 15 期

[692] 高晓颖：《新媒体时代微博在高校危机公关中的应用策略探究》，《智库时代》2017 年第 15 期，第 184、189 页。

[693] 饶浩、文海宁：《采用实时线性模型的微博话题预警分析》，《图书情报工作》2017 年第 15 期，第 130 ~ 137 页。

[694] 安璐、吴林：《融合主题与情感特征的突发事件微博舆情演化分析》，《图书情报工作》2017 年第 15 期，第 120 ~ 129 页。

[695] 钱明芳：《微博对传统新闻传播模式产生的影响与应对》，《湖北函授大学学报》2017 年第 15 期，第 113 ~ 115 页。

[696] 袁婧：《大学英语口语教学新模式基于微博的实践》，《戏剧之家》2017 年第 15 期，第 138 ~ 139 页。

[697] 杜伟：《微博公共议题讨论和公众意见表达中的“沉默的螺旋”——以〈欢乐颂〉中应勤的婚恋观讨论为例》，《新媒体研究》2017 年第 15 期，第 3 ~ 4 页。

[698] 张爱民：《浅析网络视角下的政务微博发展》，《内蒙古科技与经济》2017 年第 15 期，第 76 ~ 78 页。

[699] 单文慧：《基于微博营销的旅游产品营销探讨》，《商业经济研究》2017 年第 15 期，第 57 ~ 58 页。

[700] 王素华：《公共图书馆官方微博传播效果研究——基于山东省各级公共图书馆的数据分析》，《办公室业务》2017 年第 15 期，第 170、183 页。

[701] 苏伟娜：《微博维权的媒介使用分析——以“和颐女生遇袭”事件为例》，《新西部》2017 年第 15 期，第 102 ~ 103 页。

[702] 胡江伟、周云倩：《情绪认知理论下高频转发微博的形成与传播》，《青年记者》2017 年第 15 期，第 37 ~ 38 页。

[703] 陈雪安：《微博粉丝的“使用与满足”研究——以明星杨幂微博为例》，《新闻研究导刊》2017 年第 15 期，第 276 页。

[704] 李玮佳：《微博平台中舆论风暴的发展特点研究——以“丽江打人毁容案件”为例》，

《新闻研究导刊》2017 年第 15 期，第 281 页。
[705] 徐绮、潘娴：《微博与传统媒体的融合策略》，《新闻研究导刊》2017 年第 15 期，第 188 页。
[706] 张红艳、贺恩铭、胡陶志：《旅行社微博营销影响力研究》，《科技资讯》2017 年第 15 期，第 121 ~ 122 页。

第 16 期

[707] 张坤胜：《政务服务“双微联动”模式的发展现状、问题分析与展望》，《改革与开放》2017 年第 16 期，第 65 ~ 67 页。
[708] 赵坤：《微博在学校思想政治教育工作中的应用研究》，《现代经济信息》2017 年第 16 期，第 464 页。
[709] 刘然、陶洁云：《跨文化传播：在华政务微博的话语分析——以英国驻华使馆为例》，《海外英语》2017 年第 16 期，第 201 ~ 203 页。
[710] 李岩涛：《如何用微博做好气象服务的思考》，《农业与技术》2017 年第 16 期，第 235 页。
[711] 谢伟锋：《政务微博还需幽默有度》，《求学》2017 年第 16 期，第 12 页。
[712] 丁晓京：《人民日报微博对雾霾报道的研究与思考》，《新闻研究导刊》2017 年第 16 期，第 47 ~ 50 页。
[713] 柳港：《浅论新媒体环境下微博在舆论场中的责任担当——以“杨舒平事件”为例》，《新闻研究导刊》2017 年第 16 期，第 68 ~ 69 页。
[714] 潘婷：《微博自我净化功能实现的阻碍因素》，《新闻研究导刊》2017 年第 16 期，第 70、74 页。
[715] 叶佳琪：《我国政务微博发展》，《中国管理信息化》2017 年第 16 期，第 122 ~ 123 页。
[716] 张鹏翼、贺易之、周妍、虞鑫：《社会化媒体使用与公共事件认知及参与——针对微博活跃用户问卷调查分析》，《图书情报工作》2017 年第 16 期，第 113 ~ 121 页。
[717] 刘赟、周爽：《注意力经济中的微博营销》，《全国流通经济》2017 年第 16 期，第 8 ~ 10 页。
[718] 刘荣：《浅析新媒体语境下传统媒体应如何加强舆论引导》，《新闻研究导刊》2017 年第 16 期，第 183 页。
[719] 张坤胜：《政务服务“双微联动”模式的发展现状、问题分析与展望》，《改革与开放》2017 年第 16 期，第 65 ~ 67 页。

第 17 期

[720] 丁国栋：《我国教育技术学术视野中微博研究综述》，《传媒》2017 年第 17 期，第 87 ~ 90 页。
[721] 陈愿伊：《自媒体时代突发事件舆论研究——以上海踩踏事件的微博舆论为例》，《新媒体研究》2017 年第 17 期，第 5 ~ 6 页。
[722] 张奥、陈世鑫：《浅析微博传播对大众文明的负面影响》，《新闻研究导刊》2017 年第 17 期，第 94 页。

[723] 孙美艳、吴文瀚：《新浪微博娱乐新闻现状分析》，《新闻研究导刊》2017 年第 17 期，第 85 页。

[724] 万莹：《利他理论视角下的社交媒体用户传播行为分析——以微博、微信用户为例》，《新闻研究导刊》2017 年第 17 期，第 54 ~ 56 页。

[725] 马艳：《从传播学角度看“蓝 V”们的崛起》，《西部广播电视》2017 年第 17 期，第 53 ~ 54 页。

[726] 王兆军：《“微博时代”职业记者面临的挑战及对策解析》，《西部广播电视》2017 年第 17 期，第 157 ~ 158 页。

[727] 李亚男：《微博自澄清功能对于网络谣言作用的几种途径及其功能特点》，《智库时代》2017 年第 17 期，第 182 ~ 183 页。

[728] 赵作为：《新媒体舆情的生成与传播——基于微博、微信舆论场的比较分析》，《新媒体研究》2017 年第 17 期，第 16 ~ 17 页。

[729] 宋莹蕊：《微博“挂人”现象的理性思考》，《新媒体研究》2017 年第 17 期，第 68 ~ 70 页。

[730] 李玉卿、蒋敏：《高校新闻宣传中微博和微信的实践》，《新闻研究导刊》2017 年第 17 期，第 275 页。

[731] 蒋明：《省级党报微博的传播效果与策略分析》，《新闻研究导刊》2017 年第 17 期，第 145、147 页。

[732] 皮海兵：《政务微博和政务微信的联动探究》，《青年记者》2017 年第 32 期，第 90 ~ 91 页。

[733] 肖燕怜、陈晓雨：《政务微博增强传播功效的思考》，《青年记者》2017 年第 17 期，第 81 ~ 82 页。

第 18 期

[734] 贾金利：《“政务双微”使用与满足实证分析》，《新媒体研究》2017 年第 18 期，第 27 ~ 31 页。

[735] 张淑华、杨吉儿、王红、苗彩霞：《新媒体环境下“正能量”议程设置研究——以北京永安里车祸事件为例》，《新媒体研究》2017 年第 18 期，第 1 ~ 2 页。

[736] 刘上祺：《群体性事件情境下微博信息传播特点和应对措施》，《新媒体研究》2017 年第 18 期，第 5 ~ 6 页。

[737] 宋欣怡、丛红艳：《微博、微信平台社交文化差异研究》，《新媒体研究》2017 年第 18 期，第 86 ~ 87 页。

[738] 贾宝莹：《微博、微信环境下高校思想政治教育研究》，《求知导刊》2017 年第 18 期，第 15 页。

[739] 徐雯靓：《新媒体语境：新闻独立性和舆论导向——以“林丹微博讨薪事件”为例》，《新闻研究导刊》2017 年第 18 期，第 129 页。

[740] 王琴琴、刘娅：《浅析新新媒介在体育广告中的运用——以马拉松赛广告为例》，《新闻研究导刊》2017 年第 18 期，第 72 ~ 73 页。

[741] 张艳：《新媒体语境下国内企业微博公关营销新模式探索》，《新闻研究导刊》2017

年第 18 期，第 78 页。

[742] 周艳：《网络新闻娱乐化现象探析——浅析各媒体官方微博新闻娱乐化的真实性》，《新闻研究导刊》2017 年第 18 期，第 270～271 页。

第 19 期

[743] 刘鑫鑫：《借助微博拓展大学生思想政治教育》，《文教资料》2017 年第 19 期，第 166～167 页。

[744] 龙玉琴、李德团：《UGC 模式下品牌官方微博的互动营销》，《新媒体研究》2017 年第 19 期，第 59～61 页。

[745] 邢文明、杨玲、陈继丽：《中美高校图书馆微博应用比较研究——基于新浪微博和推特的分析》，《图书情报工作》2017 年第 19 期，第 74～79 页。

[746] 胡锦博：《从社会学视角分析新浪微博的社交功能》，《西部广播电视》2017 年第 19 期，第 14～15 页。

[747] 常艺馨：《微博传播中舆论监督与司法的关系探究——从“于欢事件”入手》，《新闻研究导刊》2017 年第 19 期，第 130 页。

[748] 张申旭、黄震华：《基于多特征的微博热点主题发现算法的研究》，《现代计算机》（专业版）2017 年第 19 期，第 3～7 页。

[749] 邓秋黄：《浅谈新媒体环境下的传媒新格局——以新浪微博为例》，《新闻研究导刊》2017 年第 19 期，第 129 页。

[750] 唐文茜：《我国政务微信与政务微博的比较研究》，《戏剧之家》2017 年第 19 期，第 233 页。

[751] 刘杨：《微博侵权行为中抄袭问题研究》，《新媒体研究》2017 年第 20 期，第 83～84、103 页。

[752] 汪岳新：《微博与微信在突发事件中的传播特征比较研究——以“山东非法经营疫苗事件”为例》，《新媒体研究》2017 年第 19 期，第 19～21 页。

[753] 杨萍萍：《微时代档案泄密问题防范探析》，《办公室业务》2017 年第 19 期，第 7 页。

第 20 期

[754] 朱春阳：《微博：新媒体时代的政务轻骑兵》，《当代贵州》2017 年第 20 期，第 63 页。

[755] 陈晓静：《微博著作权侵权行为的认定》，《法制博览》2017 年第 20 期，第 98～99 页。

[756] 侯佳青：《微博著作权保护问题探究》，《法制与社会》2017 年第 20 期，第 73～75 页。

[757] 沈巧月、曾军梅：《新浪微博中的信息表象解析》，《西部广播电视》2017 年第 20 期，第 21～22 页。

[758] 詹启智、李敏：《论微博环境下的著作权保护》，《河南科技》2017 年第 20 期，第 8～12 页。

[759] 窦一鸣：《日本对华公共外交策略探究——以日本驻华大使馆微博公众平台为例》，

《新闻研究导刊》2017 年第 20 期，第 117 ~ 118 页。

[760] 李菁：《微博兴起时代下大学生思想政治教育面临的挑战及应对措施探究》，《农村经济与科技》2017 年第 20 期，第 198 ~ 199 页。

[761] 邓若蕾、颜亚琛、黄司璇：《政务新媒体发展现状及对策探析》，《西部广播电视》2017 年第 20 期，第 77 ~ 78 页。

[762] 梁小建、章怡婷：《新闻期刊社交化传播效果研究》，《中国出版》2017 年第 20 期，第 45 ~ 48 页。

[763] 张丽珍：《SNS 社区对受众的信息选择的反向推力——以新浪微博为例》，《新闻研究导刊》2017 年第 20 期，第 98 页。

[764] 洪宇：《草根微博营销号的传播模式模型研究》，《新闻研究导刊》2017 年第 20 期，第 149 页。

[765] 连昕萌：《微博救助性报道的话语呈现研究——基于多模态话语分析的方法》，《新闻研究导刊》2017 年第 20 期，第 126 ~ 127 页。

[766] 杨毅：《传统媒体在新媒体平台的传播效果研究——以微博、微信为例》，《新媒体研究》2017 年第 20 期，第 97 ~ 98 页。

[767] 杨国平：《微信、微博对当代大学生的影响刍议》，《新闻研究导刊》2017 年第 20 期，第 30 ~ 31 页。

[768] 冯冰清：《微博中诱发群体极化现象的心理因素》，《西部广播电视》2017 年第 20 期，第 46 ~ 47 页。

第 21 期

[769] 陆亦心：《军事新闻传播中新媒体的重要作用探析——以微博为例》，《新媒体研究》2017 年第 21 期，第 113 ~ 114 页。

[770] 周世妍：《新浪微博用户及其微博特征分析》，《新媒体研究》2017 年第 21 期，第 8 ~ 9 页。

[771] 崔芳萦：《微博用户关于〈人民的名义〉的意见表达》，《新媒体研究》2017 年第 21 期，第 98 ~ 100 页。

[772] 顾烨烨：《浅析“你好，明天”微博评论的特征》，《科技传播》2017 年第 21 期，第 98 ~ 99 页。

[773] 王维燕：《利用微博文化提高大学生思想政治教育管理水平的策略》，《经贸实践》2017 年第 21 期，第 188 页。

[774] 刘思庆：《成都市政府微博运用与政府形象塑造》，《新闻传播》2017 年第 21 期，第 44 ~ 45、47 页。

[775] 黄妍：《全媒体环境下中国之声的新闻宣传》，《西部广播电视》2017 年第 21 期，第 55 ~ 56 页。

[776] 都林、许振晓：《从“@ 杭州发布”看政府公共信息服务能力提升》，《浙江经济》2017 年第 21 期，第 51 页。

[777] 侯学标：《高校官方微博和微信公众平台功能协同机制研究》，《现代交际》（学术版）2017 年第 21 期，第 133 页。

[778] 胡锦博：《新浪微博发展策略分析》，《新闻研究导刊》2017年第21期，第48页。
[779] 姜婷婷：《基于引爆点理论的MINI微博营销个案分析》，《新闻研究导刊》2017年第21期，第272~273页。
[780] 都林、许振晓：《从"@杭州发布"看政府公共信息服务能力提升》，《浙江经济》2017年第21期，第51页。

第22期

[781] 陶新、韩有业：《和谐与撕裂：从差序格局到自我中心网络——微信朋友圈与微博使用生态考察》，《出版广角》2017年第22期，第77~79页。
[782] 李康安：《基于微博时代下的社会网络舆情传播研究》，《科技传播》2017年第22期，第149~150页。
[783] 姚鲲鹏、赵芸：《突发事件中官微的舆论引导策略研究》，《西部广播电视》2017年第22期，第27~28+31页。
[784] 裴学文：《以微博为载体开展大学生思想政治教育的初探》，《现代经济信息》2017年第22期，第435页。
[785] 苏洁：《后真相时代情感与理性作用于网络舆论的特征探析——以"女大学生坠亡案"在微博上的传播为例》，《新闻研究导刊》2017年第22期，第108页。
[786] 张砥：《军队官方微媒体建设探析——以国防部"海军节"负面舆情应对为例》，《新闻研究导刊》2017年第22期，第117页。

第23期

[787] 常艺馨：《微博传播中舆论监督作用的现状与发展——基于"于欢"事件的研究》，《新闻传播》2017年第23期，第54~56页。
[788] 郝威：《微博在垂直领域的品牌传播价值》，《新媒体研究》2017年第23期，第33~35页。
[789] 熊卉：《"微博问答"的特点与优势探究》，《新媒体研究》2017年第23期，第44~47页。
[790] 云薇、侯威：《微博、微信在电视新闻传播中的运用》，《西部广播电视》2017年第23期，第36页。
[791] 赵建华：《浅析我国政务微博参与公共管理的作用及其策略实施》，《改革与开放》2017年第23期，第9~10页。

第24~41期

[792] 薛苗：《公共气象服务中微博的运用分析》，《科技风》2017年第24期，第76页。
[793] 张福银：《报纸与微博：网络时代下的融合传播探析》，《新媒体研究》2017年第24期，第52~54页。
[794] 邱抒芹：《微信、微博在地市广播电视台中的巧妙应用》，《新媒体研究》2017年第24期，第24~25页。
[795] 白紫冉：《社交媒体形塑精致利己主义者的潜在可能性分析》，《新媒体研究》2017

年第 24 期，第 82 ~ 83 页。
[796] 陈然：《政务新媒体舆情回应效果及优化策略》，《青年记者》2017 年第 24 期，第 95 ~ 96 页。
[797] 赖月华、刘依健、叶宽：《武汉大学双微联动运营策略研究》，《科技传播》2017 年第 24 期，第 151 ~ 153 页。
[798] 朱和立：《山东高校图书馆微服务现状研究分析》，《科技传播》2017 年第 24 期，第 138 ~ 140 页。
[799] 朱春阳：《政务微博还是政务微信?》，《当代贵州》2017 年第 24 期，第 63 页。
[800] 徐慧：《微博在高校思想政治教育中的作用及功能实现》，《科技经济导刊》2017 年第 24 期，第 169 页。
[801] 朱小妮：《地方“双微”政务传播体系的构建——基于辽宁省五个主要职能领域的观察》，《传媒》2017 年第 24 期，第 58 ~ 62 页。
[802] 崔广博：《微博在高校思想政治教育工作中的应用研究》，《教育现代化》2017 年第 25 期，第 128 ~ 129 页。
[803] 朱婷佳：《我国政务微博管理的现状及发展对策》，《劳动保障世界》2017 年第 25 期，第 56 ~ 57 页。
[804] 郭怡雷、刘冰：《突发事件中政务微博的舆论引导策略》，《青年记者》2017 年第 26 期，第 30 ~ 31 页。
[805] 高姗、刘英侠：《基于微博平台建设大学生网络党建模式创新的思考》，《中国市场》2017 年第 28 期，第 91 ~ 92 页。
[806] 石小月：《政务微博的人格化传播方式——以@共青团中央为例》，《青年记者》2017 年第 29 期，第 82 ~ 83 页。
[807] 韩晓妮：《山西微博舆情安全中意见领袖的现状研究》，《时代金融》2017 年第 30 期，第 279、285 页。
[808] 何淼、王秋菊：《基于大数据的微博舆情研判指标体系研究》，《青年记者》2017 年第 30 期，第 50 ~ 51 页。
[809] 刘茜：《微博舆情对社会事件的影响——以四川茂县山体垮塌为例》，《电脑知识与技术》2017 年第 30 期，第 44 ~ 45 页。
[810] 韩雪：《浅析微博辅助中韩（韩中）翻译教学的实际应用》，《文教资料》2017 年第 30 期，第 220 ~ 221 页。
[811] 朱海兵：《基于“移动互联网 + 政务”模式的探析》，《管理观察》2017 年第 31 期，第 71 ~ 72 页。
[812] 杨晓春、丁一：《基于新浪微博的地震谣言传播特点分析》，《科技资讯》2017 年第 33 期，第 237 页。
[813] 袁小量、李冰倩：《食品药品安全事件网络舆情预警策略研究》，《中国市场》2017 年第 34 期，第 87 ~ 88 页。
[814] 张若冉：《高校图书馆微博服务现状研究——与高校官方微博对比分析》，《江苏科技信息》2017 年第 34 期，第 17 ~ 21 页。
[815] 徐明明、宋巍：《新媒体环境下中国女足的媒介形象——以中国女足相关官方微博和

队员微博为例》，《青年记者》2017 年第 35 期，第 83 ~ 84 页。

［816］闫红莹：《政务微博传播现状及策略——基于河南省政务微博的实证分析》，《青年记者》2017 年第 35 期，第 88 ~ 89 页。

［817］闫晓美：《基于地震突发事件的政务微博信息发布研究》，《山西建筑》2017 年第 35 期，第 32 ~ 33 页。

［818］毕尧：《浅析微博著作权侵权与保护》，《法制与社会》2017 年第 36 期，第 207 ~ 208 页。

［819］姜超凡：《微博在高校思想政治教育工作中的运用探析》，《教育教学论坛》2017 年第 41 期，第 1 ~ 2 页。

2018年①

第 1 期

［1］丁利：《基于需求导向的旅游政务微博公共信息服务质量优化研究——以山东旅游政务微博为例》，《现代情报》2018 年第 1 期，第 100 ~ 107 页。

［2］史安斌：《社交媒体时代全球传播的理想模式探究——基于联合国“微传播”的个案分析》，《武汉大学学报》（哲学社会科学版）2018 年第 1 期，第 67 ~ 76 页。

［3］王云庆、彭鑫：《档案馆微博服务现状调查与内容发布建议》，《中国档案研究》2018 年第 1 期，第 165 ~ 179 页。

［4］杨瑞萍、佘蔓：《优化微博在高校隐性思想政治教育中的作用》，《北京财贸职业学院学报》2018 年第 1 期，第 62 ~ 68、57 页。

［5］焦新平、敖锋：《基于语料库的军事微博话语研究——以“@军报记者”为例》，《外语研究》2018 年第 1 期，第 8 ~ 12、74 页。

［6］崔金栋、郑鹊、孙硕：《微博信息传播模型及其演化研究综述》，《图书馆论坛》2018 年第 1 期，第 68 ~ 77 页。

［7］侯迎忠、陈晖：《政务新媒体构建城市形象策略研究——以广州三家政务“双微”平台为例》，《新媒体与社会》2018 年第 1 期，第 23 ~ 36 页。

［8］陈娟、刘燕平、邓胜利：《政务微博辟谣信息传播效果的影响因素研究》，《情报科学》2018 年第 1 期，第 91 ~ 95、117 页。

［9］彭雅洁：《音乐微博的“微传播”特征解析》，《传媒》2018 年第 1 期，第 47 ~ 49 页。

［10］李斯：《公共图书馆转型背景下的噪音问题——基于微博的调查》，《图书馆论坛》2018 年第 1 期，第 100 ~ 106 页。

［11］李纲、徐伟、王馨平：《基于事件要素的组合模型微博热点事件摘要提取》，《图书情报工作》2018 年第 1 期，第 96 ~ 105 页。

［12］吴喜兰：《新媒体时代“90 后”大学生思政教育的分析和探索》，《湖北函授大学学报》2018 年第 1 期，第 65 ~ 66 页。

① 数据截至2018年10月。

[13] 牟卫平：《新媒体格局下网络媒体的变革》，《中国地市报人》2018 年第 1 期，第 26 ~ 27 页。

[14] 陈历：《新媒体、新载体——微博与思想政治教育方式创新》，《锦州医科大学学报》（社会科学版）2018 年第 1 期，第 106 ~ 108 页。

[15] 邱静、李琳、郑云佩：《微博用户性别分类方法研究》，《辽宁工业大学学报》（自然科学版）2018 年第 1 期，第 13 ~ 18 页。

[16] 杨露露：《人民日报微博短评的话语分析》，《新闻世界》2018 年第 1 期，第 45 ~ 48 页。

[17] 张湉婷、郭恺迪、万幼：《面向新浪微博文本的情感度判断及其探索性空间分析》，《测绘地理信息》2018 年第 1 期，第 123 ~ 126 页。

[18] 覃凡：《大学出版社"两微一端"平台运营现状调查分析》，《出版科学》2018 年第 1 期，第 76 ~ 81 页。

[19] 常健、余建川：《微博维权行为的实证分析与法律引导——以 110 个典型案例为中心》，《华中师范大学学报》（人文社会科学版）2018 年第 1 期，第 150 ~ 162 页。

[20] 陈晨：《边检微博应用研究》，《武警学院学报》2018 年第 1 期，第 11 ~ 14 页。

[21] 薛玮：《政务微博不当言论舆情问题探析》，《安阳工学院学报》2018 年第 1 期，第 31 ~ 33 页。

[22] 李倩倩、姜景、李瑛、刘怡君：《我国政务微博转发规模分类预测》，《情报杂志》2018 年第 1 期，第 95 ~ 99 页。

[23] 高晶：《微博：网络空间社交媒体》，《今传媒》2018 年第 1 期，第 11 ~ 13 页。

[24] 林丹、刘建明、谷志瑜：《一种基于关键词的微博话题聚类算法》，《计算机应用与软件》2018 年第 1 期，第 264 ~ 268 页。

[25] 田玮、朱廷劭：《基于深度学习的微博用户自杀风险预测》，《中国科学院大学学报》2018 年第 1 期，第 131 ~ 136 页。

[26] 吴谦、曹金璇：《基于信息形式的微博舆情传播模型研究》，《通信技术》2018 年第 1 期，第 139 ~ 144 页。

[27] 文展、庞建、刘捷、张力：《微博的高校舆情监控系统设计》，《无线互联科技》2018 年第 1 期，第 65 ~ 66 页。

[28] 杨胜男：《微博问政与网络公共关系》，《科技传播》2018 年第 1 期，第 86 ~ 87 页。

[29] 曾金、陆伟、陈海华、贺国秀：《基于多模数据的微博用户兴趣识别研究》，《情报科学》2018 年第 1 期，第 124 ~ 129 页。

[30] 蔡瑶、吴鹏、王佳敏、张晶晶：《基于 ACT-R 理论模型的微博网民负面情感认知决策过程研究》，《情报科学》2018 年第 1 期，第 135 ~ 140 页。

[31] 杨坤：《微博视阈下大学生思想政治教育的研究》，《经济师》2018 年第 1 期，第 209 ~ 210 页。

[32] 秦春阳：《高校图书馆部门微博运营实践与思考——基于河南大学图书馆流通部微博分析》，《图书馆研究》2018 年第 1 期，第 14 ~ 18 页。

[33] 杨申正：《探究我国政府微博在社会中的语言力量》，《视听》2018 年第 1 期，第 107 ~ 108 页。

[34] 王晗啸、蔡培：《微博谣言传播网络研究》，《图书情报研究》2018 年第 1 期，第 37 ~ 42、49 页。
[35] 薛萍：《博物馆微博发展策略研究》，《文物世界》2018 年第 1 期，第 78 ~ 80 页。
[36] 赵燕慧、路紫、张秋娈：《多类型微博舆情时空分布关系的差异性及其地理规则》，《人文地理》2018 年第 1 期，第 61 ~ 69 页。
[37] 侯微、韩森：《高校博客思政教育“符号化”向“生活化”的回归》，《高校辅导员学刊》2018 年第 1 期，第 53 ~ 56 页。
[38] 韩广云：《浅谈我国的微博舆论》，《西部广播电视》2018 年第 1 期，第 20 ~ 22 页。
[39] 杨瑞萍、佘蔓：《优化微博在高校隐性思想政治教育中的作用》，《北京财贸职业学院学报》2018 年第 1 期，第 62 ~ 68 页。
[40] 谢修娟、李香菊、莫凌飞：《基于改进 K-means 算法的微博舆情分析研究》，《计算机工程与科学》2018 年第 1 期，第 155 ~ 158 页。
[41] 林丹、刘建明、谷志瑜：《一种基于关键词的微博话题聚类算法》，《计算机应用与软件》2018 年第 1 期，第 264 ~ 268 页。
[42] 王海萍：《基于情感分析的微博舆情监管系统设计与实现》，《广播与电视技术》2018 年第 1 期，第 109 ~ 111 页。
[43] 李伟、贾彩燕：《基于词共现网络的微博话题发现方法》，《数据采集与处理》2018 年第 1 期，第 186 ~ 194 页。
[44] 文展、庞建、刘捷、张力：《微博的高校舆情监控系统设计》，《无线互联科技》2018 年第 1 期，第 65 ~ 66 页。
[45] 张彬馨、王新猛：《基于微博的涉警舆情引导策略研究》，《管理观察》2018 年第 1 期，第 52 ~ 53 页。
[46] 武仲元：《传统新闻媒体微博影响力的评价模型——基于主成分分析的实证研究》，《科技传播》2018 年第 1 期，第 146 ~ 147 页。
[47] 季俊赟、何伟航、陈嘉皓：《基于 iOS 平台的微博客户端的设计与实现》，《电脑迷》2018 年第 1 期，第 70 页。
[48] 杨萍：《浅析微博新闻传播的优点与缺点》，《新闻传播》2018 年第 1 期，第 53 ~ 54 页。
[49] 李刚、黄永峰：《一种面向微博文本的命名实体识别方法》，《电子技术应用》2018 年第 1 期，第 118 ~ 120、124 页。
[50] 刘春阳：《微博网络营销对国际贸易的影响及对策》，《现代经济信息》2018 年第 1 期，第 136 页。
[51] 李斯：《公共图书馆转型背景下的噪音问题——基于微博的调查》，《图书馆论坛》2018 年第 1 期，第 100 ~ 106 页。
[52] 王红：《湖北省高校图书馆微博与微信服务现状的对比分析》，《图书馆研究》2018 年第 1 期，第 79 ~ 84 页。
[53] 张甲田、韩童：《微博舆论传播的生态治理路径研究》，《开封教育学院学报》2018 年第 1 期，第 268 ~ 269 页。
[54] 翟琨：《新媒介生态环境下微博舆情引导分析》，《东南传播》2018 年第 1 期，第 92 ~

95 页。

[55] 陈颖：《关于腾讯、微博、今日头条程序化广告投放平台的对比研究》，《广告大观》（理论版）2018 年第 1 期，第 32 ~ 48 页。

[56] 陈茵：《浅谈微博在博物馆宣教工作中的应用——以上海鲁迅纪念馆为例》，《上海鲁迅研究》，2018 年第 1 期，第 304 ~ 312 页。

[57] 周立卓：《微文化时代下高校辅导员职业能力发展研究——基于青年学生微博、微信使用行为调查》，《河南工程学院学报》（社会科学版）2018 年第 1 期，第 89 ~ 93 页。

[58] 胡雨薇：《微博著作权的侵权判定与保护》，《品牌研究》2018 年第 1 期，第 19、21 页。

第 2 期

[59] 姜飞、侯锷：《政务微博中传播权力和传播信用的博弈》，《现代传播》（中国传媒大学学报）2018 年第 2 期，第 136 ~ 139 + 146 页。

[60] 刘雨轩、钟美玲、向凌潇、唐勇：《基于 h 指数的旅游部门官微影响力评价及指标相关性研究——以四川省为例》，《四川旅游学院学报》2018 年第 2 期，第 58 ~ 62 页。

[61] 徐睿涵：《自媒体公信力建构研究——以微博平台为例》，《科技传播》2018 年第 2 期，第 87 ~ 88、112 页。

[62] 周诺荞：《微博的媒介价值探析》，《湘南学院学报》2018 年第 2 期，第 110 ~ 113 页。

[63] 李爱军、常彤：《微博热度研究现状及未来发展方向》，《山西科技》2018 年第 2 期，第 8 ~ 11 页。

[64] 宋雨：《新媒体视域下高校学生党员教育培养研究》，《戏剧之家》2018 年第 2 期，第 140 页。

[65] 张超越、张晨晓、乐鹏：《基于微博热门话题的扩散特征研究》，《测绘地理信息》2018 年第 2 期，第 115 ~ 118 页。

[66] 赫熙煦、陈雷霆、张民、孙青云：《基于动态认知的微博用户行为关系网络构建方法》，《电子科技大学学报》2018 年第 2 期，第 262 ~ 266 页。

[67] 姚原、孙海英：《无“微”不至的图书馆微服务》，《经济师》2018 年第 2 期，第 241 ~ 242 页。

[68] 李梦：《微博 + 互联网背景下乡村旅游信息传播模式探究》，《度假旅游》2018 年第 2 期，第 147 ~ 150 页。

[69] 杨波：《旅游企业进行微博营销的现状与对策分析》，《度假旅游》2018 年第 2 期，第 63 ~ 65 页。

[70] 刘子潇：《微博建构公共领域的实践困境》，《传媒》2018 年第 2 期，第 94 ~ 96 页。

[71] 邢长远：《媒介生态视角下微博舆论的形成、演变与引导》，《传媒》2018 年第 3 期，第 76 ~ 77 页。

[72] 张晶晶：《新媒体语境下孝观念的当代呈现与话语建构——基于微博数据的 NVivo 分析》，《南京师大学报》（社会科学版）2018 年第 2 期，第 15 ~ 23 页。

[73] 杨璐伊、汪祖柱：《政务微博的危机信息交互效果研究》，《大学图书情报学刊》2018 年第 2 期，第 118 ~ 125 页。

[74] 吕晓萍、高雪丽、刘超男、于志强、高畅、白玉、郑世民、高利：《微博、微信在“兽医病理生理学”实验教学中的辅助作用》，《黑龙江畜牧兽医》2018 年第 2 期，第 228 ~ 229 页。

[75] 王征：《微博著作权及保护》，《当代经济》2018 年第 2 期，第 114 ~ 115 页。

[76] 李公启、费洪新、冷晓宁、赵坤、张宁、张晓杰：《微博在病理学实验教学中的应用》，《卫生职业教育》2018 年第 2 期，第 69 ~ 70 页。

[77] 赵晓蕾、陈贵斌、朱廷劭、汪昕宇、陈雄鹰、刘天俐：《从网络大数据视角探寻失独群体的社会服务需求——基于新浪微博数据的分析研究》，《劳动保障世界》2018 年第 2 期，第 42 ~ 45 页。

[78] 魏萌、张博：《新浪微博“网红”的微博内容特征及传播效果研究》，《情报科学》2018 年第 2 期，第 88 ~ 94 页。

[79] 黎星佩：《浅析〈博物〉杂志新浪微博传播策略》，《今传媒》2018 年第 2 期，第 126 ~ 128 页。

[80] 徐睿涵：《自媒体公信力建构研究——以微博平台为例》，《科技传播》2018 年第 2 期，第 87 ~ 88、112 页。

[81] 肖健：《自媒体时代记者微博的社会责任意识分析》，《记者摇篮》2018 年第 2 期，第 40 ~ 41 页。

[82] 张博：《电视主持人使用微博的影响与要求》，《记者摇篮》2018 年第 2 期，第 37 ~ 38 页。

[83] 刘子潇：《微博建构公共领域的实践困境》，《传媒》2018 年第 2 期，第 94 ~ 96 页。

[84] 秦晨：《微博在高校思想政治教育中的应用研究》，《西部素质教育》2018 年第 2 期，第 49 ~ 50 页。

[85] 王雪婷：《对微博意见领袖的分析》，《新闻传播》2018 年第 2 期，第 42 ~ 43 页。

[86] 段大高、盖新新、韩忠明、刘冰心：《基于梯度提升决策树的微博虚假消息检测》，《计算机应用》2018 年第 2 期，第 410 ~ 414、420 页。

[87] 孟颖、高军：《新媒体环境下微博在文化传播中的作用》，《科技创新与生产力》2018 年第 2 期，第 11 ~ 13 页。

[88] 高芳杰：《高校官方微博的运营策略分析》，《枣庄学院学报》2018 年第 2 期，第 117 ~ 125、109 页。

[89] 闫萍：《微博与传统媒体新闻生产互动关系的探讨》，《新闻传播》2018 年第 2 期，第 119 ~ 120 页。

[90] 姜涛、白黎：《提升政府公信力：政务微博发展及存在问题探析》，《时代经贸》2018 年第 2 期，第 64 ~ 65 页。

[91] 肖健：《自媒体时代记者微博的社会责任意识分析》，《记者摇篮》2018 年第 2 期，第 40 ~ 41 页。

[92] 李艳梅、陈然：《政务微博发展中的问题与影响力提升——以湖北省政务微博的发展为例》，《今传媒》2018 年第 2 期，第 15 ~ 16 页。

[93] 王嵘冰、安维凯、冯勇、徐红艳：《基于标签和 PageRank 的重要微博用户推荐算法》，《计算机科学》2018 年第 2 期，第 276 ~ 279 页。

[94] 李继东、王移芝：《基于扩展词典与语义规则的中文微博情感分析》，《计算机与现代化》2018 年第 2 期，第 89 ~ 95 页。

[95] 李少华、李卫疆、余正涛：《基于 GV-LDA 的微博话题检测研究》，《软件导刊》2018 年第 2 期，第 131 ~ 135 页。

[96] 张仰森、郑佳、黄改娟、蒋玉茹：《基于双重注意力模型的微博情感分析方法》，《清华大学学报》（自然科学版）2018 年第 2 期，第 122 ~ 130 页。

[97] 杨爽：《微博中明星的"人设"话语生产与主体构建——福柯"规训思想"阐释下的自由假象》，《新闻知识》2018 年第 2 期，第 78 ~ 81 页。

[98] 张福旺：《微媒体时代高校思想政治教育工作的探索》，《南通职业大学学报》2018 年第 2 期，第 55 ~ 57 页。

[99] 张绍武、刘华丽、杨亮、邵华、林鸿飞：《基于图排序模型的微博观点信息识别》，《计算机科学与探索》2018 年第 2 期，第 292 ~ 299 页。

第 3 期

[100] 蔡瑶、吴鹏、沈思：《突发事件中网民负面情感研究综述》，《信息资源管理学报》2018 年第 3 期，第 73 ~ 80 页。

[101] 张晓娟、李沐妍：《政务社交媒体文件的管理模式研究》，《信息资源管理学报》2018 年第 3 期，第 45 ~ 53 页。

[102] 吴先华、肖杨、王国复、马廷淮、吉中会：《基于微博大数据的城市内涝灾害的灾情及公众情绪研究——以南京市为例》，《灾害学》2018 年第 3 期，第 117 ~ 122 页。

[103] 魏浩、韩聪：《大数据时代社交媒体涉警舆情应对研究》，《山西警察学院学报》2018 年第 3 期，第 38 ~ 42 页。

[104] 赵紫玉：《微博在主导意识形态建设中的特点与对策研究》，《中共杭州市委党校学报》2018 年第 3 期，第 90 ~ 96 页。

[105] 学峰：《基于微博的地震信息推送软件应用》，《内蒙古科技与经济》2018 年第 3 期，第 78 ~ 79、81 页。

[106] 贾超然：《浅析"沉默的螺旋"理论在微博平台的适用性》，《新闻传播》2018 年第 3 期，第 18 ~ 20、23 页。

[107] 单依雯：《公共治理视域下新媒体对公共突发事件的报道研究》，《武汉交通职业学院学报》2018 年第 3 期，第 75 ~ 80 页。

[108] 杜春凤、杜晴、朱庆华、孙霄凌：《社交媒体平台信息搜索系统的可用性研究——以新浪微博搜索为例》，《图书情报研究》2018 年第 3 期，第 64 ~ 71 页。

[109] 沈淑花：《顺应理论视域下社会化媒体的语言选择——基于微博的语料分析》，《出版广角》2018 年第 3 期，第 71 ~ 73 页。

[110] 苟洪景、陈爱梅：《微博语境下公众参与公共事务情况的研究——以 2017 年部分热点事件为参照对象》，《东南传播》2018 年第 3 期，第 97 ~ 99 页。

[111] 杨波、胡桂珍：《高校微博意见领袖在校园网络舆论中的引导效能研究》，《山西高等学校社会科学学报》2018 年第 3 期，第 69 ~ 72 页。

[112] 陈艳宁：《论微博在公共气象服务中的应用》，《传播与版权》2018 年第 3 期，第

116～118页。
[113] 雷桢：《浅析“微博直播”中社交媒体的网络社群建构》，《今传媒》2018年第3期，第28～30页。
[114] 黄楚新、刁金星：《我国微博发展的现状、问题与趋势》，《中国记者》2018年第3期，第50～54页。
[115] 蔡定洲：《浅析微博营销的作用及价值》，《现代营销》（下旬刊）2018年第3期，第43页。
[116] 王欣悦：《微博在企业危机公关中的重要性及策略》，《新闻世界》2018年第3期，第37～39页。
[117] 林燕霞、谢湘生：《基于社会认同理论的微博群体用户画像》，《情报理论与实践》2018年第3期，第142～148页。
[118] 王翠萍、戚阿阳：《微博用户学术信息交流行为调查》，《图书馆论坛》2018年第3期，第125～132页。
[119] 王林森、王学义：《微博内向型传导热点发现与预测算法研究》，《图书情报工作》2018年第3期，第71～77页。
[120] 谢发振、高嘉秀：《政府官微也可以成为“大牌”——以“中国平潭”微博为例》，《中国地市报人》2018年第3期，第31～32页。
[121] 葛莹莹：《公众议程设置下的网络暴力——以陕西产妇坠楼事件为例》，《新媒体研究》2018年第3期，第21～22页。
[122] 李劭强、刘晓来、饶雷：《互联网思维下媒体官方微博的角色定位》，《中国广播》2018年第3期，第62～66页。
[123] 汤景泰、王楠：《自媒体场域中健康风险的传播及治理》，《中国出版》2018年第3期，第36～41页。
[124] 姜涛、白黎：《提升政府公信力：政务微博建设策略》，《时代经贸》2018年第3期，第81～83页。
[125] 杨长春、王睿：《基于H指数的政务微博影响力研究》，《现代情报》2018年第3期，第110～115页。
[126] 丁晟春、王楠、吴靓婵媛：《基于关键词共现和社区发现的微博热点主题识别研究》，《现代情报》2018年第3期，第10～18页。
[127] 李先知：《耦合视角下网络秩序治理路径——基于微博日常网络行动的探讨》，《学理论》2018年第3期，第187～189页。
[128] 邓蓉敬：《基于用户需求的高校图书馆微博深层次服务策略研究》，《农业图书情报学刊》2018年第3期，第178～181页。
[129] 盛宇、李红：《基于微博的知识创新过程实证研究——以新浪微博为例》，《现代情报》2018年第3期，第92～98页。
[130] 周瑛、刘越、蔡俊：《基于注意力机制的微博情感分析》，《情报理论与实践》2018年第3期，第89～94页。
[131] 林燕霞、谢湘生：《基于社会认同理论的微博群体用户画像》，《情报理论与实践》2018年第3期，第142～148页。
[132] 王婷、何炳华：《基于微博的高中地理自主探究式学习研究》，《求知导刊》2018年

第 3 期，第 118 页。

[133] 席运江、赵燕、廖晓、刘晚军：《基于 LDA 的企业微博主题传播超网络建模及分析方法》，《管理学报》2018 年第 3 期，第 434～441 页。

[134] 房敬敬：《浅析自媒体时代微信微博对视频节目的传播》，《中国有线电视》2018 年第 3 期，第 299～301 页。

[135] 白静、李霏、姬东鸿：《基于注意力的 BiLSTM-CNN 中文微博立场检测模型》，《计算机应用与软件》2018 年第 3 期，第 266～274 页。

[136] 张鹏：《基于图书馆内微博、微信平台绩效评估的思考——以国家图书馆微博、微信统计为例》，《河南图书馆学刊》2018 年第 3 期，第 124～126、129 页。

[137] 张晓飞：《网络背景下的我国政务微博发展问题研究》，《黑河学刊》2018 年第 3 期，第 9～11 页。

[138] 刘文莉：《自媒体时代地方政府应对突发事件网络舆情存在的问题及策略研究》，《焦作大学学报》2018 年第 3 期，第 10～13、23 页。

[139] 高洁：《微博传播机制对易班建设的“镜鉴”》，《锦州医科大学学报》（社会科学版）2018 年第 3 期，第 100～102 页。

[140] 杜春凤、杜晴、朱庆华、孙霄凌：《社交媒体平台信息搜索系统的可用性研究——以新浪微博搜索为例》，《图书情报研究》2018 年第 3 期，第 64～71 页。

[141] 蒋玉莲：《传统杂志如何通过新媒体提升价值——“@博物杂志”微博使用分析》，《新闻知识》2018 年第 3 期，第 80～82 页。

第 4 期

[142] 任景华：《报纸媒体在突发事件中的信息传播与舆论引导——以上海外滩踩踏事件为例》，《运城学院学报》2018 年第 4 期，第 67～70 页。

[143] 秦小琪：《政治微博的双重传播特性及其完善策略》，《渤海大学学报》（哲学社会科学版），2018 年第 4 期，第 41～45 页。

[144] 钱莎莎：《基于 H 指数的新浪政务微博影响力评价研究》，《湖北工程学院学报》2018 年第 4 期，第 81～87 页。

[145] 刘欢、刘金玲、杨凡：《青岛气象官方微博服务的应用与探索》，《陕西气象》2018 年第 4 期，第 39～43 页。

[146] 刘泱育、陈娜：《出版学视阈下政务微博舆论引导的优化逻辑》，《南京晓庄学院学报》2018 年第 4 期，第 75～78 页。

[147] 李佩菊：《连结性行动：邻避事件中社交媒体动员的策略与结构》，《深圳大学学报》（人文社会科学版）2018 年第 4 期，第 140～146 页。

[148] 庄美连：《后真相时代网络舆论形成与铺垫效果研究——基于榆林产妇坠楼事件的分析》，《华南理工大学学报》（社会科学版）2018 年第 4 期，第 95～103 页。

[149] 于洲慧：《档案馆与博物馆微博文化产品比较研究》，《档案管理》，2018 年第 4 期，第 60～62、66 页。

[150] 高雅、董少林：《政务微博的舆情应对策略探讨——以 2016 年马鞍山市水灾为例》，《重庆科技学院学报》（社会科学版）2018 年第 4 期，第 27～29、54 页。

［151］陆嗣文：《公安微博矩阵式运营管理研究》，《辽宁警察学院学报》2018 年第 4 期，第 90 ~96 页。
［152］苏晓慧、张晓东、胡春蕾、邹再超、邱晓康：《基于改进 TF-PDF 算法的地震微博热门主题词提取研究》，《地理与地理信息科学》2018 年第 4 期，第 90 ~95 页。
［153］李硕：《大数据时代地方政府政策制定中的民意表达机制研究——以微博等自媒体工具为例》，《潍坊工程职业学院学报》2018 年第 4 期，第 49 ~52 页。
［154］王永贵、王建龙：《微时代背景下提升社会主义主流文化引领力探析》，《探索》2018 年第 4 期，第 164 ~171、2 页。
［155］王冠宇：《封闭与开放：社交媒体环境下青年群体的网络舆论引导策略探究》，《探索》2018 年第 4 期，第 179 ~186 页。
［156］牟文谦：《微文化对大学生自主发展的消极影响及引导策略》，《江汉大学学报》（社会科学版）2018 年第 4 期，第 110 ~116、129 页。
［157］柴巧霞、张筠浩：《微博空间中环境政策的传播与公众议程分析——基于河长制的大数据分析》，《湖北大学学报》（哲学社会科学版）2018 年第 4 期，第 160 ~165 页。
［158］杨洁、王娜：《微博问政背景下政府回应机制的创新路径研究》，《重庆文理学院学报》（社会科学版）2018 年第 4 期，第 126 ~131 页。
［159］张筱荣：《微时代网络安全机制构建策略论析》，《海南大学学报》（人文社会科学版）2018 年第 4 期，第 109 ~117 页。
［160］谈佳洁、华章、单良涛：《基于微博内容分析的上海乡村旅游形象研究——以召稼楼为例》，《上海城市管理》2018 年第 4 期，第 29 ~35 页。
［161］张永棠、罗海波：《考虑用户－发布者关系的个性化微博搜索模型》，《电子科技大学学报》2018 年第 4 期，第 626 ~632 页。
［162］杨仁凤、陈端兵、谢文波：《微博用户兴趣主题抽取方法》，《电子科技大学学报》2018 年第 4 期，第 633 ~640 页。
［163］袁亮杰：《从印刷到网络：传播重构与对话回归》，《汉江师范学院学报》2018 年第 4 期，第 63 ~67 页。
［164］达妮莎、李建阁：《线下引发线上：非遗微博传播效果的影响因素及实证分析》，《湖南大学学报》（社会科学版）2018 年第 4 期，第 155 ~160 页。
［165］李洁、祝翔：《微博、今日头条、微信的媒介框架差异分析——以对“江歌案”的报道和讨论为例》，《品牌研究》2018 年第 4 期，第 115 ~116 页。
［166］朱晓峰、张卫、张琳：《公平偏好下的微政务信息公开共生模式演进与实证分析》，《情报科学》2018 年第 4 期，第 51 ~56 页。
［167］刘虹、李煜、孙建军：《基于微博微信的高校社交网络信息传播特征与效率对比分析》，《现代情报》2018 年第 4 期，第 3 ~11 页。
［168］王林、潘陈益、朱文静、邓胜利：《机构微博传播力影响因素研究》，《现代情报》2018 年第 4 期，第 35 ~41 页。
［169］李茜茜：《后真相时代：新话语空间下的舆论新生态》，《新闻论坛》2018 年第 4 期，第 80 ~83 页。
［170］马若菲、高萍：《政务微博在公共部门危机管理中的应用研究——基于形象改变理

论》,《阴山学刊》2018 年第 4 期，第 73 ~77 页。

[171] 刘华波：《谈微博时代体育类学生的思想道德教育》，《辽宁师专学报》（社会科学版）2018 年第 4 期，第 81 ~82 页。

[172] 王根生：《基于羊群效应传染动力模型的医患关系网络舆情演变研究》，《南昌大学学报》（人文社会科学版）2018 年第 4 期，第 64 ~69 页。

[173] 师容、张耕源：《新媒体时代公安民警“微警务”能力建设研究》，《公安学刊》（浙江警察学院学报）2018 年第 4 期，第 44 ~49 页。

[174] 侯静文：《公民参与视角下的政务微博创新》，《安庆师范大学学报》（社会科学版）2018 年第 4 期，第 103 ~106 页。

[175] 张欢：《浅议新闻的客观性》，《新闻窗》2018 年第 4 期，第 97 ~98 页。

[176] 刘梦娇：《跨平台传播场域中从众效应的引导与突破》，《新闻窗》2018 年第 4 期，第 17 ~18 页。

[177] 张际：《我国地市级少儿图书馆微博与微信服务现状调查分析》，《四川图书馆学报》2018 年第 4 期，第 69 ~73 页。

[178] 辛妮：《高校图书馆微博的推广应用对大学生阅读的影响及价值观的提升分析》，《人力资源管理》2018 年第 4 期，第 154 ~155 页。

[179] 袁赛男、冯建辉：《微时代理想信念宣传教育的挑战与创新》，《湖北行政学院学报》2018 年第 4 期，第 20 ~23 页。

[180] 史伟：《基于内容分析的微博转发行为研究》，《情报科学》2018 年第 4 期，第 27 ~31 页。

[181] 陈春阳、黄秀玲：《微博舆情的生成机制和传播规律研究》，《情报科学》2018 年第 4 期，第 32 ~37 页。

[182] 曾宇萌、高亭亭、石伟伟：《广州天气微博矩阵的服务效果分析》，《广东气象》，2018 年第 4 期，第 52 ~55 页。

[183] 达妮莎、李建阁：《线下引发线上：非遗微博传播效果的影响因素及实证分析》，《湖南大学学报》（社会科学版）2018 年第 4 期，第 155 ~160 页。

[184] 马若菲、高萍：《政务微博在公共部门危机管理中的应用研究——基于形象改变理论》，《阴山学刊》2018 年第 4 期，第 73 ~77 页。

[185] 王林、朱文静、潘陈益、吴江：《基于 p 指数的微博传播力评价方法及效果探究——以我国 34 省、直辖市旅游政务官方微博为例》，《情报科学》2018 年第 4 期，第38 ~44 页。

[186] 贺香宁、霍佳美、张健君：《试论我国微博著作权保护的相关问题》，《法制博览》2018 年第 4 期，第 174 页。

[187] 刘坤：《传统媒体的微博在危机传播中的“议程设置”作用——以“人民日报微博对九寨沟地震报道”为例》，《西部广播电视》2018 年第 4 期，第 12 页。

[188] 陈俊：《关于微博健康发展的制度保障策略》，《新媒体研究》2018 年第 4 期，第 1 ~2 页。

[189] 杨怀文：《微博高频词语使用实态考察》，《兰州教育学院学报》2018 年第 4 期，第 36 ~37 页。

[190] 郭培伦：《微博传播特性分析及舆情监控策略研究》，《电脑知识与技术》2018 年第 4

期，第 40 ~ 42 页。

[191] 邹蕾：《“杭州保姆纵火案”的微博传播探究》，《新闻研究导刊》2018 年第 4 期，第 71 ~ 72 页。

[192] 孙波、于琨、杨观赐：《融合用户偏好与流行事件分析的微博推荐算法》，《计算机工程与设计》2018 年第 4 期，第 982 ~ 986 页。

[193] 魏德志、陈福集、林丽娜：《基于 MFIHC 聚类和 TOPSIS 的微博热点发现方法》，《计算机应用研究》2018 年第 4 期，第 1014 ~ 1017、1041 页。

[194] 王娟：《微传播时代大学生文化自信的建构维度》，《西南科技大学学报》（哲学社会科学版）2018 年第 4 期，第 85 ~ 89 页。

[195] 宫志刚、乔桐：《重建信任：自媒体视域下警察话语权的重塑》，《中国人民公安大学学报》（社会科学版）2018 年第 4 期，第 75 ~ 80 页。

[196] 董娟娟：《微时代背景下高校思想政治“微教育”路径探析》，《常州信息职业技术学院学报》2018 年第 4 期，第 52 ~ 55 页。

[197] 丁汉青、刘念：《网络舆情中网民的情绪表达——以中关村二小“校园欺凌”事件为例》，《新闻大学》2018 年第 4 期，第 139 ~ 148、156 ~ 157 页。

[198] 刘成晨、刘志鹏：《农民微博举报的成因、内容、困境与出路——基于 M 市的调查》，《海南热带海洋学院学报》2018 年第 4 期，第 74 ~ 81 页。

[199] 曾宇萌、高亭亭、石伟伟：《广州天气微博矩阵的服务效果分析》，《广东气象》2018 年第 4 期，第 52 ~ 55 页。

第 5 期

[200] 罗霞蔚：《“微时代”对当前大学生思想政治教育的影响及对策研究》，《品牌研究》2018 年第 5 期，第 284 ~ 285 页。

[201] 刘小平、田晓颖：《传统媒体与新媒体微博社会网络特征对比分析实证研究》，《图书情报工作》2018 年第 5 期，第 106 ~ 114 页。

[202] 刘小平、田晓颖、肖光杰：《社会网络分析在微博信息传播中的应用研究》，《新媒体研究》2018 年第 5 期，第 25 ~ 26 页。

[203] 青倩芸：《浅析微博如何介入电视综艺节目》，《新闻研究导刊》2018 年第 5 期，第 165 ~ 166 页。

[204] 彭敏：《社会化媒体时代旅游业的发展》，《旅游研究》2018 年第 5 期，第 16 ~ 19 页。

[205] 姚曦、张梅贞：《网络舆论生态系统的评价及优化路径》，《中南民族大学学报》（人文社会科学版）2018 年第 5 期，第 158 ~ 163 页。

[206] 孙佳欢：《烟台“微警务”体系的构建与实现》，《警察技术》2018 年第 5 期，第 30 ~ 32 页。

[207] 刘名森、李航：《“微时代”背景下的大学生思想政治教育》，《华北理工大学学报》（社会科学版）2018 年第 5 期，第 64 ~ 67 页。

[208] 黄楚新、商雅雯：《新时代背景下青年网络社交媒体素养的建构》，《中国青年社会科学》2018 年第 5 期，第 76 ~ 82 页。

[209] 孙昊亮：《媒体融合下新闻作品的著作权保护》，《法学评论》2018 年第 5 期，第

73～83页。

[210] 韦正峥、金笛、黄炳昭、蒋玉丹、邢晶晶、索文宇、王建生：《2018年两会期间生态环保话题舆情分析》，《环境与可持续发展》2018年第5期，第85～90页。

[211] 汪俊、戴伟：《基于5T模型的“网红经济”微博营销策略研究》，《湖北理工学院学报》（人文社会科学版）2018年第5期，第39～43、50页。

[212] 陈思含：《微博名誉侵权问题研究》，《法制博览》2018年第5期，第186页。

[213] 姜壹平：《微博的营销价值及利用策略思考》，《新闻传播》2018年第5期，第85～86页。

[214] 王佳玫：《试论基于“圈子现象”的微博营销传播》，《视听》2018年第5期，第208～209页。

[215] 苏明辉：《基于社会网络分析的东北地区图书馆微博情况研究》，《情报科学》2018年第5期，第99～103页。

[216] 于斯梦：《弥漫的力量——微博之于个人社会化的影响分析》，《新媒体研究》2018年第5期，第141～143页。

[217] 王夫成：《一条虫子引发千万网友围观的启示——以“连云港发布”为例探讨地方政务微博》，《中国地市报人》2018年第5期，第40～41页。

[218] 聂颖童：《发展传播学视域下的政务微博宣传》，《视听》2018年第5期，第172～173页。

[219] 崔辰、李俭：《谈微博如何适应公众心理需求——基于心理动机与功能结构视角》，《图书情报导刊》2018年第5期，第55～59页。

[220] 闫瑞姣、尹四清：《选择性神经网络集成的微博用户信用评估模型》，《计算机工程与设计》2018年第5期，第1478～1483页。

[221] 陈志雄、王时绘、高榕：《基于情感倾向性分析的微博意见领袖识别模型》，《计算机科学》2018年第5期，第168～175页。

第6期

[222] 胡丹萍：《浅谈微博兴起视野下思想政治工作》，《改革与开放》2018年第6期，第47～48页。

[223] 魏冰：《微博舆论场与公共领域建构的可行性和困境》，《西部广播电视》2018年第6期，第7～8、15页。

[224] 董柳：《微博发展对深度报道的影响》，《西部广播电视》2018年第6期，第5～6页。

[225] 王月航：《基于SWOT模型的雄安新区政务微博发展路径探究——以“@雄安发布”为例》，《新闻研究导刊》2018年第6期，第38～39、41页。

[226] 刘洋：《政务微博的“萌化”思考及尺度把握》，《青年记者》2018年第6期，第76～77页。

[227] 陈薇宇：《浅析政府与自媒体的关系——以政务微博和政务微信为例》，《新闻研究导刊》2018年第6期，第44～45页。

[228] 王宇澄、薛可、何佳：《政务微博议程设置对受众城市形象认知影响的研究——以微博“上海发布”为例》，《电子政务》2018年第6期，第55～62页。

第7期

［229］何跃、朱婷婷：《基于微博情感分析和社会网络分析的雾霾舆情研究》，《情报科学》2018年第7期，第91～97页。

［230］潘骏、沈惠璋、陈忠：《群体事件微博传播中的用户行为特征和应对分析》，《情报科学》2018年第7期，第45～50页。

［231］杨耀丽：《基于因子分析法的微博话题传播影响力评价研究》，《情报科学》2018年第7期，第62～65、77页。

［232］韩运荣、何睿敏：《中国网络舆论生态的变化与特点》，《新闻与写作》2018年第7期，第24～29页。

［233］陈秋霖：《试论新闻框架对于新媒介事件传播的构建和问题——以“杭州保姆纵火案”为例》，《视听》2018年第7期，第177～178页。

［234］马嘉黛：《突发事件中微博的舆论作用》，《视听》2018年第7期，第179～180页。

［235］丁晟春、王鹏鹏、龚思兰：《基于社区发现和关键词共现的网络舆情潜在主题发现研究——以新浪微博魏则西事件为例》，《情报科学》2018年第7期，第78～84页。

［236］殷杰、郑向敏：《高聚集游客群安全的影响因素与实现路径——基于扎根理论的探索》，《旅游学刊》2018年第7期，第133～144页。

［237］陈萌：《CCTV5平昌冬奥会微博新闻报道的专业性分析——以裁判判罚尺度的报道为例》，《今传媒》2018年第7期，第33～35页。

［238］高碧瑶：《浅析微博中的突发公共事件：媒体、政府、公众》，《今传媒》2018年第7期，第48～49页。

［239］产启东：《突发事件中社交媒体舆论传播特征研究——以“中印洞朗对峙事件”为例》，《今传媒》2018年第7期，第49～51页。

［240］陈敏、黄睿：《“大V”去哪儿了？——基于微博、微信、知乎南海仲裁案讨论文本的分析》，《新闻记者》2018年第7期，第61～72页。

［241］张志安、章震：《政务机构媒体的兴起动因与社会功能》，《新闻与写作》2018年第7期，第64～69页。

［242］刘萌萌、邓朝华、张韦：《湖北省二、三级医院社交媒体现状及发展策略》，《中国医院》2018年第22卷第7期，第37～38页。

［243］李立煊：《基于意见领袖的网络舆情引导机制研究》，《韶关学院学报》2018年第7期，第62～68页。

［244］周晔、孟俊：《面向政务微博的社会治理建模与实证研究》，《现代情报》2018年第7期，第47～53页。

［245］姚盼、敬冉、李雪莹：《政务新媒体用语及传播初探》，《新闻前哨》2018年第7期，第27～28页。

［246］梁唯雅、蔡佳圆、郭妍捷：《探究政务新媒体在舆论引导中的新思维》，《新闻前哨》2018年第7期，第33～34页。

［247］李志欣、兰丹媚、张灿龙、唐素勤：《基于Co-Training的微博垃圾评论识别方法》，《计算机工程》2018年第7期，第212～218页。

[248] 李丽英：《从“青岛天价虾事件”看微博舆论的生成过程》，《新闻知识》2018 年第 7 期，第 48 ~ 51 页。

[249] 叶永君、李鹏、周美林、万仪方、王斌：《面向领域的高质量微博用户发现》，《中文信息学报》2018 年第 7 期，第 109 ~ 115 页。

[250] 吴迪：《巧用微博文化提高高校学生思政教育管理的实效性》，《散文百家》2018 年第 7 期，第 148 页。

[251] 杨腾飞、解吉波、李振宇、李国庆：《微博中蕴含台风灾害损失信息识别和分类方法》，《地球信息科学学报》2018 年第 7 期，第 906 ~ 917 页。

[252] 刘丽群、刘丽华：《情感与主题建模：自然灾害舆情研究社会计算模型新探》，《现代传播》（中国传媒大学学报）2018 年第 7 期，第 39 ~ 45 页。

[253] 于隽：《微媒介环境中的感知转向及对个人自我建构的影响》，《现代传播》（中国传媒大学学报）2018 年第 7 期，第 29 ~ 32 页。

[254] 白静：《公共领域视角下我国社交媒体受众研究》，《传播与版权》2018 年第 7 期，第 135 ~ 136、139 页。

[255] 胡誉耀：《微媒体时代传统组稿方式的嬗变及其对策》，《传播与版权》2018 年第 7 期，第 38 ~ 40 页。

[256] 廖迎、张西霞、邓卓君、张泽科、贺艳：《互联网背景下探讨大学生对社交网络的辨别意识》，《科学大众》（科学教育）2018 年第 7 期，第 138 ~ 139 页。

[257] 曹瑞：《社交媒体意见领袖对当代青年的影响及分析——以“微博大 V”为例》，《新媒体研究》2018 年第 7 期，第 25 ~ 26 页。

[258] 朱志伟：《论微博给文学带来的新变化》，《湖北函授大学学报》2018 年第 7 期，第 108 ~ 109 页。

[259] 于琦、李华：《农产品微博营销模式分析及展望》，《农业展望》，2018 年第 7 期，第 97 ~ 102 页。

[260] 朱胡玲：《微博意见领袖意识形态现状及对策——以“杨舒平事件”为例》，《宜春学院学报》2018 年第 7 期，第 44 ~ 47、83 页。

[261] 陈呈、靖鸣：《政务微博满足公民知情权的困境与路径》，《新闻爱好者》2018 年第 7 期，第 26 ~ 31 页。

[262] 曾萨、黄新荣：《我国政务微博归档现状及制约因素研究》，《档案》2018 年第 7 期，第 10 ~ 15 页。

[263] 张海涛、王丹、徐海玲、孙思阳：《基于卷积神经网络的微博舆情情感分类研究》，《情报学报》2018 年第 7 期，第 695 ~ 702 页。

[264] 杜亚璞：《一种基于改进 ML-KNN 的微博文本分类方法》，《信息与电脑》（理论版）2018 年第 7 期，第 42 ~ 44 页。

[265] 李昀晓：《微博与微信的传播特点比较》，《经贸实践》2018 年第 7 期，第 307 ~ 308 页。

[266] 高碧瑶：《浅析微博中的突发公共事件：媒体、政府、公众》，《今传媒》2018 年第 7 期，第 48 ~ 49 页。

[267] 张正梅、杨娜：《关于微博评论研究的文献综述》，《传播力研究》2018 年第 7 期，

第172、180页。
[268] 翟明杰：《浅析新媒体语境下网络舆论形成的心理机制》，《东南传播》2018年第7期，第106~109页。
[269] 毛真真、艾则孜：《微博平台中舆论风暴产生与发展的特点研究——以“丽江打人事件”为例》，《东南传播》2018年第7期，第110~111页。
[270] 屈小雅：《广播新闻传播中微博微信的应用》，《中国传媒科技》2018年第7期，第102~103页。

第8期

[271] 黄扬、李伟权：《网络舆情推动下的网约车规制政策变迁逻辑——基于多源流理论的案例分析》，《情报杂志》2018年第8期，第84~91页。
[272] 高晓波、方献梅：《融合用户兴趣与信任的微博推荐》，《软件导刊》2018年第8期，第49~52页。
[273] 刘红希：《浅析微博与大学生思想政治教育》，《报刊荟萃》2018年第8期，第79页。
[274] 陈芊潼：《微博泛娱乐化现象产生的原因及应对策略》，《中国报业》2018年第8期，第17~18页。
[275] 杨云、徐光侠、雷娟：《一种多分类的微博垃圾用户检测方法》，《重庆大学学报》2018年第8期，第44~55页。
[276] 管慧：《微博环境下的高职院校网络思政教育研究》，《考试周刊》2018年第73期，第19页。
[277] 盛东方、剧晓红：《基于社会化分享模式的信息共享用户与其行为特征识别——以新浪微博为例》，《情报科学》2018年第8期，第67~71页。
[278] 曾洁：《浅析地方政务新媒体的运营对策》，《中国地市报人》2018年第8期，第49~50页。
[279] 王莹：《微博引发的平民慈善——读陈里〈小善大爱—待用改变中国〉》，《农家书屋》2018年第8期，第50~51页。
[280] 刘哲妙：《微博的著作权保护研究》，《智富时代》2018年第8期，第85页。
[281] 郑睿颖、涂珍、孟令坤：《浅析社交网络的现状及发展趋势——以微博为例》，《电脑迷》2018年第8期，第242页。
[282] 王立华：《如何促进政务微博公众参与：基于政府信息公开的视角》，《电子政务》2018年第8期，第53~60页。
[283] 单雯：《自媒体时代对政府公信力的影响——以微博为例》，《南方论刊》2018年第8期，第14~16页。
[284] 詹天成、曹子君、王忠义：《基于社会网络分析的微博媒体领袖间的关系研究》，《情报科学》2018年第8期，第15~21+154页。
[285] 高红梅：《微博新闻的透明性实践》，《视听》2018年第8期，第134~136页。
[286] 周文静：《浅谈网络群体性事件中的传播伦理与法规——以“留美学生演讲辱华”事件为例》，《视听》2018年第8期，第147~148页。
[287] 郭铭烟、冯文：《基于议程设置理论的医患纠纷舆情分析》，《中国医院》2018年第8

期，第 42 ~ 45 页。

[288] 王冰：《新媒体环境对社会突发事件传播的影响》，《新闻知识》2018 年第 8 期，第 80 ~ 82 页。

[289] 王维建：《基于公共块“补偿 - 对称”模型的微博文本相似度计算》，《通信技术》2018 年第 8 期，第 1924 ~ 1930 页。

[290] 张坤、姜景、李晶、王文韬：《基于小世界与结构洞理论的政务微博信息传播效率及案例分析》，《图书馆》2018 年第 8 期，第 91 ~ 96 页。

[291] 林青、李立煊、杨腾飞：《社交网络用户影响力量化模型研究——以新浪微博为例》，《情报杂志》2018 年第 8 期，第 202 ~ 207 页。

[292] 刘向阳、宋玉蓉、孟繁荣：《微博网络事件谣言信息扩散准确预测仿真》，《计算机仿真》2018 年第 8 期，第 452 ~ 456 页。

[293] 张璞、陈韬、陈超、王永：《基于深度学习的中文微博评价对象抽取方法》，《计算机工程与设计》2018 年第 8 期，第 2638 ~ 2642、2693 页。

[294] 杨兰蓉、邓如梦、郜颖颖：《基于信息生态理论的政法事件微博舆情传播规律研究》，《现代情报》2018 年第 8 期，第 51 ~ 60 页。

[295] 齐忠方：《社交软件在高校教育教学管理中的应用研究》，《齐齐哈尔大学学报》（哲学社会科学版）2018 年第 8 期，第 168 ~ 170 页。

[296] 刘秋慧、柴玉梅、刘箴：《中文微博情感分析模型 SR-CBOW》，《小型微型计算机系统》2018 年第 8 期，第 1693 ~ 1699 页。

[297] 张娜娜：《微传播时代大学生信息交流模式变革与管理对策》，《陕西教育》（高教）2018 年第 8 期，第 79 ~ 80 页。

[298] 李秀丽：《我国政务新媒体内容优化路径探索》，《记者摇篮》2018 年第 8 期，第 21 ~ 23 页。

[299] 薛赵红：《基于微博平台上的信息礼仪问题研究》，《齐齐哈尔大学学报》（哲学社会科学版）2018 年第 8 期，第 151 ~ 155 页。

[300] 王涛：《微博网络营销对国际贸易的影响分析》，《环渤海经济瞭望》2018 年第 8 期，第 45 页。

[301] 朱锦龙：《地方高校大学生基于微媒体的移动学习对策研究》，《通化师范学院学报》2018 年第 8 期，第 107 ~ 110 页。

[302] 王飞剑、程紫燕、宁亚灵：《新媒体时代面向公众的地震谣言甄别技术》，《国际地震动态》2018 年第 8 期，第 186 ~ 187 页。

[303] 朱晓峰、张卫、张琳：《基于种群密度的微政务信息公开共生演化研究》，《情报学报》2018 年第 8 期，第 822 ~ 835 页。

[304] 孙念、李玉强、刘爱华、刘春、黎威威：《基于松散条件下协同学习的中文微博情感分析》，《浙江大学学报》（工学版）2018 年第 8 期，第 1452 ~ 1460 页。

[305] 董千语：《新媒体新闻叙事话语的语用身份建构——以“中美贸易战”为例》，《兰州教育学院学报》2018 年第 8 期，第 84 ~ 86 页。

[306] 匡素勋、朱婷佳：《突发事件中网络谣言的政府应对——以“泸县太伏中学案”为例》，《行政与法》2018 年第 8 期，第 9 ~ 17 页。

[307] 卞清霞：《新媒体与高校思想政治教育融合探析》，《世纪桥》2018 年第 8 期，第

82～83 页。
[308] 许竹：《微博的“信息茧房”效应及其思考》，《新闻爱好者》2018 年第 8 期，第 55～58 页。
[309] 刘向阳、宋玉蓉、孟繁荣：《微博网络事件谣言信息扩散准确预测仿真》，《计算机仿真》2018 年第 8 期，第 452～456 页。
[310] 薛赵红：《基于微博平台上的信息礼仪问题研究》，《齐齐哈尔大学学报》（哲学社会科学版）2018 年第 8 期，第 151～155 页。
[311] 李心蕾、王昊、刘小敏、邓三鸿：《面向微博短文本分类的文本向量化方法比较研究》，《数据分析与知识发现》2018 年第 8 期，第 41～50 页。
[312] 宋志国：《“互联网+”时代网络问政探究》，《信息技术与信息化》2018 年第 8 期，第 178～180 页。
[313] 王喆：《论微博著作权的保护》，《法制与社会》2018 年第 8 期，第 46～48 页。

第 9 期

[314] 刘红升：《从政务微博公器私用看地方政府管理弊病——基于公众评论的文本分析》，《行政与法》2018 年第 9 期，第 8～15 页。
[315] 赵永红：《微博新闻传播特点解读》，《科技传播》2018 年第 9 期，第 145～146 页。
[316] 卿晓敏：《关于如何用微博做好气象服务的深入思考》，《传播力研究》2018 年第 9 期，第 77 页。
[317] 秦梦婷：《关于代购与微博关系的研究与分析》，《现代商业》2018 年第 9 期，第 179～180 页。
[318] 封丽：《面向微博短文本的情感分析和特征抽取》，《农业图书情报学刊》2018 年第 9 期，第 56～60 页。
[319] 黄颖：《网络舆论的变与不变——以微博上关于四起“虐童”事件的讨论为例》，《视听》2018 年第 9 期，第 147～148 页。
[320] 乔菲、魏永忠：《微警务：新时代“互联网+公安政务服务”的实践路径》，《中国行政管理》2018 年第 9 期，第 151～153 页。
[321] 江光华：《“月球车玉兔”微博卖萌，激起航天科普热潮》，《科技智囊》2018 年第 9 期，第 81～83 页。
[322] 连芷萱、兰月新、夏一雪、刘茉、张双狮：《基于首发信息的微博舆情热度预测模型》，《情报科学》2018 年第 36 卷第 9 期，第 107～114 页。
[323] 薛可、许桂苹、张漪、赵袁军：《微博公共危机信息传播顺序如何影响转发行为——基于 SMCC 与 ICTs 的理论解释和实验分析》，《情报科学》2018 年第 9 期，第 82～88 页。
[324] 邱月：《确认与延伸：在微媒体时代理解麦克卢汉》，《文艺争鸣》2018 年第 9 期，第 182～187 页。
[325] 李华君、朱佩玲：《明星隐私曝光后粉丝群体性网络冲突的表现及其治理——以 2013～2017 年明星隐私曝光事件为例》，《电子政务》2018 年第 9 期，第 58～65 页。
[326] 郑晓雪、刘理、胡蝶、孙良、吴婷、孟秀红：《微博暴力对合肥市大学生心理健康的

影响》,《医学与社会》2018 年第 9 期,第 63 ~ 65、84 页。

[327] 黎宁:《自媒体时代微博新闻编辑模式分析——基于新闻生产市场学视角》,《视听》2018 年第 9 期,第 203 ~ 204 页。

[328] 聂泠然、许建根:《新媒体环境下合肥城市形象塑造中的人 · 媒 · 政府互动研究——以"头条合肥""合肥晚报""合肥发布"为例》,《视听》2018 年第 9 期,第 205 ~ 206 页。

[329] 姚军:《浅析微博营销模式及其价值》,《才智》2018 年第 9 期,第 200、202 页。

[330] 陈珂、黎树俊、谢博:《基于半监督学习的微博情感分析》,《计算机与数字工程》2018 年第 9 期,第 1850 ~ 1855 页。

[331] 刘俊杰、马畅、邵维龙、韩东红、夏利:《面向新浪微博的意见领袖挖掘算法》,《计算机与现代化》2018 年第 9 期,第 80 ~ 86 页。

[332] 陈波:《基于深度情境表示的微博情感分类方法》,《计算机工程与设计》2018 年第 9 期,第 2952 ~ 2956 页。

[333] 韦小波:《社交媒介写作的主体表达及其虚实之辨》,《现代传播》(中国传媒大学学报)2018 年第 9 期,第 63 ~ 67 页。

[334] 郑海洋、高俊波、邱杰、焦凤:《基于词向量技术与主题词特征的微博立场检测》,《计算机系统应用》2018 年第 9 期,第 118 ~ 123 页。

[335] 王之元、毛婷婷、蔡小敏:《社交网络环境下突发气象灾害舆情信息的传播演化研究》,《情报探索》2018 年第 9 期,第 83 ~ 89 页。

[336] 李雪枫、黄尧:《我国自媒体信息服务立法进程与内容分析评价》,《现代情报》2018 年第 38 卷第 9 期,第 132 ~ 138 页。

[337] 王曰芬、王一山:《传播阶段中不同传播者的舆情主题发现与对比分析》,《现代情报》2018 年第 9 期,第 28 ~ 35、144 页。

[338] 吴诗贤、张必兰:《基于观点场模型的微博评论观点演化趋势预测方法》,《现代情报》2018 年第 9 期,第 74 ~ 78 页。

[339] 刘银萍、李光强、余容、尹健:《基于 AHP 的社交网络信息可信度评价模型构建》,《情报探索》2018 年第 9 期,第 28 ~ 34 页。

[340] 冯军军、王海沛、贺晓春:《基于 Logistic 回归模型的微博情感分析研究》,《计算机与数字工程》2018 年第 9 期,第 1824 ~ 1829、1843 页。

[341] 刘晓哲、何彦霏:《浅析微媒体时代高校党建的创新发展》,《山西高等学校社会科学学报》2018 年第 9 期,第 72 ~ 75 页。

[342] 钱晨嗣、陈伟鹤:《基于转发关系和单词特征的微博话题识别模型》,《信息技术》2018 年第 9 期,第 44 ~ 49、54 页。

[343] 涂小梅:《国内社交媒体参与应急信息管理研究述评》,《纳税》2018 年第 9 期,第 100、103 页。

[344] 张晨、钱涛、姬东鸿:《基于神经网络的微博情绪识别与诱因抽取联合模型》,《计算机应用》2018 年第 9 期,第 2464 ~ 2468、2476 页。

[345] 王磊、任航、王之怡:《基于隐空间代价敏感学习的微博水军识别方法》,《计算机工程》2018 年第 9 期,第 159 ~ 163、170 页。

[346] 陈珂、黎树俊、谢博：《基于半监督学习的微博情感分析》，《计算机与数字工程》2018 年第 9 期，第 1850 ~ 1855 页。

[347] 阳长征：《内生情景对品牌危机信息分享意愿的动态影响研究——以新浪微博为例》，《软科学》2018 年第 9 期，第 114 ~ 118 页。

[348] 谢凯、梁刚、杨文太、杨进、许春：《MPOPTM：一种基于热量模型的微博舆情预测模型》，《现代计算机》（专业版）2018 年第 9 期，第 11 ~ 16 页。

第 10 期

[349] 刘迪：《微博语境下突发公共事件的舆论传播》，《传媒论坛》2018 年第 10 期，第 92 ~ 93 页。

[350] 崔旭：《论微博舆论引导场域中公众的客体主体化》，《传媒论坛》2018 年第 10 期，第 80 ~ 81 页。

[351] 俞林：《虚拟社区支持形态、社会认同与成员持续参与的关系》，《中国流通经济》2018 年第 10 期，第 102 ~ 111 页。

[352] 张琪：《微时代与大学生思想政治教育》，《当代旅游》（高尔夫旅行）2018 年第 10 期，第 258 页。

[353] 熊回香、叶佳鑫：《基于 LDA 主题模型的微博标签生成研究》，《情报科学》2018 年第 10 期，第 7 ~ 12 页。

[354] 卢碧玲、赵冬梅：《农产品微博营销传播模式探讨》，《现代营销》（下旬刊）2018 年第 10 期，第 76 ~ 77 页。

[355] 吴雪、孙广耀、吕翠微：《网络环境下加强大学生思想政治教育对策研究》，《经济师》2018 年第 10 期，第 201 ~ 203 页。

[356] 王旸、蔡淑琴：《社会化媒体平台大数据资源模型研究》，《管理学报》2018 年第 10 期，第 1064 ~ 1071 页。

[357] 丁越、张静、崔金栋：《信息自组织对微博信息传播的影响机理研究》，《情报科学》2018 年第 10 期，第 36 ~ 41 页。

[358] 姬建睿、孙春华、刘业政：《基于 Aging theory 社交网络用户关注点交互影响演化模型》，《情报科学》2018 年第 10 期，第 150 ~ 155 页。

[359] 欧亚非：《以热门事件为例探析如何引导微博舆论场》，《视听》2018 年第 10 期，第 127 ~ 128 页。

[360] 冯珊：《网络公共领域中微博意见领袖的舆论引导》，《视听》2018 年第 10 期，第 129 ~ 130 页。

[361] 巫凌寒、周振华、江帆：《浅谈新媒体时代厦门气象官微的运营》，《视听》2018 年第 10 期，第 139 ~ 140 页。

[362] 陈尚荣、尹丹丹：《“新华集团”新媒体平台与传统媒体平台的塑形传播对比——以“江苏发展大会”为例》，《视听》2018 年第 10 期，第 183 ~ 185 页。

[363] 许建根、聂泠然：《安徽旅游文化品牌的塑造、传播与感知：基于安徽旅游宣传口号“美好安徽迎客天下”的分析》，《视听》2018 年第 10 期，第 186 ~ 187 页。

[364] 李华:《突发公共事件中政务微博的应对策略》,《传播力研究》2018 年第 10 期, 第 133 页。

[365] 白明:《浅谈大学思想政治教育在移动互联网时代的“微”博弈》,《学周刊》2018 年第 10 期, 第 5 ~6 页。

第 11 期

[366] 黄茜茜、李姿莹:《关于新浪微博早期如何成功占领国内市场的研究》,《纳税》2018 年第 11 期, 第 139 ~140 页。

[367] 张玉晨、翟姗姗、许鑫、夏立新:《微博“中 V”用户的传播特征及其引导力研究——以罗一笑事件为例》,《图书情报工作》2018 年第 11 期, 第 79 ~87 页。

第 12 期

[368] 宫博:《传媒公共领域下社交媒体传播策略分析——以公益组织“大爱清尘”为例》,《新媒体研究》2018 年第 12 期, 第 16 ~19 页。

[369] 佘惠灵:《互联网背景下政务微博对政府形象的构建传播——以“平安北京”为例》,《新媒体研究》2018 年第 12 期, 第 52 ~53 页。

[370] 全开祥、黄廷原:《自媒体时代社交 App 的传播策略与运行研究——以微博和微信为例》,《新媒体研究》2018 年第 12 期, 第 29 ~31、37 页。

[371] 魏玮:《浅析中国 K-POP 微博粉丝站现象——以新浪微博粉丝站为例》,《现代交际》2018 年第 12 期, 第 84 ~85 页。

[372] 杨平:《微信、微博在图书馆服务模式改革中的创新应用》,《甘肃科技》2018 年第 34 卷第 12 期, 第 65 ~67 页。

第 13 期

[373] 马艺丹:《微博新闻传播的正负效应分析》,《科技传播》2018 年第 13 期, 第 114 ~115 页。

[374] 朱雨诺:《浅析新媒体背景下的微博公益传播——以芭莎公益为例》,《新闻传播》2018 年第 13 期, 第 52 ~53 页。

[375] 李雪瑶:《为建设网络清朗空间护航》,《江淮法治》2018 年第 13 期, 第 54 ~55 页。

[376] 李雪歌:《新媒体时代下官方微博的话语分析——以〈人民日报〉为例》,《电视指南》2018 年第 13 期, 第 57 ~59、69 页。

[377] 朱治衡:《“共青团中央”微博在塑造政府形象中的作用分析》,《新闻研究导刊》2018 年第 13 期, 第 99 ~100 页。

[378] 覃韵、王惠:《微媒介对大学生思想政治理论学习影响的调研分析》,《教育观察》2018 年第 13 期, 第 45 ~48、98 页。

[379] 李建文:《浅谈微博对传统媒体报道突发事件的影响》,《新闻研究导刊》2018 年第 13 期, 第 185 页。

[380] 曾娅洁:《草根意见领袖的话语实践与身份建构研究》,《传媒》2018 年第 13 期, 第 84 ~86 页。

[381] 肖蜜娟：《新时期政务新媒体发展首先要“正本清源”》，《新媒体研究》2018 年第 13 期，第 36 ~ 37 页。

[382] 袁方、郑昕：《浅析新媒体环境对外语教学的影响——以微信、微博为例》，《大众文艺》2018 年第 13 期，第 192 ~ 193 页。

[383] 段弘：《黑公关：自媒体公关的异化》，《公关世界》2018 年第 13 期，第 26 ~ 31 页。

第 14 期

[384] 宁振中：《做好党政新闻政务微博　巩固新媒体舆论阵地》，《共产党员》2018 年第 14 期，第 30 页。

[385] 张翮、章波：《“课程微博”：“互联网 +”时代高校思政课教学改革新探索——以“马克思主义基本原理概论”课程为例》，《渭南师范学院学报》2018 年第 14 期，第 32 ~ 37 页。

[386] 袁文霞、洪楠：《微博“对话评论”中的舆情传播探析》，《中国出版》2018 年第 14 期，第 41 ~ 44 页。

[387] 苏光鸿：《高校官方微博价值引领问题及应对策略》，《出版广角》2018 年第 14 期，第 80 ~ 82 页。

[388] 张荣玲：《协作与共振：微博中议程设置的主体及效果》，《中国报业》2018 年第 14 期，第 17 ~ 18 页。

[389] 王乙晴：《浅析微博的发展现状及对策》，《新闻研究导刊》2018 年第 14 期，第 171 页。

[390] 尹光红：《推动传统宣传向新时代宣传转变》，《新闻研究导刊》2018 年第 14 期，第 221 页。

[391] 江涌潮：《浅论微博舆情反转现象》，《新闻研究导刊》2018 年第 14 期，第 103 ~ 104 页。

[392] 张美玉：《网络空间中“公共领域”的建构困境——以微博为例》，《新闻研究导刊》2018 年第 14 期，第 112 页。

[393] 鲍中义：《微博的社会功能探析》，《新媒体研究》2018 年第 14 期，第 1 ~ 3 页。

[394] 刘莎：《“一带一路”报道的新媒体传播研究——以〈人民日报〉微博为例》，《新媒体研究》2018 年第 14 期，第 18 ~ 19 页。

[395] 陈静、陶勇：《微博平台的品牌推广研究》，《经贸实践》2018 年第 14 期，第 236、238 页。

[396] 谭艳、王炼、牛庆银：《军队移动社交媒体应用发展现状浅析》，《新媒体研究》2018 年第 14 期，第 32 ~ 33、73 页。

第 15 期

[397] 覃韵、王惠：《微媒介在大学生思想政治理论学习中的应用》，《教育观察》2018 年第 15 期，第 36 ~ 38、133 页。

[398] 熊萌之：《心理学视角下网络舆情引导机制研究》，《传媒》2018 年第 15 期，第86 ~ 88 页。

[399] 张发勤:《高校辅导员运用微博增强工作实效性探究》,《现代交际》2018 年第 15 期,第7～8 页。

[400] 刘姿均:《政治传播视阈下政务微博和政务微信的协同传播研究》,《新闻传播》2018 年第 15 期,第 16～17、20 页。

[401] 何雅昕:《新媒体语境下主流媒体对“集体记忆”的建构——以“南京大屠杀死难者国家公祭日”央视新闻微博报道为例》,《新闻传播》2018 年第 15 期,第 40～41 页。

[402] 史明睿:《“自媒体”与“把关人”——微博作为一种传播方式的法律问题》,《新闻传播》2018 年第 15 期,第 92～93 页。

[403] 易静:《基于破窗理论对社交媒体时代“后真相”现象的探讨》,《新闻研究导刊》2018 年第 15 期,第 70～71 页。

[404] 申中华:《社交媒体“倒灌新闻”探析》,《中国出版》2018 年第 15 期,第 41～44 页。

[405] 徐丽姣:《佛教在社交网络的传播及受众特征研究》,《青春岁月》2018 年第 15 期,第 52、51 页。

[406] 马政:《公共(微博)外交:英国驻华使馆“微博”外交现状研究》,《青春岁月》2018 年第 15 期,第 57 页。

[407] 牛长安:《对用于微博情感分析的一种情感语义增强的深度学习模型分析》,《电子技术与软件工程》2018 年第 15 期,第 161 页。

[408] 苗小雨:《新媒体时代政务微博的功能定位与角色演进研究》,《新媒体研究》2018 年第 15 期,第 79～81 页。

[409] 李婷、成晰曦:《微博与微信在突发事件传播中的机制比较研究》,《西部广播电视》2018 年第 15 期,第 14～15 页。

[410] 彭柳、张梦丽:《微博“污文化”对大学生性开放度的影响实证研究——以广州市五所高校为例》,《新媒体研究》2018 年第 15 期,第 9～13 页。

第 16 期

[411] 崔伟娟、何景林、邓炜民:《微时代背景下高职院校体育文化传播模式研究》,《文体用品与科技》2018 年第 16 期,第 49～50 页。

[412] 李晓芬、普婧、马武宏、王红斌、谭伟、潘小霞、方树桔、赵田甜:《新媒体在高校思想政治教育工作中的作用探究——以云南民族大学化学与环境学院为例》,《西部素质教育》2018 年第 16 期,第 104～105 页。

[413] 申会霞:《微博群体聚合原因及影响分析》,《新媒体研究》2018 年第 16 期,第26～27 页。

[414] 牛伟、杨珂:《新媒体环境下新闻失真的原因探析——以济南“坠楼女孩事件”为例》,《新闻研究导刊》2018 年第 16 期,第 96～97 页。

[415] 何雅昕:《新媒体语境下主流媒体对“集体记忆”的建构——以“南京大屠杀死难者国家公祭日”央视新闻微博报道为例》,《新闻传播》2018 年第 16 期,第 34～35 页。

[416] 赵生玉:《新媒体经济环境下的高职大学生创业探讨》,《中国报业》2018 年第 16 期,第 29～30 页。

[417] 管西艳:《从反转新闻看微博的自澄清功能》,《山西青年》2018 年第 16 期,第120 页。

[418] 封昊、王珂：《基于模拟退火算法的微博热度衰退研究》，《无线互联科技》2018 年第 16 期，第 105 ~ 107 页。

[419] 付叶、蒋春芳、徐海峡、陈然、孙金菊：《基于社交网络的校园暴力舆情分析——以微博为例》，《山西青年》2018 年第 16 期，第 199 ~ 200 页。

[420] 谭雄：《“网络大 V”的底线》，《方圆》2018 年第 16 期，第 71 页。

[421] 张艺瀚：《传播学视野下微博热搜榜存在合理性分析》，《新闻研究导刊》2018 年第 16 期，第 29、31 页。

[422] 黄承志：《关于网络时代下新媒体对争议性事件的报道研究》，《新闻研究导刊》2018 年第 16 期，第 149 页。

[423] 王珍妮：《新媒体语境下灾难新闻采访技巧的运用与创新》，《新闻研究导刊》2018 年第 16 期，第 175 ~ 176 页。

[424] 罗闯、安璐、徐健、李纲：《突发事件网络舆情关注点演化研究——基于利益相关者视角》，《图书馆学研究》2018 年第 16 期，第 36 ~ 42 页。

[425] 申会霞：《微博群体聚合原因及影响分析》，《新媒体研究》2018 年第 4 卷第 16 期，第 26 ~ 27 页。

第 17 期

[426] 郑瀚迅、钟瑞浩馨、马雨鑫：《从“安利”到“种草”：试论网络语词对微博话题效应的影响》，《西部广播电视》2018 年第 17 期，第 93 ~ 94 页。

[427] 田央央：《政治传播中党媒的媒介融合发展分析》，《山西青年》2018 年第 17 期，第 56 ~ 57、55 页。

[428] 薛辰兵：《谈微博微信对电子政务工作的影响》，《办公自动化》2018 年第 17 期，第 38 ~ 40、47 页。

[429] 葛芳玉：《“互联网 +”形势下高校双微平台管理机制研究——以东北大学双微平台为例》，《出版广角》2018 年第 17 期，第 61 ~ 63 页。

[430] 冯钰林：《目的地品牌化在社交媒体平台需遵循的原则——以加拿大旅游局新浪微博为例》，《新媒体研究》2018 年第 17 期，第 32 ~ 34、38 页。

第 18 期

[431] 郭亚星：《弱连接与低活跃度下的陌生人社交——微博群调研报告》，《新媒体研究》2018 年第 18 期，第 12 ~ 14 页。

[432] 吴琰：《从微博看网络世界的公共关系》，《中国报业》2018 年第 18 期，第 14 ~ 15 页。

[433] 康红蕾：《移动互联网时代品牌营销特点及变革路径》，《商业经济研究》2018 年第 18 期，第 56 ~ 58 页。

[434] 段辉艳：《大学生社会主义核心价值观认同的网络教育方法探析》，《中国农村教育》2018 年第 18 期，第 22 ~ 24 页。

第 19 期

[435] 冯培华：《网络环境下自我呈现的性别特征差异分析——基于新浪微博文本的考察》，

《文化创新比较研究》2018 年第 19 期，第 73 ~ 74 页。
[436] 阚昊、阚利民：《高校官方微信公众号与官方微博影响力比较研究——以浙江大学为例》，《传播力研究》2018 年第 19 期，第 145 页。
[437] 廖海涵、王曰芬、关鹏：《微博舆情传播周期中不同传播者的主题挖掘与观点识别》，《图书情报工作》2018 年第 19 期，第 1 ~ 8 页。
[438] 闫晓青：《微博时代下的旅游营销模式探析》，《传播力研究》2018 年第 19 期，第 142 页。
[439] 张艺龄：《微博在新闻传播中的弊端及对策分析》，《传播力研究》2018 年第 19 期，第 146 页。
[440] 刘茵：《互联网 + 模式下〈传播学〉教学模式探索——以微博为教学实践平台为例》，《传播力研究》2018 年第 19 期，第 193 ~ 194 页。

第 20 期

[441] 陈莹莹：《从微博中看话语标记语“简直了”的表达功能》，《北方文学》2018 年第 20 期，第 230 ~ 231 页。
[442] 任亮：《做好自媒体时代下医院宣传工作的措施》，《传播力研究》2018 年第 20 期，第 115 页。
[443] 毛诗漫：《刍议微博视阈下的地方高校英语专业写作教学》，《传播力研究》2018 年第 20 期，第 181 ~ 183 页。

第 21 期

[444] 王钰：《新 4C 理论视角下的政务微博发展分析——以“@ 安徽公安在线”为例》，《传播力研究》2018 年第 21 期，第 97 ~ 98 页。
[445] 周金钰：《社会化媒体环境下危机事件的传播研究——以川航备降事件为例》，《传播力研究》2018 年第 21 期，第 39、62 页。
[446] 杨明祺、战玥璇、王轶峰、熊慧：《网络谣言侵害人身权利的规制》，《法制博览》2018 年第 21 期，第 50 ~ 51 页。
[447] 李文玲：《让“微政务”成为农村基层治理“新武器”》，《人民论坛》2018 年第 21 期，第 64 ~ 65 页。
[448] 梁佳敏：《理解微博问政：微博表达的极端化对民意表达的影响》，《法制与社会》2018 年第 21 期，第 128 ~ 129 页。
[449] 王萍：《应用微博开展高校大学生思政教育存在的问题及对策》，《纳税》2018 年第 21 期，第 244 页。
[450] 孙杰：《微博与微信信息茧房现象差异探究》，《青年记者》2018 年第 21 期，第 41 ~ 42 页。
[451] 杨阳：《健康传播视域下微博平台乙肝议题的建构——以“@ 人民日报”为例》，《青年记者》2018 年第 21 期，第 71 ~ 72 页。

第 22 期

[452] 高慧倩、石悦：《〈人民日报〉微博现状及对策分析》，《传播力研究》2018 年第 22 期，第 85 页。

[453] 赵敏：《以微博热搜为例，浅析新媒体环境下议程设置理论的应用》，《传播力研究》2018年第22期，第91页。

[454] 谢璨夷：《政务微博在公共危机管理中应用的现状及其推进路径——以上海外滩踩踏事件为例》，《时代经贸》2018年第22期，第98～100页。

第23期

[455] 王维振：《新媒体环境下的新闻真实性探究——以微信、微博为例》，《传播力研究》2018年第23期，第90页。

[456] 赵耿：《警务微博在治安管理工作中的应用研究》，《传播力研究》2018年第23期，第184～185页。

[457] 王敏：《微博时代高校思政教育模式转变的新契机》，《管理观察》2018年第23期，第117～118页。

[458] 郭明飞：《文化场景转变：微博空间意识形态的新挑战》，《社会科学报》2018年第23期，第6页。

[459] 瓮立臣、井国栋、程龙：《基于新媒体环境的民事审判公开研究》，《法制与社会》2018年第23期，第90～91页。

[460] 官子寒、王婷、赵杏泽：《官方微博对高校形象传播的影响因素分析及应对策略》，《中国经贸导刊》（中）2018年第23期，第111～114页。

[461] 闫家滕、栾翠菊：《微博意图分类在地震事件应急中的应用研究》，《现代计算机》（专业版）2018年第23期，第38～41页。

[462] 万雨晴、李家宇、钟柒兰、燕羿豪、陈佩斯：《大学生微博传递正能量的调查与分析》，《教师》2018年第23期，第20～22页。

[463] 李雪萍：《微时代视域下大学生的心理特点及应对之道》，《经济研究导刊》2018年第23期，第115～116页。

[464] 闫家滕、栾翠菊：《微博意图分类在地震事件应急中的应用研究》，《现代计算机》（专业版）2018年第23期，第38～41页。

第24期

[465] 侯光海：《大学生网络去个性化与微博暴力的相关研究》，《新西部》2018年第24期，第136～137、122页。

[466] 楚楚：《新媒体在团组织建设中的启示》，《才智》2018年第24期，第247页。

第26期

[467] 周光前：《微博上的著作权及其社会交往例外原则》，《法制博览》2018年第26期，第213页。

[468] 符慧君、王滋海、马晔：《基于危机生命周期理论的监狱突发事件网络舆情应对研究》，《法制博览》2018年第26期，第37～39页。

[469] 刘思雅：《从微博文化视角谈大学生思想政治教育》，《长江丛刊》2018年第26期，第275～276页。

第 27 期

[470] 秦智超：《“微时代”背景下高校思想政治教育工作的创新路径思考》，《法制与社会》2018 年第 27 期，第 179 ~ 180 页。

第 28 期

[471] 蔡少燕：《基于微博的技校英语写作教学研究》，《校园英语》2018 年第 28 期，第 27 ~ 28 页。

第 29 期

[472] 尹丽春、王悦、易赐莹、梁平：《社交媒体视角下大庆市城市形象现状研究》，《智库时代》2018 年第 29 期，第 137 ~ 138 页。

[473] 朱春阳：《政务 APP 的价值何在?》，《当代贵州》2018 年第 29 期，第 80 页。

[474] 萨日娜：《学术期刊应用新媒体推广的发展策略研究》，《科技风》2018 年第 29 期，第 217 页。

第 30 期

[475] 邸淑珍：《微时代背景下强化青年学生思想政治教育的路径分析》，《长江丛刊》2018 年第 30 期，第 209 页。

[476] 陶丹：《阐述微时代下提高课堂教学有效性的对策》，《长江丛刊》2018 年第 30 期，第 223 页。

第 31 ~ 58 期

[477] 徐增阳、崔学昭、余建川：《“微时代”的社会治理创新：微博维权热的冷思考》，《国家治理》2018 年第 31 期，第 3 ~ 12 页。

[478] 李兴华、马超：《大学生在新型社交媒体上的行为习惯及引导策略研究——以微博、微信、QQ 等网络即时社交平台为例》，《教育教学论坛》2018 年第 38 期，第 57 ~ 58 页。

[479] 何赛赛：《大学生网络思想教育平台发展的新途径——以微博为例》，《好家长》2018 年第 54 期，第 222 页。

[480] 贺苗：《微博兴起背景下大学生思想政治教育的影响》，《好家长》2018 年第 58 期，第 225 页。

报纸文章题录

2009年

[1] 曾福泉:《微博客:唠叨精神照耀下的生活碎片》,《中国青年报》2009 年 7 月 21 日,第 9 版。

[2] 任立:《英美如何使用和管理“微博客”》,《中国文化报》2009 年 8 月 12 日,第 2 版。

[3] 张煜:《微博客蹿红　互联网显现新商机》,《中国电子报》2009 年 8 月 18 日,第 4 版。

[4] 刘菁菁:《微博客　碎片化沟通时代来临》,《计算机世界》2009 年 10 月 19 日,第 60 版。

[5] 唐轶、何韬:《微博客:140 字的快意恩仇》,《中国青年报》2009 年 10 月 22 日,第 4 版。

[6] 周文林:《微博来了且走着瞧》,《新华每日电讯》2009 年 10 月 25 日,第 4 版。

[7] 周文林:《微博:互联网新时尚的领舞者?》,《经济参考报》2009 年 10 月 30 日,第 D04 版。

[8] 王晓晴:《微博客引领互联网新风潮》,《深圳特区报》2009 年 11 月 17 日,第 B06 版。

[9]《云南首开政府微博为网上新闻发布吹新风》,《云南日报》2009 年 11 月 27 日,第 2 版。

[10] 邓道勇:《云南开国内首家政府微博》,《中国经济时报》2009 年 11 月 30 日,第 6 版。

[11] 陈颖:《微博:嘈杂私语编织大众狂欢》,《文汇报》2009 年 12 月 14 日,第 4 版。

[12] 周凯莉:《信息越公开,政府越可爱》,《中国青年报》2009 年 12 月 28 日,第 10 版。

2010年

一月

[1] 周东飞:《只有微博客,没有“微投诉”》,《中国青年报》2010 年 1 月 6 日,第 2 版。

[2] 浦绍猛:《网络民意推动民主公平》,《云南经济日报》2010 年 1 月 8 日,第 B03 版。

[3] 杜峰:《官方微博变身大众新闻平台,互联网应用升级要推还要“规”》,《通信信息报》2010 年 1 月 13 日,第 A12 版。

[4] 周前进:《政府怎样面对“全民表达”》,《四川日报》2010 年 1 月 15 日,第 2 版。

[5] 徐福平:《微博走入大众视野》,《工人日报》2010 年 1 月 17 日,第 2 版。

[6] 郭建龙:《微博:标配还是鸡肋?》,《21 世纪经济报道》2010 年 1 月 22 日,第 20 版。

[7] 蔡虹:《“微博”带来的福音》,《北京科技报》2010 年 1 月 25 日,第 52 版。

[8] 王晶:《网络新风吹进地方两会》,《团结报》2010 年 1 月 30 日,第 1 版。

二月

[9] 李鹤：《新媒体时代：处置突发事件的“黄金4小时”法则》，《人民日报》2010年2月2日，第19版。
[10] 宋识径、宋石男：《网络问政成为今年地方两会新亮点》，《检察日报》2010年2月8日，第5版。
[11] 胡雅清：《或战或退　微博的斯芬克斯猜想》，《中国经营报》2010年2月8日，第C12版。
[12] 张磊、扬程、张磊：《微博客将走红2010》，《中国消费者报》2010年2月24日，第C02版。

三月

[13] 易艳刚：《顶“微博”，更顶“沉”入基层扎实调研》，《新华每日电讯》2010年3月2日，第3版。
[14] 南辰、姜琳、金小茜：《微博文短言不轻》，《新华每日电讯》2010年3月3日，第3版。
[15] 曹林：《虚热的微博问政与“键盘代表委员”》，《中国青年报》2010年3月3日，第2版。
[16] 林晓蔚：《听葛剑雄委员谈微博、代课教师与大学摘“官帽”》，《新华每日电讯》2010年3月5日，第5版。
[17] 白桂珍：《微博温暖拯救冷淡人生》，《中国图书商报》2010年3月5日，第W06版。
[18] 邓清波：《网络议政仍有局限　深入实际才更可行》，《中国商报》2010年3月5日，第2版。
[19] 叶曜坤：《微博：“两会”的新明星》，《人民邮电》2010年3月6日，第6版。
[20] 李响、王臻：《委员写微博广征民意》，《计算机世界》2010年3月8日，第4版。
[21] 吴月玲、李亮：《微博：代表委员了解民心的新渠道》，《中国艺术报》2010年3月9日，第5版。
[22] 唐隆辉：《微博传民意成两会亮点　线上渠道效应彰显》，《通信信息报》2010年3月10日，第A12版。
[23] 庄永廉：《微博、博客、DV、网谈：见证两会》，《检察日报》2010年3月15日，第7版。
[24] 徐林、陈枫、谢苗枫、周志坤、郑佳欣、吴哲、陈祥蕉、吕天玲：《两会“最”微博》，《南方日报》2010年3月15日，第A04版。
[25] 王琰：《微博“走俏”两会》，《中国商报》2010年3月16日，第2版。
[26] 刘兴亮：《微博开创传播新纪元》，《中国新闻出版报》2010年3月18日，第5版。
[27] 柳森：《微博问政，为何成为新时尚》，《解放日报》2010年3月18日，第7版。
[28] 刘兴亮：《微博开创传播新纪元》，《中国新闻出版报》2010年3月18日，第5版。
[29] 杨洋：《网络让“两会”更加开放和透明》，《金融时报》2010年3月19日，第3版。
[30] 李翔：《传统媒体，请警惕微博》，《经济观察报》2010年3月22日，第16版。

[31] 李晓玉：《首部微博小说掀热潮网络“碎片化”盈利模式待确立》，《通信信息报》2010年3月31日，第A12版。
[32] 廖庆升：《微博渐成门户网站标配　创新盈利模式成焦点》，《通信信息报》2010年3月31日，第B06版。

四月

[33] 陈瑛：《梅州实现每日警情第一时间立体播报》，《人民公安报》2010年4月2日，第2版。
[34] 赵垒：《微博：跑马圈地刚刚开始》，《中华工商时报》2010年4月2日，第B07版。
[35] 江涛、裴宇：《国内首家税务微博在晋中开通》，《晋中日报》2010年4月7日，第1版。
[36] 刘福利：《微博问政　会走博息》，《中国青年报》2010年4月9日，第2版。
[37] 洪宇：《微博，媒体化思路“叫好不叫座”?》，《中国经营报》2010年4月12日，第C02版。
[38] 纪莉：《微博成为两会报道新贵》，《社会科学报》2010年4月15日，第6版。
[39] 戈清平：《一个草根的微博主张》，《中国高新技术产业导报》2010年4月19日，第C02版。
[40] 桂杰：《微博发出赈灾征集令》，《中国青年报》2010年4月24日，第2版。
[41] 贾云峰、赵佳君：《微博让旅游营销进入极速“轻”传播时代》，《中国旅游报》2010年4月28日，第2版。

五月

[42] 王超：《抗震救灾　社交网站和微博客大显身手》，《中国青年报》2010年5月6日，第8版。
[43] 陈恨绵：《珠海警方开通微博引来网民追捧》，《人民公安报》2010年5月13日，第6版。
[44] 罗梓睿：《晋宁开通全市首个党建“微博”》，《昆明日报》2010年5月17日，第3版。
[45] 李颖：《重庆网警半年劝阻3次自杀　广东公安集体开微博》，《广州日报》2010年5月19日，第8版。
[46] 杨雅莲：《出版界开启微博营销新模式》，《中国新闻出版报》2010年5月24日，第7版。
[47] 南方日报评论员：《警方开微博不能忘记创新目的》，《南方日报》2010年5月27日，第F02版。
[48] 陆志成：《厦门民警开博走红全国网络警务成为警营时尚》，《人民公安报》2010年5月28日，第5版。

六月

[49] 蔡思铭：《警民互动微博问政获“粉丝”追捧》，《人民公安报》2010年6月3日，第6版。

[50] 洪黎明：《政府微博面临问政考验》，《人民邮电》2010年6月4日，第4版。
[51] 温婉：《微博“发言”受关注》，《温州日报》2010年6月4日，第1版。
[52] 周净：《微博引发中国最大名誉权诉讼案》，《消费日报》2010年6月4日，第A07版。
[53] 韩浩月：《“微博”写作与出版的“微薄”现状》，《团结报》2010年6月5日，第6版。
[54] 徐维欣：《“微博”成穗警方信息发布新载体》，《文汇报》2010年6月6日，第3版。
[55] 靳碧海：《微博：140字以内的天与地》，《珠海特区报》2010年6月7日，第12版。
[56] 何源、李华：《那些玩微博的元首们》，《计算机世界》2010年6月7日，第12版。
[57] 黄敏晓：《微博国内市场蹿红新型社交圈渐流行》，《通信信息报》2010年6月9日，第B13版。
[58] 杨宇良：《微博高地的公关作用》，《电脑报》2010年6月14日，第A10版。
[59] 马子雷：《微博“烧热”南非世界杯》，《中国文化报》2010年6月20日，第2版。
[60] 丁雷：《大连软交会　进入“微博”时代》，《大连日报》2010年6月24日，第A02版。
[61] 洪奕宜：《信息时代的警务创新样本》，《南方日报》2010年6月27日，第5版。

七月

[62] 赵靖：《微博时代：“粉丝”竟可从网上买到》，《中国消费者报》2010年7月2日，第A05版。
[63] 郭晨、彭丹、周奔：《“微博墙”筑起官兵交流平台》，《解放军报》2010年7月5日，第5版。
[64] 孟昭莉：《微博客时代：谁的互联网?》，《第一财经日报》2010年7月8日，第C03版。
[65] 姜洪军：《微博让域名价值极速衰减》，《中国计算机报》2010年7月12日，第3版。
[66] 张伊：《微博段子“被”出版如何维权?》，《中国图书商报》2010年7月16日，第6版。
[67] 周婷：《微博开战谁受益?》，《中国证券报》2010年7月17日，第A07版。
[68] 尹一捷：《警察叔叔上微博》，《计算机世界》2010年7月19日，第9版。
[69] 沈晖：《海盐武原派出所开通“平安微博”》，《人民公安报》2010年7月21日，第5版。
[70] 吴烨：《微博“走进”市委新闻发布会》，《河南日报》2010年7月23日，第5版。
[71] 邓新建、彭家祥、莫文亮：《广东公安微博群3个月发布信息近万》，《法制日报》2010年7月27日，第5版。
[72] 刘春东：《“深圳公安”开微博　千名网友发评论》，《人民公安报》2010年7月29日，第5版。

八月

[73] 何源：《网络舆情“倒逼”政府提速》，《计算机世界》2010 年 8 月 2 日，第 12 版。
[74] 侯莎莎：《“平安北京”博客播客微博开通》，《北京日报》2010 年 8 月 2 日，第 7 版。
[75] 邱瑞贤：《微博元年中国式爆炸增长启示录》，《广州日报》2010 年 8 月 5 日，第 10 版。
[76] 张梦然：《“机器宇航员 2 号”发布首篇太空微博》，《科技日报》2010 年 8 月 5 日，第 2 版。
[77] 张菲菲：《“平安北京”：首都公安新名片》，《人民日报海外版》2010 年 8 月 11 日，第 4 版。
[78] 李凯：《太原公安机关开通实名微博》，《太原日报》2010 年 8 月 11 日，第 3 版。
[79] 王晶晶：《深圳警方微博要开市民“直通车”》，《人民公安报》2010 年 8 月 12 日，第 5 版。
[80] 刘彦辉、张丽珍、胡越：《我市首个政府微博　亮相中国常州网》，《常州日报》2010 年 8 月 19 日，第 B01 版。
[81] 蔡国兆、李舒、刘大江、卢国强：《学“说话”听“拍砖”：公安微博冲击波》，《新华每日电讯》2010 年 8 月 23 日，第 4 版。
[82] 王聪聪：《民调：94. 3% 青年表示微博已改变自己的生活》，《中国青年报》2010 年 8 月 24 日，第 7 版。
[83] 刘文忠：《公安开微博　警民沟通零距离》，《济南日报》2010 年 8 月 25 日，第 12 版。
[84] 陈佼：《微博上的“候鸟”》，《电脑报》2010 年 8 月 30 日，第 G02 版。
[85] 孙定：《李萌萌落榜和梁树新的微博》，《计算机世界》2010 年 8 月 30 日，第 1 版。
[86] 舒杰：《微博：人人都是媒体》，《通信产业报》2010 年 8 月 30 日，第 50 版。
[87] 付航：《微博亟须形成正常产业链》，《经济参考报》2010 年 8 月 31 日，第 7 版。
[88] 柴春元：《救与罚：专家解析“微博自杀”》，《检察日报》2010 年 8 月 31 日第 1 版。

九月

[89] 李晓玉：《多地警方门户网站开微博　联手民众维护社会治安》，《通信信息报》2010 年 9 月 1 日，第 A04 版。
[90] 陆绮雯：《微博“粉丝”也是一种生产力》，《中国文化报》2010 年 9 月 3 日，第5 版。
[91] 马竞、曹天健：《河北公安厅在新浪网人民网开微博》，《法制日报》2010 年 9 月 4 日，第 1 版。
[92] 宋洁云、冯俊扬：《阿根廷总统开微博，追民意互动时尚》，《新华每日电讯》2010 年 9 月 6 日，第 5 版。
[93] 刘文忠、郭世锋：《济南警方开通全国首个市属公安微博群》，《济南日报》2010 年 9 月 8 日，第 1 版。
[94] 吴嘉坤、池惟强：《市民与交警网络“微博”互动》，《闽东日报》2010 年 9 月 8 日，第 B01 版。
[95] 张京科：《微博：开放平台之争是看点》，《第一财经日报》2010 年 9 月 9 日，第

C03 版。
[96] 唐玮婕：《新浪国内首发微博白皮书》，《文汇报》2010 年 9 月 10 日，第 6 版。
[97] 王夕：《诈骗转战微博》，《北京科技报》2010 年 9 月 13 日，第 50 版。
[98] 叶健、周劼人、刘晓莉：《微博直播：一次不寻常的井下采访》，《新华每日电讯》2010 年 9 月 17 日，第 1 版。
[99] 皕文：《宜黄拆迁自焚事件：一场被直播的悲剧》，《第一财经日报》2010 年 9 月 20 日，第 A03 版。
[100] 张静雯：《警务微博开启互动新窗口》，《人民日报》2010 年 9 月 21 日，第 15 版。

十月

[101] 徐炳文：《上海：微博架起“政民沟通”新桥梁》，《中国纪检监察报》2010 年 10 月 1 日，第 1 版。
[102] 陈冀：《微博直播“讨假期”，谁动了孩子的“玩乐”》，《新华每日电讯》2010 年 10 月 4 日，第 4 版。
[103] 唐琳、蝶衣君：《在微博中追随“公安文化基层行”》，《人民公安报》2010 年 10 月 8 日，第 5 版。
[104] 沈刚：《上海开通法院微博》，《人民法院报》2010 年 10 月 11 日，第 1 版。
[105] 郭盛永、史献梅：《开通微博：推进阳光司法的新探索》，《人民法院报》2010 年 10 月 12 日，第 2 版。
[106] 薛支川：《厦门湖里派出所开设派出所警务微博集群》，《人民公安报》2010 年 10 月 13 日，第 6 版。
[107] 陆维止：《微博究竟革了谁的命?》，《第一财经日报》2010 年 10 月 15 日，第 D01 版。
[108] 薛华：《太原：倾听民声走上互联网“高速路”》，《人民公安报》2010 年 10 月 15 日，第 3 版。
[109] 李晓亮：《要官方微博，更要“让政治变得家常”》，《检察日报》2010 年 10 月 19 日，第 7 版。
[110] 毕晓哲：《局长培训学微博和聊 QQ，“OUT”了!》，《大众科技报》2010 年 10 月 19 日，第 A02 版。
[111] 鲁军：《“公安微博”何以吸引人》，《解放日报》2010 年 10 月 20 日，第 2 版。
[112] 徐瑞哲：《微博成应对舆情新媒介》，《解放日报》2010 年 10 月 20 日，第 7 版。
[113] 任松筠：《公安“触网”，问政于民提升服务》，《新华日报》2010 年 10 月 21 日，第 A08 版。
[114] 陆志成：《厦门市公安局官方微博正式开通》，《人民公安报》2010 年 10 月 21 日，第 1 版。
[115] 张楚楚：《让“微博问政”成为警民沟通的“直通车”》，《人民公安报》2010 年 10 月 21 日，第 3 版。
[116] 杜军玲：《各级政府关注微博了解舆情》，《人民政协报》2010 年 10 月 23 日，第 A02 版。

［117］于宛尼:《微博：及时沟通的全新媒介》,《工人日报》2010 年 10 月 24 日，第 1 版。
［118］王晶晶:《微博式生存》,《中国青年报》2010 年 10 月 26 日，第 9 版。
［119］张昊:《微博的春天在哪里?》,《中国经济时报》2010 年 10 月 28 日，第 7 版。
［120］笑蜀:《微博神奇，但要打通最后一公里》，《南方周末》2010 年 10 月 28 日，第 F29 版。
［121］刘晶瑶:《微博不是“私家痰盂”，就是“宣泄”也应有度》,《新华每日电讯》2010 年 10 月 29 日，第 7 版。
［122］李佳:《宁夏区旅游局开通官方微博》,《中国旅游报》2010 年 10 月 29 日，第 3 版。

十一月

［123］诸葛漪:《微博发展前途不可限量》,《解放日报》2010 年 11 月 2 日，第 12 版。
［124］吴仙友、周光健:《周宁公安开通微博搭建民情“互通桥”》,《闽东日报》2010 年 11 月 5 日，第 B01 版。
［125］闵素珍:《“平安常州”居全省公安官网第一》,《常州日报》2010 年 11 月 6 日，第 B01 版。
［126］吴越:《信任若遭“污染”　微博难保“干净”》,《文汇报》2010 年 11 月 6 日，第 4 版。
［127］王晓映:《厅长织“围脖”　书记开博客》,《新华日报》2010 年 11 月 6 日，第 A02 版。
［128］谢苗枫:《走进“全民记者”时代》,《南方日报》2010 年 11 月 8 日，第 A11 版。
［129］李迩:《网络大战微博成最大赢家》,《深圳商报》2010 年 11 月 9 日，第 A12 版。
［130］李铮、岳东兴:《国奥队员微博骂街揭最后一块遮羞布》,《新华每日电讯》2010 年 11 月 10 日，第 3 版。
［131］杨柳纯:《酷！高交会也织上“围脖”》,《深圳特区报》2010 年 11 月 11 日，第 A05 版。
［132］刘金玉、许薇:《高交会首开“微博”》,《深圳商报》2010 年 11 月 12 日，第 A08 版。
［133］潘科峰:《网友“微博”热评亚运安保民警》,《人民公安报》2010 年 11 月 14 日，第 4 版。
［134］廖爽:《一博友正义网微博留言举报检察官循线索查处涉案村官》,《检察日报》2010 年 11 月 18 日，第 1 版。
［135］凌军辉、刘娟:《当粉丝数决定分数》,《新华每日电讯》2010 年 11 月 18 日，第 8 版。
［136］李淼、任晓宁:《中国微博将迎市场井喷》,《中国新闻出版报》2010 年 11 月 19 日，第 3 版。
［137］周婷:《微博上演“二人转”》,《中国证券报》2010 年 11 月 20 日，第 A08 版。
［138］尹一捷:《开放微博平台　新浪围脖越围越大》,《计算机世界》2010 年 11 月 22 日，第 8 版。
［139］辛苑薇:《新浪微博“开后门”：枭雄与草根的“合谋”》,《21 世纪经济报道》2010

年 11 月 22 日，第 31 版。

[140] 魏武挥：《微博是新浪的救命稻草》，《第一财经日报》2010 年 11 月 25 日，第 C01 版。

[141]《梅德韦杰夫回应微博粉丝》，《新华每日电讯》2010 年 11 月 26 日，第 5 版。

[142] 侯莎莎：《"平安北京"解决网友问题 89 件》，《北京日报》2010 年 11 月 28 日，第 2 版。

[143] 李国华：《在正义网建法律微博》，《检察日报》2010 年 11 月 28 日，第 2 版。

[144] 刘妮丽：《主流微博的运营之道》，《北京商报》2010 年 11 月 29 日，第 C14 版。

[145] 傅宁：《微博：个人独白，还是公共话语》，《中国妇女报》2010 年 11 月 29 日，第 A02 版。

十二月

[146] 孟昭丽、许雪毅、陈旺：《厦门："公安微博"求助，网民参与擒凶》，《新华每日电讯》2010 年 12 月 1 日，第 4 版。

[147] 陶象龙：《农民工微博维权的喜与忧》，《工人日报》2010 年 12 月 1 日，第 3 版。

[148] 沈洋、许雪毅：《护士长"关艾"微博：歧视之害远甚病毒》，《新华每日电讯》2010 年 12 月 1 日，第 6 版。

[149] 王臻青：《专家称微博是准公共空间需讲公德》，《辽宁日报》2010 年 12 月 2 日，第 15 版。

[150] 张意轩：《当心"微谣言"》，《人民日报海外版》2010 年 12 月 2 日，第 7 版。

[151] 王若遥、崔静：《"微博"降低民众言论表达门槛》，《新华每日电讯》2010 年 12 月 3 日，第 1 版。

[152] 王文硕：《从"鲜花与砖头齐飞"到"赞一个"，警民互动进入微博时代》，《人民公安报》2010 年 12 月 3 日，第 4 版。

[153] 孟昭丽、许雪毅、陈旺：《微博破案：为人父母为何如此忍心》，《新华每日电讯》2010 年 12 月 3 日，第 7 版。

[154] 王若遥：《"微博"降低民众言论表达门槛》，《新华每日电讯》2010 年 12 月 3 日，第 1 版。

[155] 赵家新、王涵宇：《网友劝回犯罪嫌疑人投案自首》，《人民公安报》2010 年 12 月 6 日，第 4 版。

[156] 周刊评论员：《警方微博如何面对"口水战"》，《人民公安报》2010 年 12 月 6 日，第 5 版。

[157] 俞悦：《谁能在开放的微博上"舞蹈"》，《中国计算机报》2010 年 12 月 6 日，第 7 版。

[158] 崔立勇：《微博让亚运会场内外互动起来》，《中国经济导报》2010 年 12 月 7 日，第 B07 版。

[159] 周桂华、韦崇结：《柳州公安微博请"粉丝"给警方"挑刺"》，《人民公安报》2010 年 12 月 8 日，第 2 版。

[160] 赵家新、沈亚瑾：《吸毒男闯民宅　常州警方微博"直播"处置情况》，《人民公安

报》2010 年 12 月 8 日，第 2 版。
［161］姜伯静：《金庸“被去世”，谁对微博负责》，《中国青年报》2010 年 12 月 8 日，第 2 版。
［162］曹林：《假新闻是微博的阿喀琉斯之踵》，《中国青年报》2010 年 12 月 9 日，第 2 版。
［163］程铭劼：《旅游微博营销蛋糕有多大?》，《北京商报》2010 年 12 月 9 日，第 B03 版。
［164］陶涛：《金山称遭受侮辱诽谤，周鸿祎微博惹官司》，《中国青年报》2010 年 12 月 9 日，第 8 版。
［165］晓雪：《中国记者采写报道大量借力社交媒体》，《中国图书商报》2010 年 12 月 10 日，第 C02 版。
［166］常江：《微博时代的不知所措》，《新华每日电讯》2010 年 12 月 10 日，第 16 版。
［167］黄静、靳晔、张衡：《微博给力社会治理》，《人民日报海外版》2010 年 12 月 10 日，第 1 版。
［168］陈静：《5 追债微博刺破名人光环　谁来监管经济学家》，《石家庄日报》2010 年 12 月 10 日，第 12 版。
［169］张文阁：《微博，政策因素是成长的最大变量》，《人民邮电》2010 年 12 月 10 日，第 5 版。
［170］杨自强：《我可是有微博的人》，《嘉兴日报》2010 年 12 月 10 日，第 13 版。
［171］刘福利：《微博自纠与网络空间的自治》，《中国青年报》2010 年 12 月 10 日，第 4 版。
［172］李鸿文：《请对微博的自我净化多点信心》，《中国青年报》2010 年 12 月 10 日，第 4 版。
［173］曹妍：《金庸“被去世”，网友反思微博转发》，《新华每日电讯》2010 年 12 月 11 日，第 2 版。
［174］杨金志、李烁：《“老娘舅”触网，变身“微博调解员”》，《新华每日电讯》2010 年 12 月 12 日，第 4 版。
［175］吴宏强：《从微博的兴起看动员的创新》，《中国国防报》2010 年 12 月 13 日，第 3 版。
［176］邓辉林：《微博“走红”是一种智慧》，《深圳特区报》2010 年 12 月 13 日，第 A02 版。
［177］陈彬：《警惕微博“为恶”》，《科技日报》2010 年 12 月 13 日，第 12 版。
［178］王大可：《香港特首新浪开微博》，《人民日报海外版》2010 年 12 月 13 日，第 3 版。
［179］齐东道：《街上没有人，其实很多人在“逛街”》，《哈尔滨日报》2010 年 12 月 14 日，第 13 版。
［180］苗向东：《微博正在悄悄改变生活》，《工人日报》2010 年 12 月 14 日，第 3 版。
［181］陈颖：《微博：嘈杂私语编织大众狂欢》，《文汇报》2009 年 12 月 14 日，第 4 版。
［182］魏蒙、张演强：《“平安中山”综合排名位居全国同类微博第三》，《人民公安报》2010 年 12 月 16 日，第 6 版。
［183］沙岩、卢和萍：《转变思路，展望新媒体未来》，《中国社会科学报》2010 年 12 月 16 日，第 2 版。

[184] 周斌、卢杰：《轻微犯罪未成年人犯罪不宜“淘凶”》，《法制日报》2010 年 12 月 16 日，第 5 版。

[185] 何家玉、冯伟：《边检女子办证科开官方微博》，《南通日报》2010 年 12 月 16 日，第 A02 版。

[186] 李甘林：《环卫工微博上的“双面人生”》，《中国社会报》2010 年 12 月 17 日，第 3 版。

[187] 子默、胡美玲：《全球首脑抢滩“微博外交”》，《人民日报海外版》2010 年 12 月 17 日，第 10 版。

[188] 刘品新、王红红：《小小“微博”：撬动舆情的“支点”》，《人民法院报》2010 年 12 月 17 日，第 7 版。

[189] 詹奕嘉、万小广、孔博：《2010：微博问政力不“微”》，《新华每日电讯》2010 年 12 月 17 日，第 4 版。

[190] 侯加：《英国允许微博直播审判阿桑奇》，《电脑报》2010 年 12 月 20 日，第 A12 版。

[191] 蒋家平：《大学织“围脖”：月亮的脸在悄悄变》，《中国教育报》2010 年 12 月 20 日，第 7 版。

[192] 张迪、汤凯锋、叶舒婧：《雷州两儿童被拐，微博说 38 人失踪》，《南方日报》2010 年 12 月 21 日，第 A08 版。

[193] 易凌珊、吕本富：《高校微博是学校与学生最快捷的沟通方式》，《通信信息报》2010 年 12 月 22 日，第 B13 版。

[194] 李柯勇、涂洪长、刘娟：《微博井喷，民意找到表达新方式》，《新华每日电讯》2010 年 12 月 22 日，第 1 版。

[195] 易艳刚：《微博已经成为一种生活方式》，《新华每日电讯》2010 年 12 月 22 日，第 3 版。

[196] 李雪昆：《微博、社群新兴舆论载体作用突出》，《中国新闻出版报》2010 年 12 月 23 日，第 3 版。

[197] 毛晶慧：《微博给力 2010》，《中国经济时报》2010 年 12 月 23 日，第 7 版。

[198] 周楠：《上海地铁的微博服务》，《解放日报》2010 年 12 月 23 日，第 5 版。

[199] 何苗：《微博化的生存状态》，《中华工商时报》2010 年 12 月 24 日，第 B08 版。

[200] 刘裕国：《这个政府微博可真火》，《人民日报》2010 年 12 月 24 日，第 11 版。

[201] 任志强：《另一种推动改革的力量》，《经济观察报》2010 年 12 月 27 日，第 41 版。

[202] 李斌：《总理真情交流，听众通过短信微博致意提问》，《新华每日电讯》2010 年 12 月 27 日，第 1 版。

[203] 祝华新：《2010：微博让社会减压》，《中国青年报》2010 年 12 月 28 日，第 2 版。

[204] 王俊秀：《2010 年度微博人物和十大事件出炉》，《中国青年报》2010 年 12 月 28 日，第 2 版。

[205] 王俊秀、王梦婕、张蕾、高杨清：《微博能改变老百姓的维权生态吗》，《中国青年报》2010 年 12 月 28 日，第 2 版。

[206] 董盟军：《人民网十大人气微博主一半是官员》，《中国青年报》2010 年 12 月 28 日，第 2 版。

［207］柳容：《成都市政府尝试“微博”发布官方新闻》，《中国改革报》2010 年 12 月 28 日，第 1 版。
［208］李劼、刘为念、汤峥鸣：《法官与网友共织“围脖”为旅游纠纷支招》，《人民法院报》2010 年 12 月 28 日，第 8 版。
［209］向利：《微博版权如何保护?》，《中国知识产权报》2010 年 12 月 29 日，第 2 版。
［210］姜刚、熊润频：《“首个官方拆迁微博”真情莫被煽情误》，《新华每日电讯》2010 年 12 月 29 日，第 2 版。
［211］蔡若愚：《微博：大家都来絮叨絮叨》，《中国经济导报》2010 年 12 月 30 日，第 B07 版。
［212］李柯勇、涂洪长、刘娟：《微博“井喷”：开启民意表达新方式》，《团结报》2010 年 12 月 30 日，第 4 版。
［213］姜泓冰：《逾 1．2 亿人用上了微博》，《人民日报》2010 年 12 月 30 日，第 12 版。
［214］方舟子：《微博的自我净化》，《新华每日电讯》2010 年 12 月 31 日，第 13 版。
［215］丁永勋：《理性看微博：围观固然重要，不宜过分夸大》，《新华每日电讯》2010 年 12 月 31 日，第 3 版。
［216］一宁：《微革命“自媒体”时代的曙光》，《中国服饰报》2010 年 12 月 31 日，第 C43 版。

2011年

一月

［1］子枫：《期待微博更具威力》，《中国劳动保障报》2011 年 1 月 1 日，第 2 版。
［2］蒋淼：《微博——围观就是力量》，《民主与法制时报》2011 年 1 月 3 日，第 A03 版。
［3］刘洋：《公安微博：在警民互动的积极探索中努力前行》，《人民公安报》2011 年 1 月 3 日，第 4 版。
［4］单学刚：《网络问政　微博时代的微言大义》，《检察日报》2011 月 1 月 3 日，第 5 版。
［5］朱香山、林俊杰、钟如君：《深圳宝安：微博拓宽阳光检务宣传渠道》，《检察日报》2011 年 1 月 4 日，第 4 版。
［6］乌梦达、孔博、毛一竹：《广东警察温情微博打破民众误解》，《新华每日电讯》2011 年 1 月 4 日，第 3 版。
［7］吴冰：《广东公安机关微博增强街坊味　“粉丝”数量几百万》，《人民日报》2011 年 1 月 4 日，第 11 版。
［8］张仁平、庄子、冬梅：《厦门思明：微博普法直面未成年人》，《检察日报》2011 年 1 月 4 日，第 4 版。
［9］李国方：《市公安机关将开微博》，《西安日报》2011 年 1 月 5 日，第 3 版。
［10］李烁：《“上海公安”门户网站力争做“大微博”》，《新华每日电讯》2011 年 1 月 5 日，第 2 版。
［11］张绪旺：《网络视频、微博成跨年新选择》，《北京商报》2011 年 1 月 5 日，第

B04 版。
[12] 支玲琳:《微博：个人叙事如何改写历史》,《解放日报》2011 年 1 月 5 日，第 7 版。
[13] 张小丹:《微博与社交网站　谁是用户心中首选?》,《通信信息报》2011 年 1 月 5 日，第 A05 版。
[14] 赵文明、阮占江:《湖南交警微博直播冰冻路况信息》,《法制日报》2011 月 1 月 6 日，第 2 版。
[15] 重楼:《文化机构不该忽视微博营销》,《中国文化报》2011 年 1 月 6 日，第 3 版。
[16] 胡金波:《局长微博是如何走红的?》,《嘉兴日报》2011 年 1 月 6 日，第 1 版。
[17] 董裴:《Web2.0 时代微博迎来增长高峰期》,《人民邮电》2011 年 1 月 6 日，第 6 版。
[18] 王天㚖:《微博营销：抢滩“大众麦克风”时代》,《人民政协报》2011 年 1 月 7 日，第 B02 版。
[19] 郑茜:《微博时代的少数民族文化》,《中国民族报》2011 年 1 月 7 日，第 11 版。
[20] 陈琼珂:《上海法院网上微博“粉丝”数千》,《解放日报》2011 年 1 月 9 日，第 1 版。
[21] 韩雪:《看微博如何“围观”法治》,《人民法院报》2011 年 1 月 9 日，第 2 版。
[22] 陈汉辞:《公安微博公关》,《第一财经日报》2011 年 1 月 10 日，第 A01 版。
[23] 刘根勤:《警方微博：能否突破“交流的无奈”?》,《东莞日报》2011 年 1 月 10 日，第 B02 版。
[24] 黎明:《警方微博如何赢得人心》,《东莞日报》2011 年 1 月 10 日，第 B02 版。
[25] 蔡若愚:《微博隐忧：公共事务的平台别被娱乐化》,《中国经济导报》2011 年 1 月 11 日，第 B07 版。
[26] 周楠:《微博究竟改变了什么》,《解放日报》2011 年 1 月 11 日，第 5 版。
[27] 袁田:《辽宁消防宣传微博升级为民服务》,《人民公安报·消防周刊》2011 年 1 月 12 日，第 1 版。
[28] 李烁、孙青:《发警情通民情，沪上“名警”微博集体亮相》,《新华每日电讯》2011 年 1 月 13 日，第 7 版。
[29] 辛苑薇:《新浪彭少斌：阿里百度入股微博纯属谣言》,《21 世纪经济报道》2011 年 1 月 13 日，第 20 版。
[30] 杨金志、李烁:《上海：法院“微博”力推司法公开》,《新华每日电讯》2011 年 1 月 13 日，第 7 版。
[31] 孙进:《新浪微博的“江湖挑逗”》,《第一财经日报》2011 年 1 月 14 日，第 B03 版。
[32] 于京玄:《常听民意　市长拟开微博》,《西安日报》2011 年 1 月 15 日，第 1 版。
[33] 张光卿:《河北省厅邀请代表委员恳谈》,《人民公安报》2011 年 1 月 16 日，第 1 版。
[34] 高再新、程飞:《浙江铁警微博迈向实战之路》,《人民公安报》2011 年 1 月 16 日，第 2 版。
[35] 张京科:《谁主新浪微博背后的“微梦创科”?》,《第一财经日报》2011 年 1 月 17 日，第 B01 版。
[36] 孟晓冬:《微博成为港城警民互动新平台》,《秦皇岛日报》2011 年 1 月 18 日，第 A02 版。

[37] 严辉文：《微博力：正在生长的公民力量》，《中国青年报》2011 年 1 月 18 日，第 2 版。
[38] 李栋、黄晔：《市政协开微博开门议政》，《珠海特区报》2011 年 1 月 18 日，第 3 版。
[39] 张意轩、李卓：《微博：一个人的媒体?》，《人民日报》2011 年 1 月 18 日，第 14 版。
[40] 徐百柯：《微博疯转大拇哥　人民用鼠标投票》，《中国青年报》2011 年 1 月 19 日，第 9 版。
[41] 杨涛：《微博直播庭审须防“选择性播报”》，《广州日报》2011 年 1 月 19 日，第2 版。
[42] 姚东若：《网友力挺　成都再获年度最佳投资创业城市》，《成都日报》2011 年 1 月 20 日，第 7 版。
[43] 连志刚：《短信微博信访昨正式开通》，《中山日报》2011 年 1 月 21 日，第 A01 版。
[44] 何涛、于敢勇：《警察“织围脖”元年记》，《广州日报》2011 年 1 月 21 日，第 25 版。
[45] 刘妮：《加大群众监督　开通“民声微博”》，《沈阳日报》2011 年 1 月 21 日，第 A03 版。
[46] 胡金波：《微博问政：不追时尚追民意》，《嘉兴日报》2011 年 1 月 24 日，第 1 版。
[47] 陈志国、王唯先：《我市公安系统首个微博开通》，《牡丹江日报》2011 年 1 月 26 日，第 5 版。
[48] 毕诗成：《如果你是大学校长，你敢开微博吗?》，《新华每日电讯》2011 年 1 月 26 日，第 3 版。
[49] 徐奇杰、高再新：《微博平台收集线索很给力》，《人民公安报》2011 年 1 月 26 日，第 6 版。
[50] 陈中小路、舒眉、王小乔：《李国庆微博大战“大摩女”》，《南方周末》2011 年 1 月 27 日，第 C13 版。
[51] 黄艳、丁秀玲、李克瑶、周宁、万一、沈洋：《网民互助“拼车”回家，春运微博指路》，《新华每日电讯》2011 年 1 月 28 日，第 2 版。
[52] 闵凌欣：《借助微博平台　给力现代警务》，《福建日报》2011 年 1 月 28 日，第 2 版。
[53] 汤传稷：《微博发飙人人都成新媒体?》，《河南日报》2011 年 1 月 28 日，第 10 版。
[54] 卢毅然：《2011：博物馆微博“闹”新年》，《中国文化报》2011 年 1 月 31 日，第 4 版。
[55] 王传涛：《“喊大学校长开微博”，渴望的是交流》，《检察日报》2011 年 1 月 31 日，第 6 版。
[56] 王文硕：《800 余家公安微博联动直播春运安保》，《人民公安报》2011 年 1 月 31 日，第 1 版。
[57] 王文硕：《直播春运安保，各地公安微博与网友互动》，《人民公安报》2011 年 1 月 31 日，第 4 版。
[58] 张颖：《微博，人人都有话说》，《华夏时报》2011 年 1 月 31 日，第 34 版。
[59] 齐洁：《独立微博　生存之战》，《中国经营报》2011 年 1 月 31 日，第 C15 版。

二月

[60] 汪宛夫:《宁波:“廉政微博”织“防线”》,《中国纪检监察报》2011年2月1日,第6版。

[61] 叶铁桥:《拐骗犯罪团伙会不会上微博?》,《中国青年报》2011年2月9日,第7版。

[62] 王亚欣、刘敏:《关注微博解救乞儿行动》,《长江日报》2011年2月9日,第4版。

[63]《从微博“打拐”到全社会“反拐”》,《第一财经日报》2011年2月9日,第A02版。

[64] 王文硕:《警民微博互动查处酒驾反响强烈》,《人民公安报》2011年2月9日,第1版。

[65] 金振邦:《“微博”时代来临》,《人民日报海外版》2011年2月9日,第7版。

[66] 吴俊鸿:《厦门网友加入微博打拐》,《厦门日报》2011年2月9日,第5版。

[67] 杨涛:《微博打拐　法治的力量在民间》,《法制日报》2011年2月10日,第7版。

[68] 胡谋、姜赟:《微博+警方,织密打拐网》,《人民日报》2011年2月10日,第13版。

[69] 单士兵:《“微博打拐”验证民众智慧理性》,《人民日报》2011年2月10日,第13版。

[70] 查文晔、顾烨:《网民“微博打拐”,公安部门积极回应》,《新华每日电讯》2011年2月10日,第4版。

[71] 徐维欣:《微博掀起全民“打拐战争”》,《文汇报》2011年2月10日,第5版。

[72] 马偲可:《微博打拐见证公民微力量》,《贵阳日报》2011年2月10日,第7版。

[73] 郭文婧:《微博参与公共事务需积极导引》,《人民法院报》2011年2月10日,第2版。

[74] 张京科:《新浪微博客户端欲说还休 与腾讯比拼最后一公里?》,《第一财经日报》2011年2月10日,第B05版。

[75] 杨天笑:《苏州未现“微博”中被拐儿童》,《苏州日报》2011年2月11日,第A04版。

[76] 荣倬翊:《无锡尚未发现拐卖儿童乞讨案例》,《无锡日报》2011年2月11日,第A04版。

[77] 普嘉:《微博成熟了为何还是测试版》,《中国青年报》2011年2月11日,第2版。

[78] 张懿:《打拐:人脸识别技术“亮剑”》,《文汇报》2011年2月11日,第1版。

[79] 马海邻、陆绮雯:《微博:能量渐大　盈利不易》,《解放日报》2011年2月11日,第10版。

[80] 评论员:《微博打拐需要政府民间互动》,《南方日报》2011年2月11日,第F02版。

[81] 冯永锋:《微博热议李连生造假事件》,《光明日报》2011年2月12日,第4版。

[82] 赵家新、施霄慧:《江苏省厅开通官方微博一天吸引3.3万粉丝》,《人民公安报》2011年2月12日,第1版。

[83] 张春红:《微博“打拐”仰仗信息化》,《中国劳动保障报》2011年2月12日,第2版。

[84] 施莺、魏钦平:《解救乞儿,网民、警方在行动》,《南通日报》2011年2月12日,第A01版。

[85] 郭艺珺:《独立微博“突围”门户权贵》,《解放日报》2011年2月12日，第15版。
[86] 张晶:《“微博打拐”掀全民打拐热潮》,《人民政协报》2011年2月12日，第A03版。
[87] 刘宝亮:《微博拜年渐成新时尚》,《中国经济导报》2011年2月12日，第B06版。
[88] 周斌、李恩树、卢杰:《“微博打拐”应理性谨防“打拐”变“打乞”》,《法制日报》2011年2月12日，第5版。
[89] 胡利强:《尚未发现被拐卖儿童》,《西安日报》2011年2月13日，第1版。
[90] 周宁、王思海:《“微博求血”上演生命大接力》,《新华每日电讯》2011年2月13日，第1版。
[91] 欧阳金雨:《“微博打拐”带来多重契机》,《湖南日报》2011年2月13日，第2版。
[92] 任松筠:《对打拐线索将逐一排查》,《新华日报》2011年2月14日，第A06版。
[93] 张朝阳:《把微博做大》,《经济观察报》2011年2月14日，第32版。
[94] 金春玲:《微时代：百姓“微生活”，政府“织围脖”》,《舟山日报》2011年2月14日，第5版。
[95] 马之恒:《微博打拐：尚需完善的福音》,《北京科技报》2011年2月14日，第47版。
[96] 王挺:《福建提升公安博客微博在线服务能力》,《人民公安报》2011年2月14日，第2版。
[97] 吴园妹:《“微博”世界，著作权何去何从?》,《人民政协报》2011年2月14日，第B04版。
[98] 陶金节:《“微博打拐”中的公民行动》,《民主与法制时报》2011年2月14日，第A02版。
[99] 侯继勇:《彭高峰寻子　微博引发的社会大救援》,《21世纪经济报道》2011年2月14日，第23版。
[100] 陈纪炯:《“微博问政”　关键在互动》,《浙江日报》2011年2月14日，第14版。
[101] 施蔷生:《“微博打拐”与未成年人权益保护》,《文汇报》2011年2月15日，第5版。
[102] 钱丰:《微博隔空传浓情　网络成就温暖生活》,《通信信息报》2011年2月16日，第B04版。
[103] 谢洋:《迷雾笼罩下的市长微博》,《中国青年报》2011年2月16日，第7版。
[104] 黄伟:《微博求职：方兴未艾还是昙花一现》,《中国教育报》2011年2月16日，第5版。
[105] 杨永勤:《微博打破“官”与“民”间的围墙》,《人民代表报》2011年2月17日，第1版。
[106] 廖保平:《警惕“微博打拐”的运动陷阱》,《衢州日报》2011年2月17日，第6版。
[107] 郭文婧:《微博参与公共事务需积极引导》,《人民代表报》2011年2月17日，第6版。
[108] 刘华、蒋慧燕:《浙江省委组织部长开微博掀组织工作面纱》,《21世纪经济报道》2011年2月17日，第7版。

[109] 柳森：《微博打拐，如何理性推进社会建设》，《解放日报》2011 年 2 月 17 日，第 7 版。
[110]《“微博打拐”尚需民间与公权互动》，《社会科学报》2011 年 2 月 17 日，第 4 版。
[111] 刘忱：《沈阳交警开通微博 警民互动促和谐》，《人民公安报 · 交通安全周刊》2011 年 2 月 18 日，第 1 版。
[112] 白伟：《太原网友积极参与“微博打拐”》，《太原日报》2011 年 2 月 18 日，第 3 版。
[113] 齐春霞：《微博推广免费的午餐》，《经理日报》2011 年 2 月 18 日，第 B01 版。
[114] 江雪：《微博让精神开始“哲学蠕动”》，《中国企业报》2011 年 2 月 18 日，第 4 版。
[115] 杰夕：《国外微博红人如何“织围脖”》，《中国文化报》2011 年 2 月 18 日，第 7 版。
[116] 汤凯锋、赵新星、白靖利：《微博打拐降温　立法任重道远》，《南方日报》2011 年 2 月 18 日，第 A09 版。
[117] 李力：《微博带来了什么》，《金融时报》2011 年 2 月 18 日，第 9 版。
[118] 陈淑华：《泉州公安微博“开门评警”反扒专业队伍上半年成立》，《泉州晚报》2011 年 2 月 19 日，第 2 版。
[119] 刘君：《对微博要用其所长善加引导》，《中国经济导报》2011 年 2 月 19 日，第 A03 版。
[120] 杨帆：《微博打拐　奇迹与反思》，《人民法院报》2011 年 2 月 19 日，第 6 版。
[121] 何玉新、于建嵘：《微博打拐　网友在行动》，《天津日报》2011 年 2 月 19 日，第 7 版。
[122] 车辉：《微博“闪婚”进行时》，《工人日报》2011 年 2 月 20 日，第 1 版。
[123] 邓勇、肖光申：《微博侵权亟须法律制度监管》，《人民法院报》2011 年 2 月 20 日，第 2 版。
[124] 许朝军：《“市长微博事件”背后是一种民意焦渴》，《民主与法制时报》2011 年 2 月 21 日，第 A03 版。
[125] 林洁：《“微博问政”成两会新热点》，《中国青年报》2011 年 2 月 21 日，第 5 版。
[126] 王少华、丁长青：《顺义开通“微博共青团”》，《北京日报》2011 年 2 月 22 日，第 10 版。
[127] 赵新星：《壹基金“出手”加入儿童救助》，《南方日报》2011 年 2 月 22 日，第 A12 版。
[128] 周轩千：《微博很给力》，《上海金融报》2011 年 2 月 22 日，第 B16 版。
[129] 张祥博、刘立纲：《省公安厅开微博 3 周吸引 21 万“粉丝”》，《辽宁日报》2011 年 2 月 23 日，第 2 版。
[130] 李晓玉：《电信率先开通官方微博　看其理性发展的经营理念》，《通信信息报》2011 年 2 月 23 日，第 A08 版。
[131] 李淼：《微博打拐，新媒体彰显社会影响力》，《中国新闻出版报》2011 年 2 月 23 日，第 3 版。
[132] 燕燕、文杰：《托里地税局首开“地税微博”》，《塔城日报（汉）》2011 月 2 月 23 日，第 3 版。
[133] 陶涛：《微博征议案　地方两会频现网络话题》，《中国青年报》2011 年 2 月 24 日，

第 12 版。
[134] 唐轶：《微博　虚拟世界中的现实角力》，《中国青年报》2011 年 2 月 24 日，第 12 版。
[135] 张胜波、徐林、粤宗：《“网上信访大厅”9 月开通》，《南方日报》2011 年 2 月 24 日，第 A01 版。
[136] 王菡娟：《微博时代，人人都是主角》，《人民政协报》2011 年 2 月 24 日，第 C03 版。
[137] 石镇：《微博开通“两会”民意直通车》，《西部时报》2011 年 2 月 25 日，第 1 版。
[138] 林洁：《“微代表”话题锁定税改》，《中国青年报》2011 年 2 月 25 日，第 5 版。
[139] 温博、庄玲玲：《白山市公安局开通全省首家警务微博》，《北方法制报》2011 年 2 月 25 日，第 A01 版。
[140] 洪奕宜、陈枫、余乐：《近 300 代表委员微博听民意》，《南方日报》2011 年 2 月 25 日，第 A02 版。
[141] 郑福汉：《“微博时代”引入“微博问政”》，《中华合作时报》2011 年 2 月 25 日，第 A03 版。
[142] 李栋、刘显仁、何道岚、全杰、涂端玉、黄茜、伍仞、何雪华：《设立“官方微博发言人”》，《广州日报》2011 年 2 月 25 日，第 4 版。
[143] 金春玲：《舟山旅游，如何“微博”?》，《舟山日报》2011 年 2 月 25 日，第 3 版。
[144] 甘敏、邱芸丽、郝晋薇：《整合系统资源，用“新玩意”为民解忧》，《法治快报》2011 年 2 月 26 日，第 1 版。
[145] 伊言：《微博的社会责任》，《人民法院报》2011 年 2 月 26 日，第 5 版。
[146] 车辉：《官员微博的个性化之惑》，《工人日报》2011 年 2 月 27 日，第 2 版。
[147] 肖加勋：《贵州公安第一博架起警民信息高速路》，《法制生活报》2011 年 2 月 28 日，第 1 版。
[148] 仓烜、张伟：《博客微博齐上阵　形式多样听心声》，《人民公安报》2011 年 2 月 28 日，第 6 版。
[149] 郭兵：《微博提案能否集中“晒”?》，《沈阳日报》2011 年 2 月 28 日，第 A03 版。
[150] 王国华：《微博打拐的实践意义》，《海南日报》2011 年 2 月 28 日，第 B04 版。
[151] 吴园妹：《微博转来转去　著作权转没了?》，《工人日报》2011 年 2 月 28 日，第 7 版。
[152] 王本朝：《微博时代：说话的自由与责任》，《光明日报》2011 年 2 月 28 日，第 2 版。

三月

[153] 沈祖伟、尤春红：《检察院开微博搭建起新平台》，《检察日报》2011 年 3 月 1 日，第 6 版。
[154] 殷一晓：《嘉兴南湖消费维权用上微博》，《中国工商报》2011 年 3 月 1 日，第 A02 版。
[155] 朱达志：《代表委员上微博，让民主更直接一点》，《中国青年报》2011 年 3 月 1 日，第 2 版。

[156] 钟华生、王铮锴：《用微博给李白过生日》，《深圳商报》2011 年 3 月 1 日，第 C03 版。
[157] 刘晓群、孙海东：《济南公安首用微博发新闻》，《济南日报》2011 年 3 月 2 日，第 6 版。
[158] 郭文君：《办微博和转作风》，《人民日报》2011 年 3 月 2 日，第 14 版。
[159] 吴剑、罗玉蓉：《我市公安机关全面建起微博平台》，《宜春日报》2011 年 3 月 2 日，第 1 版。
[160] 汪莹：《微博维权，好看更要好用》，《嘉兴日报》2011 年 3 月 2 日，第 1 版。
[161] 刘裕国：《首个省级官方微博受热捧》，《人民日报》2011 年 3 月 2 日，第 14 版。
[162] 郝笛、曾祥素：《针对“微博”侵权　法院调研应对》，《中国质量报》2011 年 3 月 2 日，第 6 版。
[163] 刘瑜：《微博写小说，玩的是创意》，《深圳商报》2011 年 3 月 2 日，第 C01 版。
[164] 王伟健：《县政府微博上的真情互动》，《人民日报》2011 年 3 月 2 日，第 14 版。
[165] 易凌珊：《语音微博渐成新宠　盈利模式仍是发展难题》，《通信信息报》2011 年 3 月 2 日，第 B13 版。
[166] 钟华生、王铮锴：《“李白故里”忘了李白诞辰》，《深圳商报》2011 年 3 月 2 日，第 C01 版。
[167] 李晓晔、李震：《微博议政》，《第一财经日报》2011 年 3 月 2 日，第 A03 版。
[168] 张婧：《委员“织”微博》，《中国经济导报》2011 年 3 月 3 日，第 A02 版。
[169] 张怀中、杜文胜：《想写微博开电视就行》，《长沙晚报》2011 年 3 月 3 日，第 A01 版。
[170] 何立嘉：《对代表委员“微博互动”的三点期望》，《嘉兴日报》2011 年 3 月 3 日，第 2 版。
[171] 李子君：《微博时代浮现著作权“阴影”》，《北京商报》2011 年 3 月 3 日，第 1 版。
[172] 唐红丽：《理性看待“微博问政”》，《中国社会科学报》2011 年 3 月 3 日，第 6 版。
[173] 单士兵：《民间力量有能力参与社会建设》，《社会科学报》2011 年 3 月 3 日，第 3 版。
[174] 耿诺：《“微博打拐”网友苦劝　潜逃两年嫌疑人自首》，《北京日报》2011 年 3 月 3 日，第 10 版。
[175] 龙烨、黄东华：《广西“八桂防火墙”微博获热捧》，《人民公安报·消防周刊》2011 年 3 月 4 日，第 1 版。
[176] 郭锦润：《中山籍政协委员微博“晒”提案》，《中山日报》2011 年 3 月 4 日，第 A01 版。
[177] 吕信渊、倪中勇、蔡周相：《三门：组织部长微博直播新村官扶任》，《台州日报》2011 年 3 月 4 日，第 2 版。
[178] 王荣、黄淑慧：《新浪多元化起航》，《中国证券报》2011 年 3 月 4 日，第 A13 版。
[179] 刘栋：《“微博打拐”后，我们该做什么》，《文汇报》2011 年 3 月 5 日，第 3 版。
[180] 郭文君：《办微博和转作风》，《四平日报》2011 年 3 月 7 日，第 2 版。
[181] 王嵘、薛华：《太原：微博直播户籍民警公开选聘》，《人民公安报》2011 年 3 月 7

日，第 2 版。
[182] 赵家新、常征：《昆山：一名社区民警开通双语微博》，《人民公安报》2011 年 3 月 7 日，第 2 版。
[183] 罗峰：《“微博打拐”中的公共治理》，《学习时报》2011 年 3 月 7 日，第 4 版。
[184] 张伟：《全国“两会”微博热　民众议政问政新渠道》，《中国高新技术产业导报》2011 年 3 月 7 日，第 5 版。
[185] 赵丽：《政府官员微博问政如何“落地”》，《法制日报》2011 年 3 月 8 日，第 4 版。
[186] 莫小松、郝晋薇：《民警讲述公安微博怎样从网上到网下》，《法制日报》2011 年 3 月 8 日，第 4 版。
[187] 沈浩：《微博：重塑“社会关系的总和”?》，《21 世纪经济报道》2011 年 3 月 8 日，第 2 版。
[188] 吴逸：《“微博高官”要旨何在》，《检察日报》2011 年 3 月 9 日，第 1 版。
[189] 吴欣飞：《人大代表首次通过微博征集议案》，《中国工业报》2011 年 3 月 9 日，第 B01 版。
[190] 聂晓飞：《微博变身维权“特种兵”新兴方式需反思》，《通信信息报》2011 年 3 月 9 日，第 B16 版。
[191] 尤莉、江晓东：《靖江公安微博直播打黑除恶》，《江苏法制报》2011 年 3 月 9 日，第 2 版。
[192] 钟顺钦：《微博沟通闪亮两会　打造体察民意有效平台》，《通信信息报》2011 年 3 月 9 日，第 B02 版。
[193] 黄丹羽、张志滨：《两会催生共青团群众工作新载体》，《中国青年报》2011 年 3 月 10 日，第 4 版。
[194] 张涛甫：《微博文学批评新生态》，《文学报》2011 年 3 月 10 日，第 7 版。
[195] 于建嵘、朱学东、展江：《微博中国：学者表达借助新媒介》，《社会科学报》2011 年 3 月 10 日，第 1 版。
[196] 覃爱玲：《“微博”书记张春贤在两会》，《南方周末》2011 年 3 月 10 日，第 A06 版。
[197] 章公宣：《多元手段助力“大走访”》，《闽南日报》2011 年 3 月 11 日，第 3 版。
[198] 廉维亮：《现在接通“微博”现场》，《人民政协报》2011 年 3 月 12 日，第 A02 版。
[199] 派刘栋：《“民生部门”可试点开微博》，《文汇报》2011 年 3 月 12 日，第 2 版。
[200] 莫水土：《马霄：坐着轮椅，用微博延续禁毒理想》，《人民公安报》2011 年 3 月 12 日，第 3 版。
[201] 王旭东、胡诚浩：《政府开微博：绍兴悄然“上线”》，《绍兴日报》2011 年 3 月 12 日，第 1 版。
[202] 刘倩、赵威：《微博也实名，你愿意吗?》，《南方日报》2011 年 3 月 13 日，第 4 版。
[203] 孙进：《通讯受阻　微博和社交网站成救灾主力》，《第一财经日报》2011 年 3 月 13 日，第 T12 版。
[204] 钟天阳：《微博助力寻亲救援》，《第一财经日报》2011 年 3 月 14 日，第 T04 版。
[205] 陈彬：《微博闪亮登上“两会”舞台》，《科技日报》2011 年 3 月 14 日，第 10 版。
[206] 任成琦：《“微博问政”新在哪里?》，《人民日报海外版》2011 年 3 月 14 日，第 3 版。

[207] 杨仕省:《微博“议政”》,《华夏时报》2011 年 3 月 14 日，第 2 版。
[208] 赵亚辉、张玉洁:《微博：一个特别的科技产品》,《人民日报》2011 年 3 月 16 日，第 14 版。
[209] 张涛甫:《微博时代专业批评如何作为》,《文汇报》2011 年 3 月 16 日，第 11 版。
[210] 朱晨:《“微博问政”促进政务公开透明》,《解放日报》2011 年 3 月 16 日，第 8 版。
[211] 朱迅垚:《南京梧桐保卫战：微博的又一次胜利》,《南方日报》2011 年 3 月 16 日，第 F02 版。
[212] 华锴:《朝阳区政府开微博　1 小时内回复举报》,《北京日报》2011 年 3 月 17 日，第 9 版。
[213] 赵丽:《揭秘公安微博破案全过程》,《法制日报》2011 年 3 月 17 日，第 8 版。
[214] 顾钧:《外国政要微博价值几何》,《中国文化报》2011 年 3 月 17 日，第 3 版。
[215] 李淼、任晓宁:《两会兴起“微博热”》,《中国新闻出版报》2011 年 3 月 17 日，第 6 版。
[216] 付玉辉:《盈江抗震救灾：三大电信微博发力》,《人民邮电》2011 年 3 月 17 日，第 2 版。
[217] 高柱:《四川工会“飞信”“微博”助力普法维权》,《工人日报》2011 年 3 月 18 日，第 1 版。
[218] 刘琼:《微博大战，相当激烈》,《深圳商报》2011 年 3 月 18 日，第 C01 版。
[219] 王俊秀、张迪:《名人微博：不说话也是一种责任》,《中国青年报》2011 年 3 月 19 日，第 3 版。
[220] 刘君:《对“微博热”要多些辩证眼光》,《中国经济导报》2011 年 3 月 19 日，第 A03 版。
[221] 程仁山、林永华:《福州警方开展微博知识培训》,《福州日报》2011 年 3 月 20 日，第 2 版。
[222] 翟娟、朱丽荣:《陕西：开通微博展示气象大景观》,《中国气象报》2011 年 3 月 21 日，第 2 版。
[223] 王芳、张楠、悦潼:《微博、社交网络显威力》,《中国文化报》2011 年 3 月 21 日，第 5 版。
[224] 李喆、温淼森:《佛山公安微博征集线索　推出“反扒地图”》,《人民公安报》2011 年 3 月 21 日，第 2 版。
[225] 叶方珊、谢杰明:《网友留言公安微博举报　南宁连端三赌博窝点》,《人民公安报》2011 年 3 月 21 日，第 2 版。
[226] 王夕:《故宫变身“微博控”》,《北京科技报》2011 年 3 月 21 日，第 50 版。
[227] 赵家新、王涵宇:《常州天宁：六万余名微博“粉丝”参与评警》,《人民公安报》2011 年 3 月 22 日，第 3 版。
[228] 徐齐、李迪刚:《局长是个“微博控”》,《浙江日报》2011 年 3 月 22 日，第 15 版。
[229] 白骅:《利用微博互动成亮点》,《中国旅游报》2011 年 3 月 23 日，第 3 版。
[230] 吕玥、朱燕婷:《微博问政的台前幕后》,《浙江日报》2011 年 3 月 24 日，第 17 版。
[231] 原玉苗:《挖掘微博问政的潜力》,《人民代表报》2011 年 3 月 24 日，第 1 版。

[232] 肖亮、赵希：《云南地方官员实名开微博成时尚》，《中国民族报》2011 年 3 月 25 日，第 4 版。
[233] 夏吉春：《郑州：社区警务微博让警民沟通更顺畅》，《人民公安报》2011 年 3 月 25 日，第 2 版。
[234] 陈原：《当批评遭遇微博》，《人民日报》2011 年 3 月 25 日，第 19 版。
[235] 赵肃岐、林永华、马腾宙、陈志雄：《福州：微博“潮”元素拉近警民距离》，《人民公安报》2011 年 3 月 28 日，第 2 版。
[236] 赵杨：《微博第一案：周鸿祎判赔八万元》，《南方日报》2011 年 3 月 28 日，第 A08 版。
[237] 缪志聪：《微博不“微”，织起高校网上“缤纷校园”》，《江苏教育报》2011 年 3 月 28 日，第 1 版。
[238] 张京科：《“微博第一案”一审判周鸿祎落败》，《第一财经日报》2011 年 3 月 28 日，第 B03 版。
[239] 罗小卫：《微博战争》，《华夏时报》2011 年 3 月 28 日，第 22 版。
[240] 王志胜：《微博上的健康达人》，《健康时报》2011 年 3 月 28 日，第 3 版。
[241] 黎铭铭：《南京开设“路况直播间”微博》，《人民公安报·交通安全周刊》2011 年 3 月 29 日，第 1 版。
[242] 尹春芳：《微博成图书营销新工具》，《深圳特区报》2011 年 3 月 29 日，第 B08 版。
[243] 何建红：《微博问政，政务公开新通道》，《中国财经报》2011 年 3 月 29 日，第 2 版。
[244] 庞革平、谢振华、谢建伟：《微博时代，如何借“网”问政》，《人民日报》2011 年 3 月 29 日，第 11 版。
[245] 谢建伟：《“微博问政”：进展与困惑》，《人民日报》2011 年 3 月 29 日，第 14 版。
[246] 李婷：《博物馆也在使劲“织围脖”》，《文汇报》2011 年 3 月 29 日，第 1 版。
[247] 林天宏、郑宇钧：《微博不伺候官腔》，《中国青年报》2011 年 3 月 30 日，第 9 版。
[248] 顾梦昳：《襄阳市政协全会：委员微博忙议政》，《人民政协报》2011 年 3 月 30 日，第 A02 版。
[249] 张钦：《官方微博不要成为时髦的秀场》，《新华每日电讯》2011 年 3 月 30 日，第 3 版。
[250] 张冰、王庆国：《“大走访”开门评警走上网络快车道》，《齐齐哈尔日报》2011 年 3 月 31 日，第 2 版。
[251] 雷辉：《广东省公安厅微博“火爆”高居榜首》，《南方日报》2011 年 3 月 31 日，第 A12 版。
[252] 秦轩、郑李、任咪娜：《把外交做到中国人指尖》，《南方周末》2011 年 3 月 31 日，第 A08 版。

四月

[253] 关清：《安徽：借助微博直播开门评警座谈会》，《人民公安报》2011 年 4 月 1 日，第 1 版。
[254] 杨晓文、汪智超：《我市近 500 名团干部开通微博》，《宿迁日报》2011 年 4 月 1 日，第 A02 版。

[255] 修仰峰：《浅薄的官员微博终将被淘汰》，《中国青年报》2011 年 4 月 1 日，第 2 版。
[256] 王涵宇、蔡炜：《“微访谈”架起警民连心桥》，《新华日报》2011 年 4 月 2 日，第 A02 版。
[257] 张晶：《政府微博成为与民众沟通新平台》，《人民政协报》2011 年 4 月 2 日，第 A03 版。
[258] 夏吉春、张庆伟：《河南警方接到微博报警及时解救 18 人》，《人民公安报》2011 年 4 月 2 日，第 4 版。
[259] 王旭东：《6 万微博“粉丝”冲击的是“官念”》，《检察日报》2011 年 4 月 4 日，第 6 版。
[260] 李喆、罗丽贤、杨振文：《茂名茂南：市民可用微博、QQ、短信举报违法》，《人民公安报》2011 年 4 月 5 日，第 2 版。
[261] 易凌珊：《贾敬华：微博亟待建立长期发展引导机制》，《通信信息报》2011 年 4 月 6 日，第 A13 版。
[262] 丁永勋：《“微博公文”文风不错，但别沦为创新泡沫》，《新华每日电讯》2011 年 4 月 7 日，第 3 版。
[263] 刘胜军：《微博为什么这样红》，《第一财经日报》2011 年 4 月 7 日，第 A06 版。
[264] 关桓达、王平祥、夏静：《80 后 90 后的红色微博》，《光明日报》2011 年 4 月 7 日，第 5 版。
[265] 林琳：《官员微博：与百姓互动的便捷通道》，《工人日报》2011 年 4 月 7 日，第 3 版。
[266] 楚楚、张玉峰：《微博“微观”七警花》，《扬州日报》2011 年 4 月 7 日，第 B01 版。
[267] 王小明、翟晓晖：《搭建信息发布沟通新渠道》，《中国环境报》2011 年 4 月 7 日，第 5 版。
[268] 毛晶慧：《新浪微博启用新域名》，《中国经济时报》2011 年 4 月 7 日，第 7 版。
[269] 陶涛、王孟：《微博校园打造服务青年成长新互动平台》，《中国青年报》2011 年 4 月 7 日，第 12 版。
[270] 马连华：《调查显示：大学生对汽车的热爱超过想象》，《中国青年报》2011 年 4 月 7 日，第 9 版。
[271] 张怡：《新浪微博打造独立平台》，《中国证券报》2011 年 4 月 7 日，第 A12 版。
[272] 杨易：《微博粉丝岂能作政绩指标》，《光明日报》2011 年 4 月 8 日，第 2 版。
[273] 刘红格、谷强、王媛：《吸纳社会力量参与创建》，《石家庄日报》2011 年 4 月 8 日，第 2 版。
[274] 余靖静：《海宁：“微博公文”能否推进阳光政务?》，《新华每日电讯》2011 年 4 月 10 日，第 4 版。
[275] 戴宏峰、高再新：《杭州铁警“微群评警”形成微博宣传合力》，《人民公安报》2011 年 4 月 10 日，第 2 版。
[276] 郭政：《消费维权的微博试验》，《福建日报》2011 年 4 月 11 日，第 4 版。
[277] 顾春、邹倜然：《政务公开试水“微博公文”》，《人民日报》2011 年 4 月 11 日，第 16 版。

[278] 刘辉：《微博擅传婚礼照 涉嫌侵犯肖像权》，《民主与法制时报》2011年4月11日，第D03版。
[279] 许泳：《新浪微博启用独立域名 weibo. com》，《计算机世界》2011年4月11日，第3版。
[280] 侯云龙：《微博火热境遇难掩收入软肋》，《经济参考报》2011年4月13日，第3版。
[281] 黄伟、孟婧勔、汪瑞林：《高校招生咨询进入微博时代》，《中国教育报》2011年4月13日，第5版。
[282] 吴园妹：《微博世界，著作权何去何从?》，《中国艺术报》2011年4月13日，第5版。
[283] 苍嚣：《微博火热催生展业新方式》，《中国保险报》2011年4月13日，第8版。
[284] 钟顺钦：《胡延平：微博迎创新运营年　平台化母体需突破社交演进障碍》，《通信信息报》2011年4月13日，第A12版。
[285] 刘昊：《市民可随手拍举报城市顽疾》，《北京日报》2011年4月14日，第7版。
[286] 林培：《66个官员微博的“微言大义”》，《新华日报》2011年4月14日，第A03版。
[287] 丁先明：《安徽省利辛县：官员微博直播自首式举报》，《中国青年报》2011年4月14日，第1版。
[288] 尹于世：《“微博直播自首”不怕围观，但怕什么?》，《新华每日电讯》2011年4月15日，第3版。
[289] 李喆、刘博：《广东省厅微博获评“十大党政机构微博”之首》，《人民公安报》2011年4月15日，第2版。
[290] 赵家新：《江苏警方微博“寻子帖”助宝贝回家》，《人民公安报》2011年4月15日，第4版。
[291] 张海英：《直播自首，万能微博的新创意》，《法制日报》2011年4月15日，第7版。
[292] 徐妙丽、许冰洲：《南湖新区·东栅街道不断拓展民意沟通新渠道》，《嘉兴日报》2011年4月15日，第10版。
[293] 谢雪琳：《国土局公务员　微博直播自首并检举腐败官员》，《第一财经日报》2011年4月15日，第A04版。
[294] 王石川：《微博直播自首，看点不是微博》，《中国青年报》2011年4月15日，第2版。
[295] 丁先明：《亳州市纪委调查“官员自首举报”案》，《中国青年报》2011年4月15日，第8版。
[296] 章光辉：《“新兵微博墙”》，《中国青年报》2011年4月15日，第10版。
[297] 徐晶卉：《圆桌上开大会 微博上开小会》，《文汇报》2011年4月16日，第3版。
[298] 谭志勇：《“平安北京”成立粉丝挑刺专家团》，《人民公安报》2011年4月17日，第1版。
[299] 程士华：《官员微博自首举报领导，利辛县回应》，《新华每日电讯》2011年4月18日，第7版。
[300] 徐岳、邹俭朴、谢樱：《“微博求助”遭恶搞，“以爱心为名的骗局最残酷”》，《新华每日电讯》2011年4月18日，第4版。

［301］绍兵：《微博：让景区品牌实现口口相传》，《中国旅游报》2011 年 4 月 18 日，第 7 版。
［302］郭文婧：《微博自首之后能否“微博”查处》，《民主与法制时报》2011 年 4 月 18 日，第 B02 版。
［303］胡珉琦：《官员学写微博正流行》，《北京科技报》2011 年 4 月 18 日，第 41 版。
［304］朱春先：《长沙公安微博直面民意监督》，《民主与法制时报》2011 年 4 月 18 日，第 A01 版。
［305］王鑫昕、王烨捷：《大学生记者 3696 条微博传播灾区重建成果》，《中国青年报》2011 年 4 月 18 日，第 6 版。
［306］刘海明：《民航微博方兴未艾》，《中国民航报》2011 年 4 月 19 日，第 3 版。
［307］李光斗：《微博：不可或缺的营销平台》，《中国民航报》2011 年 4 月 19 日，第 3 版。
［308］倪黄村：《政府微博应是“微自政务，博向民生”》，《长春日报》2011 年 4 月 19 日，第 2 版。
［309］高剑：《微博创新官民互动新模式》，《东莞日报》2011 年 4 月 19 日，第 A02 版。
［310］评论员：《“微博自首”的意义在于自我救赎》，《南方日报》2011 年 4 月 19 日，第 F02 版。
［311］郝勇：《工会联动　飞信微博维权》，《四川日报》2011 年 4 月 20 日，第 9 版。
［312］陈菁霞：《中国首部微博小说〈围脖时期的爱情〉出炉》，《中华读书报》2011 年 4 月 20 日，第 1 版。
［313］王丽娟：《政府“织围脖”催生城市“微”管理》，《中国改革报》2011 年 4 月 21 日，第 5 版。
［314］田梅、刘艳元：《官方微博，在掌声和质疑中前行》，《新华日报》2011 年 4 月 21 日，第 A02 版。
［315］纪军：《微博开通党群互动“直通车”》，《阿克苏日报（汉）》2011 年 4 月 21 日，第 1 版。
［316］时言平：《“微博自首举报”的正常与非正常》，《桂林日报》2011 年 4 月 21 日，第 7 版。
［317］孙进：《微博：互联网标配》，《第一财经日报》2011 年 4 月 21 日，第 C02 版。
［318］彭建基、许乐怡、陈海玲、彭家祥：《肇庆将在全国首开政法微博群》，《西江日报》2011 年 4 月 22 日，第 A01 版。
［319］缪志聪、丁姗、谈伟：《高校微博　千帆竞发“微”时代》，《中国教育报》2011 年 4 月 22 日，第 8 版。
［320］晓雪：《微博“僵尸粉丝”大劫》，《中国图书商报》2011 年 4 月 22 日，第 X03 版。
［321］晓雪：《微博托管产业呼之欲出》，《中国图书商报》2011 年 4 月 22 日，第 X04 版。
［322］程墨、徐世兵：《“校长，学生喊您开微博啦”》，《中国教育报》2011 年 4 月 22 日，第 8 版。
［323］张春铭：《副省长发微博“点名”促高校重视食品安全》，《中国教育报》2011 年 4 月 22 日，第 1 版。
［324］姜澎：《县处级官员织“围脖”最积极》，《文汇报》2011 年 4 月 23 日，第 2 版。

[325] 郭丽君:《微博：群众与政府互动新平台》,《光明日报》2011 年 4 月 23 日，第 3 版。
[326] 陈璐:《外国名人在中国开微博》,《中国文化报》2011 年 4 月 23 日，第 4 版。
[327] 邓爽、周凯:《微博问政渐成信息公开新趋势》,《中国青年报》2011 年 4 月 24 日，第 1 版。
[328] 邓爽:《微博问政渐成信息公开新趋势》,《中国青年报》2011 年 4 月 24 日，第 1 版。
[329] 林晔晗、段体操:《东莞第一法院微博悬赏促执行》,《人民法院报》2011 年 4 月 24 日，第 1 版。
[330] 程士华:《亳州回应“官员微博直播自首”事件》,《新华每日电讯》2011 年 4 月 25 日，第 4 版。
[331] 张伟:《微博论战　网游厂商需肩负起社会责任》,《中国高新技术产业导报》2011 年 4 月 25 日，第 A06 版。
[332] 黄安琪、陆文军:《“微博招聘”：赚眼球能否“赚”明天》,《新华每日电讯》2011 年 4 月 25 日，第 7 版。
[333] 沈墨:《外交部首开微博，引数万网民围观》,《民主与法制时报》2011 年 4 月 25 日，第 A03 版。
[334] 高照立:《微博问政贵在平等、可亲》,《北京日报》2011 年 4 月 25 日，第 17 版。
[335] 林晔晗、段体操、廖蔚:《降服“老赖”　东莞“法院微博”成锐器》,《人民法院报》2011 年 4 月 25 日，第 7 版。
[336] 朱香山、韦磊:《微博普法：第一时间传递检察“新鲜事”》,《检察日报》2011 年 4 月 26 日，第 2 版。
[337] 徐滔:《政务微博风起编织官民互动》,《南方日报》2011 年 4 月 26 日，第 A10 版。
[338] 徐滔、姜燕、张芳圆:《政务微博风起编织官民互动》,《南方日报》2011 年 4 月 26 日，第 A10 版。
[339] 陈丽玲:《“法治肇庆”政法微博群试运行》,《西江日报》2011 年 4 月 26 日，第 A01 版。
[340] 邹建锋:《微博公文：能否开启电子政务 2.0 时代》,《中国经济时报》2011 年 4 月 26 日，第 1 版。
[341] 王国杰、郭振林:《东营利用微博助力严打整治行动》,《人民公安报》2011 年 4 月 26 日，第 5 版。
[342] 白丽峰、郑丽颖:《包头交警开微博“网”民意听心声》,《人民公安报 · 交通安全周刊》2011 年 4 月 26 日，第 2 版。
[343] 朱巍:《“微博版权”如何认定》,《北京日报》2011 年 4 月 27 日，第 18 版。
[344] 何玲玲、章苒:《浙江：官员上党校必修“微博课”》,《新华每日电讯》2011 年 4 月 27 日，第 1 版。
[345] 王地:《政法微博，在掌声和探索中前行》,《检察日报》2011 年 4 月 27 日，第 4 版。
[346] 吴苡婷:《首份中国政务微博研究报告出炉》,《上海科技报》2011 年 4 月 27 日，第 A01 版。
[347] 吴园妹:《百十字微博有版权吗》,《北京日报》2011 年 4 月 27 日，第 18 版。
[348] 高江虹:《航空加微博，是新蓝海吗》,《21 世纪经济报道》2011 年 4 月 27 日，第 19 版。

[349] 钟正：《股市老千卷土重来 “总舵主”微博钓鱼》，《中国证券报》2011 年 4 月 27 日，第 A08 版。
[350] 陈志刚：《甘肃通过微博、QQ 等建立不文明交通行为曝光台》，《人民公安报》2011 年 4 月 27 日，第 2 版。
[351] 唐颖、黄凯：《徐州云龙：微博“给力”阳光检务》，《检察日报》2011 年 4 月 27 日，第 10 版。
[352] 胡言午：《“微博问政”：趋势向好 尚需规划》，《中国社会科学报》2011 年 4 月 28 日，第 3 版。
[353] 许纪霖：《微博、知识分子与话语权力的转移》，《组织人事报》2011 年 4 月 28 日，第 7 版。
[354] 肖隆福、陈晨、李俊雄：《支持政府部门定期开“微博访谈”》，《东莞日报》2011 年 4 月 28 日，第 A05 版。
[355] 张健、杨瑞：《江苏公司率先开通“有序用电顾问”微博》，《国家电网报》2011 年 4 月 28 日，第 4 版。
[356] 张健、杨瑞：《用户可实时了解全省供用电情况》，《华东电力报》2011 年 4 月 28 日，第 1 版。
[357] 赵家新、陆扬：《“南通公安 V”：微博里的那些事儿》，《人民公安报》2011 年 4 月 29 日，第 5 版。
[358] 陈原：《面对微博 文化批评怎么办》，《人民日报》2011 年 4 月 29 日，第 19 版。

五月

[359] 杜善国、宋艳华：《问题放到网上 回音送进心里》，《解放军报》2011 年 5 月 2 日，第 5 版。
[360] 贾云峰：《迅速成为十强政府微博的独家秘诀》，《中国旅游报》2011 年 5 月 2 日，第 10 版。
[361] 谢良兵、陈勇、马莉：《政府@微博》，《经济观察报》2011 年 5 月 2 日，第 12 版。
[362] 谭彦叙、吴丽霜：《上微博找交警 能办不少事儿》，《人民公安报》2011 年 5 月 3 日，第 3 版。
[363] 吴学安：《微博招聘渐成职场新宠》，《工人日报》2011 年 5 月 3 日，第 7 版。
[364] 朱晓萌：《“微公益”：万能的微博放大善念力量》，《中华工商时报》2011 年 5 月 3 日，第 10 版。
[365] 雷雨、生力军、吴楚斌、冯婧婧：《55 万条微博聚焦这一天》，《南方日报》2011 年 5 月 4 日，第 4 版。
[366] 陈熙涵：《“微博体”能否成小说“桃花源”》，《文汇报》2011 年 5 月 4 日，第 9 版。
[367] 何雪华、吴楚斌、冯婧婧：《穗超八成青年是“微博控”》，《广州日报》2011 年 5 月 4 日，第 2 版。
[368] 王卫英、方镖：《浦江农民开微博吆喝农产品》，《金华日报》2011 年 5 月 4 日，第 D01 版。
[369] 唐隆辉：《微博热催生粉丝经济 网络人气岂能靠批发》，《通信信息报》2011 年 5

月 4 日，第 B13 版。
[370] 祁崎、严娟：《随州电网青年网上庆五四》，《国家电网报》2011 年 5 月 5 日，第 4 版。
[371] 李瑞英：《微博媒体效应正凸显》，《光明日报》2011 年 5 月 5 日，第 10 版。
[372] 傅蕾：《微访谈：坦诚相见受追捧　接受评议赢好评》，《人民公安报》2011 年 5 月 5 日，第 4 版。
[373] 汪占军、姜玉多：《“士兵微博提醒我们抓落实”》，《解放军报》2011 年 5 月 6 日，第 1 版。
[374] 张惠：《微博还能火多久》，《中国商报》2011 年 5 月 6 日，第 2 版。
[375] 陈智博：《“平安钢都”网络搭建民意警务平台》，《鞍山日报》2011 年 5 月 6 日，第 A01 版。
[376] 张守营：《微博成为正在加速的公众风潮》，《中国经济导报》2011 年 5 月 7 日，第 B07 版。
[377] 姜军旗：《微博爆料引起的纷争》，《民主与法制时报》2011 年 5 月 9 日，第 B04 版。
[378] 赵琳：《小微博玩转大旅游》，《中国旅游报》2011 年 5 月 9 日，第 3 版。
[379] 陈永杰：《微博 = 速度≠真实》，《北京科技报》2011 年 5 月 9 日，第 12 版。
[380] 王昕、沈正军：《竹山公安微博回复咨询 816 次》，《人民公安报》2011 年 5 月 10 日，第 3 版。
[381] 李璐君：《上微博　看雅安》，《雅安日报》2011 年 5 月 10 日，第 1 版。
[382] 董兆辉、孙礼：《直播进行时　微博零距离》，《解放军报》2011 年 5 月 10 日，第 12 版。
[383] 王志：《新媒体为公司团青工作注入新活力》，《国家电网报》2011 年 5 月 10 日，第 4 版。
[384] 潘立军、许雄武：《“军营微博”火校园》，《解放军报》2011 年 5 月 11 日，第 11 版。
[385] 李喆、刘博：《广东公安微博群：时时关注百姓大事小情》，《人民公安报》2011 年 5 月 11 日，第 1 版。
[386] 朱晨：《“微博公文”试水政务公开》，《解放日报》2011 年 5 月 11 日，第 6 版。
[387] 周冬青：《微博发展方向：为自媒体服务的运营平台》，《科技日报》2011 年 5 月 11 日，第 10 版。
[388] 吴文治：《VANCL 微博广告火爆背后的门道》，《北京商报》2011 年 5 月 11 日，第 A05 版。
[389] 赵志刚：《检察微博的四大功能与五类问题》，《检察日报》2011 年 5 月 11 日，第 9 版。
[390] 刘璟：《“微博问政”：昙花一现，还是民主参与的契机?》，《社会科学报》2011 年 5 月 12 日，第 3 版。
[391] 李喆、刘博：《广东公安微博形成品牌效应》，《人民公安报》2011 年 5 月 12 日，第 6 版。
[392] 刘璟：《“微博问政”：昙花一现，还是民主参与的契机?》，《社会科学报》2011 年 5

月 12 日，第 3 版。
[393] 杨树华、尹丽华、刘芳：《楚雄西城：微博走访助山区移民快速迁户》，《人民公安报》2011 年 5 月 13 日，第 2 版。
[394] 温婷：《新浪将增资 1 亿美元投入微博》，《上海证券报》2011 年 5 月 13 日，第 F04 版。
[395] 汪昌莲：《微博“发言”也要理性》，《中国新闻出版报》2011 年 5 月 13 日，第 1 版。
[396] 韩清华：《成都：微博展示震后重建新“家”》，《中国经济时报》2011 年 5 月 13 日，第 2 版。
[397] 刘建、李鑫：《上海警方微博拥三十万粉丝》，《法制日报》2011 年 5 月 14 日，第 5 版。
[398] 刘妮：《“市民服务热线”与“民声微博”说周详》，《沈阳日报》2011 年 5 月 14 日，第 2 版。
[399] 钟文：《“成都发布”粉丝数量　位居全国城市官方微博首位》，《成都日报》2011 年 5 月 14 日，第 1 版。
[400] 刘绍翔：《涌泉：“田秀才”微博教种田》，《台州日报》2011 年 5 月 15 日，第 1 版。
[401] 陈军朝：《微博时代：银行法律风险不得不防》，《中国城乡金融报》2011 年 5 月 16 日，第 A03 版。
[402] 高春燕：《推图打造移动版“图片微博”》，《中国计算机报》2011 年 5 月 16 日，第 11 版。
[403] 杨可：《微博时代，传统媒体如何扬长避短》，《汕头日报》2011 年 5 月 16 日，第 6 版。
[404] 张缓鸣、贾彦峰、吴国海：《宜检微博　搭建检民互动平台》，《江苏法制报》2011 年 5 月 16 日，第 5 版。
[405] 吴勇毅：《新浪季报喜忧参半　微博盈利模式急待破冰》，《通信信息报》2011 年 5 月 17 日，第 C04 版。
[406] 舒琳：《图书馆借力微博提升服务》，《中国文化报》2011 年 5 月 17 日，第 5 版。
[407] 李光华、赵雄伟、周筱元、罗志勇：《微博成为湘乡就业“功臣”》，《湖南日报》2011 年 5 月 18 日，第 7 版。
[408] 袁旺：《全省首个乡镇纪委官方微博开通》，《中山日报》2011 年 5 月 18 日，第 A02 版。
[409] 黄木炎、吴远勇：《微博直播警营开放日》，《人民公安报》2011 年 5 月 19 日，第 6 版。
[410] 姜伯静：《微博，别被“江湖帮派”引错了方向》，《工人日报》2011 年 5 月 19 日，第 3 版。
[411] 柳田：《陆家嘴论坛“微研讨”互动正热》，《解放日报》2011 年 5 月 19 日，第 2 版。
[412] 毛建国：《愤怒的马悦然　尴尬的名人微博》，《中国青年报》2011 年 5 月 20 日，第 2 版。

[413] 王石川：《一条微博惹怒马悦然》，《法制日报》2011年5月20日，第7版。
[414] 简工博：《上海警民互动中增互信添合力》，《解放日报》20113年5月20日，第1版。
[415] 李羊：《400余家上市公司董秘开通证券微博》，《证券时报》2011年5月20日，第A01版。
[416] 徐晶卉：《“麦教授”的观点对不对》，《文汇报》2011年5月21日，第6版。
[417] 王宝来：《上海公安“大微博”网聚民心》，《文汇报》2011年5月23日，第1版。
[418] 胡雅清：《新锐汽车厂商如何玩微博》，《中国经营报》2011年5月23日，第C05版。
[419] 郑峥：《银川全方位搭建网络政务平台》，《宁夏日报》2011年5月24日，第1版。
[420] 方方、卢美慧、张自芳：《微博问政：还需深处试水》，《中国经济导报》2011年5月24日，第A01版。
[421] 倪泰：《消费维权新增微博投诉平台》，《中国工商报》2011年5月25日，第B03版。
[422] 王翠霞：《广东联通“悦TV”创新视频分享功能》，《人民邮电》2011年5月25日，第2版。
[423] 王江：《微博体爆红引热议　网络语言是双刃剑莫滥用》，《通信信息报》2011年5月25日，第A04版。
[424] 刘长青：《安阳公安微博：给力警民沟通》，《安阳日报》2011年5月25日，第5版。
[425] 张兴春、金钢、孙玉红：《市公安局：开“平安微博”　推“新型巡逻”》，《哈尔滨日报》2011年5月26日，第3版。
[426] 李丹、刘奕芸：《益阳公安微博畅民声解民忧得民心》，《益阳日报》2011年5月26日，第A04版。
[427] 孙春龙、郑天虹：《微博万次接力，助远征军老兵回家》，《新华每日电讯》2011年5月26日，第4版。
[428] 王权：《“微博热”的冷思考》，《中国社会科学报》2011年5月26日，第10版。
[429] 孙怡：《博物馆　今天你微博了吗》，《中国商报》2011年5月26日，第1版。
[430] 蔡玉高：《拓展“微博问政”，南京首建“城市广场”》，《新华每日电讯》2011年5月26日，第2版。
[431] 喻国明：《不必过分担心微博口水化》，《人民日报》2011年5月27日，第12版。
[432] 陈东升、王春：《微博公文遭遇三大质疑》，《法制日报》2011年5月27日，第4版。
[433] 魏武挥：《国内SNS为何不敌微博?》，《21世纪经济报道》2011年5月27日，第23版。
[434] 韩俊杰、孙瑞丽：《河南高招咨询跟潮90后考生》，《中国青年报》2011年5月28日，第3版。
[435] 焦雯、任学武：《大学生何以迷上秦腔现代戏》，《中国文化报》2011年5月30日，第4版。
[436] 杨雪冬：《微博世界的“马太效应”》，《贵阳日报》2011年5月30日，第7版。
[437] 李喆、温扬勤：《佛山：利用微博抓获交通肇事逃逸者》，《人民公安报·交通安全周刊》2011年5月31日，第2版。
[438] 莫兰：《微博招聘悄然盛行但难成主流》，《中国妇女报》2011年5月31日，第7版。

六月

[439] 程士华：《利辛："微博自首"被举报人被批评警告》，《新华每日电讯》2011 年 6 月 1 日，第 2 版。

[440] 江明：《微博成沟通最佳桥梁　"微"力量改变大武汉》，《通信信息报》2011 年 6 月 1 日，第 B13 版。

[441] 于洋：《珲春首家微博网开通》，《图们江报》2011 年 6 月 2 日，第 2 版。

[442] 王蔚：《亲切"微服务"攒得数十万粉丝》，《文汇报》2011 年 6 月 2 日，第 1 版。

[443] 殷丽娟：《北京首个街道办事处官方微博开通》，《新华每日电讯》2011 年 6 月 3 日，第 2 版。

[444] 吴红：《独立参选人应从微博回归现实》，《国防时报》2011 年 6 月 3 日，第 20 版。

[445] 刘义昆：《"微博打拐误抓"是法治的应有成本》，《新华每日电讯》2011 年 6 月 3 日，第 3 版。

[446] 许晓青、孙丽萍：《微博流行语："咆哮"也要有底线》，《中国文化报》2011 年 6 月 3 日，第 5 版。

[447] 周元春、李世卓：《局长是个"微博控"》，《深圳特区报》2011 年 6 月 3 日，第 A06 版。

[448] 赵志疆：《不能苛求微博举报"铁证如山"》，《工人日报》2011 年 6 月 4 日，第 3 版。

[449] 张平阳、李勃、李楠：《政策信息微博定时发布》，《西安日报》2011 年 6 月 5 日，第 1 版。

[450] 陈东升、郁燕莉：《海宁微博辩论司法行政社会管理创新》，《法制日报》2011 年 6 月 6 日，第 2 版。

[451] 喻国明：《不必过分担心微博口水化》，《音乐生活报》2011 年 6 月 6 日，第 A04 版。

[452] 高斌：《当反腐邂逅微博……》，《检察日报》2011 年 6 月 7 日，第 5 版。

[453] 肖卓：《中国电信与新浪签微博协议》，《人民邮电》2011 年 6 月 8 日，第 1 版。

[454] 李喆、陈立雄、陈莉：《广州：邀请微博"粉丝"代表面对面座谈》，《人民公安报》2011 年 6 月 9 日，第 2 版。

[455] 杨仕忠、穗交政：《从"微"字入手　为群众提供便捷服务》，《人民公安报》2011 年 6 月 9 日，第 6 版。

[456] 李敬全、尤小旅、杜小虎：《从"微"字入手　为群众提供便捷服务》，《人民公安报》2011 年 6 月 9 日，第 6 版。

[457] 储白珊：《微博营销为海峡旅游注入新活力》，《福建日报》2011 年 6 月 9 日，第 2 版。

[458] 廖翔：《双流气象微博：传播信息　关注民生》，《中国气象报》2011 年 6 月 10 日，第 2 版。

[459] 方芳：《血液中心微博求 D 缺失型血》，《北京日报》2011 年 6 月 10 日，第 7 版。

[460] 杨烨：《上海宝山：拒绝"酒驾"宣传片微博走红》，《人民公安报·交通安全周刊》2011 年 6 月 10 日，第 1 版。

[461] 张晶：《敬一丹：当〈焦点访谈〉遭遇微博》，《江西日报》2011 年 6 月 10 日，第 B01 版。
[462] 朱香山、韦磊、李达：《在线微博 + 网民意见箱 + 飞信平台》，《检察日报》2011 年 6 月 12 日，第 1 版。
[463] 马玉瑛：《让官员微博再可亲些》，《温州日报》2011 年 6 月 12 日，第 1 版。
[464] 徐伟、李奕悦、廖继红：《3 名贪官落马立案同比增 57%》，《法制日报》2011 年 6 月 13 日，第 5 版。
[465] 毛建国：《“微博猜题”折射高考漏洞》，《中国消费者报》2011 年 6 月 13 日，第 A01 版。
[466] 徐伟、李奕悦、廖继红：《“防腐微博”博主是个“80 后”》，《法制日报》2011 年 6 月 13 日，第 5 版。
[467] 逯寒青、孟昭丽、曹志恒：《微博乱象：虚假低俗“乱炖”名人》，《新华每日电讯》2011 年 6 月 13 日，第 1 版。
[468] 韩文嘉：《“古物拟人”漫画走红微博》，《深圳特区报》2011 年 6 月 14 日，第 A14 版。
[469] 魏萍、王雪峰、卢萌卿：《“我们找到了激情创业的动力”》，《宁波日报》2011 年 6 月 14 日，第 A01 版。
[470] 王烨捷：《常州团组织：党史学习“搬”上微博》，《中国青年报》2011 年 6 月 14 日，第 1 版。
[471] 张萌、李良玉：《大学生献血加分可不可取》，《长沙晚报》2011 年 6 月 14 日，第 A07 版。
[472] 杨丽娟、王舒怀：《微博客未走，轻博客又到》，《人民日报》2011 年 6 月 14 日，第 14 版。
[473] 曹斯、昌道励：《驻华使馆打微博牌“微外交”时代来临》，《南方日报》2011 年 6 月 15 日，第 A09 版。
[474] 廖小言：《郭明义的微博为何这么火》，《人民日报》2011 年 6 月 15 日，第 4 版。
[475] 许真学：《重庆綦江山村女教师发微博募课外书》，《中国妇女报》2011 年 6 月 15 日，第 A02 版。
[476] 邢军、闫冬玲、任仕君、刘义峰：《税收微博：向纳税人提供个性化税讯服务》，《中国税务报》2011 年 6 月 15 日，第 10 版。
[477] 韩勇：《微博互动　倾听心声》，《人民邮电》2011 年 6 月 16 日，第 1 版。
[478] 杨朝清：《整治微博乱象需制度复归》，《人民公安报》2011 年 6 月 16 日，第 3 版。
[479] 徐洁云、刘佳：《微博欲自立门户　新浪管理层布局资本盛宴?》，《第一财经日报》2011 年 6 月 16 日，第 C02 版。
[480] 文建秋：《“奶瓶 77”的救灾微博》，《黔西南日报》2011 年 6 月 16 日，第 5 版。
[481] 李金健：《“民告官”案可尝试微博直播》，《东莞日报》2011 年 6 月 16 日，第 A13 版。
[482] 林松崧、张芳：《深圳南山：微博直播“酒驾”逃逸案公开审查会》，《检察日报》2011 年 6 月 17 日，第 4 版。

［483］裴力：《政务微博：公众用其问政 政府用其互动》，《中国改革报》2011 年 6 月 17 日，第 5 版。
［484］丁国锋、王磊磊：《“微博自夸”系工作人员个人行为》，《法制日报》2011 年 6 月 17 日，第 4 版。
［485］裴力、潘强：《政务微博：公众用其问政 政府用其互动》，《中国改革报》2011 年 6 月 17 日，第 5 版。
［486］江雪：《以惊鸿之态逆风飞扬》，《中国企业报》2011 年 6 月 17 日，第 12 版。
［487］李燕玲、汪平：《福建将建海峡旅游微博集群平台》，《中国旅游报》2011 年 6 月 17 日，第 2 版。
［488］马扬、周万鹏、伍晓阳：《“隔壁小伙儿”微博卖画，筹支教路费》，《新华每日电讯》2011 年 6 月 19 日，第 4 版。
［489］虹宣、孟进、柏蓓：《调屏幕　开微博　控价格》，《中国民航报》2011 年 6 月 20 日，第 1 版。
［490］吴勇：《我市公开选聘国企领导昨面试》，《温州日报》2011 年 6 月 20 日，第 1 版。
［491］毕志强：《旅游官方微博“微”力有多大》，《中国旅游报》2011 年 6 月 20 日，第 8 版。
［492］李维、阮为民：《我省首个检察机关官方微博在新浪网上开通》，《青海日报》2011 年 6 月 21 日，第 2 版。
［493］王鑫昕：《成都团组织微博“晒”党史》，《中国青年报》2011 年 6 月 21 日，第 6 版。
［494］迟源：《“微博问政”引发的思考》，《人民代表报》2011 年 6 月 21 日，第 3 版。
［495］钟飞腾：《微博时代的世界观》，《中国图书商报》2011 年 6 月 21 日，第 W04 版。
［496］驻京李萍：《特种计算机　水下发微博》，《深圳商报》2011 年 6 月 22 日，第 A02 版。
［497］何敏华：《岱山网格化服务亮出微博旗号》，《舟山日报》2011 年 6 月 22 日，第 4 版。
［498］张绪旺：《开放程度成微博竞争关键》，《北京商报》2011 年 6 月 22 日，第 C02 版。
［499］胥会云：《溧阳市“微博谈情局长”被撤职》，《第一财经日报》2011 年 6 月 23 日，第 A04 版。
［500］余东明、安波、戚飞飞：《山东交警微博粉丝逾三十三万》，《法制日报》2011 年 6 月 23 日，第 2 版。
［501］蔡新华、刘静：《上海实时发布空气质量》，《中国环境报》2011 年 6 月 23 日，第 1 版。
［502］蒋哲、黄昆、刘琰琰：《“红十字商会总经理”微博炫富》，《南方日报》2011 年 6 月 23 日，第 A06 版。
［503］张家强：《官方微博也可以不打官腔》，《新华每日电讯》2011 年 6 月 23 日，第 3 版。
［504］周晓慷：《“党员微博热”耐人寻味》，《人民邮电》2011 年 6 月 23 日，第 2 版。
［505］晓明：《新书发表会创新传播手段引关注》，《中国图书商报》2011 年 6 月 24 日，第 W03 版。
［506］敖平富：《重庆环保系统相继开通微博》，《中国环境报》2011 年 6 月 24 日，第 1 版。

［507］关山远：《从“张敞画眉”到“微博开房”》，《新华每日电讯》2011 年 6 月 24 日，第 14 版。
［508］潘从武、陈晓燕：《警察微博“说网语”办实事》，《法制日报》2011 年 6 月 24 日，第 5 版。
［509］徐建华：《微博的质量如何“织”》，《中国质量报》2011 年 6 月 24 日，第 6 版。
［510］周宁、逯寒青、王思海、孟昭丽：《“郭美美事件”曝微博认证乱象》，《新华每日电讯》2011 年 6 月 25 日，第 4 版。
［511］许宝健：《两千多位县委书记都上微博可能吗?》，《中国县域经济报》2011 年 6 月 27 日，第 1 版。
［512］陈志鋆：《微博时代下涉检网络舆情问题之应对》，《检察日报》2011 年 6 月 28 日，第 3 版。
［513］王晓飞：《探索信息化条件下学习方式新变革》，《中国教育报》2011 年 6 月 28 日，第 12 版。
［514］柳海洋、李海英：《环保局长：民声微博 100 天》，《沈阳日报》2011 年 6 月 28 日，第 A06 版。
［515］栾伟杰：《泰州以司法微博化解矛盾纠纷》，《中国信息报》2011 年 6 月 29 日，第 8 版。
［516］周睿鸣、黄江洁、唐红杰：《六成网友：量刑适当　专家提醒：慎防效仿》，《广州日报》2011 年 6 月 29 日，第 5 版。
［517］王春超：《网友新形式传递红色记忆　运营商深耕微博运营》，《通信信息报》2011 年 6 月 29 日，第 A07 版。
［518］夏英：《新浪微博：向左走还是向右走》，《南方周末》2011 年 6 月 30 日，第 D20 版。
［519］司马童：《“微博看病”红火的背后》，《健康报》2011 年 6 月 30 日，第 5 版。
［520］陆成钢、黄佩锋：《南湖区党建工作搭上信息化快车》，《嘉兴日报》2011 年 6 月 30 日，第 10 版。
［521］堂吉伟德：《微博建设不在形式在“围脖”意识》，《新华每日电讯》2011 年 6 月 30 日，第 3 版。
［522］单学刚：《微博之力如何撬动现实》，《人民日报》2011 年 6 月 30 日，第 15 版。
［523］李秀婷、刘琰琰：《南京：突发事件一小时内上微博》，《南方日报》2011 年 6 月 30 日，第 A25 版。
［524］杨桐：《微博上的灰色利益链条谁来监管?》，《中华工商时报》2011 年 6 月 30 日，第 6 版。
［525］金志良、林绍泉：《椒江：廉政微博砌就网络反腐防线》，《台州日报》2011 年 7 月 6 日，第 2 版。
［526］桂湘、李艳荣：《乌苏旅游局开通腾讯网官方微博》，《塔城日报（汉）》2011 月 6 月 21 日，第 9 版。

七月

［527］陶婧：《我省首个微博平台——江西微博正式开通》，《南昌日报》2011 年 7 月 1 日，

第 1 版。
[528] 田享华、张送萍、王璐：《政府微博发力》，《第一财经日报》2011 年 7 月 1 日，第 A01 版。
[529] 丁必裕、蒋挺、陈翥：《天台：微博直播开放式党课》，《台州日报》2011 年 7 月 4 日，第 2 版。
[530] 谢雪琳：《中红博爱 CEO 微博揭郭美美身份》，《第一财经日报》2011 年 7 月 4 日，第 A03 版。
[531] 徐涛、马婉霜：《攻击“新浪微博”是为吸引“粉丝”》，《南京日报》2011 年 7 月 4 日，第 A05 版。
[532] 司马童：《别让“钱规则”毁了微博加 V 认证》，《检察日报》2011 年 7 月 4 日，第 6 版。
[533] 武红兵：《微博引领语文教育革命》，《学知报》2011 年 7 月 4 日，第 A04 版。
[534] 赵秀红：《新媒体：思政教育的“拦路虎”还是新机遇》，《中国教育报》2011 年 7 月 4 日，第 5 版。
[535] 张洁、李卡：《气象微博服务“新型农民”》，《保定日报》2011 年 7 月 4 日，第 B01 版。
[536] 禾刀：《沟通是关键　有无微博不重要》，《中国青年报》2011 年 7 月 5 日，第 2 版。
[537] 任胜利：《解读郭明义的微博力量》，《人民日报》2011 年 7 月 5 日，第 14 版。
[538] 关欣：《一张随手拍的暴雨照片一夜爆红》，《中国摄影报》2011 年 7 月 5 日，第 1 版。
[539] 韩梁：《“奥巴马遇刺”？微博大盗不怕事大》，《新华每日电讯》2011 年 7 月 6 日，第 5 版。
[540] 杨波、单龙飞、韦仕国：《西乡塘区“党建微博”系民心》，《广西日报》2011 年 7 月 6 日，第 9 版。
[541] 齐紫剑：《微博真假难辨，监管有难题》，《新华每日电讯》2011 年 7 月 6 日，第 5 版。
[542] 张绪旺：《微博安全成全球性问题》，《北京商报》2011 年 7 月 6 日，第 C02 版。
[543] 陈训豪：《微博来问政互动零距离》，《佛山日报》2011 年 7 月 7 日，第 A03 版。
[544] 陈涛：《农妇开微博推销十字绣》，《北京日报》2011 年 7 月 7 日，第 5 版。
[545] 姜靖：《轮椅上的微博禁毒达人》，《科技日报》2011 年 7 月 8 日，第 5 版。
[546] 石剑飞、黄千军：《微博版“周末夜话”》，《西部时报》2011 年 7 月 8 日，第 4 版。
[547] 田享华、曹齐：《首份中国政务微博排行榜出炉》，《第一财经日报》2011 年 7 月 8 日，第 A05 版。
[548] 王康：《“北京地铁瀑布照”曝光微博版权隐忧》，《中国知识产权报》2011 年 7 月 8 日，第 9 版。
[549] 韩璐、程守勤：《微博上，医生该如何作为》，《健康报》2011 年 7 月 8 日，第 2 版。
[550] 王鑫：《了解成都 正从微“成都”开始》，《成都日报》2011 年 7 月 9 日，第 1 版。
[551] 陈海发、冀天福：《河南高院开微博晒“豫法阳光”》，《人民法院报》2011 年 7 月 9 日，第 1 版。

[552] 王鑫：《成都官方微博粉丝数量全国领跑》，《成都日报》2011 年 7 月 9 日，第 1 版。
[553] 梁东麒、易剑、宗伟、演强：《公安微博粉丝已达 210 万》，《中山日报》2011 年 7 月 9 日，第 2 版。
[554] 车辉：《一位重病男孩引发的网络爱心接力》，《工人日报》2011 年 7 月 10 日，第 1 版。
[555] 罗力生、马燕：《云南：16 个州市公安局全部开通官方微博》，《人民公安报》2011 年 7 月 11 日，第 2 版。
[556] 余普：《官方微博缘何粘住百万“粉丝”》，《四川日报》2011 年 7 月 13 日，第 5 版。
[557] 李艺玲：《“微博看病”备受追捧　网上寻医还需谨慎》，《通信信息报》2011 年 7 月 13 日，第 B13 版。
[558] 桂杰、张蔚：《官员微博：能否承受身份之重》，《中国青年报》2011 年 7 月 14 日，第 11 版。
[559] 易剑、刘宗伟、张演强：《“平安中山”微博群粉丝达 210 万》，《人民公安报》2011 年 7 月 14 日，第 6 版。
[560] 张绪旺、金朝力：《门户网站筹备新一轮微博战》，《北京商报》2011 年 7 月 14 日，第 3 版。
[561] 李玉：《“微力量”日渐深入社会生活》，《中国社会科学报》2011 年 7 月 14 日，第 2 版。
[562] 周祖燕、杨永萍：《微博已成为网络舆论中心》，《南方日报》2011 年 7 月 14 日，第 A07 版。
[563] 谭超：《“微博辟谣”，与谣言赛跑》，《中国社会科学报》2011 年 7 月 14 日，第7 版。
[564] 李记：《“微博改变社会生态”才刚刚起步》，《工人日报》2011 年 7 月 14 日，第 3 版。
[565] 易艳刚：《微博时代不必过敏宜善待》，《新华每日电讯》2011 年 7 月 15 日，第 3 版。
[566] 田心怡：《微博对新闻传播的介入与传统媒体的应对》，《吉林日报》2011 年 7 月 15 日，第 3 版。
[567] 赵珊：《网络将旅游带入新天地》，《人民日报海外版》2011 年 7 月 16 日，第 7 版。
[568] 练情情：《发微博造谣获刑一年半》，《广州日报》2011 年 7 月 16 日，第 3 版。
[569] 孙亮：《微博爱心接力的理性思考》，《人民法院报》2011 年 7 月 17 日，第 2 版。
[570] 韩文嘉：《微博成公民社会的很好开端》，《深圳特区报》2011 年 7 月 17 日，第 A05 版。
[571] 赖志凯：《海南：三位老人微博护林的前前后后》，《工人日报》2011 年 7 月 17 日，第 2 版。
[572] 胡新桥、刘志月、朱丽萍、李佳：《武汉交管疏堵保畅进入“微”时代》，《法制日报》2011 年 7 月 18 日，第 5 版。
[573] 傅鉴、谢良奎、石亿：《微博发“英雄帖”　警民互动促防范》，《人民公安报》2011 年 7 月 18 日，第 3 版。
[574] 陈淑妍：《学生“开博”帮揾工老总发“私信”讨教》，《佛山日报》2011 年 7 月 19

日，第 A02 版。
[575] 赵新星：《“免费午餐”背后是媒体推动》，《南方日报》2011 年 7 月 19 日，第 A12 版。
[576] 龙继：《龙游“微博”搭建党风廉政建设新平台》，《中国纪检监察报》2011 年 7 月 20 日，第 2 版。
[577] 评论员：《微博助警缉凶的启示》，《珠海特区报》2011 年 7 月 20 日，第 2 版。
[578] 贺骏：《微博：且慢“向钱看”》，《证券日报》2011 年 7 月 20 日，第 D01 版。
[579] 朱奕：《全国网民规模达 4.85 亿　微博用户数量暴涨》，《人民政协报》2011 年 7 月 20 日，第 A04 版。
[580] 李强：《我国微博用户　爆发增长至 1.95 亿》，《证券时报》2011 年 7 月 20 日，第 B03 版。
[581] 余秀才：《微博凝聚社会力量》，《深圳特区报》2011 年 7 月 20 日，第 A02 版。
[582] 阳桦、贝馨梅：《整合全区 500 多个政务微博》，《佛山日报》2011 年 7 月 20 日，第 A04 版。
[583] 吴晓东：《名人微博：在舆论喧嚣里拷问公共责任》，《中国青年报》2011 年 7 月 21 日，第 11 版。
[584] 罗雪燕：《深圳城市开心指数测试启动》，《深圳特区报》2011 年 7 月 21 日，第 A18 版。
[585] 欧汉华、郑信得、易剑：《“微问警”平台：拓展网上服务渠道》，《人民公安报》2011 年 7 月 21 日，第 6 版。
[586] 杨柳：《微博那些事儿，小看不得》，《光明日报》2011 年 7 月 21 日，第 2 版。
[587] 李淼：《宽版微博瞄准差异化竞争》，《中国新闻出版报》2011 年 7 月 21 日，第 6 版。
[588] 洪黎明、徐勇：《微博爆发，我们何恃何惧?》，《人民邮电》2011 年 7 月 21 日，第 1 版。
[589] 晁瑾、杨阳：《专家名医为市民健康“网上把脉”》，《新疆日报（汉）》2011 年 7 月 22 日，第 4 版。
[590] 海澜：《腾讯与 SMG 开启跨媒体联姻》，《中国证券报》2011 年 7 月 22 日，第 A11 版。
[591] 闵栋：《微博在疾进　管理需规范》，《人民邮电》2011 年 7 月 22 日，第 6 版。
[592] 胡敏：《“微航班”试飞　机上餐食可定制》，《经理日报》2011 年 7 月 22 日，第 A01 版。
[593] 李洪涛：《网上有个“民警小刘”》，《中国消费者报》2011 年 7 月 22 日，第 A03 版。
[594] 田晓玲：《民间慈善，事非经过不知难》，《文汇报》2011 年 7 月 22 日，第 1 版。
[595] 古月轩：《骂人“秀”暴露出谁是“败絮”》，《中国财经报》2011 年 7 月 23 日，第 8 版。
[596] 李清：《微博时代，可以做些什么?》，《中国财经报》2011 年 7 月 23 日，第 8 版。
[597] 罗艳：《公安微博对公安工作的影响和推进》，《人民公安报》2011 年 7 月 23 日，第 3 版。
[598] 张守营：《微博正日益成为舆情热点的首发媒体》，《中国经济导报》2011 年 7 月 23

日，第 B06 版。
[599] 黄颖：《微博问政，力量不“微”》，《江西日报》2011 年 7 月 24 日，第 2 版。
[600] 王鑫昕：《一天内　温州血库从告急到装满》，《中国青年报》2011 年 7 月 25 日，第 1 版。
[601] 霍仟、来扬：《动车追尾事件的微博版本》，《中国青年报》2011 年 7 月 25 日，第 7 版。
[602] 李辉：《微博爆发“领跑”网络应用》，《中国高新技术产业导报》2011 年 7 月 25 日，第 C02 版。
[603] 李雪昆：《微博“领跑”网络应用》，《中国新闻出版报》2011 年 7 月 25 日，第 3 版。
[604] 徐瑞哲：《微博虽好也需“打假”》，《解放日报》2011 年 7 月 25 日，第 2 版。
[605] 吕择：《微博：舆情调查急先锋》，《北京科技报》2011 年 7 月 25 日，第 40 版。
[606] 王磊：《微博式电视访谈，“仅供围观”?》，《文汇报》2011 年 7 月 25 日，第 8 版。
[607] 胥纯、张莹：《四川工会“尝鲜”微博　法律援助便捷亲民》，《工人日报》2011 年 7 月 25 日，第 7 版。
[608] 诸葛漪：《原创微博的版权纠结》，《中国文化报》2011 年 7 月 25 日，第 8 版。
[609] 张意轩、顾彩玉、刘莎：《“微”力量成了大力量》，《人民日报海外版》2011 年 7 月 26 日，第 1 版。
[610] 张凤娜：《舆情传播：传统媒体权威依旧 微博异军突起》，《中国社会科学报》2011 年 7 月 26 日，第 2 版。
[611] 李鹤：《微博为什么可能?》，《人民日报》2011 年 7 月 26 日，第 14 版。
[612] 方华：《泰康人寿详解官方微博五大定位》，《金融时报》2011 年 7 月 27 日，第 11 版。
[613] 易凌珊：《国内首款微博手机面世互联网应用重新定位智能终端》，《通信信息报》2011 年 7 月 27 日，第 B06 版。
[614] 陈媛媛：《微博问政可问几分明白?》，《中国环境报》2011 年 7 月 27 日，第 3 版。
[615] 杨照光：《微博热应冷思考》，《中国工商报》2011 年 7 月 27 日，第 B02 版。
[616] 岳纲举：《后微博时代　轻博客“来袭”》，《中国消费者报》2011 年 7 月 27 日，第 C01 版。
[617] 评论员：《微博信息来源不是解决问题的终端》，《南方日报》2011 年 7 月 27 日，第 F02 版。
[618] 骆沙、赵鲁倩：《微博“正效应”：记录感动传递温暖》，《中国青年报》2011 年 7 月 28 日，第 11 版。
[619] 徐红、李梦瑶：《国内首个视频微博平台推出》，《经济日报》2011 年 7 月 28 日，第 13 版。
[620] 张志安：《美国政府微博体现新法则》，《中国社会科学报》2011 年 7 月 28 日，第 7 版。
[621] 杨天笑：《很潮很管用“凡客体”警方提醒受热捧》，《苏州日报》2011 年 7 月 28 日，第 A05 版。
[622] 阳荻雯：《港台名流很微博》，《人民日报海外版》2011 年 7 月 29 日，第 9 版。

［623］王冲：《微博监督与航母改造》，《中国青年报》2011 年 7 月 29 日，第 2 版。
［624］赵玮：《老牌互联网出招应对“新秀”》，《深圳商报》2011 年 7 月 29 日，第 B03 版。
［625］江雪：《微博世界传递真情奉献智慧》，《中国企业报》2011 年 7 月 29 日，第 12 版。
［626］吴晓东：《名人微博不能成为“叫骂场”》，《工人日报》2011 年 7 月 29 日，第 5 版。
［627］涵今：《明星发微博当像姚晨一样》，《工人日报》2011 年 7 月 29 日，第 5 版。
［628］魏武挥：《微博上的记者》，《21 世纪经济报道》2011 年 7 月 29 日，第 23 版。
［629］苏莉、陈莎：《“微博”成履职新平台》，《湖南日报》2011 年 7 月 30 日，第 2 版。
［630］金中一：《微博问政　走网上群众路线》，《法制日报》2011 年 7 月 30 日，第 7 版。
［631］陶锋、严朝霞：《官方微博倾听民声》，《扬州日报》2011 年 7 月 31 日，第 A01 版。

八月

［632］朱晨：《微博：一支功不可没的“救援队”》，《解放日报》2011 年 8 月 1 日，第 8 版。
［633］罗小卫：《一道闪电引发的微博爆炸》，《华夏时报》2011 年 8 月 1 日，第 18 版。
［634］张蕾：《官员微博：纠结在网络与现实之间》，《民主与法制时报》2011 年 8 月 1 日，第 A05 版。
［635］关志伟、孙天林、高峰：《吉林市政协创建文史微博平台》，《人民政协报》2011 年 8 月 2 日，第 A02 版。
［636］闫洁：《英国议员聚人气，不惜微博聊私密》，《新华每日电讯》2011 年 8 月 2 日，第 5 版。
［637］童凯、王亚东、袁园：《泰兴公安微博网上走红》，《泰州日报》2011 年 8 月 2 日，第 2 版。
［638］马旭辉：《浅议微博时代的航企公共危机处置》，《中国民航报》2011 年 8 月 2 日，第 7 版。
［639］唐维红：《微博时代如何说话》，《人民日报》2011 年 8 月 2 日，第 4 版。
［640］赵新乐：《传统媒体 VS 微博究竟谁赢了谁?》，《中国新闻出版报》2011 年 8 月 2 日，第 5 版。
［641］晋雅芬：《微博搅动舆论场》，《中国新闻出版报》2011 年 8 月 2 日，第 7 版。
［642］曹婧逸：《电波媒体触“网”升级　微博加速媒体行业融合》，《中华工商时报》2011 年 8 月 3 日，第 6 版。
［643］吕诺：《无偿献血有偿用血，微博追问“血疑”》，《新华每日电讯》2011 年 8 月 3 日，第 4 版。
［644］吴钦景、王倩玉、隋小冲：《微博募捐的优与忧》，《联合日报》2011 年 8 月 3 日，第 4 版。
［645］郭伟、王敬照：《从微博现象浅论新传播方式》，《中国新闻出版报》2011 年 8 月 3 日，第 4 版。
［646］易凌珊：《贾敬华：轻博客比微博更具竞争力》，《通信信息报》2011 年 8 月 3 日，第 B12 版。
［647］古罗木：《“农妇是母亲”的微博解读》，《金华日报》2011 年 8 月 4 日，第 D06 版。

[648] 刘义昆：《回应社会关切需要微博速度》，《新华每日电讯》2011 年 8 月 4 日，第 3 版。
[649] 赵华军：《“微博问政”考验法院民意沟通能力》，《人民法院报》2011 年 8 月 4 日，第 2 版。
[650] 姚星宇：《网络问政时代：微博之力不微薄》，《九江日报》2011 年 8 月 4 日，第 2 版。
[651] 吕梦琦、王菲菲：《网络微博成为救助中国困难群体“民间力量”》，《中国社会报》2011 年 8 月 5 日，第 B01 版。
[652] 马骏：《甘肃号召千名中医开微博》，《中国中医药报》2011 年 8 月 5 日，第 1 版。
[653] 祝华新：《网友激辩微博客：魔鬼还是天使》，《中国青年报》2011 年 8 月 6 日，第 2 版。
[654] 厉晓杭、吴红波、顾筠：《微博和社区喇叭传递资讯》，《宁波日报》2011 年 8 月 6 日，第 3 版。
[655] 傅鉴、谢良奎、石亿：《微博警察“李小哆”很潮很给力》，《人民公安报》2011 年 8 月 6 日，第 4 版。
[656] 李军、尕藏卓玛：《甘肃号召全省医药卫生专家开微博》，《健康报》2011 年 8 月 8 日，第 1 版。
[657] 吴玉征：《微博成为客服新渠道》，《计算机世界》2011 年 8 月 8 日，第 33 版。
[658] 赵家新、朱孙维、周成：《昆山警方首开认领流浪犬微博》，《人民公安报》2011 年 8 月 8 日，第 2 版。
[659] 谢佳、周爽洁：《乐清：微博劝得八名在逃人员投案》，《人民公安报》2011 年 8 月 8 日，第 2 版。
[660] 李崇磊：《一条微博引发“诺亚血案”　错误解读凸显信托渠道困局》，《华夏时报》2011 年 8 月 8 日，第 B08 版。
[661] 邱秀聪：《微博之后流行微电影?》，《人民日报海外版》2011 年 8 月 8 日，第 7 版。
[662] 张邦松：《微博的伦理底线就是社会的底线》，《经济观察报》2011 年 8 月 8 日，第 15 版。
[663] 居社青：《重视政府微博在突发事件中的作用》，《联合时报》2011 年 8 月 9 日，第 1 版。
[664] 赵新星：《舆情和微博问政报告　舆情汹涌，政府怎么办?》，《南方日报》2011 年 8 月 9 日，第 A09 版。
[665] 徐雪莉、杨敬科、佟雪莲、田文华：《甘肃发布首批中医微博名录》，《中国中医药报》2011 年 8 月 10 日，第 1 版。
[666] 闻潆：《中医微博须建长效机制》，《中国中医药报》2011 年 8 月 10 日，第 3 版。
[667] 吴之如：《中医开微博不宜硬性规定》，《中国中医药报》2011 年 8 月 10 日，第 3 版。
[668] 皋永利：《微博让中医回归百姓》，《中国中医药报》2011 年 8 月 10 日，第 3 版。
[669] 郑向前、于群：《党建微博听民声》，《潍坊日报》2011 年 8 月 10 日，第 A06 版。
[670] 怡梦：《微博时代，媒体如何应对?》，《中国艺术报》2011 年 8 月 10 日，第 2 版。
[671] 杨健：《微博时代我们怎样辟谣?》，《人民日报》2011 年 8 月 10 日，第 9 版。

[672] 徐雪莉:《微博，中医科普新天地》,《中国中医药报》2011 年 8 月 10 日，第 1 版。
[673] 沈逸:《西方社会遭遇“互联网自由”之痛》,《文汇报》2011 年 8 月 10 日，第 6 版。
[674] 王荣琦:《政府开“微博”居民很买账》,《辽宁日报》2011 年 8 月 11 日，第 16 版。
[675] 毕式明、许广企、冯兆发:《阳江 61 个党政机关开微博》,《南方日报》2011 年 8 月 11 日，第 A13 版。
[676] 段瑞群:《“微博信访”: 利益表达新渠道》,《人民法院报》2011 年 8 月 11 日，第 2 版。
[677] 甄澄:《“微博粉丝”背后有利益链》,《光明日报》2011 年 8 月 11 日，第 1 版。
[678] 方可成、运安琦:《谣言止于微博?》,《南方周末》2011 年 8 月 11 日，第 B11 版。
[679] 张鹏、靳延明:《千名中医“微博问诊”背后的西部医改逻辑》,《中国青年报》2011 年 8 月 11 日，第 5 版。
[680] 赵新星:《微博谣言“攻防战”》,《南方日报》2011 年 8 月 11 日，第 A07 版。
[681] 陈振玺、李梓畅:《“微博粉丝”原来可以买卖!》,《光明日报》2011 年 8 月 11 日，第 5 版。
[682] 陈潭:《微博问政考验公共治理水平》,《中国社会科学报》2011 年 8 月 11 日，第 7 版。
[683] 黄震:《微博的军事应用》,《中国青年报》2011 年 8 月 12 日，第 9 版。
[684] 马利民、石亿、赖谦:《“潮”警“李小哆”微博和群众交朋友》,《法制日报》2011 年 8 月 12 日，第 2 版。
[685] 廉维亮:《民建会员建言突发事件应急机制建设》,《人民政协报》2011 年 8 月 12 日，第 A03 版。
[686] 方蕴捷:《温州检验检疫局　开通官方微博为企业提供信息服务》,《中国国门时报》2011 年 8 月 12 日，第 2 版。
[687] 张伟:《微博平台上的移动互联网革命》,《中国文化报》2011 年 8 月 12 日，第 5 版。
[688] 窦新颖:《原创微博的“140 字版权纠结”》,《中国知识产权报》2011 年 8 月 12 日，第 10 版。
[689] 胡光:《“微博粉丝”卖的是注意力》,《法制日报》2011 年 8 月 12 日，第 7 版。
[690] 王博:《甘肃推医师“微博问诊”，有人叫好有人忧》,《新华每日电讯》2011 年 8 月 14 日，第 2 版。
[691] 刘万成、刘志勇、于宁:《党务公开迈出全新一步》,《吉林日报》2011 年 8 月 14 日，第 1 版。
[692] 顾泳:《微博问诊，不必一棒子打死》,《解放日报》2011 年 8 月 15 日，第 6 版。
[693] 汪平:《旅游营销　借力微博》,《中国旅游报》2011 年 8 月 15 日，第 7 版。
[694] 谭志勇:《“平安北京”粉丝超 150 万名　将开通双语微博》,《人民公安报》2011 年 8 月 15 日，第 2 版。
[695] 卫婧:《合肥“城管微博”开辟社会管理新路径》,《中国社会报》2011 年 8 月 15 日，第 B03 版。
[696] 陈永杰、谭娜:《微博凶猛》,《北京科技报》2011 年 8 月 15 日，第 15 版。

［697］胡若愚：《英国民众反思谣言　媒体提微博“九戒”》，《新华每日电讯》2011 年 8 月 15 日，第 5 版。
［698］陈永杰：《微博辟谣正规军：24 小时的监控》，《北京科技报》2011 年 8 月 15 日，第 22 版。
［699］张鹏、靳延明：《“微博问诊”的医改逻辑》，《西部时报》2011 年 8 月 16 日，第 3 版。
［700］覃梦妮：《“微博问政”：政府微博如何“说话”》，《科技日报》2011 年 8 月 16 日，第 5 版。
［701］初新民：《盗版侵权频现微博遭遇“成长的烦恼”》，《中国商报》2011 年 8 月 16 日，第 A02 版。
［702］袁远：《旅游微博带火商务旅行市场》，《中国贸易报》2011 年 8 月 16 日，第 8 版。
［703］马津、何昕杨：《鞍山 12315 微博开辟社区服务新通道》，《中国工商报》2011 年 8 月 17 日，第 B03 版。
［704］王晓晴：《专家微博热议收购事件》，《深圳特区报》2011 年 8 月 17 日，第 B01 版。
［705］魏蔚：《微博将变革网络流量获取方式》，《北京商报》2011 年 8 月 17 日，第 C02 版。
［706］金朝力：《国内微博市场遭遇成长性烦恼》，《北京商报》2011 年 8 月 17 日，第 B03 版。
［707］敖平富：《四十区县环保局开微博问政》，《中国环境报》2011 年 8 月 17 日，第 3 版。
［708］何春中：《公安微博：群众监督无所不在》，《中国青年报》2011 年 8 月 18 日，第 8 版。
［709］刘坤喆、慈鑫：《大运舞台见证年轻无国界》，《中国青年报》2011 年 8 月 18 日，第 12 版。
［710］梁玲梅：《安泽县公安局构建警民沟通新纽带》，《临汾日报》2011 年 8 月 18 日，第 A02 版。
［711］刘传建：《“微博”和创新社会管理》，《四川日报》2011 年 8 月 18 日，第 6 版。
［712］黄仲山：《微博时代呼唤净化网络环境》，《中国社会科学报》2011 年 8 月 18 日，第 4 版。
［713］赵宁、鲁思雯、刘畅、曾繁华：《还微博一片干净天空》，《光明日报》2011 年 8 月 18 日，第 1 版。
［714］叶小文：《每于微博听民声》，《人民日报海外版》2011 年 8 月 19 日，第 1 版。
［715］孙钥：《一群一站一微博》，《杭州日报》2011 年 8 月 19 日，第 A01 版。
［716］杨林根：《海安：“微博追逃”获网友大力支持》，《人民公安报》2011 年 8 月 19 日，第 3 版。
［717］李晓亮：《从“动车记者”看微博公共理性》，《中国青年报》2011 年 8 月 19 日，第 2 版。
［718］闫磊：《怎样看微博的“两面性”》，《光明日报》2011 年 8 月 19 日，第 1 版。
［719］马骏、徐雪莉：《再说“微博问诊”》，《中国中医药报》2011 年 8 月 19 日，第 1 版。
［720］丁俊杰：《趋利避害　善用微博》，《人民日报》2011 年 8 月 19 日，第 6 版。

[721] 古辰:《真实诚信，微博的伦理底线》,《人民日报》2011 年 8 月 19 日，第 6 版。
[722] 李志廷:《微博问政，力量不“微”》,《宁夏日报》2011 年 8 月 19 日，第 3 版。
[723] 牛梦笛:《微博，你要提升纠错力》,《光明日报》2011 年 8 月 20 日，第 1 版。
[724] 陈海发、冀天福:《河南微博“专家调解室”邀全国专家加盟》,《人民法院报》2011 年 8 月 20 日，第 1 版。
[725] 刘义昆:《以“微博速度”回应社会关切》,《河北日报》2011 年 8 月 20 日，第 1 版。
[726] 童星:《小微博大服务》,《衢州日报》2011 年 8 月 21 日，第 1 版。
[727] 康劲:《甘肃:“微博问诊”遇冷》,《工人日报》2011 年 8 月 21 日，第 2 版。
[728] 栾吟之、柯珍妮:《“粉丝”期待政府微博更出彩》,《解放日报》2011 年 8 月 21 日，第 2 版。
[729] 尹义坤、甄子蔚:《南就水村的“核桃微博”》,《河北经济日报》2011 年 8 月 22 日，第 1 版。
[730] 陈洁:《小语种图书靠微博赚来大市场》,《中国新闻出版报》2011 年 8 月 22 日，第 7 版。
[731] 辛忠:《受众欢迎“阳光”微博》,《光明日报》2011 年 8 月 22 日，第 1 版。
[732] 高春燕:《轻博客方兴未艾　微博之后的下一个圈地运动?》,《中国计算机报》2011 年 8 月 22 日，第 14 版。
[733] 翁启蕴:《加强微博引导应对突发事件》,《杭州日报》2011 年 8 月 22 日，第 B04 版。
[734] 风青杨:《微博，莫把脑子借给别人用》,《四川日报》2011 年 8 月 23 日，第 7 版。
[735] 徐鹏、黄凯:《云龙检察微博拥有粉丝三千》,《徐州日报》2011 年 8 月 23 日，第 2 版。
[736] 林洁、马宇平、王小敏:《微博时代的大运会传播》,《中国青年报》2011 年 8 月 23 日，第 12 版。
[737] 杨彦华、吴娟:《虚拟的公民社会在中国出现》,《中山日报》2011 年 8 月 23 日，第 A08 版。
[738] 晁夕:《给旅游官员开微博提个醒》,《中国旅游报》2011 年 8 月 24 日，第 2 版。
[739] 白菲斐:《中医微博与时俱进传承中医文化》,《健康报》2011 年 8 月 24 日，第 5 版。
[740] 王臻青:《浅阅读就是不阅读　微博只是知晓而已》,《辽宁日报》2011 年 8 月 24 日，第 11 版。
[741] 张意轩:《微博版权　小题也该大作》,《人民日报》2011 年 8 月 24 日，第 15 版。
[742] 李晓玉:《新浪微博桌面强化 IM 功能多项整合将引发市场排位竞争》,《通信信息报》2011 年 8 月 24 日，第 A12 版。
[743] 姚轩杰:《首都机场增设微博 WiFi 通道》,《中国证券报》2011 年 8 月 25 日，第 A10 版。
[744] 王君平:《中医微博不是赶时髦》,《人民日报》2011 年 8 月 25 日，第 19 版。
[745] 张辛欣、赵成:《中国互联网大会微博处处抢风头》,《新华每日电讯》2011 年 8 月 25 日，第 6 版。

[746] 杨彦锋、徐欣悦：《旅游目的地的“微博营销”》，《经济日报》2011 年 8 月 25 日，第 11 版。
[747] 王志新：《微博面临两大网络安全新风险》，《中华工商时报》2011 年 8 月 25 日，第 6 版。
[748] 陈向阳、陈金阳：《让微博给力国防动员》，《中国国防报》2011 年 8 月 25 日，第 3 版。
[749] 郑周明：《微博需要文学在场》，《文学报》2011 年 8 月 25 日，第 8 版。
[750] 黄玉敏、孙丽丽、侯长峰：《“济南公安”博主赶赴现场发微博》，《人民公安报》2011 年 8 月 25 日，第 4 版。
[751] 秦毅：《用慎独回应文明微博倡议》，《中国文化报》2011 年 8 月 26 日，第 2 版。
[752] 梁爱平、李一博：《“微博土豆”》，《新华每日电讯》2011 年 8 月 26 日，第 6 版。
[753] 黄敏辉、郑文丝：《广东探索微博气象服务新形式　微博粉丝数突破 200 万》，《中国气象报》2011 年 8 月 26 日，第 2 版。
[754] 蒋韡薇：《蔡奇：为政者应有雅量倾听骂声》，《中国青年报》2011 年 8 月 26 日，第 3 版。
[755] 王京雪、徐铁：《“复制不转发”：微博抄袭泛滥成灾》，《新华每日电讯》2011 年 8 月 26 日，第 13 版。
[756] 曲晓燕：《微博剧：够新！够给力?》，《中国文化报》2011 年 8 月 26 日，第 6 版。
[757] 王映、曹静雅：《在微博中触摸温暖》，《河南日报》2011 年 8 月 26 日，第 11 版。
[758] 毛传来：《微博时代，正面报道勿“用力过猛”》，《中国新闻出版报》2011 年 8 月 26 日，第 4 版。
[759] 邓勇：《科学引导使微博更鲜活》，《人民法院报》2011 年 8 月 27 日，第 2 版。
[760] 田梅、徐冠英、韩涛、王娣：《辟谣，用真相净化微博生态》，《新华日报》2011 年 8 月 27 日，第 A03 版。
[761] 刘佳、田力群：《微博问政，力量不“微”》，《人民代表报》2011 年 8 月 27 日，第 4 版。
[762] 蓝志文：《我们“官博”有力量》，《边防警察报》2011 年 8 月 27 日，第 2 版。
[763] 姜伟超、屠国玺：《打工仔身陷传销困境，微博接力解救》，《新华每日电讯》2011 年 8 月 28 日，第 4 版。
[764] 雪洁：《短短微博几句话　信息不实也侵权》，《工人日报》2011 年 8 月 29 日，第 7 版。
[765] 周鹏、郑亚伟、梅慧娟：《旅游微博：丽水旅游形象展示的新载体》，《丽水日报》2011 年 8 月 30 日，第 6 版。
[766] 谢杰：《微博操纵市场行为监管三原则》，《证券时报》2011 年 8 月 30 日，第A03 版。
[767] 王舒怀：《“微政务”创新社会管理》，《人民日报》2011 年 8 月 30 日，第 14 版。
[768] 张意轩：《“微政务”创新社会管理》，《人民日报海外版》2011 年 8 月 30 日，第 1 版。
[769] 王舒怀、张意轩：《“微政务”创新社会管理　政务微博促中国政府行为变革》，《人民日报》2011 年 8 月 30 日，第 14 版。

［770］怡然：《从现实版“围观闹剧”辨析微博的力量》，《辽宁日报》2011 年 8 月 30 日，第 3 版。

［771］栗明：《在科学把握社会舆论中推动鞍山科学发展创新发展和谐发展》，《鞍山日报》2011 年 8 月 30 日，第 A01 版。

［772］郑亚伟、项浩：《市旅游局召开全市旅游行业微博发展座谈会》，《丽水日报》2011 年 8 月 30 日，第 6 版。

［773］沈丽莉：《微博网友智斗“老鼠会”》，《甘肃日报》2011 年 8 月 30 日，第 6 版。

［774］张歆：《史玉柱微博“三连发”否认抬高股价　民生银行因股权分散或成意向并购方不二选择》，《证券日报》2011 年 8 月 30 日，第 C01 版。

［775］郭清君、周泽春、段军霞：《湖北省检察院官方微博受热捧》，《检察日报》2011 年 8 月 31 日，第 1 版。

［776］周欣、王镜宇：《游泳中心回应“孙杨微博表不满”事件》，《新华每日电讯》2011 年 8 月 31 日，第 2 版。

［777］胡文颖：《千名中医开微博值得商榷》，《健康报》2011 年 8 月 31 日，第 5 版。

［778］袁泽友：《传媒伦理视野下的微博伦理问题突围》，《经济信息时报》2011 年 8 月 31 日，第 A07 版。

［779］顾意亮：《民建上海市委提出重视政府微博在突发事件中的作用》，《人民政协报》2011 年 8 月 31 日，第 A03 版。

［780］曹新加：《地区领导开通实名微博》，《哈密日报（汉）》2011 年 8 月 27 日，第 2 版。

九月

［781］叶民国、侯新宇：《黄岩试水乡镇“一把手”现场差额比选》，《中国县域经济报》2011 年 9 月 1 日，第 2 版。

［782］袁元：《史玉柱最贵微博的冷思考》，《证券日报》2011 年 9 月 1 日，第 A01 版。

［783］陈净：《公众人物的微博不应失去“边界”》，《贵州政协报》2011 年 9 月 1 日，第 B03 版。

［784］何翠云：《呼唤更多政务微博现身》，《中华工商时报》2011 年 9 月 1 日，第 3 版。

［785］商意盈、王晓红：《微博议政广开言路》，《团结报》2011 年 9 月 1 日，第 1 版。

［786］刘春泉：《微博第一案的启示：中国的侵权官司还值得去打吗》，《第一财经日报》2011 年 9 月 1 日，第 A07 版。

［787］胡春民：《康佳推出具有微博功能的液晶电视》，《中国电子报》2011 年 9 月 2 日，第 6 版。

［788］向杰：《微博不应成为“相互谩骂的空间”》，《科技日报》2011 年 9 月 2 日，第 3 版。

［789］何孟洁：《微博成公共气象服务重要手段》，《中国气象报》2011 年 9 月 2 日，第 1 版。

［790］张学刚、张彦超：《微博创业：一场浩大的“微革命”》，《中国商报》2011 年 9 月 2 日，第 C02 版。

［791］李宏、鲍蔓华：《浙江省官员委员网民三方热议“菜篮子”保障》，《人民政协报》

2011 年 9 月 3 日，第 A01 版。
[792] 周飙：《从微博的成就中学点什么?》，《21 世纪经济报道》2011 年 9 月 5 日，第 13 版。
[793] 安替：《微博：信息“包产到户”的改革》，《21 世纪经济报道》2011 年 9 月 5 日，第 13 版。
[794] 吴卫、公轩：《市公安局将建官方微博》，《天津政法报》2011 年 9 月 5 日，第 1 版。
[795] 赵海霞：《开学剪发新规惹微博质疑》，《东莞日报》2011 年 9 月 5 日，第 A04 版。
[796] 董志锐：《打好政务微博“三张牌”》，《中国纪检监察报》2011 年 9 月 5 日，第2 版。
[797] 林培：《官员“失德”，该如何一剑封“门”》，《新华日报》2011 年 9 月 5 日，第 A03 版。
[798] 利群：《微博认证意味着责任》，《人民法院报》2011 年 9 月 5 日，第 2 版。
[799]《医生发微博　如何把握度》，《健康报》2011 年 9 月 5 日，第 8 版。
[800] 刘博：《“微博第一案”尘埃落定　公众人物“发微”要慎言》，《检察日报》2011 年 9 月 5 日，第 4 版。
[801] 刘少华：《编剧微博讨薪的尴尬与无奈》，《深圳商报》2011 年 9 月 6 日，第 C04 版。
[802] 陈志刚、沈丽莉：《甘肃：微博接力解救身陷传销打工仔》，《人民公安报》2011 年 9 月 6 日，第 3 版。
[803] 余荣华：《“平安北京”爱办实事》，《人民日报》2011 年 9 月 7 日，第 11 版。
[804] 刘成成、孙楠：《用“萌言萌语”织“围脖”》，《中国气象报》2011 年 9 月 7 日，第 4 版。
[805] 纪雅林：《政务微博　当戒“粉丝崇拜”》，《人民日报》2011 年 9 月 7 日，第 11 版。
[806] 刘渊：《微博的技术特征及其现实挑战》，《光明日报》2011 年 9 月 7 日，第 14 版。
[807] 郭建光：《微博言论有了法律尺子》，《中国青年报》2011 年 9 月 7 日，第 9 版。
[808] 沈强：《善用微博的“公共属性”》，《中国经济导报》2011 年 9 月 8 日，第 A01 版。
[809] 倪俊峰、陈强：《微博捧火了寿司摊》，《中国青年报》2011 年 9 月 8 日，第 12 版。
[810] 刘莎莎：《微博给文学生态带来哪些变化》，《深圳特区报》2011 年 9 月 8 日，第 B07 版。
[811] 周栋梁：《政务微博须构建完整的互动链条》，《人民公安报》2011 年 9 月 8 日，第 3 版。
[812] 宋一欣：《从微博第一案判决看微博侵权纠纷的规制》，《证券时报》2011 年 9 月 8 日，第 A03 版。
[813] 洋蓝：《微博时代当学会正确应对舆论》，《南通日报》2011 年 9 月 8 日，第 A05 版。
[814] 骆沙：《喻国明：“微博谣言”是个伪命题》，《中国青年报》2011 年 9 月 11 日，第 3 版。
[815] 田加刚：《广州政协委员集体“微博议政”》，《民主与法制时报》2011 年 9 月 12 日，第 A01 版。
[816] 董志锐：《政务微博要出好三张牌》，《温州日报》2011 年 9 月 12 日，第 7 版。
[817] 陈宝生：《加强和创新社会管理应重视微博》，《学习时报》2011 年 9 月 12 日，第 6 版。

[818] 邵明、马乐勇:《谨防泄密　传播精彩》,《解放军报》2011 年 9 月 13 日，第 9 版。
[819] 贾永、徐壮志、樊永强:《神仙湾哨卡：你在天边，你在眼前》,《新华每日电讯》2011 年 9 月 13 日，第 1 版。
[820] 林水圳、游国华:《“微博进社区”中的媒体重叠作用》,《中国新闻出版报》2011 年 9 月 13 日，第 8 版。
[821] 窦庭筠:《地方旅游与微博“结缘”促销》,《华东旅游报》2011 年 9 月 13 日，第 6 版。
[822] 柴如瑾:《对网络文化就是要旗帜鲜明地引领》,《光明日报》2011 年 9 月 13 日，第 10 版。
[823] 董永春、郑文丝:《领跑微博新时代》,《中国气象报》2011 年 9 月 13 日，第 1 版。
[824] 程振凯:《微博“问诊”大学生心理》,《人民日报》2011 年 9 月 13 日，第 14 版。
[825] 张峰、张硕、周福宝:《“微”语言“博”吸金》,《济南日报》2011 年 9 月 13 日，第 17 版。
[826] 杨卫:《大连中院进入“微”时代》,《人民法院报》2011 年 9 月 14 日，第 4 版。
[827] 晋雅芬:《受众获取资讯首选：微博不敌网络和电视》,《中国新闻出版报》2011 年 9 月 14 日，第 2 版。
[829] 赵娜娜:《眉山工商“巧织”微博》,《中国工商报》2011 年 9 月 14 日，第 B01 版。
[829] 卢志文:《微博建言中国教育》,《中国教师报》2011 年 9 月 14 日，第 12 版。
[830] 张垚:《微博，干群关系新“变量”》,《人民日报》2011 年 9 月 14 日，第 11 版。
[831] 李木元:《国家中医药管理局表示支持名老中医通过微博开展健康科普》,《人民政协报》2011 年 9 月 15 日，第 A04 版。
[832] 廖新年:《关注“微博时代”保险业面临的风险》,《中国保险报》2011 年 9 月 15 日，第 2 版。
[833] 任沁沁、黄玥、张天翊:《“微博辟谣”：帮助修复社会信任链条》,《新华每日电讯》2011 年 9 月 15 日，第 4 版。
[834] 王菡娟:《社交网络进入“轻”时代》,《人民政协报》2011 年 9 月 15 日，第 C03 版。
[835] 牟旭、李松:《重庆武隆县山沟沟深处：　农民兄弟“微博卖瓜”》,《新华每日电讯》2011 年 9 月 16 日，第 1 版。
[836] 赵陈婷:《学刘强东“玩”微博》,《中华合作时报》2011 年 9 月 16 日，第 B02 版。
[837] 刘婷婷:《“微博问政”：力不“微”，重在“行”》,《中国社会报》2011 年 9 月 16 日，第 3 版。
[838] 马丽涛:《让“微博问政”搭建起民众与政府良性互动的桥梁》,《中国社会报》2011 年 9 月 16 日，第 3 版。
[839] 诣修:《官员微博如何回应社会关切》,《中国社会报》2011 年 9 月 16 日，第 3 版。
[840] 闫松:《微博科普的力量》,《大众科技报》2011 年 9 月 16 日，第 A04 版。
[841] 王化威:《鞍山“微博”很给力》,《鞍山日报》2011 年 9 月 17 日，第 A01 版。
[842] 邓飞:《中医药局：鼓励中医师建微博开诊所》,《中国经济导报》2011 年 9 月 17 日，第 B07 版。
[843] 马凌霜、阮凤娟:《微博有“僵尸粉”出没》,《广东科技报》2011 年 9 月 17 日，第

7 版。
[844] 宗文雯：《党代会微博引发团队凝聚力》，《苏州日报》2011 年 9 月 18 日，第A02 版。
[845] 赵宗祥：《问诊“微博问诊”》，《中国医药报》2011 年 9 月 19 日，第 3 版。
[846] 王永强：《微博“意见领袖”　少数派的权利》，《中国经营报》2011 年 9 月 19 日，第 C05 版。
[847] 张志峰：《湖北各地“试水”政务微博》，《人民日报》2011 年 9 月 20 日，第 20 版。
[848] 刘璐：《微博让他们“微距离”》，《中国民航报》2011 年 9 月 20 日，第 S01 版。
[849] 杨秀娟、陈美玲、邓剑强：《人大代表搭建民意诉求“立交桥”》，《嘉兴日报》2011 年 9 月 20 日，第 1 版。
[850] 贺林平：《广东中山首现逃犯“微博自首”》，《人民日报》2011 年 9 月 20 日，第 11 版。
[851] 周斌：《通过网络自首还须向警方投案》，《法制日报》2011 年 9 月 21 日，第 5 版。
[852] 郑博超：《“微博自首”，公开与保密都不能少》，《检察日报》2011 年 9 月 21 日，第 4 版。
[853] 朱曼：《地区干部练兵“微博政务”》，《哈密日报（汉）》2011 年 9 月 21 日，第 2 版。
[854] 吴辰光：《移动支付迎来普及时代》，《北京商报》2011 年 9 月 21 日，第 B03 版。
[855] 徐赛华、杨君左、尹江：《安吉农民玩微博　星级庭院晒美丽》，《杭州日报》2011 年 9 月 21 日，第 B04 版。
[856] 王凤娟：《颜庄交警中队“微博”服务群众》，《莱芜日报》2011 年 9 月 22 日，第 B01 版。
[857] 拓玲、王毛毛：《各级团组织专职团干开微博》，《西安日报》2011 年 9 月 22 日，第 4 版。
[858] 冯营营：《善用网络　倾听民情服务民生》，《鹤壁日报》2011 年 9 月 22 日，第 3 版。
[859] 张绪旺：《微博牌照传闻吞噬新浪 10 亿美元身家》，《北京商报》2011 年 9 月 22 日，第 3 版。
[860] 海霞：《润滑“首堵”：微博唱响草根最强音》，《中国经济导报》2011 年 9 月 22 日，第 B06 版。
[861] 李凤双、周立权：《再苦再难，也让孩子把书念完》，《新华每日电讯》2011 年 9 月 22 日，第 1 版。
[862] 邱家和：《微博时代的流言》，《上海证券报》2011 年 9 月 23 日，第 T02 版。
[863] 刘英团：《政务微博：“为民”重于“亲民”》，《上海金融报》2011 年 9 月 23 日，第 B02 版。
[864] 吴兴人：《如何看待微博这把“双刃剑”》，《贵阳日报》2011 年 9 月 26 日，第11 版。
[865] 潘科峰、郭坤泽：《“打四黑除四害”：众人拾柴火焰高》，《人民公安报》2011 年 9 月 26 日，第 4 版。
[866] 鞠红梅、庞淼：《冰城政府微博传》，《哈尔滨日报》2011 年 9 月 26 日，第 4 版。
[867] 李永一：《你的微博侵权了吗?》，《人民政协报》2011 年 9 月 26 日，第 B04 版。
[868] 陈语彤：《潍坊人出行先看微博后出门》，《人民公安报 · 交通安全周刊》2011 年 9

月 27 日，第 2 版。

[869] 李明：《广东鼓励政协委员公开微博》，《团结报》2011 年 9 月 27 日，第 2 版。

[870] 黄庆畅：《公安部专题会议力推微博群》，《人民日报》2011 年 9 月 27 日，第 11 版。

[871] 简工博：《“孩子被抢”，母亲为何只发微博不报案》，《解放日报》2011 年 9 月 27 日，第 10 版。

[872] 卢杰：《公安微博回应网民关切挤压谣言空间》，《法制日报》2011 年 9 月 27 日，第 5 版。

[873] 刘洋、武忞：《全国公安机关政务微博达到 4000 余个》，《人民公安报》2011 年 9 月 27 日，第 1 版。

[874] 刘洋、武忞：《公开为先服务为本　尊重群众顺应民意构建具有鲜明特色的公安微博群》，《人民公安报》2011 年 9 月 27 日，第 1 版。

[875]《“公安微博：实践与前景”研讨会发言》（摘登），《人民公安报》2011 年 9 月 27 日，第 3 版。

[876] 彭国华、钟啸、柯倩杏：《谁来遏制歧路上的微博经济》，《南方日报》2011 年 9 月 28 日，第 A20 版。

[877] 王春超：《微博成最火爆互联网应用　深度渗透开启新传播时代》，《通信信息报》2011 年 9 月 28 日，第 B14 版。

[878] 郝帅：《微博直播上海地铁追尾事故救援》，《中国青年报》2011 年 9 月 28 日，第 3 版。

[879] 刘凤羽：《警民关系何时只隔一条微博》，《重庆商报》2011 年 9 月 28 日，第 28 版。

[880] 陈国琴：《官方微博不能变秀场》，《中国文化报》2011 年 9 月 28 日，第 2 版。

[881] 任晓宁：《微博争锋：商业化之路能否“一路畅通”?》，《中国新闻出版报》2011 年 9 月 29 日，第 5 版。

[882] 汪莹、徐梦倩：《期待党建微博结出惠民硕果》，《嘉兴日报》2011 年 9 月 29 日，第 1 版。

[883] 朱根明：《公安微博激发社会管理活力》，《人民公安报》2011 年 9 月 29 日，第 3 版。

[884] 蒋哲、肖桂来、李亚蕾、许漪淳、刘立平：《公安微博也有了“广东模式”》，《南方日报》2011 年 9 月 30 日，第 A15 版。

[884] 李淼：《微博行业兴起自律之风》，《中国新闻出版报》2011 年 9 月 30 日，第2 版。

十月

[886] 马爱平：《天宫一号发布首条太空微博》，《科技日报》2011 年 10 月 1 日，第 3 版。

[887] 李虎成：《乌审旗大学生村官拎着菜篮上微博》，《鄂尔多斯日报》2011 年 10 月 1 日，第 A01 版。

[888] 顾蒙：《宿迁地税：利用微博打造“五大平台”》，《宿迁日报》2011 年 10 月 1 日，第 A01 版。

[889] 欧汉华、梁鞠、张清秀：《高州警方根据微博举报捣毁一个赌窝》，《人民公安报》2011 年 10 月 3 日，第 3 版。

[890] 范琛：《任晓雯：说话一要凭良心　二要凭知识》，《南方日报》2011 年 10 月 9 日，

第 11 版。
[891] 闵政、武忞：《把脉公安微博：前景广阔　方兴未艾》，《人民公安报》2011 年 10 月 9 日，第 4 版。
[892] 陈谊军：《受热捧的女网警微博说明了什么》，《人民公安报》2011 年 10 月 9 日，第 3 版。
[893] 郑桂岚：《“微博问政”的理性思考》，《杭州日报》2011 年 10 月 10 日，第 B08 版。
[894] 刘炜：《建“有作坊味”的公安微博》，《民主与法制时报》2011 年 10 月 10 日，第 B04 版。
[895] 陆小华：《上海地铁两换微博道歉帖的成本》，《中国经营报》2011 年 10 月 10 日，第 B06 版。
[896] 王文硕、张光卿：《公安微博不删帖　诚意换来良性互动》，《人民公安报》2011 年 10 月 10 日，第 1 版。
[897] 张广瑞：《学术论坛不应赶“微博”的时髦》，《中国社会科学报》2011 年 10 月 11 日，第 4 版。
[898] 王舒怀、史迁：《当公益注入“微力量”》，《人民日报》2011 年 10 月 11 日，第 23 版。
[899]《政府新闻办用微博“吆喝”帮农民卖辣椒》，《重庆日报》2011 年 10 月 13 日，第 A03 版。
[900] 李颖、梁国瑞：《淘宝“群殴”升级 马云微博称累了》，《广州日报》2011 年 10 月 14 日，第 12 版。
[901] 母家亮：《陕西百所高校集体开微博》，《陕西日报》2011 年 10 月 14 日，第 2 版。
[902] 国欣：《提出要发挥微博服务社会的积极作用》，《人民邮电》2011 年 10 月 14 日，第 1 版。
[903] 姚丹苹：《“市长热线”已有粉丝 86370 人》，《昆明日报》2011 年 10 月 14 日，第 2 版。
[904] 傅达林：《从童话大王郑渊洁微博维权谈社会公平》，《法制生活报》2011 年 10 月 14 日，第 1 版。
[905] 王舒怀、张音：《积极运用微博客服务社会》，《人民日报》2011 年 10 月 14 日，第 2 版。
[906] 赵霞：《微博谣言谁能 hold 住?》，《中华工商时报》2011 年 10 月 14 日，第 A01 版。
[907] 丁先明：《推动党政机关领导干部运用微博回应社会关切》，《中国青年报》2011 年 10 月 14 日，第 6 版。
[908] 张雪莹：《微博积极面：服务社会》，《光明日报》2011 年 10 月 14 日，第 10 版。
[909] 杨春：《更快更勇　微博看齐主流媒体》，《南方日报》2011 年 10 月 15 日，第 4 版。
[910] 张驰：《微博，别让色情入侵》，《解放日报》2011 年 10 月 17 日，第 12 版。
[911] 陈璇：《别让“微博问政”成洪水猛兽》，《中国青年报》2011 年 10 月 18 日，第 T01 版。
[912] 魏晓光：《微博“邯山发布”正式开通》，《邯郸日报》2011 年 10 月 18 日，第 2 版。
[913] 毕宏音：《官员微博：新沟通平台》，《中国社会科学报》2011 年 10 月 18 日，第 14 版。
[914] 童翔：《移动微博创新社会管理》，《光明日报》2011 年 10 月 18 日，第 16 版。

［915］李晶：《开起微博办实事网聚群众做服务》，《中国工商报》2011 年 10 月 18 日，第 B01 版。

［916］廖小言：《“微时代”执政者要有创新思维》，《人民日报》2011 年 10 月 18 日，第 14 版。

［917］吴旦颖：《农产品城市价格持续走高　产区滞销微博求助》，《南方日报》2011 年 10 月 19 日，第 A16 版。

［918］黄冀军：《从回应“公开信”到微博互动》，《中国环境报》2011 年 10 月 19 日，第 3 版。

［918］阮仕喜：《西安碑林：“公安微博”服务群众“唱大戏”》，《人民公安报》2011 年 10 月 20 日，第 5 版。

［920］任晓宁：《新浪微博升级改版　强化社区性布局》，《中国新闻出版报》2011 年 10 月 20 日，第 6 版。

［921］欧阳晨：《美女报警救人微博传信寻亲》，《广州日报》2011 年 10 月 20 日，第 4 版。

［922］叶锋：《上海虹口：“小巷总理”微博连万家》，《新华每日电讯》2011 年 10 月 20 日，第 2 版。

［923］许乐怡、黄炳新：《全警动全民动　张开天网追逃》，《人民公安报》2011 年 10 月 20 日，第 6 版。

［924］魏莎莎：《小“围脖”织就大文明》，《莱芜日报》2011 年 10 月 20 日，第 B01 版。

［925］马青雯、前程：《宁波电力微博开启爱心接力》，《国家电网报》2011 年 10 月 21 日，第 4 版。

［926］张书乐：《微博版权：140 个字的烦恼》，《中国文化报》2011 年 10 月 21 日，第5 版。

［927］康劲：《一位卫生厅长的“微博江湖”》，《工人日报》2011 年 10 月 22 日，第 3 版。

［928］张峰、洪敬谱：《发微博提示网民注意消费安全》，《中国消费者报》2011 年 10 月 24 日，第 A02 版。

［929］王军荣：《“微博叫板”或是无奈的呐喊》，《中国妇女报》2011 年 10 月 24 日，第 A03 版。

［930］廖水南：《微博反腐注定只是一场热闹》，《重庆商报》2011 年 10 月 24 日，第 7 版。

［931］路学林、夏莎：《网络求医、微博问诊的利与弊》，《杭州日报》2011 年 10 月 24 日，第 A07 版。

［932］万应慧：《用好微博：领导干部必修课》，《辽宁日报》2011 年 10 月 25 日，第 16 版。

［933］马翠莲：《政务微博直指问政实效》，《上海金融报》2011 年 10 月 25 日，第 B02 版。

［934］游文君、黄晓春　张志峰：《网友微博举报传销窝点》，《梅州日报》2011 年 10 月 26 日，第 2 版。

［935］陈静：《微博“诚信”从何而来》，《经济日报》2011 年 10 月 27 日，第 14 版。

［936］熊志：《“微博叫板”别成“茶杯里的风暴”》，《人民法院报》2011 年 10 月 27 日，第 2 版。

［937］张杰：《镇江：“微距离”交流　服务群众更到位》，《人民公安报》2011 年 10 月 28 日，第 3 版。

［938］白雪：《卫生厅长能在政府网站推广猪蹄治病吗》，《中国青年报》2011 年 10 月 28

日，第5版。
[939] 张冰梓：《倾力打造政民互动新载体》，《珠海特区报》2011年10月28日，第4版。
[940] 邬刚：《为了乡亲致富的农村带头人》，《马鞍山日报》2011年10月28日，第1版。
[941] 王鸿凌、张巍：《冰城警方当天微博辟谣稳人心》，《哈尔滨日报》2011年10月28日，第1版。
[942] 高柱：《“四川工会法律援助”微博“粉丝”突破28万》，《工人日报》2011年10月28日，第1版。
[943] 何保胜：《谣言的蔓延和微博自净》，《新华每日电讯》2011年10月28日，第13版。
[945] 刘晓群、李平伟、孙海东：《济南公安微博经验全省推广》，《济南日报》2011年10月28日，第7版。
[946] 胡细莺：《官方微博多渠道公开信息》，《珠海特区报》2011年10月29日，第4版。
[947] 张玉胜：《官员“微博叫板”折射维权困境》，《人民公安报》2011年10月29日，第5版。
[948] 张慧：《“平安太原”微博警民之间的“连心桥”》，《太原日报》2011年10月29日，第1版。
[949] 王金峰：《临清：“有法律疑惑，上司法微博”》，《新华每日电讯》2011年10月30日，第3版。
[950] 凌一览：《浅析微博之于公众参与反腐倡廉建设》，《中国纪检监察报》2011年10月30日，第3版。
[951] 宋苑丹、谭顺秋：《建“微博墙”打造民生新平台》，《佛山日报》2011年10月30日，第A02版。
[952] 张迪、王晶、李亚蕾、李澈、肖桂来：《官员发微博　应该咋说话》，《南方日报》2011年10月30日，第7版。
[953] 林中明、黄峥：《社区有个“微博检察急诊室”》，《检察日报》2011年10月31日，第1版。
[954] 毕强：《政府开微博需制度保障》，《银川晚报》2011年10月31日，第13版。
[955] 方菡、清惠：《“微博第一案”，谁是最后赢家?》，《人民法院报》2011年10月31日，第3版。
[956] 李维：《旅游微博“旋风”能刮多久》，《中国旅游报》2011年10月31日，第6版。

十一月

[957] 王若冰、张瑜：《山东公安微博建设全面推开》，《人民公安报》2011年11月1日，第5版。
[958] 马飞：《微博助销怀远石榴》，《中华合作时报》2011年11月1日，第A03版。
[959] 黄景祥：《微博：“微言善出”天地宽》，《检察日报》2011年11月1日，第7版。
[960] 张应林、陈海锋：《“心情微博驿站”让笑容常驻》，《解放军报》2011年11月1日，第10版。
[961] 黄凯、李春丽：《“粉丝”建议推动未成年人上网习惯调研》，《检察日报》2011年11月1日，第2版。

[962] 张玉胜:《“微博叫板”折射维权困境》,《人民代表报》2011年11月1日，第6版。
[963] 林晔晗、黄彩华:《东莞二院大朗法庭微博敦促还债》,《人民法院报》2011年11月1日，第4版。
[964] 张颐武:《微博需要培育理性与真实》,《团结报》2011年11月1日，第6版。
[965] 戚广崇:《利用微博普及中医科普知识》,《健康报》2011年11月2日，第5版。
[966] 童翔:《微博：创新社会管理的抓手》,《人民邮电》2011年11月2日，第4版。
[967] 赵锐:《我市开通微博普法平台》,《太行日报》2011年11月2日，第5版。
[968] 王正平:《借助网络微博延伸供电服务》,《中国电力报》2011年11月2日，第5版。
[969] 马雄伟:《塔城电力公司开通用电信息微博》,《国家电网报》2011年11月3日，第4版。
[970] 曹丙利:《别让微博成为谣言的温床》,《科技日报》2011年11月4日，第8版。
[971] 黄尤波:《镇街借“外脑”　石碣首吃“螃蟹”》,《东莞日报》2011年11月4日，第A17版。
[972] 江晨、陈晖、梁梓:《乐清：织微博　解民忧》,《浙江日报》2011年11月4日，第4版。
[973] 张一帆、张馨茹:《官员“微博”的喜与忧》,《甘肃法制报》2011年11月4日，第A06版。
[974] 汪挺:《“微博卖菜”能否化解农产品滞销难题》,《中国商报》2011年11月4日，第3版。
[975] 余建华、孟焕良:《浙江建言法院微博工作获肯定》,《人民法院报》2011年11月5日，第1版。
[976] 宜秀萍:《全省卫生系统人民网微博矩阵开通》,《甘肃日报》2011年11月5日，第2版。
[977] 孙金诚:《海峡两岸汉字评选6日启动　首次加入微博投票》,《人民政协报》2011年11月5日，第C01版。
[978] 郭宏颖、韩冰:《畅通群众诉求渠道　创新为民服务载体》,《沈阳日报》2011年11月5日，第1版。
[979] 刘西磊、靳海峰:《市开发区法院开通官方微博架起沟通民意桥梁》,《菏泽日报》2011年11月5日，第2版。
[980] 余勤、颜新文、单正钊:《微博反腐，让官员“触礁”》,《工人日报》2011年11月5日，第7版。
[981] 陆一波:《“官博”有量更要有质》,《解放日报》2011年11月6日，第2版。
[982] 库峥、廖隆章:《省纪委官员微博挑战县委书记》,《民主与法制时报》2011年11月7日，第B02版。
[983] 库峥、范涛:《检察院微博：很潮、很给力》,《民主与法制时报》2011年11月7日，第B03版。
[984] 王耀:《省卫生系统人民网微博正式开通》,《甘肃经济日报》2011年11月7日，第1版。

[985] 高柱：《资阳一环卫工因发微博被“唬”下岗　省市工会主动介入维权保住其岗位》，《工人日报》2011年11月7日，第1版。

[986] 韩立勇：《银川“微博喊话”能否传更远》，《人民日报》2011年11月7日，第9版。

[987] 祝华新：《给青年职业安全感和人生温暖感》，《中国青年报》2011年11月7日，第3版。

[988] 尚保华、孙锴：《检察微博：在互动中实现管理创新》，《检察日报》2011年11月8日，第3版。

[989] 王舒怀：《探寻互联网良治之道》，《人民日报》2011年11月8日，第14版。

[990] 夏静、朱莹：《武汉理工：小微博　大文化》，《光明日报》2011年11月9日，第5版。

[991] 丁丹华：《爱创新、爱摄影、爱微博》，《中国保险报》2011年11月9日，第6版。

[992] 林金荣、庄加福：《全警微博打造警民良性沟通的平台》，《人民公安报》2011年11月9日，第3版。

[993] 陈美者：《微博文学：不过是一场假面狂欢》，《中国艺术报》2011年11月9日，第3版。

[994] 常政：《微博的引爆力》，《中华读书报》2011年11月9日，第17版。

[995] 张强：《官员开微博不打官腔惹关注》，《广州日报》2011年11月10日，第11版。

[996] 方力：《微博控，请你悠着点》，《浙江日报》2011年11月10日，第20版。

[997] 赵家新、王涵宇：《常州天宁：“五位一体”模式拓宽警民对话渠道》，《人民公安报》2011年11月11日，第2版。

[998] 赵肃岐：《石狮：微博规劝在逃19年嫌疑人自首》，《人民公安报》2011年11月11日，第2版。

[999] 赵家新、刘玥、陈峻：《“南京女刑警”一条善意微博被转四万多次》，《人民公安报》2011年11月11日，第4版。

[1000] 李鹏翔：《武汉：网友微博齐动员，寻找大义“逼停哥”》，《新华每日电讯》2011年11月11日，第7版。

[1001] 罗孝宗、陈春惠：《官微渐行渐近未来如何发展?》，《惠州日报》2011年11月11日，第B03版。

[1002] 回金田、马冲：《“心情微博”打开战士心扉》，《边防警察报》2011年11月12日，第1版。

[1003] 张雪莹：《自媒体时代，如何让微博发展更健康》，《光明日报》2011年11月12日，第6版。

[1004] 耿建扩：《河北推出全国首个微博自律公约》，《光明日报》2011年11月14日，第4版。

[1005] 李绍章：《微博，启蒙公民社会》，《民主与法制时报》2011年11月14日，第A04版。

[1006] 张文耀、黄传庚：《分宜宣传思想工作重心下移》，《江西日报》2011年11月15日，第A04版。

[1007] 胡博、王立欣、刘国耀：《征兵微博走俏辽沈大地》，《解放军报》2011年11月15

日，第 5 版。

[1008] 徐丹、史迁：《谁来规范微博认证?》，《人民日报》2011 年 11 月 15 日，第 23 版。

[1009] 武奕岑：《微博舆论的监督和引导》，《山西党校报》2011 年 11 月 15 日，第 S04 版。

[1010] 罗凯：《微博，是福不是祸》，《人民邮电》2011 年 11 月 16 日，第 4 版。

[1011] 蒋建根：《红色微博亮党旗》，《中国组织人事报》2011 年 11 月 16 日，第 8 版。

[1012] 丁鹤：《临海：微博支农渐成气候》，《台州日报》2011 年 11 月 16 日，第 2 版。

[1013] 袁定波：《微博贴吧转发谣言是否担责尚未明确》，《法制日报》2011 年 11 月 16 日，第 5 版。

[1014] 刘广雄、杨玺、赵坤：《服务群众新纽带》，《边防警察报》2011 年 11 月 17 日，第 1 版。

[1015] 付明海、孟洪涛：《咸宁支队教育微博深受官兵追捧》，《人民武警报》2011 年 11 月 17 日，第 3 版。

[1016] 赵仁伟：《京开通全国首个省级政务微博发布群》，《新华每日电讯》2011 年 11 月 18 日，第 2 版。

[1017] 马学礼、李才旦：《银川市总工会“微博问政”获赞誉》，《工人日报》2011 年 11 月 18 日，第 2 版。

[1018] 余荣华：《全国首个省级政务微博群开通》，《人民日报》2011 年 11 月 18 日，第 11 版。

[1019] 赵家新、陶维洲、雪亭、王瑰杰：《“江宁公安在线”：会卖萌的“警察蜀黍”》，《人民公安报》2011 年 11 月 18 日，第 5 版。

[1020] 马富春：《微博银川：一个西部城市的微博问政试验》，《中国青年报》2011 年 11 月 19 日，第 3 版。

[1021] 洪梅芬：《上海特色志愿服务项目已近百项》，《解放日报》2011 年 11 月 19 日，第 3 版。

[1022] 杨烨：《上海警方 10 小时“抢救”21 岁轻生女》，《人民公安报》2011 年 11 月 20 日，第 4 版。

[1023] 冯锐：《会议现场“微博上墙”会场内外同步互动》，《人民公安报》2011 年 11 月 20 日，第 1 版。

[1024] 张迪、李澈：《政务用微博说话需又快又好》，《南方日报》2011 年 11 月 20 日，第 7 版。

[1025] 祝华新：《不买公车买校车!》，《中国青年报》2011 年 11 月 21 日，第 3 版。

[1026] 张文：《微博时代　西安旅游咋借微力》，《西安日报》2011 年 11 月 21 日，第 2 版。

[1027] 郭顺姬：《全国首个“政务微博群”开通》，《中国经济时报》2011 年 11 月 22 日，第 2 版。

[1028] 文轩：《开通政务微博不能敷衍了事》，《苏州日报》2011 年 11 月 22 日，第A06 版。

[1029] 朱继东：《微博健康发展应从规范管理引导入手》，《中国社会科学报》2011 年 11 月 22 日，第 11 版。

[1030] 李新龙、祁乔松：《沈阳：微博改变社交模式》，《湖北日报》2011 年 11 月 22 日，第 5 版。

[1031] 闫文平、杨刚：《传统媒体怎样与微博共生》，《中国新闻出版报》2011 年 11 月 22 日，第 6 版。
[1032] 丁国锋、贾彦峰、吴国海：《正面回应“粉丝”“麻辣”建议》，《法制日报》2011 年 11 月 22 日，第 5 版。
[1033] 李龙：《微博可作证，采信须更慎》，《广州日报》2011 年 11 月 22 日，第 2 版。
[1034] 邓涛、陈红梅：《微博引发“微”革命》，《中国社会科学报》2011 年 11 月 22 日，第 11 版。
[1035] 陈官辉、刘小林：《打造首个全城互动盛会》，《闽北日报》2011 年 11 月 22 日，第 1 版。
[1036] 余荣华：《“北京微博发布厅”拒绝“三分钟热情”》，《人民日报》2011 年 11 月 22 日，第 14 版。
[1037] 匡文波：《微博五弊阻碍创新—扩散进程》，《中国社会科学报》2011 年 11 月 22 日，第 11 版。
[1038] 黄明健：《40 万“粉丝”600 余线索“力挺”微博打黑》，《人民公安报》2011 年 11 月 22 日，第 1 版。
[1039] 康美思：《借力微博平台 拓展文化品牌》，《秦皇岛日报》2011 年 11 月 23 日，第 3 版。
[1040] 李贤、韦崇结：《“柳州公安”微博走进百姓心中》，《广西日报》2011 年 11 月 23 日，第 10 版。
[1041] 杨蓥晖：《参宴“微博问政”应有其声》，《杭州日报》2011 年 11 月 23 日，第 A06 版。
[1042] 徐娟：《“三个关乎”是给微博保健康》，《光明日报》2011 年 11 月 23 日，第 3 版。
[1043] 闵凌欣、关建东：《玩转“微博营销”》，《福建日报》2011 年 11 月 23 日，第 9 版。
[1044] 魏婷：《“微博卖场”——驱动社区化电子商务》，《人民邮电》2011 年 11 月 23 日，第 7 版。
[1045] 陈宁、肖国强、阮芝芳：《微博医生，加关注》，《浙江日报》2011 年 11 月 24 日，第 14 版。
[1046] 曾庆斌、区健彬：《政府创新政务　民间设奖表扬》，《佛山日报》2011 年 11 月 24 日，第 A01 版。
[1047] 杨丽萍：《全市基层党组织党务将全面公开》，《深圳特区报》2011 年 11 月 24 日，第 A04 版。
[1048] 徐建华：《“北京质监”官方微博获广泛关注》，《中国质量报》2011 年 11 月 24 日，第 1 版。
[1049] 王晨：《辽宁：县以上团组织全部开通微博》，《中国青年报》2011 年 11 月 24 日，第 2 版。
[1050] 贾晓燕、刘冕、王维维：《政府微博群一周赢粉丝 294 万》，《北京日报》2011 年 11 月 24 日，第 9 版。
[1051] 郭顺姬：《“巴松狼王”杜少中》，《中国经济时报》2011 年 11 月 25 日，第 2 版。
[1052] 晓雪：《微博欲取代社交网站》，《中国图书商报》2011 年 11 月 25 日，第 X01 版。

[1053] 李瑾：《政务微博千万别“忽地来了，嗖地走了”》，《工人日报》2011 年 11 月 25 日，第 3 版。

[1054] 童彤：《微博问政　搭建“政民沟通”新平台》，《中国经济时报》2011 年 11 月 25 日，第 2 版。

[1055] 易艳刚：《政务微博、网络时代的新“群众路线”》，《新华每日电讯》2011 年 11 月 25 日，第 3 版。

[1056] 张伟宁：《“官方微博要更给力”》，《珠海特区报》2011 年 11 月 26 日，第 2 版。

[1057] 林霞虹、吴振鹏、陈玥妍：《微博议政要敢言　公心是关键》，《广州日报》2011 年 11 月 26 日，第 2 版。

[1058] 张伟宁：《“官方微博要更给力”》，《珠海特区报》2011 年 11 月 26 日，第 2 版。

[1059] 吕妍：《走出考场，众考生一脸阴霾》，《新华日报》2011 年 11 月 28 日，第 A09 版。

[1060] 吴江：《政务“围脖”关键在诚信与服务意识》，《珠海特区报》2011 年 11 月 28 日，第 2 版。

[1061] 厉晓杭、许玉芬：《海曙在全省首推集体政务微博平台》，《宁波日报》2011 年 11 月 28 日，第 1 版。

[1062] 厉晓杭、许玉芬：《微博：开启问政于民新时代》，《宁波日报》2011 年 11 月 28 日，第 4 版。

[1063]《发展健康网络文化　推动微博客服务社会》，《人民日报》2011 年 11 月 28 日，第 16 版。

[1064] 易丹：《搜狐微博公益引发社会关注》，《中华工商时报》2011 年 11 月 28 日，第 6 版。

[1065] 蒋悦音：《政务微博要有“自行车精神”》，《人民法院报》2011 年 11 月 29 日，第 2 版。

[1066] 侯莎莎：《“平安北京”微博粉丝突破 200 万》，《北京日报》2011 年 11 月 29 日，第 1 版。

[1067] 陈承：《“公共安全的基础就是公共关系”》，《21 世纪经济报道》2011 年 11 月 29 日，第 2 版。

[1068] 曹丽辉、孙洪丽：《微博反腐已成最新反腐方式之一》，《检察日报》2011 年 11 月 29 日，第 5 版。

[1069] 杜晓、杨卉：《政务微博良性发展有望推动法治政府建设》，《法制日报》2011 年 11 月 29 日，第 4 版。

[1070] 伏昕、孙小林：《上海“微博问政”总动员》，《21 世纪经济报道》2011 年 11 月 29 日，第 2 版。

[1071] 张艳霞：《图书馆官方微博应该更个性化些》，《中国图书商报》2011 年 11 月 29 日，第 L04 版。

[1072] 张仁平、庄俊彬、林章伟：《检察微博：法制宣传新阵地》，《检察日报》2011 年 11 月 30 日，第 1 版。

[1073] 刘福利：《政府微博，民主参与比服务更重要》，《中国青年报》2011 年 11 月 30 日，第 2 版。

［1074］李代祥：《以创新精神推进政务公开》，《焦作日报》2011 年 11 月 30 日，第 6 版。
［1075］李代祥：《放低“身段”，以创新精神推进政务公开》，《新华每日电讯》2011 年 11 月 30 日，第 3 版。
［1076］陈永东：《上海北京齐领跑　政务微博掀高潮》，《人民邮电》2011 年 11 月 30 日，第 5 版。
［1077］吴娟、张房耿：《“微博问政”还需深处试水》，《中山日报》2011 年 11 月 30 日，第 A04 版。
［1078］吴娟：《“微博问政”还需深处试水》，《中山日报》2011 年 11 月 30 日，第 A04 版。

十二月

［1079］李英锋：《政务微博不能流于形式》，《海南日报》2011 年 12 月 1 日，第 A06 版。
［1080］张意轩：《微时代?! 大时代》，《人民日报海外版》2011 年 12 月 1 日，第 5 版。
［1081］徐贲：《微博是好的说理形式吗》，《南方周末》2011 年 12 月 1 日，第 F30 版。
［1082］张意轩：《秩序思维呵护微博成长》，《人民日报海外版》2011 年 12 月 1 日，第 5 版。
［1083］李立红：《全国高校团组织微博体系建设启动》，《中国青年报》2011 年 12 月 1 日，第 1 版。
［1084］聂万州：《库车微博问政搭建干群交流新平台》，《阿克苏日报（汉）》2011 年 12 月 1 日，第 3 版。
［1085］李思：《“微博问政”顺民意》，《上海金融报》2011 年 12 月 2 日，第 B16 版。
［1086］吉卫华：《西安微博问政还需向深处试水》，《西安日报》2011 年 12 月 4 日，第 2 版。
［1087］尹韵公、张雪莹：《微博不能是不良信息的“应声虫”》，《光明日报》2011 年 12 月 5 日，第 2 版。
［1088］张金：《四个“多”：让出版社高效使用微博》，《中国新闻出版报》2011 年 12 月 5 日，第 7 版。
［1089］李荣：《上海：卷心菜滞销，政府微博帮吆喝》，《新华每日电讯》2011 年 12 月 5 日，第 6 版。
［1090］张彬：《陈士渠：微博助力，期待“天下无拐”》，《人民公安报》2011 年 12 月 5 日，第 4 版。
［1091］刘宇男：《高峰限行　成都交警人性化服务》，《四川日报》2011 年 12 月 5 日，第 3 版。
［1092］池墨：《粉丝热捧政府微博反映民众正常诉求》，《检察日报》2011 年 12 月 6 日，第 7 版。
［1093］韦伟：《网络媒体：新跨越面临的机遇和挑战》，《解放军报》2011 年 12 月 6 日，第 9 版。
［1094］李雪昆：《网络媒体如何打破信息交流“玻璃墙”?》，《中国新闻出版报》2011 年 12 月 6 日，第 5 版。
［1095］凌国华：《政务微博，“做”什么更重要》，《光明日报》2011 年 12 月 6 日，第3 版。

[1096] 王金梅、付延涛：《聊城：公安微博架起警民互动新桥梁》，《人民公安报》2011 年 12 月 6 日，第 6 版。
[1097] 刘昊：《16 区县本月拟全开微博》，《北京日报》2011 年 12 月 6 日，第 1 版。
[1098] 刘莜：《微博时代，一个威力无边的随性时代?》，《中国图书商报》2011 年 12 月 6 日，第 W06 版。
[1099] 毕诗成：《“政务微博”群：要速度更要“温度”》，《新华每日电讯》2011 年 12 月 7 日，第 3 版。
[1100] 蒋黛：《微博维权关乎 140 字的尊严》，《西安日报》2011 年 12 月 7 日，第 5 版。
[1101] 张春铭：《撑腰校长　微博“杜哥”》，《中国教育报》2011 年 12 月 7 日，第 3 版。
[1102] 李艺玲：《国内微博掀起实名注册热　建诚信平台促真实沟通互动》，《通信信息报》2011 年 12 月 7 日，第 B15 版。
[1103] 柳霞：《政务微博，火了之后》，《光明日报》2011 年 12 月 8 日，第 14 版。
[1104] 王琼、俞晖、朱俊：《公安微博在和谐警民关系建设中的作用》，《人民公安报·交通安全周刊》2011 年 12 月 8 日，第 4 版。
[1105] 顾骏：《从“卷心菜现象”看政务微博》，《文汇报》2011 年 12 月 8 日，第 5 版。
[1106] 何兵：《他们走在微博上》，《南方周末》2011 年 12 月 8 日，第 E30 版。
[1107] 蔡丹平：《微博政务是时代的进步》，《兰州日报》2011 年 12 月 8 日，第 3 版。
[1108] 裘晶文：《广东高院微博“法耀岭南”正式开通》，《人民法院报》2011 年 12 月 8 日，第 1 版。
[1109] 霍小光：《政务微博　力行织博为民》，《人民日报》2011 年 12 月 9 日，第 11 版。
[1110] 霍小光：《“围观”与期待中力行织博为民》，《新华每日电讯》2011 年 12 月 9 日，第 1 版。
[1111] 霍小光、华春雨、杨金志、万一：《政务微博　力行“织博为民”》，《人民日报》2011 年 12 月 9 日，第 11 版。
[1112] 西安铁路局党委宣传部：《探索微博传播新途径　提高网络宣传影响力》，《人民铁道》2011 年 12 月 9 日，第 B03 版。
[1113] 赵焱：《政务微博，苏州还需添把火》，《苏州日报》2011 年 12 月 9 日，第 A13 版。
[1114] 霍小光、华春雨：《“织博为民”彰显“微”力量》，《团结报》2011 年 12 月 10 日，第 4 版。
[1115] 厉晓杭：《微博问政：探索新时代的“群众路线”》，《宁波日报》2011 年 12 月 10 日，第 2 版。
[1116] 华春雨：《依法关闭二〇六个微博客账号》，《人民日报》2011 年 12 月 10 日，第 4 版。
[1117] 杨金志：《上海发布引来万千关注》，《新华每日电讯》2011 年 12 月 11 日，第 1 版。
[1118] 桂杰：《官方微博别只有三分钟热情》，《中国青年报》2011 年 12 月 11 日，第 3 版。
[1119] 张景华、赵茂林：《政务微博：不要赶时髦　关键要办事》，《光明日报》2011 年 12 月 11 日，第 2 版。
[1120] 郭桂花、思检：《检察官微博说法　关爱青少年》，《厦门日报》2011 年 12 月 11 日，第 4 版。

[1121] 桂杰：《官方微博别只有三分钟热情》，《中国青年报》2011 年 12 月 11 日，第 3 版。
[1122] 尹于世：《“上海发布”一小步，政务公开一大步》，《新华每日电讯》2011 年 12 月 12 日，第 3 版。
[1123] 谭元贵、李小俊：《巴东法院首次微博直播庭审》，《恩施日报》2011 年 12 月 12 日，第 6 版。
[1124] 阎冰、林洁：《广东高院“查民调”“开微博”》，《中国青年报》2011 年 12 月 12 日，第 3 版。
[1125] 白龙：《我国政务微博总数近 2 万》，《人民日报》2011 年 12 月 13 日，第 11 版。
[1126] 张意轩：《二零一一　中国政务微博元年》，《人民日报海外版》2011 年 12 月 13 日，第 1 版。
[1127] 徐冠英：《我省政务微博量居全国第三》，《新华日报》2011 年 12 月 13 日，第 A02 版。
[1128] 单士兵：《越是民意集中的地方权力越应有勇气面对》，《深圳特区报》2011 年 12 月 13 日，第 A02 版。
[1129] 严辉文：《除了卖萌　政务微博还卖什么》，《中国青年报》2011 年 12 月 13 日，第 2 版。
[1130] 杜弋鹏、杨慧峰：《全国首份政务微博年度报告发布》，《光明日报》2011 年 12 月 13 日，第 4 版。
[1131] 徐丹：《中国微博上的国际面孔》，《人民日报》2011 年 12 月 13 日，第 14 版。
[1132] 白龙、徐丹：《我国政务微博总数近 2 万》，《人民日报》2011 年 12 月 13 日，第 11 版。
[1133] 刘昊、孙超逸：《“平安北京”成“最牛官微”》，《北京日报》2011 年 12 月 13 日，第 1 版。
[1134] 徐上、姚霞：《“上海工商”政务微博上线》，《中国工商报》2011 年 12 月 13 日，第 A01 版。
[1135] 阳桦、王晓丹、伍新宇、温扬勤：《由信息发布转向应用服务》，《佛山日报》2011 年 12 月 13 日，第 A02 版。
[1136] 刘艳、陈静：《重庆璧山　菜农手机微博卖菜成效大》，《西部时报》2011 年 12 月 13 日，第 13 版。
[1137] 刘芳：《长城润滑油航天微博粉丝突破 11 万》，《中国石化报》2011 年 12 月 13 日，第 2 版。
[1138] 史常富：《恩施中院获中国政务微博特别贡献奖》，《人民法院报》2011 年 12 月 14 日，第 4 版。
[1139] 刘晓群：《公安微博“济南模式”获肯定》，《济南日报》2011 年 12 月 14 日，第 2 版。
[1140] 李瑞、于露：《政务微博的发展状况和前景展望》，《中国新闻出版报》2011 年 12 月 15 日，第 4 版。
[1141] 李国、金洁：《重庆农民工无奈“微博讨薪”》，《工人日报》2011 年 12 月 15 日，第 5 版。

[1142] 何翠云：《政务微博须具备网络精神》，《中华工商时报》2011 年 12 月 15 日，第 3 版。
[1143] 向楠：《传播学者刘瑞生：我国应高度重视新媒体时代的意识形态安全》，《中国青年报》2011 年 12 月 15 日，第 7 版。
[1144] 向楠：《84.7% 的 80 后 90 后受访网友开通了微博》，《中国青年报》2011 年 12 月 15 日，第 7 版。
[1145] 李晓亮：《微变革：从民间到官方》，《嘉兴日报》2011 年 12 月 16 日，第 2 版。
[1146] 吴明高：《借力移动微博　创新社会管理》，《光明日报》2011 年 12 月 16 日，第 7 版。
[1147] 邓新建、杨安琪：《广东省检察院首向微博网友开放》，《法制日报》2011 年 12 月 16 日，第 5 版。
[1148] 魏英杰：《干正事，这才叫政务微博》，《杭州日报》2011 年 12 月 17 日，第 2 版。
[1149] 李小佳：《政务微博有效推进成亮点》，《解放日报》2011 年 12 月 17 日，第 3 版。
[1150] 侯莎莎、金可、刘昊、王维维：《实名制将提高微博诚信度》，《北京日报》2011 年 12 月 17 日，第 3 版。
[1151]《北京市微博客发展管理若干规定》，《北京日报》2011 年 12 月 17 日，第 3 版。
[1152] 姚星宇：《广交“粉丝”频织“围脖”》，《九江日报》2011 年 12 月 17 日，第 A01 版。
[1153] 赵仁伟：《北京市规定微博注册应用真实身份》，《新华每日电讯》2011 年 12 月 18 日，第 1 版。
[1154] 罗屏、陈莹莹：《创新机制　破解城管难题》，《绵阳日报》2011 年 12 月 18 日，第 1 版。
[1155] 朱竞若：《微博未来会更好》，《人民日报》2011 年 12 月 18 日，第 2 版。
[1156] 杨谷：《微博客管理就得走自己的路》，《光明日报》2011 年 12 月 18 日，第 2 版。
[1157] 苏民：《外界认为北京管理新规有利微博健康发展》，《经济日报》2011 年 12 月 18 日，第 3 版。
[1158] 张晨：《带着感情发布信息提供服务》，《新华日报》2011 年 12 月 19 日，第 A08 版。
[1159] 柳五：《让“围观”成为民意表达的新途径》，《东莞日报》2011 年 12 月 19 日，第 B02 版。
[1160] 吕尚春：《政务微博别成“僵尸”》，《经济观察报》2011 年 12 月 19 日，第 15 版。
[1161] 李海丽：《政务微博应当推进“法治政府”》，《民主与法制时报》2011 年 12 月 19 日，第 B02 版。
[1162] 吕择：《成也微博，败也微博》，《北京科技报》2011 年 12 月 19 日，第 38 版。
[1163]《北京率先出台微博管理规定》，《北京科技报》2011 年 12 月 19 日，第 40 版。
[1164] 毛颖颖：《诚信微博明天会更好》，《北京日报》2011 年 12 月 19 日，第 1 版。
[1165] 李娜：《2011 政法“官微”火了一个又一个》，《法制日报》2011 年 12 月 20 日，第 5 版。
[1166] 张东、潘剑凯：《大学书记的微博讲座》，《光明日报》2011 年 12 月 20 日，第 12 版。

［1167］徐国庆：《“围脖”架起警民沟通的桥梁》，《边防警察报》2011 年 12 月 20 日，第 3 版。

［1168］郭晓昊、杨进、全杰、叶平生、陈志成、叶子川：《广州 20 余政府部门官方微博集体亮相》，《广州日报》2011 年 12 月 20 日，第 10 版。

［1169］桐子岚：《“微博问政”不是终点》，《南方日报》2011 年 12 月 20 日，第 F02 版。

［1170］苏民、金晶：《“北京西城”政务微博粉丝超 10 万》，《经济日报》2011 年 12 月 20 日，第 7 版。

［1171］袁定波：《上海法院微博讲述法院身边事》，《法制日报》2011 年 12 月 20 日，第 5 版。

［1172］韩金伟：《微博　统战工作新宠儿》，《团结报》2011 年 12 月 20 日，第 2 版。

［1173］杨明、穗宣、冯岳、龙晓枫、徐向萌：《“中国广州发布”官方微博上线》，《广州日报》2011 年 12 月 20 日，第 1 版。

［1174］卢杰：《微博成为社区民警“新式武器”》，《法制日报》2011 年 12 月 20 日，第 5 版。

［1175］赵阳：《首个省级检察微博很潮很给力》，《法制日报》2011 年 12 月 20 日，第 5 版。

［1176］周斌：《西湖法援微博最看重服务价值》，《法制日报》2011 年 12 月 20 日，第 5 版。

［1177］袁定波：《开微博就要敢于直面公众批评》，《法制日报》2011 年 12 月 20 日，第 5 版。

［1178］姜澎：《微博用户活跃度和粘性下降》，《文汇报》2011 年 12 月 21 日，第 6 版。

［1179］赵进、雷辉、伍新宇：《140 字“微报告”好不好　百姓说了算》，《南方日报》2011 年 12 月 21 日，第 A22 版。

［1180］胡唯哲：《宁夏银川：“问政银川”督查微博》，《人民日报》2011 年 12 月 21 日，第 17 版。

［1181］王琳：《让政务微博“织”出实效》，《经济日报》2011 年 12 月 21 日，第 13 版。

［1182］葛晨：《“微博战”：美军与塔利班的新战场》，《新华每日电讯》2011 年 12 月 21 日，第 5 版。

［1183］任晓岚、周苏婷：《杭州检验检疫局　运用微博创新服务载体》，《中国国门时报》2011 年 12 月 21 日，第 2 版。

［1184］张莉：《“打假第一人”王海败诉微博名誉侵权案》，《中国贸易报》2011 年 12 月 22 日，第 6 版。

［1185］何兵：《不能在微博上打地道战》，《南方周末》2011 年 12 月 22 日，第 F30 版。

［1186］胡楠、张延：《微博，让党代会走近百姓》，《长江日报》2011 年 12 月 22 日，第 6 版。

［1187］陈国琴：《“微博问政”贵在“有问有答”》，《贵阳日报》2011 年 12 月 22 日，第 11 版。

［1188］徐淼、霍玉菡、杨颖、魏小央：《微博狂欢渐归平静　主流运营商瓜分市场》，《中国贸易报》2011 年 12 月 22 日，第 7 版。

［1189］李沛珂：《搭起社区沟通新渠道微博让生活更加精彩》，《兰州日报》2011 年 12 月 22 日，第 3 版。

[1190] 杨洁:《微博助销农产品短板在哪里?》,《四川日报》2011 年 12 月 22 日,第 6 版。

[1191] 评论员:《微博需要阳光,网络要讲诚信》,《深圳特区报》2011 年 12 月 22 日,第 A02 版。

[1192] 刘昊:《16 区县政务微博全开通》,《北京日报》2011 年 12 月 23 日,第 9 版。

[1193] 韩璐:《微博江湖里的医者身影》,《健康报》2011 年 12 月 23 日,第 8 版。

[1194] 刘晓悦:《用责任赢得"微博未来"》,《人民日报》2011 年 12 月 23 日,第 4 版。

[1195] 禾苗:《中石化南化欠缴 8000 万元污水费南京供水管理部门微博讨债》,《第一财经日报》2011 年 12 月 23 日,第 B02 版。

[1196] 罗艳梅、黄鸿雁、王妍妍:《网上平台听民意　微博问政粉丝多》,《西江日报》2011 年 12 月 23 日,第 A02 版。

[1197] 何连弟:《南京政府部门官方微博"讨债"》,《文汇报》2011 年 12 月 23 日,第 3 版。

[1198] 王志彦:《"微博广场"打造身边"议事厅"》,《解放日报》2011 年 12 月 23 日,第 3 版。

[1199] 孙超逸:《腾讯微博新用户昨起实名注册》,《北京日报》2011 年 12 月 23 日,第 2 版。

[1200] 王维维:《用"版权表情"保护微博版权》,《北京日报》2011 年 12 月 24 日,第 9 版。

[1201] 常春晖:《政务微博小句子可做大文章》,《黑龙江日报》2011 年 12 月 25 日,第 5 版。

[1202] 肖露:《微博实名将有助于互联网诚信建设》,《人民公安报》2011 年 12 月 25 日,第 3 版。

[1203] 王地、李铁柱:《政法微博影响力报告 2.0 版发布》,《检察日报》2011 年 12 月 25 日,第 1 版。

[1204]《政务微博:是麦克风还是顺风耳?》,《民营经济报》2011 年 12 月 26 日,第 7 版。

[1205] 林海:《首批".中国"域名政务微博开通,访问更便捷》,《中国高新技术产业导报》2011 年 12 月 26 日,第 48 版。

[1206] 朱虹:《复杂中国的变与不变》,《人民日报》2011 年 12 月 26 日,第 5 版。

[1207] 马庆钰:《2011 年,学术界新论点要览》,《北京日报》2011 年 12 月 26 日,第 23 版。

[1208] 谷田:《驻华使馆微博里的国家外交》,《国防时报》2011 年 12 月 26 日,第 18 版。

[1209] 蓝涛、严晶晶、李炜东:《云和旅游微博营销赚人气》,《丽水日报》2011 年 12 月 26 日,第 1 版。

[1210] 林春霞:《网络问政开启"微时代"》,《中国经济时报》2011 年 12 月 27 日,第 2 版。

[1211] 皇甫世俊:《银川政务微博助力党代会》,《银川晚报》2011 年 12 月 27 日,第 5 版。

[1212] 李娜、杜献忠:《用微博力量促警民更和谐》,《人民公安报》2011 年 12 月 27 日,第 8 版。

[1213] 朱香山、杨安琪:《广东举办首个微博网友检察开放日活动》,《检察日报》2011 年 12 月 27 日,第 2 版。

[1214] 若夷：《让政务微博成为一种为政方式》，《珠海特区报》2011 年 12 月 27 日，第 2 版。
[1215] 党生翠：《2011：微博研究勃兴之年的“学术之争”》，《中国社会科学报》2011 年 12 月 27 日，第 18 版。
[1216] 杨寿云：《州公安局荣获“最具影响力云南警务微博”官方微博奖》，《大理日报》2011 年 12 月 27 日，第 A03 版。
[1217] 周琳、俞丽虹：《达芬奇“霸气”犯众怒》，《新华每日电讯》2011 年 12 月 27 日，第 1 版。
[1218] 夏吉春：《河南：微博版“侦探体”悬赏公告征集破案线索》，《人民公安报》2011 年 12 月 27 日，第 2 版。
[1219] 郭顺姬：《官员伍皓的微博“年终述职”》，《中国经济时报》2011 年 12 月 27 日，第 1 版。
[1220] 张俐俐：《我市政府门户网站再获中国政府网站领先奖殊荣》，《孝感日报》2011 年 12 月 28 日，第 1 版。
[1221] 班若川：《旅游微博营销需提高粉丝活跃度》，《中国旅游报》2011 年 12 月 28 日，第 3 版。
[1222] 张永生：《微博实名之后还要做什么》，《安徽日报》2011 年 12 月 28 日，第 B01 版。
[1223] 蒋建君：《微博实名　势在必行》，《常州日报》2011 年 12 月 28 日，第 B02 版。
[1224] 杨静雅：《“宁波发布”政务微博昨上线》，《宁波日报》2011 年 12 月 29 日，第 A01 版。
[1225] 陈瑜：《微博世界，著作权何去何从?》，《科技日报》2011 年 12 月 29 日，第 7 版。
[1226] 林苑中：《电子诗、微博体与小情感叙事》，《深圳特区报》2011 年 12 月 29 日，第 B09 版。
[1227] 余霞、蔡东红：《石狮民警将个人微博经营成“微阵地”》，《石狮日报》2011 年 12 月 29 日，第 2 版。
[1228] 邓晶晶：《“三步检验法”可以判定微博转发是否侵权》，《中国知识产权报》2011 年 12 月 30 日，第 10 版。
[1229] 刘新慧：《法院微博促进司法公开问题研究》，《人民法院报》2011 年 12 月 30 日，第 7 版。
[1230] 张静娴：《哈密政府网微博影响力位列全疆第三》，《哈密日报（汉）》2011 年 12 月 30 日，第 A09 版。
[1231] 钟健：《网络问政，公开透明纳民意》，《南方日报》2011 年 12 月 30 日，第A31 版。
[1232] 金涛、怡梦、何瑞涓、乔燕冰：《微博时代文学“围观”》，《中国艺术报》2011 年 12 月 30 日，第 8 版。
[1233] 庞乐：《西安微博问警前行中……》，《西安日报》2011 年 12 月 30 日，第 5 版。
[1234] 陈新：《微博维权？网络暴力?》，《西安日报》2011 年 12 月 30 日，第 5 版。
[1235] 周正：《做有责任的微博传播者》，《光明日报》2011 年 12 月 30 日，第 2 版。
[1236] 易艳刚：《微博围观改变 2011》，《新华每日电讯》2011 年 12 月 30 日，第 3 版。
[1237] 郭奎涛：《微博无处不在》，《中国企业报》2011 年 12 月 30 日，第 B40 版。

[1238] 刘晓群、孙海东、林青：《全国首对政务友好微博诞生》，《济南日报》2011 年 12 月 30 日，第 6 版。

[1239] 王娟：《“心通桥”微博发布厅上线》，《郑州日报》2011 年 12 月 31 日，第 1 版。

[1240] 沈义、廖继红：《粉丝评论举报让两名贪官落马》，《检察日报》2011 年 12 月 31 日，第 2 版。

2012年

一月

[1] 张蕾：《政务微博：在质疑中前行》，《民主与法制时报》2012 年 1 月 2 日，第 A03 版。

[2] 陈力丹：《微博的作用和我们的责任》，《学习时报》2012 年 1 月 2 日，第 6 版。

[3] 孙健芳：《阚治东：微博中的真性情》，《经济观察报》2012 年 1 月 2 日，第 34 版。

[4] 张昊：《陈彤：被微博改变的世界》，《经济观察报》2012 年 1 月 2 日，第 45 版。

[5] 杨志杰：《彩民微博工具性凸显》，《通信产业报》2012 年 1 月 2 日，第 34 版。

[6] 刘莉婷、罗金华：《新浪网正式入驻三明，世客会进入微博时刻》，《三明日报》2012 年 1 月 3 日，第 A01 版。

[7] 林凡：《2011 年我国微博注册账号约 8 亿，缤纷应用领跑微时代》，《通信信息报》2012 年 1 月 4 日，第 B11 版。

[8] 陈承：《区分公共治理中　政府与公民的边界——从“微博打拐”到“免费午餐”》，《21 世纪经济报道》2012 年 1 月 4 日，第 2 版。

[9] 傅达林：《微博·微法治》，《检察日报》2012 年 1 月 4 日，第 6 版。

[10] 杨礼良：《“蒙自警方”微博与“济南公安”微博结为全国首对政务友好微博》，《红河日报》2012 年 1 月 4 日，第 2 版。

[11] 钟国文、周子杰：《博物馆微博：想说爱你不容易》，《中国文物报》2012 年 1 月 4 日，第 4 版。

[12] 杜雅文：《深交所微博版“互动易”受关注》，《中国证券报》2012 年 1 月 4 日，第 A08 版。

[13] 薛娟：《腾讯微博 2012：圈人》，《中国经济时报》2012 年 1 月 4 日，第 11 版。

[14] 高莉：《15 名农民工“微博讨薪”》，《宁夏日报》2012 年 1 月 5 日，第 2 版。

[15] 姚雪青：《南京政府部门连发微博讨欠款》，《人民日报》2012 年 1 月 5 日，第 4 版。

[16] 霍仕明、张国强：《“雷锋传人”郭明义：开通微博串起社会上的爱心》，《法制日报》2012 年 1 月 5 日，第 10 版。

[17] 刘涛、抒方：《微博发言更需法律制约》，《西部法制报》2012 年 1 月 5 日，第 5 版。

[18] 秦毅：《微博公信力需要自我呵护》，《中国文化报》2012 年 1 月 5 日，第 3 版。

[19] 朱兴忠：《甘州开通我省县级政府首个官方微博》，《张掖日报》2012 年 1 月 5 日，第 2 版。

[20] 赵长山：《更好适应新媒体，学会运用新媒体》，《中国质量报》2012 年 1 月 5 日，第 6 版。

[21] 王志新：《张朝阳：搜狐微博即将爆发》，《中华工商时报》2012 年 1 月 5 日，第 6 版。
[22] 厉晓杭：《宁波：小微博折射民生大情怀》，《宁波日报》2012 年 1 月 5 日，第A02 版。
[23] 孙亮：《“实名认证”不是遏制微博谣言的良药》，《中国社会科学报》2012 年 1 月 6 日，第 A04 版。
[24] 毛晶慧：《实施作者签约制度搜狐微博布局 2012》，《中国经济时报》2012 年 1 月 6 日，第 5 版。
[25] 李金健、郑俊彦：《“微博牌”如何打，委员支三招》，《东莞日报》2012 年 1 月 6 日，第 A05 版。
[26] 夏吉春、段华峰：《河南公安微博接力，失散 26 年兄妹终团聚》，《人民公安报》2012 年 1 月 6 日，第 2 版。
[27] 张建惠、邓志刚、付文武：《撑起微博的一片蓝天》，《战士报》2012 年 1 月 6 日，第 4 版。
[28] 雷晓燕、卢庆红、叶波：《双溪口村，插上微博的“翅膀”》，《丽水日报》2012 年 1 月 6 日，第 3 版。
[29] 许凯：《济南站官方微博开通》，《济南日报》2012 年 1 月 6 日，第 2 版。
[30] 方洁莉、肖显：《委员赖峰：最关注 PM2. 5　微博网友：最关心是物价》，《广州日报》2012 年 1 月 6 日，第 6 版。
[31] 路人甲：《“水官”微博讨债很懒很自利》，《苏州日报》2012 年 1 月 6 日，第 A08 版。
[32] 李晓霞：《市政府新闻办政务微博“兰州发布”昨开通》，《兰州日报》2012 年 1 月 6 日，第 1 版。
[33] 喻国明：《“微博辟谣”是个伪命题》，《中国经济时报》2012 年 1 月 6 日，第 12 版。
[34] 黄若菲：《旅游企业官方微博最好多点人情味儿》，《中国青年报》2012 年 1 月 6 日，第 11 版。
[35] 蔡若愚：《微博实名制：负责任地围观也请对我的围观负责任》，《中国经济导报》2012 年 1 月 7 日，第 B07 版。
[36] 陈洪镔：《市人大代表建议开通市长政务微博》，《汕头日报》2012 年 1 月 7 日，第 4 版。
[37] 徐海波：《航班乘客发心脏病，微博接力打通生命通道》，《新华每日电讯》2012 年 1 月 8 日，第 2 版。
[38] 罗争光：《嘉定公安局长微博述职：未讲成绩先道歉》，《新华每日电讯》2012 年 1 月 8 日，第 2 版。
[39] 罗雨菱、徐波：《案未破，公安局长称“揪心不已”》，《上海法治报》2012 年 1 月 9 日，第 A05 版。
[40] 陈海兵：《“论坛 + 微博” = 更便民爱民》，《浙江法制报》2012 年 1 月 9 日，第 5 版。
[41] 曹婧逸：《差异化打造媒体微博新模式》，《中华工商时报》2012 年 1 月 9 日，第 6 版。
[42] 董潇：《微博迎来全民化时代》，《中华工商时报》2012 年 1 月 9 日，第 6 版。
[43] 刘俊晶：《商玉贵：微博最潮 50 后》，《华夏时报》2012 年 1 月 9 日，第 29 版。
[44] 吉存：《逐步建立起大连市微博政务网》，《大连日报》2012 年 1 月 10 日，第 A02 版。
[45] 韩文嘉：《“小政府，大社会”引网友共鸣》，《深圳特区报》2012 年 1 月 10 日，第

A09 版。

[46] 易彬彬、李旭红、王翠霞：《微服务，微距离》，《人民邮电》2012 年 1 月 10 日，第 7 版。

[47] 刘进、周莹莹：《上海税务部门探索微博服务》，《中国税务报》2012 年 1 月 11 日，第 9 版。

[48] 何淑芳：《全省地税系统首个稽查服务微博开通》，《青海日报》2012 年 1 月 11 日，第 2 版。

[49] 周宣、倪立刚　刘浩：《我市官方微博“浙江舟山群岛新区”和“中国普陀”入选》，《舟山日报》2012 年 1 月 11 日，第 1 版。

[50] 怡梦：《“微”书单：微博时代的阅读风景》，《中国艺术报》2012 年 1 月 11 日，第 7 版。

[51] 袁珏、张晓栋：《微博实名制后不得不说的一些事》，《人民邮电》2012 年 1 月 11 日，第 5 版。

[52] 倪超英、刘维光：《“上海绿化市容”政务微博网站对社会公众开通》，《建筑时报》2012 年 1 月 12 日，第 6 版。

[53] 郑信得、陈冬升：《佛山禅城：微博问计助力打掉扒窃团伙》，《人民公安报》2012 年 1 月 12 日，第 6 版。

[54] 倪超英：《“上海绿化市容”政务微博网站对社会公众开通》，《建筑时报》2012 年 1 月 12 日，第 6 版。

[55] 孙丹妮：《开通政务微博是否足够》，《长江日报》2012 年 1 月 12 日，第 10 版。

[56] 陈正明、方璟：《义乌：四小时警民“微行动”，走失女童安然到家》，《人民公安报》2012 年 1 月 13 日，第 4 版。

[57] 张光华：《微博可以提升企业品牌》，《中国城乡金融报》2012 年 1 月 13 日，第 A04 版。

[58] 陈玺撼：《猎头走向“阳光化”公开上微博“猎人”》，《解放日报》2012 年 1 月 13 日，第 9 版。

[59] 钱夙伟：《官方微博不能“流于形式”》，《人民法院报》2012 年 1 月 13 日，第 2 版。

[60] 王梦婕、张蕾：《“驻京办女职员高悦儿”微博炫富遭质疑》，《中国青年报》2012 年 1 月 13 日，第 5 版。

[61] 王梦婕：《学者：政务微博正呈“两极分化”趋势》，《中国青年报》2012 年 1 月 13 日，第 5 版。

[62] 吴清泉：《云南省交通运输厅官方微博上线》，《云南日报》2012 年 1 月 14 日，第 3 版。

[63] 黄婷：《股民老铁微博赌输股指　深圳现场发钱兑承诺》，《第一财经日报》2012 年 1 月 14 日，第 A14 版。

[64] 戎明昌、林晔晗、蔡海武、裘晶文：《广东法院微博绝不做“僵尸”》，《南方日报》2012 年 1 月 15 日，第 6 版。

[65] 董潇：《“天府四川”微博发布厅独家落户腾讯》，《中华工商时报》2012 年 1 月 16 日，第 6 版。

[66] 王赢君 刘子烨：《官方微博不能只发布不互动》，《联合时报》2012 年 1 月 16 日，第 2 版。
[67] 吴润果：《卫生厅长的微博生活》，《健康时报》2012 年 1 月 16 日，第 3 版。
[68] 邓新建、林晔晗、裘晶文：《“法耀岭南”不会成为“僵尸微博”》，《法制日报》2012 年 1 月 16 日，第 5 版。
[69] 邱暄美：《我省开启全国首家省级“政务微博矩阵”》，《甘肃日报》2012 年 1 月 17 日，第 1 版。
[70] 闵云霄：《微博认证“钱”规则》，《中国企业报》2012 年 1 月 17 日，第 3 版。
[71] 谢佳、周爽洁：《虹桥派出所民警发微博及时找到失主》，《人民公安报》2012 年 1 月 17 日，第 3 版。
[72] 张鹏：《甘肃“微博政务大厅”开张》，《中国青年报》2012 年 1 月 17 日，第 1 版。
[73] 张蕾、王俊秀：《公益人士微博发起“春节回家顺风车”活动》，《中国青年报》2012 年 1 月 17 日，第 8 版。
[74] 陈正明、陆阳：《义乌铁警：微博支招传授防盗“秘籍”》，《人民公安报》2012 年 1 月 18 日，第 5 版。
[75] 胡嫚：《作品创意是否受法律保护?》，《中国知识产权报》2012 年 1 月 18 日，第 8 版。
[76] 吴学安：《微博版权保护知易行难》，《中国知识产权报》2012 年 1 月 18 日，第 8 版。
[77] 吴开诗：《让市民“零距离”参与党代会》，《海口晚报》2012 年 1 月 18 日，第 A02 版。
[78] 施琳玲：《草根微博与“八毛门”》，《健康报》2012 年 1 月 19 日，第 5 版。
[79] 天路：《对“波士顿设计”的微博围剿战》，《中国文化报》2012 年 1 月 19 日，第 8 版。
[80] 简彪、刘玉琦、李雪莹：《网站建设参差不齐，微博宣传渐成趋势》，《中国文化报》2012 年 1 月 19 日，第 4 版。
[81] 刘康容、孙力：《“微博大屏”让警民互动更加透明》，《人民公安报》2012 年 1 月 20 日，第 2 版。
[82] 洁夫：《网络问政要以惠及民众为落脚点》，《银川晚报》2012 年 1 月 23 日，第 4 版。
[83] 赵琬微：《今年春晚怎么样，听听微博怎么说》，《新华每日电讯》2012 年 1 月 24 日，第 3 版。
[84] 刘然、朱少凡：《微博织出爱的传奇》，《工人日报》2012 年 1 月 29 日，第 1 版。
[85] 李进：《利用微博加强和创新社会消防管理》，《人民公安报 · 消防周刊》2012 年 1 月 30 日，第 3 版。
[86] 沈洋：《口水仗惹官司，微博岂能口无遮拦》，《新华每日电讯》2012 年 1 月 30 日，第 4 版。
[87] 宜秀萍：《微博：健康服务“零距离”》，《甘肃日报》2012 年 1 月 30 日，第 4 版。
[88] 林培：《医生微博，谨防 140 字“副作用”》，《新华日报》2012 年 1 月 31 日，第 A01 版。
[89] 赵飞：《微博在我国的发展现状研究》，《山西经济日报》2012 年 1 月 31 日，第 6 版。

二月

[90] 武忞:《“公安部打四黑除四害”微博“粉丝”突破200万》,《人民公安报》2012年2月1日,第1版。

[91] 聂晓飞:《微博拜年引领新潮流　中国进入“微消费时代”》,《通信信息报》2012年2月1日,第B02版。

[92] 武忞:《各地警方据此打掉窝点1000余处》,《人民公安报》2012年2月2日,第1版。

[93] 傅文忠、薛道达:《石狮旅游微博列全省第四名》,《石狮日报》2012年2月2日,第2版。

[94] 马广、丁绍学:《国防教育上微博》,《中国国防报》2012年2月2日,第1版。

[95] 张鸫:《我国微博问政面临新的风险》,《中国经济时报》2012年2月3日,第12版。

[96] 陈彤:《从“微博问政”到“微博行政”》,《中国经济时报》2012年2月3日,第12版。

[97] 伍皓:《微博问政　“行”胜于“言”》,《中国经济时报》2012年2月3日,第12版。

[98] 徐海波:《微博斥责“汉骂”武汉如何文明?》,《新华每日电讯》2012年2月4日,第4版。

[99] 朱晨:《长三角政务微博春节不断档》,《解放日报》2012年2月4日,第3版。

[100] 车辉:《微博首发“女童开胸照”者或被究责》,《工人日报》2012年2月5日,第1版。

[101] 马青雯:《账单没看懂　微博巧解疑》,《国家电网报》2012年2月6日,第4版。

[102] 黄景祥:《让微博成为讲文明、树正气、促和谐的大平台》,《青海日报》2012年2月6日,第7版。

[103] 胡珉琦、鲍妍、陈永杰:《政务微博怎样靠谱》,《北京科技报》2012年2月6日,第20版。

[104] 李辉:《我国网民达5.13亿　微博成获取信息重要渠道》,《中国高新技术产业导报》2012年2月6日,第C01版。

[105] 张立伟:《博客文化VS微博文化》,《21世纪经济报道》2012年2月6日,第13版。

[106] 张涤非　李吉胜:《“吉林经侦”微博收集犯罪线索40余条》,《人民公安报》2012年2月7日,第2版。

[107] 汪莹:《当红微博是如何炼成的?》,《嘉兴日报》2012年2月7日,第1版。

[108] 钟自炜:《福建南安微博搭起党群新桥梁》,《人民日报》2012年2月7日,第18版。

[109] 廖水南:《用好政务微博,功夫在微博之外》,《深圳特区报》2012年2月7日,第A02版。马富春:《政务微博不作为　银川问责三干部》,《中国青年报》2012年2月7日,第1版。

[110] 武洁:《无须对微博诊疗过于敏感》,《医药经济报》2012年2月8日,第2版。

[111] 郭清君、袁明:《影响力居政务微博全省第二》,《检察日报》2012年2月8日,第1版。

［112］金可：《用户不实名无法“织围脖”》，《北京日报》2012 年 2 月 8 日，第 7 版。
［113］张京科、刘佳：《北京首推微博“前台自愿后台实名”》，《第一财经日报》2012 年 2 月 8 日，第 B04 版。
［114］魏舒晨：《新浪微博与 360 互联共享　互联网开放渐成主流》，《通信信息报》2012 年 2 月 8 日，第 B13 版。
［115］徐于平、刘旭、叶丽华：《2 万“粉丝”通过微博直播参与地税会议》，《中国税务报》2012 年 2 月 8 日，第 1 版。
［116］胡印斌：《问责政务微博不只是技术活》，《中国青年报》2012 年 2 月 8 日，第 2 版。
［117］郭清君：《影响力居政务微博全省第二》，《检察日报》2012 年 2 月 8 日，第 1 版。
［118］任柏菘：《微博凶猛　房企借力》，《中国房地产报》2012 年 2 月 9 日，第 B07 版。
［119］华春雨：《政务微博激增须戒跟风作秀》，《新华每日电讯》2012 年 2 月 9 日，第 7 版。
［120］《期许政务微博真正改良政风》，《第一财经日报》2012 年 2 月 9 日，第 A02 版。
［121］艾丹：《政务微博不是花瓶》，《湖北日报》2012 年 2 月 9 日，第 3 版。
［122］伊明：《银川给微博问政树立了好榜样》，《西部时报》2012 年 2 月 10 日，第 1 版。
［123］周志军：《不实名将不能“织围脖”》，《中国文化报》2012 年 2 月 10 日，第 6 版。
［124］张意轩、班娟娟：《“四问”微博实名制》，《人民日报海外版》2012 年 2 月 10 日，第 5 版。
［125］张雪莹：《SNS、微博狂欢　校园 BBS 没落》，《光明日报》2012 年 2 月 11 日，第 6 版。
［126］刘键：《“国学微博”为何受干警热捧》，《检察日报》2012 年 2 月 11 日，第 2 版。
［127］杨维兵：《实名是微博健康发展的基石》，《人民法院报》2012 年 2 月 12 日，第 2 版。
［128］高柱：《四川工会法援微博吸引“粉丝”近 30 万》，《工人日报》2012 年 2 月 13 日，第 1 版。
［129］傅晓晖：《微博变微“搏”，引发侵权案》，《人民法院报》2012 年 2 月 13 日，第 7 版。
［130］崔立功：《搭好微博舞台，实现警民和谐》，《人民公安报·交通安全周刊》2012 年 2 月 14 日，第 3 版。
［131］郭丽君：《电视也能发微博》，《光明日报》2012 年 2 月 14 日，第 3 版。
［132］甘丽华：《一条微博引发的方言存废之争》，《中国青年报》2012 年 2 月 14 日，第 9 版。
［133］袁舒婕：《期刊如何从微博掘到金》，《中国新闻出版报》2012 年 2 月 14 日，第 7 版。
［134］路云亭：《微博的品格》，《深圳特区报》2012 年 2 月 14 日，第 B11 版。
［135］赵亚涛：《公安微博，生命力在于尊重规律》，《法制日报》2012 年 2 月 14 日，第 7 版。
［136］伏润之：《“政务微博”的甘肃样本》，《甘肃日报》2012 年 2 月 15 日，第 6 版。
［137］程鹏：《公安政务微博居全国前列，集群效应凸显》，《湖北日报》2012 年 2 月 15 日，第 11 版。
［138］曹礼海：《知屋漏者在宇下，听民声者观微博》，《湖北日报》2012 年 2 月 15 日，第

11 版。
[139] 李艺玲：《微博实名制渐行渐近　保障用户隐私安全引关注》，《通信信息报》2012 年 2 月 15 日，第 B12 版。
[140] 季晓莉：《微博人生》，《中国经济导报》2012 年 2 月 16 日，第 A03 版。
[141] 李建东、任明华：《微博时代，冻品企业有些掉队》，《中国食品报》2012 年 2 月 16 日，第 3 版。
[142] 禾子悦：《微博有缺陷，却不是坏东西》，《中国经济导报》2012 年 2 月 16 日，第 A03 版。
[143] 雷雨、叶敏亮：《省市县三级团组织微博 100% 开通》，《南方日报》2012 年 2 月 16 日，第 A05 版。
[144] 朱保举、罗佳：《单身的你，真的能“有微博、不孤单”?》，《中国青年报》2012 年 2 月 16 日，第 12 版。
[145] 郭思思、高世现：《2012，我们以微博的方式影响中国诗歌》，《贵州民族报》2012 年 2 月 17 日，第 C01 版。
[146] 刘茜：《微博实名制或改变舆论格局》，《中国经济时报》2012 年 2 月 17 日，第 9 版。
[147] 赵凤华：《刷微博、看电影、打游戏不再卡壳》，《科技日报》2012 年 2 月 17 日，第 6 版。
[148] 程鹏：《湖北：“平安荆楚”集群效应凸显》，《人民公安报》2012 年 2 月 19 日，第 2 版。
[149] 董永春、朱平、刘婷婷：《应急气象频道短信平台微博及时辟谣》，《中国气象报》2012 年 2 月 20 日，第 2 版。
[150] 蒋飞：《微博热议餐饮 IPO　上市公司行业限制或“松绑”》，《第一财经日报》2012 年 2 月 20 日，第 A16 版。
[151] 钱升：《东营供电公司微博解客户疑难》，《国家电网报》2012 年 2 月 21 日，第 4 版。
[152] 陈丽璐、宋寿涛：《廊坊：公安微博让群众信任依赖》，《人民公安报》2012 年 2 月 21 日，第 3 版。
[153] 李治国：《上海杨浦：小微博化解大问题》，《经济日报》2012 年 2 月 21 日，第 12 版。
[154] 孙玉红：《冰城探索建立统一政务微博》，《哈尔滨日报》2012 年 2 月 22 日，第 1 版。
[155] 刘芳、肖鸣：《深圳共青团公益理念走红线上线下》，《中国青年报》2012 年 2 月 22 日，第 1 版。
[156] 王俊秀：《北京市环保局巡视员杜少中：在微博上做自己的新闻发言人》，《中国青年报》2012 年 2 月 22 日，第 5 版。
[157] 李国敏：《微博政务亟待提高应用水平》，《科技日报》2012 年 2 月 22 日，第 9 版。
[158] 李淼：《看变化：从走过场到“动真格”》，《中国新闻出版报》2012 年 2 月 22 日，第 2 版。
[159] 陈畅：《微博时代，谁来规范?》，《光明日报》2012 年 2 月 23 日，第 15 版。
[160] 姜晨怡、徐冰：《微博实名制　个人信息还安全吗》，《科技日报》2012 年 2 月 24 日，第 5 版。

[161] 林新涛、林劲松：《霞浦柏洋：纪检微博织就廉政网》，《闽东日报》2012 年 2 月 24 日，第 A02 版。
[162] 杨占苍：《河北鼓励高校领导开微博》，《中国教育报》2012 年 2 月 25 日，第 2 版。
[163] 王磊、包诚：《安徽构建高校团组织微博联动体系》，《中国青年报》2012 年 2 月 26 日，第 1 版。
[164] 张文静、安建党：《微博“桥接”社区与居民，谢绝空话套话》，《新华每日电讯》2012 年 2 月 26 日，第 4 版。
[165] 唐闻佳：《“沟通对医患关系有多重要!”》，《文汇报》2012 年 2 月 27 日，第 1 版。
[166] 谭薇：《社交媒体奥斯卡狂欢》，《第一财经日报》2012 年 2 月 27 日，第 C04 版。
[167] 齐冬梅：《政务微博亟需制度规范》，《学习时报》2012 年 2 月 27 日，第 6 版。
[168] 张翼：《政务微博要避免摆花架子》，《光明日报》2012 年 2 月 27 日，第 2 版。
[169] 许晔：《微博——正在改变世界的创新应用》，《人民日报》2012 年 2 月 28 日，第 14 版。
[170] 李雪昆：《政务微博扎堆开　理念革新需努力》，《中国新闻出版报》2012 年 2 月 28 日，第 8 版。
[171] 朱迅垚：《汪业元这样的官员微博越多越好》，《南方日报》2012 年 2 月 28 日，第 F02 版。
[172] 林增崇：《对微博举报交通违法处置机制的思考》，《人民公安报·交通安全周刊》2012 年 2 月 28 日，第 3 版。
[173] 王梦婕：《微博频道员工自曝“加 V”认证内幕》，《中国青年报》2012 年 2 月 28 日，第 8 版。
[174] 温婷：《新浪去年营收 4.8 亿美元　微博用户突破 3 亿》，《上海证券报》2012 年 2 月 29 日，第 F08 版。
[175] 郭少雅：《微博召集起的市场》，《农民日报》2012 年 2 月 29 日，第 1 版。
[176] 吴言：《微博粉丝，下一名常旅客?》，《中国民航报》2012 年 2 月 29 日，第 5 版。
[177] 张丹丹：《大佬们的微博“江湖”》，《浙江日报》2012 年 2 月 29 日，第 9 版。
[178] 赵丽：《政务微博如何走出“被围观”怪圈》，《法制日报》2012 年 2 月 29 日，第 4 版。
[179] 李琼燕、王峰：《让微博成为共青团服务引导青年新阵地》，《陕西日报》2012 年 2 月 29 日，第 1 版。

三月

[180] 朱润胜：《秦皇岛：街道工会开微博“晒”服务》，《工人日报》2012 年 3 月 1 日，第 2 版。
[181] 曾哲：《微博的法律边界》，《法制日报》2012 年 3 月 1 日，第 7 版。
[182] 卢文洁、黄茜：《雷锋捐款哪来的钱？雷锋班微博答质疑》，《广州日报》2012 年 3 月 1 日，第 10 版。
[183] 王晨：《郭明义微博粉丝突破 650 万》，《中国青年报》2012 年 3 月 2 日，第 1 版。
[184] 汪丹：《超八成政府部门织“围脖”》，《北京日报》2012 年 3 月 2 日，第 5 版。

[185] 殷明：《青少年维权微博有了7000粉丝》，《检察日报》2012年3月4日，第2版。
[186] 李紫迪：《期待“微博新政”的更大可能》，《东莞日报》2012年3月5日，第B02版。
[187] 王智亮：《莫让政府官方微博成“僵尸博”》，《东莞日报》2012年3月5日，第B02版。
[188] 萧坊：《政府微博的工具理性和价值理性》，《东莞日报》2012年3月5日，第B02版。
[189] 齐洁：《微博实名制下的新商规》，《中国经营报》2012年3月5日，第C07版。
[190] 赵肃岐、黄金炼：《福建百名公安局长通过微博“问政”》，《人民公安报》2012年3月6日，第2版。
[191] 屠少萌：《微博问政："微"而"博"的民意》，《人民法院报》2012年3月6日，第7版。
[192] 金朝力：《手机引发微博与SNS之争》，《北京商报》2012年3月7日，第B03版。
[193] 陈凯、李春：《“微博遗赠”有效吗?》，《北京日报》2012年3月7日，第18版。
[194] 张来民：《中国进入微博时代》，《中华读书报》2012年3月7日，第5版。
[195] 徐霄桐、吴琪　庄庆鸿：《救我妈妈的14万元，来自陌生人》，《中国青年报》2012年3月7日，第6版。
[196] 侯露露：《微时代，政府咋应对》，《人民日报》2012年3月7日，第8版。
[197] 李宏：《傅企平代表建议规范“微博问政”》，《人民政协报》2012年3月8日，第B01版。
[198] 孙雪梅：《微博实名制渐行渐近》，《秦皇岛日报》2012年3月8日，第3版。
[199] 马可佳：《TCL李东生："微博议政"为两会建言》，《第一财经日报》2012年3月9日，第C04版。
[200] 张小叶：《“弹指间的公益”成了“双刃剑”》，《文汇报》2012年3月9日，第1版。
[201] 杨祖荣：《“红色微博”冲击波》，《解放军报》2012年3月10日，第5版。
[202] 陈文峰：《为民织“围脖”，公安可以做得更好》，《人民公安报》2012年3月11日，第4版。
[203] 蒋夫尔：《新疆教育“微博问政”纳入绩效考评》，《中国教育报》2012年3月12日，第1版。
[204] 夏吉春、张大勇、谢飞：《商丘：微博走访服务群众“不打烊”》，《人民公安报》2012年3月13日，第2版。
[205] 逸华：《新疆探索微博参政平台的启示》，《中国民族报》2012年3月13日，第3版。
[206] 金霖萍、李武歧：《“浙江政务微博第一人”金中一做客央视谈微博》，《浙江法制报》2012年3月13日，第2版。
[207] 颜伟杰、罗斐茜：《农事有疑问，微博@专家》，《浙江日报》2012年3月13日，第10版。
[208] 伏润之：《微博：让政务更加畅通》，《甘肃日报》2012年3月14日，第6版。
[209] 张意轩：《微博上的两会》，《人民日报海外版》2012年3月15日，第2版。
[210] 赵安金：《缓解少数民族检察官短缺有新路》，《检察日报》2012年3月16日，第

1 版。
[211] 胡金波：《走群众路线的政务微博走得更远》，《嘉兴日报》2012 年 3 月 16 日，第 1 版。
[212] 张意轩：《微博拉近人大代表与公众的距离》，《人民代表报》2012 年 3 月 17 日，第 1 版。
[213] 徐晶卉：《匿名微博“大限”已到》，《文汇报》2012 年 3 月 17 日，第 2 版。
[214] 魏杰斌、李大勇：《常委集体开微博　骨干上网解疑惑》，《解放军报》2012 年 3 月 18 日，第 1 版。
[215] 刘耿：《不求最快，但求最权威》，《民主与法制时报》2012 年 3 月 19 日，第A03 版。
[216] 张志安：《若能保护个人信息，微博实名又怕啥》，《北京科技报》2012 年 3 月 19 日，第 52 版。
[217] 毛启盈：《微博实名引发隐私恐慌》，《计算机世界》2012 年 3 月 19 日，第 10 版。
[218] 沙林：《开通车管微博和服务 QQ190 个，“粉丝”数量超过 300 万》，《人民公安报》2012 年 3 月 20 日，第 5 版。
[219] 郭宏鹏、黄辉、孙春涛：《“如果说是作秀就一直‘秀’下去”》，《法制日报》2012 年 3 月 21 日，第 5 版。
[220] 郭宏鹏、黄辉、元春华、邹节辉：《江西首例微博名誉侵权案一审宣判》，《法制日报》2012 年 3 月 21 日，第 8 版。
[221] 朱巍：《你的微博实名认证了吗?》，《北京日报》2012 年 3 月 21 日，第 18 版。
[222] 迅之：《网络议政需要官员转型》，《南方日报》2012 年 3 月 21 日，第 F02 版。
[223] 罗争光、仇逸：《“你好！求交警开路!”网友微博求助之后》，《新华每日电讯》2012 年 3 月 22 日，第 2 版。
[224] 姚晨奕、元春华：《微博口水仗打出名誉侵权官司》，《人民法院报》2012 年 3 月 22 日，第 3 版。
[225] 樊丽萍：《官方微博没“官”气添人气》，《文汇报》2012 年 3 月 22 日，第 3 版。
[226] 王来华、毕宏音：《微博改变了什么》，《光明日报》2012 年 3 月 22 日，第 7 版。
[227] 贾壮：《银行暴利？学者官员微博开战》，《证券时报》2012 年 3 月 22 日，第A05 版。
[228] 刘成成、杨琨、李蕊：《微博：最亲民公共气象服务方式》，《中国气象报》2012 年 3 月 23 日，第 2 版。
[229] 黄米娜、刘传书：《微博网友“亲密接触”核电站》，《科技日报》2012 年 3 月 26 日，第 1 版。
[230] 易艳刚：《“微博秀”莫透支社会公共资源》，《新华每日电讯》2012 年 3 月 26 日，第 3 版。
[231] 王琳：《为微博实名制加把锁》，《经济观察报》2012 年 3 月 26 日，第 15 版。
[232] 赵瑞希、付航：《在中国，微博为何甘为搜索引擎奉献内容》，《新华每日电讯》2012 年 3 月 26 日，第 6 版。
[233] 东莞市行政服务管理办公室：《问政于民 问需于民 问计于民》，《东莞日报》2012 年 3 月 26 日，第 C08 版。
[234] 胡新桥、刘志月、陈鹏：《湖北首建省级公安微博平台》，《法制日报》2012 年 3 月

27 日，第 5 版。

[235] 谭彦叙、李晶：《大连："云服务"满足群众个性化诉求》，《人民公安报》2012 年 3 月 28 日，第 3 版。

[236] 沈汝发、周竞：《"牛皮癣"不贴电线杆，改贴微博了》，《新华每日电讯》2012 年 3 月 29 日，第 4 版。

[237] 刘德武、邹秋月：《用军营微博温暖战士心扉》，《解放军报》2012 年 3 月 29 日，第 2 版。

[238] 梁晓龙、郝鑫岐：《微博"笼罩"下的手机报前景》，《中国新闻出版报》2012 年 3 月 29 日，第 6 版。

[239] 崔莉莉：《食企织围脖，有礼花也有臭子儿》，《中国食品报》2012 年 3 月 29 日，第 3 版。

[240] 郑梦超：《微博晒隐私不可取》，《中国消费者报》2012 年 3 月 30 日，第 A02 版。

[241] 王伟：《揭开暴利赌博机产销集团吸金黑幕》，《人民公安报》2012 年 3 月 30 日，第 4 版。

[242] 杨蕾、许燕：《航天人的微博：离官方时代有多远》，《中国航天报》2012 年 3 月 30 日，第 2 版。

四月

[243] 郎秋红、常亦殊、何悦：《走进最绝望也最有希望的地方》，《新华每日电讯》2012 年 4 月 1 日，第 4 版。

[244] 吴珂、钱颖超：《实名制开启新时代》，《人民日报海外版》2012 年 4 月 3 日，第 4 版。

[245] 吕雪、周正宝、孙洪亮：《上海海事微博 4 平台上线》，《中国水运报》2012 年 4 月 4 日，第 3 版。

[246] 王国强：《"微博医院"只做科普不问诊》，《北京日报》2012 年 4 月 5 日，第 5 版。

[247] 杨金志：《沪政务微博群吸引上千万"粉丝"》，《新华每日电讯》2012 年 4 月 5 日，第 2 版。

[248] 于璐娜、张帆：《浙江省供销合作社系统　拟用 3 年打造"三网两库一微博"》，《中华合作时报》2012 年 4 月 6 日，第 A02 版。

[249] 车兰兰：《微博图书是潮流还是噱头》，《北京商报》2012 年 4 月 6 日，第 A03 版。

[250] 胥辉：《"猪蹄厅长"微博问政》，《第一财经日报》2012 年 4 月 6 日，第 A05 版。

[251] 王育琨：《两条微博透露出的至诚之道》，《上海证券报》2012 年 4 月 6 日，第 F07 版。

[252] 民言：《有感于"齐开微博"》，《上海法治报》2012 年 4 月 6 日，第 A01 版。

[253] 方列：《一场"微博自杀秀"闹剧留下的警示》，《新华每日电讯》2012 年 4 月 8 日，第 4 版。

[254] 金华辉：《面对网络"自杀"，警方坚持全力核查》，《人民公安报》2012 年 4 月 8 日，第 4 版。

[255] 鲁晓波：《让微博成为联系群众新平台》，《人民法院报》2012 年 4 月 8 日，第 2 版。

［256］程冠军：《对话蔡奇：官员如何用好网络》，《学习时报》2012 年 4 月 9 日，第 6 版。
［257］郭清君、袁明：《湖北：活跃在“微博问政”的前沿》，《检察日报》2012 年 4 月 9 日，第 1 版。
［258］李雪昆：《远离微博恐将远离舆情》，《中国新闻出版报》2012 年 4 月 10 日，第 8 版。
［259］王舒怀：《互联网提升公民参与》，《人民日报》2012 年 4 月 10 日，第 14 版。
［260］关戈：《微博书：创新还是娱乐?》，《中国艺术报》2012 年 4 月 11 日，第 2 版。
［261］黄永：《广州国税局微博以专业化吸引粉丝》，《中国税务报》2012 年 4 月 11 日，第 9 版。
［262］梁江涛：《“皮鞋酸奶果冻”的“闪电微博”不应不了了之》，《工人日报》2012 年 4 月 11 日，第 3 版。
［263］郑超、毛晓黎：《轮班坐镇工作室　微博互动响应快》，《杭州日报》2012 年 4 月 12 日，第 A09 版。
［264］孙勇：《济南市民上“微博”学科普》，《济南日报》2012 年 4 月 12 日，第 1 版。
［265］曹阳：《如何用“微”视角看统计“大”世界》，《中国信息报》2012 年 4 月 12 日，第 7 版。
［266］林洁、谢晓明：《广东共青团：微博捧红青春体，青春体为微博飙人气》，《中国青年报》2012 年 4 月 12 日，第 8 版。
［267］陈强：《寻人微博滥用网民善心》，《中国青年报》2012 年 4 月 12 日，第 12 版。
［268］倪洋军：《政务微博：要叫座更要叫好》，《经济日报》2012 年 4 月 12 日，第 15 版。
［269］刘廷艳：《政务微博：小句子可做大文章》，《协商新报》2012 年 4 月 13 日，第 1 版。
［270］邓新建：《18 岁少年微博“骂”村官构成名誉侵权》，《法制日报》2012 年 4 月 13 日，第 8 版。
［271］李思：《“上海发布”超人气》，《上海金融报》2012 年 4 月 13 日，第 B16 版。
［272］胡锦武、沈洋：《江西微博侵权第一案宣判》，《新华每日电讯》2012 年 4 月 14 日，第 1 版。
［273］潘笑天、李志伟：《微博实名剑指网络谣言》，《人民日报海外版》2012 年 4 月 14 日，第 5 版。
［274］陈东升、查聪聪：《金华公安微博靠真心吸引眼球》，《法制日报》2012 年 4 月 14 日，第 5 版。
［275］王晓樱、魏月蘅：《海南全国首开省级信访政务微博》，《光明日报》2012 年 4 月 15 日，第 2 版。
［276］王博、秦淑娇：《微博成为求职新平台，大学生不妨多关注》，《新华每日电讯》2012 年 4 月 16 日，第 2 版。
［277］赵艳：《一条微博引发民意恐慌》，《民主与法制时报》2012 年 4 月 16 日，第C02 版。
［278］彭承、毕志强、梅柏林：《玩微博体味“江西风景独好”》，《中国旅游报》2012 年 4 月 16 日，第 6 版。
［279］秦勉：《微博控：小心微博上瘾》，《北京科技报》2012 年 4 月 16 日，第 46 版。
［280］宁公宣、刘硕：《警方“网络集群”汇民意解民忧》，《南京日报》2012 年 4 月 16 日，第 A01 版。

[281] 陈宁：《互联网再添新职业——微博运营专员》，《人民日报》2012 年 4 月 17 日，第 14 版。
[282] 禾刀：《微博书切忌贩卖名家的剩余价值》，《中国图书商报》2012 年 4 月 17 日，第 9 版。
[283] 包蹇：《“@上海发布”咋吸引千万“粉丝”》，《人民日报》2012 年 4 月 17 日，第 14 版。
[284] 靳萍、王君：《山西两人因虚假报警被行政处罚》，《人民公安报》2012 年 4 月 18 日，第 2 版。
[285] 翟瞖：《微博举报办学违规牵扯名誉?》，《上海法治报》2012 年 4 月 18 日，第 B02 版。
[286] 李媛：《律师微博直播庭审争议大》，《北京日报》2012 年 4 月 18 日，第 18 版。
[287] 刘勇：《“‘博’动江西・风景独好”精彩落幕闻名遐迩》，《江西日报》2012 年 4 月 19 日，第 C01 版。
[288] 王丽、樊江涛：《“邻家大哥”成“@石家庄共青团”新形象》，《中国青年报》2012 年 4 月 19 日，第 8 版。
[289] 洪欣宜、黄冲：《61.6% 受访者认为名人微博骂战是在牺牲社会底线博取利益》，《中国青年报》2012 年 4 月 19 日，第 7 版。
[290] 祝大伟：《微博维权，法外求解引争议》，《人民日报》2012 年 4 月 20 日，第 11 版。
[291] 陶婧：《“南昌发布厅”新增 43 个成员》，《南昌日报》2012 年 4 月 20 日，第 1 版。
[292] 潮白：《如果假微博曝出了真问题》，《南方日报》2012 年 4 月 20 日，第 F02 版。
[293] 凌雁、赵勃：《我区推广微博问政“银川模式”》，《宁夏日报》2012 年 4 月 21 日，第 2 版。
[294] 颜维琦：《微博背后的“书香上海”》，《光明日报》2012 年 4 月 23 日，第 11 版。
[295] 朱晨：《微博不是滞销农产品的“万灵丹”》，《解放日报》2012 年 4 月 23 日，第 8 版。
[296] 常思雯、廖蔚：《微博批评村干部被判侵权》，《西部法制报》2012 年 4 月 24 日，第 5 版。
[297] 云龙：《社会渴望“正能量”》，《人民日报》2012 年 4 月 24 日，第 23 版。
[298] 周晖：《走出红头文件，向你道声“早安”》，《中国劳动保障报》2012 年 4 月 24 日，第 4 版。
[299] 谭彦叙：《沈阳铁西：微博趣写被盗电动车认领通知》，《人民公安报》2012 年 4 月 24 日，第 2 版。
[300] 马富春：《宁夏杜绝“官话”微博》，《中国青年报》2012 年 4 月 24 日，第 1 版。
[301] 颜静兰：《政务微博用不好或会起到反作用》，《联合时报》2012 年 4 月 24 日，第 2 版。
[302] 程丽红、李树果、佟永明、庆会利：《民盟沈阳市委建议政府开设政务微博》，《人民政协报》2012 年 4 月 25 日，第 A03 版。
[303] 史晓芳：《微博成为公关业务新增长点》，《中华工商时报》2012 年 4 月 26 日，第 2 版。

[304] 杨树华、方丹：《网友微博举报线索，警方迅速核查破案》，《人民公安报》2012 年 4 月 26 日，第 2 版。
[305] 陆一波：《微博“红色小屋”，“空中飞人”归属》，《解放日报》2012 年 4 月 27 日，第 1 版。
[306] 伍立杨：《微博也有鼻祖?》，《光明日报》2012 年 4 月 27 日，第 2 版。
[307] 张维维：《个人微博也可申请版权》，《滨海时报》2012 年 4 月 27 日，第 9 版。
[308] 韩俊杰、秦倩：《团事新办　河南一青年微博入团》，《中国青年报》2012 年 4 月 29 日，第 1 版。
[309] 蒋夫尔：《新疆教育系统“微博问政”很给力》，《中国教育报》2012 年 4 月 30 日，第 1 版。

五月

[310] 储皖中、刘百军、双凤鹤、魏磊：《省级政法部门要全部开通微博》，《法制日报》2012 年 5 月 2 日，第 2 版。
[311] 朱巍：《〈新浪微博社区公约〉：互联网自律的一个里程碑》，《光明日报》2012 年 5 月 3 日，第 2 版。
[312] 金鑫、高满航、韦存韧：《“官方微博”亮相政工新阵地》，《解放军报》2012 年 5 月 3 日，第 2 版。
[313] 慎海雄、肖春飞、孙青：《一座村庄民主理财的微博直播》，《新华每日电讯》2012 年 5 月 4 日，第 4 版。
[314] 崔国斌：《著作权法下的微博准则初探》，《中国知识产权报》2012 年 5 月 4 日，第 8 版。
[315]《535 个传播淫秽色情和低俗信息的微博客账号被依法关闭》，《人民日报》2012 年 5 月 4 日，第 4 版。
[316] 唐子韬：《画家微博打假　多家拍卖行“中招”》，《上海证券报》2012 年 5 月 4 日，第 T02 版。
[317] 陈玉新、武胜华：《河北：实名微博接受隐患举报》，《人民公安报·消防周刊》2012 年 5 月 4 日，第 1 版。
[318] 丁永勋：《公安“第一博”为何有声有色到如今》，《新华每日电讯》2012 年 5 月 4 日，第 5 版。
[319] 丁永勋：《公信力是政务微博的生命力》，《新华每日电讯》2012 年 5 月 4 日，第 3 版。
[320] 张景华、赵茂林：《爱心“微博”力量不“微薄”》，《光明日报》2012 年 5 月 5 日，第 6 版。
[321] 谭彦叙、韩佳霖：《沈阳铁西警方用微博织出警民和谐新图景》，《人民公安报》2012 年 5 月 6 日，第 2 版。
[322] 陈永杰：《微博看病靠谱吗?》，《北京科技报》2012 年 5 月 7 日，第 36 版。
[323] 吕怡然：《微博，聚合“微感动”触发“正能量”》，《文汇报》2012 年 5 月 8 日，第 5 版。

[324] 黄丹羽　陈凤莉：《学习热潮从微博开始》，《中国青年报》2012 年 5 月 8 日，第 1 版。

[325] 梁汇涛、王国轩、马原：《内网微博：双向沟通新平台》，《中国石化报》2012 年 5 月 9 日，第 3 版。

[326] 徐超：《微博助选战，驴象交锋打上新擂台》，《新华每日电讯》2012 年 5 月 9 日，第 7 版。

[327] 申东：《五千多人在线上百人提问》，《法制日报》2012 年 5 月 9 日，第 2 版。

[328] 于世平：《"微博问检"一年粉丝 10 万余》，《检察日报》2012 年 5 月 9 日，第 9 版。

[329] 南婷：《姚晨微博被质疑传谣》，《新华每日电讯》2012 年 5 月 10 日，第 4 版。

[330] 胡岩：《庭审中的录音、录像与微博》，《人民法院报》2012 年 5 月 11 日，第 8 版。

[331] 朱法飞：《创新"微时代"领导工作方法之我见》，《中国纪检监察报》2012 年 5 月 12 日，第 3 版。

[332] 桂杰：《不能让网民指责官员"打官腔"》，《中国青年报》2012 年 5 月 13 日，第 3 版。

[333] 耿学鹏：《英官员："微博有法制"，留言还应谨慎》，《新华每日电讯》2012 年 5 月 13 日，第 1 版。

[334] 白皓：《新媒体助力贵州团组织服务青年》，《中国青年报》2012 年 5 月 13 日，第 1 版。

[335] 姜贤飞、廖志林：《医院微博　由"危博"到"威博"》，《健康报》2012 年 5 月 14 日，第 5 版。

[336] 媛丽：《整合微博平台构建社交化电视生态圈》，《中华工商时报》2012 年 5 月 14 日，第 6 版。

[337] 邓淑华：《孵化器与时俱进　演绎独特微博效应》，《中国高新技术产业导报》2012 年 5 月 14 日，第 B04 版。

[338] 张亮：《宁夏：政府与群众微博互动整治问题食品》，《中国食品安全报》2012 年 5 月 15 日，第 A01 版。

[339] 袁远：《微博名人秀　你的粉丝超过多少了?》，《中国贸易报》2012 年 5 月 15 日，第 4 版。

[340] 刘文华：《微博著作权保护新途径刍议》，《江苏经济报》2012 年 5 月 16 日，第 B03 版。

[341] 佘世红、贺丽青：《微博语境下的新闻专业主义》，《中国社会科学报》2012 年 5 月 16 日，第 A08 版。

[342] 韩俊杰、高瞻展：《抗震模范刘磊：微博卖奖章　借款搞公益》，《中国青年报》2012 年 5 月 16 日，第 1 版。

[343] 周晗、季莲：《"政务微博"走向纪监前台》，《扬州日报》2012 年 5 月 17 日，第 A01 版。

[344] 沈洪：《广州质监微博彰显"微力量"》，《中国质量报》2012 年 5 月 17 日，第 1 版。

[345] 王长春：《重视微博的社会影响力》，《第一财经日报》2012 年 5 月 17 日，第A07 版。

[346] 顾德宁：《别让无聊争论钝化微博文化》，《新华日报》2012 年 5 月 18 日，第 B03

版。
[347] 伍若萱：《微博时代的民族博物馆》，《中国民族报》2012 年 5 月 18 日，第 12 版。
[348] 刘正午、龙晓庆：《“微博 TV” 养成时》，《医药经济报》2012 年 5 月 21 日，第 6 版。
[349] 余荣华、徐丹：《政务微博要敢于面对“围观”》，《人民日报》2012 年 5 月 22 日，第 14 版。
[350] 郑婧伶、徐炳全：《公安微博的现状与应用前景问题探究》，《广西法治日报》2012 年 5 月 22 日，第 5 版。
[351] 迅之：《善用政务微博　要学会有效对话》，《南方日报》2012 年 5 月 23 日，第 F02 版。
[352] 陈方：《“鲁若晴”微博门的悖论》，《中国青年报》2012 年 5 月 24 日，第 2 版。
[353] 冯发、卢义杰、陈强：《微博公选“书记早餐会”》，《中国青年报》2012 年 5 月 24 日，第 12 版。
[354] 牛梦笛、贾天怡：《问政微博，关键看怎样回答?》，《光明日报》2012 年 5 月 25 日，第 10 版。
[355] 陈家兴：《为“最美女教师”祈福的“微博能量”》，《人民日报》2012 年 5 月 25 日，第 4 版。
[356] 武奕岑：《加强对微博舆论的引导》，《山西党校报》2012 年 5 月 25 日，第 A04 版。
[357] 向志强、简洁：《微博传播可成为增权的重要途径》，《光明日报》2012 年 5 月 26 日，第 8 版。
[358] 韦存韧、孙红卫：《“党务微博”，基层党建新助手》，《解放军报》2012 年 5 月 27 日，第 6 版。
[359] 樊同贵：《微博管理维护需要把握的几个辩证关系》，《人民公安报》2012 年 5 月 27 日，第 3 版。
[360] 马海邻：《“官微”不回应　网友“很受伤”》，《解放日报》2012 年 5 月 27 日，第 10 版。
[361] 李光明、范天娇：《阜阳公安“创意微博”引七十余万粉丝关注》，《法制日报》2012 年 5 月 28 日，第 4 版。
[362] 刘伯男：《微博问政：政府采购公众监督的新思路》，《中国政府采购报》2012 年 5 月 29 日，第 4 版。
[363] 王静：《银川：政务微博很“给力”网络问政不“浮云”》，《中国纪检监察报》2012 年 5 月 30 日，第 2 版。
[364] 吴道智：《让政务微博更“给力”》，《中国纪检监察报》2012 年 5 月 30 日，第 2 版。

六月

[365] 高菲：《思政教育：“微博”之力不微薄》，《中国教育报》2012 年 6 月 1 日，第5 版。
[366] 张伟：《微博热议刘志军事件》，《中国经济时报》2012 年 6 月 1 日，第 9 版。
[367] 牧歌：《“双面”微博怎样 HOLD 住?》，《中国经济导报》2012 年 6 月 2 日，第 B06 版。
[368] 林洁、谢晓明：《广州近五成孩子开微博》，《中国青年报》2012 年 6 月 2 日，第

1 版。
[369] 毕玉才、刘勇：《“郭明义微博”》，《光明日报》2012 年 6 月 4 日，第 1 版。
[370] 卞民德：《强制开微博，有没有必要》，《人民日报》2012 年 6 月 4 日，11 版。
[371] 罗四鸰：《最早的“微博”预言》，《经济观察报》2012 年 6 月 4 日，第 56 版。
[372] 王国华：《微博也要“打假”》，《中国纪检监察报》2012 年 6 月 4 日，第 2 版。
[373] 朱香山、钟亚雅、李东翕：《“网友的每个诉求，他们都认真对待”》，《检察日报》2012 年 6 月 5 日，第 4 版。
[374] 钟鸣：《微博时代民航企业思想政治工作之思考》，《中国民航报》2012 年 6 月 5 日，第 6 版。
[375] 张年亮：《“关注农民不在于形式，而在于有真情感”》，《人民公安报》2012 年 6 月 6 日，第 4 版。
[376] 陈海发、安士勇、曹永：《“豫法阳光”微博“揭秘”一线法官》，《人民法院报》2012 年 6 月 6 日，第 1 版。
[377] 李桐：《指尖上的质检》，《中国国门时报》2012 年 6 月 6 日，第 1 版。
[378] 吴春燕、岳嘉、莫敏红：《广州近五成孩子每天“刷微博”》，《光明日报》2012 年 6 月 7 日，第 3 版。
[379] 刘梅珍、唐实仁：《普法“微电影”在校园热播》，《检察日报》2012 年 6 月 7 日，第 2 版。
[380] 魏伯通：《“微博问政”如何才是可能的?》，《新华每日电讯》2012 年 6 月 7 日，第 3 版。
[381] 潘俊强：《微博时代　学会设置议程》，《人民日报》2012 年 6 月 7 日，第 11 版。
[382] 胡立华：《用公开、公正、高效应对“顶包”质疑》，《人民公安报》2012 年 6 月 7 日，第 3 版。
[383] 吴学安：《网络问政要落脚于网下落实》，《中国新闻出版报》2012 年 6 月 7 日，第 3 版。
[384] 徐婧婧：《上交所开通官方微博　建立发言人制度》，《证券时报》2012 年 6 月 8 日，第 A02 版。
[385] 蒋娅娅：《上交所首推三位“发言人”集体亮相》，《解放日报》2012 年 6 月 8 日，第 9 版。
[386] 刘菊花、郑舒杨：《网络论坛与微博等，将实名制管理》，《新华每日电讯》2012 年 6 月 8 日，第 8 版。
[387] 王璐：《上交所率先建立新闻发言人制度　“上交所发布”官方微博正式上线》，《上海证券报》2012 年 6 月 8 日，第 F01 版。
[388] 叶铁桥、郝帅斌：《微博上的高考》，《中国青年报》2012 年 6 月 8 日，第 8 版。
[389] 艾经纬：《微博生态杂谈》，《第一财经日报》2012 年 6 月 9 日，第 B16 版。
[390] 牟岩、王南冰：《我们被微博改变的语言生活》，《中国教育报》2012 年 6 月 9 日，第 16 版。
[391] 陈铭：《关于利用互联网促进总局机关效能建设的建议》，《中国工商报》2012 年 6 月 9 日，第 A03 版。

［392］薛正俭：《宁夏三级院搭建微博与网民沟通》，《检察日报》2012 年 6 月 11 日，第 1 版。
［393］董少华：《乌鲁木齐：开辟网络社会管理新空间》，《新疆日报（汉）》2012 年 6 月 11 日，第 1 版。
［394］苟家冀、梁鹿：《检察微博规范发展需注意四个问题》，《检察日报》2012 年 6 月 12 日，第 3 版。
［395］张翀：《武汉黄雾天气背后的微博辟谣战》，《工人日报》2012 年 6 月 13 日，第 1 版。
［396］周竞、王政：《微博造谣者流着泪向公众道歉》，《新华每日电讯》2012 年 6 月 14 日，第 4 版。
［397］李代祥：《惠州官方微博上线半天粉丝多，可喜！》，《惠州日报》2012 年 6 月 15 日，第 A07 版。
［398］常洁钰：《政府微博发展三原则》，《山西党校报》2012 年 6 月 15 日，第 C03 版。
［399］段敏：《察隅积极推进偏远乡村微博建设》，《西藏日报（汉）》2012 月 6 月 15 日，第 1 版。
［400］毕玉才、刘勇：《“郭明义微博”背后的故事》，《光明日报》2012 年 6 月 15 日，第 10 版。
［401］孙小荃：《微博舆情监控趋势》，《中国经济时报》2012 年 6 月 15 日，第 9 版。
［402］钟凯帆：《小微企业微博营销攻略》，《中国经济时报》2012 年 6 月 15 日，第 11 版。
［403］彭作文：《微博舆情监测已成紧要需求》，《中国经济时报》2012 年 6 月 15 日，第 11 版。
［404］贾焰、刘江宁：《微博舆情的监管平台及手段》，《中国经济时报》2012 年 6 月 15 日，第 12 版。
［405］徐伟、王庆：《“微博讨薪第一人”被驳回起诉》，《法制日报》2012 年 6 月 16 日，第 8 版。
［406］孔红英、张约新：《曲靖市政协委员建微言担大义》，《人民政协报》2012 年 6 月 16 日，第 A02 版。
［407］罗臻：《西塞山区“织博”为民》，《黄石日报》2012 年 6 月 17 日，第 1 版。
［408］李延：《微博应追求理性求实的态度》，《中华工商时报》2012 年 6 月 18 日，第 7 版。
［409］吴丹：《机场微博：营销利器还是服务平台?》，《中国民航报》2012 年 6 月 18 日，第 5 版。
［410］杨朝清：《马屁微博教程之“厚黑学”》，《中国青年报》2012 年 6 月 18 日，第 2 版。
［411］翁惠娟：《深圳微博发布厅上线》，《深圳特区报》2012 年 6 月 19 日，第 A01 版。
［412］刘文慧：《微站：让微博变身互动网站》，《人民邮电》2012 年 6 月 19 日，第 6 版。
［413］徐洁云：《直面运营压力，新浪微博上马会员付费业务》，《第一财经日报》2012 年 6 月 19 日，第 B04 版。
［414］翁惠娟：《我市拟建“舆情引导能力排行榜”》，《深圳特区报》2012 年 6 月 19 日，第 A08 版。
［415］鲍传文：《公权力要尽快学会与网民打交道》，《深圳特区报》2012 年 6 月 19 日，第 A02 版。

［416］金可：《市民可微博求助政府热线》，《北京日报》2012 年 6 月 20 日，第 9 版。
［417］敖平富、阎杰：《重庆问政成效如何评估?》，《中国环境报》2012 年 6 月 20 日，第 3 版。
［418］徐丽华：《指尖下的交流平台》，《中国环境报》2012 年 6 月 20 日，第 3 版。
［419］白璐：《官方微博群：惠州网络问政的拓展》，《惠州日报》2012 年 6 月 20 日，第 B08 版。
［420］张永生：《多一些良性互动》，《安徽日报》2012 年 6 月 20 日，第 B01 版。
［421］陈媛媛：《微博能否撞破不信任之墙?》，《中国环境报》2012 年 6 月 20 日，第 3 版。
［422］吴林红：《打破公益“玻璃门”》，《安徽日报》2012 年 6 月 20 日，第 B01 版。
［423］蔡若愚：《社交广告：社交网络时代的生意经》，《中国经济导报》2012 年 6 月 21 日，第 B03 版。
［424］朱四倍：《微博问政要有应对“杂音”的考量和准备》，《包头日报》2012 年 6 月 21 日，第 A02 版。
［425］吴文丽、王宏：《官方微博在推动公众考古学发展中的作用》，《中国文物报》2012 年 6 月 22 日，第 7 版。
［426］张绪旺：《北京经验：北京政务微博变“独唱”为“合唱”》，《北京商报》2012 年 6 月 25 日，第 5 版。
［427］刘晶瑶：《官方微博如何“不失语”又“不乱语”》，《新华每日电讯》2012 年 6 月 26 日，第 3 版。
［428］张音：《破解“塔西佗陷阱”的舆论怪圈》，《人民日报》2012 年 6 月 26 日，第 14 版。
［429］陈国民：《博物馆要维护好自家微博》，《中国文物报》2012 年 6 月 27 日，第 3 版。
［430］李淼、岳珊：《新浪微博推出会员收费制度》，《中国新闻出版报》2012 年 6 月 27 日，第 3 版。
［431］桂杰：《官方微博“卖萌”应适度》，《中国青年报》2012 年 6 月 28 日，第 11 版。
［432］刘声：《微博时代，主流媒体如何发声》，《中国新闻出版报》2012 年 6 月 28 日，第 8 版。
［433］米照亮、张约新：《委员微博晒履职，方寸之间通民情》，《云南政协报》2012 年 6 月 29 日，第 2 版。
［434］李冰：《光明乳业主动召回问题奶，微博曝光 4 小时后即行动》，《证券日报》2012 年 6 月 29 日，第 A01 版。
［435］丁雷：《微博收费不是明智之举》，《大连日报》2012 年 6 月 29 日，第 A05 版。
［436］宗边诗：《热议自媒体视野下的检察公共关系》，《检察日报》2012 年 6 月 30 日，第 1 版。
［437］华晔迪：《微博网友跟帖赞声如潮》，《新华每日电讯》2012 年 6 月 30 日，第 2 版。

七月

［438］孙先锋：《微博时代的危机公关》，《中国联合商报》2012 年 7 月 2 日，第 B03 版。
［439］陈永杰：《微博盗号出没请注意》，《北京科技报》2012 年 7 月 2 日，第 38 版。

[440] 李博：《地铁微博“满月”“粉丝”已破12万》，《首都建设报》2012年7月4日，第2版。
[441] 陈德东：《53.4%用户使用微博休闲，微消费激活新商业形态》，《通信信息报》2012年7月4日，第B12版。
[442] 陈韵婷：《微博晒幸福可能惹祸上身，发博宜有度监管待加强》，《通信信息报》2012年7月4日，第B16版。
[443] 桂杰：《“一把手”重视网络民意不能只挂在嘴上》，《中国青年报》2012年7月5日，第11版。
[444] 李金红：《“举头玩自拍，低头发微博”，真“无事不微博”》，《新华每日电讯》2012年7月6日，第5版。
[445] 黄磊：《图书微博营销如何做到效果最大化?》，《中国图书商报》2012年7月6日，第11版。
[446] 龙婧：《微博二虎夺金战》，《21世纪经济报道》2012年7月6日，第2版。
[447] 林竹静：《检察微博与虚拟社会管理创新》，《上海法治报》2012年7月6日，第A08版。
[448] 罗臻、李杨：《政务微博“求关注”》，《黄石日报》2012年7月9日，第1版。
[449] 唐亮：《运用政府微博促进政务公开》，《学习时报》2012年7月9日，第5版。
[450] 崔学敬：《“微时代”需要五种信息力》，《学习时报》2012年7月9日，第7版。
[451] 徐文标、吴家宏：《拥抱微时代，拓宽“畅政”互动路》，《中国安全生产报》2012年7月10日，第3版。
[452] 曹林：《微博带来的为何不是交流而是撕裂》，《中国青年报》2012年7月10日，第1版。
[453] 张格源：《沟通互动：提升税务微博传播力的关键之道》，《中国税务报》2012年7月11日，第11版。
[454] 王鑫昕：《四川208个共青团微博集体入驻“发布厅”》，《中国青年报》2012年7月12日，第1版。
[458] 牛霄、钟振宇：《全国首个省级共青团微博发布厅上线》，《四川日报》2012年7月12日，第10版。
[455] 李佳霖：《微博发起的“山西古建抢救之旅”引发的话题》，《中国文化报》2012年7月12日，第7版。
[456] 邓昌发：《官员微博粉丝多何错之有》，《贵阳日报》2012年7月12日，第10版。
[457] 王帝、梁鑫：《虚假媒体微博现形记》，《中国青年报》2012年7月13日，第3版。
[458] 陈强：《社保微博：以微小而博大》，《中国劳动保障报》2012年7月13日，第4版。
[459] 马斌、陈跃峰：《微笑　微博　微贷》，《中国工商报》2012年7月13日，第2版。
[460] 邢贺强：《更便捷　更自由　更温馨》，《中国国门时报》2012年7月13日，第2版。
[461] 君超《微博约，约来了什么?》，《光明日报》2012年7月14日，第9版。
[462] 邹理：《政务微博如何有效传播》，《光明日报》2012年7月14日，第6版。
[463] 汪丹：《本市政务微博达3600余家》，《北京日报》2012年7月14日，第5版。
[464] 王鑫：《“成都发布”进前三　位列副省级城市第一》，《成都日报》2012年7月14

日，第3版。
[465] 桂杰：《“巴松狼王”杜少中：有胆量开微博就要能承受挨骂》，《中国青年报》2012年7月15日，第3版。
[466] 杨屾：《前篮球掌门人的精彩微博生活》，《中国青年报》2012年7月15日，第4版。
[467] 徐宵桐、李丽：《一条怎样应对汽车爆胎的微博为何受到热捧》，《中国青年报》2012年7月16日，第3版。
[468] 蔡若愚：《微博时代，重塑受伤的政府公信力》，《中国经济导报》2012年7月17日，第B06版。
[469] 刘琼、颜沁：《企业家：微博点燃公益与慈善》，《第一财经日报》2012年7月17日，第B04版。
[470] 白洁：《潘基文访华第一“站”：与微博网友在线谈“天下”》，《新华每日电讯》2012年7月18日，第8版。
[471] 荆文娜：《官员开微博：说什么当有取舍　先要学会承受身份之重》，《中国经济导报》2012年7月19日，第B07版。
[472] 丁艳丽：《微博呼吁“救救桃花坞”》，《中国文化报》2012年7月19日，第8版。
[473] 王东照：《微博时代监管途径拓展》，《中国安全生产报》2012年7月19日，第6版。
[474] 徐锦忠、张雪：《微博时代　我们如何坚守社会责任》，《江西日报》2012年7月20日，第C01版。
[475] 俞京平：《微博时代的新闻发言人》，《中国经济时报》2012年7月20日，第9版。
[476] 姜胜洪：《利用官方微博应对突发公共事件》，《中国经济时报》2012年7月20日，第12版。
[477] 杨浩：《微博公益的四种方式》，《中国社会报》2012年7月20日，第6版。
[478] 周志军：《网络新文体，不仅仅是“搞笑”》，《中国文化报》2012年7月20日，第6版。
[479] 康秀云：《大学生微博公民参与的思想政治教育引导》，《光明日报》2012年7月22日，第7版。
[480] 孙连宇：《政务微博　需“独唱”成团“合唱”有责》，《沈阳日报》2012年7月23日，第B08版。
[481] 于小薇：《微博约架　虚拟世界演绎现实恩仇》，《人民法院报》2012年7月23日，第6版。
[482] 王帝：《微博“约架”：从网络语言暴力到现实的拳头》，《中国青年报》2012年7月23日，第3版。
[483] 曹林：《顺微博者得和谐，逆微博者失公信》，《中国青年报》2012年7月24日，第2版。
[484] 徐庆功：《微博时代交管部门如何应对才能更给力》，《人民公安报·交通安全周刊》2012年7月24日，第3版。
[485] 张薇：《爱心救援，微博释放正能量》，《光明日报》2012年7月24日，第7版。
[486] 吴帅：《“医院微博寻病人”成佳话的社会土壤》，《沈阳日报》2012年7月24日，第B05版。

［487］何珑：《微博网民使用率过半，自媒体时代奥运引发多重猜想》，《通信信息报》2012年7月25日，第B13版。
［488］孙翠翠、陈璇：《领导开微博让负面评价发生逆转》，《中国青年报》2012年7月26日，第11版。
［489］曹林：《微博对官员不是技能而是民主素养》，《济南日报》2012年7月26日，第F02版。
［490］谢文、吴杨、赵炜怡：《暴雨过后，感动仍在微博传递》，《光明日报》2012年7月27日，第7版。
［491］马草原：《擦亮检察机关的"微博品牌"》，《南方日报》2012年7月28日，第9版。
［492］车辉：《省委干部微博调研受追捧》，《工人日报》2012年7月29日，第3版。
［493］尹岩：《德州构建网上火灾隐患举报平台》，《人民公安报·消防周刊》2012年7月30日，第3版。
［494］张永、杨群娜、郑文丝：《互动的力量》，《中国气象报》2012年7月30日，第2版。
［495］程冠军：《信息公开要抢占先机》，《学习时报》2012年7月30日，第1版。
［496］蔡鹏举：《论微博时代城建系统思想政治工作创新》，《中国建设报》2012年7月31日，第5版。
［497］龚轩：《一条雨夜微博释放的财富善意》，《中华工商时报》2012年7月31日，第1版。
［498］陈淑妍、严瑾：《借微博听民意　搭平台促发展》，《佛山日报》2012年7月31日，第A02版。
［499］王存福：《微博直播"南沙6000里"》，《新华每日电讯》2012年7月31日，第4版。

八月

［500］张敬波：《应对质疑岂能一删了之》，《安徽日报》2012年8月1日，第B01版。
［501］陈杰：《2012年中国发言人微博蓝皮书发布》，《科技日报》2012年8月1日，第9版。
［502］张绪旺：《开幕5天微博两亿　"社交奥运"初现规模》，《北京商报》2012年8月1日，第C04版。
［503］李国敏：《"微博"问政渐成"潮流"》，《科技日报》2012年8月1日，第11版。
［504］徐霄桐、庄庆鸿：《微博求助越来越多　部分网民已经麻木》，《中国青年报》2012年8月1日，第4版。
［505］朱国庆、于楠：《微博成论文代写机构新卖场》，《中国青年报》2012年8月2日，第3版。
［506］刘晶瑶：《判决微博致歉，司法公平与网络同行》，《新华每日电讯》2012年8月2日，第3版。
［507］曾革楠：《微博参与打通官方民间两个舆论场》，《中国新闻出版报》2012年8月2日，第3版。
［508］张萌、余芬芬：《微博时代企业危机公关应对策略》，《中国经济时报》2012年8月3日，第12版。

［509］王权：《“微博热”症候透视与治理》，《中国经济时报》2012年8月3日，第12版。
［510］赵周：《改善微博的生态环境》，《中国经济时报》2012年8月3日，第12版。
［511］袁田：《微博引导火场内外互动协作》，《人民公安报·消防周刊》2012年8月3日，第2版。
［512］赵磊：《党报微博推销“待嫁”葡萄》，《扬州日报》2012年8月5日，第A01版。
［513］柴春元：《知识产权保护：发个微博都可能侵权》，《检察日报》2012年8月5日，第1版。
［514］和润沣：《微博问政关键在于互动和沟通》，《兰州日报》2012年8月6日，第6版。
［515］曹林：《使用微博，提升官员民主素养》，《民主与法制时报》2012年8月6日，第A07版。
［516］徐小兵、王星、张金梁：《伦敦奥运的中国式争吵》，《电脑报》2012年8月6日，第A03版。
［517］王永雪　张宁：《部分旅游局官方微博成空壳》，《中国经济时报》2012年8月6日，第12版。
［518］吕品：《危机事件中的微博效应及其应对》，《学习时报》2012年8月6日，第5版。
［519］人民网舆情监测室：《2012下半年政务微博发展五大预测》，《中国新闻出版报》2012年8月7日，第7版。
［520］林妍、潘晓娟：《发言人微博：主动回应关切才能隔断谣言传播》，《中国经济导报》2012年8月7日，第B06版。
［521］闫永胜：《发展交警微博，更好地联系和服务群众》，《人民公安报·交通安全周刊》2012年8月7日，第3版。
［522］高春利：《玩转“微博营销”》，《华夏酒报》2012年8月7日，第C32版。
［523］陈强：《女博士微博“吐槽”引风波》，《中国青年报》2012年8月8日，第1版。
［524］李卉：《微博跻身国内主流社交营销平台》，《北京商报》2012年8月8日，第B04版。
［525］曹林：《官方融入微博需有挨骂的准备和耐心》，《中国青年报》2012年8月8日，第2版。
［526］彭彦：《微博盈利有待探索》，《中国社会科学报》2012年8月8日，第A08版。
［527］张绪旺：《政务微博从“独唱”到“合唱”》，《北京商报》2012年8月8日，第T28版。
［528］刘义昆：《女博士微博吐槽背后的基层现实》，《新华每日电讯》2012年8月9日，第3版。
［529］尹平平：《孙郁：我们的表达常有“伪道学气”，包括微博》，《新华每日电讯》2012年8月10日，第16版。
［530］高华：《朝阳 开通“廉政朝阳”微博》，《中国纪检监察报》2012年8月10日，第2版。
［531］魏道俊：《新媒体有助于地方城市真正地“走出去”》，《红河日报》2012年8月10日，第1版。
［532］李文洁：《依靠法治的力量解救唐慧们》，《东莞日报》2012年8月11日，第A02版。

[533] 刘晓峰：《微博为企业公关打开新大门》，《经济日报》2012 年 8 月 12 日，第 6 版。
[534] 王闰：《风雨中，温情微博释放正能量》，《宁波日报》2012 年 8 月 13 日，第 A05 版。
[535] 霍一夫：《“上海质监发布”微博显现软实力》，《中国质量报》2012 年 8 月 14 日，第 2 版。
[536] 闫昆仑、郭琛、徐乐乐：《伦敦奥运很火，微博“骗粉”很忙》，《南方日报》2012 年 8 月 15 日，第 A14 版。
[527] 张绪旺：《微博争斗奥运会：数据 PK 仍是主调》，《北京商报》2012 年 8 月 15 日，第 C01 版。
[528] 冯雪梅：《有自律，才有微博自由》，《中国青年报》2012 年 8 月 15 日，第 1 版。
[529] 冯尧：《京东微博约架　“美苏”应战机构出逃》，《证券时报》2012 年 8 月 15 日，第 B01 版。
[540] 胡一刀：《政务微博“有容”乃有“大气象”》，《东莞日报》2012 年 8 月 15 日，第 A02 版。
[541] 张劲松：《漩涡中的微博达人》，《中国房地产报》2012 年 8 月 16 日，第 A04 版。
[542] 孙丽萍：《“微博时代的文学”三人谈》，《新华每日电讯》2012 年 8 月 17 日，第 8 版。
[543] 李吉斌：《尽快将微博公益纳入法制化轨道》，《法制日报》2012 年 8 月 17 日，第 3 版。
[544] 陈淑妍：《钟情佛山活力 尽献“锦囊妙计”》，《佛山日报》2012 年 8 月 17 日，第 A02 版。
[545] 王景喜、徐业恒：《“@中山纪检监察”试水微博问政》，《中国纪检监察报》2012 年 8 月 18 日，第 4 版。
[546] 詹正坤：《浅谈讯息传播的新平台——微博》，《云南经济日报》2012 年 8 月 18 日，第 B02 版。
[547] 王小鲲、李立红：《共青团微博：激起爱心潮涌》，《中国青年报》2012 年 8 月 18 日，第 1 版。
[548] 王轲：《建政务微博，倒逼行政体制改革》，《佛山日报》2012 年 8 月 18 日，第 A02 版。
[549] 肖辉：《微博卖瓜，信息畅通卖得俏》，《中国妇女报》2012 年 8 月 19 日，第A02 版。
[550] 陈熠瑶：《“最美惠州”微博营销旅游》，《中国旅游报》2012 年 8 月 20 日，第16 版。
[551] 熊晓辉：《草根创业者：专业微博至上》，《中国经营报》2012 年 8 月 20 日，第 C05 版。
[552] 熊晓辉：《清理“草根大号”，微博商业化难题》，《中国经营报》2012 年 8 月 20 日，第 C05 版。
[553] 蔡光发：《打开窗户说亮话》，《佛山日报》2012 年 8 月 20 日，第 A09 版。
[554] 尹贵超：《微博“口水战”暴露信任危机》，《华夏酒报》2012 年 8 月 21 日，第 A02 版。
[555] 关桂峰：《网络监督推动执政理念转变》，《新华每日电讯》2012 年 8 月 21 日，第

1 版。
［556］范珍：《微博时代，党报的新闻报道该如何应对》，《山西科技报》2012 年 8 月 22 日，第 13 版。
［557］陈锦锋：《新浪 Q2 业绩稳健增长，微博还有巨大开发价值》，《通信信息报》2012 年 8 月 22 日，第 C04 版。
［558］王志、钱荣：《虚假广告入侵微博营销乱象谁来监管》，《新华每日电讯》2012 年 8 月 22 日，第 5 版。
［559］仓烜、龙腾飞、王凯：《12 台锅炉让玉树孩子喝上热水》，《人民公安报·交通安全周刊》2012 年 8 月 23 日，第 1 版。
［560］范雨霏：《微博辟谣功能缺陷分析及完善机制探究》，《西部时报》2012 年 8 月 24 日，第 15 版。
［561］李玉欣、张凤楠：《黄岛政务微博直面社会关切》，《中国纪检监察报》2012 年 8 月 25 日，第 2 版。
［562］崔云：《微博发布假招聘　网购设局真骗钱》，《科技日报》2012 年 8 月 25 日，第 4 版。
［563］何勇海：《微博变忽悠的法律漏洞该填补了》，《光明日报》2012 年 8 月 25 日，第 5 版。
［564］王庆环：《北京大学就“邹恒甫微博”发表声明》，《光明日报》2012 年 8 月 25 日，第 4 版。
［565］仲青：《有自律，才有微博自由》，《西部法制报》2012 年 8 月 25 日，第 4 版。
［566］李泽菊：《微博直播张家界 解决核心景区排队难》，《张家界日报》2012 年 8 月 26 日，第 4 版。
［567］李思辉：《微博上，更应该好好说话》，《宁波日报》2012 年 8 月 27 日，第 A08 版。
［568］李淼鑫：《科级干部“微博风云”》，《民主与法制时报》2012 年 8 月 27 日，第 A03 版。
［569］王庆环：《北京大学应对“邹恒甫微博事件”》，《光明日报》2012 年 8 月 27 日，第 6 版。
［570］张惠：《新浪胜出　四大门户微博大战结束》，《中国商报》2012 年 8 月 28 日，第 7 版。
［571］丁茜：《网友微博曝光隐患求关注 甘孜州安监局获知速整改》，《中国安全生产报》2012 年 8 月 28 日，第 2 版。
［572］王庆环：《未发现“邹恒甫微博”中举报的情况》，《光明日报》2012 年 8 月 28 日，第 6 版。
［573］王志、钱荣：《虚假广告入侵微博乱象透视》，《西部法制报》2012 年 8 月 28 日，第 4 版。
［574］赵新明：《深圳启动微公益活动》，《深圳特区报》2012 年 8 月 28 日，第 A01 版。
［575］韩春秒：《不做剪贴板，报纸微博如何构筑新阵地》，《中国新闻出版报》2012 年 8 月 28 日，第 7 版。
［576］吴辰光：《瑞星提醒：微博渐成虚假信息来源地》，《北京商报》2012 年 8 月 29 日，

第 B03 版。
[577] 张鹏、张晗：《“微博控”卫生厅长期待“有争议没骂名”》，《中国青年报》2012 年 8 月 29 日，第 7 版。
[578] 任震宇：《电商价格战引出微博营销合法性难题》，《中国消费者报》2012 年 8 月 29 日，第 B02 版。
[579] 晓宇：《政务微博成官民沟通新平台》，《中国税务报》2012 年 8 月 29 日，第 12 版。
[580] 王刘敏、罗骏宇、朱婷、王姿又、严华、乔贵林：《重庆政务微博 9 成未向公众开放私信》，《重庆商报》2012 年 8 月 31 日，第 C17 版。
[581] 郑黎：《浙微博侵权案判决生效》，《新华每日电讯》2012 年 8 月 31 日，第 1 版。
[582] 庆环：《北大认为言论当负责任》，《光明日报》2012 年 8 月 31 日，第 6 版。
[583] 刘敏：《重庆政务微博 9 成未向公众开放私信》，《重庆商报》2012 年 8 月 31 日，第 C17 版。

九月

[584] 赵婀娜：《走进北大看“邹恒甫微博事件”》，《人民日报》2012 年 9 月 1 日，第 5 版。
[585] 年佳心：《刘强东失信，敲微博营销丧钟》，《商务时报》2012 年 9 月 1 日，第 3 版。
[586] 李国、王瑜：《微博“问政”如何真正“落地”?》，《工人日报》2012 年 9 月 2 日，第 2 版。
[587] 李栋、李百芳：《网友微博举报超载，警方两小时后截停》，《广州日报》2012 年 9 月 3 日，第 17 版。
[588] 吕择：《微信公众平台挑战新浪微博》，《北京科技报》2012 年 9 月 3 日，第 38 版。
[589] 孙先锋：《微博时代的危机攻略》，《中国联合商报》2012 年 9 月 3 日，第 B03 版。
[590] 周曼清：《政务微博在政府转型中的作用》，《东莞日报》2012 年 9 月 3 日，第 A08 版。
[591] 光采：《微博：清者自清速度加快》，《中国经济导报》2012 年 9 月 4 日，第 B06 版。
[592] 何勇海：《微博不能成为发布虚假广告的平台》，《中国工商报》2012 年 9 月 4 日，第 B02 版。
[593] 黄震：《用好金融微博这把双刃剑》，《金融时报》2012 年 9 月 5 日，第 12 版。
[594] 吴辰光：《智能手机加速微博与公益对接》，《北京商报》2012 年 9 月 5 日，第 B02 版。
[595] 严莉涵：《微博招聘信息竟成骗子鱼饵，网上淘工作还要仔细甄别》，《通信信息报》2012 年 9 月 5 日，第 B16 版。
[596] 孙超逸：《用户增值服务能解微博“资金之渴”?》，《北京日报》2012 年 9 月 6 日，第 7 版。
[597] 于祥明：《微博打口水仗》，《上海证券报》2012 年 9 月 6 日，第 F05 版。
[598] 陈捷生、张诗婉、林劲标：《广东高院力推“微博式”公开》，《南方日报》2012 年 9 月 6 日，第 A04 版。
[599] 周虎城：《微博直播庭审让司法更加自信》，《南方日报》2012 年 9 月 7 日，第

F02 版。

［600］王文静：《善行河北微博汇聚网络正能量》，《河北日报》2012 年 9 月 7 日，第 3 版。

［601］洪黎明：《140 字里的中国》，《人民邮电》2012 年 9 月 7 日，第 6 版。

［602］谢贤奎：《打捞“沉没的声音”是官方微博的责任》，《中国社会报》2012 年 9 月 10 日，第 4 版。

［603］傅淞巍：《名人微博切莫误导了话语走向》，《辽宁日报》2012 年 9 月 10 日，第 6 版。

［604］陈曦、李修乐、徐哲：《河南：“微博问政”创新新时期政府执政方式》，《中国纪检监察报》2012 年 9 月 12 日，第 4 版。

［605］舒锐：《对微博炫耀酒驾男子　处罚似可稍轻点》，《检察日报》2012 年 9 月 12 日，第 6 版。

［606］田文生：《新媒体成重庆共青团工作强力“马达”》，《中国青年报》2012 年 9 月 12 日，第 1 版。

［607］陈曦：《河南：“微博问政”创新新时期政府执政方式》，《中国纪检监察报》2012 年 9 月 12 日，第 4 版。

［608］庄庆鸿、杜小娟：《热点事件中的官员开微博为何叫座不叫好》，《中国青年报》2012 年 9 月 13 日，第 4 版。

［609］郭震海：《让微博成为监督贪腐的“啄木鸟”》，《西部法制报》2012 年 9 月 13 日，第 6 版。

［610］红研：《“检察微博”如何发挥最大功效》，《天津政法报》2012 年 9 月 14 日，第 4 版。

［611］曹崧、庄子敏：《@之前先敲门》，《深圳特区报》2012 年 9 月 14 日，第 A08 版。

［612］张瀚允：《借力微博营造和谐舆论环境》，《甘肃日报》2012 年 9 月 14 日，第 8 版。

［613］陈旭：《出狱后微博预告见面会　顾雏军今高调重现江湖》，《上海证券报》2012 年 9 月 14 日，第 A01 版。

［614］王聃：《官员“微博答疑”为何有心乏力》，《新华每日电讯》2012 年 9 月 14 日，第 3 版。

［615］郭毅、张冲、王鑫：《全国公安交流和谐警民关系经验》，《法制日报》2012 年 9 月 15 日，第 5 版。

［616］崔燕兵：《微博问政改变领导干部执政新思维》，《山西党校报》2012 年 9 月 15 日，第 C03 版。

［617］高宏存：《微博客时代树立官员正形象》，《光明日报》2012 年 9 月 16 日，第 12 版。

［618］于洋：《在舆论多元中谋求沟通与共识》，《人民日报》2012 年 9 月 16 日，第 7 版。

［619］袁慧玲、李万东：《农民王新建起微博卖棚菜》，《辽宁日报》2012 年 9 月 17 日，第 9 版。

［620］张弓：《微博还可以这样用》，《宁波日报》2012 年 9 月 17 日，第 A06 版。

［621］周云：《微博时代，政府如何进行危机公关?》，《东莞日报》2012 年 9 月 17 日，第 B02 版。

［622］王天涯：《微博大胆问政，真相如何澄清》，《东莞日报》2012 年 9 月 17 日，第 B02 版。

［623］黄枪：《微博意见领袖，谁的领袖?》，《电脑报》2012 年 9 月 17 日，第 12 版。
［624］付建利：《微博热题不应成为“烂尾工程”》，《证券时报》2012 年 9 月 18 日，第 A03 版。
［625］陈强、林智仁：《钟奶祥：善用微博的人大代表》，《中国青年报》2012 年 9 月 18 日，第 1 版。
［626］张书泽：《工会组织开微博的优势、问题及路径》，《工人日报》2012 年 9 月 18 日，第 6 版。
［627］陈静：《社交网络：引导向上“正能量”》，《经济日报》2012 年 9 月 18 日，第 6 版。
［628］郁健平：《微博应成为密切党群关系的新工具》，《宁波日报》2012 年 9 月 19 日，第 A07 版。
［629］叶小钟、陈琦斐、蓝达青：《“肇庆工人”微博很受“关注”》，《工人日报》2012 年 9 月 19 日，第 2 版。
［630］谢建晓：《“@豫法阳光”粉丝逾百万》，《河南日报》2012 年 9 月 20 日，第 4 版。
［631］杜冰、李雪荣：《上海市局政务微博成为“人气用户”》，《中国医药报》2012 年 9 月 20 日，第 1 版。
［632］路玉萍、郭丹、刘兵：《湛江打响微博问政第一炮》，《湛江日报》2012 年 9 月 20 日，第 A01 版。
［633］刘建国：《司法微博功效不微》，《人民法院报》2012 年 9 月 20 日，第 2 版。
［634］王峥峥、金剑辉、陈娜、王净、郭强、余慧敏：《新经济环境下的制胜之道》，《福建工商时报》2012 年 9 月 21 日，第 8 版。
［635］潘旭涛：《@微博采访　探索中迈出第一步》，《人民日报海外版》2012 年 9 月 22 日，第 4 版。
［636］朱宁宁：《微博传谣频发应加快相关立法步伐》，《法制日报》2012 年 9 月 22 日，第 3 版。
［637］赵新明：《警方微博悬赏缉拿 20 名打砸人员》，《深圳特区报》2012 年 9 月 23 日，第 A04 版。
［638］戴谦、孙浩：《“青岛法律援助”微博开通》，《青岛日报》2012 年 9 月 24 日，第 2 版。
［639］黄沁、戎飞腾：《微博时代如何应对挑战?》，《南方日报》2012 年 9 月 24 日，第 A05 版。
［640］潘高耸：《“官博”应直面舆论学会讲话行胜于言》，《惠州日报》2012 年 9 月 24 日，第 A05 版。
［641］田铁流：《我市获评唯一“网络问政年度城市”》，《惠州日报》2012 年 9 月 24 日，第 A01 版。
［642］陆建銮：《@广州公安首创“微指挥”》，《广州日报》2012 年 9 月 25 日，第 1 版。
［643］戎飞腾、杨学濡、杨雄斐：《南粤政务官微质量参差不齐》，《南方日报》2012 年 9 月 25 日，第 A14 版。
［644］王丹：《向文波重启微博“竞争已突破道德法律底线”》，《北京商报》2012 年 9 月 25 日，第 6 版。

[645] 陈瑜:《微博时代,记者准入门槛提高了》,《中国新闻出版报》2012 年 9 月 25 日,第 6 版。
[646] 董海博:《微博“国家队”与网民挽手起舞》,《中国新闻出版报》2012 年 9 月 25 日,第 7 版。
[647] 戎飞腾:《南粤政务官微质量参差不齐》,《南方日报》2012 年 9 月 25 日,第A14 版。
[648] 吉卫华:《政务微博从微博问政走向微博施政》,《西安日报》2012 年 9 月 25 日,第 11 版。
[649] 刘启达:《宝安抓干部作风提升软环境》,《深圳特区报》2012 年 9 月 25 日,第 A19 版。
[650] 江晴:《微博——思想政治工作新舞台》,《东方烟草报》2012 年 9 月 27 日,第 3 版。
[651] 陈希、熊杰宏:《宜丰:“微博评警”助推警民互动》,《人民公安报》2012 年 9 月 27 日,第 2 版。
[652] 阎杰、敖平富:《重庆规范政务微博管理》,《中国环境报》2012 年 9 月 27 日,第 1 版。
[653] 贺骏:《向文波微博澄清现金流“恶化说”,三一重工过去五年正现金流逾 130 亿元》,《证券日报》2012 年 9 月 27 日,第 D01 版。
[654] 黄伟:《广州政务微博建设仍待发力》,《南方日报》2012 年 9 月 27 日,第 A14 版。
[655] 侯云龙:《记者体验“微博营销”》,《经济参考报》2012 年 9 月 28 日,第 5 版。
[656] 木岩:《我国微博用户已达 3. 27 亿》,《中国文化报》2012 年 9 月 28 日,第 6 版。
[657] 侯云龙、李哲超、闫鹃、范姝娴:《互联网“微”时代乱象频仍待整治》,《经济参考报》2012 年 9 月 28 日,第 5 版。
[658] 丁国锋:《影响力不靠“卖萌”靠服务》,《法制日报》2012 年 9 月 28 日,第 5 版。

十月

[659] 何晓亮:《微博微信又“微网”》,《科技日报》2012 年 10 月 1 日,第 1 版。
[660] 王培莲:《90 后男孩:借力微博　快乐支教》,《中国青年报》2012 年 10 月 1 日,第 1 版。
[661] 赵琦玉:《人人是“交警”　处处“摄像头”》,《南方日报》2012 年 10 月 3 日,第 3 版。
[662] 谭志勇:《北京:微博“粉丝”体验机动车安全驾驶》,《人民公安报》2012 年 10 月 3 日,第 2 版。
[663] 沈小妮:《交警鼓励微博举报交通违章》,《深圳商报》2012 年 10 月 5 日,第 A01 版。
[664] 赵新明:《警用直升机今起巡查路况》,《深圳特区报》2012 年 10 月 6 日,第 A01 版。
[665] 童曙泉:《官微节日“无休”为市民出行导航》,《北京日报》2012 年 10 月 8 日,第 6 版。
[666] 孙荣欣:《政务微博要成为“贴心微博”》,《河北日报》2012 年 10 月 8 日,第 7 版。
[667] 金可:《微博网友双节勤织“围脖”》,《北京日报》2012 年 10 月 8 日,第 6 版。

[668] 刘燕、寇勇：《“微”力无边》，《科技日报》2012 年 10 月 8 日，第 7 版。
[669] 闫昆仑、戎飞腾、梁文悦、胥柏波、张婧：《微博给力、分流有序、保障充分》，《南方日报》2012 年 10 月 8 日，第 3 版。
[670] 尹卫国：《不放假的政府微博更亲民》，《法制日报》2012 年 10 月 9 日，第 7 版。
[671] 庄庆鸿、苏希杰：《政府微博背后的“80 后”“90 后”》，《中国青年报》2012 年 10 月 9 日，第 3 版。
[672] 周聪聪、樊江涛：《万条微博募集三十余万元“救命钱”》，《中国青年报》2012 年 10 月 10 日，第 7 版。
[673] 陈伟：《治理微博虚假广告要动真格》，《经济参考报》2012 年 10 月 10 日，第 2 版。
[674] 沈小妮：《交警微博长假受理 412 宗违章》，《深圳商报》2012 年 10 月 10 日，第 A12 版。
[675] 吴伟：《善待善用善管税务微博》，《中国税务报》2012 年 10 月 10 日，第 6 版。
[676] 厉晓杭、许玉芬：《打造没有围墙的政府》，《宁波日报》2012 年 10 月 11 日，第 A01 版。
[677] 朱根明：《多一些为群众办实事的政务微博》，《人民公安报》2012 年 10 月 11 日，第 3 版。
[678] 张胜春、陈立雄：《“广州公安”微博很忙也很火》，《人民公安报》2012 年 10 月 11 日，第 6 版。
[679] 边慧：《微博卖掉了“太空椒”》，《河北日报》2012 年 10 月 11 日，第 5 版。
[680] 童曙泉：《政务微博唱响“中国好声音”》，《中国改革报》2012 年 10 月 11 日，第 4 版。
[681] 付小容：《推行微博实名制的法律思考》，《光明日报》2012 年 10 月 13 日，第 10 版。
[682] 白续宏、路丽华：《晋中团市委微博传递正能量》，《山西日报》2012 年 10 月 14 日，第 A02 版。
[683] 苑广阔：《区长微博求搭车的看点在于权力》，《法制日报》2012 年 10 月 15 日，第 7 版。
[684] 白皓：《国家行政学院教授汪玉凯：断网删帖不可取　微博管理靠法律》，《中国青年报》2012 年 10 月 15 日，第 3 版。
[685] 许政、王瑰杰、杨广宇：《用服务赢取政务微博“好声音”》，《人民公安报》2012 年 10 月 15 日，第 3 版。
[686] 邓聿文：《微博直播述职述廉还有潜力可挖》，《民主与法制时报》2012 年 10 月 15 日，第 A08 版。
[687] 刘炜：《微博直播庭审：打开法庭的门和窗》，《民主与法制时报》2012 年 10 月 15 日，第 A01 版。
[688] 张明灿：《三门峡：旅游微博营销促发展》，《中国旅游报》2012 年 10 月 15 日，第 4 版。
[689] 许政：《用服务赢取政务微博“好声音”》，《人民公安报》2012 年 10 月 15 日，第 3 版。
[690] 柴英辉：《新媒体时代的网络问政》，《山西党校报》2012 年 10 月 15 日，第 Y03 版。

[691] 尹卫国：《政府微博不放假更显亲民》，《山西日报》2012 年 10 月 16 日，第 C04 版。
[692] 记者：《“问政”不妨用“微博”》，《江淮时报》2012 年 10 月 16 日，第 1 版。
[693] 樊未晨：《文章成微博热门话题》，《中国青年报》2012 年 10 月 17 日，第 3 版。
[694] 于南：《方舟子微博大战 360　周鸿祎“一切回应皆百度”》，《证券日报》2012 年 10 月 17 日，第 D02 版。
[695] 陈静：《新媒体，新生活》，《经济日报》2012 年 10 月 17 日，第 8 版。
[696] 郝凌峰：《微博助“太空椒”找“婆家”》，《农民日报》2012 年 10 月 18 日，第 2 版。
[697] 雷钟哲：《发挥微博正能量》，《中国新闻出版报》2012 年 10 月 18 日，第 3 版。
[698] 赵文：《四川司法政务微博发布厅上线》，《四川法制报》2012 年 10 月 19 日，第 1 版。
[699] 赵香：《蓝绍敏做客新浪微访谈 详解“第一江山”》，《宿迁日报》2012 年 10 月 19 日，第 A01 版。
[700] 陈东升、李武岐：《网络问政，官员义不容辞》，《法制日报》2012 年 10 月 20 日，第 2 版。
[701] 陈东升：《网络问政，官员义不容辞》，《法制日报》2012 年 10 月 20 日，第 2 版。
[702] 钟亚雅、吴俊峰：《检察微博直播庭审》，《检察日报》2012 年 10 月 21 日，第 1 版。
[703] 殷国安：《区长微博求搭车，会不会涉嫌“非法营运”?》，《民主与法制时报》2012 年 10 月 22 日，第 A08 版。
[704] 唐元贵：《镇街官方微博领头羊“@虎门太平”》，《东莞日报》2012 年 10 月 22 日，第 A03 版。
[705] 王彦彬：《新浪微博已过于臃肿》，《通信产业报》2012 年 10 月 22 日，第 12 版。
[706] 秦珍子：《微博故事真假莫辨，把好自己的门》，《中国青年报》2012 年 10 月 24 日，第 9 版。
[707] 江德斌：《反腐不应轻言拒绝“微博举报”》，《河北日报》2012 年 10 月 24 日，第 2 版。
[708] 任忠君、李阳：《微博抢注背后演绎着怎样的商业逻辑?》，《重庆商报》2012 年 10 月 24 日，第 A06 版。
[709] 戎飞腾、冯俊程、黄晓璞：《官方微博全官腔？看看这些官微吧!》，《南方日报》2012 年 10 月 25 日，第 A13 版。
[710] 孟妮：《“小”微博成太空椒的“大”救星》，《国际商报》2012 年 10 月 25 日，第 A02 版。
[711] 戎飞腾：《官方微博全官腔？看看这些官微吧!》，《南方日报》2012 年 10 月 25 日，第 A13 版。
[712]《政务微博要把服务群众放首位》，《解放日报》2012 年 10 月 26 日，第 1 版。
[713] 谈燕：《“微博集团军”助力服务型政府建设》，《解放日报》2012 年 10 月 26 日，第 1 版。
[714]《合力做大做强互联网主流舆论》，《文汇报》2012 年 10 月 26 日，第 1 版。
[715] 陈纯柱、敖永春：《政务微博如何取信于民》，《中国教育报》2012 年 10 月 26 日，第

5 版。
[716] 刘冰鑫：《为何不希望父母关注自己的微博》，《中国妇女报》2012 年 10 月 26 日，第 A03 版。
[717] 蔡辉：《微博反腐为何这么“火”》，《甘肃法制报》2012 年 10 月 26 日，第 1 版。
[718] 张格源：《用好税务微博 服务税收宣传》，《中国税务报》2012 年 10 月 26 日，第 6 版。
[719] 王君超：《新闻微博：慎用“魔幻现实主义”》，《光明日报》2012 年 10 月 27 日，第 6 版。
[720] 陈春雨：《一则“微博”引发的争议》，《证券时报》2012 年 10 月 27 日，第 A04 版。
[721] 赵勇锋：《“微博举报”可以边试边改》，《人民法院报》2012 年 10 月 28 日，第2 版。
[722] 马昌剑：《“我是一个‘微博控’”》，《科技日报》2012 年 10 月 29 日，第 4 版。
[723] 沈念祖、孙黎：《宿迁首吃“螃蟹”微博招商走红》，《经济观察报》2012 年 10 月 29 日，第 9 版。
[724] 刘浩：《发改委用微博帮你货比三家》，《中国消费者报》2012 年 10 月 29 日，第 A02 版。
[725] 王鑫：《“成都发布”蝉联第三　名列西部首位》，《成都日报》2012 年 10 月 30 日，第 2 版。
[726] 张艳、李百强：《借助新平台为群众提供更优质服务》，《人民公安报》2012 年 10 月 30 日，第 5 版。
[727] 汪丹：《政务微博中基层微博占八成》，《北京日报》2012 年 10 月 30 日，第 6 版。
[728] 张树良：《“上海三农”荣登“微博集团军”先进榜》，《东方城乡报》2012 年 10 月 30 日，第 A01 版。
[729] 王志、韩振、卢国强：《虚假广告“入侵”微博危害网络经济》，《经济参考报》2012 年 10 月 30 日，第 7 版。
[730] 喻国明：《微博推动的全新交流时代》，《第一财经日报》2012 年 10 月 30 日，第 A07 版。
[731] 贾亮：《纪委官方微博不是举报网站》，《中国纪检监察报》2012 年 10 月 31 日，第 2 版。
[732] 李培红、吴兴然：《“河北微博发布厅”举办“着力改善两个环境”微访谈》，《河北日报》2012 年 10 月 31 日，第 2 版。
[733] 朱烨洋：《杜少中：微博之力不微薄》，《中国新闻出版报》2012 年 10 月 31 日，第 10 版。
[734] 陈艳：《新媒体　新探索》，《中国文物报》2012 年 10 月 31 日，第 7 版。

十一月

[735] 颜新武：《给微博晒家产的官员多些鼓励》，《长沙晚报》2012 年 11 月 1 日，第 A15 版。
[736] 朱磊：《执政为民　成就辉煌》，《经济日报》2012 年 11 月 1 日，第 9 版。
[737] 朱珉迕：《“小巷微博”凝聚社区上班族》，《解放日报》2012 年 11 月 2 日，第 1 版。

[738] 五岳散人:《微博与读书　无高下之分》,《广州日报》2012 年 11 月 2 日，第 F02 版。
[739] 李菁莹、刘燕:《一名铁路官员的“微博”探索》,《中国青年报》2012 年 11 月 3 日，第 1 版。
[740] 王垚烽:《学会打交道是服务为民的第一步》,《嘉兴日报》2012 年 11 月 3 日，第 1 版。
[741] 桂杰:《邹建华：政务微博的最大价值是与小道消息赛跑》,《中国青年报》2012 年 11 月 4 日，第 3 版。
[742] 余玉花:《政务微博：建设政务诚信的新平台》,《文汇报》2012 年 11 月 5 日，第 B 版。
[743] 李军、郑建军、杜霞:《小微博支撑大警务》,《甘肃法制报》2012 年 11 月 5 日，第 3 版。
[744] 张伯晋:《政务微博：字数少责任重》,《检察日报》2012 年 11 月 5 日，第 4 版。
[745] 胡璐曼:《一条微博引发的“名誉大战”》,《民主与法制时报》2012 年 11 月 5 日，第 B01 版。
[746] 杜浩:《微博无法把人造化成作家》,《太原日报》2012 年 11 月 5 日，第 9 版。
[747] 尹传刚:《微博举报违章有助文明出行》,《深圳特区报》2012 年 11 月 6 日，第 A02 版。
[748] 舒迟:《从公安微博发展看构建和谐警民关系》,《人民公安报·交通安全周刊》2012 年 11 月 6 日，第 3 版。
[749] 冯雪梅:《微博到底带给我们什么》,《中国青年报》2012 年 11 月 6 日，第 1 版。
[750] 傅烨珉:《期待官员微博公示财产的“蝴蝶效应”》,《上海金融报》2012 年 11 月 6 日，第 B02 版。
[751] 魏春华、何南宁:《深化检务公开：增加透明度提高公信度》,《检察日报》2012 年 11 月 6 日，第 1 版。
[752] 孙艳敏:《政法委副书记微博晒财产引来叫好一片》,《检察日报》2012 年 11 月 6 日，第 5 版。
[753]《我省率先出台官方应急微博管理办法》,《南方日报》2012 年 11 月 7 日，第A15 版。
[754] 红秋、苏俊七:《农工党北京市委围绕政务微博展开专题调研》,《人民政协报》2012 年 11 月 7 日，第 A03 版。
[755] 龚丹韵:《信息时代：一边害怕，一边期待》,《解放日报》2012 年 11 月 7 日，第 12 版。
[756] 汤嘉琛:《政务微博敢写善用赢人心》,《广州日报》2012 年 11 月 7 日，第 F02 版。
[757] 王菁菁:《典当行也流行“织”微博》,《中国商报》2012 年 11 月 8 日，第 A01 版。
[758] 杨继刚:《微博时代：管理别再装腔作势》,《中华合作时报》2012 年 11 月 9 日，第 B04 版。
[759] 凌寒:《“醉驾微博”能否警醒更多人》,《人民公安报》2012 年 11 月 11 日，第3 版。
[760] 杨绍功:《“e 哥”让微博直通十八大》,《新华每日电讯》2012 年 11 月 11 日，第 7 版。
[761] 洪奕宜、舒畅、陆建东:《建“e 支部”开通“党务微博群”》,《南方日报》2012 年

11 月 12 日，第 A04 版。
[762] 沙地黄：《“微博体”：时代的困惑》，《中国青年报》2012 年 11 月 12 日，第 2 版。
[763] 严宏伟：《微博时代如何抢占舆论先机》，《学习时报》2012 年 11 月 12 日，第 7 版。
[764] 孙荣欣：《政务微博：传递正能量也要避免负面影响》，《中国新闻出版报》2012 年 11 月 13 日，第 8 版。
[765] 罗志华：《一个微博的开通》，《湖北日报》2012 年 11 月 13 日，第 2 版。
[766] 李江涛、赵琬微：《主流媒体微博如何激发传播效应》，《中国新闻出版报》2012 年 11 月 13 日，第 8 版。
[767] 刘长信：《政务微博践行“织博为民”》，《中国质量报》2012 年 11 月 13 日，第3 版。
[768] 肖怀洋：《一条微博引发“罗生门”： 诺亚广发回应“私改投资策略”传闻》，《证券日报》2012 年 11 月 13 日，第 C01 版。
[769] 罗争光、陈凯、周劼人：《我们发的不是微博，是民声加民意》，《新华每日电讯》2012 年 11 月 14 日，第 7 版。
[770] 谢朝红、秦晓双：《抢“吃”早餐，饭团走红微博》，《中国食品报》2012 年 11 月 15 日，第 3 版。
[771] 戎飞腾、彭晓枫、刘如森：《网络成为释放“正能量”重要平台》，《南方日报》2012 年 11 月 16 日，第 A09 版。
[772] 周为：《党委政务微博的实践与思考》，《湖南日报》2012 年 11 月 16 日，第 14 版。
[773] 夏吉春、谢飞：《商丘：“微博组合拳”打造民生警务新平台》，《人民公安报》2012 年 11 月 17 日，第 3 版。
[774] 张述冠：《微博“管家”曹国伟》，《21 世纪经济报道》2012 年 11 月 19 日，第 21 版。
[775] 赵楠、徐洁云：《阿里或入股新浪微博　马云欲反制导购网站》，《第一财经日报》2012 年 11 月 19 日，第 B01 版。
[776] 徐佳、顾翰隽：《杭州余杭微博助力打击盗狗贼》，《人民公安报》2012 年 11 月 20 日，第 3 版。
[777] 赵楠：《高管调整　新浪微博欲破成长尴尬》，《第一财经日报》2012 年 11 月 20 日，第 B04 版。
[778] 曹林：《反智反精英反强者的微博狂欢》，《中国青年报》2012 年 11 月 20 日，第 2 版。
[779] 贺骏：《新浪微博或被阿里巴巴注资　腾讯微博表示关注》，《证券日报》2012 年 11 月 21 日，第 D01 版。
[780] 贺骏：《搜狐微博转向公益　多种活动风生水起》，《证券日报》2012 年 11 月 21 日，第 D01 版。
[781] 杨萌：《阿里入股新浪业界普遍看好　联手后或共同对抗腾讯》，《证券日报》2012 年 11 月 21 日，第 D01 版。
[782] 周明助、鲍利斌、俞绍维、郑民助、安徽省绩溪县地税局：《如何充分发挥微博在纳税服务中的作用》，《中国税务报》2012 年 11 月 21 日，第 11 版。
[783] 郭之纯：《慎给微博贴“三反”标签》，《中国青年报》2012 年 11 月 21 日，第 2 版。

[784] 胡隆：《微博的力量》，《中华读书报》2012 年 11 月 21 日，第 3 版。

[785] 袁元：《阿里巴巴入股新浪微博　电商打开微世界》，《证券日报》2012 年 11 月 21 日，第 D01 版。

[786] 李栋　交宣：《全国首个政务“微电台”正式上线》，《人民公安报·交通安全周刊》2012 年 11 月 22 日，第 1 版。

[787] 徐婷、罗小卫：《马云新传：新浪微博“阿里郎”》，《华夏时报》2012 年 11 月 22 日，第 1 版。

[788] 卢义杰、陈璇：《副市长道歉非因杨锦麟微博投诉的“名人效应”》，《中国青年报》2012 年 11 月 22 日，第 11 版。

[789] 余可谊：《微博江湖，医生该怎么闯》，《健康报》2012 年 11 月 23 日，第 5 版。

[790] 李行：《鼓励各级政府部门积极开微博》，《新疆日报日，第汉)》2012 年 11 月 23 日，第 1 版。

[791] 董晓尚：《网络问政，如何做得更好?》，《四川日报》2012 年 11 月 23 日，第 7 版。

[792] 朱志升：《网络问政开启阿克苏“微时代”》，《阿克苏日报（汉）》2012 年 11 月 24 日，第 A01 版。

[793] 宋江云、马永涛：《63 小时微博反腐　重庆官员雷政富闪电被免》，《21 世纪经济报道》2012 年 11 月 26 日，第 2 版。

[794] 柯观：《政务微博更要具备科学性》，《北京科技报》2012 年 11 月 26 日，第 3 版。

[795] 何立中：《“微招聘”打造求职新舞台》，《中国计算机报》2012 年 11 月 26 日，第 6 版。

[796] 刘晓云：《陈华逆袭“微博门”》，《中国房地产报》2012 年 11 月 26 日，第 A01 版。

[797] 左燕东：《警民互动走进电子警务时代》，《山西日报》2012 年 11 月 27 日，第 C01 版。

[798] 何晓亮：《微博火了，微信火了，下一个会是微网吗?》，《经济参考报》2012 年 11 月 27 日，第 4 版。

[799] 史博臻：《“农民我最潮，鸡蛋微博销”》，《文汇报》2012 年 11 月 27 日，第 2 版。

[800] 刘子烨：《问题部门不应对 应对部门难解决》，《联合时报》2012 年 11 月 27 日，第 2 版。

[801] 吴艺：《“警民直通车”开进群众心中》，《人民公安报》2012 年 11 月 28 日，第4 版。

[802] 秦淮川：《微博讨薪，尚需突破制度瓶颈》，《法制日报》2012 年 11 月 28 日，第 7 版。

[803] 李昕昕：《白山“潮警”：网上办公、微博办事、QQ 成阵地》，《北方法制报》2012 年 11 月 28 日，第 1 版。

[804] 陈颖婷：《增强公安微博的公信力引领力》，《上海法治报》2012 年 11 月 28 日，第 A01 版。

[805] 温州市委党校教学改革创新课题组：《“微博课堂”的实践与探讨》，《温州日报》2012 年 11 月 28 日，第 10 版。

[806] 鲁大智：《〈中国新媒体发展报告〉：微博、论坛等自媒体传播增加现代社会风险性》，《中华读书报》2012 年 11 月 28 日，第 18 版。

[807] 李江涛、赵琬微：《自然灾害中主流媒体微博的运用》，《中国社会科学报》2012 年 11 月 28 日，第 A08 版。
[808] 吴军华：《福建妇联工作开启微博时代》，《中国妇女报》2012 年 11 月 29 日，第 A01 版。
[809] 袁浩：《微博讨薪的正能量亟须制度保障》，《中国新闻出版报》2012 年 11 月 29 日，第 3 版。
[810] 余嘉熙、冯国鑫：《河南全省法院启动“微博讨薪”》，《工人日报》2012 年 11 月 29 日，第 5 版。

十二月

[811] 张景华、杜弋鹏：《首都百万师生微博上党课》，《光明日报》2012 年 12 月 1 日，第 1 版。
[812] 张梓轩：《全国党代会微博报道的新突破》，《光明日报》2012 年 12 月 1 日，第 6 版。
[813] 高柱：《百余川籍农民工遭遇欠薪身陷鄂尔多斯　一条求助微博引发省际工会“联动”维权》，《工人日报》2012 年 12 月 1 日，第 1 版。
[814] 吴成臣：《微博讨薪：为依法维权打开一扇门》，《人民法院报》2012 年 12 月 1 日，第 2 版。
[815] 郭清君、袁明：《湖北出台办法规范检察微博》，《检察日报》2012 年 12 月 2 日，第 1 版。
[816] 桂杰：《陈里：官员开微博要有宽广心胸》，《中国青年报》2012 年 12 月 2 日，第 3 版。
[817] 王石川：《农民工可微博讨薪这一新举措值得关注》，《中华工商时报》2012 年 12 月 3 日，第 7 版。
[818] 何东霞、叶小钟：《政务微博“冰火两重天”》，《工人日报》2012 年 12 月 3 日，第 1 版。
[819] 陈雅琼：《广州药业白云山 A 今日携手复牌　集团高管提前微博“报喜”惹争议》，《证券日报》2012 年 12 月 3 日，第 D01 版。
[820] 李爽：《五台山的微博营销》，《中国旅游报》2012 年 12 月 3 日，第 7 版。
[821] 徐付群：《小小微博，有几个贪官碰壁》，《中国社会报》2012 年 12 月 3 日，第 4 版。
[822] 张爱军：《让马克思主义进微博》，《辽宁日报》2012 年 12 月 4 日，第 7 版。
[823] 袁浩：《微博讨薪的“正能量”亟需制度救济》，《上海法治报》2012 年 12 月 4 日，第 B06 版。
[824] 晋雅芬、赵新乐：《媒体官方微博运营模式渐成熟》，《中国新闻出版报》2012 年 12 月 4 日，第 1 版。
[825] 晋雅芬、赵新乐：《媒体官方微博，你了解多少?》，《中国新闻出版报》2012 年 12 月 4 日，第 7 版。
[826] 冯雪梅：《微博上我们的距离有多远》，《中国青年报》2012 年 12 月 4 日，第 12 版。
[827] 赵琦玉、熊昭：《佛山　年轻狱警首创“狱内微博”》，《南方日报》2012 年 12 月 4 日，第 A14 版。

[828] 李国敏:《政务微博步入集群化、创新化、多元化》,《科技日报》2012年12月5日,第11版。
[829] 马金、吴德:《我市首批24名微博廉政观察员“上线”》,《南京日报》2012年12月5日,第A02版。
[830] 张耀军:《法院“微博讨薪”的意义》,《北京日报》2012年12月5日,第18版。
[831] 盖幸福:《济南两官方微博跻身全国“十强”》,《济南日报》2012年12月6日,第A02版。
[832] 屈宏伟:《政务微博要与小道消息“赛跑”》,《深圳商报》2012年12月6日,第A04版。
[833] 袁端端:《城市规划师的微博“逆袭战”》,《南方周末》2012年12月6日,第C16版。
[834] 张哲、夏以华:《“微博是政府的机遇”》,《南方周末》2012年12月6日,第B10版。
[835] 张哲、夏以华:《“夺回互联网上的麦克风”》,《南方周末》2012年12月6日,第B10版。
[836] 彭瑶:《发挥“微博讨薪”正能量》,《农民日报》2012年12月6日,第8版。
[837] 王晓樱、魏月蘅、郑海:《海南省委群工部微博信访案件解决率达85%》,《光明日报》2012年12月6日,第9版。
[838] 宋江云、马永涛:《国家能源局长遭微博举报,党校学者:能源局处置不当》,《21世纪经济报道》2012年12月7日,第2版。
[839] 杨树华、王绍格:《“为群众服务焉能一句空话”》,《人民公安报》2012年12月7日,第3版。
[840] 李影:《河南政务微博领跑中南地区》,《河南日报》2012年12月7日,第1版。
[841] 马国英:《构建微博时代的公序良俗》,《郑州日报》2012年12月7日,第13版。
[842] 尹海涛:《政务微博:在“板砖”中成长》,《河南日报》2012年12月7日,第12版。
[843] 辛红、梁士斌:《部委政务微博开通率不足10%》,《法制日报》2012年12月7日,第6版。
[844] 吴飞燕:《加强建设和管理 提升税务微博影响力》,《中国税务报》2012年12月7日,第6版。
[845] 李鸿文:《官博如何实现“远程民主”》,《中国青年报》2012年12月7日,第2版。
[846] 薛世君:《建好服务型政府需从小处入手》,《河南日报》2012年12月7日,第6版。
[847] 常梦飞:《对微博反腐不必妄自菲薄》,《法制日报》2012年12月8日,第7版。
[848] 张丽娅、成芳、董国靖:《“问政为民”的最新载体》,《江苏经济报》2012年12月8日,第A01版。
[849] 田鹏辉:《微博言论的法律边界和底线》,《光明日报》2012年12月8日,第7版。
[850] 林智仁、陈强:《福建师大借微博构建“五微五阵地”》,《中国青年报》2012年12月9日,第2版。
[851] 周涛:《微博时代“名人隐私”何去何从》,《人民法院报》2012年12月9日,第2版。

[852] 刘艳元：《政务微博，既需坚守也需营销》，《新华日报》2012 年 12 月 9 日，第 A03 版。
[853] 陈希、胡坚：《反扒微博注重防范服务受热捧》，《人民公安报》2012 年 12 月 10 日，第 3 版。
[854] 乔新生：《政务微博应成为民主科学决策的助推器》，《深圳特区报》2012 年 12 月 10 日，第 A02 版。
[855] 李影：《河南政务微博贴民生、务实事》，《河南日报》2012 年 12 月 10 日，第 6 版。
[856] 祝华新：《微博反腐：亢奋中的隐忧》，《中国青年报》2012 年 12 月 10 日，第 3 版。
[857] 牛梦笛：《政务微博：从发布平台到办公平台》，《光明日报》2012 年 12 月 10 日，第 10 版。
[858] 邓海建：《反腐微博仍未超出爆料的范畴》，《中国青年报》2012 年 12 月 11 日，第 2 版。
[859] 李鸿文：《微博谣言：止于公开和竞争》，《中国青年报》2012 年 12 月 11 日，第 2 版。
[860] 李佳飞、王勇、穆兰：《微博“政”能量　亲民显力量》，《海南日报》2012 年 12 月 11 日，第 A08 版。
[861] 刘鹏飞：《140 字释放“政”能量》，《人民日报》2012 年 12 月 11 日，第 14 版。
[862] 正言：《政务微博贵在做正事》，《海南日报》2012 年 12 月 11 日，第 A08 版。
[863] 曾泽新：《微博通缉：警民合力追凶的有益尝试》，《人民公安报·交通安全周刊》2012 年 12 月 11 日，第 4 版。
[864] 子在渊：《微博转发是否侵权应尽早界定》，《广州日报》2012 年 12 月 11 日，第 F02 版。
[865] 王亚非：《期刊的微博营销和新媒体利用》，《中国图书商报》2012 年 12 月 11 日，第 14 版。
[866] 尹传：《让政务微博更给力》，《深圳特区报》2012 年 12 月 11 日，第 B09 版。
[867] 赵新乐：《两大舆论场：融合中推进社会进程》，《中国新闻出版报》2012 年 12 月 11 日，第 8 版。
[868] 李丹：《微博讨薪：农民工维权趟“新路”》，《四川日报》2012 年 12 月 12 日，第 5 版。
[869] 钱贤良、侯文昌：《政法微博：传递法治正能量》，《检察日报》2012 年 12 月 12 日，第 5 版。
[870] 程益聪：《“十八大精神燕赵行”微博笔会在我市启动》，《邯郸日报》2012 年 12 月 12 日，第 2 版。
[871] 钱贤良、仝玉娟：《八大因素制约政法微博公信力》，《检察日报》2012 年 12 月 12 日，第 8 版。
[872] 钱贤良、仝玉娟：《部门分布公安居首　地域排名江苏第一》，《检察日报》2012 年 12 月 12 日，第 8 版。
[873] 赵玲：《善用政务微博与公众沟通》，《中国医药报》2012 年 12 月 12 日，第 2 版。
[874] 张蕾：《“切糕”引热议　法律不能打折扣》，《北京日报》2012 年 12 月 12 日，第

18 版。

［875］梁捷：《四问“微博”》，《光明日报》2012 年 12 月 13 日，第 5 版。

［876］苑广阔：《官方微博“卖萌”体现亲民作派》，《法制日报》2012 年 12 月 13 日，第 7 版。

［877］龙抄手：《企业微博骂战升级需反思》，《中国建设报》2012 年 12 月 13 日，第 5 版。

［878］崔玉娟：《共青团微博发展迅猛》，《中国青年报》2012 年 12 月 13 日，第 2 版。

［879］夏吉春、孙海娟：《“平安中原”：“群”策“群”力　“织”政为民》，《人民公安报》2012 年 12 月 14 日，第 4 版。

［880］李记：《“微博反腐”还得有制度跟进》，《工人日报》2012 年 12 月 14 日，第 3 版。

［881］曲强：《微博渐成上市公司高管精神展现舞台》，《证券时报》2012 年 12 月 14 日，第 A08 版。

［882］王逸吟：《最高法：有条件的法院要开微博》，《光明日报》2012 年 12 月 14 日，第 10 版。

［883］《政务微博　泉城论坛》，《济南日报》2012 年 12 月 14 日，第 A08 版。

［884］董晨：《微博时代，纸媒要有自己的价值判断》，《新华日报》2012 年 12 月 15 日，第 A03 版。

［885］李云龙：《互联网时代中国公众表达空间的拓展》，《光明日报》2012 年 12 月 15 日，第 6 版。

［886］王瑜、王呈：《何以疏导公众末日情绪?》，《工人日报》2012 年 12 月 16 日，第 2 版。

［887］王亦君：《微博反腐的权利边界在哪》，《中国青年报》2012 年 12 月 16 日，第 3 版。

［888］郝薇：《净化媒介环境　遏制微博谣言》，《山西经济日报》2012 年 12 月 17 日，第 6 版。

［889］杨傲多：《四川司法厅全程关注农民工求助微博》，《法制日报》2012 年 12 月 17 日，第 5 版。

［890］杨若：《依法强化微博时代管理》，《西安日报》2012 年 12 月 17 日，第 10 版。

［891］舒迟：《科学构建公安微博加强沟通是重点》，《人民公安报·交通安全周刊》2012 年 12 月 18 日，第 3 版。

［892］唐茵：《传承“背包精神”，“织”出警民和谐》，《人民公安报》2012 年 12 月 18 日，第 1 版。

［893］张书彬：《深圳应急办政务微博受热捧》，《中国安全生产报》2012 年 12 月 18 日，第 2 版。

［894］王晓妍：《年度热词：微博化生存》，《中国图书商报》2012 年 12 月 18 日，第 30 版。

［895］俞婷：《“上海发布”告诉我们什么》，《解放日报》2012 年 12 月 18 日，第 8 版。

［896］韩迪：《微安监，动起来》，《中国安全生产报》2012 年 12 月 18 日，第 1 版。

［897］黎志强：《如何做好高校官方微博》，《光明日报》2012 年 12 月 19 日，第 16 版。

［898］窦滢滢：《布局地图社交　高德新浪微博联姻》，《中国经济时报》2012 年 12 月 19 日，第 10 版。

［899］王石川：《“微”当选年度汉字　记录时代的深刻元素》，《工人日报》2012 年 12 月 19 日，第 3 版。

[900] 胡立彪：《微博维权要见“微”知著》，《中国质量报》2012年12月19日，第5版。
[901] 张绪旺：《微博竞争进入服务比拼阶段》，《北京商报》2012年12月19日，第C02版。
[902] 吴德：《微博“廉政观察员”亮相“媒体开放日”》，《中国纪检监察报》2012年12月19日，第2版。
[903] 赵楠、徐洁云：《新浪调整架构　微博“兼并”无线》，《第一财经日报》2012年12月19日，第B04版。
[904] 朱叶彬、钱飞：《苏州胜浦派出所打造公安“微”品牌》，《人民公安报》2012年12月20日，第2版。
[905] 夏芳：《茅台再发“限价令”，袁仁国要求经销商每天发微博宣传茅台》，《证券日报》2012年12月20日，第D02版。
[906] 孙超逸、孙奇茹：《新浪微博当起“店小二”》，《北京日报》2012年12月20日，第10版。
[907] 辛苑薇：《换帅传闻背后：摇摆的新浪微博》，《21世纪经济报道》2012年12月20日，第20版。
[908] 蚁畅：《广州市互联网信息办公室揭牌》，《广州日报》2012年12月20日，第2版。
[909] 吴昊：《政务微博在联系群众中的作用及方法》，《江苏经济报》2012年12月22日，第B02版。
[910] 王乾：《黄石市开通微博助农民工维权》，《中国劳动保障报》2012年12月22日，第2版。
[911] 胡丹：《政务微博在突发新闻中的优势》，《光明日报》2012年12月22日，第6版。
[912] 潘从武、陈泽华：《新疆公安微博如何赢得166万粉丝》，《法制日报》2012年12月22日，第4版。
[913] 郭路路、李益众：《微博：家长的新型“监视器”?》，《中国教育报》2012年12月22日，第3版。
[914] 蔡杨：《今年我市政务微博猛增2600多个》，《重庆日报》2012年12月23日，第2版。
[915] 郭清君、段军霞：《在这里，“微力量”传递正能量》，《检察日报》2012年12月23日，第1版。
[916] 史望颖：《浙江纺织职院开微博选修课》，《中国教育报》2012年12月24日，第2版。
[917] 关涛、曾志：《保障微博业务正常使用》，《通信产业报》2012年12月24日，第26版。
[918] 白龙：《新刑诉法司法解释亮点解读》，《人民日报》2012年12月25日，第11版。
[919] 徐风：《认证平台有效支撑机构微博实名制》，《中国质量报》2012年12月25日，第1版。
[920] 郭奎涛：《阿里联姻新浪微博再次爽约》，《中国企业报》2012年12月25日，第7版。
[921] 刘超：《微博问政最害怕什么?》，《兰州日报》2012年12月26日，第10版。
[922] 李亚红：《打瓶酱油也危险？微博疯转酱醋“塑化剂”问题追踪》，《新华每日电讯》

2012 年 12 月 26 日，第 5 版。

[923] 田时胜：《灵山三千党员爱上网络“新家园”》，《钦州日报》2012 年 12 月 26 日，第 1 版。

[924] 韩乐悟：《国家代码中心支撑机构微博实名制》，《法制日报》2012 年 12 月 26 日，第 6 版。

[925] 王惜纯：《从奥迪微博竞拍看企业微营销》，《中国质量报》2012 年 12 月 26 日，第 6 版。

[926] 杨涛：《发挥微博直播庭审正能量》，《法制日报》2012 年 12 月 27 日，第 7 版。

[927] 林晓曼：《17 家国内微博网站接入国家认证平台》，《民营经济报》2012 年 12 月 27 日，第 12 版。

[928] 陶婧：《“南昌发布厅”小微博传递“政”能量》，《南昌日报》2012 年 12 月 27 日，第 1 版。

[929] 李银堂：《侠西：跟踪舆情让政府公权力在阳光下运行》，《中国改革报》2012 年 12 月 27 日，第 1 版。

[930] 陆培法、冯霜晴：《政务微博散叶开花　官民互动拓新平台》，《人民日报海外版》2012 年 12 月 28 日，第 4 版。

[931] 毕诗成：《微博播报领导考察释放更多“正能量”》，《济南日报》2012 年 12 月 31 日，第 F02 版。

[932] 潘柯材、张斯炜：《借力微博平台　推广东坡文化》，《眉山日报》2012 年 12 月 31 日，第 1 版。

[933] 吕静：《“曹杜配”登场　新浪双头出击》，《中国经营报》2012 年 12 月 31 日，第 A15 版。

[934] 冯昌亮：《微博直播庭审促进司法公开透明》，《民主与法制时报》2012 年 12 月 31 日，第 A06 版。

[935] 谢洋：《高校办好官方微博没有想象的那么难》，《中国青年报》2012 年 12 月 31 日，第 11 版。

[936] 祝华新：《央媒微博直播领导人出行》，《中国青年报》2012 年 12 月 31 日，第 3 版。

[937] 赵勇：《从哪些方面创新党的宣传方式》，《学习时报》2012 年 12 月 31 日，第 5 版。

2013年

一月

[1] 秦爱军：《“微”出“税味”“博”得民心》，《中国税务报》2013 年 1 月 2 日，第 6 版。

[2] 周凯：《微博反腐已进入“剥洋葱”式深度挖掘时代》，《中国青年报》2013 年 1 月 4 日，第 3 版。

[3] 李丽、翁菁：《“博警”网上挨“板砖”　状告新浪微博“监管不力”一审胜诉》，《中国青年报》2013 年 1 月 4 日，第 3 版。

[4] 赵正元：《首都高校百万师生同上“微党课”》，《中国教育报》2013 年 1 月 5 日，第 1 版。

[5] 李梦媛：《震后9秒就发布信息，我省首次实现微博地震预警》，《四川日报》2013年1月6日，第7版。
[6] 李亚彪、王俊禄：《浙江天台：用“微故事”传播党员“正能量”》，《新华每日电讯》2013年1月7日，第7版。
[7] 张飞：《2012年，公安微博大放异彩》，《人民公安报》2013年1月7日，第5版。
[8] 韩兵、任峥、刘星：《微博“织”出和谐音》，《检察日报》2013年1月7日，第2版。
[9] 关晨炜：《政务微博发什么？怎么发?》，《南昌日报》2013年1月8日，第1版。
[10] 关晨炜、陶婧：《政务微博发什么？怎么发?》，《南昌日报》2013年1月8日，第1版。
[11] 李昕昕：《“@吉林户政”力道十足》，《北方法制报》2013年1月9日，第1版。
[12] 刘义杰：《“古城钟楼”微博火热背后：公众对浮躁社会的反思》，《西安日报》2013年1月10日，第4版。
[13] 张意轩：《2013关于新媒体的猜想》，《人民日报》2013年1月10日，第14版。
[14] 邵立：《办好政务微博提升执政能力》，《南方日报》2013年1月10日，第F02版。
[15] 彭毅骏：《“质监之声”架起沟通桥梁》，《中国质量报》2013年1月10日，第4版。
[16] 王磊、陈小小：《“报时微博”难有商机》，《文汇报》2013年1月10日，第9版。
[19] 张夏斐：《“史上最无聊微博”走红之谜》，《中国旅游报》2013年1月11日，第3版。
[20] 吕东浩：《大连市民与委员互动频繁》，《人民政协报》2013年1月11日，第A01版。
[21] 田雨舟、陶婧：《“南昌发布”获评人民网“2012年十大政务微博”》，《南昌日报》2013年1月11日，第1版。
[22] 李聪骏、胡建华、李吉莲：《山西：网上“民生警务”受热捧》，《人民公安报》2013年1月11日，第1版。
[23] 赵楠：《新浪：微博的互搏与互助》，《第一财经日报》2013年1月11日，第C07版。
[24] 高柱：《巴中市“阳光问政”“辣”中求实》，《工人日报》2013年1月12日，第3版。
[25] 谈燕：《节假日安排，能否多听听民意》，《解放日报》2013年1月13日，第2版。
[26] 李新玲：《北京官方微博直播“极重污染日”》，《中国青年报》2013年1月14日，第1版。
[27] 范玉东、张明灿：《河南两景区微博建设经验谈》，《中国旅游报》2013年1月14日，第7版。
[28] 顾意亮：《“官办不官腔　放手不放任”》，《人民政协报》2013年1月14日，第A01版。
[29] 胡新桥、刘志月、徐宏：《湖北高速警察微博直播雾天路况》，《法制日报》2013年1月14日，第5版。
[30] 刘晖：《公安政务微信来了，快“摇一摇”》，《人民公安报》2013年1月14日，第5版。
[31] 王俊秀：《69.3%受访者承诺转发微博会先审慎判断》，《中国青年报》2013年1月15日，第7版。
[32] 戎爱武、黄合：《宁波海曙：政务微博，“织博”为民》，《中国纪检监察报》2013年1

月 15 日，第 5 版。
[33] 赵新乐：《中国网民数达 5.64 亿　微博用户逾 3 亿》，《中国新闻出版报》2013 年 1 月 16 日，第 1 版。
[34] 来扬、张红光：《借力微博维权：一名年轻公益律师的自我修炼》，《中国青年报》2013 年 1 月 17 日，第 12 版。
[35] 朱丽荣：《延伸公共气象服务的触角》，《中国气象报》2013 年 1 月 17 日，第 2 版。
[36] 韩丽娜：《用好微博平台，促进审计公开》，《中国审计报》2013 年 1 月 21 日，第 8 版。
[37] 徐有伟：《新浪微博再发力 盈利僵局何时破》，《中国电脑教育报》2013 年 1 月 21 日，第 7 版。
[38] 贾云峰：《从网络到网络的旅游微博营销新趋势》，《中国旅游报》2013 年 1 月 21 日，第 10 版。
[39] 聂海峰、胡金波、陶玮：《政务微博在干群之间传递“正能量”》，《嘉兴日报》2013 年 1 月 22 日，第 1 版。
[40] 申玲玲：《微博传播何以产生巨大能量》，《中国社会科学报》2013 年 1 月 23 日，第 A08 版。
[41] 台建林：《西安民警微博帮失忆女找到家》，《法制日报》2013 年 1 月 23 日，第 5 版。
[42] 孙国荣：《微博泄露中标信息违法吗?》，《北京日报》2013 年 1 月 23 日，第 22 版。
[43] 赵新乐、晋雅芬：《媒体微博促两个舆论场良性互动》，《中国新闻出版报》2013 年 1 月 24 日，第 1 版。
[44]《政务微博这样“接地气”》，《人民日报》2013 年 1 月 24 日，第 14 版。
[45] 张卫斌：《发挥政务微博正能量》，《南通日报》2013 年 1 月 24 日，第 A03 版。
[46] 张唯、房名名、张瑛：《用新思维管理“微博问政”》，《宁夏日报》2013 年 1 月 24 日，第 3 版。
[47] 覃文宇：《发展政务官方微博 搭建政民沟通新平台》，《广西政协报》2013 年 1 月 24 日，第 C01 版。
[48] 陶婷婷：《政务微博 权威发布》，《上海科技报》2013 年 1 月 25 日，第 A04 版。
[49] 郭探微：《南京微博营销新尝试：“草根推荐”》，《中国旅游报》2013 年 1 月 25 日，第 10 版。
[50] 楚国良：《利用“微博”完善社会管理》，《中国社会科学报》2013 年 1 月 25 日，第 B02 版。
[51] 曲强：《高管微博为资本市场信息传播带来四重新意》，《证券时报》2013 年 1 月 25 日，第 A07 版。
[52] 李勇：《A 股上市公司微博观察》，《证券时报》2013 年 1 月 25 日，第 A07 版。
[53] 李勇：《创业板公司开设官方微博比例最高》，《证券时报》2013 年 1 月 25 日，第 A02 版。
[54] 计喆：《嘉定供电公司与客户微博互动查窃电》，《国家电网报》2013 年 1 月 25 日，第 4 版。
[55] 刘晓、马金：《“微博论政”散发“政能量”》，《南京日报》2013 年 1 月 25 日，第

A01 版。
[56] 李丰、赵福中：《包工头微博求助　多地工会伸出援手》，《工人日报》2013 年 1 月 25 日，第 1 版。
[57] 穆桑桑：《环境事件突发：信息公开要及时详尽准确》，《中国经济导报》2013 年 1 月 26 日，第 C01 版。
[58] 胡新桥、刘志月、魏世银：《“平安房县”助流浪老人返乡》，《法制日报》2013 年 1 月 26 日，第 5 版。
[59] 肖蓓、梁振堂：《微博进行时　两会好声音》，《江西日报》2013 年 1 月 27 日，第 3 版。
[60] 赵新乐、晋雅芬：《微博时代的深度报道何去何从?》，《中国新闻出版报》2013 年 1 月 29 日，第 5 版。
[61] 陈竹：《教育部微博背后的故事》，《中国青年报》2013 年 1 月 29 日，第 5 版。
[62] 谢新洲、安静、田丽：《社会动员的新力量》，《光明日报》2013 年 1 月 29 日，第 15 版。
[63] 胡艳波、张永新、王继凯：《哈尔滨局密组微博群温暖旅客回家路》，《人民铁道》2013 年 1 月 29 日，第 A02 版。
[64] 潘从武、隋云雁：《新疆公安微博不说教没官腔》，《法制日报》2013 年 1 月 29 日，第 5 版。
[65] 胡伟：《为破局发展凝聚青春力量》，《中国船舶报》2013 年 1 月 30 日，第 3 版。
[66] 黄诚克：《黔西南州：“微博问政”劲吹新风》，《贵州日报》2013 年 1 月 30 日，第 5 版。
[67] 杨军、于海生：《传递正能量　这个冬天不再冷》，《人民铁道》2013 年 1 月 30 日，第 A02 版。
[68] 贺骏：《微信对微博：一字之差　一马当先》，《证券日报》2013 年 1 月 30 日，第 C01 版。
[69] 郭探微：《微博助行温暖回家路》，《中国旅游报》2013 年 1 月 30 日，第 3 版。
[70] 甘泉、高皓亮：《“优卡丹”有毒？1 条不实微博，10 亿元蒸发》，《新华每日电讯》2013 年 1 月 31 日，第 4 版。

二月

[71] 李勇：《上市公司官方微博：有姿势，也要有实质》，《证券时报》2013 年 2 月 1 日，第 A08 版。
[72] 林华维、孙庆：《流言止于公开　热点未成焦点》，《新华日报》2013 年 2 月 1 日，第 B05 版。
[73] 胡新桥、刘志月：《湖北公安微博助病危老人回家》，《法制日报》2013 年 2 月 2 日，第 5 版。
[74] 于呐洋、陈东升：《微信微博助造“紫薇说法”响亮品牌》，《法制日报》2013 年 2 月 2 日，第 2 版。
[75] 张耀西：《泗阳：行政服务以“三通”提升效能》，《宿迁日报》2013 年 2 月 4 日，第

A01 版。
[76] 谢良兵:《8 小时：微博危机公关节点》,《经济观察报》2013 年 2 月 4 日，第 14 版。
[77] 刘纯:《无锡政府官方微博促销》,《中国渔业报》2013 年 2 月 4 日，第 5 版。
[78] 谢盼、张博:《河北建成首个气象部门微博发布厅》,《中国气象报》2013 年 2 月 5 日，第 2 版。
[79] 赵新乐:《说不完的媒体微博运营那些事儿》,《中国新闻出版报》2013 年 2 月 5 日，第 7 版。
[80] 彭邦根、陈平:《民进重庆市委建议规范和完善政务微博》,《人民政协报》2013 年 2 月 6 日，第 A03 版。
[81] 游春亮、刘亚平:《深圳铁警微博帮网友找妈》,《法制日报》2013 年 2 月 6 日，第 5 版。
[82] 王勇:《政务微博的海南实践》,《海南日报》2013 年 2 月 7 日，第 A05 版。
[83] 郑培源:《华谊总裁微博“辟谣”涉嫌信披违规　〈西游〉真实投资方依然成谜》,《上海证券报》2013 年 2 月 7 日，第 A04 版。
[84] 杨傲多:《广元法律援助系列微博关注进展》,《法制日报》2013 年 2 月 7 日，第 5 版。
[85] 徐业刚、单建平:《微博“机器人”服务春运，你“@”了吗?》,《中国民航报》2013 年 2 月 15 日，第 1 版。
[86] 桂杰:《政务微博如何“转文风”》,《中国青年报》2013 年 2 月 17 日，第 4 版。
[87] 李柯勇:《部分乡镇“还有七八天才正式上班”》,《新华每日电讯》2013 年 2 月 17 日，第 1 版。
[88] 林琳、汪曼莉:《尺幅之地释放“政能量”》,《陕西日报》2013 年 2 月 17 日，第1 版。
[89] 戴丽丽:《彰显政务微博影响力》,《石家庄日报》2013 年 2 月 18 日，第 1 版。
[90] 邓新建、郑晓静:《广东首办微博举报超员案》,《法制日报》2013 年 2 月 18 日，第 5 版。
[91] 蔡国栋、宿传义、王菲:《一条小小微博引发“全城买鹅”》,《新华每日电讯》2013 年 2 月 18 日，第 4 版。
[92] 史博臻:《微博也能成为呈堂证供》,《文汇报》2013 年 2 月 18 日，第 2 版。
[93] 徐日丹:《云检微博：不比粉丝数量，要比信息质量》,《检察日报》2013 年 2 月 18 日，第 1 版。
[94] 荆学民、李彦冰:《微博时代，官员应具备哪些素质》,《南京日报》2013 年 2 月 19 日，第 A08 版。
[95] 陈熙涵:《名人微博如何释放正能量》,《文汇报》2013 年 2 月 19 日，第 9 版。
[96] 范丽娟、陶婧:《南昌政务微博备受网友追捧》,《南昌日报》2013 年 2 月 19 日，第 1 版。
[97] 刘海青、张劭沛:《青岛崂山：官方微博展示公安威武、亲民形象》,《人民公安报》2013 年 2 月 19 日，第 7 版。
[98] 白靖利:《一条寻狗微博的“娱乐至死”》,《中国青年报》2013 年 2 月 20 日，第2 版。
[99] 周斌:《警察超速违法“与庶民同罪”》,《法制日报》2013 年 2 月 20 日，第 5 版。
[100] 张宁:《政务微博构建新型“微关系”》,《中国社会科学报》2013 年 2 月 20 日，第 A08 版。

[101] 赵新乐：《政务微博：长假不打烊　贴心又亲民》，《中国新闻出版报》2013年2月22日，第2版。
[102] 李淼：《微博用户数达5亿　增值业务成新增长点》，《中国新闻出版报》2013年2月22日，第3版。
[103] 赵雪、曹彦男：《微博通缉令中的互文现象》，《光明日报》2013年2月23日，第6版。
[104] 赵波：《充分发挥新媒体作用　努力提高为民服务的能力和水平》，《陕西日报》2013年2月23日，第2版。
[105] 刘湘竹：《我市将打造全省最大科普微博平台》，《大连日报》2013年2月23日，第A01版。
[106] 王新友、郭清君：《借力微传播　架起检民连心桥》，《检察日报》2013年2月23日
[107] 李天扬：《领导人微博粉丝团为什么这样红》，《新华每日电讯》2013年2月21日，第3版。
[108] 刘洁：《政务微博放大为民正能量》，《中国纪检监察报》2013年2月24日，第1版。
[109] 韩振：《微博营销　虚假横行》，《新华每日电讯》2013年2月25日，第6版。
[110] 庞静：《范冰冰告微博“写手”获胜》，《民主与法制时报》2013年2月25日，第C02版。
[111] 邓新建、章宁旦、林劲标：《“法耀岭南”从不删除网友评论》，《法制日报》2013年2月25日，第5版。
[112] 叶少华：《时尚“微博”对写短文的启示》，《战士报》2013年2月26日，第3版。
[113] 水奇：《微博是面“照妖镜”》，《解放日报》2013年2月26日，第12版。
[114] 孔肖四：《安徽省政协委员建言提高社会信任度》，《人民政协报》2013年2月26日，第A02版。
[115] 吴欣、蒋伶俐：《微博广告监管存在的问题及对策》，《中国工商报》2013年2月26日，第B03版。
[116] 亦然：《一条微博等于10亿元的启示》，《中国航天报》2013年2月26日，第3版。
[117] 毛建国：《微博爆料不该成为孟非们的专利》，《中国青年报》2013年2月27日，第2版。
[118] 杨永林、张哲浩、王菲：《“大话电务”微博传递青春正能量》，《光明日报》2013年2月27日，第3版。
[119] 毛建国：《微博爆料不是名人的专利》，《法制日报》2013年2月27日，第7版。
[120] 赵波：《适应新变化把握主动权　开创网络宣传工作新局面》，《陕西日报》2013年2月28日，第2版。

三月

[121] 贾丽：《京东商城遭前供应商微博讨债100万元　频搞价格战致资金周转困难?》，《证券日报》2013年3月1日，第C01版。
[122] 单丹丹：《微博可否也关进制度的笼子里》，《光明日报》2013年3月2日，第6版。
[123] 骆沙、丁斌斌：《代表委员积极回应公益组织微博“喊话”》，《中国青年报》2013年

3 月 3 日，第 3 版。

[124] 监察局：《通过“廉政西城”透视加强政务微博建设路径》，《中国纪检监察报》2013 年 3 月 4 日，第 3 版。

[125] 北京市西城区纪委监察局：《通过“廉政西城”透视加强政务微博建设路径》，《中国纪检监察报》2013 年 3 月 4 日，第 3 版。

[126] 许娓玮：《政务微博推动政府转型》，《中国电脑教育报》2013 年 3 月 4 日，第 13 版。

[127] 张宁：《微博更要传播“正能量”》，《东莞日报》2013 年 3 月 4 日，第 B02 版。

[128] 崔学敬：《政务微博需解决的问题》，《学习时报》2013 年 3 月 4 日，第 7 版。

[129] 南辰：《监督公车“私奔”不能靠老人和微博》，《新华每日电讯》2013 年 3 月 4 日，第 9 版。

[130] 吴振山、李护彬、李锋：《微公益要接地气聚合力》，《佛山日报》2013 年 3 月 5 日，第 A08 版。

[131] 陈文峰：《微博监督：让公安执法更规范更透明》，《人民公安报》2013 年 3 月 5 日，第 4 版。

[132] 南晓敏：《让雷锋精神在微博上闪光》，《解放军报》2013 年 3 月 6 日，第 9 版。

[133] 韩俊杰、张玉甫：《6 万次微博转发　跨省找到失踪男童》，《中国青年报》2013 年 3 月 7 日，第 3 版。

[134] 李薇：《“效能君”产生正能量》，《中国纪检监察报》2013 年 3 月 7 日，第 2 版。

[135] 纪佳鹏：《新浪微博试水移动支付牌照申请尚未获批》，《21 世纪经济报道》2013 年 3 月 7 日，第 16 版。

[136] 韩瑞彪、杨帆：《孙萍通过人民微博再建言》，《山西日报》2013 年 3 月 8 日，第 A02 版。

[137] 任红芳：《网络“问政”架起干群连心桥》，《阿克苏日报（汉）》2013 年 3 月 9 日，第 5 版。

[138] 杜颖：《网友有所呼　代表有所应》，《海南日报》2013 年 3 月 9 日，第 A02 版。

[139] 周洪双：《怎样让农民也能“刷微博”?》，《光明日报》2013 年 3 月 9 日，第 5 版。

[140] 倪勇、夏先清：《让村级微博派上更大用场》，《经济日报》2013 年 3 月 10 日，第 4 版。

[141] 张意轩、韩晓梅：《两会加速步入互联网时代》，《人民日报海外版》2013 年 3 月 10 日，第 3 版。

[142] 向楠：《65.3%公众期待全国两会代表委员公开联系方式》，《中国青年报》2013 年 3 月 12 日，第 7 版。

[143] 李迩：《“@深圳交警”是政务微博的榜样》，《深圳商报》2013 年 3 月 12 日，第 A16 版。

[144] 杨娟：《搭建网络理政平台 畅通群众诉求渠道》，《中国纪检监察报》2013 年 3 月 14 日，第 3 版。

[145] 曹林：《辛辣的微博段子能否飞进议政厅》，《中国青年报》2013 年 3 月 14 日，第 T01 版。

[146] 陈彬：《校园网引发大学生维权行动》，《湘声报》2013 年 3 月 15 日，第 4 版。

［147］宫秀川：《引导“微博问政”有序发展》，《中国社会科学报》2013 年 3 月 15 日，第 B02 版。
［148］盛正挺、邓小青：《刷刷微博能办事　点点鼠标可监督》，《南方日报》2013 年 3 月 15 日，第 A07 版。
［149］周旭娇：《营销 3.0 时代 看微博四两拨千斤》，《东莞日报》2013 年 3 月 18 日，第 C02 版。
［150］王杨：《成也转发烦也转发　微博版权遭遇尴尬》，《重庆商报》2013 年 3 月 18 日，第 A07 版。
［151］王涵：《政法官微，渐入佳境》，《民主与法制时报》2013 年 3 月 18 日，第 A07 版。
［152］桂杰、秦冬雪：《罗崇敏：官员要经得起质疑》，《中国青年报》2013 年 3 月 19 日，第 6 版。
［153］邓中豪：《微博微信只赚吆喝不赚钱》，《经济参考报》2013 年 3 月 19 日，第 7 版。
［154］郑伟丽、牛春颖：《回答比提问更精彩》，《中国新闻出版报》2013 年 3 月 19 日，第 1 版。
［155］杨静雅：《怎样从微博中挖掘典型人物?》，《中国新闻出版报》2013 年 3 月 19 日，第 6 版。
［156］吴婷婷：《海南：借助微博广开思路》，《中国旅游报》2013 年 3 月 20 日，第 5 版。
［157］李明远：《印刷业微博热点、亮点与卖点》，《中国新闻出版报》2013 年 3 月 20 日，第 5 版。
［158］张建林、谌璐：《河北：积“微”成著　微博百日助破案百起》，《人民公安报》2013 年 3 月 21 日，第 2 版。
［159］陈文秀、傅江平：《网上投诉　线下维权》，《中国质量报》2013 年 3 月 22 日，第 5 版。
［160］楚卿：《名人微博别沦为公关工具》，《中国艺术报》2013 年 3 月 22 日，第 1 版。
［161］谭先杰：《科普与隐私：微博时代的新话题》，《健康报》2013 年 3 月 22 日，第 5 版。
［162］吴仲钢、罗滋池：《善用微博　善管微博》，《中国纪检监察报》2013 年 3 月 23 日，第 3 版。
［163］余东明、孟伟阳：《山东交警微博集群打造“云交警”》，《法制日报》2013 年 3 月 23 日，第 2 版。
［164］任红芳、马伟铖、李东红：《阿克苏地区政务微博传递“正能量”》，《新疆日报（汉）》2013 年 3 月 23 日，第 2 版。
［165］陈潮华、黄辉燕、李慧：《借助网络平台打造平安梅州》，《梅州日报》2013 年 3 月 24 日，第 2 版。
［166］郭利：《白居易写“微博”》，《中国青年报》2013 年 3 月 25 日，第 2 版。
［167］朱宏、周良银、薛俊：《仪征市政务微博助力人口计生工作》，《中国人口报》2013 年 3 月 25 日，第 1 版。
［168］王轲：《互动传播放大舆论引导力》，《佛山日报》2013 年 3 月 25 日，第 A03 版。
［169］王洁莹：《微博推广云计算需另辟蹊径》，《中国计算机报》2013 年 3 月 25 日，第 5 版。

[170] 李志勇、赵琬微、罗争光：《微博代解怪题，谁解教育难题?》，《新华每日电讯》2013 年 3 月 25 日，第 8 版。

[171] 辜迅、邹思源：《成都加强政务微博建设》，《中国环境报》2013 年 3 月 25 日，第 7 版。

[172] 朱伟良：《佛山政务微博热的冷思考》，《佛山日报》2013 年 3 月 26 日，第 A05 版。

[173] 李立红：《“我的中国梦”：微博涌动青春潮》，《中国青年报》2013 年 3 月 26 日，第 1 版。

[174] 张黎姣：《树洞微博：代价最小的“泄密”方式》，《中国青年报》2013 年 3 月 26 日，第 9 版。

[175] 张宇：《央企集团公司微博矩阵管理的必要性》，《中国企业报》2013 年 3 月 26 日，第 G06 版。

[176] 聂亮超、张少鹏、朱伟良：《佛山政务微博热的冷思考》，《佛山日报》2013 年 3 月 26 日，第 A05 版。

[177] 付秀宏：《风光无限“微博游”》，《中国保险报》2013 年 3 月 26 日，第 5 版。

[178] 周海龙：《“网络问政”应与网络执政网络施政相结合》，《人民政协报》2013 年 3 月 27 日，第 A03 版。

[179] 张鹏：《作业不会做　微博求答案》，《文汇报》2013 年 3 月 27 日，第 3 版。

[180] 蒋丽娟：《不“僵”不“秀”，政务微博方能蓬勃》，《深圳特区报》2013 年 3 月 28 日，第 A02 版。

[181] 易鑫：《政务微博，教育部门如何“织”》，《中国教育报》2013 年 3 月 28 日，第 3 版。

[182] 樊丽萍、焦苇：《“上海教育”：不打官腔没官话》，《文汇报》2013 年 3 月 28 日，第 6 版。

[183] 陈实：《期待政务微博发挥更大效用》，《海南日报》2013 年 3 月 29 日，第 A02 版。

[184] 一鸣：《微博打假成地板业热点》，《中华建筑报》2013 年 3 月 29 日，第 10 版。

[185] 马竞、周宵鹏、张建林：《河北警方借微博百日破案逾百》，《法制日报》2013 年 3 月 30 日，第 5 版。

四月

[186] 李俊超：《微博活动已沦为鸡肋》，《企业家日报》2013 年 4 月 1 日，第 18 版。

[187] 周龙：《政务微博：起作用靠转作风》，《光明日报》2013 年 4 月 1 日，第 2 版。

[188] 吴亚东、周娇娇：《福建警方微博助台老妇大陆寻亲》，《法制日报》2013 年 4 月 2 日，第 12 版。

[189] 谢锐佳：《“微博”式“落实”要不得》，《新华每日电讯》2013 年 4 月 2 日，第 1 版。

[190] 温国鹏：《国五条细则别真变成“微博”》，《法制日报》2013 年 4 月 2 日，第 7 版。

[191] 张绪旺：《新浪网改版　微博反哺门户》，《北京商报》2013 年 4 月 2 日，第 3 版。

[192] 沈莹：《抚顺妇联微博倡议老人错峰乘公交》，《中国妇女报》2013 年 4 月 3 日，第 A02 版。

[193] 徐娟:《让法治成为规范微博的基石》,《光明日报》2013 年 4 月 3 日，第 2 版。
[194] 张文凌、董宇欢:《一个区民政局长的微博问政》,《中国青年报》2013 年 4 月 7 日，第 1 版。
[195] 潘铎印:《政务微博要务“政”业》,《中国纪检监察报》2013 年 4 月 7 日，第 2 版。
[196] 杨阳、实习肖坤:《十五年新浪首次改版：与微博打通》,《经济观察报》2013 年 4 月 8 日，第 31 版。
[197] 怡梦:《惠民话剧无力付酬，知识产权如何维护?》,《中国艺术报》2013 年 4 月 8 日，第 1 版。
[198] 何勇:《楼市调控细则怎可“微博体”》,《经济日报》2013 年 4 月 8 日，第 5 版。
[199] 程善磊:《激发微博正能量》,《人民法院报》2013 年 4 月 8 日，第 2 版。
[200] 邢朝、陈典宏:《军营涌动“追梦”正能量》,《解放军报》2013 年 4 月 8 日，第 5 版。
[201] 肖斌:《微博爆料人的是与非》,《中国新闻出版报》2013 年 4 月 9 日，第 6 版。
[202] 陈海发、冀天福:《河南高院微博为司法公信提供正能量》,《人民法院报》2013 年 4 月 9 日，第 1 版。
[203] 沈丹:《“草根微博”在福州赤裸裸搞营销》,《海峡财经导报》2013 年 4 月 10 日，第 6 版。
[204] 曲忠芳:《腾讯微博构建社会化媒体核心纽带》,《北京商报》2013 年 4 月 10 日，第 B03 版。
[205] 谭旭东:《微博与图书营销及文学》,《中国文化报》2013 年 4 月 10 日，第 3 版。
[206] 徐雷、蔺红:《宿迁纳税人上微博就能申领发票》,《中国税务报》2013 年 4 月 10 日，第 11 版。
[207] 黄彩华、袁晶:《微博时代的司法应对》,《人民法院报》2013 年 4 月 10 日，第 5 版。
[208] 马春红、孙喜保:《微博盈利难背后的“灰色”利益链》,《工人日报》2013 年 4 月 10 日，第 7 版。
[209] 韩韫超:《未成年人开微博，多些引导会更好》,《工人日报》2013 年 4 月 10 日，第 3 版。
[210] 吕翠平:《“围脖”不是你想织，想织就能织》,《中国食品报》2013 年 4 月 11 日，第 3 版。
[211] 雷泓霈:《让微博成为孩子心理的跑马场》,《中国新闻出版报》2013 年 4 月 11 日，第 3 版。
[212] 陈俊婵:《唱出高明好声音》,《佛山日报》2013 年 4 月 11 日，第 A04 版。
[213] 陶沙:《微博时代传递你我的正能量》,《兰州日报》2013 年 4 月 12 日，第 4 版。
[214] 马燕:《腾讯称绝不向微信用户收费　直指“有人恶意造谣”新浪微博中枪》,《证券日报》2013 年 4 月 12 日，第 C01 版。
[215] 朱经纶:《微博在新媒体时代下对网络新闻的影响》,《云南经济日报》2013 年 4 月 13 日，第 A04 版。
[216] 邓涛:《谁是新媒体的“把关人”》,《光明日报》2013 年 4 月 13 日，第 6 版。
[217] 郑欣、苏小芸、李睿:《微博收到群众举报　10 分钟后擒获扒手》,《人民公安报》

2013 年 4 月 14 日，第 1 版。
[218] 徐继昌：《南京市政协迎来“网上议政”时代》，《人民政协报》2013 年 4 月 15 日，第 A02 版。
[219] 吴贻伙：《对社会关注的案件，将及时公布办案进展》，《检察日报》2013 年 4 月 15 日，第 7 版。
[220] 张黎姣：《当艺术遇上微博》，《中国青年报》2013 年 4 月 16 日，第 9 版。
[221] 陈海发、冀天福、陈金华：《“豫法阳光”微博故事震撼欠薪老板》，《人民法院报》2013 年 4 月 16 日，第 1 版。
[222] 朱礼庆、姜新庆、诸晓瑾、刘进：《“上海税务”微博：充满活力的征纳互动平台》，《中国税务报》2013 年 4 月 17 日，第 9 版。
[223] 祝文明：《鼠标一点　官司上门》，《中国知识产权报》2013 年 4 月 17 日，第 12 版。
[224] 郭静：《常穿高跟鞋可以减肥吗?》，《科技日报》2013 年 4 月 18 日，第 4 版。
[225] 张健萍：《浅谈博物馆微博营销策略》，《中国文物报》2013 年 4 月 19 日，第 3 版。
[226] 王博、周唯轶：《网络渐成大学生求职重要渠道》，《宁波日报》2013 年 4 月 19 日，第 A09 版。
[227] 王潘沁：《浅谈微博对贵州文化产业宣传作用》，《经济信息时报》2013 年 4 月 19 日，第 3 版。
[228] 曹林：《微博让灾难中的人们更像公民》，《中国青年报》2013 年 4 月 21 日，第 2 版。
[229] 高四维、乔亚楠：《微博救援打造“最给力”正能量》，《中国青年报》2013 年 4 月 21 日，第 3 版。
[230] 白青锋：《“搭建与职工互动的网上平台”》，《工人日报》2013 年 4 月 23 日，第6 版。
[231] 谢文雅：《政务微博：聚合能量在行动》，《中国新闻出版报》2013 年 4 月 24 日，第 5 版。
[232] 王晓梅：《警惕以商会商务运作名义搞传销》，《中国工商报》2013 年 4 月 24 日，第 B01 版。
[233] 王沁：《券商开建微博联系人制度》，《深圳商报》2013 年 4 月 24 日，第 B04 版。
[234] 施建：《社交网络“裂变式”传播：救灾中的信息巨流与纠错机制》，《21 世纪经济报道》2013 年 4 月 24 日，第 T08 版。
[235] 李思辉：《“微博救灾”凝聚大爱》，《光明日报》2013 年 4 月 24 日，第 2 版。
[236] 王宙洁：《Twitter 不保险　140 字假微博制造惊魂一刻钟》，《上海证券报》2013 年 4 月 25 日，第 F06 版。
[237] 陶海青：《打通灾区生命线　短信微信微博传递正能量》，《中国贸易报》2013 年 4 月 25 日，第 7 版。
[238] 刘蓁：《微博求助，供电服务队火速救援》，《国家电网报》2013 年 4 月 25 日，第 2 版。
[239] 黄洁：《未标出处转他人微博或涉剽窃》，《法制日报》2013 年 4 月 25 日，第 5 版。
[240] 许晓楠：《征集“金点子”促成“金果子”》，《大连日报》2013 年 4 月 26 日，第 A01 版。
[241] 孙林：《应对新媒体之“在场直播”》，《中国石油报》2013 年 4 月 26 日，第 4 版。

[242] 王君超：《我看中学生开微博》，《光明日报》2013 年 4 月 27 日，第 6 版。

[243] 郭清君、段军霞：《借力微博连民心》，《检察日报》2013 年 4 月 28 日，第 1 版。

[244] 邵云、山永祥：《“青海政法”官方微博正式开通》，《青海日报》2013 年 4 月 28 日，第 2 版。

[245] 甘露：《新浪，不要毁了微博》，《计算机世界》2013 年 4 月 29 日，第 18 版。

[246] 王霞：《小微博　大口碑》，《医药经济报》2013 年 4 月 29 日，第 4 版。

[247] 桂杰：《如何让低收入者体面享用“待用快餐”》，《中国青年报》2013 年 4 月 30 日，第 3 版。

五月

[248] 孙少峰、胡琎心：《微博开启华人媒体“微时代”》，《人民日报海外版》2013 年 5 月 3 日，第 12 版。

[249] 侯美蓉、成慧鹏、高婷：《警民沟通的连心桥》，《晋中日报》2013 年 5 月 4 日，第 1 版。

[250] 罗小卫：《微博脱困》，《华夏时报》2013 年 5 月 6 日，第 20 版。

[251] 徐强、孙帅、王杰、武曼华：《微博环境下高校网络突发事件的舆论引导》，《中国教育报》2013 年 5 月 6 日，第 6 版。

[252] 郭宏鹏：《九江公安微博舞出群众喜爱的 STYLE》，《法制日报》2013 年 5 月 6 日，第 5 版。

[253] 王志：《应急利器　服务先锋》，《国家电网报》2013 年 5 月 6 日，第 5 版。

[254] 况杰：《拯救大兵微博》，《人民邮电》2013 年 5 月 6 日，第 7 版。

[255] 郭宏鹏、黄辉、宁俐：《九江公安微博舞出群众喜爱的 STYLE》，《法制日报》2013 年 5 月 6 日，第 5 版。

[256] 孙超逸：《政务微博从“政策发布”向“网友互动”转变》，《北京日报》2013 年 5 月 7 日，第 15 版。

[257] 赵新乐：《笑傲微博江湖，打铁还需自身硬》，《中国新闻出版报》2013 年 5 月 7 日，第 7 版。

[258] 赵新乐：《时政类报刊微博：线下线上完美接力》，《中国新闻出版报》2013 年 5 月 7 日，第 7 版。

[259] 胡乐乐：《微博骂校长的学生非得开除吗》，《中国青年报》2013 年 5 月 8 日，第 2 版。

[260] 谭天：《微博：反映舆情的“双刃剑”》，《中国社会科学报》2013 年 5 月 8 日，第 A08 版。

[261] 蓝之馨、邹新：《政务微博“大 V”之道：会卖萌、有态度、干实事》，《第一财经日报》2013 年 5 月 8 日，第 A08 版。

[262] 霍桃：《随拍体现民意　照片推动治理》，《中国环境报》2013 年 5 月 8 日，第 3 版。

[263] 吕绍刚、史维：《学生微博评校务被开除》，《人民日报》2013 年 5 月 9 日，第 12 版。

[264] 郝静：《一条价码 600 万的微博》，《华夏时报》2013 年 5 月 9 日，第 15 版。

[265] 敖孔华：《5 个森林公安政务微博受通报表扬》，《中国绿色时报》2013 年 5 月 10 日，

第 1 版。
[266] 金真：《微博骂人败诉的警示意义》，《人民法院报》2013 年 5 月 10 日，第 2 版。
[267] 唐伟：《网络问政不能只顾赶潮流》，《湖北日报》2013 年 5 月 10 日，第 3 版。
[268] 何勇海：《“孔庆东被罚”能否终结“微博骂战”》，《广州日报》2013 年 5 月 10 日，第 F02 版。
[269] 刘天明、纪维谦：《新媒体与传统媒体“议程设置”对比》，《中国新闻出版报》2013 年 5 月 10 日，第 4 版。
[270] 王沁：《财经公关微博追 600 万欠款》，《深圳商报》2013 年 5 月 10 日，第 B04 版。
[271] 浦江潮：《“微博好新闻”的价值认同》，《长江日报》2013 年 5 月 11 日，第 3 版。
[272] 陈东升、周湛翔：《金华公安微博群菜鸟变达人》，《法制日报》2013 年 5 月 11 日，第 5 版。
[273] 钟亚雅、薛舒平、李东翕：《广州黄埔：人性化经营成就“明星微博”》，《检察日报》2013 年 5 月 12 日，第 1 版。
[274] 台建林：《三秦百姓细微之处感受“大实惠”》，《法制日报》2013 年 5 月 13 日，第 2 版。
[275] 王博：《阿里巴巴“淘宝”微博》，《计算机世界》2013 年 5 月 13 日，第 26 版。
[276] 邓子庆：《政务微信：问政方式翻新莫丢威信》，《人民法院报》2013 年 5 月 13 日，第 2 版。
[277] 翟云：《莫让政务微博昙花一现》，《学习时报》2013 年 5 月 13 日，第 11 版。
[278] 子荣：《学生微博斥责校务遭开除》，《民主与法制时报》2013 年 5 月 13 日，第 A07 版。
[279] 台建林、孙立：《三秦百姓细微之处感受“大实惠”》，《法制日报》2013 年 5 月 13 日，第 2 版。
[280] 朱耘：《农夫山泉的一堂危机公关课》，《中国经营报》2013 年 5 月 13 日，第 A16 版。
[281] 行俭：《让“微政务”有“威信”》，《中国纪检监察报》2013 年 5 月 14 日，第 1 版。
[282] 黄宏、洪叶：《一条微博，几多恩怨》，《浙江日报》2013 年 5 月 14 日，第 15 版。
[283] 余晓洁、傅双琪：《互联网成实现监督权的重要渠道》，《新华每日电讯》2013 年 5 月 15 日，第 4 版。
[284] 陈璐、来扬：《微博那些事儿，法院该不该管》，《中国青年报》2013 年 5 月 16 日，第 12 版。
[285] 喻欣然：《大数据挖掘、语义分析打破微博发展瓶颈》，《科技日报》2013 年 5 月 16 日，第 5 版。
[286] 聂政：《编辑借力微博营销 4 个应用阶段》，《中国图书商报》2013 年 5 月 17 日，第 14 版。
[287] 冯燮：《不要让政务微博“穿新鞋走老路”》，《中国社会报》2013 年 5 月 17 日，第 7 版。
[288] 唐伟：《网络问政　别官话连篇》，《经济日报》2013 年 5 月 17 日，第 2 版。
[289] 高华：《政务微博需要制度保障》，《中国纪检监察报》2013 年 5 月 17 日，第 7 版。
[290] 李严：《市长开微博听民意》，《昆明日报》2013 年 5 月 18 日，第 1 版。

[291] 王逸吟：《“微作品”也享著作权》，《光明日报》2013 年 5 月 18 日，第 6 版。
[292] 韩岩、马黎：《陕西：“公安政务微博”开进群众心上》，《陕西日报》2013 年 5 月 20 日，第 13 版。
[293] 林中明、徐蕾蕾：《“上海检察”微博粉丝达 20 万》，《检察日报》2013 年 5 月 20 日，第 1 版。
[294] 王炯业：《匿名信曝光家化存体外账户　葛文耀微博暗指平安系主使》，《上海证券报》2013 年 5 月 21 日，第 A01 版。
[295] 辜迅：《“成都环保”成政务公开新渠道》，《中国环境报》2013 年 5 月 21 日，第 5 版。
[296] 丁兆专、苏恺：《“日照交警”微博：事事有回音，件件有落实》，《人民公安报》2013 年 5 月 21 日，第 6 版。
[297] 雷辉：《地级市新闻办　微博实力榜第三期发布》，《南方日报》2013 年 5 月 22 日，第 A13 版。
[298] 黄纯一：《新媒体阅读：眼球的快速扫描》，《文汇报》2013 年 5 月 22 日，第 6 版。
[299] 申东：《银川法援微博立体互动服务民生》，《法制日报》2013 年 5 月 22 日，第 5 版。
[300] 张慧疆：《“微政巴州”实现网民互动万余次》，《巴音郭楞日报（汉）》2013 年 5 月 22 日，第 A01 版。
[301] 陈博：《新浪微博期权提前套现?》，《北京日报》2013 年 5 月 23 日，第 11 版。
[302] 李娜：《以牙还牙维权助长微博侵权》，《法制日报》2013 年 5 月 23 日，第 5 版。
[303] 林世雄、邓婕、杨长平：《就是要让“老赖”无处藏身》，《福建日报》2013 年 5 月 23 日，第 3 版。
[304] 王一璠：《微博转发也有侵权危险》，《中国新闻出版报》2013 年 5 月 23 日，第 5 版。
[305] 张枫逸：《微博“三思而后转”应成媒体共识》，《工人日报》2013 年 5 月 23 日，第 3 版。
[306] 王雪迎、罗灵文：《克拉玛依青年微博争晒“八颗牙的幸福”》，《中国青年报》2013 年 5 月 24 日，第 6 版。
[307] 孙潇：《市长责成调查微博留言反映问题》，《昆明日报》2013 年 5 月 24 日，第 2 版。
[308] 张薇：《父母是你微博的“粉”吗》，《光明日报》2013 年 5 月 25 日，第 6 版。
[309] 刘康容：《陕西：公安微博架起便民强警新平台》，《人民公安报》2013 年 5 月 26 日，第 1 版。
[310] 刘康容、陈磊、孙力：《陕西：公安微博架起便民强警新平台》，《人民公安报》2013 年 5 月 26 日，第 1 版。
[311] 晋雅芬：《多维度分析国内 286 个重要城市网络形象》，《中国新闻出版报》2013 年 5 月 27 日，第 1 版。
[312] 田力：《官方微博切莫成为“形象工程”》，《中国新闻出版报》2013 年 5 月 27 日，第 2 版。
[313] 赵旋：《玉溪“心情微博”：官兵交流心境的载体》，《人民公安报·消防周刊》2013 年 5 月 27 日，第 3 版。

[314] 韩为卿：《微博有资格登上新闻评奖殿堂》，《中国新闻出版报》2013年5月28日，第8版。

[315] 邓红阳、赵红旗：《微博达人处罚交通违法劝多罚少》，《法制日报》2013年5月28日，第5版。

[316] 罗君临、孔令学、程贤文：《十堰：1000余名民警开通便民服务微博》，《人民公安报》2013年5月28日，第2版。

[317] 李文：《北京八区开通工商政务微博》，《中国工商报》2013年5月29日，第A01版。

[318] 刘建、施坚轩：《“上海检察”超九成涉检信息原创》，《法制日报》2013年5月29日，第5版。

[319] 殷昌盛：《善用“微力量” 给力反腐倡廉》，《东莞日报》2013年5月29日，第C02版。

六月

[320] 孙亚君：《论工商微博之定位》，《江苏经济报》2013年6月1日，第B01版。

[321] 冯自变：《浅议微博的叙事危机》，《光明日报》2013年6月1日，第6版。

[322] 钱爽：《政务微博使用技巧》，《吉林日报》2013年6月2日，第2版。

[323] 常俊：《打造阳光政务微博平台》，《吉林日报》2013年6月2日，第2版。

[324] 张育新：《发挥平台作用 创新社会管理》，《吉林日报》2013年6月2日，第2版。

[325] 丁正洪：《政务微博特性》，《吉林日报》2013年6月2日，第2版。

[326] 王烨：《吉林政务微博现状及发展评估》，《吉林日报》2013年6月2日，第2版。

[327] 黄朗：《完善新媒体环境下党群工作开展的路径》，《光明日报》2013年6月2日，第7版。

[328] 康耕甫：《58家基金公司开启官方认证微博 上投摩根华夏华安粉丝数列前三》，《证券日报》2013年6月3日，第B02版。

[329] 刘炜：《纪委官员实名微博的退与守》，《民主与法制时报》2013年6月3日，第A05版。

[330] 赵丽：《李沧加强微博广告监管》，《中国工商报》2013年6月4日，第B02版。

[331] 潘启雯：《微博微信相关出版物引发关注与热议》，《中国图书商报》2013年6月4日，第5版。

[332] 谭川江：《微博维权折射网购花卉之殇》，《中国花卉报》2013年6月4日，第1版。

[333] 徐艳霞：《关于发展政务微博的思考》，《山西党校报》2013年6月5日，第S03版。

[334] 吴辰光：《腾讯发力移动互联时代智能化营销》，《北京商报》2013年6月5日，第B01版。

[335] 何璐：《深度对话 怎样向“指尖”延伸》，《人民日报》2013年6月5日，第11版。

[336] 金可、张宏伟：《“朝阳未检”官方微博开通预防未成年人犯罪》，《北京日报》2013年6月6日，第7版。

[337] 周珊珊、乔亚楠、来扬、吴湘韩：《一个打假微博的升级日志》，《中国青年报》2013

年6月7日，第7版。
[338] 董鹏：《善用社交网络　让信息更透明》，《证券时报》2013年6月7日，第A12版。
[339] 霍文琦：《微博与社会管理相互作用》，《中国社会科学报》2013年6月7日，第A06版。
[340] 李松、孔一颖：《怀柔检察微博“织”出信任》，《法制日报》2013年6月7日，第5版。
[341] 姜飞：《善用微博促进文化建构》，《中国社会科学报》2013年6月7日，第A06版。
[342] 童曙泉：《粉丝百万级以上微博客北京最多》，《北京日报》2013年6月9日，第9版。
[343] 侯莎莎：《此类“爱心转发”恶作剧谁管?》，《北京日报》2013年6月9日，第8版。
[344] 刘仁：《微博不是无政府主义者的乐园》，《中国社会科学报》2013年6月10日，第A05版。
[345] 郝锴：《“徐州发布”平台启动上线》，《徐州日报》2013年6月10日，第2版。
[346] 辛明：《一个老外眼里的微博世界》，《中国青年报》2013年6月13日，第6版。
[347] 王斌：《“北京司法”微博“出生”便规范运行》，《法制日报》2013年6月13日，第5版。
[348] 王传言：《微博不是骂人之地》，《中国青年报》2013年6月14日，第2版。
[349] 郑燕珊：《官方微博逐渐被市民接受》，《汕尾日报》2013年6月14日，第1版。
[350] 谭彦叙：《群众找我咨询办事　可以扫扫二维码》，《人民公安报》2013年6月14日，第2版。
[351] 李蕾：《任志强：微博重塑影响力》，《第一财经日报》2013年6月14日，第C06版。
[352] 赵琬微：《健康贴士纷飞，真假医生微博过招》，《新华每日电讯》2013年6月14日，第6版。
[353] 蓝向东：《一个基层检察长实名微博体验与思考》，《检察日报》2013年6月14日，第3版。
[354] 明磊：《江苏“网络问政”激发正能量》，《中国纪检监察报》2013年6月8日，第1版。
[355] 蒋原伦、杨雪冬、周志强、顾文豪、李伶俐：《在话题的中心，在问题的边上》，《北京日报》2013年6月17日，第18版。
[356] 葛甲：《微博，说再见为时尚早》，《通信产业报》2013年6月17日，第12版。
[357] 阮占江：《连发微博披露案情消除恐慌》，《法制日报》2013年6月17日，第5版。
[358] 湖北省互联网信息管理办公室调研组：《新媒体时代的执政挑战与应对》，《湖北日报》2013年6月17日，第10版。
[359] 陈潭：《“微博问政”的要义是平等互动》，《中国组织人事报》2013年6月17日，第6版。
[360] 李伦：《加强和改进政务微博建设》，《宁波日报》2013年6月18日，第A07版。
[361] 庄庆鸿、张辉：《许多官员不知如何与网民打交道》，《中国青年报》2013年6月18日，第8版。

[362] 王琴、王波：《成都市人口计生政务微博便民惠民》，《中国人口报》2013 年 6 月 18 日，第 1 版。
[363] 邓涛：《微博反腐的正能量与副作用》，《组织人事报》2013 年 6 月 18 日，第 7 版。
[364] 李磊明：《政务微博助力区域化社会管理创新》，《宁波日报》2013 年 6 月 18 日，第 A07 版。
[365] 许道军：《一位学者眼中的“微博王亚非”》，《中华读书报》2013 年 6 月 19 日，第 6 版。
[366] 顾怡：《普遍开通官方微博，着力打造阳光政府》，《贵州政协报》2013 年 6 月 20 日，第 B02 版。
[367] 耿薇：《秉持原则　坚守使命　集聚释放正能量》，《陕西日报》2013 年 6 月 20 日，第 2 版。
[368] 屠洁：《如何应对微博时代乘务员思想政治教育的挑战》，《中国民航报》2013 年 6 月 20 日，第 7 版。
[369] 周芬棉：《利用微博微信操纵股价将被追责》，《法制日报》2013 年 6 月 22 日，第 6 版。
[370] 李若男：《“樱桃里的虫子”伤了谁的心》，《山西经济日报》2013 年 6 月 22 日，第 2 版。
[371] 霍一夫：《上海市质监局首次尝试微博平台公益宣传》，《中国质量报》2013 年 6 月 24 日，第 2 版。
[372] 郄琳：《传递正能量　营造正气场》，《石家庄日报》2013 年 6 月 24 日，第 2 版。
[373] 赵新乐：《微博：风雨兼程中辗转前行》，《中国新闻出版报》2013 年 6 月 25 日，第 7 版。
[374] 朱海龙：《抚顺气象微博传递正能量》，《中国气象报》2013 年 6 月 25 日，第 2 版。
[375] 霍志坚：《公安政务微博如何“平安”运行》，《中国新闻出版报》2013 年 6 月 25 日，第 8 版。
[376] 王云、苑大喜：《欧美博物馆力推中文服务》，《中国文化报》2013 年 6 月 25 日，第 11 版。
[377] 杨春：《百件微博热点谣言比例超 1/3》，《南方日报》2013 年 6 月 26 日，第 A07 版。
[378] 童曙泉：《百个微博热点谣言占三成》，《北京日报》2013 年 6 月 26 日，第 10 版。
[379] 陈若葵：《用微博拉近亲子之间的距离》，《中国妇女报》2013 年 6 月 27 日，第 B01 版。
[380] 凌波：《发微博为啥能逼退警察》，《宁波日报》2013 年 6 月 28 日，第 A11 版。
[381] 赵晓明：《民政部政务微博“@民政微语”开通》，《中国社会报》2013 年 6 月 28 日，第 1 版。
[382] 赵晓明：《用微博架起与百姓沟通的桥梁》，《中国社会报》2013 年 6 月 28 日，第 1 版。
[383] 袁礼碧、朱丽晨、李常江：《重庆：微博话题式宣传打造“警服蓝”文化符号》，《人民公安报·交通安全周刊》2013 年 6 月 28 日，第 1 版。
[384] 罗书臻：《主动适应公众参与方式新变化新发展　大力提升新媒体时代的舆论引导能

力》，《人民法院报》2013 年 6 月 29 日，第 1 版。
[385] 高健：《发微博微信也能报火警》，《北京日报》2013 年 6 月 29 日，第 6 版。
[386] 李国、李娜：《重庆交通执法引入“微博听证”》，《工人日报》2013 年 6 月 29 日，第 2 版。
[387] 张宇 孙志伟：《全市首家工会微博在滦平开通》，《承德日报》2013 年 6 月 30 日，第 2 版。

七月

[388] 赖琳琳：《逐梦新生活 “天府双流”搭起政务“连心桥”》，《四川日报》2013 年 7 月 1 日，第 4 版。
[389] 盛超：《从微博中读懂社会》，《经济观察报》2013 年 7 月 1 日，第 15 版。
[390] 侯莎莎：《积水潭医院医生自曝遭网友殴打》，《北京日报》2013 年 7 月 1 日，第 8 版。
[391] 赖琳琳、罗向明：《逐梦新生活 “天府双流”搭起政务“连心桥”》，《四川日报》2013 年 7 月 1 日，第 4 版。
[392] 于呐洋：《中国普法网开通官方微博》，《法制日报》2013 年 7 月 2 日，第 1 版。
[393] 张立超：《国内社交网站被迫进入转型期》，《中国商报》2013 年 7 月 2 日，第 8 版。
[394] 杨艳玲：《织“博”为民》，《大理日报（汉）》2013 年 7 月 3 日，第 A01 版。
[395] 吴胜武：《从微博问政到网络社会治理》，《法制日报》2013 年 7 月 3 日，第 9 版。
[396] 付子昂：《谁来监管“微博美食”?》，《中国医药报》2013 年 7 月 3 日，第 3 版。
[397] 吕卫华、姜春媛、乐海峰：《微博营销行为监管初探》，《中国工商报》2013 年 7 月 3 日，第 A03 版。
[398] 吴荣荣、何朋：《微博引发社会管理变革》，《无锡日报》2013 年 7 月 3 日，第 7 版。
[399] 冷文娟：《北京地税微博：紧贴纳税人需求》，《中国税务报》2013 年 7 月 3 日，第 B05 版。
[400] 付子昂：《微博已成食品安全问题曝光主渠道》，《中国医药报》2013 年 7 月 3 日，第 3 版。
[401] 张有义：《周强要求法院主要领导关心微博建设》，《第一财经日报》2013 年 7 月 4 日，第 A05 版。
[402] 赵波：《全国微博知名人士来陕建言献策》，《陕西日报》2013 年 7 月 4 日，第 2 版。
[403] 王小润：《国内首架地空互联网航班首航》，《光明日报》2013 年 7 月 4 日，第 10 版。
[404] 白天亮：《我国首个“互联网航班”运行》，《人民日报》2013 年 7 月 4 日，第 12 版。
[405] 邓崎凡：《“给环卫工人腾个乘凉地”网上热传》，《工人日报》2013 年 7 月 5 日，第 1 版。
[406] 徐风：《组织机构“大 V”微博已超 19 万个》，《中国质量报》2013 年 7 月 5 日，第 1 版。
[407] 刘晓璐、文毅：《券商玩转社交网络：34% 开微博 18% 设微信》，《证券时报》2013 年 7 月 5 日，第 A07 版。

[408] 胡雪璇：《“武汉发布”正式上线四家网站》，《长江日报》2013 年 7 月 6 日，第2 版。
[409] 肖凤珍、何赟、赵安金、陈燕：《“三长”联合视频接访》，《检察日报》2013 年 7 月 6 日，第 2 版。
[410] 邓涛：《微博之于反腐败的正能量与副作用》，《中国纪检监察报》2013 年 7 月 6 日，第 3 版。
[411] 颜芳、陈月飞、王晓映：《放下身架，官微努力由“有”到“好”》，《新华日报》2013 年 7 月 6 日，第 A03 版。
[412] 胡唯元：《微博的“去伪”走在“求真”路上》，《科技日报》2013 年 7 月 9 日，第 5 版。
[413] 白续宏、史俊杰：《政务微博 功夫在“网”外》，《山西日报》2013 年 7 月 9 日，第 C01 版。
[414] 雅琼、强洪：《武汉市妇联微博粉丝逾 8 万》，《中国妇女报》2013 年 7 月 10 日，第 A02 版。
[415] 邓海建：《5 小时微博何以“秒杀”两年政府下文?》，《科技日报》2013 年 7 月 10 日，第 6 版。
[416] 辨一理：《官方须正经回应，媒体要理性追踪》，《安徽日报》2013 年 7 月 10 日，第 B01 版。
[417] 杜善国、李大勇：《运用微媒体弘扬雷锋精神》，《解放军报》2013 年 7 月 10 日，第 1 版。
[418] 曹钟允：《小议微博语境下的法院公信力》，《江苏法制报》2013 年 7 月 11 日，第 C 版。
[419] 李跃波：《打通“两个舆论场”唱响“安徽好声音”》，《安徽日报》2013 年 7 月 11 日，第 A01 版。
[420] 王文武：《如果有一天无助的你被围观发微博》，《兰州日报》2013 年 7 月 11 日，第 3 版。
[421] 刘洪明：《西藏首个政务微博“拉萨发布”开通》，《西部时报》2013 年 7 月 12 日，第 2 版。
[422] 徐霄桐：《安徽芜湖：政务微博接力拯救受虐女童》，《中国青年报》2013 年 7 月 13 日，第 3 版。
[423] 刘志月、胡新桥、徐宏：《石从宴：“我随时接受您的举报”》，《法制日报》2013 年 7 月 13 日，第 5 版。
[424] 宫雨霏：《微博传播正能量　托起“创新创业梦”》，《中国高新技术产业导报》2013 年 7 月 15 日，第 A05 版。
[425] 曹林：《新闻当事人的“微博化”考验公共理性》，《中国青年报》2013 年 7 月 15 日，第 1 版。
[426] 钱培坚：《上海职工微博讲述中国梦》，《工人日报》2013 年 7 月 15 日，第 2 版。
[427] 卢金增　孙宏健：《5 年来，民生检察服务热线热度不减》，《检察日报》2013 年 7 月 15 日，第 7 版。
[428] 彭晶：《微博，半数以上大学生每天使用》，《中国教育报》2013 年 7 月 15 日，第 3

版。
［429］李严：《听取民意为民服务　市长微博才有生命力》，《昆明日报》2013 年 7 月 16 日，第 2 版。
［430］杨森林：《廉洁东天山 清风催赶超》，《哈密日报（汉）》2013 年 7 月 17 日，第 1 版。
［431］洛平：《那些“被上线”的政务微博》，《洛阳日报》2013 年 7 月 17 日，第 1 版。
［432］胡红梅：《政务微博的发展新阶段》，《经济日报》2013 年 7 月 17 日，第 15 版。
［433］维浩：《微博营销亟待规范》，《新农村商报》2013 年 7 月 17 日，第 B09 版。
［434］唐晓鹰：《税务微博：简单的“网络搬运工”留不住粉丝》，《中国税务报》2013 年 7 月 17 日，第 B03 版。
［435］高君波：《对官方微博负责是一种“官德”》，《湖北日报》2013 年 7 月 18 日，第 3 版。
［436］盛正挺、魏华：《微博咨询　不满意可给“差评”》，《南方日报》2013 年 7 月 18 日，第 A04 版。
［437］滕继濮：《数据处理智能化　打造微博生态圈》，《科技日报》2013 年 7 月 19 日，第 7 版。
［438］赵肖荣：《微博与谣言文化》，《上海科技报》2013 年 7 月 19 日，第 8 版。
［439］于海青：《微信永远不可能取代微博》，《中国服饰报》2013 年 7 月 19 日，第 7 版。
［440］任春华：《“我爱阿克苏，我为阿克苏代言！”》，《阿克苏日报（汉）》2013 年 7 月 20 日，第 1 版。
［441］刘火雄：《微博图书：当代出版新宠儿》，《光明日报》2013 年 7 月 20 日，第 6 版。
［442］富成慧：《微博反腐仍需以法律为基石》，《人民法院报》2013 年 7 月 21 日，第 2 版。
［443］陈婷、徐冠英：《盘点，折射百姓关切社会舆情》，《新华日报》2013 年 7 月 21 日，第 A01 版。
［444］曹林：《“语不惊人死不休”是种微博病》，《民主与法制时报》2013 年 7 月 22 日，第 2 版。
［445］洛平：《扶上“线”，送一程》，《洛阳日报》2013 年 7 月 23 日，第 2 版。
［446］高剑：《善待网友　微博微信就是监管利器》，《东莞日报》2013 年 7 月 23 日，第 A02 版。
［447］郭洁：《加强暴雨防御科普宣传》，《中国气象报》2013 年 7 月 23 日，第 3 版。
［448］刘业林　吴悠：《高温作业中暑可申请工伤认定》，《镇江日报》2013 年 7 月 23 日，第 1 版。
［449］汤浔芳：《微银行锁定微博用户　新浪支付的社交玩法》，《21 世纪经济报道》2013 年 7 月 24 日，第 20 版。
［450］卢文洁：《广州成立人才工作局　开通“人才广州”微博》，《广州日报》2013 年 7 月 24 日，第 1 版。
［451］黄庆畅、吴天添：《莫让“微博”变“危博”》，《人民日报》2013 年 7 月 24 日，第 18 版。
［452］刘丽萍、程全兵、杨钧涵：《深圳政务微博为啥这样火》，《人民日报海外版》2013 年 7 月 24 日，第 7 版。

[453] 张婷樾：《突发事件中的新媒力量》，《人民日报》2013 年 7 月 25 日，第 14 版。

[454] 高新军：《“微博厅长”直播震后中西医救援》，《中国中医药报》2013 年 7 月 25 日，第 1 版。

[455] 冯国栋、李伟：《“微”时代，你成“瞎忙族”了吗》，《新华每日电讯》2013 年 7 月 25 日，第 6 版。

[456] 闫昆仑、杨璐：《微公益：不断改进的慈善新平台》，《南方日报》2013 年 7 月 26 日，第 A11 版。

[457] 王洁、达芹：《河北气象微博发布厅率先进驻新浪首页》，《中国气象报》2013 年 7 月 26 日，第 2 版。

[458] 关鹏玉：《全市互联网宣传管理调度会在平泉召开》，《承德日报》2013 年 7 月 27 日，第 1 版。

[459] 王磊：《基层团干微博卖瓜记》，《中国青年报》2013 年 7 月 27 日，第 1 版。

[460] 王法磊：《江西出台水利微博管理办法》，《人民长江报》2013 年 7 月 27 日，第 1 版。

[461] 潘从武：《接举报破案子助瘾君子迷途知返》，《法制日报》2013 年 7 月 27 日，第 5 版。

[462] 花磊：《让微博世界更健康地发展》，《中国建材报》2013 年 7 月 27 日，第 1 版。

[463] 王君超：《微博能改变中国吗?》，《光明日报》2013 年 7 月 27 日，第 9 版。

[464] 周楠、曹艺：《一群官员的微博实践》，《解放日报》2013 年 7 月 28 日，第 5 版。

[465] 周雁凌：《密切联系群众 改变工作作风》，《中国环境报》2013 年 7 月 29 日，第 7 版。

[466] 吕宁丰、夏慕慈、徐继昌、傅可：《政协议政开启微时代》，《南京日报》2013 年 7 月 30 日，第 A02 版。

[467] 刘根生：《“发条微博都可能侵权”是个标杆》，《南京日报》2013 年 7 月 30 日，第 F02 版。

[468] 刘卉：《微博表达自由的界限有其特殊性》，《检察日报》2013 年 7 月 30 日，第 3 版。

[469] 汪大华、郑小巧：《将建环卫管理长效机制　还南麂列岛美丽容颜》，《中国海洋报》2013 年 7 月 30 日，第 2 版。

[470] 评论员：《走群众路线需更多“深圳探索”》，《南方日报》2013 年 7 月 31 日，第 F02 版。

[471] 郑晋鸣、龙磬泽：《拓展网络传播道德正能量渠道》，《光明日报》2013 年 7 月 31 日，第 10 版。

[472] 姚雪青：《“中国好人”传递正能量》，《人民日报》2013 年 7 月 31 日，第 6 版。

八月

[473] 马东良：《浅谈自媒体微博的利弊和规范》，《人民代表报》2013 年 8 月 1 日，第 8 版。

[474] 李东亮：《证券投资咨询业乱象仍存　微博微信成新违规工具》，《证券时报》2013 年 8 月 1 日，第 A06 版。

[475] 孙彬：《中国好人微博群，传播人间正能量》，《新华每日电讯》2013 年 8 月 1 日，第

6 版。
[476] 刘英:《微博时代的历史寻访之旅》,《中国文化报》2013 年 8 月 1 日，第 6 版。
[477] 胡鹏:《要善用新媒体公开政务信息汇聚发展正能量》,《宜宾日报》2013 年 8 月 3 日，第 A01 版。
[478] 王庆:《微博讨薪与劳动监察的是与非》,《人民法院报》2013 年 8 月 4 日，第 3 版。
[479]《政务微博活跃度传播力影响力保持高速增长》,《人民邮电》2013 年 8 月日，第 5 版。
[480] 李静:《用好微博　让舆论风波平息下来》,《健康报》2013 年 8 月 5 日，第 6 版。
[481] 马茂青:《法治社会不容“微博审判”》,《人民法院报》2013 年 8 月 5 日，第 2 版。
[482] 张焕宇、谭丝妲:《地级市新闻办微博如何运营》,《中国新闻出版报》2013 年 8 月 6 日，第 7 版。
[483] 卡茜燕、齐红霞:《旅游微博整合营销策略》,《中国旅游报》2013 年 8 月 7 日，第 11 版。
[484] 王学进:《别让微博成举报人的“救命稻草”》,《中国青年报》2013 年 8 月 9 日，第 2 版。
[485] 赵玉洁:《一条微博引发的“商业地产建筑设计第一案”》,《中华建筑报》2013 年 8 月 9 日，第 11 版。
[486] 武东升:《微博反腐的边界》,《人民法院报》2013 年 8 月 9 日，第 2 版。
[487] 刘维忠:《“微博”带来了卫生政务新风》,《中国中医药报》2013 年 8 月 9 日，第 3 版。
[488] 刘木木:《贵州“骂人副省长”的微博人生》,《西部时报》2013 年 8 月 9 日，第 2 版。
[489] 朱达、侯子坤:《网上听难事　网下办实事》,《解放军报》2013 年 8 月 11 日，第 1 版。
[490] 艺衡:《将群众路线这一传家宝运用于网络世界》,《深圳特区报》2013 年 8 月 12 日，第 A02 版。
[491] 张爱军:《微博意见领袖的言论边界》,《中国青年报》2013 年 8 月 12 日，第 2 版。
[492] 许政、王瑰杰:《“+—×÷”成就“最靠谱的警察蜀黍”》,《人民公安报》2013 年 8 月 12 日，第 5 版。
[493] 王高安:《微博也是种生活方式》,《组织人事报》2013 年 8 月 13 日，第 5 版。
[494] 苏垚、周梦清、骆萤雪、潘旭涛:《网管：释放由堵到疏信号》,《人民日报海外版》2013 年 8 月 13 日，第 4 版。
[495] 高骥:《对领导干部个人微博的思考》,《组织人事报》2013 年 8 月 13 日，第 5 版。
[496] 吴定平:《微博“大 V”为何更要讲社会责任》,《联合日报》2013 年 8 月 13 日，第 1 版。
[497] 代桂云、付宪春、徐亦汀:《“@一下，就管用!”》,《人民政协报》2013 年 8 月 13 日，第 A01 版。
[498]《“微博执法”反客为主的警示》,《第一财经日报》2013 年 8 月 14 日，第 A02 版。
[499] 王晓晴:《新浪微博估值增至 60 亿美元》,《深圳特区报》2013 年 8 月 14 日，第 B02

版。
[500] 阎杰：《重庆环保政务微博传递正能量》，《中国环境报》2013 年 8 月 14 日，第 3 版。
[501] 刘敏：《不当“僵尸”不作秀　互动传递正能量》，《重庆商报》2013 年 8 月 15 日，第 C17 版。
[502] 罗佩：《我市加强互联网信息管理和业务培训》，《汉中日报》2013 年 8 月 15 日，第 1 版。
[503] 钟钦政：《微博显威：一个“大 V”引发的停牌》，《证券时报》2013 年 8 月 16 日，第 A08 版。
[504] 周洋：《市委召开常委（扩大）会议》，《淮安日报》2013 年 8 月 16 日，第 A01 版。
[505] 朱磊：《直面问题　“@问政银川”很犀利》，《人民日报》2013 年 8 月 17 日，第 6 版。
[506] 智慧萍、张颖：《如何在新闻报道中应用好微博》，《晋中日报》2013 年 8 月 17 日，第 4 版。
[507] 乌永陶：《认识新媒体开发新媒体利用新媒体》，《法制日报》2013 年 8 月 17 日，第 1 版。
[508] 杜梦薇、文静：《是否该强调微博“大 V”的把关责任》，《中国青年报》2013 年 8 月 18 日，第 2 版。
[509] 程锦坪：《用“指尖”传递服务群众的正能量》，《成都日报》2013 年 8 月 19 日，第 1 版。
[510] 张强：《从一条微博看医患认知差距》，《健康报》2013 年 8 月 19 日，第 8 版。
[511] 李影：《“成都服务”官方账号同步开通　接受网民咨询办事、举报投诉、建言献策、信息资讯》，《成都日报》2013 年 8 月 19 日，第 1 版。
[512] 卢文华：《网络时代群众工作应与时俱进》，《宁波日报》2013 年 8 月 19 日，第 7 版。
[513] 李晓东：《网络汇聚群众所需所想》，《光明日报》2013 年 8 月 20 日，第 5 版。
[514] 赵向南：《政务微博　开创公民问政新模式》，《山西日报》2013 年 8 月 20 日，第 C01 版。
[515] 孙震：《55.7% 受访者感觉网上讨论言语粗俗》，《中国青年报》2013 年 8 月 20 日，第 8 版。
[516] 张鸣：《官员的微博还是要开的》，《深圳特区报》2013 年 8 月 20 日，第 B11 版。
[517] 李恩树、马岳君：《228 名博警与网友键对键互动沟通》，《法制日报》2013 年 8 月 20 日，第 5 版。
[518] 高勤：《交警微博如何才能留住粉丝》，《人民公安报·交通安全周刊》2013 年 8 月 20 日，第 3 版。
[519] 杨应奇：《群众看不到，能算“信息公开”?》，《中国国土资源报》2013 年 8 月 20 日，第 3 版。
[520] 乔伊蕾、朱涛：《重拳整治网络谣言乱象》，《湖南日报》2013 年 8 月 21 日，第 2 版。
[521] 闫昆仑、杨璐、邱佳玲：《微博联动救灾：开拓救援“第二空间”》，《南方日报》2013 年 8 月 22 日，第 A22 版。
[522] 陈璐：《调查显示：微博提升大学生心理幸福感》，《中国青年报》2013 年 8 月 22 日，

第 12 版。
[523] 李志廷：《党报微博，力量不“微”》，《宁夏日报》2013 年 8 月 22 日，第 3 版。
[524] 邓红阳、赵红旗：《面对热议第一时间发声回应关切》，《法制日报》2013 年 8 月 22 日，第 5 版。
[525] 肖湘女：《微博书逆势而上带动夕阳产业回归》，《北京商报》2013 年 8 月 23 日，第 A08 版。
[526] 喻国明：《微博营销应该是有温度的》，《中国文化报》2013 年 8 月 24 日，第 1 版。
[527] 邹理：《微博与核心价值观的传播》，《光明日报》2013 年 8 月 24 日，第 11 版。
[528] 季芳、张玮玉：《政务微博，如何发声?》，《徐州日报》2013 年 8 月 26 日，第 4 版。
[529] 周远：《坚守七条底线打击网络谣言》，《河北日报》2013 年 8 月 26 日，第 1 版。
[530] 和静钧：《微博名人应多一份社会责任担当》，《重庆商报》2013 年 8 月 28 日，第 A06 版。
[531] 董明锐：《因拘留网民“不妥”，安徽砀山公安局微博道歉》，《中国青年报》2013 年 8 月 30 日，第 8 版。
[532] 金泉才、苏献锋：《青海：气象微博释放温情》，《中国气象报》2013 年 8 月 30 日，第 2 版。
[533] 金可：《信用低于 60 分微博无法转发》，《北京日报》2013 年 8 月 31 日，第 6 版。
[534] 汪振春：《薄案庭审：以司法公开见证司法公正》，《人民公安报》2013 年 8 月 31 日，第 3 版。

九月

[535] 李义山：《政务微博要勇于表达》，《人民法院报》2013 年 9 月 3 日，第 1 版。
[536] 佘宗明：《官民微博交锋也是良性互动》，《新华每日电讯》2013 年 9 月 3 日，第 3 版。
[537] 肖路：《官民对话》，《用理性赢得信任》，《苏州日报》2013 年 9 月 4 日，第 A06 版。
[538] 潘从武：《铁杆粉丝积极建言成编外监督员》，《法制日报》2013 年 9 月 4 日，第 5 版。
[539] 刘英团：《“瞌睡”的政府网站该醒醒了》，《人民公安报》2013 年 9 月 5 日，第3 版。
[540] 李丽：《“薄熙来案庭审记录微博公开”最令人满意》，《中国青年报》2013 年 9 月 5 日，第 3 版。
[541] 于国富：《版权保护，微博内容也不例外》，《中国贸易报》2013 年 9 月 5 日，第 6 版。
[542] 张景华、李国强：《新浪微博强化 V 认证审核》，《光明日报》2013 年 9 月 6 日，第 10 版。
[543] 钟源、徐海涛：《焦震诉邹宗利案再开庭　交锋“技术手段操控微博”》，《经济参考报》2013 年 9 月 6 日，第 14 版。
[544] 屠海鸣：《如何看待微博江湖中的大 V 现象》，《文汇报》2013 年 9 月 6 日，第 5 版。
[545] 霍世明、韩宇：《用权威信息引导舆论凸显集群效应》，《法制日报》2013 年 9 月 7 日，第 5 版。

[546] 郑明:《福建:微博访谈系列活动获赞“很给力”》,《人民公安报》2013 年 9 月 8 日,第 2 版。

[547] 姜森:《高校思政要适应微博新时代》,《中国社会科学报》2013 年 9 月 9 日,第 A05 版。

[549] 安和:《让你的官方微博兴奋起来》,《华夏酒报》2013 年 9 月 10 日,第 C43 版。

[550] 罗向明:《政务微博集群化　让管理更“扁平”》,《四川日报》2013 年 9 月 10 日,第 7 版。

[551] 吴春燕:《以微访谈来“去官气”“接地气”“聚人气”》,《光明日报》2013 年 9 月 11 日,第 5 版。

[552] 徐上:《建立机制 及时回应 把握导向》,《中国工商报》2013 年 9 月 11 日,第 A03 版。

[553] 李卓:《一条微博引发的思考》,《中国旅游报》2013 年 9 月 11 日,第 7 版。

[554] 舒通:《公安微博应把握好四种角色定位》,《人民公安报》2013 年 9 月 11 日,第 8 版。

[555] 董海博:《时政期刊抢占微博话语权》,《中国新闻出版报》2013 年 9 月 12 日,第 12 版。

[556] 魏文辉:《微博与文物工作结合相得益彰》,《中国文物报》2013 年 9 月 13 日,第 3 版。

[557] 熊金超:《官方回应:北京癌发率不比国外高》,《新华每日电讯》2013 年 9 月 15 日,第 4 版。

[558] 傅碧东:《党政机关 10 月 1 日前须开通微博》,《昆明日报》2013 年 9 月 16 日,第 1 版。

[559] 杨美美:《该如何去“围观”审判》,《人民政协报》2013 年 9 月 16 日,第 B04 版。

[560] 刘百军:《警务微博群形成“后发优势”》,《法制日报》2013 年 9 月 17 日,第 5 版。

[561] 张艳红:《微博,联系群众的重要形式》,《河南日报》2013 年 9 月 18 日,第 10 版。

[562] 王一璠:《转发微博引发的著作权思考》,《中国知识产权报》2013 年 9 月 18 日,第 10 版。

[563] 李耿:《广西政务微博在全国评选名列前茅》,《广西日报》2013 年 9 月 22 日,第 6 版。

[564] 朱峰:《点开微博看庭审:司法公开向纵深推进》,《新华每日电讯》2013 年 9 月 22 日,第 1 版。

[565] 李北辰:《李银河:我的生活是梭罗加微博》,《华夏时报》2013 年 9 月 23 日,第 35 版。

[566] 祁豆豆:《葛文耀辞职后首度发声　两微博藏弦外之音》,《上海证券报》2013 年 9 月 24 日,第 F05 版。

[567] 穗纪宣:《广州纪检监察机关坚持定期新闻发布制度》,《中国纪检监察报》2013 年 9 月 25 日,第 3 版。

[568] 胡小静:《微博时代,司法何以自处》,《人民法院报》2013 年 9 月 25 日,第 2 版。

[569] 李恩树:《2.9 万公安官微个微自信主动回应关切》,《法制日报》2013 年 9 月 25 日,

第 5 版。
［570］刘昌海：《创造条件让政务微博敢谈“政”》，《新华每日电讯》2013 年 9 月 25 日，第 3 版。
［571］韦祖伟：《政务微博再多些政务内容》，《贵阳日报》2013 年 9 月 26 日，第 9 版。
［572］蓝绍敏：《我的微博观》，《宿迁日报》2013 年 9 月 26 日，第 A02 版。
［573］张永幸、郭丹：《这个“官微”很亲民》，《湛江日报》2013 年 9 月 26 日，第 A02 版。
［574］李抑嫱：《“民生服务”新平台》，《吉林日报》2013 年 9 月 26 日，第 7 版。
［575］周斌：《司法行政微博呈遍地开花之势》，《法制日报》2013 年 9 月 27 日，第 5 版。
［576］刘冠南、周潺、袁佩如：《微博直播庭审：网络@时代促公开赢公信》，《南方日报》2013 年 9 月 28 日，第 4 版。
［577］葛静：《借力“小微博”　服务“大民生”》，《南昌日报》2013 年 9 月 29 日，第 1 版。
［578］王亦君：《微博直播庭审对司法公开作用有多大》，《中国青年报》2013 年 9 月 30 日，第 8 版。
［579］于南：《过度依赖“名人效应”　或成微博商业化障碍》，《证券日报》2013 年 9 月 30 日，第 C01 版。
［580］舒锐：《用制度为微博直播保驾护航》，《检察日报》2013 年 9 月 30 日，第 6 版。
［581］李贺军：《微博直播庭审符合立法本意》，《检察日报》2013 年 9 月 30 日，第 6 版。
［582］赵德传：《微博庭审应当有章可循》，《检察日报》2013 年 9 月 30 日，第 6 版。

十月

［583］张梦曦：《政务微博将领跑昆明阳光政务微时代》，《昆明日报》2013 年 10 月 1 日，第 1 版。
［584］张梦曦：《微政务运维需专业人才》，《昆明日报》2013 年 10 月 7 日，第 2 版。
［585］张梦曦：《微政务助力服务型政府建设》，《昆明日报》2013 年 10 月 8 日，第 2 版。
［586］袁舒婕：《政务微博加个班，陪网友过节》，《中国新闻出版报》2013 年 10 月 8 日，第 5 版。
［587］刘国挺、龚砚庆、刘培、龙飞宏：《看看纪检微博都改变了什么》，《河南日报》2013 年 10 月 8 日，第 2 版。
［588］赤兔：《自媒体新时代　微博情绪当自控》，《山西日报》2013 年 10 月 8 日，第 C03 版。
［589］袁舒婕：《给这些官微点个赞》，《中国新闻出版报》2013 年 10 月 8 日，第 7 版。
［590］林平：《微博直播：司法公开又打开一扇门》，《检察日报》2013 年 10 月 9 日，第 5 版。
［591］赵安金：《云南：“微博微信”长假不放假》，《检察日报》2013 年 10 月 9 日，第 1 版。
［592］曹林：《反思假日雾霾拥堵，别把责任推给天和微博》，《中国青年报》2013 年 10 月 9 日，第 2 版。

[593] 任震宇、王硕：《遭遇加“V”骗子微博　消费者受骗向谁追责》，《中国消费者报》2013 年 10 月 9 日，第 A04 版。
[594] 晏扬：《“刷微博致高速拥堵”是怎样以讹传讹的》，《工人日报》2013 年 10 月 10 日，第 3 版。
[595] 李东华：《以主流思想舆论助力发展》，《淮南日报》2013 年 10 月 11 日，第 1 版。
[596] 肖畅：《政务微博要有社交亲和力》，《长江日报》2013 年 10 月 12 日，第 3 版。
[597] 王怀：《从“开门搞”到“制度化”》，《四川日报》2013 年 10 月 12 日，第 1 版。
[598] 李维焕：《“高速拥堵怨刷微博”是推卸责任?》，《民主与法制时报》2013 年 10 月 14 日，第 2 版。
[599] 赵家新、施霄慧：《微博解答网民最关心的安全防范问题》，《人民公安报》2013 年 10 月 14 日，第 5 版。
[600] 晏扬：《“刷微博致高速拥堵”是“标题党”作怪》，《上海法治报》2013 年 10 月 15 日，第 B06 版。
[601] 高敏、余春红、孙乔：《林心如起诉宁波一美容机构侵犯肖像权》，《浙江法制报》2013 年 10 月 15 日，第 1 版。
[602] 彭涵：《“宁波微博联盟”发力　余姚救灾被指“官冷民热”》，《中国企业报》2013 年 10 月 15 日，第 19 版。
[603] 高敏、孙乔：《揭秘江北法院微博庭审直播》，《浙江法制报》2013 年 10 月 15 日，第 3 版。
[604] 田享华：《加强政府网站亲和力　探索微博微信渠道》，《第一财经日报》2013 年 10 月 16 日，第 A03 版。
[605] 朱宝琛：《证监会微博“涨粉”堪比明星　承载股民新期望》，《证券日报》2013 年 10 月 16 日，第 A01 版。
[606] 欧阳凯：《证监会昨日开通微博　监管透明化仍待考》，《民营经济报》2013 年 10 月 16 日，第 11 版。
[607] 田享华、王一茹：《加强政府网站亲和力　探索微博微信渠道》，《第一财经日报》2013 年 10 月 16 日，第 A03 版。
[608] 王晓雁：《确保应对社会热点事件不失声》，《法制日报》2013 年 10 月 16 日，第 6 版。
[609] 王新友、王瑞云、陈华锋：《微空间里拓出检察服务大舞台》，《检察日报》2013 年 10 月 17 日，第 2 版。
[610]《政府信息公开，还隔着哪几道“玻璃门”?》，《新华每日电讯》2013 年 10 月 17 日，第 4 版。
[611] 张敬波：《“绿色通道”听民声　“网络问政”促和谐》，《安徽日报》2013 年 10 月 18 日，第 B03 版。
[612] 申海洋：《Twitter 将登陆纽交所　新浪微博称“有自己的路”》，《民营经济报》2013 年 10 月 18 日，第 17 版。
[613] 黄鹏：《拒绝官话　让官博更贴近网民》，《成都日报》2013 年 10 月 18 日，第 8 版。
[614] 彭燕岚：《腾讯微信 VS 新浪微博　谁切谁的蛋糕?》，《证券日报》2013 年 10 月 19

日，第 A03 版。
［615］赵洋：《证监会开微博为何广受关注》，《金融时报》2013 年 10 月 19 日，第 4 版。
［616］李世鸣：《云南打造平媒、微博和网站三位一体就业服务》，《中国劳动保障报》2013 年 10 月 19 日，第 1 版。
［617］易宗平、吴孝俊、黄颖：《网络法庭晒出“阳光审判”》，《海南日报》2013 年 10 月 20 日，第 A02 版。
［618］葛明：《“三网合一”编织民生大网》，《宿迁日报》2013 年 10 月 21 日，第 A01 版。
［619］张涛：《“微”平台　“大”普法》，《民主与法制时报》2013 年 10 月 21 日，第 21 版。
［620］肖玉航：《证监会开微博褒贬难定》，《企业家日报》2013 年 10 月 21 日，第 16 版。
［621］贾献培：《县区政务微博表现有些“拘束”》，《昆明日报》2013 年 10 月 21 日，第 1 版。
［622］戴先任：《涉嫌诈骗的企业微博“大 V”应严惩》，《财会信报》2013 年 10 月 21 日，第 A02 版。
［623］张安定：《Q 群和微博发布办事大厅等候人数》，《东莞日报》2013 年 10 月 22 日，第 A03 版。
［624］李丽、林群、杨茂瑞、吴海龙：《通过微博贯彻党的群众路线做好学生教育工作》，《中国绿色时报》2013 年 10 月 22 日，第 A02 版。
［625］浦江潮：《首张微博罚单有警示意义》，《福建日报》2013 年 10 月 22 日，第 10 版。
［626］郁燕莉：《“双微”合璧将成为微政务发展趋势》，《浙江法制报》2013 年 10 月 23 日，第 3 版。
［627］朱宝琛：《证监会：稳妥推进铁矿石期货市场国际化进程》，《证券日报》2013 年 10 月 23 日，第 A02 版。
［628］赵焕焱：《9 月：海南推行工资集体协商　洲际实施微博连环营销》，《中国旅游报》2013 年 10 月 23 日，第 5 版。
［629］江娇：《省教育厅加强政务微博建设和管理》，《江苏教育报》2013 年 10 月 23 日，第 1 版。
［630］马华：《“五建五强”补齐务实为民的短板》，《中国社会报》2013 年 10 月 23 日，第 3 版。
［631］张晓微：《接地气聚人气 开言路找出路》，《中国安全生产报》2013 年 10 月 24 日，第 4 版。
［632］李淼：《证监会官方微博让信息更加透明》，《中国经济导报》2013 年 10 月 24 日，第 B05 版。
［633］徐丹：《24 万政务微博转型进行时》，《人民日报》2013 年 10 月 24 日，第 14 版。
［634］谭辛：《让“政微博”传递正能量》，《经济日报》2013 年 10 月 25 日，第 2 版。
［635］王东亮：《政府官微须每日更新　政务信息将占六成》，《北京日报》2013 年 10 月 25 日，第 4 版。
［636］利伟、王京雪：《“四岁”微博：浮躁到平静，喧嚣入常态》，《新华每日电讯》2013 年 10 月 25 日，第 16 版。
［637］邓飞：《近四成企业家微博发声应对危机舆情》，《中国经济导报》2013 年 10 月 26

日，第 B06 版。
[638] 彭晶：《用网络做好学生工作》，《中国教育报》2013 年 10 月 28 日，第 6 版。
[639] 曾昌文：《11 处大型法治文化设施下月完工》，《四川法制报》2013 年 10 月 29 日，第 A07 版。
[640] 肖路：《政务微博：织出群众路线新天地》，《苏州日报》2013 年 10 月 29 日，第 A11 版。
[641] 朱宝琛：《政务微博纷纷开通　政策落实气贯长虹》，《证券日报》2013 年 10 月 29 日，第 A03 版。
[642] 张昊：《法官详解微博知识产权焦点问题》，《法制日报》2013 年 10 月 29 日，第 4 版。
[643] 齐燕铭：《新媒体环境下政府信息公开机制的完善》，《光明日报》2013 年 10 月 30 日，第 12 版。
[644] 王京：《政务微博助推政务公开》，《西藏日报（汉）》2013 年 10 月 31 日，第 5 版。
[645] 方舟、李静媛：《微博是时代给官员的一个命题》，《河南日报》2013 年 10 月 31 日，第 3 版。

十一月

[646] 李静：《全媒体时代构建大宣传格局》，《佛山日报》2013 年 11 月 1 日，第 A04 版。
[647] 田瑾：《李智：检察院里的“微博控”》，《检察日报》2013 年 11 月 3 日，第 4 版。
[648] 陈国琴：《政府微博须防“重”建“轻”管》，《陕西日报》2013 年 11 月 4 日，第 12 版。
[649] 骆文珺：《工商部门应重视“微博店铺”监管》，《江苏经济报》2013 年 11 月 4 日，第 B01 版。
[650] 王巷扉、叶小平：《崇头镇“微”处入手建起智慧乡村》，《丽水日报》2013 年 11 月 4 日，第 1 版。
[651]《政务微博推动社会管理创新》，《中国青年报》2013 年 11 月 4 日，第 2 版。
[652] 英芯茌、苏培银：《6000 多条微博搭建警民互动新平台》，《人民公安报》2013 年 11 月 5 日，第 7 版。
[653] 许阳、姚远：《“自首式举报”官员再度微博举报上级》，《21 世纪经济报道》2013 年 11 月 5 日，第 5 版。
[654] 王筑军、冯阿锐：《云岩区微博搭建党建交流“空中走廊”》，《贵州日报》2013 年 11 月 6 日，第 7 版。
[655] 傅勇：《腾讯构建政务微博新平台》，《经济参考报》2013 年 11 月 7 日，第 7 版。
[656] 聂扬飞：《互动“零距离”　政民“心连心”》，《安徽日报》2013 年 11 月 8 日，第 1 版。
[657] 高菲：《银川探索网络时代“群众路线”》，《宁夏日报》2013 年 11 月 8 日，第 2 版。
[658] 颜敬礼、谭丝姮：《交通微博如何在互动服务上下工夫》，《中国交通报》2013 年 11 月 8 日，第 3 版。
[659] 余继红、张勇：《宜宾形成纪检监察政务微博“群效应”》，《中国纪检监察报》2013 年 11 月 9 日，第 2 版。

［660］陈里：《充分发挥网络社会的虚拟民主作用》，《中国青年报》2013 年 11 月 11 日，第 2 版。
［661］江鹏程：《微博直播庭审要顺势而为》，《人民政协报》2013 年 11 月 11 日，第 B04 版。
［662］张鹏、于海涛：《邹城：以平等包容的心态对待网民批评》，《人民公安报》2013 年 11 月 12 日，第 6 版。
［663］吕峰、王姝峰、郭静：《“微宣传”释放法治正能量》，《检察日报》2013 年 11 月 12 日，第 2 版。
［664］魏海政、陈敏：《济南教育悄然跨入“微时代”》，《中国教育报》2013 年 11 月 13 日，第 3 版。
［665］黄坚、曾霄：《微信 + 微博：厦门国税局实现信息传播广覆盖》，《中国税务报》2013 年 11 月 13 日，第 B05 版。
［666］李沛珂：《微博问政就应面对面听取民意》，《兰州日报》2013 年 11 月 13 日，第 6 版。
［667］高原雪、马国胜：《政务微博如何真正理政?》，《河北日报》2013 年 11 月 13 日，第 6 版。
［668］孙秋、陈潜：《做实网络服务群众》，《杭州日报》2013 年 11 月 14 日，第 A10 版。
［669］崇晓萌、卢亦杉：《类传销电商盯上微博营销》，《北京商报》2013 年 11 月 14 日，第 F01 版。
［670］姜明、李晓群：《我省法院推进阳光司法》，《安徽日报》2013 年 11 月 14 日，第 2 版。
［671］董智媛：《健全机制加强联动提升运行效果》，《惠州日报》2013 年 11 月 15 日，第 A01 版。
［672］潘旭：《官网官微“僵尸化”还真不少》，《新华每日电讯》2013 年 11 月 15 日，第 5 版。
［673］楚卿：《纸媒自重，勿做微博传声筒》，《中国艺术报》2013 年 11 月 18 日，第 4 版。
［674］杜远：《政务微博要多谈“政事”》，《经济观察报》2013 年 11 月 18 日，第 15 版。
［675］冯宸：《微博舆论场：暧昧却各具特点》，《中国新闻出版报》2013 年 11 月 19 日，第 6 版。
［676］申艳菡：《关注民生　服务社会　办百姓欢迎的微博》，《保定日报》2013 年 11 月 19 日，第 A01 版。
［677］王超：《小议政务微博在审计工作中的作用》，《中国审计报》2013 年 11 月 20 日，第 6 版。
［678］王利军、裴海波：《检察机关官方微博如何定位》，《江苏法制报》2013 年 11 月 20 日，第 3 版。
［679］徐小飞：《当心！微博跟帖也能构成侵权》，《人民法院报》2013 年 11 月 20 日，第 2 版。
［680］任晓宁：《三季度“微”力依旧无穷》，《中国新闻出版报》2013 年 11 月 21 日，第 8 版。
［681］史鹏飞、魏兆阳：《“团聚”微博　编织青春版图》，《人民日报》2013 年 11 月 21 日，第 14 版。

[682] 李婷、庞莹：《政务微博如何不当“僵尸”不作秀?》，《四川日报》2013 年 11 月 21 日，第 2 版。

[683] 唐斯佳：《政府部门如何创新网络问政手段》，《广西日报》2013 年 11 月 22 日，第 10 版。

[684] 吴韬：《校长“刷微博”不应“强制”》，《河北日报》2013 年 11 月 22 日，第 2 版。

[685] 张先明：《最高人民法院开通官方微博微信》，《人民法院报》2013 年 11 月 22 日，第 1 版。

[686] 秦夕雅、田享华：《最高法官方微博、微信“首秀”》，《第一财经日报》2013 年 11 月 22 日，第 A05 版。

[687] 杨维汉、陈菲：《最高法开通官方微博微信，助司法公开》，《新华每日电讯》2013 年 11 月 22 日，第 1 版。

[688] 邓海建：《校长发微博政府也要“伸手”管?》，《中国教育报》2013 年 11 月 23 日，第 1 版。

[689] 符向军：《微博发布厅：司法公开的一扇窗》，《人民法院报》2013 年 11 月 25 日，第 1 版。

[690] 秦玮玮：《政务微博如何传递政能量?》，《宝鸡日报》2013 年 11 月 26 日，第A02 版。

[691] 许可：《微信微博都要玩支付　“先驱”可别变“先烈”》，《证券日报》2013 年 11 月 26 日，第 A02 版。

[692] 侯金亮：《政务微博应大有作为》，《重庆日报》2013 年 11 月 26 日，第 11 版。

[693] 符周顺：《广东电信革新服务感知　微博微信客服受热捧》，《通信信息报》2013 年 11 月 27 日，第 A10 版。

[694]《校长要不要发微博》，《新华日报》2013 年 11 月 27 日，第 B06 版。

[695] 袁定波：《法院政务微博不得随意点评个案》，《法制日报》2013 年 11 月 28 日，第 5 版。

[696] 谢盼、张博：《感知民声　听取民需》，《中国气象报》2013 年 11 月 28 日，第 2 版。

[697] 赵敏：《“小天”发布　大有作为》，《中国气象报》2013 年 11 月 28 日，第 2 版。

[698] 王文武：《须防“校长上微博”成秀》，《中国新闻出版报》2013 年 11 月 28 日，第 3 版。

[699] 袁舒婕：《突发事件反应迅速　舆论引导理性正面》，《中国新闻出版报》2013 年 11 月 29 日，第 1 版。

[700] 王峥：《从“被批判”到“被认同”　微博改变“争议任志强”》，《证券日报》2013 年 11 月 30 日，第 B03 版。

[701] 王鹤、李志洁、李彩华：《通过“解剖麻雀”　打造阳光财政》，《广州日报》2013 年 11 月 30 日，第 2 版。

十二月

[702] 郑莹莹：《达成“成都共识”　弘扬网络空间的正能量》，《成都日报》2013 年 12 月 1 日，第 1 版。

[703] 卢永春：《微博“国家队”如何更好发力》，《人民日报》2013 年 12 月 2 日，第 5

版。
[704]《政务微博和主流媒体微博成都共识》，《成都日报》2013年12月2日，第2版。
[705] 阳亚舟：《政务微博切勿走形式》，《四川政协报》2013年12月3日，第2版。
[706] 徐首天：《官方微博：新媒体时代的“黑马”》，《吉林日报》2013年12月3日，第8版。
[707] 骁飞：《当心！微博跟帖也可能构成侵权》，《北方法制报》2013年12月4日，第5版。
[708] 章剑：《小微博　大情怀　正能量》，《浙江日报》2013年12月4日，第14版。
[709]《微博普法扩延法律援助覆盖面》，《工人日报》2013年12月4日，第3版。
[710] 倾城：《微博上新来的最高法》，《长江日报》2013年12月4日，第5版。
[711] 陈一新：《用好管好网上舆论场　凝聚赶超发展正能量》，《浙江日报》2013年12月4日，第14版。
[712] 向东、王雪峰：《微博直播庭审 阳光审判的新模式》，《西部法制报》2013年12月5日，第8版。
[713] 赵则阳、史良：《基层该不该开微博?》，《工人日报》2013年12月6日，第7版。
[714] 崔华丽、宋宗伟、吴胜辉：《小小微博　打造校园文化盛宴》，《解放军报》2013年12月6日，第11版。
[715] 杨彦华、王文珺：《500多个微博集群牢牢抓住理想信念》，《中山日报》2013年12月8日，第1版。
[716] 顾丹：《荆楚六五普法亮点扫描》，《湖北日报》2013年12月8日，第3版。
[717] 采桑子：《政务微博：平等互动才有正能量》，《长江日报》2013年12月9日，第6版。
[718] 邓子庆：《政务微博不能自娱自乐成“浮云”》，《检察日报》2013年12月9日，第5版。
[719] 关清、王蕴、王鹏：《阜阳警方微博直播案件侦破过程获好评》，《人民公安报》2013年12月9日，第4版。
[720] 胡春溪：《小议提升政务公开水平的着力点》，《中国纪检监察报》2013年12月10日，第3版。
[721] 屈辰：《“气象北京”微博：在“卖萌”中求变》，《中国气象报》2013年12月12日，第2版。
[722] 吴军华：《新媒体拉近妇联和群众的现实距离》，《中国妇女报》2013年12月12日，第A02版。
[723] 一言：《法院微博悬赏抓“老赖”的深意》，《东莞日报》2013年12月12日，第A02版。
[724] 张世悬：《2013，媒体微博新力量》，《人民日报》2013年12月12日，第20版。
[725] 韩俊杰、李巍：《河南公安：微博服务日领导齐上阵》，《中国青年报》2013年12月13日，第3版。
[726] 单炜、姜雅静：《包头交警用心架起交通安全桥》，《人民公安报·交通安全周刊》2013年12月13日，第1版。

［727］郭晨：《善用微博公布事实真相》，《人民公安报·交通安全周刊》2013 年 12 月 13 日，第 1 版。

［728］吴素红：《交通微博不仅“要说话”而且“会说话”》，《中国交通报》2013 年 12 月 13 日，第 3 版。

［729］朱薇：《民有所呼　我有所应》，《中国环境报》2013 年 12 月 13 日，第 7 版。

［730］朱旻：《140 字“晒”出司法透明度》，《江苏法制报》2013 年 12 月 13 日，第 1 版。

［731］王颖群：《利用微博做好大学辅导员工作》，《吉林日报》2013 年 12 月 14 日，第 7 版。

［732］施团轩、许琴：《“没有 QQ、不玩微信微博，都不好意思说自己是团干部”》，《南京日报》2013 年 12 月 16 日，第 A02 版。

［733］刘业林：《镇江工会微博发布维权预警信息》，《工人日报》2013 年 12 月 16 日，第 2 版。

［734］王玉平、杨杨：《青铜峡网上党支部成大学生村官“充电宝”》，《宁夏日报》2013 年 12 月 16 日，第 2 版。

［735］耿银平：《让微博发挥现代化管理服务效应》，《人民邮电》2013 年 12 月 16 日，第 4 版。

［736］张玉珍：《重大突发事件须两小时内发布新闻》，《江西日报》2013 年 12 月 17 日，第 A02 版。

［737］卢荣茂、官松：《聚合微博“廉能量”》，《中国纪检监察报》2013 年 12 月 17 日，第 5 版。

［738］赵路锦：《工商机关监管虚假微博广告的对策建议》，《中国工商报》2013 年 12 月 17 日，第 B03 版。

［739］裴力、潘强：《主流媒体微博传导正能量作用独特》，《中国改革报》2013 年 12 月 18 日，第 5 版。

［740］孟晓冬：《齐抓共管 构建全市“一张网”》，《秦皇岛日报》2013 年 12 月 18 日，第 1 版。

［741］朱兴忠　郭登通：《一条微博引发的效能风暴》，《张掖日报》2013 年 12 月 19 日，第 1 版。

［742］焦德武：《做好新形势下的微博舆论引导》，《合肥日报》2013 年 12 月 19 日，第 5 版。

［743］张咏馨：《当教育邂逅微博》，《天津教育报》2013 年 12 月 20 日，第 6 版。

［744］林劲标：《政法微博发展的变与不变》，《人民法院报》2013 年 12 月 20 日，第 2 版。

［745］陈曦：《省政府办公厅出台关于进一步加强政府信息公开回应社会关切提升政府公信力的实施意见》，《贵州日报》2013 年 12 月 21 日，第 2 版。

［746］卢金增：《90 多个院开通微博微信》，《检察日报》2013 年 12 月 22 日，第 1 版。

［747］黄洁：《奇虎和周鸿祎被判共同侵权》，《法制日报》2013 年 12 月 23 日，第 8 版。

［748］罗书臻：《微博：司法“亮相”新平台》，《人民法院报》2013 年 12 月 23 日，第 1 版。

［749］杨宝华：《奎屯“民情微博”架起党群干群“连心桥”》，《伊犁日报日，第汉）》

2013 年 12 月 25 日，第 2 版。
[750] 张梦曦：《政务微博加强政民互动》，《昆明日报》2013 年 12 月 26 日，第 1 版。
[751] 周雁凌：《用公开求得公信》，《中国环境报》2013 年 12 月 26 日，第 2 版。
[752] 崔凌云：《省内各地市宣传部门全面“开博”》，《兰州日报》2013 年 12 月 28 日，第 1 版。
[753] 林平、高鑫：《政法新媒体更务实更亲民》，《检察日报》2013 年 12 月 28 日，第 4 版。
[754] 傅玥雯：《广东供电服务进入“指尖”时代》，《中国能源报》2013 年 12 月 30 日，第 3 版。
[755] 韩伟：《微博问政须警惕四种倾向》，《光明日报》2013 年 12 月 30 日，第 12 版。

2014年

一月

[1] 余飞：《法院微博成 2013 年政务微博“弄潮儿”》，《法制日报》2014 年 1 月 2 日，第 4 版。
[2] 高柱、张媛媛：《四川工会维权进入“全天候”监控状态》，《工人日报》2014 年 1 月 2 日，第 6 版。
[4] 刘硕、姚友明：《明星微博一句牢骚，可能是一字千金的“软广告”》，《新华每日电讯》2014 年 1 月 2 日，第 7 版。
[5] 史望颖：《同学，院长书记等你微博拉“家常”》，《中国教育报》2014 年 1 月 3 日，第 3 版。
[6] 郭京霞、赵岩、佘贵清：《北京：审判信息网上线提速司法公开》，《人民法院报》2014 年 1 月 3 日，第 1 版。
[7] 陈志刚、刘伟、冯俊燕：《甘肃：集群化公安微博高效服务群众》，《人民公安报》2014 年 1 月 3 日，第 3 版。
[8] 张倩怡：《新浪微博最火私信系乌龙?》，《北京日报》2014 年 1 月 3 日，第 10 版。
[9] 吕毅品：《治理谣言，迈向精细化》，《人民日报》2014 年 1 月 3 日，第 4 版。
[10] 李祥：《借网络平台为民办事》，《甘肃日报》2014 年 1 月 3 日，第 5 版。
[12] 张思思：《微博问政给力食品药品安全监管》，《中国医药报》2014 年 1 月 6 日，第 4 版。
[13] 刘大山：《政务微博也需打开“心门”》，《南京日报》2014 年 1 月 6 日，第 F02 版。
[14] 蒋皓：《2013 年政法微博达 3.75 万个》，《法制日报》2014 年 1 月 7 日，第 1 版。
[15] 孙超逸：《新浪支付宝推出微博支付》，《北京日报》2014 年 1 月 8 日，第 12 版。
[16] 王炯业：《支付宝推微博支付》，《上海证券报》2014 年 1 月 8 日，第 F08 版。
[17] 魏蔚、吴辰光：《支付宝新浪微博合围微信支付》，《北京商报》2014 年 1 月 8 日，第 3 版。
[18] 侯继勇：《支付宝推出微博支付打造线上线下两个闭环》，《21 世纪经济报道》2014 年

1 月 8 日，第 20 版。
[19] 王斌、王明杨：《微博纠纷也能开展人民调解》，《法制日报》2014 年 1 月 9 日，第 2 版。
[20] 宋宁华：《“浦东发布”：大事小事都答应》，《组织人事报》2014 年 1 月 9 日，第6 版。
[21] 高亮、衷敬睿：《微博活跃度之辩：真衰还是假摔》，《重庆商报》2014 年 1 月 10 日，第 B09 版。
[22] 焦宏：《特色农产品“微营销”很火》，《农民日报》2014 年 1 月 11 日，第 7 版。
[23] 唐薇：《微博时代如何应对工商网络舆情》，《中国工商报》2014 年 1 月 11 日，第 3 版。
[24] 金鑫、孙薇：《吉林围绕政务小微博做出便民大文章》，《人民公安报·交通安全周刊》2014 年 1 月 14 日，第 1 版。
[25] 袁舒婕、石晓彤：《政务微博井喷之年，夺回互联网上麦克风》，《中国新闻出版报》2014 年 1 月 14 日，第 7 版。
[26] 袁舒婕：《政务微博井喷之年，夺回互联网上麦克风》，《中国新闻出版报》2014 年 1 月 14 日，第 7 版。
[27] 朱迅垚：《微博式微与政务微博崛起》，《南方日报》2014 年 1 月 15 日，第 F02 版。
[28] 吴辰光：《台网联动引发社交媒体变革》，《北京商报》2014 年 1 月 15 日，第 B03 版。
[30] 董城：《“双微服务”到来，首都优势尽显》，《光明日报》2014 年 1 月 16 日，第 10 版。
[31] 秦洁：《打造“服务型”政府提升政府公信力》，《联合日报》2014 年 1 月 17 日，第 13 版。
[32] 许文军：《全国公安交管腾讯微博发布厅上线》，《人民公安报·交通安全周刊》2014 年 1 月 17 日，第 1 版。
[33] 顾威、刘旭：《为了心中的“理想国”》，《工人日报》2014 年 1 月 19 日，第 1 版。
[34] 李影：《“指尖上”的政民互动》，《成都日报》2014 年 1 月 20 日，第 1 版。
[35] 李松：《北大诉邹恒甫涉嫌名誉侵权案开庭》，《法制日报》2014 年 1 月 21 日，第 8 版。
[36] 杜昱葆、李峰：《大学生村官微博卖菜解农民难题》，《中国教育报》2014 年 1 月 21 日，第 1 版。
[37] 王永庆、赵晶晶：《郑州多个微博“联播报春运”》，《中国气象报》2014 年 1 月 22 日，第 2 版。
[38] 陈颖婷、翟珺、王川：《对重大案件可微博直播庭审落实错案追究机制》，《上海法治报》2014 年 1 月 22 日，第 A02 版。
[39] 王晓冬、吴成：《银川市局敢于直面微博“麻辣烫”》，《中国医药报》2014 年 1 月 22 日，第 2 版。
[40] 钱华明、徐吉梅、崔宁华：《开发区法院开拓“新群众路线”》，《镇江日报》2014 年 1 月 22 日，第 1 版。
[41] 王眉灵：《接民声通民情暖民心》，《成都日报》2014 年 1 月 22 日，第 1 版。
[42] 龚信：《政府信息公开迈入 2.0 时代》，《人民日报》2014 年 1 月 23 日，第 2 版。
[43] 刘硕、姚友明：《明星微博监管“漏洞”谁来填?》，《国际商报》2014 年 1 月 23 日，

第 C01 版。
[44] 徐隽：《当司法公开遇上网络新媒体》，《人民日报》2014 年 1 月 23 日，第 14 版。
[45] 侯建江：《微博使用照片的法律边界》，《中国摄影报》2014 年 1 月 24 日，第 2 版。
[46] 龚信：《政府信息公开迈入 2.0 时代》，《广西政协报》2014 年 1 月 25 日，第 2 版。
[47] 赵刚：《微博衰退潮来临?》，《光明日报》2014 年 1 月 25 日，第 10 版。
[48] 高翔：《张后奇闪辞平安养老微博发炮公开“重大意见分歧”》，《上海证券报》2014 年 1 月 25 日，第 4 版。
[49] 操秀英：《政府网站在微博等社交媒体的影响力明显不足》，《科技日报》2014 年 1 月 27 日，第 3 版。
[50] 杨阳：《市值缩水 5 亿美元，新浪微博“衰”了吗?》，《经济观察报》2014 年 1 月 27 日，第 31 版。
[51] 汤南、穗纪宣：《举行发布会开微博微信晒权力清单》，《广州日报》2014 年 1 月 27 日，第 3 版。

二月

[52] 于泽华：《微博的法律规制势在必行》，《人民公安报》2014 年 2 月 6 日，第 3 版。
[53] 贾献培：《指尖问政：政民互动互信新时代》，《昆明日报》2014 年 2 月 8 日，第 1 版。
[54] 何碧帆：《政务微博：开启政民互动新渠道》，《梅州日报》2014 年 2 月 10 日，第 3 版。
[55] 姜伯静：《微博的尴尬》，《中国青年报》2014 年 2 月 10 日，第 2 版。
[56] 凌翔：《影响力微博是这样打造的》，《检察日报》2014 年 2 月 10 日，第 7 版。
[57] 杨向荣：《微博的图文景观及其反思》，《文艺报》2014 年 2 月 12 日，第 3 版。
[58] 李钰之：《微博“软广告”能逍遥法外吗》，《检察日报》2014 年 2 月 13 日，第 1 版。
[59] 张文：《个人微博能办慈善拍卖吗》，《中国商报》2014 年 2 月 13 日，第 P06 版。
[60] 周人果：《旅游微博营销已成强弩之末?》，《中国文化报》2014 年 2 月 15 日，第 7 版。
[61] 张云鹭、卢义杰：《“狼牙山五壮士”微博案当事人败诉》，《中国青年报》2014 年 2 月 16 日，第 3 版。
[62] 张云霄、赵峰：《微博反腐：注入反腐正能量》，《检察日报》2014 年 2 月 18 日，第 7 版。
[63] 王国杰、郭振林：《“微纪录”满载亲民正能量》，《人民公安报》2014 年 2 月 18 日，第 6 版。
[64] 代桂云、王琦：《青岛各媒体“两会平台”火热开聊》，《人民政协报》2014 年 2 月 18 日，第 2 版。
[65] 王丹娜、刘鹏飞：《新闻“众包”受欢迎政府借微博“去脸谱化”》，《中国新闻出版报》2014 年 2 月 18 日，第 7 版。
[66] 蔡恩泽：《“微博热”快速退烧的警示》，《上海证券报》2014 年 2 月 18 日，第 A02 版。
[67] 吴胜武：《网络问政不能用上网代替上门》，《光明日报》2014 年 2 月 18 日，第 2 版。
[68] 徐进：《汉唐网：彰显华夏文明的陕西历史名片》，《中国文物报》2014 年 2 月 19 日，

第 3 版。
[69] 耿嘉俊：《网购新规给微博营销戴上紧箍咒》，《北京商报》2014 年 2 月 20 日，第 F04 版。
[70] 韦巧云、彭程：《我市政务微博已有 5447 个》，《重庆日报》2014 年 2 月 20 日，第 1 版。
[72] 张妍、郭玲：《让气象服务实现“微距离”》，《中国气象报》2014 年 2 月 20 日，第 2 版。
[73] 徐伟：《明星微博做“软广告”也应担责》，《中国贸易报》2014 年 2 月 20 日，第 6 版。
[74] 张艳利、谭顺秋、叶晨：《做得好不好请网友打分》，《佛山日报》2014 年 2 月 20 日，第 A02 版。
[75] 何珂、李浩：《“大 V”推商品需标明广告身份》，《安徽日报》2014 年 2 月 24 日，第 11 版。
[76] 陈秀榕：《借助网络走进妇女心灵运用微博引领妇女前行》，《中国妇女报》2014 年 2 月 25 日，第 B01 版。
[77] 吴家明：《新浪微博开讲“中国版推特”故事》，《证券时报》2014 年 2 月 25 日，第 A04 版。
[78] 张绪旺：《首现盈利新浪微博上市窗口打开》，《北京商报》2014 年 2 月 26 日，第 3 版。
[79] 毕玉才、刘勇：《指尖传递正能量》，《光明日报》2014 年 2 月 26 日，第 1 版。
[80] 任晓宁：《新浪微博首次实现季度赢利》，《中国新闻出版报》2014 年 2 月 26 日，第 3 版。

三月

[81] 姜义双：《郭明义微博座谈会在北京举行》，《辽宁日报》2014 年 3 月 1 日，第 1 版。
[82] 毕玉才、吴琳、刘勇：《利用新媒体传播社会主义核心价值观的创新之举》，《光明日报》2014 年 3 月 1 日，第 6 版。
[83] 陈璞：《开封以“网”为媒开创廉政教育新局面》，《中国纪检监察报》2014 年 3 月 2 日，第 2 版。
[84] 桂杰：《北京百位新闻发言人集体开微博》，《中国青年报》2014 年 3 月 2 日，第 4 版。
[85] 翁惠娟、韩文嘉：《600 多天了，深圳官微在做什么?》，《深圳特区报》2014 年 3 月 3 日，第 A06 版。
[86] 孔令泉：《上海闵行的“微博联盟”普法》，《民主与法制时报》2014 年 3 月 3 日，第 17 版。
[87] 罗亦丹：《新浪微博上市窗口再现》，《新金融观察》2014 年 3 月 3 日，第 48 版。
[88] 黄碧云：《政民沟通，从“指尖”到“眼前”》，《佛山日报》2014 年 3 月 3 日，第 A01 版。
[89] 苏吕昌：《“依法治网”提亮网络空间底色》，《人民日报海外版》2014 年 3 月 7 日，第 12 版。

［90］李友凡、廖磊：《〈重庆商报〉：微博办报延伸服务维度》，《中国新闻出版报》2014 年 3 月 7 日，第 2 版。
［91］郑亦工：《两县长详解微推力》，《山西经济日报》2014 年 3 月 9 日，第 1 版。
［92］宗河：《部长微博话教改》，《中国教育报》2014 年 3 月 9 日，第 1 版。
［93］李柯勇、秦亚洲、李铮：《两会“大数据”：300 万条微博听民声》，《新华每日电讯》2014 年 3 月 10 日，第 5 版。
［94］张亮、赵红旗：《网络时代司法公开更具生命力》，《法制日报》2014 年 3 月 11 日，第 5 版。
［95］李丹丹：《开辟网络问政新渠道》，《昆明日报》2014 年 3 月 12 日，第 2 版。
［96］肖雪荣、马晓燕：《海盐：政务微博服务群众“无微不至”》，《中国纪检监察报》2014 年 3 月 13 日，第 3 版。
［97］薛晓君：《浅析煤炭企业共青团组织如何建立微博、微信工作平台服务青年成长成才》，《山西青年报》2014 年 3 月 15 日，第 2 版。
［98］侯云龙：《新浪微博提交赴美 IPO 申请》，《经济参考报》2014 年 3 月 17 日，第 3 版。
［99］吴成良、许志峰、张意轩：《新浪微博阿里巴巴拟赴美上市》，《人民日报》2014 年 3 月 17 日，第 14 版。
［100］林培：《政务微博，互动比粉丝更重要》，《新华日报》2014 年 3 月 17 日，第A01 版。
［101］赵家新、冯勇、王柱军：《盐城高速交警私人微博成“市民热线”》，《人民公安报·交通安全周刊》2014 年 3 月 18 日，第 1 版。
［102］范业庶：《如何借力微博推进科技图书出版营销》，《中国新闻出版报》2014 年 3 月 20 日，第 4 版。
［103］邓凌月：《提升干部“微素养”守护党的“生命线”》，《光明日报》2014 年 3 月 20 日，第 11 版。
［104］郭元鹏：《政府发个微博怎么要花 90 万》，《中国商报》2014 年 3 月 21 日，第 P02 版。
［105］江娇：《省教育厅部署 2014 年新闻宣传工作》，《江苏教育报》2014 年 3 月 21 日，第 1 版。
［106］范非：《县长微博代言试水微推力》，《山西日报》2014 年 3 月 21 日，第 A03 版。
［107］吴凰汇：《法院微博拓展司法为民新通道》，《广西法治日报》2014 年 3 月 21 日，第 3 版。
［108］周者军：《成县：网络问政为民解忧电子商务助农增收》，《甘肃日报》2014 年 3 月 21 日，第 4 版。
［108］何雪峰：《让政务微博“活”起来》，《安徽日报》2014 年 3 月 21 日，第 5 版。
［110］阮蓓茜、潘凤前：《组工微博那些事儿》，《浙江日报》2014 年 3 月 27 日，第 17 版。
［111］范志刚、刘小荣：《“微世界”服务大民生》，《江西日报》2014 年 3 月 29 日，第 1 版。
［112］夏武：《南川：“@金山廉韵”给力纪检工作》，《中国纪检监察报》2014 年 3 月 30 日，第 2 版。
［113］董延、文晶：《民有所愿我有所为》，《重庆日报》2014 年 3 月 31 日，第 2 版。
［114］董延：《民有所愿我有所为》，《重庆日报》2014 年 3 月 31 日，第 2 版。

四月

[115] 郭跃华:《省纪委官方微博正式上线》,《河南法制报》2014 年 4 月 1 日，第 1 版。

[116] 牟维熙:《规范网络微博反腐之我见》,《江苏法制报》2014 年 4 月 1 日，第 C 版。

[117] 江鹏程:《微博时代，法官如何面对》,《人民法院报》2014 年 4 月 2 日，第 2 版。

[118] 吴辰光:《新浪微博纳斯达克上市交易代码为“WB”》,《北京商报》2014 年 4 月 2 日，第 3 版。

[119] 杨萌:《新浪微博抢注“微博”，具体上市时间仍未敲定》,《证券日报》2014 年 4 月 2 日，第 C02 版。

[120] 何勇海:《碎片化的“微博书”能走多远?》,《中国艺术报》2014 年 4 月 2 日，第 2 版。

[121] 张晓娜:《政法微博群合力构建“法治肇庆”》,《民主与法制时报》2014 年 4 月 3 日，第 9 版。

[122] 胡亮:《政府信息公开应引入社会评价机制》,《中国经济时报》2014 年 4 月 4 日，第 2 版。

[123] 李义山:《“院长微博”：民意沟通新维度的探索》,《人民法院报》2014 年 4 月 5 日，第 2 版。

[124] 马海邻:《三月里，微博回春?》,《解放日报》2014 年 4 月 5 日，第 1 版。

[125] 方敏:《这种慈善方式规范吗》,《人民日报》2014 年 4 月 8 日，第 13 版。

[126] 李雪昆:《微博运营且行且思量》,《中国新闻出版报》2014 年 4 月 8 日，第 8 版。

[127] 尚瑞轩、刘进:《新媒体时代政务微博如何拿捏一个“活”字》,《中国税务报》2014 年 4 月 9 日，第 B01 版。

[128] 晋雅芬:《政务微博客进入平稳增长期》,《中国新闻出版报》2014 年 4 月 9 日，第 1 版。

[129] 张济环:《着力打造成都人社联系服务群众新媒体集群》,《中国劳动保障报》2014 年 4 月 9 日，第 3 版。

[130] 华春雨:《政务微博客需找新出路》,《中华工商时报》2014 年 4 月 9 日，第 1 版。

[131] 魏怡兰:《惠州旅游玩转粉丝经济》,《惠州日报》2014 年 4 月 10 日，第 A04 版。

[132] 周晋冰:《“晋中发布”引领全市政务建设“微革命”》,《晋中日报》2014 年 4 月 11 日，第 1 版。

[133] 梅正亮:《两条档案政务微博引发的思考》,《中国档案报》2014 年 4 月 11 日，第 2 版。

[134] 张入文:《“绵阳司法”微平台开启司法为民“直通车”》,《绵阳日报》2014 年 4 月 11 日，第 1 版。

[135]《“秦火火”诽谤、寻衅滋事案今日开庭》,《新华每日电讯》2014 年 4 月 11 日，第 4 版。

[136] 李林、汪泉:《十省高法官方微博 3 年直播 45 起庭审》,《中国青年报》2014 年 4 月 11 日，第 3 版。

[137] 李双双:《从“指尖问政”到“指尖办事”》,《昆明日报》2014 年 4 月 12 日，第

1 版。
[138] 王春：《政务微博成公众获取楼塌事件信息主渠道》，《法制日报》2014 年 4 月 14 日，第 4 版。
[139] 郑炜梅、阮福祥：《政务微博管理规定出台》，《梅州日报》2014 年 4 月 14 日，第 1 版。
[140] 李林、汪泉：《纪委微博受好评，网友呼吁纪委设“公众开放日”》，《中国青年报》2014 年 4 月 14 日，第 3 版。
[141] 自强、胡纯洁、唐义生：《论名人微博广告的监管对策》，《中国工商报》2014 年 4 月 15 日，第 8 版。
[142] 邱永浩：《政务微博，且做且珍惜》，《中国青年报》2014 年 4 月 16 日，第 2 版。
[143] 叶海英：《后微博时代如何留住“粉丝”》，《中国气象报》2014 年 4 月 16 日，第 4 版。
[144] 童彤：《应防止政务微博从过热走向过冷》，《中国经济时报》2014 年 4 月 16 日，第 2 版。
[145] 邹韧：《微博转发图片惹争议不营利也侵权吗?》，《中国新闻出版报》2014 年 4 月 16 日，第 8 版。
[146] 刘少华：《国际政要热衷来华当网友》，《人民日报海外版》2014 年 4 月 16 日，第 4 版。
[147] 张华君、黄远：《新浪微博登陆纳斯达克》，《第一财经日报》2014 年 4 月 18 日，第 A16 版。
[148] 王新亮、冉志明：《“微博围观”下的司法公正》，《人民法院报》2014 年 4 月 18 日，第 2 版。
[149] 高洁、梁建强：《官网官微更新，要看谁的“心情”》，《新华每日电讯》2014 年 4 月 18 日，第 4 版。
[150] 傅盛裕：《微博后续将发力社交商务》，《文汇报》2014 年 4 月 18 日，第 3 版。
[151] 温婷：《新浪微博如何突围移动互联网》，《上海证券报》2014 年 4 月 18 日，第 F07 版。
[152] 冯璐、袁慧晶、黄浩铭、范晓：《从“微信自我革命”到“微博革微信的命”》，《新华每日电讯》2014 年 4 月 18 日，第 5 版。
[153] 曲忠芳：《新浪微博昨晚登陆纳斯达克》，《北京商报》2014 年 4 月 18 日，第 1 版。
[154] 张绪旺：《新浪微博上市为阿里探路华尔街》，《北京商报》2014 年 4 月 18 日，第 3 版。
[155] 王荣：《新浪微博登陆纳斯达克》，《中国证券报》2014 年 4 月 18 日，第 A10 版。
[156] 陈喻：《上市就是微博的命》，《证券时报》2014 年 4 月 19 日，第 A07 版。
[157] 吴杰：《全市公安机关打造服务规范窗口》，《榆林日报》2014 年 4 月 19 日，第 5 版。
[158] 董城：《北京“双微双矩阵”搭建服务百姓新平台》，《光明日报》2014 年 4 月 19 日，第 10 版。
[159] 赵昂：《政务微博不该逐渐沉睡》，《工人日报》2014 年 4 月 20 日，第 3 版。
[160] 王易见：《微博上市是新浪全新的起点》，《人民邮电》2014 年 4 月 21 日，第 4 版。
[161] 张昊：《微博还有价值吗?》，《经济观察报》2014 年 4 月 21 日，第 15 版。

[162] 林宸：《新浪微博到底值多少钱?》，《上海证券报》2014 年 4 月 21 日，第 7 版。
[163] 侯继勇、赵青：《微博上市：终结与开始》，《21 世纪经济报道》2014 年 4 月 21 日，第 17 版。
[164] 卓尚进：《新浪微博上市引领互联网生态体系重构》，《金融时报》2014 年 4 月 21 日，第 3 版。
[165] 刘燚：《新浪微博的估值与变量》，《21 世纪经济报道》2014 年 4 月 21 日，第 18 版。
[166] 信海光：《微博上市：莫忘初心，把握住媒体的社会价值》，《21 世纪经济报道》2014 年 4 月 21 日，第 6 版。
[171] 白续宏、杜鹃、周晋冰：《"晋中发布"喜升全国政务微博十佳》，《山西日报》2014 年 4 月 21 日，第 A01 版。
[167] 周歌：《"官方微博"不要老没"下文"》，《中国文化报》2014 年 4 月 21 日，第 2 版。
[168] 白续宏：《"晋中发布"喜升全国政务微博十佳》，《山西日报》2014 年 4 月 21 日，第 A01 版。
[169] 范春郁、王厤瀞：《微博言论需有度名誉侵权应避开》，《人民法院报》2014 年 4 月 21 日，第 6 版。
[170] 李林：《十省高法官方微博 3 年直播 45 起庭审》，《民主与法制时报》2014 年 4 月 21 日，第 17 版。
[171] 侯锷：《政务新媒体呈现多元化发展格局》，《中国税务报》2014 年 4 月 23 日，第 B05 版。
[172] 袁定波：《网络成知识产权利人维权主战场》，《法制日报》2014 年 4 月 23 日，第 5 版。
[173] 王剑锋：《让群众共享基层政务服务提升红利》，《深圳特区报》2014 年 4 月 24 日，第 A09 版。
[174] "新媒体营销监管"课题组：《加强微信微博等新媒体营销监管的建议》，《中国工商报》2014 年 4 月 24 日，第 3 版。
[175] 邓新建、章宁旦、陈永博：《吃蟹者"法治肇庆"实现"三级跳"》，《法制日报》2014 年 4 月 24 日，第 2 版。
[176] 曾晶菁：《微博微信手机报，多平台实现检民互动》，《四川法制报》2014 年 4 月 25 日，第 B04 版。
[177] 胡北：《图书馆微博面面观》，《新华书目报》2014 年 4 月 25 日，第 A09 版。
[178] 陈永东：《微博上市后或有十大发力点》，《人民邮电》2014 年 4 月 25 日，第 6 版。
[179] 张昊：《四种新型网络服务模式引发侵权之争》，《法制日报》2014 年 4 月 26 日，第 4 版。
[180] 罗力生：《三"微"一体，服务群众无微不至》，《人民公安报》2014 年 4 月 26 日，第 4 版。
[181] 蒋欣静：《自治区检察院：官方微博开通上线》，《广西法治日报》2014 年 4 月 28 日，第 1 版。
[182] 桂杰、袁蔚然：《"对着网民说人话"》，《中国青年报》2014 年 4 月 28 日，第 5 版。

[183] 张伟：《新浪微博上市引发三大猜想》，《中国高新技术产业导报》2014 年4 月28 日，第 A07 版。

[184] 吴素红：《从突发公共事件看交通微博表现》，《中国交通报》2014 年 4 月 28 日，第 3 版。

[185] 郭奎涛：《微博上市削弱新浪控制力》，《中国企业报》2014 年 4 月 29 日，第 7 版。

[186] 黄俪、蒋文跃：《广西政务微博：部分账号表现亮眼》，《广西日报》2014 年 4 月 29 日，第 4 版。

[187] 丘桂昆：《南宁：消防微博来“卖萌”，亲民路线受欢迎》，《人民公安报·消防周刊》2014 年 4 月 30 日，第 1 版。

五月

[188] 王品芝、周易：《96.5%受访者认为有些政务微博没能直面问题》，《中国青年报》2014 年 5 月 1 日，第 3 版。

[189] 余兴辉：《“不作为”政务微博是一面镜子》，《人民公安报》2014 年 5 月 1 日，第 3 版。

[190] 瞿芃：《聚焦纪检监察“微力量”》，《中国纪检监察报》2014 年 5 月 2 日，第 4 版。

[191] 吴艺、李铭：《用活新媒体探索“指尖上的智慧交通”》，《人民公安报》2014 年 5 月 3 日，第 2 版。

[192] 李绵锦：《为税总开通微博叫好但谨防流于形式》，《财会信报》2014 年 5 月 5 日，第 A02 版。

[193] 桂杰、袁蔚然：《“要把别人骂我们当成常态”》，《中国青年报》2014 年 5 月 6 日，第 8 版。

[194] 倖奎：《网络政务平台：市民足不出户参与社会治理》，《成都日报》2014 年 5 月 6 日，第 2 版。

[195] 张涨：《官微活跃与否别单以条数论英雄》，《广州日报》2014 年 5 月 7 日，第 F02 版。

[196] 行俭：《用好政务“微力量”》，《中国纪检监察报》2014 年 5 月 7 日，第 1 版。

[197] 李雪昆：《微博发布“自媒体成长计划”》，《中国新闻出版报》2014 年 5 月 7 日，第 1 版。

[198] 杨萌：《微博上市带动效应明显激励“老牌”中概股股价上涨》，《证券日报》2014 年 5 月 7 日，第 C01 版。

[199] 黄春景：《“僵尸官微”谁之过》，《法制周报》2014 年 5 月 8 日，第 2 版。

[200] 林雨扬：《沉睡的“官微”何时发声》，《四川日报》2014 年 5 月 8 日，第 7 版。

[201] 袁定波：《微博微信频成劳动争议证据》，《法制日报》2014 年 5 月 8 日，第 5 版。

[202] 申海洋：《微博上马支付系统全力打造社交商务闭环》，《民营经济报》2014 年 5 月 9 日，第 25 版。

[203] 吴杭民：《莫让官网官微成摆设》，《商务时报》2014 年 5 月 10 日，第 2 版。

[204] 周旻澍、吴敏力：《“温岭发布”正式上线》，《台州日报》2014 年 5 月 10 日，第 1 版。

[205] 吴杭民：《政务微博是执政为民的一面镜子》，《青岛日报》2014 年 5 月 10 日，第 5 版。

[206] 张健：《官博求粉更要接地气》，《辽宁日报》2014 年 5 月 12 日，第 2 版。

[207] 余荣华、邓淑文：《新闻发言人，触网如何不“怵网”》，《人民日报》2014 年 5 月 12 日，第 11 版。

[208] 冯自强、胡纯洁、唐义生：《规范名人微博营销行为的几点建议》，《江苏经济报》2014 年 5 月 13 日，第 B03 版。

[209]《看芋头哥如何微博卖芋头》，《新农村商报》2014 年 5 月 14 日，第 B11 版。

[210] 晋雅芬：《一场信息传播的“微革命”》，《中国新闻出版报》2014 年 5 月 14 日，第 3 版。

[211] 侯琳良：《打造政府信息公开“升级版”》，《人民日报》2014 年 5 月 15 日，第14 版。

[212] 冯自强、胡纯洁、唐义生：《规范名人微博营销行为之我见》，《江苏法制报》2014 年 5 月 16 日，第 8 版。

[213] 董如易、王新亮：《司法微博服务，如何“无微不至”》，《人民法院报》2014 年 5 月 18 日，第 2 版。

[214] 江鹏程：《守护法院微博的日子》，《人民政协报》2014 年 5 月 19 日，第 7 版。

[215] 黄永锐：《北疆政务“信息通道”与民心联网》，《内蒙古日报日，第汉)》2014 年 5 月 20 日，第 9 版。

[216] 张毅：《新媒体成党建活力平台》，《中国石化报》2014 年 5 月 21 日，第 3 版。

[217] 张苑卉：《互联网上铸平安》，《西江日报》2014 年 5 月 22 日，第 A01 版。

[218] 陈东升、阮占江、马竞、姜东良、史万森、马超、周宵鹏：《政法微博微信推进执法司法公开》，《法制日报》2014 年 5 月 22 日，第 5 版。

[219] 张文：《四大机制助力政府信息公开》，《人民日报》2014 年 5 月 22 日，第 14 版。

[220] 龙轩：《成县：“网上群众路线”增强活动实效》，《农民日报》2014 年 5 月 23 日，第 6 版。

[221] 吴素红：《公共交通舆情多发微博应对仍显乏力》，《中国交通报》2014 年 5 月 23 日，第 3 版。

[222] 毛旭松：《微时代更要学会如何辟谣》，《商务时报》2014 年 5 月 24 日，第 2 版。

[223] 李小龙：《立为民根本铸忠诚警魂》，《榆林日报》2014 年 5 月 24 日，第 5 版。

[224] 黄虎：《政务微博优化发展的途径》，《光明日报》2014 年 5 月 25 日，第 7 版。

[225] 毛旭松：《微信微博时代要擦亮眼睛善于“避”谣》，《上海法治报》2014 年 5 月 27 日，第 B06 版。

[226] 肖建中、周岩森、方舟：《微博登上领奖台，开启融合新时代》，《河南日报》2014 年 5 月 28 日，第 7 版。

[227] 王捷：《我省政务微博数量居全国第三》，《成都日报》2014 年 5 月 29 日，第 2 版。

[228] 陈松：《政务微博成为各级政府“标配”》，《四川日报》2014 年 5 月 30 日，第 10 版。

六月

[229] 台建林、熊闻闻：《岚皋构建大和谐创新“小警务”》，《法制日报》2014 年 6 月 2

日，第3版。
[230] 董学宏：《周村：网络问政群众点赞》，《淄博日报》2014年6月3日，第1版。
[231] 陈晓玉：《政务微博当求量变到质变》，《四川日报》2014年6月4日，第6版。
[232] 周海霞：《以解决问题的实效让群众满意》，《巴音郭楞日报（汉）》2014年6月6日，第A01版。
[233] 张倩怡：《个人可以在微博上卖东西了》，《北京日报》2014年6月6日，第10版。
[234] 王荣：《微博支付6月底全面开放》，《中国证券报》2014年6月6日，第A11版。
[235] 陈旻、郑曦旸：《我省首次微博直播生态环境案件庭审》，《福建日报》2014年6月6日，第2版。
[236] 魏素娟、董笑君：《微博执行：让“老赖”暴露在阳光之下》，《广西法治日报》2014年6月6日，第1版。
[237] 刘青、佘国俊：《媒体人，请用好认证微博这个“麦克风”》，《光明日报》2014年6月7日，第10版。
[238] 刘德华、王春妮：《从信息“搬运工”到服务“深加工”》，《检察日报》2014年6月8日，第2版。
[239] 颜若雯：《全国政务微博“微播重庆”》，《重庆日报》2014年6月9日，第2版。
[240] 黄谨铭：《让微博直播庭审传播司法正能量》，《人民法院报》2014年6月10日，第2版。
[241] 任胜利：《且慢调侃“西瓜办”》，《人民日报》2014年6月10日，第11版。
[242] 朱雪莲：《微博营销打擦边球新媒体信息监管需细化》，《证券时报》2014年6月11日，第A01版。
[243] 唐玥：《微博支付月底全站开放社交商务“跳蚤市场”成型》，《通信信息报》2014年6月11日，第B12版。
[244] 颜若雯：《重庆旅游很具吸引力》，《重庆日报》2014年6月12日，第2版。
[245] 洛平：《为民而动，才有“政”能量》，《洛阳日报》2014年6月13日，第3版。
[246] 李丹：《我省政务微博数量全国第三》，《四川法制报》2014年6月13日，第B02版。
[247] 周斌、蒋皓：《微平台开启政法机关服务群众快车道》，《法制日报》2014年6月19日，第5版。
[248] 周志强、杨思婕：《天津政务微博，期待更给力》，《天津日报》2014年6月20日，第13版。
[249] 戎飞腾：《深圳：新媒体“特区”的舆情解码》，《南方日报》2014年6月21日，第11版。
[250] 张国圣：《重庆：城市形象“微”营销》，《光明日报》2014年6月22日，第2版。
[251] 王海燕：《居民诉求5天内有回应》，《北京日报》2014年6月23日，第1版。
[252] 吴素红：《交通微博应及时澄清》，《中国交通报》2014年6月23日，第3版。
[253] 任素梅：《江苏教育系统新媒体建设又有新进展》，《江苏教育报》2014年6月25日，第1版。
[254] 苏静：《打通解决群众诉求“最后一公里”》，《晋中日报》2014年6月26日，第1版。

[255] 俞莹：《面对突发事件新媒体力量不容小觑》，《经济信息时报》2014 年 6 月 27 日，第 7 版。

[256] 洪榕略、卢弘、陈冬：《“微博督政”聚合“廉能量”》，《厦门日报》2014 年 6 月 27 日，第 A10 版。

七月

[257] 李君：《公安交管微博应该是怎样的“蜀黍”》，《人民公安报·交通安全周刊》2014 年 7 月 1 日，第 3 版。

[258] 吴家明：《美社交媒体股反弹，微博人人涨不动》，《证券时报》2014 年 7 月 1 日，第 A04 版。

[259] 姜华：《我市荣获全国“政务网络形象奖”》，《保定日报》2014 年 7 月 2 日，第 A01 版。

[260] 孙乾：《个人微博微信不能当作食品交易平台》，《中国食品报》2014 年 7 月 4 日，第 3 版。

[261] 王治国、徐盈雁、戴佳：《各省级院年底前开通官方微博微信》，《检察日报》2014 年 7 月 5 日，第 2 版。

[262] 丁薇：《微博电视指数上线》，《中国艺术报》2014 年 7 月 7 日，第 4 版。

[263] 白雪：《张嘉佳：学渣与学霸交替出现的青春》，《中国青年报》2014 年 7 月 7 日，第 12 版。

[264] 田园：《“郫县服务”微博二级升级全新定位引领区县发展》，《成都日报》2014 年 7 月 8 日，第 9 版。

[265] 唐隆辉：《新浪微博全面开放支付功能口碑传播成社交电商化双刃剑》，《通信信息报》2014 年 7 月 9 日，第 B12 版。

[266] 杨雯：《微博电视指数上线了》，《中国新闻出版报》2014 年 7 月 10 日，第 8 版。

[267] 王丽娟：《指尖上的“政”能量城市因你而精彩》，《中国改革报》2014 年 7 月 10 日，第 5 版。

[268] 张惠：《暗战微信新浪微博商业化进程提速》，《中国商报》2014 年 7 月 11 日，第 P07 版。

[269] 陈敬如、翟耀、贾真真：《“清风中原”的水波效应》，《中国纪检监察报》2014 年 7 月 13 日，第 1 版。

[270] 刘佳旎：《“微博出书”真能带动产业回归?》，《青岛日报》2014 年 7 月 14 日，第 13 版。

[271] 张文凌：《少原创无互动，有些政务微博成摆设》，《中国青年报》2014 年 7 月 14 日，第 3 版。

[272] 张昊：《再给新浪微博来一管鸡血》，《经济观察报》2014 年 7 月 14 日，第 15 版。

[273] 杜仲莹：《“微力量”打通服务群众“最后一公里”》，《昆明日报》2014 年 7 月 15 日，第 1 版。

[274] 张加红、翟顶峰：《道路交通管理工作需要用好微博》，《人民公安报·交通安全周刊》2014 年 7 月 15 日，第 3 版。

［275］杨玉璞：《洛龙区：善用微博知民情解民忧》，《河南日报》2014 年 7 月 16 日，第 2 版。
［276］何会文、李玉峰：《双街村成全国首个“微博村”》，《天津日报》2014 年 7 月 18 日，第 1 版。
［277］白京丽：《微博微信传播营养知识全力打造舌尖 3.0 时代》，《中国医药报》2014 年 7 月 21 日，第 7 版。
［278］叶小钟、罗仪馥、姚文军：《广东工会“五位一体”强化维权》，《工人日报》2014 年 7 月 21 日，第 2 版。
［279］万吉彦：《政务微博要成为政民沟通的有效渠道》，《甘肃日报》2014 年 7 月 23 日，第 3 版。
［280］王卓一：《加州警局开设微博作桥梁》，《文汇报》2014 年 7 月 24 日，第 6 版。
［281］周泽春、袁明：《检民对话走进“微时代”》，《检察日报》2014 年 7 月 25 日，第 1 版。
［282］郭文婧：《微博“互掐”折射的制度悲哀》，《郴州日报》2014 年 7 月 27 日，第1 版。
［283］田庆伍：《开启微博服务新纪元》，《宿迁日报》2014 年 7 月 27 日，第 A01 版。
［284］王芝：《在微博上用他人图片引发著作权纠纷》，《浙江法制报》2014 年 7 月 28 日，第 11 版。
［285］曹晓龙：《腾讯微博退居二线》，《新金融观察》2014 年 7 月 28 日，第 26 版。
［286］李薇：《“微”监督，有力量》，《中国纪检监察报》2014 年 7 月 28 日，第 2 版。
［287］高超：《腾讯放弃微博是什么节奏》，《通信产业报》2014 年 7 月 28 日，第 11 版。
［288］吴文婷：《腾讯微博或成“弃子”》，《中国经营报》2014 年 7 月 28 日，第 C05 版。
［289］彭波：《检察机关反腐开启新模式》，《人民日报》2014 年 7 月 28 日，第 11 版。
［290］张淑秋、李金龙、王学东：《网络暴力成公安民警新职业风险》，《法制日报》2014 年 7 月 29 日，第 4 版。
［291］晋雅芬、赵新乐：《“微博国家队”壮大基层政务微博抢眼》，《中国新闻出版报》2014 年 7 月 29 日，第 1 版。
［292］周志强、徐丽、刘畅：《微博村：这里的葡萄爬上“网”》，《天津日报》2014 年 7 月 30 日，第 9 版。
［293］张学斌、叶丹、傅鹏：《粤政务微博数稳居第一梯队》，《南方日报》2014 年 7 月 31 日，第 A13 版。
［294］杨程：《腾讯微博难敌互联网马太效应》，《中国青年报》2014 年 7 月 31 日，第 12 版。
［295］陈璞：《精心构筑自媒体》，《开封日报》2014 年 7 月 31 日，第 2 版。

八月

［296］孙文广：《旅游官方微博必须办下去》，《中国旅游报》2014 年 8 月 1 日，第 2 版。
［297］桂杰：《打通政务微博服务群众“最后一公里”》，《中国青年报》2014 年 8 月 4 日，第 7 版。
［298］孙文娟：《我区首个警务官方微博微信上线》，《西藏日报（汉）》2014 年 8 月 5 日，

第 1 版。
[299] 郭玲：《气象微博开启服务新模式》，《中国气象报》2014 年 8 月 6 日，第 4 版。
[300] 吕品璋：《北京警方推出移动新媒体服务平台》，《人民公安报》2014 年 8 月 7 日，第 2 版。
[301] 王昊男：《“平安北京”，倍儿贴心》，《人民日报》2014 年 8 月 7 日，第 11 版。
[302] 袁艳：《官网，快醒醒吧》，《浙江日报》2014 年 8 月 7 日，第 18 版。
[303] 汪涛、戴斌：《城市微博：如何营造政府与群众的和谐沟通环境?》，《光明日报》2014 年 8 月 9 日，第 10 版。
[304] 周斌：《微博微信已成法宣重要载体》，《法制日报》2014 年 8 月 11 日，第 1 版。
[305] 韩萱、佳静、周晗：《政务微博：不求“点赞”求“拍砖”》，《扬州日报》2014 年 8 月 11 日，第 A01 版。
[306] 周寒梅、赵雪馨：《舌尖上的“微食代”缘何成了监管“真空地带”?》，《上海法治报》2014 年 8 月 12 日，第 A02 版。
[307] 闫洁：《16 岁女孩爆炸声中发微博，记录战火加沙》，《新华每日电讯》2014 年 8 月 13 日，第 8 版。
[308] 周斌：《微博普法“傍上”热播电视剧》，《法制日报》2014 年 8 月 14 日，第 5 版。
[309] 黄锴：《微博“打赏”仅是噱头?》，《21 世纪经济报道》2014 年 8 月 15 日，第 20 版。
[310] 董芸：《“西安发布”再登榜首》，《陕西日报》2014 年 8 月 15 日，第 4 版。
[311] 程墨、荣洲标：《“小微博”开辟育人新阵地》，《中国教育报》2014 年 8 月 18 日，第 4 版。
[312] 李淼：《新浪微博谣言处理速度提升一倍》，《中国新闻出版报》2014 年 8 月 18 日，第 2 版。
[313] 夏芳：《农夫山泉微博三问“发难”怡宝》，《证券日报》2014 年 8 月 18 日，第 C01 版。
[314] 袁定波：《微直播法官办案品味原汁原味司法》，《法制日报》2014 年 8 月 19 日，第 5 版。
[315] 王伟锋：《参与式治理再添活力》，《中国环境报》2014 年 8 月 19 日，第 8 版。
[316] 崔晓琪：《气象微博中的“左右互搏”》，《中国气象报》2014 年 8 月 20 日，第 4 版。
[317] 郭睿、翔法宣：《贩毒案审判微博同步直播》，《厦门日报》2014 年 8 月 21 日，第 A10 版。
[318] 李雪昆：《增量：新浪微博活跃用户及营收双增长》，《中国新闻出版报》2014 年 8 月 22 日，第 3 版。
[319] 陈永东：《微博月活跃用户增幅超 Twitter，年内或能盈利》，《人民邮电》2014 年 8 月 22 日，第 6 版。
[320] 李英：《青海逐步实现政府公开信息文件微信微博在线查阅》，《中国档案报》2014 年 8 月 22 日，第 1 版。
[321] 李冰：《国内明星大腕竞逐冰桶“湿身”众筹捐款去向却成谜》，《证券日报》2014 年 8 月 23 日，第 B01 版。

［322］余东明、徐鹏、郭晖：《山东司法微博成网络问政新利器》，《法制日报》2014 年 8 月 23 日，第 5 版。
［323］评论员：《在新的起点上进一步加强新媒体建设》，《人民公安报》2014 年 8 月 29 日，第 1 版。
［324］周斌：《“@公安部打四黑除四害”专业塑权威》，《法制日报》2014 年 8 月 29 日，第 5 版。
［325］周斌：《把握新媒体规律特点　加强新兴传播工具建设　打造一批有影响的政法微博微信品牌》，《法制日报》2014 年 8 月 29 日，第 1 版。
［326］刘子阳：《全国公安微粉近亿打造“指尖 CCTV”》，《法制日报》2014 年 8 月 29 日，第 5 版。

九月

［327］魏延安：《推动政务微博摆脱“滞胀”》，《学习时报》2014 年 9 月 1 日，第 4 版。
［328］李志、晏培娟：《两千实名微博晒出“民情日记”》，《新华日报》2014 年 9 月 1 日，第 6 版。
［329］沈洪：《构建亲民爱民网络平台》，《中国质量报》2014 年 9 月 1 日，第 2 版。
［330］张月生：《建立与媒体公众交流机制》，《中国环境报》2014 年 9 月 2 日，第 7 版。
［331］魏延安：《大热之后，政务微博需摆脱“滞胀”困局》，《南京日报》2014 年 9 月 3 日，第 B04 版。
［332］胡磊：《济南政务微博且行且精彩》，《济南日报》2014 年 9 月 5 日，第 A08 版。
［333］张建军：《网聚发展正能量谱写港城新篇章》，《秦皇岛日报》2014 年 9 月 9 日，第 6 版。
［334］钟国斌：《证监会强化网络媒体信息监管》，《深圳商报》2014 年 9 月 9 日，第 B02 版。
［335］齐小英：《当好省政府的“眼睛”和“耳朵”》，《陕西日报》2014 年 9 月 10 日，第 12 版。
［336］徐小飞：《如何经营管理好法官个人职务微博》，《人民法院报》2014 年 9 月 11 日，第 2 版。
［337］唐彬：《微博晒财产，莫如制度力推》，《东莞日报》2014 年 9 月 12 日，第 A04 版。
［338］齐美煜：《“政”显态度，“博”得喝彩》，《江西日报》2014 年 9 月 14 日，第 2 版。
［339］张倩怡：《微博开“稿费”拉拢自媒体》，《北京日报》2014 年 9 月 16 日，第 11 版。
［340］田瑾、李智：《有问题，请来“厅”里坐一坐》，《检察日报》2014 年 9 月 17 日，第 1 版。
［341］周琰：《外汇局开通官方微博》，《金融时报》2014 年 9 月 17 日，第 2 版。
［342］胡建辉：《利用微信微博组织卖淫活动猖獗》，《法制日报》2014 年 9 月 18 日，第 6 版。
［343］国辰：《淮南交警“双微”构建警民“大合唱”》，《人民公安报·交通安全周刊》2014 年 9 月 19 日，第 2 版。
［344］邓海宁：《海南首份政务微博舆情报告发布》，《海南日报》2014 年 9 月 22 日，第

A04 版。
[345] 池鹤：《惠阳微城管：解决问题互动平台》，《惠州日报》2014 年 9 月 23 日，第 F02 版。
[346] 桂小笋：《3200 万用户自贴旅游标签新浪微博搭台撮和》，《证券日报》2014 年 9 月 24 日，第 C03 版。
[347] 闫靖靖、朱丽荣、谢姝婷：《政务微博的持久魅力》，《中国气象报》2014 年 9 月 24 日，第 4 版。
[348] 董资、边凌洁：《阿里巴巴上市很“美”但陷阱也多》，《浙江法制报》2014 年 9 月 25 日，第 16 版。
[349] 余金虎、洪文军、欧阳乐生：《解读军报微博的 N 度空间》，《解放军报》2014 年 9 月 26 日，第 11 版。
[350] 田雅婷：《朱学骏：皮肤病学大家是个“微博控”》，《光明日报》2014 年 9 月 27 日，第 7 版。
[351] 刘子阳：《渝中公安微博很潮做事很实》，《法制日报》2014 年 9 月 27 日，第 5 版。
[352] 高柱、李娜：《安岳县工会利用微博为农民工维权》，《工人日报》2014 年 9 月 29 日，第 2 版。

十月

[353] 雷浩然：《“三视三问”重民意全心全意为人民》，《成都日报》2014 年 10 月 5 日，第 1 版。
[354] 周歌：《“微博造谣被罚”警示网民要自律》，《人民公安报》2014 年 10 月 10 日，第 3 版。
[355] 罗沙、徐硙：《转发微博也担责？“过错”认定是关键》，《新华每日电讯》2014 年 10 月 10 日，第 5 版。
[356] 陈玺撼：《85 后副行长管住 5 亿元“钱袋子”》，《解放日报》2014 年 10 月 13 日，第 2 版。
[357] 周者军：《新媒体矩阵：全民参与传播陇南声音》，《甘肃日报》2014 年 10 月 14 日，第 1 版。
[358] 郭奎涛：《新浪微博无可奈何成前浪？》，《中国企业报》2014 年 10 月 14 日，第 7 版。
[359] 高敏：《大妈看着微博直播“闹市虎尸案”庭审》，《浙江法制报》2014 年 10 月 17 日，第 1 版。
[360] 江辉：《解答群众疑问解决民生困难》，《南昌日报》2014 年 10 月 17 日，第 1 版。
[361] 周慧虹、李红笛：《“搬来搬去”的信息还能盛行多久？》，《检察日报》2014 年 10 月 17 日，第 5 版。
[362] 皇甫世俊：《从政务微博到智慧政务》，《银川晚报》2014 年 10 月 21 日，第 2 版。
[363] 李望宁：《微博 PC 端 V6 推发现功能连接用户兴趣点重拾人气》，《通信信息报》2014 年 10 月 22 日，第 B13 版。
[364] 朱旻：《江苏高院微博“指尖上的公开”这一年》，《江苏法制报》2014 年 10 月 30 日，第 1 版。

［365］开永丽、肖雄：《微博直播庭审该咋做?》，《四川法制报》2014 年 10 月 30 日，第 4 版。

［366］王艳芳：《新媒体开辟教育系统宣传新阵地》，《江苏教育报》2014 年 10 月 31 日，第 1 版。

十一月

［367］高柱、李娜：《四川工会开通“法援微博”，维权效率高了》，《工人日报》2014 年 11 月 1 日，第 1 版。

［368］李双双：《昆明“微政务”发挥“政能量”》，《昆明日报》2014 年 11 月 2 日，第 1 版。

［369］洪泉寿：《完善庭审微博直播制度之我见》，《人民法院报》2014 年 11 月 5 日，第 8 版。

［370］张倩怡：《微博挥别黄金年代》，《北京日报》2014 年 11 月 6 日，第 7 版。

［371］王俊岭：《蓉城居民“一键”找政府》，《人民日报海外版》2014 年 11 月 7 日，第 5 版。

［372］李迩：《微博，要说再见了吗?》，《深圳商报》2014 年 11 月 7 日，第 A02 版。

［373］《三季度重庆政务微博排行榜出炉》，《重庆日报》2014 年 11 月 11 日，第 13 版。

［374］陈韵婷：《微博告别黄金时代，盈利模式亟待突破》，《通信信息报》2014 年 11 月 12 日，第 A12 版。

［375］蔡恩泽：《四年微博，荣枯一瞬间》，《上海证券报》2014 年 11 月 14 日，第 A02 版。

［376］李鹏、白竟楠：《微博兴衰背后》，《北京科技报》2014 年 11 月 17 日，第 28 版。

［377］李鹏、白竟楠：《微博式微》，《北京科技报》2014 年 11 月 17 日，第 22 版。

［378］李鹏、白竟楠：《微博其实是在回归正常》，《北京科技报》2014 年 11 月 17 日，第 31 版。

［379］李刚殷、邹倜然：《浙江省总微博支招维护职工合法权益》，《工人日报》2014 年 11 月 17 日，第 2 版。

［380］张杨：《我市政务微博“西安发布”居第 16 位》，《西安日报》2014 年 11 月 19 日，第 1 版。

［381］吕瑞东：《“微”时代的“大”写民生》，《吉林日报》2014 年 11 月 19 日，第 5 版。

［382］毛开云：《微博骂战，在给谁上课?》，《深圳商报》2014 年 11 月 19 日，第 C02 版。

［383］李幸：《我市“双微”联动便捷服务市民》，《重庆日报》2014 年 11 月 22 日，第 2 版。

［384］晋雅芬：《23 天刷出 16.6 亿次微博阅读量》，《中国新闻出版报》2014 年 11 月 25 日，第 1 版。

［385］张倩怡：《微博“驱赶”微信公众号》，《北京日报》2014 年 11 月 27 日，第 11 版。

［386］王威：《移动政务加速融入百姓生活》，《人民日报》2014 年 11 月 27 日，第 12 版。

［387］王地：《公众人物更该有发微博的底线意识》，《检察日报》2014 年 11 月 28 日，第 4 版。

［388］王银胜、祁云奎：《微博巨澜，济南@新篇章》，《人民法院报》2014 年 11 月 29 日，

第 5 版。
[389] 阿锴:《政务微博要建成“连心桥”》,《徐州日报》2014 年 11 月 30 日,第 1 版。
[390] 王自然:《四川公安新媒体集群基本形成》,《人民公安报》2014 年 11 月 30 日,第 2 版。

十二月

[391] 赵征南:《立法规范遏制网络“围观”暴力》,《文汇报》2014 年 12 月 2 日,第5 版。
[392] 毛志伟:《未央:探索提升检察政务微博亲和力影响力》,《陕西日报》2014 年 12 月 2 日,第 7 版。
[393] 常文:《昌吉市新媒体打开就业服务新窗口》,《中国劳动保障报》2014 年 12 月 3 日,第 1 版。
[394] 张松超:《微博直播自杀事件:围观者的“点赞”让人惊骇》,《工人日报》2014 年 12 月 3 日,第 3 版。
[395] 刘宝亮:《电子政务:微博作用突出,微信崭露头角》,《中国经济导报》2014 年 12 月 4 日,第 B02 版。
[396] 晋雅芬:《“指尖上的政民对话”形成舆论新潮》,《中国新闻出版报》2014 年 12 月 4 日,第 2 版。
[397] 李劲元:《“双微联动”引领电子政务新格局》,《中国县域经济报》2014 年 12 月 4 日,第 4 版。
[398] 王斌、王开广:《探访首家网络人民调解委员会》,《法制日报》2014 年 12 月 6 日,第 4 版。
[399] 莫小松:《官微要经得起“拍砖”“吐槽”》,《法制日报》2014 年 12 月 6 日,第 4 版。
[400] 兰德华:《谁在导演少年微博直播自杀事件》,《工人日报》2014 年 12 月 7 日,第 2 版。
[401] 万学忠、王开广:《政务微博在突发事件中反应滞缓》,《法制日报》2014 年 12 月 8 日,第 6 版。
[402] 重庆市环保局宣教国合处:《重庆利用全媒体营造生态文明好氛围》,《中国环境报》2014 年 12 月 8 日,第 4 版。
[403] 万学忠、王开广:《研究发现微博反腐有三种路径》,《法制日报》2014 年 12 月 8 日,第 6 版。
[404] 万学忠:《政务微博在突发事件中反应滞缓》,《法制日报》2014 年 12 月 8 日,第 6 版。
[405] 陈国洲:《川外一教授:微博刷得好,期末可免考》,《新华每日电讯》2014 年 12 月 9 日,第 5 版。
[406] 杨文翔:《浅析微博广告存在的问题及对策》,《中国工商报》2014 年 12 月 9 日,第 7 版。
[407] 廖毅之:《充分发挥边检微博作用》,《中国边防警察报》2014 年 12 月 11 日,第 3 版。

［408］吴晋娜：《当“新闻绘画”遇上“微博”》，《光明日报》2014 年 12 月 13 日，第 10 版。
［409］吉卫华：《“西安发布”荣获“全国十佳城市政务新媒体奖”》，《西安日报》2014 年 12 月 15 日，第 1 版。
［410］王锐园：《微博直播自杀案件的法律审视》，《人民法院报》2014 年 12 月 15 日，第 2 版。
［411］李晚成：《“江西发布”关注民生架起连心桥》，《江西日报》2014 年 12 月 16 日，第 A02 版。
［412］李铎、陈克远：《聚美千言微博回应售假质疑》，《北京商报》2014 年 12 月 17 日，第 5 版。
［413］乔志峰：《为“刷好微博免考”点赞》，《光明日报》2014 年 12 月 20 日，第 10 版。
［414］吉卫华：《“西安发布”持续发力再获“2014 年度人民网政务微博优秀运营案例最佳互动奖”》，《西安日报》2014 年 12 月 20 日，第 1 版。
［415］桂杰：《彭波：驾驭新媒体是提升执政能力的重要手段》，《中国青年报》2014 年 12 月 22 日，第 12 版。
［416］田鑫：《抱团取暖，爱让你我不缺席》，《银川晚报》2014 年 12 月 22 日，第 2 版。
［417］沈丽莉：《被网络改变的陇南乡村》，《甘肃日报》2014 年 12 月 22 日，第 12 版。
［418］卢志坚、李跃：《微博发布会引发“蝴蝶效应”》，《检察日报》2014 年 12 月 23 日，第 1 版。
［419］罗诚：《微博直播庭审应注意的几个问题》，《人民法院报》2014 年 12 月 24 日，第 8 版。
［420］朱婧：《政务微博要守正出新》，《云南日报》2014 年 12 月 24 日，第 2 版。
［421］朱宝琛：《证监会：今年已回应 300 余次公众关注热点或重大舆情》，《证券日报》2014 年 12 月 24 日，第 A02 版。
［422］龙舟：《指尖上问政》，《云南日报》2014 年 12 月 24 日，第 2 版。
［423］张洋：《“两个舆论场”共识度增强》，《人民日报》2014 年 12 月 26 日，第 4 版。
［424］金可：《微博大 V 活跃度明显下降》，《北京日报》2014 年 12 月 27 日，第 6 版。
［425］吴素红：《交通宣传服务逐步进入双微时代》，《中国交通报》2014 年 12 月 28 日，第 34 版。
［426］于春光、洪文军：《“@军报记者”评选 2014 年度亮点》，《解放军报》2014 年 12 月 29 日，第 10 版。
［427］晋雅芬：《新媒体联动发声成大势所趋》，《中国新闻出版报》2014 年 12 月 30 日，第 8 版。
［428］丁新伟：《微博述职助推政务公开》，《河南日报》2014 年 12 月 30 日，第 2 版。
［429］杨彩华：《唱响成都好声音汇聚改革发展正能量》，《成都日报》2014 年 12 月 31 日，第 6 版。
［430］潘从武、李羚蔚：《“微求助”爱心接力背后暗藏隐忧》，《法制日报》2014 年 12 月 31 日，第 4 版。

2015年

一月

[1] 申东、李智：《宁夏检察微博发布厅开启检务新模式》，《法制日报》2015 年 1 月 2 日，第 2 版。

[2] 罗书臻：《勇立新媒体时代潮头》，《人民法院报》2015 年 1 月 7 日，第 1 版。

[3] 余荣华：《2015，关于新媒体的 10 个猜想》，《人民日报》2015 年 1 月 8 日，第 14 版。

[4] 姜恒：《宣传力也是监管力》，《中国医药报》2015 年 1 月 8 日，第 1 版。

[5] 吴军华、刘伟玲：《福建省妇联宣传进入“微时代”，微博粉丝 400 万》，《中国妇女报》2015 年 1 月 8 日，第 A02 版。

[6] 赵蕾：《2014 司法行政伴你一起走过》，《河南法制报》2015 年 1 月 9 日，第 7 版。

[7 席锋宇：《规范微信微博等交互式平台广告》，《法制日报》2015 年 1 月 10 日，第 3 版。

[8] 兰楠：《省政府晒“成绩单”，要点赞也要揭短》，《四川法制报》2015 年 1 月 13 日，第 3 版。

[9] 孙宏阳：《微博论坛贴吧将全面实名制》，《北京日报》2015 年 1 月 14 日，第 13 版。

[10] 文艳、袁战鸿：《发布权威声音，架起沟通桥梁》，《西安日报》2015 年 1 月 15 日，第 1 版。

[11] 张洋：《政府网站“涨粉”有空间》，《人民日报》2015 年 1 月 15 日，第 23 版。

[12] 文纳：《片言只语折射多彩时代》，《人民日报海外版》2015 年 1 月 16 日，第 7 版。

[13] 丁爱萍、许应锋：《百万网友“网络旁听”立法》，《人民代表报》2015 年 1 月 17 日，第 1 版。

[14] 张安定、刘伟东：《各界齐心“撑”东莞聚集发展正能量》，《东莞日报》2015 年 1 月 19 日，第 A03 版。

[15] 赖廷耀：《凝聚正能量推动大发展》，《钦州日报》2015 年 1 月 20 日，第 4 版。

[16] 张年亮：《公安微博获颁微博五年特殊贡献奖》，《人民公安报》2015 年 1 月 28 日，第 4 版。

[17] 毛晓雅：《“快递哥”窦立国：想捐旧衣旧书，请@我》，《农民日报》2015 年 1 月 29 日，第 4 版。

[18] 刘凌：《政务微博成为“新常态”》，《人民日报海外版》2015 年 1 月 29 日，第 8 版。

[19] 李彩琴：《请关注我我叫供销社!》，《中华合作时报》2015 年 1 月 30 日，第 A03 版。

[20] 评论员：《政务微博关乎网络执政能力的提升》，《南方日报》2015 年 1 月 30 日，第 F02 版。

[21] 乔子轩：《微博炫耀法律别旁观》，《法制日报》2015 年 1 月 31 日，第 7 版。

二月

[22] 江海苹、陈松树：《深化检务公开推行“阳光检务”》，《厦门日报》2015 年 2 月 3 日，第 A08 版。

[23] 谷新龙、桂杰：《微博上，官方要从“强人政治”转向“常人政治”》，《中国青年报》

2015 年 2 月 3 日，第 6 版。
[24] 刘子阳：《微博网聊记录等可作为证据》，《法制日报》2015 年 2 月 5 日，第 5 版。
[25] 王亦君：《网聊记录、微博可作民事诉讼证据》，《中国青年报》2015 年 2 月 5 日，第 3 版。
[26] 张耀宇、赵婧夷：《短信微博网聊记录等可作为民事案件证据》，《人民公安报》2015 年 2 月 5 日，第 4 版。
[27] 王新亚：《政务新媒体：要人性，别“任性”》，《联合日报》2015 年 2 月 6 日，第 1 版。
[28] 贾庆森：《如何唤醒“沉睡”的官微》，《东莞日报》2015 年 2 月 6 日，第 A02 版。
[29] 周洪双：《政务微博进入 3.0 时代》，《光明日报》2015 年 2 月 7 日，第2 版。
[30] 张薇：《“两微一端”成政务新媒体发展新模式》，《光明日报》2015 年 2 月 8 日，第 3 版。
[31] 李增辉：《政务新媒体成大 V》，《人民日报海外版》2015 年 2 月 9 日，第 4 版。
[32] 孟维伟：《微博观察员助力廉政建设》，《中国纪检监察报》2015 年 2 月 10 日，第 2 版。
[33] 苏德悦：《“两微一端”成政务新媒体发展新模式》，《人民邮电》2015 年 2 月 10 日，第 3 版。
[34] 李增辉：《网民在哪，政务新媒体就在哪》，《人民日报》2015 年 2 月 12 日，第 20 版。
[35] 高洁、张漫子：《758 万微博阅读量对两会的热切期待》，《新华每日电讯》2015 年 2 月 27 日，第 6 版。

三月

[36] 李佳：《账号“微”影响力仍呈金字塔状》，《长江日报》2015 年 3 月 3 日，第 20 版。
[37] 李荣霞：《山城青少年有块儿“微”阵地》，《阳泉日报》2015 年 3 月 3 日，第 1 版。
[38] 郭世东：《发挥优势规避不足促进微博体新闻健康发展》，《人民公安报·消防周刊》2015 年 3 月 6 日，第 3 版。
[39] 张绪旺、姜红：《微博社交矩阵思路谋变》，《北京商报》2015 年 3 月 11 日，第 C02 版。
[40] 张倩怡：《微博上市后首现单季盈利》，《北京日报》2015 年 3 月 12 日，第 11 版。
[41] 桂小笋：《新浪微博月活跃用户 1.76 亿登顶公司上市后首现单季度盈利》，《证券日报》2015 年 3 月 13 日，第 C01 版。
[42] 黄玉瑜、成广伟：《微博热线咨委直通市民广州步入全民城管时代》，《南方日报》2015 年 3 月 13 日，第 C05 版。
[43] 米太平：《微博首次实现单季盈利呈现一家独大格局》，《财会信报》2015 年 3 月 16 日，第 D01 版。
[44] 吴荣鹏：《法院微博管理存在的不足与完善刍议》，《人民法院报》2015 年 3 月 18 日，第 8 版。
[45] 李佳静：《陕西大力推进政务新媒体建设》，《各界导报》2015 年 3 月 21 日，第 1 版。
[46] 罗君临、孔令学、程贤文：《“平安十堰”微博搭建网上便民窗口》，《人民公安报》

2015 年 3 月 23 日，第 6 版。
[47] 沈阳：《新媒体重塑新生态》，《中国新闻出版报》2015 年 3 月 26 日，第 5 版。
[48] 关晨炜：《畅通政民沟通新渠道搭建为民服务新平台》，《南昌日报》2015 年 3 月 30 日，第 2 版。
[49] 陈松：《微博微信进入政府信息公开主渠道》，《四川日报》2015 年 3 月 31 日，第 2 版。

四月

[50] 陈松：《709 万条信息折射依法行政轨迹》，《四川日报》2015 年 4 月 1 日，第 10 版。
[51] 王付永：《经营政务微博还须有点问题意识》，《四川日报》2015 年 4 月 2 日，第 7 版。
[52] 邢丽涛：《“旅游厕所革命”被刷屏》，《中国旅游报》2015 年 4 月 6 日，第 7 版。
[53] 胡爱华：《北京警方“双微”再添新成员》，《人民公安报》2015 年 4 月 7 日，第4 版。
[54] 郭剑：《“翔飞人”微博宣布退役》，《中国青年报》2015 年 4 月 8 日，第 1 版。
[55] 张耀宇、赵婧夷：《华裔警员运营维护传递信息增进交流》，《人民公安报》2015 年 4 月 8 日，第 4 版。
[56] 冉一村：《微博写书，作家用作品刷出存在感》，《中国新闻出版报》2015 年 4 月 9 日，第 3 版。
[57] 蔡新华：《抢占制高点打好主动战》，《中国环境报》2015 年 4 月 13 日，第 4 版。
[58] 张年亮、姚鹏、付静：《全国公安民警微信微博微电影大赛颁奖仪式举行》，《人民公安报》2015 年 4 月 14 日，第 1 版。
[59] 连海平：《服务是政务微博的“心”》，《广州日报》2015 年 4 月 14 日，第 F02 版。
[60] 周保军、刘春东、张奎：《“微”力十足打造微博问政“深圳范本”》，《人民公安报》2015 年 4 月 23 日，第 7 版。
[61] 杨婧如：《“互联网 + 城市服务”首批落地 12 城市》，《深圳特区报》2015 年 4 月 23 日，第 B02 版。
[62] 张英：《“双微”新环境下的政务创新》，《陕西日报》2015 年 4 月 24 日，第 4 版。
[63] 卢思梦：《浅谈如何做好检察官方微博的运营》，《广西法治日报》2015 年 4 月 28 日，第 B03 版。
[64] 周歌：《“政务新媒体”莫搞“三分钟热度”》，《中国商报》2015 年 4 月 29 日，第 P02 版。

五月

[65] 陈东升：《风清气正已成互联网新常态》，《法制日报》2015 年 5 月 4 日，第 1 版。
[66] 郑娜、刘云峰、李鑫：《“互联网 + ”时代下的山西政务微博》，《发展导报》2015 年 5 月 5 日，第 7 版。
[67] 刘明、肖晶晶：《“深圳交警”官方微博粉丝突破百万》，《人民公安报》2015 年 5 月 7 日，第 7 版。
[68] 邓士德：《微博评报，连通记者编者和读者》，《中国新闻出版报》2015 年 5 月 13 日，第 2 版。

［69］陈怡：《我省开通政务微博364个》，《海南日报》2015年5月13日，第A04版。
［70］张万宏：《“兰州发布”位列排行榜前三甲》，《兰州日报》2015年5月14日，第2版。
［71］毕振山：《微博外交才刚刚起步》，《工人日报》2015年5月15日，第8版。
［72］徐晓兵：《政务新媒体：政府与群众的连心桥》，《兰州日报》2015年5月15日，第3版。
［73］吴小雁、李韶辉：《“双微”助阵再掀微动力政务公开释放正能量》，《中国改革报》2015年5月15日，第1版。
［74］袁浩：《官微要能卖萌更要能服务》，《中国艺术报》2015年5月18日，第2版。
［75］徐月萍、王益敏、林婕：《瑞安政务服务搭上“互联网+”》，《浙江日报》2015年5月19日，第1版。
［76］李林：《福建省人大代表再发微博称上海警方野蛮查房》，《中国青年报》2015年5月20日，第3版。
［77］黄立群：《善借新媒体力量做好新时期群众工作》，《江苏法制报》2015年5月21日，第D版。
［78］马学玲：《出“无字书”卖农产品陇南模式引关注》，《粮油市场报》2015年5月26日，第B02版。
［79］刘海亮、任旭：《“国防部发布”官方微博微信上线初体验》，《解放军报》2015年5月29日，第11版。

六月

［80］吴为忠：《“手写微博”，切莫引入歧途》，《解放日报》2015年6月2日，第6版。
［81］孙潇：《“昆明发布”排名第一》，《昆明日报》2015年6月4日，第2版。
［82］刘冠南、黎美琪、刘怡仙、马伟锋、马英：《广州中院全国首试微博视频直播审案》，《南方日报》2015年6月5日，第A07版。
［83］张志伟：《微博在传统教学中的作用》，《吉林日报》2015年6月6日，第7版。
［84］徐丽莉：《融入网络时代，推动社会共治》，《中国环境报》2015年6月8日，第8版。
［85］邹倜然、张晓燕：《杭州工会拥抱“互联网+”服务上网啦》，《工人日报》2015年6月12日，第1版。
［86］《区县政务微博排名滨海发布蝉联榜首》，《滨海时报》2015年6月15日，第1版。
［87］汤嘉琛：《也说微博话题娱乐化》，《中国青年报》2015年6月15日，第2版。
［88］陈思勤：《“指尖上”的政务大厅开启“双赢”新格局》，《南方日报》2015年6月17日，第A20版。
［89］军英：《微博月覆盖用户大幅增长4800万》，《人民日报海外版》2015年6月25日，第8版。
［90］舒圣祥：《读懂“微博骂战”判决书里的价值观》，《河北日报》2015年6月26日，第3版。
［91］黄洁、钟馨：《双方均有部分微博言论构成侵权》，《法制日报》2015年6月26日，第8版。
［92］辨一理：《微博骂战与“网上排污”》，《安徽日报》2015年6月30日，第5版。

七月

[93] 谢进川：《政治传播视角下的中国微博发展及治理》，《中国社会科学报》2015 年 7 月 1 日，第 10 版。

[94] 言成：《微博成部分美容企业违法经营工具》，《中国工商报》2015 年 7 月 1 日，第 6 版。

[95] 陈学桦：《我省网民数量中部第一》，《河南日报》2015 年 7 月 1 日，第 6 版。

[96] 王磊：《天津："微"时代消防宣传无微不至》，《人民公安报·消防周刊》2015 年 7 月 3 日，第 1 版。

[97] 周雁凌：《"零距离"接触多维度监管》，《中国环境报》2015 年 7 月 7 日，第 3 版。

[98] 闫一菲：《省政务新媒体综合影响力报告发布》，《黑龙江日报》2015 年 7 月 9 日，第 1 版。

[99] 申芯瑞：《微博互掐下网络众生相》，《山西日报》2015 年 7 月 9 日，第 C04 版。

[100] 彭琰：《传播积极向上内容渐成主流》，《深圳商报》2015 年 7 月 17 日，第 A06 版。

[101] 高伟山：《我市政务新媒体总量居全省第四位》，《许昌日报》2015 年 7 月 17 日，第 1 版。

[102] 黄冲、马越：《微博微信谣言泛滥受访者认为造谣者和新媒体平台最该负责》，《中国青年报》2015 年 7 月 20 日，第 7 版。

[103] 倪正、陈昱倩、李芳：《微博热传脏腑"打扫"攻略》，《大众卫生报》2015 年 7 月 21 日，第 6 版。

[104] 江海苹、高飞：《运用新兴媒体传播法治知识》，《厦门日报》2015 年 7 月 22 日，第 A11 版。

[105] 杜峰：《微博微信谣言泛滥几时休?》，《通信信息报》2015 年 7 月 22 日，第 B01 版。

[106] 陈波、王枫：《我市县处级以上政务微博已达 1900 余个》，《重庆日报》2015 年 7 月 26 日，第 2 版。

[107] 李雪莲：《政务微博应成为双向理解的平台》，《东莞日报》2015 年 7 月 29 日，第 A02 版。

[108] 涂露芳：《北京政务新媒体凝聚指尖正能量》，《北京日报》2015 年 7 月 30 日，第 1 版。

八月

[109] 谢静：《"今日俄罗斯"网站副总编辑兼理事长 K. Kiryanov：我们的微博订阅量是如何超过美联社的》，《深圳商报》2015 年 8 月 20 日，第 A08 版。

[110] 刘冰：《开设好人微博，创新典型宣传》，《光明日报》2015 年 8 月 3 日，第 11 版。

[111] 韩龙彬：《善用互联网思维打造"文明北京"新媒体品牌》，《光明日报》2015 年 8 月 3 日，第 10 版。

[112] 李玉麟：《政务新媒体综合影响力报告出炉》，《湖北日报》2015 年 8 月 5 日，第 2 版。

[113] 李宁、王政佼、李娜：《微博名誉侵权与公民评论权》，《天津日报》2015 年 8 月 6

日，第 11 版。
[114] 卢林峰、陈安然、谭永琛：《我区普法步入“微时代”》，《广西法治日报》2015 年 8 月 13 日，第 A01 版。
[115] 叶丹、蔡安琪：《新浪微博现大面积配图错误》，《南方日报》2015 年 8 月 13 日，第 A12 版。
[116] 吴素红：《聚焦交通微博“微营销”》，《中国交通报》2015 年 8 月 14 日，第 7 版。
[117] 李伟：《正确面对网友“灌水”“拍砖”》，《中国纪检监察报》2015 年 8 月 14 日，第 3 版。
[118] 赵丽、谷朋：《寻人同时伤人社交媒体成“双刃剑”》，《法制日报》2015 年 8 月 17 日，第 4 版。
[119] 陈媛媛：《城市环境信息公开进步明显》，《中国环境报》2015 年 8 月 18 日，第 8 版。
[120] 叶丹：《微博二季度净利创新高》，《南方日报》2015 年 8 月 20 日，第 A16 版。
[121] 刘佳：《月活跃用户增 36%　二三线市场、中小客户“拯救”了微博》，《第一财经日报》2015 年 8 月 20 日，第 A09 版。
[122] 钟建基：《“江门发布”占据三项全国第一》，《江门日报》2015 年 8 月 25 日，第 A01 版。
[123] 沈爱东：《盐城公安指尖警务服务市民实行全覆盖》，《江苏法制报》2015 年 8 月 26 日，第 1 版。
[124] 戴丽丽：《市中院全省首家微博直播庭审》，《石家庄日报》2015 年 8 月 29 日，第 2 版。
[125] 罗君临：《十堰东岳：依托“互联网 +”，提升警务工作效能》，《人民公安报》2015 年 8 月 31 日，第 3 版。

九月

[126] 董全喜、赵欣欣：《马鞍山位列全国城市政务微博竞争力榜单第四位》，《马鞍山日报》2015 年 9 月 1 日，第 1 版。
[127] 张都锁、崔建斌、刘凯：《司法公开引“粉丝”争相观看》，《山西法制报》2015 年 9 月 2 日，第 1 版。
[128] 武海霞：《微博悬赏缉拿小偷，维权还是侵权》，《检察日报》2015 年 9 月 5 日，第 3 版。
[129] 黄仕琼：《政务新媒体“接地气”才有生命力》，《南昌日报》2015 年 9 月 13 日，第 2 版。
[130] 林阳：《新老齐聚议融合　V 言微语话发展》，《南昌日报》2015 年 9 月 14 日，第 2 版。
[131] 张奂雅：《“法治西安”位列上半年全国政法系统政务微博第七》，《西安日报》2015 年 9 月 14 日，第 1 版。
[132] 敬一函：《新闻微博化后尤须警惕舆论审判》，《长沙晚报》2015 年 9 月 18 日，第 A07 版。
[133] 王德平：《“成都人社”新媒体集群同群众需求贴得紧》，《中国劳动保障报》2015 年

9 月 19 日，第 1 版。

[134] 韦巧云：《市领导与微博达人交流座谈》，《重庆日报》2015 年 9 月 23 日，第 2 版。

[135] 肖培清：《搭建网络平台凝聚发展力量》，《人民铁道》2015 年 9 月 23 日，第A01 版。

[136] 石勇、陈杨、汪晋：《黄石经验受司法部肯定》，《黄石日报》2015 年 9 月 24 日，第 1 版。

[137] 沈仕卫：《多彩贵州“微”播天下》，《贵州日报》2015 年 9 月 24 日，第 1 版。

[138] 李军：《网络食品经营内涵待完善》，《医药经济报》2015 年 9 月 25 日，第 3 版。

[139] 韦巧云：《用互联网思维为重庆发展出把力》，《重庆日报》2015 年 9 月 25 日，第 5 版。

[140] 赵兴武、孙建、曹梦璠：《微博发图反映虐童行为引发侵权之诉》，《人民法院报》2015 年 9 月 26 日，第 3 版。

[141] 周迎久、翟恒伟：《石家市新华区微博直播污染案审理》，《中国环境报》2015 年 9 月 29 日，第 8 版。

十月

[142] 贾献培：《“微政务”假日便民服务获点赞》，《昆明日报》2015 年 10 月 4 日，第 1 版。

[143] 李智勇：《从微博到六间房：什么是媒体，什么是社交网络》，《北京科技报》2015 年 10 月 12 日，第 36 版。

[144] 张伟峰：《让科普之风惠畅三秦大地》，《中国医药报》2015 年 10 月 20 日，第 2 版。

[145] 吴小雁：《以更加开放自信姿态传递“发改好声音”》，《中国改革报》2015 年 10 月 21 日，第 1 版。

[146] 周文馨：《代表建议办理复文全文公开》，《法制日报》2015 年 10 月 21 日，第 3 版。

[147] 姚雪青、贺林平：《高校管理，如何面对“网络吐槽”》，《人民日报》2015 年 10 月 22 日，第 12 版。

[148] 顾雪松：《构建新媒体交流平台提升政府执政公信力》，《贵州政协报》2015 年 10 月 23 日，第 A02 版。

[149] 李小佳：《政务微博，开通后更要“有为”》，《解放日报》2015 年 10 月 27 日，第 6 版。

[150] 敬一函：《微博辟谣需要媒体的制度刚性》，《长沙晚报》2015 年 10 月 28 日，第 F02 版。

[151] 黄付平：《微博传播司法理念共同规范司法行为》，《深圳特区报》2015 年 10 月 28 日，第 A07 版。

十一月

[152] 王金晶：《“和田零距离”微信公众平台上线腾讯“和田发布”新浪“和田发布”政务微博开通》，《和田日报日，第汉)》2015 年 11 月 6 日，第 2 版。

[153] 荣丽君：《政务新媒体综合影响力报告出炉》，《西宁晚报》2015 年 11 月 7 日，第

A02 版。
［154］李思辉：《红色预警为何只停留在微博上》，《湖北日报》2015 年 11 月 10 日，第5 版。
［155］张杰：《名人微博发假广告》，《河南法制报》2015 年 11 月 11 日，第 11 版。
［156］王成波：《奎文创新打造“三民”联动新闻宣传模式》，《潍坊日报》2015 年 11 月 18 日，第 2 版。
［157］朱晖：《互联网 + 时代政务传播需“接地气”》，《中山日报》2015 年 11 月 19 日，第 A03 版。
［158］敬一山：《“微信打拐”莫走“微博打拐”老路》，《广州日报》2015 年 11 月 23 日，第 F02 版。
［159］黄爱东、董志新、胡鹏：《安陆着力打造法治宣传矩阵》，《孝感日报》2015 年 11 月 24 日，第 4 版。
［160］邓海建：《基层官微被黑要先自省》，《检察日报》2015 年 11 月 24 日，第 7 版。
［161］张国圣：《重庆永川区：“双微”集群服务民生》，《光明日报》2015 年 11 月 29 日，第 2 版。

十二月

［162］螺旋真理：《博物馆微博的特点、发展与前景》，《中国文物报》2015 年 12 月 1 日，第 5 版。
［163］谢思思：《内江政务“双微”分获全省“十佳”》，《内江日报》2015 年 12 月 1 日，第 1 版。
［164］《博物馆微博的发展趋势》，《中国文物报》2015 年 12 月 1 日，第 5 版。
［165］袁俊：《为何你的营销仍离不开微博?》，《21 世纪经济报道》2015 年 12 月 4 日，第 20 版。
［166］杨甦：《成都总分 NO. 1》，《成都日报》2015 年 12 月 4 日，第 3 版。
［167］黄琳：《政策传递“接地气”服务网友“有温度”》，《中国新闻出版广电报》2015 年 12 月 7 日，第 3 版。
［168］吴素红：《细微之处见人心》，《中国交通报》2015 年 12 月 11 日，第 7 版。
［169］刘英团：《基层政府网站“长草”问责不容缺失》，《中国商报》2015 年 12 月 15 日，第 P02 版。
［170］一鸣：《微博将加大长内容和视频扶持力度》，《中国出版传媒商报》2015 年 12 月 15 日，第 7 版。
［171］朱香山、韦磊、王磊、南茂林、李郁军：《深化检务公开提升司法公信》，《检察日报》2015 年 12 月 16 日，第 1 版。
［172］任翀：《弱冠之年，中国互联网告别青涩》，《解放日报》2015 年 12 月 17 日，第 16 版。
［173］胡柳君：《“连云港发布”客户端正式上线》，《连云港日报》2015 年 12 月 18 日，第 2 版。
［174］刘璐：《政务新媒体“七大病症”，应该如何治》，《解放日报》2015 年 12 月 21 日，第 W02 版。

[175] 李丹青、杨学义、孙喜保：《末位淘汰咋就成了惩罚手段?》，《工人日报》2015年12月22日，第5版。

[176] 乔楚：《政务微博还需“正”务》，《中国劳动保障报》2015年12月23日，第2版。

[177] 张雷：《将“微”力转变成“威”力》，《江门日报》2015年12月25日，第A01版。

[178] 范晓儒：《银川政务微博斩获三项奖》，《银川日报》2015年12月26日，第1版。

[179] 范晓儒：《银川政务微博架起网上“连心桥”》，《银川日报》2015年12月27日，第1版。

[180] 蒋卫阳：《总书记发微博传递出啥信息》，《浙江日报》2015年12月28日，第6版。

[181] 胡海清：《滨海发布政务“双微”综合指标区县第一》，《滨海时报》2015年12月30日，第1版。

[182] 刘文藻：《成都发力构建“融政务”》，《四川日报》2015年12月30日，第15版。

2016年

一月

[1] 黄一洪：《美国微博反恐难以保障绝对安全》，《科技日报》2016年1月5日，第6版。

[2] 陈永东：《微博：垂直带来力量》，《人民邮电》2016年1月8日，第6版。

[3] 支振锋：《微博庭审直播彰显司法公开新境界》，《法制日报》2016年1月11日，第5版。

[4] 张岚、王平、邱斌：《江苏建起气象微博集群化信息发布平台》，《中国气象报》2016年1月11日，第2版。

[5] 李迩：《放开字数限制微博王者归来?》，《深圳商报》2016年1月21日，第A02版。

[6] 王绿扬：《第四届中原网络文化发展论坛举行》，《河南日报》2016年1月21日，第2版。

[7] 姜晶晶、李卓：《南京政务微博竞争力全国第一》，《南京日报》2016年1月21日，第A01版。

[8] 赵钱瑜、姜红：《新浪微博迷失“微”属性》，《北京商报》2016年1月21日，第3版。

[9] 肖望之：《微博兴衰岂在字数多少?》，《光明日报》2016年1月25日，第2版。

[10] 苏弘华：《新浪微博放开140字限制重内容轻社交期待王者归来》，《通信信息报》2016年1月27日，第B07版。

[11] 于洋：《政务微博待补三大短板》，《人民日报》2016年1月28日，第14版。

[12] 苏弘华：《新浪微博放开140字限制　重内容轻社交期待王者归来》，《通信信息报》2016年1月27日，第B07版。

[13] 于洋：《政务微博待补三大短板》，《人民日报》2016年1月28日，第14版。

二月

[14] 黄宗彦、江然：《“挂号费应由医生自主定价”》，《每日经济新闻》2016年2月2日，

第 7 版。

[15] 黄开团：《市纪委积极运用“互联网 +”思维助力反腐倡廉建设》，《林芝报日（汉）》2016 年 2 月 5 日，第 2 版。

[16] 赵丽、韩丹东：《新政策“搭”微博快车广而告之》，《法制日报》2016 年 2 月 20 日，第 5 版。

[17] 严沁：《政务公开别打马虎眼》，《浙江日报》2016 年 2 月 20 日，第 7 版。

[18] 李小佳：《当政务微博遇上明星微博》，《解放日报》2016 年 2 月 25 日，第6 版。

[19] 李耀斗：《顶！可使郭明义的微博再增色》，《大连日报》2016 年 2 月 25 日，第 10 版。

[20] 夏马江：《张小萍委员：建立和完善闽东政务官方微博》，《闽东日报》2016 年 2 月 27 日，第 A03 版。

[21] 武建玲：《各抒已见为民生福祉建言支招》，《郑州日报》2016 年 2 月 27 日，第 6 版。

[22] 赵新乐、李雪昆：《国家网信办责令关闭任志强微博账号》，《中国新闻出版广电报》2016 年 2 月 29 日，第 2 版。

三月

[23] 张晓娜：《国家网信办发言人就关闭任志强微博账号发表谈话》，《民主与法制时报》2016 年 3 月 1 日，第 1 版。

[24] 张绪旺：《微博坐稳新浪营收半壁江山》，《北京商报》2016 年 3 月 4 日，第 3 版。

[25] 张立东：《百姓最关心的也是代表委员最在意的》，《四川日报》2016 年 3 月 4 日，第 6 版。

[26] 邱淑敏、蔡欢：《指尖上的“政能量”》，《南昌日报》2016 年 3 月 11 日，第 1 版。

[27] 赵文：《按照规程办事下沉助推转变》，《中国劳动保障报》2016 年 3 月 15 日，第 2 版。

[28] 何勇海：《“微博续诗”成热潮带给我们的启示》，《中国出版传媒商报》2016 年 3 月 22 日，第 9 版。

[29] 孔祥辉、韩萱、赵天：《13 个政务微博线上联动办公》，《扬州日报》2016 年 3 月 22 日，第 A01 版。

[30] 文川平：《“微博续诗”成热潮，谁说诗歌已死?》，《中国艺术报》2016 年 3 月 23 日，第 1 版。

[31] 朱宝琛：《券商与微博合作互联网金融的又一进阶模式》，《证券日报》2016 年 3 月 24 日，第 A02 版。

[32] 陈飞：《新媒体时代下的公众考古》，《中国文物报》2016 年 3 月 25 日，第 7 版。

[33] 江辉：《践行阳光政务倾听民意民声》，《南昌日报》2016 年 3 月 29 日，第 2 版。

[34] 何勇海：《微博续诗：传承传统文学的创新》，《中华读书报》2016 年 3 月 30 日，第 8 版。

四月

[35] 李玉子、赵雪：《吉林加强互联网领域侵权假冒行为治理》，《中国工商报》2016 年 4 月 2 日，第 1 版。

[36] 刘卓谞：《“温小保”靠什么吸引十万粉丝?》，《中国环境报》2016 年 4 月 7 日，第 3 版。

[37] 许琦敏、沈湫莎：《人类造访恒星“邻居”有望成真》，《文汇报》2016 年 4 月 14 日，第 7 版。
[38] 任维东：《过去“跑断腿”，现在“动指尖”》，《光明日报》2016 年 4 月 14 日，第 5 版。
[39] 高原雪：《用好政务新媒体集聚青春正能量》，《河北日报》2016 年 4 月 14 日，第7 版。
[40] 申东、李智：《宁夏微博问检 100% 回复办结》，《法制日报》2016 年 4 月 15 日，第3 版。
[41] 柯文：《CNNIC：微博仍是我国网民首选社交平台》，《人民邮电》2016 年 4 月 18 日，第 6 版。
[42] 李迩：《新浪微博胜诉“脉脉”开了好头》，《深圳商报》2016 年 4 月 29 日，第 A02 版。

五月

[43] 韩宗玉：《〈贵州省人民政府新闻发布工作办法〉印发实施》，《贵州日报》2016 年 5 月 1 日，第 2 版。
[44] 文海宣：《非法抓取使用新浪微博用户信息违法》，《经济参考报》2016 年 5 月 3 日，第 8 版。
[45] 钱瑜、姜红：《增 32%　微博月活跃用户大幅回升》，《北京商报》2016 年 5 月 13 日，第 3 版。
[46] 范晓：《内容创业者迎来微博“第二春”》，《北京日报》2016 年 5 月 13 日，第 11 版。
[47] 柴逸扉、章元元、郑磊、王玉杰：《全国辟谣平台向网络谣言宣战》，《人民日报海外版》2016 年 5 月 14 日，第 4 版。
[48] 张绪旺、姜红：《网红救活了微博?》，《北京商报》2016 年 5 月 16 日，第 C02 版。
[49] 王晓映：《网红成微博进阶敲门砖粉丝众筹能加速商业变现?》，《通信信息报》2016 年 5 月 18 日，第 A06 版。
[50] 张意梅：《任泽平清空微博为哪般?》，《深圳商报》2016 年 5 月 18 日，第 B01 版。
[51] 龚丽娜：《微博在辅导员工作中的应用研究》，《山西青年报》2016 年 5 月 22 日，第 7 版。

六月

[52] 王玉平：《固原网络问政新平台正式上线》，《宁夏日报》2016 年 6 月 2 日，第 1 版。
[53] 郝大为、冯毅松：《官员演讲视频何以引发百姓共鸣?》，《山西经济日报》2016 年 6 月 20 日，第 1 版。
[54] 浦美玲、雍明虹：《滇池湿地摘“中国最美湿地”桂冠》，《云南日报》2016 年 6 月 23 日，第 1 版。
[55] 高乐：《视频 + 微博，办案效果好》，《延安日报》2016 年 6 月 24 日，第 A02 版。
[56] 何志武：《用力做大事用心做小事》，《中国教育报》2016 年 6 月 28 日，第 6 版。

七月

[57] 范进通、李向鑫：《洛阳精心打造“平安洛阳”微博品牌》，《人民公安报》2016 年 7

月 6 日，第 5 版。

[58] 周有强：《崩溃，跑 5 家单位交税无果反转，微博“吐槽”引上门服务》，《工人日报》2016 年 7 月 9 日，第 5 版。

[59] 王文硕：《三封微博公开信揭开“维权律师”双重骗局》，《人民公安报》2016 年 7 月 11 日，第 1 版。

[60] 吕洪：《补上“用网”必修课》，《人民日报》2016 年 7 月 14 日，第 14 版。

[61] 曾其勇：《打好网络舆情应对主动仗》，《南方日报》2016 年 7 月 16 日，第 F02 版。

[62] 詹思佳：《走通走宽走实网络群众路线》，《银川日报》2016 年 7 月 18 日，第 2 版。

[63] 赵祥昆、郝英斌、于涛、张洋齐：《大连打造“人人点赞”的人社融媒体宣传平台》，《中国劳动保障报》2016 年 7 月 30 日，第 1 版。

八月

[64] 吴江：《主动面对镜头让执法更加公开透明》，《人民公安报·交通安全周刊》2016 年 8 月 2 日，第 1 版。

[65] 王茉：《微博写作进入学术领域可能吗?》，《中国青年报》2016 年 8 月 2 日，第 8 版。

[66] 周文郁：《“玉兔”留给政务微博的启示》，《长江日报》2016 年 8 月 4 日，第 7 版。

[67] 吴迪：《“玉兔”卖萌，地球人看懂了吗?》，《工人日报》2016 年 8 月 5 日，第 3 版。

[68] 刘志月、何正、徐宏：《湖北公安新媒体会说更会做》，《法制日报》2016 年 8 月 10 日，第 3 版。

[69] 桂小笋：《视频提升广告竞争力新浪微博二季度营收 9.27 亿元》，《证券日报》2016 年 8 月 11 日，第 C03 版。

[70] 张意梅：《新浪微博半年股价翻了三倍多》，《深圳商报》2016 年 8 月 11 日，第 A08 版。

[71] 老铁：《微博摆脱“输血依赖”Q2 财报透露新信号》，《每日经济新闻》2016 年 8 月 12 日，第 2 版。

[72] 徐小龙：《对基层审计机关应如何开展“微博问政”的一点思考》，《中国审计报》2016 年 8 月 15 日，第 8 版。

[73] 邓磊：《新媒体矩阵成为宣传新阵地》，《昆明日报》2016 年 8 月 16 日，第 1 版。

[74] 陶力：《发掘奥运“流量”经济微博迎来第二春》，《21 世纪经济报道》2016 年 8 月 17 日，第 5 版。

[75] 黄楚婷：《双引擎驱动微博用户九连涨平台战略抬高社交身价》，《通信信息报》2016 年 8 月 17 日，第 A04 版。

[76] 李淼：《微博财报亮眼平台价值反弹》，《中国新闻出版广电报》2016 年 8 月 18 日，第 6 版。

[77] 张司南：《都说微博活跃低为啥股价涨了近 4 倍》，《证券时报》2016 年 8 月 18 日，第 A03 版。

[78] 张绪旺：《微博翻身背后的互联网分层》，《北京商报》2016 年 8 月 22 日，第 C01 版。

[79] 张玉胜：《“不评老总微博罚 50 元”是病态企业文化》，《财会信报》2016 年 8 月 22

日，第 A02 版。
[80] 袁浩：《政府“玩两微”要“玩”出质量来》，《人民代表报》2016 年 8 月 23 日，第 1 版。
[81] 何小龙：《委员建议成为政府要求》，《江淮时报》2016 年 8 月 23 日，第 1 版。
[82] 张洋、黄兴华：《让政府网站更贴心》，《人民日报》2016 年 8 月 24 日，第 17 版。
[83] 周晓东：《杜绝政务微博微信“打瞌睡”》，《江淮时报》2016 年 8 月 26 日，第 3 版。

九月

[84] 王丽娜：《“热点事件”能否拯救微博?》，《中国经营报》2016 年 9 月 5 日，第 C02 版。
[85] 汪国梁：《政务公开提升治理能力》，《安徽日报》2016 年 9 月 6 日，第 9 版。
[86] 刘敏：《从万水千山到近在咫尺》，《中国县域经济报》2016 年 9 月 8 日，第 2 版。
[87] 符向军：《“微博骂河南人”被诉具有样本价值》，《民主与法制时报》2016 年 9 月 10 日，第 2 版。
[88] 郄建荣：《城市污染监管信息公开冰火两重天》，《法制日报》2016 年 9 月 13 日，第 6 版。
[89] 张绪旺、姜红：《阿里寻找新流量支撑》，《北京商报》2016 年 9 月 19 日，第 C02 版。
[90] 张士良、王国海：《“微导师”触网，“拇指族”点赞》，《中国教育报》2016 年 9 月 20 日，第 6 版。
[91] 何珑：《合一微博 UC 联盟互通备战视频文娱潮》，《通信信息报》2016 年 9 月 21 日，第 B05 版。

十月

[92] 张黎：《环境政务新媒体可圈可点仍需提升》，《中国环境报》2016 年 10 月 10 日，第 8 版。
[93] 高雷：《做有定力的个性微博》，《人民日报》2016 年 10 月 13 日，第 23 版。
[94] 王冠雄：《Twitter“衰落”与微博“中兴”》，《中国经济导报》2016 年 10 月 22 日，第 B02 版。
[95] 青仁轩：《青岛：政策宣传广覆盖无缝隙》，《中国组织人事报》2016 年 10 月 24 日，第 4 版。
[96] 韩萱：《邗江：三级“微”联动“网”聚正能量》，《扬州日报》2016 年 10 月 24 日，第 A01 版。
[97] 汪传鸿：《“红豆 live”加速开放微博抢滩付费内容分享》，《21 世纪经济报道》2016 年 10 月 26 日，第 16 版。
[98] 马振贵：《微博实现中国互联网企业逆袭》，《通信信息报》2016 年 10 月 26 日，第 A14 版。
[99] 一鸣：《自媒体收入过百亿微博加速平台化》，《中国出版传媒商报》2016 年 10 月 28 日，第 3 版。

［100］孙奇茹：《推特正裁员微博忙数钱》，《北京日报》2016 年 10 月 29 日，第 7 版。
［101］李跃：《整合新媒体打造服务群众新通道》，《四川日报》2016 年 10 月 31 日，第 4 版。
［102］马爱平：《微博：下沉二三线城市用户，带来新转机》，《科技日报》2016 年 10 月 31 日，第 6 版。

十一月

［103］文昭：《“成都服务”走出网络沟通群众新路子》，《四川日报》2016 年 11 月 7 日，第 3 版。
［104］李淼：《新浪微博自媒体年入超百亿元》，《中国新闻出版广电报》2016 年 11 月 7 日，第 3 版。
［105］佘颖：《微博翻身了!》，《经济日报》2016 年 11 月 11 日，第 10 版。
［106］孙大海：《公职人员要努力争当人民群众信赖的“网红”》，《天津日报》2016 年 11 月 14 日，第 9 版。
［107］李正豪：《微博：“多元化”的逆袭之道》，《中国经营报》2016 年 11 月 14 日，第 C07 版。
［108］萧子扬：《女大学生“微博印象”污名化的成因及重构》，《中国妇女报》2016 年 11 月 15 日，第 B02 版。
［109］姜红：《微博回血狂奔》，《北京商报》2016 年 11 月 21 日，第 C01 版。
［110］汪传鸿：《微博活跃用户增长 30%：为直播平台输送流量变现》，《21 世纪经济报道》2016 年 11 月 24 日，第 16 版。
［111］赵娜：《微博向“刷棒”宣战背后：“吸转评”暗藏黑产链几万元能上热搜榜》，《每日经济新闻》2016 年 11 月 29 日，第 15 版。
［112］许政、王思超、聂臻：《南京微博达人“江宁婆婆”直播，33 万网友围观》，《人民公安报》2016 年 11 月 29 日，第 2 版。
［113］房雅楠：《差异化谋变新浪微博打了场“翻身仗”》，《中国商报》2016 年 11 月 30 日，第 P06 版。

十二月

［114］沈栖：《官民之间需要对话沟通》，《上海法治报》2016 年 12 月 5 日，第 A07 版。
［115］陈永东：《优化生态，微博回归》，《人民邮电》2016 年 12 月 9 日，第 6 版。
［116］秦宝里：《滨海发布政务微博粉丝超过 200 万》，《滨海时报》2016 年 12 月 14 日，第 2 版。
［117］邢曼玉：《〈青海省政务新媒体综合影响力报告〉发布》，《青海日报》2016 年 12 月 17 日，第 2 版。

2017年

一月

［1］刘少华：《官员“巴松狼王”的退休生活》，《人民日报海外版》2017 年 1 月 5 日，第

5 版。
[2] 杨丹:《从微信、微博广告看互联网广告的管辖权问题》,《中国工商报》2017 年 1 月 10 日,第 7 版。
[3] 谢若琳:《脉脉抓取微博用户信息终审败诉大数据时代相关立法迫在眉睫》,《证券日报》2017 年 1 月 16 日,第 C03 版。
[4] 姜业宏:《司法引导互联网行业有序竞争》,《中国贸易报》2017 年 1 月 19 日,第 6 版。
[5] 汪传鸿:《微博去年四季度业绩亮丽加码内容变现》,《21 世纪经济报道》2017 年 1 月 24 日,第 16 版。
[6] 关健:《三指标透视微博:市值半年两度超越 Twitter》,《第一财经日报》2017 年 1 月 24 日,第 A07 版。

二月

[7] 刘雪松:《谁吃了李公子炫耀的这盆穿山甲》,《浙江日报》,2017 年 2 月 08 日,第 5 版。
[8] 薛军:《大数据时代数据信息权益的法律保护》,《中国知识产权报》,2017 年 2 月 08 日,第 011 版。
[9] 朱晨凯:《用理性思维重温 2016》,《宁波日报》,2017 年 2 月 09 日,第 012 版。
[10] 高富强:《羞辱受害女游客,挽救不了丽江负面形象》,《中国妇女报》,2017 年 2 月 13 日,第 A02 版。
[11] 王石川:《永新毁林案有多少问号须拉直》,《中华工商时报》,2017 年 2 月 15 日,第 003 版。
[12] 毛建国:《官微指责女游客透出的沉重》,《中华工商时报》,2017 年 2 月 15 日,第 003 版。
[13] 高富强:《性别歧视条件修改网络力量不可小觑》,《中国妇女报》,2017 年 2 月 15 日,第 A03 版。
[14] 李燕霞:《开车玩手机行为如何认定并处罚》,《中国交通报》,2017 年 2 月 17 日,第 003 版。
[15] 柏蓓:《放下身段才能与旅客更贴近》,《中国民航报》,2017 年 2 月 24 日,第 002 版。
[16] 冯海宁:《官微,别在情绪化中跑偏》,《工人日报》,2017 年 2 月 28 日,第 003 版。

三月

[17] 朱宝琛:《昔日朱炜明电视上夸夸其谈微博“吸粉”数十万人如今因“抢帽子”戏法操纵市场被罚没逾 580 万元》,《证券日报》2017 年 3 月 1 日,第 A03 版。
[18] 陈永东:《微博今年将如何表现?》,《人民邮电》2017 年 3 月 3 日,第 6 版。
[19] 陈涛:《“互联网 + 政务服务”淮安模式领跑全国》,《江苏经济报》2017 年 3 月 6 日,第 A04 版。
[20] 杨斌艳:《政务公号运营的新变化》,《学习时报》2017 年 3 月 13 日,第 6 版。
[21] 王文硕:《“警徽荣耀”微博话题阅读量超五千万次》,《人民公安报》2017 年 3 月 14 日,第 4 版。

［22］王如晨、姜帅：《微博牵手 NBA 的逻辑》，《第一财经日报》2017 年 3 月 16 日，第 A10 版。
［23］廖灿亮：《网聚正能量管理不板脸》，《中国交通报》2017 年 3 月 16 日，第 7 版。
［24］李冰洁：《略论政务新媒体的特点及功能》，《云南经济日报》2017 年 3 月 18 日，第 B02 版。
［25］周立刚：《小微博大平台》，《中国文物报》2017 年 3 月 21 日，第 5 版。
［26］螺旋真理：《一次成功的新媒体公共考古探索》，《中国文物报》2017 年 3 月 21 日，第 5 版。
［27］钱一彬：《海外名人微博缘何接连遇冷》，《人民日报》2017 年 3 月 23 日，第 14 版。
［28］常斐：《当好政务公开“新主角”汇聚成都“政能量”》，《成都日报》2017 年 3 月 24 日，第 3 版。
［29］郭树合：《检察“微直播”进入百姓朋友圈》，《检察日报》2017 年 3 月 27 日，第 2 版。
［30］康旻：《在线互动促共治》，《汉中日报》2017 年 3 月 28 日，第 1 版。

四月

［31］古林、严晗彦：《消费者微博发负面评价不构成名誉侵权》，《江苏法制报》2017 年 4 月 11 日，第 C 版。
［32］龚妍：《汇聚指尖“政”能量传递惠州好声音》，《惠州日报》2017 年 4 月 13 日，第 A02 版。
［33］周雁凌：《2016 山东环保十大事件》，《中国环境报》2017 年 4 月 14 日，第 7 版。
［34］张红兵：《新浪微博履行主体责任不力受处罚》，《法制日报》2017 年 4 月 15 日，第6 版。
［35］田文生：《为追梦脚步留下历史的底稿》，《中国青年报》2017 年 4 月 18 日，第 8 版。
［36］李豪：《司法部官方微博和微信公众号正式上线》，《法制日报》2017 年 4 月 20 日，第 1 版。
［37］李晓磊：《新浪微博“小号涉黄”隐忧》，《民主与法制时报》2017 年 4 月 23 日，第 3 版。
［38］姚广义：《预防教育防微杜渐》，《信阳日报》2017 年 4 月 26 日，第 1 版。
［39］张磊：《一则微博引发的争议》，《健康报》2017 年 4 月 27 日，第 4 版。
［40］罗树庚：《微博里的骂战伤了教师脸面》，《中国教育报》2017 年 4 月 28 日，第 2 版。

五月

［41］潘志贤、魏欢：《微博达人王立群》，《中国青年报》2017 年 5 月 9 日，第 8 版。
［42］万广朋：《“全能蜀黍”带领徒弟们组团圈粉啦》，《人民公安报》2017 年 5 月 14 日，第 4 版。
［43］刘亚力、唐然：《微博课堂更名现迷雾》，《北京商报》2017 年 5 月 15 日，第 D01 版。
［44］桂小笋：《新浪微博一季度净利润同比增长 561%》，《证券日报》2017 年 5 月 17 日，第 C02 版。
［45］刘鹏：《不能让明星微博广告沦为监管盲区》，《人民政协报》2017 年 5 月 22 日，第

6 版。

[46] 李淼：《新浪微博坐上社交媒体头把交椅》，《中国新闻出版广电报》2017 年 5 月 23 日，第 8 版。

[47] 房雅楠：《微博月活跃用户超 3 亿视频化成核心战略方向》，《中国商报》2017 年 5 月 23 日，第 P06 版。

[48] 姜东良、曹天健、徐鹏：《网民“身临其境”观看庭审》，《法制日报》2017 年 5 月 31 日，第 1 版。

六月

[49] 叶乐峰：《一个乡村微博的生与息》，《光明日报》2017 年 6 月 10 日，第 5 版。

[50] 强继霞：《让群众享受公安改革红利》，《榆林日报》2017 年 6 月 12 日，第 5 版。

[51] 李淼：《微博云剪系统：2 分钟制作一个短视频》，《中国新闻出版广电报》2017 年 6 月 14 日，第 7 版。

[52] 桂小笋：《新浪微博短视频同盟军壮大联手万合天宜推“PLAN　B”计划》，《证券日报》2017 年 6 月 15 日，第 C02 版。

[53] 叶丹：《网红微博吸睛利器：直播 + 短视频》，《南方日报》2017 年 6 月 22 日，第 B02 版。

七月

[54] 刘静：《浅谈微博在高校思政教育中的渗透与其带来的极大影响》，《山西青年报》2017 年 7 月 1 日，第 8 版。

[55] 王丽娜、马秀岚：《广电总局再出重拳视听节目服务需“持证上岗”》，《中国经营报》2017 年 7 月 3 日，第 C03 版。

[56] 张钰、施为飞：《江苏司法行政在线微博形成有效服务》，《江苏法制报》2017 年 7 月 5 日，第 1 版。

[57] 孙麒翔、石飞月：《苹果向微博问答征收三成“过路费”》，《北京商报》2017 年 7 月 10 日，第 3 版。

[58] 夏芳：《食品谣言智能预警平台上线微博等社交平台受实时监测》，《证券日报》2017 年 7 月 10 日，第 C03 版。

[59] 郑毅：《微博直播“小三”裸照，她成了败诉被告》，《人民法院报》2017 年 7 月 17 日，第 3 版。

[60] 高苗、马孟欣：《榆林启动“百姓问政”工作》，《榆林日报》2017 年 7 月 18 日，第 1 版。

[61] 缑玉明：《市长开微博，网络问政时代的责任心》，《甘肃经济日报》2017 年 7 月 24 日，第 1 版。

[62] 孟兴：《@滨海发布夺政务微博四连冠》，《天津日报》2017 年 7 月 26 日，第 6 版。

[63] 范炳菲：《大 V 滨海“碰头”论道政务微博》，《滨海时报》2017 年 7 月 27 日，第 1 版。

[64] 张姝、哈迪、张广艳、范炳菲：《政务微博矩阵升级“滨海发布”成为首批机构》，《滨海时报》2017 年 7 月 29 日，第 2 版。

[65] 杨柳：《最高检官方微博荣获“十佳政务公开案例”奖》，《检察日报》2017 年 7 月 29 日，第 1 版。
[66] 尹卫国：《实名微博是磨砺领导干部雅量的“大熔炉”》，《宿迁日报》2017 年 7 月 30 日，第 A03 版。
[67] 孟兴：《政务 V 影响力峰会在新区举行》，《天津日报》2017 年 7 月 31 日，第 7 版。
[68] 孟兴：《@滨海发布获“十佳快速响应案例”》，《天津日报》2017 年 7 月 31 日，第 7 版。
[69] 马坤：《政务 V 峰会新区“露足脸”》，《滨海时报》2017 年 7 月 31 日，第 1 版。

八月

[70] 叶丹：《微博第二季度净营收 2.5 亿美元同比增 72%》，《南方日报》2017 年 8 月 10 日，第A13 版。
[71] 枕流：《“微博问答”背后的套路》，《宁波日报》2017 年 8 月 11 日，第 B04 版。
[72] 曹雅欣：《你的隐私被微博热词算计了吗?》，《济南日报》2017 年 8 月 18 日，第 F02 版。
[73] 陈永东：《微博还有想象空间吗?》，《人民邮电》2017 年 8 月 18 日，第 6 版。
[74] 黄国庆、杨正宏：《大理交警微博直播“酒驾专项整治”，100 多万人次围观“执法直播”》，《大理日报日（汉）》2017 年 8 月 21 日，第 5 版。
[75] 李雪昆：《细微处着眼暖新闻着手》，《中国新闻出版广电报》2017 年 8 月 22 日，第 5 版。
[76] 孙忠、张琼斯：《一条微博引发监管预期虚拟数字货币风险亮“黄灯”》，《上海证券报》2017 年 8 月 24 日，第 4 版。
[77] 钟国斌：《深交所：切忌听信论坛微博等信息》，《深圳商报》2017 年 8 月 24 日，第 B01 版。
[78] 崔玉玉：《政务微博“暖新闻”暖网友心》，《人民日报海外版》2017 年 8 月 28 日，第 8 版。

九月

[79] 顾远山：《贴近群众微博才有生命力》，《中国纪检监察报》2017 年 9 月 2 日，第 2 版。
[80] 何英楠：《以王宝强离婚报道为例浅析微博中的公民新闻》，《山西青年报》2017 年 9 月 2 日，第 2 版。
[81] 韩文嘉：《“最互联网之城”网聚正能量》，《深圳特区报》2017 年 9 月 4 日，第 A05 版。
[82] 朱丽宁：《公安部交管局发起抵制酒驾公益活动》，《人民公安报·交通安全周刊》2017 年 9 月 12 日，第 1 版。
[83] 邹韧：《微博晒“P 图”要小心了》，《中国新闻出版广电报》2017 年 9 月 14 日，第 5 版。
[84] 罗志华：《该撤除“吸烟表情”的远不止微博》，《焦作日报》2017 年 9 月 14 日，第 11 版。

[85] 龙敏飞：《为微博撤下“吸烟表情”点赞》，《长沙晚报》2017年9月15日，第14版。

[86] 陶凤：《微博用户协议错在以保护的名义占有》，《北京商报》2017年9月18日，第2版。

[87] 沈彬：《微博平台争夺内容不能损害用户利益》，《深圳特区报》2017年9月18日，第A02版。

[88] 鞠实：《微博版权之争背后是权利焦虑》，《经济参考报》2017年9月19日，第8版。

[89] 邱智丽：《微博抢用户著作权受挫内容焦虑难解》，《第一财经日报》2017年9月19日，第A08版。

[90] 任晓宁：《微博艰难打赢“翻身仗”》，《中国新闻出版广电报》2017年9月19日，第8版。

[91] 冷万欣：《新浪微博“霸王协议”是在自毁长城》，《中国产经新闻》2017年9月21日，第1版。

[92] 杨帆、周梦婕：《互联网作品著作权再度引热议》，《山西日报》2017年9月22日，第11版。

[93] 何小龙：《让政务微平台“动”起来》，《江淮时报》2017年9月22日，第1版。

[94] 窦新颖：《用户发微博，使用权归谁?》，《中国知识产权报》2017年9月22日，第11版。

[95] 杨延超：《微博不应该争用户的版权》，《经济参考报》2017年9月26日，第8版。

[96] 宋志红：《微博的多维化传播》，《山西日报》2017年9月26日，第10版。

[97] 潘少颖：《微博搭台网视和传统电视“共舞”》，《IT时报》2017年9月29日，第7版。

[98] 赵碧：《新浪微博用户协议引争议版权保护任重道远》，《中国产经新闻》2017年9月29日，第3版。

十月

[99] 肖郎平：《发个人微博也要守住善良底线》，《贵州日报》2017年10月2日，第4版。

[100] 智雅：《从Instagram到微博社交媒体正在颠覆时尚产业》，《中国服饰报》2017年10月6日，第3版。

[101] 江海苹、陈松树：《创新检察服务护航自贸片区》，《厦门日报》2017年10月20日，第A12版。

[102] 宁渊华：《州交通局党委：“三抓三强化”突出党建引领作用》，《大理日报（汉）》2017年10月23日，第2版。

[103] 袁舒婕：《专家：“微”内容“抓取”应遵循现有法律》，《中国新闻出版广电报》2017年10月26日，第5版。

[104] 陈莹：《微博三季度营收3.2亿美元来自阿里营收激增逾90%》，《中国出版传媒商报》2017年10月31日，第7版。

十一月

[105] 贾学蕊：《群主担责共筑健康网络》，《安徽日报》2017年11月1日，第9版。

[106] 左登基、王洋：《世界旅游联盟网站微信微博上线》，《中国旅游报》2017 年 11 月 1 日，第 1 版。
[107] 奉伟、马艺训：《老兵为支队写下千张“纸微博”》，《解放军报》2017 年 11 月 2 日，第 8 版。
[108] 黄敏：《政务新媒体发展提升路径浅析》，《中国工商报》2017 年 11 月 14 日，第 3 版。
[109] 孙海悦：《构建全媒体立体传播格局》，《中国新闻出版广电报》2017 年 11 月 17 日，第 3 版。
[110] 刘言：《微博“高仿号”成诈骗新手段》，《中国青年报》2017 年 11 月 17 日，第 1 版。
[111] 贾平凡：《警惕！微博“高仿号”诈骗》，《人民日报海外版》2017 年 11 月 24 日，第 8 版。
[112] 赵向阳：《“微博大咖”是如何炼成的?》，《人民铁道》2017 年 11 月 30 日，第 A03 版。

十二月

[113] 侯国胜：《让主旋律更加响亮让正能量更加强劲》，《商丘日报》2017 年 12 月 7 日，第 1 版。
[114] 汪国梁：《政府网上履职高效惠民》，《安徽日报》2017 年 12 月 15 日，第 2 版。
[115] 李静：《B 站“微博化”打响用户时间争夺战》，《中国经营报》2017 年 12 月 18 日，第 C03 版。

2018年

一月

[1] 陆野：《杜绝假新闻，提高网络媒体公信力》，《中国产经新闻》2018 年 1 月 5 日，第 3 版。
[2] 闪伟强：《强化阵地意识方可提高传播力》，《中国新闻出版广电报》2018 年 1 月 9 日，第 6 版。
[3] 江德斌：《微博热搜榜切莫沦为“作恶”工具》，《检察日报》2018 年 1 月 10 日，第 6 版。
[4] 王玉宝：《健康中国需要耿直谏言人》，《浙江日报》2018 年 1 月 11 日，第 10 版。
[5] 冯军福：《警惕疯狂粉丝的网络暴力》，《河南日报》2018 年 1 月 11 日，第 8 版。
[6] 刘修兵：《新媒体让文物不再“高冷”》，《中国文化报》2018 年 1 月 11 日，第 7 版。
[7] 王丽美：《“拦高铁等老公”的执法软硬之辩》，《珠海特区报》2018 年 1 月 11 日，第 F02 版。
[8] 麦子：《高铁扒门被停职，冤吗?》，《检察日报》2018 年 1 月 11 日，第 5 版。
[9] 张崇乐：《“紫光阁”闹剧后的严肃课题》，《北京日报》2018 年 1 月 12 日，第 3 版。

[10] 赵丽:《业内人士揭网络“水军”产业链运作内情》,《法制日报》2018 年 1 月 12 日,第 5 版。
[11] 王兆鹏:《推进媒体融合发展应遵循的原则》,《学习时报》2018 年 1 月 15 日,第 4 版。
[12] 史奉楚:《收集隐私条款可能导致协议无效》,《中国联合商报》2018 年 1 月 15 日,第 B04 版。
[13] 高亚洲:《热搜产业链如何才能不成槽点》,《中国城市报》2018 年 1 月 15 日,第 19 版。
[14] 评论员:《学习吕建江,把百姓“小事”当作自己的“大事”》,《河北经济日报》2018 年 1 月 16 日,第 1 版。
[15] 楚卿:《文博类微博“涨粉”为美好生活“涨姿势”》,《中国艺术报》2018 年 1 月 17 日,第 1 版。
[16] 刘振:《热搜榜不容灰色产业链》,《安徽日报》2018 年 1 月 17 日,第 5 版。
[17] 杨玉国:《加强法治打造清朗网络空间》,《中国国防报》2018 年 1 月 18 日,第 1 版。
[18] 王威:《发挥网络社交媒体健康传播积极作用》,《中国社会科学报》2018 年 1 月 18 日,第 3 版。
[19] 评论员:《我们为什么怀念“不下班的民警”》,《河北经济日报》2018 年 1 月 18 日,第 3 版。
[20] 徐晓鸣:《全国公安政务新媒体伙伴大会召开》,《人民公安报》2018 年 1 月 19 日,第 1 版。
[21] 何易:《申城表彰政务新媒体“领头羊”》,《文汇报》2018 年 1 月 19 日,第 3 版。
[22] 宋雪玲:《“软萌”的博物馆更招人爱》,《发展导报》2018 年 1 月 19 日,第 2 版。
[23] 李兆清:《讲文明是政务新媒体的必修课》,《珠海特区报》2018 年 1 月 20 日,第 F02 版。
[24] 郭元鹏:《杜绝“僵尸粉”自媒体应回归“内容为王”》,《中国商报》2018 年 1 月 23 日,第 P02 版。
[25]《成都获城市政务微博竞争力第一名》,《成都日报》2018 年 1 月 24 日,第 3 版。
[26] 李淼:《过去一年,政务微博涨粉 12%》,《中国新闻出版广电报》2018 年 1 月 25 日,第 2 版。
[27] 林俊鹏:《微博热搜榜下线整改!没有自律谈何成熟》,《中国青年报》2018 年 1 月 30 日,第 2 版。
[28] 佘颖:《政务新媒体靠什么“吸粉”》,《经济日报》2018 年 1 月 30 日,第 9 版。
[29] 沈彬:《整治刷榜:揭穿“流量明星”的“皇帝新衣”》,《深圳特区报》2018 年 1 月 30 日,第 A02 版。
[30] 刘大山:《媒体平台,影响力越大责任越大》,《南京日报》2018 年 1 月 31 日,第 A12 版。

二月

[31] 史洪举:《微博热搜榜:在法律之内运行》,《人民法院报》2018 年 2 月 1 日,第 2 版。

［32］黄可乐：《邵阳“萌”协警也是“暖”形象，当点赞!》，《邵阳日报》2018 年 2 月 2 日，第 4 版。
［33］万静：《机构认证账号对跟帖评论负管理责任》，《法制日报》2018 年 2 月 3 日，第 6 版。
［34］李政葳：《明确主体责任打击微博谣言》，《光明日报》2018 年 2 月 3 日，第 3 版。
［35］杜晓：《治理刷榜行为要形成长效机制》，《法制日报》2018 年 2 月 4 日，第 2 版。
［36］廖英伟：《法院“微党课”：见微知著的新载体》，《人民法院报》2018 年 2 月 4 日，第 2 版。
［37］李勇：《新媒体时代的张家界如何开展旅游营销》，《张家界日报》2018 年 2 月 4 日，第 5 版。
［38］于淼：《微信、微博双双整改网络文化传播或迎“加强监管年”》，《中国产经新闻》2018 年 2 月 6 日，第 3 版。
［39］南储鑫：《泛众化时代妇女儿童网络舆情的复杂演进》，《中国妇女报》2018 年 2 月 6 日，第 5 版。
［40］刘剑飞：《跟帖评论责任制体现网络治理精准化》，《中国商报》2018 年 2 月 7 日，第 P02 版。
［41］张园园：《政府网站政务服务功能提升探究》，《新华书目报》2018 年 2 月 9 日，第 8 版。
［42］王宁：《微博时代共青团工作方式的创新探究》，《山西青年报》2018 年 2 月 10 日，第 4 版。
［43］佘颖：《春晚：在理想中的高峰上互动》，《经济日报》2018 年 2 月 11 日，第 6 版。
［44］朱新林：《司法舆情应对的五大定律》，《人民法院报》2018 年 2 月 23 日，第 6 版。
［45］陈永东：《微博的社会价值，值得再审视》，《人民邮电》2018 年 2 月 23 日，第 6 版。
［46］红胡子：《“水煮驴皮”事件阿胶龙头该不该站出来说句话》，《重庆商报》2018 年 2 月 27 日，第 8 版。
［47］杨于泽：《阿胶等滋补品有用没用要有定论》，《长江日报》2018 年 2 月 28 日，第 8 版。

三月

［48］王文硕：《“公安报记者跑两会”登顶微博政务话题榜榜首》，《人民公安报》2018 年 3 月 5 日，第 3 版。
［49］朗益：《明星公益带动捐赠群体年轻化》，《联合日报》2018 年 3 月 7 日，第 4 版。
［50］莫开亮：《新形势下如何做好政务新媒体》，《汕头日报》2018 年 3 月 8 日，第 F02 版。
［51］李鹏：《卫计委为阿胶道歉不应没了下文》，《北京科技报》2018 年 3 月 12 日，第 7 版。
［52］石勇：《推进“互联网 + 政务服务”全力营造“六最”营商环境》，《山西日报》2018 年 3 月 16 日，第 11 版。
［53］单鸽：《人肉搜索法律风险不可小觑》，《检察日报》2018 年 3 月 24 日，第 3 版。

[54] 张绪旺：《微博基因耽误了小咖秀》，《北京商报》2018 年 3 月 27 日，第 C02 版。
[55] 于潇：《当网友在检察微博上求助以后……》，《检察日报》2018 年 3 月 31 日，第 1 版。

四月

[56] 麦柯：《遭腾讯、微博封杀，抖音却找到了阿里做宿主》，《电脑报》2018 年 4 月 2 日，第 11 版。
[57] 黄璞琳：《浅析利用网络自媒体发布虚假违法商业信息的管辖问题》，《中国工商报》2018 年 4 月 3 日，第 7 版。
[58] 陈卓：《一个“#”号标记的伤痕》，《中国青年报》2018 年 4 月 18 日，第 9 版。
[59] 郭永超：《走出认知误区推进民政信息化》，《中国社会报》2018 年 4 月 23 日，第 2 版。
[60] 张国：《你很萌吗，我不是很关心》，《中国青年报》2018 年 4 月 25 日，第 9 版。

五月

[61] 徐可：《政务新媒体管好才能用好》，《汕尾日报》2018 年 5 月 9 日，第 2 版。
[62] 李雪：《政务新媒体，要建好更要用好》，《甘肃日报》2018 年 5 月 9 日，第 4 版。
[63] 金晶、施璇：《我市政府网站暨政务微博微信工作稳居全省第一方阵》，《滁州日报》2018 年 5 月 10 日，第 1 版。
[64] 曹飞：《“官微卖鞋”为哪般》，《解放日报》2018 年 5 月 12 日，第 2 版。
[65] 齐芳：《政务新媒体运营莫忘初心》，《团结报》2018 年 5 月 12 日，第 2 版。
[66] 文豪：《成都荣获城市政务微博竞争力排行榜第一》，《成都日报》2018 年 5 月 14 日，第 3 版。
[67] 王鹏程：《专题学习网络舆论热点与政务新媒体工作方法》，《白银日报》2018 年 5 月 19 日，第 1 版。
[68] 邓海建：《谁动了我们的点赞权?》，《福建日报》2018 年 5 月 22 日，第 10 版。
[69] 吴姗：《政务新媒体启动“关停整合”》，《人民日报》2018 年 5 月 24 日，第 14 版。
[70] 于灵歌：《政务新媒体如何不“跑偏”?》，《工人日报》2018 年 5 月 26 日，第 2 版。
[71] 秦翊淳、郭斯：《办好政务新媒体的三项举措》，《黄冈日报》2018 年 5 月 30 日，第 8 版。

六月

[72] 丁国锋、蔡岩红：《税务机关依法调查“阴阳合同”涉税问题》，《法制日报》2018 年 6 月 4 日，第 5 版。
[73] 徐建辉：《政务新媒体建设应管建并举》，《人民公安报》2018 年 6 月 7 日，第 3 版。
[74] 张永生：《“正确打开”才能“打成一片”》，《安徽日报》2018 年 6 月 12 日，第 5 版。
[75] 洪曙光：《政务新媒体如何才能接地气》，《中国自然资源报》2018 年 6 月 16 日，第2 版。
[76] 陈凤莉：《打造“网上共青团”》，《中国青年报》2018 年 6 月 19 日，第 1 版。
[77] 朱忠元：《基层新闻媒体传播能力建设的探索与思考》，《云南经济日报》2018 年 6 月 23 日，第 A02 版。
[78] 莫兰：《政务官微频现“雷人回复”只怪 AI?》，《中国妇女报》2018 年 6 月 25 日，第 4 版。

七月

[79] 丁建庭：《政务微博发世界杯消息，错了吗?》，《南方日报》2018 年 7 月 4 日，第 F02 版。
[80] 鲍南：《这样的政务官微办它干什么》，《北京日报》2018 年 7 月 6 日，第 3 版。
[81] 高威：《大数据时代，你懂舆情危机管理吗?》，《中国新闻出版广电报》2018 年 7 月 10 日，第 6 版。
[82] 马玲丽：《浅析新时期政务新媒体的发展》，《云南经济日报》2018 年 7 月 13 日，第 B01 版。
[83] 徐光明：《社交媒体直播庭审的现状及规范》，《人民法院报》2018 年 7 月 13 日，第 5 版。
[84] 彭冬燕：《浅谈微博兴起下的思想政治工作》，《衡水日报》2018 年 7 月 25 日，第 A03 版。

八月

[85] 李禄林：《借助互联网，开辟图书出版营销新形态》，《中华读书报》2018 年 8 月 8 日，第 6 版。
[86] 江德斌：《政务新媒体别犯“老毛病”》，《中国新闻出版广电报》2018 年 8 月 9 日，第 3 版。
[87] 杨飑懿：《谨防政务新媒体“沉睡”》，《云南日报》2018 年 8 月 9 日，第 6 版。
[88] 杨昊：《浅谈政务新媒体存在的问题及建议对策》，《发展导报》2018 年 8 月 14 日，第 13 版。
[89] 华军：《涉医信息传播不可任性》，《健康报》2018 年 8 月 20 日，第 5 版。
[90] 郭明飞：《文化场景转变：微博空间意识形态的新挑战》，《社会科学报》2018 年 8 月 23 日，第 6 版。
[91] 王见：《政务宣传要适应碎片化特征》，《东方烟草报》2018 年 8 月 27 日，第 3 版。

九月

[92] 曹飞：《因为“流量”，所以“审丑”?!》，《解放日报》2018 年 9 月 4 日，第 3 版。
[93] 卞广春：《“霸座男”成大 V 叩问底线责任何在?》，《贵州日报》2018 年 9 月 5 日，第 4 版。
[94] 江德斌：《高铁“霸座男”成“大 V”，平台居然以污为美》，《湖南日报》2018 年 9 月 5 日，第 7 版。
[95] 卞广春：《若“霸座男”名利双收，平台“加 V”则是推手》，《检察日报》2018 年 9 月 5 日，第 6 版。
[96] 文峰：《缺乏敬畏折射有教无育现象》，《长沙晚报》2018 年 9 月 7 日，第 7 版。
[97] 严奇：《侮辱女性，谁能管住“大 V”的嘴》，《湖南日报》2018 年 9 月 12 日，第 7 版。
[98] 汪昌莲：《学生餐“晒细目”更须“入法眼”》，《重庆日报》2018 年 9 月 18 日，第 10 版。
[99] 朱炎皇：《游客在俄罗斯丢证，湖南公安远程救助》，《长沙晚报》，2018 年 9 月 22 日，

第 A4 版。
[100] 何睦:《网络言论勿碰法律底线》,《中国城乡金融报》2018 年 9 月 28 日，第 A04 版。

十月

[101] 王嘉言:《懂了懂了，原来官微可以这样可爱》,《苏州日报》2018 年 10 月 11 日，第 A06 版。
[102] 胡仕浩：《司法公开 40 年：树立新理念明确新定位构建新格局》，《人民法院报》2018 年 10 月 17 日，第 5 版。
[103] 吴力斌:《用好新媒体，为红色景区添彩》，《中国旅游报》2018 年 10 月 19 日，第 6 版。

十一月

[104] 周丹平:《政务官微岂能如此“任性”》,《河北日报》2018 年 11 月 1 日，第 7 版。
[105] 朱炎皇、禹亚钢:《“湖南公安”微博完成第 28 次跨国救助被网友写入“出境游攻略”》,《长沙晚报》2018 年 11 月 12 日，第 A4 版。

会议论文题录

2009年

（空白）

2010年

［1］吴冬华、文帜：《广州大学生网络微博认知与评价调查》，载《网络时代的青少年和青少年工作研究报告——第六届中国青少年发展论坛暨中国青少年研究会优秀论文集（2010）》，中国青少年研究中心、中国青少年研究会、共青团湖南省委，2010，第6页。

［2］吴予敏、戴元光、邵培仁、王哲平、吴廷俊、张国良：《新媒体时代传播研究的回顾》，载《数字未来与媒介社会2》，浙江大学传媒与国际文化学院，2010，第10页。

［3］苟骅、段京肃、孙志刚、王小松、张力奋、张锐：《新媒体时代传播研究与媒介产业的融合》，载《数字未来与媒介社会2》，浙江大学传媒与国际文化学院，2010，第12页。

［4］张宁：《新媒体环境中的都市集体行动：框架博弈与传播动力机制》，载《2010首届数字未来与媒介社会国际学术论坛“新媒体时代传播研究的新议题”》，浙江大学传媒与国际文化学院，2010，第61~76页。

［5］袁靖华：《微博的理想与现实——兼论社交媒体建构公共空间的三大困扰因素》，载《数字未来与媒介社会2》，浙江大学传媒与国际文化学院，2010，第13页。

［6］黄清源：《微博控制的维系与消解——传播政治经济学视野中的微博研究》，载《首届华中地区新闻与传播学科研究生学术论坛获奖论文》，武汉大学新闻与传播学院研究生会，2010，第6页。

［7］张锐：《网络媒体的现状与变局》，载《数字未来与媒介社会1》，浙江大学传媒与国际文化学院，2010，第5页。

［8］郜书锴：《国际传播的重新布局——以新媒体为研究对象的案例、实践与理论》，载《数字未来与媒介社会1》，浙江大学传媒与国际文化学院，2010，第26页。

2011年

［1］贺幸辉、章希：《对7·23动车脱轨事件的微博分析——以体育界知名人士的腾讯微博为例》，载《2011第九届全国体育科学大会论文摘要汇编（1）》，中国体育科学学会（China Sport Science Society），2011，第1页。

［2］马燕、刘子健：《网络时代的“状态人”及其传播心理学、社会学思考》，载 *Proceedings of Conference on Web Based Business Management*（WBM2011），Wuhan University、Scientific Research Publishing、Engineering Information Institute，2011，第 4 页。

［3］林洁、李晓羽：《博物馆的微博时代——以广西博物馆新浪微博为例》，载《博物馆与记忆——广西壮族自治区博物馆第四届学术研讨会论文集》，广西壮族自治区博物馆，2011，第 5 页。

［4］翁宇凯：《基于驱动营销的晶派红双喜网络整合传播策略研析》，载《上海市烟草系统 2011 年度优秀学术论文集（经济管理类）》，2011，第 68 页。

［5］彭兰：《微博客对网络新闻传播格局与模式的冲击》，载《新闻学论集（第 24 辑）》，2010，第 10 页。

［6］刘晓旋：《微博场，离农民工权益话语的救赎有多远？——以新浪微博为例的实证研究》，载《第二届华中地区新闻与传播学科研究生学术论坛获奖论文》，武汉大学新闻与传播学院研究生会，2011，第 9 页。

［7］董立人：《以高质量的政务微博推动社会管理科学化》，载《提高领导创新社会管理能力理论研讨会暨中国领导科学研究会 2011 年年会论文集》，中国领导科学研究会，2011，第 10 页。

［8］邓勇：《政务微博现象之行政学解读及其行政规制探析》，载《中国行政管理学会 2011 年年会暨“加强行政管理研究，推动政府体制改革”研讨会论文集》，中国行政管理学会，2011，第 11 页。

［9］李止庸：《风险社会语境下的网络舆论引导的新实践——以“人民微博”为例》，载《中国商品学会第十四届学术论坛暨中韩商品科学交流会议论文集》，2011，第 4 页。

［10］孙冉：《日本华文媒体与国际传播能力建设》，载《国际话语体系中的海外华文媒体——第六届世界华文传媒论坛论文集》，世界华文传媒论坛组委会，2011，第 9 页。

［11］高进、索祁、宋明镜：《中国国力增强带给华文媒体的机遇——浅谈海外华文媒体传播经营策略》，载《国际话语体系中的海外华文媒体——第六届世界华文传媒论坛论文集》，世界华文传媒论坛组委会，2011，第 4 页。

［12］朱宏、王丽：《微博时代的意见领袖探析》，载 *Proceedings of the 2011 International Conference on Information ,Services and Management Engineering*（ISME 2011）Volume 3，Jiangxi University of Finance and Economics、Shanghai Second Polytechnic University、Capital University of Economics and Business、Beijing Jiaotong University、Bohai University、Jiujiang University、Scientific Research Publishing，2011，第 3 页。

［13］彭晓剑、朱瑞钧、郑星航：《地市新闻网站打造全媒体平台探讨》，载《中国新闻技术工作者联合会 2011 年学术年会论文集（上篇）》，中国新闻技术工作者联合会，2011，第 5 页。

［14］董立人：《政务微博力与领导力提升》，载《“领导科学发展 30 年”理论研讨会论文集》，中国领导科学研究会、国家行政学院领导科学研究中心、中共黑龙江省委宣传部、中共黑龙江省委党校（黑龙江省行政学院）、中共黑龙江省伊春市委、黑龙江省领导科学学会，2011，第 7 页。

［15］崔伟、赵颖萍：《微博在政府工作中的作用》，载《第八届沈阳科学学术年会论文集》，沈阳市委、沈阳市人民政府，2011，第4页。

［16］张莉、董维佳：《用优质服务留住大客户——探索现代服务营销在终端建设中的意义》，载《上海市烟草系统2010年度优秀学术论文集（经管类）》，2011，第10页。

［17］李娜、秦鹏、王佳：《气象科普新传媒——微博》，第28届中国气象学会年会——S16第四届气象科普论坛会议论文，厦门，2011，第4页。

［18］郭鹏、陈玥熤、李晓娜：《微博在气象服务中的应用探讨》，第28届中国气象学会年会——S10公共气象服务政策体制机制和学科建设会议论文，厦门，2011，第6页。

［19］李娜、秦鹏：《从“4·17雷雨大风”谈突发性灾害事件应急服务策略》，第28届中国气象学会年会——S10公共气象服务政策体制机制和学科建设会议论文，厦门，2011，第5页。

［20］李晓娜、陈恒明、陈玥熤：《评论与转发带给天气微博采编员的启示》，第28届中国气象学会年会——S10公共气象服务政策体制机制和学科建设会议论文，厦门，2011，第3页。

［21］梁晓妮、雷俊、周亦平：《微博在气象服务中的应用探析》，第28届中国气象学会年会——S10公共气象服务政策体制机制和学科建设会议论文，厦门，2011，第5页。

［22］郑元中、梁延刚：《香港天文台气象信息服务的最新发展》，第28届中国气象学会年会——S10公共气象服务政策体制机制和学科建设会议论文，厦门，2011，第19页。

［23］赖伏虎、罗洁樱、廖小玲、张俊、冯程：《应用微博群随访SLE患者生存质量的探索》，载《中国医院协会病案管理专业委员会第二十届学术会议论文集》，中国医院协会病案管理专业委员会，2011，第4页。

［24］李冬、马勇、张鑫：《基于微博产业下的互联网安全问题初探》，载《第26次全国计算机安全学术交流会论文集》，中国计算机学会计算机安全专业委员会，2011，第3页。

［25］高钢：《互联网信息传播业的发展与中国公民信息权利的实现》，载《新闻学论集（第25辑）》，2010，第23页。

［26］李旭光、魏巍、薛啸、胡曼、冯世帅：《微博营销对企业竞争力的影响研究》，载《第六届（2011）中国管理学年会——市场营销分会场论文集》，中国管理现代化研究会，2011，第10页。

［27］田向阳：《健康传播：科学与艺术》，载《第三期“营养领导才能培训班”资料汇编》，中国营养学会，2011，第15页。

［28］刘家昆：《微博在诊所式法律教育模式下的应用研究》，载《当代法学论坛（2011年第三辑）》，2011，第7页。

［29］吴蓉：《新媒体浪潮下的对外新闻传播》，载《纪念“银川会议”20周年全国报纸总编辑黄河金岸行暨第13届全国新闻摄影理论年会论文集》，中国新闻摄影学会、宁夏回族自治区党委宣传部，2010，第4页。

［30］毕传新、金力：《新闻是什么？——对数字媒体环境下新闻教育的思考》，载《全国数字媒体技术专业建设与人才培养研讨会论文集》，中国人工智能学会智能数字内容安全专业委员会，2011，第4页。

[31] 伍刚：《提升中国互联网国际传播力　构筑中华民族伟大复兴的软实力》，载《第九届中国世界民族学会会员代表大会暨学术讨论会论文集（下册）》，中国世界民族学会，2010，第29页。

[32] 周慧琴、安新磊：《互联网新媒体的监管初探——以微博为例》，载《融合与创新——中国通信学会通信管理委员会第29次学术研讨会论文集》，中国通信学会通信管理委员会，2011，第4页。

[33] 戚广崇：《利用微博普及中医科普知识的体会》，载《2011全国中医药科普高层论坛文集》，中华中医药学会，2011，第1页。

[34] 陈滢：《微博时代公共表达中的舆论暴力现象探析》，载《2011广东社会科学学术年会——地方政府职能与社会公共管理论文集》，中共广东省委宣传部、广东省社会科学界联合会，2011，第4页。

[35] 陈祖君：《写作文化及其传播论略》，载《贵州省写作学会2011年学术年会论文集》，贵州省写作学会，2011，第6页。

[36] 王炜、朱书武、杨孟林、潘庆芳：《微博时代下的高速公路应急管理》，载《中国公路学会高速公路运营管理分会2011年度年会暨第十八次全国高速公路运营管理工作研讨会论文集》，中国公路学会高速公路运营管理分会，2011，第4页。

[37] 孙荣欣、李书军：《网络传播中虚假信息的防范对策研究》，载《第六届河北省社会科学学术年会论文专辑》，河北省社会科学界联合会，2011，第2页。

[38] 刘锐：《从差序格局到团体互动：新浪微博空间中的知识生产与机会流动》，载《中国传媒大学第五届全国新闻学与传播学博士生学术研讨会论文集》，中国传媒大学，2011，第11页。

[39] 苏颖：《互联网传播与公共领域——基于中国文明现代化进程语境里的讨论》，载《中国传媒大学第五届全国新闻学与传播学博士生学术研讨会论文集》，中国传媒大学，2011，第10页。

[40] 闫涛：《微博时代的博物馆数字化建设——让博物馆鲜活地来到观众身边》，载《创意科技助力数字博物馆》，北京市科学技术协会、北京市文物局、北京市经济和信息化委员会，2011，第5页。

[41] 宋媚丽、刘介群、王娜：《中小型博物馆如何运用数字技术提升知识传播能力》，载《创意科技助力数字博物馆》，北京市科学技术协会、北京市文物局、北京市经济和信息化委员会，2011，第5页。

[42] 郭豹：《数字博物馆建设不能忽视观众调查》，载《创意科技助力数字博物馆》，北京市科学技术协会、北京市文物局、北京市经济和信息化委员会，2011，第4页。

[43] 胡献忠：《虚拟社会的秩序与管理——从微博谣言说起》，载《社会管理创新与青少年工作研究报告——第七届中国青少年发展论坛暨中国青少年研究会优秀论文集（2011）》，中国青少年研究中心、中国青少年研究会、共青团上海市委，2011，第7页。

[44] 朱燕：《试析微博时代高校思想政治教育工作者素质的更新》，载《思想政治教育研究论丛（2011年）》，中国社会科学院马克思主义研究院、内蒙古师范大学，2011，第5页。

[45] 王晶：《网络空间中传播主体的生产行为研究——基于人民网强国论坛新闻事件传播的虚拟民族志观察》，载《新闻学论集（第27辑）》，2011，第18页。

[46] 宫兆轩：《试论气候传播的受众和传播效果》，载《新闻学论集（第27辑）》，2011，第14页。

[47] 单晓红、陈静静：《“第三届少数民族地区信息传播与社会发展论坛”综述》，载《中国少数民族地区信息传播与社会发展论丛（2011年刊）》，中国人民大学新闻学院、中国人民大学新闻与社会发展研究中心、云南大学人文学院新闻系，2011，第11页。

[48] 王艳：《大型体育赛事的微博营销策略研究》，载《第九届全国体育科学大会论文摘要汇编（2）》，中国体育科学学会（China Sport Science Society），2011，第2页。

[49] 侍崇艳、刘继忠：《南京青奥微博“造势宣传”策略探析》，载《第九届全国体育科学大会论文摘要汇编（2）》，中国体育科学学会（China Sport Science Society），2011，第1页。

[50] 童涵清：《微博对我国体育用品营销促进作用分析》，载《第九届全国体育科学大会论文摘要汇编（4）》，中国体育科学学会（China Sport Science Society），2011，第2页。

[51] 黄彩华：《当司法遭遇“围观”——论微博对司法的影响及其回应》，载《探索社会主义司法规律与完善民商事法律制度研究——全国法院第23届学术讨论会获奖论文集（上）》，最高人民法院，2011，第10页。

[52] 孙信茹、杨星星：《少数民族村寨语境中的传媒“赋权”——云南大羊普米族村民传播实践》，载《中国少数民族地区信息传播与社会发展论丛（2011年刊）》，中国人民大学新闻学院、中国人民大学新闻与社会发展研究中心、云南大学人文学院新闻系，2011，第19页。

[53] 刘向群、文俊：《我国少数民族地区突发地质自然灾害时的信息传播——以10年舟曲泥石流为例》，载《中国少数民族地区信息传播与社会发展论丛（2011年刊）》，中国人民大学新闻学院、中国人民大学新闻与社会发展研究中心、云南大学人文学院新闻系，2011，第8页。

[54] 隋岩、李燕：《传播风险的扩散机制——人际传播为滋生于群体传播中的虚假信息上了“户口”》，载《“传播与中国·复旦论坛”（2011）——交往与沟通：变迁中的城市论文集》，复旦大学信息与传播研究中心、复旦大学新闻学院，2011，第9页。

[55] 孟笛：《内地专业人才在香港的身份认同与社会交往——以新浪微博为切入点的文本分析和深度访谈》，载《“传播与中国·复旦论坛”（2011）——交往与沟通：变迁中的城市论文集》，复旦大学信息与传播研究中心、复旦大学新闻学院，2011，第6页。

[56] 王维佳、罗慧、王蔚、高明、金萍华、许苗苗、吴畅畅：《Panel：微博与当代中国的社会行动》，载《“传播与中国·复旦论坛”（2011）——交往与沟通：变迁中的城市论文集》，复旦大学信息与传播研究中心、复旦大学新闻学院，2011，第5页。

[57] 高晓玉：《浅析微博及其在图书馆的应用》，载《福建省图书馆学会2011年学术年会论文集》，福建省图书馆学会，2011，第5页。

[58] 萨支欣：《微博客与图书馆》，载《福建省图书馆学会2011年学术年会论文集》，福建省图书馆学会，2011，第2页。

[59] 张长伦、穆海冰：《互联网虚拟社区话题传播特性研究》，载 *Proceedings of 2011*

International Conference on Aerospace Engineering and Information Technology (AEIT 2011), Intelligent Information Technology Application Association, 2011, 第6页。

[60] 郭志立:《微博流行趋势下的大众心理探析》, 载 *Information, Communication and Education Application* (ICEA 2011), Intelligent Information Technology Application Association, 2011, 第4页。

2012年

[1] 谢天武:《互联网视域中政党形象的建构与传播》, 载《变革世界中的政党政治——中国统一战线理论研究会政党理论北京研究基地论文集 (第五辑)》, 2012, 第7页。

[2] 刘伟:《新媒体对场馆运营的影响: 以新浪认证场馆微博为例》, 载《体育管理与科学发展·2012年全国体育管理科学大会论文集》, 中国体育科学学会, 2012, 第4页。

[3] 姜赢、万里鹏、葛思坤、洪林、杨冠杰、杨静、张婧:《导师引导下的自主发展平台教育改革——以微博环境下高校政治敏感信息引导为例》, 载 *Proceedings of 2012 2nd International Conference on Physical Education and Society Management* (ICPESM 2012 V10), Hong Kong Education Society, 2012, 第4页。

[4] 曾繁旭、黄广生:《网络意见领袖社区的构成、联动及其政策影响: 以微博为例》, 载《北京论坛 (2012) 文明的和谐与共同繁荣——新格局·新挑战·新思维·新机遇: "信仰、社会与新媒体" 哈佛-燕京学社专场论文及摘要集》, 北京大学、北京市教育委员会、韩国高等教育财团, 2012, 第17页。

[5] 王蔚:《试谈网络环境下红色文化的传播》, 载《"红色文化论坛" 论文集——中国博物馆协会纪念馆专业委员会2012年年会》, 中国博物馆协会纪念馆专业委员会, 2012, 第4页。

[6] 齐璐璐、李锋、刘嫣:《试论微博客时代医方话语权的回归》, 载《2012清华医疗管理学术会议论文集》, 清华大学经济管理学院、清华大学医学院、《中华医院管理杂志》, 2012, 第6页。

[7] 刘清、彭赓、王苹:《基于主成分分析法的微博影响力评估方法及实证分析——以 "新浪微博" 为例》, 载 *Proceedings of Conference on Web Based Business Management* (WBM 2012)》, Wuhan University、University of Science and Technology of China、Jimei University、Northwest A&F University、Scientific Research Publishing and Engineering Information Institute, 2012, 第4页。

[8] Nie, Jin, Han, Jiajia, Liu, Xueting School of Information Management, Wuhan University:《我国中小企业网络微博营销对策探究》, 载 *Proceedings of Conference on Web Based Business Management* (WBM 2012), Wuhan University、University of Science and Technology of China、Jimei University、Northwest A&F University、Scientific Research Publishing and Engineering Information Institute, 2012, 第5页。

[9] 俞轶楠、朱岩、闻中、王晓辉:《微博用户个人特征、动机、行为和微博吸引力关系的研究》, 载《第七届软科学国际研讨会论文集中国卷 (上)》, 中国软科学研究会, 2012, 第7页。

[10] 朱阁、王鸿：《基于自我效能感的价值接受度模型（SVAM）的微博用户接受实证研究》，载 *Proceedings of International Conference on Engineering and Business Management*（EBM2012），Wuhan University、Chung Hua University、University of Science and Technology of China、Dalian Jiaotong University、Scientific Research Publishing、Engineering Information Institute，2012，第7页。

[11] 邹海英：《微博对高校思想政治教育的启示》，载 *Proceedings of Conference on Creative Education*（CCE2012），Wuhan University、Scientific Research Publishing，2012，第4页。

[12] 邹海英：《新媒体时代增强高校思想政治理论课实效性的几点思考》，载 *Proceedings of Conference on Creative Education*（CCE2012），Wuhan University、Scientific Research Publishing，2012，第4页。

[13] 田向阳：《健康传播：科学与艺术》，载《减盐控油措施高端圆桌会议会议资料》，中国营养学会、中国疾病预防控制中心营养与食品安全所，2012，第11页。

[14] 王异虹、张晓玮：《中国微博中的科学传播内容调研分析——以"天宫一号"为分析案例》，载《北京论坛（2012）文明的和谐与共同繁荣——新格局·新挑战·新思维·新机遇："社会化媒体时代的创新与变革"传媒分论坛论文及摘要集》，北京大学、北京市教育委员会、韩国高等教育财团，2012，第4页。

[15] 王辰瑶：《日常语境下的自我建构——基于新浪平台的记者微博研究》，载《北京论坛（2012）文明的和谐与共同繁荣——新格局·新挑战·新思维·新机遇："社会化媒体时代的创新与变革"传媒分论坛论文及摘要集》，北京大学、北京市教育委员会、韩国高等教育财团，2012，第1页。

[16] 刘海龙：《新闻工作者微博使用的困境及其根源》，载《北京论坛（2012）文明的和谐与共同繁荣——新格局·新挑战·新思维·新机遇："社会化媒体时代的创新与变革"传媒分论坛论文及摘要集》，北京大学、北京市教育委员会、韩国高等教育财团，2012，第13页。

[17] 陈藻：《成都市领导干部应对网络舆情现状及能力提升途径研究》，载《"学习贯彻十八大精神，坚持中国特色社会主义道路，提高领导文化发展能力理论研讨会"暨中国领导科学研究会2012年年会论文集》，中国领导科学研究会、中共江苏省委党校、江苏省领导科学研究会，2012，第12页。

[18] 高菲：《政务微博辟谣策略探析——以2012年突发公共事件为例》，载《第七届河北省社会科学学术年会论文专辑》，河北省社会科学界联合会，2012，第2页。

[19] 李月莲：《媒介素养向前看：与"信息素养"和"信息及传播科技"整合》，载《媒介素养教育与包容性社会发展》，中国传媒大学、甘肃省广电局，2012，第8页。

[20] 张海波：《培养微博时代的小公民——广州市少年儿童媒介素养教育的调研与实践》，载《媒介素养教育与包容性社会发展》，中国传媒大学、甘肃省广电局，2012，第6页。

[21] 刘杰、杨光辉：《微博平台传播中媒介素养视域下的SMCR——基于"外交小灵通"微博平台的研究》，载《媒介素养教育与包容性社会发展》，中国传媒大学、甘肃省广电局，2012，第8页。

[22] 邹驯智、臧海群：《政务微博的发展与公务员的媒介素养提升》，载《媒介素养教育与包容性社会发展》，中国传媒大学、甘肃省广电局，2012，第9页。

[23] 白杨：《网络流言对政治传播的影响及应对策略》，载《中国传媒大学第六届全国新闻学与传播学博士生学术研讨会论文集》，中国传媒大学，2012，第8页。

[24] 松姗：《综合档案馆政务微博现状研究》，载《档案与文化建设：2012年全国档案工作者年会论文集（上）》，国家档案局，2012，第9页。

[25] 谢盼盼：《微博时代网络群体性事件与网络传播中的媒介素养研究》，载《媒介素养教育与包容性社会发展》，中国传媒大学、甘肃省广电局，2012，第13页。

[26] 陈洁：《新媒体时代下的科技传播发展之探究》，载《科技传播创新与科学文化发展——中国科普理论与实践探索——第十九届全国科普理论研讨会暨2012亚太地区科技传播国际论坛论文集》，中国科普研究所（China Research Institute for Science Popularization），2012，第5页。

[27] 杨光辉：《参与的力量——基于2012年青岛种树微博传播》，载《媒介素养教育与包容性社会发展》，中国传媒大学、甘肃省广电局，2012，第11页。

[28] 陆方喆：《基于微博的汉语“微”学习研究》，载《数字化汉语教学：2012》，中文教学现代化学会，2012，第7页。

[29] 郭静：《微博应用于对外汉语教学交流的探索》，载《数字化汉语教学：2012》，中文教学现代化学会，2012，第7页。

[30] 王颖：《以微博为契机推进网络平台建设、课程建设与朋辈互助》，载《2011年北京高校心理素质教育年会暨北京高校心理素质教育理论与实践研讨会论文汇编》，中共北京市委教育工委宣教处、北京市高等教育学会心理咨询研究会，2012，第3页。

[31] 程志：《微博地震谣言监测系统》，中国地震学会第14次学术大会专题会议论文，乌鲁木齐，2012，第1页。

[32] 韩啸：《微博文学：正在“编织”的当代新文体》，载《这就是我们的文学生活——《〈当代文坛〉三十年评论精选（上）》，2012，第5页。

[33] 靖纯：《浅析微博发稿在新闻编辑系统内的实现》，载《中国新闻技术工作者联合会2012年学术年会、五届四次理事会暨第六届“王选新闻科学技术奖”的“人才奖”和“优秀论文奖”颁奖大会论文集》，中国新闻技术工作者联合会，2012，第5页。

[34] 刘亚军、刘延军、姜杉：《城市微博与无线政务平台建设思考》，载《中国新闻技术工作者联合会2012年学术年会、五届四次理事会暨第六届“王选新闻科学技术奖”的“人才奖”和“优秀论文奖”颁奖大会论文集》，中国新闻技术工作者联合会，2012，第5页。

[35] 刘磊：《电子商务与微博相结合的发展模式探讨》，载《2011年全国电子信息技术与应用学术会议论文集》，中国教育技术协会实践教学委员会、上海高职电子信息类职业教学指导委员会，2011，第5页。

[36] 刘茜、尹炤寅、邵俊年、刘燕、丁德平、李津：《不同类型气象政务微博影响力及成长点初探》，第29届中国气象学年会——S16大气成分与天气气候变化会议论文，沈阳，2012，第11页。

[37] 骆月珍：《对气象微博发展的几点思考》，第29届中国气象学年会——S16大气成分与

天气气候变化会议论文，沈阳，2012，第6页。

［38］傅文兵、易德军：《气象微博的认识及思考》，第29届中国气象学年会——S16 大气成分与天气气候变化会议论文，沈阳，2012，第6页。

［39］罗桂湘：《论新媒体时代气象信息的拟境传播》，第29届中国气象学年会——S16 大气成分与天气气候变化会议论文，沈阳，2012，第6页。

［40］崔伟：《微博与政府管理》，载《第九届沈阳科学学术年会论文集（经济管理与人文科学分册）》，中共沈阳市委、沈阳市人民政府，2012，第4页。

［41］曲红梅：《微博在辅助商务礼仪教学中的应用》，载《语言与文化研究（第十辑）》，2012，第4页。

［42］张鲁民、贾焰、周斌：《基于情感计算的微博突发事件检测方法研究》，载《第27次全国计算机安全学术交流会论文集》，中国计算机学会计算机安全专业委员会，2012，第3页。

［43］时国华、周斌、韩毅：《一种微博事件源头发现的方法》，载《第27次全国计算机安全学术交流会论文集》，中国计算机学会计算机安全专业委员会，2012，第4页。

［44］尹炤寅、刘茜、刘燕、邵俊年、丁德平、李津、孙雪婷：《不同气象政务微博影响力的比对研究》，载《第十四届中国科协年会第14分会场：极端天气事件与公共气象服务发展论坛论文集》，中国科学技术协会、河北省人民政府，2012，第7页。

［45］吴莹、刘端阳、夏健、朱玮、马志强、曹登峰：《"海葵"台风影响期间气象微博服务效应分析》，载《第九届长三角气象科技论坛论文集》，江苏省气象学会、浙江省气象学会、上海市气象学会，2012，第5页。

［46］黄虎：《规划师微博使用情况及相关思考——基于面北上广深规划师群体的问卷调查》，载《多元与包容——2012中国城市规划年会论文集（13. 城市规划管理）》，中国城市规划学会，2012，第9页。

［47］蒋枫霆、董青：《微博在网络学习系统中的应用研究》，《2012管理创新、智能科技与经济发展研讨会论文集》，南昌工程学院经济贸易学院，2012，第4页。

［48］赵盛楠：《体育品牌互联网营销的竞争策略选择》，载《中国体育产业与体育用品业发展论坛论文集》，中国体育科学学会（China Sport Science Society）、中国体育用品业联合会（China Sporting Goods Federation），2012，第4页。

［49］田婧：《体育用品业中微博营销的研究》，载《中国体育产业与体育用品业发展论坛论文集》，中国体育科学学会（China Sport Science Society）、中国体育用品业联合会（China Sporting Goods Federation），2012，第5页。

［50］王静：《美国职业篮球联赛的新浪微博传播特点浅析》，载《中国体育产业与体育用品业发展论坛论文集》，中国体育科学学会（China Sport Science Society）、中国体育用品业联合会（China Sporting Goods Federation），2012，第5页。

［51］张淑贤：《浅析体育运动品牌的微博营销》，载《中国体育产业与体育用品业发展论坛论文集》，中国体育科学学会（China Sport Science Society）、中国体育用品业联合会（China Sporting Goods Federation），2012，第4页。

［52］刘伟、刘沛、宙瑟：《体育微博对中国体育发展的影响与对策》，载《第九届全国体育科学大会论文摘要汇编（4）》，中国体育科学学会（China Sport Science Society），

2011，第 2 页。
[53] 唐建军：《我国体育微博现状及发展趋势研究》，载《第九届全国体育科学大会论文摘要汇编（4）》，中国体育科学学会（China Sport Science Society），2011，第 1 页。
[54] 曹江漫：《新媒体语境下体育的“碎片化”传播》，载《第九届全国体育科学大会论文摘要汇编（4）》，中国体育科学学会（China Sport Science Society），2011，第 1 页。
[55] 李金宝：《微博体育新闻侵权中的内容表现及规避》，载《第九届全国体育科学大会论文摘要汇编（4）》，中国体育科学学会（China Sport Science Society），2011，第 1 页。
[56] 刘鲁川、张新芳、孙凯、安昭宇、邹晓宇：《微博活跃用户持续使用行为的实证研究》，载《2012 中国信息经济学年会会议论文集》，中国信息经济学会，2012，第 9 页。
[57] 刘鲁川、刘亚文、孙凯、安昭宇：《整合 U&G 与 ECM-ISC 的微博用户持续使用行为模式研究》，载《2012 中国信息经济学年会会议论文集》，中国信息经济学会，2012，第 8 页。
[58] 马晓宇、李莉、李君华、张廷伟：《以绩效管理促进政务微博的建设与发展——基于员工绩效指标构建的研究》，载《第七届（2012）中国管理学年会创业与中小企业管理分会场论文集（选编）》，中国管理现代化研究会、复旦管理学奖励基金会，2012，第 10 页。
[59] 郝雨、杨剑龙、葛红兵、黄惟群、杨斌华、杨扬、郜元宝、郑涵、凌寒：《“微”阅读泛滥文学何为?》，载《当代文学研究资料与信息（2012. 3）》，2012，第 4 页。
[60] 刘晓华：《“微博体”文学的本体特征探析》，载《多彩贵州文化及文学传承创新研究——2012 年贵州省社会科学学术年会第二分会场暨贵州省中国现当代文学学会 2012 年学术年会论文集》，贵州省社会科学界联合会，2012，第 3 页。
[61] 杨美丽：《微博客境遇下社会主义意识形态安全建设探索》，载《科学发展 · 惠及民生——天津市社会科学界第八届学术年会优秀论文集（上）》，天津市社会科学界联合会，2012，第 6 页。
[62] 李丽丽：《司法公信语境下涉诉微博问题透视与应对》，载《建设公平正义社会与刑事法律适用问题研究——全国法院第 24 届学术讨论会获奖论文集（上册）》，最高人民法院，2012，第 9 页。
[63] 周文亮、蔡小菲：《公共图书馆微博使用状况调查与建议》，载《西北地区图书馆事业的创新与发展》，2012，第 6 页。
[64] 王秀利、朱建明：《社会舆论方向影响下的微博商业言论传播模型》，载《第十四届中国管理科学学术年会论文集（下册）》，中国优选法统筹法与经济数学研究会、山东大学、中国科学院科技政策与管理科学研究所、《中国管理科学》编辑部，2012，第 5 页。
[65] 马梅：《大众传媒的科技传播与大学生科学素养提升的实证研究》，载《安徽首届科普产业博士科技论坛——暨社区科技传播体系与平台建构学术交流会论文集》，安徽省科学技术协会，2012，第 10 页。
[66] 任小月：《浅谈如何应对信息时代下的企业微博危机》，载《四川省通信学会 2012 年学术年会论文集》，四川省通信学会，2012，第 5 页。

[67] 杨元龙：《网络环境下的社会化科普实践研究——以新浪微博为例》，载《安徽首届科普产业博士科技论坛——暨社区科技传播体系与平台建构学术交流会论文集》，安徽省科学技术协会，2012，第3页。
[68] 庞怡、张志敏：《借鉴“济南车管”微博模式，开拓山东科技信息服务新思路》，载《战略性新兴产业与科技支撑——2012年山东省科协学术年会论文集》，山东省科学技术协会，2012，第3页。
[69] 孙雪梅：《纳米科普传播新平台——微博》，载《科学与艺术·数字时代的科学与文化传播——2012科学与艺术研讨会论文集》，北京市科学技术协会、中国科学院科学传播领导小组办公室、国家新媒体产业基地，2012，第5页。
[70] 张冠文：《微博话语秩序的建构》，载《科技创新与文化创意产业——2012年山东省科协学术年会分会场青年科学家论坛文集》，山东省科学技术协会，2012，第6页。
[71] 张飞燕：《如何有效传播文物所承载的文物内涵》，载《科学与艺术·数字时代的科学与文化传播——2012科学与艺术研讨会论文集》，北京市科学技术协会、中国科学院科学传播领导小组办公室、国家新媒体产业基地，2012，第6页。
[72] 肖云、王闰强：《泛在融合的科学传播云服务》，载《科学与艺术·数字时代的科学与文化传播——2012科学与艺术研讨会论文集》，北京市科学技术协会、中国科学院科学传播领导小组办公室、国家新媒体产业基地，2012，第5页。
[73] 马晓雪、李艳：《文化旅游政务微博在地域文化传播中的效用研究》，载《文化创新、科技创新“双轮驱动”战略——2012北京自然科学界和社会科学界联席会议高峰论坛论文集》，北京市社会科学界联合会、北京市科学技术协会，2012，第13页。
[74] 松姗：《综合档案馆政务微博现状研究》，载《档案与文化建设：2012年全国档案工作者年会论文集（上）》，国家档案局，2012，第9页。
[75] 汪陈婷：《论档案微博的开设对档案馆形象的提升》，载《档案与文化建设：2012年全国档案工作者年会论文集（上）》，国家档案局，2012，第7页。
[76] 周昌平：《微博客——档案馆新型信息服务模式研究》，载《档案与文化建设：2012年全国档案工作者年会论文集（上）》，国家档案局，2012，第5页。
[77] 李希光、顾小琛、景军、钮晨琳、李贝思：《针对我国男同性恋（MSM）群体艾滋病传播的网络干预研究——以“中盖艾滋病项目”为例》，载《2012年度中国健康传播大会优秀论文集》，清华大学国际传播研究中心，2012，第18页。
[78] 刘京京、王一涛：《营养信息传播者在新浪微博上的影响力及关系网络》，载《2012年度中国健康传播大会优秀论文集》，清华大学国际传播研究中心，2012，第12页。
[79] 谢长俊、夏芹、曹春霞、李浴峰：《浅谈分众传播在健康教育中的应用》，载《2012年度中国健康传播大会优秀论文集》，清华大学国际传播研究中心，2012，第4页。
[80] 孟祥山：《论中国健康传播系统的免疫力》，载《2012年度中国健康传播大会优秀论文集》，清华大学国际传播研究中心，2012，第4页。
[81] 张天成：《运用信息技术开展健康传播现状评析》，载《2012年度中国健康传播大会优秀论文集》，清华大学国际传播研究中心，2012，第3页。
[82] 吕辛福：《和谐社会视阈下的微博话语平台作用分析》，载《和文化学刊（2011—2012）》，2012，第8页。

[83] 侯维青：《领导干部如何正确使用微博》，载《经济生活——2012 商会经济研讨会论文集（下）》，江苏省南通市委、南通市人民政府，2012，第 1 页。

[84] 赵伟：《悲喜交加的微博舆论场——一种综述的视角》，载《中国传媒大学第六届全国新闻学与传播学博士生学术研讨会论文集》，中国传媒大学，2012，第 16 页。

[85] 王贺新：《微博环境下的突发新闻生产——某报 7·23 动车事故报道的民族志》，载《中国传媒大学第六届全国新闻学与传播学博士生学术研讨会论文集》，中国传媒大学，2012，第 13 页。

[86] 陈银花：《"微博公民新闻"与社会资本的增量——以新浪微博中的"温岭虐童"事件为例》，载《中国传媒大学第六届全国新闻学与传播学博士生学术研讨会论文集》，中国传媒大学，2012，第 9 页。

[87] 张春贵、李国彦：《新媒体的"蝴蝶效应"——它引发了传播革命，能否推动政治体制改革?》，载《中国传媒大学第六届全国新闻学与传播学博士生学术研讨会论文集》，中国传媒大学，2012，第 16 页。

[88] 梁波：《新闻传播领域中的微博客研究》，载《中国传媒大学第六届全国新闻学与传播学博士生学术研讨会论文集》，中国传媒大学，2012，第 13 页。

[89] 李晨宇：《职场类真人秀节目的数字媒体营销传播策略探讨——以〈非你莫属〉郭杰晕倒事件引发的微博热议为例》，载《中国传媒大学第六届全国新闻学与传播学博士生学术研讨会论文集》，中国传媒大学，2012，第 18 页。

[90] 和曼：《从危机传播看政府在社会治理中的职能转变——基于表叔厅长事件和香港政府拆迁紫田村事件的对比》，载《中国传媒大学第六届全国新闻学与传播学博士生学术研讨会论文集》，中国传媒大学，2012，第 11 页。

[91] 王延隆：《名微博舆情调查及其对浙江青年的影响研究——基于浙江微博的调研》，载《中国特色社会主义事业与青少年发展研究报告——第八届中国青少年发展论坛暨中国青少年研究会优秀论文集（2012）》，中国青少年研究中心、中国青少年研究会、共青团北京市委员会、北京市青年联合会，2012，第 10 页。

[92]《新媒体环境下电视形象的多屏传播——以湖北卫视为例》，载《第三届华中地区新闻与传播学科研究生学术论坛获奖论文》，武汉大学新闻与传播学院研究生会，2012，第 20 页。

[93]《微博传播影响力形成机制及其负面影响因素探析》，载《第三届华中地区新闻与传播学科研究生学术论坛获奖论文》，武汉大学新闻与传播学院研究生会，2012，第 8 页。

[94] 付玉：《浅析自媒体语境下人际传播的潜变》，载《第三届华中地区新闻与传播学科研究生学术论坛获奖论文》，武汉大学新闻与传播学院研究生会，2012，第 8 页。

[95]《微观权力视阈下的微传播责任研究》，载《第三届华中地区新闻与传播学科研究生学术论坛获奖论文》，武汉大学新闻与传播学院研究生会，2012，第 11 页。

[96]《新媒体与生活——新媒体背景下的纪录片文化传播及其美学特征思考》，载《第三届华中地区新闻与传播学科研究生学术论坛获奖论文》，武汉大学新闻与传播学院研究生会，2012，第 5 页。

[97]《权力的眼睛：微博场景的视觉文化研究——从福柯"全景监狱"的隐喻说起》，载《第三届华中地区新闻与传播学科研究生学术论坛获奖论文》，武汉大学新闻与传播学

院研究生会，2012，第 7 页。

[98]《微博与传统媒体对突发公共事件信息传播的比较研究——以“温州动车事故”为例》，载《第三届华中地区新闻与传播学科研究生学术论坛获奖论文》，武汉大学新闻与传播学院研究生会，2012，第 18 页。

[99]《基于 ROST CM 的网络集群行为分析——以新浪微博“南京梧桐树”事件为例》，载《第三届华中地区新闻与传播学科研究生学术论坛获奖论文》，武汉大学新闻与传播学院研究生会，2012，第 13 页。

[100]《框架理论视野下的微博舆论场要素——基于“小悦悦事件”的实证研究》，载《第三届华中地区新闻与传播学科研究生学术论坛获奖论文》，武汉大学新闻与传播学院研究生会，2012，第 33 页。

[101]《场域视角下的微博草根话语权探究——以新浪微博为例》，载《第三届华中地区新闻与传播学科研究生学术论坛获奖论文》，武汉大学新闻与传播学院研究生会，2012，第 15 页。

[102]《新媒介环境下公共行政实践的新形式：微博破案》，载《第三届华中地区新闻与传播学科研究生学术论坛获奖论文》，武汉大学新闻与传播学院研究生会，2012，第 16 页。

[103]《微博传播中的谣言现象研究——以新浪微博“3D〈泰坦尼克号〉伸手摸”段子为例》，载《第三届华中地区新闻与传播学科研究生学术论坛获奖论文》，武汉大学新闻与传播学院研究生会，2012，第 13 页。

[104]《微博的集群关注与传播特色分析——以“微博打拐”为例》，载《第三届华中地区新闻与传播学科研究生学术论坛获奖论文》，武汉大学新闻与传播学院研究生会，2012，第 15 页。

[105] 张征、张玉荣：《透视藏族青年汉语微博热》，载《第四届中国少数民族地区信息传播与社会发展论丛》，中国人民大学新闻学院、中国人民大学新闻与社会发展研究中心、广西大学新闻传播学院、新闻出版署西南地区人才培养基地、中国—东盟文化产业（传媒）人才培养基地、《文化与传播》编辑部，2012，第 17 页。

[106] 益西拉姆、才让卓玛：《试论大众传媒跨文化传播畸变的现状与成因——以仓央嘉措及其诗作传播为例》，载《第四届中国少数民族地区信息传播与社会发展论丛》，中国人民大学新闻学院、中国人民大学新闻与社会发展研究中心、广西大学新闻传播学院、新闻出版署西南地区人才培养基地、中国—东盟文化产业（传媒）人才培养基地、《文化与传播》编辑部，2012，第 11 页。

[107] 韦路、胡雨濛：《西部地区报纸微博融合报道分析：以贵州省为例》，载《新闻学论集（第 28 辑）》，2012，第 14 页。

[108] 雷蕾：《互联网传播环境中公益广告的公众参与研究——以优酷网“扬正气，促和谐”公益广告视频单元为例》，载《中国传媒大学第六届全国新闻学与传播学博士生学术研讨会论文集》，中国传媒大学，2012，第 16 页。

[109] 张学新：《公评审稿系统：中国科技发展的独特思路》，载《第十五届全国心理学学术会议论文摘要集》，中国心理学会，2012，第 2 页。

[110] 许玉、宗乾进、袁勤俭：《微博用户网络口碑研究——基于 16 家 A 股上市银行的实

证分析》，载《中国传媒大学第六届全国新闻学与传播学博士生学术研讨会论文集》，中国传媒大学，2012，第17页。

[111] 高闯、魏薇、张德启、海英、李佳、周忠奎：《网络“性”围观事件的传播的心理机制——基于个体到群体恢复的模拟与实验》，载《第十五届全国心理学学术会议论文摘要集》，中国心理学会，2012，第1页。

[112] 孙雪婷、尤焕苓、刘燕、李津、尹炤寅：《气象行业官方微博管理方法浅谈——以“气象北京”微博为例》，载《城市气象论坛（2012年）·城市与气候变化论文集》，中国气象学会城市气象学委员会、北京气象学会，2012，第4页。

[113] 李红霞、黄志超、马宁、金盛华、张效初：《微博成瘾量表编制及因素分析》，载《第十五届全国心理学学术会议论文摘要集》，中国心理学会，2012，第1页。

[114] 陈爽、周明洁、张建新：《微博信息的情绪效价与唤起程度对信息传播的影响》，载《第十五届全国心理学学术会议论文摘要集》，中国心理学会，2012，第2页。

[115] 韩亚辉、洪宇箫：《微博“平安武侯”的议程设置再解读》，载《“传播与中国·复旦论坛”（2012）——可沟通城市：理论建构与中国实践论文集》，复旦大学信息与传播研究中心、复旦大学新闻学院，2012，第11页。

[116] 赵高辉：《圈子、想象与语境消解：微博人际传播探析》，载《“传播与中国·复旦论坛”（2012）——可沟通城市：理论建构与中国实践论文集》，复旦大学信息与传播研究中心、复旦大学新闻学院，2012，第6页。

[117] 任福兵：《微博时代的中国文化传承问题及对策》，载《〈大学的文化传承创新与文化育人〉专家论坛论文集》，中国老教授协会，2012，第6页。

[118] 韩君、徐茂华：《浅析微博在高校思想政治教育工作中的应用》，载《思想政治教育研究论丛（第二辑）》，中国社会科学院马克思主义研究院、重庆工商大学，2012，第5页。

[119] 欧阳田军：《对微博时代城市水文化建设的几点思考》，载《中国水利思想政治工作及水文化研究2011年度优秀成果选》，中国水利政研会，2012，第7页。

[120] 唐佳鑫：《微博问政——公众参与环境保护的新途径》，载《可持续发展·环境保护·防灾减灾——2012年全国环境资源法学研究会（年会）论文集》，中国法学会环境资源法学研究会、环境保护部政策法规司，2012，第5页。

[121] 李传华、赵杨：《微博对大学生的负面影响及其矫正》，载《中国特色社会主义理论研究（第三辑）》，吉林大学农学部中国特色社会主义理论研究中心，2012，第3页。

[122] 曾令勋：《论微博在意识形态建设中的价值与作用》，载《思想政治教育研究论丛（第二辑）》，中国社会科学院马克思主义研究院、重庆工商大学，2012，第5页。

[123] 林荣斌：《“云”服务时代的旅游传播创新》，载《中国旅游未来发展——结构转型与服务创新研讨会论文集》，中国旅游未来研究会、华东师范大学商学院，2012，第5页。

[124] 张志安：《互联网时代：“传播行动者”的重构》，载《数字未来与传媒社会·2013.2——重购行动者：中国场域的传播研究》，中山大学传播与设计学院和中山大学全媒体研究院，2012，第5页。

[125] 刘海龙：《社会化媒体与新闻工作者角色规范的重构》，载《数字未来与传媒社会·

2013. 2——重购行动者：中国场域的传播研究》，中山大学传播与设计学院和中山大学全媒体研究院，2012，第 15 页。
[126] 廖卫民、何明：《乌坎事件中的传播行动者研究：一种社会网络分析》，载《数字未来与传媒社会 . 2013. 2——重购行动者：中国场域的传播研究》，中山大学传播与设计学院和中山大学全媒体研究院，2012，第 18 页。
[127] 雷蔚真：《字幕组在国家形象传播中的作用——以中/英文电视剧在英/中语言国家间的双向扩散为例》，载《数字未来与传媒社会 . 2013. 2——重购行动者：中国场域的传播研究》，中山大学传播与设计学院和中山大学全媒体研究院，2012，第 15 页。
[128] 李刚存、肖婷：《哈尼族村落的一次微博实验与增权实践》，载《数字未来与传媒社会 . 2013. 2——重购行动者：中国场域的传播研究》，中山大学传播与设计学院和中山大学全媒体研究院，2012，第 12 页。
[129] 赵高辉：《圈子、想象与语境消解：微博人际传播探析》，载《数字未来与传媒社会. 2013. 2——重购行动者：中国场域的传播研究》，中山大学传播与设计学院和中山大学全媒体研究院，2012，第 10 页。
[130] 陈荣：《浅谈微博在博物馆和谐发展中的作用》，载《致力于社会和谐的江苏博物馆事业——江苏省博物馆学会 2012 学术年会论文集》，江苏省博物馆学会，2012，第 4 页。
[131] 陆岩、杨洋、张丽红：《利用微博平台加强青年思想政治教育》，载《厦门大学马克思主义论丛（第 2 辑）——思想政治教育新探索》，清华大学高校德育研究中心、清华大学马克思主义学院、厦门大学马克思主义学院、厦门大学马克思主义与中国发展研究所，2012，第 9 页。
[132] 马闻荟：《图书馆利用微博开展服务的探讨》，载《福建省图书馆学会 2012 年学术年会论文集》，福建省图书馆学会，2012，第 3 页。
[133] 刘伯男：《微博问政——政府采购公众监督的新尝试》，载《首届全国大学生政府采购论坛论文选集》，财政部国库司、国际关系学院、中国政府采购杂志社，2012，第 7 页。
[134] 蓝羚菀：《电视主持人微博互动之现状探析》，载《广西烟草学会 2012 年学术年会论文集》，广西烟草学会，2012，第 6 页。
[135] 唐剑玲：《广西壮族自治区博物馆藏品数字化建设现状与对策》，载《处于变革世界中的博物馆：新挑战、新启示——广西壮族自治区博物馆第五届学术研讨会论文集》，广西壮族自治区博物馆，2012，第 7 页。
[136] 郭阳：《试论体育品牌的微博营销》，载《体育管理与科学发展 · 2012 年全国体育管理科学大会论文集》，中国体育科学学会，2012，第 4 页。
[137] 沈洁：《微博在非正式学习中的应用探究》，载《计算机与教育：新技术、新媒体的教育应用与实践创新——全国计算机辅助教育学会第十五届学术年会论文集》，中国人工智能学会计算机辅助教育专业委员会，2012，第 5 页。
[138] 张衡：《媒介融合背景下新闻传播教育模式研究》，载《中国新闻教育史学会 2012 年年会论文》，中国新闻教育史学会，2012，第 7 页。
[139] 许莹：《媒介融合与新闻传播教育的“大媒介观”》，载《中国新闻教育史学会 2012

年年会论文》，中国新闻教育史学会，2012，第6页。

[140] 王龙啸、赵晓昉：《网络推手对公共领域的重构——基于天涯论坛和新浪微博的实证研究》，载《2012年北京大学新闻传播伦理与法制国际学术研讨会论文集》，北京大学新闻与传播学院（School of Journalism and Communication, Peking University）、世界汉语修辞学会（The Chinese Rhetoric Society of the World），2012，第13页。

[141] 王长潇、孙晓菲：《社会化媒体应扮演的社会角色》，载《2012年北京大学新闻传播伦理与法制国际学术研讨会论文集》，北京大学新闻与传播学院（School of Journalism and Communication, Peking University）、世界汉语修辞学会（The Chinese Rhetoric Society of the World），2012，第5页。

[142] 吴小坤、邱静：《从新浪微博企业营销看社交媒介的商品化演进》，载《世界传媒产业评论（第9辑）》，2012，第7页。

[143] 杨真珍、欧阳艳妮、姚传荣：《微博在个人知识管理中的应用研究》，载《计算机与教育：新技术、新媒体的教育应用与实践创9新——全国计算机辅助教育学会第十五届学术年会论文集》，中国人工智能学会计算机辅助教育专业委员会，2012，第6页。

[144] 李卉：《基于微博的研究性学习模式的构想》，载《计算机与教育：新技术、新媒体的教育应用与实践创新——全国计算机辅助教育学会第十五届学术年会论文集》，中国人工智能学会计算机辅助教育专业委员会，2012，第5页。

2013年

[1] 郭娟：《微电影广告中的品牌传播策略分析》，载《第六届公关与广告国际学术论坛〈国家品牌·社会资本与文化软实力〉论文集》，华中科技大学新闻与信息传播学院、香港城市大学媒介与传播系、台湾世新大学新闻传播学院，2013，第7页。

[2] 隋华、郭若男：《微博对大学生个体表达的影响研究》，载 *Hong Kong Education Society. Proceedings of* 2013 *International Conference on Economic, Business Management and Education Innovation*（EBMEI 2013）Vol. 21，Hong Kong Education Society，2013，第5页。

[3] 郝生跃、刘常乐、任旭：《新兴媒体在科学技术普及中的应用研究式》，载 *Hong Kong Education Society. Proceedings of 2013 Fourth International Conference on Education and Sports Education*（ESE 2013）Vol. 13，Hong Kong Education Society，2013，第6页。

[4] 严晓丹：《体育电视节目〈天下足球〉的文化传播策略》，载 *Hong Kong Education Society. Proceedings of 2013 Fourth International Conference on Education and Sports Education*（ESE 2013）Vol. 14，Hong Kong Education Society，2013，第5页。

[5] 董天策、梁辰曦、夏侯命波：《试论人民日报微博新闻评论的话语方式》，载《第六届公关与广告国际学术论坛〈国家品牌·社会资本与文化软实力〉论文集》，华中科技大学新闻与信息传播学院、香港城市大学媒介与传播系、台湾世新大学新闻传播学院，2013，第13页。

[6] 郭小平：《基于社会化媒体的环境风险事件与危机传播策略研究——以美国墨西哥湾石

油泄漏事件为例》，载《第六届公关与广告国际学术论坛〈国家品牌·社会资本与文化软实力〉论文集》，华中科技大学新闻与信息传播学院、香港城市大学媒介与传播系、台湾世新大学新闻传播学院，2013，第6页。

[7] 李兴国、周京：《中国体育代表团形象传播管理分析与对策——以伦敦奥运会为例》，载《第六届公关与广告国际学术论坛〈国家品牌·社会资本与文化软实力〉论文集》，华中科技大学新闻与信息传播学院、香港城市大学媒介与传播系、台湾世新大学新闻传播学院，2013，第56页。

[8] 郑雁询：《从人际传播和广告心理学的视角探析社交媒体上的病毒营销传播——以七喜系列视频为例》，载《第六届公关与广告国际学术论坛《〈国家品牌·社会资本与文化软实力〉论文集》，华中科技大学新闻与信息传播学院、香港城市大学媒介与传播系、台湾世新大学新闻传播学院，2013，第15页。

[9] 杜国清、邵华冬、吴亚博：《消费者增权下的广告主社会化媒体运作策略分析与展望》，载《第六届公关与广告国际学术论坛〈国家品牌·社会资本与文化软实力〉论文集》，华中科技大学新闻与信息传播学院、香港城市大学媒介与传播系、台湾世新大学新闻传播学院，2013，第12页。

[10] 马中红、颜欢：《共青团组织运用微博开展工作的现状、问题及其对策研究》，载《中国梦与当代青少年发展研究报告——第九届中国青少年发展论坛（2013）优秀论文集》，中国青少年研究会，2013，第19页。

[11] 刘晓丽：《微博语言传播的特点》，载《第八届全国语言文字应用学术研讨会论文集》，中国应用语言学会、教育部语言文字应用研究所，2013，第6页。

[12] 罗俊丽：《政务微博现存的问题及其对策》，载《中国梦：道路·精神·力量——上海市社会科学界第十一届学术年会文集（2013年度）》，上海市社会科学界联合会，2013，第13页。

[13] 谢中起：《政务微博在网络舆情治理中的作用》，载《中国社会科学研究论丛2013卷第1辑》，2013，第3页。

[14] 徐勇：《政府微门户推进政府管理创新》，载《加快政府职能转变深化行政体制改革——第四届中国行政改革论坛论文集》，中国行政体制改革研究会，2013，第9页。

[15] 张荣刚：《政府被倒逼信息公开到官民良性互动——从深圳“5·26”事件看微时代传播新格局》，载《悟·现实超越想象的传媒——第十届亚洲传媒论坛论文集》，中国传媒大学（The Communications University of China）、韩国高等教育财团（The Korean Foundation for Advanced Studies），2013，第2页。

[16] 沈浩：《预知社会：微博传播机制与社会计算!》，载《悟·现实超越想象的传媒——第十届亚洲传媒论坛论文集》，中国传媒大学（The Communications University of China）、韩国高等教育财团（The Korean Foundation for Advanced Studies），2013，第2页。

[17] 唐兴通：《社会化媒体环境下如何更有效的传播?》，载《悟·现实超越想象的传媒——第十届亚洲传媒论坛论文集》，中国传媒大学（The Communications University of China）、韩国高等教育财团（The Korean Foundation for Advanced Studies），2013，第2页。

[18] 洪欣宜：《微博为何吸引青年？——马斯洛需求层次理论的视角》，载《2013 年心理学与社会和谐学术会议（CPSH 2013）论文集》，Scientific Research Publishing 、Engineering Information Institute，2013，第 4 页。

[19] 陈洁瑶：《微博评论的样态及其特色》，载《南京理工大学学报 2013 第 37 卷增刊（总第 191 期）》，南京理工大学、英国考文垂大学，2013，第 5 页。

[20] 孔雪：《微博大“V”的传播特征及其对舆论引导的挑战》，载《南京理工大学学报 2013 第 37 卷增刊（总第 191 期）》，南京理工大学、英国考文垂大学，2013，第 4 页。

[21] 李蓝天：《浅析时尚杂志的微信传播方式》，载《南京理工大学学报 2013 第 37 卷增刊（总第 191 期）》，南京理工大学、英国考文垂大学，2013，第 4 页。

[22] 王璐：《试析博物馆的新媒体传播》，载《新中国人物博物馆 60 年学术研讨会论文集》，上海鲁迅纪念馆、上海陈云故居暨青浦革命历史纪念馆、上海孙中山故居纪念馆、上海宋庆龄故居纪念馆、厦门陈嘉庚纪念馆，2011，第 6 页。

[23] 王洲兰、管益杰、陈世骄：《微博帐号特征对网络消费者心理的影响》，载《华人心理学家学术研讨会论文摘要集》，北京师范大学心理学院，2013，第 1 页。

[24] 成晓叶：《论微博与政府管理创新》，载《首届中国问题中美学者高层论坛摘要集》，西安外国语大学（Xi'an International Studies University）、美国华人人文社科教授协会（Association of Chinese Professors of Social Sciences in the United States），2013，第 1 页。

[25] 李丽英：《微博的社会议程设置效果研究》，载《首届中国问题中美学者高层论坛摘要集》，西安外国语大学（Xi'an International Studies University）、美国华人人文社科教授协会（Association of Chinese Professors of Social Sciences in the United States），2013，第 2 页。

[26] 王佳炜：《微博对中国公民社会发育的促进作用》，载《首届中国问题中美学者高层论坛摘要集》，西安外国语大学（Xi'an International Studies University）、美国华人人文社科教授协会（Association of Chinese Professors of Social Sciences in the United States），2013，第 2 页。

[27] 张志成：《新媒体环境下的跨文化传播特点研究——以美国职业篮球联赛（NBA）的传播为例进行分析》，载《首届中国问题中美学者高层论坛摘要集》，西安外国语大学（Xi'an International Studies University）、美国华人人文社科教授协会（Association of Chinese Professors of Social Sciences in the United States），2013，第 2 页。

[28] 陈佳希：《微博传播环境下网络舆论对新闻事件的影响》，载《首届中国问题中美学者高层论坛摘要集》，西安外国语大学（Xi'an International Studies University）、美国华人人文社科教授协会（Association of Chinese Professors of Social Sciences in the United States），2013，第 2 页。

[29] 聂靓：《从夹缝到海阔天空：微博时代下的海外华文报纸——以欧洲华文报纸为例》，载《首届中国问题中美学者高层论坛摘要集》，西安外国语大学（Xi'an International Studies University）、美国华人人文社科教授协会（Association of Chinese Professors of Social Sciences in the United States），2013，第 2 页。

[30] 张树剑：《中医文化通识教育与大众传播的探索与思考》，载《第三届世界中医药教育大会论文集》，世界中医药学会联合会（World Federation of Chinese Medicine

Societies），2013，第3页。

[31] 郑庆君：《网络时代对外汉语写作教学的高效模式探索——基于微博平台的汉语课外写作训练构想》，载《第三届汉语国别化教材国际研讨会论文集》，厦门大学、中国海洋大学，2013，第6页。

[32] 孙雪强：《“吴虹飞”一案的法律解释与法律适用》，载《边缘法学论坛（2013.2）》，国际边缘法学界联盟、江西省边缘法学研究会、江西农业大学边缘法学研究中心，2013，第3页。

[33] 刘红、李静燕：《新媒体时代广电媒体传播力提升策略分析》，载 *Information Engineering Research Institute, USA. Proceedings of 2013 the Fourth International Conference on Information, Communication and Education Application*（ICEA 2013）Vol. 31，Information Engineering Research Institute，USA，2013，第5页。

[34] 于倩倩：《微博时代对米德后喻文化预言的重读——以中国大学生群体与父母之代沟的线上呈现为例》，载《2014年全球化学术共同体中的传播研究教育国际会议暨青年学者论坛论文集》，中国传媒大学新闻传播学部，2014，第8页。

[35] 王鑫：《高校图书馆微博服务现状分析》，载 *Proceedings of 2013 the Fourth International Conference on Information, Communication and Education Application*（ICEA 2013）Vol. 31，Information Engineering Research Institute，USA，2013，第7页。

[36] 吴蓉、郑天翔：《基于微博和团购组合的旅游业网络营销》，载《2013中国旅游科学年会论文集》，中国旅游研究院，2013，第10页。

[37] 杨主泉、白鹭：《微博时代的官方旅游营销创新研究》，载《2013中国旅游科学年会论文集》，中国旅游研究院，2013，第5页。

[38] 王岚：《利用社会化媒体进行新媒体内容传播》，载《中国新闻技术工作者联合会2013年学术年会、五届五次理事会暨第六届“王选新闻科学技术奖”和优秀论文奖颁奖大会论文集（广电篇）》，中国新闻技术工作者联合会，2013，第4页。

[39] 杨效忠、彭敏：《基于信息视角的旅游目的地微博内容分析——以山东、浙江、广西旅游局微博为例》，载《2013中国旅游科学年会论文集》，中国旅游研究院，2013，第10页。

[40] 吕本勋：《网络时代旅游公共事件的传播和管理策略》，载《2013中国旅游科学年会论文集》，中国旅游研究院，2013，第4页。

[41] 李文竹：《记录·解读·传播——彝族原创流行音乐的文化传播研究》，载《新闻学论集（第29辑）》，2013，第10页。

[42] 霍志坚：《公安微博的实践、发展与对策》，载《新闻学论集（第29辑）》，2013，第11页。

[43] 夏珺：《关于推进当代新闻传播理论发展的四点建议》，载《新闻学论集（第29辑）》，2013，第3页。

[44] 刘延军、李涛、胡阳：《构建沈阳门户网站政务发布服务平台》，载《中国新闻技术工作者联合会2013年学术年会、五届五次理事会暨第六届“王选新闻科学技术奖”和优秀论文奖颁奖大会论文集（报业篇）》，中国新闻技术工作者联合会，2013，第6页。

[45] 胡奕颢:《网络语言传播的四重心理机制》,载《国家教师科研专项基金科研成果(语文建设卷2)》,2013,第5页。

[46] 唐冰寒:《“千年盐都”媒介形象传播策略研究》,载《盐文化研究论丛(第六辑)》,2013,第5页。

[47] 陈沭岸:《论我国生态文明传播的问题及对策》,载《山地环境与生态文明建设——中国地理学会2013年学术年会·西南片区会议论文集》,中国地理学会,2013,第7页。

[48] 蒋文瑛、王洪伟:《基金管理企业微博营销策略的选择研究——以J公司为例》,载《第十一届中国不确定系统年会、第十五届中国青年信息与管理学者大会论文集》,中国运筹学会不确定系统分会,2013,第9页。

[49] 颜燕:《新浪微博上的天文科普》,载《科普惠民　责任与担当——中国科普理论与实践探索——第二十届全国科普理论研讨会论文集》,中国科普研究所(China Research Institute for Science Popularization),2013,第6页。

[50] 罗艳、张脉惠、璩瑛、王传辉、周建平、朱桦:《气象微博在公众气象服务技术中的应用初探》,创新驱动发展　提高气象灾害防御能力——S3第三届气象服务发展论坛——公众、专业气象预报服务技术与应用会议论文,南京,2013,第6页。

[51] 罗曼宁:《利用气象科普微博加强广东公众灾害应急能力》,创新驱动发展　提高气象灾害防御能力——S17第五届气象科普论坛会议论文,南京 ,2013,第7页。

[52] 任咏夏:《浅谈校园气象科普教育传播媒介的选择与构建》,载《科普惠民　责任与担当——中国科普理论与实践探索——第二十届全国科普理论研讨会论文集》,中国科普研究所(China Research Institute for Science Popularization),2013,第5页。

[53] 尹烈:《公众、专业气象预报服务技术与应用　2013年5月16日福建闽南地区大暴雨天气分析及预报服务》,创新驱动发展　提高气象灾害防御能力——S3第三届气象服务发展论坛——公众、专业气象预报服务技术与应用会议论文,南京,2013,第10页。

[54] 李娜、秦鹏:《气象服务“微传播”新发展探析——锦上添花的“微直播”和“微访谈”》,创新驱动发展　提高气象灾害防御能力——S3第三届气象服务发展论坛——公众、专业气象预报服务技术与应用会议论文,南京,2013,第5页。

[55] 刘馨泽、汪昕、卢映红、夏冬:《东莞市2012年重大天气过程微博服务分析》,创新驱动发展　提高气象灾害防御能力——S3第三届气象服务发展论坛——公众、专业气象预报服务技术与应用会议论文,南京,2013,第7页。

[56] 罗桂湘:《基于文本分析探讨提升气象微博影响力的技巧》,创新驱动发展　提高气象灾害防御能力——S3第三届气象服务发展论坛——公众、专业气象预报服务技术与应用会议论文,南京,2013,第7页。

[57] 屈凤秋、黄俊生、高权恩:《新媒体时代基于微博的台风气象服务》,创新驱动发展　提高气象灾害防御能力——S3第三届气象服务发展论坛——公众、专业气象预报服务技术与应用会议论文,南京,2013,第7页。

[58] 孟继萍、杨利利、张荣:《新媒体微博在气象影视服务发展中的应用》,创新驱动发展　提高气象灾害防御能力——S3第三届气象服务发展论坛——公众、专业气象预报服务技术与应用会议论文,南京,2013,第4页。

[59] 陈虹、梁俊民：《风险社会背景下中国大陆健康传播研究的历史、现状与发展趋势》，载《第八届中国健康传播大会优秀论文集》，国家卫生和计划生育委员会宣传司、中国疾病预防控制中心、清华大学国际传播研究中心、清华大学公共健康研究中心，2013，第18页。

[60] 赖凯声、陈浩、乐国安：《大众网络情绪与中国股市》，载《心理学与创新能力提升——第十六届全国心理学学术会议论文集》，中国心理学会，2013，第3页。

[61] 朱廷劭、白朔天、李昂：《基于社会媒体大数据的群体事件风险预警》，载《心理学与创新能力提升——第十六届全国心理学学术会议论文集》，中国心理学会，2013，第2页。

[62] 夏立、佐斌、温芳芳：《出名效应与网络印象管理——基于大众文化价值观》，载《心理学与创新能力提升——第十六届全国心理学学术会议论文集》，中国心理学会，2013，第3页。

[63] 甘硕秋、赵小军、游旭群、张伟：《微博环境中人际信任与自我表露关系：网络社会支持的中介作用》，载《心理学与创新能力提升——第十六届全国心理学学术会议论文集》，中国心理学会，2013，第3页。

[64] 彭思雅：《微信：科技馆科普教育传播的新渠道》，载《科普惠民　责任与担当——中国科普理论与实践探索——第二十届全国科普理论研讨会论文集》，中国科普研究所（China Research Institute for Science Popularization），2013，第7页。

[65] 苏垚：《基于微博的电影营销研究——以〈失恋33天〉为例进行的内容分析》，载《2013年“两岸三地五院研究生研讨会”论文集》，清华大学新闻与传播学院，2013，第15页。

[66] 林潇潇：《政府、媒体、公众：“群体性事件2.0”中的博弈分析——以微博为场域的考察》，载《媒介化社会的社会文明建构——第四届“华中地区研究生新闻传播学术论坛”优秀论文集》，武汉大学党委研究生工作部、武汉大学研究生院、武汉大学新闻与传播学院，2013，第15页。

[67] 樊鹏翼、李伟、王晖：《微博网络意见传播建模实证研究》，载《2013第一届中国指挥控制大会论文集》，中国指挥与控制学会，2013，第5页。

[68] 易娜：《新媒体时代校园危机应对策略——以校园微博环境为例》，载《中国职协2013年度优秀科研成果获奖论文集（中册）》，2013，第10页。

[69] 李梦洁：《草根健康类微博的特征、传播策略和影响力——基于对新浪微博“美容健康”的内容分析》，载《第八届中国健康传播大会优秀论文集》，国家卫生和计划生育委员会宣传司、中国疾病预防控制中心、清华大学国际传播研究中心、清华大学公共健康研究中心，2013，第13页。

[70] 杨静：《略论“舆论倒逼”传播机制与路径》，载《媒介化社会的社会文明建构——第四届“华中地区研究生新闻传播学术论坛”优秀论文集》，武汉大学党委研究生工作部、武汉大学研究生院、武汉大学新闻与传播学院，2013，第8页。

[71] 张雅：《微博中的公共领域是如何可能的——以新浪微博“温岭杀医事件”为例》，载《媒介化社会的社会文明建构——第四届“华中地区研究生新闻传播学术论坛”优秀论文集》，武汉大学党委研究生工作部、武汉大学研究生院、武汉大学新闻与传播学

院，2013，第 15 页。

[72] 李阳：《微博中的公益动员模式：一个初步考察——以“免费午餐”为例》，载《媒介化社会的社会文明建构——第四届“华中地区研究生新闻传播学术论坛”优秀论文集》，武汉大学党委研究生工作部、武汉大学研究生院、武汉大学新闻与传播学院，2013，第 13 页。

[73] 郭秀芝、孟祥山、刘然、王伟：《新媒体与健康传播背景下信任度调查》，载《第八届中国健康传播大会优秀论文集》，国家卫生和计划生育委员会宣传司、中国疾病预防控制中心、清华大学国际传播研究中心、清华大学公共健康研究中心，2013，第 12 页。

[74] 蔡赛缄、丁丽佳：《对气象微博的初步探讨及发展前景思考》，载《广东省气象学会 2012 年学术年会论文摘要文集》，广东省气象学会，2012，第 1 页。

[75] 裴馨、陳旖、王妙琤、李思宓、張伊兒、邢若瓊、喬舒雅：《现实强关系与微博弱关系之比较：香港大陆生就业角度（英文）》，载《2013 年“两岸三地五院研究生研讨会”论文集》，清华大学新闻与传播学院，2013，第 29 页。

[76] 张筱雯、杨伯溆：《辟谣微博的传播分析——以@ 微博辟谣为例》，载《2013 年“两岸三地五院研究生研讨会”论文集》，清华大学新闻与传播学院，2013，第 19 页。

[77] 徐煜：《新浪微博中的在线关系网络与社会资本获得：以国内新闻传播学学者的微博使用为例》，载《2013 年“两岸三地五院研究生研讨会”论文集》，清华大学新闻与传播学院，2013，第 12 页。

[78] 黄墨樵：《浅论微传播语境下的故宫文化推广》，载《融合·创新·发展——数字博物馆推动文化强国建设——2013 年北京数字博物馆研讨会论文集》，北京数字科普协会、首都博物馆联盟、中国博物馆协会博物馆数字化专业委员会、中国文物学会文物摄影专业委员会，2013，第 6 页。

[79] 姜山：《微博对生态文明建设的推动作用》，载《科学发展·生态文明——天津市社会科学界第九届学术年会优秀论文集（中）》，天津市社会科学界联合会，2013，第 6 页。

[80] 谢中起、冀旭妍：《政务微博在网络舆情治理中的作用》，载《中国社会科学研究论丛 2013 卷第 1 辑》，2013，第 3 页。

[81] 罗佳：《论微博时代的政府公信力建设》，载《全国水利系统思想政治工作及水文化研究 2012 年度优秀论文集》，2013，第 10 页。

[82] 宋媚丽：《浅谈中小型博物馆微博的运营与管理》，载《融合·创新·发展——数字博物馆推动文化强国建设——2013 年北京数字博物馆研讨会论文集》，北京数字科普协会、首都博物馆联盟、中国博物馆协会博物馆数字化专业委员会、中国文物学会文物摄影专业委员会，2013，第 5 页。

[83] 成晓叶：《论微博与政府管理创新》，载《中国创新与企业成长 2013 年度会议论文集》，河南农业大学创新管理研究中心、重庆大学创新研究所、南开大学创业管理研究中心、吉林大学创业研究中心、清华大学中国企业成长与经济安全研究中心、哈尔滨工程大学企业创新研究所、西安电子科技大学创新与企业家精神研究中心，2013，第 9 页。

[84] 陈克：《面向微博时代构建中国高校体育网站的思考》，载《2013 体育计算机应用论文集》，中国体育科学学会体育计算机应用分会，2013，第 4 页。
[85] 李艳丽：《社会化媒体在体育产业中的应用现状与发展策略研究》，载《2013 体育计算机应用论文集》，中国体育科学学会体育计算机应用分会，2013，第 6 页。
[86] 许元振：《探析妈祖文化在新媒体传播中的内容形态转型》，载《2013 福建省传播学年会论文集》，福建省传播学会，2013，第 6 页。
[87] 李华、林英：《漳州政务微舆情监测报告》，载《2013 福建省传播学年会论文集》，福建省传播学会，2013，第 9 页。
[88] 杨慧：《新媒体背景下体育用品营销策略研究》，载《2013 中国体育产业与体育用品业发展论坛论文集》，中国体育科学学会（China Sport Science Society）、中国体育用品业联合会（China Sporting Goods Federation），2013，第 4 页。
[89] 黄超：《微博外交的研究进路与评估框架》，载《中国传媒大学第七届全国新闻学与传播学博士生学术研讨会论文集》，中国传媒大学，2013，第 15 页。
[90] 罗俊丽：《政务微博现存的问题及其对策》，载《中国梦：道路·精神·力量——上海市社会科学界第十一届学术年会文集（2013 年度）》，上海市社会科学界联合会，2013，第 13 页。
[91] 陆虹、封砚婷：《体育赛事传播的微信管理研究》，载《2013 中国体育产业与体育用品业发展论坛论文集》，中国体育科学学会（China Sport Science Society）、中国体育用品业联合会（China Sporting Goods Federation），2013，第 6 页。
[92] 李程：《微博意见领袖对舆论的影响及流变》，载《2013 福建省传播学年会论文集》，福建省传播学会，2013，第 16 页。
[93] 王思明：《社会化媒体在体育赛事营销中应用的探究——以 F1 新浪官方微博赛事期间的微博营销为例》，载《2013 中国体育产业与体育用品业发展论坛论文集》，中国体育科学学会（China Sport Science Society）、中国体育用品业联合会（China Sporting Goods Federation），2013，第 4 页。
[94] 郑晓涛、赵金实、刘春济：《信息类型和互动程度会影响企业微博的商业效果吗？——一个化妆品企业微博的实验研究》，载《中国梦：道路·精神·力量——上海市社会科学界第十一届学术年会文集（2013 年度）》，上海市社会科学界联合会，2013，第 11 页。
[95] 马宁：《传播力与媒介使用者的关系变迁——新媒体语境下对传播学经典问题的再思考》，载《中国传媒大学第七届全国新闻学与传播学博士生学术研讨会论文集》，中国传媒大学，2013，第 13 页。
[96] 藤依舒、袁媛：《嵌入社交网络的电视：从“内容”走向“关系延伸”的传播》，载《中国传媒大学第七届全国新闻学与传播学博士生学术研讨会论文集》，中国传媒大学，2013，第 13 页。
[97] 陈雪丽：《试论微博平台的“议程设置”特色》，载《中国传媒大学第七届全国新闻学与传播学博士生学术研讨会论文集》，中国传媒大学，2013，第 12 页。
[98] 万幸：《互联网情境下控烟事件的传播过程研究——以“烟草项目评奖”事件的网络传播为例》，载《中国传媒大学第七届全国新闻学与传播学博士生学术研讨会论文

集》，中国传媒大学，2013，第 17 页。

[99] SUN，Yao Sophie：《乌坎事件框架分析：微博与新闻报道中的民意研究（英文）》，载《2013 年“两岸三地五院研究生研讨会”论文集》，清华大学新闻与传播学院，2013，第 30 页。

[100] 杨国：《加强法制建设　构筑诚信微博》，载《诚信文化建设与中华民族伟大复兴》，福建省社会科学联合会、福建省炎黄文化研究会、福建省诚信促进会，2013，第 4 页。

[101] 徐传达：《互联网时代弱者的话语策略分析——以“湖南临武城管打死瓜农”事件为例》，载《“传播与中国·复旦论坛”（2013）——网络化关系：新传播与当下中国论文集》，复旦大学信息与传播研究中心、复旦大学新闻学院，2013，第 8 页。

[102] 吴戴琨：《网络销售保险的有关法律纠纷问题》，载《浙江省 2013 年保险法学学术年会论文集》，浙江省保险学会，2013，第 4 页。

[103] 鲍慧民、陈丽、顾飞：《“传者中心”向“受众中心”转变——司法公开信息传播的主导模式和路径选择》，载《全国法院第 25 届学术讨论会获奖论文集：公正司法与行政法实施问题研究（上册）》，最高人民法院，2013，第 10 页。

[104] 易红发、肖明、周楠：《大学生微博的自我表露与自我期望形象研究——基于印象管理论的 SEM 实证研究》，载《“传播与中国·复旦论坛”（2013）——网络化关系：新传播与当下中国论文集》，复旦大学信息与传播研究中心、复旦大学新闻学院，2013，第 9 页。

[105] 庹继光、刘海贵：《都市报微博运营精细化探析》，载《“传播与中国·复旦论坛”（2013）——网络化关系：新传播与当下中国论文集》，复旦大学信息与传播研究中心、复旦大学新闻学院，2013，第 9 页。

[106] 钱晓文：《新媒体时代传媒国际传播力构建解析》，载《“传播与中国·复旦论坛”（2013）——网络化关系：新传播与当下中国论文集》，复旦大学信息与传播研究中心、复旦大学新闻学院，2013，第 8 页。

[107] 杨俊：《微博时代的高校应对媒体和舆论的状态与新探索》，载《“传播与中国·复旦论坛”（2013）——网络化关系：新传播与当下中国论文集》，复旦大学信息与传播研究中心、复旦大学新闻学院，2013，第 12 页。

[108] 吕天鹤：《论社会化媒体对科层制的冲击——以微博为例》，载《“传播与中国·复旦论坛”（2013）——网络化关系：新传播与当下中国论文集》，复旦大学信息与传播研究中心、复旦大学新闻学院，2013，第 4 页。

[109] 万幸：《互联网情境下我国水电开发中的舆论传播研究——以西南水电“挺坝”与“反坝”传播为研究对象》，载《“传播与中国·复旦论坛”（2013）——网络化关系：新传播与当下中国论文集》，复旦大学信息与传播研究中心、复旦大学新闻学院，2013，第 38 页。

[110] 张雅：《跨越身体和地域的交往——基于梅洛维茨的传播观和新传播革命视野的启发》，载《“传播与中国·复旦论坛”（2013）——网络化关系：新传播与当下中国论文集》，复旦大学信息与传播研究中心、复旦大学新闻学院，2013，第 6 页。

[111] 郗云峰：《新浪微博，Facebook 和 Twiteer 三大社交媒体用户生成内容（UGC）议程

设置研究》，载《“传播与中国·复旦论坛”（2013）——网络化关系：新传播与当下中国论文集》，复旦大学信息与传播研究中心、复旦大学新闻学院，2013，第19页。

[112] 黄佶：《“现闻+新闻模型”：对突发事件报道新模式的一种表述》，载《“传播与中国·复旦论坛”（2013）——网络化关系：新传播与当下中国论文集》，复旦大学信息与传播研究中心、复旦大学新闻学院，2013，第12页。

[113] 金恒江、龙强：《特殊的群体传播：微博平台上穆斯林社群互动研究》，载《“传播与中国·复旦论坛”（2013）——网络化关系：新传播与当下中国论文集》，复旦大学信息与传播研究中心、复旦大学新闻学院，2013，第8页。

[114] 董晨晨、方骏：《微博中的“粉都”：一个准社会交往的视角——“学习粉丝团”个案分析》，载《“传播与中国·复旦论坛”（2013）——网络化关系：新传播与当下中国论文集》，复旦大学信息与传播研究中心、复旦大学新闻学院，2013，第14页。

[115] 邱昊：《“碎片化”传播语境下党的新闻执政能力建设研究》，载《筑梦·建设美丽云南——云南省第七届社科学术年会暨2013年社科学术月活动主会场文集》，2013，第7页。

[116] 钟新、陆佳怡：《中外媒体“中国梦”报道分析报告　分报告二：推特平台上的“中国梦”传播》，载《察哈尔报告——中外媒体“中国梦”报道分析报告》，2013，第16页。

[117]《第五届少数民族地区信息传播与社会发展论坛综述》，载《中国少数民族地区信息传播与社会发展论丛（2013年刊）》，中国少数民族地区信息传播与社会发展论坛组委会、中国人民大学新闻学院、中国人民大学新闻与社会发展研究中心、内蒙古大学文学与新闻传播学院，2013，第10页。

[118] 李文竹：《彝族公益组织的微博传播策略研究》，载《中国少数民族地区信息传播与社会发展论丛（2013年刊）》，中国少数民族地区信息传播与社会发展论坛组委会、中国人民大学新闻学院、中国人民大学新闻与社会发展研究中心、内蒙古大学文学与新闻传播学院，2013，第11页。

[119] 丁柯尹、邹东升：《微话语权视域下的微博舆情引导》，载《第八届（2013）中国管理学年会——公共管理分会场论文集》，中国管理现代化研究会，2013，第7页。

[120] 朱浩然、梁循、马跃峰、纪阳、李启东、马超：《金融领域中文微博情感分析》，载《第八届（2013）中国管理学年会——金融分会场论文集》，中国管理现代化研究会、复旦管理学奖励基金会，2013，第12页。

[121] 唐勤：《微博，卷烟营销新平台》，载《中国烟草2013年学术年会论文集》，中国烟草学会，2013，第5页。

[122] 江欢：《浅谈构建上海烟草2+N微博整合营销平台》，载《中国烟草2013年学术年会论文集》，中国烟草学会，2013，第7页。

[123] 纪雪梅、王芳：《在线社交网络用户情感传播研究》，载《2013中国信息经济学会学术年会暨博士生论坛论文集》，中国信息经济学会，2013，第13页。

[124] 孙凯、刘鲁川：《微博用户的需求满足与持续使用行为》，载《2013中国信息经济学会学术年会暨博士生论坛论文集》，中国信息经济学会，2013，第14页。

［125］陈卓威：《指尖上的一点“盐”——新媒体时代四川盐文化旅游的微博营销》，载《“盐文化与文化产业发展”学术研讨会会议论文摘要》，四川省哲学社会科学重点研究基地四川理工学院中国盐文化研究中心，2013，第1页。

［126］侯国栋：《基于社交媒体的影像传播嬗变研究》，载《2014年科学与艺术研讨会——主题：“科学与艺术·融合发展服务社会”论文集》，北京数字科普协会、中国科学院网络科普联盟，2014，第6页。

［127］谭峰：《跨文化传播理论模式中的公共外交》，载《公共外交季刊2013年冬季号第3期（总第16期）》，2013，第9页。

［128］赵新利：《“中国梦”传播中的人文关怀》，载《公共外交季刊2013年秋季号第2期（总第15期）》，2013，第9页。

［129］钟新：《整合传播“创意英国”：英国对华公共外交策略》，载《公共外交季刊2013年秋季号第2期（总第15期）》，2013，第8页。

［130］胡海霞：《试论科技期刊的微时代》，载《中国科技期刊新挑战——第九届中国科技期刊发展论坛论文集》，中国科学技术协会、国家新闻出版广电总局、浙江省人民政府，2013，第3页。

［131］孙乾军：《对我国科技期刊未来发展的一点浅见》，载《中国科技期刊新挑战——第九届中国科技期刊发展论坛论文集》，中国科学技术协会、国家新闻出版广电总局、浙江省人民政府，2013，第3页。

［132］陈大莲：《高校读者图书荐购的微博应用研究》，载《福建省图书馆学会2013年学术年会论文集》，福建省图书馆学会，2013，第5页。

［133］郭晓燕：《高校图书馆微博与读者互动应用分析》，载《福建省图书馆学会2013年学术年会论文集》，福建省图书馆学会，2013，第3页。

［134］黄辰雨、陆亨伯、方东胜：《微时代大型体育场馆营销传播策略》，载《2013全国体育管理科学大会论文集》，中国体育科学学会体育管理分会，2013，第3页。

2014年

［1］谢进川：《关于微博政治传播的几个问题分析》，载《当代中国政治传播研究巡检》，2014，第8页。

［2］白杨：《网络流言对政治传播的影响及其应对策略》，载《当代中国政治传播研究巡检》，2014，第8页。

［3］黄廓：《社交媒体的政治传播功能研究——以2012年美国大选的社交媒体战略为例》，载《当代中国政治传播研究巡检》，2014，第8页。

［4］唐远清、周培源：《政务微博的政治传播学反思——基于政治沟通的视角》，载《当代中国政治传播研究巡检》，2014，第12页。

［5］麻春艳：《微博对90后大学生群体价值认同影响研究》，载 *Proceedings of 2014 2nd International Conference on Economic, Business Management and Education Innovation* (EBMEI 2014) Vol. 43，Information Engineering Research Institute, USA，2014，第5页。

［6］聂晶磊：《论微博传播优势在数字出版中的运用》，载 *Proceedings of 2014 3rd*

International Conference on Physical Education and Society Management（ICPESM 2014）Vol. 23，Hong Kong Education Society，2014，第5页。

[7] 徐喜春：《新媒体在社会主义核心价值观传播中的运用研究——以广东省共青团为例》，载《当代青少年树立和践行社会主义核心价值观研究报告——第十届中国青少年发展论坛（2014）优秀论文集》，中国青少年研究中心、清华大学高校德育研究中心、中国青年政治学院、中国青少年研究会、清华大学马克思主义学院，2014，第15页。

[8] 郭旨龙：《微博犯罪与刑法应对》，载《中国犯罪学学会年会论文集（2014年）》，中国犯罪学学会，2014，第7页。

[9] 张妮佳：《当代大学生核心价值观的微传播路径与策略研究》，载《当代青少年树立和践行社会主义核心价值观研究报告——第十届中国青少年发展论坛（2014）优秀论文集》，中国青少年研究中心、清华大学高校德育研究中心、中国青年政治学院、中国青少年研究会、清华大学马克思主义学院，2014，第6页。

[10] 孟盈：《公共管理视角下我国政务微博的发展与反思》，载 *Proceedings of 2014 International Conference on Global Economy, Finance and Humanities Research*（GEFHR 2014），北京欣永顺文化传播有限公司，2014，第3页。

[11] 邓凌月：《提升干部“微素养”　守护党的“生命线”——“微时代”践行群众路线的思考》，载《“改革与创新——当代世界社会主义的理论与实践”学术研讨会暨当代世界社会主义专业委员会2014年年会论文集》，中国科学社会主义学会当代世界社会主义专业委员会、福建师范大学，2014，第8页。

[12] 郝继明：《网络舆论：如何从应对管理走向综合治理》，载《第五届中国行政改革论坛——创新政府治理，深化行政改革　优秀论文集》，中国行政体制改革研究会，2014，第9页。

[13] 蒋宁平：《微博中的艾滋表征：一个文本挖掘的路径》，载《2014年全球化学术共同体中的传播研究教育国际会议暨青年学者论坛论文集》，中国传媒大学新闻传播学部，2014，第12页。

[14] 曹晚红、别君华：《以朱令案为例浅析公共议题的建构与嬗变》，载《2014年全球化学术共同体中的传播研究教育国际会议暨青年学者论坛论文集》，中国传媒大学新闻传播学部，2014，第12页。

[15] 刘嘉、王庆林、刘禹、李原：《一种适合社交网络的短文本主题发现方法》，载《第三十三届中国控制会议论文集（A卷）》，中国自动化学会控制理论专业委员会、中国系统工程学会，2014，第5页。

[16] 李佳樑：《不存在列举助词“的”》，《2014年“语言的描写与解释”国际学术研讨会论文集》，2014，第5页。

[17] 童毅轩、张仰森、李景玉：《基于层叠分类器的细粒度微博情感分类研究》，载《第十五届汉语词汇语义学国际研讨会论文集》，澳门大学人文学院、中国中文信息协会、澳门语言学会，2014，第6页。

[18] 邓勇：《新媒体传播虚假错误养生保健信息多维规制探讨》，载《卫生法学与生命伦理国际研讨会论文集》，中国卫生法学会，2014，第7页。

[19] 秦玉全：《媒体、新媒体、通俗文化与现代社会——网络传播渠道多元化对社会舆论

的影响与应对》，载《美国华人人文社科教授协会第二十届国际会议论文摘要集》，美国华人人文社科教授协会，2014，第2页。

[20] 刘星君、韩伟：《共青团微博的身份建构及认同困境》，载《中国社会科学研究论丛2013卷第2辑》，2014，第3页。

[21] 潘庆芳：《微博时代下的高速公路应急管理》，载《湖北省公路学会自然科学优秀学术论文汇编（2008年~2013年）》，2014，第4页。

[22] 孙蓓蕾：《手机微博谣言管理策略》，载《科学时代——2014科技创新与企业管理研讨会论文集下（企业管理）》，中国科学技术协会，2014，第1页。

[23] 欧阳田军：《对传播和发挥水文化“正能量”的几点思考》，载《水文化建设经验交流会暨中国水利政研会常务理事会资料汇编》，中国水利职工思想政治工作研究会，2014，第6页。

[24] 信莉丽、庄严：《美联社微博新闻本土化研究》，载《2014中国传播论坛：“国际话语体系与国际传播能力建设”研讨会会议论文集》，中国传媒大学广播电视研究中心，2014，第11页。

[25] 周乾宪：《中国国家媒体形象的国际传播与公共外交——基于2013年外媒对央视140篇报道样本的内容分析》，载《2014中国传播论坛：“国际话语体系与国际传播能力建设”研讨会会议论文集》，中国传媒大学广播电视研究中心，2014，第10页。

[26] 商军、陆卫群：《基于灰色关联分析的旅游目的地形象网络传播与影响研究——北京5A景区为例》，载《第25届全国灰色系统会议论文集》，中国高等科学技术中心，2014，第5页。

[27] 夏强：《发挥新媒体在公共图书馆服务中的作用——以杭州图书馆为例》，载《全国中小型公共图书馆联合会2014年研讨会论文集》，全国中小型公共图书馆联合会、中国知网·中国知识资源总库编委会，2014，第4页。

[28] 黄洁婷：《青少年航空科普教育新媒介的创新探索》，载《中国梦·航空梦—青少年航空科普教育——首届中国航空科普教育大会论文集》，中国航空学会，2014，第3页。

[29] 高迎新、史天宇：《气象微博在公共气象服务中的作用》，第31届中国气象学会年会S10第四届气象服务发展论坛——提高水文气象防灾减灾水平，推动气象服务社会化发展会议论文，北京，2014，第3页。

[30] 陈申鹏、徐文文：《微博在短临天气预报服务中的作用浅析》，第31届中国气象学会年会S10第四届气象服务发展论坛——提高水文气象防灾减灾水平，推动气象服务社会化发展会议论文，北京，2014，第5页。

[31] 刘馨泽、卢映红、邹宇晨、夏冬：《气象微博在重大天气过程中的服务效应分析》，第31届中国气象学会年会S10第四届气象服务发展论坛——提高水文气象防灾减灾水平，推动气象服务社会化发展会议论文，北京，2014，第10页。

[32] 刘萍：《浅谈地市级气象微博在气象服务中的应用与发展》，第31届中国气象学会年会S10第四届气象服务发展论坛——提高水文气象防灾减灾水平，推动气象服务社会化发展会议论文，北京，2014，第3页。

[33] 叶俊：《会议综述一：让气候传播真正形成气候——2013气候传播国际会议综述》，载《新闻学论集（第30辑）》，2014，第10页。

[34] 陈卓威：《指尖上的一点“盐”——新媒体时代四川盐文化旅游的微博营销》，载《盐文化研究论丛（第七辑）》，2014，第6页。

[35] 欧阳田军：《对传播和发挥水文化“正能量”的几点思考》，载《全国水利系统思想政治工作及水文化研究2013年度优秀论文集》，2014，第5页。

[36] 王文俊：《人情、风俗、现代化及其他——传播视野中的安庆殡葬改革》，载《中华新闻传播学术联盟第六届研究生学术研讨会论文集》，中国传媒大学，2014，第9页。

[37] 王美娜、汤珺琳、魏晋明：《浅析“媒介融合”大背景下如何做好气象信息传播》，第31届中国气象学会年会S10第四届气象服务发展论坛——提高水文气象防灾减灾水平，推动气象服务社会化发展会议论文，北京，2014，第5页。

[38] 孙丽娜、张晶：《新时期京津冀微博社区建设研究》，载《第九届河北省社会科学学术年会论文集》，河北省社会科学界联合会，2014，第4页。

[39] 尹良润、林森：《微博谣言的传受心理及防控策略——基于态度理论的大学生实证分析》，载《科学发展·协同创新·共筑梦想——天津市社会科学界第十届学术年会优秀论文集（上）》，天津市社会科学界联合会，2014，第7页。

[40] 刘馨泽、卢映红、邹宇晨、夏冬：《气象微博在重大天气过程中的服务效应分析》，载《第六届海峡论坛2014年两岸民生气象论坛文集》，中国气象学会、台湾大学、台湾“中央大学”，2014，第1页。

[41] 阮璋琼、薛君宇：《政务微博传播特点分析及对天津的启示——以“@平安北京”的内容分析为例》，载《科学发展·协同创新·共筑梦想——天津市社会科学界第十届学术年会优秀论文集（上）》，天津市社会科学界联合会，2014，第7页。

[42] 廖小磊：《试论技工院校学生就业微辅导》，载《中国职协2014年度优秀科研成果获奖论文集（上册）》，2014，第6页。

[43] 赵志敏、任贺春：《关于科学中心网站发展的探讨》，载《中国科普理论与实践探索——第二十一届全国科普理论研讨会论文集》，中国科普研究所（China Research Institute for Science Popularization），2014，第6页。

[44] 刘媛媛：《论网络科普的形式及其影响》，载《中国科普理论与实践探索——第二十一届全国科普理论研讨会论文集》，中国科普研究所（China Research Institute for Science Popularization），2014，第6页。

[45] 张鹏、张晗：《校园微公益缘何井喷——西北师大新媒体矩阵网聚青年学子》，载《光芒（总第51期）》，2014，第2页。

[46] 张志洲、马胜荣、王秋彬、钟新、赵明昊、赵磊、余万里、王文、于运全：《中国梦的国际传播》，载《公共外交季刊2014年春季号第4期（总第17期）》，2014，第8页。

[47] 赵鸿燕、汪锴：《外交官微博的传播表征及效果分析》，载《公共外交季刊2014年夏季号第5期（总第18期）》，2014，第8页。

[48] 周培源：《从新浪微博看美国对华公共外交》，载《公共外交季刊2014年秋季号第6期（总第19期）》，2014，第8页。

[49] 谭超、严俊、刘鲲：《微博在大型科普活动中的应用——以2013年全国科普日官方微博运维为例》，载《中国科普理论与实践探索——第二十一届全国科普理论研讨会论

文集》，中国科普研究所（China Research Institute for Science Popularization），2014，第5页。

[50] 童庆安、孙凤新：《大众传媒科技传播创新研究》，载《中国科普理论与实践探索——第二十一届全国科普理论研讨会论文集》，中国科普研究所（China Research Institute for Science Popularization），2014，第9页。

[51] 项泉：《浅析“微”媒体在科普传播领域的应用和影响》，载《中国科普理论与实践探索——第二十一届全国科普理论研讨会论文集》，中国科普研究所（China Research Institute for Science Popularization），2014，第5页。

[52] 黄时进：《大数据时代背景下的科学传播受众诉求分析——基于现阶段我国社会大众精神文化生活的实证调查》，载《中国科普理论与实践探索——第二十一届全国科普理论研讨会论文集》，中国科普研究所（China Research Institute for Science Popularization），2014，第5页。

[53] 雷钧、康石伟：《浅析如何利用大众传媒扩大科普传播受众面——以广州科普大讲坛为例》，载《中国科普理论与实践探索——第二十一届全国科普理论研讨会论文集》，中国科普研究所（China Research Institute for Science Popularization），2014，第5页。

[54] 翟健：《微博打拐参与者对打拐微博的信任度调查（英文）》，载《中华新闻传播学术联盟第六届研究生学术研讨会论文集》，中国传媒大学，2014，第22页。

[55] 张岩松：《网络另类媒体的本土传播实践：〈女声〉个案研究》，载《中华新闻传播学术联盟第六届研究生学术研讨会论文集》，中国传媒大学，2014，第15页。

[56] 迟腾：《我们需要什么样的微博意见领袖》，载《中华新闻传播学术联盟第六届研究生学术研讨会论文集》，中国传媒大学，2014，第14页。

[57] 王斌、郑满宁：《扭转“逆差”：社交媒体时代国人形象传播机制及策略》，载《新闻学论集（第30辑）》，2014，第6页。

[58] 杨欣：《新形势下微博问政的策略与技巧——从佤邦新闻局微博声明及济南中院微博直播薄熙来案说起》，载《新闻学论集（第30辑）》，2014，第8页。

[59] 朱晶、朱耀权：《〈临床肝胆病杂志〉信息化网络化运营实践和思考》，载《第十二届2014全国核心期刊与期刊国际化、网络化研讨会论文集》，中国科学技术期刊编辑学会、中国科学技术信息研究所、北京万方数据股份有限公司、万方数据电子出版社，2014，第5页。

[60] 杨红：《基于微博的盐都自贡旅游形象传播》，载《盐文化研究论丛（第七辑）》，2014，第5页。

[61] 王尚坤、赵洁、马爱萍：《基于网络的旅游营销新方式》，载《2014中国旅游科学年会论文集》，中国旅游研究院，2014，第6页。

[62] 柳俊、周斌、黄九鸣：《基于二部图投影的微博事件关联分析方法研究》，载《第29次全国计算机安全学术交流会论文集》，中国计算机学会计算机安全专业委员会，2014，第6页。

[63] 邓勇、郭胜习：《健康传播公共信赖机制构建探析》，载《第九届中国健康传播大会优秀论文集》，清华大学国际传播研究中心、清华大学公共健康研究中心、中国健康教育中心、中国疾病预防控制中心，2014，第9页。

［64］施琳玲：《健康传播中失实报道的生产、传播及纠错——以“湖南湘潭产妇死亡事件”的媒介表现为例》，载《第九届中国健康传播大会优秀论文集》，清华大学国际传播研究中心、清华大学公共健康研究中心、中国健康教育中心、中国疾病预防控制中心，2014，第10页。

［65］邵晓舟：《“微创作”的文体批评——以新浪微博为例》，载《江苏省美学学会2014年年会暨学术研讨会论文集》，江苏省美学学会、南京晓庄学院，2014，第9页。

［66］郑石明、薛中卿：《社会问题摄影，推动时代进步正能量——对于影像新闻网络传播呈现新趋势的思考》，载《中国新闻摄影学会第七次全国会员代表大会第十一届全国媒体总编辑新闻摄影研讨会论文集》，中国新闻摄影学会，2013，第6页。

［67］陶赋雯：《苏南地区非物质文化遗产影像传播探究》，载《江苏省美学学会2014年年会暨学术研讨会论文集》，江苏省美学学会、南京晓庄学院，2014，第7页。

［68］赖凯声、亓莉敏、陈浩、乐国安：《时势造英雄还是英雄造时势？精英与大众的微博情绪关系》，载《第十七届全国心理学学术会议论文摘要集》，中国心理学会，2014，第4页。

［69］王莹、朱廷劭：《微博人格结构的词汇学研究》，载《第十七届全国心理学学术会议论文摘要集》，中国心理学会，2014，第2页。

［70］倪丹：《政务微博的意义研究》，载《软科学论坛——公共管理体制改革与发展研讨会论文集》，中国武汉决策信息研究开发中心、决策与信息杂志社、科技与企业杂志社、北京大学经济管理学院，2014，第2页。

［71］王皖曦、贺英、王立菲、赵梦雪、李秋怡、徐超、杨国愉：《马航MH370航班失联事件不同阶段信息传播对大众认知及心理期待的影响》，载《第十七届全国心理学学术会议论文摘要集》，中国心理学会，2014，第3页。

［72］李晶：《新媒体传播方式快速创新与研究生思想政治工作方法策略研究》，载《中国学位与研究生教育学会德育委员会第九届学术年会论文集》，中国学位与研究生教育学会德育委员会，2014，第6页。

［73］付晓丽：《媒介碎片化时代的高校网络舆论引导》，载《中国学位与研究生教育学会德育委员会第九届学术年会论文集》，中国学位与研究生教育学会德育委员会，2014，第5页。

［74］张军、夏昊翔：《企业微博营销话题时变动态传播机制研究》，载《中国系统工程学会第十八届学术年会论文集——A13其他管理领域的创新研究成果问题》，中国系统工程学会，2014，第3页。

［75］王明元、贾焰、周斌、黄九鸣：《一种基于主题相关性分类的微博话题立场研判方法》，载《中国计算机学会计算机安全专业委员会第29次全国计算机安全学术交流会论文集》，中国计算机学会计算机安全专业委员会，2014，第5页。

［76］严岭、李逸群：《网络舆情事件中的微博炒作账号发现方法研究》，载《中国计算机学会计算机安全专业委员会第29次全国计算机安全学术交流会论文集》，中国计算机学会计算机安全专业委员会，2014，第4页。

［77］郑飞、张蕾：《基于分类的中文微博热点话题发现方法研究》，载《中国计算机学会计算机安全专业委员会第29次全国计算机安全学术交流会论文集》，中国计算机学会计

算机安全专业委员会，2014，第5页。

[78] 康庆阳：《建立面向用户的架构推动新闻传播变革》，载《中国新闻技术工作者联合会第六次会员代表大会、2014年学术年会暨第七届“王选新闻科学技术奖”和优秀论文奖颁奖大会论文集（三等奖）》，中国新闻技术工作者联合会、贵州日报报业集团、贵州广播电视台、新华通讯社贵州分社，2014，第4页。

[79] 李莹：《控烟微博的传播策略研究——以三家控烟微博为例》，载《第九届中国健康传播大会优秀论文集》，清华大学国际传播研究中心、清华大学公共健康研究中心、中国健康教育中心、中国疾病预防控制中心，2014，第11页。

[80] 马特、董大海：《微博平台企业与广告投放者的动态关系研究》，载《第九届（2014）中国管理学年会——市场营销分会场论文集》，中国管理现代化研究会、复旦管理学奖励基金会，2014，第11页。

[81] 崔跃萍：《会展微博信息传播模式及应用的实证分析》，载《首届全国会展专业研究生教育论坛论文集》，教育部高等学校旅游管理类学科专业教学指导委员会、中国会展经济研究会，2014，第7页。

[82] 杨红：《基于微博的盐都自贡旅游形象传播》，载《“盐文化与文化产业发展”学术研讨会会议论文摘要》，四川省哲学社会科学重点研究基地四川理工学院中国盐文化研究中心，2013，第1页。

[83] 杨婉悌：《社交媒体时代下档案信息与文化的传播应用》，载《创新：档案与文化强国建设——2014年全国档案工作者年会优秀论文集》，国家档案局，2014，第4页。

[84] 汤宇时：《从微信认识移动互联网媒体传播平台模式》，载《中国新闻技术工作者联合会第六次会员代表大会、2014年学术年会暨第七届〈王选新闻科学技术奖〉和优秀论文奖颁奖大会论文集（三等奖）》，中国新闻技术工作者联合会、贵州日报报业集团、贵州广播电视台、新华通讯社贵州分社，2014，第4页。

[85] 张红星、王志雄、古娟：《手机媒体视听节目的传播现状与监管对策》，载《中国新闻技术工作者联合会第六次会员代表大会、2014年学术年会暨第七届〈王选新闻科学技术奖〉和优秀论文奖颁奖大会论文集（三等奖）》，中国新闻技术工作者联合会、贵州日报报业集团、贵州广播电视台、新华通讯社贵州分社，2014，第5页。

[86] 李莹：《网络时代新闻传播新阵地——〈新民周刊〉APP手机客户端的探索与实践》，载《中国新闻技术工作者联合会第六次会员代表大会、2014年学术年会暨第七届〈王选新闻科学技术奖〉和优秀论文奖颁奖大会论文集（三等奖）》，中国新闻技术工作者联合会、贵州日报报业集团、贵州广播电视台、新华通讯社贵州分社，2014，第7页。

[87] 志恒、胡亮、王勇泽：《微博对视听节目传播的影响与监管对策》，载《中国新闻技术工作者联合会第六次会员代表大会、2014年学术年会暨第七届〈王选新闻科学技术奖〉和优秀论文奖颁奖大会论文集（三等奖）》，中国新闻技术工作者联合会、贵州日报报业集团、贵州广播电视台、新华通讯社贵州分社，2014，第4页。

[88] 徐珂、胡明浩：《新媒体与档案文化传播研究》，载《建设与文化强国相匹配的“档案强国”论文集》，国家档案局，2014，第15页。

[89] 倪斌：《基于新浪微博粉丝通平台的赛事推广策略》，载《2014全国体育计算机应用学术会议论文集》，中国体育科学学会体育计算机应用分会，2014，第4页。

[90] 季丹：《网络意见领袖对危机信息传播效果的影响因素研究 1》，载《第九届（2014）中国管理学年会——公共管理分会场论文集》，中国管理现代化研究会、复旦管理学奖励基金会，2014，第 12 页。

[91] 张文丽、金慧：《社会媒体的教学运用研究》，载《计算机与教育：实践、创新、未来——全国计算机辅助教育学会第十六届学术年会论文集》，中国人工智能学会计算机辅助教育专业委员会，2014，第 10 页。

[92] 薛虹：《准仲裁程序在互联网域名系统中的发展—以 weibo 微博通用顶级域名申请争议案为例》，载《中国仲裁法学研究会 2014 年年会暨第七届中国仲裁与司法论坛论文集》，中国仲裁法学研究会，2014，第 7 页。

[93] 卢英琳：《党的群众路线教育实践活动网络推广初探——以微博推广为例》，载《广西烟草学会 2014 年学术年会论文集》，广西烟草学会，2014，第 3 页。

[94]《人社部门政务微博使用管理初探》，载《宜春社会科学 2014 年 3 期》，2014，第 7 页。

[95] 陈伊功：《社会化媒体与博物馆公共价值》，载《中国纪念馆研究 2014　第 1 辑》，2014，第 13 页。

[96] 王维军：《大众传媒在纪念馆宣教传播中的作用和影响——以平湖李叔同纪念馆为例》，载《中国纪念馆研究　2014 第 2 辑》，2014，第 10 页。

[97] 罗礼：《创新宣教方式　传承中华文化——浅谈刘少奇同志纪念馆宣传教育工作的做法和经验》，载《中国纪念馆研究　2014 第 1 辑》，2014，第 6 页 8

[98] 黄金：《非正式学习视角下博物馆微博的内容建构——以国家一级博物馆新浪官方微博为例》，载《江苏博物馆群体内部的交流与合作——江苏省博物馆学会 2014 年学术年会论文集》，江苏省博物馆学会，2014，第 10 页。

[99] 崔柯、孙佳山、戚琳：《青年文艺论坛第三十九期　跨文化传播中的韩流现象》，载《青年文艺论坛：跨文化传播中的“韩流”现象（第三十九期）》，中国艺术研究院马克思主义文艺理论研究所，2014，第 43 页。

[100] 陈水军、吴俊健：《微电影在企业文化传播中的应用与实践》，载《电力行业优秀管理论文集——2014 年度全国电力企业优秀管理论文大赛获奖论文（〈中国电力企业管理〉2014 年第一期增刊）》，2014，第 2 页。

[101] 郑国锋、陈斯莹、何文昊：《模因论视阈下的微博语言仿拟及其传播优势》，载《中国英汉语比较研究会第 11 次全国学术研讨会暨 2014 年英汉语比较与翻译研究国际研讨会摘要集》，中国英汉语比较研究会（China Association for Comparative Studies of English and Chinese ，CACSEC），2014，第 1 页。

[101] 许烨：《微博问政：协商民主视域下政治民主的新发展》，载《云南省第八届社会科学学术年会文集·统一战线与社会主义协商民主研究（2014 年度）》，云南省委宣传部、云南省社会科学界联合会，2014，第 7 页。

[102] 胡慧媚：《大众传播与小众传播语境下的博物馆临时展览推广》，载《中国博物馆协会博物馆学专业委员会 2014 年“未来的博物馆”学术研讨会论文集》，中国博物馆协会博物馆学专业委员会，2014，第 5 页。

[103] 沈秀琼：《微博营销在图书馆阅读推广中的应用探析》，载《福建省图书馆学会 2014

年学术年会暨著名图书馆学家——金云铭先生诞辰 110 周年学术研讨会论文集》，福建省科学技术协会、福建省图书馆学会，2014，第 5 页。

[104] 何小玲：《微博技术在中学图书馆的应用探究》，载《福建省图书馆学会 2014 年学术年会暨著名图书馆学家——金云铭先生诞辰 110 周年学术研讨会论文集》，福建省科学技术协会、福建省图书馆学会，2014，第 3 页。

[105] 林水灿：《福建省高校图书馆微博应用调查研究——基于新浪微博的分析》，载《福建省图书馆学会 2014 年学术年会暨著名图书馆学家——金云铭先生诞辰 110 周年学术研讨会论文集》，福建省科学技术协会、福建省图书馆学会，2014，第 5 页。

2015年

[1] 宿凌：《党的文献编研成果在互联网上的传播——基于国内主流网站的考察》，载《中共中央文献研究室个人课题成果集 2014 年（下）》，2015，第 9 页。

[2] 李昂、管理、郝碧波、程绮瑾、叶兆辉、朱廷劭：《基于社会媒体分析的自杀预防》，载《第十八届全国心理学学术会议摘要集——心理学与社会发展》，中国心理学会，2015，第 2 页。

[3] 白朔天、朱廷劭：《基于微博行为的公众社会心态感知》，载《第十八届全国心理学学术会议摘要集——心理学与社会发展》，中国心理学会，2015，第 2 页。

[4] 赵继学：《微博在高职校园文化建设中的应用研究》，载《新教育时代（2015 年 10 月总第 2 辑）》，2015，第 2 页。

[5] 罗波：《新媒介对传统文化传播的冲击》，载《“中华传统美德的承扬实践”学术研讨会论文集》，东南大学人文学院哲学与科学系，2015，第 10 页。

[6] 吕华辉、吴丹：《基于社交关系和语义特征的异常微博用户识别》，载《2015 电力行业信息化年会论文集》，中国电机工程学会电力信息化专业委员会、国家电网公司信息通信分公司，2015，第 4 页。

[7] 郭云涛、卫凌霞：《作为减压阀的公共空间：福建漳州古雷 PX 项目二次爆炸微博讨论中的归因、冲突与情感表达》，载《安徽省第七届新闻传播学科研究生论坛论文集》，安徽大学新闻传播学院，2015，第 10 页。

[8] 李秉彝：《公共信息传播中的媒介失语与媒介素养的缺失——以上海外滩跨年踩踏事件为例》，载《安徽省第七届新闻传播学科研究生论坛论文集》，安徽大学新闻传播学院，2015，第 13 页。

[9] 鲁曼：《丑闻之后：名人形象修复的准社会互动关系考察——以“文章出轨门”为例》，载《安徽省第七届新闻传播学科研究生论坛论文集》，安徽大学新闻传播学院，2015，第 14 页。

[10] 王玉珏：《仪式传播对集体记忆的建构路径分析——以纪念抗战胜利 70 周年阅兵为例》，载《安徽省第七届新闻传播学科研究生论坛论文集》，安徽大学新闻传播学院，2015，第 10 页。

[11] 吴倩：《高校新闻学与传播学学者微博关系与学术交流分析——基于社会网络分析视角》，载《安徽省第七届新闻传播学科研究生论坛论文集》，安徽大学新闻传播学院，

2015，第12页。

［12］詹婷、任晓利：《无情岁月的有情记忆：传播仪式观视角下的综艺节目怀旧景观呈现——以〈年代秀〉为例》，载《安徽省第七届新闻传播学科研究生论坛论文集》，安徽大学新闻传播学院，2015，第9页。

［13］于克强、孙丽娜、陈国辉：《基于微博的机械原理课程教学改革研究与实践》，载《深化教学改革·提升高等教育质量（下册）》，黑龙江省高等教育学会，2015，第5页。

［14］贾南：《“网红经济”的繁华与迷思——基于消费主义与传播政治经济学理论的批判视角》，载《安徽省第七届新闻传播学科研究生论坛论文集》，安徽大学新闻传播学院，2015，第10页。

［15］陈天赐：《大型赛事官方微博营销方式及对策》，载《2015第十届全国体育科学大会论文摘要汇编（二）》，中国体育科学学会（Sport Science Society），2015，第2页。

［16］刘娜：《微博辅助下的高职公共英语教学研究》，载《决策论坛——政用产学研一体化协同发展学术研讨会论文集（下）》，《决策与信息》杂志社、北京大学经济管理学院，2015，第2页。

［17］林小斐：《论社会化媒体传播与市场发展的关系——以社交平台与购物网站互推为例》，载《2015中国传播论坛：“现代传播体系建设：融合与秩序”论文汇编》，中国传媒大学广播电视研究中心，2015，第6页。

［18］赵晖：《论网络自制剧制作与传播模式特点》，载《2015中国传播论坛“现代传播体系建设：融合与秩序”论文汇编》，中国传媒大学广播电视研究中心，2015，第7页。

［19］王洪喆、张成、郑熙青：《美剧的跨文化传播与消费》，载《青年文艺论坛：美剧的跨文化传播与消费（第五十四期）》，中国艺术研究院马克思主义文艺理论研究所，2015，第27页。

［20］尉舒舒：《基于微博对话链的命名实体识别》，载《第十一届中国通信学会学术年会论文集》，中国通信学会、江西省通信管理局，2015，第5页。

［21］张志良：《微传播视角下的报纸编辑工作的创新》，载《决策论坛——政用产学研一体化协同发展学术研讨会论文集（上）》，《决策与信息》杂志社、北京大学经济管理学院，2015，第1页。

［22］丁小文：《微博政治性视阈下的青年媒介素质教育研究》，载《新媒体时代青少年成长的特点和规律研究报告》，第十一届中国青少年发展论坛（2015），2015，第12页。

［23］蔡江、张明明、滕海涛：《新媒体语境中“正能量”在青年学生中的传播机制及对策研究》，载《新媒体时代青少年成长的特点和规律研究报告——第十一届中国青少年发展论坛（2015）优秀论文集》，中国青少年研究中心、中国青少年研究会、中国青年政治学院、共青团陕西省委，2015，第11页。

［24］张冉妮、杨松平、方冉：《冰桶挑战中国模式的微公益传播模式革新》，载 *Proceedings of 2015 the 5th International Conference on Information, Communication and Education Application*（ICEA 2015），Information Engineering Research Institute，USA，2015，第5页。

［25］黄文富、罗阿玲、余真翰：《微博招聘模式探析》，载 *SProceedings of 2015 5th International Conference on Applied Social Science*（ICASS 2015）Vol. 82，apore Management and Sports Science Institute，Singapore，2015，第6页。

[26] 郭珽：《微传播在博物馆文化传播中的重要性试析——以故宫博物院官方微博为例》，载《博物馆的数字化之路》，北京数字科普协会、首都博物馆联盟、北京博物馆学会、中国博物馆协会博物馆数字化专业委员会、中国文物学会文物摄影专业委员会、北京联合大学、中国科学院计算机网络信息中心，2015，第8页。

[27] 刘文红：《大数据时代下的数字博物馆传播特征探析》，载《博物馆的数字化之路》，北京数字科普协会、首都博物馆联盟、北京博物馆学会、中国博物馆协会博物馆数字化专业委员会、中国文物学会文物摄影专业委员会、北京联合大学、中国科学院计算机网络信息中心，2015，第4页。

[28] 李萌：《新媒介时代背景下体育营销手段的发展趋势研究》，载《2015年中国体育产业与体育用品业发展论坛文集》，中国体育科学学会、中国体育用品业联合会，2015，第2页。

[29] 李哲、隋鸿锦：《微传播时代的人体科学普及》，载《中国解剖学会2015年年会论文文摘汇编》，中国解剖学会，2015，第1页。

[30] 程鹏、姚戈、王淑华：《高校期刊在自媒体时代的探索——以〈地球科学〉为例》，载《第15届中国科技期刊青年编辑学术研讨会论文集》，中国科学技术期刊编辑学会，2015，第4页。

[31] 侯筱蓉、周戈：《医务微博信息传播效用调查——以重庆市公立医院认证官微为例》，载《中华医学会第二十一次全国医学信息学术会议论文汇编》，中华医学会（Chinese Medical Association）、中华医学会医学信息学分会，2015，第6页。

[32] 任怡康：《“双微”政务差异化背景下的国家治理现代化》，载《“决策论坛——企业精细化管理与决策研究学术研讨会”论文集（上、下）》，中国武汉决策信息研究开发中心、决策与信息杂志社、北京大学经济管理学院，2015，第2页。

[33] 朱红灿：《我国政务新媒体研究进展的述评》，载《湖湘公共管理研究（第六卷）》，2015，第7页。

[34] 尹祥：《微博客对大学生健康人格塑造的影响与对策研究》，载《中国特色大学生心理健康教育——第十二届全国大学生心理健康教育与咨询学术交流会论文集》，中国心理卫生协会大学生心理咨询专业委员会，2015，第4页。

[35] 闫涛：《围绕智能移动终端打造博物馆传播与服务》，载《博物馆的数字化之路》，北京数字科普协会、首都博物馆联盟、北京博物馆学会、中国博物馆协会博物馆数字化专业委员会、中国文物学会文物摄影专业委员会、北京联合大学、中国科学院计算机网络信息中心，2015，第4页。

[36] 马育辉：《微时代下西部公共图书馆微服务探析》，载《中国西部公共图书馆联合会第二届（2015）年会暨学术讨论会会议论文集（三）》，中国西部公共图书馆联合会，2015，第9页。

[37] 吴克宇：《认知科学在电视传播实践中的创新应用》，载《中国认知传播学会第二届学术年会论文集》，中国认知传播学会、赣南师范学院，2015，第5页。

[38] 罗迪英：《节事活动与城市形象的媒体传播策略——以第八届中国花卉博览会为例》，载《江苏社科界第八届学术大会学会专场应征论文论文集》，2015，第13页。

[39] 杨璇：《网络时代的视觉传播及其潜在问题初探》，载《媒介秩序与媒介文明研讨会暨

第二届新闻传播伦理与法制学术研讨会论文集》，全球修辞学会、全球传媒与伦理法制联合会、绍兴市社会科学界联合会、浙江越秀外国语学院（Zhejiang Yuexiu University of Foreign Languages），2015，第5页。

[40] 殷乐：《新媒体环境下国际传播的话语体系创新路径分析》，载《媒介秩序与媒介文明研讨会暨第二届新闻传播伦理与法制学术研讨会论文集》，全球修辞学会、全球传媒与伦理法制联合会、绍兴市社会科学界联合会、浙江越秀外国语学院（Zhejiang Yuexiu University of Foreign Languages），2015，第6页。

[41] 历建都：《论新媒体环境下铁路新闻宣传工作的开展》，载《“决策论坛——科学决策的理论与方法学术研讨会”论文集（上）》，中国武汉决策信息研究开发中心、决策与信息杂志社、北京大学经济管理学院，2015，第1页。

[42] 彭霞、杨睿：《司法信息公开视域下法院微博的功能治理与运行矫正——基于全国31个高级人民法院新浪微博半年运行状况的实证分析》，载《全国法院第二十六届学术讨论会论文集：司法体制改革与民商事法律适用问题研究》，最高人民法院，2015，第12页。

[43] 胡云秋：《“微时代”司法公开方式的解困与型变——以法院官方微博为样本的实证分析》，载《全国法院第二十六届学术讨论会论文集：司法体制改革与民商事法律适用问题研究》，最高人民法院，2015，第11页。

[44] 何洪兰：《法院微博直播庭审之反思与重构——以L市两级法院实践为视角》，载《全国法院第二十六届学术讨论会论文集：司法体制改革与民商事法律适用问题研究》，最高人民法院，2015，第10页。

[45] 黄泓源、陈丽：《法院微博管理困境反思与突围之道——基于31个省会城市中级法院官方微博的实证分析》，载《全国法院第二十六届学术讨论会论文集：司法体制改革与民商事法律适用问题研究》，最高人民法院，2015，第8页。

[46] 李子涵、王莉：《微博情景下信息源特征对态度的影响》，载《中国心理学会发展心理专业委员会第十三届学术年会摘要集》，中国心理学会发展心理专业委员会，2015，第1页。

[47] 毕彤彤：《社交媒体环境下的控烟传播研究——以新浪微博控烟账号为例》，载《首届长三角影视传媒研究生学术论坛论文集》，上海大学影视艺术技术学院，2015，第9页。

[48] 王晓莹：《基于新浪微博的航空公司社交媒体营销现状研究——以国内四大航空公司为例》，载《“如何建立科学决策机制理论研讨会——决策论坛”论文集（下）》，中国武汉决策信息研究开发中心、决策与信息杂志社、清华大学经济管理学院，2015，第2页。

[49] 陈岳铸：《新媒体在警察公共关系传播中的运用——以华盛顿哥伦比亚特区警察公共关系为例》，载《2015第一届世纪之星创新教育论坛论文集》，北京中外软信息技术研究院，2015，第1页。

[50] 李春桂：《大学生微博恳谈——新形势下关工委工作创新研究》，载《“如何建立科学决策机制理论研讨会——决策论坛”论文集（下）》，中国武汉决策信息研究开发中心、决策与信息杂志社、清华大学经济管理学院，2015，第1页。

[51] 胡佳妮：《浅析检察机关如何融入微博时代》，载《2015 第一届世纪之星创新教育论坛论文集》，北京中外软信息技术研究院，2015，第 2 页。

[52] 宋晓东：《“微博”和网络电子商务的融合关系分析》，载《2015 年 6 月建筑科技与管理学术交流会论文集》，《建筑科技与管理》组委会，2015，第 2 页。

[53] 顾沙沙、李宗欢、周嘉文：《关于微博与网络营销的浅探讨》，载《2015 第一届世纪之星创新教育论坛论文集》，北京中外软信息技术研究院，2015，第 1 页。

[54] 李青春：《自媒体时代下档案信息资源传播》，载《决策论坛——科学制定有效决策理论学术研讨会论文集（下）》，中国武汉决策信息开发中心、决策与信息杂志社、清华大学经济管理学院，2015，第 1 页。

[55] 杨学智：《新媒体环境下大学生思想政治教育工作的微博载体探讨》，载《“决策论坛——科学决策的理论与方法学术研讨会”论文集（下）》，中国武汉决策信息研究开发中心、决策与信息杂志社、北京大学经济管理学院，2015，第 1 页。

[56] 傅荣、佘朝晖、陈家旭、裘丽、何卫华：《基于多 Agent 仿真的微博与 QQ 群信息传播机制对比》，载《第十五届全国计算机模拟与信息技术学术会议论文集》，中国优选法统筹法与经济数学研究会计算机模拟分会，2015，第 16 页。

[57] 杨兴兴、张敖：《微信平台在标准化信息传播中的应用》，载《标准化改革与发展之机遇——第十二届中国标准化论坛论文集》，中国标准化协会，2015，第 4 页。

[58] 殷美祥、罗曼宁：《新媒体气象服务产品的探索》，第 32 届中国气象学会年会 S14　第五届气象服务发展论坛——气象服务与信息化会议论文，天津，2015，第 5 页。

[59] 马婧、黄毅、钱瑞贞：《河北省气象微博发展现状及探讨》，第 32 届中国气象学会年会 S14　第五届气象服务发展论坛——气象服务与信息化会议论文，天津，2015，第 8 页。

[60] 陶丽、郭洁：《四川气象微博服务产品分析及发展思考》，第 32 届中国气象学会年会 S14　第五届气象服务发展论坛——气象服务与信息化会议论文，天津，2015，第 7 页。

[61] 陈钊、陈艳真、庄小阳、刘晓萍：《浅谈微博在气象公共服务中的应用》，第 32 届中国气象学会年会 S14　第五届气象服务发展论坛——气象服务与信息化会议论文，天津，2015，第 3 页。

[62] 谢坤、陈申鹏：《从“深圳天气”微博和微信维护谈新媒体气象服务》，第 32 届中国气象学会年会 S12　气象传媒业务技术交流会会议论文，天津，2015，第 5 页。

[63] 张爽：《对雾霾气象服务类产品的贴近性思考》，第 32 届中国气象学会年会 S14　第五届气象服务发展论坛——气象服务与信息化会议论文，天津，2015，第 6 页。

[64] 清华大学国际传播研究中心：《自媒体时代的健康传播——2015 年国内外健康传播研究现状分析》，载《2015 年度中国健康传播大会优秀论文集》，清华大学国际传播研究中心、清华大学公共健康研究中心、中国健康教育中心、中国疾病预防控制中心，2015，第 11 页。

[65] 贺天锋、钱旭君、张涛、王潇怀、徐倩倩、许国章：《特大台风灾后防病应急健康传播手段的应用与实践》，载《2015 年度中国健康传播大会优秀论文集》，清华大学国际传播研究中心、清华大学公共健康研究中心、中国健康教育中心、中国疾病预防控

制中心，2015，第5页。

[66] 毛伟：《西北农村少数民族社区的健康信息传播——基于对甘肃省临夏回族自治州临夏县韩集镇磨川村的田野调查》，载《2015年度中国健康传播大会优秀论文集》，清华大学国际传播研究中心、清华大学公共健康研究中心、中国健康教育中心、中国疾病预防控制中心，2015，第13页。

[67] 张思恒、贺天锋、张涛、陶毓敏、徐倩倩、王潇怀、许国章：《新媒体手段在重大灾害事件应急健康传播中的SWOT分析——以浙江省宁波市"菲特"特大台风洪涝灾害为例》，载《2015年度中国健康传播大会优秀论文集》，清华大学国际传播研究中心、清华大学公共健康研究中心、中国健康教育中心、中国疾病预防控制中心，2015，第8页。

[68] 谭巍、朱嘉婧、王慧、靳琦：《中医药文化科普知识豆瓣兴趣组传播特点研究》，载《2015年度中国健康传播大会优秀论文集》，清华大学国际传播研究中心、清华大学公共健康研究中心、中国健康教育中心、中国疾病预防控制中心，2015，第9页。

[69] 孟祥山、陈绚：《健康传播生态视角下的传媒责任》，载《2015年度中国健康传播大会优秀论文集》，清华大学国际传播研究中心、清华大学公共健康研究中心、中国健康教育中心、中国疾病预防控制中心，2015，第9页。

[70] 汤炯君：《新媒体传播技术的发展思考》，载《"决策论坛——企业精细化管理与决策研究学术研讨会"论文集（上、下）》，中国武汉决策信息研究开发中心、决策与信息杂志社、北京大学经济管理学院，2015，第1页。

[71] 高涵、李兵、郭楠、邓一开：《微博热门话题公众情感的性别差异研究》，载《第十届（2015）中国管理学年会论文集》，中国管理现代化研究会、复旦管理学奖励基金会，2015，第8页。

[72] 张慧斌：《公而有度，开而有序：微博直播庭审的完善路径——基于100个法院微博直播庭审个案的实证分析》，载《第八届中部崛起法治论坛论文集》，山西省法学会、湖北省法学会、河南省法学会、安徽省法学会、江西省法学会、湖南省法学会，2015，第12页。

[73] 周美：《我国体育赛事的微博营销》，载《2015第十届全国体育科学大会论文摘要汇编（三）》，中国体育科学学会（China Sport Science Society），2015，第2页。

[74] 李云云：《大数据在体育新闻传播中的运用研究》，载《2015第十届全国体育科学大会论文摘要汇编（三）》，中国体育科学学会（China Sport Science Society），2015，第3页。

[75] 邱泽云：《微指数视角下中超联赛在微博传播的波段结构和分形特征研究》，载《2015第十届全国体育科学大会论文摘要汇编（三）》，中国体育科学学会（China Sport Science Society），2015，第2页。

[76] 俞丰穗：《传播学视角下的政府体育微博研究》，载《2015第十届全国体育科学大会论文摘要汇编（三）》，中国体育科学学会（China Sport Science Society），2015，第2页。

[77] 荆敏：《微信话语场中的2014巴西世界杯传播探析》，载《2015第十届全国体育科学大会论文摘要汇编（三）》，中国体育科学学会（China Sport Science Society），2015，第2页。

[78] 刘正、曹宇：《微博时代我国体育组织新闻发言人队伍建设探析》，载《2015 第十届全国体育科学大会论文摘要汇编（三）》，中国体育科学学会（China Sport Science Society），2015，第 2 页。

[79] 刘磊：《媒介传播与体育迷关系研究——以“谁是球王”民间羽毛球争霸赛为例》，载《2015 第十届全国体育科学大会论文摘要汇编（三）》，中国体育科学学会（China Sport Science Society），2015，第 2 页。

[80] 刘华煊：《“微”环境下的传统体育文化传播研究——以体育养生文化为例》，载《2015 第十届全国体育科学大会论文摘要汇编（三）》，中国体育科学学会（China Sport Science Society），2015，第 3 页。

[81] 王旭、刘昕：《青少年校园足球竞赛的新媒体传播模式探究——以“谁是球王”为例》，载《2015 第十届全国体育科学大会论文摘要汇编（一）》，中国体育科学学会（China Sport Science Society），2015，第 2 页。

[82] 李芳、于晓光：《门户网站大型体育赛事移动化传播应用现况的调查与研究》，载《2015 第十届全国体育科学大会论文摘要汇编（一）》，中国体育科学学会（China Sport Science Society），2015，第 2 页。

[83] 李凤芝、朱云、刘玉、索烨、卞会全：《我国武术文化传播演进与发展路径研究》，载《2015 第十届全国体育科学大会论文摘要汇编（二）》，中国体育科学学会（China Sport Science Society），2015，第 2 页。

[84] 卢兴：《体育新媒体事件传播的重要节点分析——基于 21 起体育事件微博实证研究》，载《2015 第十届全国体育科学大会论文摘要汇编（二）》，中国体育科学学会（China Sport Science Society），2015，第 2 页。

[85] 于晓光、李芳：《门户网站大型体育赛事移动化传播面临困境研究》，载《2015 第十届全国体育科学大会论文摘要汇编（二）》，中国体育科学学会（China Sport Science Society），2015，第 2 页。

[86] 李芳：《门户网站大型体育赛事移动化传播的理论逻辑创新》，载《2015 第十届全国体育科学大会论文摘要汇编（二）》，中国体育科学学会（China Sport Science Society），2015，第 2 页。

[87] 雷文：《大学生篮球迷微博使用特征研究——基于社会网络分析》，载《2015 第十届全国体育科学大会论文摘要汇编（二）》，中国体育科学学会（China Sport Science Society），2015，第 2 页。

[88] 陆雪翎、唐建军：《英超在中国的新媒体传播现状及问题解析》，载《2015 第十届全国体育科学大会论文摘要汇编（二）》，中国体育科学学会（China Sport Science Society），2015，第 2 页。

[89] 唐柱、吴汉怀：《黑井盐文化传播的现状分析及传播对策研究》，载《中国盐文化（第八辑）》，2015，第 6 页。

[90] 程子彪、蒲小梅：《盐文化网络传播现状研究》，载《中国盐文化（第八辑）》，2015，第 8 页。

[91] 郎劲松、侯月娟：《政治形象传播：建构与重构——新媒体语境下领导人的形象传播策略研究》，载《中国政治传播研究（第 I 辑）——基础与拓展》，中国传媒大学文法

学部，2015，第9页。

[92] 于晶、杨晨：《政策解读的传播模式与传播效果评估研究》，载《中国政治传播研究（第Ⅰ辑）——基础与拓展》，中国传媒大学文法学部，2015，第11页。

[93] 汤天明：《政治传播视域中的领导人形象及其摄影呈现》，载《中国政治传播研究（第Ⅰ辑）——基础与拓展》，中国传媒大学文法学部，2015，第9页。

[94] 李彦冰、孟艳丽：《新媒体与政治思想传播的三对张力》，载《中国政治传播研究（第Ⅰ辑）——基础与拓展》，中国传媒大学文法学部，2015，第7页。

[95] 谢进川：《微传播监视的政治与社会分析》，载《中国政治传播研究（第Ⅰ辑）——基础与拓展》，中国传媒大学文法学部，2015，第7页。

[96] 韩娜：《政治传播视域下的社交媒体传播——以“阿拉伯之春”为例》，载《中国政治传播研究（第Ⅰ辑）——基础与拓展》，中国传媒大学文法学部，2015，第8页。

[97] 尹向勇、彭晓梅、沈元钦：《全媒体传播环境下的核电企业公共关系初探》，载《中国核科学技术进展报告（第四卷）——中国核学会2015年学术年会论文集第9册（核技术经济与管理现代化分卷、核电子学与核探测技术分卷、核测试与分析分卷）》，中国核学会，2015，第4页。

[98] 杜航、伍玉林：《蜂群思维对网络社群的创新性研究》，载 *Proceedings of 2015 International Conference on Education Research and Reform*（ERR 2015）Vol. 9，Singapore Management and Sports Science Institute、Information Engineering Research Institute，USA，2015，第5页。

[99] 夏宝君：《自媒体时代休闲文化产业的品牌传播策略研究》，载 *Proceedings of 2015 5th International Conference on Education and Sports Education*（ESE 2015），Information Engineering Research Institute，USA，2015，第5页。

[100] 仝欣：《新媒体语境下的体育新闻传播新格局》，载 *Proceedings of 2015 5th International Conference on Education and Sports Education*（ESE 2015），Information Engineering Research Institute，USA，2015，第4页。

[101] 付斌：《社会恐慌中的“抢盐事件”及其危机传播策略研究》，载《中国盐文化（第八辑）》，2015，第5页。

[102] 许同文：《论自媒体传播场域话语权的颠覆、同构与构连》，载《中国政治传播研究（第Ⅰ辑）——基础与拓展》，中国传媒大学文法学部，2015，第9页。

[103] 施惠玲：《政治传播中的话语与意识形态》，载《中国政治传播研究（第Ⅰ辑）——基础与拓展》，中国传媒大学文法学部，2015，第6页。

[104] 张慧茹：《微博客——大学生思想政治教育工作新载体》，载《〈同行〉2015年9月（下）》，2015，第1页。

[105] 王天骄：《新媒体环境下环保传播的相关者分析》，载《环境：人文·法制——东亚学术研讨大会论文集》，厦门大学日本研究所、厦门大学环境与生态学院、厦门大学人文学院、厦门大学法学院，2015，第6页。

2016年

[1] 孙政：《论新媒体传播中的“蝴蝶效应”及其对策》，载《“决策论坛——公共政策的

创新与分析学术研讨会”论文集（上）》，《决策与信息》杂志社、北京大学经济管理学院，2016，第 1 页。

[2] 任晓宇：《微博兴起对我国新闻报道的影响分析》，载《“决策论坛——公共政策的创新与分析学术研讨会”论文集（上）》，《决策与信息》杂志社、北京大学经济管理学院，2016，第 1 页。

[3] 师萌：《微博公益传播的显性功能和隐性功能》，载《“决策论坛——公共政策的创新与分析学术研讨会”论文集（上）》，《决策与信息》杂志社、北京大学经济管理学院，2016，第 1 页。

[4] 李岩：《浅析如何从微博“大数据”探索气象服务规律》，第 33 届中国气象学会年会 S20 气象信息化——业务实践与技术应用会议论文，西安，2016，第 6 页。

[5] 任芳、陈琳、杨承睿：《陕西气象微博舆情自动分析系统的研究》，第 33 届中国气象学会年会 S20 气象信息化——业务实践与技术应用会议论文，西安，2016，第 7 页。

[6] 刘茜、尹炤寅、刘颖杰、刘燕：《不同气象政务微博影响力的评价研究》，第 33 届中国气象学会年会 S13“互联网 +”与气象服务——第六届气象服务发展论坛会议论文，西安，2016，第 8 页。

[7] 王洁、付桂琴、贾俊妹：《微博在公共气象服务运用中的实践与探索》，第 33 届中国气象学会年会 S13“互联网 +”与气象服务——第六届气象服务发展论坛会议论文，西安，2016，第 7 页。

[8] 侯婷：《气象信息传播模式的演进及改进——以内蒙古为例》，第 33 届中国气象学会年会 S13“互联网 +”与气象服务——第六届气象服务发展论坛会议论文，西安，2016，第 2 页。

[9] 夏青：《“湖北天气”气象微博服务技术探析》，第 33 届中国气象学会年会 S13“互联网 +”与气象服务——第六届气象服务发展论坛会议论文，西安，2016，第 4 页。

[10] 杨诗芳、肖芳、姜海如、杨忠恩、龚江丽、王淞秋：《新中国气象信息传播服务发展及未来趋势分析》，第 33 届中国气象学会年会 S13“互联网 +”与气象服务——第六届气象服务发展论坛会议论文，西安，2016，第 2 页。

[11] 黄志辉：《行政监督新途径：微博问政的优势、问题及对策》，载《“决策论坛——管理决策模式应用与分析学术研讨会”论文集（上）》，《决策与信息》杂志社、北京大学经济管理学院，2016，第 2 页。

[12] 陈希林、马丁：《针对微博信息分析的 HBase 存储结构设计》，载《第 31 次全国计算机安全学术交流会论文集》，中国计算机学会，2016，第 5 页。

[13] 刘奇飞：《基于兴趣的微博用户关系分析原型系统研究》，载《第 31 次全国计算机安全学术交流会论文集》，中国计算机学会，2016，第 6 页。

[14] 楼叶：《基于信息传播模型研究的舆情导控方法探寻》，载《第 31 次全国计算机安全学术交流会论文集》，中国计算机学会，2016，第 10 页。

[15] 钱逸洋：《论中小型图书馆的新媒体数字服务——以上海市虹口区图书馆微服务为例》，载《全国中小型公共图书馆联合会 2016 年研讨会论文集》，全国中小型公共图书馆联合会、中国知网中国知识资源总库编委会、《图书馆杂志》社，2016，第 9 页。

[16] 杨婷：《微博在高校思想政治教育工作中的应用研究》，载《“决策论坛——管理科学

与工程研究学术研讨会”论文集（上）》，《决策与信息》杂志社、北京大学经济管理学院，2016，第 1 页。

[17] 安顺市广播电视台网站著作权项目组：《媒体融合的实例及讨论》，载《第 24 届中国数字广播电视与网络发展年会暨第 15 届全国互联网与音视频广播发展研讨会论文集》，中国电子学会有线电视综合信息技术分会、中国新闻技术工作者联合会多媒体专业委员会、国家新闻出版广电总局科技委员会战略专业委员会，2016，第 5 页。

[18] 张余、潘兴陆：《传统广播媒体在全国“两会”报道中的微博实战应用》，载《第 24 届中国数字广播电视与网络发展年会暨第 15 届全国互联网与音视频广播发展研讨会论文集》，中国电子学会有线电视综合信息技术分会、中国新闻技术工作者联合会多媒体专业委员会、国家新闻出版广电总局科技委员会战略专业委员会，2016，第 7 页。

[19] 赵江鸿、耿敬宁：《互联网时代下的征兵宣传探析》，载《“决策论坛——管理决策模式应用与分析学术研讨会”论文集（下）》，《决策与信息》杂志社、北京大学经济管理学院，2016，第 1 页。

[20] 闵静武：《充分发挥宣传作用，传播终身学习正能量——谈青羊社区教育宣传工作》，载《社区教育（2016 年 5 月号总第 29 期）》，2016，第 4 页。

[21] 殷珂：《从研究热点上分析我国图书馆社交媒体的研究近况——以微博和微信为例》，载《“决策论坛——管理决策模式应用与分析学术研讨会”论文集（下）》，《决策与信息》杂志社、北京大学经济管理学院，2016，第 1 页。

[22] 孙昱茁：《新闻宣传中微博微信的应用》，载《“决策论坛——管理科学与经营决策学术研讨会”论文集（下）》，《决策与信息》杂志社、北京大学经济管理学院，2016，第 1 页。

[23] 张婷婷、谭巧：《〈奇葩说〉在娱乐中传播社会价值观》，载《“决策论坛——经营管理决策的应用与分析学术研讨会”论文集（上）》，《决策与信息》杂志社、北京大学经济管理学院，2016，第 1 页。

[24] 王鹏：《新媒体之于大学生思想的引领——山西农业大学软件学院为例》，载《第三届世纪之星创新教育论坛论文集》，北京中外软信息技术研究院，2016，第 2 页。

[25] 聂宗省：《探讨微博兴起背景下大学生思想政治教育的挑战与应对》，载《第三届世纪之星创新教育论坛论文集》，北京中外软信息技术研究院，2016，第 1 页。

[26] 王晶：《统计政务微博发展探究》，载《“决策论坛——区域发展与公共政策研究学术研讨会”论文集（下）》，中国武汉决策信息研究开发中心、《决策与信息》杂志社、北京大学经济管理学院，2016，第 1 页。

[27] 杨阳、刘栩静：《新媒体环境下“正能量”在青少年中传播的新途径探析》，载《“决策论坛——企业行政管理与创新学术研讨会”论文集（上）》，中国武汉决策信息研究开发中心、《决策与信息》杂志社、北京大学经济管理学院，2016，第 1 页。

[28] 裴新平、顾蓓熙：《构建高校媒体宣传的传播链、产品链和资源链》，载《“决策论坛——企业党建与政工创新工作发展学术研讨会”论文集（下）》，中国武汉决策信息研究开发中心、《决策与信息》杂志社、北京大学经济管理学院，2016，第 1 页。

[29] 付琳、高欣：《不确定网络下的谣言传播模型》，载《第十四届中国不确定系统年会、第十八届中国青年信息与管理学者大会论文集》，中国运筹学会不确定系统分会，

2016，第 6 页。

[30] 王媛媛：《服装网店微博营销策略初探》，载《2017 年新产经论坛论文集》，2016，第 2 页。

[31] 罗瑶：《浅谈微博在大学生心理健康教育中的应用》，载《黑龙江省高等教育学会 2016 年学术年会暨理事工作会论文集（下册）》，黑龙江省高等教育学会，2016，第 3 页。

[32] 王杰：《情报学核心期刊中社会化媒体相关研究的定量分析》，载《“决策论坛——决策理论与方法研究学术研讨会”论文集（下）》，《决策与信息》杂志社、北京大学经济管理学院，2016，第 2 页。

[33] 刘鸿鹰：《浅析烟草行业如何应用大数据实现精准营销》，载《中国烟草学会 2016 年度优秀论文汇编——卷烟流通主题》，2016，第 7 页。

[34] 陈锦清、韩婧、区婷婷、单峰：《上海城市治理事务公众关注热点研究——基于政务微博数据的分析》，载《规划 60 年：成就与挑战——2016 中国城市规划年会论文集（10 城乡治理与政策研究）》，中国城市规划学会、沈阳市人民政府，2016，第 8 页。

[35] 陈秋月：《微信、微博等新媒体在健康教育中的应用探讨》，载《广州市第十届健康教育学术交流会文集》，广州市健康教育所、广州市预防医学会健康教育专业委员会，2016，第 1 页。

[36] 庄颖：《浅析数字技术与跨媒介的博物馆传播实践》，载《科学艺术　传承创新——科学与艺术融合之路》，北京数字科普协会、中国科学院网络科普联盟，北京数字科普协会、贵阳孔学堂文化传播中心、北京联合大学，北京数字科普协会、北京联合大学、中国科学院网络科普联盟，2016，第 6 页。

[37] 许媛、梁循：《天津港爆炸子事件族网络舆论动态传播模式分析》，载《第十八届中国管理科学学术年会论文集》，中国优选法统筹法与经济数学研究会、西安交通大学、中国科学院科技战略咨询研究院、《中国管理科学》编辑部，2016，第 12 页。

[38] 王嘉、仲辉、石少平、梁慧、何咏梅、熊立桃：《建设学术期刊的微信公众号传播新平台——以〈国防科技大学学报〉为例》，载《2017 年第 8 届科技期刊发展创新研讨会论文集》，中国科学技术期刊编辑学会、科技导报社，2016，第 4 页。

[39] 田恬：《移动新媒体技术下的科技期刊发展》，载《2017 年第 8 届科技期刊发展创新研讨会论文集》，中国科学技术期刊编辑学会、科技导报社，2016，第 5 页。

[40] 杨志兵、吴迪、曹菲、朱霞、苗丹民：《热点人物负面信息的文本分析与正面信息网络传播分析》，载《第十九届全国心理学学术会议摘要集》，中国心理学会，2016，第 2 页。

[41] 李焦焦：《网络宗教对大学生宗教事务管理的影响和对策研究》，载《本溪市统一战线理论研究会 2016 年度论文汇编》，2016，第 15 页。

[42] 叶淑兰：《“一带一路”背景下中国形象传播的“微化”转向》，载《治国理政：新理念·新思想·新战略——上海市社会科学界第十四届学术年会文集（2016 年度）》，上海市社会科学界联合会，2016，第 9 页。

[43] 任孝鹏、焦冬冬、朱廷劭：《基于微博大数据的中国人个体主义/集体主义的心理地图》，载《第十九届全国心理学学术会议摘要集》，中国心理学会，2016，第 1 页。

［44］霍倩倩、冯田、吴迪、罗燕、朱霞：《突发事件微博信息对受众态度的影响研究——以天津爆炸微博信息为例》，载《第十九届全国心理学学术会议摘要集》，中国心理学会，2016，第1页。

［45］刘一婷：《新媒体时代下体育新闻传播的新模式》，载《西部体育研究 2016 年第 1 期（总第 141 期）》，2016，第 5 页。

［46］罗琴：《浅谈科技馆与大众传播媒体的合作模式》，载《中国科普理论与实践探索——第二十三届全国科普理论研讨会论文集》，中国科普研究所、江苏省科学技术协会，2016，第 5 页。

［47］吴年继：《从哔哩哔哩弹幕评论看天文科学传播的三种视频形态》，载《中国科普理论与实践探索——第二十三届全国科普理论研讨会论文集》，中国科普研究所、江苏省科学技术协会，2016，第 10 页。

［48］俞梁、冯江围：《“互联网+”背景下科普动漫创作与传播模式研究》，载《中国科普理论与实践探索——第二十三届全国科普理论研讨会论文集》，中国科普研究所、江苏省科学技术协会，2016，第 8 页。

［49］刘哲、胡芳：《科普信息化过程中科普场馆创新传播途径研究》，载《中国科普理论与实践探索——第二十三届全国科普理论研讨会论文集》，中国科普研究所、江苏省科学技术协会，2016，第 8 页。

［50］孙斌：《多媒体通讯平台构建及应用研究》，载《首届国际信息化建设学术研讨会论文集（一）》，旭日华夏（北京）国际科学技术研究院，2016，第 1 页。

［51］严宇：《基于微博信息流的热点发掘系统研究与实现》，载《首届国际信息化建设学术研讨会论文集（一）》，旭日华夏（北京）国际科学技术研究院，2016，第 1 页。

［52］靳晓晓：《基于分形理论的微博传播路径可视化研究》，载《首届国际信息化建设学术研讨会论文集（二）》，旭日华夏（北京）国际科学技术研究院，2016，第 3 页。

［53］施敏：《城市对外形象传播的全媒体路径选择》，载《2017 智能城市与信息化建设国际学术交流研讨会论文集 II》，《智能城市》杂志社、美中期刊学术交流协会，2016，第 1 页。

［54］李永康、李艺晓：《政务微博效果评价体系研究》，载 *Proceedings of 2016 2nd International Conference on Humanity and Social Science*（ICHSS 2016），SCIENCE AND ENGINEERING RESEARCH CENTER，2016，第 6 页。

［55］陈娜：《论红色文化的微传播》，载《“马克思主义与21 世纪社会主义”——第二届全国马克思主义理论及相关学科博士生学术论坛论文集（下册）》，武汉大学研究生院、武汉大学马克思主义学院、武汉大学马克思主义理论与中国实践协同创新中心、《文化软实力研究》杂志社，2016，第 10 页。

［56］徐蒙：《新媒体时代官方媒体对他国形象的建构——基于〈人民日报〉微博的数据挖掘分析》，载《首届国家传播学高层论坛摘要集》，全球修辞学会、国家传播学会、安徽师范大学，2016，第 1 页。

［57］李佳维：《政务微博问题及对策——基于服务型政府的视角》，载《“决策论坛——企业行政管理与创新学术研讨会”论文集（上）》，中国武汉决策信息研究开发中心、《决策与信息》杂志社、北京大学经济管理学院，2016，第 2 页。

2017年

[1] 易仁金：《共产党员应在“朋友圈”积极发声传播更多正能量》，载《“决策论坛——创新思维与领导决策学术研讨会”论文集（下）》，《决策与信息》杂志社、北京大学经济管理学院，2017，第1页。

[2] 孙蕾：《提高“微时代”思想政治工作实效性研究》，载《“决策论坛——创新思维与领导决策学术研讨会”论文集（上）》，《决策与信息》杂志社、北京大学经济管理学院，2017，第2页。

[3] 吴莹：《地市级气象政务微博特点浅析》，载《第34届中国气象学会年会S13新媒体融合下的气象影视发展论文集》，中国气象学会，2017，第4页。

[4] 那朝英：《新媒体时代我国的公共外交和国家形象建构——基于新浪微博“外交小灵通”的案例分析》，载《公共外交季刊（2017年第2期夏季号）》，2017，第8页。

[5] 柯锴：《庐山佛教在新媒体环境下的传播模式问题》，载《荆楚学术2017年第5期（总第十二期）》，2017，第4页。

[6] 徐丽：《微传播环境下的全民阅读推广策略》，载《2017年全国中小型公共图书馆联合会研讨会论文集（三等奖）》，全国中小型公共图书馆联合会、中国知网·中国知识资源总库编委会、上海图书馆杂志，2017，第4页。

[7] 万新娜：《网络语境中的政府形象建构与传播路径》，载《发挥社会科学作用　促进天津改革发展——天津市社会科学界第十二届学术年会优秀论文集（上）》，天津市社会科学界联合会，2017，第6页。

[8] 朱育红：《浅谈提升基层气象微博公众服务能力》，载《第34届中国气象学会年会S11创新驱动智慧气象服务——第七届气象服务发展论坛论文集》，中国气象学会，2017，第3页。

[9] 蓝巧玲、江然：《新媒体时代气象科普传播的探索与研究》，载《第34届中国气象学会年会S22第七届全国气象科普论坛暨全国气象科普教育基地经验交流会论文集》，中国气象学会，2017，第4页。

[10] 段大高、谢永恒、盖新新、刘占斌：《基于神经网络的微博虚假消息识别模型》，载《第32次全国计算机安全学术交流会论文集》，中国计算机学会，2017，第4页。

[11] 程子彪：《移动互联网时代盐文化传播能力的提升研究》，载《中国盐文化（第九辑）》，2017，第5页。

[12] 付斌：《“抢盐”危机恢复中的传播策略研究》，载《中国盐文化（第九辑）》，2017，第5页。

[13] 明芸、田钧毓、张重锐：《浅析新媒体时代独龙族“卡雀哇”节日口述传播发展策略研究》，载《荆楚学术2017年第7期（总第十五期）》，2017，第6页。

[14] 杨威、李勇：《基于微博用户的长沙居民心情感知与幸福发现研究》，载《第一届中国社会保障理论与政策论坛暨第六届安徽财经大学社会保障学术交流会摘要集》，《经济研究》编辑部、安徽财经大学财政与公共管理学院、北京大学国家发展研究院中国卫生经济研究中心、内蒙古大学公共管理学院、上海财经大学公共经济与管理学院、西南财经大学保险学院，2017，第1页。

［15］赵剑缘、张凌双、陈亮、王庆伟：《浅析微博在冬奥会赛事报道中的应用》，载《2017科技冬奥论坛暨体育科技产品展示会论文摘要汇编》，中国体育科学学会、河北省体育局、河北省张家口市崇礼区人民政府，2017，第2页。

［16］贺弋晏：《基于长尾理论的微博粉丝营销模式分析》，载《荆楚学术2017年第7期（总第十五期）》，2017，第4页。

［17］李莉：《以文化为依托的社会化媒体品牌传播策略——以天津市农产品为例》，载《第十二届（2017）中国管理学年会论文集》，中国管理现代化研究会、复旦管理学奖励基金会，2017，第5页。

［18］倪鹏锐：《微博在中职计算机基础课教学中的应用》，载《2017年9月全国教育科学学术科研成果汇编》，《教育科学》编委会，2017，第2页。

［19］高为民、常赟杰：《基于复杂网络的高校微博舆情监测与引导研究》，载《2017第三届电气工程与工业工程国际会议论文集》，2017，第6页。

2018年

［1］陈珂忆：《中文社交媒体在对外汉语修辞教学中的运用及影响——以微博、微信、哔哩哔哩视频网站为例》，载《第十一届中文教学现代化国际研讨会论文集》，中文教学现代化学会、澳门科技大学，2018，9月。

［2］白建勇：《台儿庄古城网络营销策略研究》，载 *Wuhan Zhicheng Times Cultural Development Co. ,Ltd. Proceedings of 2018 International Conference on Management, Economics, Education and Social Sciences* (MEESS 2018)，Wuhan Zhicheng Times Cultural Development Co.，Ltd：武汉志诚时代文化发展有限公司，2018，第5页。

［3］牛弹琴：《新华社连发5条贸易战微博，这一句话最意味深长!》，载《对接京津——经济强省绿色发展论文集》，廊坊市应用经济学会，2018，第4页。

［4］黄博雅：《网络新生“类词缀”“精”系词族初探》，载《第十一届中文教学现代化国际研讨会论文集》，中文教学现代化学会、澳门科技大学，2018，第6页。

［5］陈鹏飞：《基于改进BPNN的社交网络情报指挥决策模型》，载《第六届中国指挥控制大会论文集（下册）》，中国指挥与控制学会，2018，第6页。

［6］朱淳熙：《网络语言暴力中隐喻的批评认知分析》，载《东北亚外语论坛（2018 NO.3总第7期）》，沈阳东师瑞普教育科技有限公司，2018，第7页。

［7］奉梅：《“微时代”高校校园文化活动的思想政治教育实效性研究》，载《2018年第二届国际科技创新与教育发展学术会议论文集（第二部分）》，国家新闻出版广电总局中国新闻文化促进会学术期刊专业委员会、香港新世纪文化出版社有限公司，2018，第4页。

［8］王虹玲：《“微党课”在高校党建工作中的探索与研究》，载《第十五届沈阳科学学术年会论文集（经管社科）》，中共沈阳市委、沈阳市人民政府、亚太材料科学院、沈阳市科学技术协会，2018，第4页。

［9］马兆俐：《新媒体背景下高校理想信念教育有效路径研究》，载《第十五届沈阳科学学术年会论文集（经管社科）》，中共沈阳市委、沈阳市人民政府、亚太材料科学院、沈

阳市科学技术协会，2018，第4页。

[10]《中国网红经济发展洞察报告2018年》，载《艾瑞咨询系列研究报告（2018年第6期）》，上海艾瑞市场咨询有限公司，2018，第36页。

[11]《推动公交新媒体建设，满足美好生活需要——浅谈加快公交传统媒体与新媒体融合的实践与思考　昆明公交集团"首届全国公交新媒体论坛"交流材料》，载《2018首届全国公交新媒体论坛·公交公司演讲交流文稿》，中国土木工程学会城市公共交通分会，2018，第9页。

[12]《紧密结合新媒体　构建公交宣传新生态》，载《2018首届全国公交新媒体论坛·公交公司演讲交流文稿》，中国土木工程学会城市公共交通分会，2018，第7页。

[13] 王非晓：《公交企业新媒体该如何"说话"》，载《2018首届全国公交新媒体论坛·公交公司演讲交流文稿》，中国土木工程学会城市公共交通分会，2018，第5页。

[14] 高萍：《浅析新媒体优势对公交企业文化建设的引导作用》，载《2018首届全国公交新媒体论坛·公交公司演讲交流文稿》，中国中国土木工程学会城市公共交通分会，2018，第5页。

[15] 赵东云：《适应新形势加强新媒体应用　营造良好氛围助推企业发展》，载《2018首届全国公交新媒体论坛·公交公司演讲交流文稿》，中国土木工程学会城市公共交通分会，2018，第8页。

[16] 罗文君：《从"量"到"质"的司法品牌塑造——法院自媒体的瓶颈之困与出路》，载《法院改革与民商事审判问题研究——全国法院第29届学术讨论会获奖论文集（上）》，最高人民法院国家法官学院科研部，2018，第10页。

[17] 斯眉：《用意念控制机器人：麻省理工学院已经做到了》，载《科学与现代化2018年第1期（总第074期）》，中国科学院中国现代化研究中心，2018，第2页。

[18]《欧洲议会将投票表决机器人能否被当成"电子人"》，载《科学与现代化2018年第1期（总第074期）》，中国科学院中国现代化研究中心，2018，第1页。

[19] 李春鹏：《微博营销在企业中的应用》，载 *Information Engineering Research Institute, USA、Singapore Management and Sports Science Institute, Singapore. Proceedings of 2018 5th International Conference on Education Reform and Management Innovation* (ERMI 2018), Information Engineering Research Institute, USA、Singapore Management and Sports Science Institute, Singapore：智能信息技术应用学会，2018，第6页。

[20] 袁丽莉：《基于社交网络数据的电影票房预测模型》，载 *AEIC Academic Exchange Information Centre (China). Proceedings of The 2018 2nd International Conference on Advances in Energy, Environment and Chemical Science* (AEECS 2018)　(Advances in Engineering Research) Vol. 155, AEIC Academic Exchange Information Centre (China): International Conference on Humanities and Social Science Research，2018，第8页。

[21] 王敏：《高中语文微写作教学效果的提升途径研究》，载《教师教学能力发展研究科研成果集（第十四卷）》，《教师教学能力发展研究》总课题组，2018，第5页。

[22] 庞万红：《政务微博的新媒体叙事研究——以"西安发布"为例》，载 *AEIC Academic Exchange Information Centre (China). Proceedings of 2018 3rd International Conference on Society Science and Economics Development* (ICSSED 2018), AEIC Academic Exchange

Information Centre （China）：International Conference on Humanities and Social Science Research，2018，第4页。

[23] 陈冬玲：《"互联网+"时代高职院校图书馆微服务比较研究——以广东省一流高职院校图书馆为例》，载 *Information Engineering Research Institute*，*USA*、*Singapore Management and Sports Science Institute*，*Singapore*. *Proceedings of 2018 3rd International Conference on Psychology*，*Information Science &*；*Library Science*（PIL 2018），Information Engineering Research Institute，USA、Singapore Management and Sports Science Institute，Singapore：智能信息技术应用学会，2018，第6页。

[24]《中国校园红人产业研究报告2018年》，载《艾瑞咨询系列研究报告（2018年第1期）》，上海艾瑞市场咨询有限公司，2018，第45页。

学位论文题录

2010年

序号	论文题名	研究生	导师	学位授予单位	学位	学位年度
1	网络“微内容”传播研究	武锋	姚君喜	上海交通大学	硕士	2010 年
2	微博客受众的媒介使用研究	梁赛楠	王晓玉	华东师范大学	硕士	2010 年
3	网络舆论的预警与安全研究	孙建国	任波	重庆大学	硕士	2010 年
4	微博客用户的使用动机与行为	王娟	唐锡光 刘明洋	山东大学	硕士	2010 年
5	基于微博的媒体营销研究	吴敏	范以锦	暨南大学	硕士	2010 年
6	论微博时代的平民偶像:一种网络亚文化研究	王莉莉	陈龙	苏州大学	硕士	2010 年
7	微博客的信息自组织研究	柯芳	石长顺	华中科技大学	硕士	2010 年
8	微博客新闻传播功能研究	刘艳美	余红	华中科技大学	硕士	2010 年
9	微博客的传播特征与传播效果研究	刘丽芳	沈爱国	浙江大学	硕士	2010 年
10	论微博客公共领域的建构	李琤	金振邦	东北师范大学	硕士	2010 年
11	微博客现象的传播学探究	李慧	王永环	江西师范大学	硕士	2010 年
12	新浪微博的发展研究	郑雅真	吕海军	北京交通大学	硕士	2010 年
13	微博客的新闻应用研究	管华骥	周荣庭	中国科学技术大学	硕士	2010 年
14	微博对网络舆论的生成与影响机制研究	付桂祯	张晋升	暨南大学	硕士	2010 年
15	中国微博客价值与发展研究	马晓宁	郑智斌	南昌大学	硕士	2010 年
16	基于微博的网络热点发现模型及平台研究	张静	蔡淑琴	华中科技大学	硕士	2010 年
17	微博对中国舆论生态的影响研究	施敏	张国良	上海交通大学	硕士	2010 年

2011年

序号	论文题名	研究生	导师	学位授予单位	学位	学位年度
1	中国体育记者对新浪微博的使用动机研究	张楠	童清艳	上海交通大学	硕士	2011 年
2	基于微博的企业营销模式创新研究	刘婷	陈运娟	南昌大学	硕士	2011 年
3	公共空间背景下的政务微博传播效果研究——以上海政务微博为例	胥柳曼	戴永明	上海交通大学	硕士	2011 年
4	微博用户界面的信息设计研究	汤伟	席涛	上海交通大学	硕士	2011 年
5	以用户需求为中心的微博社区网站界面设计研究	陆玮	陈贤浩	上海交通大学	硕士	2011 年

续表

序号	论文题名	研究生	导师	学位授予单位	学位	学位年度
6	微博文学的定义、体裁与价值研究	徐建峰	何锡章	华中科技大学	硕士	2011 年
7	面向网络广告定向的微博中心化方法研究	段磊	蔡淑琴	华中科技大学	硕士	2011 年
8	基于微博的企业家个人品牌策略研究	魏川	阎俊	华中科技大学	硕士	2011 年
9	基于微博社交网络的舆情分析模型及实现	张劭捷	奚建清 黄伟群	华南理工大学	硕士	2011 年
10	社会化媒体环境中记者的社会角色研究——以新浪微博平台上的记者用户为例	陈瑞霖	王昊青	上海交通大学	硕士	2011 年
11	报纸采用微博信源实证研究——以《青年报》为例	周琦	张国良	上海交通大学	硕士	2011 年
12	微博客话题追踪及实时检索的相关研究	史存会	林鸿飞	大连理工大学	硕士	2011 年
13	基于议程设置理论的中粮微博营销个案研究	吴小莉	黄昕恺	西南交通大学	硕士	2011 年
14	微博语篇的互文性研究	聂政	陈海庆	大连理工大学	硕士	2011 年
15	微博社会网络构造与分析技术研究	陆毅	曾剑平	复旦大学	硕士	2011 年
16	微博著作权保护问题初探	张学伟	周长玲	中国政法大学	硕士	2011 年
17	微博语境下信息传播的公共风险管控研究	罗智	方盛举	云南大学	硕士	2011 年
18	论微博公共领域的构建——以新浪微博为例	张凯	黄晓钟	西南交通大学	硕士	2011 年
19	黑龙江人民广播电台微博营销研究	赵刚	梁雪峰	哈尔滨工业大学	硕士	2011 年
20	微博的舆论监督及其影响——以宜黄拆迁自焚事件为例	唐佳菲	刘旭东	沈阳师范大学	硕士	2011 年
21	微博客与传统媒体的融合新闻研究	郭文婧	胡曙中	上海外国语大学	硕士	2011 年
22	微博对高校网络思想政治教育的影响及其对策	田和军	李映方	西北大学	硕士	2011 年
23	论自媒体视野下微博用户媒介素养	严静	韩隽	西北大学	硕士	2011 年
24	中文微博客热点话题检测与跟踪技术研究	孙胜平	张真继	北京交通大学	硕士	2011 年
25	我国体育微博客现状和发展趋势研究	马凌云	唐建军	上海体育学院	硕士	2011 年
26	微博的传播功能研究	童莉	靖鸣	广西师范学院	硕士	2011 年
27	WEB2.0 背景下政府对微博客舆论的应对与应用策略研究	苏日娜	高炜	内蒙古大学	硕士	2011 年
28	微博舆论监督初探	赵新乐	靖鸣	广西师范学院	硕士	2011 年
29	公共危机与微博传播——Twitter 和新浪微博在地震中的传播研究	吕吟	李杰	浙江大学	硕士	2011 年
30	企业微博营销的局限性研究	王海龙	张梅珍	中国地质大学	硕士	2011 年
31	新浪微博中网民的情感动员	肖本立	白淑英	哈尔滨工业大学	硕士	2011 年
32	基于微博的突发事件检测和信息传播建模	刘丰	王晓龙	哈尔滨工业大学	硕士	2011 年
33	基于微博的社会化媒体分析系统的设计与实现	朱少龙	张宇 高立琦	哈尔滨工业大学	硕士	2011 年
34	微博网络社会资本影响因素研究	方斌	叶强	哈尔滨工业大学	硕士	2011 年
35	基于微博构建的公共领域研究	曾琴	王永环	江西师范大学	硕士	2011 年
36	微博传播特征及传播致效机理分析	张亚堃	李庆林	广西大学	硕士	2011 年

续表

序号	论文题名	研究生	导师	学位授予单位	学位	学位年度
37	语域理论视角下的微博语言研究	贺倩	卢绍刚	太原理工大学	硕士	2011 年
38	网络媒体微博客与公民社会互动关系研究	于燕云	杨立川	西北大学	硕士	2011 年
39	微博客的媒介生态研究	吉卫华	韩隽	西北大学	硕士	2011 年
40	教育技术微博社群研究	王莹	朱卫东	北京交通大学	硕士	2011 年
41	微博的传播机制及影响力研究	左晓娜	蒋万胜	陕西师范大学	硕士	2011 年
42	基于 LDA 的微博短文本分类技术的研究与实现	方东昊	王大玲	东北大学	硕士	2011 年
43	论坛、博客、微博网络舆论的议题设置比较研究	韩悦	胡远珍	湖北大学	硕士	2011 年
44	分布式实时分发微博系统	黎瑞瑜	张凌	华南理工大学	硕士	2011 年
45	“围脖”·围观·围堵——微博空间中的民意表达与政府监管研究	杨涵	朱方	复旦大学	硕士	2011 年
46	2010 年“两会”微博问政研究	朱费伽	唐弦	湘潭大学	硕士	2011 年
47	校园网微博系统的设计与实现	梅晶	齐德昱 李幸 钟无云	华南理工大学	硕士	2011 年
48	新浪微博用户中的知识生产沟与观念沟研究	王梦迪	韦路	浙江大学	硕士	2011 年
49	从微博兴起看大众传播的微型化倾向	王业芸	卢小雁	浙江大学	硕士	2011 年
50	微博人际传播使用动机和行为对自我认同感的影响研究——以济南地区大学生为例	刘晓艳	谢锡文	山东大学	硕士	2011 年
51	微博影响力的产生机制研究	段婷婷	李欣人 李锦	山东大学	硕士	2011 年
52	微博文化研究	马君	庹继光	四川师范大学	硕士	2011 年
53	微博的舆论引导功能研究	王子	刘继红	华南理工大学	硕士	2011 年
54	企业微博互动对品牌购买态度的影响研究	陆琪男	胡晓云	浙江大学	硕士	2011 年
55	微博客的传播学解读	寻芳	欧阳友权	中南大学	硕士	2011 年
56	后现代主义视角下的微博客文化探析	邓菁	蒋新平	广西民族大学	硕士	2011 年
57	国内微博媒介生态研究	姚怡	苟世祥	重庆大学	硕士	2011 年
58	微博在突发公共事件中的功能和角色浅析	陈艳霞	刘舜发	重庆大学	硕士	2011 年
59	微博客创作的审美解读	吴英文	欧阳友权	中南大学	硕士	2011 年
60	微博支持的协作学习在高中信息技术课中的应用研究	杨行	郑晓薇	辽宁师范大学	硕士	2011 年
61	媒介融合视域中的传统媒体微博研究	赵桂华	董广安	郑州大学	硕士	2011 年
62	媒介形态理论视角下的新媒介演变研究——以微博的产生为例	王憋	李瑛	郑州大学	硕士	2011 年
63	微博在大学生群体中扩散规律的实证研究——以成都高校大学生为例	李玉洁	肖建春 陈卓	成都理工大学	硕士	2011 年
64	当前网络舆情与公共政策过程研究——以微博客为例	徐旻敏	臧志军	复旦大学	硕士	2011 年

续表

序号	论文题名	研究生	导师	学位授予单位	学位	学位年度
65	基于“使用与满足”的新浪微博用户调查与分析	魏娜	王俊杰	河北大学	硕士	2011 年
66	基于共现链的微博情感分析技术的研究与实现	王岩	周斌	国防科学技术大学	硕士	2011 年
67	微博的受众心理研究——以新浪微博为例	鲍婕	王稼之	东北师范大学	硕士	2011 年
68	论微博的公民话语权	吴伟	杨卓	东北师范大学	硕士	2011 年
69	论微博客中的网络公众聚集现象	李虹	金振邦	东北师范大学	硕士	2011 年
70	从都市报微博看都市报的数字化转型	陶倩	石晓峰	东北师范大学	硕士	2011 年
71	微博在危机事件中的传播特点和效果研究——以新浪微博为例	施怿	陈先红	华中科技大学	硕士	2011 年
72	微博客的传播特征及社会影响分析	马欣睿	胡勋璧	华中科技大学	硕士	2011 年
73	微博在企业内部传播中的适用性研究	崔倩	刘洁	华中科技大学	硕士	2011 年
74	微博客的虚拟社群及其“人际化”传播分析	余璐	顾建明	华中科技大学	硕士	2011 年
75	“围脖”:用什么温暖大众？——微博文化价值研究	姚飞洋	石长顺	华中科技大学	硕士	2011 年
76	基于微内容的新闻开发研究——以新浪微博为例	马雨桐	钟瑛	华中科技大学	硕士	2011 年
77	上海市政务微博运行现状分析与发展对策研究	朱骏	刘守刚	上海财经大学	硕士	2011 年
78	中国微博客的发展困境和策略研究	黄琪	钟瑛	华中科技大学	硕士	2011 年
79	微博客营销信息的在线评论与转发对消费者态度的影响	蔡希子	屠忠俊	华中科技大学	硕士	2011 年
80	风潮中传统的坚守与更新——以微博中戏谑式流行语为例	唐璐璐	陈连山	北京大学	硕士	2011 年
81	微博对政治传播的影响与价值	张楠	唐鸣 陈荣卓	华中师范大学	硕士	2011 年
82	微博在中国的发展模式及其前景探究——以新浪微博为例	付垚	张利洁	兰州大学	硕士	2011 年
83	2010 年两会“微博问政”研究	张培娇	王雪梅	河北大学	硕士	2011 年
84	微博社区交流结构及其特征研究	王晓光	袁毅	华东师范大学	硕士	2011 年
85	微博问政热的冷思考	魏艳	樊亚平	兰州大学	硕士	2011 年
86	微博传播的议程设置功效探析	白楠	胡连利	河北大学	硕士	2011 年
87	我国微博的广告价值分析	赵静静	王玉蓉	河北大学	硕士	2011 年
88	基于微博的网络口碑研究——以 A 股上市银行为例	许玉	袁勤俭	南京大学	硕士	2011 年
89	政府微博探析	马杰	禹雄华	湖南师范大学	硕士	2011 年
90	微博客传播视野下的公民新闻研究	吕晓娟	王晓生	中南大学	硕士	2011 年
91	社会媒介场域话语符号权力的探索与反思——以新浪微博为例	孙大平	周荣庭	中国科学技术大学	硕士	2011 年
92	基于 X-face 技术的校园手机微博设计与实现	杜丽	薛晓东 邱永成	电子科技大学	硕士	2011 年

续表

序号	论文题名	研究生	导师	学位授予单位	学位	学位年度
93	微博在分众营销方面的应用及效果研究	亓欣欣	张平健 周建青 张国新	华南理工大学	硕士	2011 年
94	中国青年网民对微博的使用态度研究	Debbie Yong（杨佩雯）	周葆华	复旦大学	硕士	2011 年
95	微博的营销价值及其利用策略研究	李德军	唐晓玲	湘潭大学	硕士	2011 年
96	公共领域视野下的微博传播研究	张树诚	林如鹏	暨南大学	硕士	2011 年
97	论微博对网络民主的影响——以“微博云南”和“两会微博”为个案	叶煜	董小玉	西南大学	硕士	2011 年
98	新浪微博传播机制研究——以“围脖女王”姚晨微博为例	张钰雪	阮建海	西南大学	硕士	2011 年
99	以微博为代表的互联网个人传播研究	彭彭	薛国林	暨南大学	硕士	2011 年
100	媒体对微博的报道框架与形象建构机制研究——基于扎根理论的研究方法	张颖	杨先顺	暨南大学	硕士	2011 年
101	微博名人战略研究——以新浪微博为例	戴丽娟	杨先顺	暨南大学	硕士	2011 年
102	微博新闻研究	余晓冬	符建湘	湖南大学	硕士	2011 年
103	基于微博的企业品牌营销研究	纪成成	彭祝斌	湖南大学	硕士	2011 年
104	微博传播的 5W 探析	逯彦萃	罗鸣	四川省社会科学院	硕士	2011 年
105	集成新浪微博开放平台的家庭社交网站的设计与实现	刘磊	郭文明	北京邮电大学	硕士	2011 年
106	传播学视野下的微博研究	纪珊珊	袁世全	安徽大学	硕士	2011 年
107	风险视角下新浪微博融资行为研究	孔静	吴妤	兰州大学	硕士	2011 年
108	微博中的汉英语码转换分析	张昕	张建荣	重庆师范大学	硕士	2011 年
109	博客与微博的比较研究	陆洋	严俊	吉林大学	硕士	2011 年
110	微博对新闻的影响及媒体应对研究	姜亚岚	陈红梅	华东师范大学	硕士	2011 年
111	大学生微博营销接触和使用情况调查——以上海地区大学生为例	张楠	严三九	华东师范大学	硕士	2011 年
112	突发事件中的微博传播与舆论引导	孟令俊	普丽华	华中师范大学	硕士	2011 年
113	新浪微博的网络舆情分析研究——模型、设计与实验	张岚岚	秦春荣	华东师范大学	硕士	2011 年
114	微者博也——微博对人的社会化影响研究	李媛菲	金定海	华东师范大学	硕士	2011 年
115	个人话语的回归——基于话语理论的微博研究	李垒垒	郑欢	上海师范大学	硕士	2011 年
116	微博视域下公民话语权的变迁	吴炳威	赵中颉	西南政法大学	硕士	2011 年
117	微博对构建网络公民社会的作用研究	丹璐	张志	中央民族大学	硕士	2011 年
118	公安微博的特征及其运营策略研究	顾珊珊	刘徐州	中国政法大学	硕士	2011 年
119	微博：草根话语权的假象——对 Twitter 和新浪微博的审视	刘丽清	谭华孚	福建师范大学	硕士	2011 年
120	微博时代“玉树地震”公共危机事件传播的框架分析——以“新浪微博”与《人民日报》为例	王培培	许小平	兰州大学	硕士	2011 年

续表

序号	论文题名	研究生	导师	学位授予单位	学位	学位年度
121	微博文化的冲击与高校思想政治教育的对策	国青松	杨芳	华东师范大学	硕士	2011 年
122	基于用户行为及关系的社交网络节点影响力评价——以微博研究为例	康书龙	张闯	北京邮电大学	硕士	2011 年
123	基于 Qt 的移动微博系统客户端设计与实现	武茜	苏驷希	北京邮电大学	硕士	2011 年
124	微博客热点话题发现策略研究	杨冠超	陈刚 寿黎但	浙江大学	硕士	2011 年
125	基于微博客的社区挖掘研究	禹航	余鑫	华中科技大学	硕士	2011 年
126	基于情感词词典的中文句子情感倾向分析	潘文彬	周延泉	北京邮电大学	硕士	2011 年
127	从微博前端重构看新形势下的 Web 前端开发	吴侃	徐惠民	北京邮电大学	硕士	2011 年
128	微博客的多重性应用研究与交互设计	郭振强	胡正名	北京邮电大学	硕士	2011 年
129	“微”观世界新景观——对新浪微博的个案研究	邓素娟	蔡勇	云南大学	硕士	2011 年
130	传统媒体微博营销对消费者品牌态度的影响研究	董玉	陈海权	暨南大学	硕士	2011 年

2012年

序号	论文题名	研究生	导师	学位授予单位	学位	学位年度
1	民间话语与政府话语的互动与博弈——基于中国媒介生态变迁的研究	卞清	孟建	复旦大学	博士	2012 年
2	基于图模型的微博数据分析与管理	赵斌	周傲英	华东师范大学	博士	2012 年
3	基于互动性的微博广告效果研究	屈慧君	夏琼	武汉大学	博士	2012 年
4	基于微博平台的事件趋势分析及预测研究	田野	何炎祥	武汉大学	博士	2012 年
5	微博文化研究	张斯琦	张福贵	吉林大学	博士	2012 年
6	基于人类动力学的微博用户行为统计特征分析与建模研究	易兰丽	闫强	北京邮电大学	博士	2012 年
7	微博时代政策议程设置中的精英作用研究	杨芳	彭勃	上海交通大学	硕士	2012 年
8	网络问政的重大意义与问题治理	孔洁	汪青松 唐莉	合肥工业大学	硕士	2012 年
9	我国政府网络公共关系发展问题研究——以微博政务为例	邵真	曹宪忠	山东大学	硕士	2012 年
10	“微博问政”研究——以新浪微博为例	邓莉	张建敏	四川外语学院	硕士	2012 年
11	论公共危机信息网络传播中的政府作用	王琳	柳海滨	东北师范大学	硕士	2012 年
12	社会化媒体时代的网络问政研究——以微博为例	陶碧青	费军	华中师范大学	硕士	2012 年
13	社会管理创新视阈下的网络舆论管理研究	务俊华	姚锐敏	华中师范大学	硕士	2012 年

续表

序号	论文题名	研究生	导师	学位授予单位	学位	学位年度
14	基于微博的网络口碑传播模式及应用研究	吴莉聪	刘阳	浙江工业大学	硕士	2012年
15	微博对大学生思想行为的影响及对策研究	潘国昌	周淑萍	河北师范大学	硕士	2012年
16	突发公共事件中微博谣言传播研究	洪磊	翟红蕾	武汉理工大学	硕士	2012年
17	政务微博应对网络舆情策略优化研究	庞永真	盛婉玉	燕山大学	硕士	2012年
18	我国政务微博传播研究	熊志华	朱玉华	南昌大学	硕士	2012年
19	我国政务微博参与公共管理的作用机理和策略研究	奉婷	廖晓明	南昌大学	硕士	2012年
20	微博用户排名机制的研究	冯静	原福永 任传吉	燕山大学	硕士	2012年
21	基于社会网络分析的涉农微博交流特性研究——以新浪"农业行业"微群为例	葛彦菲	白振田	南京农业大学	硕士	2012年
22	微博话语权的实现与反思	李满	李卫东	陕西师范大学	硕士	2012年
23	微博客话题评论的聚类分析	张超	王晓龙	哈尔滨工业大学	硕士	2012年
24	多视图微博话题检测方法研究	方一向	叶允明	哈尔滨工业大学	硕士	2012年
25	微博谣言的演化机理研究	任一奇	王国华	华中科技大学	硕士	2012年
26	基于智能体建模的微博舆论形成研究	密启慧	胡隆基	华中科技大学	硕士	2012年
27	微博对中医药院校学生思想政治的影响研究——以江西中医学院为例	艾卫平	耿焱	南昌大学	硕士	2012年
28	微博私力救济现象的研究	陈默	孙春霞	华中科技大学	硕士	2012年
29	微博对大学生价值观的影响——以华中科技大学本科生为例	闫美	张峰	华中科技大学	硕士	2012年
30	微博信息流中突现话题检测技术研究	张志飞	郑宁 徐明	杭州电子科技大学	硕士	2012年
31	论微博中公共领域的建构	舒环	李卫东	陕西师范大学	硕士	2012年
32	微博平台的信息碎片化研究	艾文婧	许加彪	陕西师范大学	硕士	2012年
33	基于复杂网络的微博信息传播研究	田占伟	张庆普	哈尔滨工业大学	硕士	2012年
34	基于移动互联网的微博客协议安全性研究	赵前东	叶猛	武汉邮电科学研究院	硕士	2012年
35	大学生微博使用与满足研究	李皓	张军芳	上海外国语大学	硕士	2012年
36	微博传播的"蝴蝶效应"及舆情引导应用研究	桂全宝	涂涛	西南大学	硕士	2012年
37	新浪政务微博建设研究	卢伟银	黄大熹	湖南大学	硕士	2012年
38	武汉政府微博研究	刘成璐	尹章池	武汉理工大学	硕士	2012年
39	微博在热点事件中的舆论建构	吴怡然	郭可	上海外国语大学	硕士	2012年
40	面向微博的热点话题发现及跟踪	刘佳	王振宇 王锋	华南理工大学	硕士	2012年
41	微博对中国社会民主化进程的影响研究	李琴	于颖	东北财经大学	硕士	2012年
42	传统媒体的微博营销——以@新周刊新浪微博为例	常昕	黄昕恺	西南交通大学	硕士	2012年
43	微博对我国政治世俗化的影响研究	林俊	肖燕雄	湖南师范大学	硕士	2012年
44	基于网络外部性、社会影响的微博用户持续使用意向研究	赵新蕊	徐健	东北财经大学	硕士	2012年

续表

序号	论文题名	研究生	导师	学位授予单位	学位	学位年度
45	微博客内容分发系统研究与实现	王振兴	刘金兰	天津大学	硕士	2012 年
46	基于微博技术的天津公安交通信息管理工作的研究	刘凡	周刚	天津大学	硕士	2012 年
47	微博信息溯源及传播面分析技术的研究与实现	时国华	周斌	国防科学技术大学	硕士	2012 年
48	新浪微博上的青年亚文化研究	桑子文	陈沛芹	上海外国语大学	硕士	2012 年
49	社会管理视域下我国微博舆情引导研究	唐双	刘社瑞	湖南大学	硕士	2012 年
50	传播学视野下的微博研究	李雪晶	崔德群	黑龙江大学	硕士	2012 年
51	基于新浪微博的热点话题发现系统研究与实现	李磊	梁瑾	复旦大学	硕士	2012 年
52	基于新浪微博的移动社交网络复杂特性研究	罗熹	曾祥金	武汉理工大学	硕士	2012 年
53	论不同社会背景人士在微博评论中的语言特征差异	刘云龙	许之所	武汉理工大学	硕士	2012 年
54	RUP 方法在新浪微博测试管理中的应用和实践	邓容	马志新 卢鹏	兰州大学	硕士	2012 年
55	基于微博用户兴趣模型的信息推送技术的研究	缪平	陈盛双	武汉理工大学	硕士	2012 年
56	微博中转基因食品信息传播的现象研究	师文	彭逸林	重庆大学	硕士	2012 年
57	广东移动 12580 微博运营及外包评估的研究	王成璇	蔡淑琴	华中科技大学	硕士	2012 年
58	微博用户行为分析技术的研究与实现	李政泽	贾焰	国防科学技术大学	硕士	2012 年
59	微博对公共政策制定的影响研究	谢珊	蒋昌建	复旦大学	硕士	2012 年
60	基于 Android 手机平台的智能微博系统的研究与开发	罗翊濠	王新	复旦大学	硕士	2012 年
61	微博热点话题检测研究与分析	庞卫巍	蔡家楣 江颉	浙江工业大学	硕士	2012 年
62	面向微博的网络爬虫研究与实现	刘晶晶	陈学青	复旦大学	硕士	2012 年
63	微博时代政府网络舆论管理研究	吴小国	扶松茂	复旦大学	硕士	2012 年
64	试论政务微博对政府信息公开的实践创新	黄品丹	蒋昌建	复旦大学	硕士	2012 年
65	微博领域的公德探究	孙亮	姚晓娜	华东师范大学	硕士	2012 年
66	基于语言模型的微博文本检索方法	李赟	关毅	哈尔滨工业大学	硕士	2012 年
67	基于统计的个性化微博信息与用户推荐	罗磊	张宇	哈尔滨工业大学	硕士	2012 年
68	微博媒体的信息传播分析	王亮	王宇颖	哈尔滨工业大学	硕士	2012 年
69	微博媒体个性化信息推荐方法的研究	王刚	王宇颖	哈尔滨工业大学	硕士	2012 年
70	职业记者在微博使用中的自我呈现——基于新浪微博加 V 认证记者的研究	李娟	郑萍	西北大学	硕士	2012 年
71	微博公民新闻的崛起和启示	侯逸君	张羽	西北大学	硕士	2012 年
72	微博:公共领域崛起的新契机	陈梓平	郑萍	西北大学	硕士	2012 年
73	以微博为媒介的政治参与研究	安福双	张卫良	中南大学	硕士	2012 年
74	传播学视野下中国政务微博个案研究	曹冉	郭可	上海外国语大学	硕士	2012 年

续表

序号	论文题名	研究生	导师	学位授予单位	学位	学位年度
75	从腾讯微博对上海世博会的推广影响看微博的发展趋势	邱妍	张健	上海外国语大学	硕士	2012 年
76	媒介现实对受众观念现实的影响——报纸和微博的跨媒体比较实证研究	管登峰	张国良	上海交通大学	硕士	2012 年
77	微博用户的自我呈现和影响力分析——以新浪微博达人为例	陈燕慧	侯东阳	暨南大学	硕士	2012 年
78	微博用户兴趣挖掘与建模研究	孙威	张光前	大连理工大学	硕士	2012 年
79	从微博舆论的特征看网络传播的新变化	林簇	李洁	暨南大学	硕士	2012 年
80	微博与中国环保政策的制定	刘旭	王春英	外交学院	硕士	2012 年
81	一个科学网站的微博传播——以果壳网新浪微博为例	李昱佳	马凌	复旦大学	硕士	2012 年
82	微博环境下我国公民政治参与研究	童春花	陈永国	上海交通大学	硕士	2012 年
83	微博在上海公安交通管理中的应用	赵磊	莫童	上海交通大学	硕士	2012 年
84	微博与大学生思想政治教育的功能、应用及其管理	邓敏	唐国平	南昌大学	硕士	2012 年
85	基于标签协同过滤算法在微博推荐中的研究	胡大伟	胡文江 高永兵	内蒙古科技大学	硕士	2012 年
86	微博背景下的大学生思想政治教育研究	密甜甜	万光侠	山东师范大学	硕士	2012 年
87	基于创新扩散理论的微博研究	张玲	马先义	山东师范大学	硕士	2012 年
88	微博在辅导员思想政治教育中的应用——以湖南大众传媒职业技术学院为例	黄骊	高晓清	湖南师范大学	硕士	2012 年
89	微博对大学生思想政治教育的影响及对策研究	周萍	谭吉华	湖南师范大学	硕士	2012 年
90	基于 WEB2.0 的微博网站的设计与实现	秦雅华	彭甫阳 马箱	北京工业大学	硕士	2012 年
91	基于新浪微博平台的网络广告研究	陶镁君	欧阳超英	湖北工业大学	硕士	2012 年
92	我国官方话语与民间话语新博弈——对微博公共话语空间一个侧面的分析	王聪	田中阳	湖南师范大学	硕士	2012 年
93	微博与传统媒体新闻生产互动关系研究——以职业新闻工作者的微博写作入手	马晋丹	杜耀峰	西北大学	硕士	2012 年
94	基于复杂网络的微博客信息传播机制研究——以新浪微博为例	熊会会	廖开际	华南理工大学	硕士	2012 年
95	传者视角下的微博用户研究	阮璞	余霞	华中农业大学	硕士	2012 年
96	批判视野下的微博传播主体研究	钟颖	彭光芒	华中农业大学	硕士	2012 年
97	论微博与中国网民公民意识成长的关联	张晓捷	谭华孚	福建师范大学	硕士	2012 年
98	微博用户自我表露研究——基于使用者特征及感知风险视角	黄李明	刘渊	浙江大学	硕士	2012 年
99	微博客新闻:一种通过微博传播的新闻样式研究	卢明芬	刘伯贤 李庆林	广西大学	硕士	2012 年
100	国内微博的传播形态与发展研究	张坤	王永环	江西师范大学	硕士	2012 年

续表

序号	论文题名	研究生	导师	学位授予单位	学位	学位年度
101	校园微博客产品心理评价与设计研究——以新浪微博为例	彭晨希	李世国	江南大学	硕士	2012 年
102	论微博中议程设置的新形态	段亦文	金振邦	东北师范大学	硕士	2012 年
103	论新浪微博热门话题的传播	杨丹丹	金振邦	东北师范大学	硕士	2012 年
104	政务微博的传播效果研究	魏帅	马晓虹	东北师范大学	硕士	2012 年
105	从“7·23”甬温线事故看突发事件的微博传播	卢祎	石晓峰	东北师范大学	硕士	2012 年
106	政府微博在网络问政中发展前景与困境及对策研究	农专文	胡增文	广西师范学院	硕士	2012 年
107	微博的病毒式传播研究	董向阳	孙海峰	深圳大学	硕士	2012 年
108	微博的社会功能及其作用方式研究	孟一	谢晖	广西师范学院	硕士	2012 年
109	个人网页人际意义构建的多模态分析——腾讯微博主页个案研究	王祥冰	解秀琴	西南交通大学	硕士	2012 年
110	微博在高校思想政治教育中的应用研究	贾何伟	于璞	广西师范学院	硕士	2012 年
111	基于微博的课外协作学习评价研究	张萍	李华旸	江西财经大学	硕士	2012 年
112	我国微博的发展研究——以新浪微博为例	张琳	王中云	江西财经大学	硕士	2012 年
113	微博客对我国新闻形态的影响研究	王晓兰	付玉辉 林嵒	渤海大学	硕士	2012 年
114	微博的舆论及引导策略研究	顾彩玉	王健	渤海大学	硕士	2012 年
115	我国政务微博的现状、问题与对策研究	周丽	王玉琦	江西财经大学	硕士	2012 年
116	从学习者的动机视角研究微博的高校教育应用	陈济晗	朱卫东	北京交通大学	硕士	2012 年
117	传播学视域解读微博客	宋坤元	刘宝林	山西大学	硕士	2012 年
118	人类学视野下的微博互动——以新浪微博为例	赵璐	马强	陕西师范大学	硕士	2012 年
119	基于微博媒体的群体分析研究	徐雷洋	徐志明	哈尔滨工业大学	硕士	2012 年
120	微博中的社会关系挖掘	陈毅	王晓龙	哈尔滨工业大学	硕士	2012 年
121	微博自动分类方法研究及应用	江斌	芦鹏宇	哈尔滨工业大学	硕士	2012 年
122	面向微博用户的标签自动生成技术研究	谢毓彬	刘挺	哈尔滨工业大学	硕士	2012 年
123	面向微博的消费意图挖掘与分类	高汉东	张宇	哈尔滨工业大学	硕士	2012 年
124	高校以非言语传播中国元素的微博策略研究	郝春雪	陈月华	哈尔滨工业大学	硕士	2012 年
125	微博在大学生思想政治教育中的应用研究	李珊珊	赵兴宏	东北大学	硕士	2012 年
126	面向情感倾向分析的微博表情情感词典构建及应用	王文远	王大玲	东北大学	硕士	2012 年
127	基于微博客的网络社群构建及意见领袖挖掘技术的研究与实现	景姗	王大玲	东北大学	硕士	2012 年
128	我国政务微博舆论引导的现状、问题及对策	杨婷	彭焕萍	河北大学	硕士	2012 年
129	新浪微博中记者微博的受关注度研究	李娜	曹茹	河北大学	硕士	2012 年
130	都市类报纸官方微博影响力建构研究	郝丽娜	王秋菊	河北大学	硕士	2012 年
131	微博在舆论监督中的问题研究	蒋亚东	胡连利	河北大学	硕士	2012 年

续表

序号	论文题名	研究生	导师	学位授予单位	学位	学位年度
132	媒介生态位视角下我国微博发展策略研究	曹晶晶	梁刚建	河北大学	硕士	2012 年
133	传统媒体官方微博影响力建构探析	马玲	胡连利	河北大学	硕士	2012 年
134	微博平台的信息交流模型分析	郝晶晶	赵俊玲 杨秀丹	河北大学	硕士	2012 年
135	中文微博热点话题检测与自动文摘技术研究	费晓旭	朱靖波	东北大学	硕士	2012 年
136	微博社会网络中人物与团体信息挖掘	袁树仑	王宇颖	哈尔滨工业大学	硕士	2012 年
137	基于用户行为的微博信息聚合可视化系统设计和实现	黄珊珊	王建民	中山大学	硕士	2012 年
138	微博视角下的新闻自由	郗雅鑫	赵珺瑛 周海成	内蒙古大学	硕士	2012 年
139	微博网站的设计与实现	周国豪	李东 彭玉莲	华南理工大学	硕士	2012 年
140	网络媒体自净功能研究——以微博为例	霍慧	范以锦	暨南大学	硕士	2012 年
141	草根之魅：新浪微博在“乌坎事件”中的传播机制研究	卢江南	王克勤	中国青年政治学院	硕士	2012 年
142	微博用户忠诚度影响因素研究	成亿	朱庆华	南京大学	硕士	2012 年
143	突发事件中的微博舆论生成与引导研究	吕梅	刘寒娥	内蒙古大学	硕士	2012 年
144	微博：破碎聚合的新场域	唐琳婕	毛丹武	福建师范大学	硕士	2012 年
145	政府利用微博获取信息存在的问题及对策研究	段静	刘明辉	福建师范大学	硕士	2012 年
146	微博舆论引导的策略研究——基于政府、公众、媒体互动的视角	陈艺斌	赵麟斌	福建师范大学	硕士	2012 年
147	基于可用性视角的手机微博采纳研究	王菊	闵庆飞	大连理工大学	硕士	2012 年
148	微博推动下传统媒体的内容变化研究	宁萍	郑亚楠	黑龙江大学	硕士	2012 年
149	微博时代传统媒体开展公益活动的研究	康婧	郑智斌	南昌大学	硕士	2012 年
150	新闻微变革：微博语境下国内公民新闻成长的探讨	张靳珂	王悦之	山东大学	硕士	2012 年
151	对微博社区传播机制和网络结构的实证研究——以中国数字科技馆微博为例	周海江	舒华英	北京邮电大学	硕士	2012 年
152	微博动员与集体与集体行动研究	乔羽佳	韦路	浙江大学	硕士	2012 年
153	微博治理研究	刘红艳	刘海涛	南昌大学	硕士	2012 年
154	省级卫视官方微博运营的现状及策略研究	何庆	郑智斌	南昌大学	硕士	2012 年
155	小世界，还是世界小？——从在校大学生新浪微博的使用行为探讨两种网络社会资本	许雪斌	胡晓云	浙江大学	硕士	2012 年
156	微博行动动因分析——以“随手拍照解救乞讨儿童”微博行动为例	许莹	展江	中央民族大学	硕士	2012 年
157	网络言论自由法治化研究——以“微博禁言”为视角	高原	阮堂辉	中南民族大学	硕士	2012 年
158	网络微博的受众研究	潘彦辰	郑亚楠	黑龙江大学	硕士	2012 年

续表

序号	论文题名	研究生	导师	学位授予单位	学位	学位年度
159	政务微博的传播现状分析—兼论网络时代的政府形象传播	朱诗意	易容	浙江大学	硕士	2012 年
160	对微博在公共舆论生态中的“外部张力”和“内部拉力”的考察——以新浪微博为例	施　蔚	邵志择	浙江大学	硕士	2012 年
161	微博持续采纳意向的影响因素研究	武倩	闵庆飞	大连理工大学	硕士	2012 年
162	用户体验对用户忠诚的作用机理研究——以微博服务为例	胡淑平	王锡秋	山东大学	硕士	2012 年
163	碎片·消费·狂欢:微博文体的媒介特质研究	舒艳艳	蔚蓝	湖北大学	硕士	2012 年
164	微博客中言论自由的法律界限	梅浩森	刘佳	首都师范大学	硕士	2012 年
165	传播学视野下的微博传播与趋势探析	谭黎	陈峻俊	中南民族大学	硕士	2012 年
166	基于微博的信息隐藏技术研究	唐丽	罗纲 李四勤	湖南大学	硕士	2012 年
167	基于语义情感空间模型的微博情感倾向性研究	游建平	黄穗	暨南大学	硕士	2012 年
168	图书馆微博的用户接受行为影响因素研究	王佳琦	刘甲学	黑龙江大学	硕士	2012 年
169	政务微博传播效果与政府形象构建研究	宋莹	殷莉	天津师范大学	硕士	2012 年
170	突发公共事件中的微博客传播研究	唐大麟	王文宏	北京邮电大学	硕士	2012 年
171	微博在师范生实践教学中的应用——以华东师范大学 08 级教育信息技术学系师范生为例	高山	陈向东	华东师范大学	硕士	2012 年
172	微博对西安高校大学生体育价值观和体育参与行为的影响研究	姜姗	朱恺	西安体育学院	硕士	2012 年
173	基于 Android 核心技术的微博平台开发	李烽华	齐德昱 郑平	华南理工大学	硕士	2012 年
174	社会公共事件中的微博传播	蔡诗扬	蔡骐	湖南师范大学	硕士	2012 年
175	微博语言特征研究	张可	刘继超	陕西师范大学	硕士	2012 年
176	网络微博语言的个案性分析	张曼	汪磊	广州大学	硕士	2012 年
177	融媒环境下微博给中国电影业带来的影响初探	魏婉笛	刘迅	成都理工大学	硕士	2012 年
178	当代中国网络外交浅析——以外交部新浪微博“外交小灵通”为例	熊苗	周永生	外交学院	硕士	2012 年
179	公民利用微博参与公共政策制定的现状、问题及对策研究	朱正	何云峰	上海师范大学	硕士	2012 年
180	场域视角下微博介入公共事务的研究	任燕	吴鹏森	安徽师范大学	硕士	2012 年
181	微博中的表达自由及其限制	刘瑾	胡旭晟	中南大学	硕士	2012 年
182	微博的著作权保护研究	苏玲	蒋言斌	中南大学	硕士	2012 年
183	我国微博传播中的公民新闻研究	陈维超	聂茂	中南大学	硕士	2012 年
184	微博客传播对我国社会公共领域的影响	谭梦娜	欧阳友权	中南大学	硕士	2012 年
185	《财经网》微博与《财经网》之间的互动传播效果研究	武文娟	赵雅文	天津师范大学	硕士	2012 年

续表

序号	论文题名	研究生	导师	学位授予单位	学位	学位年度
186	公共事件中的微博传播:话语变迁与议题建构	李海莲	岳晓华	广西大学	硕士	2012 年
187	论危机信息的微博传播及其控制策略	周炜	魏炬	辽宁大学	硕士	2012 年
188	名人微博的公共责任	刘颖录	张晓东	辽宁大学	硕士	2012 年
189	微博热门话题意义生成的符号学分析	李新娟	曹进	西北师范大学	硕士	2012 年
190	Web2.0 时代网络道德建设研究——以 SNS 社交网站和微博为主	毛舟军	赵鸣歧 沈幼华	上海外国语大学	硕士	2012 年
191	微博慈善公益传播研究	宁琳	岳晓华	广西大学	硕士	2012 年
192	我国官员微博现状及问题研究——以 2011 年新浪微博为例	王梦鸽	李庆林	广西大学	硕士	2012 年
193	微博问政与转型时期公共参与机制研究	黄长军	杨改学	西北师范大学	硕士	2012 年
194	社会化媒体时代的网络问政研究——以微博为例	陶碧青	费军	华中师范大学	硕士	2012 年
195	助“推”中国大陆区域公共领域发展的新元素——微博客	钱入信	董伟建	中南民族大学	硕士	2012 年
196	媒介融合环境下微博对新闻传播的影响探析	张浩	苟世祥	重庆大学	硕士	2012 年
197	微博在新闻报道中的应用及影响力分析	涂晓娜	苟世祥	重庆大学	硕士	2012 年
198	微博舆论机制及其对中国公民社会建构的影响	黄玉洁	杨尚鸿	重庆大学	硕士	2012 年
199	微博客的传播特征与传播模式	钟舟	胡光华	中南大学	硕士	2012 年
200	微博关系与现实社会网络关系的比较研究——基于社会网络分析的视角	黎悦	吴海荣	广西大学	硕士	2012 年
201	当代中国微博舆论监督探析	郑敏	李庆林	广西大学	硕士	2012 年
202	浅析微博的自我表现意识及其伦理	徐海丽	刘洪	广西大学	硕士	2012 年
203	微博热的冷思考——以 7·23 温州动车追尾事故的微博传播为例	王昕初	牛鸿英	陕西师范大学	硕士	2012 年
204	突发危机事件中加强微博话语权研究——以宜黄拆迁事件为例	叶盛世	汪青云	江西师范大学	硕士	2012 年
205	民意与微博——以新浪微博为例	鲁娟	肖华锋	江西师范大学	硕士	2012 年
206	微博客的传播功能研究	左文青	项国雄	江西师范大学	硕士	2012 年
207	商务微博的传播功能与文本写作研究	周继刚	任遂虎	西北师范大学	硕士	2012 年
208	微博新闻的现状与发展趋势分析	王媛	任遂虎	西北师范大学	硕士	2012 年
209	电视媒体微博存在的问题及对策研究	王澜	魏炬	辽宁大学	硕士	2012 年
210	权利与权力之争:庭审微博直播的传播学分析	韩宝艳	宋玉书	辽宁大学	硕士	2012 年
211	微博公共领域研究	陈冬梅	张晓东	辽宁大学	硕士	2012 年
212	微博粉丝研究	孟杨	张晓东	辽宁大学	硕士	2012 年
213	微博时评“虚火旺盛”现象浅析	王冬蕾	纪殿禄	辽宁大学	硕士	2012 年
214	传播学视角下的政务微博研究	尹迎春	纪殿禄	辽宁大学	硕士	2012 年
215	娱乐视域下新浪微博研究	于慧明	文然	辽宁大学	硕士	2012 年

续表

序号	论文题名	研究生	导师	学位授予单位	学位	学位年度
216	微博对“公共领域”的构建作用研究	范丹	徐朝信	辽宁大学	硕士	2012 年
217	浅析微博对公民新闻发展的影响	申玲	徐朝信	辽宁大学	硕士	2012 年
218	微博生产性受众解读	姜渌波	徐朝信	辽宁大学	硕士	2012 年
219	微博评论对网络舆论空间的建构	臧永亮	隋丽	辽宁大学	硕士	2012 年
220	新浪名人微博的传播特征研究	杨承程	文然	辽宁大学	硕士	2012 年
221	报纸对微博的使用状况研究——以《南方都市报》为例	石春景	纪殿禄	辽宁大学	硕士	2012 年
222	品牌危机情境下的微博网络口碑研究	张云飞	李桂华	南开大学	硕士	2012 年
223	论微博反腐背景下的政府回应	韩军超	卢汉桥	广州大学	硕士	2012 年
224	电子政务体系构建与政务微博互动研究	李平	唐万生 杭建民	天津大学	硕士	2012 年
225	利用微博支持研究生移动学习的需求分析与设计研究	张颀寅	郑燕林	东北师范大学	硕士	2012 年
226	微博在大学生远程学习中的应用策略研究	周月	王以宁	东北师范大学	硕士	2012 年
227	运用微博促进中学师生共同发展的策略研究	王晓曼	陈晓慧	东北师范大学	硕士	2012 年
228	微博在高中语文写作教学中的应用研究	李慧明	陈晓慧	东北师范大学	硕士	2012 年
229	公民精神视角下的微博客传播——以新浪微博为例	于一凡	马晓虹	东北师范大学	硕士	2012 年
230	论微博的信息放大功能及影响	刘硕	金振邦	东北师范大学	硕士	2012 年
231	论新浪微博中危机事件的舆论形成及效应	鲁艺	金振邦	东北师范大学	硕士	2012 年
232	从新浪微博看网络人际传播的特征及影响	纪楠	金振邦	东北师范大学	硕士	2012 年
233	媒介情境论视野下微博传播行为的研究	马芝丹	黄松爱	东北师范大学	硕士	2012 年
234	“微”时代正在编织文学现象——微博文学	张丹凤	第环宁	西北民族大学	硕士	2012 年
235	以微博为载体的大学生思想政治教育研究——以呼和浩特市高校为例	吴玉苹	席锁柱	内蒙古农业大学	硕士	2012 年
236	移动微博应用管理系统的研究设计与实现	李旭	衣杨	中山大学	硕士	2012 年
237	媒介生态语境下微博与传统媒体互动研究	王凯玲	郑军	东北师范大学	硕士	2012 年
238	微博传播对人际关系的影响研究	王明月	卢小雁	浙江大学	硕士	2012 年
239	政治微博研究	宋凌洁	秦国民	郑州大学	硕士	2012 年
240	我国传统媒体使用微博的现状及问题研究——以开通新浪微博的传统媒体为例	武丽梅	樊亚平	兰州大学	硕士	2012 年
241	网络自媒体时代下的“微博热”现象研究	虞明	黄少华	兰州大学	硕士	2012 年
242	中文微博的语体特征研究	邬智慧	刘云	华中师范大学	硕士	2012 年
243	论微博对文学写作与接受的影响	刘雯	胡亚敏	华中师范大学	硕士	2012 年
244	微博名誉侵权法律问题研究	徐园园	王明锁	河南大学	硕士	2012 年
245	公安微博的人性关怀传播实践探索	亓宇	单晓红	云南大学	硕士	2012 年
246	政务微博对政府形象的塑造和传播	关清	吕萌	安徽大学	硕士	2012 年
247	微博对高校思想政治教育的影响与对策研究	孙研	石苏谊	太原理工大学	硕士	2012 年
248	博客与微博在教学应用中的比较研究	李纲	王忠华	华中师范大学	硕士	2012 年

续表

序号	论文题名	研究生	导师	学位授予单位	学位	学位年度
249	微博在学科教学中的应用研究——以《CAI课件设计》为例	卓玲玲	王忠华	华中师范大学	硕士	2012年
250	移动设备微博用户的心流体验研究——以南京大学学生为例	刘璐	巢乃鹏	南京大学	硕士	2012年
251	社会交换论视角下的网络社区交往——以新浪微博客为例	王依玲	杜骏飞	南京大学	硕士	2012年
252	传统媒体官方微博使用问题研究	王坤	韩爱平	河南大学	硕士	2012年
253	微博环境下中国网络“公共领域”构建的可行性分析——以“7·23动车事故”为例	陈雅琼	李建立	河南大学	硕士	2012年
254	中国网络微博的兴起及社会意义	马科伟	郑慧子	河南大学	硕士	2012年
255	谣言在微博中的传播研究——以新浪微博为例	李如	王学锋	安徽大学	硕士	2012年
256	微博用户关注推荐及排名策略研究	张聪	石磊	郑州大学	硕士	2012年
257	微博监管系统部分模块的设计和实现	李瑶	李宣东 冯桂焕	南京大学	硕士	2012年
258	微博主观性发现关键技术研究	张剑峰	姚建民	苏州大学	硕士	2012年
259	基于向量空间模型和LDA模型相结合的微博客话题发现算法研究	黄波	杨燕	西南交通大学	硕士	2012年
260	诉求方式、表现形式及网络口碑对微博广告心理效果的影响	田婷婷	江波	苏州大学	硕士	2012年
261	微博对教学交流和信息共享的支持性研究与应用	冷伟	景红	西南交通大学	硕士	2012年
262	基于微博社区的知识交流与传播研究	郭力维	夏南强	华中师范大学	硕士	2012年
263	微博客公共领域属性研究	尹雪川	张健	苏州大学	硕士	2012年
264	基于新浪微博的高校图书馆文化研究	周燕妮	徐雁	南京大学	硕士	2012年
265	基于微博客的图书馆信息服务研究	黄立	夏立新	华中师范大学	硕士	2012年
266	微博网络的结构分析及用户推荐	谢威	宫学庆	华东师范大学	硕士	2012年
267	我国纸质媒体微博内容分析	刘晓兰	黄佶	华东师范大学	硕士	2012年
268	媒介技术视域下的手机微博研究	李静	雷启立	华东师范大学	硕士	2012年
269	微博公共性的传播学分析——以温州动车事故为例	欧阳斌	史安斌	清华大学	硕士	2012年
270	经济利益驱动下的名人微博研究——以新浪网名人微博为例	张羽洁	王勇	湘潭大学	硕士	2012年
271	微博文本情感分类方法与应用研究	康浩	王晖	国防科学技术大学	硕士	2012年
272	四川省政务微博建设存在问题及对策研究	高蕴静	徐天春	西南财经大学	硕士	2012年
273	政务微博的传播管理	徐瑛	陈先红	华中科技大学	硕士	2012年
274	政府微博研究——以新浪平台武汉市政府微博为例	狄露露	廖声武	湖北大学	硕士	2012年
275	公民参与视角下的微博问政问题研究	张虎	刘筱红	华中师范大学	硕士	2012年
276	网络名誉侵权问题研究——基于“微博第一案”的探讨	李东	焦富民	扬州大学	硕士	2012年

续表

序号	论文题名	研究生	导师	学位授予单位	学位	学位年度
277	面向多维数据及微博社交网络的可视分析技术的研究	李权	雍俊海	清华大学	硕士	2012年
278	通用型微博桌面客户端的设计与实现	潘佳炜	陈文建 王成	南京理工大学	硕士	2012年
279	基于粒子群算法的微博用户影响力研究	钟帅	文坤梅	华中科技大学	硕士	2012年
280	新浪微博与腾讯微博个人页比较研究	曹磊	钟瑛	华中科技大学	硕士	2012年
281	社会化媒体中关系强度对信息扩散的影响——基于新浪微博社会网络的实证研究	李晓娥	李贞芳	华中科技大学	硕士	2012年
282	基于微博传播的新媒体接受与使用研究	王甜甜	杭敏	清华大学	硕士	2012年
283	人人网与新浪微博用户添加好友关注因素比较研究	李寅飞	熊澄宇	清华大学	硕士	2012年
284	微博用户社会圈，价值观与转发传播	廖望	金兼斌	清华大学	硕士	2012年
285	微博的公共领域幻象——网络公共事务讨论中的扭曲沟通	刘梦泽	王君超	清华大学	硕士	2012年
286	政府官员的媒介素养与传播能力研究——以微博为例	梁怿	史安斌	清华大学	硕士	2012年
287	微博的网络政治功能探析	沈祁萌	陈凡 朱春艳	东北大学	硕士	2012年
288	论微博的著作权保护	余芳	郑友德 滕锐	华中科技大学	硕士	2012年
289	微博议程设置互动关系研究——以新浪微博知名记者“2011年校车安全事件”议题为例	师同	周海燕	南京大学	硕士	2012年
290	微博用户粉丝演化模型的构建与实证	乔莹	杨秀丹	河北大学	硕士	2012年
291	微博客文学研究	李婷	肖伟胜	西南大学	硕士	2012年
292	微博围城——网络微博对司法环境的影响	蔡沂	苏晓宏	华东政法大学	硕士	2012年
293	基于Android平台的微博系统研究与应用	王承志	李浩鸣 纪世章	湖南大学	硕士	2012年
294	微博对群体性事件的影响研究	曹镠	彭祝斌	湖南大学	硕士	2012年
295	泛文学视阈中的微博研究	韩建续	岳友熙	山东理工大学	硕士	2012年
296	自媒体时代微博公益传播研究——以新浪微博为例	杨萍	董小玉	西南大学	硕士	2012年
297	微博客传播中的公民新闻实践研究	杨晶	董小玉	西南大学	硕士	2012年
298	网络社区中的权力表现——基于新浪微博的实证研究	赵丽平	李芹	山东大学	硕士	2012年
299	微博客与网络媒介事件的互动研究——以新浪微博为例	王静	董小玉	西南大学	硕士	2012年
300	微博传播背景下的公民新闻研究	龚雪蒙	郭根生	山东师范大学	硕士	2012年
301	ICTs下政府微博沟通的功能与限度	杨虹	周安平	西南大学	硕士	2012年
302	微博背景下的高校形象传播研究	王鹏	阮建海	西南大学	硕士	2012年
303	微博社会影响研究	易芹	周毅	湘潭大学	硕士	2012年

续表

序号	论文题名	研究生	导师	学位授予单位	学位	学位年度
304	突发事件中微博的舆论引导研究	程婷婷	涂涛	西南大学	硕士	2012 年
305	微时代的反权力——微博谣言传播研究	刘成文	董小玉	西南大学	硕士	2012 年
306	微博中的谣言现象探析	王侃	董小玉	西南大学	硕士	2012 年
307	语域理论下新浪微博的网络用语研究	丁爽	刘东霞	武汉科技大学	硕士	2012 年
308	微博话题检测与追踪技术研究	邹鸿程	周刚	解放军信息工程大学	硕士	2012 年
309	作为新闻的微博——新闻生产视域中的“他者”	胡晓慧	孙玮	复旦大学	硕士	2012 年
310	基于增量聚类的微博话题检测系统的设计与实现	夏阳	王建民	中山大学	硕士	2012 年
311	微博公益传播机制研究	孟燕	李欣人	山东大学	硕士	2012 年
312	中国当代微博广告研究	周晓莉	刘悦坦	山东大学	硕士	2012 年
313	I 传播生态下报纸采编业务修正——以微博为对标,基于用户体验与新闻经验的综合考量	庞道锋	甘险峰	山东大学	硕士	2012 年
314	微博与党的建设	汪春艳	陈凯龙	中共中央党校	硕士	2012 年
315	微博对青少年的影响和教育对策分析	侯桂鸿	徐蓉	复旦大学	硕士	2012 年
316	微博传播增权研究	简洁	向志强	湖南大学	硕士	2012 年
317	政府微博运营——基于网络政治参与视角的分析	陈蔚	沈逸	复旦大学	硕士	2012 年
318	微博言语交际特征研究	向昭	孙克文	吉林大学	硕士	2012 年
319	微博对大学生思想政治教育的影响及对策研究	臧鹏	丁科	电子科技大学	硕士	2012 年
320	冲突与合作:微博问责中的对话策略研究——以“郭美美与红十字会事件”文本分析为例	赵祥昆	王怡红	中国社会科学院	硕士	2012 年
321	当代中国的微博客伦理问题探究	罗睿	罗鸣;	四川省社会科学院	硕士	2012 年
322	我国政府微博的传播现状研究	孙珊珊	刘坚	吉林大学	硕士	2012 年
323	面向中文微博的社会网络分析及应用	麦艺华	王振宇	华南理工大学	硕士	2012 年
324	商业化对微博公共领域的影响——批判的视角	刘福利	王卉	四川省社会科学院	硕士	2012 年
325	微博传播与互动的社会学研究	邓睿	黄进	四川省社会科学院	硕士	2012 年
326	微博在突发事件报道中的作用研究	陈丹妮	张立伟	四川省社会科学院	硕士	2012 年
327	微博受众的“使用与满足”研究——以湖南卫视微博为例	王静波	金定海 张家平	上海师范大学	硕士	2012 年
328	基于网络社区用户活跃度的研究——以新浪微博为例	刘卉	金定海 张家平	上海师范大学	硕士	2012 年
329	微博舆论的生成演变及引导策略研究	田羽	吕屏	重庆大学	硕士	2012 年
330	微博传播背景下的政府公信力研究	刘爱粉	程洁	苏州大学	硕士	2012 年
331	突发事件中的微博意见领袖研究——以“乐清钱云会案”为例	张皓	强荧	上海社会科学院	硕士	2012 年

续表

序号	论文题名	研究生	导师	学位授予单位	学位	学位年度
332	微博环境中官民互动模式研究——以2011年全国两会为例	林升女	武志勇	上海社会科学院	硕士	2012年
333	从"围观两会"看微博问政下的媒体应对之道	杨晓燕	吴飞	浙江大学	硕士	2012年
334	"微博问政"研究——以新浪微博为例	邓莉	张建敏	四川外语学院	硕士	2012年
335	基于微博的微型学习资源共建研究	杨建民	汪基德	河南大学	硕士	2012年
336	新浪微博开放平台组件监控系统	孙迪	赵永哲	吉林大学	硕士	2012年
337	私人领域向公共领域的渗透——微博中的个人表达与公共参与	于淼	刘晔骁	吉林大学	硕士	2012年
338	汉语微博文本特征研究	吴迪	许多谢	吉林大学	硕士	2012年
339	从冲突到变革——对"微博时代"中传统纸质媒体的思考	刘倩	芮必峰	安徽大学	硕士	2012年
340	基于Android平台的微博客户端开发	胡博	魏达	吉林大学	硕士	2012年
341	微博网络的社区发现研究	曾王辉	周丽华	云南大学	硕士	2012年
342	基于微博的大学英语协作式写作教学研究	王晓芳	张豪锋	河南师范大学	硕士	2012年
343	媒介生态视域下"绿色"微博客传播环境的构建研究	陈簌雪	杨洪林	武汉纺织大学	硕士	2012年
344	微博直播的传播模式及应用研究	王婧	谭天	暨南大学	硕士	2012年
345	媒介生态视野下的微博研究	雷玲	段维	华中师范大学	硕士	2012年
346	传媒名人微博在新闻社会性建构中的作用研究	邢星	张志	中央民族大学	硕士	2012年
347	微博新闻的叙事研究	郝瑶	张家恕	重庆师范大学	硕士	2012年
348	大学生使用社交网站的现状以及在新浪微博中的自我呈现取向	蒋祎娜	李凌	华东师范大学	硕士	2012年
349	我国农民的微博维权保障政策研究	杨妮雪	傅广宛	华中师范大学	硕士	2012年
350	新浪微博用户满意度对使用行为的影响研究	王清华	朱岩	清华大学	硕士	2012年
351	微博用户个人特征、动机、行为和微博吸引力关系的研究	俞铁楠	朱岩	清华大学	硕士	2012年
352	微博意见领袖影响下的品牌形象构建	吴云飞	陈华	武汉纺织大学	硕士	2012年
353	微博对大学生的影响与对策研究	张静	王建华	南京师范大学	硕士	2012年
354	政府在公共突发事件中的微博舆情应对——以7.23动车事故为例	江松强	王瑞鸿	华东理工大学	硕士	2012年
355	自媒体时代意见领袖研究——以微博为例	马晓杰	郑亚楠	黑龙江大学	硕士	2012年
356	微博与传媒主控话语权争夺战分析——以"药家鑫撞人杀人案"为例	李芳	张伟	中国海洋大学	硕士	2012年
357	微博客平台上的社会资本研究	刘春宇	陈莉	南京师范大学	硕士	2012年
358	传媒经济学视域下的微博传播研究	于琳	田义贵	重庆工商大学	硕士	2012年
359	微博言论研究	高婷	黄家雄	湖北大学	硕士	2012年
360	新浪名人微博研究	汪玉辉	包晓玲	重庆工商大学	硕士	2012年

续表

序号	论文题名	研究生	导师	学位授予单位	学位	学位年度
361	微博的传播功能研究——从社会功能理论角度	许林	殷俊	重庆工商大学	硕士	2012 年
362	微博舆情监测与引导机制研究	刘乙坐	周定泰	重庆工商大学	硕士	2012 年
363	微博语境下的舆论格局对公共决策的影响	廖姝媛	罗源	西南政法大学	硕士	2012 年
364	突发事件中微博与传统媒体互动研究	王莎莎	李珮	西南政法大学	硕士	2012 年
365	高校思想政治教育微博载体研究	任源杰	张谦	西南政法大学	硕士	2012 年
366	微博传播对我国网络舆论的影响研究	何芳	殷俊	重庆工商大学	硕士	2012 年
367	微博环境下报纸媒体在危机传播中的议程设置研究——以 7. 23 甬温动车事故报道为例	胡瑜	何纯	湘潭大学	硕士	2012 年
368	微博中舆论形成的新闻环境和主体因素研究——以 7. 23 动车事故为例	吴运佳	罗小萍	西南政法大学	硕士	2012 年
369	基于媒体功能的微博价值研究	刘佳	周勇 邓新民	重庆工商大学	硕士	2012 年
370	公民新闻在微博传播中的变化研究	张慧	刘舜发	重庆工商大学	硕士	2012 年
371	都市报与微博“补偿性”融合发展研究——基于《现代快报》的实证分析	易敏	石坚	南京师范大学	硕士	2012 年
372	微博客用户接受模型及实证研究	贺佳莹	吕廷杰	北京邮电大学	硕士	2012 年
373	微博在公共事件传播中的特征与功能研究	胡铃	李韧	西南政法大学	硕士	2012 年
374	浅析微博对网络舆论模式的影响	阿丽艳·艾尼瓦	郭玉锦	北京邮电大学	硕士	2012 年
375	微博中不同信息对大学生攻击性倾向影响的实验研究	李婧	李国瑞	华东师范大学	硕士	2012 年
376	基于 HTML5 跨移动终端平台的微博系统研究与实现	李晓明	张翼成 张旭升	电子科技大学	硕士	2012 年
377	社会热点事件的微博舆论传播与引导研究——以“小悦悦事件”为例	黎美纪	陈虹	华东师范大学	硕士	2012 年
378	我国政府对微博监管的法律思考	董筠	梁津明 白荣	天津师范大学	硕士	2012 年
379	微博外交——驻华外国使领馆网络公众外交研究	应健	蒋昌建	复旦大学	硕士	2012 年
380	互联网影响下的传播流程与新闻生产研究——以新浪微博、天涯论坛为例	刘爱	陈红梅	华东师范大学	硕士	2012 年
381	我国微博话语权现状及对策研究	金婧	倪延年	南京师范大学	硕士	2012 年
382	微博对中国传统公共信息传播方式的挑战及其政治意义	景丽	娄和标	南京航空航天大学	硕士	2012 年
383	论微博意见表达的价值取向与社会效应	聂玉波	金振邦	东北师范大学	硕士	2012 年
384	博客与微博网络大众传播方式对比研究	张思行	莫茜	北京邮电大学	硕士	2012 年
385	公共议题中的微博舆论作用机制研究——以“钱云会事件”和“郭美美事件”为例	严兰	李惠民	兰州大学	硕士	2012 年

续表

序号	论文题名	研究生	导师	学位授予单位	学位	学位年度
386	基于微博的教学专题在高中信息技术教学中的应用研究	涂雨露	姜艳玲	天津师范大学	硕士	2012 年
387	地方政府微博传播的创新与可能研究	张媛	李晓灵	兰州大学	硕士	2012 年
388	面向微博的自动文摘研究	孟威	李卫疆 王锋	昆明理工大学	硕士	2012 年
389	在线社会网络可视化分析应用的设计与实现——以新浪微博平台为例	张勉	张际平	华东师范大学	硕士	2012 年
390	微博客对新闻传播的影响研究	华亮	陈红梅	华东师范大学	硕士	2012 年
391	微博传播伦理问题初论	谢岚	严三九	华东师范大学	硕士	2012 年
392	微博谣言在公共事件中的传播机制研究——以“抢盐事件”为例	虎雅彬	陈虹	华东师范大学	硕士	2012 年
393	微博用户持续使用意愿影响因素研究——基于期望确认理论的视角	黎斌	王瑞飞	浙江大学	硕士	2012 年
394	基于 UTAUT 模型的用户采纳微博的关键因素研究	彭思晚	闫强	北京邮电大学	硕士	2012 年
395	探究微博时代下大学生思想政治教育工作	张蕾	张如山	山西财经大学	硕士	2012 年
396	基于微博的用户诚度模型构建及应用研究	孙中玉	焦泉	南京邮电大学	硕士	2012 年
397	微博客世界中用户间互动对用户微博使用行为的影响研究	郑兰	闫强	北京邮电大学	硕士	2012 年
398	基于社会化媒体节点属性的信息预测研究——以新浪微博为对象	姜杨	张闯	北京邮电大学	硕士	2012 年
399	基于创新扩散理论的微博使用影响因素研究	廖泽俊	柏琳	北京邮电大学	硕士	2012 年
400	基于手机微博的隐蔽通信技术研究	赵显芬	刘光杰	南京理工大学	硕士	2012 年
401	针对微博数据的事件检测、跟踪及摘要生成	龙睿	俞勇	上海交通大学	硕士	2012 年
402	基于微博广告发布技术架构的设计	李静	桑新柱	北京邮电大学	硕士	2012 年
403	基于微博的金融资讯检索平台查询优化技术的研究和实现	刘佳	闫丹凤	北京邮电大学	硕士	2012 年
404	基于消费价值理论的移动微博持续使用意愿实证研究	潘军宝	吕亮	北京邮电大学	硕士	2012 年
405	微博客的审美学研究及其意义	庞乐	赵伯飞	西安电子科技大学	硕士	2012 年
406	基于微博的流行词汇预测系统的设计与实现	郝萌	陈平	西安电子科技大学	硕士	2012 年
407	基于云计算的微博推荐系统	佐凯	杨健 孙明明	南京理工大学	硕士	2012 年
408	面向自媒体界面的网站用户体验度量研究——以门户网站微博为例	张怡	侯文君	北京邮电大学	硕士	2012 年
409	微博在图书馆中的应用研究	杨洋	李恩科	西安电子科技大学	硕士	2012 年
410	基于情感词典的中文微博情感倾向分析研究	陈晓东	李玉华	华中科技大学	硕士	2012 年
411	微博营销对企业品牌的影响研究	闫颖	李长江	华中科技大学	硕士	2012 年

续表

序号	论文题名	研究生	导师	学位授予单位	学位	学位年度
412	新媒体时代下的企业微博品牌营销传播研究	张玉佼	刘阳	浙江工业大学	硕士	2012 年
413	微博兴趣识别与推送系统的研究与实现	方维	谭运猛	华中科技大学	硕士	2012 年
414	微博协同过滤推荐系统的设计与实现	岳亚杰	袁巍	华中科技大学	硕士	2012 年
415	区域微博用户影响力测量系统的设计与实现	商召玺	许炜	华中科技大学	硕士	2012 年
416	基于增量爬虫与微博的视频资源推广技术研究	刘慧	陆枫	华中科技大学	硕士	2012 年
417	面向新浪微博的数据采集和社区发现算法研究	史春永	李芝棠	华中科技大学	硕士	2012 年
418	中国网络自媒体时代下的交往行动研究——基于微博议题“7·23 动车事件”的分析	王亚芸	曹锦清	华东理工大学	硕士	2012 年
419	中国网络粉丝群体研究——以微博粉丝为例	裘思敏	张雷	浙江工业大学	硕士	2012 年
420	微博时代下中国网络新闻发展的利弊分析	刘倩	陈大维	上海外国语大学	硕士	2012 年
421	微博传播:一种蒸腾模式的舆论生成	许天颖	顾理平	南京师范大学	硕士	2012 年
422	微博网络信息流的影响因素研究	孙超	皋琴	清华大学	硕士	2012 年
423	微博用户转发意愿研究——基于感知信息质量视角	厉钟灵	刘渊	浙江大学	硕士	2012 年
424	微博网络群体结构的研究	吕文纳	王根英	北京交通大学	硕士	2012 年
425	微博传播中个体事件向公共事件的扩散研究——以“郭美美事件”为例	沈亚峰	张梦新	浙江大学	硕士	2012 年
426	微博客数据的获取与分析方法研究	田董涛	王根英	北京交通大学	硕士	2012 年
427	试析 Web2.0 时代下微博客对社会空间的影响力——以新浪微博为例	李媛媛	陈大维	上海外国语大学	硕士	2012 年
428	微博热点发现技术的研究与实现	丁茷	李芝棠	华中科技大学	硕士	2012 年

2013年

序号	论文题名	研究生	导师	学位授予单位	学位	学位年度
1	微博网络传播行为中的关键问题研究	熊小兵	黄永忠	解放军信息工程大学	博士	2013 年
2	面向微博新媒体的公共事件及其社会舆论分析技术研究	邓镭	邹鹏	国防科学技术大学	博士	2013 年
3	基于异构关系的微博网络意见动力学研究	樊鹏翼	王晖	国防科学技术大学	博士	2013 年
4	基于政府信任视角的政务微博研究	周敏	江作苏	武汉大学	博士	2013 年
5	互联网交往形态的演化——媒介环境学的技术文化史视角	张冠文	胡正荣 王育济	山东大学	博士	2013 年

续表

序号	论文题名	研究生	导师	学位授予单位	学位	学位年度
6	面向危机事件感知的微博信息加工方法研究	周鹏	蔡淑琴	华中科技大学	博士	2013年
7	领导者公共形象与大众媒介互动关系研究	郑春晔	邵培仁	浙江大学	博士	2013年
8	媒体融合时代的舆论形成问题研究——公共领域的舆权博弈	李德顺	程士安	复旦大学	博士	2013年
9	面向微博舆情的影响力分析关键技术研究	丁兆云	贾焰	国防科学技术大学	博士	2013年
10	基于人类动力学的社交网络信息传播实证分析与建模研究	吴联仁	闫强	北京邮电大学	博士	2013年
11	微博知识交流机理研究	杜晓曦	王学东	华中师范大学	博士	2013年
12	“媒介化抗争”：变迁、机理与挑战——当代中国拆迁抗争十年媒介事件的多案例比较研究(2003～2012)	郑雯	李良荣	复旦大学	博士	2013年
13	政务微博中热点事件信息透明化影响机制研究	刘雪艳	闫强	北京邮电大学	博士	2013年
14	社交网络用户隐私关注动态影响因素及行为规律研究	郭龙飞	吕廷杰	北京邮电大学	博士	2013年
15	表演的狂欢：网络社会的个体自我呈现与交往行为——以微博客使用者之日常生活实践为例	陈静茜	陆晔	复旦大学	博士	2013年
16	社会化媒体中提升用户参与度的关键因素研究	孙韬	张铭	北京大学	博士	2013年
17	网络用户偏好分析及话题趋势预测方法研究	程辉	刘云	北京交通大学	博士	2013年
18	舆论引导论	刘春波	倪素香	武汉大学	博士	2013年
19	网络舆情：影响因素及其作用机制研究	林敏	吴飞	浙江大学	博士	2013年
20	互联网公共性的建构与实践研究	王淑华	吴飞	浙江大学	博士	2013年
21	媒介怀疑论信息时代媒介与受众关系研究	马妍妍	邵培仁	浙江大学	博士	2013年
22	网络动员及其管理	徐祖迎	常健	南开大学	博士	2013年
23	自媒体时代下的微博问政与政府应对策略研究	傅雪蓓	吕炜	东北财经大学	博士	2013年
24	微博仪式互动的社会心理学研究——以新浪微博为例	李霞	汪新建	南开大学	博士	2013年
25	微博热点事件的公众情感分析研究	崔安颀	马少平	清华大学	博士	2013年
26	面向微博短文本的情感分析研究	刘楠	何炎祥	武汉大学	博士	2013年
27	微博环境下风险放大站的社会网络研究——以雾霾事件的风险沟通为例	仇玲	刘丽群	武汉大学	博士	2013年
28	共青团微博发展的策略研究	张劲	罗以澄	武汉大学	博士	2013年
29	面向公共危机预警的网络舆情分析研究	董坚峰	张玉峰	武汉大学	博士	2013年
30	网络群体性事件研究——基于公众参与和国家治理的视角	张盛	李良荣	复旦大学	博士	2013年
31	微博用户及其信息传播影响因素研究	刘行军	王伟军	华中师范大学	博士	2013年

续表

序号	论文题名	研究生	导师	学位授予单位	学位	学位年度
32	热点事件中网络媒介权力运行机制及管理策略	赵红艳	何明升	哈尔滨工业大学	博士	2013 年
33	突发公共事件网络舆论及其应对研究	卿立新	李屏南	湖南师范大学	博士	2013 年
34	思想政治教育视域下的网络意见领袖研究	王嘉	戴艳军	大连理工大学	博士	2013 年
35	数字媒体时代的意见领袖研究——以微博为例	周巍	程士安	复旦大学	博士	2013 年
36	这条微博可信吗？对文字信息、多媒体以及信息源属性的非线性观察	尹春晓	赵定涛	中国科学技术大学	博士	2013 年
37	共青团工作中新媒体传播应用研究	袁民	罗以澄	武汉大学	博士	2013 年
38	中国网络政治文化建设研究	王树亮	丁志刚	兰州大学	博士	2013 年
39	电视媒体与微博融合传播研究——以中央电视台和新浪微博为例	曾军辉	尹韵公	中国社会科学院研究生院	博士	2013 年
40	当代中国网络政治参与研究	宋超	孔令栋	山东大学	博士	2013 年
41	企业微博互动对消费者品牌忠诚和购买意愿的影响机制研究	闫幸	常亚平	华中科技大学	博士	2013 年
42	集结的力量:乌坎事件社会传播网络研究	陈艳	吴飞	浙江大学	博士	2013 年
43	基于关系互动的微博营销对消费者行为意愿的影响研究	李金阳	张李义	武汉大学	博士	2013 年
44	社会化多媒体内容分析与摘要	王智愚	杨士强	清华大学	博士	2013 年
45	Web2.0 背景下的新兴文化创意产业研究	吴祐昕	程士安	复旦大学	博士	2013 年
46	在线社会网络中用户行为分析与预测	肖春静	吴跃	电子科技大学	博士	2013 年
47	网络舆论引导研究	马冰星	林建成	北京交通大学	博士	2013 年
48	微博用户自我表达与分享品牌信息的关系研究	赵振华	云虹	华中科技大学	硕士	2013 年
49	公安微博实证研究——以“平安北京”为例	刘朝欣	刘斌	中国政法大学	硕士	2013 年
50	面向突发事件预警的微博舆情安全评估	刘婉莹	张亚明	燕山大学	硕士	2013 年
51	面向微博短文本的情感分析研究	杜振雷	张仰森	北京信息科技大学	硕士	2013 年
52	旅游景区微博影响力产生机制及测评研究	孙亚坤	翁钢民	燕山大学	硕士	2013 年
53	基于新浪微博的企业负面网络舆情传播特征研究	魏杨	陈来	安徽大学	硕士	2013 年
54	微博时代大学生思想政治教育生活化研究	夏白银	李德全	重庆交通大学	硕士	2013 年
55	江门市公安政务微博管理研究	苏宝筠	韩莹莹 刘海陵	华南理工大学	硕士	2013 年
56	“微”视角下谣言传播与组织因应策略研究	张文浩	许峰	山东大学	硕士	2013 年
57	微博社会网络中的群体分析研究	邢东东	徐志明	哈尔滨工业大学	硕士	2013 年
58	中文短文本情感倾向性分析研究	宋静静	杨武	重庆理工大学	硕士	2013 年
59	微博在高校教育管理中的应用问题研究	黄文英	张立荣	华中师范大学	硕士	2013 年
60	中文微博情感分析关键技术研究	林江豪	阳爱民	广东外语外贸大学	硕士	2013 年
61	突发公共事件的微博舆情应对研究	姚宏	王敏	湖南师范大学	硕士	2013 年
62	微博时代下谣言的传播机理与仿真研究	彭琳	刘咏梅	中南大学	硕士	2013 年

续表

序号	论文题名	研究生	导师	学位授予单位	学位	学位年度
63	微博问政存在的问题及其对策研究	陈婷	黄大熹	湖南大学	硕士	2013年
64	政务微博时代政府公共关系的建构:理论框架和案例分析	黄妍艳	丁煜	厦门大学	硕士	2013年
65	基于微博平台的科学传播研究——以新浪微博为例	谢雨	秦琴	武汉理工大学	硕士	2013年
66	中文微博情感分类研究	吴伊萍	陈锻生	华侨大学	硕士	2013年
67	我国地方政务微博传播效果的影响因素研究	史丽莉	谢梅	电子科技大学	硕士	2013年
68	“微时代”我国公众网络参与的作用力研究	宋雷	张华青	复旦大学	硕士	2013年
69	成都高校女大学生利用微博参与社会公共事务的研究	何流	谢梅	电子科技大学	硕士	2013年
70	微博舆论发展趋势预测方法研究与实现	陈乃月	刘云	北京交通大学	硕士	2013年
71	我国微博舆论的形成过程与政府引导方略研究	李巍巍	闫波	哈尔滨工业大学	硕士	2013年
72	微博对大学生思想政治教育的影响及对策研究	张行行	丁林	四川农业大学	硕士	2013年
73	X县网络政务营销体系构建策略研究	朱建军	郝辽钢	西南交通大学	硕士	2013年
74	面向热点话题型微博的情感分析研究	张想	王晓龙	哈尔滨工业大学	硕士	2013年
75	基于微博用户行为的兴趣模型构建和可视化方法研究	何苾菲	张大勇	哈尔滨工业大学	硕士	2013年
76	微时代的文学生产与消费——基于微博文学的讨论	张明倩	谭华	湖北民族学院	硕士	2013年
77	基于Web文本信息抽取的微博舆情分析	熊祖涛	龚尚福	西安科技大学	硕士	2013年
78	基于Storm的微博互动平台的设计与实现	黄馥浩	徐亚波	中山大学	硕士	2013年
79	微时代下大学生思想政治教育问题及对策研究	陈炯勇	贾名党	安徽农业大学	硕士	2013年
80	新浪微博的体育新闻传播研究	雷海平	杨剑锋	上海体育学院	硕士	2013年
81	传播过程视域下微博传播伦理研究	卢辉灿	周建青	华南理工大学	硕士	2013年
82	网络口碑与微博用户忠诚度的关系研究	赵飞飞	易学东	大连理工大学	硕士	2013年
83	微博对突发事件传播的影响研究	鲁晓薇	郭根生	山东师范大学	硕士	2013年
84	微博与大学生思想政治教育研究	饶宇	伍自强	江西理工大学	硕士	2013年
85	微博在体育新闻发展中的趋势研究	孙莹	方新普	安徽工程大学	硕士	2013年
86	微博互动性对品牌忠诚影响的实证研究	郭尉	王新兰	兰州商学院	硕士	2013年
87	交往行为理论视阈下的微博理想言谈情境研究	李玉媛	方明豪	大连理工大学	硕士	2013年
88	微博谣言的扩散与消解	魏姗姗	张冠文	山东师范大学	硕士	2013年
89	网络时代背景下的政务微博研究	王欢	于水	南京农业大学	硕士	2013年
90	“微时代”政务微博与政府公信力建设研究	李慧敏	刘寒娥	内蒙古大学	硕士	2013年
91	突发事件中政务微博客对信息公开的影响研究	张远瑶	王丽丽	大连理工大学	硕士	2013年
92	微博舆论的伦理问题研究	宋文磊	王前	大连理工大学	硕士	2013年

续表

序号	论文题名	研究生	导师	学位授予单位	学位	学位年度
93	我国政务微博管理研究	李洋	姜秀敏	大连海事大学	硕士	2013 年
94	自媒体时代微博侵权研究	王瑞艳	何村	渤海大学	硕士	2013 年
95	我国政务微博管理问题研究	宋真珍	刘玉雁	沈阳师范大学	硕士	2013 年
96	自媒体环境下微博舆论的形成规律及其引导路径研究	穆唯	张品良	江西财经大学	硕士	2013 年
97	基于微博的灾害信息聚合方法研究	严平勇	林广发	福建师范大学	硕士	2013 年
98	面向微博热门话题的主客观分类方法研究	刘璐	李茹	山西大学	硕士	2013 年
99	公共事件中微博舆论场的形成和传播模式分析——以 PM2.5 事件为例	平亦凡	袁文丽	山西大学	硕士	2013 年
100	基于用户行为的动态推荐系统算法研究及实现	赵钕森	刘贵松	电子科技大学	硕士	2013 年
101	突发公共事件中微博传者分析和心理研究	周怡帆	韩志强 刘宝林	山西大学	硕士	2013 年
102	突发事件中媒体微博舆论引导研究	郭立云	刘宝林 韩志强	山西大学	硕士	2013 年
103	基于微博问政的政府社会管理能力提升研究	黄健芬	莫岳云 王更辉	华南理工大学	硕士	2013 年
104	从新浪微博看新媒体时代的女性形象	陈亚男	张树武	东北师范大学	硕士	2013 年
105	微博时代的全民话语传播及影响研究	王兵	李萌羽	中国海洋大学	硕士	2013 年
106	新浪微博虚拟社区的网络结构研究	牛鸽军	白淑英	哈尔滨工业大学	硕士	2013 年
107	微博打拐的虚拟社会动员及社会管理研究	董磊	唐魁玉	哈尔滨工业大学	硕士	2013 年
108	微博文化冲击下的高校大学生思想政治教育研究	赵疆	王冬冬	山西农业大学	硕士	2013 年
109	面向微博用户的推荐多样性研究	慕福楠	张宇	哈尔滨工业大学	硕士	2013 年
110	群体性突发事件微博舆情演化分析	侯万友	闫相斌	哈尔滨工业大学	硕士	2013 年
111	微博短文本检索关键技术研究	李绪维	李生 杨沐昀	哈尔滨工业大学	硕士	2013 年
112	传统媒体对微博的应用现状研究——以新浪微博中的传统媒体微博为例	庞苏苏	郭丽华	广西大学	硕士	2013 年
113	微博谣言的生成扩散动力及其治理	周浩	龚曙光	湘潭大学	硕士	2013 年
114	基于微博媒介的旅游形象测量体系研究——以广西旅游局新浪官方微博为例	刘婷婷	陈文捷	广西大学	硕士	2013 年
115	中国微博舆论引导策略研究	王露	范文霈	扬州大学	硕士	2013 年
116	突发事件中政务微博的角色定位研究——以“北京雾霾”事件期间政务微博为例	刘玥琪	汪青云	江西师范大学	硕士	2013 年
117	微博意见领袖的身份建构——以新浪微博为例	刘秋文	余红	华中科技大学	硕士	2013 年
118	基于 UTAUT 的用户接受手机微博的影响因素研究	张凌霄	钟瑛	华中科技大学	硕士	2013 年
119	突发公共事件中政务微博的信息互动研究——以“9·7 云南彝良地震”事故为例	郑雄	汪青云	江西师范大学	硕士	2013 年

续表

序号	论文题名	研究生	导师	学位授予单位	学位	学位年度
120	突发事件中政务微博传播问题与策略——基于新浪政务微博的研究	刘晨	汪青云	江西师范大学	硕士	2013 年
121	面向微博数据的命名实体识别研究与实现	荀晶	刘辉林	东北大学	硕士	2013 年
122	基于新浪微博主题的用户影响力研究	程志强	朱志良 李轶强	东北大学	硕士	2013 年
123	新媒体环境下政府危机公关能力的研究	李晓宁	付小均	首都经济贸易大学	硕士	2013 年
124	社会转型期我国政务微博的传播效果探析	张薇薇	张品良	江西财经大学	硕士	2013 年
125	基于微博的小学品德与社会主题探究学习活动设计	闫红秀	孙卫华	河北大学	硕士	2013 年
126	微博上的说服研究	彭唯	侯玉波	北京大学	硕士	2013 年
127	重大突发事件中微博意见领袖的形成机制及影响力研究——以“7·21”北京特大暴雨事件为例	柯敏	张羽	西北大学	硕士	2013 年
128	基于兴趣识别的新浪微博用户群划分研究与实现	彭显志	张红延	北京交通大学	硕士	2013 年
129	微博对网络舆论的影响研究	闫旭凤	王醒 齐峰	山西大学	硕士	2013 年
130	全国大学生微博交往行为调查研究	戴体娇	王帆	江苏师范大学	硕士	2013 年
131	公共知识分子微博传播研究	王英英	董锋	大连理工大学	硕士	2013 年
132	政务微博与政府形象提升研究	邹佳琪	贺培育 颜佳华	湘潭大学	硕士	2013 年
133	微博用户转发意愿的影响因素研究	袁园	朱庆华	南京大学	硕士	2013 年
134	微博狂欢化现象及其成因探析	周晓霞	邵志择	浙江大学	硕士	2013 年
135	微博对当代大学生的影响及对策研究	吴芬	潘玉腾	福建师范大学	硕士	2013 年
136	公共政策制定中微博参与的作用研究	周彬	胡伟	上海交通大学	硕士	2013 年
137	突发事件的政务微博应对研究	高洲	李秋容	武汉科技大学	硕士	2013 年
138	微博作品著作权保护研究	李青	李光曼	南昌大学	硕士	2013 年
139	微博文化对社会道德影响研究	温海英	李滨	重庆工商大学	硕士	2013 年
140	微博复杂网络适应度模型的研究	梁宏	许南山 卢罡	北京化工大学	硕士	2013 年
141	微博在大学生思想政治教育中的应用研究	向巧	肖应红	重庆工商大学	硕士	2013 年
142	微博谣言传播与辟谣方式研究	史尚静	王倩	山东师范大学	硕士	2013 年
143	微博在大学生思想政治教育中的功能探析	徐小庆	杨芷英	首都师范大学	硕士	2013 年
144	微博对公民意识的影响研究	靳文涛	梅文慧	湖南大学	硕士	2013 年
145	微博事件中弱势群体赋权现象研究	成奇	刘寒娥	内蒙古大学	硕士	2013 年
146	基于微博传播的媒介素养研究	吴文佳	苟欣文	重庆工商大学	硕士	2013 年
147	微博的后现代生存解读	徐文翔	赵奎英	山东师范大学	硕士	2013 年
148	微博舆论监督引导研究	李姗姗	靖鸣	南京师范大学	硕士	2013 年
149	论我国“微博舆情”的法律规制	李华	牛丽云	青海民族大学	硕士	2013 年
150	政务微博与政府形象传播研究	白梅	刘寒娥	内蒙古大学	硕士	2013 年
151	论微博在当代中国公共领域构建中的作用	黄雅	季宗绍	南京师范大学	硕士	2013 年

续表

序号	论文题名	研究生	导师	学位授予单位	学位	学位年度
152	新兴网络媒体时代政府危机公关的策略研究	杨璐萍	罗大玉	电子科技大学	硕士	2013 年
153	突发事件中的微博传播机制研究	孔大为	张志	中央民族大学	硕士	2013 年
154	微博社区的用户节点影响力评估——以新浪微博为例	唐飞龙	肖春	湘潭大学	硕士	2013 年
155	微博数据提取及话题检测方法研究	邱洋	王秀坤	大连理工大学	硕士	2013 年
156	多重语境中的微博文学	方颖艳	樊葵	杭州师范大学	硕士	2013 年
157	微博在高校思想政治教育中的创新应用研究	高国华	郝敬习	杭州师范大学	硕士	2013 年
158	政务微博的公信力问题探析——以公共突发事件信息披露为研究对象	颜艳	陈堂发	南京大学	硕士	2013 年
159	微博反腐中的公民表达权与官员隐私利益权衡问题研究	肖潇	陈堂发	南京大学	硕士	2013 年
160	微博微力量的哲学思考	丁波	李润珍	太原科技大学	硕士	2013 年
161	地方政府政务微博的传播效应研究	刘畅	张志刚	大连理工大学	硕士	2013 年
162	微博新闻事件信息可信度评价	高雅	窦平安	吉林大学	硕士	2013 年
163	微博中的道德责任研究	叶保春	杨豹	武汉纺织大学	硕士	2013 年
164	微博语言特点研究	赵聪	林伦伦	广东技术师范学院	硕士	2013 年
165	政务微博对政府形象的构建传播研究——以“平安北京”和“江宁公安在线”为例	吴静	周凯	南京大学	硕士	2013 年
166	基于沟通主体策略视角的政务微博运行机制研究	孙洋子	赵连荣	中国地质大学(北京)	硕士	2013 年
167	微博在高校思想政治教育中的应用研究	王华	邹世享	中国地质大学(北京)	硕士	2013 年
168	微博用户关系网络结构特征研究——基于复杂网络理论	尹晓倩	安海忠	中国地质大学(北京)	硕士	2013 年
169	新媒体用户媒介素养提升研究——以微博应用为例	王路	段京肃	南京大学	硕士	2013 年
170	基于微博空间的品牌影响力指标体系研究	王梦莹	巢乃鹏	南京大学	硕士	2013 年
171	微博在大学生群体中传播效果的研究——基于浙江省大学生对钓鱼岛事件的认知	项丹	李岩	浙江大学	硕士	2013 年
172	新媒体时代的政府形象传播研究——以苏州工业园区“新媒体传播体系”为例	高洁	陈霖	苏州大学	硕士	2013 年
173	官员微博及发展研究——基于不同样式的“典型官员微博”的个案研究	王玲玲	穆建刚	兰州大学	硕士	2013 年
174	政务微博在政府公关中的运用策略研究	龙韬	杨琴	西南交通大学	硕士	2013 年
175	突发事件中的微博舆论影响与引导研究	张晓琪	周宇豪	郑州大学	硕士	2013 年
176	安徽省政务微博研究——以新浪政务微博为例	李珂	包鹏程 朱晓凯	安徽大学	硕士	2013 年
177	微博侵权法律问题研究	何文哲	高留志	郑州大学	硕士	2013 年
178	微博使用对高校学生人际交往的影响研究	姜晶晶	梅笑冬	安徽大学	硕士	2013 年
179	微博图片传播伦理研究	吴文苑	包鹏程	安徽大学	硕士	2013 年

续表

序号	论文题名	研究生	导师	学位授予单位	学位	学位年度
180	我国党报微博报道的现状、问题及对策研究	史艳香	陈晓伟	郑州大学	硕士	2013 年
181	试论微博对公共领域的重构	韦红亮	刘建龙	郑州大学	硕士	2013 年
182	微博救助中的社会动员——对三个个案的考察	马明新	佘文斌	安徽大学	硕士	2013 年
183	亲民的“官腔”——人民日报微博新闻亲和力研究	王婷	佘文斌	安徽大学	硕士	2013 年
184	微博图书出版现象研究	陈磊	张利洁	兰州大学	硕士	2013 年
185	新媒体时代舆论引导机制研究——以近年来网络热点事件为研究对象	郭大燕	刘勇	安徽大学	硕士	2013 年
186	政府微博的信息传播研究——以政府新闻办微博为例	张倩	谢阳群	安徽大学	硕士	2013 年
187	政务微博的规范化研究	邵欢	陈志英	华中师范大学	硕士	2013 年
188	微博对社会交往的影响研究	骆岗	付顺	成都理工大学	硕士	2013 年
189	互联网时代的公民新闻研究——以“博客”和“微博”传播中的公民新闻为例	包苏日娜	张丽萍	内蒙古大学	硕士	2013 年
190	论社交网络技术对文化的影响——以微博为例	任俊鼎	谢彩霞	河南师范大学	硕士	2013 年
191	微博对促进社会和谐的影响研究	刘任欢	王伟	中央民族大学	硕士	2013 年
192	微博时代的公益传播与公民意识培养研究	李光	张志	中央民族大学	硕士	2013 年
193	现代网络环境下大学生微博暴力问题研究	罗漫妥	赖松龄	暨南大学	硕士	2013 年
194	微博中大学生的自我表露及其影响研究	张咪	刘震	华中师范大学	硕士	2013 年
195	微博与传统媒体的比较分析和融合研究	莫晓艳	杨灿 李幸 何绘宇	华南理工大学	硕士	2013 年
196	基于高校学生微博的网络热点发现及舆情分析研究	张东霞	杨灿 李幸 张造生	华南理工大学	硕士	2013 年
197	新浪微博用户关系研究	党永杰	邱均平	华中师范大学	硕士	2013 年
198	微博语言特点研究	王墨雨	李勉东	东北师范大学	硕士	2013 年
199	“微时代”背景下高校共青团网络舆情工作引导探究	史薛伟	渠桂萍	太原理工大学	硕士	2013 年
200	微博反腐的理性思考	甄沛熙	马福贞	河南大学	硕士	2013 年
201	大数据时代突发事件的舆论引导策略研究——以议程设置主体话语权变迁为视角	龚捷	吕屏	重庆大学	硕士	2013 年
202	微博在课外网络协作学习中的应用研究——以高职 photoshop 设计基础课程为例	王蒙柯	蔡建东 杜复平	河南大学	硕士	2013 年
203	自媒体视阈下的青少年价值观教育研究	耿淑	刘济良	河南大学	硕士	2013 年
204	微博视阈下当代大学生思想政治教育研究	孙欢	刘济良	河南大学	硕士	2013 年
205	大学生微博公共参与及思想政治教育引导	由丹丹	康秀云	东北师范大学	硕士	2013 年
206	微博在大学生思想政治教育中的运用研究	郭学军	吴新平	石河子大学	硕士	2013 年
207	高校官方微博发展现状及管理策略研究	杨柳	肖铁岩	重庆大学	硕士	2013 年

续表

序号	论文题名	研究生	导师	学位授予单位	学位	学位年度
208	微博建构中国网络公共领域的可行性研究	郑广嘉	黄松爱	东北师范大学	硕士	2013 年
209	论微博话题中议程设置的新特点	窦晓婉	金振邦	东北师范大学	硕士	2013 年
210	微博的媒介生态研究	董晓晴	马晓虹	东北师范大学	硕士	2013 年
211	微博传播中“蝴蝶效应”的形成机制与引导策略研究——以 20 大年度微博事件为例	王一行	姜守斌	东北师范大学	硕士	2013 年
212	微博的思想政治教育功能研究	张雪琴	袁奋光	陕西师范大学	硕士	2013 年
213	突发公共事件中微博舆论传播及影响研究	许婧	刘伯贤 李庆林	广西大学	硕士	2013 年
214	国内微博舆论监督与舆论引导研究	孙莹	邓晓旭	陕西师范大学	硕士	2013 年
215	基于微博的协作学习在高职计算机基础课中的应用研究	王金霞	袁晓斌	安徽师范大学	硕士	2013 年
216	基于微博的课外协作学习绩效的实验研究	薛静静	张立国	陕西师范大学	硕士	2013 年
217	中国高校官方微博研究报告	王欢	肖铁岩	重庆大学	硕士	2013 年
218	自媒体视阈下大学生媒介素养教育研究——基于浙江工业大学大学生微博使用现状调查	蒋杭玲	陈杰	浙江工业大学	硕士	2013 年
219	微博情感分析的心理预警模型与识别研究	张金伟	刘晓平	合肥工业大学	硕士	2013 年
220	基于微博的社会网络特性实证研究	刘宏杰	王小明	陕西师范大学	硕士	2013 年
221	中国社会化媒体上的科学传播研究——以微博为例	严真	张瑾	重庆大学	硕士	2013 年
222	微博网络舆情热点生长分析模型研究	邱晨子	贾红雨	大连海事大学	硕士	2013 年
223	微博在旅游信息服务中的角色研究——以旅游目的地微博为例	彭敏	杨效忠	安徽师范大学	硕士	2013 年
224	基于微博平台的公益传播研究	王勃	田大宪	陕西师范大学	硕士	2013 年
225	微博客的“信息窄化”现象研究——以新浪微博为例	陈星	田大宪	陕西师范大学	硕士	2013 年
226	微博时代知识分子网络公共论争研究	许燕	朱晓彧	陕西师范大学	硕士	2013 年
227	我国大学生网络政治参与研究——以扬州大学为研究对象	陈燕萍	张宇	扬州大学	硕士	2013 年
228	基于微博问政的政府公信力建设研究	杜萱	谢俊贵	广州大学	硕士	2013 年
229	传统媒体官方微博运营研究	齐静	王首程	广州大学	硕士	2013 年
230	微博新闻的叙事学研究	刘凤园	夏德勇	广州大学	硕士	2013 年
231	微博公共危机传播研究——以“北京暴雨”事件为例	章琴丽	董天策	暨南大学	硕士	2013 年
232	微博对旅游决策影响的实证研究	樊冬平	郭清霞	湖北大学	硕士	2013 年
233	我国微博“意见领袖”形成及舆论影响研究——以新浪微博为例	朱梦	聂庆璞	中南大学	硕士	2013 年
234	重庆市政务微博现状研究	张睿	张瑾	重庆大学	硕士	2013 年
235	综合档案馆政务微博应用研究	松姗	张磊 金梅	西北农林科技大学	硕士	2013 年
236	政务微博与政务公开化研究	李婉青	汪青云	江西师范大学	硕士	2013 年

续表

序号	论文题名	研究生	导师	学位授予单位	学位	学位年度
237	基于政务微博的官民互动研究	陈龙	梁丽芝	湘潭大学	硕士	2013 年
238	政治沟通视角下政务微博研究	韩静	滕朋	陕西师范大学	硕士	2013 年
239	我国体育微博发展特点研究	路璐	黄签名	武汉体育学院	硕士	2013 年
240	主流媒体如何利用微博进行舆论引导——以人民日报微博为例	张晶晶	张昆	华中科技大学	硕士	2013 年
241	我国微博舆论传播的问题及对策研究	张婷	欧阳友权	中南大学	硕士	2013 年
242	微博互动中消费情绪对购买意愿的影响研究	刘梓莹	林丰勋	济南大学	硕士	2013 年
243	政务微博的政务指数对政府—公众关系中信任的影响——对高活跃度政务微博的研究	马斯阳	李贞芳	华中科技大学	硕士	2013 年
244	社会资本理论视角下的微博互动关系研究——以新浪微博为例	张林婧	孙卫华	天津师范大学	硕士	2013 年
245	新媒体语境下的微博文学	蒋克难	罗坚	广西师范学院	硕士	2013 年
246	政务微博传播特色与功能研究	何帆	蔡骐	湖南师范大学	硕士	2013 年
247	我国地方政府政务微博发展问题的研究	张晴羽	李珍刚	广西民族大学	硕士	2013 年
248	论微博的著作权保护	林艺	李春芳	华南理工大学	硕士	2013 年
249	微博对大学生思想政治教育的影响及对策研究	李博翔	唐荣双	广西民族大学	硕士	2013 年
250	非正式学习环境下基于微博的学习设计与研究	竹学雪	赵呈领	华中师范大学	硕士	2013 年
251	微博对当代高校思想政治教育的影响及对策	杨盈	毕红梅	华中师范大学	硕士	2013 年
252	基于新浪平台的微博辟谣研究	王丽丽	王国华	华中科技大学	硕士	2013 年
253	政务微博意见领袖分析及其作用研究	王冬冬	孙厚权 张俊丽	湖北工业大学	硕士	2013 年
254	微博节点影响力研究	潘彦宁	杨秀丹	河北大学	硕士	2013 年
255	基于微博的负面热点新闻早期预测分析	黄蕉平	陈健	华南理工大学	硕士	2013 年
256	微博公益传播研究	李国娣	白贵	河北大学	硕士	2013 年
257	新浪微博“铅笔换校舍”公益传播现象探析	王建会	王俊杰	河北大学	硕士	2013 年
258	广播媒体微博传播优势研究	李恒	杜友君	河北大学	硕士	2013 年
259	微博与报纸新闻议题互动的个案传播研究	孙晓云	陈燕	河北大学	硕士	2013 年
260	人民日报微博特色分析	刘辰辰	彭焕萍	河北大学	硕士	2013 年
261	“钓鱼岛事件”微博转发特点研究	秦珠芳	王秋菊	河北大学	硕士	2013 年
262	中国旅游主管部门官方微博营销的现状、问题与对策研究	刘春婷	蔡红	首都经济贸易大学	硕士	2013 年
263	“珠海政务微博”在地方政府公共舆论管理中的案例研究	张子集	谢梅	电子科技大学	硕士	2013 年
264	基于新浪微博的三峡游客旅游感知形象研究——一个内容分析法的视角	何芸	杨晓霞	西南大学	硕士	2013 年
265	微博舆论生成演变机制研究	于垒	阮建海	西南大学	硕士	2013 年

续表

序号	论文题名	研究生	导师	学位授予单位	学位	学位年度
266	基于用户分析的微博信息过滤研究	尹杰	张绍武	大连理工大学	硕士	2013年
267	微博谣言的传播模式及传播流程研究	朱慧鑫	刘悦坦	山东大学	硕士	2013年
268	论微博语境中我国公民新闻的新发展	宋慧丽	李欣人	山东大学	硕士	2013年
269	传播理念与媒介形态的共变关系研究	颜廷昆	冯炜	山东大学	硕士	2013年
270	微博议程设置研究	尹建华	刘玉平	山东大学	硕士	2013年
271	微博问政的发展研究	辛庆香	龙太江	湖南大学	硕士	2013年
272	基于微博的网络社区用户学术信息交互行为研究	王莹莉	阮建海	西南大学	硕士	2013年
273	“微时代”背景下的社会流行用语研究——以“微+X”结构为例	陈萌	吴春相	上海外国语大学	硕士	2013年
274	新媒体与传统媒体议程设置过程的比较研究	王蓓蕾	王玲宁	上海外国语大学	硕士	2013年
275	中文报纸官方新浪微博的使用现状及问题研究	叶啸	郭可	上海外国语大学	硕士	2013年
276	中文微博的情感分析和影响力技术研究	许斌	李弼程	解放军信息工程大学	硕士	2013年
277	微博热点话题预判技术研究	张思龙	罗军勇	解放军信息工程大学	硕士	2013年
278	微博热点话题发现方法研究	李永道	吉根林	南京师范大学	硕士	2013年
279	微博传播效果预测技术研究	李英乐	于洪涛	解放军信息工程大学	硕士	2013年
280	基于用户影响力的微博社区发现技术研究	王琛	陈庶樵	解放军信息工程大学	硕士	2013年
281	基于微博的信息传播建模与节点影响力研究	吴凯	季新生	解放军信息工程大学	硕士	2013年
282	基于话题传播的微博用户影响力分析	马俊	黄永忠	解放军信息工程大学	硕士	2013年
283	中国微博的媒介生态研究	庄瑜虹	彭祝斌	湖南大学	硕士	2013年
284	微博公益传播研究	张建峰	陈道珍	湖南大学	硕士	2013年
285	新时期我国政务微博的问题和对策分析	汪璐	孙友祥	湖北大学	硕士	2013年
286	微博上的公共事务意见领袖	童希	李良荣	复旦大学	硕士	2013年
287	微博新闻传播研究	王培明	张儒	中央民族大学	硕士	2013年
288	微博在高校思想政治教育中的应用研究	徐意祥	邓新洲	武汉工程大学	硕士	2013年
289	公共事件中微博传播研究	莫凤群	梁媛	湖南大学	硕士	2013年
290	我国政务微博建设存在的问题及其完善路径	宿德彪	梁丽芝	湘潭大学	硕士	2013年
291	网络反腐事件的舆论传播机制研究	王晓凤	阳美燕	湖南大学	硕士	2013年
292	微博用户的影响力分析	陈灿	冯好娣	山东大学	硕士	2013年
293	政府完善微博问政的对策研究	袁克	许玉镇	吉林大学	硕士	2013年
294	微博环境下城市形象传播研究——以武汉市为例	陈沁	荣建华	武汉纺织大学	硕士	2013年
295	当前中国政务微博初探	曲莉	周光辉	吉林大学	硕士	2013年
296	媒体人微博的议程设置研究	吴娜	刘坚	吉林大学	硕士	2013年
297	论微博新闻性信息的传播	张玉超	蒋蕾	吉林大学	硕士	2013年
298	从现象到镜像——微博拟态环境的构建探究	尹航	苏克军	吉林大学	硕士	2013年

续表

序号	论文题名	研究生	导师	学位授予单位	学位	学位年度
299	社会化媒体中的线索对用户内容分享的影响研究——基于信息行为视角	胡开远	刘渊	浙江大学	硕士	2013 年
300	中央媒体微博运营策略分析	肖江	林克勤	四川外国语大学	硕士	2013 年
301	基于微博的网络舆情引导功能研究	王宁	刘焕成	郑州大学	硕士	2013 年
302	基于微博情感分析的网络舆情热点发现模型研究	李炤	陈晓云	兰州大学	硕士	2013 年
303	微博舆论传播的生态治理	王婷	王学俭	兰州大学	硕士	2013 年
304	微博的社会舆论监督功能研究	焦晶玮	陈晓伟	郑州大学	硕士	2013 年
305	微博的思想政治教育功能及其实现研究	颜冰凤	邓卓明	西南大学	硕士	2013 年
306	微博新媒体在大学生思想政治教育中的运用与管理	甘小夏	杨江帆	福建农林大学	硕士	2013 年
307	微博转发研究	魏倩	张晓东	辽宁大学	硕士	2013 年
308	微博暴力现象研究	李立田	张晓东	辽宁大学	硕士	2013 年
309	微博的伦理解析	贺冰心	陈万求	长沙理工大学	硕士	2013 年
310	微博实名制的行政法分析	王绘雯	张杰 熊文钊	中央民族大学	硕士	2013 年
311	微文化背景下大学生思想政治教育问题与对策研究	李莉	欧阳光华	华中师范大学	硕士	2013 年
312	新媒体环境下的高校思政教育手段研究	杨纯婷	汪献平	上海师范大学	硕士	2013 年
313	高校微博的作用及改进方法研究	杨熙昌	魏炬	辽宁大学	硕士	2013 年
314	基于本体的微博话题发现与倾向性分析研究	王娟	王晓东	河南师范大学	硕士	2013 年
315	传统媒体微博话语权力研究——以部分南方系报刊新浪微博为例	阚乐乐	李名亮	上海师范大学	硕士	2013 年
316	谣言在微博中的传播研究	王艳蕊	刘立刚	中央民族大学	硕士	2013 年
317	微博与传统媒体行使舆论监督功能的合作模式研究	周欣	李名亮	上海师范大学	硕士	2013 年
318	我国政务微博的问题与对策研究	沈巧红	严定友	华中师范大学	硕士	2013 年
319	英美法律实践对我国微博名誉权保护的启示	王璐	施海渊	华东政法大学	硕士	2013 年
320	高校官方微博分析研究——基于985 高校	庞歆	李学静	重庆大学	硕士	2013 年
321	从意见领袖到信息廊桥——试论微博对意见领袖的拆解	肖夏	谭华孚	福建师范大学	硕士	2013 年
322	微博传播中话语类型与话语权关系之研究——以新浪微博为例	江素珍	谭华孚	福建师范大学	硕士	2013 年
323	基于六度分割理论和中心度识别微博网络的关键人物	李熙	宋文	西华大学	硕士	2013 年
324	突发公共事件的微博传播模式研究	秦雪星	林爱珺	暨南大学	硕士	2013 年
325	党报和都市报的官方微博比较研究	黎妮晓宇	林如鹏	暨南大学	硕士	2013 年
326	大学生微博使用现状调查及其对价值观影响研究	许夜	孙丽岩	大连医科大学	硕士	2013 年

续表

序号	论文题名	研究生	导师	学位授予单位	学位	学位年度
327	我国高校官方微博的现状和发展策略研究	黄德民	徐晓波	中南民族大学	硕士	2013 年
328	“7·23”动车事故中微博新媒体与传统媒体报道比较	常晔	杨翠芳	湖北大学	硕士	2013 年
329	公共危机事件中的微博传播及政府应对——以“5.26 深圳飙车案”为例	孟庆富	王卉	四川省社会科学院	硕士	2013 年
330	政务微博传播理念与互动策略研究	陈阳阳	曾建雄	暨南大学	硕士	2013 年
331	政务微博对政府形象塑造的影响研究	李悦	王秀红	湖北工业大学	硕士	2013 年
332	中国政务微博发展和对策研究——基于对政务微博关注度的调查	朱烟明	孙卫华	天津师范大学	硕士	2013 年
333	我国政务微博问题研究	刘礼瑶	锋	郑州大学	硕士	2013 年
334	基于社会网络分析的舆情管理研究	张璇	任明仑	合肥工业大学	硕士	2013 年
335	基于微博的档案信息服务研究	谢军	陈勇	广西民族大学	硕士	2013 年
336	微博叙事中的社会图景——基于新浪微博“微话题”的研究	樊蕾	丁钢	华东师范大学	硕士	2013 年
337	新媒介情境视角下的互动传播与社会动员——以“微博救助”现象为例分析	梁俊民	陈虹	华东师范大学	硕士	2013 年
338	微博对新闻传播的影响与传统媒体应对	梁璐	王倩	山东师范大学	硕士	2013 年
339	电视媒体与社交媒体互动研究——以微博为例	庞胜楠	李茂民	山东师范大学	硕士	2013 年
340	微博在突发事件中的舆论引导研究	周莉	殷俊	重庆工商大学	硕士	2013 年
341	基于沟通两个舆论场的政府官方微博运作研究	黄春芳	陈橹	南京理工大学	硕士	2013 年
342	优化危机事件中政务微博的传播功能的对策研究——以宁波镇海 PX 事件为例	陈雪晔	李瑞昌	复旦大学	硕士	2013 年
343	社会化媒体的信息流研究——以 sina 微博为例	宋笛	常庆	山东师范大学	硕士	2013 年
344	微博对政府的舆论监督作用研究	李淑斌	杨瑞萍	北京邮电大学	硕士	2013 年
345	微博舆论监督中的谣言传播及对策初探	陈阳洋	靖鸣	南京师范大学	硕士	2013 年
346	微博传播与公共领域	张黏	郭可	上海外国语大学	硕士	2013 年
347	微博上的城市形象传播——以上海、武汉和成都为例	王淼	张军芳	上海外国语大学	硕士	2013 年
348	突发事件中的微博主体研究	洪丹	于德山	南京师范大学	硕士	2013 年
349	微博用户的内容选择与自我呈现	张洋	贺建平	西南政法大学	硕士	2013 年
350	微博意见领袖影响力研究——以闾丘露薇的微博为例	霍黎阳	梁刚	北京邮电大学	硕士	2013 年
351	校园微博文化视野中的高校班级管理研究	卞薇	杨挺	西南大学	硕士	2013 年
352	微博时代大学生话语权现状及教育思考	杜乐	齐学红	南京师范大学	硕士	2013 年
353	微博中议程设置的实证研究	陈登辉	蔡敏	重庆工商大学	硕士	2013 年
354	微博舆情分析系统关键技术研究	谢乾龙	徐蔚然	北京邮电大学	硕士	2013 年

续表

序号	论文题名	研究生	导师	学位授予单位	学位	学位年度
355	微博传播中的伦理问题研究	史娜	柴艳萍	河北经贸大学	硕士	2013 年
356	微博对旅游产品购买意向影响研究	张慧	戴广忠	河北经贸大学	硕士	2013 年
357	移动微博持续使用行为影响因素研究	胡莹	尹涛	北京邮电大学	硕士	2013 年
358	网络群体性事件的微博舆论传播研究——以“杨达才事件”的新浪微博舆论传播为例	武贵英	穆建刚	兰州大学	硕士	2013 年
359	微博图像传播研究	李幸霞	延百亮	郑州大学	硕士	2013 年
360	基于多主体的微博信息传播机制研究——以新浪微博为例	何瑜瑾	徐勇	华南理工大学	硕士	2013 年
361	基于微博平台的高校校园文化建设研究	何燕玲	谢梅	电子科技大学	硕士	2013 年
362	微博热点话题检测与趋势预测研究	姚海波	赵龙文	华南理工大学	硕士	2013 年
363	基于微博的网络舆情关键技术的研究与实现	单月光	张凤荔	电子科技大学	硕士	2013 年
364	基于隐含语义分析的微博热点话题发现策略	马雯雯	邓一贵	重庆大学	硕士	2013 年
365	微博对公共政策制定的影响研究	李珏	钱再见	南京师范大学	硕士	2013 年
366	高校图书馆微博服务研究	杨云飞	袁红卫	南京航空航天大学	硕士	2013 年
367	公安微博实证研究——以“平安北京”为例	刘朝欣	刘斌	中国政法大学	硕士	2013 年
368	微博舆论监督的功能与引导路径	杨贺	刘斌	中国政法大学	硕士	2013 年
369	微时代下的文化狂欢:聚焦微博的传媒社会学解读	曹嘉健	徐连明	华东师范大学	硕士	2013 年
370	微博对大学生学习和生活的影响研究	李江燕	董中锋	华中师范大学	硕士	2013 年
371	中文微博情感分析及其应用——以“食品安全”为例	陆宇杰	王仁武	华东师范大学	硕士	2013 年
372	微博话题追踪系统的研究与实现	刘彦伟	王根英	北京交通大学	硕士	2013 年
373	微博网络热点话题发现技术研究	刘洪君	刘云	北京交通大学	硕士	2013 年
374	微博用户行为与影响力分析系统的研究	胡建华	刘云	北京交通大学	硕士	2013 年
375	微博公益活动传播效果研究——以新浪微博为例	欧阳雪雪	罗源	西南政法大学	硕士	2013 年
376	“微博时代”独立学院大学生思想政治教育研究——以电子科技大学成都学院的实践为例	董涛	邓天雄	西南财经大学	硕士	2013 年
377	微博博主和信息特征对消费者行为影响研究	张媛伊	张大亮	浙江大学	硕士	2013 年
378	微博时代大学生话语权的实现困境及出路	郑立冬	李钢	北京邮电大学	硕士	2013 年
379	基于微博的用户兴趣分析与个性化信息推荐	王广新	王英林	上海交通大学	硕士	2013 年
380	基于微博用户兴趣的个性化信息推荐方法研究	周飞	张茹	北京邮电大学	硕士	2013 年
381	基于复杂网络的互联网舆情演化研究	李青	朱恒民	南京邮电大学	硕士	2013 年
382	权力微博主在品牌危机传播中的框架分析	卢晓晶	薛可	上海交通大学	硕士	2013 年
383	基于微博数据的用户影响力分析研究	沈崇玮	王柏	北京邮电大学	硕士	2013 年

续表

序号	论文题名	研究生	导师	学位授予单位	学位	学位年度
384	面向微博的事件检测算法研究	杨文漪	蔺志青	北京邮电大学	硕士	2013 年
385	微博事件的评论挖掘	周霄	李芳	上海交通大学	硕士	2013 年
386	网络新闻发言人及其政务微博运行影响因素研究——以南京市、贵阳市为例	邵盈	姚欣保	上海交通大学	硕士	2013 年
387	新新媒介环境下的名人网络危机传播:危机公关策略与效果研究——以“方韩论战”为例	周弛	张国良	上海交通大学	硕士	2013 年
388	基于复杂社会网络的微博传播实证研究	贾原	吕廷杰	北京邮电大学	硕士	2013 年
389	移动微博客户端用户发布行为意愿影响因素研究——基于动机理论及需求技术匹配理论的整合模型	许筠芸	刘渊	浙江大学	硕士	2013 年
390	网络问政视野下的政务微博传播效果研究——以新浪微博平台“上海发布”为例	李志翔	葛卫华	上海交通大学	硕士	2013 年
391	基于微博的热点事件挖掘与情感分析	王政霄	黄征	上海交通大学	硕士	2013 年
392	基于微博社会网络的用户兴趣模型研究	仇钧	刘功申	上海交通大学	硕士	2013 年
393	微博用户选择并再传视频新闻的影响因素研究——以新浪微博为平台的量化研究	徐旭	童清艳	上海交通大学	硕士	2013 年
394	微博新闻的再传机制研究——以电视新闻节目《东方直播室》在新浪微博中的传播为例	凌洁	童清艳	上海交通大学	硕士	2013 年
395	基于复杂网络的微博信息传播模型研究	徐腾龙	马彪	东华大学	硕士	2013 年
396	微博话题检测与跟踪方法研究	冯雪坪	李芝棠	华中科技大学	硕士	2013 年
397	基于中文微博的情感分析研究	徐帅	文坤梅	华中科技大学	硕士	2013 年
398	一种基于微博的信息传播模型及在股票价格预测中的应用	贾世达	陈平	西安电子科技大学	硕士	2013 年
399	基于微博的热点话题发现	孙励	王小捷	北京邮电大学	硕士	2013 年
400	基于社会化信息觅食的社会化网络搜索研究	张晶	侯文君	北京邮电大学	硕士	2013 年
401	新浪微博受众的“使用与满足”研究	张晓霞	梁刚	北京邮电大学	硕士	2013 年
402	政务微博可信度的影响因素——基于信源、受众视角的实验研究	毕晟	李晓静	上海交通大学	硕士	2013 年
403	公民网络政治参与问题研究——以微博问政为例	张琳琳	唐云锋	浙江财经学院	硕士	2013 年
404	基于微博用户行为的数学建模和数据分析	尹子斌	张娅	上海交通大学	硕士	2013 年
405	中文微博的话题检测及微博预警	谢婧	刘功申	上海交通大学	硕士	2013 年
406	基于社交媒体的沟通管理研究	洪彬	周军 侯晓帆	上海交通大学	硕士	2013 年
407	微博使用者在线桥接型社会资本获得的差异性研究	李荣	薛可	上海交通大学	硕士	2013 年
408	基于用户关系分析和微博内容挖掘的信息推荐系统研究	王熙	蔺志青	北京邮电大学	硕士	2013 年

续表

序号	论文题名	研究生	导师	学位授予单位	学位	学位年度
409	微博舆情热点检测与跟踪方法研究	罗磊	王荣波	杭州电子科技大学	硕士	2013 年
410	社交网络的个性化推荐	丁晓军	陈光	北京邮电大学	硕士	2013 年
411	微博公共领域视角下的政务微博发展思考	崔德霞	黄军甫	东华大学	硕士	2013 年
412	基于微博平台的突发事件管理研究	陈诺	李钢	北京邮电大学	硕士	2013 年
413	系统分析视域下政务微博的回应性研究	李爽	张健	苏州大学	硕士	2013 年
414	大学生微博使用与主观幸福感关系研究	何晓渝	阮建海	西南大学	硕士	2013 年
415	微博网络舆论中的意见领袖分析及挖掘	张翔	冯奕兢	南京师范大学	硕士	2013 年
416	基于互联网的客户服务体系研究	李娜	唐守廉	北京邮电大学	硕士	2013 年
417	微博舆论监督问题研究	席伟	邢乐勤	浙江工业大学	硕士	2013 年
418	微博对大学生思想政治教育工作的作用研究	董晓飞	刘明良	湖南农业大学	硕士	2013 年
419	论微博围观环境下司法公正的实现——以药家鑫案为例进行的分析	李海峰	李爱荣	广东财经大学	硕士	2013 年
420	突发事件网络舆情演变与政府引导研究	曹露	计卫舸	河北科技大学	硕士	2013 年
421	社交网络使用与政治功效意识之关联——乌坎事件为例	左萌	韩隽	西北大学	硕士	2013 年
422	公共政策视角下网络舆情治理研究	冀旭妍	谢中起	燕山大学	硕士	2013 年
423	微博在高中文言文教学中的应用策略	杨铮	孙卫华 王建国	河北大学	硕士	2013 年
424	基于微博的高中语文阅读问题化教学设计与实践研究	李亚欣	郑颖立 王玉芹	河北大学	硕士	2013 年
425	面向微博用户的潜在兴趣分析	吴美晶	丁宇新	哈尔滨工业大学	硕士	2013 年
426	中文微博实体链接方法研究	官山山	王晓龙 陈清财	哈尔滨工业大学	硕士	2013 年
427	微博网络的中心节点评估与社区发现方法研究	徐杨	蒙祖强	广西大学	硕士	2013 年
428	社会化媒体突发热点事件检测及其可信度分析方法研究	刘呈祥	徐睿峰	哈尔滨工业大学	硕士	2013 年
429	微博视角下的大学生思想政治教育工作研究	夏毅	高明	南京工业大学	硕士	2013 年
430	“研判、控制和反馈一体化”的突发事件政务微博应对机制研究——以“上海发布”为例	邵祺翔	张学兵 李瑞昌	复旦大学	硕士	2013 年
431	改进我国政务微博建设工作研究	冯俊峰	何云峰 赵永峰	上海师范大学	硕士	2013 年
432	微博网络爬行器技术研究与实现	郭颖为	刘小华	吉林大学	硕士	2013 年
433	新媒体时代大学生网络政治参与研究	阳旺	杨小云	湖南师范大学	硕士	2013 年
434	成都教育“微博问政”的案例研究	林迪	谢梅	电子科技大学	硕士	2013 年
435	网络时代的政治参与——基于微博政治现象的分析	黄天一	靳继东	东北财经大学	硕士	2013 年

续表

序号	论文题名	研究生	导师	学位授予单位	学位	学位年度
436	政府微博对政府形象塑造研究	王琴	史达	东北财经大学	硕士	2013 年
437	网络外部性对微博持续使用的影响：主观规范的调节作用	孟宇星	徐健	东北财经大学	硕士	2013 年
438	信息化与海关公共服务提供的路径探索——以福州海关 12360 服务平台为例	王枫	唐贤兴	复旦大学	硕士	2013 年
439	中文微博的话题相关性分析研究	胡长龙	王挺	国防科学技术大学	硕士	2013 年
440	面向微博文本的命名实体识别	姜仁会	王挺 唐晋韬	国防科学技术大学	硕士	2013 年
441	基于微博的专家用户搜索关键技术研究	涂宏魁	王晓东	国防科学技术大学	硕士	2013 年
442	特定话题域的微博用户影响力研究与实现	邹雪晴	方滨兴 贾焰	国防科学技术大学	硕士	2013 年
443	政府应对突发事件舆论引导研究	陈明	赵振宇	华中科技大学	硕士	2013 年
444	微博数据分析及可视化展示系统的设计与实现	刘璐	史清华	山东大学	硕士	2013 年
445	微博在大学英语教学中的应用——以英语口语为例	曹静	吴志芳	武汉理工大学	硕士	2013 年
446	媒体在食品安全事件报道中的角色差异分析——以“工业明胶毒胶囊”事件为例	任重	韦路	浙江大学	硕士	2013 年
447	试论微博言论自由的合理规制	黄心灵	陆永胜	苏州大学	硕士	2013 年
448	基于协商民主的网络群体性事件治理研究	许敏	吴湘玲	武汉大学	硕士	2013 年
449	微博僵尸粉识别技术研究与实现	赵岩	周斌	国防科学技术大学	硕士	2013 年
450	面向网络舆情的微博用户影响力分析	方超	李爱平	国防科学技术大学	硕士	2013 年
451	微博言论下的人格权保护	黄艳芳	侯国跃	西南政法大学	硕士	2013 年
452	微博侵犯隐私权行为的法律规制——以侵权责任为视角	乔宇飞	苑书涛	西南政法大学	硕士	2013 年
453	一体化网络问政平台的设计与实现	辛欣	符红光 昉	电子科技大学	硕士	2013 年
454	政务微博对青年群体的社会动员研究	甄妤	蒋昌建	复旦大学	硕士	2013 年
455	微博内容过滤技术的研究与实现	阳东升	吴清锋	厦门大学	硕士	2013 年
456	中文微博子话题构建技术研究与实现	陈儒华	贾焰	国防科学技术大学	硕士	2013 年
457	微博开放领域的事件抽取	高金菊	冯剑琳	中山大学	硕士	2013 年
458	基于云计算平台与新浪微博的信息系统设计与实现	曾竞超	毛明志	中山大学	硕士	2013 年
459	新媒体环境下的舆论监督规范化问题研究	唐毅	杨选良	西北大学	硕士	2013 年
460	国内政府机构微博的分析研究	章璐	杨九龙	西北大学	硕士	2013 年
461	基于“把关人”理论的微博谣言防范和治理研究	田瑛	曹蓉	西北大学	硕士	2013 年
462	基于微博的网络热点发现研究	李岩	韩斌	江苏科技大学	硕士	2013 年
463	探寻作为公共空间的微博背后的美学意义	杨燕	赵小雷	西北大学	硕士	2013 年
464	论微博兴起对我国政府信息公开的影响及对策	顾方	刘文瑞	西北大学	硕士	2013 年

续表

序号	论文题名	研究生	导师	学位授予单位	学位	学位年度
465	微博舆论传播研究	周烨	韩强	新疆大学	硕士	2013年
466	名人微博研究——以新浪微博为例	崔鹏	张羽	西北大学	硕士	2013年
467	微博文化雏形探析	王丽娜	郑萍	西北大学	硕士	2013年
468	微博影响力分析算法与个性化推荐系统的设计与实现	国洪文	刘晓霞	西北大学	硕士	2013年
469	新媒体语境下公益活动的传播机制和效果研究——以“免费午餐”为例	刘荔	曾建雄	暨南大学	硕士	2013年
470	微博语境下的公民政治参与研究	包和平	俞德鹏	宁波大学	硕士	2013年
471	新媒体环境下的政治沟通——以杨浦区政务微博为例	叶宁	沈逸	复旦大学	硕士	2013年
472	“随手拍”传播现象研究	龙琦	周建青	华南理工大学	硕士	2013年
473	微博意见领袖的影响力形成与扩散——以欧莱雅新浪微博为例	刘书庭	程士安	复旦大学	硕士	2013年
474	关于纸媒对微博的使用及内容构建的调研报告——以《人民日报》微博为例	甘玲婧	谢静 沈泓	复旦大学	硕士	2013年
475	微博对政务信息发布的影响研究——以乌兰察布市为例	鲁宇	王芳	内蒙古大学	硕士	2013年
476	微博在传统纸媒转型中的作用研究	王昭	刘海贵	复旦大学	硕士	2013年
477	传统媒体介入微博后对中国舆论场的影响——以“人民日报微博”为例	王悦	张涛甫 杨宇东	复旦大学	硕士	2013年
478	自媒体时代旅游目的地危机管理研究	娄晓凤	侯志强	华侨大学	硕士	2013年
479	微博在大学生思想政治教育中的应用研究	宁廷国	段勇	江西理工大学	硕士	2013年
480	微博热点话题发现技术研究	田芳	柏建普	内蒙古科技大学	硕士	2013年
481	突发公共事件在微博中的传播研究——以2012年北京“7·21”暴雨为例	尹翠莉	万生云	内蒙古大学	硕士	2013年
482	微博交往对大学生思想政治教育功能的影响及对策研究	陈哲	赵恩平	北京化工大学	硕士	2013年
483	评价理论视角下微博语篇的态度意义研究	王盈盈	杨林秀	山西大学	硕士	2013年
484	伦敦奥运微博传播应用研究	赵明明	郝全梅 齐峰	山西大学	硕士	2013年
485	山西省政务微博规范化研究	郭佳	李彩霞 焦中栋	山西大学	硕士	2013年
486	政府微博传播研究	甘新素	曾南权	南昌大学	硕士	2013年
487	微博网站中面向主题的权威信息搜索技术研究	杨平	王丹	北京工业大学	硕士	2013年
488	基于混合特征的微博信息分类方法研究	高翔	刘磊	北京工业大学	硕士	2013年
489	面向微博的消费意图识别	焦扬	刘挺	哈尔滨工业大学	硕士	2013年
490	微博新词发现研究	苏其龙	刘秉权	哈尔滨工业大学	硕士	2013年
491	微博内容对移动应用销售的影响研究	李开	孙文俊	哈尔滨工业大学	硕士	2013年
492	基于社交媒体的人物分析技术研究	苗振兴	王宇颖	哈尔滨工业大学	硕士	2013年

续表

序号	论文题名	研究生	导师	学位授予单位	学位	学位年度
493	微博信息传播技术研究	陈斌	徐志明	哈尔滨工业大学	硕士	2013 年
494	“依法借媒”:底层民众维权的新路径	胡珊	邱新有	江西师范大学	硕士	2013 年
495	微博:信息博弈与政治信任的重构策略——以温州动车事故为例	陈旻	邱新有	江西师范大学	硕士	2013 年
496	微博舆论传播的复杂网络研究	贺涛	李卫东	华中科技大学	硕士	2013 年
497	《南方都市报》新浪官方微博个案分析	李菡	钟瑛	华中科技大学	硕士	2013 年
498	微博话语失范及其对策研究	黄玉云	肖燕雄	湖南师范大学	硕士	2013 年
499	新时期我国微博伦理现象及解决路径研究	李秋芳	张怀民	武汉理工大学	硕士	2013 年
500	零度偏离理论视角下的微博修辞研究	陶金	刘本臣	渤海大学	硕士	2013 年
501	自媒体新闻传播对传统新闻传播的解构与重塑	杜蓉	赵文晶	渤海大学	硕士	2013 年
502	品牌微博的来源可信度、顾客价值与购买意愿的关联性研究——以品牌依恋为影响变量	陈思名	姚作为	中共广东省委党校	硕士	2013 年
503	微博客的哲学解构——以新浪微博为例	王冲冠	侯力	华南理工大学	硕士	2013 年
504	社会化媒体下的个人品牌传播研究	陈滢	张品良	江西财经大学	硕士	2013 年
505	微博人际互动中的符号自我	付静	曹进	西北师范大学	硕士	2013 年
506	公共领域视角下政务微博的发展研究	陈靓	汪青云	江西师范大学	硕士	2013 年
507	中文微博数据净化与情感倾向分析技术的研究与实现	王琳	王大玲	东北大学	硕士	2013 年
508	微博问政视野下的我国政府公共危机管理机制研究	孔立萍	姚蕾	宁波大学	硕士	2013 年
509	基于微博客的需求检测与性格分析的研究	王亮	张俐	东北大学	硕士	2013 年
510	大众媒介与健康教育的互动机制研究	叶俊	何村	渤海大学	硕士	2013 年
511	微博平台下电子政务创新研究	王天宜	夏露	湖北工业大学	硕士	2013 年
512	官员微博发展趋势研究	张文娟	刘宝林 袁文丽	山西大学	硕士	2013 年
513	“两会”政务微博研究	涂莎	林兴发	湖北工业大学	硕士	2013 年
514	主流纸媒建构微博形象研究	刘军宏	赵文晶	渤海大学	硕士	2013 年
515	微博传播对社会舆论格局的影响	陈铁夫	付玉辉 林喦	渤海大学	硕士	2013 年
516	微博论——基于人际传播理论下的微博研究	熊丽	马立军	陕西科技大学	硕士	2013 年
517	微博的文化越轨探析	王磊	谢晖	广西师范学院	硕士	2013 年
518	微博控制机制研究	解婷	易奇志	广西师范学院	硕士	2013 年
519	食品安全类公共事件在微博中的传播状况	胡瑛	林新	江西财经大学	硕士	2013 年
520	社区关键节点发现与传播路径模式研究	陈冠全	刘惠 王志鹏	西安电子科技大学	硕士	2013 年
521	抗争事件的微博传播分析	陶莉莉	朱春阳	复旦大学	硕士	2013 年
522	基于微博的移动学习在课程教学中的应用研究	朱阳莉	孙莅文	云南师范大学	硕士	2013 年

续表

序号	论文题名	研究生	导师	学位授予单位	学位	学位年度
523	基于影响力传播的中文微博意见领袖挖掘算法的研究与实现	杨卓	王大玲	东北大学	硕士	2013 年
524	我国政府应对微博谣言的策略研究	刘涛	陈德权	东北大学	硕士	2013 年
525	面向微博事件流的话题检测与追踪技术研究与实现	徐伟丽	王大玲	东北大学	硕士	2013 年
526	网络舆情情感分析系统的设计与实现	刘红玉	刘丹	电子科技大学	硕士	2013 年
527	传统媒体在线官博的发展现状及其发展对策——以《中国青年报》腾讯官方微博为例	曾文波	刘畅	中国青年政治学院	硕士	2013 年
528	2012 年新浪微博科普新闻观察与分析	周晓丹	高炜	内蒙古大学	硕士	2013 年
529	意见领袖在微博社会动员中功能研究	杨拓	马强	内蒙古大学	硕士	2013 年
530	传言话语的语体学研究——以微博转发为例	徐梦辰	刘大为	复旦大学	硕士	2013 年
531	政务微博内容管理研究——以“南湖宣传”为例	杨懿泓	郭俊华	上海交通大学	硕士	2013 年
532	论网络公共领域的建构和发展——以新浪微博为例	卢锡飞	韦路	浙江大学	硕士	2013 年
533	从动态流谈新浪微博的价值挖掘	傅彦	徐敏	浙江大学	硕士	2013 年
534	微博环境下大学生媒介素养研究	周家雅	徐蓉	复旦大学	硕士	2013 年
535	信息时代媒介影响力研究——理论基础与概念模型	孔柳	邓鹏	云南师范大学	硕士	2013 年
536	微博用户关系网络演化特性的初步研究	高民胜	卢罡	北京化工大学	硕士	2013 年
537	微博时代我国政府新闻发言人制度研究	李喆	张玉田	北京体育大学	硕士	2013 年
538	论社会媒体对中国治理的影响——以小悦悦事件微博热议为例	叶尔郎·马季耶夫	刘淑华	复旦大学	硕士	2013 年
539	基于亲子网络的创新扩散：大学生与父母微博认知采纳的实证研究	胡雨濛	吴飞	浙江大学	硕士	2013 年
540	一种基于支持向量机的垃圾微博识别方法	陈欣	郑啸	安徽工业大学	硕士	2013 年
541	社会网络新媒体的信息获取与情感分类关键技术研究及实现	刘邵博	高凯	河北科技大学	硕士	2013 年
542	论微博问政在社会管理创新中的应用	伊玫瑰	肖文涛	福建师范大学	硕士	2013 年
543	我国“微博问政”研究	张莹	高新生	新疆大学	硕士	2013 年
544	危机传播中政府、媒体、公众互动关系研究——以 7·23 温州动车事故为例	丁孟醒	罗忆	新疆大学	硕士	2013 年
545	基于系统特性的微博内容贡献驱动因素研究	王莎莎	闵庆飞	大连理工大学	硕士	2013 年
546	试析新媒体语境下虚实交织的网络群体性事件发生机理及应对措施——以启东事件为例	秦汉	罗自文	中国青年政治学院	硕士	2013 年
547	云南突发事件中的微博舆论引导研究	徐海园	陈路	云南师范大学	硕士	2013 年

续表

序号	论文题名	研究生	导师	学位授予单位	学位	学位年度
548	大学生在现实情境下与微博平台中自我表露现象的比较研究	谷言	周宁	云南师范大学	硕士	2013 年
549	技术社会学视角下的网络新媒体研究——以微博在中国的发展为例	王玮	胡小安	南昌大学	硕士	2013 年
550	记者微博对传统媒体新闻生产的影响研究	张琼	黄小军	云南师范大学	硕士	2013 年
551	Web2.0 环境下在线社交网络信息传播仿真研究	赵文兵	朱庆华	南京大学	硕士	2013 年
552	我国网络体育新闻传播历史研究	徐延	程红	北京体育大学	硕士	2013 年
553	微博侵权现象研究	吕阳	刘寒娥	内蒙古大学	硕士	2013 年
554	微博实名制研究	赵曼	张丽萍	内蒙古大学	硕士	2013 年
555	基于文本分类技术的微博平台潜在客户挖掘	庞观松	蒋盛益	广东外语外贸大学	硕士	2013 年
556	情感标签在社交媒体文本分析中的应用	王昊	林鸿飞	大连理工大学	硕士	2013 年
557	媒介融合背景下腾讯 2012 年伦敦奥运会报道分析	关蓉	吴志强	北京体育大学	硕士	2013 年
558	信息处理、动机、信任:网络政治参与及其影响因素分析	王凌云	孙少晶	复旦大学	硕士	2013 年
559	自媒体环境下青年文化的发展研究	刘天龙	左伟清	华南理工大学	硕士	2013 年
560	微博中话语标记语“好吧”研究	刘娟娟	罗耀华	华中师范大学	硕士	2013 年
561	微博文体仿拟研究——以新浪微博为例	崔庆婕	郝明工	重庆师范大学	硕士	2013 年
562	基于密度模块的微博社区发现方法	张平	刘惟一	云南大学	硕士	2013 年
563	基于微博的热点发现与情感倾向分析	余伟成	周小兵	云南大学	硕士	2013 年
564	微博建构公共领域研究——以新浪微博为例	韩小伟	胡连利	河北大学	硕士	2013 年
565	环境灾害中微博舆论的传播特点及影响研究——以“武汉大雾事件”为例	刘麦	周莉	华中师范大学	硕士	2013 年
566	中国政务微博批评话语分析	王宏	王琳	海南大学	硕士	2013 年
567	从网络舆情监测系统看微博对舆论的影响	庄璐	金振邦	东北师范大学	硕士	2013 年
568	微博对于大学生政治社会化的影响及对策研究	杨孟鑫	李红权	东北师范大学	硕士	2013 年
569	SCool 校园微博舆情监测系统数据管理研究	李婧	刘志明	南华大学	硕士	2013 年
570	基于自动标注训练集的微博语料情感分类的研究	李圣楠	李雁翎	东北师范大学	硕士	2013 年
571	网络环境下品牌危机传播及其策略	乔智玉	杨海军	河南大学	硕士	2013 年
572	报纸媒体与微博融合研究	李喆	赵建国 吴建威	河南大学	硕士	2013 年
573	新浪微博对央视《新闻调查》影响研究	王嘉玉	郭常英	河南大学	硕士	2013 年
574	微博公益的传播性研究——以新浪微博为例	张媛	田大宪	陕西师范大学	硕士	2013 年

续表

序号	论文题名	研究生	导师	学位授予单位	学位	学位年度
575	儒家伦理的价值回归与微博社区的道德重塑——论儒家忠恕思想对微博伦理重建的启示	翟劼	吴锋	扬州大学	硕士	2013 年
576	我国政府对微博舆论的监督及引导研究	黄晨鸣	蔡春玲	西南财经大学	硕士	2013 年
577	中文微博话题检测跟踪方法研究和系统设计	吴泽宾	吴新玲	广东技术师范学院	硕士	2013 年
578	基于微博问政的社会冲突治理机制研究	唐旭	郭乃正 彭忠益	中南大学	硕士	2013 年
579	微博表达自由的权利冲突研究	王姣	顾瑞	辽宁师范大学	硕士	2013 年
580	利用微博平台推进高校思想政治教育研究	俞泽彬	欧元雕	安徽农业大学	硕士	2013 年
581	微博的社会功能与发展趋势研究	艾利丝	禹建湘	中南大学	硕士	2013 年
582	传播学视角下的名人微博骂战解析	刘明辉	钟虎妹	中南大学	硕士	2013 年
583	微博与都市报议题传散的时间架构比较研究	李浩钰	王晓生	中南大学	硕士	2013 年
584	吉林省政务微博的传播现状与问题	王蒙	徐伟东	东北师范大学	硕士	2013 年
585	官员微博传播研究——以新浪微博为例	冯伟	王国华	华中科技大学	硕士	2013 年
586	基于微博平台的用户推荐模型研究	崔晓龙	陈汉华	华中科技大学	硕士	2013 年
587	基于主题的微博社会网络关注机制研究	王小云	刘方明	华中科技大学	硕士	2013 年
588	基于移动网络的农业微博系统	冯兴俊	廖小飞	华中科技大学	硕士	2013 年
589	基于用户行为的微博信息传播模型研究	吕绍晨	甘早斌	华中科技大学	硕士	2013 年
590	网络新媒体环境下的两岸信息传播	王瑞琪	张昆	华中科技大学	硕士	2013 年
591	微博出版现状与前景研究	韩小乔	钟瑛	华中科技大学	硕士	2013 年
592	基于 GeM 模型的微博语篇结构研究	刘洁	徐国珍	杭州师范大学	硕士	2013 年
593	网络时代规划公众参与及其决策模式研究——以北京钟鼓楼整治项目为例	徐英夕	王红扬	南京大学	硕士	2013 年
594	论新媒体环境下政府建构公共话语空间的理念及策略	刘洁	叶皓	南京大学	硕士	2013 年
595	消费者参与微博推广活动的动机研究	徐静	常亚平	武汉纺织大学	硕士	2013 年
596	基于条件随机场的中文微博情感分析研究	王鸿飞	郝志峰	广东工业大学	硕士	2013 年
597	网络“扯淡”的光荣与现实——以“赵红霞”事件讨论为例	傅有美	段京肃	南京大学	硕士	2013 年
598	网络社会公民政治参与机制研究——以“微博问政”为例	程矗	范和生	安徽大学	硕士	2013 年
599	微博污染传播模型的研究与应用	代琳娜	石磊 卫琳	郑州大学	硕士	2013 年
600	论多媒体对微博传播的影响——一项以新浪微博为出发点的研究	曹婷	樊亚平	兰州大学	硕士	2013 年
601	传统媒体对微博舆情的引导分析	司新萍	王晓宁	郑州大学	硕士	2013 年

续表

序号	论文题名	研究生	导师	学位授予单位	学位	学位年度
602	新媒体格局下传统媒体从业者新闻理念与操作考察——以《昆明日报》和《都市时报》为研究对象	孙溢敏	孙信茹	云南大学	硕士	2013 年
603	政务微博建设对策研究——以监察政务微博为例	韩丛	费军	华中师范大学	硕士	2013 年
604	微博问政的政治学解读——以新浪微博为例	刘二娟	刘卫东	天津师范大学	硕士	2013 年
605	关于突发情况下政府微博信息发布的研究——以"北京 weibo 发布厅"政府微博为例	田甜	殷莉	天津师范大学	硕士	2013 年
606	从突发事件看微博舆论的集聚效应	李路	荣荣	天津师范大学	硕士	2013 年
607	网络谣言传播模式研究与对策探讨——以2012 年新浪微博为例	刘坤艳	殷莉	天津师范大学	硕士	2013 年
608	政务微博与政府执政能力建设问题研究	谭波	周仲秋	湖南师范大学	硕士	2013 年
609	美国驻华使馆政务微博话语探析——基于跨文化传播视角	肖君	刘九洲	华中师范大学	硕士	2013 年
610	纪检政务官方微博的实证研究	杨月	刘拥军	河北大学	硕士	2013 年
611	河北省省直机关政务微博影响力构建研究	万传亮	王俊杰	河北大学	硕士	2013 年
612	政务微博涉政事件信息发布所引发的网民意见研究	鲁丁晨	韩立新	河北大学	硕士	2013 年
613	信息时代社会管理的创新研究	李娜	郦全民	华东师范大学	硕士	2013 年
614	善治理论视角下的微博问政研究	窦乃杰	费军	华中师范大学	硕士	2013 年
615	边疆民族地区微博中的族群表达与族际交流——以内蒙古为例	于月	马强	内蒙古大学	硕士	2013 年
616	广东公安机关涉警网络舆情引导研究	李冀川	张树旺	华南理工大学	硕士	2013 年
617	基于计划行为理论的网络民族主义研究——以钓鱼岛事件为例	金晓红	牛盾	曲阜师范大学	硕士	2013 年
618	河北省在校大学生微博接触状况调查报告	温海靖	赵兵	河北大学	硕士	2013 年
619	基于微博平台的体育微公益及媒介影响机制研究	潘陈青	付晓静	武汉体育学院	硕士	2013 年
620	从伦敦奥运会看新浪体育微博现状与发展趋势	曹梦千	张江南	武汉体育学院	硕士	2013 年
621	基于标签的模糊匹配微博人脉挖掘算法	王莎	张连明	湖南师范大学	硕士	2013 年
622	党报新闻评论如何应对微时代——以"人民微评"为例	万晓娟	肖燕雄	湖南师范大学	硕士	2013 年
623	微博对平民话语空间的构建	李晓	田中阳	湖南师范大学	硕士	2013 年
624	微博用户影响力自动评估与微博分析系统实现	莫家勤	何婷婷	华中师范大学	硕士	2013 年
625	话题演变的在线方法研究	王斌	徐宁	武汉理工大学	硕士	2013 年
626	社交媒体数据查询处理及其性能测试	魏金仙	钱卫宁	华东师范大学	硕士	2013 年
627	"教育技术"微博圈知识扩散网络结构研究	谢园园	王忠华	华中师范大学	硕士	2013 年

续表

序号	论文题名	研究生	导师	学位授予单位	学位	学位年度
628	基于确定话题的相关微博观点分类研究	杨光照	徐东平	武汉理工大学	硕士	2013 年
629	微博社区用户体验与优化策略研究——以腾讯汽车微博社区为例	康迪	王秋菊	河北大学	硕士	2013 年
630	突发公共事件中微博传播的特点及应对策略	计冬梅	王秋菊	河北大学	硕士	2013 年
631	《@南都评论》微关系及其意见聚合现象研究	高倩楠	韩立新	河北大学	硕士	2013 年
632	网络评论专题“今日话题”特色与问题研究	杨琳	梁志林	河北大学	硕士	2013 年
633	微博对网络公共领域的建构与消解	王曦	王玉蓉	河北大学	硕士	2013 年
634	我国微博扩散普及的影响因素研究	崔婉虹	张浩达	河北大学	硕士	2013 年
635	健康类微博的发展困境与对策研究	韩晶	胡连利	河北大学	硕士	2013 年
636	微博“实名制”对网民意见表达影响研究	侯继冰	纪冰	河北大学	硕士	2013 年
637	广播电台与微博融合新平台——新浪微电台的发展研究	杨明静	魏燕智	河北大学	硕士	2013 年
638	新浪微博公共事件中的情感动员	卞大珺	陈龙	苏州大学	硕士	2013 年
639	微博舆情对社会公共事件的影响	陈音希	周挥辉	华中师范大学	硕士	2013 年
640	基于微博社区的网络信息集成服务研究	郑勇	王学东	华中师范大学	硕士	2013 年
641	基于主观倾向性分析的微博群体信息采集研究	肖琴	夏南强	华中师范大学	硕士	2013 年
642	基于亲密度及影响力的微博社交兴趣圈挖掘算法研究	曹坤宇	喻梅	天津大学	硕士	2013 年
643	公共领域在网络时代的建构研究——以微博为例	蒋红翠	段维	华中师范大学	硕士	2013 年
644	从混沌的微博信息到有序的情报收集	张磊	涂涛	西南大学	硕士	2013 年
645	自媒体时代网络草根名人的社会功能研究	朱咏竹	涂涛	西南大学	硕士	2013 年
646	博客侵权责任问题研究	周业海	孙毅 窦志国	黑龙江大学	硕士	2013 年
647	微博侵犯名誉权的法律分析	牛晓燕	申建平 刘文义	黑龙江大学	硕士	2013 年
648	民众网络话语权探析	周奂	李幸	华南理工大学	硕士	2013 年
649	微博亚文化与高校学生思想政治教育	闫玉亮	邓福庆	黑龙江大学	硕士	2013 年
650	利用微博加强高校网络舆论影响力的研究	梁铁楹	黎志强	兰州理工大学	硕士	2013 年
651	都市类报纸微博对提升报纸影响力研究——以《楚天都市报》、《武汉晚报》新浪微博为个案	李芳	胡远珍	湖北大学	硕士	2013 年
652	基于微博平台的信息推荐技术研究	朱亚涛	程学旗 刘金刚	首都师范大学	硕士	2013 年
653	政务微博的思想政治教育功能初探	冯晓淑	胡克培	华东政法大学	硕士	2013 年
654	传统媒体“微人才”激励机制研究	黄洁	刘社瑞	湖南大学	硕士	2013 年
655	热点网络舆情生成及传播模式分析研究	余君	陈峻俊	中南民族大学	硕士	2013 年

续表

序号	论文题名	研究生	导师	学位授予单位	学位	学位年度
656	微博新闻传播主体论	刘佳	彭菊华	湖南大学	硕士	2013 年
657	日媒在华官方微博跨文化传播策略研究——以“朝日新闻中文网”新浪官方微博为例	余晓辰	杨鹏	复旦大学	硕士	2013 年
658	我国电子政务发展中的微博问政研究	张云	滕世华	华东政法大学	硕士	2013 年
659	探析网络政治沟通中我国官员政务微博	盛惠莉	涂用凯	湖北大学	硕士	2013 年
660	基于复杂网络的政府微博传播模型研究——以北京市教委微博为例	杜蕊	冯兰英	山西师范大学	硕士	2013 年
661	微博与当代社会运动的革新——以微博打拐事件为例	符婉	张丽萍	内蒙古大学	硕士	2013 年
662	微博的著作权法律保护研究	齐小俊	滕丽	广东商学院	硕士	2013 年
663	微博议程设置功能研究	倪承英	庹继光	四川师范大学	硕士	2013 年
664	基于贝叶斯模型的微博虚假话题数据分析研究	陈慧	石冰	山东大学	硕士	2013 年
665	分布式、可扩展的实时微博搜索技术研究与实现	林立伟	禹晓辉	山东大学	硕士	2013 年
666	基于偏好的微博信息传播研究	王金辉	张伟 贺利坚	烟台大学	硕士	2013 年
667	社会化媒体在中美社会动员中的作用比较研究	田璐璐	马强	内蒙古大学	硕士	2013 年
668	《舌尖上的中国》微博传播现象研究	王文静	徐朝信	辽宁大学	硕士	2013 年
669	辽宁省公安微博运行情况及发展前景	孙一	文然	辽宁大学	硕士	2013 年
670	危机应对中的政府微博传播——以“北京7·21暴雨”为研究对象	李帅帅	宋玉书	辽宁大学	硕士	2013 年
671	公共危机传播中网络舆情演变研究——以药品安全事件“问题胶囊”为例	王宇佳	张晓东	辽宁大学	硕士	2013 年
672	基于流动空间的长三角城市社交联系研究	刘朝青	钱智	上海师范大学	硕士	2013 年
673	基于移动终端的微博软件的设计与实现	陈武	詹惠琴	电子科技大学	硕士	2013 年
674	微博事件的卷入度研究——以上海地区用户分层为例	江颖红	郑欢	上海师范大学	硕士	2013 年
675	微博实名制法律问题初探	仵荷青	陈根发	中国社会科学院研究生院	硕士	2013 年
676	基于微博载体的思想政治教育研究	李志超	张传辉	东北林业大学	硕士	2013 年
677	微博著作权行政保护研究	马文浩	周俊强	安徽师范大学	硕士	2013 年
678	“自媒体”时代审美心理探析	徐丹丹	姚文放	扬州大学	硕士	2013 年
679	网络信息时代公共领域重构研究	杨鑫	张翠梅	哈尔滨工程大学	硕士	2013 年
680	我国政府社会管理中的微博运用研究	杨艳群	雷鸣	湖南大学	硕士	2013 年
681	微博问政研究	官文	张爱军	辽宁师范大学	硕士	2013 年
682	自媒体时代政府危机传播的机理分析及应对——基于对近期若干公共事件的考察	华夏	白艳莉	华东政法大学	硕士	2013 年
683	自媒体时代下政府信息公开研究	杨煜麒	蔡琼	中南民族大学	硕士	2013 年

续表

序号	论文题名	研究生	导师	学位授予单位	学位	学位年度
684	新浪微博分享按钮移动版和集体微博组件设计	任颢	杨雄勇 于浩	湖南大学	硕士	2013 年
685	论媒介融合困局与应对方略——以《华西都市报》新媒体产品为例	成欣萌	赵志立	四川省社会科学院	硕士	2013 年
686	微博对公共话语空间的建构	陈佩	胡远珍	湖北大学	硕士	2013 年
687	微博语境下公民新闻认识研究	文晓欢	郭赫男	四川外国语大学	硕士	2013 年
688	我国微公益发展研究	王睿	江正平	兰州大学	硕士	2013 年
689	“@新华视点”新浪微博社会功能研究	徐佳婷	李东	辽宁大学	硕士	2013 年
690	微博“类聚”现象研究	周静文	宋妍	辽宁大学	硕士	2013 年
691	微博直播庭审的利弊分析——以新刑诉法司法解释第二百四十九条为对象	周敏	韩旭	四川省社会科学院	硕士	2013 年
692	武汉市政务微博发展现状及对策研究——以武汉市公安微博为例	黄楚	王秀红	湖北工业大学	硕士	2013 年
693	微博与大学生政治参与	温波	方世南	苏州大学	硕士	2013 年
694	论微博对突发性社会群体事件舆论导向的影响	旺亚星	吴彦杰	长春工业大学	硕士	2013 年
695	新媒体背景下高校思想政治教育有效性研究	周慧敏	张云	华东师范大学	硕士	2013 年
696	基于主题模型的微博推荐系统研究	谢昊	江红	华东师范大学	硕士	2013 年
697	关于微博热点的 WEB 挖掘研究	黄振龙	郑骏	华东师范大学	硕士	2013 年
698	新媒体环境下生活服务类报纸发展探析——以《精品购物指南》和《新报》为例	张莉	徐朝信	辽宁大学	硕士	2013 年
699	分裂与统一：媒介话语中的“官方”与“民间”——以大众媒介对温州动车事故的报道为例	杨丽娇	孙玮	复旦大学	硕士	2013 年
700	微博图片的传播效果研究	范睿一	段维	华中师范大学	硕士	2013 年
701	从使用与满足理论探析传统杂志与微博的跨媒体合作——以《Vista 看天下》和新浪微博为例	侯晓文	常庆 吉保邦	山东师范大学	硕士	2013 年
702	微博语言性别差异研究——以大学生微博为例	江锦强	陈维振	福建师范大学	硕士	2013 年
703	新媒体环境下的政府舆论引导工作研究	易宁	苟欣文	重庆工商大学	硕士	2013 年
704	网络环境下公共话语空间的构建——以微博为视角	高明	常庆	山东师范大学	硕士	2013 年
705	网络环境下个体事件向公共事件演变研究	刘肇坤	李珮	西南政法大学	硕士	2013 年
706	微博问政研究	张荣光	冯春	西南政法大学	硕士	2013 年
707	新媒体下的数字漫画——以微博中的数字漫画为例	罗曦	容旺乔	南京师范大学	硕士	2013 年
708	微博对我国公民意识的构建机制研究——由方韩论战引发的思考	甘刘林	罗源	西南政法大学	硕士	2013 年

续表

序号	论文题名	研究生	导师	学位授予单位	学位	学位年度
709	二元话语博弈中的谣言传播与治理	王亚同	赵中颉	西南政法大学	硕士	2013 年
710	自媒体人际传播中隐私意识研究——以新浪微博用户为研究对象	张月	李韧	西南政法大学	硕士	2013 年
711	微传播时代媒体把关人效果研究	杨皓	罗源	西南政法大学	硕士	2013 年
712	论微博意见领袖在网络群体性事件中的作用	孙兆琪	陈笑春	西南政法大学	硕士	2013 年
713	社会学视角下的微博虚拟社区研究——以新浪微博为例	韩拥兵	张诗蒂	西南政法大学	硕士	2013 年
714	微博内作弊和推广联盟的检测算法研究	朱少萍	张宪超	大连理工大学	硕士	2013 年
715	嘲讽微博民主:精英与草根的分野——以新浪微博为例	熊健	程德安	西南政法大学	硕士	2013 年
716	微博与传统媒体互动对我国公共领域的构建	缪芸	赵中颉	西南政法大学	硕士	2013 年
717	论微博生态下的大众话语权	张利娟	柯泽	西南政法大学	硕士	2013 年
718	论微博转发对媒介生态环境的影响	刘旎舟	罗小萍	西南政法大学	硕士	2013 年
719	论微博实名制对公民监督权的消极影响	陶锡雯	贺日开	南京师范大学	硕士	2013 年
720	基于微博的网络突发事件分析研究	李卉	周延泉	北京邮电大学	硕士	2013 年
721	基于用户行为和关系的微博 Spam 问题研究	李泰	张闯	北京邮电大学	硕士	2013 年
722	微博语境下的出版自由	王谦珑	葛明珍	山东大学	硕士	2013 年
723	微博客在电子政务平台中应用的研究	王越	王德宠	北京邮电大学	硕士	2013 年
724	移动社交网络的传播学研究	张晓瑞	刘正荣	北京邮电大学	硕士	2013 年
725	微博侵权法律规制研究	刘杨	马一	山东大学	硕士	2013 年
726	微博作品的版权保护研究	陆晶晶	张耕	西南政法大学	硕士	2013 年
727	微博的著作权分析	李越	郑文科	首都经济贸易大学	硕士	2013 年
728	微博传播模式下的公共危机管理挑战	周格羽	周晓丽	中央民族大学	硕士	2013 年
729	政府网络舆情管理存在的问题及对策研究	牛芳	宋才发	中央民族大学	硕士	2013 年
730	微博对行政决策负面影响的防控研究	王迁	刘智勇	电子科技大学	硕士	2013 年
731	和谐社会视角下微博公益传播探析——以新浪微博为例	蔡靓	岳晓华	广西大学	硕士	2013 年
732	一种基于贝叶斯的微博隐私检测方法研究	江智双	刘杰	哈尔滨工程大学	硕士	2013 年
733	社会网络的信息传播规律研究	易成岐	薛一波	哈尔滨理工大学	硕士	2013 年
734	记者微博的特点、价值、问题与发展研究	罗绮	樊亚平	兰州大学	硕士	2013 年
735	政务微博写作研究	王亮	张永明	长春理工大学	硕士	2013 年
736	律师微博的作用及规范——以在新浪微博开设的律师微博为对象	刘家川	刘斌	中国政法大学	硕士	2013 年
737	工商政务微博构建中存在的问题及其完善——以太仓工商政务微博为例	孙远	钱玉英	苏州大学	硕士	2013 年
738	新浪微博客户的数据聚类分类研究	郭晓彤	赵丹亚	首都经济贸易大学	硕士	2013 年
739	基于可用性工程的微博网站评价方法研究	马海燕	马峻	首都经济贸易大学	硕士	2013 年
740	新浪微博谣言传播模型及免疫方法研究	刘冠秀	黄新力	华东师范大学	硕士	2013 年

续表

序号	论文题名	研究生	导师	学位授予单位	学位	学位年度
741	微博用户群体结构挖掘算法分析研究	王越	孙玉 刘云	北京交通大学	硕士	2013年
742	基于LDA的微博服务专家定位方法研究	张波	贺樑	华东师范大学	硕士	2013年
743	微博消息传播模型和预测机制研究	施亚	王根英	北京交通大学	硕士	2013年
744	微博网络的传播模型和观点演化趋势研究	张文杰	穆海冰	北京交通大学	硕士	2013年
745	社会化媒体——微博在新媒体艺术时代下大众化趋势	张意林	李波	大连工业大学	硕士	2013年
746	微博对组织内领导力提升的影响研究	隋岚	郭玉锦	北京邮电大学	硕士	2013年
747	微时代下网络舆情的议程互动分析	李毅华	张庆梅	西北大学	硕士	2013年
748	基于异源数据的微博好友推荐	吴燕清	卜佳俊 王灿	浙江大学	硕士	2013年
749	基于PSO-KHM聚类的微博舆情预警系统的研究与实现	张奇	孙国梓	南京邮电大学	硕士	2013年
750	微博中智能化用户推荐系统的研究和应用	程允彪	徐从富	浙江大学	硕士	2013年
751	微博消息影响力评估及最大化算法研究	于淼	杨武	哈尔滨工程大学	硕士	2013年
752	基于用户关系链的微博收听推荐系统设计与实现	汪晔	沈刚	华中科技大学	硕士	2013年
753	分布式微博采集系统的设计与实现	杨一帆	黑晓军	华中科技大学	硕士	2013年
754	基于投票的微博用户影响力量化算法WeiRank的设计与实现	谢达	李芝棠	华中科技大学	硕士	2013年
755	基于复杂网络的微博影响力研究	郑涛	马建峰	西安电子科技大学	硕士	2013年
756	微博客的审美价值及其青年审美教育	王晨冰	赵伯飞	西安电子科技大学	硕士	2013年
757	基于维基百科的微博文本语义概念扩展研究	赵文静	王宇平	西安电子科技大学	硕士	2013年
758	基于微博的主题社区发现	何翔	顾春华	华东理工大学	硕士	2013年
759	基于语义角色标注的微博人物关系抽取	廉营	王轩	哈尔滨工业大学	硕士	2013年
760	微博客主题分类的特征扩展方法	吕向楠	陈清财	哈尔滨工业大学	硕士	2013年
761	基于倒排索引的微博话题检测	刘红雨	陈清财	哈尔滨工业大学	硕士	2013年
762	微博客话题检测的研究与实现	郑磊	王轩	哈尔滨工业大学	硕士	2013年
763	一种基于用户倾向的微博好友推荐算法	施少怀	王轩	哈尔滨工业大学	硕士	2013年
764	基于在线学习的微博过滤技术研究	曾凡虎	宁慧	哈尔滨工程大学	硕士	2013年
765	基于微博引用的个性化推荐	朱帅	陈光	北京邮电大学	硕士	2013年
766	微博中的热点话题分析	李晓宁	陈光	北京邮电大学	硕士	2013年
767	微博新闻话题的情感分析研究	侯小可	赵文清	华北电力大学	硕士	2013年
768	微博信息获取与传播模型研究	贺岩	马建峰	西安电子科技大学	硕士	2013年
769	基于微博的社区挖掘和节点评估	徐饶	郭军	北京邮电大学	硕士	2013年
770	试论微博时代的公共危机管理——以“温州7·23动车追尾事故”为例	木忠诚	张华青	复旦大学	硕士	2013年
771	微博对高校思想政治教育的影响研究	洪丹	余荣华	杭州电子科技大学	硕士	2013年
772	社交网络在公共政策过程中的作用研究	张晓栋	臧志军	复旦大学	硕士	2013年
773	新媒介环境下的“微博人”现象研究	周添	曾静平	北京邮电大学	硕士	2013年

续表

序号	论文题名	研究生	导师	学位授予单位	学位	学位年度
774	“微时代”的文化现象研究分析	刘一晓	任戬	大连工业大学	硕士	2013 年
775	社会网络中的微博用户推荐算法研究	徐华华	辜希武	华中科技大学	硕士	2013 年
776	中山市公安局对外公共关系研究	王钰	张凤凉	华南理工大学	硕士	2013 年
777	执政者应对网络舆情能力研究	冯胜勇	王宝治	河北师范大学	硕士	2013 年
778	网络问政在地方政府公共管理实践中的运用研究	蒋国红	邵宇	云南大学	硕士	2013 年
779	整体性治理理论视角下的海关网络舆情危机管理研究	刘雪松	顾丽梅	复旦大学	硕士	2013 年
780	微博客中的知识条目发现方法研究	石汇森	陈清财	哈尔滨工业大学	硕士	2013 年
781	社会化媒体环境中的口碑传播研究	罗燕妮	苏宏元	华南理工大学	硕士	2013 年
782	社交网络中情感分析技术研究	李超	王晓东	国防科学技术大学	硕士	2013 年
783	新媒体时代衡阳市政府网络公关问题研究	郑海青	刘细良	湖南大学	硕士	2013 年
784	都市报公信力危机及对策研究	郑成海	刘悦坦	山东大学	硕士	2013 年
785	论网络舆论监督与刑事司法公正之冲突和协调	孙剑锋	钟付和	华侨大学	硕士	2013 年
786	运用语域理论分析微博语言特征	郑瑶	许之所	武汉理工大学	硕士	2013 年
787	微博侵权的司法困境及应对之策	宋健	黄家镇	西南政法大学	硕士	2013 年
788	新形势下县级政府应对网络舆情问题研究	杜冬艳	马春庆	山东大学	硕士	2013 年
789	广东省政府在公共危机中对网络媒体的应对策略研究	吴静	韦小鸿	华南理工大学	硕士	2013 年
790	当代社会舆论场中的政府角色研究	郑亚琴	范旭	华南理工大学	硕士	2013 年
791	以“媒介即讯息”的视角看社会化互联网产品的价值	田翔	姚欣保	上海交通大学	硕士	2013 年
792	十年来警媒关系的演进及其发展——以广东警务报道为例	廖仕祺	林如鹏	暨南大学	硕士	2013 年
793	网络问政及对党的执政能力提升的作用探析	杨奕	李爽	新疆大学	硕士	2013 年
794	基于社会化媒体的新疆旅游网络口碑营销策略研究	张金凤	田晓霞	新疆大学	硕士	2013 年
795	自媒体时代我国的公益传播现象研究	万晶晶	赵勋	西北大学	硕士	2013 年
796	我国网络沟通方式的演化研究（1998～2012）——基于技术支撑和供求力量的视角	李居益	陈春宝	北京林业大学	硕士	2013 年
797	当前我国涉检网络舆情的现状与困境分析	孙丽	马强	内蒙古大学	硕士	2013 年
798	论新闻自由与司法独立的和谐关系构建——以微博庭审直播为视角	涂淑媛	涂书田	南昌大学	硕士	2013 年
799	现代节庆旅游的新媒体营销策略研究	樊敬丹	侯志强	华侨大学	硕士	2013 年
800	2012 年网络语体研究	孙许颖	沙平	福建师范大学	硕士	2013 年
801	概念整合理论视角下幽默微博的认知研究——基于新浪网十大最受欢迎博主的幽默微博	修爱红	常宗林	中国海洋大学	硕士	2013 年

续表

序号	论文题名	研究生	导师	学位授予单位	学位	学位年度
802	媒介社会动员方式的比较研究——以"学雷锋"媒体社会动员为例	康翠迪	马强	内蒙古大学	硕士	2013年
803	网络民意疏导策略研究	李斐	王海山 楼旭东	大连理工大学	硕士	2013年
804	基于网络媒体的政府信息公开问题及对策研究	蒋慧慧	王印红	中国海洋大学	硕士	2013年
805	个人引发网络社会动员过程研究	姜雪	马强	内蒙古大学	硕士	2013年
806	论自媒体传播培养我国公民意识	孟晶	刘宝林	山西大学	硕士	2013年
807	当代中国的网络政治沟通研究	樊利楠	张民省	山西大学	硕士	2013年
808	基于自媒体平台的传播伦理研究	叶耿标	商娜红	广西大学	硕士	2013年
809	自媒体时代网络谣言的传播及治理研究	张琼引	李庆林	广西大学	硕士	2013年
810	我国弱势群体利益表达渠道的梳理与完善	师田	荆峰	陕西师范大学	硕士	2013年
811	论自媒体的法律规制	王凯	杨辉	江西师范大学	硕士	2013年
812	网络民意表达途径优化建设研究	吴丽	项国雄	江西师范大学	硕士	2013年
813	网络舆论监督与传统舆论监督的比较研究	张文婷	林喦	渤海大学	硕士	2013年
814	网络新媒体环境下的政府形象传播研究——基于2012年社会热点事件的分析	黄宁平	易剑东	江西财经大学	硕士	2013年
815	新媒体环境下谣言与社会动员——以"抢盐"事件为例	王粟	马强	内蒙古大学	硕士	2013年
816	网络媒介对社会动员中非正式虚拟组织的影响研究	郝青	马强	内蒙古大学	硕士	2013年
817	移动互联网背景下的社会化阅读应用与传统媒体合作发展研究	卢晶	马强	内蒙古大学	硕士	2013年
818	协商民主理论视角下我国公民网络参与研究	卢晓伟	陈卫东	江西财经大学	硕士	2013年
819	网络背景下政府重塑公信力问题研究	杜欣怡	朱门添	江西财经大学	硕士	2013年
820	微时代语境下独立学院学生党建工作的创新路径研究	刘静	孙厚权	湖北工业大学	硕士	2013年
821	新媒体环境下马克思主义学习型政党建设研究	陈池	王长海	吉林农业大学	硕士	2013年
822	自媒体的聚众传播效应对大学生影响的研究	赵星	沈浩	陕西科技大学	硕士	2013年
823	网络舆情分析方法研究	靳戈	陆地	北京大学	硕士	2013年
824	社会矛盾凸显期主流媒体如何发挥舆论引导作用——以央视对甬温动车事故的报道为例	任斌	焦中栋 李雪枫	山西大学	硕士	2013年
825	新媒体时代下的政府形象塑造	杨娟娟	仲崇盛	天津师范大学	硕士	2013年
826	体育信息新媒体传播研究	么雪娟	王淑英	河北师范大学	硕士	2013年
827	网络中的官民互动	汪清清	朱方	复旦大学	硕士	2013年

续表

序号	论文题名	研究生	导师	学位授予单位	学位	学位年度
828	网络谣言传播的影响因素研究——以微博谣言为例	华盛	刘宣文	浙江师范大学	硕士	2013 年
829	公民新闻在公民社会构建中的影响研究	王燕	鲁佑文	湖南大学	硕士	2013 年
830	基于电子政务的网络舆情治理研究	卫鸿婧	柴晓霞	山西财经大学	硕士	2013 年
831	大学生网络思想政治教育方法研究	彭璐	王华	成都理工大学	硕士	2013 年
832	Web2.0 时代网络公共危机发展演变机理及政府治理研究	刘娟	王战平	华中师范大学	硕士	2013 年
833	微时代舆论暴力研究	秦园园	宋若涛 师东	河南大学	硕士	2013 年
834	新媒体语态中地方政府媒介形象解析	薛倩	牛宏华	陕西师范大学	硕士	2013 年
835	我国网络新闻专题对突发性事件的报道研究	唐文婷	李兴亮	重庆大学	硕士	2013 年
836	“7·23 动车事故”中的谣言传播研究	南岳	田大宪	陕西师范大学	硕士	2013 年
837	基于社会化媒体的政府网络舆情监测与应对	温雅	陈先红	华中科技大学	硕士	2013 年
838	“社会燃烧理论”框架下的环境群体性事件分析——以宁波 PX 事件为例	刘勤兵	吴毅	华中科技大学	硕士	2013 年
839	环境群体性事件的传播模式及其媒体动员研究	石如	郭小平	华中科技大学	硕士	2013 年
840	风险社会视野下城市网络舆情管理及应对研究	陈妍妍	陈少华	华中科技大学	硕士	2013 年
841	基于双重话语空间的危机公关策略研究——以“北京 7.21 暴雨事件”为例	陈晨	陈先红	华中科技大学	硕士	2013 年
842	网络民意与公共政策的互动机制研究	马光荣	陆江兵	南京大学	硕士	2013 年
843	网络反腐模式:案例与阐释	吴金丹	李永刚	南京大学	硕士	2013 年
844	议程互动中新闻框架的建构与变动——以兰考大火事件报道为例	刘桐羽	杜骏飞	南京大学	硕士	2013 年
845	网络热点事件中意见领袖对公民社会构建的影响研究	孙碧轩	杨秦予	郑州大学	硕士	2013 年
846	新媒介环境下网络反腐研究	张春波	张民华	兰州大学	硕士	2013 年
847	新媒体支撑我国政府诚信建设的有效路径研究	刘红	王瑞	郑州大学	硕士	2013 年
848	突发性事件网络舆论研究	崔维维	董广安	郑州大学	硕士	2013 年
849	风险社会下的风险应对组织和社交媒介	张梦寒	曹陇华	兰州大学	硕士	2013 年
850	新媒体视角下我国公益机制研究	刘尚晶	邬盛根	安徽大学	硕士	2013 年
851	互联网舆论场的细分研究	贺淼	田中阳	湖南师范大学	硕士	2013 年
852	新媒体语境下的“洋葱新闻”研究	闵洁	曾一果	苏州大学	硕士	2013 年
853	新媒体事件中“最美人物”的建构	张靓	余文斌	安徽大学	硕士	2013 年
854	新媒体语境下媒介风险生产的节点	谭婷	刘丹凌	西南大学	硕士	2013 年
855	新媒体时代我国档案宣传工作探析	夏素华	刘旭光	山东大学	硕士	2013 年
856	当代中国语境下的媒介权责研究——基于媒介生态环境理论的考察	李欣	丛新强	山东大学	硕士	2013 年

续表

序号	论文题名	研究生	导师	学位授予单位	学位	学位年度
857	我国公民网络政治参与的发展与规制	栗璐燕	袁峰	华东政法大学	硕士	2013 年
858	我国网络反腐存在问题及对策研究	郑鸿	陈辉	南京师范大学	硕士	2013 年
859	论我国社会转型中政府新闻执政能力建设	胡丹萍	黄家雄	湖北大学	硕士	2013 年
860	媒介生态视域下中国“网络社会”传播环境研究	张耘	高卫华	中南民族大学	硕士	2013 年
861	新媒体环境下的草根传播研究	温卿玮	董伟建	中南民族大学	硕士	2013 年
862	新时期我国地方政府形象维护的媒介公关研究	韦焕进	王颖	湖北大学	硕士	2013 年
863	我国官民矛盾类事件网络舆情研究	袁于评	阳美燕	湖南大学	硕士	2013 年
864	网络舆情的引导与治理——以 2011 突发事件为例	邹玮	郑亚楠	黑龙江大学	硕士	2013 年
865	网络问政和公众的议程设置	刘畅	李良荣	复旦大学	硕士	2013 年
866	基于网络时代政府信息公开视角的政府公信力研究	李爱娟	马建中	山西师范大学	硕士	2013 年
867	论网络舆论与司法审判的冲突与协调	王甜甜	刘杨	辽宁大学	硕士	2013 年
868	网络反腐的传播机制及困境分析	度永梅	马胜荣	重庆大学	硕士	2013 年
869	网络舆情下政府公信力的实证研究	陈秋月	陈永进	重庆大学	硕士	2013 年
870	公证介入自然人网络募捐的进路研究	丁东红	谢商华	西南财经大学	硕士	2013 年
871	我国广播新闻的历史沿革与发展趋势研究	褚俊杰	申启武	暨南大学	硕士	2013 年
872	论重大突发公共事件中媒体的舆论引导——基于议程设置理论的研究	王卓	林爱珺	暨南大学	硕士	2013 年
873	新媒体条件下网络舆论对法院审判影响研究	黄思源	陶维东	西南财经大学	硕士	2013 年
874	网络问政在公共事务管理中的运行机制——以阳光重庆网为例	高霞	马胜荣	重庆大学	硕士	2013 年
875	基于网络舆情的海关公共关系危机管理研究	赵星锋	陈坤	华东政法大学	硕士	2013 年
876	从话语分析的角度审视网络话语的扩张——以“随手拍照解救乞讨儿童”与 2013 年央视春晚为例	宋丽玲	强荧	上海社会科学院	硕士	2013 年
877	网络民意对公共政策制定的影响探析	朱自融	赫亮	吉林大学	硕士	2013 年
878	新媒体政治传播功能分析	黄婷玉	张丹竹	吉林大学	硕士	2013 年
879	当代中国公民移动网络政治参与研究	许豪杰	伍俊斌	中共广东省委党校	硕士	2013 年
880	新媒体环境下政府部门应对公共舆论的策略研究	裴大智	沙勇忠	兰州大学	硕士	2013 年
881	甘肃省网络涉警舆情引导策略研究	冯俊燕	沙勇忠	兰州大学	硕士	2013 年
882	媒体侵权法律问题研究	刘小庆	刘光华	兰州大学	硕士	2013 年
883	网络时代的缺场交往与社会认同——基于“郭美美事件”的考察	李冰清	董运生	吉林大学	硕士	2013 年
884	网络“自洁”功能研究	陈彤	文然	辽宁大学	硕士	2013 年
885	基于社交网络的用户行为分析及预测	杨琳	马力	西安邮电大学	硕士	2013 年

续表

序号	论文题名	研究生	导师	学位授予单位	学位	学位年度
886	网络政治参与的分类及差异化政府治理——基于利益与理性的二维视角	宫雪	金太军	苏州大学	硕士	2013 年
887	网络社交媒体关系网络与品牌传播	吕蒙	张晓东	辽宁大学	硕士	2013 年
888	网络时代传统媒体争取舆论主动权研究	周聪聪	王倩	山东师范大学	硕士	2013 年
889	新媒体背景下哈尔滨市公安系统网络舆情的应对与引导	王骁	康伟	哈尔滨工程大学	硕士	2013 年
890	互联网信息消费异化的文化反思	梁培培	张冠文	山东师范大学	硕士	2013 年
891	提高高校网络思想政治教育实效性研究	陈国成	郑传芳	福建师范大学	硕士	2013 年
892	网络表达中的政府角色转变研究	倪传焱	程倩	南京理工大学	硕士	2013 年
893	论传媒对公共决策的推动作用——以南京梧桐树移植事件为例	王殷洁	方晓红	南京师范大学	硕士	2013 年
894	新媒体语境下的粉丝文化研究	郭雅莹	罗源	西南政法大学	硕士	2013 年
895	新媒体时代下网络谣言及其法律规范研究	王梦微	张诗蒂	西南政法大学	硕士	2013 年
896	微公益信息传播模式研究	李金花	万书辉	重庆工商大学	硕士	2013 年
897	中国公益慈善组织的新媒体应用研究	孙海连	李韧	西南政法大学	硕士	2013 年
898	风险社会中我国媒体角色失范及策略研究	卢凌艳	张诗蒂	西南政法大学	硕士	2013 年
899	从受众和媒体双视阈下解构新媒体崇拜	宋英	赵中颉	西南政法大学	硕士	2013 年
900	Web2.0 时代中国网络“门事件”探析	吴沙沙	顾理平	南京师范大学	硕士	2013 年
901	Web2.0 时代我国政府信息公开探析	茹彦杰	李钢	北京邮电大学	硕士	2013 年
902	Web2.0 时代下旅游者参与社会化网络平台对旅游者旅游决策的影响研究	石浩	江金波	华南理工大学	硕士	2013 年
903	全媒体环境下舆情疏导与管理机制研究	刘磊	袁虹	宁夏大学	硕士	2013 年
904	大众传媒对公共政策过程的影响研究	余成琛	沈一兵	南京航空航天大学	硕士	2013 年
905	网络权力下的公民与政府委托代理关系分析	谷雨璐	陈明生	中国政法大学	硕士	2013 年
906	新媒体背景下中国公民新闻的发展道路研究	张成骕	韩洪	电子科技大学	硕士	2013 年
907	社会关系强度对社交网络中应用接受影响的研究	周建利	张爱华	北京邮电大学	硕士	2013 年
908	基于 PAD 模型的中文微博情感分析研究	曹海涛	李明楚	大连理工大学	硕士	2013 年
909	基于大众传播的奢侈品微博营销研究	樊颖	冯冈平	广东工业大学	硕士	2013 年
910	危机传播中意见领袖与政府博弈研究	宫玉斐	谢耘耕	上海交通大学	硕士	2013 年
911	社交网络视野下表达自由的法律界限	廖婧	曹海晶	华中科技大学	硕士	2013 年
912	新媒体对警察公共关系的影响及对策研究	郭林	刘霞	上海交通大学	硕士	2013 年
913	微博中汉英语码转换的分析	李佳	张立杰	东北林业大学	硕士	2013 年

续表

序号	论文题名	研究生	导师	学位授予单位	学位	学位年度
914	企业微博的信息特征对消费者品牌态度的影响研究	区小东	黄文彦	华南理工大学	硕士	2013年
915	我国网络舆论监督现状、问题与对策	吴晶晶	赵晖	南京师范大学	硕士	2013年
916	突发公共事件中微博舆论传播及影响研究	许婧	刘伯贤 李庆林	广西大学	硕士	2013年
917	数字化转型过程中都市报微博的内容运营——以《新安晚报》微博为例	张莉钥	佘文斌 王甄	安徽大学	硕士	2013年
918	传播学视野下的微电影及其网络话语权研究	王敏利	商娜红	广西大学	硕士	2013年

2014年

序号	论文题名	研究生	导师	学位授予单位	学位	学位年度
1	网络公共事件传播中微博伦理失范与规制研究	王玉华	汤书昆	中国科学技术大学	博士	2014年
2	微博舆论导向研究	崔莹	张爱军	辽宁师范大学	博士	2014年
3	微博场域中的政府形象传播研究——基于中国问题的检视	姜伟	冉华	武汉大学	博士	2014年
4	微博用户忠诚度影响因素研究	王建东	赵冬梅	中国农业大学	博士	2014年
5	民意表达与公共参与:微博意见领袖研究	王艳	唐绪军	中国社会科学院研究生院	博士	2014年
6	微博舆论中公众情绪表达研究	焦德武	罗以澄	武汉大学	博士	2014年
7	社会化媒体中的品牌危机传播研究	陈晞	薛可	上海交通大学	博士	2014年
8	河南省政务微博研究——基于公共政策传播的视角	张雯雯	杨海军	河南大学	硕士	2014年
9	关于微博著作权保护的法律问题研究	孙晶	徐新林	复旦大学	硕士	2014年
10	政务微博正能量传播研究	张楠	杨秀国	河北大学	硕士	2014年
11	突发公共事件中的微博舆情与社会调控	王泽妍	田茫茫	吉林大学	硕士	2014年
12	微博的传播伦理研究——虚拟公共领域里的传播伦理困境及对策研究	王茜	彭逸林	重庆大学	硕士	2014年
13	微博著作权保护问题研究	王腾	冉克平	华中科技大学	硕士	2014年
14	突发事件中的微博传播研究——以雅安地震中的新浪微博为例	张红茹	方晓红	南京师范大学	硕士	2014年
15	微博危机传播中政府、媒体、公众的互动关系研究	哈文慧	金玉萍	新疆大学	硕士	2014年
16	政务微博提升政府公信力的对策研究	袁皓	费军	华中师范大学	硕士	2014年
17	突发事件微博舆论引导效果提升研究——两种“传播流”视角下的实证分析	梁焕升	刘乃仲	大连理工大学	硕士	2014年

续表

序号	论文题名	研究生	导师	学位授予单位	学位	学位年度
18	复杂适应系统理论视阈下的网络舆情官民互动性研究——基于政务微博的一种分析	袁春月	费军	华中师范大学	硕士	2014 年
19	重大突发事件中省级党报媒体微博的舆论引导策略研究	韩文静	王秋菊	河北大学	硕士	2014 年
20	公共事件中微博意见领袖的意见表达研究	阳露	阳美燕	湖南大学	硕士	2014 年
21	突发事件中政务微博的危机预警机制构建——以吉林松原连续地震的政务微博表现为例	艾鑫	汪青云	江西师范大学	硕士	2014 年
22	突发事件微博新话题检测与跟踪系统的设计与实现	葛高飞	漆涛	北京邮电大学	硕士	2014 年
23	政府网络新闻发言人研究——以镇江市政府网络新闻发言人为例	陈洁	张健	苏州大学	硕士	2014 年
24	我国微博反腐的现实困境及完善对策研究	石捷	张传烈	湖北大学	硕士	2014 年
25	微博突发事件检测及溯源技术研究	陈卫哨	赵靖	哈尔滨工程大学	硕士	2014 年
26	突发公共事件的微博传播研究——以新浪微博对“什邡事件”的传播为例	文辉	杨军	电子科技大学	硕士	2014 年
27	政务微博中政府信息公开的效果评价研究	余琪	段尧清	华中师范大学	硕士	2014 年
28	马克思主义管理理论指导下政务微博的规范化管理研究	于燕萍	吕学芳	吉首大学	硕士	2014 年
29	雅安地震中政务微博的功能研究	由园	李东	辽宁大学	硕士	2014 年
30	政务微博与善治研究——以“上海发布”为例	姚志骅	陈建云	复旦大学	硕士	2014 年
31	基于拉斯韦尔 5W 模型的北京市政务微博研究	姚佳	闫强	北京邮电大学	硕士	2014 年
32	突发事件中政务微博的传播特征及策略研究——以“平安北京”应对暴雨事件为例	杨红	梁刚	北京邮电大学	硕士	2014 年
33	政务微博视野下的政府形象建设研究——兼以武汉市城管为例	杨帆	刘筱红	华中师范大学	硕士	2014 年
34	政务微博与政府形象建构——以印象管理为理论视角	许阳	廖圣清	复旦大学	硕士	2014 年
35	政务微博应对突发事件的策略分析	肖碧平	汪青云	江西师范大学	硕士	2014 年
36	突发事件中政务微博的信息传播研究	武文静	杜莹	河北经贸大学	硕士	2014 年
37	政务微博与政府公信力关系研究——以“上海发布”为例	吴文洵	罗云锋	华东政法大学	硕士	2014 年
38	微博在高校图书馆服务中的应用研究	赵小璐	张辉	山东大学	硕士	2014 年
39	政务微博网络关系研究——“上海发布”和“武汉发布”的比较	吴梦楠	王伟军	华中师范大学	硕士	2014 年
40	虚幻的公共领域——微博对于公共领域的技术构建与现实困境	王浩	孙瑞祥	天津师范大学	硕士	2014 年
41	微博传播环境中道德失范及解决对策研究	吴鑫浩	王国聘	南京林业大学	硕士	2014 年
42	微时代舆论生态下的社会管理创新研究	温泉	胡秀英	长沙理工大学	硕士	2014 年

续表

序号	论文题名	研究生	导师	学位授予单位	学位	学位年度
43	“微博济南”政务平台建设研究	魏磊	吴国萍 时怀江	广西师范大学	硕士	2014 年
44	试析新浪微公益平台中微博公益的传播机制	王潇蓥	李树新	内蒙古大学	硕士	2014 年
45	微博著作权法律保护问题研究	王荣彬	李旭东	西南大学	硕士	2014 年
46	自媒体时代我国微公益传播机制研究	张双双	邓晓旭	陕西师范大学	硕士	2014 年
47	传统媒体官方微博应用问题研究	赵珺	王艳玲	天津师范大学	硕士	2014 年
48	微公益传播过程及其效果研究	刘一荻	王芳	兰州大学	硕士	2014 年
49	基于政治沟通理论基础上的政务微博研究	王囡囡	蒋昌建	复旦大学	硕士	2014 年
50	微博问政存在的问题与规制研究	王金霞	高红	青岛大学	硕士	2014 年
51	公共事件中微博与微信传播比较研究——以“昆明火车站暴力事件”为例	程新雅	董广安	郑州大学	硕士	2014 年
52	我国政务微博发展与展望	王河	高燕宁	沈阳师范大学	硕士	2014 年
53	新媒体环境下的上海市政府信息公开比较研究——以“中国上海”网站和“上海发布”微博微信为例	王成浩	郑磊	复旦大学	硕士	2014 年
54	政务微博视野下我国地方政府形象的塑造	王超群	褚云茂	东华大学	硕士	2014 年
55	基于网络的政民互动模式研究——以陕西为例	索高盈	周明	西北大学	硕士	2014 年
56	政务微博应对突发网络舆情危机的对策研究——以无锡等城市为例	邵旭根	王礼鑫	上海师范大学	硕士	2014 年
57	浙江省政务微博现状和发展方向研究	邵苗之	何扬鸣	浙江大学	硕士	2014 年
58	微博时代政府危机公关研究——以江苏省政务微博为例	乔玲玲	姜苏	扬州大学	硕士	2014 年
59	江苏政务微博的舆论引导策略研究	戚轩瑜	陈堂发	南京大学	硕士	2014 年
60	传播学视角下的地方政务微博探析——以“平安荆楚”为例	潘佩	段维	华中师范大学	硕士	2014 年
61	中国政务微博现状及良性发展策略研究	孟娜	张玉梅	吉林师范大学	硕士	2014 年
62	突发事件中政务微博发布的实证研究——以“上海发布”典型案例为例	孟吉杰	李本乾	上海交通大学	硕士	2014 年
63	我国政务微博发展面临的问题与对策研究——以银川政务微博为例	毛曦	吴江 艾正兵	西南大学	硕士	2014 年
64	河南省高校政务微博建设情况调研报告	马艳	刘学民	郑州大学	硕士	2014 年
65	政治沟通视角下的政务微博分析	马晓婧	王彩波	吉林大学	硕士	2014 年
66	网络反腐的影响路径及传播方式研究——基于十八大以来的网络反腐案例	马莉	穆建刚	兰州大学	硕士	2014 年
67	基于微博的地方政府舆论引导功能研究	马洁	屠火明	电子科技大学	硕士	2014 年
68	基于新公共管理视角下的河北区政务微博管理研究	吕骁	李承宏 白景美	天津大学	硕士	2014 年
69	Web2.0 背景下的电子治理问题研究	刘洋	曹海军	天津师范大学	硕士	2014 年

续表

序号	论文题名	研究生	导师	学位授予单位	学位	学位年度
70	公众需求导向下的地方政府政务微博服务研究	刘霞	费军	华中师范大学	硕士	2014 年
71	我国政务微博在突发事件中的表现和对策研究	刘飞	肖铁岩	重庆大学	硕士	2014 年
72	政务微博参与公共管理的问题及对策研究	梁瑶琳	丛春霞	东北财经大学	硕士	2014 年
73	政务微博管理在政府部门形象塑造中的作用——以北京市公安局的官方微博“@平安北京”为例	梁婷	黎昌珍	广西大学	硕士	2014 年
74	网络问政平台互动性影响因素分析——以北京政务微博与政风行风热线为例	李政德	孟庆国	清华大学	硕士	2014 年
75	论中国政府新闻发言人制度的网络新探索——以政务微博为例	李文燕	周挥辉	华中师范大学	硕士	2014 年
76	政务微博公信力提升研究——基于广西政务微博的研究	李琳	陆秀红	广西大学	硕士	2014 年
77	我国政务微博公共服务功能研究	李佳霖	张顺	东北师范大学	硕士	2014 年
78	突发事件中政务微博双向沟通机制的构建研究	柯筱清	汪青云	江西师范大学	硕士	2014 年
79	突发事件中政务微博信息发布机制研究	金懿	汪青云	江西师范大学	硕士	2014 年
80	政务微博的危机传播研究	蒋菁菁	商娜红	广西大学	硕士	2014 年
81	政务微博管理绩效评估体系研究	黄原原	毕星	天津大学	硕士	2014 年
82	自媒体环境下政府信息公开成长逻辑——基于江苏省太仓市的实证研究	胡晓瑜	吴强玲	华东理工大学	硕士	2014 年
83	基于内容与形式要素的政务微博塑造政府形象策略研究	郝春波	陈月华 赵妍妍	哈尔滨工业大学	硕士	2014 年
84	中国微博问政问题研究	郭蕾	马立智	黑龙江省社会科学院	硕士	2014 年
85	《人民日报》新浪官方微博发展探析	张丽	苏克军	吉林大学	硕士	2014 年
86	微博对公民话语权的影响研究	李新蕾	顾理平	南京师范大学	硕士	2014 年
87	传统媒体官方微博运营策略研究	马依娜	马欢春	上海大学	硕士	2014 年
88	政务微博视野下的政府形象提升研究	官昕	梁丽芝	湘潭大学	硕士	2014 年
89	微博问政的现状、问题及对策研究——以“苏州发布”政务微博群为例	顾剑平	叶战略	苏州大学	硕士	2014 年
90	微博传播赋权及其影响研究——以新浪微博为例	王婧	陈卓	成都理工大学	硕士	2014 年
91	微博传播语境下的网络语言:权力赋予与权威消解——以新浪微博为例	符潇雅	江宇	广西大学	硕士	2014 年
92	政务微博语言特征分析	冯瑶	任玉华	吉林大学	硕士	2014 年
93	作为社会管理新工具的政务微博客研究——以新浪政务微博为例	范玮	郑晓华	上海交通大学	硕士	2014 年
94	网络问政研究	段玉超	罗忆	新疆大学	硕士	2014 年
95	政务微博在化解社会矛盾中的作用及实现——以新闻传播为视角	杜娜梅	杜莹	河北经贸大学	硕士	2014 年

续表

序号	论文题名	研究生	导师	学位授予单位	学位	学位年度
96	政务微博舆论引导的现实障碍及对策研究——以新浪网政务微博为例	杜贵凯	王倩	山东师范大学	硕士	2014 年
97	政府微博对政府公信力影响的研究	成丰绛	周显信	南京信息工程大学	硕士	2014 年
98	新媒体时代"南昌发布"品牌建设研究——基于与"上海发布"比较分析	陈曦	王玉琦	江西财经大学	硕士	2014 年
99	政务微博在应急信息管理中的应用研究	陈靖	陈艳红	湘潭大学	硕士	2014 年
100	政务微博舆论引导力研究	陈春	吴小英	杭州电子科技大学	硕士	2014 年
101	政务微博在实现公民知情权中的影响与作用	陈呈	靖鸣	南京师范大学	硕士	2014 年
102	基于 SVM 的微博情感倾向性分析研究	李可可	郑秋生	中原工学院	硕士	2014 年
103	微博视角下的社会公共管理与政务运作的新思考	陈斌	赵国杰 白景美	天津大学	硕士	2014 年
104	我国政务微博的公共信息服务效应研究	车佳益	赵泽洪	重庆大学	硕士	2014 年
105	新媒体时代政府舆情引导研究——以政务微博为例	常玉倩	袁文丽	山西大学	硕士	2014 年
106	政府营销理论视角下政务微博传播效果评价研究——以"上海发布"政务微博为例	常海利	刘燕	华东理工大学	硕士	2014 年
107	微博问政 · 微信行政—政务微博和政务微信在政府管理中的定位及其作用	朱峤	庞绍堂	南京大学	硕士	2014 年
108	基于健康传播的政务微博现状研究	朱梦琦	岳晓华	广西大学	硕士	2014 年
109	政务微博的信息传播模式及效果研究——以政府"新闻发布微博"为例	周瑄	陈经超	厦门大学	硕士	2014 年
110	政务微博影响力研究——以"苏州发布"为例	钟涵一	徐国源 谷鹏	苏州大学	硕士	2014 年
111	完善地方政务微博管理长效机制之研究——以江西政务微博实证分析为例	郑柳沛	刘西平	南昌大学	硕士	2014 年
112	政务微博对政府形象的塑造与消解研究	赵恒煜	韩红星	华南理工大学	硕士	2014 年
113	我国政务微博绩效考评问题研究	张芷桐	王郅强	吉林大学	硕士	2014 年
114	政务微博的行政法探析	张玉玲	谭宗泽	西南政法大学	硕士	2014 年
115	突发事件中政务微博信息传播机制研究	张飏	汪青云	江西师范大学	硕士	2014 年
116	我国地方政府政务微博运营中的问题与对策研究	张晓茜	常永华	陕西师范大学	硕士	2014 年
117	微博舆论对我国行政权力的监督	赵萍萍	吴建华	南京工业大学	硕士	2014 年
118	公共传播视角下我国政务微博规范性发展研究	曹建	黄志贵	重庆工商大学	硕士	2014 年
119	自媒体时代下的我国微博舆论监督研究	史富	张琳	陕西师范大学	硕士	2014 年
120	县域政府政务微博影响力评价研究	蔡婷	毛太田	湘潭大学	硕士	2014 年
121	基于语义分析的中文微博情感分类研究	杨佳能	阳爱民	广东外语外贸大学	硕士	2014 年
122	话题区分的微博情感分析技术研究与实现	苏梓晏	方滨兴	国防科学技术大学	硕士	2014 年
123	基于中文微博的情感分类技术研究	邢纪哲	刘辉林	东北大学	硕士	2014 年

续表

序号	论文题名	研究生	导师	学位授予单位	学位	学位年度
124	基于CRF和名词短语识别的中文微博情感要素抽取	赵勋	黄德根	大连理工大学	硕士	2014年
125	新浪微博的话语与传播特征研究	陈飞	陈龙	苏州大学	硕士	2014年
126	中文微博情感分类的研究	朱海欢	余青松	华东师范大学	硕士	2014年
127	新浪微博慈善募捐机制研究	万莉萍	苏振芳	福建师范大学	硕士	2014年
128	网络话语对高校思想政治教育的影响及其对策研究	陈槟槟	杨立英	福建师范大学	硕士	2014年
129	中文微博的情感分析和应用	梁胜	成卫青	南京邮电大学	硕士	2014年
130	基于情感词典的中文微博情感分析研究	郑毅	徐亚波	中山大学	硕士	2014年
131	新浪微博“头条新闻”的媒介叙事研究	王婧	梁刚	北京邮电大学	硕士	2014年
132	微博群体网络结构及其核心用户识别	李丽欣	马维忠	哈尔滨工业大学	硕士	2014年
133	基于协同过滤技术的微博好友推荐方法的研究与实现	唐孔龙	王勇	中国海洋大学	硕士	2014年
134	《人民日报》微博传播研究	何德慧	吴月娥	湖南大学	硕士	2014年
135	媒介生态视域下微博客的媒介生态文明构建	温媛媛	王醒	山西大学	硕士	2014年
136	基于关系网络的微博话题挖掘	陈毅	袁博	哈尔滨工业大学	硕士	2014年
137	基于小世界网络的微博营销对企业品牌影响研究	李雷雷	姜宝山	沈阳航空航天大学	硕士	2014年
138	校园网微博系统的设计与实现	周婧	赵政 梁倩	天津大学	硕士	2014年
139	微博对公共政策的影响研究	肖显	沙勇忠	兰州大学	硕士	2014年
140	微博时代的公民话语权研究	徐莹	胡沫	武汉轻工大学	硕士	2014年
141	基于微博的旅行社口碑转发意愿影响因素研究	马倩倩	汪会玲	暨南大学	硕士	2014年
142	用户参与微博意愿的影响因素研究	倪龙敏	汪祖柱	安徽大学	硕士	2014年
143	微博热点话题发现系统的设计与实现	苏圣疃	孙慰迟	复旦大学	硕士	2014年
144	微博网络中社区意见领袖发现技术研究	付越	印桂生	哈尔滨工程大学	硕士	2014年
145	基于说服传播理论的微博用户转发意愿研究	张艺	廖开际	华南理工大学	硕士	2014年
146	论体育微博促进体育新闻娱乐化——以新浪微博为例	张泽廷	李东	辽宁大学	硕士	2014年
147	从“三亚宰客”事件传播看微博对传统媒介议程设置的影响	李慧明	黄昕恺	西南交通大学	硕士	2014年
148	基于UTAUT模型的手机微博用户采纳影响因素研究	彭宇辉	勒中坚	江西财经大学	硕士	2014年
149	新媒体环境下属性议程设置研究——基于微博热点话题为对象	俞晓艳	刘勇	安徽大学	硕士	2014年
150	微博的广告价值及投放策略研究	蔡平	李正良	湖南大学	硕士	2014年
151	当下中国的微博传播伦理问题研究	杨仕茹	胡连利	河北大学	硕士	2014年

续表

序号	论文题名	研究生	导师	学位授予单位	学位	学位年度
152	论微博名誉权及其法律保护——兼论微博实名制的正当性	张霞	赵克祥	暨南大学	硕士	2014 年
153	浅析微博名誉侵权问题	赵喆	曹险峰	吉林大学	硕士	2014 年
154	微博侵犯名誉权的法律分析	敖云鹏	申建平	黑龙江大学	硕士	2014 年
155	我国公民微博政治参与研究	颜红叶	赵瑞华	河北经贸大学	硕士	2014 年
156	新浪微博大 V 的传播现象研究	马茜	周宇豪	郑州大学	硕士	2014 年
157	中外媒体微博议程设置比较研究——《人民网》《凤凰网》《财经网》《华尔街日报中文网》新浪微博议题的对比分析	侯惠珠	李本乾	上海交通大学	硕士	2014 年
158	微博语言研究	杨怀文	戴昭铭	黑龙江大学	硕士	2014 年
159	诉求方式、认知需求及网络口碑对微博广告心理效果的影响	徐希玲	江波	苏州大学	硕士	2014 年
160	赋权理论视野中的微博公共性研究	陈璐	段京肃	南京大学	硕士	2014 年
161	微博对我国民间公益组织的增权作用研究	黄橙橙	谢梅	电子科技大学	硕士	2014 年
162	微博舆论的政府管控对策研究	白正阳	侯力 刘芳	华南理工大学	硕士	2014 年

2015年

序号	论文题名	研究生	导师	学位授予单位	学位	学位年度
1	面向中文微博的观点挖掘与倾向性分析研究	刘全超	黄河燕	北京理工大学	博士	2015 年
2	危机中的地方政务微博：媒体属性、社交属性与传播效果—中美比较的视角	谢起慧	汤书昆	中国科学技术大学	博士	2015 年
3	影响政务微博在政府公共关系建构中有效传播的因素研究——以成都发布为例	邹蕾	杨军	电子科技大学	硕士	2015 年
4	我国政务微博发展研究——基于陕西省政务微博的实证研究	朱琳	孙录见	西北大学	硕士	2015 年
5	微博舆论的伦理问题研究	李梦莹	谭书敏	成都理工大学	硕士	2015 年
6	政务微博受众的使用与满足研究	周嗣云	汪青云	江西师范大学	硕士	2015 年
7	政务微博运营中的用户思维策略研究——以2014 年度@南京发布为例	郑坤	钟瑛	华中科技大学	硕士	2015 年
8	微博信息传播及其规制研究	赵丽维	席恒	西北大学	硕士	2015 年
9	政务微博对重庆城市形象的塑造——基于“@重庆微发布”的实证研究	张婷	贺艳	西南政法大学	硕士	2015 年
10	信息论视角下的政务微博运用研究	张婧茹	刘雪丰	湖南师范大学	硕士	2015 年
11	不同信任环境下社交网络用户影响力、活跃度及自我表露关系研究	霍英男	吕廷杰	北京邮电大学	硕士	2015 年

续表

序号	论文题名	研究生	导师	学位授予单位	学位	学位年度
12	公共知识分子与粉丝的微博互动研究	仲婷	丁和根	南京大学	硕士	2015 年
13	我国网络微博著作权保护问题研究	陶海波	王韶春	沈阳工业大学	硕士	2015 年
14	微博文化的冲击与中学思想政治教育的对策	尹涵	马进举 王宏建	河南大学	硕士	2015 年
15	政府新闻办微博优化路径研究	张慧娟	李亚虹	河北大学	硕士	2015 年
16	微博语篇的互文性分析:以《人民日报》新浪微博为例	颜璐	武建国	华南理工大学	硕士	2015 年
17	政务信息全媒体公开模式研究	余幸华	陈志强 练蒙蒙	南昌大学	硕士	2015 年
18	面向微博突发事件发现的自适应社区检测算法研究及系统实现	张阳扬	吴晓	西南交通大学	硕士	2015 年
19	政务微博对政府形象构建研究	易姿颖	邓伟	重庆工商大学	硕士	2015 年
20	政务微博的政府治理功能研究	易虹	万书辉	重庆工商大学	硕士	2015 年
21	政务微博的政治传播价值研究	阳众	周毅	湘潭大学	硕士	2015 年
22	政务微博“哈密发布”的特色研究	薛舒文	宋妍	辽宁大学	硕士	2015 年
23	突发公共事件中微博意见领袖的社会网络分析——以“12·31 上海外滩踩踏事件”为例	林祎韵	王玉玮	暨南大学	硕士	2015 年
24	政务社交媒体用户使用意愿研究	徐蕾	胡广伟	南京大学	硕士	2015 年
25	我国政务微博发展现状及管理对策研究	徐畅	倪丽娟	黑龙江大学	硕士	2015 年
26	环保政务微博的传播与治理研究——以雾霾议题为例	谢铭慧	蒋旭峰	南京大学	硕士	2015 年
27	地方政务微博服务绩效测评研究	肖亚来	邹凯	湘潭大学	硕士	2015 年
28	政府组织采纳政务微博的影响因素研究——以浙江省为例	夏晓莹	张毅	华中科技大学	硕士	2015 年
29	乌兰察布市委宣传部官方微博对塑造当地政府形象的研究	魏志军	李慧勇	内蒙古大学	硕士	2015 年
30	基于内容挖掘的话题微博情感分析研究	李霄	丁晟春 姚瑞波	南京理工大学	硕士	2015 年
31	福建省政务微博、微信参与公共管理建设研究	王洲斌	戈银庆	西北师范大学	硕士	2015 年
32	突发事件中的政务微博与政务微信对比分析——以“12·31”上海踩踏事件为例	王愚	汪青云	江西师范大学	硕士	2015 年
33	我国公安系统政务微博现状、问题及对策——以苏州市公安局政务微博为例	王怡	宋煜萍	苏州大学	硕士	2015 年
34	移动社交网络中的政府形象塑造——以政务微博和政务微信为例	王叶	李卫东	华中科技大学	硕士	2015 年
35	突发事件中政务微媒体的舆情应对策略	王瑶	陆亚娜	南京师范大学	硕士	2015 年
36	社群的演进:政务新媒体进化的基本逻辑	王绍龙	徐新民	内蒙古师范大学	硕士	2015 年
37	基于规则与模型相结合的中文微博情感分类研究	贾珊珊	邸书灵 范通让	石家庄铁道大学	硕士	2015 年

续表

序号	论文题名	研究生	导师	学位授予单位	学位	学位年度
38	政务微博评估指标体系构建与实证研究	王鹏	姚翠友	首都经济贸易大学	硕士	2015 年
39	乌海市政务微博发展现状与对策研究	王楠	丛志杰	内蒙古大学	硕士	2015 年
40	突发事件中政务微博与公众的互动研究	王良	王秀红	湖北工业大学	硕士	2015 年
41	突发事件中政务微博运营效果研究——基于自来水苯超标事件中兰州发布的案例分析	王建成	童文胜	华中科技大学	硕士	2015 年
42	公共管理效能提升中的政务微博运用研究——以“苏州姑苏发布”为例	谈晓慧	叶战备	苏州大学	硕士	2015 年
43	中文微博情感倾向性分析与情感要素抽取方法	夏梦南	杜永萍	北京工业大学	硕士	2015 年
44	中文微博情感倾向性分析研究	张彬	陈健 徐亚波	华南理工大学	硕士	2015 年
45	微博网络演化机制实证分析及应用——以新浪微博和腾讯微博为例	阚长江	宋玉蓉	南京邮电大学	硕士	2015 年
46	监狱危机管理研究及对策分析	孙兆鹏	甄东	陕西师范大学	硕士	2015 年
47	新媒体时代重大灾害事故后的舆情引导研究	孙莫	李和平	江西师范大学	硕士	2015 年
48	微博名誉侵权责任认定法律问题研究	王源	张世君	首都经济贸易大学	硕士	2015 年
49	微博情感分析研究	张静远	刘滨	河北科技大学	硕士	2015 年
50	论网络舆论监督与司法审判的冲突与协调	汪丹丹	成凡	华中科技大学	硕士	2015 年
51	合肥城市形象网络传播的政府行为考察	宋娟	芮必峰 车敦安	安徽大学	硕士	2015 年
52	移动互联网环境下的电子政务应用模式研究	宋辰皓	马小琪	黑龙江大学	硕士	2015 年
53	社会管理创新视角下政务微博的发展研究	尚军港	蔡振亚	中原工学院	硕士	2015 年
54	政务微博视角下的公民参与意识研究	任洁	张小稳	河南大学	硕士	2015 年
55	政务微博的功能定位与传播技巧——以@中国广州发布为例	任飞	张晋升	暨南大学	硕士	2015 年
56	我国地方政府政务微博的运营管理现状及发展策略研究	祁晓丹	董武	中共北京市委党校	硕士	2015 年
57	论微博问政对政府的影响	裴磊	宋艳	吉林大学	硕士	2015 年
58	框架理论下的“安徽公安在线”政务微博研究	潘雪梅	孙发友	华中科技大学	硕士	2015 年
59	政务微博中的政府形象建构——以“新疆发布”为例	努尔阿丽耶·伊马木	焦若薇	新疆财经大学	硕士	2015 年
60	地方政务微博运营策略及职能发挥研究——以“@平安洛阳”和“@平安南阳”为例比较分析	马骎	李庆林	广西大学	硕士	2015 年
61	微博信息采集与分析系统的设计与实现	钟明翔	王挺 唐晋韬	国防科学技术大学	硕士	2015 年
62	政治参与视野下的“微博问政”研究	吕旻悦	刘卫东	天津师范大学	硕士	2015 年

续表

序号	论文题名	研究生	导师	学位授予单位	学位	学位年度
63	政务微博规范化的行政法研究	吕蒙	刘艺	西南政法大学	硕士	2015 年
64	政务微博在政府管理运用中的困境及其应对	刘业勤	梁丽芝	湘潭大学	硕士	2015 年
65	用户参与政务微博的影响因素研究	刘晓琪	闫强	北京邮电大学	硕士	2015 年
66	基于政务微博背景下的地方政府公信力研究	刘伟	邹再进	云南财经大学	硕士	2015 年
67	言语适应视角下政务微博交际策略研究	刘伟	刘文宇	大连理工大学	硕士	2015 年
68	基于使用与满足理论的城市政务微博传播效果研究——以“成都发布”为例	刘思庆	刘林沙	西南交通大学	硕士	2015 年
69	政务微博对突发事件信息传播的干预研究	刘凌之	曾宇航	贵州财经大学	硕士	2015 年
70	政务微博中的政府形象研究——以城市竞争力为研究视角	刘欢	李卫东	华中科技大学	硕士	2015 年
71	网络传播中的意见领袖研究	曹慧丹	蔡骐	湖南师范大学	硕士	2015 年
72	微博意见领袖的身份想象研究	史鹏英	杨新敏	苏州大学	硕士	2015 年
73	政务微博对政府形象构建研究	刘冰洋	翟年祥	安徽大学	硕士	2015 年
74	政府良好形象建设视角下的我国政务微博优化研究	林达筠	周兴泰	华侨大学	硕士	2015 年
78	吉林省政务微博规范化研究	李抑嫱	张锐昕	吉林大学	硕士	2015 年
76	政务微博的评价指标与应用——以广州市为例	李艺晓	李永康 马金书	云南财经大学	硕士	2015 年
77	公民参与视角下我国微博问政存在的问题与对策研究	李明合	何文盛	兰州大学	硕士	2015 年
78	移动新媒体时代服务型政府形象塑造	李璐	金太军	苏州大学	硕士	2015 年
79	利用高校政务微博推动大学生政治社会化的策略研究	李临彧	彭隆辉	江西师范大学	硕士	2015 年
80	政务微博回应机制研究	李洁	李秋容	武汉科技大学	硕士	2015 年
81	政务微博在政民信息互动中的作用研究——以嘉兴市委组织系统政务微博为例	李佳	陈尧	上海交通大学	硕士	2015 年
82	面向话题型微博评论的观点识别及其情感倾向分析研究	黄时友	王晓耘	杭州电子科技大学	硕士	2015 年
83	新媒体语境下的中国官员微博研究	雷阳	黄传武	北京邮电大学	硕士	2015 年
84	政务微博危机传播效果的影响因素研究	孔宇	李兴亮	重庆大学	硕士	2015 年
85	关于 2014 年宁波政务微博报告的方案设计	江吉	何镇飚	浙江大学	硕士	2015 年
86	甘肃省政务微博的传播者研究	姬雁楠	杨魁	兰州大学	硕士	2015 年
87	媒介融合背景下地方政府新闻发布机制创新研究——以广州市为例	黄艳	张晋升	暨南大学	硕士	2015 年
88	新形势下政府扁平化宣传机制研究	胡丹萍	李希光	西南政法大学	硕士	2015 年
89	政务微博与政务微信的比较研究	郭婧	李希光	西南政法大学	硕士	2015 年
90	政务微博中的政府公信力问题研究——以 2012 年三亚旅洲“宰客门”事件为例	郭虎	林少敏	福建师范大学	硕士	2015 年
91	政务微博的社会舆论引导路径创新探究	高峰	张向军	河北师范大学	硕士	2015 年

续表

序号	论文题名	研究生	导师	学位授予单位	学位	学位年度
92	基于突发词和情感分析的微博突发事件监测研究	陈国兰	孙国梓	南京邮电大学	硕士	2015 年
93	基于传播视角的不同类型政务微博传播效果影响因素研究	甘家月	闫强	北京邮电大学	硕士	2015 年
94	基于语义特征的微博情感分析的研究	杨松	宁慧 毕武	哈尔滨工程大学	硕士	2015 年
95	中文微博情感分析方法研究	王银	吴新玲	广东技术师范学院	硕士	2015 年
96	评价理论视角下政务微博评论的态度特征研究	范珂艳	刘文宇	大连理工大学	硕士	2015 年
97	基于政务微博的政府形象建构研究	段雨欣	黄建国	长安大学	硕士	2015 年
98	我国政务微博参与政府公共服务的机制研究	杜晟霖	李兴民	电子科技大学	硕士	2015 年
99	基于政府营销理论的政务微博传播效应影响因素研究——以“天津发布”为例	杜强利	佟德志	天津师范大学	硕士	2015 年
100	协商民主视域中的微博问政研究	杜玲玲	谢治菊	华侨大学	硕士	2015 年
101	区域差异视角下我国公安政务微博运营问题研究——基于东中西部三个典型案例的比较分析	董理	王国华	华中科技大学	硕士	2015 年
102	微博问政及其发展策略研究	丁露	尹权	安徽大学	硕士	2015 年
103	环境群体性事件中微博舆论场研究——以“杭州垃圾焚烧事件”为例	方爱华	张解放	浙江传媒学院	硕士	2015 年
104	基于多策略的微博情感极性分析研究	袁丽霞	潘恒	中原工学院	硕士	2015 年
105	微博群体性事件研究	折江虹	韩志强	山西大学	硕士	2015 年
106	江苏省政务微博考察研究	薄媛慧	陈尚荣	南京理工大学	硕士	2015 年
107	媒体微博和微信媒体订阅号在突发社会安全事件中的传播机制比较研究——以上海外滩踩踏事件为例	黄娴	张昆	华中科技大学	硕士	2015 年
108	网络舆论与现实民意研究——以城管执法类新闻为例	孟冰青	刘正荣	北京邮电大学	硕士	2015 年
109	人民日报微博新闻评论特色研究	王晓敏	李文	陕西师范大学	硕士	2015 年
110	基于概率主题模型的微博新闻个性化推荐研究	郑雅心	柳玲	重庆大学	硕士	2015 年
111	大连市 A 区政务微博与微信平台建设研究	程瑶	裘江南	大连理工大学	硕士	2015 年
112	电视媒体官方微博的互动性对电视新闻生产影响的研究	潘玉	黄松爱	东北师范大学	硕士	2015 年
113	公益慈善项目网络营销研究——以“冰桶挑战”为例	张璐	周凤华	华中师范大学	硕士	2015 年
114	媒体微博新闻中受众的非理性表达研究	游佳俊	陈信凌	南昌大学	硕士	2015 年
115	公民参与视角下的“2015 两会微博问政”案例研究	唐瑕苓	赵蜀蓉 张建国	电子科技大学	硕士	2015 年
116	媒体官方微博对政治腐败事件的呈现	崔江	陈笑春	西南政法大学	硕士	2015 年

续表

序号	论文题名	研究生	导师	学位授予单位	学位	学位年度
117	基于中文微博的热点事件情感倾向分析	王潇天	张闯	北京邮电大学	硕士	2015 年
118	社会安全事件下微博用户转发行为影响因素研究	杨国琴	王丽萍	浙江工业大学	硕士	2015 年
119	社交媒体中微博转发的预测模型研究	刘刚	石川	北京邮电大学	硕士	2015 年
120	传统媒体官方微博新闻发布中的网络谣言研究	曲晓超	楼旭东	大连理工大学	硕士	2015 年
121	基于云计算的微博推荐系统研究与实现	孙亭	张永胜 徐宏伟	山东师范大学	硕士	2015 年
122	微博时代下大学生思想政治教育研究	谢瑞	杨志民	景德镇陶瓷学院	硕士	2015 年
123	湖南卫视官方微博运营现状与策略研究	卢琰	束秀芳	安徽大学	硕士	2015 年
124	网络民意表达语境下的微博问政研究	申丽萍	周晓丽	中央民族大学	硕士	2015 年
125	微博名誉侵权法律问题研究	章柳	米新丽	首都经济贸易大学	硕士	2015 年
126	微博传播中的伦理问题及对策研究	严玮	卿定文	长沙理工大学	硕士	2015 年
127	众声喧哗微博“围城”——微博舆论对司法环境的影响	杨帆	王卫明	南昌大学	硕士	2015 年
128	“微时代”下大学生思想政治教育工作机制研究	翟晨	王力尘	辽宁工业大学	硕士	2015 年
129	政务微博的内容与互动研究——以“@苏州发布”为例	陈羿霖	谷鹏	苏州大学	硕士	2015 年

2016年

序号	论文题名	研究生	导师	学位授予单位	学位	学位年度
1	基于复杂网络的网络舆情动态演进影响机制研究	董靖巍	胡珑瑛	哈尔滨工业大学	博士	2016 年
2	中文微博文本规范化方法及关键技术研究	钱涛	姬东鸿	武汉大学	博士	2016 年
3	风险社会视域下的网络舆情治理研究	张发林	秦志希	武汉大学	博士	2016 年
4	我国重大公共事件网络舆情云治理研究	李鸣	马彦琳	华中科技大学	博士	2016 年
5	网络环境下公共危机治理研究	武超群	赵景华	中央财经大学	博士	2016 年
6	几类网络舆情研判模型及应对策略研究	孙莉玲	仲伟俊	东南大学	博士	2016 年
7	基于微博网络信息挖掘与传播的关键技术研究	陆静	万旺根	上海大学	博士	2016 年
8	基于时间特性的微博检索和微博过滤研究	韩中元	李生 杨沐昀	哈尔滨工业大学	博士	2016 年
9	我国政务微博在突发社会安全事件应对中的作用研究	朱启莉	王怀兴	东北师范大学	硕士	2016 年
10	泉州市政务微博运营研究	周颖	王惠娜	华侨大学	硕士	2016 年

续表

序号	论文题名	研究生	导师	学位授予单位	学位	学位年度
11	信息公开视域下地方政府公信力提升研究——以江西政务微博为例	周安	饶武元	南昌大学	硕士	2016年
12	开封市政务微博发展现状及问题研究	郑夏楠	张举玺	河南大学	硕士	2016年
13	公共领域视角下政务微博的网络舆情引导机制研究	赵静	刘胜枝	北京邮电大学	硕士	2016年
14	我国政务微博的发展路径探析	张月	赵大鹏	吉林财经大学	硕士	2016年
15	微博舆论传播的问题及对策研究	王丹丹	莫凡	河南大学	硕士	2016年
16	政务微博中政府与公民互动方式研究	张源	陈延国 谢舜	广西大学	硕士	2016年
17	基于微博签到数据的旅游区客流波动特征及内部时空演变——以南京钟山风景名胜区为例	张子昂	黄震方	南京师范大学	硕士	2016年
18	我国政务微博管理中的问题及对策研究	张秋寒	毕乐强	东北财经大学	硕士	2016年
19	“使用与满足”研究在我国大陆传播学界的本土发展与反思	陈文静	邓香莲	华东师范大学	硕士	2016年
20	突发公共事件中政务微博的信息传播机制研究	杨晓薇	邓秀军	华中科技大学	硕士	2016年
21	娱乐至死与理性构建—娱乐化对微博公共领域的冲击与影响	张新宇	牟文杰	北京邮电大学	硕士	2016年
22	基于微博的突发事件检测方法研究	张玉	屈志毅	兰州大学	硕士	2016年
23	“江宁公安在线”政务微博的传播效能研究	余澄	李庆林	广西大学	硕士	2016年
24	协商民主理论视角下的“微博问政”研究	王鹏力	刘丽珍	华东政法大学	硕士	2016年
25	互联网+时代的网络问政研究	王志宇	刘丽霞	东北财经大学	硕士	2016年
26	风险社会视域下政务微博危机传播的问题研究	王瑞兵	周安平	西南大学	硕士	2016年
27	西安市政务微博舆论引导能力研究	王刘耿	高凤妮	西安建筑科技大学	硕士	2016年
28	当前我国政务微博的治理研究	王瑾	王岩	南京航空航天大学	硕士	2016年
29	社会治理框架下基层政府对政务新媒体的运用	史卓群	滕朋	陕西师范大学	硕士	2016年
30	地方政务微博服务公众满意度测评研究	石磊	邹凯	湘潭大学	硕士	2016年
31	大学生政府网站与政务微博的使用经验对政府信任的影响	普新淳	李贞芳	华中科技大学	硕士	2016年
32	公安“双微”电子政务信息管理研究——以广州市公安双微电子政务管理为例	罗婕	李映洲	兰州大学	硕士	2016年
33	我国政务微博公共信息服务绩效评价研究	路明	邹凯	湘潭大学	硕士	2016年
34	政务微博公众用户持续使用的影响因素研究	刘增光	郭均鹏 高顺元	天津大学	硕士	2016年

续表

序号	论文题名	研究生	导师	学位授予单位	学位	学位年度
35	基于政务微博微信视阈服务型政府建设问题研究	刘洋	刘少华	湖南大学	硕士	2016年
36	政务微博受众影响力评估研究——以山东省十七地市公安微傅为例	李晓	李国锋	山东财经大学	硕士	2016年
37	政务微博议程设置效果研究——以“12·20”深圳滑坡事件为例	李文慧	马强	内蒙古大学	硕士	2016年
38	危机事件管理中政务微博作用机制及改进对策	李萍	郭劲光	东北财经大学	硕士	2016年
39	政务微博互动性对粉丝忠诚度的影响研究—信任的中介效应	李慧芳	王国华	华中科技大学	硕士	2016年
40	街道办事处微博建设的探析	黄真子	周仲秋	湖南师范大学	硕士	2016年
41	突发公共事件中政务微博公信力研究	胡晓冉	费军	华中师范大学	硕士	2016年
42	安徽省政务微博发展现状分析及对策研究	胡迪迪	储节旺	安徽大学	硕士	2016年
43	政府机构官方微博在政府公共关系中的运用研究	侯晓云	翟年祥	安徽大学	硕士	2016年
44	突发事件中政务“双微”的联动传播研究	何焰	阳美燕	湖南大学	硕士	2016年
45	四川煤监局政务微博应用的案例研究	何彦黎	祝小宁	电子科技大学	硕士	2016年
46	地方政务微博沟通功能发挥现状及其优化——基于十个省级政务微博的分析	韩雪	吴玉峰	西北大学	硕士	2016年
47	公众参与政务微博意愿的影响因素研究——基于混合方法	韩啸	汤志伟	电子科技大学	硕士	2016年
48	“政务双微”在地方政府治理中的问题与对策研究——基于陕西省的分析	高楠	常永华	陕西师范大学	硕士	2016年
49	政务微博公众使用行为影响因素研究	代瑞琦	林晶晶	西南交通大学	硕士	2016年
50	基于网络平台的政务信息写作探究——以“三大政务网络平台”的信息联动发布为例	陈娅	杨红星	长春理工大学	硕士	2016年
51	突发事件中地方政务微博信息发布协同研究——以天津港特大火灾爆炸事故为例	陈世英	徐晓林	华中科技大学	硕士	2016年
52	政务微博互动力的影响因素——基于“成都发布”的经验研究	曹石磊	唐志红	西南交通大学	硕士	2016年
53	地方政务微博沟通功能发挥现状及其优化	韩雪	吴玉锋	西北大学	硕士	2016年
54	微博可信性与微博事件预测的研究	郭佳锐	谢益武 陈航	大连海事大学	硕士	2016年
55	框架理论视野下的媒体医患报道研究——以《人民日报》《华商报》官方微博为例	黄怡风	郑微波	西南政法大学	硕士	2016年
56	微博传播效果的分析与预测	刘敏	王莉	太原理工大学	硕士	2016年
57	基于新浪微博数据的处理与用户行为分析	王鲁飞	卢苇	北京交通大学	硕士	2016年
58	转基因话题微博谣言研究——以新浪微博为例	康亚杰	彭光芒	华中农业大学	硕士	2016年
59	“央视新闻”官方微博与微信的传播机制比较研究	倪秋利	田欣欣	河南大学	硕士	2016年

续表

序号	论文题名	研究生	导师	学位授予单位	学位	学位年度
60	语言学视角下的微博语言新质要素研究	张雅洁	杨端志 李昌文	山东大学	硕士	2016 年
61	社交媒体谣言的传播机制研究——基于微博、微信谣言的对比分析	卢尚青	倪万	山东大学	硕士	2016 年
62	新公共外交视阈下境外机构微博的传播研究——以新浪微博为例	金秋	汤景泰	暨南大学	硕士	2016 年
63	基于文本挖掘的新媒体城市传播研究——以微博“给力都江堰”为例	张六月	蒋宁平	西南交通大学	硕士	2016 年
64	《人民日报》微博对国家领导人形象建构研究——以 2015 年习近平出访为例	郭雨时	赵雅文	天津师范大学	硕士	2016 年
65	“屌丝”的隐与现:微博中“屌丝”用法演变的实证研究	李琳	李明洁	华东师范大学	硕士	2016 年
66	议程设置 2.0:微博属性议程设置的探究与思考——以 2013 ~ 2014 微博热门话题为例	姚孝莹	刘勇	安徽大学	硕士	2016 年
67	综合档案馆接收微博信息研究	邱扬凡	吴建华	南京大学	硕士	2016 年
68	传统媒体官方微博老人形象再现研究——以《人民日报》和“央视新闻”官方微博为例	李岩	严俊	吉林大学	硕士	2016 年
69	医患冲突事件的微博公众话语呈现及其与媒体的互动分析	张楚黛	陈红梅	华东师范大学	硕士	2016 年
70	媒体微博在两岸新闻舆论中的角色扮演——基于微博热门话题的实证分析	张丽君	刘震	华中师范大学	硕士	2016 年
71	微博反腐主体行为方式及其作用分析——以新浪微博“罗昌平实名举报刘铁男”事件为例	李彤	陈海春	华中科技大学	硕士	2016 年
72	健康传播视角下微博平台艾滋病议题研究——以新浪微博“@人民日报”为例	罗毓琪	余红	华中科技大学	硕士	2016 年
73	基于公益微博的粉丝忠诚度研究	姜珊珊	杨光煜	天津财经大学	硕士	2016 年
74	微博话题检测与跟踪方法研究	刘均峰	潘鹏	华中科技大学	硕士	2016 年
75	新媒体对第二十届足球世界杯的传播效果分析——以新浪微博为例	郭佳	冀可	河南师范大学	硕士	2016 年
76	政务微博舆论引导的问题及对策研究	赵越	刘萍	黑龙江大学	硕士	2016 年
77	洛阳旅游目的地形象的话语研究——以“河南省政府微博、旅游者博客游记”为例	吕亚培	罗小萍	西南政法大学	硕士	2016 年
78	基于微博公共平台的单条微博热门程度预测及其相关微博发现	俞青云	郑诚	安徽大学	硕士	2016 年
79	微博对体育信息传播的影响研究——以苏州大学体育学院全日制硕士参与微博互动为例	毋张明	马建桥	苏州大学	硕士	2016 年
80	外国驻华使馆微博外交研究——以美、英、日三国驻华使馆新浪微博为例	田弘	朱新光	上海师范大学	硕士	2016 年

续表

序号	论文题名	研究生	导师	学位授予单位	学位	学位年度
81	民间公益组织在艾滋干预中的微博传播机制研究	方堃	汤天甜	重庆大学	硕士	2016 年
82	社会事件舆论中微信与微博的影响比较研究	成啸	郭玉锦	北京邮电大学	硕士	2016 年
83	微博的传播现象研究	杨卉	王晓明	吉林艺术学院	硕士	2016 年
84	网络舆论政治文化生态安全研究——基于新浪微博平台分析	邓颖	余丽	郑州大学	硕士	2016 年
85	基于微博的意见领袖挖掘算法研究	黎吾鑫	王新	云南民族大学	硕士	2016 年
86	基于社会网络分析的微博意见领袖发现研究	付希	陈芬	南京理工大学	硕士	2016 年
87	微博问政存在的问题及其对策研究	于啸萌	王金堂	青岛科技大学	硕士	2016 年
88	微博“大 V”在重大突发事件中的舆论引导力研究	黄利莉	林爱珺	暨南大学	硕士	2016 年
89	群体传播时代下微博话题发展与效应研究	孙本	赵文晶	渤海大学	硕士	2016 年
90	社会资本与新媒体事件中公共议题的建构——以柴静《穹顶之下》为例	蔡威	佘文斌	安徽大学	硕士	2016 年
91	大学生微博社会资本的实证研究——以兰州大学为例	袁恩洋	陈新民	兰州大学	硕士	2016 年
92	大数据时代政府微博舆论管控研究	何润霖	邵宇	云南大学	硕士	2016 年
93	基于新浪微博舆情采集与倾向性分析系统	王峰	高超 成秀虎	南京信息工程大学	硕士	2016 年
94	微博情绪分类的关键技术研究	李泽魁	秦兵	哈尔滨工业大学	硕士	2016 年
95	微博舆论场主流话语影响力提升研究	邬江	李春梅	湖北工业大学	硕士	2016 年
96	公共危机事件中《解放日报》微博影响研究——以上海外滩踩踏和黄浦江死猪事件为例	温莞怡	武志勇	华东师范大学	硕士	2016 年
97	基于微博用户的新闻推荐系统的设计与实现	雷滋和	陶宏才	西南交通大学	硕士	2016 年
98	微博公益传播效应研究	侯冲	刘坚	吉林大学	硕士	2016 年
99	基于微博的政府网络舆情治理研究	石凌	严贝妮 赵今明	安徽大学	硕士	2016 年
100	微博事件自动摘要研究	崔同	金培权	中国科学技术大学	硕士	2016 年
101	网络事件中网民话语倾向及其参与心理研究——以微博作为个案	胡梦頔	王军元	苏州大学	硕士	2016 年
102	“中国普法”微博的法制宣传教育研究	韦悟	郭讲用	华东政法大学	硕士	2016 年
103	“城管”媒介形象研究——以《人民日报》和新浪微博为例	张诗悦	蒋蕾	吉林大学	硕士	2016 年
104	网络道德失范现象研究——以微博为例	罗贻琳	范和生	安徽大学	硕士	2016 年
105	微博舆情可视化系统的研究与实现	黄冠华	杨鹤标	江苏大学	硕士	2016 年
106	面向话题型微博的热点事件情感分析研究	黎媛媛	郑诚	安徽大学	硕士	2016 年

续表

序号	论文题名	研究生	导师	学位授予单位	学位	学位年度
107	热门微博话题事件主题聚类分析	王军	郑诚	安徽大学	硕士	2016 年
108	面向政府管理的行业网络舆情监测体系研究——基于微博数据	樊鑫	朱东华	北京理工大学	硕士	2016 年
109	社交网络信息传播影响因素研究——以新浪微博为例	刘庆彰	王莉	山西财经大学	硕士	2016 年
110	大学生社交网络的自我呈现研究——以新浪微博为例	白雯予	徐祥运	东北财经大学	硕士	2016 年
111	突发公共事件中政府、媒体和公众的三方互动研究——以宁波和茂名 PX 事件为例	钟毓琦	林如鹏	暨南大学	硕士	2016 年
112	微传播对大学生思想政治教育的影响及对策	雒亚男	周斌	西安科技大学	硕士	2016 年
113	微博对高校思想政治教育的影响及对策研究	冯科达	赖雄麟	西安科技大学	硕士	2016 年
114	语域理论视角下的新浪微博语言特征研究——以娱乐明星微博为例	张洋	张晓书	黑龙江大学	硕士	2016 年
115	微传播平台助推高校思想政治教育的研究	马也名	刘福江	湖南农业大学	硕士	2016 年
116	微博舆情分析技术研究及系统实现	林鉴周	贾西平 方刚	广东技术师范学院	硕士	2016 年
117	自媒体时代我国公民新闻的伦理审视	文美玉	彭希林	湖南工业大学	硕士	2016 年
118	基于议程设置理论的媒体微博研究——以@人民日报为例	白墨林	张承宇	南京理工大学	硕士	2016 年
119	论政府信息公开网络化后公民知情权的保障	张扬	汪太贤	西南政法大学	硕士	2016 年
120	新浪微博对傣族形象的建构	刘瑶	李娅菲	云南师范大学	硕士	2016 年
121	阳江市网络问政现状及推进策略研究	梁基俊	曹静晖 赵玉珍	华南理工大学	硕士	2016 年
122	基于新浪微博平台的军队形象传播研究——以@军报记者、@央视新闻、@人民网为例	马向慧	江宇	广西大学	硕士	2016 年
123	暴力型环境群体性事件网络舆论演变过程研究——以“余杭中泰垃圾焚烧”事件微博舆论为例	任常宏	余霞	华中农业大学	硕士	2016 年
124	网络群体性事件生成路径研究——以“哈尔滨天价鱼事件”为例	张建	李亚雄	华中师范大学	硕士	2016 年
125	高校突发事件网络舆情传播演化研究	王畅	丁云龙	哈尔滨工业大学	硕士	2016 年
126	基于微博的热点话题发现研究	贺源	张翠肖 蒋学红	石家庄铁道大学	硕士	2016 年

续表

序号	论文题名	研究生	导师	学位授予单位	学位	学位年度
127	基于微博自身特征的热点话题发现研究	唐梁尧	刘克剑	西华大学	硕士	2016 年
128	基于微博的金融领域的热点话题的发现与分析	华恩正	闫丹凤	北京邮电大学	硕士	2016 年
129	基于云计算的微博舆情监控系统研究	霍可栋	邢玲	西南科技大学	硕士	2016 年
130	转基因话题微博谣言研究——以新浪微博为例	康亚杰	彭光芒	华中农业大学	硕士	2016 年
131	农村基层政府微博研究	崔志东	张小强	重庆大学	硕士	2016 年
132	突发事件的微博舆论传播与引导研究——以"'东方之星'客轮翻沉事件"为例	李梦	高立	武汉体育学院	硕士	2016 年
133	突发事件中微博传播与舆论引导研究	郑燕梅	马胜荣	重庆大学	硕士	2016 年
134	"微博问政"法律规制问题研究	董容君	伊士国 甄树清	河北大学	硕士	2016 年
135	微博问政的法律规制问题研究	孙锋	胡朝阳	东南大学	硕士	2016 年
136	高校大学生思想政治教育微博建设研究	刘茜	李建军	贵州大学	硕士	2016 年
137	微博视角下的伪公共领域	高彩	赵建国	河南大学	硕士	2016 年
138	微博微信对长汀县共青团工作的影响和对策研究	李意	郑金贵	福建农林大学	硕士	2016 年
139	新公共外交视阈下境外机构微博的传播研究——以新浪微博为例	金秋	汤景泰	暨南大学	硕士	2016 年
140	基于微博平台规范大学生网络社团建设的策略研究	刘涛	刘云升	河北师范大学	硕士	2016 年
141	微博环境下的公共危机预警模型研究	许睿	汤志伟	电子科技大学	硕士	2016 年
142	微博意见领袖对大学生思想品德的影响研究	梁晴	胡尊让	西北农林科技大学	硕士	2016 年
143	突发事件的网络舆情分析及应对——以天津港"8・12"瑞海公司危险品仓库特别重大火灾爆炸事故为例	陈梦析	许玲	华中师范大学	硕士	2016 年
144	突发事件网络舆情的负面效应及其应对研究——以天津港"8・12"爆炸事件为例	左芬	王敏	湖南师范大学	硕士	2016 年
145	事故灾难事件网络舆情演变及其政府治理研究——以天津港"8・12"爆炸事件为例	张树新	王君泽	华中科技大学	硕士	2016 年
146	自媒体环境下突发网络舆情及其应对研究	吴泽	储节旺	安徽大学	硕士	2016 年
147	基于微博的热门话题提取与利用研究	周传锋	张玉清 陈鹏辉	中国地质大学(北京)	硕士	2016 年
148	全媒体时代网络体育新闻传播的特点研究——以新浪微博大型体育赛事传播为例	苟蕊婷	马增强	西安体育学院	硕士	2016 年
149	互联网环境下的体育新闻传播研究——以新浪微博为例	李思嘉	史进	西安体育学院	硕士	2016 年
150	新浪网体育微博娱乐化的研究	刘淼	马增强	西安体育学院	硕士	2016 年
151	基于地理坐标的微博事件检测与分析研究	安仲杰	李进华	华中师范大学	硕士	2016 年

续表

序号	论文题名	研究生	导师	学位授予单位	学位	学位年度
152	从个人形象到国家形象——“第一夫人”形象在微博中的塑造分析	陈卓珺	陈龙	苏州大学	硕士	2016年
153	网络事件中网民话语倾向及其参与心理研究——以微博作为个案	胡梦頔	王军元	苏州大学	硕士	2016年
154	完善我国微博反腐对策研究	王明月	赵平安	郑州大学	硕士	2016年
155	自媒体侵权的法律问题研究	赵莹	蒋跃川	大连海事大学	硕士	2016年
156	都市报媒体官方微博新话语方式亲和力研究	王雪莹	黄松爱	东北师范大学	硕士	2016年
157	微博参与下的集体行动形成与消解机制研究	肖婷婷	靖鸣	南京师范大学	硕士	2016年
158	微博舆论场中谣言的应对策略研究	高敏	周素珍	广西师范学院	硕士	2016年
159	健康传播的公信力研究——以新浪微博为例	董安妮	郑亚楠	黑龙江大学	硕士	2016年
160	微博新闻类型与用户参与性调研报告——以@头条新闻、@央视新闻、@人民日报为例	余姬娜	王辰瑶	南京大学	硕士	2016年
161	突发公共事件微博舆情演化机理的计算机仿真研究	何贵敏	姚翠友	首都经济贸易大学	硕士	2016年
162	基于新浪微博平台的青年网络趣缘群体研究	罗静	刘萍	黑龙江大学	硕士	2016年
163	微博中基于社区与节点属性的影响力最大化研究	邬小平	宋丹丹	北京理工大学	硕士	2016年
164	新浪微博使用动机对大学生主观幸福感的影响研究——自尊的中介作用	罗雪	靳宇倡	四川师范大学	硕士	2016年
165	人民网微博新闻的叙事研究	尹忠伟	苟欣文	重庆工商大学	硕士	2016年
166	基于中文微博的自动文摘研究	李方馨	李成城	内蒙古师范大学	硕士	2016年
167	微议程:全媒体环境下议程设置的新发展	纪昱	周伯华	哈尔滨师范大学	硕士	2016年
168	基于微博的突发事件检测研究	李红梅	丁晟春	南京理工大学	硕士	2016年
169	基于条件随机场的中文微博情感分析研究	梁礼欣	郝志峰	广东工业大学	硕士	2016年
170	巴西世界杯中新浪微博议程设置的研究	李辉	程红	北京体育大学	硕士	2016年
171	针对微博舆情的采集与分析系统的设计与实现	郑佳	黄铮	北京邮电大学	硕士	2016年
172	社会化媒体时代地方政府应对公共舆论的策略研究	付雪松	刘绍庭	华东师范大学	硕士	2016年
173	微博对体育信息传播的影响研究——以苏州大学体育学院全日制硕士参与微博互动为例	毋张明	马建桥	苏州大学	硕士	2016年
174	微博公共领域的建构与实践研究	钱若菡	石长顺	华中科技大学	硕士	2016年
175	政务微博对政府公共关系的作用研究——以福建省为例	叶景雯	龚高健	福建农林大学	硕士	2016年
176	“@南昌发布”线下活动的问题与对策	肖珍毓	朱玉华	南昌大学	硕士	2016年

续表

序号	论文题名	研究生	导师	学位授予单位	学位	学位年度
177	河北省地级市政府政务微博影响力研究	肖宁	赵晓冬	燕山大学	硕士	2016 年
178	“中国普法”微博的法制宣传教育研究	韦悟	郭讲用	华东政法大学	硕士	2016 年
179	社交网络用户影响力评估算法研究与分布式实现	郑新	周莲英	江苏大学	硕士	2016 年

2017年

序号	论文题名	研究生	导师	学位授予单位	学位	学位年度
1	公共卫生事件中的微博舆情趋势预测研究	裴佳音	于光	哈尔滨工业大学	博士	2017 年
2	政府信息公开视角下的政务双微比较研究	肖博	段尧清	华中师范大学	博士	2017 年
3	社交媒体情境下的公共危机管理研究	殷建立	赵黎明	天津大学	博士	2017 年
4	大学生思想政治“微教育”模式研究	赵佳寅	王淑荣	吉林大学	博士	2017 年
5	提升我国政府网络政治参与回应效能研究	肖成俊	许玉镇	吉林大学	博士	2017 年
6	基于信息生态理论的移动环境下微博舆情传播研究	赵丹	王晰巍	吉林大学	博士	2017 年
7	微博暴力现象研究——以新浪微博为例	陈佳钰	刘翼	成都理工大学	硕士	2017 年
8	微时代背景下网络政治参与问题研究	李珣	王蔚	中共湖南省委党校	硕士	2017 年
9	微博意见领袖舆论引导研究——以雷洋案为例	王青龙	芮必峰	安徽大学	硕士	2017 年
10	公共安全事件中微博舆论场的形成及治理策略研究——以“山东问题疫苗”事件为例	朱娜	唐英	成都理工大学	硕士	2017 年
11	基于中文微博的热门话题提取与追踪	叶永涛	杜亚军	西华大学	硕士	2017 年
12	2017 年 H7N9 禽流感事件微博舆论场研究	陈方青	吴海荣	广西大学	硕士	2017 年
13	微博“大 V”的影响力研究	朱燕丹	靖鸣	南京师范大学	硕士	2017 年
14	新媒体背景下的警察公共关系研究——以苏州公安为例	丁晓磊	钱振明	苏州大学	硕士	2017 年
15	传统媒体官方微博新闻报道失范研究	唐果	颜斌	湘潭大学	硕士	2017 年
16	澎湃新闻官方微博新闻现场类短视频传播策略研究	马若	张魁星	河北大学	硕士	2017 年
17	新浪微博新闻不礼貌评论的语用研究	蒋诗颖	孙飞凤	华侨大学	硕士	2017 年
18	基于异构网络的微博新闻事件自动检测与摘要算法研究与实现	张叶	吴晓	西南交通大学	硕士	2017 年
19	社交网络用户隐私自我表露行为研究——以新浪微博为例	陈亚辉	刘东升	浙江工商大学	硕士	2017 年
20	微博语篇互文性的顺应性研究	杨芳	徐李洁	湖南科技大学	硕士	2017 年
21	中文微博的热点话题检测及趋势预测算法研究	尚鸿运	喻梅	天津大学	硕士	2017 年
22	微博在大学生思想政治教育中的运用研究	陈颖	苏玉琼	成都理工大学	硕士	2017 年

续表

序号	论文题名	研究生	导师	学位授予单位	学位	学位年度
23	联系与阻隔:网络公共事件传播中微博“政治中介”功能的考察	莫莉	商娜红 沈北海	广西大学	硕士	2017 年
24	微博在大学生思想政治教育中的应用研究	熊龙	鲍中义	遵义医学院	硕士	2017 年
25	移动互联网环境下高校思想政治教育新路径研究	唐妮霞	游敏惠	重庆邮电大学	硕士	2017 年
26	高校大学生思想政治教育制度化建设的问题及对策研究	刘鹤	沈强	吉林农业大学	硕士	2017 年
27	山东问题疫苗事件微博传播中的话语冲突与融通	王艳艳	韩立新	河北大学	硕士	2017 年
28	议程设置视角下的突发事件微博舆论引导研究——以“东方之星”沉船事故为例	单琦	赵继娣	华东师范大学	硕士	2017 年
29	微博热点事件中的狂欢现象研究——以王宝强离婚事件为例	谢少平	陈响园	兰州大学	硕士	2017 年
30	冲突与对话:新媒体语境下公共卫生危机传播研究——以 2016 年山东疫苗事件为例	李艳业	李晓灵	兰州大学	硕士	2017 年
31	基于话语分析的微博语言暴力研究	王玥	章浩	南京师范大学	硕士	2017 年
32	湖北政务微博语言研究	高友芝	吕明臣	吉林大学	硕士	2017 年
33	医患舆情在微博中的演化机制与影响研究	吴丹玮	杜忠锋	云南师范大学	硕士	2017 年
34	广州政务双微平台构建城市形象策略研究——以广州三家政务双微平台为例	陈晖	侯迎忠	广东外语外贸大学	硕士	2017 年
35	突发公共事件中的微博公众参与行为研究	徐宇	汤志伟	电子科技大学	硕士	2017 年
36	微传播时代的公民参与和保障——以微博为例	李文一	靖鸣	南京师范大学	硕士	2017 年
37	新浪微博公共议题传播中的话语呈现——以 2016 年里约奥运会为例	徐超夏	李建立	河南大学	硕士	2017 年
38	公共领域视角下微博传播的问题及对策研究	王彗玲	骆玉安	郑州大学	硕士	2017 年
39	社交网络信息传播的实证分析及应用——以新浪微博为例	付文豪	宋玉蓉	南京邮电大学	硕士	2017 年
40	网络公共事件中的公民新闻参与和真相探知——以魏则西事件为例	翟玉婷	佘文斌	安徽大学	硕士	2017 年
41	移动互联网时代政务新媒体传播体系建构初探——基于“两微一端”的研究	赵玲瑜	董广安	郑州大学	硕士	2017 年
42	基于政务微博平台的自然灾害信息发布模式与公众关注度分析	张秀娟	魏玖长	中国科学技术大学	硕士	2017 年
43	基于微博的城市突发事件扩散特征研究	张超越	乐鹏	武汉大学	硕士	2017 年
44	在时政领域中的微博粉丝效应现象研究	王腾	李新松	北京邮电大学	硕士	2017 年
45	基于不同传播主体的微博风险呈现与沟通研究——以“问题疫苗事件”为例	于芮苏	朱颖	广东外语外贸大学	硕士	2017 年
46	基于突发词地域分析的微博突发事件检测方法研究	张雄宝	陆向艳	广西大学	硕士	2017 年

续表

序号	论文题名	研究生	导师	学位授予单位	学位	学位年度
47	新媒体下我国政治话语创新策略研究——基于“一微一端”个案文本分析	张菁	刘西平	南昌大学	硕士	2017 年
48	我国移动电子政务的发展状况和对策——以山东省烟台市为例	原立波	王崇锋	青岛大学	硕士	2017 年
49	河南省公安微博运营策略研究	贠帅博	程国平 徐恒	河南工业大学	硕士	2017 年
50	微内容传播中的社会情绪表达	韩娜	黄小军	云南师范大学	硕士	2017 年
51	微博平台上突发公共事件的政府回应研究	周丽娟	赵立力	西南交通大学	硕士	2017 年
52	焦作市政府公共管理中政务微博参与机制研究	姚雪	尚明瑞	甘肃农业大学	硕士	2017 年
53	政务微博信息公开公众满意度测评研究	杨晓	邹凯	湘潭大学	硕士	2017 年
54	提升政务微博质量和实效研究	谢如孟	王晓珊	长春工业大学	硕士	2017 年
55	危机事件中的微博用户媒介素养研究	徐韵诗	余霞	华中农业大学	硕士	2017 年
56	政务微博影响力的统计分析	王一凡	马立平	首都经济贸易大学	硕士	2017 年
57	参与式治理视角下政务微博运营研究——以党政新闻发布微博为例	王天放	潘洪阳	吉林大学	硕士	2017 年
58	语域视阈下的政务微博语篇研究	王舒	曲英梅	东北师范大学	硕士	2017 年
59	泛传播环境下地方政务微博危机公关的限制因素研究	王佩	王远舟	西华师范大学	硕士	2017 年
60	政务微博对地方政府公信力的影响研究	王抗	王其原	西华师范大学	硕士	2017 年
61	基于社会网络分析的我国政务微博建设机制研究	孙遥遥	崔金栋	东北电力大学	硕士	2017 年
62	基于对话理论的政务微博建设研究——以党政新闻发布微博为例	任芸莹	刘林沙	西南交通大学	硕士	2017 年
63	微博用户兴趣的提取和动态建模	郑磊	段跃兴	太原理工大学	硕士	2017 年
64	H 市电子政务公开案例分析与优化研究	邱国强	田鹏	华中师范大学	硕士	2017 年
65	“互联网 +”背景下合肥市政府信息公开问题研究	毛昊悦	马仁杰	安徽大学	硕士	2017 年
66	公共参与中的印象管理——微博名人公共影响力的实证研究	晏雪菲	杜骏飞	南京大学	硕士	2017 年
67	政务微博治理网络谣言的效果分析与对策研究	刘燕平	陈娟	华中农业大学	硕士	2017 年
68	基于在线社会网络结构的政务微博信息传播模式分析	李泽卿	朱梅红	首都经济贸易大学	硕士	2017 年
69	基于社会网络分析的自媒体时代舆情传播研究——以新浪微博为例	陈媛	贾伟	山西财经大学	硕士	2017 年
70	微博健康热点话题发现系统的设计与实现	申思	孙钦东 张勇	西安理工大学	硕士	2017 年
71	顺应论视角下新浪微博中的汉英语码转换分析	杜岩	秦杰	山西师范大学	硕士	2017 年
72	青年亚文化视角下的新浪微博营销研究	宋振	陈正辉	上海外国语大学	硕士	2017 年

续表

序号	论文题名	研究生	导师	学位授予单位	学位	学位年度
73	微博暴力现象对大学生思想的影响及对策研究	鞠凤悦	王晓霞	内蒙古大学	硕士	2017 年
74	基于微博平台的中文情感分析技术的研究	葛达明	宋继红	沈阳工业大学	硕士	2017 年
75	基于上下文观点的微博情感倾向分析研究	刘承运	徐连诚	山东师范大学	硕士	2017 年
76	基于微时代下大学生心理特点的高校思想政治教育工作研究	侯培培	吴薇莉	西华大学	硕士	2017 年
77	新浪微博和报纸在突发事件中的媒介间议程设置	张丹丹	严怡宁	上海外国语大学	硕士	2017 年
78	新媒体背景下警察形象危机应对策略研究	张小燕	王永益 姚建云	南京理工大学	硕士	2017 年
79	网络舆情视角下地方政府公信力建设研究	叶清倬	吕宏强	长安大学	硕士	2017 年
80	中文微博情感词典的构建研究与应用	於伟	杨新凯	上海师范大学	硕士	2017 年
81	暴雨灾害中公众持续使用微博获取灾害信息意愿的影响因素研究	成升	刘丽群	武汉大学	硕士	2017 年
82	微博名誉侵权法律问题研究	高焕杰	满淑云	青岛大学	硕士	2017 年
83	传统媒体和新媒体语境下公益传播机制与效果的比较研究——以“免费午餐”项目为例	刘露	李春根	江西财经大学	硕士	2017 年
84	微博热门事件传播中的伦理失范与对策研究——以新浪微博为例	张琴	陈卓	成都理工大学	硕士	2017 年
85	基于微博签到数据的主题公园游客时空行为研究——以上海迪士尼度假区为例	张腾	高峻	上海师范大学	硕士	2017 年
86	基于社交网络的舆情信息挖掘方法研究	黄宝成	于光	哈尔滨工业大学	博士	2017 年
87	面向微博突发话题的舆情分析若干关键技术研究	董国忠	杨武	哈尔滨工程大学	博士	2017 年
88	中国共产党党内治理问题研究	仲伟通	王韶兴	山东大学	博士	2017 年
89	微时代大学生网络道德教育研究	刘继强	申小蓉	电子科技大学	博士	2017 年
90	基于表示学习的虚假信息检测研究	李璐旸	秦兵 刘挺	哈尔滨工业大学	博士	2017 年
91	基于主题模型的文本情感和话题建模的研究	徐康	漆桂林	东南大学	博士	2017 年
92	社交网络在线口碑信息传播模型研究	崔雪莲	那日萨	大连理工大学	博士	2017 年
93	法人名誉权及其侵权责任法保护研究	杨晔	蔡立东	吉林大学	博士	2017 年
94	基于文化批判视角的网络女性形象研究	荀洁	徐国源	苏州大学	博士	2017 年
95	新媒体时代执政党意识形态传播路径探究	李珈瑶	李俊伟	中共中央党校	博士	2017 年
96	改革开放以来中国共产党政治传播研究	王飞	宋进	华东师范大学	博士	2017 年
97	档案信息微传播研究	任琼辉	朱兰兰	郑州航空工业管理学院	硕士	2017 年
98	新媒体环境下档案文化资源开发探究	李冬	朱兰兰	郑州航空工业管理学院	硕士	2017 年

续表

序号	论文题名	研究生	导师	学位授予单位	学位	学位年度
99	危机管理中政务微博的维稳功能研究——以8·12天津港爆炸事件为例	朱晓登	周仲秋	湖南师范大学	硕士	2017年
100	突发公共事件中网络谣言治理研究	曹怡青	周仲秋	湖南师范大学	硕士	2017年
101	微博官方话语与民间话语的差异性研究——以雾霾问题为例	陈新宇	周翔	武汉大学	硕士	2017年
102	涉警网络舆情热度评价指标体系构建研究	于岗	周西平	中国人民公安大学	硕士	2017年
103	新媒体环境下《广州青年报》的转型发展研究	麦婉盈	周立华	江西财经大学	硕士	2017年
104	社交媒体影像传播的伦理问题及其治理研究	赵建楠	周建青	华南理工大学	硕士	2017年
105	微博文本的事件抽取与可视化	高天蒙	周德宇	东南大学	硕士	2017年
106	共青团参与社区治理问题研究——以安阳市文峰区共青团为例	王睿	钟培武	郑州大学	硕士	2017年
107	“微时代”大学生网络心理问题及对策研究	彭玉蓉	钟彬	天津工业大学	硕士	2017年
108	网络传播中哈尔滨城市形象研究	董宏书	郑亚楠	黑龙江大学	硕士	2017年
109	网络社群传播下的两个舆论场:冲突化解与共识重建	刘聪歌	郑素侠	郑州大学	硕士	2017年
110	大连市政府应对突发事件网络舆情的调查研究	孙广志	郑保章	大连理工大学	硕士	2017年
111	央视新闻微博移动视频直播发展策略研究	杨洋	郑保章	大连理工大学	硕士	2017年
112	微博自媒体对传统媒体的反向议程设置	张田	赵彧	上海外国语大学	硕士	2017年
113	面向微博的企业危机管理效能评估研究	刘姝菡	赵洁	安徽大学	硕士	2017年
114	公共危机管理视角下江西省涉警舆情应对研究	陈汉辉	张仲芳	江西财经大学	硕士	2017年
115	我国当前反腐败工作中公民参与问题研究	苑春雪	张忠利	天津大学	硕士	2017年
116	微博文本处理及话题分析方法研究	段旭磊	张仰森	北京信息科技大学	硕士	2017年
117	基于Hadoop微博分类系统的设计与实现	刘津麟	张学胜	大连理工大学	硕士	2017年
118	网络诽谤行为的刑法规制研究	杨博	张旭	吉林大学	硕士	2017年
119	新媒体环境下社会治理问题研究	张文军	张向达	东北财经大学	硕士	2017年
120	中国林业传媒融合现状调研报告	诸葛寰宇	张文红	北京印刷学院	硕士	2017年
121	基于用户聚类的微博话题推荐方法研究	张世尧	张顺香	安徽理工大学	硕士	2017年
122	安徽省高校微博信息老化案例分析	殷珂	张守卫 杨家荣	安徽大学	硕士	2017年
123	互联网时代我国环境保护公众参与问题研究	宋元清	张莉萍	山东大学	硕士	2017年
124	社交媒体注意力欺骗行为研究	陈劼人	张雷	浙江工业大学	硕士	2017年
125	基于复杂网络的谣言传播模型研究	韩岚	张菁 赖初荣	哈尔滨工程大学	硕士	2017年
126	一种基于LDA中文微博舆情演化分析方法	周未东	张健沛	哈尔滨工程大学	硕士	2017年
127	新媒体时代政府形象塑造研究	娄彬彬	张慧芳	宁波大学	硕士	2017年

续表

序号	论文题名	研究生	导师	学位授予单位	学位	学位年度
128	微时代下公安机关处置群体性事件的对策研究	毛婧	张弘 常涛	中国人民公安大学	硕士	2017 年
129	公安微文化探析	郑义	张国星	中国人民公安大学	硕士	2017 年
130	大学生网络政治参与研究——基于长春市部分高校的实证调查	张茉	张桂英	东北师范大学	硕士	2017 年
131	社交网络中用户产生内容的可信度分析方法研究	顾程伟	张博锋	上海大学	硕士	2017 年
132	新媒体时代地方政府网络舆情治理研究——基于公共危机管理的视角	缪逸洲	袁勇志	苏州大学	硕士	2017 年
133	自媒体领域的表达自由研究——从政治传播的视角看	张宁	袁久红	东南大学	硕士	2017 年
134	语料库扩展及情绪分析的微博文本情感分类技术研究	成基元	喻梅 李国翚	天津大学	硕士	2017 年
135	基于 VSM-BTM 主题模型的微博热点话题发现研究	张晓飞	余建桥	西南大学	硕士	2017 年
136	新媒体环境下 SZ 机场品牌传播策略研究	朱小超	殷红	云南财经大学	硕士	2017 年
137	突发事件网络舆情治理研究	何程君	姚锐敏	华中师范大学	硕士	2017 年
138	微博社区信任问题研究——以新浪微博为例	何晓丽	姚德薇	安徽大学	硕士	2017 年
139	盘锦“天价豆腐”事件政府网络舆情引导案例分析	李文婷	杨中楷	大连理工大学	硕士	2017 年
140	报纸和微博对山东疫苗事件的报道框架建构比较	钟孟秀	杨琴	西南交通大学	硕士	2017 年
141	政务 O2O 应用研究	李红敏	阳美燕	湖南大学	硕士	2017 年
142	新媒体平台的政务直播研究	郭亚芸	阳美燕	湖南大学	硕士	2017 年
143	公职人员个人网络舆情研究及其应对策略——“雷语”类和生活作风类	路枝芳	薛耀文	山西师范大学	硕士	2017 年
144	自媒体话语权释放对青少年价值观影响研究	王夏夏	徐祥运	东北财经大学	硕士	2017 年
145	互联网 + 视野下我国电视综艺节目发展的探讨——以《天天向上》为例	万可	徐文松	江西财经大学	硕士	2017 年
146	自媒体传播中的科技伦理意识养成	梁爽	徐琳琳	沈阳师范大学	硕士	2017 年
147	自媒体环境下著作权的保护研究	薛斌渊	徐辉鸿	南京工业大学	硕士	2017 年
148	基于微博垃圾用户的特征选择方法研究	张钰柔	徐光侠	重庆邮电大学	硕士	2017 年
149	基于亚文化群体特征的移动社交产品用户忠诚度研究——以微博为例	张芊慧	辛向阳	江南大学	硕士	2017 年
150	基于主题和情境的社会网络专家发现方法研究	李怡佳	谢晓芹	哈尔滨工程大学	硕士	2017 年
151	天津港 8·12 爆炸事件网络舆情政府引导案例研究	朱锦丰	肖仕卫 肖永梅	电子科技大学	硕士	2017 年
152	基于 CBMB-LDA 模型的微博主题挖掘	唐丽君	肖慎勇	中南财经政法大学	硕士	2017 年

续表

序号	论文题名	研究生	导师	学位授予单位	学位	学位年度
153	我国体育微直播的现状、特征及价值研究	杨俊喆	肖焕禹	上海体育学院	硕士	2017 年
154	基于逻辑回归的微博流行程度预测	李自昂	肖春静	河南大学	硕士	2017 年
155	微时代视域下大学生思想政治教育话语创新研究	刘灿灿	吴琼	北京交通大学	硕士	2017 年
156	福建致公党运用“微传播”手段提升社会服务水平研究	冯浩	魏远竹	福建农林大学	硕士	2017 年
157	互联网＋共青团工作——基于平顶山市的经验研究	梁建	魏明侠	河南工业大学	硕士	2017 年
158	自媒体时代的政府公共舆论引导——以“厅官三亚被欺事件”为例	徐敏	王章佩 王和平	海南大学	硕士	2017 年
159	“乐游上海”旅游公共信息传播效果研究	梁佳佳	王玉松	上海师范大学	硕士	2017 年
160	基于 SIR 社交网络的谣言传播模型研究	余莎莎	王友国	南京邮电大学	硕士	2017 年
161	微博谣言的传播与治理研究	郝亚可	王一华	郑州大学	硕士	2017 年
162	微博舆情热点发现及趋势预测研究	胡悦	王亚民	西安电子科技大学	硕士	2017 年
163	社交网络环境下的政府危机公关研究	叶海	王晟	浙江财经大学	硕士	2017 年
164	自媒体传播的伦理审视	李静	王全权	南京林业大学	硕士	2017 年
165	社交网络招聘有效性影响因素研究	李闪闪	王培君	南京林业大学	硕士	2017 年
166	社团层面上的谣言局域目标免疫策略研究	马颖萍	王林	西安理工大学	硕士	2017 年
167	基于行为分析的社交网络异常账号的检测	刘琛	王根英	北京交通大学	硕士	2017 年
168	公共考古的新尝试——以海昏侯墓发掘为例	黄雪薇	王刚	江西师范大学	硕士	2017 年
169	庆云县地税局加强涉税网络舆情管理研究	勾红霞	王德勇 李春艳	东北农业大学	硕士	2017 年
170	基于云计算的微博敏感信息挖掘系统	李颖慧	王博 游少雄	天津大学	硕士	2017 年
171	国家审计公告的公众效果研究	曹芸薇	王宝庆	浙江工商大学	硕士	2017 年
172	探析群体极化视角下微博“群殴式”娱乐新闻现象的媒介呈现	郭肖	王安中	陕西师范大学	硕士	2017 年
173	新浪微博中医患沟通研究——以十个医生微博大 V 为例	陈旭	汪青云	江西师范大学	硕士	2017 年
174	考虑媒体介入下的谣言传播模型及控制策略	梁新媛	万佑红	南京邮电大学	硕士	2017 年
175	基于用户声誉值的微博平台系统设计与实现	孙晓瑜	万健如 王营召	天津大学	硕士	2017 年
176	外交微博的使用及传播策略——以美国驻华大使馆新浪微博为例	汪昕彤	田茫茫	吉林大学	硕士	2017 年
177	“共青团中央”官方微博的政治传播功能研究	孙璐璐	田茫茫	吉林大学	硕士	2017 年
178	互联网时代三清山景区旅游新媒体营销策略研究	欧阳津	田逢军 颜国忠	江西财经大学	硕士	2017 年
179	基于新浪微博的好友推荐系统设计与实现	陈冲	陶宏才	西南交通大学	硕士	2017 年

续表

序号	论文题名	研究生	导师	学位授予单位	学位	学位年度
180	“参与式行政”视角下网络问政的常态化制度构建研究——基于梧州市的实证分析	李婷	汤玉权	广西大学	硕士	2017 年
181	网络空间中记者污名现象研究	何霞	汤天甜	重庆大学	硕士	2017 年
182	新媒体环境下的舆论反转现象	李惠琳	汤景泰	暨南大学	硕士	2017 年
183	“微思政”在高校思想政治教育中的有效利用探究——以湖北地区高校为例	林晓钦	汤德森	湖北大学	硕士	2017 年
184	基于微博数据的语义检索子系统的设计与实现	叶青	苏森	北京邮电大学	硕士	2017 年
185	面向微博短文本的情感识别系统的研究与实现	陈剑	苏森	北京邮电大学	硕士	2017 年
186	社交媒体支持下的任务型教学在初中英语教学中的应用	陈玥	宋艳芳 陈伟骏	苏州大学	硕士	2017 年
187	微写作在高中语文作文教学中的实践研究	张忠莲	史红伟 张琳	河南大学	硕士	2017 年
188	基于社会化媒体的公共图书馆健康信息服务研究	任煦	石艳霞	山西大学	硕士	2017 年
189	微博恶意用户识别方法的研究	李自豪	沈波	北京交通大学	硕士	2017 年
190	基于改进 LDA 模型的社交网络用户行为分析	陈阳	邵曦	南京邮电大学	硕士	2017 年
191	网络突发事件中地方政府应对策略研究	王文君	任俊英	郑州大学	硕士	2017 年
192	微博暴力的产生及治理研究——以王宝强离婚事件为例	刘妞	卿志军	海南师范大学	硕士	2017 年
193	微博在高校思想政治教育管理中的功能研究	张敏	秦在东	华中师范大学	硕士	2017 年
194	基于情绪和兴趣的微博用户访问行为预测	陈增	秦锋	安徽工业大学	硕士	2017 年
195	社交网络下的垃圾信息处理算法研究	田雅	乔鸿	山东师范大学	硕士	2017 年
196	基于微博评论的品牌负向情感分析与对策研究	王馨	彭友	哈尔滨工程大学	硕士	2017 年
197	里约奥运会中国女排媒介形象研究	邱琛	彭铁元	中国青年政治学院	硕士	2017 年
198	重庆市微博庭审直播传播效果研究	周谦	裴永刚	西南政法大学	硕士	2017 年
199	“互联网＋”背景下中国公民网络政治参与问题研究	罗清阳	庞洪铸	河南大学	硕士	2017 年
200	新媒体环境下大学生社会主义核心价值观培育研究	林可	潘利红	华南农业大学	硕士	2017 年
201	自媒体对高中生思想政治教育的影响及对策研究	张浩清	欧健 赵仲凯	河南大学	硕士	2017 年
202	基层政府突发事件网络舆情应对机制研究——以钦州港经济技术开发区为例	唐梅	聂鑫	广西大学	硕士	2017 年
203	基于多源信息的个性化微博用户推荐算法研究	姚彬修	倪建成	曲阜师范大学	硕士	2017 年

续表

序号	论文题名	研究生	导师	学位授予单位	学位	学位年度
204	网络新媒体语境下周知性公文的变化趋向研究	陈绮涵	莫嘉丽 张兴劲	暨南大学	硕士	2017 年
205	新浪微博不持续使用影响因素的实证研究	李红云	闵庆飞	大连理工大学	硕士	2017 年
206	新媒体环境下盘锦市政府形象塑造研究	潘攀	孟迎辉	沈阳师范大学	硕士	2017 年
207	中国共产党网络监督机制建设面临的挑战及对策研究	杨晓蕾	梅艳玲	江苏师范大学	硕士	2017 年
208	公共危机事件中政务微博的新闻发布研究	闵卓	梅文慧	湖南大学	硕士	2017 年
209	公共危机事件信息病毒式传播研究——以“救人哥孙敏事件”为例	余文兰	毛子骏	华中科技大学	硕士	2017 年
210	微博用户信息管理的行为影响因素研究	赵悦	马小琪	黑龙江大学	硕士	2017 年
211	微博用户参与社会事件讨论的态度研究——基于“聂树斌案”微博评论的情感分析	李琛	马胜荣	重庆大学	硕士	2017 年
212	新媒体环境下民族地区公共文化产品供给创新研究——以南宁市武鸣区为例	薛萍	陆秀红	广西大学	硕士	2017 年
213	网络社会民间舆论场形成与风险规避	杨睿	鲁佑文	湖南大学	硕士	2017 年
214	网红经济环境下消费者重复购买意愿研究	姚洁	刘振华	东北财经大学	硕士	2017 年
215	微博消息影响力最大化及传播预测关键技术研究	刘胜凯	刘咏梅	哈尔滨工程大学	硕士	2017 年
216	什么在决定党媒官方微博的影响力——基于@人民日报“批评官员”的实证研究	杨港	刘泱育	南京财经大学	硕士	2017 年
217	自媒体环境下民用机场网络舆情管理研究	陆杨	刘细良	湖南大学	硕士	2017 年
218	网络内容安全中不良文本过滤研究	崔珊	刘瑞芳	北京邮电大学	硕士	2017 年
219	民事诉讼电子数据证据效力研究	林亮亮	刘经靖	烟台大学	硕士	2017 年
220	重大突发性灾难事件报道中的新闻偏向研究——以天津滨海爆炸事件为例	唐永峰	刘劲松	深圳大学	硕士	2017 年
221	论微博的流言传播	毛璐明	刘坚	吉林大学	硕士	2017 年
222	一种基于 Hadoop 的微博舆情监控系统模型研究	杨爱东	刘东苏	西安电子科技大学	硕士	2017 年
223	微博用户影响力分析研究	张汛	刘朝晖	南华大学	硕士	2017 年
224	中文微博短文本主题挖掘方法研究与原型系统开发	杨柯帆	林正奎	大连海事大学	硕士	2017 年
225	微博用户的兴趣发现与意图识别的研究与实现	储涛涛	林秀琴	北京邮电大学	硕士	2017 年
226	用户画像构建技术研究	费鹏	林鸿飞	大连理工大学	硕士	2017 年
227	社交网络上谣言传播建模仿真与抑制策略研究	李响	廖述梅	江西财经大学	硕士	2017 年
228	公安机关危机公关应对策略初探	孙楠	梁汶洁 白景美	天津大学	硕士	2017 年
229	自恋与大学生微博过度使用：人际关系困扰和使用动机的中介作用	程婧楠	梁三才 王辉	陕西师范大学	硕士	2017 年

续表

序号	论文题名	研究生	导师	学位授予单位	学位	学位年度
230	突发事件中地方政府的危机沟通策略研究——基于广西的案例研究	易楚楠	李小文	广西大学	硕士	2017年
231	突发公共卫生事件报道的舆论引导研究——以"山东疫苗案"为例	文凤麒	李希光	西南政法大学	硕士	2017年
232	网络舆论事件中网民逆反心理的政府预防预警研究	萧润正	李伟权	暨南大学	硕士	2017年
233	微媒体在图书馆信息服务中的应用及发展研究	毕丽萍	李伟超	郑州航空工业管理学院	硕士	2017年
234	互联网时代政府在突发事件中舆论引导研究	王静静	李铁锤	江西师范大学	硕士	2017年
235	基于微博文本和社交信息的性别分类方法研究	戴斌	李寿山	苏州大学	硕士	2017年
236	微时代背景下道德叙事研究	聂湘梅	李培超	湖南师范大学	硕士	2017年
237	"微时代"大学生社会责任感的培养研究	鲁汝	李静	辽宁工业大学	硕士	2017年
238	我国网络政民互动问题研究——以"银川模式"为例	张冰	李靖	吉林大学	硕士	2017年
239	规约性问候语"X好(语气词)"的功能研究	左乃文	李晗蕾	哈尔滨师范大学	硕士	2017年
240	媒介议程中的政府责任研究	李亮	李海萍	湖南师范大学	硕士	2017年
241	突发公共事件中网络谣言的政府治理研究——以天津塘沽爆炸事故谣言治理为例	黄信	黎昌珍	广西大学	硕士	2017年
242	四川理工学院校园新媒体建设研究	雷霞	雷斌	西南交通大学	硕士	2017年
243	中文社交媒体话题关键词抽取算法	何伟名	郎丛妍	北京交通大学	硕士	2017年
244	互联网中事件检测与跟踪系统设计与实现	于兆鹏	郎丛妍	北京交通大学	硕士	2017年
245	社会化网络用户关系强度计算模型研究	陶婉琼	琚春华	浙江工商大学	硕士	2017年
246	基于保护动机理论网络辟谣效果研究——以"谣言粉碎机"健康类谣言为例	曾丹	金石明	江西师范大学	硕士	2017年
247	基于新浪网平台的医患纠纷报道研究(2010~2015)	李颖	焦中栋	山西大学	硕士	2017年
248	市场化背景下"公知"的逐名现象与污名化研究	马思慧	蒋建国 李异平	暨南大学	硕士	2017年
249	基于微博的网络舆情分析系统的设计与实现	李新盼	贾宇明	电子科技大学	硕士	2017年
250	面向用户兴趣与社区关系的微博话题检测方法	刘志雄	贾彩燕	北京交通大学	硕士	2017年
251	政府回应网络舆情问题研究	逄碧莹	霍海燕	郑州大学	硕士	2017年
252	微博意见领袖与"粉丝"的互动关系研究	李可儿	黄也平	吉林大学	硕士	2017年
253	媒体人离职话语表达研究——基于2003~2016年离职告白文本的分析	胡琪萍	胡沈明	江西师范大学	硕士	2017年
254	事故灾难类突发事件中的网络舆论引导研究——以"12·20"深圳滑坡事故为例	官欣	何修猛	华东师范大学	硕士	2017年

续表

序号	论文题名	研究生	导师	学位授予单位	学位	学位年度
255	公共突发事件中政务微媒体的舆情应对策略	姜腾	韩秀景	南京师范大学	硕士	2017 年
256	微语言环境下的网络暴力——兼论互联网时代的“键盘侠”	谢博文	韩向东	吉林大学	硕士	2017 年
257	互联网环境下地方政府信息公开问题研究——以鹤壁市为例	孙放	韩恒	郑州大学	硕士	2017 年
258	新媒体时代下警察公信力研究	杨锦霞	郭文丽	中国人民公安大学	硕士	2017 年
259	自媒体语境下民粹主义传播现象研究——以微博微信的舆论表达为例	华丽娟	郭克宏	郑州大学	硕士	2017 年
260	面向微博的热点事件发现与脉络生成研究	张佳凡	郭斌	西北工业大学	硕士	2017 年
261	微博用户类型及其行为的统计特征分析与建模	程晓妍	关丽	北京工业大学	硕士	2017 年
262	政府微政务回应机制研究——以“上海12333”政务微博为例	胥婷	顾铮铮	上海师范大学	硕士	2017 年
263	舆论动力学中的反转演化机制研究	武杰	顾亦然	南京邮电大学	硕士	2017 年
264	网络涉警舆论引导研究	王梓渝	高岩	中国人民公安大学	硕士	2017 年
265	微博评论信息的聚类分析	范佳健	高文武	安徽大学	硕士	2017 年
266	社交网络用户影响力算法研究与实现	张立	高飞	北京邮电大学	硕士	2017 年
267	新时期涉警舆情的引导与处置研究——以传播为视角	沈宏毅	傅利平 陈悦	天津大学	硕士	2017 年
268	微博认证用户对于构建传播环境的影响——以人民网官微为例	包可汗	房宏婷	北京印刷学院	硕士	2017 年
269	华文网络流行语传播现象解析——以近三年娱乐类网络流行语为中心	魏雨童	范继忠	北京印刷学院	硕士	2017 年
270	新媒体对大学生政治社会化的影响研究	程明月	杜仕菊	华东理工大学	硕士	2017 年
271	利用微博签到数据分析职住平衡与通勤特征——以深圳市为例	石光辉	杜清运	武汉大学	硕士	2017 年
272	自媒体时代中职学生自主管理调查研究——以六盘水 A 职业技术学校为例	杨春明	杜建群	贵州师范大学	硕士	2017 年
273	微博用户转发行为预测研究	陈姝	窦永香	西安电子科技大学	硕士	2017 年
274	基于关联规则的微博话题动态检测与演化分析	杨小廷	丁宇新	哈尔滨工业大学	硕士	2017 年
275	社交媒体环境下食药安全事件的风险放大机制及反思——以山东疫苗事件为例	朱清	戴烽	江西师范大学	硕士	2017 年
276	基于新浪微博签到的京津冀城市群居民活动时空特征及范围划界初探	韩华瑞	代侦勇	武汉大学	硕士	2017 年
277	从罗尔事件看舆情反转的成因及传播规律	李昀桦	崔艳	中国青年政治学院	硕士	2017 年
278	“澎湃新闻”微博短视频传播特色研究	李亚飞	崔艳	中国青年政治学院	硕士	2017 年
279	微博对政策议程设置的影响研究	李杨	崔开华	山东大学	硕士	2017 年
280	政府治理中公民网络参与问题研究	李冰	崔会敏	河南大学	硕士	2017 年

续表

序号	论文题名	研究生	导师	学位授予单位	学位	学位年度
281	互联网背景下山东莱芜市公安形象提升研究	赵冠鹏	崔登峰	石河子大学	硕士	2017 年
282	国内人气网络社区品牌传播策略研究	王奥林	崔德群	黑龙江大学	硕士	2017 年
283	大学生网络公共参与的教育引导研究	徐晓燕	程刚	浙江理工大学	硕士	2017 年
284	江西日报社媒体融合过程中的困境与对策研究	焦芳	陈志建	华东交通大学	硕士	2017 年
285	基于微博数据的深圳市居民生活空间研究	陈名娇	陈宇	深圳大学	硕士	2017 年
286	网络实名制的法律问题研究	邹梦菲	陈仪	苏州大学	硕士	2017 年
287	网络“吐槽”现象分析——亚文化现象学的研究	陈娟	陈勤	北京印刷学院	硕士	2017 年
288	公共危机事件网络舆情应对的研究	曾亚东	陈辉	南京师范大学	硕士	2017 年
289	网络空间中历史虚无主义的传播与治理研究	宋春燕	陈华洲	华中师范大学	硕士	2017 年
290	新媒体环境下政府新闻发言人与公众信任关系建构研究	魏玮鸽	陈红梅	华东师范大学	硕士	2017 年
291	大数据时代下我国政府公共关系能力建设研究	王琳	曾润喜	重庆大学	硕士	2017 年
292	基于移动社交媒体的品牌接触点设计新思考	黄练	曾敏	四川美术学院	硕士	2017 年
293	公安机关应对网络舆情危机的对策研究	王崇	曹桂全 白景美	天津大学	硕士	2017 年
294	基于微博的公安情报收集问题研究	王丽丹	曹凤	中国人民公安大学	硕士	2017 年
295	“微时代”高校思想政治教育话语权研究	易滟	毕红梅	华中师范大学	硕士	2017 年
296	大数据对我国电视剧生产与传播的影响研究	郭嘉慧	安立国	哈尔滨师范大学	硕士	2017 年
297	新媒体背景下新华社新闻报道的创新研究	张玥	安立国	哈尔滨师范大学	硕士	2017 年
298	微博中情感分析方法的研究	高宝林	周治国	东北师范大学	硕士	2017 年
299	基于 LNMP 的微博内容监控与反垃圾系统设计与实现	许杨鹏	周杰英	中山大学	硕士	2017 年
300	基于联邦检索思想的微博搜索研究	孙刚杰	周栋	湖南科技大学	硕士	2017 年
301	微博事件抽取	张炫	周德宇	东南大学	硕士	2017 年
302	自媒体时代公安交警部门涉警舆情应对研究——以日照市为例	孙成典	娄树旺	山东师范大学	硕士	2017 年
303	网络舆情反转研究	王雅倩	向志强	湖南大学	硕士	2017 年
304	微博旅游风险传播中信息扩散效果的影响因素研究	吴艺娟	郑向敏	华侨大学	硕士	2017 年
305	长三角地区公安部门涉警网络舆情危机应对研究——以治理理论为视角	程凯	李建中	上海师范大学	硕士	2017 年
306	社交网络中意见领袖挖掘及其对社区演化的影响分析	曹林林	郑明春	山东师范大学	硕士	2017 年

续表

序号	论文题名	研究生	导师	学位授予单位	学位	学位年度
307	微博营销下网络意见领袖特质对消费者购买意愿影响研究	岳彦翔	王天春	东北财经大学	硕士	2017 年
308	基于话题模型的微博热点话题演化分析	颜月明	赵捧未	西安电子科技大学	硕士	2017 年
309	昆明“3·01”暴恐事件中网络舆情应急处置案例研究	郑珊	罗大明 王宏	电子科技大学	硕士	2017 年
310	新媒体在高中思想政治课教学中的有效运用研究	梁磊	李红革 冯建标	湖南科技大学	硕士	2017 年
311	政府网络营销:目标、内容及实践途径研究	朱金月	张玉亮	河南理工大学	硕士	2017 年
312	面向微博短文本的事件检测研究	贾亚伟	邢凯	中国科学技术大学	硕士	2017 年
313	外国媒体在华官方微博传播研究——以“华尔街日报中文网”新浪官方微博为例	山卉	张旭泉	大连理工大学	硕士	2017 年
314	政策制定过程中不同层次网络参与行为的影响因素研究	吴帅磊	张会平	电子科技大学	硕士	2017 年
315	旅游城市应对形象危机事件的策略研究——以三亚市为例	郭蕊菡	卿志军	海南师范大学	硕士	2017 年
316	网络舆情视角下地方政府公信力提升问题研究	李淘	张勤	南京工业大学	硕士	2017 年
317	历史唯物主义视域下网民自媒体政治参与中的素养问题研究	周伊娜	张亲霞	西安外国语大学	硕士	2017 年
318	反转新闻传播中的媒介素养研究	梁硕	张立斌	新疆大学	硕士	2017 年
319	新浪微博中的南宁城市形象传播研究	王梦雪	张剑	广西大学	硕士	2017 年
320	广东省群体性事件网络舆情管理策略研究	侯睿	张建功	华南理工大学	硕士	2017 年
321	旅游行业的社会化营销创新	吴延军	翟春娟	首都经济贸易大学	硕士	2017 年
322	基于社交网络的个性化微博关注推荐系统的研究与实现	徐秀珊	袁东风	山东大学	硕士	2017 年
323	大学生成名期望:结构、特点及影响因素——基于社交媒体的分析	胡玉婷	叶一舵	福建师范大学	硕士	2017 年
324	基于内部—外部知识协同扩展的微博检索优化研究	李超阳	杨震	北京工业大学	硕士	2017 年
325	基于社交网络的垃圾用户检测方法分析与实现	李慧敏	邢薇薇	北京交通大学	硕士	2017 年
326	新媒体条件下中国共产党廉政文化建设研究	管坤	魏磊	中共山东省委党校	硕士	2017 年
327	微博环境下博物馆形象传播研究	王蕾	王秀峰	陕西科技大学	硕士	2017 年
328	传统媒体官方微博中的两性角色形象对比研究——以《人民日报》和《南方都市报》官方微博为例	麦小丽	王晓华	深圳大学	硕士	2017 年
329	新媒体环境下公务员媒体应对能力研究	苑洪志	王建基	新疆大学	硕士	2017 年
330	突发事件微博舆情政府引导策略研究	徐静静	王晖	湘潭大学	硕士	2017 年
331	基于影响力和兴趣特征的微博转发预测实现方法	陈鹏飞	王根英	北京交通大学	硕士	2017 年

续表

序号	论文题名	研究生	导师	学位授予单位	学位	学位年度
332	新浪微博的社会主义核心价值观传播策略研究	丛雅清	王爱玲	大连理工大学	硕士	2017 年
333	基层政务微博危机传播研究	王亚茹	滕朋	陕西师范大学	硕士	2017 年
334	关系的构建与转换——以社交媒体接入为研究对象	汪婷	谭天	暨南大学	硕士	2017 年
335	运用新媒体弘扬社会主义核心价值观研究	张璐	孙占元	中共山东省委党校	硕士	2017 年
336	基于大数据分析的微博好友推荐算法研究与应用	周浩	沈琦	北京工业大学	硕士	2017 年
337	突发事件情境下微博舆情动态预警研究	谷文静	裘江南	大连理工大学	硕士	2017 年
338	面向微博谣言的检测方法研究	任文静	秦兵	哈尔滨工业大学	硕士	2017 年
339	新媒体时代新浪体育微博发展的现状研究	张偲偲	马增强	西安体育学院	硕士	2017 年
340	大学生微博短视频使用状况研究——以内蒙古大学在校本科生为例	卢俊	马强	内蒙古大学	硕士	2017 年
341	自然灾害事件中城市形象的微博话语建构——以 2016 年武汉“洪灾”为例	黄鸽	路俊卫	湖北大学	硕士	2017 年
342	基于用户兴趣的微博推荐方法研究	王宁宁	鲁燃	山东师范大学	硕士	2017 年
343	基于社会网络分析的微博谣言传播模式及其演化研究	王晗啸	卢章平	江苏大学	硕士	2017 年
344	儿童失踪事件报道失范研究——以 20 起儿童失踪事件相关报道为例	郝玲	刘悦坦	山东大学	硕士	2017 年
345	微博账号的价值评估方法研究——基于 Interbrand 评估法的改进	龙燕	刘金山	暨南大学	硕士	2017 年
346	基于用户兴趣的微博查询推荐方法研究	徐晓孜	刘高军	北方工业大学	硕士	2017 年
347	地方政府应对网络舆情策略探究	肖铭微	林修果	福建师范大学	硕士	2017 年
348	新媒体对大学生思想政治教育的影响及对策研究	盖美娜	林希玲	青岛大学	硕士	2017 年
349	中国媒介审判的演变研究	陈丽颖	林爱珺	暨南大学	硕士	2017 年
350	新媒体时代高校意识形态建设研究	米艳龙	梁严冰	西安理工大学	硕士	2017 年
351	地方党媒官方微博报道研究——以@ 西部网“一带一路”报道为例	张博文	李青林	陕西师范大学	硕士	2017 年
352	基于深度学习的微博评论情感倾向性分析	胡西祥	李东	哈尔滨工业大学	硕士	2017 年
353	新浪微博平台个人网络募捐传播机制研究	刘璐	蒋万胜	陕西师范大学	硕士	2017 年
354	基于微博大数据的舆情监测系统的设计与实现	王杰	韩萍	中国民航大学	硕士	2017 年
355	Web 2.0 时代微博平台科学传播要素、特点与问题研究	顾晗	韩隽	西北大学	硕士	2017 年
356	政府应对突发自然灾害舆论引导研究——以“8.3”鲁甸地震为例	朱丽娅	葛绍林 杨泽宇	云南财经大学	硕士	2017 年
357	新媒体环境下台湾大学生对大陆的刻板印象探究	姜雯欣	方明豪	大连理工大学	硕士	2017 年

续表

序号	论文题名	研究生	导师	学位授予单位	学位	学位年度
358	新媒体环境下的网络视频新闻传播影响力研究	李丹	杜智涛	中国青年政治学院	硕士	2017年
359	外国政府首脑对华微博传播研究——以新浪微博为例	陈曦	董小玉	西南大学	硕士	2017年
360	癌症患者的微博使用研究	郭帅	董晨宇	北京外国语大学	硕士	2017年
361	微信、微博中体育赛事的传播特征研究——以里约奥运会为例	李晶	丛湖平	宁波大学	硕士	2017年
362	自媒体环境下政府新闻舆论引导存在的问题及其对策研究	张开伟	成志刚	湘潭大学	硕士	2017年
363	微博信任关系在个性化推荐中的应用研究	朱振宇	陈永锋	西安建筑科技大学	硕士	2017年
364	网络虚假新闻的社会成本及治理研究	吴鹏苗	陈敏直	长安大学	硕士	2017年
365	基于微博数据的城市活动空间研究——以武汉市为例	梅磊	陈锦富	华中科技大学	硕士	2017年
366	杭州马拉松的公共关系传播研究	陈丹丹	陈国强	上海体育学院	硕士	2017年
367	基于传播价值的微博突发话题检测系统设计与实现	张珊	刘培玉 于治楼	山东师范大学	硕士	2017年
368	顺应论视角下微博中汉英语码转换研究	夏浏惠	孙天南	长春工业大学	硕士	2017年
369	基于时间序列的微博热点话题识别与追踪	丁媛媛	冯健	西安科技大学	硕士	2017年
370	基于微博数据的网络舆情分析	汪明亮	陶桂平	首都经济贸易大学	硕士	2017年
371	“头条新闻”官方微博的传播优劣势分析	李若溪	陈东霞	广西大学	硕士	2017年
372	微博大型体育赛事新闻报道研究——以新浪体育为例	陈源	刘媛媛	广州体育学院	硕士	2017年
373	弱关系理论视阈下移动社交媒体的用户关系研究	熊灵	张品良	江西财经大学	硕士	2017年
374	网络虚拟空间意见领袖的形成及引导策略研究	刁寒诺	张玉亮	河南理工大学	硕士	2017年
375	自媒体环境下政府公信力提升策略	李慧娟	林琳	吉林财经大学	硕士	2017年
376	政务微博“西安发布”与政府形象传播研究	王薇	齐蔚霞	陕西师范大学	硕士	2017年
377	网络公共领域视角下的非理性表达研究——以新浪微博为例	晏潇洋	唐军	北京工业大学	硕士	2017年
378	天津港“8.12”爆炸事故中地方政府的危机信息传播管理研究	韩姝婧	郭晴	成都体育学院	硕士	2017年
379	基于微博平台的女性话语分析——以“女性之声”微博为例	阚凤丽	闫伟华	内蒙古大学	硕士	2017年
380	新媒体语境下的“新闻反转”现象探究——以2013～2016年新闻反转事件为例	朱思洁	杨翠芳	湖北大学	硕士	2017年
381	基于善治的中国政府网络政治舆情治理研究	王波	李娟	湖北工业大学	硕士	2017年
382	多元的声音:医患冲突事件的网络话语博弈	梅峰	李欣	浙江传媒学院	硕士	2017年
383	基于微博统计特征的Spammer检测方法研究	赵竞腾	徐光侠	重庆邮电大学	硕士	2017年

续表

序号	论文题名	研究生	导师	学位授予单位	学位	学位年度
384	主流媒体官方微博对突发事件的报道研究	唐鑫	朱剑飞	华南理工大学	硕士	2017 年
385	传统主流媒体微博医患关系报道研究	居培君	阿斯买·尼亚孜	新疆大学	硕士	2017 年
386	基于优化 TF-IDF 与词共现的微博热点话题发现研究	罗丽娟	段隆振	南昌大学	硕士	2017 年
387	疫情类网络谣言的传播及治理研究——以 H7N9 禽流感疫情和 SB250 传染病毒疫情为例	易杰	李道荣	中南财经政法大学	硕士	2017 年
388	社交媒体营销对旅游者决策行为的影响研究	陈朵灵	苏勇军 项怡娴	宁波大学	硕士	2017 年
389	网络舆论生成中政府与网民互动问题研究	张晓梅	王爱玲	大连理工大学	硕士	2017 年
390	中国政府应对突发事件中的网络舆情对策研究	李硕文	王坤	内蒙古大学	硕士	2017 年
391	基于 FAHP 的微博意见领袖影响力评价研究	邹纯龙	马小琪	黑龙江大学	硕士	2017 年
392	政治机会与网络反腐的扩散——基于 2004 ~ 2016 年系列案例的研究	郭宝祥	谢金林	重庆工商大学	硕士	2017 年
393	不礼貌话语回应研究——以新浪微博互动为例	涂佳文	谢朝群	福建师范大学	硕士	2017 年
394	新媒体环境下反转新闻的模式探析	何秀兰	张岚	暨南大学	硕士	2017 年
395	西安市微博数据的时空特征分析及文本信息提取研究	卢宇航	曹建农	长安大学	硕士	2017 年
396	泉州市公安机关涉警网络舆情管理能力建设研究	杨威	丁大力 何振良	华侨大学	硕士	2017 年
397	基于用户行为的网络论坛水军检测研究与实现	吕晨	赵宏宇	西南交通大学	硕士	2017 年
398	我国政府对网络舆论的引导研究	王菁	姜秀敏	大连海事大学	硕士	2017 年
399	中国女足新媒体形象研究——以“2015 年加拿大世界杯”为例	李伟博	徐明明	北京体育大学	硕士	2017 年
400	新浪微博“打赏变现”研究	潘迪冉	俞香顺	南京师范大学	硕士	2017 年
401	基于多特征融合的藏语微博的情感分析	张震	邱莉榕	中央民族大学	硕士	2017 年
402	微博社会新闻类热点议题中的集群行为分析——以“和颐酒店女生遇袭”事件为例	李阳	艾美华	新疆财经大学	硕士	2017 年
403	外媒报道中对微博的评价和引用分析	李宁宁	张小娅	北京外国语大学	硕士	2017 年
404	微博传播社会主义核心价值观研究	李容	孙钟伟	西安工业大学	硕士	2017 年
405	基于微博关系结构的主题挖掘算法研究	陶文健	蔡立军 莫继红	湖南大学	硕士	2017 年
406	基于多主体的微博舆情演化研究	宋新宇	姚翠友	首都经济贸易大学	硕士	2017 年
407	网络公共事件话语表达非理性问题与应对策略	龚玥	魏燕智	河北大学	硕士	2017 年
408	新浪微博中的女大学生形象及其影响研究	郭冰洁	李文周	河北大学	硕士	2017 年

续表

序号	论文题名	研究生	导师	学位授予单位	学位	学位年度
409	基于 BTM 模型的微博话题检测与追踪研究	王真真	李卫疆	昆明理工大学	硕士	2017 年
410	基于词向量的微博检索系统研究与实现	许稳堂	闫红漫	东华大学	硕士	2017 年
411	微博的舆情发现与分析研究	姜保强	张翠军	河北地质大学	硕士	2017 年
412	里约奥运会孙杨事件微博传播引爆点研究	王修竹	王雪梅	河北大学	硕士	2017 年
413	《人民日报》微博标题生成机制探究	黄姣姣	李青苗	东北师范大学	硕士	2017 年
414	微型博客运用话语标记“算了”的实证研究	欧倩	李向农	华中师范大学	硕士	2017 年
415	网络政治生态的衍射效应及其治理	郭昂	陈文新	郑州大学	硕士	2017 年
416	涉警网络舆情事件中公安微博应对策略研究——基于五个典型事件的分析	牟娇娇	费军	华中师范大学	硕士	2017 年
417	网络谣言应对策略研究——基于广东茂名市“3. 30”PX 事件分析	李嘉	何文盛	兰州大学	硕士	2017 年
418	基于话题模型的教育领域微博账号萃取	余攀	王泰	华中师范大学	硕士	2017 年
419	新浪微博中健康类辟谣信息的实证研究——以“微博辟谣”和“谣言粉碎机”为例	黄磊	范颖	东北师范大学	硕士	2017 年
420	微博大 V 对河南区域形象传播研究	徐颖春	张淑华	郑州大学	硕士	2017 年
421	新媒体背景下乡村旅游传播困境研究——以广西融水苗族自治县为例	赵文丽	王晓宁	郑州大学	硕士	2017 年
422	新媒体时代两个舆论场的构建与互动研究	海日悍	马晓虹	东北师范大学	硕士	2017 年
423	网络舆情传播影响因子研究——基于微博意见领袖身份与事件相关度	韩瑞雪	黄微	吉林大学	硕士	2017 年
424	微博舆情信息老化测度研究	王洁晶	黄微	吉林大学	硕士	2017 年
425	微博点击量与金融市场价格变化的关系研究——以股市和黄金市场为例	Daniel F. Ruhrwieni（冉睿轩）	张兵	南京大学	硕士	2017 年
426	环境群体性事件中社交媒体角色研究——以仙桃“垃圾焚烧发电厂”事件为例	于海婷	唐英	成都理工大学	硕士	2017 年
427	微博网络红人的生产研究	张丽静	刘琼	华中师范大学	硕士	2017 年
428	突发事件中的网络情绪表达——以 2016 年武汉特大暴雨中的微博评论为例	蔡璐	周莉	华中师范大学	硕士	2017 年
429	“王宝强离婚事件”新浪微博舆论传播研究	杨菁菁	陈新民	兰州大学	硕士	2017 年
430	网络社群中意见领袖的话语权力研究	任慧珍	程丽蓉 杨红旗	西华师范大学	硕士	2017 年
431	基于特征本体和情感词典的微博产品评论情感分析	兰玉婷	唐晓波	武汉大学	硕士	2017 年
432	微博用户隐含属性识别技术研究	张经军	张志昌	西北师范大学	硕士	2017 年
433	基于微博信息的北京地区房价趋势预测的关键技术研究	王鹏	杜金莲	北京工业大学	硕士	2017 年
434	结合评论关系网络图的微博垃圾评论识别方法研究	潘媛媛	李春花	华中科技大学	硕士	2017 年
435	微博传播中的媒介暴力研究	柳芳	岳璐	湖南师范大学	硕士	2017 年
436	“网络红人”的品牌传播研究	李洪晔	欧阳世芬	湖南师范大学	硕士	2017 年

续表

序号	论文题名	研究生	导师	学位授予单位	学位	学位年度
437	科学传播中基于微博的议程设置研究——以果壳网官方微博为例	洪瑞玲	王继新	华中师范大学	硕士	2017 年
438	娱乐名人微博道歉的形象修复话语研究	杨文秀	毛浩然	福建师范大学	硕士	2017 年
439	意见领袖驱动下的公共危机事件网络舆情引导机制研究	韩鲁青	杨宝臣	天津大学	硕士	2017 年
440	我国公安微博矩阵式发展研究	马骕	陆明远 蔡鲁艺	天津大学	硕士	2017 年
441	微博意见领袖不道德行为对粉丝的影响	刘一凡	郑春东	天津大学	硕士	2017 年
442	政务微博的微博舆情应对研究——以天津“8·12”事件为例	杨成	闫东玲 刘健	天津大学	硕士	2017 年
443	面向微博的谣言检测与传播分析研究	马奔	林达真	厦门大学	硕士	2017 年
444	微博广告的法律规制研究	李慧君	吕凯	天津大学	硕士	2017 年
445	以微博为例浅谈网络暴力的表现形式与成因	董博昊	纪殿禄	辽宁大学	硕士	2017 年
446	新浪体育微博里约奥运会新闻传播研究	奚颖	蔡晓楠	沈阳体育学院	硕士	2017 年
447	微博在档案信息传播中的应用现状研究	胡佳妮	苏晓轩	辽宁大学	硕士	2017 年
448	面向在线微博网络的相似用户发现方法研究	郁启麟	李存华	中国矿业大学	硕士	2017 年
449	微博中环境议题的形成机制与影响研究	汪任驰	文然	辽宁大学	硕士	2017 年
450	新浪微博中草根意见领袖话语权力分析与研究	潘静宜	张健	上海外国语大学	硕士	2017 年
451	新浪微博投票使用研究	贾梦	诸廉	上海外国语大学	硕士	2017 年
452	基于眼动追踪技术的突发事件微博信息可信度影响因素研究	刘绍山	宋之杰	燕山大学	硕士	2017 年
453	基于多策略分类方法的微博情绪对股票市场影响研究	姚云露	梅姝娥	东南大学	硕士	2017 年
454	基于语义与情感关系的中文微博情感摘要方法	于波	刘志明	南华大学	硕士	2017 年
455	突发公共事件政府、媒体与公众的议题建构——以“天津大爆炸”为例	席菁华	王擎	北京工商大学	硕士	2017 年
456	基于维基语义聚类的微博舆情主题演化模型研究	王中勤	唐晓波	武汉大学	硕士	2017 年
457	我国庭审直播法律问题研究	武琪静	覃福晓	广西大学	硕士	2017 年
458	面向微博话题的情感计算和舆情分析	刘凯莉	王振飞	郑州大学	硕士	2017 年
459	关联数据挖掘在微博意见领袖识别中的研究	贾春园	郑志蕴	郑州大学	硕士	2017 年
460	面向微博系统的实时个性化推荐研究	郑小丕	郑志蕴	郑州大学	硕士	2017 年
461	面向微博应用的新闻文本自动摘要研究	李孟爽	昝红英	郑州大学	硕士	2017 年
462	基于灰色关联分析的热门微博数据可视化研究	付源	郑志蕴	郑州大学	硕士	2017 年

续表

序号	论文题名	研究生	导师	学位授予单位	学位	学位年度
463	结合时空分布分析与用户关系分析的微博热点事件数据挖掘研究	邓良	揣锦华	长安大学	硕士	2017 年
464	微博舆情搜索系统的应用研究	冯恺殷	许勇 唐友彪	华南理工大学	硕士	2017 年
465	少数民族院校大学生媒介素养研究——以内蒙古民族大学学生微博使用情况为例	包文静	钱淑芳	内蒙古师范大学	硕士	2017 年
466	基于 TH-LDA 模型的中文微博热点事件检测及情感分析	尚青霞	余建桥	西南大学	硕士	2017 年
467	基于微博热点话题发现的关键技术研究	杨海波	韩虎 贺学兵	兰州交通大学	硕士	2017 年
468	基于微博社区的意见领袖发现方法研究	王春	唐明伟	西华大学	硕士	2017 年
469	基于微博中的人物图谱的构建方法研究	郑好	杜亚军	西华大学	硕士	2017 年
470	基于微博的意图识别	李晨星	杜亚军	西华大学	硕士	2017 年
471	基于微博的中文观点句识别方法研究	方毅成	唐明伟	西华大学	硕士	2017 年
472	微博网络舆情建模及发展趋势预测研究	王阳	邬开俊 林凡	兰州交通大学	硕士	2017 年
473	基于信任关系的微博推荐系统研究	冯玲	刘克剑	西华大学	硕士	2017 年
474	基于微博中嵌套命名实体识别的研究	饶伟	唐明伟	西华大学	硕士	2017 年
475	基于特征词的微博获取方法研究与应用	张佃君	孙忠林	山东科技大学	硕士	2017 年
476	基于加权动态兴趣度的微博推荐方法研究	李园艺	路燕	山东科技大学	硕士	2017 年
477	互联网政治信任与政务微博话语表达——以深圳“滑坡事件”为例	谢灵子	肖珺	武汉大学	硕士	2017 年
478	微博传播中的体育明星形象建构——以林丹为例	李哲轩	刘国强	四川外国语大学	硕士	2017 年
479	网红与粉丝在微博中的互动仪式研究	颜笑宇	皮传荣	四川外国语大学	硕士	2017 年
480	基于主动学习的微博情感分析方法研究	关雅夫	钟慧湘	吉林大学	硕士	2017 年
481	基于微博的用户职业抽取研究	吕霞	金培权	中国科学技术大学	硕士	2017 年
482	微博垃圾评论识别方法研究	兰丹媚	李志欣	广西师范大学	硕士	2017 年
483	基于词向量的微博用户抑郁预测方法研究	方振宇	洪日昌	合肥工业大学	硕士	2017 年
484	基于微博语料库的“怨恨”类心理动词性别差异研究	徐修倜	姚双云	华中师范大学	硕士	2017 年
485	基于规则与统计相融合的微博新词发现研究	周霜霜	徐金安	北京交通大学	硕士	2017 年
486	微博上名誉权侵权责任认定裁判规则研究	徐德运	邱鹭风	南京大学	硕士	2017 年
487	品牌微博可信度对品牌信任的影响研究	李宸宇	南志庆	山东大学	硕士	2017 年
488	基于微博大数据的凤凰古城网络关注度时空格局研究	张璐璇	张军海	河北师范大学	硕士	2017 年
489	“社区管理微博化”推进社区管理创新的探索——以海曙区江厦街道为例	林琳	张慧芳	宁波大学	硕士	2017 年
490	语义规则与表情加权融合的微博情感分析方法	赵天奇	姚海鹏	北京邮电大学	硕士	2017 年

续表

序号	论文题名	研究生	导师	学位授予单位	学位	学位年度
491	哈贝马斯实践哲学视域下的微博交往行为合理化研究	孟庆岩	耿菲菲	黑龙江大学	硕士	2017 年
492	基于机器学习的微博情感分析及应用	张俊东	赵成林	北京邮电大学	硕士	2017 年
493	微媒体时代的公众参与研究——基于典型案例的分析	王教蕾	张晓琼	曲阜师范大学	硕士	2017 年
494	基于机器学习的微博人物关系信息抽取与分析研究	周舸	赵成林	北京邮电大学	硕士	2017 年
495	黑龙江省公安机关涉警网络舆情的危机管理研究	郑文珏	李沫	黑龙江大学	硕士	2017 年
496	公共突发事件中网络谣言传播及其治理研究	胡全松	简敏	西南政法大学	硕士	2017 年
497	基于递归神经网络的微博情感分类研究	孙超红	陈巧红	浙江理工大学	硕士	2017 年
498	食品安全类微博谣言的传播与防控研究——以小龙虾谣言为例	冯晓雅	田华	湘潭大学	硕士	2017 年
499	网络戾气治理研究	王盼盼	梁刚	北京邮电大学	硕士	2017 年
500	外倾性对社交网络结构与关系的影响研究	韩怡嘉	张爱华	北京邮电大学	硕士	2017 年
501	我国党和国家领导人媒介形象在新浪微博中的建构与传播研究	李聪	杨军	电子科技大学	硕士	2017 年
502	重大突发性事件中的公众安全感影响因素及治理研究	刘晓君	朱华	电子科技大学	硕士	2017 年
503	微博垃圾账号检测研究	陈妍男	徐蔚然	北京邮电大学	硕士	2017 年
504	基于内容的新浪微博舆情预测研究	丁艺	张宝学	首都经济贸易大学	硕士	2017 年
505	基于改进主题模型的微博短文本情感分析的研究	黄俊衡	漆桂林 李国锋	东南大学	硕士	2017 年
506	以用户为中心的微博信息转发研究与预测	吴晓泊	张宝学	首都经济贸易大学	硕士	2017 年
507	网络语言暴力侵权责任构成分析	鲍雨晨	齐恩平	天津商业大学	硕士	2017 年
508	基于混合聚类算法的微博热点话题发现的研究	张亚男	冯建文	杭州电子科技大学	硕士	2017 年
509	基于微博话题评论的情感分析研究与应用	许璐	唐降龙 朱伟红	哈尔滨工业大学	硕士	2017 年
510	基于 WSO-LDA 的微博话题“主题 + 观点”词条抽取算法研究	姚兆旭	马静	南京航空航天大学	硕士	2017 年
511	基于候选词聚类的微博评价对象识别	张景	牛耘	南京航空航天大学	硕士	2017 年
512	反转新闻中受众认知框架研究——以 2013 ~ 2016 年反转新闻事件为例	王姗	李晓洁	西北大学	硕士	2017 年
513	产业与监管：我国微博的发展历程研究	纪笑雨	左曙光 张小强	重庆大学	硕士	2017 年
514	面向微博信息的 K-means 算法改进研究	赵乾	王让	哈尔滨工程大学	硕士	2017 年
515	突发事件应急响应中的微博意见领袖情感倾向性影响仿真研究	王佳敏	吴鹏	南京理工大学	硕士	2017 年

续表

序号	论文题名	研究生	导师	学位授予单位	学位	学位年度
516	基于深度神经网络的微博短文本情感分析研究	张英	郑秋生	中原工学院	硕士	2017 年
517	大数据背景下微博热搜的新闻阅读服务功能	毛贺祺	刘坚	吉林大学	硕士	2017 年
518	交往理论视阈下的网络共识研究——以“魏则西事件”为例	沈祯	包鹏程	安徽大学	硕士	2017 年
519	新媒介时代粉丝群体的参与式行为实践研究	祝颖	束秀芳	安徽大学	硕士	2017 年
520	群体性事件中政府对新媒体的应用管理研究	刘苗	傅静	山东大学	硕士	2017 年
521	监狱机关应对涉狱网络舆情问题研究	张鹏飞	臧秀玲	山东大学	硕士	2017 年
522	自媒体时代舆情反转现象研究	孟祥薇	刘晔骁	吉林大学	硕士	2017 年
523	自媒体时代网络意识形态建设研究	张莉	李昆	云南财经大学	硕士	2017 年
524	基于动态自适应权重的个性化微博推荐系统研究	徐玉祥	姜元春	合肥工业大学	硕士	2017 年
525	政务微博对武汉城市形象传播的影响研究——以武汉市政务微博为例	严俊	王君泽	华中科技大学	硕士	2017 年
526	基于多维信息及边距离矩阵的微博重叠社区发现	刘有君	邓辉舫 古威	华南理工大学	硕士	2017 年
527	社交媒体文本情感分析	姜杰	夏睿	南京理工大学	硕士	2017 年
528	微博的短文本检索查询扩展与排序方法研究	韩红云	陈燕	大连海事大学	硕士	2017 年
529	网络舆情反转成因及应对研究	向振军	鲁佑文	湖南大学	硕士	2017 年

2018年

序号	论文题名	研究生	导师	学位授予单位	学位	学位年度
1	网络爱国主义研究	雷娜	左鹏	北京科技大学	博士	2018 年
2	网络“微”时代我国高校学生意识形态认同安全研究	冷文勇	刘海燕	中国地质大学(北京)	博士	2018 年
3	在线社交学习对投资行为与资产定价影响的研究——基于网络的视角	祝宇	金雪军	浙江大学	博士	2018 年
4	新媒介话语的口语化研究	翟羽佳	王汶成	山东大学	博士	2018 年
5	用户对社交网络上赞助社交推荐的反应研究——基于说服信息处理视角	周立影	古继宝 王伟泉	中国科学技术大学	博士	2018 年
6	自媒体视域下大学生意识形态教育研究	仇志伟	陶艳华	河北师范大学	博士	2018 年
7	风险治理视域的突发事件舆情导控研究	蒋瑛	吴志华	华东师范大学	博士	2018 年
8	大数据背景下县级党政领导干部绩效评价与考核研究	潘国林	查道林	中国地质大学	博士	2018 年

续表

序号	论文题名	研究生	导师	学位授予单位	学位	学位年度
9	大学生思想政治理论课微博 LCD 教学模式研究	张博	刘海燕	中国地质大学（北京）	博士	2018 年
10	网络话语对大学生思想状况的影响及教育对策研究	陈霞	刘海燕	中国地质大学（北京）	博士	2018 年
11	现代汉语程度副词的新形式和新功能研究	朱磊	张谊生	上海师范大学	博士	2018 年
12	当代汉语新兴程度量级构式演变研究	曹春静	吴春相	上海外国语大学	博士	2018 年
13	“行走”类单音节动词构成的非常规结构“V + N”研究	陈建萍	吴春相	上海外国语大学	博士	2018 年
14	中国网络民粹主义舆论的风险与治理	李凌凌	南振中	郑州大学	博士	2018 年
15	大学生廉洁文化教育研究	陈玮	余玉花	华东师范大学	博士	2018 年
16	面向移动轨迹大数据的查询检索和挖掘算法的研究	韩煜星	林学民	华东师范大学	博士	2018 年
17	大学生网络思想政治教育研究	王丽君	江秀乐	陕西师范大学	博士	2018 年
18	新媒体视域下大学生思想政治教育路径研究	赵翔	田霞	中国矿业大学（北京）	博士	2018 年
19	大数据视阈下高校网络思想政治教育创新研究	谢继华	戴钢书	电子科技大学	博士	2018 年
20	当代中国社会思潮治理的途径和方式研究	李洁	彭庆红	北京科技大学	博士	2018 年
21	在线社交网络信息传播机理研究	许文文	胡长军	北京科技大学	博士	2018 年
22	基于用户管理的社交网络影响力形成及评价研究	罗智霞	安景文	中国矿业大学（北京）	博士	2018 年
23	微博反腐研究	张琪	管恩琦	渤海大学	硕士	2018 年
24	媒体微博对“河南人”刻板印象的构建与传播——以“人民日报”和“头条新闻”为例	吴海舒	方亚琴	渤海大学	硕士	2018 年
25	里约奥运会运动员媒介形象塑造研究	郭鹏	张蕊	渤海大学	硕士	2018 年
26	突发公共卫生事件网络舆情演化的计算机仿真研究	崔亚飞	姚翠友	首都经济贸易大学	硕士	2018 年
27	基于主题词的微博用户兴趣模型研究	万子玮	马慧	首都经济贸易大学	硕士	2018 年
28	基于复杂网络的舆情信息传播机制研究	张硕	杨一平	首都经济贸易大学	硕士	2018 年
29	旅游城市微博营销对游客行为意愿的影响研究	郑尧	蔡红	首都经济贸易大学	硕士	2018 年
30	网络微时代下中学思想政治课教学模式优化研究	郭月	史向军 周岩	西安理工大学	硕士	2018 年
31	中美网络对大学生思想政治教育影响比较研究	王少天	王青耀	西安理工大学	硕士	2018 年
32	微文化时代大学生网络话语权的提升路径研究	黄筝	张玲	西安理工大学	硕士	2018 年
33	突发事件微博舆情的话题发现和热度预测研究	李良	王建仁	西安理工大学	硕士	2018 年
34	移动互联时代媒体泛娱乐化现象研究	哈文君	谭华	湖北民族学院	硕士	2018 年

续表

序号	论文题名	研究生	导师	学位授予单位	学位	学位年度
35	突发公共事件中传统媒体与社交媒体议程互动研究	夏璐	赵红艳	黑龙江大学	硕士	2018 年
36	网络时代“反转新闻”的发生机制研究	刘佳蓓	杨旦修	云南财经大学	硕士	2018 年
37	信息传播中社会加强效应和遗忘机制的研究	王更	王林 马藏珍	西安理工大学	硕士	2018 年
38	基于遗传算法的热点微博的聚类分析方法研究	封昊	刘培奇	西安建筑科技大学	硕士	2018 年
39	天津歌舞剧院近三年文化惠民演出推广策略分析	刘葛威	张蓓荔	天津音乐学院	硕士	2018 年
40	“微时代”的社会主义主流文化建设研究	陆嘉慧	陈晓梅	扬州大学	硕士	2018 年
41	我国网络政治参与机制分析	徐昱涛	杨帆	外交学院	硕士	2018 年
42	高校利用手机媒体进行思想政治教育的现状及对策研究	刘占琦	杨福和	内蒙古师范大学	硕士	2018 年
43	UCC 的版权侵权问题研究	陈楚燕	杨小兰	四川师范大学	硕士	2018 年
44	“互联网 +”视域下高校思想政治教育理论课创新性研究	张蓓	李晋玲	集美大学	硕士	2018 年
45	公共外交 2.0—中美社交媒体在公共外交领域的应用现状、问题与出路	韩成成	欧亚	外交学院	硕士	2018 年
46	自媒体时代大学生思想政治教育沟通方式研究	孟庆荣	李兴华 胡椿	大理大学	硕士	2018 年
47	基于众源地理数据的景区游客感知时空变化研究——以趵突泉景区为例	潘健	吴泉源	山东师范大学	硕士	2018 年
48	社交媒体公共事件舆情演化机制研究	刘迪	王虎 许泉	山东师范大学	硕士	2018 年
49	新媒体语境下舆情反转事件的形成与社会影响	元佳静	王晓华 于加波	山东师范大学	硕士	2018 年
50	网络评论短文本情感倾向性分析研究	曾宇	刘培玉	山东师范大学	硕士	2018 年
51	基于 HITS 算法的微博采集系统设计与实现	乔静轩	徐连诚 张建华	山东师范大学	硕士	2018 年
52	用户社交媒体的使用与隐私保护研究	邹晓艳	张冠文	山东师范大学	硕士	2018 年
53	移动短视频对新闻生产与传播机制的变革	李福琦	张冠文 刘伟敬	山东师范大学	硕士	2018 年
54	我国网络公益广告传播中存在的问题及对策	葛思琦	张冠文 许泉	山东师范大学	硕士	2018 年
55	危机传播视域下移动新闻客户端突发事件直播报道现状与策略研究	董柳	周莹	重庆工商大学	硕士	2018 年
56	基于行动者网络理论的公安一网两微协同导控网络涉警舆情策略研究	易凡	赵静	西南科技大学	硕士	2018 年
57	微话题任务驱动教学模式在初中信息技术课堂中的应用研究	刘世杰	杨晓娟	山东师范大学	硕士	2018 年

续表

序号	论文题名	研究生	导师	学位授予单位	学位	学位年度
58	不公正感对网络集群行为的影响：群体愤怒、怨恨情绪的中介作用	王蕾	张景焕	山东师范大学	硕士	2018年
59	基于微博平台的大学生问政研究	姚迪	许叶萍	北京邮电大学	硕士	2018年
60	涉警网络舆情应对研究——以北京市公安局为例	陈晓平	王欢	北京邮电大学	硕士	2018年
61	基于领域特征及用户偏好的微博推荐算法研究	黄贤英	鲁燃	山东师范大学	硕士	2018年
62	大学生思想政治教育载体应用的研究——以“互联网+”为背景	赵薇	田亮	西安工业大学	硕士	2018年
63	面向微博评论的中文文本情感分类研究	顾宇杰	石磊	云南财经大学	硕士	2018年
64	基于社交平台的信息关联及其可视化分析研究	娜迪热·阿卜力孜	胡俊	北京交通大学	硕士	2018年
65	基于微博数据流的热点话题发现方法研究及系统设计	魏巍	刘云	北京交通大学	硕士	2018年
66	新媒体环境下的媒介舆论研究——以江歌案为考察对象	付晓晓	王咏梅	山东大学	硕士	2018年
67	济南城市品牌形象整合营销传播研究	魏凌博	臧丽娜	山东大学	硕士	2018年
68	社会化媒体公共议题传播研究	余梦珑	邓若伊	重庆工商大学	硕士	2018年
69	全媒体时代的体育明星形象传播研究	郭欢	张邦卫	浙江传媒学院	硕士	2018年
70	反腐报道的议程设置研究——以《人民日报》和《南方都市报》为例	张晓依	赖彦	浙江传媒学院	硕士	2018年
71	新媒体语境下代言人广告及其传播策略	陈音弦	蔡敏	重庆工商大学	硕士	2018年
72	高校官方微博的思想政治教育功能实现路径研究	倪碧丹	翟瑞	西南科技大学	硕士	2018年
73	“成都发布”微博平台对成都城市品牌传播的策略研究	王子吟	党东耀	广西大学	硕士	2018年
74	社交媒体用户的劳工化研究——以新浪微博为例	龚铭铭	黄达安	广西大学	硕士	2018年
75	基层政府网络舆情回应问题研究——以平顶山市新华区为例	周阳	霍海燕	郑州大学	硕士	2018年
76	行政单位聘用制下的新媒体人员激励机制研究——以A政务新媒体平台为例	翟礼森	徐芳	首都经济贸易大学	硕士	2018年
77	困局与动因：信任断裂背景下的食品安全公共沟通——以2008～2017北京地区食品安全事件为例	马泽原	陈静茜	北京交通大学	硕士	2018年
78	基于微博签到的湖南省森林公园游客时空分布特征研究	李娜	罗明春	中南林业科技大学	硕士	2018年
79	现代汉语反预期标记“没成想”研究	李洋	李广瑜	哈尔滨师范大学	硕士	2018年
80	网络群体事件中舆论引导主体间的互动机制研究	徐周	王慧灵	江苏师范大学	硕士	2018年

续表

序号	论文题名	研究生	导师	学位授予单位	学位	学位年度
81	公民网络参与对政府决策的影响及对策研究——以丽江女游客遭殴打事件为例	孙超	樊荣	太原理工大学	硕士	2018年
82	兰州市城市居民网络政治参与研究	安迎春	李少惠	兰州大学	硕士	2018年
83	西藏网络问政发展状况与应对措施研究	吕文静	普布次仁	西藏大学	硕士	2018年
84	自媒体言论自由法律规制问题研究	王丹丹	金玉	安徽财经大学	硕士	2018年
85	网络舆论场中"道德绑架"现象研究	王艺超	姚建军	太原理工大学	硕士	2018年
86	微博对中学生道德素质的影响及对策研究	陈海萍	季昌伟	聊城大学	硕士	2018年
87	"微时代"背景下大学生思想政治教育研究	薛婷	黄晋太	太原理工大学	硕士	2018年
88	网络媒体环境下大学生社会主义核心价值观培养研究	王华虎	史彦虎	太原理工大学	硕士	2018年
89	基于用户行为的社交网络好友推荐算法研究	董峥	段建勇	北方工业大学	硕士	2018年
90	内容相似度的微博兴趣社区发现方法研究	王高飞	张月琴	太原理工大学	硕士	2018年
91	基于网络表征学习的异构社交网络对齐研究	王宁	王莉	太原理工大学	硕士	2018年
92	基于微博特征的情感分析方法研究	杨文维	周治国	东北师范大学	硕士	2018年
93	基于微博热点事件的可视化系统的开发与实现	陈哲	陈炜	首都经济贸易大学	硕士	2018年
94	社交网络表征算法研究	石立鹏	王莉	太原理工大学	硕士	2018年
95	社交网络中突发事件的态势感知算法研究与实现	杨戌初	刘云	北京交通大学	硕士	2018年
96	新浪微博测试平台的设计与实现	杨洋	魏小涛	北京交通大学	硕士	2018年
97	基于短视频平台的公益传播研究	王灵玲	乔俊杰 施宇	河南工业大学	硕士	2018年
98	社交媒体时代反转新闻的生成与传播研究	刘素娜	尚恒志 李波	河南工业大学	硕士	2018年
99	新媒体下的科学传播效果研究——以新浪微博为例	李凯	陈传松 杨盛林	山东师范大学	硕士	2018年
100	媒体融合环境下我国图书馆的营销策略研究	孙宇	孙成江	东北师范大学	硕士	2018年
101	以微博为平台的高中语文时评文教学研究	杨子慧	韩向东	辽宁师范大学	硕士	2018年
102	社交媒体对网络公共领域的建构研究——基于微博与知乎的比较	赵琼	陈文钢	江西财经大学	硕士	2018年
103	旅游危机事件中政府应急信息发布研究——以丽江女游客被打事件为例	覃培艺	江宇 唐华	广西大学	硕士	2018年
104	都市报公益传播模式研究——以《大河报》"读诗经看大河"为例	任杰	李时新	广西大学	硕士	2018年
105	面向个性化服务的用户兴趣挖掘方法研究与实现	朱凯歌	刘云	北京交通大学	硕士	2018年
106	媒介融合背景下广西电视台新闻生产研究——以精准扶贫报道研究为例	曹小敏	党东耀	广西大学	硕士	2018年

续表

序号	论文题名	研究生	导师	学位授予单位	学位	学位年度
107	仫佬族依饭节的传播渠道优化研究	吴茜茜	江宇	广西大学	硕士	2018 年
108	“8·12”天津爆炸案中当地微博用户的舆情影响研究	徐迪	黄敏	浙江传媒学院	硕士	2018 年
109	自媒体文艺形态研究	曾长城	何志钧	鲁东大学	硕士	2018 年
110	自媒体时代地方政府公信力问题研究	车洪莹	赵海平	长春工业大学	硕士	2018 年
111	自媒体时代政府公信力的缺失问题研究	缪雪静	唐冰开	长春工业大学	硕士	2018 年
112	网络公共事件中的政府回应问题研究	尹媛媛	于慧颖	长春工业大学	硕士	2018 年
113	吉林省突发公共事件网络舆情的应对对策研究	周子歆	于慧颖	长春工业大学	硕士	2018 年
114	基于主题模型的微博主题挖掘及预测	蒋权	李万龙	长春工业大学	硕士	2018 年
115	媒介融合时代下浙江之声“两微”平台的传播策略研究	张杰	卢炜	浙江传媒学院	硕士	2018 年
116	融媒体背景下电视民生新闻的传播策略探究——以吉林电视台《守望都市》为例	程熙慧	吴德胜 张晓丹	长春工业大学	硕士	2018 年
117	“围观时代”下自媒体传播对传统新闻的解构与重塑	梁佳潼	葛凤昆	长春工业大学	硕士	2018 年
118	大数据视角下新一代网红走红原因研究	马帅	纪淑芹	长春工业大学	硕士	2018 年
119	自媒体背景下网络谣言的传播特征及对策研究	王菊	张永第	长春工业大学	硕士	2018 年
120	微传播伦理失范与规制研究	朱宇辰	樊传果	江苏师范大学	硕士	2018 年
121	小学语文微写作教学的课例研究	王楚	魏本亚	江苏师范大学	硕士	2018 年
122	微媒体环境下大学生网络素养培育研究	宿明远	陈士玉	吉林建筑大学	硕士	2018 年
123	基于社交媒体的国产电影营销传播问题与对策研究	揭丁诺	王倩 徐明珍	山东师范大学	硕士	2018 年
124	互联网环境下司法公开问题研究	钱俊婷	相庆梅 刘宁	北方工业大学	硕士	2018 年
125	论网络媒介与中学生偶像崇拜	刘振华	王倩 赵念民	山东师范大学	硕士	2018 年
126	网络危机事件传播中的公众心理变化研究	张天宇	马志强	浙江传媒学院	硕士	2018 年
127	呼和浩特地区微博意见领袖现状研究	董琪琪	王俊义	内蒙古师范大学	硕士	2018 年
128	社交网络在信息推广中的应用研究	吕鹏辉	李也白 刘伟力	北方工业大学	硕士	2018 年
129	基于微博表情符号的中文情感词典构建方法研究	贾一凡	郝晓弘	兰州理工大学	硕士	2018 年
130	在线社交网络上信息传播的相关研究	华姗姗	张永	兰州理工大学	硕士	2018 年
131	复杂社交网络中社区发现算法研究	朱家磊	邢玲	西南科技大学	硕士	2018 年
132	腐文化的流行及其影响分析	李茹	邝春伟	华东师范大学	硕士	2018 年
133	权力节点集对网络信息传播的影响研究	孙延玲	郑明春	山东师范大学	硕士	2018 年
134	网络谣言传播中信任的作用机理研究	靳美玲	刘凤鸣	山东师范大学	硕士	2018 年
135	微网络环境中谣言制造者的行为动力学研究	朱晓倩	刘凤鸣	山东师范大学	硕士	2018 年

续表

序号	论文题名	研究生	导师	学位授予单位	学位	学位年度
136	基于信任和用户行为的微博好友推荐算法研究	王梦佳	贺智明	江西理工大学	硕士	2018 年
137	自媒体视域下高校主流意识形态话语权建设研究	梁广霞	吴琼	北京交通大学	硕士	2018 年
138	共青团中央官方微博中的民族主义表达	石婉珺	吴小玲	西南交通大学	硕士	2018 年
139	利用信息技术优化高中物理规律教学研究	马庆辉	高守宝	山东师范大学	硕士	2018 年
140	法院庭审直播研究	于之楠	杨成良	西南交通大学	硕士	2018 年
141	论庭审网络直播	祝文锋	袁明圣	江西财经大学	硕士	2018 年
142	地方政府应对网络舆情的策略研究	邢二蕾	战建华	山东师范大学	硕士	2018 年
143	面向网络自媒体的空间数据挖掘研究	钟宇	兰小机	江西理工大学	硕士	2018 年
144	微博信息披露对权益资本成本的影响研究——基于新浪微博的实证分析	肖梦颖	李冬伟	华东交通大学	硕士	2018 年
145	微博、分析师盈余预测与权益资本成本	全鸣	邓川	浙江财经大学	硕士	2018 年
146	话语标记“不是我说你”在对外汉语口语教学中的考察与教学研究	张丹	胡宪丽	河北师范大学	硕士	2018 年
147	高中语文微写作教学研究	马硕	苑书文	河北师范大学	硕士	2018 年
148	高中语文微写作教学研究	李春燕	汪燕岗	四川师范大学	硕士	2018 年
149	关于高中语文“微写作”的教学策略研究	李正	虎维尧	宁夏师范学院	硕士	2018 年
150	微博用户对同性恋的态度研究——基于大数据的文本挖掘	郑铨	郭英	四川师范大学	硕士	2018 年
151	微时代大学生主流意识形态教育问题研究	邓智丹	田华	四川师范大学	硕士	2018 年
152	认同、信息质量与转发数对辟谣效果的影响	曾攀	靳宇倡	四川师范大学	硕士	2018 年
153	基于生态语言学视角的当代汉语“词语模词语”研究	王晓晨	杨文全	西南交通大学	硕士	2018 年
154	一种针对社交用户兴趣演化的动态主题模型	王咏乾	王崇骏	南京大学	硕士	2018 年
155	基于微博社区的用户影响算法研究	韩青菊	刘发升	江西理工大学	硕士	2018 年
156	基于微博文本的网络舆情主题演化分析——以“蓝色钱江放火案”为例	吴晓娟	杨建林	南京大学	硕士	2018 年
157	我国政府电子政务服务能力与电子政务政策相关性研究	黄锋利	胡广伟	南京大学	硕士	2018 年
158	自媒体环境下高校思想政治教育话语权研究	李晓容	王曦	四川师范大学	硕士	2018 年
159	使用深度学习技术的中文微博情感分析研究	邓洋	朱焱	西南交通大学	硕士	2018 年
160	传统文化类综艺节目的电视传播	戴冰	王晓鹏	山东大学	硕士	2018 年
161	景区节点驱动的位置微博用户时空行为计算方法	刘烨凌	李仁杰	河北师范大学	硕士	2018 年
162	基于 UGC 的多时空尺度旅游地热度及共现关系计算方法——以长江三峡为例	徐欣	张军海	河北师范大学	硕士	2018 年
163	新媒体时代大学生网络人际交往问题研究	王玉	周军	沈阳师范大学	硕士	2018 年

续表

序号	论文题名	研究生	导师	学位授予单位	学位	学位年度
164	高校思想政治教育自媒体资源有效应用研究	赵晓琳	刘润	沈阳师范大学	硕士	2018 年
165	我国档案馆微服务研究	彭鑫	王云庆	山东大学	硕士	2018 年
166	“话筒”背后：自媒体传播与发展研究	姚致远	王耀东	中共上海市委党校	硕士	2018 年
167	当前我国城市营销问题及对策研究	齐琪	刘建民	河北师范大学	硕士	2018 年
168	互联网背景下媒体对政策议程的影响研究——基于外压模式视角	林靖	周建国	南京大学	硕士	2018 年
169	新媒体时代：网络互动在网络信息传播中的作用研究——以微博为例	孙屹山	冯钢	浙江大学	硕士	2018 年
170	风险放大与应急响应——基于天津港爆炸与古雷 PX 爆炸比较分析	王珍	张海波	南京大学	硕士	2018 年
171	从网络事件看网络社会：网络社会的本质与特点研究	胡静瑶	冯钢	浙江大学	硕士	2018 年
172	中日传统文化传播现状的考察——以春节、书法、茶文化为中心	徐丽娟	聂中华	北方工业大学	硕士	2018 年
173	环境事件中公众应对行为的影响因素及其形成机理研究	韩译萱	李华强	西南交通大学	硕士	2018 年
174	微时代高校思想政治教育话语权研究	于璐	徐晶	沈阳工业大学	硕士	2018 年
175	融合新闻模式下人民日报“两会”报道的发展变化(2014～2017)	王新雨	张红军	山东大学	硕士	2018 年
176	“辱母案”中网络舆论对司法审判的影响研究	张若云	申玉山	河北经贸大学	硕士	2018 年
177	新媒体时代下晋剧艺术的管理与推广	王雯	温洁 常峰	中北大学	硕士	2018 年
178	现代汉语中的“A 不 A，B 不 B(的)”类语法格式研究	白婷婷	夏军	沈阳师范大学	硕士	2018 年
179	故宫系列文化产品的新媒体营销策略研究	宋青	王德胜	山东大学	硕士	2018 年
180	微博热点话题情感分析及传播规律研究	孔影	潘景昌	山东大学	硕士	2018 年
181	微博热点话题分类与热度预测模型研究	王惠	马晓宁	中国民航大学	硕士	2018 年
182	吐槽中的意义生产与传播研究——以新浪微博为例	李斌	李庆勇	沈阳师范大学	硕士	2018 年
183	“互联网＋红色文化”在大学生思想政治教育中的运用研究	陈虹颖	苟朝莉	重庆工商大学	硕士	2018 年
184	新媒体语境下国内“圣地巡礼”文化的参与式建构——基于日本经验的启示	张敏康	蒋宁平	西南交通大学	硕士	2018 年
185	高校思想政治理论课课堂教学网络资源利用研究	于澜	郝书翠	山东大学	硕士	2018 年
186	微信与微博平台的短视频传播对比研究	寇晓颖	王倩	山东师范大学	硕士	2018 年
187	邻避事件的社交媒体动员策略与结构研究	王甜	陈堂发	南京大学	硕士	2018 年
188	新媒体环境下中国武术危机传播研究——以“徐雷私下比武事件”为例	吕亚崙	朱伟强	华东师范大学	硕士	2018 年

续表

序号	论文题名	研究生	导师	学位授予单位	学位	学位年度
189	媒体批评研究——以 20 世纪 90 年代以来的媒体批评为论述中心	张校博	邢建昌	河北师范大学	硕士	2018 年
190	大数据环境下的用户信息抽取与分析	王凯强	高飞	北京邮电大学	硕士	2018 年
191	公安机关微警务管理实践研究——基于江苏省的管理经验的分析	荣立国	李永刚	南京大学	硕士	2018 年
192	基于微博舆情的高校大学生信息行为研究	单哲	郭砚常	山东大学	硕士	2018 年
193	基于协同训练的微博情感分类研究	李瑶	陶宏才	西南交通大学	硕士	2018 年
194	新媒体视角下高校统战文化研究	赵美鋆	孟燕	西安工业大学	硕士	2018 年
195	媒体转型期报网融合问题与对策——以陕报为例	汪曼莉	金博 李勇鸿	西安工业大学	硕士	2018 年
196	网络传播中的舆论引导策略研究	赵艳	冯希哲 于海军	西安工业大学	硕士	2018 年
197	社会伦理视角下的网红现象分析	段荣	冯希哲 王战峰	西安工业大学	硕士	2018 年
198	内蒙古交通之声的转型发展研究	李鸿飞	乌琼芳	内蒙古师范大学	硕士	2018 年
199	环境 NGO 在微博、微信平台的话语传播	黄玲俐	吴妍妍 郭雄	西安工业大学	硕士	2018 年
200	舆情对 P2P 网络借贷投资者行为影响分析	李雅韵	韩雅鸣	山西财经大学	硕士	2018 年
201	自媒体时代的油画艺术传播与创作现象初探	崔松岩	王少伦	中央美术学院	硕士	2018 年
202	幼教类冲突事件网络舆论传播与演化研究——以 2010 年以来的幼儿园虐童事件为例	汪致宏	王蕾	南京大学	硕士	2018 年
203	微博热门话题情感分析及实证研究	吴蝶	刘甲学	黑龙江大学	硕士	2018 年
204	网络暴力事件的信息传播与治理研究	姜珏鹏	孙瑞英	黑龙江大学	硕士	2018 年
205	新媒体环境下的高职院校校园文化建设	司维	徐国庆	华东师范大学	硕士	2018 年
206	2012～2017 天津大剧院演出节目宣传策略研究	崔爱双	蔡莉	天津音乐学院	硕士	2018 年
207	突发事件网络舆情的演化机理及引导策略研究	刘鹏瑞	孙瑞英	黑龙江大学	硕士	2018 年
208	南京市国税系统网络舆情管理研究	徐智瑾	姚远	南京大学	硕士	2018 年
209	“微时代”的我国政府形象传播研究——以政务“双微”为例	徐茂恩	魏长领	郑州大学	硕士	2018 年
210	突发公共事件的网络舆情政府引导研究——以“1.2 哈尔滨仓库失火事件”为例	罗晨阳	李葆珍	郑州大学	硕士	2018 年
211	新浪微博谣言识别研究	杨真	王一华	郑州大学	硕士	2018 年
212	我国社交媒体文件归档研究	尚子明	陈忠海	郑州大学	硕士	2018 年
213	后真相时代舆情反转的形成机理研究	赵瑜	孙保营	郑州大学	硕士	2018 年
214	新媒体环境中公众情绪传播机制研究——以“辱母杀人案”为例	齐曼丹	詹绪武	郑州大学	硕士	2018 年

续表

序号	论文题名	研究生	导师	学位授予单位	学位	学位年度
215	表征理论下明星运动员媒介形象对比研究——基于傅园慧的个案分析	王梦瑶	李帮儒	郑州大学	硕士	2018年
216	河南省公共图书馆微服务推广研究	王针臻	白广思	郑州大学	硕士	2018年
217	985高校图书馆利用新媒体开展学科服务的调查研究	李宁	张研	郑州大学	硕士	2018年
218	基于分布式微服务全链路实时监控系统设计与实现	刘嘉裕	李宇	北京交通大学	硕士	2018年
219	消费社会理论视角下的国内“粉丝电影”现象研究	周娇	沈浩	陕西科技大学	硕士	2018年
220	新媒体环境下网络舆情的应对策略研究	胡雨薇	刘焕成	郑州航空工业管理学院	硕士	2018年
221	网络舆情监测、分析及治理策略研究	李素巧	刘焕成	郑州航空工业管理学院	硕士	2018年
222	互联网舆情监测系统中的热点发现及分析	郭胜	张冬雯 李建明	河北科技大学	硕士	2018年
223	基于复杂网络的舆情分析系统设计与实现	任华	王井阳 刘小利	河北科技大学	硕士	2018年
224	基于VGI和遥感的地震灾情提取及迁建选址研究	陶全刚	张洪岩	东北师范大学	硕士	2018年
225	基于系统动力学的自然灾害信息传播研究	赵战胜	张龙	中国地质大学(北京)	硕士	2018年
226	突发公共卫生事件网络谣言的治理研究——以H7N9禽流感事件为例	李明洁	何修猛	华东师范大学	硕士	2018年
227	模因视阈下新世纪新词语词族发展差异研究	张倩倩	亢世勇	鲁东大学	硕士	2018年
228	新媒体和传统纸媒新闻标题语言对比——以人民日报为例	颜晓尹	刘芳 黄健秦	上海外国语大学	硕士	2018年
229	河南省政务微博语言文字失范现象研究	敬笑迎	郭婷婷	武汉大学	硕士	2018年
230	“X癌”词汇构式多维考察	向格	冯学锋	武汉大学	硕士	2018年
231	当代“轻”族词研究	程谢飞	冯学锋 王宇波	武汉大学	硕士	2018年
232	“互联网+共青团”模式的政治功能实现状况研究	贺加琦	王平	东北师范大学	硕士	2018年
233	基于SNA的突发事件网络舆情传播与应对策略研究	贾菲菲	刘岩芳	哈尔滨师范大学	硕士	2018年
234	新媒体时代思想政治教育传播的新境遇及其应对策略研究	刘晓天	张艳红	东北师范大学	硕士	2018年
235	自媒体时代网络交往道德探析	王婷	余玉花	华东师范大学	硕士	2018年
236	政务新媒体编辑部的生产方式研究——以“安徽发布”为例	高静雅	余文斌	安徽大学	硕士	2018年
237	突发性公共事件中地方政府网络舆情导控研究	祁晓婷	张宝生	哈尔滨师范大学	硕士	2018年

续表

序号	论文题名	研究生	导师	学位授予单位	学位	学位年度
238	互联网公益媒体平台的用户使用满意度研究	张浩田	刘绩宏	东北师范大学	硕士	2018 年
239	从宣传到传播:新媒体时代我国政府公共传播转型研究	杨飚	常保国	中国政法大学	硕士	2018 年
240	网络公共领域负效应及其治理	吴妍	华涛	中共江苏省委党校	硕士	2018 年
241	社会化媒体视域下环境群体性事件的风险传播研究——以“PX”事件为例	王嘉洁	于晶	华东师范大学	硕士	2018 年
242	治安管理处罚中谣言的法律界定	郑洁	杨会永	郑州大学	硕士	2018 年
243	司法机关运用自媒体提升司法公信力研究	彭永超	闫弘宇	东北师范大学	硕士	2018 年
244	基于新媒体矩阵的大学生网络思想政治教育创新研究	傅益人	戴冰	上海师范大学	硕士	2018 年
245	网络直播对大学生思想政治教育的影响及对策研究	任俊玲	杨江水	重庆师范大学	硕士	2018 年
246	微时代大学生文化自信的生成策略研究	郭丹琪	张秋辉	东北师范大学	硕士	2018 年
247	高校网络育人方法研究	王亚奇	项久雨	武汉大学	硕士	2018 年
248	高校微文化安全问题与对策研究	肖阳	石裕东	湖北工业大学	硕士	2018 年
249	“微时代”下中国大学生志愿服务探究	周良芹	许义文	西南交通大学	硕士	2018 年
250	微文化背景下大学生社会主义核心价值观认同研究	冯晓晓	于俊如	天津商业大学	硕士	2018 年
251	“微时代”大学生隐性思想政治教育研究	李帅	王丽君	天津商业大学	硕士	2018 年
252	品牌营销与城市形象建构——以兰州马拉松赛为研究范例	郭志权	王芳	兰州大学	硕士	2018 年
253	基于深度学习的微博文本情感分析研究	宋梦姣	赵志宏	南京大学	硕士	2018 年
254	中文情感词典构建中词向量学习技术的研究与应用	杨玉凡	骆斌 葛季栋	南京大学	硕士	2018 年
255	基于社交网络的个性化推荐算法研究	贾博文	孙士保	河南科技大学	硕士	2018 年
256	基于用户需求的高校图书馆微信小程序移动服务设计研究	王松	李明鑫	东北师范大学	硕士	2018 年
257	基于迁移学习的中文短文本情绪分析	雍若兰	何晓丰	华东师范大学	硕士	2018 年
258	面向稀疏特征的用户属性推断方法研究	李佩佩	林学民	华东师范大学	硕士	2018 年
259	基于高效用模式挖掘的微博文本突发话题检测方法研究	欧阳双	彭敏	武汉大学	硕士	2018 年
260	基于 RNN 和 CRF 联合的微博情感分析方法研究	刘秋慧	柴玉梅	郑州大学	硕士	2018 年
261	基于信息点签到数据的行业关系分析	甘露	郝立柱	东北师范大学	硕士	2018 年
262	基于表示学习的网络文本谣言的传播预测	陈煜森	刘金硕	武汉大学	硕士	2018 年
263	资源枯竭型城市转型期的区域媒介形象建构与传播策略研究——以安徽省淮北市为例	孟大伟	束秀芳	安徽大学	硕士	2018 年
264	媒介融合背景下我国网络广播发展创新研究	邹亚茹	张硕勋 马克利	兰州大学	硕士	2018 年

续表

序号	论文题名	研究生	导师	学位授予单位	学位	学位年度
265	90后使用SNS社交应用的情感满足研究	王淼	徐伟东	东北师范大学	硕士	2018年
266	综艺节目官方微博的传播效果研究——以《快乐大本营》为例	李一享	徐伟东	东北师范大学	硕士	2018年
267	微博水军识别研究	励敏	吴贤毅	华东师范大学	硕士	2018年
268	媒体融合背景下政务新媒体平台建设现状及发展策略研究——以安徽省为例	秦垒	颜海	武汉大学	硕士	2018年
269	中国社交类网络平台新闻信息治理研究	叶雪枫	戴丽娜	上海社会科学院	硕士	2018年
270	新媒体环境下农业推广工作策略研究	鹿赛	李录堂	西北农林科技大学	硕士	2018年
271	湖北红色旅游资源的网络化研究——基于思想政治教育的视角	张洁	李玉姣	武汉科技大学	硕士	2018年
272	上海红色文化的传播现状及创新策略研究	张宏宇	张丽君	华东师范大学	硕士	2018年
273	共青团微博舆论引导研究——以@共青团中央为例	叶梢	刘绍庭	华东师范大学	硕士	2018年
274	网络舆论负面影响考察及其应对策略研究	陈草丹	叶飞霞	福建农林大学	硕士	2018年
275	美国政府涉华"微传播"研究——基于对两个账号2017年涉华微博的分析	杨启飞	叶淑兰	华东师范大学	硕士	2018年
276	基于随机共振模型的舆情共振现象研究	李烨楠	雷平	中国地质大学(北京)	硕士	2018年
277	新媒体背景下政策议程设置研究	罗凤飞	马斌	河北经贸大学	硕士	2018年
278	网络公共事件中社会认同构建研究	张萌	张金桐	河北经贸大学	硕士	2018年
279	事故灾难类突发事件中网络舆论引导研究——以广元市白龙湖沉船事故为例	刘慷	王春英	中共四川省委党校	硕士	2018年
280	移动短视频应用的内容生产及传播模式研究	田斌	默书民	河北经贸大学	硕士	2018年
281	北京市大学生微博问政的现状及问题研究	王美	牛建英	中国地质大学(北京)	硕士	2018年
282	社交媒体环境下突发公共事件中的谣言传播研究——以"8·12"天津爆炸案为例	明佳伟	张俭峰	上海师范大学	硕士	2018年
283	新媒体环境下民间公益组织社会动员模式研究——以绿色中原环保协会为例	谷利影	何云峰	上海师范大学	硕士	2018年
284	新媒体时代隐私权的救济途径	杨晓露	刘作翔	上海师范大学	硕士	2018年
285	体育微博对上海市大学生体育态度与体育行为影响的研究	金豆	蔡皓	上海师范大学	硕士	2018年
286	狂欢理论视域下体育传播狂欢的研究	赵静雯	张宏伟	首都体育学院	硕士	2018年
287	基于主题模型的微博推荐方法研究	程雷	刘慧婷	安徽大学	硕士	2018年
288	专业性的建构与消解:"舆情生产"何以成为可能?——以人民网舆情监测室为例	朱丽娜	刘勇	安徽大学	硕士	2018年
289	基于信息生态的微博信息传播机理研究	郑鹊	崔金栋	东北电力大学	硕士	2018年
290	安徽省高校图书馆移动信息服务用户满意度调查与分析	叶宗勇	严贝妮 王蕾蕾	安徽大学	硕士	2018年
291	安徽省双一流高校图书馆社会化阅读推广的调查与分析	王天帅	王培林 赵安	安徽大学	硕士	2018年

续表

序号	论文题名	研究生	导师	学位授予单位	学位	学位年度
292	黄山户外环境解说牌空间布局与主题优化研究	张妍	高峻	上海师范大学	硕士	2018 年
293	环境投诉与地方政府回应——基于新浪微博大数据的实证研究	王辰成	张炳	南京大学	硕士	2018 年
294	当代中国"现象电影"的传播特征及影响研究	刁文鑫	束秀芳	安徽大学	硕士	2018 年
295	"秀恩爱":大学生情侣在线社交中的自我呈现研究	刘平平	佘文斌	安徽大学	硕士	2018 年
296	基于使用与满足理论的大学生"萌"现象研究	唐怡萌	梅红	西南交通大学	硕士	2018 年
297	突发事件中区域主流新媒体舆论引导研究	乐冬妍	何镇飚	浙江大学	硕士	2018 年
298	区域自媒体可持续盈利模式研究	孔庆洁	何镇飚	浙江大学	硕士	2018 年
299	微博事件摘要生成及演化分析技术研究与应用	汪辉	于富财	电子科技大学	硕士	2018 年
300	基于情感的社会网影响传播问题研究	宋健	刘勇	黑龙江大学	硕士	2018 年
301	基于用户心理的传播策略研究——以微博"@日食记"为例	赵琳玉	蒋宁平	西南交通大学	硕士	2018 年
302	国内女权自媒体关注者参与行为与性别角色认同调查报告——以@女权之声"关注者为例	林青	王雄	南京大学	硕士	2018 年
303	邻避运动中抗争主体的修辞实践——基于连云港反核事件的分析	胡颖君	胡翼青	南京大学	硕士	2018 年
304	微博平台协商性对话影响因素探究——基于"携程亲子园虐童"和"红黄蓝幼儿园虐童"个案比较分析	彭倩	王辰瑶	南京大学	硕士	2018 年
305	基于多特征融合的微博突发事件检测方法研究	王建	张仰森	北京信息科技大学	硕士	2018 年
306	融媒体时代对农电视节目传播研究	程宏玲	王宏	山东师范大学	硕士	2018 年
307	微博网络中隐蔽关键用户发现技术研究	唐梓淇	罗军勇	战略支援部队信息工程大学	硕士	2018 年
308	面向微博文本的情绪内容分类系统设计与实现	焦桐	张熙	北京邮电大学	硕士	2018 年
309	面向社会安全事件的公众情感倾向分析研究	郑佳	张仰森	北京信息科技大学	硕士	2018 年
310	社交媒体舆情传播对政府决策的影响研究	李睿	孙瑞英	黑龙江大学	硕士	2018 年
311	自媒体广告法律问题研究	马彩霞	王妍	黑龙江大学	硕士	2018 年
312	基于活动理论的大学英语写作混合教学的实证研究	董伊娜	芮燕萍	中北大学	硕士	2018 年
313	自媒体视角下大学生价值观研究	薛山	申丹虹	中北大学	硕士	2018 年
314	突发事件下微博舆情的引导策略研究	李瑾萱	刘春艳	黑龙江大学	硕士	2018 年

续表

序号	论文题名	研究生	导师	学位授予单位	学位	学位年度
315	网络意见人士统战工作初探	孙阁	蒋锐	山东大学	硕士	2018 年
316	自媒体言论的法律规制	常利方	胡东	黑龙江大学	硕士	2018 年
317	社会化媒体时代政府主导型展会的品牌建构研究——以“义博会”为例	陶树丰	刘绍庭	华东师范大学	硕士	2018 年
318	自媒体作品著作权保护研究	杜福新	董惠江	黑龙江大学	硕士	2018 年
319	自媒体环境下地方政府网络舆情应对策略研究	李学艳	刘甲学	黑龙江大学	硕士	2018 年
320	新媒体环境下突发事件信息异化及应对研究	李佳	董广安	郑州大学	硕士	2018 年
321	社交网络中青年“丧文化”研究	汪忱	吕文凯	郑州大学	硕士	2018 年
322	社交网络群体性迷失的心理机制及应对策略	王贞	陈晓伟	郑州大学	硕士	2018 年
323	新媒体时代“小粉红”群体的社会认同研究——以网络爱国舆论热点事件（2016～2018 年）为例	宋茵	李瑛	郑州大学	硕士	2018 年
324	基于 LDA 的微博灾害信息聚合——以台风为例	李静	杜志强 朱庆	武汉大学	硕士	2018 年
325	基于评价参数框架探析微博新闻评论——以 2016 年时事热点微博评论为例	池雅楠	刘兴兵	四川外国语大学	硕士	2018 年
326	本土音乐的网络音乐传播模式研究	戴安娜	王辉	聊城大学	硕士	2018 年
327	新媒体环境下地市级音乐广播现状及发展研究——以聊城音乐广播为例	程娜	吕云路	聊城大学	硕士	2018 年
328	文化旅游景区微博营销对消费者旅游决策的影响研究	韩博	张艳菊	甘肃政法学院	硕士	2018 年
329	社交媒体时代甘肃地方政府的危机传播应对分析——基于情境式危机传播理论的检视	周国萃	刘晓程 曹树林	兰州大学	硕士	2018 年
330	发展传播视角下区县政务微传播研究——基于“沙坪坝微政务”的分析	陈佳玲	张春林	四川外国语大学	硕士	2018 年
331	众声喧哗下的“网红”政务微博研究——以“共青团中央”新浪微博为例	李娇	郭赫男	四川外国语大学	硕士	2018 年
332	网络公共事件中的情感动员与意见表达——以“于欢案”为例	徐世亚	郭赫男	四川外国语大学	硕士	2018 年
333	移动互联网背景下中学思想政治教育方式创新研究	郝悦	梅士建 赵树勇	信阳师范学院	硕士	2018 年
334	K-Means 算法的改进及其在微博话题发现中的应用	柳亚男	康艳梅	国际关系学院	硕士	2018 年
335	微博新词发现及新词情感极性判断方法	王欣	唐万梅	重庆师范大学	硕士	2018 年
336	作为媒介的大钟楼：城市现代性的构建与流动——以合肥大钟楼为例	鲁曼	姜红	安徽大学	硕士	2018 年

续表

序号	论文题名	研究生	导师	学位授予单位	学位	学位年度
337	共享经济视域下网络问答平台的知识生产与传播研究——基于对“分答”的分析	于丹丹	张春林	四川外国语大学	硕士	2018 年
338	新媒体时代下我国灾难报道的新闻伦理失范研究	徐珑绫	郭赫男	四川外国语大学	硕士	2018 年
339	关于新浪微博信息流广告的用户接受度实证研究——以 UTAUT 模型为基本框架	张舒	张幼斌	四川外国语大学	硕士	2018 年
340	社交媒体环境下体育赛事传播与大众追随的互动研究	张美兰	李静	辽宁师范大学	硕士	2018 年
341	社交媒体背景下网络权力的生成机制研究——以罗一笑事件为例	丁辉	丁大尉	烟台大学	硕士	2018 年
342	新型新闻文本:“新闻 + 跟帖”的互文结构关系与舆论引导	席洁	齐爱军	烟台大学	硕士	2018 年
343	自媒体个性的形成机制与实现路径	耿凯丽	谭诚训	烟台大学	硕士	2018 年
344	自媒体时代背景下政府形象塑造研究	陈振考	杨剑	安徽大学	硕士	2018 年
345	基于认知过程的自媒体阅读推广研究	周佳艺	孙瑞英	黑龙江大学	硕士	2018 年
346	基于 OCEAN 模型的微定向内容传播方法研究	刘雨薇	郑文锋	电子科技大学	硕士	2018 年
347	社交网络环境下个人信息保护的路径重构	孙夕晰	马海群	黑龙江大学	硕士	2018 年
348	基于用户满意度的高校微博信息服务质量研究	赵怡	陈媛媛	黑龙江大学	硕士	2018 年
349	突发事件中提升政务微博舆论引导力研究	王延芳	姜德锋	黑龙江大学	硕士	2018 年
350	山东省政府信息公开绩效评价研究	武瑞松	曹现强	山东大学	硕士	2018 年
351	临沂市政务自媒体食品安全信息发布问题研究	王昕	马奔	山东大学	硕士	2018 年
352	全媒体背景下 X 大学 MBA 教育项目品牌推广策略研究	付昂然	张强 李亿中	西南科技大学	硕士	2018 年
353	新媒体中的地域偏见现象研究	徐夏雯	姜德锋	黑龙江大学	硕士	2018 年
354	融媒体时代健康传播的媒介呈现	李璇	赵红艳	黑龙江大学	硕士	2018 年
355	面向食药安全主题的突发话题检测技术研究	杨柳	陈端兵	电子科技大学	硕士	2018 年
356	面向中文社交媒体的命名实体识别研究与实现	马晓菲	佘堃	电子科技大学	硕士	2018 年
357	基于多源大数据分析的图像检索技术研究	陈炳泉	郝玉洁	电子科技大学	硕士	2018 年
358	基于集成分类器的微博谣言检测算法研究	熊枭	杨波	电子科技大学	硕士	2018 年
359	基于 Spark 的微博舆论监控系统的设计与实现	沈磊	傅彦	电子科技大学	硕士	2018 年
360	网络用户情感倾向的发现方法研究与应用	梁廷玉	陈安龙	电子科技大学	硕士	2018 年
361	微博舆情监测关键技术研究及原型系统实现	秦华宇	徐洁	电子科技大学	硕士	2018 年

续表

序号	论文题名	研究生	导师	学位授予单位	学位	学位年度
362	微博文本情感分类与观点挖掘研究及实现	李民强	付波	电子科技大学	硕士	2018 年
363	基于多模态社交媒体数据源的用户画像构建的研究	黄秀	杨阳	电子科技大学	硕士	2018 年
364	我国网络慈善可行性分析	姜卓然	曲文勇	黑龙江大学	硕士	2018 年
365	人民网微博中表情包微博内容分析与传播效果研究	刘婕	王金珊	内蒙古师范大学	硕士	2018 年
366	当代汉语新词中的英源性成分研究	崔宗霄	杨文全	西南交通大学	硕士	2018 年
367	面向微博意见领袖挖掘的信息传播模型研究	张米	张晖	西南科技大学	硕士	2018 年
368	“哈尔滨冰雪大世界”传播策略研究	李珂	郑亚楠	黑龙江大学	硕士	2018 年
369	视觉艺术网络传播现状研究	邵晴	王宏	黑龙江大学	硕士	2018 年
370	新浪微博平台消息与股市相关性研究——基于文本数据挖掘技术	杨雨凡	刘德红	北京交通大学	硕士	2018 年
371	微博用户偏好分析与建模	牛锐	沈波	北京交通大学	硕士	2018 年
372	大数据时代突发事件舆论引导研究	黄晓阳	王仕勇	重庆工商大学	硕士	2018 年
373	大数据时代突发事件新闻报道研究	陈吉喆	谭宪	湖北民族学院	硕士	2018 年
374	基于微博的高校隐性思想政治教育研究	佘蔓	杨瑞萍	北京邮电大学	硕士	2018 年
375	大数据时代高校网络舆情引导研究	郑筠卿	尹洁	西安理工大学	硕士	2018 年
376	自媒体传播背景下公共舆情引导研究——以“太伏事件”为例	谭春	陈光	西南交通大学	硕士	2018 年
377	面向特定领域的话题检测系统的设计与实现	蒋乔薇	王枞	北京邮电大学	硕士	2018 年
378	“微时代”高校隐性思想政治教育研究	王小曼	高丽静	浙江理工大学	硕士	2018 年
379	基于社交网络信息的情感分析系统设计与实现	张卡拉	曾志民	北京邮电大学	硕士	2018 年
380	基于政务微博的哈尔滨城市形象传播策略研究	商常青	郑亚楠	黑龙江大学	硕士	2018 年
381	数字技术背景下遗址博物馆品牌传播策略研究——以金沙遗址博物馆为例	吴英琦	谢梅	电子科技大学	硕士	2018 年
382	社交媒体中的非物质文化遗产传播研究	朱丹彤	郑亚楠	黑龙江大学	硕士	2018 年
383	“秦火火”案中政府构建良好社交媒体环境的案例研究	祝固炜	刘裕 尹彤	电子科技大学	硕士	2018 年
384	最高人民法院政务微博特色研究	刘一家	郑亚楠	黑龙江大学	硕士	2018 年
385	网络时代社会交往的转变研究	张瑞敏	曲文勇	黑龙江大学	硕士	2018 年
386	社交媒体中未成年人负面形象研究	张瑞	郑亚楠	黑龙江大学	硕士	2018 年
387	互联网时代下品牌年轻化问题研究	胡志静	崔德群	黑龙江大学	硕士	2018 年
388	基于网络文本的多词表达抽取方法研究	龚双双	陈钰枫	北京交通大学	硕士	2018 年
389	社会治理视阈下“网红”现象研究	朱赛玲	辛玲玲	北京邮电大学	硕士	2018 年
390	多源多模态数据分析平台设计与实现	任贵福	张天魁	北京邮电大学	硕士	2018 年
391	网络民粹主义视域下大学生思想政治教育对策研究	李荣	聂淑华	山西财经大学	硕士	2018 年

续表

序号	论文题名	研究生	导师	学位授予单位	学位	学位年度
392	基于新浪微博的短文本分类与个性化推荐	王娇	王学丽	北京邮电大学	硕士	2018 年
393	基于社会网络的舆论传播与引导机制研究——以“丽江女游客遭殴打”事件为例	夏彬	李晓霞	云南财经大学	硕士	2018 年
394	基于内容和用户行为的个性化微博推荐算法研究与实现	张川	孟祥武	北京邮电大学	硕士	2018 年
395	央视 3·15 晚会互动传播研究	朱燕	石磊	四川师范大学	硕士	2018 年
396	基于 Node. js 分布式微博系统的设计与实现	黄涛	辛阳	北京邮电大学	硕士	2018 年
397	互联网时代城市博物馆传播模式及策略研究	高德龙	谢梅	电子科技大学	硕士	2018 年
398	三星堆博物馆社交媒体传播策略优化研究	李晨	谢梅	电子科技大学	硕士	2018 年
399	民族博物馆文化传播策略研究——以云南民族博物馆为例	马乐	谢梅	电子科技大学	硕士	2018 年
400	新浪微博“反转新闻”现象研究	石君乔	张芸	内蒙古师范大学	硕士	2018 年
401	政务微博公众满意度影响因素研究	谭婧	汤志伟	电子科技大学	硕士	2018 年
402	基于社交网络平台的政府数据开放研究	安冠宇	马海群	黑龙江大学	硕士	2018 年
403	微博热点话题发现方法的研究和实现	张萌	沈波	北京交通大学	硕士	2018 年
404	面向银行微博文本的情感分析方法研究	李迎迎	沈波	北京交通大学	硕士	2018 年
405	基于扩展词典和规则的中文微博情感分析	李继东	王移芝	北京交通大学	硕士	2018 年
406	面向在线评论的情感信息分类与挖掘	李丹丹	王正成	浙江理工大学	硕士	2018 年
407	面向主题的新浪微博意见领袖研究	袁竹星	王正成	浙江理工大学	硕士	2018 年
408	基于链接和内容相结合的微博用户社区发现	黄文婷	王正成	浙江理工大学	硕士	2018 年
409	基于迭代聚类的社区检测算法研究及应用	安梦飞	蔡世民	电子科技大学	硕士	2018 年
410	自媒体环境下政府应对网络舆论的策略研究	王志鸿	鲁捷	沈阳师范大学	硕士	2018 年
411	政治沟通视角下政务微博“互动力”关联因素探究——以教育系统政务微博为例	解雅婕	刘勇	安徽大学	硕士	2018 年
412	从“警探”看公安警务类新媒体的发展	王馨蕊	崔明伍	安徽大学	硕士	2018 年
413	新媒体视域下青海高校大学生思想政治教育研究	黄海霞	胡文平	青海大学	硕士	2018 年
414	利用新媒体加强大学生社会主义核心价值观教育研究	郭欣	张群	辽宁工业大学	硕士	2018 年
415	基于用户调查的高校新媒体运营策略研究——以西南交通大学为例	刘中慧	朱洁	西南交通大学	硕士	2018 年
416	基于深度神经网络的国民安全微博搜索与话题检测研究	赖金财	杜军平	北京邮电大学	硕士	2018 年
417	社交网络跨媒体国民安全事件语义学习与行为分析研究	何奕江	杜军平	北京邮电大学	硕士	2018 年
418	社交网络国民安全威胁来源搜索与追踪研究	叶杭	杜军平	北京邮电大学	硕士	2018 年

续表

序号	论文题名	研究生	导师	学位授予单位	学位	学位年度
419	基于社交网络的国民安全威胁知识库建立与搜索研究	巩皓	杜军平	北京邮电大学	硕士	2018年
420	社交网络中危害国家安全的突发事件搜索研究	郑文振	杜军平	北京邮电大学	硕士	2018年
421	基于社交媒体的短文本数据挖掘研究	杜娜娜	赵德新	天津理工大学	硕士	2018年
422	气象预报预警信息统一发布系统的设计与实现	冯冲	胡延琴	郑州大学	硕士	2018年
423	基于机器学习的信息预测研究分析	林宇	孙礼	北京邮电大学	硕士	2018年
424	新媒体环境下的科技传播模式及创新策略研究	赵红霞	王蔚	上海社会科学院	硕士	2018年
425	大学生对“两会”信息接受行为研究——以石家庄市九所省属高校为例	岳梦怡	赵双阁	河北经贸大学	硕士	2018年
426	基于Storm的微博聚类算法的研究与实现	王向阳	贾凡	北京交通大学	硕士	2018年
427	安徽省高校图书馆学生社团发展调查与分析	胡贤睿	郭春侠 李永钢	安徽大学	硕士	2018年
428	我国省级综合档案馆微博服务研究——基于新浪微博平台	贾文敏	王春芳	安徽大学	硕士	2018年
429	从共识生产到争议制造:争议性人物何以型构——基于对陈光标的个案考察(2007～2016)	甘洁	刘勇	安徽大学	硕士	2018年
430	合肥市实体书店参与公共阅读推广工作调查分析	陆宇辰	张守卫 吴斌	安徽大学	硕士	2018年
431	高校图书馆社交网络服务调查研究——以安徽三所高校为例	徐琪	陆和建 宁劲	安徽大学	硕士	2018年
432	公安政务微博公众参与行为影响因素研究——基于30个省会城市公安政务微博数据	卢桦	汤志伟	电子科技大学	硕士	2018年
433	基于社交图片的精准好友推荐系统的研究与实现	李雪	龚海刚	电子科技大学	硕士	2018年
434	网络行动中的情感化抗争研究——基于对三起网络事件的考察	杨晓庆	佘文斌	安徽大学	硕士	2018年
435	风险传播视角下的新生代农民工城市适应研究	张龙	郑欣	南京大学	博士	2018年
436	互联网+思想政治教育新模式探究	朴欣宇	邓福庆	黑龙江大学	硕士	2018年
437	京津冀人居自然环境质量满意度研究——基于公众关注视角	张军	李健 王颖	天津理工大学	硕士	2018年
438	网络欺凌现象的空间研究——基于微博事件的实证分析	边祥凯	张军	安徽大学	硕士	2018年
439	微博用户的婚姻家庭观研究——基于对人民日报微博相关文献的梳理	朱富雷	夏当英	安徽大学	硕士	2018年

续表

序号	论文题名	研究生	导师	学位授予单位	学位	学位年度
440	基于用户活跃度和影响力的社区推荐系统关键技术的研究	于笑明	李文杰	天津理工大学	硕士	2018年
441	网络负面议题的舆论引导研究——以“阶层固化”相关舆论为例	许文敏	芮必峰	安徽大学	硕士	2018年
442	中国大妈的媒介景观—作为“他者”的符号书写	赵雅婷	姜红	安徽大学	硕士	2018年
443	社交网络中融合社交关系和语义信息的推荐算法研究	杨良全	刘慧婷	安徽大学	硕士	2018年
444	微博用户标签推荐算法研究	郭孝雪	刘慧婷	安徽大学	硕士	2018年
445	新媒体时代下泸州市政府形象塑造对策研究	刘勋	许俐	西南交通大学	硕士	2018年
446	大学生网络政治参与方式研究	王昕	郭玉锦	北京邮电大学	硕士	2018年
447	基于Spark的分布式聚类算法研究及其在社交媒体分析中的应用	卞汛	王柏	北京邮电大学	硕士	2018年
448	新媒体环境下的电影动态海报设计与展示研究	龙博雯	徐亚非	东华大学	硕士	2018年
449	基于复杂社会网络的微博营销理论	李玲	裴永珍 杨清永	天津工业大学	硕士	2018年
450	基于公共微博数据和收视行为数据的电视用户画像研究	陈加寿	王志谦	北京邮电大学	硕士	2018年
451	新媒体下地方政府公共危机管理研究——以X市水污染事件为例	李潮超	张新生	南昌大学	硕士	2018年
452	融入社交网络信息的DIT用户偏好预测模型	张长红	任午令	浙江工商大学	硕士	2018年
453	基于统一模型的中文社交媒体命名实体识别的研究	黄鹏	彭艳兵	武汉邮电科学研究院	硕士	2018年
454	微博用户性别判断分析与研究	孙启蕴	汪洋	武汉邮电科学研究院	硕士	2018年
455	基于证据融合的微博用户情感分析研究	邹珞彬	王峥	武汉邮电科学研究院	硕士	2018年
456	基于深度学习的中文微博人物关系图谱的研究与实现	王超	王峥	武汉邮电科学研究院	硕士	2018年
457	基于正负反馈的微博舆情传染病模型的研究	田小虎	廖闻剑	武汉邮电科学研究院	硕士	2018年
458	社交网络用户影响力的评估算法研究	张琛	汤鲲	武汉邮电科学研究院	硕士	2018年
459	关系类型和信息类型对社交网络用户转发意愿的影响研究——基于权力距离和大五人格调节效应的分析	陈楠	陈文晶	北京邮电大学	硕士	2018年
460	基于多阶马尔可夫模型的用户行为序列模式研究	沈阅	张晓航	北京邮电大学	硕士	2018年
461	政务新媒体语用研究——以微博、微信为例	何英楠	赵宏 贺又宁	贵州民族大学	硕士	2018年
462	基于微博内容的恶意用户识别技术研究	王亚男	张华	北京邮电大学	硕士	2018年

续表

序号	论文题名	研究生	导师	学位授予单位	学位	学位年度
463	新媒体背景下高校思想政治教育探究	白丽丽	胡惠英	河北科技大学	硕士	2018 年
464	基于神经网络模型的文本情感分析系统的研究与实现	郭豪	双锴	北京邮电大学	硕士	2018 年
465	基于量化自我的网络行为可视化研究	商家双	侯文军	北京邮电大学	硕士	2018 年
466	跨社交网络用户匹配方法的设计与实现	顾启航	苏森	北京邮电大学	硕士	2018 年
467	我国公民网络政治参与问题研究——以宁波镇海 PX 事件为例	周宇豪	陈金英	上海外国语大学	硕士	2018 年
468	微媒体背景下高校思想政治教育的影响与对策探究	郭嘉宝	甘玲	河北科技大学	硕士	2018 年
469	基于微博文本情感计算的用户个性分析方法的研究	刘多星	高凯 阮冬茹	河北科技大学	硕士	2018 年
470	基于微博热点话题演变分析方法的研究	张姗姗	高凯 丁保忠	河北科技大学	硕士	2018 年
471	政务微博视角下审计结果公告传播效果影响因素研究	肖梦媛	叶雪芳	浙江工商大学	硕士	2018 年
472	自媒体时代高职院校思想政治教育载体运用研究——以杭州下沙部分高职院校为例	汪栋灿	崔华前	浙江工商大学	硕士	2018 年
473	网络舆情热点事件的情感倾向分析与演变过程研究	陈毓蔚	刘东升	浙江工商大学	硕士	2018 年
474	融合特征属性、网络结构和社交行为的用户有向关系强度研究	陈彦	琚春华	浙江工商大学	硕士	2018 年
475	当代城市社区新媒体的实践探索与研究——以武汉百步亭社区为例	陈红	王倩	南昌大学	硕士	2018 年
476	“互联网＋”时代下江西旅游广播的发展策略研究	陈凌霄	曾献飞	江西财经大学	硕士	2018 年
477	自媒体时代市民与游客城市管理感知评价差异的实证研究——以杭州市为例	耿文佳	倪建伟	浙江财经大学	硕士	2018 年
478	我国政府审计结果公告研究	吴慧敏	王宝庆	浙江工商大学	硕士	2018 年
479	“微时代”大学生社会主义核心价值观培育路径研究	王玮	魏文君	新乡医学院	硕士	2018 年
480	我国网络的典型社群形态与社会影响力研究	高琳琳	秦德君	东华大学	硕士	2018 年
481	基于 Spark 的微博数据分析系统的设计和实现	沈鹏飞	冯春燕	北京邮电大学	硕士	2018 年
482	“微时代”下政府网络舆论引导研究	扈静静	翟年祥	安徽大学	硕士	2018 年
483	基于政务微博背景下我国政府网络公共关系的研究	张娟	翟年祥	安徽大学	硕士	2018 年
484	公众参与视角下的网络舆论与政府环境信息公开的关系研究——以上海市 J 区 PX 事件为例	曹田凯悦	李琼	华东理工大学	硕士	2018 年

续表

序号	论文题名	研究生	导师	学位授予单位	学位	学位年度
485	话语与权力:网络暴力的社会学分析——以“李天一事件”为例	姜碧华	张广利	华东理工大学	硕士	2018年
486	社交媒体的互动方式与互动机制研究	尤怡依	魏超	北京印刷学院	硕士	2018年
487	微传播环境下县级政府网络舆情应对研究	方怡菲	詹绪武	郑州大学	硕士	2018年
488	基于网络结构和内容理解的微博排序算法的研究和实现	程龙	秦拯 蒋爱国	湖南大学	硕士	2018年
489	基于查询扩展的微博检索研究	徐慧颖	陈燕	大连海事大学	硕士	2018年
490	新媒体时代大学生马克思主义信仰研究——以上海市为例	许颖楠	章礼强	东华大学	硕士	2018年
491	基于关系分析的微博用户影响力研究	杨奕慰	姚文斌	北京邮电大学	硕士	2018年
492	自由与规制:网络话语表达权及其实现	尹玲馨	董金华	中共浙江省委党校	硕士	2018年
493	新媒体时代地方政府突发网络舆情应对策略研究——以W市反对垃圾焚烧厂项目事件为例	陈文英	顾金喜	中共浙江省委党校	硕士	2018年
494	成都市公安机关加强网络舆情管理对策研究	肖青青	刘智勇 唐禾	电子科技大学	硕士	2018年
495	自媒体时代突发事件的协同治理机制研究——基于浦江2.16大搜救的案例分析	王宇	顾金喜	中共浙江省委党校	硕士	2018年
496	叙事学视域下央视新闻官方微博的“两个舆论场”研究——以2014年~2016年典型突发事件的微博报道为例	颉宇星	张杰	北京交通大学	硕士	2018年
497	社交网络热点推荐算法的研究与应用	张乘斐	惠孛	电子科技大学	硕士	2018年

致　谢

特别感谢以下单位对本年鉴编纂所提供的文献数据资料等支持：

最高人民法院·人民法院新闻传媒总社（rmfygg. court. gov. cn）
最高人民法院·中国裁判文书网（wenshu. court. gov. cn）
最高人民检察院·检察日报社·正义网（jcrb. com）
人民日报社新媒体中心
人民网舆情数据中心（yuqing. people. com. cn）
正义网传媒研究院（yq. jcrb. com）
人民网舆论与公共政策研究中心
新浪网（sina. cn）
微　博（weibo. com）

特别鸣谢微博（WEIBO）对本年鉴所提供的资助！

本书编者
2019 年 1 月 1 日